RÉPERTOIRE

UNIVERSEL ET RAISONNÉ

DE JURISPRUDENCE.

TOME QUINZIÈME.

ADDITIONS.

A. — Z.

DE L'IMPRIMERIE DE C.-F. PATRIS, RUE DE LA COLOMBE, N.° 4, EN LA CITÉ.

RÉPERTOIRE

UNIVERSEL ET RAISONNÉ

DE JURISPRUDENCE.

QUATRIÈME ÉDITION,

Corrigée, réduite aux objets dont la connaissance peut encore être utile, et augmentée 1º. d'un grand nombre d'Articles, 2º. de Notes indicatives des changemens apportés aux Lois anciennes par les Lois nouvelles, 3º. de Dissertations, de Plaidoyers et de Réquisitoires de l'Éditeur sur les unes et les autres ;

Par M. le Comte MERLIN,

ANCIEN PROCUREUR GÉNÉRAL A LA COUR DE CASSATION.

TOME QUINZIÈME.

ADDITIONS.

A. — Z.

A PARIS,

CHEZ GARNERY, LIBRAIRE, RUE DU POT-DE-FER, n.º 14.

Novembre 1815.

RÉPERTOIRE

UNIVERSEL ET RAISONNÉ

DE JURISPRUDENCE.

ADDITIONS

AUX ARTICLES CONTENUS DANS LES QUATORZE VOLUMES PRÉCÉDENS.

ADULTÈRE.

ABSENT, n. VII. *Page* 31, *col.* 2, *ligne* 37, *après* Code civil, *ajoutez* : et le plaidoyer du 8 avril 1812, rapporté au mot *Testament*, sect. 5.]]

ACCROISSEMENT, n. XI. *Page* 47, *col.* 1, *avant le n.* 12, *ajoutez* : Il est rapporté au mot *Légataire*, §. 2, n. 18 *bis.*

ACTION, §. III, n. II. *Page* 18, *col.* 1, *avant l'alinéa commençant par* 11°, *ajoutez* :

[[Quel est le juge devant lequel doivent se pourvoir les créanciers d'une succession, pour se faire payer leurs créances ? *V. Héritier*, sect. 2, §. 3, n. 5.

Devant quel juge doit se pourvoir un enfant naturel légalement reconnu ou se prétendant tel, pour se faire délivrer la part que la loi lui assigne dans la succession de son père ? *V. Bâtard*, sect. 2, §. 9, dans les *Additions.*]]

ADJOINT DE MAIRE. *Page* 113, *col.* 1, *après la ligne* 41, *ajoutez* :

Il a été agité une question semblable dans une espèce rapportée au mot *Injure*, §. 2, n. 9 *bis*, dans les *Additions.*

ADJUDICATAIRE, §. VI, n. VII. *Page* 121, *col.* 2, *après la ligne* 5, *ajoutez* :

[[L'art. 37 du tit. 15 de l'ordonnance de 1669 veut que l'on punisse *comme faussaire* l'adjudicataire qui marque de son marteau d'autres arbres que ceux de sa vente.

Mais cette disposition fait-elle encore loi ? *V. Faux*, sect. 1, §. 13, n. 3, dans les *Additions.*

ADOPTION. *Page* 140, *col.* 1, *après la ligne* 19, *ajoutez* :

§. VI. 1° Les adoptions de certains enfans trou-

vés, qui sont usitées dans les États romains, confèrent-elles aux adoptés tous les droits d'enfans légitimes ?

2° Imposent-elles à ces enfans tous les devoirs d'enfans proprement dits ?

3° La peine du parricide doit-elle être appliquée à un enfant ainsi adopté, qui se rend coupable de meurtre envers son père adoptif ?

4° Les juges criminels sont-ils compétens pour décider si un meurtrier est ou non le fils adoptif de celui à qui il a donné la mort ?

V. l'article *Parricide*, n. 3, dans les *Additions.*

ADULTÈRE, n. VIII. *Page* 145, *col.* 1, *avant le n.* IX, *ajoutez* :

VIII *bis.* Le mari actionné en divorce par sa femme, sur le fondement qu'il a tenu une concubine dans la maison commune, peut-il opposer, comme fin de non-recevoir à l'offre de prouver ce fait, la preuve que cette prétendue concubine est sa fille ? En d'autres termes, la preuve par témoins de l'adultère cesse-t-elle d'être recevable, par la circonstance que, si l'adultère était prouvé, il se trouverait mêlé d'inceste ?

Le 15 frimaire an 2, le sieur Caubet, apothicaire à Paris, se présente devant le juge de paix de la section de la Halle aux blés, et lui déclare « que, depuis environ un an, il s'est chargé, à titre d'humanité, d'un enfant naturel dont la mère lui est inconnue, et dont le père, par sa longue absence, peut être réputé émigré; qu'il a appris que cet enfant, du sexe féminin, âgé d'environ trois ans, n'a pas été baptisé; qu'il ne croit même pas qu'il ait été fait déclaration de sa naissance à la municipalité, aux termes de la nouvelle loi; que, comme cet enfant pourrait avoir un jour des droits à exercer ou des réclamations à former, à raison de son état, il pense qu'il serait important de lui nommer un tuteur ».

Au même instant, sur la réquisition du sieur Caubet, un conseil d'amis est formé devant le juge de paix ; et ce conseil nomme pour tuteur à l'enfant dont il s'agit, le sieur Séguin, à qui il donne « tous les pouvoirs nécessaires pour opérer avantageusement tout ce qui pourra intéresser la mineure et parvenir à la recherche des auteurs de ses jours ».

Le 29 nivose suivant, le sieur Séguin fait convoquer le même conseil d'amis devant le même juge de paix, pour, entendre le compte qu'il a à lui rendre des recherches qu'il a faites sur la filiation de la mineure.

Au même instant comparaît le sieur Caubet, « lequel dit qu'en expliquant sa déclaration en la vacation du 15 frimaire, qu'il connaissait depuis longtemps V. de M., ci-devant conseiller au parlement de....; que, vers le commencement de 1790, V. de M. vint trouver le comparant, lui fit part qu'il était lié *avec une femme mariée qui était grosse de ses œuvres* ; qu'il désirait savoir comment il pourrait concilier l'état de la mère et les soins qu'il voulait donner à l'enfant dont elle était enceinte ; que, d'après la mesure concertée entre eux, l'enfant, qui était une fille, fut, aussitôt après sa naissance, mise en nourrice chez la femme G., à Issy ; que le sieur de M. allait la voir souvent, et qu'il paya constamment les mois de nourrice jusqu'à son émigration ; qu'à cette époque, le comparant la retira chez lui, par humanité ; qu'au surplus, il n'a aucune connaissance sur les nom, qualité et demeure de la mère ».

Après cette déclaration, appuyée par celle de plusieurs autres personnes, le sieur Séguin se démet de la tutelle de l'enfant ; et le conseil d'amis la défère au sieur Caubet, avec pouvoir de faire inscrire l'enfant sur les registres de l'état civil.

Cet avis est homologué le 1er ventose suivant, par un jugement du tribunal du sixième arrondissement de Paris.

En conséquence, le 8 vendémiaire an 3, l'enfant est inscrit sur le registre de l'état civil de la section de la Halle aux blés, sous le nom de « Charlotte, née le 15 novembre 1790, lieu ignoré, de V. de M., ci-devant conseiller au parlement de...., mère inconnue ».

Le 5 floréal an 12, le sieur de M., rentré en France par suite du décret d'amnistie du 6 floréal an 10, se présente devant le juge de paix du premier arrondissement de Paris, et déclare « reconnaître pour sa fille un enfant du sexe féminin, nommé Charlotte, née le 15 novembre 1790, qui a été en nourrice chez la femme G., à Issy, et dont le citoyen Bernard Caubet, apothicaire...., a pris soin jusqu'à ce jour ».

Le 23 du même mois, le sieur de M. et le sieur Caubet comparaissent devant le même juge de paix ; et le second remet au premier sa fille Charlotte.

Le 19 juin 1807, le sieur de M. épouse Marie-Adélaïde, veuve du sieur de P.

Les deux époux fixent leur résidence au château d'Herbault, appartenant à la femme.

Le sieur de M. y établit Charlotte, et la présente à sa femme comme sa nièce.

Le 4 avril 1810, la dame de M. forme contre son mari une demande en divorce, qu'elle fonde sur le commerce adultérin qu'elle prétend avoir existé entre lui et Charlotte, tant dans son château d'Herbault que dans une maison qu'il habite de temps en temps à Paris.

Le sieur de M. soutient que les faits articulés par sa femme, sont absurdes, contradictoires, non précisés, non pertinens, et que d'ailleurs la preuve n'en est pas admissible, parce qu'il en résulterait, non-seulement un adultère, mais encore un inceste, crime invraisemblable, et dont la loi ne peut pas autoriser même l'allégation.

Le 21 février 1812, jugement du tribunal de première instance du département de la Seine, qui,

« Attendu que la dame de M. a désigné la fille Charlotte comme concubine de son mari, d'une manière assez précise pour qu'il n'existe aucune équivoque sur l'individualité de cette fille ; que, dans la supposition que Charlotte serait fille naturelle du sieur de M., et que conséquemment ce dernier serait coupable, non-seulement d'adultère, mais d'inceste, la preuve des faits articulés par la dame de M., n'en serait pas moins recevable, parce que le sieur de M., pour être incestueux, n'en serait pas moins adultère ;

» En ce qui touche les faits qui se seraient passés à Paris,

» Attendu qu'aux termes de l'art. 230 du Code civil, la femme ne peut demander le divorce pour cause d'Adultère de son mari, que *lorsqu'il a tenu sa concubine dans la maison commune*; que, par *maison commune*, on ne doit entendre que celle où les époux habitent ensemble, parce que dans l'esprit de la loi, l'injure grave résultant de l'Adultère du mari, n'existe qu'autant que le crime se consomme en quelque sorte sous les yeux de l'épouse ; que la dame de M. n'a jamais habité à Paris avec son mari.

» Quant aux autres faits, attendu qu'ils sont précisés, et qu'étant prouvés, ils seraient de nature à faire admettre le divorce ;

» Sans s'arrêter aux fins de non-recevoir proposées par le sieur de M., et dans lesquelles il est déclaré mal fondé ; admet la dame de M. à faire preuve, tant par titres que par témoins, des faits par elle allégués et dont il lui est donné acte, qui sont :

» 1° Que le sieur de M. a présenté à son épouse la fille Charlotte comme sa nièce, et qu'elle a en effet été annoncée telle publiquement à Herbault ;

» 2° Qu'elle est restée au château, auprès du sieur de M. et de son épouse, depuis le mois de février 1808 jusqu'au 1er février 1809, sans interruption ;

» 3° Que, lorsque Charlotte a été présentée pour

la première fois à Herbault, le sieur de M. lui a fait donner une chambre à coucher qui touchait immédiatement la sienne ; que ces deux chambres voisines sont sur le même corridor ; que ce corridor, qui aboutit au grand escalier du château, est lui-même fermé par une forte porte dont la serrure et les verroux sont en dedans du corridor ; que personne au château que le sieur de M. et Charlotte n'habitait les appartemens donnant sur le corridor ;

» 4° Que tous les soirs le sieur de M. conduisait Charlotte dans sa chambre à coucher ; qu'il fermait exactement la porte du corridor à la clé et au verrou, et qu'il ne r'ouvrait jamais cette porte que quand Charlotte et lui étaient levés ;

» 5° Que les personnes qui faisaient la chambre du sieur de M. et celle de Charlotte, se sont aperçues qu'ils couchaient ensemble ; qu'ils ont singulièrement remarqué que le lit du sieur de M. était fatigué et applati, comme un lit peut l'être lorsque deux personnes y ont passé la nuit, tandis que le lit de Charlotte n'était que légèrement froissé et, ressemblait à un lit dérangé tout exprès et après coup ;

» 6° Que, vers la même époque, la fille Charlotte est devenue grosse, et que, dans les premiers mois de la grossesse, lorsqu'elle était sujette à de fréquens évanouissemens, le sieur de M. la portait sur son lit, et lui administrait, de concert avec Fanny, femme de chambre de la dame de M., qu'il avait mise dans ses intérêts, diverses boissons et drogues de tous genres ;

» 7° Que la fille Charlotte et le sieur de M. ont été trouvés plusieurs fois, dans les mois de septembre et octobre 1808, l'un sur l'autre dans le parc du château, et en flagrant délit d'Adultère ; une autre fois, dans la même situation, dans une des tourelles du château ; qu'enfin, au mois de décembre 1808, ils ont été surpris tous deux couchés dans le lit du sieur de M. ;

» 8° Que, dans le courant des mois de juillet, août et septembre 1808, la grossesse de Charlotte devint notoire au château d'Herbault et dans le pays, par l'altération sensible de sa physionomie et de ses traits ; qu'elle avait de fréquens évanouissemens ; qu'il lui était survenu des enflûres aux jambes ; qu'en un mot, on remarqua généralement dans cette fille tous les symptômes d'une grossesse bien caractérisée ;

» 9° Que, notamment le jour de la Toussaint, lorsque Charlotte était à l'église, il lui prit une faiblesse, et le public dit alors malignement : *Ce sont les petits pieds qui font mal aux grands* ;

» 10° Que, depuis le mois de février 1808 jusqu'au 1er février 1809, époque à laquelle le sieur de M. et Charlotte ont quitté Herbault pour revenir à Paris, jamais Charlotte n'a quitté les yeux ni la personne du sieur de M. ; qu'elle n'a eu aucune espèce de communication avec qui que ce soit, autre que le sieur de M. ;

» 11° Que, le 18 août 1809, le sieur de M. retira Charlotte de sa pension, et la reconduisit immédiatement à Herbault, où elle est restée constamment avec le sieur de M. jusqu'au 4 décembre 1809, époque à laquelle la rupture a éclaté entre le sieur de M. et son épouse, et à laquelle aussi le sieur de M. revint à Paris avec Charlotte, dans le domicile conjugal ;

» 12° Que, pendant le dernier séjour du sieur de M. à Herbault, il affectait de placer Charlotte à table auprès de lui, de la servir la première, et accablait son épouse d'un air de mépris le plus prononcé ;

» 13° Que, pendant ce même séjour, le 25 octobre 1809, la dame de M. étant dans la salle à manger, reprochait à Fanny son manque de soins et d'attention : le sieur M., Charlotte et une autre personne étaient présens. Fanny tenait à la main un sac rempli de clés ; elle entend sa maîtresse lui faire des reproches. Forte de la présence du sieur de M. et de sa concubine Charlotte, Fanny répond insolemment à sa maîtresse. Celle-ci la prend par le bras pour la forcer à s'éloigner de ses yeux ; Fanny lui donne un soufflet, et se retire en criant à plusieurs reprises dans le château : *Ah ! la poissarde, la poissarde est saoule !* Le sieur de M., non-seulement ne fit aucun reproche à cette malheureuse, ne lui imposa pas silence, et ne fit pas le plus petit mouvement pour venger son épouse ; mais lorsqu'elle lui reprocha sa lâcheté, il eut le sang-froid de lui dire que ces sortes de querelles ne regardaient que des femmes ;

» 14° Que Fanny s'étant présentée de nouveau devant la dame de M., celle-ci lui reprocha son audace, et que Fanny répondit à sa maîtresse avec un nouveau degré d'insolence, et en lui montrant son sac rempli de clés qu'elle tenait à la main : *Oui, je vous ai donné un soufflet, et si je ne m'étais retenue, je vous aurais fouetté à la tête mon sac rempli de clés ;*

» Sauf audit sieur de M. à faire, si bon lui semble, la preuve contraire desdits faits ;

» Déclare la dame de M. non-recevable dans le surplus de ses conclusions tendant à la preuve des autres faits par elle allégués..... »

Le sieur de M. appelle de ce jugement, et produit, devant la cour de Paris, les pièces justificatives de sa qualité de père de Charlotte.

Par arrêt du 11 juillet 1812, la cour de Paris, après avoir posé une seule question, celle de savoir si le sieur de M. est fondé dans son appel, « adoptant les motifs des premiers juges, met l'appellation au néant ».

Le sieur de M. se pourvoit en cassation contre cet arrêt.

« L'arrêt que vous dénonce le demandeur (ai-je dit à l'audience de la section civile, le 5 juillet 1813) est-il régulier dans la forme ? au fond, viole-t-il quelque loi ? Voilà ce que vous avez à examiner.

» La première question en renferme deux.....

» Au fond, le demandeur reproche à l'arrêt qu'il attaque, plusieurs contraventions à divers articles du Code civil.

I.

» Et, en premier lieu, il prétend que les art. 236 et suivans ont été violés, 1° en ce que les faits dont l'arrêt admet la preuve, ne sont pas suffisamment *précisés*; 2° en ce que quelques-uns de ces faits *ne se trouvaient pas dans la requête en divorce, et n'ont été articulés que depuis*; 3° en ce que l'arrêt rejette la preuve de plusieurs faits qui étaient articulés dans la requête en divorce, et dont on aurait pu tirer avantage pour la combattre.

» Mais 1° l'art. 236 du Code civil se borne à dire que *toute demande en divorce détaillera les faits.* Il ne détermine pas le degré de précision que doivent avoir les faits, pour qu'ils soient censés détaillés; il ne peut donc jamais être violé par un arrêt qui tient pour suffisamment détaillés, les faits sur lesquels est fondée une demande en divorce.

» 2° Quels sont les faits admis par l'arrêt de la cour d'appel, qui ne se trouvent pas dans la requête en divorce?

» En les comparant les uns avec les autres, nous n'y avons trouvé que deux différences.

» D'une part, le dixième fait dont l'arrêt admet la preuve, est *que, depuis le mois de février 1808, jusqu'au 1er février 1809, époque à laquelle le sieur de M. et Charlotte ont qu'tté Herbault pour revenir à Paris, jamais Charlotte n'a quitté les yeux ni la personne du sieur de M., qu'elle n'a eu aucune espèce de communication avec qui que ce soit, autre que le sieur de M.*; et au lieu de ce fait ainsi précisé, nous lisons simplement dans la requête en divorce, *que la fille Charlotte est restée au château, auprès de son prétendu oncle et de l'exposante, depuis le mois de février 1808, jusqu'au 1er février 1809, sans aucune espèce d'interruption.*

» D'un autre côté, l'arrêt admet la preuve du fait qu'*au mois de décembre 1808, le sieur de M. et Charlotte ont été surpris tous deux couchés dans le lit du sieur de M.*; et le même fait est énoncé dans la requête en divorce, sauf qu'à la place des mots *dans le lit*, on y trouve les mots *sur le lit.*

» Mais quel avantage le demandeur peut-il tirer ici de ces deux différences?

» L'art. 236 du Code civil dit-il que l'époux demandeur en divorce ne pourra pas, après la présentation de sa requête, expliquer, développer ou modifier les faits qu'il y aura articulés? Non : il dit simplement que *toute demande en divorce détaillera les faits*; et assurément il ne prohibe, par là, ni explications, ni développemens, ni modifications ultérieures.

» La prohibition que ne contient pas cet article, la trouverons-nous dans les articles suivans? Pas davantage; et bien loin de là, l'art. 242, en disant qu'*à l'échéance du délai, le demandeur exposera ou fera connaître les motifs de sa demande, représentera les pièces qui l'appuient. et nommera les témoins qu'il se propose de faire entendre*, insinue assez clairement qu'à la comparution dont il parle, le demandeur peut ajouter ou retrancher aux faits consignés dans sa requête; car s'il ne pouvait ni ajouter ni retrancher à ces faits, la loi se contenterait de dire qu'il produira sa requête, et que lecture en sera donnée au tribunal.

» 3° Ce n'est point d'office que les premiers juges, et, après eux, la cour d'appel ont rejeté la preuve de plusieurs des faits articulés en la requête en divorce. Ils ne l'ont rejetée que sur la demande du sieur de M. lui-même, demande qui, à la vérité, s'étendait sur tous les faits en masse, mais qui, par sa généralité, comprenait nécessairement les faits dont la preuve a été rejetée, comme ceux dont la preuve a été admise. Les premiers juges et la cour d'appel n'ont donc fait, en rejetant la preuve de quelques-unes des allégations contenues dans la requête en divorce, qu'accorder au sieur de M. lui-même, une partie de ce qu'il avait demandé. Le sieur de M. n'est donc pas plus recevable qu'il n'est fondé à critiquer, de chef, le jugement et l'arrêt dont il se plaint.

» En second lieu, le demandeur prétend, et c'est ici son grand moyen de cassation, que l'art. 230 du Code civil, est violé par l'arrêt qu'il vous dénonce.

» Le succès de ce moyen ne serait pas douteux, si l'on devait, dans l'art. 230 du Code civil, attacher au mot *Adultère* qui y est employé, le même sens qu'y attachaient les lois romaines.

» Dans le Droit romain, il ne pouvait y avoir Adultère, que lorsqu'il y avait commerce entre un homme libre ou non et une femme mariée. Le commerce qui avait lieu entre un homme marié et une femme libre, n'était point qualifié d'Adultère : c'était un simple stupre. *Propriè adulterium in nuptā committitur* (dit la loi 6, §. 1; D. ad legem Juliam de Adulteriis), *propter partum ex altero conceptum composito nomine; stuprum verò in virginem viduamve committitur.* Aussi verrons-nous bientôt la Novelle 22, chap. 15, distinguer le mari coupable d'Adultère, du mari vivant en concubinage avec d'autres femmes que la sienne.

» Dans l'espèce actuelle, l'épouse du demandeur ne lui reproche pas d'avoir vécu en concubinage avec une femme mariée : elle lui reproche seulement d'avoir vécu en concubinage, dans la maison commune, avec une femme libre. La preuve des faits qu'elle articule, à cet égard, ne serait donc pas recevable, si l'art. 230 du Code civil n'entendait, comme les lois romaines, par le mot *Adultère* appliqué au mari, que l'action du mari qui, tout-à-la-fois, viole la foi conjugale envers son épouse, et se rend complice d'une semblable violation commise par une autre femme envers son mari propre.

» Mais, lorsqu'a été rédigé l'art. 230 du Code civil, il y avait long-temps que cette manière d'entendre le mot *Adultère*, relativement au mari, était abolie dans la jurisprudence de toute l'Europe. Le chap. 4 du titre des décrétales, *de eo qui cognovit consanguineam uxoris suæ*, avait déclaré adultère le mari qui entretenait un commerce illicite avec une femme libre, comme le mari qui entretenait un commerce illicite avec une femme mariée; et cette

décision était devenue la règle de tous les pays po-
licés : *Cæterùm* (dit Voët, sur le Digeste, liv. 48,
tit. 5, n. 7), *uti jure divino atque canonico, ita
et moribus hodiernis, ligati cùm solutâ æquè ac so-
luti cùm ligatâ adulterium est.*

» Et. l'on ne peut douter, personne ne doute en
effet, que telle ne soit l'acception donnée au mot
Adultère, par l'art. 230 du Code civil.

» Mais, d'après cela, comment l'art. 230 du Code
civil pourrait-il être violé par l'admission de la
preuve de faits tendans à établir que le demandeur
a entretenu un commerce illicite, dans la maison
conjugale, avec une femme non mariée ?

» C'est, dit le demandeur, que de la preuve de ces
faits il résulterait, non pas un simple adultère, mais
un adultère mêlé d'un inceste au premier degré.

» Ici, Messieurs, nous devons supposer que Charlotte est réellement fille du demandeur. Nous devons le supposer, parce que la cour de Paris l'a
supposé elle-même ; nous devons le supposer, parce
que vous ne pourriez en écarter la supposition,
qu'en cassant, sur ce point, l'arrêt de la cour de
Paris, qui, sur ce point, n'est pas attaqué ; nous
devons le supposer, enfin, parce qu'on ne peut pas,
devant vous, changer l'état de questions sur lesquelles un arrêt est accusé de contravention aux
lois, et que ce n'est pas en vous constituant juges
d'une nouvelle question, qu'on peut justifier un arrêt du reproche d'avoir violé les lois dans le jugement de la question qu'il a décidée.

» C'est donc en thèse générale, et abstractive-
ment aux circonstances qui pourraient s'élever contre la qualité que donne le demandeur à Charlotte
de sa fille, que nous devons examiner le moyen de
cassation que le demandeur cherche à faire résulter
de cette qualité.

» Que porte l'art. 230 du Code civil ? Rien autre
chose, si ce n'est que *la femme pourra demander
le divorce pour cause d'adultère de son mari, lorsqu'il aura tenu sa concubine dans la maison commune.*

» Or, y a-t-il adultère de la part d'un mari, qui,
dans la maison commune, se livre à un commerce
illicite avec une personne qu'il ne pourrait pas épouser, s'il était libre ? Où serait la raison d'en douter ?

» Qu'est-ce que l'adultère ? La violation de la foi
conjugale.

» La foi conjugale est-elle moins violée par le
commerce d'un mari avec sa sœur, avec sa belle-
sœur, avec sa fille, avec sa bru, qu'elle ne le serait
par le commerce d'un mari avec une étrangère ?
Non-seulement elle ne l'est pas moins, mais elle
l'est d'une manière plus grande, plus scandaleuse,
plus atroce.

» Il y a donc adultère dans un cas, comme dans
l'autre ; et c'est ce que les législateurs de l'ancienne
Rome avaient décidé nettement.

» La loi 38, §. 2, D. *ad legem Juliam de adulteriis*, disait : *Si adulterium cum incesto commit-
tatur, ut puta privignâ, nuru, novercâ...*

» La loi 39, §. 5, du même titre, déclarait que la
prescription de cinq ans qui couvrait le crime de
simple adultère, ne couvrait pas le crime d'adultère
joint à celui d'inceste : *Præscriptione quinque anno-
rum crimen incesti cum adulterio conjunctum non
excluditur.*

» Ces deux lois reconnaissaient donc bien clairement que l'adultère pouvait concourir avec l'inceste,
et que le concours de l'un avec l'autre n'ôtait pas
au premier son caractère.

» La loi 5, D. *de quæstionibus*, était encore plus
positive : il y a, disait-elle, double crime dans l'a-
dultère mêlé d'inceste : *Si quis alii nuptam cogna-
tam cum quâ nuptias contrahere non potest, cor-
ruperit..., duplex crimen est, incestum... et adulterium.*

» Nous savons bien que ces lois, en s'expliquant
ainsi, avaient pour objet immédiat et direct de déterminer les peines qui alors devaient être infligées à
l'inceste comme à l'adultère ; et qu'aujourd'hui, le
Code pénal est muet sur l'inceste.

» Mais que peut-on conclure de là, relativement
à notre question ? Le changement qui s'est opéré,
par rapport à l'inceste, dans la législation pénale,
n'a ni altéré ni pu altérer l'essence des choses, et
ce qui était adultère dans le droit romain, nonobstant son concours avec un inceste punissable, l'est
nécessairement encore aujourd'hui, nonobstant son
concours avec un inceste sur lequel la loi pénale
actuelle ferme les yeux.

» Comment donc la femme ne serait-elle pas
admise à exercer contre son mari coupable d'un adultère incestueux, l'action que l'on convient lui appartenir contre son mari coupable d'un adultère
simple ? L'art. 230 du Code civil, limite-t-il l'action
de la femme au cas de simple adultère ? Non : il
porte sur l'adultère en général. Il faut donc, ou
prouver que l'adultère incestueux n'est pas un adultère (assertion que le bon sens réprouve, et que les
lois romaines condamnent formellement), ou reconnaître de bonne foi que l'adultère incestueux est
compris dans l'art. 230, ni plus ni moins que l'a-
dultère simple.

» Mais, dit le demandeur, le Code pénal prohibe
la preuve de l'inceste, par cela seul qu'il ne le punit pas. Il prohibe donc aussi la preuve de l'adultère, toutes les fois qu'elle ne peut être faite que par
celle de l'inceste. — Pur sophisme.

» Sans doute, le Code pénal prohibe la preuve de
l'inceste, en tant qu'elle aurait pour objet de faire
punir les auteurs de l'inceste même.

» Mais il ne la prohibe pas, en tant qu'elle aurait
pour objet de faire résulter de l'inceste certains effets civils. Il est même impossible qu'il la prohibe
en ce sens : car les effets civils sont étrangers à ses
dispositions. Il ne peut donc pas empêcher qu'une
femme dont le mari entretient, dans la maison conjugale, un commerce à la fois adultérin et incestueux,
ne soit admise à en faire la preuve pour obtenir le
divorce ou la séparation de corps.

» Le Code pénal du 25 septembre 1791 était
tout aussi muet sur l'adultère, que le Code pénal de

1810 l'est sur l'inceste; l'adultère n'est punissable de la part de la femme, que depuis la publication de l'art. 298 du Code civil ; il ne l'est, de la part du mari, que depuis la mise en activité du Code pénal de 1810. Cependant, avant le Code civil., le mari était admis, comme il l'est encore aujourd'hui, à poursuivre la femme en divorce pour cause d'adultère, en quelque lieu qu'elle s'en fût rendue coupable. Avant la mise en activité du Code pénal de 1810, la femme était admise, comme elle l'est encore aujourd'hui, à poursuivre son mari, soit en divorce, soit en séparation de corps, pour cause d'adultère commis dans la maison conjugale.

» Et si, alors, c'était mal raisonner que de dire : « l'adultère n'est point punissable par la voie criminelle, donc la preuve n'en peut pas être reçue par la voie civile, à l'effet de parvenir à un divorce ou à une séparation de corps » ; il est évident qu'on ne raisonne pas mieux aujourd'hui, en disant : « Le Code pénal ne punit point l'inceste; donc une femme ne peut pas, pour obtenir le divorce ou la séparation de corps, prouver que son mari s'est rendu coupable, dans la maison conjugale, d'un adultère incestueux ».

» Eh quoi ! si une femme se rendait coupable d'un adultère incestueux, oserait-on prétendre que son mari ne fût pas recevable à l'en accuser? Oserait-on prétendre que, sur une pareille accusation, le ministère public ne fût pas recevable à requérir contre la femme coupable à la fois d'adultère et d'inceste, l'application de la peine dont l'art. 337 du Code pénal punit la femme coupable d'adultère seulement? Ce serait, en d'autres termes, soutenir que plus un délit s'aggrave, plus il a droit à l'impunité; ce serait encourager une femme assez déhontée pour calculer les moyens de violer impunément la foi conjugale, à choisir le complice de son délit dans la classe de ses plus proches parens, de préférence à un étranger.

» Et si la réunion de l'inceste à l'adultère ne peut pas être, pour la femme, une barrière contre la preuve de son infidélité, par quelle bizarrerie, par quel prestige, le serait-elle pour le mari? Le mari qui commet un adultère dans la maison conjugale, est placé, par l'art. 230 du Code civil, sur la même ligne que la femme qui commet un adultère en quelque lieu que ce soit. Il ne peut donc pas exister, à cet égard, de différence entre le mari et la femme.

» Il en existe cependant une, s'il en faut croire le demandeur, et elle consiste en ce que le mari peut accuser sa femme d'adultère, tandisque la femme n'a contre le mari qu'une action tendante à le faire déclarer coupable d'avoir tenu une concubine dans la maison commune.

» Mais comparons les art. 229 et 230 du Code civil.

» L'art. 229 porte que *le mari pourra demander le divorce pour cause d'adultère de sa femme.*

» L'art. 230 ajoute que *la femme pourra demander le divorce pour cause d'adultère du mari.*

» Si cet article s'en tenait là, à coup sûr, la condition de la femme serait absolument la même que celle du mari; et il serait impossible d'assigner la plus légère différence entre l'action que donne à la femme l'Adultère du mari et l'action que donne au mari l'Adultère de la femme.

» Mais l'art. 230 continue et dit : *Lorsqu'il aura tenu sa concubine dans la maison commune.*

» L'Adultère du mari diffère donc de l'Adultère de la femme, en ce que l'un ne peut donner lieu au divorce du mari; et il serait impossible d'assigner a été commis avec une concubine tenue dans la maison commune ; et que l'autre peut donner lieu au divorce de la part du mari dans tous les cas.

» Mais cette différence écartée, que reste-t-il ? une conformité absolue entre l'Adultère du mari et l'Adultère de la femme. La loi s'explique sur l'un dans les mêmes termes que sur l'autre ; ce qu'elle a dit de l'Adultère de la femme, elle le répète littéralement de l'Adultère du mari ; elle assimile donc complétement l'action qu'elle fait naître pour la femme, de l'Adultère dont le mari s'est souillé dans la maison commune, à l'action qu'elle fait naître pour le mari, de l'Adultère dont la femme s'est souillée n'importe en quel lieu ; et dès-lors, reste dans toute sa force l'argument que nous fournit, contre le système du demandeur, cette vérité constante et irréfragable, qu'une femme accusée d'Adultère par son mari, ne pourrait pas échapper à la preuve de son délit, par la circonstance que, son délit prouvé, il en résulterait qu'elle a commis un Adultère incestueux.

» Mais, s'écrie le demandeur, la morale publique peut-elle souffrir qu'une femme vienne accuser son mari d'un crime qui révolte la nature ?

» Elle souffre bien qu'un mari accuse sa femme d'un crime du même genre ! Et où serait la raison, où serait le prétexte, de lui supposer, en faveur du mari, une exception qu'elle ne fait pas en faveur de la femme ?

» Quand le législateur a parlé, quand il a parlé en termes généraux, que peuvent les considérations de morale publique contre sa volonté ? Impuissantes pour le faire fléchir, elles le sont également pour le restreindre dans les limites qu'elle ne s'est pas données elle-même.

» Et d'ailleurs, quel motif aurait pu porter le législateur à sacrifier aux considérations de morale publique, les droits, le repos, la vie d'une femme indignement outragée par le spectacle habituel d'un Adultère incestueux ?

» Il a pu très-légitimement, comme il l'a fait par respect pour la morale publique, imposer silence à l'héritier qui, pour faire annuller les dispositions d'un défunt, demanderait à prouver qu'elles sont le fruit d'une passion incestueuse ou simplement illicite. Pourquoi? parce que l'héritier ne peut succéder au défunt qu'en vertu de la loi; et que la loi ne lui ôte rien, en maintenant les dispositions que le défunt a faites à son préjudice.

» Le législateur a pu très-légitimement, et il l'a encore fait par respect pour la morale publique, interdire aux magistrats chargés de la poursuite des crimes et des délits, la recherche des actes de débauche qui ne nuisent qu'à leurs auteurs, qui ne font que les avilir et les dégrader à leurs propres yeux.

» Mais, ôter à des tiers lésés, et lésés dans ce qu'ils ont de plus cher, de plus précieux, par les excès de la lubricité même la plus scandaleuse, le droit d'en poursuivre la réparation, le législateur ne l'a pas pu, et il ne l'a pas fait.

» De là, le droit qu'il laisse au mari de poursuivre l'Adultère de sa femme, et à la femme de poursuivre l'Adultère de son mari, quelque scandale qui puisse en résulter pour le public, quelque honte qu'il puisse en rejaillir sur les complices et les fauteurs de l'époux infidèle.

» De là, le devoir qu'il impose, même au ministère public, de poursuivre le viol, et, par là, de révéler au grand jour, de dérouler dans un débat solennel, les détails les plus minutieux de tout ce qu'il y a de plus obscène.

» Serait-il donc écouté l'homme qui, accusé de viol, soutiendrait que la preuve en est inadmissible, parce que la personne prétendue violée par lui, est sa fille ou sa sœur ? Non, et nous en avons pour garant un arrêt de la section criminelle du 1er de ce mois, qui a rejeté le recours en cassation d'un chirurgien du département de Jemmapes, contre un arrêt de la cour d'assises du même département, par lequel il était condamné aux travaux forcés à perpétuité, comme coupable d'avoir, tout engagé qu'il était dans les liens du mariage, violé sa sœur et ses deux filles.

» Que devient, d'après cela, cette autre exclamation du demandeur, que si l'on admet une femme à poursuivre son mari en divorce pour cause d'Adultère prétendu commis avec sa fille dans la maison conjugale, l'honneur du mari et de sa fille se trouvera à la merci de témoins corrompus ; que la fille sera d'autant plus à plaindre, qu'elle sera exposée à être jugée Adultère et incestueuse sans pouvoir se défendre ; et que, pour prévenir un tel opprobre, le mari sera forcé de souscrire à tout ce que la femme exigera de lui ?

» Ce sont là, sans doute, des inconvéniens. Mais les inconvéniens d'une loi ne peuvent, ni l'emporter sur sa disposition, ni la modifier par des exceptions qu'elle n'a pas adoptées.

» De faux témoins peuvent égarer la justice dans une affaire de divorce !

» Mais ils peuvent l'égarer aussi dans un procès criminel. Est-ce une raison pour proscrire la preuve testimoniale du crime ? Et si l'on admet, si l'on ne peut pas se dispenser d'admettre la preuve testimoniale pour convaincre un père du crime de viol dans la personne de sa fille, c'est-à-dire, d'un crime que l'art. 333 du Code pénal punit des travaux forcés à perpétuité, de quel prétexte oserait-on motiver le rejet de cette même preuve, lorsqu'il s'agirait de convaincre un mari d'avoir commis, avec sa fille, un Adultère incestueux qui ne doit amener

que la dissolution d'un mariage ou une séparation de corps ?

» Une fille est exposée à être jugée Adultère et incestueuse sans pouvoir se défendre !

» Mais, d'abord, qui peut l'empêcher d'intervenir dans le procès en divorce, et d'y conclure à ce que les imputations qui lui sont faites, dans la personne de son père, soient déclarées fausses et calomnieuses ?

» Ensuite, quand la fille ne serait pas recevable à intervenir dans le procès où l'on mettrait son honneur en question (et c'est ce qui arrive toutes les fois que la femme, au lieu de se pourvoir civilement en divorce, se borne, d'après l'art. 339 du Code pénal, à rendre plainte, devant le tribunal correctionnel, de l'outrage que lui fait son mari, en entretenant une concubine dans la maison commune), résulterait-il de là un obstacle à la preuve de l'Adultère incestueux articulé par la femme ? Lorsqu'usant du droit que lui confère l'art. 339 du Code pénal, une femme accuse son mari, par voie de plainte correctionnelle, d'avoir vécu en concubinage dans la maison commune, avec une personne du sexe qui lui est étrangère, cette personne n'est pas recevable à intervenir ; les juges prononcent sans l'entendre ; et s'ils trouvent le mari coupable, ils le condamnent à une amende dont le déshonneur réfléchit certainement sur elle. Et pourquoi en serait-il autrement, lorsque le mari a pour complice de son concubinage, ou sa fille, ou sa belle-fille, ou sa sœur, ou sa belle-sœur, ou sa tante, ou sa nièce ? Le plus ou le moins de gravité du délit ne change rien au principe, et le principe est que tout délit peut être prouvé par témoins ; le principe est que, dans tout procès tendant à la punition d'un délit, il ne peut y avoir de parties que le plaignant, le ministère public et le prévenu.

» Une femme audacieuse se fera, du système adopté par l'arrêt de la cour de Paris, une arme pour intimider un mari innocent, pour lui imposer tous les sacrifices qu'il lui plaira !

» Oui, la chose est possible, parce qu'il peut exister des monstres. Mais à la place d'une femme coupable et d'un mari innocent, mettez une femme innocente et un mari coupable. Supposez une femme réduite à vivre avec un mari qui, tous les jours, sous ses yeux, se livre dans les bras d'une proche parente, à tous les excès du libertinage ; supposez cette femme abreuvée de tous les chagrins qu'entraîne avec soi une situation aussi affreuse ; supposez-la plongée dans le dernier désespoir, menacée de la perte de ses facultés intellectuelles ; lui refuserez-vous le secours de la planche que lui offre dans son triste naufrage, l'art. 230 du Code civil ? le lui refuserez-vous par la crainte de l'abus qu'une autre femme pourrait en faire ? et ne direz-vous pas plutôt qu'il n'est pas en votre pouvoir de la priver d'un droit qu'elle tient de la loi elle-même ; que la loi elle-même, en lui assurant ce droit, a dû en calculer les inconvéniens ; et que, puisqu'elle ne s'y est pas arrêtée, vous ne devez pas vous y arrêter davantage ?

» Mais, objecte encore le demandeur, c'est du droit romain, c'est de la Novelle 117, chap. 9, §. 5, que le Code civil a emprunté la disposition de son 25e article. Or, dans le droit romain, la femme n'était jamais recevable à accuser son mari du crime d'inceste. Elle ne pouvait donc jamais demander le divorce sur le fondement que son mari entretenait, dans la maison conjugale, un commerce incestueux avec une autre femme; et, si elle ne le pouvait pas d'après la Novelle 117, comment le pourrait-elle d'après l'art. 258 du Code civil? L'art. 230 du Code civil, en copiant la Novelle 117, ne l'a pas dénaturée, il ne l'a pas étendue. On ne peut donc pas aujourd'hui, en vertu de l'art. 230 du Code civil, comme on ne le pouvait pas, dans le droit romain, en vertu de la Novelle 117, admettre une femme à la preuve d'un Adultère incestueux.

» Ce raisonnement ne repose que sur une confusion de mots : il confond le droit de porter en justice une accusation proprement dite, avec le droit d'intenter une action civile qui a son fondement dans le crime que l'accusation pourrait avoir pour objet.

» Sans doute, dans le droit romain, la femme ne pouvait pas, par une action publique, accuser son mari d'inceste.

» Mais elle ne pouvait pas non plus, par une action publique, l'accuser d'un autre crime, quel qu'il pût être.

» Elle ne pouvait pas spécialement l'accuser d'adultère, crime qui, dans le dernier état du droit romain, emportait la peine de mort contre l'homme qui s'en rendait coupable (1) : *Publico judicio non habere mulieres Adulterii accusationem, quamvis de matrimonio suo violato queri velint, lex Julia declarat.* Ce sont les termes de la loi 1, C. *Ad legem Juliam de Adulteriis.*

» Cependant tout le monde sait que, dans le droit romain, la femme pouvait se faire, de l'Adultère dont son mari s'était rendu coupable par le commerce qu'il avait eu avec une autre femme mariée, un titre pour demander le divorce et répéter sa dot.

» C'est ce qu'observe Brunnemann, sur la loi même que nous venons de citer : *Quæritur hîc,* dit-il, *an uxor possit maritum de Adulterio convenire; et respondetur quod non, quia lex Julia maritis tantum dedit querelam hanc, et reverentiam debet marito. Sed hoc cum grano salis intelligendum est; nam jure civili...., uxor, ob Adulterium mariti, potest ab eodem divertere, et ad privationem dotis vel donationis propter nuptias agere.*

» Voët fait la même distinction dans son commentaire sur le digeste, liv. 48, tit. 5, n. 21 : *Neque mulier publico judicio de violato suo proprio matrimonio queri; vel maritum criminaliter ac-*

cusare potest; licet ad POENAS CIVILES, *secundùm alibi dicta, rectè contendat.*

» Et c'est ce que décidait textuellement la Novelle 22, chap. 15, §. 1, non-seulement pour l'Adultère, mais encore pour un grand nombre d'autres crimes que pouvait commettre un mari. Si une femme (disait cette loi) peut prouver que son mari s'est rendu coupable, soit d'Adultère, soit d'homicide, soit d'empoisonnement, soit de sédition, soit de conspiration contre l'État, ou qu'il a été condamné pour crime de faux, ou qu'il a, soit violé des sépultures, soit commis un vol dans une église, ou qu'il est associé avec des voleurs, ou qu'il leur donne asile, ou qu'il vit avec d'autres femmes, sous les yeux de la sienne, ou qu'il a attenté à ses jours par le fer, par le poison ou de toute autre manière, ou que, le fouet à la main, il a exercé sur elle de mauvais traitemens : dans chacun de ces cas, la femme peut divorcer, répéter sa dot et réclamer ses gains nuptiaux : *Si igitur valuerit mulier ostendere maritum, aut adulterio delinquentem, aut reum homicidii, aut veneficiis, aut seditionibus occupatum, aut communicantem delicto machinato contrà ipsum imperium, aut condemnatum falsitatis, aut sepulchra effodientem, aut ex aliquâ sacrarum domuum rapuisse, aut latrocinii sectantem viam, aut latrocinantes suscipientem, aut ita luxuriosè viventem, ut inspiciente uxore; cùm aliis corrumpatur; aut si insidias se passam à vivro probet circà ipsam salutem; aut venenis, aut gladio, aut per alium talem modum, aut etiam si flagellis super eâ utatur. Si igitur mulier tale aliquid ostendere potuerit, licentiam ei dat lex repudio uti et nuptiis abstinere, dotemque percipere, et antenuptialem donationem totam, non solùm si omnes simul probaverit causas, sed etiam si, secundùm se, unam.*

» Deux choses à remarquer dans ce texte.

» D'une part, tout incapable qu'est la femme d'intenter une action publique contre son mari, pour quelque crime que ce soit, elle peut, par la voie civile et à l'effet d'obtenir son divorce, prouver qu'il s'est rendu coupable de l'un des crimes que la loi énumère, elle peut le prouver, sans qu'un jugement préalable ait encore condamné son mari, à moins qu'il ne s'agisse de crime de faux, auquel cas elle ne peut faire sa preuve que par un jugement de condamnation, *aut condemnati falsitatis.*

» D'un autre côté, la loi place sur la même ligne le mari adultère, c'est-à-dire, le mari coupable d'un commerce criminel avec une autre femme mariée, et le mari vivant, sous les yeux de son épouse, dans la débauche avec d'autres femmes libres; et quoique le premier ne puisse pas être poursuivi criminellement par son épouse, à raison de son Adultère, la loi permet cependant à son épouse de le répudier, en faisant, par la voie civile, la preuve de son Adultère même.

» Quels changemens la Novelle 117 avait-elle apportés à cette législation ?

---

(1) Voët, sur le Digeste, liv. 48, tit. 5, n. 10.

» Elle y avait dérogé, en restreignant, pour la femme, les causes du divorse à six cas : 1° à celui où elle prouverait que son mari avait conspiré contre l'état; 2° à celui où elle prouverait que son mari avait attenté à ses jours ; 3° à celui où elle prouverait que son mari avait cherché à la prostituer ; 4° à celui où son mari aurait succombé dans une accusation d'Adultère intentée contre elle; 5° à celui où elle prouverait que son mari vivait en concubinage dans la maison conjugale avec une autre femme : *Si quis in eâ domo in quâ cum suâ conjuge commanet contemnens eam, cum aliâ inveniatur in eâ domo manens;* 6° enfin, à celui où, dans une autre maison, mais dans la même ville, il entretiendrait avec une autre femme des habitudes illicites, et qu'il ne les romprait pas après deux sommations qui lui en seraient faites par son épouse, par ses parens ou par d'autres personnes dignes de foi.

» Mais, à ces dérogations près, la Novelle 117 laissait toujours subsister le principe établi par les lois précédentes, savoir, que la femme pouvait, par la voie civile, tirer de la preuve d'un crime qu'il ne lui était pas permis de dénoncer par une accusation publique, un moyen de faire dissoudre son mariage.

» Ainsi, d'après cette Novelle même, la femme ne pouvait pas accuser criminellement son mari, soit d'avoir attenté à ses jours, soit d'avoir cherché à la prostituer.

» Cependant elle pouvait alléguer et prouver civilement l'un et l'autre crime, comme cause de divorce.

» Ces notions posées, que signifie l'argument que le demandeur fait ici résulter du rapprochement de la Novelle 117 avec l'art. 230 du Code civil?

» Oui, c'est dans la Novelle 117 que l'art. 230 du Code civil a puisé le moyen de divorce qu'il offre à la femme dont le mari s'est rendu coupable d'Adultère dans la maison commune.

» Mais la Novelle 117 excluait-elle de la cinquième cause de divorce qu'elle établissait en faveur de la femme, le cas où la concubine que le mari entretiendrait dans la maison conjugale, serait sa fille ou sa sœur, et où par conséquent le concubinage dans lequel le mari vivrait avec elle, dégénérerait en inceste?

» Elle ne l'en excluait certainement pas en termes exprès; et comment aurait-elle été censée l'en exclure implicitement?

» C'est, dit le demandeur, parce que, si elle avait admis la femme à prouver que son mari vivait dans un concubinage incestueux, il en serait résulté, de sa part, une accusation d'inceste contre son mari, et que toute action criminelle contre son mari lui était interdite.

» Mais la femme n'avait pas besoin, pour profiter de la cinquième cause de divorce établie par la Novelle 117, d'intenter contre son mari une action criminelle d'inceste : il suffisait que, par la voie civile elle le fît déclarer coupable d'un concubinage incestueux.

» Elle était, pour cette cinquième cause de divorce, dans la même position que pour la seconde et la troisième. Pour obtenir le divorce sur le fondement que son mari avait attenté à ses jours ou cherché à la prostituer, elle n'avait ni le besoin ni le droit de poursuivre criminellement, comme coupable de tentative d'assassinat ou de prostitution : il lui suffisait de prouver civilement l'un ou l'autre fait.

» Et ce que la femme pouvait faire, dans le droit romain, en cas de concubinage incestueux, à combien plus forte raison le peut-elle aujourd'hui dans le même cas, aujourd'hui que l'inceste n'est plus puni comme crime, aujourd'hui qu'il n'est plus à craindre que la révélation que fait la femme, par la voie civile, de la conduite incestueuse de son mari, attire sur lui une accusation criminelle?

» Le demandeur sera-t-il plus heureux dans la discussion de l'art. 230 du Code civil considéré en lui-même, qu'il ne l'a été dans le rapprochement qu'il en a fait avec la Novelle 117?

» Voici quel est à cet égard son raisonnement.

» L'art. 230, dit-il, n'autorise la plainte en Adultère, de la part de la femme, que lorsque le mari a *tenu sa concubine dans la maison commune.* Or, la dénomination de *concubine* n'a jamais servi dans l'usage, et n'a jamais été employée par les lois, à signaler une fille qui vivrait dans un commerce criminel avec son père. D'ailleurs, le domicile du père étant de droit le domicile de la fille, on ne peut jamais dire d'un père, qu'il *tient* sa fille dans sa maison ; on ne *tient* chez soi que les personnes qui n'ont pas le droit d'y être. Et l'art. 230, en disant, *a tenu sa concubine dans la maison commune,* se rapporte évidemment à une femme étrangère que le mari a introduite dans la maison commune, par un abus de la puissance maritale. L'art. 230. est donc, par une double raison, inapplicable à l'Adultère dont un père se souillerait avec sa fille, dans la maison commune.

» Il faut convenir que si l'art. 230 autorisait, par la manière dont il est rédigé, une conséquence aussi immorale, il accuserait le législateur d'une grande imprévoyance ; mais il s'en faut beaucoup qu'on puisse lui faire un pareil reproche.

» 1° Il est vrai que, dans le droit romain, la véritable dénomination de concubine n'aurait pas pu convenir à une fille vivant avec son père dans un commerce criminel ; mais pourquoi? parce que, dans le droit romain, le concubinage n'avait rien d'illicite ; parce que la législation elle-même en faisait un état qu'elle reconnaissait, *quia concubinatus per leges nomen assumpsit,* disait la loi 3, D. *de concubinis,* parce que cet état n'était, suivant l'expression de la loi 3, C. *de naturalibus liberis,* qu'un mariage inégal, *inæquale conjugium;* parce qu'une concubine n'était, comme ledit Cujas, qu'une épouse dont la légitimité était incomplète , *minus justa uxor.*

» Aussi la loi 1 , §. 5 , D. *de concubinis,* déclarait-elle formellement qu'il ne pouvait pas existér de concubinage , soit entre le fils ou le petit-fils et la concubine du père ou de l'aïeul, soit entre le père ou l'aïeul et la concubine du fils ou du petit-fils : *Si qua in patroni fuit concubinatu , deinde in filii esse cœpit , vel in nepotis , vel contrà , non puto eam rectè facere ; quia propriè nefaria est hujusmodi conjunctio ; et ideò hujusmodi facinus prohibendum est.*

» Aussi la loi 58 , D. *de ritu nuptiarum ,* qualifiait-elle d'incestueux le concubinage dans lequel vivait un oncle avec sa nièce , *etiamsi concubinam quis habuèrit sororis filiam, incestum committitur.*

» Mais cela n'empêchait pas , et les deux derniers textes cités en fournissent la preuve , que la femme qui vivait dans un commerce incestueux avec un parent ou un allié, même naturel , qu'elle n'aurait pas pu épouser , ne fût sa concubine de *fait.* Seulement le concubinage qui existait entr'eux, au lieu d'être légal , prenait le caractère de crime.

» Dans nos mœurs , on ne fait point et on n'a jamais fait de distinction semblable. Tout commerce entre un homme et une femme qui n'est point précédé d'un mariage solennel , est un concubinage ; et tout concubinage est illicite.

» Ainsi, nul doute que, dans nos mœurs, la femme qui vit dans un commerce illicite avec son frère , avec son beau-frère , avec son père , avec son beau-père , ne soit , aux yeux de la loi , sa concubine , comme le serait celle d'un étranger avec qui elle vivrait dans le même état.

» Nul doute, par conséquent, que, dans l'art. 230 du Code civil , la dénomination de *concubine* ne soit applicable à la parente même la plus proche avec laquelle le mari entretient un commerce illicite dans la maison commune.

» 2º Ce n'est pas avec plus de fondement que le demandeur cherche à se prévaloir du mot *tenir,* qui est employé dans le même article.

» *Tenir quelqu'un dans une maison ,* est une expression générique, qui comprend aussi bien la personne qu'on y loge par suite de l'obligation dans laquelle on est de lui procurer un logement, que la personne à qui l'on y donne une habitation non obligée.

» Ainsi, l'on dit, en parlant d'un père, qu'il tient ses enfans dans sa maison , pour exprimer qu'il les a près de lui, qu'il ne les fait pas élever dans une maison étrangère.

» Ainsi, l'on dit, en parlant d'un tuteur, qu'il tient sa pupille dans sa maison, pour exprimer qu'il ne l'a pas placée dans un pensionnat.

» Qu'importe, dès-lors, que la fille du demandeur ait son domicile de droit dans la maison de son père? De ce qu'un enfant est domicilié de droit dans la maison de son père , il ne s'ensuit pas que son père soit obligé de le loger chez lui plutôt qu'ailleurs. Il lui doit le logement , sans doute ; mais il peut le lui donner hors de sa propre habitation ; et

ce qu'il peut à cet égard , la décence veut qu'il le fasse, lorsqu'il s'agit d'un enfant naturel ; surtout s'il est lui-même uni , par les nœuds du mariage ; à une femme pour qui la présence de cet enfant ne peut être le plus souvent qu'un sujet de discorde , ou au moins de réflexions douloureuses et de présages sinistres.

» Enfin , quand le demandeur n'aurait fait , en tenant sa fille dans la maison conjugale , que remplir un devoir auquel rien n'eût pu le soustraire , ce ne serait pas encore un motif pour ôter à son épouse le droit de dénoncer à la justice l'adultère dont il se serait rendu coupable avec sa fille elle-même.

» Du moment qu'une fille oubliant les devoirs les plus sacrés de la nature et de la pudeur, s'abandonne aux désirs criminels de son père, la loi ne peut plus voir en elle une fille proprement dite ; elle ne peut plus voir en elle qu'une concubine ; et tout ce qu'elle dit des concubines en termes généraux, lui est nécessairement applicable.

» Qu'importe, après cela, que, dans la discussion du projet de l'art. 230, M. Tronchet ait dit que cet article n'est que l'écho de la loi romaine , qui admettait l'action en divorce de la part de la femme , *lorsque le mari avait introduit sa concubine dans la maison?*

» M. Tronchet, en s'exprimant ainsi, avait perdu de vue les termes de la Novelle 117 : la Novelle 117 ne limitait sa disposition au cas où le mari aurait été chercher une concubine hors de sa maison , pour l'y introduire; elle la rendait commune à tous les cas où la concubine partageait la demeure de la femme légitime, à quelque titre et par quelque moyen qu'elle y fût entrée : *Si quis in eâ domo in quâ cum suâ conjuge commanet, contemnens eâm , cum aliâ inveniatur in eâ domo manens.*

» Qu'importe encore que l'orateur du gouvernement , M. Treilhard , ait dit, dans l'*Exposé des motifs* de l'art. 230 : « L'Adultère du mari ne donne » lieu au divorce , que lorsqu'il est accompagné d'un » caractère particulier de mépris, *par l'établissement* » de la concubine dans la maison commune? »

» M. Treilhard n'a ni voulu ni pu, par l'emploi du mot *l'établissement,* restreindre la disposition de l'art. 230.

» On ne supposera certainement pas qu'il ait entendu par-là mettre à l'abri de l'action en divorce, et le mari vivant en concubinage dans sa maison , avec une femme que son épouse y aurait amenée , et le mari vivant en concubinage dans la maison de son épouse avec une femme que son épouse eût reçue chez elle avant ou depuis le mariage.

» On ne peut donc pas non plus supposer qu'il ait entendu , par-là mettre à l'abri de l'action en divorce, le mari qui vivrait en concubinage avec sa propre fille dans la maison conjugale.

» Ne sent-on pas d'ailleurs qu'en faisant sa concubine , soit d'une femme que son épouse a établie dans la maison conjugale, soit de la fille qui y a été établie par la loi , et faute par lui de l'avoir placée dans une autre maison , le mari se rend propre l'établissement de l'une ou de l'autre dans la maison conjugale elle-même ? En effet, dans l'un et l'autre cas, le mari change, par sa manière de vivre avec l'étrangère introduite dans la maison par son épouse, ou avec sa fille établie dans sa maison par le droit de la nature, le titre en vertu duquel cette étrangère, cette fille, partagent l'habitation conjugale. Le logement que l'étrangère tenait primitivement dans la maison conjugale, de l'épouse du mari ; le logement que la fille tenait primitivement dans la même maison, du droit de la nature, elles ne le tiennent plus, en devenant concubines du mari, que de la passion criminelle dont elles sont l'objet. C'est donc, dès ce moment, à la passion criminelle du mari qu'elles doivent l'avantage de partager avec lui l'habitation de l'épouse. C'est donc, dès ce moment, le mari qui est censé les y établir comme concubines.

» Qu'importe enfin que, dans l'art. 339 du Code pénal, le fait que l'art. 230 du Code civil signale comme une cause de divorce pour la femme, soit exprimé par les mots ; le mari qui aura entretenu une concubine dans la maison conjugale ? Et qu'y a-t-il dans ces termes qui ne puisse s'appliquer à une fille vivant en concubinage avec son père dans la maison habitée par celui-ci et son épouse ?

» Sans contredit, un père doit des alimens à sa fille, et cette obligation renferme pour lui celle de la nourrir, de la vêtir, de la loger, en un mot, de pourvoir à tout son entretien. Mais si, au lieu de l'entretenir comme sa fille, il l'entretient comme sa concubine, quel prétexte y aurait-il de le soustraire à l'application de l'art. 339 du Code pénal ?

» Et puis, oserait-on dire qu'une femme qui, vivant en concubinage avec le mari dans la maison conjugale, ne recevait rien de lui pour son entretien, ou parce qu'elle serait assez opulente pour se passer de ses secours pécuniaires, ou parce qu'elle aurait assez de délicatesse pour les refuser, ne devrait pas être considérée, d'après l'art. 339 du Code pénal, comme une concubine entretenue dans la maison conjugale ?

» Ce serait assurément une dérision. Quel est le motif de l'art. 339 du Code pénal ? quel est celui de l'art. 230 du Code civil ? Ce n'est pas de punir le mari du tort qu'il a fait à son épouse, en prodiguant ses largesses à la complice de ses désordres : c'est de le punir du mépris qu'il a fait de son épouse, en prenant pour siège de son désordre la maison conjugale : c'est de venger l'outrage que son épouse a souffert par la présence de la femme coupable qui lui a enlevé un cœur sur lequel le plus saint des nœuds lui donnait le droit de compter toute sa vie : Aut ita luxuriosè viventem ut, inspiciente uxore, cum aliis corrumpatur, quod maximè mulieres nuptas, ut pote circà cubile stimulatas, exasperat, et praecipuè castas, dit la Novelle 22, chap. 15, §. 1. Or, ce motif a-t-il moins de force pour l'épouse dont le mari entretient gratuitement, que pour l'épouse dont le mari paye au plus cher

denier, un commerce criminel avec une autre femme dans la maison conjugale ?

» Il ne faut donc pas ici attacher aux expressions de l'art. 339 du Code pénal, une importance qu'elles n'ont pas par elles-mêmes.

» Mais si l'on veut connaître au juste et le sens de ces expressions, et le sens de celles qu'emploie l'art. 230 du Code civil, il faut remonter à leur source commune. Il faut recourir au chapitre 9 de la Novelle 117 ; et l'on y verra le législateur s'exprimer en termes qui conviennent à toute femme vivant en concubinage avec le mari dans la maison conjugale, à quelque titre qu'elle y ait été introduite et sur quelque pied qu'elle y réside : si quis in eâ domo in quâ cum suâ conjuge commanet, contemnens eam, cum aliâ inveniatur in eâ domo manens. Voilà le type de notre législation actuelle ; et il n'y a là, ni distinction, ni exception, ni équivoque.

» En dernière analyse, vous voyez, Messieurs, que la question sur laquelle vous avez à prononcer, se réduit à savoir si un Adultère cesse d'être Adultère, parce qu'il est aggravé par un inceste ; si une disposition aussi générale, aussi positive, aussi absolue que l'est celle de l'art. 230 du Code civil, peut être restreinte par des exceptions arbitraires, ou éludée par de vaines arguties.

» Et nous estimons, en tenant la négative pour démontrée, qu'il y a lieu de rejeter la requête du demandeur ».

Par arrêt du 5 juillet 1813, au rapport de M. Boyer, « Attendu.... 2° que l'omission de prononcer sur un des moyens de nullité proposés en cause d'appel par le demandeur, contre le jugement de première instance, ne donnerait lieu, si elle était prouvée, qu'à un moyen de requête civile, et non à un moyen de cassation ; et qu'au surplus, le rejet de quelques faits articulés par la dame de M....., n'avait pas été prononcé d'office par les premiers juges, puisque le sieur de M.... avait lui-même conclu au rejet absolu de tous les faits sans exception ;

» Attendu 3° que l'examen de la pertinence des faits et de leur précision étant du domaine exclusif des tribunaux ordinaires, et les deux tribunaux de première instance et d'appel ayant, dans l'espèce, déclaré que les faits proposés par la dame de M... étaient pertinens et suffisamment précisés, cette déclaration en fait ne peut devenir la base d'un moyen de cassation ;

» Attendu enfin, que la disposition de l'art. 230 du Code civil, qui autorise la femme à demander le divorce pour cause d'Adultère de son mari, lorsque celui-ci a tenu sa concubine dans la maison commune, est absolue, générale, et ne contient aucune exception pour le cas où cet Adultère serait accompagné d'inceste ;

» Attendu qu'une telle exception serait même évidemment contraire au but de la loi, puisqu'elle tendrait à donner à une circonstance aggravante de l'Adultère, l'effet de paralyser l'action qui en naît au profit de la femme ; et qu'il est contre la nature des choses que l'aggravation d'un crime ou d'un délit, puisse en assurer l'impunité ;

» Attendu qu'il suit de là que l'arrêt attaqué, en admettant dans l'espèce, la preuve du fait d'Adultère, nonobstant la circonstance qu'étant prouvé, il aurait le caractère d'inceste, loin de violer la lettre ni l'esprit de l'art. 23o précité, en a fait au contraire une juste application ;

» Par ces motifs, la cour rejette le pourvoi...».

* N. XII. *Page* 146 *, col.* 1 *, après la ligne* 26 *, ajoutez :*

Au reste, la question vient d'être jugée implicitement dans une autre espèce.

Le 1er mai 1811, arrêt de la cour de Montpellier, qui « admet le divorce provoqué par le sieur Galibert contre la dame Grandvoinet, son épouse, pour cause d'Adultère ; en conséquence, autorise ledit Galibert à se retirer devant l'officier de l'état civil, pour faire prononcer ledit divorce, conformément à l'art. 258 du Code civil.... ; faisant droit sur la réquisition du procureur-général, condamne ladite Grandvoinet, épouse Galibert, à la réclusion dans la maison de correction de cette ville, pendant le délai de trois mois ».

Le 5 décembre suivant, la dame Galibert se pourvoit en cassation contre cet arrêt.

Le 8 du même mois, décès de son mari.

Les choses en cet état, la dame Galibert conclut à ce que l'arrêt dont elle se plaint, soit déclaré comme non avenu ; et elle ne persiste que subsidiairement dans sa demande en cassation.

« Il n'existe pas de divorce (dit-elle), tant qu'il n'est pas prononcé par l'officier de l'état civil : cela résulte des art. 264 et 266 du Code civil.

» L'art. 264 porte : *en vertu de tout jugement rendu en dernier ressort ou passé en force de chose jugée qui autorisera le divorce, l'épouse qui l'aura obtenu, sera obligée de se présenter dans le délai de deux mois, devant l'officier de l'état civil, l'autre partie duement appelée, pour faire prononcer le divorce.*

» L'article 266 est ainsi conçu : *l'époux demandeur qui aura laissé passer le délai de deux mois ci-dessus déterminé, sans appeler l'autre époux, devant l'officier de l'état civil, sera déchu du bénéfice du jugement qu'il avait obtenu, et ne pourra reprendre son action en divorce, sinon pour cause nouvelle ; auquel cas, il pourra néanmoins faire valoir les anciennes causes.*

» Le sens de ces deux articles est clair. L'époux qui a obtenu le divorce, peut seul se présenter devant l'officier de l'état civil, pour le faire prononcer ; s'il ne se présente pas, il est déchu du jugement, et les parties sont dans le même état qu'elles étaient avant.

» La disposition de l'art. 264 est aussi impérieuse que celle de l'art. 236, qui ordonne à l'époux demandeur en divorce de présenter lui-même sa requête au président du tribunal. La prononciation du divorce par l'officier de l'état civil, ne peut être requise par les héritiers de l'époux décédé. Il serait ridicule qu'on voulût faire prononcer un divorce qui ne peut exister, puisque le mariage a été dissous par la mort de l'un des époux.

» La mort du sieur Galibert, avant que le divorce ait été prononcé par l'officier de l'état civil, rend désormais cette prononciation impossible ; et les époux doivent être considérés comme étant dans le cas de déchéance prononcée par l'art. 266 ; ce qui revient à dire que l'arrêt doit être regardé comme non avenu.

» Cet art. 266 laisse à la volonté de l'époux demandeur de faire prononcer légalement le divorce. Il est bien vrai que, si l'époux laisse passer le délai de deux mois sans requérir cette prononciation, les jugemens de l'instance en divorce tombent d'eux-mêmes et n'ont aucune force. Il doit en être nécessairement de même, quand la mort a mis l'époux demandeur dans l'impossibilité de faire prononcer le divorce.

» La loi se serait expliquée, si elle l'avait entendu autrement. La sagesse du législateur a tracé des règles particulières pour l'action en divorce. Par une exception particulière, le pourvoi en cassation est suspensif de l'exécution de l'arrêt ; il faut donc admettre que l'arrêt ne dissout pas le mariage, et par une conséquence nécessaire, que, lorsque le décès de l'un des époux vient dissoudre le mariage, ils sont censés avoir été unis jusqu'à cette dissolution.

» Que deviendra donc la prononciation du divorce ?

» Entre qui le divorce sera-t-il prononcé ?

» Tant que l'arrêt est suspendu, il n'est pas passé en force de chose jugée ; le serait-il, son exécution ne peut avoir lieu, puisque celui qui a seul qualité pour la requérir, n'existe plus, et qu'avec lui est éteinte l'action.

» En lisant l'art. 258 du Code civil, on voit que la cour, lorsqu'elle admet le divorce, doit autoriser le mari à se retirer devant l'officier de l'état civil pour le faire prononcer.

» Il dépend donc de la volonté du mari de rendre sans effet cette autorisation que lui donne la loi ; et lorsqu'il est décédé avant d'en user, la faveur due au lien sacré du mariage, écarte toute idée qu'il ait pu être dissous.

» S'il demeure évident que le divorce ne peut être prononcé, et que par conséquent l'arrêt qui l'a admis, est comme non avenu, la peine de la réclusion infligée à la femme, en vertu de l'art. 398 du Code civil, ne peut avoir d'effet ; car le pourvoi en cassation a suspendu l'exécution de la peine, de même que la prononciation du divorce : l'arrêt ne peut être scindé ; s'il est déclaré comme non avenu pour le divorce, il doit l'être également pour la peine. Là où il n'existe point de délit, il ne peut exister de peine ; et le crime d'Adultère ne peut être légalement constaté, qu'autant que le divorce a dû s'ensuivre. La décision de la cour d'appel de Montpellier ne peut être considérée comme passée en force de chose jugée, tant qu'elle est soumise à une autorité supérieure ».

Par arrêt du 17 juin 1813, au rapport de Monsieur Sieyès;

« Attendu qu'il est justifié que Galibert, mari de l'exposante, est décédé le 8 décembre 1811, avant la prononciation du divorce par l'officier de l'état civil, et quelques jours après la déclaration du pourvoi en cassation contre l'arrêt dont il s'agit; que ce décès ainsi constaté rend la prononciation du divorce inexécutable;

» La cour dit qu'il n'y a lieu à statuer sur le présent pourvoi ».

AJOURNEMENT. *Page* 182, *après la ligne* 42, *ajoutez* :

XXXIII. Quant aux délais des ajournemens; *V. Délai*, sect. 1, §. 1.]]

AMENDE, §. V, n. II. *Page* 227, *col.* 2, *lig.* 47, *au lieu de* 14 octobre, *lisez*: 18 octobre.

N. III. *Page* 228, *col.* 1, *ligne* 55, *au lieu de*, à l'article *Douane*, §. 6, *lisez* : à l'article *Appel*, sect. 2, §. 10. *V.* aussi *Délit*, §. 9, n. 4; et *Tabac*, *n.* 9.

§. VIII, n. I. *Pag.* 230, *col.* 2, *avant le* n? II, *ajoutez* :

Par quel temps se prescrivent les Amendes encourues par les notaires, pour contravention à la loi du 25 ventose an 11 ? *V. Notaire*, dans les *Additions.*]]

AMNISTIE. *A la fin de l'article, ajoutez* :

IV. Quel est l'effet de l'acte d'un ministre qui ordonne de ne poursuivre les auteurs et les complices de certains délits, qu'après l'expiration d'un terme qu'il leur accorde pour le réparer? Cet acte équivaut-il à une amnistie pour ceux qui, le délai fixé, réparent le délit dont ils se sont rendus coupables?

Le 10 juin 1814, jugement du tribunal correctionnel de Nancy, qui, d'après l'art. 55 du tit. 2 de la loi du 22 juillet 1791, condamne Claude Gérard, marchand fripier en la même ville, à deux mois d'emprisonnement et aux frais du procès, pour avoir acheté, de soldats français, des armes et des effets d'équipement.

Claude Gérard appelle de ce jugement; et tout en soutenant qu'il n'est point coupable du délit qu'on lui impute, il se prévaut subsidiairement de l'avis du ministre de la guerre, inséré dans le *Moniteur* du 8 juin, et ainsi conçu :

« Dans les momens qui ont précédé le retour de l'ordre et de la tranquillité, des personnes ont recueilli des effets militaires de différentes espèces pour les conserver au gouvernement. Plusieurs déclarations parvenues au ministre de la guerre, ont justifié la pureté des intentions des dépositaires de ces effets.

Des négocians ou confectionnaires, qui étaient en relation d'affaires avec l'ancienne administration de la guerre, ont encore en leur possession des étoffes et effets qu'ils ont cru devoir conserver, soit pour garantie de leurs créances, soit pour en faire la remise, lorsque la demande leur en serait faite.

» Le ministre est informé que plusieurs personnes se trouvent également, par différens motifs dépositaires d'effets extraits des magasins de l'Etat.

» Le ministre aime à croire que ces personnes n'attendent que l'appel qui leur sera fait, pour déclarer ce qu'elles ont en leur possession.

» En conséquence, toutes les personnes qui ont des effets militaires en leur possession, sont prévenues qu'elles doivent en faire la déclaration au commissaire-ordonnateur de la division, ou au commissaire des guerres de la place la plus voisine de leur résidence.

» Cette déclaration indiquera la nature et la quantité des objets, leur origine et le motif qui les a mis au pouvoir des personnes qui en feront la déclaration.

» Le ministre de la guerre prévient que cette mesure doit s'exécuter dans Paris, dans le délai de huit jours, et dans le reste de la France, sous le délai d'un mois : passé ces délais, tous les individus connus pour avoir des effets militaires dont la déclaration n'aurait pas été faite, seront poursuivis comme détenteurs de la propriété de l'Etat ».

En conséquence, et sous l'offre qu'il fait de restituer les effets militaires saisis sur lui par la police, Claude Gérard conclut à ce que, sans avoir égard au jugement dont est appel, la cour royale de Nancy le décharge de toutes poursuites.

Le 29 du même mois arrêt par lequel,

« Considérant que si, d'un côté, Claude Gérard a été trouvé détenteur d'armes militaires qu'il s'est procurées par des achats prohibés, et qu'ainsi, il a d'abord été justement poursuivi; d'un autre côté, à ce moment, l'état des choses a changé à son égard par l'avis du ministre secrétaire d'Etat de la guerre, inséré dans le *Moniteur* du 8 du présent mois de juin, et antérieur au jugement prononcé contre Gérard.

» Que c'est sans doute dans la vue de faire récupérer au gouvernement des effets militaires que la crainte des peines aurait tenus cachés au détriment de la chose publique, que le ministre a donné à tous les détenteurs de ces effets, un délai pour en faire la déclaration et la restitution, *sans encourir aucune peine;*

» Que Gérard est encore dans le délai utile (fixé par ledit avis), et qu'il a fait la déclaration de sa volonté de rendre les effets militaires par lui achetés; que, dès-lors, il n'est passible d'aucune peine;

» D'après ces motifs, la cour, statuant sur l'appel de Claude Gérard, et prononçant par arrêt, déclare qu'il n'y a pas lieu à poursuite contre ledit Gérard, ordonne qu'il sera mis en liberté, et que les armes saisies sur lui, seront remises dans les magasins du gouvernement ».

Recours en cassation contre cet arrêt de la part du ministère public.

« Le recours en cassation sur lequel vous avez à prononcer (ai-je dit à l'audience de la section criminelle, le 28 juillet 1814), nous paraît fondé sur des principes irréfragables.

» Tout fait qualifié délit par la loi, doit être puni des peines que la loi inflige à ceux qui s'en sont rendus coupables ou complices, à moins que le délit même ne soit éteint, ou par la mort du délinquant, ou par la prescription, ou par une amnistie.

» Dans l'espèce qui se présente, le délinquant vit encore, et il ne peut pas invoquer, il n'invoque pas la prescription.

» Il n'y aurait donc qu'une amnistie qui pût le mettre à l'abri des peines qu'il a encourues.

» Mais qu'est-ce qu'une amnistie ? C'est un acte de l'autorité publique qui impose silence à la loi pénale.

» Or quel est le degré d'autorité publique d'où peut émaner un pareil acte ? Bien évidemment il ne peut émaner que de l'autorité suprême.

» Car de deux choses l'une : ou l'amnistie est une loi, ou c'est un simple exercice du droit de faire grâce.

» Si l'amnistie est une loi, elle ne peut être que le résultat du concours des volontés des trois branches du pouvoir législatif.

» Si l'amnistie est un simple exercice du droit de faire grâce, il est clair qu'elle ne peut être accordée que par le roi ; et si l'on pouvait supposer que le roi pût déléguer un droit aussi éminent, au moins serait-on forcé de reconnaître que la délégation devrait en être expresse, qu'elle devrait être revêtue de tous les caractères extérieurs qui distinguent les actes personnels du pouvoir royal, que jamais elle ne pourrait être présumée.

» Mais, dès-lors, quel peut être ici l'effet de l'avis du ministre de la guerre, du 8 juin dernier ?

» Cet avis peut-il être considéré comme une loi ? Non : les ministres ne sont pas législateurs ; et jamais leurs décisions, lorsqu'elles portent sur des matières qui appartiennent à la juridiction des tribunaux, ne peuvent obliger, ni même autoriser, les tribunaux à s'écarter des lois qu'elles contrarient.

» Cet avis peut-il être considéré comme un acte du pouvoir royal de faire grâce ? Pas davantage. Le roi ne l'a point signé ; et il n'existe aucune preuve authentique que le ministre ait reçu spécialement du roi le pouvoir de le signer au nom de S. M.

» Aussi sommes-nous loin de penser qu'en signant cet avis, le ministre de la guerre ait eu l'intention d'en faire, soit une loi proprement dite, soit un acte du droit de faire grâce ; et nous croyons au contraire pouvoir assurer que cet avis, le ministre de la guerre ne s'est proposé qu'une seule chose, savoir, de diriger les agens de son administration relativement aux poursuites qu'ils auraient à faire, non pas dans l'intérêt de la vindicte publique à laquelle ils sont absolument étrangers, mais dans l'intérêt pécuniaire de l'État, contre les détenteurs d'effets militaires.

» Ce que le ministre de la guerre a fait par son avis du 8 juin, le ministre des finances le fait presque tous les jours : presque tous les jours, il donne, sur

les mémoires qui lui sont soumis par la régie de l'enregistrement et des domaines, des décisions sur la manière d'exécuter et d'appliquer les lois relatives aux droits d'enregistrement et de timbre.

» Eh bien ! ces décisions sont-elles, nous ne disons pas en réalité, mais dans l'opinion du ministre qui les donne, obligatoires pour les tribunaux ? Nullement ; et en voici une preuve bien solennelle, que nous fournit le *Bulletin des lois*.

» Des marchands de musique auxquels la régie de l'enregistrement opposait des décisions de ce genre, des 7 avril et 7 juillet 1812, en ont demandé l'annulation au conseil d'état, par la voie de la commission du contentieux.

» Informé de cette réclamation, le ministre des finances a répondu que les actes dont il s'agissait, *n'étaient évidemment, de leur nature, que des instructions adressées à la régie pour guider les préposés dans le mode de perception, et pour fixer l'incertitude de l'administration sur le sens dans lequel elle doit défendre les dispositions de la loi devant les tribunaux ; qu'il n'a jamais entendu que les opinions qu'il lui transmettait ainsi, dussent faire règle absolue pour les redevables, ni les enlever à leurs juges naturels ; qu'ainsi, les parties qui se croyent lésées par ces solutions, doivent porter leurs réclamations devant les tribunaux ordinaires, qui seuls peuvent et doivent statuer selon leur conviction, et sans prendre ces solutions pour guide ; que la jurisprudence des tribunaux, et celle surtout de la cour de cassation, sont uniformes sur ce point.*

» Et en conséquence, décret du 17 janvier dernier, qui, attendu *que ces observations sont fondées sur les principes de la matière*, rejette la requête des marchands de musique, *sauf à eux, en cas de poursuite exercée en vertu des actes dont ils se plaignent, à se pourvoir devant les tribunaux et à faire valoir leurs prétentions.*

» Donc, par la même raison, en disant, le 8 juin, aux agens de son administration : *Vous ne poursuivrez pas les injustes détenteurs d'effets militaires, qui, dans tel délai, les auront déclarés et remis à la disposition du gouvernement,* le ministre de la guerre n'a pas entendu, comme il n'a pas pu, lier les tribunaux chargés de l'application des lois pénales.

» Donc il n'a pas voulu, comme il n'a pas pu, arrêter l'action du ministère public contre les vols d'effets militaires, qui seraient réparés dans le délai fixé.

» Donc la cour royale de Nancy, en s'étayant de cet avis pour décharger de toutes poursuites Claude Gérard, qu'elle reconnaissait cependant complice d'un vol d'effets militaires, a violé, non pas précisément l'art. 33 du titre 2 de la loi du 22 juillet 1791, qui ne parle que des vols d'effets appartenans à l'État en général, mais l'art. 5 de la loi du 28 mars 1793, qui s'occupe spécialement des armes et des effets d'équipement vendus par des soldats à des particuliers, et qu'un arrêt de la cour du 10 septembre 1812, rendu au rapport de M. Oudart, a jugé, par cette raison, avoir survécu au Code pénal de 1810.

» Par ces considérations, nous estimons qu'il y a lieu de casser et annuller l'arrêt qui vous est dénoncé par le procureur-général de la cour royale de Nancy ».

Par arrêt du 28 juillet 1814, au rapport de M. Busschop,

« Vu l'art. 410 du Code d'instruction criminelle; vu aussi l'art. 5 de la loi des 28 mars et 2 avril 1795...; considérant que, par son arrêt du 29 juin 1814, la cour royale de Nancy a reconnu que Claude Gérard a été trouvé détenteur d'armes militaires, qu'il s'était procurées par des achats prohibés; que, dès-lors, ladite cour devait le condamner aux peines prononcées contre ce genre de délit, par l'art. 5 de la loi précitée de 1795; qu'elle a donc manifestement violé cette loi, en déclarant qu'il n'y avait pas lieu à poursuite contre le prévenu; — Que la cour royale de Nancy n'a pu, comme elle l'a fait, se dispenser d'appliquer au prévenu la peine établie par ladite loi, sur le motif de l'existence d'une circulaire du ministre secrétaire d'état de la guerre, insérée dans le *Moniteur* du 8 juin 1814, par laquelle ce ministre aurait affranchi des poursuites les détenteurs d'effets militaires qui en feraient la déclaration dans les délais qui y sont prescrits, puisque les ministres ne peuvent anéantir ni suspendre l'effet des lois pénales, ce droit n'appartenant qu'au pouvoir législatif, et au roi, lorsqu'il veut user de son droit de faire grâce;

» D'après ces motifs, la cour, faisant droit au pourvoi du procureur-général près la cour royale de Nancy, casse et annulle l'arrêt de cette cour, du 29 juin 1814.... ».

APPEL, sect. I, §. I. *Page* 268, *col. 1, après la ligne 5, ajoutez :*

L'art. 453 du même Code déclare « sujets à l'Appel les jugemens qualifiés en dernier ressort, lorsqu'ils ont été rendus par des juges qui ne pouvaient prononcer qu'en première instance ». V. *Dernier ressort*, §. 12.

Le même article ajoute : « Ne seront recevables les Appels des jugemens rendus sur les matières dont la connaissance en dernier ressort appartient aux premiers juges, mais qu'ils auraient omis de qualifier, ou qu'ils auraient qualifiés en premier ressort ».

Et aux termes de l'art. 454 : « Lorsqu'il s'agira d'incompétence, l'Appel sera recevable, encore que le jugement ait été qualifié en dernier ressort ».

D'après ces dispositions, la voie d'Appel comme de juge incompétent, est-elle ouverte contre tout jugement qui, sans être qualifié en dernier ressort, est réellement tel par la nature de son sujet ou de ses dispositions ?

V. ci-après, sect. 2, §, 3, n. 6, dans les *Additions*.

§. V. *Page* 278, *col. 1, avant le §. 6, ajoutez :*

XI. Le consort d'un appelant qui, avant l'expira-

tion du délai fatal pour appeler lui-même, est assigné par l'intimé en déclaration d'arrêt commun sur l'Appel, est-il, par cela seul, dispensé d'appeler lui-même, et peut-il, après l'expiration du délai de l'Appel, se présenter comme appelant devant le tribunal supérieur ?

V. le plaidoyer et l'arrêt du 11 mai 1812, rapportés au mot *Testament*, sect. 2, §. 3, art. 3, n. 12.

XII. 1° Peut-on, après avoir laissé prononcer sur un appel, sans prouver qu'il avait été interjeté trop tard, et sans en exciper, attaquer l'arrêt de ce chef, par la voie de la cassation ?

2° Peut-on attaquer avec succès, par la voie de la cassation, un arrêt qui, dans une affaire où une seule des deux parties condamnées par un jugement rendu en première instance, en avait appelé, a permis à l'autre d'intervenir et d'adhérer à l'Appel de son consort, par un simple acte d'avoué ?

3° Le peut-on, lorsqu'on n'a pas opposé devant la cour qui a rendu l'arrêt, l'irrégularité de cette manière de procéder ?

V. le plaidoyer et l'arrêt du 3 juin 1811, rapportés au mot *Hypothèque*, sect. 2, §. 2, art. 10.

XIII. Le délai de l'Appel contre un jugement rendu par défaut, court-il du moment où la partie à laquelle il est signifié, fait à l'huissier, dans l'exploit même de la signification, une réponse qu'elle signe ?

V. le plaidoyer et l'arrêt du 2 janvier 1811, rapportés à l'art. *Saisie-exécution*, §. 2, art. 1, n. 2.

XIV. 1° Dans le délai de l'appel qui court à compter du jour de la signification du jugement à domicile, doit-on comprendre le jour de cette signification et celui de l'échéance ? 2° Ce délai doit-il être augmenté d'un jour par trois myriamètres de la distance qu'il y a du domicile de l'appelant au domicile de l'intimé ?

« Le procureur-général expose que la cour d'Appel de Turin a rendu, le 29 décembre 1810, un arrêt qui n'a pas été attaqué dans le délai fatal par la partie intéressée, mais qui paraît devoir être annulé dans l'intérêt de la loi.

» Le 30 juin 1810, un jugement contradictoire du tribunal de première instance de Turin, du 6 du même mois, a été signifié au sieur Michel Molto, en son domicile, à la requête des sieur et demoiselle Compano, en faveur desquels il avait été rendu.

» Le 1er octobre suivant, le sieur Michel Molto en a interjeté appel à la cour de Turin.

» La cause portée à l'audience, les sieur et demoiselle Compano, au lieu de défendre au fond, ont demandé que le sieur Molto fût déclaré non-recevable dans son appel, pour l'avoir interjeté trop tard.

» Et cette demande leur a été adjugée par l'arrêt cité, « attendu que l'appel du jugement attaqué est » en date du 1er octobre 1810, et que la signification » dudit jugement avait été faite à domicile le 30 juin » précédent ; que conséquemment un jour de plus » s'est écoulé outre le délai prescrit par l'art. 443 du » Code de procédure, délai qui est de rigueur ».

» Cet arrêt a été signifié au domicile du sieur Michel Molto, le 23 janvier 1811. Ainsi, le délai que la loi accordait au sieur Michel Molto pour se pourvoir en cassation, est expiré depuis long-temps; et il n'y a nul doute que l'exposant ne puisse se pourvoir lui-même, dans l'intérêt de la loi.

» Mais la loi est-elle violée par l'arrêt dont il s'agit ? C'est ce qu'il faut examiner.

» *Le délai pour interjeter Appel sera de trois mois ; il courra, pour les jugemens contradictoires, du jour de la signification à personne ou domicile.* Ainsi s'exprime l'art. 443 du Code de procédure civile.

» L'Appel du sieur Michel Molto avait-il été interjeté dans le délai fixé par cet article? en d'autres termes, le sieur Michel Molto, en appelant le 1er octobre 1810, d'un jugement qui lui avait été signifié le 30 juin précédent, en avait-il appelé dans les trois mois de la signification ?

» Cette question dépend de celle de savoir comment doit être calculé le délai de trois mois dans lequel la loi veut que soit interjeté l'Appel d'un jugement contradictoire qui a été signifié à personne ou domicile.

» Doit-on, dans la supputation de ce délai, compter, et le jour même de la signification du jugement, et le jour même où l'Appel est interjeté? ou ne doit-on y comprendre ni l'un ni l'autre?

» Si l'on s'en tient au premier parti, l'Appel est évidemment tardif. Si l'on s'en tient au second, l'Appel est évidemment interjeté en temps utile.

» Mais remarquons bien que, pour que l'Appel soit censé interjeté en temps utile, il ne suffit pas que l'on doive déduire du délai de trois mois, soit le jour de la signification du jugement, soit le jour de l'Appel même ; et qu'il faut qu'on ne puisse faire entrer dans ce délai ni l'un ni l'autre.

» Car si vous comprenez le 30 juin 1810 dans les trois mois, les trois mois se trouveront révolus le 29 septembre suivant ; et en supposant que le jour de l'appel n'y doive pas être compris, il faudra du moins que l'Appel soit interjeté le 30.

» D'un autre côté, si, sans comprendre le jour de la signification du jugement dans les trois mois, vous y comprenez le jour de l'Appel, les trois mois se trouveront révolus le 30 septembre ; et il sera trop tard le 1er octobre, pour appeler.

» Il faut donc, pour établir que l'arrêt de la cour d'Appel de Turin, du 29 décembre 1810, peut et doit être cassé, non-seulement prouver que la loi ne comprend pas dans le délai de trois mois le *terminus à quo*, c'est-à-dire, le jour du départ de ce délai, mais encore prouver que la loi n'y comprend pas le *terminus ad quem*, c'est-à-dire, le jour où le délai finit.

» Et l'exposant doit reconnaître que cette double preuve n'est pas aussi facile à faire qu'elle le paraît au premier coup d'œil.

» Si nous écoutons les praticiens, ils nous diront que *dies termini non computatur in termino.*

» Mais cette assertion est-elle aussi généralement vraie qu'elle est triviale ?

» Distinguons entre le *terminus à quo* et le *terminus ad quem.*

» Pour le *terminus à quo*, on convient assez universellement qu'il n'est pas compris dans le délai. Dumoulin qui soutient le contraire, sur l'ancienne coutume de Paris, §. 10, reconnaît lui-même que tel est l'usage.

» Mais il est à remarquer que ce n'est qu'un usage, et qu'aucune loi générale ne l'a consacré. Aussi la cour a-t-elle jugé tout récemment que l'on ne peut en tirer un moyen de cassation contre les arrêts qui s'en écartent.

» Dans le fait, le sieur Bernard avait fait saisir réellement un immeuble appartenant au sieur Quichaud-Lion, son débiteur. Le jour de l'adjudication arrivé, les enchères ne s'étaient pas élevées à 15 fois le revenu évalué par la matricule du rôle de la contribution foncière. En conséquence, et conformément à l'art. 14 de la seconde loi du 11 brumaire an 7, qui était alors en vigueur, le tribunal civil de Barbezieux avait rendu, ce jour là même, c'est-à-dire, le 18 messidor an 10, un jugement par lequel il avait remis l'adjudication à 30 jours.

» En exécution de ce jugement, il fut apposé de nouvelles affiches qui indiquèrent le 17 thermidor suivant pour l'adjudication définitive.

» A l'audience du 17 thermidor, le sieur Quichaud-Lion demanda la nullité des affiches, et par suite s'opposa à l'adjudication, attendu qu'il n'y avait pas 30 jours francs qu'avait été rendu le jugement du 18 messidor.

» Le même jour, jugement qui rejette la demande, ainsi que l'opposition, du sieur Quichaud-Lion, et adjuge l'immeuble saisi.

» Appel de la part du sieur Quichaud-Lion à la cour de Bordeaux ; et le 10 août 1809, arrêt qui, « attendu que l'art. 11 de la loi du 11 brumaire an » 7 voulant, dans le cas prévu, que le tribunal » remette l'adjudication à 20 jours au moins ou 30 » jours au plus, ne prescrit pas qu'il y ait 20 ou » 30 jours francs ; que de là il résulte que l'adjudi- » cation dont il s'agit, ayant été faite le 30e jour, » en y comprenant celui où le renvoi a été prononcé, » le sieur Quichaud-Lion est mal fondé dans son » Appel ; ordonne que le jugement du 12 thermi- » dor an 10 sortira son effet ».

» Le sieur Quichaud-Lion se pourvoit en cassation ; et le 8 mai 1811, au rapport de M. Rousseau, après une instruction contradictoire, arrêt par lequel : « Attendu, sur le moyen pris de ce qu'il » ne s'est pas écoulé 30 jours francs depuis le juge- » ment qui avait remis l'adjudication à ce terme, que » l'art. 11 ne prescrit point que, dans le délai fixé » par le jugement de remise, le jour de la prononcia- » tion ne sera pas compris ; et qu'en le compre- » nant dans le délai, comme l'a fait le jugement » confirmé par l'arrêt attaqué, il n'y a aucune » contravention à la loi.... ; la cour rejette à cet » égard le pourvoi du demandeur ».

» Si, comme le décide cet arrêt, ou ne viole aucune loi, en jugeant que le *terminus à quo* n'est pas compris dans le délai, à combien plus forte raison n'en violerait-on aucune, en jugeant de même par rapport au *terminus ad quem*.

» Voët, sur le Digeste, titre *de feriis et dilationibus*, n. 14, en établissant que le *terminus à quo* n'est pas compris dans le délai, fait clairement entendre que le *terminus ad quem* y est compris. S'il est ordonné, dit-il, qu'une partie donnera caution, comparaîtra ou fera un acte quelconque dans le délai de trois jours, à compter de celui où telle chose aura été faite, on ne doit pas comprendre dans ce délai le jour même où a été faite la chose qui en forme le point de départ ; en sorte que, si ce jour tombe, par exemple, au 1er mars, la partie aura, outre ce jour, les trois jours suivans pour satisfaire à ce qui lui est prescrit; et qu'elle pourra encore y satisfaire le 4 : *si intrà triduum, verbi gratiâ, ex quo quid factum gestumve fuerit, jubeatur quis vel intercedere, vel sese sistere, vel aliud quid agere, verius est ipsum illum diem quo quid gestum, aut quo decretum dilationis interpositum fuit (finge mensis martii primum), non esse connumerandum, sed præter illum diem t es alios arbitrio ejus qui dilationem impetravit, relictos esse; sic ut quarto ejusdem mensis die rectè impleat ea ob eo quod dilatio data fuerat.*

» Voët justifie ce qu'il avance, par trois textes du digeste, savoir : la loi 101, *de regulis juris*; la loi 41, *de verborum obligationibus*; et la loi 1, *si quis cautionibus*. Et, comme on le voit, il résulte clairement de cette doctrine, ainsi que des textes sur lesquels elle est fondée, que le jour de l'échéance est compris dans le délai ; car, s'il en était autrement, dans l'hypothèse proposée, la partie à qui il a été accordé, le 1er mars, un délai de trois jours, pourrait encore faire, le 5 mars, ce qu'il lui a été ordonné de faire dans ce délai ; et cependant Voët assure, les textes qu'il invoque établissent même, qu'il ne peut le faire que jusqu'au 4 mars.

» C'est ce qu'on doit également inférer de la loi 1ere, §. 9, D. *de successorio edicto*. Quand nous disons (ce sont ses termes) que la possession des biens doit être demandée dans les cent jours du décès, nous entendons qu'elle peut encore l'être le centième jour, comme on pourra encore faire le 1er janvier ce que l'on convient ou ce qu'on reçoit l'ordre de faire d'ici au premier janvier même : *quod dicimus intrà dies centum bonorum possessionem peti posse, ita intelligendum est ut et ipso die centesimo bonorum possessio peti possit; quemadmodum intrà kalendas etiam ipsæ kalendæ sunt.*

» Aussi la cour a-t-elle, par arrêt du 22 floréal an 9, au rapport de M. Aumont, et sur les conclusions de l'exposant, déclaré nul l'exploit de signification d'un arrêt portant admission d'une requête en cassation, parce qu'il n'avait été enregistré que le cinquième jour après celui de sa date, tandis qu'aux termes des art. 20, 25 et 34 de la loi du 22 frimaire

an 7, il eût dû l'être, à peine de nullité, dans les quatre jours suivans. On invoquait, à l'appui de l'opinion contraire, la disposition de l'art. 6 du tit. 3 de l'ordonnance de 1667. Mais l'exposant a observé que cette disposition étant limitée aux délais des ajournemens et des procédures, devait d'autant plus y être restreinte, que, dans les principes du droit romain, le jour du terme *ad quem* fait tellement partie d'un délai donné, que, ce jour passé, on n'est plus reçu à faire ce qui devait l'être dans ce délai; et la cour l'a ainsi jugé.

» C'est sur le même fondement que, par un autre arrêt du 21 nivose de la même année, au rapport de M. Malleville, la cour a rejeté la demande en cassation d'un jugement du tribunal civil du département du Jura, par lequel avait été déclarée non-recevable, comme faite hors du délai de huitaine accordé par l'ordonnance de 1667, une opposition formée le 11 germinal an 7, à un jugement par défaut qui avait été signifié le 2 du même mois ; rejet que la cour n'aurait certainement pas pu prononcer, si le jour de l'échéance du délai de huitaine n'eût pas dû être compté dans ce délai, puisqu'alors, en ne comptant pas le jour de la signification du jugement par défaut, jour qui formait le terme *à quo*, l'opposition se serait trouvée formée dans les huit jours utiles.

» La section des requêtes a depuis jugé la même chose par rapport au délai de *huitaine*, *à compter du jour de la signification à avoué*, que l'art. 157 du Code de procédure civile accorde, à l'instar de l'ordonnance de 1667, pour former opposition au jugement rendu par défaut *contre une partie ayant avoué*. Dans le fait, le 27 mai 1809, la veuve Verger fait signifier à l'avoué du sieur Lemonou un arrêt par défaut de la cour de Lyon qu'elle avait précédemment obtenu contre celui-ci. Le 5 juin suivant, le sieur Lemonou forme opposition à cet arrêt. La veuve Verger soutient que cette opposition n'est plus recevable; et le 16 du même mois, la cour de Lyon le juge ainsi. Le sieur Lemonou se pourvoit en cassation, et soutient que l'art. 1033 du Code de procédure civile, dont on parlera ci-après a été violé. Mais, par arrêt du 5 février 1811, au rapport de M. Aumont, « attendu qu'en décidant » que l'art. 1033 du Code de procédure civile ne » s'appliquait pas au délai de huitaine dont parle » l'art. 157 du même Code, et en déclarant en con- » séquence Lemonou non-recevable dans l'opposi- » tion formée, le 5 juin, à un arrêt par défaut si- » gnifié à son avoué le 27 mai précédent, la cour » d'appel de Lyon s'est conformée à la lettre et à » l'esprit dudit article; la cour rejette.... ».

» Mais si de tous ces détails il résulte que, dans la matière régies par le droit commun, il est douteux que le *terminus à quo* soit excepté du délai dont il forme le point de départ, et constant que le *terminus ad quem* y est compris, n'y a-t-il pas du moins certaines matières dans lesquelles la loi excepte positivement l'un et l'autre, des délais qu'elle accorde pour faire ce qu'elle prescrit ?

» Il·y en avait sous l'ancienne législation, et il y en a pareillement dans la nouvelle.

» Sous l'ancienne législation, l'art. 6 du tit. 3 de l'ordonnance de 1667 portait que, *dans les détails des assignations et des procédures, ne seraient compris les jours des significations des exploits et actes, ni les jours auxquels écherraient les assignations.*

» On lisait également dans l'ordonnance du mois de juillet 1737, sur le faux, tit. 3, art. 20 : « dans » tous les délais prescrits pour les procédures men- » tionnées au présent titre et dans les deux précé- » dens, ne seront compris le jour de l'assignation ou » signification, ni celui de l'échéance ».

» Même disposition dans le règlement de 1738, part. 2, tit. 1er, art. 5 « dans tous les délais ci- » dessus marqués, le jour de l'assignation ou de la » signification et celui de l'échéance ne seront point » compris, ce qui sera pareillement observé dans » tous les délais marqués par le présent règlement ».

» Quant à la nouvelle législation, voici la règle que nous trouvons écrite dans l'art. 1033 du Code de procédure civile : le jour de leur signification ni celui » de l'échéance ne sont jamais comptés dans le délai » général fixé pour les ajournemens, les citations, » sommation et autres actes faits à personne ou do- » micile. Ce délai sera augmenté d'un jour à raison » de trois myriamètres de distance ; et quand il y » aura lieu à voyage ou envoi et retour, l'augmen- » tation sera du double ».

» Mais cette règle est-elle applicable au délai dans lequel les Appels doivent être interjetés ?

» Au premier abord, elle paraît n'avoir été faite que pour déterminer le temps dans lequel doivent comparaître ou faire certains actes les parties qui ont été sommées, soit à personne, soit à domicile, de comparaître ou de faire cet acte dans tel délai : et comme elle est évidemment étrangère, tant au délai qui court sans signification, assignation, citation ou sommation quelconque, qu'au délai qui court en vertu d'une signification, assignation, citation ou sommation que l'on peut faire d'avoué à avoué ; il paraît qu'elle ne peut pas non plus s'appliquer au délai qui court en vertu d'une signification que l'on ne peut faire qu'à personne ou domicile, mais qui ne contient pas sommation de faire ou de faire certains actes, tel que le délai de l'Appel d'un jugement contradictoire, le délai de l'opposition à un jugement rendu par défaut contre une partie non représentée par un avoué ; le délai de la requête civile, etc.

» Ce qui d'ailleurs ajoute un grand air de vrai-semblance à cette interprétation, c'est la seconde disposition de l'art. 1033 : *ce délai sera augmenté d'un jour à raison de trois myriamètres de distance, et quand il y aura lieu à voyage ou envoi et retour, l'augmentation sera du double.* Cette partie de l'art. 1033 paraît ne pouvoir s'entendre que du délai dans lequel une partie sommée de comparaître ou de faire certains actes, doit obtempérer à la sommation et se mettre en règle ; et si effectivement c'est à ce délai

seul qu'elle est applicable, c'est aussi à ce délai que doit nécessairement être restreint l'article entier. Car, c'est du même délai qu'il est question dans les deux parties de l'article, et ce qui le prouve mani-festement, c'est que, dans sa seconde partie, l'ar-ticle dit, *ce délai :* terme qui évidemment identifie le délai sur lequel roule la seconde partie, avec le délai que la loi a en vue dans la première.

» C'est sans doute ainsi qu'a raisonné la cour d'appel de Turin ; et c'est sans doute par cette ma-nière d'interpréter l'art. 1033 du Code de procédure civile, qu'elle est parvenue à juger que l'Appel d'un jugement signifié le 30 juin 1810, n'était plus rece-vable le 1er octobre suivant.

» Mais cette interprétation est-elle aussi conforme au texte et à l'esprit de la loi, qu'elle le paraît à la première vue ?

» La cour, dans les premières années de son ins-titution, jugeait aussi, d'après la disposition de la loi du 27 novembre 1790, qui, pour se pourvoir en cassation, accorde trois mois, à compter du jour de la signification de l'arrêt à personne ou domicile, que le recours en cassation ne pouvait plus être exercé le lendemain de l'expiration du troisième mois. Et pourquoi jugeait-elle de la sorte ? Parce que, dans son opinion, si l'art. 5 du titre 1er de la seconde partie du règlement de 1738 dit que, *dans tous les délais* fixés par ce règlement, et par consé-quent par la loi du 27 novembre 1790 qui s'y ré-fère, on ne comptera, ni le jour de l'assignation ou signification, ni celui de l'échéance ; et s'il le dit en termes généraux, il est néanmoins censé le dire, comme l'a fait depuis l'art. 1033 du Code de procédure civile, que relativement au délai dont le point de départ dépend d'une assignation ou signi-fication tendante à obliger la partie à qui elle est don-née ou faite, soit de comparaître, soit de faire quel-que chose ; et que conséquemment il ne peut pas s'entendre du délai du recours en cassation, parce que ce délai, semblable à celui de l'opposition à un jugement par défaut, à celui de l'Appel, à celui de la requête civile, a son point de départ dans une simple signification d'arrêt, signification qui ne con-tient aucune sommation à la partie à qui elle est faite, et ne tend qu'à donner à cette partie une connaissance légale de l'arrêt rendu contre elle.

» Mais cette interprétation a été condamnée par une loi du 1er frimaire an 2 ; elle l'a même été avec effet rétroactif, comme contraire au véritable esprit du règlement de 1738.

» Cette loi est ainsi conçue : « la convention na-tionale, interprétant les art. 15 et 28 du décret du » 27 novembre 1790 » (articles, dont l'un restreint à trois mois le délai du recours en cassation, et l'autre ordonne que le règlement de 1728 conti-nuera d'être observé en tout ce en quoi il n'y est pas dérogé par la nouvelle loi) « décrète ce qui suit.

« — Art. 1er : en matière civile, le délai pour se » pourvoir en cassation, est de trois mois francs dans » lesquels ne seront point compris, ni le jour de la » signification du jugement à personne ou domicile,

» ni le jour de l'échéance. — 2. *Tous jugemens* » *rendus contre les dispositions des articles précé-* » *dens, sont déclarés nuls et comme non avenus.* » —3. Les personnes dont les requêtes en cassation » auront été rejetées, sous prétexte qu'elles n'étaient » pas présentées dans le temps utile, lorsque ce » délai n'aura pas excédé celui présentement fixé, » pourront se pourvoir de nouveau dans l'espace de » deux décades, à compter de la publication du pré- » sent décret ; passé lequel temps, elles n'y seront » plus recevables ».

» Quel a été le motif de cette loi ? C'est que l'art. 5 du tit. 1er de la seconde partie du règlement de 1738 comprend dans sa disposition tous les délais qui ont leur point de départ dans une *signification;* qu'il ne distingue pas entre la signification tendante à obliger la partie à qui elle est faite, soit de compa- raître, soit de faire quelque acte, et la signification dont le seul objet est de notifier un arrêt à cette partie ; que dès-là, on ne peut ni le restreindre à la première, ni en excepter la seconde ; et que, par une suite nécessaire, on doit l'appliquer au délai du recours en cassation, puisque c'est du jour de la signification de l'arrêt que ce délai commence à courir.

» Or, ce motif s'adapte aussi bien au délai de l'Appel, qu'au délai du recours en cassation ; et non seulement il serait étrange que le recours en cassa- tion fût plus favorisé que l'Appel, mais il y a évi- demment les mêmes raisons pour appliquer au délai de l'Appel l'art. 1033 du Code de procédure civile, que pour appliquer au délai du recours en cassation, l'art. 5 du tit. 1er du règlement de 1738.

» En effet, comme l'art. 5 du tit. 1er du règlement de 1738, l'art. 1033 du Code de procédure civile comprend dans sa disposition tous les délais qui cou- rent à compter d'une signification ; comme lui, il ne distingue pas entre la signification qui est faite pour obliger une partie, soit de comparaître, soit de faire quelque acte, et la signification qui n'est faite que pour donner connaissance à cette partie d'un arrêt ; et, dès-là, comment ne l'appliquerait-on pas au délai de l'Appel ? D'une part, sa disposition em- brasse généralement tous les délais dans lesquels doivent être faits à personne ou domicile, les ajour- nemens, les citations, les sommations et tous les autres actes ; de l'autre, l'Appel est précisément un des actes qui ne peuvent être faits qu'à personne ou domicile.

» Qu'on ne dise pas, au reste, qu'en appliquant la première partie de l'art. 1033 au délai de l'Appel, on se trouvera dans la nécessité d'appliquer égale- ment la seconde partie de cet article au délai de l'Appel ; et que de là résultera une conséquence qui n'est jamais venue à la pensée de personne, savoir, que le délai de l'Appel doit être *augmenté d'un jour à raison de trois myriamètres* de la distance qu'il y a du domi- cile de la partie qui veut appeler, au domicile de la partie à qui elle veut signifier son appel.

» Non sans doute, on ne pourrait pas, sans fron- der toutes les idées reçues, avancer une telle propo-

sition. Le Code de procédure a fixé le délai de l'Ap- pel d'une manière trop positive, pour qu'on puisse l'augmenter d'après la seconde partie de l'art. 1033; et il l'a assez étendu pour que l'on puisse, sans au- cun inconvénient, se passer de cette augmentation.

» Mais de ce que la seconde partie de l'art. 1033 n'est pas applicable au délai de l'Appel, s'ensuit-il qu'il en soit de même de la première ?

» C'est comme si l'on disait : la seconde partie de l'art. 1033 n'est pas applicable au délai qui, par l'art. 73, est réglé à deux mois pour les assignations don- nées aux personnes domiciliées en Corse, dans l'île d'Elbe ou de Capraja, en Angleterre ou dans les Etats limitrophes de la France ; à quatre mois, pour les assignations données aux personnes domiciliées dans les autres Etats de l'Europe ; à six mois, pour les assignations données aux personnes domiciliées hors d'Europe, en deçà du Cap de Bonne-Espérance; et à un an, pour les assignations données aux per- sonnes domiciliées au-delà. Donc le délai de ces as- signations n'est pas régi par la première partie de l'art. 1033.

» Cette conséquence serait certainement fausse pour le délai des assignations. Pourquoi donc serait- elle exacte pour le délai de l'Appel ?

» Ce considéré, il plaise à la cour, vu l'art. 88 de la loi du 27 ventose an 8 et l'art. 1033 du Code de procédure civile, casser et annuler, dans l'intérêt de la loi, et sans préjudice de son exécution entre les parties intéressées, l'arrêt de la cour d'Appel de Turin, du 29 décembre 1810, ci-dessus mentionné et dont la copie signifiée est ci-jointe ; et ordonner qu'à la diligence de l'exposant, l'arrêt à intervenir sera imprimé et transcrit sur les registres de ladite cour.

» Fait au parquet, le 7 juin 1812. *Signé* Merlin.

» Ouï le rapport de M. Carnot.......; vu l'art. 1033 du Code de procédure civile......;

» Et attendu que cet article renferme une dispo- sition générale à laquelle il n'a été dérogé, pour les cours d'Appels, ni par l'art. 445 du même Code, ni par aucune autre loi spéciale ;

» Que l'art. 1033 n'a pas établi un droit nou- veau ; qu'en effet, un décret du 1er frimaire an 2 renfermait déjà la même disposition relativement au recours en cassation, pour lequel le règlement de 1738 n'accordait qu'un délai de six mois, sans entrer dans une plus grande explication ; que l'art. 1033 a été placé sous la rubrique *des dispositions générales* du Code de procédure civile, pour faire ces- ser toutes discussions, à l'avenir, sur l'application des principes qu'il établit ; que c'est dès-lors, entrer dans les vues du législateur, que d'en main- tenir la disposition dans toute sa pureté ;

» Et attendu, en fait, que Michel Matto a inter- jeté Appel, le 1er octobre 1810, du jugement du 6 juin, qui ne lui avait été signifié que le 30 du même mois ; que cependant la cour d'appel de Turin a déclaré cet Appel non-recevable, attendu qu'il n'avait pas été interjeté dans les trois mois, quoi- qu'il l'eût réellement été dans ce délai, en n'y com-

3.

prenant, ni le jour de la signification du jugement, ni celui de la notification de l'Appel, d'où il suit qu'en le jugeant ainsi, la cour d'appel de Turin a faussement appliqué l'art. 443 du Code de procédure civile, et ouvertement violé la première disposition de l'art. 1033.

» La cour, faisant droit sur le réquisitoire du procureur-général, casse et annulle l'arrêt rendu par la cour d'appel de Turin, le 22 décembre 1810, dans l'intérêt de la loi, et sans préjudice de son exécution entre les parties intéressées...

» Ainsi jugé et prononcé à l'audience de la cour de cassation, section civile, le 22 juin 1813 ».

Le 15 juin 1814, autre arrêt qui casse, par les mêmes motifs, un jugement en dernier ressort du tribunal civil de Chaumont, par lequel l'Appel interjeté, le 13 novembre 1809, d'un jugement de justice de paix, signifié à domicile le 12 août précédent, avait été déclaré non-recevable.

§. VIII, n. III. *Page 279, col. 2, après la ligne 51, ajoutez :*

Lorsque, sur l'Appel interjeté par une des parties qui ont fait cause commune en première instance, et avant que le délai pour appeler soit expiré à l'égard des autres parties, l'intimé fait assigner celles-ci devant le tribunal saisi de cet Appel, pour voir déclarer commun avec elles le jugement à intervenir, les consorts de l'appelant sont-ils, par cette assignation, dispensés de l'obligation d'appeler eux-mêmes ; et peuvent-ils, en se présentant sur cette assignation, après le délai de l'appel, être admis à conclure, comme s'ils avaient effectivement appelé, à la réformation du jugement des premiers juges ?

V. le plaidoyer et l'arrêt du 11 mai 1812, rapportés au mot *Testament*, sect. 2, §. 5, art. 5, n. 12.

§. IX. *Page 282, col. 1, après la dernière ligne, ajoutez :*

X. Lorsqu'en première instance, dans une contestation sur l'existence et la validité d'un mariage le juge a déclaré que le mariage n'existait pas, et qu'ainsi il était inutile d'examiner si le mariage était valable, le juge d'appel peut-il, d'après les pièces nouvelles qui sont produites pour établir que le mariage a existé, le déclarer nul ?

V. le plaidoyer du 15 juillet 1811, rapporté (dans les *Additions*) au mot *Jugement*, §. 7 bis.

XI. Peut-on, après avoir plaidé en première instance, comme propriétaire d'un bien, plaider en cause d'Appel comme créancier du vrai propriétaire?

V. le plaidoyer du 8 avril 1812, rapporté au mot *Testament*, sect. 5.

Sect. II, §. III. *Page 289, col. 1, ligne 11, après les mots*, instruction préparatoire, *ajoutez :* — L'est-elle contre un jugement qualifié indûment en dernier ressort ? — L'est-elle, pour cause d'incompétence, contre un jugement qui, sans être qualifié en dernier ressort, est réellement tel par la nature de son objet ou de ses dispositions?

Page 293, col. 1, après la ligne 17, ajoutez :

V. Sur la question de savoir si l'on peut, en matière correctionnelle, appeler d'un jugement qualifié indûment en dernier ressort, *V. Cassation*, §. 2, n. 1, dans les *Additions*.

VI. Quant à la question de savoir si la voie d'Appel comme de juge incompétent, est ouverte contre un jugement qui, sans être qualifié en dernier ressort, est réellement tel par la nature de son objet ou de ses dispositions, voici une espèce dans laquelle je l'ai discutée sous toutes ses faces.

Le 9 octobre 1812, arrêté du préfet du département du Trasimène, qui déclare réfractaire le conscrit Sante Bianchini, fils de Joseph Bianchini et de Thomasia Belisari.

Cet arrêté est sur-le-champ adressé par le préfet au procureur du gouvernement près le tribunal de première instance de Perrugia.

Le 17 du même mois, jugement de ce tribunal, section correctionnelle, qui, sur le réquisitoire du ministère public, et conformément à l'art. 9 de la loi du 6 floréal an 11, et aux art. 68, 69 et 70 du décret du 8 fructidor an 13, condamne Sante Bianchini à être conduit au dépôt des conscrits réfractaires, et à une amende de 500 fr., de laquelle il déclare son père et sa mère responsables.

Le 7 novembre suivant, le père et la mère de Sante Bianchini appellent de ce jugement à la cour de Rome, et soutiennent que ce n'était pas à la *section correctionnelle*, mais à la *section civile* du tribunal de Perrugia qu'appartenait le droit de le rendre.

Le 30 décembre de la même année, arrêt de cette cour, ainsi conçu :

« Considérant que, lorsqu'un tribunal est destiné par la loi pour connaître spécialement d'un 'genre d'affaires certain et déterminé, il ne peut étendre hors de ce genre ses facultés limitées et s'ingérer conséquemment dans des matières qui sont spécialement réservées à d'autres tribunaux, à moins qu'il ne veuille s'arroger un droit qui appartient absolument au souverain, savoir, celui de créer de nouvelles juridictions ou d'accroître les pouvoirs des juridictions déjà créées ; et comme les juges civils ordinaires ne peuvent, en aucune manière, se mêler des matières criminelles ou correctionnelles, il en résulte réciproquement, les juges criminels ou correctionnels sont tout-à-fait étrangers à la connaissance des affaires purement civiles ;

» Considérant que ce principe, qui doit être regardé comme la première base de l'ordre judiciaire en France, est d'une observance d'autant plus nécessaire dans l'espèce, qu'il s'agit d'une affaire de conscription de la compétence exclusive du tribunal civil, devant lequel elle se traite selon les formes particulières, n'étant point sujette à des citations préalables, ni susceptible d'Appel ; et par conséquent vouloir abandonner une pareille affaire à l'inspection des tribunaux correctionnels, qui ne rendent aucune sentence sans les citations accoutumées, et sans le remède ordinaire de l'Appel, ce serait vouloir empêcher les opérations rapides de la conscription, et compromettre ainsi les intérêts de l'État;

» Considérant que le droit de prononcer sur les amendes contre les conscrits réfractaires et leurs parens, appartient si évidemment aux seuls tribunaux civils ordinaires, que les lois des 19 fructidor an 6, 17 ventose an 8, 6 floréal an 11, et le décret du 8 fructidor même année, ne font mention que des tribunaux civils susdits, sans parler aucunement des tribunaux correctionnels, dont la compétence, si elle n'est point expressément déclarée par le législateur, ne peut jamais se présumer et encore moins être établie par de simples suppositions;

» Considérant que les décisions des tribunaux contre les conscrits réfractaires ou leurs parens, sont plutôt des ordonnances d'exécution d'un arrêté du préfet, que des jugemens de condamnation, et que la prononciation de semblables ordonnances appartient certainement au tribunal ordinaire, lequel, attendu la plénitude de son pouvoir, étend son empire généralement sur toutes les matières qui n'ont point été expressément enlevées à son autorité; à la différence des tribunaux correctionnels, qui n'ont qu'une juridiction partielle et étroitement limitée aux matières qui leur ont été attribuées nominativement et taxativement par le gouvernement. Cette jurisprudence ne se trouve point contrariée, dans l'espèce présente, par le motif qu'il s'agit d'une amende, et que les tribunaux correctionnels, en vertu de leur titre d'institution, sont appelés à décider sur les questions pénales; attendu que, dans un très-grand nombre de cas dont l'énumération serait ennuyeuse, les tribunaux civils sont autorisés à prononcer des peines jusqu'à celle de l'emprisonnement; et si les tribunaux civils sont les seuls qui rendent exécutoires les jugemens d'un conseil de guerre qui a condamné un déserteur à l'amende, aux termes de la loi du 17 ventose an 8, il n'y a point de raison pour que les mêmes tribunaux n'apposent pas le sceau d'une exécution aux arrêtés d'un préfet, concernant les amendes encourues par la désobéissance aux lois de la conscription;

» Considérant que, dans l'arrêt de la cour de cassation du 2 brumaire an 14, l'on n'a discuté que le point de savoir si les tribunaux pouvaient se charger de l'examen des excuses proposées par les conscrits réfractaires ou leurs parens, afin d'être exempts de l'amende; et que la cour suprême n'est point entrée dans les difficultés que pouvait offrir le point de la compétence, et que par conséquent la question reste à cet égard toujours entière et inattaquée;

» Considérant enfin que la décision de la cour criminelle de Namur, sur laquelle est intervenu l'arrêt de cassation ci-dessus, ne peut également former jurisprudence sur la compétence, parce que cette décision semble avoir fixé la maxime, que l'Appel en matière d'amendes contre les conscrits réfractaires ou leurs parens, était recevable, lorsque cette maxime est diamétralement opposée à la lettre et à l'esprit des décrets sur la conscription, et dimi-

nuerait beaucoup l'activité tant recommandée pour les diverses branches du service militaire;

» La cour, conformément aux conclusions de M. le premier avocat-général, a annullé et annulle la sentence du tribunal de Perrugia susdite, comme étant rendue incompétemment, et a renvoyé et renvoie en conséquence les parties par devant le tribunal civil compétent, pour être prononcé ce qui sera convenable ».

Le procureur-général de la cour de Rome se pourvoit en cassation contre cet arrêt, et fait valoir trois moyens, dont le premier consiste à dire que cet arrêt viole la loi, en déclarant susceptible d'Appel le jugement du tribunal de Perrugia, du 17 octobre 1812.

« Ce premier moyen (ai-je dit à l'audience de la section criminelle le 25 février 1813) donne lieu à deux questions: 1° L'Appel peut-il atteindre au fond le jugement par lequel, d'après les arrêtés des préfets, qui déclarent réfractaires les conscrits en retard de se rendre à leurs postes, les tribunaux de première instance condamnent ces conscrits et leurs pères et mères aux peines déterminées, tant par l'art. 9 de la loi du 6 floréal an 11, que par l'art. 70 du décret du 8 fructidor an 13? 2° lorsque ces jugemens ont été rendus par les tribunaux de première instance, en leur qualité de tribunaux correctionnels, l'Appel peut-il les atteindre, à l'effet seulement de faire décider s'ils ont été rendus compétemment?

» Sur le premier point, la cour de Rome convient elle-même, dans les motifs de son arrêt, que les jugemens dont il s'agit, ne sont point passibles d'Appel au fond....

» Mais de ce que les jugemens dont il s'agit, sont, par la nature de leur objet, à couvert de l'Appel au fond, s'ensuit-il que l'Appel ne peut pas les atteindre, lorsqu'il tend, non à les faire réformer comme ayant mal jugé, mais à les faire déclarer incompétemment rendus? c'est la seconde branche de notre première question, et nous croyons pouvoir dire que la négative ne doit éprouver aucune difficulté.

» Le droit de rendre un jugement inattaquable par la voie ordinaire, ne dépend pas seulement de la nature de la chose qui est l'objet de ce jugement: il dépend encore de la qualité du tribunal à la décision duque cette chose est soumise.

» Ainsi, les tribunaux de commerce peuvent juger en dernier ressort les affaires commerciales dont l'objet n'excède pas la valeur de 1000 fr.; mais de là il ne résulte nullement que l'on ne pourra pas appeler comme de juge incompétent, soit d'un jugement par lequel un tribunal de paix aura prononcé sur une affaire commerciale de la valeur de 900 à 1000 fr., soit même d'un jugement par lequel un tribunal de commerce aura prononcé sur une affaire de la même nature et de la même valeur, entre des parties qui n'étaient pas ses justiciables et qui avaient décliné sa juridiction.

» Ainsi, et par la même raison, quoique les

jugemens des tribunaux de première instance qui infligent aux conscrits réfractaires, ainsi qu'à leurs parens, les peines portées par la loi du 6 floréal an 11, soient, par eux-mêmes, à l'abri de l'Appel, on n'en doit pas moins regarder comme passible d'Appel le jugement que rendrait aux mêmes fins un tribunal de commerce ou un tribunal de paix.

» Et par la même raison encore, si un tribunal de première instance n'était compétent pour infliger ces peines qu'en sa qualité de tribunal civil, on ne pourrait pas douter que la voie de l'Appel ne fût ouverte contre un jugement par lequel un tribunal de première instance infligerait ces peines en sa qualité de tribunal correctionnel.

» Inutile de dire que, dans cette hypothèse, ce ne serait point par la voie d'Appel, mais par la voie de cassation, que l'on devrait se pourvoir contre un pareil jugement.

» Cela serait bon, si le tribunal qui aurait ainsi prononcé incompétemment, était souverain par son institution.

» Mais lorsque, par son institution, il ne peut rendre que des jugemens passibles d'Appel ; lorsque ce n'est que par exception aux règles constitutives de sa juridiction ordinaire, qu'il est investi du droit de juger sans Appel dans certains cas ; quel prétexte y aurait-il de soustraire à la voie d'Appel et de ne soumettre qu'au recours en cassation, les jugemens par lesquels il statue incompétemment sur des matières qui, par leur nature, doivent bien être décidées en dernier ressort, mais qui ne peuvent l'être que par d'autres juges, et sur lesquelles il n'a lui-même pas plus de juridiction pour y statuer en dernier ressort que pour y statuer à la charge de l'Appel ?

» Il est vrai que la loi du 27 novembre 1790 et celle du 27 ventose an 8 en avaient disposé autrement à l'égard des jugemens rendus en dernier ressort par les juges de paix : il est vrai que ces deux lois avaient dit que ces jugemens pourraient, pour cause d'incompétence, être attaqués par la voie de cassation, et que, par là, elles en interdisaient l'Appel comme de juge incompétent.

» Mais c'était une dérogation aux anciennes règles ; et l'art. 454 du Code de procédure civile l'a fait cesser : « Lorsqu'il s'agira d'incompétence (porte » cet article), l'Appel sera recevable, encore que » le jugement ait été qualifié en dernier ressort ».

» Aussi la cour a-t-elle jugé plusieurs fois, de la mise en activité du Code de procédure civile, que ce n'est plus par cassation, mais par Appel, qu'on doit attaquer les jugemens en dernier ressort des tribunaux de paix qui sont entachés du vice d'incompétence.

» Il est vrai encore que, par arrêt du 18 décembre 1812, vous avez, pour cause d'incompétence, cassé, sur notre réquisitoire et dans l'intérêt de la loi, un jugement qu'un maire siégeant en tribunal de police, avait rendu sur une plainte en injures verbales dont la connaissance n'appartenait qu'au juge de paix siégeant dans le même tribunal ; et que,

par là, vous avez implicitement décidé que ce jugement n'aurait pas pu être attaqué par la voie d'Appel.

» Mais cet arrêt, bien loin de contrarier notre principe, ne fait que le confirmer. Les tribunaux de police, n'importe qu'ils soient tenus par les maires, ou qu'ils le soient par les juges de paix, sont souverains par leur institution ; et ce n'est que par exception que, dans le cas déterminé par l'art. 172 du Code d'instruction criminelle, il est permis d'appeler de leurs jugemens. Les jugemens qu'ils rendent incompétemment hors de ce cas, ne peuvent donc être attaqués que par la voie de cassation. On ne peut donc pas inférer de votre arrêt du 18 décembre 1812, que la voie de cassation soit ouverte contre les jugemens rendus incompétemment par des tribunaux qui n'étant point souverains par leur institution, ne sont autorisés à juger en dernier ressort que dans quelques cas particuliers. On ne peut donc pas en inférer que, dans notre espèce, le jugement du tribunal correctionnel de Perrugia, du 17 décembre 1812, ait été à l'abri de l'Appel comme de juge incompétent.

» Que serait-il arrivé, si un conflit s'était élevé entre la section civile et la section correctionnelle du tribunal de Perrugia, pour savoir à laquelle des deux appartenait le droit de rendre ce jugement ? Aurait-il fallu, dans cette hypothèse, que la cour de cassation interposât son autorité entre les deux sections du tribunal de Perrugia, et qu'elle prononçât entr'elles par règlement de juges ? Non certainement ; le droit de prononcer entr'elles par règlement de juges, aurait été alors dévolu à la cour de Rome, comme ce serait à la cour de Rome qu'appartiendrait le droit de prononcer, par règlement de juges, entre deux tribunaux civils de son ressort qui se disputeraient la connaissance d'une affaire civile ou commerciale dont l'objet ne vaudrait pas plus de 1000 fr. ; comme ce serait au tribunal de Perrugia lui-même à prononcer, par règlement de juges, entre deux justices de paix de son arrondissement qui se disputeraient la connaissance d'une action mobilière dont la valeur n'excéderait pas 50 fr.

» Or, conçoit-on que la cour de Rome n'ait pas pu statuer par Appel, sur une question de compétence qu'elle aurait pu décider par règlement de juges ?

» Pourquoi les cours ont-elles la connaissance des conflits qui s'élèvent entre les tribunaux civils et de commerce de leur ressort dans les matières où ceux-ci jugent sans Appel ? pourquoi les tribunaux de première instance connaissent-ils des conflits qui s'élèvent entre les justices de paix de leur arrondissement, dans les matières où celles-ci jugent en dernier ressort ?

» Il ne peut y en avoir qu'une raison : c'est que les cours sont, dans tous les cas, juges de la compétence des tribunaux civils et de commerce de leurs ressorts ; c'est que les tribunaux de première instance sont, dans tous les cas, juges de la compétence des justices de paix de leur arrondissement ; c'est que la juridiction des uns et des autres sur la compétence des tribunaux qui leur sont respectivement subordonnés de droit commun, ne cesse pas dans les matières où ces tribunaux sont, par des exceptions particulières, autorisés à juger souverainement.

» Et l'on sent assez qu'il doit, à cet égard, être fort indifférent que leur juridiction soit mise en mouvement par la voie de règlement de juges ou par la voie d'Appel; l'on sent assez que, si leur juridiction peut-être mise en mouvement par celle-ci, elle peut également l'être par celle-là.

» Nous savons bien que, relativement aux tribunaux de police, on ne peut pas ainsi argumenter du règlement de juges à l'Appel. Nous savons bien qu'encore que les jugemens de ces tribunaux soient, de droit commun, affranchis de l'Appel aux cours, et même aux tribunaux de première instance, c'est néanmoins aux cours et aux tribunaux de première instance que l'art. 540 du Code d'instruction criminelle confie le pouvoir de statuer, par règlement de juges, sur les conflits qui s'élèvent entre les tribunaux de police du même ressort ou du même arrondissement. Mais c'est une exception à la règle générale, motivée par la nécessité d'accélérer le plus qu'il est possible l'administration de la justice dans les tribunaux de police simple; elle ne porte aucune atteinte, pour les autres tribunaux, au principe que toute cour, tout tribunal de première instance, qui a le pouvoir de régler leurs conflits, a, par cela seul, le pouvoir de statuer sur les Appels qui sont interjetés de leurs jugemens pour cause d'incompétence.

» Que conclure de tous ces détails? Une chose fort simple : c'est que la cour de Rome n'a pas pu recevoir, comme en effet elle n'a pas reçu, l'Appel du jugement du 12 décembre 1812, à l'effet de connaître de son bien ou mal jugé au fond; mais qu'elle a pu le recevoir, et qu'elle l'a reçu très-légalement, à l'effet de connaître de la compétence ou de l'incompétence du tribunal dont il était émané : c'est conséquemment que nous ne pouvons avoir aucun égard au premier moyen de cassation du procureur général de la cour de Rome.... »

Par arrêt du 25 février 1813, au rapport de M. Audier-Massillon,

« Attendu qu'un Appel fondé sur le vice d'incompétence, ne peut être écarté par une fin de non-recevoir, lorsqu'il a été relevé dans le délai et dans les formes de la loi;

» La cour rejette le premier moyen proposé par le procureur général de la cour de Rome.... »

§. VI. *Page 295, col. 2, ligne 1; après* partie civile, *ajoutez :* ou un condamné.

Même page, ligne 5, au lieu de, n'est pas appelante, *lisez :* ni le condamné ne sont appelans?

Même page, après la ligne 16, ajoutez :

Et de là il résulte que, si à raison du fait qui porte le caractère de crime, le prévenu a été condamné à une peine correctionnelle et appelle seul du jugement rendu contre lui, le tribunal d'Appel ne peut pas déclarer ce jugement nul pour cause d'incompétence, et renvoyer le prévenu devant le

juge d'instruction, pour être poursuivi comme coupable d'un crime emportant peine afflictive ou infamante, *V. Tribunal de police,* sect. 2, §. 3, notes sur l'art. 214 du Code d'instruction criminelle.

Page 297, col. 2, avant le §. IX, ajoutez :

§. VIII *bis.* 1° *Les procureurs-généraux des cours peuvent-ils appeler des jugemens des tribunaux correctionnels qui ressortissent à d'autres tribunaux correctionnels?*

2° *Les procureurs-généraux des cours peuvent-ils, dans le délai qui leur est accordé par l'art. 205 du Code d'instruction criminelle, appeler des jugemens des tribunaux correctionnels, après que les condamnations prononcées par ces jugemens, ont été exécutées à la diligence ou du consentement des procureurs du roi?*

I. La première question a été jugée pour l'affirmative, par un arrêt de la cour de cassation, du 1er juillet 1813, qui est ainsi conçu :

« Le procureur-général expose qu'il est chargé par le gouvernement, de dénoncer à la cour un jugement en dernier ressort, qui viole ouvertement la loi.

» Le 21 janvier dernier, Pierre Mausservey, traduit devant le tribunal correctionnel de Gray, à la requête du sieur Briot, garde-général des forêts, a été déclaré coupable de calomnie envers cet officier ; et néanmoins, eu égard à des circonstances atténuantes qui ont paru militer en sa faveur, ce tribunal, usant de la faculté que lui accordait l'art. 463 du Code pénal, ne l'a condamné qu'à une amende de 20 francs et à un emprisonnement de six jours.

» Le 17 février suivant, le procureur-général de la cour de Besançon a interjeté Appel de ce jugement.

» Cet Appel devait être porté; et il l'a été effectivement au tribunal correctionnel de Vesoul.

» Mais ce tribunal, au lieu d'examiner si le jugement du tribunal de première instance était bien ou mal rendu, s'est attaché à l'unique question de savoir si le procureur-général était recevable à en appeler.

» Et par jugement du 12 mars, il a décidé que non, attendu, a-t-il dit, que l'art. 202 du Code d'instruction criminelle n'ouvre la voie d'Appel qu'aux parties prévenues ou responsables, aux parties civiles, à l'administration forestière, au procureur (du roi) et au *ministère public près le tribunal ou la cour qui doit prononcer sur l'Appel;* qu'ainsi,

« dans le nombre des personnes ou des autorités » auxquelles la loi accorde le droit d'appeler des ju- » gemens de police correctionnelle, on ne trouve » pas le procureur-général près la cour (royale), et » que la désignation des premiers est une exclusion » pour celui-ci suivant cet axiome de droit, *in-* » *clusio unius est exclusio alterius* ».

» Le tribunal de Vesoul ne s'est pas dissimulé qu'on pouvait objecter à ce raisonnement, et il a objecté lui-même, que le procureur criminel exerçant près le tribunal qui doit prononcer sur l'appel, n'est que le substitut du procureur-général, et qu'il doit être bien libre au procureur-général de faire en personne ce qu'il peut faire; ce qu'il fait habituellement, par le ministère de ses substituts.

» Et qu'a-t-il répondu à cette objection ? « Que » le législateur a eu lieu de distinguer le cas où le » procureur-général peut seul agir directement par » lui-même, *par voie d'instruction et d'action*, » de ceux où il n'agit que par voie de réquisition ; » que son droit de surveillance et de stimulation » dans l'étendue de la juridiction de la cour (royale), » s'étend généralement sur tous les officiers de po-» lice judiciaire; mais que son *droit de poursuite* » *et d'action* paraît avoir été restreint, par le Code » d'instruction criminelle, aux affaires poursuivies » devant la cour (royale) ou devant la cour d'assises; » que c'est précisément parce que la loi donne des » substituts au procureur-général, qu'il doit agir » par eux, et que ceux-ci doivent agir pour lui dans » les cas déterminés ».

» Mais en cherchant ainsi à écarter une objection vraiment insoluble, le tribunal de Vesoul a perdu de vue l'art. 45 de la loi du 20 avril 1810, aux termes duquel *les procureurs-généraux exercent l'action de la justice criminelle dans toute l'étendue de leur ressort, indépendamment de la surveillance que le même article leur attribue sur tous les officiers de police judiciaire.*

» Et qu'on ne dise pas que, par ces mots, *l'action de la justice criminelle*, la loi n'entend que la poursuite du crime, qu'elle n'y comprend pas la poursuite des délits.

» Les expressions *justice criminelle*, ne sont employées dans l'art. 45, que par opposition aux mots *matière civile*, qui forment le commencement de l'art. 46; elles désignent donc tout ce qui n'appartient pas à la justice civile proprement dite; elles s'appliquent donc à la poursuite des délits comme à la poursuite des crimes.

» Ce considéré, il plaise à la cour, vu les art. 441 et 442 du Code d'instruction criminelle, l'art. 408 et l'art. 202 du même Code, et l'art. 45 de la loi du 20 avril 1810, casser et annuller, dans l'intérêt de la loi, et sans préjudice de son exécution entre les parties intéressées, le jugement en dernier ressort du tribunal correctionnel de Vesoul, ci-dessus mentionné, et dont l'expédition est ci-jointe; et ordonner qu'à la diligence de l'exposant, l'arrêt à intervenir sera imprimé et transcrit sur les registres dudit tribunal.

» Fait au parquet, le 26 juin 1813. *Signé* Merlin.

» Ouï le rapport de M. Rataud.....;

» Vu les art. 441, 442 et 202 du Code d'instruction criminelle et l'art. 45 de la loi du 20 avril 1810....;

» Attendu que, quoique l'art. 202 du Code d'instruction criminelle ne désigne pas nommément les procureurs-généraux au nombre de ceux qui peuvent interjeter appel des jugemens de police correction-nel, il leur en donne implicitement le droit par cela même qu'il l'accorde à leurs substituts; que l'art. 45 de la loi du 20 avril 1810 leur confère d'ailleurs, d'une manière formelle, générale et absolue, l'action de la justice criminelle dans toute l'étendue de leur ressort; que l'on ne peut pas dire que, par ces mots *l'action de la justice criminelle*, la loi n'a entendu que la poursuite des crimes, et qu'elle n'y comprend pas la poursuite des délits; qu'il est évident que les expressions *justice criminelle* ne sont employées dans ledit art. 45, que par opposition aux mots, *en matière civile*, qui forment le commencement de l'art. 46; qu'elles désignent donc tout ce qui n'appartient pas à la justice civile proprement dite, et s'appliquent par conséquent à la poursuite des délits comme à la poursuite des crimes;

» Que cependant, dans l'affaire dont il s'agit, le tribunal correctionnel de Vesoul a déclaré le procureur-général près la cour de Besançon, non-recevable dans un Appel par lui interjeté d'un jugement rendu en première instance, par le tribunal correctionnel de Gray, sur le seul motif que les procureurs-généraux ne sont pas désignés dans l'art. 202 du Code, au nombre de ceux qui ont la faculté d'appeler, et que leur droit général d'action se trouve limité par la disposition de cet article; mais que, par-là, ce tribunal a violé formellement l'art. 45 de la loi du 20 avril 1810;

» La cour, faisant droit sur le réquisitoire du procureur-général, casse et annulle, dans l'intérêt de la loi, et sans préjudice de son exécution entre les parties intéressées, le jugement en dernier ressort, rendu par le tribunal correctionnel de Vesoul, le 12 mars dernier »

II. La seconde question a été également jugée pour l'affirmative, par un arrêt de la cour de cassation, du 15 décembre 1814, dont la teneur suit:

« Le procureur-général du roi expose que la chambre correctionnelle de la cour royale de Dijon a rendu depuis peu un arrêt qui n'a pas été attaqué dans le délai fatal par la partie compétente, mais qui paraît devoir être annulé dans l'intérêt de la loi.

» Le 13 août 1814, jugement du tribunal correctionnel de Châlons-sur-Saône, qui, sur la poursuite dirigée par le procureur du roi près ce tribunal, contre Étienne Gilis, René Courtalet et le nommé Casse, prévenus de rébellion envers les employés de la régie des contributions indirectes, condamne le premier à un emprisonnement de six jours, les deux autres à un emprisonnement de dix jours, et tous aux dépens.

» Le délai fixé par l'art. 202 du Code d'instruction criminelle étant expiré sans Appel de la part des condamnés ni du procureur du roi, les condamnés restent en prison, savoir : Gilis pendant six jours, Courtalet et Casse pendant dix jours; et tous trois payent les dépens de la procédure.

» Le jugement du 13 août est ensuite transmis, avec un extrait du résultat de l'instruction, au procureur-général de la cour royale de Dijon, et ce magistrat croit y remarquer que la rébellion à laquelle les nommés Gilis, Courtalet et Casse ont pris part, a été accompagnée et suivie d'un attroupement séditieux de plus de vingt personnes.

»En conséquence, se fondant sur les art. 209 et 210 du Code pénal, qui rangent la rébellion ainsi caractérisée dans la classe des crimes, il use, dans le délai fixé par l'art. 205 du Code d'instruction criminelle, du droit que cet article lui attribue, d'appeler du jugement du 15 août.

»Et la cause portée à l'audience de la chambre correctionnelle de la cour royale, il conclut à ce que le jugement du 15 août soit déclaré nul, comme rendu en contravention aux règles de la compétence, et à ce que les prévenus soient renvoyés devant le juge d'instruction.

»Les nommés Courtalet, Casse et Gilis concluent, de leur côté, à ce que le procureur-général soit déclaré non-recevable dans son Appel, pour ne l'avoir interjeté qu'après l'exécution du jugement qui en est l'objet.

»Par arrêt du 12 octobre, la cour royale de Dijon adopte cette fin de non-recevoir, et «considé-
» rant que le jugement dont est Appel a été rendu
» sur les poursuites du ministère public et sur ses
» conclusions; qu'il a été exécuté à sa diligence;
» que les prévenus ont subi l'emprisonnement au-
» quel ils avaient été condamnés, et qu'ils ont payé
» les dépens du procès; en sorte que tout est con-
» sommé sur le délit dont ils s'étaient rendus cou-
» pables; que, si l'art. 205 du Code d'instruction
» criminelle accorde au ministère public deux mois
» pour faire notifier son recours, ce ne peut être
» que lorsque les choses sont entières et que le ju-
» gement n'a pas reçu son exécution; que telle est
» la conséquence du principe *non bis in idem*, con-
» firmé par les dispositions de l'art. 203, qui veut
» que, pendant le délai et l'instance d'Appel, il
» soit sursis à l'exécution du jugement; et par celle
» de l'art. 373, qui ordonne également le sursis,
» lors du pourvoi en cassation; qu'autrement, il n'y
» aurait plus de garantie ni de repos pour les con-
» damnés, s'ils pouvaient encore être exposés à de
» nouvelles peines, après avoir été forcés de subir
» celles qui leur auraient été imposées.....; qu'il y
» a lieu, en conséquence, de s'arrêter à l'appel.....;
» s'arrêter à l'appellation interjetée par le procu-
» reur-général, du jugement rendu par le tribunal
» correctionnel de l'arrondissement de Châlons-sur-
» Saône, le 15 août 1814, *dans laquelle appella-
» tion il est déclaré non-recevable....*, met ladite
» appellation au néant.... »

»C'est sur cet arrêt que l'exposant croit devoir provoquer l'attention de la cour.

»Rien n'est sans doute plus respectable, rien n'est sans doute plus sacré, que la règle *non bis in idem*; mais ce n'est pas une raison pour l'étendre hors des cas pour lesquels elle a été introduite; car s'il importe à la société que ses membres individuels ne soient pas jugés ou punis deux fois pour un même délit ou pour un même crime, il ne lui importe pas moins que tout crime et tout délit soit poursuivi et puni conformément à la loi.

»Que, d'après la règle *non bis in idem*, un prévenu acquitté ou condamné à une peine trop légère, par un jugement passé en force de chose jugée, ne puisse plus être poursuivi à raison du même fait, c'est ce qu'on ne saurait contester.

»Mais appliquer la règle *non bis in idem* à un prévenu qui ne peut invoquer, pour la faire valoir, qu'un jugement non encore passé en force de chose jugée, c'est faire de cette règle un abus manifeste.

»Or, dans notre espèce, le jugement dont les nommés Gilis, Courtalet et Casse se prévalaient pour se faire appliquer la règle *non bis in idem*, était-il passé en force de chose jugée?

»La cour royale de Dijon convient que le procureur-général était encore à temps pour appeler, lorsqu'il a appelé effectivement.

»Mais elle prétend qu'il en avait perdu la faculté par l'exécution que le procureur du roi près le tribunal de première instance avait donnée au jugement, ou, en d'autres termes, par l'acquiescement que le jugement avait reçu de la part du procureur du roi.

»Il est certain qu'en matière civile, un jugement rendu à la charge de l'Appel, peut passer en force de chose jugée de deux manières : ou par le laps du temps fixé par la loi pour en appeler, ou par l'acquiescement de la partie qui est intéressée à en poursuivre la réformation.

»Mais en est-il de même en matière criminelle, surtout relativement au ministère public?

»Sous l'ordonnance de 1670, on ne doutait pas que l'acquiescement d'un procureur du roi ou fiscal à un jugement qui infligeait à un accusé des peines trop légères, n'élevât une fin de non-recevoir contre l'Appel *à minimá* que cet officier eût voulu interjeter, par la suite, de ce jugement; et c'est sur ce fondement que deux arrêts du parlement de Paris, des 27 novembre 1674 et 18 mars 1680, rapportés par Serpillon sur l'art. 2 du titre 26 de l'ordonnance de 1670, ont décidé que le procureur fiscal de la prévôté d'Atily, et le procureur du roi du bailliage de Péronne, n'avaient pas pu appeler *à minimá* de jugemens auxquels ils avaient d'avance acquiescé par leurs conclusions, qui y étaient conformes.

»Mais l'acquiescement du procureur du roi ou fiscal ne liait pas le procureur-général de la cour à laquelle ressortissait la juridiction de qui était émané le jugement; et ce magistrat pouvait toujours appeler, tant qu'il n'avait pas acquiescé personnellement.

»Voilà pourquoi Serpillon, à l'endroit cité, après avoir dit qu'un procureur du roi ou fiscal ne peut pas appeler d'une sentence conforme à ses conclusions, ajoute : «Mais cela n'empêche pas que le
» procureur-général ne puisse appeler, ce magis-
» trat n'est pas forcé de s'en tenir aux conclusions
» de ses substituts».

»Jousse, sur l'art. 11 du même titre de l'ordonnance de 1670, dit également : «Il n'y a, dans ce

» cas, que le procureur-général qui puisse appe-
» ler ».

» Voilà pourquoi encore le procureur-général
pouvait appeler d'une sentence que le procureur du
roi ou fiscal avait fait exécuter sans ordre. Écoutons Rousseau de la Combe dans ses *Matières criminelles*, partie 5, chap. 1, sect. 5. « Un parti-
» culier avait été condamné au châtelet de Paris à
» des peines et de grosses amendes pour usure ; la
» sentence avait été exécutée et les amendes payées;
» ainsi, tout était consommé du consentement du
» procureur du roi. M. le procureur-général inter-
» jeta Appel de la sentence *à minimâ*: M. de La-
» moignon, avocat-général, qui porta la parole
» pour M. le procureur-général à l'audience de la
» Tournelle, soutint que son substitut ne pouvait
» point l'engager, par son acquiescement, à ne pas
» interjeter Appel ; qu'il le pouvait faire quand il
» le jugeait à propos, quelque consentement que
» son substitut eût prêté à l'exécution d'une sen-
» tence, parce qu'il ne pouvait lier les mains à M. le
» procureur-général, cela étant au-dessus de son
» pouvoir. Sur quoi, par arrêt du 12 août 1694,
» rapporté par Bruneau (tit. 5, maxime 14), la
» sentence fut infirmée, et les condamnations fu-
» rent augmentées ».

» Mais rien n'est là-dessus plus positif que ce qu'a
écrit M. le chancelier d'Aguesseau, le 10 janvier
1747, au président de la tournelle d'un parlement,
qui l'avait consulté, au nom de sa chambre, sur
l'Appel que le procureur-général avait interjeté *à
minimâ*, d'une sentence que son substitut avait fait
exécuter depuis dix-huit mois, espace de temps qui,
aujourd'hui, fermerait la porte à toute espèce d'Appel, mais qui alors ne pouvait pas produire cet effet, la faculté d'appeler durant alors vingt ans pour
le ministère public, et trente ans pour la partie
condamnée.

» Voici la réponse de M. d'Aguesseau, telle
qu'elle est transcrite dans le tome 8 des œuvres de
ce magistrat, page 237 et suivantes : « Le doute
» que vous me proposez par votre lettre du 30 du
» mois dernier, n'est pas difficile à résoudre. — Il
» est certain que les procureurs du roi dans les
» siéges inférieurs, ne sauraient être trop diligens
» à interjeter Appel *à minimâ* des jugemens qui se
» rendent en matière criminelle, lorsqu'ils croyent
» qu'il y a lieu de le faire ; et il est vrai aussi que
» M. le procureur-général doit être fort attentif à se
» faire rendre compte des mêmes jugemens par ses
» substituts, afin d'être en état de suppléer à leur
» diligence, lorsqu'ils le jugent nécessaire ; mais il
» n'est pas moins constant qu'en général on ne peut
» opposer aucune fin de non-recevoir à un procu-
» reur-général, lorsqu'il croit devoir appeler *à mi-
» nimâ* des sentences rendues par les premiers ju-
» ges ; et il serait bien difficile de trouver des cas
» où cette règle générale pût souffrir aucune excep-
» tion légitime. Si toutes les parties ont la faculté,
» pendant plusieurs années, d'interjeter Appel des
» jugemens contraires à des prétentions qui ne re-

» gardent que leurs intérêts particuliers, il serait
» fort extraordinaire de vouloir donner des bornes
» plus étroites à cette faculté dans la personne d'un
» procureur-général ; qui n'agit jamais que pour
» l'intérêt public contre lequel on ne prescrit point.
» — Cette réflexion seule suffirait presque pour ré-
» pondre à la consultation que vous me faites; et si
» j'entre dans un plus grand détail sur cette ma-
» tière, c'est, non seulement par les égards qui sont
» dus à une chambre entière qui me propose ses
» doutes, mais parce qu'en répondant à ces diffi-
» cultés, j'aurai encore occasion de confirmer la
» maxime générale que je viens de vous rappeler.
» — Vous paraissez d'abord frappé du laps de
» temps qui s'est écoulé depuis la sentence du siége
» de.... jusqu'à l'Appel interjeté par M. le procu-
» reur-général ; mais vous pouvez faire réflexion
» que le public ne doit jamais souffrir de la négli-
» gence, de la lenteur, ou peut-être de la conni-
» vence des officiers subalternes qui sont chargés
» de veiller à la défense de ses intérêts, et de pro-
» curer la vengeance des crimes. S'il y avait eu
» une partie civile dans le procès criminel qui a été
» instruit au bailliage de...., contre le nommé....,
» et qu'on ne pût opposer à cette partie qu'un si-
» lence de dix-huit mois, il n'est pas douteux que
» son Appel ne pût et ne dût être admis, suivant la
» disposition des ordonnances. Comment serait-il
» donc possible de regarder la partie publique
» comme non-recevable à interjeter appel *à mi-
» nimâ* d'une sentence rendue en matière crimi-
» nelle, dans un cas où une partie ordinaire ne
» pourrait être exclue par le seul laps de temps, du
» droit d'en appeler......—Une seconde difficulté,
» fondée sur l'exécution de la sentence rendue dans
» le siége de..., et sur le payement des frais re-
» çus par le procureur du roi, semble faire aussi
» beaucoup d'impression sur votre esprit ; mais elle
» ne mérite pas plus d'attention que la première.
» Il serait également contraire à l'ordre et au
» bien public, que la faute d'un officier inférieur pût
» préjudicier à son supérieur, et lui faire perdre le
» droit que le même ordre lui donne de faire ré-
» former par son ministère, non-seulement la con-
» duite des juges subordonnés au parlement, mais
» celle de ses substituts mêmes. Rien ne serait plus
» dangereux que de laisser établir pour maxime, que
» le silence d'un procureur du roi, et la réception
» des frais qu'il a avancés, pût lier les mains à son
» supérieur, assurer ainsi l'impunité aux coupables,
» soit par la corruption, soit par la complaisance,
» ou même par la seule ignorance d'un officier in-
» férieur ; la justice exige au contraire que, lors-
» qu'un procureur-général n'a pas été assez promp-
» tement averti de l'indulgence excessive des pre-
» miers juges ou de la facilité de ses substituts, il
» puisse au moins, aussitôt qu'il en est informé,
» faire réparer la faute de ses officiers par le tribu-
» nal supérieur; et il n'y a point d'autre voie pour
» y parvenir, que celle de l'appel *à minimâ*. — La
» troisième raison de douter que vous m'expliquez,

» n'est fondée que sur un scrupule louable dans son
» principe, mais qu'il est aisé de lever par les no-
» tions les plus communes de l'ordre judiciaire.....
» — Vous craignez que, comme l'accusé dont il
» s'agit, a subi la peine à laquelle le siège de.....
» l'avait condamné, vous ne soyiez exposés à pé-
» cher contre la maxime commune *non bis in idem*,
» si vous receviez un appel *d minimâ* qui vous obli-
» gera peut-être à prononcer dans la suite un juge-
» ment plus rigoureux contre le même accusé :
» mais vous êtes trop éclairés pour ne pas savoir
» que la règle *non bis in idem* ne saurait s'appli-
» quer qu'à des accusés qui ont éprouvé une con-
» damnation prononcée irrévocablement et en der-
» nier ressort. Jusque-là, toutes les peines imposées
» par les premiers juges n'ont encore rien de fixe
» et d'immuable ; l'appel de l'accusé ne suspend
» pas seulement, il éteint même le premier juge-
» ment. Celui du procureur-général le met au moins
» en suspens ; et lorsque le tribunal supérieur croit
» devoir réformer l'ouvrage des premiers juges, il
» est regardé comme non avenu, en sorte qu'il ne
» lui reste plus d'autre peine prononcée contre le
» coupable, que celle qui lui est imposée par le par-
» lement. — Ce serait en vain qu'on voudrait oppo-
» ser à une règle certaine, l'acquiescement de l'ac-
» cusé et l'exécution même qu'il a faite volontaire-
» ment de la sentence rendue contre lui ; il ne peut
» jamais, par sa conduite, rendre le premier juge-
» ment irréformable. Ce serait une grande question
» de savoir s'il ne pourrait pas lui-même, malgré
» son acquiescement, réclamer encore contre sa
» condamnation, s'il avait recouvré des preuves
» qui pussent rétablir son entière innocence : mais
» on n'a jamais révoqué en doute que, quelque
» parti qu'un accusé ait pris sur le jugement par
» lequel il a été condamné, un procureur-général
» ne soit toujours en droit de réclamer l'autorité du
» tribunal supérieur pour faire réformer ce juge-
» ment, quand il ne le trouve pas proportionné à
» la nature du crime. ... — Il arrive même quelque-
» fois qu'à l'occasion d'un second crime commis par
» un accusé qui avait essuyé une première con-
» damnation pour un autre fait, un procureur-gé-
» néral juge à propos d'examiner le premier procès,
» et que, découvrant ou de nouvelles preuves ou
» des défauts d'instruction dans la procédure des
« premiers juges, il interjette appel *à minimâ*
» d'une sentence qui avait été exécutée par cet ac-
» cusé ; et l'on agirait évidemment contre le bien
» de la justice, si, dans un pareil cas, on voulait
» fermer la bouche à un procureur-général, sous
» prétexte qu'il l'ouvre trop tard : c'est de quoi je
» ne me souviens point d'avoir encore vu d'exem-
» ples dans aucun tribunal, et vous aimez trop le
» bien public pour vouloir donner le premier. »

» Ainsi s'est expliqué M. le chancelier d'Aguesseau ; et comme l'on voit, il est évident que, sous
l'ordonnance de 1670, le procureur-général pouvait bien en acquiesçant lui-même à un jugement
qui infligeait à un accusé des peines trop douces,

se mettre dans l'impossibilité d'en interjeter Appel;
mais que la voie de l'Appel ne pouvait jamais lui
être fermée par l'exécution que le procureur du roi
avait fait donner à un pareil jugement.

» C'en serait déjà assez, si nous étions encore
régis par l'ordonnance de 1670, pour que, dans
l'espèce actuelle, la cour royale de Dijon n'eût pas
pu déclarer son procureur-général non-recevable
dans l'Appel qu'il avait interjeté du jugement du 13
août.

» Les nouvelles lois ont-elles, sur ce point, introduit des règles plus favorables aux prévenus, que
ne l'était l'ancienne jurisprudence ? Non, et il s'en
faut beaucoup. Elles ont, à la vérité, restreint pour
le ministère public, la faculté d'appeler à un espace
de temps très-court ; mais elles n'ont attaché
qu'au seul laps de ce temps, l'effet d'élever une fin
de non-recevoir contre l'Appel ; et de là on doit nécessairement conclure que l'Appel du ministère public est toujours recevable, par cela seul qu'il est
interjeté dans le délai de la loi.

» Comment donc l'Appel interjeté dans le délai
de la loi par un procureur-général, pourrait-il être
déclaré non-recevable, sous le prétexte que le procureur du roi près le tribunal de première instance
aurait acquiescé au jugement contre lequel cet Appel
est dirigé ? Il ne pourrait pas même l'être, sous le
prétexte que le procureur-général lui-même aurait,
avant que le délai de l'Appel fût expiré à son égard,
donné à ce jugement un acquiescement personnel.

» Assurément on peut, on doit même argumenter
à fortiori de la faculté de se pourvoir en cassation à
celle d'appeler. Si donc un procureur-général peut
se pourvoir en cassation contre un jugement en dernier ressort auquel il a lui-même acquiescé, à plus
forte raison peut-il appeler, malgré son propre acquiescement, d'un jugement de première instance.

» Eh bien ! le 7 janvier et le 25 février 1813, la
cour a rejeté les fins de non-recevoir que l'on opposait, en matière criminelle, à des recours en cassation
de procureurs-généraux, sur le fondement qu'en
prenant eux-mêmes des conclusions littéralement
conformes aux dispositifs des arrêts qui étaient l'objet de ces recours, ils avaient d'avance acquiescé à
ces arrêts ; et elle les a rejetées, *attendu que, d'a-
près les lois, il n'existe aucune fin de non-recevoir
contre le pourvoi du ministère public, dès qu'il est
exercé dans la forme et dans les délais prescrits.*

» Mais qu'est-il besoin de raisonner ici par analogie ? Il existe un arrêt de la cour, du 16 juin 1809,
qui juge formellement que l'acquiescement donné à
un jugement dans le délai de l'Appel, par un officier
du ministère public, n'empêche pas cet officier d'appeler avant que le délai de l'Appel soit expiré. Voici
comment l'espèce de cet arrêt nous est retracée dans
le *Bulletin criminel*......(1)

» On sent avec quelle force cet arrêt s'applique à
l'espèce actuelle. Dans l'espèce actuelle, il ne s'agit
pas d'un Appel interjeté par le même officier du

_____

(1) *V. Acquiescement*, §. 10.

4.

ministère public, qui, ayant de l'interjeter, avait consenti à l'exécution du jugement de première instance ; il s'agit d'un Appel interjeté par le supérieur de cet officier. Si donc l'exécution consentie, pendant le délai de l'appel, par l'officier supérieur du ministère public, n'eût pas pu le rendre non-recevable à appeler lui-même, à combien plus forte raison doit-il en être de même de l'exécution consentie, pendant le même délai, par le subordonné de ce magistrat ?

» Inutile d'objecter que, dans l'espèce de l'arrêt de cassation du 16 juin 1809, le consentement donné par l'officier subalterne du ministère public, à l'exécution du jugement qui acquittait le prévenu, n'avait point aggravé le sort de celui-ci, et qu'au contraire il lui avait procuré une mise en liberté momentanée ; au lieu que, dans l'espèce actuelle, par l'effet du consentement qu'a donné le procureur du roi à l'exécution du jugement de première instance, les prévenus ont, non-seulement payé des dépens qu'ils peuvent récupérer, mais encore subi un emprisonnement qui est devenu irréparable.

» Cette différence existe effectivement entre les deux espèces ; mais que peut-on en conclure ? Il faut toujours en revenir à ce grand principe, que le ministère public ne peut être déclaré non-recevable à appeler, que dans les cas déterminés par la loi : or, la loi a bien dit que le procureur-général serait déchu de la faculté d'appeler, s'il ne notifiait son Appel dans la forme et dans le délai que fixe l'art. 205 du Code d'instruction criminelle ; mais elle n'a point ajouté qu'il serait pareillement déchu, si, avant qu'il eût appelé, le procureur du roi avait fait exécuter le jugement de condamnation, et dès qu'elle ne l'a point ajouté, nous ne pouvons pas l'ajouter pour elle ; nous le pouvons même d'autant moins, qu'il est impossible qu'elle n'ait point prévu qu'il arriverait souvent que, pendant le délai accordé au procureur-général pour appeler, et après l'expiration de celui dans lequel le condamné et le procureur du roi sont admis à l'Appel, le jugement de condamnation serait exécuté à la diligence du procureur du roi ; et que, si elle avait voulu faire résulter de cette exécution une fin de non-recevoir contre l'appel du procureur-général, elle n'eût pas pu se dispenser de le déclarer en termes exprès.

» Remarquons d'ailleurs que l'exécution du jugement de condamnation après les dix jours accordés au condamné et au procureur du roi, pour appeler, n'est forcée, ni de la part du procureur du roi, ni de la part du condamné ; et que le condamné et le procureur du roi peuvent, soit de concert, soit malgré l'un l'autre, la faire suspendre jusqu'à l'expiration du délai dont le procureur-général jouit pour interjeter son Appel.

» En effet, l'art. 203 porte seulement que, pendant les dix jours qui suivent celui de la prononciation du jugement, *il sera sursis à l'exécution du jugement même*. Il n'ajoute pas qu'après ces dix jours, le procureur du roi et le condamné seront tenus, l'un de faire exécuter le jugement, l'autre

d'en souffrir l'exécution ; et conséquemment il laisse à l'exécution qu'il permet de donner au jugement après ces dix jours, le caractère d'une exécution purement volontaire de la part de l'un comme de la part de l'autre.

» Mais dès que cette exécution est purement volontaire, comment pourrait-il en résulter une fin de non-recevoir contre l'Appel interjeté postérieurement par le procureur-général ?

» Si le condamné a subi un emprisonnement prématuré, il ne peut l'imputer qu'à lui-même ; et dès-lors, c'est le cas de la maxime, *qui damnum suâ culpâ sentit, non videtur sentire.*

» Qu'on ne dise pas, au reste, que, si le condamné était détenu au moment où la condamnation a été prononcée, ce n'est pas volontairement qu'il continue de garder prison ; et qu'au moins, dans ce cas, l'exécution du jugement qui le condamne à l'emprisonnement, est, de sa part, un acte forcé.

» La preuve que, même dans ce cas, le condamné exécute volontairement sa condamnation, c'est qu'il peut encore, après la prononciation du jugement et tant que le procureur-général n'est pas déchu de la faculté d'appeler, obtenir sa liberté provisoire, sous caution.

» Au surplus, il importerait peu que l'exécution du jugement après les dix jours de la prononciation fût considérée, non comme volontaire de la part du condamné, mais comme *forcée* dans toute l'exactitude de ce terme.

» Assurément, sous l'ordonnance de 1670, c'était bien forcément qu'un condamné à l'emprisonnement par un jugement dont ni lui ni le procureur du roi ne se rendaient appelans, subissait sa peine avant que le procureur-général eût manifesté son intention d'appeler ou de ne pas appeler lui-même ; car il eût été absurde de lui laisser pendant vingt ans la faculté de subir une peine que l'Appel du procureur-général pouvait pendant vingt ans rendre illusoire. Cependant alors même, le procureur-général pouvait toujours appeler, quoique le jugement de condamnation eût été exécuté à la diligence du procureur du roi.

» Et d'où cela venait-il ? De ce que, pendant tout le temps que durait, pour le procureur-général, la faculté d'appeler, l'exécution, que recevait le jugement de condamnation à l'emprisonnement, ne pouvait être que provisoire ; de ce qu'elle était essentiellement subordonnée au parti que prendrait le procureur-général relativement à l'Appel ; de ce qu'elle ne pouvait devenir définitive qu'à défaut d'Appel du procureur-général ; de ce que le procureur-général venant à appeler, elle se trouvait, par l'événement, n'avoir été, dans l'intervalle, qu'une mesure de sûreté ; de ce qu'elle était, dans ce cas, dépouillée, par l'événement, du caractère de peine ; en un mot, de ce que, comme le disait M. d'Aguesseau dans sa lettre ci-dessus transcrite, tant que la condamnation *n'a pas été prononcée irrévocablement, toutes les peines imposées par les pre-*

miers juges, n'ont encore rien de fixe et d'immuable.

» Et pourquoi en serait-il autrement aujourd'hui? Les nouvelles lois ont bien abrégé le délai de l'Appel pour le procureur-général, mais elles n'ont rien changé à la nature de l'exécution que le jugement peut recevoir pendant ce délai.

» Ce considéré, il plaise à la cour, vu l'art. 442 du Code d'instruction criminelle, et l'art. 205 du même Code, casser et annuller, dans l'intérêt de la loi, l'arrêt de la cour royale de Dijon, du 12 octobre dernier, dont expédition est ci-jointe; et ordonner qu'à la diligence de l'exposant, l'arrêt à intervenir sera imprimé et transcrit sur le registre de ladite cour.

» Fait au parquet, le 21 novembre 1814. *Signé* Merlin.

» Oüi le rapport de M. Oudart....

» Vu l'art. 408 du Code d'instruction criminelle; les art. 200, 201 et 202 du même Code....

» Attendu que le n° 5 de cet article accorde au ministère public près le tribunal ou la cour d'Appel, un droit personnel d'appel qui est indépendant de celui que le n° 4 du même article confère au procureur du roi près le tribunal qui a rendu le jugement de première instance;

» Que ces différens droits d'appel ainsi accordés d'une manière directe à ces deux fonctionnaires, sont soumis, d'après ledit art. 202 et d'après l'art. 205, à des formes et à des délais différens;

» Que celui qui appartient au ministère public près le tribunal ou la cour d'appel, ne peut donc être anéanti ni altéré par le fait du procureur du roi du tribunal de première instance;

» Que l'acquiescement que celui-ci peut avoir donné au jugement de premier ressort, que même l'exécution qu'il peut en avoir irrégulièrement consentie ou ordonnée, ne peuvent être un obstacle à ce que le ministère public du tribunal d'appel exerce dans toute sa plénitude le droit d'appeler, qu'il tient personnellement de la loi;

» Que l'exécution prématurée que le procureur du roi peut avoir mal-à-propos consenti ou ordonnée, n'est, dans ce cas, que provisoire; qu'étant relative à un jugement qui n'était pas encore devenu irrévocable, et auquel elle n'a pas pu imprimer ce caractère, au préjudice du droit d'un tiers qui n'y a pas participé, son effet, respectivement à la vindicte publique, est essentiellement demeuré subordonné au résultat de l'exercice de ce droit;

» Que, si l'art. 205 étend jusqu'à deux mois le délai qu'il accorde au ministère du tribunal ou de la cour d'Appel pour déclarer et notifier son appel, le prévenu peut, d'après le même article, réduire ce délai à un mois, en faisant à ce fonctionnaire la notification du jugement de première instance; et qu'il n'a qu'à s'imputer à lui-même s'il néglige d'employer ce moyen d'abréger le temps de son incertitude;

» Que, si l'art. 206 porte que la mise en liberté du prévenu acquitté ne pourra être suspendue lors-

qu'aucun Appel n'aura été déclaré ou notifié dans les dix jours de la prononciation du jugement, cette disposition, qui d'ailleurs laisse entière dans le cas qu'elle règle, la faculté d'Appel du ministère public du tribunal d'Appel pendant tout le délai fixé par l'art. 205, est une exception au droit commun qui est accordée à la faveur de la liberté et au cas où le prévenu a été acquitté; qu'elle est étrangère à celui de la condamnation; qu'il n'en peut donc résulter que cette condamnation puisse être exécutée après le délai de dix jours écoulé sans déclaration d'Appel, ou que l'exécution prématurée de cette condamnation puisse éteindre le droit d'Appel dont le délai est déterminé par l'art. 205, et qui subsiste même sans modification dans le cas et dans l'application dudit art. 206;

» Que, si, dans son dernier alinéa, l'art. 203 a ordonné que, pendant l'instance d'Appel et pendant les dix jours accordés au procureur du roi, à la partie civile et au condamné pour appeler, il serait sursis à l'exécution du jugement, et si cette disposition n'a pas été expressément renouvelée relativement au délai accordé par l'art. 205 pour l'Appel du ministère public près le tribunal ou la cour d'Appel, il n'en s'ensuit pas qu'à l'égard de ce délai, il ait été dérogé au principe général des matières criminelles, qu'il doit être sursis à l'exécution des jugemens, jusqu'à ce qu'ils soient devenus irrévocables; que les dérogations au droit commun ne s'établissent pas par des inductions; que d'ailleurs l'art. 206, en modifiant le principe du sursis pour le cas de l'acquittement et en faveur de la liberté du prévenu, l'a implicitement maintenu relativement aux jugemens de condamnation;

» Que, si le procureur du roi, usant irrégulièrement de ses pouvoirs, veut faire exécuter prématurément une condamnation prononcée en premier ressort, le condamné a les voies de droit pour s'y opposer;

» Que, si le condamné provoque lui-même cette exécution, et si le procureur du roi, par connivence ou autrement y consent, de ce fait volontaire du condamné, il ne peut résulter aucun préjudice au droit d'Appel du ministère public près le tribunal ou la cour d'Appel, ni à la juridiction de ce tribunal ou de cette cour; et le nouveau jugement rendu sur cet Appel, ne saurait entrer dans la prohibition de la maxime *non bis in idem*;

» Attendu néanmoins que, dans l'espèce, la cour royale de Dijon a déclaré non-recevable l'Appel émis par son procureur-général dans le délai de l'art. 205, d'un jugement rendu par le tribunal de première instance de Châlons-sur-Saône, par le motif que ce jugement qui avait condamné plusieurs individus à un emprisonnement de six et dix jours et aux dépens, avait été exécuté de l'ordre du procureur du roi de ce tribunal; qu'en jugeant ainsi, cette cour a violé les règles de sa compétence et méconnu le droit d'Appel accordé à son procureur-général par les art. 202 et 205 du Code d'instruction criminelle ;

» Par ces motifs, la cour casse et annulle, dans l'intérêt de la loi et sans préjudice de son exécution, l'arrêt rendu le 12 octobre dernier par la cour royale de Dijon, lequel a déclaré le procureur-général près cette cour non-recevable dans l'appel interjeté par lui d'un jugement rendu le 15 août 1814, par le tribunal correctionnel de l'arrondissement de Châlons-sur-Saône, sur les poursuites dirigées contre Étienne Gilis, René Cour, alet et le nommé Casse ».

§. X, n. I. *Page* 300, *col.* 2, *ligne* 30, *après le mot civile, ajoutez ces mots :*

Je reviendrai là-dessus au mot *Tabac*, n. 9.

§. XI. *Page* 301, *col.* 1, *après la ligne* 37, *ajoutez :*

7°. *L'Appel notifié par l'huissier d'une cour d'assises dans un arrondissement où elle ne siége pas habituellement, mais qui fait partie de son ressort, est-il valable ?*

8°. *La nullité d'un Appel est-elle couverte par la demande que l'intimé fait, en conséquence de cet Appel, de sa mise en liberté provisoire sous caution ?*

9°. *Peut-elle être réparée par une assignation régulièrement donnée à l'intimé pour procéder sur cet Appel ?*

10°. *Peut-on, lorsqu'on est encore dans le délai de l'Appel, appeler incidemment par une simple déclaration à l'audience ?*

Page 304, *col.* 1, *après la dernière ligne, ajoutez :*

VII. Les 7e, 8e, 9e et 10e questions se sont présentées dans l'espèce suivante.

Le 12 novembre 1811, jugement du tribunal correctionnel de Loches, qui acquitte les sieurs Laporte et Gagnon des poursuites exercées contre eux, comme prévenus d'escroquerie en matière de conscription militaire, et ordonne qu'ils seront mis en liberté.

Le 20 du même mois, le procureur criminel du département d'Indre-et-Loire, charge par écrit le sieur Coiffé, huissier de la cour d'assises, demeurant à Tours, de se transporter à Loches, pour notifier aux sieurs Laporte et Gagnon, détenus dans la maison d'arrêt de cette dernière ville, son Appel du jugement du 12.

Le 21, l'huissier Coiffé notifie cet Appel aux sieurs Laporte et Gagnon.

Le 23 et le 27, les sieurs Laporte et Gagnon se pourvoient respectivement au tribunal correctionnel de Tours, juge d'Appel de celui de Loches, et demandent qu'attendu qu'il y a Appel du jugement du 12, ils soient admis à jouir de leur liberté provisoire, moyennant caution.

Le 26 décembre suivant, le procureur criminel fait citer le sieur Laporte, par exploit d'un huissier du tribunal de première instance de Loches, à comparaître devant le tribunal correctionnel de Tours, à l'effet de procéder sur son Appel.

Le 31 du même mois, le sieur Gagnon se trouvant à Tours, le procureur criminel lui fait donner une citation semblable par l'huissier Coiffé.

L'affaire portée à l'audience, les sieurs Laporte et Gagnon concluent à ce que l'acte d'Appel qui leur a été signifié le 21 novembre, soit déclaré nul, parce que l'huissier Coiffé n'avait pas le droit d'instrumenter hors du ressort du tribunal de première instance de Tours.

Le procureur criminel répond, 1° que les sieurs Laporte et Gagnon sont non-recevables dans leur exception, attendu qu'en demandant leur liberté provisoire, ils ont suffisamment reconnu que son Appel leur avait été notifié ; 2° que l'huissier Coiffé avait pu instrumenter à Loches en vertu du mandat spécial qu'il lui en avait donné, conformément à l'art. 1er de la loi du 5 pluviose an 13 ; 3° que la prétendue nullité de la signification de l'acte d'Appel a été réparée par les citations données aux sieurs Laporte et Gagnon, les 26 et 31 décembre, pour procéder sur l'Appel même ; 4° qu'enfin, il déclare, en présence des prévenus, se rendre de nouveau, en tant que besoin, appelant du jugement du 12 novembre.

Le 2 janvier 1812, jugement ainsi conçu :

« Considérant, en ce qui touche la fin de non-recevoir opposée par le procureur criminel, résultant de ce que Laporte et Gagnon ont, postérieurement à l'Appel notifié par Coiffé, demandé au tribunal et obtenu leur mise en liberté provisoire sous caution ; que la demande en liberté provisoire n'est point un acte d'instruction ; que d'ailleurs, en point de droit, il n'y a, en matière criminelle et correctionnelle, de fin de non-recevoir contre les prévenus ou accusés, que celles textuellement déterminées par la loi ; — En ce qui touche la notification d'Appel du 21 novembre dernier, dans le fait, qu'elle a été faite par Coiffé, qui était précédemment huissier près la cour de justice criminelle, et conservé en cette qualité par le règlement du 6 juillet 1810 près la cour criminelle et spéciale de ce département ; que la notification a été faite à Loches, autre arrondissement que celui du tribunal ; que le même règlement ne donne point aux huissiers près les cours d'assises et spéciales le droit d'exploiter, en matière correctionnelle, hors l'étendue de l'arrondissement du tribunal de première instance du chef-lieu ; qu'il s'ensuit qu'en droit, cette notification est nulle ; que les exploits d'assignation donnée à la requête du procureur-général, l'un du 26 décembre dernier, à Laporte, dans la ville de Loches, par exploit de Saulquin, huissier près le tribunal de première instance de Loches ; l'autre, du 31 du même mois, à Gagnon, à Tours, par exploit dudit Coiffé, ne font point mention de réitération d'Appel, et contiennent seulement assignation pour procéder sur celui du 21 novembre dernier ; qu'il s'ensuit, en point de fait, que l'Appel du procureur-général criminel n'a point encore été légalement notifié, et que par conséquent, en point de droit, le tribunal n'est point encore légalement saisi; — et en ce qui touche la déclaration d'appel subsidiairement faite par le procureur criminel à cette audience, que ce même Appel n'étant point encore légalement notifié, le tribunal ne peut y statuer; — faisant droit, déclare l'acte de Coiffé, huissier près la cour d'assises, du 21 novembre dernier, nul et de nul effet, et par suite les assignations données en conséquence; donne au surplus acte au procureur criminel de la déclaration par lui présentement faite; qu'il se rend subsidiairement appelant du jugement du 12 novembre dernier, rendu par le tribunal de première instance de Loches, en matière correctionnelle, portant acquittement desdits Laporte et Gagnon; et attendu que ledit Appel n'est point encore légalement notifié, déclare qu'il n'y a lieu, quant à présent, à y statuer..... ».

Le procureur criminel se pourvoit en cassation contre ce jugement.

« Le jugement qui vous est dénoncé (ai-je dit à l'audience de la section criminelle le 20 février 1812) a-t-il violé la loi en jugeant que les sieurs Laporte et Gagnon étaient recevables à demander la nullité de l'acte d'Appel du procureur criminel, après avoir demandé et obtenu, par suite de cet acte, leur mise en liberté provisoire, moyennant caution? — A-t-il violé quelque loi, en jugeant que Coiffé, huissier de la cour d'assises du département d'Indre-et-Loire, n'avait pas pu notifier cet acte d'Appel dans la ville de Loches? — A-t-il violé quelque loi, en jugeant que la nullité de cet Appel n'avait pas été réparée par les citations régulières et non contestées qui avaient été données aux sieurs Laporte et Gagnon „pour comparaître à l'audience du tribunal d'appel? — A-t-il violé quelque loi, en jugeant qu'il n'y avait pas lieu de statuer sur l'Appel émis de nouveau et verbalement à l'audience par le procureur criminel, jusqu'à ce que cet Appel eût été légalement notifié? — Telles sont les questions que cette affaire présente à l'examen de la cour.

» La première nous paraît devoir être résolue négativement.

» Sans doute les sieurs Laporte et Gagnon, en demandant leur mise en liberté provisoire par suite de l'Appel du procureur criminel, ont suffisamment manifesté la connaissance qu'ils avaient de cet Appel; mais ils n'ont pas renoncé au droit d'en demander l'annullation. Que l'acte d'Appel fût valable ou nul, c'était la chose du monde la plus indifférente pour l'effet qui devait en résulter quant à la disposition du jugement de première instance qui ordonnait la mise en liberté des prévenus. Dans un cas comme dans l'autre, l'acte l'Appel suspendait toujours l'exécution de ce jugement. Il importait donc aux sieurs Laporte et Gagnon, dans un cas comme dans l'autre, de faire lever, par une demande en liberté provisoire, l'obstacle qu'apportait à l'exécution de ce jugement, l'Appel du procureur criminel. Ils ont donc pu, sans renoncer aux moyens de nullité qu'ils pouvaient avoir à proposer contre cet Appel, demander que provisoirement ils fussent rendus à la liberté.

» La seconde question ne présente pas plus de difficultés, et nous pensons que c'est également à la négative qu'elle doit être résolue.

» Les huissiers des cours d'assises ne peuvent pas avoir plus d'attributions, quant au territoire dans lequel ils sont autorisés à exploiter, que n'en avaient les huissiers des cours de justice criminelle que les cours d'assises ont remplacés. Or, les huissiers des cours de justice criminelle pouvaient-ils exploiter dans tout le ressort de ces cours? Non : ils ne le pouvaient que dans l'arrondissement du tribunal de première instance où siégeait chacune de ces cours. L'art. 7 de l'arrêté du gouvernement du 22 thermidor an 8, est là-dessus très-formel. Les huissiers des cours d'assises ne peuvent donc également exploiter que dans l'arrondissement du tribunal de première instance où chacune de ces cours tient régulièrement ses séances. Le sieur Coiffé, huissier de la cour d'assises du département d'Indre-et-Loire, séant à Tours, n'a donc pas pu exploiter dans l'arrondissement du tribunal de première instance de Loches. L'exploit qu'il a signifié le 21 novembre 1811, aux sieurs Laporte et Gagnon, est donc nul.

» Et vainement le procureur criminel a-t-il argumenté de l'ordre qu'il avait donné par écrit à l'huissier Coiffé de se transporter à Loches pour notifier cet Appel. Vainement a-t-il prétendu que l'art. 1er de la loi du 5 pluviose an 13 l'autorisait à donner un pareil ordre.

» Cet article est ainsi conçu : *Les citations, notifications, et généralement toutes significations à la requête de la partie publique, en matière criminelle ou de police correctionnelle, seront faites par les huissiers audiencers des tribunaux établis dans les lieux où elles seront données, ou par les huissiers des tribunaux de paix : en conséquence, il ne sera jamais alloué de frais de transport aux huissiers, à moins toutefois qu'ils n'ayent été chargés par un mandement exprès du procureur général, ou du procureur (du Roi) ou du directeur du jury, chacun en ce qui le concerne, de porter, hors du lieu de leur résidence, lesdites citations, notifications ou significations; elles pourront aussi être données par les gendarmes.*

» Quel est l'objet de cet article? Ce n'est pas de régler la compétence des huissiers de chaque tribunal de première instance, respectivement aux huissiers d'un autre tribunal de la même nature: c'est uniquement de diminuer les frais des procès criminels. Dans cette vue, le législateur ordonne qu'en matière criminelle et correctionnelle, les significations qui seront faites à la requête du ministère public, le seront par les huissiers des lieux où elles devront l'être; en sorte que, quoique tous les huissiers du même tribunal soient également compétents pour les faire, néanmoins ceux-là seuls en seront chargés de préférence, qui résideront dans le lieu même où il s'agira d'exploiter. Du reste, si elles sont faites par d'autres huissiers du même arrondissement, elles ne seront pas nulles; mais les huissiers qui les auront faites, ne pourront rien exiger pour leur transport, et ils seront payés comme s'ils les avaient faites dans le lieu même de leur résidence. Voilà la règle générale. Mais la loi y met une exception. C'est qu'il sera alloué des frais de transport à l'huissier qui représentera un ordre exprès, soit du procureur (du Roi), soit du procureur général, soit du juge d'instruction, par lequel il aura été chargé de faire les significations hors du lieu de sa résidence. Résulte-t-il de là que le procureur (du Roi), que le procureur général, que le juge d'instruction, peuvent autoriser un huissier à exploiter, en matière criminelle ou correctionnelle, hors de l'arrondissement du tribunal de première instance auquel il est attaché? Non certainement. Il n'en résulte pas même que l'autorisation de l'une ou de l'autre de ces magistrats soit nécessaire à un huissier pour exploiter valablement dans les lieux de cet arrondissement où il ne réside pas; il en résulte seulement que, s'il exploite en effet sans cette autorisation, dans un lieu de son arrondissement où il ne réside pas, il ne lui sera rien payé pour son transport.

» Ce qui prouve d'ailleurs que tel est le sens de la loi, et que la loi n'entend pas autre chose, c'est que, par le décret du 18 juin 1811, portant règlement pour les frais de procédure criminelle, il est dit, art. 84 : « Nos procureurs et les juges d'ins- » truction ne pourront user, si ce n'est pour cause » grave, de la faculté qui leur est accordée par la loi » du 5 pluviôse an 13, décharger un huissier d'ins- » trumenter hors du canton de sa résidence ». Hors du canton de sa résidence ! Pourquoi le décret ne dit-il pas hors de l'arrondissement de son tribunal? parce que la loi du 5 pluviôse an 13, dont il est l'interprète, n'autorise ni les officiers du ministère public, ni les juges d'instruction, à charger les huissiers d'un tribunal d'instrumenter hors de son arrondissement; parce que les autorisant à charger les huissiers d'instrumenter hors du lieu de leur résidence, elle suppose qu'ils n'useront de ce pouvoir que pour les lieux du même arrondissement où les huissiers ne résident pas.

» Répétons-le donc sans hésiter : l'exploit de notification de l'acte d'Appel dont il est ici question, était radicalement nul; et le tribunal correctionnel de Tours n'a fait, en le déclarant tel, que ce que la loi lui commandait impérieusement.

» Mais la nullité de cet exploit n'a-t-elle pas été réparée par les citations qui ont été données aux sieurs Laporte et Gagnon, le 26 et le 31 décembre, pour comparaître devant le tribunal correctionnel de Tours, à l'effet de procéder sur l'Appel du procureur criminel?

» L'affirmative ne nous paraît pas susceptible du plus léger doute.

» Que faut-il, en matière correctionnelle, pour qu'un Appel soit régulièrement interjeté par le procureur général ou par le procureur criminel?

» L'art. 205 du Code d'instruction criminelle, qui n'est à cet égard, que la répétition de l'art. 197 du Code du 3 brumaire an 4, n'exige, pour cela, que deux

choses : que l'Appel soit notifié au prévenu, et qu'il le soit dans le délai déterminé par le même article.

» Il y a donc Appel régulièrement interjeté par le procureur général ou par le procureur criminel, toutes les fois que, dans le délai déterminé par l'art. 205, il est notifié au prévenu par un officier compétent, que le procureur général ou le procureur criminel est appelant du jugement rendu en sa faveur.

» Or, dans notre espèce, il existe deux actes bien réguliers et dont la régularité n'est pas contestée, par lesquels le procureur criminel a notifié aux sieurs Laporte et Gagnon qu'il était appelant d'un jugement du tribunal correctionnel de Loches; du 12 novembre. Ces actes ont été signifiés aux sieurs Laporte et Gagnon à des époques où le procureur criminel était encore dans le délai pour appeler. Ces actes remplissent donc le vœu de l'art. 205.

» Qu'importe du reste qu'ils se réfèrent à un acte d'Appel précédemment signifié aux sieurs Laporte et Gagnon? Qu'importe qu'il y soit dit que c'est pour procéder sur cet Appel, que les sieurs Laporte et Gagnon sont assignés devant le tribunal de Tours?

» Utile non vitiatur per inutile. La mention qui est faite dans les exploits du 26 et du 31 décembre, de l'acte d'Appel du 21 novembre, est assurément une mention surabondante, puisque le procureur criminel aurait pu l'omettre entièrement dans ces exploits, et que ces exploits seraient certainement valables, si, sans se référer à l'acte du 21 novembre, ils contenaient simplement assignation pour procéder sur l'Appel du procureur criminel. Donc cette mention ne peut pas vicier les exploits dans lesquels elle est insérée. Donc ces exploits doivent, par eux-mêmes, avoir tout leur effet. Donc ils ont suffisamment rectifié ce qu'il y avait de vicieux dans l'acte d'appel du 21 novembre.

» C'est ainsi, au surplus, Messieurs, que vous l'avez jugé, sous le Code du 3 brumaire an 4; par un arrêt du 8 juin 1809. Voici dans quel termes cet arrêt est rapporté dans le Bulletin criminel. — « René Fléas, prévenu de délits forestiers, avait » été condamné par jugement du tribunal correction- » nel dont le procureur-général s'était rendu ap- » pelant, attendu l'insufisance des condamnations. » Par son arrêt du 15 mars 1809, la cour de justice » criminelle confirma le jugement, en déclarant la » notification d'Appel nulle, sur le fondement » que l'on n'y avait pas exprimé le domicile de » l'intimé conformément à l'art. 94 du Code de » procédure civile. Le procureur-général s'étant » pourvu contre cet arrêt, il s'agissait de décider, » 1° si les dispositions de l'art. 64 du Code de pro- » cédure civile étaient applicables en matière de po- » lice correctionnelle; 2° si la rectification de la » notification d'Appel signifiée le 16 mars 1808, » avait pu résulter d'une notification plus régulière » signifiée au prévenu le 4 mars 1809; 5° enfin, » si la comparution volontaire de René Fléas à l'au- » dience, n'avait pas couvert cette prétendue nullité. » Ces questions ont été résolues par l'arrêt suivant.

» Ouïs M. Guieu et M. Jourde, pour le procureur » général ; vu l'art. 456, §. 1 et 6 de la loi du 3 » brumaire an 4 ; attendu que les dispositions de » l'art. 64 du Code de procédure civile, ainsi que » celles de l'ordonnance de 1667, sont étrangères » aux notifications d'Appel qui, aux termes de l'art. » 197 de la loi du 3 brumaire an 4, doivent être » faites aux prévenus ou à leur domicile, par le » ministère public ; que les formes de procéder, en » matière criminelle, doivent être gouvernées par » les lois spéciales de la matière ; que nulle disposi- » tion de ces lois spéciales n'assujétit les notifications » d'Appel aux formes usitées en matière civile ; que » *d'ailleurs le prévenu à qui il a été donné une cita-* » *tion sous la date du 4 mars 1809, dont la régu-* » *larité n'était pas contestée, avait également reçu,* » *à son domicile, la notification du 16 mars 1818,* » *et que, parfaitement instruit de l'appel dirigé* » *contre lui, il a comparu en personne à l'audience* » *de la cour de justice criminelle ;* que dès-lors, » en déclarant le procureur général déchu de » son appel, la cour de justice criminelle du dépar- » tement de la Loire Inférieure a fait une fausse » application des dispositions du Code de procédure » civile, créé arbitrairement une nullité qui n'est » point prescrite par la loi, et commis un excès de » pouvoir ; la cour casse et annulle.... ».

» Comme vous le voyez, Messieurs, il a été jugé dans cette affaire, non-seulement que l'acte d'Appel du 16 mars 1808 était valable, mais encore que, s'il eût été nul, la nullité en aurait été réparée par la cita- tion qui avait été donnée régulièrement au prévenu le 4 mars 1809, pour procéder sur cet acte d'Appel.

» Donc, par la même raison, quoique, dans notre espèce, l'acte d'Appel du 21 novembre 1811 ait été originairement nul, la nullité en a été réparée par la citation donnée aux prévenus le 26 et le 31 dé- cembre suivant ; donc, en jugeant le contraire, le tribunal correctionnel de Tours a violé l'art. 205 du Code d'instruction criminelle, comme, dans l'affaire que nous venons de retracer, la cour de justice cri- minelle du département de la Loire Inférieure avait violé l'art. 197 du Code du 3 brumaire an 4.

» Mais il y a plus : le tribunal correctionnel de Tours a encore violé l'art. 205 du Code d'instruction criminelle, en refusant de faire droit sur l'Appel émis de nouveau et verbalement à l'audience par le procureur criminel, jusqu'à ce qu'il eût été notifié aux sieurs Laporte et Gagnon.

» Nous l'avons déjà dit, l'art. 205 du Code d'ins- truction criminelle n'exige que deux choses, pour qu'un Appel soit valablement interjeté en matière correctionnelle, par l'officier supérieur du ministère public, savoir ; que cet Appel soit *notifié au prévenu*, et qu'il le soit dans le délai d'un ou de deux mois, suivant les circonstances.

» Dans notre espèce, le procureur criminel était encore dans le délai pour appeler, lorsqu'à l'au- dience du tribunal correctionnel de Tours, il a dé- claré se rendre, de nouveau et en tant que besoin, appelant du jugement du 12 novembre 1811.

Dès-lors, que manquait-il à son Appel pour être parfaitement régulier, pour mettre le tribunal correc- tionnel de Tours dans la nécessité de s'en occuper tout de suite ? Rien ; car les prévenus étaient à l'au- dience même où le ministère public a interjeté cet Appel ; il l'a interjeté en leur présence, il le leur a par conséquent notifié lui-même.

» Si, pendant que les prévenus étaient encore détenus à Loches, le procureur criminel se fût transporté dans leur maison d'arrêt, et que là, en présence du greffier, il leur eût déclaré verbalement qu'il se rendait appelant, et qu'il eût pris d'eux une reconnaissance par écrit de la déclaration qu'il ve- nait de leur faire de son Appel, son Appel eût-il été valablement interjeté ? Pourquoi non ? Il aurait certainement, par la valeur, *notifié son recours* aux préve- nus ; et la loi n'en exigeait pas davantage de sa part ; la loi veut que, pour se rendre appelant, le procu- reur criminel notifie son recours au prévenu, et ne prescrit aucune forme pour cette notification Il im- porte donc peu dans quelle forme cette notification est faite ; dès qu'elle est constante, dès qu'elle ne peut pas être déniée, la loi est satisfaite.

» Eh bien ! le procureur criminel a fait plus : ce n'est pas seulement en présence d'un greffier, qu'il a déclaré son Appel aux sieurs Laporte et Gagnon ; il le leur a déclaré en présence de tout le tribunal, il le leur a déclaré en présence d'un nombreux auditoire ; et il a été dressé procès-verbal de la déclaration.

» Et cette déclaration n'a pas suffi pour le consti- tuer appelant ! elle n'a pas suffi pour saisir le tribunal de son Appel ! le tribunal a exigé de plus qu'elle fût notifiée aux prévenus ! mais les prévenus étaient là ; ils avaient entendu la déclaration, et ils ne pouvaient pas ne pas l'avoir entendue ; elle leur était donc bien et duement notifiée.

» Que les prévenus eussent pu, en alléguant qu'ils n'avaient pas joui d'un délai suffisant pour se pré- parer à plaider sur cet Appel, obtenir la remise de l'affaire à un autre jour ; à la bonne heure.

» Mais autre chose est d'ordonner que, sur un Appel valablement interjeté à l'audience, les parties viendront plaider un autre jour, autre chose est d'or- donner que, sur cet Appel, toute audience sera déniée, jusqu'à ce qu'il ait été fait une notification qu'aucune loi ne prescrit, qu'aucune raison n'autorise, qui serait absolument surabondante et frustratoire. Le tribunal de Tours aurait pu, abstraction faite de la régularité de l'Appel résultant des exploits des 26 et 31 décembre, prendre le premier de ces deux partis. En prenant le second, il a méconnu ses devoirs, il a fait à l'art. 205 du Code d'instruction criminelle une deuxième infraction.

» Par ces considérations, nous estimons qu'il y a lieu de casser et annuler le jugement qui vous est dénoncé ».

Par arrêt du 20 février 1812, au rapport de M. Oudart.

« Vu l'art. 205 du Code d'instruction criminelle ;
» Considérant que, bien que la notification faite

de l'Appel du procureur criminel, faite le 21 novembre 1811, à Loches, chef-lieu d'arrondissement, par un huissier de la cour d'assises de Tours, fût nulle, aux termes de l'art. 96 de la loi du 27 ventose an 8 et de l'art. 7 du règlement du 22 thermidor de la même année, néanmoins le procureur criminel avait formellement exprimé son Appel et l'avait légalement notifié aux prévenus par les exploits d'intimation et d'assignation légalement signifiés à sa requête, les 26 et 31 décembre dernier;

» Considérant qu'il avait de plus et subsidiairement interjeté Appel à l'audience, en présence des prévenus, et que le jugement du 2 janvier dernier lui en avait donné acte; que cette notification faite par lui aux prévenus à l'audience, et constatée par le jugement, remplit complettement le vœu de l'article cité ci-dessus, qui ne prescrit aucun mode de notification à peine de nullité;

» D'où il suit que le tribunal du chef-lieu du département d'Indre et Loire a violé l'article ci-dessus cité, et créé une nullité, en annullant les assignations signifiées à la requête du procureur criminel, les 26 et 31 décembre dernier, et en refusant, soit de statuer immédiatement, soit de continuer la cause à un jour prochain, sous prétexte que l'Appel interjeté à l'audience, en présence des prévenus, et constaté par jugement, ne leur avait pas été légalement notifié;

» Par ces motifs, la cour casse et annulle la disposition du jugement rendu en dernier ressort par le tribunal du chef-lieu du département d'Indre et Loire, le 2 janvier dernier, qui annulle les exploits d'intimation et assignation sur l'Appel du procureur criminel, et notifiés à sa requête; casse et annulle pareillement la disposition par laquelle le tribunal déclare qu'il n'y a lieu de statuer sur l'Appel interjeté à l'audience par le procureur criminel.... ».

V. encore sur la 10e question, l'arrêt du 11 juin 1813, rapporté au mot Serment, §. 1, art. 1, n° 10.

Page 504 col. 2, après le §. XII, ajoutez:

§. XIII. Dans quels cas les jugemens des tribunaux de police sont-ils passibles d'Appel devant les tribunaux correctionnels?

V. Tribunal de police, sect. 1, §. 3.

§. XIV. 1° Peut-on, en matière correctionnelle, appeler sans un pouvoir exprès de l'appelant?

2° Le pouvoir d'appeler au nom d'autrui en matière correctionnelle, résulte-t-il d'une procuration générale?

3° Que faut-il pour qu'un pouvoir d'appeler en matière correctionnelle, soit considéré comme spécial?

V. l'article Procuration, §. 2.

§. XV. La défense de l'intimé au fond, couvre-t-elle le défaut d'Appel interjeté en temps utile au nom de celui qui se présente comme appelant devant le tribunal supérieur?

V. Procuration, §. 2; et le plaidoyer du 3 décembre 1812, rapporté aux mots Inscription de faux, dans les Additions.]]

ARBITRAGE, n. IX. Page 536, col. 2, lig. 60, après qui y sont sujettes, ajoutez en note:

[[V. l'article Société, sect. 6, §. 3, n. 2 ter.]]

N. XX. Page 339, col. 1, après la ligne 21, ajoutez:

Les arbitres qui ont reçu, par le compromis, le pouvoir de juger comme amiables compositeurs, toutes les contestations résultant des comptes respectifs des parties, sont-ils tenus de régler et apurer ces comptes article par article? ou peuvent-ils se borner à dire que, tout compte fait et réglé, telle partie doit tant à l'autre? Peuvent-ils, dans le même cas, et lorsque le compromis les oblige de juger d'après les écritures non suspectes des parties, asseoir leur jugement sur des pièces que l'une des parties avait reconnues n'être pas probantes? V. le plaidoyer et l'arrêt du 20 juillet 1814, rapportés aux mots Bénéfice d'inventaire, n. 26, dans les Additions.

Après la ligne 49, ajoutez:

[[XXIII bis. La seule nomination d'arbitres pour statuer sur les demandes non spécifiées que des consorts pourront former les uns contre les autres, sur un objet connexe à une demande formée contre eux en commun par un tiers, et portée devant les mêmes arbitres, constitue-t-elle, relativement aux consorts entr'eux, une instance qui puisse, après l'expiration du compromis, être reprise devant les juges ordinaires? V. le plaidoyer et l'arrêt du 30 mai 1611, rapportés à l'art. Reprise d'instance, dans les Additions.]]

N. XLII. Page 346, col. 1, ligne 28, après le mot disposition, ajoutez en note:

V. Bénéfice d'inventaire, n. 26, dans les Additions, et Société, sect. 8, n. 6.

N. XLV. Page 347, col. 1, ligne 40, après les mots n. 9, ajoutez: et récusation, §. 2, n. 5.]]

ARBRE, n. VI. Page 351, col. 2, avant le n. VII, ajoutez:

V. le réquisitoire du 6 mars 1813, rapporté au mot Voisinage, §. 4, n. 6.

AVANTAGES ENTRE ÉPOUX. Page 420, col. 2, après la ligne 2, ajoutez:

VIII bis. Les donations entre époux peuvent-elles, lorsque le mariage est nul, valoir comme donations entre concubinaires? V. Don mutuel, §. 2, n. 5; et le plaidoyer du 15 juillet 1811, rapporté (dans les Additions) au mot Jugement, §. 7 bis.

AVOCAT, §. XII. Page 471, col. 2, ligne 55, au lieu de, à la fin du dernier volume, lisez: au mot Plaidoyer.

AVOCAT A LA COUR DE CASSATION. On trouvera sous les mots, Avocat aux conseils, l'indication des lois et des règlemens qui concernent les avocats à la cour de cassation.

Voici, au surplus, une espèce dans laquelle ont été agitées et jugées deux questions importantes : l'une, si les Avocats à la cour de cassation peuvent être poursuivis devant les tribunaux ordinaires, pour des faits relatifs à leurs fonctions; l'autre, quelles sont les circonstances où ils sont responsables envers leurs cliens, pour n'avoir pas formé en leur nom dans les délais fataux, les recours en cassation dont ils s'étaient chargés pour eux.

Le 18 novembre 1811, Marie-Barbe Gibory, veuve Dubourg, écrit de l'Aigle, département de l'Orne, à Me Chabroud, avocat à la cour de cassation, qui déjà lui avait prêté son ministère dans une autre affaire, pour le prier de se charger du recours en cassation qu'elle se propose de former contre deux arrêts de la cour de Caen, du 1er et du 8 août précédent. Elle lui envoie en même temps les pièces nécessaires pour former ce recours d'appel, mais sans argent, attendu, dit-elle, son état d'indigence.

Le 27 du même mois, Me Chabroud répond à la veuve Dubourg, qu'il a reçu ses pièces, mais qu'il n'a pas trouvé de certificat d'indigence ; que d'ailleurs, indépendamment de la consignation d'amende, dont un certificat régulier d'indigence la dispenserait, il y aura encore à avancer des droits de greffe ; et qu'il est nécessaire qu'elle y pourvoie.

Le 8 décembre suivant, la veuve Dubourg envoie à Me Chabroud un certificat d'indigence et 40 francs pour les droits de greffe.

Le 11 du même mois, Me Chabroud répond qu'il est en mesure pour l'avance des droits de greffe ; mais que le certificat d'indigence n'est pas en règle. Il lui renvoie en conséquence ce certificat, en lui indiquant ce qu'il y a à faire pour le rendre régulier.

Le 21, la veuve Dubourg, éprouvant trop de difficultés à faire régulariser son certificat d'indigence, envoie à Me Chabroud une somme de 300 francs pour l'amende, et lui réitère la recommandation de ne pas négliger son recours en cassation dont le délai fatal, lui dit-elle, expire le 28.

Cette lettre parvient le 22 à Me Chabroud.

Le 26, Me Chabroud écrit à la veuve Dubourg : « Je viens d'examiner les arrêts dont vous voulez demander la cassation. D'après ce que vous m'en aviez dit, je m'attendais que vos droits fondés sur la chose jugée, avaient été sacrifiés. J'ai reconnu que ce préjudice ne vous a point été fait, et que vous avez mis dans votre affaire une obstination voisine de la chicane ; sur des points où vous étiez sans intérêt véritable. J'ai vu, surtout, qu'il n'a été contrevenu, dans les deux arrêts, à aucune loi ; et qu'une demande en cassation serait, de votre part, sans fondement. Je ne la ferai donc pas. Vous m'avez fait passer, pour cette demande en cassation, 300 francs. Je ne veux pas profiter du hasard qui met cette somme entre mes mains, et la retenir pour les honoraires que vous me devez. Vous lui avez donné une destination et je me regarde comme

dépositaire. Vous pouvez donc disposer de cet argent. Si vous y consentez, je retiendrai seulement 50 fr. pour honoraire de mon dernier examen. Je vous exhorte à terminer cette affaire par la voie la plus simple et la plus courte, et à ne pas disputer sur des vétilles ».

A la réception de cette lettre, la veuve Dubourg se rend à Paris, et fait assigner Me Chabroud devant le tribunal de première instance du département de la Seine, pour se voir condamner à lui payer 40,000 francs de dommages-intérêts, montant du tort qu'elle allègue lui avoir été fait par son refus de présenter sa requête en cassation dans le délai fatal.

Me Chabroud décline le tribunal de première instance du département de la Seine ; et son déclinatoire rejeté, il se pourvoit en règlement de juges devant la section des requêtes de la cour de cassation.

« En thèse générale (ai-je dit à l'audience de cette section, le 5 juillet 1812), les officiers ministériels ne peuvent actionner les parties avec lesquelles ils ont des démêlés, à raison de leurs fonctions, et ne peuvent être actionnés par elles, que devant les tribunaux auxquels ils sont attachés.

» C'est ce principe, reconnu et pratiqué dans tous les temps, qui a dicté l'art. 60 du Code de procédure civile, suivant lequel « la demande formée » pour frais par les officiers ministériels, sera portée » au tribunal où les frais ont été faits ».

» Aussi, la cour a-t-elle plusieurs fois statué immédiatement sur des demandes de frais et déboursés formées par des avocats contre leurs cliens.

» Aussi des arrêts du conseil, des 18 décembre 1740, 11 août 1742, 15 février, 23 juillet 1754 et 28 juillet 1759, dont il existe des exemplaires imprimés dans les mains de M. le rapporteur, ont-ils cassé des poursuites faites contre des avocats au conseil, pour cause de leurs fonctions, devant d'autres tribunaux que les requêtes de l'hôtel au souverain qui, à cet égard, représentaient le conseil même.

» Voyons si l'arrêté du gouvernement, du 13 frimaire an 9, est d'accord avec ce principe, ou s'il y déroge.

» L'art. 2 de cet arrêté charge la chambre des avocats près la cour, comme les chambres des avoués près les tribunaux ordinaires, *de prévenir toutes plaintes et réclamations de la part de tiers contre* (des avocats où) *des avoués, à raison de leurs fonctions ; concilier celles qui pourraient avoir lieu ; émettre son opinion,* PAR FORME DE SIMPLE AVIS, *sur les réparations civiles qui pourraient en résulter....*

» Et l'art. 3 ajoute : TOUS AVIS *de la chambre seront sujets à homologation.*

» Ainsi, nul doute que l'on ne doive regarder comme *sujet à homologation,* l'avis que les chambres d'avocats ou d'avoués doivent donner sur les réparations civiles qui sont prétendues par les cliens des avocats ou des avoués, pour les négligences ou les prévarications que ceux-ci peuvent, dans l'exer-

5.

cice de leurs fonctions, commettre au préjudice de ceux-là.

» Mais ces mots, *sujets à homologation*, à quelle autorité se rapportent-ils ? Bien évidemment ils se rapportent à l'autorité près laquelle est établie la chambre qui a donné l'avis qu'il s'agit d'homologuer. C'est donc par la cour de cassation que doivent être homologués les avis donnés par la chambre des avocats existans près d'elle, comme c'est par les tribunaux de première instance et par les cours d'Appel que doivent être homologués les avis donnés par les chambres des avoués existans près de ces tribunaux et de ces cours.

» Et l'on conçoit très-bien pourquoi le législateur l'a ainsi réglé : c'est qu'aucune autorité ne peut aussi bien apprécier le degré de confiance qui est due à une chambre d'avocats ou d'avoués, que la cour ou le tribunal qui l'a, pour ainsi dire, sous la main; c'est, par conséquent, que cette cour ou ce tribunal est, plus qu'aucune autre autorité, à portée de juger s'il y a lieu ou non d'homologuer l'avis qu'on lui présente.

» Il y a d'ailleurs une raison particulière pour ne pas s'écarter de cette règle, dans le cas où, comme ici, un avocat à la cour de cassation est poursuivi par un de ses cliens, pour n'avoir pas formé une demande en cassation qui lui paraissait mal fondée. Comment, en effet, un tribunal de première instance pourrait-il juger si, en ne formant pas une pareille demande, l'avocat inculpé a nui à son client? On sent assez qu'une question de cette nature ne peut être bien jugée que par la cour de cassation.

» Dans ces circonstances et par ces considérations, nous estimons qu'il y a lieu, sans avoir égard à l'assignation du 9 janvier dernier, ni au jugement du tribunal de première instance du département de la Seine, du 31 du même mois, lesquels seront déclarés nuls et comme non avenus, renvoyer les parties devant la chambre des avocats près la cour, à l'effet de les concilier, si faire se peut, sinon, donner son avis sur les réclamations formées par la veuve Dubourg contre M⁰ Chabroud, pour, cet avis rapporté à la cour, être par les parties requis, et par la cour statué ce qu'il appartiendra ».

Arrêt du 15 juillet 1812, au rapport de M. Brillat de Savarin, par lequel, « attendu qu'en règle générale, les officiers ministériels ne peuvent être cités, pour fait de leur charge, que devant les tribunaux près lesquels ils exercent leurs fonctions ; et que cette règle a été de nouveau mise en vigueur par les art. 2 et 3 de l'arrêté des consuls, du 13 frimaire an 9 : la cour, sans s'arrêter à la citation du 9 janvier 1812, ni au jugement du tribunal de première instance de la Seine, du 31 du même mois, qui sont déclarés comme non avenus, renvoie la cause et les parties pardevant la chambre de discipline des avocats près la cour, pour y être conciliées, si faire se peut, sinon, être par ladite chambre donné son avis, et ensuite être par les parties requis, et par la cour ordonné ce qu'il appartiendra... ».

Le 15 septembre suivant, avis de la chambre des avocats, portant « que M⁰ Chabroud est irréprochable en sa conduite envers la veuve Dubourg : que cette veuve est purement et simplement non-recevable dans la demande en dommages-intérêts qu'elle a formée contre lui, ou qu'en tout cas, elle n'y serait pas fondée ».

Le 15 mars 1813, M⁰ Chabroud présente à la cour de cassation une requête en homologation de cet avis.

Cette requête est communiquée à la veuve Dubourg, qui y répond.

Le 6 juillet suivant, rapport est fait du tout à l'audience des sections réunies.

« Qu'un avocat soit le premier juge des causes que lui confient ses cliens (ai-je dit à cette audience), et qu'il ne soit pas même permis, de se charger d'une cause qui lui paraît mauvaise, c'est une vérité qui porte sa preuve avec elle-même, et qui d'ailleurs est consacrée par les lois les plus expresses.

» Que, par suite de cette vérité, un avocat, non-seulement puisse, mais doive, abandonner une cause qui d'abord lui a paru juste et qu'un nouvel examen lui présente comme insoutenable, c'est ce qui résulte bien clairement de la loi 14, §. 1, C. *de judiciis.*

» Suivant cette loi, les avocats devaient prêter, dès le commencement de chaque cause dont ils se chargeaient, un serment par lequel ils s'engageaient à employer tous leurs moyens à la défense loyale de leurs cliens : *quod omni quidem virtute suâ omnique ope, quod verum et justum existimaverint clientibus suis inferre procurabunt, nihil sibi relinquentes quod possibile est;* un serment par lequel ils affirmaient que la cause dont ils entreprenaient la défense, ne leur paraissait ni mauvaise, ni désespérée, ni fondée sur des allégations mensongères : *non autem creditâ sibi causâ cognitâ quod improba sit, vel penitùs desperata et ex mendacibus allegationibus composita, ipsi scienter prudenterque malâ conscientiâ liti patrocinabuntur,* un serment enfin par lequel ils promettaient de l'abandonner, si, par les progrès de la discussion, elle venait à leur paraître telle : *sed et si, certamine procedente, aliquid tale sibi cognitum fuerit à causâ recedent ab hujusmodi communione sese penitùs separantes.*

» La même conséquence résulte de la formule du serment que l'ordonnance de Philippe III, du 23 octobre 1274, enjoignait aux avocats de prêter à leur réception : *præstent super sacrosanctis evangelis sacramentum quod in omnibus causis in dictis curiis pertractandis, officium quod in eis assumpserint vel assument bonâ fide exercebunt,* QUAMDIU EAS CREDIDERINT JUSTAS ; *in nullâ causâ in dictis curiis, patrocinium seu consilium, nisi eam justam crediderint, impensuri, quodque* IN QUACUMQUE PARTE JUDICII *eis innotuerit injustam seu improbam fore causam, ampliùs non patrocinabuntur eidem* (1).

_____

(1) Ordonnance du Louvre, tome I, page 300.

» Dès-lors, nul doute que Me Chabroud n'ait pu très-légitimement, après s'être assuré que la cause de la veuve Dubourg n'était pas soutenable, refuser à la veuve Dubourg le ministère qu'il lui avait d'abord promis.

» Et l'on dirait en vain que les avocats à la cour de cassation sont, à cet égard, placés sur une autre ligne que les avocats aux tribunaux ordinaires; qu'ils joignent à leur qualité d'avocats celle d'officiers ministériels, et que le ministère de ces officiers est toujours forcé.

» D'abord, la qualité d'avocat est, dans les avocats à la cour de cassation, inséparable de celle d'officier ministériel; ils ne peuvent rien faire comme officiers ministériels, qu'ils ne le fassent en même temps comme avocats. Si donc ils ne peuvent ni ne doivent, comme avocats, se charger de causes qu'ils trouvent mauvaises, ils ne peuvent ni ne doivent pas non plus s'en charger comme officiers ministériels.

» Pour soutenir le contraire avec succès, il faudrait pouvoir montrer une loi qui les autorisât à déclarer, dans les requêtes auxquelles ils apposent leurs signatures, qu'ils ne les signent que comme officiers ministériels, qu'ils ne les signent pas en qualité d'avocats; et assurément il n'existe point de loi qui les autorise à faire de pareilles déclarations qui ne feraient évidemment que décréditer la demande de leurs cliens.

» Ensuite, on conçoit très-bien qu'un huissier peut être forcé de signifier un exploit, qu'un notaire peut être forcé de recevoir un contrat, qu'un greffier peut être forcé de délivrer expédition des pièces dont il est dépositaire. L'huissier ne compromet pas son honneur, en signifiant une demande mal fondée; le notaire n'est point garant de la validité intrinsèque du contrat qu'il reçoit; le greffier ne répond pas de la régularité des actes déposés dans son greffe. Dans tous ces cas, l'huissier, le notaire, le greffier n'ont qu'à constater des faits; ils ne s'exposent, en les constatant, à aucune responsabilité même morale. Il est donc tout simple que, dans tous ces cas, leur ministère ne soit pas libre.

» Mais qu'un avocat à la cour de cassation puisse, après s'être chargé d'une cause qui lui paraissait juste, ou qu'il avait sujet de croire telle, d'après le point de vue sous lequel son client la lui avait présentée, être contraint d'y attacher son nom, du moment qu'il reconnaît, ou qu'il s'est trompé dans un premier examen, ou que son client l'a trompé par un exposé inexact, c'est ce qui répugne à la raison, c'est ce qu'on ne saurait justifier par aucune loi.

» Il faut cependant convenir qu'à côté du droit qu'avait Me Chabroud d'abandonner la cause de la veuve Dubourg, existait pour lui le devoir d'avertir la veuve Dubourg de sa détermination, et de l'en avertir, autant que cela pouvait dépendre de lui, assez tôt pour qu'elle pût, en temps utile, faire choix d'un autre avocat.

» Mais y a-t-il, à cet égard, quelque négligence à reprocher à Me Chabroud?

» Très-certainement Me Chabroud n'a pas été obligé d'examiner les pièces que la veuve Dubourg lui avait envoyées, le 8 novembre 1811, tant que la veuve Dubourg a été en retard de lui fournir une somme suffisante pour le payement des droits de greffe, et, soit une somme suffisante pour la consignation des amendes, soit un certificat régulier d'indigence qui en tient lieu. Les examiner auparavant, c'eût été faire un travail sans objet actuel, et qui pouvait n'être jamais d'aucune utilité.

» Et dans le fait, en accusant à la veuve Dubourg la réception de ses pièces, par la lettre qu'il lui a écrite le 27 du même mois, il ne dit pas qu'il les ait examinées, il ne dit pas qu'il trouve sa cause juste; il promet seulement de s'en charger, promesse qui est essentiellement subordonnée à la bonté de la cause.

» A quelle époque a donc commencé, pour Me Chabroud, l'obligation d'examiner les pièces de la veuve Dubourg, et de l'avertir qu'il trouvait sa cause mauvaise?

» Elle n'aurait pu commencer que du jour où la veuve Dubourg lui eût fourni les sommes nécessaires pour les déboursés qu'exigeait le dépôt de sa requête en cassation au greffe de la cour.

» Eh bien! la veuve Dubourg ne lui a jamais fourni ces sommes complétement.

» Elle lui a bien envoyé, le 18 décembre 1811, 40 francs pour les droits de greffe, qui ne devaient réellement s'élever qu'à 30 fr. 10 c.

» Elle lui a bien envoyé, le 21 du même mois, 300 fr. pour les deux amendes qu'elle avait à consigner, d'après la résolution qu'elle avait prise d'attaquer à la fois et par une seule requête, deux arrêts différens et rendus en faveur de parties distinctes.

» Mais il manquait à cette somme 50 francs pour compléter la consignation; et en prenant les 9 fr. 90 c. qui se trouvaient de trop dans la somme envoyée pour les droits de greffe, le déficit était toujours de 20 fr. 10 c.

» C'était sans doute une très-mince avance à faire de la part de Me Chabroud; mais enfin Me Chabroud n'y était pas tenu; et si, fondé sur ce seul motif, il se fût abstenu de tout examen des pièces de la veuve Dubourg, la veuve Dubourg n'aurait certainement aucune plainte légitime à former contre lui.

» Veut-on au surplus que l'obligation d'examiner les pièces de la veuve Dubourg, et de l'avertir que sa cause ne lui paraissait pas soutenable, ait commencé, pour Me Chabroud, le 22 décembre 1811, jour où lui est parvenue la somme de 300 fr. qu'elle croyait suffisante pour la consignation des deux amendes?

» Dans cette hypothèse, nous dirons que Me Chabroud a rempli, par sa lettre du 26 décembre, l'obligation dont il s'agit.

» Mais, objecte-t-on, cette lettre, il l'a écrite trop tard; en ne l'écrivant que le 26 décembre, il a mis la veuve Dubourg dans l'impuissance de recourir à un autre avocat pour se pourvoir en temps utile.

» Observons d'abord la différence très-importante qui existe, sur ce point, entre le recours en cassation que la veuve Dubourg se proposait de former contre l'arrêt du 1er août 1811, et le recours en cassation qu'elle se proposait de former contre l'arrêt du 8 du même mois.

» Ces deux arrêts avaient été signifiés à la personne de la veuve Dubourg le 28 septembre 1811, à la requête des enfans de son mari; et par conséquent, à l'égard de ceux-ci, le délai du recours en cassation courait contre la veuve Dubourg, à compter du lendemain 29.

» Mais la veuve Dubourg ne se plaignait pas des dispositions du premier de ces arrêts qui étaient relatives aux enfans de son mari : elle ne se plaignait que des dispositions de cet arrêt qui étaient relatives au sieur Got, son avoué en première instance. Et le sieur Got ne lui ayant pas signifié cet arrêt, le délai fatal pour attaquer cet arrêt, ne courait pas encore contre elle le 26 décembre; il ne court même pas encore aujourd'hui.

» Ainsi, nul reproche à faire à Me Chabroud pour n'avoir pas écrit à la veuve Dubourg, avant le 26 décembre, qu'il ne voulait pas se charger d'attaquer pour elle l'arrêt du 1er août.

» Quant à l'arrêt du 8 du même mois, le délai pour l'attaquer courait, comme nous l'avons déjà dit, depuis le 29 septembre, inclusivement; et il devait échoir le 28 décembre; mais le jour de l'échéance n'y étant pas compris, la veuve Dubourg devait avoir encore toute la journée du lendemain 29, pour déposer sa requête en cassation au greffe de la cour.

» Voyons donc si, relativement à cet arrêt, Me Chabroud a dû avertir la veuve Dubourg avant le 26 décembre, du parti qu'il avait pris de ne pas former pour elle le recours en cassation dont elle l'avait chargé.

» Pour nous fixer sur ce point, il est essentiel de remarquer que la poste pour l'Aigle ne part que les lundi, mercredi et samedi. Ce fait est constaté par l'Almanach du gouvernement.

» Le 21 décembre, jour où la veuve Dubourg avait écrit à Me Chabroud qu'elle lui envoyait 300 francs pour la consignation des amendes, était un lundi; et sa lettre n'est parvenue à Me Chabroud que le lendemain mardi.

» Pour répondre à cette lettre le plutôt possible, Me Chabroud n'avait le choix qu'entre le lendemain mercredi 23, ou le samedi 26 décembre.

» Sans contredit, il eût bien fait de répondre le mercredi 23. Par ce moyen, la veuve Dubourg, recevant sa lettre le lendemain 24, aurait eu plus de temps qu'il ne lui en fallait pour chercher un autre avocat; et elle n'aurait eu aucun prétexte de se plaindre.

» Mais pour écrire le mercredi 23, il aurait fallu, de la part de Me Chabroud, une diligence presque extraordinaire; il aurait fallu qu'immédiatement

après la réception de la somme envoyée par la veuve Dubourg, pour la consignation des amendes, Me Chabroud, abandonnant toutes ses autres affaires, même celles qui pouvaient être de la dernière urgence, ne perdît pas une minute pour examiner celles de la veuve Dubourg. Et nous ne craignons pas de dire que juger Me Chabroud répréhensible pour n'avoir pas mis cette extrême célérité à ce qu'il devait faire pour la veuve Dubourg, ce serait une rigueur d'autant plus déplacée, que, si cette extrême célérité eût été nécessaire, elle ne l'eût été que par le fait de la veuve Dubourg elle-même, elle ne l'eût été que par le retardement de la veuve Dubourg à se mettre en règle pour la consignation des amendes.

» Mais cette extrême célérité était-elle réellement nécessaire de la part de Me Chabroud, pour donner le temps à la veuve Dubourg de se pourvoir d'un autre avocat avant l'expiration du délai fatal ?

» Pour résoudre cette question ne perdons pas de vue la circonstance que le délai fatal ne devait expirer, pour la veuve Dubourg, qu'avec la journée du 29 décembre.

» La lettre que Me Chabroud a écrite à la veuve Dubourg, le 26 décembre a dû parvenir à celle-ci le 27 du même mois. A la vérité, la veuve Dubourg n'a pas pu écrire le même jour à Paris, pour charger un autre avocat de son affaire; car le 27 était un dimanche, et la poste ne devait partir de l'Aigle pour Paris que le lundi 28. Mais du moins, le lundi 28, la veuve Dubourg a pu écrire; et si elle l'eût fait, que serait-il arrivé ? La lettre serait parvenue à Paris, l'avocat à qui elle l'eût adressée, eût pu, le même jour, retirer ses pièces des mains de Me Chabroud, les examiner, et dresser une requête en cassation; et l'on sait qu'en pareil cas, il est extrêmement facile, en prévenant le commis-greffier de la cour qui est chargé de recevoir les requêtes, d'avoir accès au greffe jusqu'à l'expiration de la dernière heure.

» Il n'était donc pas rigoureusement nécessaire que Me Chabroud écrivît avant le 26 décembre, pour que la veuve Dubourg ne fût pas dans l'impuissance de choisir un autre avocat en temps utile; et dès-là, point de prétexte à l'action en responsabilité qu'exerce la veuve Dubourg contre Me Chabroud.

» Nous estimons en conséquence qu'il y a lieu d'homologuer l'avis de la chambre des avocats ».

Par arrêt du 6 juillet 1813, au rapport de M. Boyer.

« Vu les pièces et mémoires respectifs des parties, et les art. 1382 et 1383 du Code civil, et après en avoir délibéré en la chambre du conseil; attendu que la loi, l'honneur et la religion du serment imposent à celui qui exerce la noble profession d'avocat, le devoir d'examiner avec une scrupuleuse attention les causes qui lui sont confiées, et de ne les soumettre aux tribunaux qu'autant qu'elles lui paraissent justes et fondées; que cette obligation ne lie pas moins spécialement les avocats à la cour de cassation, relativement aux pourvois pour lesquels on réclame leur ministère, que les avocats attachés aux autres cours et tribunaux; attendu néanmoins que ce devoir imposé aux avocats, de ne prêter leur ministère qu'aux causes dont la justice est manifeste à leurs esprits, ne saurait devenir une excuse suffisante pour les affranchir de toute responsabilité, dans le cas où, par l'effet d'une négligence volontaire, ou d'un refus tardif de leur part, les intérêts de leurs cliens se trouveraient compromis, et où ceux-ci en éprouveraient quelque préjudice; mais attendu, dans l'espèce, qu'en combinant la date du 23 décembre 1811, jour où la veuve Dubourg, en fournissant à Chabroud les élémens préalables des pourvois qu'elle voulait former, a mis cet avocat en mesure de faire un examen utile de ses moyens, avec celle du 26 du même mois, jour où il l'a informée du résultat de cet examen et de son refus de la défendre, il est facile de se convaincre que la conduite de ce dernier est à l'abri de tout reproche; la cour homologue l'avis de la chambre des avocats du 10 septembre 1812; déboute en conséquence la veuve Dubourg de la demande en dommages-intérêts par elle formée contre Chabroud, et la condamne aux dépens liquidés à 32 fr. 15 cent., non compris le coût et la notification du présent arrêt, lequel sera, à la diligence du procureur-général en la cour, imprimé et transcrit sur les registres de la chambre des avocats en la cour ».]]

AUTHENTIQUE. *Page* 487, *col.* 2, *avant le* n. X, *ajoutez* :

[[IX *bis*. Celui qui fait sciemment usage d'un faux acte public, peut-il échapper à la peine portée par l'art. 147 du Code pénal, sous le prétexte que cet acte n'est pas légalisé; et qu'il devrait l'être pour faire pleine foi ? *V.* l'article *Faux*, sect. 1, §. 2 *bis*, dans les *Additions*.]]

AUTORISATION MARITALE, sect. VIII, n. VIII. *Page* 527, *col.* 1, *ligne* 54, *au lieu de*, lorsqu'il s'agit de poursuivre, *lisez* : lorsqu'il s'agit, pour la femme, de poursuivre, comme demanderesse, etc.

Même page, col. 2, *après la ligne* 17, *ajoutez* :

Mais si c'est comme défenderesse que la femme doit plaider, le juge devant qui elle est assignée, est compétent pour l'y autoriser, au défaut ou sur le refus de son mari. *V.* l'arrêt du 17 août 1813, rapporté aux mots *Sénatus-consulte Velleïen*, §. 3, n.° 4.

BANALITÉ.

BAIL, §. XIII, n. VII. *Page* 578, *col.* 2, *avant* le n. VIII, *ajoutez* :

[[Est-il bien vrai que l'arrêt de 1714 ait jugé ce que lui prête ici l'auteur de cet article ? Est-il bien vrai que, sous l'empire de la loi *emptorem*, on dût faire la distinction que fait ici cet auteur, entre le preneur à vie et l'acquéreur d'un usufruit ? *V.* l'article *Usufruit*, §. 1, n. 3.

— BAIL A VIE. *Page* 593, *supprimez les lignes* 16, 17, 18, 19, 20 et 21, *et substituez-y ce qui suit* :

[[Tout cela est-il bien exact? *V.* *Usufruit*, §. 1, n. 5]].

BAN. *Page* 599, *à la fin de l'article*, *ajoutez* :

[[Quel est, dans l'art. 475 du Code pénal de 1810, le sens des mots : *ou autres bans autorisés par les réglemens*? *V.* le réquisitoire du 5 décembre 1812, rapporté au mot *Colombier*, n. 12 *bis*, dans les *Additions*.]]

BANALITÉ. *Page* 607, *col.* 2, *après la ligne* 56, *ajoutez* :

[[*V.* le plaidoyer du 31 mars 1813, rapporté ci-après, n. 13.

Page 615, *col.* 1, *après la ligne* 28, *ajoutez* :

XIII. 1° Les banalités non seigneuriales sont-elles abolies, comme les banalités originairement établies au profit des seigneurs, lorsqu'il n'est pas prouvé, de la manière réglée par l'art. 29 du tit. 2 de la loi du 15 mars 1790, qu'elles ont été établies par convention ?

2° Doit-on considérer, comme purement conventionnelle et non abolie, une banalité qui a été consentie par une commune en faveur d'un seigneur dont elle était indépendante, mais à laquelle seigneurie duquel elle s'est soumise par le même acte, et que ce même seigneur lui a ensuite rétrocédée pour l'exercer sur tous les membres individuels de son territoire ?

Le 5e jour complémentaire an 12, le sieur Fenoglio obtient, du préfet du département de la Stura, un arrêté qui l'autorise à bâtir un moulin à eau sur un terrain qu'il possède dans le territoire de Fossano.

A peine la construction de ce moulin est-elle commencée, que le maire de Fossano se pourvoit devant le juge-de-paix, pour faire défendre au sieur Fenoglio de la continuer. Le motif de son opposition est que, de temps immémorial, la commune de Fossano est en possession du droit exclusif de construire et de faire exploiter des moulins dans son territoire.

Le 3 brumaire an 13, jugement qui défend au sieur Fenoglio de rien innover.

Le sieur Fenoglio appelle de ce jugement au tribunal civil de Coni.

Le 9 du même mois, ce tribunal infirme le jugement du 3; et le 2 frimaire suivant, il ordonne aux parties de plaider au fond.

Pour établir le droit de banalité qu'il réclame au nom de la commune, le maire, dûment autorisé par une délibération du conseil municipal et par un arrêté du conseil de préfecture, produit :

1° Un acte du 5 mai 1314, par lequel la ville de Fossano, jusqu'alors indépendante, s'est soumise à Philippe d'Achaye, prince de la maison de Savoie, l'a reconnu pour seigneur de son territoire, sauf les droits de l'empereur, et lui a abandonné en toute propriété ses moulins à eau, avec la clause expresse que tous les habitans seraient tenus d'y faire moudre leurs grains; que nul autre que lui n'aurait le droit d'en construire, et qu'il serait obligé d'en construire autant que l'exigeraient les besoins de la commune, et de les tenir en bon état;

2° Un acte du 12 septembre 1587, contenant, de la part du duc de Savoie, la cession des moulins de Fossano au marquis de Saint-Rambert, son frère naturel;

3° Un acte du 11 août 1597, par lequel le marquis de Saint-Rambert, en concédant ces moulins à la commune de Fossano, par *bail perpétuel*, moyennant 1° une somme de 5,000 liv. une fois payée; 2° une redevance annuelle de 548 sacs de froment, dont 500 seront payables à lui-même, et 48 au chapitre et au couvent des Cordeliers, stipule que la ville de Fossano jouira, à l'avenir, du droit exclusif d'avoir des moulins dans son territoire, et d'en prohiber la construction à toute personne, même au duc de Savoie; et promet de faire approuver cet acte par le duc, ainsi que par la chambre ducale des comptes; ce qui a été exécuté le même jour;

4° Deux actes des 2 avril 1645 et 29 novembre 1680, constatant la possession de la commune de Fossano, de disposer, comme propriétaire, des revenus de ces moulins, et d'assujétir tous les habitans à en reconnaître la banalité.

A toutes ces productions le sieur Fenoglio oppose les art. 23 et 24 du tit. 2 de la loi du 15 mars 1790, concernant la suppression de tous les droits de banalité.

Le 12 prairial an 13, jugement qui, sans s'arrêter aux demandes du maire de Fossano, déclare qu'il est loisible au sieur Fenoglio de continuer la construction de son moulin.

Le maire de Fossano appelle de ce jugement.

Le 1er février 1808, arrêt de la cour d'appel de Turin, ainsi conçu:

« Considérant que, sans méconnaître la force des termes, on ne peut disconvenir que l'art. 23 de la loi du 15 mars 1790 ne porte, à ces expressions près, dont il est parlé à l'art. 24, une disposition *absolue et onéreuse*, relative tant aux droits acquis par titre gratuit, qu'à ceux dont l'acquisition eût été faite à titre onéreux, l'article 23 susdit étant ainsi conçu: *Tous les droits de banalité de fours, moulins, pressoirs, ensemble les sujétions qui y sont accessoires, soit qu'ils soient fondés sur la coutume ou sur un titre, acquis par prescription ou confirmés par des jugemens, sont abolis et supprimés sans indemnité.* La distinction entre les titres gratuits et onéreux, est de plus en plus proscrite par les art. 26 et 36; — Considérant que, par l'art. 24 ci-dessus cité, ont été exceptées de la suppression et

déclarées rachetables, 1° les banalités qui seront prouvées avoir été établies par une convention souscrite entre une COMMUNAUTÉ *d'habitans et un particulier* NON SEIGNEUR; 2° les banalités qui seront prouvées avoir été établies par une convention souscrite entre une commune d'habitans et son seigneur, et par laquelle le seigneur aura fait à la communauté quelque avantage de plus que de s'obliger à tenir perpétuellement en état les moulins, fours et autres objets banaux; 3° Celles qui seront prouvées avoir eu pour cause une concession faite par le seigneur à la communauté des habitans, de droit d'usage dans ses bois ou prés, ou de communes en propriété; — Considérant que, de ces trois exceptions, la seule qui subsiste encore, est la première relative aux banalités qui seront prouvées avoir été établies par une convention souscrite entre une *communauté d'habitans et un particulier non seigneur*; car la loi du 25 août 1792 étant survenue, tous les droits féodaux ou censuels utiles, toutes les redevances féodales ou censuelles dont il y est fait mention, et dans l'énumération desquelles les banalités se trouvent expressément comprises, et généralement tous les droits seigneuriaux qui avaient été conservés ou déclarés rachetables par les lois antérieures, quelles que soient leur nature et leur dénomination, ont été abolies sans indemnité par l'art. 5 de la même loi, à moins qu'ils ne soient justifiés avoir pour cause une concession primitive de fonds, laquelle cause ne pourra être établie qu'autant qu'elle se trouvera clairement énoncée dans l'acte primordial d'inféodation, d'accensement ou de bail à cens qui devra être rapporté; que la première exception susdite portée au n° 1er de l'art. 24 de la loi du 15 mars 1790, subsiste encore, nonobstant la disposition de la loi du 17 juillet 1793, qui a été plus loin (car l'art. 1er de cette loi a supprimé sans indemnité tous droits féodaux, censuels, fixes et casuels, même ceux conservés par le décret du 25 août 1792): C'est ce qui a été observé par le célèbre magistrat auteur du *Répertoire universel et raisonné de jurisprudence*, à l'article *Banalité;* c'est aussi ce qui a été jugé par l'arrêt que la cour suprême a rendu, le 7 frimaire an 13, entre le sieur Bachelu et la commune de Frasnes, lequel arrêt est rapporté dans le même endroit du *Répertoire* susdit; — Considérant que, d'après le cadre qu'on vient de tracer de la législation sur la matière, il est à examiner si la banalité dont il s'agit, rentre dans la règle générale établie en l'art. 23 de la loi du 15 mars 1790, ou si l'exception admise par l'article suivant, n° 1er, s'y applique; — Considérant qu'avant d'entrer en cette discussion, il faut résoudre une difficulté qui, de la part de la mairie de Fossano, a été élevée, en ce qu'elle prétend que, comme elle représente les habitans de la même ville de Fossano, la distinction entre le banier, c'est-à-dire, celui qui exerce la banalité et ceux qui y sont assujettis, n'existe point en l'espèce; qu'il ne peut donc se concevoir, dans le cas particulier, aucune banalité, aucune espèce de servitude; qu'en tout cas, il est question d'une Banalité que la ville de Fossano exerce sur elle-même. Cette difficulté, à laquelle on s'est efforcé de donner tout le poids, n'est pas assez sérieuse. En effet, l'administration publique d'une ville ou d'une commune, certes, représente ses habitans; mais elle les représente en masse, non pas chaque individu en particulier; on peut bien dire que le corps des habitans s'identifie, pour ainsi dire, avec l'administration qui le représente; ce serait dénaturer les idées que de ne pas admettre une distinction, lorsque l'administration n'est pas comparée à la masse des habitans, mais à chaque individu. Il est sensible, sous ce dernier point de vue, que, comme le corps des habitans, représenté par l'administration communale, a des intérêts auxquels chaque individu faisant partie du même corps participe en cette qualité, chaque individu ainsi considéré isolément, a son intérêt particulier, qui peut même être en opposition avec l'intérêt commun. Appliquant ces principes à l'espèce, il paraît de toute évidence que, dans la comparaison du corps des habitans, ou bien de l'administration par laquelle il est représenté, avec chaque individu, et dans une matière telle que celle dont il s'agit, *quæ singulos tangit*, on reconnaît sans peine cette distinction entre le banier et ceux qui sont assujettis à la Banalité, distinction que la mairie de Fossano refuse d'admettre; —Considérant qu'en remontant à la source primitive que les pièces produites nous offrent de la Banalité dont il est question, c'est l'acte du 5 mai 1314 qu'elle dérive. Cet acte par lequel la commune de Fossano, dans des temps très-orageux, infestée, dans sa liberté très-chancelante, par les armes et par les invasions, tantôt des uns, tantôt des autres, ainsi que les histoires de ces pays l'attestent, s'est enfin soumise à la seigneurie du prince Philippe d'Achaye, appartenant à l'une des branches de la maison de Savoie; cet acte, disonsnous, présente, dans ses expressions mêmes, l'idée d'une Banalité tout de nouveau accordée par la commune au prince d'Achaye, devenu *son seigneur en vertu de l'acte même*. Telle est, en effet, l'intelligence la plus naturelle des clauses ci-après : *Item dederunt et donaverunt dicti syndici et procuratores dicto domino principi recipienti ut suprà, quod dictus dominus princeps habeat omnia molendina, totum molesum communis Fossani........ et quod quælibet persona de Fossano vel districtu teneatur molere ad molendina dicti domini principis, et nulla persona ad alia molendina molere possit, sub pœnâ et hanno solidorum sexaginta astentium pro quolibet et quâlibet vice quâ contra fieret, et indè fiat capitulum speciale per commune Fossani perpetuum et præcisum, quod tolli non possit. Item quòd dictus dominus princeps, et heredes ejus possint etiam facere molendina nova, ultrà molendina quæ nunc sunt, advoluntatem ipsius domini principis suis expensis, et etiam teneatur et debeat facere si necesse esset.* Tous renseignemens manquent, d'autre part, pour croire que la même commune de Fossano fût déjà

nantie d'aucun droit de Banalité; circonstance de laquelle, dans un acte détaillé dans tout le reste, il aurait été fait, sans doute, une mention spécifique, qui cependant ne s'y trouve pas. Quelques documens antérieurs à l'époque de l'acte de 1314, rapportés par le sieur Muratori, historien récent de Fossano, ne parlent que de moulins appartenans à la commune de Fossano, et desquels elle fit aliénation au profit des individus mentionnés dans les mêmes documens. Si on incline néanmoins à conjecturer que, avant l'époque du même acte de 1314, la ville de Fossano se trouvât déjà en possession de la Banalité, on retombe dans l'obscurité sur son origine; on peut également douter si elle n'eût été peut-être établie par un statut des administrateurs. Dans ce cas, il y aurait lieu, du moins par analogie, à l'application de la doctrine de *Thesaure* dans les additions à la décision 16° : *Amplia etiam quod dicitur de molendino, ut per statutum non possit communitas habens molendina statuere ne particulares vadant ad molendinum privati.* — Enfin, si, dans les plus grands nuages dont, à raison de temps si reculés, le fait est enveloppé, il pouvait encore y avoir des doutes sur le point de savoir si la Banalité en question a été créée par l'acte du 5 mai 1314, ou si la commune même de Fossano l'exerçait déjà avant l'époque dudit acte, et quand même cette diversité de circonstances pourrait influer sur la décision de la contestation actuelle, il est toujours vrai de dire que, dans une matière telle que celle dont il s'agit, les présomptions plus favorables à celui qui soutient un droit exclusif, ne sont pas celles auxquelles on doive s'attacher par préférence; tout au contraire la nature de la matière et l'esprit des lois nous forcent à saisir plutôt les présomptions défavorables à la Banalité. Telle est la doctrine consignée, notamment dans l'ouvrage ci-dessus cité, article *Banalité*, à l'alinéa *La présomption générale est donc*, etc.;

» Considérant que, dès lors il est établi, ou que du moins il est à présumer, que la Banalité dont il est question, tire son origine de l'acte du 5 mai 1314, il est clair que l'exception portée au n° 1er de l'art. 24 ci-dessus cité, est sans application à l'espèce, parce que, pour qu'il y ait lieu à cette exception, il doit être constant, en fait, que la convention sur la Banalité a été souscrite *entre une communauté d'habitans et un particulier non seigneur*; mais le prince d'Achaye, avec qui la convention s'est passée, *n'était point un simple particulier*. Une petite portion de l'arrondissement de Fossano lui appartenait déjà en vertu d'un traité qui, le 17 septembre 1313, avait eu lieu entre lui et le comte de Savoie, ainsi qu'il a été observé dans la note 57 de la décision rendue le 24 août 1785, au procès concernant le fief de Lagnasco, Cappa rapporteur. En vertu de l'acte susdit, du 5 mai 1314, le même prince d'Achaye acquit la seigneurie sur la commune de Fossano et sur toutes ses dépendances; — Considérant que, quoique suite de la publication de la loi du 15 mars 1790 et des autres lois susdites dans ces contrées, la Banalité dont il s'agit, ne fût plus possédée par aucun seigneur, mais bien par l'administration de Fossano, en vertu du contrat stipulé, le 11 août 1597, entre les fondés de pouvoir de la même ville et le marquis Amé de Saint-Rambert, frère naturel du duc de Savoie, Charles-Emmanuel 1er, les observations faites ci-dessus ne perdent rien de leur force; car il demeure toujours constant qu'il s'agit d'un droit originairement seigneurial, qui n'a point changé de nature par son passage au profit de la ville de Fossano. Ce ne sont pas *les seuls droits proprement féodaux*, c'est-à-dire, annexés à des fiefs, sur lesquels frappent les dispositions des lois ci-dessus citées : elles embrassent aussi d'autres droits et prérogatives *qui tiennent de la nature des droits féodaux*; l'on peut aisément se convaincre de cette vérité, en faisant attention, notamment à l'art. 5 du décret du 4 août 1789, et aux art. 13, 19 et 21 des lois des 15 et 28 mars 1790; enfin, et plus particulièrement encore aux expressions qui se rencontrent en l'art. 5 de la loi du 25 août 1792, *et généralement tous les droits seigneuriaux, tant féodaux que censuels*. La mairie de Fossano peut bien soutenir que la Banalité de ses moulins n'était point féodale; mais elle ne peut point contester, avec fondement, qu'elle ne fût point *un droit seigneurial*, ainsi qu'il résulte de son origine primitive, de sa nature et de la réunion surtout, soit dans l'acte du 5 mai 1314, soit dans celui du 11 août 1597, de toutes deux les espèces de Banalités, l'une *prohibitive*, l'autre *coactive*, même par la voie de peines contre ceux qui l'auraient violée. Mais, pour détruire le système de la mairie, il est important d'ajouter encore d'autres observations.

» Considérant donc 1° que l'art. 25 de la loi du 15 mars 1790, dans la généralité de ses expressions, comprend *tous les droits de Banalité*, sans distinction entre le cas où, à l'époque de la publication des mêmes lois, ils fussent encore dans les mains d'un ci-devant féodataire ou seigneur, et le cas où le propriétaire des mêmes droits fut, à ladite époque, une particulier sans la qualité de seigneur ; 2° Que pareille généralité d'expression se rencontre, soit dans l'art. 26 de la même loi, où la défense d'*attenter à la propriété des moulins et autres objets affranchis de la Banalité*, est faite indistinctement aux ci-devant baniers, soit dans l'art. 36, où il est dit qu'il ne pourra être prétendu par les personnes qui ont ci-devant acquis des particuliers par vente ou autre titré équipolent à vente des droit abolis par le décret, aucune indemnité ni restitution de prix; et qu'à l'égard de ceux desdits droits qui ont été acquis du domaine de l'état, il ne pourra être exigé par les acquéreurs d'autre indemnité que la restitution, soit des finances par eux avancées, soit des autres objets ou biens par eux cédés à l'état; 3° que, si on rapproche l'art. 3 de la loi du 25 août 1792, avec l'art. 1er de la loi du 28 nivose an 2, l'on y voit bien, par une juste argumentation *à contrario*, que les législateurs, relativement aux possesseurs d'héritages cédés pour prix d'affranchissement des droits supprimés, n'ont point

entendu imposer l'obligation de restituer ces héritages, si les possesseurs, à l'époque de la publication des lois susdites, étaient de simples particuliers ci-devant non seigneurs; mais, ni par la loi du 28 nivose ci-dessus énoncée, ni par aucune autre loi, pareille disposition équitable n'a reçu une extension à ceux qui, sans la qualité de seigneurs, fussent nantis non d'*héritages cédés*, comme ci-dessus, pour prix d'affranchissement, mais de banalité elle-même. Il est assez facile, sans qu'il soit besoin de la développer, de se pénétrer de la raison qui met entre les deux cas susdits la plus grande différence ; 4° et enfin, que l'exemple cité de la part de la mairie, de l'arrêt rendu par la cour de cassation, le 10 nivose an 14, entre les sieurs Lemaître et Sezée, n'a rien de commun avec le sujet de la contestation actuelle. En effet, la redevance dont il y était question, séparée du fief par l'acte d'aliénation de la même rente, acquise à un simple particulier, si elle était féodale avant l'aliénation, elle était devenue depuis, dans les mains de l'acquéreur, une simple propriété sans aucun mélange de féodalité ou de droit seigneurial, une propriété prescriptible, au lieu qu'auparavant elle était imprescriptible ; en un mot, une rente purement foncière : d'ailleurs la loi même venant au secours de Sézée, acquéreur de ladite rente, dès-lors que l'art. 17 de la loi du 25 août 1792, cité conjointement avec l'art. 2 de la loi du 17 juillet 1793, dans l'arrêt susdit de la cour de cassation, a excepté des dispositions qui y sont contenues, *les rentes, champarts et autres redevances qui ne tiennent point à la féodalité*, et qui sont dues par des *particuliers à des particuliers non seigneurs ni possesseurs de fiefs*. Au contraire, la Banalité en question, *droit seigneurial dans son origine*, droit essentiellement introduit par le système féodal, suivant *Despeisses*, liv. 3, tit. 6. sect. 3, conserva ce caractère, même après l'acquisition que l'administration de Fossano en a faite en 1797;—Considérant, que même en partant de l'acte du 11 août 1597, c'est en vain que la mairie de Fossano observe que ce qui y a été stipulé par l'administration de la même ville doit être regardé comme ayant été stipulé du consentement de tous les habitans ; cette observation étant pleinement réfutée par la théorie que nous apprend M. Merlin (1) dans son ouvrage ci-dessus mentionné. *Ce qui concerne* (nous empruntons ses termes mêmes) *le titre nécessaire pour établir une Banalité, présente encore une question, celle de savoir s'il est nécessaire que le titre soit souscrit par l'universalité des habitans. Ceux qui ont apporté le plus d'attention à l'examen de ce qui peut être relatif à l'intérêt des communautés, font les distinctions suivantes : ou c'est une affaire dans laquelle chacun de ceux du corps, outre l'intérêt commun, a un intérêt particulier; et alors le consentement de tout est si absolument nécessaire, que le défaut d'un seul est capable de rendre nul*

_____

(1) Erreur La partie de l'article *Banalité* que l'on cite ici, appartient à M. B.

tout ce qui s'est fait sans sa participation ; ou c'est une affaire dans laquelle chacun de ceux qui composent la communauté, n'a qu'un intérêt commun, et seulement parce qu'il est du corps; et alors il suffit, pour la validité de l'acte, que la plus grande partie ait donné son consentement, comme il arrive dans les élections, dans les jugemens et dans plusieurs actes. Ces distinctions adoptées par les meilleurs auteurs (à ceux qu'il cite, nous ajoutons *Herengius, de Molendinis*, quest. 11 ; *Leysser, jus georgicum*, liv. 5, chap. 15; et Thésaure fils, dans les additions à la décision 16, consignée dans l'ouvrage de Thésaure père), paraissent de toute équité. Comment concevoir que la volonté d'un tiers puisse en assujettir un autre ? il faut donc que chaque individu consente à l'asservissement, *alteri per alterum iniqua conditio fieri non debet : factum suum cuique et non alteri debet esse nocivum;* — Considérant que, ces bases posées, il s'ensuit que la mairie de Fossano ne peut pas s'étayer de l'acte du 11 août 1517 qu'elle paraît cependant avoir pris pour principal fondement de ses demandes, puisqu'il ne s'agit point d'une Banalité à laquelle tous les particuliers habitans à Fossano se soient assujettis par un consentement déclaré *par chacun d'eux;* et d'autre part, l'administration publique de Fossano n'était pas *un particulier;* par conséquent les termes de l'exception admise par l'art. 24, n° 1, de la loi du 15 mars 1790, ne s'appliquent point à l'espèce, d'autant moins encore que l'acquisition faite par l'administration susdite, ne se repose pas uniquement sur le contrat passé entre le marquis de Saint-Rambert et les fondés de pouvoirs de l'administration de Fossano, mais aussi, et certes principalement, sur l'approbation du souverain et sur l'entérinement de la chambre des comptes, insérés à la convention, et qui ont eu même lieu (ce qui est surprenant) dans le même jour du contrat ; d'où l'on pourrait arguer plausiblement qu'on craignait des oppositions, et que précisément, par ce motif, on sollicita avec tant de précipitation l'interposition imposante de l'autorité du souverain et de celle de la chambre des comptes ; — Considérant que c'est contrarier évidemment la lettre et l'esprit des lois ci-dessus citées, que de soutenir que ces lois ne concernent que la faveur des municipalités; qu'elles ne peuvent, par conséquent, être invoquées par des particuliers contre les municipalités elles-mêmes......;

» La cour met l'appellation à néant ; ordonne que ce dont est appel sortira son plein et entier effet... ».

Le maire de Fossano se pourvoit en cassation contre cet arrêt.

Le 22 avril 1812, arrêt de la section des requêtes qui admet son recours.

Assigné, en vertu de cet arrêt, devant la section civile, le sieur Fenoglio y produit deux actes du 29 novembre 1720 et 5 octobre 1756, dont il n'avait point fait usage devant la cour d'appel de Turin. Le premier de ces actes, auquel le second est parfaitement conforme, est ainsi conçu :

« Savoir faisons qu'en vertu de l'ordonnance de sa Majesté, du 24 juin dernier, qui prescrit les aveux et reconnaissances des biens féodaux avec juridiction, baillés à emphitéose, et tous autres provenant de la directe et seigneurie suprême de sa Majesté, est comparu devant Antoine Gioberti, notaire royal et commissaire de Fossano, aux aveux et reconnaissances desdits biens de ladite ville, suivant la commission de sa Majesté, enregistrée en sa chambre des comptes, et en cette qualité recevant, stipulant et acceptant au nom de sadite Majesté Victor Amédée roi de Sicile, etc., prince de Piémont, et ses successeurs royaux, Jean-Baptiste Célibrino, lequel en sa qualité de procureur de la ville de Fossano a confessé et reconnu que ladite ville tient et tiendra de sadite Majesté et de ses royaux successeurs comme mouvant de sa directe et suprême seigneurie, à cause de sa principauté de Piémont, les juridictions, fiefs, raisons et prérogatives ci-dessus spécifiées. Plus a confessé et reconnu qu'anciennement les prédécesseurs de sa Majesté ont possédé les moulins de Fossano et leurs revenus dont la ville avait consenti la réunion à leur domaine par sa soumission du 5 mai 1314, lesquels moulins ont ensuite été cédés, à titre d'échange, au seigneur Amédée de Savoie ; qui, du consentement de son altesse le duc Charles Emmanuel, alors régnant, en a fait abandon, pour lui et ses successeurs, à ladite ville de Fossano, moyennant le loyer ou cens perpétuel de cinq cents sacs de froment, etc., le 11 août 1597 qui a été approuvé par Catherine d'Autriche, duchesse de Savoie et entériné le même jour par la chambre des comptes, à la charge par ladite ville de Fossano de payer la contribution d'usage par chaque chef de maison pour le nettoiment annuel de la Bealère desdits moulins, se soumettant ledit sieur Célibrino à faire tout ce que dessus toutes fois et quantes il sera ordonné par la chambre des comptes aux époques et sous les peines énoncées ».

« En déclarant abolie la Banalité des moulins appartenans à la commune de Fossano (ai-je dit à l'audience de la section civile, le 31 mars 1813), l'arrêt attaqué, fait-il une juste application de l'art. 23, ou viole-t-il l'art. 24 du titre 2 de la loi du 15 mars 1790 ? Telle est la question à laquelle se réduit toute cette affaire.

» Et pour la résoudre, nous devons, avant tout, nous bien fixer sur le sens et l'étendue de l'art. 23.

» L'art. 23 déclare abolis et supprimés sans indemnité, *sous les seules exceptions contenues dans l'art. 24, tous les droits de Banalité de fours, moulins, pressoirs et autres ensemble les sujétions qui y sont accessoires, ainsi que les droits de verte-monte et de vent....., soit qu'ils soient fondé sur la coutume ou sur un titre acquis par prescription ou confirmés par des jugemens.*

» L'abolition prononcée par cet article pourrait au premier abord, paraître ne frapper que sur les droits de Banalité qui étaient exercés par des seigneurs ; car la loi dont cet article fait partie a spécialement pour objet les droits seigneuriaux et dès-là, elle semblerait

6.

devoir, dans cet article, être restreinte aux droits de Banalité qui dépendaient des seigneuries.

» Mais il y a dans cet article un mot qui prouve que relativement aux droits de Banalité et à toutes leurs dépendances, le législateur a été plus loin. Par cet article la loi en supprimant les *sujétions accessoires* au droit de Banalité, supprime nommément *le droit de vent*.

» Et qu'était-ce que *le droit de vent*? ce n'était à la vérité, dans la coutume de Perronne qu'un droit seigneurial, c'est-à-dire, le droit exclusif qu'avait le seigneur de permettre l'établissement des moulins à vent dans sa seigneurie; mais dans la Flandre, ce droit, uni au droit d'eau avait un autre caractère c'était un droit domanial; c'était le droit exclusif qu'avait le roi d'autoriser les constructions de moulins quelconques, non-seulement dans sa propre seigneurie, mais même dans la seigneurie de ses sujets, mais même sur les terrains possédés en franc-aleu. Ce droit avait été rappelé par l'empereur Charles-Quint, dans un placard du 21 février 1547 comme formant, de toute ancienneté, l'une des *hauteurs et prééminences* de la souveraineté du pays; et les rois de France, après la reunion de la Flandre à la couronne avaient continué de l'exercer jusqu'en 1789; ils avaient même cherché à l'étendre jusqu'aux provinces d'Artois et de Hainaut; et il avait été rendu à cette fin, les 4 mai et 7 décembre 1700, 9 mars 1726 et 2 janvier 1778, des arrêts du conseil qui étaient là dessus très-formels (1).

» Après la publication de la loi du 15 mars 1790, personne ne douta, dans ces provinces, que le droit domanial *de vent* n'y fût supprimé comme le droit seigneurial de la même nature il l'était dans la coutume à Perronne; et les agens du domaine cessèrent à l'instant même de percevoir les redevances qui avaient été créées, au profit du trésor public par les arrêts du conseil portant permission de construire des moulins à vent.

» Mais des difficultés s'élevèrent, et sur le droit exclusif que les lois belgiques réservaient au roi, d'autoriser les constructions de moulins à eau, de moulins à cheval et de moulins à bras, et sur le droit exclusif que les anciens souverains de Flandre, d'Artois et de Hainaut s'étaient également attribué d'autoriser les constructions de poëles à sel.

» Il fallut donc recourir à l'assemblée constituante pour savoir si la loi du 15 mars 1790 avait aboli l'un et l'autre droit.

» Le 19 septembre de la même année, le comité des droits feodaux fit un rapport par lequel il établit que les anciens souverains des provinces belgiques avaient rendu banaux à leur profit, non seulement les moulins, mais encore les poëles à sel; que, d'après cela, on ne pouvait pas plus dans ces provinces avoir chez soi un poële à sel, qu'un moulin à vent, à bras ou à cheval, sans en avoir préalablement obtenu la permission du gouvernement et sans s'être assujetti, envers le domaine, à des redevances

annuelles; que la suppression des Banalités prononcée par l'art. 23 du tit. 2 du décret du 15 mars, faisait évidemment tomber ces servitudes; que le même article, supprimant, en termes exprès le *droit de vent*, supprimait aussi, par une suite nécessaire, les redevances qui, en vertu de ce droit, avaient été établies sur les moulins à vent au profit du domaine; que c'était par oubli que les droits sur les moulins à bras et à cheval, n'avaient pas été compris dans cet article; mais qu'à l'égard du *droit d'eau*, là question n'était pas encore susceptible d'une solution définitive; que, sans doute, l'état ne pouvait plus, en vertu de son *droit d'eau*, assujettir les habitans des lieux où il avait des moulins bâtis sur des rivières, à y venir moudre leurs grains; mais que le droit exclusif de construire des moulins sur les rivières, pouvait exister indépendamment du droit de Banalité; que ce droit était en conséquence, un fruit de la propriété des rivières elles-mêmes, propriété sur laquelle l'assemblée nationale n'avait encore rien prononcé; qu'il y avait donc lieu d'ajourner en ce qui concernait le droit d'eau.

» Par décret du même jour, l'assemblée constituante, adoptant les conclusions de ce rapport, statua en ces termes : — « Art. 6. Les droits domaniaux » annuels qui se perçoivent sur les poëles à sel dans » les ci-devant provinces belgiques, sont et demeu- » rent supprimés..... Art. 7. Sont pareillement sup- » primés les droits établis sur les moulins à bras et » à cheval, tant dans lesdites provinces que partout » ailleurs; et il est sursis à prononcer sur les droits » dont les moulins à eau pourraient être grevés, jus- » qu'au moment où il sera statué, par une loi gé- » nérale, sur la propriété des rivières et cours » d'eau ».

» Dès-là, nul doute que les droits de Banalité non seigneuriaux ne soient, tout aussi bien que les droits de Banalité dépendans des fiefs et des justices seigneuriales, abolis par l'art. 23 du tit. 2 de la loi du 15 mars 1790.

» Nul doute que cet article n'ait aboli les droits de Banalité que des particuliers non seigneurs auraient pu acquérir, soit par prescription, soit par toute autre voie, sur d'autres particuliers.

» Ce qui d'ailleurs achève de porter cette vérité jusqu'au plus haut degré d'évidence, c'est le soin qu'a pris l'article suivant, d'excepter de la suppression *les Banalités qui seraient prouvées avoir été établies par une convention souscrite entre une communauté d'habitans et un particulier non seigneur;* car cette exception serait bien inutile, elle serait même absurde, si la suppression prononcée par l'art. 23 était limitée aux droits de Banalité seigneuriaux, et en restreignant cette exception aux droits de Banalité non seigneuriaux qui ont leur source dans des conventions expresses, le législateur en a manifestement exclu les droits de Banalité, même non seigneuriaux, dont l'origine ne serait pas connue, ou qui seraient prouvés avoir été établis autrement que par des conventions parfaitement libres.

(1) *V. Moulin*, §. 7, art. 3.

» Aussi avez-vous cassé, le 21 décembre 1812, au rapport de M. Delacoste, un arrêt de la cour d'appel de Liége, par lequel avait été maintenu un droit de Banalité non seigneuriale dont l'origine n'était pas légalement prouvée (1).

» Du reste, nous ne concevons pas comment le maire de Fossano a pu sérieusement prétendre que les Banalités appartenant aux communes, en corps et exercées par elles sur leurs membres individuels, ne sont pas soumises à la loi du 15 mars 1790.

La loi du 15 mars 1790, dit-il, n'abolit que les Banalités qui ont le caractère de servitude. — D'accord.

» Or, il ne peut pas y avoir de servitude dans une Banalité communale. — Pourquoi donc?

» Parce qu'une commune ne peut pas être asservie envers elle-même. — Distinguons.

» Une commune, considérée comme corps moral, ne peut pas être asservie envers elle-même en la même qualité : Cela est incontestable.

» Mais les membres individuels d'une commune peuvent être asservis envers le corps moral de la commune, et c'est ce qui arrive notamment toutes les fois que le corps moral d'une commune exerce des droits de Banalité sur ses membres individuels; c'est ce qui arrive toutes les fois que le corps moral d'une commune acquiert, pour ses bâtimens, un droit de vue ou de passage sur les fonds qui appartiennent aux habitans de son territoire.

» Avant les lois du 4 avril 1789, un grand nombre de communes possedaient en corps des droits seigneuriaux qu'elles exerçaient sur les personnes et sur les biens de leurs arrondissemens respectifs; et l'on n'a jamais douté que ces droits n'ayent été abolis, comme des droits seigneuriaux appartenant à des particuliers. Pourquoi donc en serait-il autrement des droits de Banalité?

» Les communes, considérées comme corps propriétaires et exerçant des droits civils, le sont, aux yeux de la loi, que des particuliers. Toutes les dispositions législatives qui atteignent les particuliers, atteignent donc nécessairement les communes.

» Les communes, il est vrai, jouissent de quelques priviléges; mais ces priviléges sont restreints rigoureusement à leurs objets et à leurs termes. Et là où ne peut pas être opposé en leur faveur un privilége écrit en caractères lumineux dans une loi spéciale, là prévalent toujours contre elles toutes les règles du droit commun.

» Cela posé, il est clair que pour soustraire le droit de Banalité dont le corps moral de la commune de Fossano était en possession avant la publication de la loi du 15 mars 1790, à l'abolition prononcée par l'art. 25 du tit. 2 de cette loi, il faut prouver qu'il est compris dans l'une des seules exceptions qu'admet cet article, et qui sont déterminées par l'art. 24.

» Or, l'art 24 que porte-t-il? Nous venons de dire qu'il excepte de la suppression les Banalités qui

seront prouvées avoir été établies par une convention souscrite entre une communauté d'habitans et un particulier non seigneur; mais il ne s'en tient pas là. Il en excepte également, 1° Les Banalités qui seront prouvées avoir été établies par une convention souscrite entre une communauté d'habitans et son seigneur et par laquelle le seigneur aura fait à la communauté quelque avantage de plus que de s'obliger à tenir perpétuellement en état les moulins, fonds, et autres objets banaux; 2° celles qui seront prouvées avoir eu pour cause une concession faite par le seigneur à la communauté des habitans, de droits d'usage dans ses bois ou prés, ou de biens communaux en propriété.

» Voilà donc trois sortes de Banalités exceptées par l'article 24, de la suppression prononcée par l'art. 23.

» Mais d'abord, de ces trois exceptions, il en est deux, savoir, la deuxième et la troisième, dans lesquelles la commune de Fossano n'a jamais prétendu se placer; et elle l'aurait prétendu vainement : car les Banalités comprises dans les deuxième et troisième exceptions, étant des droits seigneuriaux, ces exceptions ne subsistent plus à leur égard; elles sont abrogées par l'art. 1er de la loi du 17 juillet 1793.

» Ensuite, la première exception est-elle applicable au droit de Banalité réclamé par la commune de Fossano? On, en d'autres termes, est-il prouvé que ce droit de Banalité a été établi par une convention souscrite entre une communauté d'habitans et un particulier non seigneur?

» Pour découvrir l'origine de ce droit de Banalité, il faut, de trois choses l'une : ou remonter au-delà de l'acte du 5 mai 1314, ou nous arrêter à cet acte, ou descendre jusqu'à l'acte du 11 août 1597.

» Si nous remontons au-delà de l'acte du 5 mai 1314, nous ne trouverons rien, absolument rien, qui nous indique, nous ne dirons pas la cause de son existence, mais son existence elle-même : c'est l'arrêt attaqué qui le déclare en fait; et à cet égard, l'arrêt attaqué forme pour nous une preuve irréfragable.

» Remarquons d'ailleurs, et ceci tranche toute difficulté, que la commune de Fossano n'aurait rien gagné, même devant la cour de Turin, à prouver qu'elle était, au 5 mai 1314, en possession immémoriale de son droit de Banalité; qu'il eût fallu de plus qu'elle prouvât son droit de Banalité avait été établi par une convention souscrite entre elle et l'universalité de ses habitans; et que, d'après la disposition expresse de l'art. 29 du titre 2 de la loi du 15 mars 1790, cette convention n'aurait pu, même devant la cour de Turin, être constatée que par la représentation du titre primitif qui avait dû en être dressé, ou par celle de deux réconnaissances conformes, énonciatives d'une plus ancienne, non contredites par des reconnaissances antérieures, données par les individus intéressés, et rappelant la convention mentionnée dans l'art. 23.

» Si nous remontons à l'acte du 5 mai 1314, qu'y verrons-nous? Une commune, jusqu'alors libre et indépendante, qui se soumet à un prince voisin, qui l'adopte pour son seigneur, et qui lui cède, entr'autres objets, tous ses moulins avec un droit de Banalité.

» Le maire de Fossano appelle cela *une convention souscrite entre une communauté d'habitans et un particulier non seigneur.* Mais là dessus deux observations.

» 1° Pour qu'un traité constitutif d'une Banalité, puisse être considéré comme une *convention souscrite par une communauté d'habitans*, suffit-il que ce traité soit souscrit par les syndics de la communauté ?

» Non sans contredit : il faut de plus que les syndics de la communauté ayent été autorisés à le souscrire par une délibération de la commune elle-même.

» Or, les syndics de la commune de Fossano étaient-ils, le 5 mai 1314, autorisés, par une délibération de cette commune, à en assujettir tous les membres à la Banalité qu'ils accordaient à Philippe d'Achaye ?

» L'affirmative paraît, à la première vue, sans difficulté. L'acte du 5 mai 1314 énonce, dans son préambule, que les syndics ont, pour traiter comme ils le font, *ad omnia et singula infrà scripta tractanda, facienda, complenda et perficienda*, une procuration spéciale, *speciale mandatum*, qui leur a été donnée par la commune, *à dicto communi*, devant un notaire, le 22 avril de cette année; et que c'est en vertu de cette procuration, qu'ils se présentent pour contracter au nom de la commune de Fossano et des personnes qui la composent, *nomine communis et universitatis et personarum Fossani*.

» Mais la procuration énoncée dans cet acte, n'y est pas annexée, et on ne la représente pas. Dès-lors, qui nous assurera qu'elle contenait, relativement à la Banalité, le vœu individuel de tous les habitans de Fossano ? Et si elle ne contenait pas ce vœu individuel, peut-on dire que la Banalité a été établie par une *convention souscrite entre la communauté des habitans de Fossano*, et Philippe d'Achaye ? Voilà deux questions qui méritent un sérieux examen.

» Sur la première, tout le monde connaît le principe, *non creditur referenti, nisi constet de relato*; tout le monde sait que, conformément à ce principe, un arrêt du parlement de Paris, du 1er février 1558, prononcé en robes rouges à la plaque suivante, et rapporté par Papon, liv. 9, tit. 8, n. 10, *a débouté des acquéreurs de la vente à eux faite par un soi-disant procureur, faute d'avoir montré la procuration, nonobstant que la teneur d'icelle fût insérée en ladite vente; à quoi la cour n'eut aucun égard.*

» La cour de Turin n'était donc pas obligée, à la rigueur, de croire à l'existence de la procuration du 22 avril 1314, énoncée dans l'acte du 5 mai suivant.

» A la vérité, cet acte étant très-ancien, et ayant paisiblement reçu son exécution pendant plusieurs siècles, on ne peut pas raisonnablement douter que la procuration qu'il énonce, n'ait réellement existé. L'énonciation même qu'il en contient, forme, à cet égard, un grave commencement de preuve ; et aucune loi ne peut être violée, lorsque de ce commencement de preuve joint à la présomption qui résulte d'une très-longue possession, le juge compose une preuve proprement dite.

» Mais autre chose est de tenir pour constant que la procuration du 22 avril 1314 a été réellement donnée par la commune de Fossano, autre chose est de tenir pour constant que tous les membres de la commune de Fossano ont concouru personnellement à cette procuration.

» Pour l'un, il suffit de s'arrêter à l'énonciation contenue dans l'acte du 5 mai 1314. Pour l'autre, il faut ajouter à cette énonciation, il faut y suppléer ce qui n'y est pas dit.

» Et nous ne devons pas oublier qu'aux termes de l'art. 26 du tit. 2 de la loi du 15 mars 1790, la *convention* mentionnée dans le n° 1er de l'art. 24 de la même loi, ne peut être prouvée que par *le titre primitif*, ou par deux reconnaissances conformes et énonciatives d'une plus ancienne, qui rappelle ce titre.

» Si donc (ce que nous examinerons dans un instant) la procuration du 22 avril 1314 avait dû être donnée par tous les membres individuels de la commune de Fossano, pour que la convention qui s'en est ensuivie, pût, relativement à la Banalité, être considérée comme une *convention souscrite par une communauté d'habitans*, il est clair que, pour prouver qu'en effet cette procuration a été donnée par tous les membres individuels de la commune de Fossano, il faudrait, ou la représenter, soit en minute, soit en expédition, ou représenter deux reconnaissances conformes et énonciatives d'une plus ancienne qui la rappelassent ; et que ce serait user d'une excessive indulgence, que d'admettre, comme pouvant y suppléer, une simple clause qui, dans l'acte du 5 mai, énoncerait seulement que tous les membres individuels de la commune de Fossano ont signé cette procuration.

» Pour rendre ceci plus sensible, supposons que le rédacteur de l'acte du 5 mai 1314, au lieu d'y énoncer simplement la procuration donnée par la commune le 22 avril précédent, y eût joint une copie certifiée par lui de cette procuration, et que cette copie produite devant vous, relatât les signatures de tous les membres individuels de la commune de Fossano. Pourriez-vous dire que la cour de Turin, en jugeant qu'il n'est point prouvé que les membres individuels de la commune de Fossano eussent signé cette procuration, eût violé quelque loi ?

» Non ; et c'est ce qui résulte très-clairement de l'art. 1335 du Code civil.

» Suivant cet article, lors même que, hors la présence des parties et sans qu'elles ayent été appelées par l'autorité du magistrat, une copie ancienne a été tirée sur la minute de l'acte par le notaire qui l'a reçu, ou qui est dépositaire de la minute elle-même, cette copie *peut bien faire foi*, en cas de *perte de l'original*; mais de ce qu'elle *peut* faire foi, il ne s'ensuit point qu'elle la *fasse nécessairement*; il ne s'ensuit point qu'en jugeant qu'elle ne fait point foi, les tribunaux contreviennent à la volonté du législateur.

» Suivant le même article, lorsqu'une copie a été tirée sur la minute d'un acte, mais ne l'a pas été par le notaire qui l'a reçu, ou par le dépositaire public de cette minute, *elle ne peut servir, quelle que soit son ancienneté, que de commencement de preuve par écrit.*

» Or, ici, le rédacteur de l'acte du 5 mai 1314 n'était point le notaire qui avait reçu la procuration du 22 avril précédent; ni par conséquent le notaire qui avait en dépôt la minute de cette procuration. Cette procuration avait été reçue, comme l'énonce l'acte du 5 mai, par le notaire *Antoine Gibam*; et l'acte du 5 mai n'exprimant point par qui il a été rédigé, n'énonçant même pas qu'il l'ait été par un officier public, on ne peut pas raisonnablement supposer que le rédacteur de l'acte du 5 mai et le notaire *Antoine Gibam* soient une seule et même personne.

» Ainsi, quand même le rédacteur de l'acte du 5 mai y aurait joint une copie littérale de la procuration du 22 avril, relatant les signatures de tous les membres individuels de la commune de Fossano, on ne pourrait pas encore dire qu'il fût complètement et légalement prouvé que tous les membres individuels de la commune de Fossano eussent signé cette procuration; on pourrait seulement dire qu'il existe un commencement de preuve par écrit de ce fait.

» Et l'on voudrait qu'une clause de l'acte du 5 mai, qui n'énonce même pas que la procuration du 22 avril contenait la signature de tous les habitans de Fossano, eût, pour prouver que tous les habitans de Fossano ont signé cette procuration, un effet que n'aurait même pas, que ne pourrait pas même avoir une copie intégrale de cette procuration jointe à l'acte du 5 mai! Non, cela n'est pas possible, parce que cela serait absurde.

» Maintenant abordons notre seconde question. Si, comme nous devons le croire faute de preuve du contraire, la procuration du 22 avril n'a pas été souscrite par tous les habitans de Fossano, si elle n'a été que le résultat de la majorité de leurs vœux, la convention qui s'en est ensuivie le 5 mai, peut-elle lier aujourd'hui, relativement à la Banalité, ceux des habitans de Fossano que l'on ne peut pas prouver être héritiers de ceux qui ont souscrit cette procuration?

» Le n° 1er de l'art. 23 du tit. 2 de la loi du 15 mars 1790 ne définit pas ce qu'il entend par *une convention souscrite entre une communauté d'habitans et un particulier non seigneur*; il n'explique pas quelles sont les conditions requises pour qu'en matière de Banalité, une convention soit censée avoir été *souscrite par une communauté* d'habitans. Il faut donc, pour déterminer ces conditions, nous reporter au droit commun.

» Et le droit commun, que nous dit-il sur ce point? Rien de précis, rien de positif. Mais, comme vous l'allez voir, l'opinion la plus générale et la plus apparente est pour la nécessité du concours individuel de tous les habitans à l'établissement des droits de Banalité.

» Le président Bouhier, dans ses *Observations sur la Coutume de Bourgogne*, chapit. 61, après avoir dit, n° 23, que la convention qui a pour objet l'établissement d'une Banalité, « peut se faire, soit » avec une communauté d'habitans en corps, soit » avec quelques particuliers seulement », ajoute, n° 24 : « Mais, en cas qu'elle se fasse avec la com- » munauté en corps, suffit-il que la plus grande » partie de ceux qui la composent, y ayent consenti, » ou s'il faut que tous généralement l'ayent approu- » vée? Quelques docteurs (cités par Hering, *de* » *molendinis*, quest. 11, numéros 116 et 117) ont » prétendu que le consentement de la plus grande » partie des habitans suffisait. Bérault dit même sur » l'art. 210 de la coutume de Normandie, que cela » a été jugé par quelques arrêts du parlement de » Rouen. D'autres (tels que Legrand, sur la cou- » tume de Troyes, art. 64, n° 34, et Boucheul, sur » la coutume de Poitou, art. 54, n° 34), exigent le » consentement des deux tiers, pourvu que l'assem- » blée ait été faite légalement et dans les formes. Un » troisième sentiment qui me paraît le plus raison- » nable, est que le consentement de tous les habi- » tans est absolument nécessaire, pour qu'ils puis- » sent être liés par une telle convention. Car il ne » s'agit pas seulement de l'intérêt du corps, mais » encore de celui de chaque particulier, *et in actu* » *communi pluribus ut singulis, melior videtur* » *conditio prohibentis*, suivant les lois ».

» Brodeau, sur l'art. 71 de la coutume de Paris, n° 2, professe la même doctrine : « Un titre par » écrit (pour l'établissement d'une Banalité, dit-il) » ne peut être tenu et reputé valable, s'il n'a pas été » passé avec tous les habitans, sans que les deux » tiers qui auraient prêté leur consentement, quoi- » qu'en plus grand nombre, puissent obliger les » autres qui n'ont point été présens ni donné leur » consentement, comme aucuns ont estimé, s'agis- » sant d'une chose qui les concerne, non en corps » et communauté, mais singulièrement et chacun » en particulier ».

» Basnage, sur l'art. 210 de la coutume de Nor- mandie, ne craint point de blâmer les arrêts du parlement de Rouen que Bérault allègue en faveur de l'opinion contraire : « Il me semble fort rude » (dit-il) d'avoir jugé qu'en matière de Banalité, » le plus grand nombre oblige le moindre, puis- » qu'aucun ne doit être assujeti à quelque servitude » sans son fait et sans son consentement, et que » les servitudes doivent plutôt être restreintes qu'é- » tendues ».

» Dunod, *Traités des Prescriptions*, part. 3, chap. 11, demande « si les deux tiers des habitans, » assemblés en corps, peuvent établir un droit de » Banalité qui lie et assujettisse les autres malgré

» eux ». Et voici sa réponse : « L'opinion négative
» est plus commune et plus conforme aux principes,
» parce que ce droit intéresse chaque particulier, et
» ne doit par conséquent être établi que du consen-
» tement de tous ».

» Julien, sur les statuts de Provence, tome 1,
page 417, dit la même chose, d'après Boutaric et
Ferrière; et il en donne la même raison : « Dans les
» choses qui regardent plusieurs personnes en par-
» ticulier (ce sont ses termes), le plus grand nom-
» bre ne peut rien faire au préjudice des autres : *in*
» *eis quâ concernunt plures ut singulos, non u-*
» *ni versos, nihil potest major pars, in proeju-*
» *diciumminoris.* C'est l'avis de Bartole, sur la
» loi *quod omni, D. ad municipalem* ».

» Enfin, M. Henrion de Pansey, dans ses *Dissertations féodales*, au mot *Banalité*, §. 3, embrasse, sans hésiter, la même opinion.

» Si cette masse imposante d'autorités n'équivaut
pas à une loi expresse, elle n'est du moins contredite par aucune loi; et dès-lors, rien à opposer devant vous à la sanction que lui a donnée la cour de
Turin par l'arrêt attaqué.

» 2° Quand nous regarderions la procuration du
22 avril 1314 comme signée par tous les habitans
de la commune de Fossano, ou, ce qui parvient au
même, quand, malgré le défaut de preuve que tous
les habitans de la commune de Fossano ont signé
cette procuration, le traité du 5 mai de la même
année, considéré seulement comme l'ouvrage de la
majorité de ces habitans, pourrait être assimilé à
ce que l'art. 24 du tit. 2 de la loi du 15 mars 1790
appelleune *convention souscrite par ne communauté
d'habitans*, pourrait-on du moins dire que cette
convention a été *souscrite entre une communauté
d'habitans et un particulier non seigneur*.

» Sans doute le prince de Savoie (Philippe d'A-
chaye) n'était pas seigneur de Fossano avant cette
convention ; mais il l'est devenu par cette convention
même. Et qu'a fait la commune de Fossano, en lui
accordant, par cette convention, un droit de Banalité?
Très-certainement elle a attaché ce droit de Banalité
à la seigneurie qu'elle lui concédait. Or qu'est-ce
qu'un droit de Banalité attaché à une seigneurie ?
Rien autre chose qu'un droit seigneurial. Et que
sont les droits seigneuriaux depuis la loi du 17 juillet 1793 ? Ils n'existent plus, ils sont anéantis.

» Donc si les héritiers de Philippe d'Achaye étaient
encore aujourd'hui en possession des moulins de
Fossano, ils ne pourraient se prévaloir, pour
en maintenir la Banalité, de la première des exceptions écrites dans l'art. 24 du tit. 2 de la loi du 15
mars 1790. Donc cette exception ne peut être aujourd'hui d'aucun secours à la commune de Fossano, qui est aux droits des héritiers de Philippe
d'Achaye.

» Pour écarter cet argument, la commune de
Fossano pourrait dire que, par l'acte du 5 mai 1314,
elle n'a pas cédé à Philippe d'Achaye la seigneurie
de son territoire; qu'elle ne lui en a cédé que la

souveraineté; qu'en le reconnaissant pour son souverain, elle n'en a pas fait un seigneur féodal;
qu'ainsi, le droit de Banalité qu'elle lui a cédé, n'a
pas pris dans ses mains le caractère d'un droit de
seigneurie.

» Mais cette objection, si on la proposait devant
vous, serait détruite à l'avance par l'arrêt attaqué.

» Par cet arrêt, la cour de Turin, à laquelle
appartenait essentiellement le pouvoir d'interpréter
l'acte du 5 mai 1314, déclare formellement que la
commune de Fossano s'est *soumise*, par l'acte du 5
mai 1314, *à la seigneurie du prince Philippe d'A-
chaye, et que le prince d'Achaye est devenu son
seigneur, en vertu de l'acte même*.

» C'est donc comme seigneur que Philippe d'A-
chaye est devenu possesseur du droit de Banalité
dont il est ici question ; ce droit de Banalité est
donc devenu, dans les mains de Philippe d'Achaye,
un droit véritablement seigneurial ; il aurait donc
été aboli, par la loi du 15 mars 1790, entre les
mains de Philippe d'Achaye; il l'a donc été, par la
même loi, entre les mains de la commune de Fossano, cessionnaire de l'un des ayant-cause de ce
prince.

» Et de tous ces détails il suit évidemment que si,
pour juger de l'origine de la Banalité réclamée par
la commune de Fossano, nous nous arrêtons à l'acte
du 5 mai 1314, nous n'y trouverons rien qui puisse
donner prise, contre l'arrêt attaqué, à la plus légère
critique.

» Mais que sera-ce si nous descendons à l'acte du
11 août 1597, c'est-à-dire, à l'acte par lequel le
prince de Saint Rambert a concédé, en bail perpétuel, à la commune de Fossano, les moulins dont
il est ici question, et a stipulé qu'elle en jouirait
avec le droit de Banalité qui y était attaché?

» Le maire de Fossano prétend faire sortir de cet
acte deux moyens de cassation contre l'arrêt de la
cour de Turin.

» Premièrement, dit-il, la commune, en acquérant du prince de Saint-Rambert le droit de Banalité dont il s'agit, s'est nécessairement soumise à ce
droit envers elle-même ; et si, comme on n'en peut
douter, elle doit être considérée comme un particulier non seigneur, il est clair que l'acte du 11 août
1597 a tous les caractères d'une convention souscrite, pour l'établissement d'une Banalité, entre un
particulier non seigneur et une communauté d'habitans; il est clair par conséquent que cet acte imposait à la cour de Turin le devoir de déclarer applicable à ce droit de Banalité, la première des exceptions comprises dans l'art. 24 du tit. 2 de la loi
du 15 mars 1790.

» En second lieu, si l'acte du 11 août 1597 n'est
pas, même à l'égard de la commune de Fossano,
le titre constitutif de la Banalité des moulins appartenans a cette commune, il a du moins transféré à
cette commune la Banalité qui était attachée à ses
moulins. Que cette Banalité ait été seigneuriale dans

les mains du prince de Savoie, à la bonne heure ; mais elle a cessé de l'être, en passant dans les mains de la commune ; elle a donc été, dès-lors, purifiée de sa tache originelle ; et ici, par conséquent, s'appliquent, dans toute leur force, les arrêts de la cour des 10 nivose an 14, 6 juillet 1807, 2 janvier 1809 et 23 juillet 1811, par lesquels ont été cassés des arrêts d'Orléans, de Poitiers et de Nîmes, qui avaient déclaré abolies, comme originairement seigneuriales, des rentes qui, avant 1789, avaient été aliénées, sans la directe dont elles étaient récognitives, au profit de particuliers non seigneurs.

» Vous nous avez, sans doute prévenus sur les raisons victorieuses qui s'élèvent contre chacun de ces moyens.

» Et d'abord, quant au premier, qui est-ce qui a traité, le 11 août 1597, avec le prince de Saint-Rambert ? La commune de Fossano.

» Dans quel intérêt a-t-elle traité? Dans l'intérêt, dans le seul intérêt du corps moral qu'elle constitue.

» Elle n'a donc pas traité dans l'intérêt de ses membres individuels, dans l'intérêt des habitans de Fossano ut singuli.

» Eh ! comment l'aurait-elle fait ? Les habitans de Fossano ne lui avaient pas donné, ut singuli, le droit de traiter pour eux ; elle n'avait pour cela aucun pouvoir de leur part.

» Il y a plus : si elle avait traité pour eux, le droit de Banalité qu'elle acquérait, se serait, par cela seul, éteint de lui-même ; car les habitans, ut singuli, n'auraient pas pu acquérir le droit de Banalité auquel ils étaient sujets, sans confondre dans leur personne les qualités de créanciers et de débiteurs de ce droit.

» Pour qu'il en fût autrement, il aurait fallu que dans l'acte du 11 août 1597, la commune de Fossano eût pris deux qualités différentes : il aurait fallu que, pour acquérir le droit de Banalité, elle eût d'abord pris, comme elle l'a fait, la qualité de corps moral ; et que, cette acquisition faite, elle se fût soumise, au nom de ses habitans, ut singuli, envers elle-même, considérée comme corps, au droit de Banalité dont, comme corps, elle se trouvait propriétaire.

» Or, l'acte du 11 août 1597 ne nous offre pas la plus légère trace de ce cumul bizarre de qualités. La commune de Fossano ne paraît, dans cet acte, que comme corps ; elle ne traite, comme corps, dans cet acte, qu'avec le prince de Saint-Rambert ; les habitans, ut singuli, n'y traitent ni par elle ni envers elle ; ils n'y figurent pour rien.

» L'acte du 11 août 1597 ne peut donc pas avoir, contre les habitans, ut singuli, l'effet d'une convention souscrite entre une communauté d'habitans et un particulier non seigneur ; l'arrêt attaqué n'a donc pas plus violé, d'après l'acte du 11 août 1597 l'art. 24 de la loi du 15 mars 1790, qu'il ne l'a violé d'après l'acte du 5 mai 1314.

» Ensuite, il est vrai que le droit de Banalité des moulins de Fossano a cessé d'être seigneurial, du moment où la commune en corps en est devenu propriétaire. Mais est-ce une raison pour qu'il échappe aujourd'hui à la suppression prononcée par l'art. 23 de la loi du 15 mars 1790 ?

» Nous l'avons déjà dit : il résulte de l'art. 23 et de sa combinaison, tant avec le n° 1er de l'art. 24 qu'avec l'art. 29, que les droits de Banalité dont les non seigneurs jouissaient avant 1789, sont supprimés, comme les droits de Banalité qui, à cette époque, se trouvaient encore entre les mains de seigneurs proprement dits, à moins que les non seigneurs ne prouvent que ces droits sont l'effet des conventions souscrites entre eux et les communautés d'habitans, et qu'ils ne représentent, ou les titres primitifs de ces conventions, ou deux reconnaissances conformes, énonciatives d'une plus ancienne qui en rappelle la teneur.

» Dès-lors, qu'importe que le droit de Banalité des moulins de Fossano ait perdu son caractère de droit seigneurial par l'acte du 11 août 1597 ? En cessant d'être seigneurial, ce droit est nécessairement devenu passible de l'application de toutes les lois qui pourraient un jour être faites sur les droits de Banalité non seigneuriaux : il est par conséquent devenu passible de l'application des art. 23, 24 et 29 du tit. 2 de la loi du 15 mars 1590 ; il a par conséquent été supprimé par ces articles, puisque la commune de Fossano ne peut représenter aucune convention par laquelle ses habitans, ut singuli, se soient assujettis envers elle à ce droit.

» Et c'est assez dire qu'il n'y a pas, de la part de la commune de Fossano, l'ombre de raison à invoquer, comme elle le fait ici, les arrêts de la cour qui ont jugé non abolies, par la loi du 17 juillet 1793, les rentes seigneuriales que des aliénations antérieures à la publication des lois du 4 août 1789, avaient converties en rentes purement foncières.

» En devenant purement foncières, ces rentes étaient devenues purement passibles de l'application des lois qui pourraient un jour statuer sur le sort des rentes de cette nature ; elles avaient par conséquent dû recevoir, et elles avaient en effet reçu, l'application de l'art. 2 de la loi du 17 juillet 1793, qui avait maintenu les rentes foncières. Vous avez donc dû casser les arrêts des cours d'Orléans, de Poitiers et de Nîmes, qui les avaient jugées abolies.

» Mais le droit de Banalité des moulins de Fossano, qu'a-t-il gagné en cessant d'être seigneurial ? il n'a pas cessé d'être un droit établi autrement que par une convention souscrite entre le corps qui l'exerçait et les particuliers qui le souffraient : il s'est donc placé de lui-même au rang des droits de Banalité qu'abolit la loi du 15 mars 1790.

» Par ces considérations, nous estimions qu'il y a lieu de rejeter le recours en cassation de la commune de Fossano, et de la condamner à l'amende ».

Par arrêt du 51 mars 1813, au rapport de M. Gandon, « considérant que la cour de Turin, à laquelle il appartenait de déterminer le sens et la valeur des titres, a pensé que la Banalité en question avait été établie par l'acte de 1314, lorsque la commune de Fossano se soumit au prince d'Achaye qui devint son seigneur et fut reconnu tel par l'acte même constitutif de la Banalité ; qu'il n'est nullement justifié que tous les habitans ayant concouru à établir cette servitude en 1314, ni à l'acquérir en 1597, ni qu'ils s'y soient tous individuellement soumis depuis cette acquisition; que toutes les Banalités sont supprimées, à la seule exception de celles qui seraient prouvées avoir été établies par une convention souscrite entre une communauté d'habitans et un particulier non seigneur ; que la mairie de Fossano ne justifie point d'une convention semblable ; et qu'ainsi la cour de Turin, en déclarant la Banalité supprimée, n'a fait qu'une juste application de la loi ; par ces motifs, la cour rejette.... »]]

BATARD. *Page 732, col. 2, après la ligne 31, ajoutez :*

§. IX. *Devant quel juge l'enfant naturel qui prétend avoir été reconnu légalement par son père, doit-il intenter son action ? Peut-il l'intenter soit devant le juge du lieu où la succession s'est ouverte, soit devant le juge du lieu où les biens sont situés ? Est-il tenu de l'intenter devant le juge du domicile de l'héritier ?*

Le 15 floréal an 10, le général Destaing meurt à Paris.

La dame Naso réclame sa succession, comme tutrice d'une fille qu'elle a eue de lui en Égypte.

Question de savoir où sa réclamation doit être portée.

Le 11 vendémiaire an 13, arrêt de la cour de cassation, qui, sur la requête du sieur Destaing père, décide que le général Destaing est mort domicilié à Aurillac ; et en conséquence, renvoie la dame Naso à se pourvoir devant le tribunal de première instance de cette ville.

La dame Naso forme opposition à cet arrêt.

Le 26 thermidor de la même année, arrêt contradictoire qui déboute la dame Naso de son opposition ; et néanmoins, du consentement du sieur Destaing père, motivé sur sa qualité de président du tribunal civil d'Aurillac, renvoie les parties devant le tribunal civil de Mauriac.

Le sieur Destaing meurt pendant l'instance.

Le 27 juin 1811, arrêt de la cour de Riom qui, statuant sur l'appel du jugement du tribunal civil de Mauriac, déclare la dame Naso veuve, et sa fille enfant légitime du général Destaing, et condamne les frères et sœurs de celui-ci à lui délaisser, en sa qualité de tutrice, la totalité de la succession qu'elle réclame, ainsi qu'une part virile dans la succession du sieur Destaing père.

En exécution de cet arrêt, les restitutions de fruits et de récoltes à faire par les sieurs et demoiselle Destaing à la veuve de leur frère, en sa qualité, sont liquidées par le tribunal civil de Mauriac, à une somme de 26,000 f.. ; et la dame veuve Destaing demande qu'il lui soit délivré un exécutoire pour cette somme.

Le 26 janvier 1812, le sieur Pierre-Jean-Gabriel Destaing, l'un des frères du général, fait convoquer un conseil de famille à Aurillac, pour nommer un tuteur et un subrogé-tuteur à Émilie Destaing née à Carcassone le 22 vendémiaire an 4, et dont le général s'était reconnu père, *par une lettre missive* du 16 fructidor an 3.

Le conseil de famille le nomme lui-même tuteur de cet enfant, et confère la qualité de subrogé-tuteur au sieur Serres.

Le 19 février 1813, le sieur Serres fait assigner la dame veuve Destaing, en sa qualité de tutrice de sa fille, devant le tribunal civil d'Aurillac pour voir dire qu'Émilie sera reconnue enfant naturel du général, et qu'elle sera condamnée à lui délaisser le sixième de sa succession.

En même temps, il demande et obtient la permission de saisir et arrêter, jusqu'à concurrence de 15,000 fr. ; le reliquat du compte de la succession, tel qu'il a été arrêté par le tribunal civil de Mauriac, et il assigne pareillement la dame Destaing devant le tribunal civil d'Aurillac pour voir déclarer ces saisies valables.

La dame Destaing, de son côté, fait assigner le sieur Serres devant le tribunal civil du département de la Seine, où elle est domiciliée, pour voir prononcer la main-levée pure et simple de ses saisies-arrêts.

Elle se pourvoit ensuite, devant la cour de cassation, en règlement de juges.

Le 22 avril, arrêt qui ordonne que sa requête sera communiquée au sieur Serres.

Le sieur Serres y répond, et l'affaire ainsi devenue contradictoire, est reportée à l'audience de la section des requêtes.

« Que la demande en validité des saisies-arrêts formées par le subrogé-tuteur d'Émilie (ai-je dit à cette audience, le 23 août 1813), doive être soumise au même tribunal que la demande en délaissement au profit de cet enfant, du sixième de la succession du général Destaing, c'est ce qui ne peut faire la matière du plus léger doute.

» Sans contredit, en thèse générale, la demande en validité d'une saisie-arrêt, doit être portée devant le juge domiciliaire de la partie au préjudice de laquelle cette saisie-arrêt a été pratiquée.

» Mais cette règle cesse nécessairement, lorsque la demande en validité de la saisie-arrêt se rattache, par une intime connexité, à une demande principale qui a été régulièrement portée devant un autre juge que celui du domicile de la partie saisie ; lorsque, comme dans notre espèce, l'effet de la saisie-arrêt dépend du sort de la demande principale.

» La question de compétence qui divise les parties se réduit donc à ce seul point : Est-ce devant le juge du domicile de l'héritière du général Destaing ; est-ce devant le juge du lieu de l'ouverture de la succession du général Destaing, que le subrogé tuteur d'Émilie a dû porter sa demande en délivrance du sixième de cette succession ?

» Pour établir que le subrogé-tuteur d'Emilie n'a pu se pourvoir que devant le juge du domicile de l'héritière, la dame Destaing vous cite l'art; 59 du Code de procédure civile, lequel, après avoir dit qu'*en matière personnelle, le défendeur sera assigné devant le tribunal de son domicile*, ajoute qu'*en matière de succession*, l'assignation sera donnée devant le tribunal du lieu où la succession est ouverte, 1° *sur la demande entre héritiers, jusqu'au partage inclusivement* ; 2°. *sur les demandes qui seraient intentées par des créanciers du défunt avant le partage* ; 3° *sur les demandes à fin d'exécution des dispositions à cause de mort.*

». Or, dit la dame Destaing, il ne s'agit pas ici d'une demande *à fin d'exécution d'une disposition à cause de mort* ; ce n'est, ni comme héritière instituée, ni comme légataire, que se présente Emilie; Emilie ne se présente que comme enfant naturel légalement reconnu.

» Il ne s'agit pas non plus d'une demande *entre héritiers*; car Emilie, fût-elle, comme elle le prétend, légalement reconnue par une lettre missive, ne serait pas, pour cela, héritière de son père; elle ne serait que créancière de sa succession; elle n'aurait par conséquent qu'une action personnelle contre son héritière.

Enfin, il ne s'agit pas davantage d'une demande *intentée par un créancier du défunt, avant le partage de sa succession* ; car le défunt n'ayant laissé qu'une héritière, il n'y a pas eu de partage à faire après sa mort ; et nous devons ajouter qu'en effet un arrêt de la cour, du 18 juin 1807, a jugé que, lorsqu'il n'existe qu'un seul héritier, ce n'est point devant le tribunal de l'ouverture de la succession, que les créanciers doivent l'actionner, et qu'ils ne peuvent l'actionner que devant le tribunal de son domicile (1).

» Donc, conclut la dame Destaing, je ne me trouve dans aucun des cas d'exception prévus par l'art. 59 du Code de procédure civile, relativement aux matières de succession ; donc la règle générale subsiste à mon égard ; donc je ne puis être actionnée que devant le tribunal du département de la Seine.

» Ce raisonnement serait sans réplique, si, de ce que l'action d'Émilie ne rentre dans aucun des trois cas déterminés par le paragraphe de l'art. 59 du Code de procédure civile, commençant par les mots, *En matière de succession*, il s'ensuivait nécessairement que cette action n'a pu être intentée que devant le tribunal du domicile de la dame Destaing ; et telle serait en effet la conséquence que l'on devrait en tirer, si l'action d'Émilie était purement personnelle.

» Mais si l'action d'Émilie n'est pas purement personnelle, si elle est *mixte*, l'art. 59 du Code de procédure civile nous dit qu'elle a pu être intentée devant le tribunal de la situation des biens dont elle a pour objet de distraire un sixième ; et non seulement il ne paraît pas douteux que, dans le

fait, ces biens ne soient situés dans l'arrondissement d'Aurillac ; mais, dans le droit, c'est dans cet arrondissement même qu'ils sont censés être situés, puisqu'ils forment une succession, et que toute succession est toujours censée située là où elle s'est ouverte.

» Quelle est donc la nature de l'action d'Émilie? Elle n'est certainement pas purement personnelle, elle est certainement personnelle *in rem scripta*, et par conséquent, *mixte*, si elle peut être intentée contre les tiers-possesseurs.

» Or, pourquoi Emilie, si elle était, comme elle le prétend, reconnue légalement pour enfant naturel du général Destaing, ne pourrait-elle pas intenter contre des tiers-possesseurs l'action que la loi lui donnerait, dans cette hypothèse, pour se faire délivrer le sixième de la succession de son père?

» Serait-ce parce qu'elle n'est pas héritière?.. (1).

» Il n'est donc pas douteux que si l'héritière du général Destaing aliénait aujourd'hui les biens de son père, Émilie ne pût, en se faisant déclarer enfant naturel légalement reconnu, revendiquer le sixième de ces biens sur les tiers-acquéreurs.

» Et c'est ce que la cour a jugé, le 20 mai 1806, au rapport de M. Chasle et sur nos conclusions.

» Dès-là, il est clair que, si l'action d'Émilie est personnelle, du moins elle est en même temps *in rem scripta*; et que par conséquent elle appartient à la classe des actions mixtes ; et que, par une conséquence ultérieure, elle a pu être intentée devant le tribunal du lieu où s'est ouverte la succession du général Destaing.

» Qu'importe que la question de savoir si Émilie est enfant naturel légalement reconnu, ne soit pas encore jugée ? Qu'importe qu'elle forme un incident préjudiciel à la demande d'Émilie en délivrance d'un sixième des biens de son père prétendu ?

» Le juge qui est compétent pour prononcer sur la demande d'Émilie en délivrance du sixième des biens de son père prétendu, l'est aussi, et nécessairement pour prononcer sur la question d'état à laquelle le sort de cette demande est subordonné. Toutes fois (dit la loi 3, C. *de judicis*) qu'incidemment à une question de propriété, il s'élève une question d'état, le juge saisi de la première, ne doit pas moins connaître de la seconde, quand même la connaissance des questions d'état lui serait interdite : *quoties quæstio status bonorum disceptationi occurrit, nihil prohibet quominus apud eum quoque qui alioquin super causâ status cognoscere non possit, disceptatio terminetur.*

» Que fait d'ailleurs la dame Destaing, en contestant la reconnaissance d'Émilie? Elle oppose une exception à l'action qu'Émilie dirige contre elle. Or, il est de principe que le juge de l'action est aussi juge de l'exception.

» Par ces considérations, nous estimons qu'il y a lieu de déclarer nulle l'assignation donnée par la

(1) *V.* l'article *Héritier*, sect. 2, §. 3, n. 5.

(1) *V.* ci-devant, § 4.

7.

dame Destaing au subrogé-tuteur d'Émilie devant le tribunal de première instance du département de la Seine, et d'ordonner que les parties procéderont devant le tribunal de première instance d'Aurillac, sur les assignations données par le subrogé-tuteur d'Émilie à la dame Destaing, si mieux n'aime la cour substituer à cet égard le tribunal de première instance de Mauriac à celui d'Aurillac, comme elle l'a déjà fait par son arrêt du 26 thermidor an 13 ».

Par arrêt du 25 août 1813, au rapport de M. Favard de l'Anglade, « considérant que, d'après l'art. 757 du Code civil, le droit de l'enfant naturel sur les biens de ses père et mère, n'est pas une simple créance, mais une portion déterminée dans la succession indivise du défunt; qu'à la vérité, l'enfant naturel ne peut pas réclamer son droit à titre d'héritier; mais que l'action qui en résulte, n'en est pas moins une action mixte qui doit être portée devant le juge de l'ouverture de la succession, comme cela se pratique pour les demandes en délivrance de legs; qu'il est de principe que la question d'état incidente à la question de propriété, doit toujours être jugée par le tribunal saisi de cette question de propriété; que, dans l'espèce, il est constant que la succession du général Destaing est ouverte à Aurillac; qu'Émilie Destaing, qui se prétend son enfant naturel, a dû, dès-lors, porter devant le tribunal d'Aurillac, la demande formée contre l'héritier légitime du général Destaing, pour qu'il lui fût délivré un sixième de sa succession : d'où il résulte que, si l'héritier légitime veut contester la reconnaissance d'Émilie Destaing, cette demande et toutes autres incidentes doivent être soumises au tribunal civil d'Aurillac saisi de la demande principale, et non au tribunal civil de la Seine, quoique l'héritier légitime soit domicilié à Paris; que les saisies-arrêts faites par le subrogé-tuteur d'Émilie Destaing, sont évidemment incidentes et connexes à la demande principale par lui formée au nom de sa pupile, et que conséquemment elles doivent être jugées par le même tribunal saisi de cette demande; que néanmoins, par un arrêt de la cour, du 26 thermidor an 13, la connaissance des contestations survenues entre la veuve Destaing et le père du général, a été attribuée au tribunal de Mauriac, et que les mêmes motifs doivent y faire renvoyer les demandes dont il s'agit entre les parties; la cour, sans s'arrêter à l'assignation donnée, le 24 mars dernier, devant le tribunal civil de la Seine, par la veuve Destaing, comme tutrice de sa fille, au sieur Serres, subrogé-tuteur d'Émilie Destaing, laquelle est déclarée nulle et comme non avenue, ordonne que, sur les demandes pendantes tant au tribunal civil d'Aurillac qu'à celui de la Seine, entre la dame veuve Destaing et ledit sieur Serres, aussi en sa qualité, les parties procéderont devant le tribunal civil de Mauriac, qui prononcera également sur toute demande incidente qui pourrait y être formée à raison de la succession du général Destaing, dépens réservés sur lesquels statuera le tribunal de Mauriac ».

BÉNÉFICE D'INVENTAIRE. *A la fin de l'article, ajoutez :*

XXV. L'héritier bénéficiaire est-il tenu des dettes au-delà de sa part héréditaire ?

En 1764, le sieur de la Massais, domicilié à Paris, meurt, laissant plusieurs héritiers collatéraux qui acceptent sa succession sous Bénéfice d'inventaire.

Le 20 janvier 1766, sentence du châtelet de Paris, qui les condamne chacun personnellement pour sa part, et hypothécairement pour le tout, au payement du douaire et du droit d'habitation de la veuve du sieur de la Massais.

Le 26 mars 1771, ils vendent au sieur Bonjour, moyennant 400,000 livres, un domaine appelé *le parc de Soubise*; ils chargent l'acquéreur de garder entre ses mains, pour le service du douaire et du droit d'habitation, une somme de 116,000 liv.; et ils partagent entr'eux le surplus du prix.

En 1784, le sieur Bonjour revend le parc de Soubise au sieur de Chabot, et lui impose la charge de payer le douaire et le droit d'habitation, tant que vivra la veuve de la Massais.

Le 31 mai 1785, les héritiers bénéficiaires du sieur de la Massais règlent définitivement entre eux, pardevant notaires, la liquidation et le partage de la succession.

En 1792, le sieur de Chabot émigre. Le parc de Soubise est confisqué et vendu comme domaine national, sans la charge du douaire et du droit d'habitation de la veuve de la Massais.

En 1805, celle-ci fait assigner le sieur Mérault de Villeron, fils de l'un des héritiers bénéficiaires de son mari, pour se voir condamner personnellement pour sa part héréditaire et hypothécairement pour le tout, à lui payer les arrérages de son douaire et de son droit d'habitation.

Elle meurt peu après, le sieur Gervais de Saint-Laurent, son légataire universel, reprend l'instance et soutient que le sieur Mérault de Villeron doit être condamné comme héritier pur et simple.

Le 29 avril 1807, jugement du tribunal de première instance du département de la Seine, qui condamne en effet, comme tel, le sieur Mérault de Villeron.

Mais sur l'appel, arrêt de la cour de Paris, du 4 avril 1809, qui ordonne que cette condamnation ne sera exécutée contre le sieur Mérault de Villeron qu'*en sa qualité d'héritier bénéficiaire.*

Le 23 mai suivant, le sieur Mérault de Villeron fait signifier au sieur de Saint-Laurent, un acte par lequel, après avoir exposé qu'il ne lui était échu par le partage de la succession du sieur de la Massais, que des valeurs mobilières, et qu'ainsi il n'est ni ne peut être détenteur d'aucun immeuble à raison duquel il puisse être poursuivi hypothécairement, en exécution du jugement du 29 août 1807, il fait offre réelle de la somme de 3,612 fr. 48 c., qui forme le montant de sa contribution dans la dette dont il s'agit.

Le sieur Gervais de Saint-Laurent soutient que

cette offre est insuffisante, que le sieur Mérault de Villeron est condamné comme héritier bénéficiaire; et qu'en cette qualité il ne peut rien retenir des biens de la succession, tant qu'il reste des dettes à payer.

Le 15 février 1810, jugement qui le décide ainsi, et ordonne en conséquence que « dans le délai de trois mois, le sieur Mérault de Villeron sera tenu de rendre compte de la portion par lui recueillie comme héritier bénéficiaire; sinon, et à défaut de ce faire, le condamne dès-à-présent au payement des 83,629 fr. 91 c., montant des arrérages du douaire et du droit d'habitation..... ».

Le 25 du mois d'août suivant, arrêt qui confirme ce jugement, « attendu que l'héritier bénéficiaire est administrateur comptable, et qu'il ne peut recueillir ni retenir aucuns biens quelconques de la succession, qu'après l'épuisement des dettes ».

Le sieur Mérault de Villeron se pourvoit en cassation contre cet arrêt, et propose deux moyens : contravention à l'autorité de la chose jugée, et violation de l'art. 332 de la coutume de Paris, ainsi que de l'art. 802 du Code civil.

« Nous n'avons point d'observation à faire (ai-je dit à l'audience de la section civile, le 22 juillet 1812) sur le premier des deux moyens de cassation qui vous sont proposés : il est trop évident que ce moyen tombe de lui-même, et ce serait abuser de vos momens que de vous répéter les réponses victorieuses qu'y a faites le défendeur.

» Sur le deuxième moyen, il se présente trois questions : la première, si l'arrêt attaqué par le demandeur pourrait être cassé, dans la supposition qu'il dût être apprécié d'après le Code civil; la deuxième, si c'est d'après le Code civil ou d'après les anciennes lois qu'il doit être apprécié; la troisième, si, en appréciant d'après les anciennes lois, on peut dire qu'il les a violées.

» La première question nous paraît devoir être résolue affirmativement.

» D'une part, l'art. 873 du Code civil porte que *les héritiers sont tenus des dettes et charges de la succession, personnellement pour leur part et portion virile, et hypothécairement pour le tout.*

» De l'autre, l'art. 802 du même Code déclare que *l'effet du bénéfice d'inventaire est de donner à* l'HÉRITIER *l'avantage,* 1° *de n'être tenu du payement des dettes de la succession, que jusqu'à concurrence de la valeur des biens qu'il a recueillis, même de pouvoir se décharger du payement, en abandonnant tous les biens de la succession aux créanciers et légataires;* 2° *de ne pas confondre ses biens personnels avec ceux de la succession, et de conserver contre elle le droit de réclamer le payement de ses créanciers.*

» Que résulte-t-il de la combinaison de ces deux articles ? Une chose fort simple : c'est que l'héritier bénéficiaire ne diffère de l'héritier pur et simple, qu'en ce qu'il n'est jamais obligé au-delà de la valeur des biens qu'il a recueillis, et qu'il ne confond pas les biens qu'il a recueillis, avec les siens propres; que

du reste il est *héritier* ni plus ni moins que s'il avait accepté la succession purement et simplement; et que par conséquent il ne peut, comme l'héritier pur et simple, être poursuivi *personnellement* que *pour sa part et portion virile.*

» Inutile d'objecter que l'art. 893 est placé sous le chapitre *du partage* et sous la section *du payement des dettes*; qu'ainsi il ne peut pas se référer à l'art. 802 qui fait partie de la section du *bénéfice d'inventaire.*

» 1° La section *du bénéfice d'inventaire* fait elle-même partie du chapitre *de l'acceptation et de la répudiation des successions;* et le premier article de ce chapitre dit expressément que les successions peuvent être acceptées purement et simplement ou sous Bénéfice d'inventaire; ce qui signifie très-clairement que, même en acceptant une succession sous Bénéfice d'inventaire, on acquiert la qualité d'héritier. Eh! comment pourrait-on acquérir cette qualité, sans acquérir, avec elle, le droit de n'être tenu des dettes de la succession, qu'à concurrence de sa portion virile ?

» 2° Le chapitre *du partage,* par cela seul qu'il est à la suite de la section *du bénéfice d'inventaire,* s'applique nécessairement aux partages à faire entre les héritiers bénéficiaires, comme aux partages à faire entre les héritiers purs et simples; et s'il en était autrement, où seraient donc les règles d'après lesquelles les héritiers bénéficiaires doivent partager entre eux ? Le Code civil les aurait-il omises ? Il n'est pas permis de le supposer; et la preuve qu'il ne les a pas omises en effet, la preuve que le chapitre *du partage* est commun aux héritiers bénéficiaires et aux héritiers purs et simples, c'est que, dans l'art. 817, qui fait partie de ce chapitre, est expressément prévu le cas où un mineur se trouve au nombre des copartageans; et vous savez qu'aux termes de l'art. 461, un mineur ne peut jamais être héritier que par Bénéfice d'inventaire.

» Inutile encore d'objecter que l'art. 803 charge l'héritier bénéficiaire d'administrer les biens de la succession, et de rendre compte de son administration aux créanciers et aux légataires; que l'art. 804 le déclare responsable des fautes graves qu'il commet dans cette administration; que l'art. 995 du Code de procédure civile étend au compte du Bénéfice d'inventaire la forme prescrite pour la *reddition des comptes* des tuteurs, des mandataires, de tous les administrateurs sans distinction; qu'enfin, dans l'avis du conseil d'état du 13 novembre 1807, approuvé le 11 janvier 1808, sur la question de savoir si l'héritier bénéficiaire a besoin d'autorisation pour transférer les rentes sur l'état qui se trouvent dans la succession, il est dit que *l'héritier bénéficiaire n'est qu'un administrateur comptable.*

» Dans quel sens et sous quel rapport l'héritier bénéficiaire est-il administrateur des biens de la succession ? Dans quel sens et sous quel rapport est-il tenu, envers les créanciers et légataires, au même compte que le serait un tuteur, un mandataire, un curateur à une succession vacante?

» Très-certainement, l'héritier bénéficiaire est propriétaire des biens qu'il recueille à ce titre; et il ne l'est pas seulement à l'égard de ses cohéritiers, il l'est encore à l'égard des créanciers et des légataires; car s'il ne l'était pas à leur égard, à qui donc, à leur égard, la propriété serait-elle censée appartenir? Ce ne serait pas à eux, puisqu'ils n'ont sur les biens du défunt que des actions personnelles ou hypothécaires. Ce ne serait pas à l'hérédité, considérée comme être moral, puisqu'elle n'est pas vacante. Il faut donc de deux choses l'une, ou dire que la propriété ne réside sur la tête de personne, ce qui serait absurde, ou convenir qu'elle réside sur la tête de l'héritier bénéficiaire.

» Cela posé, il est évident qu'on ne peut assimiler l'héritier bénéficiaire, même dans ses rapports avec les légataires et les créanciers, ni à un tuteur, ni à un mandataire, ni à un curateur à une succession vacante; et, en effet, ceux-ci administrent le bien d'autrui; l'héritier bénéficiaire n'administre au contraire que sa propre chose.

» Et pourquoi l'administre-t-il? Pourquoi la loi l'en constitue-t-elle administrateur? Uniquement parce qu'il n'est tenu que jusqu'à concurrence des biens de la succession, parce que de là résulte pour lui l'obligation de constater et de représenter aux créanciers, comme aux légataires, la valeur et tous les produits de ces biens; parce que ces biens ne sont sa propriété qu'à la charge de les employer au payement de sa quote-part des dettes et des legs.

» Sa qualité d'administrateur dérive donc du privilége qu'il s'assure, en faisant inventaire, de ne pas s'obliger au-delà de son émolument. Elle n'est donc à ce privilége que ce que la conséquence est à son principe; elle ne détruit donc, ni sa qualité de propriétaire, ni sa qualité d'héritier; elle ne le prive donc pas du droit que l'art. 873 confère à tout héritier, de n'être tenu personnellement des dettes et des legs que pour sa part virile.

» Plus inutile d'objecter que l'art. 802 oblige l'héritier bénéficiaire de payer les dettes *jusqu'à concurrence de la valeur des biens qu'il a recueillis*, et que par conséquent il ne peut rien retenir tant qu'il reste des dettes à payer.

» Ce n'est point là précisément ce que dit l'art. 802 : il dit bien que l'héritier bénéficiaire *n'est tenu des dettes de la succession que jusqu'à concurrence de la valeur des biens qu'il a recueillis*; mais il ne dit point qu'il en est, dans tous les cas, tenu jusqu'à concurrence de cette valeur. Et vous sentez même quelle différence il y a entre ces deux manières de s'exprimer.

» Sans contredit, il résulterait de la première, qu'il faut que toutes les dettes soient payées, pour que l'héritier bénéficiaire puisse s'approprier définitivement quelque chose.

» Mais la seconde n'a pas un sens aussi étendu. En disant que l'héritier bénéficiaire *n'est tenu des dettes que jusqu'à concurrence de la valeur des biens*, l'art. 802 ne déroge pas à la règle générale qui veut que l'héritier ne soit tenu personnellement

des dettes que pour *sa part et portion virile*; il laisse donc subsister cette règle pour l'héritier bénéficiaire, comme pour l'héritier pur et simple; c'est donc comme il disait : l'héritier bénéficiaire n'est tenu de la part qu'il doit supporter dans les dettes, d'après la règle générale écrite dans l'art. 873, que jusqu'à concurrence de la valeur des biens. Si la part qu'il doit supporter dans les dettes, excède la valeur des biens, il en est déchargé; mais la valeur des biens excède la part qu'il doit supporter dans les dettes, l'excédant lui demeure franc et quitte.

» Et ce n'est pas seulement sur le texte littéral de l'art. 802, que cette interprétation est fondée : elle l'est encore sur la saine raison.

» Le Bénéfice d'inventaire n'a pas été introduit en faveur des créanciers de la succession; il ne l'a été qu'en faveur des héritiers. Les créanciers ne peuvent donc pas avoir contre un héritier bénéficiaire, des droits qu'ils n'auraient pas, s'il était héritier pur et simple.

» Il est d'ailleurs de principe qu'un bénéfice de droit ne peut jamais tourner au préjudice de la personne au profit de laquelle il est établi; et c'est cependant ce qui arriverait si, lorsque l'actif d'une succession en excède le passif, un héritier pouvait être tenu des dettes au-delà de *sa part et portion virile*, sous le prétexte qu'il aurait eu recours au Bénéfice d'inventaire.

» Eh ! combien cette considération n'acquiert-elle pas de force par l'art. 461 du Code civil, qui défend au tuteur d'accepter autrement que *sous bénéfice d'inventaire*, les successions qui échoient au pupille? Quoi ! il faudrait conclure de là qu'un héritier mineur ne jouit pas du droit que l'art. 873 assure à tout héritier, de n'être tenu personnellement des dettes, que *pour sa part et portion virile*! Oui, sans doute, il le faudrait si le système qu'a adopté l'arrêt attaqué; et il n'y aurait, pour l'héritier mineur, aucun moyen de se soustraire à cette conséquence. Mais un système qui conduit nécessairement à une conséquence aussi absurde, à une conséquence qui accuserait aussi manifestement le Code civil d'avoir empiré la condition des mineurs, sous le prétexte de veiller à leurs intérêts, ne tombe-t-il point par cela seul, et peut-on le soutenir sérieusement?

» Ce n'est pas tout. L'art. 781 du Code civil porte que, *si celui à qui une succession est échue, décède sans l'avoir acceptée ou sans l'avoir répudiée expressément ou tacitement, ses héritiers peuvent l'accepter ou la répudier de son chef*; et l'art. 782 ajoute que, *si les héritiers ne sont pas d'accord pour accepter ou pour répudier la succession, elle doit être acceptée sous bénéfice d'inventaire*. Que résulterait-il de là dans le système que nous combattons? Il en résulterait que si, des deux héritiers d'une personne à qui serait échue une riche succession qu'elle n'aurait ni acceptée ni répudiée avant sa mort, l'un qui se trouverait criblé de dettes personnelles, et n'aurait par conséquent aucun intérêt de l'accepter, parce que ces créanciers seuls en recueilleraient tout le profit, s'obstinait à la répudier, l'autre ne pouvant l'accepter que sous bénéfice d'inventaire, se verrait, par le fait, par le caprice, par la mauvaise foi de son co-héritier, privé de l'avantage de n'être tenu des dettes que pour sa portion virile, obligé de payer sur sa portion virile tous les créanciers du défunt, et réduit à exercer contre son co-héritier un recours que le mauvais état des affaires de celui-ci pourrait rendre infructueux. Or, peut-on raisonnablement supposer que le Code civil ait voulu attacher au Bénéfice d'inventaire, des effets aussi désastreux pour les héritiers à qui il l'a offert comme un privilége ? Et le peut-on surtout, tandis que le Code civil ne contient point là-dessus de disposition textuelle ? Le peut-on surtout d'après de simples inductions ?

» Si l'on pouvait ici raisonner par induction, quel poids n'ajouteraient pas à tout ce que nous venons de dire, les dispositions que le Code nous présente dans ses art. 1483 et 1487 ?

» Par l'art. 1483, *la femme n'est tenue des dettes de la communauté, soit à l'égard du mari,* SOIT À L'ÉGARD DES CRÉANCIERS, QUE JUSQU'A CONCURRENCE DE SON EMOLUMENT, *pourvu qu'il y ait eu bon et fidèle inventaire, et en rendant compte tant du contenu de cet inventaire que de ce qui lui est échu par le partage.* Ainsi, la femme qui a fait inventaire, jouit, par rapport aux dettes de la communauté, du même privilége dont jouit l'héritier bénéficiaire par rapport aux dettes de la succession. Elle n'est, comme lui, *tenue que jusqu'à concurrence de son émolument.*

» Mais de quelle quotité des dettes est-elle tenue jusqu'à cette concurrence? L'art. 1487 va nous l'apprendre : « La femme, même personnellement obli-
» gée pour une dette de communauté, ne peut être
» poursuivie que pour la moitié de cette dette, à
» moins que l'obligation ne soit solidaire ».

» Cet article, comme vous le voyez, ne distingue pas entre la femme qui a fait inventaire et la femme qui, sans inventaire, a pris la qualité de commune. Il s'applique donc à l'une comme à l'autre.

» Donc, par la même raison, de ce que l'art. 802 déclare que l'héritier bénéficiaire n'est tenu *que jusqu'à concurrence de la valeur des biens qu'il a recueillis,* il ne s'ensuit nullement que, sur la valeur des biens qu'il a recueillis, il soit tenu au-delà de sa portion virile.

» Donc les art. 802 et 875 doivent s'expliquer l'un par l'autre, comme c'est aussi l'un par l'autre que s'expliquent les art. 1482 et 1487.

» Et, en effet, peut-on imaginer une analogie plus frappante que celle qui existe entre le privilége du Bénéfice d'inventaire accordé à la femme commune, et le privilége au Bénéfice d'inventaire accordé à l'héritier ?

« Par l'un, la femme commune évite l'inconvénient de s'obliger au-delà de ce qu'elle retire de la communauté. C'est la disposition de l'art. 1483. Par l'autre, l'héritier évite l'inconvénient de s'obliger au-

delà de ce qu'il retire de la succession. C'est la disposition de l'art. 802.

» Par l'un, la femme commune s'acquitte envers les créanciers de la communauté, en leur rendant compte *du contenu en l'inventaire et de ce qui lui est échu par le partage.* L'art. 1483 le dit en toutes lettres. Par l'autre, l'héritier s'acquitte envers les créanciers de la succession, en leur abandonnant tous les biens qu'il a recueillis et en leur rendant compte de tout ce qu'il en a retiré. Les art. 802 et 803 y sont formels.

» Si donc la division des dettes a lieu entre la femme commune qui a fait inventaire et les héritiers du mari, quelle raison y aurait-il de ne pas l'admettre également entre les héritiers bénéficiaires ?

» Enfin, il est de principe que l'héritier bénéficiaire est toujours maître de renoncer à sa qualité, pour prendre celle d'héritier pur et simple. Et comment accorder ce principe avec le système qu'adopte l'arrêt attaqué? Très-certainement, d'après ce principe, l'héritier bénéficiaire à qui l'on demande payement de la totalité d'une dette dont il ne devrait, comme héritier pur et simple, supporter que sa quote-part, peut dire au demandeur : « Jusqu'à pré-
» sent, je me suis conduit comme ayant accepté la
» succession sous Bénéfice d'inventaire; mais aujour-
» d'hui, je l'accepte purement et simplement; je ne
» peux donc, aux termes de l'art. 873 du Code,
» être condamné à vous payer que ma portion virile
» de votre créance ». Or, conçoit-on qu'un pareil langage fût soutenable, si l'héritier bénéficiaire était, par sa seule qualité, soumis jusqu'à concurrence des forces de son lot, à la totalité de la dette ? Conçoit-on qu'il pût dépendre de lui d'ôter au créancier, en abdiquant la qualité d'héritier bénéficiaire, le droit que cette qualité lui eût conféré de l'actionner solidairement ?

» Disons donc que, si l'arrêt attaqué doit être apprécié d'après le Code civil, vous ne pouvez pas le laisser subsister.

» Mais est-ce bien d'après le Code civil, n'est-ce pas plutôt d'après les anciennes lois, que nous devons apprécier cet arrêt ?

» Cette question se résout d'un seul mot. C'est sous l'empire des anciennes lois que la succession dont il s'agit a été acceptée sous Bénéfice d'inventaire. C'est donc par les anciennes lois que doivent être réglées les obligations qui ont été contractées, par cette acceptation, envers les créanciers du défunt.

» Il ne reste donc plus qu'à savoir, en appréciant, d'après les anciennes lois, l'arrêt qui vous est dénoncé, nous trouverons pour le casser les mêmes motifs que si nous devions l'apprécier d'après le Code civil.

» Les lois romaines qui sont placées dans le Code Justinien, sous le titre *De jure deliberandi,* avaient sur les effets du bénéfice d'inventaire, les mêmes dispositions que l'art. 802 du nouveau Code; elles bornaient, comme cet article, les effets du Bénéfice d'inventaire au double avantage qu'en retirait l'héritier, de n'être point tenu des dettes *ultrà vires hœreditarias*, et de ne pas confondre les créances qu'il avait, de son propre chef, sur la succession. Et, dès-là, il est clair que tout ce que nous venons de dire sur l'art. 802 du Code civil, s'applique aux lois romaines.

» Mais ces lois avaient-elles, dans la coutume de Paris, une autorité véritablement législative ?

» Il est certain qu'elles ne l'avaient point par elles-mêmes ; il est certain qu'elles n'avaient, par elles-mêmes, dans la coutume de Paris, que l'autorité de la raison écrite.

» Mais la coutume de Paris ne les avait-elle pas adoptées ? Ne les avait-elle pas adoptées en disant, art. 342, qu'en ligne directe, l'héritier bénéficiaire ne pouvait pas être exclu par l'héritier pur et simple ? Ne les avait-elle pas adoptées en disant, art. 343, qu'en ligne collatérale, l'héritier pur et simple ne pouvait pas être exclu par le mineur qui se portait héritier bénéficiaire ? Ne les avait-elle pas adoptées en disant, art. 344, que l'héritier bénéficiaire ne pouvait vendre les meubles que par autorité de justice ?

» Il résulte clairement de ces trois articles, que la coutume de Paris reconnaissait le Bénéfice d'inventaire introduit par les lois romaines. Que faisait-elle en le reconnaissant ? Elle lui attribuait incontestablement les effets que les lois romaines en faisaient dériver. Elle était incontestablement censée dire que l'héritier par bénéfice d'inventaire n'était tenu des dettes du défunt que jusqu'à la concurrence de la valeur des biens, et que cependant il était héritier.

» Mais que parlons-nous de la coutume de Paris ? Les lois générales de la France ne contenaient-elles pas la même reconnaissance, ne disaient-elles pas la même chose ?

» N'est-ce pas en considérant comme reçu en France, les lois romaines qui attribuaient au Bénéfice d'inventaire les effets déterminés par l'art. 802 du Code civil, que l'art. 16 de l'ordonnance de Roussillon, du mois de janvier 1565, portait : » Les » prochains habiles à succéder à ceux qui décéde- » ront en offices, charges et administration de nos » finances, ne seront reçus à se porter héritiers » par Bénéfice d'inventaire des défunts ; ainsi seront » ténus se porter héritiers purs et simples, ou re- » noncer à la succession d'iceux ?

» N'est-ce pas dans le même esprit que l'ordon- » nance du mois de janvier 1629 disait, art. 128 : » Nul ne sera reçu à se dire et porter héritier par » Bénéfice d'inventaire, en ligne directe ni colla- » térale, qu'il n'ait fait sceller, incontinent après » le décès du défunt, s'il est présent, et qu'il n'ait » fait bon et loyal inventaire, le substitut de notre » procureur-général et les créanciers apparens » appelés, dans les trois mois après ledit décès, » obtenu lettres, icelles présentées, baillé caution, » et fait entériner dans les quarante jours après les » inventaires clos ; et s'il se trouve avoir pris quel- » que chose de ladite succession ayant lesdites let- » tres entérinées ; sans autorité de justice...... *sera*

» tenu des dettes du défunt, comme s'il était héri- » tier pur et simple... » ?

» N'est-ce pas encore dans le même esprit, que l'art. 7 de l'édit du mois de décembre 1703 assujet- tissait les lettres de bénéfice d'inventaire à la for- malité de l'insinuation et au droit qui était considéré comme le salaire de cette formalité ?

» Et qu'auraient signifié toutes ces dispositions, si, dans notre ancienne jurisprudence, l'héritier par Bénéfice d'inventaire n'avait pas été, comme sous le Code civil, un véritable héritier ; si, dans notre ancienne jurisprudence, l'héritier par Béné- fice d'inventaire n'avait pas eu, comme sous le Code civil, le privilége de n'être tenu des dettes du dé- funt, que jusqu'à la concurrence de la valeur des biens ?

» Qu'importe que, sous notre ancienne jurispru- dence, quelques auteurs, et notamment Pothier, dans son *Introduction à la coutume d'Orléans*, tit. 17, sec. 5, §. 2, n. 49, ayant écrit que l'héri- tier bénéficiaire n'est, à l'égard des créanciers du défunt, que l'administrateur des biens de la suc- cession ?

» En s'énonçant ainsi, ces auteurs n'ont pas en- tendu autre chose que ce qu'entend le Code civil par ses art. 803 et 804 : ils n'ont pas voulu dire autre chose, si ce n'est que l'héritier bénéficiaire administre les biens de la succession, non comme biens d'autrui, mais comme biens dont il est lui- même propriétaire.

» C'est ce que Pothier, entr'autres, explique parfaitement dans son *Traité des Successions*, chap. 3. « L'acceptation sous Bénéfice d'inventaire » (dit-il), ne diffère de l'acceptation pure et sim- » ple, qu'en ce qu'elle donne à l'héritier le bénéfice » de n'être point tenu des dettes de la succession sur » ses propres biens, et de ne point confondre les » dettes qu'il a contre la succession ; et que, pour » cela, elle l'assujettit à un compte des biens de la suc- » cession envers les créanciers ; au reste, elle pro- » duit les autres effets de l'acceptation pure et sim- » ple..... L'héritier qui a accepté sous Bénéfice » d'inventaire, est réputé, comme l'héritier pur et » simple, saisi de la succession, dès l'instant qu'elle » a été ouverte ; *il est vrai héritier, vrai proprié- » taire de la succession* ».

» Et il ne faut pas croire que, par cette explica- tion, Pothier ait contredit ce qu'il avait enseigné dans son *Introduction à la coutume d'Orléans* : « Lorsque plusieurs héritiers bénéficiaires (avait-il » dit dans ce dernier ouvrage, à l'endroit cité, » n. 54) ont partagé entre eux les biens de la suc- » cession, chacun n'est tenu de rendre compte que » des biens échus en son lot... La raison en est » que le partage ayant terminé la part de chacun » à ce qui est échu dans son lot, chacun est censé » n'avoir succédé et *n'avoir été saisi* que de cela ; » d'où il suit qu'il n'est comptable que de cela. » C'est une suite du principe sur l'effet rétroactif « que notre jurisprudence donne au partage ». Il est bien clair, d'après ces termes, que Pothier considérait l'héritier bénéficiaire comme saisi, et, par une suite nécessaire, comme héritier véritable.

» Aussi le parlement de Paris jugeait-il constamment que l'héritier bénéficiaire possédait et transmettait, non comme acquêts, mais comme propres, les biens de la succession dont il se rendait adjudicataire, parce que ce n'était pas à l'adjudication qu'il en devait la saisine, parce que l'adjudication n'avait été pour lui qu'un moyen d'empêcher que les créanciers ne le troublassent dans la saisine qu'il tenait de sa qualité d'héritier, parce qu'elle n'avait fait que confirmer et continuer sa propriété.

» Il y a là-dessus trois arrêts célèbres : le premier, du 4 septembre 1708; le second, du 2 août 1730; le troisième, du 26 mars 1782 (1).

» Dans l'espèce de celui-ci, il s'agissait de savoir si Armand-François de Bretagne, qui s'était rendu à la fois héritier bénéficiaire de Claude de Bretagne, son père, et adjudicataire de trois seigneuries considérables de sa succession, avait possédé ces seigneuries comme propres, ou comme acquêts. La contestation était entre le marquis de la Grange et la dame Joly de Fleury, héritiers des acquêts, d'une part, et le prince de Soubise, héritier des propres, de l'autre.

» Le prince de Soubise défendu par M. Target, disait : « Il y a deux manières de liquider une succession bénéficiaire ; à l'amiable ou judiciairement. Si l'héritier paye les créanciers à l'amiable, quand, ayant reçu un million de biens, il acquitterait pour un million de dettes, quand il en quitterait pour 1,500,000 livres, les biens resteraient propres, et cependant il les aurait payés et au-delà. C'est la même chose, lorsque ces biens ont été décrétés et adjugés, et qu'il s'en est rendu adjudicataire. L'héritier alors est venu dire à la justice : Je n'ai pu convenir avec les créanciers du prix des biens : recevez les enchères, elles en fixeront la valeur : si je le porte plus haut que tout autre, les biens me resteront ; je tiendrai compte aux créanciers du montant de mon enchère, et tout sera terminé entre eux et moi. Pour qu'il y eût changement de propriété, il faudrait que l'héritier eût cessé d'être propriétaire au moins quelques instans; que la propriété eût été entre d'autres mains, et qu'il l'eût reprise ensuite à un titre différent. A quel moment assigner cette cessation de propriété ? Est-ce au moment de l'adjudication ? Supposera-t-on que la justice a été propriétaire ? Ce serait une supposition absurde; la propriété des citoyens ne passe point dans les mains de la justice. Mais si la propriété de l'héritier bénéficiaire n'a pas cessé un instant, il est donc propriétaire au même titre, avant et après l'adjudication ; il possède donc toujours les biens comme héritier ; et avec la qualité de propres ».

(1) *V.* mon *Recueil de Questions de droit*, au mot *Propre*, §. 2.

» A ces raisons aussi simples que décisives, le marquis de la Grange et la dame Joly de Fleury, défendus par M. Treilhard, opposaient des argumens très-captieux. Mais les principes ont triomphé.

» M. l'avocat-général Séguier a pensé que l'héritier bénéficiaire ayant eu, nonobstant la saisie réelle, la saisine des biens et héritages mis en criées, et étant toujours resté propriétaire jusqu'à l'époque de l'adjudication, ces biens n'avaient pas changé de nature, parce qu'il n'y avait point eu de changement de propriétaire; que, dès-lors, étant des propres anciens paternels, ils devaient également, dans la succession de l'héritier bénéficiaire, appartenir à l'héritier des propres anciens paternels, c'est-à-dire, au maréchal de Soubise.

» En conséquence, arrêt de la grand'chambre du parlement de Paris, du 26 mars 1782, qui » déboute les parties de Treilhard de leurs de-» mandes contre la partie de Target, relativement » aux terres adjugées à l'héritier bénéficiaire, qui » resteront comme propres à l'héritier des propres ».

» Mais si l'héritier bénéficiaire est véritablement héritier, si la qualité d'héritier peut se concilier et se concilie en effet très-bien, dans sa personne, avec le privilége qu'il a de n'être point obligé au-delà de ce qu'il amende de la succession, sous quel prétexte voudrait-on ne pas le comprendre dans les dispositions des art. 332 et 333 de la coutume de Paris qui n'assujettissent l'héritier aux dettes du défunt que personnellement pour sa part virile, et hypothécairement pour le tout ?

» Ces articles distinguent-ils entre l'héritier pur et simple et l'héritier bénéficiaire ? Non. Ils parlent de l'héritier en général ; ils parlent donc de l'héritier bénéficiaire, comme de l'héritier pur et simple. Pour qu'il fût possible de leur prêter un autre sens, il faudrait que l'héritier bénéficiaire ne fût pas héritier ; et nous venons de voir qu'il en a véritablement la qualité, nous venons de voir qu'il en a tous les attributs.

» Les art. 342, 343 et 344 sont donc censés, en parlant de l'héritier bénéficiaire, se référer aux art. 332 et 333 qui parlent de l'héritier en général. Il y a donc entre les art. 342, 343 et 344, d'une part, et les art. 332 et 333, de l'autre, le même rapport qui se trouve dans le Code civil, entre l'art. 802 et l'art. 872. Dès-là, qu'a fait la cour d'appel de Paris en jugeant que l'art. 332 de la coutume n'était pas applicable à l'héritier bénéficiaire ? elle a restreint arbitrairement la disposition générale de cet article ; et par conséquent elle l'a violée. «

» Nous osons croire que la cassation de son arrêt n'éprouverait, de votre part, aucune difficulté, si la succession dont il s'agit, avait été acceptée sous le Code civil.

» Mais que dit le Code civil de plus que la coutume de Paris ?

» Le Code civil dit que l'héritier par bénéfice d'inventaire est véritablement héritier. La coutume de Paris disait textuellement la même chose.

8

» Le Code civil dit que l'héritier n'est tenu personnellement des dettes du défunt, que pour sa portion virile. La coutume de Paris le disait également et presque dans les mêmes termes.

» Le Code civil dit que l'héritier par Bénéfice d'inventaire n'est tenu des dettes du défunt que jusqu'à la concurrence des biens qu'il a recueillis. La coutume de Paris ne le disait pas expressément; mais elle était censée le dire, par cela seul qu'elle admettait le Bénéfice d'inventaire.

» Il y a donc, pour casser, d'après la coutume de Paris, l'arrêt qui vous est dénoncé, les mêmes raisons qu'il y aurait pour le casser d'après le Code civil, si ce Code était la balance dans laquelle vous dussiez le peser.

» Ajoutons que, si le Code civil était, à cet égard, plus clair, plus positif, que la coutume de Paris, ce serait par l'un que vous devriez ici interpréter l'autre. « Quoique les lois arbitraires (dit » Domat, dans son *Traité des lois*, chap. 12) » n'ayent leur effet que pour l'avenir, si ce qu'elles » ordonnent se trouve conforme au droit naturel ou » à quelque loi arbitraire, qui soit en usage, elles » ont, à l'égard du passé, l'effet que peuvent leur don- » ner leur conformité et leur rapport au droit na- » turel et aux anciennes règles, et elles servent » aussi à les interpréter, de même que les anciennes » règles servent à l'interprétation de celles qui sont » nouvellement établies. Et c'est ainsi que les lois » se soutiennent et s'expliquent mutuellement ».

» Aussi remarquons-nous que, pour casser, le 15 janvier dernier, un arrêt de la cour d'appel de Paris qui avait jugé que le liquidateur d'une société, nommé à Paris par un acte du 5 pluviose an 10, et par conséquent avant le Code civil, avait pu compromettre en sa seule qualité et sans pouvoir spécial, vous vous êtes principalement fondés sur ce motif, « qu'un point de droit commun, né des lois » romaines, reçu comme maxime dans le droit fran- » cais, *et converti en loi positive et nationale par* » *l'art.* 1989 *du Code civil*, le mandataire ne peut » compromettre pour son mandant, s'il n'en a le » pouvoir spécial et exprès, jusque-là même que » le pouvoir de transiger ne renfermerait pas celui » de compromettre ».

» Dans ces circonstances et par ces considérations, nous estimons qu'il y a lieu de casser et annuller l'arrêt dont il s'agit».

Par arrêt du 22 juillet 1812, au rapport de M. Boyer, « vu l'art. 332 de la coutume de Paris et l'art. 872 du Code civil; et attendu qu'en droit, l'héritier qui use du Bénéfice d'inventaire, ne perd aucunement, par l'effet de cette mesure, le titre et la qualité d'héritier ni les droits qui y sont attachés; qu'aux termes des articles précités, la division des dettes d'une succession a lieu de plein droit entre les divers héritiers, dans la proportion de la part virile dont chacun d'eux y amende; que ni la coutume de Paris ni le Code civil n'établit, à l'égard de l'héritier bénéficiaire, aucune exception au principe de la division des dettes que consacrent ces lois; qu'il

suit de là qu'en déniant, dans l'espéce, au sieur Mérault de Villeron le bénéfice de cette division, sous le prétexte qu'il en était exclu par sa qualité d'héritier bénéficiaire, et en le condamnant par suite à rapporter au sieur de Saint-Laurent, créancier du sieur la Massais, au-delà de ce dont ledit sieur de Villeron était tenu en raison de sa portion virile dans l'hérédité de ce dernier, l'arrêt attaqué a formellement contrevenu aux articles sus-énoncés de la ci-devant coutume de Paris, sous l'empire de laquelle cette succession s'est ouverte, et du Code civil qui, en cette partie, a reproduit la disposition de la coutume; la cour casse et annulle.... ».

XXVI. L'héritier bénéficiaire devient-il, de plein droit, héritier pur et simple, en faisant, comme héritier bénéficiaire, un acte de propriétaire libre? Le devient-il en compromettant? Le devient-il même envers les tiers étrangers au compromis?

Le 13 floréal an 13, la demoiselle Rebuffet, prenant la qualité d'héritière par Bénéfice d'inventaire de son père, fait assigner la demoiselle Barbereux au tribunal de première instance du département de la Seine, pour se voir condamner à lui payer 156,658 fr., pour solde du compte d'opérations qui ont eu lieu entre celle-ci et le feu sieur Rebuffet.

La demoiselle Barbereux, de son côté, fait signifier à la demoiselle Rebuffet un compte par lequel, loin de se reconnaître débitrice, elle soutient être créancière d'une somme assez considérable.

Quelque temps après, la demoiselle Rebuffet épouse le sieur Pétiet; leur contrat de mariage établit entre eux une séparation de biens.

Le 30 décembre 1809 et le 2 juin 1810, acte sous seing-privé par lequel les sieur et dame Pétiet, d'une part, et la demoiselle Rebuffet, de l'autre, *désirant terminer à l'amiable* les contestations pendantes *au tribunal de première instance du département de la Seine entre la demoiselle Barbereux et la succession du sieur Rebuffet, père de ladite dame Pétiet*, sur les comptes qu'ils se sont respectivement signifiés, nomment des arbitres et *amiables compositeurs* pour les juger sans appel.

Le sieur Pétiet figure dans cet acte, *tant comme autorisant son épouse, que comme garantissant et se portant fort pour elle, de l'exécution de tous actes qui pourraient être faits par suite des présentes.*

Le 8 août 1810, les arbitres prononcent, et condamnent la dame Pétiet à payer à la dame Barbereux une somme de 35,780 fr.

Le 29 décembre suivant, ordonnance du président du tribunal de première instance du département de la Seine, qui déclare la sentence arbitrale exécutoire.

Les sieur et dame Pétiet forment opposition à cette ordonnance et demandent la nullité de la sentence arbitrale, 1° parce que la dame Pétiet n'ayant agi que comme héritière bénéficiaire, n'a pas pu compromettre, et que par conséquent le compromis est nul ; 2° parce que les arbitres ont excédé leurs pouvoirs, par la manière dont ils ont instruit et jugé.

Le 22 février 1812, jugement qui rejette cette demande, « attendu que le droit de contester la capacité de l'héritier bénéficiaire, et de discuter les actes qui excéderaient ses pouvoirs, n'appartient qu'aux créanciers de la succession, que les arbitres ont bien pu commettre des erreurs, mais que, dans l'instruction comme dans le jugement, ils se sont renfermés dans les limites du compromis ».

La demoiselle Barbereux, en exécution de la sentence arbitrale maintenue par ce jugement, fait faire des saisies-arrêts sur des créances appartenant à la dame Pétiet personnellement.

La dame Pétiet en demande la nullité, sur le fondement qu'ayant agi primitivement en qualité d'héritière bénéficiaire, elle n'avait pu compromettre que comme telle ; qu'ainsi, elle n'est condamnée par la sentence arbitrale, que comme héritière bénéficiaire.

La demoiselle Barbereux répond que la dame Pétiet a renoncé, en compromettant, à la qualité d'héritière bénéficiaire.

Le 20 mars de la même année, jugement qui, en effet, déclare les saisies-arrêts nulles, « attendu que l'administration provisoire ne peut exister qu'antérieurement à l'époque à laquelle l'héritier prend qualité ; que c'est également avant cette époque, que l'addition d'hérédité peut être faite tacitement ; que, lorsque l'héritier a obtenu Bénéfice d'inventaire, il ne peut y avoir lieu qu'à déchéance, comme peine prononcée par la loi dans le cas qu'elle prévoit ; que l'héritier bénéficiaire n'est tenu que des fautes graves ; qu'il ne peut encourir de déchéance, que dans le cas de fraude, et dans celui prévu par la loi en cas de vente des immeubles sans formalités ; que le compromis n'est, par lui-même, ni un acte frauduleux, ni un de ceux qui, aux termes de la loi, emportent déchéance ; que, dans l'espèce, aucun des créanciers de la succession n'attaque le compromis comme frauduleux ; que la demoiselle Barbereux, en faveur de qui il a été stipulé, serait non-recevable ; que la garantie stipulée par le sieur Pétiet, doit s'entendre et s'appliquer dans les termes du compromis dans les qualités qui appartenaient aux parties ; que l'héritier bénéficiaire qui n'est pas en demeure de rendre compte, n'est point tenu sur ses biens personnels ».

Les sieur et dame Pétiet appellent du premier de ces jugemens, et la demoiselle Barbereux du second.

Le 22 février 1814, arrêt de la cour de Paris qui, adoptant, à l'égard du premier, les motifs des premiers juges, met l'appellation au néant; et à l'égard du second, le réforme, « attendu que, pour compromettre, il faut avoir la libre disposition de ce qui fait l'objet du compromis, que par conséquent l'héritier bénéficiaire, en compromettant, renonce, ainsi qu'il en a le droit, à la qualité de simple administrateur et au Bénéfice d'inventaire, à l'égard de celui avec lequel il compromet ».

Les sieur et dame Pétiet se pourvoient en cassation contre cet arrêt.

« Trois moyens de cassation (ai-je dit à l'audience de la section des requêtes, le 20 juillet 1814) vous sont proposés dans cette affaire : violation de l'art. 801 du Code civil et de l'art. 988 du Code de procédure, en ce que l'arrêt attaqué fait résulter du compromis signé par la dame Pétiet, la déchéance de son Bénéfice d'inventaire ; violation de l'art. 803 du Code civil et de l'art. 1003 du Code de procédure, en ce que l'arrêt attaqué déclare la dame Pétiet passible, en son nom privé, d'une condamnation qui n'avait été prononcée contre elle qu'en sa qualité d'héritière bénéficiaire; violation de l'art. 1028 du Code de procédure, en ce que l'arrêt attaqué juge valable une sentence arbitrale rendue *hors les termes du compromis*.

» Les deux premiers moyens sont trop intimement liés l'un à l'autre, pour que nous ne les discutions pas simultanément.

» Ils présentent à votre examen quatre questions : 1° En quelle qualité la dame Pétiet a-t-elle compromis dans notre espèce ? A-t-elle compromis comme héritière pure et simple ? A-t-elle compromis comme héritière bénéficiaire ? 2° L'héritier bénéficiaire peut-il compromettre, en sa qualité, sur un compte d'objets mobiliers ? 3° S'il ne le peut pas, que fait-il en compromettant ? fait-il un acte nul, soit dans son propre intérêt, soit respectivement aux autres créanciers, ou encourt-il la déchéance de son Bénéfice d'inventaire ? 4° Le jugement arbitral qui intervient sur ce compromis, est-il exécutoire sur les biens personnels de l'héritier bénéficiaire, ou ne l'est-il que sur les biens de la succession ?

» La première question paraît n'avoir été agitée, ni en première instance, ni en cause d'appel. Cependant elle mérite un moment d'attention ; et pour la résoudre, nous avons deux choses à consulter : la procédure sur laquelle a été fait le compromis, et le compromis même.

» Dans la procédure sur laquelle a été fait le compromis, la dame Pétiet n'a figuré que comme héritière bénéficiaire, du moins c'est la qualité qu'elle prend dans la citation en conciliation, du 30 germinal an 13, dans le procès-verbal de non-conciliation du 10 floréal suivant, et dans l'exploit d'assignation du 15 du même mois.

» Quant au compromis, la dame Pétiet n'y prend aucune qualité ; et dès-là, on pourrait douter si elle n'y a pas figuré comme héritière pure et simple. Le doute paraît même prendre quelque consistance, lorsqu'on se reporte au préambule de cet acte, où le sieur Pétiet déclare se rendre garant, pour son épouse, *de l'exécution de tous actes qui pourraient être faits par suite des présentes*.

» Mais ce doute s'évanouira bientôt, si l'on considère que le compromis est fait sur les *contestations existantes au tribunal entre la demoiselle Barbereux et le succession du sieur Rebuffet, père de la dame Pétiet*.

» D'une part, en effet, le compromis n'étant que

la suite de l'instance pendante au tribunal, il est bien naturel de supposer que les qualités prises dans l'instance, continuent dans le compromis.

» D'un autre côté, si la dame Pétiet ne prend pas expressément, dans le compromis, la qualité d'héritière bénéficiaire de son père, elle l'y prend du moins implicitement. Car elle ne compromet pas sur des contestations qui lui soient personnelles, comme elles le seraient, si elle était héritière pure et simple; elle compromet sur des *contestations existantes entre la succession de son père et la demoiselle Barbereux*; elle s'isole donc, en compromettant ainsi, de la succession de son père; elle annonce donc que la succession de son père n'est pas confondue avec son propre patrimoine; et c'est bien dire, par équipollence, qu'elle n'a accepté la succession de son père que par Bénéfice d'inventaire. C'est bien déclarer implicitement qu'elle ne stipule que comme administratrice de cette succession.

» Qu'importe que son mari se soit rendu garant de l'exécution de la sentence arbitrale qui interviendrait à la suite du compromis?

» Nous n'avons pas à examiner ici quels doivent être relativement au sieur Pétiet, les effets de cette garantie. Nous n'avons pas à examiner si, par cette garantie, le sieur Pétiet s'est soumis personnellement à payer indéfiniment à la demoiselle Barbereux tout ce que la sentence arbitrale pourrait lui adjuger, ou s'il ne s'y est soumis que jusqu'à concurrence de ce qui pourrait, en vertu de cette sentence, être exigé de son épouse, ou, en d'autres termes, s'il s'est seulement obligé, en son nom, de payer à la demoiselle Barbereux, la part qui pourrait lui revenir dans le reliquat du compte que la dame Pétiet serait tenue de lui rendre en même temps qu'aux autres créanciers.

» Mais ce qu'il y a de certain, c'est que la dame Pétiet ne pourrait pas être censée avoir signé le compromis en son nom privé, par cela seul que le sieur Pétiet s'y serait lui-même porté sa caution indéfinie. Un tuteur qui contracte en sa qualité, devient-il obligé personnellement par le seul effet de l'intervention d'un tiers qui le cautionne? Non, sans doute; il en doit donc être de même d'un héritier bénéficiaire.

» La seconde question, celle de savoir si l'héritier bénéficiaire peut compromettre en sa qualité, sur un compte d'objets mobiliers, nous paraît devoir se résoudre par le principe qui est écrit dans l'art. 1003 du Code de procédure.

» *Toutes personnes,* porte cet article, *peuvent compromettre sur les droits dont elles ont la libre disposition.*

» L'héritier bénéficiaire peut donc compromettre sur les objets mobiliers dépendans de la succession, s'il a la libre disposition de ces objets. Il ne le peut donc pas, dans la supposition contraire.

» Mais cette libre disposition, l'a-t-il ou ne l'a-t-il pas? Il faut distinguer.

» Il ne l'a pas dans l'intérêt des créanciers; car, à leur égard, il n'est qu'administrateur.

» Mais il l'a dans son intérêt personnel; car, en ce qui le concerne, il est propriétaire; et cela est si vrai, qu'aux termes des art. 988 et 989, les ventes qu'il fait sans formalités, non-seulement des meubles, mais même des immeubles de la succession, ne peuvent pas être attaquées par les créanciers, sous le prétexte de défaut de pouvoir.

» Nous devons donc dire que l'héritier bénéficiaire peut bien, en sa qualité, compromettre à son propre préjudice; mais qu'il ne le peut pas au préjudice des créanciers.

» Sans doute, il peut, au préjudice des créanciers, recevoir, payer, agir et défendre en justice, parce que ce sont-là des actes d'administration.

» Mais compromettre n'est pas un acte d'administration, c'est un acte de propriété libre, et cet acte est tellement réservé, au propriétaire libre, il est tellement exclu du cercle de la simple administration, que le pouvoir de compromettre n'est jamais renfermé dans le pouvoir même le plus étendu d'administrer, même dans le pouvoir d'administrer étendu jusqu'à la faculté de transiger. Le *pouvoir de transiger,* dit l'art. 1989 du Code civil, *ne renferme pas celui de compromettre.*

» Aussi, un tuteur ne peut-il pas compromettre, même sur des objets mobiliers, même avec l'autorisation d'un conseil de famille, quoiqu'il puisse, avec l'autorisation d'un conseil de famille, transiger sur des objets mobiliers comme sur des droits immobiliers.

» Avant le Code civil, et aux termes des lois romaines, un tuteur pouvait, sans avis de parens, transiger, même sur des droits immobiliers, pourvu que le résultat de la transaction ne fût pas de déposséder le mineur d'un ou de plusieurs de ses immeubles. Vous l'avez ainsi jugé, en termes exprès, le 14 octobre 1806, au rapport de M. Vallée, et sur nos conclusions, en rejetant un recours en cassation de la dame de Navaille, contre un arrêt de la cour d'appel d'Aix (1); et à plus forte raison n'avait-il pas besoin d'avis de parens pour transiger sur des objets mobiliers.

» Cependant, alors même, vous jugiez, d'après l'art. 2 du titre 1er de la loi du 24 août 1790 (qui restreignait, comme l'art. 1003 du Code de procédure, la faculté de compromettre aux *personnes ayant le libre exercice de leurs droits et actions*), qu'un tuteur ne pouvait pas compromettre, même sur des droits mobiliers, même en vertu d'un avis de parens.

» Pour justifier cette assertion, nous ne citerons pas l'arrêt que la cour a rendu, le 23 pluviose an 10, au rapport de M. Liborel, car dans l'espèce de cet arrêt, ce n'était pas par un tuteur, c'était par des mineurs, non assistés de tuteur ou curateur, qu'avait été signé le compromis que cet arrêt a jugé nul.

» Mais nous citerons l'arrêt de cassation que la section civile a rendu, le 24 fructidor an 12, au

_____

(1) *V.* l'article *Curateur,* §. 2.

rapport de M. Dutocq, et à la suite d'un arrêt d'admission émané de vous.

» Dans le fait, une demande en délivrance d'un legs de 30,000 fr. avait été formée en l'an 6, tant contre le mineur de Wisscher-Celles, que contre ses co-héritiers majeurs ; et, sur cette demande, le tuteur du sieur de Wisscher-Celles avait été autorisé par un conseil de famille, à compromettre. En conséquence, le compromis avait eu lieu ; et une sentence arbitrale avait condamné le sieur de Wisscher-Celles et ses co-héritiers à payer les 30,000 fr.

» Le sieur de Wisscher-Celles, devenu majeur, demande, en ce qui le concerne, la nullité du compromis et de la sentence arbitrale qui s'en est ensuivie.

» Le 29 floréal an 10 jugement qui le déclare non-recevable et non fondé.

» Appel ; et le 3 fructidor suivant, arrêt de la cour de Bruxelles, qui confirme, « attendu que la loi » du 24 août 1790, établit indéfiniment le droit de » se faire juger par arbitres ; que les mineurs ne » sont pas indéfiniment restitués comme mineurs, » mais seulement lorsqu'ils sont lésés par l'effet de » leur imprudence ou de celle des personnes qui » agissent en leur nom, ou par l'effet du dol ; que, » dans l'espèce particulière, il n'a été compromis » qu'avec les précautions de prudence que pouvait » commander l'intérêt des mineurs ; qu'un conseil de » famille avait autorisé la voie de l'arbitrage ; et » que l'intérêt des mineurs se trouvait lié à celui » de deux co-héritiers ».

» Le sieur de Wisscher-Celles se pourvoit en cassation ; et par l'arrêt cité, « vu l'art. 2 du tit. 1er » de la loi du 24 août 1790 ; et attendu qu'Antoine » de Wisscher-Celles était mineur lors du com- » promis du 5 frimaire an 6, sur lequel est in- » tervenue la sentence arbitrale du 15 du même » mois ; que dès-lors, il n'avait pas le libre exer- » cice de ses droits et actions ; qu'ainsi, le tribunal » d'appel de Bruxelles, en confirmant le jugement » qui le déclare non-recevable et mal fondé dans » sa demande en rescision dudit compromis et de » sa sentence arbitrale qui en a été la suite, a » contrevenu audit art. 2 du titre 1er de la loi du » 24 août 1790 qui ne distingue pas ; la cour » casse et annulle.... ».

» Vous voyez, Messieurs, que cet arrêt est motivé, non comme l'avait proposé celui des mes collègues qui portait la parole dans l'affaire, sur la nécessité de l'intervention du ministère public dans les jugemens qui intéressent des mineurs, mais uniquement sur une disposition de la loi du 24 août 1790 qui est renouvelée par l'art. 1003 du Code de procédure ; et que, dès-lors, sa décision est aujourd'hui applicable, non-seulement aux mineurs et à leurs tuteurs, mais encore à tous ceux qui, à l'instar des mineurs et de leurs tuteurs, n'ont pas la libre disposition des objets en litige, mais encore aux administrateurs de toute espèce ; mais encore, par conséquent, aux héritiers bénéficiaires considérés comme administrant pour le compte des créanciers.

» Tout ceci jette à l'avance un grand jour sur notre troisième question.

» Dès que l'héritier bénéficiaire peut compromettre dans son propre intérêt, il est clair que l'héritier bénéficiaire est non-recevable à demander, dans son propre intérêt, la nullité du compromis qu'il a signé ; et par suite, il est clair qu'en rejetant la demande de la dame Pétiet en nullité du compromis des 30 décembre 1809 et 2 juin 1810, l'arrêt attaqué, loin de violer aucune loi, a très-bien jugé.

» Mais quelle conséquence devons-nous tirer du principe que l'héritier bénéficiaire ne peut pas compromettre au préjudice des créanciers ?

» Au premier aspect, il semble que tout ce qu'on peut conclure de ce principe, c'est que les créanciers ont bien le droit de faire annuller le compromis dans leur intérêt, et qu'ils l'ont seuls ; mais qu'ils n'ont que ce droit, et que l'héritier bénéficiaire n'en conserve pas moins sa qualité, tant envers eux qu'envers la partie avec laquelle il s'est permis de compromettre ; qu'ainsi, tout ce qui résulte du principe dont il s'agit, en le combinant avec l'autre principe, que le compromis est valable dans l'intérêt de l'héritier bénéficiaire, c'est que, lorsque l'héritier bénéficiaire aura rendu son compte et qu'il s'agira d'en distribuer le reliquat, les créanciers pourront requérir un nouvel examen de la créance sur laquelle le compromis a eu lieu, tandis que, s'ils la reconnaissent, et s'ils veulent bien s'en tenir à la sentence arbitrale qui l'a admise, l'héritier bénéficiaire sera forcé de la reconnaître et de l'allouer lui-même.

» Mais il faut bien faire attention à la raison pour laquelle le compromis est valable à l'égard de l'héritier bénéficiaire.

» L'héritier bénéficiaire, avons-nous dit, ne peut pas attaquer, de son chef, le compromis qu'il a signé, par ce qu'encore qu'il le soit, à l'égard des créanciers, qu'un administrateur, il est néanmoins, en tout ce qui le concerne personnellement, propriétaire véritable et libre ; et que, comme le prouvent les art. 988 et 989 du Code de procédure, les actes qu'il fait comme tel, ont leur pleine exécution au profit des tiers, sans que les créanciers puissent les faire annuller pour défaut de pouvoir.

» D'où vient cette nécessité dans laquelle se trouvent les créanciers de respecter les actes de propriétaire libre qu'a faits l'héritier bénéficiaire, tandis qu'à leur égard, il n'était qu'administrateur ?

» Elle ne peut avoir sa source que dans la faculté qu'a toujours l'héritier bénéficiaire de renoncer à sa qualité d'administrateur pour le compte des créanciers, et d'y substituer, même à l'égard des créanciers, la qualité de propriétaire libre ; elle ne peut être que la conséquence de l'exercice que l'héritier bénéficiaire est censé faire de cette faculté, toutes les fois qu'il agit en propriétaire libre, au lieu d'agir en administrateur.

» D'une part, en effet, cette faculté est très-constante. L'héritier bénéficiaire peut, à tout moment, se départir de sa qualité et prendre celle d'héritier pur et simple.

» D'un autre côté, pour devenir héritier pur et simple, il n'est pas nécessaire d'en prendre expressément la qualité; il suffit de faire un acte qui suppose nécessairement la qualité de propriétaire libre de la succession.

» Les créanciers ne peuvent donc pas attaquer, pour défaut de pouvoir, les actes de propriétaire libre que l'héritier bénéficiaire a faits à leur préjudice. Car, en les attaquant, ils contesteraient à l'héritier bénéficiaire, le droit de se rendre héritier pur et simple; et très-certainement ils ne le peuvent pas.

» Mais aussi, à son tour, l'héritier bénéficiaire ne peut pas dire qu'en faisant un acte de propriétaire libre, il ne s'est pas rendu héritier pur et simple. Ce serait une contradiction choquante que de lui conserver sa qualité d'héritier bénéficiaire, tandis que l'on reconnaîtrait l'indispensable nécessité de maintenir l'acte de propriétaire libre qu'il a fait. Le maintien de l'acte de propriétaire libre qu'il a fait, entraîne donc forcément, pour lui, la déchéance de sa qualité d'héritier bénéficiaire.

» Qu'on ne vienne pas, après cela, nous dire que les dispositions des art. 988 et 989 du Code de procédure qui déclarent déchu du Bénéfice d'inventaire l'héritier qui s'est permis de vendre sans formalités, soit les meubles, soit les immeubles de la succession, sont des dispositions pénales et qu'elles doivent, comme telles, être renfermées strictement dans leurs cas précis.

» Non, ce ne sont point là des dispositions pénales; ce sont tout simplement des conséquences tellement naturelles, tellement nécessaires, de la validité des actes de propriétaire libre faits par l'héritier bénéficiaire, que, si elles n'étaient pas écrites textuellement dans les art. 988 et 989 du Code de procédure, il serait impossible de ne pas les y suppléer.

» Il n'y aurait, en bonne logique, qu'un moyen d'empêcher que la déchéance du Bénéfice d'inventaire prononcée par ces articles, fût appliquée à l'héritier bénéficiaire qui, au lieu de vendre sans formalités, aurait fait tout autre acte de propriétaire libre : ce serait de dire que ces articles, en tant qu'ils reconnaissent la validité des ventes faites sans formalités, doivent être rigoureusement restreints à leurs termes; qu'on ne peut pas, à cet égard, assimiler les autres actes de propriétaire libre, aux ventes faites sans formalités; qu'un mot, on ne peut ni ne doit induire de ces articles, que tous les actes de propriétaire libre que fait l'héritier bénéficiaire, doivent avoir leur pleine exécution, et que les créanciers ne peuvent par les faire annuler.

» Sans doute, en partant d'une pareille thèse, on arriverait infailliblement à ce corollaire, que la déchéance du Bénéfice d'inventaire prononcée par les art. 988 et 989, n'atteint que l'héritier qui vend sans formalités, et qu'on ne peut pas l'étendre à l'héritier bénéficiaire qui fait tout autre acte de propriétaire libre.

» Mais si l'on admet la thèse contraire, si l'on convient que les art. 988 et 989, par cela seul qu'ils reconnaissent la validité des ventes faites par l'héritier bénéficiaire sans formalités, reconnaissent implicitement la validité de tous les actes de propriétaire libre que l'héritier bénéficiaire a pu se permettre, il faudra bien que l'on convienne aussi que les art. 988 et 989, par cela seul qu'ils déclarent déchu du Bénéfice d'inventaire, l'héritier qui a vendu sans formalités, sont censés en déclarer également déchu l'héritier qui a fait tout autre acte de propriétaire libre; et nous venons d'en donner la raison : c'est que la déchéance du Bénéfice d'inventaire prononcée par les art. 988 et 989, contre l'héritier qui a vendu sans formalités, n'avait pas besoin, pour avoir son effet, d'être expressément déclarée par ces articles; c'est qu'elle n'est, dans ces articles, que la conséquence nécessaire et irrésistible de la validité des ventes faites sans formalités; c'est que ces articles avaient tout dit en reconnaissant ces ventes valables; c'est que ces articles en ajoutant à la reconnaissance de la validité de ces ventes, la déclaration de la déchéance de l'héritier bénéficiaire, n'y ont ajouté qu'une déclaration surabondante et qui, par la force des principes, se sous-entendait d'elle-même.

» Notre question se réduit donc, en dernière analyse, à celle-ci. Les art. 988 et 989, en reconnaissant la validité des ventes que l'héritier bénéficiaire a faites sans formalités, sont-ils censés reconnaître la validité de tout autre acte de propriétaire libre qui a été fait par l'héritier bénéficiaire?

» Et l'affirmative ne peut certainement être mise en problème.

» Ce n'est point par une disposition de pure fantaisie, ce n'est point par une disposition capricieuse et cérébrine, que les art. 988 et 989 reconnaissent valables les ventes faites sans formalités par l'héritier bénéficiaire. Les art. 988 et 989 ne reconnaissent, ne peuvent même reconnaître, la validité de ces ventes, que d'après deux principes combinés : l'un, que l'héritier pur et simple peut faire tous les actes de propriétaire libre qu'il juge à propos, sans que les créanciers de la succession puissent les arguer de défaut de pouvoir; l'autre, qu'en faisant des actes de propriétaire libre, l'héritier bénéficiaire devient héritier pur et simple.

» Appuyés sur ces deux principes, les art. 988 et 989 sont sages et conséquens. Séparés de ces deux principes, ils ne seraient que bizarres; et si l'on ne peut, ni raisonnablement, ni décemment, supposer que le législateur n'a su ce qu'il a dit en rédigeant les art. 988 et 989, il est bien impossible de ne pas avouer qu'en rédigeant les art. 988 et 989, il s'est fondé sur ces deux principes; il est, par une suite nécessaire, bien impossible de ne pas avouer qu'il y a implicitement compris tous les actes de propriétaire libre sous le nom de ventes faites sans formalités, puisque ces principes sont communs à tous les actes de propriétaire libre, et qu'ce n'est que parce que les ventes sans formalité sont des actes de propriétaire libre, que les art. 988 et 989 leur appliquent ces deux principes.

» Au surplus, les art. 988 et 989 répondent victorieusement à une objection que nous nous sommes faite dans l'intérêt de la dame Pétiet. La dame Pétiet, nous sommes-nous dit, pourrait objecter qu'elle a implicitement pris, en compromettant, la qualité d'héritière bénéficiaire de son père; qu'elle n'a pas voulu séparer cette qualité du compromis qu'elle a signé; que l'on ne peut donc pas l'en séparer malgré elle; et que de là il suit que, si le compromis et sa qualité d'héritière bénéficiaire ne peuvent pas subsister ensemble, le compromis doit être regardé comme non avenu.

» Mais, dans les cas prévus par les art. 988 et 989 du Code de procédure, c'est aussi en sa qualité d'héritier bénéficiaire, que l'héritier vend sans formalités les meubles et les immeubles de la succession. Cependant, ces articles ne déclarent pas les ventes nulles; ils les maintiennent au contraire, et ils déclarent héritier pur et simple l'héritier bénéficiaire qui les a faites en sa qualité.

» Ces articles décident donc que l'héritier bénéficiaire qui, en prenant la qualité d'héritier bénéficiaire même, fait un acte de propriétaire libre et par conséquent d'héritier pur et simple, devient effectivement héritier pur et simple, et qu'il le devient de plein droit, nonobstant la qualité contraire qu'il a prise, nonobstant l'espèce de protestation qu'il a faite, en prenant la qualité d'héritier bénéficiaire, de la conserver.

» Et sur quel fondement le décident-ils ainsi? Parce qu'il est de principe général, comme l'enseignent Brunnemann, sur la loi 22, C. *de transactionibus*; Gayl, dans ses *observationes praticæ*, liv. 1, §. 73, n. 5; Bartole, sur la loi *non solum*, §. *morte*, n. 17, D. *de operis novi nuntiatione*; et comme le décide expressément le chapitre *cùm in Ferrariensis*, aux décrétales, *de constitutionibus*, une protestation est toujours réputée non écrite, quand elle est démentie par l'acte même qu'elle accompagne : *protestatio actui contraria tollit protestationis effectum*.

» Et en effet, l'héritier bénéficiaire qui fait, en sa qualité, un acte d'héritier pur et simple, est censé abandonner sa qualité, par cela seul qu'il fait un acte qui en est exclusif; il est censé dire : « J'ai pris, dans le préambule de l'acte que je fais, » la qualité d'héritier bénéficiaire; mais je me dé- » partis de cette qualité, parce que, si je la con- » servais, je ne pourrais pas achever l'acte que j'ai » commencé ». En un mot, le fait l'emporte ici sur les paroles.

» Mais, s'écrie la dame Pétiet, il va résulter de l'arrêt que j'attaque, une grande absurdité : il va en résulter que je suis héritière pure et simple à l'égard de la demoiselle Barbereux avec laquelle j'ai compromis, et que je resterai héritière bénéficiaire à l'égard des autres créanciers.

» Point du tout. L'arrêt attaqué dit bien que la dame Pétiet, en compromettant avec la demoiselle Barbereux, en faisant, avec la demoiselle Barbereux, un acte de propriétaire libre, s'est rendue héritière pure et simple envers elle; mais il se borne là, parce qu'il n'a pas autre chose à juger; il ne dit pas que la dame Pétiet conserve, envers les autres créanciers, la qualité d'héritière bénéficiaire; et il ne pourrait pas le dire, sans violer tous les principes.

» Lorsqu'un héritier présomptif fait, avec un seul créancier, un acte qui présuppose, de sa part, l'acceptation de l'hérédité, il est, par cela seul, réputé héritier pur et simple envers tout le monde.

» Donc, par la même raison, lorsqu'un héritier bénéficiaire fait avec un seul créancier ou même avec une personne quelconque absolument étrangère à la succession, un acte de propriétaire libre, il est, par cela seul, réputé héritier pur et simple, non-seulement envers les créanciers ou le tiers avec lequel il a traité, mais encore envers tous les créanciers, mais encore envers tous ceux qui ont intérêt de le considérer comme tel.

» Maintenant notre quatrième question se résout d'elle-même.

» La dame Pétiet étant jugée héritière pure et simple, il est clair que la sentence arbitrale qui a été rendue contre elle par suite de son compromis, peut être exécutée sur ses propres biens; il est clair que la dame Pétiet n'est ni recevable ni fondée dans la réclamation qu'elle élève contre ce mode d'exécution de la sentence arbitrale.

» Passons au troisième moyen de cassation de la dame Pétiet, et voyons si, comme elle le soutient, la sentence arbitrale devait être déclarée nulle, même dans la supposition que le compromis ne le fût pas; et si, par suite, l'arrêt qui l'a jugée valable, a violé l'art. 1028 du Code de procédure.

» L'art. 1028 du Code de procédure porte qu'il y a lieu à l'annullation de tout jugement arbitral qui *a été rendu sans compromis, ou hors des termes du compromis*.

» Ces expressions, *hors des termes du compromis*, que signifient-elles? Rapprochées de celles qui les précèdent immédiatement, elles ne peuvent pas être équivoques : elles signifient évidemment que, de même qu'il y a nullité, si la sentence arbitrale a été rendue par des arbitres dépourvus de toute mission, de même aussi il y a nullité, si les arbitres ont prononcé sur des objets qui ne leur avaient pas été soumis, ou si, en prononçant sur les objets qui leur avaient été soumis, ils se sont écartés des règles que le compromis leur avait imposées; et elles ne peuvent pas signifier autre chose.

» Or, que reproche la dame Pétiet aux arbitres qui ont rendu la sentence dont elle demande la nullité?

» Elle leur reproche, 1º de n'avoir pas, quoique chargés expressément par le compromis, de statuer sur les contestations élevées entre les parties au sujet de leurs comptes respectifs, réglé et apuré les comptes respectifs des parties, article par article, et de s'être bornés à dire que, *tout compte fait*, la demoiselle Barbereux se trouvait créancière

de 33,780 fr.; 2° d'avoir admis comme pièces pro
bantes en faveur de la demoiselle Barbereux, des
registres, des livres, des documens qu'elle avait
elle-même déclaré ne pouvoir pas employer pour sa
défense; et de les avoir admises au mépris de la
clause du compromis qui les assujettissait à prendre
pour base de leur jugement, *les écritures non suspectes de chacune des parties.*

» Mais, en procédant ainsi, les arbitres ont-ils
fait ce que l'art. 1028 appelle rendre un jugement
hors des termes du compromis ?

» Sur le premier point, il est vrai que l'art. 540
du Code de procédure veut que, dans les tribunaux ordinaires, *le jugement qui intervient sur
l'instance de compte, contienne le calcul de la recette et des dépenses.* Il est vrai que l'art. 1009
oblige les arbitres *de suivre, dans la procédure,
les formes établies pour les tribunaux, si les parties n'en sont autrement convenues.*

» Mais d'abord, le compromis, en autorisant les
arbitres à prononcer *comme amiables compositeurs,*
ne les avait-il pas suffisamment autorisés à s'écarter
des formes prescrites aux tribunaux ordinaires? Ce
qui nous fait pencher pour l'affirmative, c'est la
faculté que l'art. 1019 accorde aux arbitres de ne
pas s'arrêter aux *règles du droit,* lorsque *le compromis leur donne pouvoir de prononcer comme
amiables compositeurs.*

» Ensuite, si l'inobservation de la règle prescrite aux tribunaux ordinaires par l'art. 540 pour
ce jugement de comptes, n'eût pas été couverte,
dans notre espèce, par le compromis, la dame
Pétiet aurait-elle pu s'en prévaloir pour faire annuller la sentence arbitrale ?

» De deux choses l'une : où cette inobservation
emporte, de plein droit, la peine de nullité, ou
elle ne l'emporte pas.

» Si elle ne l'emporte pas, la question est
résolue contre la dame Pétiet.

» Si elle l'emporte, tout ce qui peut en résulter,
c'est que la dame Pétiet aurait pu, d'après l'art.
1026 combiné avec l'art. 480, se pourvoir en requête civile contre la sentence arbitrale. Car l'art.
1028 ne met pas au nombre des cas où l'on peut attaquer une sentence arbitrale par la simple voie de
nullité, celui où elle a été rendue en contravention aux formes tracées pour les tribunaux ordinaires.

» Sur le second point, il est vrai que la demoiselle Barbereux avait reconnu, en signifiant son
compte, qu'elle ne pouvait pas faire usage, contre
la dame Pétiet, de ses livres de commerce. Il est
vrai encore que, par le compromis, les arbitres
étaient assujettis à prendre pour règle de leur jugement, *les écritures non suspectes de chacune des
parties.*

» Mais, les arbitres étaient autorisés à prononcer
comme amiables compositeurs. Ils ont donc pu
s'écarter des *règles du droit,* et par conséquent de
l'art. 1356 du Code civil, qui porte que *l'aveu judiciaire fait pleine foi contre son auteur,* et qu'il ne

*peut être révoqué, à moins que l'on ne prouve qu'il
a été la suite d'une erreur de fait.* Ils ont donc pu,
nonobstant la reconnaissance de la demoiselle Barbereux, juger que ses livres de commerce n'étaient
pas des *écritures suspectes.* Et il importe peu qu'en
cela, ils ayent jugé bien ou mal. L'essentiel est qu'ils
n'ayent point jugé *hors des termes du compromis.*

» Par ces considérations, nous estimons qu'il y
a lieu de rejeter la requête en cassation, et de condamner la dame Pétiet à l'amende ».

Par arrêt du 20 juillet 1814, au rapport de M. Borel, « attendu que, si la demanderesse n'avait pas,
en sa qualité d'héritière bénéficiaire, la faculté de
compromettre sur le droit et actions dont elle n'a-
vait pas la libre disposition, aux termes de l'art.
1003, elle avait, en tout temps, la faculté d'abdi-
quer cette qualité, en faisant des actes d'héritier; et
qu'en signant un compromis qui excédait les pouvoirs de l'héritier bénéficiaire, elle est censée avoir
abandonné ladite qualité; qu'en déclarant la demanderesse déchue du Bénéfice d'inventaire, par le motif qu'elle s'est permis de compromettre, la cour
royale de Paris a fait une juste application des art.
988, 989 et 1003 du Code de procédure civile; enfin, que les arbitres nommés par le compromis des
30 décembre 1809 et 2 juin 1810, ont été nommés
amiables compositeurs, pouvant, dans ces derniers
cas, faire toutes transactions que les parties s'engageaient d'exécuter et renonçant formellement aux
dispositions de l'art. 1009 du Code de procédure civile; que ledit compromis admettant pour première
base de la décision des arbitres, les *écritures non
suspectes de chacune des parties,* sans aucune désignation spéciale, laissait cette désignation à faire aux
arbitres eux-mêmes; et qu'il ne peut résulter du
choix par eux fait à cet égard, pour éclairer leur
décision, aucun excès de pouvoir; la cour rejette…. ».

BIENS, §. I, n. XII. *Page* 767, *col.* 1, *ligne* 13,
après demeure, *ajoutez :*

[[Cette règle a-t-elle lieu à l'égard des meubles
que possède un Français en pays étranger, et réciproquement ? *V.* le plaidoyer du 15 juillet 1811,
rapporté (dans les *Additions*) au mot *Jugement*,
§. 7 *bis.*]]

§. VII. *Page* 710; *col.* 1, *ligne* 31, *après les
mots* erreur, *ajoutez :* *V.* le plaidoyer et l'arrêt du
2 janvier 1811, rapportés aux mots *Vaine pâture*,
§. 5; et mon *Recueil*, &c.

BIGAMIE. *Page* 786, *col.* 2, *avant le* n. III,
ajoutez :

Voici une autre espèce dans laquelle les mêmes
questions ont été agitées avec d'autres qui sont indiquées au mot *Faux,* sect. 1, §. 29 *bis* (dans les
Additions), et sect. 2, §. 5.

Le 20 janvier 1792, Jean-Antoine Bernard, gre-
nadier dans un régiment d'infanterie, natif de Montpellier, âgé de 24 ans, 10 mois et 25 jours, contracte, dans l'église paroissiale de Saint-Laurent de
Brest un mariage avec Marie-Jeanne Quenemur.

Le 7 juin 1809, il en contracte un second avec

Marguerite-Esther Farjenel, devant l'officier de l'état civil de la Rochelle.

L'acte de ce second mariage énonce que Jean-Antoine Bernard a produit, devant l'officier de l'état civil, l'extrait de son acte de naissance en date du 24 février 1763, et les extraits des actes de décès de son père et de sa mère, en date des 20 avril 1791 et 1er juin 1792.

Le 23 février 1810, Jean-Antoine Bernard, qui, après la célébration de son second mariage, avait transféré son domicile à Angoulême avec Marguerite-Esther Farjenel, est arrêté comme prévenu de Bigamie et de faux.

Le 12 mars de la même année, le père et la mère d'Antoine Bernard le font assigner, ainsi que Marie-Jeanne Quenemeur, devant le tribunal civil d'Angoulême, pour voir déclarer nul le mariage qu'ils ont contracté ensemble, sans leur consentement, le 10 janvier 1792.

Ni Jean-Antoine Bernard ni Marie-Jeanne Quenemeur ne comparaissent sur cette assignation.

Le 31 août suivant, jugement par défaut qui déclare nul le mariage du 13 janvier 1792, tant parce qu'il a été contracté sans le consentement des père et mère de Jean-Antoine Bernard, que parce qu'il n'a pas été précédé de publications de bans dans leur domicile.

Le 29 juin 1812, la chambre du conseil du tribunal de première instance d'Angoulème, sur le rapport du juge d'instruction, déclare Jean-Antoine Bernard prévenu du crime de Bigamie et de faux, et décerne contre lui une ordonnance de prise de corps.

Le 21 juillet suivant, arrêt de la cour de Bordeaux qui met Jean-Antoine Bernard en état d'accusation, et le renvoie devant la cour d'assises du département de la Charente.

On voit par cet arrêt que, pour écarter l'accusation de Bigamie, Jean-Antoine Bernard se prévalait et du défaut du consentement de son père et de sa mère à son premier mariage, et du jugement du tribunal civil d'Angoulême, qui, sur ce fondement, avait déclaré ce mariage nul.

L'arrêt répond « que cette circonstance n'établit point une nullité absolue; que, dans l'ancienne jurisprudence, le défaut de consentement des père et mère ne produisait qu'une nullité relative, c'est-à-dire, qui ne pouvait être proposée que par les père et mère, et qui pouvait même être écartée par fin de non-recevoir, lorsqu'il était prouvé qu'ils avaient eu connaissance du mariage et qu'ils l'avaient approuvé expressément ou tacitement; qu'ainsi, lorsque Jean-Antoine Bernard a célébré, en l'an 1809, son second mariage avec Marguerite-Esther Farjenel, il était dans les liens d'un premier qui n'était ni ne pouvait être nul aux yeux de la loi; que, dans l'état même actuel des choses, l'action en nullité de mariage, intentée par les père et mère dudit Jean-Antoine Bernard, ne porte point atteinte à la validité de ce mariage, parce que le jugement qui a été rendu sur cette action, l'a été par défaut, tant

contre ledit Jean-Antoine Bernard que contre ladite Marie-Jeanne Quenemeur, faute de s'être présentés ni avoir constitué d'avoué, et qu'il ne paraît pas avoir été exécuté dans les six mois de sa date; qu'ainsi, il est comme non avenu aux termes de l'art. 156 du Code de procédure.... ».

Le 4 novembre suivant, après un débat public dans lequel Jean-Antoine Bernard a constaté que ni son acte de naissance ni les actes de décès de ses père et mère n'étaient annexés à la minute de l'acte de son second mariage, le jury donne, sur les questions posées par le président de la cour d'assises, une déclaration ainsi conçue :

« Oui, l'accusé est coupable du crime de Bigamie, pour avoir contracté un second mariage avec Marguerite-Esther Farjenel, le 7 juin 1809, devant l'officier de l'état civil de la Rochelle, avant la dissolution du premier mariage qu'il avait contracté à Brest, le 10 janvier 1792, dans l'église de Saint-Sauveur, avec Marie Quenemeur.

» Oui, ledit Bernard, accusé, est coupable du crime de faux en écritures publiques et authentiques, pour avoir sciemment fait usage, lors du mariage contracté avec Marguerite-Esther Farjenel, devant l'officier de l'état civil de la Rochelle, d'un acte de naissance duquel il résultait qu'il est né à Montpellier le 24 février 1763; d'un acte de décès, dans la même ville de Montpellier, de Jean-Antoine Bernard d'Angleville, son père, en date du 20 avril 1791; et enfin d'un autre acte de décès, dans la même ville de Montpellier, de Suzanne Lescalle, sa mère, en date du 1er juin 1792 ».

D'après cette déclaration, arrêt du même jour, qui condamne Jean-Antoine Bernard aux travaux forcés pendant cinq ans et à la flétrissure.

Recours en cassation, contre cet arrêt, de la part du condamné.

« L'arrêt qui vous est dénoncé (ai-je dit à l'audience de la section criminelle, le 17 décembre 1812), viole-t-il quelque loi, en condamnant Jean-Antoine Bernard comme coupable de Bigamie ? Viole-t-il quelque loi, en le condamnant comme coupable de faux ? Telles sont les deux questions que cette affaire présente à votre examen.

» Sur la première, le réclamant, pour établir l'affirmative, emploie trois moyens : l'autorité de la chose jugée résultant du jugement du tribunal civil d'Angoulême, du 31 août 1810 ; le texte du Code pénal de 1791, qui ne reconnaît, pour coupable de Bigamie, que celui qui, *étant engagé dans les liens d'un mariage*, en contracte un second avant la *dissolution* du premier, enfin, l'art. 337 du Code d'instruction criminelle.

» Aux deux premiers de ces trois moyens, on pourrait opposer la doctrine que nous avons quelquefois entendu professer, qu'il y a crime de Bigamie, par cela seul qu'un second mariage a été contracté par une personne qui précédemment en avait contracté un autre, quoique celui-ci fût radicalement nul, quoique celui-ci fût frappé d'une nullité absolue.

» Mais (nous l'avons déjà dit à votre audience du 8 août 1811, et nous croyons l'avoir démontré) cette doctrine, contre laquelle s'élèvent d'ailleurs plusieurs arrêts rendus sous l'ancien régime, est en opposition manifeste avec le texte du Code pénal de 1791, comme avec celui du Code pénal de 1810 ; car on n'est point engagé dans les *liens* d'un mariage, lorsque le mariage que l'on a contracté de fait, est nul ; et ce n'est point à un mariage nul, ce n'est qu'à un mariage valablement contracté, que peuvent s'appliquer ces termes de l'un et de l'autre Code, *avant la dissolution du premier.*

» Nous devons donc faire abstraction de cette doctrine dans l'examen des deux premiers moyens de cassation du réclamant, qui portent sur le crime de Bigamie.

» Du reste, le premier de ces moyens suppose que le jugement du tribunal civil d'Angoulême, du 31 août 1810, subsistait encore à l'époque de la condamnation du réclamant ; et cette supposition est évidemment fausse. Le jugement du 31 août 1810 avait été rendu par défaut contre des parties non représentées par des avoués, et n'avait été exécuté en aucune manière dans les six mois qui en avaient suivi la prononciation. Or, l'art. 156 du Code de procédure civile porte que « tous jugemens » par défaut contre une partie qui n'a pas constitué » d'avoué....., seront exécutés dans les six mois » de leur obtention ; sinon, seront réputés non » avenus ».

» Le second moyen n'est pas mieux fondé.

» D'une part, il est constant que le défaut de consentement des père et mère ne formait, dans l'ancienne jurisprudence, qu'une nullité relative, qu'une nullité, que les père et mère étaient seuls recevables à faire valoir. Il est également constant qu'aucune disposition des anciennes lois n'attachait au défaut de publications de bans, la peine de nullité absolue, et que les père et mère avaient seuls qualité pour en exciper.

» D'un autre côté, nous avons établi à votre audience du 8 août 1811, et vous avez jugé formellement par un arrêt du même jour, que les cours de justice criminelle sont compétentes pour prononcer sur les fins de non-recevoir qui s'élèvent contre les nullités dont les accusés de Bigamie arguent leurs premiers mariages. Ainsi, rien à reprocher à l'arrêt de la cour de Bordeaux du 27 juillet dernier, en tant qu'il déclare le réclamant non-recevable à exciper, contre son premier mariage, du défaut de consentement de son père et de sa mère. Ce qui d'ailleurs tranche là-dessus toute difficulté, c'est que le réclamant ne s'est point pourvu contre cet arrêt, dans le délai que la loi accordait pour l'attaquer.

» Enfin admettons, avec le réclamant, que l'arrêt de la cour de Bordeaux n'avait pas, à cet égard, pour la cour d'assises, l'autorité de la chose irrévocablement jugée. Que résultera-t-il de là ?

» Il en résultera sans doute que le réclamant a pu, comme il l'a fait, reproduire devant la cour d'assises la nullité qu'il avait fait valoir, avant sa mise en accusation, contre son premier mariage.

» Mais il en résultera aussi que la cour d'assises a pu juger que le réclamant n'était point recevable à se prévaloir de cette nullité ; et c'est bien ce qu'elle a jugé en effet, sinon en termes exprès, du moins implicitement, puisqu'elle n'a eu aucun égard à cette nullité, et qu'elle a condamné le réclamant, comme coupable de Bigamie.

» Le troisième des moyens de cassation du réclamant qui porte sur le crime de Bigamie, consiste à dire que la question relative à son crime, n'a pas été posée par le président selon la formule indiquée par l'art. 332 du Code d'instruction criminelle ; qu'au lieu de demander simplement au jury, comme le prescrivait cet article, si *l'accusé* était *coupable de Bigamie*, le président lui a demandé si *l'accusé* était *coupable de Bigamie*, *pour avoir contracté un second mariage à la Rochelle, le 7 juin 1809, avant la dissolution du premier, qu'il avait contracté à Brest, le 10 janvier 1792* ; et que, par-là, il a mis le jury dans l'impuissance de décider que le second mariage contracté avant l'annullation du premier, ne constituait pas le crime de Bigamie.

» Mais 1° le jury n'était et ne pouvait être juge que des faits constitutifs de ce crime. Il ne pouvait pas juger si ce crime résultait ou non des faits sur lesquels il était interrogé. Le président n'a donc inféré aucun grief au réclamant, en posant la question relative à la Bigamie, de manière à ne pas laisser le jury maître de décider s'il était ou s'il n'était pas résulté un crime de Bigamie du second mariage contracté par le réclamant avant la dissolution du premier.

» 2° Le réclamant n'a fait aucune observation sur la manière dont le président avait posé cette question.

» 3° Cette question a été calquée littéralement sur le résumé de l'acte d'accusation dressé contre le réclamant ; et l'art. 337 du Code d'instruction criminelle n'ôtait pas au président la faculté de la poser.

» L'arrêt attaqué est donc à l'abri de toute critique, en tant qu'il condamne le réclamant, comme coupable de Bigamie, à la peine des travaux forcés pendant 5 ans.

» Mais il reste à savoir, et c'est notre deuxième question, s'il est également régulier, en tant qu'il juge le réclamant coupable du crime de faux en écriture authentique, et qu'il le condamne, comme tel, à la flétrissure.

» A cet égard, deux moyens vous sont proposé par le réclamant.

» Et d'abord, dit-il, le jury n'a point déclaré que c'était *méchamment et à dessein de nuire à autrui*, que j'avais fait usage des faux actes de naissance et de décès qui sont mentionnés dans l'acte de mon second mariage. La cour d'assises ne pouvait donc pas me punir comme coupable du crime de faux en écriture authentique et publique, puisque le Code pénal de 1791, sous l'empire duquel mon second mariage a été célébré, voulait expressément que le faux eût été commis *méchamment et à dessein de nuire à autrui*, pour que l'on pût le punir comme crime.

» Mais 1° le jury a déclaré que le réclamant s'était rendu *coupable du crime de faux*, en faisant *sciemment* usage de pièces fausses. C'est donc comme s'il avait déclaré que le réclamant avait fait usage de pièces fausses, *méchamment et à dessein de nuire à autrui*. Car l'idée d'une action faite *méchamment et à dessein de nuire à autrui*, est nécessairement renfermée dans la déclaration que cette action est un *crime* et que son auteur est *coupable*.

» 2° Quand le jury se serait borné à déclarer le réclamant *convaincu* d'avoir fait sciemment usage de pièces fausses, sa déclaration n'en aurait pas moins suffi pour obliger la cour d'assises d'appliquer au réclamant la peine du crime de faux ; et la raison en est bien simple : c'est que, dans le Code pénal de 1791, il n'en était pas de celui qui avait fait usage de pièces fausses, comme de celui qui les avait fabriquées ; c'est que, sous ce Code, tandis que, pour condamner le second à la peine de faux, il fallait une déclaration précise du jury, qu'il avait fabriqué les pièces fausses méchamment et à dessein de nuire à autrui, il suffisait, pour condamner le premier à la même peine, et vous l'avez ainsi jugé par un grand nombre d'arrêts, que le jury eût déclaré qu'il avait fait usage des pièces fausses, sachant qu'elles étaient fausses.

» En second lieu, dit le réclamant, il n'appartenait pas au jury de s'expliquer sur la question de savoir si, pour la célébration de mon deuxième mariage, j'avais fait usage d'un faux acte de naissance et de faux acte de décès. Car la négative était légalement constatée au procès ; elle était constatée par un certificat de l'officier de l'état civil de la Rochelle, portant que les actes de naissance et de décès mentionnés dans l'acte de célébration de mon second mariage ne sont pas annexés à la minute de cet acte ; et cette preuve légale ne pouvait être ni débattue ni détruite par une preuve arbitraire.

» Mais quoi ! de ce que des pièces qui, d'après l'art. 44 du Code civil, devraient être annexées à la minute de l'acte du second mariage de Jean-Antoine Bernard, n'y sont pas annexées en ce moment, il s'ensuivrait que ces pièces n'ont pas été produites devant l'officier de l'état civil, par le ministère duquel le second mariage a été célébré ! Que deviendrait donc, en adoptant cette singulière logique, la grande maxime que foi est due, jusqu'à inscription de faux, à tous les actes, et notamment aux actes de l'état civil ?

» L'acte du second mariage du réclamant constate deux choses : que les pièces dont il s'agit, ont été produites par le réclamant devant l'officier de l'état civil, et que l'officier de l'état civil les a annexées à l'acte du second mariage du réclamant. Nous devons donc croire, jusqu'à inscription de faux, que de ces deux choses, la première a été faite par le réclamant, et que la seconde l'a été par l'officier de l'état civil.

» Et si les pièces qui ont été annexées par l'officier de l'état civil à la minute de l'acte du second mariage du réclamant, ne s'y trouvent plus annexées, c'est qu'elles en ont été distraites, soit frauduleusement, soit par hasard.

» Au surplus, la raison nous dit, et la cour a jugé vingt fois, que la disparition, la destruction même d'une pièce fausse n'empêche pas que l'on ne poursuive et que l'on ne punisse le faussaire qui l'a fabriquée ou qui en a fait usage.

» Par ces considérations, nous estimons qu'il y a lieu de rejeter le recours en cassation du réclamant ».

Arrêt du 17 décembre 1812, au rapport de M. Busschop, par lequel, « considérant sur le premier moyen, que le jugement du tribunal civil d'Angoulême du 31 août 1810, qui a prononcé la nullité du premier mariage contracté le 10 janvier 1792, entre le réclamant et Marie-Jeanne Quenemeur, a été rendu par défaut faute de constituer avoué, et que ce jugement n'ayant pas été mis à exécution dans les six mois de sa date, ainsi qu'il a été déclaré dans l'arrêt de la cour de Bordeaux, doit, aux termes de l'art. 156 du Code de procédure civile, être regardé comme non avenu ; d'où il suit que ni l'arrêt de mise en accusation, ni celui de la cour d'assises qui ont été rendus contre le réclamant à raison du crime de Bigamie, n'ont contrevenu à l'autorité de la chose jugée par ledit jugement du tribunal d'Angoulême ; sur le second moyen ; que les nullités alléguées par le réclamant contre son premier mariage, devant la chambre d'accusation et devant la cour d'assises, n'étaient point absolues ; qu'elles étaient purement relatives aux droits de ses père et mère pour réclamer l'annullation de ce premier mariage ; et que dès-lors, la cour de Bordeaux, en déclarant expressément, et la cour d'assises en jugeant implicitement que le demandeur en cassation était non-recevable à faire valoir ces nullités pour repousser l'accusation de Bigamie, n'ont violé aucune loi ; sur le troisième, que la question relative à la Bigamie, a été posée dans les termes même dans lesquels est conçu, à cet égard, le résumé de l'acte d'accusation ; que le demandeur en cassation n'a point réclamé, lors des débats contre la position de cette question, et que l'art. 357 du Code d'instruction criminelle n'est pas d'ailleurs prescrit à peine de nullité ; sur le quatrième moyen, que le jury ayant déclaré l'accusé coupable d'avoir fait sciemment usage de pièces fausses, cette déclaration de culpabilité suffit pour caractériser la moralité criminelle de ce fait, soit d'après le Code pénal de 1791, soit d'après celui de 1810 ; sur les 5e et 6e moyens, que le jury peut, dans le cas même où les pièces arguées de faux ne seraient pas produites, déclarer, d'après sa conviction, l'existence de ces pièces et l'usage criminel qui en aurait été fait ; considérant enfin, que la procédure est régulière, et qu'aux faits déclarés constans par le jury à la charge du condamné, la peine a été légalement appliquée ; la cour rejette.....

9

BOIS, §. III, n. VI. *Page* 826, *col.* 2, *après la ligne* 24, *ajoutez* :

Au surplus ; depuis le jugement du 20 vendémiaire an 14, et l'arrêt qui l'a confirmé, la question s'est représentée dans des circonstances où la simulation paraissait moins évidente ; aussi a-t-elle encore été jugée de même.

Le 13 nivose an 14, contrat notarié, par lequel un fondé de pouvoir du sieur Mailly de Nesle vend au sieur de Rocquigny la coupe de trente à trente-cinq hectares de Bois, moyennant 40,000 fr. Ce contrat est enregistré, et le receveur perçoit, pour l'enregistrement, un droit de deux pour cent, conformément à l'art. 69, §. 5, n. 1er de la loi du 22 frimaire an 7.

Le 22 du même mois, autre contrat, par lequel le même fondé de pouvoir du sieur Mailly de Nesle vend au sieur de Rocquigny le fond de ces mêmes Bois, moyennant 40,000 fr. Ce contrat est pareillement enregistré ; et le receveur perçoit, sur la somme qui en forme le prix, un droit de quatre pour cent.

Le 14 thermidor suivant, la régie décerne, contre le sieur de Rocquigny, une contrainte en supplément de deux pour cent sur le droit perçu à raison de la première vente ; « attendu (dit-elle) que la nature de la première vente a été changée par la seconde, en ce que celle-ci a réuni la propriété des Bois à la propriété du fonds, et a par conséquent fait cesser le motif qui faisait considérer les Bois à couper comme des objets mobiliers ».

Le sieur de Rocquigny forme opposition à cette contrainte, et le 25 janvier 1806, jugement du tribunal civil de Montreuil-sur-Mer, qui pose ainsi la question :

« Il s'agit de savoir si un particulier qui achète, par un premier contrat, la coupe de la basse futaie et les arbres croissans sur un fonds postérieurement et avant l'exploitation, il a réuni, par une seconde acquisition, à la superficie, doit les droits d'enregistrement du prix du premier contrat, comme pour objets immobiliers ».

Et cette question, voici comment il la décide :

« Considérant que la vente des basse et haute futaies et celle du fonds, ont été faites par le fondé de pouvoir du sieur Mailly de Nesle au sieur Rocquigny, par des contrats distincts et séparés, passés à sept jours de date l'un de l'autre ; que la circonstance que ces deux ventes ont été faites à la même personne, ne peut donner extension aux droits fixés et déterminés par la loi ; que les §. 5 et 7 de l'art. 69 de la loi du 22 frimaire an 7 n'assujettissent les ventes de coupes de Bois taillis et de haute-futaie qu'à un droit proportionnel de 2 fr. par 100 fr., et celle de la propriété des biens immeubles de quatre pour cent ; et que les droits d'enregistrement ont été perçus d'après ces bases sur les deux contrats dont il s'agit ;

» Le tribunal reçoit le sieur de Rocquigny opposant à la contrainte..., et le renvoie de la demande de l'administration de l'enregistrement et des domaines en payement d'une somme de 880 fr. pour supplément de droit ».

La régie se pourvoit en cassation contre ce jugement.

« Le tribunal civil de Montreuil-sur-Mer (ai-je dit à l'audience de la section des requêtes, le 8 septembre 1813) a-t-il violé quelque loi, en jugeant que pour la liquidation du droit d'enregistrement dû par le contrat du 13 nivose an 14, portant vente de la coupe de trente à trente-cinq hectares de Bois, on ne devait pas réunir ce contrat à celui du 21 du même mois, portant vente du fonds à la même personne ?

» La régie convient elle-même que la réunion des deux contrats ne pourrait être nécessitée que par la preuve d'une simulation qui existerait dans le premier.

» Et elle soutient que cette preuve résulte du fait que les Bois vendus par le premier contrat, n'étaient pas encore exploités, que même l'exploitation n'en était pas encore commencée au moment où, par l'effet du second contrat, ces Bois ont perdu, relativement à l'acquéreur, la qualité de meubles que la loi leur imprimait par fiction à son égard, et ont pris dans ses mains la qualité d'immeubles.

» Mais ce fait ne pourrait prouver la simulation, qu'autant qu'il la prouverait nécessairement.

» Or, ce fait ne peut-il pas avoir lieu sans qu'il y ait simulation dans le contrat ?

» J'achète aujourd'hui la coupe d'un Bois, et je l'achète sans vue ultérieure, sans penser à la propriété du fonds.

» Huit jours après, le propriétaire du fonds le met en vente, et cherche des acquéreurs, sans penser plus à moi qu'à tout autre. Je me présente, nous convenons du prix ; et me voilà propriétaire du fonds comme de la superficie.

» Assurément il n'y a point là de simulation : tout s'est passé de bonne foi ; et dès qu'il n'y a point de simulation, il est impossible que ma seconde acquisition change, par rapport au droit d'enregistrement, la nature de la première. Les droits d'enregistrement sont acquis et fixés à l'instant même où sont signés les contrats dont ils dérivent ; et ils ne peuvent pas plus être augmentés qu'ils ne peuvent être diminués, par les événemens postérieurs.

» Sans doute, les tribunaux civils peuvent, d'après la proximité de la vente de la superficie à la vente du fonds, présumer qu'il y a simulation dans la première, et qu'elle ne forme qu'un tout avec la seconde ; et c'est ainsi que, par l'arrêt de l'ancien conseil d'état, du 20 novembre 1749, le sieur Bizon, fournisseur de Bois de la marine, ayant acheté des Bois sur pied, avec déclaration qu'il les destinait au service dont il était chargé, a été condamné à en payer le droit de centième denier, parce qu'il avait aussi acquis le fonds un mois après.

» Mais si les tribunaux peuvent, en pareil cas,

juger qu'il y a simulation , ils peuvent aussi juger le contraire : ils n'ont , à cet égard , d'autre guide que leur conscience.

» Et c'est sur ce fondement que / par arrêt du 28 mai 1806 , au rapport de M. Vallée , vous avez rejeté la demande de la régie , en cassation d'un jugement du tribunal de Château-Thierry , qui , dans des circonstances parfaitement analogues à celles de notre espèce , avait prononcé comme l'a fait , dans notre espèce , le tribunal de Montreuil-sur-Mer.

» C'est sur le même fondement que , par deux arrêts antérieurs , et qui ont été cités dans votre délibération du 28 mai 1806 , vous et la section civile aviez encore rejeté de semblables demandes.

» La régie a réclamé auprès du gouvernement contre cette manière de juger. Mais quel a été le résultat de sa réclamation ?

» Le 14 février 1807 , il a été présenté au conseil d'état un projet d'avis ainsi conçu : « Le conseil d'état , sur le renvoi qui lui a été fait d'un » rapport du ministre des finances , exposant qu'il » s'est introduit une pratique frauduleuse dans » quelques acquisitions de Bois ou de forêts , à l'aide » de laquelle , en acquérant , par des actes séparés , » la coupe desdits Bois et le fonds , on se soustrait » en partie au payement du droit de quatre pour » cent établi par la loi du 22 frimaire an 7 sur les » ventes d'immeubles , attendu que cette même loi » n'assujettit les coupes de Bois qu'à un droit de » deux pour cent ; considérant qu'il est urgent de » prévenir une espèce de fraude imaginée pour éluder la loi ; considérant que les art. 520 et 521 » du Code civil consacrent expressément les deux » principes , que les récoltes pendantes par les racines sont immeubles , et que les coupes ordinaires de Bois ne deviennent meubles qu'au fur et » à mesure que les arbres sont abattus ; est d'avis » que toutes les fois qu'un citoyen , soit par le » même acte , soit par des actes séparés , soit en son » nom , soit sous des noms interposés , devient acquéreur du fonds après avoir acquis la superficie , » ou de la superficie après avoir acquis le fonds » d'une forêt ou d'un Bois , soit taillis , soit haute » futaie , il y a ouverture au droit de quatre pour » cent sur le prix tant de la superficie que du » fonds , si la superficie n'était pas entièrement » exploitée lors de l'acquisition du fonds ».

» Ce projet d'avis a été combattu dans la forme, et précisément parce qu'il était proposé comme avis, c'est-à-dire , comme pure interprétation de la loi du 22 frimaire an 7 , tandis qu'il avait réellement pour objet de faire à cette loi une addition introductive d'un droit absolument nouveau pour le cas où il n'y aurait point de preuve de simulation. Si ce projet (a-t-on dit) , était proposé comme loi nouvelle , il y aurait lieu de le discuter au fond. Mais quant à présent , sa forme seule suffit pour le repousser.

» En conséquence , décision du même jour , qui renvoie le projet d'avis à la section des finances , pour le convertir en projet de loi.

» Le 4 avril suivant , présentation d'un projet de loi dont voici les termes : « Art. 1er. Les ventes de » Bois ne seront assujéties qu'au droit de deux pour » cent , comme pour vente de meubles , lorsque les » Bois seront coupés , savoir , les taillis , dans les » dix-huit mois de la vente , et les futaies , dans » les trois ans , à compter de la même époque. » Toute vente de Bois dont la coupe ne sera faite » qu'après les délais ci-dessus , sera assujétie au » droit de quatre pour cent , comme pour la vente » d'immeubles , conformément à l'art. 69 de la » loi du 22 frimaire an 7.—2. Toutes dispositions » contraires à la présente loi , sont rapportées ».

» Ce projet de loi a été combattu au fond , comme le projet d'avis l'avait été dans la forme ; et le 9 du même mois , le chef du gouvernement , après avoir entendu le pour et le contre , a ordonné qu'on le retirât de l'ordre du jour.

» Ainsi , il est décidé bien positivement , non-seulement qu'il n'est pas dans l'intention de la loi du 22 frimaire an 7 , que les deux contrats dont il s'agit , puissent être réputés n'en faire qu'un seul , lorsqu'il n'y a pas de preuve ou de présomption suffisante qu'on ne les a séparés que par une simulation frauduleuse , mais encore qu'il n'y a pas lieu de changer cette législation.

» Et c'est assez dire que le recours en cassation de la régie doit être rejeté : nous y concluons ».

Par arrêt du 8 septembre 1813 , au rapport de M. Liger de Verdigny , « attendu que la loi du 22 frimaire an 7 distingue , pour la perception du droit d'enregistrement , les ventes de coupes de Bois taillis et de haute futaie , des actes translatifs de propriété de biens immeubles ; que les §. 5 et 7 de l'art. 69 de cette loi n'assujétissent la vente des coupes de Bois taillis et de haute futaie qu'au droit proportionnel de deux pour cent , et celle de la propriété des biens immeubles qu'au droit de quatre pour cent ; que , dans l'espèce , la vente de la coupe des Bois taillis et de haute futaie et celle du fonds ont été faites par des contrats distincts et séparés , et à des dates différentes ; que la circonstance qu'elles ont été faites à la même personne , n'est pas un motif légitime pour donner plus d'extension aux droits fixés et déterminés par la loi , la régie n'ayant articulé aucun fait de dol et de fraude ; la cour , par ces motifs , rejette le pourvoi ».

CABARET. *Page* 5, *col.* 1, *à la fin de l'ar-*
ticle; *ajoutez* :

II. Un Cabaret est-il un lieu public ? Les lois pénales qui sévissent contre certains discours tenus
dans les *lieux, où réunions publics*, sont-elles
applicables aux discours ou propos tenus dans les
cabarets ?

V. Provocation, dans les *additions* qui composent le dernier vol me.

CABARETIER, §. I, n. V. *Page* 5, *col.* 1,
avant le n° VI, *ajoutez* :

V. Falsification de denrées et boissons, dans les
additions.

CALOMNIATEUR, n. VI. *Page* 22, *col.* 1,
après la ligne 38, *ajoutez* :

Les conseils de guerre peuvent-ils juger et punir
les dénonciateurs de crimes et délits de leur compétence, dont les dénonciations leur paraissent calomnieuses ? Peuvent-ils les condamner à des dommages-intérêts envers les accusés qui n'en demandent pas ? *V.* le réquisitoire et l'arrêt du 15 novembre 1811, rapportés aux mots *faux témoignage*
dans les *additions*.

VII. 1° Le plaignant qui s'est rendu partie civile
et dont la plainte est jugée colomnieuse, doit-il,
indépendamment des dommages-intérêts auxquels il
peut être condamné sur la demande de l'accusé ou
prévenu, être puni comme calomniateur, sur les
réquisitions du ministère public ? — 2° Par quel
tribunal la peine de la calomnie doit-elle, dans ce
cas, être prononcée ? — 3° Est-ce comme calomniateur, est-ce comme faussaire, que doit être puni
celui qui fabrique une lettre par laquelle la personne
qui est supposée l'avoir écrite, avance des choses
qui devraient attirer sur elle le mépris et la haine
du public ? — 4° Celui qui est poursuivi comme
avant fabriqué une pareille lettre, peut-il être admis
à prouver qu'elle est vraie ? L'art. 368 du Code
pénal s'oppose-t-il à cette preuve ?

En février 1812, le sieur Maillezac et le sieur
Sarrazin-Lamy étaient en instance devant la cour
de Poitiers. Le sieur Sarrazin-Lamy publie un mémoire imprimé, dans lequel, pour prouver que le
sieur Maillezac ne cherche qu'à le vexer et le per-
sécuter, il insère la copie d'une lettre prétendue
écrite, en octobre 1811, par le sieur Maillezac, à
Antoine Sarrazin, son père, et contenant entre
autres choses ce qui suit : « Je ne puis vous voir à
cause de vos enfans; mais je voudrais bien que vous
pussiez vous rendre, mardi soir, à...., de manière
que mon domestique.... pût s'y trouver seul avec
nous. Cherchez des témoins contre vos gueux d'enfans. Ne ménagez rien contre eux... L'argent ne
manquera pas, et fiez-vous-en à moi... » — Après
la distribution de ce mémoire, l'affaire est plaidée
devant l'une des chambres civiles de la cour. L'a-
vocat du sieur Sarrazin rappelle, dans sa plaidoirie,
la lettre dont on vient de parler, et en représente
même des fragmens écrits de la main du sieur

Maillezac. — Le sieur Maillezac ne prend aucunes
conclusions, et ne fait aucune réserve, au sujet de
l'imputation qui lui est faite de cette lettre.

Le 16 mars de la même année, la cour, statuant
sur les faits respectivement articulés au fond, ap-
pointe les parties à en faire preuve. — Le 30 du
même mois, les mêmes parties se retrouvent en présence l'une de l'autre, à l'audience du tribunal de
première instance de Montmorillon, sur une demande en dommages-intérêts formée par le sieur
Sarrazin-Lamy, contre le sieur Maillezac, pour
avoir écrit à Poitiers une lettre anonyme, par laquelle il représentait celui-ci comme ruiné et prêt
à faire banqueroute. — A cette audience, le sieur
Maillezac demande acte du dépôt qu'il fait entre les
mains du greffier, d'un exemplaire du mémoire
imprimé du sieur Sarrazin-Lamy, et déclare dénoncer comme fausse la copie de la lettre qui y est
insérée. Il demande en même temps que le sieur
Sarrazin-Lamy soit tenu de remettre au greffier le
prétendu original de cette lettre. — Le sieur Sarrazin-Lamy, pour satisfaire à cette réquisition, dépose, sur-le-champ, entre les mains du greffier,
une copie écrite de la main de son père, de la lettre
dont il s'agit ; et il y joint des fragmens originaux
de cette même lettre, collés sur un morceau de papier.

Le même jour, le sieur Maillezac présente au
procureur du gouvernement une plainte en faux et
calomnie contre le sieur Sarrazin-Lamy. Par cette
plainte, il accuse le sieur Sarrazin-Lamy d'avoir
fabriqué la copie de lettre, dans l'intention de le
faire passer pour suborneur de témoins, et coupable
de tentative de faux témoignage ; et il déclare se
rendre partie civile. — Le 1er avril, un mandat
d'amener est décerné contre le sieur Sarrazin-Lamy ;
il est, en conséquence, interrogé ; et il déclare
« que ni la copie de lettre insérée dans son mémoire, ni les fragmens qu'il a déposés, ne sont de
son fait; que la copie est de la main de son père ;
qu'il tient l'une et les autres de Victor Sarrazin,
son frère ; qu'il n'a inséré la copie dans son mémoire, que par la juste confiance qu'il a dans la
véracité de son père ». — Le même jour, conversion
du mandat d'amener en mandat de dépôt.

Le 9 du même mois, mandat d'amener contre le
sieur Sarrazin père, et Victor Sarrazin fils. — Le
sieur Sarrazin père comparaît le 5, et dit que les
fragmens qui lui sont représentés, sont ceux d'une
lettre à lui écrite par le sieur Maillezac, mais sans se
rappeler à quelle époque; qu'il n'a pas reçu de lettre
du sieur Maillezac depuis 14 à 15 ans; qu'il a bien
fait la copie de la lettre insérée au mémoire imprimé,
mais que ce sont ses enfans qui l'ont forcé de la
copier sur un écrit qu'ils lui ont représenté, lorsqu'il
etait dans un état d'ivresse. Sur ces réponses, le
sieur Sarrazin père est mis en liberté. — Victor Sarrazin se présente à son tour, et dit « que c'est lui qui
a remis à Sarrazin-Lamy et la copie et les fragmens
de lettre dont il s'agit ; qu'il a trouvé la copie sur
la table de son père, et l'a ensuite portée à son frère
Sarrazin-Lamy; que, depuis, son père la lui ayant

redemandée, et sur sa réponse qu'elle était entre les mains de ce dernier, son père s'était mis en colère, avait été à son armoire, en avait tiré l'original, l'avait lu, et ensuite déchiré et jeté en morceaux au feu; mais que lui Victor avait ramassé sur-le-champ plusieurs de ces morceaux qu'il avait également portés à Sarrazin-Lamy, qui les avait collés sur du papier, et que ce sont ces morceaux qui composent les fragmens déposés au greffe ». Il termine en indiquant des témoins en état d'attester tous ces faits. Cependant un mandat de dépôt est décerné contre lui, et il est emprisonné à la suite de son interrogatoire. — Le 16, sans nouveau mandat ni ordonnance, le sieur Sarrazin père se représente volontairement devant le juge d'instruction, et dit « qu'il n'a jamais pu montrer, déchirer ni jeter au feu l'original de la lettre, puisqu'il n'en a jamais existé ». Sur cette déclaration, il est lui-même mis en mandat de dépôt, et emprisonné avec ses deux enfans. — Le 18, information dans laquelle plusieurs témoins confirment toutes les assertions de Victor Sarrazin.

Le même jour, sur le rapport du juge d'instruction, ordonnance de la chambre du conseil qui, « attendu que l'imputation faite à Sarrazin-Lamy, ne comporte pas l'espèce de faux prévu par l'art. 147 du Code pénal; que de la plainte du sieur Maillezac il résulterait qu'il se regarderait comme exposé au mépris public, s'il avait eu l'indiscrétion et la mauvaise foi d'écrire la lettre insérée au mémoire imprimé; qu'il résulte de l'instruction, que Sarrazin-Lamy est prévenu d'avoir signé, fait imprimer et distribué ce mémoire, ce qui constitue un délit prévu par l'art. 567 du Code pénal; mais qu'Antoine Sarrazin père et Victor Sarrazin n'ont participé ni à la formation ni à la distribution dudit mémoire : renvoye le procès et Sarrazin-Lamy, en état de mandat de dépôt, à la police correctionnelle, déclare, quant à Sarrazin père et Victor Sarrazin, qu'il n'y a pas lieu à poursuivre, et ordonne qu'ils seront mis en liberté ».

Le 22 du même mois, le sieur Sarrazin-Lamy obtient sa liberté provisoire sous caution. — Près de deux mois se passent, sans que le ministère public ni le sieur Maillezac fassent aucune diligence pour saisir le tribunal correctionnel de l'affaire qui lui est renvoyée par l'ordonnance du 18 avril. — Le 17 juin, le sieur Sarrazin-Lamy fait citer le sieur Maillezac devant le tribunal, pour voir dire que sa plainte du 30 mars sera déclarée calomnieuse; et répondre à celle qu'il déclare porter incidemment contre lui pour fait de calomnie, en concluant à 60,000 fr. de dommages-intérêts, ainsi qu'à l'impression et à l'affiche du jugement à intervenir.— Le 23 du même mois, les deux parties comparaissent à l'audience du tribunal correctionnel de Montmorillon; mais tous les juges déclarent se récuser. — Le 12 août suivant, arrêt de la cour de cassation qui renvoie les deux parties et leurs plaintes respectives au tribunal correctionnel de Châtellerault.

Le 17 février 1813, jugement par lequel, « attendu qu'il n'est pas prouvé que le sieur Sarrazin-Lamy soit l'auteur ou le fabricateur de la lettre imprimée dans son mémoire, laquelle forme l'objet des plaintes et demandes du sieur Maillezac; qu'il paraît, au contraire, que cette lettre insérée dans ce mémoire, par des motifs légitimes, l'a été sur une copie de la main du sieur Sarrazin père, et prise sur la lettre originale à lui écrite par ledit sieur Maillezac; et qu'on ne peut conséquemment regarder, dans la circonstance, cette insertion comme un objet de calomnie; et considérant, au contraire, que le sieur Maillezac a lui-même calomnié d'une manière très-grave le sieur Sarrazin-Lamy, en rendant contre lui, devant le tribunal de Montmorillon, relativement à cette lettre et son insertion dans son mémoire, une plainte en crime de faux et de calomnie, d'après laquelle il a été poursuivi, incarcéré sur mandat de dépôt, privé de sa liberté pendant plusieurs semaines, persécuté et forcé d'abandonner ses affaires; le tribunal renvoie ledit Sarrazin des fins et conclusions dudit Maillezac, déclare sa liberté définitive; et faisant droit sur celles contre lui prises, tant par ledit Sarrazin que par M. le procureur-général, et d'après les art. 358 et 194 du Code d'instruction criminelle, 373, 374, 42 et 52 du Code pénal, condamne par corps ledit Maillezac en 5,000 fr. de dommages-intérêts envers ledit sieur Sarrazin-Lamy, à un mois d'emprisonnement et 100 fr. d'amende; le déclare en outre, à compter du jour qu'il aura subi sa peine, interdit, pendant cinq ans, des droits mentionnés audit art. 42 du Code pénal; et le condamne en tous les dépens ».

Les deux parties appellent respectivement de ce jugement à la cour de Poitiers.

Le 7 avril suivant, arrêt par lequel, « vu les art. 367, 368, 373, 374 et 577 du Code pénal; et attendu que, si, dans le principe, le sieur Sarrazin-Lamy, qui prétendait avoir à se plaindre de vexations et de persécutions de la part du sieur Maillezac, pour justifier de cette allégation, a cru pouvoir faire insérer dans un mémoire imprimé pour sa défense, copie d'une lettre qu'il disait avoir été écrite par ledit sieur Maillezac au sieur Sarrazin-Lamy, son père, il a pu être induit à cette assertion par la confiance qu'il devait avoir dans l'espèce d'attestation qui se trouve en tête de cette copie, qui est reconnue écrite de la main dudit Sarrazin père, et dans les fragmens qui lui avaient été remis d'une lettre écrite par ledit Maillezac à celui-ci, lesquels fragmens se trouvent conformes à cette copie; que les expressions ou les termes qui se trouvent d'ailleurs ajoutés, dans cette copie, à ceux qui composent lesdits fragmens, ne pouvaient, en les supposant employés par Maillezac dans l'original de la lettre, lui être imputés à crime ou délit, ni l'exposer à des poursuites criminelles ou correctionnelles, puisque, dans aucune loi, il n'est défendu de s'intéresser à la cause de ceux que l'on croit opprimés, et que le conseil donné à quelqu'un de chercher des témoins pour se défendre, et l'offrede lui fournir de l'argent pour cela, n'emportent pas nécessairement l'idée de l'engager à une coupable subornation, comme l'a prétendu le sieur Maillezac, quoiqu'une telle imputation ne lui eût pas été faite dans le mémoire imprimé par Sarrazin ; ce qui, sous ce premier rapport, n'autorisait pas Maillezac, en supposant la copie de la lettre fausse, à former une plainte en calomnie contre ce dernier, pour lui avoir attribué l'original de cette lettre ; qu'au surplus, Maillezac, s'il prétendait n'être pas l'auteur de cette lettre, et qu'il résultât de sa publication dans le mémoire, des choses injurieuses envers lui, avait le droit, conformément à l'article 377 du Code pénal, de demander aux magistrats saisis de la contestation civile (et qui, plus que personne, pouvaient justement apprécier les motifs qui avaient fait agir Sarrazin-Lamy), la suppression des écrits injurieux, et même des dommages-intérêts ; que cependant il n'a pas osé former devant eux, à ce sujet, ni réclamation ni demande ; ce qui pourrait, dès-lors, le faire considérer comme ayant renoncé à s'en plaindre ; qu'au lieu de prendre cette voie indiquée par la loi, ledit Maillezac, sans même se conformer à ce qu'elle prescrit pour le faux incident, a dans ces circonstances et à l'occasion d'une autre instance pendante entre lui et Sarrazin, au tribunal de Montmorillou, présenté au procureur du gouvernement près ce tribunal, une plainte en crime de faux et en délit de calomnie contre le sieur Sarrazin-Lamy, à raison de l'insertion de cette lettre dans son mémoire imprimé ; que, dans cette plainte, il dénonce ledit Sarrazin comme s'étant rendu coupable, non-seulement de calomnie, mais encore du crime de faux, l'accusant d'être l'auteur ou le complice de la fabrication de ladite lettre ; et requérant formellement qu'il soit instruit criminellement contre lui, conformément à l'art. 460 du Code d'instruction criminelle, et en même temps déclaré se rendre partie civile ; que cette plainte a été effectivement suivie d'une instruction criminelle ; mais que, le 18 avril 1812, le tribunal de Montmorillon déclara, par son ordonnance rendue en la chambre du conseil, que l'imputation faite à Sarrazin-Lamy, ne comportait pas l'espèce de faux caractérisé par l'art. 147 du Code pénal, et le renvoya, en état de mandat de dépôt, devant le tribunal correctionnel, comme prévenu du délit de calomnie ; et qu'ainsi, cette ordonnance devenue inattaquable, a déjà jugé que le sieur Maillezac n'avait pas été fondé à former contre ledit Sarrazin une plainte en crime de faux ; qu'il n'est pas prouvé au procès que le sieur Sarrazin soit l'auteur ni le complice de la fabrication de la lettre dont il s'agit ; qu'il résulte au contraire de l'instruction, des fragmens déposés, et de l'information faite à la requête du ministère public, par suite de la plainte en crime de faux, que cette lettre n'a été insérée dans le mémoire imprimé, que d'après une copie de la main du sieur Sarrazin père, entièrement prise sur la lettre originale à lui écrite par le sieur Maillezac ; que, dans cette circonstance, et surtout dans l'hy-

pothèse où l'information devenue nécessaire, devait être considérée, au besoin, comme une preuve légale de la vérité et de la conformité de ladite copie à l'original, on ne peut pas regarder comme calomnieuse l'imputation vraie faite à Maillezac d'avoir écrit cette lettre, ni l'insertion qu'en a faite le sieur Sarrazin dans son mémoire ; et qu'en conséquence, celui-ci est justement dans le cas d'être renvoyé de la plainte et des demandes du sieur Maillezac ; qu'en portant lui-même faussement, contre ledit Sarrazin, une plainte en crime de faux et de calomnie pour un fait de nature à mériter une peine afflictive et infamante, ou au moins correctionnelle, si ledit Sarrazin en eût été reconnu coupable, ledit sieur Maillezac s'est lui-même rendu coupable du délit de calomnie prévu par l'art. 373 du Code pénal, et conséquemment passible des peines que cet article et l'art. 374 prononcent contre tout dénonciateur calomnieux ; que c'est par suite de cette plainte, que ledit Sarrazin a été exposé à des poursuites et à une instruction criminelle, qu'il a été incarcéré sur mandat de dépôt, privé de sa liberté pendant dix-neuf à vingt jours, enlevé à sa famille et à ses affaires, et qu'il ne jouit encore, depuis plus d'un an, que d'une liberté provisoire ; qu'à raison de ces persécutions, il lui est dû une juste réparation, et qu'il a été bien fondé à former sa plainte incidente et à demander des dommages-intérêts ; que ces dommages-intérêts doivent se calculer, non-seulement sur les peines qu'il a éprouvées, mais encore sur les risques qu'il a courus par la gravité de la dénonciation, et l'humiliation qu'elle a entraînée, et dont il a été l'innocente victime ; que, dans l'hypothèse où il se trouve la somme de 5000 fr. n'est pas une réparation suffisante.... ; qu'au surplus, l'offense ayant été publique, c'est le cas d'ordonner l'impression et l'affiche de l'arrêt aux frais du sieur Maillezac ; qu'enfin, cette publication était demandée par Sarrazin devant les premiers juges, et qu'ils ont omis d'y statuer....; la cour met les applications respectives des parties et ce dont est appel au néant; et statuant par nouveau jugement, déclare Sarrazin-Lamy non coupable de calomnie envers Maillezac ; le renvoie des plaintes, demandes et conclusions de ce dernier ; ordonne que sa mise en liberté provisoire demeurera définitive.... ; et faisant droit sur les plaintes et demandes incidentes dudit Sarrazin, déclare la plainte dudit Maillezac injurieuse et calomnieuse, et ledit Maillezac convaincu d'être coupable du délit prévu par l'art. 373 du Code pénal ; pour réparation de quoi, le condamne à un mois d'emprisonnement et à 100 fr. d'amende envers l'état ; le condamne pareillement à 6000 fr. de dommages-intérêts envers ledit Sarrazin-Lamy, et en tous les dépens tant des causes principales que d'appel.... ; déclare ledit Maillezac interdit pendant cinq ans, à compter du jour de l'expiration de la peine, des droits mentionnés en l'art. 42 du Code pénal, et ordonne au surplus que le présent arrêt sera imprimé et affiché, aux frais dudit sieur Maillezac, au nombre de cent exemplaires.... ; le tout, par application des art. 373, 374 et 52 du Code pénal, et 194 et 195 du Code d'instruction criminelle.....».

Le sieur Maillezac se pourvoit en cassation contre cet arrêt.

« Deux moyens de cassation (ai-je dit à l'audience de la section criminelle, le 12 novembre 1813) vous sont proposés dans cette affaire: violation des art. 367, 368 et 370 du Code pénal, en ce que la cour de Poitiers a rejeté la plainte en calomnie du sieur Maillezac contre le sieur Sarrazin-Lamy; fausse application de l'art. 373 du même Code, en ce que la cour de Poitiers, au lieu de se borner, en rejetant cette plainte, à condamner le sieur Maillezac à des dommages-intérêts envers le sieur Sarrazin-Lamy, l'a condamné en outre, sur les réquisitions du ministère public, aux peines de la calomnie.

» Le succès du premier de ces moyens ne serait pas douteux, si, pour rejeter la plainte en calomnie du sieur Maillezac, la cour de Poitiers s'était uniquement fondée sur le motif que les faits imputés au sieur Maillezac, par la lettre prétendue fabriquée par le sieur Sarrazin-Lamy et insérée dans son mémoire imprimé, ne portaient ni le caractère de délit ni celui de crime; car, dans cette hypothèse, l'art. 367 du Code pénal n'aurait permis à la cour de Poitiers de rejeter la plainte du sieur Maillezac, qu'en jugeant que les faits imputés au sieur Maillezac par la lettre dont il s'agit, n'étaient pas de nature à attirer sur lui le mépris et la haine des citoyens; et c'est sur quoi la cour de Poitiers ne s'est pas expliquée.

» Mais la cour de Poitiers ne s'est pas arrêtée au seul motif que critique si justement le sieur Maillezac. Elle a de plus fondé son arrêt sur la preuve fournie au procès par le sieur Sarrazin-Lamy, que la lettre prétendue fabriquée par lui était vraie, et que le sieur Maillezac en était réellement l'auteur; et c'est à ce second motif que le sieur Maillezac oppose les art. 368 et 370 du Code pénal.

» Par l'art. 368, dit-il, *est réputée fausse toute imputation à l'appui de laquelle la preuve légale n'est point rapportée. En conséquence, l'auteur de l'imputation ne peut pas être admis, pour sa défense, à demander que la preuve en soit faite.*

» Et par l'art. 370, la loi ne permet de considérer *comme preuve légale, que celle qui résulte d'un jugement ou de tout autre acte authentique.*

» Or, continue le sieur Maillezac, le sieur Sarrazin-Lamy n'a rapporté ni jugement ni autre acte authentique qui constatât que je fusse l'auteur de la lettre par laquelle j'étais supposé faire à son père des propositions qui devaient attirer sur moi le mépris et la haine des citoyens. Le sieur Sarrazin-Lamy n'a donc pas pu être admis à prouver que cette lettre fût mon ouvrage. Il devait donc être condamné, sans examen ultérieur, comme m'ayant imputé calomnieusement cette lettre.

» Mais, en raisonnant ainsi, le sieur Maillezac ne détourne-t-il pas les art. 368 et 370 du Code

pénal de leur véritable objet ? N'en fait-il pas une fausse application ?

» Que, d'après ces deux articles, une imputation qui, par elle-même, constitue un délit d'injure, ne puisse pas être justifiée du reproche de calomnie, par la preuve non authentique de la vérité, c'est une proposition incontestable. Ainsi, Pierre impute à Paul d'avoir volé Philippe : si le vol n'est pas prouvé légalement, Pierre aura beau en offrir toute autre preuve, il ne sera pas écouté, et son imputation sera jugée calomnieuse.

» Mais il n'en est pas, il n'en peut pas être de même, s'il s'agit d'une imputation qui, quelque grave qu'elle soit, est faite, non à dessein d'injurier, mais par un but légitime.

» Par exemple, Philippe sachant que Paul l'a volé, va le trouver, lui expose le fait, et réclame la restitution de sa chose. Si Paul l'actionne en calomnie, il sera fondé à lui dire : « Ce n'est pas » pour vous injurier que je vous ai imputé un vol ; » c'est uniquement pour me faire restituer ce que » vous m'avez enlevé frauduleusement. J'offre donc » de prouver que vous m'avez volé; et par suite, » je demande que, cette preuve faite, vous soyez » condamné à la restitution et aux dommages-in- » térêts qui me sont dus ». Certes, dans cette hypothèse, il n'est point de juge qui puisse ne pas admettre la preuve offerte par Philippe ; il n'est point de juge qui puisse appliquer à Philippe la disposition des art. 368 et 370; il n'est point de juge qui puisse ne pas subordonner le sort de l'action en calomnie de Paul, à la preuve judiciaire du vol que Philippe lui a imputé.

» De même, dans notre espèce, ce n'est point à dessein d'injurier le sieur Maillezac, que le sieur Sarrazin-Lamy a inséré, dans son mémoire imprimé, une lettre par laquelle le sieur Maillezac était supposé avoir joué, auprès de son père, le rôle d'un perturbateur de famille. Le sieur Sarrazin-Lamy n'a inséré cette lettre dans son mémoire imprimé, que pour prouver que le sieur Maillezac avait fait une étude de le vexer par des moyens odieux; et cette preuve, il avait indubitablement le droit de la faire, si elle tenait à sa cause, si sa défense en dépendait; or, que cette preuve tînt à sa cause, que sa défense dépendît de cette preuve, c'est un point irrévocablement décidé par le silence qu'ont gardé, sur son mémoire imprimé, et l'arrêt de la chambre civile de la cour de Poitiers, qui est intervenu après la production de ce mémoire, et le sieur Maillezac lui-même.

» Cela posé, il est clair que, si la lettre insérée dans le mémoire imprimé du sieur Sarrazin-Lamy, n'est pas fausse; si le sieur Maillezac en est vraiment l'auteur, le sieur Sarrazin n'a fait, en publiant cette lettre, qu'un acte légitime. Il est clair, par conséquent, que la publication de cette lettre ne constitue point, par elle-même, une injure envers le sieur Maillezac : *Nullus videtur dolo facere qui jure suo utitur*, dit la loi 55, D. *de regulis juris.* Et par conséquent encore, il est clair que le sieur

Sarrazin-Lamy a dû être admis, comme il l'a été, à la preuve que cette lettre était l'ouvrage du sieur Maillezac.

» Ainsi, point de contravention, dans l'arrêt attaqué, aux art. 368 et 370 du Code pénal; et il importe peu, dès-lors, que l'un des motifs de cet arrêt ne soit pas en parfaite harmonie avec l'art. 367 du même Code.

» Le deuxième moyen de cassation du sieur Maillezac est-il mieux fondé que le premier ?

» Suivant le sieur Maillezac, la disposition de l'art. 373 du Code pénal qui punit d'emprisonnement et d'amende, *quiconque aura fait par écrit une dénonciation calomnieuse contre un ou plusieurs individus, aux officiers de justice ou police administrative ou judiciaire*, n'est relative qu'à la dénonciation clandestine et privée ; elle ne concerne pas la dénonciation juridique.

» Mais l'art. 373 du Code pénal ne fait point de distinction ; et dès-là, il doit être appliqué à toute dénonciation qui est faite par écrit à un officier de justice ou de police.

» Il y a d'ailleurs, indépendamment de la généralité de son texte, une raison particulière pour l'appliquer à la dénonciation juridique: c'est que la dénonciation juridique est non-seulement la plus commune, mais encore la seule que la loi ait pris le soin de régler.

» Sous l'ordonnance de 1670, la dénonciation qui n'était pas rédigée en forme de plainte par une partie intéressée, devait toujours être secrète. Les officiers du ministère public devaient, aux termes de l'art. 6 du tit. 3 de cette ordonnance, avoir des registres *pour recevoir et faire écrire les dénonciations* de cette espèce ; et jamais ces dénonciations ne faisaient parties des pièces du procès. De là le besoin qu'avaient toujours les accusés, après leur absolution, de recourir à ces officiers pour connaître leurs dénonciateurs ; de là l'obligation que la loi imposait à ces officiers, de les leur faire connaître à cette époque.

» Mais le décret du 16 septembre 1791 et le Code du 3 brumaire an 4 ont établi, à cet égard, de nouvelles formes : ils ont voulu que la dénonciation fût la première pièce ostensible de chaque procès ; et il entrait si peu dans leur système de la tenir secrète, qu'ils autorisaient expressément la *partie plaignante ou* DÉNONCIATRICE à concourir, avec le directeur du jury, à la rédaction de l'acte d'accusation, ou même, s'il ne pouvait pas s'accorder avec lui pour cette rédaction, à dresser un acte d'accusation séparé.

» Le Code d'instruction criminelle de 1808 n'a pas changé l'acception dans laquelle il a trouvé le mot *dénonciation* employé. Prenant pour canevas le Code du 3 brumaire an 4, il en a renouvelé, par ses art. 31 et suivans, les dispositions concernant les formes dont la dénonciation doit être revêtue ; et ce qui prouve qu'il a pareillement supposé que la dénonciation ferait partie des pièces du procès dont elle aurait provoqué l'instruction, c'est la

manière dont il s'est expliqué dans ses art. 323, 358 et 359.

» L'art. 323 porte que *les dénonciateurs, autres que ceux récompensés pécuniairement par la loi, pourront être entendus en témoignage devant le jury, mais que le jury sera averti de leur qualité de dénonciateurs.*

» Comment le président de la cour d'assises pourrait-il avertir le jury de la qualité de dénonciateur qui doit atténuer la déposition d'un témoin, s'il ne trouvait pas, dans les pièces du procès, la preuve de cette qualité, si la dénonciation n'était pas jointe aux pièces ?

» L'art. 358, après avoir dit que l'accusé acquitté pourra obtenir des dommages-intérêts contre ses dénonciateurs, *pour fait de calomnie*, ajoute que le procureur-général sera tenu, *sur la réquisition de l'accusé, de lui faire connaître ses dénonciateurs.*

» Et l'art. 359 déclare que, si l'accusé *a connu son dénonciateur avant le jugement*, c'est-à-dire, avant l'ordonnance du président qui l'acquitte sur la déclaration du jury, il est tenu de former sa demande en dommages-intérêts avant le jugement même ; *plus tard*, continue cet article, *il sera non-recevable.*

» Il résulte bien clairement de ces deux textes, que l'accusé acquitté peut, avant le jugement, ne pas avoir connu son dénonciateur, mais qu'il peut aussi l'avoir connu.

» Et en effet il n'a pas pu connaître son dénonciateur, s'il n'a pas usé de la faculté que lui attribuent l'art. 302, de *prendre communication de toutes les pièces sans déplacement*, et l'art. 305, de *prendre ou faire prendre, à ses frais, copie de telles pièces du procès qu'il juge utile à sa défense;* car l'art. 305 veut qu'on ne lui délivre *gratuitement qu'une copie des procès-verbaux constatant le délit, et des déclarations écrites des témoins.*

» Mais il a pu connaître son dénonciateur, il l'a même connu nécessairement, lorsque la dénonciation a été faite par écrit et dans les formes prescrites par les art. 31 et suivans, s'il a usé, soit de la faculté que lui attribue l'art. 302, soit de la faculté que lui attribue l'art. 305 ; et c'est à ce cas que s'applique évidemment l'art. 359.

» Ainsi, l'esprit général du Code d'instruction criminelle est que toute dénonciation doit être faite en forme juridique et jointe au procès ; et si, comme vous l'avez jugé, le 23 juillet dernier, au rapport de M. Audier-Massillon, en maintenant un arrêt de la cour d'assises du département du Calvados, attaqué par Louis Adjacent, on ne peut pas conclure de là que le dénonciateur dont la dénonciation n'a pas été faite en forme juridique, soit à l'abri de toute demande en dommages-intérêts de la part de l'accusé acquitté, du moins on doit en conclure que l'art. 373 du Code pénal se réfère, en parlant de la dénonciation calomnieuse, aux divers modes dont le Code d'instruction criminelle suppose que la dénonciation peut être faite, et que par conséquent, s'il est applicable à la dénonciation privée et clandestine, il l'est, à plus forte raison, à la dénonciation juridique.

» Il est vrai qu'en présentant au corps législatif l'analyse de l'art. 373, l'orateur de la commission de législation, M. de Monseignat, a dit : « Si une » dénonciation calomnieuse est faite par écrit aux » officiers de justice ou aux officiers de police ad- » ministrative ou judiciaire, cette dénonciation, » quoique privée, acquiert un degré de gravité ; » par sa clandestinité même, par le caractère des » fonctionnaires auxquels elle est adressée ; par la » possibilité d'en faire un instrument de persécution » ou de poursuites criminelles contre l'innocence ; » et c'est avec toute justice que le projet de loi » soumet à une peine particulière le dénonciateur, » qui, sans cette disposition, échapperait aux me- » sures générales contre la calomnie ».

» Mais, en s'exprimant ainsi, M. de Monseignat a-t-il entendu limiter la disposition de l'art. 373 à la dénonciation privée et clandestine? A-t-il entendu en exclure la dénonciation faite dans les formes juridiques, et de manière à devenir la première pièce ostensible du procès qui doit en être la suite?

» Si telle eût été sa pensée, nous ne craignons pas de dire qu'il aurait ajouté au texte de l'art. 373, une distinction que ce texte ne comporte pas, et qui répugne essentiellement à son esprit.

» Mais il est sensible que ce n'est point là ce qu'a entendu M. de Monseignat, et qu'il a seulement voulu énoncer que l'art. 393 comprend dans sa disposition, précisément parce qu'elle est générale et ne fait aucune distinction, non seulement la dénonciation juridique et destinée à recevoir la même publicité que les autres pièces de la procédure qui doit s'ensuivre, mais encore la dénonciation privée et clandestine ; ce qui, en effet, est aussi conforme à la lettre qu'à l'esprit de cet article.

» Pour nous convaincre que telle a été la pensée de M. de Monseignat, il ne faut que nous arrêter à ces derniers termes de sa période : et c'est avec toute justice que le projet de loi soumet à une PEINE PARTICULIÈRE, le dénonciateur qui, sans CETTE DISPOSITION, ÉCHAPPERAIT aux mesures générales contre la calomnie.

» Qu'y a-t-il de particulier dans la peine que prononce cet article? Et pourquoi, sans cet article, la dénonciation calomnieuse serait-elle impunie? La réponse à ces deux questions va jeter un grand jour sur la matière que nous discutons ici.

» D'abord, ce qu'il y a de particulier dans la peine prononcée par l'article 373, c'est qu'elle est, dans un cas, moins sévère, et dans une autre, plus grave, que la peine prononcée par les articles 371 et 372.

» Par l'art. 371, la peine générale de la calomnie est fixée, savoir, lorsque le fait imputé calomnieusement est de nature à emporter la peine de mort,

les travaux forcés ou la déportation, à un emprisonnement de deux à cinq ans, et à une amende de 200 à 500 francs ; dans les autres cas, à un emprisonnement d'un mois à six, et à une amende de 50 à 2,000 francs.

» L'art. 372 prévoit ensuite le cas où celui qui, après avoir tenu publiquement des propos réputés calomnieux, ou qui a consigné des imputations réputées calomnieuses dans des écrits affichés, vendus ou distribués, a dénoncé à la justice les crimes ou délits qui font la matière de ces propos, de ces imputations ; et il veut que, sur la preuve de sa dénonciation, il soit, durant l'instruction sur ces crimes ou délits, sursis à la poursuite et au jugement du délit de calomnie ; ce qui fait suffisamment entendre, comme l'a très-bien expliqué l'orateur du gouvernement, M. Faure, dans l'Exposé des motifs de cette partie du Code, que, s'il est décidé que la personne dont l'honneur a été attaqué, n'est pas coupable, l'auteur de l'imputation doit être déclaré convaincu du délit de calomnie, et puni des peines portées par la loi, c'est-à-dire, par l'art. 371, contre les Calomniateurs.

» Ce point ainsi réglé, le législateur s'occupe, dans l'art. 373, de la dénonciation calomnieuse qui n'a point été précédée de propos ou d'écrits publics ; et il la punit, non d'un emprisonnement de deux à cinq ans et d'une amende de 200 à 500 fr., ou d'un emprisonnement d'un mois à six, et d'une amende de 50 à 2000 fr., suivant les différens cas réglés par l'article 371 ; mais, dans tous les cas indistinctement, d'un emprisonnement d'un mois à un an et d'une amende de 100 francs à 5000 francs.

» Cette peine est, comme vous le voyez, tantôt plus grave, tantôt moins grave, que celle qui doit être infligée à la dénonciation calomnieuse qu'ont précédée des propos ou des écrits publics sur les faits dénoncés ; mais on peut dire que, le plus souvent, elle excède celle-ci en gravité ; et c'est sous cet aspect que l'a présentée l'orateur du gouvernement. « Le Code (a-t-il dit) prononce une peine moindre » contre celui qui, sans avoir donné auparavant » de publicité aux faits, s'est contenté de les dé- » noncer, a-t-il été depuis reconnu les avoir dénoncés » faussement. Le mal n'était pas aussi considérable » que, dans le premier cas (c'est-à-dire, dans le » cas prévu par l'art. 372), la peine ne peut être » aussi forte : elle ne doit cependant être trop » faible, parce que c'est toujours un acte de méchan- » ceté très-répréhensible ».

» En second lieu, pourquoi, sans la disposition de l'art. 373, le dénonciateur qui, avant sa dénonciation calomnieuse, n'a point donné de publicité aux faits, échapperait-il aux mesures générales contre la calomnie ?

» Parce que les art. 367 et 368 qui définissent la calomnie en général, ne déclarent coupable de ce délit, que celui qui, soit dans des lieux ou réunions publiques, soit dans un acte authentique et public, soit dans un écrit imprimé ou non qui aura été affiché, vendu ou distribué, aura imputé à un indi-

vidu quelconque des faits, même vrais, mais dont il n'aura pas la preuve légale sous la main; de nature à exposer *celui contre lequel ils sont articulés*, *à des poursuites criminelles ou correctionnelles*, *ou seulement au mépris ou à la haine des citoyens*.

» Parce que ces articles ne peuvent pas, par eux-mêmes, s'appliquer à l'auteur d'une dénonciation calomnieuse, qui, avant de la remettre à un officier de justice ou de police, n'en a point divulgué le contenu.

» Parce que la dénonciation calomnieuse, non précédée de propos ou d'écrits propres à la divulguer, ne peut pas être censée comprise dans ces termes de l'art. 367, *soit dans un acte authentique et public;* et en effet, si, quoique devenue authentique et habile à recevoir une sorte de publicité, par la présentation qui en est faite à un fonctionnaire et par les signatures qu'il est obligé d'y apposer, elle pouvait être censée comprise dans ces termes, il résulterait du rapprochement de ces termes avec les articles 368 et 370, que toute dénonciation faite à la justice ou à la police, devrait être punie comme calomnieuse, lors même qu'elle serait fondée; et qu'elle devrait l'être par cela seul qu'elle ne serait point appuyée d'une preuve légale, par cela seul qu'elle tendrait seulement à provoquer une preuve non encore acquise.

» Nous voilà donc bien fixés, et sur les motifs qui, pour ne pas laisser impunie la dénonciation calomnieuse qui est l'objet de l'article 373, ont rendu nécessaire la disposition de cet article; et sur la différence qu'il y a entre le cas prévu par cet article et l'art. 372. Que résulte-t-il maintenant de ces motifs et de ces différences ?

» Il en résulte évidemment que la dénonciation calomnieuse punie par l'art. 373, est de la même nature que la dénonciation calomnieuse punie par l'art. 372, sauf que, dans le cas prévu par l'art. 372, elle a été précédée de propos ou d'écrits publics, et qu'elle ne l'a point été dans le cas prévu par l'art. 373.

» Il en résulte par conséquent que, si l'art. 372 comprend dans sa disposition la dénonciation calomnieuse qui a été revêtue des formes juridiques, et a fait partie des pièces d'une procédure criminelle ou correctionnelle, il est impossible que cette même espèce de dénonciation ne soit pas également comprise dans la disposition de l'art. 373.

» Or, la dénonciation sur laquelle porte l'art. 372, n'est-elle qu'une dénonciation privée et clandestine ?

» Non certes : car si elle était privée et clandestine, le prévenu de calomnie ne s'en ferait pas un titre pour repousser l'action intentée contre lui à raison des propos et des écrits par lesquels il a divulgué à l'avance les faits qu'il y a depuis consignés; et les juges ne pourraient pas s'en faire un motif pour surseoir à l'instruction et au jugement de cette action.

» L'art. 372 porte donc essentiellement sur une dénonciation juridique et revêtue de tous les caractères d'authenticité requis par la loi.

» Cette espèce de dénonciation est donc aussi comprise dans l'art. 373.

» Mais du moins, vous dit le sieur Maillezac, on ne peut pas étendre l'art. 373 au-delà de ses termes : or, cet article ne parle que de la *dénonciation*; il ne peut donc pas être appliqué à la *plainte* portée par une partie civile.

» Quelle différence y a-t-il donc entre la plainte et la dénonciation ?

» Pas d'autre que celle qui existe entre l'espèce et le genre. Toute plainte est dénonciation, mais toute dénonciation n'est pas plainte.

» Le mot *dénonciation*, dans son acception générique, désigne l'acte par lequel un crime ou délit est porté à la connaissance du magistrat ou de l'officier qui est chargé d'en recueillir les preuves et d'en poursuivre l'auteur.

» Et cet acte prend la dénomination particulière de *plainte*, lorsqu'il est l'ouvrage de la personne lésée par le délit, ou par son héritier; mais en prenant, dans ce cas, la dénomination particulière de *plainte*, il ne cesse pas, pour cela, d'être compris sous la dénomination générale de *dénonciation*; et cela est si vrai que, dans les art. 727 et 728 du Code civil, les termes *dénonciation* et *dénoncer* sont employés comme synonymes de *plainte* et *rendre plainte*. L'article 727 déclare indigne de succéder, *l'héritier majeur qui, instruit de la mort du défunt, ne l'aura pas* DÉNONCÉE *à la justice;* et l'art. 728 ajoute que *le défaut de* DÉNONCIATION *ne pourra être opposé aux ascendans et descendans du meurtrier...* Assurément l'héritier qui dénonce le meurtre du défunt, dénonce un crime qui a lésé celui qu'il représente, et pour lequel il lui est dû des réparations civiles. Sa dénonciation a donc tous les caractères et tous les effets d'une plainte proprement dite. Cependant le législateur ne la qualifie pas de *plainte*; il la qualifie de *dénonciation*.

» Sans doute, dans les textes de loi où les mots *dénonciateur* et *partie civile* sont mis en opposition l'un avec l'autre, on ne peut comprendre, ni la partie civile sous le nom de *dénonciateur*, ni le dénonciateur sous le nom de *partie civile*.

» Mais ce qui achève de démontrer que, par soi, le mot *dénonciateur* s'applique aussi bien à celui qui dénonce un crime ou délit commis à son préjudice personnel, qu'à celui qui dénonce un crime ou délit dont il n'a souffert personnellement aucun dommage, c'est que, dans ces textes même, le plaignant qui ne s'est pas rendu partie civile, est compris sous le nom de *dénonciateur*.

» Ainsi, quand l'art. 358 du Code d'instruction criminelle, après avoir dit que l'accusé acquitté par la déclaration du jury, pourra obtenir des dommages-intérêts contre la *partie civile*, ajoute qu'il pourra aussi en obtenir *contre ses dénonciateurs*, *pour fait de calomnie*, il est bien évident que, par ses mots *ses dénonciateurs*, il désigne, non-seulement ceux qui, sans intérêt personnel, ont dénoncé l'accusé, mais ceux qui ont rendu plainte contre lui, sans se constituer parties civiles; et c'est une vérité à laquelle on se sent dans l'impossibilité de ne pas rendre hommage, lorsqu'on se rapporte à l'art. 66, aux termes duquel les plaignans qui ont pris la qualité de partie civile, peuvent s'en désister dans les vingt-quatre heures; auquel cas, ils ne sont pas tenus des frais faits depuis la signification de leur désistement, *sans préjudice néanmoins des dommages et intérêts des prévenus, s'il y a lieu.*

» Ainsi, quand, à la suite de l'art. 322 du même Code, dans lequel il est parlé des *dénonciateurs* et des *parties civiles*, l'art. 323 dit, en revenant sur les *dénonciateurs*, que, s'ils ne sont pas *récompensés pécuniairement par la loi, ils pourront être entendus en témoignage*, il est certain que, par-là, il autorise les plaignans non parties civiles à déposer comme témoins sur les faits dont ils ont rendu plainte; et c'est dans ce sens que l'exécutent constamment toutes les cours d'assises.

» Or, si, dans les textes de loi où la dénomination de *partie civile*, est mise en opposition avec celle de *dénonciateur*, la dénomination de *dénonciateur* est applicable au plaignant non partie civile, comment ne serait-elle pas, dans les textes de loi où elle est employée purement et simplement, applicable au plaignant qui est partie civile, comme au plaignant qui ne l'est point? Ce qui fait le fondement de la qualité de plaignant, c'est le dommage que cause à celui qui la prend, le crime ou délit dont il est question. Si donc le plaignant ne laisse pas d'être qualifié de dénonciateur, quoiqu'il ne poursuive pas la réparation de ce dommage et qu'il se borne à en donner connaissance à la justice, pourquoi ne le serait-il pas de même, lorsque, joignant à la qualité de plaignant celle de partie civile, il demande que ce dommage soit réparé?

» Voyez d'ailleurs, Messieurs, à quelle absurde injustice le système contraire nous entraînerait dans l'application de l'art. 372 du Code pénal?

» Si le mot *dénonciation* ne pouvait s'entendre dans cet article, que de l'acte par lequel une partie désintéressée fait connaître un crime ou délit à la justice, s'il ne pouvait pas s'y entendre également de l'acte par lequel un crime ou délit est porté à la connaissance de la justice par la partie que le crime ou délit blesse dans sa personne, dans son honneur ou dans sa fortune, que deviendrait, dans le cas prévu par cet article, le plaignant partie civile à qui l'on demanderait et une réparation pénale et une réparation pécuniaire de la prétendue calomnie qu'il aurait commise, en divulguant à l'avance le crime ou le délit consigné depuis dans sa plainte?

» Par exemple, Pierre répand dans le public des propos ou des écrits dont il résulte que Paul l'a volé. Paul rend contre lui une plainte en calomnie, et le ministère public l'appuie. Pierre, pour écarter cette plainte, en rend une de son côté, par laquelle, en se déclarant partie civile, il accuse juridiquement Paul du délit qu'il lui a imputé; et se fondant sur

l'art. 372, il demande qu'il soit sursis à toute instruction et à tout jugement sur la plainte en calomnie de Paul, jusqu'à ce que la plainte en vol soit vidée définitivement. Osera-t-on alors lui refuser ce sursis? Osera-t-on commencer par le déclarer Calomniateur, et le punir comme tel, sauf ensuite à punir Paul comme voleur, et par conséquent à rendre un jugement dérisoire par sa contradiction avec le premier? Et l'osera-t-on, sous le prétexte que l'art. 372 ne parle que de la simple dénonciation, sous le prétexte qu'il ne parle pas de la plainte, et surtout de la plainte portée avec la qualité de partie civile?

» Non, sans doute, on ne l'osera pas: on sentira trop que restreindre ainsi l'art. 372, ce serait lui donner un sens scandaleux; et l'on sera forcé de convenir que l'art. 372 est applicable au plaignant partie civile comme au plaignant non partie civile; et à l'un et à l'autre comme à l'homme qui dénonce un crime ou délit dont il n'est résulté pour lui aucun préjudice.

» Le sieur Maillezac ne se rend cependant pas à cette observation. Il reconnaît bien que, dans l'espèce proposée, la plainte en vol portée par Pierre, devra arrêter l'instruction et le jugement de la plainte en calomnie de Paul; mais il n'en soutient pas moins que l'art. 372 est inapplicable à cette espèce, précisément parce qu'il n'y est parlé que de la dénonciation.

» Et que vous dit-il pour accréditer un système aussi bizarre?

» Il vous dit que, dans cette espèce, la plainte en vol de Pierre ne doit pas seulement faire surseoir à l'instruction et au jugement de la plainte en calomnie de Paul; mais qu'elle doit l'éteindre sans retour; et, à ce sujet, il invoque l'autorité d'un magistrat distingué, qui, sur l'art. 139 du Code d'instruction criminelle, s'exprime ainsi, n. 29:

« Il est essentiel de remarquer que l'art. 372 du
» Code pénal ne parle de sursis que pour le cas de
» *dénonciation*, et non pour celui où il y a eu
» plainte portée en justice; et cette distinction
» n'est pas nouvelle, on la trouve établie dans plu-
» sieurs arrêts de la cour de cassation. Lorsqu'il y
» a simple dénonciation, il faut *surseoir*, sauf à
» reprendre les erremens de l'instance après le ju-
» gement; la loi est formelle, ainsi point de diffi-
» culté; mais lorsqu'il y a plainte, il suffit d'en
» justifier *pour faire cesser irrévocablement toute*
» *poursuite sur le délit de calomnie*, sauf à la per-
» sonne injuriée, son recours pour ses dommages-in-
» térêts devant le tribunal saisi, si le plaignant
» s'est rendu partie civile, ou devant les tribunaux
» civils après le jugement d'acquit, s'il est resté
» simple partie plaignante (*Arrêts des 3 juin 1808*
» *et 12 juillet 1810*). *Attendu*, porte ce dernier
» arrêt rendu au rapport de M. Bauchau, *qu'aucune*
» *loi n'a mis dans la classe des délits, le défaut*
» *de justifier une plainte*. L'espèce sur laquelle in-
» tervint l'arrêt que nous venons de citer, n'est
» pas absolument la même que celle sur la-

» quelle portent nos observations; mais le principe posé dans l'arrêt, est général, et il est facile à justifier : car il ne peut venir dans la pensée d'un homme raisonnable, que celui qui rend plainte, en justice, d'un fait qui lui a porté préjudice, puisse être réputé Calomniateur, par le seul fait de l'acquittement du prévenu ».

» Personne ne respecte plus que nous le magistrat qui tient ce langage; mais l'intérêt de la loi qui l'emporte à nos yeux sur toutes les considérations personnelles, nous oblige de dire qu'il y a, dans les assertions de ce magistrat, de grandes erreurs mêlées à quelques vérités.

» D'abord, que, par les arrêts que vous avez rendus le 3 juin 1808 et le 12 juillet 1810, c'est-à-dire, avant la mise en activité du Code pénal, il ait été jugé, qu'une plainte, non-seulement mal-fondée, mais même calomnieuse, ne pouvait donner lieu, contre son auteur, à aucune peine, rien de plus simple, rien de plus facile à expliquer. A cette époque, la loi pénale ne sévissait que contre les calomnies verbales, elle n'atteignait pas les calomnies écrites, et celles-ci ne pouvaient être réprimées que par des actions civiles en dommages-intérêts.

» Mais de là même il résulte évidemment que ces arrêts sont aujourd'hui sans application.

» Ce n'est pas qu'aujourd'hui il ne soit encore vrai, comme il l'était alors, qu'une plainte ne doit pas être punie comme calomnieuse, par cela seul qu'elle est jugée mal fondée; mais, d'une part, il y a là-dessus une distinction à faire, d'après les art. 372 et 373 du Code pénal; et, de l'autre, cette distinction est commune à la simple dénonciation et à la plainte.

» Nous l'avons déjà dit, les art. 372 et 373 portent sur deux cas tout différens l'un de l'autre.

» L'art. 372 porte sur le cas où la dénonciation, soit qu'elle émane d'une personne désintéressée, soit qu'elle ait le caractère de plainte, a été précédée de propos ou d'écrits qui ont divulgué le prétendu crime ou délit qu'elle a pour objet.

» L'art. 373 porte sur le cas où aucun propos, aucun écrit n'a divulgué à l'avance le prétendu crime ou délit signalé par la dénonciation ou plainte.

» De cette différence entre les deux cas, naissent deux dispositions différentes.

» Dans le premier cas, il suffit que la dénonciation ou plainte ait été déclarée mal fondée par le jugement rendu à la suite du sursis ordonné par l'art. 372, pour que le dénonciateur ou plaignant soit passible des peines de la calomnie.

» Dans le second cas, au contraire, le dénonciateur ou plaignant ne peut être condamné aux peines de la calomnie, qu'autant que la dénonciation ou plainte est calomnieuse, ou, en d'autres termes, qu'autant que le dénonciateur ou plaignant est jugé avoir porté sa plainte ou dénonciation, sachant qu'elle était fausse.

» Pourquoi cette différence? Le motif en est très-sensible.

» C'est que, dans le premier cas, le dénonciateur ou plaignant est puni comme Calomniateur, non à raison de sa dénonciation ou plainte, mais à raison, soit des propos, soit des écrits, par lesquels il en a divulgué le contenu avant de la présenter à la justice; c'est qu'à la rigueur, il aurait dû, d'après la disposition générale des art. 367, 368 et 370, être condamné comme Calomniateur, à raison de ces propos ou de ces écrits, avant même que sa dénonciation ou plainte postérieure eût été jugée mal fondée; c'est que l'art. 372 ne fait exception à la disposition générale des art. 367, 368 et 370, qu'en considération de l'inconvénance qu'il y aurait de condamner comme Calomniateur, celui qui, ayant divulgué un prétendu crime ou délit par des propos ou des écrits extrajudiciaires, offrirait de prouver judiciairement et par une voie légale, la vérité de ces écrits ou de ces propos; c'est que le jugement qui vient ensuite déclarer sa dénonciation ou plainte mal fondée, replace l'injure résultant de ces propos ou de ces écrits, sous la règle générale qu'établissent les art. 367, 368 et 370.

» Mais, dans le second cas, il n'y a contre le dénonciateur ou plaignant que sa dénonciation ou plainte; et par cette raison, l'art. 373 veut que sa plainte ou dénonciation soit jugée calomnieuse, pour que les peines de la calomnie puissent l'atteindre; disposition extrêmement sage, et sans laquelle la vindicte publique serait paralysée par la crainte qu'aurait tout homme victime ou témoin d'un crime ou d'un délit, de s'exposer, en le dénonçant à la justice, à être puni comme Calomniateur.

» Vous voyez maintenant, Messieurs, ce qu'il y a de vrai et ce qu'il y a de faux dans les assertions que l'on vous a citées du commentateur du Code d'instruction criminelle.

» Ce qui s'y trouve de vrai, c'est que le plaignant dont la plainte a été simplement jugée mal fondée, et qui, avant de porter sa plainte, n'en avait publié le contenu, ni par des propos, ni par des écrits extrajudiciaires, ne peut être déclaré Calomniateur ni puni comme tel.

» Mais tout le reste est faux.

» Il est faux que le plaignant, qui, avant de porter sa plainte, en avait publié extrajudiciairement le contenu, soit à l'abri des peines de la calomnie, lorsqu'après le sursis qu'il a obtenu en vertu de l'art. 372, sa plainte vient à être jugée, non calomnieuse, mais simplement mal fondée.

» Il est faux que le plaignant qui n'avait fait précéder sa plainte d'aucun propos, d'aucun écrit public, sur le prétendu crime ou délit qu'elle a eu pour objet, soit à l'abri des peines de la calomnie, lorsque sa plainte vient à être jugée non-seulement mal fondée, mais calomnieuse.

» Il est faux, en un mot, que les art. 372 et 373 ne soient pas applicables à la plainte, comme à la dénonciation faite par une personne désintéressée.

» Eh! le moyen de concevoir que le législateur eût porté l'oubli de toutes les idées de justice, jusqu'au point d'établir, entre l'une et l'autre, une différence aussi choquante que le serait celle qui aurait pour résultat l'impunité de toute plainte calomnieuse !

» Quoi ! on punirait comme Calomniateur, celui qui en dénonçant, contre sa conscience, un prétendu crime comme lui étant étranger, comme ne lui ayant causé aucun dommage, n'aurait cherché qu'à perdre un innocent ; et on laisserait impuni celui qui par la fausse dénonciation d'un crime prétendu comnis à son préjudice personnel, chercherait, non-seulement à perdre un innocent, mais encore à s'enrichir de ses dépouilles, en le faisant condamner à des dommages-intérêts ! Beaucoup plus coupable que le dénonciateur désintéressé, le plaignant trouverait, dans l'excès même de sa culpabilité, un asile contre la vindicte publique ! Non ; il n'est pas possible que le législateur ait eu une intention aussi perverse ; non, supposer à la loi un sens qui accuserait le législateur d'une intention aussi perverse, ce n'est pas l'interpréter, c'est la violer ouvertement.

» Et que serait-ce si, comme dans notre espèce, le plaignant dont la plainte est jugée calomnieuse, s'est rendu partie civile ? Ne serait-il pas bien étrange qu'il fût traité avec plus de ménagement que le dénonciateur qui, après avoir remis sa dénonciation à un officier de justice et de police, n'a rien fait pour la justifier ? Ne serait-il pas bien étrange qu'un dénonciateur qui a attendu, dans le silence, l'issue de l'instruction criminelle qu'il a provoquée par une dénonciation calomnieuse, mais désintéressée, fût traité plus sévèrement que le dénonciateur qui, prenant la qualité de plaignant et de partie civile, a paru devant les juges appelés à prononcer sur le sort du prévenu signalé par sa dénonciation, armé de tous les moyens et environné de toutes les considérations qu'il a trouvées les plus propres à faire condamner son ennemi ? Ne serait-il pas bien étrange que le premier fût puni de peines publiques, pour une calomnie qu'il n'a point appuyée, et que le second ne fût exposé, pour une calomnie dont tous ses efforts ont publiquement provoqué le triomphe, qu'à de simples dommages-intérêts ? Ne serait-il pas bien étrange, en un mot, que plus la calomnie mettrait en péril l'innocent contre qui elle est dirigée, plus le Calomniateur aurait droit à l'indulgence de la justice ?

Mais, s'écrie le sieur Maillezac, lisez l'art. 558 du Code d'instruction criminelle : vous y verrez que relativement aux accusés acquittés par le jury dans les procès de grand criminel, le législateur ne s'occupe que des dommages-intérêts qui peuvent leur être adjugés contre les parties civiles. Il suppose donc que les parties civiles, lors même que leurs plaintes sont calomnieuses, ne peuvent être condamnées qu'à des dommages-intérêts ? il suppose donc que, même dans ce cas, les peines de la calomnie ne peuvent pas atteindre les parties civiles qui succombent.

» Vain et frivole paralogisme : il ne prouve rien, par cela seul qu'il prouverait trop.

» L'art. 358 du Code d'instruction criminelle ne se borne pas à dire que l'accusé acquitté par le jury, pourra obtenir des dommages-intérêts contre la partie civile : il dit encore qu'il pourra aussi en obtenir contre ses *Calomniateurs*, *pour fait de calomnie* ; ce qui signifie clairement que les *dénonciateurs*, c'est-à-dire, comme nous croyons l'avoir démontré, et ceux qui ont dénoncé l'accusé sans intérêt personnel, et ceux qui ont porté plainte contre lui sans se rendre parties civiles, seront également condamnés à des dommages-intérêts, si la cour d'assises trouve qu'il y a calomnie dans leurs dénonciations, et si elle le déclare en termes exprès.

» Or, à qui persuadera-t-on qu'à côté d'un arrêt qui juge qu'une dénonciation est calomnieuse, il puisse en exister un autre qui déclare l'auteur de cette dénonciation à l'abri des peines prononcées par l'art. 373 du Code pénal ?

» Et si l'auteur d'une dénonciation jugée calomnieuse par la cour d'assises, ne peut pas échapper à ces peines, comment la partie civile dont la plainte est jugée calomnieuse par la même cour, y échapperait-elle ?

» Il est vrai que, dans l'un et l'autre cas, la cour d'assises n'est ni obligée ni même autorisée par l'art. 358 du Code d'instruction criminelle, à punir, soit le dénonciateur, soit la partie civile, des peines portées par l'art. 373 du Code pénal.

» Mais quelle en est la raison ? c'est que la cour d'assises ne peut prononcer de peines que d'après la déclaration du jury ; c'est que le jury ne peut jamais être interrogé par la cour d'assises, sur la question de savoir s'il y a eu calomnie dans la dénonciation ou la plainte portée contre l'accusé qu'il déclare non coupable ; c'est que, dans tout ce que la cour d'assises juge entre l'accusé et la partie civile ou le dénonciateur, elle le juge comme tribunal civil, et non comme tribunal criminel.

» L'art. 358 né dit pas que le dénonciateur ou plaignant, dont la dénonciation ou plainte sera déclarée calomnieuse par la cour d'assises, ne pourra pas, indépendamment des dommages-intérêts auxquels cette cour l'aura condamné, être poursuivi comme Calomniateur, devant le tribunal correctionnel ; et dès qu'il ne le dit pas, il se réfère nécessairement à la règle générale que *tout délit donne essentiellement lieu à l'action publique*. L'arrêt de la cour d'assises qui déclare la plainte ou dénonciation calomnieuse, n'a alors ni plus ni moins d'effet qu'un jugement de tribunal civil qui renfermerait la même déclaration. Et certainement un jugement du tribunal civil qui condamnerait un Calomniateur à des dommages-intérêts, ne le soustrairait pas aux poursuites ultérieures que commanderait contre lui devant la police correctionnelle, l'art. 573 du Code pénal.

» Pourquoi, dès-lors, un tribunal correctionnel qui reconnaît, par les débats ouverts devant lui entre le plaignant, le ministère public et le prévenu, que la plainte a été dictée par la calomnie, ne pourrait-il pas, sur la plainte reconventionnelle du ministère public, punir le plaignant comme Calomniateur? que lui manque-t-il pour en avoir le droit? Rien : il n'est pas, comme une cour d'assises, réduit à déclarer la plainte calomnieuse, et à condamner. le plaignant à des dommages-intérêts ; il a la plénitude de la juridiction nécessaire pour appliquer la disposition pénale de l'art. 373 ; il peut donc l'appliquer en effet ; disons mieux : il ne peut pas s'en dispenser.

» Après avoir ainsi réfuté les deux moyens de cassation du sieur Maillezac, il nous reste à remplir un devoir qui nous est imposé par M. le grand-juge ministre de la justice, d'après l'art. 441 du Code d'instruction criminelle : c'est d'appeler l'attention et la censure de la cour, dans l'intérêt de la loi, sur l'ordonnance de la chambre du conseil du tribunal de première instance de Montmorillon, du 18 avril 1812.

» Vous n'avez pas oublié, Messieurs, que, par cette ordonnance, le sieur Sarrazin-Lamy a été déclaré prévenu d'avoir, dans le dessein d'attirer sur le sieur Maillezac le mépris et la haine du public, fabriqué et publié une fausse lettre prétendue écrite à son père par le sieur Maillezac lui-même; et que néanmoins, sous le prétexte que l'imputation de cette lettre au sieur Maillezac, *ne comportait pas l'espèce de faux prévu par l'art. 147 du Code pénal*, il a été renvoyé à la police correctionnelle.

» Non, sans doute : si le sieur Sarrazin-Lamy avait été convaincu d'avoir fabriqué la lettre dont il s'agit ; on n'aurait pas pu le punir comme coupable du crime de faux prévu par l'art. 147 du Code pénal, puisqu'il n'est question dans cet article que des faux commis dans des écritures publiques ou dans des effets de commerce et de banque ; mais n'aurait-on pas dû, dans cette hypothèse, le punir comme coupable du crime de faux prévu par l'art. 150 du même Code, c'est-à-dire, comme coupable d'avoir contrefait une écriture privée ? Et pourquoi non ? Il y a crime de faux en écriture privée, comme en écriture authentique, toutes les fois qu'il y a contrefaçon ou altération de l'écriture ou de la signature d'autrui, avec dessein de nuire. Or, si la lettre dont il s'agit, avait été reconnue n'être pas supposée, très-certainement le sieur Sarrazin-Lamy aurait été jugé coupable d'avoir, en présentant cette lettre au public comme écrite et signée par le sieur Maillezac, contrefait son écriture et sa signature, et de les avoir contrefaites, non par légèreté, non par badinage, mais dans l'intention de le faire passer dans l'esprit du public pour un artisan de discordes domestiques, pour un homme dangereux et pervers. Le sieur Sarrazin-Lamy aurait donc été, dans cette hypothèse, jugé coupable d'un crime de faux.

» Il n'importe que, dans cette hypothèse, la calomnie eût été le but du faux dont le sieur Sarrazin-Lamy se fût rendu coupable, et que la calomnie ne soit qu'un délit.

» En matière de faux, ce n'est pas le but que l'on considère : c'est la matérialité du fait accompagné de l'intention de nuire d'une manière quelconque.

» Celui qui, pour escroquer une légère somme d'argent, commet un faux, est, comme faussaire, puni d'une peine afflictive, quoiqu'il ne soit, comme escroc, passible que d'une peine correctionnelle.

» Et par la même raison, celui qui, pour calomnier, commet un faux, doit être puni comme faussaire, bien qu'il ne dût subir qu'une peine correctionnelle, s'il n'était Calomniateur.

» Par ces considérations, nous estimons qu'il y a lieu de rejeter la demande en cassation du sieur Maillezac et de le condamner à l'amende; faisant droit sur nos conclusions, vu l'art. 441 du Code d'instruction criminelle, la lettre à nous écrite, le 11 septembre dernier, par M. le grand-juge ministre de la justice, et les art. 147 et 150 du Code pénal, casser et annuler, dans l'intérêt de la loi, l'ordonnance de la chambre du conseil du tribunal de première instance de Montmorillon, du 18 avril 1812, en tant qu'elle renvoye à la police correctionnelle une prévention de crime de faux commis en écriture privée, avec intention de calomnie ; et d'ordonner qu'à notre diligence, l'arrêt à intervenir sera imprimé et transcrit sur les registres dudit tribunal ».

Par arrêt du 12 novembre 1813, au rapport de M. Audier-Massillon,

« La cour reçoit l'intervention de René Sarrazin-Lamy, et statuant tant sur ladite intervention que sur le pourvoi dudit Maillezac ; attendu, sur le premier moyen proposé par ledit Maillezac, que la cour de Poitiers, dans son arrêt du 7 avril dernier, a jugé que l'imputation faite à Maillezac par Sarrazin-Lamy, d'avoir écrit la lettre dont il s'agit, était vraie; que ce dernier n'avait fait imprimer cette lettre que pour sa justification et sa défense dans un procès avec ledit Maillezac; et qu'on ne pouvait pas regarder comme calomnieuses, ni cette imputation ni l'insertion de la lettre dans le mémoire de Sarrazin-Lamy, d'où il suit que ladite cour, en renvoyant ledit Sarrazin à la plainte en calomnie portée contre lui, n'a pas violé les art. 367 et 368 du Code pénal, et qu'elle a fait une juste application de la première partie de l'art. 370 du même Code ; sur le second moyen, que l'art. 373 punit d'emprisonnement et d'amende les dénonciations calomnieuses faites par écrit aux officiers de justice ou de police administrative ou judiciaire ; que cette disposition ne s'applique pas seulement à des dénonciations calomnieuses qui pourraient avoir été faites par des lettres ou autres écrits sous seings-privés adressés à des fonctionnaires publics, mais à toute espèce de dénonciation et plus particulièrement encore à celles qui sont faites en justice, soit que leur auteur ait pris la qualité de plaignant ou de partie civile, ou seulement celle de dénonciateur ; que toute plainte en justice contient nécessairement une dénonciation ; que, lorsque l'article 358 accorde à l'accusé devant la cour d'assises, des dommages et intérêts contre ses dénonciateurs pour fait de calomnie : il ne pourvoit en cela qu'à l'intérêt de l'action civile ; mais que cette indemnité qui est accordée par cet article à la partie lésée, est indépendante de la peine qui est prononcée contre le calomniateur pour la vindicte publique, par l'art. 373 du Code pénal ; que ledit Maillezac avait porté plainte en faux et en calomnie contre ledit Sarrazin-Lamy, et s'était rendu partie civile ; qu'il a été reconnu par ladite cour que ces plaintes étaient calomnieuses ; et que, dès-lors, en prononçant contre ledit Maillezac, les peines portées par le susdit art. 373 contre les dénonciations calomnieuses, elle a fait une juste application de cette loi ; la cour rejette le pourvoi de Maillezac...

» Et statuant sur la réquisition du procureur-général, faite en vertu de l'art. 441 du Code d'instruction criminelle, et sur l'ordre à lui donné par le grand-juge ministre de la justice ; vu ledit art. 441 les art. 145 et 150 du Code pénal..... ; attendu que ces articles mettent au rang des crimes qui doivent être punis de peines afflictives et infamantes, les faux en écritures privées qui ont été commis dans un dessein criminel, soit par contrefaçon d'écritures ou de dispositions, etc. ; qu'il y a dessein criminel dans tout faux qui a pour objet de nuire à l'intérêt public ou à l'intérêt particulier ; que l'intérêt particulier se compose, non-seulement des moyens d'aisance ou de fortune, mais aussi de la réputation et de l'honneur ; que, sur la plainte en faux et en calomnie portée contre Sarrazin-Lamy, prévenu d'avoir fait imprimer une lettre faussement supposée écrite par Maillezac, dans le dessein de le calomnier ; la chambre du conseil de Montmorillon délibérant sur cette plainte, et trouvant que ledit Sarrazin n'avait pas entièrement détruit les préventions et les charges qui avaient été produites contre lui, avait jugé, par son ordonnance du 18 avril 1812, que le fait ne constituait pas le crime de faux, mais seulement le délit de calomnie, parce que si le faux tendait à nuire à la réputation de Maillezac, il ne pouvait pas nuire à sa fortune ; qu'en jugeant que la fabrication d'une lettre supposée pour nuire à autrui en le calomniant ; ne constituait pas le crime de faux prévu par lesdits art. 147 et 150, le tribunal de Montmorillon a méconnu le caractère de faux défini par les susdits articles, fait par suite, une fausse application de l'art. 129, et violé l'art. 133 du Code d'instruction criminelle ; la cour casse et annule, dans l'intérêt de la loi seulement, l'ordonnance rendue par le tribunal de Montmorillon, le 18 avril 1812.... ».

CAS SPÉCIAUX. *Page* 44, *col.* 1, *lignes* 6 *et* 7, *supprimez les mots.* V. Procédure criminelle, §. 3 ; *et ajoutez :* lorsque, soit par erreur de droit, soit par ignorance des circonstances caractéristiques de la spécialité, une cour d'appel renvoie un cas spécial à une cour d'assises, celle-ci peut-elle prononcer au fond, ou est-elle obligée de s'abstenir ? V. le

réquisitoire et l'arrêt du 23 janvier 1813, rapporté au mot *Récidive*, n. 12.]]

CASSATION, §. II, n. IX. *Page* 47, *col.* 2, *avant le n. X.*, *ajoutez :*

Peut-on, en matière correctionnelle, employer comme moyen de Cassation, une nullité de forme qui a été commise en première instance et qu'on n'a point relevée en cause d'appel ? V. *Témoin judiciaire*, §. 2, n. 10.

§. III, n. I. *Page* 48, *col.* 1, *avant le n. II*, *ajoutez :*

Peut-on se pourvoir en Cassation contre un jugement rendu en matière correctionnelle, qui est indûment qualifié en dernier ressort ?

Le 27 avril 1812, le *Watergraaf* (chef des eaux) et les membres de l'administration de la rivière de l'Eem, exposent aux enchères, dans la ville d'Utrecht, la ferme du péage de Soert, pour trois années qui commenceront à courir le 1er mars suivant. — Par le cahier des charges, il est dit que le péage devra se régler et se soumettre à l'ordonnance faite, pour ce péage, le 10 octobre 1760, par les Watergraaf et Hoog-Hemraden de la rivière de l'Eem, et approuvée par les députés des États de la province d'Utrecht, le 28 novembre de la même année. — Guillaume Van Ommeren se rend adjudicataire, moyennant la somme annuelle de 230 florins, monnaie de Hollande. — Le 21 juillet suivant, procès-verbal qui constate que, le même jour, la nommée Geela, domestique de Guillaume Van Ommeren s'est fait payer, au nom de son maître, par un voyageur, huit sous de Hollande, au lieu de deux qu'elle pouvait exiger suivant ce tarif. — Ce procès-verbal est remis au procureur du gouvernement près le tribunal de première instance d'Amersfoort. — En conséquence, une instruction s'ouvre tant contre la nommée Geela, comme prévenue du délit de concussion caractérisé par l'art. 174 du Code pénal, que contre Guillaume Van Ommeren, comme responsable civilement des faits de sa domestique.

Le 25 août, ordonnance par laquelle, « considérant que le fermier des droits de barrière à Soert ne peut pas être compris dans la classe des personnes désignées dans ledit art. 174 du Code pénal ; qu'en effet, il ne peut pas être considéré comme percepteur de *deniers publics*, puisqu'en sa qualité de *fermier*, il reçoit lesdits droits pour son propre compte, et que d'ailleurs sa personne et ses biens sont engagés pour le payement du prix de l'adjudication ; qu'ainsi, il doit, à cet égard, être assimilé à un certain propriétaire de Mont-de-Piété du Havre (Didier-Jourdeuil-Léauty), à l'égard duquel la cour de Cassation, par arrêt du 4 juin 1812, annullant un arrêt de la cour de Rouen qui avait mis ledit propriétaire en accusation pour crime de concussion, comme ayant perçu de trop forts intérêts, a décidé que, quoiqu'il eût été maintenu par l'autorité municipale dans la possession exclusive de son établissement de prêt sur gage, il ne pouvait pas néanmoins, sous ce rapport, être considéré, ni comme fonctionnaire public, ni comme préposé ou commis à la recette de deniers publics, et que conséquemment il ne pouvait être accusé de concussion ; — Vu aussi l'art. 484 du Code pénal, et considérant que le règlement de 1760 relatif aux droits de barrière dont il s'agit, et dont l'exécution a été maintenue par le décret du 18 octobre 1810, porte, dans son article dernier, que, dans le cas où le fermier desdits droits exigerait ou percevrait une plus forte taxe que celle fixée par le même règlement, il sera tenu d'en restituer le quadruple d'après la décision de Messieurs les administrateurs de la rivière de Eem ; — Le tribunal assemblé en chambre de conseil, déclare que Timetje Geela et Guillaume Van Ommeren ne sont point prévenus du crime de concussion, et ordonne que la première, détenue en vertu de mandat de dépôt, sera mise en liberté ; déclare au surplus que la connaissance des contraventions audit règlement de 1760, n'appartient point à la juridiction de ce tribunal, et renvoie l'affaire devant l'administration de la rivière de Eem ».

Le procureur du gouvernement forme opposition à cette ordonnance ; et le 28 septembre, arrêt de la cour de la Haye, qui, « Attendu que la prévenue, chargée par son maître de faire, en son absence, la recette de deniers dont une partie appartient à l'administration publique, en exigeant, sous ce rapport, une plus forte taxe que celle qui était due, a commis un fait prévu par l'art. 174 du Code pénal qui le punit d'une peine correctionnelle ; que dès-lors, les dispositions de l'art. 484 du même Code ne peuvent point recevoir d'application à l'espèce ; annulle l'ordonnance de la chambre du conseil du tribunal de première instance d'Amersfoort, du 25 août 1812, et renvoie la prévenue au tribunal correctionnel de la même ville ».

Le 15 octobre, jugement du tribunal correctionnel d'Amersfoort, ainsi conçu :

» Considérant que, non-seulement l'art. 174 du Code pénal, mais la section entière de ce Code, sous laquelle se trouve ledit art. 174, ont uniquement pour objet de punir les forfaitures et les crimes et délits commis par des fonctionnaires publics dans l'exercice de leurs fonctions ; que cela résulte d'ailleurs clairement, tant de l'intitulé de ladite section, que des termes mêmes dans lesquels est conçu ledit art. 174 ; que les qualités personnelles désignées dans cet article ne peuvent point être appliquées à Guillaume Van Ommeren qui ne peut être considéré que comme un fermier particulier qui reçoit les droits de barrière de Soert, non pour le compte de l'état ou de la commune, mais pour son compte propre et personnel ; que ledit art. 174 peut encore moins s'appliquer à la servante dudit Van Ommeren ; que telle paraît être aussi l'opinion de la cour suprême de l'Empire français, ainsi qu'il résulte de son arrêt du 4 juin 1812, cité dans l'ordonnance de la chambre d'instruction, rendue dans cette affaire le 25 août dernier ; que, quand il pourrait y exister quelque doute sur l'application dudit

art. 174 à l'espèce actuelle, il faudrait encore s'en tenir à l'opinion la plus favorable au prévenu, d'après le principe que toute disposition rigoureuse est de stricte interprétation ; — Vu de plus l'art. 484 du Code pénal, portant que, *dans toutes les matières qui n'ont pas été réglées par le présent Code, et qui sont régies par des lois et règlemens particuliers, les cours et tribunaux continueront de les observer ;* Vu le règlement hollandais de 1760, relatif à la perception des droits de barrière de Soert, dont l'exécution *provisoire* a été maintenue par le décret du 18 octobre 1810, et dont l'article dernier porte qu'*en cas d'exaction au-delà du tarif, le fermier sera tenu à la restitution du quadruple ;* Vu enfin l'article 192 du Code d'instruction criminelle ainsi conçu : *si le fait n'est qu'une contravention de police, et si la partie publique ou la partie civile n'a pas demandé le renvoi, le tribunal correctionnel appliquera la peine, et statuera, s'il y a lieu, sur les dommages-intérêts ;* Le tribunal, jugeant en dernier ressort, déclare la prévenue convaincue de contravention au règlement sur les droits de barrière de Soert, du 28 novembre 1760, la condamne à la restitution du quadruple de ce qu'elle a perçu de trop sur lesdits droits du sieur Bardewisch, à la date du 21 juillet 1812, montant à la somme de 1 florin 4 sous, la condamne également aux frais du procès liquidés à 29 fr. 94 cent. ; renvoie la prévenue du surplus de l'instance, et ordonne qu'elle sera mise en liberté ».

Le même jour, le procureur du gouvernement appelle de ce jugement par acte reçu au greffe et notifié, le même jour, à la nommée Geela. — Le 19 du même mois, sans se désister de son appel et sans en parler, il fait au greffe une déclaration de recours en Cassation, contre le même jugement.

« Le jugement qui vous est dénoncé (ai-je dit à l'audience de la section criminelle, le 26 novembre 1812), est-il passible de recours en Cassation, par cela seul qu'il est qualifié en *dernier ressort*, et même dans la supposition qu'il n'ait pu être rendu qu'à la charge de l'appel ? C'est la première question qui s'offre, dans cette affaire, à l'examen de la cour.

» Cette question n'en serait pas une, ou, si l'on veut, elle serait déjà résolue pour l'affirmative, si le pouvoir de juger en dernier ressort était encore interdit aux tribunaux correctionnels, comme il l'était sous le Code du 3 brumaire an 4.

» A cette hypothèse en effet s'appliquerait l'arrêt du 23 messidor an 12, par lequel, *attendu que les tribunaux de police correctionnelle ne pouvaient jamais juger qu'à la charge de l'appel,* vous avez décidé, au rapport de M. Minier, en cassant un arrêt de la cour de justice criminelle du département du Gard, que les jugemens de ces tribunaux, lors même qu'ils étaient qualifiés en dernier ressort, étaient à l'abri du recours en Cassation, et que la voie de l'appel était la seule qui pût les atteindre.

» Mais la base sur laquelle reposait cette décision, n'existe plus. L'art. 192 du Code d'instruction criminelle l'a détruite, en réglant que, toutes les fois qu'un tribunal correctionnel se trouvera saisi d'une contravention de police, il la jugera en dernier ressort, à moins qu'il n'y ait demande en renvoi, soit de la part du ministère public, soit de la part de la partie civile.

» Et par là, notre question se trouve réduite à celle de savoir si c'est par appel ou par cassation que doit être attaqué un jugement mal à propos qualifié en dernier ressort par un tribunal qui, dans certains cas, peut juger en dernier ressort, mais qui, de droit commun, ne peut juger qu'à la charge de l'appel.

» Cette question était fort controversée avant le Code de procédure civile; mais l'art. 453 de ce Code a fait cesser là-dessus toute controverse : « Se-» ront sujets à l'appel (porte-t-il), les jugemens » qualifiés en dernier ressort, lorsqu'ils auront été » rendus par des juges qui ne pouvaient prononcer » qu'en première instance. Ne seront recevables » les appels des jugemens rendus sur des matières » dont la connaissance en dernier ressort appartient » aux premiers juges, mais qu'ils auraient omis de » qualifier, ou qu'ils auraient qualifiés en premier » ressort ».

» Et quoique ces règles ne concernent, par elles-mêmes, que les matières civiles, on ne peut douter qu'elles ne s'appliquent aussi aux matières correctionnelles et de simple police.

» Car ce n'est point sur des motifs particuliers aux matières civiles, qu'elles sont fondées : elles le sont sur des motifs communs à toutes les matières.

» Ecoutons l'orateur du gouvernement, M. Bigot-Préameneu, présentant au corps-législatif l'*Exposé des motifs* du titre des *appels* de ce Code : « Il y avait eu quelque variation dans la jurispru-» dence, sur le point de savoir si l'on devait se » pourvoir au tribunal de Cassation, ou si on pou-» vait interjeter appel, lorsqu'un jugement qualifié » en dernier ressort, avait été rendu par des juges » qui ne pouvaient prononcer qu'en première ins-» tance, ou encore lorsqu'un jugement qualifié en » premier ressort, ou n'étant point qualifié, avait » pour objet une contestation sur laquelle le tribu-» nal était compétent pour juger sans appel. Ces » erreurs dans la qualification du ressort ne sau-» raient être considérées comme abus de pouvoir : » elles ne doivent pas être un obstacle au droit » d'appeler, si le jugement a été mal à propos qua-» lifié en dernier ressort, de même qu'elles ne » doivent pas donner le droit d'appeler, si le juge-» ment qualifié en premier ressort, ou non quali-» fié, a été rendu par un tribunal dont le devoir » était de juger en dernier ressort ».

L'orateur du tribunat disait également, en portant la parole sur le même titre : « La compétence » des jugemens est de droit public, et il ne leur » est pas plus loisible de la restreindre que de l'é-» tendre; d'où il suit qu'une fausse énonciation de » premier ou de dernier ressort dans un jugement, » ne peut ni le soustraire ni le soumettre à l'appel;

» et l'on doit s'étonner que la chose ait pu paraître » problématique à quelques tribunaux d'appel ».

» Ces motifs, comme vous le voyez, Messieurs, reçoivent toute leur application aux matières correctionnelles et de simple police. La disposition du Code de procédure civile, qu'ils ont dictée, doit donc aussi s'appliquer à ces matières.

» Et dès là, il est clair que le recours en cassation qui vous est soumis, doit être repoussé sans examen, si le jugement qui en est l'objet, n'a pu être rendu qu'à la charge de l'appel.

» Ceci nous mène naturellement à une autre question : Est-ce à la charge de l'appel, est-ce en dernier ressort, qu'a dû être rendu le jugement dont il s'agit?

» Il a dû sans contredit être rendu en dernier ressort, si le fait imputé à la nommée Geela, n'est qu'une contravention de police. Mais il n'a pu être rendu qu'à la charge de l'appel, si ce fait porte le caractère de délit.

» Or, de quoi est prévenue la nommée Geela?

» D'avoir exigé d'un voyageur, à titre de péage, six sous de Hollande, ou 64 centimes, de plus que ne devait ce particulier.

» Et de quelle peine cette exaction est-elle passible?

» Si nous consultons le règlement de 1760, auquel se réfère le cahier des charges de l'adjudication du sieur Van Ommeren, nous y trouverons un article ainsi conçu : « Et en cas que le fermier exi-» gerait ou percevrait, pour ledit péage, plus qu'il » n'est fixé par le tarif ci-dessus, il serait tenu de » le restituer quadruplement, et serait en outre » corrigé arbitrairement par Messieurs les bail-» leurs ».

» Cette disposition est elle encore en vigueur, en tant qu'elle attribue aux administrateurs de la rivière de l'Eem, de qui le sieur Van Ommeren tient son bail, la connaissance et la punition des surexactions commises par le fermier du droit de péage?

» L'examen de cette question serait ici d'une haute importance, si nous avions à nous occuper du fond du jugement qui vous est dénoncé.

» Mais elle est inutile pour nous déterminer sur le point de savoir si le jugement qui vous est dénoncé, a pu être rendu en dernier ressort.

» En effet, pour nous fixer sur ce point, nous devons supposer que le tribunal correctionnel d'A-mersfoort était compétent, ou, en d'autres termes, que la connaissance des délits commis en Hollande par les fermiers des droits de péage, dans la perception de ces droits, a été transférée, par les lois nouvelles, des mains de l'administration dans celles des tribunaux.

» Mais en supposant que, nonobstant cette disposition, le tribunal correctionnel d'Amersfoort fût compétent, a-t-il pu, d'après cette disposition, ne condamner la nommée Geela qu'à la restitution du quadruple de ce qu'elle avait reçu de trop, et par suite juger en dernier ressort?

II.

» Non, car le règlement de 1760 ne punit pas seulement de la restitution du quadruple le péager qui élèvera sa perception au-dessus du tarif, elle l'assujettit encore à être *corrigé arbitrairement.*

» Et qu'est-ce qu'une *correction arbitraire* ? C'est sans contredit une peine correctionnelle que l'autorité à laquelle appartient le droit de l'infliger, peut aggraver ou adoucir à son gré et d'après les circonstances. C'est sans contredit une peine qui peut, lorsque cette autorité le juge à propos, excéder le *maximum* de la compétence des tribunaux de police. C'est par conséquent une peine que les tribunaux correctionnels ne peuvent prononcer qu'à la charge de l'appel.

» Et qu'on ne dise pas que, dans notre espèce, le tribunal correctionnel d'Amersfoort n'a point infligé à la nommée Geela la peine arbitraire dont il est ici question. Qu'on ne dise pas qu'il n'a infligé à la nommée Geela qu'une sorte d'amende qui n'excède pas le taux de la compétence des tribunaux de police.

» Le tribunal correctionnel d'Amersfoort n'a pas pu faire, en remplissant les fonctions de tribunal de police, ce qu'un tribunal de police n'aurait pas pu faire lui-même.

» Or, il est très-constant qu'un tribunal de police ne peut pas, en s'abstenant de prononcer une peine que la loi lui enjoint de prononcer, acquérir une compétence qu'il n'aurait pas, s'il faisait ce que la loi lui prescrit; et comme vous l'avez dit, notamment par un arrêt de Cassation du 1er messidor an 13, au rapport de M. Carnot, *ce n'est pas sur la condamnation prononcée que la compétence des tribunaux de police doit se régler, mais sur celle qui peut et qui doit l'être.*

» Du reste, l'incompétence du tribunal correctionnel d'Amersfoort, pour statuer en dernier ressort, serait encore bien plus évidente, s'il était constant que la disposition pénale du règlement de 1760 fût abrogée et remplacée par l'art. 174 du Code pénal; puisqu'alors ce ne serait plus une *correction arbitraire*, mais un emprisonnement de deux ans au moins et de cinq ans au plus, qu'il y aurait lieu d'infliger à la nommée Geela.

» Mais nous n'avons pas besoin, quant à présent, d'aller jusque-là : tenons-nous, pour le moment, à ce qu'a jugé le tribunal correctionnel d'Amersfoort; et disons que, même d'après les élémens de son jugement du 15 décembre dernier, il n'a pu le rendre qu'à la charge de l'appel; disons que la voie de l'appel est la seule qui soit ouverte contre ce jugement; disons que le recours en Cassation dirigé contre ce jugement est non-recevable, et qu'il n'y a pas lieu d'y statuer. C'est à quoi nous concluons ».

Par arrêt du 26 novembre 1812, au rapport de M. Busschop, « considérant que, d'après les dispositions combinées des art. 181, 192 et 199 du Code d'instruction criminelle, les tribunaux de police correctionnelle ne peuvent juger en premier et dernier ressort, que lorsque le renvoi de l'affaire n'ayant été demandé ni par la partie publique ni par la partie civile, le fait sur lequel lesdits tribunaux ont à prononcer, se réduit à une contravention de police; et que, dans tout autre cas, les jugemens qu'ils rendent en première instance, sont de droit sujets à l'appel; que l'art. 453 du Code de procédure civile qui, par l'identité des motifs, est applicable à la procédure en matière de police, soumet à l'appel les jugemens qui, quoique qualifiés en *dernier ressort*, auraient été rendus par des juges qui, d'après la loi, ne pouvaient prononcer qu'en première instance et à la charge de l'appel; d'où il suit que de pareils jugemens ne peuvent être attaqués par la voie de la Cassation; considérant dans l'espèce, qu'en supposant même que le fait de surexaction, dont est prévenue Timetje Geela, dût encore être régi par le règlement hollandais de 1760, relatif à la perception des droits de barrière de Soert, ce fait ne serait point une simple contravention de police, mais un délit de police correctionnelle, puisque, d'après ledit règlement, la surexaction des droits donne lieu, non-seulement à un dédommagement civil égal au quadruple de la somme qui a été perçue au delà de la taxe réglée, mais encore à une correction arbitraire qui peut conséquemment excéder les peines de simple police; qu'il suit de ces circonstances, que le tribunal correctionnel d'Amersfoort ne pouvait juger dans cette affaire qu'en premier ressort et à la charge de l'appel; et que la qualification de *dernier ressort* que ce tribunal a donnée à son jugement, ne faisait point obstacle à ce qu'il fût sujet à l'appel; d'où il suit, par une conséquence ultérieure, que le pourvoi en cassation dudit jugement ne peut être reçu; d'après ces motifs, la cour déclare le procureur du gouvernement près le tribunal correctionnel d'Amersfoort non-recevable en son pourvoi ».

Doit-on, relativement à la question de savoir s'il y a lieu ou non au recours en Cassation pour cause d'incompétence, considérer comme rendu en dernier ressort, un jugement dont l'appel n'est pas recevable au fond, mais dont il peut être appelé comme de juge incompétent ? *V.* le plaidoyer et l'arrêt du 25 février 1815, rapportés au mot *Appel,* sect. 2, §. 3, n. 6, dans les *Additions.*

No III. *Même page, col. 2, avant le* no IV, *ajoutez :*

Du reste, les jugemens en dernier ressort des tribunaux de paix peuvent être cassés dans l'intérêt de la loi. *V. Requête civile,* §. 3, n. 11.

No IV. *Même page, col. 2, avant le* no V, *ajoutez :*

A l'égard des jugemens que les tribunaux militaires rendent compétemment, il en est qui sont sujets à la révision, voie qui équipolle à celle de la cassation, mais qui s'exerce devant d'autres tribunaux de la même nature. *V. Révision de procès.*

Quant à ceux de ces jugemens qui ne sont pas sujets à la révision, la cour de cassation peut les casser, mais dans l'intérêt de la loi seulement, et sur un réquisitoire dressé par le procureur-général, de l'ordre exprès du ministre de la justice. *V.* l'arrêt du 19 juin 1813, qui est rapporté dans le *Bulletin criminel* de la cour de cassation.

Il ne faut cependant point conclure de là que ces jugemens soient à l'abri de la Cassation, soit dans l'intérêt de la vindicte publique, soit dans l'intérêt des condamnés. Le Roi peut les déclarer nuls ; et c'est ce qu'établit, en ces termes, un avis du conseil d'état, du 11 juin 1813, approuvé le 4 juillet suivant :

« Le conseil d'état, qui a entendu le rapport des sections de législation et de la guerre sur celui du ministre de la guerre ayant pour objet de faire prononcer la nullité de deux jugemens de condamnation rendus par un conseil de guerre spécial, présidé par un capitaine ; vu lesdits jugemens, l'un du 25 novembre dernier, qui condamne à trois ans de travaux publics et à 1,500 fr. d'amende, le nommé Bertau (Pierre-Antoine), du troisième régiment de cuirassiers, comme prévenu de désertion ; l'autre, du 5 décembre suivant, qui condamne à cinq ans de boulet le nommé Forio (Sébastien), également prévenu de désertion ; vu les art. 17 et 42 de l'arrêté du gouvernement, du 19 vendémiaire an 12, portant, le premier : *Le conseil de guerre spécial sera composé de sept membres, savoir, un officier supérieur.....*; le second, *les jugemens des conseils de guerre spéciaux ne seront sujets ni à appel, ni à Cassation, ni à revision.....*; considérant que le conseil de guerre spécial qui a rendu les jugemens dont il s'agit, n'a pas été légalement composé ; puisqu'il a eu pour président un capitaine, au lieu d'un officier supérieur ; que c'est un principe constant *qu'il n'y a pas de plus grand défaut que le défaut de pouvoir*, et que ce vice doit être reproché à tout tribunal non régulièrement formé ; que le droit de surveiller l'exécution des lois et de réprimer les infractions qui y sont faites, est inhérent à la souveraineté, et ne peut jamais cesser d'exister ; qu'ainsi dans le cas où le prince n'en a pas délégué l'exercice, il est censé se l'être réservé à lui-même ; est d'avis que les deux jugemens ci-dessus mentionnés doivent être considérés comme non-avenus, et qu'il y a lieu, de la part de sa Majesté, d'ordonner à son ministre de la guerre de faire assembler un conseil de guerre spécial, conformément à l'arrêté du 19 vendémiaire an 12, et d'y traduire les deux militaires dont il s'agit ; et que le présent avis soit inséré au Bulletin des lois ».

N° V. *Même page*, *col.* 1, *avant le* n° VI, *ajoutez :*

Mais quoique les arrêts des cours spéciales ne soient sujets au recours en Cassation, ni de la part des condamnés, ni dans l'intérêt de la vindicte publique, ils peuvent néanmoins être cassés dans l'intérêt de la loi sur un réquisitoire du procureur-général, donné de l'ordre exprès du ministre de la justice. *V.* l'arrêt du 30 avril 1812, rapporté au mot *Souveraineté*, §. 8 ; l'arrêt du 22 novembre 1812, rapporté à l'article *Monnaie*, §. 2, art. 2 ;

n. 2 ; l'arrêt du 13 novembre de la même année, rapporté à l'article *Récidive*, n. 12 ; et l'arrêt du 12 février 1813, rapporté au même endroit.

Page 52, *col.* 1, *après le* n° IX, *ajoutez :*

X. Un arrêt par lequel une chambre d'accusation déclare qu'il n'y a pas lieu à accusation contre le prévenu, non faute d'indices suffisans des faits qui lui sont imputés, mais parce que ces faits ne constituent pas un crime, ou parce que le crime qu'ils constituent est couvert, soit par la prescription, soit par l'autorité de la chose jugée ; est-il passible de recours en Cassation de la part du ministère public ? *V.* le plaidoyer et l'arrêt du 7 juin 1811, rapportés ci-après, §. 5, n. 10 *bis* ; et le plaidoyer ainsi que l'arrêt du 12 octobre de la même année, rapportés aux mots *Non bis in idem*, n. 12, dans les *Additions*.

§. IV, n. IV. *Page* 55, *col.* 2, *après la ligne* 20, *ajoutez :*

Par la même raison, la partie civile ne peut pas, sous le Code d'instruction criminelle de 1808, se pourvoir en Cassation contre l'arrêt d'une chambre d'accusation qui déclare qu'il n'y a pas lieu à accusation contre le prévenu ; et c'est ce qui a été jugé dans l'espèce suivante.

Le 1er messidor an 5, les sieurs Line et Rancès forment ensemble une société de commerce dont ils établissent le siége à Paris. — Le 30 frimaire an 7, ils rompent cette société.

En l'an 11, le sieur Rancès disparaît. — Le 18 prairial an 13 le sieur Line obtient, au tribunal de commerce de Paris, un jugement qui l'autorise à liquider les affaires de la société dissoute. — Cette liquidation achevée, il part pour l'Amérique espagnole. — En 1809, le sieur Rancès reparaît avec une grande fortune, fruit d'un commerce qu'il a fait à Hambourg depuis l'an 11. — Des poursuites sont à l'instant dirigées contre lui, tant par les créanciers de sa société avec le sieur Line, que par ceux de la compagnie Schunck, chargée du service des charrois militaires, dans laquelle la société Line et Rancès avait des intérêts. — Parmi ces créanciers figurent principalement, 1° le sieur Sarraille, de Malaga, réclamant une somme de 39,000 fr. qu'il prouve avoir prêtée ou confiée à la maison Line et Rancès ; 2° les sieurs Walz et compagnie, de Paris, porteurs de deux lettres-de-change souscrites en l'an 7, par le sieur Rancès, en sa qualité d'entrepreneur de la compagnie Schunck, en mission ; 3° le sieur Bayard, cessionnaire de la compagnie Ouin, créancière de l'entreprise Schunck, d'une somme de 11,097 fr., pour fournitures faites, en l'an 6, de chevaux et charretiers de cette entreprise ; 4° le sieur Douin, cessionnaire des sieurs Lonnoy et Leèbre, créanciers de la même entreprise, d'une somme de 6,568 fr., pour des fournitures du même genre. Tous ces créanciers représentent des jugemens par défaut qu'ils ont obtenus contre le sieur Rancès, pendant son séjour à

Hambourg. — Le sieur Rancès attaque tous ces jugemens, comme surpris sur des assignations données à de faux domiciles, et comme ayant consacré des créances qui n'avaient jamais existé ou étaient éteintes. — Le 27 juin 1810, il rend une plainte en faux par laquelle, en se déclarant partie civile, il expose des hommes pervers ont ourdi une coupable trame pour le dépouiller de sa fortune ; que, dans cette vue, ils se sont, pendant son absence, emparés des livres et registres de son ancienne société ; qu'ils y ont fait faire, par une main étrangère, des additions, des altérations et des falsifications considérables ; qu'ils ont soustrait les livres de la compagnie Schunck et des titres de créances qui étaient acquittés; qu'ils ont produit des bordereaux, des marchés, des cessions, des certificats dont les signatures sont, ou fausses, ou données après coup, ou antidatées. — Une instruction s'ouvre sur cette plainte et sur les additions de plainte dont elle est suivie.

Les créanciers inculpés par le sieur Rancès, sont interrogés, et expliquent les faits d'une manière qui détermine le juge d'instruction à ne décerner contre eux ni mandat de dépôt ni mandat d'arrêt.

Le 9 mai 1811, sur le rapport de ce magistrat, le tribunal de première instance du département de la Seine rend une ordonnance ainsi conçue :

« Vu les pièces du procès et l'instruction.....; attendu qu'il en résulte que les faux imputés à Line, à raison de ce que, postérieurement à la dissolution de la société qui a existé entre lui et le sieur Rancès, le premier a fait ou fait faire par Vayre, son commis, des ratures et additions sur les registres de la compagnie ; — attendu que la société, dissoute depuis l'an 7, n'était point encore liquidée en l'an 11, époque à laquelle Rancès a quitté Paris ; que Line, qui paraît avoir opéré seul cette liquidation, s'est aperçu, en y procédant, de plusieurs omissions et incorrections commises par Rancès, lorsque, pendant le voyage de Line, il était seul chargé de l'administration et de la tenue des livres ; que Line devant partir, en l'an 13, pour l'Amérique, a pris le parti de clôturer les livres : qu'il n'a commis aucunes altérations ni falsifications sur les écritures qui y ont été portées pendant la durée de cette société ; que seulement, dans l'unique vue de se mettre en règle, et pour remplir les omissions et réparer les incorrections qu'il avait remarquées, il a fait, à la suite, des additions dont il soutient avec confiance la sincérité, et qu'il offre de justifier; que ces seules explications éloignent toute idée de faux de la part de Line ; que plusieurs circonstances établissent sa bonne foi et montrent que, dans son association avec Rancès, il a été plutôt trompé que trompeur ; — en ce qui touche Schunck, attendu qu'en visant, en 1810, des bons de fournitures faites en l'an 7, et en reconnaissant qu'il n'a point entendu obliger, en 1810, les membres d'une compagnie dissoute plusieurs années auparavant ; attendu que ces signatures n'ont point créé un nouveau titre pour la compagnie Ouin, puisque les bordereaux étaient déjà signés et ordonnancés par les commissaires des guerres ; et qu'en y ajoutant sa signature pour visa, Schunck, qui, par là, n'a fait que rendre hommage à une vérité de lui connue, n'a pu commettre aucun faux ; que l'allégation de Rancès que les bordereaux sont faux, parce que la compagnie Schunck n'a jamais été chargée de l'entreprise des équipages d'artillerie, ni à Nice, ni à Menton, disparaît devant la représentation seule des bordereaux revêtus de la signature non contestée des commissaires des guerres ; — attendu que ces bordereaux viennent à l'appui du fait avancé par toutes les parties opposées à Rancès, que, bien que la compagnie Schunck ne fût pas chargée du service de la huitième division militaire, dans l'étendue de laquelle se trouvent Nice et Menton, cette compagnie y a eu des hommes et des chevaux qui ont été rationnés par la compagnie Ouin, pour le compte de la première ; — en ce qui touche la compagnie Ouin et les sieurs Sarraille et Bayard, attendu que Bayard, en demandant à Schunck sa signature, n'a jamais pu entendre se constituer un nouveau titre contre les anciens associés de Schunck, puisqu'il a toujours avoué, ainsi que Schunck, qu'il n'avait demandé que le Schunck n'avait donné le visa qu'en 1810 ; qu'il est très-présumable, suivant que l'avance Bayard, qu'il n'a sollicité le visa de Schunck qu'afin de s'assurer de la sincérité des fournitures et des signatures des commissaires des guerres ; que d'ailleurs, s'il est décidé qu'il n'y a point de faux, la plainte portée contre Bayard, Sarraille et la compagnie Ouin, reste sans fondement, parce qu'ils n'ont pu faire usage de pièces fausses, s'il n'existe point de faux ; qu'il y a encore cela de particulier pour Sarraille, qu'il affirme que ce qui le concerne dans les registres, se trouve avant les additions et dans la partie non contestée par Rancès ; que par conséquent il ne peut, ni directement, ni indirectement, exister de faux à son égard ; — en ce qui touche Lesbre, Lonnoy et Doin, attendu que les transports sous seing-privé faits par Lesbre et Lonnoy au profit de Doin, ne présentent aucun caractère de fausseté ; que les détails de l'affaire n'ont laissé apercevoir ni crime ni délit ; que tout, au contraire, fait présumer que Rancès n'a imaginé les inculpations de faux et de soustractions de pièces, que pour chercher à échapper ou à suspendre les actions civiles qui étaient dirigées contre lui par Bayard et Doin, cessionnaires des anciens créanciers de la compagnie Line-Rancès et de la compagnie Schunck ; — déclarons, conformément à l'art. 128 du Code d'instruction criminelle, qu'il n'y a pas lieu à suivre ; ordonnons que les registres qui se trouvent au greffe, seront remis à Line ou telle autre personne qui les y a déposés ».

Le sieur Rancès forme opposition à cette ordonnance, et l'affaire est en conséquence renvoyée à la chambre d'accusation de la cour de Paris.

Le 25 du même mois, l'un des substituts du procureur-général, « attendu que le droit d'opposition à l'ordonnance d'une chambre du tribunal de première instance n'est accordé à la partie civile que par l'art.

155 du Code d'instruction criminelle, et que ce droit y est restreint au seul cas d'opposition à l'élargissement d'un prévenu dont la chambre aurait ordonné la mise en liberté ; que, dans l'espèce, il n'a point été ordonné de mise en liberté par la chambre, puisqu'il n'y avait point de prévenus arrêtés ; qu'ainsi, il ne peut pas être question d'opposition à l'élargissement d'un prévenu ; requiert, au nom du procureur-général, que Frédéric Rancès soit, par la cour, déclaré non-recevable dans l'opposition par lui formée à l'ordonnance de la quatrième chambre du tribunal de première instance du département de la Seine, en date du 9 du présent mois ; et qu'il soit dit que ladite ordonnance sera exécutée selon sa forme et teneur ».

Le 28 du même mois, arrêt qui, « attendu, d'une part, qu'il résulte de la combinaison des art. 128, 129 et 155 du Code d'instruction criminelle, que la partie civile est autorisée à former opposition à l'ordonnance qui prononce qu'il n'y a pas lieu à poursuivre, et que le prévenu doit être mis en liberté, soit que le prévenu ait été précédemment arrêté ou non ; que, d'autre part, les faits vérifiés par l'instruction, ne caractérisent pas le crime en faux imputé à Vayre, Bayard, Sarraille, Doin, Schunck, Line, Lesbre, Lonnoy et Ouin et compagnie ; sans s'arrêter à la fin de non-recevoir proposée par le procureur-général, sans s'arrêter non plus à l'opposition de Rancès ; confirme l'ordonnance du tribunal de première instance du département de la Seine, en date du 9 de ce mois ».

Le sieur Rancès se pourvoit en cassation contre cet arrêt.

« Le recours en Cassation sur lequel vous avez à prononcer (ai-je dit à l'audience de la section criminelle, le 17 octobre 1811) est-il recevable ? C'est la première question qui, dans cette affaire, se présente à votre examen.

» Cette question n'en serait pas une si le recours en Cassation qui la fait naître, avait été formé, non par une partie civile, mais par le ministère public.

» Car vous avez déjà jugé plusieurs fois qu'en ce cas, le recours en Cassation serait recevable ; et vous l'avez jugé sur le fondement que, d'une part, l'art. 416 du Code d'instruction criminelle soumet au recours en Cassation, en tout état de cause, les arrêts *rendus sur la compétence* ; et que, de l'autre, c'est nécessairement sur la compétence que prononce tout arrêt qui déclare, non d'après le défaut de charges, mais d'après la nature du fait imputé au prévenu, qu'il n'y a pas lieu à accusation contre celui-ci, puisqu'il équivaut à un arrêt qui déclarerait, en termes positifs, que le fait imputé au prévenu, n'est pas de la compétence de la cour d'assises ou de la cour spéciale, et que la connaissance en appartient, ou au tribunal correctionnel, ou au tribunal de police, ou au juge civil.

» Mais la partie civile doit-elle être, à cet égard, placée sur la même ligne que le ministère public ?

» On dit pour l'affirmative que, de droit commun, le recours en Cassation est ouvert à toute partie intéressée, contre les jugemens en dernier ressort qui sont en opposition avec la loi ; que cette règle, établie par l'art. 3 de la loi du 27 novembre 1790, et par l'art. 66 de l'acte constitutionnel du 22 frimaire an 8, doit être considérée comme maintenue en matière criminelle, aussi bien qu'en matière civile, dans toute sa généralité, tant qu'on ne montrera pas une loi postérieure qui la modifie et la restreint ; que, par la même raison, si des lois postérieures l'ont modifiée ou restreinte, les modifications, les restrictions qu'elles lui ont données, doivent être renfermées dans leurs termes précis, et que, hors les cas pour lesquels ces modifications, ces restrictions ont été faites, la généralité de la règle doit reprendre tout son empire ; qu'ainsi, il n'importe que la partie civile ne soit admise, ni par l'art. 419 du Code d'instruction criminelle, à se pourvoir en Cassation contre une ordonnance d'acquittement, ni par l'art. 410, à exercer ce recours contre un arrêt d'absolution ; et que l'art. 412 ne l'admette à prendre cette voie que contre la disposition de l'arrêt qui, à la suite d'un acquittement ou d'une absolution, le condamnerait à des dommages-intérêts supérieurs à la demande de la partie acquittée ou absoute ; que ces exceptions au droit général de recourir, ne portent que sur les arrêts intervenus à la suite d'un débat solennel, et que, par conséquent, on ne peut pas les étendre aux arrêts qui, en déclarant qu'il n'y a pas lieu à accusation, ferment précisément la porte à toute espèce de débats ultérieurs, qu'enfin, l'art. 135 du Code d'instruction criminelle permet à la partie civile de former opposition au jugement du tribunal de première instance, qui ordonne la mise en liberté du prévenu, et, par ce moyen, d'attirer l'affaire à la chambre d'accusation de la cour ; que cette opposition équivaut à un appel et en a tous les effets ; que la Cassation et l'appel sont nécessairement corrélatifs ; et qu'il est impossible que là où l'appel est ouvert contre un jugement de première instance, la Cassation ne le soit pas contre l'arrêt qui confirme ou réforme ce jugement.

» Ces raisons, nous devons en convenir, sont très-spécieuses ; mais ne doivent-elles pas céder à des raisons plus solides, à des considérations plus déterminantes ?

» Un grand principe doit ici nous servir de boussole : c'est que, pour nous servir des termes de l'art. 1 du Code d'instruction criminelle, *l'action pour l'application des peines n'appartient qu'aux fonctionnaires auxquels elle est confiée par la loi*, c'est-à-dire, aux officiers du ministère public.

» Sans doute, la partie lésée par un crime ou par un délit, a le droit d'exciter, de mettre en mouvement, par une plainte, l'action de ces officiers.

» Sans doute, ces officiers ne peuvent pas, de leur seule autorité, repousser les plaintes qui leur sont présentées par les parties civiles ; et ils sont obligés de les soumettre à une première instruction que dirige un juge institué à cet effet, et dont il doit être rendu compte, d'abord au tribunal de première instance, ensuite, s'il y a lieu, à la chambre d'accusation de la cour d'appel.

» Mais lorsque la chambre d'accusation de la cour d'appel a décidé, par un arrêt, que le procureur-général ne doit pas poursuivre l'effet d'une plainte, et que le procureur-général a donné son acquiescement à cet arrêt, de quel droit la partie civile prétendrait-elle forcer le procureur-général à des poursuites qu'il est jugé, et qu'il reconnaît lui-même, ne pouvoir pas faire? Lui attribuer un pareil droit, ce serait évidemment remettre dans sa main *l'action pour l'application des peines*; car ce serait véritablement la partie civile qui agirait à cette fin, si le procureur-général n'agissait à cette fin que malgré lui et comme instrument passif de la partie civile.

» Cette seule réflexion nous paraît répondre à tous les argumens sur lesquels est étayée l'opinion contraire.

» Que sert-il, en effet, de dire que, de droit commun, le recours en Cassation est ouvert contre tout jugement en dernier ressort qui viole la loi, et que cette règle n'est limitée, dans le Code d'instruction criminelle, par aucune exception relative aux arrêts des chambres d'accusation qui déclarent qu'il n'y a pas lieu à accusation contre les prévenus?

» A qui le recours en Cassation est-il ouvert de droit commun, contre les jugemens en dernier ressort qui violent la loi? A ceux-là seuls qui y ont intérêt. Point d'intérêt, point d'action, voilà la règle générale.

» Or, quel intérêt la partie civile pourrait-elle avoir à faire annuler un arrêt qui juge que le prévenu du fait dont elle se plaint, ne doit pas être poursuivi criminellement à raison de ce fait?

» Elle ne peut y avoir qu'un intérêt purement civil. Mais cet intérêt, par cela seul qu'il est purement civil, ne pourrait avoir que des résultats pécuniaires. On ne pourrait donc pas, en cassant un pareil arrêt, ordonner que le prévenu fût mis en jugement à l'effet d'être frappé, en cas de conviction, d'une peine quelconque. On ne pourrait donc, en cassant un pareil arrêt, qu'ordonner la mise en jugement du prévenu, à l'effet d'être condamné, en cas de conviction, aux dommages-intérêts de la partie civile.

» Mais, on le demande, pourrait-on, avec la certitude que le prévenu ne devrait, en définitive, être condamné qu'à des dommages-intérêts, ordonner qu'il fût mis en jugement dans la forme particulière aux procès de grand criminel? Pourrait-on, avec cette certitude, déployer, à son égard, le terrible appareil d'un débat public?

» Non assurément; on serait donc forcé, en cassant l'arrêt de la chambre d'accusation attaqué par la partie plaignante, de renvoyer le prévenu devant un tribunal civil, c'est-à-dire, de faire précisément ce que cet arrêt a fait d'avance.

» Quelle induction au surplus peut-on tirer de la faculté accordée à la partie civile, par l'art. 135 du Code d'instruction criminelle, de former opposition au jugement du tribunal de première instance qui ordonne la mise en liberté du prévenu, et, par-là, d'attirer l'affaire à la chambre d'accusation?

» De cette faculté à celle de se pourvoir en Cassation contre l'arrêt de la chambre d'accusation elle-même, la distance est, pour ainsi dire, incommensurable.

» En accordant cette faculté à la partie civile, en lui permettant de l'exercer même à défaut du procureur du gouvernement, la loi a considéré que l'action publique ne réside dans le procureur du gouvernement que subordonnément au procureur-général; que le procureur du gouvernement n'a pas le droit de la consommer entièrement et de l'éteindre par son silence; et qu'il doit y avoir une sorte de recours du silence du procureur du gouvernement, qui n'est réellement que le substitut du procureur-général au procureur-général lui-même.

» Mais lorsque le procureur-général a pris personnellement connaissance de l'affaire, lorsqu'il l'a exposée dans tous ses détails à la chambre d'accusation, lorsque la chambre d'accusation a décidé qu'il ne doit point agir, lorsqu'il reconnaît lui-même, par son acquiescement à cette décision, qu'il n'y a lieu à aucunes poursuites de sa part, tout est dit, tout est consommé; il n'y a plus d'action publique, et par conséquent plus de voie ouverte contre l'arrêt qui déclare que l'action publique ne doit pas être exercée.

» C'est ainsi que, sous le Code du 3 brumaire an 4, et avant la loi du 7 pluviose an 9, la partie plaignante pouvait, sur le refus du juge de paix de décerner un mandat d'amener ou d'arrêt contre le prévenu, s'adresser au directeur du jury qui exerçait, dans toute sa plénitude, la police judiciaire; et que néanmoins, lorsqu'une fois le directeur du jury avait déclaré qu'il n'y avait lieu, ni à mandat d'amener, ni à mandat d'arrêt, son ordonnance était à l'abri de toute espèce de recours de la part du plaignant.

» C'est ainsi que, sous la loi du 7 pluviose an 9, la partie plaignante n'avait aucune espèce de recours, soit contre l'ordonnance du directeur du jury qui, d'accord avec le ministère public, la renvoyait à se pourvoir devant les juges civils, soit contre le jugement du tribunal de première instance qui, dans le cas où le ministère public et le directeur du jury se trouvaient divisés, prononçait le même renvoi.

» Et pourquoi le jugiez-vous ainsi, sous le Code du 3 brumaire an 4, sous la loi du 7 pluviose an 9? Vous l'avez dit vous-mêmes par vos arrêts du 3 frimaire an 12 et du 9 frimaire an 13, au rapport de MM. Schwendt et Babille, dans les affaires du sieur Barbier et de la dame Coutanceau : « Parce » que l'action publique est essentiellement distincte et indépendante de l'action civile et ne peut » être poursuivie que par le ministère public; que » dès-lors, la partie civile est sans qualité pour attaquer une ordonnance du directeur du jury, qui, » statuant sur la compétence, la renvoie à se pourvoir à fins civiles ».

» Or, aujourd'hui, comme sous le Code du 3 brumaire an 4, comme sous la loi du 7 pluviose an 9., *l'action publique est essentiellement distincte et indépendante de l'action civile*; aujourd'hui, comme sous le Code du 3 brumaire an 4, comme sous la loi du 7 pluviose an 9, cette action *ne peut être poursuivie que par le ministère public.*

» Donc, de même que, sous le Code du 3 brumaire an 4, sous la loi du 7 pluviose an 9, la partie civile était *sans qualité pour attaquer une ordonnance de directeur du jury*, qui, statuant sur la compétence, *la renvoyait à se pourvoir à fins civiles*; de même aussi, sous le Code d'instruction criminelle, la partie civile est sans qualité pour attaquer un arrêt par lequel la chambre d'accusation qui, en tant qu'elle statue sur la compétence, représente parfaitement le directeur du jury, déclare qu'il n'y a pas lieu de mettre le prévenu en jugement, soit devant la cour d'assises, soit devant la cour spéciale.

» Enfin, est-il bien exact de dire que l'opposition de la partie civile au jugement du tribunal de première instance qui ordonne la mise en liberté du prévenu, équipolle à un appel de ce jugement? Est-il bien raisonnable de partir de là pour approprier à la partie civile qui a formé une opposition de ce genre, la maxime générale, que la faculté d'appeler d'un jugement emporte celle de se pourvoir en cassation contre l'arrêt qui le confirme?

» Si le législateur avait voulu donner à l'opposition dont il s'agit, tous les effets d'un appel véritable, non-seulement il l'aurait dit expressément; mais ce n'est pas du mot *opposition*, c'est du mot *appel*, qu'il se serait servi.

» En ne se servant pas du mot *appel*, en y substituant le mot *opposition*, il a fait assez entendre qu'on ne doit pas appliquer à l'opposition au jugement qui met le prévenu en liberté, toutes les règles auxquelles serait sujet un appel proprement dit de ce jugement.

» Et dans le fait, on convient généralement, il résulte même très-clairement de l'art. 135 du Code d'instruction criminelle, que l'opposition de la partie civile profite au ministère public, comme l'opposition du procureur du gouvernement profite à la partie civile. Or, il est très-certain qu'il en serait tout autrement, si cette opposition était considérée comme un appel. Car l'un des principes les plus constans de l'ordre judiciaire, est que l'appel ne profite qu'à la partie qui l'a interjeté: ainsi, en matière correctionnelle, l'appel du ministère public est sans effet pour la partie civile qui n'a pas appelé elle-même; et réciproquement, l'appel de la partie civile est sans effet pour le ministère public, s'il n'a été précédé ou suivi, en temps utile, d'un appel de la part du procureur du gouvernement ou du procureur-général.

» Qu'est-ce donc que l'opposition au jugement qui met le prévenu en liberté? Ce n'est pas, quoiqu'elle en porte le nom, une opposition proprement dite, puisque, si tel était son caractère, elle ne serait recevable, ni de la part du ministère public, ni de la part du plaignant, qui tous deux ont été entendus avant le jugement du tribunal de première instance. Ce n'est pas non plus un appel véritable, puisque, si on la considérait comme tel, on serait nécessairement forcé d'en restreindre l'effet à la partie qui l'aurait formée. C'est donc un acte d'une espèce tout à fait singulière, un acte anomal, et par conséquent un acte qui, par sa nature, repousse autant l'application des règles concernant les appels, que l'application des règles concernant les oppositions.

» Ainsi, nulle induction à tirer ici de la maxime qui fait, du recours en cassation, le corrélatif de l'appel; et dès-là, plus de prétexte pour écarter la fin de non-recevoir qui s'élève contre le recours des parties civiles en cassation des arrêts des chambres d'accusation, portant que les faits imputés aux prévenus, n'ont ni le caractère de crimes, ni le caractère de délits.

» Inutilement, au reste, le sieur Rancés cherche-t-il à se placer ici dans un cas d'exception; inutilement prétend-il que, si cette fin de non-recevoir doit être accueillie en thèse générale, elle ne peut pas l'être dans l'espèce actuelle, parce que la cour de Paris, en prononçant, par l'arrêt qu'il attaque, sur la moralité des faits imputés à son adversaire, a excédé ses pouvoirs et violé les règles de la compétence.

» Il nous serait bien facile, s'il en était temps et s'il y avait lieu, de faire disparaître cette prétendue violation des règles de la compétence, ce prétendu excès de pouvoir.

» En effet, où a-t-on vu qu'en examinant s'il y a lieu à accusation contre un prévenu, la chambre d'accusation fût obligée de s'arrêter uniquement au fait matériel?

» Quoi! s'il résultait de l'instruction, qu'un homicide a été commis par un homme en démence, la chambre d'accusation serait obligée de renvoyer le prévenu devant la cour d'assises?

» Quoi! s'il résultait de l'instruction qu'un officier public a été induit, par une erreur absolument involontaire, à commettre un faux par supposition de personne, la chambre d'accusation ne pourrait pas ordonner sa mise en liberté?

» Quoi! s'il résultait de l'instruction, qu'un faux en écriture privée n'a été commis que par badinage, la chambre d'accusation ne pourrait pas se dispenser de soumettre le prévenu à tout l'éclat, à tous les désagrémens, à toutes les angoisses d'un débat public?

» Non, non: l'art. 231 du Code d'instruction criminelle n'ordonne, n'autorise même la mise du prévenu en état d'accusation, que lorsque *le fait est qualifié crime par la loi*, et qu'il y a des *charges suffisantes*. Or, la loi ne reconnaît de crime que là où il y a intention de nuire, soit à l'ordre public, soit à des particuliers. Il faut donc que la chambre d'accusation trouve dans le procès des *preuves suffisantes* de cette intention, pour qu'elle puisse renvoyer le prévenu devant le tribunal de la cour d'assises ou la cour spéciale.

» Mais sans nous arrêter à cette discussion, et quant à présent, il suffit d'observer que le cas d'exception dans lequel se place le sieur Rancès, rentre précisément dans la thèse générale que nous venons d'examiner. Et en effet, la question, en thèse générale, n'est pas de savoir si un arrêt de la chambre d'accusation qui renvoie expressément ou implicitement un prévenu devant les juges civils, peut être attaqué par la voie de cassation, pour toute espèce de cause : elle est uniquement de savoir si un pareil arrêt peut être attaqué par la voie de Cassation, pour cause d'incompétence. Ainsi, vouloir que, pour cause d'incompétence, la partie civile puisse poursuivre la cassation d'un pareil arrêt, c'est évidemment vouloir décider la question par la question elle-même.

» Nous estimons en conséquence, qu'il y a lieu de déclarer le sieur Rancès non-recevable dans son recours en Cassation, et le condamner à l'amende de 150 francs ».

Par arrêt du 17 octobre 1811, au rapport de M. Busschop, « attendu qu'il résulte des dispositions des art. 1 et 3 du Code d'instruction criminelle de 1808, que l'exercice de l'action civile qui naît d'un crime, est essentiellement subordonné à l'exercice de l'action publique; que conséquemment la partie privée ne peut poursuivre son action devant les tribunaux criminels, lorsque le ministère public n'agit point, ou acquiesce aux jugemens rendus sur ses dernières poursuites; que l'intérêt de l'ordre social est, en effet, l'objet principal de la juridiction criminelle, et que les intérêts privés n'en sont que l'objet accidentel et accessoire; que, si l'art. 135 du Code d'instruction criminelle autorise la partie civile à se pourvoir par opposition, contre les ordonnances des chambres d'instruction dans les cas et dans le délai portés dans cet article, c'est une exception au droit commun qui doit être restreinte dans sa disposition, et dont on ne peut induire en faveur de la partie civile, aucun droit d'action directe et principale, ni par conséquent le droit de se pourvoir en Cassation contre des arrêts définitifs d'un tribunal supérieur, contre lesquels le ministère public ne réclame pas; qu'aucun des articles dudit Code d'instruction criminelle, relatifs aux attributions des chambres d'accusation ne confère aux parties civiles le droit de se pourvoir en Cassation contre leurs arrêts; que ce droit des parties civiles, doit donc être apprécié et jugé suivant les principes généraux et les règles particulières fixées par ledit Code; que, d'après les principes généraux, il ne peut y avoir devant les tribunaux criminels d'action civile, là où il n'y a pas d'action publique; que, d'après les règles particulières établies dans les art. 408 et 412 dudit Code, relatives au droit de pourvoi des parties civiles en matière criminelle, ce droit de pourvoi n'est accordé aux parties civiles que relativement aux condamnations civiles, qui pourraient avoir été pro-

noncées contr'elles; que le ministère public ne s'est point pourvu en Cassation contre l'arrêt de la chambre d'accusation de Paris, contre lequel est dirigé le pourvoi du demandeur; et que cet arrêt n'a prononcé contre lui aucune condamnation civile; qu'il suit de là, que, sous aucun rapport, la cour n'est légalement saisie du droit de connaître dudit arrêt; d'après ces différens motifs, la cour déclare le demandeur non-recevable en son pourvoi.......».

Mais la partie civile ne serait-elle pas recevable à se pourvoir en Cassation contre un arrêt par lequel une chambre d'accusation se déclarerait incompétente pour connaître du procès qu'elle laisserait d'ailleurs entier? V. Faux, sect. 2, §. 2, n. 3, dans les Additions.

N. V. Page 56, col. 1, après la ligne 17, ajoutez :

V bis. Dans les matières criminelles, correctionnelles et de police, les procureurs-généraux des cours et leurs substituts sont-ils recevables, hors le cas rappelé ci-dessus, n. 2-5°, à se pourvoir en Cassation dans l'intérêt de la loi? V. Parricide, n. 4, dans les Additions.

N. VI. Page 56, col. 1, avant le n. VII, ajoutez :

Mais de là s'ensuit-il qu'un procureur-général ne peut pas, dans les matières où la loi l'oblige d'agir pour l'intérêt public, se pourvoir en Cassation contre un arrêt qui n'a fait qu'adopter ses conclusions, ou celles de l'un de ses substituts ?

« Il est de principe (ai-je dit sur cette question à l'audience de la section criminelle, du 25 février 1813, dans une affaire où le procureur-général de la cour d'appel de Rome attaquait un arrêt de la chambre correctionnelle de cette cour, rendu en faveur de Joseph Bianchini, et conforme aux conclusions du premier avocat général), il est de principe que l'on ne peut opposer au ministère public d'autres fins de non-recevoir, que celles qui sont expressément déterminées par la loi. Or, la loi n'a établi contre les recours en Cassation du ministère public qu'une seule fin de non-recevoir : c'est celle qui résulte du laps du délai fatal dans lequel ces sortes de recours doivent être exercés. Le ministère public peut donc, dans ce délai, se pourvoir en Cassation contre les arrêts qu'il a lui-même provoqués par ses conclusions. Et c'est effectivement ce que la section civile a jugé, en termes exprès, le 20 novembre 1811, dans l'affaire du notaire Gaudy (1); c'est effectivement ce que vous avez vous-mêmes jugé implicitement, le 7 janvier dernier, en prononçant par rejet sur la demande en Cassation du procureur-général de la cour d'Agen, contre un arrêt de sa compagnie qui avait, conformément aux conclusions prises en son nom par l'un de ses substituts, renvoyé un accusé

_____

(1) V. l'article Notaire, §. 3, n. 2, dans les Additions

de faux en pièces de comptabilité publique, devant la cour spéciale de Paris (1).

» Nous estimons en conséquence qu'il y a lieu de rejeter la fin de non-recevoir proposée par Bianchini, contre le recours en Cassation du procureur général de la cour de Rome ».

Par arrêt du 29 février 1813, au rapport de M. Audier-Massillon, « attendu que, d'après la loi, il n'existe aucune fin de non-recevoir contre le pourvoi du ministère public, dès qu'il est exercé dans la forme et dans les délais prescrits ; la cour rejette la fin de non-recevoir proposée par Bianchini.... ».

§. V, n. I. *Page 56, col. 2, ligne 13, après les mots, art. 177 et 417, ajoutez en note.*

Suivant ce dernier article, la déclaration du recours en Cassation doit être faite, ou par la partie en personne, ou par son avoué, ou par un fondé de pouvoir spécial ; et, dans ce dernier cas, ce pouvoir spécial doit être annexé à la déclaration.

Que faut-il, en cette matière, pour qu'un pouvoir soit réputé *spécial? V. Procuration*, §. 2.

Un avoué qui, en matière correctionnelle, ne s'est point *constitué* pour une partie, qui n'a point paru pour elle à l'audience, mais qui a signé pour elle une requête d'appel, a-t-il, par cela seul, qualité pour former, au nom de cette partie, une déclaration de recours en Cassation ? — Que devrait-on décider s'il n'avait figuré, pour cette partie, dans aucun des actes de procédure antérieurs à l'arrêt, et si la déclaration de recours en Cassation était le premier acte dans lequel il eût figuré comme son avoué ?

Le 1er septembre 1814, une déclaration de recours en Cassation contre un arrêt de la chambre correctionnelle de la cour royale de Lyon, du 29 août précédent, est formée au greffe de cette cour par Me Chauchot, *avoué en la cour, occupant pour le sieur Leclere*, Me Durand-Delorme, avoué près le tribunal de première instance de Lyon, fondé de pouvoir dudit Leclere par acte reçu Boulard, notaire, le 28 décembre 1811, et Me Marmas, avocat dudit Leclere, fondé de pouvoir à la forme d'une lettre missive du 25 août dernier, enregistrée aujourd'hui ». — Cette déclaration est signifiée, le même jour, à la requête du sieur Leclere, aux sieurs Villeprend, Brunet et Savy, ses parties adverses. — Le 18 octobre suivant, les sieurs Villeprend, Brunet et Savy produisent devant la cour de Cassation, une requête par laquelle ils concluent à ce que le recours en Cassation formé, le 1er septembre, au nom du sieur Leclere, soit déclaré nul et non-recevable, attendu 1° que Me Chauchot ne s'étant pas constitué pour le sieur Leclere devant la cour royale de Lyon, ne peut pas être considéré comme l'ayant représenté devant cette cour, en sa qualité d'avoué; 2° que la procuration donnée par le sieur Leclere à Me Durand Delorme, n'autorisait celui-ci qu'à le défendre en pre-

mière instance, à appeler en son nom, *s'il y a lieu et généralement faire tout ce qui conviendra ;* que la lettre écrite par le sieur Leclere à Me Marmas, le 23 août, six jours avant la prononciation de l'arrêt, contient seulement ces phrases : » *Quel que soit le jugement, vous m'obligerez beaucoup de me l'envoyer aussitôt que possible ; et si la cour royale, malgré l'évidence démontrée dans mon mémoire, sanctionnait l'iniquité du premier jugement, ce que je ne puis croire, très-certainement je n'en resterais pas là : je me pourvoirais en Cassation. Je me repose toujours sur vos soins* ».

« La fin de non-recevoir que les défendeurs opposent au sieur Leclere (ai-je dit à l'audience de la section criminelle, le 2 décembre 1814), nous paraîtrait devoir être accueillie sans difficulté, si la déclaration de recours en Cassation qui a été formée au nom du sieur Leclere, le 1er septembre, ne l'avait été que par Me Durand-Delorme, son avoué au tribunal de première instance, et par Me Marmas son avocat.

» D'une part, en effet, l'art. 412 du Code d'instruction criminelle ne reconnaît une déclaration de recours en Cassation pour régulière et valable, qu'autant qu'elle est formée, ou par la partie condamnée en personne, ou par son avoué, ou par son fondé de pouvoir spécial ; et il est très-constant que si la déclaration de recours en Cassation formée le 1er septembre au nom du sieur Leclere, n'avait pas été formée régulièrement, le sieur Leclere ne pourrait pas, en la ratifiant aujourd'hui, en couvrir la nullité, et, par-là, priver ses adversaires du droit qui leur eût été acquis, dès le 2 du même mois, à l'irrévocabilité de l'arrêt du 29 août.

» D'un autre côté, ni Me Durand-Delorme ni Me Marmas ne peuvent être censés avoir eu, du sieur Leclere un pouvoir spécial pour former, en son nom, une déclaration de recours en Cassation.

» Me Durand-Delorme avait bien une procuration du sieur Leclere, qui l'autorisait à le défendre en première instance et à attaquer en son nom, soit par opposition, soit par appel les jugemens qui pourraient être rendus à son préjudice, et à faire pour lui *tout ce qui conviendrait.* Mais cette procuration ne contenait pas un *pouvoir spécial* pour former une demande en Cassation ; et, encore une fois, une demande en Cassation qui n'est pas formée par la partie en personne, ne peut l'être que par un fondé de *pouvoir spécial.*

» Quant à Me Marmas, il n'était chargé par la lettre du sieur Leclere, du 23 août, que d'envoyer à celui-ci l'arrêt que la cour de Lyon était alors sur le point de rendre ; le sieur Leclere annonçait bien, par cette lettre, l'intention de se pourvoir en Cassation, si l'arrêt lui était défavorable ; mais il n'autorisait pas Me Marmas à se pourvoir lui-même en son nom. Il ne l'y autorisait pas, en lui disant : *Je me pourvoirais en Cassation;* car dire à quelqu'un, je *suis décidé à faire telle chose*, ce n'est pas lui dire : *Faites-la pour moi.* Il ne l'y autorisait pas davantage, en lui déclarant *qu'il se reposait toujours*

sur tous ses soins ; car ce n'était là qu'une recommandation de ne rien négliger pour le succès de la
mission qu'il lui avait confiée, en sa qualité de défenseur, ce n'était pas une extension des pouvoirs
attachés à cette mission.

» Mais la déclaration de recours en Cassation du
1er septembre, n'est pas seulement signée de Me Durand-Delorme et de Me Marmas : elle l'est encore
de Me Chauchot, avoué à la cour royale de Lyon ;
et il résulte clairement de l'art. 217 du Code d'instruction criminelle, que l'avoué de la partie intéressée à prendre la voie de Cassation, est, par sa
seule qualité, investi du pouvoir de faire au greffe
la déclaration nécessaire à cet effet.

» Aussi les défenseurs conviennent-ils que la déclaration de recours en Cassation du 1er septembre,
serait d'une régularité au-dessus de toute critique, si
Me Chauchot eût occupé dans la cause d'appel pour
le sieur Leclere. Mais ils prétendent que le sieur Leclere n'a point été représenté dans la cause d'appel
par Me Chauchot, et ils le prétendent parce que
Me Chauchot ne s'est point constitué pour le sieur
Leclere, parce qu'il n'a paru comme avoué du sieur
Leclere à aucune des audiences de la cause, parce
qu'il n'est pas même nommé dans l'arrêt.

» Cependant il est certain que Me Chauchot a signé
la requête à la cour royale, contenant et les moyens
d'appel et les conclusions du sieur Leclere. Or cette
requête n'était-elle pas, de la part de Me Chauchot,
un acte d'avoué ? Aux termes de l'art. 94 de la loi
du 27 ventose an 8, les avoués ont *exclusivement le
droit de prendre des conclusions devant le tribunal
pour lequel ils sont établis*. Tout avoué qui prend
des conclusions pour une partie devant un tribunal
s'annonce donc nécessairement comme avoué de
cette partie. Ces conclusions équivalent donc à une
constitution expresse. Me Chauchot est donc censé
s'être constitué, devant la cour royale de Lyon, pour
le sieur Leclere. Il a donc eu qualité pour former,
au nom du sieur Leclere, une déclaration de recours
en Cassation.

» Ce n'est pas tout. Quand il n'existerait au procès
aucun acte par lequel Me Chauchot eût, avant la
déclaration de recours en Cassation du 1er septembre
prêté son ministère d'avoué au sieur Leclere,
seule circonstance que Me Chauchot a signé cette
déclaration en qualité d'avoué du sieur Leclere,
suffirait pour la valider, parce qu'un avoué est un
officier public, et que tout ce qu'il fait en cette qualité, il est censé le faire, hors le cas où la loi en dispose autrement, de l'ordre exprès de la partie au
nom de laquelle il le fait.

» C'est ce que vous avez jugé, même sous le Code
du 3 brumaire an 4, qui cependant ne parlait pas
des avoués relativement aux déclarations de recours
en Cassation.

» Dans le fait, un procès correctionnel en contrefaçon, dans lequel les sieurs Bruysset et compagnie
figuraient comme parties civiles, avait été successivement porté au tribunal d'Avignon et à la cour de

justice criminelle du département de Vaucluse ; et
dans l'une comme dans l'autre instance, les sieurs
Bruysset et compagnie n'avaient pas eu d'autre représentant que le sieur Boyer. Cependant les sieurs
Bruysset et compagnie ayant succombé sur l'appel,
comme ils avaient succombé devant les premiers
juges, une déclaration de recours en Cassation avait
été formée au greffe, en leur nom, par Me Liotard,
qui y avait pris la qualité d'*avoué et défenseur des
sieurs Bruysset*. L'affaire portée devant vous, le défendeur a prétendu que cette déclaration était nulle,
parce que Me Liotard l'avait faite sans pouvoir.
« Cet avoué (disait-il dans une requête du 15 juil-
» let 1806,) n'a pas déclaré qu'il fût fondé de pou-
» voir des sieurs Bruysset et compagnie, et il est à
» remarquer qu'il n'a pas postulé pour eux, qu'ils
» n'ont jamais eu d'autre fondé de pouvoir que le
» sieur Boyer, avoué à Avignon, ainsi qu'il résulte
» d'une procuration authentique du 17 brumaire
» an 13, lequel a signé, en cette qualité, tant la dé-
» claration d'appel du 4 prairial suivant, que la
» requête contenant les moyens d'appel. Le sieur
» Liotard n'ayant eu aucune qualité pour signer le
» *pourvoi* en Cassation dont il s'agit, il en résulte
» que ce *pourvoi* n'est pas recevable ».

« Mais, par arrêt du 23 octobre 1806, au rapport
de M. Vergès, vous avez prononcé en ces termes :
« Considérant, sur la fin de non recevoir....., que
» Liotard a pris, lors de la déclaration du pourvoi,
» la qualité de défenseur-avoué de Bruysset ; qu'il a
» pris la même qualité, lors de la consignation d'a-
» mende ; la cour rejette la fin de non-recevoir ».

» Tout se réunit donc pour faire proscrire la fin
de non-recevoir que les sieurs Villeprend, Brunet
et Savy opposent au recours en Cassation du sieur
Leclere ».

Par arrêt du 2 décembre 1814, au rapport de
M. Aumont, « la cour reçoit l'intervention de Villeprend, Brunet et Savy ; et statuant sur la fin de non-
recevoir par eux proposée contre le pourvoi de Leclere, attendu que Chauchot, avoué à la cour royale
de Lyon, est l'un des signataires de la déclaration
de pourvoi faite au nom de Leclere, et qu'il s'est dit
dans cet acte *occupant pour le sieur Leclere* ; que la
requête d'appel de celui-ci est au dossier ; et que
cette pièce, qui est un acte d'avoué, justifie la qualité d'avoué de Leclere, prise par ledit Chauchot
contre lequel d'ailleurs il n'a jamais été formé d'action en désaveu ; qu'aux termes de l'art. 417 du
Code d'instruction criminelle, la déclaration de recours en Cassation peut être faite par l'avoué de la
partie condamnée ; qu'ainsi, la déclaration de pourvoi
contre l'arrêt de Lyon, faite au nom de Leclere par
Chauchot, son avoué dans l'instance d'appel, est régulière et valable ; rejette la fin de non recevoir proposée par les intervenans contre le pourvoi de leur
adversaire ».

Quel est l'effet de l'acte par lequel l'avoué de deux
parties qui ont fait cause commune dans une affaire
correctionnelle, déclare au greffe, en sa qualité

d'avoué de l'une de ces parties seulement, que toutes deux se pourvoient en Cassation ?

» Le 28 juillet 1812 , arrêt de la cour d'Aix , qui , statuant sur l'appel interjeté par le sieur Verrion d'Esclan, d'un jugement du tribunal correctionnel de Draguignan , condamne solidairement Quenil Clavel et Jean-Baptiste Jourdan, à des dommages-intérêts , le premier pour avoir coupé, le second pour lui avoir donné l'ordre de couper pour son compte , vingt-sept pins dans la forêt du Ronet. — Le 31 du même mois , l'avoué qui avait défendu Quenil Clavel et Jean-Baptiste Jourdan, se présente au greffe de la cour d'Aix , et *en qualité d'avoué de Jean-Baptiste Jourdan, prenant le fait et cause de Quenil Clavel, il déclare que lesdits Jourdan et Clavel se pourvoient en Cassation contre l'arrêt rendu par ladite cour, le 28 juillet dernier.*

« Avant de nous occuper des moyens qui vous sont proposés dans cette affaire (ai-je dit à l'audience de la section criminelle, le 21 novembre 1812), nous devons examiner si le recours en Cassation , à l'appui duquel on vous les propose ; a été formé régulièrement.

» Qu'il soit régulier à l'égard du sieur Jourdan, c'est ce qui ne nous paraît pas douteux. L'avoué du sieur Jourdan l'a formé au nom de celui-ci ; et l'art. 417 du Code d'instruction criminelle lui en donnait le droit.

» Mais est-il régulier à l'égard du nommé Clavel ? nous ne le pensons pas.

» Sans doute l'avoué du sieur Jourdan était en même temps celui du nommé Clavel.

» Sans doute , il aurait pu , comme avoué du nommé Clavel, faire pour lui une déclaration de recours en Cassation ; et s'il l'avait faite , cette déclaration serait régulière pour le nommé Clavel, comme elle l'est pour le sieur Jourdan.

» Mais l'a-t-il faite réellement ?

» Il a bien déclaré au greffe de la cour d'Aix , que le sieur Jourdan et le nommé Clavel se pourvoyaient en Cassation.

» Mais en quelle qualité l'a-t-il déclaré ? l'a-t-il déclaré comme avoué de Clavel ; en même temps que comme avoué du sieur Jourdan ? non.

» Il l'a déclaré *en qualité d'avoué de Jean-Baptiste Jourdan, prenant fait et cause de Quenil Clavel.*

« Il ne l'a donc déclaré qu'en qualité d'avoué du sieur Jourdan ?

» C'est donc le sieur Jourdan qui , par l'organe de son avoué , est censé avoir fait une déclaration de recours en Cassation, tant pour Clavel, que pour lui-même.

» Or, si le sieur Jourdan eût ainsi fait cette déclaration ; cette déclaration serait-elle valable pour Clavel ? Non certainement. Elle ne pourrait l'être , aux termes de l'art. 417 du Code d'instruction criminelle, qu'autant que Clavel eût donné au sieur Jourdan un pouvoir spécial pour se pourvoir en

son nom, qu'autant que ce pouvoir eût été annexé à la déclaration de recours.

» Il n'y a donc point ici de recours en Cassation de la part de Clavel. Vous n'avez donc ici à vous occuper que du recours en Cassation du sieur Jourdan ».

Par arrêt du 21 novembre 1812 , au rapport de M. Bazire, « en ce qui concerne Quenil Clavel , attendu qu'il n'a déclaré se pourvoir ni personnellement , ni par un avoué ou un fondé de pouvoir , agissant en son nom ; d'où il suit que la cour de Cassation n'est point légalement saisie à son égard ; la cour déclare n'y avoir lieu à statuer relativement à Quenil Clavel ».

Au surplus , c'est au greffe que doit être faite, en matière criminelle , correctionnelle et de police, la déclaration de recours en Cassation.

Mais qu'arriverait-il , si le greffier refusait de recevoir la déclaration ?

Si son refus est constaté par lui-même , nul doute qu'il n'équivaille à une déclaration en forme. *V.* le réquisitoire et l'arrêt du 15 novembre 1811 , rapportés aux mots *Faux témoignage*, dans les *additions.*

Mais si le greffier ne délivre point d'acte constatant son refus , il faut y suppléer , soit par une sommation d'huissier de recevoir la déclaration , soit , à défaut d'huissier qui puisse ou veuille prêter son ministère pour sommer le greffier , par un acte passé devant un notaire , ou à défaut de notaire , devant un officier public quelconque.

Le 26 novembre 1811 , arrêt de la chambre correctionnelle de la cour de Paris, qui condamne Jean-Louis Dervin à une année d'emprisonnement. Le 29 du même mois , Dervin se présente au greffe pour faire une déclaration de recours en Cassation ; le greffier refuse de la recevoir. Dervin s'adresse à plusieurs huissiers pour faire une sommation au greffier. Tous s'y refusent, par une mauvaise crainte de se compromettre. Un seulement va jusqu'à rédiger l'exploit de sommation et la copie ; mais au moment de signifier l'un et de délivrer l'autre au greffier, il se retire sans vouloir achever son opération. Le 30 du même mois , Dervin se présente chez un notaire , et y fait un acte par lequel , après avoir rendu compte des refus qu'il a éprouvés la veille , tant de la part du greffier , que de celle des huissiers , il déclare se pourvoir en Cassation contre l'arrêt du 26. Cet acte est mis sous les yeux de la cour de Cassation ; et par arrêt du 3 janvier 1812 , au rapport de M. Audier - Massillon , « attendu que , par acte reçu par Me Massé , notaire à Paris, et son confrère , Jean-Louis Dervin a déclaré se pourvoir en Cassation contre l'arrêt rendu par la cour de Paris , le 26 novembre dernier , qui le condamne à une année d'emprisonnement ; et qu'il n'a pris cette voie que sur le refus du greffier en chef de ladite cour , de recevoir sa déclaration de pourvoi ; la cour, sans rien préjuger sur le pourvoi, ordonne qu'à la diligence du procureur-général , les pièces de la procédure instruite contre ledit Dervin par la cour de Paris, seront rapportées au greffe de la cour ».

N. III. *Page* 57, *col.* 1, *après la ligne* 19, *ajoutez* :

Remarquez au surplus qu'en matière criminelle, correctionnelle et de police, il n'est pas nécessaire que la déclaration de recours en Cassation contienne aucun moyen.

Mais n'y a-t-il pas, à cet égard, une exception pour le cas où la déclaration de recours en Cassation est formée contre un arrêt qui met un prévenu en état d'accusation ? *V.* le plaidoyer du 9 septembre 1813, rapporté aux mots *Faillite et Banqueroute*, sect. 2, §. 2, art. 6, dans les *additions.*

Page 58, *col.* 1, *après la ligne* 5, *au lieu de*, en matière civile, ce délai n'est, *lisez ce qui suit* :

X. *bis*. 1° Dans quel délai le ministère public doit-il se pourvoir en Cassation contre un arrêt de chambre d'accusation qui déclare que le fait imputé au prévenu, ne constitue pas un crime ? 2° Le ministère public est-il déchu de son recours en Cassation, en matière criminelle, faute de l'avoir fait notifier à l'accusé ou au prévenu dans le délai fixé par l'art. 418 du Code de 1808 ? 3° Quel est le délai de recours en Cassation contre un arrêt qui met un prévenu en état d'accusation ? 4° L'accusé peut-il exercer ce recours avant l'époque fixée par la loi pour que le délai fatal commence à courir contre lui ? 5° Peut-il, lorsqu'il n'est pas constitué prisonnier, l'exercer encore après la publication de l'ordonnance que le président de la cour d'assises a rendue contre lui, pour le forcer à comparaître, conformément à l'art. 465 du Code d'instruction criminelle ?

Les deux premières questions ont été agitées et jugées (avec celle qui est indiquée ci-dessus, §. 5, n. 10), dans l'espèce suivante.

Le 7 mai 1811, la chambre d'accusation de la cour d'Amiens rend un arrêt qui, en reconnaissant pour entièrement prouvés les faits dont sont prévenus Pierre Balouchard, Marie-Catherine Caboche et Adrien Benoît, déclare que ces faits ne constituent ni crime ni délit, et ordonne en conséquence que ces trois particuliers *seront mis sur-le-champ en liberté*, *s'ils ne sont retenus pour autre cause.*

Le 10 du même mois, M. le procureur-général de la cour d'Amiens se pourvoit en Cassation contre cet arrêt. Le 15, il fait notifier son recours à Pierre Balouchard et à Marie-Catherine Caboche, encore détenus ; mais il ne le fait pas notifier à Adrien-Benoît, qui est en fuite. — L'affaire, en cet état, est rapportée à la section criminelle.

« Quatre questions (ai-t-on dit à l'audience de cette affaire, le 7 juin 1811) se présentent, dans cette affaire, à l'examen de la cour : la première, si l'arrêt contre lequel est dirigée la demande en Cassation, vous est soumise, peut être attaqué par cette voie ; la seconde, si cette demande a été formée dans le délai de la loi ; la troisième, si le procureur-général de la cour d'Amiens n'en est pas

déchu ; la quatrième, si, au fond, l'arrêt que vous dénonce ce magistrat, a violé quelque loi.

» Pour établir que la Cassation ne peut pas atteindre l'arrêt dénoncé par le procureur-général de la cour d'Amiens, on peut dire ;

» Qu'aux termes de l'art. 229 du Code d'instruction criminelle, l'arrêt par lequel une cour ordonne la mise en liberté d'un prévenu, sur le fondement que la loi ne qualifie point de délit le fait qui a motivé son arrestation, doit être *exécuté sur-le-champ, si le prévenu n'est retenu pour autre cause* ;

» Que, par l'art. 407 du même Code, il est dit que *les arrêts et jugemens en dernier ressort, en matière criminelle, correctionnelle et de police*, pourront être annullés *dans les cas suivans*, *et sur des recours dirigés d'après les distinctions qui vont être établies* ; et que, dans aucun des articles subséquens, il n'est parlé des arrêts des chambres d'accusation qui mettent en liberté des prévenus de faits que ces arrêts jugent ne pas constituer des délits ;

» Que les chambres d'accusation des cours sont dans le Code d'instruction criminelle de 1808, ce qu'étaient les jurys d'accusation dans le Code des délits et des peines, du 3 brumaire an 4 ; que les déclarations des jurys d'accusation, lorsqu'elles déchargeaient les prévenus, n'étaient pas passibles du recours en Cassation ; qu'il en doit donc être de même des arrêts des chambres d'accusation.

» Voilà des raisons très-spécieuses pour repousser le recours en Cassation du procureur-général de la cour d'Amiens ; mais sont-elles bien concluantes ?

» D'abord, ne serait-il pas étrange que la loi eût mis à couvert de toute espèce de recours, les arrêts qui, sans respect pour ses dispositions pénales, traiteraient comme non prohibés des faits qu'elle aurait elle-même qualifiés de délits ? Peut-on imaginer par quel motif elle aurait ainsi laissé à cinq magistrats le pouvoir d'acquitter irrévocablement, par une erreur de droit, des prévenus qu'ils ne pourraient renvoyer, qu'ils s'y détermineraient par le défaut de preuve du fait, qu'à la charge de les reprendre en cas qu'il survint des preuves nouvelles ? Et peut-on concevoir surtout que le procureur-général auquel l'art. 299 attribue le droit de se pourvoir en Cassation contre un arrêt qui renvoie à la cour d'assises, le prévenu d'un fait *non qualifié crime par la loi*, n'aurait pas le même droit contre un arrêt qui mettrait un prévenu en liberté, sous le prétexte que la loi ne qualifie point de crime un fait que cependant elle range dans la classe des crimes véritables ?

» En second lieu, de ce que l'arrêt de la chambre d'accusation, qui ordonne la mise en liberté d'un prévenu, doit être *exécuté sur-le-champ*, est-il bien raisonnable de conclure que cet arrêt est à l'abri du recours en Cassation ?

» L'art. 424 du Code du 3 brumaire an 4 contenait une disposition du même genre : « Lorsque » l'accusé (portait-il) aura été déclaré non con-

» vaincu, le président, sans consulter les juges ni » entendre le commissaire du pouvoir exécutif, » prononce qu'il est acquitté de l'accusation, et » ordonne qu'il soit mis sur-le-champ en liberté ».

.» Cependant l'ordonnance ainsi rendue par le président, pouvait être frappée d'un recours en cassation par le ministère public, lorsque la déclaration du jury qui en formait la base, était nulle, et que le ministère public avait conservé, par des protestations antérieures, le droit d'en faire valoir la nullité.

.» Quand même d'ailleurs on pourrait inférer de la nécessité établie par l'art. 229 du Code d'instruction criminelle, d'exécuter sur-le-champ l'arrêt de la chambre d'accusation qui ordonne la mise en liberté du prévenu, que le recours en Cassation dirigé contre cet arrêt n'est point suspensif de son exécution, on ne pourrait du moins pas pousser la conséquence jusqu'à dire que le recours en Cassation n'est pas ouvert contre cet arrêt. C'est ainsi qu'encore que la mise en liberté du prévenu acquitté par un tribunal correctionnel, ne puisse pas, suivant l'art. 206, être suspendue, lorsqu'aucun appel n'a été déclaré ou notifié dans les dix jours de la prononciation du jugement; la voie de l'appel ne laisse pas de rester ouverte au procureur-général pendant un ou deux mois, d'après les distinctions écrites dans l'art. 205.

.» Troisièmement, prétendre que l'art. 407 est exclusif du recours en Cassation, hors des cas déterminés par les articles suivans, c'est ajouter à ses dispositions, c'est lui faire dire plus qu'il ne dit réellement, et c'est le lui faire dire par un argument, à contrario sensu ; car c'est bien argumenter à contrario sensu de l'art. 407, que de raisonner ainsi : l'art. 407 soumet au recours en Cassation les arrêts rendus en matière criminelle dans les cas déterminés par les articles suivans ; donc il en affranchit les arrêts rendus en matière criminelle dans les cas que les articles suivans ne prévoyent pas.

.» Or, 1° tout le monde sait que l'argument à contrario sensu est inadmissible, toutes les fois qu'il aurait pour résultat de faire abroger ou modifier par la loi sur laquelle il est fondé, une loi précédente avec laquelle néanmoins elle est compatible (1).

.» 2° Quel serait le résultat de l'argument à contrario sensu que l'on voudrait ici tirer de l'art. 407 du Code d'instruction criminelle? C'est que cet article modifierait, non-seulement l'art. 3 de la loi du 27 novembre 1790, institutive de la cour de cassation, mais encore l'art. 66 de l'acte constitutionnel du 22 frimaire an 8, lesquels chargent formellement, cette cour d'annuller tous les jugemens en dernier ressort, sans exception, qui contreviennent expressément aux lois; c'est que cet article limiterait, par une exception qu'il n'établit pas d'une manière positive, la disposition générale de deux lois antérieures; tandis qu'il est si simple, si naturel de reconnaître qu'en renvoyant aux articles subséquens

(1) V. l'article ARGUMENT, à contrario sensu.

la détermination des cas où il y a ouverture à cassation, il n'empêche pas de recourir aux lois antérieures pour les cas sur lesquels les articles subséquens sont muets ; tandis surtout qu'il est de principe que l'abrogation d'une loi, et singulièrement d'une loi constitutionnelle, ne peut jamais se présumer.

» Mais il y a plus : parmi les articles qui, dans le Code d'instruction criminelle, suivent le 407e, il en est un duquel il résulte à fortiori que le recours en Cassation est ouvert dans le cas prévu par la première partie de l'art 229.

» L'art. 410 porte que le recours en Cassation est ouvert au ministère public, non-seulement dans l'intérêt de la loi, mais encore à tous effets, contre les arrêts d'absolution mentionnés en l'art. 364 ; si l'absolution a été prononcée sur le fondement de la non-existence d'une loi pénale qui pourtant aurait existé.

» Quoi ! après qu'un prévenu a subi toutes les épreuves d'une instruction contradictoire ; après qu'il a été mis en accusation par la cour d'appel ; après qu'un acte d'accusation a été dressé contre lui et lui a été signifié ; après qu'il a été interrogé par le président de la cour d'assises ; après qu'il a passé par le creuset d'un débat public, et qu'il y a enduré toutes les transes nécessairement attachées à une position aussi terrible ; s'il n'a été absous que par une erreur de droit, que par l'oubli d'une loi que ses juges ont cru ne pas exister, le ministère public peut encore faire annuller son absolution et le remettre en jugement ! Et la chambre d'accusation pourrait, en arrêtant une instruction à peine commencée, par une décision erronément motivée sur l'inexistence d'une loi pénale applicable au fait imputé au prévenu, lier à jamais les mains au ministère public, et mettre le prévenu à couvert de toutes poursuites ultérieures ! Non, cela n'est pas possible, parce que cela serait contradictoire, parce que cela serait absurde, parce qu'on ne peut pas, sans insulter à la sagesse du législateur, lui supposer l'intention de se montrer plus indulgent envers un prévenu qu'une erreur de droit a soustrait à la mise en accusation, qu'il ne l'est envers un accusé qu'une erreur de droit a fait absoudre.

» Quatrièmement, il est vrai que, sous le Code du 3 brumaire an 4, les déclarations du jury d'accusation n'étaient pas soumises au recours en Cassation. Mais il n'est pas vrai que les chambres d'accusation remplacent le jury d'accusation à tous égards.

» Elles le remplacent sans doute, lorsqu'elles apprécient les charges existantes contre un prévenu, et qu'en supposant, comme le jury d'accusation devait toujours le faire d'après l'art. 241 du Code du 3 brumaire an 4, le fait qui lui est imputé, passible d'une peine afflictive ou infamante, elles décident s'il y a lieu de le soumettre à un débat public; et dans ce cas, leurs arrêts sont inattaquables, comme l'étaient les déclarations du jury d'accusation.

» Mais elles ne le remplacent certainement pas, lorsque, faisant abstraction des charges existantes contre le prévenu, elles se bornent à apprécier la nature du fait qui lui est imputé, et qu'elles décident que ce fait n'est point qualifié délit par la loi. Elles ne remplacent alors que le directeur du jury; et qui est-ce qui ignore que vous pouviez, sur le recours du ministère public, casser les ordonnances des directeurs du jury qui contrevenaient à la loi, soit qu'elles vous fussent déférées immédiatement, soit qu'elles ne le fussent que par l'intermédiaire des arrêts qui les confirmaient à la suite de référés?

» Enfin, Messieurs, quand nous oublierions tout ce que nous venons de dire; quand nous fermerions les yeux à toutes les raisons que nous venons de développer, il nous resterait encore un moyen suffisant pour faire admettre le recours en Cassation du procureur-général de la cour d'Amiens; et nous le trouverions dans l'art. 416 du Code d'instruction criminelle, lequel porte expressément que les *arrêts ou jugemens en dernier ressort, rendus sur la compétence,* peuvent être attaqués par recours en Cassation, à toutes les époques de la procédure; car c'est bien visiblement *sur la compétence* qu'a été rendu l'arrêt de la cour d'Amiens du 7 mai. En jugeant, par cet arrêt, que les faits imputés aux trois prévenus, ne constituent pas un crime, en ordonnant par cet arrêt la mise en liberté pure et simple de trois prévenus, la cour d'Amiens a évidemment jugé que ces faits ne sont ni de la compétence des cours d'assises, ni de la compétence des tribunaux correctionnels, ni de la compétence des tribunaux de police; elle a évidemment jugé que ces faits ne peuvent donner lieu qu'à une action civile; elle a évidemment jugé que les tribunaux civils sont seuls compétens pour en connaître; et dès-là, plus de prétexte pour soustraire cet arrêt au recours en Cassation dont l'a frappé le procureur-général.

» Mais ce recours a-t-il été formé dans le délai de la loi? C'est la seconde question que nous avons annoncée.

» La raison de douter est que, dans le fait, ce recours n'a été formé que le 10 mai, tandis que l'arrêt avait été rendu le 7, et que, dans le droit, l'art. 374 du Code d'instruction criminelle n'accorde au procureur-général que *vingt-quatre heures pour se pourvoir* contre les ordonnances d'acquittement.

» Mais 1° il n'y a rien de commun entre une ordonnance d'acquittement et l'arrêt dont il est ici question. Une ordonnance d'acquittement est rendue par le président seul, à la suite d'une délibération du jury qui déclare, ou que le crime porté dans l'acte d'accusation n'est pas constant, ou que l'accusé n'en est pas convaincu; et l'arrêt dont il est ici question, a été rendu par une chambre entière de la cour d'Amiens, sans déclaration préalable du jury. Cet arrêt pourrait tout au plus être assimilé aux arrêts d'absolution dont parle l'art. 410 du Code d'instruction criminelle; et il est certain qu'à l'égard de ces arrêts, l'art. 373 accorde au procureur-général trois jours francs pour en demander la Cassation. Une chose d'ailleurs bien constante, c'est que l'art. 374 ne restreint le délai du recours en Cassation à vingt-quatre heures, que pour les cas mentionnés dans les art. 409 et 412, et qu'on ne peut appliquer ni l'art. 409 ni l'art. 412 à l'arrêt qui vous est dénoncé par le procureur-général de la cour d'Amiens.

» 2° Il est vrai que, sous le Code du 3 brumaire an 4, vous jugiez constamment que le ministère public n'avait que 24 heures pour se pourvoir en Cassation contre les ordonnances des directeurs du jury qui déclaraient que le fait imputé au prévenu, n'était qualifié par la loi ni de crime ni de délit. Mais pourquoi le jugiez-vous ainsi? Parce que vous assimiliez ces sortes d'ordonnances à des arrêts d'absolution; et que l'art. 442 du Code du 3 brumaire an 4 n'accordait au ministère public que vingt-quatre heures pour requérir la Cassation de ces arrêts. Or, l'art. 442 du Code du 3 brumaire an 4 est abrogé par l'art. 573 du Code d'instruction criminelle. La jurisprudence que vous observiez sous le Code du 3 brumaire an 4, au sujet des ordonnances des directeurs du jury, ne peut donc plus recevoir d'application à l'arrêt de la cour d'Amiens, sur lequel vous avez aujourd'hui à statuer.

» 3° Sous le Code même du 3 brumaire an 4, les vingt-quatre heures ne couraient contre le ministère public, relativement aux ordonnances des directeurs du jury par lesquelles des prévenus étaient mis en liberté, que du moment où il avait été officiellement informé de l'existence et de la teneur de ces ordonnances; et vous le jugiez ainsi invariablement par induction des art. 440, 441 et 442, qui fixaient à la prononciation publique du jugement le point de départ du délai qu'ils accordaient à l'accusé et au ministère public pour se pourvoir en Cassation. Et pourquoi ne jugeriez-vous pas de même aujourd'hui? Les art. 573 et 374 du Code d'instruction criminelle renouvellent expressément, à cet égard, les dispositions des art. 440, 441 et 442 du Code du 3 brumaire an 4; vous devez donc en tirer les mêmes inductions. — Or, dans notre espèce, il s'agit d'un arrêt qui n'a ni été ni pu être prononcé à l'audience; d'un arrêt qui n'a été ni pu être rendu en présence du procureur-général; d'un arrêt que rien ne prouve avoir été connu du procureur-général, avant le jour où il en a requis la Cassation. — Le procureur-général en aurait donc requis la Cassation à temps, même dans le cas où il eût été obligé de la requérir dans les vingt-quatre heures, à compter du moment où cet arrêt est parvenu à sa connaissance. — Notre deuxième question doit donc être résolue, comme la première, en faveur du recours du procureur-général.

» La troisième n'offre pas plus de difficultés que la seconde.

» L'art. 418 faisait un devoir au procureur-général de notifier son recours en Cassation aux prévenus *dans le délai de trois jours;* et comme ce délai, en supposant qu'il dût être de trois jours francs, avait commencé à courir dès le lendemain du jour où le recours en Cassation avait été formé, c'est-à-dire, du 10 mai, il expirait nécessairement le 14 du même mois. Cependant ce n'est que le 15 que le procureur-général a fait notifier son recours à ceux des prévenus qui étaient en arrestation. Dès lors, n'en est-il pas déchu ?

» Nous croyons pouvoir répondre, sans hésiter, que non. La peine de la déchéance est comme celle de nullité : elle ne peut être établie que par la loi, les juges ne peuvent pas la suppléer.

» Mais, dira-t-on, si le défaut de notification du recours en Cassation, dans le délai fixé par la loi, n'opère pas la déchéance du ministère public, il ne produira donc aucun effet ? Eh ! peut-on supposer que le législateur ait voulu, en prescrivant une formalité, qu'on pût l'omettre impunément ?

» L'objection est spécieuse ; mais est-elle bien solide ?

» Quel est le but de la loi, en imposant au ministère public l'obligation de notifier son recours en Cassation, dans le délai qu'elle détermine, à la personne contre laquelle il est dirigé ? C'est évidemment de mettre cette personne à portée de défendre devant vous le jugement attaqué par le ministère public.

» Dès lors, de deux choses l'une : ou le prévenu à qui le recours en Cassation a été notifié dans ce délai, sera déchu, s'il ne constitue pas un avocat pour défendre devant vous le jugement attaqué, du droit de former opposition à l'arrêt qui cassera ce jugement ; ou il conservera ce droit, même en n'usant pas de la faculté qu'il aura eue de vous proposer ses moyens de défense, avant que vous annullassiez le jugement rendu en sa faveur.

» Au premier cas, le défaut de notification du recours, dans le délai fixé par la loi, emportera, pour le prévenu, le droit de former opposition à l'arrêt de Cassation ; et alors, le but de la loi sera rempli.

» Au second cas, ce même défaut équipollera pour vous à un avertissement de ne pas prononcer sur le recours en Cassation avant que ce défaut ait été réparé ; et alors, la loi aura encore atteint son but.

» Inutile, quant à présent, d'examiner quelle est, de ces deux hypothèses, celle qui est la plus conforme à l'esprit du législateur ; il nous suffit que, dans l'une et l'autre, la formalité de la notification du recours ait un but utile, et que ce but puisse être rempli sans entraîner la déchéance du ministère public, pour que nous ne soyons pas réduits à la nécessité d'attacher au défaut ou au retard de l'accomplissement de cette formalité, une peine de déchéance qui n'est point écrite dans le texte de la loi.

» Ainsi, point de fin de non-recevoir, point de déchéance à opposer au recours en Cassation du procureur-général de la cour d'Amiens... »

Arrêt du 7 juin 1811, au rapport de M. Busschop, qui casse celui de la cour d'Amiens, et par conséquent juge 1° que le recours en Cassation est ouvert au ministère public contre les arrêts des chambres d'accusation, qui déclarent que les faits imputés au prévenu, ne constituent ni crime ni délit ; 2° que le délai du recours n'est pas limité à vingt-quatre heures, à compter du jour où l'arrêt a été rendu ; 3° que le défaut de notification de ce recours dans le délai fixé par l'article 418 du Code d'instruction criminelle, n'emporte pas déchéance.

Depuis, il est intervenu un grand nombre d'arrêts qui ont expressément proclamé ces trois maximes.

Il est d'ailleurs à remarquer, sur la seconde, que le délai de trois jours francs ne commence à courir, contre le ministère public, pour demander la Cassation d'un arrêt de l'espèce dont il s'agit, que du jour où cet arrêt lui a été communiqué par la voie du greffe ; et contre le prévenu, pour demander la Cassation d'un arrêt qui le renvoie à la police correctionnelle, que du jour où cet arrêt lui a été signifié par un huissier. V. les plaidoyers et les arrêts des 29 octobre 1812 et 18 mars 1813, rapportés au mot *Vol*, sect. 1, n. 4 et 5.

Les troisième, quatrième et cinquième questions sont traitées dans le plaidoyer du 9 septembre 1813, qui est rapporté aux mots *Faillite et Banqueroute*, sect. 2, §. 2, art. 6, dans les *Additions*.

X *ter*. Dans quel délai le ministère public doit-il se pourvoir en Cassation contre un arrêt de la cour d'assises qui acquitte l'accusé ?

Le 7 février 1812, arrêt de la cour de Limoges, qui met en accusation, pour crime de banqueroute frauduleuse, Pierre L., prévenu de divers faits caractéristiques de ce crime. — Le 7 avril de la même année, arrêt par contumace de la cour d'assises du département de la Haute-Vienne, attendu qu'aux termes de l'art. 402 du Code pénal et des art. 437, 438 et 439 du Code de commerce, les seuls commerçans peuvent être poursuivis comme banqueroutiers frauduleux ; qu'il n'est point prouvé que L. ait fait la profession habituelle d'exercer des actes de commerce ; qu'ainsi, il n'est point commerçant ; *le déclare non coupable du crime de banqueroute frauduleuse* ; et en conséquence, *prononce qu'il demeure acquitté de l'accusation portée contre lui.* — Le 10 du même mois, le procureur-général de la cour de Limoges se pourvoit en Cassation contre cet arrêt.

« Le recours en Cassation sur lequel vous avez à prononcer (ai-je dit à l'audience de la section criminelle, le 21 novembre 1812), est-il recevable ? c'est la première question que cette affaire présente à votre examen.

» Ce recours en Cassation n'a été formé que le 10 août ; et l'arrêt contre lequel il est dirigé, avait été rendu le 7 du même mois.

» A quelle époque aurait-il dû être formé ?

» La règle générale est que, pour le ministère public comme pour l'accusé, même pour la partie civile, le délai du recours en Cassation est de *trois jours francs après celui où l'arrêt a été prononcé.*

T. XV, 4ᵉ. Ed. 13

Cela est écrit en toutes lettres dans l'article 373 du Code d'instruction criminelle.

» Mais l'art. 374 limite cette règle générale par une exception : «Dans les cas prévus par les art. » 409 et 412 du présent Code (y est-il dit), le pro- » cureur-général ou la partie civile n'auront que » vingt-quatre heures pour se pourvoir ».

» Or, les cas prévus par les art. 409 et 412, quels sont-ils ?

» L'art. 412 en prévoit deux pour la partie civile : celui du recours en Cassation contre une ordonnance d'acquittement, et celui du recours en Cassation contre un arrêt d'absolution ; et de là il résulte clairement que, dans le deuxième, comme dans le premier de ces cas ; la partie civile n'a que vingt-quatre heures pour se pourvoir en Cassation.

» Mais de ces deux cas, l'art. 409 n'en prévoit qu'un, il ne prévoit que le premier, pour le ministère public : «Dans le cas d'acquittement de » l'accusé (porte-t-il), l'annullation de l'ordon- » nance qui l'aura prononcé, et de ce qui l'aura » précédé, ne pourra être poursuivie par le minis- » tère public, que dans l'intérêt de la loi et sans » préjudicier à la partie acquittée ».

» L'art. 374 est donc censé dire, en se référant à l'art. 409, que, dans le cas d'acquittement de l'accusé, le ministère public n'aura que vingt-quatre heures pour se pourvoir en Cassation dans l'intérêt de la loi, et que ce délai courra du moment où aura été prononcée l'ordonnance d'acquittement.

» Mais qu'est-ce qu'entend l'art. 409 par l'ordonnance qui prononce l'acquittement de l'accusé ?

» Il entend, et il entend seulement, l'ordonnance par laquelle, comme l'explique l'art. 358, lorsque les jurés ont déclaré l'accusé non coupable, le président prononce, sans consulter les autres juges, qu'il est acquitté de l'accusation.

» Ce n'est donc que dans le cas où l'accusé a été déclaré non coupable par le jury et acquitté par le président seul, que l'art. 374 restreint à vingt-quatre heures le délai accordé au ministère public pour se pourvoir en Cassation.

» On ne peut donc pas restreindre ce délai à vingt-quatre heures, lorsque l'accusé a été, non pas déclaré non coupable par le jury, non pas acquitté par le président seul, mais absous par arrêt de la cour d'assises.

» Le cas de l'absolution par arrêt qui, pour la partie civile, est assimilé, en ce qui concerne le délai du recours en Cassation, au cas de l'acquittement, reste donc, à cet égard, pour le ministère public, sous l'empire de la règle générale ; et encore une fois, la règle générale est que le ministère public a trois jours francs pour se pourvoir.

» Cela posé, est-ce d'une ordonnance d'acquittement, est-ce d'un arrêt d'absolution, qu'il s'agit dans notre espèce ?

» Qu'est-ce qu'un arrêt d'absolution dans le sens du Code d'instruction criminelle ?

» L'art. 464 veut que la cour prononce l'absolution de l'accusé ; si le fait dont il est déclaré coupable,

n'est défendu par aucune loi générale ; et l'art 410 ouvre au ministère public la voie du recours en Cassation « contre les arrêts d'absolution mentionnés » en l'art. 364, si l'absolution a été prononcée » sur le fondement de la non-existence d'une loi » pénale, qui pourtant aurait existé ».

» Il y a donc arrêt d'absolution, dans le sens du Code d'instruction criminelle, lorsque l'accusé est déchargé de l'accusation, non par le président seul, mais par la cour, et qu'il l'est sur le fondement de la non-existence d'une loi pénale applicable au fait dont il est déclaré coupable.

» Dans notre espèce, ce n'est point le président seul, c'est la cour qui a déchargé l'accusé de l'accusation ; et, sous ce rapport, la demande en cassation qui vous est soumise, paraît être dirigée contre un arrêt d'absolution, et non contre une ordonnance d'acquittement.

» Mais, d'un autre côté, l'arrêt de la cour d'assises n'absout pas l'accusé, de la manière indiquée par les art. 364 et 410 ; il le déclare non coupable du crime de banqueroute frauduleuse, et prononce en conséquence qu'il demeure acquitté de l'accusation portée contre lui.

» Et pourquoi est-il ainsi conçu ? parce qu'aux termes de l'art. 470, la cour d'assises l'a rendu sans assistance ni intervention des jurés, parce que les fonctions de jurés ont été remplies par les juges.

» Dès-là, quelle différence y a-t-il entre cet arrêt et une ordonnance d'acquittement ?

» Il n'y en a aucune, quant à l'effet qui en résulte pour l'accusé acquitté par cet arrêt ; l'accusé est, d'après l'art. 360, à couvert de nouvelles poursuites, pour raison du même fait, ni plus ni moins que s'il avait été acquitté par une simple ordonnance du président.

» Mais est-ce à dire pour cela que le procureur général n'a que vingt-quatre heures pour se pourvoir en Cassation contre cet arrêt ?

» Reportons-nous aux art. 373 et 374.

» L'art. 373 accorde au procureur-général un délai de trois jours francs pour se pourvoir en Cassation contre l'arrêt qui a prononcé sur son acte d'accusation : il ne lui accorde pas seulement à l'égard de l'arrêt qui a prononcé l'absolution de l'accusé de la manière déterminée par l'art. 364 : il le lui accorde purement et simplement ; il le lui accorde en termes indéfinis ; il le lui accorde par conséquent à l'égard de toute espèce d'arrêts.

» Que l'ordonnance d'acquittement prononcée par le président seul, ne soit pas comprise dans la disposition de cet article, cela est tout simple. Cette ordonnance n'est point un arrêt : la disposition de cet article ne l'atteint donc pas.

» Aussi le législateur a-t-il soin de faire un article à part, pour régler le délai dans lequel l'ordonnance d'acquittement pourra être attaquée par la voie de Cassation. Aussi déclare-t-il, par l'art. 374, qu'à l'égard de l'ordonnance d'acquittement, le délai du recours en Cassation ne sera que de vingt-quatre heures.

» Nous disions tout-à-l'heure que l'art. 374 présente une exception à l'art. 373, et nous devons l'avouer, en nous exprimant ainsi, nous nous servions d'un terme impropre.

» Non, ce n'est point une exception à l'art. 373, qui est écrite dans l'article 374. C'est une règle particulière à l'ordonnance d'acquittement. C'est une disposition qui était nécessaire, non-seulement pour déterminer le délai du recours en Cassation à l'égard de cette ordonnance, mais même pour assujettir cette ordonnance au recours en Cassation. Si l'art. 374 n'existait pas, non-seulement le ministère public n'aurait pas trois jours francs pour se pourvoir en Cassation contre cette ordonnance, mais il n'aurait même pour cela ni vingt-quatre heures, ni une heure, ni une minute; cette ordonnance serait absolument inattaquable.

» Peut-on en dire autant de l'arrêt d'acquittement qui, dans le cas prévu par l'art. 470, est rendu par la cour d'assises? Non, évidemment non. L'arrêt d'acquittement qui intervient dans ce cas, par cela seul qu'il a le caractère et le nom d'arrêt, est compris dans la disposition générale de l'art. 373. Le procureur-général a donc trois jours francs pour l'attaquer.

» Et quelle violence ne faudrait-il pas, en quelque sorte, faire à l'art. 374, pour en étendre la disposition à l'arrêt d'acquittement rendu par une cour d'assises?

» Il faudrait d'abord appliquer à un arrêt la dénomination d'ordonnance d'acquittement; il faudrait appliquer une dénomination qui, par elle-même, est restreinte à l'acte d'un seul juge, à un acte émané d'un tribunal entier.

» Il faudrait ensuite ajouter dans l'art. 374, aux mots, dans les cas prévus par les art. 409 et 412, les mots, et dans le cas prévu par l'art. 473, qui ouvre au ministère public la voie du recours en Cassation contre les jugemens de contumace.

» Il faudrait par conséquent, faire dire au législateur, et ce qu'il n'a pas dit, et ce qu'il n'a pas voulu dire.

» Dès-là, nul doute que le recours en Cassation sur lequel vous avez à statuer, n'ait été formé en temps utile; mais il reste à savoir s'il est fondé....

» Par arrêt du 21 novembre 1812, au rapport de M. Bazire, la cour, regardant à l'unanimité la déclaration du recours en Cassation comme formée dans le délai de la loi, sans néanmoins s'expliquer sur ce point, a maintenu, au fond, l'arrêt attaqué.

X quater. En matière civile, le délai de recours en Cassation n'est, etc.

N°. III. Page 71, col. 1, avant le n° IV, ajoutez:

Est-ce devant les sections réunies que doit être portée la demande en Cassation d'un arrêt dont le dispositif est le même que celui d'un arrêt précédemment cassé entre les mêmes parties, mais qui est fondé sur d'autres motifs et qui juge une question toute différente? — Pour qu'il y ait lieu, dans ce cas, au renvoi devant les sections réunies, suffit-il que le demandeur, en attaquant le second arrêt, emploie, parmi ses moyens, celui qui a motivé la Cassation du premier? — Lorsque, dans ce même cas, la section des requêtes a renvoyé aux sections réunies, les sections réunies peuvent-elles statuer, sans la présence du ministre de la justice, sur l'incident tendant à les dessaisir?

Ces questions se sont présentées dans l'affaire dont il est rendu compte sur le mot sur-enchère, n. 3 bis.

En exécution de l'arrêt de Cassation du 15 mai 1811 qui y est transcrit, l'appel interjeté par les sieurs Vignon et Guillaume, du jugement du tribunal de première instance de Réthel qui avait déclaré valable la sur-enchère du sieur Papillon, cessionnaire du sieur Landragin, a été porté à la cour de Nancy. — Là, le sieur Bajot d'Argensol, cessionnaire du sieur Papillon, a fait valoir, pour défendre la sur-enchère de son cédant, un moyen subsidiaire et tout nouveau : il a soutenu que les sieurs Vignon et Guillaume n'avaient pas fait connaître au sieur Landragin, en lui faisant la signification prescrite par l'art. 2183 du Code civil, que les sommes à payer à quelques avoués, d'après le cahier des charges de l'adjudication du 4 brumaire an 14, fissent partie du prix de la terre de Chaumont-en-Porcien. Les sieurs Vignon et Guillaume ont répondu que, de l'aveu même du sieur Bajot d'Argensol, l'extrait du jugement d'adjudication qu'ils avaient signifié, le 15 février 1806, au sieur Landragin, contenait « la charge de payer, dans la huitaine, à Me Ducroc, avoué poursuivant, cinq centimes par franc de principal pour frais de poursuite, et la charge de payer encore, au par-dessus du prix principal, et des charges ci-dessus, d'autres frais adjugés, avec distraction, par jugement du 22 messidor an 13; montant à 5034 fr. 31 c. »; qu'ainsi, il était bien évident qu'ils avaient suffisamment fait connaître au sieur Landragin, que le prix de l'adjudication se composait, non-seulement du principal montant à 100,000 fr., mais encore des cinq centimes par fr. et des 5034 fr. 31 c. — Le 23 décembre 1812, la cour de Nancy s'explique ainsi sur ce moyen et sur la question décidée par l'arrêt de Cassation:— « Le moyen employé par Vignon et Guillaume pour faire tomber la sur-enchère, résulte de la prétendue insuffisance des offres de Papillon, qui s'est borné à offrir le dixième de la somme principale du montant de l'adjudication, sans étendre ses offres sur les charges qui, selon eux, faisaient partie du prix principal. Si le point de difficulté gisait dans cette seule question de droit, la cour descendrait dans l'examen de tous les moyens employés respectivement par les parties, pour la traiter, et se prononcerait ouvertement pour ou contre l'opinion émise par la cour de Cassation à cet égard. Mais elle regarde cette question comme absolument oiseuse dans les circonstances où se trouvent les parties,

13.

et croit devoir l'écarter comme inutile à la décision de la cause, parce qu'à supposer que la cour de Cassation aurait interprété la loi dans le vrai sens qu'on voudrait lui donner, il resterait toujours à examiner la question de savoir si les sieurs Vignon et Guillaume, par la notification qu'ils ont faite à Landragin, l'un des créanciers inscrits, pour se conformer à l'art. 2183 du Code civil, ont mis celui-ci ou son cessionnaire en situation de connaître la disposition qui rangeait les charges de la vente sur la même ligne que le principal, et qui l'assujettissait à offrir le dixième de celles-ci ; comme faisant partie du prix de la vente : car si les sieurs Vignon et Guillaume ont induit les créanciers en erreur sur cette notification subreptice, ils ne peuvent aujourd'hui profiter de cette erreur qui est leur propre fait, pour faire tomber la sur-enchère. *Telle est la seule question à examiner* ». — Et effectivement elle ne juge que cette question ; mais elle la juge contre les sieurs Vignon et Guillaume. Et en conséquence, elle confirme le jugement du tribunal de première instance de Rhétel. — Les sieurs Vignon et Guillaume se pourvoient de nouveau en Cassation contre cet arrêt, et soutiennent, entr'autres choses, qu'il viole l'art. 2183 du Code civil, comme l'avait violé l'arrêt de la cour d'appel de Metz du 22 mars 1809. — La section des requêtes admet leur demande en Cassation, et leur permet de citer le sieur Bajot d'Argensol devant les sections réunies. — Le sieur Bajot d'Argensol, dans un mémoire adressé aux sections réunies, propose ses moyens de défense, soutient qu'il n'y peut être statué que par la section civile, demande le renvoi de l'affaire devant cette section, et, à cet effet, déclare former opposition à l'arrêt de la section des requêtes. — Pour prononcer sur cet incident, des sections se réunissent, le 7 août 1813, sous la présidence de M. le premier président.

« Vous avez d'abord à examiner (ai-je dit à cette audience) si vous êtes légalement constitués pour statuer sur la question qui vous est soumise ; c'est-à-dire, si vous pouvez statuer sur cette question, sans la présidence du grand juge ministre de la justice.

» La raison de douter est qu'aux termes de l'art. 4 de la loi du 16 septembre 1807, vous ne pouvez rendre que sous la présidence du grand juge, le *second arrêt* que nécessite un recours en Cassation formé contre un arrêt conforme à un arrêt précédemment cassé.

» La raison de décider est que l'art. 4 de la loi du 16 septembre 1807, n'exige la présence du grand juge que pour *rendre le second arrêt* dont il parle , c'est-à-dire, pour prononcer sur le second recours en Cassation ; et qu'ici il ne s'agit pas de prononcer sur le nouveau recours en Cassation des sieurs Vignon et Guillaume, mais uniquement de décider dans quelle forme et par quelle autorité il doit être prononcé sur ce nouveau recours.

» Pourquoi, par exception à la règle générale, la présence du grand juge est-elle nécessaire pour prononcer, sections réunies, sur le nouveau recours en Cassation ? Parce que ce nouveau recours annonce,

par cela seul qu'il est porté devant les sections réunies, qu'il y a , sur le sens de la loi qui doit régler le sort des parties, quelques doutes fondés ; et qu'il faut un grand concours de lumières pour lever ces doutes.

» Mais cette exception ne peut pas s'étendre plus loin que le motif qui l'a fait établir ; elle est donc sans application au cas où il n'y a point d'arrêt à rendre sur le nouveau recours en Cassation, où il n'y a d'arrêt à rendre que sur le mode à suivre pour le jugement de ce nouveau recours, où il n'y a d'arrêt à rendre que sur la question de savoir si les sections doivent se réunir sous la présidence du grand juge, pour participer à ce jugement.

» Cette première difficulté résolue, il s'en présente une seconde : pouvez-vous recevoir l'opposition du sieur Bajot d'Argensol à la disposition de l'arrêt de la section des requêtes qui renvoie l'affaire devant les sections réunies ?

» En thèse générale, toute partie qui prétend que ses droits sont lésés par un arrêt rendu sans l'entendre, peut y former opposition ; et cette opposition ne peut être jugée que par l'autorité de laquelle est émané l'arrêt qui en est l'objet.

» Mais il n'en est pas , à cet égard, des arrêts de la section des requêtes qui admettent des recours en Cassation, comme des arrêts rendus dans les autres matières. La section des requêtes ne peut jamais prononcer contradictoirement sur l'admission d'un recours en Cassation ; elle n'y peut jamais prononcer qu'en l'absence de la partie contre laquelle le recours en Cassation est formé. Cette partie ne peut donc jamais être reçue opposante , devant la section des requêtes, à l'arrêt qui admet le recours. Elle ne peut donc jamais être reçue opposante devant la section des requêtes , à la disposition de cet arrêt qui permet de l'assigner , soit devant la section civile, soit devant les sections réunies.

» Et de là, il semblerait résulter, à la première vue, que l'opposition du sieur Bajot d'Argensol doit être rejetée.

» Mais si vous devez l'écarter comme opposition, ne pouvez-vous, ne devez-vous pas l'admettre comme déclinatoire.

» Pourquoi non. L'arrêt de la section des requêtes qui , en admettant un recours en Cassation, permet d'assigner , soit devant la section civile, soit devant les sections réunies , n'est pas définitivement et irrévocablement attributif de juridiction , soit aux sections réunies , soit à la section civile. Il n'est, à cet égard, qu'indicatif de la compétence de celle-ci ou de celle-là. Il n'ôte donc pas à la section civile le pouvoir de se déclarer incompétente, si elle juge que l'affaire appartient aux sections réunies. Il n'ôte donc pas aux sections réunies le pouvoir de se déclarer incompétentes, si elles jugent que l'affaire appartient à la section civile.

» Et si , d'après cela, vous pouvez , d'office , vous déclarer incompétens , quelle raison y aurait-il pour que vous ne le puissiez pas également sur le déclinatoire de l'une des parties ?

» Enfin, Messieurs, l'opposition du sieur Bajot d'Argenpol, réduite aux termes d'un simple déclinatoire, est-elle fondée ? C'est la troisième et dernière question que vous avez à résoudre.

» La négative ne serait pas douteuse, si nous devions ici nous arrêter judaïquement à la lettre de la loi du 16 septembre 1807. Cette loi veut qu'il soit statué, *sections réunies et sous la présidence du grand juge*, sur le recours en Cassation formé contre un arrêt qui est attaqué *par les mêmes moyens* que la même partie a déjà employés avec succès contre un arrêt précédemment rendu dans la même affaire ; et dans l'espèce actuelle, il est certain que, parmi les moyens employés par les sieurs Vignon et Guillaume, pour attaquer l'arrêt de la cour de Nancy, il en est un qui déjà leur a procuré la Cassation de l'arrêt de la cour de Metz.

» Mais quel est le motif de la loi du 16 septembre 1807? C'est, comme nous l'avons déjà dit, et comme l'avait dit avant nous l'orateur du gouvernement, en présentant le projet de cette loi au corps législatif, que *le partage d'opinions qui existe entre la cour de Cassation et les tribunaux, est un signe non équivoque de l'obscurité de la loi.*

» Or, y a-t-il dans l'espèce actuelle, *partage d'opinions* entre la section civile de la cour de Cassation et la cour de Nancy ? Non, puisque la cour de Nancy n'a ni jugé ni voulu juger la question qu'avait jugée la section civile, en cassant l'arrêt de la cour d'appel de Metz. Le motif de la loi du 16 septembre 1807 ne peut donc pas s'appliquer à l'espèce actuelle ; et comment, dès-lors, l'espèce actuelle serait-elle réglée par le dispositif de cette loi ?

» Sans doute si cette loi annonçait clairement l'intention de donner à son dispositif une plus grande étendue que ne le comporte le motif qui l'a dictée, nous devrions écarter son motif, et nous en tenir littéralement à son dispositif.

» Mais cette intention il s'en faut beaucoup qu'on la trouve dans la loi du 16 septembre 1807.

» A côté de l'obligation que la loi du 16 septembre 1807 impose à la cour de Cassation, de juger, *sections réunies et sous la présidence du grand juge*, les recours en Cassation fondés sur les mêmes moyens qui précédemment ont fait casser des arrêts rendus dans les mêmes affaires et entre les mêmes parties, cette loi place, pour la cour de Cassation, la faculté de *demander* au gouvernement l'*interprétation de la loi, avant de prononcer le second arrêt.*

» Or, dans l'espèce actuelle la cour pourrait-elle, au lieu de statuer sur le nouveau recours en Cassation des sieurs Vignon et Guillaume, demander au gouvernement l'interprétation de l'art. 2183 du Code civil ? Non, assurément. Le gouvernement lui répondrait : Vous ne pouvez me demander l'interprétation d'une loi, que lorsque deux cours ont successivement donné à cette loi un sens contraire à celui dans lequel vous l'avez entendu vous-mêmes. Or, dans l'espèce que vous me proposez, je vois bien une cour en opposition avec vous, mais je n'en vois qu'une seule. La seconde ne s'est pas

occupée de la question sur laquelle votre arrêt diffère de celui qu'il a cassé. Je n'ai donc pas d'interprétation à vous donner. Et à quel propos vous la donnerais-je ? Elle ne pourrait influer en rien sur la manière dont vous devez statuer sur le second recours en Cassation.

» Mais si la cour ne peut pas, au lieu de statuer sur le nouveau recours en Cassation des sieurs Vignon et Guillaume, demander au gouvernement l'interprétation de l'art. 2183 du Code civil, à quel titre connaîtrait-elle de ce recours, sections réunies?

» Il existe une corrélation intime et nécessaire entre l'obligation de statuer, sections réunies, sur le second recours en Cassation, et la faculté de demander au gouvernement l'interprétation de la loi ; et il est impossible que celle-là ait lieu dans le cas où celle-ci ne peut pas être exercée.

» Qu'entend donc la loi du 16 septembre 1807, quand elle dit : *deux arrêts rendus dans la même affaire, entre les mêmes parties, et qui sont attaqués par les mêmes moyens?*

» Elle entend deux arrêts qui ont été déterminés par les mêmes motifs ; et qui ont jugé la même question ; elle entend, comme l'art. 21 de la loi du 27 novembre 1790, dont elle n'est presque qu'une répétition, *un nouveau jugement conforme à celui qui a été cassé*, et il est impossible qu'elle entende autre chose.

» Donc point de recours aux sections réunies, lorsque le second arrêt est motivé autrement, et, par suite, juge une autre question que l'arrêt déjà cassé.

» Donc les sections réunies sont incompétentes pour statuer sur la demande en Cassation des sieurs Vignon et Guillaume.

» Donc il y a lieu de renvoyer cette demande à la section civile, et c'est à quoi nous concluons ». Par arrêt du 7 août 1813, au rapport de M. Cochard, « attendu 1° que bien que l'arrêt de la cour de Nancy puisse, au premier coup d'œil, paraître s'être fixé sur le même moyen d'abord adopté par la cour de Metz, et ensuite rejeté par la section civile de la cour de Cassation, moyen résultant de la suffisance et validité des offres faites par la sur-enchère du défendeur, néanmoins il est certain que celle de Nancy a étayé sa décision sur des motifs tout-à-fait étrangers à ceux admis par ladite cour de Metz, puisque celle-ci ne s'était déterminée que sur ce qu'elle avait pensé que, bien que, par le cahier des charges relatives à la vente à faire à l'audience des criées du tribunal civil de la Seine, l'adjudicataire fût tenu de payer, indépendamment du prix principal de la vente, les cinq centimes par franc dudit prix pour frais de poursuites ; et la somme de 5,034 fr. 51 cent. pour frais de procédures antérieures à ladite vente, comme faisant partie du prix principal ; cependant cette clause insérée audit cahier des charges, n'obligeait pas ledit créancier inscrit sur-enchérisseur à ajouter au dixième de sa sur-enchère, celui de la valeur desdites charges, en le réunissant audit prix principal, et qu'il suffisait, pour rendre valable sadite offre de sur-enchère, qu'elle contînt la soumission par lui faite de les comprendre dans le cautionnement par lui offert, lequel comprenait toutes les charges de ladite vente indistinctement, ainsi que son prix principal; 2° qu'il résulte des motifs de la cour de Nancy, que cette cour n'a pas voulu s'occuper de l'examen de cette question, et qu'elle n'a déclaré la suffisance et la validité des offres de sur-enchère faites par le défendeur, que d'après des motifs tout-à-fait étrangers et indépendans de celui qui avait déterminé l'opinion qu'avait prise sur cet objet ladite cour de Metz; qu'en effet, le motif de ladite cour de Nancy résulte de l'ignorance dans laquelle les sieurs Guillaume et Vignon, adjudicataires, ont affecté de laisser le créancier surenchérisseur, par leur acte de notification de l'adjudication à eux donnée de ladite terre de Chaumont-en-Porcien, notification qui était le seul acte par lequel il aurait pu en être légalement et régulièrement instruit; que le cahier des charges de la vente de cette terre imposait à l'adjudicataire l'obligation de payer, comme faisant partie du prix principal de ladite vente, les cinq centimes par franc dudit prix et la prédite somme de 1034 fr. 35 centimes pour frais de procédures; d'où elle a conclu que ledit créancier sur-enchérisseur n'ayant point connu ni pu connaître que lesdites charges dussent faire partie dudit prix principal, ne lui ayant été présentées au contraire par ledit acte de notification que comme des charges ordinaires de la vente, et non comme faisant réellement partie dudit prix principal, on ne pouvait déclarer insuffisantes ses offres de sur-enchère, sur le prétexte qu'elles ne renfermaient pas également le dixième desdites charges; que de cette différence bien marquée dans les motifs des arrêts de Metz et de Nancy, il résulte la conséquence nécessaire, qu'elles ne se sont pas arrêtées à l'examen de la même question, puisque l'arrêt de Metz a décidé une pure question de droit jugée en sens contraire par la section civile, tandis que la cour de Nancy ne s'est attachée qu'à une simple question de fait dans laquelle seule elle a puisé les motifs de son arrêt; de tout quoi il résulte que le pourvoi en Cassation contre ledit arrêt, n'étant pas relatif à la même question déjà décidée par la cour de Cassation, section civile, les sections réunies de la même cour sont radicalement incompétentes, aux termes de l'art. 78 de la loi du 27 ventôse de l'an 8, pour connaître d'un semblable pourvoi, puisque les demandeurs ne peuvent leur soumettre la même question précédemment jugée par la section civile; par ces motifs, la cour déclare que les sections réunies de la cour de Cassation sont incompétentes pour connaître de l'objet du pourvoi formé par les sieurs Guillaume et Vignon contre l'arrêt de la cour civile de Nancy, du 23 décembre 1811, admis par arrêt de la section des requêtes de ladite cour, du 2 juin 1812, et renvoyé par elle devant les sections réunies de la même cour; en conséquence, faisant droit sur l'incompétence proposée par le défendeur, renvoie, sur ledit pourvoi admis par ladite section des requêtes, la cause et les parties devant la section civile, pour leur être fait droit ainsi qu'il appartiendra, dépens réservés, sur lesquels il sera statué par l'arrêt à rendre par ladite section civile ».

N° XI. *Page.* 64, *col.* 1, *avant le n°* XII, *ajoutez:*

XI *bis.* Dans quelles circonstances les avocats à la cour de Cassation sont-ils responsables envers leurs cliens, pour n'avoir pas formé en leur nom, dans les délais fataux, les recours en Cassation dont ils s'étaient chargés pour eux? *V.* l'article *Avocat à la cour de Cassation*, dans les *additions.*

XI *ter.* Lorsqu'un jugement en dernier ressort a été rendu contre deux parties faisant cause commune, et que l'une des deux seulement s'est pourvue en Cassation dans le délai fatal, l'autre peut-elle, après l'expiration de ce délai, être admise à adhérer au recours en Cassation de son consort? *V.* le plaidoyer et l'arrêt du 2 janvier 1811, rapportés aux mots *Vaine-Pâture*, §. 5]].

§. VI. *Page* 171, *col.* 1, *avant le n°* VIII, *ajoutez:*

VII *bis.* Dans la supputation du délai de trois mois dans lequel l'arrêt d'admission d'une requête en Cassation, doit être signifié, à peine de déchéance, doit-on compter le jour même dont l'arrêt porte la date et le jour où s'en fait la signification?

Le 13 février 1810, arrêt de la section des requêtes qui admet un recours en Cassation formé par le sieur Barré contre les demoiselles Barré, le sieur Jutteau et le sieur Pelletereau. — Le 14 mai suivant, le sieur Barré fait signifier cet arrêt à ses adversaires, avec assignation devant la section civile.

Ceux-ci se présentent sur cette assignation, et demandent que le sieur Barré soit déclaré déchu de son recours, parce qu'il n'a pas fait signifier l'arrêt qui en a prononcé l'admission, dans les trois mois après le jour dont il porte la date.

« Il n'y a, à cet égard, (ai-je dit à l'audience de la section civile, le 7 août 1811), aucune difficulté sur le principe invoqué par les défendeurs. Oui, le demandeur serait déchu de son recours en Cassation, s'il n'avait pas fait signifier, dans les trois mois de sa date, l'arrêt qui l'a admis. *L'arrêt par lequel il aura été ordonné* (porte l'art. 20 du tit. 4 de la première partie du règlement de 1738) *que la requête en Cassation sera communiquée à la partie qui a obtenu l'arrêt ou jugement en dernier ressort, sera signifié à sa personne ou domicile; et ce,* DANS TROIS MOIS AU PLUS TARD, À COMPTER DU JOUR DUDIT ARRÊT.: *et faute par le demandeur en Cassation de l'avoir fait signifier dans le temps, il demeurera déchu de sa demande en Cassation.* Mais, en faisant signifier, le 14 mai 1810, l'arrêt du 13 février précédent, le sieur Barré ne l'a-t-il pas fait réellement signifier dans les trois mois de sa date?

» Cette question dépend de celle de savoir comment doit être calculé le délai de trois mois dans lequel la loi veut que tout arrêt d'admission d'un recours en Cassation soit signifié. Doit-on, dans la supputation de ce délai, compter, et le jour même, dont l'arrêt porte la date, et le jour même où s'en fait la signification ; ou ne doit-on y comprendre ni l'un ni l'autre ?

» Si l'on s'en tient au premier parti, la signification de l'arrêt du 13 février 1810 est évidemment tardive ; si l'on s'en tient au second, elle est évidemment faite en temps utile.

» Mais, remarquons bien que, pour qu'elle soit censée faite en temps utile, il ne suffit pas que l'on doive déduire du délai de trois mois, soit le jour de la date de l'arrêt, soit le jour de sa signification ; et qu'il faut que ni l'un ni l'autre ne doive être compris. Car, d'un côté, si vous comprenez le 13 février dans les trois mois, les trois mois se trouveront révolus le 12 mai ; et en supposant que le jour de la signification ne doive pas y être compris, il faudra du moins que la signification se fasse le 13. D'un autre côté, si, sans comprendre le jour de l'arrêt dans les trois mois, vous y comprenez le jour de la signification, les trois mois se trouveront révolus le 13 mai ; et il sera trop tard le 14, pour signifier l'arrêt.

» Il faut donc, pour repousser la fin de non-recevoir des défendeurs, juger, non-seulement que le *terminus à quo* ; c'est-à-dire, le jour du départ du délai, n'est pas compris dans le délai même ; mais encore que l'on ne doit pas y comprendre le *terminus ad quem*, c'est-à-dire le jour où le délai finit.

» Or, pouvez-vous juger l'un et l'autre ?

» On dit communément que *dies termini non computantur in termino* ; mais ce prétendu axiome de droit, vrai dans certains cas, est faux dans beaucoup d'autres.... (1).

» Inutile de le discuter ici sous tous ses rapports. Renfermons-nous dans les dispositions du règlement de 1738, qui sont particulières à la cour de cassation.

» L'art. 5 du tit. 1er de la seconde partie de ce règlement porte, comme vous le savez, que, dans les délais prescrits par les articles précédens du même titre, ne seront compris ni le jour de la signification ni celui de l'échéance.

» Dans les premières années de son institution, la cour jugeait, nonobstant cet article, que le recours en cassation ne pouvait plus être formé le lendemain du dernier jour des trois mois qui s'étaient écoulés depuis le jour de la signification de l'arrêt ; et elle le jugeait sur le fondement que, dans son opinion, l'article cité ne pouvait s'entendre que des délais dont le point de départ dépend d'une assignation ou signification tendante à obliger la partie à qui elle est faite, de comparaître ou de faire certains actes.

» Cette jurisprudence a été condamnée par la loi du 1er frimaire an 2 ; et pourquoi l'a-t-elle été ?

parce que l'art. 5 du titre 1er de la seconde partie du règlement de 1738, embrasse dans sa disposition tous les délais qui courent à compter d'une *signification*, et qu'il ne fait, à cet égard, aucune distinction entre la signification qui tend à obliger une partie de comparaître ou de faire certains actes, et la signification qui n'a pour objet que de notifier un jugement à cette partie.

» Ce motif peut-il s'adapter au délai dans lequel le règlement de 1738 veut que l'arrêt portant admission d'un recours en Cassation, soit signifié à la partie contre laquelle ce recours est formé ? Non, car ce délai court du moment où est prononcé l'arrêt qui admet la requête en Cassation. Il court donc sans signification préalable ; il n'a donc pas le point de départ que paraît supposer l'art. 5 du tit. 1er de la seconde partie du règlement de 1738 à tous les délais dont il s'occupe. Cet article ne lui paraît donc pas applicable. Il semble donc que l'on ne peut pas non plus lui appliquer la loi qui, en interprétant cet article, déclare que le dernier jour des trois mois accordés pour se pourvoir en Cassation, ne doit pas être compté dans ce délai.

» Mais si le motif de la loi du 1er frimaire an 2 est étranger au délai dans lequel doit être signifié un arrêt d'admission, il reste à examiner si ce délai n'est pas compris dans la disposition de l'art. 5 du tit. 1er de la seconde partie du règlement de 1738, considérée en elle-même, et abstraction faite de l'interprétation que lui a donnée la loi du 1er frimaire an 2, par rapport au délai du recours en Cassation.

» L'article dont il s'agit, vient à la suite de deux ordres qui déterminent les *délais des assignations au conseil*, représenté aujourd'hui par la cour de cassation ; et voici ce qu'il porte : « dans tous les » délais ci-dessus marqués, le jour de l'assignation » ou de la signification, et celui de l'échéance, ne » seront point comptés ; *ce qui sera pareillement* » *observé dans tous les délais marqués par le pré-* » *sent règlement* ».

» Dire que la règle établie par cet article, est commune à *tous les délais marqués* par les règlemens de 1738, c'est assurément dire aussi clairement, aussi positivement qu'il est possible de le faire, que l'on ne doit excepter de cette règle aucun des délais dont il est parlé dans ce règlement ; c'est par conséquent dire que cette règle s'applique au délai dans lequel l'art. 30 du tit. 8 de la première partie de ce règlement veut que les arrêts d'admission des requêtes en Cassation soient signifiés ; c'est par conséquent dire que l'on ne doit pas compter dans ce délai le dernier jour de trois mois.

» Qu'importe que ce délai n'ait pas son point de départ dans une assignation ou signification ? Il résulte bien de là que l'article dont il s'agit, ne lui est pas applicable, en tant qu'il décide que le jour de l'assignation ou de la signification ne doit pas être compté dans les délais marqués par le règlement ; il résulte bien de là que, pour ne pas compter dans le délai de trois mois fixé par l'art. 30 du tit. 4 de la

---

(1) *V.* le réquisitoire du 7 juin 1813, rapporté au mot *appel*, sect. 1, §. 5, n° 18, dans les *additions*.

première partie, le jour de la date d'un arrêt d'admission, l'on ne peut pas s'étayer de l'art. 5 du tit. 1er de la seconde partie, et qu'il faut recourir au droit commun dont cet article n'est que la conséquence, et suivant laquelle jour du terme *à quo* n'est jamais compris dans le délai qui part de ce jour, à moins que la loi ne veuille, par une disposition spéciale, qu'il le soit; mais il n'en résulte nullement que l'art. 5 du tit. 1er de la seconde partie n'est pas applicable à ce délai, en tant qu'il décide que le jour de l'échéance ne doit être compris dans aucun des délais que le règlement détermine. Encore une fois, cet article est général; il l'est dans la disposition qui concerne le jour de l'échéance, comme dans la disposition qui concerne le jour du terme *à quo*. Il exclut, pour l'une comme pour l'autre, toute espèce de distinction, toute espèce d'exception : *Ce qui sera observé*, dit-il, *dans* tous les *délais marqués par le présent règlement.* Donc le délai dans lequel les arrêts d'admission doivent être signifiés, est soumis à la règle établie par cet article, que le jour de l'échéance n'y doit pas être compté. Donc l'inapplicabilité à ce délai de la règle établie par le même article, que le jour de la notification ou de la signification ne doit pas être compté dans les délais qui ont leur point de départ dans une assignation ou signification, ne peut pas empêcher qu'on ne lui applique la règle établie par le même article, relativement au jour de l'échéance.

» Sans doute, on ne pourrait pas lui appliquer cette dernière règle, si l'art. 5 du titre 1er de la seconde partie limitait expressément sa double disposition aux délais qui ont leur point de départ dans une signification ou assignation. Mais c'est ce que cet article ne fait pas; et l'on ne peut pas y sous-entendre, l'on ne peut pas y suppléer, une restriction aussi importante. Qu'on le regarde comme muet sur la question de savoir si le jour du terme *à quo* est compris dans les délais qui courent sans assignation ou signification préalable, à la bonne heure. Mais certainement il n'est pas muet sur le jour du terme *ad quem* dans *tous les délais* possibles. Il fait donc loi, pour *tous les délais* possibles, par rapport à ce jour; il fait donc loi, par rapport à ce jour, pour le délai dans lequel doivent être signifiés les arrêts d'admission.

» Cette vérité, déjà assez sensible par elle-même, le deviendra encore davantage, si nous nous reportons à une ordonnance qui a été rédigée presque en même temps et par le même ministre, que le règlement de 1738. Nous voulons parler de l'ordonnance du mois de juillet 1737, concernant le faux principal, le faux incident et la reconnaissance des écritures, ordonnance qui est, comme le règlement de 1738, l'ouvrage de M. le chancelier d'Aguesseau.

» D'une part, l'art. 20 du tit. 3 de cette ordonnance portait : « Dans tous les délais prescrits pour » la procédure mentionnés au présent titre et dans » les deux précédens, ne seront compris le jour de » l'assignation ou signification, ni celui de l'é-» chéance ».

» D'un autre côté, il était dit dans l'art. 8 du tit. 2 de la même loi : « L'ordonnance (rendue sur » la requête en permission de s'inscrire en faux), » portera que l'inscription sera faite au greffe par le » demandeur, et qu'il sera tenu, à cet effet, dans » trois jours au plus tard, de sommer le défendeur » de déclarer s'il veut se servir de la pièce mainte-» nue fausse; ce que ledit demandeur sera tenu de » faire dans ledit terme de trois jours, à compter » de ladite ordonnance; sinon, sera déclaré déchu » de sa demande en inscription de faux ».

» Le délai de trois jours dont parlait ce dernier article, courait, comme vous le voyez, du jour de la date de l'ordonnance portant permission de s'inscrire en faux; il courait, par conséquent, sans assignation ni signification préalable; et par conséquent encore on ne pouvait pas lui appliquer la disposition de l'art. 20 du tit. 3, d'après laquelle le jour de l'assignation ou de la signification ne devait pas être compté dans les délais fixés par les divers articles de cette loi. Cela empêchait-il qu'on ne lui appliquât la disposition du même article qui voulait que, dans les mêmes délais, on ne comptât pas le jour de l'échéance ? Non : plusieurs fois, nous avons vu des espèces où l'on eût pu contester cette application; et jamais l'idée n'en est venue à personne. — Il est vrai que Durousseaud de Lacombe, dans son *Commentaire posthume* sur l'ordonnance de 1737, a dit, tit. 2, art. 8 : « *Dies termini com-*» *putatur in termino* ; et par conséquent si l'ordon-» nance du juge sur la requête est du premier du » mois, la sommation doit être faite le 3 au plus » tard ». Mais il a été justement repris par Serpillon, dans son *Code du Faux*, sur le même article : « Cet auteur (a dit Serpillon) n'a pas fait attention » à l'art. 20 du tit. 3 ci-après; c'est le dernier ar-» ticle de la présente ordonnance : Il est en tout » contraire au sentiment de Durousseaud, puisqu'il » porte que, dans tous les délais prescrits pour les » procédures mentionnées dans les trois titres, le » jour de la signification ou de l'assignation n'y sera » pas compté... Par conséquent cet art. 8 doit être » entendu de trois jours francs ».

» Donc, par la même raison, nous devons appliquer au délai dans lequel doivent être signifiés les arrêts d'admission des requêtes en cassation, la disposition de l'art. 5 du tit. 1er de la seconde partie du règlement de 1738, qui veut que le jour de l'échéance ne soit compté dans aucun des *délais marqués* par ce règlement. Donc il y a lieu de rejeter la fin de non-recevoir des défendeurs.

Par arrêt du 7 août 1811, au rapport de M. Boyer, « Attendu que, suivant l'art. 5 du tit. 1er, part. 2, du règlement du ci-devant conseil de 1738, tous les délais fixés par ce même règlement, doivent être francs; et que, ni le jour à partir duquel commence le délai, ni celui où il finit, ne doivent être comptés; qu'il suit de là que l'arrêt de la section des requêtes qui a admis le pourvoi du sieur Barré, étant du 13 février 1810, et ayant été signifié le 14 mai suivant, il l'a été dans le délai prescrit par le règlement......; la cour rejette la fin de non-recevoir ».

§. VII, n. 1. *Page* 72 , *col.* 1 , *ligne* 15 , *après les mots*, art. 429 et 436 , *ajoutez :* V. *aussi Renvoi après cassation.*

Page 73 , *col.* 2 , *après la ligne* 5 , *ajoutez :*

V. Lorsqu'un arrêt de chambre d'accusation qui déclare qu'il n'y a pas lieu à accusation contre le principal prévenu ni contre ses prétendus complices, n'a été attaqué par le procureur-général qu'en ce qui concerne le principal prévenu, peut-on, en le cassant à l'égard de celui-ci, le casser également à l'égard de ses complices prétendus ? V. le plaidoyer et l'arrêt du 5 mars 1813 , rapportés , dans les *additions* , aux mots *faillite* et *banqueroute* , sect. 2 , art. 5.

CENS, §. VII, n. II. *Page* 157 , *col.* 2 , *après la ligne* 3 , *ajoutez :*

Disons plutôt que cette modification n'étant que le résultat d'une décision particulière qui ne peut avoir que l'autorité d'un jugement, et qui par conséquent n'est rendue que pour l'affaire spéciale qu'elle concerne , ne peut pas être obligatoire pour les tribunaux ; et que l'on doit encore s'en tenir aux arrêts de la cour de cassation qui , antérieurement à l'avis du conseil d'état du 13 messidor an 13 , avaient jugé la question en sens contraire à cet avis. *Voyez-le plaidoyer du* 14 *juillet* 1814 , *rapporté aux mots* rente seigneuriale , §. 2 , n. 6 *bis* , *dans les additions.*

CHASSE , §. III. *Page* 217 , *col.* 2 , *avant le* n. VII , *ajoutez :*

VI *bis.* Le droit exclusif de Chasse qui , par cette loi et par les décrets du 4 août 1789 , est attribué à tout propriétaire sur son terrain, peut-il être exercé par le propriétaire de fonds enclavés dans les domaines de la couronne ?

V. *ci-après* , §. 5 *bis*]].

Page 222 , *col.* 1 , *avant le* §. VI , *ajoutez :*

§. V *bis.* 1° *Les particuliers peuvent-ils chasser sur leurs fonds enclavés dans les domaines de la liste civile ? —* 2° *Les gardes de ces domaines ont-ils qualité pour constater les délits de Chasse qui ont lieu dans les fonds qui y sont enclavés ? —* 3° *Par quel temps se prescrivent les délits de Chasse commis dans les forêts de l'état ou de la liste civile ?*

Le 7 décembre 1812 , procès-verbal de deux gardes de la forêt de Compiègne , qui constate que le sieur Paris , propriétaire du domaine des étangs, enclavé dans cette forêt , a été trouvé chassant avec plusieurs personnes armées , comme lui, de fusils , et tirant, entr'autres gibiers, sur des faisans. — Le 5 février 1813 , le sieur Paris est cité , à la requête de l'administrateur-général des forêts de la couronne, devant le tribunal correctionnel de Compiègne, pour se voir condamner à l'amende portée par l'art. 4 du tit. 30 de l'ordonnance des eaux et forêts de 1669. — Le 14 mars suivant, nouveau procès-verbal contre le sieur Paris , constatant les mêmes faits

de Chasse ; et le 14 avril de la même année , nouvelle citation devant le même tribunal.

A ces deux citations, le sieur Paris oppose 1° que les procès-verbaux sont nuls , parce que les deux gardes de la forêt de Compiègne n'ont pas le droit de verbaliser dans sa propriété ; 2° que les prétendus délits constatés par ces procès-verbaux , sont prescrits , d'après l'art. 12 de la loi du 30 avril 1790 , qui veut que les actions pour délit de Chasse , soient intentées dans le mois , *à compter du jour où le délit aura été commis* ; 3° qu'au fond , il n'a fait , en chassant sur son propre terrain, quoiqu'enclavé dans une forêt de l'état, qu'user d'un droit légitime.

Le 10 mars et le 21 avril 1813 , jugemens qui, sans s'arrêter à la nullité ni à la fin de non-recevoir , et vu l'art. 16 de la loi du 22 avril 1790 , condamnent le sieur Paris à 100 fr. d'amende.

Le sieur Paris appelle successivement de ces deux jugemens au tribunal correctionnel de Beauvais, qui, par deux autres jugemens du 9 août suivant , les confirme, α attendu que les gardes de la forêt de Compiègne ont caractère pour surveiller et constater les atteintes qui peuvent être portées aux droits de S. M. dans l'étendue de cette forêt ; qu'il est prétendu par les officiers de S. M. , que Paris , en tirant sur des faisans dans un terrain qui lui appartient , mais qui est enclavé dans la forêt, a porté atteinte à un droit exclusivement réservé à S. M. : que , si l'on admettait la fin de non-recevoir proposée par ledit sieur Paris , ce serait préjuger en sa faveur ce qui fait , au fond , l'objet de la question à décider ; que d'ailleurs Paris n'a jamais contesté les faits énoncés aux procès-verbaux des gardes forestiers des 7 décembre 1812 et 14 mars 1813 ; que les délits de Chasse , lorsqu'ils ont lieu dans une forêt de l'état , prennent le caractère de *délits forestiers* , lesquels ne se prescrivent que par le laps de trois mois ; que le droit rendu en 1789 à tout propriétaire de détruire le gibier sur son terrain , ne l'a été que sous la réserve de quelques modifications à apporter à ce droit par des règlemens postérieurs ; que l'art. 16 de la loi du 22-30 avril 1790 , régulatrice du droit de Chasse , défend à tous particuliers de chasser et détruire aucune espèce de gibier dans les parcs attenant aux maisons royales de Compiègne et autres, et aussi dans les forêts appartenant au roi ; que la propriété de Paris étant dans la forêt de Compiègne et s'y trouvant enclavée, il suit de l'article précité, que le droit généralement rendu à tout propriétaire de chasser sur son terrain , se trouve, par rapport à lui et sur le terrain dont il s'agit , restreint et suspendu ; que , par un arrêté de M. le préfet , en date du 28 novembre 1810 ; il est expressément défendu à tout particulier ayant port d'armes et permission de Chasse dans les environs de la forêt de Compiègne , de Laigue , et autres faisant partie du domaine de la couronne, de tirer sur les faisans sortant desdites forêts ; que Paris est , plus que personne , dans le cas de cette défense , par la nature et la situation de sa propriété qui le rend riverain, par tous les côtés, de la forêt de Compiègne; que ce règlement de police sur la Chasse, émané de l'autorité administrative, ne saurait être réformé par les tribunaux, qui, tant qu'il ne sera pas légalement attaqué, doivent en ordonner l'exécution ».

Le sieur Paris se pourvoit en cassation contre ces deux jugemens.

« Les moyens de cassation qui vous sont proposés dans cette affaire (ai-je dit à l'audience de la section criminelle, le 2 juin 1814), portent successivement sur les procès-verbaux qui ont servi de base aux actions que les jugemens attaqués par le demandeur, ont accueillies; sur les époques auxquelles ces actions ont été intentées; et sur le fond.

» Relativement aux procès-verbaux dressés, le 7 décembre 1812 et le 14 mars 1813, par deux gardes de la forêt de Compiègne, le demandeur soutient qu'ils sont nuls, et par le défaut d'affirmation de la part des deux officiers dont ils sont l'ouvrage, et par le défaut de caractère de ces mêmes officiers.

» Mais 1° le demandeur ne nie pas les faits constatés par ces procès-verbaux; et cela seul suffirait pour couvrir toutes les nullités dont ils pourraient se trouver entachés.

» 2° Ces procès-verbaux sont, non-seulement signés des deux gardes forestiers qui les ont dressés, mais encore affirmés par l'un et l'autre.

» 3° La question de savoir si les deux gardes de la forêt de Compiègne ont eu caractère pour dresser ces procès-verbaux, tient précisément à celle de savoir si, en chassant dans sa propriété enclavée dans la forêt de Compiègne, le demandeur a commis un délit contre la police de cette forêt. Car s'il a réellement commis un délit contre la police de cette forêt, très-certainement les gardes chargés de la surveillance de cette forêt, ont pu et dû le constater. Le moyen de cassation que le demandeur cherche à tirer du prétendu défaut de caractère des deux gardes, rentre donc absolument dans les moyens de cassation que le demandeur puise dans le fond de la cause.

» Relativement aux époques auxquelles ont été intentées les actions couronnées par les jugemens qu'il attaque, le demandeur vous fait remarquer que ces actions n'ont été intentées qu'après le mois que l'art. 12 de la loi du 30 avril 1790 fixait pour leur exercice; et il conclut de là que ces actions étaient prescrites.

» Mais 1° de ces deux actions, il y en a une qui a été intentée dans le mois du prétendu délit qui y a donné lieu; car elle l'a été le 14 avril 1813, et c'est le 14 mars précédent qu'avait été constaté le fait de Chasse dont elle a été la suite. Sans doute, le mois commencé à la première heure du 14 mars 1813, avait pris fin avec la dernière heure du 13 avril suivant; car il ne peut pas se rencontrer deux 14 dans un même mois. Mais aussi le jour du 14 mars 1813 ne doit pas être compris dans le délai dont il s'agit: *Dies termini a quo non computatur*

in termino. Il n'est point de maxime plus constante dans toute la jurisprudence.

» 2° Quant à l'action qui a été intentée en vertu du procès-verbal du 7 décembre 1812, il est vrai qu'elle ne l'a été que le 5 février 1813, et par conséquent après plus d'un mois.

» Mais l'art. 12 de la loi du 30 avril 1790, qui fixe à un mois la durée de l'action pour le délit de Chasse, ne dispose ainsi que pour les délits de Chasse qui se commettront dans les propriétés particulières.

» A la vérité, il est de principe, et l'art. 227 du Code civil porte en toutes lettres, que *l'état est soumis aux mêmes prescriptions que les particuliers*.

» Mais cette règle cesse toutes les fois qu'il y a, pour les prescriptions contre l'état, des dispositions spéciales.

» Or, la loi du 15 septembre 1791 nous offre, tit. 9, art. 8, une disposition spéciale sur la prescription *des délits et des malversations commis dans les bois nationaux*. Elle veut que les actions relatives à ces délits, soient intentées, tantôt dans les trois mois, tantôt dans l'année, à compter du jour où ces délits auront été reconnus. Elle ne permet donc pas que ces actions soient déclarées prescrites, faute d'avoir été intentées dans le mois.

» Inutile d'objecter que les délits de Chasse, commis dans les forêts de l'état, ne sont pas des délits forestiers proprement dits.

» Le contraire est nettement établi par l'arrêté du directoire exécutif du 28 vendémiaire an 5. Cet arrêté, après avoir dit, art. 1er, *que la Chasse dans les forêts nationales, est interdite à tous particuliers sans distinction*, ajoute, art. 2: *Les gardes sont tenus de dresser contre les contrevenans, les procès-verbaux dans la forme prescrite pour les* AUTRES DÉLITS FORESTIERS; et il est clair que, par ces mots, *autres délits forestiers*, l'arrêté suppose que c'est dans la classe des délits forestiers que doivent être rangés les délits de Chasse commis dans les forêts de l'état.

» Restent les moyens de cassation que le demandeur tire du fond de la cause.

» A cet égard, nous devons d'abord convenir que le demandeur est très-fondé dans la critique qu'il fait des jugemens attaqués, en tant que, pour le condamner, ils invoquent subsidiairement un arrêté du préfet du département de l'Oise, du 28 novembre 1810. Les arrêtés des préfets ne sont obligatoires pour les tribunaux, que lorsqu'ils statuent sur les matières de police administrative spécifiées dans le tit. 11 de la loi du 24 août 1790. Hors ces cas, les tribunaux n'ont sans doute pas le droit de réformer les arrêtés des préfets, qui punissent comme délits, des faits non qualifiés tels par la loi; mais ils ne doivent ni ne peuvent les prendre pour règles de leurs jugemens; et c'est ce que vous avez décidé par une foule d'arrêts (1).

_____

(1) *V.* mon *Recueil de questions de droit*, au mot *Préfet*, §. 4.

» Mais de ce que les jugemens attaqués sont mal motivés en cette partie, il ne s'ensuit pas encore que la cassation puisse les atteindre; car il est possible que leur motif principal s'accorde mieux avec la loi.

» Leur motif principal, vous le savez, est puisé dans l'art. 16 de la loi du 30 avril 1790; et vous avez à examiner si, en effet, cet article interdit la Chasse aux particuliers dans leurs propriétés, lorsqu'elles sont enclavées; soit *dans les forêts appartenant au roi*, soit *dans les parcs attenant aux maisons royales* qu'il désigne.

» Que signifierait cet article, s'il ne la leur interdisait pas implicitement ?

» Rien, il ne formerait dans la loi qu'un pléonasme, il serait complétement inutile.

» Si la loi n'avait pas eu pour but de déroger en faveur du roi, au droit exclusif que les décrets du 4 août 1789, avaient attribué à *tout propriétaire ou possesseur* de chasser sur son terrain, il n'eût rien manqué, pour le complément de sa disposition, à ce qu'elle avait réglé par ses quinze premiers articles; car elle y avait établi le droit exclusif dans les termes les plus formels; et il eût été impossible de n'y pas comprendre le roi, sinon sous la dénomination de *propriétaire*, du moins sous celle de *possesseur*, puisque, d'une part, elle avait dit, par l'art. 14, que l'on devait entendre par *propriétaire* ou *possesseur*, tout détenteur d'un fonds *autre que le simple usager*, et que de l'autre, le roi était bien certainement non simple usager, mais véritablement usufruitier, de toutes les forêts, de toutes maisons royales qui dépendaient du domaine de la couronne.

» Et dans le fait, l'assemblée constituante croyait tellement avoir pourvu à tout par les 15 premiers articles de son décret, qu'elle l'avait envoyé dans cet état à la sanction du roi.

» Mais qu'arriva-t-il ? Le ministre de la justice écrivit au comité des droits féodaux sur le rapport duquel le décret avait été rendu, que le décret ne pouvait pas, dans l'état où il était, être sanctionné par le roi; et qu'il ne pourrait l'être, qu'autant que l'assemblée y ajouterait le seizième article qui s'y trouve actuellement.

» Sur cette lettre, le comité considéra qu'en effet, le décret, tel qu'il était conçu, ne remplissait pas l'objet que l'assemblée s'était proposé; que, par l'art. 3 des décrets du 4 août 1789, elle avait promis, en abolissant le droit exclusif de Chasse, en permettant à tout propriétaire de chasser sur son terrain; *de pourvoir, par des moyens compatibles avec le respect dû aux propriétés, à la liberté, à la conservation des plaisirs du roi*; que, si le roi n'avait pas encore répondu au message que l'assemblée lui avait adressé, le 20 avril, *pour supplier S. M. de faire connaître les limites des cantons qu'elle voulait se réserver pour le plaisir de la chasse*, il n'en était pas moins juste et convenable, en attendant sa réponse, de faire par provision, relativement à certaines parties du domaine de la cou-

ronne, ce qui serait fait en définitive relativement aux cantons qui seraient exclusivement réservés pour la Chasse du roi.

» Le comité chargea, en conséquence, son rapporteur, de proposer à l'assemblée l'article additionnel qui était demandé par le ministre, et de ne pas lui dissimuler que cet article était nécessaire pour obtenir la sanction du décret.

» Le rapporteur s'acquitta de sa mission, à la séance du 28 avril, comme le prouvent le procès-verbal de cette séance même et le *Moniteur* du lendemain; et l'article additionnel ayant été adopté, le décret fut sanctionné, sans difficulté, le 30.

» Que résulte-t-il de ces détails ? Une chose très-simple : c'est que l'art. 16 a été ajouté au décret, non par redondance, non pour prévenir des doutes que le texte littéral des 15 premiers articles repoussait évidemment, non pour faire entendre que le roi serait, par rapport aux forêts de la couronne et aux parcs des maisons royales, assimilé aux propriétaires ou possesseurs privés; mais pour établir, en faveur de S. M., une exception à la règle générale, mais pour appliquer provisoirement aux forêts de la couronne et aux parcs des maisons royales, ce qui serait réglé définitivement pour les *cantons* que le roi jugerait à propos de se réserver. *exclusivement pour le plaisir de la chasse*; mais en un mot, pour signifier que le droit de Chasse serait, par provision, réservé exclusivement au roi, dans les propriétés particulières qui se trouveraient enclavées dans les forêts de la couronne et dans les parcs des maisons royales.

» Car, il n'est pas permis d'en douter, lorsque, par son décret du 20 avril, l'assemblée constituante avait chargé *son président de se retirer, dans le jour, pardevant le roi, pour supplier sa majesté de faire connaître les limites des cantons qu'elle voulait se réserver exclusivement pour le plaisir de la chasse*, elle avait entendu que, dans les cantons que le roi se réserverait exclusivement pour le plaisir de la Chasse, les propriétés particulières qui y seraient comprises par enclavement, demeureraient soumises au droit de Chasse exclusif du roi; et il était impossible qu'elle l'entendît autrement, puisque, si elle l'eût entendu autrement, son décret n'aurait eu ni objet ni sens.

» En effet, le roi n'avait pas besoin de loi spéciale pour être autorisé à chasser exclusivement sur les domaines de la couronne. Il avait le droit exclusif d'y chasser, par cela seul qu'il en était usufruitier. Ce n'était donc pas dans la vue de conserver ce droit exclusif au roi, qu'avait été fait le message contenu dans le décret du 20 avril. Ce message ne pouvait donc tendre et ne tendait effectivement qu'à faire désigner, dans les domaines de la couronne, des cantons où le droit de Chasse exclusif du roi, au lieu d'être resserré dans les bornes précises de la propriété, embrasserait tout ce qui serait compris, par enclavement, dans sa circonscription. Soutenir le contraire, ce serait prêter à l'assemblée constituante une intention absurde et dérisoire. Ce serait supposer qu'elle a voulu restreindre le droit de Chasse exclusif du roi à ceux des domaines de la couronne qui seraient compris dans les cantons réservés pour les plaisirs personnels de sa majesté; ce serait supposer qu'elle a voulu priver le roi du droit exclusif de chasser dans les domaines de la couronne qui ne seraient pas compris dans ces cantons, et par conséquent interdire au roi ce qu'elle permettait à tout possesseur indistinctement; ce serait supposer qu'elle a voulu, ou défendre toute espèce de Chasse dans cette partie du domaine de la couronne, ou abandonner au premier venu la faculté d'y chasser, et en faire un objet journalier de désordres, de querelles, de voies de fait.

» Les mêmes raisonnemens s'appliquent à l'art. 3, du décret du 4 août 1789, dont le message du 20 avril 1790 n'a été que la suite et un commencement d'exécution.

» Trois dispositions sont à remarquer dans cet article :

» Par la première, il abolit le droit exclusif de la Chasse, et il déclare que *tout propriétaire a le droit de détruire ou faire détruire, seulement sur ses possessions, toute espèce de gibier.*

» Par la seconde, il abolit *toutes capitaineries, même royales, et toute réserve de Chasse, sous quelque dénomination que ce soit;* ce qui emporte l'abrogation des articles du tit. 30 de l'ordonnance de 1669 qui, sauf quelques exceptions, réservaient au roi, même hors des forêts royales, la Chasse exclusive des cerfs et des biches, et défendaient à certaines personnes, quoique d'ailleurs investies du droit de chasser en général, de chasser au tir dans les trois lieues limitrophes des plaisirs de sa majesté,

» Enfin, par la troisième, l'assemblée nationale s'engage à pourvoir, *par tous les moyens compatibles avec le respect dû aux propriétés et à la liberté, à la conservation des plaisirs personnels du roi.*

» Assurément, par cette dernière disposition, l'assemblée nationale n'entendait pas se borner à dire que le roi serait traité, relativement au droit de Chasse, comme un simple propriétaire particulier, et qu'il pourrait, en conséquence, chasser dans les domaines de la couronne.

» Elle entendait encore moins dire que le roi serait, à l'égard du droit de Chasse, de pire condition qu'un simple propriétaire particulier, et qu'il ne pourrait pas chasser dans tous les domaines de la couronne, mais seulement dans quelques-uns de ces domaines.

» Elle entendait donc nécessairement qu'indépendamment du droit de Chasse, dont le roi jouirait, comme tout autre possesseur, dans les domaines de la couronne, il serait assigné à sa majesté des cantons dans lesquels, outre le droit de Chasse qui lui appartiendrait, en sa qualité de possesseur, sur les domaines de la couronne qui en formeraient la majeure partie, aurait encore le même droit comme monarque sur les propriétés particulières qui y seraient enclavées.

» Et qu'on ne dise pas que cette intention de l'assemblée constituante est en opposition avec les termes de l'art. 5, *par tous les moyens compatibles avec le respect dû aux propriétés et à la liberté ;* qu'on ne dise pas qu'il ne peut pas y avoir de compatibilité entre le respect dû aux propriétés et à la liberté, et la réserve qu'une loi spéciale attribuerait au roi, du droit exclusif de chasser sur les propriétés particulières qui se trouveraient enclavées dans certains domaines de la couronne.

» Le droit de Chasse n'est point, par sa nature, inhérent à la propriété privée. Les animaux sauvages n'appartenant à personne, rentrent naturellement dans le domaine public; et le droit de les tuer, de se les approprier, fait partie des attributs de la souveraineté. Aussi toutes les anciennes ordonnances nous présentent-elles le droit de Chasse comme résidant essentiellement dans la personne du souverain, et les seigneurs qui en jouissent, comme simples concessionnaires du souverain en cette partie. PERMETTONS à *tous seigneurs, gentilshommes et nobles* (portait l'art. 14 de l'ordonnance de 1669), *de chasser noblement à force de chiens et oiseaux dans leurs forêts, buissons, garennes et plaines.* Le placard des Archiducs Albert et Isabelle, du 31 août 1613, exprimait la même idée pour la Belgique : *Nos vassaux et sujets* (y était-il dit, art. 36), *ayant* PRIVILÉGE *de chasser.... en leurs seigneuries, en pourront librement user en la saison.* Enfin, c'est sur ce principe qu'est fondé l'art. 715 du Code civil, lequel, en disant que *le droit de Chasse et de Pêche est réglé par les lois particulières,* consacre nettement la toute-puissance de la souveraineté sur ce droit.

» Qu'a donc fait l'assemblée constituante par la première disposition de l'art. 5 des décrets du 4 août 1789 ? Rien autre chose qu'abandonner à chaque propriétaire, sur son terrain, le droit de Chasse qui appartenait primitivement à la souveraineté. Mais, en faisant cette concession à chaque propriétaire, elle a pu, par la troisième disposition du même article, s'engager à la modifier en faveur du roi; et c'est ce qu'elle a fait.

» Les termes de cet article, *par tous les moyens compatibles avec le respect dû aux propriétés et à la liberté,* ne peuvent donc pas signifier qu'il *sera pourvu à la conservation des plaisirs personnels du roi,* sans déroger au droit exclusif que la première disposition de cet article accorde à tout propriétaire de chasser sur son terrain; ils signifient donc seulement que des mesures seront prises, en assignant au roi des cantons où il pourra chasser exclusivement, même sur les propriétés particulières, pour qu'il n'en résulte pour les productions de ces propriétés aucune espèce de dommage, pour que les officiers du roi n'attentent pas arbitrairement à la liberté des propriétaires.

» Ainsi, rien dans l'art. 3 des décrets du 4 août 1789, qui ne se lie et ne se co-ordonne parfaitement avec le message du 20 avril 1790 et avec l'art. 16 de la loi du 30 du même mois, entendus dans le sens qu'y attachent les jugemens attaqués par le demandeur.

» Mais voici une objection qui, au premier abord, paraît très-sérieuse.

» La preuve, peut-on dire, que, par l'art. 16 de la loi du 30 avril 1790, l'assemblée constituante n'avait pas entendu attribuer au roi le droit exclusif de Chasse sur les propriétés particulières enclavées, soit dans les forêts de la couronne, soit dans les parcs des maisons royales, c'est que, le 31 août suivant, la même assemblée a rendu un décret (sanctionné le même jour), qui, « après avoir entendu » ses comités des domaines et de féodalité, les » charge de lui présenter, d'ici au 15 septembre » prochain, un projet de décret sur les Chasses du » roi, et jusqu'à ce qu'il y ait été statué, *suspend*, » *à l'égard de tous particuliers, l'exercice de la* » *Chasse sur leurs propriétés enclavées dans le* » *grand et le petit parcs de Versailles* »; c'est qu'il aurait été inutile de prononcer cette suspension pour les propriétés particulières enclavées dans le grand et le petit parcs de Versailles, si déjà elle eût été prononcée par l'art. 16 de la loi du 30 avril, pour les propriétés particulières enclavées dans les parcs des maisons royales et dans les forêts de la couronne.

« Cet argument est très spécieux, mais est-il concluant ?

» Remarquons d'abord que le décret du 31 août 1790 a été proposé par un autre rapporteur que la loi du 30 avril précédent; qu'il avait été préparé, non dans le comité de féodalité, dont la rédaction de la loi du 30 avril était l'ouvrage, mais dans le comité des domaines auquel s'étaient seulement adjoints, pour cet effet, quelques membres du premier; qu'ainsi, il a très bien pu arriver que les rédacteurs du décret du 31 août n'ayent pas eu présent à la mémoire l'esprit dans lequel avait été rédigé l'art. 16 de la loi du 30 avril.

» Remarquons ensuite qu'en proposant à la tribune le projet du décret du 31 août, le rapporteur du comité des domaines n'est entré dans aucun des détails qui auraient pu mettre l'assemblée nationale à portée de comparer l'art. 16 de la loi du 30 avril avec ce projet, et qu'il s'est borné à ces seules paroles : « Les comités des domaines et de féodalité s'oc- » cupent de la rédaction d'une loi sur les chasses, » pour la présenter à l'assemblée ; mais ce travail très » important ne peut être terminé avant quinze jours. » Il est à craindre que, jusqu'à cette époque, il n'y » ait quelque insurrection fâcheuse de la part des » particuliers dont les propriétés sont enclavées dans » les parcs réservés pour les plaisirs du roi. Le » comité m'a chargé de vous proposer un décret » conçu en ces termes..... (1) ».

» Remarquons encore que les insurrections dont parlait ainsi le rapporteur, non seulement étaient dès-lors à craindre, mais avaient déjà éclaté : qu'elles n'avaient pu avoir lieu que parce qu'il y avait résistance, de la part des officiers du roi, à ce que les particuliers chassassent dans leurs propriétés enclavées dans les grand et petit parcs de Versailles ; qu'il

résulte de cette résistance, que l'art. 16 de la loi du 30 avril était, dans ce premier moment, entendu par le roi, et exécuté en son nom, dans le sens qu'a depuis adopté le tribunal correctionnel de Beauvais ; et que la manière dont le roi entendait et faisait exécuter, dans ce premier moment, un article que sa majesté avait fait proposer elle-même, est sans doute une grande présomption que cet article était, dès-lors, entendu et exécuté dans son véritable sens.

» Qu'importe, après cela, qu'entraîné, comme on l'était alors, par l'urgence qu'il y avait de faire cesser les insurrections qui s'élevaient contre cette manière d'entendre et d'exécuter l'art. 16 de la loi du 30 avril, on ait, au lieu de déclarer tout simplement que tel était effectivement le sens de cet article, employé une rédaction qui, supposant que cet article avait eu un autre objet, semblait introduire comme droit nouveau pour les propriétés enclavées dans les seuls parcs de Versailles, ce que cet article avait établi pour les propriétés enclavées dans tous les parcs des maisons royales et dans toutes les forêts de la couronne ?

« On n'a ni pu ni voulu, par là, dénaturer l'art. 16 de la loi du 30 avril, et empêcher qu'il ne signifiât ce qu'il signifie réellement.

» Supposer, par une loi, que les dispositions qu'elle proclame comme nouvelles et spéciales, et qui n'ont ni l'un ni l'autre caractère, n'existent pas déjà dans une loi antérieure, ce n'est pas les effacer de celle-ci. On ne pourrait les en prétendre effacées par la nouvelle loi, qu'en appliquant à la nouvelle loi comparée avec l'ancienne, l'adage vulgaire, *qui de uno dicit, de altero negat*; ou, en d'autres termes, qu'en employant un argument *à contrario sensu* ; et tout le monde sait que l'argument *à contrario sensu*, est de tous les argumens le plus fautif, le plus sujet à égarer ; tout le monde sait qu'il ne peut jamais l'emporter sur une disposition précise et non équivoque.

» C'est ainsi qu'encore que l'art. 32 du décret du 1ᵉʳ germinal an 13, concernant les droits réunis, eût déclaré que, dans les affaires correctionnelles de cette nature, il ne serait pas nécessaire de citer en conciliation sur l'appel, et qu'il semblait en résulter, par argument *à contrario sensu*, que la citation en conciliation est de rigueur dans les matières correctionnelles ordinaires, même sur l'appel, on n'en a cependant jamais conclu que cette loi eût dérogé aux lois générales qui décident qu'il n'y a pas lieu de citer en conciliation, non seulement sur l'appel dans les matières correctionnelles ordinaires, mais même en première instance dans les mêmes matières, mais même sur l'appel dans les matières civiles.

» Enfin, Messieurs, une dernière preuve que le décret du 31 août 1790 n'a rien changé au droit exclusif de Chasse que la loi du 30 avril avait réservé au roi sur la généralité des fonds enclavés dans les domaines de la couronne, c'est que, même après le décret du 31 août 1790, et au moment où l'on s'attendait, d'après l'une de ses dispositions, qu'il allait être statué définitivement sur les Chasses du roi,

(1) V. le *Moniteur* du 1ᵉʳ septembre 1790.

on doutait si peu que la Chasse fût exclusivement réservée au roi sur les fonds enclavés dans les domaines de la couronne, que les propriétaires des districts de Melun et de Nemours se réunirent pour demander, par une pétition adressée à l'assemblée constituante, que cette réserve fût abolie, pétition qui est rappelée dans le rapport qui fut fait à la séance du 13 septembre 1790, au nom des comités des domaines et de féodalité, en exécution du décret du 31 août (1).

» Il est vrai qu'à la suite de ce rapport, il fut proposé, et que le lendemain, il fut rendu un décret qui, après avoir, par un premier article, et en renversant tout ce qui avait été réglé provisoirement jusqu'alors, restreint le droit de Chasse du roi dans des parcs qui seraient clos de murs aux frais de la liste civile, déclarait *tous propriétaires et possesseurs de fonds enclavés dans ces parcs, maîtres de détruire ou faire détruire le gibier sur leurs propriétés seulement, et de la même manière qui avait été réglée pour les propriétaires ou possesseurs de fonds dans les autres parties du royaume,* par la loi du 30 avril.

» Mais ce décret, surpris à l'assemblée constituante par une interprétation trop large d'une lettre du roi du mois d'août précédent, dans laquelle il était dit : « Quant à mes Chasses sur lesquelles vous » avez désiré que je fisse connaître mes détermi- » nations, *je tiens surtout à ne jouir d'aucuns* » *plaisirs qui puissent être onéreux à quelques-uns* » *de mes sujets* (2). » ; ce décret ne fut point sanctionné ; et le roi ayant, aussitôt après, fait vendre ses équipages de Chasse, il ne fut plus question des Chasses de sa majesté ; de sorte que, lorsque le sénatus-consulte du 28 floréal an 12 eut recréé la liste civile, on s'est trouvé tout naturellement reporté, par rapport au droit exclusif de Chasse du prince, dans l'état provisoire qui avait été réglé par la loi du 30 avril 1790.

» Or, cet état provisoire subsiste encore aujourd'hui ; c'est donc sur cet état provisoire que le tribunal correctionnel de Beauvais a dû calquer les deux jugemens qu'attaque ici le demandeur ; et c'est assez dire que le recours en cassation du demandeur contre ces jugemens, doit être rejeté : nous y concluons».

Par arrêt du 2 juin 1814, au raport de M. Audier-Massillon, — « Attendu, sur le premier moyen, que les procès-verbaux dressés par les gardes particuliers de la forêt de Compiègne, ont été par eux signés et affirmés en conformité de la loi ; que ces procès-verbaux faisaient aussi seuls preuve suffisante, et que d'ailleurs les faits attestés par ces procès-verbaux, étaient avoués par le réclamant ; — sur le second moyen, que le délit de Chasse est placé par la loi au rang des délits forestiers, qui ne se prescrivent que dans le délai de trois mois ; et qu'ainsi, l'assignation a été donnée dans un temps utile ; — sur le troi-

(1) V. le Moniteur du 14 septembre 1790.
(2) V. Ibid.

sième moyen que, s'agissant d'un délit forestier, les gardes avaient le droit de verbaliser dans toute l'étendue de la forêt ; — sur le quatrième et le cinquième moyens, que, par l'art. 3 du décret du 4 août 1789, qui abolit le droit exclusif de la Chasse et toutes les capitaineries même royales, il a été expressément réservé de pourvoir à la conservation des plaisirs du roi ; que c'est en exécution de ce décret, qu'en attendant qu'il y eût été pourvu définitivement, il a été assigné provisoirement par l'art. 16 de la loi du 30 avril 1790, pour les plaisirs de sa majesté, des forêts et des parcs attenans aux maisons royales énoncées dans cet article, dans lesquels la forêt de Compiègne se trouve comprise ; et qu'il a été fait défenses à toutes personnes d'y chasser et d'y détruire toute espèce de gibier ; que si, par la prohibition générale à toutes personnes de chasser dans les forêts et aux maisons royales énumérées dans cet article, on n'avait pas entendu comprendre les terres enclavées dans ces forêts et dans ces parcs, l'article aurait été absolument inutile ; puisqu'il n'aurait rien attribué au roi qui ne lui eût été dévolu par l'art. 13 de cette même loi ; que même cet art. 16 aurait eu l'effet de placer le roi, à cet égard, dans une classe inférieure à celle de tous les autres propriétaires, en limitant son droit de Chasse à ceux de ses domaines seulement qui y étaient énumérés ; que cette réserve des forêts destinées aux plaisirs du roi et la désignation provisoire contenues dans le susdit art. 16, sont rappelées dans toutes les lois relatives à la Chasse ; que cette disposition prohibitive dudit art. 16 de la loi du 30 avril 1790, n'a point été modifiée par le décret du 31 août de la même année, qui n'en renferme aucune abrogation, et qui d'ailleurs a été rendu sur des faits, dans des circonstances et relativement à des lieux particuliers ; — par ces motifs, la cour rejette le pourvoi... ».

CHEMIN (Grand), n. XIV, *à la fin de ce n°, ajoutez* : et cette décision a été convertie, par l'approbation dont elle a été revêtue le 25 avril de la même année, en un décret ainsi conçu :

« Sur le rapport de notre commission du contentieux ; vu le procès-verbal dressé le 1er complémentaire an 13, par l'ingénieur des ponts et chaussées du département de la Côte-d'Or, duquel il résulte que le nommé Pavaillon, sous-entrepreneur de la partie de route, n° 185, entre le pont de Cany et la Cude, et Marie Clerget, femme dudit Pavaillon, ont été vus, ledit jour, enlevant des pierres faisant partie de l'approvisionnement destiné, l'année précédente, à la réparation de la chaussée, et les reportant sur les tas d'approvisionnement destinés à la réparation de l'an 14 ; vu l'arrêté du conseil de préfecture du département de la Côte-d'Or, en date du 17 mars dernier, qui condamne ledit Pavaillon en 600 fr. d'amende, au profit du trésor public, et renvoie, pour la peine de l'emprisonnement encourue, devant le tribunal correctionnel de Dijon ; vu le jugement dudit tribunal, du 2 juillet suivant, par lequel il se déclare incompétent, d'après la loi du 29 floréal an 10, pour prononcer sur les délits qui se commettent en matière de grande voierie, et renvoie ledit Payaillon pardevant le conseil de préfecture dudit département ;

— » Considérant que la loi du 29 floréal an 10 n'attribue aux conseils de préfecture la connaissance des contraventions et dégradations en matière de grande voierie, qu'en ce qui concerne l'application des peines pécuniaires ; que, dans le cas où ces délits entraîneraient des peines corporelles, c'est aux tribunaux correctionnels à les prononcer ;

» Notre conseil d'état entendu, nous avons décrété et décrétons ce qui suit :

» Art. 1er. L'arrêté du conseil de préfecture du département de la Côte-d'Or, en daté du 17 mars 1806, qui condamne lesdits Payaillon et sa femme à 6 fr. d'amende, au profit du trésor public, pour enlèvement de matériaux sur la route d'Auxerre à Dijon, entre le pont de Cany et la Cude, et pour le surplus des peines encourues, renvoie devant le tribunal de première instance de Dijon, est maintenu.

» 2. Le jugement du tribunal de première instance de Dijon, jugeant en police correctionnelle, du 2 juillet suivant, par lequel il se déclare incompétent pour prononcer la peine corporelle dont le conseil de préfecture lui avait réservé l'application, est considéré comme non avenu. »

V. le décret du 2 février 1808, rapporté au mot *Arbre*, n. 12.

CHEMIN PUBLIC, n. VI. *Page* 260, col. 1, *après la ligne* 60, *ajoutez* :

Remarquez cependant que, s'il s'agissait seulement de savoir si tel Chemin doit être considéré comme vicinal, eu égard aux besoins du public, le préfet serait seul compétent pour prononcer, sauf à faire juger par les tribunaux la question de propriété, et par suite celle de savoir si celui qui se prétend propriétaire du terrain occupé par ce Chemin, a droit ou non à une indemnité.

V. les deux décrets du 16 octobre 1813, qui sont indiqués ci-après, n. 8.

N. VII. *Page* 260, col. 1, *ligne pénultième*, *au lieu de*, conseils de préfecture, *lisez* : préfet.

Même page, col. 2, *à la fin de l'article*, *ajoutez* :

VIII. A qui, du conseil de préfecture ou du préfet, appartient le droit de déclarer si tel chemin est vicinal ?

Il existe, sur cette question, deux décrets du 18 octobre 1813, qui la décident positivement en faveur du préfet. On peut les voir dans le *Bulletin des lois*.

Au surplus, *V. Rue*, *Voie publique* et *Voierie*.

CHOIX, §. I, n. XI. *Page* 314, col. 1, *ligne dernière de la note*, *ajoutez* : Il est rapporté au mot *Légataire*, §. 2, n. 18 *bis*.

CHOSE JUGÉE. *Page* 318, col. 2, *après la ligne* 11, *ajoutez* :

§. XI *bis*. 1° Le jugement qui, dans l'ordre du prix d'un bien, a privé un créancier de son rang légitime, a-t-il, contre ce créancier qui n'en a pas appelé en temps utile, l'autorité de la Chose jugée dans la nouvelle distribution qui se trouve ensuite à faire des deniers devenus libres par l'annullation ou la réduction de collocations antérieures du même ordre ? — 2° A-t-il l'autorité de la Chose jugée contre le même créancier, dans l'ordre du prix d'un autre bien ?

Le 16 thermidor an 9, vente, par expropriation forcée, devant le tribunal de première instance de Mortain, d'un domaine saisi sur le sieur Collet de Sainte-James. L'adjudication est faite aux sieurs de Bachelier d'Agès et d'Ynglemare, pour 600,000 fr. — Le 1er frimaire an 10, ouverture du procès-verbal d'ordre. Dans la foule des créanciers qui se présentent, il faut remarquer, 1° la dame Sevin, réclamant une créance de 110,000 fr. ; 2° le sieur de Bachelier d'Agès, créancier par acte notarié du 15 messidor an 6, inscrit dans le délai fixé par l'art. 37 de la loi du 11 brumaire an 7 ; 3° la dame de Merville, veuve d'Houdetot, créancière, tant en son nom qu'en celui de ses enfans, par un jugement du 14 messidor an 6, non inscrit, mais rappelé dans un acte notarié du 10 vendémiaire an 7, en vertu duquel seulement elle a pris une inscription dans le délai que lui accordait l'article cité de la loi du 11 brumaire suivant.

Le 29 pluviôse an 10, le tribunal de Mortain rend un jugement d'ordre. — Il colloque d'abord les créanciers privilégiés, puis les créanciers hypothécaires. — Parmi ces derniers, il colloque la dame Sevin au septième rang ; il colloque ensuite d'autres créanciers, antérieurs tant au sieur de Bachelier qu'à la dame d'Houdetot. — Ces collocations faites, il ne reste à distribuer, entre le sieur de Bachelier et la dame d'Houdetot, que 9,5 6 fr. ; et voici, à cet égard, comment le tribunal prononce : « Considérant que, par jugement du 14 messidor an 6 et par acte du 10 vendémiaire an 7, la veuve d'Houdetot est créancière sur Collet d'une somme de 100,000 liv. de principal, avec les intérêts à 5 pour 100 sans retenue, et que lesdits titres ont été valablement inscrits tant pour le principal que pour deux années d'intérêt lors échues ; mais que la somme à distribuer sera insuffisante pour la remplir de la totalité de ses demandes ; le tribunal ordonne que la veuve d'Houdetot, aux qualités qu'elle procède, sera *revalidée* sur les autres biens de Collet, pour la somme de 106,358 fr. 56 cent., à elle restant dus ; ordonne pareillement que Bachelier sera *revallidé*, en quinzième ordre, sur les autres biens de Collet. »

Le 26 germinal an 10, ce jugement est signifié, par le créancier poursuivant l'ordre, à tous les créanciers colloqués ou *revalidés*.

Le sieur de Bachelier et la dame d'Houdetot appellent conjointement de la disposition qui colloque avant eux la dame Sevin, et de quelques autres qui, selon eux, élèvent trop haut les sommes réclamées par certains créanciers.

Le 15 janvier 1811, le sieur de Bachelier appelle séparément, et contre la dame d'Houdetot, de la disposition qui la colloque avant lui.

La dame d'Houdetot oppose à cet appel une fin de non-recevoir tirée de ce qu'il a été interjeté après les trois mois de la signification faite par le créancier poursuivant.

Le 6 avril 1808, premier arrêt de la cour d'appel de Caen, qui rejette cette fin de non-recevoir et ordonne de plaider au fond.

Le 9 juin suivant, second arrêt qui rejette de l'ordre la créance de la dame Sevin, et en réduit d'autres; « ordonne en conséquence qu'il sera procédé à une nouvelle collocation des sommes provenant tant des réductions opérées par le présent, que de la collocation accordée par le jugement dont est appel, à la dame Sevin, et réformée par le présent; et vu le procès en priorité d'hypothèque pendant en la cour entre le sieur de Bachelier et la dame d'Houdetot, ajourne la collocation et distribution desdites sommes ».

Le 27 du même mois, troisième arrêt qui accorde au sieur de Bachelier la priorité sur la dame d'Houdetot.

Le 4 août de la même année, quatrième arrêt qui, distribuant les deniers restans, colloque le sieur de Bachelier pour la totalité de ses créances, adjuge ensuite à la dame d'Houdetot les deniers qui demeurent libres, et la revalide pour une somme de 33,278 fr., formant le surplus de sa créance.

La dame d'Houdetot se pourvoit en cassation contre les arrêts des 6 avril et 27 juin. — Quant à l'arrêt du 4 août, elle le fait signifier elle-même au sieur de Bachelier et en poursuit l'exécution, mais sous la réserve de l'attaquer : ce qu'elle ne fait pas.

Le 17 janvier 1809, arrêt de la cour de cassation qui « annulle l'arrêt rendu entre les parties par la cour d'appel de Caen, le 6 avril 1808; et par suite l'arrêt définitif de la même cour, du 27 juin suivant, sans entendre rien préjuger sur l'effet de la revalidation portée par le jugement d'ordre du tribunal de Mortain, du 29 pluviose an 10, dans les autres ordres qui auraient pu ou qui pourraient avoir lieu sur les biens du sieur Collet de Sainte-James, débiteur commun; remet les parties au même état où elles étaient avant l'arrêt du 6 avril; et pour être fait droit, les renvoie devant la cour d'appel de Rouen ».

Le 7 juillet, 1810, arrêt de la cour de Rouen qui, faisant droit entre le sieur de Bachelier et le sieur d'Ynglemare, cessionnaire des droits de la dame d'Houdetot par acte du 29 mars précédent, déclare le sieur de Bachelier non-recevable dans son appel de la disposition du jugement d'ordre du 29 pluviose an 10, par laquelle la dame d'Houdetot est colloquée avant lui,

Le sieur de Bachelier retourne devant la cour d'appel de Caen pour faire prononcer, entre lui et le sieur d'Ynglemare, sur la distribution des deniers provenans des collocations réformées par l'arrêt de cette cour, du 9 juin 1808. — Mais, par arrêt du 23 février 1811, cette cour se déclare incompétente.

Le 7 mai suivant, arrêt de la cour de cassation qui renvoie les parties devant la cour de Paris, « pour y être dit droit sur les erremens portés en l'arrêt de la cour d'appel de Caen, du 9 juin 1808 ».

Le 15 mai 1812, arrêt de la cour de Paris, ainsi conçu : — « Le jugement d'ordre rendu par le tribunal de Mortain, le 29 pluviose an 10, et infirmé par l'arrêt de la cour d'appel de Caen du 27 juin 1808, lequel a été cassé par arrêt de la cour de cassation du 17 janvier 1809, qui a renvoyé les parties devant la cour d'appel de Rouen, laquelle a jugé, par son arrêt du 7 juillet 1810, que Bachelier était non-recevable dans son appel dudit jugement du 29 pluviose an 10, dont il s'est désisté, a-t-il fixé, d'une manière positive et invariable, l'hypothèque de la veuve d'Houdetot et celle de Bachelier sur les deniers à distribuer provenant du prix de la vente du domaine de Mortain ? — La veuve d'Houdetot ayant été appelée, par ce jugement d'ordre du 29 pluviose an 10, à toucher 9,516 fr., par préférence à Bachelier, cette étant la seule qui restait à distribuer du prix du domaine de Mortain, mais l'infirmation de plusieurs dispositions qui prononçaient des collocations en faveur de plusieurs créanciers, ayant fait rentrer dans la masse à distribuer une somme de 172,077 fr. 67 cent., est-ce le cas d'ouvrir un nouvel ordre pour la distribution de cette somme comme le prétend le sieur Bachelier ? Cette nouvelle distribution n'est-elle pas, comme le prétend d'Ynglemare, cessionnaire des droits de la dame d'Houdetot, la suite de l'ordre ouvert à Mortain le 1er frimaire an 10, et jugé par la sentence du 29 pluviose suivant ? Cette nouvelle distribution n'est-elle pas l'exécution de ce jugement et le complément de l'ordre arrêté par ce jugement; et les deniers rentrés à la masse, ne doivent-ils pas être remis à chacun des créanciers colloqués, suivant l'ordre qui leur a été assigné par ce jugement ? — L'arrêt de la cour d'appel de Caen du 4 août 1808, qui a fait un nouvel ordre de cette même cour du 27 juin, qui avait infirmé le jugement d'ordre du 29 pluviose an 10, et rejeté la collocation faite par ce jugement, pour donner à Bachelier une hypothèque antérieure à celle de la veuve d'Houdetot, doit-il subsister et recevoir son exécution, quand les arrêts des 6 avril et 27 juin 1808, dont celui du 4 août suivant n'était que l'exécution, comme le prétend d'Ynglemare, ont été cassés par arrêt de la cour de cassation du 17 janvier 1809, qui a remis les parties au même et semblable état qu'elles étaient avant les arrêts des 6 avril et 27 juin 1808 ? — La veuve d'Houdetot a-t-elle repris son rang et hypothèque ? Cet arrêt du 4 août 1808 ne doit-il pas être regardé comme non avenu, ne doit-il pas être regardé comme l'exécution des arrêts cassés? — La cour de Paris, saisie par l'attribution qui lui a été faite par l'arrêt de la cour de cassation du 7 mai 1811, de la connaissance de la distribution à faire, par suite de celle commencée par le jugement du 29 pluviose an 10, changera-t-elle l'ordre des collocations arrêtées par ce jugement confirmé? ou, sans s'arrêter aux demandes de Bachelier, ordonnera-t-elle que d'Ynglemare, cessionnaire de la veuve d'Houdetot, sera payé des sommes détaillées dans ses requêtes et demandes sur les deniers à distribuer, par privilége et préférence, à Bachelier, en principaux, intérêts et frais? — N'est-ce pas le cas d'ordonner qu'il sera délivré à d'Ynglemare un bordereau de collocation desdites créances en principaux intérêts et frais, pour être le montant d'icelui payé par les acquéreurs du domaine de Mortain en déduction de leur prix? — Bachelier ne doit-il pas être condamné aux dépens faits tant à Rouen qu'à Caen et en la cour, sur ladite demande, pour être, lesdits dépens taxés par un seul et même exécutoire? Ne doit-il pas être autorisé à employer ces dépens en frais et mises d'exécution de ses titres, pour en être payé par même privilége et préférence? — La cour, faisant droit sur le renvoi de la cour de cassation prononcé par arrêt du 7 mai 1811, ensemble sur les autres demandes des parties; considérant que le jugement du tribunal civil de Mortain, du 29 pluviose an 10, a prononcé sur l'antériorité de rang de la créance de la veuve d'Houdetot; que ce jugement est devenu définitif, au moyen de l'arrêt de la cour d'appel de Rouen qui a jugé Bachelier non-recevable dans son appel; que la distribution à faire actuellement, ne constitue pas un nouvel ordre; que l'arrêt de la cour d'appel de Caen, du 4 août 1808, ordonnant bordereau de collocation, est devenu sans effet par suite des dispositions de l'arrêt de la cour de cassation du 17 janvier 1809; sans s'arrêter aux conclusions et demandes de Bachelier, dont il est débouté, ordonne que le jugement du tribunal de Mortain, du 29 pluviose an 10, continuera d'être exécuté quant à la disposition qui a fixé l'antériorité de la créance de la veuve d'Houdetot sur celle de Bachelier; qu'en conséquence, par le greffier de la cour, il sera délivré bordereau de collocation à d'Ynglemare, pour sa créance en principal, intérêts et frais et à Bachelier sur le surplus des deniers, si surplus y a; condamne Bachelier aux dépens faits tant à Caen qu'à Rouen et en la cour, pour en être payé par même privilége et préférence ».

Le sieur de Bachelier d'Agès se pourvoit en cassation contre cet arrêt.

» Vous n'avez à examiner dans cette cause (ai-je dit à l'audience de la section des requêtes, le 29 avril 1813) qu'une seule question, celle de savoir si l'art. 1351 du Code civil est violé par l'arrêt que vous dénonce le demandeur.

» Suivant cet article, *l'autorité de la Chose jugée n'a lieu qu'à l'égard de ce qui a fait l'objet du jugement. Il faut que la chose demandée soit la même; que la demande soit fondée sur la même cause; que la demande soit entre les mêmes parties, et formée par elles et contre elles en la même qualité.*

» Ici, nous trouvons bien une identité parfaite entre la cause de la demande formée par le sieur de Bachelier, devant la cour de Paris, et la cause de la demande qu'il avait précédemment formée devant le tribunal de première instance de Mortain, dont le jugement du 29 floréal an 10 était passé en force de Chose jugée.

» Nous trouvons bien aussi une identité parfaite entre les parties qui avaient figuré dans l'instance terminée par le jugement du tribunal de première instance de Mortain, du 29 pluviose an 10, et les parties qui ont depuis figuré dans l'instance terminée par l'arrêt de la cour de Paris, qui vous est dénoncé.

» Mais y trouvons-nous la même identité entre la chose qui avait été demandée au tribunal de Mortain, et la chose qui a été depuis demandée à la cour de Paris? Voilà le point où gît toute la difficulté de cette affaire.

» Quelle était, devant le tribunal de Mortain, la chose demandée par le sieur de Bachelier, d'une part, et de la dame d'Houdetot, de l'autre?

» C'était, et c'était uniquement la somme de 9516 fr. qui restait à distribuer, d'après la préférence qu'avaient obtenue sur eux les créanciers colloqués dans les treize premiers rangs.

» Quelle était, devant la cour de Paris, la chose demandée par l'une des mêmes parties et contestée par l'autre?

» C'était la somme de 175,000 fr. qui se retrouvait à distribuer d'après la réformation que la cour d'appel de Caen avait faite, le 9 juin 1808, des dispositions du jugement d'ordre du tribunal de Mortain.

» Il n'y a donc pas d'identité entre la chose demandée successivement à Mortain et à Paris. L'arrêt de Paris n'a donc pas dû prendre le jugement de Mortain pour règle immuable.

» C'est ainsi que raisonne le sieur de Bachelier; et, comme vous le voyez, son raisonnement repose tout entier sur la supposition qu'une somme de 9516 fr. est la seule chose qui ait été en litige, entre lui et la dame d'Houdetot, devant le tribunal de Mortain.

» En admettant cette supposition, pourrait-on écarter le raisonnement du sieur de Bachelier, par le premier motif de l'arrêt de la cour de Paris, lequel consiste à dire que *le jugement du tribunal de Mortain a prononcé sur l'antériorité de rang de la créance de la veuve d'Houdetot?*

» Non, car ce motif confond évidemment la *cause de la demande* avec la *chose demandée.*

» Dans la supposition dont il s'agit, la dame d'Houdetot et le sieur de Bachelier se disputaient, devant le tribunal civil de Mortain, une somme de 9516 fr.; et dans l'état où étaient alors les collocations qui les primaient tous deux, ils ne pouvaient, devant ce tribunal, se disputer que cette somme. Cette somme était donc, pour eux, ce que l'art. 1351 du Code appelle la *chose demandée*.

« Pour appuyer chacun la demande qu'ils faisaient de cette somme, que disaient-ils respectivement ?

» Le sieur de Bachelier disait à la dame d'Houdetot : Je dois vous primer, parce que je suis inscrit à la date du 15 messidor an 6, et que vous ne l'êtes qu'à celle du 10 vendémiaire an 7.

» La dame d'Houdetot, de son côté, disait au sieur de Bachelier : Je dois vous primer, parce que vous n'êtes inscrit qu'à la date du 15 messidor an 6, et que je suis censée l'être à la date du 14 du même mois, au moyen de ce que mon titre hypothécaire du 14 messidor an 6 se trouve relaté dans celui du 10 vendémiaire an 7, quoique ce dernier titre soit seul énoncé dans mon inscription.

» Ces dires respectifs présentaient sans doute à juger, au tribunal de Mortain, la question de savoir qui, du sieur de Bachelier ou de la dame d'Houdetot, devait être préféré à l'autre; mais dans la supposition que fait le sieur de Bachelier, ils ne la lui présentaient que limitée à la somme de 9516 fr.; et ils ne formaient, relativement à cette somme, que ce que l'art. 1351 du Code appelle la *cause de la demande.*

» Sans doute, ces mêmes dires respectifs, en se reproduisant devant la cour de Paris, y ont reproduit la même question; mais ils l'y ont reproduite pour une autre somme.

» Si donc il y a eu, devant la cour de Paris, *eadem causa petendi* que devant le tribunal de Mortain; du moins il n'y a plus eu *eadem res.*

» Le jugement du tribunal de Mortain se trouvait donc sans autorité devant la cour de Paris.

» La cour de Paris devait donc réparer, relativement à la somme de 175,000 fr. sur la distribution de laquelle votre arrêt du 7 mai 1811 l'avait chargée de prononcer, l'erreur que le tribunal de Mortain avait commise, relativement à la somme de 9516 fr., en l'accordant à la dame d'Houdetot de préférence au sieur de Bachelier.

» Elle a donc violé, en jugeant qu'elle ne le pouvait pas, l'art. 1351 du Code civil.

» Que peut-on objecter, en demeurant toujours dans la même supposition, à des conséquences aussi intimement liées au principe dont elles découlent ?

» Dira-t-on que la cour de Paris ne pouvait pas rendre, sur la question de laquelle dépendait le mode de distribution de la somme de 175,000 fr., un arrêt contraire au jugement irrévocable que le tribunal de première instance de Mortain avait rendu sur la même question.

» Sans contredit, elle ne l'aurait pas pu, si la chose en litige eût été la même devant elle que devant le tribunal de Mortain.

» Mais elle le pouvait incontestablement, s'il n'existait point d'identité entre la chose qui avait été en litige devant le tribunal de Mortain, et la chose qui était en litige devant elle.

» Qu'importe que la question fût la même pour l'une et l'autre chose ? De ce que la question est, dans une instance nouvelle, la même qui s'est déjà présentée dans une autre, il ne s'ensuit nullement que le jugement rendu dans celle-ci, ait l'autorité de la Chose jugée dans celle-là.

» D'où vient, dans deux instances qui se succèdent, l'identité de la question à juger ? Elle vient uniquement, ou, pour parler plus juste, elle vient nécessairement, de ce que, dans les deux instances, il y a identité de la cause de la demande; de ce que, dans les deux instances, il y a *eadem causa petendi.*

» Or, pour qu'un jugement rendu dans une instance, ait l'autorité de la Chose jugée dans une instance nouvelle, il ne suffit pas que, dans les deux instances, *la demande soit fondée sur la même cause*; il faut encore que *la chose demandée* soit la même dans l'une et dans l'autre.

» Par exemple, vous avez réclamé, sur mon terrain, une servitude qualifiée par les lois romaines de *servitus itineris*, c'est-à-dire, un droit de passage pour les gens de pied; et vous avez fondé votre réclamation sur un titre que j'ai combattu. Par le jugement qui est intervenu entre vous et moi, votre titre a été considéré comme informe, et vous avez été débouté. Ce jugement passé en force de Chose jugée, vous me réassignez devant le même tribunal, pour voir dire que vous avez, sur le même terrain, une servitude qualifiée par les lois romaines de *servitus actûs*, c'est-à-dire, un endroit de passage pour les bêtes de somme; et vous fondant sur le même titre qui a servi de base à votre première demande, vous démontrez que c'est par erreur que ce titre a été regardé comme informe, que ce titre est parfaitement régulier. Pourrai-je vous opposer l'exception de Chose jugée ? Pourrai-je vous dire : « Votre nouvelle demande présente la même question qui s'est déjà élevée entre nous, qui a déjà été décidée en ma faveur; vous êtes donc non-recevable? » Non, répond la loi 11, §. 6, D. *de exceptione rei judicatæ*; non, la question, quoique la même, doit être jugée de nouveau, parce que la chose demandée est différente : *Si quis iter petierit, deindè actum petat, puto fortiùs defendendum aliud videri tunc petitum, aliud nunc, et ideò exceptionem rei judicatæ cessare.*

» Et c'est sur ce fondement que, par arrêt du 30 germinal an 11, au rapport de M. Rousseau et sur ses conclusions, la cour a décidé *in terminis*, entre le sieur Sanegon, les héritiers Meulan et la dame Lafarge, qu'un jugement rendu en dernier ressort, relativement aux intérêts d'une portion du prix d'un immeuble vendu pendant le cours du papier-monnaie, sur la question de savoir s'ils devaient être payés d'après l'échelle départementale, conformément à la loi du 11 frimaire an 6, ou s'ils devaient l'être d'après une expertise, conformément à la loi du 16 nivôse de la même année, n'avait pas, entre les mêmes parties employant les mêmes moyens, l'autorité de la Chose jugée sur la même question élevée relativement aux intérêts et au capital de l'autre portion ; et cela , a dit la cour elle-même, parce que, nonobstant l'identité de la portion résultant du même titre ; il n'y avait pas *eadem res*.

» C'est sur le même fondement que , par arrêt du 23 thermidor an 13 , au rapport de M. Génevois et encore sur nos conclusions, vous avez décidé qu'un arrêt du conseil, du 11 décembre 1728, qui avait jugé que les prieurs de Saint-Nicolas de Poitiers ne possédaient pas noblement une partie de leur maison , n'avait pas l'autorité de la Chose jugée à l'égard de l'autre partie, pour laquelle cependant il y avait identité absolue de titres et de moyens , et qui par conséquent donnait lieu à la même question.

» Enfin, c'est sur le même fondement que , précisément dans notre espèce , la cour a déclaré , par son arrêt de cassation du 17 janvier 1809, que la disposition du jugement du tribunal de Mortain du 19 pluviose an 10, qui accordait la préférence à la dame d'Houdetot sur le sieur de Bachelier dans l'ordre de la terre de Mortain, pour une somme de 9,516 fr. , ne pourrait pas être opposée au sieur de Bachelier par la dame d'Houdetot, *dans les autres ordres qui pourraient avoir lieu sur les biens du sieur Collet*, leur débiteur commun. Car c'est là le véritable ; c'est là l'unique sens de la clause de cet arrêt dans laquelle il est dit : *sans entendre rien préjuger sur l'effet de la révalidation portée par le jugement d'ordre du tribunal de Mortain, etc.*

» Cette clause en effet n'a été ajoutée dans l'arrêt de cassation du 17 janvier 1809, que pour répondre à l'observation faite par le sieur de Bachelier dans son mémoire de défense , *que , non-seulement le juge de Mortain avait accordé la priorité d'hypothèque à la dame d'Houdetot, sur les deniers des biens expropriés à Mortain , mais que de plus il résultait de son jugement , par l'effet de la révalidation qui y était portée , que cette même préférence aurait encore lieu, lorsqu'il s'agirait des autres biens du débiteur commun ;* et dès-lors, cette clause équivaut manifestement , de la part de la cour , à une déclaration expresse que le jugement du tribunal de Mortain ne peut avoir l'autorité de la Chose jugée sur la question de priorité d'hypothèque entre le sieur de Bachelier et la dame d'Houdetot, que relativement à l'objet qui avait été en litige entre eux devant ce tribunal.

» Ainsi, nul doute que, si le domaine de Mortain n'eût été vendu que 9,516 fr. , et que le sieur de Bachelier et la dame d'Houdetot eussent été les seuls créanciers inscrits sur ce domaine ; la préférence induement accordée sur cette somme à la dame d'Houdetot, n'eût pas privé le sieur de Bachelier du droit de réclamer la priorité sur les sommes qui seraient provenues d'autres biens du débiteur commun.

» Et quelle différence y a-t-il entre ce cas hypothétique et le cas qui se présente réellement, toujours en supposant que , dans le cas qui se présente réelle-

ment, il n'y ait eu en litige qu'une somme de 9,516 fr.

» Dans ce cas hypothétique, la question de priorité d'hypothèque aurait été jugée entre le sieur de Bachelier et la dame d'Houdetot, comme elle l'a été dans le cas qui est réellement arrivé. Mais elle ne l'aurait été dans l'un, comme elle ne l'a été dans l'autre, que pour une somme de 9,516 fr. Dans un cas comme dans l'autre, les sommes qui se seraient trouvées à distribuer ultérieurement , auraient été, relativement au jugement rendu sur cette question pour les 9,516 fr. des choses différentes de celles qui avaient été la matière de ce jugement ; elles n'auraient plus été *eadem res*. Ce jugement ne peut donc pas plus avoir l'autorité de la Chose jugée dans le cas arrivé réellement, qu'il ne l'aurait eue dans le cas hypothétique.

» Mais il est temps de nous fixer sur la supposition d'après laquelle nous avons raisonné jusqu'à présent avec le sieur de Bachelier. Il est temps d'examiner s'il est vrai, comme le suppose le sieur de Bachelier, que la somme de 9,516 fr. qui restait à distribuer, de la part du tribunal de Mortain , après la collocation des treize premiers créanciers du débiteur commun, était la seule chose qui fût en litige, devant ce tribunal , entre le sieur de Bachelier et la dame d'Houdetot.

» Que demandaient respectivement le sieur de Bachelier et la dame d'Houdetot, en produisant leurs titres au procès-verbal d'ordre ouvert devant le tribunal de Mortain.

» Ils demandaient, non-seulement l'un contre l'autre , mais encore contre tous les créanciers inscrits, comparaissant au même procès-verbal ; d'être colloqués chacun pour la totalité de sa créance.

» Chacun d'eux demandait par conséquent que la totalité de sa créance fût payée sur les 600,000 fr. qui formaient le prix de l'adjudication du domaine de Mortain.

» Dès-lors, qu'a fait le tribunal de première instance, en colloquant la dame d'Houdetot avant le sieur de Bachelier ?

» Il a nécessairement jugé que la dame d'Houdetot avait le droit d'être payée avant le sieur de Bachelier, sur les 600,000. fr. Il a nécessairement jugé que, si les 600,000 fr. suffisaient pour payer tous les créanciers inscrits, moins le sieur de Bachelier, la dame d'Houdetot devait, à l'exclusion du sieur de Bachelier, toucher la totalité de sa créance.

» A la vérité, lorsque, dans la distribution des 600,000 fr. , il est parvenu à la dame d'Houdetot ; il ne lui a adjugé que 9,516 fr. Mais pourquoi ne lui a-t-il adjugé que cette somme ? Parce que les collocations antérieures avaient absorbé le surplus.

» Cela empêche-t-il qu'en colloquant la dame d'Houdetot avant le sieur de Bachelier, il n'ait décidé que la dame d'Houdetot devait être éventuellement préférée au sieur de Bachelier sur les sommes qui pourraient provenir, soit de l'annulation, soit de la réduction des collocations antérieures ?

» Non, et il y en a une raison aussi simple que

15.

tranchante : c'est que les hypothèques respectives de la dame d'Houdetot et du sieur Bachelier pesant encore, quoique primées par des hypothèques plus anciennes, sur la totalité, comme sur chaque partie, du domaine de Mortain, et par conséquent sur la totalité, comme sur chaque portion, du prix qui le représentait, il est impossible que l'hypothèque de la dame d'Houdetot ait été jugée antérieure, celle du sieur de Bachellier, sans que, par là même, elle ait été jugée devoir primer celle du sieur de Bachelier, sur la totalité, comme sur chaque portion, du prix du domaine de Mortain.

» Et qu'on ne dise pas que le tribunal de première instance n'a pas pu prévoir que les collocations antérieures à celles de la dame d'Houdetot, vinssent à être annullées ou réduites.

» Il a pu, il a même dû le prévoir par une double raison :

» D'abord, parce qu'il s'avait que son jugement était susceptible d'appel dans chacune de ses dispositions ; et que le tribunal supérieur pourrait réformer celles de ses dispositions qui colloquaient treize créanciers avant la dame d'Houdetot ;

» Ensuite, parce que, même indépendamment de l'appel qui pourrait être interjetté de son jugement, il devait regarder comme une chose possible que l'on rapportât des quittances intégrales ou partielles des créanciers compris dans les treize premières collocations ; auquel cas, les collocations de ces créanciers seraient devenues sans objet ou se seraient réduites, et les sommes indûment allouées à ceux-ci seraient accrues, de plein droit, aux créanciers postérieurs.

» Le tribunal de première instance n'a donc pas pu juger, d'une manière absolue et irrévocable, la dame d'Houdetot ne prendrait, sur le prix du domaine de Mortain, dans le rang hypothécaire qu'il lui assignait, qu'une somme de 9,516 fr. il a donc dû sous-entendre, dans la disposition de son jugement qui accordait cette somme à la dame d'Houdetot, la condition que cette somme se grossirait de tout ce qui, par un événement quelconque, pourrait être retranché des collocations antérieures. Son jugement a donc, en faveur de la dame d'Houtot, l'autorité de la Chose jugée pour tout ce que, par la suite, l'annullation et la réduction de quelques-unes des collocations antérieures, a fait rentrer dans la masse à distribuer.

» Et c'est ce qui explique pourquoi l'arrêt de la cour du 19 janvier 1809 s'est borné à dire : *Sans entendre rien préjuger sur l'effet de la révalidation portée par le jugement d'ordre du tribunal de Mortain, DANS LES AUTRES ORDRES qui auraient pu, ou qui pourraient avoir lieu sur les biens du sieur Collet*; c'est-ce qui explique pourquoi cet arrêt n'a pas dit : *Sans entendre rien préjuger sur l'effet de la disposition du jugement d'ordre du tribunal de Mortain, qui alloue 9,516 fr. à la dame d'Houdetot, quant aux sommes rentrées dans la masse à distribuer par l'annullation et la réduction de quelques-unes des collocations antérieures.*

» C'est que le jugement du 29 pluviose an 10, en réglant l'ordre des hypothèques inscrites sur le domaine de Mortain, n'avait pas pu régler celui des hypothèques inscrites sur d'autres biens ; mais qu'à l'égard des hypothèques inscrites sur le domaine de Mortain, il avait tout terminé par celles de ses dispositions qui étaient demeurées sans appel.

» Et la cour de Paris a parfaitement saisi et appliqué l'esprit de cet arrêt, lorsque, par le second motif de celui qu'attaque aujourd'hui le sieur de Bachelier, elle a dit *que la distribution à faire actuellement, ne constitue pas un nouvel ordre.* C'est là, en effet, le mot de la cause.

» S'il s'agissait de l'ordre du prix d'un autre domaine vendu sur le sieur Collet, postérieurement à la distribution des deniers de celui de Mortain ; s'il s'agissait du rang des hypothèques respectives du sieur de Bachelier et de la dame d'Houdetot sur ce nouveau domaine, il est tout simple que le jugement du 29 pluviose an 10 ne pourrait pas être opposé par la dame d'Houdetot au sieur de Bachelier, puisqu'alors il y aurait évidemment *alia res.*

» Mais il s'agit de l'ordre du prix du domaine de Mortain ; il s'agit du rang des hypothèques respectives du sieur de Bachelier et de la dame d'Houdetot sur ce domaine ; et encore une fois, le jugement du 29 pluviose an 10 décide que, sur ce domaine, l'hypothèque de la dame d'Houdetot doit primer celle du sieur de Bachelier.

» Par ces considérations, nous estimons qu'il y a lieu de rejetter la requête en cassation, et de condamner le demandeur à l'amende ».

Arrêt du 29 avril 1813, au rapport de M. Vergès, par lequel, « Considérant que, dans l'instance d'ordre jugée par le tribunal civil de Mortain, le 28 pluviose an 10, la veuve d'Houdetot et Bachelier d'Agès demandèrent respectivement d'être colloqués, pour le montant de la totalité de leurs créances, sur le prix provenant de l'expropriation des biens de Collet, leur débiteur; que le tribunal, faisant droit sur ces demandes indéfinies et absolues, classa, par ledit jugement, la veuve d'Houdetot au quatorzième rang et ledit Bachelier d'Agès au quinzième; que, par l'effet des collocations des autres créanciers, dans un rang antérieur, il ne resta plus alors à distribuer que la somme de 9,516 fr. 34 c. qui fut adjugée à la veuve d'Houdetot; que les changemens qu'ont éprouvé les collocations de certains des créanciers, par le résultat de l'arrêt de la cour d'appel de Caen du 9 juin 1808, ont fait rentrer des sommes disponibles dans la distribution du prix de ces mêmes biens; que le jugement du tribunal civil de Mortain a néanmoins acquis, entre d'Ynglemare, cessionnaire de la veuve d'Houdetot, et Bachelier d'Agès, l'autorité de la Chose jugée en vertu de l'arrêt de la cour d'appel de Rouen du 7 juillet 1810 qui a déclaré ledit Bachelier d'Agès non-recevable dans l'appel dudit jugement; qu'en déclarant, dans ces circonstances, que la distribution à faire ne constituait pas un nouvel ordre ; et que les bases de cette distribution étaient au contraire réglées par le jugement du tribunal civil de Mortain, passé en force de Chose jugée, la cour dont l'arrêt est attaqué, a fait une juste application de l'autorité de la Chose jugée ; la cour rejette.... »

§. XIII. *Page* 318, *col.* 2, *ligne* 19, *après* pré-paratoire, *ajoutez* : et interlocutoire.

Et ligne 22, *après* rétracter. *V.*, *ajoutez* : l'article *Communaux*. §. 4 *bis*, dans les *Additions* ; et mon etc.

§. XV. *Page* 335, *col.* 2, *lignes* 51 *et* 52, *après* à notre espèce, *ajoutez en note* : Il est traité spécialement aux mots *non bis in idem*, n. 15 et 16, dans les *Additions*.

Page 337, *col.* 1, *ligne* 23, *après* faux ; *ajoutez* : *V.* non bis in idem, n. 16, dans les *Additions*.

Page 342, *col.* 1, *avant le* §. XVI ; *ajoutez* :

§. XV *bis*. *L'héritier* ab intestat *qui a fait déclarer un testament faux, par un jugement criminel rendu contre les instigateurs du faux même, peut-il opposer ce jugement aux héritiers institués et aux légataires qui n'y ont pas été parties ?* *V.* l'article *Testament*, sect. 5.

Page 349, *col.* 1, *après la ligne* 52, *ajoutez* :

§. XXII. *Les jugemens rendus avec une commune non autorisée à plaider, passent-ils, faute de recours dans le délai de la loi, en force de Chose jugée ?* *V.* Le plaidoyer et l'arrêt du 6 juin 1811, rapportés à l'article *Communaux*, §. 4 bis, dans les *Additions*.

§. XXIV. *Quel est, par rapport aux tiers, l'effet d'un jugement qui prononce sur la demande en interdiction d'un particulier pour démence, fureur ou imbécillité ?* *V.* l'article *Testament*, sect. 1, §. 1, art. 1, n. 3.

COLOMBIER. *Page* 454, *col.* 2, *après la ligne* 2, *ajoutez* :

XII *bis*. 1° Sous la législation actuelle, ceux qui ne ferment pas leurs Colombiers, aux époques, déterminées par les conseils municipaux, sont-ils passibles de quelques peines ? — 2° Peut-on, à cet effet, les poursuivre devant l'autorité administrative ? — 3° Peut-on, à cet effet, les poursuivre devant les tribunaux de police ? — 4° Peut-on, en jugeant qu'ils n'ont encouru aucune peine, les condamner aux dépens ?

Il existe, sur les trois premières questions, un arrêt de la cour de cassation, du 29 janvier 1813, qui est ainsi conçu :

« Le procureur-général expose que le tribunal de police du canton d'Outarville et le tribunal correctionnel de Péthiviers ont, depuis peu, rendu, sur la même affaire des jugemens en dernier ressort, contre lesquels la partie intéressée ne s'est pas pourvue légalement, mais qui paraissent devoir être annullés dans l'intérêt de la loi.

» Le 19 juillet 1812, le maire de la commune d'Erceville, usant du droit attribué aux municipalités par l'art. 2 de la loi du 4 août 1789, prend un arrêté portant qu'à compter du 22 du même mois, « les fermiers, propriétaires de pigeons, se-» ront tenus de tenir leurs pigeons renfermés, à » l'exception que les propriétaires de pigeons au-» ront le droit de les laisser sortir depuis six heu-» res du soir jusqu'à dix heures du soir ».

» Le 3 août suivant, le sous-préfet de Péthiviers, en vertu d'une lettre du préfet du département du Loiret, approuve cet arrêté.

» Le 7 du même mois, rapport du garde champêtre de la commune d'Erceville, constatant que Pierre Lejeune, le sieur Brosset, le sieur Trillon, Charles Béchu et le sieur Levergé laissent sortir leurs pigeons en contravention à l'arrêté du 19 juillet.

» Ces cinq particuliers sont en conséquence cités, le lendemain, à la requête du maire, devant le tribunal de police, pour se voir condamner chacun à l'amende de dix francs portée par l'art. 475, n° 1er, du Code pénal, contre les infracteurs des bans de vendanges, ou autres bans autorisés par les règlemens.

» Le 13, jugement par lequel, « considérant » que l'arrêté du maire n'inflige aucune peine con-» tre ceux qui ne s'y conformeront pas; considérant » aussi que la loi du mois d'août 1789, qui or-» donne le renfermement des pigeons à certaines » époques de l'année prononce de suite la peine » contre les contrevenans, en disant que, faute de » les renfermer, il sera loisible aux particuliers » auxquels ils feront du dégât, de les tuer sur « leur propriété ; considérant enfin que cette af-» faire est de pure administration » ; le tribunal de police déclare qu'il n'est pas compétent pour en connaître, et renvoie le maire *à se pourvoir devant les autorités administratives supérieures.*

» Le 14 septembre, le maire appelle de ce jugement par exploit signifié aux sieurs Lejeune, Brosset, Trillon, Béchu et Levergé.

« Sur cet appel, le ministère public conclut à ce que les intimés soient condamnés à l'amende requise, en première instance, par le maire.

» Mais par jugement du 10 octobre, « considé-» rant 1° que la répression des délits et contra-» ventions est dans les attributions des autorités » judiciaires; 2° que la loi du 4 août 1789 dé-» termine, d'une manière précise, les peines en-» courues par les propriétaires de pigeons, dans » le cas dont il s'agit; le tribunal (correctionnel de » Péthiviers) dit qu'il a été mal jugé, en ce que » le jugement renvoie les parties à se pourvoir » devant l'autorité administrative ; et faisant droit » sur le fond, renvoie les intimés de la plainte » contre eux formée, et condamne le demandeur » aux dépens ».

» La cour est sans doute frappée de la gravité des contraventions commises, par ces deux juge-mens, aux lois les plus claires et les plus positives.

» 1° En recevant l'appel du jugement du tribunal de police : le tribunal correctionnel a violé l'art. 172 et l'art. 177 du Code d'instruction criminelle : l'art. 172 , en tant qu'il ne soumet les jugemens des tribunaux de police à l'appel , que « lorsqu'ils prononcent un emprisonnement, ou lorsque les amendes, restitutions et autres réparations civiles excèdent la somme de cinq francs, outre les dépens »; et l'art, 177 , en tant qu'il n'ouvre que la voie de cassation « contre les jugemens rendus en dernier ressort par les tribunaux de police ».

» Dans le fait le tribunal de police n'avait prononcé , ni emprisonnement , ni amendes , ni condamnation quelconque; il s'était borné à se déclarer incompétent. Son jugement était donc en dernier ressort; il ne pouvait donc être attaqué que par la voie de cassation.

» Inutile d'objecter qu'aux termes de l'art. 454 du Code de procédure, « lorsqu'il s'agit d'incompétence, l'appel est recevable, encore que le jugement ait été qualifié en dernier ressort »; et que, si, d'après cet article, l'appel eût été recevable contre un jugement par lequel le tribunal de police eût violé les règles de compétence, en s'attribuant la connaissance d'une affaire placée par la loi hors de sa juridiction, il doit être également recevable contre un jugement par lequel le tribunal de police a violé les règles de compétence, en se dépouillant de la connaissance d'une affaire à l'égard de laquelle la loi le déclarait compétent.

» L'art. 454 du Code de procédure n'a pour objet que les jugemens rendus en matière civile; et la cour a déjà décidé que sa disposition ne peut pas être étendue aux jugemens rendus en matière de police.

» Charles Marone avait fait citer Jean-Antoine Monatiri devant le tribunal de police du canton de Crescentino, pour le faire condamner à des réparations pour la voie de fait qu'il avait commise sur sa personne, en le chassant de sa maison, par le moyen d'un tromblon (espèce de fusil à large bouche), avec lequel il l'avait poussé.

» Le tribunal de police, après avoir entendu les parties, avait déclaré Jean-Antoine Monatiri non coupable de la voie de fait que lui imputait Charles Marone, et avait condamné celui-ci aux dépens.

» Charles Marone a appelé de ce jugement au tribunal correctionnel de Verceil, et a prétendu notamment que le tribunal de police, en prenant connaissance d'un fait caractérisé délit par l'art. 311 du Code pénal , avait transgressé les bornes de sa compétence.

» De son côté, Jean-Antoine Monatiri et le ministère public ont soutenu que ce jugement étant rendu en dernier ressort, il n'y avait pas lieu à l'appel.

» Le 25 février 1812, jugement qui, attendu que le tribunal de police était incompétent pour connaître de l'affaire dont il s'agit, reçoit l'appel et y statue.

» Mais sur le recours en cassation du ministère public et de Jean-Antoine Monatiri, arrêt du 10 avril suivant, au rapport de M. Aumont, par lequel, « vu l'art. 408 et l'art. 413 du Code d'instruction criminelle portant, le premier, que lorsque l'accusé aura subi une condamnation, et qu'il y aura eu violation ou omission de quelques-unes des formalités prescrites à peine de nullité, cette violation ou omission donnera lieu à l'annullation de l'arrêt de condamnation, qu'il en sera de même dans le cas d'incompétence ; le second, que les voies d'annullation exprimées en l'art. 408 sont , en matière correctionnelle et de police , respectivement ouvertes à la partie poursuivie pour un délit ou une contravention, au ministère public et à la partie civile, contre tous arrêts ou jugemens en dernier ressort, sans distinction de ceux qui ont prononcé le renvoi de la partie ou sa condamnation ; attendu qu'aux termes de l'art 172 du code cité, les jugemens rendus en matière de police , peuvent être attaqués par la voie de l'appel , lorsqu'ils prononcent un emprisonnement , ou lorsque les restitutions et autres réparations civiles excèdent la somme de 5 fr. , outre les dépens ; que cet article qui déroge au principe général précédemment établi , suivant lequel les jugemens des tribunaux de simple police n'étaient pas sujets à l'appel, doit être restreint dans les bornes qu'il a fixées; qu'ainsi, les seuls jugemens de police contre lesquels la voie de l'appel soit ouverte aujourd'hui, sont ceux qui prononcent, soit un emprisonnement ; soit des restitutions ou autres réparations civiles excédant la somme de 5 fr. , outre les dépens ; que , dans l'espèce , loin de prononcer contre le prévenu Monatiri un emprisonnement ou des réparations civiles excédant 5 fr., le tribunal de simple police de Crescentino l'a déclaré non coupable de la contravention qui lui était imputée, et l'a renvoyé de la demande de Marone ; que ce jugement était donc en dernier ressort, et conséquemment inattaquable par toute autre voie que celle de la cassation; que le tribunal correctionnel de Verceil n'a pu recevoir l'appel de ce jugement et faire droit sur la demande d'annullation formée par l'appelant, sans contrevenir à l'art. 172 du Code d'instruction criminelle, et violer les règles de compétence établies par la loi ; par ces motifs, la cour casse et annulle, etc. »

» 2° En condamnant le maire de la commune d'Erceville aux dépens d'une affaire qu'il n'avait intentée et poursuivie qu'en sa qualité d'officier du ministère public près le tribunal du canton d'Outarville, le tribunal correctionnel de Péthiviers a violé les lois relatives à la prise à partie.

» Car ce n'était qu'à la suite d'une prise à partie, que le maire de la commune d'Erceville pouvait être condamné en son nom aux dépens.

» Or, d'une part ; il n'a été rempli, à l'égard du maire de la commune d'Erceville, aucune des formalités requises, en matière de prise à partie, par les art. 5, 10, 511 et 515 du Code de procédure.

» De l'autre, le tribunal correctionnel de Péthiviers n'était compétent, ni pour permettre la prise à partie d'un officier du tribunal de police du canton d'Outarville, ni pour le juger. La cour d'Orléans était, d'après l'art. 509 du Code de procédure, seule compétente pour l'un et l'autre objet.

» 3° Le jugement du tribunal de police du canton d'Outarville ne présente pas moins de vices et d'irrégularités que celui du tribunal correctionnel qui l'a incompétemment réformé.

» A quel propos, en effet, le tribunal de police s'estil déclaré incompétent pour prononcer sur l'action intentée devant lui par le maire d'Erceville, contre les infracteurs de la défense qu'il avait faite de laisser sortir les pigeons des Colombiers? A quel propos a-t-il renvoyé le maire d'Erceville à se pourvoir devant les autorités administratives supérieures?

» C'est, a-t-il dit, parce que l'arrêté du maire contenant la défense dont il s'agit, « n'inflige aucune » peine contre ceux qui ne s'y conformeront pas ».

» Mais ni les maires ni les autorités administratives supérieures n'ont le droit d'infliger des peines à ceux qui enfreignent leurs arrêtés.

» Ou les faits que leurs arrêtés défendent, sont punis par la loi, soit indépendamment de leurs arrêtés, soit précisément parce que leurs arrêtés les défendent; ou ils ne le sont pas.

» Au premier cas, les dispositions pénales étant écrites dans la loi, il est inutile que les arrêtés des maires les renouvellent, et les tribunaux doivent les appliquer, nonobstant le silence de ces arrêtés.

» Au second cas, les tribunaux ne peuvent infliger aucune peine; ils ne le pourraient même pas, si les arrêtés contenaient des dispositions pénales.

» C'est ce que la cour a jugé par une foule d'arrêts (1).

» Cela posé, que devait faire le tribunal de police du canton d'Outarville, du moment qu'il lui paraissait constant qu'il n'existait aucune loi qui infligeât une peine quelconque à l'infraction de la défense portée par l'arrêté du maire d'Erceville du 19 juillet? L'art. 159 du Code d'instruction criminelle le lui disait nettement : « Si le fait ne présente, ni dé» lit, ni contravention de police, le tribunal (de po» lice) annullera la citation et tout ce qui aura » suivi ». Le tribunal de police du canton d'Outarville a donc à la fois violé cet article et contrevenu aux règles de compétence, en prononçant comme il l'a fait.

» Mais n'y a-t-il pas un reproche de plus à faire, et au tribunal de police et au tribunal correctionnel? N'ont-ils pas, l'un et l'autre, violé quelque loi, en jugeant qu'il n'y avait aucune peine à prononcer contre les infracteurs de l'arrêté du maire?

» L'exposant ne le pense pas, et il doit compte à la cour des motifs de son opinion.

» Le 25 juillet 1790, le comité féodal de l'assemblée constituante, consulté sur la question de savoir, si les communautés d'habitans, ou les conseils gé

néraux des communes, ou enfin les municipalités, peuvent défendre la sortie des pigeons, à peine d'amende arbitraire, a répondu que l'art. 2 du décret du 4 août 1789 ne prononçant, contre le défaut de clôture des Colombiers pendant les temps fixés par les communautés d'habitans, c'est-à-dire, par les conseils généraux des communes, d'autre peine que d'exposer les pigeons à être tués par les propriétaires sur son terrain; il n'est permis, ni aux municipalités, ni aux conseils généraux des communes, ni aux communautés d'habitans, d'étendre cette peine et d'en prononcer une autre quelconque.

» On ne peut douter, d'après cela, qu'il ne fût dans l'esprit de la loi du 4 août 1789, de n'attacher à la défense de laisser sortir les pigeons aux époques déterminées par les arrêtés des officiers municipaux, aucune peine dont l'application exigeât l'interposition de l'autorité du juge.

» Le n° 1er de l'art. 475 du Code pénal de 1810, a-t-il changé quelque chose à cette législation; et résulte-t-il de cet article, comme l'a prétendu le maire d'Erceville, et comme y a conclu le ministère public près le tribunal correctionnel de Péthiviers, que la contravention à la défense de laisser sortir les pigeons aux époques fixées par les arrêtés des maires, doit être punie d'une amende de dix francs?

» Ce qui pourrait le faire croire à la première vue, c'est que cet article punit effectivement d'une amende de dix francs, ceux qui auront contrevenu aux bans de vendange, ou autres bans autorisés par les règlemens; c'est que, dans cet article, le mot ban est évidemment synonyme de proclamation portant ordre ou défense de faire telle chose; que l'art. 2 de la loi du 4 août 1789 autorise expressément les municipalités à faire des proclamations, et par conséquent des bans, pour ordonner la clôture des Colombiers et interdire la sortie des pigeons à certaines époques de l'année; et que, dès-lors, il semblerait que la contravention à ces proclamations, dût être punie de la même peine que la contravention aux proclamations par lesquelles les municipalités, en vertu de l'art. 2 de la sect. 5 du tit. 1er de la loi du 28 septembre 1791, font défenses de vendanger avant telle époque.

» Mais interpréter ainsi le n° 1er de l'art. 475 du Code pénal, ce serait méconnaître son esprit.

» D'abord, si cet article comprenait, dans son 1er n°, la contravention à toutes les espèces de proclamations des maires portant ordre ou défense de faire certaines choses, que signifierait le n° 10 du même article qui punit également d'une amende de dix francs, « ceux qui, le pouvant, auront refusé ou » négligé de faire les travaux, le service, ou de prê» ter le secours dont ils auront été requis dans les » circonstances d'accidens, tumultes, naufrages, » inondation, incendie, ou autres calamités, ainsi » que dans les cas de brigandage, pillage, fla» grant délit, clameur publique ou d'exécution ju» diciaire »? Il est évident que la disposition contenue dans ce n°, ne ferait, dans le cas supposé, qu'appliquer à une espèce particulière de proclamations, la disposition générale du n° 1er, et que par

(1) V. Tribunal de police, sect. 1, §. 2, n° 5.

conséquent elle ne formerait, dans l'art. 475, qu'un pléonasme inutile, qu'une choquante redondance.

» Ensuite, si toutes les proclamations des maires portant ordre ou défense de faire quelque chose, étaient comprises dans le n° 1er de l'art. 475, on devrait certainement appliquer la disposition de ce n° aux infracteurs des proclamations ou arrêtés des maires qui, dans les cas où la loi les y autorise, fixent les prix de certaines denrées; et on le devrait d'autant plus indubitablement, qu'il n'y a, dans le Code pénal, aucun autre texte où il soit spécialement question d'eux. Or, veut-on une preuve sans réplique que cette disposition ne leur est pas applicable? Le 10 février 1810, M. Réal, conseiller d'état, en présentant au corps législatif l'art. 484 du Code pénal, qui veut que, dans les matières *non réglées* par ce Code, les tribunaux continuent d'observer les lois et réglemens particuliers qui les concernent, a dit, de l'ordre exprès du conseil d'état qui l'en avait formellement chargé, que cet article *était d'absolue nécessité*; qu'*il maintient les dispositions pénales sans lesquelles quelques lois, des Codes entiers, des règlemens généraux, d'une utilité reconnue, resteraient sans exécution*; qu'*ainsi, cet article maintient les lois et règlemens actuellement en vigueur, relatifs. . . . . aux tarifs pour le prix de certaines denrées ou de certains salaires*. Donc l'orateur du conseil d'état et le conseil d'état lui-même avaient reconnu, en rédigeant l'art. 484, que les contraventions aux arrêtés des maires portant fixation du prix de certaines denrées ou de certains salaires, ne sont point atteintes par le n° 1er de l'art. 475. Donc ils avaient reconnu que le n° 1er de l'art. 475 ne comprend pas dans sa disposition tous les arrêtés, toutes les proclamations des maires, qui ordonnent ou défendent de faire quelque chose.

» Enfin, il est de principe que, dans l'application des lois, on ne doit s'attacher qu'à leur signification usuelle. Or, quelle est la signification usuelle du mot *bans* employé dans le n° 1er de l'art. 475 ?

» Quoique, dans son sens littéral, ce mot soit parfaitement synonyme de *proclamation*, et puisse par conséquent s'entendre de toute espèce de proclamation, quel qu'en soit l'objet, il est constant que, dans l'usage, il ne désigne que les proclamations des autorités locales qui sont relatives au temps dans lequel il est permis ou défendu de récolter certains fruits.

» C'est ainsi que, dans l'ancienne jurisprudence, on disait *ban de fauchaison*, pour désigner le temps où il était permis ou défendu de faucher les foins; et *ban de moisson*, pour désigner le temps où il était permis ou défendu de couper les grains sur pied.

» C'est ainsi qu'aujourd'hui encore, on dit *ban de vendanges*, pour désigner le temps où il défendu ou permis de détacher les raisins de la vigne.

» Et ce qui prouve que, par les mots, *ou autres bans autorisés par les règlemens*, le n° 1er de l'art. 475 n'a pas voulu désigner autre chose que les proclamations relatives au temps de la récolte de cer-

tains fruits, c'est qu'il les place immédiatement après ceux-ci, *bans de vendange*.

» On sent, en effet, et l'on sent beaucoup mieux qu'on ne saurait l'exprimer, que le législateur n'aurait pas ainsi accolé les mots, *bans de vendanges*, aux mots, *ou autres bans autorisés par les réglemens*, s'il n'avait pas entendu par ceux-ci, des proclamations de la même nature que les proclamations désignées par ceux-là, c'est-à-dire, des proclamations qui permettent ou défendent, comme ceux-là, de récolter certains fruits à certaines époques.

» Et par quelle singularité aurait-il parlé spécialement des bans de vendanges, si, par les mots, *ou autres bans autorisés par les réglemens*, il avait voulu désigner toutes les espèces de proclamations ou arrêtés des maires, contenant des ordres ou des défenses? Dans cette hypothèse, les bans de vendanges auraient été compris dans la dénomination générale de *bans autorisés par les réglemens*; il aurait été, dès-lors inutile de les désigner particulièrement. Pourquoi donc cette désignation particulière des *bans de vendanges*? Il ne peut y en avoir qu'une raison : c'est que la loi a voulu faire entendre, de manière à lever tous les doutes, qu'elle ne s'occupait dans cette disposition, que des bans relatifs au temps des récoltes.

» On peut objecter, il est vrai, que les *bans de vendanges* sont, d'après l'art. 2 de la sect. 5 du tit. 1er de la loi du 28 septembre 1791, les seules proclamations que les municipalités puissent aujourd'hui faire pour déterminer les époques des récoltes auxquelles ces bans s'appliquent; que les bans de fauchaison et de moisson sont formellement abolis par le même article; et que, dès-là, il n'est pas possible de limiter aux proclamations relatives au temps des récoltes, les termes de l'art. 475 du Code pénal, *ou autres bans autorisés par les réglemens*.

» Mais cette objection est plus spécieuse que concluante; et voici un fait qui la détruit complétement.

» Lors de la discussion de l'art. 475 du Code pénal au conseil d'état, il a été proposé d'en retrancher, non pas les mots *bans de vendanges*, pour rendre cet article commun à toutes les proclamations que les réglemens autorisent les municipalités à faire, mais les mots, *et autres bans autorisés par les réglemens*, afin de le restreindre aux *bans de vendanges*, les seuls, disait-on, qui soient aujourd'hui autorisés par la loi du 28 septembre 1791.

» Cette proposition qui assurément n'était pas faite dans la vue d'étendre le 1er n° de l'art 475 à toutes les proclamations des maires, a été rejettée par le conseil d'état; mais pourquoi l'a-t-elle été ?

» 1° Parce qu'il est possible que le Code rural, dont le projet occupe depuis plusieurs années le gouvernement, sans faire revivre les bans de fauchaison et de moisson qui, avant 1791, étaient généralement réprouvées même dans les pays où l'usage s'en était maintenu jusqu'alors, établisse des règles pour faire fixer, par les autorités locales, les époques où pourront être récoltés certains fruits dont une récolte trop hâtive serait reconnue nuisible ;

» 2° Parce que, même aujourd'hui, il est encore beaucoup de contrées où les municipalités sont autorisées, par des réglemens exprès, à déterminer les époques où la seconde herbe des prés qui ne deviennent communs qu'après la coupe de la première, peut être abandonnée à la pâture des bestiaux ; que cette pâture a tous les effets d'une véritable récolte; qu'ainsi, les proclamations qui déterminent les époques où elle peut avoir lieu, sont, comme les bans de vendanges, relatives au temps des récoltes ; et que par conséquent les contraventions qu'elles peuvent éprouver, doivent être punis de la même peine que les contraventions aux bans de vendanges eux-mêmes.

» Il n'est donc pas nécessaire, pour donner un sens raisonnable, dans le n° 1er de l'art. 475, aux mots *ou autres bans autorisés par les réglemens*, de les appliquer à toutes les proclamations que les municipalités peuvent faire en vertu des réglemens; et tout se réunit, au contraire, pour en faire restreindre la signification aux proclamations qui ont pour objet le temps des récoltes.

» Ainsi, nul doute que les deux jugemens sur lesquels l'exposant appelle la censure de la cour, ne soient du moins à l'abri de tout reproche, en tant qu'ils ont décidé que la peine prononcée par le 1er n° de l'art. 475, est inapplicable aux infracteurs des arrêtés des maires, qui ordonnent la clôture des Colombiers et défendent la sortie des pigeons.

« Ce considéré, il plaise à la cour, vu l'art. 442 du Code d'instruction criminelle, les art. 159, 172 et 177 du même Code ; les art. 509, 510, 511 et 515 du Code de procédure civile; casser et annuller, dans l'intérêt de la loi, et sans préjudice de leur exécution entre les parties intéressées, 1° le jugement du tribunal correctionnel de Péthiviers, du 10 octobre dernier, en tant qu'il reçoit l'appel d'un jugement en dernier ressort, et qu'il condamne aux dépens le maire de la commune d'Erceville ; 2° le jugement du tribunal de police du canton d'Outarville du 15 août précédent, en tant qu'il déclare ce tribunal incompétent et renvoye le maire de la commune d'Erceville à se pourvoir devant les autorités administratives supérieures ; et ordonner qu'à la diligence de l'exposant, l'arrêt à intervenir sera imprimé et transcrit sur les registres de l'un et de l'autre tribunal.

» Fait au parquet, le 5 décembre 1812. *Signé* Merlin.

« Oui le rapport de M. Lamarque.... ;

« Vu les art. 408 et 442 du Code d'instruction criminelle; l'art. 413 du même Code, et les art. 159 172 et 177...

» Attendu ; 1° en ce qui concerne le jugement de simple police d'Erceville, qu'aux termes de l'art. 1er du Code pénal, l'infraction seule qui la loi punit d'une peine de police, a le caractère de contravention.... et qu'il n'y a de délit que dans l'infraction susceptible légalement d'une peine correctionnelle ; qu'ici, il est constant et reconnu par le jugement du tribunal de police, qu'aucune peine n'est attachée par la loi du 4 août 1789, à la prohibition d'ouvrir les fuies et Colombiers hors des temps fixés par les réglemens municipaux ; qu'il suit delà que l'infraction de l'arrêté pris à cet égard par le maire de la commune d'Erceville, ne constituait ni contravention ni délit ; que, dès-lors, le tribunal de police aurait dû annuller la citation dirigée contre les auteurs de cette infraction ; et que, par une conséquence nécessaire, lorsqu'au lieu d'en prononcer la nullité, ce tribunal s'est déclaré incompétent, et a renvoyé devant l'autorité administrative, il a contrevenu aux règles de compétence et a commis une violation formelle de l'art. 159 du Code d'instruction criminelle ; attendu, 2° en ce qui concerne le jugement correctionnel de Péthiviers, que si, par dérogation au principe général, suivant lequel, antérieurement au Code de 1808, tous les jugemens des tribunaux de simple police étaient rendus en dernier ressort, l'art. 172 de ce nouveau Code soumet ces jugemens à l'appel, c'est dans le cas seul où ils ont prononcé un emprisonnement, ou lorsque les amendes, restitutions et autres réparations civiles excèdent la somme de 5 fr. ; qu'aux termes de l'art. 177 du même Code, la cassation est la seule voie ouverte contre les jugemens de police qui n'offrent pas ce caractère d'exception ; qu'il est constant en fait et reconnu que le jugement correctionnel dont la cassation est requise, que celui du tribunal de police d'Erceville n'avait prononcé ni emprisonnement, ni amendes, ni restitutions ou autres réparations civiles ; qu'ainsi, ce premier jugement, non soumis à l'appel d'après l'art. 172, ne pouvait, suivant l'art. 177, être attaqué que par une demande en cassation ; d'où, par une dernière conséquence, il suit évidemment que le tribunal correctionnel, en recevant l'appel du jugement de police, et en prononçant sur le fond, a violé les règles de compétence, est contrevenu aux art. 172 et 177 du Code d'instruction criminelle ;

» Attendu aussi que le maire qui, dans l'action intentée devant le tribunal de simple police, et sur l'appel par lui interjeté devant le tribunal correctionnel, n'agissait point dans son intérêt privé, mais comme remplissant les fonctions du ministère public, n'aurait pu être condamné aux dépens que dans le cas où il eût été légalement pris à partie ; qu'en assimilant à un juge l'officier du ministère public, et en supposant une responsabilité prononcée par la loi, cette prise à partie n'aurait pu, en point de droit, être permise que par la cour, suivant les formalités prescrites par les art. 510, 511 et 515 du Code de procédure civile ; que, dans le fait, elle n'avait point eu lieu ; et que conséquemment le tribunal correctionnel, en condamnant le maire aux dépens, a, sous ce second rapport, violé la loi et les règles de compétence ;

» D'après ces motifs, la cour, faisant droit sur le réquisitoire du procureur-général, casse et annulle;

dans l'intérêt de la loi, le jugement rendu le 13 août 1812, à l'égard de Lejeune, Trillon, Brosset, Bichu et Leversy, par le tribunal de simple police du canton d'Erceville ; casse et annulle également , dans l'intérêt de la loi, le jugement intervenu le 19 octobre suivant au tribunal correctionnel de Péthiviers, sur l'appel du jugement du tribunal de police dudit jour 13 août....,. ».

Quant à la quatrième question, voici un arrêt de la même cour, du 13 août 1813, qui la pose pour la négative.

« Le procureur général expose qu'il se croit obligé de dénoncer à la cour un jugement en dernier ressort qui lui paraît violer ouvertement la loi.

» Le 6 juillet dernier, le garde champêtre de la commune de Prouais, dresse un procès-verbal contenant. « que le même jour, entre midi et une » heure, il a vu une volée de pigeons s'abattre sur » un champ ensemencé de seigle , appartenant » au sieur Augustin Boutisseau, cultivateur, en la » même commune ; qu'il s'est assuré que ces pi- » geons provenaient du colombier du sieur Thierrie, » en les y voyant rentrer ; qu'il les a même suivis » jusqu'au domicile du sieur Thierrie ; et que s'étant » aperçu que tous ses pigeons étaient lâchés, » quoiqu'il l'eût prévenu de les tenir enfermés con- » formément à la délibération prise par le conseil » municipal, le 19 mars dernier, il lui a déclaré » procès-verbal ; que ledit Thierrie a répondu » que, comme les pigeons des communes voisines » n'étaient pas renfermés, il ne renfermerait pas » les siens ».

» En vertu de ce procès-verbal, le sieur Thierrie est cité, à la requête du maire de Prouais, devant le tribunal de police du canton de Nogent-Roulebois.

» L'affaire portée à l'audience, le 10 du même mois, l'adjoint du maire conclut à ce que le sieur Thierrie, pour avoir contrevenu à la délibération prise par le conseil municipal en exécution des arrêtés du préfet, soit condamné aux frais, sans préjudice du droit acquis à la partie privée de se pourvoir en dommages-intérêts.

» Le sieur Thierrie ne conteste pas les faits consignés dans le procès-verbal du garde-champêtre ; mais il dit « que la loi du 4 août 1789 est la seule » qui ait prescrit la réclusion des pigeons aux » époques qui seraient fixées par les communautés; » qu'elle a autorisé à tuer, comme gibier, ceux » qui ne seraient pas renfermés ; qu'il suit évi- » demment de cette loi, que la peine est sur les » pigeons, qu'il n'en peut pas être appliqué contre » les propriétaires et fermiers ».

» Là-dessus, que prononce le tribunal de police? il vise d'abord une instruction du préfet du département d'Eure-et-Loire, du 28 thermidor an 11 , par laquelle il est enjoint aux gardes-champêtres de dresser des procès-verbaux contre ceux qui laissent sortir leurs pigeons pendant le temps des semailles

et pendant celui des récoltes ; ensuite une autre instruction du même préfet, portant que, pour la validité des procès-verbaux, il est nécessaire qu'au préalable, le conseil municipal de la commune ait pris une délibération qui fasse connaître les époques auxquelles la sortie des pigeons sera prohibée ; enfin , la délibération du conseil municipal de la commune de Prouais, du 19 mars dernier, qui prohibe la sortie des pigeons depuis le 23 juin jusqu'au 10 août de chaque année. Puis, « faisant » droit aux conclusions de l'adjoint, attendu que » Thierrie est en contravention à la délibération du » conseil municipal de la commune de Prouais, et » par suite aux réglement et instruction de M. le » préfet et à la loi du 4 août 1789 ; (il lui enjoint) » de tenir ses pigeons renfermés pendant les épo- » ques fixées par cette délibération, et le con- » damne aux dépens, sans préjudice de l'action en » dommages-intérêts que la partie privée peut » former si elle se prétend lésée ».

» Ce jugement est en opposition manifeste avec l'art. 159 du code d'instruction criminelle.

» Si le fait, porte cet article, ne présente ni délit ni contravention de police, le tribunal annullera la citation et tout ce qui aura suivi.

« Or, le fait pour lequel le sieur Thierrie était cité devant le tribunal de police du canton de Nogent-Roulebois, est-il qualifié par la loi de délit ou de contravention de police ?

» Le tribunal de police reconnaît lui-même que non, puisqu'il ne condamne le sieur Thierrie à aucune peine ; et en effet, il est constant qu'aucune peine n'est prononcée par la loi du 4 août 1790 contre ceux qui ne ferment pas leurs colombiers aux époques fixées par les délibérations des communes ; il est constant, (et l'exposant croit l'avoir démontré par un réquisitoire du 5 décembre 1812, la cour a même jugé, d'après ce réquisitoire, le 29 janvier dernier) , que le Code pénal de 1810 n'a apporté à cet égard, aucun changement à la législation précédente.

» Cela posé, de quel droit le tribunal de police a-t-il condamné le sieur Thierrie aux dépens ?

» Le sieur Thierrie, a dit le tribunal de police, est en contravention aux instructions du préfet et à la délibération du conseil municipal.

» Mais, 1°. ni le préfet, ni le conseil municipal n'ont ajouté à la loi du 4 août 1789 , une disposition pénale qu'elle ne contient pas ; et vainement l'y auraient-ils ajoutée : elle ne serait pas obligatoire pour les tribunaux.

» 2°. Il n'y a de contraventions passibles de poursuites devant les tribunaux de police, que celles que la loi punit de peines de police simple. Les art. 1er et 4 du Code pénal, sont là-dessus très-formels.

» Ainsi, le tribunal de police du canton de Nogent-Roulebois n'avait rien à punir dans le fait imputé au sieur Thierrie ; il devait conséquemment annuller la citation qui avait été donnée à celui-ci ; et en tenant cette citation pour valable, en condamnant le sieur Thierrie aux dépens, il a tout-à-la-fois violé la loi et les règles de sa compétence.

» Ce considéré, il plaise à la Cour, vu l'art. 442 du Code d'instruction criminelle, l'art. 159 du même Code, et l'art. 2 du décret du 4 août 1789, casser et annuller, dans l'intérêt de la loi et sans préjudice de son exécution à l'égard de la partie intéressée, le jugement ci-dessus mentionné, et dont expédition est ci-jointe ; et d'ordonner qu'à la diligence de l'exposant, l'arrêt à intervenir sera imprimé et transcrit sur les registres du tribunal de police du canton de Nogent-Roulebois.

» Fait au parquet, le 6 août 1813. Signé Merlin.

» Oui le rapport de M. Lamarque.... ; vu l'art. 442 du Code d'instruction criminelle, et l'art. 159 du même Code .... ; attendu qu'aux termes des art. 1er et 4 du Code pénal, il n'y a de faits donnant lieu à poursuites devant les tribunaux de police que ceux que la loi qualifie de contraventions ; et à l'égard desquels elle contient une disposition pénale ; que l'art. 2 de la loi des 4 et 11 août 1789, en disposant que les pigeons seraient enfermés aux époques fixées par les communautés ; que, durant ce temps, il seraient regardés comme gibier, et que chacun aurait le droit de les tuer sur son terrein, s'est restreint à cette mesure répressive, sans qualifier de délit ou de contravention le fait du propriétaire qui laisserait sortir ou vaguer ses pigeons dans le temps prohibé et sans attacher à ce fait aucune sorte de peine ; que, si les autorités administratives et municipales ont le droit de faire des réglemens dont l'infraction doive être poursuivie devant les tribunaux de police simple, c'est lorsque ces réglemens ont pour objet l'exécution d'une loi et que cette loi établit une peine de police, en donnant au fait prohibé un caractère de contravention, ou bien lorsque ces réglemens portent sur des objets confiés à la vigilance de l'autorité municipale, par l'art. 3 du tit. 2 de la loi du 24 août 1790 ; que, dans l'espèce, le fait de la poursuite pour l'infraction de l'arrêté municipal qui prohibait la sortie des pigeons, ne rentrait dans aucune disposition de cet article ; qu'il n'était non plus passible de peine d'après aucune autre loi ; que dès-lors et par cela seul, le tribunal de police aurait du déclarer nulle la citation dirigée contre l'auteur de cette infraction ; et que, par une conséquence nécessaire, lorsqu'au lieu d'annuller cette citation et tout ce qui avait suivi, ce tribunal, en prononçant sur l'action intentée contre Thierrie, l'a condamné aux dépens, il a donné une extension arbitraire à la loi du 4 août 1789, et est formellement contrevenu à l'art. 159 du Code d'instruction criminelle ; la cour casse et annulle dans l'intérêt de la loi seulement... ».

XII ter. A plus forte raison n'y aurait-il lieu à aucune poursuite judiciaire ni à aucune peine contre celui qui aurait laissé sortir des pigeons en temps de moisson ou de semailles, s'il n'y avait eu de fait aucune défense publiée par la municipalité du lieu ; et c'est ce qu'a jugé un arrêt de la cour de cassation du 30 octobre 1813, ainsi conçu :

» Le procureur-général expose qu'il est chargé par le gouvernement, en exécution de l'art. 451 du Code d'instruction criminelle, de requérir l'annulation d'un jugement de première instance qui viole ouvertement la loi.

« Le 2 août dernier, procès-verbal du garde-champêtre de la commune de la Saucelle, canton de Senonches, département d'Eure et Loir, qui constate que le même jour, vers huit heures du matin, cet officier a » vu sortir, à plusieurs reprises, du » Colombier du sieur Desguez, une volée d'envi- » ron cinquante pigeons et s'abattre également » à plusieurs reprises sur une pièce de terre ense- » mencée de pois, contenant vingt-cinq ares..... » dont est propriétaire le nommé Piel..... ; lesquels » pigeons causaient, tant aux pois qu'aux fourrages, » un dégât considérable ».

» Le 7 du même mois, le sieur Desguez est cité, en vertu de ce procès-verbal, à la requête du maire de la Saucelle, devant le tribunal de police du canton de Senonches, pour se voir condamner à un franc d'amende envers la commune.

« La cause portée à l'audience, le 9, le sieur Piel intervient comme partie civile, et réclame une indemnité pour le dommage causé à sa récolte par les pigeons du sieur Desguez.

» Le sieur Desguez comparaît, et, tout en convenant que les pigeons ont pu causer quelque dégât à la récolte du sieur Piel, il demande son renvoi, attendu *que le maire de la commune de la Saucelle n'avait fait aucune défense de laisser sortir les pigeons.*

» Le maire réplique que *l'omission de défense de sa part de laisser sortir les pigeons, est un moyen puérile, puisque les lois, et les réglemens de police et la raison seule imposent à tous propriétaires de pigeons, l'obligation de les renfermer pendant le temps des semailles et celui de la récolte.*

» Par jugement du même jour, le tribunal de police condamne le sieur Desguez *à livrer sous un mois, au sieur piel, la quantité d'un hectolitre et demi de pois, pour lui tenir lieu d'indemnité du délit causé par ses pigeons ; à quoi faire il sera contraint jusqu'à la somme de 30 fr. et en outre en un franc d'amende envers la commune.*

» Pour motiver ses condamnations, le tribunal de police vise d'abord l'art. 484 du Code pénal, portant que, *dans toutes les matières qui n'ont pas été réglées par le présent Code, et qui sont régies par des lois et réglemens particuliers, les cours et les tribunaux continueront de les observer.*

» Il vise ensuite l'instruction du préfet du département d'Eure et Loir du 28 thermidor an 11, dans laquelle il est dit d'après l'art. 2 des lois du 4 août 1789, que *le garde champêtre doit dresser procès-verbal contre ceux qui laissent sortir des pigeons pendant le temps des semailles et pendant celui de la récolte.*

» Il vise encore l'art. 12 du tit. 2 de la loi du 28 septembre 1791, sur la police rurale, lequel est

16.

ainsi conçu : *les dégâts que les bestiaux de toute espèce, laissés à l'abandon, feront sur les propriétés d'autrui, soit dans l'enceinte des habitations, soit dans un enclos rural, soit dans les champs ouverts, seront payés par les personnes qui ont la jouissance des bestiaux. Si elles sont insolvables, ces dégâts seront payés par ceux qui en ont la propriété. Le propriétaire qui éprouvera le dommage, aura le droit de saisir les bestiaux, sous l'obligation de les faire conduire, dans les vingt-quatres heures, au lieu du dépôt qui sera désigné à cet effet par la municipalité. Il sera satisfait aux dégât par la vente des bestiaux, s'ils ne sont pas réclamés, ou si le dommage n'a point été payé dans la huitaine du jour du délit. Si ce sont des volailles, de quelque espèce que ce soit, qui causent le dommage, le propriétaire, le détenteur ou le fermier qui l'éprouvera, pourra les tuer, mais seulement sur le lieu, au moment du dégât;*

» Il vise enfin l'art. 4 du même titre de la même loi, portant que *les moindres amendes seront de la valeur d'une journée de travail, au taux du pays déterminé par le directoire du département.*

» Ces divers textes justifient-ils les condamnations prononcées par le tribunal de police contre le sieur Desguez?

» Non, et il s'en faut beaucoup.

» D'abord, en supposant que le sieur Piel eût une action en dommages-intérêts contre le sieur Desguez, il est certain que cette action n'eût pu être portée devant le tribunal de police, qu'autant que le dégât prétendu causé par les pigeons du sieur Desguez, à la récolte du sieur Piel, eût constitué un délit; et que, s'il n'y avait point de délit dans ce dégât, le tribunal de police devait annuller la citation et renvoyer le sieur Piel à se pourvoir par la voie civile. C'est la conséquence nécessaire de l'art 150 du Code d'instruction criminelle; et c'est ce qu'ont jugé notamment trois arrêts de la cour des 27 juin 1812, 29 janvier et 30 avril derniers.

» Or, quel délit le sieur Desguez avait-il commis en laissant sortir ses pigeons dans le temps de la récolte? De quel délit était-il devenu coupable, par le dommage que ses pigeons avaient causé dans le champ du sieur Piel?

» L'art. 2 des lois du 4 août 1789 veut que les pigeons soient *enfermés aux époques fixées par les communautés; et il ajoute que, durant ce temps, ils seront regardés comme gibier, et que chacun aura le droit de les tuer sur son terrain.*

» Admettons, quoique la cour ait formellement jugé le contraire par les arrêts des 29 janvier et 13 août derniers, qu'il y ait délit de la part de ceux qui laissent sortir leurs pigeons aux époques fixées par les arrêtés des maires; au moins, dans cette hypothèse, il est impossible qu'à défaut d'arrêtés de maires qui prohibent la sortie des pigeons, à certaines époques, la sortie des pigeons constitue un délit dans un temps quelconque.

» La faculté de laisser sortir les pigeons, est de droit commun. Elle tient à leur nature; et la loi,

en exigeant une défense expresse pour la faire cesser, fait clairement entendre que, hors le cas de cette défense expresse, la sortie des pigeons, loin d'être un délit, n'est pas même une simple faute.

» Le tribunal de police du canton de Senonches est d'autant moins excusable d'avoir méconnu cette vérité, qu'elle avait été rappelée, en termes exprès, à tous les habitans du département d'Eure-et-Loir, par une instruction du préfet de ce département, postérieure à celle que cite ce tribunal dans son jugement. Cette nouvelle instruction est transcrite dans un jugement du tribunal de police du canton de Nogent-Roulebois, du 10 juillet dernier, que la cour a cassé le 13 août suivant; et il y est dit, en toutes lettres, que, *pour la validité des procès-verbaux que les gardes-champêtres sont chargés de dresser contre ceux qui laissent sortir leurs pigeons en temps de récolte et de semailles, il est nécessaire qu'au préalable, le conseil municipal de la commune ait pris une délibération qui fasse connaître les époques auxquelles la sortie des pigeons sera prohibée.*

» Vainement, au surplus, le tribunal de police du canton de Senonches a-t-il invoqué, à l'appui de son jugement, l'art. 12 du tit. 2 de la loi du 28 septembre 1791.

» Cet article, il est vrai, par sa combinaison avec l'art. 5 du même titre, range dans la classe des délits de police rurale, les dégâts que causent, dans les propriétés d'autrui, les bestiaux de toute espèce *laissés à l'abandon.*

» Mais, par ces mots, *laissés à l'abandon,* il restreint lui-même virtuellement sa disposition aux bestiaux que les propriétaires sont obligés de garder à vue, c'est-à-dire, aux animaux domestiques; il excepte lui-même virtuellement de sa disposition les bestiaux que les propriétaires sont autorisés par la nature des choses et par la loi, à laisser divaguer, c'est-à-dire, les animaux sauvages.

» Ainsi, bien qu'aux termes des art. 524 et 564 du Code civil, les lapins existans dans une garenne appartiennent au propriétaire du fonds; bien que, d'après l'art. 1385 du même Code, le propriétaire d'une garenne soit civilement responsable du dommage que causent ses lapins aux propriétés voisines; bien que la section des requêtes l'ait ainsi jugé par un arrêt du 3 janvier 1810, au rapport de M. Oudart, il n'est encore venu à la pensée de qui que ce soit, qu'il y eût, en pareil cas, ouverture à l'action publique.

» Et il en est évidemment des pigeons d'un Colombier, comme des lapins d'une garenne. Les uns sont, comme les autres, des animaux sauvages; les uns sont, comme les autres, des animaux que la nature voue, en quelque sorte, à la divagation, et qui ne peuvent être enfermés que par une violence faite à l'instinct dont la nature les a pourvus.

» *Columbarum fera natura est,* dit la loi 5, §. 5, D. *de acquirendo rerum dominio.* Et il n'importe, ajoute-t-elle, qu'ils soient dans l'habitude de revenir au colombier : cette habitude ne leur fait pas plus perdre le caractère d'animaux sauvages que ne le fait perdre aux abeilles l'instinct qui les fait revenir à leurs ruches : *Non ad rem pertinet quod ex consuetudine avolare et revolare solent : nam et apes idem faciunt, quarum constat feram esse naturam.*

« C'est même parce que les pigeons sont, comme les lapins ; des animaux sauvages et non sujets à être gardés à vue, que l'art. 564 du Code civil déclare que, lorsqu'ils *passent dans un autre Colombier ou garenne, ils appartiennent au propriétaire de ces objets, pourvu qu'ils n'y ayent point été attirés par fraude ou artifice.*

Qu'on ne dise pas, au reste, que, si les pigeons ne sont pas compris dans l'art. 12 du tit. 2 de la loi du 28 septembre 1791, sous la dénomination de *bestiaux laissés à l'abandon,* ils y sont au moins compris sous la dénomination de *volailles.* La dénomination de *volailles* n'a jamais convenu aux pigeons : elle a toujours été restreinte aux poulets, aux canards, aux dindons, aux oies, en un mot, aux oiseaux domestiques, ou, en d'autres termes, aux oiseaux sur lesquels le propriétaire conserve tous ses droits, lors même qu'ils s'échappent au loin et passent dans une autre habitation, où ils n'ont été attirés par aucun moyen illicite.

» Témoin le Dictionnaire de l'académie française, qui définit ainsi le mot *volaille* : « Nom collectif » qui comprend les oiseaux qu'on nourrit ordi- » nairement dans une basse-cour ».

» Aussi la loi elle-même, dans l'article dont il s'agit, applique-t-elle formellement à ce qu'elle dit des *volailles,* la même restriction qu'à ce qu'elle dit des bestiaux. Après avoir parlé des dégats causés par les *bestiaux laissés à l'abandon,* elle ajoute : *si ce sont des volailles qui causent le dommage...,* et il est évident que c'est comme si elle disait : *Si les bestiaux laissés à l'abandon, sont des volailles,* etc. Elle ne s'occupe donc que des oiseaux *laissés à l'abandon,* et assurément on ne peut pas être censé laisser à l'abandon des oiseaux que l'on n'est pas tenu de garder à vue.

» Ce considéré, il plaise à la cour, vu l'art. 441 du Code d'instruction criminelle, l'art. 2 des lois du 4 août 1789 et l'art. 12 du tit. 2 de la loi du 28 septembre 1691, casser et annuler, dans l'intérêt de la loi et sans préjudice de son exécution à l'égard des parties intéressées, le jugement du tribunal de police du canton de Senonches ci-dessus mentionné, et dont expédition est ci-jointe ; et ordonner qu'à la diligence de l'exposant, l'arrêt à intervenir sera imprimé et transcrit sur les registres dudit tribunal.

» Fait au parquet, le 16 octobre 1813. *Signé* Merlin.

» Ouï le rapport de M. Aumont....; vu les art. 441 et 159 du Code d'instruction criminelle; l'art. 2 de la loi du 4 août 1789; et l'art. 12, tit. 2 de la loi du 28 septembre 1791...; attendu que les tribunaux de police ne peuvent connaître que des faits auxquels la loi attribue le caractère de contravention, et dont elle soumet les auteurs à des peines ;

» Que l'article cité de la loi du 4 août 1789, qui veut que les pigeons soient enfermés aux époques fixées par les communautés, que durant ce temps ils soient regardés comme gibier, et que chacun ait le droit de les tuer sur son terrein, est restreint à cette mesure répressive ; qu'il ne qualifie pas de délit ou de contravention le fait du propriétaire qui laisserait sortir et vaguer ses pigeons dans le temps prohibé, et qu'il n'attache à ce fait aucune sorte de peine ; que, si de la combinaison des art. 3 et 12, tit. 2 de la loi du 28 septembre 1791, il résulte que les dégats causés par les bestiaux de toute espèce *laissés à l'abandon,* sont classés parmi les délits ruraux, il est évident que, sous la dénomination de *bestiaux,* ne sont compris que des quadrupèdes domestiques ; que ces expressions, *bestiaux laissés à l'abandon,* ne peuvent s'appliquer à des oiseaux tels que les pigeons, qui, voués en quelque sorte, par leur nature et par leur instinct, à la divagation, ne sont pas susceptibles d'être gardés à vue, et ne sauraient conséquemment jamais être considérés comme *laissés à l'abandon ;* que si les pigeons ne peuvent être rangés dans la classe des bestiaux dont parle l'art. 12 de la loi de 1791, il n'est pas plus permis de les supposer compris dans le même article, sous la dénomination de *volailles ;* dénomination qui ne s'applique à d'autres animaux qu'aux oiseaux que l'on tient en état de domesticité, à des oiseaux de l'espèce de ceux qu'on élève et qu'on nourrit dans les basses-cours ; qu'il suit de ces observations, que, dans l'espèce, Piel était sans motifs légitimes pour traduire Desguez à la police, à raison du dommage qu'il a pu éprouver par un fait auquel la loi n'attache pas le caractère de contravention ; qu'en prononçant sur cette demande de Piel, et en condamnant Desguez à l'amende et aux dépens pour sa prétendue contravention, le tribunal de police de Senonches a manifestement violé les règles de compétence, donné une extension arbitraire à l'art. 2 de la loi du 4 août 1789, contrevenu à l'art. 136 du Code d'instruction criminelle, et fait une fausse application de l'art. 12 tit. 2 de la loi du 28 septembre 1791 ; d'après ces motifs, la cour casse et annule, dans l'intérêt de la loi... ».

Page 475, col. 1, après la ligne 3, ajoutez : COMESTIBLES GATÉS ET NUISIBLES. *V. ven,* §. 1er, art. 1, no. 5 *bis*

[[*Page 487, col. 2, à la fin de l'article* COMMENCEMENT DE PREUVE, *ajoutez* :

[[COMMERÇANT. Quel est, dans le Code de commerce et dans le code pénal, le véritable sens de ce mot ? *V.* dans les *additions, faillite et banqueroute,* sect. 2. §. 2. art. 3 et suivans, et *fait de marchandises*]].

COMMUNAUTÉ D'HABITANS, n° VII, *page* 59. col. 1, *après la ligne* 30, *ajoutez* :

VII *bis.* 1°. Un jugement qui a été rendu contre une commune non autorisée, passe-t-il en force de chose jugée par le défaut de recours dans le délai de la loi ? — 2° L'autorisation qui n'est accordée à une commune que dans le cours d'une instance, valide-t-elle les procédures antérieures ? Valide-t-elle aa moins les procédures faites depuis ? *V.* le plaidoyer et l'arrêt du 6 juin 1811, rapportés à l'article *Communaux*, §. 4 *bis*; dans les *additions*.

VII *ter.* Les habitans d'une commune sont-ils recevables à exercer en leurs noms individuels, les actions qui lui appartiennent ? *V.* le plaidoyer et l'arrêt du 2 janvier 1811, rapportés aux mots *vaine pâture*, §. 5.

N° VII, *page* 591, *col.* 1, *après la ligne* 36, *ajoutez* : on trouvera là-dessus de nouveaux développemens aux mots *Saisie-Arrêt*, §. 5.

N° X, *page* 591, *col.* 2, *après la ligne* 29 *après commune ajoutez* : l'arrêté dudirectoire exécutif, du 8 nivose an 6, concernant l'application de la loi du 10 vendémiaire an 4, aux communes dans le territoire desquelles le crime de contrebande aura été commis à force ouverte par des rassemblemens; les art. 13, 14, 15 et 16 de l'arrêté du gouvernement du 4e. complémentaire an 11, concernant la contrebande; et *après la ligne* 52, *ajoutez* : remarquez au surplus que les communes ne sont responsables des délits commis dans leur territoire, qu'autant qu'il est prouvé qu'ils l'ont été par des attroupemens ou rassemblemens. De là le réquisitoire et l'arrêt suivans.

« Le procureur-général expose qu'il est chargé par le gouvernement de requérir l'annulation de trois jugemens en dernier ressort du tribunal civil de Cousel, département de la Sarre.

» 1° Le 14 juillet 1811, procès-verbal de l'adjoint du maire de Rauneu, constatant « que des malveil-» lans ont dévasté entièrement une prairie située » sur la banlieue de la commune de Bollenbach, » appartenant au sieur Schmittbourg, de Geminden, » qui l'a donnée à bail à Pierre Henri Deufter, né-» gociant à Budembach, *dommage estimé* 120 fr.».

» Sur ce procès-verbal, une instruction s'ouvre sur le réquisitoire du procureur du gouvernement, et l'affaire est portée, le 15 octobre suivant, à l'audience correctionnelle du tribunal de première instance de Cousel.

» Le même jour, jugement qui déclare qu'il y a lieu à poursuivre la commune de Bollenbach, conformément à la loi du 10 vendémiaire an 4.

« En exécution de ce jugement, le procureur du gouvernement présente au tribunal civil un réquisitoire sur lequel il intervient, le 2 novembre de la même année, un jugement par lequel, « vu l'art. 1er, tit. 1er » de la loi du 01 vendémiaire an 4, ainsi conçu : *tous* » *citoyens habitant la même commune, sont* ga-

» rans civilement des attentats commis sur le ter-» ritoire de la commune, soit envers les personnes, » soit envers les propriétés; considérant qu'il ré-» sulte de la procédure qu'au commencement du » mois de juillet dernier, une prairie située sur le » ban de la commune de Bollenbach, apparte-» nant au sieur Schmittbourg...., fut totalement » dévastée par des encombremens de sable qui y » fut amené par voitures, et encore par des piquets » qui y furent posés pour empêcher de la faucher; » qu'il résulte également que cette dévastation doit » nécessairement avoir eu lieu par une réunion de » plusieurs personnes; et que les habitans de la » commune de Bollenbach sont fortement soup-» çonnés de l'avoir commise par haine fondée sur » ce que ladite prairie, située sur leur ban, fut » donnée à bail à un particulier d'une autre com-» mune; le tribunal condamne la commune de » Bollenbach à 120 fr. de dommages-intérêts en-» vers le fermier Pierre-Henri Deufter, de Banden-» bach, et aux dépens de la procédure liquidés à » 100 fr. 4 c. ».

» 2°. Le 1er. août 1812, procès-verbal de l'adjoint du maire de Meisseinheim, « constatant que, » *dans la nuit* du 27 au 28 juillet dernier, des mal-» veillans ont cassé au sieur Henri Rischamann, » notaire dans la même commune, sept jeunes » arbres plantés dans la terre d'Allenberg, ban » de Breidenheim; dommage estimé 42 fr. ».

» Et le 26 du même mois, jugement qui; sta-tuant sur le réquisitoire du procureur du gouverne-ment, « attendu qu'il est à croire que ce délit a eu » lieu en haine des fonctions du notaire Henri Ris-» chamann; que, sous ce rapport, le délit est un » attentat; déclare la commune de Bridenheim ci-» vilement responsable du dommage fait au sieur » Henri Risahmann; la condamne au payement de » la somme de 42 fr. et aux dépens, par application » de l'art. 1er., tit. 1er de la loi du 10 vendémiaire » an 4 ».

» 5° Le 10 août 1812, procès-verbal du maire de Bourglichtemberg, « constatant que, dans la nuit » du 9 au 10 du même mois, des malveillans ont » incendié une partie de la récolte du blé apparte-» nant au sieur Grassert, adjoint de la mairie; dom-» mage estimé 35 fr. ».

» Et le 21 novembre suivant, sur le réquisitoire du procureur du gouvernement, jugement qui, « attendu » qu'il paraît résulter que ce délit, dont l'auteur est » inconnu, a été commis en haine des fonctions de » l'adjoint, et qu'il présente un attentat que la loi » du 10 vendémiaire an 4 a pour but de réprimer ; » condamne la commune de Bourglichtemberg et » Ruthweiler, comme civilement responsables, » à 35 fr. de restitution civile à faire audit adjoint ».

» Ces trois jugemens ont un vice qui leur est commun : c'est que, par une fausse application de l'art. 1er du tit. 1er de la loi du 10 vendémiaire an 4, ils violent les dispositions du tit. 4 de la même loi,

» L'art. 1er du titre 1er déclare bien tous les *habitans de la même commune garans civilement des attentats commis sur le territoire de la commune, soit envers les personnes, soit contre les propriétés.*

» Mais cet article n'établit qu'un principe, et le tit. 4 en détermine l'application.

» Ce titre a pour rubrique les mots : *des espèces de délits dont les communes sont civilement responsables ;* ce qui annonce clairement que la responsabilité établie par l'art. 1er du tit. 1er, n'embrasse pas indistinctement tous les délits qui peuvent se commettre dans le territoire de chaque commune.

» En effet, l'art. 1er de ce même tit. 4 ne déclare chaque commune responsable que *des délits commis à force ouverte ou par violence, sur son territoire, par des* ATTROUPEMENS *ou* RASSEMBLEMENS *armés ou non armés, soit envers les personnes, soit envers les propriétés nationales ou privées.*

» Les art. 2, 3, 4, 5, 6 et 12 contiennent diverses dispositions explicatives de l'art. 1er ; et dans tous il n'est question que d'*attroupemens* et de *rassemblemens.*

» Les art. 9 et 10 sont les seuls qui prévoyent des cas où des délits ont été commis sans rassemblement ni attroupement. — L'art. 9 porte que, « lorsque dans une commune, les cultivateurs » tiendront leurs voitures démontées, ou n'exécu- » teront pas les réquisitions qui en seront faites lé- » galement pour les transports et charrois, les ha- » bitans de la commune sont responsables des dom- » mages-intérêts en résultant ». — Et l'art. 10 ajoute que « si, dans une commune, des cultiva- » teurs à part de fruits refusent de livrer, au terme » du bail, la portion due aux propriétaires, tous » les habitans de cette commune sont tenus des » dommages-intérêts ».

» Mais, hors ces cas, point d'attroupement ni de rassemblement, point de responsabilité pour la commune.

» Or, est-ce par des attroupemens, est-ce par des rassemblemens, qu'ont été commis les délits dont le tribunal de Cousel a déclaré civilement responsables les communes de Bollenbach, de Bridenheim, de Bourglichtemberg et de Ruthweiler ?

» Rien ne le prouve à l'égard des communes de Ruthweiler, de Bourglichtemberg et de Bridenheim. Il n'est même pas dit le mot dans les jugemens rendus contre ces communes, les 26 août et 21 novembre 1812.

» Quant à la commune de Bollenbach, le jugement du 2 novembre 1811 annonce seulement que la *dévastation* commise dans la prairie du sieur Schmittbourg, *doit nécessairement avoir eu lieu par une réunion de plusieurs personnes.*

» Mais, d'une part, dire qu'une dévastation *a dû nécessairement avoir eu lieu par une réunion de plusieurs personnes,* ce n'est point dire qu'il soit prouvé par l'instruction qu'en effet elle a eu lieu de cette manière ; et l'on sent assez que, dans

une matière régie par des règles aussi extraordinaires, aussi opposées aux principes du droit commun, les juges ne peuvent pas s'en rapporter à des présomptions fondées sur de simples apparences, et qu'ils ne peuvent se déterminer que par des preuves proprement dites.

» D'un autre côté, de ce que des sables ont été amenés par voitures dans la prairie du sieur Schmittbourg ; de ce qu'ils y ont été répandus pour former des *encomblemens* ; de ce que des piquets y ont été *posés pour empêcher de la faucher,* il ne s'ensuit pas *nécessairement* que tout cela ait été fait par une réunion d'hommes assez nombreuse pour composer un *attroupement* ou *rassemblement.* Tout cela a pu être fait par une ou deux personnes ; et tout le monde sait que là où il n'y a que deux, trois ou même quatre personnes réunies, là ne peut pas exister un *rassemblement,* là ne peut pas exister un *attroupement.*

Écoutons la loi 4, §. 2, D. *de vi bonorum raptorum : Turbam autem ex quo numero admittimus ? Si duo rixam commiserint, utique non accipimus in turbâ id factum, quia duo turba non propriè dicuntur. Enim verò si plures fuerint, putà decem aut quindecim homines, turba dicetur. Quid ergo si sint tres aut quatuor ? Turba utique non dicetur.*

» Et ce texte est ici d'autant mieux applicable, qu'à l'époque où fut décrétée la loi du 10 vendémiaire an 4, il était le seul qui définît le simple *attroupement ;* car en ne le définissant pas elle-même, elle est évidemment censée se référer à la définition qu'il en donne.

» Eh ! comment voudrait-on que la loi du 10 vendémiaire an 4 eût donné le caractère d'attroupement à une réunion de deux ou même de trois personnes, tandis que l'art. 9 de la loi du 3 août 1791, qui était alors dans toute sa vigueur, ne qualifiait d'*attroupement séditieux un rassemblement s'opposant à l'exécution d'une loi, une contrainte ou d'un jugement,* que lorsque ce rassemblement était composé de *plus de quinze personnes ?*

» Il est vrai que depuis, l'art. 3 de la loi du 13 floréal an 11 a dit qu'il y aurait *contrebande avec attroupement et port d'armes,* lorsque la *contrebande serait faite par trois personnes au plus, et que, dans le nombre, une ou plusieurs seraient porteurs d'armes en évidence ou cachées.*

» Mais d'abord elle ne l'a dit que pour la contrebande ; elle ne l'a dit que pour le cas où le port d'armes concourait avec la réunion de trois personnes.

» Ensuite, dans notre espèce, il n'est ni prouvé ni nécessairement présumé que la dévastation de la prairie du sieur Schmittbourg ait été faite par une réunion de trois personnes, et encore moins que, dans cette réunion, il se soit trouvé quelqu'un qui fût porteur d'armes.

» Enfin, dans tous les cas, la disposition de cette loi ne pourrait pas servir à interpréter celles du 10 vendémiaire an 4, qui ont été rédigées d'après les notions que l'on avait généralement alors sur le caractère de l'attroupement.

» Ce considéré, il plaise à la cour, vu l'art. 88 de la loi du 27 ventose an 8, l'art. 1er du tit. 1er, la rubrique du tit. 4 et les art. 1, 2, 3, 4, 5, 6 et 12 du même titre de la loi du 10 vendémiaire, concernant la police des communes, casser et annuller, dans l'intérêt de la loi, et sans préjudice de leur exécution entre les parties intéressées, les jugemens du tribunal civil de Cousel, des 2 novembre 1811, 26 août et 21 novembre 1812, ci-dessus mentionnés, et dont les expéditions sont ci-jointes; et ordonner qu'à la diligence de l'exposant, l'arrêt à intervenir sera imprimé et transcrit sur les registres dudit tribunal.

» Fait au parquet; le 16 avril 1813, *Signé* Merlin.

» Ouï le rapport de M. Cassaigne...; vu l'art. 1er du tit. 1er, la rubrique et les articles du tit. 4 de la loi du 10 vendémiaire an 4; « attendu que, si l'art. 1er du tit. 1er de la loi du 10 vendémiaire an 4 déclare les citoyens habitant la même commune, garans civilement des attentats commis sur son territoire, il n'établit qu'un principe dont l'application est spécialement déterminée par le tit. 4 de la même loi ;

» Qu'en effet, le tit. 4 a pour rubrique ces mots: *des espèces de délits dont les communes sont civilement responsables*; qu'il résulte formellement de ces expressions, que la responsabilité établie par l'art. 1er du tit. 1er, n'embrasse pas indistinctement tous les délits qui peuvent se commettre dans le territoire de chaque commune, mais seulement ceux spécifiés sous le tit. 4; que l'art. 1er du même tit. 4, déclare *chaque commune responsable des délits commis à force ouverte ou par violence sur son territoire*, PAR DES ATTROUPEMENS OU RASSEMBLEMENS *armés ou non armés*, *soit envers les personnes*, *soit contre les propriétés nationales ou privées, ainsi que des dommages-intérêts auxquels ils donnent lieu*; que l'art. 9 dispose que, « *lorsque dans une commune, des cultivateurs tiendront leurs voitures démontées, ou n'exécuteront pas les réquisitions qui en seront faites légalement pour les transports et charrois, les habitans de la commune sont responsables des dommages-intérêts en résultans* »; que l'art. 10 porte encore que, « *si dans une commune des cultivateurs à part de fruits refusent de livrer, au terme du bail, la portion due aux propriétaires, tous les habitans de cette commune sont tenus des dommages-intérêts* »; mais que les autres articles de ce titre ne contiennent que des dispositions explicatives de l'art. 1er, et il n'y est question que d'*attroupemens et rassemblemens*; que de là il suit que, hors les cas prévus par les art. 9 et 10 du tit. 4, l'art. 1er du tit. 1er ne déclare les habitans d'une commune, responsables des délits qui se commettent dans son territoire, qu'en tant qu'ils sont commis par des attroupemens ou rassemblemens; et attendu, dans le fait, que les délits qui font l'objet des trois jugemens dont il s'agit, ne sont

point de la nature de ceux prévus par les art. 9 et 10 précités; puisqu'ils ne consistent ni dans le refus d'exécuter des réquisitions, ni dans celui de payer des fermages; que rien ne prouve non plus qu'ils ayent été commis par des attroupemens ou rassemblemens; que même il n'est fait aucune mention de cette circonstance dans les jugemens des 26 août et 21 novembre 1812, relatifs aux communes de Bridenhein, Bourglichtemberg et Ruthweiller; qu'à l'égard de la commune de Bollenbach, le jugement du 2 novembre 1811, porte véritablement que *la dévastation commise dans la prairie du sieur Schmittbourg, doit nécessairement avoir eu lieu par une réunion de plusieurs personnes*; mais que dire qu'une dévastation *doit* nécessairement avoir eu lieu par une réunion de plusieurs personnes, ce n'est pas dire qu'il est *prouvé* par l'instruction qu'elle a été commise de cette manière; qu'il n'est pas permis aux juges de s'en rapporter à de simples présomptions, lorsque la loi exige une preuve positive; que ce n'est pas non plus dire que le délit a été commis par un attroupement ou rassemblement, puisque le transport du sable par des voitures, l'encombrement de la prairie, et le placement des piquets posés pour empêcher de la faucher, peuvent avoir été faits par deux, trois ou même quatre individus, sans pour cela l'avoir été par un attroupement; qu'en effet, aux termes de la loi 4, §. 2, *D. de vi bonorum raptorum*, un pareil nombre de personnes ne suffit point pour caractériser l'attroupement; qu'à l'époque où la loi du 10 vendémiaire fut émise, la loi 4, précitée était la seule qui définît le simple attroupement; que par conséquent elle est censée s'être référée à cette définition; qu'ainsi, les délits dont il s'agit, ne se trouvent dans aucun des cas prévus par la loi du 10 vendémiaire an 4, et en jugeant le contraire, les jugemens dont est question violent expressément cette loi; la cour, vu l'art. 88 de la loi du 27 ventose an 8, l'art. 1er du tit. 1er, la rubrique du tit. 4, et les articles du même titre de la loi du 10 vendémiaire an 4, casse et annulle, dans l'intérêt de la loi et sans préjudice de leur exécution entre les parties intéressées, les jugemens du tribunal civil de Cousel, des 2 novembre 1811, 26 août et 21 novembre 1812, dont est question... ».

COMMUNAUX. *Avant le* §. V, *ajoutez* :

§. IV bis. Un décret forcé par lequel, à la suite d'une saisie-réelle pratiquée sur un seigneur qui avait usurpé des biens Communaux, un particulier a acquis tout-à-la-fois ces biens Communaux et la seigneurie dont ils étaient; de fait, une partie intégrante, sans que la commune eût formé opposition aux criées, constitue-t-il, pour l'adjudicataire; un TITRE LÉGITIME D'ACQUISITION *dans le sens donné à ces mots par la seconde partie de l'art. 8 de la loi du 28 août 1792* ?

Voici une espèce dans laquelle cette question s'est présentée avec deux autres qui sont indiquées dans les *Additions*), sous les mots *Chose jugée*, §. 13, et *Communautés d'habitans*, n. 7 *bis*.

En 1795, la commune de Bellefontaine, ci-devant Villecomte, se pourvoit contre le sieur d'Anthès, ex-seigneur du lieu, en revendication d'un bois dit *Champ-Libert* dont elle prétend avoir été dépouillée par la puissance féodale. — Des arbitres sont nommés de part et d'autre, conformément à la loi du 10 juin 1793, pour prononcer en dernier ressort sur la contestation. — Dans le cours de l'instruction, le sieur d'Anthès produit un décret forcé du 11 août 1746, par lequel, à la suite d'une saisie-réelle pratiquée sur le sieur Folin, la seigneurie de Bellefontaine et le bois litigieux qui en faisait, dès-lors, partie, ont été adjugée avec le bois litigieux qui en faisait, dès-lors, partie; et soutient, d'après l'art. 9 de la sect. 4 de la loi du 10 juin 1793, que ce titre, joint à la possession de plus de quarante ans dont il a été suivi avant le 4 août 1789, doit le mettre à l'abri de toutes recherches.

Le 26 vendémiaire an 4, jugement ainsi conçu : » Attendu qu'il résulte d'un acte d'échange du 9 novembre 1565, fait entre Bernard de Cirey, alors seigneur de Villecomte, et les habitans dudit lieu, que les habitans donnèrent audit de Cirey douze arpens de bois, à le prendre à son choix dans leurs communaux appelés *Champ-Libert*, joignant le bois dudit seigneur appelé *la Tranchée*; qu'il leur remit en contre-échange un canton de bois appelé *les Grand et Petit Pré-Roche*; ensorte que les défendeurs sont propriétaires légitimes de douze arpens dépendans de Champ-Libert joignant le bois de la Tranchée; qu'il paraît par la déclaration de 1634, que les habitans de Villecomte avaient vendu et engagé à Bernard Chaussenot les deux cents arpens de bois en Champ-Libert qu'ils réclament pour la réfection de leur pont et entretenement d'icelui, jusques vingt ans après la réfection dudit pont, font environ trente ans; que l'on ne voit pas comment ce canton de Champ-Libert a passé aux auteurs du cit. d'Anthès; qu'il est cependant possible qu'ils l'ayent acquis de Chaussenot ou de ses successeurs; et qu'avant de prendre un parti sur la légitimité de ces actes, il convient de les avoir sous les yeux; que la grosse décrétale qui a transmis aux prédécesseurs du défendeur la ci-devant terre de Villecomte, ne peut pas être regardée comme un titre suffisant pour le maintenir dans sa possession de ce canton de bois, parce qu'elle se trouve comprise dans l'exception décrétée par l'art. 9 de la sect. 4 de la loi du 10 juin 1793; Disons, avant faire droit sur ce chef de demande, que le cit. d'Anthès sera tenu de justifier dans le délai d'un mois, à compter de la signification du présent jugement, des titres en vertu desquels les ci-devant seigneurs de Villecomte sont devenus propriétaires du canton de bois de Champ-Libert dont il s'agit, avant la saisie-réelle interposée sur ladite terre, et la délivrance d'icelle faite le 11 août 1746; faute de quoi faire, et passé ledit délai, il sera statué sur ladite demande, ainsi qu'il appartiendra ».

Le 6 messidor an 5, arrêté de l'administration centrale du département de la Côte-d'Or, qui autorise la commune de Bellefontaine à reprendre, devant les tribunaux ordinaires, les poursuites commencées devant les arbitres.

L'affaire portée en conséquence devant le tribunal civil de l'arrondissement de Dijon, les héritiers du sieur d'Anthès produisent un procès-verbal de délivrance fait aux habitans de Bellefontaine de la coupe du bois Champ-Libert, dans lequel le sieur Folin, seigneur de la commune, figure comme opposant à cette délivrance, sur le fondement que le bois Champ-Libert lui appartient; et ils en concluent que le sieur Folin ne pouvait être propriétaire de ce bois que comme successeur à titre singulier d'un particulier non seigneur à qui la commune l'avait précédemment vendu. — La commune répond que cette pièce prouve plus en sa faveur que contr'elle, puisqu'il en résulte que les commissaires à la délivrance de la coupe du bois Champ-Libert, n'ont pas eu égard à l'opposition du sieur Folin.

Le 18 août 1807, jugement qui ordonne aux parties de contester plus amplement.

Et le 18 juillet 1809, jugement définitif, par lequel : «considérant que, par la sentence arbitrale du 26 vendémiaire an 4, à laquelle ont acquiescé toutes les parties, les arbitres ont reconnu d'une part, que les habitans de la commune de Bellefontaine avaient autrefois possédé le canton de bois, appelé le Champ-Libert; et d'un autre côté, que la saisie réelle du 11 août 1746, présentée par les héritiers d'Anthès, comme titre de propriété dudit bois ne pouvait non plus que la longue jouissance qu'ils avaient pu en avoir, l'emporter sur la preuve d'ancienne possession qu'avaient administrée les habitans de ladite commune; d'où suit la conséquence que ces différens points sont irrévocablement décidés, puisque la sentence où ils sont consignés a acquis toute la force de chose jugée; que les arbitres, en rejetant et la jouissance des héritiers d'Anthès et le décret du 11 août 1746, ont néanmoins cru qu'il était de l'équité de leur accorder un nouveau délai pour les mettre à même de justifier du titre en vertu duquel eux ou leurs auteurs auraient pu, avant 1746, devenir propriétaires du canton de bois litigieux; qu'ainsi, il ne peut être question dans la cause, que d'examiner si ces héritiers ont satisfait à ce qu'ordonnait cette disposition; qu'à la vérité, ils ont produit, depuis la sentence arbitrale, un procès-verbal dressé en 1677, et contenant, de la part des habitans de Bellefontaine, mis en délivrance de plusieurs corps d'héritages, et notamment du bois appelé Champ-Libert, dans lequel procès-verbal est consignée une opposition à la vente de ce dernier bois faite de la part du sieur François Folin, aux droits duquel lesdits héritiers d'Anthès se prétendent, et motivée sur ce que ce particulier se disait être propriétaire dudit bois; mais que cette opposition ne fait mention ni de la nature, ni de la date, ni de la teneur de l'acte qui aurait transmis à l'opposant la propriété dudit bois, ni du prix qui y aurait été stipulé; que, dès-lors, il peut tout au plus être considéré comme un commencement de preuve qui était susceptible de recevoir son complément par la représentation de la décision qui aurait pu être portée à ce sujet sur le droit des parties, et que c'est pour donner encore aux héritiers d'Anthès, le temps de chercher et de justifier de la suite qu'aurait pu avoir l'opposition dont il s'agit, que le tribunal, par celle des dispositions de son jugement du 18 août 1807, qui est relative à cet objet, a ordonné un plus ample contesté ; — Que, depuis ce jugement, les héritiers d'Anthès n'ont pu édifier le tribunal sur les suites de l'opposition insérée dans l'acte de 1677 ; qu'ils ont bien produit une requête présentée en 1776 par les habitans de Bellefontaine, ayant pour objet de demander la nullité de la vente du même bois faite en 1664, sur le motif que cette vente n'avait pas été revêtue des formalités exigées à cette époque, que le prix n'en avait pas été entièrement payé, et qu'ils étaient autorisés par l'édit du mois d'août 1677, à rentrer dans ledit bois ; mais que cette requête ayant précédé la mise en délivrance du bois Libert, mise en délivrance autorisée par les commissaires auxquels la requête était présentée, prouve plutôt que les habitans en ont obtenu l'effet et ont été réintégrés, qu'elle ne prouve la maintenue de François Folin, duquel au reste il n'est pas question dans la requête dont il s'agit ; d'où il faut conclure que les héritiers d'Anthès n'ont pas complété la preuve qu'ils avaient commencée, lors du jugement du 18 août 1807, et à laquelle les assujettissait la sentence arbitrale de l'an 4 ; — Que bien inutilement, pour se soustraire à l'obligation de faire cette preuve, ces héritiers ont soutenu que leurs titres avaient été brûlés par suite des événemens de la révolution, puisque la loi n'avait ordonné que le brûlement de ceux relatifs à la féodalité ; et que ceux qui ont été jettés aux flammes ont été livrés par leur homme de confiance qui sans doute n'aura pas manqué de faire le choix que son mandat l'obligeait à faire en pareil cas ; mais que d'ailleurs ils ne prétendent pas d'une manière précise, que, parmi les titres brûlés, se soit trouvé celui qui prouvait leur propriété légitime sur les bois litigieux ; qu'ils ne soutiennent pas que des personnes à même d'en apprécier le mérite, l'ayent lu avant ce temps et soient à même de déposer de sa date, de sa nature et des clauses qu'il contenait ; qu'ainsi la prétention qu'ils élèvent, à cet égard, ne peut être d'aucun poids ; que, dès-lors, rien ne les ayant pu dispenser de justifier du titre exigé par la sentence arbitrale de vendémiaire an 4 et n'ayant pas fait cette justification, ils doivent être condamnés au relâchement demandé et par suite à rendre les fruits et levées, à compter de la demande en justice, et enfin à payer les dépens qu'a occasionnés leur refus ; — Le tribunal...., faute par les héritiers d'Anthès d'avoir conformément à la sentence arbitrale du 26 vendémiaire an 4, justifié du titre, en vertu duquel ils étaient devenus propriétaires du canton de bois appelé le Champ-Libert, avant la saisie réelle du 11 août 1746, et faute encore par eux d'avoir fourni d'une manière satisfaisante les éclaircissemens de

mandés par le jugement du 18 août 1807, les condamne à relâcher aux habitans de la commune de Bellefontaine le canton de bois appelé le Champ-Libert, joignant le bois de la Tranchée.....».

Sur l'appel de ce jugement, les héritiers d'Anthès produisent une requête du mois d'avril 1676, par laquelle les habitans demandaient, en vertu de l'édit du mois d'avril 1667, la nullité de la vente qu'ils avaient faite de Champ-Libert, le 29 novembre 1664, au sieur Faubert, avocat; et fondaient leur demande, tant sur l'omission des formalités nécessaires à la validité des aliénations de biens communaux, que sur le défaut de payement du prix de la part de l'acquéreur.

Par arrêt du 28 juillet 1810, — « Considérant que la disposition de la sentence arbitrale du 26 vendémiaire an 4, relative au Champ-Libert, étant purement préparatoire, et les juges qui l'ont rendue n'étant pas liés par un semblable interlocutoire, la cour d'appel le peut moins considérer comme un préjugé dans la cause qui doit régler sa décision, et que, quelque soient les motifs qui ont décidé les arbitres à former ce préparatoire, ces motifs ne peuvent pas avoir plus de force et d'effet que le préparatoire lui-même; que, si la commune de Bellefontaine a prouvé son ancienne possession au sujet du fonds contentieux, les appelans ont aussi prouvé de leur côté, par des actes d'acquisition authentiques et légitimes, que depuis plus de quarante ans avant le 4 août 1789, ils sont en possession et ont joui à titre de propriétaires du même fonds, sans avoir été troublés dans leur jouissance ; ensorte que, si la commune de Bellefontaine a pour elle, en vertu de ses titres qui établissent son ancienne possession, la première disposition de l'art 8 de la loi du mois d'août 1792, les appelans ont aussi pour eux la seconde disposition du même article qui contient en leur faveur une exception, dès qu'ils se trouvent dans le cas prévu par cet article, pour être renvoyés de la demande en réintégration formée par la commune ; que la loi du 10 juin 1793 peut d'autant moins leur être opposée, qu'elle est au contraire à leur avantage, puisqu'elle n'est applicable qu'aux acquéreurs volontaires, et non pas aux acquéreurs par expropriation forcée qui sont nécessaires dans le sens de la loi, des acquéreurs forcés, puisque c'est la justice qui a vendu forcément le Champ-Libert, et que, par suite, l'auteur des appelans ne peut l'avoir acquis que forcément ; — Enfin, que les titres produits par les appelans étant dégagés de toutes les circonstances qui pouvaient faire supposer que c'est à la puissance féodale qu'ils doivent leur existence, il ne peut y avoir de difficulté à maintenir les appelans dans leur propriété ; et à réformer le jugement dont appel, qui les a injustement dépouillés; — La cour a mis et met l'appellation et ce dont est appel au néant, et par nouveau jugement, sans s'arrêter à la demande des habitans de Bellefontaine, en réintégration dans la propriété du canton de bois, appelé Champ-Libert, en renvoye les appelans.....».

» La commune de Bellefontaine se pourvoit en cassation contre cet arrêt.

« Des quatre moyens de cassation qui vous sont proposés dans cette affaire, (ai-je dit à l'audience de la section des requêtes, le 6 juin 1811), le premier nous paraît ne mériter aucune considération.

» Il est tiré de la circonstance que la commune de Bellefontaine n'a été autorisée à plaider contre les héritiers d'Anthès, que par un arrêté de l'administration centrale du département de la Côte-d'Or, du 6 messidor an 5.

» Si la commune de Bellefontaine inférait de cette circonstance, que l'on doit regarder comme nulles toutes les procédures qui ont précédé l'autorisation qu'elle n'a obtenue que le 6 messidor an 5, nous concevrions sa manière de raisonner, et encore aurions-nous à lui objecter, d'abord qu'elle ne s'est pas pourvue contre le jugement interlocutoire des arbitres forcés, du 26 vendémiaire an 4, et que ce jugement doit subsister, quoique nul en lui-même, tant que l'annullation n'en sera pas prononcée par l'autorité compétente; ensuite, qu'elle se contredit elle-même, en arguant de nullité un jugement duquel d'ailleurs elle cherche par son troisième moyen de cassation, à faire résulter une exception de chose jugée; enfin, qu'à tout prendre, il est très-indifférent que les procédures antérieures à l'autorisation du 6 messidor an 5, soient nulles ou valables, puisque l'instruction de la cause a été suffisamment complétée par les procédures faites postérieurement à cette autorisation.

» Mais la commune de Bellefontaine ne se borne pas à soutenir que les procédures antérieures à l'autorisation qui lui a été accordée le 6 messidor an 5, sont nulles : elle soutient encore que les procédures postérieures à cette autorisation, sont frappées de la même nullité.

» Et quelle est sa raison ? Elle n'en donne point d'autre, si ce n'est que la section civile l'a ainsi jugé le 11 janvier 1809, au rapport de M. Gandon, entre les communes de Toulouse, de Colonne et autres.

» Serait-il donc possible que, par cet arrêt, la section civile eût adopté un système aussi étrange ? Serait-il donc possible qu'elle eût ainsi oublié cette grande règle de droit et de bon sens, *utile non vitiatur per inutile?*

» Nous n'avons pas eu besoin pour répondre que non, de lire cet arrêt; mais la lecture que nous en avons prise, nous a rendu la chose encore plus sensible.

» Dans le fait, les communes de Toulouse et de Fontenay, arrondissement d'Arbois, département du Jura, ayant demandé, par exploit du 23 avril 1791, la révision d'un arrêt du conseil du 22 novembre 1763, qui avait ordonné un cantonnement des bois usagers, entr'elles et quatorze autres communes voisines, celles-ci avaient, par leurs défenses, déclaré qu'elles demandaient elles-mêmes l'annullation de cet arrêt.

» L'affaire s'était instruite depuis cet errement jusqu'au 21 nivose an 5, époque où les quatorze communes défenderesses qui, jusqu'alors, avaient plaidé son autorisation, nommèrent des procureurs spéciaux pour solliciter un arrêté de l'administration centrale du département du Jura, qui les autorisât à défendre à la demande des communes de Toulouse et de Fontenay.

» L'autorisation obtenue, et après un jugement de première instance dont il est inutile de vous retracer les dispositions, il intervint un arrêt de la cour de Besançon, qui débouta les communes de Toulouse et de Fontenay de leur demande.

» Ces deux communes se pourvurent en cassation, et prétendirent, entr'autres moyens, que l'arrêt dont elles se plaignaient, avait violé le contrat judiciaire qui s'était formé entre les parties par l'acquiescement que les quatorze communes défenderesses avaient donné à la demande en révision de l'arrêt de cantonnement.

» Qu'a prononcé la section civile sur ce recours ? A-t-elle annullé l'arrêt de la cour de Besançon, sous le prétexte que l'autorisation, en vertu de laquelle les quatorze communes avaient plaidé en défendant, n'avait pas été donnée avant les premières procédures ?

» Non, et au contraire, elle a maintenu cet arrêt en rejettant le recours des communes de Toulouse et de Fontenay. Seulement elle a motivé le rejet de ce recours, sur la considération que, *tout ce qui avait été fait et dit par les quatorze communes, avant qu'elles eussent été autorisées à plaider, était nul et n'avait pu les lier d'aucune manière.*

» Et ce n'est pas assez pour établir que le premier moyen de cassation de la commune de Bellefontaine n'a pas l'ombre de fondement.

» La commune de Bellefontaine tirera-t-elle un meilleur parti de son deuxième moyen...?

» Pour troisième moyen de cassation, la commune de Bellefontaine vous dit que la sentence arbitrale du 26 vendémiaire an 4 avait décidé, par ses motifs, que le décret forcé du 11 août 1786 n'était pas un titre suffisant pour mettre le sieur d'Anthès à l'abri de la réclamation élevée contre lui; et qu'en conséquence, elle l'avait chargé de produire, dans le mois, d'autres titres justificatifs que ses prédécesseurs dans la seigneurie de Villecomte avaient légitimement acquis, ayant ce décret; la propriété du bois *Champ-Libert;* que cependant, par l'arrêt attaqué, la cour d'appel de Dijon, considérant cette sentence comme purement préparatoire et réparable en définitive, avait donné au décret forcé du 11 août 1746, l'effet d'un titre légitime; dans le sens de la deuxième partie de l'art. 8 de la loi du 28 août 1792; qu'il n'y a donc contrariété entre cette sentence et l'arrêt attaqué; et que, par suite, l'arrêt attaqué viole l'autorité de la chose jugée.

» Ici, deux questions s'offrent à votre examen. 1° Les jugemens interlocutoires lient-ils les tribunaux qui les ont rendus, ou laissent-ils au juge la liberté de revenir, en définitive, sur les points de droit ou de fait qu'il avait d'abord écartés ou négligés ? 2° La sentence arbitrale du 26 vendémiaire an 4 était-elle définitive quant à l'effet que pouvait pro-

17.

duire le décret forcé du 11 août 1746, ou n'était-elle à cet égard qu'interlocutoire?

» La première question n'est pas difficile à résoudre.

» Les lois romaines qui, à l'époque de la sentence arbitrale du 26 vendémiaire an 4, avaient, dans l'arrondissement du tribunal civil de Dijon, une autorité véritablement législative, ont mis en principe que les juges, et notamment les arbitres, peuvent toujours rétracter eux-mêmes leurs jugemens interlocutoires (1).

» Il ne reste donc plus à savoir, et c'est notre deuxième question, si la sentence arbitrale du 26 vendémiaire an 4 peut être considérée comme définitive, quant à la vertu du décret forcé du 11 août 1746, ou si elle n'est, à cet égard, qu'interlocutoire.

» Et nous devons dire qu'elle doit paraître définitive sur ce point, si l'on s'arrête à ses *considérans*; mais qu'elle ne doit paraître qu'interlocutoire, si l'on s'attache uniquement à son dispositif.

» Elle doit paraître définitive si l'on s'arrête à ses *considérans*, car il y est dit « que la grosse décré-
» tale, qui a transmis aux prédécesseurs du sieur
» d'Anthès, la ci-devant terre de Villecomte, ne
» peut être regardée comme un titre suffisant pour
» le maintenir dans ce canton de bois, parce qu'elle
» se trouve comprise dans l'exception décrétée
» par l'art. 9 de la sect. 4 de la loi du 10 juin
» 1793 »; et il est certain que, si ces *considérans*
ont l'autorité de la chose jugée, il en résulte une décision définitive sur l'effet du décret forcé du 11 août 1746.

» D'un autre côté, elle doit paraître purement interlocutoire, si l'on ne s'attache qu'à son dispositif; car, par son dispositif, elle ne prononce rien sur l'effet du décret forcé du 11 août 1786, elle ne fait qu'ordonner au sieur d'Anthès de produire, dans un mois, des titres justificatifs de l'antériorité de l'acquisition du bois *Champ-Libert* par ses prédécesseurs, à la saisie-réelle dont ce décret forcé a été la suite; et non-seulement elle l'ordonne *avant faire droit*, mais elle l'ordonne par la clause, *faute de quoi faire et ledit délai passé, il sera statué sur la demande des habitans, ainsi qu'il appartiendra.*

» Or, est-ce par les *considérans* ou par le *dispositif* d'un jugement que doit être déterminé son caractère.

» Sans doute, il en doit être du caractère d'un jugement, comme de sa bonté intrinsèque.

» Pour savoir si un jugement en dernier ressort doit être cassé ou maintenu, c'est à son dispositif que vous vous attachez exclusivement; et tous les jours, vous rejettez des recours en cassation que vous seriez forcés d'admettre, si vous ne pouviez pas, dans les jugemens contre lesquels ils sont dirigés,

substituer des motifs puisés dans la loi, à des motifs qui la contrarient ou qui l'appliquent à faux.

» Et quel est le principe qui vous guide dans cette manière de procéder? C'est que ce ne sont pas les motifs d'un jugement qui constituent le jugement même, et que le dispositif seul en forme l'essence comme, à proprement parler, il en a seul le nom.

» Or, ce principe reçoit également son application au cas où l'on met en question si un jugement doit être envisagé comme interlocutoire ou comme définitif. Ainsi, dès qu'un jugement n'est qu'interlocutoire dans son dispositif, on ne peut pas le réputer définitif à raison de ses *considérans*.

» Et s'il en était autrement, quel est donc le jugement interlocutoire que l'on ne pourrait pas métamorphoser en jugement définitif? Car enfin, tous les jugemens interlocutoires doivent être motivés comme les autres; et il est presque impossible de les motiver de manière à ne pas décider ou préjuger la question de droit qui divise les parties. Il faudrait donc, dans le système de la commune de Bellefontaine, regarder la maxime qui autorise tout juge à rétracter lui-même ses jugemens interlocutoires, comme une vaine théorie, comme une règle purement spéculative, dénuée d'intérêt réel, et inapplicable dans la pratique. Et c'est assez dire que ce système de la commune de Bellefontaine n'est pas plus d'accord avec la jurisprudence constante de vos arrêts, qu'avec la saine raison.

» Passons au quatrième moyen de cassation, et voyons si, comme le prétend la commune de Bellefontaine, l'arrêt qu'elle attaque, viole à la fois l'art. 8 de la loi du 28 août 1792 et l'art. 8 de la sect. 4 de la loi du 10 juin 1793.

» Observons d'abord que, de ces deux textes, le second est étranger à la matière. Il n'a pour objet que de déroger à l'art. 9 de la loi du 28 août 1792, lequel maintenait dans la propriété des terres vaines et vagues, les ci-devant seigneurs qui les avaient possédées paisiblement pendant quarante années consécutives : « la possession des 40 ans exigée par
» la loi du 28 août 1792 (porte-t-il), pour justifier
» la propriété d'un ci-devant seigneur sur les terres
» vaines et vagues, ne pourra, en aucun cas, sup-
» pléer le titre légitime; et ce titre légitime ne pourra
» être celui qui émanerait de la puissance féodale,
» mais seulement un acte authentique qui constate
» qu'ils ont légitimement acheté lesdits biens, con-
» formément à l'art. 8 de la loi du 28 août 1792 ».
Or, dans notre espèce, ce n'est point de terres vaines et vagues, c'est d'un bois qu'il est question.

» Quant à l'art. 8 de la loi du 28 août 1792, il serait sans doute violé par l'arrêt qui vous est dénoncé, si, pour maintenir les héritiers d'Anthès dans la propriété du bois *Champ-Libert*, cet arrêt se fondait uniquement sur la possession dans laquelle les héritiers d'Anthès étaient de ce bois depuis plus de 40 ans avant le 4 août 1789.

» Mais cet arrêt ne fait valoir la possession des héritiers d'Anthès, qu'en tant qu'elle est prouvée par des *actes authentiques et légitimes d'acquisi-*

---

(1) *V.* mon *Recueil de Questions de droit*, au mot *Interlocutoire*, §. 6.

tion. C'est donc à ces actes qu'il s'attache principalement. C'est donc sur ces actes que nous devons nous fixer, pour apprécier l'arrêt.

« Ces actes, quels sont-ils ? L'arrêt ne les désigne pas nominativement, mais il fait assez entendre que ce sont ceux dont se prévalaient les héritiers d'Anthès, et par conséquent ceux dont se compose la procédure sur laquelle est intervenu le décret forcé du 11 août 1746. C'est ce qui résulte surtout de son troisième *considérant*, dans lequel il est dit que la loi du 10 juin 1793, n'est pas *applicable aux acquéreurs par expropriation forcée*, et que, dans le fait, *c'est la justice qui a vendu forcément le Champ-Libert.*

» Cela posé, deux questions se présentent ; et d'abord, le *Champ-Libert* a-t-il été compris dans le décret forcé du 11 août 1746 ?

» La commune de Bellefontaine soutient que non ; mais l'arrêt juge le contraire ; et il le juge *en fait*. Qu'il le juge d'après le texte du décret, ou par interprétation de ses clauses, il importe peu : dans un cas comme dans l'autre, sa décision est inattaquable devant vous ; dans un cas comme dans l'autre, il doit être constant à vos yeux, que les auteurs des héritiers d'Anthès ont acquis le bois de *Champ-Libert* par le décret forcé du 11 août 1746.

» La deuxième question est celle-ci : un décret forcé par lequel un bien communal a été adjugé comme faisant partie d'un domaine seigneurial et appartenant au seigneur exproprié, forme-t-il, pour l'adjudicataire, *un titre légitime d'acquisition* ; dans le sens de la deuxième partie de l'art. 8 de la loi du 28 août 1792 ; et en conséquence, l'adjudicataire qui, par ce décret, est devenu lui-même seigneur de la commune à laquelle ce lieu avait autrefois appartenu, doit-il être maintenu dans la propriété de ce bien, nonobstant les réclamations de la commune fondées sur la première partie du même article ?

» La négative serait incontestable, si la législation sur l'effet des adjudications par décret forcé, avait été, avant la loi du 28 août 1792, la même qu'elle est aujourd'hui, d'après l'art. 731 du Code de procédure civile ; si, alors comme aujourd'hui, le décret forcé n'avait transmis à l'adjudicataire *d'autres droits à la propriété que ceux qu'avait le saisi.*

» Dans cette hypothèse, en effet, l'adjudicataire serait, comme le seigneur exproprié auquel il succéderait, tenu de représenter à la commune le titre en vertu duquel celui-ci eût légitimement acheté le bien communal ; et à défaut de cette représentation, la commune l'évincerait sans difficulté.

» Mais il en était autrement à l'époque où a été décrétée la loi du 28 août 1792. Il était alors de principe, que le décret forcé purgeait la propriété contre tous ceux qui n'y avaient pas formé *opposition* afin de distraire. Ainsi l'avaient en partie supposé et en partie réglé, d'après une jurisprudence qui remontait aux temps les plus reculés, les art. 5, 6 et 14 de l'édit des criées du mois de novembre

1551. Et c'est aussi ce que décidait expressément, pour la province de Bourgogne, l'art. 29 du règlement du parlement de Dijon du 14 juillet 1614, confirmé par des lettres-patentes du 19 septembre 1616. « Après les sentences ou arrêts d'ordre et de » collocation (portait cet article), aucun ne sera » reçu à proposer moyens de nullité contre lesdites » criées, pour empêcher le cours d'icelles, *ni pré-* » *tendre aucune distraction* ».

» Cette jurisprudence avait-elle lieu contre les communes ?

» Il n'y avait certainement pas plus de raison pour les en excepter, qu'il n'y en avait pour en excepter les mineurs et l'église.

» Or, 1° Il est certain que le décret forcé purgeait la propriété contre les mineurs. Brodeau sur Louet, lettre D, §. 32, assure qu'on le jugeait ainsi constamment ; et d'Héricourt, dans son *Traité de la vente des immeubles* par *décret*, chap. 9, n° 8, en donne cette raison. « Il est de l'intérêt public que les ad- » judicataires qui *acquièrent de la justice*, ne soient » point troublés dans leurs acquisitions ».

» 2° La question ne laisse plus de doute relativement à l'église. « Quelques communautés ecclésias- » tiques (dit d'Héricourt, à l'endroit cité, n. 7) et » des bénéficiers ont prétendu que le défaut d'oppo- » sition à fin de distraire, ne pouvait les priver de ce » qui leur appartenait dans les biens décrétés, parce » que les biens d'église ne peuvent être aliénés » qu'en observant les formalités prescrites pour ces » aliénations ». On cite même quelques anciens ar- rêts pour cette opinion. « Mais ces raisons et ces au- » torités n'empêchent pas que l'on ne soit *convaincu* » *au palais* que le défaut d'opposition à fin de dis- » traire, ne purge le droit de propriété que l'église » pourrait avoir sur les fonds décrétés. La raison en » est que les biens d'église sont régis par les lois » générales du royaume, quand il n'y a point d'ex- » ception particulière en sa faveur : or, l'édit de » 1551 et la coutume qui décident que le décret » purge tous les droits réels et fonciers, quand il » n'y a point eu d'opposition de la part de ceux qui » en étaient propriétaires, n'exceptent point l'église » de cette loi. L'église ne peut opposer, en ce cas, » le défaut de formalités requises pour les aliéna- » tions de ses biens ; car ces formalités ne sont né- » cessaires que quand c'est l'église elle-même ou le » bénéficier qui fait l'aliénation par contrat volon- » taire ».

« Piales, dans son *Traité des réparations des églises*, dit la même chose, et c'est à cette opinion que se sont rangés les derniers arrêts (1).

» Il est donc bien constant que, si après l'adju- dication par décret du 11 août 1746, et avant la loi du 28 août 1792, la commune de Bellefontaine eût prétendu évincer les héritiers d'Anthès, elle aurait échoué ; et que les héritiers d'Anthès l'auraient fait

(1) *V. Opposition aux criées*, §. 2, n. 4.

déclarer non-recevable, sur le seul fondement qu'elle ne s'était pas opposée au décret.

» La loi du 28 août 1792 a-t-elle, à cet égard, changé quelque chose aux droits des parties ?

» L'art. 8 de cette loi maintient dans la propriété des biens que les communes justifieront leur avoir autrefois appartenu, les ci-devant seigneurs qui prouveront, par *un acte authentique, qu'ils ont légitimement acheté lesdits biens.*

» Cet article n'exige pas, comme vous le voyez, que les ci-devant seigneurs ayent acheté des communes elles-mêmes : il veut, et rien de plus, qu'ils ayent acheté *légitimement.*

» Que faut-il pour qu'une acquisition soit *légitime ?* deux choses : que le titre de l'acquisition soit revêtu des formes prescrites par la loi; et que le vendeur ait eu, en vendant, la capacité de transférer la propriété à l'acheteur.

» Sans doute, si une commune a vendu elle-même à son ci-devant seigneur un de ses biens communaux, et qu'elle l'ait vendu avec toutes les solennités dont la loi voulait que ces sortes d'aliénations fussent revêtues, le contrat de vente forme, pour le ci-devant seigneur, un titre *légitime* d'acquisition.

» Et au contraire, si la vente a été faite volontairement par un tiers-possesseur qui avait usurpé le bien sur la commune, le titre, indiqué régulier dans la forme, n'est cependant pas *légitime* au fond; parce que le vendeur, n'étant pas propriétaire, n'avait pas le droit de vendre; le ci-devant seigneur ne pourrait alors couvrir l'illégitimité originelle de son titre que par la prescription; et l'art. 8 de la loi du 28 août 1792, déclare, dans sa première partie, que les ci-devant seigneurs n'ont pas pu prescrire contre les communes.

» Mais si c'est la justice qui, par un décret régulièrement interposé à la suite d'une saisie-réelle sur l'usurpateur du bien communal, a vendu elle-même ce bien à un ci-devant seigneur, cette vente n'est-elle pas, pour le ci-devant seigneur, un titre légitime d'acquisition?

» Eh ! comment ne le serait-elle pas ? elle est régulière dans les formes, et elle est faite par une autorité habile à investir l'acquéreur de la propriété du fonds vendu. Il ne lui manque donc rien pour sa parfaite légitimité; elle remplit donc la condition de laquelle l'art. 8 de la loi du 18 août 1792 fait, dans sa deuxième partie, dépendre le maintien du ci-devant seigneur dans la propriété des biens communaux dont il s'est rendu acquéreur.

» Cette vérité, déjà si palpable par elle-même le deviendra encore bien plus si l'on se reporte à l'esprit dans lequel a été décrétée la première partie de l'article dont il s'agit.

» Pourquoi cet article veut-il que les communes puissent revendiquer, sur leurs ci-devant seigneurs, les biens qu'elles justifieront avoir anciennement possédés, et que leurs ci-devant seigneurs ne puissent leur opposer ni édits, ni déclarations, ni arrêts du conseil, ni lettres-patentes, ni jugemens, ni transactions, ni possession contraires ? C'est parce que la loi présume que ces divers moyens de couvrir les usurpations des ci-devant seigneurs, ont leur source dans la puissance féodale; c'est par ce qu'elle présume que, par ces édits, ces déclarations, ces arrêts du conseil, ces lettres-patentes, l'ancien gouvernement a autorisé ou consacré ces usurpations; il ne l'a fait qu'à la sollicitation des ci-devant seigneurs, et pour céder à leurs importunités; c'est par ce qu'elle présume que si les ci-devant seigneurs ont obtenu des jugemens favorables à leurs usurpations, ces jugemens ont été ou dictés par des maximes purement féodales, ou arrachés par le crédit; c'est parce qu'elle présume que si les communes ont, par des transactions, abandonné à leurs ci-devant seigneurs les biens que ceux-ci avaient usurpés sur elles, elles y ont forcées par l'impression que faisait sur elles la puissance dont le régime féodal investissait leurs ci-devant seigneurs; c'est parce qu'elle présume que si les communes ont laissé leurs ci-devant seigneurs, pendant trente ans ou plus, en possession paisible de ces mêmes biens, on ne doit attribuer leur silence qu'à la crainte d'irriter et d'armer contr'elles cette même puissance.

» Mais lorsqu'un seigneur a acheté de la justice, aux enchères publiques, et par décret forcé, un bien que le possesseur sur lequel était pratiqué ce décret, avait usurpé sur la commune du lieu, quel abus a-t-il pu faire, en cela, de sa puissance féodale ? Ce n'est point lui qui a provoqué la vente, c'est le créancier du possesseur; ce n'est point à lui, c'est au possesseur seulement qu'on peut reprocher l'usurpation faite sur la commune; ce n'est point lui qui a empêché la commune de former au décret une opposition à fin de distraire, la faute en est toute entière à la commune elle-même; ce n'est point de la commune qu'il a acheté, il n'a acheté que de la justice, et par conséquent il n'a pas en achetant abusé de la puissance qu'il avait sur la commune pour acheter à vil prix. En un mot, la puissance féodale n'a pu influer, ni directement ni indirectement, sur son acquisition; elle n'a pu la nécessiter, ni en régler les conditions et le mode : et dès-là nul motif, nul prétexte pour assimiler cette manière d'acquérir à celle que l'art. 8 de la loi prescrit dans la première partie de son texte. Dès-là, nul motif, nul prétexte, pour ne pas appliquer à cette manière d'acquérir l'exception écrite dans la seconde partie du même article, en faveur des ci-devant seigneurs qui représenteraient un acte authentique par lequel ils auraient *légitimement acheté* les biens revendiqués sur eux par les communes.

» Est-il vrai, au surplus, comme l'a énoncé dans ses motifs, la sentence arbitrale du 16 vendémiaire an 4, que cette manière d'acquérir soit prescrite, ni plus, ni moins que celle dont il est parlé dans la première partie de l'article 8 de la loi du 28 août 1792, par l'art. 9 de la sect. 4 de la loi du 10 juin 1793 ? Non; et il s'en faut beaucoup.

» D'un côté, la liaison qui existe entre cet article et ceux qui le précèdent et le suivent immédiatement, prouve assez qu'il n'a pour objet que les terres vaines et vagues ; car dans l'art. 8, comme dans l'art. 10, les terres vaines et vagues sont les seuls biens réputés Communaux par leur nature, qui occupent le législateur. — A la vérité, par l'art. 8, le législateur étend aux terres vaines et vagues toutes les dispositions de l'art. 8 de la loi du 28 août 1792 ; mais il ne s'ensuit point de là que ce qu'il ajoute par l'art. 9 à l'art. 8 de la loi du 28 août 1792 , il soit dans son intention de l'étendre à toutes les espèces de biens Communaux. D'un autre côté, quand nous regarderions l'art. 9 comme embrassant dans ses dispositions toutes les espèces de biens Communaux, et par conséquent les bois, qu'en resulterait-il pour l'affaire qui fixe, en ce moment, votre attention ?

» Pesons bien les termes de l'art. 9. *L'esprit de la présente loi n'étant point de troubler les possessions particulières et paisibles, mais seulement de réprimer l'abus de la puissance féodale et les usurpations, elle excepte des dispositions de l'article précédent toutes concessions , ventes, COLLOCATIONS FORCÉES, partages ou autres possessions, depuis au-delà de quarante ans jusqu'à l'époque du 4 août 1789, en faveur des possesseurs actuels ou leurs auteurs, mais non ACQUÉREURS VOLONTAIRES, ou donataires, ou légataires du fief à titre universel.*

» Remarquons d'abord que cet article ne déclare l'exception qu'il établit, inapplicable aux possesseurs actuels des fiefs dans lesquels sont englobés des biens anciennement possédés par les communes, qu'autant qu'ils auraient acquis ces fiefs par contrat volontaire, donation ou legs.

» Cette exception peut donc être invoquée même par les possesseurs actuels de ces fiefs, qui ne les auraient acquis ni par donation, ni par legs, ni par contrat volontaire.

» Elle peut donc être invoquée par les possesseurs actuels des fiefs, dont une expropriation forcée forme le titre.

» Car les mots *acquéreurs volontaires* sont évidemment en opposition avec les mots *acquéreurs par expropriation forcée*; et dire, comme le fait l'article 9, que les acquéreurs volontaires ne doivent pas jouir de l'exception, c'est nécessairement dire que les acquéreurs par expropriation forcée doivent en jouir.

» On objecterait inutilement que l'acquéreur par expropriation forcée, est aussi un acquéreur volontaire, puisqu'il n'a tenu qu'à lui d'enchérir ou de ne pas enchérir; puisque jamais on ne peut être, malgré soi, adjudicataire d'un bien mis en vente par la justice à la suite d'une saisie-réelle.

» Il faut bien donner un sens quelconque aux mots *acquéreurs volontaires*, car on ne peut pas supposer que la loi n'ait aucun but, en qualifiant de *volontaires*, les acquéreurs de fiefs qu'elle entendait exclure de l'exception.

» Or, quel sens raisonnable donnera-t-on à ces mots, si on ne les regarde pas comme les synonimes *d'acquéreurs par contrat volontaire*; si on ne les regarde pas comme les opposés des mots

acquéreurs par expropriation forcée? Nous ne craignons pas de le dire, on ne pourra leur en donner aucun. Car il est impossible, d'imaginer un cas où une acquisition ait été forcée pour l'acquéreur : on peut bien être contraint de vendre; mais d'acquérir, jamais.

» Répétons-le donc avec une pleine confiance, l'art. 9 n'exclut de l'exception qu'il établit, que les acquéreurs par contrat volontaire des fiefs dans lesquels sont compris des biens Communaux ; il n'en exclut donc pas les acquéreurs de fiefs par expropriation forcée; il veut donc que les acquéreurs de fiefs par expropriation forcée jouissent de cette exception.

» Or, cette exception en quoi consiste-t-elle ? Vous l'avez déjà vu, Messieurs, elle consiste en ce que les possesseurs actuels de biens Communaux, dont la possession avait, à l'époque du 4 août 1789, plus de quarante ans de date, doivent être maintenus.

» Eh bien ! à l'époque du 4 août 1789, il y avait plus de quarante ans que les héritiers d'Anthès étaient en possession du bois *Champ-Libert*, puisqu'ils l'avaient acquis par le décret forcé du 11 août 1746.

» Donc, même à partir de l'art. 9 de la sect. 4 de la loi du 10 juin 1793, les héritiers d'Anthès ont dû être maintenus dans la possession du bois *Champ-Libert.*

» Donc l'arrêt de la cour d'appel de Dijon, du 28 juillet 1810, est, sous tous les rapports, à l'abri de la cassation.

» Donc il y a lieu de rejeter le recours de la commune de Bellefontaine, et de la condamner à l'amende de 150 francs, et c'est à quoi nous concluons ».

Par arrêt du 6 juin 1814, au rapport de M. Vallée, « Attendu, sur le premier moyen, que l'autorisation de la commune valide nécessairement la procédure qui lui est postérieure; qu'à l'égard des actes antérieurs, il n'est plus permis de remettre leur régularité en problême, puisque la sentence rendue sur ces mêmes actes, n'ayant jamais été attaquée, en aurait couvert la nullité; sur le troisième moyen, que les juges pouvant toujours revenir en définitive sur un interlocutoire par eux ordonné, ce qui dérive de cet interlocutoire ne peut jamais former l'autorité de la chose jugée; sur le quatrième moyen, que le décret forcé qui a rendu l'auteur du sieur d'Anthès propriétaire de la seigneurie de Bellefontaine, remplit parfaitement le vœu de la seconde partie de l'art. 8 de la loi du 28 août 1792, puisqu'il est impossible de voir, dans un titre de cette espèce, l'abus de la puissance féodale que la loi a voulu proscrire seul; la cour rejette le pourvoi... ».

COMPÉTENCE, §. II, n. I. *Page* 647, col. 1, *ligne dernière, après le mot* prévenu, *ajoutez : V.* l'article *Vol*, sect. 2, §. 4, art. 3, n° 6.]]

COMPLICE, n° I.er. *Page* 676, *col.* 2, *avant le* n° II, *ajoutez* :

V. Faux, *sect.* 1re, §. 34, et *Provocation*, dans les *Additions* qui terminent le dernier volume.

Même page et même colonne, ligne dernière du texte, après les mots à temps, *ajoutez* : *V. Receleur.*

N. IV. *Page* 629, *col.* 2, *avant le* n° V, *ajoutez* :

On trouvera là-dessus de nouveaux développemens sous le mot *Faux*, sect. 1re, §. 6 et 54, dans les *Additions*.

N° IX. *Page* 680, *col.* 2, *ligne pénultième de l'article, au lieu de*, sous le mot *délit*, §. 7, deux, *lisez* sous les mots *délit*, §. 7, et *tentatives*, n° 6, trois.

COMPTABLE. *Page* 686, *col.* 2, *avant le* n° X, *ajoutez* :

IX *bis*. Les comptables sont-ils réputés commerçans par cela seul que, pour transmettre leurs fonds au trésor public, ils se servent de lettres-de-change, de billets à ordre et d'autres effets de commerce ? *V. Faillite* et *Banqueroute*, sect. 2, §. 2, art. 6, dans les *Additions*.

CONCUBINAGE, n° III. *Page* 724, *col.* 2, *ligne* 55, *après*, au même mot, *ajoutez* : et ci-après, le plaidoyer du 15 juillet 1813, rapporté (dans les *Additions*) à l'article *Jugement*, §. 7 bis).

Page 725, *col.* 1, *après la ligne* 16, *ajoutez* :

IV. Quel est aujourd'hui l'effet d'une promesse d'argent faite à une concubine, sous la condition qu'elle ne se mariera pas du vivant de celui qui s'oblige de lui faire payer certaine somme par ses héritiers ? *V.* le plaidoyer et l'arrêt du 20 juin 1811, rapportés au mot *Viduité*, n° 5]].

CONDITION, sect. II, §. V, art. IV. *Page* 748, *col.* 2, *avant l'art.* V, *ajoutez* :

Il y a d'ailleurs un cas où la Condition, soit de ne pas se marier, soit de ne pas se remarier, emporterait la nullité de la disposition. *V.* le plaidoyer et l'arrêt du 20 juin 1811, rapportés au mot *Viduité*, n° 5]].

CONFISCATION, §. II. *Page* 795, *avant la ligne* 31, *ajoutez* :

IV. La *confiscation* d'une chose saisie pour contravention aux droits fiscaux, peut-elle être prononcée contre l'héritier du contrevenant ? *V.* l'article *Tabac*, n° 9.

CONNEXITÉ, §. V. *Page* 848, *col.* 1, *ligne* 58, *après* l'arrêt, *ajoutez* : du 14 avril 1808.

CONSCRIPTION MILITAIRE. *Page* 878, *col.* 2, *après la ligne* 4, *ajoutez* :

§. XI. Que doit-on penser des conventions par lesquelles un particulier s'oblige, moyennant des sommes déterminées, à faire remplacer des conscrits, en cas que le sort les appelle au service militaire ? Ces conventions aléatoires sont-elles valables, ou doit-on les annuller comme contraires à l'ordre public (1) ?

Le 18 avril 1807, décret qui ordonne la levée de la conscription militaire de 1808. — Le 27 du même mois, acte sous seing-privé, par lequel, d'une part, le sieur Zerboi, avocat au tribunal de première instance d'Yvrée, département de la Doire, s'oblige « de remplacer à ses frais, le cas échéant, et de maintenir remplacé au corps pour tout le temps voulu par la loi, le sieur Dominique Bertinato de Castellamonte, appartenant à la Conscription de 1808, dont la levée est prochaine, de manière que ledit conscrit et sa famille soient entièrement exempts de trouble pour raison de ladite Conscription, à peine de tous dommages-intérêts »; de l'autre, le sieur Bertinato, prêtre et oncle du conscrit, s'oblige de payer au sieur Zerboi la somme de 2000 francs, savoir, 1000 francs dans huit jours, et les autres 1000 francs dans le courant du mois d'août prochain, et même avant cette époque, si le remplacement doit s'effectuer plus tôt; auquel cas, lesdits 1000 francs devront être payés sur-le-champ ». L'acte ajoute que le sieur Zerboi « reste chargé de toute plus forte somme qui serait nécessaire et de tous les risques de la désertion ou de tout autre inconvénient quelconque ». Au mois de mai suivant, les conscrits de 1808, de l'arrondissement d'Yvrée, tirent au sort. Le n° 64 échoit à Dominique Bertinato, qui, d'après cela, n'est appelé ni à l'armée active, ni à la réserve.

Le 10 septembre 1808, sénatus-consulte qui ordonne la levée de 80,000 conscrits à prendre sur les années 1806, 1807, 1808 et 1809, et à répartir par 20,000 hommes dans chaque classe. — En exécution de cette loi, Dominique Bertinato est appelé au service militaire.

Le 20 octobre suivant, le sieur Bertinato, oncle, fait sommer le sieur Zerboi de se trouver, le 23 du même mois, à Yvrée, pour présenter un autre conscrit en remplacement de Dominique Bertinato, à peine de tous dommages-intérêts.

Le lendemain, le sieur Bertinato fait remplacer son neveu par le nommé Vernetti, moyennant une somme de 3750 francs.

Le 24 novembre de la même année, il assigne le sieur Zerboi devant le tribunal de première instance d'Yvrée, pour se voir condamner au remboursement des 2000 francs reçus par lui pour remplacer Dominique Bertinato, son neveu, conscrit de 1808, ce

---

(1) Cette question est devenue sans objet par l'abolition de la conscription militaire ; mais je la place ici, parce qu'en la discutant j'en ai traité quelques autres qui peuvent encore se présenter fréquemment, et qu'on trouvera indiquées sous les mots *intérêts*, *nullités*, *quasi-contrat et restitution de chose indûment payée.*

qu'il a refusé de faire, et au payement de 2,000 fr. de dommages causés par l'inexécution de son obligation sous seing-privé, du 27 avril 1807 ».

La cause portée à l'audience, il conclut, par l'organe de son avoué, » à ce que le défendeur soit condamné au payement en sa faveur de la somme de 4,000 francs et accessoires, dans un bref délai, avec frais et dépens ».

Le sieur Zerboi répond que, par la convention du 27 avril 1807, il s'est bien obligé de remplacer le conscrit Bertinato pour le contingent ordinaire de 1808, mais qu'il ne s'est nullement obligé de le remplacer pour le contingent extraordinaire ordonné par le sénatus-consulte du 10 septembre, en vertu duquel seulement ce conscrit a été appelé à l'armée active; et il conclut en conséquence 1° » ce que le sieur Bertinato, oncle, soit débouté de sa demande; 2° à ce qu'il soit condamné à lui payer le montant du billet de 1,000 francs souscrit à son profit par suite de l'acte du 27 avril.

Le 5 avril 1809, jugement qui, « sans s'arrêter aux exceptions du défendeur et aux plus amples instances du demandeur, déclare tenu et condamné le défendeur à rembourser au demandeur la somme de 1000 f., payée aux termes du règlement du 17 ventose an 8; déclare facultatif au demandeur de retirer du défendeur le billet à ordre pour 1,000 fr. et dont il s'agit, sauf à diminuer en faveur du défendeur la restante dette, dont ci-après ; déclare tenu le défendeur à relever le demandeur pour toute somme due au suppléant Vernetti, aux termes de la convention passée par l'acte du 21 octobre 1808; Buffa, notaire, et à payer en sa décharge et jusqu'à l'échéance du délai y convenu au profit du demandeur, les intérêts échus et à échoir audit suppléant Vernetti ; le tout, sous déduction desdits 1,000 fr. en cas de rémission et restitution dudit billet à ordre; assigne le demandeur à justifier des payemens et de la légitimité de sa créance; pour les sommes ci-après ; 1° au remplaçant Vernetti, celle de 750 fr.; 2° au notaire Buffa, celle de 84 fr. 4c cent. ; à la préfecture pour papier et expédition de l'acte de remplacement, la somme de 3 fr. 75 cent.; 4° pour autres menus frais, celle de 60 fr. ; réserve au défendeur la preuve contraire, pour le cas d'enquêtes ; le juge de paix de Castellamonte est commis pour les recevoir : dépens compensés pour les points décidés ; réservé les autres en fin de cause ».

Le sieur Zerboi appelle de ce jugement, et dans cette instance comme dans la première, les deux parties supposant toujours l'obligation du 27 avril 1807 licite et valable, persistent à soutenir, l'une qu'elle doit être restreinte à la levée ordinaire qui a eu lieu en exécution du décret du 18 du même mois, l'autre qu'elle doit être étendue à la levée extraordinaire qui a été ordonnée par le sénatus-consulte du 10 septembre 1808.

La cause portée à l'audience de la cour de Turin, et plaidée contradictoirement, arrêt qui ordonne d'office qu'il en sera communiqué au ministère public.—Le ministère public est en conséquence entendu, et requiert, « pour l'intérêt de la loi et du gouvernement, qu'il plaise à la cour mettre à néant l'appel et ce dont est appel; et statuant par jugement nouveau, déclarer nulle et de nul effet la convention suivie entre l'avocat Zerboi et le prêtre Jean-Baptiste Bertinato, en vertu de l'acte sous seing-privé du 27 avril 1807, et ordonner conséquemment la restitution, au profit dudit Bertinato, de la somme de 1,000 francs, avec le paghero (billet) dont aux actes ». — En conséquence, arrêt du 3 janvier 1810, ainsi conçu :

« En droit, il est question de savoir si les conventions consignées dans l'écriture du 27 avril 1807, sont ou non réprouvées par la loi; et en conséquence, si les parties en peuvent, de part et d'autre, réclamer l'exécution et les dommages-intérêts contre celle qui sera déclarée contrevenante ? — La cour, considérant que, si rien ne s'oppose à ce que les conscrits payent à leurs remplaçans une indemnité, il ne s'en suit pas que le service militaire puisse être un objet de spéculation pour des tiers, qui n'y ont point de rapport, mais dans le seul but d'en faire un gain aux dépens des conscrits et des remplaçans; que la convention du 27 avril 1807, dont il s'agit, présente vraiment une opération qui tient à cette spéculation; et le sieur Zerboi, par les faits qu'il a soutenus en cette instance, dans l'écriture du 11, signifiée le 13 novembre dernier, a ouvertement avoué de s'être adonné à cette sorte de marché, parce qu'il avait engagé de jeunes hommes à se tenir à ses ordres, pour remplacer les conscrits qu'il leur aurait assignés; que cette convention a eu lieu avant le tirage de la conscription de l'an 1808, à laquelle appartenait Dominique Bertinato; et que de cette manière le sieur Zerboi avait tâché de gagner la somme de 2,000 fr., même dans le cas où le numéro que Bertinato aurait tiré, n'eût été appelé à former le contingent d'activité ni de réserve; qu'il y a donc, dans ce contrat, un trafic entre les parens d'un conscrit, et un particulier qui n'y figure que comme un fournisseur de remplaçans au service militaire; on y voit encore un contrat aléatoire, d'une espèce que le Code civil ne connaissait point; que le gain que le sieur Zerboi a voulu se procurer, ne pourrait être envisagé que comme le prix de ses sollicitudes qui, aux yeux du gouvernement, dans l'intérêt du service militaire, sont de ces manœuvres illicites, contraires à l'ordre public et très-préjudiciables à ceux des conscrits qui sont dans la nécessité d'avoir des remplaçans; car, il faut le dire, que les mesures auxquelles doivent recourir ceux qui cherchent de tirer un gain du remplacement des conscrits, présentent un vrai monopole dans ce genre; que ce fut, certes, dans ces vues, que le ministre-directeur-général de la conscription, dans son instruction du 11 février 1808, à l'art. 121, tit. 8, a donné ses dispositions, et il a fait les défenses y désignées; et s'il eût pu douter un instant que cette sorte de marché eût l'assistance de la loi; il n'aurait point pris de son chef les mesures renfermées en l'art. 121 de son instruction, lesquelles ne doivent être envisagées que comme déclaratives; c'est aux grands principes qui règlent les conventions en général, qu'à défaut d'une loi particulière, il faut les rattacher; que, comme donc la loi improuve toute convention illicite, et qui est contraire à l'ordre public, c'est en vain que les parties invoquent la loi, pour qu'elle intervienne, par l'organe du juge, à en donner l'exécution ; qu'il n'importe que les moyens des parties ne portent point la nullité de leur convention; car ce vice est d'une nature, que leur consentement peut couvrir ; c'est du devoir du juge de suppléer à ce qui tient simplement au droit, il n'est pas forcé de marcher sur la ligne des principes invoqués par les parties; que le vice de cette convention ne permet pas d'adjuger à l'intimé sa demande en entier, il est juste que la somme de 1,000 fr. qu'il a payée au sieur Zerboi, le 6 mai 1807, lui soit remboursée par ces motifs, la cour met l'appellation, et ce dont est appel, au néant; et, par nouveau jugement, sans s'arrêter aux plus amples demandes et oppositions des parties; déclare le sieur Zerboi tenu de restituer au prêtre Bertinato la somme de 1,000 fr., et de lui en payer les intérêts au taux légal, depuis le 6 mai 1807. — Dit en outre, être, le sieur Zerboi, tenu de restituer au prêtre Bertinato, le billet d'obligation, que celui-ci lui a remis, en date du 17 septembre 1807, pour la somme de 1,000 francs ».

Le sieur Zerboi se pourvoit en cassation contre cet arrêt.

« Les moyens de cassation qui vous sont proposés dans cette affaire (ai-je dit à l'audience de la section des requêtes, le 12 décembre 1810) présentent à votre examen trois questions : la première, si, par la disposition de l'arrêt attaqué qui déclare nulle, sur les seules réquisitions du ministère public, une convention que les parties n'avaient argué de nullité, ni en première instance, ni en cause d'appel, la cour de Turin a, ou n'a pas, dans la forme, violé l'art. 2 du tit. 8 de la loi du 24 août 1790 et l'art. 464 du Code de procédure; la seconde, si, par la même disposition, cette cour a, ou n'a pas, au fond, violé les art. 1108 et 1964 du Code civil, et faussement appliqué l'art. 1133 du même Code ; la troisième, si, en condamnant le sieur Zerboi aux intérêts de la somme de 1000 fr. à compter du jour où il l'avait indûment reçue, elle a, ou n'a pas, violé l'art. 1133 du même Code, et commis un excès de pouvoir.

» La première de ces questions paraît d'abord ne pouvoir être résolue qu'en faveur du sieur Zerboi.

» D'une part, en effet, suivant l'art. 2 du tit. 8 de la loi du 24 août 1790, les procureurs-généraux et royaux exercent leur ministère au civil, non par voie d'action, mais seulement par celle de réquisition dans les procès dont les juges sont saisis ; et de là il suit que le procureur-général de la cour de Turin pouvait bien requérir qu'en faisant droit sur les demandes formées devant elle par les sieurs Zerboi et Bertinato, il y fût statué de telle ou telle manière ; mais qu'il ne pouvait pas former lui-même des demandes auxquelles les parties n'avaient pas pensé, où dont elles avaient cru devoir s'abstenir. Or, ni le sieur Zerboi, ni le sieur Bertinato n'avaient conclu, devant la cour de Turin, à l'annullation de l'acte du 27 avril 1807. Ils s'étaient au contraire accordés l'un et l'autre à le regarder comme obligatoire ; et ils n'avaient été divisés que sur le plus ou moins d'étendue que l'on devait donner à l'obligation qu'ils supposaient également en résulter ; c'est donc de son propre chef, c'est donc par des conclusions qui n'appartiennent qu'à lui, que le procureur général a requis l'annullation de cet acte, et c'est ce que l'arrêt attaqué constate lui-même de la manière la plus précise. L'arrêt attaqué semblerait donc violer ouvertement l'art. 2 du tit. 8 de la loi du 27 août 1790.

» D'un autre côté, de ce qu'en première instance, le sieur Bertinato n'avait pas demandé la nullité de l'acte du 27 avril 1807, et de ce que le tribunal civil d'Yvrée, en ne lui adjugeant que sa demande, n'avait pas déclaré cet acte nul, il paraît, à la première vue, s'ensuivre nécessairement deux choses; l'une, que la nullité de l'acte du 27 avril 1807 ne pouvait plus être demandée par le sieur Bertinato devant la cour d'appel; l'autre, que la cour d'appel ne pouvait pas prononcer cette nullité, quand même elle lui eût été demandée directement par le sieur Bertinato ; car, aux termes de l'art. 464 du Code de procédure, qui n'est, à cet égard, que l'écho de l'art. 7 de la loi du 3 brumaire an 2, il ne peut être formé, en cause d'appel, aucune nouvelle demande.

» Mais si, de ce premier aperçu, nous passons à un sérieux examen des conséquences auxquelles nous conduirait le système du demandeur en cassation, nous reconnaîtrons bientôt que ce système blesse à la fois la raison et l'esprit de la loi.

» Supposons que, sur l'assignation en payement d'une dette de jeu, les deux parties reconnaissent, devant le juge, que la dette est légitime en soi; qu'il n'y ait de difficulté, entr'elles, que sur le point de savoir si le demandeur en a reçu, ou non, le payement, et qu'en conséquence, le défendeur se borne à conclure à ce qu'attendu qu'il l'a payée, le demandeur soit débouté des fins de son assignation : est-ce que le juge ne pourra pas, sans entrer dans l'examen du payement ou du non-payement de la prétendue dette, déclarer qu'elle n'a jamais existé aux yeux de la loi, et au lieu de débouter le demandeur, comme déjà payé, le déclarer non-recevable, comme n'ayant jamais eu d'action?

» Supposons qu'une femme dont un homme aura acheté les honteuses faveurs par un billet portant promesse de les lui payer une certaine somme d'argent, soit assez déhontée pour former en police une action fondée sur ce billet même, et que le signataire de ce billet, au lieu d'en demander expressément la nullité, se borne à soutenir qu'il l'a précédemment acquitté : est-ce que le juge ne pourra pas déclarer le billet nul, et la femme non-recevable?

» Eh! comment pourrait-on, dans l'une et l'autre hypothèse, forcer la conscience du juge à reconnaître, pour valables et licites, des obligations qu'elle lui montrerait comme nulles et criminelles? Comment pourrait-on lui faire un reproche d'avoir refusé de consacrer, par un jugement solennel, des actes attentatoires aux bonnes mœurs et à l'ordre public? Et s'il est vrai, comme l'établit l'art. 6 du Code civil, qu'*on ne peut déroger, par des conventions particulières, aux lois qui intéressent l'ordre public ou les bonnes mœurs*, comment deux parties plaidantes pourraient-elles, par leur acquiescement mutuel à une convention réprouvée par les mœurs ou par l'ordre public, contraindre le juge à supposer cette convention valable, et à en régler les effets, comme si elle l'était réellement?

» Non, Messieurs, ce n'est là ni l'objet de l'art. 2 du tit. 8 de la loi du 24 août 1790, ni l'esprit de l'art. 464 du Code de procédure.

» Dans toute affaire qui se traite en justice, il faut bien distinguer les demandes formées par les parties, d'avec les moyens qu'elles emploient pour les faire accueillir.

» Les demandes ne peuvent être suppléées ni par le juge ni par le ministère public. Mais les moyens, lorsqu'ils sortent du texte même des lois, peuvent et doivent l'être par l'un comme par l'autre.

» Ainsi, quoique, pour se soustraire au payement d'une dette de jeu, le défendeur soutienne seulement qu'il l'a précédemment acquittée, et qu'il en offre ou en rapporte la preuve, les juges peuvent, en suppléant le moyen de droit dans lequel il aurait pu se retrancher, déclarer la dette nulle et le demandeur sans action.

» Ainsi, quoique, pour repousser la demande en payement d'un billet causé pour un commerce illicite entre un homme et une femme, le défendeur soutienne seulement qu'il en a déjà payé le montant, les juges peuvent, sans s'arrêter à la quittance qu'il représente ou à l'offre qu'il fait de la représenter, déclarer le billet nul et la demanderesse non-recevable.

» Et pourquoi : dans notre espèce, la cour de Turin n'aurait-elle pas pu, en supposant la convention du 27 avril 1807, contraire à l'ordre public, la déclarer également nulle, et régler les droits des parties, comme si cette convention n'avait jamais existé?

» A-t-elle, par cette manière de prononcer, violé la loi qui lui défendait, ainsi qu'au ministère public, de suppléer aux demandes des parties? Non, car elle a statué sur les demandes que les parties avaient formées respectivement devant elle, et elle n'a statué que sur ces demandes. Elle a statué sur la demande du sieur Bertinato en payement d'une somme de 4000 fr., en la réduisant à 1000 fr. Elle a statué sur la demande du sieur Zerboi en payement du billet de 1000 fr., du 17 septembre 1807, en le condamnant à restituer ce billet, et

par conséquent en le déboutant de cette demande. Et elle n'a pas statué sur autre chose ; elle n'a pas même, en termes exprès, déclaré nulle la convention du 27 avril 1810 ; elle l'a seulement considérée comme telle dans ses motifs ; et certes elle n'a fait en cela qu'user d'un pouvoir légitime ; parlons plus juste : elle n'a fait en cela que remplir le devoir qui lui était imposé par la loi, de suppléer un moyen de droit que les parties avaient omis dans leurs défenses.

» A-t-elle, par cette manière de prononcer, violé la loi qui lui défendait d'admettre, en cause d'appel, aucune nouvelle demande? Non, car elle n'a statué que sur les demandes qui avaient été formées devant les premiers juges. Seulement, pour y statuer suivant le vœu qu'elle a cru lire dans la loi, elle a employé un motif auquel les premiers juges n'avaient pas pensé, c'est-à-dire, qu'elle n'a fait que ce qu'elle pouvait et devait faire ; que ce que font tous les jours les tribunaux d'appel.

» Mais, au fond, est-il bien vrai que la convention du 27 avril 1810 soit illicite? et en la jugeant nulle, la cour de Turin n'a-t-elle pas fait une fausse application de l'art. 1133? N'a-t-elle pas violé les art. 1108 et 1964 du Code civil? c'est la deuxième question que nous avons à examiner.

» L'art. 1108, vous le savez, reconnaît et proclame la *validité* des conventions qui réunissent ces *quatre conditions essentielles* : le consentement de la partie qui s'oblige, la capacité de contracter, un objet certain qui forme la matière de l'engagement, une cause licite dans l'obligation.

» L'art. 1964 définit le contrat aléatoire. « Une » convention dont les effets, quant aux avantages » et aux pertes, soit pour toutes les parties, soit » pour l'une ou plusieurs d'entre elles, dépendent » d'un événement incertain » ; et il en donne pour exemple le contrat d'assurance, le prêt à grosse aventure, le jeu et le pari ; le contrat de rente viagère.

» Enfin l'art. 1133 déclare que la cause d'une obligation « est illicite, quand elle est contraire » aux bonnes mœurs ou à l'ordre public ».

» Tels sont les éléments du deuxième moyen de cassation du demandeur.

» Et il est hors de doute que ce moyen doit triompher, si l'on ne peut pas considérer comme illicite la cause de la convention du 27 avril 1807. Car cette convention était l'ouvrage du consentement libre des deux parties. Les deux parties étaient également capables de s'obliger. Et un objet certain (le remplacement éventuel d'un conscrit appartenant réellement à la classe de 1808) formait la matière des engagemens qu'elles ont pris l'une envers l'autre par cette convention. Si donc, à ces trois premières *conditions essentielles*, la convention du 27 avril 1807 réunissait celle d'avoir *une cause licite*, il ne lui manquait rien pour être valable ; et la cour de Turin n'aurait pas pu la déclarer nulle, sans violer l'art. 1108 du Code civil.

» Notre deuxième question se réduit donc à ce

seul point : la cause de la convention du 27 avril 1807 était-elle licite ou ne l'était-elle pas ?

» Et d'abord il est certain que, pour la juger illicite, la cour de Turin s'est mal à propos fondée sur l'art. 1964 du Code civil. Cet article, il est vrai, ne met pas l'obligation éventuelle de remplacer un conscrit, moyennant une somme déterminée, au nombre des exemples qu'il donne du contrat aléatoire; mais les exemples qu'il donne du contrat aléatoire, ne sont pas exclusifs; et c'est ce que font entendre très-clairement les mots *tels sont*, qui en précèdent la nomenclature. On ne peut donc pas regarder la cause d'une pareille obligation comme *prohibée par la loi*.

» Mais si cette cause n'est pas *prohibée par la loi*, n'est-elle pas du moins contraire *aux bonnes mœurs ou à l'ordre public*?

» Aux bonnes mœurs, il est évident que non.

» A l'ordre public, il faut distinguer.

» La loi autorisant les remplacemens de conscrits, autorise nécessairement aussi toute convention par laquelle un jeune homme s'engage lui-même envers un conscrit ou ses parens, à le remplacer de sa personne, dans le cas où le sort l'appellerait au service militaire. Ainsi rien de contraire à l'ordre public dans une convention de cette nature.

» Mais s'agit-il d'une entreprise de remplacemens ? S'agit-il de conventions par lesquelles un particulier s'engage à fournir des remplaçans aux conscrits, et à les tenir tous prêts à marcher au premier signal ? S'agit-il, en un mot, d'une spéculation faite, d'un côté, sur la crainte des conscrits, d'être désignés par le sort pour le service militaire; de l'autre, sur l'espérance qu'ont leurs suppléans éventuels de n'être jamais dans le cas de les remplacer effectivement ? Alors, la chose change de caractère.

» L'ordre public est compromis, en ce que, pour se ménager des sacrifices plus considérables de la part des conscrits, l'entrepreneur de remplacemens ne manque jamais de leur exagérer les fatigues et les dangers du service auquel ils peuvent être appelés; et que les impressions produites par ces exagérations, agissant sur une grande masse, ne peuvent avoir que des résultats funestes au recrutement de l'armée.

» L'ordre public est encore compromis en ce que, pour se procurer des remplaçans au meilleur marché possible, l'entrepreneur leur assure une somme modique pour prix de leur seul engagement à se tenir prêts à marcher, et s'oblige de leur payer, en cas qu'ils marchent en effet, une autre somme qui est toujours d'autant moins forte, que ces remplaçans éventuels ont plus de chance de ne l'être jamais que de nom; en sorte que, le cas du remplacement effectif arrivant, les remplaçans n'ayant point touché le véritable prix du service auquel ils sont assujettis pour d'autres, éprouvent des regrets qui bientôt amènent le dégoût et multiplient les désertions.

» Aussi le gouvernement s'est-il ouvertement prononcé contre ces spéculations par l'organe du ministre d'état, directeur-général des revues et de la conscription militaire. Témoin l'art. 121 de l'instruction adressée par cet administrateur, le 11 février 1808, aux préfets de tous les départemens :

« Il a existé dans plusieurs départemens (y est-il » dit), des agences, bureaux ou associations qui » s'immisçaient directement ou indirectement, soit » dans la réforme, soit dans le remplacement des » conscrits. Ces établissemens ont été supprimés » partout où ils ont été découverts, comme étant » ou pouvant devenir des foyers d'intrigues et de » spéculations illicites. S'il en subsiste encore d'an- » ciens, ou s'il s'en forme de nouveaux, les préfets » devront, non-seulement ne pas les tolérer un » instant, mais même faire poursuivre, pour cause » d'escroquerie, tout individu qui en serait mem- » bre, ou qui y aurait un intérêt. *Les poursuites* » *les plus actives devront enfin être dirigées contre* » *toute personne ou toute réunion de personnes*, » *qui se sera placée comme intermédiaire entre les* » conscrits et le conseil de recrutement ou *entre* » *les conscrits et les remplaçans* ».

» Reste notre troisième question, celle de savoir si, en condamnant le sieur Zerboi à la restitution de 1000 fr. qu'il avait reçus du sieur Bertinato, le 6 mai 1807, la cour de Turin a pu, en même temps le condamner aux intérêts de cette somme depuis la même époque, et si, par là, elle n'a pas tout-à-la-fois commis un excès de pouvoir et violé l'art. 1153 du Code civil.

» Qu'elle ait commis un excès de pouvoir, c'est ce qui résulte, suivant le sieur Zerboi, de ce que le sieur Bertinato n'avait pas conclu à ces intérêts.

» Mais 1°, si le fait était vrai, quelle en serait la juste conséquence ? C'est que l'arrêt attaqué aurait jugé *ultra petita*; c'est qu'il y aurait lieu contre cet arrêt à l'ouverture de requête civile indiquée par le n° 4 de l'art. 480 du Code de procédure, c'est que le recours en cassation ne serait pas ouvert contre cet arrêt.

» 2° Il n'est pas exact de dire que le sieur Bertinato n'avait pas conclu aux intérêts que lui adjuge l'arrêt attaqué.

» A la vérité, par son exploit d'ajournement devant le tribunal de première instance, il avait simplement conclu à la restitution des 2000 fr. reçus par le sieur Zerboi, *pour remplacer Dominique Bertinato, son neveu, conscrit de* 1808 ; et il n'avait point, à cet égard, demandé expressément des intérêts; mais il avait, par le même exploit, conclu en outre *au payement de* 2000 fr. *de dommages causés par l'inexécution de son obligation du* 22 *avril* 1807. Et il pouvait très-bien être censé avoir compris dans ses dommages, la perte qu'il avait éprouvée par la privation de la somme qu'il avait comptée, le 6 mai 1807, au sieur Zerboi, ou, en d'autres termes, les intérêts de cette somme à compter du jour où le sieur Zerboi l'avait touchée.

» Ce qui d'ailleurs tranche là-dessus toute difficulté, c'est qu'à l'audience du tribunal civil d'Yvrée, le sieur Bertinato a conclu *à ce que le défendeur fût condamné au payement en sa faveur de la somme de 4,000 fr.* ET ACCESSOIRES, *avec frais et dépens.* Car on ne peut nier que, par ces mots *et accessoires,* il n'ait entendu, entr'autres choses, les intérêts de la somme dont il réclamait la restitution à la charge du sieur Zerboi.

» Ainsi, non-seulement le reproche que fait ici le sieur Zerboi à la cour de Turin, d'avoir plus adjugé au sieur Bertinato qu'il n'avait demandé, n'est pas recevable dans la forme, mais il n'est même pas fondé en soi.

» Y a-t-il plus de justesse dans le reproche que fait le sieur Zerboi à la cour de Turin, d'avoir violé l'art. 1153 du Code civil ?

» Suivant cet article, les intérêts moratoires *ne sont dus que du jour de la demande;* mais cet article lui-même ajoute : *Excepté dans les cas où la loi les fait courir de plein droit.*

» Or, le cas dans lequel se sont trouvés les sieurs Zerboi et Bertinato, relativement à la somme de 1000 fr., que le premier a été jugé avoir reçue indûment du second, n'est-il pas du nombre de ceux où la loi fait courir de plein droit les intérêts moratoires ?

» Écoutons les art. 1376 et 1378 du Code civil : « Celui qui reçoit par erreur ou *sciemment,* ce qui » ne lui est pas dû, s'oblige à le restituer à celui » de qui il l'a indûment reçu. *S'il y a eu mauvaise* » *foi de la part de celui qui a reçu,* il est tenu de » restituer, tant le capital que les *intérêts ou fruits,* » *du jour du payement* ».

» Si donc le sieur Zerboi a reçu de *mauvaise foi* la somme de 1000 fr. qu'il est condamné à restituer, ou, ce qui est la même chose, s'il l'a reçue, comme le dit l'art. 1376, *sciemment,* c'est-à-dire, sachant qu'elle ne lui était pas due légitimement, nul doute qu'il n'en doive les intérêts à compter du jour où il l'a touchée.

» Eh bien! il est jugé que le sieur Zerboi n'avait pour toucher cette somme qu'une *cause illicite,* que le titre en vertu duquel il l'a touché, était *contraire à l'ordre public;* et qu'elle n'était pour lui que le prix d'*une manœuvre répréhensible d'un vrai monopole.* Ce sont les propres termes de l'arrêt attaqué.

» Il est donc jugé implicitement que le sieur Zerboi savait, en touchant cette somme, qu'elle ne lui était pas due, et qu'en conséquence il était de mauvaise foi en la touchant; car celui qui fait une *chose illicite,* une chose réprouvée par l'*ordre public,* ne peut pas avoir la conscience d'une bonne action, ou du moins il ne peut l'avoir, que lorsqu'il est trompé par des circonstances qui la feraient paraître tout autrement qu'elle n'est dans la réalité, et la dépouillent, même aux yeux les plus clairvoyans, de tout l'extérieur d'une action prohibée.

» Par ces considérations, nous estimons qu'il y a lieu de rejeter la requête du demandeur, et de le condamner à l'amende ».

Arrêt du 12 décembre 1810, au rapport de M.

Botton-Castellamonte; par lequel, « Attendu, sur le premier moyen, que, dans l'espèce, le procureur-général près la cour de Turin, a exercé son ministère par voie de réquisition; et, indépendamment de cette circonstance, attendu surtout que la cour d'appel a pu d'office et sans violer l'art. 464 du Code de procédure, apprécier les contestations qui lui étaient soumises par les parties et y statuer, d'après un moyen de pur droit, bien que les parties ne l'eussent pas employé; sur le second moyen, que l'arrêt énoncé, en ordonnant la restitution des sommes dont il s'agit, sur le fondement qu'elles avaient été payées en conséquence d'un trafic illicite, loin d'avoir violé aucune loi, s'est conformé à l'esprit de celles de la matière; sur le troisième moyen, que Bertinato avait demandé le payement du contrat *et des accessoires;* et que la cour d'appel ayant envisagé le payement en question comme induement fait par suite d'un trafic illicite, la restitution des sommes payées a pu être ordonné avec les intérêts à compter du jour de payement, en conformité de l'art. 1378 du Code civil; la cour rejette.... ».]]

CONSEIL DE PRÉFECTURE. *Pag.* 885, *col.* 1, *ligne* 49, *après* annullées par ceux-ci, *ajoutez en note :*

Cette règle a été rappelée aux conseils de préfecture par un décret du 21 juin 1813, qui est imprimé dans le *Bulletin des lois.*

CONSORTS. *Pag.* 11, *col.* 1, *après la ligne* 19, *ajoutez :*

II *bis.* Les consorts d'un appelant peuvent-ils adhérer à son appel, après que le délai pour appeler est expiré à leur égard ? *V.* le plaidoyer du 2 janvier 1811, rapporté aux mots *Vaine pâture,* §. 5, et le n° suivant.

II *ter.* Lorsque de plusieurs cohéritiers qui ont été déboutés par un jugement de première instance, de leur demande collective en délaissement de la succession qui leur était déférée en commun, un seul attaque ce jugement; l'appel de celui-ci profite-t-il aux autres ? S'il ne leur profite pas, l'appelant peut-il réclamer seul la succession entière ? Le peut-il, lorsque la demande collective en délaissement a été fondée sur l'indignité du possesseur de l'hérédité ? *V.* l'article *Succession,* sect. 1, §. 6, n. 4.

Même page, col. 2, *après la ligne* 2, *ajoutez :*

V. Lorsque plusieurs consorts sont assignés par un même exploit à un domicile commun, soit réel, soit élu, est-il nécessaire, à peine de nullité, de leur laisser à chacun une copie de l'assignation ? *V. Domicile élu,* §. 1, n 5 *bis* (dans les *Additions* et *Sur-enchère,* n. 3 *ter.*]]

CONSTITUTION DE PROCUREUR ET D'AVOUÉ, n. 1, *page* 12, *col.* 2, *ligne* 8. *Au lieu de* M. Reuvert, *lisez,* M. Reuvens; *et ligne* 10, *après* Provost, *ajoutez : V. Receveur des contributions directes.*

CONTRAINTE (*finances*) n. X. *Page* 62, *col.* 1, *après la dernière ligne de la note, ajoutez* :

Il a été rendu un arrêt semblable, le 13 juillet 1813, au rapport du même magistrat. On peut en voir l'espèce dans le *Bulletin civil* de la cour de cassation.

CONTRAINTE PAR CORPS, n. VI-5°, *page* 67, col. 1, lig. 52, *au lieu de* deux espèces, *lisez* : trois espèces.

Page 68, *col.* 1, *après la ligne* 16, *ajoutez* :

Le 18 mars 1812, arrêt semblable, au rapport de M. Boyer. (*Ibid.*)

N. XX. *Page* 74, *col.* 2, *après la ligne* 14, *ajoutez* :

« Par-là, sans doute, les septuagénaires sont traités plus rigoureusement en matière de commerce qu'en matière civile ordinaire. Mais il ne faut pas s'en étonner, le législateur l'a voulu expressément. Témoin ce que nous lisons dans le rapport fait au conseil des cinq-cents, en nivose an 6, et d'après lequel a été décrété la loi du 15 germinal suivant : « Votre commission (y-est-il dit) a cru devoir vous » proposer de restreindre à un très-petit nombre les » cas où la Contrainte par corps pourrait avoir lieu » en matière civile proprement dite...... *Il a fallu* » *devenir plus sévère en matière de commerce* ».

Même page et même colonne, ligne 31, *après les mots*, du 6 brumaire an 12, *ajoutez* : approuvé le 11 du même mois.

Même page et même colonne, avant le dernier alinéa, ajoutez :

» On ne peut pas douter non plus qu'encore qu'il n'ait pas été inséré au *Bulletin des lois*, il ne soit obligatoire pour les tribunaux. Car le grand juge, ministre de la justice le leur a adressé dans le temps pour qu'ils s'y conformassent. Il l'a notamment adressé à l'exposant, par une lettre du 30 brumaire an 12, avec ordre de le communiquer à la cour.

Page 77, *col.* 2, *après la ligne* 12, *ajoutez* :

La question s'est représentée depuis, et a encore été jugée de même par un arrêt de cassation, du 3 février 1813. Voici comment il est conçu :

« Le procureur-général expose que la cour de Caen a rendu, le 26 août dernier, un arrêt qui paraît violer ouvertement la loi, et dont il croit, par cette raison, devoir requérir la cassation dans l'intérêt de la loi elle-même, d'après l'acquiescement qu'y a donné la partie contre laquelle il est intervenu, par l'acte ci-joint, lequel a été passé devant Macaire et son confrère, notaires a Caen, le 10 novembre suivant.

» Le fait est très-simple. Un jugement en dernier ressort avait condamné, par corps, Jean-Jacques Jouin à payer une somme d'argent à Charles-Fran-çois Montier, qui en était créancier, pour fait de commerce.

» En vertu de ce jugement, Jean-Jacques Jouin a été emprisonné à la requête de Charles-François Montier.

» Mais comme il avait plus de soixante-dix ans, il a prétendu que la Contrainte par corps ne pouvait plus l'atteindre ; en conséquence, il a demandé l'annulation de son emprisonnement.

» Cette annulation a été prononcée par un jugement du tribunal civil de Caen, du 16 juillet 1812 ».

Charles-François Montier en a appelé ; et la cause ayant été plaidée contradictoirement devant la cour de Caen, le ministère public a donné des conclusions dont l'arrêt cité présente ainsi la substance : « Attendu, en fait, que la dette pour laquelle Jouin » a été incarcéré, est, par un jugement en dernier » ressort et non attaqué, jugée dette commerciale ; » *en droit*, vu les dispositions de la loi du 13 ger-» minal an 6, sur l'exercice de la Contrainte par » corps en matière de commerce ; et attendu qu'il » en résulte que le privilége accordé aux septuagé-» naires est restreint aux matières *purement civiles*, » et ne peut s'étendre aux affaires de commerce, ainsi » que l'a décidé le conseil d'état ; vu qu'il n'a point » été dérogé, sous ce rapport à la loi sus-énoncée par » le Code civil qui, par son art. 2070, maintient » au contraire et réserve formellement l'exécution » des lois particulières qui autorisent la Contrainte » par corps dans les matières de commerce ; vu que » la loi de germinal an 6 n'est pas davantage abro-» gée par l'art. 800 du Code de procédure civile » qui se réfère à l'art. 2066 du Code civil, restreint » et modifié par l'art. 2070 ; attendu que le Code » de procédure civile, destiné à mettre en action » le Code civil, ne peut être présumé y avoir dé-» rogé, et que l'on ne peut admettre à cet égard » d'abrogation que celle qui résulte formellement et » nécessairement de ses dispositions ; attendu » enfin que du silence du Code du commerce et » de ce qu'il ne s'est pas occupé de l'exercice de la » Contrainte par corps en matière de commerce, la » seule conséquence à tirer, c'est que les règle-» mens qui, à l'époque de sa publication, étaient » en vigueur, continuent de subsister ; par ces mo-» tifs, réformer le jugement dont est appel, et » maintenir en conséquence l'emprisonnement, le » déclarer valable, ordonner la restitution de l'a-» mende avec dépens ».

« Des conclusions aussi bien raisonnées paraissaient ne devoir éprouver aucune contradiction. Néanmoins, par l'arrêt dont il s'agit, la cour de Caen les a rejetées et a confirmé le jugement dont était appel.

» Avant de rendre compte de ses motifs, l'exposant croit devoir approfondir ceux que le ministère public avait fait valoir, et à cet effet passer en revue les différentes lois qui se sont succédées sur la Contrainte par corps, relativement aux septuagénaires condamnés pour dettes de commerce ; comparer leurs dispositions respectives, et déterminer celle qui, sur cette matière, forme le dernier état de la législation.... (1).

» Maintenant examinons les motifs de l'arrêt de la cour de Caen, du 25 août.

» 1er. Motif. *Considérant que l'ordonnance de 1667, art. 4 du tit. 34, en déterminant les cas dans lesquels la contrainte par corps pouvait être prononcée, avait confondu dans la classe des matières civiles, les condamnations prononcées, soit par les tribunaux de commerce; d'où il suit que, par l'expression* EN MATIÈRE CIVILE, *on doit entendre les matières ordinaires, comme les matières de commerce; et que les matières non civiles sont celles qui ont pour objet la répression des crimes où des délits de police correctionnelle ou de simple police.*

» *Réponse.* Rien de plus vrai dans le langage de l'ordonnance de 1667; mais en est-il de même dans le langage de la loi du 15 germinal an 6? L'exposant croit pouvoir se flatter d'avoir démontré que non.

» 2e Motif. *Considérant que, par l'article 9 du même titre, cette ordonnance avait défendu pour dettes purement civiles, et par conséquent pour dettes même commerciales, l'emprisonnement des septuagénaires, si ce n'est pour stellionnat, recélé et pour dépens en matière criminelle; d'où il faut conclure que, sous l'empire de l'ordonnance de 1667, un septuagénaire ne pouvait pas plus être emprisonné pour une dette de commerce que pour toute autre dette, à moins qu'il n'y eût stellionnat, recélé, etc., telle était aussi la jurisprudence observée même pour les dettes de deniers royaux.*

» *Réponse.* Tout cela est encore très-vrai; mais quelle conséquence peut-on en tirer aujourd'hui ?

» 3e Motif. *Considérant que la Contrainte par corps ayant été entièrement abolie, et ensuite remise en vigueur par la loi du 15 germinal an 6, cette loi renferme dans son art. 5, une exception pareille à celle comprise dans l'art. 9 du tit. 34 de l'ordonnance de 1667, en faveur des septuagénaires. Il est vrai que cet art. 5 de la loi du 15 germinal, fait partie du tit. 1er, intitulé* DE LA CONTRAINTE PAR CORPS EN MATIÈRE CIVILE, *et qu'elle renferme un second titre intitulé* DE LA CONTRAINTE PAR CORPS EN MATIÈRE DE COMMERCE, *dans lequel l'exception portée en l'art. 5, ne se trouve pas répétée, mais doit-on induire du silence de la loi dans ce titre, que l'exception dont il s'agit, ne doive pas avoir lieu en matière de commerce? La loi du 15 germinal semble calquée sur l'ordonnance de 1667; et peut-on croire que le législateur en l'an 6 ait voulu montrer pour la vieillesse et pour l'humanité moins de respect et moins d'égards que n'en avait montré l'ordonnance de 1667. Si, pour plus de clarté, la loi du 15 germinal a divisé en deux titres les cas dans lesquels la Contrainte*

par corps pouvait être prononcée, soit en matière ordinaire, soit en matière de commerce, peut-on induire du silence qu'elle a gardé, au titre des matières de commerce, sur l'exception qu'elle avait précédemment consacrée en faveur des septuagénaires, que cette exception cessait de leur être applicable? Et si telle eût été l'intention du législateur, aurait-il manqué de s'en expliquer formellement?

» *Réponse.* Toute cette argumentation n'est, de la part de la cour royale de Caen, qu'une rébellion ouverte à l'avis du conseil d'état du 6 brumaire an 12, qui a, pour elle comme pour tous les tribunaux, l'autorité d'une loi interprétative. Et d'ailleurs quand cet avis n'existerait pas, l'interprétation qu'il a donnée au tit. 2 de la loi du 15 germinal an 6, ne sortirait-elle pas nécessairement du texte même de cette loi? Dans son premier titre, cette loi avait excepté de la Contrainte par corps en matière civile, *les septuagénaires, les mineurs, les femmes et les filles.* Dans son second titre, elle n'en excepte, pour les matières commerciales, que les femmes, les filles, les mineurs; et elle ne parle point des septuagénaires. Peut-on dire plus clairement qu'en matière commerciales, les septuagénaires ne sont pas exceptés de la règle commune? Peut-on dire plus clairement qu'en matière commerciale, les septuagénaires sont soumis à la contrainte par corps, comme les femmes; et les filles et les mineurs y auraient été soumis eux-mêmes, si la loi n'avait pas cru devoir répéter, à leur égard, en matières commerciales, l'exception qu'elle avait établie en leur faveur pour les matières civiles? Du reste, on conçoit facilement pourquoi le législateur de l'an 6 s'est montré plus sévère que le législateur de 1667 envers les septuagénaires commerçans : c'est que, dans l'intervalle de 1667 à 1798, la mauvaise foi avait fait, dans le commerce, des progrès auxquels il était devenu nécessaire d'opposer de nouveaux freins.

» Suite du 3e Motif. On peut appliquer ici ce qui arriva » à la suite de l'ordonnance de 1667. L'ordonnance de » 1673, sur le commerce, art. 1er du tit. 7, prononçait » la Contrainte par corps en matière de commerce, » comme elle est prononcée par le tit. 2 de la loi du 15 » germinal; mais ne renferma aucune exception en » faveur des septuagénaires, d'où l'on pouvait in- » duire de son silence à cet égard, il résultait » qu'en matière de commerce, les septuagénaires » pouvaient être incarcérés nonobstant la disposi- » tion de l'art. 9 du tit. 34 de l'ordonnance de 1667, » et, cependant la jurisprudence des arrêts conti- » nuait d'appliquer aux septuagénaires l'exception » portée dans l'ordonnance de 1667, malgré que » l'ordonnance du commerce de 1673, fût demeurée » muette sur ce point. M. Merlin, dans son *Réper-* » *toire de Jurisprudence*; nous en donne la raison » (aux mots *Contrainte par corps*) : C'est, dit-il, » qu'il est de principe général, que les lois nou- » velles sont toujours censées se référer aux lois » anciennes qu'elles ne contrarient pas formelle- » ment. Or, si le tit. 2 de la loi de germinal, qu'on

_____

(1) Ici, j'ai transcrit à peu près tout le plaidoyer du 10 juin 1817, rapporté ci-dessus.

» peut comparer à l'ordonnance de 1673, ne contrarie pas formellement le tit. 1er de cette même loi, qu'on peut comparer à l'ordonnance de 1667, pourquoi déciderait-on, d'après ces deux titres, autrement qu'on ne décida d'après l'ordonnance de 1667, et celle de 1673 ? Au contraire on doit dire que, s'il y avait du doute sur le vrai sens et le véritable esprit de la loi du 15 germinal, il devrait s'interpréter par ce qui se pratiquait auparavant et dans le même cas, d'après ce principe encore invoqué par M. Merlin, *loco citato*, que *les lois nouvelles se plient de plein droit à toutes les exceptions qui, dans les lois anciennes modifient les dispositions qu'elles rappellent* ».

» *Réponse*. Ces raisonnemens, quand ils seraient aussi fondés qu'ils le sont peu, viendraient encore se briser contre l'avis du conseil d'état du 6 brumaire an 12 ; mais deux mots suffisent pour justifier cet avis du reproche de les avoir proscrits.

» D'une part, il s'en faut beaucoup qu'il y ait entre le tit. 2 et le tit. 1er de la loi du 15 germinal an 6, le même rapport qu'il y avait entre l'ordonnance de 1673 et l'ordonnance de 1667. L'art. 1er du tit. 7 de l'ordonnance de 1673 ne faisant que renouveler la disposition de l'art. 9 du tit. 54 de l'ordonnance de 1667, il était tout simple d'en conclure qu'il ne dérogeait pas à l'exception qui, dans l'ordonnance de 1667, modifiait cette disposition en faveur des septuagénaires ; mais le tit. 2 de la loi du 15 germinal an 6, n'est pas, pour les matières commerciales, une simple répétition du tit. 1er de la même loi concernant les matières civiles ordinaires, c'est, pour celle-là, une série de dispositions tout-à-fait indépendantes des dispositions relatives à celle-ci ; et le législateur a si peu entendu ordonner ou permettre aux juges d'appliquer aux secondes, par interprétation doctrinale, toutes les exceptions qui modifient les premières, qu'il a lui-même pris le soin de répéter dans le tit. 2 quelques-unes de ces exceptions, et qu'en ne les y répétant pas toutes, il a évidemment exclu de ce titre celles qu'il n'y a pas répétées.

» D'un autre côté, comment la cour royale de Caen peut-elle dire que l'on doit suppléer, par les dispositions de l'ordonnance de 1667, au prétendu silence du tit. 2 de la loi du 15 germinal an 6, sur les septuagénaires ? Toutes les dispositions de l'ordonnance de 1667, sur la Contrainte par corps, sont expressément abrogées par le dernier article de la loi du 15 germinal an 6 ; et il serait bien étrange qu'une loi ancienne suppléât au silence réel ou supposé de la loi nouvelle qui en a prononcé l'abrogation.

» 4e Motif. *Considérant que, postérieurement à cette loi du 15 germinal, est intervenu le Code civil qui, au titre 16, détermine un certain nombre de cas dans lesquels, en matière civile, la Contrainte par corps peut être prononcée ; et sous ce titre, art. 2066, ce Code porte qu'elle ne peut l'être contre les septuagénaires, les femmes et les filles que dans les cas de stellionat. Voilà donc encore*

cette exception établie en faveur de la vieillesse consacrée de nouveau par le Code. Il est vrai que l'art. 2070 ajoute qu'il n'est point dérogé aux lois particulières qui autorisent la Contrainte par corps dans les matières de commerce, ni aux lois de police ou correctionnelles, ni à celles qui concernent l'administration des deniers publics ; mais si cet article ne diminue point la force de la loi du 15 germinal, on ne peut pas dire non plus qu'il l'augmente ; d'où il résulte qu'elle doit être entendue et appliquée selon son véritable esprit, et conformément aux lois anciennes dont elle n'est que la répétition ».

» *Réponse*. Non sans doute, l'art. 2070 du Code civil n'*augmente point la force* des dispositions du tit. 2 de la loi du 15 germinal an 6, relatives à la contrainte par corps en matière commerciale. Mais, sans en augmenter la force, il les maintient telles qu'elles sont et dans leur parfaite intégrité. Or, le tit. 2 de la loi du 15 germinal an 6, assujettit les septuagénaires à la Contrainte par corps en matière commerciale ; l'art. 2070 les y assujettit donc également.

» 5e Motif. *Considérant que l'avis du conseil d'état du 6 brumaire an 12, semblerait contrarier l'interprétation qui vient d'être donnée à la loi du 15 germinal ; et si tel était le dernier état de la législation sur ce point, il serait sans doute difficile de prendre une interprétation opposée à cet avis ; mais depuis ce temps, est intervenu le Code de procédure civile qui dispose, au §. 5 de l'art. 800, que, si le débiteur a commencé sa soixante-dixième année, et s'il n'est pas stellionataire, il sera élargi. Cet article est d'autant plus imposant, qu'il est général et doit s'appliquer à l'exécution des jugemens des tribunaux de commerce, comme à l'exécution des jugemens des tribunaux civils ; puisque ce sont les tribunaux civils qui sont chargés de l'exécution des premiers comme des seconds jugemens* ».

» *Réponse*. Enfin, la cour de Caen, après avoir péniblement lutté contre l'avis du conseil d'état du 6 brumaire an 12, veut bien convenir qu'elle ne pourrait pas se dispenser de s'y soumettre, s'il était encore en vigueur. Mais elle prétend qu'il est abrogé par l'art. 800 du Code de procédure civile. A cet égard, l'exposant né peut que se référer à ce qu'il a dit plus haut.

» 6e Motif. *Considérant que ce qui est décisif, c'est que le projet du Code de procédure fut envoyé par le gouvernement pour être soumis aux observations des cours d'appel ; et que ce projet contenait la même disposition que renferme l'art. 800, avec cette différence qu'il y était ajouté : si le débiteur n'est ni étranger, ni stellionataire, ni banqueroutier frauduleux, ni marchand, ni négociant. Les cours d'appel de Bourges, de Poitiers, de Bruxelles, et même celle de Caen, réclamèrent contre cet article, et demandèrent, qu'un négociant honnête, parvenu à sa soixante-dixième an-*

» ée, fût admis à participer à l'avantage que l'on accordait aux autres citoyens. Sans doute que le conseil d'état sentit la justice de cette réclamation, puisqu'on n'a laissé subsister dans l'article d'autre exception à la faveur accordée aux septuagénaires, que celle du stellionnat; d'où l'on doit induire que la volonté bien prononcée du législateur a été de ne pas excepter les débiteurs pour cause de commerce de la règle générale, posée par le Code civil et par toutes les lois précédentes ».

» Réponse. Ce raisonnement ne prouve rien précisément, parce qu'il prouve trop. Il en résulterait effectivement que, par la rédaction définitive de l'art. 800 du Code de procédure civile, le législateur a entendu affranchir de la contrainte par corps, non-seulement les septuagénaires *commerçans*, mais encore les septuagénaires *banqueroutiers frauduleux*. Car les mots *banqueroutier frauduleux* ont été retranchés de la rédaction définitive, comme les mots *marchand et négociant*. Or, assurément personne n'osera prêter au législateur une intention aussi favorable aux banqueroutiers frauduleux.

» Pourquoi, au surplus, les mots étrangers, *banqueroutier frauduleux*, *marchand ni négociant*, ont-ils été retranchés de la rédaction définitive de l'art. 800 du Code de procédure civile? parce que le conseil d'état a reconnu que la commission qui avait rédigé le projet de cet article, y avait mal à propos mêlé des objets qui étaient hors du droit commun, et qui devaient être régis par des lois spéciales; parce qu'il a cru devoir renvoyer ces objets aux lois spéciales qui devaient les régir.

» Et ce n'est point une vaine conjecture qu'avance ici l'exposant : c'est une vérité mathématiquement démontrée par le procès-verbal même de la discussion du Code de commerce au conseil d'état.

» A la séance du conseil d'état du 26 mai 1807, un article formant le vingt-deuxième du titre *de la compétence des tribunaux de commerce*, avait été adopté en ces termes : *Les septuagénaires qui auront été constitués prisonniers pour dettes de commerce, obtiendront leur liberté après six mois de détention, en justifiant devant le tribunal civil qu'ils ont atteint leur soixante-dixième année, et qu'ils sont en arrestation depuis ledit délai de six mois.*

« Assurément si le sort des septuagénaires incarcérés pour dettes commerciales, eût été réglé par l'art. 800 du Code de procédure civile, le conseil d'état ne s'en serait plus occupé dans le Code de commerce. Il n'y avait pas encore six mois que le Code de procédure civile était en activité; et on ne peut pas raisonnablement supposer que le conseil d'état eût voulu, par celui-ci, déroger aux règles qui eussent été établies par celui-là, en matière de contrainte par corps, pour les septuagénaires commerçans.

» Mais ce qui est bien plus décisif encore, c'est que la disposition même dont il s'agit, a été retranchée, sur la demande du tribunat, de la rédaction définitive du Code de commerce, et qu'elle l'a été précisément par la raison que les septuagénaires commerçans ne doivent pas être admis à la faveur qu'accorde aux débiteurs incarcérés pour dettes civiles ordinaires, l'art. 800 du Code de procédure civile.

» A la séance du conseil d'état du 18 juillet 1801, il a été rendu compte par M. Beugnot, au nom des sections de législation et de l'intérieur, des observations faites par le tribunat sur le titre adopté le 26 mai; et voici ce que l'exposant a extrait lui-même, à cet égard, de la minute du procès-verbal du conseil d'état. « M. Beugnot dit que le tribunat » demande la suppression de l'art. 22; voici ses » motifs : l'article tel qu'il est dans le projet, paraît un terme moyen adopté par les rédacteurs, » entre deux opinions opposées qui se sont manifestées dans les tribunaux depuis le Code civil. Suivant l'une de ces opinions, la contrainte par corps, » en matière de commerce, doit être restreinte par » principes d'humanité, comme elle l'est dans les » matières civiles; et les septuagénaires, ainsi que » les femmes, en doivent être affranchis. — Suivant l'autre opinion, au contraire, il faut maintenir la rigueur de l'*ancienne ordonnance de* » *commerce* (1) et laisser, dans les matières commerciales, les septuagénaires et les femmes ayant » qualité de marchandes publiques, assujettis, » comme tous autres, à la contrainte par corps.— » Quelque parti qu'on prenne à cet égard, le moyen » terme proposé paraît choquer également l'une et » l'autre opinion. La contrainte par corps n'a été » introduite que pour donner, dans la personne » même du débiteur, un gage à la créance. Or, de » quel usage ce gage sera-t-il, si le créancier est » certain qu'il doit lui échapper six mois après? ou » plutôt quel sera l'homme assez mauvais calculateur pour hasarder les frais d'une prise de corps et » les avances qu'exigera la nourriture de son débiteur en prison, lorsqu'il verra que ce débiteur » peut sortir de la prison sans le payer? La disposition, à cet égard, aura le défaut de n'offrir » qu'une rigueur apparente, mais inutile et purement comminatoire. Il vaut mieux choisir franchement entre les deux opinions opposées que de » les concilier par un tel moyen. —A cet égard, les » sections réunies pensent que le système de l'ancienne jurisprudence, tout sévère qu'il fût, n'était que juste et nécessaire. — Le Code civil n'y » a pas dérogé, puisqu'il a formellement laissé les » matières de commerce sous l'empire de la législation commerciale; et véritablement il y a grande » raison pour distinguer relativement à la contrainte » par corps, l'obligation civile de l'obligation commerciale. Le créancier qui contracte civilement, » connaît son débiteur; il peut voir son âge et s'en » assurer; et quand il consent à traiter avec lui, » quoique septuagénaire, ou près de le devenir, il

(1) Il y a ici une légère méprise : l'ancienne ordonnance du commerce est mise à la place de la loi du 15 germinal an 6; mais la question reste la même.

« est censé n'avoir pas compté sur la garantie que » la contrainte par corps aurait pu lui donner à » l'égard d'un débiteur moins âgé. — Mais celui » qui reçoit ou endosse une lettre-de-change, ne » connaît, la plupart du temps, ni le tireur, ni les » autres endosseurs ; et il doit toujours compter » qu'il aura contr'eux la plénitude de toutes les ga- » ranties légales : autrement, les moyens de fraude » deviendraient si faciles qu'il y aurait grand dan- » ger de les voir se multiplier encore davantage, les » hommes astucieux ne manqueraient pas d'avoir, » parmi leurs commis ou leurs confidens, des sep- » tuagénaires tout prêts à leur donner des signa- » tures. Peut-on concevoir d'ailleurs qu'entre deux » endosseurs du même effet, il y aurait une telle » inégalité que, faute de payement, le second serait » mis en prison parce qu'il n'aurait que soixante » ans, tandis que le premier resterait libre, parce » qu'il aurait soixante-dix ans ? De sorte que, par » un renversement de toute justice, le garanti paye- » rait de sa personne en l'acquit du garant, et ne » pourrait rejeter sur lui les rigueurs dont il souf- » frirait à cause de lui. — La proposition du tri- » bunat est adoptée ».

Ici, toute espèce de doute disparaît ; et il est clair, plus clair que le jour, que le conseil d'état et le tri- bunat se sont accordés, dans la rédaction définitive du Code de commerce, à regarder comme étrangère aux matières commerciales, la disposition de l'art. 800 du Code de procédure civile, qui ordonne que les portes de la prison seront ouvertes au débiteur incarcéré, du moment qu'il sera entré dans sa soixante-dixième année ; et que leur intention com- mune a été de laisser subsister là disposition du titre 2 de la loi du 15 germinal an 6, manifestée par l'avis du 6 brumaire an 12, qui fait cesser, dans les matières commerciales, le privilége des débiteurs septuagénaires.

« Sixième motif. *Considérant enfin, qu'on ne peut supposer que les législateurs de l'an 6 ayent voulu être plus sévères que les anciens législateurs, puisqu'on les voit au contraire établir, en faveur de tous les débiteurs sans exception, des causes et des moyens d'élargissement qui n'étaient pas connus auparavant. Ainsi, au bout de cinq ans de détention, la loi du 15 germinal veut que le débi- teur soit élargi de plein droit, et qu'il le soit même avant, s'il paye un tiers de sa dette, et s'il donne une caution pour le surplus ».*

» *Réponse.* Ici, la cour de Caen revient encore à son premier système sur la manière d'entendre le tit. 2 de la loi du 15 germinal an 6 ; elle persiste encore à soutenir que le tit. 2 de la loi du 15 germi- nal an 6, maintient, en faveur des septuagénaires commerçans, le privilége que leur accordait l'or- donnance de 1667, relativement à la contrainte par corps ; et par-là, elle se remet en état de rébellion contre l'avis du conseil d'état du 6 brumaire an 12.

» Du reste, rien de plus futile que le prétexte dont elle étaye sa doctrine. De ce que par l'art. 18 de son troisième titre concernant le *mode d'exécu-*

tion des jugemens emportant la contrainte par corps, titre qui était commun aux matières civiles ordinaires et aux matières de commerce et qui est aujourd'hui abrogé ; la loi du 15 germinal an 6, voulait que toute personne légalement incarcérée obtînt son élargissement par le payement du tiers de la dette avec caution pour le surplus, et par le laps de cinq années consécutives de détention, il résulte bien que, tant que cet article a été en vi- gueur, le septuagénaire commerçant qui avait été contraint par corps pouvait obtenir son élargisse- ment par l'un ou l'autre de ces moyens. Mais en conclure qu'il était alors et qu'il est encore au- jourd'hui à couvert de la contrainte par corps, par la seule considération qu'il est septuagénaire, c'est mépriser toutes les règles de la saine logique.

« Oui, le législateur de l'an 6 a voulu se mon- trer plus humain envers les débiteurs emprisonnés que ne l'avait été l'ordonnance de 1667 et que ne l'est encore la loi actuelle. Mais autre chose est de vouloir adoucir le sort de tous les débiteurs empri- sonnés en général, autre chose est de vouloir que tel débiteur ne puisse pas être emprisonné ; et ar- gumenter de l'un à l'autre, c'est argumenter de deux objets absolument disparates.

» Ainsi s'évanouissent tous les motifs qui ont dé- terminé la cour de Caen à s'élever contre l'arrêt de la cour du 10 juin 1807 ; ainsi restent dans toute leur force les moyens qui appellent la censure de la cour sur un système qu'elle a déjà proscrit.

» Ce considéré, il plaise à la cour, vu l'art. 88 de la loi du 27 ventose an 8, les art. 1 et 4 de la loi du 15 germinal an 6, et l'avis du conseil d'état du 6 brumaire an 12, casser et annuller, dans l'in- térêt de la loi et sans préjudice du sens d'exécution entre les parties intéressées, l'arrêt de la cour de Caen ci-dessus mentionné et dont expédition est ci-jointe, et ordonner qu'à la diligence de l'expo- sant, l'arrêt à intervenir sera imprimé et transcrit sur les registres de ladite cour.

» Fait au parquet, le 9 décembre 1812. *Signé* Merlin.

» Ouï le rapport de M. Minier, vu l'art. 88 de la loi du 27 ventose an 8..., vu l'art. 1er, tit. de la loi du 15 germinal an 6...., vu aussi l'avis du conseil d'état du 6 brumaire an 12, approuvé le 11 du même mois, sur la question de savoir si la con- trainte par corps devait être prononcée contre des septuagénaires qui avaient signé des lettres-de- change ou billets de change, et portant *que, dans l'état actuel de la législation, la contrainte par corps doit être prononcée contre des septuagénaires qui ont signé des lettres ou billets de change, par la raison que l'art. 2 de la loi du 15 germinal an 6, tit. 2, n'excepte de la disposition de l'art. 1er qui a établi la contrainte par corps contre les signa- taires de lettres-de-change et billets, que les femmes, filles et mineurs, non commerçans (d'où il résulte) ; que l'exception portée en faveur des septuagénaires par l'art. 5 du tit. 1er de la même loi, n'est applicable qu'aux contraintes par corps* en matière civile et non en matière de commerce; considérant qu'il résulte des lois citées, que la loi du 15 germinal an 6, qui a rétabli la Contrainte par corps, n'en a excepté les septuagénaires qu'en matière purement civile et non en matière de commerce; que cette loi a été maintenue, dans toute sa force, par l'art. 2070 du Code civil, et que l'art. 800 du Code de procédure civile ne renfermant point de dérogation audit art. 2070 du Code civil, ne doit être entendu que dans ses rapports avec les lois antérieures subsistantes; par ces motifs, la cour, faisant droit sur le réquisitoire de M. le procureur-général, casse et annulle.... ».

Le 15 juin de la même année, arrêt semblable, au rapport de M. Gandon.

Le sieur Rombert avait été contraint par corps pour une dette de commerce. Il avait demandé la nullité de son emprisonnement, sur le fondement qu'à l'époque où il avait été emprisonné, il était âgé de plus de soixante-dix ans; et sa demande avait été accueillie par la cour de Bruxelles.

Mais sur le recours en cassation du sieur Van-Melder, son créancier, est intervenu l'arrêt cité, qui casse. (V. le Bulletin civil).

Mais que faudrait-il décider à cet égard, si la dette commerciale ou la lettre-de-change qu'un septuagénaire serait aujourd'hui en demeure d'acquitter, était d'une date qui se reportât à une époque où l'ordonnance de 1667 faisait encore loi dans la Contrainte par corps?

Le 29 mai et le 7 août 1790, sentences du Châtelet de Paris, qui condamnent le sieur Dusaillant, par corps, à payer au sieur Dury une lettre-de-change de 13,500 liv. Le 21 novembre 1808, le sieur Dury fait signifier au sieur Dusaillant, avec commandement d'y satisfaire.

Le 25 du même mois, le sieur Dusaillant assigne le sieur Dury devant le tribunal civil du département de la Seine pour voir dire, qu'attendu qu'il est entré dans sa soixante-dixième année, et que les lois du temps où les deux sentences ont été rendues, mettaient les septuagénaires même commerçans ou signataires de lettres-de-change à l'abri de la Contrainte par corps, il sera fait défense au sieur Dury de prendre cette voie contre lui.

Le 9 avril 1809, jugement qui, attendu que la loi du 9 mars 1793, avait aboli la Contrainte par corps; que ceux qui, à cette époque, étaient soumis à cette contrainte, ont été, par cette loi, rétablis dans un état de liberté qui n'a été détruit par aucune loi postérieure; que, si la loi du 15 germinal an 6, a rétabli la Contrainte par corps, ce n'a été que pour l'avenir; qu'ainsi, la Contrainte par corps ne peut avoir lieu qu'en vertu de titres établis sous cette loi, et non en vertu de titres ou jugemens antérieurs à 1793; fait défense au sieur Dury de mettre à exécution, par voie de Contrainte par corps, les sentences par lui obtenues contre le sieur Dusaillant, au Châtelet de Paris, les 29 mai et 7 août 1790».

Le sieur Dury appelle de ce jugement. — Par

arrêt du 16 mars 1811, la cour de Paris met l'appellation au néant, « Attendu qu'il s'agit de l'exécution des sentences des 29 mai et 7 août 1790; et qu'à cette époque, la disposition de l'art. 9 du tit. 34 de l'ordonnance de 1667, relative aux septuagénaires, s'appliquait aux matières de commerce comme aux autres matières purement civiles ».

Les héritiers du sieur Dury se pourvoient en cassation contre cet arrêt.

« Il y a dans cette affaire (ai-je dit à l'audience de la section des requêtes, le 21 avril 1813), trois vérités incontestables : la première que les condamnations par corps qui avaient été prononcées avant la loi du 9 mars 1793, et que cette loi avait paralysées, ont repris toute leur force par l'effet de la loi du 28 ventose an 5; la seconde, qu'avant la loi du 15 germinal an 6, les septuagénaires étaient affranchis de la Contrainte par corps en matière de commerce et de lettres-de-change, comme en matière civile ordinaire; la troisième, que, depuis la loi du 15 germinal an 6, les septuagénaires commerçans ou signataires de lettres-de-change sont sujets à la contrainte par corps, comme les personnes au-dessous de cet âge.

» La première de ces trois propositions est justifiée par cinq arrêts de la cour, des 4 nivose an 9, 21 germinal an 10, 2 et 3 août 1808 et 18 mars 1812.

» La seconde l'est également par trois arrêts du parlement de Paris, des 21 juillet 1739, 22 février 1759 et 15 mars 1766.

» La troisième l'est par deux arrêts de la cour, l'un du 10 juin 1807, qui a rejeté, au rapport de M. Bailly, la demande du nommé Canalis-Oglou, en cassation d'un arrêt de la cour de Paris, par lequel, quoiqu'âgé de soixante-douze ans, il avait été jugé valablement emprisonné, faute de payement d'une lettre-de-change qu'il avait souscrite. L'autre du 3 février dernier, qui a cassé, sur mon réquisitoire et dans l'intérêt de la loi, un arrêt de la cour de Caen, par lequel un septuagénaire commerçant avait été affranchi de la Contrainte par corps.

» De la première de ces trois propositions, il résulte clairement que, dans notre espèce là cour de Paris a très-justement condamné, par la manière dont elle a motivé l'arrêt attaqué par les héritiers du sieur Dury, l'erreur à laquelle s'était abandonné le tribunal de première instance, en fondant la défense d'emprisonner le sieur Dusaillant sur le prétexte que les sentences des 27 mai et 7 août 1790, n'avaient pas recouvré, par la loi du 28 ventose an 5, la prérogative que leur avait ôtée celle du 9 mars 1793, d'emporter la Contrainte par corps.

» Mais la cour de Paris a-t-elle également bien jugé, en prenant pour base de son arrêt, la seconde de nos trois propositions, et n'est-ce pas plutôt à la troisième qu'elle aurait dû s'attacher? En d'autres termes, est-ce par la loi du temps où été prononcées contre le sieur Dusaillant les condamnations par corps dont il s'agit, est-ce au contraire par la loi actuelle, que doit être décidée la question de

19.

savoir si l'âge de soixante-dix ans doit ou ne doit pas garantir les sieur Dusaillant de la Contrainte par corps ? Voilà ce que nous avons à examiner.

» En thèse générale, dans tout ce qui tient au mode d'exécution d'un titre de créance, la loi que l'on doit prendre pour guide, n'est ni celle du temps où la dette a été contractée, ni celle du temps où a été rendu le jugement qui a condamné le débiteur à la payer ; c'est uniquement celle du temps où se pratique l'exécution même.

» Sans doute, lorsqu'il est question de la validité d'un engagement, lorsqu'il s'agit d'en déterminer les effets au fond, on ne doit, on ne peut consulter que la loi sous laquelle l'acte en a été passé. Mais, dit Boullenois, dans son *Traité des statuts personnels et réels*, tome 1, page 531, *quand il s'agit de pure exécution, il faut suivre les lois du lieu où se fait l'exécution*; et ce que cet auteur établit par rapport au *lieu* s'applique de soi-même au *temps*.

Aussi la section civile a-t-elle rejeté, le 22 mars 1809, au rapport de M. Boyer et sur nos conclusions, la demande du sieur Swan, Américain, en cassation d'un arrêt de la cour de Paris, qui l'avait jugé valablement, emprisonné en vertu de la loi du 10 septembre 1807, pour le payement d'une dette qu'il avait contractée au profit d'un Français, antérieurement à cette loi. Aussi a-t-elle rejeté cette demande, « attendu que la loi du 10 septembre 1807 » doit être considérée comme une loi de police, » une mesure de sûreté prise dans l'intérêt national, » contre les débiteurs étrangers, laquelle ne porte » aucune atteinte à la substance de leurs engage- » mens, mais est seulement introductive d'un nou- » veau mode pour parvenir à l'exécution desdits en- » gagemens ; qu'une telle mesure est, de sa nature, » susceptible d'une exécution instantanée, et n'ad- » met aucune exception prise de l'antériorité de la » dette; qu'ainsi, en confirmant à l'égard du deman- » deur en cassation, l'application qui lui avait été » faite de la loi du 10 septembre 1807, l'arrêt atta- » qué n'a pas donné à cette loi un effet rétroactif » contraire à son vœu (1). »

» Si donc nous devions ici nous arrêter au principe général sur le mode d'exécution des titres de créance, il n'y aurait nul doute que la cour royale de Paris n'eût pas dû prendre pour règle la disposition de l'ordonnance de 1667 qui affranchissait les septuagénaires même commerçans de la Contrainte par corps, et qu'elle n'eût dû se déterminer uniquement par la loi du 15 germinal an 6, qui en fait dé Contrainte par corps pour dette de commerce et lettres-de-change, n'accorde aucun privilége à l'âge de soixante-dix ans.

» Mais ce principe général n'est-il pas, en ce qui concerne la Contrainte par corps, modifié par une exception particulière au mode d'exécution des titres de créance dont la dette remonte au-delà de la loi du 28 ventôse an 5 ?

» Si le principe général était applicable à ces titres, s'il n'existait pas, par rapport à ces titres, une exception devant laquelle il dût fléchir, la Contrainte par corps devrait infailliblement être prononcée aujourd'hui pour les dettes commerciales qui ont été contractées, pour les lettres-de-change qui ont été souscrites pendant tout le temps qu'a été en vigueur la loi du 9 mars 1793.

» Cependant il est certain qu'elle ne peut pas l'être, et la cour a cassé, le 17 prairial an 12, au rapport de M. Coffinhal, un arrêt de la cour de Bordeaux, du 9 fructidor an 9, qui avait jugé le contraire au préjudice du sieur Ségur.

» Il faut donc que, relativement aux titres de créance commerciale qui remontent au-delà de la loi du 28 ventôse an 5, portant abrogation de celle du 8 mars 1793, il existe une exception au principe général que nous venons de rappeler.

» Et en effet, cette exception est écrite dans la loi du 28 ventôse an 5 elle-même. *Les obligations* (y est-il dit) *qui seraient contractées postérieurement à la promulgation de la présente loi, et pour le défaut d'acquittement desquelles les lois antérieures prononçaient la Contrainte par corps, y seront assujetties comme par le passé.* Il est clair que, par-là, il est dérogé au principe général qui veut que le mode d'exécution d'un titre de créance se règle par la loi du temps où ce titre s'exécute; il est clair que, par là, les obligations qui étaient affranchies de la Contrainte par corps par la loi du temps où elles avaient été passées, ont continué de l'être même après la publication de la loi du 28 ventôse an 5.

» Et remarquons bien que les obligations commerciales qui, à l'époque de la publication de la loi du 28 ventôse an 5, étaient affranchies de la Contrainte par corps, le sont encore aujourd'hui.

» Car, d'un côté, l'art. 2084 du Code civil, conserve toute leur autorité aux lois antérieures sur la Contrainte par corps en matière de commerce, et par conséquent à la loi du 15 germinal an 6.

» De l'autre, la loi du 15 germinal an 6 n'est, comme elle le dit elle-même dans son préambule, que la suite et le complément de celle du 28 ventôse an 5; elle maintient donc implicitement la disposition de la loi du 28 ventôse an 5, qui limite aux obligations postérieures à sa publication, le rétablissement de la Contrainte par corps; elle maintient donc implicitement la disposition de la loi du 28 ventôse an 5, qui confirme l'affranchissement de la Contrainte par corps en faveur des obligations contractées sous l'empire de la loi du 9 mars 1793. C'est même ce que la cour a jugé formellement par l'arrêt du 17 prairial an 12, que nous citions tout-à-l'heure; car c'était bien long-temps après la publication de la loi du 15 germinal an 6, c'était par un arrêt du 9 fructidor an 9, que la cour d'appel de Bordeaux avait prononcé la *Contrainte par corps* contre le sieur Ségur, au sujet d'une dette de commerce qu'il avait contractée en 1794; et la cour, en cassant cet arrêt, a décidé nettement que la loi du 15 germinal an 6 n'avait pas fait cesser, relativement aux obli-

---

(1) *V. Mon Recueil de Questions de droit*, au mot *Etrangers*, §. 4.

gations contractées sous la loi du 9 mars 1793, l'exception écrite dans la loi du 28 ventose an 5.

» Ce qui prouve encore que relativement aux titres de créance dont la date remonte au-delà de la loi du 28 ventose an 5, on ne doit pas suivre, en ce qui concerne la Contrainte par corps, le principe général qui ne fait dépendre le mode d'exécution d'un titre de créance que de la loi du temps de l'exécution même ; ce qui prouve encore que, relativement à ces titres, le principe général doit céder à une exception dont ces titres sont l'objet spécial ; ce qui prouve encore que, relativement à ces titres, le mode d'exécution ne doit dépendre que de la loi du temps où ils ont été formés ; c'est la manière dont la cour a motivé ces quatre arrêts des 4 nivose an 9, 21 germinal an 10, 2 et 3 août 1808, sur la question de savoir si la loi du 28 ventose an 5, avait ou n'avait pas rendu tout leur effet aux condamnations par corps prononcées, et aux obligations par corps souscrites avant la loi du 9 mars 1793.

» Au premier coup-d'œil, il aurait semblé que la loi du 4 ventose an 5 ne rétablissant la Contrainte par corps que pour les obligations postérieures à sa publication, en affranchissait non-seulement les obligations contractées sous la loi du 9 mars 1793, mais encore les obligations contractées avant cette dernière loi.

» Mais la cour a considéré deux choses : la première, que la loi du 28 ventose an 5 rapporte, en termes exprès, la loi du 9 mars 1793 ; et qu'en la rapportant, elle lui ôte tout l'effet qu'elle avait momentanément produit au préjudice des créanciers d'obligations par corps antérieures à sa publication ; la seconde, que ces obligations ayant été *contractées sous la garantie de la Contrainte par corps*, il était juste que l'on se reportât, pour le mode de leur exécution, à la loi sous l'empire de laquelle les débiteurs les avaient souscrites. En conséquence, par deux arrêts cités, elle a maintenu des jugemens en dernier ressort, qui avaient condamné par corps au payement de dettes commerciales antérieures à la la loi du 9 mars 1793 ; et par les deux autres, elle a cassé des jugemens en dernier ressort, qui avaient déchargé de la Contrainte par corps des débiteurs de dettes commerciales de la même date.

» Il est donc bien constant que, sur la question de savoir s'il y a lieu ou non à la Contrainte par corps, pour les dettes antérieures à la loi du 28 ventose, an 5, ce n'est pas à la loi du temps de l'exécution, mais à la loi du temps de l'obligation, que l'on doit s'attacher.

» Il est donc bien constant que si, dans notre espèce, la loi du temps où le sieur Dusaillant a souscrit une lettre-de-change de 13,500 livres au profit du sieur Dury, ne l'avait pas soumis à la Contrainte par corps pour le payement de cette lettre-de-change, le sieur Dusaillant ne serait pas, en ce moment, passible de la Contrainte par corps, à laquelle la loi du 15 germinal an 6 assujettit actuellement tous les signataires de lettre-de-change, marchands ou non.

» Il est donc bien constant que le sieur Dusaillant ne pourrait aujourd'hui être contraint par corps au payement de cette lettre-de-change, qu'en vertu de la loi sous l'empire de laquelle il l'a souscrite.

» Or, cette loi que nous dit-elle relativement au sieur Dusaillant ?

» Elle nous dit qu'en signant une lettre-de-change, il s'est soumis à la Contrainte par corps.

» Mais elle nous dit en même temps, qu'il ne s'y est soumis que jusqu'à sa soixante-dixième année ?

» Elle nous dit qu'il s'est réservé le privilège qu'elle attribuait à tous les signataires indistinctement, de ne pouvoir être contraint par corps en matière civile et commerciale, que pour cause de stellionnat.

» Elle nous dit, par conséquent, que l'arrêt attaqué par les héritiers du sieur Dury, a très-bien jugé.

» Et par ces considérations, nous estimons qu'il y a lieu de rejeter la requête en cassation, et de condamner le demandeur à l'amende ».

Par arrêt du 21 avril 1813, au rapport de M. Favard de l'Anglade, « Attendu qu'il résulte de la combinaison des art. 4 et 9 du tit. 34 de l'ordonnance de 1667, que les septuagénaires ne pouvaient être emprisonnés pour dettes de commerce ; que l'ordonnance du mois de mars 1673 n'a pas dérogé à cette exception, qui a été confirmée par l'ancienne jurisprudence ; que la loi du 24 ventose an 5, en rétablissant la Contrainte par corps, abrogée par la loi du 9 mars 1793, a maintenu les dispositions des anciennes lois ; que dès-lors, les obligations contractées sous l'empire de ces lois, doivent conserver le privilège qui était établi en faveur des septuagénaires, et auquel la loi du 15 germinal an 6 n'a rien dérogé pour le *passé*, mais seulement pour l'*avenir* ; que les sentences rendues contre le sieur Dusaillant remontent à 1790 ; que ce dernier ayant atteint sa soixante-dixième année depuis 1808, il a, dès ce moment, été déchargé de la Contrainte par corps prononcée contre lui ; et qu'en le jugeant ainsi, l'arrêt attaqué n'a violé aucune loi ; la cour rejette le pourvoi ».

N. XXV. *Page* 79, *col.* 1, *après la ligne* 17, *ajoutez :*

XXV *bis. La Contrainte par corps peut-elle être prononcée entre associés commerçans, à raison de ce que l'un doit à l'autre par le résultat de la liquidation de la société ?* V. *Société*, sect. 6, §. 3, n°. 2 *bis*.

CONTREFAÇON, §. XI. *Page* 100, *col.* 1, *après la ligne pénultième, ajoutez* :

2°. *Peut-elle être exercée par le simple copiste d'un ouvrage entré dans le domaine du public, sur le seul fondement que l'édition qu'il dénonce comme une Contrefaçon de la sienne, porte le nom de l'imprimeur de celle-ci ? — 3° Peut-elle être exercée par celui qui, en copiant un ouvrage entré dans le domaine public, l'a publié sous un titre nouveau ; qu'il ne l'a pas copié en entier ; qu'il y a fait des changemens et des additions? 4°. Peut-elle être exercée par celui qui a copié, non un seul, mais plusieurs ouvrages entrés dans le domaine du public, et qui, des lambeaux qu'il a extraits de chacun, a composé, en y faisant des additions qui lui sont propres, un tout auquel il a donné un titre nouveau ?*

Même page, col. 2, après la ligne 33, ajoutez :

Le 19 fructidor an 10, acte sous-seing-privé, par lequel le sieur Cardon, domicilié à Lille, *cède en toute propriété*, au sieur Leclere, imprimeur-libraire à Paris, un *manuscrit de sa rédaction, intitulé :* « Lectures chrétiennes, en forme d'instructions familières sur les épîtres et les évangiles des dimanches, et sur les principales fêtes de l'année, avec cette épigraphe : *Docebis ea filios ac nepotes tuos* ». Le sieur Leclere, de son côté, s'oblige d'en fournir 200 exemplaires au sieur Cardon, *et de n'en point publier de nouvelles éditions, qu'ils ne se soient concertés ensemble à cet effet.*

Le sieur Leclere fait d'abord une première édition de cet ouvrage, sans y mettre le nom de l'auteur ; et le 22 décembre 1807, il en dépose deux exemplaires à la bibliothèque de l'état.

Le 19 août 1811, les sieurs Villeprend et Brunet, imprimeurs à Lyon, font, à la direction-générale de la librairie, la déclaration de l'intention dans laquelle ils son d'imprimer *sans changement*, pour le compte du sieur Savy, libraire de la même ville, un ouvrage ayant pour titre : *Lectures chrétiennes, en forme d'instructions familières sur les épîtres et évangiles des dimanches*, etc. sans nom d'auteur, et de le tirer à 1,000 exemplaires.

Le 25 novembre de la même année, ils réitèrent cette déclaration, et y ajoutent qu'ils se proposent de tirer l'ouvrage à 2,000 exemplaires. — Le directeur-général de la librairie reçoit ces déclarations, et y insère la mention que l'ouvrage dont il s'agit est *du domaine public.*

En 1812, le sieur Leclere fait saisir, dans les ateliers des sieurs Villeprend et Brunet, les exemplaires imprimés de cet ouvrage, et il fait citer ces deux imprimeurs ; ainsi que le sieur Savy, libraire, au tribunal correctionnel de Lyon.

Le 10 août de la même année, jugement par lequel, considérant, entr'autres choses, « qu'il ne suffit pas d'imprimer un ouvrage de littérature et d'en déposer deux exemplaires à la bibliothèque ; pour pouvoir jouir du droit de propriété garanti par la loi aux auteurs ou à leurs cessionnaires, et exercer l'action en Contrefaçon à l'égard de ceux qui viennent à imprimer le même ouvrage ; qu'il faut être l'auteur de l'ouvrage imprimé, ou le cessionnaire de cet auteur... ; que, pour pouvoir réclamer le privilège accordé aux auteurs, il ne suffit pas non plus de composer un ouvrage à l'aide de compilations faites dans d'autres ouvrages déjà imprimés ; qu'il est de principe consacré par l'arrêt de la cour de cassation, du 5 brumaire an 13, que les avantages accordés aux auteurs par la loi du 19 juillet 1793, ne peuvent être réclamés que par ceux qui sont véritablement auteurs, par ceux auxquels appartient la première conception d'un ouvrage, soit de littérature, soit des arts, et non par ceux qui n'ont fait que copier l'ouvrage d'autrui ; qu'ici le sieur Cardon ne peut guère être regardé que comme un copiste ; qu'il a lui-même déclaré, dans l'*avertissement* en tête de l'ouvrage qu'on lui attribue, que *les lectures relatives aux dimanches sont tirées, en grande partie, des Prônes de M. Cochin* (mort curé de Saint-Jacques-du-Haut-Pas, à Paris), dont elles contiennent la substance, à quelques changemens près qu'on a cru nécessaires ; et que celles qui ont rapport aux fêtes sont puisées dans les meilleures sources, telles que le *Pastoral de Paris*, les ouvrages de Bossuet, Fénélon, Bourdaloue, Massillon, Berthier, Baudrand, Duquerne, etc. ; que, d'après la vérification et l'examen qu'en a fait le tribunal, il s'est convaincu que le sieur Cardon n'a fait que copier, presque mot pour mot et à peu de différence près, les morceaux qu'il a pris dans les divers ouvrages qui viennent d'être rapportés, ouvrage dont les auteurs étaient décédés depuis assez long-temps, et qui formaient déjà une dépendance du domaine public ; qu'à la vérité il paraît que le sieur Cardon a fait quelques changemens, notamment en convertissant en prières les péroraisons des prônes de M. Cochin, et certains passages par lui tirés des ouvrages précités ; mais qu'il y a employé les mêmes idées et à peu près les mêmes expressions ou des termes synonymes ; de sorte qu'à cet égard, il ne saurait guère mériter le titre d'auteur dont on le décore ; qu'il paraît aussi qu'il y a fait quelques additions, mais que ces additions sont peu considérables ; qu'il faudrait qu'elles formassent au moins un quart de l'ouvrage, pour que le sieur Cardon eût pu le faire imprimer sous son nom, conformément à la disposition de l'art. 2 du règlement du Conseil d'état du 30 août 1777, et qu'il est difficile de trouver le quart en sus dans l'ouvrage dont il s'agit ; que dès que les additions n'excédaient pas le quart de l'ouvrage, elles ne doivent être regardées que comme un accessoire ; que la majeure partie attirait à elle la moindre, suivant la règle de droit, *pars major trahit ad se minorem* ; et que celle-là se trouvant déjà être une propriété publique, faisait participer celle-ci à la même condition ; qu'il suit de là que le sieur Cardon n'ayant pas copié, en majeure partie, les ouvrages d'autrui dans ses *Lectures chrétiennes*, il ne pouvait pas les faire imprimer sous son nom, ni réclamer le droit de propriété garanti aux auteurs par la loi du 19 juillet 1793, et conséquemment qu'il n'a pas pu céder ni transférer au sieur Leclere un droit qu'il n'avait pas lui-même.... ; le tribunal dit et prononce.... que l'ouvrage intitulé *Lectures chrétiennes*, attribué au sieur Cardon, et dont le sieur Leclere se prétend cessionnaire, est déclaré faire partie du domaine public; que les sieurs Villeprend et Brunet sont déclarés non coupables du délit de Contrefaçon, et le sieur Savy non coupable du délit d'ouvrages contrefaits....; condamne le sieur Leclere à payer, aux sieurs Villeprend et Brunet la somme de 400 fr., et au sieur Savy la somme de 200 fr. à titre de dommages-intérêts, et aux dépens... ».

Le sieur Leclere appelle de ce jugement à la chambre correctionnelle de la cour de Lyon. Par arrêt du 29 août 1814.— « Considérant que là loi du 19 juillet 1793, en conservant aux auteurs le droit exclusif de vendre, faire vendre et distribuer leurs ouvrages, ne s'applique qu'aux ouvrages qui sont le fruit de la conception du génie, et non à ceux qui ne contiennent que la copie d'un ancien livre reproduit presque sous le même titre, avec des additions prises encore dans d'autres auteurs indiqués; que le dépôt de deux exemplaires à la bibliothèque nationale, prescrit par l'art. 6 de la même loi, pour être admis à poursuivre le contrefacteur, ne peut conférer à l'imprimeur qui, le premier, aurait imprimé un ouvrage dont le manuscrit ne serait que la copie d'autres ouvrages appartenans au domaine public, le droit de les imprimer et réimprimer exclusivement; que, sous le rapport des imprimeurs, l'art. 2 de l'arrêt du conseil du 30 août 1777 dispose que lorsqu'un imprimeur avait obtenu un privilége pour imprimer un livre nouveau, ce privilége cessait et l'imprimeur ne pouvait demander une continuation de privilége pour une seconde édition, à moins qu'il n'y eût, dans le livre, une augmentation au moins d'un quart, sans que, pour ce sujet, on pût refuser aux autres la permission d'imprimer les anciennes éditions non augmentées; que, quand les parties seraient sous l'empire de ce privilége reconnu par l'arrêt du 30 août 1777, Leclere ayant fait une édition des *Lectures chrétiennes*, son privilége aurait cessé pour la seconde édition, et qu'il aurait été libre à Villeprend, Brunet et Savy de faire imprimer la première édition, en se conformant, comme ils l'ont fait, aux instructions faites par la librairie; qu'en droit, un ouvrage ancien ne doit être considéré comme propriété de celui qui le reproduit, qu'autant qu'il se trouverait augmenté avec des changemens ou additions qui pussent le faire considérer comme ouvrage nouveau pour le plan et pour son objet;

» Considérant, en fait, que les *Lectures chrétiennes* ne sont que la copie des Prônes de Cochin et d'autres ouvrages annoncés par le sieur Cardon lui-même, et que ce qui a été ajouté par le sieur Cardon, est loin de former le quart du livre des *Lectures chrétiennes*; que, sous ce rapport, il ne saurait être considéré comme auteur; qu'il n'a même jamais eu la prétention de se considérer comme tel, par le manuscrit qu'il a cédé à Leclere; que dès-lors, l'ouvrage est dans le domaine public; et que c'est sans fondement que Leclere a donné plainte en Contrefaçon contre Villeprend, Brunet et Savy, et qu'il y a lieu de révoquer la saisie,

avec dommages-intérêts; que les dommages-intérêts fixés par les premiers juges, ne sont pas excessifs; par ces motifs, la cour met l'appellation au néant... ».

Le sieur Leclere se pourvoit en cassation contre cet arrêt.

« Vous n'avez pas à examiner (ai-je dit à l'audience de la section criminelle, le 1er décembre 1814), si les faits reconnus pour constans par l'arrêt attaqué, le sont véritablement; l'arrêt attaqué a, par rapport à ces faits, toute l'autorité de la chose irrévocablement jugée; et ce qu'il a décidé par rapport à ces faits, ne peut être devant vous l'objet d'aucune espèce de débat.

» Ainsi, nous devons tenir pour constant que les *Lectures chrétiennes* du sieur Cardon *ne sont que la copie des Prônes de Cochin et d'autres ouvrages annoncés par le sieur Cardon lui-même; et que ce qui a été ajouté par le sieur Cardon, est loin de former le quart du livre des Lectures chrétiennes*.

» Mais à ces faits ainsi reconnus, ainsi déclarés, l'arrêt que vous dénonce le sieur Leclere n'at-t-il pas dû appliquer les dispositions de la loi du 19 juillet 1793, relatives à la propriété des auteurs et de leurs cessionnaires, et celles du Code pénal de 1810, relatives à la Contrefaçon ? Et en jugeant que les unes et les autres dispositions n'y sont pas applicables, ne les a-t-il pas violées ? Voilà ce qu'il vous appartient de décider, et telle est la question que notre ministère nous appelle à discuter devant vous.

» Cette question se réduit à savoir si le sieur Cardon a dû être considéré par la cour royale de Lyon, comme propriétaire des *Lectures chrétiennes*; et si, en lui refusant la qualité de propriétaire de cet ouvrage, la cour de Lyon n'a pas contrevenu à l'art. 1er de la loi du 19 juillet 1793.

» Pour l'affirmative, on peut dire, et l'on vous dit effectivement que l'art. 1er de la loi du 19 juillet 1793 embrasse dans sa disposition les *auteurs d'écrits en tout genre*; que ces termes *en tout genre* sont absolus et illimités; et qu'ils s'appliquent aux écrivains qui ne font que compiler, comme aux écrivains qui inventent.

» Mais il ne faut pas séparer, dans cet article, les mots *écrits en tout genre*, de l'expression *auteurs*, et la propriété dont cet article déclare que les *écrits en tout genre* sont susceptibles, ne peut évidemment être réclamée que par ceux qui en sont *auteurs*, dans la véritable acception de ce terme.

» Or, le mot *auteur*, quel sens a-t-il en général ? Quel sens a-t-il relativement aux écrits ? Quel sens a-t-il dans la loi du 19 juillet 1793 ?

» En général, le mot *auteur* désigne, suivant la définition qu'en donne le Dictionnaire de l'Académie française, *celui qui est la première cause de quelque chose*; et il est aussi, suivant la même définition, synonyme d'*inventeur*.

» Appliqué aux écrits, le mot *auteur se dit* (toujours suivant le même Dictionnaire) *de celui qui a composé un livre, qui a fait quelques ouvrages d'esprit en vers ou en prose*; et il est bien clair qu'en ce sens, le mot *auteur* est opposé à *copiste*.

» Enfin, la loi du 19 juillet 1793 ne permet pas de douter qu'elle n'exclue également les copistes de la dénomination d'auteur. *Les héritiers de l'auteur d'un ouvrage de littérature ou de gravure*, dit-elle, art. 7, *ou* DE TOUTE AUTRE PRODUCTION DE L'ES-PRIT OU DU GÉNIE, *qui appartient aux beaux arts, en auront la propriété exclusive pendant dix années.* Ces termes, *ou de toute autre production de l'esprit ou du génie, qui appartient aux beaux arts,* ne sont ni obscurs ni équivoques. Ils signifient clairement que les productions de l'esprit ou du génie sont de deux sortes ; que les unes consistent en ouvrages de littérature ; que les autres appartiennent aux beaux arts ; mais que nul ne peut être réputé auteur, soit d'un ouvrage de littérature, soit d'un ouvrage d'arts, si ce n'est pas à son esprit ou à son génie qu'en est due la production.

» Donc, les expressions d'*écrits en tout genre*, ne sont employées dans l'art. 1er de la même loi, que pour désigner tous les genres de compositions littéraires.

» Donc, elles n'y désignent pas les écrits qui ne seraient pas des compositions, mais de simples copies.

» Donc, celui qui ne fait que copier une composition littéraire ne peut jamais être réputé auteur de la copie de cette composition, ni par conséquent en avoir la *propriété* dans le sens attaché à ce mot par la loi du 19 juillet 1793, et par le Code pénal de 1810.

» Notre question n'est cependant pas encore résolue : car il reste au sieur Leclere plusieurs moyens pour se soustraire aux conséquences qui résultent contre lui de cette manière d'interpréter l'art. 1er de la loi du 19 juillet 1793.

» Et d'abord, il ne se plaint pas seulement devant vous de ce que les défendeurs ont contrefait les *Lectures chrétiennes* du sieur Cardon ; il se plaint encore de ce que les défendeurs ont mis jusqu'à son nom propre à leur contrefaçon, de ce qu'ils ont donné à leur édition des *Lectures chrétiennes* du sieur Cardon, un frontispice qui annonce qu'elle est sortie non de leurs presses, mais des siennes. Or, ajoute-t-il, cela seul est un délit de la part des défendeurs ; et ce délit d'autant plus grave, qu'indépendamment de l'atteinte qu'il porte à la propriété que je tiens du sieur Cardon, mon cédant, il compromet encore ma réputation d'imprimeur, en mettant sur mon compte une foule innombrable de fautes grossières que l'on ne doit cependant imputer qu'aux sieurs Villeprend et Brunet.

» Mais, 1° le sieur Leclere a-t-il présenté la cause sous ce point de vue à la cour royale de Lyon ? S'est-il plaint spécialement devant la cour royale de Lyon, de ce que les défendeurs avaient mis son nom à leur édition des *Lectures chrétiennes* ? Le fait même est-il vrai ? Est-il vrai que l'édition des *Lectures chrétiennes*, imprimée par les défendeurs, porte le nom du sieur Leclere ? Sur tout cela, silence absolu dans l'arrêt attaqué, et il n'est pas

nécessaire d'observer que le sieur Leclere ne peut pas changer, dans une instance en cassation, l'état de la question qui a été soumise aux magistrats dont il attaque l'arrêt.

» 2° Le seul fait que la copie d'un ouvrage appartenant au domaine du public, serait réimprimé sous le nom de l'imprimeur qui en a mis précédemment une édition au jour, pourrait-il être qualifié de *Contrefaçon* ?

» Que ce fait soit une action répréhensible, personne n'en peut douter ; que ce fait, s'il était vrai, puisse, dans notre espèce, donner lieu à une action civile de la part du sieur Leclere, nous en convenons ; que ce fait puisse être poursuivi par le ministère public comme attentatoire aux lois et aux règlemens qui obligent tout imprimeur de mettre son nom aux ouvrages sortis de ses presses, soit.

» Mais voir dans ce fait un délit de Contrefaçon, c'est impossible. Il n'y a de délit de Contrefaçon que lorsqu'un ouvrage, appartenant à autrui, est imprimé sans la permission du propriétaire. Or, la partie d'un frontispice d'un livre qui contient le nom de l'imprimeur, forme-t-elle à elle seule un ouvrage dont cet imprimeur puisse revendiquer la propriété ? Non sûrement. L'action d'un imprimeur qui met son nom au frontispice d'un livre qu'il imprime n'est ni *une production de l'esprit,* ni et encore moins une *production de génie.* C'est une opération purement manuelle, purement mécanique ; elle ne pourrait appartenir à cet imprimeur qu'autant que cet imprimeur se trouverait propriétaire du livre même ; elle ne pourrait lui appartenir que par *droit d'accession.* Elle ne peut donc pas lui appartenir, lorsque le livre est dans le domaine du public.

» Le sieur Leclere vous dit ensuite que le sieur Cardon, son cédant, n'a pas fait une simple copie des *Prônes* de l'abbé Cochin ; qu'il a fait cinq choses de plus ; 1° qu'il a donné à son travail un titre différent de celui sous lequel l'abbé Cochin avait mis ses *Prônes* au jour ; 2° qu'il a supprimé de la copie qu'il a faite des *Prônes* de l'abbé Cochin, différentes parties de l'original ; 3° qu'il a changé la forme de plusieurs des parties qu'il a copiées ; que ce que l'abbé Cochin avait mis en *péroraison*, il l'a converti en *prières* ; 4° qu'il y a intercalé des additions qui sont reconnues lui appartenir ; 5° qu'il a également intercalé des copies de passages extraits d'autres auteurs qu'il a lui-même indiquées dans son avertissement.

» Mais de ces trois circonstances, il en est d'abord trois qui sont insignifiantes.

» Si l'abbé Cochin vivait encore, et qu'il poursuivît le sieur Leclere comme contrefacteur de ses *Prônes,* le sieur Leclere échapperait-il à sa poursuite, sous le triple prétexte que le sieur Cardon, son cédant, n'a pas pris le *titre* de l'abbé Cochin, qu'il n'a pas copié ses *Prônes* en latin, et qu'il a fait quelques changemens à la forme des parties qu'il a conservées.

» Non, assurément non. L'abbé Cochin répondrait victorieusement qu'il y a Contrefaçon, non-seulement lorsqu'on imprime un ouvrage *en entier* sans la permission de l'auteur, mais encore lorsque, sans la permission de l'auteur, on imprime un ouvrage *en partie*, et que certainement ses *Prônes* ont été, sans sa permission, imprimés *en partie* par le sieur Leclere, quoique le cédant du sieur Leclere en eût changé le titre, quoiqu'en les copiant, il en eût retranché quelques morceaux, quoiqu'il eût converti les *péroraisons en prières*; qu'à la vérité, le 5 juillet 1812, vous avez jugé, en maintenant deux arrêts de la cour de Paris, attaqués par les sieurs Dentu et Prudhomme, qu'emprunter quelques phrases, quelques lambeaux d'un auteur, ce n'est pas le contrefaire.(1); mais que le sieur Cardon ne s'est pas tenu à un emprunt de quelques phrases, de quelques lambeaux des *Prônes* de l'abbé Cochin; qu'il convient lui-même dans son *avertissement* que ses *Lectures relatives aux dimanches, sont tirées, en grande partie, des Prônes* de ce pasteur; qu'ainsi, la Contrefaçon est manifeste.

» Le sieur Leclere serait donc jugé contrefacteur des *Prônes* de l'abbé Cochin, si l'abbé Cochin vivait encore; et par là même, le sieur Cardon, son cédant, serait, dans cette hypothèse, jugé non-propriétaire des *Lectures chrétiennes.*

» Mais quelle différence la mort de l'abbé Cochin peut-elle apporter dans la prétention du sieur Cardon et de son cessionnaire à une propriété qu'ils n'auraient pas, qu'ils ne pourraient pas avoir, l'abbé Cochin vivant? Aucune. La propriété qui, l'abbé Cochin vivant, lui appartiendrait sans difficulté, n'a pu être transférée, par la mort de l'abbé Cochin, ni au sieur Cardon, ni à son cessionnaire; elle est tombée toute entière dans le domaine du public. Le public, et par conséquent chaque imprimeur, peut donc aujourd'hui en user à discrétion. Le public, et par conséquent chaque imprimeur, peut donc aujourd'hui opposer au sieur Cardon et à son cessionnaire l'exception de non-propriété.

» La quatrième des circonstances dans lesquelles se retranche le sieur Leclere, est-elle plus décisive que les trois premières? En d'autres termes, l'intercalation que le cédant du sieur Leclere a faite d'additions qui lui appartiennent véritablement, aux morceaux qu'il a extraits des *Prônes* de l'abbé Cochin, peuvent-elles faire réputer le cédant du sieur Leclere auteur et propriétaire des *Lectures chrétiennes*? Et en jugeant que non, la cour royale de Lyon a-t-elle violé quelques lois?

» Si ces additions étaient assez considérables pour former le quart des *Lectures chrétiennes*, on pourrait, jusqu'à un certain point, argumenter, en faveur du sieur Leclere, de l'art. 2 de l'arrêt du conseil du 30 août 1777; et voici comment.

» L'arrêt du conseil du 30 août 1777 établissait une différence remarquable entre le cas où un auteur, en faisant imprimer son ouvrage, s'en réser-

vait la propriété; et le cas où un auteur cédait à un libraire la propriété de l'ouvrage qu'il publiait.

» Dans le premier cas, l'auteur conservait sa propriété tant qu'il vivait, il la transmettait même à ses héritiers; et nul ne pouvait, tant qu'il vivait ou qu'il lui restait des héritiers, obtenir un privilége pour faire réimprimer ses ouvrages, même avec des additions, des notes ou des commentaires, quelle qu'en fût l'étendue ou le volume.

» Dans le second cas, le cessionnaire de l'auteur en conservait la propriété pendant toute la vie de celui-ci, et pendant tout le temps qu'avait encore à courir au moment de la mort de celui-ci, le privilège qu'il avait obtenu en conséquence de la cession. Le privilège expiré après la mort de l'auteur; le cessionnaire ne pouvait pas en exiger la continuation; et l'ouvrage qu'il avait imprimé, entrait dans le domaine du public.

» Cependant, si le cessionnaire voulait réimprimer l'ouvrage avec des additions qui l'augmentaient au moins d'un quart au total, il en était le maître, en obtenant toutefois un privilège qui ne pouvait pas lui être refusé; et dans ce cas, l'ouvrage qu'il réimprimait ainsi, formait pour lui une véritable propriété.

» De là, on a tiré la conséquence que celui qui, par des additions faites à un ouvrage entré dans le domaine du public, en augmente le volume d'un quart au total, acquiert la propriété de l'édition ainsi augmentée qu'il en publie.

» Cette conséquence n'est cependant pas assez légale, assez sûre, pour que l'on pût en faire la base de la cassation d'un arrêt qui l'aurait rejetée; car, d'un côté, l'arrêt du conseil du 30 août 1777 sur lequel on la fonde, n'a jamais été revêtu des formalités qui étaient alors nécessaires pour imprimer le caractère de loi aux actes du gouvernement; de l'autre, la disposition de l'art. 2 de cet arrêt, de laquelle on infère qu'augmenter d'un quart un ouvrage entré dans le domaine public, c'est acquérir la propriété de l'ouvrage ainsi augmenté, s'accorderait peut-être difficilement avec le décret du 1er germinal an 13 qui veut que tout ouvrage posthume qui est imprimé par addition à des ouvrages que l'auteur avait publiés depuis plus de dix ans, suive (dans tous les cas, et sans distinguer s'il forme, ou s'il ne forme pas, le quart de la nouvelle édition dont il fait partie) le sort des ouvrages auxquels il est incorporé, et qu'il appartienne, comme eux, au domaine du public; quoique peut-être aussi pût-on soutenir, avec une grande apparence de fondement, que ce décret ne doit être entendu que du cas où l'ouvrage posthume ne forme qu'une très-faible partie du recueil dans lequel il est inséré.

» Mais au moins il résulte toujours de l'art. 2 de l'arrêt du conseil du 30 août 1777, considéré simplement comme raison écrite, et abstraction faite de l'espèce de contrariété qu'il y a entre cet article et le décret du 1er germinal an 13, que si, dans notre espèce, les additions faites par le sieur Cardon aux extraits des ouvrages qu'il a copiés, formaient le quart des *Lectures chrétiennes*, le sieur Leclere aurait un prétexte quelconque pour reprocher à la cour royale de Lyon d'avoir, sinon violé une loi proprement dite, du moins mal jugé.

» Eh bien ! le sieur Leclere n'a pas même cette faible ressource. L'arrêt attaqué décide, en fait, *que ce qui a été ajouté par le sieur Cardon, est loin de former le quart des Lectures chrétiennes ;* et dès-là, l'induction que l'on pourrait tirer, en thèse générale, de l'art. 2 du réglement du conseil du 30 août 1777, se rétorque contre le sieur Leclere avec une force inexpugnable.

» Car, si l'art. 2 du réglement du conseil du 30 août 1777, ne peut pas, comme raison écrite, déterminer la cassation d'un arrêt qui s'en serait écarté, il peut du moins justifier, comme raison écrite, un arrêt qui s'y serait conformé.

» Aussi en avez-vous argumenté en ce sens, à votre audience du 23 octobre 1806, pour motiver le rejet d'une demande en cassation qui avait quelque analogie avec celle qui vous occupe en ce moment.

» Veneroni, qui vivait dans la première moitié du dix-huitième siècle, avait publié un ouvrage intitulé : *le Maître italien, ou Grammaire française et italienne.*

» En 1800, le sieur Gattel, professeur de grammaire à Grenoble, cède aux sieurs Bruisset et compagnie, imprimeurs-libraires à Lyon, un manuscrit ayant pour titre : *le Maître italien, ou Grammaire française et italienne de Veneroni, nouvelle édition, mise en meilleur ordre, entièrement refondue, purgée des fautes nombreuses qui déparaient toutes les éditions précédentes, augmentée d'un nouveau Traité de la poésie italienne, d'un Vocabulaire poétique, d'une Liste des principales productions des meilleurs auteurs italiens, et de plusieurs additions dans le Vocabulaire des langues.*

» Le sieur Bruysset et compagnie impriment cet ouvrage et le livrent au commerce.

» Quelques années après, ils découvrent que le sieur Joly, imprimeur à Avignon, le réimprime. Ils en font saisir les exemplaires, et ils assignent le sieur Joly au tribunal correctionnel d'Avignon, pour se voir déclarer contrefacteur et puni comme tel.

» Le sieur Joly répond que son édition, quoique littéralement conforme à celle des sieurs Bruysset et compagnie, n'est cependant que l'édition d'un ouvrage appartenant au public ; qu'à la vérité, le sieur Gattel a fait des additions à cet ouvrage ; mais que ces additions ne s'élevant pas à un quart du total de son édition, n'ont pas pu faire passer son édition dans sa propriété ; qu'elles ont suivi le sort de l'ouvrage dans lequel le sieur Gattel les a fondues ; et qu'elles sont tombées, comme cet ouvrage dont elles ne sont qu'un léger accessoire, dans le domaine du public.

» Sur cette défense, jugement et arrêt qui déclarent nulle la saisie pratiquée à la requête des sieurs Bruysset et compagnie, et acquittent le sieur Joly de la plainte en Contrefaçon.

» Recours en cassation de la part des sieurs Bruys-

set et compagnie ; mais par arrêt du 23 octobre 1806, au rapport de M. Vergès « considérant qu'il ne s'agissait pas, dans cette affaire, de décider purement et simplement si l'auteur d'un ouvrage en acquiert la propriété publique, en se conformant aux formalités prescrites ; que la loi du 19 juillet 1793 est formelle et positive à cet égard ; qu'il s'agissait au contraire de décider si, à l'aide de quelques légères augmentations faites à un ouvrage devenu, depuis long-temps, une propriété publique, on peut s'attribuer un droit de propriété exclusive ; surtout lorsque ces légères augmentations ont été confondues dans l'ouvrage qui était dans le domaine du commerce et de la librairie ; que la grammaire de Veneroni était devenue, depuis long-temps, une propriété publique, lorsque Gattel, dont les réclamans portent droit, a entrepris une nouvelle édition de cet ouvrage ; qu'il a été reconnu, en point de fait, tant par le tribunal de première instance que par la cour dont l'arrêt est attaqué, que Gattel n'avait fait que de très-légères augmentations à cet ouvrage qui était, depuis long-temps, dans le domaine du commerce et de la librairie ; que la cour dont l'arrêt est attaqué, a pu induire des circonstances, qu'en confondant ces légères augmentations avec un corps d'ouvrage essentiellement devenu propriété publique, Gattel n'avait pas pu acquérir un droit de propriété exclusive ; qu'en effet, d'après le réglement du 30 août 1777, les augmentations faites à un ouvrage, n'attribuaient un droit de propriété particulière, qu'autant que ces augmentations étaient du quart de l'ouvrage ; que le décret du 1er germinal an 13 a consacré en principe, que les ouvrages des auteurs morts depuis plus de dix ans, sont des propriétés publiques ; que, d'après ce décret, les héritiers de ces auteurs ne sont reconnus propriétaires des ouvrages posthumes, qu'à la charge de les imprimer séparément et de ne pas les confondre avec des éditions d'ouvrages déjà devenus propriété publique ; que par conséquent la cour dont l'arrêt est attaqué, a légalement opéré en rapprochant de la loi du 19 juillet 1793, le réglement du 30 août 1777, sous le rapport de l'insuffisance des augmentations, et le décret du 1er germinal an 13, sous le rapport de l'incorporation et de la confusion prohibées par ce décret ; la cour rejète le pourvoi des sieurs Bruysset et compagnie... ».

» Cet arrêt préjuge bien clairement que le sieur Leclere ne peut pas ici se prévaloir des augmentations faites par le sieur Cardon aux parties des *Prônes* de l'abbé Cochin qu'il s'est appropriées pour composer ses *Lectures chrétiennes.*

» Mais reste la cinquième des circonstances que nous avons à examiner ; et elle nous présente une question d'une grande importance : celle de savoir si le sieur Cardon peut être censé avoir fait, des *Lectures chrétiennes,* un ouvrage qui lui fût propre, par cela seul que, dans la copie qu'il y a faite de différentes parties des *Prônes* de l'abbé Cochin, et dans les additions dont il l'a personnellement grossie, il a intercalé des copies particlles d'autres ouvrages de différens auteurs, notamment du *Pastoral* de Paris, de Bossuet, de Fénélon, de Bourdaloue, de Massillon, de Berthier, de Baudrand, de Duquesne, etc.

» Une question qui est bien voisine de celle-ci, s'est présentée à votre audience du 3 brumaire an 13.... (1).

» Qu'oppose-t-on à cet arrêt de la part du sieur Leclere ? « Il résulte bien de cet arrêt (vous dit-on), » que celui qui copie, n'acquiert pas un droit de » propriété exclusive sur les originaux copiés. Mais » il n'y a là rien de commun avec notre espèce. Le » sieur Leclere ne conteste pas aux sieurs Savy, » Villeprure et Brunet, le droit d'aller puiser, » comme lui, dans *Bossuet, Bourdaloue, Fléchier,* » *Massillon, Fénélon; Berthier, Godescard, Bau-* » *drand*, les mêmes matériaux qu'il y a trouvés; » mais il leur conteste le droit de les copier dans » l'ordre et la distribution que contient l'ouvrage » des *Lectures chrétiennes*, dont les contrefacteurs » ont usurpé jusqu'au *titre* même et l'*avertissement* » qui se trouve en tête : libre à eux de faire un ou- » vrage dans le même sens, mais non de s'emparer » d'un ouvrage *tout fait*, qui, à titre de *première* » *conception*, forme incontestablement une pro- » priété exclusive ».

» Mais que disait autre chose le sieur Letourmy, lors de votre arrêt du 5 brumaire an 13 ? Je n'ai pas fait, disait-il, deux ouvrages séparés, en copiant le déssin du sieur Fresneaux et celui du sieur Legendre; je n'en ai fait qu'un seul : j'ai composé, par la réunion de ces deux dessins, un ouvrage qui n'existait pas précédemment. Copiez-les vous-mêmes, soit séparément, soit dans un ordre différent du mien, j'y consens. Mais les copier dans l'ordre que je leur ai donné dans ma copie, mais copier une copie qui m'est propre, vous ne le pouvez pas.

» Et quel cas avez-vous fait de cette défense du sieur Letourmy ? Vous avez jugé que le sieur Letourmy n'était pas devenu *auteur*, en réunissant deux ouvrages originaux dans une seule copie; que, de même qu'il n'eût été que copiste, s'il n'eût copié qu'un original, de même aussi il n'avait pas cessé d'être copiste, en copiant deux originaux à la fois.

» Auriez-vous pu juger de même, auriez-vous pû également maintenir l'arrêt qui était attaqué par le sieur Letourmy, si le sieur Letourmy, au lieu de ne copier que deux dessins, en eût copié trois, quatre, dix, et qu'il eût fait de la copie de ces trois, quatre, dix dessins, un seul tout ?

» La question eût dépendu pour vous, de la manière dont le travail du sieur Letourmy eût été envisagé par la cour dont l'arrêt vous était dénoncé.

» Si cette cour eût reconnu que le sieur Letourmy, tout en copiant un certain nombre de dessins originaux, avait réellement créé un nouvel ouvrage,

avait réellement fait ce que la loi appelle une *pro-duction de l'esprit*, nul doute que vous n'eussiez cassé son arrêt.

» Mais si elle eût déclaré que le sieur Letourmy n'avait fait en cela qu'un ouvrage matériel, et qu'il ne pouvait pas être considéré comme *auteur* proprement dit, nul doute que vous n'eussiez rejetté le recours en cassation du sieur Letourmy, copiste de trois, de quatre, de dix dessins, comme vous avez rejetté le recours en cassation du sieur Letourmy, copiste de deux dessins seulement.

» Il en est sans doute, à cet égard, des compilations d'ouvrages littéraires, comme des compilations de dessins, de gravures et de musiques.

» Sans doute, il est des compilations d'ouvrages littéraires qui, par l'immensité des recherches qu'elles supposent, par le discernement et le goût qu'elles exigent, peuvent et doivent passer pour de véritables productions de l'esprit, et qu'il n'est pas plus permis de contrefaire que si elles étaient réellement des compositions originales.

» Par exemple, les *Pandectes* de Pothier ne sont, à peu de chose près, qu'une compilation des Instituts, du Digeste, du Code et des Novelles de Justinien, c'est-à-dire, de recueils qui, depuis plusieurs siècles, sont incontestablement dans le domaine public.

» Cependant si Pothier vivait encore, et qu'un imprimeur s'avisât de publier une édition de ses *Pandectes*, sans sa permission, qui est-ce qui oserait contester à Pothier le droit de le poursuivre comme contrefacteur ? Qui est-ce qui oserait dire que Pothier, en compilant à sa manière les Institutes, le Digeste, le Code et les Novelles de Justinien, n'a pas fait un ouvrage qu'il n'appartenait qu'à un jurisconsulte du premier ordre d'entreprendre et d'achever ? Qui est-ce qui oserait dire qu'un simple copiste eût pu, comme lui, tirer tous les textes du droit romain de l'espèce de chaos dans lequel ils sont dispersés, les ranger dans un vaste cadre où enchaînés les uns aux autres, ils s'expliquent mutuellement, rapprocher de chaque règle générale toutes les exceptions qui la limitent, placer à côté de la loi ancienne, la loi moderne qui la modifie et la loi plus moderne encore qui l'abroge, en un mot, substituer l'ordre à la confusion, la lumière à l'obscurité, la facilité d'étudier et d'apprendre aux dégoûts et aux épines qui arrêtent, dès leurs premiers pas, tous les aspirans à l'exacte connaissance des lois romaines ?

» Compiler de cette manière, ce n'est pas copier, c'est créer; c'est faire ce que ferait un architecte qui, après avoir démoli un édifice gothique, en emploierait tous les matériaux pour élever un superbe palais, un temple majestueux.

» Mais il est aussi des compilations qui se font, comme on le dit vulgairement *avec des ciseaux*, qui n'exigent qu'un travail de manœuvre, et qui, par cette raison, ne peuvent pas mériter à leurs artisans le titre d'auteurs.

» Or, quel est, de ces deux genres de compila-

(1) Ici, j'ai rappelé l'arrêt qui se trouve au commencement de ce paragraphe.

20.

tion, celui que revendique ici le sieur Leclere au nom de son cédant ?

» L'arrêt attaqué paraît, à la première vue, juger que c'est le deuxième; il paraît le juger en déclarant que les *Lectures Chrétiennes* ne sont *qu'une copie*; et s'il le juge en effet, que peut-on alléguer devant vous contre une pareille décision ?

» Il était dans les attributions de la cour royale de Lyon, de comparer les *Lectures Chrétiennes* avec les ouvrages dont elles sont extraites, d'apprécier le degré d'intelligence qu'il avait fallu pour coudre ensemble les divers lambeaux de ces ouvrages, de décider enfin si la compilation que forment les *Lectures Chrétiennes*, est ou n'est pas une *production de l'esprit*.

» Mais pouvez-vous refaire vous-même ce qu'a dû faire, à cet égard, la cour royale de Lyon ? C'est demander, en d'autres termes, si, dans l'instance en cassation d'un arrêt rendu d'après une enquête dont il présenterait le résultat comme base de sa décision, vous pourriez, au lieu de vous en tenir à ce résultat tel que l'arrêt le présenterait, le comparer avec les dépositions des témoins ouïs dans l'enquête, et finir par déclarer que ce résultat n'est pas exact, qu'il est faux ? Nous n'avons pas besoin de dire que vous ne le pourriez pas : la cour de cassation n'est, ni un tribunal d'appel, ni un tribunal de révision.

» Mais est-il bien vrai que, par l'arrêt attaqué, le sieur Cardon soit déclaré n'avoir fait *qu'une copie* ?

» En déclarant que les *Lectures Chrétiennes ne sont que la copie des Prônes de Cochin*, et *d'autres ouvrages annoncés par le sieur Cardon lui-même*, *et que le sieur Cardon y a fait, de son propre cru, des additions qui ne forment pas le quart de l'ouvrage*; l'arrêt attaqué déclare implicitement que ce n'est pas une copie sèche que le sieur Cardon a faite; qu'il a plutôt fait un ouvrage de marqueterie; en un mot, que l'ensemble des parties qu'il a copiées, forme ce que l'on appelle proprement une *compilation*.

» Mais cette compilation, la cour royale de Lyon la caractérise-t-elle véritablement ? Explique-t-elle si c'est un ouvrage purement mécanique, ou si l'on peut la ranger dans la classe, non pas des *productions du génie*, mais au moins des *productions de l'esprit* ? Explique-t-elle si l'on doit, pour nous servir des termes de l'*Encyclopédie*, au mot *compilation*, la comparer à *un amas de matériaux bruts*, ou à *un édifice* ?

» Rien de tout cela. Partant du principe que la loi du 19 juillet 1793 *ne s'applique qu'aux ouvrages qui sont le fruit de la conception du génie*, principe très-faux, puisque cette loi met expressément à côté des *productions du génie*, les ouvrages qui ne sont que des *productions de l'esprit*; elle range toutes les compilations sur la même ligne; elle confond la compilation qui est le fruit du goût, de l'intelligence, de combinaisons fines, de rapprochemens ingénieux, avec la compilation qui ne suppose que du temps, des recherches, et la patience infatigable de copier mot-à-mot. Enfin, d'après la manière

dont elle s'exprime, une compilation telle que les *Pandectes de Pothier*, ne serait pas une propriété, elle serait abandonnée au premier occupant; et c'est assurément une très-grande erreur de droit, c'est assurément une contravention manifeste aux art. 1er et 7 de la loi du 19 juillet 1793.

» Par ces considérations, nous estimons qu'il y a lieu de casser et annuller l'arrêt qui vous est dénoncé ».

Par arrêt du 2 décembre 1814, au rapport de M. Aumont, « vu les art. 1, 2, 3, 4 et 7 de la loi du 19 juillet 1793...... ; attendu que la loi du 19 juillet 1793 s'applique, d'après ces expressions littérales, *aux auteurs d'écrits en tous genres*; que si elle énonce particulièrement les ouvrages qui sont le fruit *du génie*, elle énonce aussi expressément les *productions de l'esprit*; qu'elle s'étend donc aux recueils, aux compilations, et autres ouvrages de cette nature, lorsque ces ouvrages ont exigé dans leur exécution le discernement du goût, le choix de la science, le travail de l'esprit, lorsqu'en un mot, loin d'être la simple copie d'un ou de plusieurs autres ouvrages, ils ont été tout-à-la-fois le produit de conceptions étrangères à l'auteur et de conceptions qui lui ont été propres, et d'après lesquelles l'ouvrage a pris une forme nouvelle et un caractère nouveau; et attendu 1° que la disposition de l'arrêt du conseil du 30 août 1777, rappelé dans l'arrêt attaqué, ne pouvait recevoir d'application dans une cause dont les faits étaient absolument différens de ceux auxquels se réfère cette disposition ; 2° qu'il a été déclaré, par la cour royale de Lyon, que l'ouvrage intitulé *Lectures chrétiennes*, n'était que la copie des Prônes de Cochin et d'autres ouvrages anciens; et que ce qui y avait été ajouté par Cardon, ne formait pas le quart de l'ouvrage; mais qu'il n'a pas été jugé par cette cour, que cette copie fût purement matérielle, que les parties copiées eussent été rassemblées et enchaînées les unes aux autres, sans que cette réunion eût exigé, ni science, ni discernement, ni intelligence; qu'en un mot, la cour n'a pas jugé que *les Lectures chrétiennes*, telles qu'elles avaient été mises au jour par Cardon, ne constituassent pas une *production de l'esprit* dudit Cardon; que, sur les faits tels qu'ils ont été déclarés par la cour de Lyon, cette cour n'a-donc pas pu juger, que l'impression par Villeprend et Brunet de l'ouvrage de Cardon, intitulé *Lectures chrétiennes*, sans la permission de Leclere, cessionnaire dudit Cardon, ne présentait pas le délit de Contrefaçon; qu'elle a donc contrevenu aux articles cités de la loi du 19 juillet 1793; la cour casse et annulle.... ».

Page 114, col. 2, à la fin de l'article, ajoutez :

§. XVI. 1° La *Contrefaçon d'un ouvrage de sculpture est-elle un délit, comme la Contrefaçon d'un écrit ou d'une gravure ?* — 2° *Comment s'opère cette Contrefaçon ?* 3° *Un sculpteur qui n'a pas déposé à la bibliothèque impériale deux exemplaires de son ouvrage, peut-il en poursuivre les contrefacteurs ?* 4° *Le peut-il, si, sur le refus du bibliothécaire de recevoir deux exemplaires de son ouvrage, il les a déposés au greffe de la justice de paix de son domicile ?*

En 1814, le sieur Romagnesi, sculpteur-statuaire à Paris, fait un buste d'après nature, sur l'original de ce buste, il fait un moule dont il tire plusieurs épreuves, les unes en bronze, les autres en plâtre.

Pour s'assurer la propriété de son ouvrage, en se conformant à l'art. 6 de la loi du 19 juillet 1793, il présente à la bibliothèque impériale deux de ces épreuves; mais on refuse de les recevoir en dépôt, parce qu'il n'y a pas d'exemple que l'art. 6 de la loi du 19 juillet 1793 ait été exécuté par rapport aux objets de sculpture. — Sur ce refus, le sieur Romagnesi s'adresse au juge de paix de son arrondissement, et dépose dans son greffe les épreuves qu'il se proposait de déposer à la bibliothèque impériale. Le juge de paix lui en donne acte.

Cela fait, le sieur Romagnesi traite de quelques autres de ses épreuves avec des marchands en bronze et des ouvriers en porcelaine, et se réserve le droit de céder à d'autres artistes la faculté de les modeler en d'autres matières.

Bientôt il apprend que Gabrielle Robin a contremoulé son buste, et en a tiré plusieurs épreuves en plâtre. Il en porte plainte devant le juge de paix; des perquisitions sont faites en conséquence dans l'atelier de Gabrielle Robin; et il en résulte la preuve authentique que cette femme s'étant procuré un des exemplaires que le sieur Romagnesi avait tirés de son buste, s'en est servi pour le contremouler.

Après l'instruction, la demoiselle Robin est renvoyée devant le tribunal correctionnel du département de la Seine, où le sieur Romagnesi intervient comme partie civile.

La demoiselle Robin soutient que l'action intentée contr'elle, n'est ni recevable ni fondée; qu'elle est non-recevable parce que le sieur Romagnesi n'a pas fait à la bibliothèque impériale le dépôt prescrit par l'art. 6 de la loi du 19 juillet 1793; qu'elle n'est pas fondée, parce que les dispositions de cette loi et celles du Code pénal de 1810 ne sont applicables qu'aux contrefacteurs d'ouvrages de littérature, de musique, de peinture et de dessins gravés.

Le 31 août 1814, jugement par lequel le tribunal, « en ce qui concerne la fin de non-recevoir...., attendu que toutes les lois sur la matière rangent la sculpture dans la classe des beaux-arts; mais que jamais les sculpteurs n'ont été astreints à faire le dépôt à la bibliothèque impériale; qu'il n'existe aucune preuve qu'il en ait été fait aucune; attendu qu'aux termes des art. 425 et 427 du Code pénal, toute Contrefaçon est rangée dans la classe des délits; qu'il résulte des aveux d'aucune des parties, des débats et des faits de la cause, que Gabrielle Robin, après s'être procuré le buste en plâtre de .... fait par Romagnesi, a contremoulé son ouvrage; déclare Gabrielle Robin coupable du délit prévu par l'art. 425 du Code pénal....; la

condamne en 200 fr. d'amende payable par corps, ordonne la confiscation de tous les bustes contrefaits, soit en tout, soit en partie; reçoit Romagnesi partie intervenante; faisant droit sur son intervention, condamne Gabrielle Robin en 100 fr. de dommages-intérêts envers ledit Romagnesi; la condamne en outre aux dépens.... ».

La demoiselle Robin appelle de ce jugement à la cour de Paris. — Le 30 septembre, arrêt qui, « attendu que, si l'art. 425 du Code pénal ne porte pas nominativement le mot *sculpture*, elle est comprise, comme fruit du génie, d'une manière spéciale dans ces mots, *ou de toute autre production*; qu'il est évident que l'intention du législateur a été de comprendre la Contrefaçon des ouvrages de sculpture au nombre des délits spécifiés dans l'art. 425, puisque par l'art. 427, il prononce la confiscation des *moules* qui concernent particulièrement les objets de sculpture; adoptant au surplus les motifs des premiers juges, met l'appellation au néant..... ».

Recours en cassation contre cet arrêt de la part de la demoiselle Robin.

« Fausse application de l'art. 425 du Code pénal, violation de l'art. 6, de la loi du 19 juillet 1793; tels sont (ai-je dit à l'audience de la section criminelle, le 17 novembre 1814) les deux moyens de cassation que vous propose la réclamante.

» Pour nous mettre à portée de bien apprécier le premier, nous devons d'abord comparer l'art. 425 du Code pénal avec les lois qui l'ont précédé sur la Contrefaçon des ouvrages appartenant aux beaux-arts.

» La première de ces lois est une déclaration du roi, du 15 mars 1777, enregistrée au parlement de Paris, le 2 septembre de la même année.

» Cette déclaration donnée, *en faveur de l'académie royale de peinture et de sculpture*, portait, entr'autres choses, art. 8 : « La réputation et la gloire méritées par d'excellens ouvrages, étant » le but principal que doivent se proposer les artis- » tes de notre académie royale, afin de prévenir le » tort qu'ils recevraient, si l'on faisait paraître sous » leur nom des ouvrages qui n'en seraient pas, ou » si l'on désignait à leur insu ceux qui en seraient; » nous avons jugé à propos de renouveler les défen- » ses faites à cet égard, à tous graveurs et autres, » faire paraître aucune estampe sous le nom d'au- » cun des membres de ladite académie, sans sa » permission, ou, à son défaut, celle de l'académie; » comme aussi défendons à tous graveurs de gra- » ver ou contrefaire les ouvrages de ladite acadé- » mie; et d'en vendre des exemplaires contrefaits, » en telle manière et sous tel prétexte que ce puisse » être, à peine, contre chacun des contrevenans, » d'amende telle qu'il sera vu appartenir, et de » confiscation, tant des exemplaires contrefaits, » que des planches gravées et autres ustensiles qui » auront servi à les contrefaire et imprimer, ainsi » que de tous dépens, dommages et intérêts. J'ai-

» sous pareillement, et *sous les mêmes peines*, très-expresses inhibitions et défenses *à tous sculpteurs et autres*, de quelque qualité et condition, et sous prétexte que ce puisse être, *de mouler, exposer en vente, ni, donner au public aucun des ouvrages des sculpteurs* de notre académie royale de peinture et de sculpture, ni copie d'iceux, sans la permission de leur auteur, ou à son défaut, celle de l'académie ».

» Assurément si la réclamante avait dû être jugée d'après cette loi, il lui serait bien impossible de rien opposer à l'arrêt qu'elle attaque.

» Mais cette loi n'existe plus : elle est nécessairement tombée avec l'institution qu'elle avait pour objet de protéger ; et il est certain que, si les lois subséquentes n'ont pas fait revivre en faveur de tous les sculpteurs, le droit qu'elle assurait particulièrement aux sculpteurs attachés à l'académie royale de peinture et de sculpture, la Contrefaçon des ouvrages de ces artistes, quoique toujours répréhensible, ne peut plus être punie d'aucune peine.

» La première loi qui, sur la Contrefaçon, a suivi la suppression de l'académie de peinture et de sculpture, est celle du 19 juillet 1793.

» Cette loi avait été proposée par le comité d'instruction publique de la convention nationale et elle l'avait été en cinq articles seulement.

» La convention nationale adopta d'abord ces cinq articles, tels qu'ils sont encore aujourd'hui dans l'édition officielle de la loi.

» Par le premier, il est dit que *les auteurs d'écrits en tout genre, les compositeurs de musique, les peintres et dessinateurs qui feront graver des tableaux ou dessins, jouiront, durant leur vie entière, du droit exclusif de vendre, faire vendre, distribuer leurs ouvrages dans le territoire français, et d'en céder la propriété en tout ou en partie.*

» Dans cet article, pas un mot qui puisse s'appliquer aux sculpteurs. Les peintres et les dessinateurs n'y sont même compris que pour les tableaux ou dessins qu'ils feront graver.

» L'art. 2 veut qu'après la mort de ceux dont il est parlé dans l'article précédent, leurs héritiers ou cessionnaires jouissent du même droit pendant dix ans.

» L'art. 3 charge les officiers de paix *de confisquer, à la réquisition et au profit des auteurs, compositeurs, peintres, dessinateurs et autres, leurs héritiers ou cessionnaires, tous les exemplaires des éditions imprimées ou gravées sans la permission formelle et par écrit des auteurs.*

» Que signifient, dans cet article, les mots *et autres* ? Les deux articles précédens n'ont parlé que des *auteurs d'écrits en tout genre*, des *compositeurs de musique*, des *peintres* et des *dessinateurs*. Les mots *et autres* ne peuvent donc être ajoutés dans l'art. 3, que pour faire entendre que les dispositions des deux premiers articles sont communs à d'autres personnes que les dessinateurs, à d'autres personnes que les peintres, à d'autres personnes que les compositeurs de musique, à d'autres

personnes que les auteurs d'écrits. Mais ces *autres* personnes, quelles sont-elles ?

» Ou les mots *et autres* n'ont point de sens dans l'art. 3 (ce qu'il serait contre toutes les règles de supposer), ou ils doivent être entendus de tous les artistes en général ; et c'est effectivement ce qui paraît résulter de la manière dont cet article est rappelé dans le préambule de la loi du 25 prairial an 3, qui tranfère aux juges de paix et aux commissaires de police, les fonctions attribuées par cet article aux officiers de paix : *la convention nationale* (y est-il dit), *après avoir entendu le rapport de ses comités de législation et d'instruction publique, sur plusieurs demandes en explication de l'art.* 3 *de la loi du 19 juillet* 1793, *dont l'objet est d'assurer aux auteurs* ET ARTISTES *la propriété de leurs ouvrages, par des mesures répressives contre les contrefacteurs, décrète ce qui suit......* Vous voyez que, dans ce préambule, la loi du 19 juillet 1793 est rappelée comme embrassant dans ses dispositions tous les artistes sans distinction ; et c'est assurément un commentaire bien lumineux des termes *et autres* employés dans le troisième article de cette loi.

» On ne peut opposer à cela qu'une objection : c'est de dire que l'art. 3 de la loi du 19 juillet 1793 ne parle de confiscation que relativement aux *exemplaires des éditions imprimées ou gravées sans la permission formelle et par écrit des auteurs ;* c'est de dire que cette disposition ne peut pas être appliquée aux exemplaires d'un ouvrage de sculpture qui ont été faits à l'aide d'un contre-moulage.

» Mais le moment n'est pas encore venu de discuter cette objection : nous la discuterons, lorsque nous en serons à l'art. 425 du Code pénal. Quant à présent, renfermons-nous dans la loi du 19 juillet 1793.

» L'art. 4 de cette loi porte que *tout contrefacteur sera tenu de payer au véritable propriétaire une somme équivalente au prix de* 3,000 *exemplaires de l'édition originale.*

» Et l'art. 5 fixe à un taux beaucoup plus bas, la somme que sera tenu de payer *tout débitant d'édition contrefaite, s'il n'est pas reconnu contrefacteur.*

» Là se terminent les articles proposés à la convention nationale par le comité d'instruction publique.

» Après les avoir rapportés, le procès-verbal de la séance du 19 juillet 1793 ajoute : *un membre a proposé un premier article additionnel, et l'assemblée l'a adopté ainsi qu'il suit........* C'est l'art. 6 qui est relatif au dépôt à faire à la bibliothèque ou au cabinet des estampes de l'état, par *tout citoyen qui mettra au jour un ouvrage, soit de littérature, soit de gravure, dans quelque genre que ce soit.*

» Ensuite, le procès-verbal, continue en ces termes : *un autre a proposé, et l'assemblée a adopté comme il suit, un second article additionnel* (devenu le septième) : *les héritiers de l'auteur d'un ouvrage de littérature ou de gravure,* OU DE TOUTE

AUTRE PRODUCTION DE L'ESPRIT OU DU GÉNIE, *qui appartient aux beaux arts, en auront la propriété exclusive pendant dix années.*

» Cet article n'est-il qu'une répétition de l'art. 2, aux termes duquel *les héritiers ou cessionnaires des auteurs d'écrits, des compositeurs de musique, des peintres et des dessinateurs, ont, après la mort de ceux-ci, le même droit exclusif qu'avaient ceux-ci de leur vivant, de vendre, faire vendre, distribuer leurs ouvrages, et d'en céder la propriété en tout ou en partie ?*

» S'il n'était que cela, il serait complètement inutile; et la convention nationale, au lieu de l'adopter, l'aurait repoussé comme un pléonasme.

» Il faut donc que cet article dise quelque chose de plus que l'art. 2.

» Et en effet, il n'est pas, comme l'art. 2, limité aux héritiers de l'auteur d'un ouvrage de littérature, de musique ou de gravure : il s'étend jusqu'aux héritiers de l'auteur *de toute autre production de l'esprit ou du génie, qui appartient aux beaux-arts.*

» C'est donc comme s'il disait que la propriété de toute espèce de *production de l'esprit ou du génie qui appartient aux beaux-arts,* reside, comme celle de tout ouvrage de littérature, de musique ou de gravure, non-seulement sur la tête de son auteur, pendant toute sa vie, mais encore sur la tête de ses héritiers pendant les dix années qui suivent le jour de sa mort.

» C'est donc comme s'il avait pour objet d'expliquer les mots *et autres* qui sont placés dans l'art. 5, à la suite des mots *auteurs, compositeurs, peintres et dessinateurs.*

» C'est donc comme s'il déclarait que, par ces mots *et autres,* l'art. 5 a voulu désigner indistinctement tous les artistes et par conséquent les sculpteurs, comme les peintres, comme les dessinateurs, comme les compositeurs de musique.

» C'est donc comme s'il rendait expressément commune à tous les artistes et par conséquent aux sculpteurs, la disposition de l'art. 5 qui permet aux auteurs d'écrits, aux compositeurs de musique, aux peintres et aux dessinateurs, de faire saisir et confisquer à leur profit les contrefaçons de leurs ouvrages.

» Voilà, on ne saurait en douter raisonnablement, l'esprit de l'art. 7 et dès-là, il est clair que, même sous la loi du 19 juillet 1793, que, même avant le Code pénal de 1810, la contrefaçon des ouvrages de sculpture devait être punie des mêmes peines que la contrefaçon des autres productions de l'esprit et du génie.

» Maintenant abordons le Code pénal de 1810, et voyons s'il a changé quelque chose à ce résultat des art. 3 et 7 de la loi du 19 juillet 1793; voyons si, au lieu d'y rien changer, il ne l'a pas consacré de nouveau et avec plus de clarté.

» *Toute édition d'écrits, de composition musicale, de dessin, de peinture, ou DE TOUTE AUTRE* PRODUCTION, *imprimée ou gravée en entier ou en partie, au mépris des lois et règlemens relatifs à la propriété des auteurs,* est une contrefaçon; *et toute contrefaçon est un délit.* Ainsi s'exprime l'art. 425 de ce Code.

» Que ces termes, *ou de toute autre production,* puissent et doivent, par eux-mêmes, s'appliquer aux ouvrages de sculpture, c'est une vérité qui porte, pour ainsi dire, sa preuve avec elle-même.

» Ces termes ne pourraient donc être jugés inapplicables aux ouvrages de sculpture, que parce qu'on ne pourrait pas appliquer aux ouvrages de sculpture, ces autres expressions du même article, *toute édition,* et celles-ci : *imprimée ou gravée.*

» Mais pourquoi les termes *édition, imprimée ou gravée,* ne pourraient-ils pas s'appliquer aux ouvrages de sculpture ?

» D'abord, d'où dérive et que signifie le mot *édition* ? Bien évidemment il dérive du verbe latin *edere,* qui se traduit en français par *mettre au jour, produire, publier;* bien évidemment il signifie l'action de mettre un ouvrage au jour, de le faire paraître, de le donner au public; et certainement cette action a lieu dans les ouvrages de sculpture comme dans les ouvrages littéraires, comme dans les ouvrages de musique, comme dans les peintures, comme dans les dessins. Aussi avons-nous déjà vu que l'art. 8 de la déclaration du roi, du 15 mars 1777, après avoir parlé du *tort* que *recevraient* les artistes en général, *si l'on* FAISAIT PARAITRE SOUS *leur nom des ouvrages* qui n'en seraient pas, défendait *de mouler, exposer en vente ni* DONNER AU PUBLIC *aucun des ouvrages des sculpteurs* de l'académie, *sans la permission de leur auteur,* etc.

» Ensuite, qu'est-ce que mouler l'original d'un ouvrage de sculpture ? Rien autre chose qu'y appliquer soit du plâtre, soit du mastic, soit de la cire, qui en prend la parfaite et exacte empreinte, et qui, par-là, se convertit en un creux appelé *moule,* dans lequel, après l'avoir fait bien sécher et durcir, l'artiste verse le métal en fusion ou le plâtre en liquidité, qui, en se congélant, reproduit toutes les formes, tous les traits de l'original. C'est par conséquent *imprimer* toutes les formes, tous les traits de l'original, dans le moule même.

» Car le mot *imprimer* ne se dit pas seulement de l'action de marquer, d'empreindre des lettres sur du papier avec des caractères de fonte; pris dans ce sens, il ne s'adapte qu'à un objet particulier et restreint de son acception générale; et dans son acception générale; dans l'acception qui lui est propre, il se dit, suivant la définition qu'en donne le Dictionnaire de l'académie française, de l'action de *faire une empreinte sur quelque chose,* et d'y *marquer quelques traits, quelques figures;* définition que l'académie française justifie par ces deux exemples : *imprimer un sceau sur de la cire; le balancier imprime mieux les figures et les caractères sur la monnaie que le marteau.*

» Le mot *imprimée,* tel qu'il est employé dans l'art. 425 du Code pénal, s'applique donc tout aussi bien que le mot *édition*, au moulage d'un buste, d'une statue ; et dès-là , nul doute que mouler un buste , une statue , sans la permission par écrit de l'artiste qui en a composé l'original , ce ne soit faire ce que l'art. 425 du Code pénal appelle *imprimer une édition* d'un ouvrage , d'une *production* quelconque de l'esprit ou du génie , sans la permission par écrit de l'auteur de cet ouvrage , de cette *production* ; nul doute par conséquent que ce ne soit commettre le délit de *Contrefaçon*.

» Inutile ; au surplus ; de nous arrêter à la différence qui se trouve , quant aux tableaux et aux dessins , entre la loi du 19 juillet 1793 et l'art. 425 du Code pénal.

» La loi du 19 juillet 1793 ne punissait les contrefacteurs de tableaux et de dessins, que dans le cas où les auteurs des originaux de ces tableaux ou dessins avaient commencé par les faire graver.

» L'art. 425 du Code pénal abolit cette restriction. Il déclare qu'il y a Contrefaçon toutes les fois qu'une édition de dessin ou de peinture se trouve gravée sans la permission par écrit du dessinateur ou du peintre qui a composé l'original ; et l'on ne peut disconvenir que ce changement, qui d'ailleurs ne fait que rétablir les choses dans l'état où l'art. 8 de la déclaration du 15 mars 1777 les avait placées, ne soit conforme à la saine raison et calquée sur la plus rigoureuse justice.

» Mais cela même est étranger à notre espèce , puisque , dans notre espèce , le sieur Romagnesi avait moulé, et par conséquent *imprimé* son buste original, et en avait tiré plusieurs exemplaires , lorsque , sur un de ces exemplaires même qu'elle s'était procuré , la demoiselle Robin s'est permis d'en faire un contre-moulage.

» Enfin, Messieurs , comme l'a très-bien observé la cour de Paris , si l'art. 425 du Code pénal pouvait laisser quelques nuages sur notre question , ils devraient se dissiper à la seule lecture de l'art. 429, qui veut que les *planches*, MOULES ou *matrices* des objets contrefaits , soient confisqués.

» Remarquons bien ces expressions : *planches*, *moules ou matrices des objets contrefaits*.

» Le mot *planches* ne peut sans doute s'appliquer qu'aux écrits, aux tableaux et aux dessins contrefaits ; et il ne peut s'entendre que de l'assemblage de caractères ou de figures à l'aide duquel l'impression et la gravure multiplient, l'une les écrits, l'autre les dessins et les tableaux.

» Mais l'expression *matrices* s'applique évidemment aux ouvrages de sculpture, comme aux écrits, aux tableaux et aux dessins ; et il embrasse évidemment dans sa signification, non-seulement l'exemplaire du livre original que le contrefacteur d'un écrit, s'est procuré pour faire sa Contrefaçon, non-seulement l'exemplaire que le contrefacteur d'un tableau ou d'un dessin s'est procuré, pour le contrefaire, d'une copie de ce tableau ou de ce dessin faite par les soins de l'auteur, mais encore l'exemplaire que le contrefacteur d'un ouvrage de sculp-

ture s'est procuré , pour le contre-mouler, de l'une des épreuves que le sculpteur en avait tirées par le moulage.

» C'en serait déjà assez pour que , d'après l'art. 427 du Code pénal , il ne fût pas permis de douter que les ouvrages de sculpture ne soient compris dans l'art. 425 du même Code.

» Mais il y a bien plus. L'art. 427 veut que l'on confisque encore les *moules* des objets contrefaits ; et cette expression *moules*, à quoi l'appliquera-t-on ; si ce n'est aux ouvrages de sculpture et aux bas-reliefs que la sculpture compte au nombre de ses attributs ? Et que pourra-t-il désigner , si ce n'est un instrument qui sert à donner ou à déterminer la forme que les épreuves de ces ouvrages doivent avoir pour en représenter exactement les originaux ? On dit bien , *la planche d'une feuille d'impression*, *la planche d'une estampe* ; mais jamais on n'a dit , *le moule d'une feuille d'impression*. Jamais l'expression *moule*, dans la langue des beaux-arts, n'a été employée avec une pareille acception.

» En voilà plus qu'il n'en faut pour justifier l'arrêt attaqué , du reproche d'avoir fait , en condamnant la réclamante à une amende de 100 fr , une fausse application de l'art. 425 du Code pénal. Mais il reste à examiner si , en ajoutant à cette peine 100 fr. de dommages-intérêts au profit du sieur Romagnesi , cet arrêt n'a pas , comme le soutient la réclamante par son deuxième moyen de cassation , violé l'art. 6 de la loi du 19 juillet 1793.

» Pour écarter ce moyen , nous ne dirons pas avec l'officier du ministère public qui a porté la parole devant le tribunal correctionnel, que la loi du 19 juillet est entièrement abrogée.

» Cette loi est sans doute abrogée dans ses dispositions pénales, puisqu'elle est remplacée , en cette partie, par le Code de 1810.

» Mais comment serait-elle abrogée dans celles de ses dispositions qui déterminent l'étendue et les bornes de la propriété des auteurs , et par suite, dans celles qui règlent l'exercice des actions civiles tendantes à la répression des atteintes que cette propriété peut souffrir ?

» Loin de les abroger , l'art. 425 du Code pénal lui-même s'y réfère visiblement par ces mots : *Au mépris des lois et règlemens relatifs à la propriété des auteurs* ; et l'orateur du gouvernement, dans l'*Exposé des motifs* de cet article, a dit expressément que *les règles d'après lesquelles la propriété d'un auteur est légalement reconnue*, celles qui *déterminent l'étendue et les bornes de cette propriété, ne sont point l'objet du Code pénal*.

» Mais de ce que l'art. 6 de la loi du 19 juillet 1793 n'est pas abrogé , s'ensuit-il qu'il a été violé par l'arrêt que vous dénonce la réclamante ?

» Cet article n'oblige pas tous les auteurs indistinctement à déposer deux exemplaires de leurs ouvrages , soit à la Bibliothèque, soit au cabinet des estampes du gouvernement ; il n'y oblige, sous peine d'être non-recevables à poursuivre en justice les contrefacteurs, que les auteurs d'ouvrages *de littérature ou de gravure*, *dans quelque genre que ce soit*; et encore ne les y oblige-t-il que dans le cas où ils mettent ces ouvrages au jour.

» Il n'y oblige donc pas les auteurs d'ouvrages de littérature qui ne les font pas imprimer.

» Il n'y oblige donc pas les auteurs d'ouvrages dramatiques qui, sans les livrer à l'impression, les font représenter sur un ou plusieurs théâtres.

» Il n'y oblige donc pas les auteurs d'ouvrages de sculpture, soit que ces auteurs s'en tiennent aux originaux de leurs ouvrages, soit que, par le moyen du moulage, ils en tirent des épreuves ou exemplaires qu'ils livrent au public.

» Et pourquoi, sur ce point, suppléerait-on à son silence au préjudice des sculpteurs, tandis qu'on n'y supplée pas au préjudice des auteurs d'ouvrages dramatiques, tandis qu'on n'y supplée pas au préjudice des auteurs d'ouvrages littéraires restés en manuscrits?

» Que la disposition de l'art. 6 soit imparfaite, à la bonne heure; mais ce n'est pas une raison pour étendre, au-delà de leurs termes précis, la fin de non-recevoir qu'elle établit.

» Mais, après tout, quand cette fin de non-recevoir atteindrait les sculpteurs en général, elle n'atteindrait du moins pas le sieur Romagnesi; et la raison en est bien simple.

» C'est que le sieur Romagnesi a fait tout ce qui dépendait de lui pour se conformer à l'article dont il s'agit : c'est qu'il a présenté à la bibliothèque du gouvernement deux exemplaires de son buste; c'est que, sur le refus du bibliothécaire de les recevoir, les a déposés au greffe du juge-de-paix de son arrondissement; c'est que le juge-de-paix de son arrondissement lui en a donné acte.

» Par ces considérations, nous estimons qu'il y a lieu de rejeter le recours en cassation, et de condamner la demanderesse à l'amende ».

Par arrêt du 17 novembre 1814, au rapport de M. Audier-Massillon, « attendu qu'en déclarant que le contre-moulage des ouvrages de sculpture rentrait dans la disposition générale des art. 425 et 427 du Code pénal, et qu'il était susceptible de l'application des peines portées par l'art. 427 de cette loi, l'arrêt de la cour royale de Paris n'a violé aucune loi; sur le deuxième moyen, que la loi du 19 septembre 1793 n'a imposé qu'aux auteurs des ouvrages imprimés ou gravés, l'obligation de déposer deux exemplaires de leurs ouvrages à la bibliothèque royale ou au cabinet des estampes, et que les sculpteurs n'y ont jamais été soumis; que, dès-lors, on ne pouvait pas exciper de cette loi pour opposer une fin de non-recevoir à la demande du sieur Romagnesi; la cour rejette le pourvoi de Gabrielle Robin... ».

CONTRE-LETTRE, n°. VI. *Page* 116, *col.* 1, *ligne* 44, pour la Belgique, *ajoutez en note* :

[[Quelle était à cet égard, avant le Code Napoléon, la jurisprudence des pays de droit écrit? *V.* le plaidoyer du 23 juin 1813, rapporté au mot *Donation*, sect. 8, §. 4, n. 5, dans les *Additions*]].

CONTRE-MOULAGE. C'est la contrefaçon d'un ouvrage de sculpture. *V. Contrefaçon*, §. 16, dans les *Additions*.

CONTUMACE, §. III, n. I. *Page* 140, *ligne* 46, après qui l'a condamné, *ajoutez en note* :

[[Quelle était, sous cette ordonnance, l'effet de la représentation volontaire du contumax devant un autre juge? *V.* le plaidoyer du 8 avril 1812, rapporté au mot *Testament*, sect. 5.]]

N. VI. *Page* 145, *col.* 2, *après la ligne* 6, *ajoutez en note* :

[[Cette assertion est-elle bien conforme à l'esprit de l'ordonnance de 1670? *V.* le plaidoyer du 29 juillet 1813, rapporté dans la note suivante.]]

Même page, *après la ligne* 24, *ajoutez en note* :

Cette jurisprudence était-elle parfaitement d'accord avec l'art. 476 du code du 3 brumaire an 4? En tout cas, doit-elle encore être suivie sous le code d'instruction criminelle de 1808?

Le 17 juin 1809, duel entre le sieur Soye et le sieur Izac, tous deux étudians en droit à Toulouse. Le sieur Isac est tué par le sieur Soye. — Le 9 septembre 1811, arrêt de la cour impériale de Toulouse qui met le sieur Soye, fugitif, en état d'accusation, et le renvoie devant la cour d'assises du département de la Haute-Garonne. Le 15 janvier 1812, la cour d'assises rend, par Contumace, un arrêt qui déclare que le sieur Soye est coupable de meurtre, mais qu'il est excusable à raison de la provocation violente qui a précédé le crime; et le condamne à une année d'emprisonnement. — Le 23 mai suivant, le procureur-général fait signifier cet arrêt au domicile du sieur Soye. — Le 31 juillet de la même année, le sieur Soye se constitue prisonnier dans la maison d'arrêt de Toulouse. — Le procureur-général l'y fait écrouer, afin qu'il subisse la peine d'emprisonnement à laquelle il est condamné. — Le 31 mai 1813, le même magistrat présente au président de la cour d'assises du département de la Haute-Garonne, un réquisitoire tendant à ce que le sieur Soye soit interrogé et ensuite soumis à un débat contradictoire sur l'accusation portée contre lui. — Le sieur Soye est, en effet, interrogé; mais il refuse de répondre, et proteste contre toute procédure ultérieure qui pourrait être faite contre lui; attendu (dit-il) qu'en me constituant prisonnier, j'ai acquiescé à l'arrêt du 15 janvier 1812, et que, par-là, cet arrêt est devenu irrévocable.

Cet incident est porté à la cour d'assises; et le 6 juin suivant, arrêt par lequel, « considérant qu'en fait d'arrêts rendus par Contumace, on doit distinguer ceux qui condamnent à des peines afflictives ou infamantes à raison du crime dont l'accusé a été convaincu, de ceux qui acquittent de l'accusation, et qui, néanmoins, par les circonstances qui résultent du fait même, prononcent des peines purement correctionnelles, que, dans le premier cas, la représentation volontaire ou forcée de l'accusé contumax, opère, de plein droit, l'anéantissement de l'arrêt rendu sur la Contumace et des diligences qui l'ont précédé à la suite de l'ordonnance de prise de corps; parce que l'accusation du crime existe toujours, et que l'accusé se trouvant au même état où il était avant ces diligences, il faut nécessairement évacuer l'accusation contradictoirement avec lui; et que, pour cela, l'accusé doit être présenté aux débats, et le fait du crime soumis à la décision du jury; que le législateur l'a ainsi consacré dans l'art. 476 du Code d'instruction criminelle; que, dans le second cas, l'arrêt qui condamne l'accusé à de simples peines correctionnelles, l'acquitte de l'accusation qui aurait pu lui faire infliger des peines afflictives ou infamantes; que le fait ainsi dépouillé de l'accusation, et qui a nécessité une peine correctionnelle, se trouve réduit aux termes d'un simple délit qui ne peut plus, sous aucun rapport, rentrer dans la compétence des cours d'assises, mais seulement appartenir à la chambre des appels de police correctionnelle, si l'individu condamné, qui a cessé d'être accusé, se pourvoit par opposition dans le délai voulu; que cet individu se trouve, respectivement à l'accusation, dans la même catégorie de ceux qui sont pleinement et entièrement acquittés par Contumace et rendu définitivement à la société; que, s'il en était autrement, il en résulterait que l'individu déjà acquitté d'un crime se trouverait poursuivi deux fois pour le même fait, ce qui ne peut se penser, et ce qui a été proscrit par toutes les législations; que, dans l'espèce actuelle, il résulte de l'arrêt de Contumace du 15 janvier 1812, que Soye a été déclaré excusable du crime de meurtre à raison duquel il avait été renvoyé devant la cour d'assises, ce qui a entièrement anéanti le crime qui pesait sur sa tête, et que la cour, en réduisant l'accusation à un simple fait de police correctionnelle, a condamné ledit Soye à une année d'emprisonnement; que, l'accusation n'existant plus, Soye est rentré dans la classe des simples prévenus, par le seul fait de la susdite condamnation correctionnelle, fait qui n'appartient plus à la cour d'assises et qui doit nécessairement exclure toute idée de poursuite ultérieure à faire contre ledit Soye, malgré sa représentation volontaire qui n'a eu lieu que pour exécuter l'arrêt de Contumace; que, dès-lors, cet arrêt et les diligences qui l'ont précédé devant être maintenus, l'opposition formée par Soye, doit être accueillie; qu'indépendamment des susdits principes particuliers, il existe une circonstance particulière qui militerait en faveur de Soye; et cette circonstance est prise de l'acquiescement que toutes les parties ont donné au susdit arrêt : Soye, en se représentant volontairement sur la signification qui lui a été faite dudit arrêt et en subissant dix mois d'em-

prisonnement; le ministère public, en ce qu'il a fait écrouer Soye en vertu du même arrêt dans la maison d'arrêt destinée uniquement aux condamnés à des peines correctionnelles et qu'il lui a laissé subir sa peine pendant dix mois; d'où il suit qu'encore sous ce rapport, ledit arrêt serait inattaquable, ayant contradictoirement reçu son exécution; par ces motifs, la cour, vidant le référé consigné dans l'interrogatoire de Soye, donne acte au procureur-général de ses réquisitions, et néanmoins, sans s'y arrêter, faisant droit à l'opposition dudit Soye et à ses conclusions, déclare n'y avoir lieu à passer à aucunes poursuites ultérieures; auquel effet ordonne de plus fort l'exécution de l'arrêt de Contumace du 15 janvier 1812. »

Recours en cassation contre cet arrêt de la part du ministère public.

« Deux questions (ai-je dit à l'audience de la section criminelle, le 29 juillet 1813), se présentent dans cette affaire, à votre examen. L'arrêt que vous dénonce le procureur-général de la cour impériale de Toulouse, viole-t-il, par son premier et principal motif, l'art. 476 du Code d'instruction criminelle? S'il le viole en effet, peut-il du moins être justifié par la fin de non-recevoir sur laquelle il se fonde subsidiairement?

» De ces deux questions, il y en a une dont la négative nous paraît évidente; c'est la seconde.

» Les procureurs-généraux n'ont pas le droit de faire grâce. Ils ne peuvent donc, par leur seul fait et sans le secours de la prescription, mettre un accusé hors de procès.

» S'il était vrai que, dans le principe, le procureur-général de la cour impériale de Toulouse se fût trompé, en regardant le sieur Soye comme maître d'acquiescer à sa condamnation par Contumace; si, par suite de cette erreur, les six mois de détention qu'a subie le sieur Soye ne pouvaient, quel que fût l'événement de l'instruction contradictoire, être imputés sur la nouvelle peine à laquelle il est possible qu'il soit condamné, ceserait un malheur sans doute; mais ce malheur, il a pu le prévenir, et il l'aurait infailliblement prévenu, si au lieu de partager, si au lieu même de provoquer l'erreur du procureur-général, il avait demandé qu'on le jugeât de nouveau. Si donc il a subi inutilement six mois de détention, c'est autant par sa faute que par celle du procureur-général; et conséquemment point de fin de non-recevoir à tirer de là en sa faveur.

» Mais, y a-t-il eu véritablement erreur de la part du sieur Soye, y a-t-il eu véritablement erreur de la part du procureur-général, lorsque le sieur Soye a demandé, lorsque, dans le principe, le procureur-général a consenti, qu'on ne le jugeât pas de nouveau? C'est à quoi se réduit notre première question : elle est d'une haute importance, elle est digne de toute l'attention de la cour, et nous devons la discuter avec d'autant plus de soin que, si le procureur-général de la cour impériale de Toulouse s'est réellement trompé dans le principe, nous avons à nous reprocher de l'avoir trompé lui-même par la réponse trop peu méditée que nous avons faite, le 2 mars 1812, à la consultation qu'il nous avait adressée sur cette question.

» Elle n'offrirait aucune difficulté, si, par l'arrêt de Contumace du 15 janvier 1812, le sieur Soye avait été acquitté purement et simplement. Dans cette hypothèse, ni la représentation volontaire, ni même la représentation forcée du sieur Soye, ne pourraient porter atteinte à son acquittement.

» On l'eût ainsi jugé sous l'ordonnance de 1670, qui contenait, en d'autres termes, tit. 17, art. 18, la même disposition que l'art. 476 du Code d'instruction criminelle. Du moins Jousse affirme, dans son *Traité de la justice criminelle*, tome 2, page 455, que, *quand l'accusé a été absous par Contumace, on ne peut le faire arrêter et juger de nouveau, s'il n'y a appel à minimâ par la partie publique* ; et aucun autre criminaliste de l'ancien régime ne dit le contraire.

» On l'eût ainsi jugé sous le Code du 5 brumaire an 4, dont l'art. 476 n'anéantissait, par l'effet de la représentation volontaire ou de l'arrestation du Contumax, le *jugement rendu et la procédure faite* CONTRE LUI, pendant son absence; et vous avez cassé, le 11 pluviose an 12, au rapport de M. Basire, un arrêt de la cour de justice criminelle du département de l'Indre, qui avait ordonné la remise en jugement d'un accusé acquitté nonobstant sa Contumace.

» Il n'y a donc pas de raison pour qu'on ne le juge de même sous le Code d'instruction criminelle, puisque l'art. 476 de ce Code, n'est, à une légère différence près de rédaction, que la copie littérale de l'art. 476 du Code du 5 brumaire an 4, et que ces deux articles n'ont fait que renouveler la discussion de l'art. 18 du tit. 17 de l'ordonnance de 1670.

» Mais le sieur Soye n'a pas été acquitté par l'arrêt de Contumace du 13 janvier 1812; il a été, au contraire, reconnu coupable du meurtre qui était l'objet de son accusation; seulement il a été déclaré excusable; et par suite, il n'a été condamné qu'à une peine correctionnelle. Peut-on, d'après cela, le remettre en jugement malgré lui ?

» On le pourrait, on le devrait incontestablement, s'il avait été condamné par Contumace à une peine afflictive ou infamante.

» Le peut-on, le doit-on également, dans la circonstance où l'arrêt rendu contre lui pendant son absence, ne le condamne qu'à une année d'emprisonnement?

» Voyons d'abord comment la question aurait été jugée sous la loi de laquelle a été empruntée la disposition de l'art. 476 du Code d'instruction criminelle, c'est-à-dire, sous l'ordonnance de 1670.

» Elle n'est traitée que par un seul des auteurs qui ont écrit sur cette ordonnance; elle ne l'est que par Jousse, qui, dans l'ouvrage déjà cité, page 446, la résout en faveur du sieur Soye, mais d'une manière qui annonce qu'il n'est rien moins que sûr de l'exactitude de son opinion. « Si un accusé (dit-il)

» qui a été condamné par Contumace à une peine, et qui vient à être constitué prisonnier ou à se représenter, consent d'exécuter le jugement de Contumace, le peut-il sans qu'on soit obligé de recommencer contre lui le procès? Il faut distinguer si la peine prononcée contre le Contumax, est du nombre de celles qui sont comprises dans l'art. 26 de l'ordonnance de 1670, et dont l'appel est de droit; ou si cette peine est du nombre de celles auxquelles il est libre au condamné d'acquiescer... Dans le premier de ces deux cas, je crois qu'au moyen de la représentation de cet accusé, les procédures de Contumace étant mises au néant, il n'y a plus de jugement contre lui; et que par conséquent il faut recommencer à le juger; ce qui est une suite de la maxime générale, que *non auditur perire volens*, tiré de la loi 3, D. *de liberati causâ*. Mais dans le second cas, où la sentence est telle que l'accusé peut y acquiescer, comme hors les cas portés en l'art. 5 du tit. 26 de l'ordonnance de 1670, il paraît que, si le condamné consent d'exécuter le jugement prononcé contre lui, la Contumace ne sera point mise au néant à son égard, parce que cette mise au néant n'est établie, dans ce cas, qu'en sa faveur, et que par conséquent il lui est libre d'y renoncer ; *ce qui n'est pas sans difficulté* ».

« Pourquoi cela, n'est-il pas sans difficulté? Jousse ne le dit pas, mais on pressent assez son motif: c'est que la disposition de l'art. 18 du tit. 17 de l'ordonnance de 1670 est générale; c'est qu'elle comprend tous les *contumax* sans distinction; c'est qu'elle anéantit, sans distinction, tous les jugemens de condamnation qui ont été portés contre l'accusé pendant la Contumace; c'est qu'un jugement anéanti par la loi, n'est plus susceptible d'acquiescement de la part du condamné; c'est que le condamné ne peut pas recréer, par son acquiescement, un jugement que la loi a annihilé; c'est qu'on ne peut pas argumenter de la faculté de ne pas appeler d'une condamnation existante, à la faculté de faire revivre une condamnation éteinte; c'est que de même qu'il n'est pas au pouvoir de l'accusé d'un délit emportant des simples peines correctionnelles, de déclarer qu'il consent à subir ces peines sans jugement préalable, de même aussi il ne doit pas dépendre de lui de se soumettre à des peines correctionnelles qu'a prononcées contre lui un jugement qui n'existe plus.

» Nous disons que l'art. 18 du tit. 17 de l'ordonnance de 1670 comprenait dans sa disposition les contumax qui n'avaient été condamnés qu'à des peines correctionnelles, comme les contumax qui avaient été condamnés à des peines afflictives; et en effet, cela résulte d'abord de l'art. 28 du même titre de cette ordonnance, ensuite de l'art. 12 de l'édit du mois de juillet 1773.

» L'art. 28 du tit. 17 de l'ordonnance de 1670 portait: *Si ceux qui auront été condamnés ne se représentent ou ne se sont constitués prisonniers dans les cinq années de l'exécution de la sentence de*

Contumace ; les condamnations pécuniaires , *amendes et confiscations seront réputées contradic-* *toires , et vaudront comme ordonnées par arrêt.*

» Dans cet article, le législateur ne distinguait pas entre le contumax condamné à des peines pécu-niaires seulement, et le condamné à des peines pécu-niaires par addition à une peine afflictive. Il les as-similait conséquemment l'un à l'autre. Il voulait conséquemment que la condamnation de l'un fût , comme l'autre, réputée contradictoire , si le contu-max ne se représentait pas ou n'était pas arrêté dans les cinq ans ; et conséquemment il supposait que , par la représentation ou l'arrestation du contumax dans les cinq ans , l'une et l'autre condamnations étaient également anéanties.

» L'art. 12 de l'édit du mois de juillet 1773 est encore plus positif. Pour le bien entendre , il est nécessaire de nous rappeler quelques notions pré-liminaires.

- » Vous n'avez pas oublié la différence que mettait l'ordonnance de 1670, entre le décret de prise de corps, le décret d'ajournement personnel et le dé-cret d'assigné pour être ouï ; et vous savez que le décret de prise de corps ne se décernait que pour les crimes emportant peine afflictive ou infamante, tandis que les décrets d'ajournement personnel et d'assigné pour être ouï, étaient réservés pour les cas où il ne pouvait être prononcé que des peines cor-rectionnelles.

» Vous savez aussi qu'il y avait deux manières de procéder à l'égard des accusés décrétés d'ajour-nement personnel ou d'assigné pour être ouïs ; que le plus souvent, après leur interrogatoire, on les renvoyait à l'audience, en prenant *droit par les charges*, ce qui équipollait à ce que nous appelons aujourd'hui *renvoi à la police correctionnelle* ; mais que, quelquefois, et sur-tout lorsqu'ils avaient des co-accusés décrétés de prise de corps, on les réglait à l'extraordinaire, en ordonnant le récolement et la confrontation des témoins, ce qui entraînait, pour le jugement définitif, la nécessité de les inter-roger dans la chambre du conseil, soit sur la sel-lette, si les conclusions du ministère public ten-daient contr'eux à des peines afflictives dont le titre de leur décret ne les garantissait pas, soit derrière le barreau dans les autres cas.

» L'ordonnance de 1670 ne s'expliquait ni sur le cas où des accusés décrétés d'ajournement ou d'assigné pour être ouïs, étant renvoyés à l'au-dience, n'y comparaîtraient point, ni sur le cas où des accusés décrétés d'ajournement personnel ou d'assigné pour être ouïs, à l'égard desquels le procès aurait été réglé à l'extraordinaire, ne se présente-raient pas, lors du jugement définitif, pour subir leur dernier interrogatoire.

» Mais, sur le premier cas, toutes les cours s'ac-cordèrent à regarder les jugemens rendus à l'au-dience contre les accusés qui, y ayant été renvoyés, n'y comparaissaient pas, comme des jugemens par défaut susceptibles d'opposition, comme des juge-mens qui, faute d'opposition, devaient être exé-

cutés, et par conséquent, comme des jugemens aux-quels les accusés défaillans étaient maîtres d'ac-quiescer.

» Sur le second cas, les cours se divisèrent, les-unes jugeant que la Contumace devait toujours être instruite contre les accusés décrétés d'ajournement personnel ou d'assigné pour être ouïs qui ne compa-raissaient pas, les autres jugeant qu'elle ne devait être instruite que lorsqu'à défaut de comparu-tion dans le cours du procès, les décrets d'ajourne-ment personnel ou d'assigné pour être ouïs auraient été convertis en décrets de prise de corps ; d'autres enfin jugeant qu'elle ne devait jamais l'être.

« Ce fut pour faire cesser ces variations de juris-prudence que Louis XV donna, en juillet 1773, l'édit dont nous avons à vous entretenir.

» Par l'art. 8 de cette loi il était dit que, con-formément aux dispositions du tit. 10 de l'ordon-nance de 1670, lorsque les accusés décrétés d'assi-gné pour être ouïs ou d'ajournement personnel, n'auraient pas comparu pour subir interrogatoire, les décrets seraient, sans aucune procédure, conver-tis, savoir, ceux d'assigné pour être ouïs en décrets d'ajournement personnel, et ceux d'ajournement personnel, en décrets de prise de corps.

» L'art. 9 portait que, si l'accusé décrété d'assi-gné pour être ouï, après avoir comparu sur son dé-cret et subi interrogatoire, ne comparaissait pas « pour les récolemens et confrontations et autres » instructions, il serait décrété de prise de corps, » sans observer le décret intermédiaire d'ajourne-» ment personnel ».

» L'art. 10 voulait qu'il ne pût être procédé au jugement d'aucun procès instruit par récolement et confrontation, *sans appeler pour subir le dernier interrogatoire en présence des juges, tous les accusés autres néanmoins que ceux contre lesquels la Con-tumace aurait été instruite en la forme ordinaire ;* et qu'à cet effet, il leur serait fait sommation au domicile qu'ils seraient tenus d'élire dans le lieu de la juridiction, de comparaître à jour indiqué, *en se mettant en prison ou en se représentant aux pieds de la cour, suivant l'exigence des cas.*

» L'art. 11 ordonnait que, *faute par lesdits ac-cusés d'avoir comparu ou de s'être mis en prison,* il serait passé outre au jugement, sans qu'il fût besoin de constater leur absence autrement que par un certificat du greffier de la geôle, ou par le procès-verbal de l'huissier qui aurait été chargé de les ap-peler, *sans qu'il pût être fait aucune perquisition desdits accusés et instruit avant Contumace faute de présence, dont l'usage serait abrogé.*

» Ces points ainsi réglés, l'art. 12 ajoutait : *Les sentences, jugemens et arrêts qui auront été rendus sans avoir entendu tous les accusés sur la sellette ou derrière le barreau, ne seront regardés et exé-cutés que comme* JUGEMENS DE CONTUMAX *à l'égard des accusés qui n'auront pas subi ledit interro-gatoire en présence des juges ; quand ils auraient comparu à toute l'instruction. Voulons en consé-quence que, lorsque lesdits accusés se* PRÉSENTE-RONT, *il soit procédé sans délai audit interroga-toire et ensuite à un nouveau jugement à leur égard, et ce, en vertu du présent édit, et sans qu'il soit besoin de le faire ordonner ; ce qui sera exécuté, tant à l'égard des jugemens qui auraient été ci-devant rendus sans avoir entendu les accu-sés, que pour ceux qui seront rendus à l'avenir. Voulons toutefois que les accusés qui n'auront pas comparu pour être interrogés lors du premier juge-ment, ne puissent être admis à un nouveau, qu'en se remettant dans les prisons.*

» Pour bien saisir l'influence que doivent avoir ces dispositions sur la question qui nous occupe, ne perdons pas de vue les termes qui y figurent dès le commencement, *sans avoir entendu tous les accu-sés sur la sellette, ou derrière le barreau.*

» Il résulte clairement de ces termes, que la loi egarde comme jugemens de Contumace, et veut qu'on ne puisse exécuter que comme tels, non-seu-lement ceux qui, sans avoir entendu sur la sellette les accusés originairement décrétés d'ajournement personnel ou d'assignés pour être ouïs, les condam-neront à des peines afflictives, mais encore ceux qui, sans les avoir entendus derrière le barreau, les condamneront à des peines correctionnelles.

» Il résulte clairement de ces termes, que la loi assimile parfaitement et place absolument sur la même ligne, et ceux de ces jugemens qui ne pro-noncent que des peines correctionnelles, et ceux de ces jugemens qui prononcent des peines afflictives.

» Il résulte par conséquent de ces termes que la représentation volontaire ou forcée des contumax dont parle la loi, produit le même effet à l'égard des contumax qui n'ont été condamnés qu'à des peines correctionnelles, qu'à l'égard des contumax contre lesquels des peines afflictives ont été pro-noncées.

» Il résulte par conséquent de ces termes, que la condamnation des uns à des peines correction-nelles et la condamnation des autres à des peines afflictives sont également anéanties par leur repré-sentation volontaire ou forcée.

» Il résulte par conséquent de ces termes, que les uns n'ont pas plus que les autres le droit de renoncer, en se représentant, au lorsqu'ils sont arrêtés, à l'anéantissement de leur condamnation.

» On pourrait objecter que la loi paraît limiter au cas de représentation volontaire (*lorsque lesdits accusés se présenteront*), l'ordre qu'elle donne d'interroger tout de suite l'accusé qui a encouru la contumace de présence et de procéder à un nouveau jugement.

» On pourrait même ajouter que la loi ne laisse plus aucun doute là-dessus, lorsque, dans sa der-nière disposition, elle veut que *les accusés qui n'auront pas comparu pour être interrogés lors du premier jugement, ne puissent être* ADMIS *à un nouveau qu'en se mettant dans les prisons.* On pourrait dire enfin que, par ces mots *être admis,*

la loi désigne une faveur qu'elle accorde au contu-max et à laquelle le contumax peut renoncer.

» Mais ces objections n'ont qu'une vaine appa-rence de solidité, et un peu de réflexion les fera bientôt disparaître.

» L'art. 12 de la loi, nous l'avons déjà dit, com-prend dans sa disposition et assimile complétement les contumax de présence qui ont dû subir leur dernier interrogatoire sur la sellette, et ont pu, dès-lors, être condamnés à des peines afflictives, et les contumax de présence qui ont dû subir leur dernier interrogatoire derrière le barreau, et ont pu, dès-lors, n'être condamnés qu'à des peines correctionnelles.

» Ainsi, quand la loi dit, dans son art. 12, *lors-que lesdits accusés se présenteront,* elle le dit des contumax condamnés à des peines afflictives, comme des contumax punis correctionnellement.

» Si donc, par ces termes, elle ne déroge pas, en ce qui concerne celui contre lequel des peines afflictives ont été prononcées par Contumace, à la disposition de l'ordonnance de 1670, qui veut que le jugement de Contumace soit anéanti par l'arres-tation du condamné, comme par sa représentation volontaire, il est clair qu'elle n'y déroge pas non plus en ce qui concerne le condamné par Contu-mace à des peines correctionnelles.

» Si donc ces termes doivent s'entendre, relati-vement au premier, d'une présentation forcée tout aussi bien que d'une présentation volontaire, il est clair qu'ils doivent, relativement au second, être entendus des mêmes sens.

» Et quant aux expressions qui terminent l'ar-ticle, *ne puissent être admis à un nouveau* (juge-ment) *qu'en se remettant dans les prisons,* elles ne sont que la répétition de l'art. 4 du tit. 25 de l'ordonnance de 1670, qui portait : *ceux contre lesquels la Contumace aura été instruite et jugée ne seront reçus à présenter requête, soit en pre-mière instance, soit en cause d'appel, qu'ils ne se soient mis en état.* Assurément, en s'expliquant ainsi, l'ordonnance de 1670 ne dérogeait pas à l'art. 18 de son tit. 17, par lequel, supposant que les contumax pouvaient être arrêtés, s'ils ne se représentaient volontairement, elle déclarait que les jugemens rendus contre eux s'anéantissaient par leur arrestation, comme par leur représentation volontaire.

» Qui ne sent d'ailleurs que, si l'on pouvait con-clure des termes, *être admis à un nouveau* juge-ment, que le contumax condamné à des peines correctionnelles, peut, en se représentant, ne pas se faire juger de nouveau, on serait forcé d'étendre cette conséquence au contumax condamné à des peines afflictives, extension qui serait évidemment absurde ?

» Enfin, quel est l'objet de la loi dans la dernière disposition dont il s'agit ? C'est uniquement d'aver-tir les accusés dont elle s'occupe, qu'après leur con-damnation par Contumace, soit à des peines afflic-tives, soit à des peines correctionnelles, ils n'auront plus droit à la liberté provisoire dont ils ont joui pendant l'instruction, et que, s'ils veulent purger la Contumace qu'ils ont encourue et se faire juger de nouveau, il faudra qu'ils se constituent prisonniers. C'est uniquement de les punir de leur manque de parole envers la justice, en leur refusant toute audience jusqu'à ce qu'ils se soient mis en prison. Et certes, il y a loin de là à une disposition par laquelle la loi dirait que les accusés dont il est question dans son art. 12, peuvent se dispenser de se faire juger de nouveau, en acquiesçant à leur condamnation par Contumace.

» Ajoutons une observation qui suffirait seule pour trancher toute espèce de difficulté.

» Avant l'édit du mois de juillet 1773, les criminalistes étaient partagés sur la question de savoir si l'accusé contre lequel il n'y avait eu originairement qu'un décret d'ajournement personnel ou d'assigné pour être ouï, pouvait renoncer au droit qu'il avait d'être interrogé en présence de tous les juges, immédiatement avant le jugement définitif.

» Les uns, et notamment Serpillon, sur l'art. 21 du tit. 14 de l'ordonnance de 1670, prétendaient que le dernier interrogatoire en présence de tous les juges n'était prescrit qu'en faveur de l'accusé, et que par conséquent l'accusé pouvait y renoncer en ne comparaissant pas.

» Les autres pensaient différemment. Frappés du préambule de la déclaration du 23 avril 1703, dans lequel il était dit que l'usage introduit dans quelques tribunaux, de condamner sans leur faire subir un dernier interrogatoire, les accusés originairement décrétés d'ajournement personnel ou d'assigné pour être ouïs, était *contraire à l'esprit de l'ordonnance de 1670, qui n'a jamais été de priver les accusés, dans aucun cas, du droit naturel qu'ils ont de se défendre par leur bouche, ni d'ôter aux juges les moyens qu'ils ont de s'éclaircir par ces voies, des circonstances des actions qui se poursuivent extraordinairement.* Ces auteurs soutenaient que le dernier interrogatoire était prescrit à la fois dans l'intérêt de l'accusé et dans l'intérêt de la vindicte publique : dans l'intérêt de l'accusé, parce que c'était pour lui un moyen de manifester son innocence, ou d'atténuer son délit ; dans l'intérêt de la vindicte publique, parce que c'était pour les juges un moyen d'acquérir par les aveux de l'accusé, par ses contradictions et par les déclarations de ses co-accusés, de nouvelles lumières sur le fait et sur le caractère, ainsi que sur le plus ou le moins de gravité, du fait qui lui était imputé.

» Eh bien ! de ces deux opinions, l'art. 10 de l'édit du mois de juillet 1773, a consacré la seconde. Il a voulu qu'il ne pût *être procédé, tant en première qu'en dernière instance, au jugement d'aucun procès criminel instruit par récolement et confrontation, sans appeler, pour subir le dernier interrogatoire en présence des juges, tous les accusés autres néanmoins que ceux contre lesquels la Contumace aura été instruite en la forme ordinaire ;* et c'est par une conséquence de cette disposition, que l'art. 12 a ajouté que les jugemens qui auraient été rendus *sans avoir entendu tous les accusés sur la sellette ou derrière le barreau,* ne seraient *regardés et exécutés que comme des jugemens de Contumace à l'égard des accusés qui n'auraient pas subi ledit interrogatoire.* Donc dans l'esprit, comme d'après le texte de la loi, le dernier interrogatoire était prescrit autant pour l'intérêt de la vindicte publique que pour l'intérêt de l'accusé. Donc, l'accusé ne pouvait pas se soustraire au dernier interrogatoire ; donc, il ne pouvait, en s'y soustrayant de fait, ni améliorer sa condition ni diminuer les droits de la vindicte publique ; donc, si, de ce qu'il s'y était soustrait de fait, il était résulté pour lui une condamnation à des peines moins graves que celles qui eussent pu lui être infligées dans ce cas et par suite de sa comparution, il ne pouvait pas, par son acquiescement à cette condamnation, lorsqu'il se représentait ou qu'il était arrêté, ôter au vengeur de la société le droit de provoquer contre lui des peines plus fortes ; donc, par son arrestation ou par sa représentation, le jugement de Contumace rendu contre lui, s'anéantissait à son préjudice comme à son avantage ; donc, il ne pouvait plus empêcher que le ministère public ne le fît juger de nouveau, que le ministère public ne pouvait l'empêcher de se faire remettre en jugement.

» Maintenant qu'il est bien démontré que tel était l'esprit, que tel était le résultat nécessaire de la disposition de l'art. 16 du tit. 17 de l'ordonnance de 1670, il nous sera extrêmement facile de reconnaître si la même disposition a dû être entendue autrement dans l'art. 476 du Code du 3 brumaire an 4, si elle doit être entendue autrement dans l'art. 476 du Code d'instruction criminelle.

» La première idée qui se présente à cet égard, c'est que cette disposition, en passant, de l'ordonnance de 1670, dans le Code du 3 brumaire an 4 et dans celui d'instruction criminelle de 1808, a dû y conserver un sens originel ; et qu'elle ne pourrait y avoir son sens différent, qu'autant qu'il serait la conséquence de changemens qui eussent été faits par les deux derniers Codes au système établi par l'ordonnance de 1670 pour les Contumaces.

» Or, quels changemens ont faits les deux derniers Codes à ce système. Aucun qui porte, soit sur le fond de ce système, soit sur ses formes substantielles.

» Sous l'ordonnance de 1670 on pouvait et on devait juger par Contumace tout prévenu défaillant contre lequel il y avait eu règlement à l'extraordinaire, comme on peut et on doit, d'après les deux Codes de l'an 4 et de 1808, juger par Contumace tout prévenu défaillant contre lequel il y a eu mise en accusation.

» Sous l'ordonnance de 1670, on pouvait par Contumace condamner à des peines correctionnelles l'accusé qui, d'après l'instruction faite en son absence, n'était convaincu que de délits ; comme on peut, d'après les Codes de l'an 4 et de 1808, ne condamner par Contumace qu'à des peines de la même nature l'accusé contre lequel on n'a acquis, par l'instruction faite en son absence, que des preuves qui, en établissant sa culpabilité, la dépouillent des circonstances caractéristiques de tout crime.

» Sous l'ordonnance de 1670, l'arrestation ou la représentation volontaire du contumax anéantissait sa condamnation et nécessitait un nouveau jugement. Les deux Codes de l'an 4 et de 1808 disent positivement la même chose.

» Dès-lors, nulle raison, nul prétexte pour limiter l'art. 476, soit du Code de l'an 4, soit du Code de 1808, par des exceptions que repoussaient la lettre et l'esprit de l'art. 18 du tit. 17 de l'ordonnance de 1670.

» Dès-lors, par conséquent, nulle raison, nul prétexte pour restreindre, relativement aux arrêts de Contumace qui ne prononcent que des peines correctionnelles, l'art. 476, soit de l'un, soit de l'autre Code, au cas où le contumax arrêté ou volontairement représenté veut bien consentir à sa remise en jugement.

» On fait cependant une objection assez spécieuse. Il est constant, dit-on, que, si le contumax avait été acquitté purement et simplement, il serait à l'abri de toute poursuite, et que nul n'aurait le droit de le faire juger de nouveau. Or, le contumax qui, étant accusé d'un crime, n'a été reconnu coupable que d'un délit, a été, par cela seul, acquitté du crime qui lui imputait l'acte d'accusation. Il peut donc, en se représentant, invoquer, relativement au crime, la disposition de l'art. 360 du Code d'instruction criminelle, comme il aurait pu, dans le Code du 3 brumaire an 4, en invoquer l'art. 426. Dès-lors, que reste-t-il contre lui? Rien autre chose qu'une condamnation correctionnelle par défaut; et il est de principe que tout condamné par défaut à une peine correctionnelle, peut, en acquiesçant à sa condamnation, empêcher qu'on ne le remette en jugement.

» Trois réponses.

» 1° On aurait pu faire le même raisonnement sous l'ordonnance de 1670; car alors, comme aujourd'hui, l'accusé une fois déchargé de l'accusation du crime qui lui avait été imputé, ne pouvait plus être poursuivi à raison de ce crime. Or, il est bien constant que, sous l'ordonnance de 1670, ce raisonnement n'aurait pu empêcher que l'on ne remît en jugement un contumax qui, en se représentant ou étant arrêté, aurait déclaré acquiescer aux condamnations d'amende ou d'emprissonnement prononcées contre lui pendant son absence. Pourquoi donc aurait-il aujourd'hui plus d'effet? Pourquoi, vicieux sous l'ordonnance de 1670, serait-il aujourd'hui régulier?

» 2° Ce raisonnement doit être rejeté aujourd'hui comme il l'aurait été sous l'ordonnance de 1670; il doit même l'être à fortiori, si, du système qu'il tend à établir, il devait aujourd'hui résulter des absurdités de plus que sous cette ordonnance. Or, il est aisé de sentir qu'aujourd'hui le système qu'il

tend à établir nous conduirait à des conséquences absurdes.

» En effet, si le contumax qui se représente, avait le droit d'acquiescer à l'arrêt qui, pendant son absence, l'a condamné à des peines correctionnelles, il aurait aussi le droit de n'y pas acquiescer; il aurait aussi le droit d'y former opposition.

» Mais cette opposition où la porterait-il? devant la cour d'assises? Elle ne pourrait pas en connaître, puisque, d'une part, dans le système que nous combattons, le contumax serait irrévocablement acquitté de l'accusation de crime; et que, de l'autre, les cours d'assises ne peuvent connaître des délits qu'accessoirement aux crimes, qu'autant qu'ils forment le résidu des circonstances criminelles articulées par l'acte d'accusation et écartées par la déclaration du jury. Il faudrait donc que cette opposition fût portée devant le tribunal qui, dans le cas de simples poursuites correctionnelles, dirigées primitivement contre le contumax, aurait été compétent pour y statuer en dernier ressort. Mais où a-t-on vu que l'opposition à un arrêt pût être portée, par action principale, devant une autre cour que celle de qui l'arrêt est émané? Et peut-on croire que, si le système que nous combattons fût entré dans les vues du législateur, il eût négligé d'établir là-dessus des règles qui, dans cette hypothèse, auraient été d'autant plus nécessaires, qu'elles auraient fait exception à toutes les règles existantes.

» Ce n'est pas tout : si la disposition de l'art. 476 du Code d'instruction criminelle qui déclare l'arrêt de Contumace anéanti par la représentation de l'accusé, n'était pas applicable au cas où l'accusé n'a été condamné qu'à des peines correctionnelles; si, de la restriction de cette disposition au cas où l'accusé a été condamné à des peines afflictives ou infamantes, on devait conclure que l'arrêt de Contumace n'a que l'effet d'un arrêt par défaut en matière correctionnelle; on devrait en conclure aussi que l'accusé n'a, pour attaquer cet arrêt par opposition, que le délai fixé par l'art. 187 du Code d'instruction criminelle, c'est-à-dire, cinq jours, à compter de la signification à domicile. Or, à qui persuadera-t-on que, si le législateur eût voulu réduire le contumax condamné à des peines correctionnelles, au simple droit de former opposition à l'arrêt de sa condamnation; un délai aussi court lui eût paru suffisant? Quoi! un homme accusé d'un crime dont il est innocent, mais effrayé par les apparences qui déposent ou par les passions qui agissent contre lui, aura pris la fuite pour attendre, loin de son domicile, que les apparences se dissipent, que les passions se taisent; que la vérité se fasse jour; il sera poursuivi par Contumace; les apparences qui déposent, les passions qui agissent contre lui, n'auront pas eu assez de force pour le faire déclarer coupable du crime, mais elles en auront eu assez pour le faire déclarer coupable du fait matériel réduit aux termes d'un délit; il aura, en conséquence, été non seulement condamné à plusieurs années d'emprisonnement, mais encore, ou interdit de ses droits civiques, civils et de famille, ou placé sous la surveillance de la haute police ; et lorsqu'ayant réuni toutes les preuves de son innocence, il se présentera, six mois, un an après, pour se faire juger contradictoirement, on viendra lui dire qu'il se présente trop tard, qu'il n'a eu que le simple droit de former une opposition ; et que ce droit, il n'a eu que cinq jours pour l'exercer! Messieurs, nous ne craignons pas de le dire, il est impossible qu'une disposition aussi dure, aussi atroce, ait été dans la pensée du législateur; et la lui supposer, c'est lui faire le reproche le plus sanglant, celui d'avoir foulé aux pieds les règles les plus sacrées de la justice, les droits les plus saints de l'humanité.

3°. L'art. 476 du Code d'instruction criminelle se co-ordonne nécessairement avec les autres dispositions du même Code. Ainsi, nul doute qu'en le rédigeant, le législateur n'eût l'esprit encore pénétré de l'art 364 du même Code qui veut que l'accusé déclaré coupable du fait matériel qui lui était imputé à crime, soit condamné à des peines correctionnelles, toutes les fois que les débats réduisent ce fait à un simple délit. Nul doute par conséquent que, s'il était entré dans ses vues de ne pas comprendre dans la disposition de l'art. 476, le cas prévu par l'art. 364, il n'eût dû le dire et ne l'eût dit formellement; et par conséquent encore, nul doute qu'en s'abstenant de toute exception dans l'art. 476, il n'ait voulu laisser à la disposition exprimée par cet article, toute la latitude qu'annoncent les termes dans lesquels il l'a établie.

» Mais si l'on est forcé de reconnaître que l'art. 476 comprend dans sa disposition le cas où l'accusé n'a été condamné qu'à des peines correctionnelles, si l'on est forcé de reconnaître que l'arrêt de Contumace est anéanti dans ce cas, comment pourrait-on ne pas reconnaître également que l'accusé ne peut point, dans ce cas, acquiescer, en se représentant, à sa condamnation? Sa condamnation n'existe plus, la loi l'a détruite, elle l'a replongée dans le néant; et assurément une condamnation qui n'existe plus, qui est censée n'avoir jamais existé, n'est pas susceptible d'acquiescement.

» Qu'importe que l'arrêt qui a condamné le contumax à des peines correctionnelles, comme coupable d'un délit, ait en même temps jugé non-coupable des circonstances aggravantes qui, d'après l'acte d'accusation, paraissaient convertir ce délit en crime?

» La loi n'admet pas de scission dans l'arrêt qu'elle anéantit : elle l'anéantit purement et simplement ; elle l'anéantit par conséquent dans celle de ses dispositions qui juge le contumax non passible de peines afflictives ou infamantes, comme dans celle de ses dispositions qui le condamne à des peines correctionnelles : en un mot, il ne reste rien de l'arrêt; il ne peut donc pas empêcher que le contumax ne soit remis en jugement sur le tout.

» Et c'est ce que la loi fait entendre très-clairement, lorsqu'après avoir dit que les procédures faites depuis l'ordonnance de prise de corps, sont anéanties comme l'arrêt de Contumace, elle ajoute : *et il sera procédé à son égard* (à l'égard de l'ac-

cusé), *dans la forme ordinaire* ; car, si ces expressions sont, comme on n'en peut douter, synonymes de celles-ci : « L'accusé sera replacé au même point » que s'il n'avait pas été fait de procédures contre » lui depuis l'ordonnance de prise de corps; il sera » interrogé par le président de la cour d'assises; il » sera averti que la loi lui accorde cinq jours pour » se pourvoir en cassation contre l'arrêt qui l'a mis » en accusation; il sera interpellé de se choisir un » conseil; ensuite la cour d'assises ouvrira les débats pour le juger »; si de là il résulte évidemment que le contumax qui, ayant été condamné à des peines correctionnelles, vient à se représenter ou à être arrêté, doit être remis en jugement devant la cour d'assises, il est clair, plus clair que le jour, que la remise en jugement de ce contumax arrêté ou représenté volontairement doit porter sur toutes les parties de l'acte d'accusation, tel qu'il est sorti des mains du procureur-général, puisque, si la cour d'assises était sans pouvoir pour connaître des circonstances aggravantes qui ont été écartées de l'acte d'accusation par l'arrêt de Contumace, elle le serait nécessairement aussi pour connaître du délit qui, par l'arrêt de Contumace, a été dégagé de ces circonstances.

» Par là tombe de soi-même le reproche que l'on fait à cette manière de procéder, d'être en opposition avec la règle *non bis in idem*.

» Le Code d'instruction criminelle qui a consacré la règle *non bis in idem*, par son art. 360, pour les accusés acquittés contradictoirement et d'une manière absolue, a bien pu la modifier par son art. 476 pour les accusés qui ne seraient acquittés par Contumace que des circonstances aggravantes; et nonseulement il est impossible de nier qu'il l'ait modifiée en effet relativement à ceux-ci, mais il a eu de très-bonnes raisons pour motiver cette modification. Il a dû considérer qu'à l'égard de l'acquittement des circonstances aggravantes, l'arrêt est indivisiblement lié à la disposition par laquelle il déclare l'accusé coupable d'un délit; il a dû considérer qu'il serait impossible, après la représentation de l'accusé, de remettre le délit en question, sans y remettre en même temps toutes les circonstances qui s'y rattachent; il a dû considérer que les témoins qui, dans le débat contradictoire, déposeraient sur l'un, déposeraient nécessairement aussi et ne pourraient pas, sans mentir à leur conscience, se dispenser de déposer simultanément sur les autres ; il a dû considérer enfin que le jury ne pourrait pas scinder les dépositions de ces témoins, et qu'il se trouverait par conséquent dans l'inévitable nécessité de donner sa déclaration sur toutes les circonstances que les dépositions de ces témoins lui auraient retracées.

» Mais voici une autre objection qui se présente naturellement. Le contumax qui, étant accusé d'un crime, n'a été reconnu coupable que d'un délit, ne peut-il pas, en se représentant, dire à ses juges : « Vous avez vous-même reconnu, en m'acquittant » du crime, en me déclarant coupable d'un simple » délit, que la justice s'était trompée à mon détri-

» ment dans sa première poursuite; vous avez vous-même reconnu que ce n'est point criminellement que j'aurais dû être poursuivi, que j'aurais dû ne l'être que correctionnellement. Je dois donc, par l'effet de l'arrêt que vous avez rendu en mon absence, être replacé dans la position où je me trouverais, si je n'avais été poursuivi que par la voie correctionnelle. Or, si je n'avais été poursuivi que par la voie correctionnelle, il dépendrait certainement de moi de ne pas former opposition au jugement qui m'aurait condamné par défaut; il dépendrait certainement de moi d'acquiescer à ce jugement. Je dois donc jouir de la même faculté relativement à votre arrêt; et vous ne pourriez pas m'en priver, sans mettre en principe un paradoxe monstrueux, sans mettre en principe que l'erreur de la justice dans ses premières poursuites, doit, même après que vous l'avez solennellement proclamée, conserver tout son effet contre moi ».

» Ce ne serait pas répondre à cette objection que de dire qu'elle ne peut pas s'appliquer à l'espèce actuelle; que, dans l'espèce actuelle, il s'agit d'un meurtre que l'arrêt de contumace a déclaré excusable; qu'ainsi, les premières poursuites de la justice ont été jugées régulières, même par l'arrêt de Contumace, puisqu'il n'appartient qu'aux cours d'assises de prononcer, en matière criminelle, sur les faits d'excuse.

» Car la condamnation du contumax à une peine correctionnelle, pour n'avoir pu être prononcée que par une cour d'assises, ne change point de nature; et si le contumax pouvait, en thèse générale, acquiescer à l'arrêt qui, pendant son absence, l'a condamné à une peine correctionnelle, il n'y aurait aucune raison pour lui refuser la même faculté dans le cas où il serait question d'un meurtre. Pour qu'il n'eût pas cette faculté dans le cas de meurtre, il faudrait qu'il ne l'eût dans aucun; et si l'objection que nous venons de mettre dans la bouche du contumax arrêté ou représenté volontairement, il résultait qu'il a cette faculté dans les cas ordinaires, il faudrait aussi l'en faire jouir dans le cas de meurtre jugé excusable.

» Mais nous devons dire que l'objection n'a pour base qu'une fausse supposition, et qu'elle n'est pas plus fondée pour les cas ordinaires qu'elle n'est applicable au cas de meurtre.

» Elle suppose que la conséquence résultant de l'arrêt de Contumace, que la justice s'est trompée dans ses premières poursuites contre l'accusé, subsiste encore après l'anéantissement de cet arrêt; elle suppose que de cet arrêt ainsi anéanti dans toutes ses dispositions, on peut encore tirer une conséquence quelconque; elle suppose en un mot ce qui n'est pas, ce qui ne peut pas être; elle n'est donc qu'un vain sophisme.

» Aussi avez-vous, par deux arrêts rendus sous le Code du 3 brumaire an 4, proscrit formellement l'opinion à laquelle cette objection et la précédente servent d'appui.

» Par le premier, du 29 ventose an 10, vous avez cassé un arrêt de la cour de justice criminelle du département du Rhône, qui, d'après l'acquiescement de Philippe Mouet à un arrêt de Contumace par lequel, sur une accusation de complicité d'assassinat, il avait été condamné à une peine correctionnelle, avait décidé qu'il n'y avait pas lieu de le remettre en jugement. Par le second, du 15 ventose an 11, vous avez cassé un arrêt de la cour de justice criminelle du département des Landes, qui avait prononcé de même en faveur de Bernard Duthil. Et vous les avez cassés tous deux, « attendu » que la disposition de l'art. 476 est absolue et » d'ordre public; qu'elle embrasse également l'intérêt de la société et celui de l'accusé; que, si elle » a pour objet d'assurer à ce dernier tous les moyens » de défense, elle veut aussi la recherche la plus » sévère des délits qui troublent l'ordre social et » leur répression; et que le but du législateur ne » serait pas atteint, s'il pouvait dépendre de l'accusé de donner une existence légale et définitive » à un jugement que la loi annulle dans l'intérêt de » tous; que d'ailleurs de la présence de l'accusé » aux débats, des dispositions orales des témoins, » des réponses et explications, et des discussions » qui s'ensuivent, peut et doit sortir la lumière qui » doit éclairer les jurés sur l'innocence ou la culpa-bilité de l'accusé ».

» Ce que vous avez jugé par ces deux arrêts sous le Code du 3 brumaire an 4, pourquoi ne le jugeriez-vous pas sous le Code d'instruction criminelle?

» Très-certainement, on doit expliquer l'art. 476 de celui-ci, de la même manière qu'on expliquait l'art. 476 de celui-là, à moins qu'il n'y ait, entre l'un et l'autre, une différence qui nécessite, relativement à l'un et à l'autre, des explications différentes.

» Or, quelle différence y a-t-il entre l'un et l'autre? Une seule; c'est que l'art. 476 du Code d'instruction criminelle, en copiant l'art. 476 du Code du 3 brumaire an 4, y a inséré huit mots de plus: C'est qu'après les mots, ou s'il est arrêté, il a ajouté ceux-ci, avant que la peine soit éteinte par prescription.

» Mais cette addition peut-elle établir une différence réelle entre l'art. 476 du Code d'instruction criminelle, et l'art. 476 du Code du 3 brumaire an 4, relativement à l'effet qu'ils attribuent respectivement à la représentation volontaire ou forcée du contumax? Non; elle ne fait que reporter dans l'art. 476 de l'un, une disposition qui, au lieu de se trouver dans l'art. 476 de l'autre, se trouvait dans l'art. 481 de celui-ci. Le Code du 3 brumaire an 4, au lieu de dire, dans son art. 476, que la représentation volontaire ou forcée du contumax n'anéantissait le jugement rendu contre lui pendant son absence, qu'autant qu'elle s'effectuait avant la prescription de la peine, disait, dans son art. 481, que, passé le temps fixé pour la prescription de la peine, l'accusé n'était plus reçu à se présenter pour purger sa contumace. Ainsi, l'art. 476 et l'art. 481 du Code du 3 brumaire an 4 disaient ensemble tout ce que l'art. 476 du Code d'instruction criminelle dit aujourd'hui à lui seul. On ne peut donc pas aujourd'hui donner à l'art. 476 du Code d'instruction criminelle, un sens différent de celui qu'avaient les art. 476 et 481 du Code du 5 brumaire an 4; les arrêts que vous avez rendus les 29 ventose an 10 et 13 ventose an 11, sur la manière d'entendre l'art. 476 du Code du 3 brumaire an 4, reçoivent donc, à l'art. 476 du Code d'instruction criminelle, une application directe et entière.

» A la vérité, les termes ajoutés à l'art. 476 du Code d'instruction criminelle, *avant que la peine soit éteinte par prescription*, ont, par leur relation avec les art. 635, 656 et 639 du même Code, un sens différent de celui qu'avait l'art. 481 du Code du 3 brumaire an 4.

» Dans le Code du 3 brumaire an 4, l'art. 481 signifiait, par sa relation avec l'article précédent, que la Contumace pouvait être purgée tant qu'il ne s'était pas écoulé vingt ans depuis la date de l'arrêt rendu pendant l'absence de l'accusé, quelle que fût la peine à laquelle l'accusé eût été condamné par cet arrêt, et soit que cette peine fût afflictive ou infamante, soit qu'elle fût correctionnelle, soit qu'elle fût de simple police.

» Dans le Code d'instruction criminelle, les mots, *avant que la peine soit éteinte par prescription*, sont, par leur relation avec les art. 635, 636 et 639 du même Code, synonymes de ceux-ci : *avant qu'il se soit écoulé vingt ans, s'il s'agit de peines afflictives ou infamantes; cinq ans, s'il s'agit de peines correctionnelles; et deux ans, s'il s'agit de peines de simple police.*

» Et de-là il suit évidemment qu'aujourd'hui, le contumax qui a été, comme dans notre espèce, condamné à des peines correctionnelles, ne peut plus être remis en jugement, lorsqu'il s'est écoulé cinq ans depuis sa condamnation; tandis que, sous le Code du 5 brumaire an 4, il aurait fallu un laps de vingt ans, soit pour le priver de la faculté de se faire juger, soit pour ôter au ministère public le droit de le faire juger de nouveau.

» Mais que peut-on conclure de cette différence relativement à notre question.

» Dira-t-on qu'il en résulte qu'aujourd'hui, l'arrêt qui condamne le contumax à de simples peines d'emprisonnement ou d'amende, prend, dès le moment où il a été rendu, le caractère de jugement correctionnel, puisque c'est comme jugement correctionnel, qu'il se prescrit quant aux peines qu'il prononce?

» Nous en conviendrons; mais à quelle conséquence cela nous conduira-t-il?

» Dira-t-on que cela doit amener la conséquence, que, le caractère de jugement correctionnel une fois imprimé à l'arrêt de Contumace ne peut plus en être effacé par la représentation de l'accusé; et que l'accusé doit, en se représentant avant l'expiration des cinq années, jouir, à l'égard de l'arrêt de Contumace, du

droit qu'a tout condamné par défaut à une peine correctionnelle, d'acquiescer à sa condamnation?

» Mais 1° sous le Code du 3 brumaire an 4. l'arrêt de Contumace qui ne prononçait que des peines d'amende ou d'emprisonnement, prenait aussi, dès le moment où il avait été rendu, le caractère de jugement correctionnel. Cela empêchait-il que la représentation volontaire ou forcée de l'accusé avant la prescription de la peine à laquelle il avait été condamné, ne fît, de plein droit, rentrer cet arrêt dans le néant et ne nécessitât un nouveau jugement?

» 2° Sous l'ordonnance de 1670, et aux termes de l'art. 28 du tit. 17 de cette loi, l'arrêt de Contumace qui ne prononçait que des peines pécuniaires, devenait contradictoire après cinq ans. Cela empêchait-il qu'avant les cinq ans, la représentation volontaire ou forcée de l'accusé n'eût, à l'égard de l'arrêt de Contumace qui l'avait condamné à des peines pécuniaires, le même effet que si, par cet arrêt, l'accusé eût été condamné à des peines afflictives?

» 3° Si l'art. 476 du Code d'instruction criminelle avait voulu limiter sa disposition aux arrêts de Contumace qui prononcent des peines afflictives ou infamantes, il n'aurait pas dit, en termes généraux et indéfinis, *avant que la peine soit éteinte par prescription* : il aurait dit tout simplement : *avant que la peine soit éteinte par la prescription établie par l'art.* 635, ou, ce qui serait revenu au même, *avant qu'il se soit écoulé vingt ans.* En disant, *avant que la peine soit éteinte par prescription*, il s'est référé à l'art. 656 et à l'art. 639, comme à l'art. 635; il a embrassé tous les genres de prescription établis par ces trois articles; il a confondu dans sa disposition, et le cas où la prescription de la peine s'acquiert par vingt ans, et le cas où elle s'acquiert par cinq ans, et le cas où elle s'acquiert par deux ans; il a par conséquent déclaré sa disposition commune, et à l'arrêt de Contumace qui prononce des peines afflictives ou infamantes, et à l'arrêt de Contumace qui prononce des peines correctionnelles ou des peines de simple police.

» Par ces considérations, nous estimons qu'il y a lieu de casser et annuller l'arrêt de la cour d'assises du département de la Haute-Garonne, du 6 juin dernier ».

Arrêt du 29 juillet 1813, au rapport de M. Busschop, par lequel, « vu les art. 408 et 416 du Code d'instruction criminelle; vu aussi l'art. 476 du même Code; considérant que les dispositions de cet article sont générales et absolues; qu'elles doivent donc s'appliquer indistinctement à tout arrêt de condamnation rendu par Contumace sur une accusation légalement admise, soit que l'arrêt prononce des peines afflictives ou infamantes, soit que, d'après le résultat des débats, il ne prononce que des peines correctionnelles ou de police; que ledit article ayant d'ailleurs pour objet l'intérêt de la société, comme celui de l'accusé, les parties ne peuvent, par leur acquiescement, donner à l'arrêt de Contumace une existence que la loi ne lui accorde que dans le seul cas où la peine qu'il prononce, serait éteinte par la prescription, hors lequel conséquemment l'accusé doit être de nouveau mis en jugement ; que, dans l'espèce, François Soye, accusé de meurtre, et condamné par arrêt de Contumace de la cour d'assises de la Haute-Garonne, du 15 janvier 1812, à une année d'emprisonnement, s'est volontairement constitué dans les prisons, le 31 juillet de la même année ; et qu'à cette époque, la peine prononcée par ledit arrêt, n'était point éteinte par la prescription ; que cet arrêt a donc été anéanti de plein droit ; et que, malgré l'acquiescement qu'il y a donné, Soye devait être mis de nouveau en jugement sur le fait de meurtre qui faisait l'objet de l'accusation ; qu'il suit de là qu'en déclarant, par son arrêt du 6 juin 1813, qu'il n'y a lieu à aucune poursuite ultérieure contre ledit Soye, la cour d'assises de la Haute-Garonne a manifestement contrevenu à l'art. 476 précité du Code d'instruction criminelle, et a conséquemment méconnu les règles de sa compétence ; la cour casse et annulle.... ».]]

N. XI. *Page* 146, *col.* 2, *ligne* 38, *après qui en est la suite, ajoutez en note :*

[[Sous l'ordonnance de 1670, le contumax non originairement décrété de prise de corps, qui, après s'être représenté volontairement, obtenait sa liberté provisoire, et mourait ensuite, sans avoir été jugé définitivement, mourait-il *integri status? V. Testament*, sect. 5.]]

COPIE, §. III. *Page* 225, *col.* 1, *avant le n° IV, ajoutez :*

III *bis*. 1°. La délivrance d'une Copie de l'exploit laissée à chacun des assignés, doit-elle être constatée formellement par l'exploit? peut-elle être présumée dans le doute ? — 2°. Lorsque plusieurs consorts sont assignés, par un seul et même exploit, à un domicile commun, soit réel, soit élu, est-il nécessaire, à peine de nullité, qu'il en soit laissé Copie séparée pour chacun d'eux? *V. Domicile élu*, §. 1, n. 5 *bis* (dans les *Additions*); et sur-enchère, n. 5 *ter*.

COUR D'ASSISES. *A la fin de l'article, ajoutez : et les mots cour spéciale.*

COUR DE CASSATION, n. III. *Page* 243, col. 1, *avant la dernière ligne, ajoutez :*

La section des requêtes a encore, relativement aux délits et aux crimes commis par les magistrats des cours souveraines, lors de leurs fonctions, une attribution très-remarquable. *V. Juge*, n. 14, dans les *Additions*.

COUR SPÉCIALE. *Page* 248, *col.* 2, *après la ligne* 5, *ajoutez :*

Lorsqu'une affaire qui est de la compétence des cours spéciales, est renvoyée par une cour royale à une cour d'assises, que doit faire celle-ci ? *V.* le réquisitoire et l'arrêt du 23 janvier 1813, rapportés au mot *Récidive*, n. 12.]]

CRÉANCIER, n. III—6°. *Page* 269, *col.* 1, *après la ligne* 23, *ajoutez :*

Devant quels juges doivent-ils se pourvoir pour se faire payer leurs créances? *V. Héritier*, sect. 2, §. 3, n. 5.]]

N. III—8°. *Page* 69, *col.* 1, *après la ligne* 36, *ajoutez :*

Mais aussi ils peuvent, sans difficulté, attaquer les jugemens rendus contre lui, par toutes les voies qui lui sont ouvertes à lui-même.

Peut-on, après avoir plaidé en première instance comme propriétaire d'un bien, attaquer le jugement sur l'appel comme créancier du vrai propriétaire ? *V.* le plaidoyer du 8 avril 1812, rapporté au mot *Testament*, §. 5.]]

CRIME, §. II, n. III. *Page* 272, *col.* 1, *ligne pénultième, après le mot* Intention, *ajoutez :* et violence, n. 7.]]

CURATEUR, §. V. *Page* 296, *col.* 2, *après la ligne* 27, *ajoutez :*

Mais si le juge du domicile nommait un administrateur, à l'effet de poursuivre, au nom de l'absent, les actions qui lui appartiennent dans le lieu de la situation des biens, cette nomination serait-elle valable ? *V.* le plaidoyer du 8 avril 1812, rapporté au mot *Testament*, sect. 5.

DÉCLARATION DE COUPE DE BOIS. *Page* 339, *col.* 1, *ligne* 41, *après les mots*, de tous et au-dessus, *ajoutez en-note ce qui suit :*

Lorsqu'un procès-verbal désigne, en termes appartenant aux anciennes mesures, la grosseur des arbres coupés sans déclaration préalable, et qu'il n'existe encore, dans le lieu, aucune réduction légale de ces mesures aux mesures appartenant au système métrique, que doivent faire les tribunaux ? *V. Poids et Mesures*, §. 6.

DÉCLARATION DE JUGEMENT COMMUN. *Page* 434, *col.* 2, *après la ligne* 19, *ajoutez :*

Peut-il l'être, lorsqu'avant l'expiration du délai fatal pour appeler, l'intimé a fait assigner les consorts de l'appelant en déclaration de jugement commun, et que ceux-ci ne se sont présentés sur cette assignation, qu'après l'expiration du délai ? *V.* le plaidoyer et l'arrêt du 11 mai 1812, rapportés au mot *Testament*, sect. 2, §. 3, art. 3, n. 12.

DÉFAUT, §. II, n. III. *Page* 380, *col.* 2, *ligne* 10, *après les mots*, art. 159, *ajoutez :*

D'après cet article, le jugement par défaut est-il censé exécuté et cesse-t-il d'être passible d'opposition, du moment où la partie à laquelle il est signifié avec commandement, fait à l'huissier, dans l'exploit même de la signification, une réponse qu'elle signe? *V.* le plaidoyer et l'arrêt du 2 janvier 1811, rapportés à l'article *Saisie-exécution*, §. 2, art. 1, n. 2.

§. III, n. IV. *Page* 382, *col.* 1, *après la ligne* 52, *ajoutez :*

On trouvera au mot *voirie*, n. 10, un arrêt semblable du 24 décembre 1813.

22.

DÉLAI, sect. I, §. I, n. IV. *Page* 410 , *col.* 2 , *après la ligne* 2 , *ajoutez* :

V *bis*. Est-il nécessaire d'exprimer , dans une assignation , la juste dimension du délai pour comparaître ? Est-il nécessaire d'y exprimer le jour fixe de la comparution ? Ou suffit-il d'indiquer ce délai par relation à la loi qui le détermine ? Et en conséquence, une assignation à comparaître *dans le délai de la loi* , sans autre désignation , est-elle valable ? Est-elle valable, si elle est donnée à comparaître *le huitième jour après la date de l'exploit, augmenté d'un jour par trois myriamètres de distance* ?

Le 1er octobre 1807 , jugement du tribunal de première instance d'Yvrée , qui condamne le sieur Garda à 2,500 francs de dommages-intérêts au profit de la dame Pellissier.

Le 16 du même mois, le sieur Garda fait signifier à la dame Pellissier un exploit par lequel il lui déclare se rendre appelant de ce jugement , et l'assigne à comparaître *dans le délai de la loi*, devant la cour d'appel de Turin. La dame Pellissier comparaît sur cet exploit, et en demande la nullité, attendu qu'il ne contient pas , comme il le devrait ; aux termes de l'art. 61 du Code de procédure civile, l'indication du délai pour la comparution. — Le sieur Garda soutient que son acte d'appel est régulier , et le ministère public conclut à ce qu'il soit déclaré tel.

Mais par arrêt du 9 août 1808 , « vu les art. 61 , 456 et 470 du Code de procédure civile, ensemble les art. 71 et 1031 du même Code ; considérant que le Code de procédure ayant fait cesser la distinction anciennement connue dans la pratique , entre l'action d'appeler et celle de relever l'appel, et supprimé en conséquence la faculté de les exercer par deux actes séparés ; il est constant que , d'après les nouvelles formes , l'acte d'appel devant , à peine de nullité, contenir assignation , doit être considéré , sous ce rapport , comme un véritable ajournement ; qu'ainsi ; les règles établies par la loi pour l'indication des délais qu'un acte d'ajournement doit contenir, lui sont également applicables ; que le Code de procédure précité ajoutant , en cette partie , à la rigueur de l'ordonnance de 1667, prononce formellement la peine de nullité contre l'ajournement qui ne contiendrait point l'énonciation du délai pour comparaître; que certes le législateur n'a sanctionné cette nouvelle disposition , ou plus claire , ou plus sévère de la loi antérieure , que parce que la pratique en avait démontré la nécessité évidente ; que la preuve de cette nécessité ressort lumineusement des motifs exposés aux séances du corps législatif du 4 et du 14 avril 1806 , soit par l'orateur du conseil d'état, soit par celui du tribunat, savoir, qu'il est indispensable que celui qui est traduit en justice, sache ce qu'on lui demande , de quelle part cette demande vient ; sur quoi elle est fondée, quand il doit répondre et quel est le tribunal qui doit la juger ; que l'exploit doit le dire; que l'omission d'une seule de ces formalités le mettrait dans l'impossibilité de se défendre ; aussi chacune de ces omissions emporte-t-elle peine de nullité ; qu'en vain dirait-on que la loi a établi le délai ordinaire des ajournemens aux art. 72 et 73 du Code, et fixé la mesure de l'augmentation proportionnelle dont ce délai est susceptible en raison des distances ; qu'ainsi , tout était marqué dans la loi que personne n'est présumé ignorer, l'assignation à comparaître dans le délai de la loi , doit être censée suffisante et légale ; car , d'un côté , cette objection prouverait que la fixation faite par la loi , soit de la compétence du tribunal en chaque matière , soit du délai ordinaire , dispenserait de toute espèce d'indication du tribunal qui doit connaître de la demande et de la mention du délai dans l'exploit d'ajournement, ce qui cependant serait en contradiction manifeste avec l'art. 61 du Code, qui , loin de rien laisser sur ce point à l'arbitre du demandeur, prescrit ces deux indications à peine de nullité. Il est donc évident que la loi ne présuppose pas que le Délai soit assez connu par cela seul qu'il est positivement déterminé par la loi même; qu'au contraire, la mention d'icelui a été envisagée comme aussi indispensable que l'indication du tribunal qui doit connaître de la demande ; et que c'est pour cela que ces deux choses ont été liées ensemble dans une seule disposition, qui est celle du §. 4 dudit art. 61 ; — Attendu d'ailleurs qu'on ne peut se dissimuler que l'énonciation du Délai est incontestablement prescrite pour éviter toutes méprises sur le jour de la comparution, méprises qu'on reconnaît d'autant plus possibles , si on observe que les lois de la procédure ne sont point à la portée de tout le monde , et que les lois mêmes ne prescrivent point de Délai uniforme ; et , en effet , l'art. 456 n'a pas ordonné la mention du Délai , comme s'il n'en existait qu'un seul ; mais il indique que l'assignation doit être donnée dans le Délai de la loi ; que l'ignorance du nombre de jours utiles pour comparaître en raison des distances, est donc plutôt de fait que de droit ; que, si ce Délai doit, en tous les cas, être connu, il doit appartenir au demandeur et à l'appelant de l'indiquer; car si celui-ci indique un Délai exact et régulier , il se sera conformé à la loi ; s'il en indique un trop court, il sera , au besoin, déclaré non-recevable à requérir défaut contre son adversaire ; s'il en indique un plus long, il sera censé avoir accordé à sa partie adverse une faveur qui était en son pouvoir ; tandis que , si le Délai devait être deviné par le défendeur, lorsque surtout les distances le rendent incertain , se serait l'exposer , contre les dispositions tutélaires de la loi , au danger de se présenter trop tard en justice , et le rendre défaillant , malgré son propos déterminé d'être contradictoire ; que toutes les observations tirées du seul esprit de la loi que sa lettre explique assez clairement , doivent amener la conviction que, lorsque la loi prescrit la mention du Délai de la comparution , cette mention doit être spécifique et indiquer l'époque précise de la comparution susdite ; et que l'assignation à paraître dans le Délai de la loi , ne remplit aucunement le but de la loi même. Au surplus , il est si vrai que tout doit être rigoureusement entendu en pareille matière, que les règles de la procédure exigent la plus grande exactitude dans l'accomplissement des formalités dont elle se compose; que, par l'art. 20 du nouveau règlement sur la discipline de l'ordre judiciaire, du 30 mars dernier, il est établi, quoique sans expression de peine de nullité, que pardevant les cours composées de plusieurs chambres, toutes les citations seront données à l'heure fixée pour la première des audiences. Pourra-t-on désigner l'heure, si le jour n'est pas indiqué? — Considérant, en l'espèce, que, par les termes dont l'acte d'appel en question est conçu, savoir: contenant assignation de comparaître devant la cour d'appel de Turin, dans le Délai porté par la loi, la dame Pellissier demeurant à Yvrée, chef-lieu du département de la Doire, et notamment éloignée de Turin, a pu supposer que cette assignation ne lui donnait point suffisamment connaissance du jour où sa comparution devait avoir lieu; que la nullité dudit acte est prononcée par la loi, et a été valablement opposée dans l'acte de constitution d'avoué en date du 26 janvier dernier; que la même nullité n'a été couverte par aucun acquiescement postérieur; — Considérant enfin, qu'il est dans le vœu des art. 71 et 1031 du Code de procédure, que l'amende et les dépens encourus par Garda en cette instance, puissent demeurer à la charge de l'huissier, si c'est par sa faute, que l'acte dont cet cas, est frappé de nullité; — La cour déclare l'acte d'appel de Garda, du 16 octobre 1807, nul et de nul effet; condamne le sieur François-Antoine Garda, à l'amende de 10 francs et aux dépens, sauf son recours contre l'huissier Octave Bapin, ainsi que de droit.... »

Le sieur Garda se pourvoit en cassation.

« La question sur laquelle vous avez aujourd'hui à prononcer (ai-je dit à l'audience de la section civile, le 18 mars 1812) divisé, depuis plusieurs années, les jurisconsultes et les tribunaux; et, sous ce rapport, elle mérite de votre part une attention spéciale.

» Elle n'est cependant pas nouvelle pour la cour; déjà la section des requêtes l'a jugée deux fois suivant le système du demandeur en cassation, et voici dans quelles espèces.

«Le 6 février 1808, le sieur Masse fait signifier au sieur Sallabery, un acte d'appel d'un jugement du tribunal de première instance d'Abbeville, avec assignation à comparaître devant la cour d'Amiens, aux Délais de l'ordonnance. Le sieur Sallabery demande la nullité de cet exploit, sur le double fondement que le jour de la comparution n'y est désigné que par relation à l'ordonnance de 1667, abrogée par le Code de procédure. Par arrêt du 1er juillet 1809, la cour d'Amiens déclare l'acte d'appel régulier, et ordonne de plaider au fond. Recours en cassation de la part du sieur de Sallabery; et, le 21 novembre 1810, au rapport de M. Lombard-Quinciéux, la cour, «attendu que, dans la signification de l'acte d'appel, le vœu de la loi a été rempli, rejette.... ».

»Le 5 août 1809, un arrêt de la cour d'Ajaccio

déclare valable un acte d'appel que le sieur Chiappé arguait de nullité par plusieurs moyens, et notamment parce qu'il ne désignait point le Délai fixé pour comparaître devant la cour d'appel. Le sieur Chiappé se pourvoit en cassation contre cet arrêt, et le dénonce comme violant les art. 61 et 456 du Code de procédure. Mais, par arrêt du 8 janvier dernier, au rapport de M. Botton-Castellamonte, « attendu que l'art. 456 du Code de procédure civile se borne à ordonner que l'acte d'appel contiendra assignation dans le Délai de la loi, et que prétendre, comme le fait le demandeur, que l'on doit en outre y exprimer le nombre de jours dans lequel l'assigné doit comparaître, c'est ajouter à la loi, et créer une nullité qu'elle ne prononce pas; la cour rejette.... »

»Voilà donc deux arrêts de la section des requêtes qui sont en opposition diamétrale avec celui de la cour de Turin que le demandeur vous dénonce; et il s'agit de savoir à laquelle des deux décisions la loi donne son assentiment.

»La cour de Turin a fondé la sienne sur deux principes également incontestables : l'un, que tout acte d'appel doit, aux termes de l'art. 456 du Code de procédure, contenir assignation; l'autre, que, suivant l'art. 61 du même Code, toute assignation est nulle, si elle n'indique pas le Délai pour comparaître.

» Mais a-t-elle tiré de ces deux principes la conséquence à laquelle ils devaient la conduire?

» Remarquons d'abord que l'art. 61 du Code de procédure est placé sous la rubrique des tribunaux inférieurs; et qu'ainsi, il ne s'applique, par lui-même, qu'aux assignations données devant les tribunaux de première instance.

»Cela posé, quand nous admettrions, avec la cour de Turin, qu'il est dans l'esprit de l'art. 61 du Code de procédure, de déclarer nulle l'assignation donnée devant un tribunal de première instance, qui ne contient pas l'indication précise du jour de la comparution, la cour de Turin aurait-elle raisonné bien juste, en concluant de là que tout acte d'appel doit, à peine de nullité, contenir l'indication précise du jour auquel l'intimé doit comparaître devant le tribunal supérieur?

» On peut dire, pour l'affirmative, que l'art. 473 du Code de procédure étend aux tribunaux d'appel les règles établies pour les tribunaux inférieurs, auxquelles ne dérogent pas celles qui, pour les tribunaux d'appel, sont déterminés par les articles précédens.

» Mais on peut répondre que précisément l'art. 456 dérogerait (dans notre hypothèse), pour les actes d'appel, aux règles établies par l'art. 61, pour les assignations données devant les tribunaux de première instance; et, en effet, s'il ne voulait, en supposant l'art. 61 le sens que lui attribue l'arrêt de la cour de Turin, que rendre commune aux actes d'appel la prétendue obligation d'y insérer l'indication fixe du jour de la comparution, il lui suffirait, pour remplir son objet, d'ordonner que l'acte d'appel contiendra assignation. Par ces seuls mots , il établirait assez clairement , il établirait même aussi clairement qu'il est possible , que l'assignation contenue dans l'acte d'appel , doit être , en tout point , conforme à l'art. 61 ; et cependant il ne se borne point là ; il ordonne que l'assignation contenue dans l'acte d'appel , sera donnée à comparaître *dans le Délai de la loi.* Pourquoi cette addition *dans le Délai de la loi ?* C'est , sans contredit , parce qu'aux yeux du législateur , les expressions *dans le Délai de la loi* suffisent pour satisfaire à la formalité prescrite par l'art. 61 ; c'est , sans contredit , parce que , dans une assignation sur appel , il ne veut pas impérieusement que le jour de la comparution soit expressément désigné ; c'est , sans contredit , pour faire entendre que , dans une assignation sur appel , on peut exprimer le Délai pour comparaître , par la seule relation à la loi qui le détermine. Eh ! conçoit-on qu'une assignation sur appel pût être déclarée nulle sous le prétexte qu'on y aurait employé les propres termes du législateur ? Assigner à comparaître *dans le Délai de la loi,* c'est assurément donner assignation *dans le Délai de la loi,* c'est assurément faire littéralement ce que le législateur prescrit ; et la raison se révolte à la seule idée de punir comme une contravention à la volonté du législateur , l'attention scrupuleuse avec laquelle un appelant se conforme littéralement à cette volonté même.

» Mais , au surplus , est-il bien vrai que , par l'art. 61 du Code de procédure , la désignation fixe du jour de la comparution soit requise à peine de nullité, dans les assignations données devant les tribunaux de première instance ?

» L'art. 61 porte que tout exploit d'ajournement comprendra , entr'autres choses , à peine de nullité, *l'indication du Délai pour comparaître.* Mais il ne dit pas de quelle manière ce délai doit être indiqué ; et que fait-il par son silence sur ce point ? Il s'en rapporte nécessairement à la disposition générale des lois concernant la manière de faire les indications qu'elles prescrivent.

» Or, il est de principe qu'en toute matière , on peut tout aussi bien désigner une chose par ses rapports avec une autre , que par le mot textuel qui lui est propre : *nihil refert proprio nomine res appelletur , an digito ostendatur , an vocabulis quibusdam demonstretur , quatenus mutuâ vice fungantur quæ tantumdem præstant.* Ce sont les termes de la loi 6 , D. *de rebus creditis.*

» Ainsi , bien que les lois romaines exigeassent , pour la validité d'une institution d'héritier et d'un legs , que le testateur désignât lui-même l'héritier qu'il entendait instituer et le légataire qu'il voulait gratifier d'une libéralité particulière , elles ne laissent pas de déclarer valables les institutions et les legs dans lesquels les héritiers et les légataires , au lieu d'être désignés par leurs noms individuels , l'étaient par relation à des objets qui les faisaient suffisamment connaître. *Si quis nomen heredis quidem non dixerit , sed indubitabili signo eum demonstraverit , quod penè nihil à nomine distat,....*

valet institutio (loi 9 , §. 7 , D. *de heredibus instituendis*). *Nominatim alicui legetur ita* , LUCIO TITIO, *an per demonstrationem corporis , vel artificii , vel officii , vel necessitudinis , nihil interest.* (Loi 34 , D. *de conditionibus et demonstrationibus*).

» Ainsi, disent Grotius, dans sa *Manuductio ad jurisprudentiam Hollandiæ* , liv. 2 , chap. 29 , et Voët, sur le Digeste , titre *de heredibus instituendis* , n° 25 , c'est désigner clairement les héritiers qu'on veut instituer par son testament , que de déférer sa succession à ceux qui devraient la recueillir *ab intestat* , d'après telle loi , telle coutume , tel statut : *sed nec dubium quin testator rectè testamento heredes instituat per relationem ad certum statutum , veluti instituendo eos quos jus scabinicum vel quos jus aesdomicum aut loci alterius lex definit ab intesta successores ;* et sur ce fondement la section des requêtes a maintenu, le 19 juillet 1810 , au rapport de M. Aumont, et sur nos conclusions , un arrêt de la cour d'appel de Riom, qui déclarait valable le testament par lequel la dame de Chazerat avait appelé à sa succession ceux de ses parens collatéraux qui , sous l'ancienne législation , lui auraient succédé par représentation à l'infini , *telle qu'elle avait lieu dans la ci-devant coutume d'Auvergne.*

» Donc , par la même raison , *l'indication du Délai pour comparaître,* qui est prescrite dans tout exploit d'ajournement , par l'art. 61 du Code de procédure , peut indifféremment être faite de deux manières : ou par la désignation précise du Délai, en disant qu'on assigne à la huitaine, à la quinzaine, au mois ; ou par relation à la loi qui veut que le Délai ordinaire de l'ajournement soit , tantôt de huitaine , en y ajoutant un jour par trois myriamètres de distance , tantôt de deux mois , tantôt de quatre mois , tantôt de six mois , tantôt d'un an.

» Donc énoncer dans un exploit d'ajournement , qu'on assigne au Délai déterminé par la loi , c'est la même chose que si l'on y exprimait soi-même l'étendue de ce Délai.

» Donc une assignation donnée *dans le Délai de la loi* , remplit aussi bien le vœu de l'art. 61 du Code de procédure , que le ferait une assignation donnée à la huitaine, à la quinzaine , à un , deux , quatre , six mois , un an.

» Pour nous assurer d'autant mieux de l'exactitude de ces conséquences , reportons-nous à ce qui se pratiquait et se jugeait à cet égard, sous l'ordonnance de 1667.

» L'ordonnance de 1667 ne disait pas textuellement que chaque exploit d'ajournement dût contenir l'indication du Délai pour comparaître, comme elle ne disait pas non plus qu'il dût contenir l'indication du tribunal devant lequel la comparution devait avoir lieu. Mais elle prescrivait implicitement l'une et l'autre , en déterminant , tit. 3 , 11 et 14 , les Délais des assignations , suivant qu'elles étaient données devant tel ou tel tribunal.

» Aussi Jousse, sur l'art. 1er du tit. 2 de cette
ordonnance, après avoir passé en revue toutes les
» conditions que prescrivait cet article pour la validité
» d'un exploit d'ajournement, ajoutait-il : «Les exploits
» d'ajournement doivent aussi contenir le nom de
» la juridiction en laquelle on assigne, et le jour ou
» du moins le temps pour lequel cette assignation
» est donnée ».

⟨ Aussi Denizart, au mot *Ajournement*, n° 11,
» disait-il également : «Enfin, il faut que les exploits
» indiquent la juridiction à laquelle la demande sera
» jugée, le Délai dans lequel le défendeur doit
» comparaître.... Toutes ces formalités sont néces-
» saires, elles sont prescrites par l'ordonnance de
» 1667; et s'il y en avait d'omise, l'exploit serait
» nul.... ».

» Aussi trouvons-nous, dans le *Journal du palais
de Toulouse*, tome 4, page 289, un arrêt du 25 janvier 1725, qui a jugé que l'omission du délai pour
comparaître, dans d'un exploit d'ajournement, emportait la nullité de cet exploit. Voici les
termes de l'arrêtiste : « Le sieur Laurens de Beau-
» mont avait fait assigner en la cour Marie-Anne
» de Beaumont, en défaut sur cette assigna-
» tion. Elle s'est présentée et a donné réquête en cas-
» sation du défaut et de l'assignation. Le moyen était
» pris de ce qu'il n'y avait point de Délai dans la
» copie de l'assignation ; mais le Délai était dans l'o-
» riginal de l'exploit. D'ailleurs, on n'avait pris le
» défaut qu'après le Délai ordinaire, et la partie ne
» souffrait aucun préjudice de cette omission, qui
» était une pure omission de l'huissier. Cependant,
» comme cette omission est dans un point très-essen-
» tiel et très-marqué dans l'ordonnance, et que la
» procédure est une chose de rigueur, on a cassé
» l'assignation, avec dépens ».

» La même chose a été jugée, deux ans après, au
parlement de Dijon. La demoiselle Branche (nous
empruntons ici les termes de Serpillon, sur l'ordonnance de 1667, tit. 2, art. 2, n° 16). « La
» demoiselle Branche envoya, au mois d'avril 1726,
» les huissiers Pacot et Malfin, saisir les effets du
» sieur Sallier. Ils ne firent aucune mention dans
» leurs exploits du domicile de la demoiselle Branche.
» Le débiteur forma opposition aux saisies; il les fit
» casser par arrêt rendu en la chambre des enquêtes
» du parlement de Dijon, sauf le recours contre
» les huissiers. Elle les fit assigner à la cour, en
» restitution des sommes qu'ils avaient touchées,
» suivant leurs exploits, et pour les dommages-in-
» térêts. Un autre huissier Turlot se contenta de les
» assigner, sans exprimer aucun Délai. — L'huis-
» sier Pacot soutint, dans ses défenses, que la demoi-
» selle Branche n'ayant point de domicile fixe, il
» n'avait pu en faire mention dans son exploit. —
» L'huissier Malfin ne parut pas. — La cause portée
» à l'audience, l'avocat Lacoste, pour la demoiselle
» Branche, demanda l'adjudication de ses conclu-
» sions contradictoirement contre Pacot et par dé-
» faut contre Malfin. — L'avocat Develle, pour
» l'huissier Turlot, demanda son renvoi, sur le mo-

tif que son assignation était nulle, pour n'avoir
» pas fait mention du Délai. Lacoste, avocat, ré-
» pondit que ce n'était pas une nullité, mais que,
» quand c'en serait une, il l'avait couverte par ses
» défenses. — Arrêt à la relevée du parlement de
» Dijon, le 17 mars 1727, qui condamna Pacot à
» la restitution des salaires par lui touchés et aux
» dépens, *A l'égard de l'huissier Malfin, il fut or-
» donné que la demoiselle Branche se pourvoirait
» par nouvelle assignation*.

» Vous voyez, Messieurs, que, par cet arrêt, la
nullité de l'assignation donnée à l'huissier Pacot,
sans désignation du Délai pour comparaître, fut jugée couverte par la défense que cet huissier avait
fournie en comparaissant sur cette assignation ; mais
que l'huissier Malfin n'ayant pas comparu ni par
conséquent renoncé à l'exception qu'il pouvait tirer
du défaut d'indication du Délai de la comparution,
l'assignation fut, à son égard, considérée comme
nulle; et que ce fut par ce motif, que l'arrêt ordonna à la demoiselle Branche de se pourvoir *par
nouvelle assignation*.

« Il n'y a donc, quoiqu'en dise la cour de Turin
dans les motifs de son arrêt, aucune différence réelle
quant à la nécessité de l'indication du Délai pour
comparaître dans les exploits d'ajournement entre
l'ordonnance de 1667 et le Code de procédure
civile.

» Or, sous l'ordonnance de 1667, satisfait-on,
par la seule assignation *dans le Délai de la loi*, à la
nécessité de l'indication du Délai pour comparaître ?

» L'affirmative a été quelquefois contestée dans les
matières de retrait lignager, où tout était de rigueur;
mais dans les matières ordinaires, jamais on ne l'a
révoqué en doute. Écoutons les auteurs de la nouvelle édition du Recueil de Denizart, au mot *Assignation*, n° 11 : » On se contente souvent d'assi-
» gner, *dans le délai de l'ordonnance*, au lieu
» d'indiquer le jour précis de l'échéance des Délais;
» ce qui oblige le défendeur à savoir quel est le
» Délai fixé par l'ordonnance pour les assignations
» données dans la juridiction où il est assigné. Ce
» défaut d'indication du jour précis de l'échéance
» de l'assignation n'est pas une nullité en matière
» ordinaire. Mais en matière de retrait, il y a plu-
» sieurs exemples d'assignations qui ont été décla-
» rées nulles, sur le fondement qu'elles avaient été
» données vaguement à comparoir *dans les Délais
« de l'ordonnance*.

» Et encore est-il à remarquer que, même en matière de retrait lignager, on avait fini par reconnai-
tre universellement ces sortes d'assignations pour
valables. Voici quels ont été, à cet égard, les progrès de la jurisprudence.

» Le 28 juillet 1727 et le 10 juillet 1742, deux
arrêts du parlement de Paris ont jugé nuls des retraits,
dont les assignations avaient été données *dans les
Délais de l'ordonnance*. Mais par quel motif? Rousseau Delacombe nous l'apprend en ces termes, aux
mots *Retrait lignager*, *Ajournement*, n° 1er : ⟨ Ces
« arrêts ont été rendus dans le cas d'ajournement

» en justice seigneuriale, et l'ordonnance de 1667
» n'explique pas les Délais de pareils ajournemens
» *V* ladite ordonnance, tit. 3 ».

» On voit déjà que ce motif ne pouvait pas s'appliquer aux assignations en retrait devant les juges royaux; et effectivement, elles ont été depuis jugées valables, quoique données simplement *dans les Délais de l'ordonnance.* Témoin Lecamus d'Houlouve, dans son Commentaire sur la coutume du Boulonnais, tit. 12 chap. 51 « L'ordonnance de 1667 » (dit-il) n'exprimant point les Délais des assignations devant les juges des seigneurs, l'exploit en retrait doit exprimer le Délai de l'assignation. Cette ordonnance, au contraire, désignant les Délais des assignations devant les juges royaux, quand l'assignation a été donnée dans les Délais de l'ordonnance, elle est valable; parce qu'on peut connaître par cette ordonnance quels sont ces Délais : *lex interpellat pro homine.* Un arrêt de la grand'-chambre, du 20 août 1750, au rapport de M. de Montholon, l'a ainsi jugé dans cette coutume, « pour Jean-Baptiste Desjardins, rétrayant et intimé, » contre Jacques Cornuel, acquéreur et appelant d'une sentence de la sénéchaussée de Boulogne, qui avait adjugé le retrait. J'avais écrit, dans cette instance, pour Desjardins.

§ Il y a plus : avant cet arrêt, il en était intervenu un autre à la grand'chambre, le 26 juillet 1745, par lequel une assignation en retrait donnée devant un juge seigneurial, *dans le Délai de l'ordonnance,* avait été également jugée valable.

« Il est vrai que Rousseau Delacombe, à l'endroit cité, blâme cet arrêt, et prétend qu'on doit, pour les assignations en retrait devant les juges seigneuriaux, s'en tenir aux deux arrêts de 1721 et 1742. « Mais (dit Valin, sur la coutume de la Rochelle, tome 2, page 73) ceci est un effet de la prévention de l'auteur, parce qu'il avait écrit pour le défendeur en retrait au procès jugé par l'arrêt de 1742. La matière du retrait est de rigueur sans doute; mais il ne faut pas pour cela grossir arbitrairement la liste des formalités qui doivent y être observées sous peines de nullité. — Aucune loi ne prononce la nullité d'une assignation où le jour à comparaître n'est pas expressément marqué; ainsi, quand une assignation donnée dans les Délais de l'ordonnance, n'indiquerait pas suffisamment le jour à comparaître, il ne s'ensuivrait point du tout qu'elle fût nulle. — Mais encore peut-on dire qu'un défendeur en retrait assigné dans les Délais de l'ordonnance, ne soit pas suffisamment instruit du jour à comparaître ? Ces Délais n'ont-ils pas un terme fixe et invariable ? — En tout cas, dit-on, l'ordonnance de 1667 n'explique pas les Délais des ajournemens donnés dans les justices seigneuriales. Cela est vrai en rigueur, mais outre qu'à ce compte, il n'y aurait que ces sortes d'exploits en justice seigneuriale, qui pourraient être attaqués par le défaut d'indication du jour précis à comparaître, c'est qu'en

cela même, tout se réduirait à une misérable chicane, puisque l'usage constant a appliqué aux justices seigneuriales le Délai de trois jours pour le moins, et de huitaine au plus, porté par l'art. 1, du titre 3, concernant les prévôtés et châtellenies royales ; usage au surplus fondé sur la même ordonnance, qui, au titre *des enquêtes,* art. 32, déclare que, hors des présidiaux, et à l'égard des autres juridictions, même des justices des seigneurs, les Délais seront seulement de trois jours. — Sur ce plan, une assignation donnée dans une justice seigneuriale, à comparaître dans les délais de l'ordonnance est à trois jours francs; et par là, le jour à comparaître est suffisamment marqué. — Je soutiens donc en conséquence que toute assignation donnée dans les délais de l'ordonnance, est valable, sans autre désignation du jour à comparaître ».

» Pothier, *Traités des retraits,* n. 220, professe la même doctrine : « On a encore agité (ce sont ses termes) la question s'il était nécessaire, à peine de nullité, que l'exploit de demande en retrait lignager exprimât précisément le jour auquel le défendeur est assigné à comparoir..... Je préfère l'opinion de ceux qui pensent que cela n'est pas nécessaire, parce qu'aucune loi ne le requiert, et que les Délais de l'ordonnance étant, par eux-mêmes certains, un défendeur assigné à comparoir *dans les Délais de l'ordonnance,* est suffisamment averti du jour auquel il est assigné ».

» Même doctrine encore dans le commentaire d'Olivier de Saint-Vaast sur les coutumes d'Anjou et du Maine, imprimé en 1778 : « Tous les praticiens » (dit-il, Traité des retraits, art. 358) demeurent d'accord qu'une assignation avec ces mots, *dans le Délai de l'ordonnance,* est valable, sans marquer que c'est à la huitaine ou à la quinzaine ».

» Eh! comment une manière d'assigner qui, sous l'ordonnance de 1667, était valable, même dans la matière la plus rigoureuse, pourrait-elle être nulle sous le Code de procédure civile ?

» Les rédacteurs du Code de procédure civile savaient parfaitement que, sous l'ordonnance de 1667, l'indication du délai pour comparaître, était nécessaire dans tout exploit d'ajournement ; mais ils savaient aussi que, d'après la jurisprudence de tous les tribunaux, ce Délai était suffisamment indiqué par une assignation donnée, *dans le délai de l'ordonnance.* Si donc, en renouvelant par une disposition expresse du Code de procédure civile, la disposition de l'ordonnance de 1667 qui exigeait, dans tout exploit d'ajournement, l'indication du délai pour comparaître, ils avaient voulu que celle-ci fût exécutée plus strictement, plus littéralement que ne l'avait jamais été celle-là, qu'auraient-ils dû faire, et qu'auraient-ils fait ? Ils auraient dû dire, et ils auraient dit, que le Délai pour comparaître devait être exprimé en termes qui indiquassent textuellement, soit l'étendue précise de ce Délai, soit le jour fixe de la comparution ; et de ce qu'ils ne l'ont pas dit, de ce qu'ils se sont bornés à un simple renouvellement de la règle implicitement établie par l'ordonnance de 1667, et constamment pratiquée sous cette ordonnance, que pouvons-nous, que devons-nous en conclure? Rien autre chose, si ce n'est que cette règle doit être interprétée sous le Code de procédure civile, comme elle l'était sous l'ordonnance de 1667; rien autre chose, si ce n'est que, de même qu'une assignation donnée *dans le Délai de l'ordonnance*, remplissait le vœu de l'ordonnance de 1667, de même aussi une assignation donnée *dans le Délai de la loi*, remplit le vœu du Code de procédure civile.

» Vainement, après cela, vient-on dire, dans les motifs de l'arrêt attaqué, que les particuliers ne connaissent pas les lois sur la procédure, et ne sont pas toujours à portée de s'en faire instruire par des jurisconsultes, ou des particuliers; que c'est par cette considération que le Code a voulu que l'assignation leur apprît le Délai dans lequel ils doivent se présenter au tribunal; qu'il faut donc que ce Délai soit énoncé d'une manière précise dans l'assignation.

» D'abord, dans ce raisonnement, on oublie la maxime que nul n'est présumé ignorer la loi; et l'art. 61 du Code de procédure civile ne contient pas un mot d'où l'on puisse inférer qu'en le rédigeant, le législateur ait perdu de vue cette maxime, ou ait voulu s'en écarter par rapport aux Délais des ajournemens.

» Ensuite, ou ce raisonnement est en contradiction avec lui-même, ou il prouve trop.

» Il est en contradiction avec lui-même, si l'on reconnaît, comme on y est bien obligé par le texte de l'art. 61, qu'une assignation est valable, lorsqu'elle est donnée à la huitaine, à la quinzaine, au mois, etc.; car, même dans ce cas, l'assigné a besoin de connaître l'art. 1033 du Code de procédure civile, pour savoir que, dans le Délai qui lui est indiqué, ne sont compris ni le jour de l'assignation ni celui de l'échéance (1).

» Il prouve trop; car il en résulterait que, pour qu'une assignation fût censée indiquer suffisamment le Délai de la comparution, il faudrait que le jour même de la comparution y fût spécifiquement désigné; et certes, pour aller jusque-là, il faut ajouter à l'art. 61; il faut faire dire à l'art. 61 plus qu'il ne dit. Encore une fois, la manière dont est conçu l'art. 61, ne permettrait pas de regarder comme nulle une assignation qui serait donnée à la huitaine, à la quinzaine, au mois; et cependant il faudrait, dans le système de la cour de Turin, la regarder comme telle.

» Aussi la cour de Turin cherche-t-elle à établir qu'effectivement elle serait nulle; et sur quoi fonde-t-elle un aussi étrange paradoxe? Sur l'art. 20 du décret impérial du 30 mars 1808, contenant réglement pour la police et discipline des cours et tribunaux. Par cet article, dit-elle, il est prescrit

que *toutes les citations seront données à l'heure fixée pour la première des audiences, s'il y a plusieurs chambres.* Or, continue-t-elle, *pourra-t-on désigner l'heure, si le jour n'est pas indiqué?* Et pourquoi non? Les heures des audiences sont fixées, dans chaque cour, par un réglement particulier; on peut donc très-bien, en assignant *dans le Délai de la loi,* assigner à l'heure que ce réglement indique pour la tenue de la première audience du jour auquel écherra l'assignation. Il est donc très-possible d'indiquer l'heure sans indiquer le jour. — Mais, après tout, l'omission de l'heure emporterait-elle nullité? Non, assurément. Le décret ne le dit pas, et l'art. 1030 du Code est là pour nous avertir qu'*aucun exploit ou acte de procédure ne peut être déclaré nul, si la nullité n'en est formellement prononcée par la loi.*

» Mais, dit encore la cour de Turin, l'art. 61 du Code n'est pas plus impératif pour la nécessité de l'*indication du Délai de la comparution, qu'il ne l'est pour la nécessité de l'indication du tribunal qui doit connaître de la demande.* Or, si une assignation était donnée *devant le tribunal compétent aux termes de la loi,* sans autre désignation, très-certainement elle serait nulle. Il en doit donc être de même d'une assignation à comparaître *dans le Délai de la loi.*

» Pur sophisme. Les Délais dans lesquels les assignations doivent être données, sont fixés avec précision, et d'une manière invariable, par les art. 72 et 73 du Code de procédure; et la lecture de ces articles suffit seule pour faire connaître à chaque assigné le jour où il doit se présenter. En est-il de même de la compétence des juges devant lesquels l'assigné doit comparaître? Non : il est plusieurs cas où il dépend du demandeur d'assigner devant tel juge plutôt que devant tel autre, et où, en conséquence, l'assigné ne peut savoir, que par l'indication que lui en donne le demandeur, dans son exploit d'ajournement, quel est le tribunal auquel il doit s'adresser pour répondre à la demande. Ainsi, aux termes de l'art. 59 du Code de procédure, lorsqu'il y a plusieurs défendeurs, l'assignation doit être donnée devant le tribunal du domicile de l'un d'eux, au choix du demandeur. Ainsi, en matière mixte, le demandeur peut assigner indifféremment, ou devant le juge de la situation, ou devant celui du domicile du défendeur. Ainsi, en cas d'élection de domicile pour l'exécution d'un acte, le demandeur a également le choix entre le juge du domicile réel du défendeur et le juge du domicile élu. — Et que sera-ce si l'on assigne en garantie? Alors, dit l'article cité du Code, c'est devant le juge où la demande originaire se trouve pendante, que l'assignation doit être donnée; mais ce juge, comment le défendeur peut-il le connaître si l'assignation ne le lui indique pas? Et que signifie, d'après cela, l'argument que tire la cour de Turin du mode d'indication du tribunal qui doit connaître de la demande, au mode d'indication du Délai pour comparaître?

» Terminons cette discussion déjà trop étendue

---

(1) *V.* l'arrêt de cassation du 7 janvier 1812, rapporté ci-après.

pour une question aussi simple, par une considération qui nous paraît d'un très-grand poids.

» Déjà plusieurs fois vous avez jugé que les règles prescrites pour la forme des ajournemens, par les art. 61, 66 et 68 du Code de procédure, doivent être observées, à peine de nullité, dans les significations d'arrêt de la section des requêtes portant admission de demandes en cassation et permission de citer les défendeurs devant vous. Et de là, sans doute, il résulte que, dans le système de la cour de Turin, ces significations seraient nulles, si, dans les ajournemens qu'elles doivent contenir, elles n'exprimaient pas la dimension précise du Délai pour comparaître. Cependant, depuis la mise en activité du Code de procédure, on n'a pas cessé d'assigner devant vous *dans le Délai du réglement*; et non-seulement jamais vous n'avez eu l'oreille frappée de demandes en nullité de ces assignations, mais vous les avez constamment tenues pour valables, puisque, toutes les fois que les défendeurs ainsi assignés n'ont pas comparu, vous avez donné défaut contre eux, ni plus ni moins que s'ils eussent été assignés à jour fixe. Votre jurisprudence est donc parfaitement d'accord, sur ce point, avec celle de la section des requêtes, et il n'en faut pas davantage pour vous déterminer à casser l'arrêt qui vous est dénoncé. Nous y concluons».

Par arrêt du 18 mars 1811, au rapport de M. Cochard, « vu l'art. 456 du Code de procédure....; et attendu qu'en faisant assigner, par son acte d'appel du 16 octobre 1807, la defenderesse à comparaître par-devant la cour d'appel de Turin dans les Délais de la loi, le demandeur a suffisamment rempli le vœu, et s'est d'ailleurs exactement conformé à la lettre et à l'esprit dudit art. 456; d'où il suit qu'en déclarant nulle ladite assignation, ladite cour d'appel a formellement contrevenu audit article; par ces motifs, la cour casse et annulle ».

Le 6 mai 1812, autre arrêt, au rapport de M. Pajon, qui, sur le recours d'Isaac Levi contre deux arrêts de la cour de Colmar, du 31 août 1810, qui avaient annulé deux actes d'appel qu'il avait signifiés avec assignation à comparaître *dans le Délai de la loi*, les casse, « vu l'art. 456 du Code de procédure, attendu qu'il ne résulte point, du texte de cet article, que l'exploit d'appel doie contenir l'époque précise de l'échéance du Délai à peine de nullité, lorsqu'il se trouve déterminé par d'autres articles de la loi; d'où il résulte que les arrêts attaqués, en décidant le contraire, ont commis un excès de pouvoir, et ajouté à cet article une disposition qui n'y existe pas ».

Le 24 juin suivant, autre arrêt qui, par les mêmes motifs et dans les mêmes termes que celui du 18 mars 1811, casse un arrêt du 4 juillet 1809, par lequel la cour de Besançon avait déclaré nul un exploit d'appel signifié, à la requête des sieurs Rossigneux au sieur Vallier, et contenant assignation *à comparaître dans le Délai de la loi*.

Le même jour, autre arrêt qui casse pareillement dans les mêmes termes, un arrêt de la cour de Bruxelles, du 11 janvier 1811, qui avait également déclaré nul un appel du directeur-général de la caisse d'amortissement, signifié à la commune de Zuydchoote, avec assignation à comparaître dans le *Délai de la loi*.

Le 28 décembre suivant, autre arrêt qui casse de même, et toujours dans les mêmes termes, un arrêt de la cour de Colmar, du 28 août 1810, qui, sur le fondement qu'une assignation sur appel avait été donnée à comparaître *dans le Délai de la loi*, l'avait déclarée nulle. Les parties étaient, d'une part, le sieur et la demoiselle Scohier, frère et sœur, et de l'autre le sieur Wagnier.

Le 20 avril 1814, autre arrêt qui, dans une espèce parfaitement semblable, en casse un de la cour de Colmar, qui avait déclaré nul un exploit d'appel signifié par André Gerber à David Dubail.

Joseph Cotella, assigné par la régie de l'enregistrement à comparaître devant le tribunal civil de Saluces, *dans le Délai fixé par le Code de procédure*, pour voir déclarer valable une saisie qu'il avait pratiquée entre les mains d'un de ses débiteurs, a prétendu que cette assignation était nulle, parce que le jour fixe de la comparution n'y était pas exprimé.

La régie a soutenu que cette assignation remplissait parfaitement le vœu de la loi; et cependant, par surabondance, elle a fait signifier, tant à Joseph Cotella qu'au tiers saisi, un nouvel ajournement à comparaître dans le Délai de huit jours, outre un jour par trois myriamètres de distance. — La cause portée à l'audience, Joseph Cotella a persisté à soutenir que la première assignation était nulle; et il a ajouté que la seconde l'était également, parce qu'elle n'avait pas été donnée, comme elle eût dû l'être, aux termes de l'art. 563 du Code de procédure civile, dans les huit jours qui avaient immédiatement suivi l'exploit de saisie-arrêt. — Jugement en dernier ressort, qui déclare en effet les deux assignations nulles. — Mais la régie se pourvoit en cassation; et par arrêt du 27 avril 1813, au rapport de M. Zangiacomi, « vu les art. 61, 72 et 1033 du Code de procédure civile; attendu que la première assignation donnée par la régie, portait interpellation de comparaître *dans le Délai fixé par le Code de procédure*; ce qui indiquait très-clairement le Délai marqué dans les art. 72 et 1033, et satisfait complètement à ce qui est prescrit par l'art. 61, n° 4; qu'en donnant la deuxième assignation, la régie n'a pas révoqué la première, et qu'elle en a au contraire soutenu la validité dans l'acte qu'elle a fait signifier; qu'ainsi, en annulant la première assignation, le jugement attaqué viole l'art. 61, qui, par cela même qu'il tient comme non avenue une citation irrégulière, valide et maintient celles données conformément à son texte; la cour casse et annulle.... ».

Deux arrêts des cours de Toulouse et de Bruxelles, des 11 et 22 janvier 1810, avaient, en adoptant l'un des motifs de l'arrêt de la cour de Turin du 9 août 1808, déclaré nuls des exploits d'appel contenant assignation à comparaître *au huitième jour après la date du présent exploit, augmenté d'un jour par trois myriamètres de distance.* — Mais ces arrêts ont été cassés, le premier, le 7 janvier 1812, au rapport de M. Cassaigne, et le second, le 28 avril suivant, au rapport de M. Gandon, «attendu qu'une pareille assignation remplit suffisamment le vœu des art. 61 et 456 du Code de procédure, par sa conformité aux art. 72 et 1033 du même Code, et sa relation aux distances, dont un intimé ne peut raisonnablement prétendre cause d'ignorance; qu'en jugeant le contraire, et en annulant par voie de conséquence ledit acte d'appel, l'arrêt a faussement appliqué les art. 61 et 456 précités.

V. le plaidoyer et l'arrêt du 20 mai 1813, rapportés aux mots *Inscription de faux,* §. 6, dans les *Additions.*

§. II. *Page 412, col. 2, ligne 5, au lieu de deux observations, lisez :* quelques observations.

Page 413, colonne 1, ligne 18, après les mots, art. 1033, *ajoutez :*

Le plaidoyer et l'arrêt du 7 août 1811, rapportés au mot *cassation,* §. 6, n. 7 *bis;* et le réquisitoire du 7 juin 1813, rapporté au mot *appel,* sect. 1, §. 3, n. 14, dans les *Additions.*

5° Mais cette règle est-elle applicable au Délai dans lequel doit être formée l'opposition à un jugement rendu par défaut?

On doit, à cet égard, distinguer deux cas : ou le jugement par défaut a été rendu contre une partie représentée par un avoué, ou il a été rendu contre une partie qui n'avait point constitué d'avoué pour la représenter.

Au premier cas, le Délai courant du jour de la signification faite du jugement par défaut, à l'avoué du défaillant, la disposition de l'art. 1033 du Code de procédure civile est sans application; et c'est ce qu'a jugé un arrêt de la cour de cassation du 7 juin 1813, rapporté au mot *appel,* sect. 1, §. 5, n. 14, dans les *Additions.*

Au second cas, non-seulement on ne doit compter ni le jour de la signification, ni celui de l'échéance, mais le Délai doit être encore augmenté de trois myriamètres de la distance qu'il y a du domicile du défaillant à qui la signification est faite, au lieu où siége le tribunal, et où par conséquent réside l'avoué de la partie adverse à qui l'opposition doit être notifiée.

Pour nous convaincre de cette vérité, jetons les yeux sur l'art. 162, qui fixe ce Délai : «lorsque le jugement aura été rendu contre une partie n'ayant pas d'avoué, l'opposition pourra être formée, soit par acte extrajudiciaire, soit par déclaration sur les commandemens, procès-verbaux de saisie ou d'emprisonnement, ou tout autre acte d'exécution, *à la charge par l'opposant de la réitérer, avec constitution d'avoué, par requête, dans la huitaine;* passé lequel temps, elle ne sera plus recevable; et l'exécution sera continuée sans qu'il soit besoin de le faire ordonner».

Ce texte bien entendu, supposons une espèce qui peut se présenter fréquemment.

Un arrêt par défaut est rendu à la cour royale de Colmar au profit d'un habitant de cette ville, et contre un habitant de Perpignan qui n'a pas constitué d'avoué. L'habitant de Colmar, qui a obtenu cet arrêt, le fait signifier à Perpignan, au domicile de son adversaire; et à la suite de cette signification, il fait saisir les biens ou emprisonner la personne du condamné. Le condamné a certainement le droit de former opposition à l'arrêt dont on poursuit contre lui l'exécution; il a certainement le droit d'arrêter l'exécution de cet arrêt par son opposition. Mais cette opposition qu'il formera d'abord soit par un acte extrajudiciaire, soit par une simple déclaration consignée dans le procès-verbal de saisie ou d'emprisonnement, il faudra, de toute nécessité et à peine de déchéance, qu'il la réitère *par requête, avec constitution d'avoué, dans la huitaine.* Eh ! comment le pourra-t-il, si à ce Delai de huitaine on n'ajoute pas un jour par trois myriamètres de la distance de Perpignan à Colmar? Comment pourra-t-il, dans un Délai aussi bref, constituer un avoué près la cour royale de Colmar, et présenter requête à cette cour? Bien évidemment ce sera pour lui la chose impossible.

Il faut donc nécessairement de deux choses l'une : ou dire que l'art. 162 n'accorde à l'habitant de Perpignan condamné par défaut à Colmar, qu'une faculté illusoire, ce qui serait absurde; ou convenir que le Délai de huitaine accordé par cet article à l'habitant de Perpignan pour réitérer son opposition par requête, doit être augmenté à raison de la distance de Perpignan à Colmar.

Mais cette augmentation, quel est le texte du Code de procédure qui la prescrit, qui l'autorise, qui la détermine? Il n'y en a point d'autre que l'art. 1033.

Donc l'art. 1033 est applicable, dans sa seconde partie, au Délai de l'opposition au jugement rendu par défaut contre une partie non représentée par un avoué.

Donc il est également applicable au même Délai, dans sa première partie.

Et c'est ce qu'a jugé formellement un arrêt de la cour de cassation, dont voici l'espèce.

Le 20 août 1810, les sieur et dame Delapuente obtiennent, au tribunal civil de Neufchâteau, département des Forêts, un jugement qui condamne par défaut le sieur Séguin, demeurant à Paris, et non représenté par un avoué, à leur payer une somme de 599 fr. — Ce jugement est signifié au sieur Séguin en son domicile. Le sieur Séguin y forme sur-le-champ opposition par un acte extrajudiciaire; mais l'avoué des sieur et dame Delapuente ayant cessé, à cette époque, de postuler, le sieur Séguin se trouve dans l'impossibilité de réitérer son opposition par requête, dans la forme déterminée par l'art. 162 du Code de procédure civile. — Le 6 avril 1811, les sieur et dame Delapuente lui font signifier une constitution de nouvel avoué; et par-là ils le mettent, aux termes du même article, dans la nécessité de réitérer son opposition par requête, dans la huitaine suivante. — Le 23 du même mois, dix-sept jours après cette signification, le sieur Séguin fait signifier aux sieur et dame Delapuente, au domicile de leur nouvel avoué, une requête contenant ses moyens d'opposition. — Les sieur et dame Delapuente soutiennent que son opposition est non-recevable, parce qu'elle n'a pas été réitérée dans la huitaine de la signification qu'ils lui ont faite de leur nouvelle constitution d'avoué. Le sieur Séguin répond que, d'après l'art. 1033, le Délai de huitaine doit être augmenté d'un jour par trois myriamètres de la distance qu'il y a de Paris à Neufchâteau. — Le 20 mai suivant, jugement qui déclare l'opposition du sieur Séguin non-recevable, attendu qu'elle n'a point été réitérée dans le Délai de huitaine, après la signification du 6 avril.

Mais le sieur Séguin se pourvoit en cassation ; et par arrêt du 16 mars 1813, au rapport de M. Carnot, « Vu l'art. 1033 du Code de procédure civile ; attendu que cet article se trouve placé dans le Code et sous la rubrique *des dispositions générales* ; que d'ailleurs il embrasse dans la généralité de ses expressions tous les ajournemens, citations, sommations *et autres actes* faits à personne ou domicile ; et qu'il ne permet pas que, dans le Délai général fixé en pareille matière, le jour de la signification ni celui de l'échéance soient jamais comptés ; qu'il veut même qu'il y soit ajouté un jour à raison de trois myriamètres de distance ; — attendu que les tribunaux ne peuvent s'écarter de la disposition générale de cet article, sans en faire une violation ouverte, lorsqu'aucune loi spéciale n'y a dérogé ; et que ni l'art. 162, ni aucun autre du Code de procédure civile, n'y a dérogé : quant aux oppositions à former aux jugemens rendus par défaut, lorsque l'opposant n'a pas eu d'avoué constitué en cause ; que cependant le tribunal de Neufchâteau a déclaré non-recevable une opposition qu'avait formée Séguin dans le Délai fixé par l'art. 1033, quoique l'opposant n'eût pas d'avoué constitué lors du jugement par défaut contre lequel il revenait par opposition ; qu'en le jugeant ainsi, le tribunal de Neufchâteau a non-seulement violé les dispositions de l'art. 1033 cité, mais encore rendu illusoire la faculté indéfinie qui est accordée à tout condamné par défaut de revenir par opposition contre le jugement qui l'a condamné, en jugeant que, dans tous les cas, le Délai pour la former ne doit pas être augmenté à raison de la distance ; qu'en réduisant, en effet, à la huitaine, sans augmentation de Délai, celui fixé par l'art. 162, il y aurait souvent impossibilité physique de la former dans cette huitaine ; qu'il résulte de là que, soit que l'on consulte les termes de la loi, soit que l'on cherche à en saisir l'esprit, il y a eu, dans le jugement attaqué, fausse application de l'art. 162 du Code de procédure civile, et violation ouverte de l'art. 1033 ; la cour casse et annulle ».

4° Le Délai des assignations qui se donnent à avoué, doit-il être augmenté d'un jour par trois myriamètres de la distance qu'il y a entre le domicile de la partie et le lieu où l'instance est pendante ? V. le plaidoyer et l'arrêt du 22 novembre 1810 ; rapportés au mot *Testament*, sect. 1, §. 5, art. 1, n. 2 *bis*.

5° Le Délai pour faire enquête, court-il pendant les vacations ? V. l'article *Vacances*, n. 3.

DÉLIT FORESTIER. *Page* 439, *col.* 2, *après la ligne* 13, *ajoutez :*

5° *Le Délit de chasse dans une forêt appartenant à l'état ou à la liste civile, constitue-t-il un Délit forestier ?*

Page 441, *col.* 2, *avant le §.* II, *ajoutez :*

V. Sur la cinquième question. V. l'article *Chasse*, §. 5 *bis.*

§. X, n. I. *Page* 450, *col.* 2, *ligne* 10, *après les mots*, ces Délits, *ajoutez :* V. *Vol*, sect. 2, §. 5, art. 4, notes sur l'art. 173 et sur le §. 5 de l'art. 386 du Code pénal.]]

§. XIII. *Page* 461, *col.* 1, *ligne* 8, *au lieu de* n° *suivant*, *lisez :* n° 8 ; *et ajoutez :*

VII *bis.* Par quel temps se prescrivent les Délits de chasse commis, soit dans les forêts de la liste civile, soit dans les propriétés particulières qui sont enclavées dans ces forêts. V. l'article *Chasse*, §. 5 *bis.*

§. XIV. *Page* 462, *col.* 1, *ligne* 61, *après le mot* propriétaire, *ajoutez en note :*

L'administration des forêts a-t-elle qualité pour poursuivre les délits commis dans les bois des particuliers.

Le 8 novembre 1811, procès-verbal du garde-forestier du sieur Laurent Biondi, qui constate que, dans un bois appartenant à celui-ci, Joseph Fani a coupé et enlevé vingt-six plantes de *cerri* (espèce de chêne vert). — D'après ce procès-verbal, le sous-inspecteur de l'administration des forêts fait citer Joseph Fani devant le tribunal correctionnel d'Arrezzo, et conclut à ce qu'il soit condamné aux amendes et restitutions portées par les art. 1 et 8 du tit. 32 de l'ordonnance de 1669. Le procureur royal fait les mêmes réquisitions. — Le 29 mars 1812, jugement qui déclare l'administration des forêts sans qualité pour poursuivre le prévenu, et sans statuer sur les réquisitions du procureur royal, met le prévenu hors de cause. — L'administration des forêts appelle seule de ce jugement. — La cause portée à l'audience de la cour royale de Florence, le ministère public conclut à ce que ce jugement soit réformé, en tant qu'il déclare l'administration des forêts sans qualité, et subsidiairement à ce qu'il soit réformé au fond, et à ce que, faisant droit sur ces réquisitions, la cour condamne l'intimé aux peines du vol simple, déterminées par l'art. 401 du Code pénal de 1810. — Le 12 juin de la même année, arrêt qui, à l'égard de l'administration des forêts, met l'appellation au néant ; et attendu que le ministère public n'a pas appelé dans le Délai fixé par la loi, du jugement du 19 mars, déclare qu'il n'y a pas lieu à statuer sur ces réquisitions subsidiaires. — Recours en cassation contre cet arrêt, tant de la part de l'administration des forêts, que du procureur-général.

Le 19 avril suivant, l'administration des forêts se

désiste de son recours, « par les considérations suivantes : Que l'administration est sans qualité pour poursuivre les délits commis dans les bois particuliers, à moins qu'il ne s'agisse de la violation de quelque règlement dont l'exécution lui est confiée, comme de coupe, sans déclaration, d'arbres d'essence et de proportion spécifiées par le décret impérial du 15 avril 1811, ou de défrichement prohibé par la loi du 9 floréal an 11; que, hors de ces cas, la constatation des délits et leur poursuite sont des actes entièrement étrangers à l'administration à laquelle, d'ailleurs, la réquisition des propriétaires ne saurait attribuer un droit qu'elle ne peut tenir que de la loi... ».

Le 27 du même mois, arrêt, au rapport de M. Bazire, par lequel, « vu l'acte du 19 août présent mois, par lequel l'administration générale des forêts déclare se désister du pourvoi émis par son préposé en Toscane, contre un arrêt rendu par la cour impériale de Florence, le 12 juin dernier, au profit de Joseph Fani; la cour donnant acte de ce désistement, déclare qu'il n'y a lieu de statuer sur ledit pourvoi; et statuant sur le pourvoi du procureur-général près la cour impériale de Florence, contre le même arrêt; attendu, d'une part, que l'administration forestière est sans qualité pour poursuivre les délits commis dans les bois particuliers, à moins qu'il ne s'agisse (ce qui n'existe par dans l'espèce) de la violation de quelque règlement dont l'exécution lui est confiée, comme de coupe d'arbres, sans déclaration, d'essence et de proportion spécifiées par le décret impérial 15 du avril 1811, ou de défrichement prohibé par la loi du 9 floréal an 11 ; que, hors de ces cas, la constatation des délits et leur poursuite sont des actes entièrement étrangers à ladite administration, à laquelle d'ailleurs la réquisition des propriétaires ne saurait attribuer un droit qu'elle ne peut tenir que de la loi; d'une autre part, que ni le procureur impérial criminel, ni le procureur-général près la cour impériale de Florence, qui seuls avaient droit de poursuivre le délit dont il s'agit dans l'espèce, n'ont appelé du jugement de première instance qui, sur les poursuites illégales de l'administration forestière, a mis hors de cause Fani, d'où il suit que ce jugement était passé en force de chose irrévocablement jugée, et qu'en le déclarant ainsi, la cour impériale de Florence n'a violé aucune loi; la cour rejette le pourvoi ».

DÉLIT MILITAIRE, n° VII. Page 495, col. 1, *après la ligne 7, ajoutez :*

On voit que, dans cette espèce, Jean-Baptiste Potel, quoiqu'employé de fait dans l'armée, ne pouvait pas être considéré comme militaire, parce que, privé de la raison, il y était employé sans savoir ce qu'il faisait.

Mais aurait-on pu juger de même, si son incapacité du service militaire eût eu une autre cause que la démence? Voici une espèce dans laquelle cette question s'est présentée.

Le 15 novembre 1812, le commandant du dépôt du 24e régiment d'infanterie de ligne, en garnison à Metz, rend, contre Antoine Vanesse, chasseur dans ce régiment, une plainte par laquelle il l'accuse d'avoir, dans la nuit du 1er au 2 du même mois, volé une montre à l'un de ses camarades. — Sur cette plainte, Antoine Vanesse est traduit devant le 1er conseil de guerre permanent de la 5e division militaire, qui, par jugement du 12 décembre de la même année, le condamne à six années de fers, conformément à l'art. 12 de la section 3 du tit. 1er du Code pénal militaire, du 12 mai 1793 ; et ordonne qu'il sera dégradé à la garde montante, conformément à l'art. 24 du titre 8 du Code pénal militaire du 21 brumaire an 5. Antoine Vanesse se pourvoit en révision contre ce jugement. — Le 17 du même mois, le conseil de révision déclare ce jugement nul pour cause d'incompétence, attendu, dit-il, que, par jugement du 30 janvier 1810, rendu par le 1er conseil de guerre permanent de Nimègue, Antoine Vanesse a été condamné, pour cause d'insubordination, à deux années de fers et à la dégradation; et que conséquemment il n'était plus militaire lors du vol du 15 novembre.

En exécution de ce jugement, Antoine Vanesse est renvoyé devant le juge d'instruction du tribunal de première instance de Metz.

Là, il est constaté qu'il n'existe point de jugement du 30 janvier 1810, qui ait condamné Antoine Vanesse à deux années de fers et à la dégradation ; qu'il en existe seulement un du 28 février de la même année, qui, en le déclarant convaincu d'avoir menacé son supérieur par paroles et par gestes, le condamne à un emprisonnement de deux années, et le déclare incapable de servir dans les armées de l'empereur; qu'en exécution de ce jugement il a passé deux années en prison ; mais que, les deux ans expirés, et dès le 24 octobre 1812, il est rentré dans son corps, y a été reçu, a repris l'uniforme, a été rétabli sur le contrôle, a fait son service et reçu sa paye, et qu'au moment où à été commis le vol qui lui est imputé, il était logé avec ses camarades dans la caserne où ce vol a eu lieu.

En conséquence, le 11 mai 1813, jugement par lequel le tribunal de première instance de Metz se déclare incompétent. — Le procureur-général de la cour impériale de Metz se pourvoit en règlement de juges devant la cour de cassation.

« La question que présente à votre examen le conflit négatif sur lequel vous avez à statuer (ai-je dit à l'audience de la section criminelle, le 18 juin 1813), ne change point de nature par la méprise qu'a faite le conseil de révision, en considérant Antoine Vanesse comme dégradé par un jugement du 30 janvier 1810, tandis qu'il n'était que déclaré incapable du service militaire par un jugement du 28 février de la même année.

» Car la dégradation dont le conseil de révision a supposé erronément qu'Antoine Vanesse avait été frappé, emportait nécessairement l'incapacité du service militaire ; et nous devons, par conséquent, raisonner à l'égard de celle-ci, comme nous ferions à l'égard de celle-là.

» Il s'agit donc uniquement de savoir si la juridiction des conseils de guerre s'étend sur les hommes qui, de fait, sont incorporés dans l'armée, quoique, de droit, ils en soient incapables.

» La négative ne serait pas douteuse, si l'incapacité du service militaire provenait d'un état de démence ; et c'est ce que la cour a jugé, le 13 pluviose an 10, au rapport de M. Seignette, en cassant, sur notre réquisitoire, un jugement du conseil de guerre de la 2e demi-brigade d'artillerie de la marine, qui avait condamné à quinze années de fers le nommé Jean-Baptiste Potel, accusé de violences envers des officiers du corps dans lequel il était, de fait, employé comme recrue, quoique précédemment il eût été licencié de ce corps pour cause de démence, habituelle, et qu'il y eût été replacé par une erreur à laquelle il n'avait eu ni pu avoir aucune part, mais dont la faute était tout entière à la perte des registres de ce corps même.

» Dans ce cas, en effet, l'homme qui est employé, de fait, dans l'armée, l'est sans le concours de sa volonté ; il l'est même à son insu ; il n'est donc militaire que de nom. Disons mieux, il ne peut même, dans cet état, commettre aucun délit qui le rende justiciable du conseil de guerre.

» Mais si c'est sciemment, si c'est à sa pleine connaissance, qu'un homme incapable du service militaire est employé de fait dans l'armée, quelle raison y aurait-il, lorsqu'il commet un délit de la compétence du conseil de guerre, de le soustraire à la juridiction de ce tribunal ?

» Il est militaire, par cela seul qu'il fait partie d'un corps de troupes, qu'il en porte l'uniforme, qu'il en reçoit la paye, qu'il en partage le logement, qu'il en fait le service.

» Qu'importe qu'il en soit incapable de droit ? Son incapacité lui fournit, sans doute, comme elle fournit à ses chefs, un moyen de licenciement ; mais elle ne peut pas être pour lui, tant qu'il n'en réclame pas l'effet, un moyen d'impunité, ni par conséquent, un moyen d'affranchissement de la juridiction instituée pour juger les militaires prévenus de crimes ou de délits.

» Pourquoi les crimes et les délits des militaires sont-ils punis de peines plus sévères que les crimes et les délits des particuliers ? Pourquoi la connaissance de ces crimes et de ces délits est-elle attribuée à une juridiction spéciale ?

» Parce que les militaires ayant, par leur genre de vie et par les armes qu'ils portent, plus de facilités que les particuliers à commettre des crimes et des délits, il est de l'intérêt social d'employer contre eux des moyens de répression à-la-fois plus rigoureux et plus actifs.

» Or, ce motif s'applique tout aussi bien à un militaire qui n'est tel que de fait, qu'à un militaire qui réunit, pour l'être, toutes les qualités requises par la loi. Le premier a, pour commettre des crimes et des délits, les mêmes facilités que le se-

cond. La société a le même intérêt de punir sévèrement, et de punir avec célérité, les crimes et les délits de l'un et de l'autre. Il ne peut donc exister entre l'un et l'autre aucune différence, soit quant à la pénalité, soit quant au mode de jugement.

» Par ces considérations, nous estimons qu'il y a lieu d'annuler le jugement du conseil de révision de la troisième division militaire, du 17 décembre 1812, et de renvoyer Antoine Vanesse devant un autre conseil de révision ».

Arrêt du 17 juin 1813, au rapport de M. Chasles, par lequel, « attendu que, d'après la loi du 3 pluviose an 2, titre 1er, art. 3, tout délit, de quelque nature qu'il soit, commis dans une garnison, par un individu attaché à l'armée ou qui y est employé, doit être jugé par les tribunaux criminels militaires, suivant la gravité du délit ; attendu qu'il est constant au procès qu'Antoine Vanesse était soldat au 24e régiment d'infanterie légère, et qu'il faisait partie du dépôt de ce régiment, en garnison à Metz, lorsqu'il a été prévenu d'avoir commis le vol d'une montre d'or, appartenante à un de ses camarades, pendant la nuit, dans une des chambres occupées par ledit dépôt ; et qu'il était indifférent que Vanesse eût ou n'eût pas été dégradé ou déclaré incapable de servir par un jugement antécédent ; que cette circonstance ne pouvait avoir aucune espèce d'influence sur le réglement de la compétence, parce qu'il suffisait que, dans le fait, ledit Vanesse fût réellement militaire, lorsque le vol dont il a été prévenu a été commis, et qu'il eût été commis dans le lieu de sa garnison, pour que la connaissance en appartînt à la juridiction militaire ; qu'ainsi le premier conseil de guerre de la troisième division militaire, séant à Metz, et le tribunal de première instance de ladite ville, se sont conformés aux règles de compétence établies par la loi, l'un en statuant sur le fond du procès, et l'autre en se déclarant incompétent ; et que le conseil permanent de révision de ladite division a violé ces mêmes règles, en se déclarant incompétent, sous le prétexte de la première condamnation portée contre Vanesse, quoiqu'elle ne pût rien changer à sa qualité actuelle de militaire ; par ces motifs, la cour, statuant sur le réquisitoire du procureur-général près la cour de Metz, aux fins du réglement de juges nécessité par le conflit négatif qui résulte des décisions contraires et opposées l'une à l'autre, rendues par ledit conseil de révision et par le tribunal de première instance de Metz, les 17 décembre et 11 mars derniers, sans s'arrêter ni avoir égard à la décision dudit conseil de révision, laquelle demeure nulle et de nul effet, renvoie le procès et le prévenu par-devant le conseil de révision de la deuxième division militaire, pour y être procédé et statué conformément à la loi sur la demande en révision formée par ledit Vanesse contre le jugement du premier conseil de guerre de la troisième division, du 12 décembre dernier »,

Nº X. Page 517, col. 2, après la ligne 30, ajoutez :

Pourrait-on encore juger de même, aujourd'hui qu'il n'existe plus de jury d'accusation, et que les cours impériales prononcent à la fois sur le réglement de la compétence et sur la mise en accusation des prévenus ? — Voici ce que décide là-dessus un arrêt de la cour de cassation, du 29 mai 1813.

« Le procureur-général impérial expose qu'il existe, entre la chambre d'accusation de la cour impériale de Poitiers et le premier conseil de guerre permanent de la douzième division militaire, un conflit négatif de juridiction sur lequel il est nécessaire que la cour interpose l'autorité dont elle est investie par l'art. 65 de l'acte constitutionnel du 22 frimaire an 8 et par l'art. 527 du Code d'instruction criminelle.

» En décembre 1812, Jacques Barbier, chasseur à cheval du vingt-deuxième régiment, vendit deux paires de bottes, l'une à Nicolas Chartier, tourneur, demeurant à Poitiers, l'autre à Louis Durand, cordonnier, et à Radegonde Drins, femme de Charles Alleau, journalier, demeurants en la même ville.

» Les deux paires de bottes paraissaient, au moment de ces ventes, faire partie de l'équipement de Jacques Barbier; et en conséquence, le fait ayant été découvert, le vendeur et trois acheteurs furent poursuivis, conformément à la loi du 28 mars 1793, devant le tribunal correctionnel de Poitiers, qui, par jugement du 11 février dernier, les condamna aux peines de police déterminées par cette loi.

» Mais bientôt, on apprit que, des deux paires de bottes vendues par Jacques Barbier, il n'y en avait qu'une qui lui eût été fournie par son corps; et qu'il avait volé l'autre à l'un de ses camarades.

» Envisagée sous ce nouveau point de vue, l'affaire présentait, indépendamment du Délit sur lequel avait prononcé le jugement correctionnel du 11 février, un crime prévu par le Code pénal militaire.

» Jacques Barbier fut donc traduit devant le premier conseil de guerre permanent de la douzième division (mais ce tribunal, considérant que Jacques Barbier avait des complices étrangers à l'armée, rendit, le 8 mars, un jugement par lequel, vu l'art. 2 de la loi du 22 messidor an 4, il se déclara incompétent et renvoya le prévenu devant les juges ordinaires.

» D'après ce jugement, une instruction s'ouvrit au tribunal de première instance de Poitiers, non-seulement contre Jacques Barbier et Nicolas Chartier à qui avait été vendue la paire de bottes volée à un chasseur du vingt-deuxième régiment, mais encore contre Louis Durand et la femme Alleau, acheteurs de l'autre paire de bottes.

» Le 6 avril, ordonnance de la chambre du conseil qui déclare n'y avoir lieu à poursuite ultérieure contre Louis Durand et la femme Alleau; mais à l'égard de Jacques Barbier et de Nicolas Chartier, ordonne qu'ils seront pris au corps, et que les pièces qui les concernent seront transmises au procureur-général de la cour impériale de Poitiers, à l'effet de les poursuivre, l'un comme auteur d'un vol qualifié de crime par le Code pénal militaire, l'autre comme recéleur des effets soustraits par ce vol.

» Le 16 du même mois, le procureur-général fait à la chambre d'accusation le rapport de cette affaire, et conformément à ses conclusions, il intervient un arrêt par lequel, « considérant relativement à Durand et à la femme Alleau, que ce n'est que par » méprise qu'ils avaient été compromis dans cette » affaire criminelle, étant reconnu aujourd'hui que » les bottes à eux vendues ne sont point celles vo-» lées, mais bien celles destinées à l'usage de Bar-» bier lui-même, et que l'achat de ces bottes ne pré-» sentait qu'une contravention de police, pourquoi » ces prévenus ont été condamnés sur cela ; que par » conséquent, c'est avec raison que les premiers » juges ont fait cesser les poursuites contre ces deux » prévenus; considérant, respectivement à Chartier, » qu'on ne lui reproche absolument que d'avoir » acheté les bottes volées, à vil prix ; mais que » cela ne suffit pas pour prouver que ce prévenu sa-» vait que les bottes avaient été volées, et que l'art. » 62 du Code ne fait résulter la complicité que du » recèlement en pleine connaissance de cause; qu'il » n'existe pas des indices suffisans contre Chartier de » cette pleine connaissance de cause, mais seulement » qu'il s'est confié peut-être trop facilement aux pré-» textes donnés par Barbier pour vendre ces bottes, » et que rien né s'oppose à ce qu'il soit mis en li-» berté ; que, après cela, Barbier reste seul inculpé; » qu'il est militaire et prévenu d'un crime militaire; » que dès-lors il doit être jugé par l'autorité mili-» taire, et que l'instruction contre lui ne doit pas » être portée plus loin devant le juge civil; la cour » ordonne que la décision du tribunal de Poitiers, » du 6 de ce mois, sera exécutée en ce qui touche » Durand et la femme Alleau, et l'ordonnance de » prise de corps contenue en cette décision ; déclare » qu'il n'y a pas lieu à poursuites ultérieures contre » Nicolas Chartier; ordonne que Jacques Barbier » sera renvoyé à l'autorité militaire, pour y être » procédé et jugé suivant la loi ; à l'effet » de quoi, charge le procureur-général de trans-» mettre les pièces et procédures au commandant du » département, pour par ce dernier les adresser à » qui de droit, le tout conformément aux art. 85 » de la Constitution de l'an 8, 229 et 231 du Code » d'instruction criminelle ».

» En exécution de cet arrêt, Jacques Barbier est de nouveau traduit devant le premier conseil de guerre permanent de la douzième division militaire.

» Mais, par jugement du 10 de ce mois, ce conseil persiste à se déclarer incompétent, « attendu » qu'il a rendu un jugement de compétence le 8 » mars; qu'il n'y a pas eu de pourvoi dans les vingt-» quatre heures pardevant le conseil de révision, ni » de la part du procureur du gouvernement, ni » de celle de l'accusé....; qu'en conséquence ledit » jugement de compétence est passé en force de » chose jugée; que l'arrêt de la cour impériale de » Poitiers n'ordonne point que Jacques Barbier sera » renvoyé devant le premier conseil de guerre, » mais seulement devant l'autorité militaire, et que » ce prévenu pouvait être renvoyé devant le premier

» conseil de guerre permanent ; que si, par la na-
» ture des débats, il survenait de nouvelles charges
» contre les prévenus, Barbier devrait, en vertu des
» art. 246 et 247 du Code d'instruction criminelle,
» être jugé et renvoyé pardevant les juges civils,
» qu'enfin, il appartient à la seule cour de cassa-
» tion de prononcer en réglement de juges et sur
» les renvois d'un tribunal à un autre ».

» C'est sur l'opposition qui se trouve entre ce
jugement et l'arrêt de la cour impériale de Poitiers,
du 16 avril, qu'il s'agit en ce moment de statuer.

» D'abord, il n'y a nul doute que le premier conseil de guerre permanent de la douzième division
n'ait dû, dans le principe, comme il l'a fait par
son jugement du 8 mars, renvoyer Jacques Barbier
et ses co-prévenus non militaires devant les juges
ordinaires de Poitiers.

» Mais la cour impériale de Poitiers n'a-t-elle pas
dû, à son tour, en déchargeant de toute prévention
les particuliers non militaires qui étaient poursuivis
comme complices du vol imputé à Jacques Barbier,
renvoyer celui-ci devant le conseil de guerre ?

» La négative paraît à la première vue, résulter
de la cassation qui a été prononcée, le 16 frimaire
an 12, au rapport de M. Barris, d'un arrêt du 26
brumaire précédent, par lequel la cour de justice
criminelle du département du Rhône s'était déclarée
incompétente pour connaître d'un acte d'accusation
dressé contre un militaire nommé Pradal, et un
non militaire nommé Guibert, prévenus du même
délit, et sur lequel le jury d'accusation avait dit, à
l'égard du militaire, *oui, il y a lieu*; et à l'égard du
non militaire, *non, il n'y a pas lieu.*

» Mais la cassation de cet arrêt a été déterminée
par un motif qui ne peut plus être invoqué aujour-
d'hui.

» A l'époque de cet arrêt, le Code du 3 brumaire
an 4 et la loi du 4 pluviose an 9 étaient en pleine
vigueur ; et d'après ces lois, c'était le directeur du
jury qui réglait la compétence. Aussi existait-il,
dans l'affaire sur laquelle cet arrêt avait été rendu,
une ordonnance du directeur du jury de Lyon qui
avait traduit le militaire et le non militaire devant
le jury d'accusation. La juridiction ordinaire avait
donc été légalement saisie, par cette ordonnance,
du délit imputé au militaire. Et, comme l'a très-
bien dit la cour dans son arrêt de cassation, *elle ne
pouvait devenir incompétente par des modifications
réelles ou personnelles que le procès pouvait recevoir des événemens ultérieurs.*

» Mais aujourd'hui ce n'est plus le juge d'instruction, ce n'est même pas la chambre du conseil
du tribunal de première instance, qui règle la compétence ; la compétence n'est plus et ne peut plus
être réglée que par la chambre d'accusation de la
cour impériale. La chambre du conseil du tribunal
de première instance la règle bien provisoirement ;
mais le réglement qu'elle en fait n'est rien, si la
chambre d'accusation ne le confirme.

» Ainsi, l'effet que produisait, sous le Code du

3 brumaire an 4, l'ordonnance du directeur du jury
qui renvoyait deux co-prévenus, l'un militaire,
l'autre non militaire, devant le jury d'accusation,
ne peut aujourd'hui résulter que d'un arrêt de
la chambre d'accusation qui renvoie les deux co-prévenus devant la cour d'assises.

» Et de même que, sous le Code du 3 brumaire
an 4, le directeur du jury n'aurait pas pu, en déclarant qu'il n'y avait lieu à poursuite ultérieure
contre le prévenu non-militaire, renvoyer le prévenu
militaire devant le jury d'accusation; de même aussi,
sous le Code d'instruction criminelle, la chambre
d'accusation ne peut pas, en déchargeant le non-
militaire de toute prévention, renvoyer le militaire
devant la cour d'assises.

» Qu'importe que, devant le conseil de guerre
où le prévenu militaire se trouvera traduit d'après
cette manière de procéder, il puisse s'élever de nouvelles charges contre le non-militaire mis hors de
prévention par l'arrêt de la chambre d'accusation ?

» Si ce cas arrive, il faudra sans doute que le
conseil de guerre sursoye à prononcer définitivement
sur l'accusation portée contre le militaire, jusqu'à
ce que les juges ordinaires ayent apprécié les nouvelles charges survenues contre le non-militaire.

» Mais de la possibilité que ce cas arrive, s'ensuit-il que la chambre d'accusation doit régler la
compétence comme si elle avait la certitude qu'il
arrivera ?

» Supposons un procès instruit contre deux prévenus du même crime, l'un déjà condamné à une
peine afflictive ou infamante, l'autre non encore
repris de justice. La chambre d'accusation, en examinant ce procès, n'y trouve point de charges contre le second ; elle n'en trouve que contre le premier. Quel parti prendra-t-elle, par rapport à la
compétence, en déclarant qu'il n'y a pas lieu à
poursuites ultérieures contre le second ? Renverra-
t-elle le premier devant la cour d'assises, sous le
prétexte qu'il est possible que l'on acquière, contre
le second, de nouvelles charges qui nécessitent sa
mise en jugement ? Non, certes : elle le renverra,
suivant l'art. 553 du Code d'instruction criminelle,
devant la cour spéciale ; et si, dans les débats qui
s'ouvriront en conséquence devant la cour spéciale,
il survient de nouvelles charges contre le second, la
cour spéciale sursoira jusqu'à ce que la chambre
d'accusation ait statué sur ces nouvelles charges ;
sauf à elle à renvoyer le premier devant la cour
d'assises, conformément à l'art. 589 du même Code,
après que la chambre d'accusation y aura renvoyé
le second.

» Quelle différence y a-t-il entre cette hypothèse
et l'espèce actuelle ? Aucune. La décision doit donc
être la même. *Ubi eadem ratio, ibi idem jus.*

» Ainsi, rien que de régulier, rien que de conforme aux vrais principes, dans la disposition de
l'arrêt de la cour impériale de Poitiers qui déclare
les juges ordinaires incompétens pour connaître du
crime de vol imputé à Jacques Barbier.

» Mais le même arrêt est-il également à l'abri de toute critique, en tant qu'il renvoie Jacques Barbier *devant l'autorité militaire?*

» Cette question en renferme deux : l'une, si la cour impériale de Poitiers ne devait pas se borner à déclarer son incompétence et à ordonner que le procureur-général se pourvoirait en règlement de juges devant la cour de cassation ; l'autre, si, dans la supposition qu'il n'y ait pas lieu à règlement de juges de la part de la cour de cassation, la cour impériale de Poitiers n'était pas tenue d'indiquer celui des deux conseils de guerre de la douzième division qui devait juger Jacques Barbier.

« Sur la première question, la négative serait incontestable, si le jugement du 8 mars, par lequel le premier conseil de guerre permanent de la douzième division s'était déclaré incompétent, pouvait être considéré comme absolu et définitif sur la compétence.

» Mais ce jugement n'était et ne pouvait être, sur la compétence, que provisoire et conditionnel. Le conseil de guerre n'ayant aucune juridiction sur les co-prévenus non-militaires de Jacques Barbier, n'était pas et ne pouvait pas être juge du mérite ni du degré de la prévention qui lui paraissait peser sur eux. Il ne pouvait donc pas décider définitivement qu'ils dussent être jugés en même temps que Jacques Barbier. Il ne pouvait donc pas, par une suite nécessaire, décider définitivement que Jacques Barbier dût être jugé en même temps qu'eux. Son jugement de renvoi au tribunal ordinaire était donc virtuellement subordonné à la condition que le tribunal ordinaire trouvât des charges suffisantes pour mettre les prévenus non militaires en état d'accusation. Ce jugement devenait donc sans objet, du moment que le tribunal ordinaire déclarait que Jacques Barbier n'avait point de co-prévenus non militaires. Il n'était donc pas besoin de l'autorité de la cour de cassation pour faire cesser l'effet de ce jugement.

» La seconde question ne présente pas plus de difficulté que la première. Le jugement du premier conseil de guerre du 8 mars, n'étant que provisoire et conditionnel, et tombant de lui-même par l'arrêt qui déchargeait les co-prévenus de Jacques Barbier, le premier conseil de guerre se trouvait naturellement et de plein droit, ressaisi, par rapport à Jacques Barbier, d'une juridiction qui n'avait été que suspendue. La cour impériale de Poitiers est donc censée avoir renvoyé Jacques Barbier devant le premier conseil de guerre de la douzième division, par cela seul qu'elle l'a renvoyé *devant l'autorité militaire.*

» Ce considéré, il plaise à la cour, vu l'art. 65 de l'acte constitutionnel du 22 frimaire an 8 et l'art. 527 du Code d'instruction criminelle, et procédant par règlement des juges, sans avoir égard au jugement rendu, le 10 de ce mois, par le premier conseil de guerre permanent de la douzième division militaire, ordonner que Jacques Barbier, chasseur à cheval au vingt-deuxième régiment, sera traduit devant ce conseil, pour y être jugé sur le fait du vol dont il est prévenu ; qu'à la diligence de l'exposant, l'arrêt à intervenir sera imprimé et transcrit sur les registres dudit conseil de guerre ; et qu'il sera de plus, conformément à l'art. 552 dudit Code, notifié, tant au procureur-général de la cour impériale de Poitiers, qu'à Jacques Barbier.

» Fait au parquet, le 20 mai 1813, *Signé* MERLIN.

» Ouï le rapport de M. Oudart....., la cour, d'après les motifs exposés au réquisitoire de M. le procureur-général impérial, procédant par voie de règlement de juges, sans s'arrêter au jugement rendu, le 10 mai dernier, par le premier conseil de guerre permanent de la douzième division militaire, lequel est déclaré non avenu, ordonne que Jacques Barbier, chasseur à cheval au vingt-deuxième régiment, sera traduit devant ledit conseil de guerre, pour y être jugé sur le fait du vol dont il est prévenu ».

DÉLIT RURAL, §. I. , *page* 519, *col.* 1 , *après la dernière ligne de ce* §. , *ajoutez :*

« II. La prescription d'un mois établie par la loi du 28 septembre 1791, est-elle encore applicable aux Délits ruraux dont les peines sont aujourd'hui réglées par le Code pénal de 1810? — Voici un arrêt de la cour de cassation, du 10 septembre 1813, qui juge que non.

« Le procureur-général impérial expose qu'il est chargé par le gouvernement de requérir la cassation d'un jugement en dernier ressort, rendu par le tribunal de police du canton de la Ferté-sur-Armance, le 5 novembre 1812, et qui paraît violer ouvertement la loi. Voici les faits.

» Le 17 août 1812, procès-verbal des gardes-champêtres de la commune d'Anrosey, qui constate que toutes les terres et roues provenant du curage du biez d'un moulin appelé *de la Motte*, ont été jetées et déposées dans un jardin potager dépendant d'une ferme appartenant au sieur Aubert, dans une longueur de cinquante-six mètres, sur une largeur moyenne de deux mètres, de manière à former une couche épaisse de trente-trois centimètres.

» Le 23 octobre suivant, en vertu de ce procès-verbal, le sieur Aubert fait citer Pierre Hodinot, propriétaire du moulin, et Jean Vieux, son fermier, devant le tribunal de police du canton de la Ferté-sur-Armance, pour se voir condamner solidairement à la réparation des dégradations et du Délit qu'ils ont commis dans son jardin.

» Le 5 novembre de la même année, jugement qui, vu l'art. 8 de la sect. 7 du tit. 1er de la loi du 28 septembre 1791, concernant la police rurale, et attendu que le sieur Aubert ne s'est pas pourvu dans le mois du procès-verbal, déclare l'action du sieur Aubert prescrite.....

» La disposition de la loi, du 28 septembre 1791, qui déclare les Délits ruraux prescrits par le laps d'un mois, est sans doute applicable à tous ceux des Délits ruraux dont les peines sont encore réglées par cette loi. Mais l'est-elle également aux Délits ruraux dont les peines sont aujourd'hui réglées par le Code pénal de 1810 ?

» Comment le serait-elle ? Ce n'est plus de la loi du 28 septembre 1791, c'est du Code pénal de 1810, que dérive aujourd'hui l'action tendante à la réparation de ces Délits. C'est donc aussi par le Code pénal de 1810, ou, ce qui est la même chose, par le Code d'instruction criminelle, qui en forme une annexe et auquel il se réfère, que la durée de cette action doit être déterminée.

» Or, c'est par le Code pénal de 1810, c'est par le n° 8 de l'art. 475 de ce Code, qu'est réglée la peine du Délit constaté par le procès-verbal du 17 août 1812. La prescription de ce Délit ne pouvait donc pas dépendre de la loi du 28 septembre 1791 ; elle ne pouvait donc dépendre que du Code d'instruction criminelle. Elle n'aurait donc pu être encourue, d'après l'art. 640 de ce Code, que par le laps d'une année.

» Ce considéré, il plaise à la cour, vu l'art. 442 du Code d'instruction criminelle, et l'art. 640 du même Code, casser et annuller, dans l'intérêt de la loi et sans préjudice de son exécution entre les parties intéressées, le jugement ci-dessus mentionné et dont expédition est ci-jointe, et ordonner qu'à la diligence de l'exposant, l'arrêt à intervenir sera imprimé et transcrit sur les registres, etc.

» Fait au parquet, le premier septembre 1813. Signé MERLIN.

» Ouï le rapport de M. Audier-Massillon....; vu les art. 475, n° 8, du Code pénal et 640 du Code d'instruction criminelle; vu encore l'art. 442 de ce Code....; attendu que le fait de la prévention rentrait dans les dispositions du Code pénal de 1810, et particulièrement dans le n° 8 de l'art. 475 de ce Code; que, si la prescription d'un mois portée par le Code rural de 1791, est encore applicable aux Délits ruraux dont les peines sont encore réglées par cette loi, elle ne peut l'être à ceux des Délits ruraux dont les peines sont aujourd'hui réglées par le Code pénal de 1810; et que le tribunal de police, en déclarant l'action du sieur Aubert prescrite par le laps d'un mois sans poursuite, a fait une fausse application de l'art. 8 de la sect. 7 du tit. 1er de la loi du 28 septembre 1791, et violé l'art. 640 du Code d'instruction criminelle; par ces motifs, la cour casse et annulle..... »

III. La prescription d'un mois a-t-elle lieu à l'égard des Délits de chasse commis, soit dans les forêts de l'état ou de la liste civile, soit dans les propriétés particulières qui sont enclavées dans ces forêts ?

V. l'article Chasse, §. 5 bis, dans les Additions.

n° XI. page 318, col. 2, après la ligne 18, ajoutez :

On trouvera un arrêt semblable et plus récent, sous le mot rébellion, §. 5, n° 19.

§. II. page 520, col. 2, avant le §. III, ajoutez ;

V. l'arrêt du 10 septembre 1813, rapporté ci-devant, §. 2, n° 2.

§. III. page 522, col. 1, après la ligne 2, ajoutez :

Doit-on encore juger de même sous le Code d'instruction criminelle de 1808 ? V. le réquisitoire et l'arrêt du 25 juin 1813, rapporté aux mots tribunal de police, sect. 1, §. 3, note sur l'art. 137 du Code d'instruction criminelle.

§. IV. page 522, col. 1, ligne 10, après les mots, excéder six mois, ajoutez : est-il applicable à un fermier qui, en cultivant les terres comprises dans son bail, distrait ou endommage, par inattention, les arbres qui y sont plantés ?

DÉMENCE; §. II. page 514, col. 1, à la fin de l'article, ajoutez :

V. 1° le juge criminel qui est saisi d'un procès dans lequel on allègue, pour la justification de l'accusé, qu'il était en Démence ou en fureur, au moment où il a fait l'action qui lui est imputée à crime ou délit, doit-il et peut-il surseoir, soit à l'instruction, soit au jugement, jusqu'à ce que le juge civil ait prononcé sur la question de savoir s'il y a lieu ou non d'interdire l'accusé ? — 2° Peut-il, doit-il, lorsque le crime ou le délit a été commis dans son ressort, renvoyer l'accusé devant le juge de son domicile, comme seul compétent pour decider s'il y a lieu à l'interdiction ?

» Le procureur-général expose que l'interposition de l'autorité déléguée à la cour par l'art. 2 de la loi du 1er décembre 1790, et par l'art. 526 du Code d'instruction criminelle, devient indispensable pour faire cesser un conflit négatif de juridiction qui s'est élevé entre les tribunaux de première instance de Loches et de Châtellerault, ressortissans de deux cours différentes.

» Pierre Delalande, propriétaire, sur le domicile duquel, comme on le verra dans un instant, il y a des doutes et des incertitudes, a été dénoncé comme prévenu de trois délits prétendus commis dans la commune de Coussal-les-Bois, arrondissement de Châtellerault, savoir, 1° d'excès et de violence avec armes, envers Joseph Trouvé, son fermier; 2° de rébellion avec armes, envers un huissier, dans l'exercice de ses fonctions; 3° de rébellion avec armes, envers un brigadier et un cavalier de gendarmerie, porteurs d'un mandat de justice.

» Une procédure a été instruite sur ces trois délits, par le juge d'instruction du tribunal de Châtellerault; et sur le rapport que ce magistrat en a fait à la chambre du conseil, il y est intervenu, le 19 septembre dernier, une ordonnance par laquelle, supposant Pierre Delalande domicilié à Loches, et considérant, 1° qu'il a donné, dès sa plus tendre jeunesse, des signes non équivoques de Démence; 2° que les faits mêmes qui lui sont actuellement imputés à délit, annoncent, de sa part, un état habituel de Démence et de fureur; 3° qu'aux termes de l'art. 64 du Code pénal, *il n'y a ni crime ni délit,* *lorsque le prévenu était en état de Démence au temps de l'action*; 4° que, si Pierre Delalande doit être poursuivi à raison des excès, violences et actes de rebellion dont-il s'agit, il peut aussi bien l'être dans le lieu de son domicile, que dans le lieu des délits prétendus; et que cela résulte de l'art. 23 du Code d'instruction criminelle; « la chambre dit qu'il » sera transféré dans la maison d'arrêt du tribunal » de Loches, et les pièces adressées au procureur du » gouvernement près ce tribunal, pour être, par lui, » les poursuites continuées, s'il le juge à propos, » ou seulement sous interdiction provoquée, s'il le » croit plus convenable, en conséquence de l'art. » 491 du Code civil ».

» En exécution de cette ordonnance, Pierre Delalande est transféré dans la maison d'arrêt de Loches, et interrogé par le juge d'instruction du tribunal établi en cette ville.

» Le 15 octobre suivant, ce magistrat fait son rapport à la chambre du conseil; et à la suite de ce rapport, le tribunal considère — que Pierre Delalande est prévenu par l'instruction, non-seulement des excès, violences et actes de rebellion mentionnés dans l'ordonnance du tribunal de Châtellerault, mais encore des soustractions frauduleuses commises à l'aide d'effraction intérieure dans la maison de Joseph Trouvé, son fermier, — que tous les délits dont il est prévenu, ont été commis dans la commune de Coussai-les-bois; que c'est dans la commune de Coussai-les-bois qu'il résidait, depuis plusieurs mois, à l'époque de ces délits; que c'est dans la commune de Coussai-les-bois qu'il a été trouvé au moment de son arrestation; qu'ainsi, d'après l'art. 23 du Code d'instruction criminelle, il doit être poursuivi devant le tribunal de Châtellerault, et qu'il ne peut l'être ailleurs; que, dans le cas où il ne pourrait être donné suite à la procédure criminelle, qu'après qu'il aurait été statué sur l'interdiction de Pierre Delalande, ce serait encore devant le tribunal de Châtellerault que l'interdiction de Pierre Delalande devrait être préalablement poursuivie; — qu'en effet, suivant l'art. 103 du Code civil, *le changement de domicile s'opère par le fait d'une habitation réelle dans un autre lieu, joint à l'intention d'y fixer son principal établissement*; que, suivant l'art. 105 du même Code, *à défaut de déclaration expresse, la preuve de l'intention dépend des circonstances*; — que Pierre Delalande, qui avait précédemment son domicile à Loches, l'a quitté, il y a plusieurs mois, sans qu'il apparaisse aucune circonstance qui annonce, de sa part, l'intention d'y retourner; — qu'il a quitté Loches après la mort de son père et le partage de sa succession; qu'il est allé habiter son domaine de Montigny, dans la commune de Coussai-les-bois; qu'il y a, depuis, résidé sans interruption; et que c'est à Coussai-les-bois que, dans son interrogatoire, il s'est dit domicilié; qu'ainsi, c'est véritablement dans cette commune, et par conséquent dans l'arrondissement de Châtellerault, qu'il doit être censé

avoir son domicile; que, dès-lors, son interdiction ne pourrait, sous aucun prétexte, être poursuivie devant le tribunal de Loches, et que le tribunal de Châtellerault est seul compétent à cet égard.

» En conséquence, le tribunal de Loches se déclare incompétent, et prescrit les mesures nécessaires pour mettre la cour de cassation à portée de statuer sur le conflit négatif de juridiction élevé entre lui et le tribunal de Châtellerault.

» C'est en exécution de ces mesures, que les deux ordonnances et les pièces de la procédure sur lesquelles elles sont intervenues, ont été transmises à l'exposant.

» Il s'agit maintenant de décider laquelle des deux ordonnances doit être maintenue, laquelle des deux doit être annulée.

» Pour résoudre cette question, il est inutile de rechercher si, à l'époque des actions qui lui sont imputées à délit, Pierre Delalande avait encore son domicile d'origine à Loches, ou s'il l'avait transféré, s'il avait pu le transférer, dans l'arrondissement de Châtellerault.

» D'une part, en effet, le tribunal de Châtellerault est, par sa seule qualité de juge du lieu des prétendus délits, compétent pour en connaître; il le serait même encore par sa seule qualité de juge du lieu où Pierre Delalande a été trouvé au moment de son arrestation.

» Et c'est au tribunal de Châtellerault que ces délits ont été immédiatement déférés; c'est le tribunal de Châtellerault qui en a été le premier saisi.

» Il importerait donc peu que le tribunal de Loches fût également, comme juge du lieu de la résidence de Pierre Delalande, compétent pour connaître de ces délits prétendus.

» L'art. 69 du Code d'instruction criminelle n'autorise le juge qui se trouve saisi d'une procédure à s'en dessaisir et à la renvoyer, que dans le cas où il n'est *ni celui du lieu du crime ou délit, ni celui de la résidence du prévenu, ni celui du lieu où il a été ou pourra être trouvé.*

» D'un autre côté, la circonstance que Pierre Delalande paraît atteint de Démence ou de fureur, ne peut rien changer à la compétence du tribunal de Châtellerault, même dans la supposition que Pierre Delalande serait domicilié dans l'arrondissement du tribunal de Loches.

» Il en serait autrement, sans doute, dans le cas où la question de savoir s'il y a lieu d'interdire Pierre Delalande pour cause de Démence ou de fureur, serait préjudicielle à celle de savoir s'il y a lieu de poursuivre Pierre Delalande comme prévenu de crime ou de délit.

» Mais ces deux questions sont absolument indépendantes l'une de l'autre; et il est inouï qu'avant de poursuivre et de juger un prévenu de crime ou de délit, dont la conduite ou l'extérieur annonçait un état habituel de fureur ou de Démence, on ait exigé qu'il fût préalablement décidé si ce prévenu devait être interdit ou non.

» Il a été un temps où les chambres tournelles

de quelques cours supérieures, prétendaient interdire aux juges criminels de première instance, et se réserver exclusivement, le droit de prononcer sur le fait de Démence ou de fureur allégué pour la justification d'un accusé; et il y a notamment un arrêt du parlement de Besançon, du 28 août 1779, qui érigeant en réglement général pour son ressort, ce que le parlement de Paris semblait avoir jugé par des arrêts particuliers; des 11 février 1732, 12 septembre 1733 et 8 juillet 1758, « Fait défenses » à tous les juges du ressort de prononcer sur » l'aliénation d'esprit des accusés, comme aussi » d'en informer, même sur la demande de l'accusé » ou sur le réquisitoire de la partie publique, la » connaissance et l'instruction de ce fait justificatif » demeurant réservées à la cour; leur enjoint, en » conséquence, de juger les accusés prévenus de » Démence sur les titres d'accusation portés par la » plainte, et les preuves résultantes des charges et » informations, conformément à la rigueur des lois » et des ordonnances; le tout, à peine de nullité » des procédures et sentences qui se trouveraient » contraires aux dispositions du présent arrêt ».

» Mais alors même, on ne doutait pas que les chambres tournelles des cours supérieures, qui certainement étaient incompétentes pour prononcer des interdictions, et sur-tout pour les prononcer en première instance, ne pussent statuer, en jugeant les procès des accusés prévenus de Démence ou de fureur, sur le fait de Démence ou de fureur articulé par ou pour ceux-ci, comme fait justificatif.

» On pensait donc même alors que, dans le cas où un accusé se trouvait prévenu de Démence ou de fureur, la question de savoir s'il y avait lieu à l'interdiction, n'était pas préjudicielle à la question de savoir s'il y avait lieu à poursuite criminelle.

» Aujourd'hui, comme sous l'ancienne jurisprudence, le juge criminel réunit essentiellement dans sa personne, toute la juridiction nécessaire pour condamner ou absoudre; et par conséquent, aujourd'hui, comme sous l'ancienne jurisprudence, le juge criminel, par cela seul qu'il est seul compétent pour décider s'il y a crime ou délit, l'est nécessairement aussi pour décider si l'accusé ou le prévenu est, par son état moral, capable de l'intention perverse sans laquelle il ne peut exister ni délit ni crime.

» Et comment, dès-lors, ne pourrait-il pas, quand il est bien convaincu qu'un prévenu de crime ou de délit a l'esprit aliéné, déclarer qu'il n'y a pas lieu d'instruire contre lui ?

» Bien loin qu'une telle manière de prononcer constitue de sa part un excès de pouvoir, une entreprise sur la juridiction civile, il ne fait, en prononçant ainsi, que suivre la marche qui lui est littéralement tracée, tant par l'art. 64 du Code pénal qui dit : qu'*il n'y a ni crime ni délit, lorsque le prévenu était en état de Démence au temps de l'action*, que par l'art. 128 du Code d'instruction criminelle, portant que, *si les juges sont d'avis que le fait ne présente, ni crime, ni délit, ni contravention, il sera déclaré qu'il n'y a lieu à poursuivre.*

» Aussi, la cour a-t-elle décidé, dans deux occasions bien remarquables, que les juges criminels ont en effet ce pouvoir, et qu'ils ne peuvent pas se dispenser de l'exercer.

» Le 21 frimaire an 11, elle a cassé, au rapport de M. Vallée, un arrêt de la cour de justice criminelle du département du Haut-Rhin, qui avait condamné à mort Joseph Widersbach, comme coupable d'avoir homicidé volontairement son père; et elle l'a cassé sur le fondement que, nonobstant les réclamations du défenseur de l'accusé, basées sur des preuves préparatoires de l'état de Démence dans lequel il prétendait que l'accusé s'était trouvé avant, pendant et après l'homicide, le président avait refusé de faire, de cet état de Démence, l'objet d'une question à résoudre par le jury.

» Le 8 frimaire an 13, autre arrêt sur un fait de la même nature. Le nommé Guillaume, soldat au cinquième régiment des vétérans, avait été déclaré, par un jugement du conseil de guerre de la septième division militaire, du 11 thermidor an 12, convaincu d'avoir homicidé Joseph Landau, mais de l'avoir fait étant atteint d'épilepsie, et dans un moment où cette maladie lui avait occasioné des transports de rage et de fureur qui n'étaient pas naturels; il avait été, par le même jugement, condamné à une réclusion perpétuelle. L'exposant a été chargé par le gouvernement de dénoncer ce jugement à la cour; et par l'arrêt cité, au rapport de M. Borel, ce jugement a été annullé, comme renfermant excès de pouvoir, *attendu que la déclaration de fait que le prévenu était, au moment de l'homicide par lui commis, atteint d'une maladie qui lui avait occasioné des transports de rage et de fureur qui n'étaient pas naturels, entraînait nécessairement l'acquittement du prévenu, sauf les mesures de police relatives à l'état de fureur qui, aux termes de la loi du 24 août 1790 et de celle du 22 juillet 1791, sont confiées à la vigilance des autorités administratives.*

» Dans ces deux espèces, ni Widersbach, ni Guillaume n'avaient été interdits; et cependant la cour a jugé que le jury avait dû être interrogé sur la question de savoir si Widersbach était en état de Démence au moment de l'homicide qu'il avait commis; et cependant la cour a jugé que Guillaume avait dû être acquitté purement et simplement d'après le fait reconnu par le conseil de guerre, qu'il avait commis, dans des accès de rage et de fureur qui n'étaient pas naturels, l'homicide dont il était accusé.

» La cour a donc décidé, dans ces deux espèces, que l'on peut, que l'on doit même, juger un accusé prévenu de Démence ou de fureur, avant que les tribunaux civils aient déclaré si la Démence ou la fureur sont réelles et portées à un degré suffisant pour motiver une interdiction.

» Ce considéré, il plaise à la cour, vu l'art. 2 de la loi du 1er décembre 1790 et l'art. 526 du Code d'instruction criminelle, et statuant par règlement de juges, sans s'arrêter à l'ordonnance du tribunal de 1re instance de Châtellerault, du 19 septembre dernier, laquelle sera déclarée nulle et demeurera comme non avenue; ordonner que Pierre Delalande sera reconduit dans la maison d'arrêt de Châtellerault, et qu'il sera procédé, à son égard, sur les faits dont il est prévenu, tant par le juge d'instruction que par le tribunal de 1re instance de Châtellerault, et ensuite, s'il y a lieu, par la cour de Poitiers, conformément à la loi; ordonner pareillement qu'à la diligence de l'exposant, et conformément à l'art. 532 du Code d'instruction criminelle, l'arrêt à intervenir sera notifié tant aux procureurs du gouvernement près les tribunaux de 1re instance de Châtellerault et de Loches, qu'à Pierre Delalande. » Fait au parquet, le 26 novembre 1814. Signé Merlin.

» Ouï le rapport de M. Rataud...; attendu qu'il résulte de l'instruction, que c'est dans le ressort du tribunal de 1re instance de Châtellerault, que les différens délits dont est prévenu Pierre Delalande, ont été commis; et que c'est dans le même ressort qu'il a été arrêté : qu'en supposant que ledit Delalande ne dût pas être considéré comme y ayant son domicile de droit, le tribunal de Châtellerault, qui a été saisi le premier, était essentiellement compétent, et ne pouvait renvoyer devant d'autres juges, puisqu'aux termes de l'art. 69 du Code d'instruction criminelle, les juges ne sont autorisés à se dessaisir que dans le cas où ils ne sont ni ceux du lieu du crime ou délit, ni ceux de la résidence du prévenu, ni ceux du lieu où il aurait été arrêté; que la circonstance que ledit Delalande paraît atteint de Démence ou de fureur, ne pourrait rien changer à la compétence du tribunal de Châtellerault, même dans la supposition que son véritable domicile ne serait pas dans l'arrondissement de ce tribunal, et que c'est devant d'autres juges qu'il faudrait provoquer son interdiction; que la question de savoir s'il y a lieu de faire interdire Pierre Delalande pour cause de Démence et de fureur, est absolument indépendante de celle de savoir s'il y a lieu de le poursuivre pour les délits qui lui sont imputés, et ne peut par conséquent être préjudicielle; qu'en matière criminelle, la loi qui donne au juge le droit de décider s'il y a crime ou délit, lui donne, par cela même et nécessairement, le droit de décider si l'accusé ou le prévenu est, par son état moral, capable de l'intention perverse sans laquelle il ne peut exister ni délit ni crime; que, dans ce cas, bien que le juge criminel commette un excès de pouvoir, ou entreprenne sur la juridiction civile, il ne fait que suivre la marche qui lui est littéralement tracée, et par l'art. 64 du Code pénal, qui dit qu'il n'y a ni crime ni délit, lorsque le prévenu était en état de Démence au temps de l'action, et par l'art. 128 du Code d'instruction criminelle, portant que, si les juges sont d'avis que le fait ne présente ni crime, ni délit, ni contravention, il sera déclaré qu'il n'y a lieu à poursuivre; que cependant le tribunal de Châtellerault s'est déclaré incompétent, et a renvoyé devant le tribunal de Loches, qui, de son côté, s'est conformé aux principes et aux dispositions de la loi, en déclarant aussi son incompétence; qu'en cet état, le cours de la justice se trouve interrompu, et que c'est à la cour qu'il appartient de le rétablir, puisque les deux tribunaux qui se sont déclarés incompétens ressortissent à deux cours différentes; la cour, faisant droit sur le réquisitoire du procureur-général, et statuant par règlement de juges, en vertu de l'art. 526 du Code d'instruction criminelle, ordonne que, sans avoir égard à l'ordonnance rendue par le tribunal de 1re instance séant à Châtellerault, le 19 septembre dernier, laquelle est déclarée nulle et demeurera comme non avenue, Pierre Delalande sera reconduit dans la maison d'arrêt de Châtellerault, et qu'il sera procédé à son égard sur les faits dont il est prévenu, tant par le juge d'instruction que par le tribunal de 1re instance de ladite ville; et, s'il y a lieu, par la cour de Poitiers, conformément à la loi.... ».

DÉNONCIATEUR. *Page* 540, *col.* 2, *après la deuxième ligne de cet article, ajoutez* :

[[Mais le mot *Dénonciateur* n'a une signification aussi restreinte, que lorsqu'il est mis en opposition avec la dénomination de *partie civile*. Pris isolément et dans son acception naturelle, il désigne à la fois, et celui qui déclare secrètement à la justice un crime ou délit dont il n'a éprouvé aucun préjudice personnel, et celui qui, en portant à la connaissance de la justice un crime ou délit commis à son préjudice, en demande réparation par voie de plainte. *V.* Calomniateur, n° 7, dans les *additions*.]]

N° X. *Page* 545, *col.* 1, *à la fin de ce n°, ajoutez* :

X *bis*: Les conseils de guerre peuvent-ils condamner aux peines de la calomnie les Dénonciateurs de crimes ou de délits de leur compétence, dont ils jugent les dénonciations calomnieuses? *V.* le réquisitoire et l'arrêt du 15 novembre 1811, rapportés aux mots *Faux témoignage*, dans les *additions*.

DÉPENS, n° I. *Page* 551, *col.* 2, *ligne* 4, *après le mot* propos, *ajoutez* : *V.* Voierie, n° 10.

DÉPOT, §. I, n° VI. *Page* 370, *col.* 1, *après les dernières lignes de la note, ajoutez* :

Mais que devrait-on décider dans ces sortes d'affaires, si, après l'information par témoins ordonnée sans commencement préalable de preuve par écrit, il survenait un commencement de preuve de ce genre? En pareil cas, les juges correctionnels pourraient-ils, en amalgamant le commencement de preuve par écrit avec les dépositions des témoins entendus avant la production des pièces dont il est résulté, prononcer la condamnation du prévenu, comme si le commencement de preuve par écrit eût été produit dès le principe de l'instruction?

Ce qui pourrait, au premier abord, porter à croire que, dans mon opinion, ils ne le pourraient pas, c'est la manière dont je me suis expliqué dans le plaidoyer du 20 fructidor an 12, rapporté dans mon *Recueil de questions de droit*, aux mots *Suppression de titre*, §. 1. Il semblerait en effet résulter de ce que j'ai dit dans ce plaidoyer, que la compétence des juges correctionnels dépend, en cette matière, de la production d'un commencement de preuve par écrit; et qu'à défaut de cette production, tout ce que font les juges correctionnels, est frappé d'incompétence.

Mais je ne me suis ainsi expliqué que pour ne pas heurter de front un arrêt de la cour de cassation, du 12 messidor an 11, qui paraissait avoir adopté cette doctrine. Depuis, la question a été examinée avec plus de maturité; et voici les principes qui ont été posés pour la résoudre: je copie les notes que m'a remises là-dessus un magistrat dont j'ai déjà transcrit plusieurs observations dans différens articles de ce recueil (i).

« 1°. Il ne peut être prononcé que par les tribunaux civils, sur l'existence, la validité et l'exécution des contrats dont la violation ne peut entraîner que des condamnations civiles.

» 2° Mais les tribunaux criminels peuvent et doivent connaître des contrats dont la violation rentre dans l'application de l'art. 408 du Code pénal, lorsque l'existence de ces contrats est déniée, devant eux, par la partie qui est poursuivie pour en avoir violé les obligations; ces tribunaux doivent, dans ce cas, juger la question préjudicielle de l'existence du contrat, soit que le plaignant en rapporte l'acte, soit qu'il n'en rapporte qu'un commencement de preuve par écrit; la preuve du délit ne pouvant être séparée de celle de la convention, la compétence sur le délit qui forme l'action principale, entraîne nécessairement la compétence sur le contrat dont la dénégation n'est que l'exception contre cette action.

» Les tribunaux criminels devant d'ailleurs prononcer sur les intérêts civils des parties, ils doivent avoir caractère pour juger le contrat auquel se rattachent ces intérêts civils.

» La compétence d'un tribunal ne peut dépendre des formes fixées par la loi pour la preuve de la demande.

» Si le contrat ne portait que sur un objet d'une valeur moindre de 150 fr., la preuve pouvant, dans ce cas, en être faite par témoins, la juridiction criminelle serait évidemment compétente pour en connaître: elle doit avoir la même compétence dans le cas où, à raison d'une plus grande importance de l'objet du contrat, la preuve n'en peut être établie par témoins.

» La cour de cassation juge constamment que les tribunaux correctionnels sont compétens pour prononcer sur l'existence d'un contrat dénié par voie d'exception, lorsqu'il en est produit un commencement de preuve par écrit : elle juge que ces tribunaux ont caractère pour décider qu'il y a commencement de preuve par écrit. Elle doit donc juger aussi que ces tribunaux ont le droit de déclarer que l'acte produit forme la preuve complète de ce contrat; car le commencement de preuve par écrit d'un contrat, comme l'acte constitutif de ce contrat, est un acte écrit dont on doit apprécier le contexte, le sens et les conséquences.

» 5° Mais pour juger que le contrat dénié a existé, tout comme pour juger qu'il y a commencement de preuve par écrit, et qu'ainsi la preuve testimoniale en est admissible, les tribunaux criminels sont assujétis aux règles fixées par les art. 1341 et 1347 du Code Napoléon. Les règles de preuve fixées dans ces articles, ne sont pas sans doute *attribution de juridiction* en faveur des tribunaux civils; mais, par cela même, les tribunaux criminels sont tenus de les observer. Les délits sont susceptibles de toute espèce de preuve; mais le délit n'est pas dans le contrat dont la violation est l'objet de la poursuite : il n'est que dans sa violation. Ce contrat, qui n'est qu'un acte civil, ne peut être prouvé, lorsqu'il est dénié, que d'après les règles communes à tous les contrats. Les tribunaux criminels doivent prononcer sur les intérêts civils; la partie civile ne peut obtenir devant eux que ce qu'elle obtiendrait devant les tribunaux civils; et elle ne peut l'obtenir que d'après les preuves auxquelles elle serait soumise devant ces tribunaux. Elle pourrait, devant les tribunaux civils, prouver la violation du contrat par des dépositions de témoins, ainsi que l'y autoriserait l'art. 1355 du Code Napoléon; mais elle ne pourrait pas prouver la préexistence du contrat, s'il était dénié, que conformément aux dispositions des art. 1341 et 1347 du même Code.

» Mais les tribunaux criminels pourront-ils ordonner des informations pour prouver la préexistence du contrat, avant qu'on ait produit devant eux le commencement de preuve par écrit de ce contrat; et suffira-t-il, pour faire maintenir leur jugement définitif, qu'avant ce jugement, le commencement de preuve par écrit ait été découvert par ces informations ou par toute autre voie?

» S'il n'y a pas eu d'opposition de la part du prévenu à ces informations, sur le fondement de l'absence de toute preuve ou de tout commencement de preuve par écrit, point de doute que le jugement définitif qui est soutenu et justifié par une preuve testimoniale accompagnée d'un commencement de preuve par écrit, ne soit hors de toute atteinte à raison de l'irrégularité dans le mode et l'ordre de l'instruction.

» Mais si le prévenu avait demandé qu'il ne fût point entendu de témoins jusqu'à ce que la partie poursuivante eût produit un commencement de preuve par écrit qui autorisât la preuve testimoniale, cette réquisition étant conforme à un principe général et positif, rédigé dans l'art. 1341 du Code Napoléon en termes prohibitifs, devrait être

---

(i) *Connexité, délit, fait, intention, jury*, etc.

accueillie par les tribunaux correctionnels ; et il y aurait lieu à cassation contre un jugement en dernier ressort qui l'aurait rejetée.

» Cependant, s'il n'y avait pas eu de recours contre ce jugement, et que le commencement de preuve par écrit ayant été acquis, il fût intervenu un jugement de condamnation au fond d'après la preuve testimoniale accompagnée du commencement de preuve par écrit, on ne pourrait se prévaloir à la cour de cassation contre ce jugement de condamnation, du rejet de la réclamation du prévenu contre l'audition des témoins avant la production du commencement de preuve par écrit, parce que le jugement qui aurait prononcé ce rejet, n'ayant pas été attaqué, aurait acquis l'autorité de la chose jugée, et que le jugement de condamnation serait justifié par le commencement de preuve par écrit qui lui aurait servi de base, conjointement avec la preuve testimoniale ».

Tous ces principes ont été discutés avec beaucoup de soin dans une affaire qui a été portée successivement à un tribunal correctionnel, à une cour impériale et à la cour de cassation.

Le 25 mai 1811, Anne-Antoinette-Césarine Yon de Jouage rend plainte, devant le juge d'instruction du tribunal de première instance de Lyon, contre des *quidams*, qui, abusant de la crédulité de la dame Yon de Jouage, sa grand'mère, ont violé des Dépôts considérables en argent et en obligations que celle-ci leur avait confiés avant sa mort, avec la condition de les lui remettre lorsqu'elle se marierait, ou après qu'elle aurait atteint sa majorité.

Sur cette plainte, le juge d'instruction ordonne qu'il sera informé. Plusieurs témoins sont entendus, et il résulte de leurs dépositions, — que par acte passé devant le notaire B., le 29 floréal an 9, la dame Laurencin, veuve Yon de Jouage, a vendu aux sieurs Layat et Lasalle, sa terre de Champagneux, moyennant 200,000 francs, que, sur cette somme, les acquéreurs ont gardé entre leurs mains 100,000 francs pour acquitter une rente due par la venderesse ; — que les 100,000 fr. restans, quoiqu'énoncés dans le contrat payés comptant, ont été payés par les acquéreurs en six obligations au porteur, savoir : deux de 20,000 fr. chacune, et quatre de 15,000 fr. aussi chacune ; — que ces six obligations ont été reçues par le même notaire B., souscrites par les sieurs Layat et Lasalle, et hypothéquées sur la terre de Champagneux ; — que ces obligations ne devant être acquittées qu'à des termes éloignés, les acquéreurs en ont, en même temps, souscrit d'autres également au porteur, pour tenir lieu des intérêts des premières ; — que toutes ces obligations se faisant chez le notaire B., celui-ci a remis aux acquéreurs une note écrite de sa main (et représentée au procès par le sieur Lassalle, l'un d'eux), dans laquelle étaient énoncés le montant et l'échéance de chacun des payemens qu'ils avaient à faire ; — que, peu de jours après, ces mêmes obligations ont été toutes inscrites au

bureau des hypothèques, à la requête d'un sieur Davin, dont on n'a pu découvrir aucune trace ; — que les bordereaux des inscriptions ont été écrits de la main du sieur Rivoire, alors clerc du notaire B. ; — que les deux obligations de 20,000 fr. ont été déposées par la veuve Yon de Jouage entre les mains d'un avocat, pour être remises à sa petite-fille Anne-Antoinette-Césarine Yon de Jouage, lors de sa majorité ou de son mariage ; ce qui a été fidèlement exécuté ; — qu'à l'égard des quatre obligations de 15,000 fr. et des promesses d'intérêts, la veuve Yon de Jouage les a déposées entre les mains du notaire B. ; que, lors de ce dépôt, le notaire B. a remis à la veuve Yon de Jouage, une note indicative du montant et de l'échéance de chacune des obligations et promesses d'intérêts ; — que cette note est écrite de la main du sieur Bifery, alors clerc du notaire B. ; que celui des témoins de l'information qui l'a produite et jointe aux pièces de la procédure, la tient de la veuve Yon de Jouage elle-même ; — que deux de ces obligations ont été négociées au sieur Chazal, par l'entremise du sieur Gautier, pour le compte du notaire B. ; — qu'une troisième a été négociée par le notaire B. lui-même au sieur Favrot ; que les acquéreurs Layat et Lasalle ayant refusé de la payer, avant qu'on leur rapportât la radiation de l'inscription hypothécaire de Davin, celui-ci a assigné en main-levée par le sieur Favrot au domicile qu'il avait élu chez le notaire B. ; que la copie de l'assignation a été remise au sieur Bifery, clerc du notaire B., qui s'est, en conséquence, présenté à l'audience, et a déclaré, au nom de Davin, consentir à la main-levée de l'inscription ; — que la quatrième obligation de 15,000 fr., a été payée directement par les sieurs Layat et Lasalle au notaire B. ; qu'il leur en a passé l'acquit de sa main ; — qu'ils ont également payé au notaire B. la plupart des promesses d'intérêts, et que c'est également de sa main qu'en est écrit le *pour acquit*. — Effectivement les acquéreurs représentent, et le juge d'instruction fait joindre à la procédure la quatrième obligation et neuf des promesses d'intérêts, toutes acquittées de la main du notaire B.

D'après ces diverses pièces et les dépositions des témoins, le notaire B... est assigné, par un mandat de comparution, devant le juge d'instruction.

Il se présente et nie jamais avoir reçu aucun dépôt de la veuve Yon de Jouage, soit pour sa petite-fille, soit pour tout autre. — Il reconnaît, pour être de sa main, la note représentée par l'un des acquéreurs ; mais il soutient que les calculs qu'elle contient, ne se rapportent, ni à la terre de Champagneux, ni aux obligations, ni à aucun dépôt. — Il reconnaît que la note représentée par un autre témoin, qui a dit la tenir de la veuve Yon de Jouage, est écrite de la main du sieur Bifery, son ancien clerc ; mais il déclare ne pas savoir dans quel objet le sieur Bifery a donné cette note, ni à quoi elle s'applique. — Il reconnaît que les bordereaux des inscriptions hypothécaires des six obligations, sont écrites de la main du sieur Rivoire, son ancien clerc; et il avoue ne pas connaître Davin au nom duquel ces inscriptions ont été prises. — Il reconnaît que l'une des obligations de 15,000 fr. a été négociée par lui au sieur Favrot; que c'est par son ordre que les deux autres ont été négociées au sieur Chazal; que c'est lui-même qui a acquitté la quatrième obligation et les neuf promesses d'intérêts; mais il déclare qu'il a fait toutes ces opérations pour le compte d'un tiers. Interrogé quel est ce tiers, il ne peut indiquer personne.

Les choses en cet état, ordonnance de la chambre du conseil qui renvoie le notaire B... à la police correctionnelle.

L'affaire portée à l'audience du tribunal correctionnel de Lyon, le notaire B... conclut à ce que le tribunal se déclare incompétent. — Jugement qui joint le déclinatoire au fond. — Et après les débats, jugement définitif du 8 février 1812, qui, en déclarant le notaire B... coupable de violation de Dépôt, le condamne, sur les conclusions du ministère public, à un emprisonnement d'une année et à une amende de 3,000 francs; et sur les conclusions de la partie civile, à la restitution des sommes qu'il s'est frauduleusement appropriées.

Le notaire B... appelle de ce jugement; et l'affaire est plaidée avec la plus grande solennité devant la chambre correctionnelle de la cour impériale de Lyon.

Par arrêt du 6 juin de la même année, « considérant qu'un Dépôt nié est un Dépôt violé à l'instant où la preuve du Dépôt est acquise; que la preuve de l'existence du Dépôt nié, renferme ainsi nécessairement celle de sa violation; que la preuve du contrat est indivisible de celle du délit; que, dans le concours de deux faits distincts, à la vérité, par leur nature et par leurs époques, mais dont l'une est la conséquence nécessaire de l'autre, la connaissance en est naturellement dévolue au tribunal qui réunit le pouvoir suffisant pour statuer sur le contrat et sur le délit, et qui est d'ailleurs légalement saisie par la plainte rendue sur le délit; que les tribunaux correctionnels ont reçu de la loi le pouvoir de juger le délit résultant de la violation d'un Dépôt; qu'aucune disposition législative ne leur interdit de juger le fait de l'existence du Dépôt, la nature et la qualité de la convention qui le constitue et du titre qui l'établit; que le pouvoir de statuer sur des faits connexes et corrélatifs au délit, qui sont intimement liés à la preuve, est inhérent à leur juridiction, et une condition nécessaire de son exercice; attendu que la connaissance du Dépôt est le moyen sans lequel on ne peut avoir la connaissance du délit; et que déclarer le prévenu coupable ou innocent, c'est prononcer que le Dépôt nié existe ou n'existe pas; que la prohibition de la nue preuve testimoniale en matière de Dépôt, est une règle du droit civil qui doit être observée dans tous les tribunaux; mais qu'elle n'est point attributive de juridiction aux tribunaux civils ni prohibitive aux tribunaux correctionnels; que l'effet de cette prohibition ne dessaisit, dans aucun cas, le tribunal correctionnel essentiellement compétent; mais peut suspendre ses poursuites, jusqu'à ce que la preuve légale ou les conditions requises pour l'admissibilité de la preuve testimoniale, soient produites; que les tribunaux correctionnels ont le pouvoir de juger de la nature, des qualités, de la valeur des titres produits pour établir l'existence du Dépôt, ainsi que d'apprécier la force et l'intensité des aveux et des commencemens de preuve *littérale*, et d'ordonner, par suite, des informations; attendu que ce pouvoir découle nécessairement de leur compétence, et qu'ils ne sont gênés et circonscrits, à cet égard, par aucune loi; que la poursuite ne peut être suspendue, lorsque le tribunal correctionnel a reconnu l'existence, soit d'un titre, soit d'un aveu suffisant, soit d'un commencement de preuve littérale, qui puisse autoriser la preuve testimoniale; qu'il ne pourrait prononcer aucun renvoi, sans violer sa propre juridiction et sans commettre un déni de justice; que, même en l'absence de toute preuve ou indice *littéral*, le renvoi devant les tribunaux civils serait inutilement prononcé, puisque le seul motif du renvoi serait le défaut de preuve légale du Dépôt; et que les mêmes magistrats exerçant personnellement les deux juridictions dans la majorité des tribunaux de l'empire soumis aux mêmes lois, ne pourraient admettre une preuve qu'ils auraient déjà déclarée inadmissible; qu'ainsi, il est difficile de concevoir qu'un renvoi prononcé dans ces termes, puisse produire aucun effet qui ne puisse émaner immédiatement du tribunal correctionnel statuant sur la plainte; que le jugement de renvoi attaqué par la voie de l'appel, il pourrait être jugé plus solennellement encore par un arrêt de la cour impériale, qu'il n'existe aucune condition pour l'admissibilité de la preuve testimoniale; que le jugement ultérieur du tribunal civil, saisi par le renvoi qui admettrait cette preuve, pourrait être en contrariété absolue de principes et de motifs avec les jugement et arrêt de renvoi, en sorte que la reine ne s'appliquerait, pour ainsi dire, qu'en chancelant, à une décision rendue dans de pareilles circonstances; que la doctrine des questions préjudicielles civiles inhérentes aux affaires criminelles, qui ne prend sa source dans aucune loi positive, hors le cas de l'art. 327 du Code civil, a été établie par la jurisprudence, et successivement agrandie dans un temps où les deux juridictions étant exercées par des magistrats différens, conservateurs de leurs attributions respectives, et ayant une sensibilité particulière selon l'objet de leur institution, il était important pour l'ordre public de circonscrire et limiter plus sévèrement les deux juridictions; que cette considération majeure ayant beaucoup perdu de sa force depuis la réunion de l'exercice des deux branches du pouvoir judiciaire, doit faire restreindre les questions civiles préjudicielles dans les procès criminels, dans tous les cas où la division pourrait donner lieu à des préjugés ou des jugemens contraires, dans tous ceux où la preuve du délit est indivisible de celle de la convention à laquelle il se rattache, où le fait du délit serait vérifié en même temps que le fait du contrat, afin que le jugement du fait ne soit point séparé de celui de la peine, exception qui n'a lieu qu'au grand criminel en faveur de l'institution du juri; encore est-il remarquable que la discussion du fait a lieu en présence des juges du droit; que si, d'une part, l'intérêt de la société exige que la marche de la justice criminelle n'ait point d'entraves, et qu'il y ait unité dans les jugemens; de l'autre, il n'est pas sans danger pour la sûreté civile, de faire prononcer par des tribunaux civils sur des questions qui peuvent emporter avec elles nécessairement un délit; que ces tribunaux autorisés à statuer sur le contrat, d'après des présomptions légales qui ne sont établies que pour les matières civiles, ou d'après des présomptions tirées de leurs propres lumières, doivent être moins sévères en preuve pour des intérêts purement civils, que les tribunaux criminels, que la nécessité d'appliquer des peines qui affectent l'honneur et la liberté, rappelle sans cesse à un examen scrupuleux; qu'en un mot, la certitude judiciaire en matière civile, diffère, par de fortes nuances, de la certitude en matière criminelle; que, dans l'hypothèse, l'inconvénient d'un renvoi devant les juges civils, sera mieux senti, si l'on considère que le fait de l'existence du Dépôt et celui de sa violation se trouvant enveloppés par la même preuve et la conséquence nécessaire l'un de l'autre, le tribunal civil serait forcé, par la nature des choses, à rechercher et déclarer, par son jugement, un fait qui constituerait évidemment la culpabilité du prévenu, et dans l'impuissance de prononcer les peines attachés au délit; tandis que le tribunal correctionnel qui aurait préjugé qu'il n'y avait aucune ouverture à la preuve testimoniale, serait réduit à la simple application de la loi; — considérant, en se renfermant dans les principes qui s'appliquent plus spécialement aux circonstances particulières du procès, que la prohibition de la preuve testimoniale est l'unique fondement du renvoi qui a été quelquefois prononcé, non pour raison d'incompétence, mais faute de preuve; et en supposant que les tribunaux civils pouvaient avoir, pour vérifier la convention, des moyens, dont les tribunaux correctionnels n'avaient pas la participation; mais que, cette prohibition cessant, il n'y a lieu à aucune suspension; que, lorsqu'il existe un commencement de preuve par écrit, la preuve testimoniale est admissible de toutes conventions autres que celles dont la loi a statué qu'il soit passé acte, à peine de nullité; que le contrat de Dépôt n'est point dans ce cas, puisque la loi en a permis la nue preuve testimoniale jusqu'à concurrence de 150 fr.; qu'ainsi, la disposition générale de l'art. 1347 du Code Napoléon s'applique à ce contrat; et que la question ainsi réduite à ses termes les plus simples, est de savoir s'il y a commencement de preuve littérale; — considérant que l'acte de vente de la terre de Champagneux, reçu B., notaire, du 29 floréal an

9), et les six obligations au porteur consenties par les acquéreurs, le 26 du même mois, B., notaire, inscrites sous le nom d'un inconnu dont on n'a trouvé aucune trace, formant ensemble la somme de 100,000 liv., correspondant précisément à celle dont l'acte de vente porte quittance, offrent, par leur rapprochement, par l'identité des sommes et des personnes obligées par l'affectation sur la terre de Champagneux qui les replace à leur véritable date, un commencement de preuve littérale qui rend vraisemblable que les obligations sont les valeurs qui ont été payées comptant; que ce commencement de preuve littérale, ainsi que toute preuve supplémentaire qui pourrait être invoquée pour vérifier ce rapport immédiat des obligations à la vente et cette identité des valeurs, ne peuvent être réputées contraires à la teneur de l'acte et à la foi qui lui est due; 1o parce que l'acte de vente n'exprime point dans quelles valeurs les 100,000 liv. ont été payées; 2o parce que la preuve contraire au contenu même d'un acte, n'est repoussée que dans l'intérêt des parties contractantes; et que B., qui est un tiers étranger au contrat, pourrait d'autant moins se prévaloir de ce principe, qu'une réticence de sa part aurait pu aider à la consommation du délit dont il est prévenu; — considérant que, si ce premier commencement de preuve écrite semble n'indiquer d'abord que l'identité des obligations du prix de la vente, il devient bientôt indicatif du Dépôt même par l'accession des autres indices littéraux, attendu que cette identité de valeur est une première clef et un premier trait de lumière pour éclairer le fait du Dépôt qui n'a pu être obscurci qu'en dénaturant et faisant disparaître le prix de la vente; et attendu d'ailleurs, que B..., par le fait même de cette identité qu'il a déniée constamment, parce constitué en mauvaise foi, ce qui rendrait vraisemblable le fait et l'abus du Dépôt; que l'acte passé entre Me...., avocat en la cour, et de Jouage, père d'Anne-Antoinette-Cézarine de Jouage, le 27 floréal an 13, Pré notaire, constatant, de la part dudit....., la remise de deux obligations au porteur de la somme de 20,000 livres chacune, déposées entre ses mains par la veuve de Jouage, en faveur de sa petite-fille, provenant du prix de la vente de la terre de Champagneux, reconnues faire partie des six obligations au porteur consenties par Lasalle et Layat, ses acquéreurs, portant la même date, inscrites sous le nom du même inconnu, complettant, avec les quatre autres obligations, la somme de 100,000 livres; est un indice littéral qui rend encore très-vraisemblable l'origine et la cause des quatre obligations dont le Dépôt est présumé, attendu qu'elles ont, avec les deux premières, dont la cause est connue, une liaison parfaite de temps, de lieu, de personnes, de circonstances, qui les présente, en quelque sorte, comme une seule opération indivisible, et qui indique également l'intention de transmettre par la voie du Dépôt, ces quatre obligations, ainsi que les deux premières l'ont été, toutes paraissant avoir été préparées dans la même forme, pour le même objet; que cette vraisemblance qui, par analogie, se réfléchit des deux obligations connues et recouvrées, aux quatre obligations recherchées, acquiert encore plus d'intensité par un autre indice littéral résultant d'une note écrite de la main de B..., par lui reconnue, déposée par Lasalle, contenant le calcul des intérêts des six obligations au porteur jusqu'à l'époque de leur échéance, calcul qui, embrassant les six obligations, semble leur assigner une même cause, une même destination ; que, si B... a désavoué l'application de ce calcul aux intérêts des six obligations, prétendant qu'il s'appliquait à tout autre objet, il n'existe pas moins, sur ce point, une démonstration arithmétique, telle que le hasard ne peut rien produire de semblable, et que ce désaveu même accuse le prévenu de mauvaise foi ; que la note déposée par la demoiselle Gueffier, qu'elle a déclarée tenir de la propre main de la dame de Jouage, reconnue par B... pour être écrite de la main de Bifféri, lequel était son clerc au temps du contrat de vente de la terre de Champagneux, reconnue aussi dudit Bifféri, portant la date, la somme et l'échéance des quatre obligations au porteur prétendues déposées, se rapportant parfaitement avec les obligations de Lasalle et Layat, acquéreurs, du 26 floréal an 9, est un indice littéral du rapport de ces effets avec le prix de la vente de la propriété qu'en avait la dame de Jouage, soit que la note ait été faite de l'ordre de B..., à la vue des obligations qu'il aurait eues en son pouvoir, soit qu'elle ait été relevée sur son répertoire, même à son insçu, la remise qui en a été faite à la dame de Jouage indiquant bien qu'elle avait intérêt à en prendre connaissance ; que, si le rapprochement de tous ces écrits montre l'identité des six obligations au porteur avec le prix payé comptant de la terre de Champagneux et le projet de Dépôt, d'autres preuves de la même nature indiquent que le Dépôt a été effectué entre les mains de B..., elles consistent 1°, dans l'acquit et la signature de B... par lui reconnus apposés sur l'une des quatre obligations au porteur dont il s'agit, déposées par Lasalle, l'un des acquéreurs ; 2°, dans pareils acquits et signatures aussi reconnus de B..., apposés sur neuf promesses d'intérêts résultant des six obligations, suivant le calcul qu'en avait fait B... lui-même, lesdites promesses déposées par Layat et Lasalle ; 3°, dans l'aveu fait par B... d'avoir négocié une seconde des dites quatre obligations à Favrot ; 4°, dans l'aveu qu'il a pareillement fait d'avoir fait négocier les autres deux obligations à Chazal, par l'entremise de Gauthier ; 5°, dans l'aveu d'avoir négocié certaines promesses d'intérêts de Lasalle et Layat à Bifféri, son ancien clerc ; 6°, dans le jugement consenti par le ministère de Bifféri, portant main-levée des inscriptions Davin, en conséquence de la remise de la citation signifiée au domicile de B... ; 7°, dans les payemens par anticipation constatés par la date des acquits ; que la réunion de toutes ces obligations et promesses dans les mains de B..., et leur sortie établies par preuve littérale et confectionnelle, peut être difficilement rejetée parmi les effets du hasard,

surtout lorsqu'il est réduit à ne pouvoir nommer une seule des personnes soit-disant inconnues dont la confiance aurait produit ce résultat étonnant ; et qu'il est au moins vraisemblable au plus haut degré que tous ces effets ont été remis entre les mains de B..., sous la condition d'un Dépôt en faveur de Anne-Antoinette-Cézarine Yon de Jouage, semblable à celui effectué entre les mains de Me........ ; ledit B... n'ayant jamais prétendu que la propriété lui en ait été transmise par personne ; que, si tant de probabilités indépendantes de la preuve testimoniale et préexistantes, pouvaient être la matière d'une discution grave sur la culpabilité de B..., le tribunal dont est appel, n'a pas dû prononcer un renvoi, et, par suite, n'a pas dû hésiter d'admettre le dernier genre de preuves ; que le tribunal correctionnel a été d'autant plus légalement saisi par l'ordonnance de la chambre du conseil du 11 janvier 1812, que cette chambre aurait pu penser qu'il existait une preuve écrite suffisante et du Dépôt et du délit ; qu'alors même que les irrégularités qu'on oppose contre la procédure préliminaire faite par le juge instructeur, pour rassembler les premiers indices du délit, seraient fondées, elles ne pourraient avoir aucune influence sur la sentence dont est appel, attendu que, devant le tribunal correctionnel, a commencé une procédure plus solennelle et complète, qui n'est arguée d'aucune nullité et d'aucune irrégularité ; considérant que les indices écrits sont bien antérieurs à la preuve testimoniale solennellement admise, puisqu'ils ont servi de base au réquisitoire de la partie publique, d'après lequel l'affaire a été renvoyée au tribunal de police correctionnelle ; mais que, lors même qu'il serait vrai que ces indices ne seraient survenus que postérieurement, cette circonstance ne saurait détruire l'effet et la substance de la combinaison de ces deux genres de preuve, la conviction qui en résulte, ne pouvant dépendre de l'ordre dans lequel ces deux élémens ont été découverts ; qu'il en résulterait seulement qu'une procédure originairement vicieuse, serait devenue accidentellement régulière, toute opinion contraire n'aboutissant qu'au résultat puéril de recommencer dans les mêmes formes une procédure consommée ; que les tribunaux correctionnels ne sont assujettis par aucune loi à statuer sur leur compétence ou sur les déclinatoires proposés par les prévenus, par un jugement préliminaire antérieur et indépendant du jugement sur le fond, et surtout en matière de Dépôt ; attendu que le fait de savoir s'il y a question préjudicielle, est essentiellement lié au mérite du fond ; considérant qu'il est établi, par les dispositions des témoins produits devant le tribunal correctionnel, que les six obligations au porteur, consenties par Layat et Lasalle, le 26 floréal an 9 (B. notaire), représentant les 100,000 livres du prix de la terre de Champagneux, payées comptant par ces acquéreurs ; que B. pendant la vie de la veuve de Jouage, et dans une assemblée où il avait été appelé à cet effet, a avoué le Dépôt d'une somme de 60,000 livres qui lui a été fait par cette veuve en faveur de Anne-Antoinette-Césarine-Yon de Jouage, en exhibant les obligations qui composaient ce dépôt; que, postérieurement à son décès, il a fait le même aveu d'être dépositaire de cette somme, et l'a répété différentes fois et en différentes circonstances; que, d'après les résultats des preuves écrites de ses aveux et des informations, il a été justement déclaré convaincu d'avoir abusé de la confiance de la veuve de Jouage, et d'avoir violé le dépôt confié à sa foi; que les dispositions des art. 408, 406, §. 2, de l'art. 405 et art. 42 du Code pénal, lui ont été justement appliquées...; — La cour, sans s'arrêter à la réquisition ni aux moyens de nullité et d'incompétence, met l'appellation de B. au néant; dit qu'il a été bien jugé.... ».

Recours en cassation de la part de B.

Par arrêt du 31 juillet 1812, au rapport de M. Chasle, « attendu qu'il a été jugé par la cour impériale de Lyon; qu'il y avait commencement de preuve par écrit du Dépôt dont il s'agit; que cette cour a eu caractère pour apprécier les commencemens de preuve; que l'appréciation qu'elle en a faite, n'est point en contravention à l'art. 1347 du Code Napoléon; que, dès-lors, elle a pu admettre la preuve testimoniale, et déclarer l'existence et la violation dudit dépôt volontaire, d'après le résultat de cette preuve; la cour rejette le pourvoi de B. ».

Même page, col. 2, après la ligne 13, ajoutez:

Un arrêt de la cour de justice criminelle du département de la Dyle, avait, sur la seule poursuite du ministère public, condamné le sieur Stevens aux peines portées par l'art. 12 de la loi du 25 frimaire an-8, pour s'être approprié une somme prétendue déposée entre ses mains par le sieur Xhenomon. — Mais le sieur Stevens s'est pourvu en cassation; et par arrêt du 16 janvier 1808, au rapport de M. Carnot, « vu l'art. 12 de la loi du 25 frimaire an 8, et l'art. 1923 du Code Napoléon; et attendu que l'arrêt attaquée reconnu et déclaré constant un Dépôt volontaire au-dessus de 150 francs, quoique ce prétendu dépôt ne fût pas constaté par écrit, qu'il fût formellement dénié par la partie intéressée, et qu'il n'y eût pas même au procès le plus léger commencement de preuve par écrit de son existence; ce qui a été une violation manifeste de l'art. 1923 du Code Napoléon.....; la cour casse et annulle.... ».

Nous reviendrons, aux mots *Serment*, §. 2; art. 2, n. 81, et *Usure*, n. 4, sur les principes qui ont déterminé ces arrêts.

DERNIER RESSORT, §. IV, n. II. *Page* 579, *col.* 2, *après la ligne* 20; *ajoutez:*

V. sur la même question, les arrêts des 4 septembre 1811 et 17 novembre 1813, rapporté ci-après, §. 5 et 7 *bis.*

§. VI. *Page* 583, *col.* 1, *lig.* 59, *après les mots* Code Napoléon, art. 1545, *ajoutez:*

Il ne faut cependant point conclure de là qu'on puisse toujours argumenter de l'admissibilité ou inadmissibilité de la preuve testimoniale, au droit d'être jugé en Dernier ressort ou de ne l'être qu'à la charge de l'appel. *V.* le plaidoyer du 17 novembre 1813, rapporté ci-après, §. 7 *bis.*

§. VII, n. I. *Page* 584, *col.* 1, *après la ligne* 47, *ajoutez:*

V. ci-après, §. 7 *bis.*

N. III. *Page* 584, *col.* 2, *après la ligne* 29 *ajoutez:*

Mais cet arrêt doit-il faire règle? *V.* ci-après §. 7 *bis.*

N. IV. *Page* 584, *col.* 2, *ligne* 30, *au lieu de*, mais il en serait autrement, *lisez:* il n'y aurait aucune difficulté sur le Dernier ressort.

Page 585, *col.* 1, *après la ligne* 12, *ajoutez:*

§. VII. *bis. Plusieurs parties se réunissent pour former, par un même emploit, devant le même juge de paix, une demande en dommages-intérêts contre une même personne, et la fondent sur le même fait.* — *Le juge de paix rend un jugement interlocutoire par lequel, sans rien statuer sur les fins de non-recevoir et nullités proposées par le défendeur, il ordonne une expertise pour constater le montant des dommages-intérêts.* — *L'expertise faite, chacune des parties réassigne le défendeur par un exploit séparé; et toutes, hors une, concluent à des sommes au-dessus de 50 fr.* — *Le juge de paix prononce ensuite, et par autant de jugemens qu'il a de demandeurs, adjuge à chacun d'eux la somme à laquelle il a conclu.* — *Dans ce cas, le défendeur peut-il appeler, à l'égard de la partie qui a obtenu moins de 50 fr., et des jugemens interlocutoires et des jugemens définitifs?*

Le... janvier 1810, Antoine d'Hermiy, Jean-Baptiste Mannechez, Antoine Brouche, Jean-Martin Chopin, Jean-Baptiste Cauchy et Guillaume Défossé, tous cultivateurs à Hermies, canton de Bertincourt, présentent au juge de paix de ce canton une requête tendante à faire visiter les terres qu'ils exploitent dans le voisinage des bois du comté d'Havrincourt, et constater les dégâts qu'ils exposent y avoir été causés par les lapins de ces bois.

Le 10 du même mois, le juge de paix se rend sur les lieux avec les six requérans; et, sans avoir fait appeler le comte d'Havrincourt, il dresse un procès-verbal portant qu'il a vu, dans les terres désignées par la requête, *beaucoup de crottes de lapins et les avéties endommagées.*

Le 29 avril suivant, seconde visite et nouveau procès-verbal dans la même forme et avec le même résultat.

Le 30 juin, les six cultivateurs, prenant la dénomination de *co-intéressés*, et s'appuyant sur les procès-verbaux des 10 janvier et 29 avril, font assigner le comte d'Havrincourt devant le juge de paix, pour se voir condamner à payer à chacun d'eux, à raison de ses propriétés, la somme qui sera fixée par une expertise.

Le 4 juillet, toutes les parties comparaissent à l'audience du juge de paix ; et là, se fondant sur la nullité des deux procès-verbaux dressés en son absence, le comte d'Havrincourt conclud à ce que les demandeurs soient déclarés non-recevables.

Le même jour, jugement qui, sans statuer sur la nullité ni sur la fin de non-recevoir alléguée par le comte d'Havrincourt, ordonne qu'il sera procédé, le 12, à une expertise.

Le comte d'Havrincourt ne voulant pas coopérer à la nomination des experts, et protestant au contraire de rester entier dans le droit d'appeler, après le jugement définitif, du jugement *préparatoire* du 4, le juge de paix nomme trois experts d'office. — De ces trois experts, un seulement se présente le 12; le juge de paix en nomme un autre; et à l'instant même, les deux experts, procédant à l'estimation, portent le dommage prétendu causé par les lapins, à 440 fr. pour Antoine d'Hermy; à 53 fr. 75 cent. pour Jean-Martin Chopin et Jean-Baptiste Cauchy; à 99 fr. pour Antoine Brouche; à 93 fr. 13 cent. pour Jean-Baptiste Mannechez; et à 5 fr. 60 cent. pour Guillaume Défossé. — Le 28 du même mois, le comte d'Havrincourt est réassigné, par cinq exploits séparés, à l'audience du 1er août, pour y voir condamner, d'après le procès-verbal du 12, à payer à d'Hermy 440 fr.; à Chopin et Cauchy 53 fr. 75 cent.; à Brouche 99 fr.; à Mannechez 93 fr. 13 cent.; et à Défossé 5 fr. 60 cent.

A l'audience du 12, le juge de paix s'occupe d'abord de la demande d'Antoine d'Hermy. Il admet celui-ci à prouver par témoins les faits compris dans les différens procès-verbaux, sauf la preuve contraire.

Antoine d'Hermy produit ses témoins sur-le-champ. Le juge de paix reçoit leurs dépositions; puis il prononce en ces termes :

« Attendu que nous avons admis M. le comte d'Havrincourt à faire preuve contraire, ordonnons aux parties de revenir à notre audience du 8 de ce mois, pour y être procédé, s'il y échet, à ladite preuve contraire, et ensuite être fait droit, s'il y échet, sur le fond de la contestation. Ainsi prononcé aux parties, par notre juge de paix susdit, à qui nous avons en outre déclaré que ladite prononciation en leur présence valait intimation pour se trouver aux lieu, jour et heure indiqués, sans autre formalité, tant pour la cause du sieur Antoine d'Hermy que pour celle des sieurs Jean-Baptiste Mannechez, Antoine Brouche, Guillaume Défossé, Jean-Baptiste Cauchy et Jean-Martin Chopin; et que faute par une des parties de s'y trouver, il sera fait droit en son absence ».

A l'audience du 8, le comte d'Havrincourt renouvelle ses protestations, et cependant fait entendre plusieurs témoins. — La contre-enquête terminée, le juge de paix rend, le même jour, cinq jugemens séparés, par lesquels il condamne le comte d'Havrincourt à payer aux demandeurs les sommes réclamées par leurs exploits respectifs du 28 juillet; et il est à remarquer que, dans le jugement relatif à

Guillaume Défossé, il est dit que celui-ci fonde sa demande *sur l'enquête faite, le 1er de ce mois, à la réquisition du sieur Antoine d'Hermy.*

Le comte d'Havrincourt appelle de ces jugemens au tribunal civil d'Arras, et expose pour griefs, 1° que le juge de paix était incompétent à raison de la matière; 2° que les jugemens préparatoires et d'instruction ont été rendus en contravention à différens articles du Code de procédure civile; 3° que les jugemens définitifs sont en opposition avec les faits et avec les lois. — Sur cet appel, le sieur Mannechez se désiste de sa demande.

Le 5 août 1812, jugement qui, faisant droit sur l'appel de celui qui condamne le comte d'Havrincourt à 440 fr. de dommages-intérêts envers le sieur d'Hermy, le déclare nul, comme rendu sur des procès-verbaux irréguliers.

Le même jour, il intervient un jugement semblable sur l'appel de celui qu'avait obtenu Brouche.

Le même jour encore, autre jugement qui statue, en ces termes, sur l'appel de celui par lequel le comte d'Havrincourt est condamné à payer 5 fr. 60 c. à Guillaume Défossé : — « Considérant que la demande originaire collective formée par les sieurs d'Hermy, Mannechez, Brouche, Chopin, Cauchy et Défossé, n'avait pour objet que de faire constater les dommages et intérêts qu'ils prétendent avoir éprouvés par les dégâts que les lapins de M. le comte d'Havrincourt avaient causés dans leurs propriétés; que cette demande ne tendait, de leur part, qu'à faire reconnaître et fixer le montant desdits dommages-intérêts; ce qui était un préalable nécessaire de l'action directe qu'ils méditaient d'exercer à la charge de M. le comte d'Havrincourt; qu'il suit de là que la véritable demande doit se reporter nécessairement à l'exploit du 28 juillet 1810, qui l'a introduite devant le juge de paix du canton de Bertincourt, entre Guillaume Défossé, demandeur, et M. le comte d'Havrincourt; que, par cet exploit, la nature de cette demande a été clairement déterminée, tant dans son objet que dans son importance; qu'ainsi, le juge de paix a pu reconnaître qu'elle était dans ses attributions et la juger en Dernier ressort, aux termes de l'art. 10 du tit. 3 de la loi du 24 août 1790, puisque cette demande ne s'élevait qu'à la somme de 5 fr. 60 cent.; que, par jugement du 8 août 1812, le juge de paix du canton de Bertincourt a fait droit à cette demande et ne l'a pu faire qu'en Dernier ressort....; le tribunal.... déclare le comte d'Havrincourt non-recevable dans son appel.... ».

Le comte d'Havrincourt se pourvoit en cassation contre ce jugement.

« Deux moyens de cassation (ai-je dit à l'audience de la section des Requêtes, le 17 novembre 1813) vous sont proposés dans cette affaire : violation de l'art. 454 du Code de procédure civile, en ce que le juge de paix du canton de Bertincourt ayant prononcé incompétemment, son jugement, quoique rendu en Dernier ressort, était susceptible d'appel; violation de l'art. 10 du tit. 3 de la loi du 24 août

1790, en ce que le juge de paix, eût-il été compétent, n'avait pu prononcer en Dernier ressort.

» Le premier de ces moyens se réfute d'un seul mot.

» L'art. 10 du tit. 3 de la loi du 24 août 1790 attribue aux juges de paix la connaissance *des actions pour dommages faits, soit par les hommes, soit par les animaux, aux champs, fruits et récoltes.*

» Or, de quoi s'agit-il dans notre espèce ? précisément de dommages prétendus faits aux récoltes de Guillaume Défossé par les lapins des bois du demandeur.

» Il s'agit donc de dommages prétendus faits par des animaux. Le juge de paix du canton de Bertincourt était donc compétent.

» Point du tout, vous dit le demandeur dans sa *requête :* la loi ne parle que des dommages faits par les animaux appartenans à l'homme. Or, les lapins qui sont dans mes bois, ne m'appartiennent pas. Les dommages qu'ils peuvent causer aux propriétés voisines, ne sont donc pas ce que la loi appelle *des dommages faits par les animaux.*

» Mais, sans examiner si des lapins appartiennent ou non au propriétaire du bois dans lequel ils se retirent à demeure, il est du moins certain que le propriétaire de ce bois répond des dégâts qu'ils commettent par sa faute dans les terres voisines (1); or, la loi du 24 août 1790 ne distingue point entre les dommages faits par les animaux appartenans à l'homme, et les animaux dont l'homme doit répondre, lors même qu'il n'en est pas propriétaire.

» Et dans le fait, c'est devant le juge de paix qu'ont toujours été portées, depuis la publication de la loi du 24 août 1790, les contestations qui se sont élevées, sur cette matière, entre les propriétaires de bois et les propriétaires des champs riverains. Vous avez même déjà décidé implicitement que c'est devant ces juges qu'elles ont dû être portées, et cela en maintenant, le 5 janvier 1810, au rapport de M. Oudart, un jugement du tribunal de première instance de Vendôme, qui avait confirmé celui par lequel un juge de paix avait condamné la dame de Montmorency à réparer les dommages causés par les lapins de ses bois dans les propriétés voisines.

» Le premier moyen de cassation du demandeur, est donc dénué de toute espèce de fondement; et le demandeur le reconnaît assez lui-même; puisqu'après avoir proposé ce moyen dans sa *requête*, il ne l'a plus reproduit dans son *mémoire d'ampliation.*

» Le second moyen est encore tiré de l'art. 10 du tit. 3 de la loi du 24 août 1790.

» Par cet article, vous dit le demandeur, le juge de paix est bien autorisé à connaître les dommages faits par les animaux, dans les champs fruits et récoltes, à quelque valeur qu'ils puissent monter; mais il ne peut en connaître sans appel, que lorsque l'objet litigieux ne s'élève pas au-des-

de 50 fr.; or, dans l'espèce, la valeur de l'objet litigieux était indéterminée au moment de l'introduction de l'instance; et il est de principe, la cour a même jugé par un grand nombre d'arrêts, que des valeurs indéterminées, quelque modiques qu'elles soient en définitive, ne peuvent jamais faire la matière d'un jugement en dernier ressort de la part d'un tribunal qui, étant sujet à l'appel de droit commun, n'en est affranchi que pour les objets non excédant une certaine somme.

» Il n'y aurait là-dessus aucune difficulté, si, pour l'évaluation de l'objet litigieux dans notre espèce, nous ne devions nous arrêter qu'à la demande formée par Guillaume Défossé, dans son exploit du 30 juin 1810.

» Par cet exploit, Guillaume Défossé concluait vaguement à ce que le comte d'Havrincourt fût condamné à lui payer le dommage qui serait reconnu, par experts, avoir été commis dans sa propriété; et il est clair que, s'il n'avait pas ensuite restreint sa demande, le juge de paix n'aurait pu prononcer qu'à la charge de l'appel.

» Mais les experts ayant fixé à 5 fr. 60 cent, le dommage fait à sa propriété, il a, par un second exploit du 28 juillet suivant, restreint sa demande à cette modique somme; et dès-là, quel obstacle y avait-il à ce que le juge de paix prononçât en dernier ressort?

» L'indétermination de la demande formée par le premier exploit du 30 juin, ne faisait obstacle à la prononciation en dernier ressort, que parce qu'il résultait de cette indétermination même, que la demande pouvait aboutir à une condamnation au-dessus de 50 fr; et que, pour savoir s'il y a lieu ou non à la prononciation en dernier ressort, on doit toujours s'attacher, non à ce qui est réellement adjugé, mais à ce qui, d'après la demande telle qu'elle est formée, peut être adjugé en définitive *Quoties de quantitate ad judicem pertinente quæritur, semper quantùm petatur quærendum est, non quantùm debeatur,* dit la loi 19. §. 1. *D. de jurisdictione.*

» Il en est donc, à cet égard, d'une demande indéterminée et qui, par-là même, est censée s'élever au-dessus de 50 fr., comme d'une demande précise et déterminée qui, par sa propre teneur, est limitée à 50 fr. ou au-dessous.

» Or, si Guillaume Défossé, après avoir porté sa demande, par son exploit du 30 juin, à 51 fr. de dommages-intérêts, l'avait, par son second exploit du 28 juillet, restreinte à 5 fr. 60 cent. y aurait-il en lieu à la prononciation en dernier ressort?

» Cette question doit se résoudre par les mêmes principes que celle qui, sous l'ancien régime, s'élevait assez fréquemment dans les matières présidiales, et qui consistait à savoir si, une fois qu'un tribunal investi du droit de juger en Dernier ressort jusqu'à une somme indéterminée, était saisi d'une demande supérieure à cette somme, le demandeur pouvait encore, après la contestation en cause, se procurer

_____

(1) *V.* l'article *Gibier,* dans 1.s *Additions.*

l'avantage d'être jugé présidialement, en restreignant sa demande au taux de la présidialité.

» Or, comment cette question était-elle résolue sous l'ancien régime?

» Rebuffe, dans ses notes sur l'édit de création des présidiaux, du mois de janvier 1551, soutenait que la restriction n'était plus admissible après la contestation en cause; et il en donnait deux raisons : l'une, que le demandeur ne peut plus changer sa demande, dès que la cause a été contestée; l'autre, que, par la contestation en cause, il se forme, entre les parties, une sorte de contrat qui les oblige de reconnaître jusqu'au jugement définitif, le juge qu'elles ont reconnu dès le principe.

» Mais, de ces deux raisons, la première n'est fondée que sur des lois romaines, sinon mal entendues, du moins très-équivoques, et sur le sens desquelles il existe entre les jurisconsultes des controverses presque infinies (1). Personne ne doute d'ailleurs que, dans nos usages, il ne soit permis au demandeur de restreindre sa demande en tout état de cause.

» La seconde raison est plus spécieuse; mais est-elle plus solide? Sans doute, par la contestation en cause, les parties se soumettent irrévocablement à la juridiction du tribunal devant qui elles se trouvent; mais renoncent-elles, par cela seul, au droit qu'elles peuvent respectivement avoir d'être jugées par lui en Dernier ressort? il n'y a certainement aucune conséquence à tirer d'un point à l'autre.

» Nous devons cependant convenir que l'opinion de Rebuffe avait été accueillie une fois, par le grand conseil, dans le temps où il était jugé des conflits qui s'élevaient entre les présidiaux et les parlemens. Témoin Brillon qui, dans son *Dictionnaire des Arrêts*, au mot *présidial*, n. 68, s'exprime ainsi : « Arrêt du grand conseil du 24 novembre 1704, qui » juge que la restriction n'ayant pas été faite lors » des premiers appointemens, la sentence n'avait » pu être rendue présidialement et en Dernier res- » sort; les parties furent renvoyées, sur l'appel, » au parlement de Dijon. M^e le Chevalier soutenait la » sentence présidiale. M^e le Paige, avocat, plai- » dait pour le renvoi au parlement ».

» Mais cet arrêt n'a point fait jurisprudence; et c'est ce que le même auteur nous apprend, n. 86 : « Il a été jugé plusieurs fois au grand conseil (dit- » il), que, bien qu'il y eût une première sentence » qui retenait une affaire pour être jugée au second » chef de l'édit (c'est-à-dire, à la charge de l'ap- » pel, mais avec exécution provisoire, nonobstant » l'appel même), cependant une des parties pouvait » enfin se restreindre au premier chef. Cela fut jugé » le 20 avril et le 5 juillet 1717, moi plaidant contre » Me Cochin, dans les causes de Jean Legros et de » Claude Claparède ».

» Aussi Jousse assure-t-il, dans son *Traité des*

Présidiaux, page 134, que « C'est un usage cons- » tant des présidiaux que la restriction peut être » faite en tout état de cause, pourvu que ce soit » avant le jugement du fond. C'est ainsi (ajoute-t-il) » que le pense Grimandet, dans son Commentaire » sur l'édit des présidiaux, glose 37, n° 2; et cela » a été jugé en conformité par arrêt du grand » conseil, du 15 novembre 1757, rendu pour le » présidial de Coutances, dans l'affaire du nommé » Lejeune, contre le sieur Delapalisé. Nous obser- » vons aussi cet usage à Orléans ».

» Et cet usage a paru au législateur de l'ancien régime, tellement régulier, tellement calqué sur les vrais principes, qu'il a cru devoir le consacrer par une disposition expresse, à la suite de la détermination qu'il avait prise d'élever à 2,000 livres le droit de Dernier ressort qui n'appartenait primitivement aux présidiaux que pour les causes dont l'objet n'excédait pas 250 liv. Voici comment il s'est expliqué à cet égard, dans l'édit du mois d'août 1777 : « Art. 4. Il sera loisible à la partie qui pour- » suivra le payement d'une créance excédant la » somme de 2,000 liv., de déclarer, qu'à l'effet » d'obtenir le jugement en Dernier ressort, elle en- » tend restreindre sa demande à ladite somme de » 2,000 liv. ou au-dessous....5. Dans le cas où » les demandes auraient pour objet des effets mo- » biliers...., les juges présidiaux n'en pourront con- » naître en Dernier ressort, que lorsque le deman- » deur aura déclaré, par acte précis, qu'il évalue » ou restreint sa demande.....à ladite somme de » 2,000 liv. ou au-dessous,...8. Ces restrictions ou » évaluations autorisées par les art. 4 et 5, ci-des- » sus, pourront être faites, *en tout état de cause*, » dans les contestations dont les bailliages ou sé- » néchaussées qui ont le droit de juger présidiale- » ment, seraient saisis....».

» Ce que jugeaient les derniers arrêts du grand-conseil pour les présidiaux, ce que décidait pour les mêmes juridictions l'édit du mois d'août 1777, pourquoi ne le jugeriez-vous pas également aujourd'hui pour les tribunaux de paix et pour les tribunaux d'arrondissement? Pourquoi ne jugeriez-vous pas également aujourd'hui, que les tribunaux de paix et les tribunaux d'arrondissement peuvent respectivement statuer en Dernier ressort sur des demandes qui, élevées par les premiers actes de la procédure, au-dessus de 50 ou de 1,000 fr., sont ensuite restreintes par les demandeurs, soit à l'une, soit à l'autre somme, ou au-dessous?

» Non-seulement rien ne s'oppose à ce que vous jugiez de cette manière, mais c'est ainsi que vous avez effectivement jugé dans les deux espèces suivantes.... (1).

» A cette longue et imposante série de décisions uniformes, on peut, nous le savons, opposer un argument qui, du premier abord, paraît sans ré-

_____

(1) Voët, sur le Digeste, tit. *de edendo*, n. 9.

(1) *V.* l'arrêt du 17 fructidor an 12, rapporté ci-dessus, §. 4, n. 2; et l'arrêt du 4 septembre 1811, rapporté ci-dessus, §. 5.

pliqre : on peut dire : aux termes de l'art. 1343 du Code Napoléon, qui ne fait qu'ériger en loi un point de jurisprudence déjà établi par deux arrêts du parlement de Paris, des 20 septembre 1585 et 17 décembre 1638 (1), *celui qui a formé une demande excédant 150 fr. ne peut plus être admis à la preuve testimoniale, même en restreignant sa demande primitive.* Donc, par la même raison, celui qui a formé, devant un tribunal de paix, une demande au-dessus de 50 fr., ou devant un tribunal d'arrondissement une demande au-dessus de 1,000 fr., et qui, par-là, a laissé à son adversaire le droit d'appeler du jugement à intervenir, ne peut plus, en restreignant sa demande primitive, soit à 50 fr., soit à 1,000 fr. ou au-dessous, priver son adversaire de ce droit.

» Mais peut-on ainsi argumenter de l'admissibilité ou de l'inadmissibilité de la preuve testimoniale; au droit d'être jugé en Dernier ressort, ou de ne l'être qu'à la charge de l'appel ?

» Si cette manière d'argumenter était concluante, on devrait regarder comme nécessairement sujet à l'appel, tout jugement qui interviendrait sur la demande en payement d'une somme au-dessous de 50 ou 1,000 fr., qui serait énoncée faire partie d'une créance plus forte; car l'art. 1544 du Code Napoléon porte expressément que *la preuve testimoniale sur la demande d'une somme même moindre de 150 fr., ne peut être admise, lorsque cette somme est déclarée être le restant ou faire partie d'une créance plus forte qui n'est point prouvée par écrit.* Or, voici une espèce dans laquelle vous avez décidé que, dans le cas proposé, il y a lieu au Dernier ressort, bien que, dans le même cas, la preuve testimoniale soit inadmissible.... (2).

» Pourquoi, dans ces matières, le droit d'être jugé en Dernier ressort et celui de prouver un fait par témoins, sont-ils assujettis à des règles différentes ? par une raison bien simple.

» Le droit d'être jugé en Dernier ressort ne dépend point de la cause sur laquelle est fondée la demande qui est soumise au juge : elle ne dépend que de la valeur de l'objet demandé; et le demandeur étant toujours maître de restreindre sa demande, il est clair que s'il la restreint au taux du Dernier ressort c'est en Dernier ressort qu'il doit être jugé.

» L'admissibilité de la preuve par témoins, au contraire, dépend, non de la valeur de l'objet demandé mais de la valeur de l'objet qui forme la cause de la demande. Si donc la cause de la demande est une convention dont la loi veut qu'il soit, à raison de la valeur de son objet, dressé un acte public ou privé, inutilement le demandeur s'abstiendra-t-il, pour faire admettre la preuve par témoins, d'élever la demande à la valeur de l'objet prétendu compris dans la convention; inutilement réduira-t-il sa de-

mande au-dessous de la valeur qu'a par lui même cet objet; il ne sera pas écouté, parce que l'art. 1341 du Code Napoléon, veut qu'il soit *passé acte devant notaire ou sous signature privée, de toutes choses excédant la somme ou valeur de 150 fr.*

« C'est précisément ainsi que raisonnait Pothier, dans son *Traité des obligations*; n° 755. « Je vous » demande 60 liv., restant du prix d'une chose » que je prétends vous avoir vendue pour le prix » de 200 liv.; vous niez avoir rien acheté chez » moi; dois-je être admis à la preuve par témoins de » cette vente? (Non). Il est bien vrai que, lorsqu'il » s'agit de décider de la compétence d'un juge, qui » ne peut juger que jusqu'à une certaine somme, » *quantùm petatur quærendum est, non quantùm* » *debeatur*, suivant la loi 19, §. 1, D. *de jurisdic-* » *tione*, parce que le juge ne juge que de ce qui lui » est demandé. Mais dans cette espèce-ci, pour sa- » voir si la preuve de la convention doit être per- » mise au demandeur, il faut savoir si c'est une » convention dont l'ordonnance l'obligeait de faire » dresser un acte par écrit; or, cela se décide par » ce qui fesait l'objet de la convention qui excédait » 100 liv., et non par ce qui en reste dû; il ne peut » donc pas être admis à la preuve par témoins, quoi- » qu'il ne reste dû que 60 liv. ».

» Et sans doute, le Code Napoléon, en adoptant cette doctrine par son 1344e article, n'a pas entendu lui donner plus d'extension qu'elle n'en avait dans l'esprit de son auteur; il n'a pas entendu que l'on pût en tirer, pour la détermination de la compétence du juge, une conséquence que l'auteur de cette doctrine condamnait formellement.

» Il est donc bien constant que si, dans notre espèce, Guillaume Défossé avait commencé par demander plus de 50 fr. de dommages-intérêts, Guillaume Défossé aurait pu, ayant le jugement définitif, restreindre la demande au-dessous de 50 fr.; et que, dans cette hypothèse, il aurait acquis, par cette restriction, le droit d'être jugé en Dernier ressort.

» Or, encore une fois, point de différence entre une demande dont l'objet n'a point de valeur déterminée, et une demande dont l'objet bien connu et bien liquide s'élève au-dessus de 50 fr.

» Guillaume Défossé a donc pu, après la contestation en cause, restreindre au-dessous de 50 fr. sa demande en dommages-intérêts indéterminés, comme il aurait pu restreindre au-dessous de 50 fr. une demande dont l'objet eût excédé cette somme.

» Il a donc acquis, par cette restriction, le droit d'être jugé en Dernier ressort sur sa demande primitive.

» Inutile d'objecter, avec le comte d'Havrincourt, que Guillaume Défossé n'a ainsi restreint sa demande primitive en dommages-intérêts indéterminés, que par suite de l'opération des experts qui avaient fixé ses dommages-intérêts à 5 fr. 60 c.; et que, d'après l'art. 323 du Code de procédure ci-

---

(1) V. l'article *Preuve*, sect. 2, §. 3, art. 1, n. 13.
(2) V. l'arrêt du 12 août 1806, rapporté ci-après, §. 13

vile, les rapports d'experts ne liant pas les tribunaux, le juge de paix aurait pu adjuger à Guillaume Défossé plus de 50 fr. de dommages-intérêts.

» Non sans doute, les rapports d'experts ne lient par les tribunaux; mais les tribunaux sont liés par la demande que les parties forment d'après ces rapports; et ils le sont en ce sens, qu'ils ne peuvent pas adjuger aux parties plus qu'elles n'ont demandé d'après ces rapports, comme ils ne peuvent pas leur adjuger plus qu'elles n'ont demandé, lorsque ces rapports n'ont pas eu lieu,

» Ainsi, Guillaume Défossé ayant, d'après l'expertise du 12 juillet 1810, restreint sa demande primitive et indéfinie à 5 fr. 60 cent., le juge de paix aurait bien pu ne lui adjuger que 2 ou 3 fr. ou même ne lui rien adjuger du tout, parce que l'expertise ne le liait pas; mais il n'aurait pas pu lui adjuger plus de 5 fr. 60 cent., parce que Guillaume Défossé lui avait ôté, par la restriction qu'il avait faite de sa demande à cette modique somme, le pouvoir de s'écarter, en sa faveur, de l'expertise.

» Mais, vient vous dire le comte d'Havrincourt, avant la restriction de la demande de Guillaume Défossé, il était intervenu, le 4 juillet 1810, un jugement *préparatoire* qui avait implicitement rejeté ma fin de non-recevoir et mes moyens de nullité; le droit d'appeler de ce jugement, m'a donc été acquis avant cette restriction, cette restriction n'a donc pas pu me le faire perdre, et si j'ai eu le droit d'appeler du *jugement préparatoire* du 4 juillet, il est impossible qu'on conteste le droit d'appeler également du jugement définitif du 8 août.

» Cette objection se détruirait d'elle-même, si le jugement du 4 juillet 1810 eût été véritablement préparatoire : il nous suffirait, dans cette supposition, de nous arrêter à ces termes de l'art. 51 du Code de procédure civile : *il n'y aura lieu à l'appel de jugement préparatoire qu'après le jugement définitif et conjointement avec l'appel de ce jugement.* De là, en effet, il résulterait évidemment que le droit d'appeler du jugement du 4 juillet, était subordonné au droit d'appeler du jugement du 8 août; et que celui-ci n'ayant pas pu avoir lieu au moyen de la restriction de la demande de Guillaume Défossé, il en a été nécessairement de même de celui-là.

» Mais le jugement du 4 juillet 1810 n'était pas seulement préparatoire; il était encore interlocutoire; car, en rejetant, par son silence, la fin de non-recevoir et les moyens du nullité du comte d'Havrincourt, et en ordonnant une expertise pour fixer le montant des dommages prétendus causés aux terres de Guillaume Défossé et de ses consorts, il préjugeait clairement que ces dommages étaient réels et que le comte d'Havrincourt en était responsable; et vous savez que par l'art. 452 du Code de procédure, *sont réputés interlocutoires les jugemens rendus, lorsque le tribunal ordonne, avant dire droit, une preuve, une vérification, ou une instruction qui préjuge le fond.*

» Cela posé, nul doute que le comte d'Havrincourt n'ait eu le droit d'appeler du jugement du 4 juillet, immédiatement après sa prononciation; l'art. 31 du Code de procédure civile lui assurait incontestablement ce droit, en disant que *l'appel des jugemens interlocutoires est permis avant que le jugement définitif ait été rendu.*

» Nul doute, par conséquent, que l'objection du comte d'Havrincourt ne subsiste tout entière.

» Mais cette objection est-elle aussi bien fondée qu'elle le paraît à la première vue ?

» A la première vue, il peut paraître singulier qu'un jugement interlocutoire soit passible d'appel, parce qu'il a été rendu sur une matière qui, étant indéterminée résistait au Dernier ressort; et que le jugement définitif qui intervient ensuite, soit à l'abri de l'appel, parce que la matière sur laquelle il statue, se trouve, en ce moment, restreinte, par les dernières conclusions des parties, à une valeur fixe.

» Mais cette singularité, si c'en est une, dérive de la nature des choses : ou plutôt, c'est la loi elle-même qui la nécessite, en subordonnant la faculté d'appeler à la quotité de la valeur de l'objet demandé. Car il faut bien, d'après ses dispositions expresses, que l'appel soit ouvert tant que la valeur demandée est incertaine, et qu'il soit fermé à l'instant où, cessant toute incertitude sur cette valeur, cette valeur se trouve réduite à 50 fr. ou au-dessous, s'il s'agit d'un tribunal de paix, et à 1,000 fr. ou au-dessous, s'il s'agit d'un tribunal d'arrondissement. Quand la loi a fixé des règles positives, il ne nous appartient pas d'en rejeter les conséquences immédiates, et, pour ainsi dire, viscérales, sous le prétexte que nous leur trouvons une apparence de singularité.

» Au surplus, le législateur de l'ancien régime, en admettant à restreindre sa demande en tout état de cause, le demandeur qui voulait être jugé en Dernier ressort, avait prévu l'espèce de singularité que relève ici le comte d'Havrincourt; et il ne s'était pas arrêté. Il avait prévu, par son édit du mois d'août 1777, qu'avant la restriction de la demande, il pourrait être rendu des jugemens préparatoires ou interlocutoires dont il serait interjeté appel; et cette considération ne l'avait pas empêché de déclarer que la restriction pourrait avoir lieu, non pas, à la vérité, devant le tribunal supérieur où l'appel serait porté, mais devant le tribunal même de qui ces jugemens seraient émanés.

» Après avoir dit, art. 8, que les restrictions et évaluations autorisées par les art. 4 et 5, pourraient être faites en tout état de cause, il ajoutait par le même article : *A l'égard des contestations dont nos cours se trouvent saisies par la voie de l'appel, les parties ne pourront plus user de restrictions ou évaluations pour demander leur renvoi au présidial.*

» L'art. 12 manifestait encore plus formellement l'intention du législateur, de faire concourir le droit de requérir le Dernier ressort, avec le droit d'appeler des jugemens interlocutoires qui seraient rendus avant que le Dernier ressort eût été requis. *Aucune contestation*, portait-il, *ne pourra être jugée en Dernier ressort, que sur la réquisition des parties. Faisons défense à nos procureurs de requérir, et auxdits officiers d'ordonner d'office, qu'aucune contestation sera jugée présidialement*; *pourra au surplus le dernier ressort être requis par les parties, ou l'une d'elles*, EN TOUT ÉTAT DE CAUSE, *sans néanmoins qu'à raison de la dite réquisition, les jugemens dont il aura déjà été interjeté appel, puissent être censés rendus en dernier ressort.*

» Ainsi, dans notre espèce, le comte d'Havrincourt aurait pu appeler du jugement interlocutoire du 4 juillet 1810, sans que, pour cela, Guillaume Défossé perdît le droit de restreindre sa demande au-dessous de 50 fr, et, par là, de fermer la voie d'appel au comte d'Havrincourt lui-même.

» Et que serait-il arrivé si, effectivement, le comte d'Havrincourt eût appelé de ce jugement avant la restriction de la demande de Guillaume Défossé.

» Dans ce cas, de deux choses l'une : ou le jugement du 6 juillet eût été réformé à Arras, ou il y eût été confirmé.

» Dans la première hypothèse, tout eût été terminé, parce que la fin de non-recevoir et les moyens de nullité du comte d'Havrincourt auraient anéanti l'action de Guillaume Défossé.

» Dans la seconde, les parties seraient revenues devant le juge de paix; et le juge de paix, d'après la restriction faite de la demande de Guillaume Défossé depuis le jugement du 4 juillet, aurait prononcé définitivement en Dernier ressort, comme s'il n'y eût pas eu d'appel.

» Mais, vous dit encore le comte d'Havrincourt, Guillaume Défossé a fait cause commune avec Antoine d'Hermy et d'autres particuliers, dont les demandes respectives s'élevaient, pour la plupart, au-dessus de 50 fr.; et il ne l'a pas faite seulement par l'exploit du 30 juin : il l' a encore faite postérieurement à son exploit séparé du 28 juillet; la preuve en est qu'à l'audience du 1er avril, le juge de paix a compris nominativement Guillaume Défossé dans une disposition des jugemens interlocutoires qu'il a rendus alors sur la demande d'Antoine d'Hermy; et que, dans le jugement rendu le 8 du même mois, en faveur de Guillaume Défossé, on voit celui-ci se référer à l'enquête précédemment faite à la réquisition d'Antoine d'Hermy.

« Trois réponses :

» 1° Il est vrai que, dans l'exploit introductif d'instance du 30 juin, Guillaume Défossé a fait cause commune avec Antoine d'Hermy, Jean-Baptiste Mannechez, Antoine Brouche, Jean-Martin Chopin et Jean-Baptiste Cauchy. Mais rien ne l'a empêché de faire ensuite cause séparée; et le comte d'Havrincourt, ne s'y opposant pas, a reconnu lui-même qu'il en avait le droit.

» 2° Qu'importe qu'après avoir déclaré, par son exploit du 28 juillet, qu'il entendait se séparer d'Antoine d'Hermy, il ait ensuite été désigné, dans un jugement interlocutoire particulier à Antoine d'Hermy, comme devant se représenter, pour l'instruction de sa cause, à l'audience suivante? Qu'importe que, lors du jugement rendu dans sa cause particulière, il se soit référé à l'enquête d'Antoine d'Hermy? Ce sont là, si l'on veut, des irrégularités. Mais ces irrégularités n'empêchent pas que sa cause n'ait été jugée à part : elles ne peuvent donc pas faire considérer le jugement rendu en sa faveur, comme formant un seul et même jugement avec celui qu'a obtenu Antoine d'Hermy.

» 3° Après tout, quand Guillaume Défossé aurait fait, jusqu'en définitive, cause commune avec Antoine d'Hermy; quand la condamnation prononcée en faveur d'Antoine d'Hermy, et la condamnation prononcée en faveur de Guillaume Défossé, seraient écrites dans un seul et même jugement, que résulterait-il de là? En résulterait-il que l'appel a pu atteindre la condamnation prononcée en faveur de Guillaume Défossé, comme il a pu atteindre la condamnation prononcée en faveur d'Antoine d'Hermy? Non sans doute.

» Comme l'a très-bien dit la cour dans un arrêt de cassation rendu, sections réunies, le 14 août dernier, au rapport de M. Rupérou, *tout exploit signifié à la requête de plusieurs personnes, se divise, par la pensée et aux yeux de la loi, en autant d'exploits qu'il y a de parties à la requête desquels il a été signifié.*

» Ainsi, dût-on considérer comme un seul et même exploit, les cinq exploits séparés du 28 juillet 1810, par lesquels Défossé, d'Hermy, Mannechez, Chopin, Cauchy et Brouche ont respectivement demandé au comte d'Havrincourt, 5 fr. 60 cent., 440 fr., 93 c., 13 c., 33 fr. 75 c. et 99 fr., il n'en serait pas moins vrai que, par cet exploit, Défossé ne pourrait être réputé avoir demandé que 5 fr. 60 cent.; il n'en serait pas moins vrai par conséquent que Défossé aurait eu, comme Chopin et Cauchy qui ne demandaient ensemble que 33 fr. 75 c., le droit d'être jugé en Dernier ressort, il n'en serait pas moins vrai qu'il n'aurait pu y avoir d'appel qu'à l'égard de Mannechez, Brouche et d'Hermy.

» Inutile d'objecter que toutes ces demandes avaient une cause commune.

» Nous avons déjà prouvé que, relativement au Dernier ressort, ce n'est pas la cause de la demande, mais le montant, le seul montant de la demande, que l'on doit considérer; et c'est un principe que la cour a spécialement proclamé par un arrêt du 11 fructidor an 11, au rapport de M. Riols : *c'est le montant de la demande*, a-t-elle dit, *et uniquement ce montant, qui doit servir de règle pour fixer la compétence.*

» Nous savons bien qu'il existe un arrêt de l'ancien tribunal de cassation, du 8 ventose an 8, qui a jugé, en cassant un jugement du tribunal civil du département du Bas-Rhin, qu'il n'y a pas lieu au Dernier ressort, lorsque plusieurs parties assignées séparément par une même personne, en vertu d'un titre qu'elle leur oppose à toutes également, se réunissent pour se défendre, et que les sommes demandées à chacune d'elles, qui séparées, sont au-dessous du taux du Dernier ressort excèdent ce taux en totalité.

» Nous savons bien que, si cet arrêt devait faire règle, on ne pourrait pas se dispenser d'en conclure qu'il n'y a pas non plus lieu au Dernier ressort, lorsque plusieurs personnes, se fondant sur la même cause, forment par un même exploit, contre une même personne, des demandes différentes dont chacune en particulier n'excède pas, soit 50 francs, soit 1000 francs.

» Mais, nous devons le dire, une erreur manifeste a dicté cet arrêt, et la cour en a depuis rendu un grand nombre qui ont consacré le principe contraire, savoir, que, pour juger, s'il y a lieu ou non au Dernier ressort, on doit s'attacher, non à la cause, mais au taux de la demande.

» C'est ainsi que, le 1er nivose an 9, au rapport de M. Barris et sur nos conclusions, elle a décidé qu'un tribunal de commerce peut et doit statuer en Dernier ressort sur la question de savoir s'il y a société entre deux personnes, à l'effet de juger si l'une d'elles est passible, envers un tiers, d'une dette au-dessous de 1000 fr. contractée par l'autre.

» C'est ainsi que, le 8 frimaire an 13, au rapport de M. Henrion, et le 8 nivose an 12, au rapport de M. Oudot, elle a décidé qu'il peut et doit être statué en Dernier ressort par un tribunal d'arrondissement, sur une demande dont l'objet n'excède pas 1000 fr., mais dont le sort est subordonné à la qualité d'héritier contestée entre les parties (1).

» Mais un arrêt qui rentrerait plus directement dans notre espèce, si l'on supposait que Guillaume Défossé eût fait, jusqu'à la fin, cause commune avec d'Hermy, Brouche, Mannechez, Cauchy et Chopin, c'est celui que la cour a rendu, le 11 fructidor an 11, au rapport de M. Riols, et que nous avons déjà cité.

» Dans le fait, les sieurs Metge, Barrat, Jourdan, Albert, Vernier, peytrat, Granet, Pontrel et Durand, employés aux vivres de la marine à Toulon, s'étaient pourvus contre le sieur Collot, munitionnaire-général, pour obtenir de lui une indemnité qu'ils réclamaient à raison de leur suppression, et par conséquent pour une cause qui leur était commune à tous, et pour le faire condamner à leur restituer une retenue qu'il avait faite sur leurs appointemens des premiers mois de l'an 10.

» Dans cette instance, le sieur Metge qui demandait 800 et quelques francs, avait procédé seul Quant aux autres, ils avaient procédé deux à deux; et il est à remarquer que les demandes réunies dans chacun de leurs exploits, dépassaient 1000 fr.

» Le tribunal de première instance de Toulon

(1) V. ci-après, §. 12.

avait, par cinq jugemens différens, accueilli toutes ces demandes et prononcé en Dernier ressort.

» Recours en cassation de la part du sieur Collot, motivé sur un moyen qui ne pourrait plus être proposé aujourd'hui comme moyen d'appel, mais qui alors emportait cassation, toutes les fois qu'il était fondé. Ce moyen consistait à dire que le tribunal de première instance de Toulon, en prononçant en Dernier ressort, avait violé les règles de la compétence.

» Il a violé ces règles, par le jugement rendu en faveur du sieur Metge, disait le sieur Collot, parce que la demande du sieur Metge, quoique limitée à 800 et quelques francs, avait pour base une cause commune à tous les employés, et qu'en statuant sur cette demande, il en jugeait une foule d'autres, ou déjà formées, ou toutes prêtes à l'être.

» Il les a violées, ajoutait le sieur Collot, par les jugemens rendus en faveur des sieurs Barrat et Jourdan, Albert et Vernier, Peytrat et Granet, Pontrel et Durand, parce que les demandes de chacun d'eux étant réunies dans des exploits qui les portaient, par leur cumul, au-dessus de 1000 fr., il n'a pas pu les diviser; et il l'a pu d'autant moins, qu'elles avaient toutes les mêmes causes.

» Sur ces raisons, vous avez cru devoir, par pure déférence pour l'arrêt de l'ancien tribunal de cassation du 8 ventose an 8, admettre la requête du sieur Collot.

» Mais l'affaire portée à la section civile, est intervenu l'arrêt dont il s'agit, par lequel, « en ce » qui concerne Metge, attendu que c'est le montant » de la demande, et uniquement ce montant, qui » doit servir de règle pour fixer la compétence; que » la loi n'a ni dit ni pu dire qu'on dût avoir égard » à la possibilité plus ou moins grande que la même » demande puisse être faite par plusieurs; attendu, » en ce qui touche Barrat, Jourdan, Albert, etc., » que leur réunion n'a pu avoir pour objet que de » diminuer les frais, et n'a pas dû conséquemment » tourner contre eux, à l'effet de leur faire perdre » l'avantage du Dernier ressort, qui leur était acquis » de plein droit par la modicité de leurs demandes » particulières, parfaitement indépendantes et bien » distinguées dans leurs exploits, ainsi qu'elles l'ont » été avec raison dans les jugemens attaqués; le tribunal rejette.... »

» Inutilement donc supposerions - nous ici que Défossé a continué, jusqu'au jugement définitif, de faire cause commune avec d'Hermy, Brouche, Mannechez, Chopin et Cauchy : dans cette supposition même, Défossé aurait dû être jugé en Dernier ressort, parce qu'il n'aurait toujours demandé, pour son propre compte, qu'une somme au-dessous de 50 fr., et que le choix qu'il aurait fait, pour la demander, de la forme la moins dispendieuse, ne pourrait pas changer sa condition.

» Par ces considérations, nous estimons qu'il y a lieu de rejeter la requête en cassation, et de condamner le demandeur à l'amende. »

Arrêt du 12 novembre 1813, au rapport de

M. Liger de Verdigny, par lequel, « attendu que l'art. 10, tit. 3, de la loi du 24 août 1790, attribue aux juges de paix le droit de connaître *sans appel*, jusqu'à la valeur de 50 *fr.*, des actions pour dommages faits, soit par les hommes, soit *par les animaux*, aux champs, fruits et récoltes; qu'il est libre aux parties de modifier ou de restreindre leurs conclusions pendant l'instruction du procès; que l'exercice de ce droit est facultatif, tant qu'il n'a pas été statué définitivement; que la demande originaire avait uniquement pour objet de faire constater le dommage que le défendeur prétendait avoir éprouvé sur ses propriétés; que depuis, et par autre exploit du 28 juillet 1810, le défendeur avait conclu au payement de la somme de 5 *fr.* 60 *c.*, pour la valeur du dommage causé sur ses propriétés; d'où il suit que la nature de la demande ayant été clairement déterminée, tant *dans son objet que dans son importance*, le jugement qui l'a accueillie, était en Dernier ressort, et l'appel qui, depuis, en a été interjetté, était non recevable suivant la disposition finale de l'art. 453 du Code de procédure civile; la cour rejette le pourvoi.... »

Page 595, après la dernière ligne de l'article, ajoutez :

§. XVII. *Les tribunaux de première instance peuvent-ils statuer en Dernier ressort sur la question de savoir si un jugement qui, incidemment à la demande d'un droit d'enregistrement, formée par la régie contre un particulier, a décidé que celui-ci était devenu propriétaire par achat, d'un bien qu'il soutenait n'avoir pas acheté, a, contre le prétendu vendeur qui n'y a pas été partie, l'autorité de la chose jugée?*

V. l'article *Vente*, §. 9, n. 2, *ter.*

DÉSISTEMENT D'APPEL. §. I, *page 626, col. 2, avant le §. II, ajoutez en note.*

On voit que cet arrêt laisse intacte la question de savoir si la rente dont il s'agissait au fond, était ou n'était pas abolie par la loi du 17 juillet 1793. Mais à cet égard, V. *Rente seigneuriale*, §. 2, n. 15.

DIRECTE. *A la fin de l'article, ajoutez :*

Mais remarquez bien que la doctrine établie dans ce réquisitoire, et adoptée par cet arrêt, sur la foi de l'avis du 13 messidor an 13, et du décret du 23 avril 1807, n'est rien moins que sûre. V. le plaidoyer du 14 juillet 1814, rapporté aux mots *rente seigneuriale*, §. 2, n. 6 *bis*, dans les *additions*.

DISCIPLINE, n. V. *Page 713, col. 2, après la ligne 38, ajoutez :*

La loi du 20 avril 1810 rend ces mesures communes aux juges; et de là l'arrêt suivant de la cour de cassation.

Le 30 mai 1812, le procureur-général de la cour impériale de Toulouse présente à la chambre d'accusation de cette cour, un réquisitoire par lequel il expose que, conformément à l'art. 280 du Code d'instruction criminelle, il a donné au sieur M.; juge d'instruction au tribunal de première instance de M.; l'avertissement d'être, à l'avenir, plus exact dans l'exercice de ses fonctions; que, depuis, le sieur M., a récidivé; qu'en conséquence, il se croit obligé, d'après l'art. 281 du même Code, de le dénoncer à la cour.

Le même jour, arrêt qui autorise le procureur-général à faire citer le sieur M. devant la chambre d'accusation.

Cet arrêt est signifié le 8 juin suivant, au sieur M. — Le sieur M. y forme opposition par sa réponse à l'exploit de signification, et fonde son opposition sur le droit qu'il prétend avoir de n'être justiciable, en matière de Discipline, que des chambres assemblées.

Le 11 du même mois, arrêt de la chambre d'accusation qui rejette l'opposition du sieur M., et ordonne qu'il sera cité de nouveau. — Il est cité en effet, et ne comparaît pas. — Le 22 du même mois, arrêt par défaut qui le suspend provisoirement de ses fonctions.

Le 2 septembre, lettre du ministre de la justice qui désapprouve cette suspension, et charge le procureur-général de faire citer itérativement le sieur M. devant la chambre d'accusation.

Le sieur M. n'obtempère pas plus à cette citation qu'aux précédentes. En conséquence, le 5 octobre 1812, arrêt par défaut qui « déclare bien fondées les inculpations à lui faites; auquel effet, ordonne que ledit M. sera cité devant la cour impériale, présente chambre d'accusation, le 13 du courant, pour recevoir l'injonction d'être plus exact à l'avenir, et condamne ledit M. aux entiers frais.

Le 8 du même mois, cet arrêt est signifié au sieur M. — Le 17 novembre de la même année, le sieur M., sans avoir fait aucune déclaration préalable au greffe de la cour impériale de Toulouse, présente à la cour de cassation une requête en cassation des arrêts des 30 mai et 5 octobre; et y joint une quittance de consignation d'amende.

« Les arrêts des cours impériales qui sévissent, par forme de Discipline (ai-je dit, après le rapport de cette affaire à l'audience de la section criminelle), contre des juges de première instance ou contre des membres de ces cours elles-mêmes, sont-ils sujets au recours en cassation? Telle est la question que cette affaire présente, en première ligne, à l'examen de la cour.

« Les législateurs romains avaient prévu une question qui avait quelque rapport avec celle-ci : c'était celle de savoir si un officier ministériel pouvait appeler de l'acte par lequel son juge le punissait d'une faute qu'il avait commise dans l'exercice de ses fonctions; et voici comment ils l'avaient décidée par la loi 5 du titre *quorum appellationes non recipiantur*, au Code : *nulli officialium à sententiâ proprii judicis provocatio tribuatur, negotio quod ratione civili super patrimonio forté apud proprium judicem inchoaverit : silicet ut in eo tantùm negotio à sententiâ ejus cui paret, quisquis velit, officialis appellet.*

» Décider, comme le faisait cette loi, qu'un offi-

26.

cier ministériel ne pouvait appeler des sentences de son juge, qu'autant qu'elles concernaient ses affaires privées, c'était bien décider que l'appel ne lui était pas ouvert contre les sentences qui étaient relatives à ses fonctions.

» Et c'est ainsi que tous les interprètes ont entendu ce texte. — Godefroy, dans ses notes sur la loi citée, en paraphrase ainsi les dispositions : *officialis delicti in officio suo commissi condemnatus non appellat. Quid si in causâ rei suæ sive patrimonii sui damnatus sit ? Potest appellare.* — Voët, sur le Digeste, titre *de appellationibus,* n° 10, nous propose la même distinction et la fonde sur la même loi : *si quis officialis,* dit-il, *à proprio suo judice cujus officialis est, coerceatur ob id quod officii sui limites trangressus fuit, ex jure civili appellare volens audiendus non est ;* et il en donne cette raison : *quasi hæc domestica potiùs castigatio quàm publica quædam judicii forma esset.* — Brunemann, sur la même loi, en tire la même conséquence : *judex officialem sibi adjunctum, verbi gratiâ, nuntium vel notarium, ob malè gestum officium, condemnat et punit ; quæritur an officialis appellare possit ? Respondetur quòd non, quia non est verisimile judicem contrà eum laturum sententiam, nisi de delicto constaret, ut et si viderint officiales pœnam præsentem esse nec posse, interpositâ appellatione, differi aut eludi, tantò magis ab omni sorde et rapinâ abstineant.* — Et il ajoute : *hinc colligunt à correctione superioris appellari non posse, quia non gravandi, sed emendandi animus præsumitur ;* doctrine qu'il appuie sur les autorités de Gregorius, dans son Traité *de appellationibus,* liv. 5, chap. 10; de Farinacius, dans sa *Practica criminalis,* quest. 101, n. 85; de Maranta, dans son *Speculum,* titre *de appellationibus,* n. 301 ; et de Brederodus, dans son Traité *de appellationibus,* part. I, tit. 13.

» Cette règle du droit romain est-elle admise dans notre jurisprudence ?

» L'art. 103 du décret impérial du 30 mars 1808, concernant la Discipline des cours et tribunaux, fait, à cet égard, une distinction importante.

» Ou il s'agit de mesures de discipline qui emportent la suspension d'un officier ministériel par suite d'une *condamnation prononcée en jugement ;*

» Ou il s'agit de mesures de Discipline qui ne vont pas jusqu'à la suspension de l'officier ministériel, ou qui, même emportant sa suspension, ne sont la suite d'aucun jugement préalable.

» Au premier cas, la voie de l'appel et celle du recours en cassation étant ouverte à l'officier ministériel contre le jugement qui l'a condamné, l'est aussi par la règle des accessoires, contre la suspension qui est la suite de ce jugement.

» Au second cas, point d'appel ni de recours en cassation.

» Et pourquoi ? Parce que l'appel et le recours en cassation ne peuvent atteindre que des jugemens proprement dits ; parce que les mesures dont il s'agit, ne sont pas de véritables jugemens, mais, comme les qualifie expressément le décret du 30 mars 1808, de simples *actes de discipline,* de simples *arrêts ;* parce que, pour nous servir des expressions déjà citées de Voët, *hæc domestica potiùs castigatio est, quàm publica quædam judicii forma.*

» Mais en est-il à cet égard des juges comme des officiers ministériels ? La loi du 20 avril 1810 va nous éclairer sur ce point.

» L'art. 50 de cette loi porte que tout juge qui aura compromis la dignité de son caractère et méprisé l'avertissement qu'il aura reçu de s'amender, sera soumis, *par forme de discipline,* à l'une des peines suivantes : la censure simple, la censure avec réprimande, la suspension provisoire.

» Ces mots, *par forme de discipline,* annoncent déjà que les peines de discipline auxquelles s'exposent les juges qui compromettent leur caractère, ne se prononcent point par forme de jugement ; et que l'on ne peut pas considérer comme des jugemens, les actes qui les infligent.

» Aussi l'art. 51 qualifie-t-il ces actes, non de jugemens, mais de *décisions.* Les DÉCISIONS *prises par les tribunaux de première instance, seront transmises, avant de recevoir leur exécution, aux procureurs-généraux, par les procureurs impériaux, et soumises aux cours impériales.*

» On retrouve la même expression dans l'art. 55 : *aucune* DÉCISION *ne pourra être prise, que le juge inculpé n'ait été entendu ou duement appelé.*

» L'art. 56 reproduit encore : *dans tous les cas, il sera rendu compte au grand-juge ministre de la justice, par les procureurs généraux, de la* DÉCISION *prise par les cours impériales.*

» Il n'en faudrait sans doute pas davantage pour faire repousser toute espèce de recours en cassation contre les actes qui infligent des peines de Discipline à des juges.

» Mais ce qui suit, dans le même art. 55, est encore plus décisif : *quand les cours impériales auront prononcé ou confirmé la censure avec réprimande, ou la suspension provisoire, la* DÉCISION *ne sera mise à exécution qu'après avoir été approuvée par le grand-juge.*

» C'est bien dire, en d'autres termes, que, dans le grand-juge réside le pouvoir d'annuller ces sortes de décisions : car le pouvoir d'annuller est nécessairement renfermé dans le pouvoir de confirmer ; et une autorité qui n'a pas celui-ci, ne peut pas avoir celui-là.

» On sent d'ailleurs que, s'il en était autrement, il pourrait arriver que la cour de cassation annulât, pour vice de forme, une décision qui appliquerait une peine de Discipline à un juge, tandis que le ministre la confirmerait et dans la forme et au fond ; ou qu'au contraire, le ministre annullât, soit dans la forme, soit au fond, une décision que la cour de cassation jugerait régulière.

» Et assurément, il suffit qu'un pareil scandale soit possible, pour que nous soyons obligés de regarder comme interdit par la loi , un recours qui pourrait le faire naître.

» Du reste , il importe peu , dans notre espèce , que le sieur M. ait été cité ; devant la cour impériale de Toulouse , non en vertu des art. 50 et suivans de la loi du 20 avril 1810 , mais en vertu de l'art. 281 du Code d'instruction criminelle de 1808. Il importe peu que , dans l'art. 281 du Code d'instruction criminelle de 1808 , les actes des cours impériales qui enjoignent aux officiers de police judiciaire et aux juges d'instruction , *d'être plus exacts à l'avenir* , soient qualifiés , non de *décisions* , mais *d'arrêt*. Il importe peu que , par suite de l'emploi que fait de cette locution l'art. 281 du Code d'instruction criminelle de 1808 , la cour impériale de Toulouse ait qualifié *d'arrêts* , les actes contre lesquels le sieur M. réclame ici.

» Qu'est-ce qu'une injonction d'être plus exact à l'avenir ? C'est sans contredit une peine de Discipline ; elle est sans doute moins grave que la suspension provisoire ; elle l'est même moins que la censure avec réprimande ; elle l'est même moins encore que la censure simple. Mais pour être moins grave que les peines de Discipline autorisées par l'art. 50 de la loi du 20 avril 1810 , elle n'en a pas moins le même caractère. Il est donc impossible que l'on considère comme un arrêt proprement dit , et comme sujette au recours en cassation , la décision qui enjoint d'être plus exact à l'avenir , tandis que la loi du 20 avril 1810 refuse expressément la qualité *d'arrêt* , et met implicitement à l'abri du recours en cassation , les actes qui infligent la censure simple , la censure avec réprimande , la suspension provisoire.

» Et après tout , il est facile de sentir comment une dénomination aussi impropre que celle *d'arrêt* a pu se glisser dans le Code d'instruction criminelle de 1808 , pour désigner une décision qui enjoint d'être plus exact à l'avenir. C'est que le conseil d'état , lorsqu'il s'est occupé de la rédaction de ce Code , n'avait pas encore embrassé dans ses conceptions tout l'ensemble du système judiciaire ; c'est qu'il n'était pas encore fixé sur la question de savoir si les actes des cours impériales qui appliqueraient aux juges des peines de Discipline , seraient ou ne seraient pas sujets au recours en cassation ; c'est que , dès-lors , il n'a dû attacher , comme il n'a attaché en effet , aucune importance au nom qu'il donnait à ces actes.

» Par ces considérations , nous requérons la cour de se déclarer incompétente pour statuer sur la requête du sieur M. »

Arrêt du 12 février 1813 , au rapport de M. Oudart , par lequel , « Considérant que Jean - Pierre M.... n'a produit aucune déclaration de recours faite au greffe de la cour impériale de Toulouse , contre les arrêts des 30 mai et 5 octobre 1812 , et que la cour n'a pu être saisie par un simple dépôt en son greffe des requêtes et pièces de Jean - Pierre M.... ; que , lors même qu'elle serait saisie d'un recours formé suivant les dispositions du Code d'ins-

truction criminelle , elle ne pourrait en connaître ; qu'en effet , en comparant les articles du Code d'instruction criminelle et de la loi du 20 avril 1810 , sur les devoirs des officiers de police judiciaire , des juges d'instruction , des autres juges , de leurs suppléans , des juges de paix et des juges de police , on reconnaît 1° que l'avertissement adressé par les procureurs-généraux aux officiers de police judiciaire et aux juges d'instruction , conformément à l'art. 280 du Code d'instruction criminelle ; 2° l'injonction d'être plus exacts à l'avenir , et la condamnation aux frais , ordonnés par l'article suivant ; 3° l'avertissement adressé , soit d'office , soit sur la réquisition du ministère public , par les présidens des cours et des tribunaux de première instance , dans les cas prévus par l'art. 49 de la loi du 20 avril 1810 ; 4° la censure simple , la censure avec réprimande et la suspension provisoire prononcées dans les cas prévus par l'art. 50 de la même loi ; 5°. et enfin , l'avertissement adressé à un tribunal entier par une cour impériale , dans les cas prévus par l'art 54 de la même loi , que tous ces actes sont de même nature et ont le même caractère ; que , si quelques-uns de ces actes paraissent participer des jugemens et arrêts , en ce qu'ils sont précédés de la citation du juge inculpé et des réquisitions du ministère public , ils en different tous essentiellement , en ce que ce sont des actes de pure discipline , en ce qu'ils ont lieu dans la chambre du conseil et jamais dans une audience publique ; en ce que , dans les cas les plus graves , c'est-à-dire , les cas de censure avec réprimande et de suspension provisoire , ils ne peuvent être exécutés que lorsqu'ils ont été approuvés par le grand-juge ; que cette approbation est exigée par l'art. 56 de la loi du 20 avril 1810 ; que les art. 51 et 56 qualifient de *décisions* , et non de *jugemens* , ou *d'arrêts* , les actes dont il s'agit ; qu'ils sont qualifiés actes de *discipline* par les art. 50 et 54 ; que la loi d'avril 1810 , qui est la dernière , explique la loi qui précède et fixe l'état de cette législation toute particulière ; qu'il est évident que , ni les décisions de discipline qui doivent être approuvées par le grand-juge , ni cette approbation , ne peuvent être soumises au recours en cassation , non plus que les autres décisions moins graves , mais de même nature ; que , dans le cas où le grand - juge , usant d'indulgence , refuserait d'approuver une censure avec réprimande ou une suspension provisoire , et estimerait qu'il suffit d'une injonction ou une censure simple , il serait absurde de prétendre que la cour pût prendre connaissance de l'inculpation , annuler l'injonction ou la censure , et substituer à une décision modérée et nécessaire un arrêt de sévérité ou d'impunité ; par ces motifs la cour déclare qu'elle n'est pas saisie de la demande de Jean-Pierre M.... , et qu'elle est incompétente.... ».

DISTRACTION DE DÉPENS. n°. 6 ; *page* 182 , *col.* 1 *après la ligne* 25 , *ajoutez :*

Mais la partie qui a obtenu les dépens ; serait-elle recevable à alléguer contre la Distraction qui en aurait été faite au profit de son avoué, le défaut de l'affirmation prescrite par l'art. 133 du Code de procédure civile? *V.* le plaidoyer et l'arrêt du 30 décembre 1813, rapportés aux mots *Réparation civile*, §. 2, n°. 3 *bis*]].

DIVORCE. Sect. 4, *page* 814, *col.* 2, *après la ligne* 5, *ajoutez*,

§. XVIII. *Peut-on, en France, donner l'effet d'un Divorce légal, à un jugement qui, dans un pays où le divorce se prononce par la simple annullation du mariage, sous des prétextes controuvés, a déclaré nul le mariage de deux époux français établis dans ce pays?*
V. le plaidoyer et les arrêts rapportés (dans les *additions*) au mot *jugement*, §. 7 *bis*.

§. XIX. 1° *Le mari actionné en Divorce par la femme, sur le fondement qu'il a tenu une concubine dans la maison commune, peut-il opposer, comme fin de non-recevoir à l'offre de prouver ce fait, la preuve que cette prétendue concubine est sa fille? 2° le demandeur en Divorce peut-il, après la présentation de sa requête, expliquer, développer ou modifier les faits qu'il y a articulés?*
V. le plaidoyer et l'arrêt du 5 juillet 1813, rapportés (dans les *additions*) ou mot *adultère*, n°. 8 *bis*).

§. XX. *Le juge peut-il, en matière de Divorce, déférer le serment supplétif à l'époux demandeur?*
V. l'article *serment*, §. 2, art. 2, n°. 6.

DOL. *Page* 281, *col.* 1, *ligne* 47, *après* arrêts semblables, *ajoutez* :

VII. Comment doit-être poursuivi et puni le Dol du marchand qui, pour augmenter le poids ou le volume des marchandises qu'il vend, y mêle des substances étrangères? *V. falsification de denrées ou de boissons*, dans les *additions*.

Au surplus, etc.

DOMESTIQUE, n°. XV. *page* 8, *col.* 1 *ligne* 27, *après* n°. 15, ajoutez : et l'article *Violence*, n°. 7.

DOMICILE. §. II. *page* 9, *col.* 1, *après la dernière ligne*, ajoutez :

La dame Naso, forme opposition à cet arrêt. Mais elle en est déboutée par un arrêt contradictoire; du 26 thermidor de la même année.

§. III. n°. VII. *page* 10, *col.* 2, *après la ligne* 39, ajoutez :
[[On trouvera au mot *mainplévie*, n°. 3 un arrêt de la cour de cassation, du 5 janvier 1813, qui est, en partie, fondé sur le même principe.
Résulte-t-il de ce principe, que les percepteurs des contributions directes des communes conservent le domicile qu'ils avaient avant leur entrée en fonc-

tions? *V.* le plaidoyer et l'arrêt du 11 mars 1812, rapportés aux mots *Receveur des contributions directes*. n°. 4]]:

DOMICILE ÉLU, §. III. *page* 21, *col* 2 *avant le n°. IV*, ajoutez :

III *bis.* Lorsque, pour arrêter l'effet d'un commandement fait, en vertu d'un jugement, à la requête de plusieurs créanciers agissant comme consorts, avec élection d'un domicile commun dans le lieu où doit se faire l'exécution, le débiteur fait signifier à ce domicile un acte d'appel, faut-il qu'il soit délivré, au domicile élu ; autant de copies qu'il y a de créanciers poursuivans ; ou une seule copie suffit-elle pour tous ?

Voici une espèce dans laquelle cette question s'est présentée, avec deux autres qui sont indiquées au mot *transcriptions*, dans les *additions*.

Le 30 avril 1683, acte notarié par lequel Jean Desbars reconnaît tenir de Léonard de Turenne, onze seterées de terre situées dans la commune d'Astaillac, *sous le cens et redevance annuelle et perpétuelle de trois quartes de froment et d'une quarte d'huile, sans aucune fondalité, directité, seigneurie, acapte ni justice, lesdites fondalité, seigneurie et acapte appartenant à Gaspard d'Estresse, seigneur du lieu, et la justice à l'abbé d'Astaillac.*

Le 9 février 1710, contrat notarié par lequel Jean Cantonny achète cet immeuble, « avec toutes et chacune des entrées, issues, servitudes, appartenances et dépendances quelconques de la mouvance des seigneurs, et sous la rente qu'il appartiendra, quitte des arrérages d'icelle, et de toutes les charges et hypothèques quelconques jusqu'au présent jour. »

Le même jour, au bas de ce contrat, déclaration de l'abbesse d'Estresse, portant qu'elle a reçu *du dit Cantonny, acquéreur, le droit de lods et vente du prix de la susdite acquisition, relevant de sa fondalité et directité,* SANS PRÉJUDICE DES ARRÉRAGES DE RENTE, *et autres droits s'il en est dû.*

En 183, Jean-Joseph de Turenne, héritier de Léonard de Turenne, au profit duquel a été passée la reconnaissance du 30 août 1683, fait assigner Louis Cantonny, héritier de Jean Cantonny, devant le tribunal de première instance de Brive, pour se voir condamner à lui payer les cinq dernières années d'arrérages de sa rente foncière, et à lui en passer titre nouvel.

Louis Cantonny répond qu'il n'a jamais payé cette rente, et qu'elle est prescrite.
jurisprudence du parlement de Bordeaux, le fonds de rentes foncières, même non seigneuriales, était imprescriptible.

Pendant ces débats, Jean-Joseph de Turenne meurt, laissant une veuve avec trois enfans.

Deux de ces enfans et sa veuve, comme cessionnaire des droits du troisième, reprennent l'instance.

Le 9 février 1810, jugement qui, sans avoir égard à la prescription opposée par Louis Cantonny, le condamne à payer les arrérages réclamés par la dame et les sieurs de Turenne, et à passer titre nouvel de la rente foncière.

Le 21 juin suivant, la dame et les sieurs de Turenne, se disant domiciliés à Paris, rue du Jardinet, n° 8, et élisant Domicile chez le sieur Soulié, à Astaillac, font signifier ce jugement à Louis Cantonny, dans sa demeure au même lieu, avec commandement 1° de payer les arrérages auxquels il est condamné, suivant la liquidation qui en sera faite conformément à la loi ; 2° de passer titre nouvel *dans la huitaine, faute de quoi ledit jugement en tiendra lieu, conformément audit jugement ;* 3° *de payer, dans le délai de la loi, la somme de* 166 *fr.* 28 *c.* pour les dépens portés et liquidés audit jugement.

Le 27 du même mois, Louis Cantonny appelle de ce jugement, par un exploit signifié à la dame et aux sieurs de Turenne, au domicile élu par eux chez le sieur Soulié, et dont son huissier déclare leur avoir donné copie, *parlant audit sieur Soulié.*

La dame et les sieurs de Turenne, comparaissant sur cet exploit, soutiennent qu'il est nul, 1° parce que la signification ne leur en a pas été faite à leur domicile réel ; 2° parce qu'il n'en a été laissé qu'une copie pour eux trois à leur domicile élu.

Ils ajoutent que le jugement dont il s'agit, ayant statué sur des demandes dont l'objet est au-dessous de 1000 fr., l'appel n'en est pas recevable.

Louis Cantonny combat ces fins de non-recevoir ; et au fond, abandonnant l'exception de prescription qu'il avait proposée en première instance, il soutient que le contrat du 9 février 1710 ne l'ayant pas chargé nommément de la rente réclamée par ses adversaires, il ne peut être tenu de cette rente, que comme tiers-acquéreur et hypothécairement ; que la dame et les sieurs de Turenne n'ont pas pris inscription sur le bien originairement grevé de cette rente ; qu'ainsi, il n'ont pas d'action hypothécaire à exercer contre lui.

Pour fortifier ce moyen de défense, il fait transcrire au bureau des hypothèques, le 19 avril 1813, le contrat du 9 février 1710 ; et quinze jours s'écoulent sans que la dame et les sieurs de Turenne ayent pris inscription pour leur rente.

En cet état, la cour de Limoges rend, le 14 juillet suivant un arrêt ainsi conçu :

« Il résulte de la discussion à décider les questions suivantes. — Dans le droit, 1° est-il nécessaire, à peine de nullité, de donner autant de copies d'assignation qu'il y a de parties, lorsque tous les assignés sont des cohéritiers, et qu'ils se sont réunis pour élire un domicile commun ? 2° L'appel peut-il être interjeté à domicile élu, lorsque le commandement qui a précédé, a été fait en vertu d'un jugement dont les condamnations principales n'étaient pas liquidées, mais qui contenait une con-damnation de dépens liquidés ? 3° L'appel est-il recevable, lorsqu'il s'agit d'un jugement de condamnation d'arrérages de rente en denrées, et du principal de la rente qui peuvent être présumés d'une valeur au-dessous de 1000 fr. ? 4° L'appelant était-il obligé personnellement, par son contrat d'acquisition, au payement de la rente dont il s'agit ? 5° Pouvait-il être poursuivi comme tiers-détenteur de l'héritage hypothéqué au payement de cette rente ? L'a-t-il été régulièrement, d'après les principes du nouveau code hypothécaire ? 6° L'appelant a-t-il purgé l'hypothèque de la rente dont il s'agit, par la transcription de son contrat sans inscription de la part du propriétaire de la rente ?

» Considérant, en ce qui regarde les moyens de nullité, que les héritiers Turenne, procédant au nom de leur père qui avait intenté l'action, n'avaient qu'un seul et même intérêt ; qu'en pareil cas, des cohéritiers doivent être considérés comme des associés pour une chose commune ; qu'ils avaient tellement confondu leurs intérêts, qu'en signifiant le jugement dont est appel, ils n'avaient tous élu qu'un seul domicile, *quoique demeurant séparément* (1) ; que, dès-lors, il n'a été besoin rigoureusement que d'une seule copie ; et qu'ils peuvent d'autant moins s'en plaindre, qu'ils ont tous comparu sur l'assignation qui leur a été donnée par cet exploit, et ont manifesté, par là, qu'ils ont tous eu connaissance de cette assignation, malgré qu'il n'y en eût qu'une copie ; que l'art. 584 du Code de procédure autorise l'appel au domicile élu, lorsque cette élection de domicile se trouve faite par le commandement qui doit précéder la saisie - exécution ; que dans l'espèce, les héritiers Turenne pouvaient saisir-exécuter en vertu du jugement dont est appel, sinon pour le principal qui était sujet à liquidation, du moins pour les dépens liquidés à 166 fr. ; qu'ils en avaient même fait la menace par le commandement, en déclarant à Cantonny que, faute par lui de satisfaire au commandement, il y serait contraint par les voies de rigueur : de manière que l'appel est régulier ; — considérant, en ce qui touche la fin de non-recevoir, que la demande principale avait pour objet le payement des arrérages légitimement dûs, de la rente de trois quartes de froment et quarte d'huile ; et encore d'assurer cette rente pour l'avenir, par une nouvelle reconnaissance ; qu'il ne s'agit point d'examiner si, par de simples présomptions, les arrérages et le fonds de la rente sont inférieurs à un principal de 1,000 fr. ; mais de savoir si cela est constant, d'après la demande. Ce n'est point par des approximations, ce n'est point par des vraisemblances, qu'on peut déterminer la compétence en dernier ressort des tribunaux ; elle ne peut s'établir que par des évaluations positives ou d'après les reconnaissances des parties. Ce n'est pas aux tribunaux qu'il appartient de faire les fonctions

_____

(1) Ceci n'est pas exact : la dame et le sieur de Turenne avaient un domicile commun, rue du Jardinet, n. 8, à Paris.

d'experts, et de se livrer à des liquidations pour déterminer la compétence. Ainsi, le moyen de fin de non-recevoir doit être écarté. — Considérant, en ce qui concerne le fond de la demande, que Cantonny n'a point été chargé nominativement ni implicitement par l'acte de vente du 9 février 1710, de servir la rente dont il s'agit; qu'il y est bien dit que l'héritage par lui acquis, est dans la mouvance des seigneurs, sous la rente qu'il appartiendra, quitte des arrérages d'icelle; mais que, par la quittance des lods en vente qui se trouve au bas du contrat, contenant réserve de la rente, il est évident que c'est de cette rente directe dont il a été parlé dans le cours du contrat, et point du tout de la rente foncière et seconde dont il s'agit dans la cause; qu'on peut d'autant moins supposer qu'il fût question de cette rente foncière, que rien n'indique qu'elle ait jamais été servie depuis la reconnaissance du 30 avril 1685; qu'ainsi, il n'a point existé d'obligation personnelle de la part de Cantonny pour le service de ladite rente; que, si Cantonny n'a point été obligé personnellement, il n'a pu être poursuivi que comme tiers-détenteur de l'héritage sujet à ladite rente; mais que, d'une part, aucune action en déclaration d'hypothèque n'a été formée contre lui, et qu'il n'a pas été poursuivi conformément aux lois sur le régime hypothécaire; que, d'une autre part, suivant l'art. 529 du Code Napoléon, les rentes perpétuelles sont déclarées meubles par la détermination de la loi; que la redevance qui est le produit d'un contrat foncier, ne forme plus qu'une simple créance entre les mains des propriétaires de la rente; et que la conservation de cette créance est, dès-lors, soumise à toutes les règles des priviléges et hypothèques prescrits par le Code Napoléon; qu'on ne peut pas dire que la mobilisation des rentes n'a lieu que pour celles qui seront constituées à l'avenir, la loi ayant clairement distingué ce qui est meuble de ce qui est immeuble, et il lui appartenait de fixer le véritable caractère des propriétés; que l'art. 11 du décret du 12 décembre 1808, relatif au grand-duché de Berg, ne laisse point de doute, puisqu'il porte que, pour la sûreté des redevances des colons, les seigneurs conserveront les droits et priviléges établis par l'art. 203 du Code Napoléon, et qu'ils seront tenus de prendre inscription. Or il s'agit dans l'espèce de ce décret, des anciennes rentes; que ce principe se trouve clairement posé dans un arrêt de la cour de cassation du 25 novembre 1811; il s'agissait, dans cette espèce, d'une ancienne rente foncière, et il a été décidé que le propriétaire ne pouvait la conserver que par inscription aux hypothèques; que Cantonny a fait transcrire son contrat, sans qu'il ait été formé d'inscription de la part des héritiers Turenne, dans le délai déterminé par la loi.

» La cour, sans avoir égard aux moyens de nullité et fin de non-recevoir proposés par les intimés, met l'appellation et ce dont est appel au néant; émendant et faisant ce que les premiers juges auraient dû faire, renvoie Louis Cantonny des demandes, fins et conclusions contre lui prises par les intimés.

La dame et les sieurs de Turenne se pourvoient en cassation contre cet arrêt.

« Si les moyens de cassation des demandeurs ne portaient que sur le fond (ai-je dit à l'audience de la section civile, le 15 février 1815), nous ne balancerions pas à en requérir le rejet.

» En effet, les demandeurs prétendent au fond, d'abord, que Louis Cantonny était obligé personnellement à la rente foncière qu'ils réclament; ensuite, que, quand même il n'y eût été obligé qu'hypothécairement, il n'aurait pas pu s'en affranchir par la transcription de son contrat d'acquisition du 9 février 1710; enfin, que, s'il avait pu s'en affranchir par la transcription de son contrat, avant la demande formée contre lui, il ne l'aurait du moins pas pu en faisant transcrire son contrat pendant l'instance; et ce sont trois erreurs manifestes.

» 1°. Louis Cantonny n'était pas et ne représentait pas, comme héritier, le preneur primitif de l'arrentement dont la rente foncière réclamée par les demandeurs, était le prix. Il n'était donc pas, par l'arrentement même, obligé personnellement à cette rente.

» Il aurait pu s'y obliger personnellement par son contrat d'acquisition du 9 février 1710; mais l'avait-il fait? Le contrat du 9 février 1710 était là-dessus fort équivoque; et la cour de Limoges, usant du droit qu'elle avait de l'interpréter, a décidé qu'il n'avait pas chargé personnellement Louis Cantonny de la rente. Tout est donc dit, tout est donc irrévocablement jugé à cet égard. Nous devons donc tenir pour constant que, d'après le contrat du 9 février 1710, Louis Cantonny n'a été obligé à la rente que comme détenteur du fonds qui en était grevé; c'est-à-dire, réellement, RATIONE REI.

» Mais, disent les demandeurs, la mobilisation des rentes foncières opérée par les lois nouvelles, a changé la nature de l'obligation de Louis Cantonny à la rente et par-là, Louis Cantonny qui, jusqu'à la publication de ces lois, n'avait été obligé à la rente que réellement, est devenu obligé personnellement; car il ne peut y avoir qu'obligation personnelle, là où il y a dette purement réelle.

» Ce sont là, il faut en convenir, de fort étranges idées.

Par l'effet de la mobilisation des rentes foncières, les rentes foncières ont cessé d'être des droits DANS les héritages qui en étaient grevés, et elles ont pris le caractère de simples dettes personnelles hypothéquées sur ces héritages.

» Mais le tiers-possesseur d'un héritage hypothéqué à une dette personnelle, est-il par sa seule qualité de tiers-possesseur, obligé personnellement à cette dette? Il est évident que non, et la preuve en est qu'il peut se libérer de cette dette par le délaissement de l'héritage même.

» 2°. Pourquoi Louis Cantonny n'aurait-il pas pu, en faisant transcrire le contrat du 9 février 1710, s'affranchir d'une rente qui n'était pour lui qu'une charge hypothécaire ?

» Les demandeurs en donnent deux raisons.

» Et d'abord, disent-il, la rente foncière représente, à l'égard des bailleurs, le prix de l'héritage arrenté ; et le bailleur a nécessairement, sur l'héritage arrenté, le même privilége qu'un vendeur proprement dit. Or, le privilège du vendeur se conserve sans inscription sur l'héritage vendu ; et le tiers-acquéreur ne peut pas le faire cesser en faisant transcrire son contrat d'acquisition.

» Oui, le privilège du vendeur se conserve sans inscription sur l'héritage vendu ; mais pendant quel temps ? Pendant tout le temps que l'héritage vendu demeure dans les mains de l'acquéreur primitif ou de ses héritiers. Ce temps passé, et l'héritage une fois transmis à un tiers-acquéreur qui a la précaution de faire transcrire son propre contrat, le privilége du vendeur s'éteint, s'il n'est conservé, soit par la transcription du contrat du premier acquéreur, soit par une inscription spéciale, le tout dans la quinzaine de la transcription du contrat du tiers-acquéreur : c'est la conséquence nécessaire des art. 2108 et 2116 du Code Napoléon, combinés avec l'art. 834 du Code de procédure.

» En second lieu, disent les demandeurs, Louis Cantonny n'a fait transcrire que son propre contrat ; il n'a pas fait transcrire celui du preneur primitif de qui il avait acheté. Il n'a donc pas pu éteindre par la transcription qu'il a fait faire, le privilége que nous avions sur son héritage.

» Mais si Louis Cantonny avait fait transcrire le titre du preneur primitif, il aurait, par là même, conservé le privilège des demandeurs ; il se serait, par là même, soumis hypothécairement à la rente dont il s'agit.

» A quoi tend donc le système des demandeurs ? A établir que le privilège du bailleur de fonds survit toujours, et survit nécessairement, à la transcription que le tiers acquéreur fait faire de son propre titre. Car, dans le système des demandeurs, si le tiers-acquéreur ne fait transcrire que son propre titre, la transcription est sans effet contre le bailleur de fonds ; et si à la transcription de son propre titre il joint celle du titre de l'acquéreur primitif, le privilége du bailleur de fonds est, par cela seul, conservé.

» Et c'est assez dire que le système des demandeurs n'est qu'un paradoxe.

» Aussi a-t-il été proscrit par deux arrêts célèbres de la cour. — Le premier, du 29 juin 1813, a jugé, au rappot de M. Carnot, et sur nos conclusions, que le sieur Varé ayant fait transcrire, le 7 mai 1806, un contrat du 7 prairial an 2, par lequel il avait acquis des héritages concédés à ses auteurs par un bail à rente de 1485, s'était libéré, par cette seule transcription et sans celle du bail à rente même de l'action hypothécaire du représentant du bailleur pri-

mitif qui n'avait pas pris d'inscription (1). — Le second, du 13 décembre suivant, a jugé, au rapport de M. Zangiacomi, et après la discussion la plus solennelle, que le privilége du vendeur s'éteint, faute d'inscription prise dans la quinzaine de la transcription du seul titre du tiers-acquéreur (2).

» 3°. Qu'importe que Louis Cantonny n'ait fait transcrire son contrat que pendant l'instance et longtemps après la signification qui lui avait été faite de la demande en payement de la rente à laquelle son héritage avait été primitivement affecté ?

» C'est au commencement de l'instance, disent les demandeurs, que l'on doit se fixer pour déterminer les droits des parties : Lite pendente nihil innovari potest. Une partie ne peut donc, pendant l'instance, ni améliorer sa condition, ni empirer celle de son adversaire. Louis Cantonny n'a donc pas pu, par la transcription de son contrat pendant l'instance, priver la dame et les sieurs de Turenne de l'hypothèque privilégiée qu'ils avaient sur son héritage.

» Ce raisonnement serait sans replique, si les demandeurs avaient eu véritablement sur l'héritage de Louis Cantonny, au moment où ils ont intenté leur action, une hypothèque pleinement formée et indépendante de toute précaution conservatoire.

» Mais qu'avaient-ils à cette époque ? rien autre chose qu'un titre qui, à la vérité, avait été originairement hypothécaire, mais qui, par l'effet de la loi du 11 brumaire an 7, avait cessé de l'être, et n'était plus que susceptible de le redevenir au moyen d'une inscription ; et qui, par conséquent, faute d'inscription, n'était pas encore redevenu tel.

» Assurément si Louis Cantonny avait dit aux demandeurs, dès le commencement de l'instance : « Vous vous présentez comme hypothécaires, et » vous ne l'êtes point, parce que votre hypothèque » n'est pas inscrite ; vous êtes donc non-recevables » ; les demandeurs auraient pu lui fermer la bouche, en prenant une inscription sur lui. Et vainement aurait-il invoqué la maxime, vraie elle-même, mais faite pour un autre objet, Lite pendente nihil innovari potest ; on ne l'aurait pas écouté.

» Pourquoi donc, par réciprocité, Louis Cantonny n'aurait-il pas pu faire transcrire son contrat pendant l'instance ?

» A-t-il, par cette transcription, privé les demandeurs de la faculté de s'inscrire ? Non, puisqu'aux termes des art. 833 et 834 du Code de procédure civile, les demandeurs ont pu s'inscrire dans les quinze jours qui ont suivi cette transcription.

» Dès-lors, à qui les demandeurs doivent-ils s'en prendre de l'extinction de leur hypothèque ? A eux seuls, à leur seule incurie, à leur seule négligence.

» Sous le régime hypthécaire de 1771, il arrivait

_____

(1) V. Rente seigneuriale, §. 2, n. 8 bis.

2) Transcription, §. 3, n. 3, dans les Additions.

souvent qu'un tiers-acquéreur était assigné en déclaration d'hypothèque par des créanciers de son vendeur; et que, pendant l'instance dont l'assignation était suivie, il obtenait des lettres de ratification au sceau desquelles les créanciers demandeurs en déclaration d'hypothèque négligeaient de former opposition. Quel était l'effet de cette négligence? Les créanciers qui avaient à se la reprocher, en étaient-ils quittes pour dire qu'ils avaient assuré leurs droits par l'action qu'ils avaient intentée contre le tiers-acquéreur, et que le tiers-acquéreur n'avait pas pu, en exposant son contrat au bureau des hypothèques pendant l'instance, faire dépendre leurs droits d'une opposition au sceau de ses lettres de ratification? On l'a ainsi prétendu deux fois; mais deux fois cette prétention a été condamnée par le parlement de Paris. Elle l'a été le 27 août 1779, en faveur du sieur Bourbon de Gravières. Elle l'a encore été le 9 juillet 1781, dans une espèce qui est citée par M. Grenier, dans son *Commentaire sur l'édit des hypothèques*, art. 15, n°. 5 (1).

» Et pourquoi ne jugerait-on pas de même aujourd'hui par rapport à la transcription? *Ubi eadem ratio, ibi idem jus.*

» Au surplus, la question n'est pas nouvelle; déjà la cour, et, après elle, la cour d'appel de Grenoble l'ont jugée dans ce sens (2).

» Par-là tombent et s'évanouissent tous les moyens de cassation que les demandeurs vous proposent contre la disposition de l'arrêt de la cour de Limoges, du 14 juillet 1813, qui porte sur le fond.

» Mais il reste à nous fixer sur les dispositions du même arrêt qui ne sont relatives qu'à la forme, c'est-à-dire, sur celles qui rejettent les trois fins de non-recevoir que les demandeurs opposaient à l'appel de Louis Cantonny.

» A cet égard, il n'est pas douteux que la Cour de Limoges n'ait très-bien jugé et ne se soit parfaitement conformée à la loi, en rejetant les deux fins de non-recevoir que les demandeurs prétendaient faire résulter, et de ce que le jugement du tribunal de Brive avait, selon eux, prononcé en dernier ressort, et de ce que l'appel de Louis Cantonny ne leur avait été signifié qu'au Domicile élu par leur exploit de commandement.

» Mais la cour de Limoges a-t-elle également bien jugé, a-t-elle également respecté la loi, en rejetant la fin de non-recevoir que les demandeurs tiraient du fait avoué par Louis Cantonny, devant la cour de Limoges, et reconnu par la cour de Limoges elle-même, qu'il n'avait été laissé aux trois demandeurs qu'une seule copie de l'exploit d'assignation sur l'appel?

» Qu'un exploit d'assignation soit nul, lorsqu'il n'en est pas délivré copie à la partie assignée, c'est une vérité qu'il n'est pas possible de méconnaître, et qui d'ailleurs est expressément consacrée par les art. 61, 68 et 70 du Code de procédure.

» Que, dans le cas où plusieurs parties sont assignées par le même exploit, il doive, à peine de nullité en être délivré copie à chacune d'elles, c'est encore une proposition que l'on ne saurait contester sérieusement. Car si, comme on n'en peut douter, la délivrance de la copie est essentiellement constitutive de l'assignation, il est clair que l'on ne peut pas regarder comme assignée, celle des parties à laquelle il n'a pas été délivré de copie; il est clair, par conséquent, que l'assignation est telle à l'égard de cette partie.

» Et de là il suit nécessairement que, si trois parties sont assignées par un même exploit, avec délivrance d'une seule copie, sans que l'on puisse connaître par l'exploit même, quelle est celle des trois parties à qui la copie a été délivrée, l'assignation est nulle, non-seulement à l'égard de deux de ces parties, mais même à l'égard de toutes trois, puisque chacune des trois peut dire qu'elle n'a point reçu la copie.

» C'est ainsi que, par arrêt du 1er brumaire an 13, vous avez jugé que les sieurs Michel, Durieux et Lajard n'ayant consigné qu'une seule amende de cassation, dans une affaire où ils ne pouvaient se dispenser d'en consigner chacun une, aucun d'eux n'était censé l'avoir consignée, et que, par suite, ils étaient tous trois déchus.

» Mais, d'après toutes ces données, comment justifier l'arrêt de la cour de Limoges?

» La cour de Limoges l'a fondé sur deux motifs : l'unité d'intérêt, d'action et de domicile élu, de la part de la dame et des sieurs de Turenne; la comparution de la dame et des sieurs de Turenne, sur l'assignation que leur avait signifié Louis Cantonny.

» Mais d'abord, de ce que la dame et les sieurs de Turenne avaient le même intérêt, de ce qu'ils faisaient cause commune, de ce qu'ils avaient élu le même Domicile par leur exploit de commandement, s'ensuit-il que Louis Cantonny pouvait, par l'assignation donnée à un seul d'entre eux, remplir l'obligation que la loi lui imposait, de les assigner tous trois, s'il voulait faire réformer, à l'égard de tous trois, le jugement qui avait été rendu à son préjudice?

» La dame et les sieurs de Turenne avaient le même intérêt et faisaient cause commune; mais ils n'étaient pas créanciers solidaires de la rente qu'ils réclamaient; et leur action, quoiqu'exercée dans leur intérêt commun, quoiqu'intentée par un exploit commun, quoique fondée sur un titre commun, n'en était pas moins divisible dans son objet; elle renfermait donc virtuellement autant d'actions qu'il y avait de consorts qui y figuraient; elle nécessitait donc, de la part de leur adversaire, autant d'assignations sur appel, qu'il y avait eu de demandeurs dans le dernier état de la cause en première instance.

---

(1) *V.* l'article *Déclaration d'hypothèque*, n. 2.
(2) *V. Transcription*, §. 3, n. 8; et mon *Recueil de Questions de Droit*, aux mots *Inscription hypothécaire*, §. 8.

« Or, nous l'avons déjà dit, point d'assignation valable, sans délivrance de la copie de l'assignation même, à chacune des parties assignées.

» Louis Cantonny n'était donc dispensé, ni par l'unité d'intérêt de la dame et des sieurs de Turenne, ni par l'unité de leurs actions, de la nécessité de leur faire délivrer, à chacun d'eux, une copie de son exploit d'appel.

» En raisonnant ainsi, messieurs, nous ne sommes que l'écho de l'arrêt que vous avez rendu, sections réunies, le 14 août 1813, dans l'affaire des sieurs et dame Lemarchand de Gomicourt.

« Les sieurs et dame Lemarchand de Gomicourt, séparés de biens, mais demeurant ensemble, avaient acheté, en commun, un même domaine; et ils avaient, par un seul et même exploit, notifié leur contrat d'acquisition à tous les créanciers inscrits de leur vendeur. Un acte de sur-enchère leur avait été notifié par l'un de ces créanciers, et il ne leur en avait été délivré qu'une copie. Question de savoir si cette signification était valable ou nulle.

» Les cours d'appel de Caen et de Paris l'avaient jugée valable, sur le fondement que les sieurs et dame Lemarchand de Gomicourt avaient acquis par le même contrat; qu'ils étaient, par-là, devenus co-propriétaires par indivis; qu'ils avaient notifié leur acquisition par un seul et même exploit; qu'en un mot, il y avait, de leur part, unité d'intérêt et unité d'action.

» Mais vous avez cassé les deux arrêts, attendu, avez-vous dit, que les deux époux acquéreurs, étant séparés de biens, quoi qu'indivis, leurs droits, quoi qu'indivis, quoique dérivant d'un titre commun, quoique portant sur le même domaine, quoiqu'exercés par le même exploit, étaient néanmoins distincts; que le mari ne pouvait, ni acquiescer pour sa femme à la sur-enchère, ni la combattre pour elle; que l'exploit par lequel ils avaient notifié, en commun, leur acquisition aux créanciers inscrits, se divisait, par la pensée et aux yeux de la loi, en autant d'exploits qu'il y avait de parties à la requête desquelles il avait été signifié; et qu'il suffisait que les acquéreurs eussent *laissé copie de cette notification commune à chacun des créanciers inscrits, pour imposer à ceux-ci les mêmes obligations, que si les acquéreurs leur avaient fait signifier à chacun un exploit séparé* (1).

» Dans tout cela, il n'y a pas un mot qui ne s'applique parfaitement à l'espèce actuelle. La dame et les sieurs de Turenne réclamaient la même rente, ils la réclamaient comme un objet commun entre eux par indivis, ils la réclamaient d'après le même titre, ils la réclamaient par une même action. Mais ils avaient dans cette rente des portions divisibles, quoique non encore divisées, ils y avaient par conséquent des intérêts distincts; l'un d'eux ne pouvait pas défendre les portions de ses consorts, au nom

(1) V. l'article *Sur-enchère*, n. 3 *ter*.

de ses consorts eux-mêmes, ni les abandonner pour eux. Leur action se divisait donc, par la pensée et aux yeux de la loi, en autant d'actions qu'il s'y trouvait de parties. Il y avait donc nécessité de procéder à leur égard, dans un exploit d'appel, de la même manière que s'ils eussent obtenu et fait signifier chacun une sentence séparée. Il y avait donc nécessité de leur délivrer à chacun une copie de cet exploit.

» Au surplus, il est à remarquer que les sieurs et dame Lemarchand de Gomicourt, n'ayant payé qu'un seul droit d'enregistrement pour l'exploit par lequel ils avaient notifié leur contrat d'acquisition aux créanciers inscrits; qu'ils n'avaient consigné qu'une seule amende pour chacun des recours en cassation qu'ils avaient formés contre les arrêts de Caen et de Paris; et que delà on prétendait inférer que le sur-enchérisseur avait bien pu, par réciprocité, ne leur délivrer pour eux deux qu'une seule copie de son acte de sur-enchère.

» Mais ce raisonnement, que l'on cherche aujourd'hui à reproduire, vous a paru si pitoyable, que vous ne lui avez pas même accordé l'honneur d'une réfutation expresse.

» En effet, il ne prouve rien, précisément parce qu'il prouverait trop; il prouverait que, lorsqu'une assignation serait donnée à plusieurs consorts demeurant l'un à Paris, l'autre à Bordeaux, un troisième à Lyon, il suffirait qu'une seule copie en fût laissée au Domicile de l'un d'eux; idée absurde, insoutenable, et qui n'est jamais venue à la pensée de personne, parce qu'il n'est personne qui ne sente que les droits fiscaux ont leur législation à part, et qu'on ne peut pas en argumenter dans les matières ordinaires.

» Répétons-le donc : le sieur Cantonny n'a été dispensé, ni par l'unité d'intérêt de la dame et des sieurs de Turenne, ni par l'unité de leur action, de la nécessité de leur délivrer à chacun une copie séparée de son exploit d'appel.

» En a-t-il été dispensé par l'unité du Domicile que la dame et les sieurs de Turenne avaient élu par leur commandement? Sous quel prétexte aurait-il pu l'être?

» La dame et les sieurs de Turenne n'avaient élu ce Domicile, que pour se conformer à l'art. 581 du Code de procédure, lequel veut que le commandement contienne *élection de Domicile dans la commune où doit se faire l'exécution, si le créancier n'y demeure.*

» Cet article ne dit pas que si, au lieu d'un seul créancier, il y en a deux ou plusieurs qui agissent en commun, chacun d'eux ne pourra pas élire, dans la commune où doit se faire l'exécution, un Domicile séparé; et dès qu'il ne leur défend pas, chacun d'eux en conserve nécessairement la faculté.

» Or, si la dame et les sieurs de Turenne avaient élu chacun un Domicile séparé, qui est-ce qui oserait dire qu'en les assignant sur appel, il eût suffi de leur délivrer une seule copie de l'assignation?

» Et si, dans cette hypothèse, il eût fallu autant de copies qu'il y avait de parties assignées, par quelle magie une seule copie pourrait-elle suffire dans la circonstance qu'au lieu d'élire des Domiciles séparés, la dame et les sieurs de Turenne n'ont élu qu'un seul et même Domicile?

» Si, au lieu d'assigner la dame et les sieurs de Turenne à leur Domicile élu, Louis Cantonny les avait assignés à leur Domicile réel et commun, rue du Jardinet à Paris, aurait-il pu ne leur laisser qu'une seule copie? Non, et cela résulte très-clairement, cela résulte même à *fortiori*, de votre célèbre arrêt du 14 août 1815; car l'unité de leur Domicile n'eût été que l'effet de leur volonté, tandis que l'unité du Domicile des sieur et dame Lemarchand de Gomicourt, était l'effet de la loi.

» Mais quelle différence y a-t-il, quelle différence peut-il y avoir, entre la manière d'assigner à un Domicile élu, et la manière d'assigner à un Domicile réel?

» Que font des consorts qui, pour les assignations que l'on pourra leur donner, élisent un Domicile hors de leur propre habitation? Rien autre chose que de transférer fictivement leur Domicile réel dans le Domicile qu'ils élisent; rien autre chose par conséquent qu'autoriser leur adversaire commun à leur donner, au Domicile qu'ils élisent, les assignations qui, cessant cette élection, devraient leur être données à leur Domicile réel. A cela près, rien n'est changé à la forme des assignations. Il faut donc que l'on y observe toutes les règles qui déterminent la forme des assignations, moins celle qui veut que les assignations soient données au véritable Domicile : il faut donc que l'on délivre au Domicile élu, autant de copies de chaque assignation qu'il y a de parties à assigner.

» Il n'est qu'un cas où il pourrait en être autrement : c'est celui où la loi dérogerait, pour la circonstance où il y aurait élection de Domicile par suite d'un commandement, à la règle générale.

» Mais où trouver une pareille dérogation? Elle ne pourrait être que dans l'art. 584 du Code de procédure ; et cet article que dit-il? *Le débiteur pourra faire à ce Domicile élu toutes significations, même d'offres réelles et d'appel.*

» Et quel est, dans cet article, le sens des mots *à ce Domicile élu*?

» Assurément ils ne peuvent pas être entendus comme s'ils disaient que le débiteur pourra signifier, soit des offres réelles, soit un appel, à l'être matériel et inanimé qui constitue la maison dans laquelle est élu le Domicile.

» Ils ne peuvent pas non plus être entendus comme s'ils disaient que le débiteur pourra faire ses significations d'offres réelles ou d'appel, au maître de cette maison, considéré sa véritable partie; car on ne peut signifier des offres réelles qu'à celui dont on est débiteur; on ne peut signifier un appel qu'à celui qui a obtenu un jugement que l'on a intérêt de faire réformer.

» Ils ne peuvent donc être entendus qu'en ce sens, que le débiteur pourra faire à celui ou à ceux qui lui ont fait un commandement, *toutes significations d'offres réelles ou d'appel*; et qu'il pourra les leur faire dans la maison où ils ont élu Domicile, en parlant au maître de cette maison ou à ses serviteurs, comme il pourrait les leur faire dans leur Domicile réel, en parlant à eux-mêmes ou à leurs domestiques.

» Voilà tout ce que dit l'art. 584, voilà tout ce qu'il est possible de lui faire dire; et certes, il n'y a pas là l'ombre de dérogation à la règle qui, dans toute assignation, prescrit, à peine de nullité, la délivrance d'une copie de l'exploit à chacune des parties assignées.

» Prétendre qu'il déroge à cet article, par cela seul qu'il ne s'explique point sur le cas où le commandement serait fait au nom de plusieurs créanciers agissant ensemble, c'est une véritable dérision. En ne s'expliquant point sur ce cas, il le laisse sous l'empire de la règle générale; il est par conséquent censé vouloir que, dans ce cas, il soit laissé au Domicile élu une copie pour chacun des créanciers poursuivant en commun. C'est ainsi que, quoique l'art. 2185 du Code civil ne parle, relativement à la sur-enchère, que de la notification à faire à l'acquéreur, il n'en est pas moins constant, et vous n'en avez pas moins jugé par votre arrêt du 14 août 1815, que, lorsqu'il y a plusieurs acquéreurs d'un même immeuble par un même contrat, la notification doit être faite à chacun d'eux, et qu'il doit en être délivré à chacun d'eux une copie séparée.

Mais, dit-on, le maître de la maison dans laquelle plusieurs créanciers poursuivans font une élection de Domicile, doit être considéré comme leur mandataire commun.

» Oui, mais à quel effet? A l'effet, au seul effet de recevoir les significations qui leur seront faites dans cette maison, ainsi et de la même manière qu'ils les recevaient eux-mêmes, s'ils y demeuraient.

» Et il est si vrai que le mandat du maître de cette maison n'a pas d'autre objet, il est si vrai que ce mandat ne s'étend pas plus loin, que, par arrêt du 6 frimaire an 13, au rapport de M. Chasles, vous avez jugé *que l'élection de Domicile qu'un créancier saisissant est obligé par la loi de faire dans le lieu de la saisie, ne constitue pas celui chez qui cette élection est faite, mandataire des créanciers pour recevoir la somme due à celui-ci; et que la quittance qu'il en a donnée au nom de celui-ci, est nulle, quoique cette somme lui ait été offerte réellement par le débiteur au Domicile élu, suivant la faculté que la loi a donnée au débiteur.*

» Cela posé, comment voudrait-on, de ce que, dans notre espèce, la dame et les sieurs de Turenne sont censés avoir donné au maître de la maison dans laquelle ils ont élu Domicile, une procuration pour recevoir en leur nom les significations qui leur seraient faites, inférer que la délivrance d'une seule copie au maître de cette maison, suffît pour que chacun d'eux soit censé l'avoir reçue ?

» Encore une fois, si chacun d'eux avait été assigné en personne, il aurait incontestablement fallu, pour chacun d'eux, une copie séparée. Comment donc une seule copie aurait-elle pu suffire pour tous, alors que tous ont été assignés au Domicile de leur mandataire commun ? Leur mandataire commun était, pour chacun d'eux, un autre lui-même. Chacun d'eux est donc censé avoir été assigné dans la personne de leur mandataire commun : *Qui per alium facit, per se ipsum facere videtur.* Chacun d'eux a donc dû être assigné dans la personne de leur mandataire commun, de la même manière qu'il eût dû l'être lui-même. Il a donc dû être délivré, pour chacun d'eux, une copie de l'exploit à leur mandataire commun.

» Mais, dit-on encore, lorsqu'on assigne des créanciers unis dans la personne de leur syndic, ou des commerçans associés dans la personne de leur co-associé gérant, il n'est besoin que d'une seule copie.

» Sans doute, mais pourquoi ? Parce que le syndic d'une union de créanciers et le membre gérant d'une société de commerce ont qualité, non-seulement pour recevoir l'assignation donnée, soit aux créanciers unis, soit aux commerçans associés, mais encore pour défendre à la demande formée contre les personnes qu'ils représentent ; parce qu'ils sont aux yeux de la loi, les seules parties que l'on doive et que l'on puisse assigner; parce que, ni les créanciers unis, ni les associés non-gérans, ne peuvent ni ne peuvent figurer dans l'instance que l'assignation donnée à leurs mandataires respectifs, tend à engager; parce que leurs mandataires respectifs, doivent seuls paraître dans cette instance.

» Et certainement on ne peu pas dire la même chose du maître de la maison dans laquelle des créanciers poursuivant en commun une exécution, font une élection de Domicile, conformément à l'art. 584 du Code de procédure. Il est bien le mandataire des créanciers poursuivans, pour recevoir l'assignation qui leur sera donnée, mais il ne l'est point pour plaider en leur nom et dans leur intérêt sur cette assignation. Il n'est à leur égard que ce que serait pour eux, s'ils étaient assignés dans leur propre Domicile, le portier qui en garde l'entrée. De ce qu'ils auraient, dans ce cas, un même portier, et par conséquent un même préposé à la réception des exploits qui leur seraient signifiés, il s'ensuivrait bien que ce portier pourrait recevoir les copies des assignations qui leur seraient données dans une affaire où ils feraient cause commune; mais conclure de là qu'une seule copie pût suffire pour tous, ce serait une absurdité.

» Enfin, objecte le défendeur, il n'est besoin que d'une copie, lorsque, dans le cours d'une instance, on assigne plusieurs consorts au Domicile de leur

avoué commun; et quelle raison y aurait-il d'exiger plusieurs copies, lorsqu'on donne à plusieurs consorts une assignation introductive d'instance, au Domicile de leur mandataire commun, chargé de recevoir cette assignation ?

» Quelle raison ? Il y en a une très-grande et en même temps très-simple.

» Lorsque dans le cours d'une instance, on donne une assignation au Domicile de l'avoué d'une partie, ce n'est pas à la partie qu'on la donne, c'est à l'avoué; et pourquoi la donne-t-on à l'avoué lui-même ? Parce que l'avoué est *dominus litis*, parce que son ministère est légalement nécessaire, parce que lui seul a caractère pour défendre à l'assignation au nom de sa partie.

» Mais lorsqu'on donne, à un Domicile élu, une assignation introductive d'instance, qui assigne-t-on ? Le maître de la maison où est élu le Domicile ? Non : le maître de cette maison ne figure dans l'exploit que comme y figurerait le portier du Domicile réel; il ne figure que dans le *parlant à*.... On n'assigne et on ne peut assigner que la partie qui a élu Domicile dans cette maison.

» Ainsi, autant il serait irrégulier de délivrer à un avoué plusieurs copies des assignations données à son Domicile dans le cours d'une instance où il représente plusieurs parties faisant cause commune, autant il est conforme aux principes, à la saine raison et au texte de la loi, d'exiger que, dans toute assignation introductive d'instance, qui est donnée à un Domicile élu, il soit délivré une copie pour chacun des individus réellement assignés.

» En second lieu, il est fort indifférent que la dame et les sieurs de Turenne aient comparu sur l'assignation que leur avait donnée le sieur Cantonny. Il est fort indifférent que, par leur comparution, ils aient prouvé que l'assignation leur était parvenue à tous trois, et que tous trois en avaient connaissance. Car tout en comparaissant sur cette assignation, ils ont soutenu, avant toute autre exception, avant toute espèce de défense au fond, que cette assignation était nulle.

» Ce sont sans doute deux choses qui peuvent, jusqu'à un certain point, paraître contradictoires, que de comparaître en conséquence d'une assignation, et de prétendre qu'on n'est pas valablement assigné; et sur ce fondement, deux arrêts de la chambre impériale de Spire, des 17 avril 1550 et 21 octobre 1554, rapportés par Mynsingère, centur. 2, obs. 18, avaient jugé que l'ajourné ne pouvait pas, en comparaissant, alléguer la nullité de son assignation.

» Mais, que peut cette raison, que peuvent ces arrêts, contre le texte précis de l'art. 173 du Code de procédure, qui, en voulant que *toute nullité d'exploit soit couverte, si elle n'est proposée avant toute défense ou exception autre que les exceptions d'incompétence*, fait clairement entendre comme le faisait également l'art. 5 du tit. 5 de l'ordonnance de 1667, que la nullité d'un exploit n'est pas couverte par la seule comparution de l'assigné qui en excipe, et que l'assigné peut en exciper à l'instant même où il comparaît ?

» Aussi avez-vous, par un nombre presque infini d'arrêts, accueilli des demandes en nullité d'exploit formées par des parties défenderesses en cassation, qui avaient comparu précisément pour les former ? Et que vous dit-on, de la part des défendeurs, pour écarter ces arrêts ?

» On vous dit que, dans notre espèce, la dame et les sieurs de Turenne avaient constitué avoué, sur l'appel du défendeur, avant de proposer la nullité de cet appel. On vous dit que par là ils avaient reconnu cet appel pour valablement interjeté ; et que, dès-lors, cette nullité était couverte par leur propre fait. Ce système n'est pas nouveau. Les cours d'appel de Colmar et de Pau l'avaient adopté : la première, par un arrêt du 23 thermidor an 12 ; la seconde, par un arrêt du 16 août 1808. Mais que sont devenus ces deux arrêts ? Vous avez cassé le premier, le 26 juillet 1808, au rapport de M. Brillat de Savarin ; et le second, le 28 octobre 1811, au rapport de M. Cassaigne (1).

» Vainement, le défendeur prétend-il que le contraire a été jugé par l'arrêt qui a été rendu à la section des requêtes le 24 février 1813, au rapport de M. Borel. Dans quelles circonstances cet arrêt a-t-il prononcé comme il l'a fait ? Nous les avons cherchées dans la minute même de cet arrêt ; et voici ce que nous y avons trouvé.

» Le 5 novembre 1811, le sieur Carteron se rend appelant, à la cour de Paris, d'un jugement rendu par le tribunal civil de Troyes, au profit du sieur Gargoteux ; mais dans l'exploit d'appel qu'il fait signifier à celui-ci, il se borne à indiquer Me Rossignol comme avoué à la cour de Paris, sans ajouter que Me Rossignol occupera pour lui, devant elle, et par conséquent sans constituer avoué par cet exploit ; omission qui, d'après les art. 61 et 456 du Code de procédure, frappe cet exploit de nullité.

Le 6 décembre suivant, le sieur Carteron obtient, sur cet exploit, par le ministère de Me Rossignol, un arrêt par défaut qui infirme le jugement du tribunal de Troyes.

» Informé de cet arrêt, et avant qu'on le lui ait notifié, le sieur Gargoteux constitue un avoué, fait signifier l'acte de constitution à Me Rossignol, en le qualifiant d'avoué du sieur Carteron ; et se réserve, par l'exploit de signification de cet acte, le droit de faire valoir les nullités dont est entaché l'exploit d'appel.

» Cette signification faite, il donne une requête par laquelle il conclut à ce que l'exploit d'appel soit déclaré nul, faute de constitution d'avoué dans l'exploit même.

» Le sieur Carteron lui répond qu'il a lui-même couvert la nullité dont il excipe, en faisant signifier à l'avoué Rossignol l'acte par lequel il en a lui-même constitué un, puisque, par là, il a lui-même reconnu Me Rossignol pour valablement constitué.

» Là-dessus, arrêt du 28 mai 1812, par lequel, attendu que l'avoué de Gargoteux a signifié son acte de constitution à Rossignol, comme étant l'avoué de Carteron ; que, par là, il a reconnu que l'exploit introductif d'instance indiquait suffisamment que l'avoué Rossignol devait occuper pour l'appelant, et que, dès-lors, la réserve subséquente de tous les moyens de nullité ne pouvait plus s'entendre que des nullités autres que celle tirée du défaut de l'insuffisance de constitution d'avoué dans l'exploit d'appel, puisque l'intimé commençait par reconnaître Rossignol pour l'avoir constitué pour l'appelant.

» Le sieur Gargoteux se pourvoit en cassation, et par l'arrêt que vous cite le défendeur, attendu qu'il résultait formellement de l'acte de constitution de Me de la Côtelé du 6 décembre 1811 pour Pierre Gargoteux, demandeur en cassation, que ledit acte a été signifié à Me Rossignol, en sa qualité d'Avoué de Carteron ; que cette reconnaissance formelle de la qualité en laquelle ledit Me Rossignol était indiqué en l'exploit d'appel, excluait toute réserve ultérieure sur ladite charge d'occuper ; et qu'ainsi les réserves finales dudit acte d'occuper ne pouvaient s'appliquer à ce fait ; qu'en excipant ainsi d'une reconnaissance formelle pour rejeter la prétendue nullité invoquée par le demandeur, la cour de Paris n'a commis aucune contravention à l'art. 61 du Code de procédure ; la cour rejette le pourvoi.

» Cet arrêt juge-t-il, comme le prétend le sieur Cantonny, qu'une constitution d'avoué, signifié par un intimé, à un appelant dans la personne de son propre avoué, couvre indistinctement les nullités de l'acte d'appel ?

» Non : il juge seulement que cette signification couvre la nullité dont l'acte d'appel aurait pu se trouver entaché par le défaut de constitution d'avoué ; et qu'elle les couvre, nonobstant la réserve qui y est faite de toutes les nullités qui peuvent vicier l'acte d'appel.

» Que, sur ce point, il juge bien ou mal, c'est ce qu'il n'est pas de notre sujet d'examiner (1). Mais une chose bien certaine, c'est qu'il n'a porté aucune atteinte aux innombrables arrêts par lesquels vous avez consacré le principe qu'une partie assignée peut, en comparaissant, conclure à la nullité de l'assignation sur laquelle elle comparaît.

» Nous estimons, en conséquence, qu'il y a lieu de casser et annuler l'arrêt attaqué par la dame et les sieurs de Turenne ».

---

(1) V. l'article Présentation.

(1) V. mon Recueil de Questions de Droit, au mot Appel, §. 10.

Par arrêt du 15 février 1815, au rapport de M. Carnot, » vu l'art. 456 du Code de procédure civile....; attendu qu'il résulte des dispositions de l'art. 456 du Code de procédure civile, que l'acte d'appel doit être signifié à personne ou domicile, sous peine de nullité; d'où il suit que copie de l'acte d'appel doit être laissée à personne ou domicile; car, lorsque la loi exige qu'un acte soit signifié, elle exige nécessairement qu'il en soit laissé copie; — attendu que ce n'est pas signifier l'acte d'appel à personne ou domicile que de ne pas en laisser copie à chacun des intéressés; qu'il sera toujours vrai de dire en effet, lorsqu'il n'aura été donné qu'une seule copie pour tous, que ceux-auxquels une copie n'aura pas été laissée n'en auront pas eu une connaissance légale; qu'une simple copie donnée à tous et pour tous; ne pouvant se rapporter individuellement à l'un plutôt qu'à l'autre, elle ne peut être utile pour aucun d'eux; que l'unité de domicile des personnes auxquelles la signification doit être faite ne change rien à la chose, puisque, dans cette espèce comme dans celle d'un domicile séparé, chacune d'elles ne peut avoir une connaissance légale de l'acte signifié, que par la copie qui lui en a été personnellement signifiée; qu'il en serait de même quand il y aurait unité d'action et d'intérêts, si ce n'était pas un corps moral à qui serait faite la signification, le Code renfermant pour ce cas des dispositions exceptionnelles au droit commun; attendu que la signification faite à un Domicile élu, dans le cas prévu par l'art. 548 du Code de procédure civile, ne fait que remplacer celle qui aurait dû l'être au domicile réel; que ledit article ne déroge en effet à l'art. 456 qu'en ce qu'il autorise la signification de l'appel à un domicile fictif; et attendu que, dans l'espèce, le défendeur n'a fait signifier son acte d'appel que par une seule copie aux trois intimés, sans désignation personnelle de celui d'entre eux auquel elle aurait été laissée, ce qui ne permet pas d'appliquer la signification faite à l'un plutôt qu'à l'autre; d'où il suit que l'on ne peut dire que la signification ait été faite réellement et particulièrement à aucun d'eux, ce qui emporte la nullité de l'appel; que cependant la cour de Limoges a reçu ledit appel, en quoi cette cour a ouvertement violé l'art. 456 du Code de procédure civile, et faussement appliqué l'art. 584: par ces motifs, la cour casse et annule l'arrêt rendu par la cour de Limoges, le 14 juillet 1813..... »

DON MUTUEL, §. II, n. II. Page 39, col. 1, après la ligne 2, ajoutez:

Peut-on, doit-on annuler un Don mutuel fait entre époux, par un seul et même acte, avant la publication de l'art. 1097 du Code Napoléon, sur le fondement que les deux co-donateurs et co-donataires ont survécu à cette publication?

Le 13 frimaire an 4, le général Henri de Frégeville, et la dame Possac, son épouse, domiciliés, à Réalmont, département du Tarn, se font, devant notaire, à Paris, un Don mutuel.

Le 25 septembre 1805, décès du général Henri de Frégeville.

Sa veuve se fait envoyer en possession des objets qu'il lui a donnés; et peu de temps après se remarie au sieur de Beaudecour.

Le général Charles de Frégeville, frère et héritier du défunt, demande la nullité de la donation.

Le 16 mars 1812, arrêt contradictoire de la cour impériale de Montpellier, qui en effet, annulle la donation; « Attendu qu'il n'est point contesté, et qu'il est au contraire respectivement convenu dans la cause, que la donation mutuelle et réciproque, du 13 brumaire an 4, bien que qualifiée entre-vifs et irrévocable, n'était, par la nature de ses conventions, qu'une disposition à cause de mort, faite par des domiciliés en pays de droit écrit, et partant révocable jusqu'au décès des donateurs; que les principes sont incontestables, tels qu'ils ont été établis par M. le comte Merlin, et consacrés par la cour de cassation, lors de son arrêt du 1er brumaire an 13, sur le testament du sieur Dekyn, qu'il faut distinguer dans tous les actes de la vie civile, ce qui tient à leur forme purement probante, d'avec ce qui est relatif à la capacité requise pour le faire et au fond des dispositions; que, pour savoir si un testateur a pu disposer, et s'il n'a pas transgressé les bornes légitimes, on doit consulter la loi du jour où il est décédé; mais, pour tout ce qui tient à la forme probante, il n'y a d'autre loi à suivre que celle du moment où l'acte se passe; que les arrêts cités, et notamment celui de la cour de cassation du 1er brumaire an 13, ont jugé que des testamens faits avant le code, et revêtus des formalités alors prescrites, sont et restent réguliers, lorsqu'ils sont revêtus de toutes les formalités prescrites par les lois en vigueur dans le moment de leur confection, encore que les formalités fussent par la suite changées ou modifiées par de nouvelles lois; mais que ces arrêts n'ont jugé ni directement ni indirectement la question de savoir si la prohibition portée par l'article 1097, était relative aux formes probantes ou aux formalités des actes dont cet article parle, ou si elle frappait sur la capacité des personnes et sur la nature de la disposition; que cette question n'a été encore franchement examinée, ni dans aucun traité, ni dans aucune discussion judiciaire; qu'en méditant l'art. 1097, dans ses termes, dans ses rapports avec les articles précédens, et dans l'intention du législateur, les présomptions les plus nombreuses et les plus fortes conduisent à décider que la prohibition portée par cet article est absolument étrangère aux formes probantes ou aux formalités des actes qu'elle prohibe, et qu'elle frappe directement sur la capacité des personnes et sur la nature de sa disposition; en premier lieu, qu'elle est étrangère à la forme des actes qu'elle prohibe, 1° parce que, dans le chap. 4, liv. 3, tit. 2, sect. 1re, intitulé de la forme des Donations entre-vifs, et dans le chap. 5, liv. 3, tit. 2, sect. 1re, intitulé des règles générales sur la forme des testamens, le législateur avait tracé tout ce qu'il avait cru nécessaire à la forme des testamens et des donations entre-vifs, lorsqu'il a placé l'art. 1097 au milieu du chap. 9, liv 3, tit. 2, intitulé *des Dispositions entre époux, soit par contrat de mariage, soit pendant le mariage ;* d'où il résulte clairement que le législateur a considéré cet article, non pas comme réglémentaire d'une forme ou d'une formalité, mais comme prohibitif d'une disposition, soit par l'incapacité des personnes, soit par la nature de la disposition elle-même ; qu'ici viennent se briser tous les raisonnemens sur la similitude prétendue entre les testamens faits par deux ou plusieurs personnes, et les donations mutuelles et réciproques entre époux pendant le mariage, puisque le législateur a placé la prohibition d'un seul testament fait par plusieurs personnes, au milieu des règles générales et communes à tous sur la forme des testamens, au lieu qu'il a placé la prohibition d'une donation mutuelle et réciproque entre époux pendant le mariage, au milieu des dispositions permises ou prohibées aux époux seuls, pendant le mariage ; 2° parce qu'en effet la lettre et le sens de cet art. 1097 se bornent à proscrire toute donation entre-vifs et tout testament qui contiendraient une donation mutuelle et réciproque entre époux pendant le mariage : la donation entre-vifs, parce qu'il vient, par l'art. 1096, de déclarer révocables toutes les donations entre-vifs faites par un époux à l'autre époux ; et le testament, parce que les testamens, ainsi que toutes les autres dispositions à cause de mort, sont révocables par leur nature ; parce qu'il prohibe ces donations entre-vifs et ces testamens, seulement à cause de la disposition qu'ils contiennent, et sans égard aux formes et formalités anciennes et nouvelles dont ils peuvent être revêtus ; parce qu'il les prohibe enfin à cause de la disposition qu'ils contiennent, en supposant même qu'ils sont revêtus de toutes les formes et formalités qu'il prescrit pour les donations entre-vifs et pour les testamens ; que, si l'on est forcé de convenir qu'une telle disposition faite depuis le Code serait annulée, même alors qu'elle serait régulière dans la forme, revêtue de toutes les formalités qu'il prescrit ; il faut bien convenir que, faite avant la publication du Code, la régularité seule de sa forme alors permise, et l'accomplissement des formalités alors prescrites ne peuvent la sauver, si, essentiellement révocable, elle n'a donné jusqu'à la publication du Code aucun droit acquis aux parties, d'où il résulte clairement que l'art. 1097 du Code Napoléon n'a, ni dans ses motifs, ni dans ses termes, aucun rapport avec la forme et les formalités de la disposition qu'il prohibe ; en second lieu, que cette prohibition frappe directement sur la capacité des personnes et sur la nature même de la disposition prohibée ; sur la capacité des personnes, puisqu'elle ne s'applique qu'aux époux et à la durée du mariage, puisqu'aux époux seuls est interdit le pouvoir de se faire, pendant le mariage seulement, une donation mutuelle et réciproque, par un seul acte de donation et par un seul acte testamentaire, puisque toutes

autres personnes, dans toutes les circonstances de leur vie, peuvent se faire une donation entre-vifs mutuelle et réciproque par un seul et même acte ; sur la nature même de la disposition, puisque c'est la donation mutuelle et réciproque qui est interdite aux époux par une seule donation entre-vifs ou par un seul et même testament, tandis qu'en conformité de l'article précédent, il leur est permis de se faire, comme a dit M. le comte Merlin, des donations respectives par deux actes séparés ; qu'ici la différence est grande, et que la différence existe dans la disposition même, en ce que les donations respectives faites par deux actes séparés, quoiqu'il puisse y avoir mutualité entre ces deux actes, sont deux obligations distinctes et unilatérales, indépendantes l'une de l'autre, et dont l'une peut être modifiée, révoquée, par la volonté du donateur, même à l'insu du donataire, réduite pour cause de disposition excessive, ou détruite par un vice de forme, tandis que l'autre restera sans atteinte dans toute la force de sa disposition légitime et de ses formes régulières ; au lieu que la donation mutuelle et réciproque, faite par le même acte, constitue un contrat *bilatéral* et *synallagmatique*, dont les deux dispositions dépendantes l'une de l'autre, soumise aux mêmes chances et pour le fond et pour la forme, ne sont ensemble qu'une obligation indivisible, valable seulement dans le cas de la réciprocité, et qui ne pourrait être révoquée par la volonté de l'une des parties sans la volonté de l'autre, par le principe général que les obligations ne peuvent se dissoudre que de la même manière qu'elles se sont contractées, seul motif qui a déterminé le législateur à interdire cette espèce de disposition aux époux pendant le mariage ; qu'en un mot, la donation mutuelle et réciproque proprement dite ne peut exister que dans un seul et même acte, c'est-à-dire, dans un contrat *synallagmatique*, et qu'elle est prohibée ; au lieu que des donations respectives, faites dans des actes séparés, sont des obligations bien différentes dans leur caractère et dans leurs effets, et qu'elles sont permises par tous les motifs qu'indique cette différence, et notamment pour écarter toute idée de réciprocité indispensable, et pour établir dans toute son étendue la liberté individuelle de révoquer, moyens nouveaux contre la suggestion et la captation ; d'où il suit que l'art. 1097, étranger aux formes probantes, ou formalité des actes dont il parle, fait tomber sa prohibition directement sur les personnes et sur la nature même de la disposition prohibée ; ce qui devient palpable, si l'on observe que la même loi autorise entre époux, et pendant le mariage, la donation simple et unilatérale, et même les donations respectives faites dans deux actes séparés, et qu'elle prohibe la donation bilatérale, mutuelle et réciproque, quoique toutes ces donations soient rédigées dans la même forme et revêtues des mêmes formalités ; d'où le résultat final que, s'il en était autrement, l'art. 1097 du Code ne serait plus qu'une bigarrure absurde et inutile, ce qui ne peut se supposer dans cet ouvrage immortel ; que la donation mutuelle et réciproque dont il s'agit, ne pouvant être exécutée qu'au décès du premier mourant des deux époux, arrivé sous l'empire du Code Napoléon, elle est demeurée nulle et sans valeur devant ce Code qui la proscrit ».

La dame de Beaudecourt se pourvoit en cassation ; et indépendamment du moyen rappelé sous le mot *Transaction*, §. 5, n. *4 bis*, elle soutient que la cour de Montpellier a, par une fausse application de l'art. 1097 du Code Napoléon, violé l'art. 2 du même Code.

» Que fait (ai-je dit à l'audience de la section civile, le 23 juin 1813), que fait l'art. 1097 du Code Napoléon, en disant que les *époux ne pourront, pendant le mariage, se faire, ni par acte entre-vifs, ni par testament, aucune donation mutuelle et réciproque par un seul et même acte* ?

» Très-certainement il introduit un droit nouveau, du moins pour les donations faites entre époux autrement que par testament ; et la preuve en est que, d'une part, l'ordonnance du mois de février 1371 déclarait, art. 46, ne rien innover en ce qui concernait *les dons mutuels et autres donations faites entre mari et femme, autrement que par contrat de mariage* ; et que, de l'autre, l'art. 77 de l'ordonnance du mois d'août 1735, en abrogeant *l'usage des testamens mutuels ou faits conjointement, soit par mari et femme, ou par d'autres personnes*, déclarait pareillement ne *rien innover en ce qui concernait les donations mutuelles à cause de mort* ; qu'enfin, l'art. 13 de la loi du 17 nivose an 2 maintenait *les avantages singuliers ou* RÉCIPROQUES *stipulés entre époux encore existans, soit par leur contrat de mariage, soit par les actes postérieurs*. Ce qui tranche d'ailleurs toute difficulté là-dessus, c'est que, par l'arrêt impérial de Montpellier, la cour impériale de Montpellier reconnaît expressément que la disposition de l'art. 1097 du Code Napoléon a établi, dans la législation française, une règle qui n'y existait pas précédemment.

» Nous disons *une règle qui n'y existait pas précédemment* ; et il est bien inconcevable que le défendeur ait persisté à votre audience dans l'assertion contraire qu'il s'était permise par écrit, assertion dont la fausseté est tellement notoire, tellement insigne, que nous croirions insulter à vos lumières, si nous en entreprenions une réfutation sérieuse ; assertion d'ailleurs qui est évidemment ici sans objet, puisque la donation du 13 frimaire an 4 a été passée dans la coutume de Paris, et que très-certainement, dans la coutume de Paris, non-seulement les donations mutuelles pouvaient être faites par un seul et même acte, mais que même elles auraient été nulles, si elles avaient été faites par des actes séparés.

» Mais comment la cour impériale de Montpellier a-t-elle pu s'aider de l'art. 1097 du Code Napoléon, pour déclarer nulle la donation du 13 frimaire

an 4 ? Comment a-t-elle pu ne pas appliquer à cette donation la maxime rappelée par l'art. 2 du même Code : *la loi ne dispose que pour l'avenir, elle n'a point d'effet rétroactif* ?

» A-t-elle pensé que les testamens et les actes contenant des donations révocables jusqu'à la mort, telles que sont toujours les donations entre époux, ne sont censés exister, même quant à leur forme, qu'au moment du décès des testateurs et donateurs, et qu'en conséquence ils sont nuls, s'ils ne sont revêtus des formalités prescrites par les lois en vigueur dans ce moment même ?

» Non : elle a, au contraire, reconnu qu'en thèse générale, tout testament, tout acte de donation révocable, qui se trouve revêtu des formes prescrites par la loi du temps de sa confection, subsiste nonobstant la loi subséquente qui, du vivant du testateur ou donateur, prescrit d'autres formes ; et il n'est pas inutile de remarquer que ce principe, déjà consacré par l'art. 80 de l'ordonnance de 1735, et par un arrêt de la section des requêtes, du 17 brumaire an 13, l'a été de nouveau par les décrets impériaux des 4 juillet et 30 septembre 1811, concernant la mise en activité des lois françaises, dans les départemens anséatiques et dans les provinces illyriennes : « Les » testamens et autres actes de dernière volonté, » d'une date certaine antérieure à la mise en » activité du Code Napoléon ; s'ils ont été faits » dans les formes usitées dans le pays, seront vala- » bles quant à la forme, encore que le testateur ne » décède qu'après la mise en activité dudit Code. » Dans ce dernier cas, ils ne vaudront, quant au » fond, qu'à concurrence des avantages autorisés » par ce même Code ». Ce sont les termes de l'art. 154 de ces décrets et de l'art. 42 du second.

» Quel est donc le motif qui a déterminé la cour impériale de Montpellier à juger la donation du 13 frimaire an 4 soumise à la disposition de l'art. 1097 du Code Napoléon ?

» C'est, a dit cette cour, parce que l'art. 1097 ne statue pas précisément sur la donation entre époux ; c'est qu'il établit, à l'égard des époux, une incapacité de se faire des donations mutuelles par un seul et même acte ; c'est qu'il règle la capacité des époux relativement aux avantages qu'ils peuvent se faire, c'est par conséquent qu'à cet article est applicable le principe, que les testamens et les donations révocables ne peuvent valoir, qu'autant que les testateurs et les donateurs jouissent, au moment de leur décès, de la même capacité qu'au moment où ils ont testé et donné.

» Ce système, Messieurs, nous paraît si étrange, si opposé aux premières notions du droit, que nous ne savons comment le qualifier.

» L'art. 1097 du Code Napoléon déclare-t-il les époux incapables de se faire des donations mutuelles ? Non. Il leur défend seulement de les faire par un seul et même acte ; il leur permet par conséquent de les faire par des actes séparés ; et c'est ce que la cour a jugé solennellement, le 22 juillet 1807, en cassant, sur notre réquisitoire et dans l'intérêt de la loi, un arrêt de la cour d'appel de Rennes qui avait embrassé l'opinion contraire.

» Or, permettre aux époux de se faire des donations mutuelles, et leur défendre de les faire par un seul et même acte, qu'est-ce autre chose que régler la forme de ces sortes de donations?

» Point de milieu : ou la loi qui dispose ainsi, ne règle que la forme, ou elle règle le fond.

» Mais pour qu'elle réglât le fond, que faudrait-il? Bien évidemment il faudrait qu'elle prohibât les donations mutuelles entre époux. Elle ne les prohibe pas, elle les permet même expressément. Elle ne règle donc pas le fond; elle ne règle donc que la forme.

» L'art. 968 place sous la rubrique *des règles générales sur la* FORME *des testamens*, la disposition par laquelle il est dit qu'un « testament ne pourra » être fait dans le même acte par deux ou plusieurs » personnes, soit au profit d'un tiers, soit à titre de » disposition réciproque et mutuelle ». Cet article est donc parfaitement étranger, et à la capacité des testateurs, et au fond des dispositions testamentaires; il n'est donc relatif qu'à la forme des testamens.

» Et comment l'art. 1097, qui ne fait qu'appliquer la même règle aux testamens des époux et aux donations qu'ils se font par actes entre-vifs, aurait-il, par rapport aux époux, un autre caractère? Comment serait-il, à leur égard, à la forme? Comment, à leur égard, ne concernerait-il que le fond? Comment la même disposition aurait-elle, relativement aux époux, le caractère d'un statut personnel, d'une règle de capacité ou d'incapacité, tandis que, relativement aux personnes non mariées, elle ne serait qu'un statut de pure forme, qu'une règle de pure solennité? La cour impériale de Montpellier en donne trois raisons.

» Et d'abord, dit-elle, si l'art. 1097 ne réglait que la forme des actes qu'il a en vue, il ne serait pas à sa véritable place : il ne serait pas rangé sous la rubrique *des dispositions entre époux*, *soit par contrat de mariage*, *soit pendant le mariage*; *il le serait sous les rubriques qui ont pour objet la forme des donations et la forme des testamens*.

» Comme si une disposition législative pouvait changer de nature, par la place qu'elle occupe dans une loi? Comme si le législateur, après avoir établi des règles générales sur la forme des testamens et des donations, n'avait pas pu en établir de particulières sur la forme des testamens et des donations que les époux pourraient faire en faveur de l'un de l'autre! Comme si la véritable place de ces règles particulières, n'avait pas été la rubrique *des dispositions entre époux*!

» Il ne faut pas d'ailleurs s'étonner que le législateur ne se soit pas contenté, quant aux époux, de la disposition générale de l'art. 968 qui déclare qu'un testament ne peut être fait dans un même acte par deux ou plusieurs personnes. S'il s'était borné à

cette disposition, l'on en aurait nécessairement conclu que les époux pouvaient se faire, par un seul et même acte, des donations qualifiées entre-vifs, quoique toujours révocables. Car, d'un côté, rien n'empêche deux personnes non mariées de se faire, par un seul et même acte, des donations mutuelles entre-vifs; et de l'autre, il est certain, la cour a même jugé par l'arrêt déjà cité du 22 juillet 1807, que les donations entre époux qualifiées entre-vifs, sont, quoique toujours révocables, soumises aux mêmes formes que les donations entre-vifs proprement dites. Il a donc fallu, pour prévenir cette conséquence et empêcher les époux de se faire, par un seul et même acte, des donations mutuelles qualifiées entre-vifs, que le législateur ajoutât à l'art. 968, et déclarât la disposition de cet article commune; en ce qui concerne les époux, aux donations qualifiées entre-vifs et aux testamens; et c'est ce qu'il a fait, par l'art. 1097. Mais en étendant ainsi, par l'art. 1097, la disposition de l'art. 968, il ne l'a pas dénaturée : et cette disposition qui, dans l'art. 968, n'est qu'une règle de pure forme, ne peut pas être devenue, dans l'art. 1097, une règle du fond.

» La seconde raison de la cour impériale de Montpellier est que la donation mutuelle par un seul et même acte, constitue une disposition spéciale, dont la nature est déterminée par l'art. 1097, et que cet article prohibe aux époux à raison de sa nature même.

» Mais, ou il n'y a là que des mots vuides de sens, ou l'on doit convenir franchement que la nature de cette disposition spéciale n'est pas autre chose que la forme même de cette disposition. Car enfin, il faut toujours en revenir à ce point : les donations mutuelles ne sont pas interdites aux époux; les époux peuvent se faire des donations mutuelles par des actes séparés; la défense qui leur est faite de se donner mutuellement par un seul et même acte, ne porte donc que sur la forme des donations mutuelles.

» La troisième raison de la cour impériale de Montpellier est que la donation mutuelle par un seul et même acte, est un contrat synallagmatique; qu'elle ne peut par conséquent être révoquée que du consentement des deux donateurs; et que le Code Napoléon n'a pas voulu que les époux pussent se lier entre eux de cette manière.

» Mais, 1° si c'est là véritablement le motif de l'art. 1097 du Code Napoléon, si véritablement la donation du 13 frimaire an 4, n'eût pas pu, avant le Code Napoléon, être révoquée par Henri de Frégeville malgré la demanderesse, ni par la demanderesse malgré Henry de Frégeville; que devons nous en conclure? Une chose fort simple, mais absolument destructive du système de la cour impériale de Montpellier c'est que le Code Napoléon n'aurait pas pu, quand il en aurait eu la volonté, anéantir les donations mutuelles que des époux encore vivans à l'époque de sa publication, auraient pu se faire précédemment par un seul et même acte.

Car par cela seul que ces donations n'auraient pu être révoquées que du consentement réciproque des deux époux, ces donations auraient conféré à chacun des époux un droit irrévocable ; et il est bien constant que des droits qui étaient irrévocables avant la publication du Code Napoléon, n'auraient pas pu être révoqués, comme en effet ils n'ont pas été révoqués, par ce Code.

» Ensuite, l'art. 1097 du Code Napoléon ne parle pas seulement des donations mutuelles par acte entre-vifs : il parle aussi des donations mutuelles par testament ; et bien certainement on n'a jamais pu assimiler une donation mutuelle par testament à un contrat synallagmatique. Aussi ne doutait-on pas que les testamens mutuels, lorsque l'usage en était permis, ne pussent être révoqués par l'un des co-testateurs, sans le consentement de l'autre. « S'il » s'agit d'une donation mutuelle (disait Ricard , » dans son 1er *Traité du Don Mutuel*, n. 254), » comme c'est un contrat entre-vifs, et dont la » disposition est présente, du moins dans les termes » qu'elle contient, dès le moment qu'elle est faite, » elle ne peut être révoquée que par le consente-» ment mutuel de ceux qui y sont intéressés , et » desquels elle dépend. Par la raison contraire, » lorsqu'il est question d'un testament mutuel, » comme sa perfection ne s'acquiert que par la mort » des testateurs, et que c'est une qualité inséparable » de la nature de cet acte , de pouvoir être librement » révoqué pendant le cours de leur vie , l'un peut » sans-doute le révoquer sans le consentement de » l'autre , nonobstant que la mutualité s'y rencon-» tre , d'autant que les parties ayant compris la do-» nation mutuelle qu'ils avaient dessein de faire, » dans un testament , sont présumées l'avoir voulu » rendre sujette à toutes les qualités dont cet acte » est susceptible , entre lesquelles la libre révoca-» tion est ce principal apanage ; *quia*, dit Dumou-» lin , sur l'art. 352 de la coutume d'Anjou , *ex* » *quo facta (est donatio) , in mutuo testamento ,* » *censetur facta in ultima voluntate et pars testa-» menti.* Nous en avons un ancien arrêt du 9 février » 1575, au profit de Marguerite Poireau contre les » héritiers de Jean de Savigny, enquêteur à Char-» tres ; depuis lequel temps nous ne voyons pas » que cette maxime ait été révoquée en doute , pas-» sant en effet pour constante et indubitable parmi » nous ». — Le président Maynard , liv. 5 , ch. 97, enseignait la même doctrine pour le ressort du parlement de Toulouse. « Il n'est pas faite difficulté » aucune (ce sont ses termes), que , du vivant des » testateurs, qui se trouvent avoir, par la force que j'ai » dessus, testé ensemble, l'un sans l'autre ne puisse » révoquer valablement ».

» Ainsi, la troisième raison de la cour impériale de Montpellier est à la fois inexacte et inconcluante. Elle est inexacte, puisqu'elle est inapplicable aux testamens mutuels ; et elle est inconcluante , en ce que, si les donations mutuelles par acte entre-vifs étaient irrévocables avant le Code Napoléon, il est évident que le Code Napoléon n'a pas pu les détruire,

quoique leurs auteurs vécussent encore au moment de sa publication.

» Mais au surplus voulons-nous une preuve sans réplique que l'art. 1097 du Code Napoléon n'a porté aucune atteinte aux donations mutuelles qui avaient été faites même par testament , avant sa mise en activité ? Nous la trouverons dans les articles déjà cités des décrets des 4 juillet et 30 septembre 1811.

» Il est notoire que les testamens mutuels étaient admis dans toute l'Allemagne , et par conséquent dans la totalité des départemens anséatiques et dans la majeure partie des provinces illyriennes. La coutume de Lubeck était la seule qui les prohibât entre mari et femme ; et tout en les prohibant , elle reconnaissait que le droit commun était contraire à sa défense. *Testamentum mariti et uxoris reciprocum ,* disait-elle ; et art. 10 , *etsi jure communi subsistit, jure tamen Lubecensi non admittitur.*

» Il devait donc exister , au moment de la mise en activité du Code Napoléon dans les départemens anséatiques et dans les provinces illyriennes , un grand nombre de testamens mutuels entre époux dont les auteurs n'étaient pas encore décédés.

» Et cependant, par les art. 154 et 42 des décrets impériaux dont il s'agit , il est dit , sans aucune espèce d'exception , et par conséquent pour les testamens mutuels comme pour les autres, que « Les » testamens et autres actes de dernière volonté , » d'une date certaine antérieure à la mise en acti-« vité du Code Napoléon, s'ils ont été faits dans les » formes usitées dans le pays , seront valables quant » à la forme , encore que le testateur ne décède « qu'après la mise en activité dudit Code ».

» Tout se réunit , tout s'élève donc contre la disposition de l'arrêt de la cour impériale de Montpellier, qui déclare la donation mutuelle , du 15 frimaire an 4 , révoquée par l'art. 1097 du Code Napoléon.

Arrêt du 23 juin 1815 , au rapport de M. Cochard, qui casse celui de la cour impériale de Montpellier. On en trouvera le texte au mot *transaction*, §. 5 , no 4 *bis*.

N. V. *Page* 40 , *col.* 2 , *ligne* 15 , *après les mots* confirmatur morte, *ajoutez* : V. le plaidoyer du 15 juillet 1811 , rapporté (dans les *additions*), au mot *jugement*, §. 7 *bis*.

DONATION , sect. VIII , §. IV. *Page* 155 , *colonne* 2 , *après la ligne* 7 , *ajoutez* :

IV. Une donation mutuelle faite , entre époux , par un seul et même acte, avant la publication de l'art. 1097 du Code Napoléon , est-elle devenue nulle par l'effet de la survie des deux codonateurs et codonataires à cette publication ? V. *Don mutuel*, §. 2 , no 2 *bis* , dans les *additions*.

V. Une donation mutuelle est-elle nulle par le défaut de réciprocité ? Est-elle nulle, lorsque le défaut de réciprocité n'est que partiel ? Est-elle nulle , soit par le défaut absolu , soit par le défaut partiel de réciprocité, lorsque le défaut a été connu, au moment même de la donation, par le codonateur qui a réellement donné tout ce qu'il a promis? Que faut-il pour qu'il y ait absence de réciprocité dans une donation mutuelle? *V. Simulation*, §. 5, n° 3.]]

DOUANES. *Page* 317, *col.* 2, *ligne* 49, *après les mots, procès-verbal, ajoutez*: excuse, n° 8, intention et saisie pour contravention, n° 4.

DOUBLE ÉCRIT, n° VII. *Page* 358, *col.* 1, *ligne* 56, *après les mots*, §. 1, *ajoutez en note*:

Quelle était, à cet égard, la jurisprudence du parlement de Toulouse? peut-on aujourd'hui, dans les pays qui ressortissaient à cette cour, déclarer nul un acte sous seing-privé qui a été passé dans ces pays avant le Code civil, sur le fondement que, contenant des obligations synallagmatiques, il n'a pas été fait double? *V. non bis in idem*, n° 16, dans les *additions*.

DROGUISTE. *Page* 388, *col.* 1, *à la fin de l'article, ajoutez*:

L'art. 33 de la loi du 21 germinal an 11 permet aux épiciers et Droguistes de *continuer de faire le commerce en gros des drogues simples, sans pouvoir néanmoins en débiter aucune au poids médicinal.*
Les Droguistes peuvent-ils, d'après cette disposition, vendre du quinquina en poudre? Peuvent-ils le vendre à l'once?

« Le procureur-général expose qu'il est chargé par le gouvernement de requérir la cassation d'un arrêt de la cour d'appel de Rome, qui paraît violer ouvertement la loi et compromettre la santé publique.
» Quatre Droguistes de Rome, nommés Pierre Folchi, Louis Folchi, Joseph Fajella et Pie Bittichi ont été traduits, à la requête du ministère public, devant le tribunal correctionnel de cette ville, comme prévenus d'avoir vendu du quinquina en poudre, par portions d'une once chacune, et par là, d'avoir doublement contrevenu à l'art. 60 de l'arrêté de la consulte des Etats romains, du 11 novembre 1809, ou, ce qui revient au même, à l'art. 33 de la loi du 21 germinal an 11, sur la pharmacie, lequel porte que « Les épiciers et Droguistes » ne pourront vendre aucune composition ou pré-» paration pharmaceutique, sous peine de 500 fr. » d'amende; et qu'ils pourront (seulement) conti-» nuer de faire le commerce en gros des drogues » simples, sans pouvoir néanmoins en débiter au-» cune au poids médicinal. »

» Par jugement du 30 mai 1812, le tribunal correctionnel les a condamnés chacun à 500 fr. d'amende et aux dépens.
» Mais sur l'appel qu'ils ont interjeté de ce jugement, la cour impériale de Rome a rendu, le 22

août de la même année, un arrêt par lequel, «con-» sidérant, en fait, à l'égard de Pie Bittichi, qu'il » a nié d'avoir jamais vendu du quinquina en pou-» dre, ce qui est encore prouvé en ce que les offi-» ciers de police n'ont point trouvé chez lui de » quinquina de cette qualité, sans que le contraire » puisse être prouvé par l'assertion de Silvestre » Gioacchini, témoin commissionnaire, et, à cet » effet, gagé par les témoins Binetti et Milani, qui » se rapportent uniquement à son assertion; — Con-» sidérant, en droit, que l'esprit de l'art. 60, dont » on doit faire l'interprétation, a eu égard à la sû-» reté publique, combinée avec la liberté du com-» merce, d'où dérive l'avantage de la santé et de » l'économie des peuples; savoir, en laissant in-» distinctement aux épiciers le débit des drogues » simples au poids non médicinal, dans lesquelles » l'ignorance ou l'inhabileté ne puissent pas avoir » lieu; et en réservant aux apothicaires le débit pri-» vatif des drogues composées et préparées, où l'on » exige l'étude et l'art de pharmacie; c'est pour-» quoi, suivant l'avis des professeurs physico-» médecins, cet art ou science n'étant pas requis » dans la pulvérisation du quinquina, l'on en » doit conclure qu'il est dans l'esprit de la loi de » n'en pas interdire le débit aux épiciers; — » Considérant qu'à ce sens revient encore l'in-» terprétation juste et intime de la lettre de la loi, » puisque, sous le mot *Composition*, l'on entend la » mixtion de deux corps de nature et espèce diffé-» rentes; et pareillement sous le mot *Préparation*, » l'on entend la distribution, non pas mécanique, » mais étudiée et artificielle, de la même drogue » composée ou décomposée, à un système certain » et déterminé pour l'usage médicinal; et, pour » cela, la loi a ajouté la qualification *préparation pharmaceutique*; par conséquent, dans le cas dé-» fendu, il doit concourir une préparation produite » à l'aide de cette science ou art; — Considérant en » outre que, tandis que la loi a défendu aux épi-» ciers le débit des drogues au poids médicinal, l'on » ne peut pas entendre compris dans cette défense » le débit d'une once de quinquina pulvérisé. Le » poids médicinal dont parle la loi, est cette quan-» tité de médecine qui sert de remède au malade, » et qui peut, d'un seul coup, être avalé par lui. » Mais il n'est pas possible d'avaler, d'un seul coup, » une once de quinquina; de là il suit, par consé-» quence légitime, qu'une once de quinquina pul-» vérisé ne peut pas être appelée poids médicinal. » — L'on ne doit pas mesurer le poids médicinal par » l'ordonnance ou recette qu'en fait le médecin, » puisque cette ordonnance ne regarde que la com-» modité du malade, afin qu'il ne soit pas obligé » d'envoyer plusieurs fois chez l'apothicaire, pour » chercher ces petites fractions, lesquelles sont déjà » indiquées dans le jour par le même professeur » dans l'ordonnance; à l'effet de les avaler une à la » fois, ce qui constitue le poids médicinal; — La » cour, en recevant l'appel, a déclaré et déclare » que la sentence dont est appel, doit être révo-

» quée ; ainsi qu'elle la révoque ; et pour cela elle a » absous , ainsi qu'elle absout *les prévenus* de toute » peine , et des dépens de l'une et l'autre instance ».

» Ainsi , la cour d'appel de Rome a reconnu que Pierre Folchi , Louis Folchi et Joseph Fajella étaient convaincus d'avoir vendu du quinquina en poudre , et de l'avoir vendu à l'once; et néanmoins elle les a déchargés de l'action intentée contr'eux , d'abord , parce que , selon elle , le quinquina en poudre n'est ni une *composition* ni une *préparation pharmaceutique* ; ensuite , parceque , selon elle encore , vendre du quinquina à l'once , ce n'est pas le vendre au poids médicinal.

» Ce sont là deux erreurs également frappantes.

» 1º. Quel sens l'art. 33 de la loi du 21 germinal an 11 attache-t-il au mots *préparation pharmaceutique* ? Il y attache sans doute le même sens que la langue de la pharmacie y a constamment attaché. Or , qu'a-t-on constamment entendu , qu'entend-on encore , par ces mots , dans la langue de la pharmacie ? » On entend par ce mot (est-il dit dans l'*Ency-* » *clopédie*, au mot *Préparation*), une altération quel- » conque que l'on fait essuyer à divers sujets phar- » maceutiques officinaux , pour les rendre propres à » être employés sur-le-champ d'après l'ordonnance » du médecin , ou à entrer dans différentes compo- » sitions officinales. On prépare (ainsi) d'avance les » corps que la préparation ne rend pas moins dura- » bles , et qui exigent une préparation trop longue, » pour être faite à mesure qu'ils sont ordonnés ».

» Et la preuve que c'est dans ce sens que les mots *préparation pharmaceutique* sont employés dans l'art. 33 de la loi du 21 germinal an 11 , c'est que cet article les met en opposition avec les *drogues simples* dont il permet seulement aux épiciers et aux droguistes *de faire le commerce en gros*. Car le commerce en gros ne peut évidemment porter que sur des drogues brutes ; les drogues préparées sont évidemment exclues du commerce.

» Aussi (dit le ministre de l'intérieur dans une lettre au grand juge ministre de la justice , du 13 mars dernier) , » jusqu'ici tous les gens de l'art ont » considéré le quinquina en poudre comme *prépa-* » *ration pharmaceutique* ; et il ne paraît pas s'être » encore élevé de contestation à ce sujet depuis la » publication des lois sur la pharmacie. En effet , » s'il en était autrement , si les épiciers ou les Dro- » guistes pouvaient débiter du quinquina en poudre, » il pourrait en résulter beaucoup d'inconvéniens. » D'abord , les individus qui exercent ces profes- » sions , n'ont aucune des connaissances médicinales » ou pharmaceutiques. Ils se tromperaient tous les » jours sur la qualité d'un végétal dont les meilleurs » botanistes ne connaissent pas eux-mêmes toutes » les espèces ; ils pourraient aussi tromper le » public ; car le quinquina , quand il est pulvérisé » est une des préparations médicinales qu'il est » le plus facile de déguiser. Il se confond , dans cet » état , avec une foule d'autres substances végétales » qui échappent souvent à l'analyse chymique la » plus rigoureuse.... Les pharmaciens eux-mêmes

» ne peuvent , suivant l'art. 32 de la loi du 21 ger- » minal an 11 , *vendre et débiter des préparations* » *médicinales*, et par conséquent le quinquina en » poudre , *que d'après la prescription qui en sera* » *faite par des docteurs en médecine ou en chirur-* » *gie* ».

» Le docteur Lupi , président de la faculté de médecine de Rome , écrivait la même chose au préfet de ce département , le 21 septembre 1812 ; et il y ajoutait ces observations décisives : En parcourant tous les livres élémentaires de phar- » macie , parmi les préparations de cet art , on » trouve la pulvérisation. Donc, pulvérisation du » quina est une préparation pharmaceutique ; et » dès qu'elle est considérée comme telle par tous les » docteurs , chymistes et pharmaciens de l'empire , » je ne conçois pas comment la cour impériale a pu » dire que *sous le mot* PRÉPARATION, *on n'entend* » *pas la mécanique*, *mais la distribution artifi-* » *cielle de la même drogue composée ou décom-* » *posée* , et comment elle a pu le dire à l'effet d'ex- » cepter des préparations pharmaceutiques la pul- » vérisation du quina. Si la pulvérisation du quina » est purement mécanique , si elle peut être opérée » par un porte-faix , on ne peut pas regarder comme » également facile , comme appartenant au même » mécanisme , la science qu'il faut pour pouvoir en » distinguer la bonne ou mauvaise qualité » ; or , (devons-nous ajouter) , cette science doit essentiel- lement concourir à la pulvérisation du quinquina ; elle doit même y jouer le premier rôle ; car le choix de la matière à pulvériser , doit nécessairement pré- céder l'opération manuelle dont la pulvérisation est le résultat.

» 2º. Mais après tout , quand on pourrait , contre toute évidence , placer le quinquina en poudre hors de la classe des *préparations pharmaceutiques* , les Droguistes n'en seraient pas plus autorisés à le vendre à l'once : ils ne pourraient le vendre qu'en *gros* , ils ne pourraient pas le vendre au *poids médicinal.* L'art. 33 de la loi du 21 germinal an 11 est là dessus très-formel.

» La cour d'appel de Rome n'a pas méconnu l'au- torité de cette loi ; mais elle l'a éludée par la fausse et dérisoire interprétation qu'elle a donnée aux mots *poids médicinal.*

» A l'entendre , ces mots désignent *la quantité de médecine qui , étant administrée comme remède au malade , peut être avalée par lui d'un seul coup.* Mais où a-t-elle puisé une pareille définition ?

» Si elle eût bien examiné le texte de la loi , elle y aurait vu que la vente *au poids médicinal* y est mise en opposition avec la vente *en gros* ; et elle en aurait conclu tout naturellement que, puisque vendre à l'once et vendre en gros sont deux actes essentiel- lement exclusifs l'un de l'autre , il faut de toute né- cessité que vendre à l'once et vendre au poids mé- dicinal soient absolument la même chose.

» Cette vérité serait encore devenue plus sensible pour elle , si elle eût fait ce raisonnement : — « En » imposant aux Droguistes l'obligation de ne vendre

» qu'en gros les Drogues simples dont elle leur
» permet le commerce, la loi leur a, par cela seul,
» imposé l'obligation de ne les vendre qu'au poids
» décimal; elle leur a par conséquent défendu de
» les vendre à la livre, à l'once, au gros ou à la
» dragme, au grain. — Cela posé, il faut bien que
» vendre au poids de médecine et vendre au poids
» décimal, soient deux choses distinctes. — Et en
» effet, il est notoire que les pharmaciens ne ven-
» dent pas au poids décimal; il est notoire qu'ils
» continuent de vendre à la livre, à l'once, au gros
» ou à la dragme et au grain. — Il est donc im-
» possible que, par les mots *au poids médicinal,*
» la loi ait entendu tout simplement une *quantité*
» *de médecine que le malade peut avaler d'un seul*
» *coup* ».

» Ce raisonnement aurait conduit la cour impériale
de Rome à consulter les Dictionnaires de pharmacie; et elle y aurait vu que les pharmaciens se servent, dans leurs ventes, d'une livre particulière,
connue sous le nom de *libra medica;* que cette livre
n'est composée que de douze onces; que l'once médicinale est inférieure d'un sixième à l'once poids de
marc anciennement usitée à Paris; qu'elle est composée de huit gros ou dragmes; et que chaque gros
ou dragme n'est composé que de soixante grains,
tandis qu'il y avait soixante-douze grains dans le
gros ou dragme poids de marc (1).

» Par cette manière de procéder à la recherche du
véritable sens de la loi, la cour d'appel de Rome
serait arrivée à la connaissance de l'intention du
législateur.

» Au lieu qu'en raisonnant comme elle l'a fait, en ne
consultant qu'une imagination arbitraire, elle a violé
la loi qu'elle devait appliquer, elle a absous des coupables qu'elle devait punir.

» Et il n'est pas besoin de grands efforts pour sentir combien la santé publique est intéressée à la
cassation d'un arrêt aussi extraordinaire. Si les Droguistes pouvaient débiter le quinquina en poudre,
en prenant, pour toute précaution, le soin de le
vendre chaque fois en quantité supérieure à celle
qu'un malade peut avaler d'un seul coup, il n'y aurait aucune raison, aucun prétexte, pour leur interdire la vente qu'ils pourraient faire avec la même
précaution, de toute autre drogue médicinale. Car,
dit, dans sa lettre déjà citée, le président de la faculté de médecine de Rome, « Si le quinquina en pou-
» dre n'est pas une préparation pharmaceutique,
» on ne peut pas non plus considérer comme telle
» la rhubarbe, le jalap, le scammonée, l'ipéca-
» cuana et le gotigomme, réduits en poudre, qui
» sont tous des drogues simples comme le quinquina,
» et se trouvent comprises par la loi sous la même
» classe. Or, il est évident qu'accorder aux Dro-
» guistes, avec la sanction des juges, la liberté de

---

(1) *V.* l'Encyclopédie, aux mots *Poids (Pharmacie).*

» débiter toutes ces drogues; se serait ouvrir aux
» empoisonneurs un moyen très-facile de se pro-
» curer des poisons, puisque toutes ces drogues
» sont vénéneuses, dès qu'elles excèdent la quantité
» susceptible d'être avalée d'un seul coup ».

» Ce considéré, il plaise à la cour, vu l'art. 442
du Code d'instruction criminelle, et l'art. 35 de la
loi du 21 germinal an 11; casser et annuler, dans
l'intérêt de la loi et sans préjudice de son exécution
dans l'intérêt de la vindicte publique, l'arrêt de la
cour d'appel de Rome ci-dessus mentionné, et dont
une expédition est ci-jointe; et ordonner qu'à la diligence de l'exposant, l'arrêt à intervenir sera imprimé et transmis sur les registres de ladite cour.

» Fait au parquet, le 1er août 1813. *Signé* Merlin.
» Ouï le rapport de M. Coffinhal, conseiller...,
vu l'art. 53 de la loi du 21 germinal an 11, et l'art.
442 du Code d'instruction criminelle.....; et attendu
1° que tous les gens de l'art ont considéré le quinquina en poudre comme *préparation pharmaceutique,* qui exige la connaissance de l'art de la pharmacie, et que les Droguistes et épiciers n'étant
autorisés à vendre que les drogues simples, par opposition avec toute composition ou préparation pharmaceutique, la cour d'appel de Rome n'a pu, sans
contrevenir à l'article cité, acquitter les Droguistes
prévenus d'avoir vendu du quinquina en poudre,
sous le prétexte que ce n'était pas une préparation
médicinale; 2° que l'article cité de la loi du 21 germinal an 11 ne permet aux épiciers et Droguistes
que le commerce en gros des drogues simples, sans
pouvoir en débiter aucune au poids médicinal;
que la vente au poids médicinal est mise, dans la
loi, en opposition avec la vente en gros; et que la
vente à l'once médicinale qui est inférieure d'un
sixième à l'once poids de marc, ne peut pas être
réputée vente en gros, qui est cependant la seule
permise aux épiciers et Droguistes; et que la cour
d'appel a également contrevenu à l'article cité, en
autorisant à leur profit, la vente à l'once et surtout
à l'once médicinale, qui est évidemment exclusive
de l'idée de la vente en gros; la cour casse et annulle dans l'intérêt de la loi.....».

EFFRACTION. n° 1, *page* 501, *col.* 1; après
la dernière ligne de la note, ajoute :

Cette disposition est-elle, comme l'était l'art. 17
du tit. 2 de la loi du 28 septembre 1791, applicable à la destruction totale ou partielle de toute
espèce de clôture, à l'Effraction faite à la porte ou
à la fenêtre d'un bâtiment ? *V.* le plaidoyer et l'arrêt du 29 octobre 1813, rapportés au mot *Vol,* sect.
1, n° 4.

ÉLARGISSEMENT. n° 1, *page* 510, *col.* 2;
après la ligne 15, ajoutez :

C'est ce qu'a jugé un arrêt de la cour de cassation, du 24 août 1811, qui est ainsi conçu :
« Le procureur-général expose qu'il est chargé
par le gouvernement de requérir, pour l'intérêt de

la loi, la cassation d'un arrêt rendu dans les circonstances suivantes :

» Le 11 mai dernier, la femme Sauffroy, arrêtée en vertu d'un mandat de dépôt et traduite devant le tribunal correctionnel de Nancy, présente à ce tribunal une requête en élargissement provisoire, moyennant caution.

» Le 17 du même mois, le tribunal correctionnel, sans avoir pu statuer sur cette requête, d'après les longueurs occasionées par la communication qu'il en avait fallu donner au procureur impérial et à la partie civile, prononce au fond et condamne la femme Sauffroy à la peine de l'emprisonnement.

» La femme Sauffroy appelle de ce jugement à la cour de Nancy; et le 22 du même mois, elle reproduit devant cette cour (chambre des appels de police correctionnelle) sa demande en élargissement provisoire.

» Cette demande, appuyée de l'offre d'un cautionnement valable et plus que suffisant, n'éprouve aucune contradiction de la part du ministère public ni de la partie civile.

» Mais par arrêt du même jour, *la cour renvoie l'exposante à suivre l'effet de sa première requête aux fins de la présente, pardevant les juges du tribunal de police correctionnelle de l'arrondissement de Nancy, en exécution de l'art.* 124 *du Code d'instruction criminelle.*

» La femme Sauffroy aurait pu se pourvoir en cassation contre cet arrêt; mais elle a trouvé plus court et moins dispendieux de suivre la marche qu'il lui traçait; elle a obtenu du tribunal correctionnel de Nancy, un jugement qui, au moyen du cautionnement qu'elle avait offert, l'a mise provisoirement en liberté.

» Cet arrêt ne peut donc plus être attaqué que dans l'intérêt de la loi; et il ne sera pas difficile à l'exposant de prouver que la loi en commande la cassation.

» Il y a lieu à cassation, suivant les art. 408 et 416 du Code d'instruction criminelle, toutes les fois qu'il y a violation des règles de la compétence.

» Or, les règles de la compétence ne sont-elles pas violées par l'arrêt dont il s'agit, ou, ce qui est la même chose, la cour de Nancy n'a-t-elle pas, par cet arrêt, méconnu sa propre compétence, et attribué au tribunal correctionnel de la même ville, une juridiction qu'il ne pouvait plus exercer ?

» L'art. 114 du Code d'instruction criminelle porte qu'en matière correctionnelle, *la mise en liberté provisoire pourra être demandée et accordée en tout état de cause.* Elle peut donc être demandée et accordée en cause d'appel, comme en première instance.

» Mais lorsqu'elle n'a pas été demandée et accordée en première instance, à qui doit-elle être demandée, et par qui peut-elle être accordée en cause d'appel ?

» Il est de principe que l'appel, quoiqu'il ne soit pas suspensif en certains cas privilégiés, est toujours *dévolutif;* qu'il l'est même essentiellement, et que, par conséquent, il dépouille les premiers juges de la connaissance entière de l'affaire sur laquelle ils ont prononcé.

» Comment donc le tribunal correctionnel pourrait-il, nonobstant l'appel du jugement par lequel il a condamné le prévenu à l'emprisonnement, prendre sur lui de faire cesser provisoirement l'effet de sa condamnation ? Comment pourrait-il, même lorsqu'il a acquitté le prévenu contre lequel il existait précédemment un mandat de dépôt ou d'arrêt, faire cesser provisoirement l'effet de ce mandat ?

» L'appel le dessaisit du provisoire comme du principal; il est donc sans pouvoir à l'égard de l'un, comme à l'égard de l'autre.

» Et de là il suit nécessairement que ce n'est pas au premier juge, mais au tribunal d'appel, que doit être demandée la mise en liberté provisoire; de là il suit nécessairement que ce n'est pas par le premier juge, mais le par tribunal d'appel, que la mise en liberté provisoire doit être accordée.

» L'art. 207 ajoute à ces conséquences un degré de force irrésistible. *Si celui contre lequel le jugement dont est appel a été rendu* (porte-t-il), *est en état d'arrestation, il sera dans le même délai, c'est-à-dire, dans les vingt-quatre heures de la déclaration d'appel, et par ordre du procureur impérial, transféré dans la maison d'arrêt du lieu où siège la cour ou le tribunal par qui l'appel doit être jugé;* et nous ne devons pas oublier qu'ainsi transféré dans la maison d'arrêt de la cour ou du tribunal d'appel, il conserve, d'après l'art. 114, le droit de demander sa mise en liberté provisoire, moyennant caution. Or, ne serait-il pas souverainement déraisonnable que le tribunal de première instance pût faire sortir le condamné d'une maison d'arrêt sur laquelle il n'a aucune juridiction, d'une maison d'arrêt qui est absolument sous la main de la cour ou du tribunal d'appel ?

» A ces raisons, qui sont certainement sans réplique, la cour impériale de Nancy oppose l'art. 124, aux termes duquel *le prévenu ne sera mis en liberté provisoire sous caution, qu'après avoir élu domicile dans le lieu où siège le tribunal correctionnel, par un acte reçu au greffe du tribunal.* Elle aurait pu opposer également plusieurs autres articles du même chapitre qui ne parlent, relativement à la mise en liberté provisoire, et comme devant y concourir, que du tribunal de première instance, du juge d'instruction et du procureur-impérial.

» Mais tout ce qu'on peut inférer de ces articles, c'est qu'en les rédigeant, le législateur ne s'est occupé que de la manière de procéder dans les cas les plus ordinaires; qu'il ne s'est pas occupé de la manière de procéder dans le cas très-rare où le prévenu d'un délit attend jusqu'après le jugement définitif pour demander sa mise en liberté provisoire; et que, s'il n'a pas expressément prescrit aux cours ou tribunaux d'appel de se conformer, dans ce cas, autant que la différence d'organisation peut le comporter, aux règles qu'il a tracées aux tribunaux de première instance, du moins il le leur a prescrit implicitement d'après le principe général, que les règles de procédure données aux tribunaux de première instance, sont communes aux tribunaux d'appel, principe qui est consigné en toutes lettres, non-seulement dans l'art. 470 du Code de procédure civile, mais encore dans les art. 176 et 211 du Code d'instruction criminelle.

» Ce qu'il y a de certain, c'est que, ni par l'art. 124 du Code d'instruction criminelle, ni par aucune autre disposition du chapitre dont cet article fait partie, le législateur n'a ôté au prévenu le droit qu'il lui avait formellement accordé par l'art. 114, de demander sa mise en liberté provisoire en cause d'appel ni attribué aux tribunaux de première instance une prorogation de juridiction sur des affaires dont l'appel les aurait dépouillés.

» Il est vrai que, par arrêt du 3 frimaire an 5, la cour a cassé un jugement du tribunal criminel du département de la Dyle, qui avait, pendant l'appel d'un jugement correctionnel, mis provisoirement en liberté sous caution, une personne que ce jugement avait condamnée à la prison.

» Mais pourquoi l'a-t-elle cassé? Ce n'est pas précisément parce que le Code du 3 brumaire an 4 ne parlait, relativement au droit d'accorder aux prévenus leur élargissement provisoire, que des directeurs du jury et des juges de paix ; mais bien et uniquement parce que *le pouvoir attribué* à ces magistrats, *ne portait que sur les prévenus*.

» Il faut, en effet, bien faire attention que le Code du 3 brumaire an 4 ne disait pas, comme l'art. 114 du Code d'instruction criminelle, que l'élargissement provisoire pût être demandé et accorder *en tout état de cause* ; et qu'au contraire, en ne permettant d'accorder la liberté provisoire qu'aux *prévenus*, il était censé interdire aux *condamnés* le droit de la demander en cause d'appel.

» Le motif sur lequel repose l'arrêt cité, ne subsiste donc plus. L'arrêt cité n'est donc susceptible d'aucune application au système adopté par le Code d'instruction criminelle.

» Ce considéré, il plaise à la cour, vu les art. 114, 416 et 421 du Code d'instruction criminelle, casser et annuler, dans l'intérêt de la loi et sans préjudice de son exécution à l'égard de la partie intéressée, l'arrêt de la cour d'appel de Nancy ci-dessus mentionné et dont expédition est ci-jointe ; et ordonner qu'à la diligence de l'exposant, l'arrêt à intervenir sera imprimé et transcrit sur les registres de ladite cour.

» Fait au parquet le 5 août 1811. *Signé* Merlin.

» Ouï le rapport de M. Rataud, conseiller en la cour... ; vu les art. 114, 416 et 441 du Code d'instruction criminelle... ; attendu que la mise en liberté provisoire sous caution pouvant être demandée en tout état de cause, il suit nécessairement de cette

disposition de la loi, qu'elle peut être demandée et accordée en cause d'appel comme en première instance ; mais que, lorsque la demande n'en a pas été faite et accordée en première instance, c'est devant la cour ou le tribunal saisi de l'appel, qu'elle doit être formée, et que c'est à cette cour ou tribunal qu'il appartient exclusivement d'y faire droit, parce que l'appel est essentiellement dévolutif ; qu'il dépouille les premiers juges de la connaissance entière de l'affaire sur laquelle ils ont prononcé ; qu'ils sont par conséquent dessaisis du provisoire comme du principal, et qu'ils deviennent sans pouvoir à l'égard de l'un, comme à l'égard de l'autre ; que, si l'art. 124 dudit Code porte que la demande de mise en liberté provisoire ne pourra être accordée au prévenu qu'après avoir par lui élu domicile dans le lieu où siége le tribunal correctionnel, par un acte reçu au greffe de ce tribunal, on ne peut en induire que toujours et dans tous les cas, c'est au tribunal correctionnel à statuer sur les demandes de ce genre ; qu'il est évident que, par cette disposition comme par plusieurs autres qui se trouvent dans le même chapitre, le législateur ne s'est occupé que de la manière de procéder dans les cas les plus ordinaires, sans s'occuper du cas très-rare où le prévenu d'un délit attend jusqu'après le jugement définitif, pour demander d'être provisoirement mis en liberté ; mais que, dans ce dernier cas, si la loi n'a pas prescrit expressément aux cours et tribunaux d'appel, de se conformer, autant que la différence d'organisation peut le comporter, aux règles tracées pour les tribunaux de première instance ; elle le leur prescrit implicitement, d'après le principe général établi par le Code de procédure civile et par le Code d'instruction criminelle ; que les règles de procédure données aux tribunaux de première instance, sont communes aux tribunaux d'appel ; qu'il est certain que, ni par ledit art. 124, ni par aucune disposition du chapitre dont cet article fait partie, le législateur n'a ôté au prévenu le droit qui lui est accordé d'une manière formelle par l'art. 114, de demander en cause d'appel sa mise en liberté provisoire, ni attribué aux tribunaux de première instance une prorogation de juridiction sur des affaires dont l'appel les aurait dépouillés ; que si, avant le nouveau Code d'instruction criminelle, la cour a annullé des arrêts de tribunaux criminels qui avaient, pendant l'appel, ordonné la mise en liberté provisoire sous caution, d'individus condamnés par les jugemens dont était appel, à la prison, ce n'est pas parce que le Code du 3 brumaire an 4 ne parlait, relativement au droit d'accorder la liberté provisoire, que des directeur du jury, mais bien uniquement parce que le pouvoir attribué à ces magistrats ne portait que sur de simples prévenus, non sur des condamnations ; et que l'ancien Code ne permettait pas, comme le nouveau, de demander et d'accorder l'élargissement provisoire en tout état de cause ; qu'ainsi, dans l'espèce, la cour d'appel de Nancy, en refusant de statuer elle-même sur la demande de mise en liberté provisoire, formée en cause d'appel par la femme Sauffroy, et en renvoyant devant le tribunal de première instance pour être statué sur ladite demande, a violé les règles de compétence en méconnaissant celle qui lui était attribuée par la loi, et attribuant au tribunal correctionnel une juridiction qu'il ne pouvait plus exercer; par ces motifs, la cour, faisant droit sur le réquisitoire du procureur-général impérial, casse et annulle, dans l'intérêt de la loi seulement, l'arrêt rendu par la cour impériale de Nancy; le 22 mai dernier.... »

Page 511, *col.* 2, *lignes* 22 *et* 25, *supprimez les mots,* V. procédure criminelle, § 5.

EMIGRATION. *Page* 549, *col.* 1, *après la ligne* 10, *ajoutez* :

§. XVIII. 1.° *Les émigrés morts avant la loi du* 12 *ventose an* 8, *et non inscrits, avant cette loi, sur les listes servant à constater les Emigrations, ont-ils pu depuis être déclarés avoir encouru la mort civile par le seul fait de leur Emigration?* — 2° *Une institution contractuelle, faite avant l'année 1789, sous la condition qu'elle serait résolue, s'il ne restait point d'enfans du mariage à l'époque où l'instituant viendrait à mourir, est-elle devenue caduque par l'Emigration des enfans de l'institué avant le décès de l'instituant ?* — 3° *Comment pouvait-on, avant le 1er avril 1814, prouver en France qu'un émigré était mort à telle époque en pays étranger, et servant dans un corps de troupes alors réputées rebelles ?*

Voici une espèce dans laquelle ces trois questions se sont présentées.

Le 20 août 1763, Charles Pigeollot et Françoise Ternière son épouse, donataires mutuels et universels l'un de l'autre, marient la demoiselle Lefort leur élève, au sieur Dupuget, et l'instituent héritière universelle du survivant d'entr'eux.

Par une clause du contrat de mariage, il est dit que « les sieur et dame Pigeollot faisant ladite institution en faveur du présent mariage, s'il arrivait que le futur décédât sans enfans de ce mariage avant la survivante, ou que lesdits sieur et dame Pigeollot ou l'un d'eux fussent alors vivants, même si lesdits enfans ou descendans venaient à mourir avant le survivant desdits sieur et dame Pigeollot; dans l'un comme dans l'autre cas, et quoique la future fût alors vivante, néanmoins ladite institution sera et demeurera nulle, caduque, et comme non faite ni avenue ».

Par une autre clause du même contrat, les sieur et dame Pigeollot se réservent la faculté de disposer d'une somme de 20,000 fr.

Le 23 août 1764, naît de ce mariage un enfant qui est nommé Charles-François Dupuget.

Quelque temps après, le sieur Dupuget, père de cet enfant, vient à mourir.

Le 4 mars 1790, décès de la dame Pigeollot.

Le 12 janvier 1792, Charles-François Dupuget, lieutenant au 11e régiment d'infanterie (ci-devant

vieille marine) en garnison à Monaco, abandonne son corps et passe en pays étranger.

Le 6 nivose an 2 (26 décembre 1793), le sieur Pigeollot meurt, laissant pour héritière contractuelle la veuve Dupuget, et pour héritiers légitimes les sieurs Manzait, Denizot, Guyot, etc.

Procès entre ceux-ci et la veuve Dupuget, sur la question de savoir à qui appartient la succession du sieur Pigeollot.

Les héritiers légitimes disent à la dame Dupuget : « Votre institution contractuelle est caduque pour le tout, si vous ne prouvez pas que votre fils vivait encore à l'instant du décès du sieur Pigeollot; et, dans le cas où vous feriez cette preuve, elle doit être réduite à un sixième de la succession, d'après les dispositions rétroactives de la loi du 5 brumaire an 2 ».

Le 25 fructidor an 2, sentence arbitrale qui ordonne « que, dans trois mois, pour tout délai, la veuve Dupuget justifiera, par pièce authentique, que Charles-François Dupuget, son fils, existait au 26 décembre 1793; sinon, que l'institution dont elle réclame le bénéfice sera déclarée nulle pour le tout; sauf néanmoins ses droits contre les héritiers légitimes pour les capitaux seulement, dans le cas où, dans le délai de trente ans, elle justifierait de l'existence de son fils; qu'en rapportant cette preuve elle prendra un sixième de la succession Pigeollot ».

Le 27 brumaire an 12, la veuve Dupuget fait assigner les héritiers légitimes devant le tribunal de première instance de Paris, pour voir dire qu'en vertu, tant de la loi du 9 fructidor an 3 et de celle du 18 pluviose an 5, qui rapportent les dispositions rétroactives de celles des 5 brumaire et 17 nivose an 2, que de la preuve qu'elle représente de l'existence de son fils au 26 décembre 1793, elle sera réintégrée dans la totalité de la succession du sieur Pigeollot.

Pour établir qu'en effet son fils existait encore le 26 décembre 1793, elle produit un acte de décès ainsi conçu :

« L'an 1794, le 6 mars, à dix heures du matin, est des décédé, muni des sacremens de l'église, a l'hospice de l'armée de S. A. monseigneur le prince de Condé, M. Charles François Dupuget, attaché à la compagnie n° 5, natif de Paris, âgé de . . . . fils de M. . . . . , lequel a été inhumé, après la cérémonie de l'église, dans le cimetière de la paroisse de Bernsdorff, où ledit hospice est établi, et de M. Duchallier, directeur dudit hospice, et de M. Pottier, qui ont signé avec nous. *Signé* Duchallier, Pottier et Conrad Wack, aumônier ».

Plus bas est écrit : « En foi de conformité à l'original. Munich, le 20 juin 1803. *Signé* Corbinin-Schart, licencié en droit, avocat et notaire au conseil aulique électoral ».

Suivent la légalisation de la signature du notaire par les Bourgmestre et conseillers de la ville de Munich, la légalisation des signatures des bourgmestres et conseillers par le chargé d'affaires de France en Bavière, et la légalisation de la signature du chargé d'affaires par le ministre des relations extérieures.

Le 11 fructidor an 12, jugement qui, attendu que la veuve Dupuget rapporte la preuve de l'existence de son fils au 26 décembre 1793, « condamne *les sieur et dame Demahy et consorts*, héritiers de Charles Pigeollot, à lui délaisser la propriété de tous les biens, meubles et immeubles, dépendans des successions desdits Charles Pigeollot et sa femme ».

Les sieur et dame Demahy et consorts appellent de ce jugement.

Le 18 germinal an 13, arrêt par lequel, « attendu que l'acte produit par la veuve Dupuget, à l'effet de prouver que Charles-François Dupuget, son fils, est décédé le 6 mars 1794, n'est revêtu d'aucun caractère authentique; la cour (d'appel de Paris) la déclare, quant à présent, non-recevable dans sa demande ».

Avertie, par cet arrêt, de l'insuffisance de l'acte de décès de son fils, la veuve Dupuget retourne devant le tribunal de première instance du département de la Seine, demande que cet acte soit rectifié et inscrit sur les registres de l'état civil du douzième arrondissement de Paris, et conclut subsidiairement à ce qu'il lui soit permis de prouver, tant par titres que par témoins, le fait de la survie de son fils au 26 décembre 1793.

Le 22 juillet 1808, jugement qui commet l'un des juges pour entendre les parens et tous ceux qui ont connaissance du décès du sieur Dupuget fils.

Les sieurs de Salabert, d'Ecquevilly, de Bouthillier, de la Rochefoucault, de Lamotte, de Bellefonds et Cressy de Champmillon, comparaissent devant le juge-commissaire, et déclarent unanimement « qu'ils ont parfaitement connu Charles-François Dupuget, à l'armée de Condé, dans l'année 1793, et au commencement de 1794; qu'il y servait dans la compagnie du n° 5; qu'ils savent que ledit Charles-François Dupuget était fils de Pierre-Emmanuel Dupuget et de Marie-Françoise Lefort, résidans à Paris; qu'avant de se rendre à l'armée de Condé, il servait, au commencement de la révolution, dans le régiment de la Vieille-Marine, infanterie, en garnison à Monaco; que ledit Charles-François Dupuget est décédé le 6 mars 1794, à l'hospice de l'armée de Condé, lors établi à Obernsdorff, et a été inhumé dans le cimetière dudit lieu; que l'acte qui a été dressé à son décès, extrait des registres dudit hospice, signé Dechallier, directeur, Pottier et Conrad Wack, aumônier, est exact; que ledit Charles-François Dupuget était âgé alors d'environ trente ans; et que, si *son âge*, les *noms et prénoms de ses père et mère* sont restés en *blanc* dans ledit acte mortuaire, c'est la conséquence de la précaution qu'il est notoire et que les comparans savent que l'on prenait, dans ce cas,

à ladite armée, pour ne pas compromettre, autant que possible, la sûreté et la tranquillité des parens des individus restés dans l'intérieur de la France; que ledit Charles-François Dupuget est bien le même individu que celui dont ils viennent de parler, et qu'ils déclarent et reconnaissent pour être Charles-François Dupuget, fils de feu Pierre-Emmanuel Dupuget, et de ladite Marie-Françoise Lefort, sa veuve, ici présente : pourquoi, ils sont unanimement d'avis de toutes les rectifications et inscriptions requises ».

Le 20 décembre de la même année, jugement qui homologue cet avis de parens, et ordonne la rectification demandée par la veuve Dupuget.

En conséquence, l'acte de décès ainsi rectifié est inscrit sur les registres de l'état civil du 12e arrondissement de Paris.

Le 25 avril 1809, la veuve Dupuget, munie de cet acte, reprend sa demande contre les sieur et dame Demahy et consorts.

Le 18 juillet suivant, les sieur et dame Demahy et consorts répondent, par une requête verbale, que la nouvelle demande de la veuve Dupuget est absolument la même qui a déjà été proscrite par l'arrêt du 18 germinal an 13; que le prétendu acte de décès, du 6 mars 1794, n'a pas acquis depuis une authenticité qui lui manquait alors; la loi ne permet de rectifier que les actes de l'état civil; de l'acte du 6 mars 1794 n'ayant pas ce caractère, la dame Dupuget n'a pas pu le faire rectifier; qu'au surplus, l'art. 100 du Code Napoléon ne permet pas qu'on leur oppose le jugement de rectification qu'elle a obtenu en leur absence et à leur insu.

La dame Dupuget réplique que la naissance de son fils étant constante, et ses adversaires eux-mêmes ayant prouvé, par un certificat du ministre de la guerre, qu'il avait abandonné son régiment en janvier 1792; elle est, par cela seul, dispensée de prouver qu'il vivait encore le 26 décembre 1793; qu'elle le prouve cependant par surabondance; que, si l'acte de décès, du 6 mars 1794, n'a pas l'authenticité qu'il devrait avoir pour autoriser la veuve de son fils, en cas qu'il ait été marié, à contracter un nouveau mariage, il forme au moins une preuve suffisante que son fils existait encore à l'époque dont il porte la date; et que cette preuve est encore fortifiée par les déclarations unanimes des sept témoins qui ont été entendus devant le juge-commissaire du tribunal; qu'au surplus, ses adversaires maîtres d'attaquer, dans leur intérêt, le jugement du 20 décembre 1808 et l'acte de rectification, ne s'en est ensuivi, ne les attaquent point, et par-là, reconnaissent qu'ils ne pourraient les attaquer avec succès; *qu'ils ne proposent pas même un doute sur l'existence de son fils au 26 décembre 1793.*

Le 18 août de la même année, les sieurs et dame Demahy et consorts signifient une nouvelle requête par laquelle ils concluent » à ce qu'attendu que le tribunal de première instance du département de la Seine n'était point compétent pour connaître de la rectification de l'acte mortuaire de Charles-François Dupuget, prétendu inhumé dans le cimetière de la paroisse d'Obernsdorff; que cette réformation est nulle et faite par un tribunal incompétent; il plaise au tribunal déclarer le jugement du 20 décembre 1808, nul et de nul effet; déclarer la demande formée par la dame Dupuget, et basée sur le jugement de réformation, nulle, avec dépens ».

Le 23 du même mois, jugement par lequel, « Attendu que, par son contrat de mariage du 20 août 1763, la dame Dupuget a été instituée par les sieur et dame Pigeollot, héritière universelle de tous leurs biens, meubles et immeubles, avec la clause expresse que cette institution serait caduque dans le cas où les enfans à naître du mariage de la dame Dupuget viendraient à décéder avant le survivant des donateurs; que de ce mariage est né, le 24 août 1764, Charles-François Dupuget, suivant qu'il résulte de son acte de naissance inscrit sur les registres de l'état civil; qu'il est constant que le sieur Pigeollot a survécu à son épouse, et qu'il est décédé le 6 nivose an 2, ou 26 décembre 1793; d'où il suit que la dame Dupuget, pour jouir du bénéfice de cette institution, ne peut être assujettie qu'à justifier, dans une forme légale, que Charles-François Dupuget existait au jour du décès du sieur Pigeollot, ainsi qu'il est jugé par une décision arbitrale rendue contradictoirement entre les parties, le 26 fructidor an 2, qui a acquis force de chose jugée; que l'art. 100 du Code Napoléon ordonne que, dans aucun temps, le jugement de rectification d'un acte de l'état civil ne pourra être opposé aux parties qui ne l'auraient point requis; qu'en point de fait, c'est la dame Dupuget seule, qui, sans y appeler les parties intéressées, a convoqué un conseil de famille, composé de parens et amis, tendant à faire constater l'époque du décès de Charles-François Dupuget; qu'aux termes de la loi, elle ne peut opposer valablement aux héritiers Pigeollot, ni le procès-verbal de cette assemblée, ni le jugement qui s'en est suivi le 20 décembre suivant; que les dispositions de l'arrêt du 18 germinal an 13 ne peuvent former obstacle à ce que le tribunal statue au fond sur la validité ou la caducité de l'institution contractuelle, et prenne, pour y parvenir, les voies autorisées par la loi pour constater, dans les formes légales et authentiques, le fait que Charles-François fils était réellement existant au jour du décès du sieur Pigeollot; le tribunal, sans avoir égard aux fins de non-recevoir proposées par les sieur et dame Manzard et consorts, ordonne, avant faire droit....., qu'il sera, à la requête et diligence de la veuve Dupuget, convoqué..... une assemblée de de parens ou amis, à défaut de parens, devant M..... juge que le tribunal nomme à l'effet de recevoir leurs déclarations sur la connaissance qu'ils peuvent avoir si Charles-François Dupuget fils était réellement existant le 26 décembre 1793, jour du décès du sieur Pigeollot, à laquelle assemblée seront appelés les sieur et dame Manzard et autres héri-

tiers dudit Pigeollot, qui sont parties dans l'instance, pour ce fait; ou, faute de ce faire, être par les parties requis et par le tribunal statué ce qu'il appartiendra ».

Le 30 décembre suivant, sont assemblés devant le juge-commissaire les sieur Maugen de Salabert de la Rochefoucault, Daubay, Bellefonds, di Martigny, de la Mothe et Crecy de Champmillou; et, après avoir inutilement attendu les héritiers Pigeollot, tous assignés à domicile, avec sommation de s'y trouver, ils déclarent, sous la religion du serment, « qu'il est de leur parfaite connaissance que Charles-François Dupuget fils était réellement existant le 26 décembre 1793, ajoutant en outre, lesdits sieurs de la Rochefoucault, Daubay, Bellefonds, de Martigny, de la Mothe et Crécy de Champmillon, qu'ils n'ont cessé de voir ledit Charles-François Dupuget, et qu'ils l'ont connu jusqu'au commencement de l'année 1794 ».

Le 2 janvier 1810, les héritiers Pigeollot appellent du jugement du 23 août 1809, et, au besoin, de celui du 20 décembre 1808.

Le 3 mars suivant, la veuve Dupuget obtient un arrêt par défaut qui confirme ces deux jugemens.

Le 24 du même mois, les héritiers Pigeollot forment opposition à cet arrêt.

Dans le cours de l'instruction qui suit cette opposition, la veuve Dupuget produit :

1° Un certificat notarié, du 28 octobre 1810, par lequel le sieur Conrad Wack, prêtre desservant la succursale de Lindisheim, arrondissement de Schelestadt, département du Bas-Rhin, atteste « Qu'il était aumônier de l'armée du prince de Condé, lors de son cantonnement à Obernsdorff, en Bavière, en 1793, et au commencement de 1794; que Charles-François Dupuget, qui servait dans ladite armée, est tombé malade sur la fin de février 1794; que, dans ses derniers momens, le comparant lui a administré les sacremens de l'église; que ledit Charles-François Dupuget est décédé à l'hospice de ladite armée, le 6 mars 1794, et fut inhumé, aussi après la cérémonie de l'église, dans le cimetière de la paroisse d'Obernsdorff; que, quoique l'administration de l'hospice du corps d'armée du prince de Condé établi en ville, fît enterrer ses morts dans l'enceinte de la paroisse, il n'était pas permis au curé de cette paroisse d'inscrire leur mort sur ses propres registres, ni de prendre aucune inspection de ceux sur lesquels ladite administration faisait lesdits enregistremens; que l'extrait mortuaire dudit Charles-François Dupuget, signé par le sieur comparant, par M. Duchallier, directeur dudit hospice et de M. Pothier, duquel extrait l'original est déposé pour minute chez M. Lemaire, notaire à Paris, et dont la dame Dupuget a transmis au sieur comparant une copie signifiée à lui représentée; est vraie et sincère; et que, si l'âge de Charles-François Dupuget et les noms et prénoms de ses père et mère sont omis dans ledit extrait mortuaire, c'était une mesure de précaution prescrite par le prince, pour empêcher, autant que possible, que les parens des individus décédés à son armée, et restés dans l'intérieur de la France, ne fussent inquiétés ni dans leur personne, ni dans leurs biens » ;

2º Une lettre du même ecclésiastique, du 24 du même mois, qui confirme le certificat du 2, et y ajoute de nouveaux détails ;

3º Un acte notarié du 22 du même mois ; par lequel le curé de la paroisse d'Obernsdorff, en Bavière, certifie « que les militaires faisant partie du corps d'armée du prince de Condé, et qui sont morts à l'hôpital établi en ladite ville, n'ont pas été portés sur le registre mortuaire de ladite paroisse, mais que le corps d'armée de Condé avait ses registres particuliers » ;

4º Une lettre du même curé qui contient la même attestation et y ajoute : « les registres mortuaires du corps d'armée de Condé, s'ils existent quelque part, doivent se trouver en Angleterre, entre les mains du prince de Condé. Les aumôniers étaient MM. Conrad Wack et Joseph Fries, qui doivent être aujourd'hui curés en Alsace ».

Le 10 mai 1811, la veuve Dupuget fait signifier une requête par laquelle, en persistant subsidiairement dans sa demande en confirmation des jugemens attaqués, elle déclare appeler incidemment de celui du 23 août 1809, *en ce qu'il l'a assujettie à de nouvelles vérifications*, et conclut à l'évocation du principal.

Par arrêt du lendemain, « faisant droit sur les appels tant principal qu'incident...; en ce qui touche l'appel du jugement du 20 décembre 1808 ; attendu que ce jugement ne peut porter préjudice à des tiers ; qu'ainsi Demahy et consorts sont sans intérêt pour l'attaquer ; en ce qui touche les appels principal et incident du jugement du 23 août 1809, attendu que le fait de la naissance de l'enfant du mariage de Dupuget et sa femme est certain ; que la présomption légale de la vie est en faveur de la mère ; que l'existence de l'enfant, à l'époque de la mort de Pigeollot, est suffisamment prouvée par les faits et actes de la cause, et que d'ailleurs elle n'a jamais été formellement déniée ; la cour met les appellations et ce dont est appel, au néant ; émendant, décharge les parties des condamnations contre elles prononcées ; évoquant le principal et y faisant droit, ordonne que l'institution contractuelle portée au contrat de mariage du 20 avril 1763, sera exécutée ; en conséquence, condamne Demahy, Manzard, Denisot et consorts, à délaisser à Marie-Françoise Lefort, veuve Dupuget, les biens meubles et immeubles dépendans des successions de Pigeollot et sa femme, avec restitution des fruits et jouissances, à compter du 25 avril 1809, date de la demande ; sur l'appel du jugement du 20 décembre 1808, ensemble sur toutes autres demandes, fins et conclusions des parties, les met hors de cour ».

Les sieurs et dame Demahy et consorts se pourvoient en cassation contre cet arrêt.

« Des sept moyens de cassation qui vous sont proposés dans cette affaire (ai-je dit à l'audience de la section civile, le 8 mars 1815), le premier offre à votre examen la question de savoir si, par l'arrêt attaqué, la cour impériale de Paris a contrevenu à l'art. 1er de la loi du 28 mars 1793, qui déclare les émigrés morts civilement.

» Charles-François Dupuget, vous disent les demandeurs, avait abandonné sa patrie avant le décès du sieur Pigeollot ; il l'avait abandonnée pour porter les armes contre elle ; nous le prouvons par un extrait du contrôle du onzième régiment d'infanterie, certifié par le ministre de la guerre ; il était donc mort civilement lorsque le sieur Pigeollot a cessé d'exister. Or, il en est, à tous égards, de la mort civile comme de la mort naturelle. La mort civile de Charles-François Dupuget avait donc fait manquer, avant le décès du sieur Pigeollot, la condition de laquelle dépendait l'institution contractuelle de la veuve Dupuget. La cour impériale de Paris n'a donc pas pu ordonner l'exécution de cette institution contractuelle, sans violer l'art. 1er de la loi du 28 mars 1793.

» Dans cet argument, deux choses nous paraissent mériter une discussion particulière : est-il vrai que Charles-François Dupuget fût mort civilement par le seul effet de son émigration, et de son enrôlement dans l'armée de Condé ? s'il était mort civilement, par cela seul qu'il était émigré, et qu'il portait les armes contre sa patrie, avait-il fait manquer, par sa mort civile, la condition à laquelle était attachée l'institution contractuelle de sa mère ?

» Sur le premier point, il semblerait, au premier abord, que la loi du 28 mars 1793 dût trancher toute espèce de difficulté.

» A la vérité, nous ne voyons pas, et les demandeurs n'ont pas même allégué, que Charles-François Dupuget eût jamais été inscrit sur la liste des émigrés, ni que jamais aucun jugement l'eût déclaré coupable, soit du crime d'émigration, soit du crime de port d'armes contre sa patrie.

» Mais la loi du 28 mars 1793, en disant que les émigrés sont morts civilement, fait assez entendre qu'ils le sont de plein droit ; et, s'ils sont, de plein droit, morts civilement, comment élever des doutes sur la mort civile d'un individu dont l'émigration n'est pas douteuse ?

» Cependant il reste à savoir dans quel sens la loi du 28 mars 1793 déclare les émigrés morts civilement de plein droit.

» Entend-elle, par-là, que les tribunaux civils peuvent et doivent, de leur seule autorité, juger mort civilement tout individu de l'émigration duquel on leur rapporte des preuves quelconques ?

» Ce qui démontre que telle n'est point son intention, c'est qu'elle n'abroge pas, et que conséquemment elle maintient la loi du 22 février précédent, qui « déclare nuls et comme non-avenus

» tous jugemens qui auraient été ou seraient rendus » par les tribunaux de district, sur les faits d'émi- » gration, et leur fait défense de connaître lesdits faits. ».

» La loi du 28 mars 1793 ne peut donc, par sa disposition qui déclare les émigrés morts civilement de plein droit, être censée dire autre chose, si ce n'est que tout individu qui a été déclaré émigré par les autorités chargées du soin de constater les émigrations, est réputé mort civilement à compter du jour de son émigration même.

» Or, quelles sont les autorités que la loi du 28 mars 1793 charge du soin de constater les émigrations ?

» Ce sont les commissions militaires pour les émigrés qui ont porté les armes contre la France, et les corps administratifs pour les émigrés en général.

» Pour les premiers, la loi du 9 octobre 1792 avait déjà dit qu'ils seraient livrés à l'exécuteur de la haute-justice, après qu'il aurait été déclaré par une commission militaire qu'ils étaient émigrés, et qu'ils avaient été pris les armes à la main ou qu'ils avaient servi contre la France ; et l'art. 24 de la loi du 28 mars 1793 ordonne que cette disposition continuera d'être exécutée.

» Pour les émigrés en général, les art. 10 et suivans de la même loi veulent que le fait de leur émigration soit constaté par des listes dont elle délègue la confection aux administrations de département et de district ; et l'art. 16 ajoute que tout émigré qui rentrera en France sera traduit devant le tribunal criminel de son dernier domicile, pour y être condamné à la peine capitale, non d'après les preuves quelconques qui seront fournies à ce tribunal du fait de son émigration, mais d'après la preuve qui y sera faite de *l'identité de la personne de l'accusé avec celle dont l'émigration est constatée par la liste des émigrés ou par les arrêtés des corps administratifs*.

» Il résulte clairement de toutes ces dispositions, que le droit de prononcer sur le fait de l'émigration ne pouvait, d'après les lois de 1793, appartenir, en aucun cas, aux tribunaux ordinaires.

» Il ne pouvait jamais appartenir aux tribunaux ordinaires civils : la loi du 27 février vient de nous le dire dans les termes les plus positifs.

» Il ne pouvait jamais appartenir aux tribunaux ordinaires criminels ; car ceux-ci n'étaient chargés, par l'art. 76 de la loi du 28 mars, que d'appliquer la loi pénale au fait d'émigration déclaré par les corps administratifs.

» Aussi l'art. 81 de la même loi portait-il : *Tous les jugemens rendus contre les dispositions de la présente loi sont nuls.*

Comment aurait dû procéder, d'après cela, un tribunal civil devant lequel, tant que cette législation est restée intacte, une partie aurait soutenu et entrepris de prouver que tel individu qui n'avait été déclaré émigré par aucun jugement de commission militaire, par aucune arrêté de corps administratifs, avait encouru la mort civile par émigration ?

» Sans contredit, il aurait dû, sinon déclarer cette partie purement et simplement non-recevable, du moins la délaisser à se pourvoir, dans un certain délai, devant l'autorité administrative, pour faire décider si l'individu qu'elle accusait d'émigration avait effectivement émigré.

» Et comment devrait-il procéder aujourd'hui en pareil cas ?

» Pour répondre à cette question, fixons-nous bien sur les changemens qu'a faits la loi du 12 ventose an 8 à celle de 1793.

» L'art. 1er de la loi du 12 ventose an 8 commence par déclarer que « les individus considérés comme » émigrés avant le 4 nivose an 8, époque de la mise » en activité de l'acte constitutionnel, ne pouvant » invoquer le droit civil des Français, demeurent » soumis aux lois sur l'émigration » ; et, comme vous le voyez, Messieurs, cette disposition maintient très-clairement la mort civile des émigrés.

» Mais quels sont les individus que cet article désigne comme émigrés avant le 4 nivose an 8 ? Les articles suivans vont nous l'apprendre.

» *Ces individus sont*, dit l'art. 2, 1° *ceux qui, inscrits sur les listes d'émigrés avant le 4 nivose ne sont point rayés définitivement;* 2° *ceux contre lesquels il existait, à la même époque, des arrêtés, soit du directoire exécutif, soit des administrations centrales qui ordonnaient l'inscription de leurs noms sur la liste des émigrés, pourvu que lesdits arrêtés ayent été publiés, ou suivis du séquestre ou de la vente des biens.*

» Si la loi du 12 ventose an 8 s'en tenait là, on ne pourrait certainement pas aujourd'hui faire déclarer mort civilement par émigration, un individu qui serait prouvé, par pièce authentique, avoir réellement émigré avant le 4 nivose an 8 ; mais dont l'émigration n'aurait été constatée, avant cette époque, ni par la liste des émigrés, ni par un arrêté, soit du gouvernement, soit d'une administration départementale.

» Et par conséquent, dans notre espèce, la cour impériale de Paris n'aurait fait que ce qu'elle a dû faire, en écartant, par rapport à Charles Dupuget, un reproche d'émigration qui, bien que fondé en soi, n'était cependant justifié, ni par la liste des émigrés, ni par un arrêté qui eût ordonné l'inscription de Charles-François Dupuget sur cette liste.

» Il ne s'agit donc plus que de savoir si les dispositions subséquentes de la même loi ont obligé la cour impériale de Paris d'en juger autrement.

» Or, ces dispositions quelles sont-elles ?

» L'article 3 déclare que les lois sur l'émigration n'atteindront plus ceux qui se sont absentés de France depuis le 4 nivose an 8, ou qui s'en absenteront à l'avenir.

» Les art. 4, 5 et 6 ont pour objet la manière de constater l'émigration de ceux qui, ayant émigré avant le 4 nivose an 8, ne sont cependant pas encore déclarés émigrés par les actes administratifs qu'indique l'art. 2, et ils changent, à cet égard, tout le système des lois de 1793. Les lois de 1793 interdisaient aux tribunaux ordinaires toute connaissance du fait d'émigration. Les articles cités veulent, au contraire, que le jugement de ce fait n'appartienne plus qu'aux tribunaux criminels.

» *Ceux qui désormais seront prévenus d'avoir émigré avant le 4 nivose*, porte l'art. 4, *et qui ne sont pas compris dans les dispositions de l'art. 2, seront jugés par les tribunaux criminels ordinaires.*

» *Dans le cas de l'article précédent*, continue l'art. 5, *le commissaire remplissant les fonctions d'accusateur public sera chargé seul, comme officier de police judiciaire et directeur du jury, de la poursuite et instruction du délit, sur lequel il sera prononcé par des jurys spéciaux d'accusation et de jugement.*

» Et l'art. 6 ajoute : « la seule question soumise aux jurys de jugement sera : *l'accusé est-il coupable d'émigration* »?

» Nous n'examinerons pas si, d'après ces trois articles, on pourrait encore, depuis le sénatus-consulte du 6 floréal an 10, poursuivre, comme ayant émigré avant le 4 nivose an 8, des individus dont l'émigration n'aurait été constatée, antérieurement à cette époque, ni par la liste des émigrés, ni par un arrêté qui eût ordonné l'inscription de leur nom sur cette liste.

» Mais nous dirons que ces trois articles, s'ils ne sont pas abrogés par le sénatus-consulte du 6 floréal an 10, ne peuvent être appliqués qu'aux émigrés encore existans, et qu'il serait aussi absurde qu'injuste de les appliquer à la mémoire d'émigrés qui n'existeraient plus.

» En effet, s'il était dans l'esprit des lois de 1793, qu'un émigré dont le nom avait échappé, pendant sa vie, à la liste dressée en exécution des lois pour constater les émigrations, pût y être inscrit après sa mort ; et, si tel a été l'usage jusqu'au 4 nivose an 8, du moins il répugnait également aux lois et à l'usage, que l'on pût faire judiciairement le procès à la mémoire de cet émigré ; que l'on pût condamner sa mémoire, à défaut de sa personne, aux peines de l'émigration.

» À combien plus forte raison n'a-t-on pas pu faire, à cet égard, depuis la loi du 12 ventose an 8, ce qui ne pouvait pas se faire, ce qui ne se faisait pas avant cette loi !

» Cette loi, en faisant rentrer le délit d'émigration sous la pleine juridiction des tribunaux ordinaires, l'a nécessairement soumis à toutes les règles qui, au moment où elle a été publiée, dirigeaient les poursuites du ministère public.

» Or, parmi ces règles était éminemment celle qui se trouvait écrite dans l'art. 7 du Code du 3 brumaire an 4, et qui l'est encore dans l'art. 2 du Code

d'instruction criminelle de 1808 : *l'action publique s'éteint par la mort du coupable.*

» Maintenant, que l'on nous dise comment Charles-François Dupuget pourrait aujourd'hui être déclaré émigré, et par suite mort civilement ?

» Il ne peut plus l'être administrativement, puisque la liste administrative des émigrés est fermée, à compter du 4 nivose an 8, par la loi du 12 ventose de la même année.

» Il ne peut plus l'être judiciairement, puisqu'il est mort.

» Son crime d'émigration est donc éteint irrévocablement, comme le serait celui de tout autre coupable qui serait mort avant sa condamnation.

» On ne peut donc pas dire aujourd'hui qu'il ait jamais été frappé de mort civile.

» La cour impériale de Paris n'a donc pas pu le considérer comme mort civilement à l'époque du décès du sieur Pigeollot.

» Et, par là, s'écroule toute la base du premier moyen de cassation des demandeurs.

» Mais allons plus loin : admettons, contre l'évidence, qu'à l'époque du décès du sieur Pigeollot, Charles-François Dupuget fût mort civilement. En résultera-t-il que la loi du 28 mars 1793 obligeait la cour impériale de Paris de juger que l'institution contractuelle de la dame Dupuget était devenue caduque ?

» Comment l'y aurait-elle obligée ? Elle ne dit nulle part que la mort civile dont elle punit l'émigration produira, contre les tiers qui ont des droits subordonnés, pour leur durée ou leur ouverture, à l'existence ou la mort d'un émigré, les mêmes effets que la mort naturelle de celui-ci. Et dès là il est bien évident que la cour impériale de Paris n'a pas pu la violer, en jugeant que la mort civile de Charles-François Dupuget ne devait pas opérer, relativement à l'institution contractuelle de sa mère, le même effet qu'eût opéré sa mort naturelle ?

» Qu'a donc fait la cour impériale, en jugeant ainsi dans l'hypothèse de la mort civile de Charles-François Dupuget ? Elle a tout simplement interprété le contrat de mariage du 20 août 1763 ; elle a tout simplement décidé, par l'interprétation de ce contrat, que les sieur et dame Pigeollot n'avaient pas eu l'intention d'assimiler la mort civile des enfans à naître des sieur et dame Dupuget, à leur mort naturelle ; elle n'a par conséquent résolu qu'une question de volonté.

» Ce n'est pas que quelquefois, en jugeant une question de volonté, les magistrats ne puissent violer la loi.

» Ils ne peuvent la violer, si elle leur prescrit la manière de juger cette question ; et ils la violent, en effet, lorsqu'ils jugent cette question autrement qu'elle ne le leur prescrit.

» Mais, si la loi est muette sur la manière dont cette question doit être jugée, comment la violeraient-ils ? leur conscience est alors la seule règle qu'ils ont à consuler : *voluntatis quæstio in æstimatione judicis est*, dit la loi 1, *de Fideicommissis*.

» Or, encore une fois, la cour impériale de Paris ne trouvait, dans la loi du 28 mars 1793, aucune disposition qui l'astreignît à décider que, dans l'intention présumée des sieur et dame Pigeollot, la mort civile de Charles-François Dupuget dût équipoller à sa mort naturelle. Il est donc impossible qu'en jugeant le contraire, elle ait violé la loi du 28 mars 1793.

» Prétendra-t-on du moins que, par là, elle a violé une autre loi? mais cette autre loi, quelle serait-elle?

« Il n'existait, dans notre ancienne législation, qu'une seule loi qui eût prévu, et il n'en existe également qu'une seule dans le Code Napoléon, qui prévoye la question de savoir si, par l'expression, *la mort*, on ne doit entendre que la mort naturelle, ou si la mort civile y est comprise.

» L'ordonnance du mois d'août 1747, concernant les substitutions, déclarait, tit. 1er, art. 24, que, *dans tous les cas où la condamnation pour crime emportait mort civile, elle donnait lieu à l'ouverture du fidéicommis, comme la mort naturelle; ce qui sera pareillement observé,* ajoutait-elle, *à l'égard de ceux qui auront fait profession solennelle de la vie religieuse, ou pour quelque cause que ce soit.*

» Et le Code Napoléon dit, art. 25, que l'*épouse* du condamné à une peine emportant la mort civile, peut *exercer les droits et les actions auxquels sa mort naturelle donnait lieu.*

» Il est sans doute inutile, Messieurs, de vous faire remarquer que, de ces deux lois, la première est la seule que la cour impériale de Paris ait dû et pu prendre en considération. Car le Code Napoléon n'existait pas encore au moment où a été rédigé le contrat de mariage des sieurs et dame Dupuget; et l'on sent assez que ce n'est point par des lois postérieures à la passation d'un acte, que peut être interprétée l'intention des parties qui l'ont signé.

» Mais de ce que, sur la question de savoir si une succession que l'héritier institué était chargé de rendre à sa mort, devait être rendue à l'instant où le grevé avait encouru la mort civile, l'ordonnance de 1747 s'était prononcée pour l'affirmative, s'en-suit-il que l'on dût, en 1765, à l'époque du mariage des sieur et dame Dupuget, tenir pour *règle générale et législative,* que, dans tous les cas et pour tous les effets possibles, la mort civile était assimilée, en droit, à la mort naturelle?

» Non, et il y en a deux raisons également tranchantes.

» La première, c'est que la disposition de l'ordonnance de 1747 ne portait que sur un cas particulier; que, si elle pouvait être étendue *doctrinalement* à d'autres cas, du moins elle ne pouvait pas être, pour d'autres cas, une loi proprement dite, et

que, par conséquent, elle ne liait point, pour d'autres cas, l'opinion des tribunaux.

» La seconde, c'est que cette disposition était contraire aux lois romaines, qui, sur le rapport de la mort civile à la mort naturelle, formaient, en 1763, soit comme lois véritables, soit comme raison écrite, le droit commun de toute la France.

» La loi 77, §. 4, D. *de Legatis* 2°, contient là dessus une décision très-formelle.

» Un père, en instituant son fils héritier, le charge de restituer sa succession à ses enfans ou à celui d'entr'eux qu'il choisira. Le fils, après avoir recueilli la succession de son père, est condamné à la déportation, peine qui, chez les Romains, comme parmi nous, emportait la mort civile, ainsi que le décident expressément la loi 1, §. 8, D. *de bonorum possessione contra tabulas,* la loi 10, §. 6, D. *de in jus vocando,* et la loi 4, §. 1, D. *de bonis libertorum.* Question de savoir si, dès ce moment, le fidéicommis est ouvert au profit de ses enfans, ou s'il ne s'ouvrira qu'à sa mort naturelle, et au profit de ceux de ses enfans qui vivront alors; et, de ces deux partis, la loi citée embrasse le second : *Hæreditatem filius, cùm moreretur, filiis suis vel cui eorum voluisset, restituere fuerat rogatus : quò interea in insulam deportato... fideicommissi conditionem ante mortem filii hæredis (non) existere; viriles autem inter eos fieri qui eo tempore vixerint, cùm de aliis eligendi potestas non fuerit.*

» La loi 121, §. 2, D. *de verborum obligationibus,* prévoit une autre espèce et la décide par le même principe. Un particulier s'oblige de payer une somme d'argent lorsqu'il mourra. Quelque temps après il est condamné à la déportation; son créancier, argumentant de la mort civile à la mort naturelle, prétend que, par là, la dette est devenue exigible. Cette prétention est-elle fondée? La loi répond qu'elle ne l'est pas, et que la dette ne sera exigible qu'à la mort naturelle du déporté : *In insulam deportato reo promittenti stipulatio ita concepta, cùm morieris, dari? non nisi moriente eo committitur.*

« La 59, §. 2, D. *de conditionibus et demonstrationibus,* n'est pas moins positive. Après avoir dit que le legs conditionnel s'éteint, si le légataire vient à mourir avant l'accomplissement de la condition, elle ajoute : en est-il de même si, avant l'accomplissement de la condition, le légataire ne meurt que civilement; si, par exemple, il est déporté dans une île? non, parce qu'il est possible que sa déportation prenne fin par la grâce du prince, et qu'il soit réintégré dans ses droits de citoyen : *Quid ergò, si non decesserit, sed in civitate esse desierit? putà, alicui legatum, si consul fuerit, et in insulam deportatus est : Numquid non interim extinguitur legatum, quia restitui in civitate potest? quod probabilius esse arbitror.*

» Il est vrai que la même loi ajoute, §. 3, qu'il serait autrement si le légataire conditionnel était condamné à une peine qui, non-seulement le prive de la vie civile, mais encore le réduisit à la condition d'esclave, parce que, dit-elle, l'esclavage est assimilé à la mort proprement dite : *Non idem erit dicendum, si ea pœna in eum statuta fuerit, quæ irrogat servitutem, quia servitus morti adsimilatur.*

» Mais cette disposition particulière est sans objet dans notre jurisprudence, qui n'a jamais connu ce que l'ancien droit romain appelait des esclaves de peine, *servos pœnæ*, dénomination qu'il n'appliquait qu'aux condamnés *ad metalla*, c'est-à-dire, aux travaux des mines. Elle était même devenue sans objet dans le dernier état de la législation romaine; car Justinien, par le chap. 8 de la novelle 22, avait expressément déclaré que désormais la condamnation aux travaux des mines, en privant de la jouissance effective de la liberté le coupable qui en serait atteint, ne le réduirait cependant plus à l'état d'esclave; qu'en conséquence, si, de fait, il contractait un mariage, ce mariage serait valable, quoique les esclaves fussent incapables de se marier : *Nos autem hoc remittimus et nullum ab initio benè natorum ex supplicio permittimus fieri servum; neque enim mutamus nos formam liberam in servilem statum.... maneat igitur matrimonium, nihil ex tali decreto læsum, utpotè inter personas liberas consistens.*

» Enfin, ce qui achève de prouver que l'art. 24 du tit. 1er de l'ordonnance de 1747 avait introduit un droit absolument nouveau, en assimilant, pour l'ouverture du fidéicommis, la mort civile du grevé à la mort naturelle; c'est que, comme le remarque Furgole dans son *Traité des testamens*, chap. 7, sect. 5, n. 74, les lois romaines qui établissaient le contraire « avaient été confirmées par l'art. 2 de
» l'édit du mois de décembre 1689. Par cet édit
» (continue ce jurisconsulte), les personnes qui
» sortent du royaume pour fait de religion en-
» courent tellement une mort civile, que leur suc-
» cession est déclarée ouverte, et est déférée à ceux
» qui doivent la recueillir suivant les lois et cou-
» tumes des lieux, tout de même que si elle était
» ouverte par leur mort naturelle, *aux mêmes*
» *charges, dettes, douaires, pensions viagères,*
» *et autres conditions, soit de* SUBSTITUTION, *ga-*
» *rantie ou autrement dont lesdits biens sont char-*
» *gés.* Les biens passent donc, en vertu de cette
» mort civile, aux successeurs *ab intestat*, pour la
» posséder sous la charge de *substitutions*, qui,
» par là, sont bien nettement déclarées n'être pas
» ouvertes, puisque les biens doivent demeurer aux
» successeurs *ab intestat*, jusqu'à l'ouverture qui
» ne peut arriver que par la mort naturelle des per-
» sonnes fugitives qui en étaient chargées ».

» Il est donc bien clair que la cour impériale de Paris n'était pas obligée, dans notre espèce, de prendre pour règle générale l'assimilation que l'ordonnance de 1747 n'avait faite de la mort civile à la mort naturelle que pour le cas de substitution fidéicommissaire; et qu'en préférant à l'opinion

adoptée par cette ordonnance celle que les lois romaines avaient précédemment consacrée pour tous les cas indistinctement, elle n'a fait qu'user du pouvoir qui résultait pour elle de l'absence de toute loi nationale et expresse, sur la question qui était soumise à son examen.

» Le premier moyen de cassation des demandeurs est donc, à tous égards, destitué de fondement.

» Le second moyen repose-t-il sur des bases plus solides? il consiste à dire que les art. 47 et 48 du Code Napoléon, et l'art. 3 du tit. 5 de la loi du 20 septembre 1792, ont été violés par la disposition de l'arrêt de la cour impériale de Paris, qui admet, comme preuve du décès de Charles-François Dupuget, à l'époque du 6 mars 1794, l'acte mortuaire produit au procès, sous cette date; qu'en effet, suivant l'art. 47 du Code Napoléon, *tout acte de l'état civil des Français et des étrangers, fait en pays étranger, doit faire foi, s'il a été rédigé dans les formes usitées dans ledit pays;* que, suivant l'art. 48 du même Code, *tout acte de l'état civil des Français en pays étranger est valable, s'il a été reçu, conformément aux lois françaises, par les agens diplomatiques ou par les consuls de France;* que, suivant l'art. 3 du tit. 5 de la loi du 20 septembre 1792, les actes de décès doivent contenir les noms et prénoms du père et de la mère du décédé, et son âge; et qu'ainsi l'acte mortuaire du 6 mars 1694 ne pourrait faire foi en France qu'autant qu'il eût été rédigé, ou dans les formes usitées dans le pays qu'il indique comme lieu de sa passation, ou par un agent diplomatique ou consulaire français, conformément aux lois françaises; qu'il n'a point été rédigé dans les formes usitées en Bavière, puisqu'il n'a pas été inscrit dans les registres publics de la paroisse d'Obernsdorff; qu'il n'a point été rédigé par un agent diplomatique ou consulaire français, et que, l'eût-il été par l'un ou l'autre, du moins il ne contient, ni les nom et prénoms du père de Charles-François Dupuget, ni les nom et prénoms de sa mère, ni son âge; qu'ainsi, il est irrégulier sous tous les rapports; et qu'en y ajoutant foi, la cour impériale de Paris a fait ce que lui défendaient les trois textes cités.

» Mais d'abord, il ne peut pas être ici question de la loi du 20 septembre 1792; cette loi n'a été faite que pour les actes de l'état civil passés en France; elle ne peut donc pas être appliquée à un acte de décès rédigé dans une souveraineté étrangère.

» En second lieu, l'art. 3 du tit. 5 de la loi du 20 septembre 1792 n'attache point la peine de nullité à l'inobservation de toutes les formes qu'il prescrit.

» Troisièmement, à quelque époque que soit mort Charles-François Dupuget, et quelque discordance qu'il y ait là-dessus entre les deux parties, l'une soutenant qu'il est mort avant le 26 décembre 1793, l'autre soutenant qu'il n'est mort que le 6 mars 1794, il est du moins reconnu par l'une et par l'autre, qu'il est mort longtemps avant que les art. 47 et 48 du Code Napoléon fissent loi, longtemps même avant que le projet en fût conçu. Dès-lors, il serait bien impossible que la cour impériale de Paris, quand même (ce qu'elle n'a pourtant pas fait) elle aurait jugé l'acte mortuaire du 6 mars 1794 parfaitement régulier et revêtu de toutes les formes probantes, eût contrevenu, soit à l'art. 47, soit à l'art. 48 du Code Napoléon.

» Nous disons que la cour impériale de Paris n'a pas jugé que l'acte mortuaire du 6 mars 1794 fût parfaitement régulier ; et en forme complètement probante. Et en effet, ce n'est pas sur la foi de ce seul acte, qu'elle a décidé que Charles-François Dupuget était mort après le sieur Pigeollot, c'est-à-dire, postérieurement au 26 décembre 1795 : elle ne l'a décidé que sur la foi *des actes et des faits de la cause*, termes qui prouvent qu'elle s'est déterminée, non par le seul acte mortuaire du 6 mars 1994 ; mais par le concours de cet acte avec plusieurs autres pièces, et avec des faits qui lui ont paru suffisamment prouvés. Et encore est-il à remarquer qu'elle a de plus été portée à le décider ainsi, par la circonstance que jamais le fait de la survie de Charles-François Dupuget au sieur Pigeollot ; n'avait *été formellement dénié*.

» Dira-t-on que, au moins, la cour impériale de Paris a fait entrer l'acte mortuaire du 6 mars 1794, dans les élémens dont s'est composée, à ses yeux, la preuve de la survie de Charles-François Dupuget au sieur Pigeollot ; et qu'elle n'a pas pu l'y faire entrer, sans violer quelque loi ?

» Mais qu'elle serait donc la loi qu'elle aurait violée, en accordant ainsi à l'acte mortuaire du 6 mars 1792, l'avantage de concourir à une preuve qu'il ne pourrait former seul ?

» Ce ne serait certainement, ni la loi du 20 septembre 1792, ni le Code Napoléon, puisque, comme nous l'observions tout-à-l'heure, l'une était étrangère au lieu, et que l'autre est postérieure au temps où cet acte a été rédigé.

» Et ces deux lois écartées, quelle autre loi peut-on citer sur cette matière? aucune.

» Il y a plus : quand nous supposerions, avec les demandeurs, que l'art. 47 du Code Napoléon eût dû, par un effet rétroactif condamnant tous les principes, diriger *législativement* la cour impériale de Paris, dans l'application de l'acte mortuaire du 6 mars 1794, on ne pourrait pas encore accuser la cour impériale de Paris d'avoir contrevenu à cet article.

» Sans doute, en disant que *tout acte de l'état civil des Français et des étrangers, faits en pays étranger, fera foi, s'il a été rédigé dans les formes usitées dans ledit pays*, l'art. 47 du Code Napoléon est censé dire que, si un acte de l'état civil fait dans un pays étranger, n'est pas revêtu des formes usitées dans le pays, il ne fera pas en France une foi entière. Mais il n'est pas censé dire, pour cela, que cet acte ne fera en France aucune espèce de foi, qu'il n'y pourra pas être regardé comme une présomption plus ou moins forte, qu'il n'y pourra pas être pris en considération pour aider à la preuve du fait qu'il atteste, et que ce fait ne pourra pas être tenu pour suffisamment justifié, si au commencement de preuve qui résulte d'un pareil acte, il vient se joindre d'autres présomptions, d'autres commencemens de preuve.

» Il y a plus encore. La cour impériale de Paris n'aurait pas violé l'art. 47 du Code Napoléon, si elle eût déclaré formellement que l'état mortuaire du 6 mars 1794 devait, dans l'état où se trouvait l'affaire au moment où elle a prononcé définitivement, faire pleine foi du décès de Charles-François Dupuget, à l'époque de sa date.

» En effet, au moment où la cour impériale de Paris a prononcé définitivement, l'acte mortuaire du 6 mars 1794 n'était plus isolé, comme il l'avait été dans l'instance terminée par l'arrêt du 18 germinal an 13 ; on ne pouvait plus dire, comme lors de cet arrêt, qu'il ne prouvait, ni la qualité du prétendu aumônier dont il portait la signature, ni les formes usitées à Obernsdorff pour constater les décès des militaires du corps de troupes stationné dans cette ville. Il était accompagné de deux pièces qui prouvaient, de la manière la plus évidente, et que Conrad Wack, dont il porte la signature, était aumônier de l'armée de Condé, que, d'après un usage observé constamment, c'était sur des registres tenus par cet aumônier, et non sur les registres de la paroisse d'Orbernsdorff, que s'inscrivaient les décès des personnes attachées à ce corps de troupes.

» Or, que résultait-il de ces deux faits, dont le second (ce qu'il importe de remarquer) est reconnu même par les demandeurs en cassation qui, pour le constater surabondamment, produisent une lettre du curé d'Obernsdorff, du 31 juillet 1812 ?

» Il en résultait, sans contredit, que l'acte de décès de Charles-François Dupuget avait été rédigé *dans les formes usitées* à Obernsdorff, *relativement aux militaires de l'armée de Condé*.

» Il en résultait par conséquent, que cet acte devait faire pleine foi en France, et même d'après l'art. 47 du Code Napoléon.

» Et que pourrait-on opposer à cette conséquence?

» Dira-t-on que la loi qui régissait la ville d'Obernsdorff, en 1794, n'admettait pas cette manière de constater les décès, et que le droit de les constater n'appartenait qu'au curé de cette paroisse ?

» Mais si, comme tout paraît l'annoncer, le curé de la paroisse d'Obernsdorff avait réellement ce droit, était-ce un simple usage, était-ce une loi proprement dite, qui le lui avait conféré ? Nous l'ignorons complètement.

» Ce qu'il y a de certain, c'est que s'il ne tenait ce droit que d'un simple usage, un usage contraire a pu le lui ôter, en ce qui concernait les militaires de l'armée de Condé.

» Ce qu'il y de certain encore, c'est que, s'il tenait ce droit d'une loi proprement dite, il était bien au pouvoir du gouvernement, auquel était assujettie la paroisse d'Obernsdorff, de permettre que l'on s'en écartât pour les militaires, et surtout pour des militaires étrangers qui, combattant pour le gouvernement contre leur patrie, pouvaient avoir, et avaient effectivement de graves raisons de ne pas suivre, à cet égard, la loi commune.

» Dira-t-on que les tribunaux français ne peuvent pas reconnaître une existence légale à un corps d'armée qui n'était composé que de rebelles à la France, et que, par suite, ils ne peuvent pas admettre, comme faisant foi en France, des actes signés par un officier ecclésiastique de l'état major de ce corps d'armée ?

» Mais 1° il ne s'agit pas ici de la légalité de l'existence qu'a eue, pendant quelque temps, l'armée de Condé. Quelque illégale qu'ait été l'existence de cette armée, elle n'en a pas moins été réelle ; et dès que l'on est forcé de convenir que cette armée a existé de fait dès que l'on est forcé, par suite, de convenir que, pendant son existence, elle a perdu un grand nombre des hommes qui la composaient, il faut bien que l'on convienne qu'il doit y avoir, pour les Français qui ont intérêt de constater l'époque de la mort de ces hommes, un moyen de la constater en effet.

» Par exemple, Pierre a fourni à Paul, en 1789, une somme de 10,000 fr., à la charge que Paul lui payerait une rente annuelle de 1000 fr, tout le temps que vivrait Philippe ; et cette rente a été payée exactement jusqu'en 1793. Mais, en 1793, Philippe a quitté la France, et s'est engagé dans l'armée de Condé. Dès-lors, Pierre ne pouvant plus rapporter à Paul de certificats de vie de Philippe, Paul a cessé de lui payer la rente. Aujourd'hui, Pierre apprend que Philippe, est mort à l'armée de Condé, en 1800 ; et il est certain que, s'il peut le prouver, il pourra se faire payer par Paul sept années de la rente à laquelle celui-ci s'est obligé ; car il est généralement reconnu que les arrérages des rentes viagères n'étaient pas sujets, avant le Code Napoléon, à la prescription de cinq ans, et que l'art. 2272 de ce Code, qui les y assujettit, n'est point applicable à ceux qui étaient échus sous l'ancienne loi.

» Mais, comment prouvera-t-il qu'en effet Philippe est mort, en 1800, à l'armée de Condé ?

» Ce ne sera point par l'inscription du nom de Philippe sur les registres de la paroisse où il a cessé de vivre ; car il est constant, et les demandeurs eux-mêmes reconnaissent ici, que les actes de décès des militaires de l'armée de Condé ne s'inscrivaient pas sur les registres ; il est constant que les actes de leurs décès ne s'inscrivaient que sur les registres tenus par les aumôniers de leur armée.

» Dès-lors, où serait l'inconvénient que Pierre, dans le cas que nous venons de supposer, pût prouver l'époque du décès de Philippe, par un extrait des registres de l'armée de Condé ? où serait

l'inconvénient que, dans notre espèce, la veuve Dupuget pût prouver, par un extrait des mêmes registres, l'époque du décès de son fils ?

» Y a-t-il une loi qui défende aux tribunaux français de reconnaître ces registres comme faisant foi dans l'intérêt des particuliers ? non, et bien loin de là.

» Si l'acte mortuaire de Charles-François Dupuget était parvenu en France avant que la loi du 12 ventôse an 8 eût fermé la liste des émigrés ; aurait-il été, aux yeux des administrations françaises, une preuve suffisante de l'Émigration de Charles-François Dupuget, et aurait-il autorisé ces administrations à inscrire le nom de Charles-François Dupuget sur la liste servant à constater les Émigrations ?

» Oui, et nous en trouvons une preuve incontestable dans un décret du 4 octobre 1792. Ce décret rendu à l'occasion de la saisie qui avait été faite par de troupes françaises du livre d'ordres de l'armée des émigrés, et de l'envoi qui en avait été fait à la convention nationale, porte ce livre « sera coté » et paraphé par première et dernière page, par » deux secrétaires (de la convention) ; qu'il sera » remis au comité de sûreté générale, pour faire un » extrait des noms des émigrés, le faire imprimer » et l'envoyer aux administrateurs de départemens, » lesquels seront chargés de le faire passer à ceux » de districts, et ceux-ci aux municipalités, pour le » faire pareillement imprimer, afficher, et servir à » l'exécution de la loi sur les émigrés ».

» Et l'on voudrait que la veuve Dupuget ne pût pas, dans son intérêt, prouver l'existence de son fils à l'armée de Condé jusqu'au 6 mars 1794, par une pièce qui aurait pu être victorieusement employée pour prouver ce même fait contr'elle, et à l'effet, non-seulement de confisquer, à son préjudice, les biens que son fils eût pu laisser en France, mais encore de la traiter elle-même avec toute la rigueur que l'on a déployée contre les ascendans d'émigrés ? Non, cela n'est pas possible, parce que la justice ne peut avoir deux poids et deux mesures.

» 2° Quel est l'esprit de l'art. 47 du Code Napoléon ? C'est évidemment que l'on doit considérer en France comme faisant foi, tout acte de l'état civil fait en pays étranger, qui, dans le pays où il a été rédigé, est regardé comme formant une preuve légale ; c'est évidemment que l'on ne peut pas, en France, révoquer en doute la naissance, le mariage ou le décès d'un individu qui, né, marié ou mort dans un pays étranger, y passe légalement pour né, mort ou marié.

» Or, Charles-François Dupuget passe-t-il légalement pour mort dans le pays où a été rédigé son acte de décès ? Oui, sans doute ; car quelle raison y aurait-il, dans ce pays, de ne pas ajouter foi aux registres mortuaires de la ci-devant armée de Condé ? L'armée de Condé avait, dans ce pays, une existence légale ; elle y était reçue ; elle y était traitée comme alliée ; et tout ce qu'elle y faisait, elle était censée le faire du consentement et avec l'approbation du gouvernement de ce pays. Les actes qui sont émanés de son état-major, doivent donc être considérés, dans ce pays, comme des actes publics. C'est donc comme registres publics que l'on y doit considérer les registres mortuaires de ses aumôniers.

» Mais si Charles-François Dupuget est à Obernsdorff légalement réputé mort le 6 mars 1794, il faut bien qu'il soit aussi, en France, légalement réputé mort à la même époque. Et si la cour impériale de Paris eût dû le juger ainsi, d'après l'art. 47 du Code Napoléon, dans le cas où Charles-François Dupuget serait mort sous l'empire de ce Code, à combien plus forte raison a-t-elle pu le juger de même, alors qu'il est constant et avoué de part et d'autre, que la publication de ce Code est postérieure de plusieurs années au décès de Charles-François Dupuget, alors qu'il est certain qu'à l'époque du décès de Charles-François Dupuget, il n'existait en France aucune loi sur la manière de prouver en France les décès arrivés en pays étranger ?

» Que peut, d'après cela, signifier ici l'objection toute nouvelle que les demandeurs viennent tirer devant vous de la prétendue circonstance que l'aumônier Conrad Wack était mort civilement à l'époque où il a rédigé l'acte mortuaire de Charles-François Dupuget ?

» D'abord, où est la preuve que Conrad Wack était mort civilement à cette époque ?

» Il était émigré, vous dit-on. Oui, mais son Émigration avait-elle été constatée légalement ? Son nom avait-il été inscrit sur la liste des émigrés ? Les demandeurs ont gardé, là-dessus, le plus profond silence devant la cour impériale de Paris ; et ce n'est pas devant vous que l'on peut, pour la première fois, agiter de pareilles questions.

» On ne serait pas plus recevable à dire que si la cour impériale de Paris n'a pas dû, d'office, regarder Conrad Wack comme mort civilement par l'effet de son Émigration, elle aurait au moins dû, d'office, le considérer comme prêtre déporté, ce qui reviendrait au même pour le résultat. Car la cour impériale de Paris ne pouvait pas deviner si Conrad Wack avait ou n'avait pas refusé le serment prescrit par la constitution civile du clergé et la loi du 14 août 1792 ; elle ne pouvait conséquemment pas deviner s'il avait ou n'avait pas encouru la déportation.

» Ensuite, si Conrad Wack avait été réellement frappé de mort civile à l'époque du décès de Charles-François Dupuget, il ne l'aurait du moins pas été en pays étranger. Les émigrés français, a dit la cour elle-même, dans un arrêt de la section des requêtes, rendu le 7 janvier 1806, au rapport de M. Oudot et sur nos conclusions, n'étaient réputés mort civilement que relativement à la France. Conrad Wack n'en aurait donc pas moins été, quoique mort civilement en France, capable d'exercer en pays étranger une fonction publique. Il aurait

donc très-bien pu être nommé, en Allemagne, à la cure d'une paroisse ; et assurément si, en sa qualité de curé d'une paroisse, il avait inscrit, sur ses registres paroissiaux, le décès d'un Français émigré ou non, ce décès serait légalement constaté, même en France, par l'extrait qui y serait produit de ses registres.

» Or, ce qu'il aurait pu faire comme curé d'une paroisse allemande, pourquoi n'aurait-il pas pu le faire comme aumônier d'un corps de troupes ? Et pourquoi l'acte mortuaire qu'il a dressé comme aumônier d'un corps de troupes, n'obtiendrait-il pas en France la même foi qu'y obtiendrait sans difficulté l'acte mortuaire qu'il aurait dressé comme curé d'une paroisse ? Pourquoi ne l'obtiendrait-il pas sur-tout, dans la circonstance où il est prouvé et reconnu même par les demandeurs, qu'un usage toléré par le gouvernement au service duquel était le corps de troupes auquel Conrad Wack était attaché en qualité d'aumônier, réservait aux aumôniers de ce corps de troupes, le pouvoir exclusif de constater les décès qui y survenaient ? Pourquoi ne l'obtiendrait-il pas surtout, d'après la considération qu'il l'obtiendrait incontestablement dans le pays où il a été rédigé et que tout acte de l'état civil qui fait foi dans le pays où il a été rédigé, doit, par cela seul, et mêmes aux termes de l'art. 47 du Code Napoléon, faire foi par-tout ;

» Mais, vous dit-on, deux arrêts de la cour, des 28 germinal an 12 et 16 mai 1808, ont jugé, l'un que le testament fait en pays étranger par un émigré mort avant la loi du 12 ventose an 8, était nul ; l'autre qu'on ne peut regarder comme valable en France le mariage de deux Français, célébré en pays étranger pendant leur émigration ; et cependant ces actes avaient été reçus par des officiers publics étrangers.

» Aussi la cour ne les a-t-elle pas jugés nuls, sous le prétexte qu'ils ne pouvaient pas dans les tribunaux français, faire foi de leur existence ; aussi la cour ne les a-t-elle pas jugés nuls, sous le prétexte qu'il n'en résultait pas une preuve légale qu'un émigré avait fait son testament, que deux émigrés s'étaient mariés en pays étranger. La cour ne les a jugés nuls, que sur l'unique fondement qu'un émigré était incapable de tester, par cela seul qu'il était mort civilement ; sur l'unique fondement qu'un homme et une femme étaient incapables de se marier, par cela seul qu'étant émigrés, ils avaient cessé d'exister civilement quant à la France. En un mot, par les arrêts cités, la cour a tenu pour constant et le fait qu'il avait été fait un testament et le fait qu'il avait été contracté un mariage en pays étranger ; mais elle a considéré le testament et le mariage comme nuls par l'effet de l'incapacité du testateur et des époux.

» Comment faudrait-il donc raisonner ici d'après ces arrêts, pour le faire conséquemment en bonne logique ? il faudrait en tirer cette conséquence assurément très-absurde, qu'à la vérité, le fait de la môrt de Charles-François Dupuget , à l'époque du 6 mars 1794 ; n'est pas douteux ; mais que Charles-François Dupuget étant incapable de mourir, sa mort doit être considérée en France comme non avenue.

» Au surplus, Messieurs, ce n'est que surabondamment que nous sommes entrés dans tous ces détails; et déjà nous en avons dit la raison : c'est que, si l'acte mortuaire du 6 mars 1794 ne forme pas par lui-même une preuve légale de la survie de Charles-François Dupuget au sieur Pigeollot, s'il ne la forme même pas à l'aide des pièces qui l'ont accompagné devant la cour impériale de Paris , du moins aucune loi ne s'est opposée à ce que la cour impériale de Paris le fît entrer dans les motifs de son arrêt, comme une présomption grave du fait qu'il énonce; et que la cour impériale de Paris a très-bien pu convertir cette présomption grave en preuve complette, en la joignant, comme elle l'a dit en termes exprès, à des faits qui lui ont paru la corroborer.

» Et que l'on ne nous demande pas quels sont ces *faits?* Son arrêt ne les explique pas; et il n'est écrit nulle part qu'il doit les expliquer sous peine de cassation.

» L'art. 7 de la loi du 20 avril 1810 déclare bien nuls les arrêts *qui ne contiennent pas les motifs ;* mais il ne précise par le degré de développement que les arrêts doivent donner aux motifs qui les déterminent.

» Du reste , on conçoit assez que les *faits* dont il s'agit , ne peuvent être que des faits articulés à l'audience par la veuve Dupuget , et avoués ou non déniés par les demandeurs. Nous devons même le présumer ainsi, parce que , dans le doute , la présomption de droit est toujours en faveur de la régularité des arrêts émanés des cours souveraines.

» C'est trop nous arrêter au deuxième moyen de cassation des demandeurs ; passons au troisième.

» Il consiste à dire que le tribunal de première instance du département de la Seine n'avait pas le pouvoir d'ordonner la rectification de l'acte de décès de Charles-François Dupuget ; que la minute de cet acte étant dans un pays étranger, c'était au juge de ce pays que la veuve Dupuget devait en demander la rectification; qu'en la demandant au tribunal de première instance du département de la Seine elle l'a demandée à des juges incompétens ; et que la cour impériale de Paris , en consacrant la rectification ordonnée par le tribunal de première instance du département de la Seine, s'est rendu propre l'excès de pouvoir et l'incompétence qui viciaient l'opération de ce tribunal.

» Mais, d'une part, où les demandeurs ont-ils vu que la cour impériale de Paris eût pris pour base de l'arrêt qu'ils attaquent , la rectification ordonnée par le jugement du tribunal de première instance, du 20 décembre 1808? Bien loin de s'attacher , dans son arrêt, à cette rectification, la cour impériale de Paris l'a formellement écartée ; en déclarant que le jugement qui l'avait ordonnée, ayant été rendu sans que les demandeurs eussent été appelés ni entendus, ce jugement ne pouvait pas leur être opposé.

» D'un autre côté , s'il était vrai, comme les demandeurs le supposent, que la cour impériale eût jugé que l'acte mortuaire de Charles-François Dupuget avait pu être rectifié par le tribunal de première instance du département de la Seine, quelle loi aurait-elle violée par cette décision ?

» Ce ne serait pas l'art. 99 du Code Napoléon : car cet article se borne à dire que les demandes en rectification des actes de l'état civil, seront portées devant les *tribunaux compétens ;* il ne détermine pas les règles de compétence en cette matière.

» Ce ne serait pas une autre loi ; car il n'en existe aucune autre sur ces sortes de demandes.

» Nous savons bien que, dans l'absence de toute loi sur ce point, la raison a fait admettre pour règle, que les demandes en rectification d'actes de l'état civil, lorsqu'elles seraient formées par action principale , seraient portées devant les juges du lieu où existent les minutes de ces actes.

» Mais cette règle de compétence ne peut avoir son effet, entre des parties domiciliées en France, que d'un tribunal français à un autre tribunal français ; elle ne peut pas autoriser, encore moins obliger, un Français qui a intérêt de faire réformer contradictoirement avec un autre Français, un acte de l'état civil fait dans un pays étranger, à faire assigner son adversaire devant les juges de ce pays. Eh ! quel serait le résultat d'une pareille assignation ? Il serait purement illusoire, il serait absolument nul, puisque le jugement qu'un tribunal étranger rendrait à la suite d'une pareille assignation, n'aurait aucune autorité en France.

» Il faut donc bien qu'alors le demandeur en rectification prenne le parti qu'a pris, dans notre espèce, la veuve Dupuget : il faut donc bien qu'il se borne à lever en pays étranger, une expédition de l'acte qu'il a intérêt de faire rectifier, et qu'il se pourvoye en rectification devant un tribunal français.

» Le quatrième moyen des demandeurs , celui qu'ils font résulter de la contravention à l'autorité de la chose jugée , est-il mieux fondé que les précédens ?

» L'autorité de la chose jugée , vous disent les demandeurs, est violée de deux manières , par l'arrêt que nous attaquons : elle est violée en ce que par la sentence arbitrale du 26 fructidor an 2, il était décidé que la dame Dupuget ne pouvait profiter de son institution contractuelle, qu'en prouvant, par *pièce authentique,* l'existence de son fils à l'époque du décès du sieur Pigeollot, c'est-à-dire , le 26 décembre 1793; elle est encore violée , en ce que, par l'arrêt de la cour d'appel de Paris, du 18 germinal an 13, la dame Dupuget avait été déclarée , quant à présent , non-recevable à réclamer l'effet de son institution contractuelle, parce qu'elle ne représentait , pour preuve de la postériorité de la mort de son fils à celle du sieur Piccollot, qu'un acte qui n'était *revêtu d'aucun caractère authentique*.

» Mais 1° si l'acte mortuaire de Charles-François Dupuget, du 6 mars 1794, peut, à l'aide des autres actes et des faits qui ont déterminé la cour impériale de Paris, être considéré comme équipollent à une *pièce authentique*, il est certain qu'en produisant cet acte, la veuve Dupuget a parfaitement rempli le vœu de la sentence arbitrale du 26 fructidor an 2 ; et qu'en le jugeant ainsi le 11 mai 1811, d'après l'état où se trouvait alors l'instruction, la cour impériale de Paris ne s'est pas mise en opposition avec cette sentence.

» 2° De ce que, le 11 mai 1811, la cour impériale de Paris a considéré un acte mortuaire qu'elle avait jugé non authentique le 18 germinal an 13, comme pouvant concourir à la preuve du décès contesté, il ne s'ensuit nullement qu'elle se soit réformée elle-même ; il ne s'ensuit nullement qu'elle ait contrevenu à l'autorité de la chose jugée.

» Sans doute elle se serait réformée elle-même, sans doute elle aurait contrevenu à l'autorité de la chose jugée, si l'acte mortuaire du 6 mars 1794 se reproduisant devant elle à son audience du 11 mai 1811, tel qu'il s'était trouvé à son audience du 18 germinal an 13, elle eût jugé, le 11 mai 1811, qu'il avait une authenticité dont elle avait déclaré, le 18 germinal an 13, qu'il n'était pas revêtu.

» Mais nous l'avons déjà dit : l'acte mortuaire du 6 mars 1794 qui avait été produit seul et, pour ainsi dire, tout nu, à l'audience du 18 germinal an 13, a été représenté à celle du 11 mai 1811, accompagné de plusieurs pièces qui constataient deux faits de la plus haute importance : le premier, que les décès des militaires de l'armée de Condé, qui venaient à mourir dans la paroisse d'Obernsdorff, pendant qu'elle y était cantonnée, ne s'inscrivaient pas sur les registres communs de cette paroisse ; qu'ils ne s'inscrivaient que sur les registres particuliers que tenaient les aumôniers attachés à cette armée ; le second, que l'un des aumôniers de cette armée était Conrad Wack, qui figure comme tel dans l'acte mortuaire du 6 mars 1794.

» Nous disons que ces deux faits étaient constatés à l'audience du 11 mai 1811, par les pièces qu'y produisit la dame Dupuget ; et il est à remarquer que le premier l'était par une pièce officielle et authentique.

» Elle était en effet bien officielle, elle était bien authentique la déclaration que le curé d'Obernsdorff avait donnée devant le juge royal de cette ville, le 22 octobre 1810, et par laquelle il avait certifié » qu'à l'église paroissiale d'Obernsdorff, les mili- « taires faisant partie du corps d'armée du prince » de Condé, et qui sont morts à l'hôpital établi en » ladite ville, n'ont pas été portés sur les registres » mortuaires de ladite paroisse, mais que le corps « d'armée de Condé avait ses registres particuliers ». Comme dépositaire public des registres mortuaires de sa paroisse, le curé d'Obernsdorff avait certainement le caractère requis pour donner à cette attestation toute l'authenticité désirable ; et cette attestation mérite de sa part la même foi que mérite, de la part d'un greffier, le certificat par lequel il déclare que, sur les registres de son greffe, n'existent pas tels ou tels actes, la même foi que mérite, de la part d'un notaire le certificat par lequel il déclare que, parmi ses minutes, n'existe pas tel contrat ou tel testament ; la même foi que mérite, de la part d'un maire, le certificat par lequel il atteste que, dans les registres de l'état civil de sa commune, n'existe pas tel acte de naissance, tel acte de mariage, tel acte de décès, tel acte d'adoption, tel acte de divorce.

» Le second fait, c'est-à-dire, le fait que Conrad Wack était l'un des aumôniers de l'armée de Condé, n'était pas, il est vrai, prouvé avec la même authenticité par les pièces que la dame Dupuget avait produites à l'audience du 11 mai 1811 ; car ces pièces se réduisaient à un certificat que Conrad Wack lui-même, aujourd'hui desservant d'une succursale en France, avait donné, le 2 octobre 1810, devant un notaire de l'arrondissement de Schelestadt ; à une lettre du même ecclésiastique, du 22 du même mois ; à une lettre du curé d'Obernsdorff, du 3 octobre 1809.

» Et il faut convenir que, quoique le certificat du 2 octobre 1810 n'eût pas été donné par Conrad Wack sur la seule demande de la dame Dupuget ; quoique Conrad Wack l'eût principalement donné, et cette circonstance est remarquée dans l'arrêt de la cour impériale de Paris sur la demande que lui en avait faite l'évêque de Strasbourg ; quoique cette particularité dût faire accorder à ce certificat un certain degré de confiance ;

» Il faut convenir que, quoique la lettre du curé d'Obernsdorff, du 3 octobre 1809, fût rappelée dans la déclaration judiciaire du même pasteur, du 22 octobre 1810 ; et que celle-ci, en la rappelant, en confirmât tout le contenu ;

» Il faut convenir, disons-nous, que la preuve résultante de ces lettres, de ce certificat, n'ayant pas été faite contradictoirement avec les demandeurs, aurait pu ne pouvaient pas, par elles-mêmes, obtenir pleine foi contre ceux-ci.

» Mais les demandeurs avaient-ils nié le fait que ces lettres, que ce certificat, tendaient à prouver ? Avaient-ils nié que Conrad Wack eût été aumônier de l'armée de Condé ? Non.

» Or, où est la loi qui empêche les juges de s'arrêter à de simples lettres écrites à des tiers, à de simples attestations notariées, lorsque les faits qu'elles énoncent, ne sont pas niés par les parties à qui on les oppose ? Nulle part.

» Ce n'est pas tout. Pour juger que Charles-François Dupuget n'était mort que le 6 mars 1794, la cour impériale de Paris ne s'est pas seulement fondée sur l'acte de décès de ce particulier ; elle ne s'est pas seulement fondée sur les pièces dont cet acte était accompagné et que nous venons de discuter; elle s'est encore fondée sur des *faits* qu'il était bien en son pouvoir de tenir pour constans ; et il est bien impossible qu'en jugeant ces faits constans, il est bien impossible qu'en partant de ces faits pour décider que, par leurs concours avec l'acte mortuaire du 6 mars 1794 et les pièces qui l'accompagnaient, ils complétaient la preuve de la survie de Charles-François Dupuget au sieur Pigeollot, elle ait violé une loi quelconque.

» De quoi d'ailleurs est-il question en ce moment ? Ce n'est pas de savoir si la cour impériale de Paris a violé quelque loi, en jugeant que le décès de Charles-François-Dupuget, au 6 mars 1794, était suffisamment prouvé ; c'est uniquement de savoir si, par cette manière de juger, la cour impériale de Paris s'est mise en opposition avec son arrêt du 18 germinal an 13.

» Et il est évident que, lors de son arrêt du 18 germinal an 13, la cour impériale de Paris n'avait pas, pour juger que Charles-François Dupuget n'était mort que le 6 mars 1794, les mêmes élémens qui se sont trouvés dans la nouvelle instance sur laquelle elle a prononcé son arrêt du 11 mai 1811. Il ne peut donc pas y avoir de contrariété entre ses deux arrêts; elle n'a donc pas attenté, par le deuxième, à l'autorité de la chose jugée......

» Pour cinquième et septième moyens, les demandeurs vous disent que la cour impériale de Paris a violé tout à la fois les art. 99, 100 et 407 du Code Napoléon, le tit. 20 de l'ordonnance de 1667, et le tit. 12 du liv. 1er de la première partie du Code de procédure civile.

» Mais 1o en quoi, a-t-elle, selon eux, violé les art. 99, 100 et 407 du Code Napoléon ?

» Elle les a violées, disent-ils, 1o en ce que les parens et amis qui ont été assemblés en exécution des jugemens des 22 juillet 1808 et 23 août 1809, devant des juges-commissaires du tribunal de première instance, ne devaient pas être appelés pour délibérer, mais pour contester, s'ils l'avaient trouvé convenable; 2o en ce que, s'il y avait eu lieu à délibération de leur part, ce n'eût pas été devant les juges-commissaires du tribunal de première instance, mais devant le juge de paix, qu'ils auraient dû être assemblés.

» La cour impériale de Paris a-t-elle donc confirmé les jugemens des 22 juillet 1808 et 23 août 1809 ? A-t-elle donc pris pour base de son arrêt, les délibérations des conseils de famille convoqués en exécution de ces jugemens !

» Point du tout. D'une part, elle a expressément déclaré que le jugement du 20 décembre 1808, dont celui du 22 juillet précédent n'était que préparatoire, ne pouvait pas être opposé aux demandeurs; ce qui signifie bien clairement que la délibération du conseil de famille convoqué en exécution du jugement du 22 juillet, n'est entrée pour rien dans le motif de son arrêt. D'un autre côté,

elle a expressément réformé le jugement du 23 août 1809, et par conséquent elle a écarté la délibération du conseil de famille à laquelle ce jugement avait donné lieu.

» Et dès-lors, qu'importe que le tribunal de première instance ait violé, par ses jugemens des 22 juillet 1808 et 23 août 1809, les art. 99, 100 et 407 du Code Napoléon ? Une chose nous suffit : c'est que, s'il les a violés, la cour impériale de Paris n'en a pas partagé la violation.

» 2o En quoi, suivant les demandeurs, la cour impériale de Paris a-t-elle violé le tit. 20 de l'ordonnance de 1667 et le tit. 12 du liv. 1er du Code de procédure civile ?

» Elle les a violés, répondent-ils, en ce qu'au lieu de procéder par enquête et contre-enquête sur le fait contesté entre les parties, elle s'en est rapportée à des renseignemens puisés dans les délibérations de deux conseils de famille, délibérations auxquelles avaient concouru des ex-émigrés, qui avaient déposé de faits passés pendant leur émigration ; ce qui leur était formellement interdit par la loi.

» Mais d'abord, nous l'avons déjà dit, ce n'est point sur les renseignemens qui sont résultés des délibérations des deux conseils de famille, que la cour impériale de Paris a motivé son arrêt : son arrêt prouve par lui-même, par son propre texte, qu'elle n'a eu aucun égard à ces renseignemens.

» Ensuite, où les demandeurs ont-ils vu que la loi déclarait un homme qui a été frappé momentanément d'une mort civile dont il est relevé, incapable de déposer en justice de faits qui se sont passés pendant qu'il était mort civilement ?

» Enfin, la cour impériale de Paris n'aurait été obligée de procéder par enquête et contre-enquête, que dans le cas où il n'aurait pas trouvé le fait de survie de Charles-François Dupuget au sieur Pigeollot, suffisamment établi; et, bien loin de trouver ce fait dénué de preuves suffisantes, elle a jugé en termes exprès : que l'*existence* de Charles-François Dupuget à *l'époque de la mort de Pigeollot, était suffisamment prouvée par les faits et actes de la cause.*

» Et qu'on ne dise pas qu'en jugeant ainsi, elle a violé quelque loi ; et que ce n'est que par la violation de quelque loi qu'elle est parvenue à s'affranchir de la nécessité de procéder par enquête et contre-enquête. Nous avons démontré qu'elle n'a fait, en jugeant ainsi, que ce qu'elle pouvait et devait faire.

» Le cinquième et le septième moyens des demandeurs ne méritent donc pas plus d'égards que le premier, le second, le troisième et le quatrième....

» En dernière analyse, vous voyez que l'arrêt attaqué par les demandeurs, n'a violé aucune des lois avec lesquelles ils l'accusent d'être en opposition ; et nous estimons, en conséquence, qu'il y a lieu de le maintenir ».

Par arrêt rendu sur délibéré, au rapport de M. Cochard, le 10 mars 1813, — « Attendu 1° que les sieur et dame Pigeollot n'avaient apposé d'autre condition à l'institution contractuelle par eux faite en faveur de la demoiselle Marie-Françoise Lefort dans son contrat de mariage avec le sieur Dupuget, du 26 août 1763, que celle de l'existence d'un ou de plusieurs enfans à naître dudit mariage, à l'époque du décès du survivant des sieur et dame instituans ; que, dans le fait, un enfant issu dudit mariage a survécu audit sieur Pigeollot, dernier des époux ; décédé le 26 décembre 1793, puisqu'il est constaté par l'extrait de mort du sieur Charles-François Dupuget, qu'il n'est décédé que le 6 mars 1794 ; d'où il suit que, la condition de survie s'étant accomplie, l'institution devait avoir son plein et entier effet ; que l'émigration dudit sieur Dupuget, quand même la mort civile en aurait été la suite, nonobstant le défaut d'inscription de son nom sur la liste des émigrés avant la loi du 12 ventose de l'an 8, ne pouvait empêcher l'accomplissement légal de cette condition, puisqu'il ne s'agissait, ni de sa propre succession, ni de le déclarer lui-même successible, ne se trouvant point dans la disposition des deux instituans, mais seulement dans la condition mise à l'institution faite en faveur de sa mère ; qu'il en est de même de la subrogation faite par le même contrat en faveur des enfans à naître dudit mariage, puisque les substitutions avaient été abolies bien avant le décès du survivant des deux instituans ; — « Attendu 2° que, ledit sieur Dupuget étant mort à une époque bien antérieure à la publication du Code Napoléon, les formalités qu'il prescrit pour constater la légalité des actes de l'état civil, ne sont point applicables à l'acte qui constate son décès ; et que la cour impériale a pu juger en fait, d'après les actes produits et les renseignemens divers qui ont été mis sous ses yeux, qu'il était en forme suffisamment probante ; « Attendu 3° que, l'acte de décès de ce dernier n'ayant pas été passé en France, les rectifications auxquelles il a été procédé ne pouvaient être faites que de l'autorité du tribunal de son domicile d'origine, et de celui de sa mère ; que ledit acte ainsi rectifié pouvait être inscrit sur le registre de l'état civil de la municipalité de Paris dans l'arrondissement de laquelle résidait sadite mère ; et que le tribunal de l'autorité, duquel ladite inscription a été faite, était seul compétent pour l'ordonner ainsi ; — « Attendu 4° que le premier arrêt de la cour impériale n'ayant débouté que quant à présent, la dame Dupuget de sa demande, et sur le fondement que l'extrait mortuaire de son fils qu'elle représentait, n'était pas revêtu d'un caractère suffisamment authentique, il ne la privait pas de son action, et qu'il lui réservait, par là même, la faculté de le faire rectifier ; qu'en ensuite parvenue à cette rectification, la même cour a pu juger, en fait, que, par les nouveaux renseignemens et les nouveaux actes produits, le même extrait était revêtu de toutes les formalités nécessaires pour lui donner tout le caractère d'au-

tenthicité qui lui manquait précédemment ; d'où il suit qu'en le jugeant ainsi par le second arrêt du 11 mai 1811, il ne peut y avoir de contrariété entre ledit arrêt et celui du 18 germinal an 13 ; ce qui écarte également le moyen pris de la prétendue contravention à la chose jugée par la sentence arbitrale du 26 fructidor an 2 : — Attendu, sur les cinquième et septième moyens, que nulle loi n'interdit aux tribunaux et aux cours impériales la faculté d'ordonner des assemblées de famille pour délibérer et donner leur avis sur les affaires qui leur sont soumises ; que, lorsqu'elles sont présidées, comme dans le cas particulier, par un commissaire délégué par le tribunal qui a ordonné ladite assemblée, il a caractère pour recevoir les déclarations des membres qui le composent, et dresser procès-verbal ; que cette forme était d'autant plus régulière dans la circonstance du procès actuel, que les demandeurs avaient été cités à y comparaître.... ; — La cour rejette..... »

§. XIX. 1° *L'acquéreur qui, sous le régime hypothécaire de 1791, a payé une portion de son prix à son vendeur, et qui, par suite de l'Emigration de celui-ci, a été contraint de verser le restant de ce même prix dans les caisses de l'état, peut-il encore être poursuivi par son vendeur lui-même, après sa réintégration dans ses droits civils en vertu du sénatus-consulte du 6 floréal an 10 ? 2° Peut-il encore l'être par les créanciers de son vendeur ? 3° En quoi l'arrêté du gouvernement du 3 floréal an 5 s'accorde-t-il avec les lois romaines ? en quoi les contrarie-t-il dans ses dispositions relatives aux créanciers des émigrés amnistiés ?*

Emmanuel-Frédéric de Tane meurt laissant une succession obérée, que sa sœur Françoise-Gabrielle de Tane, dame de Montmorin, accepte sous bénéfice d'inventaire. — Le 11 avril 1785, contrat d'union passé devant Trutat, notaire à Paris, entre la dame de Montmorin, en sa qualité, et les créanciers de la succession de son frère. Par ce contrat, les créanciers nomment cinq syndics, le sieur Trutat est nommé séquestre ; il est convenu que toutes les opérations relatives à la succession seront faites dans l'étude de cet officier, et que toutes les sommes appartenant à l'union seront versées dans ses mains. Enfin, l'héritière bénéficiaire s'engage à vendre, en présence et du consentement des syndics, tous les immeubles dépendans de la succession. — Le 23 juin de la même année, ce contrat est homologué par une commission du conseil chargée de la connaissance de toutes les affaires relatives à la succession d'Emmanuel Frédéric de Tane. — Le 16 juin 1788, acte notarié par lequel la dame de Montmorin, vend aux sieur et dame de la Rochelambert, la terre de Chadien, dépendante de cette succession, moyennant la somme de 375,000 livres qu'ils s'obligent de payer entre les mains du notaire-séquestre, ou des créanciers qui seront délégués, savoir : un quart le 15 septembre prochain, un quart huit mois après, un quart dans seize mois à compter de ce jour, et le dernier quart dans deux ans. Les acquéreurs se chargent d'obtenir, à leurs frais, des lettres de ratification ; et il est convenu que, si au moment où ces lettres seront scellées, il se trouve des oppositions, elles seront dénoncées au procureur de la direction, et rayées à sa diligence. Les syndics interviennent dans l'acte, et déclarent le ratifier et approuver dans tous ses points. — Le 1er juin 1790, les sieur et dame de la Rochelambert payent à compte du prix, entre les mains du notaire-séquestre, une somme de 79,000 livres. Le 6 juin et le 28 novembre 1791, ils font de nouveaux payemens, dans lesquels ils font entrer une somme de 50,000 livres qu'ils ont empruntée à constitution de rente, le 31 janvier précédent, de Gabriel de Tane de Santenas, avec promesse de le faire subroger au privilège de leurs vendeurs. En conséquence, un compte arrêté le jour du dernier de ces payemens, c'est-à-dire, le 28 novembre 1791, fixe à 263,000 livres le capital restant à payer pour solde du prix de la terre de Chadieu. — Le 27 novembre 1791, les sieur et dame de la Rochelambert représentés par le porteur de leurs procurations passées devant notaire, à Coblentz et à Worms, le 16 et le 25 octobre précédent, vendent devant notaire à Paris la terre de Chadieu au sieur Sauzay, moyennant la somme de 500,000 livres. L'acte porte quittance de 125,000 livres ; et quant aux 375,000 livres restant, le sieur Sauzay s'oblige de les payer, dans un an, aux sieur et dame de la Rochelambert, où, si bon lui semble, à leurs créanciers, et spécialement à ceux qui sont privilégiés sur la terre de Chadieu. — Le 4 janvier 1792, les sieurs et dame de la Rochelambert obtiennent, sur le contrat de vente du 17 juin 1788, des lettres de ratification qui sont scellées à la charge de soixante-treize oppositions formées par autant de créanciers de la succession de Tane individuellement. — Au mois d'avril suivant, le sieur Sauzay prend à son tour, sur son contrat du 27 novembre 1791, des lettres de ratification qui sont scellées à la charge d'oppositions formées par lui-même, par les syndics des créanciers unis de la succession de Tane, par Gabriel de Tane Santenas, par les sieur et dame de la Rochelambert et par d'autres. — Le 24 décembre de la même année, le sieur Sauzay, informé que les sieur et dame de la Rochelambert sont inscrits sur la liste des émigrés, déclare à la municipalité de leur ancien domicile, qu'il leur redoit, sur le prix de la terre de Chadieu, une somme de 575,000 livres qui doit être absorbée par les créanciers hypothécaires opposans au sceau de ses lettres de ratification. — Le 7 nivose an 2, il revend la majeure partie de la terre de Chadieu, au sieur Wallier, moyennant la somme de 550,000 livres. Le sieur Wallier paye 40,000 livres comptant, s'oblige de payer au sieur Sauzay 135,000 livres ; et de verser le surplus entre les mains des créanciers de la succession de Tane. — Quelque temps après, le sieur Wallier fait une déclaration de command en faveur du sieur Nathey, Suisse. — Le 24 ventose suivant, la régie de l'enregistrement et des domaines fait

signifier au sieur Sauzay, un commandement de payer en deniers ou quittances valables la somme de 500,000 livres formant le prix de la vente qui lui a été faite de la terre de Chadieu par les émigrés de la Rochelambert. — Le 17 germinal de la même année, le sieur Sauzay dénonce le commandement au sieur Nathey. — Le 26 floréal suivant, le receveur de l'enregistrement et des domaines au bureau de Saint-Amand-Talende, reconnaît avoir reçu du sieur Nathey la somme de 555,000 livres pour servir, tant en son nom qu'à celui du sieur Sauzay, à la libération de Chadieu. — Le 1er et le 26 frimaire an 4, le sieur Nathey verse, entre les mains du même receveur, d'autres sommes qui forment le solde, tant en principal qu'en intérêts, de ce qui restait dû aux sieur et dame de la Rochelambert sur le prix du domaine de Chadieu acquis d'eux par le sieur Sauzay. — Le 1er nivose suivant, le sieur Nathey notifie ces versemens aux syndics de la direction de Tane ; soutient que, par là, il est ainsi que le sieur Sauzay et les sieur et dame de la Rochelambert, pleinement libéré envers eux ; et les somme de se trouver, le 15 pluviose prochain, au bureau du receveur de l'enregistrement de Saint-Amand, leur séquestre légal, pour vérifier et déclarer le payement intégral et définitif de la terre de Chadieu ; lui en voir délivrer quittance, et obtenir d'eux la mainlevée de leurs oppositions au sceau des lettres de ratification obtenues tant par lui que par le sieur Sauzay, son vendeur. — Le 15 pluviose, jour indiqué par cette sommation, le sieur Nathey se présente devant le receveur de l'enregistrement qui reconnaît avoir reçu de lui, en vertu des saisies nationales faites avant la levée du séquestre de Chadieu, la somme de 619,004 livres 18 sous, en l'acquit dudit domaine, sauf à lui à se pourvoir devant qui il appartiendra pour se faire restituer ce qu'il a payé de trop. Au bas de cette déclaration, le receveur atteste qu'aucun des créanciers appelés par la sommation du 1er nivose précédent, ne s'est présenté en son bureau. — Le 25 frimaire an 11, les syndics de la direction de Tane font assigner le sieur Sauzay en payement de la somme de 263,980 fr. qui leur reste due sur la vente du 17 juin 1788. Le sieur Nathey, cité en garantie par le sieur Sauzay, conclut à ce que les syndics soient déboutés de leur demande, et condamnés à lui donner main-levée de leurs oppositions. — Le 7 pluviose an 12, jugement du tribunal civil de Clermont-Ferrand, qui déclare Nathey et par suite Sauzay bien et valablement libérés du prix de la terre de Chadieu, et ordonne que leurs oppositions seront rayées. — Le 24 prairial suivant, ce jugement est signifié aux syndics, et reçoit sa pleine exécution. — Le 11 janvier et le 27 avril 1808, les dames Lagrange de Floirac et Hurault de Vibraye, héritières de la dame de Montmorin, et les syndics de la direction de Tane prennent, aux bureaux des hypothèques de Clermont, d'Issoire et d'Ambert, une inscription hypothécaire sur les biens des sieur et dame de la Rochelambert, émigrés amnistiés, pour la somme de 495,369 fr, qu'ils prétendent leur être dûs en vertu du contrat de vente du 17 juin 1788.— Le 16 août suivant, Amédée de Tane, l'un des héritiers de Gabriel de Tane de Santenas, fait aux sieur et dame de la Rochelambert un commandement de lui payer tous les arrérages échus jusqu'à ce jour, de la rente de 1500 livres créée par le contrat du 31 janvier 1791. — Le 23 et le 27 du même mois, les sieur et dame de la Rochelambert font assigner les héritiers de la dame de Montmorin, et les syndics de la direction de Tane, le sieur de Tane et le sieur Nathey, devant le tribunal civil de Clermont-Ferrand, et concluent, savoir contre les héritiers de la dame de Montmorin et les syndics de la direction de Tane, à ce que leur créance soit déclarée éteinte par les paiemens que le sieur Nathey a faits en leur nom dans la caisse du receveur de l'enregistrement et des domaines de Saint-Amand, et à ce qu'en conséquence leur inscription soit rayée; contre le sieur de Tane, à ce que, par les mêmes raisons, son commandement soit déclaré nul; et contre le sieur Nathey, à ce qu'il soit condamné à les garantir des poursuites exercées contre eux, tant par les héritiers de la dame de Montmorin que par les syndics des créanciers unis, que par le sieur de Tane. — Le 12 juillet 1809, jugement qui déclare les sieur et dame de la Rochelambert et le sieur Nathey valablement libérés par les versemens que celui-ci a été contraint de faire dans la caisse de la régie de l'enregistrement et des domaines; ordonne la radiation des inscriptions prises les 11 janvier et 27 avril 1808 sur les biens des sieur et dame de la Rochelambert; et faisant droit sur la demande de ceux-ci en nullité du commandement qui leur a été fait par le sieur de Tane, le 16 août 1808, la rejette avec dépens. — Les héritiers de la dame de Montmorin et les syndics de la direction de Tane appellent de ce jugement à la cour de Riom. Ils dirigent cet appel, tant contre les sieur et dame de la Rochelambert, que contre le sieur Nathey; mais bientôt ils s'en désistent à l'égard de ce dernier, et leur désistement est accepté. — Les sieur et dame de la Rochelambert appellent du même jugement à l'égard du sieur de Tane et du sieur Nathey. — Le 3 août 1810, arrêt de la cour de Riom ainsi conçu:

« En ce qui touche l'appel des créanciers unis contre les la Rochelambert; attendu que, dans l'acquisition de la terre de Chadieu, faite par les la Rochelambert, le 17 juin 1788, les créanciers de Tane réunis en direction, créanciers directs de la succession de Tane, et créanciers hypothécaires seulement de la terre de Chadieu, n'ont eu de qualité et d'intérêt, n'ont eu de droits, n'ont agi, n'ont traité et manifesté d'intention, que pour réaliser sur le prix de Chadieu leur droit réel sur cette terre; que, quoiqu'il y ait eu dans cette vente, de la part de ces créanciers unis, une ratification acceptée, et qu'ils aient ainsi renoncé à enchérir, ces clauses toutefois n'étant relatives qu'à la nécessité de convenir du prix de Chadieu, et à une manière plus commode de le distribuer, se rapportent uniquement à cette hypothèque dont ils s'agissait, et n'emportent,

en faveur des créanciers de Tane, aucune obligation des la Rochelambert, qui ait été plus étendue, ni qui ait eu plus d'appui que la valeur même de ce gage dont on disposait; que cela résulte de la qualité de créanciers hypothécaires de cet objet, de la mention des lettres de ratification, que les la Rochelambert s'obligent de prendre dans leur acquisition même, du silence de toute autre obligation de leur part, envers les créanciers; que celles qu'ils contractent pour l'objet acquis; que, quoique l'engagement des acquéreurs envers les héritiers bénéficiaires de la succession de Tane ait été personnel aux acquéreurs, et que ce soit pour cela qu'ils aient hypothéqué envers eux tous leurs biens, l'objet de cet engagement envers eux n'en a pas moins été restreint au versement de tout le prix, dans la caisse des créanciers unis, et à la libération de leurs hypothèques sur Chadieu; que cette restriction d'engagement de la part des la Rochelambert envers les héritiers bénéficiaires, résulte de la destination de tout le prix, aux créanciers de Tane, sans en rien excepter; de l'exclusion formelle des créanciers Montmorin sur ce même prix, et même de la garantie convenue, de toute opposition de ces créanciers directs des vendeurs; qu'ainsi, l'obligation unique des la Rochelambert fut alors l'acquittement, comme simples acquéreurs des créanciers hypothécaires de Tane, jusqu'à concurrence de 375,000 livres; — Attendu que les créanciers unis, par la vente du 17 juin 1788, qui n'ont eu contre les mariés de la Rochelambert aucune action directe ni personnelle, n'ont formé sur les lettres de ratification prises sur cette vente, le 4 janvier 1792, aucune opposition en leur nom collectif; que cependant ils n'en étaient pas dispensés par le contrat de vente, lequel n'emportait en leur faveur aucune délégation qui équivalât à une opposition; qu'à cet égard, quoique le prix soit destiné, dans cet acte, aux créanciers de Tane, par exclusion aux créanciers des Montmorin, héritiers bénéficiaires, vendeurs, la destination n'en est pas moins vague et incertaine, puisque les acquéreurs peuvent indifféremment payer, soit à Me Trutat, notaire-séquestre, soit aux créanciers qui auront été délégués; qu'une telle destination du prix ne se trouve ainsi faite, ni à l'union collectivement, ni à aucun créancier individuellement; que le droit réservé de déléguer ne pouvait essentiellement appartenir qu'aux vendeurs; qu'aucune délégation de leur part n'a jamais été faite; qu'ils eussent cependant pu la faire à un créancier de Tane, pris hors de l'union et malgré l'union; qu'ainsi, il demeure vrai que, ni l'union des créanciers, ni aucun créancier connu, pris en dedans ou en dehors, n'ayant été délégué, personne n'a été dispensé de l'opposition; qu'il a donc été libre aux mariés de la Rochelambert, après avoir obtenu leurs lettres de ratification, d'acquitter ce prix, soit aux héritiers bénéficiaires de Tane; soit à qui il était dû, sans qu'il ait resté aux créanciers unis aucune action quelconque pour le redemander; que cependant les la Rochelambert, le 27 novembre 1791, avant d'obtenir des lettres de ratification, et se regardant encore, en leur qualité d'acquéreurs et possesseurs, et par la force de l'hypothèque, comme engagés au paiement du prix de la terre de Chadieu, envers les créanciers de l'union, avaient déjà revendu à Sauzay ; qu'ils avaient chargé Sauzay de payer, si bon lui semblait, à leurs créanciers, et avaient ainsi fait une sorte de délégation qui ne compensait pas moins les droits des créanciers unis de Tane, que ceux des autres créanciers la Rochelambert ; que ces créanciers unis, qui s'abstinrent de s'opposer à la vente faite aux la Rochelambert, s'opposèrent cependant à celle faite par ceux-ci à Sauzay ; que les lettres obtenues par Sauzay, furent scellées à la charge de ces oppositions ; que Sauzay accepta même de satisfaire à ces oppositions, en déléguant leur montant à Wallier, son acquéreur, ou, quoique ce soit, à Nathey ; qu'ainsi, l'effet des lettres de ratification prises par les la Rochelambert, sans opposition des créanciers unis, et de celles prises par Sauzay, avec opposition de leur part, a été d'affranchir les la Rochelambert, et de charger Sauzay, qui l'acceptait ainsi, du paiement des 375,000 livres portées au contrat de vente du 17 juin 1788 ; que, quoique les créanciers unis soient ainsi devenus les créanciers de Sauzay, ce dernier n'en a pas moins été, par les lois de la révolution, obligé de verser son prix entre les mains du receveur de l'enregistrement ; qu'il y a été contraint, et ne l'a fait qu'après des sommations ; que réellement l'administration, sur un prix dû par Nathey, au nom de Sauzay, pour une vente faite par les la Rochelambert, avait droit de vérifier, si en effet les droits des créanciers absorbaient ce prix en entier, et si, en définitive, il n'en revenait pas quelque chose à la nation, du chef des la Rochelambert, émigrés ; qu'ainsi, c'était aux administrations à vérifier les titres, à faire l'ordre, à découvrir et à reconnaître enfin les droits du gouvernement, en rendant justice à chacun ; qu'ainsi encore, le versement fait dans la caisse du receveur de l'enregistrement, ne fut pas seulement une libération de Sauzay envers les administrations, mais eut encore le caractère d'un dépôt fait au compte, au profit et aux périls des créanciers ou copropriétaires de la somme déposée ; que cela résulte de l'art. 16 de la loi du 8 avril, et de l'art. 9 de la loi du 25 août 1792, qui promettent justice, non-seulement aux propriétaires de biens, mais aux propriétaires de droits indivis avec les émigrés ; que cela résulte encore des art. 6 et 7 de la loi du 2 septembre 1792, qui règlent la manière de présenter ses créances et ses droits aux administrations, et la forme de procéder en cas de contestations ; et de l'art. 17 de la deuxième section du décret du 25 novembre de la même année, lequel article *réserve l'effet de toutes oppositions, et sans y préjudicier* ; attendu encore, en ce point, que si les administrations ont dû mettre la main sur les biens ou effets appartenans aux émigrés, et renvoyer cependant leurs créanciers à se pourvoir envers le gouvernement, il est cependant inouï qu'en s'emparant de biens ou effets sur lesquels les émigrés étaient intéressés, elles se soient crues

autorisées à ne pas rendre aux créanciers de tous autres que desdits émigrés, ce qui leur appartenait dans un dépôt ; qu'ainsi, les créanciers unis de Tane, qui n'étant plus créanciers de la Rochelambert, par le défaut d'opposition, l'étaient devenus de Sauzay par leurs oppositions et les délégations, ont été assurés d'obtenir auprès des administrations, la même justice sur les prix déposés, que devant les tribunaux ; qu'ainsi encore, le versement fait, eut à leur égard le vrai caractère d'une consignation ou d'un dépôt ; que ce dépôt ne fut, ni judiciaire, ni sujet envers eux à aucune forme ; qu'il ne le fut même à aucune sommation ni avertissement, et que ce fut à eux d'être vigilans, et de connaître les lois ; que toutefois ils furent surabondamment sommés et avertis le 1er nivose an 4 ; enfin, que la régularité de tout cela a été prononcée et jugée envers les créanciers unis, par un jugement du 7 pluviose an 12, dont il n'y a point eu d'appel ; que, suivant ce jugement, la libération de Chadieu ne résulte pas moins des versemens considérés comme dépôt, que comme paiement à la nation ; qu'ainsi c'est envers les créanciers unis, que Nathey fut libéré judiciairement ; que cette libération, ainsi prononcée pour Nathey, au compte de Sauzay, profite aux la Rochelambert garantis par eux, et qu'ils ont le droit d'en argumenter ; qu'ainsi l'hypothèque des créanciers unis sur Chadieu, et leur droit sur le prix, a péri pour eux, à leur compte et sur leur faute, et qu'n'ayant pas d'action contre les la Rochelambert d'aucun genre, ils ne peuvent invoquer l'arrêté du 3 floréal an 11;

» En ce qui touche le même appel de la part des héritiers bénéficiaires de la succession de Tane ; attendu que toutes les obligations personnelles contractées envers eux, se trouvant restreintes au seul paiement des créanciers unis, il y a été satisfait suffisamment, et que les vendeurs, non plus que les créanciers, n'ont rien à demander aux Rochelambert ;

» En ce qui touche l'appel des la Rochelambert, contre Amédée de Tane, héritier de Santenas, son oncle ; attendu que la créance dont il s'agit, a été contre les la Rochelambert, tout à la fois personnelle et hypothécaire sur tous leurs biens ; attendu que, quoiqu'il ait été formé pour cette créance une opposition sur les la Rochelambert, il a cependant été permis de ne pas y donner suite, et de suivre l'action personnelle, par le principe qu'une action n'empêche pas l'autre ; attendu cependant qu'Amédée de Tane, qui n'est que l'un des cohéritiers de son oncle, n'a pu dire à l'audience pour quelle portion il était héritier, ni quelle somme précise lui appartenait individuellement ; attendu que la créance dont il s'agit se divisant de plein droit, il n'est pas juste que les poursuites commencées par lui soient continuées, ni que les la Rochelambert soient exposés à payer à Amédée plus qu'ils ne lui doivent ; qu'ainsi, en conservant à la succession Santenas l'effet de cette procédure, et la créance en entier, il est juste de surseoir contre Amédée, jusqu'à ce qu'il ait réglé, déterminé et fait connaître la portion de créance pour laquelle il poursuit en son seul nom ;

» En ce qui touche le même appel des la Rochelambert contre Nathey, en ce que leur inscription sur Chadieu a été radiée, et en ce qu'il ne leur a été accordé ni garantie sur la créance d'Amédée de Tane, ni aucun acte conservatoire de garantie pour les emprunts personnels par eux faits a la libération de Chadieu ; — attendu, à cet égard, que Nathey ayant été forcé de verser le prix qu'il devait, dans les caisses de l'administration, a été libéré envers tous les intéressés à ce prix, quels qu'ils fussent ; que cette action de garantie qui emporterait, ou une critique des versemens qui auraient été faits par Nathey, ou un recours réservé à Nathey contre le gouvernement, ne peut, sous aucun point de vue, être adoptée, ni même présentée devant les tribunaux ; la cour donne acte à Nathey de ce que les créanciers unis de Tane, et les héritiers bénéficiaires, parties de Biauzat, se départent de leur appel envers lui ; ordonne qu'au surplus le jugement dont est appel sortira effet ; ordonne que les dispositions dudit jugement relatives à Amédée de Tane, auront leur effet conservatoire au compte de la succession Santenas, pour la somme entière montant de la créance réclamée par Amédée ; surseoit néanmoins à la continuation des poursuites faites par Amédée de Tane, jusqu'à ce qu'il ait réglé, déterminé et fait connaître pour quelle portion, comme héritier, à lui revenante dans ladite créance, il entend continuer les poursuites.... ».

Les héritiers de la dame de Montmorin et les syndics des créanciers de la succession de Tane, se pourvoient en cassation contre cet arrêt.

« Deux questions principales (ai-je dit à l'audience de la section des requêtes, le 1ᵉʳ août 1811) se présentent, dans cette affaire, à votre examen : l'arrêt attaqué viole-t-il quelque loi au préjudice des héritiers bénéficiaires de la succession de Tane ? Viole-t-il quelque loi au préjudice des créanciers unis de la même succession ?

» Sur la première question, on vous présente l'arrêt attaqué comme violant à la fois les lois relatives aux obligations résultant du contrat de vente, et l'arrêté du gouvernement du 3 floréal an 11.

» Et d'abord, vous dit-on, il viole les lois relatives aux obligations résultant du contrat de vente, en ce qu'il déclare la créance des héritiers bénéficiaires éteinte par le seul effet de l'extinction des hypothèques des créanciers envers lesquels la succession bénéficiaire se trouvait obligée.

» Il est bien vrai, ajoute-t-on, que les héritiers bénéficiaires avaient, en vendant la terre de Chadieu, chargé les sieur et dame de la Rochelambert d'en verser le prix dans les mains des créanciers de la succession. Mais ils n'avaient pas renoncé, par-là, au droit de se faire payer ce prix à eux mêmes, dans le cas où les créanciers de la succession viendraient à perdre le droit de l'exiger. La créance de ce prix résidait toujours dans leur per-

sonne ; et elle a dû survivre en leur faveur aux événemens qui ont rendu sans effet les hypothèques des créanciers sur le bien vendu. Il importe donc peu que les créanciers aient été ou puissent être jugés n'avoir plus ou n'avoir jamais eu d'action, soit contre les sieur et dame de la Rochelambert, soit contre le propriétaire actuel de la terre de Chadieu : les sieur et dame de la Rochelambert n'en demeurent pas moins obligés envers les héritiers bénéficiaires, leurs propres vendeurs ; et en jugeant le contraire, l'arrêt de la cour de Riom a évidemment contrevenu aux lois qui veulent qu'un acquéreur ne puisse se libérer envers son vendeur, que par le paiement du prix de la vente.

» Effectivement, Messieurs, la contravention à ces lois serait manifeste, si la cour de Riom avait jugé, en thèse générale, que le vendeur perd son action contre l'acquéreur, par cela seul que l'acquéreur ou celui à qui il a revendu le bien, se trouve, n'importe par quel événement et, comme le disent les demandeurs, sans bourse délier, à couvert des poursuites des créanciers que le vendeur lui a indiqués.

» Supposons, par exemple, que celui à qui l'acquéreur a revendu le bien, se soit affranchi, par la prescription de dix ans, des hypothèques des créanciers qui ont été indiqués par le premier contrat de vente ; très-certainement l'acquéreur ne sera pas, pour cela, libéré envers son vendeur ; et un arrêt qui déclarerait son vendeur sans action contre lui, ne pourrait pas échapper à la cassation.

» Mais l'arrêt qui vous est dénoncé, n'a rien jugé de semblable : il a seulement jugé que les paiemens faits par le sieur Nathey dans la caisse de la régie de l'enregistrement et des domaines, par suite de l'émigration des sieur et dame de la Rochelambert, étaient censés faits aux créanciers unis de la succession de Tane ; et que les créanciers unis de la succession de Tane ne pouvaient pas être réputés payés, sans que les héritiers bénéficiaires le fussent également.

» Et il est certain, non-seulement qu'il n'a violé aucune loi, mais encore qu'il a bien jugé, si l'on ne peut pas attaquer le principe sur lequel il est fondé, c'est-à-dire, si l'on doit tenir pour constant que les créanciers unis de la succession de Tane sont censés avoir reçu des mains du sieur Nathey, tout ce que celui-ci a versé, comme devant leur être payé au nom des sieur et dame de la Rochelambert, dans la caisse de la régie de l'enregistrement et des domaines.

» Assurément si, nonobstant l'Emigration des sieur et dame de la Rochelambert, le sieur Nathey avait payé aux créanciers unis de la succession de Tane, la somme que les sieur et dame de la Rochelambert devaient aux héritiers bénéficiaires, il n'y aurait et il ne pourrait y avoir aucun doute que les héritiers bénéficiaires ne fussent aujourd'hui non-recevables à exiger la même somme des sieur et dame de la Rochelambert.

» Que répondraient-ils en effet aux sieur et dame de la Rochelambert, lorsque ceux-ci leur diraient : Le sieur Nathey a pu acquitter notre dette de ses propres deniers ; il en aurait eu le droit, aux termes de l'art. 1256 du Code Napoléon, quand même il n'y aurait eu aucun intérêt. Et à plus forte raison l'a-t-il pu faire, pour éteindre les hypothèques dont était grevé le bien que nous lui avions vendu par l'intermédiaire du sieur Lauroy. D'un autre côté, en payant notre dette entre les mains des créanciers unis de la succession de Tane, il n'a fait que ce que vous nous aviez permis à nous-mêmes, que ce à quoi nous nous étions obligés, par le contrat de vente du 17 juin 1808. Nous sommes donc quittes envers vous.

Nous ne craignons pas de le dire, les héritiers bénéficiaires n'auraient, dans cette hypothèse, rien à répondre aux sieur et dame de la Rochelambert.

» Mais quelle différence y a-t-il entre cette hypothèse et la véritable espèce de la cause ? Bien certainement il n'en peut exister aucune, si, aux yeux de la loi, les paiemens faits par le sieur Nathey entre les mains de la régie de l'enregistrement et des domaines, sont censés faits entre les mains des créanciers unis de la succession de Tane ; si, aux yeux de la loi, les créanciers unis de la succession de Tane, sont censés avoir reçu du sieur Nathey ce que le sieur Nathey a versé dans la caisse de la régie de l'enregistrement et des domaines.

» Or, que tel soit le vœu de la loi, c'est ce qui résulte clairement de l'arrêt que la cour a rendu, sections réunies, le 6 ventose an 10, au rapport de M. Cofinhal et sur nos conclusions...(1).

» Quelles différences y a-t-il entre cette espèce et la nôtre ? Il n'y en a que deux.

» D'une part, dans le procès de la dame Bellanger, les héritiers de son vendeur ne réclamaient rien ; et ici, ce sont les héritiers de la venderesse des sieur et dame de la Rochelambert qui demandent le paiement des sommes versées par le sieur Nathey dans la caisse de la régie des domaines.

» D'un autre côté, ce n'était point par son propre fait, que la dame Bellanger avait été contrainte de verser dans la caisse de la régie des domaines ce qu'elle devait à son vendeur. Elle n'y avait été contrainte que par suite d'un jugement de condamnation à mort, rendu contre son vendeur lui-même. Et ici, c'est par le fait des sieur et dame de la Rochelambert, c'est par suite de leur émigration, que le sieur Nathey a été contraint de payer pour eux entre les mains de la régie des domaines, ce qu'ils devaient à la succession de Tane.

» Mais ces deux différences sont absolument insignifiantes.

» 1°. Si, dans le procès de la dame Bellanger, les héritiers d'Ormesson étaient intervenus pour demander qu'elle fût condamnée à leur payer les 85,000 livres dont elle était restée redevable le 5 frimaire an 2, que leur aurait-elle répondu ? La somme que vous réclamez, je l'ai payée au trésor public, et je la lui ai payée parce que la loi m'y obligeait ; je ne vous dois donc plus rien... Et de même les sieur et dame de la Rochelambert peuvent dire aux héritiers bénéficiaires de la succession de Tane : nous avons payé par les mains du sieur Nathey, qui s'était obligé de le faire à notre acquit, ce que nous vous redevions sur le prix de la vente du 17 juin 1788. A la vérité, le sieur Nathey l'a payé au trésor public, mais il n'a pas pu le payer en d'autres mains ; la loi le lui défendait. Le sieur Nathey s'est donc valablement libéré envers vous ; et il n'a pas pu se libérer envers vous, sans nous libérer nous-mêmes. Sa dette était la nôtre ; éteinte à son égard, elle ne peut plus revivre à notre préjudice.

» 2°. Si, dans le procès de la dame Bellanger, les héritiers le Comte avaient fait intervenir les héritiers d'Ormesson, et leur avaient dit : Ce n'est pas notre faute, si celui que vous représentiez, a été condamné à mort et a encouru momentanément la confiscation de tous ses biens. Ce n'est pas notre faute, si, par-là, il a mis la dame Bellanger dans la nécessité de verser au trésor public la somme qu'elle lui devait et qui était le gage de notre créance. Ces événemens ont été la suite d'un fait qui lui était propre et qui a été jugé criminel ; c'est donc par un fait qui lui était propre, que nous avons été empêchés de recevoir directement des mains de la dame Bellanger, la somme qui nous était spécialement affectée ; c'est donc par un fait qui lui était propre, que cette somme a péri pour nous, dans le trésor public ; vous devez donc nous payer cette somme, comme si le trésor public ne l'avait pas reçue pour nous ; — Avec quel avantage les héritiers d'Ormesson n'auraient-ils pas repoussé cette demande ? Il appartenait peu (auraient-ils dit), que ce soit par un fait propre au défendeur que nous représentons, ou par une force majeure, que la dame Bellanger a été contrainte de payer au trésor public le montant de sa dette. Dans une hypothèse comme dans l'autre, ce qu'elle a payé au trésor public, la loi dit en toutes lettres qu'elle est censée l'avoir payé à vous-même. Elle a donc éteint sa dette envers vous ; et cette dette nous étant, envers vous, commune avec la dame Bellanger, il est impossible qu'elle subsiste à notre égard, alors que la dame Bellanger s'est valablement libérée. — Et de même les sieur et dame de la Rochelambert peuvent dire aux héritiers bénéficiaires de la succession de Tane : C'est sans doute par suite de notre émigration, que la somme dont nous vous restions redevables à l'époque où elle a eu lieu, a été versée dans le trésor public ; mais elle y a été versée pour votre propre compte ; le trésor public ne l'a reçue que comme séquestre, et il ne l'a reçue qu'en votre nom ; il a donc, en la recevant, éteint notre dette envers vous. Que, par l'événement, et faute par vous d'avoir retiré du trésor public ce que notre débiteur y avait versé pour votre compte, cette manière de

_____

(1) V. mon Recueil de Questions de droit, aux mots Lettres de ratification, § 1.

vous payer ne vous eût pas été aussi avantageuse qu'elle aurait dû l'être, d'après notre contrat; c'est ce qui serait fort indifférent. En toutes choses, c'est au principe, et non au résultat, que la justice doit s'attacher; mais d'ailleurs le paiement qui a été fait par notre débiteur au trésor public, ne vous a-t-il pas libéré, jusqu'à concurrence de sa valeur nominale, envers les créanciers de la succession de Tane? Quel tort, d'après cela, a pu vous faire notre émigration? Si nous n'avions pas émigré, nous n'aurions pas payé entre vos mains, nous aurions payé entre celles de vos créanciers. Or, ce que nous aurions fait en n'émigrant pas, notre débiteur l'a fait pour nous, d'après notre émigration. Dès-lors qu'avez-vous à vous plaindre?

» Tenons donc pour bien constant qu'en déclarant les sieur et dame de la Rochelambert valablement libérés envers les héritiers bénéficiaires de la succession de Tane, par les paiemens que le sieur Nathey avait faits dans la caisse de la régie des domaines, la cour de Riom n'a pas violé les lois relatives aux obligations résultant du contrat de vente.

» Mais n'a-t-elle pas violé l'art. 11 de l'arrêté du gouvernement du 3 floréal an 11? C'est la seconde branche de la première question que nous avons à résoudre.

» Cet article, vous le savez, Messieurs, porte que *tout créancier d'émigré rayé, éliminé ou amnistié, qui voudra exercer ses droits contre son débiteur, pourra réclamer ses titres, s'il les avait déposés* (au secrétariat de liquidation générale); *et (qu') ils lui seront rendus, à moins qu'il n'ait donné quittance et reçu son titre de liquidation définitive.*

» De cette disposition, disent les demandeurs, il résulte clairement que la loi du 8 avril, celle du 2 septembre 1792 et celle du 25 juillet 1793 sont abrogées, en tant qu'elles réputaient les dettes des émigrés éteintes, envers leurs créanciers, par les paiemens que leurs débiteurs avaient faits dans la caisse de la régie des domaines; ou du moins, il en résulte que ces lois ne lient plus que les créanciers d'émigrés qui ne veulent pas agir contre leurs débiteurs, et aiment mieux se faire liquider et payer par l'état. Cette disposition est donc violée par l'arrêt de la cour de Riom.

» Mais d'abord, il est à remarquer que l'arrêté du 3 floréal an 11 n'est pas dans le bulletin des lois; que jamais il n'a été notifié ni adressé aux tribunaux; qu'il n'a été rendu public, que par la lettre circulaire du 8 thermidor de la même année, par laquelle le directeur général de la régie de l'enregistrement en a transmis des copies à tous ses subordonnés.

» Or, est-il vraisemblable que si, par ce règlement, le gouvernement eût voulu faire autre chose que prescrire à l'administration des mesures d'ordre intérieur; que si, par ce règlement, il eût voulu déroger aux lois de 1792 et 1793 sur les paiemens faits dans la caisse de la régie par les débiteurs des émigrés, il ne lui eût pas donné une forme plus solennelle? Est-il vraisemblable surtout qu'il ne l'eût pas fait connaître aux tribunaux? Eh! ne sait-on pas que d'après l'art. 12 de la loi du 8 vendémiaire an 4, les actes du gouvernement ne sont obligatoires pour les tribunaux, que du jour de l'arrivée du bulletin des lois dans lequel ils sont imprimés, au chef-lieu de chaque département? Ne sait-on pas qu'un avis du conseil d'état du 12 prairial an 13, a déclaré que cette disposition est encore en pleine vigueur, par rapport aux décrets du gouvernement?

» Ensuite, si ce règlement était revêtu des formes extérieures qui peuvent seules le rendre obligatoire pour les tribunaux, quelle raison y aurait-il de le regarder comme dérogeant aux lois dont il s'agit? Pourrait-on supposer que, rétroagissant sur le passé, au mépris de l'une des obligations les plus sacrées des législateurs, le gouvernement eût voulu, par ce règlement, faire revivre, contre des émigrés rayés ou éliminés depuis trois ou quatre ans avant la date de ce règlement, des dettes qu'ils avaient été autorisés, par les lois de 1792 et 1793, à regarder comme éteintes? Pourrait-on supposer qu'il eût pu leur dire sérieusement : En forçant vos débiteurs à me payer les sommes qu'ils vous devaient, et que vous aviez précédemment affectées spécialement à vos créanciers, j'ai déclaré que vos créanciers seraient, par cela seul, censés payés par vous. Maintenant je reviens sur ma déclaration, et en conservant entre mes mains les sommes que j'ai reçues de vos débiteurs, je rends à vos créanciers le droit de vous les demander de nouveau?

» On le pourrait d'autant moins que l'art. 11 de l'arrêté du 3 floréal an 11, ne dit pas un mot de cela. En parlant des *créanciers des émigrés*, en parlant des *émigrés débiteurs*, il annonce clairement qu'il parle de créanciers qui le sont encore actuellement, qu'il parle de débiteurs qui actuellement ne sont pas encore libérés. C'est au présent qu'il s'exprime, et ce serait blesser toutes les règles de la grammaire, que d'appliquer ses expressions à des créanciers qui le sont plus, à des débiteurs qui ont cessé de l'être.

» Et qu'on ne dise pas que restreindre ainsi l'art. 11 de l'arrêté du 3 floréal an 11, c'est le paralyser entièrement, c'est en rendre l'application illusoire.

Cela serait bon, si l'état n'avait été obligé de payer les créanciers des émigrés, qu'à raison du recouvrement qu'il avait fait des créances des émigrés eux-mêmes, affectées par ceux-ci à leurs créanciers.

» Mais le gouvernement ne s'était pas borné à faire verser dans ses caisses le montant de ces créances. Il y avait de plus fait verser le montant des créances que les émigrés n'avaient pas affectées spécialement à leurs créanciers; il y avait de plus fait verser le prix de leurs meubles et de leurs immeubles; et c'était à raison de tout cela qu'il s'était constitué débiteur direct des créanciers des émigrés.

» Sans doute, après avoir rayé, éliminé ou amnistié les émigrés, le gouvernement aurait pu leur dire : Je rends à vos créanciers non encore payés par moi, le droit de vous poursuivre directement, quoique je conserve le prix de vos meubles et de vos immeubles, quoique je conserve les sommes que vos débiteurs m'ont payées, et que vous n'aviez précédemment affectées à aucun de vos créanciers.

« Mais assurément il n'aurait pas pu leur tenir le même langage, relativement à celles de leurs dettes actives sur lesquelles leurs créanciers avaient acquis une hypothèque spéciale avant leur émigration; il n'aurait pas pu leur dire : « Quoique » je conserve les sommes que j'ai retirées de ces » dettes actives, je rends à ceux de vos créanciers » à qui vous les aviez affectées avant votre émi- » gration, le droit de vous poursuivre directe- » ment »; et pourquoi ne l'aurait-il pas pu? Parce que les débiteurs de ces sommes, en les payant au gouvernement, avaient éteint les créances de ceux à qui ces sommes étaient affectées; parce qu'ils les avaient éteintes, non-seulement pour eux-mêmes, mais encore pour leurs créanciers émigrés; parce que tout débiteur qui paye le créancier de son créancier, libère nécessairement son créancier, comme il se libère lui-même; parce qu'il n'est pas au pouvoir du gouvernement de ressusciter une dette qui n'existe plus.

« Nous conviendrons cependant qu'il aurait pu, en rayant, éliminant ou amnistiant les émigrés, leur imposer la condition de payer ceux de leurs créanciers qui se trouvaient dans ce cas. Mais il ne l'a point fait; et encore une fois, il n'a pas pu le faire, après les avoir rayés, éliminés ou amnistiés purement et simplement; encore une fois on ne peut pas supposer qu'il ait fait, après les avoir rayés, éliminés ou amnistiés, ce qu'il n'aurait pu faire qu'en les rayant, éliminant ou amnistiant.

« Au surplus, il ne sera peut-être pas inutile de nous fixer ici sur le véritable sens dans lequel on doit entendre l'art. 11 de l'arrêté du 3 floréal an 11. Pour cela, nous devons remonter aux règles que la raison naturelle avait dictées aux législateurs romains sur des cas parfaitement analogues à ceux dans lesquels la loi du 28 mars 1793 et le sénatus-consulte du 6 floréal an 10, ont successivement placé les émigrés.

« Par la loi du 28 mars 1793, les émigrés ont été déclarés morts civilement, et tous leurs biens ont été confisqués.

« Or, quel a dû être, d'après le droit romain, l'effet de cette double mesure relativement aux dettes que les émigrés avaient précédemment contractées? C'est que les émigrés ont été pleinement libérés de ces dettes; c'est que leurs créanciers ont, dès-lors, perdu toute action contre eux.

« La loi 2, D. de capite minutis, parlant de l'édit du préteur qui accorde une action contre ceux qui ont éprouvé un changement d'état, pour les obligations qu'ils avaient contractées auparavant, dit que cette disposition ne concerne que les change-

mens d'état qui laissent le droit de cité intact; et qu'à l'égard des changemens d'état qui emportent privation du droit de cité, elle est sans objet, parce que ceux qui ont perdu le droit de cité, ne peuvent plus être poursuivis personnellement pour leurs dettes antérieures, et que leurs créanciers n'ont plus d'action que contre ceux à qui leurs biens sont dévolus : *Pertinet hoc edictum ad eas capitis diminutiones quæ salvâ civitate contingunt; cæterûm, sive amissione civitatis, sive libertatis amissione, contingat capitis diminutio, cessabit edictum. Neque possunt hi penitùs conveniri : dabitur planè actio in eos ad quos bona pervenerunt eorum.*

« La loi 47, D. de fidejussoribus, décide que, si un débiteur est condamné à la déportation, nul ne peut cautionner sa dette, parce qu'elle est éteinte: *Si debitori deportatio irrogata est, non posse pro eo fidejussorem accipi scribit Julianus, quasi tota obligatio contra eum extincta sit.* Et Godefroy, dans sa note sur ce texte, dit : *Deportatus creditoribus obligari desinit; ideòque deportatus, pro debito deportationem antecedente, fidejussorem inutiliter dare intelligitur, cùm eo casu fidejussor obligationi extinctæ accederet.*

« La loi 14, §. 1, D. de novationibus, après avoir décidé qu'une dette conditionnelle est susceptible de novation, mais que la novation n'a son effet qu'après l'accomplissement de la condition qui tient la dette en suspens, ajoute que, si avant l'accomplissement de la condition, le débiteur conditionnel vient à être déporté, la novation demeurera comme non avenue, même dans le cas où la condition viendrait par la suite à s'accomplir, parce que, dit-elle, la dette conditionnelle ayant été éteinte par la déportation, il n'y a plus d'obligé au moment où la condition s'accomplit : *Et ideò si forte persona promissoris, pendente conditione, fuerit deportata, Marcellus scribit, ne quidem existente conditione ullam contingere novationem, quoniam nunc cùm extitit conditio, non est persona quæ obligatur.*

« Et sur ce fondement, Hertius, dans son ouvrage intitulé : *Dissertatio seu statura rerum, quæ ad jus spectant, singularium,* chapitre 5, répond qu'un négociant de Florence, condamné à une peine entraînant la confiscation générale de ses biens, s'étant réfugié dans le royaume de Naples, et y ayant amassé, par son industrie, une nouvelle fortune, ne peut pas, dans ce pays, être actionné par les créanciers envers lesquels il s'était obligé à Florence avant sa condamnation : *Mercurii, mercatoris Florentini, bona à magno duce confiscantur : is abhinc in regnum Neapolitanum se confert, et, ut erat callidus, brevi luculentas divitias corrodit. Convenitur igitur hîc à creditoribus ob æs alienum quod Florentiæ contraxerat, is contrà se ampliùs teneri negat : nostro judicio rectè.*

« Toutes ces décisions reçoivent, comme l'on voit, une application directe et entière à l'émigré dont tous les biens avaient été confisqués et mis sous la main du gouvernement, par la loi du 28 mars 1793. L'émigré était donc, d'après la loi du 28 mars 1793, personnellement quitte envers ses créanciers, comme l'est encore aujourd'hui envers les siens le condamné à une peine emportant la mort civile.

» Maintenant une autre question se présente : que serait-il arrivé, si le gouvernement, en faisant grâce aux émigrés, en les amnistiant par le sénatus-consulte du 6 floréal an 10, s'était borné à les réintégrer dans les droits de cité, sans leur rendre les biens qu'il avait précédemment confisqués sur eux ? Dans cette hypothèse, les créanciers envers lesquels les émigrés s'étaient obligés avant leur Émigration, auraient-ils recouvré leurs actions contre eux ? Auraient-ils pu les poursuivre en paiement de leurs créances ?

» La loi 3, D. de sententiam passis et restitutis, va répondre à cette question. Lorsque le prince, dit-elle, amnistie un déporté, sans lui rendre ses biens, les créanciers de celui-ci, pour causes antérieures à sa déportation, n'ont point d'action contre lui : In insulam deportati bona fiscus, pœnâ remissâ, retinuit : creditores ex antegesto non habere, cùm eo qui debitor quondam fuit, actiones constitit.

» La loi 4 du même titre dit presque littéralement la même chose : Si deportatus restitutus, dignitatem quidem, indulgentiâ principis, recuperavit, in sua autem omnia bona non est restitutus, nec a creditoribus, nec publico nomine conveniri potest. Cependant, ajoute-t-elle, si le prince lui a rendu ses biens, il ne peut pas, en refusant de les reprendre, se soustraire aux actions que ses créanciers avaient contre lui avant sa mort civile. Sed cùm ei facultas oblata esset à principe bona quoque suâ recuperandi, maluerit ea derelinquere, actionibus exuere se, quibus antè sententiam subjectus fuerat, non poterit.

» Mais si, en amnistiant un émigré, le gouvernement ne lui a rendu qu'une partie de ses biens, quelle sera la condition de ses créanciers ?

» Sur cette question dont vous sentez, Messieurs, toute l'importance, le droit romain nous donne encore une décision très-précise.

» Il faut, dit la loi 3, C. de sententiam passis et restitutis, distinguer entre le mort civilement à qui, en lui faisant grâce de la peine, le prince a rendu tel ou tel bien spécialement déterminé, et le mort civilement à qui, en lui faisant grâce de la peine, le prince a rendu une quotité de ses biens. Le premier demeure libéré de ses anciennes dettes. Le second y redevient sujet proportionnellement à la quotité de ses biens qui lui est rendue : Si debitor pœnam sententiæ passus est, quam bonorum ademptio secuta est; quamvis posteà civitati romanæ restitutus, non totam substantiam, sed aliquid ex indulgentiâ principis, ut haberet impetravit, æris tamen alieni ex præcedenti tempore liberatus est. Si verò partem bonorum accepit, pro ratâ portione ejus tenetur.

» Or, qu'a fait le gouvernement à l'égard des biens confisqués sur les émigrés, lorsqu'il a accordé aux émigrés l'amnistie en vertu de laquelle ils jouissent aujourd'hui des droits de citoyen ?

» Il ne leur a pas rendu tous leurs biens : il a retenu, aux uns les bois qui se trouvaient sous la main de l'administration des forêts, aux autres les immeubles qui avaient été consacrés à des établissemens publics, à tous le prix de leur mobilier et celui de ceux de leurs biens-fonds qu'il avait vendus pendant leur émigration.

» Mais il leur a rendu tout le restant; et ce restant, il ne l'a pas fait consister en tel ou tel bien désigné nominativement, il l'a abandonné à titre universel.

» Les émigrés sont donc, par cela seul que le restant de leurs biens leur a été restitué, non pas obligés de payer la totalité de leurs dettes, mais obligés d'en payer une partie proportionnée à la valeur de ce qui leur a été rendu, comparée à la valeur de ce que le gouvernement s'est réservé : Si verò partem bonorum accepit, pro ratâ portione ejus tenetur.

» Et à qui les créanciers devront-ils s'adresser pour le surplus de leurs créances ? La loi que nous venons de citer ne le dit pas; mais elle le laisse entendre assez clairement. En décidant que le mort civilement réintégré dans une partie de ses biens, ne doit supporter qu'une partie proportionnelle de ses anciennes dettes, elle est évidemment censée décider que, pour l'autre partie de ses anciennes dettes, les créanciers doivent s'adresser au confiscataire de la partie des biens qui y correspond, c'est-à-dire, au gouvernement. C'est la conséquence nécessaire de la règle générale que nous avons vu dans la loi 2, D. de capite minutis, établir en ces termes : Dabitur planè actio in eos ad quos bona pervenerunt eorum.

» Voilà, Messieurs, quels doivent être, d'après les lois romaines, les droits respectifs, et du gouvernement, et des émigrés amnistiés, et de leurs créanciers; voilà, par conséquent, quels seraient les droits respectifs des uns et des autres, si, à cet égard, l'arrêté du 3 floréal an 11 n'avait pas dérogé aux lois romaines.

» L'arrêté du 3 floréal an 11, a, sans doute, dérogé à ces lois; mais en quoi et jusqu'à quel point y a-t-il dérogé ?

» Rappelons ses propres expressions : Tout créancier d'émigré rayé, éliminé ou amnistié, qui voudra EXERCER SES DROITS CONTRE SON DÉBITEUR, pourra réclamer ses titres, s'il les avait déposés; ils lui seront rendus, à moins qu'il n'ait donné quittance et reçu son titre de liquidation définitive.

» Il résulte évidemment de cette disposition, que le créancier d'émigré rayé, éliminé ou amnistié, qui veut recourir contre son débiteur, doit renoncer à son action contre le gouvernement. En cela, l'arrêté du 3 floréal an 11 déroge aux lois romaines; et remarquons bien que pour y déroger efficacement sur ce seul point, le gouvernement n'a pas eu besoin de faire connaître cet arrêté aux tribunaux, puisque les tribunaux n'ont pas à se mêler des réclamations qui peuvent être formées contre le trésor public par les créanciers d'émigrés. Il a donc suffi au gouvernement de faire connaître cet arrêté aux administrations chargées spécialement des intérêts du trésor public; et voilà pourquoi il ne l'a pas fait insérer dans le bulletin des lois.

» Mais de ce que le créancier d'émigré rayé, éliminé ou amnistié, renonce à son action contre le gouvernement, pour la partie de sa créance qui correspond à la partie des biens de son ancien débiteur que le gouvernement s'est réservée, s'ensuit-il qu'il peut, pour cette partie comme pour l'autre, recourir contre son ancien débiteur?

» Non, car l'arrêté du 3 floréal an 11 ne le dit pas; et non-seulement il faudrait qu'il le dît expressément, pour qu'à cet égard, les lois romaines cessassent de décharger l'ancien débiteur jusqu'à concurrence de la portion de ses biens qu'il ne recouvre pas; mais il faudrait encore que cette dérogation fût notifiée légalement aux tribunaux; il faudrait encore que les tribunaux connussent l'arrêté du 3 floréal an 11 de la seule manière dont il leur est permis d'en acquérir la connaissance, c'est-à-dire, par le bulletin des lois. Car, à défaut de connaissance légale d'une dérogation expresse aux principes établis, sur cette matière, par les lois romaines, les tribunaux ne peuvent juger que conformément à la raison écrite qui leur parle, sur cette matière, par l'organe des auteurs de ces lois; ils ne peuvent conséquemment que restreindre à une quote proportionnelle l'action des créanciers de l'émigré rayé, éliminé ou amnistié, qui n'a recouvré qu'une partie de ses biens.

» Aussi voyons-nous que l'arrêté du 3 floréal an 11 ne détermine pas l'effet des actions que pourront intenter contre les émigrés, ceux de leurs créanciers qui renonceront à toute réclamation contre le gouvernement; il dit bien qu'ils pourront, moyennant cette renonciation, *exercer leurs droits contre leurs débiteurs*; mais *ces droits*, quels seront-ils? L'arrêté garde là-dessus le plus profond silence, et par conséquent, sur la question de savoir si les émigrés pourront être poursuivis pour la totalité, ou seulement pour une quote proportionnelle de leurs anciennes dettes, il est censé renvoyer aux lois romaines.

» Mais si l'arrêté du 3 floréal an 11 ne déroge pas aux lois romaines, autant qu'elles libèrent les migrés amnistiés d'une quote proportionnelle de leurs anciennes dettes, comment dérogerait-il aux lois de 1792 et 1793, en tant qu'elles déclarent les dettes des émigrés éteintes par les paiemens qu'ont faits à la caisse de la régie des domaines, ceux de leurs débiteurs qu'ils avaient chargés de les acquitter? Si, nonobstant l'arrêté du 3 floréal an 11, les émigrés amnistiés ne peuvent être poursuivis

par ceux de leurs créanciers dont les actions restent entières, que pour une quote proportionnelle de leurs anciennes dettes, comment pourraient-ils, par l'effet de ce même arrêté, être soumis, pour des dettes qui ont été éteintes pendant leur émigration, à des poursuites quelconques?

» Disons donc qu'à l'égard des héritiers bénéficiaires de la succession de Tane, l'arrêt attaqué ne viole pas plus l'art. 11 de l'arrêté du 3 floréal an 11; qu'il ne viole les lois relatives au contrat de vente; et voyons, en abordant notre deuxième question, si, à l'égard des créanciers unis, il contrevient à quelque loi.

» Les créanciers unis, indépendamment des moyens qui leur sont communs avec les héritiers bénéficiaires, prétendent d'abord que l'arrêt, en ce qui les concerne, les a mal à propos considérés comme n'ayant pas acquis, par le contrat de vente du 17 juin 1788, une action directe et personnelle contre les sieur et dame de la Rochelambert, et comme déchus de tout recours contre les sieur et dame de la Rochelambert, par le défaut d'opposition au sceau de leurs lettres de ratification.

» Mais, vous le sentez, Messieurs, il importerait peu que, sur ces deux points, la cour impériale de Riom eût erré dans les motifs de son arrêt. Tout ce que l'on pourrait en conclure, c'est que les créanciers unis devraient être rangés, par rapport aux sieur et dame de la Rochelambert, sur la même ligne que les héritiers bénéficiaires; c'est par conséquent que les lois de 1792 et 1793, desquelles il résulte que les héritiers bénéficiaires n'ont plus d'action contre les sieur et dame de la Rochelambert, doivent conduire à la même conséquence relativement aux créanciers unis.

» Les créanciers unis prétendent, en second lieu, que l'arrêt de la cour impériale de Riom en, en leur opposant le jugement du tribunal civil de Clermont-Ferrand, du 7 pluviose an 12, a violé l'art. 1351 du Code civil, concernant l'autorité de la chose jugée.

» Mais si, en effet, ce jugement ne pouvait pas être opposé aux créanciers unis, il faudrait toujours en revenir à la proposition que nous venons d'établir, savoir, que les créanciers unis n'auraient ni plus ni moins de droits que les héritiers bénéficiaires; il faudrait par conséquent toujours dire que les lois citées de 1792 et 1793, s'appliquent aux uns comme aux autres.

» Les créanciers unis soutiennent, en troisième lieu, que le dépôt fait par le sieur Nathey à la caisse de la régie de l'enregistrement, est nul de deux chefs: qu'il est nul, parce qu'il n'a été précédé, ni d'offres réelles, ni de sommation, ni de jugement quelconque; qu'il est nul, parce que c'était à la trésorerie nationale qu'il devait être fait.

» Mais 1°. la loi n'exige des offres réelles et des sommations pour la validité des consignations libératoires, que lorsque le débiteur qui consigne, le fait sous l'autorité de la justice. Elle ne prescrit rien de semblable, lorsqu'il s'agit d'un versement de fonds ordonné par elle-même et qui doit être fait dans la caisse d'une administration.

» 2° L'art. 17 de la sect. 2 de la loi du 25 juillet 1793, porte expressément que c'est *dans la caisse des revenus de l'enregistrement*, que les débiteurs d'émigrés doivent verser le montant de leurs dettes.

» Ainsi, en ce qui concerne les créanciers unis, comme en ce qui concerne les héritiers bénéficiaires, l'arrêt attaqué ne contrevient à aucune loi; et nous estimons en conséquence qu'il y a lieu de rejeter leur requête ».

Par arrêt du 1er août 1811, au rapport de M. Zangiacomi : « attendu qu'il est constant, en fait, que Nathey a versé dans la caisse de la régie de l'enregistrement les sommes que la Rochelambert et son épouse s'étaient obligés de payer, soit aux créanciers de Tane, soit aux héritiers bénéficiaires de Tane; qu'il est constant, en droit, d'après les dispositions de l'art. 14 de la loi du 8 avril 1792, et de l'art. 17, sect. 2, de la loi du 25 novembre même année, que ces versemens faits dans les caisses de la régie, équivalent à un paiement que la Rochelambert et son épouse auraient fait entre les mains des créanciers ou des héritiers bénéficiaires; que ces créanciers et héritiers étant ainsi soldés de tout ce qui leur est dû, il ne leur reste évidemment, ainsi que l'arrêt attaqué le décide, aucune sorte d'action contre les la Rochelambert; et, par une conséquence nécessaire, qu'ils ne peuvent invoquer les dispositions de l'arrêté du 3 floréal an 11; la cour rejette..... ».]]

Page 562, col. 2, après la ligne 12, ajoutez :

[[EMPÊCHEMENT DE TESTER. *V. Révocation de testament*, §. 1. n°. 9, et *testament*, sect. 4.]]

ENQUÊTE. §. IV, art. II. *Page 652, col. 2, ligne 55, après*, les délais de l'opposition, *ajoutez en note :*

Ces divers délais courent-ils pendant les vacations ? *V. Vacances*, n°. 3.

Page 662, col. 2, à la fin du §. IV, ajoutez :

§. IV bis. 1° *Est-il dû un droit proportionnel et un double droit d'enregistrement, sur un acte passé dans une colonie, que l'on dépose chez un notaire en France, et qui est translatif de propriétés situées dans le territoire français ?* — 2° *Que doit-on décider à cet égard, si l'acte passé dans une colonie, l'a été devant notaires, et avant la loi du 5 décembre 1790 ?* — 3° *Si le droit et le double droit sont dus à raison de cet acte, ne sont-ils pas prescrits par la possession dans laquelle l'acquéreur a été, pendant trente ans, sans rien payer, du bien que cet acte lui a transféré ? Sont-ils prescrits, si pendant une partie de ces trente ans, l'acquéreur a joui sous le nom et comme fondé de pouvoirs de son vendeur ?* — 4°. *Les droits qui ne sont régu-*

lièrement prescriptibles que par trente ans, sont-ils passibles de la prescription annuelle qu'établit l'article 61 de la loi du 22 frimaire an 7, pour le cas où les poursuites commencées en temps utile, ne sont pas suivies d'assignation en justice dans l'année ? — 5° *La prescription de deux ans qui libère l'officier public, de la peine qu'il a encourue en recevant en dépôt un acte non enregistré, libère-t-elle également la partie du droit d'enregistrement de cet acte ?* — 6°. *La disposition de l'art. 6 du décret du 29 septembre 1791, qui déclare que la prescription des droits dus sur les actes publics, antérieurs à la loi du 5 décembre 1790, et non insinués, aura lieu après cinq ans, à compter du jour de leur date, est-elle applicable aux actes publics passés dans les colonies, qui n'avaient pas été contrôlés en France avant la loi du 5 décembre 1790 ?*

Voici une espèce dans laquelle toutes ces questions se sont présentées.

Le 24 juin 1763, François Decours-Thomazeau, domicilié à la Martinique, acquiert, par contrat passé devant notaire à Bergerac, le domaine seigneurial de Saint-Dizier, situé près de la ville de Castillonet. — Peu de temps après, il repasse à la Martinique, et là, par contrat notarié du 2 mai 1768, il vend le domaine de Saint-Dizier à Jacques Decours, son frère, et à Marie-Anne Tillie, épouse de celui-ci. — Le 9 mars 1775 et le 29 avril 1781, Jacques Decours afferme, par des baux notariés, un moulin et une métairie dépendans de ce domaine; et il ne prend dans ces actes que la qualité de fondé de pouvoirs de François Decours. — Jacques Decours meurt en 1783. — Le 11 juillet de la même année, sa veuve fait, au nom de François Decours, et se portant fort pour lui, un bail notarié d'un bien dépendant du domaine de Saint-Dizier. — Mais le 12 du même mois, le 12 décembre 1785, et depuis, elle fait d'autres baux en son nom privé. — Elle est même inscrite au rôle des contributions, comme propriétaire du domaine, et elle paye exactement sa cote, comme telle. — Elle meurt le 9 germinal an 9. — Le 1er vendémiaire an 10, ses enfans font, au bureau de l'enregistrement de Castillonet, la déclaration des biens de la succession; et ils n'y comprennent que la moitié du domaine de Saint-Dizier, attendu, disent ils, qu'ils sont propriétaires de l'autre moitié, comme héritiers de leur père décédé en 1783. — Le 30 floréal suivant, la régie de l'enregistrement décerne contre eux une contrainte en paiement du droit et du double droit de la mutation du domaine de Saint-Dizier, qu'elle présume s'être opérée par un acte sous seing privé, entre François et Jacques Decours. — Cette contrainte n'est suivie d'aucunes poursuites ultérieures. — Le 5 messidor an 11, les enfans de Jacques Decours et de Marie-Anne Tillie, déposent chez un notaire, à Talendule, l'expédition du contrat de vente, du 2 mai 1768. Le notaire met cet acte au rang de ses minutes, et en dresse un acte de dépôt, qui est enregistré moyennant le droit fixe d'un franc.

dix centimes, sans réclamation, de la part du receveur, pour l'enregistrement de l'acte déposé. — Le 5 nivôse an 13, la régie décerne contre eux une nouvelle contrainte, qu'elle motive, non sur une mutation présumée opérée, entre les deux frères, par un acte sous seing privé, mais sur la mutation réellement opérée entre eux par le contrat du 2 mai 1768. — Le 6 germinal suivant, les héritiers Decours forment opposition à cette contrainte, en soutenant, 1º que le contrat de vente du 2 mai 1768, ayant été passé dans une colonie française où le droit de contrôle n'a jamais été établi, est affranchi de l'enregistrement en France par l'art. 21 de la loi du 5 novembre 1790; 2º qu'en tout cas, l'action de la régie est prescrite. — Le 31 août 1807, jugement du tribunal civil de Villeneuve qui, adoptant cette défense, déclare la contrainte nulle. — La régie se pourvoit en cassation.

Par arrêt du 17 mai 1809, au rapport de M. Liger de Verdigny, « vu l'art. 24 de la loi du 5-19 décembre 1790, les art. 61 et 70 de la loi du 22 frimaire an 7, et l'art. 2262 du Code civil; considérant, d'une part, que les actes translatifs de propriété à titre onéreux étaient, sous l'ancien régime, soumis aux droits d'insinuation et de centième denier, même dans les pays de l'ancien territoire français qui n'étaient pas assujettis au droit de contrôle; qu'il s'agit d'une mutation par vente effectuée le 2 mai 1768, d'un immeuble situé dans le territoire français; d'autre part, que la demande de la régie a pour objet, non un supplément de droit, mais le droit d'une mutation dont le contrat est resté secret et inconnu en France; que ce cas n'a pas été prévu par l'art. 61 de la loi du 22 frimaire an 7; et qu'ainsi, le droit auquel cette mutation donnait ouverture, n'a pu être soumis qu'aux règles de la prescription ordinaire; que d'ailleurs, le contrat ayant été passé dans les colonies à une époque où la formalité du contrôle n'y était pas encore introduite, la régie n'a eu aucun moyen d'en acquérir la connaissance; que l'acquéreur a même dissimulé son titre, en disposant de l'immeuble jusqu'au jour de son décès, non comme propriétaire, mais comme fondé de pouvoirs des vendeurs, circonstances qui ont fait obstacle au cours de la prescription; la cour casse et annulle, tant pour fausse application de l'art. 24 de la loi du 5-19 décembre 1790, des art. 61 et 70 de la loi du 22 frimaire an 7, que pour violation de l'art. 2262 du Code civil, le jugement rendu le 31 août 1801, par le tribunal civil de Villeneuve; renvoie, sur le fond, devant le tribunal civil d'Agen.... ».

L'affaire reportée, en exécution de cet arrêt, devant le tribunal civil d'Agen, les enfans de Jacques Decours, tout en persistant dans leurs précédens moyens de défense, produisent un acte passé devant notaire à Castillonet, le 15 mars 1774, par lequel leur père, traitant en son nom personnel et comme propriétaire, a cédé, par échange un immeuble qu'ils disent avoir fait alors partie du domaine de Saint-Dizier; et ils partent de là pour soutenir

qu'au moins, depuis cette époque, la prescription a couru contre la régie; qu'elle n'a pas été interrompue par la contrainte du 30 floréal an 10, parce que cette contrainte n'a été suivie d'aucune instance; qu'ainsi, elle était plus que trentenaire au moment où a été décernée la seconde contrainte du premier frimaire an 13. — La régie répond que rien ne prouve que l'immeuble échangé par l'acte notarié du 15 mars 1774, fît alors partie du domaine de Saint-Dizier. — Les héritiers Decours répliquent par des conclusions subsidiaires « à ce qu'il plaise au tribunal, dans le cas où la régie persisterait à dénier ou révoquer en doute que la pièce échangée, le 15 mars 1774, par Jacques Decours, faisait partie du domaine de Saint-Dizier, ordonner un transport sur les lieux contentieux, pour faire l'application des titres et constater que ladite pièce faisait partie intégrante dudit domaine de Saint-Dizier, et des biens acquis par le contrat pour lequel la régie demande le droit d'enregistrement ».

Le 13 avril 1810, jugement par lequel, « considérant qu'en admettant que les actes translatifs de propriété à titre onéreux fussent, sous l'ancien régime, soumis aux droits d'insinuation et de centième denier dans les pays de l'ancien territoire français qui n'étaient pas assujettis au droit de contrôle, et que, par conséquent, le contrat de vente du domaine de Saint-Dizier et de ses dépendances, du 2 mai 1768, dont il s'agit dans la cause, pût alors y être assujetti, il faut convenir que les nouvelles lois sur la matière les ont affranchis de ces mêmes droits, de même que de celui de contrôle, puisque l'article premier de la loi du 5 décembre 1790 les a abolis, et qu'aux termes de l'art. 2 de la même loi, les contrats passés devant notaire ne sont plus sujets à la formalité de l'enregistrement dans le tarif des droits annexé à ladite loi; qu'en faisant cette grande innovation dans la législation de l'impôt, la loi citée a formellement excepté, par son article 24, de la formalité de l'enregistrement qu'elle crée par son article 2, les actes en forme authentique passés antérieurement à son émission dans les pays du royaume qui n'étaient pas soumis au contrôle, avec cette clause expresse, que lesdits actes auraient leur exécution sans être assujettis à la formalité de l'enregistrement; que la colonie de la Martinique faisait partie de l'ancien territoire de France, et que les actes n'y étaient pas soumis au contrôle; que l'acte de vente du 2 mai 1768 a été passé en forme authentique par-devant deux notaires, dans ladite colonie de la Martinique, et qu'ainsi, cet acte est évidemment compris dans l'exception portée dans l'article 24 de la loi des 5 et 19 décembre 1790; que cette loi ne fait aucune distinction sur la situation des biens faisant l'objet des mutations; que là où la loi ne distingue pas, l'homme ne doit pas distinguer; que, dès qu'il a été soutenu que, dans l'ancien régime, les actes translatifs de propriété dans les colonies étaient sujets aux droits d'insinuation et de centième denier, il faut en conclure que les anciennes administrations avaient des préposés qui avaient la mission de percevoir ces droits, de rechercher l'existence des actes translatifs de propriété, pour les soumettre à la perception desdits droits; qu'ainsi, la régie a donc eu le moyen de connaître l'existence de l'acte du 2 mai 1768, dès son origine, et que feu Jacques Decours n'a pu ainsi empêcher que la connaissance de ce contrat ne parvînt à l'administration de l'impôt, en dissimulant sa qualité; que d'ailleurs, en fait de prescription trentenaire, on ne peut jamais y opposer l'exception prise de la mauvaise foi, aux termes de l'art. 2262 du Code civil; qu'en supposant que le contrat de vente de domaine de Saint-Dizier n'eût pas été excepté de la formalité de l'enregistrement par la loi de décembre 1790, on pourrait dire que la régie aurait laissé périmer la première contrainte du 3o floréal an 10, puisqu'il se serait écoulé plus d'une année sans poursuites et sans qu'il y ait eu d'instance liée sur ladite première contrainte; qu'ainsi, l'art. 61 de la loi du 22 frimaire an 7, viendrait, au besoin, au secours des héritiers Decours, pour faire rejeter la seconde contrainte du 1er frimaire an 13; qu'on pourrait même ajouter que les préposés de la régie l'avaient reconnu, en ne percevant aucun droit, lorsque l'acte du dépôt de la vente dont il s'agit, fait le 3 messidor an 11, fut soumis à l'enregistrement; le tribunal reçoit les sieur et dame Decours opposans à la contrainte contre eux décernée par la régie de l'enregistrement, le 1er frimaire an 13, et signifié le 5 nivose suivant, faisant droit à ladite opposition, annulle ladite contrainte, et relaxe lesdits sieurs et dame Decours de toutes les poursuites, fins et conclusions contre eux prises...»

Nouveau recours en cassation de la part de la régie; et conformément à la loi du 16 septembre 1807, l'affaire est portée, le 7 août 1813, à l'audience des sections réunies, sous la présidence de M. le grand-juge ministre de la justice.

« Deux questions principales (ai-je dit à cette audience), nous paraissent appeler, dans cette affaire, toute l'attention de la cour : l'une, s'il est dû au droit d'enregistrement pour le contrat par lequel un immeuble situé dans le territoire continental de la France, a été vendu devant notaires, à la Martinique, le 2 mai 1768; l'autre, si ce droit est prescrit.

» Pour résoudre la première question, il importe de nous fixer sur trois points : 1° la colonie de la Martinique était-elle, à l'époque de la passation du contrat dont il s'agit, soumise aux droits de contrôle, d'insinuation et de centième denier? 2° Les actes passés, à cette époque, dans la colonie de la Martinique, et qui étaient translatifs d'immeubles situés dans les parties du territoire continental de la France alors soumises aux droits de contrôle, d'insinuation et de centième denier, pouvaient-ils être exécutés dans les lieux de la situation de ces immeubles, sans y être assujettis à ces droits? 3° Les lois qui ont aboli les droits de contrôle, d'insinuation et de centième denier, et y ont substitué les

droits fixes et proportionnels d'enregistrement, ont-elles introduit, à cet égard, de nouvelles règles?

» Sur le premier point, il est reconnu par toutes les parties, que les colonies françaises, et notamment celle de la Martinique, n'ont jamais été soumises aux droits de contrôle; mais il est dit dans le jugement attaqué, qu'elles étaient assujetties, avant l'année 1790, aux droits d'insinuation et de centième denier; et c'est une grande erreur.

» Les droits d'insinuation et de centième denier n'auraient pu être établis dans les colonies françaises, qu'au moyen de l'envoi qui eût été fait aux conseils supérieurs de ces contrées, des édits qui avaient assujetti à ces droits la majeure partie du territoire continental de la France.

» Or, il est certain que ces édits n'y ont jamais été envoyés, que jamais ils n'y ont été enregistrés.

» Nous avons feuilleté d'un bout à l'autre le recueil des édits et réglemens relatifs à la Martinique, publié par Petit, et le recueil des édits et réglemens relatifs à Saint-Domingue, publié par Moreau de Saint-Méry; et nous n'y avons rien trouvé qui concernât les droits d'insinuation et de centième denier, rien qui permît de soupçonner que les édits constitutifs de ces droits, eussent été envoyés aux îles de Saint-Domingue et de la Martinique.

» Non contens de cette preuve négative, nous nous sommes adressés au ministre de la marine et des colonies; et voici ce qu'il nous a répondu le 31 mai dernier : « Je n'ai connaissance d'aucun acte de l'an- » cien gouvernement, qui ait établi aux Antilles, » ni dans les autres possessions françaises de l'Amé- » rique, les droits d'insinuation et de centième de- » nier ».

» Sur quoi donc le tribunal civil d'Agen a-t-il pu fonder l'assertion consignée dans son jugement du 13 avril 1810, *que, sous l'ancien régime, les actes translatifs de propriété dans les colonies, étaient sujets aux droits d'insinuation et de centième denier, et que les anciennes administrations avaient, dans les colonies, des préposés qui avaient la mission de rechercher l'existence des actes translatifs de propriété, pour les soumettre à la perception de ces droits ?*

» Il l'a sans doute fondé sur le premier *considérant* de l'arrêt de cassation, du 17 mars 1809, dans lequel il est dit que les *actes translatifs de propriété à titre onéreux étaient, sous l'ancien régime, soumis aux droits d'insinuation et de centième denier; même dans les pays de l'ancien territoire français qui n'étaient pas assujettis au droit de contrôle.*

» Mais en s'expliquant ainsi par cet arrêt, la section civile n'a voulu dire qu'une chose : savoir, que, sous l'ancien régime, pour déterminer si un acte translatif de propriété était soumis aux droits d'insinuation et de centième denier, représentés aujourd'hui par le droit proportionnel d'enregistrement, on ne devait pas consulter la loi du lieu où cet acte avait été passé, mais bien celle du lieu où était situé l'immeuble qui était la matière de cet acte ; ensorte que, quand même l'acte eût été passé dans un lieu exempt du droit de contrôle, il n'en devait pas moins les droits d'insinuation et de centième denier, s'il avait pour objet un immeuble situé dans un lieu assujetti à ces droits ; et c'est ce qu'elle a fait très-clairement, par l'addition immédiate de ces mots : *qu'il s'agit d'une mutation par vente effectuée le 2 mai 1768, d'un immeuble situé dans le territoire français*. C'est effectivement comme si elle eût dit : « Peu importe que l'acte du » 2 mai 1768, ait été passé dans une colonie exempte » du droit de contrôle ; il ne s'agit pas ici du droit » de contrôle, représenté aujourd'hui par le droit » fixe d'enregistrement : il s'agit d'un droit propor-» tionnel d'enregistrement qui représente les droits » d'insinuation et de centième denier. Or, il est » constant que, sous l'ancien régime, les droits » d'insinuation et de centième denier étaient pure-» ment réels, qu'ils ne dépendaient que de la loi » du lieu où étaient situés les biens compris dans » les actes de mutation, et qu'ils ne pouvaient » pas en être affranchis par l'exemption du droit » de contrôle dont ils jouissaient dans le lieu de leur » passation ».

» L'arrêt de cassation du 17 mars 1809, ne juge donc pas que la colonie de la Martinique était, sous l'ancien régime, assujettie aux droits d'insinuation et de centième denier ; et, encore une fois, il est très-constant qu'elle ne l'était pas.

» Le deuxième point que nous avons à discuter sur notre première question, est déjà bien éclairci par ce que nous venons de dire, puisque déjà il est décidé, par l'arrêt de cassation du 17 mars 1809, qu'encore qu'un acte de mutation eût été passé dans un lieu exempt du droit de contrôle, il ne laissait pas d'être soumis aux droits d'insinuation et de centième denier dans le lieu de la situation de l'immeuble dont il transférait la propriété.

» Mais nous devons ajouter que cette décision est conforme à tous les monumens qui nous restent sur cette partie de notre ancienne jurisprudence, et que même elle ne va pas assez loin ; que régu-lièrement les droits de contrôle étaient, à cet égard, sur la même ligne que les droits d'insinua-tion et de centième denier ; et qu'à l'exception des actes reçus par les notaires de Paris, et par ceux de Flandre, d'Artois, de Haynaut, de Cambrésis, qui avaient acquis forcément l'exemption du con-trôle pour tous les lieux où ces actes pourraient être produits ou exécutés, il était de principe général qu'en quelque lieu qu'un acte eût été passé, il suffisait, pour l'assujettir, non-seulement aux droits d'insinuation et de centième denier, mais encore au droit de contrôle dans le lieu de son exécution, que les droits de contrôle, d'insinuation et de cen-tième denier y fussent en vigueur.

» C'est ce qui résulte de la déclaration du 19 mars 1696, de l'édit du mois de janvier 1698, de la dé-claration du 6 décembre 1707, et d'arrêts du con-seil des 13 janvier 1733 et 15 juillet 1738.

» De là, un arrêt du conseil, du 17 décembre 1720, qui condamne le sieur d'Abadie, commissaire de la marine à Rochefort, à une amende de 500 livres, pour n'avoir pas fait contrôler un contrat de vente passé devant notaire à Léogane, île de Saint-Do-mingue, avant de s'en servir à la Rochelle.

» De là, les arrêts du conseil des 23 février et 21 septembre 1723, 7 octobre et 6 novembre 1724, 3 février 1727, 1ᵉʳ septembre 1731, 29 novembre 1732, 9 mars et 24 août 1735, 30 avril 1746, 9 janvier 1740 et 6 août 1752, qui jugent que les droits de contrôle, d'insinuation et de centième denier, sont dus en France pour l'exécution d'actes passés à Rouen, à Bruxelles, en Savoie, à Madrid, à Modène, en Hollande, à Séville, à Varsovie, à Malines, à Liége et à Cambrai.

» Toutes ces lois et tous ces arrêts sont rapportés dans le *Dictionnaire des Domaines*, aux mots *actes passés en pays étranger*.

» Et il en sort une conséquence bien évidente ; c'est que le contrat de vente qui, dans notre espèce, a été passé à la Martinique, le 2 mai 1768, n'a pas été exécuté dans le territoire continental de la France, sans donner ouverture aux droits de con-trôle, d'insinuation et de centième denier.

» Mais les lois nouvelles, en substituant les droits d'enregistrement aux droits de contrôle, d'insinua-tion et de centième denier, n'ont-elles pas dérogé à cette règle de notre ancienne législation ? C'est la troisième branche de notre première question.

» Pour établir qu'elles y ont effectivement dérogé, le tribunal d'Agen cite, dans le jugement qui vous est déféré, l'art. 24 de la loi du 5 décembre 1790, et voici comment cet article est conçu : « A l'égard » des actes en forme authentique, passés avant » l'époque de *l'exécution du présent décret*, dans » les pays du royaume qui n'étaient point soumis » au contrôle, ils auront leur exécution sans être » soumis à la formalité de l'enregistrement. Quant » aux actes sous seing privé, passés dans les mêmes » pays avant cette époque, ils seront enregistrés » lorsqu'il sera formé quelque demande, ou passé » quelque acte public en conséquence, sans qu'on » puisse exiger de double droit ».

» Mais cet article doit-il être entendu dans le sens que lui prête le tribunal civil d'Agen ?

» Pour en faire une juste application, il faut le rapprocher des articles précédens.

» La loi du 5 décembre 1790 commence, art. 1ᵉʳ, par supprimer les droits de contrôle, d'insinuation et de centième denier, d'ensuitement, etc.

» Par l'article 2, elle ordonne que les actes des notaires, les exploits des huissiers, les jugemens et les actes sous seing privé, *seront assujettis, dans toute l'étendue du royaume, à un enregistrement, pour assurer leur existence et constater leur date*.

» Les articles suivans, jusques et y compris le 21, règlent tout ce qui concerne l'assujettissement de ces divers actes à la formalité de l'enregistrement ; mais ils ne les règlent que pour les actes qui seront passés à l'avenir ; et l'art. 21 déclare expressément qu'ils n'auront point d'effet rétroactif.

» Tout cela fait, le législateur s'occupe des actes antérieurs qui n'ont pas encore été revêtus des formalités de contrôle et d'insinuation abolies par l'art. 1er, et n'ont conséquemment pas acquitté les droits qui étaient le prix de ces formalités.

» Et ces actes, il les divise en trois classes : les actes publics, qui précédemment étaient soumis aux droits de contrôle, d'insinuation et de centième denier ; les actes sous seing privé, qui précédemment étaient assujettis aux mêmes droits, ou qui, en étant affranchis par la nature de leurs dispositions, seraient à l'avenir produits en justice ou énoncés dans des actes publics ; enfin, les actes tant publics que sous seing privé, qui ont été passés dans des pays précédemment exempts du contrôle, mais devenus, par la nouvelle loi, sujets à l'enregistrement.

» L'art. 22 statue, en ces termes, sur les actes de la première classe : « Tous les actes publics dans » les pays ci-devant assujettis aux droits de contrôle, » insinuation et accessoires, qui, *à l'époque de* » *l'exécution de ce décret*, n'auront pas subi toutes » leurs formalités, ne pourront être assujettis à de plus » grands droits que ceux fixés par les anciens tarifs, » pourvu qu'ils soient présentés à l'enregistrement » dans les délais qui étaient prescrits ; mais les actes » et déclarations dont la perception serait plus avan- » tageuse aux parties contractantes sur le pied fixé » par le présent décret, jouiront du bénéfice de » ses dispositions, à compter du jour qu'il sera » exécuté ».

» Les actes de la deuxième classe sont l'objet de l'article 23 : « Les actes sous signatures privées » (y est-il dit), de date antérieure à l'*exécution* » *du présent décret*, ne seront assujettis au droit » d'enregistrement, qu'autant qu'ils l'étaient à ceux » d'insinuation et de centième denier, où dans le » cas où il sera formé quelque demande en justice, » ou passé quelque acte authentique en conséquence, » et seulement au simple droit ».

» Enfin, l'art. 24, dont vous connaissez la teneur, distingue, par rapport aux actes de la troisième classe, c'est-à-dire, par rapport aux actes passés *avant l'exécution du présent décret*, dans *les pays qui n'étaient pas soumis au contrôle*, entre les actes publics et les actes sous seing privé : il affranchit de l'enregistrement les actes publics ; et il n'y soumet les actes sous seing privé, que dans le cas où ils seraient produits en justice ou énoncés dans des actes notariés ou judiciaires.

» Mais ce qui est singulièrement à remarquer, c'est que ces trois articles ne parlent pas précisément des actes qui auront été passés *avant la publication* du décret dont ils font partie ; c'est qu'ils ne parlent que des actes passés *avant l'époque de l'exécution de ce décret*.

» De là, en effet, il suit évidemment que ces trois

articles ne se réfèrent qu'aux pays où le décret sera exécuté par l'établissement du droit d'enregistrement ; qu'ils ne disposent que pour ces pays ; et que, s'il est des pays où le décret ne recevra pas son exécution, que s'il est des pays où le droit d'enregistrement ne pourra pas être établi, ces pays ne jouiront pas des faveurs accordées par ces trois articles.

» On sent du reste le motif qui détermine le législateur à cette restriction. Les faveurs qu'il accorde aux pays où le droit d'enregistrement sera mis en activité, ne sont que la compensation de la charge imposée à ces pays ; et il est bien naturel que là où la charge n'a pas lieu, là ne puisse pas être invoquée la faveur qui la compense.

» Or, il est constant que le décret du 5 décembre 1790 n'a pas été exécuté dans les colonies françaises ; il est constant que les colonies françaises ont continué, depuis ce décret, de jouir, en matière d'enregistrement, de l'exemption dont elles avaient toujours joui précédemment en matière de contrôle, d'insinuation et de centième denier.

» Dès-lors, à quel propos leur appliquerait-on l'art. 24 de ce décret ? Cet article, encore une fois, n'a été fait que pour les pays où le décret serait exécuté par l'établissement du droit d'enregistrement ; il n'a donc été fait pour ces pays, que dans le cas où le droit d'enregistrement y serait mis en activité ; il n'a donc pas été fait pour ces pays dans le cas contraire ; et c'est précisément le cas contraire qui est arrivé.

» Nous retrouvons le même esprit dans la loi du 22 frimaire an 7.

» L'art. 70, n° 16, de cette loi nous offre la même disposition que l'art. 24 du décret du 5 décembre 1790 : il place au nombre des *actes exempts de la formalité de l'enregistrement*, « les actes passés en » forme authentique avant l'établissement de l'en- » registrement dans l'ancien territoire de France, » et ceux passés également en forme authentique » ou sous signature privée dans les pays réunis, et » qui y ont acquis une date certaine suivant les » lois de ces pays, ainsi que les mutations par dé- » cès avant la réunion desdits pays ».

» Mais cette disposition n'est, comme dans le décret du 5 décembre 1790, applicable qu'aux pays où le droit d'enregistrement a été mis en activité ; elle ne l'est point du tout aux colonies ; et c'est ce qu'expliquent parfaitement les art. 22 et 23 de la même loi.

» L'art. 22, après avoir assujetti à l'enregistrement, dans les trois mois de leur date, les actes sous seing privé translatifs de propriété ou de jouissance, déclare que, « pour ceux des actes de » cette espèce qui seront passés en pays étrangers, » ou dans les îles et colonies françaises où l'enre- » gistrement n'aurait pas encore été établi, le délai » sera de six mois, s'ils sont en Europe ; d'une » année, si c'est en Amérique ; et de deux années, » si c'est en Asie ou en Afrique ».

» Et l'art. 23 ajoute : « Il n'y a point de délai » de rigueur pour l'enregistrement de tous autres » actes que ceux mentionnés dans l'article précé- » dent, *qui seront faits sous signature privée, ou* » *passés en pays étranger et dans les îles et colonies* » *françaises, où l'enregistrement n'aurait pas encore* » *été établi* ; mais il ne pourra en être fait aucun » usage, soit par acte public, soit en justice, ou » devant toute autre autorité constituée, qu'ils » n'aient été préalablement enregistrés ».

» Ces termes, *qui seront faits sous signature privée ou passés dans les îles et colonies françaises*, ne sont ni obscurs ni équivoques : combinés avec l'article précédent, ils prouvent, de la manière la plus positive, que les actes passés, même autrement que sous signature privée, dans les colonies françaises, sont soumis à l'enregistrement, savoir : dans le délai de rigueur, lorsqu'ils portent transmission de propriété ou de jouissance; et avant qu'il en puisse être fait publiquement usage, dans tout autre cas.

» Et qu'on ne dise pas que ces dispositions sont introductives d'un droit nouveau; qu'on ne dise pas que, dès-lors, elles ne peuvent pas être appliquées à un contrat de vente passé à la Martinique, dès le 2 mai 1768.

» Ces dispositions, en tant qu'elles assujettissent à l'enregistrement les actes même publics passés dans les colonies, ne font que renouveler celles de l'art. 10 du décret du 29 septembre 1791, additionnel à celui du 5 décembre 1790 : « Les *actes pas-* » *sés en pays étrangers ou dans les colonies* (porte » cet article), seront sujets à la formalité de l'en- » registrement dans tous les cas où les actes sous » signature privée y sont assujettis, et dans les mêmes » délais et sous la même peine ».

» Prétendre, comme on l'a fait quelquefois, que cet article n'est relatif qu'aux actes passés sous seing privé dans les colonies, c'est méconnaître, c'est fouler aux pieds son texte littéral. En assimilant aux *actes sous seing privé, les actes passés dans les co-lonies*, il annonce bien clairement que ceux-ci ne sont pas tels par eux-mêmes ; que, par eux-mêmes, ils sont actes publics; et qu'ils ne sont placés sur la ligne des actes sous seing privé, que par une fiction dont l'objet est de déterminer les cas où ils sont passibles du droit d'enregistrement.

» Du reste, ce même article ne laisse pas le plus léger nuage sur l'interprétation que nous avons donnée à l'art. 24 du décret du 5 décembre 1790 : il démontre, avec la plus grande évidence, que l'exemption de l'enregistrement accordée, par l'art. 24 du décret du 5 décembre 1790, aux actes publics passés antérieurement à l'exécution de ce décret, est limitée aux pays dans lesquels le droit d'enregistrement serait établi en vertu de ce décret, et que le droit d'enregistrement n'ayant point été établi, en vertu de ce décret, dans les colonies françaises, les colonies françaises sont restées, à cet égard, sur le même pied que les pays étrangers.

» Ici, nous le savons, on peut faire et l'on a quelquefois fait à la régie une objection fort spécieuse. L'art. 10 du décret du 29 septembre 1791, peut-on dire et a-t on dit en effet, n'est, comme il l'énonce dans son propre intitulé, qu'une *addition* à l'art. 11 de celui du 5 décembre 1790. Or, l'art. 11 de celui du 5 décembre 1790, ne concerne que les actes qui seront passés à l'avenir. On ne peut donc pas appliquer l'art. 10 du décret du 29 septembre 1791, à un acte qui avait été passé à la Martinique dès le 2 mai 1768.

» C'est ainsi qu'avait raisonné le tribunal civil de la Rochelle, dans un jugement du 28 floréal an 9, par lequel il avait déchargé la dame de la Saudraie et le sieur Poupet, des poursuites exercées contre eux par la régie, pour avoir produit en justice, sans enregistrement préalable, un acte passé devant notaire, au Cap, Ile Saint-Domingue, le 3 juillet 1789; et nous devons ajouter que la section des requêtes a, par le même motif, rejeté, par arrêt du 2 brumaire an 10, le recours en cassation que la régie avait formé contre ce jugement.

« Mais il est à remarquer que ce jugement et cet arrêt ont excité, de la part du ministre des finances, des réclamations que V. Exc., Monseigneur, nous a fait l'honneur de nous adresser, le 30 floréal an 12, en nous déclarant qu'elle les trouvait fondées, et en nous chargeant de profiter, pour les communiquer à la cour, de la première occasion qui se présenterait ; que nous les avons effectivement communiquées à la section civile, le 17 floréal an 13; que la section civile a partagé l'avis des deux ministres, qu'elle ne l'a cependant pas alors consacré par un arrêt formel, parce que l'affaire dans laquelle la question se reproduisait, n'était pas, d'après des circonstances inutiles à retracer ici, en état d'être jugée définitivement et ne l'a pas été depuis; mais que c'est à la suite du principe arrêté verbalement dans cette séance qu'a été rendu, dans l'espèce actuelle, l'arrêt de cassation du 17 mai 1809.

» Il n'y a, en effet, dans l'objection que nous venons de rappeler, et qui avait servi de fondement au jugement du tribunal civil de la Rochelle, du 28 floréal an 9, qu'une équivoque facile à éclaircir.

» Sans doute, l'art. 11 du décret du 5 décembre 1790, dont l'art. 10 de celui du 29 septembre 1791 ne forme qu'une *addition*, n'est, comme tous ceux qui le précèdent et comme tous ceux qui le suivent isolément, et compris l'art. 20, applicable qu'aux actes qui seront passés *à l'avenir*.

» Mais ces mots, *à l'avenir*, dans quel sens devons-nous les sous-entendre dans les vingt premiers articles du décret du 5 décembre 1790?

» Dans le sens d'une synonymie parfaite avec ceux-ci : *A compter de l'époque où le présent décret sera mis à exécution* ; et c'est ce que prouvent bien clairement les art. 22, 23 et 24, dans lesquels les mots, *actes passés avant l'époque fixée pour l'exécution du présent décret*, sont employés comme synonymes des expressions, *actes passés précédemment*.

» D'après cela, que peut-il résulter de ce que, dans son intitulé, l'art. 10 du décret du 29 septembre 1791 est signalé comme une *addition* à l'art. 11 de celui du 5 décembre 1790 ?

» Assurément, il n'en résulte pas que l'art. 10 du décret du 29 septembre 1791 ne soit applicable, comme l'article 11 de celui du 5 décembre 1790, qu'aux actes qui seront passés dans les colonies à compter de l'époque où le décret du 5 décembre 1790 y sera exécuté; car l'art. 10 du décret du 29 septembre 1791 est précisément fait pour remédier au défaut d'exécution de celui du 5 décembre 1790 dans les colonies ; il est précisément fait pour empêcher qu'on ne produise et qu'on n'exécute publiquement, sans enregistrement préalable, dans le territoire continental de la France, des actes qui, passés dans les colonies où le contrôle n'a jamais eu lieu, où l'enregistrement n'est pas encore établi, n'ont pu y recevoir l'impression ni de l'une ni de l'autre formalité; et ce serait donner à cet article un sens évidemment dérisoire et absurde, que de l'entendre comme s'il disait : *Les actes qui seront passés dans les colonies après l'établissement qui y sera fait des bureaux d'enregistrement , seront sujets à la formalité de l'enregistrement dans le territoire continental de la France , dans tous les cas où les actes sous signatures privées y sont assujettis.*

» Il faut donc que les mots, *addition à l'art.* 10, qui forment l'intitulé de l'art. 11 du décret du 29 septembre 1791, aient, dans cet intitulé, un tout autre sens que celui que lui attribue l'objection que nous discutons en ce moment.

» Et en effet, l'art. 11 du décret du 29 septembre 1791 ne dit pas : *les actes qui seront passés dans les colonies* , termes qui se référeraient uniquement au futur; il dit, *les actes passés* ; et ces expressions se réfèrent à tous les actes faits dans les colonies, quelle qu'en soit la date.

» Cela est si vrai qu'il place sur la même ligne les actes passés *dans les colonies* et les actes passés *en pays étranger ;* et certes on ne prétendra pas, on n'a jamais prétendu que les actes passés dans les pays étrangers, avant l'établissement du droit d'enregistrement en France, puissent être exécutés et produits publiquement en France, sans y avoir été enregistrés.

» Quelle a donc été l'intention des rédacteurs de l'art. 10 du décret du 29 septembre 1791, lorsqu'ils ont placé à la tête de cet article les mots : *Addition à l'art.* 11 *du décret du 5 décembre* 1790 ?

» Elle n'a pu être que de déclarer que l'art. 11 du décret du 5 décembre 1790, quoique limité, par son propre texte, aux actes sous seing privé qui seraient faits en France postérieurement à la mise en activité du droit de l'enregistrement, serait applicable, et aux actes publics passés dans les colonies où n'est pas encore exécutée la loi française qui établit l'enregistrement, et aux actes publics passés dans les pays étrangers où cette même loi française est impuissante.

» Et il ne faut pas croire qu'ainsi entendue , *l'addition* faite par l'art. 10 du décret du 29 septembre 1791 à l'art. 11 du décret du 5 décembre 1790 , soit sans objet ; il est au contraire bien facile de sentir qu'elle a non-seulement un objet très-important, mais même un objet très-favorable aux actes passés dans les colonies et dans les pays étrangers.

» En effet, si les actes publics passés dans les colonies et dans les pays étrangers, étaient entièrement assimilés en France aux actes publics passés en France même, il suffirait qu'ils fussent translatifs de propriété ou de jouissance de biens situés dans notre territoire continental , pour que l'enregistrement en devînt forcé dans le même territoire, et que, le délai fatal expiré sans qu'ils eussent subi cette formalité, ils devinssent sujets au double droit.

» Mais l'art. 10 du décret du 29 septembre 1791 les assimile aux actes passés en France sous signatures privées ; et si, par là, il veut que l'enregistrement en soit fait dans les six mois de leur date , lorsqu'ils seront translatifs de propriété ou de jouissance de biens situés dans notre territoire continental , il veut aussi que le défaut de cet enregistrement ne puisse donner lieu à aucune recherche , si ce n'est dans le cas où ces actes seraient produits en justice ou énoncés dans des actes authentiques.

» Car telle était, pour les actes qui seraient passés en France sous signatures privées, après la mise en activité du droit d'enregistrement, la disposition expresse de l'art. 11 du décret du 5 décembre 1790 ; et cette disposition , qui n'était rien moins que favorable aux intérêts du trésor public, n'a été révoquée que par la loi du 9 vendémiaire an 6.

» Cela posé , il est clair que l'objection que nous discutons ici s'écroule d'elle-même, et que la seule conséquence qui pût résulter pour les défendeurs des mots *addition à l'art.* 11, placés à la tête de l'art. 10 du décret du 29 septembre 1791, c'est que les défendeurs ne pourraient pas être recherchés pour l'acte passé à la Martinique le 2 mai 1768, s'ils n'en avaient pas fait un usage public dans le territoire continental de la France ; mais que cette conséquence est ici nulle pour eux, puisqu'ils ont déposé l'acte du 2 mai 1768 chez un notaire de France, qui l'a placé , à leur réquisition , au rang de ses minutes.

» Au surplus, c'est bien vainement que les défendeurs cherchent ici à se prévaloir d'un arrêt de la section civile, du 29 juin 1810, par lequel a été rejeté le recours en cassation de la régie contre un jugement du tribunal civil de Laval , qui avait décidé qu'un acte authentique passé à Saint-Domingue, le 22 avril 1787 , au profit du sieur Perdereau, n'avait point été assujetti au droit proportionnel d'enregistrement, par l'usage public qui en avait été fait, en 1806 , dans le territoire continental de la France.

» 1° Cet arrêt, par cela seul qu'il n'est qu'un arrêt de rejet , ne peut pas être mis en balance avec celui de cassation du 17 mai 1809.

» 2° Cet arrêt est motivé sur un fait qu'il est de notre devoir d'appeler *insignifiant* : il est motivé sur le fait que l'acte du 22 avril 1787 étant antérieur à la loi du 22 frimaire an 7, on ne peut pas lui appliquer l'art. 23 de cette loi qui, à la vérité, soumet à l'enregistrement les actes passés dans les colonies, mais ne disposant que pour l'avenir, ne peut pas régir un acte antérieur. Et pourquoi ce fait est-il insignifiant? Parce que, comme nous l'avons déjà remarqué, l'art. 23 de la loi du 22 frimaire an 7, n'est pas introductif d'un droit nouveau; parce qu'il ne fait que renouveler la disposition de l'art. 10 du décret du 29 septembre 1791; parce que l'art. 73 de la loi du 22 frimaire elle-même, en abrogeant, *pour l'avenir*, toutes les lois antérieures sur les droits d'enregistrement, veut expressément que les lois antérieures *continuent d'être exécutées à l'égard des actes faits avant sa publication*; parce que, d'après cette disposition de l'art. 73 de la loi du 22 frimaire an 7, ce n'était pas sur l'art. 23 de cette même loi, combiné avec le principe de sa non-rétroactivité, mais sur l'art. 10 du décret du 29 septembre 1791, que le tribunal civil de Laval avait dû calquer son jugement; parce que la régie, au lieu d'invoquer contre ce jugement l'art. 23 de la loi du 22 frimaire an 7, qui évidemment ne pouvait lui porter atteinte, aurait invoqué l'art. 10 du décret du 29 septembre 1791, dont elle n'a point parlé.

» 3° Cet arrêt, en tant qu'il paraît juger, par la manière dont il est motivé, qu'on peut faire usage en France, sans les faire enregistrer, des actes publics passés dans les colonies avant la publication de la loi du 22 frimaire an 7, est en opposition diamétrale avec un autre arrêt rendu par la même section, le 2 décembre 1807, au rapport de M. Oudart et sur nos conclusions.... (1).

» 4° Enfin, l'arrêt de la section civile du 29 juin 1810, n'a que le défaut d'être mal motivé dans sa rédaction; et il nous est permis de croire que, dans sa rédaction, il ne présente pas le véritable motif qui a déterminé et dû déterminer la section civile à maintenir le jugement du tribunal civil de Laval attaqué par la régie.

» En effet, dans l'espèce sur laquelle avait prononcé le tribunal civil de Laval, il ne s'agissait point de savoir, comme dans l'affaire actuelle, si l'acte passé devant notaire à Saint-Domingue, le 22 avril 1787, devait être enregistré en France avant que l'on pût y en faire un usage public. Le sieur Perdereau l'avait fait enregistrer en mai 1806.

» Il ne s'agissait pas non plus de savoir si, pour l'enregistrement de cet acte en France, il était dû un droit quelconque d'enregistrement. Le sieur Perdereau reconnaissait qu'il était dû un droit fixe, à raison de la formalité, et il en faisait l'offre.

» L'unique question était de savoir si le droit dû pour l'enregistrement de cet acte, était un droit fixe, tel que l'offrait le sieur Perdereau, ou un droit proportionnel, tel que le prétendait la régie.

» Le tribunal civil de Laval avait jugé, et la section civile a déclaré, en maintenant son jugement, que le droit proportionnel n'était point dû; et cela était de toute évidence.

» Qu'était-ce, en effet, que l'acte du 22 avril 1787 que le sieur Perdereau avait fait enregistrer en France? Rien autre chose qu'une donation de deniers à prendre sur des biens situés à Saint-Domingue, et sur des créances dues par des personnes alors domiciliées dans la même colonie.

» Et qu'est-ce que le droit proportionnel d'enregistrement? Bien différent du droit fixe, qui n'est que le salaire de la formalité prescrite pour assurer la date des actes tant publics que sous seing privé, le droit proportionnel est un impôt qui ne peut affecter que les biens situés dans les lieux où il est établi, et qui par conséquent ne peut pas être dû à raison de biens situés dans les colonies, comme il ne peut pas l'être à raison de biens situés en pays étranger. C'est ce que décide expressément un avis du conseil d'état, approuvé par l'empereur le 10 brumaire an 14. A la vérité, y est-il dit, les art. 23 et 42 de la loi du 22 frimaire an 7 portent (comme l'avait déjà réglé l'art. 10 du décret du 29 septembre 1791) qu'il ne pourra être fait en France aucun usage, soit en justice, soit devant toute autre autorité constituée, des actes passés en pays étranger ou dans les colonies, sans qu'ils aient été préalablement enregistrés; mais *le droit proportionnel, qui se perçoit du moment où il y a transmission ou mutation de propriété, à quelque titre que ce soit, est un impôt qui ne peut atteindre la propriété située hors du territoire sur lequel il est établi; et si l'on a cru devoir, pour donner une date légale aux actes passés en pays étranger ou dans les colonies, les assujettir à des droits d'enregistrement, il n'était pas nécessaire que ce droit fût de quatre pour cent, comme pour les actes de même espèce passés en France*. Et c'est encore d'après le même principe qu'un autre avis du 15 novembre 1806, approuvé par l'empereur le 12 décembre suivant, décide que *les actes passés en France pour des immeubles situés en pays étranger ou aux colonies*, doivent bien, pour leur enregistrement en France, le droit fixe, mais non pas le droit proportionnel, et qu'il en est de même des actes passés, soit en France, soit en pays étranger ou dans les colonies, *pour des propriétés mobilières existantes dans les colonies ou en pays étranger*.

» Il est donc bien clair que, dans l'espèce jugée par l'arrêt de la section civile du 29 juin 1810, le sieur Perdereau n'a pu être affranchi du droit proportionnel d'enregistrement, que parce que l'acte passé en sa faveur à Saint-Domingue, avait pour objet des biens situés dans cette colonie; et dès-là rien à conclure ici de cet arrêt.

» Il y a plus : du principe qui a dû motiver cet arrêt, que le droit proportionnel d'enregistrement

---

(1) *V.* le paragraphe précédent,

est un impôt réel, il suit évidemment que ce droit est dû dans l'espèce qui nous occupe en ce moment. Car si, par la raison que le droit proportionnel d'enregistrement est un impôt réel, il n'est point dû pour un contrat passé en France qui porte sur des biens situés dans les colonies, il faut bien, par raison de réciprocité, que ce droit soit dû pour un contrat passé dans les colonies, qui porte sur des biens situés en France.

» Mais il reste à savoir, et c'est notre seconde question, si le droit proportionnel réclamé par la régie de l'enregistrement n'est pas prescrit.

» Au premier abord, il semblerait l'être par le laps du temps qui s'est écoulé entre la date du contrat de vente dont il s'agit, et l'époque où ont commencé les poursuites de la régie de l'enregistrement. Le contrat de vente est du 2 mai 1768, et les poursuites de la régie n'ont commencé que par la contrainte du 3o floréal an 10, c'est-à-dire par un acte postérieur de plus de 3o ans à la date de ce contrat. Or, la régie peut-elle, après trente ans, réclamer un droit d'enregistrement dont elle a, pendant un aussi long espace de temps, négligé la perception ?

» L'arrêt de cassation du 17 mai 1809, juge qu'elle le peut, parce que *le contrat ayant été passé dans les colonies à une époque où la formalité du contrôle n'y était pas encore introduite, la régie n'a eu aucun moyen d'en acquérir la connaissance; que l'acquéreur a même dissimulé son titre, en disposant de l'immeuble jusqu'au jour de son décès, non comme propriétaire, mais comme fondé de pouvoirs de son vendeur; circonstances qui ont fait obstacle au cours de la prescription.*

» Et qu'oppose à cela le tribunal civil d'Agen? Deux choses.

» D'abord, dit il, l'ancienne administration des droits fiscaux avait, à la Martinique, des préposés pour le recouvrement des droits d'insinuation et de centième denier ; elle a donc eu des moyens de connaître le contrat de vente du 2 mai 1768; Jacques Decours n'a donc pas pu, en dissimulant sa qualité, empêcher que ce contrat ne parvînt à la connaissance de l'administration.

» Mais où le tribunal civil d'Agen a-t-il pris qu'avant la loi du 5 décembre 1790, il existait à la Martinique des préposés au recouvrement des droits d'insinuation et de centième denier?

» Qu'auraient fait ces préposés dans la colonie de la Martinique? Y auraient-ils perçu les droits d'insinuation et de centième denier sur les contrats de vente des biens situés dans la colonie même? Cela était impossible, puisque ces droits n'étaient établis, ni à la Martinique, ni dans aucune autre colonie française. Y auraient-ils perçu les droits d'insinuation et de centième denier sur les contrats qui, passés dans les colonies, auraient été translatifs de biens situés dans le territoire continental de la France? Cela ne se pouvait pas davantage, puisqu'à la différence du droit de contrôle qui devait

être payé au bureau du lieu où avait été passé l'acte public qui y donnait ouverture, les droits d'insinuation et de centième denier ne pouvaient, suivant l'art. 24 de l'édit du mois de décembre 1703, être acquittés qu'au bureau du lieu de la situation des biens ; ce qui est si vrai que, par deux arrêts du conseil du 25 février 1730 et 13 février 1777, rapportés dans le *Dictionnaire des Domaines*, aux mots *centième denier*, il avait été jugé que, dans le cas où des biens situés dans plusieurs arrondissemens, étaient transférés par un seul et même acte, ces droits ne pouvaient pas être acquittés dans un seul bureau, et qu'ils devaient l'être dans chacun des bureaux dont relevaient les biens.

» Il ne pouvait donc exister, et il est, dans le fait, très-constant qu'il n'existait à la Martinique, avant la loi du 5 décembre 1790, aucun préposé au recouvrement des droits d'insinuation et de centième denier ; et par là tombe la première objection du tribunal civil d'Agen contre le motif de l'arrêt de cassation du 17 mai 1809.

» La seconde raison du tribunal civil d'Agen est qu'*en fait de prescription trentenaire, on ne peut jamais y opposer l'exception prise de la mauvaise foi, aux termes de l'art. 2262 du Code civil.*

» Mais 1° pour qu'il pût, dans notre espèce, y avoir lieu à la prescription trentenaire, il faudrait que l'on pût compter, en faveur des héritiers de Jacques Decours, tout le temps qui s'est écoulé entre la passation du contrat de vente du 2 mai 1768, et l'abolition du droit d'insinuation et de centième denier prononcée par la loi du 5 décembre 1790. Or, cet espace de temps, comment pourrait-il être compté? Pendant tout cet espace de temps, les droits d'insinuation et de centième denier étaient imprescriptibles. C'est ce qui résulte d'un arrêt de réglement du conseil du 28 mars 1719, par lequel, dit l'auteur du *Dictionnaire des Domaines*, au mot *prescription*, n, 4, S. M. déclare « qu'elle n'entend » point que les droits d'insinuation et de centième de-» nier soient compris dans l'exécution de l'art. 34 du » titre commun de l'ordonnance du mois de juillet » 1681, qui n'accorde que six mois, après les baux » finis, pour former la demande des droits ; en con-» séquence, elle ordonne que les redevables seront » poursuivis, sur les contraintes des fermiers et » sous-fermiers, au payement desdits droits d'insi-» nuation et centième denier, des amendes et » peines par eux encourues, faute d'avoir fait insi-» nuer leurs contrats d'acquisition d'immeubles, ou » d'avoir fourni leurs déclarations pour les succes-» sions collatérales, et d'en avoir payé le centième » denier dans les délais prescrits par les réglemens » et ce, nonobstant toutes oppositions formées ou » à former, résultantes du laps de temps, dont ils » demeureront déboutés. On ne peut donc (continue » l'auteur cité) opposer de prescription pour ces » droits, quelque anciens qu'ils soient; c'est ce » qui a été positivement décidé le 18 mars 1725, » sur la question proposée par M. l'intendant de » Besançon, au sujet d'anciennes contraventions ;

» il y a une infinité d'autres décisions qui ont jugé » que lesdits droits sont imprescriptibles, et que » l'on ne doit laisser introduire aucun doute à cet » égard ».

» 2° Quand il serait ici question d'un espace de trente ans écoulé depuis l'abolition du droit d'insinuation et de centième denier, pourrait-il en résulter une prescription pour les héritiers de Jacques Decours? Non, et la raison en est très-simple : c'est que les actes publics passés dans les colonies, sont déclarés, par l'art. 10 du décret du 29 septembre 1791, sujets à la formalité de l'enregistrement dans tous les cas où les actes sous signature privée y sont assujettis, et dans les mêmes délais et sous la même peine ; c'est que, par l'art. 11 du même décret, il est dit que la date des actes sous signature privée ne pourra être opposée pour preuve de prescription contre la demande des droits ouverts par la transmission d'immeubles réels ou fictifs ; c'est que les mêmes dispositions se retrouvent littéralement dans les art. 23 et 62 de la loi du 22 frimaire an 7.

» Mais, disent les héritiers de Jacques Decours, il existe un acte public passé en France qui a dû procurer à la régie, plus de trente ans avant l'exercice de son action, la connaissance de la vente du 2 mai 1768. C'est un contrat notarié du 15 mars 1774, par lequel notre père, traitant en son nom personnel et comme propriétaire du domaine de Saint-Dizier, a cédé par échange un immeuble qui faisait partie de ce domaine. Il est vrai que la régie a décerné, contre nous, une contrainte le 30 floréal an 10, jour correspondant au 20 juin 1802, et par conséquent avant qu'il se fût écoulé trente ans depuis la date de cet échange. Mais une contrainte n'est rien autre chose qu'un simple commandement ; et il est notoire qu'avant le Code civil, un simple commandement n'avait pas, dans les pays qui avaient autrefois ressorti du parlement de Bordeaux, l'effet d'interrompre la prescription.—Trois réponses.

» 1° Le tribunal civil d'Agen a lui-même rejeté implicitement le moyen que les héritiers de Jacques Decours avaient prétendu tirer, devant lui, du contrat d'échange du 15 mars 1774.

» 2° Il a dû le rejeter, parce que, dans le contrat d'échange du 15 mars 1774, il n'est point dit que l'immeuble cédé par Jacques Decours, fait portion du domaine de Saint-Dizier ; et que, dès lors, il n'a pu en résulter, pour la régie, aucune connaissance de la transmission qui avait été faite à Jacques Decours, dès le 2 mai 1768, de la propriété de ce domaine.

» 3° Il a dû le rejeter encore, parce que les droits d'insinuation et de centième denier étant imprescriptibles, la prescription de ces droits n'a pu courir, ni en faveur de Jacques Decours, ni en faveur de ses héritiers, pendant tout le temps qui s'est écoulé depuis le contrat d'échange du 15 mars 1774 jusqu'à la mise en activité de la loi du 5 décembre 1790.

» Mais si les héritiers de Jacques Decours ne peuvent pas ici se prévaloir de la prescription trentenaire, n'y a-t-il pas eu une prescription plus courte qu'ils puissent invoquer avec plus de succès ?

» Le tribunal civil d'Agen répond que l'on pourrait dire que la régie aurait laissé périmer la première contrainte du 30 floréal an 10, puisqu'il se serait écoulé plus d'une année sans poursuite et sans qu'il y ait eu d'instance liée sur ladite première contrainte ; qu'ainsi, l'art. 61 de la loi du 22 frimaire an 7, viendrait au besoin au secours des héritiers Decours, pour faire rejeter la seconde contrainte du 1er frimaire an 13.

» Mais en raisonnant ainsi, le tribunal civil d'Agen s'est évidemment mépris sur l'objet et le sens de l'art. 61 de la loi du 22 frimaire an 7.

» Cet article porte qu'il y a prescription pour la demande des droits, après deux années, à compter du jour de l'enregistrement, s'il s'agit, ou d'un supplément de droit réclamé par la régie, ou d'une restitution de droits évidemment perçus ; après trois années, aussi à compter du jour de l'enregistrement, s'il s'agit d'une omission de biens dans une déclaration faite après décès ; après cinq années, à compter du jour du décès, pour les successions non déclarées.

» Et c'est après s'être ainsi expliqué, qu'il ajoute : les prescriptions ci-dessus seront suspendues par des demandes signifiées et enregistrées avant l'expiration des délais ; mais elles seront acquises irrévocablement, si les poursuites commencées sont interrompues pendant une année, sans qu'il y ait d'instance devant les juges compétens, quand même le premier délai pour la prescription ne serait pas expiré.

» Quelles sont les prescriptions que cet article déclare acquises irrévocablement par le défaut d'instance liée devant un tribunal dans l'année de la contrainte ? Ce sont, et ce sont seulement, les prescriptions ci-dessus, c'est-à-dire, les prescriptions de deux, de trois et de cinq années, dont il vient de parler à l'instant même.

» Il n'est donc point ici question de la prescription trentenaire, la seule que les héritiers Decours pourraient invoquer s'il s'était écoulé trente ans depuis que le contrat du 2 mai 1768 a acquis une date certaine en France, par le dépôt qui en a été fait chez un notaire.

» Le tribunal civil d'Agen a donc fait une application évidemment fausse de l'art. 61 de la loi du 22 frimaire an 7, lorsqu'il en a fait résulter, pour les héritiers de Jacques Decours, un moyen de prescription.

» Mais les héritiers de Jacques Decours ne peuvent-ils pas tirer un autre moyen de prescription de ce que, lors du dépôt qui a été fait chez un notaire, le 30 messidor an 11, du contrat de vente du 2 mai 1768, la régie n'a perçu aucun droit sur ce contrat, et qu'elle s'est bornée à la perception d'un droit fixe sur l'acte qui en constatait le dépôt ?

» Le tribunal civil d'Agen a jugé implicitement qu'ils ne le peuvent pas ; et cela seul suffirait pour nous autoriser à laisser sans réponse la prétention contraire qu'ils élèvent devant vous.

» Mais nous devons dire que cette prétention n'a pas l'ombre de fondement.

» Sans doute, si la régie avait laissé écouler deux années après l'acte de dépôt du 30 messidor an 11, sans poursuivre les héritiers de Jacques Decours pour le payement du droit proportionnel dû à raison du contrat déposé, les héritiers de Jacques Decours seraient fondés à lui opposer la prescription établie par le premier n° de l'art. 61 de la loi du 22 frimaire an 7.

» Mais la régie a poursuivi les héritiers de Jacques Decours avant l'expiration des deux années : elle les a poursuivis par une contrainte du 5 nivose an 13 ; et cette contrainte a été immédiatement suivie d'une instance qu'ils ont engagée eux-mêmes devant le tribunal civil de Villeneuve. Comment donc pourraient-ils avoir prescrit contre elle en vertu de l'article cité ?

» Oh ! disent-ils, prenez garde à une chose : l'art. 42 de la loi du 22 frimaire an 7, déclare qu'*aucun notaire ne pourra annexer à sa minute un acte sous seing privé ou passé en pays étranger, ni le recevoir en dépôt, s'il n'a été préalablement enregistré, à peine de cinquante francs d'amende, et de répondre personnellement du droit.* Le notaire qui a reçu l'acte de dépôt du 30 messidor an 11 est donc devenu, par la contravention à cet article, responsable du droit proportionnel qui était dû pour le contrat déposé. La régie a donc pu le poursuivre personnellement pour lui faire payer ce droit. Elle a donc dû le poursuivre à cette fin dans les deux années de l'enregistrement de l'acte du 30 messidor au 11. Elle a donc perdu, à défaut de poursuites dirigées contre lui dans les deux années, l'action dont il était passible de sa part.

» Tout cela est vrai ; mais ce qui ne l'est pas, c'est la conséquence à laquelle tout cela conduit les héritiers de Jacques Decours : donc, disent-ils, la régie n'a plus d'action contre nous.

» Le notaire qui avait reçu, le 30 messidor an 11, l'acte de dépôt du contrat non enregistré du 2 mai 1768, s'était bien rendu responsable personnellement, envers la régie, du droit proportionnel auquel ce contrat avait donné ouverture ; mais la régie, en acquérant, par la contravention du notaire, une action contre le notaire même pour le payement de ce droit, n'avait pas perdu son action directe contre les héritiers de Jacques Decours. Seulement elle avait un débiteur de plus ; seulement le notaire s'était constitué envers elle caution des principaux obligés. Et où est-il écrit que la prescription acquise à la caution, profite à l'obligé principal, surtout lorsqu'avant que la caution l'eût acquise, l'obligé principal a été poursuivi personnellement ?

» Pour être conséquens, les héritiers de Jacques Decours devraient aller plus loin qu'ils ne vont :

au lieu de se prévaloir de la prescription acquise par le notaire qui a reçu leur acte de dépôt du 30 messidor an 11, ils devraient se prévaloir de cet acte même ; ils devraient dire : « En déposant chez » un notaire, le 30 messidor an 11, le con- » trat non enregistré du 2 mai 1768, nous nous » sommes affranchis de toute obligation person- » nelle envers la régie pour le payement du droit » proportionnel dû à raison de ce contrat, et dès » ce moment, la régie n'a plus eu d'action que » contre le notaire ».

» Mais les héritiers de Jacques Decours n'osent pas tenir ce langage ; ils sentent trop que ce serait un paradoxe insoutenable.

» Et en effet, l'art. 42 de la loi du 22 frimaire an 7, en disant que le notaire devient, par la contravention, personnellement responsable du droit dû en raison de l'acte non enregistré qu'il a reçu en dépôt, n'ajoute pas qu'il sera seul tenu de ce droit envers la régie ; que la régie ne pourra pas exiger ce droit de la partie qui a déposé l'acte non enregistré. Elle laisse donc, à cet égard, les choses dans leur état naturel ; elle conserve donc à la régie une action primitive contre la partie qui a fait le dépôt de l'acte.

» Mais si le jugement qui vous est dénoncé, ne peut être justifié, ni par les prétendus moyens de prescription qui le motivent, ni par celui qu'y ajoutent devant vous les héritiers de Jacques Decours, ne peut-il pas l'être par l'art. 16 du décret du 29 septembre 1791 ? C'est une question qui ne vous est pas proposée par les parties, mais que nous devons examiner d'office.

» L'art. 16 du décret du 29 septembre 1791, porte que *la prescription des droits dus sur les actes publics, antérieurs à la loi du 5 décembre 1790, et non insinués, aura lieu après cinq ans à compter du jour de leur date.*

» Le contrat de vente dont il s'agit dans l'espèce, a été passé devant notaires ; il est antérieur à la loi du 5 décembre 1790 ; il n'avait pas été insinué avant la mise en activité de cette loi. Il semble donc, à la première vue, que les droits dus à raison de ce contrat, se sont trouvés prescrits par le laps de cinq ans qui ont suivi la mise en activité de la loi du 5 décembre 1790.

» Mais faisons bien attention à la lettre et à l'esprit de l'art. 16 du décret du 29 décembre 1791.

» 1° La lettre de cet article ne porte que sur les *actes publics* antérieurs à la loi du 5 décembre 1790. Or, le contrat de vente du 2 mai 1768, avait-il, en France, à l'époque de ce décret, a-t-il même en ce moment, le caractère d'*acte public ?* Non certainement.

» La loi du 5 décembre 1790, avait déjà dit, art. 9, qu'*à défaut d'enregistrement, un acte passé devant notaire, ne pourrait valoir que comme acte sous signature privée.*

» Et c'est d'après cette disposition, que l'art. 10 du décret du 29 septembre 1791 assimilait, quant à la formalité de l'enregistrement en France, les actes publics des pays étrangers et des colonies aux actes sous signature privée.

» Aussi, par l'arrêt du 7 décembre 1807, que nous avons eu l'honneur de vous rappeler, la section civile a-t-elle pensé *qu'un contrat passé devant notaire, au Cap, île Saint-Domingue, le 7 pluviose an 5, n'avait pu*, faute d'enregistrement en France, *y être considéré que comme un acte sous signature privée*; et qu'en décidant *qu'une inscription prise en France sur un tel contrat, était nulle, la cour d'appel séant à Poitiers s'était conformée aux lois ci-dessus citées*, c'est-à-dire, à l'art. 9 de la loi du 5 décembre 1790, et à l'art. 10 du décret du 29 septembre 1791.

» 2° L'esprit de l'art. 16 du décret du 29 septembre 1791, s'accorde parfaitement avec cette manière d'entendre le mots *actes publics* qui y sont employés.

» Pour quel pays cet article a-t-il été fait?

» Il l'a été sans doute pour le pays où la loi du 5 décembre 1790 avait reçu son exécution par l'établissement qui y avait été fait du droit d'enregistrement; mais il ne l'a été que pour eux, et il n'a pu l'être pour la colonie où la loi du 5 décembre 1790 n'avait pas encore pu être exécutée.

» Que, dans le pays où la loi du 5 décembre 1790 était en pleine activité, les droits dus sur les actes publics non encore insinués à cette époque, se prescrivissent par cinq ans, rien de plus juste.

» Car de deux choses l'une : ou les pays avaient été précédemment soumis aux droits de contrôle, ou ils en avaient été exempts.

» Au premier cas, la régie avait dans ses propres bureaux la mention du contrôle que ces actes y avaient subi immédiatement après leur passation; et il lui était bien facile de faire vérifier, dans un espace de cinq ans, s'ils avaient acquitté les droits d'insinuation et de centième denier dans les bureaux de la situation des biens.

» Au second cas, la régie pouvait compulser les dépôts publics où reposaient les actes, et elle avait la même facilité pour s'assurer si, dans le cas où ils auraient été passibles de droits d'insinuation et de centième denier dans les lieux de la situation des biens, ils avaient ou non acquitté ces droits.

» Mais quel prétexte y aurait-il eu, le 29 septembre 1791, pour assujettir à la prescription de cinq ans les droits d'insinuation et de centième denier qui pouvaient être dus sur les actes passés devant notaire dans la colonie, antérieurement à la loi du 5 décembre 1790.

» La loi du 5 décembre 1790 n'étant pas exécutée dans les colonies, la régie ne pouvait avoir ni n'avait effectivement, dans les colonies, aucun préposé qui pût l'avertir de l'existence de cet acte. Elle n'avait donc aucun moyen de savoir quels étaient, parmi ces actes, ceux qui étant sujets à l'insinuation locale en France, n'avaient pas encore été revêtus de cette formalité, et par suite n'avaient pas encore

payé l'impôt qui en était le prix. Ces actes étaient donc, pour elle, sur la même ligne que les actes sous signature privée. À ces actes s'appliquait donc, dans toute sa force, la raison qui empêchait d'étendre aux actes sous signature privée, la disposition qui déclarait que les droits d'insinuation précédemment ouverts, seraient prescrits par le laps de cinq ans.

» Il n'y a donc rien, absolument rien, qui puisse couvrir les infractions que le tribunal civil d'Agen a faites à la loi, en jugeant que l'action de la régie était éteinte par la prescription.

» Il est d'ailleurs démontré jusqu'au plus haut degré d'évidence, que le même tribunal a isolément violé la loi, en jugeant que le droit réclamé par la régie n'était point dû.

» Et par ces considérations, nous estimons qu'il y a lieu de casser et annuler le jugement de ce tribunal ».

Par arrêt du 14 août 1813, sur délibéré, au rapport de M. Carnot : « Vu l'art. 1er de la loi du 27 ventose an 9, et l'art. 10 du décret du 29 septembre 1791; attendu qu'à la vérité, la colonie de la Martinique était, sous l'ancien régime, exempte, non-seulement des droits de contrôle, mais encore de ceux d'insinuation et de centième denier, les lois qui avaient établi ces droits, n'y ayant été envoyées ni publiées; mais que cela n'empêchait pas que les actes passés dans cette colonie, ne fussent soumis à ces droits dans le territoire continental de la France, soit lorsqu'ils étaient translatifs des propriétés qui y étaient situées, soit lorsqu'ils y étaient produits en justice ou énoncés dans des actes notariés; et que telle était la disposition expresse de la déclaration du 19 mars 1696, de l'édit du mois de janvier 1698, de la déclaration du 6 décembre 1707, et des arrêts de réglement du conseil des 13 janvier et 15 juillet 1738; qu'ainsi, le contrat de vente du 2 mai 1768, ayant pour objet des immeubles situés en France, a dû, quoique passé à la Martinique, être insinué et par conséquent contrôlé dans le lieu de la situation de ces immeubles, et y acquitter les droits de contrôle, d'insinuation et de centième denier; qu'il ne peut résulter aucune fin de non-recevoir contre la demande en payement de ces droits, des lois qui ont supprimé les droits d'insinuation et de centième denier, pour y substituer le droit d'enregistrement; que cela résulte de la disposition formelle de l'art. 1er de la loi du 27 ventose an 9, portant que le droit d'enregistrement sera payé, quelle que soit la date ou l'époque des actes et mutations à enregistrer; que d'ailleurs il résulte de l'art. 10 du décret du 29 septembre 1791, que les actes passés dans les colonies et dans les pays étrangers, soit devant des officiers publics, soit sous signature privée, sont assujettis en France à la formalité et au droit d'enregistrement, dans les mêmes cas et dans les mêmes délais que les actes sous signature privée passés en France même; que cet article ne distingue pas entre les actes qui ont été passés avant ledit décret, et ceux qui le seront à l'avenir; et que si, comme on n'en peut douter, il embrasse, par la généralité de sa disposition, tous les actes passés dans les pays étrangers, à quelque époque que ce soit, il doit en être de même des actes passés dans les colonies; que ce même article doit encore, d'après l'art. 73 de la loi du 22 frimaire an 7, être exécuté aujourd'hui, pour les actes passés antérieurement à cette dernière loi; que d'ailleurs sa disposition est renouvelée par l'art. 23 de cette même loi du 22 frimaire an 7; que l'art. 24 du décret du 5 décembre 1790 ne s'applique, comme l'art. 70 de la loi du 22 frimaire an 7, qu'aux actes passés antérieurement à la mise en activité du droit d'enregistrement dans les pays actuellement soumis à ce droit; qu'il est par conséquent applicable aux actes passés avant le décret du 5 décembre 1790, dans les pays où ce décret n'a jamais été et n'est pas encore exécuté; qu'ainsi, il est bien constant que le contrat de vente du 2 mai 1768, dont il s'agit, a été soumis par l'art. 10 du décret du 29 septembre 1791, à la formalité et aux droits d'enregistrement, dans les mêmes cas et dans les mêmes délais où l'eût été un acte sous-seing privé quelconque; que, d'après l'art. 11 du décret du 5 décembre 1790, les actes sous seing privé portant translation d'immeubles, sont assujettis à l'enregistrement dans les six mois de leur date, à peine d'un double droit, s'il en est fait usage en justice ou devant des officiers publics sans enregistrement préalable; que le contrat de vente du 2 mai 1768, a été déposé par les défendeurs, le 5 messidor an 11, dans les minutes d'un notaire résidant en France; que dès-lors ce contrat est devenu sujet, non-seulement au droit simple, mais encore au double droit d'enregistrement; que les défendeurs ne pourraient donc se dispenser de payer le droit et le double droit d'enregistrement qui leur est demandé sur l'acte du 2 mai 1768, que dans le cas où ils s'en seraient trouvés libérés par la prescription; que la prescription de trente ans n'était pas acquise lors des contraintes décernées par les demandeurs le 1er frimaire an 13, puisque depuis la vente, l'acquéreur n'avait pas cessé de régir le domaine sous le nom du vendeur, et qu'il en avait passé notamment bail notarié en cette qualité le 17 avril 1781; que si la bonne foi n'est pas exigée pour acquérir la prescription par trente années, il faut du moins une possession ait été animo domini: et qu'il est établi, par le bail dudit jour 17 avril 1781, que le père des défendeurs n'a pas joui animo domini; que la prescription de deux années établie par l'art. 61 de la loi du 22 frimaire an 7, étant une prescription irrégulière et exceptionnelle, doit être renfermée dans les cas pour lesquels elle a été créée, et qu'elle ne peut dès-lors s'appliquer qu'au cas où la perception du droit a été entamée, et où il ne s'agit que du recouvrement d'un droit supplémentaire: ce qui ne se rencontre pas dans l'espèce, où il s'agit d'un droit entier à recouvrer;

que, sans doute, cette prescription serait acquise aux défendeurs, si la régie avait laissé s'écouler deux années sans agir, après l'enregistrement de l'acte notarié du 5 messidor an 11, contenant le dépôt fait en France du contrat de vente du 2 mai 1768; mais que la régie a agi le 1er frimaire an 13, et par conséquent avant l'expiration des deux années; que l'on ne peut appliquer ici les règles sur la péremption établies par le même article de ladite loi à défaut d'instance engagée dans l'année des poursuites commencées; que d'abord ces règles sont inapplicables à la contrainte exercée le 1er frimaire an 13, puisqu'elle a été suivie immédiatement d'une instance qui a été portée devant le tribunal de Villeneuve; qu'elles sont également inapplicables à la contrainte qui avait été décernée précédemment le 30 floréal an 10; qu'en effet, elles sont limitées, par le texte même de l'article dont il s'agit, aux mêmes cas où la prescription statutaire établie par cet article peut s'acquérir, c'est-à-dire, au cas où la perception du droit réclamé a été entamée, et à celui où ce droit résulte d'une mention dans un acte présenté à l'enregistrement; et que, d'une part, la perception du droit réclamé par les demandeurs n'a pas été entamée; que, d'autre part, ce droit ne résulte pas non plus d'une mention dans un acte présenté à l'enregistrement; que d'ailleurs cette contrainte ne peut, dans aucun système, être ici prise en considération, en ce qu'elle n'a pas eu le même objet qu'a eu depuis celle du 1er frimaire an 13; qu'en effet, la contrainte du 30 floréal an 10, n'était fondée que sur une présomption de mutation, résultant des dispositions de l'art. 12 de la loi du 22 frimaire an 7; tandis que celle du 1er frimaire an 13 l'a été sur le contrat de vente du 2 mai 1768, déposé seulement chez un notaire le 5 messidor an 11; qu'ainsi, sous aucun rapport, les défendeurs n'ont été libérés du droit qui leur est demandé, ni par la prescription, ni par la péremption, et que dès-lors, le droit étant réellement établi par la loi, ils doivent être condamnés à le payer; que cependant le jugement attaqué les en a dispensés; que par là il a été fait une fausse application des lois sur la prescription et sur la péremption, et l'on a ouvertement violé l'art. 1er de la loi du 27 ventose an 9, et l'art. 10 du décret du 29 septembre 1791, par ces motifs, la cour casse et annulle...... ».

§. XXXVIII. Page 757, col. 4, ligne 53, après V, ajoutez: usufruit (§. 2, n. 11); etc.

Page 778, col. 1, après la ligne 24, ajoutez: §. XLIII. Les héritiers des contrevenans aux lois sur le droit d'enregistrement, peuvent-ils être poursuivis pour les amendes encourues par ceux qu'ils représentent? V. tabac, n. 9.]]

ESCROQUERIE. N. 1. page 844, col. 2, ligne 51, au lieu de, et 9, lisez: 9 et 11-bis.
N. V. page 846, col. 2, après la dernière ligne

de la note, ajoutez: *V.* le mot *vol*, *sect.* 2, §. 3, *art.* 4, notes sur l'art. 408 du *Code pénal*.

ÉTAT CIVIL. §. II. *page* 874, col. 1, *ligne* 60, *après les mots*, dans ledit pays, *ajoutez en note* : *V.* le plaidoyer du 15 juillet 1811, rapporté (dans les *Additions*) au mot jugement, §. 7 *bis*.

§. V, n. VI. *Page* 879, *col.* 1, *ligne* 41, au lieu de, et 3, *lisez* : 3, 11 *bis* et 34 (dans les *Additions*).

ÉVOCATION. *A la fin de l'article, ajoutez par alinéa* :

Au surplus, *V. renvoi après cassation.*]]

ÉVOCATION, §. I. n. IV. *Page* 904, *col.* 2, *après la ligne* 22, *ajoutez* :

Remarquez cependant que si l'insuffisance du nombre des juges provenait uniquement de maladies, d'absences, de morts ou de démissions, ce serait à la cour royale du ressort, et non à la cour de cassation, que l'on devrait s'adresser pour faire commettre un autre tribunal.

Mais la cour de cassation serait seule compétente, si, parmi les causes de l'insuffisance du nombre des juges, il se trouvait une ou plusieurs récusations.

C'est ce qui a été jugé par un arrêt du 23 juin 1814, ainsi conçu :

« Le procureur général du roi expose que d'un procès-verbal dressé, le 21 décembre 1813, par le juge d'instruction du tribunal de première instance de Schelestadt, au sujet du rapport qu'il avait à faire à la chambre du conseil, d'une procédure instruite contre Jean-Baptiste Lohméiller, marchand de vin, prévenu de banqueroute ; il résulte que ce tribunal est réduit, tant par la maladie de son président, que par les récusations de tous ses autres membres, au seul juge d'instruction.

» Ce procès-verbal ayant été transmis à l'exposant, par une lettre du procureur général du roi à la cour royale de Colmar, du 5 juin présent mois, à l'effet de requérir le renvoi de l'affaire devant un autre tribunal ; l'exposant a cru devoir s'assurer avant tout, si la maladie du président durait encore.

» Et le fait lui a été certifié par une seconde lettre du même procureur général, en date du 15 de ce même mois.

» Dans ces circonstances, deux questions sont à examiner : la première, si le seul juge du tribunal de Schelestadt, qui se trouve habile à connaître de l'affaire dont il s'agit, peut s'adjoindre deux avocats ou avoués pour compléter ce tribunal ; la seconde, si, dans le cas où il ne le pourrait pas, ce serait à la cour de cassation que serait dévolu le pouvoir de désigner un autre tribunal, pour statuer sur la procédure instruite contre Jean-Baptiste Lohméiller.

» La jurisprudence de la cour est fixée depuis long-temps sur la première question. La cour (d'après l'art. 16 de la loi du 30 germinal an 5), dont il résulte clairement qu'il n'est permis aux tribunaux

de s'adjoindre des hommes de loi, que dans une proportion inférieure au nombre des juges restans, a constamment jugé que, lorsque, dans un tribunal de première instance, il ne se trouve plus qu'un juge non récusé ou non empêché, ce juge ne peut pas, pour compléter le tribunal, s'adjoindre deux hommes de loi.

» La seconde question exige plus de détails.

» La loi ne confère expressément à aucune autorité le droit d'indiquer le tribunal devant lequel doit être portée une affaire, dont le tribunal compétent est, par l'insuffisance du nombre de ses membres, empêché de prendre connaissance.

» Mais la cour de cassation a été, dès le principe de son institution, considérée comme implicitement investie de ce droit, par celui que lui attribuait l'art. 2 de la loi du 27 novembre 1790, *de juger les demandes en renvoi d'un tribunal à un autre pour cause de suspicion légitime, les conflits de juridiction et les réglemens de juges*.

» Et elle l'a exercé sans contradiction, *en toutes matières*, pendant tout le temps qu'a subsisté en son entier l'art. 2 de la loi du 27 novembre 1790.

» Mais cet article a éprouvé successivement deux modifications importantes.

» D'abord, l'art. 76 de la loi du 27 ventose an 8, en maintenant la cour de cassation dans le droit exclusif de renvoyer d'un tribunal à un autre *pour cause de suspicion légitime*, a restreint son droit de prononcer sur les réglemens de juges au cas où, en matière civile, les conflits qui les nécessiteraient, seraient formés *entre plusieurs tribunaux d'appel, ou entre plusieurs tribunaux de première instance non ressortissant au même tribunal d'appel*.

» Dès-lors a dû s'élever et s'est élevée effectivement la question de savoir si c'étoit encore à la cour de cassation que l'on devoit s'adresser pour faire renvoyer devant un tribunal de première instance de pure attribution, une affaire *civile* dont le tribunal de première instance qui en étoit saisi légalement, ne pouvait pas connaître, faute d'un nombre suffisant de juges.

» Cette question revenait, en d'autres termes, à celle-ci : le droit de renvoyer d'un tribunal à un autre, faute d'un nombre suffisant de juges, doit-il être regardé comme une conséquence du droit de prononcer sur les conflits ; ou doit-il l'être comme une conséquence du droit de prononcer sur les renvois pour suspicion légitime ?

» Au premier cas, la cour d'appel dans le ressort de laquelle se serait trouvé le tribunal dépourvu d'un nombre suffisant de juges, eût évidemment été seule compétente pour exercer ce droit.

» Dans le second, il est également clair que ce droit aurait continué d'appartenir exclusivement à la cour de cassation.

» Si la question s'était présentée dans des espèces où l'insuffisance du nombre des juges eût provenu uniquement, soit de maladies ou d'absences, soit de morts ou de démissions, il est probable qu'elle eût été décidée en faveur des cours d'appel.

» Mais elle ne s'est jamais présentée que dans des espèces où, comme dans celle qui occupe en ce moment la cour, l'insuffisance du nombre de juges provenait de ce que, parmi les magistrats empêchés, il y en avait plus ou moins dont l'empêchement était fondé sur des motifs de récusation ; où par conséquent le renvoi était demandé, au moins en partie, pour cause de suspicion légitime; et par conséquent encore où la demande en renvoi se rattachait, par une de ces causes, à la juridiction exclusive de la cour de cassation.

» Aussi, dans toutes ces espèces, la cour de cassation n'a-t-elle pas doué de sa compétence exclusive; et il existe une foule innombrable d'arrêts de la section des requêtes qui, en pareil cas, ont ordonné les renvois requis par les parties intéressées : preuve incontestable que la cour a considéré le droit de renvoyer d'un tribunal à un autre pour défaut de nombre suffisant de juges, lorsque ce défaut provenait en partie de récusations, comme une conséquence de celui de renvoyer d'un tribunal à un autre pour cause de suspicion légitime.

» Cette jurisprudence s'est maintenue sans difficulté, jusqu'à la mise en activité du Code de procédure civile; mais qu'est-il arrivé à cette époque?

» Le Code de procédure ne s'est pas borné à conserver aux cours d'appels le droit qu'elles tenaient de la loi du 22 ventose an 8, de connaître de conflits élevés entre les tribunaux de première instance de leurs ressorts respectifs ; elle leur a encore attribué le droit de renvoyer, en *matière civile*, d'un tribunal de première instance à un autre tribunal de la même qualité, *pour cause de parentés* ou *alliances*.

» Si la cour de cassation n'était pas toujours plus portée à restreindre ses attributions qu'à les étendre, elle aurait pu dire que, par cette disposition, le Code de procédure ne l'avait pas dépouillée du droit qu'elle avait seule exercé jusqu'alors, *même en matière civile*, de renvoyer d'un tribunal à un autre pour cause d'insuffisance du nombre des juges, lorsque cette cause provenait, en tout ou en partie, de ce que, parmi les juges, il y en avait de sujets à récusation.

» Mais elle a pris une détermination plus noble, plus digne d'elle, plus conforme à l'intérêt des justiciables.

» Par quatre arrêts, des 27 janvier, 24 mars, 6 avril et 20 mai 1807, reconnaissant que le droit de renvoyer d'un tribunal à un autre pour cause de suspicion légitime, emportait celui de renvoyer d'un tribunal à un autre pour cause d'insuffisance du nombre des juges provenant, en tout ou en partie, de récusation, elle s'est déclarée incompétente pour statuer, en matière civile, sur des demandes en renvoi qui, pour cette dernière cause, étaient formées devant elle.

» Mais en même temps, comme la nouvelle attribution conférée aux cours d'appel par le Code de procédure, n'était relative qu'aux matières civiles, et que par conséquent le droit primitif de la cour de cassation de prononcer sur toutes les demandes en renvoi pour cause de suspicion légitime, subsistait encore, dans sa parfaite intégrité, pour les matières criminelles, il a été reconnu que, dans celles-ci, la cour de cassation conservait seule le pouvoir de renvoyer d'un tribunal à un autre pour cause d'insuffisance du nombre des juges, provenant de récusations ; et ce pouvoir, elle l'a exercé dans une foule d'occasions, notamment par un arrêt du 11 novembre 1807, rendu à la suite d'un arrêt de la cour de justice criminelle du département des Hautes-Alpes, qui s'était déclarée incompétente pour commettre un tribunal correctionnel de son ressort à l'effet de statuer sur une affaire dont le tribunal de première instance d'Embrun, qui en était saisi correctionnellement, avait reconnu ne pouvoir rester juge, à défaut d'un nombre suffisant de magistrats non empêchés ni récusés.

» Cela posé, il est clair que si, par rapport au droit de renvoyer d'un tribunal à un autre pour cause de suspicion légitime, la législation est encore aujourd'hui dans le même état où elle s'est trouvée au moment où le Code de procédure civile a été mis en activité ; c'est encore à la cour de cassation qu'appartient le droit exclusif de renvoyer d'un tribunal à un autre, *en matière criminelle*, pour cause d'insuffisance du nombre des juges non récusés.

» Or, il est constant que le Code d'instruction criminelle de 1808, réserve à la cour de cassation le droit de renvoyer d'un tribunal à un autre pour cause de suspicion légitime, et que ce droit ne peut, d'après les dispositions de ce Code, être exercé que par elle.

» C'est donc encore à elle seule qu'appartient aujourd'hui, *en matière criminelle*, le droit d'ordonner les renvois que l'insuffisance du nombre des juges non récusés rend nécessaires.

» Et dès-là, nul doute qu'en elle seule réside le pouvoir de commettre un autre tribunal que celui de Schelestadt, pour connaître de la procédure instruite contre Jean-Baptiste Lohméiller, prévenu de banqueroute.

» Ce considéré, il plaît à la cour, vu l'art. 542 du Code d'instruction criminelle, ordonner que Jean-Baptiste Lohméiller sera traduit devant le juge d'instruction d'un autre tribunal que celui de Schelestadt, pour être procédé, à son égard, sur la prévention de banqueroute dont il est atteint, suivant les derniers erremens et conformément à la loi.

» Fait au parquet, le 22 juin 1814. *Signé* Merlin. »

« Oui le rapport de M. Coffinhal, ..; vu l'art. 542 du Code d'instruction criminelle; la cour renvoie ledit Jean-Baptiste Lohméiller devant le juge d'instruction du tribunal de Strasbourg, pour être procédé, à son égard ainsi qu'il appartiendra sur la prévention de banqueroute dont il s'agit ; et s'il y a lieu à poursuites ultérieures devant l'autorité supérieure compétente suivant l'ordre des juridictions, et ordonne que le présent arrêt sera signifié conformément à la loi ».

EXCEPTION. *Page* 906, *col.* 1, *ligne* 33, *après* §. 9, *ajoutez* : et 22 ; *Révocation de testament*.

Ligne 34, *après le mot* Prescription, *ajoutez* : *Inscription de faux*, §. 6 (dans les *Additions* imprimées à la fin du dernier volume de cet ouvrage).

EXCUSE, n. III. = 3° *Page* 910, *col.* 1, *ligne* 29, *après le mot* Grâce, *ajoutez* : et ci-après, n. 6 *bis*.

Page 911, *col.* 1, *ligne* 37, *après les mots* Escroquerie, n. 13, *ajoutez* : *V.* aussi l'article *Violence*, n. 7.

N. IV. = 1° *Page* 913, *col.* 1, *après la ligne* 45, *ajoutez* :

V. ci-après, n. 6 *bis* ; et l'article *Vol*, sect. 2, §. 3, art. 4, notes sur l'art. 397 du Code pénal, n. 3.

Page 916, *col.* 1, *après la ligne* 17, *ajoutez* :

VI *bis*. Dans les cas où la loi déclare un crime excusable, et convertit par suite, en peine correctionnelle, la peine afflictive ou infamante qui y est attachée de droit commun, les chambres d'accusation des cours peuvent-elles renvoyer les prévenus devant les tribunaux correctionnels, ou sont-elles obligées de les traduire devant les cours d'assises ?

Le procureur-général expose qu'il résulte d'un arrêt de la chambre d'accusation de la cour d'appel de Rome, et d'un jugement du tribunal correctionnel de la même ville, un conflit négatif de juridiction sur lequel il est nécessaire que la cour interpose l'autorité dont elle est revêtue par l'art. 65 de l'acte constitutionnel du 22 frimaire an 8.

» En juin 1810, s'élève, entre Joseph Rotondi et le nommé Centofonti, une rixe par suite de laquelle celui-ci reçoit du premier des coups de couteau qui le mettent hors d'état de travailler pendant plus de trois mois.

» Joseph Rotondi est en conséquence poursuivi par le juge d'instruction du tribunal de première instance de Tivoli.

» Le 13 mars 1812, sur le rapport de ce magistrat, la chambre du conseil du tribunal de Tivoli rend une ordonnance qui déclare Joseph Rotondi prévenu du crime prévu tant par le Code pénal de 1791, part. 2, tit 2, sect. 1, art. 20 et 21, que par le Code pénal de 1810, art. 309 ; et ordonne que les pièces de l'instruction seront transmises au procureur-général de la cour d'appel de Rome.

» Le 21 du même mois, arrêt de la chambre d'accusation de la cour d'appel de Rome, qui, attendu qu'il résulte de l'instruction, que Centofonti a provoqué, par des coups et des violences graves, les blessures dont il a été atteint par Rotondi ; qu'ainsi, *le fait d'excusabilité est prouvé*, et que

l'art. 320 du Code pénal de 1810 réduit la peine encourue par Rotondi à un simple emprisonnement, annulle l'ordonnance du tribunal de première instance, déclare qu'il n'y a pas lieu à accusation contre le prévenu, et renvoie celui-ci devant le tribunal correctionnel de Rome.

» Le procureur-général se pourvoit en cassation contre cet arrêt, et soutient que, si le crime de Rotondi peut être déclaré excusable d'après les provocations de Centofonti, du moins il ne peut être jugé tel que par la cour spéciale extraordinaire qui, dans le ressort de la cour d'appel de Rome, exerce toutes les attributions des cours d'assises et des jurés.

» Ce moyen de cassation était péremptoire, comme on le verra dans un instant ; mais, entraînée par son penchant naturel à maintenir les arrêts des cours souveraines, frappée d'ailleurs de la manière positive dont la chambre d'accusation assurait que le *fait d'excusabilité était prouvé* ; et pensant, d'après cela, que l'intérêt de la justice exigeait que l'affaire fût instruite correctionnellement et par conséquent avec plus d'économie pour le trésor public, la cour a rejeté ce moyen ; et, par arrêt du 15 mai, elle a maintenu celui qui était attaqué.

» L'affaire portée en conséquence au tribunal correctionnel de Rome, il y intervient, le 28 juillet, un jugement par lequel, considérant que, d'après les art. 339 et 346 du Code d'instruction criminelle, il n'appartient qu'aux jurés et aux cours d'assises, de prononcer sur les faits d'Excuse admis par la loi à l'égard de certains crimes, ce tribunal se déclare incompétent et renvoie le prévenu devant le juge d'instruction.

» Et le 1er août suivant, sur le rapport du juge d'instruction, ordonnance de la chambre du conseil du tribunal de première instance de Rome, qui déclare de nouveau Rotondi prévenu de crime, et le met à la disposition de la cour d'appel.

» Les choses en cet état, le procureur-général fait son rapport à la chambre d'accusation, et requiert la traduction de Rotondi devant la cour spéciale extraordinaire.

» Mais, par arrêt du 14 septembre, la chambre d'accusation *se déclare incompétente pour connaître de nouveau de cette affaire*.

» Ainsi Joseph Rotondi se trouve placé entre un arrêt qui le renvoie à la police correctionnelle, et un jugement devenu inattaquable par la voie de l'appel, qui le déclare justiciable de la cour spéciale extraordinaire ; et il s'agit maintenant de décider devant laquelle de ces deux autorités Joseph Rotondi doit être renvoyé.

» Si la cour était accessible à ces faiblesses d'amour-propre qui empêchent les hommes ordinaires de revenir sur leurs pas, elle ne se départirait vraisemblablement pas du système adopté par un arrêt qu'elle a refusé de casser.

» Mais la cour est trop grande ; elle est placée, par ses lumières et par son autorité, à un trop haut degré de considération, pour ne pas donner la préférence au système contraire, si le système contraire est le plus conforme à la loi.

» Or, la loi, que veut-elle relativement à la connaissance des faits qu'elle qualifie de crimes, mais auxquels se rattachent des circonstances qui les rendent excusables, et par conséquent passibles de peines correctionnelles? Veut-elle qu'ils soient jugés correctionnellement? Veut-elle, en conservant à ces faits leur caractère original de criminalité, qu'ils ne puissent être jugés que par les cours d'assises, et dans les lieux où le jury n'est pas en activité, par les cours spéciales militaires?

» Ce qui pourrait, au premier abord, faire incliner pour le premier de ces deux partis, c'est qu'on n'a jamais douté que les tribunaux correctionnels ne pussent être saisis directement de la connaissance d'un homicide commis involontairement, mais par imprudence, maladresse ou négligence.

» De même en effet qu'alors l'homicide n'est puni, par l'art. 319 du Code pénal, que d'un emprisonnement et d'une amende, de même aussi c'est d'un simple emprisonnement et d'une simple amende que l'art. 326 punit le meurtre et les blessures qui sont reconnus excusables.

» Mais il y a une grande différence entre ces deux cas.

» Dans le premier, il s'agit d'un homicide, c'est-à-dire d'un fait qui, par lui-même, n'est ni un crime ni un délit, puisqu'il peut être ou l'effet d'un événement fortuit, auquel il ne s'est mêlé ni négligence, ni maladresse, ni imprudence, ou la suite d'une défense légitime, ou l'exécution soit d'une loi, soit d'un acte de l'autorité publique.

» Ce fait ne devient crime que lorsqu'il a eu lieu volontairement, et que, par là, il prend la qualification de meurtre.

» Et il ne devient délit que lorsque, commis involontairement, il l'a été par imprudence, maladresse ou négligence.

» Qu'arrive-t-il donc si un homicide est dénoncé comme involontaire et présenté comme tel par l'instruction, mais avec des circonstances qui annoncent qu'il s'y est mêlé quelque négligence, quelque maladresse ou quelque imprudence?

» Alors, sans doute, la justice correctionnelle est compétente, puisque la prévention porte uniquement sur un fait dont le caractère primitif est celui de simple délit.

» Mais, dans le second cas, il s'agit d'un meurtre et de blessures qui, étant volontaires de la part de leur auteur, constituent essentiellement des crimes, et sont par conséquent hors de la juridiction des tribunaux correctionnels.

» A la vérité, si les provocations violentes qui sont articulées avoir donné lieu à ce meurtre, à ces blessures, sont prouvées, ce meurtre, ces blessures ne seront punis que correctionnellement. Mais le caractère de crime leur restera toujours, et, conséquemment il n'appartiendra qu'aux cours d'assises et aux cours spéciales extraordinaires d'en prendre connaissance.

» Nous disons que le caractère de crime restera toujours à ce meurtre, à ces blessures, même après que les provocations violentes seront prouvées; et c'est ce qui résulte de deux expressions bien remarquables de l'art. 327 du Code pénal. *Lorsque le fait d'Excuse sera prouvé* (y est-il dit), *s'il s'agit d'un* CRIME *emportant la peine de mort, ou celle des travaux forcés à perpétuité, ou celle de la déportation, la peine sera* RÉDUITE *à un emprisonnement d'un an à cinq ans; s'il s'agit de tout autre* CRIME, *elle sera* RÉDUITE *à un emprisonnement de six mois à deux ans.*

» Pesons bien ces mots *crime* et *réduite.*

» D'abord, quoique le fait d'Excuse soit prouvé, la loi ne laisse pas de qualifier de *crime* l'action à laquelle s'adapte ce fait.

» Ensuite le crime, quoique déclaré excusable, n'est pas pour cela affranchi de la peine que la loi lui inflige par sa disposition générale. Seulement cette peine doit être *réduite*; et l'on sent assez que la réduction d'une peine ne change pas la nature de l'action que la peine atteint; l'on sent assez que cette action, qui aurait été considérée comme un crime proprement dit., si elle avait été jugée passible de la peine dans toute son intensité, ne peut pas cesser d'être considérée comme telle, par cela seul que la peine dont elle doit être frappée, est jugée susceptible d'adoucissement.

» Mais d'ailleurs admettons pour un moment que la preuve du fait d'Excuse dépouille l'action de son caractère de crime, et la fait descendre dans la classe des délits. Encore faudra-t-il convenir, dans cette hypothèse, que la preuve du fait d'Excuse ne pourra produire un pareil effet que lorsqu'elle sera pleinement acquise.

» Or, à quelle époque de la procédure peut-on dire qu'est pleinement acquise la preuve du fait d'Excuse?

» Ce n'est certainement pas à celle où la procédure se trouve encore devant la chambre d'accusation. La chambre d'accusation n'est instituée (et cela résulte clairement des art. 229 et 231 du Code d'instruction criminelle), que pour apprécier des *indices*, des *présomptions*. Elle n'a donc pas le pouvoir de déclarer pleinement prouvés des faits qui se rattachent à une action qualifiée par la loi de crime; et si elle a sous les yeux des preuves, elle ne peut les considérer que comme des *présomptions*, comme des *indices*. Eh! comment pourrait-elle les envisager autrement? Elle ne sait pas si ces prétendues preuves ne s'évanouiraient pas dans une discussion contradictoire.

» Ce n'est donc que devant la cour d'assises ou la cour spéciale que le fait d'excuse pourra être prouvé.

» Et c'est ce que supposent bien clairement les articles 339 et 367 du Code d'instruction criminelle : « Lorsque l'accusé (porte le premier), » aura proposé pour excuse un fait admis comme » tel par la loi, la question sera ainsi posée : *tel* » *fait est-il constant?* » « Lorsque l'accusé (ajoute

34

» le second), aura été déclaré excusable, la cour » prononcera conformément au Code des délits et » des peines. »

» Enfin, la cour vient de trancher la question dans ce sens, par un arrêt rendu le 9 de ce mois, sur un conflit absolument semblable à celui dont il s'agit actuellement, qui s'était formé entre la chambre d'accusation de la cour de Rennes et le tribunal correctionnel de Dinan.

» Ce considéré, il plaît à la cour, vu l'art. 65 de l'acte constitutionnel du 22 frimaire an 8, les art. 229, 231 et 239 du Code d'instruction criminelle, et les art. 309 et 326 du Code pénal; statuant par règlement de juges, et sans s'arrêter ni avoir égard à l'arrêt de la chambre d'accusation de la cour d'appel de Rome, du 21 mars 1812, lequel demeurera nul et comme non-avenu, renvoyer le prévenu Joseph Rotondi et les pièces de la procédure instruite contre lui devant la chambre d'accusation d'une autre cour d'appel que celle de Rome, pour y être statué sur le réquisitoire du ministère public, afin de mise en accusation dudit Joseph Rotondi, et être ensuite procédé ultérieurement ainsi qu'il appartiendra.

» Fait au parquet, le 24 octobre 1812.

» Signé MERLIN. »

« Ouï le rapport de M. Oudart, conseiller....; considérant que Joseph Rotondi est prévenu d'avoir, dans le mois de juin 1810, porté à un nommé Centofanti des coups de couteau qui ont mis celui-ci hors d'état de travailler pendant plus de trois mois; et que cette action est qualifiée crime par le Code pénal de 1791 et par le Code pénal de 1810; et que, si Centofanti a provoqué, par des coups et des violences graves, les blessures dont il a été atteint, cette circonstance n'efface point la qualification de crime imputée à cette action par le Code pénal; qu'en effet, l'article 326 de ce Code porte que, *si le fait d'excuse est prouvé, s'il s'agit d'un crime emportant la peine de mort. . . . . . . ; la peine sera réduite. . . . ; s'il s'agit de tout autre crime, elle sera réduite. . . . ;* d'où il suit que la loi laisse subsister la qualification de crime, lors même que le fait d'excuse est prouvé; qu'en ce cas la peine est réduite, mais que la réduction de la peine ne change point la nature du fait pour lequel elle est portée; d'où il suit encore que la peine ne peut être ainsi réduite que lorsque le fait d'excuse est prouvé; mais jamais une chambre d'accusation ne peut considérer l'instruction qui lui est soumise comme renfermant la preuve pleinement acquise, soit du fait principal, soit des circonstances; que cette instruction, faite sans solennité, qui n'a pas encore été livrée à un débat public entre la partie publique, la partie civile, le prévenu et les témoins, ne peut, aux termes du Code d'instruction criminelle, présenter à une chambre d'accusation que des présomptions et des indices; qu'ainsi, ce ne peut être que devant la cour spéciale extraordinaire, que le fait d'excuse sera prouvé; qu'en

effet, l'article 339 du même Code dispose que, lorsque l'accusé aura proposé pour excuse un fait admis comme tel par la loi, la question sera ainsi posée, *tel fait est-il constant?* et que l'article 367 dispose que lorsque l'accusé aura été déclaré excusable, la cour prononcera. . . . ; qu'il doit donc demeurer constant que la circonstance d'un fait d'excuse ne peut s'opposer à ce que le prévenu soit mis en accusation et renvoyé devant la cour spéciale extraordinaire; qu'il appartient à elle seule de juger si le fait d'excuse est prouvé, et, en cas d'affirmative, de réduire la peine; par ces motifs, la cour, faisant droit sur le réquisitoire de M. le procureur-général, et statuant par voie de règlement de juges, sans s'arrêter aux arrêts rendus par la cour d'appel de Rome, chambre des mises en accusation, les 21 mars et 14 septembre derniers, lesquels sont déclarés comme non avenus, ainsi que tout ce qui a suivi, renvoie les pièces et Joseph Rotondi devant la cour d'appel de Florence, chambre des mises en accusation, pour y être statué sur le réquisitoire du ministère public, afin de mise en accusation dudit Joseph Rotondi, et être procédé ultérieurement, ainsi qu'il appartiendra.

» Ainsi jugé et prononcé à l'audience publique de la cour de cassation, section criminelle, le 6 novembre 1812. »

Il a été rendu un arrêt semblable le 25 février 1813, au rapport de M. Chasles, sur un conflit élevé entre la chambre d'accusation de la cour de Gênes et le tribunal correctionnel de la même ville.

n. VIII. *Pag.* 917, *col.* 1, après la ligne 23, *ajoutez* :
On trouvera, sous les mots *Saisie pour contravention*, n. 4, un arrêt semblable du 11 juin 1813.

EXPLOIT n. III, *pag.* 32, *col.* 2, *avant le* n°. IV, *ajoutez* :
Nous reviendrons là-dessus au mot *faux*, sect. 1, §. 15, n. 3, et au même mot dans les *Additions*.
Au surplus, voici ce que règle, sur ce point, l'article 45 du décret du 14 juin 1813 : « Tout huissier qui ne remettra pas lui-même à personne ou domicile l'exploit et les copies de pièces qu'il aura été chargé de signifier, sera condamné, par voie de police correctionnelle, à une suspension de trois mois, à une amende qui ne pourra être moindre de 200 fr. ni excéder 2000 fr., et aux dommages-intérêts des parties. Si, néanmoins, il résulte de l'instruction qu'il a agi frauduleusement, il sera poursuivi criminellement, et puni d'après l'article 146 de Code pénal ».]].

Pag. 33, *col.* 2, *après la ligne* 47, *ajoutez* :
X. Dans les cas où la loi exige, pour la validité d'un exploit, que l'huissier qui le fait, soit commis spécialement à cette fin par le juge, si cet huissier, en le faisant, commet une nullité, peut-il la réparer par un nouvel exploit sans que le juge l'y ait autorisé de nouveau? V. *Signification*, n. 12.

XI. L'accomplissement des formalités requises pour la validité d'un exploit, peut-il être prouvé autrement que par l'exploit même ? Et que doit-on juger, s'il y a du doute ? V. *Surenchère*, n. 3 *ter*.

FAILLITE et BANQUEROUTE, section II.

Page 74, col. 2, ligne 30, après les mots, Faillite et Banqueroute, ajoutez : Questions qu'elles ont fait naître.

§. I. *Dispositions du Code de commerce*.

Pag. 91, col. 2, après la ligne 24, ajoutez :

§. II. *Questions auxquelles ont donné lieu les dispositions du Code de commerce relatives aux Faillites et aux Banqueroutes*.

ART. I. *Est-ce de l'autorité de tribunaux ordinaires, ou de celle des tribunaux de commerce, que doivent être vendus les immeubles des négocians faillis ?*

On trouvera, dans mon *Recueil de questions de droit*, au mot *Vente*, §. 8, un arrêt de la cour de cassation, du 3 octobre 1810, qui a jugé, sur mon réquisitoire, que ces biens doivent être vendus de l'autorité des juges ordinaires.

La question a été soumise peu de temps après au conseil d'état, qui l'a décidée de même par un avis du 4 décembre 1810, que le chef du gouvernement a revêtu de son approbation le 9 du même mois, et qui est inséré dans le *Bulletin des lois*.

ART. II. 1° *Le jugement d'un tribunal de commerce qui, en homologuant un concordat passé entre un débiteur failli et ses créanciers, déclare la Faillite excusable, forme-t-il obstacle à ce que le débiteur soit ensuite poursuivi par le ministère public, comme prévenu d'une banqueroute simple ou frauduleuse ? — 2° Forme-t-il un obstacle à ce qu'un créancier qui n'a pas adhéré au concordat, mais qui n'y a pas formé opposition dans le délai et de la manière déterminée par l'article 523 du Code de commerce, suive, comme partie civile, l'effet de la plainte en banqueroute simple ou frauduleuse qu'il avait précédemment rendue contre le failli ? — 3° Le défaut d'opposition au concordat, dans le délai et dans la forme déterminés par l'art. 523 du Code de commerce, élève-t-il une fin de non-recevoir absolue contre la demande civile en nullité de cet acte ?*

I. Les deux premières questions se sont présentées dans l'espèce suivante.

Le 14 mai 1810, le sieur Lagorce fait au greffe du tribunal de commerce de Paris une déclaration de Faillite. Le lendemain, le tribunal de commerce nomme deux agens à la Faillite du sieur Lagorce. — Le 19, le sieur Ragoulleau, l'un des créanciers du sieur Lagorce, rend, contre lui, devant le magistrat de sûreté de la première division du département de la Seine, une plainte en escroquerie et en banqueroute. Il explique, par cette plainte, les faits qu'il regarde comme constituant le délit d'es-

croquerie prétendu commis à son préjudice par le sieur Lagorce. Quant au fait de banqueroute, il ne les articule pas ; mais il déclare que l'instruction les fera connaître et déterminera si c'est comme banqueroutier simple ou comme banqueroutier frauduleux que le sieur Lagorce doit être poursuivi. — Le 22, les deux agens de la Faillite sont nommés par le tribunal de commerce syndics provisoires. —Le 28, ils font part de leur nomination au magistrat de sûreté, en lui annonçant l'apposition des scellés, la confection de l'inventaire du mobilier et l'envoi prochain d'un exposé sommaire de l'état de la Faillite. — Le 14 et le 18 juin, le magistrat de sûreté fait citer devant lui quelques créanciers, et notamment l'un des deux syndics provisoires de la Faillite, et les interroge. — Le 30, il interroge aussi la dame Lagorce, épouse du failli. — Le 7 juillet, les syndics provisoires font au magistrat de sûreté, d'après sa demande, un premier rapport sur l'emploi que le sieur Lagorce a fait d'une partie de ses propriétés. Ils ajoutent que l'exposé sommaire qu'ils lui remettront incessamment de l'état de la Faillite, le convaincra que rien n'y porte le caractère de fraude ou de mauvaise foi de la part du failli, et qu'ils se sont mis en règle pour faire procéder à l'affirmation et à la vérification des titres des créanciers. — Le 28 du même mois, sur les instances réitérées du magistrat de sûreté, pour qu'ils lui remettent l'exposé sommaire de l'état de la Faillite et une copie du bilan, ils répondent qu'ils s'en occupent sans relâche. — Le 16 août, ils lui envoient une copie du bilan ; et après avoir observé qu'ils n'ont rien aperçu qui puisse faire soupçonner la bonne foi du sieur Lagorce, ils ajoutent que leur opinion a été partagée et adoptée par les créanciers vérifiés, qui, dans leur assemblée de ce jour, ont, à l'unanimité, moins deux, et à plus des trois quarts en somme, souscrit au concordat proposé par le failli. —Ce concordat, qui fait remise au sieur Lagorce de quatre-vingt-dix pour cent, est homologué le 31 du même mois, par un jugement du tribunal de commerce, lequel déclare la faillite du sieur Lagorce excusable. — Le 17 septembre suivant, le magistrat de sûreté interroge, pour la première fois, le sieur Lagorce.

Celui-ci, sur sa demande, dépose entre ses mains plusieurs de ses livres-journaux et divers comptes. — Le 25 du même mois, le magistrat de sûreté de la première division du département de la Seine, fait un réquisitoire par lequel, après avoir exposé que le sieur Lagorce a tenu irrégulièrement ses livres de commerce, que ses prétendues pertes ne sont pas dûment justifiées ; qu'il est prévenu d'avoir fait des emprunts considérables et fait des spéculations hasardeuses dans un temps où son actif n'excédait son passif que de cinquante pour cent ; qu'il l'est également d'avoir consommé de fortes sommes au jeu ; que, séparé de biens d'avec son épouse, par son contrat de mariage, il n'a point satisfait à l'art. 10 du Code de commerce, dont l'inobservation emporte la peine de la banqueroute frauduleuse ; qu'il

34.

n'a point porté dans son bilan des immeubles d'un prix considérable qui ont été acquis par sa femme, et dont toutes les probabilités annoncent qu'il a lui-même fourni les fonds ; il requiert *que le sieur Lagorce soit traduit à la police correctionnelle, pour y être procédé contre lui comme banqueroutier simple, sous la réserve de prendre à l'audience telles conclusions qu'il avisera, si, lors de la discussion, et après la communication des états dressés par les syndics, de leur rapport au tribunal de commerce et du concordat, il y a quelque preuve de fraude.* — Sur ce réquisitoire, le directeur du jury ouvre une instruction à la suite de laquelle l'un des deux magistrats de sûreté placés près de lui, donne, le 26 octobre, des conclusions tendantes à ce que le sieur Lagorce soit traduit devant le tribunal correctionnel, *comme prévenu du délit prévu par les articles* 586, 587, *et* 592 *du Code de commerce.* — Le 31 du même mois, ordonnance du directeur du jury qui renvoie *l'affaire à la police correctionnelle, pour y être jugée conformément à la loi, et sur la prévention résultante du réquisitoire du magistrat de sûreté.* — Le 17 novembre, le sieur Lagorce comparaît à l'audience du tribunal correctionnel ; et, sans défendre au fond, conclut à ce que, vu le jugement du tribunal de commerce, portant homologation du concordat et déclaration que la Faillite est excusable, à ce que le tribunal correctionnel se déclare incompétent. — Le même jour, jugement par lequel, « Attendu que les Faillites intéressent l'ordre public ; que le tribunal de commerce n'est pas compétent pour effacer par une déclaration d'excuse le caractère d'un délit dont la connaissance ne lui appartient pas ; qu'encore bien que, suivant les dispositions du Code de commerce, le magistrat de sûreté ait le droit de surveiller toutes les opérations de la Faillite, son silence, pendant cette opération, ne détruit pas (alors qu'il lui survient des renseignemens) le droit de suivre par action extraordinaire et dans l'intérêt public ; le tribunal, sans s'arrêter ni avoir égard aux exceptions et moyens d'incompétence proposés par ledit sieur Lagorce, se déclare compétent, ordonne que les sieurs plaideront la cause au fond, et, pour cet effet, continue la cause au premier jour.

Le sieur Lagorce appelle de ce jugement, et le 29 décembre 1810, arrêt de la cour de justice criminelle du département de la Seine, qui, « attendu que la Faillite pouvant présenter un délit ou un crime de la part de celui qui en est l'auteur, le ministère public est nécessairement partie ; que l'art. 488 du Code de commerce veut que les agens provisoires et définitifs remettent, dans la huitaine de leur entrée en fonctions, au magistrat de sûreté de l'arrondissement, un mémoire ou compte sommaire de l'état apparent de la Faillite, de ses principales causes et des caractères qu'elle paraît avoir ; qu'il appartient à ce magistrat de faire exécuter rigoureusement, par les syndics, la disposition de la loi à cet égard ; que si le compte que les agens ont rendu au ministère public n'était pas satisfaisant,

ce magistrat avait le droit, aux termes de l'art. 489 du même Code, de se transporter au domicile du failli, d'assister à la rédaction du bilan, de l'inventaire et des autres actes de la Faillite, de se faire donner tous les renseignemens qui pourraient en résulter, et de faire, en conséquence, les actes ou poursuites nécessaires ; qu'il devait d'autant moins négliger cette précaution, qu'il avait reçu la plainte de Ragoulleau contre Lagorce, son débiteur failli ; que le magistrat de sûreté pouvait empêcher tout concordat, soit en décernant un mandat d'amener ou de dépôt contre le failli, soit en donnant aux agens ou au commissaire de la Faillite une connaissance officielle de la plainte qu'il avait reçue contre le failli ; enfin, que le magistrat de sûreté s'étant contenté du compte qui lui a été rendu par les agens de la Faillite, n'ayant pas jugé à propos de s'assurer par lui-même de ses causes et de ses caractères, n'ayant pas informé les agens ou le commissaire de la Faillite de la plainte qu'il avait reçue, ni décerné aucun mandat contre le failli, les créanciers, sous la direction du commissaire, ont pu faire un concordat avec leur débiteur, et le tribunal de commerce l'homologuer ; que, d'après cette homologation du concordat, le failli, aux termes de l'art. 526 du même Code, ne peut plus être en prévention de banqueroute ; que, dès-lors, le ministère public et la partie plaignante n'ont plus le droit de donner suite à la plainte ; met l'appellation et ce dont est appel au néant ; émendant, faisant droit au principal, déclare qu'il n'y a lieu à suivre sur la plainte rendue par Ragoulleau contre Lagorce ; sur le surplus des demandes, fins et conclusions des parties, les met hors de cour ; condamne Ragoulleau en tous les frais ».

Le ministère public acquiesce à cet arrêt ; mais le sieur Ragoulleau en demande la cassation. — Le sieur Lagorce intervient et conclut, 1° à ce que le sieur Ragoulleau soit déclaré non-recevable dans son recours en cassation, attendu que le ministère public ne s'est pas pourvu en même temps que lui ; 2° et subsidiairement à ce que le recours en cassation du sieur Ragoulleau soit rejeté.

« Le sieur Ragoulleau (ai-je dit à l'audience de la section criminelle, le 9 mars 1811) est-il recevable dans son recours en cassation contre l'arrêt qu'il vous dénonce ? Cet arrêt peut-il, en supposant qu'il ait violé la loi, être cassé dans l'intérêt des parties ? La loi est-elle effectivement violée par cet arrêt ? Telles sont les trois questions qui, dans cette affaire, se présentent à votre examen.

» La première nous paraît devoir se résoudre sans aucune difficulté pour l'affirmative.

» Le sieur Ragoulleau a figuré, tant en première instance qu'en cause d'appel, comme partie plaignante ; il a figuré sous l'empire du Code des délits et des peines du 3 brumaire an 4, qui assimilait, en tout point, la partie plaignante à la partie civile ; or, il est très-constant qu'en matière correctionnelle, la partie civile est recevable à demander, seule et sans l'adjonction du ministère public, la cassation de l'arrêt qui a renvoyé le prévenu. Comment donc le recours en cassation du sieur Ragoulleau pourrait-il être paralysé par une fin de non-recevoir ?

« La seconde question se réduit, en d'autres termes, à celle de savoir si le sieur Ragoulleau a encore eu qualité, après le jugement du tribunal de commerce du 31 août 1810, pour suivre la plainte en banqueroute qu'il avait précédemment rendue contre le sieur Lagorce ; si, après ce jugement, il a pu continuer de prendre, soit devant le tribunal correctionnel, soit devant la cour de justice criminelle du département de la Seine, la qualité de partie plaignante ou civile.

« C'est un principe incontestable que la partie lésée par un délit qui, pour obtenir ses dommages-intérêts, a une fois pris la voie civile, ne peut plus prendre, aux mêmes fins, la voie criminelle.

« Et ce principe en amène successivement un autre : c'est que la partie lésée par un délit, qui, s'étant d'abord pourvue au criminel, a ensuite plaidé et a été jugée au civil sur le même objet, ne peut plus rentrer dans la lice criminelle, parce qu'elle a consommé tout son droit.

« Ainsi, lorsqu'après m'être plaint devant le juge criminel d'un vol qui m'avait été fait ; et avant que le juge criminel eût statué sur ma plainte, j'ai paru devant le juge civil dans une instance qui y avait été introduite par le prévenu de ce vol, et que là il a été jugé entre lui et moi que le vol n'avait pas été commis ; tout est terminé à mon égard, ma plainte en vol est éteinte, et le juge criminel ne peut plus en connaître dans mon intérêt.

« Par la même raison, il est évident que, si le jugement du tribunal de commerce du 31 août, qui a déclaré la faillite du sieur Lagorce excusable, doit être regardé comme contradictoire avec le sieur Ragoulleau, le sieur Ragoulleau n'a pas pu, après ce jugement, et en le laissant subsister, reprendre les erremens de la plainte en banqueroute qu'il avait précédemment rendue contre le sieur Lagorce. À quoi, en effet, dans cette hypothèse, la plainte du sieur Ragoulleau aurait-elle pu aboutir ? À faire juger que la faillite du sieur Lagorce n'était pas excusable ? à faire juger que le sieur Lagorce était coupable de banqueroute ? Mais le sieur Ragoulleau ne pouvait pas espérer de faire juger dans son intérêt, par la voie criminelle, le contraire de ce qui avait été jugé avec lui par la voie civile. Il y a lieu à l'exception de chose jugée (dit la loi 7, §. 4, D. *De exceptione rei judicatæ*), toutes les fois que la même question est agitée de nouveau entre les mêmes personnes, quoique d'ailleurs le soit dans une instance d'un autre genre : *Generaliter, ut Julianus definit, exceptio rei judicatæ obstat, quoties inter easdem personas eadem quæstio revocatur*, VEL ALIO GENERE JUDICII. Et la raison en est, ajoute la loi 5 du même titre, que le changement d'action n'empêche pas qu'il n'y ait identité d'objet : *Cùm quis actionem mutat et experitur, dummodo de eâdem re experiatur, etsi diverso genere actionis quàm instituit, videtur de eâdem re agere.*

« Il ne reste donc plus qu'à savoir si en effet le jugement du tribunal de commerce, du 31 août 1810, peut être considéré comme rendu contradictoirement avec le sieur Ragoulleau ; et cette question n'en est pas une.

« À la vérité, le sieur Ragoulleau n'a été ni appelé ni entendu devant le tribunal de commerce, avant ce jugement. Mais il avait été appelé, il avait été présenté à l'assemblée des créanciers dans laquelle le concordat avait été proposé et agréé par la majorité ; et la preuve en est que, dans le procès-verbal de cette assemblée, il est dit que le sieur Ragoulleau *s'est retiré et n'a pas consenti au concordat.* Or, que devait-il faire, d'après cela, pour être réputé opposant au concordat même ? que devait-il faire pour n'être pas censé y avoir consenti après coup ? il devait faire ce que lui prescrivait l'article 523 du Code de commerce : *Les créanciers opposans au concordat* (porte cet article) *seront tenus de faire signifier leurs oppositions aux syndics et au failli, dans huitaine, pour tout délai.* Eh bien ! le sieur Ragoulleau a laissé écouler la huitaine sans signifier son opposition, soit au syndics, soit au failli. Il s'est donc rangé lui-même virtuellement parmi les créanciers adhérens au concordat. Il a donc acquiescé d'avance au jugement par lequel le concordat a été ensuite homologué. Il est donc censé avoir été partie dans ce jugement, ni plus ni moins que s'il eût été entendu par le tribunal de commerce avant que ce jugement fût prononcé. Car, de même que le jugement d'homologation d'un concordat est réputé contradictoire avec tous les créanciers consentans, sans qu'il soit nécessaire ni même permis de les assigner pour le voir rendre, formalité que n'exige pas, que prohibe même implicitement l'art. 524, de même aussi ce jugement doit être réputé contradictoire avec les créanciers non consentans qui n'ont pas fait signifier leurs oppositions dans la huitaine de la signature du concordat, puisque le seul défaut de cette signification équipolle, aux yeux de la loi, à un consentement exprès.

« Il est, d'après cela, bien indifférent que le sieur Ragoulleau ait formé, le 28 décembre 1810, c'est-à-dire la veille de l'arrêt qu'il attaque aujourd'hui, opposition au jugement d'homologation du concordat.

« D'une part, on ne voit, ni par l'arrêt attaqué, ni par aucune autre pièce, qu'il se soit prévalu de cette opposition devant la cour de justice criminelle ; et assurément la cour de justice criminelle ne pouvait ni ne devait deviner l'existence de cette opposition.

« D'un autre côté, si le sieur Ragoulleau avait excipé de cette opposition devant la cour de justice criminelle, la cour de justice criminelle n'aurait pas dû s'y arrêter, et pourquoi ? parce que le jugement d'homologation du concordat avait, à l'égard du sieur Ragoulleau, toute l'autorité d'un jugement contradictoire ; parce que les jugemens contradictoires ne sont pas susceptibles d'opposition ; parce que tout tribunal est compétent pour le décider ainsi ; même à l'égard des jugemens émanés d'autres tribunaux ; parce qu'il n'y a que la preuve de l'émission d'un appel qui puisse empêcher un tribunal devant lequel on argumente d'un jugement rendu en premier ressort par un autre tribunal, de prendre ce jugement pour base de celui qu'il a lui-même à rendre.

Il est encore bien plus indifférent que, depuis l'arrêt attaqué, le sieur Ragoulleau ait appelé et du jugement d'homologation du concordat et du jugement qui, postérieurement au même arrêt, l'a déclaré non-recevable dans son opposition (1). L'arrêt attaqué ne peut être apprécié que par l'état où se trouvaient les choses au moment où il a été rendu ; et un appel qui, au moment où il a été rendu, n'existait pas encore, ne peut pas avoir créé, pour le sieur Ragoulleau, un moyen de cassation qu'il n'aurait pas pu faire valoir dans ce moment même.

» Disons donc que le sieur Ragoulleau avait perdu, par le jugement d'homologation du concordat, le droit de reprendre l'effet de sa plainte devant le tribunal correctionnel ; qu'il a plaidé sans qualité devant ce tribunal ; que le même défaut de qualité l'a suivi devant la cour de justice criminelle ; et que l'arrêt de cette cour pouvant être justifié à son égard par le seul défaut de qualité, il n'en faut pas davantage pour faire rejeter son recours en cassation contre cet arrêt.

» Mais si cet arrêt est inattaquable de la part du sieur Ragoulleau, le ministère public n'aurait-il pas pu l'attaquer avec succès ? et ne devons-nous pas, à son défaut, l'attaquer nous-même dans l'intérêt de la loi ? C'est la troisième question que nous avons à examiner, et voici en substance ce qu'on vous dit pour établir la négative.

» Le Code de commerce investit les juridictions commerciales du droit exclusif de juger, en statuant sur les demandes en homologation de concordats, si les débiteurs en faveur desquels les concordats ont été souscrits, se sont conduits bien ou mal, s'ils ont été de bonne ou mauvaise foi dans leur faillite. Les jugemens par lesquels ces juridictions homologuent des concordats, couvrent donc de toute l'autorité de la chose jugée les débiteurs qui les ont obtenus. On ne peut donc plus, après qu'elles ont jugé, en homologuant un concordat, que le débiteur qui en est l'objet n'a été, dans sa faillite, que la victime d'événemens malheureux, poursuivre ce débiteur comme coupable, soit d'inconduite, soit de dol et de fraude ; on ne peut donc plus l'accuser, ni de banqueroute simple, ni de banqueroute frauduleuse.

» Pour apprécier ce raisonnement, nous devons examiner deux choses : la première, si, en thèse

générale et de droit commun, les jugemens civils ont, en matière criminelle, l'autorité de la chose jugée ; la seconde, si le Code de commerce contient, à cet égard, quelque disposition dérogatoire au droit commun.

» Et d'abord, où a-t-on vu qu'en thèse générale, les jugemens civils lient les mains au juge criminel ? où a-t-on vu que le juge criminel appelé à prononcer sur un fait imputé à crime ou délit, ne doit pas le faire avec la même liberté, avec la même latitude de pouvoir, que si le juge civil ne s'en était pas encore occupé ?

» Pour qu'un jugement produise l'exception de chose jugée, pour qu'il puisse en résulter un obstacle à l'exercice d'une action ultérieure, il ne suffit pas qu'il y ait identité entre le fait sur lequel le jugement a déjà statué, et le fait qui est la matière de la nouvelle action ; il faut encore, et il faut principalement, qu'il y ait identité de parties, c'est-à-dire que le jugement ait été rendu avec la partie par laquelle la nouvelle action est intentée. L'art. 1351 du Code civil, qui n'est, à cet égard, que l'écho des lois romaines, est là-dessus très-formel.

» Or, cette identité de parties peut-elle jamais exister entre une instance civile et un procès criminel ?

» Dans une instance civile, il n'y a de parties que les personnes privées entre lesquelles s'agite la contestation. Le ministère public peut bien y intervenir comme surveillant ; mais comme partie, il ne le peut jamais ; et cela est si vrai que, lors même qu'il y intervient comme surveillant, il doit se borner à donner son avis sur les droits respectifs des parties plaidantes, sans pouvoir former, de son propre chef, aucune espèce de demande. — Dans un procès criminel, au contraire, le ministère public est toujours partie nécessaire ; lui seul, avez-vous dit dans un arrêt célèbre du 10 messidor an 12, rendu au rapport de M. Barris, lui seul « a le droit » d'intenter et de poursuivre l'action criminelle. Si » des art. 226 et 227 du Code du 3 brumaire an 4, » il paraît résulter que la partie civile participe » aussi à l'exercice de cette action, cette participa- » tion n'est qu'un accessoire de l'exercice de l'ac- » tion publique ; elle naît de cet exercice, et ne » peut avoir d'effet sans son concours. Effective- » ment l'art. 5 du Code du 3 brumaire an 4 dispose » que *l'action publique a pour objet de punir les* » *atteintes portées à l'ordre social, et qu'elle est* » *exercée au nom du peuple par des fonctionnaires* » *établis à cet effet.* Des articles 15 et suivans de » la loi du 7 pluviose an 9, il suit aussi que la » partie privée n'a point l'exercice de l'action cri- » minelle ; qu'elle peut seulement provoquer et ex- » citer l'exercice de cette action dans les mains du » ministère public ; que l'effet de ce droit de pro- » vocation est même soumis à la discrétion et à la » volonté de cet agent de l'autorité, qui peut seul » réclamer devant le tribunal de première instance, » et par appel devant les cours supérieures, contre » le refus du directeur du jury, de poursuivre ou

---

(1) V. l'arrêt de cassation du 17 juin 1812, rapporté à la suite de celui qui a été rendu sur ce plaidoyer.

» d'instruire criminellement sur l'action criminelle » intentée par le ministère public. » .

» Ainsi , nulle possibilité que , dans un procès criminel ; on retrouve les mêmes parties que dans une instance civile ; et par conséquent nulle possibilité que du jugement rendu sur l'instance civile, il naisse une exception de chose jugée contre le procès criminel.

., » C'est ce que vous avez solennellement décidé , Messieurs , par un arrêt dont voici l'espèce....(1).

» Il est donc bien clair que, d'après les principes généraux du droit commun , le jugement du tribunal du commerce de Paris , qui avait déclaré la Faillite du sieur Lagorce excusable, n'a pas pu empêcher le ministère public de poursuivre le sieur Lagorce comme coupable de banqueroute simple , et qu'en décidant le contraire , par son arrêt du 29 décembre 1810, la cour de justice criminelle du département de la Seine a violé les règles établies par l'art. 1351 du Code civil , concernant l'autorité de la chose jugée.

_ » Et vainement dirait-on qu'ici , ce n'est pas le ministère public qui a poursuivi d'office le sieur Lagorce ; qu'il ne l'a poursuivi que sur la plainte du sieur Ragoulleau , et que le sieur Ragoulleau était partie dans le jugement du tribunal de commerce.

» De ce que le sieur Ragoulleau avait été partie dans le jugement du tribunal de commerce , la cour de justice criminelle a bien pu conclure que le sieur Ragoulleau n'était plus recevable à figurer , comme partie civile , dans le procès en banqueroute simple intenté contre le sieur Lagorce ; mais elle n'a certainement pas pu en conclure que le ministère public fût non recevable à intenter et poursuivre ce procès.

» Qu'importe que le ministère public n'eût intenté et poursuivi ce procès que par suite de la plainte qui lui avait été portée par le sieur Ragoulleau ?

» Si la plainte du sieur Ragoulleau était devenue caduque par l'effet du jugement du tribunal de commerce , du 31 août 1810 , le ministère public n'en avait pas moins le droit, il n'en était pas moins de son devoir, de requérir une instruction sur les délits dont elle lui présentait le tableau. Pour qu'il en fût autrement , il faudrait que la caducité de la plainte de la partie privée liât les mains au ministère public , et c'est ce que personne n'oserait soutenir. La partie privée , nous l'avons déjà dit , d'après votre arrêt du 10 messidor an 12 , ne joue dans un procès criminel qu'un rôle accessoire ; et assurément la caducité de l'accessoire ne peut jamais entraîner celle du principal.

» La caducité d'une plainte peut-elle avoir plus d'effet que n'en aurait l'acte par lequel la partie de qui elle est émanée s'en serait désistée volontairement ? Non , sans doute. Or , si le sieur Ragoulleau , après avoir donné sa plainte , avait usé de la faculté que lui accordait la loi de s'en désister dans les vingt-quatre heures , qu'aurait dû faire le ministère public ? il aurait dû , suivant les art. 93 et 96 du Code du 3 brumaire an 4 , *prendre d'office connaissance des faits , et faire , s'il y avait lieu, contre le prévenu , toutes les poursuites ordonnées par la loi.*

» Mais si l'arrêt de la cour de justice criminelle du département de la Seine, du 29 décembre 1810 , est en opposition avec les principes généraux , n'est-il pas du moins en harmonie avec les règles particulières aux Faillites , qui sont consignées dans le Code de commerce ; et le Code de commerce ne déroge-t-il pas , en cette matière , au droit commun ?

» Vous le savez, Messieurs , la dérogation au droit commun ne se présume pas ; elle ne peut être établie , dans une loi nouvelle , que de deux manière : ou par une disposition qui excepte formellement un cas spécialement déterminé de la loi générale ; ou par une disposition avec laquelle la loi générale ne peut pas se concilier.

» Or , y a-t-il dans le Code de commerce , une disposition qui soustrait , en termes précis et formels, les jugemens civils , portant homologation de concordats , à l'empire de la règle générale , qui veut que les jugemens civils ne puissent faire obstacle aux poursuites criminelles ? Le défendeur est forcé de convenir que non.

» Y a-t-il , dans le Code de commerce, quelque disposition inconciliable avec cette règle ? Pas davantage , et c'est une vérité dont il est facile de se convaincre , en parcourant les différens textes de ce Code , à l'aide desquels on soutient ici le contraire.

» Que disent en effet les art. 441 , 488 , 489 et 490 ? Rien autre chose , si ce n'est que le tribunal de commerce doit , aussitôt qu'une Faillite est ouverte , en informer le public par l'affiche du jugement qui la proclame ; que les agens et les syndics doivent , dans la huitaine de leur entrée en fonctions , remettre à l'officier du ministère public un compte sommaire de l'état de la Faillite , de ses causes , de ses circonstances , et des caractères qu'elle paraît avoir ; que l'officier du ministère public peut , d'office , se transporter chez le failli , assister à la rédaction du bilan , de l'inventaire , et des autres opérations de la Faillite , se faire représenter tous les renseignemens qui en résultent , et que , s'il trouve des présomptions de banqueroute simple ou frauduleuse , il peut décerner contre le failli des mandats d'amener et de dépôt. — Mais quelle conséquence peut-on tirer de tout cela en faveur de l'opinion adoptée par l'arrêt de la cour de justice criminelle du département de la Seine , du 29 décembre 1810 ? La loi prend toutes les précautions nécessaires pour procurer au ministère public la connaissance des fraudes qui accompagnent et des traits d'inconduite qui précèdent et amènent certaines Faillites. Mais elle ne dit pas que , s'il ne poursuit pas ces fraudes et traits d'incon-

(1) *V.* l'arrêt du 7 floréal an 12 , rapporté aux mots *chose jugée* , §. 15 , pag. 334.

duite avant l'homologation du concordat, il ne pourra plus les poursuivre après; elle ne prescrit à ses recherches, à ses poursuites, aucun terme spécial ; et conséquemment elle lui accorde tout le temps qu'il a pour la recherche et la poursuite des autres délits, c'est-à-dire, trois ou six ans, suivant les distinctions écrites dans les articles 9 et 10 du Code du 3 brumaire an 4 ; enfin, en lui donnant la faculté d'assister à tous les actes de la Faillite, et par conséquent au concordat, elle ne dit pas que, dans le concordat même, il sera considéré comme partie; elle ne dit pas qu'il y sera considéré autrement que comme cherchant des renseignemens sur le crime ou délit qu'il est chargé de poursuivre; elle ne dit pas surtout que, lorsqu'il aura été présent au concordat, il sera, par cette seule raison, censé partie dans le jugement qui en prononcera l'homologation ; elle ne pourrait pas le dire sans heurter de front la grande maxime, qu'il n'y a point d'officier du ministère public près les tribunaux de commerce.

» Que disent ensuite les art. 454, 501, 503, 505 et 509 ? Rien autre chose, si ce n'est que le tribunal de commerce, en déclarant une Faillite ouverte, nommera, dans son sein, un commissaire pour en vérifier l'état et en surveiller toutes les opérations; que ce commissaire présidera à la vérification des créances, et qu'il y prendra toutes les mesures propres à faire discerner les créances légitimes d'avec les créances supposées. Mais vouloir inférer de là que, s'il échappe au juge-commissaire des erreurs sur le caractère de la Faillite, sur la légitimité des créances, en un mot, sur la bonne ou mauvaise foi, la bonne ou mauvaise conduite du failli, ces erreurs seront irrévocablement couvertes, et que ce qui lui aura paru innocent, le ministère public ne pourra pas le poursuivre comme criminel ; c'est une prétention qui n'a pour elle ni l'esprit de la loi, ni le vœu de la raison.

» Que disent enfin les art. 521, 523 et 526 ? Rien autre chose, si ce n'est qu'en cas que l'examen des actes, livres et papiers du failli donne quelque présomption de banqueroute, il ne pourra être fait aucun traité entre le failli et les créanciers; que le juge-commissaire y veillera spécialement ; que tout créancier qui n'a pas signé le concordat peut s'opposer à son homologation; que le tribunal de commerce pourra, pour cause d'inconduite ou de fraude, refuser l'homologation du concordat ; que, dans ce cas, le failli sera en prévention de banqueroute, et renvoyé, de droit, devant l'officier du ministère public, qui sera tenu de poursuivre d'office ; que, si le tribunal accorde l'homologation, il déclarera le failli excusable et susceptible d'être réhabilité. Mais si de toutes ces dispositions il résulte que le législateur a investi les tribunaux de commerce du droit de prononcer civilement entre le débiteur et les créanciers, sur la moralité d'une Faillite, il n'en résulte certainement pas que son intention ait été jusqu'à donner aux jugemens à rendre en cette matière par les tri-

bunaux de commerce, une autorité qu'ils ne peuvent pas avoir par eux-mêmes, d'après l'article 1351 du Code civil, contre des parties qui n'y ont pas figuré; ni par conséquent jusqu'à faire sortir de ces jugemens une exception de chose jugée que le débiteur puisse opposer au ministère public, qui n'y a pas été et n'a pas pu y être partie.

» Et inutilement vient-on vous dire : mais si la poursuite en banqueroute est admise de la part du ministère public, après l'homologation du concordat, et si elle est suivie d'un jugement de condamnation, que deviendra le concordat lui-même? Que deviendra le jugement qui l'a homologué ?

» Ce qu'ils deviendront ? ils resteront ce qu'ils étaient avant la condamnation du banqueroutier. Ils auront le sort de toute transaction qui lie ceux dont elle porte la signature, de tout jugement qui fait loi pour les parties entre lesquelles il a été rendu, sans empêcher le ministère public de poursuivre et de faire punir le coupable qui a transigé avec la partie lésée par son délit, ou qui a triomphé des poursuites civiles de cette partie. Seulement, si les créanciers qui ont signé le concordat, et avec lesquels il a été homologué, sont encore dans le délai pour attaquer le jugement d'homologation, il leur sera libre de l'attaquer en effet, et de demander que le concordat soit rescindé, pour cause de dol.

» Plus inutilement dirait-on que le jugement d'homologation du concordat porte toujours, d'après l'art. 526 du Code de commerce, que le failli est susceptible d'être réhabilité.

» Déclarer qu'un failli est susceptible d'être réhabilité, ce n'est pas déclarer qu'il sera réhabilité en effet, lorsqu'il aura payé toutes ses dettes ; c'est seulement déclarer que, ce cas arrivant, il y aura lieu d'examiner si la réhabilitation doit lui être accordée ou non ; et il est bien sûr qu'elle lui sera refusée, nonobstant cette déclaration, si, depuis l'homologation du concordat, il a été convaincu de banqueroute frauduleuse, puisque l'art. 612 du Code de commerce, défend d'admettre à la réhabilitation les stellionataires, les banqueroutiers frauduleux, etc.

» Donc le Code de commerce laisse dans toute sa force la maxime, res inter alios judicata aliis obesse non potest. Donc il ne porte aucune atteinte au droit qui, en thèse générale, appartient au ministère public de poursuivre criminellement des faits qui, par la voie civile et entre des parties purement privées, ont été jugés n'avoir rien de répréhensible.

» Donc il en est du jugement du tribunal de commerce de Paris, qui a déclaré la faillite du sieur Lagorce excusable, comme d'un jugement par lequel un tribunal civil, sur une demande formée civilement devant lui, en restitution d'un objet volé, déclarerait qu'il n'y a point eu de vol.

« Donc, de même que le jugement d'un tribunal

civil qui déclarerait, entre deux particuliers, qu'il n'y a point eu de vol de la part de l'un d'eux au préjudice de l'autre, n'empêcherait pas que le ministère public ne poursuivît criminellement celui des deux contre lequel la prévention de vol lui paraîtrait suffisamment établie; de même aussi le jugement qui a déclaré la faillite du sieur Lagorce excusable; n'a pas pu empêcher que le ministère public ne fît juger que cette faillite portait tous les caractères d'une banqueroute, soit simple, soit frauduleuse.

» Rapprochons de ces conséquences les motifs sur lesquels est basé l'arrêt du 29 décembre 1810, et voyons si elles peuvent en recevoir quelque atteinte.

» La cour de justice criminelle commence par dire que *la faillite pouvant présenter un délit ou un crime de la part de celui qui en est l'auteur, le ministère public y est nécessairement partie.* NÉCESSAIREMENT PARTIE! Si cela était, il ne pourrait se faire aucun acte dans une faillite, sans l'intervention du ministère public; et cependant tout le monde sait que l'intervention du ministère public dans les actes des faillites n'est que de pure faculté. Conçoit-on d'ailleurs comment le ministère public pourrait être réputé partie dans un acte de faillite, par cela seul qu'il y assisterait? La loi lui donne bien le droit d'y assister pour recueillir les renseignemens qui pourront en résulter dans l'intérêt de son ministère; mais elle se borne là: elle ne l'autorise pas à y faire des réquisitions tendantes, soit à permettre, soit à empêcher tel ou tel acte, soit à y faire procéder de telle ou telle manière. Elle ne l'autorise donc pas à s'y constituer partie. Elle ne l'autorise donc à s'y montrer que comme surveillant.

» Et quand nous irions jusqu'à dire que, dans le cas où il assiste à un acte de faillite, il peut y faire des réquisitions, que pourrait-on conclure de là en faveur de l'arrêt attaqué?

» Revenons à l'exemple que nous proposions tout à l'heure, d'une instance civile en restitution d'objets volés.

» Assurément, pendant que cette instance se poursuit, même entre personnes majeures et maîtresses de leurs droits, le ministère public peut y intervenir, demander qu'on lui en communique les pièces, et y donner ses conclusions à l'audience. L'art. 83 du Code de procédure est là-dessus très-formel. Après avoir énuméré les causes dont la communication au ministère public est indispensable, soit à raison de leur nature, soit à raison de la qualité des parties, il ajoute: *le procureur du gouvernement pourra néanmoins prendre communication de toutes les autres causes dans lesquelles il croira son ministère nécessaire.*

» Cela posé, de deux choses l'une:

» Ou le procureur du gouvernement use de la faculté qu'il a de se faire communiquer les pièces de l'instance civile en restitution d'objets volés, ou il n'en use pas.

» S'il n'en use pas, il est incontestable qu'après le jugement de cette instance, portant rejet de la demande en restitution d'objets volés, il pourra se pourvoir au criminel contre la partie en faveur de laquelle ce jugement aura été rendu.

» S'il en use, et que, contre ses conclusions, ou même conformément à ses conclusions, le défendeur à la demande en restitution d'objets volés soit renvoyé ou contre cette demande, ce sera encore la même chose; et nous en avons déjà dit la raison: c'est que, dans les affaires civiles, le ministère public ne donne pas ses conclusions comme partie, mais uniquement comme surveillant; c'est que, considéré comme investi de l'action publique pour la répression des crimes et des délits, il ne peut jamais être réputé partie dans le jugement civil qui a été rendu sur ou contre ses conclusions; c'est que ce jugement est, à son égard, *res inter alios.*

» Il importerait donc peu, dans notre espèce, que le ministère public eût assisté à tous les actes de la faillite du sieur Lagorce, et qu'il se fût permis d'y faire des réquisitions. Dans ce cas même, il aurait conservé le droit de poursuivre le sieur Lagorce comme prévenu de fraude.

» Et à combien plus forte raison ce droit a-t-il dû demeurer entier entre ses mains, alors qu'il n'est intervenu dans aucun des actes de la faillite, alors que tous les actes de la faillite lui sont restés étrangers!

» Mais écoutons la cour de justice criminelle: *L'art.* 488 *du Code de commerce veut que les agens provisoires et définitifs remettent, dans la huitaine de leur entrée en fonctions, au magistrat de sûreté de l'arrondissement, un mémoire ou compte sommaire de l'état apparent de la faillite, de ses principales causes, et des caractères qu'elle paraît avoir; et il appartient à ce magistrat de faire exécuter rigoureusement, par les syndics, la disposition de la loi à cet égard.*

» Nous pourrions demander quels sont les moyens coactifs que la loi a mis entre les mains du ministère public, pour faire exécuter, par les syndics, la disposition de l'art. 488 du Code de commerce. Nous pourrions observer que cet article n'en indique aucun, et qu'il n'est suppléé à son silence par nulle autre disposition législative. Mais admettons purement et simplement l'assertion de la cour de justice criminelle.

» La loi veut aussi qu'en toute matière, les agens auxiliaires du ministère public, tels que les juges-de-paix et les maires, lui donnent connaissance des crimes et des délits qui se commettent dans leurs arrondissemens respectifs, et qu'ils la leur donnent sans retardement. Elle investit même le ministère public de moyens de répression contre leur négligence à remplir cette partie essentielle de leurs devoirs. Le ministère public sera-t-il donc non-recevable à poursuivre un délit, parce que le juge-de-paix et le maire, qui en ont connaissance au moment même où il a été commis, auront négligé de lui dénoncer ; et parce qu'il n'aura pris aucune mesure pour se prémunir contre leur négligence ? Personne n'oserait sans doute avancer une proposition aussi absurde ; et que peut, d'après cela, signifier ici l'art. 488 du Code de commerce?

» *Si le compte que les agens de la faillite du sieur Lagorce ont rendu au ministère public*, continue la cour de justice criminelle, *n'était pas satisfaisant, ce magistrat avait le droit, aux termes de l'art. 489 du même code, de se transporter au domicile du failli, d'assister à la rédaction du bilan, de l'inventaire et des autres actes de la faillite, de se faire donner tous les renseignemens qui pourraient en résulter, et de faire, en conséquence, les actes ou poursuites nécessaires ; et il devait d'autant moins négliger cette précaution, qu'il avait reçu la plainte de Ragoulleau contre Lagorce, son débiteur failli.* Là-dessus deux observations : l'une de fait, l'autre de droit.

» Dans le fait, le ministère public n'a pu trouver ni *satisfaisant* ni *non satisfaisant* le compte dont parle la cour de justice criminelle ; et la raison en est simple : c'est que jamais ce compte ne lui a été rendu par les syndics ; c'est que les syndics se sont toujours bornés à la promesse de lui rendre incessamment ce compte. Ils le lui ont promis le 28 mai, en lui annonçant leur nomination. Ils le lui ont promis le 7 juillet, en lui envoyant un rapport partiel sur l'emploi que le sieur Lagorce avait fait du prix de ses propriétés. Ils le lui ont encore promis le 28 juillet, pressés par ses instances réitérées. Et le 16 août, en lui envoyant une copie du bilan, ils lui ont annoncé que tout était terminé par le concordat qui venait d'être signé.

» Dans le droit, de ce que le ministère public s'est trop confié aux promesses dilatoires des syndics ; de ce que, trompé par ces promesses, il n'a pas fait, avant le concordat, tout ce qu'il aurait pu faire, en vertu de l'art. 489 du Code de commerce, s'ensuit-il qu'il a encouru une fin de non-recevoir ? En général, les fins de non-recevoir ne peuvent résulter que d'une disposition formelle de la loi ; et c'est surtout à l'égard du ministère public que ce principe reçoit une large application. L'art. 5 du Code du 3 brumaire an 4, porte que *tout délit donne* ESSENTIELLEMENT *lieu à l'action publique*; et c'est assez dire que le ministère public ne peut jamais être déclaré non-recevable à poursuivre un délit qui n'est couvert ni par l'autorité de la chose jugée, ni par la prescription. Cela est si vrai, qu'on ne peut pas même lui opposer son propre acquiescement ; et plusieurs fois, notamment le 12 mai 1809, au rapport de M. Carnot, et le 16 juin suivant, au rapport de M. Brillat-Savarin, vous avez décidé que le ministère peut attaquer, par appel et par cassation, des jugemens auxquels il a lui-même acquiescé avant l'expiration du délai fixé par la loi, pour l'un et l'autre recours. Comment donc, dans notre espèce, le ministère public pourrait-il, par la seule omission de l'exercice d'une faculté que

lui accordait l'art. 489 du Code de commerce, s'être rendu non-recevable à poursuivre la banqueroute du sieur Lagorce ? L'art. 489 du Code de commerce attache-t-il à cette omission une fin de non-recevoir contre toutes poursuites ultérieures ? Non. Il laisse donc, à cet égard, les choses dans les termes du droit commun.

» *Le magistrat de sûreté*, dit encore la cour de justice criminelle, *pouvait empêcher tout concordat, soit en décernant un mandat d'amener ou de dépôt contre le failli, soit en donnant aux agens ou au commissaire de la faillite, une connaissance officielle de la plainte qu'il avait reçue contre le failli.*

» Mais d'abord, le ministère public a très-bien pu, avant de décerner un mandat d'amener ou de dépôt contre le failli, attendre le compte sommaire que les syndics s'étaient engagés de lui rendre de l'état de la faillite ; et de ce qu'il ne l'a point fait, tant qu'il a espéré que ce compte lui serait rendu, on ne peut certainement pas conclure qu'il ait, à l'avance, donné au concordat un acquiescement qui, même en le supposant réel, n'élèverait encore contre lui aucune fin de non-recevoir.

» Ensuite, la cour de justice criminelle convient qu'au lieu de décerner un mandat d'amener ou de dépôt contre le failli, à l'effet d'*empêcher tout concordat*, il aurait pu remplir le même objet, *en donnant aux agens ou au commissaire de la faillite, une connaissance officielle de la plainte qu'il avait reçue* contre le sieur Lagorce. Or, il est très-constant que le ministère public a donné connaissance officielle de cette plainte, sinon au commissaire de la faillite, du moins, ce qui revient absolument au même, suivant la cour de justice criminelle, à l'un des deux syndics. Et en effet, la procédure nous apprend que, le 13 juin, il a fait citer devant lui l'un des deux syndics pour déposer sur la plainte ; et qu'il a reçu sa déposition le lendemain.

» *Enfin*, dit la cour de justice criminelle, *le magistrat de sûreté s'étant contenté du compte qui lui a été rendu par les agens de la faillite, n'ayant pas jugé à propos de s'assurer, par lui-même, de ses causes et de ses caractères, n'ayant pas informé les agens ou le commissaire de la faillite, de la plainte qu'il avait reçue, ni décerné aucun mandat contre le failli, les créanciers, sous la direction du commissaire, ont pu faire un concordat avec leur débiteur, et le tribunal de commerce l'homologuer ; que, d'après cette homologation du concordat, le failli, aux termes de l'art. 526 du même Code, ne peut plus être en prévention de banqueroute ; et dès-lors, le ministère public n'a plus le droit de donner suite à la plainte.*

» Ici, nous répéterons encore que le ministère public n'a pas pu se contenter *du compte qui lui a été rendu par les agens de la faillite*, puisque jamais ce compte ne lui a été rendu, quoiqu'il l'ait réclamé plusieurs fois.

» Nous répéterons encore que les syndics de la faillite ont eu, dans la personne de l'un d'eux, une connaissance bien officielle. de la plainte., puisque l'un d'eux a été assigné devant. le ministère public pour déposer sur les délits qui y étaient articulés.

« Et de ces deux faits bien importans, nous conclurons, avec une pleine confiance, que les syndics ont manqué de bonne foi. envers le ministère public ; qu'en temporisant à son égard, pour l'envoi qu'ils devaient lui faire du compte de la faillite, ils l'ont entretenu dans une fausse sécurité, dont ils ne l'ont tiré qu'en lui apprenant la signature du concordat ; et que, si le concordat a été signé, sans qu'il eût fait tout ce qu'il aurait pu faire pour l'empêcher, la faute en est tout entière à eux seuls.

» Du reste, nous avons démontré qu'indépendamment de ces faits, les principes généraux du droit s'opposent à ce qu'on fasse résulter de l'homologation du concordat, une exception de chose jugée contre les poursuites postérieures du ministère public; et que le Code de commerce ne contient pas un mot qui déroge à ces principes.

» Il serait sans doute superflu, Messieurs, de vous rappeler combien il importe à la société que vous sévissiez avec éclat contre un arrêt qui viole ces principes d'une manière aussi étrange. Vous savez, et vous ne savez que trop, que les banqueroutes se multiplient avec un excès qui devient de jour en jour plus scandaleux ; que, pour en arrêter le cours, la loi n'a pas trouvé de moyen plus efficace que d'armer le ministère public d'un grand pouvoir pour les faire punir ; et que c'est contrarier le vœu de la loi ; que de chercher à gêner l'exercice de ce pouvoir ; par des entraves qu'elle n'a point établies elle-même en termes exprès...

» Dans ces circonstances et par ces considérations, nous estimons qu'il y a lieu, sans avoir égard à la fin de non-recevoir proposée par le sieur Lagorce, contre le recours en cassation du sieur Ragoulleau, de rejeter ce recours et de condamner le sieur Ragoulleau à l'amende de 150 francs ; faisant droit sur nos conclusions, casser et annuller, dans l'intérêt de la loi et sans préjudice de son exécution entre les parties intéressées, l'arrêt de la cour de justice criminelle du département de la Seine, du 29 décembre 1810 : en tant que, par contravention à l'art. 5 du Code des délits et des peines du 3 brumaire an 4, et à l'art. 1351 du Code civil, il déclare que le ministère n'a plus le droit, de donner suite à la plainte en banqueroute portée contre Lagorce ; ordonner, qu'à notre diligence, l'arrêt à intervenir sera imprimé et transcrit sur les registres de ladite cour».

Par arrêt du 9 mars 1811, au rapport de M. Schwendt —«La cour reçoit l'intervention de Mondot-Lagorce ; et statuant tant sur ladite intervention que sur le pourvoi de Ragoulleau en cassation de l'arrêt rendu par la cour de justice criminelle du département de la Seine, le 29 décembre dernier, et en premier lieu sur la fin de non-recevoir proposée par Lagorce contre le pourvoi de Ragoulleau ; attendu que Ragoulleau, ayant été partie dans le jugement de police correctionnelle et dans l'arrêt rendu sur l'appel de ce jugement, il a essentiellement le droit de se pourvoir contre ledit arrêt ; la cour rejette la fin de non recevoir qui lui est opposée, et sur le fond dudit pourvoi, vu les art. 6 et 8 du Code de brumaire an 4 ; et art. 523, 524 et 526 du Code de commerce, ainsi conçus..... ; attendu qu'une partie civile n'a droit de poursuite devant les tribunaux criminels, que pour ses intérêts civils; que ce droit cesse en sa faveur, lorsqu'elle n'a plus d'intérêts civils à réclamer ; que Ragoulleau avait sans doute le droit de traduire Lagorce devant la juridiction criminelle, sur une prévention de banqueroute simple ; mais que ce droit n'a plus existé, lorsque, par son fait, il y a eu accord ou jugement sur ses intérêts civils ; et attendu qu'il a été appelé et présent à l'assemblée des créanciers du failli Lagorce, le 16 août 1810 ; que, s'il y a déclaré ne point adhérer au concordat consenti par les créanciers, il n'a point signifié d'opposition aux syndics et au failli dans la huitaine fixée ; pour tout délai, par l'art. 523 du Code de commerce ; que, dès lors, il est présumé de droit avoir donné son adhésion audit concordat ; qu'il a été lié conséquemment, pour ses intérêts civils, par les stipulations qui y avaient été convenues ; qu'il est aussi présumé, de droit, avoir rénoncé à la plainte qu'il avait rendue ; ou que du moins ses intérêts civils étant réglés par son fait ; il a perdu toute qualité pour donner suite à cette plainte ; que, par le défaut d'opposition au concordat dans le délai de huitaine, le jugement du tribunal de commerce qui a homologué ce concordat et déclaré le failli excusable, est réputé avoir été rendu contradictoirement avec ledit Ragoulleau et, d'après son acquiescement ; qu'une opposition faite conformément à l'art. 523 du Code de commerce, et qu'il aurait appuyée du fait de sa plainte, aurait mis le tribunal de commerce dans la nécessité de surseoir au jugement d'homologation, jusqu'après le jugement criminel sur ladite plainte, conformément à la disposition de l'art. 8 du Code du 3 brumaire an 4 ; et que le refus de ce sursis aurait ouvert, en faveur dudit Ragoulleau, la voie d'appel, et s'il y avait eu lieu, celle de cassation ; mais que, par l'omission de cette opposition dans le délai légal, Ragoulleau a soumis ses intérêts civils aux dispositions du concordat et du jugement qui l'a homologué ; qu'il est donc devenu sans qualité pour suivre sa plainte au criminel ; et qu'en le jugeant ainsi, l'arrêt de la cour de justice criminelle du département de la Seine, loin de violer aucune loi, s'est conformé au texte et à l'esprit des lois de la matière ; par ces motifs, la cour rejette le pourvoi de Ragoulleau, et le condamne à une amende de 150 francs envers le trésor public ; néanmoins, faisant droit sur le réquisitoire du procureur général en la cour, sur ledit arrêt, vu l'art. 4 du Code du 3 brumaire an 4, portant : tout délit donne essentiellement lieu à une action publique ; vu aussi les art. 526, 588 et 595 du Code de commerce, qui sont ainsi conçus : Le tribunal de commerce pourra, pour cause d'inconduite ou de fraude, refuser l'homologation du concordat ; et dans ce cas, le failli sera en prévention de banqueroute, et renvoyé de droit devant le magistrat de sûreté, qui sera tenu de poursuivre d'office ; s'il accorde l'homologation, le tribunal déclarera le failli excusable et susceptible d'être réhabilité, aux conditions exprimées au titre de la Réhabilitation ; — les cas de banqueroute simple seront jugés par les tribunaux de police correctionnelle, sur la demande des syndics ou sur celle de tout créancier du failli, ou sur la poursuite d'office qui sera faite par le ministère public ; les cas de banqueroute frauduleuse seront poursuivis d'office devant les cours de justice criminelle, par les procureurs impériaux et leurs substituts, sur la notoriété publique, ou sur la dénonciation, soit des syndics, ou des créanciers; vu enfin l'art. 1351 du Code civil, qui porte : l'autorité de la chose jugée n'a lieu qu'à l'égard de ce qui a fait l'objet du jugement. Il faut que la chose jugée soit la même, que la demande soit entre les mêmes parties, et formée par elles et contre elles en la même qualité ; attendu que l'action criminelle ne peut être arrêtée dans son exercice par les actes de juridiction civile, que dans les cas où la loi l'a expressément ordonné; que les dispositions des art. 588 et 595 du Code de commerce sont générales et absolues; que leur exécution n'est point subordonnée par la loi à ce qui peut être ordonné par le tribunal de commerce, d'après l'art. 526 du même Code; que l'homologation du concordat et la déclaration d'excusabilité du failli, prononcées, d'après cet article, par le tribunal de commerce, ne sauraient donc être un obstacle à l'exercice de l'action publique contre le failli, sur la prévention de banqueroute simple ou de banqueroute frauduleuse; que ces actes du tribunal de commerce se réfèrent en effet aux cas de Faillite simple, et conséquemment à un état de choses essentiellement différent de celui que les art. 588 et 595 ont eu pour objet de constater et de punir ; que d'ailleurs il ne peut jamais y avoir de contrariété légale entre un jugement civil et un jugement criminel, puisqu'il ne peut jamais y avoir identité de parties ; que le ministère public n'est, dans aucun cas, partie devant les tribunaux de commerce ; que son action ne peut donc jamais être atteinte par des jugemens de ces tribunaux, dont l'effet est essentiellement borné entre les parties civiles avec lesquelles ils sont rendus, et dont ils peuvent régler et fixer les intérêts, sans qu'ils puissent être opposés à l'action de la partie chargée de la vindicte publique; qu'en jugeant donc que l'homologation du concordat et la déclaration d'excusabilité du failli Lagorce, prononcées par le tribunal de commerce, avaient éteint l'action publique, et que, par l'effet de cette déclaration d'excusabilité, Lagorce ne pouvait plus être poursuivi devant la cour criminelle sur une prévention de banqueroute simple ou frauduleuse ; la cour de justice criminelle du département de la Seine a fait une fausse application dudit article 526, et violé les art. 588 et 595 du Code de commerce, ainsi que l'art. 4 du Code du 3 brumaire an 4, et l'art. 1351 du Code civil; — La cour, statuant seulement

dans l'intérêt de la loi, casse l'arrêt rendu par la cour de justice criminelle du département de la Seine, le 29 décembre dernier, entre Mondot-Lagorce et Ragoulleau, en présence du procureur-général en ladite cour.... (1)».

La seconde question s'est présentée, peu de temps après, entre les mêmes parties.

On a vu dans le plaidoyer précédent, que le sieur Ragoulleau avait appelé, avant l'arrêt de la cour de cassation du 3 mars 1811, du jugement du tribunal de commerce à Paris, qui l'avait déclaré non-recevable dans son opposition au concordat du 16 août 1810. — Sur cet appel, il est intervenu, le 31 août 1811, un arrêt par lequel, attendu que le concordat avait été fait à une époque où Mondot-Lagorce était en prévention de banqueroute, et sans que l'état sommaire de la Faillite eût été préalablement remis au magistrat de sûreté, la cour d'appel de Paris a réformé le jugement du tribunal de commerce, et a déclaré le concordat nul. — Mais Mondot-Lagorce s'est pourvu en cassation, et par arrêt du 17 juin 1812, au rapport de M. Pajon; « Vu les art. 523, 524 et 526 du Code de Commerce; et attendu 1° qu'il résulte tant de la combinaison des différens autres articles de la section dont ils font partie, que de la discussion qui a eu lieu au conseil d'état sur cette matière, qu'il n'existe d'autre voie légale pour demander la nullité du concordat d'un failli avec ses créanciers, que celle de l'opposition indiquée dans l'article 533 ; c'est-à-dire, dans le délai de huitaine, et en la faisant signifier tant au failli qu'au syndic de ses créanciers ; 2° qu'à défaut d'une semblable opposition, le tribunal de commerce est tenu, d'après les dispositions de l'art. 526, non seulement d'homologuer le concordat, mais encore de déclarer le failli excusable, s'il ne lui apparaît d'aucune cause d'inconduite ou de fraude ; 3° que l'effet de cette homologation aux termes de l'art. 524, est de rendre le concordat obligatoire pour tous les créanciers, expression qui comprend nécessairement ceux mêmes qui ont refusé d'y adhérer ; d'où il résulte que Ragoulleau n'ayant formé son opposition, ni dans le délai, ni dans la forme exigés par l'art. 523, le concordat dont il s'agissait est devenu obligatoire à son égard par le jugement du tribunal de commerce qui l'a homologué ; 4° qu'en admettant les faits qui ont déterminé la cour d'appel à en prononcer la nullité, eussent été suffisans pour motiver une opposition dans la forme et dans le délai prescrits par l'art. 523, il n'en est pas moins vrai que Ragoulleau n'était plus recevable à l'attaquer par une autre voie, et qu'il devait, par son silence, être présumé y avoir acquiescé, ainsi que l'avaient déjà décidé les arrêts de la cour de justice criminelle, du 29 décembre 1800; celui de la cour de cassation, du 9 mars 1811; et celui de la cour d'appel de Paris, du 24 août de la même année ; d'où il résulte que l'arrêt attaqué a violé les lois ci-dessus énoncées, soit en admettant une de-

_____

(1) V. dans les Additions, l'article non bis in idem, n. 12.

mande en nullité de ce concordat par une autre voie que celle de l'opposition, soit en admettant par voie d'appel de ce concordat et du jugement d'homologation, une opposition qui n'avait été formée, ni dans le délai, ni dans la forme voulus par l'art. 523 ci-dessus cité; la cour casse et annulle...».

En exécution de cet arrêt, la cause est reportée devant la cour de Rouen; et là le sieur Ragoulleau soutient que si l'art. 523 du Code de commerce s'applique même au concordat nul ou irrégulier, au moins le délai prescrit par cet article ne doit commencer à courir contre chaque créancier non signataire, que du jour de la signification qui lui est faite du concordat. Il prouve d'ailleurs que le concordat dont il s'agit ne lui a pas été signifié.

Mais, par arrêt rendu en audience solennelle le 14 avril 1813, « vu l'art. 523 du Code de commerce; attendu que le Code de commerce a établi, quant à la formation du concordat et à la manière de la constater en justice, des formes spéciales hors desquelles on ne peut recourir au droit commun; attendu que la seule voie ouverte aux créanciers non signataires, pour faire annuller le concordat, est celle de l'opposition, laquelle, aux termes de l'art. 523 du Code de commerce, doit être formée dans la huitaine pour tout délai; que le point de départ de ce délai est nécessairement la date de ce concordat, puisqu'il n'existe dans l'art. 523 aucun autre acte auquel ce délai se rapporte et duquel on puisse le faire courir; que d'ailleurs, en combinant l'art. 523 avec les articles qui le suivent, et l'esprit qui a dicté les avertissemens et formalités préalables au concordat, il est facile de se convaincre que le législateur, qui n'a point prescrit la signification du concordat aux créanciers non signataires, n'a point entendu rendre cette formalité obligatoire; et en fait, vu que Ragoulleau n'a signifié que le 28 décembre 1810 son opposition au concordat souscrit entre Mondot-Lagorce et ses créanciers, le 16 août précédent, et homologué le 30 du même mois; vu d'ailleurs que le Code de commerce n'admet point d'opposition au jugement d'homologation, la cour, statuant sur l'appel du jugement de première instance de Paris, met l'appellation et ce dont est appel au néant, émendant, etc. ».

Art. III. 1° *Les artisans qui achètent des marchandises pour les revendre après les avoir travaillées et mises en œuvres, sont-ils réputés commerçans en matière de Faillite et de banqueroute? Peuvent-ils, en conséquence, être poursuivis comme banqueroutiers simples ou frauduleux?* — 2° *Que doit-on décider à cet égard relativement aux cabaretiers?*

I. Le 4 août 1812, ordonnance de la chambre du conseil du tribunal de première instance du département de la Seine, qui, attendu qu'il résulte de la procédure que le nommé Jean-Baptiste Hervet, serrurier en bâtimens, est disparu de son domicile, à la fin de mai dernier, sans faire de déclaration de Faillite, et après avoir pris un passe-port pour Ge-

nève; qu'ayant été depuis arrêté, il n'a produit aucun livre de commerce; qu'il a été constaté et avoué par Hervet que, pendant plusieurs nuits, il a enlevé et fait enlever ses meubles, effets et outils; ordonne que les pièces de l'instruction seront transmises à M. le procureur-général près la cour; et que Jean-Baptiste Hervet...... sera pris au corps ». — Le 13 du même mois, arrêt de la cour de Paris, qui, « attendu que de l'instruction résultent charges suffisantes contre Jean-Baptiste Hervet, en état de Faillite, de s'être absenté de son domicile dans le courant du mois de mai dernier, de n'avoir point fait de déclaration de Faillite, et d'avoir détourné des marchandises et effets mobiliers; ce qui constitue, aux termes des art. 587 et 593 du Code de commerce, les faits de banqueroute simple et de banqueroute frauduleuse; ordonne la mise en accusation dudit Hervet ». — Jean-Baptiste Hervet se pourvoit en cassation contre cet arrêt.

« Les moyens de cassation qui vous sont présentés dans cette affaire, se réduisent à ces deux propositions : les commerçans sont les seuls que puisse atteindre l'accusation de banqueroute frauduleuse; un serrurier en bâtimens n'est point commerçant.

» La première de ces propositions est-elle exacte? L'art. 402 du Code pénal semble ne pas permettre d'en douter. Mais elle est si contraire aux principes et aux lois qui nous régissaient avant le Code pénal; elle est si éloignée des notions adoptées, sur cette matière, par toutes les nations policées, et les conséquences en seraient si désastreuses, que nous croyons devoir ici nous borner à la supposer.

» En supposant donc, sans le reconnaître ni le nier, quant à présent, que les commerçans soient les seuls qui puissent être poursuivis pour banqueroute frauduleuse, nous avons à examiner si, en thèse générale et spécialement en ce qui concerne les banqueroutes, un serrurier en bâtimens doit ou non être considéré comme appartenant à la classe des commerçans.

» Qu'est-ce qu'un serrurier en bâtimens? c'est un artisan qui, après avoir acheté du fer et de l'acier, le convertit en ouvrages qu'il revend pour le service des maisons et des autres édifices.

» Or, un artisan qui achète des matières pour les revendre dans une forme différente de celles qu'elles avaient au moment de l'achat, n'est-il pas marchand?

» Il l'était bien constamment sous l'ancienne législation?

» L'édit du mois de novembre 1563 ayant créé à Paris une juridiction consulaire, pour connaître en dernier ressort jusqu'à la somme de 500 liv., et à la charge de l'appel au-dessus de cette somme, *de tous procès et différends mus entre marchands, pour fait de marchandises seulement*, il s'est agi de savoir si les artisans étaient justiciables de ce tribunal pour les objets qu'ils achetaient des marchands, à l'effet de les employer aux ouvrages de leur profession.

» Et l'affirmative a constamment prévalu, même avant l'ordonnance de 1673. Toubeau, dans ses *Institutes du droit consulaire*, liv. 1, tit. 15, chap. 14, en cite *cinq arrêts qui ont*, dit-il, *précédé cette ordonnance*; et il les cite *pour faire voir* (ce sont ses propres termes) que l'ordonnance de 1673 n'a point fait en cela *une nouvelle attribution* aux juges consuls.

» Vous savez quelle était, à cet égard, la disposition de l'ordonnance de 1673 : « Les juges-consuls, » (y était-il dit, tit. 12, art. 4) connaîtront des » différends pour ventes faites par des marchands, » artisans et gens de métier ; afin de revendre ou » de travailler à leur profession ; comme à tailleurs » d'habits, pour étoffes, passemens et autres fourni- » tures ; boulangers, pâtissiers, pour bled et farine ; » maçons, pour pierre, moellon et plâtre ; char- » pentiers, menuisiers, charrons, tonneliers et tour- » neurs, pour bois ; serruriers, maréchaux, taillan- » diers et armuriers, pour fer ; plombiers et fontai- » niers, pour plomb ; et autres semblables ».

» Le Code de commerce a-t-il dérogé à cette lé- gislation ? Non, et il s'en faut beaucoup.

» L'art. 1er de ce Code déclare *commerçans, ceux qui exercent des actes de commerce, et en font leur profession habituelle.*

» Et l'art. 632 ajoute que *la loi répute acte de com- merce, tout achat de denrées et marchandises pour les revendre, soit en nature, soit après les avoir travaillées et mises en œuvre.*

» Or, tous les jours, un serrurier et un maréchal achètent du fer ; tous les jours un tailleur achète des étoffes ; tous les jours un boulanger achète du bled.

» Et pourquoi achètent-ils ces objets ?

» Ils ne les achètent pas pour leur usage person- nel, pour leur propre consommation : ils les achè- tent, le premier pour en faire des ouvrages de ser- rurerie, le second pour en faire des ouvrages de ma- réchallerie, le troisième pour en faire des habits, le quatrième pour en faire du pain ; et ce pain, ces habits, ces ouvrages de serrurerie et de maréchal- lerie, ils les revendent, ils font même profession de les revendre.

» Le serrurier, le maréchal, le tailleur, le bou- langer, font donc habituellement des actes de com- merce. Ils sont donc commerçans.

» Que, dans le langage vulgaire, la dénomination de commerçant désigne plus particulièrement ceux qui achètent et revendent, sans que la marchandise change entre leurs mains de nature ni de forme, nous en convenons. Mais dans le langage du Code de commerce, celui-là est aussi commerçant, qui achète les choses dans une forme et les revend dans une autre ; et c'est sans contredit au langage du Code de commerce que nous devons ici nous attacher, puisque c'est par la manière dont s'exprime le Code de commerce relativement aux banqueroutiers, que l'on prétend restreindre aux commerçans la dispo- sition de l'article 402 du Code pénal, dans le texte

littéral duquel sont compris tous *ceux qui seront déclarés coupables de banqueroute.*

» Mais, dit-on, la section des requêtes a rejeté, le 28 février 1811, un recours en cassation formé contre un arrêt de la cour d'appel de Colmar qui avait jugé qu'un *boulanger* n'est point *commerçant ;* et si un boulanger n'est point commerçant, un serrurier ne peut pas l'être davantage.

» Dans quelle espèce cet arrêt avait-il été rendu ?

» Il s'agissait de s'avoir, non pas si un boulanger est commerçant en thèse générale, mais s'il est com- merçant dans le sens de l'article 4 du décret du 17 mars 1808, concernant les juifs.

» Vous savez que la plupart des juifs des dépar- temens septentrionaux, notamment ceux de la ci- devant Alsace, n'exerçant d'autre profession que celle de l'usure, avaient mis un grand nombre de fa- milles dans l'état de la plus grande détresse ; et que, sur le compte qui en fut rendu à l'Empereur, S. M. crut devoir, par un décret du 30 mai 1806, sur- seoir à toutes poursuites de la part des juifs contre leur débiteurs, jusqu'à ce qu'après avoir entendu le grand Sanhédrin, il en fut autrement ordonné.

» Le grand Sanhédrin a été entendu en effet ; et après avoir pesé ses observations, mais sans y dé- férer entièrement, l'Empereur a rendu, le 17 mars 1808, un décret qui a levé le sursis prononcé par celui du 30 mai 1806, mais sous diverses condi- tions, et spécialement sous celle que détermine ainsi l'article 4 : « Aucune lettre de change, aucun » billet à l'ordre, aucune obligation ou promesse, » souscrite par un de nos sujets *non—commerçant* » au profit d'un juif, ne pourra être exigé sans que » le porteur prouve que la valeur en a été fournie » entière et sans fraude » ;

» En exécution de ce décret, un boulanger, nommé Domidian, est poursuivi par les juifs Hay- mann et Beckard en paiement d'une obligation du 1er prairial an 15. Il soutient que cette obligation n'est que le produit d'une opération excessivement usurai- re, et demande qu'elle soit réduite à une somme fort inférieure à celle qui y est énoncée. Le 7 décembre 1808, arrêt interlocutoire qui jugeant que Domidian n'est pas exclus, par sa qualité de boulanger, du bénéfice de l'article 4 du décret, ordonne aux deux juifs de prouver qu'ils ont fourni la valeur entière de leur obligation, sauf la preuve contraire. Les deux juifs se pourvoient en cassation ; mais leur re- cours est rejeté, au rapport de M. Lamarque, « at- » tendu que le Code de commerce, ainsi que les » lois précédentes, ont établi et constamment main- » tenu une distinction essentielle entre la classe des » artisans, tels que les boulangers et autres, fai- » sant, sous un certain rapport, une espèce de né- » goce, et celle des commerçans proprement dits ; » que c'est cette dernière classe qui se trouve excep- » tée de la disposition du décret ; d'où il suit que le » débiteur Domidian n'ayant d'autre état que celui » de boulanger, et ayant dû, par une conséquence » nécessaire, être considéré comme non-commer-

» çant, a dû profiter de cette même disposition de
» l'art. 4 du décret du 17 mars 1808 ».

» Personne ne respecte plus que nous les arrêts
de la cour. Mais il est de notre devoir de vous faire
remarquer que celui dont il est ici question, est
mal motivé, en tant qu'il met sur le compte du
Code de commerce, une distinction qui n'est que
dans le langage vulgaire, entre la classe des commerçans qui achètent des marchandises pour les
revendre en nature, et la classe des artisans qui
achètent des marchandises pour les revendre après
les avoir travaillées et mises en œuvre. Non-seulement le Code de commerce ne consacre pas cette
distinction, mais il la proscrit, comme vous venez
de le voir, de la manière la plus positive.

» Du reste, abstraction faite de ce motif, qui
ne peut pas avoir eu l'assentiment de toute la section des requêtes, l'arrêt dont il est ici question
n'en a pas moins bien jugé, dans son espèce, en
rejetant la demande en cassation de Beckard et Haymann. Qu'avait décidé la cour de Colmar par l'arrêt contre lequel cette demande était dirigée? Rien
autre chose, si ce n'est que les juifs des départemens septentrionaux étant signalés par le décret du
30 mai 1806, comme ayant horriblement vexé leurs
débiteurs, on doit interpréter dans le sens le plus
large les dispositions du décret du 17 mars 1808
qui tendent à l'allégement du sort des débiteurs
des juifs, et restreindre dans le sens le plus étroit
les exceptions qui, dans le même décret, limitent ces dispositions; qu'en conséquence, le mot
commerçant doit y être entendu dans l'acception
que lui prête le langage vulgaire; et que, par suite,
un artisan qui achète des marchandises pour les
revendre après les avoir travaillées et mises en
œuvre, ne peut pas y être censé compris sous la
dénomination de *commerçant*. Et certainement la
cour de Colmar, en interprétant ainsi le décret du
17 mars 1808, n'y avait pas fait ce que l'article 66
de l'acte constitutionnel du 22 frimaire an 8 appelle
une *contravention expresse*. L'arrêt de cette cour
ne pouvait donc pas être cassé. La section des requêtes a donc dû le maintenir. Elle a donc bien jugé
en le maintenant.

» Voulons-nous au surplus une preuve irrésistible,
qu'en maintenant cet arrêt, la section des requêtes
n'a pas entendu juger définitivement que, même
dans l'application de l'art. 4 du décret du 17 mars
1808, les artisans ne sont pas assimilés aux commerçans?

» Nous la trouverons dans le parti qu'elle a pris,
peu de temps après, dans une espèce semblable
à celle qui l'avait occupée dans sa séance du 28 février 1811.

» Le 21 avril 1806, Martin Wernert, boucher à
Colmar, tire de cette ville sur celle de Strasbourg,
une lettre de change à l'ordre de Raphaël Risser.
juif. A défaut de payement à l'échéance, la lettre
de change est protestée, et Raphaël Risser fait assigner Martin Wernert au tribunal de commerce de

Strasbourg, pour le faire condamner à lui en payer
le montant. Martin Wernert y est en effet condamné
par défaut. Il forme opposition au jugement. Pendant les procédures, survient le décret du 17 mars
1808. Martin Wernert en excipe pour obliger Raphaël Risser à prouver qu'il lui a fourni la valeur
réelle de la lettre de change. Pour écarter cette
exception, Raphaël Risser met en fait et offre de
prouver, tant par titres que par témoins, que Martin
Wernert est commerçant. Le 13 mars 1810, jugement qui charge Raphaël Risser de cette preuve.
Le 6 juin suivant, enquête dont le seul résultat est
que Martin Wernert est *marchand boucher*, qualité
que Martin Wernert n'avait jamais déniée, et qu'il
avait même prise dans tous les actes de la cause.
En conséquence, le 17 août de la même année,
jugement définitif qui, « attendu qu'il ne résulte
» de l'enquête d'autre preuve que celle de la qua-
» lité de boucher de Wernert, ce dont on n'a ja-
» mais disconvenu; que, pour l'application du décret
» du 17 mars 1808, un boucher ne peut être con-
» sidéré comme commerçant; reçoit Wernert op-
» posant au jugement par défaut du 9 juin 1807,
» et statuant sur la demande originaire, faute par
» Raphaël Risser d'avoir offert de prouver la numé-
» ration entière et sans fraude de la somme portée
» en la lettre de change du 21 avril 1806, dé-
» clare ladite lettre de change nulle et usuraire ».
Raphaël Risser se pourvoit en cassation contre ce
jugement, sans attaquer celui du 13 mars précédent.
Que fait, sur ce recours, la section des requêtes?
Le rejette-t-elle, d'après le motif énoncé dans son
arrêt du 28 février 1811, que les artisans doivent
être considérés comme non-commerçans? Point du
tout: elle l'admet au contraire, par arrêt du 16 octobre de la même année, au rapport de M. Borel.
Et que fait à son tour la section civile? par arrêt
du 22 juillet dernier, au rapport de M. Dutocq,
elle rejette le recours de Raphaël Risser, non par
le motif que la qualité de commerçant n'est pas
renfermée dans celle de marchand-boucher, mais
par le motif « que le jugement interlocutoire du 13
» mars 1810 a virtuellement décidé que la qua-
» lité de boucher ne faisait pas nécessairement
» preuve de la qualité de commerçant; que ce ju-
» gement interlocutoire n'est point attaqué, et que
» le jugement définitif est basé sur des points de
» fait qui ne sont pas du domaine de la cassa-
» tion ».

« On ne peut donc rien conclure ici de l'interprétation que quelques jugemens ont pu donner
au mot *commerçant*, employé dans l'article 4 du
décret du 17 mars 1808. Et en effet, il ne s'agit
pas ici de savoir quelle latitude l'empereur a
donnée à ce mot par rapport aux débiteurs des juifs:
il s'agit uniquement de savoir si, dans le sens du
Code de commerce, la dénomination de commerçant est applicable à un artisan dont la profession
habituelle est d'acheter des marchandises pour les travailler, les mettre en œuvre et les revendre dans
la nouvelle forme qu'elles ont reçue par ses mains;

et il est impossible de ne pas la leur appliquer, si l'on compare ensemble, si l'on rapproche l'un de l'autre, et l'art. 1er de ce Code qui signale comme commerçans, *ceux qui exercent des actes de commerce, et en font leur profession habituelle*; et l'art. 632 qui répute *acte de commerce*, non-seulement *tout achat de denrées et marchandises pour les revendre en nature*, mais encore. *tout achat de denrées et marchandises, pour les revendre après les avoir travaillées et mises en œuvre*.

» Et à quelles conséquences ne nous conduirait pas le système que vous plaide ici le réclamant?

» Ce que fait un serrurier, ce que fait un maréchal, ce que fait un boulanger, ce que fait un boucher, les fileurs et les tisseurs de cotons, les fabricans de drap le font également de leur côté. Comme le serrurier, comme le maréchal, comme le boulanger, comme le boucher, ils achètent des marchandises qu'ils revendent après en avoir changé la forme. Le fileur de coton achète des cotons bruts qu'il revend en fil. Le tisseur de coton achète des cotons en fil qu'il revend en toiles. Le fabricant de draps achète des laines qu'il revend en étoffes. Aussi Jousse remarque-t-il, sur l'art. 1er du titre 12 de l'ordonnance de 1673, que, « quoique les manufacturiers, » surtout les entrepreneurs de manufactures, soient, » par leur état, au-dessus des artisans, ils doivent » néanmoins être mis plutôt dans la classe de ces » derniers, que dans celle des marchands et né- » gocians »,.

» Si donc vous décidiez qu'un serrurier qui, en manquant à ses engagemens, détourne ses effets, ses meubles, ses marchandises en fraude de ses créanciers, ne peut pas être poursuivi comme banqueroutier frauduleux, vous vous mettriez dans la nécessité de décider la même chose à l'égard d'un fileur ou tisseur de cotons, à l'égard d'un fabricant de draps. Car, en cette matière, le plus ou le moins ne change rien à la question. Le principe est le même pour l'artisan qui achète un peu de fer ou d'acier brut pour le revendre façonné, que pour l'artisan qui achète d'immenses quantités de cotons ou de laines, pour les revendre converties en toiles ou en draps. Et quel est l'homme qui pourrait calculer sans effroi les résultats d'une telle jurisprudence? Quel est le magistrat qui pourrait se résoudre à sanctionner une doctrine dont l'effet serait infailliblement d'assurer l'impunité aux coupables manœuvres que seraient tentés d'ourdir, pour ruiner leurs créanciers, les spéculateurs peu délicats (car il y en a malheureusement dans toutes les classes), qui peuvent se trouver parmi les possesseurs de ces riches et superbes manufactures de draps et de cotons que l'industrie française a élevées sur une infinité de points du grand empire?

» Il ne vous échappera pas au surplus, Messieurs, dans l'examen de l'espèce actuelle, que le réclamant est déclaré, par l'arrêt qu'il attaque, prévenu d'avoir détourné *des marchandises*; et sans doute vous en conclurez qu'il peut d'autant moins compter sur la cassation de cet arrêt, que c'est sur les choses mêmes qui le placent au nombre des commerçans, que portent les inculpations de fraude qui pèsent sur lui.

» Nous estimons en conséquence qu'il y a lieu de rejeter le recours en cassation de Jean-Baptiste Hervet ».

Par arrêt du 5 novembre 1812, au rapport de M. Aumont, « attendu, en droit, que, par l'art. 1er du Code de commerce, sont déclarés *commerçans ceux qui exercent des actes de commerce, et en font leur profession habituelle*; que le même Code répute acte de commerce, par son art. 632, *tout achat de denrées et de marchandises pour les revendre, soit en nature, soit après les avoir travaillées et mises en œuvre*; qu'il s'ensuit nécessairement de ces définitions que le serrurier qui achète du fer, qu'il revend après l'avoir travaillé et converti en objets de son art, exerce des actes de commerce; que faisant de ces actes sa profession habituelle, il est dans la classe des individus déclarés commerçans par le Code cité; qu'aux termes de l'art. 393 de ce Code, est *banqueroutier frauduleux tout commerçant failli qui se trouve dans un ou plusieurs des cas suivans, savoir*: 1°. . . , 2° *s'il a détourné aucune somme d'argent, aucune dette active, aucunes marchandises, denrées ou effets mobiliers*; et que la banqueroute frauduleuse est un crime punissable, d'après l'art. 402 du Code pénal, de la peine des travaux forcés à temps; attendu, en fait, que Jean-Baptiste Hervet est serrurier en bâtimens, et que, par l'arrêt attaqué, il est déclaré prévenu *d'avoir détourné ses marchandises et effets mobiliers*; qu'il est donc prévenu d'un fait caractéristique de la banqueroute frauduleuse; conséquemment d'un fait qualifié crime par la loi; qu'ainsi, en le mettant en accusation, et en le renvoyant devant la Cour d'assises du département de la Seine, la Cour d'appel de Paris a fait une exacte et juste application des lois de la matière; la Cour rejette le pourvoi...... »

« Le procureur-général expose qu'il croit devoir dénoncer à la Cour un arrêt de la Cour spéciale extraordinaire de Casal, département de Marengo, qui n'a pas été attaqué par le ministère public dans le délai fatal, mais qui lui paraît violer ouvertement la loi.

» Le 3 juin 1812, la cour de Gênes a mis en accusation, et a renvoyé devant la cour spéciale extraordinaire de Casal, Catherine Montano, veuve Vercelli, cabaretière à Asti, prévenue de s'être rendue coupable du crime de banqueroute frauduleuse, en détournant son argent, ses meubles et ses effets, en fraude et au préjudice de ses créanciers, notamment de ceux qui lui avaient vendu des vins qu'elle avait revendus, partie en gros, partie en détail.

» Le procès soumis aux débats, la cour spéciale extraordinaire n'a éprouvé aucun doute sur la culpabilité de Catherine Montano; mais elle a pensé que cette femme ne pouvait pas, en qualité de ca-

baretière, être réputée commerçante ; et en conséquence, elle l'a acquittée. — « Attendu (porte son
» arrêt du 23 mars dernier), que l'accusée Mon-
» tano, veuve Vercelli, ni en sa qualité de caba-
» retière, ni comme ayant acheté quelques chariots
» de vin pour les revendre ensuite, ne peut être
» envisagée comme commerçante dans le sens de la
» loi; la cour a déclaré et déclare la susdite Mon-
» tano, veuve Vercelli, non convaincue du crime
» de banqueroute frauduleuse dont elle était accu-
» sée ; par conséquent l'acquitte et ordonne qu'elle
» soit mise sur-le-champ en liberté, si elle n'est dé-
» tenue pour autre cause ».

» En prononçant ainsi, la cour spéciale extraordinaire de Casal s'est mise en opposition diamétrale
avec les dispositions les plus formelles du Code de
commerce.

» L'article 593 de ce Code veut que l'on déclare
banqueroutiers frauduleux tout *commerçant failli
qui se trouvera dans un ou plusieurs des cas qu'il détermine* ; et parmi ces cas, est celui où le commerçant failli *a détourné aucune somme d'argent, aucune dette active, aucunes marchandises, denrées ou
effets mobiliers.*

» Et que signifient, dans cet article, les mots
tout commerçant ?

» L'art. 1er du même Code définit les commerçans, *ceux qui exercent des actes de commerce et en
font leur profession habituelle.*

» Si donc Catherine Montano, avant sa mise
en accusation, exerçait des actes de commerce, et
si elle en faisait sa profession habituelle, nul doute
qu'elle n'ait été commerçante.

» Or, Catherine Montano était cabaretière à Asti ;
l'arrêt de la cour spéciale extraordinaire lui en donne
expressément la qualité ; et il reconnaît, de la manière la moins équivoque, que l'état de cabaretière
était sa profession habituelle.

» Et qu'est-ce qu'un cabaretier? C'est une personne
qui fait profession d'acheter des boissons pour les
revendre ; c'est par conséquent une personne qui
exerce habituellement des actes de commerce. Car
l'art. 632 du Code de commerce dit, en toutes lettres, que *la loi répute acte de commerce, tout
achat de denrées et marchandises pour les revendre
soit en nature, soit après les avoir travaillées et
mises en œuvre, ou même pour en louer simplement
l'usage.*

» Catherine Montano était donc commerçante,
dans toute l'étendue de l'acception que la loi donne
à ce mot.

» C'est donc sans raison, sans prétexte, et au mépris du vœu formel de la loi, que Catherine Montano a été acquittée de l'accusation de banqueroute
frauduleuse.

» Ce considéré, il plaît à la Cour, vu l'art. 442
du Code d'instruction criminelle ; les art. 593, 1 et
638 du Code de commerce ; casser et annuller, dans
l'intérêt de la loi, et sans préjudice de son exécu-

tion en faveur de Catherine Montano, l'arrêt de la
cour spéciale extraordinaire de Casal ci-dessus mentionné, et dont expédition est ci-jointe; et ordonner qu'à la diligence de l'exposant, l'arrêt à intervenir
sera imprimé et transcrit sur le registre de ladite
cour.

» Fait au parquet, le 17 avril 1813. *Signé* Merlin.

» Ouï le rapport de M. Oudart....; vu l'art. 442
du Code d'instruction criminelle ; vu aussi les art.
593, 1 et 632 du Code de commerce ; et attendu
que Catherine Montano, veuve Vercelli, cabaretière de profession, avait été accusée d'avoir commis
le crime de banqueroute frauduleuse, en détournant
son argent, ses meubles et effets en fraude et au
préjudice de ses créanciers, et notamment de ceux
qui lui avaient vendu des vins, qu'elle avait ensuite
revendus partie en gros et partie en détail; que ces
faits ont été reconnus constans par la cour spéciale
extraordinaire séante à Casal ; que néanmoins cette
cour a déclaré ladite Catherine Montano non convaincue du crime de banqueroute frauduleuse, sur
le motif qu'en sa qualité de cabaretière, ni comme
ayant acheté quelques chariots de vins pour les revendre en gros, elle ne pouvait être considérée
comme commerçante dans le sens de la loi ; qu'en
jugeant ainsi, cette cour a violé les dispositions du
Code de commerce citées ci-dessus, qui déclarent
banqueroutier frauduleux tout commerçant failli qui
a détourné aucune somme d'argent, aucune dette
active, aucunes marchandises, denrées ou effets mobiliers; qu'elle a de même violé les dispositions du
même Code qui qualifient de commerçans, ceux qui
exercent des actes de commerce et en font leur profession habituelle, et qui réputent actes de commerce tout achat de denrées et marchandises pour
les revendre, soit en nature, soit après les avoir
travaillées et mises en œuvre ; la Cour casse et annulle, dans l'intérêt de la loi.....».

ART. IV. 1º *Peut-on poursuivre comme banqueroutier simple ou frauduleux, un particulier non-commerçant, qui fait, au préjudice de ses créanciers, des
actes qui sont classés, par le Code de commerce, au
nombre des faits de banqueroute simple ou frauduleuse ?* — 2º *Que doit-on, à cet égard, décider relativement à un particulier qui, sans faire du commerce sa profession habituelle, se livre passagèrement
à des opérations commerciales ?* — 3º *Et un directeur
d'agence ou de bureau d'affaires, est-il, relativement
à la banqueroute simple ou frauduleuse, réputé commerçant ?* — 4º *Celui qui est à la fois prévenu du
crime de banqueroute frauduleuse et du délit de banqueroute simple, peut-il être, sur celui-ci comme sur
celui-là, mis en accusation et renvoyé devant une cour
d'assises ? Et la cour d'assises peut-elle, sur sa réclamation, se déclarer incompétente pour le juger comme
prévenu de banqueroute simple ?*

I. Les deux premières questions se sont présentées
dans l'espèce suivante.

Le 7 février 1812, arrêt de la cour de Limoges,

qui, « attendu que Pierre Leger-Lafont fils, demeurant à la Chauffie, commune de Pressignac, arrondissement de Confolent, est suffisamment prévenu d'avoir fait une banqueroute frauduleuse : qu'avant son départ préparé de longue main, il a cherché à faire et a fait en effet plusieurs emprunts considérables, soit en argent, soit en faisant souscrire des effets qu'il a mis en circulation, et ce, dans la vue de faire perdre à ses créanciers, tout ou partie des sommes qu'il pouvait leur devoir, en emportant avec lui tout l'argent qu'il lui serait possible; qu'il a vendu ses grains, même plus qu'il n'en avait, et s'en est fait payer le montant; qu'il a également vendu ses bœufs et autres bestiaux, et en a touché le prix; qu'il a fait déplacer tous ses meubles pour en soustraire la valeur à ses créanciers; qu'il n'a représenté ni laissé aucuns livres constatant sa situation active et passive, qui ayent justifié l'emploi de ses recettes et de ses ventes; qu'il est constant cependant qu'il faisait le commerce de grains, de vins, de bestiaux; que, par un abus de confiance, il a fait souscrire à un tiers des effets qu'il a négociés, et en a emporté l'argent; que, par un autre abus de confiance aussi répréhensible que le premier, il a donné l'assurance à un autre individu qui lui avait endossé un effet de 1254 francs, que cet effet avait été acquitté et déchiré, tandis que le payement en a été réclamé depuis son départ; que tous ces faits caractérisent suffisamment une banqueroute frauduleuse; déclare qu'il y a lieu à accusation contre ledit Leger-Lafont; renvoie le prévenu à la cour d'assises du département de la Haute-Vienne....»— Leger-Lafont ne comparaissant pas devant la cour d'assises, la contumace s'instruit; et le 7 août de la même année, la cour d'assises rend un arrêt ainsi conçu : « Attendu 1° que l'art. 402 du Code pénal ne déclare coupable de banqueroute, que ceux qui se trouvent dans les cas prévus par le Code de commerce; 2° qu'aux termes des articles 437, 438 et 439 du même Code de commerce; on ne peut réputer banqueroutier frauduleux et même banqueroutier simple, que le commerçant failli; 3° qu'aux termes de l'art. 1er du même Code, on ne peut considérer comme commerçant que ceux qui exercent des actes de commerce et en font leur profession habituelle; considérant en outre qu'il n'est nullement prouvé par les informations que Pierre Leger-Lafont fils fît la profession habituelle d'exercer des actes de commerce; qu'il est au contraire établi par trois certificats légalisés, joints à la procédure, émanés des maires des communes de Rochechouart, Pressignac et Confolent, en date des 26 juillet, 4 et 5 août, qu'il n'a jamais été porté sur aucun rôle de patentes; considérant enfin qu'il n'existe aucun jugement qui ait déclaré la prétendue Faillite ouverte, au désir de l'art. 441 du Code de commerce; la cour déclare ledit Pierre Leger-Lafont non coupable du crime de banqueroute frauduleuse; en conséquence, prononce qu'il demeure acquitté de l'accusation portée contre lui, et néanmoins le condamne aux frais occasionés par sa contumace.... ».

Le 10 du même mois, le procureur-général se pourvoit en cassation contre cet arrêt.

« Le recours en cassation sur lequel vous avez à prononcer en ce moment (ai-je dit à l'audience de la section criminelle, le 21 novembre 1812), est-il fondé?

» La négative serait incontestable, si nous ne devions apprécier ce recours que par le moyen sur lequel il est appuyé.

» Le procureur-général de la cour de Limoges prétend que l'arrêt de cette cour qui avait mis Leger-Lafont, fils, en état d'accusation, avait l'autorité de la chose irrévocablement jugée, en tant qu'il déclarait que Leger-Lafont, fils, *faisait le commerce de grains, de vins et de bestiaux*; et que, d'après cette déclaration, la cour d'assises n'a pas pu juger que Leger-Lafont ne faisait pas *la profession habituelle d'exercer des actes de commerce*.

» Mais vous savez que les faits énoncés dans les arrêts de mise en accusation, ne le sont et ne peuvent l'être que comme présumés, qu'ils ne le sont jamais et ne peuvent jamais l'être comme prouvés; et qu'il appartient essentiellement aux cours d'assises de les juger définitivement.

» Ecartons donc un moyen que le procureur-général de la cour de Limoges n'aurait pas dû vous proposer; et voyons si l'arrêt qu'attaque ce magistrat n'offre pas une autre ouverture de cassation.

» Cet arrêt, vous l'avez remarqué, ne décide point que Leger-Lafont n'est pas coupable des soustractions frauduleuses qui lui sont imputées par l'acte d'accusation et par l'arrêt de la cour, en exécution duquel cet acte a été dressé.

» Il décide seulement que ces soustractions ne peuvent pas caractériser le crime de banqueroute frauduleuse, parce qu'en fait, il n'est pas prouvé que Leger-Lafont *fît la profession habituelle d'exercer des actes de commerce*; parce qu'en droit, les commerçans, c'est-à-dire, ceux qui font du commerce leur profession habituelle, peuvent seuls être accusés de ce crime; et que d'ailleurs il n'existe aucun jugement qui ait déclaré ouverte la prétendue Faillite de Leger-Lafont.

» Examinons successivement chacun de ces motifs.

» 1° En déclarant qu'il n'est pas prouvé que Leger-Lafont *fît la profession habituelle des actes de commerce*, la cour d'assises n'a pas déclaré que Leger-Lafont n'eût pas fait passagèrement des actes de commerce avant sa disparition et à l'époque à laquelle se rapportent les soustractions dont il est accusé. Nous devons donc considérer Leger-Lafont comme ayant fait des actes de cette nature à l'époque dont il s'agit.

» 2° Celui qui, ayant fait passagèrement des actes de commerce, emploie, pour se soustraire aux engagemens qu'il a contractés par ces actes, les moyens frauduleux que la loi qualifie de crime de banqueroute, est-il à couvert de l'accusation de ce crime, parce que le commerce n'est pas sa profession habituelle, parce qu'il n'est pas *commerçant*, dans le sens attribué à ce mot par l'art. 1er du Code de commerce?

» Oui, répond la cour d'assises du département de la Haute-Vienne; car l'article 593 du Code de commerce ne déclare banqueroutier frauduleux que le *commerçant failli qui se trouve dans l'un des cas qu'il détermine*; et l'art. 402 du Code pénal ne punit, comme banqueroutiers frauduleux, que ceux qui, dans les cas prévus par le Code de commerce, se rendent coupable de banqueroute.

» Mais d'abord, l'art. 593 du Code de commerce n'est pas conçu en termes limitatifs. En disant que *tout commerçant failli qui se trouve dans un ou plusieurs des cas suivans, sera déclaré banqueroutier frauduleux*, il ne dit pas que les commerçans faillis seront les seuls qui, se trouvant dans un ou plusieurs de ces cas, pourront être déclarés coupables de banqueroute frauduleuse. Les commerçans seuls l'occupent sans doute, parce que le commerce est son seul objet. Mais en s'occupant d'eux, il n'exclut pas les non-commerçans; il ne donne pas aux non-commerçans un brevet d'impunité pour toutes les fraudes qu'ils pourront commettre au préjudice de leurs créanciers. Il les laisse sous l'empire du droit commun.

» Et le droit commun, quel était-il à l'époque de la rédaction du Code de commerce, à l'époque où le Code de commerce est devenu loi de l'Etat?

» Il était consigné dans les art. 30 et 31 de la sect. 2 du tit. 2 de la seconde partie du Code pénal du 1791 : *Toute banqueroute faite frauduleusement et à dessein de tromper les créanciers légitimes, sera punie de la peine de six années de fers. Ceux qui auront aidé ou favorisé ladite banqueroute frauduleuse, soit en divertissant les effets, soit en acceptant des transports, ventes ou donations simulés, soit en souscrivant tous autres actes qu'ils sauront être faits en fraude des créanciers légitimes, seront punis de la même peine.*

» Ces dispositions, qui ne faisaient que renouveler celles de l'ordonnance de 1673 concernant la même matière, étaient trop générales pour ne pas comprendre tous ceux qui, commerçans ou non, dans la vue de frauder leurs créanciers, divertissaient leurs effets, faisaient des transports, des ventes ou des donations simulés, etc.

» C'est ainsi qu'on le jugeait constamment sous l'ordonnance de 1673.

» Brillon, au mot *banqueroute*, en rapporte deux arrêts très-remarquables du parlement de Paris.

» Le premier, du 27 octobre 1693, déclara l'abbé Mauroy, curé de Versailles, et ensuite de l'hôtel des Invalides, coupable de banqueroute fraudu-

leuse; et comme tel, le condamna au bannissement perpétuel.

» Le second, du 14 août 1711, condamna, comme banqueroutier frauduleux, le sieur Audigier, auditeur des comptes, au pilori et à un bannissement de cinq années. Le sieur Audigier, dit Brillon, prétendait que n'étant ni marchand, ni banquier, ni homme d'affaires, on ne pouvait pas lui faire son procès comme à un banqueroutier. Cette défense ne fut point écoutée.

» Tout le monde se souvient encore de la sentence du Châtelet de Paris, du 24 février 1764, qui condamna Deshayes, notaire, à être pendu, et à faire préalablement amende honorable avec un écriteau portant ces mots : *Notaire banqueroutier frauduleux.*

» Si un notaire, si un magistrat, si un curé pouvaient, sous l'ordonnance de 1673, être poursuivis comme banqueroutiers frauduleux; s'ils pouvaient également l'être sous le Code pénal de 1791, ils ont certainement pu l'être aussi après la publication du Code de commerce, et tant que le Code pénal de 1791 a été en vigueur.

» Et ce qui achève de mettre cette vérité dans la plus grande évidence, ce qui complète la démonstration que le Code de commerce n'a pas voulu introduire, en cette matière, un droit nouveau, c'est que l'orateur du gouvernement, M. le comte de Ségur, en présentant au Corps législatif, les dispositions du Code de commerce, relatives aux banqueroutiers frauduleux, disait expressément : « Le chap. » 2 de titre, qui concerne la banqueroute frau- » duleuse, ne fait que développer avec plus de » détails les dispositions qu'on trouve sur cette » matière dans l'ordonnance de 1673 ».

» Et qu'on ne vienne pas objecter que les dispositions du Code de commerce, relatives à la banqueroute simple, sont limitées aux commerçans; qu'on ne vienne pas conclure de là qu'il en doit être de même des dispositions de ce Code, qui concernent la banqueroute frauduleuse!

» Pourquoi les dispositions du Code de commerce, relatives à la banqueroute simple, sont-elles limitées absolument nouveau, et que les commerçans sont les seuls pour lesquels le Code de commerce l'établit.

» Mais les dispositions du Code de commerce, relatives à la banqueroute frauduleuse, ne sont que le développement, l'explication du droit ancien; elles ne font qu'appliquer le droit ancien aux commerçans; et en le leur appliquant, elles ne le restreignent pas à eux; en le leur appliquant, elles n'en affranchissent pas le non-commerçant; en le leur appliquant, elles lui laissent, à l'égard des non-commerçans, toute son autorité, toute sa latitude.

» On ne peut donc pas reprocher au Code de commerce d'avoir fait, sur la banqueroute frauduleuse, la scandaleuse innovation que lui prête l'arrêt de la cour d'assises du département de la Haute-Vienne.

» Mais ce reproche, peut-on le faire au Code pénal de 1810?

» L'art. 402 de ce Code porte que « ceux qui, » dans les cas prévus par le Code de commerce, » seront déclarés coupables de banqueroute, se- » ront punis ainsi qu'il suit : les banqueroutiers » frauduleux seront punis de la peine des travaux » forcés à temps ; les banqueroutiers simples se- » ront punis d'un emprisonnement d'un mois au » moins, et de deux ans au plus ».

» Remarquons d'abord que cet article ne dit pas, les commerçans, mais ceux qui, dans les cas prévus par le Code de commerce, seront déclarés coupables de banqueroute.

» Pourquoi ces termes généraux, ceux qui, au lieu de l'expression limitative, les commerçans ?

» Il ne peut y en avoir qu'une raison : c'est que le Code pénal ne veut pas, quant à la banqueroute frauduleuse, restreindre sa disposition à ceux qui font du commerce leur profession habituelle ; c'est qu'il veut embrasser dans sa disposition tous ceux qui seront déclarés coupables de banqueroute frau-duleuse ; c'est qu'il ne veut rien changer à la légis-lation qu'il trouve établie sur cette matière.

» Inutile de dire qu'en ajoutant, dans les cas prévus par le Code de commerce, il fait la même chose que s'il employait l'expression limitative, les commerçans ; puisque les commerçans sont les seuls à l'égard desquels le Code de commerce détermine les cas de banqueroute.

» Cette objection est fondée quant à la banque-route simple, et nous avons déjà dit pourquoi elle l'est à cet égard : c'est que le Code de commerce ne contient, par rapport à la banqueroute simple, que des dispositions toutes nouvelles, et qui, par cela seul qu'elles sont nouvelles, se restreignent d'elles-mêmes aux commerçans.

» Mais pour que la même objection fût égale-ment fondée quant à la banqueroute frauduleuse, il faudrait que les dispositions du Code de commer-ce, relatives à ce genre de banqueroute, fussent pa-reillement restreintes aux commerçans, et nous avons démontré qu'elles ne le sont pas ; il faudrait que le Code pénal eût voulu changer, relativement aux faits constitutifs de la banqueroute frauduleuse, l'esprit dans lequel avait été fait l'art. 593 du Code de commerce, et l'art. 402 du premier de ces Codes prouve au contraire qu'il a voulu le maintenir en s'y référant.

» Eh! comment lui supposer une autre inten-tion, comment lui supposer l'intention de laisser la banqueroute frauduleuse impunie à l'égard des non-commerçans, lorsque nous annonce, comme le disait un des orateurs du corps législatif à la séance du 17 février 1810, que ce Code, « toujours en » harmonie avec la morale et la justice, ces deux » guides de toute bonne législation, présente plus

» de cas, spécifie des nuances plus variées, dé- » termine un plus grand nombre de faits que les » lois existantes (à l'époque de sa confection); qu'il » offre sur plusieurs points, des améliorations sen- » sibles, et qu'il consacre, sur tous les autres, » les dispositions qui avaient mérité l'approbation » générale » ? Assurément l'approbation générale avait sanctionné les dispositions de l'ordonnance de 1673 et du Code pénal de 1791 qui rendaient la peine de la banqueroute frauduleuse commune aux commerçans et aux non-commerçans. L'ap-probation générale avait sanctionné le parti qu'avait pris le Code de commerce de laisser subsister ces dispositions pour les non-commerçans, alors qu'il les expliquait et les développait avec plus de clarté pour les commerçans. Et que faut-il de plus pour nous porter à entendre l'art. 402 du Code pénal de 1810, dans le seul sens qui puisse le concilier avec la justice et la morale, dans le seul sens qui puisse lui épargner le reproche d'avoir abrogé, dans le Code pénal de 1791, une disposition que la mo-rale et la justice avaient concouru à y faire insérer.

» Il est d'ailleurs bien facile de sentir que le texte littéral de l'art. 402 du Code pénal de 1810 s'accorde beaucoup mieux avec notre interprétation qu'avec le système de la cour d'assises du département de la Haute-Vienne.

» En disant, ceux qui, dans les cas prévus par le Code de commerce, seront déclarés coupables de banqueroute, l'art. 402 du Code pénal de 1810 substitue au premier alinéa de l'art. 593 du Code de commerce, dans lequel il n'est parlé que des com-merçans, une proposition générale et qui, par sa généralité, enveloppe tous les hommes, commer-çans ou non, qui se trouveront dans les cas prévus par ce dernier Code.

» C'est donc comme s'il disait : « Sera réputé » banqueroutier frauduleux et puni comme tel, » quiconque se trouvera dans un ou plusieurs des » cas suivans : 1° s'il a supposé des dépenses ou des » pertes, etc. ».

» Inutile encore d'objecter que, parmi les cas où l'art. 593 du Code de commerce déclare qu'il y a crime de banqueroute frauduleuse, il y en aurait qui ne pourraient pas s'appliquer aux non-commer-çans.

» Quels seraient donc ces cas ?

» Ce ne serait certainement, ni celui où un non-commerçant qui se trouverait en déconfiture, aurait supposé des dépenses ou des pertes, ou ne justifie-rait pas de l'emploi de toutes ses recettes ; ni celui où il aurait détourné des sommes d'argent, des dettes actives, des denrées ou des effets mobiliers ; ni celui où il aurait fait des ventes, négociations ou donations simulées; ni celui où il aurait supposé des dettes pas-sives et collusoires entre lui et des créanciers fictifs; ni celui où il aurait acheté des immeubles ou des effets mobiliers à la faveur d'un prête-nom.

» Serait-ce donc celui où il aurait détourné des marchandises ? Mais un non-commerçant qui fait passagèrement des actes de commerce, peut tout aussi bien qu'un commerçant de profession, avoir des marchandises en sa possession et les détourner au préjudice de ses créanciers.

» Serait-ce celui où il aurait *caché ses livres ?* Mais un non-commerçant peut, tout aussi bien qu'un commerçant de profession, avoir des livres qui renseignent toute sa fortune ; et si, étant en déconfiture, il les cache à ses créanciers, si ces créanciers en ont la preuve, il commet certainement à leur préjudice une fraude très-criminelle ; et quelle raison y aurait-il de la laisser impunie ?

» Serait-ce celui où, *ayant été chargé d'un mandat spécial, ou constitué dépositaire d'argent, d'effets de commerce, de denrées ou marchandises, il aurait, au préjudice du mandat ou du dépôt, appliqué à son profit les fonds ou la valeur des objets sur lesquels portait, soit le mandat, soit le dépôt ?* Mais pourquoi un non-commerçant qui se trouverait dans ce cas, ne pourrait-il pas être poursuivi comme banque-routier frauduleux ?

» On dira, sans doute, que c'est parce que l'article 408 du Code pénal de 1810 fait de ce cas l'objet d'une disposition spéciale, parce que cet article ne punit que d'un emprisonnement et d'une amende, « quiconque aura détourné ou dissipé, au préjudice » du propriétaire, possesseur ou détenteur des effets, » deniers, *marchandises,* billets, quittances, ou tous » autres écrits contenant ou opérant obligation ou » décharge qui ne lui auraient été remis qu'à titre » de dépôt ou pour un travail salarié, à la charge » de les rendre ou les représenter, ou d'en faire un » usage ou un emploi déterminé ».

» Mais, faisons-y bien attention : l'article 408 s'applique aux commerçans comme aux non-commerçans ; et la preuve en est qu'il y est question de *marchandises ;* la preuve en est qu'un commerçant peut détourner et dissiper les *marchandises* qui lui ont été confiées par mandat spécial ou à titre de dépôt, comme un non-commerçant peut détourner et dissiper les effets, les deniers, les billets qui lui ont été remis au même titre. Le commerçant est donc, comme le non-commerçant, passible de la peine portée par cet article. Mais, dans quel cas l'est-il ? Ce ne peut pas être dans celui que prévoit le no 5 de l'art. 593 du Code de commerce, c'est-à-dire, celui où le mandataire spécial, ou le dépositaire serait en déconfiture. L'art. 408 du Code pénal ne peut donc pas s'entendre que du cas où il n'y a pas déconfiture de la part, soit du mandataire spécial, soit du dépositaire, qui a détourné et dissipé les objets confiés à sa garde. Cet article ne fait donc nul obstacle à ce qu'on applique à un non-commerçant qui se trouve en déconfiture, le cas prévu par le no 5 de l'article 593 du Code de commerce.

» Inutile enfin d'objecter que, du moins on ne peut pas appliquer à un non-commerçant en déconfiture, cette disposition de l'art. 594 du Code de commerce : « Pourra être poursuivi comme ban- » queroutier frauduleux, et être déclaré tel, le

» failli qui n'a pas tenu de livres, ou dont les livres » ne présenteront pas sa véritable situation active » et passive ».

» Non, sans doute, on ne peut pas lui appliquer cette disposition, puisqu'il n'a pas été obligé de tenir des livres. Mais que peut-on inférer de là ? De ce que, par la nature de son objet, l'art. 594 ne peut concerner que les commerçans, il ne s'ensuit certainement pas que les non-commerçans ne puissent pas se trouver dans les cas de banqueroute frauduleuse qui sont déterminés par l'art. 593.

» Au surplus, Messieurs, il ne s'agit pas ici d'un non-commerçant proprement dit, d'un homme absolument étranger au commerce : il s'agit d'un homme qui a fait des opérations commerciales ; et qui, pour frauder les créanciers qui lui avaient fourni ou aidé, par leur crédit, à lui fournir des billets négociables, a détourné ses effets, ses grains, ses bestiaux, même ceux dont il faisait trafic ; la raison, la justice, la morale se soulèvent contre l'idée qu'un tel homme ne soit pas punissable comme banqueroutier frauduleux, même dans la supposition, très-erronée à nos yeux, que les commerçans puissent seuls être punis comme tels.

En effet, quel est l'objet de l'article premier du Code de commerce, lorsqu'il dit que celui-là seul est commerçant, qui exerce des actes de commerce et en fait sa profession habituelle ?

» C'est, sans contredit, d'établir que ceux qui font du commerce leur profession habituelle, sont les seuls auxquels puissent s'appliquer les dispositions de ce Code qui concernent la tenue des livres, les séparations de biens, les déclarations de Faillites, les concordats, les unions de créanciers, etc.

» Mais entend-il aussi établir par là que les personnes qui feront passagèrement des actes de commerce, ne seront pas passibles des mesures de rigueur que les lois ont prises contre les commerçans de mauvaise foi ?

» Nous croyons pouvoir assurer que non ; et nous en trouvons la preuve et l'exemple dans les règles qui concernent la contrainte par corps.

» La loi du 15 germinal an 6, à laquelle renvoie l'art. 2070 du Code civil, quant à la partie commerciale, et qui, par conséquent, nous régit encore sur cette matière, n'admet la contrainte par corps, en cette matière, que, 1o « contre les banquiers, agens » de change, courtiers, facteurs ou commission- » naires, dont la profession est de faire vendre ou » acheter des marchandises moyennant rétribution, » pour la restitution de ces marchandises ou du prix » qu'ils en toucheront ; 2o de *marchand à marchand,* » pour fait de marchandises dont ils se mêlent res- » pectivement ; 3o contre *tous négocians ou mar- » chands* qui signeront des billets pour valeur reçue » comptant ou en marchandises ; 4o contre toutes » personnes qui signeront des lettres ou billets de » change..... ».

» Résulte-t-il de là que les personnes qui, sans

faire du commerce leur profession habituelle, signent de simples billets pour des opérations commerciales passagères, ne soient pas sujettes à la contrainte par corps ?

» On l'a ainsi prétendu sous l'ordonnance de 1667, qui permettait également, tit. 34, art. 4, la contrainte par corps à l'égard des *dettes entre marchands, pour fait de marchandises dont ils se mêlent*; et sous l'ordonnance de 1673 qui la permettait de même, tit. 7, art. 1er, *entre tous negocians ou marchands qui auront signé des billets pour valeur reçue comptant ou en marchandises.* Mais quelle a été l'issue de cette prétention? Écoutons Jousse sur le dernier des textes cités : « Ceux qui, n'étant point marchands par leur état, font un trafic passager de quelques marchandises, et qui subissent des billets ou des promesses à cet effet, sont sujets aux mêmes contraintes que les marchands. C'est sur ce fondement que, par arrêt du grand conseil, du 7 février 1709, confirmatif d'une sentence de la prévôté de l'hôtel, un particulier gendarme, gentilhomme de naissance, qui se mêlait de trafiquer des pierreries, fut condamné par corps à payer le contenu en quelques billets par lui subis payables au porteur ».

» Et qu'on ne dise pas que le Code de commerce déroge à cette doctrine. Loin d'y déroger, il la confirme expressément. Après avoir dit, art. 636, que « lorsque les lettres de change ne seront réputées » que simples promesses, aux termes de l'art. 112, » ou lorsque les billets à ordre ne porteront que » des signatures d'individus non-négocians, et n'auront pas pour occasion des opérations de commerce, trafic, change, banque ou courtage, le tribunal de commerce sera tenu de renvoyer au tribunal » civil, s'il en est requis par le défendeur » ; il ajoute, art. 637 : « Lorsque ces lettres de change et ces » billets à ordre porteront, en même temps, des » signatures d'individus négocians et d'individus » non-négocians, le tribunal de commerce en connaîtra ; mais il ne pourra prononcer la contrainte » par corps *contre les individus non-négocians, à moins* » *qu'ils ne se soient engagés à l'occasion d'opérations* » *de commerce, trafic, change, banque ou courtage* ».

» Ainsi, Léger-Lafont, quoique non-commerçant de profession, est sujet à la contrainte par corps pour les obligations commerciales qu'il a contractées, parce que la loi le répute commerçant, en tout ce qui a rapport à ces obligations ; parce que la loi ne permet pas qu'en s'abstenant de faire la profession habituelle du commerce, un commerçant passager puisse tromper la bonne foi de ses créanciers pour fait de commerce ; parce que la loi voit dans son abstention de la profession habituelle du commerce, qu'un moyen frauduleux d'échapper à la rigueur des mesures qu'elle prend contre les commerçans infidèles.

» Or, il en doit être de l'accusation de banqueroute frauduleuse, comme de la contrainte par corps. La raison est absolument la même pour l'une que pour l'autre. La décision doit donc être la même pour celle-là que pour celle-ci.

» En voulons-nous une preuve sans réplique ? Nous la trouverons dans l'art. 905 du Code de procédure civile et dans l'art. 575 du Code de commerce, qui refusent expressément le bénéfice de cession aux *banqueroutiers frauduleux.*

» Supposons, en effet, que Léger-Lafont, contraint par corps pour l'exécution de ses obligations commerciales, vienne réclamer le bénéfice de cession, ses créanciers auront certainement le droit de le repousser, en justifiant qu'il s'est rendu coupable de banqueroute frauduleuse.

» Et vainement leur répondrait-il que l'imputation du crime de banqueroute frauduleuse ne peut être faite qu'à un commerçant. Ses créanciers l'auraient bientôt confondu, en observant que c'est précisément des banqueroutiers fruduleux non-commerçans que parle l'art. 905 du Code de procédure civile ; et cette observation, ils la démontreraient par l'article suivant du même Code, qui déclare les dispositions des articles précédens inapplicables *à l'égard du commerce, aux usages duquel il n'est, quant à présent, rien innové ;* ils la démontreraient encore par l'art. 575 du Code de commerce qui ne fait que répéter l'art. 905 du Code de procédure civile, et qui le répète, parce qu'il n'était pas, par lui-même, applicable aux commerçans, parce qu'il fallait, pour l'étendre aux commerçans, une disposition nouvelle.

» Ainsi, rien ne pourrait empêcher que, sur la demande en cession de biens, les juges civils ne déclarassent Léger-Lafont banqueroutier frauduleux.

» Et conçoit-on que, déclaré banqueroutier frauduleux par les juges civils, Léger-Lafont ne dût pas être puni comme tel par les juges criminels ? Ce serait, nous ne craignons pas de le dire, le renversement de toutes les idées de morale et de justice, de toutes les idées avec lesquelles les rédacteurs du Code pénal de 1810 se sont efforcés de mettre ses dispositions en harmonie ; et vouloir que ce Code en ait disposé autrement, c'est vouloir qu'il ait stupidement manqué son but ; c'est lui prêter le sens le plus absurde et le plus choquant.

» Dès-là, point de milieu. Ou il faut reconnaître que Léger-Lafont peut être poursuivi comme banqueroutier frauduleux ; ou il faut aller jusqu'à dire, ce qui serait le comble de la déraison et de l'iniquité, qu'il peut être admis au bénéfice de cession, et, par là, se soustraire à la contrainte par corps que la loi permet de prononcer contre lui pour ses dettes commerciales.

» Nous avions donc bien raison de dire que l'on peut, que l'on doit, en cette matière, argumenter de la contrainte par corps à l'accusation de banqueroute frauduleuse ; et encore une fois, il est évident que Léger-Lafont est sujet à celle-ci, par cela seul qu'il est sujet à celle-là ; puisqu'il ne peut pas, pour faire cesser celle-là, recourir à un remède dont la loi prive formellement les banqueroutiers frauduleux.

» 3° La cour d'assises du département de la Haute-Vienne a encore motivé son arrêt, sur le fait qu'il n'existe aucun jugement qui, d'après l'article 441 du Code de commerce, ait déclaré Léger-Lafont en état de Faillite.

» Ce fait paraît constant, et la cour de cassation doit le tenir pour tel ; mais que peut on raisonnablement en conclure ?

» Si Léger-Lafont était commerçant de profession, et qu'il fût en état de Faillite, échapperait-il à l'accusation de banqueroute frauduleuse ; par le prétexte que son état de Faillite ne serait pas encore déclaré par un jugement, par le prétexte que le tribunal de commerce de son domicile n'aurait pas eu connaissance de sa Faillite, et n'aurait pas rendu le jugement que l'art. 441 du Code l'obligeait de rendre pour en fixer l'ouverture à une époque déterminée.

» Non, incontestablement non. Dans cette hypothèse, les juges criminels, sans s'inquiéter de l'époque précise de l'ouverture de la Faillite de Léger-Lafont, déclareraient qu'il y a, de sa part, non-seulement Faillite, mais encore banqueroute frauduleuse.

» Et pourquoi en serait-il autrement dans notre espèce ? Un jugement de déclaration de Faillite, qui n'est pas nécessaire pour fonder une accusation de banqueroute frauduleuse contre un commerçant, ne peut pas l'être davantage pour fonder contre un non-commerçant une accusation de même nature.

» Par ces considérations, nous estimons qu'il y a lieu de casser et annuler l'arrêt qui vous est dénoncé, de renvoyer les pièces de la procédure devant une autre cour d'assises, et d'ordonner qu'à notre diligence, l'arrêt à intervenir sera imprimé et transcrit sur les registres de la cour d'assises du département de la Haute-Vienne ».

Par arrêt du 21 novembre 1812, au rapport de M. Buschop, « Considérant qu'il résulte des dispositions des art. 229, 230 et 231 du Code d'instruction criminelle, que les chambres d'accusation des cours ne doivent déterminer leurs arrêts que d'après le plus ou moins d'indices sur l'existence du fait et la culpabilité du prévenu ; d'où il suit que les arrêts de mise en accusation ne peuvent jamais avoir l'autorité de la chose jugée, relativement aux arrêts des cours d'assises qui ne sont rendus que d'après la preuve du fait et la conviction de l'accusé ; que la contrariété qui existe, dans l'espèce, entre l'arrêt de mise en accusation de la cour de Limoges et l'arrêt de la cour d'assises du département de la Haute-Vienne, relativement aux faits imputés à Pierre Léger-Lafont, ne peut donc former un moyen de nullité; la cour rejette le pourvoi du procureur-général près la cour de Limoges ».

On voit que la cour n'a pas rejeté expressément le moyen de cassation que j'avais fait valoir d'office ; mais elle l'a du moins rejeté implicitement :

car si elle l'avait accueilli, elle aurait infailliblement cassé l'arrêt qu'elle a maintenu.

La question s'est représentée peu de temps après, dans les circonstances suivantes.

Un arrêt de la cour de Bruxelles avait mis en accusation et renvoyé devant la cour d'assises du département de la Dyle, le sieur Néefs, notaire à Louvain, « prévenu d'avoir, pendant l'année 1809, fait faillite étant négociant, et d'avoir, entr'autres choses, appliqué à son profit une somme de 15,000 fr., au préjudice du mandat spécial qui lui avait été donné pour son emploi », cas rangé par l'art. 593 du Code de commerce, au nombre des faits de banqueroute frauduleuse. — Le 4 novembre 1812, le jury déclare « l'accusé coupable d'avoir appliqué à son profit la somme de 15,000 fr., au préjudice du mandat spécial qui lui avait été donné pour l'emploi de cette somme » ; mais il ajoute que « l'accusé n'avait pas, à dater de l'an 1802, exercé des actes de commerce ou fait des opérations de change, et qu'il n'en faisait pas sa profession habituelle ». — Sur cette déclaration, arrêt qui acquitte le sieur Néefs de l'accusation de banqueroute frauduleuse ; et lui appliquant l'art. 12 de la loi du 25 frimaire an 8, sous l'empire de laquelle a eu lieu l'abus de confiance dont il est déclaré coupable, le condamne à quatre années d'emprisonnement. — Le ministère public et le sieur Néefs se pourvoient en cassation contre cet arrêt : le premier, en ce que la cour d'assises aurait dû appliquer, au sieur Néefs, non l'art. 12 de la loi du 25 frimaire an 8 qui ne porte que sur la violation du dépôt, mais l'art. 408 du Code pénal de 1810 qui ne punit que de deux mois à deux ans de prison l'abus de confiance dont il s'agit ; le second, en ce que l'abus de confiance dont il est convaincu n'a été qualifié de délit que par le Code pénal de 1810 ; qu'ainsi la cour d'assises eût dû l'absoudre, faute de loi pénale qui lui fût applicable. — Par arrêt du 31 décembre 1812, la cour a adopté les moyens proposés par le sieur Néefs, et rejeté celui que faisait valoir le ministère public. En conséquence, elle a cassé l'arrêt du 4 novembre, non pour avoir condamné le sieur Néefs à une peine trop forte, comme le soutenait le procureur général de Bruxelles, non pour ne l'avoir pas condamné aux peines de la banqueroute frauduleuse, comme elle aurait dû le faire d'office, si le sieur Néefs eût été négociant, mais pour l'avoir condamné à une peine quelconque.

II. Quant à la troisième et à la quatrième question, voici une espèce dans laquelle la cour de cassation les a décidées.

Le 15 juin 1812, Paul Detenre, tenant à Paris un bureau de *correspondance générale et agence d'affaires*, fait déposer, au greffe du tribunal de commerce de la même ville, un acte par lequel il se déclare failli. En conséquence, les scellés sont apposés dans sa demeure, un commissaire, des agens et des syndics sont nommés à sa Faillite. — Des plaintes en banqueroute sont portées contre lui ; et le 15 mai 1813, un arrêt de la cour de Paris le met en accusation, comme prévenu de banqueroute simple et frauduleuse. — Le 10 septembre suivant, Paul Detenre, traduit, en vertu de cet arrêt, devant la cour d'assises du département de la Seine, prend, à l'audience de cette cour, avant l'ouverture des débats, des conclusions tendantes « 1° à ce qu'il ne soit établi aucun débat ni posé aucune question sur la prévention de banqueroute simple, attendu que la cour d'assises ne peut prononcer que sur des crimes emportant peine afflictive ou infamante, et que la banqueroute simple n'est qu'un délit ; 2° à ce que la cour se déclare incompétente sur la prévention de banqueroute frauduleuse, attendu qu'il faut être commerçant pour être, en cas de cessation de paiemens, prévenu de banqueroute frauduleuse ; qu'il n'est pas commerçant ; que, par conséquent, l'art. 593 du Code de commerce ne lui est applicable en aucune manière ; qu'il n'est qu'en état de déconfiture, et que cet état n'offre à ses créanciers contre lui qu'une simple action civile ». — Le ministère public observe « que ces conclusions tendent à faire juger une question de droit, et que la cour est compétente » ; en conséquence, il requiert qu'il soit passé outre aux débats. — Par arrêt du même jour, « la cour, statuant sur l'incident, ouï l'avocat général en son réquisitoire, déclare qu'il n'y a lieu à statuer sur la compétence, et ordonne qu'il sera passé outre aux débats ». — Les débats terminés, le président pose ainsi les questions sur lesquelles le jury doit délibérer : « 1° Paul Detenre s'est-il rendu coupable de banqueroute frauduleuse, en détournant et appliquant à son profit les fonds provenans de mandats spéciaux ; ou dont il avait été constitué dépositaire par les héritiers Lemoine, les nommés Dijeon et autres individus ; et encore en appliquant à son profit des fonds dont il avait été constitué dépositaire, et destinés à des prisonniers français actuellement en Angleterre ? 2°. Paul Detenre s'est-il rendu coupable de banqueroute simple, en ne présentant que des livres irrégulièrement tenus et insuffisans pour faire connaître sa véritable situation active et passive, en s'absentant après avoir cessé ses paiemens, en ne se présentant pas en personne aux agens de sa Faillite, et en ne justifiant pas d'un empêchement légitime ; en ne faisant pas la déclaration de sa Faillite dans les trois jours qui ont suivi la cessation des ses paiemens » ? — Le jury répond à la première question, non ; et à la seconde, oui. — En conséquence, 2° arrêt qui condamne Paul Detenre à la peine de deux années d'emprisonnement. — Paul Detenre se pourvoit en cassation contre ces deux arrêts.

» Deux moyens de cassation (ai-je dit à l'audience de la section criminelle, le 18 novembre 1813) vous sont proposés dans cette affaire : violation de règle de la compétence, en ce que la cour d'assises, uniquement instituée pour connaître des accusations de crimes, a retenu la connaissance, et a connu effectivement, de l'accusation d'un simple délit : fausse application de la loi pénale, en ce que Paul Detenre

n'étant point commerçant, ne pouvait pas être puni comme coupable de banqueroute simple.

» Contre le premier de ces moyens, il s'élève deux raisons également tranchantes.

» 1° L'art. 226 du Code d'instruction criminelle obligeait la chambre d'accusation de la cour de Paris, lorsqu'elle s'est occupée de l'instruction faite contre Paul Detenre, *de statuer par un seul et même arrêt sur les délits connexes, dont les pièces se trouvaient en même temps produites devant elle.* Or, le délit de banqueroute simple dont Paul Detenre se trouvait prévenu par les pièces qui étaient sous les yeux de la cour, était certainement *connexe* au crime de la banqueroute frauduleuse dont les mêmes pièces accusaient Paul Detenre. Car *les délits sont connexes,* aux termes de l'art. 227 du même Code, *lorsque les coupables ont commis les uns pour se procurer les moyens de commettre les autres, pour en faciliter, pour en consommer l'exécution, ou pour en assurer l'impunité ;* et il est évident que, si Paul Detenre avait été coupable du crime de banqueroute frauduleuse, les faits de banqueroute simple dont il était accusé, auraient dû être considérés, quelques-uns comme des moyens de commettre ce crime, et tous comme des moyens de le voiler et d'en éluder la peine.

» La cour de Paris n'avait donc fait que ce qu'elle avait dû, en renvoyant Paul Detenre devant la cour d'assises, pour y être jugé comme prévenu de banqueroute simple, en même temps que comme prévenu de banqueroute frauduleuse.

» 2° Si la cour s'était trompée à cet égard, Paul Detenre, qui ne s'était pas pourvu contre son arrêt, aurait-il encore été recevable à décliner, sur l'accusation de banqueroute simple, la juridiction de la cour d'assises ? Non assurément.

» Il est vrai que les arrêts de renvoi rendus par les chambres d'accusation, ne sont pas attributifs, mais simplement indicatifs de juridiction.

» Mais que résulte-t-il de ce principe ? Une seule chose : c'est que les tribunaux à qui les chambres d'accusation renvoient des affaires dont la loi leur interdit la connaissance, peuvent et doivent, nonobstant les arrêts des chambres d'accusation, se déclarer incompétens ; c'est qu'un tribunal correctionnel qui, étant saisi, par un arrêt de renvoi, de la connaissance d'un fait portant le caractère de crime, ne se déclarerait pas incompétent, violerait les règles de la compétence.

» On ne peut donc pas en conclure qu'une cour d'assises doive ni même puisse se déclarer incompétente, pour connaître d'un délit dont la connaissance lui est renvoyée par une chambre d'accusation ; car la connaissance des délits n'est pas absolument interdite aux cours d'assises.

» Elle l'est bien en ce sens, que les cours d'assises ne peuvent pas en être saisies directement sans arrêt de renvoi, comme les tribunaux correctionnels.

» Elle l'est bien en ce sens, que, si l'accusé ou le

ministère public se pourvoit dans le delai fixé par l'art. 296 du Code d'instruction criminelle, contre l'arrêt qui l'a renvoyé, comme prévenu d'un simple délit, devant la cour d'assises, cet arrêt sera annullé par la cour de cassation.

» Mais à défaut de recours en cassation de la part de l'accusé ou du ministère public contre l'arrêt de la chambre d'accusation, la cour d'assises est légalement saisie, et elle n'a point le pouvoir de se dessaisir, parce que l'art. 365 lui attribue juridiction pour punir les délits, comme pour punir les crimes.

» Le deuxième moyen de cassation des demandeurs est-il mieux fondé que le premier ?

» La jurisprudence de la cour est bien fixée sur le principe qui forme la base de ce moyen. Oui, il est incontestable que, si Paul Detenre n'est pas commerçant, Paul Detenre n'a pas pu être poursuivi et puni comme coupable même de banqueroute simple.

» Mais d'abord, Paul Detenre était-il recevable à soutenir, devant la cour d'assises, qu'il n'était pas commerçant ? Il avait lui-même reconnu le contraire, en faisant, au greffe du tribunal de commerce, une déclaration de Faillite. Il avait lui-même reconnu le contraire, en laissant subsister tous les actes que le tribunal de commerce avait faits par suite de cette déclaration. La cour d'assises ne pouvait pas annuller les actes; et de ce que Paul de Tenre ne les avait pas attaqués devant l'autorité compétente, elle a dû nécessairement conclure que Paul Detenre avait fait du commerce sa profession habituelle.

» Ensuite, la production qu'il faisait lui-même des deux *prospectus* de son bureau de *correspondance générale* et *agence d'affaires*, ne formait-elle pas une preuve irréfragable de sa qualité de commerçant ?

» L'art. 632 du Code de commerce range expressément au nombre des opérations commerciales, *toute entreprise de fourniture*, d'AGENCES, BUREAUX D'AFFAIRES, *établissement de ventes à l'encan*; *de spectacles publics*; et il résulte clairement de la combinaison de ce texte avec l'art. 1er du même Code, que la loi répute commerçant tout homme dont la profession habituelle est la manutention d'une *agence*, d'un *bureau d'affaires*.

» Sans doute, on ne peut pas, d'après cet article, réputer commerçant celui qui ne gère que les affaires de plus ou moins de personnes déterminées.

» Mais tenir un bureau public d'*agence*, un bureau public d'*affaires*, c'est se placer dans la classe des commerçans, parce qu'il est moralement impossible que des affaires commerciales n'entrent pas dans une entreprise, et c'est par cette raison que, dans le tarif annexé à la loi du 1er brumaire an 7, concernant les patentes, nous voyons figurer les *directeurs d'agence* ou *bureaux d'affaires*, à côté des *agens de changes* et *courtiers*, des *commissionnaires de marchandises*, des *entrepreneurs d'établissemens de ventes à l'encan*.

» Il est vrai que les notaires et les huissiers, qu'on

ne peut certainement pas assimiler aux commerçans, sont compris dans le même tarif; mais ils ne le sont que par une exception particulière, et qui même a été abrogée, relativement aux notaires, par la loi du 25 ventose an 11. Toutes les autres professions qui y sont comprises, tiennent au commerce ou à l'industrie commerciale.

» Paul Detenre aurait-il pu se refuser, d'après ce tarif, au payement du droit de patente ? Il est évident que non.

» Eh bien ! ce tarif est conçu, par rapport à l'assujettissement au droit de patente, dans des termes parfaitement équipollens à ceux qu'emploie l'art. 632 du Code de commerce, pour la détermination des actes commerciaux. Paul Detenre ne peut donc pas non plus, d'après l'art. 632 du Code de commerce, être admis à prétendre qu'il n'est pas commerçant.

» Par ces considérations, nous estimons qu'il y a lieu de rejeter le recours en cassation de Paul Detenre. »

Arrêt du 18 novembre 1813, au rapport de M. Benvenutti, par lequel » attendu, sur le premier moyen, que les pièces présentées devant la cour d'appel, portaient sur la banqueroute frauduleuse et sur la banqueroute simple; que ces deux préventions, tant sur la banqueroute frauduleuse que sur la banqueroute simple, étaient connexes; que, dès-lors, la cour d'appel, d'après la disposition de l'art 226 du Code d'instruction criminelle, avait l'attribution de statuer sur l'une et sur l'autre par un seul et même arrêt, et de renvoyer ainsi, comme elle a renvoyé, l'une et l'autre à la cour d'assises; que par conséquent, la cour d'assises ayant été légalement saisie de la connaissance de ces deux espèces de banqueroutes, par l'arrêt de renvoi de la cour d'appel, a été compétente pour prononcer, non-seulement sur la banqueroute frauduleuse, mais encore sur la banqueroute simple; sur le second moyen, que les cours d'assises n'ont d'autre attribution que d'instruire et d'appliquer la loi pénale aux faits qui ont été déclarés constans par le jury; et que, dès-lors, la cour d'assises du département de la Seine, légalement saisie de la connaissance de la banqueroute frauduleuse, et de la banqueroute simple, en soumettant à la délibération du jury, même les faits constitutifs de la banqueroute simple, s'est conformée à la disposition de la loi, et n'a commis aucun excès de pouvoir; sur le troisième moyen, que le *prospectus* d'agence du condamné était général pour toutes espèces d'affaires; qu'il comprenait les affaires de commerce; que le condamné agissant journellement conformément à son *prospectus*, avait donc la qualité de commerçant aux termes de l'art. 1er du Code de commerce; que sa cessation de payemens étant survenue à raison des affaires de son cabinet, elle est nécessairement survenue à raison d'affaires de commerce; qu'elle a donc eu le caractère de Faillite, et non pas seulement celui de simple déconfiture; que l'accusation portée dans l'arrêt de la cour d'appel présentant contre le condamné un ou plusieurs faits déterminés dans l'art. 593 du Code de commerce, elle a légalement saisi la cour d'assises de la connaissance d'un crime de banqueroute frauduleuse ; qu'il en a été de même pour l'accusation du fait connexe du délit de banqueroute simple, d'après l'art. 587 du même Code ; que si le condamné a été déclaré non-coupable à raison de la banqueroute frauduleuse, les faits reconnus contre lui, relativement au délit de banqueroute simple, ont justifié la condamnation correctionnelle qui a été prononcée par l'arrêt de la cour d'assises...; la cour rejette le pourvoi..... ».

ART. V. 1° *Peut-on poursuivre comme banqueroutier frauduleux, celui qui n'a fait que postérieurement à l'ouverture de sa faillite, les actes auxquels le Code du commerce inspire le caractère de banqueroute frauduleuse ? — 2° le peut-on, lorsqu'il avait au moment de sa Faillite, de quoi payer tous ses créanciers ? — 3° le peut-on, lorsque les créanciers l'ont laissé, malgré sa Faillite, en possession de tout son actif ? — 4° le peut-on lorsque, depuis sa Faillite, il n'a fait aucun acte de commerce ?*

Le 1ᵉʳ août 1810, jugement du tribunal de commerce de Charleville, qui, sur la requête des créanciers de C. N. M., *négociant*, demeurant en la même commune, déclare celui-ci en état de Faillite depuis le 20 juillet 1808 ; en conséquence, nomme un commissaire et des agents à la Faillite ; ordonne que les scellés seront apposés sur ses effets, etc. — Le 20 du même mois, les agens de la Faillite rendent au magistrat de sûreté de l'arrondissement de Charleville, le compte prescrit par le Code de commerce. — A la vue de ce compte, le magistrat de sûreté poursuit M., comme banqueroutier frauduleux. — Le 31 juillet 1812, la cour de Metz évoque l'instruction encore pendante sur ces poursuites devant le tribunal de première instance de Charleville, et nomme dans son sein un commissaire pour la continuer et la compléter, tant contre M. que contre quatre personnes prévenues d'avoir aidé et favorisé son crime. — Le 22 décembre suivant, réquisitoire du procureur général qui présente M., comme prévenu des faits suivans de banqueroute frauduleuse : impossibilité de justifier de l'emploi de recettes et d'emprunts considérables ; soustraction de la totalité de son mobilier, malgré les saisies existantes ; vente simulée d'une partie de ce mobilier ; transports frauduleux, sans causés ni valeurs, par des actes publics ; violation de dépôt, en conservant de l'argent qui lui avait été confié, qu'il n'a pas remis à sa destination, et dont il est resté débiteur ; enfin, soustraction de ses registres, et falsification de l'un d'eux que l'on s'est procuré par la voie de la saisie dans une auberge où il l'avait laissé. » — Par le même réquisitoire, le procureur général conclut à la mise en accusation de M., et de deux de ses complices prétendus, et à la mise en liberté de deux autres.

Le 23 du même mois, arrêt par lequel, « considérant qu'il résulte de la procédure, que, dès 1806,

et dans le cours de 1807, M. avait cessé de satisfaire à ses engagemens de commerce, et de faire ses payemens à jour nommé et en temps dû : un grand nombre des protêts paraît justifier ce point de fait ; que, d'un autre côté, vers cette époque, le commerce de M. étant devenu fort languissant, il se détermina à l'abandonner : plaidant en 1808, à la cour d'appel, il ne prenait plus que la qualité d'ancien négociant ; il paraît aussi justifié que, dès-lors, il n'avait plus de patente. Ainsi, tant par la cessation de ses payemens à jour et à temps que par sa retraite du commerce, M. peut être considéré comme ayant été à cette même époque en état de Faillite ; que ses créanciers eurent alors le droit de le faire déclarer failli, de provoquer l'apposition des scellés et d'exercer contre lui les poursuites autorisées par les lois du commerce ; qu'au lieu de cela, quelques-uns d'entre eux n'ont pris aucune précaution, et lui ont au contraire accordé des termes et délais ; que d'autres, à la vérité, l'ont poursuivi, et ont obtenu la contrainte par corps, mais qu'ils ne l'ont point mise à exécution, et se sont bornés à faire inscrire les jugemens sur ses immeubles ; enfin, que d'autres et ça été le plus grand nombre, ont successivement, et de gré à gré, converti leurs titres et effets de commerce en des actes publics constitutifs d'hypothèques, en vertu desquels ils ont de même pris des inscriptions. Il faut convenir que, par-là, la condition des parties et leur situation respective éprouvèrent un notable changement. D'un côté, M. ayant de fait cessé son commerce, devenait un débiteur ordinaire ; et de l'autre, ses créanciers, au moins pour la plupart, n'ayant plus contre lui que des titres civils, rentraient dans la classe de créanciers ordinaires ; enfin, les créanciers avertis et éveillés par la situation connue de leur débiteur, ont alors tout droit d'agir contre lui, de le surveiller, même de s'assurer de sa personne ; en un mot, c'est à eux à user des moyens que la loi met en leur pouvoir ; considérant aussi qu'il n'est rien moins que justifié qu'à cette époque M. était insolvable, la conduite de ses créanciers et la confiance qu'ils ont montrée, donnent lieu de présumer le contraire. En effet, il était alors *in bonis* : outre son mobilier, il avait des immeubles assez considérables. Sa fortune était entière. Ce n'est donc que depuis lors, qu'il serait tombé dans l'état d'insolvabilité qu'on lui reproche, et dont il est aisé de trouver la cause dans les procès qu'il a soutenus, dans les nouveaux emprunts qu'ils peuvent lui avoir nécessités, dans les pertes qu'il a faites, tant sur les clous expédiés au Hâvre, que sur l'ordre C., dans l'accumulation des intérêts par lui dus, etc. Mais quoi qu'il en soit, il est certain que le fait qu'il était probablement solvable lors de sa Faillite, éloigne absolument la possibilité de la considérer comme frauduleuse. Et il est d'ailleurs à remarquer ici que, comme il avait cessé son commerce et de fait n'était plus négociant, cette insolvabilité survenue depuis, ne peut pas le constituer dans une seconde Faillite qui serait susceptible de se rattacher à la première, et d'en aggraver le caractère ; enfin, que M. n'a jamais fui ni soustrait sa personne à ses créanciers, et qu'il s'est toujours tenu sous leurs yeux comme sous leurs mains ; il résulte de toutce que dessus, que la prévention de banqueroute frauduleuse mise à sa charge, n'est point assez justifiée et que la procédure ne présente pas de présomptions suffisantes pour le mettre en accusation ; et attendu que, d'après cela, il devient inutile d'examiner les faits de complicité imputés à ses co-prévenus , ces faits accessoires tombant nécessairement avec le fait principal ; la cour , sans s'arrêter au réquisitoire du procureur-général , déclare qu'il n'y a lieu à aucune mise en accusation contre lesdits Charles-Nicolas M., Jean-Baptiste-Marie...., Jean-Baptiste....., Jacques et Thomas...., pour raison des crimes à eux imputés ; annulle, en conséquence, tous mandats décernés contre eux, et ordonne que C. N. M., seul détenu , sera mis sur-le-champ en liberté, s'il n'est retenu pour autre cause ».

Le 28 du même mois, M. le procureur-général de la cour de Metz se présente au greffe, et y consigne une déclaration de recours en cassation *contre l'arrêt rendu le 23 au profit de C. N. M.*

» L'arrêt qui vous est dénoncé (ai-je dit à l'audience de la section criminelle, le 5 mars 1812), est-il régulier dans la forme ? Au fond, viole-t-il quelque loi ? Ce sont les deux points que nous avons à examiner.

» Sur la forme de l'arrêt, le procureur-général de la cour de Metz observe qu'il a été rendu à égalité de voix ; et il vous propose, à ce sujet, la question de savoir si, dans la chambre d'accusation le partage d'opinions se vide de plein droit , comme dans les cours d'assises pour le parti le plus doux.

» Cette question n'en était point une sous l'ordonnance de 1670. L'art. 12 du tit. 25 de cette loi voulait qu'en matière criminelle, non-seulement les jugemens définitifs, mais même les *jugemens d'instruction*, passassent à l'avis le plus doux, en cas de partage.

» Et de là, l'arrêt du conseil privé, du 20 juin 1729, qui casse un arrêt de la tournelle du parlement de Toulouse, du 10 février 1728, pour avoir déclaré qu'il y avait partagé dans une affaire où il s'agissait de savoir si l'on admettrait une plainte, et si l'on permettrait d'informer sur les faits qui y étaient articulés , ou si l'on renverrait les parties à fins civiles.

» De là l'arrêt du même conseil privé, du 29 septembre 1732, qui ordonne au greffier du parlement de Besançon de délivrer à des parties appelantes d'un décret d'assigné pour être ouï, arrêt conforme à l'opinion des quatre juges qui avaient été d'avis de les décharger de ce décret , tandis que les quatre autres juges avaient été d'avis de le confirmer.

De là, les arrêts du même conseil, des 25 avril 1769 et 27 mars 1775, qui, à l'occasion de partages survenus encore aux parlemens de Toulouse et de

Besançon , sur les appels des sentences par lesquelles les moyens de faux incidens étaient joints au principal , l'un des avis étant de confirmer les sentences, l'autre de déclarer les fait pertinens et d'ordonner qu'il en serait informé, déclarent que le premier avis, comme le plus doux, doit prévaloir (1).

» Et Pourquoi jugerait-on autrement aujourd'hui ? Vous avez vous-même déclaré, par un arrêt du 27 juin 1811, au rapport de M. Busschop, et sur nos conclusions : « Que les art. 347 et 583 du » Code d'instruction criminelle n'ont point introduit » un droit nouveau ; qu'ils n'ont fait que reproduire » le principe établi par les lois antérieures , d'après » lesquelles, tant en matière de petit que du grand » criminel , on doit , en cas de partage d'opinions , » suivre l'avis le plus favorable à l'accusé ou au » prévenu ». Ce principe doit donc être interprété aujourd'hui , comme il l'était dans l'ancienne jurisprudence, on doit donc aujourd'hui comme dans l'ancienne jurisprudence , l'appliquer aux arrêts d'instruction, ni plus ni moins qu'aux arrêts définitifs.

» Et dès-lors , nul doute que ; sans qu'il soit besoin de vérifier le fait du partage allégué sans preuve par le procureur général de la cour de Metz , vous ne deviez tenir pour régulier dans la forme , l'arrêt qui attaque ce magistrat.

» Mais cet arrêt ne viole-t-il pas , au fond , les lois relatives à la banqueroute frauduleuse ?

» Une chose très-remarquable dans cet arrêt, c'est qu'il reconnaît, sinon pour constant , du moins pour suffisamment présumés à l'effet de motiver une mise en accusation, les faits de banqueroute frauduleuse qui sont imputés à M.

» Comment donc, en les reconnaissant pour tels, la cour de Metz a-t-elle pu déclarer qu'il n'y a pas lieu de mettre M. en accusation ? Elle s'est fondée pour cela , sur deux motifs.

» Premièrement , a-t-elle dit , la Faillite de M., quoique déclarée seulement par le jugement du tribunal de commerce de Charleville, du 1er août 1810, remonte réellement à l'année 1807 ; et c'est en 1807, que M. a quitté le commerce. Or , c'est à des époques postérieures de deux ans , à l'ouverture de sa Faillite , et à sa retraite du commerce, que se rapportent les faits qu'on lui impute. Ces faits ne se rattachent donc pas à sa Faillite, ils ne peuvent donc pas , par un effet rétroactif, imprimer à sa Faillite, innocente dans son principe , le caractère d'une banqueroute frauduleuse.

» En second lieu, quoique failli dès l'année 1807, M. était encore solvable à cette époque. Ce n'est que depuis, ce n'est que par des événemens postérieurs à l'ouverture de sa Faillite, qu'il est devenu hors d'état de satisfaire tous ses créanciers. Que dans cet état, il ait fait, pour tromper ses créanciers , des actes répréhensibles , soit : mais du moins il n'était plus commerçant, lorsqu'il les a faits : il les

_____

(1) V. mon *Recueil de questions de droit,* au mot *Tribunal d'appel,* §. 5.

a faits comme simple particulier; et il est de principe que l'accusation de banqueroute frauduleuse ne peut pas atteindre les simples particuliers; il est de principe que cette accusation ne peut atteindre que les commerçans (1).

» Reprenons successivement chacun de ces motifs.

» D'abord, s'il est vrai que M. a fait Faillite dès l'année 1807; s'il est vrai, comme l'a jugé un arrrêt de la chambre civile de la cour de Metz, du 3o janvier dernier, que c'est au 13 août 1807 que doit-être fixée l'ouverture de la Faillite, il l'est nécessairement aussi, que dès le mois d'août 1807, M. a été assujetti à l'obligation que l'art. 2 du tit. 11 de L'ordonnance de 1673, alors en pleine vigueur, lui imposait de donner à ses créanciers un état certifié de lui, de tout ce qu'il possédait et de tout ce qu'il devait; il l'est nécessairement aussi, que, dès ce moment, M. n'a plus eu le droit d'administrer ses biens que pour le compte de ses créanciers; il l'est nécessairement aussi que le Code de commerce a trouvé M. en état de Faillite à l'instant où il a été mis en activité, c'est-à-dire le 1er janvier 1808, M. a été, dès-lors, aux termes de l'art. 442 de ce Code, *dessaisi*, *de plein droit*, *même de l'administration de ses biens.*

» Et si, sans donner à ses créanciers l'état de son actif et de son passif, dans l'intervalle du mois d'août 1807 au 1er janvier 1808; si, en continuant même depuis le 1er janvier 1808, d'administrer ses biens et d'en disposer comme s'il n'eût point été en Faillite, M. a profité de l'erreur ou de la confiance de ses créanciers, pour faire, à leur préjudice, des actes frauduleux, pour simuler des transports, pour recevoir des créances et faire des emprunts dont il ne renseigne point l'emploi, pour soustraire son mobilier, pour violer des dépôts, pour cacher et falsifier ses registres; comment ne pas voir dans tout cela une banqueroute frauduleuse? »

« Dire avec la cour de Metz, qu'une Faillite, innocente dans son principe, ne peut pas prendre le caractère de banqueroute par des faits postérieurs à son ouverture, c'est fermer les yeux au texte de la loi, c'est outrager la raison.

» L'art. 587 du Code de commerce déclare, que tout failli pourra être poursuivi comme banqueroutier simple, et être déclaré tel, 1° lorsqu'il n'aura pas fait au greffe la déclaration prescrite par l'art. 440; 2° lorsque, s'étant absenté, il ne se sera pas présenté aux agents et syndics de la Faillite, dans les délais fixés, et sans empêchement légitime.

» L'art. 594 permet également de poursuivre comme banqueroutier frauduleux, le failli qui, ayant obtenu un sauf-conduit, ne se sera pas présenté à justice.

» Voilà donc trois cas où la postériorité des faits caractéristiques de la banqueroute, à l'ouverture de la Faillite n'empêche pas que le failli ne soit poursuivi comme banqueroutier simple ou frauduleux.

» Mais ces cas ne sont pas les seuls.

» Supposons qu'un failli ait contracté, après l'ouverture de sa Faillite, et par des actes sous seing-privé frauduleusement antidatés, des engagemens simulés envers des créanciers fictifs; est-ce qu'il ne sera pas compris dans la disposition de l'art. 593, qui déclare banqueroutier frauduleux, tout failli qui a *supposé des dettes passives et collusoires?* Est-ce qu'il n'aurait pas été compris, sous l'ordonnance de 1673, dans la disposition de l'art. 10 du tit. 11 de cette loi, qui déclarait banqueroutier frauduleux, ceux qui auraient *supposé des créanciers?*

» Supposons qu'un failli qui a renseigné dans son bilan toutes ces créances, ait ensuite donné à ses débiteurs des quittances simulées, et portant une date antérieure à sa Faillite, est-ce qu'il ne sera pas compris dans la disposition de l'art. 593 du Code de commerce, qui déclare banqueroutier frauduleux tout failli qui *a fait des ventes, négociations ou donations simulées!* Est-ce qu'il n'aurait pas été compris, sous l'ordonnance de 1673, dans l'art. 10 du tit. 11 de cette loi, qui déclarait banqueroutier frauduleux, ceux qui auraient *diverti leurs effets.*

Supposons qu'un failli soit parvenu, après l'ouverture de sa Faillite, à mettre la main sur une somme d'argent qui lui avait été confiée antérieurement, à titre de dépôt, est-ce qu'il ne sera pas compris dans la disposition de l'art. 593 du Code de commerce, qui déclare banqueroutier frauduleux tout failli qui, *ayant été constitué dépositaire d'argent, d'effets de commerce, de deniers ou marchandises, les aura appliqués à son profit?*

» Supposons qu'un failli, après avoir remis ses livres à ses créanciers, les leur ait enlevés et les ait soustraits à leurs recherches, est-ce qu'il ne sera pas compris dans la disposition du même article qui déclare banqueroutier frauduleux tout failli qui *a caché ses livres?* Est-ce qu'il n'aurait pas été compris sous l'ordonnance de 1673, dans la disposition de l'art. 11 du tit. 11 de cette loi, qui voulait que les négocians, les marchands, les banquiers, qui, *lors de leur Faillite, ne représenteraient pas leurs registres et journaux, duement cotés et parafés, pussent être réputés banqueroutiers frauduleux?*

» N'en doutons point, Messieurs, dans tous ces cas, et dans beaucoup d'autres semblables que nous pourrions énumérer, le failli sera poursuivi et puni comme banqueroutier frauduleux, ni plus ni moins que s'il avait fait, avant sa Faillite, les actes de fraude qu'il n'a fait qu'après.

» Il y a même, pour le punir comme banqueroutier frauduleux, pour des actes de fraude qu'il n'a faits qu'après l'ouverture de sa Faillite, un motif de plus que pour le punir comme tel pour les actes antérieurs. Car tant qu'il n'est pas failli, c'est sur sa propre chose, c'est sur des objets dont il a la libre disposition, qu'il exerce sa fraude; au lieu que, dès qu'il est failli, il l'exerce sur des biens dont il est dessaisi, il l'exerce sur la chose de ses créanciers.

---

(1) *V.* l'article précédent.

» Qu'importe, du reste, que M. ait cessé de faire le commerce, à l'époque même où sa Faillite s'est ouverte ?

» Il a cela de commun avec tous les faillis, dont nous venons de parler. Tous ces faillis, dessaisis par leur Faillite même, de l'administration de leurs biens, ont cessé, par cela seul, d'être commerçans en activité; et ils n'en sont pas moins coupables de banqueroute frauduleuse, pour avoir, après l'ouverture de leur Faillite, soit caché leurs livres, soit supposé des créanciers, soit fabriqué des quittances collusoires, soit enlevé des sommes d'argent qui leur avaient été données en dépôt? Et pourquoi M. serait-il traité plus favorablement qu'ils ne le sont tous ?

» Comme eux, en cessant de faire le commerce, il demeurait obligé de conserver à ses créanciers tout son actif; comme eux, il demeurait comptable de tout son actif envers ses créanciers; comme eux, par conséquent, il s'exposait à être poursuivi et puni comme banqueroutier frauduleux, dès que, pour éluder ou neutraliser les droits de ses créanciers, il employait des manœuvres frauduleuses.

» Qu'importe encore que, dans l'intervalle du mois de juillet 1807 au mois de juillet 1810, ses créanciers l'aient laissé en possession de son actif, et qu'ils n'aient fait aucune démarche pour l'en dessaisir ?

» De deux choses l'une : ou ses créanciers savaient qu'il était failli dès le mois de juillet 1807, ou ils l'ignoraient.

» S'ils l'ignoraient (et cette ignorance est bien probable de la part de ceux qui n'avaient pas éprouvé, en août 1807, les refus de payemens dont la chambre civile de la cour royale de Metz, a cru pouvoir inférer que sa Faillite remonte à une époque aussi reculée); s'ils l'ignoraient, disons-nous, on ne peut pas dire que, par leur silence, ils aient renoncé à leurs droits.

» S'ils le savaient, on ne peut considérer leur silence que comme l'effet de la confiance que M. était parvenu à leur inspirer; que comme le résultat de l'espoir qu'il leur avait donné de se relever de sa Faillite, et de se mettre à portée de s'acquitter envers eux; et M. n'en serait, à leur égard, que plus coupable d'avoir abusé de leur confiance, d'avoir trompé leur espoir, en employant le temps pendant lequel ils l'ont laissé à la tête de ses affaires, à leur enlever, par des opérations frauduleuses, le gage de leurs créances.

» Qu'importe enfin, que, dans le même intervalle du mois d'août 1807 au mois de juillet 1810, plusieurs des créanciers de M. aient, par des traités faits avec lui, converti leurs titres commerciaux en titres naturels qu'ils ont fait inscrire sur ses immeubles ?

» D'une part, *la novation ne se présume point, il faut*, dit l'article 1274 du Code civil, *que la volonté de l'opérer résulte clairement de l'acte*. On ne peut donc pas dire que ceux des créanciers de M. qui postérieurement à l'ouverture de sa Faillite, ont pris de lui des reconnaissances notariées de ce qu'il leur devait par billets de commerce, aient innové leurs créances, et soient devenus, de créanciers qu'ils étaient de dettes commerciales, créanciers de dettes ordinaires.

» D'un autre côté, la cour de Metz ne dit pas dans son arrêt, que tous les créanciers de M. aient ainsi converti leur titres commerciaux en titres notariés; elle dit seulement que c'est le parti qu'a pris *le plus grand nombre*. Or, en cette matière, le fait du plus grand nombre ne peut pas lier la minorité. On sait d'ailleurs que, pour constituer un commerçant en état de banqueroute frauduleuse, il n'est pas nécessaire que tous les créanciers qu'il a fraudés le soient par suite d'opérations commerciales; et la cour n'a pas oublié que, le 5 novembre 1812, elle a maintenu, sur nos conclusions, un arrêt de la cour de Paris, qui avait mis le nommé Hervet, serrurier, en état d'accusation, pour avoir détourné ses marchandises au préjudice de ses créanciers, quoique, parmi ses créanciers, il ne s'en trouvât qu'un ou deux dont il fut débiteur pour cause de commerce.

» Quant au deuxième motif de l'arrêt attaqué, nous ne dirons pas qu'il est en contradiction avec le premier; car quelque difficile qu'il soit de croire que M. ne se soit pas trouvé insolvable du moment qu'il a fait Faillite, la chose n'est pourtant pas impossible; et il n'est pas sans exemple que des débiteurs aient été forcés de cesser leurs payemens, et par conséquent de faillir à des époques et dans des circonstances où ils possédaient réellement plus qu'ils ne devaient.

» Mais nous dirons que ce motif, en le supposant aussi exact en fait qu'il paraît invraisemblable, ne peut pas justifier l'arrêt de la cour de Metz; et c'est une vérité facile à établir.

» Quoique solvable à l'ouverture de sa Faillite, M. n'en a pas moins été déchu, par sa Faillite même, du droit de disposer de ses biens au préjudice de ses créanciers; il n'en a pas moins été dessaisi, à compter du 1er janvier 1808, du droit d'administrer ses biens; il n'en est pas moins devenu, à l'égard de ses créanciers, un simple dépositaire, un simple comptable.

» Qu'il ait cessé alors de faire le commerce, il n'a fait que ce qu'il a dû; car il ne lui était pas permis d'exposer aux chances du commerce, des biens dont il n'avait plus la disposition.

» Mais en cessant de faire le commerce, il n'a pas cessé d'être débiteur commercial; il n'a pas cessé par conséquent d'être assujetti à toutes les obligations qui lient un débiteur commercial envers ses créanciers; il n'a pas cessé par conséquent d'être, à l'égard de ses créanciers, le simple dépositaire, le simple comptable des valeurs qui se trouvaient dans ses mains; et par conséquent encore, il n'a pas pu, en détournant ses valeurs, en les détournant à leur préjudice et en fraude de leurs droits, ne pas encourir les peines qui sont infligées par la loi aux banqueroutiers frauduleux.

» Qu'un non-commerçant ne puisse pas être pour-suivi comme banqueroutier frauduleux, pour avoir détourné son actif au préjudice et en fraude de ses créanciers, à la bonne heure.

» Mais qu'un commerçant qui ne cesse de faire le commerce, que parce qu'il fait Faillite, puisse, sans s'exposer aux peines de la banqueroute frauduleuse, détourner son actif au préjudice et en fraude des dettes commerciales qu'il a contractées avant sa Faillite, c'est une absurdité.

» En dernière analyse, vous voyez, Messieurs, que toute cette affaire se réduit à un dilemne fort simple.

» Ou M. a fait Faillite dès le mois de juillet 1807, et avant les manœuvres frauduleuses dont il est pré-venu ; ou il n'a fait Faillite qu'à une époque pos-térieures à ces manœuvres.

» Au premier cas, ses manœuvres frauduleuses constituent un crime, parce qu'il les a commises sur des biens qui étaient tellement affectés, tellement dé-volus à ses créanciers, qu'il ne lui était plus permis même de les administrer.

» Au second cas, ses manœuvres frauduleuses ont préparé la Faillite, et ce n'est que pour en tirer le coupable fruit qu'il s'en promettait, qu'il a failli.

» Donc dans l'un et l'autre cas, il doit être pour-suivi comme banqueroutier frauduleux, parce que, dans l'un et l'autre cas, c'est dans le commerce qui formait sa profession habituelle, qu'il avait contracté les dettes qu'il a cherché à frauder ; parce que c'est au préjudice et en fraude de créanciers commerciaux, qu'il a pratiqué ses manœuvres.

» Sans doute ; comme l'a dit la cour de Metz, ses créanciers peuvent, dans l'un et l'autre cas, faire annuller les actes qu'il a faits au préjudice de leurs droits.

» Mais, 1° l'action privée que ses créanciers ont pour faire annuller ses actes, ne peut pas ôter au ministère public, au vengeur de l'ordre social, l'ac-tion qu'il a pour faire punir ses actes comme fraudu-leux.

» 2° Parmi les actes que M. est prévenu d'avoir faits en fraude de ses créanciers, il en est plusieurs qui échappent, par leur nature, à l'action en nullité des créanciers eux-mêmes. Les créanciers auront beau faire juger que M. n'a pas pu soustraire ses meubles, cacher et falsifier ses registres, dissiper les sommes d'argent qu'il avait reçues en dépôt, etc., ils n'en seront pas plus avancés : ses meubles n'en seront pas moins à couvert de toutes poursuites de leur part. Ils n'en seront pas moins frustrés des ren-seignemens que ses livres pourraient lui fournir ; les sommes d'argent qu'il s'est appropriées, n'en res-teront pas moins à sa disposition.

» Tout s'élève donc contre l'arrêt par lequel la cour de Metz a déclaré qu'il n'y a pas lieu à accu-sation contre M. ; tout se réunit donc pour vous dé-terminer à la cassation de cet arrêt.

» Ce n'est sans doute pas sérieusement que l'on vous présente, comme un obstacle à cette cassation, l'arrêt de la chambre civile de la cour de Metz, du 30 janvier dernier, qui, en déclarant la Faillite de M. ouverte dès le 13 août 1807, réforme un juge-ment par défaut du tribunal de commerce de Char-leville, du 5 mars 1811, et un jugement contradic-toire du même tribunal, du 26 du même mois, par lesquels cette Faillite était déclarée inexcusable, et met hors de cour sur ce point.

» Est-ce comme arrêt proprement dit, est-ce comme jugement ayant la force de la chose jugée, que l'on prétend nous opposer cet arrêt ?

» Nous dirons que les jugemens rendus en ma-tière civile, entre parties privées, quoique sur les conclusions du ministère public, n'ont point en ma-tière criminelle la force de la chose jugée contre le ministère public agissant pour la vindicte de la so-ciété ; et c'est une vérité que vous avez solennelle-ment proclamée, que vous avez même appliquée, en termes exprès, à un jugement qui avait déclaré excusable une Faillite que le ministère public avait ensuite poursuivie comme banqueroute simple, par un arrêt rendu, au rapport de M. Schwendt et sur nos conclusions, le 9 mars 1811, dans l'affaire de Lagorce (1).

» Ne prétend-on pas opposer l'arrêt de la cham-bre civile de la cour de Metz, que comme une au-torité grave ?

» Nous répondrons que, bien loin d'avoir à nos yeux le caractère d'une autorité quelconque, il ne peut qu'exciter notre censure.

» Et en effet, comment, pour décharger la Fail-lite de M. de l'inculpation de banqueroute frauduleuse, la chambre civile de la cour de Metz a-t-elle pu se fonder sur l'arrêt de la chambre d'accusation de la même cour, du 23 décembre 1812, tandis que cet arrêt était frappé d'un recours en cassation, sur lequel vous n'aviez pas encore prononcé ?

» Elle ne pouvait pas ignorer que ce recours en cassation tenait en suspens l'action criminelle que le ministère public avait dirigée contre M. ; à l'effet de le faire punir comme banqueroutier frauduleux.

» Elle ne pouvait pas ignorer que, tant que cette action subsistait, il était défendu aux tribunaux civils de statuer sur la question de savoir si M. était ou non coupable de banqueroute frauduleuse, et si, sous ce rapport, sa Faillite était ou non excusable.

» Elle ne pouvait pas ignorer qu'en statuant sur cette question, avant que l'action criminelle fût vidée, elle contrevenait directement à l'art. 3 du Code d'instruction criminelle ; et que, si son arrêt venait à être dénoncé à la section civile, il y serait infailliblement cassé, comme l'ont été, le 18 no-vembre 1812, au rapport de M. Zangiacomi, deux arrêts semblables de la cour de Paris, des 28 janvier et 3 février de la même année.

_____

(1). V. ci-devant art. 2.

» L'arrêt de la chambre civile de la cour de Metz ne peut, sous aucun point de vue, soustraire à la cassation l'arrêt de la chambre d'accusation de la même cour du 23 décembre 1812.

» Mais, en cassant ce dernier arrêt à l'égard de M., devez-vous, pouvez-vous le casser également à l'égard de ceux qui sont prévenus d'avoir aidé et favorisé M. dans sa banqueroute frauduleuse.

» Que vous ne deviez, que vous ne puissiez pas le casser à l'égard de ceux des co-prévenus de M., à la mise en liberté desquels le procureur général de la cour de Metz avait lui-même conclu, c'est ce qui nous paraît évident. Le procureur général de la cour de Metz ne peut pas être censé, en attaquant l'arrêt dont il s'agit, l'avoir attaqué dans celle de ses dispositions qui est conforme à son réquisitoire. Il l'aurait pu, sans doute, parce que, comme vous l'avez jugé plusieurs fois, le ministère public peut se pourvoir en cassation contre un arrêt qui n'a fait qu'adopter ses conclusions; mais il ne l'a pas fait en termes exprès, et c'en est assez pour que nous devions croire qu'il n'a pas voulu le faire.

» Il y a plus, nous devions croire également que le procureur général de la cour de Metz n'a pas voulu se pourvoir en cassation contre l'arrêt dont il s'agit, en tant qu'il met en liberté ceux des co-prévenus de M., dont il avait requis la mise en cassation; car il ne s'est pourvu en cassation contre cet arrêt, qu'en tant qu'il est rendu en faveur de M.; et ce qui lève là-dessus toute espèce de doute, c'est que M. est le seul à qui il a fait notifier son recours.

» Dans ces circonstances et par ces considérations, nous estimons qu'il y a lieu de casser et annuller les dispositions de l'arrêt de la cour de Metz, du 23 décembre 1812, qui déclare n'y avoir lieu à accusation contre M.; remettre, à cet égard, les parties au même état où elles étaient avant cet arrêt; renvoyer M., en état de mandat d'arrêt, devant une autre cour, pour y être statué, en ce qui le concerne, sur le réquisitoire tendant à la mise en accusation; ordonner qu'à notre diligence, l'arrêt à intervenir sera imprimé et transcrit sur les registres de la cour de Metz. »

Par arrêt du 5 mars 1813, au rapport de M. Audier-Massillon, « La cour reçoit l'intervention dudit Charles-Nicolas M., et statuant tant sur ladite intervention que sur le pourvoi du procureur général près la cour de Metz; attendu, sur le premier moyen, que l'arrêt de la cour de Metz porte seulement qu'il a été rendu par les chambres d'accusation et d'appel de police correctionnelle réunies, sans énoncer qu'il y ait eu égalité de voix et partage d'opinions; attendu d'ailleurs qu'il a toujours été de principe dans la législation française, qu'en cas de partage d'opinions dans les jugemens en matière criminelle, on doit suivre celle qui est plus favorable à l'accusé; que l'ordonnance de 1670, tit. 25, art. 12, en confirmant cette règle établie par les lois anciennes, l'avait expressément appliquée aux jugemens d'instruction, et que les lois nouvelles, en l'adoptant pour les tribu-

naux qu'elles ont établis, ne l'ont pas limitée aux jugemens définitifs; d'où il suit que la cour de Metz, en suivant cette règle dans un arrêt qui statue sur une mise en accusation n'aurait fait ni fausse application, ni violation d'aucune loi, rejette le premier moyen proposé par le procureur général; et statuant sur les moyens au fond, vu l'art. 229 du Code d'instruction criminelle, et l'art. 593 du Code de commerce.....;

attendu que l'art. 229 ci-dessus rapporté n'autorise les cours jugeant comme chambres d'accusation, à ordonner la mise en liberté des prévenus, que dans le cas où elles n'aperçoivent aucune trace d'un délit prévu par la loi, ou qu'elles ne trouveraient pas des indices suffisants de culpabilité; attendu que les faits imputés à M.: défaut de justification de l'emploi des recettes et d'emprunts considérables, soustraction de la totalité de son mobilier, ventes simulées, dettes simulées, transports frauduleux, violation de dépôt, soustraction de ses registres et falsification de l'un d'eux, réunissaient presque tous les cas spécifiés dans l'art. 593 du Code de commerce, dont un seul suffisait, d'après cette loi, pour caractériser une banqueroute frauduleuse, et que dès-lors on ne pouvait pas, sans violer cette loi, déclarer que ces faits ne présentaient pas un délit prévu par la loi; que la cour n'aurait pu renvoyer le prévenu qu'en déclarant qu'il n'existait aucune trace de ces faits ou qu'il n'y avait pas à la charge du prévenu des indices suffisans pour l'en faire présumer coupable; que néanmoins la cour de Metz, sans contredire l'existence de ces faits à la charge du prévenu, et en reconnaissant qu'ils étaient graves et qu'ils semblaient respirer la fraude et la mauvaise foi, a cru pouvoir écarter l'accusation par cela seul que ces faits étaient postérieurs à la Faillite; que le susdit art. 593 en déterminant les faits qui caractérisent la banqueroute frauduleuse n'a pas excepté les cas où ces faits seraient postérieurs à l'ouverture de la Faillite; qu'au contraire, il en est plusieurs qui ne peuvent arriver qu'après cette époque, et ne peuvent appartenir qu'à un individu déjà constitué en état de Faillite; que les droits des créanciers et les obligations du failli à leur égard subsistent après l'ouverture de la Faillite, tant qu'ils n'ont pas été éteints par un jugement ou un abandon volontaire; que les faits de fraude commis par le failli ne sont ni moins répréhensibles ni moins préjudiciables aux créanciers que ceux qui auraient précédé la Faillite, et auraient eu pour objet de la préparer; qu'ils acquièrent même un caractère de plus de gravité, puisqu'ils s'exercent sur des biens dont le failli était dessaisi et dont la loi ne lui avait même pas conservé l'administration; d'où il suit que ladite cour, en établissant une exception contraire à la disposition de la loi, et en jugeant que les faits de fraude commis par un failli ne peuvent le constituer banqueroutier frauduleux qu'autant qu'ils sont antérieurs à l'ouverture de la Faillite, a violé le susdit art. 593; et que, par suite, elle a violé l'art. 229 du Code d'instruction criminelle; et attendu que le pourvoi du procureur général n'a été dirigé que contre l'arrêt rendu en faveur de M.;

la cour casse et annulle ledit arrêt de la cour de Metz, en ce qu'il déclare n'y avoir lieu à accusation contre ledit M. en tout ce qui le concerne, ledit arrêt subsistant à l'égard des autres co-accusés... ».

ART. VI. *Peut-on, d'après les art. 69 et 70 du Code de commerce, poursuivre et punir comme banqueroutier frauduleux, le commerçant qui se trouvant, à l'époque de la publication de ce code, séparé de biens d'avec son épouse par un jugement antérieur au Code civil et au Code de procédure, n'a pas, dans l'année suivante, remis au greffe du tribunal civil, à celui du tribunal de commerce, à la chambre des avoués et à celle des notaires, de son domicile, un extrait de son contrat de mariage et du jugement de séparation?*

Les 6 et 8 juin 1784, contrat de mariage, devant notaire à Paris, entre le sieur de M., militaire, et la demoiselle D. D....., avec stipulation de communauté. — Le 29 septembre 1792, jugement arbitral rendu à Paris, par un tribunal de famille, conformément à la loi du 24 août 1790, qui déclare la dame de M. séparée de son mari; et condamne le sieur de M. à lui restituer une somme de 81,121 liv., qu'il a reçue à compte de sa dot. — Ce jugement est homologué; et, en conséquence, par procès-verbal du 6 avril 1793, la dame de M. fait saisir et vendre judiciairement tous les meubles de son mari. — En 1806, le sieur de M. est nommé receveur général du département de.... — Le 24 juillet 1810, il suspend ses payements; et le même jour, un jugement du tribunal de commerce le déclare en état de faillite. — Ce jugement est suivi d'une plainte en banqueroute frauduleuse, tant contre lui que contre son fils. — L'instruction achevée, il en résulte qu'il n'y a aucun fait de fraude à imputer au sieur de M. fils; et que tout ce qu'on peut reprocher au père est de n'avoir pas, depuis qu'il a embrassé la profession de *banquier commerçant*, déposé au greffe du tribunal de commerce l'extrait de son contrat de mariage et du jugement qui l'a séparé de biens d'avec son épouse. — En conséquence, jugement qui ordonne la mise en liberté du sieur de M. fils; et attendu que les articles du Code de commerce invoqués par le procureur du gouvernement ne sont pas applicables au sieur de M. père, que d'ailleurs la peine attachée à l'omission des formalités prescrites par ces articles, ne peut être que comminatoire, rapporte le mandat d'arrêt précédemment décerné contre le sieur de M. père. — Opposition à ce jugement de la part du procureur du gouvernement, et le 21 mars 1813, arrêt de la cour de Bourges, ainsi conçu : La cour a remarqué que l'affaire dont il s'agit, présentait à décider, 1° une question de fait, celle de savoir s'il y a eu remise et affiche du contrat de mariage des sieur et dame de M., ainsi que du jugement de séparation de biens; 2° une question de droit, celle de savoir si le défaut de remise et d'affiche dudit contrat et dudit jugement constitue dans un crime ou délit. — En ce

qui touche la question de fait, considérant qu'il résulte du certificat délivré par le tribunal de commerce de....., que ledit sieur de M., père, n'a pas justifié au tribunal, ni déposé en son greffe, pour être affiché dans l'auditoire, le jugement de séparation de biens d'entre lui et la dame son épouse.; que d'ailleurs, dans le mémoire présenté au nom du prévenu, il est justifié que ce dernier a été marié en communauté de biens, qu'une séparation de biens suivie de liquidation et d'exécution a été prononcée entre les deux époux; que le prévenu était banquier commerçant à....., antérieurement à la mise en activité du Code de commerce; qu'il a été avoué que le prévenu n'a pas fait au greffe du tribunal de commerce la remise de son contrat de mariage; et qu'ainsi, il est évident que cette question de fait doit être décidée par la négative. — En ce qui touche la question de droit, considérant que, pour résoudre cette question d'une manière solide, il faut bien se pénétrer de l'esprit et de la lettre des articles portés dans le titre 4 du Code de commerce, intitulé : *Des séparations de biens;* qu'alors on verra que toutes les précautions possibles ont été prises pour prévenir l'abus et la fraude trop souvent employés en préjudice des créanciers à l'aide de séparations de biens; qu'en effet, l'art. 65 veut que toute demande en séparation de biens soit poursuivie et jugée conformément au Code civil et au Code de procédure, c'est-à-dire, que toutes les formalités exigées pour la publicité des séparations, et notamment la remise et l'affiche prescrites par l'art. 872 du Code de procédure, soient observées; que l'art. 67 ordonne, en outre, la publication du contrat de mariage entre époux dont l'un serait commerçant, quelques dispositions qu'il contienne; que le même article et l'art. 69 étendent les dispositions ci-dessus aux époux séparés de biens en quelque manière que ce soit, dont l'un aurait embrassé l'état de commerçant, soit avant, soit depuis la publication du Code de commerce; que, s'il en était autrement, le but du législateur aurait été manqué en partie, en ce qu'il aurait prévenu la fraude pour les contrats de mariage et les séparations futures, tandis qu'il l'aurait, en quelque sorte, autorisé pour les mariages et les séparations antérieures, en n'en ordonnant pas la publication, ce qu'on ne peut pas présumer; qu'en un mot, ces expressions génériques, *tout époux séparé de biens,* qu'on remarque dans les art. 69 et 70 du Code de commerce, annoncent évidemment que toutes les séparations de biens, soit contractuelles, soit judiciaires, sont indistinctement assujéties aux mêmes formalités; considérant enfin qu'à défaut, par ledit de M., d'avoir fait, au tribunal de commerce de...., la remise de son contrat de mariage et du jugement qui prononce la séparation de biens d'entre lui et son épouse, a encouru la peine prononcée par lesdits articles 69 et 70 du Code de commerce. — La cour ordonné la mise en accusation du prévenu, et le renvoie devant la cour d'assises du département de......, pour y être jugé suivant la loi....; ordonne en conséquence qu'il sera pris au corps....».

Cet arrêt est signifié, le 6 juillet suivant, avec un acte d'accusation dressé en conséquence, au sieur de M. en son domicile. — Le 28 du même mois, le sieur de M. n'obtempérant pas à l'ordonnance de prise de corps décernée contre lui par cet arrêt, le président rend l'ordonnance prescrite par l'art. 465 du code d'instruction criminelle pour la poursuite par contumace. — Le 8 avril suivant, cette ordonnance est signifiée au domicile du sieur de M. et publiée. — Le 13 du même mois, un avoué de la cour de Bourges, porteur d'une procuration spéciale et notariée du sieur de M. fait, en son nom, au greffe de cette cour, une déclaration de recours en cassation contre l'arrêt du 21 mai.

« Le recours en cassation qui est, en ce moment, soumis à votre examen (ai-je dit à l'audience de la section criminelle, le 9 septembre 1813), vous présente trois questions : ce recours est-il recevable ? a-t-il été formé régulièrement ? est-il fondé ?

» La première question se réduit, en d'autres termes, à celle de savoir si le recours en cassation du sieur de M. n'a pas été formé trop tard, s'il n'a pas été formé trop tôt, et s'il a pu être formé postérieurement à l'ordonnance du président de la cour d'assises du 8 août dernier.

» Il serait formé trop tard, s'il ne portait pas sur l'un des moyens de nullité qui sont déterminés par l'art. 299 du code d'instruction criminelle. Car, dans cette hypothèse, il aurait dû être formé dans les trois jours de la signification de l'arrêt qui en est l'objet, au domicile du sieur de M. Or, cet arrêt a été signifié au domicile du sieur de M., dès le 6 juillet dernier, et ce n'est que le 13 août que le sieur de M. a déclaré se pourvoir en cassation.

» Mais si l'un des moyens déterminés par l'art. 299 du code d'instruction criminelle vient à l'appui du recours du sieur de M., nul doute que le recours du sieur de M. n'a pas été formé trop tard, puisque le sieur de M. avait, pour le former, cinq jours à compter de son premier interrogatoire devant le président de la cour d'assises, suivi de l'avertissement prescrit par l'art. 296 ; et que le sieur de M. n'ayant pas encore été interrogé par le président de la cour d'assises, ce délai ne court pas encore contre lui.

» Ceci amène naturellement la seconde branche de notre question : le recours en cassation du sieur de M. n'a-t-il pas été formé trop tôt ?

» L'art. 296, nous venons de le dire, accorde à l'accusé, pour se pourvoir en cassation, un délai de cinq jours à compter de celui où le président de la cour d'assises, après l'avoir interrogé, a averti de la faculté que la loi lui accorde d'attaquer, par cette voie, l'arrêt qui l'a mis en accusation.

» Mais l'accusé ne peut-il pas anticiper ce délai ? Ne peut-il pas se pourvoir, même avant d'avoir comparu devant le président de la cour d'assises ?

» Pourquoi ne le pourrait-il pas ? L'art. 298 porte que le procureur général ne peut, comme l'accusé, se pourvoir en cassation que dans le délai de cinq jours fixé par l'art. 296. Or, on ne doute pas , on ne peut pas douter, que le procureur général ne soit recevable à se pourvoir en cassation avant l'interrogatoire de l'accusé ; et quelle raison y aurait-il de refuser à l'accusé une faculté d'anticiper le délai, que l'on ne conteste pas, que l'on ne peut pas contester au procureur-général ? Les cinq jours qui suivent l'interrogatoire de l'accusé forment sans doute, pour l'accusé, un terme fatal, puisque la loi attache à leur expiration la déchéance de la faculté de se pourvoir en cassation ; mais la loi ne dit pas que l'accusé ne sera pas admis à se pourvoir avant que ces cinq jours commencent à courir ; et nous ne pouvons pas suppléer dans la loi une fin de non recevoir qu'elle n'a pas établie.

» En matière civile, la loi accorde à la partie condamnée un délai de trois mois à compter du jour de la signification qui lui est faite à personne ou au domicile, de l'arrêt ou du jugement en dernier ressort dont elle croit avoir à se plaindre. Cela empêche-t-il la partie condamnée de se pourvoir avant que l'arrêt ou le jugement lui ait été signifié ? Il est notoire que non.

» Or, le délai de cinq jours à compter de son premier interrogatoire est, pour l'accusé en matière criminelle, ce qu'est, pour la partie condamnée en matière civile, le délai de trois mois à compter de la signification de l'arrêt ou du jugement en dernier ressort rendu contre elle.

» Il en doit donc être de l'anticipation de l'un comme de l'anticipation de l'autre.

» Mais le sieur de M. a-t-il été recevable à se pourvoir en cassation après l'ordonnance du président de la cour d'assises, qui lui a enjoint, conformément à l'art. 465, de se représenter *dans un nouveau délai de dix jours;* sinon qu'il serait déclaré rebelle à la loi ; qu'il serait suspendu de l'exercice des droits de citoyen ; que ses biens seraient séquestrés pendant l'instruction de la contumace ; *que toute action en justice lui serait interdite pendant le même temps;* qu'il serait procédé contre lui, et que toute personne était tenue d'indiquer le lieu où il se trouvait? C'est la troisième branche de notre première question.

» Et elle ne serait pas sans difficulté, si le sieur de M. avait laissé écouler, sans se pourvoir en cassation, le nouveau délai de dix jours que lui accordait cette ordonnance. Alors, en effet, on pourrait dire que *toute action en justice* devant lui être interdite, tant que durerait la contumace, il ne serait pas recevable à se pourvoir en cassation.

» Mais sans examiner si, dans ce cas, les termes de l'art. 465, *toute action en justice lui sera interdite,* seraient assez précis, assez formels, pour lui interdire le recours en cassation, c'est-à-dire, une voie de droit extraordinaire, qui n'est pas, à proprement parler, une *action en justice,* contre l'arrêt qui l'a mis en accusation ; sans examiner si, dans ce cas, le recours en cassation qu'il exerce aujourd'hui, ne serait pas encore admissible, par cette grande raison que l'art. 473 n'interdit ce recours au contumax, que relativement à l'arrêt qui l'a condamné; nous dirons que le sieur de M. s'est pourvu en cassation avant l'expiration du délai dont il s'agit; puisque, d'une part, ce délai ne pouvait courir, aux termes des art. 466 et 467, qu'à compter de la publication de l'ordonnance à son de trompe ou de caisse, et de l'affiche qui en serait faite à la porte du domicile du sieur de M., à celle du maire, et à celle de l'auditoire de la cour d'assises; et que, de l'autre, ces formalités n'ayant été remplies que le 8 août, n'ont précédé que de quatre jours la déclaration faite le 13 du même mois, par le fondé de pouvoir du sieur de M., au greffe de la cour de Bourges.

» Ainsi, point de fin de non-recevoir à opposer au recours en cassation du sieur de M.

» Mais ici se présente notre seconde question : ce recours a-t-il été formé régulièrement ?

» La raison de douter est que le sieur de M. y a simplement énoncé qu'il se pourvoyait en cassation, *tant pour cause d'incompétence, et de fausse application de la loi, que de nullité*; et qu'en faisant, comme on le doit, abstraction de la *cause d'incompétence*, pour laquelle, si elle eût été fondée, le recours en cassation du sieur de M. eût été formé trop tard, on ne trouve pas dans ces énonciations la désignation précise et textuelle de l'une des causes de nullité, qui sont précisées par l'art. 299.

» Mais d'abord, quelle différence y a-t-il entre demander la cassation d'un arrêt de mise en accusation, sur le fondement que cet arrêt fait une *fausse application de la loi*, et la demander sur le fondement que le fait sur lequel est basé cet arrêt, *n'est pas qualifié crime par la loi*? il y en a une dans les mots : il n'y en a pas l'ombre dans la chose. Ces deux manières de motiver une demande en cassation, quoiqu'exprimées différemment, reviennent absolument au même.

» Ensuite, l'art. 299 dit bien que *la déclaration de l'accusé et celle du procureur-général doivent énoncer l'objet de la demande en nullité*; mais il ne dit pas qu'à défaut d'énonciation de cet objet, elle sera nulle; et vous savez que la clause irritante ne peut jamais se suppléer dans le Code d'instruction criminelle, à moins qu'il ne s'agisse de dispositions relatives aux formes essentiellement constitutives de la substance des actes.

» Il est vrai que le même article ajoute : *Cette demande ne peut être formée que contre l'arrêt de renvoi à la cour d'assises, et dans les trois cas suivans*: 1.° *si le fait n'est pas qualifié crime par la loi*; 2.° *si le ministère public n'a pas été entendu*; 3.° *si l'arrêt n'a pas été rendu par le nombre de juges fixé par la loi.*

» Mais de ce que ces trois cas sont les seuls où

puisse être demandée la nullité d'un arrêt de mise en accusation, il ne s'ensuit pas que l'un de ces trois cas doive, à peine de déchéance, être énoncé dans la demande en nullité, ou, ce qui est la même chose, dans la déclaration du recours en cassation; il en résulte seulement que, si la cour, lorsqu'elle examinera l'arrêt de mise en accusation, trouve qu'il ne rentre dans aucun de ces trois cas, elle devra le maintenir.

» Enfin, et c'est notre troisième question, le recours en cassation du sieur de M. est-il aussi bien fondé qu'il est recevable et régulier ?

» L'affirmative serait incontestable, si l'arrêt attaqué n'avait considéré le sieur de M. comme banquier, et par suite comme *négociant*, qu'à raison de sa qualité de receveur-général du département de....

» Qu'importe que les receveurs-généraux soient autorisés, qu'ils soient même obligés, par les instructions qui leur ont été données par le ministre du trésor public, à souscrire et endosser des lettres de change et des billets de commerce, pour la transmission des deniers de leurs recettes et pour toutes les opérations qui s'y rapportent ?

» Comme l'observe le ministre du trésor public dans un rapport fait le 4 août dernier, « Ces » opérations qui facilitent l'accomplissement des de- » voirs d'un comptable, toutes décrites dans les jour- » naux du comptable, ne lui constituent pas une » maison de banque particulière, ni un commerce » indépendant de sa qualité principale.. *Sont com-* » *merçans*, porte l'art. 1er. du Code de commerce, » *ceux qui exercent des actes de commerce, et* » *en font leur profession habituelle*. Les fonctions » des comptables consistent dans la recette, le paye- » ment, le mouvement des deniers publics, la tenue » de leurs écritures, la reddition de leurs comptes. » Voilà leur profession principale et habituelle. Les » procédés qu'ils empruntent du commerce, pour le » mouvement des deniers publics, ne les consti- » tuent pas plus en état de commerçans qu'ils ne » peuvent l'être par les formules qu'ils empruntent » aussi du commerce pour la tenue de leurs écritures. » Aussi les comptables ne sont-ils pas assujettis au » droit de patente qui se paie par les commerçans. » Aussi remarque-t-on que les comptables ne sont » pas *en général* et pour tous leurs actes, justicia- » bles des tribunaux de commerce, puisqu'il a fallu » une disposition expresse consignée dans l'art. 634, » pour autoriser les tribunaux de commerce à con- » naître de leurs billets seulement. »

» Mais la cour de Bourges expose, dans son arrêt, qu'*indépendamment de ses fonctions de receveur-général*, le sieur de M. tenait une *maison de banque*; et ce qui ne permet pas de douter que, par ces mots, *une maison de banque*, elle n'entende des opérations étrangères au mouvement des deniers publics, c'est qu'elle parle ensuite de traites que le sieur de M. *avait tirées pour sa banque particulière*.

» Que cette assertion soit vraie ou fausse, ce n'est pas à la cour de cassation à en juger. La cour de cassation n'est pas juge des faits ; et dès-là, nous devons ici raisonner à l'égard du sieur de M., comme nous le ferions à l'égard d'un commerçant dont la qualité ne serait pas révoquée en doute.

» Or, un commerçant qui, se trouvant à l'époque de la publication du Code de commerce, séparé de biens d'avec son épouse par un jugement antérieur, non-seulement à cette époque, non-seulement à la publication du Code de procédure civile, mais encore à la publication du Code civil, n'aurait pas, dans l'année de la publication du Code de commerce, remis au greffe du tribunal de commerce, à celui du tribunal civil, à la chambre des avoués et à la chambre des notaires, de son domicile, un extrait de son contrat de mariage et un jugement qui l'a séparé de biens d'avec son épouse, ce commerçant pourrait-il, en cas de faillite, être poursuivi et puni comme banqueroutier frauduleux ?

» Pour résoudre cette question, fixons-nous bien sur toutes les dispositions du titre *des séparations de biens* du Code de commerce.

» L'art. 65 qui est le premier de ce titre, porte que *toute demande en séparations de biens sera poursuivie, instruite, et jugée conformément à ce qui est prescrit au Code civil, liv. 3, titre 5, chap. 2, sect. 3, et au Code de procédure civile, 2e. partie, liv. 1, tit. 8* ; ce qui, en d'autres termes, signifie, entr'autres choses, que tout jugement de séparation de biens sera lu à l'audience du tribunal de commerce du lieu, et, pendant un an, il en sera affiché un extrait dans l'auditoire du même tribunal ; *quand même le mari ne serait pas négociant*, dans l'auditoire du tribunal civil, dans la chambre des avoués et dans la chambre des notaires.

Il n'est sans doute pas besoin de remarquer que cette disposition ne concerne nullement les demandes en séparation de biens qui ont été poursuivies, instruites et jugées avant le Code de commerce, avant le Code de procédure civile, avant le Code civil ; il est clair que cette disposition n'est relative qu'aux demandes en séparation de biens, qui seront instruites, poursuivies et jugées à l'avenir.

» Supposons cependant, contre toute évidence, qu'on puisse étendre cette disposition aux jugemens de séparation antérieurs à la publication des trois Codes : quelle sera la peine de son inobservation ? Point d'autre que celle qui est déterminée par l'art. 873 du Code de procédure civile : c'est que les créanciers du mari seraient aujourd'hui recevables à *former tierce opposition* contre le jugement de séparation. Le mari ne pourrait donc pas, pour cela, être poursuivi et puni comme banqueroutier frauduleux.

» L'art. 66 veut que *tout jugement qui prononcera une séparation de corps ou un divorce entre mari et femme, dont l'un serait commerçant, soit soumis aux formalités prescrites par l'art. 872 du Code de procédure civile* ; c'est-à-dire, à la lecture et à l'affiche dont nous venons de parler, relativement aux jugemens de séparation de biens.

» Cet article est évidemment étranger à notre espèce ; il ne s'agit ici, ni d'une séparation de corps, ni d'un divorce ; il s'agit uniquement de séparation de biens.

» Mais d'ailleurs, l'époux commerçant qui ne s'est pas conformé à cet article, encourt-il, pour cela, en cas de faillite, la peine de la banqueroute frauduleuse ? Non. Il est, à cet égard, traité comme l'époux commerçant qui n'a pas fait lire et afficher son jugement de séparation de biens : à *défaut de quoi*, porte l'art. 66, *les créanciers seront toujours admis à s'y opposer, pour ce qui touche leurs intérêts, et à contredire toute liquidation qui en aurait été la suite*.

» L'art. 67 ajoute : *Tout contrat de mariage entre époux dont l'un sera commerçant, sera transmis par extrait, dans le mois de sa date, aux greffes et chambres désignées par l'art. 872 du Code de procédure civile, pour être exposé au tableau conformément au même article*. Cet extrait annoncera si les époux sont mariés en communauté, *s'ils sont séparés de biens, ou s'ils ont contracté sous le régime dotal*.

Cette disposition est tout aussi étrangère à notre espèce que celle de l'article précédent. Mais ce qu'il n'est pas indifférent de remarquer, c'est que l'inobservation des formalités prescrites par cette disposition, n'emporte aucune peine contre les époux, et que le notaire qui a reçu le contrat de mariage en est seul responsable.

L'art. 68 est là-dessus très-positif : *Le notaire qui aura reçu le contrat de mariage*, y est-il dit, *sera tenu de faire la remise ordonnée par l'article précédent sous peine de 100 fr. d'amende*, et même de *destitution et de responsabilité envers les créanciers, s'il est prouvé que l'omission soit la suite d'une collusion*.

» L'art. 69 est plus important : *Tout époux séparé de biens, ou marié sous le régime dotal, qui embrasserait la profession de commerçant, postérieurement à son mariage, sera tenu de faire pareille remise dans le mois du jour où il aura ouvert son commerce, à peine, en cas de faillite, d'être puni comme banqueroutier frauduleux*.

» Que signifient ces mots, *tout époux séparé de biens* ? La loi les applique-t-elle à l'époux *séparé de biens par jugement*, comme à l'époux *séparé de biens par contrat de mariage* ?

» Si elle les appliquait à l'un comme à l'autre, elle devrait, pour être conséquente, obliger l'époux séparé de biens à remettre l'extrait de son contrat de mariage seulement, s'il était séparé de biens par le contrat de mariage même ; et l'extrait de son contrat de mariage avec le jugement de séparation, s'il était séparé de biens judiciairement.

» Mais, c'est précisément ce qu'elle ne fait pas : elle n'oblige l'époux séparé *de biens*, dont elle parle, qu'à remettre l'extrait de son contrat de mariage. Et pourquoi lui impose-t-elle cette obligation ? Ce ne peut-être qu'à l'effet d'avertir le public que, par son contrat de mariage, il est séparé de biens d'avec son épouse ; ce ne peut être qu'à l'effet d'informer le public que les biens de son épouse ne doivent être considérés pour rien dans les contrats que l'on fera avec lui : car, s'il était séparé de biens par un jugement, en vain remettrait-il son contrat de mariage : non-seulement, par-là, il n'avertirait pas le public du changement qui s'est fait dans son état, depuis qu'il est marié ; mais il tromperait le public sur ce point qui est toujours d'une si haute importance : il serait censé dire au public qu'il est *marié en communauté*, et il forcerait le public de croire qu'il est encore dans le même état.

» Aussi l'auteur de *l'Esprit du Code de Commerce* dit-il sur ces mots, *séparé de biens* : « l'art. 69 ne parle que de la séparation contrac-
» tuelle : c'était la seule à la publication de laquelle
» on dût pourvoir dans le cas où l'un des époux
» viendrait à prendre le commerce après le ma-
» riage. En effet, la séparation judiciaire obtenue
» avant cette époque, a dû être publiée dans le
» temps, en vertu d'autres dispositions qui ont été
» rapportées ailleurs, c'est-à-dire, en vertu de
» l'art. 1445 du Code civil et de l'art. 872 du Code de
» commerce.

» Vous sentez, Messieurs, combien cette raison est péremptoire : *la séparation judiciaire a dû être publiée dans le temps*. Si la séparation judiciaire a été publiée dans le temps où elle a été prononcée, il est bien inutile de la publier de nouveau, lorsque l'un des époux embrasse la profession de commerçant. Le public est déjà averti par la publication qui en a été faite dans le temps, que l'époux du nouveau commerçant est séparé de biens par l'autorité judiciaire ; et à quel propos lui réitérerait-on cet avertissement ?

» Il est impossible, dira-t-on, que le jugement de séparation n'ait pas été publié dans le temps.

» Oui, mais alors de deux choses l'une : ou le jugement de séparation a été rendu sous les Codes civil et de procédure civile, ou il l'a été avant la mise en activité de ces Codes.

» Au premier cas, l'époux qui a embrassé la profession de commerçant après la publication du Code de commerce, sera-t-il obligé, sous peine d'être déclaré banqueroutier frauduleux, en cas de faillite, de remettre le jugement de séparation dans les trois mois ? Non, et il y en a deux raisons également tranchantes : la première, c'est que la loi ne l'y oblige pas sous cette peine, et que les peines ne peuvent être établies que par la loi ; la seconde, c'est que, si le jugement de séparation n'a pas été publié dans la quinzaine du jour où il est devenu irrévocable, il est comme non-avenu : d'un côté, parce que, d'après l'art. 872 du Code de commerce, la femme ne peut pas commencer des poursuites pour l'exécution du jugement, tant que le jugement

n'a pas été publié ; de l'autre, parce qu'aux termes de l'art. 144 du Code civil, la *séparation de biens, quoique prononcée en justice, est nulle, si elle n'est exécutée..... ; au moins par des poursuites commencées dans la quinzaine qui a suivi le jugement.*

» Au second cas, de deux choses l'une encore : ou le jugement de séparation a été rendu dans un pays où, tel que la coutume d'Orléans, la publication en était prescrite par loi ; ou il l'a été dans un pays où aucune loi ne prescrivait cette formalité.

» Dans la première hypothèse, le jugement de séparation est nul, faute de publication ; et il ne peut exister aucun motif pour faire un crime à l'époux qui embrasse la profession de commerçant, de ne pas le remettre en ce moment, soit au greffe du tribunal civil, soit au greffe du tribunal de commerce, soit aux chambres des avoués et des notaires.

» Dans la seconde hypothèse, le jugement subsiste, nonobstant le défaut de publication dans le temps où il a été rendu ; et pourquoi ? parce que, ni le Code civil, ni le Code de procédure civile, ni le Code de commerce ne rétroagissent sur le passé ; parce que ces Codes n'ont réglé que les formes des séparations judiciaires, qui seraient prononcées à l'avenir ; parce que les séparations judiciaires, légalement prononcées avant ces Codes, ont conservé, sous ces Codes, tout l'effet qu'elles avaient auparavant.

» Mais de ce que, dans cette seconde hypothèse, le jugement subsiste nonobstant la non-publication, s'ensuit-il que l'époux qui embrasse la profession de commerçant après la publication du Code de commerce, soit tenu de le faire publier sous peine d'être puni comme banqueroutier frauduleux ? Non assurément. La loi ne l'a pas dit ; et, encore une fois, point de peine sans loi pénale.

» Que la loi ait pu, qu'elle ait même dû prévoir ce cas, soit ; mais elle ne l'a pas fait ; et ce qu'elle n'a pas fait, il n'appartient pas aux magistrats de le faire pour elle.

» Eh ! comment pourrait-on, dans le silence de la loi, punir une pareille omission d'une peine aussi grave, tandis qu'elle n'autoriserait même pas les créanciers du mari à se prévaloir, contre la femme, séparée de biens, de la disposition de l'art. 873 du Code de procédure civile et de l'art. 65 du Code de commerce, qui veut qu'à défaut de publication du jugement de séparation, le jugement puisse être frappé par eux d'une tierce-opposition ? Car, nous l'avons déjà dit, ces articles ne disposent que pour l'avenir ; ils n'ont aucun effet rétroactif.

» Du reste, il ne faut pas croire que le défaut de publication des jugemens de séparation rendus avant les trois Codes, entraîne de graves inconvéniens, même dans le cas où l'un des époux embrasse aujourd'hui la profession de commerçant. Les coutumes, et notamment celle de Paris, dans laquelle a été rendu le jugement dont il est ici question, avaient suppléé à ce défaut de publication par une mesure équipollente : l'art. 224 de la coutume de

Paris voulait que la séparation de biens demeurât sans effet, si elle n'était *exécutée*; et l'usage était de ne la regarder comme exécutée, que lorsque la femme avait fait vendre judiciairement les meubles de son mari, et s'én était fait adjuger le prix ; formalités qui bien évidemment donnaient à la séparation une publicité qui équivalait à une lecture publique du jugement, formalités qui, dans notre espèce, ont été exactement remplies par l'épouse du sieur de M.

» De tout cela il résulte très-clairement que l'art. 69 du Code de Commerce n'est pas applicable à l'époux séparé de biens judiciairement, qui embrasse, après son mariage, la profession de commerçant. Voyons maintenant ce que porte l'art. 70.

» *La même remise sera faite, sous les mêmes peines, dans l'année de la publication de la présente loi, par tout époux séparé de biens ou marié sous le régime dotal, qui, au moment de ladite publication, exercerait la profession de commerçant.* Tels sont les termes de cet article.

» Et c'est d'après ces termes que la cour de Bourges a dit au sieur de M. : Vous exercíez la profession de commerçant au moment de la publication du Code de Commerce. Vous n'avez remis, dans l'année de cette publication, ni l'extrait de votre contrat de mariage, ni le jugement qui vous avait séparé de biens d'avec votre épouse. Donc vous êtes banqueroutier frauduleux.

» Mais quoi ! le sieur de M. peut-il, d'après cet article, être traité plus rigoureusement qu'il ne pourrait l'être, s'il se trouvait dans le cas de l'art. précédent, c'est-à-dire, s'il n'avait embrassé la profession de commerçant que postérieurement à la publication du Code de Commerce? Non, sans doute.

» Eh bien ! nous venons de voir que, s'il n'avait embrassé la profession de commerçant que postérieurement à la publication du Code de commerce, on ne pourrait le poursuivre comme banqueroutier frauduleux, ni pour n'avoir pas remis son contrat de mariage, ni pour n'avoir pas remis son jugement de séparation : pour n'avoir pas remis son contrat de mariage, parce que son contrat de mariage, bien loin d'éclairer le public sur son état, l'aurait, à cet égard, induit en erreur; pour n'avoir pas remis son jugement de séparation, parce qu'aucune loi ne l'y obligeait, parce qu'en s'abstenant de le remettre, il n'a violé aucune loi, et surtout parce qu'aucune loi ne punissait ce défaut de remise de la peine même la plus légère.

» Qu'a cependant fait la cour de Bourges? Par la plus étrange de toutes les aberrations, elle lui a appliqué la disposition de l'art. 69, d'après laquelle il n'aurait pu être tenu que de remettre son contrat de mariage, ce qui aurait été, de sa part, l'équivalent d'une tromperie exercée envers le public ; et pour justifier cette bizarre application, elle a ajouté à l'art. 69 lui-même, une obligation qu'il ne prescrit pas : elle y a ajouté l'obligation de remettre un jugement de séparation de biens, elle y a ajouté une obligation sur laquelle cet article est muet, elle

y a ajouté une obligation qui n'entrait point dans le plan de cet article, puisque cet article ne s'occupe que des séparations contractuelles.

» Un arrêt aussi arbitraire, aussi opposé au texte littéral et à l'esprit manifeste de la loi, n'aura pas été vainement dénoncé à la cour suprême : nous estimons qu'il y a lieu de le casser et annuller ».

» Par arrêt du 9 septembre 1813, au rapport de M. Coffinhal,

Vu les art. 65, 66, 67, 68, 69 et 70 du Code de commerce ; et attendu que ni les art. 65 et 66, qui prescrivent, ou des règles à suivre pour la poursuite, instruction et jugement des demandes en séparation de biens, ou des formalités qui, dans l'exécution des jugemens prononçant une séparation de corps ou un divorce entre mari et femme dont l'un serait commerçant, peuvent mettre les créanciers à portée d'assurer leurs droits ; ni les art. 67 et 68, relatifs, l'un, à la transmission par extrait des contrats de mariage entre époux dont l'un serait commerçant, aux greffes et chambres désignés par l'art. 872 du Code de procédure civile, pour être exposés au tableau conformément au même article ; et l'autre, à l'obligation imposée au notaire, de faire lui-même la remise ordonnée par l'article précédent, ne peuvent s'appliquer, ni à une demande formée et instruite, ni à un jugement de séparation de biens rendu avant la publication de ce Code, et qui, dans son exécution, a été soumis aux formalités que les lois anciennes exigeaient uniquement, entre non marchands et négocians, telles que la vente publique des meubles et effets du mari en vertu de la sentence de séparation, pour prévenir l'effet des séparations clandestines ; que d'ailleurs l'application des dispositions pénales relatives aux banqueroutiers frauduleux, n'est point attachée à l'inobservation des dits articles ; qu'enfin, les art. 69 et 70, en assujettissant tout époux séparé de biens, ou marié sous le régime dotal, qui embrasserait la profession de commerçant postérieurement à son mariage, et tout époux séparé de biens ou marié sous le régime dotal qui l'exercerait au moment de la publication de la loi, à la publication de son contrat de mariage, n'ont eu pour objet que les séparations contractuelles ou exclusions de communauté, et non les séparations judiciaires sujettes à des formalités particulières qui en assurent, par elles-mêmes, la publicité ; et encore moins les séparations judiciaires préexistantes, opérées sous l'empire des anciennes lois, et conformes à ce qu'elles prescrivaient, avec d'autant plus de raison que même la législation actuelle ne prononce, ainsi qu'il a été observé, aucune peine pour l'inobservation de ce que prescrivent les articles autres que les art. 69 et 70, et qu'on ne peut étendre les dispositions d'un cas à un autre; attendu, en fait, que le sieur de Marguerite s'était marié en 1784 ; que son contrat de mariage portait stipulation de communauté ; que, sous ce rapport, il n'était sujet à aucune formalité pour en faire connaître les dispositions, et ne le serait pas même aujourd'hui ;

qu'en 1792, sa femme avait obtenu sa séparation de biens, laquelle avait été suivie de la vente publique des meubles et effets du mari constatée par un procès-verbal; qu'ainsi, l'inobservation des formalités prescrites, soit par les art. 69 et 70, soit par les autres articles du Code de commerce ci-dessus cités, ne peut constituer le sieur de Marguerye en prévention de banqueroute frauduleuse et le soumettre à l'application des dispositions du Code pénal contre ce crime, et que la cour de Bourges en a fait une fausse application par la mise en accusation du sieur de Marguerye prononcée sur le seul fondement de la contravention à ces articles; par ces motifs, après en avoir délibéré, la Cour casse et annulle l'arrêt rendu par la cour d'appel de Bourges, le 21 mai dernier, contre ledit sieur de Marguerye, et dont il s'agit, pour violation et fausse application des articles du Code de commerce ci-dessus transcrits, ensemble tout ce qui s'en est ensuivi et pourrait s'ensuivre. »

Art. VII. *Lorsqu'un comptable qui s'est livré à des opérations commerciales tombe en faillite, le trésor public est-il soumis, pour l'exercice de son privilége, aux règles établies par le Code de commerce relativement à l'administration, à la vente et à la répartition des biens du failli?*

Dans les premiers jours de janvier 1808, le sieur D., ex-régisseur des salines de l'État, et négociant à Paris et à Rouen, disparaît tout-à-coup.—Les scellés sont aussitôt apposés sur ses meubles et effets de Paris.—Des oppositions y sont formées, tant par plusieurs créanciers de Paris, que par l'agent judiciaire du trésor public, chargé par une contrainte du ministre de ce département, de poursuivre le recouvrement d'une somme de 1,523,9... fr. 80 c., due à l'État par le sieur D., en sa qualité ci-régisseur des salines.—Les créanciers de Rouen font en même temps apposer les scellés sur les meubles et effets dépendans de la maison de commerce que le sieur D. avait en cette ville.—De là des jugemens rendus respectivement par le tribunal de commerce de Paris et par celui de Rouen sur la question de savoir auquel de ces deux doivent être confiées les opérations de la faillite. — Ces jugemens donnent lieu à une instance en réglement de juges.—L'agent du trésor public y intervient, et demande 1° que l'un et l'autre tribunal soient déclarés incompétens; 2° que l'affaire soit renvoyée devant le tribunal civil du département de la Seine, « attendu que, s'agissant, à son égard, du recouvrement d'une créance privilégiée sur un comptable », il ne peut être soumis aux différentes formalités prescrites par le Code de commerce relativement aux faillites. »

Par arrêt du 9 mars 1808, au rapport de M. Pajon, « Considérant qu'il est de toute évidence que les dispositions du Code de commerce, relatives aux faillites, n'ayant pour objet que la conservation du gage commun des créanciers, ne peuvent recevoir leur application qu'entre créanciers ayant un droit égal à ce gage commun; que dans l'espèce de la cause, encore bien que le sieur Duquesnoi fût négociant au moment de sa faillite, il ne peut être réputé que comptable à l'égard du trésor public, lequel a le droit incontestable d'exercer non-seulement une contrainte directe contre sa personne, mais encore sur tous ses biens meubles et immeubles, par privilége à tous ses créanciers, ce qui le place bien évidemment à leur égard dans une classe toute particulière; — attendu que le ministre du trésor public ayant décerné, contre ledit sieur Duquesnoi, une contrainte qui s'élève à plus de quinze cent mille francs, et ordonné qu'elle serait exécutée, tant par corps que par la vente de tous ses biens meubles ou immeubles, il est de toute nécessité que cette contrainte reçoive son exécution, sauf les oppositions de droit, et sous l'autorité des juges qui en doivent connaître, c'est-à-dire, devant ceux du tribunal de première instance du domicile dudit Duquesnoi, et non devant aucun tribunal de commerce, où le trésor public se trouverait sans défenseur, et qui n'aurait pas même le droit de connaître de l'exécution de son propre jugement; — or, comme il est suffisamment justifié par les pièces produites dans l'instance, qu'au moment de sa disparition, ledit Duquesnoi était maire du dixième arrondissement de Paris, qu'il y avait sa résidence habituelle, et de plus son comptoir commercial, il s'ensuit évidemment que c'est devant le tribunal civil de première instance de la Seine qu'il doit être procédé à l'exécution de ladite contrainte, sauf aux parties intéressées à y faire valoir leurs droits et prétentions; — statuant sur les demandes respectives des parties, sans s'arrêter ni avoir égard aux jugemens du tribunal de commerce de Rouen, lesquels sont réputés comme nuls et non avenus, renvoie la cause et les parties devant le tribunal de première instance de la Seine. »

Art. VIII. *Peut-on juger et condamner un failli comme banqueroutier simple ou frauduleux, avant d'avoir constaté légalement son insolvabilité?*

Le 9 décembre 1813, jugement du tribunal civil de l'arrondissement du Blanc, faisant fonctions de tribunal de commerce, qui déclare la Faillite de René Pineau, aubergiste et marchand de bestiaux, dans la commune de Saint-Benoît, ouverte depuis le 15 septembre 1812. — Le même jour, plainte du ministère public en banqueroute frauduleuse contre René Pineau.—Le 3 mars 1814, arrêt de la cour d'appel de Bourges, qui met René Pineau en état d'accusation, comme prévenu, 1° de n'avoir pas tenu de livre de commerce; 2° de n'avoir pas justifié de l'emploi de ses recettes; 3° d'avoir détourné une partie de ses effets; et le renvoie à la cour d'assises du département de l'Indre, pour y être jugé.— Le 13 septembre suivant, le jury déclare René Pineau « coupable du crime de banqueroute frauduleuse, 1° en ce qu'il ne justifie pas de l'emploi de toutes ses recettes; 2° en ce qu'il a détourné une partie de ses effets mobiliers; mais non coupable, en ce qu'il n'a pas tenu de livres de son commerce. » — En conséquence, arrêt de la cour d'assises qui condamne Réné Pineau à la peine des travaux forcés pendant cinq ans. — Réné Pineau se pourvoit en cassation contre cet arrêt, et ne produit point de mémoire à l'appui de son recours; mais son avocat adresse au procureur général une longue lettre dans laquelle il soutient qu'on n'a pas pu déclarer son client banqueroutier frauduleux, sans avoir préalablement constaté son insolvabilité; qu'il n'y a banqueroute que lorsqu'il y a faillite, et qu'on ne peut pas réputer failli un commerçant qui n'est pas démontré insolvable; qu'il n'a été nommé à la prétendue faillite de Réné Pineau, ni commissaire, ni agens, ni syndics même provisoires; qu'il n'a été dressé aucun bilan de son actif et de son passif; qu'aucun de ses créanciers n'a affirmé ni fait vérifier sa créance; qu'ainsi, il n'existe aucune preuve, aucun indice de son insolvabilité prétendue; que d'ailleurs il possède notoirement plusieurs immeubles, libres de toute hypothèque.

» Quoique la forme dans laquelle vous est proposé, au nom du réclamant, le moyen de cassation dont M. le rapporteur vient de vous rendre compte, ne soit pas tout-à-fait régulière (ai-je dit à l'audience de la section criminelle, le 3 novembre 1814), nous croyons cependant devoir le discuter, et sans doute vous croirez devoir également l'apprécier et le juger.

» Dans le système de l'avocat qui vous propose ce moyen, la faillite déclarée par un tribunal de commerce, n'est pas une preuve légale d'insolvabilité; l'insolvabilité du failli ne peut être constatée juridiquement que par l'exacte observation ou de toutes les formalités qui, d'après le Code de commerce, doivent suivre la déclaration de Faillite; et la peine de la banqueroute frauduleuse ne peut jamais atteindre un débiteur qui n'est pas jugé insolvable.

» Ce système est-il bien d'accord avec le texte et l'esprit de la loi?

» L'art. 438 du Code de commerce déclare que *tout commerçant* FAILLI *qui se trouve dans l'un des cas de faute grave ou de fraude prévus par la présente loi, est en état de banqueroute* simple ou frauduleuse.

» Il suffit donc qu'un commerçant ait *failli*, pour qu'il puisse, s'il est en faute ou en fraude, être poursuivi comme banqueroutier.

» Or, quels sont les cas où un commerçant peut et doit être réputé *failli*?

L'art. 437 du même Code va répondre à cette question: *Tout commerçant qui cesse ses payemens, est en état de Faillite.*

» Il y a donc Faillite, du moment qu'il y a cessation de payement; et il n'importe que le débiteur se reconnaisse, ou ne se reconnaisse pas en état de Faillite: dès qu'il cesse de payer ses dettes commerciales, les juges peuvent et doivent le déclarer Failli, même malgré lui. C'est la disposition ex-

presse de l'art. 441 du Code cité: *L'ouverture de la Faillite est déclarée par le tribunal de commerce; son époque est fixée, soit par la retraite du débiteur, soit par la clôture de ses magasins, soit par la date de tous actes constatant le refus d'acquitter ou de payer des engagemens de commerce. Tous les actes ci-dessus mentionnés ne constateront néanmoins l'ouverture de la Faillite, que lorsqu'il y aura cessation de payemens ou déclaration du failli.* Ces mots, *ou déclaration du failli*, prouvent clairement que le fait de la cessation de payement suffit seul, et alors même qu'il ne concourt pas avec la déclaration du débiteur, pour constater l'ouverture de la Faillite.

» Mais la cessation de payement est-elle toujours une preuve d'insolvabilité? Non sans doute. Un commerçant peut, avec des valeurs qui surpassent son passif, mais dont il ne peut pas tirer parti pour le moment, se trouver hors d'état de payer ses dettes commerciales; il peut par conséquent, dans cet état, être forcé de cesser ses payemens: et par conséquent encore, il peut, dans cet état, se trouver failli, sans être réellement insolvable. C'est une vérité reconnue par Savary, dans son *Parfait négociant*, part. 1re, liv. 4, chap. 9: « L'on voit (dit-il) des » marchands qui ont une fois plus de biens qu'il ne » leur en faut pour payer leurs dettes, *et qui cepen-* » *dant font Faillite*; et lorsque les créanciers vien- » nent à examiner leurs affaires, ils trouvent qu'ils » peuvent être satisfaits entièrement de leur dû, tant » en principal qu'intérêts. »

« Et pourquoi dès-lors le commerçant solvable, mais failli, qui, au lieu de chercher à atermoyer avec ses créanciers, soustrait à leurs poursuites ses effets mobiliers et son argent comptant, ne serait-il pas traité comme banqueroutier frauduleux? Dès qu'il est failli, quoique solvable, il est nécessairement sujet à toutes les règles qui concernent les faillis; et, encore une fois, tout failli, solvable ou non, qui trompe ses créanciers, encourt la peine de la banqueroute frauduleuse.

» S'il en était autrement, le ministère public ne serait recevable à poursuivre un failli comme banqueroutier frauduleux, qu'après que tous les biens du failli seraient vendus, qu'après que le prix en serait connu légalement; en un mot qu'après que toutes les opérations de la Faillite seraient terminées.

» Et cependant il est très-certain que les procès criminels en banqueroute frauduleuse peuvent marcher de front avec les procédures civiles qu'entraîne la Faillite; c'est même ce que prouvent démonstrativement les art. 600, 601, 602 et 603 du Code de commerce.

» L'art. 600 porte que, *dans tous les cas de poursuites et de condamnations en banqueroute simple ou frauduleuse, les actions civiles seront séparées, et toutes les dispositions relatives aux biens, prescrites pour la Faillite, seront exécutées, sans qu'elles puissent être attirées, attribuées ni évo-*

quées aux tribunaux de police correctionnelle, ni aux cours de justice criminelle.

» L'art. 601 ajoute que, *cependant les syndics de la Faillite seront tenus de remettre aux procureurs du Roi et à leurs substituts, toutes les pièces, titres, papiers et renseignemens qui leur seront demandés.*

» L'art. 602 ordonne que, *les pièces, titres et papiers délivrés par les syndics aux procureurs du Roi ou à leurs substituts, seront, pendant le cours de l'instruction correctionnelle ou criminelle, tenus en état de communication par la voie du greffe ; et que cette communication aura lieu sur la réquisition des syndics, qui pourront y prendre des extraits privés, ou en requérir d'officiels qni leur seront expédiés par le greffier.*

« Enfin, l'art. 603 veut, *qu'après le jugement, lesdites pièces, titres et papiers soient remis aux syndics ;* preuve que le jugement correctionnel ou criminel peut être rendu avant que les syndics ayent cessé leurs fonctions, et par conséquent avant que les opérations de Faillite soient terminées.

» Au surplus, messieurs, l'espèce actuelle présente d'autant moins de difficulté, qu'aucun acte de la procédure criminelle.ne présente Réné Pineau comme réclamant contre la déclaration de sa Faillite, encore moins comme.se prétendant solvable ; et qu'au contraire, dans l'interrogatoire qu'il a subi le 22 janvier 1814, devant le juge d'instruction du tribunal de première instance de Blanc, il est convenu formellement qu'il était dans la détresse, qu'il ne vivait, depuis *son malheur,* qu'au moyen de *trente sous par jour* qu'il gagnait en qualité de *garçon* ou *commissionnaire* du particulier chez lequel il demeurait, et que sa femme ne subsistait qu'à l'aide des secours qu'elle recevait de son père et de son frère.

» Par ces considérations, nous estimons qu'il y a lieu de rejetter le recours en cassation de Réné Pineau.

Arrêt du 3 novembre 1814, au rapport de M. Audier-Massillon, par lequel, « Attendu que l'art. 437 du Code de commerce déclare que tout commerçant qui cesse ses payemens est en état de Faillite ; et que, d'après l'art. 438, tout commerçant failli qui se trouve dans l'un des cas de faute grave ou de fraude prévus par la loi, est en état de banqueroute, attendu que Réné Pineau avait cessé ses payemens, qu'il avait été accusé et mis en jugement pour des faits de fraude déclarés crimes par la loi, et que la procédure a été régulièrement instruite ; attendu qu'aux faits déclarés constans par le jury, il a été fait une juste application de la peine portée par la loi ; la cour rejette,..... »

ART. IX. *Lorsque, pendant une instance civile sur la question de savoir s'il y a lieu d'homologuer un concordat passé entre un débiteur failli et ses créanciers, ou s'il y a lieu de déclarer la Faillite excusable ; le ministère public rend*

plainte en banqueroute simple ou frauduleuse contre le débiteur, que doit faire le juge civil ?

V. l'arrêt de cassation du 18 novembre 1812, qui est cité dans le plaidoyer du 17 mars 1813, rapporté aux mots *non bis in idem,* n° 15, dans les *additions.*]]

FALSIFICATION DE DENRÉES ET DE BOISSONS.

C'est un délit que l'on commet en vendant comme pures, des denrées ou des boissons, auxquelles, pour en augmenter le poids ou le volume, on a mêlé des substances étrangères.

I. Ce délit est prévu et puni par les art. 318, 423, 463, 475 et 477 du Code pénal de 1810.

Voici une espèce dans laquelle il s'est agi de savoir s'il y avait lieu à l'application de ces deux derniers articles.

Le 25 mai 1814, sur la réquisition et en présence de l'inspecteur - général des boissons de la ville de Paris, un commissaire de police, accompagné de deux experts-dégustateurs, se transporte au domicile du sieur Werhlé, marchand de vins ; et là, en présence de l'épouse de celui-ci, il trouve, 1° dans la cour, une pipe de grosse lie, un cuvier contenant un tuyau non-garni de fontaine et propre à la fermentation ; 2° dans un cellier, deux pipes dont l'une garnie d'une forte fontaine en cuivre, et contenant toutes des.des raisins secs en fermentation ; 3° dans la cave, sept pipes et deux pièces reconnues contenir des boissons mixtionnées ; 4° dans la cuisine, deux chausses et un alambic.

Le commissaire saisit toutes ces pièces, tire de chacune des échantillons doubles qu'il cachète, remet un de ces doubles à la femme Werhlé, et garde l'autre.

Cela fait, le commissaire demande à la femme Werhlé, si son mari n'a point de magasins hors de la maison qu'il occupe ; elle répond que non. Le commissaire lui représente qu'il ne dit point la vérité, et qu'il est à sa connaissance personnelle que son mari tient un magasin dans une rue qu'il lui indique : elle en convient ; et le commissaire se transporte sur-le-champ au magasin dont il vient de parler.

Dans ce magasin, il se trouve, 1° dans une première.salle, un cuvier, contenant un tuyau propre à la fermentation ; 2° dans un cabinet, une pipe, contenant une boisson aigre, que les experts-dégustateurs jugent être un composé de lie lavée avec une infusion de raisins de Corinthe ; 3° dans une autre salle, douze pièces de boissons, dont cinq contiennent du vin naturel, et sept des boissons mixtionnées avec des infusions de raisins secs.

Cette seconde visite est terminée par les mêmes formalités que la première.

Le procès-verbal de l'une et de l'autre est communiqué au conseil de salubrité de la police de Paris, avec dix-neuf échantillons de vins divisés en deux séries, l'une contenant les échantillons pris au domicile du sieur Werhlé, l'autre les échantillons pris dans son magasin du dehors.

Le 7 juin suivant, deux chimistes, membres du conseil de salubrité, rédigent ainsi le résultat de leur examen. — « Les vins de la première série sont très-légers, ils ne pèsent *que 4 ou 5 degrés à l'oïnomètre*. Ils ont une odeur et une saveur très faibles, mais vicieuses; ils sont clairs, peu colorés et peuvent être regardés comme potables à l'exception du n° 10 qui *n'est que de l'eau avec laquelle on a rincé un tonneau*, et du n° 11 qui *n'est que de la lie. L'odeur et la saveur de ce dernier n°, sont semblables à ceux des premiers échantillons*. — Les vins de la deuxième série sont plus forts; ils marquent 6, 7 et 8 degrés à l'oïnomètre; ils sont un peu âpres : le *n° 7 n'est point potable à cause d'une odeur et d'une saveur de moisi très-forte*. Le n° 8 n'est que *de la lie, étendue d'eau*. — Les réactifs que nous avons employés pour reconnaître si ces vins contenaient des substances métalliques ou nuisibles, et pour savoir s'ils étaient colorés artificiellement, nous ont prouvé, 1° qu'il n'y avait dans ces vins, ni litharge, ni sels étrangers à ceux que contiennent les vins naturels; 2° que ces vins contiennent les principes ordinaires du suc de raisin fermenté dans des proportions plus ou moins fortes; 3° qu'ils contiennent peu d'alcohol; 4° que leur couleur est naturelle. — D'après cet examen, nous sommes portés *à croire que ces vins n'ont été altérés que par de l'eau*, et quelques-uns par l'effet de la vidange des tonneaux qui leur a donné une odeur et une saveur de moisi. — Le procès-verbal de saisie donnerait à penser que quelques-uns de ces vins ont séjourné sur des raisins secs; cela est possible, mais non démontré. D'ailleurs cette opération n'aurait servi qu'à porter dans la liqueur un principe sucré que la fermentation aurait fait passer à l'état alcoolique; et l'on ne saurait regarder cette manipulation comme une sophistication nuisible. — En conséquence, nous reconnaissons que les échantillons que nous avons examinés, ne contiennent rien de contraire à la salubrité. »

D'après cet avis, le sieur Werhlé est traduit, non à la police correctionnelle, mais à la police simple. Le 30 du même mois, jugement du tribunal de police qui, « attendu qu'il résulte du procès-verbal du commissaire de police du quartier de l'Arsenal, en date du 25 mai dernier, que, dans le cours d'une visite faite par l'inspecteur et les dégustateurs de boissons, dans les caves et magasins du sieur Werhlé, il a été trouvé et saisi dix-neuf pièces de vins falsifiés et diverses matières propres à la falsification; que ces vins ayant été soumis à l'examen des dégustateurs, il a été reconnu que plusieurs desdites pièces n'étaient qu'un composé de lie; que les autres renfermaient une boisson falsifiée avec des infusions de raisins secs, dits de Corinthe; que dix-neuf échantillons des vins saisis ayant été adressés aux membres du conseil de salubrité, pour subir l'analyse, par les procédés chimiques, il est résulté de leur rapport que les n°* 10 et 11 de la première série n'étaient point potables, comme ne contenant que de la lie ou de la rinçure de tonneau; et que les vins compris dans les autres échantillons, contenaient peu d'alcohol, et avaient été altérés par un mélange d'eau; qu'ainsi le sieur Werhlé s'est rendu coupable du délit de contravention au cas prévu par le § 6 de l'art. 475 du Code pénal, et par l'art. 11 du décret du 5 décembre 1813, portant réglement sur le commerce des vins à Paris; vu aussi l'art. 477 dudit Code; faisant droit sur les conclusions de M. le procureur du roi, condamne par corps ledit sieur Werhlé à l'amende de 10 fr. et aux frais dans lesquels entreront les sommes allouées aux hommes de peine employés par le commissaire de police pour ladite opération, lesdits frais liquidés à ...; déclare saisies et confisquées les matières reconnues propres à la falsification des vins; ordonne que les vins et boissons contenus dans les futailles, savoir : pour la première série, depuis le n° 1 jusques et compris le n° 11, et pour la seconde série, depuis le n° 1 jusques et compris le n° 8, seront versées et répandus sur le pavé, et ce en présence de M. le commissaire de police, qui a procédé à la saisie, auquel extrait du présent jugement sera adressé à cet effet, les scellés préalablement levés; à l'égard des vins qui n'ayant point été reconnus altérés ni falsifiés, ont néanmoins été placés sous les scellés, ordonne que ledit Werhlé en sera remis en possession aussitôt qu'il aura justifié du paiement de l'amende et des frais; fait défense audit Werhlé de récidiver, sous les peines portées par la loi. »

Le sieur Werhlé appelle de ce jugement au tribunal correctionnel du département de la Seine.

L'affaire portée à l'audience de ce tribunal, le ministère public donne ses conclusions ainsi conçues : « attendu qu'il résulte des pièces du procès, que des vins qu'on croyait falsifiés ont été saisis au domicile du nommé Werhlé; que si le procès-verbal de saisie constate que les dégustateurs ont reconnu que ces vins étaient mixtionnés, le rapport du conseil de salubrité a reconnu que ces vins ne contiennent aucune substance dangereuse; qu'ils sont faibles, qu'ils offrent à l'analyse les principes ordinaires du suc de raisin fermenté dans des proportions plus ou moins fortes; que ces expressions des chimistes ne veulent pas dire que les vins ont été fabriqués avec du sucre de raisin, mais qu'il faut les prendre comme terme de l'art, signifiant que l'analyse n'a présenté, en résultat, que les substances qui se trouvent ordinairement dans le vin; que la faiblesse de ces vins n'est attribuée par les chimistes, qu'à un mélange d'eau, ce qu'ils n'affirment pas même, puisqu'ils disent : *il est à croire*; que les vins qui ont un goût de moisi, ne peuvent être saisis, puisque cette détérioration ne peut être que le résultat d'un événement qui ne provient point du fait du marchand, lequel n'a pu volontairement gâter sa marchandise; que les chimistes ont également déclaré que, dans plusieurs tonneaux, il ne s'est trouvé que de la rinçure; qu'il n'est pas possible de penser qu'on ait voulu faire du vin avec de l'eau qu'on a pu, en été, jeter dans des tonneaux vides, pour empêcher l'action de la chaleur, explication donnée par Werhlé à l'audience; que les deux tonneaux contenant des raisins de Corinthe en fermentation, présentent bien l'idée qu'on aurait eu l'intention d'employer cet ingrédient dans une cuvée à faire; mais qu'il n'est pas prouvé qu'on en ait fait usage; que Werhlé a soutenu que ces tonneaux ont été laissés dans sa cave par le nommé Ancelin (son prédécesseur), lequel, en effet, a eu un procès avec Werhlé, il y a peu de temps, à la police correctionnelle, relativement à des vins enlevés de la cave dudit Werhlé; nous requérons que ledit Werhlé soit reçu appelant...., qu'il soit déchargé des condamnations contre lui prononcées au principal, que lesdits procès-verbaux soient déclarés nuls et de nul effet, que les vins saisis soient restitués, que cependant les raisins de Corinthe en fermentation soient jetés sur le pavé ».

Nonobstant ces conclusions, jugement du 16 août 1814, qui, adoptant les motifs des premiers juges, déclare qu'il a été bien jugé.

Le sieur Werhlé se pourvoit en cassation contre ce jugement.

« L'art 475 du Code pénal (ai-je dit à l'audience de la section criminelle, le 28 octobre 1814) punit d'une amende de 6 à 10 francs, *ceux qui auront vendu ou débité des boissons falsifiées, sans préjudice des peines plus sévères qui seront prononcées par les tribunaux de police correctionnelle, dans le cas où elles contiendraient des mixtions nuisibles à la santé.*

« Et l'art 477 ajoute que *les boissons falsifiées, trouvées appartenir au vendeur et débitant, seront confisquées et répandues.*

» Ces dispositions ont-elles pu être appliquées aux faits dont le sieur Werhlé a été déclaré convaincu?

» Sur cette question, il se présente d'abord une difficulté: c'est qu'il n'a même pas été prétendu que le sieur Werhlé eût *vendu ou débité* des boissons falsifiées; c'est que le sieur Werhlé n'a été accusé que d'avoir falsifié des boissons dont il faisait commerce. N'est-ce point là une extension de la loi pénale?

» Non, Messieurs; et nous avons, pour le penser ainsi, deux raisons qui nous paraissent également décisives.

» La première est que, dans toutes les lois qui prohibent, soit indéfiniment, soit à certaines personnes, la vente d'objets qui peuvent nuire à la santé publique, la prohibition est censée enfreinte, par cela seul qu'il y a eu dépôt de ces objets dans les lieux destinés à en faire la vente, quoiqu'il n'y ait pas eu vente effective.

Par exemple, la loi du 21 germinal an 11 porte,

art. 33, que *les épiciers et droguistes ne pourront* VENDRE *aucune composition ou préparation pharmaceutique, sous peine de 500 fr. d'amende.*

» On a demandé si la peine prononcée par cette loi était encourue par un droguiste qui avait dans sa boutique des drogues d'une composition ou préparation pharmaceutique, mais qui n'était point convaincu d'en avoir jamais vendu; et la cour de justice criminelle du département du Tarn s'est décidée pour la négative.

» Mais son arrêt a été cassé le 14 nivôse an 13, au rapport de M. Cassaigne, « attendu que la prohibition faite par cet article aux épiciers et droguistes, de vendre aucune composition ou préparation pharmaceutique, à peine de 500 fr. d'amende, renferme essentiellement celle de la tenir exposée en vente dans leurs boutiques, puisqu'autrement la porte serait ouverte à la fraude, le vœu de la loi ne serait pas rempli, et sa disposition serait éludée ».

» Notre seconde raison est que, par l'art. 11 du décret du 13 décembre 1813, *il est défendu à toutes personnes faisant à Paris le commerce de vins, de fabriquer, altérer ou falsifier les vins..., et ce, sous les peines portées aux art. 318, 375, et 377 du Code pénal.*

» Cet article ne permet pas de douter que les art. 318, 375 et 377 du Code pénal ne soient applicables à tout marchand de vins, qui, sans être convaincu d'avoir vendu des vins fabriqués, altérés ou falsifiés, l'est néanmoins de les avoir fabriqués, altérés ou falsifiés dans le dessein de les vendre.

» Inutile d'objecter que le décret du 13 décembre 1813 n'est pas une loi.

» Non sans doute, les décrets du dernier gouvernement ne sont pas des lois; mais ceux de ces décrets qui ne sont pas abrogés formellement, ont, pour les tribunaux, toute l'autorité de lois proprement dites; pourquoi? Parce qu'il existait, sous le dernier gouvernement, un pouvoir qui avait le droit, et pour qui c'était un devoir, d'annuler les actes de ce gouvernement qu'il trouvait attentatoires à la constitution; et que lorsqu'il n'exerçait pas ce droit, lorsqu'il ne remplissait pas ce devoir, nul n'avait qualité pour dénier aux actes législatifs du gouvernement, le caractère et la force de lois.

C'est sur ce fondement que, par arrêt du 1er floréal an 10, la cour a cassé, au rapport de M. Aumont, un arrêt de la cour d'appel de Rennes qui avait jugé non obligatoire pour les tribunaux, l'arrêté des consuls du 7 frimaire an 8, relatif, au décime par franc à prélever sur les prises maritimes, pour l'entretien et le soulagement des prisonniers de guerre en Angleterre. « Vu (a dit la cour) les art. 8 et 28 de la constitution de l'an 8, ainsi conçus... Considérant que, d'après ces articles, au sénat conservateur seul appartient le pouvoir de juger les actes du Corps législatif et du Gouvernement, qui lui sont déférés par le tribunat pour cause d'inconstitutionnalité....., le tribunal casse et annulle.... ».

» Tout se réunit donc pour établir que, si le sieur Werhlé a été déclaré convaincu d'avoir falsifié des vins dont il faisait commerce, non-seulement il a pu, mais il a dû être condamné aux peines que le jugement attaqué déclare lui avoir été justement infligées par le tribunal de police.

» Cette première difficulté résolue, nous n'avons plus qu'à nous fixer sur un point : le sieur Werhlé est-il véritablement déclaré convaincu d'avoir falsifié ou altéré des vins dont il faisait commerce ?

» Et là-dessus le jugement du tribunal de police nous dit que, sur dix-neuf futailles saisies sur le sieur Werhlé, la plupart renfermaient des boissons, ou falsifiées avec des infusions de raisins secs, connus sous le nom de *raisin de Corinthe*, ou altérées avec un mélange d'eau ; et qu'il y en avait quelques-unes qui n'étaient que des composés de lies et de rinçures de tonneaux.

» Cette déclaration peut-elle être critiquée devant vous ? et si elle ne peut pas l'être, en résulte-t-il que les peines portées par les art. 475 et 477 du Code pénal, ont été bien appliquées au réclamant ?

» Que cette déclaration ne puisse pas être critiquée devant vous, c'est ce qui nous paraît résulter du principe qu'en matière de police, les juges remplissent les mêmes fonctions et exercent le même pouvoir que les jurés dans les procès de grand criminel.

» Qu'importe, d'après ce principe, qu'il y ait quelque différence entre les faits énoncés dans le procès-verbal du commissaire de police du 25 mai, et l'avis des chimistes consultés sur ce procès-verbal par l'administration.

» Les chimistes qui ont donné leur avis sur ce procès-verbal, n'ont fait, en cela, qu'un acte d'experts ; et tout le monde sait qu'en matière de police, comme en matière civile, les rapports d'experts ne lient point les juges.

» Le tribunal de police de Paris aurait donc très-bien pu ne fonder son jugement que sur le procès-verbal du commissaire de police, et laisser de côté l'avis des experts-chimistes. Mais il a fait mieux : il a fondé son jugement sur l'un et sur l'autre à la fois ; et il a dit : L'opinion des experts-dégustateurs consignée dans le procès-verbal du commissaire, et l'avis des experts-chimistes s'accordent à reconnaître que, sur les dix-neuf futailles saisies au domicile et dans les magasins du sieur Werhlé, il y en a quatre qui ne sont que des composés de lies et de rinçures de tonneaux ; et que les quinze autres renferment des boissons mélangées de substances étrangères. Ils ne diffèrent que sur la nature des substances étrangères dont les boissons contenues dans les quinze futailles se trouvent mélangées. Suivant les experts-dégustateurs, ces substances étrangères consistent en infusions de raisins secs, dits *raisins de Corinthe*. Suivant les chimistes, il n'est pas démontré que des infusions de raisins de Corinthe soient entrées dans ces boissons ; mais il est du moins certain qu'il y est entré un mélange d'eau. Donc, soit que l'on

s'en tienne à l'avis des chimistes, soit que l'on s'en tienne à l'opinion des experts-dégustateurs, les boissons renfermées dans ces quinze futailles ont toujours été altérées.

» Voilà, Messieurs, à quoi se réduisent les faits que le tribunal de police a tenus pour constans, d'après la combinaison du procès-verbal du commissaire avec l'avis des chimistes ; et assurément il n'a fait, en raisonnant ainsi, qu'user du pouvoir dont il était légalement investi.

» Il n'aurait même pas été au-delà de ce pouvoir, s'il avait, comme le lui a implicitement reproché le substitut du procureur du roi au tribunal correctionnel, converti en fait constant, par rapport au mélange d'eau, ce que les chimistes n'auraient présenté que comme une opinion dont ils n'eussent pas été parfaitement sûrs.

» Mais on n'a pas même ce reproche à faire au tribunal de police ; et il est au contraire très-évident que le substitut du procureur du roi s'est mépris sur le sens des termes employés par les chimistes.

» Les chimistes exposent d'abord les raisons qu'ils ont de penser que les vins saisis sur le sieur Werhlé ne contiennent aucune mixtion nuisible à la santé ; puis ils ajoutent : *D'après cet examen, nous sommes portés à croire que ces vins n'ont été altérés que par de l'eau* ; et comme vous le voyez, le fait que les vins ont été *altérés par de l'eau*, ne leur paraît pas douteux ; ils annoncent seulement qu'ils ont quelques doutes sur la question de savoir si, indépendamment de l'eau qui se trouve mélangée avec ces vins, il n'y est pas entré quelque autre ingrédient ; et c'est dans ces doutes qu'ils persistent un peu plus bas, en disant qu'il est possible qu'il y soit entré des infusions de raisins de Corinthe, mais que cela n'est pas démontré à leurs yeux.

» Il est donc clair que le tribunal de police a raisonné comme il a dû le faire, et surtout qu'il a raisonné d'une manière qui ne peut donner prise, devant vous, à aucune espèce de critique, lorsqu'il a inféré tant du procès-verbal du commissaire que de l'avis des chimistes, qu'il avait été saisi sur le sieur Werhlé quinze futailles contenant des boissons sinon *falsifiées avec des infusions de raisins de Corinthe*, du moins *altérées par un mélange d'eau*.

» Maintenant le tribunal de police a-t-il pu, aux faits ainsi reconnus, ainsi caractérisés par son jument, appliquer les peines portées par les art. 475 et 477 du Code pénal ?

» Très-certainement il l'a pu, il l'a même dû relativement aux quinze futailles déclarées ne contenir que des boissons ou falsifiées avec des infusions de raisins de Corinthe, ou altérées par un mélange d'eau.

» Sans doute, comme le soutient le sieur Werhlé, il n'y a ni délit ni contravention de la part d'un marchand de vins, qui ne fait que mêler à ses boissons *des choses propres à en augmenter la force* ;

à en adoucir la dureté, ou à leur donner de la couleur.

» Mais s'il mêle à ses boissons des substances étrangères qui, soit en leur donnant, soit en ne leur donnant pas plus de force ou de couleur, ou moins d'âpreté, en augmentent le volume, n'y a-t-il là ni délit ni contravention?

» Certes, il y a alors dessein bien manifeste de tromper les acheteurs sur la nature des choses qu'il leur vend; car c'est bien tromper l'acheteur sur la nature de ce qu'on lui vend, que de lui vendre un hectolitre de boissons comme de vin pur, tandis qu'il s'y trouve un demi-hectolitre d'eau.

» Et si l'art. 475 du Code n'y avait pas pourvu par une disposition spéciale, ce genre de tromperie ne serait pas seulement puni par voie de simple police, il le serait par voie de police correctionnelle; il le serait, conformément à l'art. 423, d'un emprisonnement de trois mois à un an, et d'une amende.

» Ainsi, nul doute que les art. 475 et 477 n'aient été bien appliqués, relativement aux quinze futailles dont il s'agit.

» Il y a peut-être un peu de difficulté relativement aux quatre futailles déclarées ne contenir que des composés de lies et de rinçures de tonneaux; mais la chose est facile à éclaircir.

» Un marchand de vins chez qui l'on trouve, comme le jugement attaqué constate qu'on a effectivement trouvé chez le réclamant, non-seulement des futailles composées uniquement de lies et de rinçures de tonneaux, mais encore des instrumens et des matières propres à la falsification, peut très-justement être regardé comme destinant ses lies et ses rinçures de tonneaux à la falsification dont il fait métier; et dès-là, il est tout naturel de lui appliquer, comme le fait le jugement attaqué, la disposition de l'art. 11 du décret du 13 décembre 1813, qui déclare les art. 475 et 477 du Code pénal applicables à tout marchand de vins qui aura, dans quelque partie que ce soit de son domicile ou de ses magasins, des vins de lies pressées, eaux colorées ou préparées, et AUCUNES MATIÈRES QUELCONQUES propres à falsifier, fabriquer ou MIXTIONNER des vins.

» Par ces considérations, nous estimons qu'il y a lieu de rejeter le recours en cassation qui vous est soumis, et de condamner le sieur Werhlé à l'amende.

Par arrêt du 28 octobre 1814, au rapport de M. Chasle, attendu que, dans les matières de police simple et correctionnelle, les tribunaux font fonctions de jurés, et sont conséquemment appréciateurs et juges des faits et de la culpabilité ou de l'innocence des prévenus; et qu'ainsi, leur déclaration est irréfragable; qu'il résulte et qu'il est établi au jugement de première instance, qui a été confirmé par les mêmes motifs, que le demandeur s'est rendu coupable de contravention aux dispositions des art. 475 et 477 du Code pénal, et de l'art. 11

du décret du 15 décembre 1813, et que par conséquent il a été fait une juste application des peines portées par lesdits articles; la cour rejette le pourvoi de François-Joseph Werhlé...»

II. De quelle manière le délit dont il est ici question doit-il être puni, lorsqu'il a été commis sous le Code du 3 brumaire an 4? V. l'arrêt de la cour de cassation, du 27 novembre 1810, rapporté au mot Vol. sect. 1, n. 13.

III. A cette matière se rapporte aussi un décret du 22 décembre 1809, qui est ainsi conçu : défend d'introduire dans le vinaigre des acides minéraux ou des mèches soufrées... Il est inséré dans le Bulletin des lois.

IV. Les voituriers se rendent aussi coupables de délit de falsification, lorsque, pour masquer le vol qu'ils font d'une partie des marchandises dont ils ont entrepris le transport, ils y mêlent des substances étrangères. V. l'art. 318 du Code pénal de 1810.

FAUX, sect. I, §. VI. Page 138, col. 1, ligne 47, après, §. VI, ajoutez : 1°.

Et après la ligne 52, ajoutez :

2°. Dans ce cas et dans tout autre où un faux se commet, dans un acte public, par supposition de personne, l'auteur de cette supposition peut-il échapper aux poursuites de la justice, sous le prétexte que le fonctionnaire qui a commis le faux matériel, ayant agi de bonne foi, ne peut être puni d'aucune peine.

3°. Dans ce même cas, l'auteur de la supposition de personne, doit-il être puni de la même peine que si le fonctionnaire public qui a reçu ou fait l'acte dans lequel cette supposition a eu lieu, en avait eu connaissance?

4°. Si, dans ce même cas, il n'y a eu qu'une tentative de supposition de personne, parce que l'officier public ayant découvert ou soupçonné la supposition, n'a pas fait ou achevé l'acte dans lequel on voulait la commettre, cette tentative doit-elle être punie comme si elle eût eu son entier effet?

5°. Y a-t-il faux par supposition de personne, dans un acte où celui qui stipule ou dispose, prend un nom qui n'est pas le sien, mais qu'il porte habituellement?

I. Sur la première question, j'ai rapporté, etc.

Même page, col. 2, avant le §. VII, ajoutez :

II. La seconde question s'est présentée dans l'espèce suivante.

Le 25 novembre 1809, exploit par lequel l'huissier Chabert, agissant à la requête d'André Doz-Malette, assigne François Moulin-Peyre, parlant à sa personne, dans la ville de Grenoble, à comparaître devant le tribunal de première instance de la même ville.

Peu de temps après, on recueille des renseignemens desquels il paraît résulter que ce n'est pas à François Moulin-Peyre que l'exploit a été remis, mais bien à François Doz-Molette qui, à l'instigation d'André Doz-Molette, son frère, a pris, devant l'huissier, le nom de François Moulin-Peyre; et qu'André Doz-Molette l'a même désigné comme tel à cet officier.

En conséquence, plainte en *faux par supposition de personne*, tant contre François que contre André Doz-Molette.

Le 22 octobre 1810 et le 5 février 1811, la cour spéciale du département de l'Isère se déclare compétente, d'après la loi du 23 floréal en 10, pour statuer sur cette plainte.

Le 8 novembre 1810 et le 21 février 1811, ces deux arrêts sont confirmés par la cour de cassation.

Le procès n'étant pas encore jugé à l'époque de l'installation de la cour de Grenoble, est renvoyé à cette cour, conformément à l'art. 4 du décret du 23 juillet 1810.

Le 27 mai 1811, arrêt par lequel, « considérant qu'il résulte de la procédure, 1º qu'il existe un exploit d'assignation, sous la date du 25 novembre 1809, portant la signature de l'huissier Chabert, énonçant qu'il a été dressé à la requête d'André Doz-Molette, contre François Moulin-Peyre; et qu'il a été notifié à celui-ci, parlant à sa personne trouvée casuellement à Grenoble; 2º que ledit exploit est argué de faux, en ce que la notification n'en aurait point été faite à François Moulin-Peyre, mais à une personne interposée; 3º que François Doz-Molette est suffisamment prévenu d'être l'auteur dudit faux, en ce qu'il a pris, envers l'huissier instrumentaire, le nom de François Moulin-Peyre, partie assignée; et que, sous ce faux nom, il a reçu dudit huissier la copie dudit exploit qui était destinée pour Moulin-Peyre; que ledit François Doz-Molette est prévenu d'avoir agi ainsi méchamment et à dessein de nuire à autrui; 4º qu'André Doz-Molette est suffisamment prévenu d'être complice du faux, pour avoir, sciemment et dans le dessein du crime, aidé et assisté le coupable, soit dans les faits qui ont préparé ou facilité l'exécution du faux, soit dans l'acte même qui l'a consommé, en ce qu'il a interposé François Doz-Molette, son frère, pour prendre faussement le nom de François Moulin-Peyre, et qu'au moment de la remise de la copie dudit exploit, il a désigné sondit frère à l'huissier instrumentaire, pour être la véritable partie assignée; que les faits ci-dessus sont qualifiés crimes, soit par l'ancien, soit par le nouveau Code pénal; que le crime de faux en écriture authentique et publique est prévu par les art. 41 et 44 de la deuxième section de la seconde partie de l'ancien Code pénal, et par l'art. 147 du nouveau Code pénal, et qu'ils emportent peine afflictive; que le crime de faux est maintenant de la compétence des cours d'assises: par ces motifs, la cour déclare qu'il y a lieu à accusation contre François et André Doz-Molette, frères, et les renvoie devant la cour d'assises du département de l'Isère.... ».

François et André Doz-Molette se pourvoient en cassation contre cet arrêt.

« Deux moyens de cassation (ai-je dit, à l'audience de la section criminelle, le 27 juin 1811) vous sont proposés par les demandeurs; et le premier consiste à dire que le prétendu faux dont il s'agit, a été commis sous le Code pénal du 25 septembre 1791; qu'aux termes de ce Code, le faux n'est punissable que lorsqu'il a été commis *méchamment ou à dessein de nuire à autrui*; que, dans l'espèce, il n'a pu résulter aucun dommage des faux dont les demandeurs sont accusés, puisque le seul effet qu'aurait pu produire la soustraction faite de la copie de l'exploit du 25 novembre 1809, à François Moulin-Peyre, aurait été d'empêcher que le jugement qui s'en serait ensuivi, fût réputé contradictoire avec ce dernier, et de rendre ce jugement comme non avenu, à défaut d'exécution dans les six mois de sa date.

» Mais d'abord, raisonner ainsi, c'est remettre en question ce qui est déjà jugé par les arrêts de la cour des 8 novembre 1810 et 21 février 1811. Ces deux arrêts ont jugé que le fait imputé aux demandeurs, constitue un faux commis méchamment et à dessein de nuire à autrui. On ne peut donc plus soutenir aujourd'hui que ce fait ne constitue pas un faux punissable aux termes du Code pénal du 25 septembre 1791.

» Ensuite, quand la question serait encore entière, serait-il possible de la juger autrement que vous l'avez fait par vos arrêts des 8 novembre 1810 et 21 février 1811 ?

» N'était-ce donc pas nuire à l'huissier Chabert, que de l'exposer à être poursuivi comme faussaire, pour avoir déclaré dans son exploit, qu'il en avait remis la copie à François Moulin-Peyre, tandis que, dans le fait, c'est à François Doz-Molette qu'il l'avait remise ?

» N'était-ce donc pas nuire à Moulin-Peyre, que d'établir contre lui une preuve authentique qu'il avait été assigné personnellement, tandis qu'il ne l'avait pas été, et de le mettre, par-là, dans la nécessité de s'inscrire en faux contre l'exploit de l'huissier Chabert, c'est-à-dire, d'entreprendre une procédure dispendieuse, difficile et semée d'écueils de toute espèce ?

» Le deuxième moyen de cassation des demandeurs offre, au premier coup d'œil, quelque chose de plus spécieux.

» Ce n'est pas assez, disent-ils, que le faux dont nous sommes accusés soit qualifié de crime par l'ancien Code pénal, il faut encore qu'il le soit par le nouveau; et s'il ne l'était pas par celui-ci, il ne pourrait donner lieu contre nous à aucune poursuite: c'est la conséquence nécessaire de l'art. 6 du décret du 23 juillet 1810. Or, il est bien vrai que l'art. 145 range le faux *par supposition de personne*, dans la classe des crimes; mais il ne l'y range que lorsqu'il est commis par un *fonctionnaire ou officier public, dans l'exercice de ces fonctions*. Et l'art. 147 qui détermine les cas où le faux commis par des particuliers, soit *en écriture authentique et publique*, soit *en écriture de commerce ou de banque*, constitue un crime, n'y comprend pas le faux *par supposition de personnes*.

» Mais 1º l'art. 147 déclare qu'il y a crime, et lieu à la peine des travaux forcés à temps, toutes les fois qu'un faux est commis, soit en écriture authentique et publique, soit en écriture de commerce, ou de banque, non-seulement *par contrefaçon ou altération d'écritures ou signatures*, non-seulement *par fabrication de conventions, dispositions, obligations ou décharges, ou par leur insertion après coup dans ces actes*, mais encore *par addition ou* ALTÉRATION *de clauses, de déclarations ou* DE FAITS *que ces actes avaient pour objet de recevoir et de constater.*

» Or, dans notre espèce, il y a évidemment *altération d'un fait* qui devait être constaté par l'exploit du 25 novembre 1809, puisque cet exploit avait pour objet de constater que la copie en avait été délivrée à François Moulin-Peyre, et que le *fait* de la délivrance de cette copie à François Moulin-Peyre a été *altéré* par la substitution que François Doz-Molette a faite de sa personne à celle de François Moulin-Peyre.

» 2º L'huissier Chabert a certainement commis un faux *par supposition de personne*, lorsqu'il a déclaré avoir remis la copie de son exploit à François Moulin-Peyre, tandis que réellement il la remettait à François Doz-Molette.

» Il est vrai qu'il l'a commis sans le savoir, et que sa bonne foi le met à l'abri de toute inculpation.

» Mais du moins celui qui l'a provoqué à le commettre, André Doz-Molette, savait parfaitement ce qu'il faisait, en lui indiquant François Doz-Molette, comme étant François Moulin-Peyre.

» Mais du moins celui qui l'a aidé et assisté dans l'action par laquelle il l'a commis, François Doz-Molette, savait parfaitement ce qu'il faisait, se donnant pour François Moulin-Peyre, il recevait de sa main une copie d'exploit qu'il était dans l'intention de cet officier de remettre à François Moulin-Peyre lui-même.

» Or, *provoquer, par des machinations ou artifices coupables, à une action qualifiée crime ou délit, aider ou assister, avec connaissance, l'auteur de cette action dans les faits qui l'ont préparée, facilitée ou consommée*, c'est, aux termes de l'art. 66, se rendre complice de cette action; et l'art. 59 veut que *les complices d'un crime ou délit soient punis de la même peine que les auteurs mêmes de ce crime ou de ce délit.*

« Et inutilement dirait-on qu'il ne peut pas y avoir de complicité là où, par la bonne foi de l'auteur de l'action qualifiée de crime ou de délit, il n'y a ni délit ni crime.

» Une objection semblable a été proposée à votre audience du 20 fructidor an 12, dans une affaire sur laquelle nous portions la parole. Les sieurs Champagne et Merlin-Hall avaient été poursuivis, l'un pour avoir détruit une contre-lettre qui lui avait été confiée

à titre de dépôt, l'autre pour en avoir provoqué la destruction. La cour de justice criminelle du département de Seine-et-Marne avait acquitté le sieur Champagne, parce qu'il avait agi de bonne foi, et considérant le sieur Merlin-Hall comme son complice, elle l'avait condamné aux peines portées par l'art. 12 de la loi du 25 frimaire an 8. Le sieur Merlin-Hall se pourvoyait en cassation, et disait qu'il était contradictoire de punir le complice d'un délit et d'en laisser l'auteur jouir de l'impunité. Mais, avons-nous répondu, « demander si l'absolution de » Champagne, motivée sur ce qu'en détruisant la » contre-lettre, il avait été plus imprudent que cou- » pable, a dû entraîner l'absolution de Merlin-Hall, » considéré comme provocateur, comme aide de » cette destruction, c'est demander, en d'autres » termes, si celui qui provoquerait ou aiderait un » homme en démence, un enfant, à commettre un » homicide, devrait profiter de l'absolution qui se- » rait prononcée en faveur de l'enfant, de l'homme » en démence ». Et par arrêt rendu le même jour sur délibéré, au rapport de M. Lachèze, vous avez rejeté le recours de Merlin-Hall, « attendu que la » disposition de l'art. 1er du tit. 3 du Code pénal, » relatif aux complices, s'applique avec justesse aux » faits déclarés par le jugement; et que cette appli- » cation ne saurait être écartée par la non-condam- » nation à la peine publique contre l'auteur prin- » cipal. »

« François et André Doz-Molette sont donc bien *véritablement prévenus de s'être rendus complices d'un faux par supposition de personne, commis par un officier public.*

» Il y a donc lieu, sous tous les rapports, de maintenir l'arrêt attaqué par François et André Doz-Molette; et nous estimons en conséquence qu'il y a lieu de rejeter leur demande en cassation. »

Par arrêt du 27 juin 1811, au rapport de M. Busschop, « considérant, sur le premier moyen, que le faux imputé aux réclamans, par l'arrêt dénoncé, est le même que celui qui a motivé les arrêts de compétence de la cour de justice criminelle spéciale du département de l'Isère, rendus contre eux les 22 octobre 1810 et 5 février 1811; que ce faux a été déclaré dans ces arrêts, d'après le résultat de l'instruction, avoir été commis, méchamment et à dessein de nuire à autrui, et que les mêmes arrêts ont été confirmés par ceux de la cour des 8 novembre 1810 et 21 février 1811; qu'ainsi, ledit faux rentrait dans l'application des art. 41 et 44 de la 2e section du tit. 2 de la 2e partie du Code pénal du 25 septembre 1791 : sur le second moyen, que, d'après le dernier §. de l'art. 147 du nouveau Code pénal de 1810, le faux en écriture publique et authentique ou en écriture de commerce ou de banque, dont peuvent se rendre coupables les personnes qui ne sont pas fonctionnaires ou officiers publics, se commet par l'altération des faits que les actes avaient pour objet de constater; qu'il résulte de cette disposition de la loi, que tout moyen employé pour substituer un autre fait à celui que devait constater l'acte, est un véritable faux; que, dans l'espèce, l'exploit d'assignation argué de faux avait pour objet de constater que l'assignation avait été réellement faite à la partie assignée; et que les réclamans sont prévenus d'avoir altéré ce fait, en substituant sciemment une autre personne à celle qui devait être assignée; qu'ainsi, il existe, à leur égard, la prévention du faux caractérisé par ledit art. 147; d'où il suit qu'en ordonnant la mise en accusation des prévenus, et en les renvoyant devant la cour d'assises, la cour de Grenoble a fait une juste application de l'art. 231 du Code d'instruction criminelle de 1808; la cour rejette le pourvoi ».

III. La troisième question semblerait être déjà préjugée pour l'affirmative, par l'arrêt rapporté au numéro précédent, et c'est effectivement dans ce sens que l'a d'abord résolue un arrêt rendu dans l'espèce que voici :

Le 10 février 1813, la cour spéciale extraordinaire de Parme déclare Ange Verdieri convaincu d'avoir pris le nom de François Belluchi, et d'avoir sous ce faux nom, passé, devant le sous-préfet de son arrondissement, un acte public par lequel il s'est obligé, moyennant une forte somme d'argent, à remplacer un conscrit; mais considérant que le sous-préfet a complètement ignoré cette supposition de personne; qu'ainsi le crime commis par Ange Verdieri ne peut être rangé dans la classe des crimes de faux par supposition de personne contre lesquels sévit l'art. 145 du Code pénal; que, dès-lors, Ange Verdieri ne peut être puni que de la peine portée par l'art. 147 du même Code; condamne Ange Verdieri, non à la peine des travaux forcés à perpétuité comme y avait conclu le ministère public, mais à la peine des travaux forcés à temps.

Le ministère public se pourvoit en cassation; et par arrêt du 23 avril 1813, au rapport de M. Oudart, « vu les art. 145, 59 et 60 du Code pénal; considérant qu'Ange Verdieri a été déclaré convaincu d'avoir sciemment et à dessein de nuire, sous le nom faux emprunté de François Belluchi, passé par-devant le sous-préfet de l'arrondissement de Parme, acte public des conventions faites entre lui et Paul Chiappini, par lequel acte ledit Verdieri se serait engagé de remplacer à l'armée ledit Chiappini, et qu'il lui a escroqué une forte somme d'argent par cette manœuvre et en vertu dudit acte public; que de cette déclaration il résulte que l'acte public dont il s'agit renferme un faux par supposition de personne; et que ce faux a été commis par l'officier public rédacteur de cet acte; que si, à raison des circonstances qui ont trompé sa bonne foi, cet officier n'a pas dû être puni, si même il n'a pas mérité d'être mis en jugement ni poursuivi, il n'est pas moins constant que, par son fait, il a été commis un faux par supposition de personne dans un acte de son ministère, et que Verdieri a, par des machinations et artifices coupables, provoqué l'officier public à le commettre et qu'il en est le complice; que, pour qu'un complice soit poursuivi et puni de la peine prononcée par la loi contre l'auteur

principal, il n'est point nécessaire qu'il y ait eu poursuite et condamnation contre cet auteur; qu'il suffit que le fait matériel du crime principal existe, qu'il soit jugé et reconnu avec celui qui est accusé d'en avoir été le complice, et que les faits de complicité ayant un caractère criminel ; que ce principe incontestable reçoit une application journalière dans les cas des art. 66 et 380 du Code pénal; d'où il suit que la cour spéciale extraordinaire de Parme a violé l'art. 145 du Code pénal en ne l'appliquant point à Ange Verdieri, et qu'elle lui a faussement appliqué l'art. 147 du même Code; la cour casse et annulle la disposition de l'arrêt rendu le 10 février dernier qui condamne Verdieri aux peines portées par l'art. 147 du Code pénal....

Mais la question s'étant représentée depuis, la cour de cassation a cru devoir la soumettre au creuset d'un nouvel et sévère examen ; et, après une longue discussion en chambre du conseil, elle a reconnu que la vérité, son arrêt du 23 avril 1813 était conforme aux principes généraux de la complicité; mais que, relativement au cas dont il s'agit, ces principes sont modifiés par une exception qui résulte nécessairement du texte de l'art. 147 du Code pénal.

De là, les deux arrêts dont voici l'espèce :

Thomas Villeriand recherchait en mariage la demoiselle Guéry, et était parvenu à lui persuader que François Villeriand, son père, qui habitait une commune assez éloignée, consentait à leur union.

Les bans publiés, et le jour désigné pour la rédaction du contrat et la célébration du mariage, Thomas Villeriand détermine, à prix d'argent, François Lidonne à se présenter comme son père.

Anne Bernard, épouse séparée de François Villeriand et mère de Thomas, s'associe à la fraude projetée par celui-ci, et convient de paraître comme épouse de François Lidonne, déguisé sous le nom de Thomas Villeriand.

Les choses ainsi disposées, on fait savoir au notaire et à l'officier de l'état civil que François Villeriand est arrivé, mais que, par suite d'une chute qu'il a faite en route, il est retenu au lit dans la maison de la demoiselle Guéry; qu'il lui est impossible de se transporter, soit chez le notaire, soit à la maison commune; et qu'on désire que le notaire et l'officier de l'état civil veuillent bien venir, dans la maison de la demoiselle Guéry, où toutes les parties sont réunies.

Le notaire et l'officier de l'état civil se rendent en effet dans cette maison. Le contrat et l'acte de mariage y sont rédigés; après la lecture de l'un et de l'autre, le prétendu père déclare les approuver, mais ne pouvoir les signer, à raison d'un rhumatisme goutteux dont il est atteint au bras droit. Le notaire et l'officier de l'état civil font mention de cette déclaration; et les deux actes sont signés par toutes les autres parties, notamment par Anne Bernard et Thomas Villeriand.

Cependant le notaire et l'officier public conçoivent quelques soupçons. Avant de signer leurs actes, ils interrogent le prétendu père de Thomas Villeriand; et bientôt ses réponses mettent l'imposture à découvert.

En conséquence, les deux actes demeurent imparfaits; et une procédure s'instruit contre François Lidonne, Anne Bernard et Thomas Villeriand.

François Lidonne et Thomas Villeriand prennent la fuite; mais Anne Bernard est arrêtée, mise en accusation, et renvoyée devant la cour d'assises du département de la Charente.

Là, elle est déclarée par le jury « coupable de complicité d'une tentative de faux en actes publics et authentiques, par supposition de personnes, ladite tentative accompagnée de toutes les circonstances déterminées par l'art. 2 du Code pénal »,

Sur cette déclaration, arrêt, qui, appliquant à Anne Bernard l'art. 147 du Code pénal, la condamne aux travaux forcés à temps.

Elle se pourvoit en cassation, et soutient qu'à la vérité, si le faux eût été consommé par les signatures du notaire et de l'officier de l'état civil, elle aurait dû être traitée comme complice, avec intention criminelle, du faux matériel que ces deux fonctionnaires eussent, par-là, commis innocemment; et que, par suite, elle eût dû être condamnée, d'après l'art. 145 du Code pénal, à la peine des travaux forcés à perpétuité; mais que ni le notaire ni l'officier de l'état civil n'ayant signé les actes dans lesquels François Lidonne a pris verbalement et sans signature, le nom de François Villeriand, il n'y a eu, de leur part, ni faux ni tentative de faux par supposition de personne; que par conséquent ils ne peuvent pas être censés avoir eu des complices, et que s'il a été pratiqué des manœuvres pour les induire en erreur et les amener à la fabrication d'un faux par supposition de personne, au moins ces manœuvres ne sont point, dans la circonstance, passibles de la peine portée par l'art. 145; que c'est même ce qu'a reconnu la cour d'assises du département de la Charente, puisqu'elle n'a prononcé que la peine des travaux forcés à temps, et qu'elle a, pour cet effet, appliqué l'art. 147; mais que l'art. 147, en désignant les différentes manières dont un faux peut être commis par un particulier dans un acte authentique, n'y comprend pas la supposition de personne; que la supposition de personne n'est énoncée que dans l'art. 145; qu'elle n'y est signalée comme un faux dans les actes authentiques, que relativement aux officiers publics; qu'ainsi, les officiers publics sont les seuls qui puissent commettre un faux par supposition de personnes; et qu'il est nécessaire qu'ils l'aient commis au moins matériellement, pour que des particuliers puissent être recherchés et punis comme leurs complices;

Par arrêt du 7 juillet 1814, au rapport de M. Liborel, « vu l'art. 147 du Code pénal qui est ainsi conçu : *seront punies des travaux forcés à temps, toutes autres personnes qui auront commis un faux en écriture authentique et publique, ou en écriture de commerce ou de banque, soit par contre-façon ou altération d'écriture ou de signatu-* res, *soit par fabrication de conventions, dispositions, obligations ou décharges, ou par leur insertion après coup dans ces actes, soit par addition ou altération de clauses, de déclaration ou de faits que ces actes avaient pour objet de recevoir et de constater;* attendu que cet article, qui a exclusivement pour objet les faux commis dans des actes publics et authentiques, par toutes autres personnes que le fonctionnaire ou officier public rédacteur de ces actes, distingue expressément, dans son troisième alinéa, les faux commis par *fabrication* de conventions, *dispositions*, obligations ou décharges, de ceux qui peuvent être commis dans les mêmes actes, lorsqu'ils sont consommés, par l'*insertion* qui y serait faite par *après coup*, de conventions, dispositions, obligations ou décharges; que de cette distinction il résulte nécessairement, que les faux *par fabrication* dont il s'agit dans la première partie de cet alinéa, doivent spécialement être entendus de fausses conventions, dispositions, obligations ou décharges qui auraient été supposées dans la rédaction même des actes et alors de cette rédaction, par les individus qui y ont comparu comme parties contractantes; que ces faux peuvent notamment avoir été ainsi commis par les parties contractantes, au préjudice de tiers faussement supposés présens à ces actes; qu'ils ont alors nécessairement pour but de créer à leur détriment, et sans leur participation, des conventions, des dispositions, ou décharges; en un mot, de les engager par une déclaration de volonté faite sous leur nom, frauduleusement et à leur insu; qu'ils caractérisent donc essentiellement et particulièrement le crime de faux par supposition de personnes; que ce faux par supposition de personnes ainsi déterminé par le susdit art. 147 à l'égard de tous individus autres que les fonctionnaires et officiers publics rédacteurs d'actes publics et authentiques, constitue donc, relativement à ces individus, un crime principal, susceptible d'être modifié en tentative de faux par l'effet des circonstances qui peuvent en avoir arrêté l'exécution, et soumet ses auteurs et leurs complices à la peine portée dans ledit art. 147; et attendu que, dans l'espèce, Anne Bernard a été légalement déclarée convaincue de complicité dans une tentative de faux en actes publics et authentiques, par supposition de personne, qui a été manifestée par les actes extérieurs, suivie d'un commencement d'exécution, et qui n'a été suspendue ou n'a manqué son effet que par des circonstances fortuites, indépendantes de la volonté de ses auteurs; qu'ainsi, l'arrêt qui la condamnée aux travaux forcés à temps, a fait une juste application tant de l'art. 147 que des art. 2, 59 et 60 du Code pénal; la cour rejette.... ».

Le 3 juin 1814, Jacques Beaury est mis en jugement devant la cour d'assises du département de la Sarthe, comme accusé de s'être présenté devant un notaire, sous le faux nom de Jean Percher, et d'avoir signé sous ce nom une obligation que le notaire a, de bonne foi, revêtue également de sa signature;

le jury le déclare coupable; et, en conséquence, la cour d'assises le condamne, conformément à l'art. 145 du Code pénal, aux travaux forcés à perpétuité.

Jacques Beaury se pourvoit en cassation; et, le 21 juillet suivant, arrêt, au rapport de M. Liborel, par lequel, « vu l'art. 147 du Code pénal..........; attendu que cet article qui a exclusivement pour objet le faux commis dans des actes publics et authentiques par toutes autres personnes que les notaires ou officiers rédacteurs de ces actes, distingue expressément, dans son troisième alinéa, les faux commis par fabrication de conventions, de ceux qui peuvent être commis dans les mêmes actes, après qu'ils ont été consommés par l'insertion de conventions qui y seraient faites après coup;

» Que de cette distinction il résulte nécessairement que les faux par fabrication de conventions, dont il s'agit dans la première partie de cet alinéa, doivent particulièrement être entendus des fausses conventions qui auraient été supposées dans la rédaction même des actes par les individus qui y ont comparu comme parties contractantes; que ces faux peuvent avoir été commis par les parties contractantes lors de la rédaction des actes au préjudice, notamment de tiers faussement supposés présens à ces actes; qu'ils ont alors nécessairement pour but de créer des engagemens au détriment de ces tierces personnes par une déclaration de volonté faite sous leur nom, frauduleusement et à leur insçu; qu'ils caractérisent donc particulièrement le crime de faux par supposition de personnes;

» Que le faux par supposition de personnes est donc déterminé et puni comme crime principal par le susdit art. 147, à l'égard de tous individus autres que les fonctionnaires rédacteurs des actes publics; qu'on ne peut donc considérer les individus qui se sont rendus coupables du crime de faux par supposition de personnes, dans les actes qu'ils n'ont pas rédigés en qualité d'officiers publics, comme complices de l'officier rédacteur de ces actes, lequel n'a pas coopéré au faux sciemment, sans faire une fausse application de l'art. 59 du Code pénal; et qu'on ne peut les punir de la peine des travaux forcés à perpétuité, prononcée par l'art. 145 contre l'officier public qui a commis frauduleusement le faux par supposition de personnes dans un acte qu'il a retenu; sans aggraver la peine à leur préjudice; et, attendu que, dans l'espèce, Jacques Beaury a été reconnu coupable d'un faux par supposition de personnes commis dans un acte passé par un notaire qui n'avait point agi sciemment, qui au contraire avait retenu de bonne foi les déclarations frauduleuses des parties contractantes, qui n'était pas conséquemment passible lui-même des poursuites et des peines de l'art. 145; que le faux dont Beaury a été déclaré convaincu, n'était donc pas un crime de complicité accessoire à un crime principal; qu'il constituait un crime principal en lui-même, déterminé et caractérisé par l'art. 147, d'après lequel il devait être puni seulement des travaux forcés à temps; que néanmoins la cour d'assises du département de

la Sarthe, par son arrêt du 3 juin dernier, a condamné Beaury à la peine des travaux forcés à perpétuité, en lui faisant l'application des susdits art. 59 et 145 du Code pénal; en quoi elle a faussement appliqué ces articles et violé l'art. 147; la cour casse et annulle......».

§. VII. *Page* 138, *col. 2, après la ligne* 46, ajoutez:

3o *Y a-t-il faux en écriture, ou seulement escroquerie, lorsqu'on écrit, sous un nom idéal, des lettres que l'on signe de ce nom, et qui ont pour but d'extorquer de l'argent de la personne à qui on les adresse?*

4o *Y a-t-il faux en écriture, ou seulement calomnie, lorsqu'on fabrique une lettre par laquelle la personne qui est supposée l'avoir écrite, avance des choses qui devraient attirer sur elle le mépris et la haine du public?*

IV. La quatrième question est jugée par l'arrêt du 7 juillet 1814, rapporté au n° précédent.

V. Sur la cinquième question, *V.* l'article *testament*, sect. 5.

Page 139, *col. 2, avant le* §. VIII, *ajoutez*:

III. La troisième question est traitée dans un réquisitoire, et a été jugée par un arrêt de la cour de cassation, du 16 juillet 1813, ainsi conçu:

» Le procureur général expose qu'il se croit obligé de dénoncer à la cour un arrêt rendu par la cour spéciale extraordinaire de Florence, le 10 octobre 1812, dans le procès instruit contre Antoine Ravaglioli.

» Par cet arrêt, la cour spéciale extraordinaire de Florence déclare « qu'il est constant que six lettres
» signées *Pierre Conti, prêtre*, portant les dates,
» la première du 24 janvier, la seconde du 17 fé-
» vrier, la troisième du 28 mars, la quatrième du
» 18 avril, la cinquième du 4 mai, et la sixième du
» 2 juin 1811, ont été adressées à Dominique Co-
» quis débitant de sels et tabacs à Saluces, en Pié-
» mont, par la voie de la poste aux lettres, et toutes
» portant l'empreinte du départ du bureau de la di-
» rection de Rocca Saint-Casciano, que le prétendu
» Conti, signataire (qui réellement n'existe point.)
» marquait, par ces lettres, audit Coquis, qu'un
» capitaine français, appelé Ange Boët, était décédé
» dans sa paroisse de Monte-Maggiore, et l'avait
» chargé, avant de mourir, de notifier à Coquis qu'il
» lui avait légué une petite caisse contenant des ef-
» fets précieux, et conservée dans un endroit connu,
» et de lui indiquer cet endroit, afin qu'il pût se
» l'approprier, à la charge cependant par Coquis
» de payer les frais funéraires avancés par lui
» Conti, à l'occasion du décès dudit capitaine Boët,
» et que, par ce moyen, la personne qui dressa
» ces lettres, parvint à induire Coquis à lui trans-
» mettre la somme de 164 fr. 75 c. pour l'objet in-
» diqué, somme qui fut transmise en effet par la

» voie de la poste, et payée par le Directeur de
» Rocca Saint-Casciano au nommé Antoine Rava-
» glioli, accusé ; qu'en conséquence, l'accusé An-
» toine Ravaglioli est l'auteur de toutes les lettres
» sus-mentionnées, et qui sont vérifiées avoir été
» écrites de sa main. »

» D'après cette déclaration, il semblait que rien
ne pût soustraire Antoine Ravaglioli à la peine du
crime de faux en écriture privée.

» Cependant, par l'arrêt dont il s'agit, la cour
spéciale extraordinaire de Florence ne l'a condamné
qu'à la peine correctionnelle de l'escroquerie, telle
qu'elle est déterminée par l'art. 405 du Code pénal ;
et sur quoi s'est-elle fondée ? « Le fait de Ravaglioli
» (ce sont ses termes), quoiqu'il présente l'usage
» de noms supposés par écrit, n'est pas accom-
» pagné des caractères du faux prévus par les art.
» 147 et 150 du Code pénal ; car les noms dont il
» s'est servi sont idéaux et supposés ; les person-
» nes à qui il les a attribués n'existaient pas réelle-
» ment ; et par conséquent ils ne sont pas compris
» dans les modes différens dont le faux peut se
» commettre, suivant l'esprit dudit art. 147. Ce qui
» nécessite cette manière d'entendre l'espèce ac-
» tuelle, c'est la différence littérale qui existe entre
» ledit art. 147, et l'art. 145 qui le précède, lequel,
» en parlant du faux commis par les fonctionnai-
» res publics, et disposant définitivement, a prévu
» le cas de la supposition de faux noms ; d'où il
» suit que cette même supposition ne présente pas
» les caractères du faux à l'égard des autres indivi-
» dus compris dans la disposition de l'art. 147 qui
» ne parle nullement (ainsi qu'on a dit ci-dessus)
» de supposition des personnes. Si la cour de cas-
» sation a décidé autrefois que les caractères du
» faux se vérifient aussi dans des espèces semblables
» à la présente, elle ne l'a fait que d'après la loi
» du 2 frimaire an 7, qui déclarait littéralement
» qu'il n'y avait escroquerie que lorsque l'usage
» des faux noms était verbal, et qu'en conséquence
» cet usage devait être classé nécessairement dans
» les espèces de faux, lorsque ces faux noms étaient
» pris par écrit. La base des décisions de la cour
» suprême a dû cesser à la vue du nouveau Code
» pénal qui, dans la rédaction de l'art. 405, rela-
» tif aux escroqueries, a supprimé le mot verbale-
» ment inséré dans la loi du 2 frimaire an 7. Et
» dans cet état de législation, il est évident que
» l'espèce, ayant été exclue par les motifs ci-des-
» sus énoncés, par les art. 147 et 150, doit rentrer
» par nécessité dans les dispositions de l'art. 405
» qui prévoit précisément l'usage d'un faux nom
» tendant à escroquer les propriétés d'autrui, sans
» distinguer si ce faux nom a été pris verbalement
» ou par écrit. À la vérité Ravaglioli a délinqué sous
» l'empire de la ci-devant loi pénale ; mais, comme
» par les résultats de droit, la peine qu'on lui de-
» vrait appliquer suivant les dispositions du nou-
» veau Code, serait la plus douce, il faut s'attacher
» à ce dernier, en conformité du décret du 26
» juillet 1810. »

» La cour est sans doute frappée de la gravité
des erreurs qui ont dicté cet arrêt.

» 1°. Où la cour spéciale extraordinaire de Florence a-t-elle vu que signer un écrit d'un nom idéal,
ce n'est point commettre un crime de faux, lorsque cette signature a pour but, et surtout lorsqu'elle a pour résultat, d'engager la personne à laquelle est remis ou adressé l'écrit qui en est revêtu,
à se dessaisir d'une partie de sa fortune ?

» Il y a crime de faux en écriture privée (dit
l'art. 158 du Code pénal, par relation avec l'art.
147 du même Code), toutes les fois qu'il y a contrefaçon d'écriture ou de signature ; et ni l'un ni
l'autre article n'ajoute qu'il faut, pour cela, que
les écritures ou signatures se rapportent à des personnes réellement existantes et connues pour telles.

» 2°. Il est vrai que l'art. 145, en précisant les
quatre manières dont les fonctionnaires publics peuvent se rendre coupables de faux en écritures authentiques, y classe expressément la supposition
de personnes ; et que ni l'art. 147 ni l'art. 150 ne
s'exprime de même à l'égard du faux commis par
de simples particuliers, soit en écritures authentiques, soit en écritures privées.

» Mais d'où vient cette différence entre les fonctionnaires publics et ceux qui ne le sont pas ? Uniquement de ce que les fonctionnaires publics peuvent, en signant de leurs véritables noms les actes
de leur ministère, y faire figurer des personnes
supposées ; au lieu que les non-fonctionnaires publics
ne peuvent, dans un acte quelconque, se présenter sous l'apparence de personnes supposées, sans
prendre les noms idéaux de ces personnes, sans signer
ces actes de faux noms, et par conséquent sans se
rendre coupables du crime de contrefaçon de signature.

» 3°. Il est vrai encore que l'art. 405 du Code pénal
ne restreint pas littéralement la disposition relative
à la simple escroquerie, comme la loi du 2 frimaire
an 2 restreignait celle de la loi du 22 juillet 1791,
au cas où l'usage de faux noms n'a eu lieu que
verbalement.

» Mais s'il ne l'y restreint en termes exprès, il l'y
restreint d'une manière bien équipollente, puisque,
après avoir fixé la peine de la simple escroquerie,
il ajoute : le tout, sauf les peines plus graves,
s'il y a crime de faux.

» Et c'est ce qu'a fort bien expliqué l'orateur
du gouvernement, en présentant cette partie du
Code pénal au corps législatif : « A l'égard de l'es-
» croquerie (a-t-il dit), on a tâché, dans la nou-
» velle définition de ce qui constitue ce délit, d'é-
» viter les inconvéniens qui résultaient des rédac-
» tions précédentes. Celle de la loi du 22 juillet
» 1791 était conçue de manière qu'on en a souvent
» abusé.... La loi du 2 frimaire an 2 ne remédia
» qu'à un seul de ces inconvéniens. Elle put bien
» empêcher la confusion du faux avec l'escroque-
» rie ; mais cela n'empêcha pas que la loi géné-
» rale ne fût encore éludée. Cet abus cessera sans

» doute, d'après la rédaction du nouveau Code....
» A la suite de cette définition, on trouvera la ré-
» serve de peines plus graves, s'il y a crime de faux;
» *et les caractères auxquels ce crime peut être*
» *reconnu, sont indiqués dans le chapitre concer-*
» *nant les faux, de manière à faire disparaître*
» *jusqu'à la plus légère incertitude.* » On voit que
M. Faure ne blâme, dans la loi du 22 juillet 1791,
que le vague dans lequel l'art. 31 du tit. 2 de cette
loi laissait la définition de l'escroquerie; loin
de trouver à redire à la correction qu'y avait faite
la loi du 2 frimaire an 2, il l'approuve et y applau-
dit; et qu'il finit par annoncer que l'esprit de cette
loi a été conservé par la réserve qui termine l'art.
405 pour le cas où à l'escroquerie se mêlerait un
crime de faux.

» Ce considéré, il plaise à la cour, vu l'art. 442
du Code d'instruction criminelle, l'art. 410 du
même Code, les art. 147, 150 et 405 du Code
pénal, casser et annuller, dans l'intérêt de la loi,
et sans préjudice de son exécution dans l'intérêt de
la vindicte publique, l'arrêt de la cour spéciale
extraordinaire de Florence ci-dessus mentionné, et
dont expédition est ci-jointe ; et ordonner qu'à la
diligence de l'exposant, l'arrêt à intervenir sera
imprimé et transcrit sur les registres de ladite cour.
» Fait au parquet, le 26 juin 1813. *Signé* Merlin.
» Ouï le rapport de M. Lamarque....; vu les art.
442 et 410 du Code d'instruction criminelle; vu
aussi les art. 147, 150 et 405 du Code pénal; et
attendu que, d'après les art. 147 et 150 du Code
pénal ci-dessus transcrits, tout individu qui altère
une écriture ou signature, est coupable du crime
de faux et doit être puni d'une peine afflictive et infamante; que les dispositions de ces deux articles
ne contenant point d'exception, sont applicables
toutes les fois que la signature est fausse, sans distinction du cas où elle porterait sur un nom idéal,
de celui où il y aurait eu contrefaçon et imitation
de la signature d'une personne réellement existante
et connue; que l'art. 405 du même Code, en donnant
le caractère de *simple escroquerie* à l'usage d'un
faux nom, ne doit, dans son vrai sens, et pour les
délits qui y sont spécifiés, être jugé applicable
que lorsque le délinquant a fait usage *verbalement*
et non par écrit d'un nom faux et supposé; qu'en
déterminant, pour cette espèce de délits, une peine
correctionnelle, ce même article réserve expressément les peines plus graves qui doivent avoir lieu,
s'il y a crime de faux; exception qui, conformément au principe consacré par la loi du 7 frimaire
an 2, s'applique à tous les cas où le nom supposé
est employé par écrit; qu'il suit de là que, dès
que la cour spéciale a déclaré Antoine Ravaglioli
convaincu d'être l'auteur des lettres adressées à Coquis, sous le nom supposé de *Pierre Conti*, et
d'avoir sur cette fausse signature, frauduleusement
obtenu une somme de 164 fr., elle devait nécessairement le juger coupable du crime de faux en
écriture privée; qu'en considérant ce fait comme
ne constituant qu'un délit correctionnel, sur le seul

motif que dans la signature de *Pierre Conti*, il n'y
avait eu contrefaçon ou imitation de l'écriture d'aucune personne connue, la cour spéciale extraordinaire est contrevenue aux dispositions des art. 147
et 150 du Code pénal, et a fait une fausse application de l'art. 405 du même Code; la cour casse et
annulle, dans l'intérêt de la loi...... ».

IV. Sur la quatrième question, *V. calomniateur*,
n°. 7, dans les *Additions*.

§. XI. *Page 145, col. 1, supprimez l'alinéa
commençant par les mots* On a vu, *et substituez-y
ce qui suit :*

§. XI *bis. Celui qui fait usage d'un faux acte de
l'état civil, peut-il échapper à la peine portée par
l'art. 147 du Code pénal, sous le prétexte que cet
acte n'était pas légalisé lorsqu'il l'a produit?*

Le 21 août 1812, arrêt de la cour spéciale extraordinaire de Florence, qui « déclare qu'il est
constant qu'au mois de février 1812, Bernardin-
Melchior, fils de Pierre Boschi, né à Sienne et
domicilié à Pise, se présenta pour remplacer le
nommé Toussaint Saviozzi, conscrit ; et que, pour
cet objet, il fit extraire de la mairie de ladite ville
de Sienne l'acte de sa naissance pour justifier s'il
avait l'âge nécessaire pour servir de remplaçant, en
conformité des ordres; que le 6 février susdit cet
acte fut délivré, portant la signature du maire-ad-
joint de ladite ville; que cet acte fut présenté par
Saviozzi et Boschi au conseil de recrutement, à
l'objet de le faire approuver et l'admettre pour remplaçant de Saviozzi, conscrit, sans cependant que
cet acte fût légalisé par le président du tribunal de
première instance de Sienne, ainsi que l'exige l'article 45 du Code civil; que cet acte, lors de sa
présentation, avait été déjà altéré dans la date de
la naissance de Boschi, en fixant qu'il était né le
21 juillet 1782, lorsque réellement le jour de sa
naissance ne fut que le 21 juillet 1781, et ainsi à
une époque qui produisait la conséquence de ne
pouvoir pas remplacer Saviozzi, conscrit, ayant
déjà passé l'âge de trente ans; que cette altération
d'année dans l'acte en question, qui était vrai en
origine, fut mise à exécution en effaçant le numéro arabe 1781, et en y substituant le numéro
1782, et en effaçant aussi le mot quatre-vingt-un,
pour y substituer l'autre quatre-vingt-deux, en
altérant aussi cet acte en différens autres endroits;
que ledit Bernardin-Melchior Boschi est convaincu
d'avoir été l'auteur de cette altération; considérant
que cet extrait de naissance ayant été délivré par
une autorité constituée, aurait le caractère d'un acte
public, mais qu'en cette qualité, il ne peut pas être
considéré comme un acte parfaitement revêtu de
toutes les formalités que la loi prescrit pour forme
substantielle à l'objet de le rendre opératif, parce
qu'il manque de la légalisation susdite, du président
du tribunal de première instance ou de toute autre
autorité compétente; que, dans cet état d'imper-

fection dans lequel cet extrait fut présenté au conseil de recrutement, il ne pouvait être admis par le conseil, à l'objet de former une garantie de la capacité de Boschi, prévenu, à servir à Saviozzi de remplaçant, et qu'en conséquence cet acte était dénué de la puissance de nuire ; que, pour caractériser le crime de Faux pour les effets pénaux prévus par l'art. 147, on a constamment exigé, comme une circonstance nécessaire, la puissance de nuire au moyen de l'acte falsifié (ainsi la cour de cassation l'a plusieurs fois décidé); déclare que ledit Boschi, prévenu, n'est pas auteur de Faux en écritures publiques; attendu cependant qu'il résulte que, soit en faisant usage de cet acte altéré, soit avec d'autres moyens, il est parvenu à donner l'existence à une manœuvre frauduleuse pour persuader aux nommés Saviozzi l'existence d'une fausse entreprise, c'est-à-dire, sa capacité de pouvoir remplacer, et que, par ce moyen, il est parvenu à retirer des mains de Saviozzi une quantité d'argent; et attendu que cette façon d'agir de la part de Boschi est revêtue du caractère d'escroquerie prévue par l'art. 405 du Code pénal; le déclare convaincu auteur d'escroquerie, et condamne en conséquence ledit Boschi à deux ans d'emprisonnement, à l'amende de 50 fr., et aux frais de l'instruction, par corps.....»

Le ministère public se pourvoit en cassation contre cet arrêt.

« Que l'arrêt de la cour spéciale extraordinaire de Florence, du 21 août dernier (ai-je dit à l'audience de la section criminelle, le 22 octobre 1812;) doive être cassé en ce que, par une contravention formelle au décret du 12 janvier précédent, l'impression et l'affiche n'en sont pas ordonnées aux frais de Bernardin-Melchior Boschi, c'est une vérité qui se sent d'elle-même, et sur laquelle il serait inutile d'insister. »

» Mais cet arrêt doit-il être cassé, en tant qu'il se borne à condamner Bernardin-Melchior Boschi aux peines infligées à l'escroquerie par l'art. 405 du Code pénal ?

» Il est certain, et cet arrêt déclare positivement que Bernardin-Melchior Boschi n'était parvenu à consommer l'escroquerie pour laquelle il a été condamné, qu'à l'aide d'un Faux commis dans l'extrait de son acte de naissance.

» Or, l'art. 405 du Code pénal, après avoir déterminé les peines de l'escroquerie, ajoute : *le tout sauf les peines plus graves, s'il y a crime de Faux.*

» Bernardin-Melchior Boschi, reconnu coupable d'altération de l'extrait de son acte de naissance, devait donc être condamné à des peines plus graves que celles de la simple escroquerie; il devait donc être condamné aux peines du Faux.

» Pourquoi donc la cour spéciale extraordinaire ne l'a-t-elle pas condamné à ces peines ?

» C'est, a-t-elle dit, parce que le Faux commis par Bernardin-Melchior Boschi, ne l'avait pas été

dans un acte authentique, parce que cet acte n'était pas légalisé par le président du tribunal de première instance de Sienne, et qu'il devait l'être aux termes de l'art. 45 du Code civil, *pour faire foi jusqu'à l'inscription de faux.*

» Mais le défaut de légalisation de l'extrait de l'acte de naissance de Boschi, faisait-il obstacle à l'authenticité de cet extrait?

» En thèse générale, un acte signé par l'officier public, à qui la loi en attribue la confection, est par cela seul authentique.

» Mais un acte peut être authentique en soi, et ne pas paraître tel au premier abord; et c'est ce qui arrive toutes les fois que la signature de l'officier public dont l'acte est l'ouvrage, n'est pas connue dans le lieu où l'acte est produit.

» Que fait-on alors pour constater que cette signature est véritablement celle de l'officier public qui figure dans l'acte ? On a recours à un certificat du président du tribunal civil du lieu où réside l'officier public, et c'est ce certificat qu'on appelle *légalisation.*

» La légalisation ne rend pas authentique l'acte qui l'est par lui-même; mais elle déclare, elle constate qu'il l'est réellement. L'acte était authentique avant la légalisation, et la légalisation n'ajoute rien à son authenticité; mais elle le fait paraître tel qu'il est; elle met son caractère d'authenticité en évidence.

» Ainsi, que l'expédition d'un acte notarié soit produite sans légalisation hors de l'arrondissement du notaire qui l'a délivrée, et qu'elle se trouve altérée, l'auteur de l'altération ne sera pas moins puni comme coupable de Faux en acte authentique, que si cette expédition était produite dûment légalisée, que si la légalisation de cette pièce en avait précédé l'altération ; seulement, si la signature du notaire est déniée, les juges la feront légaliser avant de condamner le faussaire.

» L'art. 45 du Code civil déroge-t-il, pour les actes civils, à ces règles générales ?

» Ce qui pourrait le faire penser ainsi, c'est qu'après avoir dit que *toute personne pourra se faire délivrer, par les dépositaires des registres de l'état civil, des extraits de ces registres,* il ajoute: *Les extraits délivrés conformes aux registres, et légalisés par le président du tribunal de première instance, ou par le juge qui le remplacera, feront foi jusqu'à inscription de faux;* c'est par conséquent que, pour qu'un extrait des registres de l'état civil fasse foi jusqu'à inscription de Faux, ce n'est pas assez qu'il soit certifié conforme aux registres par l'officier public entre les mains duquel ils sont déposés, et qu'il faut encore que la signature de cet officier soit certifiée par le président du tribunal.

» Mais d'abord; faisons bien attention à la manière dont cet article avait été rédigé dans le principe, et à celle dont il a été ensuite amendé.

» A la séance du conseil d'état, du 6 fructidor

an 9, la rédaction de cet article fut présentée en ces termes : « Toute personne pourra se faire dé-
» livrer, par les dépositaires des registres de l'état
» civil, des extraits des actes inscrits sur ces re-
» gistres ; ces actes, et les extraits qui en seront
» délivrés conformes auxdits registres, feront foi
», jusqu'à inscription de Faux. »

» Et voici ce que contient, à ce sujet, le procès-
verbal de la même séance : « Le consul Cambacérès
» dit qu'il est nécessaire de parler, dans cet article,
» de la légalisation des signatures apposées aux ex-
» traits délivrés. Le cit. Thibaudeau répond qu'on
» ajoutera cette formalité. »

» A la séance du 22 fructidor an 10, l'article fut
représenté avec l'addition qu'il contient aujourd'hui,
de la formalité de la légalisation ; et là-dessus (porte
le procès-verbal), le cit. Jolivet observe que jus-
» qu'ici les actes ont fait foi en justice, sans légali-
» sation, dans l'arrondissement où ils ont été reçus ;
» le cit. Emmery dit que l'article ne contredit point
» ce principe. Il n'exige en effet la légalisation que
» dans le cas où le tribunal ne connaît pas la signa-
» ture de l'officier public par lequel l'acte a été reçu.
» L'article est adopté. »

» Il est clair, d'après cela, que l'art. 45 n'exige
pas le concours de la légalisation avec la signature
du dépositaire des registres, comme une formalité
essentiellement constitutive de l'authenticité de l'extrait, mais seulement comme une preuve de la vérité de la signature dont l'extrait est revêtu.

» Il est clair, par conséquent, que l'extrait est
authentique par cela seul qu'il porte la signature
du dépositaire des registres ; et que la légalisation
qui y est ensuite ajoutée, ne fait, comme dans les
expéditions d'actes notariés, que déclarer et manifester une authenticité préexistante.

» Aussi, la légalisation n'a-t-elle pas pour objet
de constater la vérité du contenu de l'extrait ; aussi,
n'a-t-elle pour objet que de constater la vérité de
la signature ; aussi, le juge appelé à légaliser l'extrait, ne pourrait-il pas s'y refuser sous le prétexte
que l'extrait ne serait pas exact ; aussi, cette formalité n'est-elle pas nécessaire dans les lieux où la
signature est connue ; aussi, n'est-elle nécessaire
même dans les lieux où la signature peut n'être pas
connue, que dans le cas où la vérité en est contestée ou révoquée en doute.

» L'art. 45 du Code civil ne fait donc qu'appliquer aux extraits des registres de l'état civil, la règle
suivie de tout temps pour les expéditions d'actes notariés ; car, pour que l'expédition d'un acte notarié,
produite hors de l'arrondissement du notaire dont
elle porte la signature, fasse foi jusqu'à inscription
de Faux, il faut aussi qu'elle soit légalisée par le
président du tribunal du lieu où elle a été délivrée ;
tant qu'elle n'est pas légalisée, la partie à qui on
l'oppose peut dire qu'elle ne connaît pas la signature
dont elle est revêtue. Mais, quoique non légalisée,
elle ne laisse pas d'être authentique ; seulement son
authenticité reste incertaine jusqu'à la légalisation ;

et la légalisation qui survient ensuite la fait déclarer
authentique, non du jour où cette formalité y a été
ajoutée, mais du jour où le notaire y a apposé sa
signature.

» Ainsi, de même qu'on se rend coupable d'un
Faux en écriture authentique, par l'altération que
l'on fait de l'expédition non encore légalisée d'un
acte de notaire, de même aussi on se rend coupable
de ce crime, par l'altération que l'on fait de l'extrait
non encore légalisé d'un acte inséré dans les registres de l'état civil.

» Et vainement la cour spéciale extraordinaire
de Florence a-t-elle dit que l'extrait de l'acte de
naissance de Boschi n'aurait pas pu, à défaut de
légalisation, être admis par le conseil de recrutement ; que, dès-là cet acte était dénué de la puissance de nuire, et que la puissance de nuire au
moyen de l'acte falsifié, a toujours été considérée
par la cour de cassation comme une circonstance
nécessaire pour caractériser le crime de Faux.

» 1° Ce n'est point faute de légalisation que le
conseil de recrutement a rejeté l'extrait de l'acte
de naissance de Boschi ; il ne l'a rejeté que parce
qu'il y a découvert des traces de Faux.

» 2° Si le conseil de recrutement n'eût pas aperçu
le Faux dont cet acte était entaché, et qu'il eût d'ailleurs connu la signature du maire de la commune
à laquelle appartenait Boschi (ce qui était très-
possible au moyen d'autres extraits signés du même
officier qu'il pouvait avoir sous les yeux), rien ne
l'aurait empêché d'admettre cet acte.

» 3° Boschi est au moins convaincu d'avoir fait
tout ce qui était en lui pour se faire déclarer, en
vertu de cet acte, habile à remplacer un conscrit.

» 4° La cour a jugé constamment que la nullité
d'un acte ne met pas celui qui l'a fabriqué, altéré ou
falsifié, à l'abri des peines du Faux. Il n'est donc pas
vrai qu'elle considère la puissance de nuire au
moyen de l'acte entaché de Faux, comme une circonstance nécessaire pour caractériser le crime prévu
par les art. 146 et 147 du Code pénal.

» 5° Enfin, quand nous accorderions à la cour
spéciale extraordinaire de Florence, que l'extrait falsifié de l'acte de naissance de Boschi n'a pas pu,
faute de légalisation, nuire à l'ordre public ; quand
nous irions jusqu'à convenir avec elle que la falsification de cet extrait, ainsi dénuée de la puissance de nuire à l'ordre public, n'a pas pu, sous
le rapport de l'ordre public, faire prononcer contre
Boschi la peine du crime de Faux ; il nous resterait toujours à dire que du moins, par l'usage
qu'il a fait de ce faux-extrait envers le conscrit
qu'il cherchait à remplacer, il a trompé ce jeune
homme, il lui a surpris une somme d'argent ; il a
consommé à son égard une véritable escroquerie ;
et que, d'après l'art. 405 du Code pénal, toute escroquerie qui est commise à l'aide d'un faux acte
authentique, doit être punie des peines déterminées
par l'art. 147 du même Code.

» Par ces considérations, nous estimons qu'il y

a lieu de casser et annuller l'arrêt qui vous est dénoncé. »

Arrêt du 22 octobre 1812, au rapport de M. Benvenutti, par lequel, « vu l'art. 147 du Code pénal qui détermine le caractère et la peine du Faux dans un acte public et authentique; et attendu que Bernardin-Melchior Boschi a été reconnu par la cour spéciale extraordinaire de Florence, être auteur d'un Faux commis dans un extrait d'acte de naissance à lui délivré par l'adjoint de sa commune, au moyen duquel il a altéré cet acte dans une de ses parties substantielles, dans la date de naissance que cet acte avait pour objet de constater; que Bernardin-Melchior Boschi a été déclaré, par la même cour, convaincu d'avoir fait usage de cet extrait de naissance ainsi falsifié, pour passer un acte de remplacement en matière de conscription, tromper la crédulité de celui avec qui il contractait, et recevoir tout ou partie de ce remplacement illégal; qu'enfin Bernardin-Melchior Boschi a été aussi déclaré convaincu d'avoir fait usage du susdit extrait de naissance falsifié devant le conseil de recrutement; que néanmoins ledit Boschi n'a été condamné qu'à des peines correctionnelles comme seulement coupable d'escroquerie, et qu'il a été acquitté sur le crime de Faux d'après le seul motif que l'acte de naissance qu'il avait falsifié et dont il avait ensuite fait usage, n'avait pas été revêtu de la légalisation du président du tribunal civil, conformément à l'art. 45 du Code civil; mais que la légalisation d'un acte n'est point constitutive de son *authenticité*; qu'elle n'en est que la *preuve*; que le défaut de légalisation dans l'extrait de naissance dont il s'agissait, aurait pu autoriser la cour spéciale extraordinaire de Florence à ne point décider que le Faux par elle reconnu avoir été commis dans un acte authentique, jusqu'à ce qu'elle eût obtenu la preuve, par le moyen d'instruction ordinaire, que le nom de l'officier public, apposé au pied de l'extrait de naissance dont il s'agissait, était celui du fonctionnaire qui avait caractère pour délivrer cet extrait; que, ce fait prouvé, il ne pouvait plus rester de doute que le Faux reconnu n'eût été commis dans un acte authentique; que l'acquittement prononcé en faveur de Boschi a donc été une violation de l'art. 147 du Code pénal; d'après ces motifs, la cour casse et annulle.... ».

§. XIII. *Page* 152, *col.* 1, *après la ligne* 7, ajoutez:

3° *Y a-t-il crime de faux de la part de l'adjudicataire qui appose l'empreinte de son marteau sur des arbres non compris dans son adjudication?*

4° *Y a-t-il faux de la part de l'adjudicataire qui enlève l'empreinte du marteau de l'État d'un arbre de réserve auquel elle est apposée, et l'applique à un arbre non réservé?*

5° *Y a-t-il faux de la part de celui qui appose à un arbre une fausse marque de délivrance, lorsque cette fausse marque n'est pas le résultat* de l'application d'un faux marteau, mais a été gravée avec un poinçon?

Même page, col. 2, *après la ligne* 28, *ajoutez*:

Voici un arrêt de la cour de cassation qui consacre expressément cette doctrine.

En mars 1812, procès-verbal qui constate que, dans des coupes de bois appartenant à l'État et aux hospices d'Arras, l'empreinte du marteau de l'État a été frauduleusement enlevée de deux cent quatre-vingt-onze arbres réservés, et remplacée, sur ces mêmes arbres, par la marque du marteau de l'adjudicataire.—Louis Cassel, l'une des cautions de l'adjudicataire, est poursuivi et arrêté comme prévenu de ce délit.

L'instruction achevée, le ministère public requiert que le fait imputé à Louis Cassel soit qualifié crime prévu par l'art. 140 ou au moins par l'art. 439 du Code pénal; et qu'en conséquence une ordonnance de prise-de-corps soit décernée contre ce particulier.

Le 1er juillet 1812, jugement qui renvoie Louis Cassel devant le tribunal correctionnel et ordonne sa mise en liberté.—Le ministère public forme opposition à ce jugement.

Le 20 du même mois, arrêt de la chambre d'accusation de la cour de Douai, qui confirme, « Attendu que les faits qualifiés crime par le Code pénal de 1810, y sont clairement énoncés; que ce Code ne prononce aucune peine contre ceux qui auraient détruit ou altéré les empreintes des marteaux de l'État servant aux marques forestières; que ce délit, prévu par les lois forestières, est punissable d'après leurs dispositions. »

Le procureur-général de la cour de Douai se pourvoit en cassation contre cet arrêt.—Louis Cassel produit contre ce recours un mémoire par lequel il le soutient non-recevable, d'après l'art. 229 du Code d'instruction criminelle.

« Le recours en cassation sur lequel vous avez à statuer (ai-je dit à l'audience de la section criminelle, le 14 août 1812), est-il recevable?

» Louis Cassel soutient la négative dans le mémoire qu'il vous a transmis, et il la fonde sur l'art. 229 du Code d'instruction criminelle de 1808.

» Mais déjà vous avez jugé plusieurs fois (1) que cet article doit être entendu avec la restriction résultante de l'art. 416; et qu'en conséquence, il ne forme point obstacle au recours en cassation du ministère public, fondé sur la violation des règles de la compétence. Or, ici c'est sur la violation des règles de la compétence qu'est fondé le recours en cassation du procureur-général de la cour de Douai; et dès-là, point de fin de non-recevoir à opposer à ce recours.

» Les règles de la compétence sont-elles véritablement enfreintes par l'arrêt qui vous est dénoncé? Cette question se réduit à celle de savoir si le fait imputé à Louis Cassel, c'est-à-dire, l'enlèvement

---

(1) *V. Cassation*, §. 5, n° 10 *bis*, dans les *Additions*.

dès marques du marteau de l'Etat qui se trouvaient sur les deux cent quatre-vingt-onze arbres de réserve dont il s'agit, doit être considéré comme un crime.

» Ce fait ne pourrait être considéré comme un crime, que, ou parce qu'il constituerait un faux en écriture, ou parce qu'il en résulterait la destruction d'un acte de l'autorité publique.

» Or, 1º un pareil fait a-t-il le caractère d'un faux en écriture?

» Sous le Code pénal de 1791, vous réputiez faux en écriture authentique toute contrefaçon, toute falsification, toute fausse application, soit du marteau du timbre ou du poinçon de l'État, soit de la pince servant à marquer les tabacs; et il ne nous paraît pas douteux que vous ne jugeassiez encore de même sous le Code pénal de 1810, et que si les art. 140 et 142 de ce Code n'avaient pas le soin de punir spécialement ces crimes, vous ne les regardassiez comme passibles de la peine portée par l'art. 147, contre les particuliers qui contrefont, falsifient ou altèrent des actes publics.

» En effet, pour ne parler ici que du marteau de l'État, il est certain que l'empreinte de ce marteau sur un arbre réservé, est un acte public proprement dit, puisqu'elle a pour objet de constater authentiquement la réserve de cet arbre, et qu'elle la constate réellement par des caractères imprimés à l'aide du marteau même.

» Mais de là que devons-nous conclure relativement à la destruction, à l'enlèvement total de l'empreinte du marteau de l'État?

» Sans doute, il y a faux dans le procédé de celui qui, pour faire dire à un acte public ce qu'il ne dit pas, ou le contraire de ce qu'il dit, en efface une clause ou un mot; et pourquoi? Parce qu'alors l'acte subsiste, et que par l'altération qu'il éprouve dans l'une de ses parties essentielles, il paraît autre qu'il n'est véritablement; ce qui constitue le faux en écriture.

» Mais si l'on doit assimiler l'altération de l'empreinte du marteau de l'État à l'altération d'un acte public, on doit aussi assimiler à la destruction d'un acte public, la destruction de l'empreinte du marteau de l'État.

» Et si, comme on n'en peut douter, la destruction d'un acte public n'est point un faux, mais un crime d'une nature toute différente, il est clair que la destruction du marteau de l'État n'a point non plus le caractère d'un faux.

» 2º De là même ne résulte-t-il pas qu'à la destruction de l'empreinte du marteau de l'État, doit être infligée la peine portée par l'art. 439 du Code pénal, contre ceux qui détruisent des actes de l'autorité publique?

» Cette conséquence paraît inévitable; cependant elle peut être neutralisée par une disposition spéciale des lois forestières; et nous devons l'abandonner si, en effet, les lois forestières appliquent,

comme le suppose l'arrêt attaqué, une peine particulière à la destruction de l'empreinte du marteau de l'État.

« Mais cette peine particulière, où est la loi forestière qui la prononce? Nous l'avons cherchée vainement; et nous pouvons assurer qu'elle n'existe pas.

» On dirait inutilement que, par l'art. 4 du tit. 32 de l'ordonnance de 1669, la coupe d'un arbre réservé et par conséquent marqué du marteau de l'État, n'est punie que d'une amende de 50 fr.; et que, par l'art. 5 du même titre, le même délit n'est puni, de la part des adjudicataires, leurs facteurs, gardes-ventes et bûcherons, que d'une amende double.

» Sans doute, au premier coup-d'œil, il peut paraître déraisonnable de punir plus sévèrement la simple destruction de l'empreinte du marteau de l'État apposée à un arbre réservé, que la coupe et l'enlèvement de l'arbre lui-même. La destruction de l'empreinte, peut-on dire, n'est qu'un moyen pour arriver à la coupe et à l'enlèvement de l'arbre; ce n'est qu'un commencement d'exécution de la tentative de cette coupe, de cet enlèvement. Eh! comment pourrait-on raisonnablement sévir avec plus de rigueur contre les moyens que contre la fin, contre la tentative d'un délit que contre un délit consommé?

» Mais, par cette manière de raisonner, on parviendrait à établir que la contrefaçon du marteau de l'État ne doit également être punie que des peines correctionnelles déterminées par les art. 4 et 5 du tit. 32 de l'ordonnance de 1669. Car la contrefaçon du marteau de l'État n'est qu'un moyen employé pour substituer des arbres non réservés à des arbres réservés et de plus grande valeur; ce n'est que le commencement d'exécution de la tentative de coupe et d'enlèvement d'arbres réservés. Cependant il est très-certain que la contrefaçon du marteau de l'État est un crime, tandis que la simple coupe d'un arbre réservé n'est qu'un délit.

» Comme vous l'avez dit par un arrêt de cassation du 28 janvier 1809, au rapport de M. Beauchau, « les crimes qui attentent à la propriété, se
» composent, non seulement du préjudice qu'ils causent, et de l'intention qui les produit, mais encore de la difficulté de s'en garantir; ainsi, dans
» la combinaison du Code pénal et des lois correctionnelles, les vols prennent le caractère de crimes,
» ou ne constituent que de simples délits correctionnels, suivant qu'il a été plus ou moins difficile de les prévenir ou de s'en mettre à l'abri. » Or, il est bien plus difficile de prévenir, soit la destruction de l'empreinte du marteau de l'État apposée à un arbre de réserve, soit l'apposition d'une fausse empreinte du marteau de l'État à un arbre non réservé, que la simple coupe, le simple enlèvement d'un arbre de réserve. Pour couper, pour enlever un arbre de réserve, il faut des opérations, des efforts, des mouvemens, qui demandent beau-

coup de temps, font beaucoup de bruit, et éveillent nécessairement l'attention des gardes. Pour détruire une empreinte véritable, ou en apposer une fausse, il n'est besoin que d'un travail rapide, d'une opération momentanée; ce travail, cette opération, peut se faire presque dans le silence, et sans que les gardes s'en doutent. Et une fois l'empreinte véritable détruite, une fois l'empreinte fausse apposée, rien n'empêche l'adjudicataire infidèle de couper, d'enlever paisiblement, en plein jour et sans aucun risque, l'arbre qui ne lui appartient pas.

» Il est vrai que si, à la destruction de l'empreinte véritable apposée à un arbre réservé, il n'a pas joint l'apposition d'une fausse empreinte sur un arbre non réservé, il se trouvera en déficit lors du récolement, et qu'il faudra, à cette époque, qu'il paye une amende de 100 fr. et une restitution de pareille somme pour l'arbre de réserve qu'il se sera ainsi approprié. Mais, d'une part, il est possible que l'arbre de réserve qu'il s'est ainsi approprié, vaille plus de 200 fr., et il n'est pas rare de voir, dans les forêts, de vieux chênes qui valent beaucoup plus. D'un autre côté, l'adjudicataire peut se flatter que le récolement ne sera pas fait avec assez d'exactitude pour qu'on s'aperçoive de l'absence de l'arbre qu'il a enlevé. Enfin, il peut avoir fait à l'avance ses arrangemens de manière à se trouver, par une insolvabilité apparente, à l'abri de toutes poursuites pour l'amende et la restitution.

» Du reste, c'est bien vainement que Louis Cassel a prétendu dans son mémoire à la cour de Douai, que l'empreinte du marteau de l'Etat sur un arbre de réserve ne peut pas être considérée comme un de ces actes de l'autorité publique dont l'art. 439 du Code penal punit la destruction de la peine de la réclusion.

» Cet article, a-t-il dit, ne parle que de la destruction des actes de l'autorité publique *contenant ou opérant obligation, disposition ou décharge.* Or, ce n'est point l'empreinte du marteau de l'Etat qui contient ou opère, pour l'adjudicataire d'une coupe de bois, l'obligation de représenter l'arbre marqué. Cette obligation existe indépendamment de l'empreinte; l'empreinte n'en est que le signe; il ne fait que la manifester.

» Ce raisonnement ne tend à rien moins qu'à paralyser entièrement l'art. 439 du Code pénal, et à rendre l'application absolument impossible. Car de tous les actes dont cet article punit la destruction, il n'en est pas un seul qui constitue l'obligation, la disposition ou la décharge dont parle cet article; il n'en est pas un seul dont on ne puisse dire que l'obligation, la disposition ou la décharge existe indépendamment de lui; il n'en est pas un seul dont on ne puisse dire qu'il n'est que le signe, que la preuve authentique de la décharge, de la disposition, de l'obligation. *Fiunt enim scripturæ* (dit la loi 4, C. *de fide instrumentorum*), *ut quod actum est facilius probari possit; et sine his autem valet quod actum est, si habeat probationem.* Ainsi, ce n'est

point l'acte de naissance d'un enfant qui constitue sa filiation. Ce n'est point l'acte de mariage qui constitue l'union légitime de deux époux. Et la destruction de l'acte de naissance, de l'acte de mariage, n'empêchera point qu'on ne prouve par d'autres moyens que tel enfant appartient à telle famille, que telle femme est l'épouse de tel homme. Et cependant il n'est personne qui osât soutenir que la destruction de l'acte de naissance ou de l'acte de mariage, ne doit pas être punie de la peine portée par le Code pénal?.

» Il est donc clair que le fait imputé à Louis Cassel doit être considéré comme un crime, et que l'arrêt de la cour de Douai, du 20 juillet dernier, doit être cassé. C'est à quoi nous concluons. »

Arrêt du 14 août 1812, au rapport de M. Audier-Massillon, par lequel, « vu l'art. 439 du Code pénal...; attendu que les empreintes du marteau de l'Etat apposées sur des arbres réservés, sont des actes originaux de l'autorité publique; qu'elles opèrent même un titre de propriété envers le domaine public et une obligation à l'adjudicataire de conserver les arbres sur lesquels elles sont apposées; que la cour de Douai a reconnu, dans son arrêt du 20 juillet dernier, que Louis Cassel est suffisamment prévenu d'avoir détruit, sur des arbres mis en réserve, l'empreinte du marteau de l'Etat, pour en substituer frauduleusement une autre, et par conséquent d'avoir détruit un titre de propriété du domaine, pour en créer un en faveur de l'adjudicataire dont il était la caution; que, dès-lors, la prévention portait sur un crime prévu par l'art. 439 ci-dessus rapporté; et que la cour de Douai, en confirmant l'ordonnance du tribunal d'Arras, qui avait déclaré que le fait dont il s'agit n'était ni un crime ni un délit prévu par le Code pénal, et qu'il n'y avait lieu à suivre, a violé la loi ci-dessus rapportée et les règles de compétence; la cour, sans s'arrêter à la fin de non-recevoir proposée par ledit Cassel contre le pourvoi du procureur-général, et statuant sur ledit pourvoi, casse et annulle... ».

III. Sur la troisième question, l'ordonnance des eaux et forêts de 1669 avait adopté l'affirmative: » l'adjudicataire des bois de futaie dans nos forêts (portait-elle, tit. 15, art. 37), dans lesquelles ils s'emploient en ouvrage, sera tenu d'avoir un marteau dont il mettra l'empreinte au greffe, pour marquer le bois qu'il vendra en pied, sans qu'il puisse en débiter qui n'aient cette marque..........; (et) sans que plusieurs associés puissent avoir plus d'un marteau, *ni marquer d'autres bois que ceux de leurs ventes, à peine d'être punis comme faussaires.* » Mais cette disposition est-elle encore en vigueur? Elle y est encore en ce sens qu'aujourd'hui, comme sous l'ancien régime forestier, l'adjudicataire est tenu d'avoir un marteau pour marquer tous les arbres de la vente : « tout adjudicataire de futaie (est-il dit dans l'art. 43 du cahier des charges de l'administration des forêts, arrêté par cette administration, le 29 mai 1811, pour l'adjudication des coupes de 1812, et imprimé avec l'approbation du ministère des finances), « tout adjudicataire de futaie est tenu d'avoir, pour chaque vente, un seul marteau, dont seront marqués les bois qui en sortiront. Ce marteau aura la forme triangulaire. Dans la même forêt, il ne pourra y avoir deux empreintes semblables. L'empreinte sera déposée chez le sous-inspecteur et au greffe du tribunal de l'arrondissement, où le marteau sera rapporté et brisé après l'exploitation finie. »

Mais la disposition de l'art. 37 du tit. 15 de l'ordonnance de 1669 fait-elle encore loi, en tant qu'elle punit comme coupable de faux l'adjudicataire qui marque de son marteau des arbres non compris dans sa vente ?

Je ne saurais me le persuader. La peine du crime de faux n'est plus arbitraire, comme elle l'était sous l'ancien régime ; et elle n'est pas uniforme pour tous les cas où le nouveau Code la déclare encourue ; elle varie, dans ces cas, depuis la mort jusqu'à la réclusion. Et parmi ces cas, on n'en trouve aucun auquel puisse être assimilé le fait de l'adjudicataire qui se permet d'apposer à des arbres non compris dans sa vente, l'empreinte de son marteau. Si donc ce fait est encore un faux, c'est du moins un faux qui n'est plus frappé d'aucune peine, et qui par conséquent ne peut plus servir de base à une accusation.

IV. Sur la quatrième question, V. l'arrêt de la cour de cassation, du 18 mai 1807, qui est cité au n°. suivant.

V. La cinquième est traitée dans le réquisitoire et jugée pour l'affirmative, par l'arrêt suivant.

« Le procureur général expose qu'il est chargé par le gouvernement de dénoncer à la cour un arrêt de la cour de Nancy, du 10 juillet dernier, qui paraît violer ouvertement la loi.

» Par cet arrêt, la cour de Nancy, statuant sur les réquisitions du ministère public tendantes à la mise en accusation de Martin Rame, et à la confirmation de l'ordonnance de prise-de-corps décernée contre ce particulier, par le tribunal de première instance de Sarrebourg, reconnaît « qu'il résulte de l'instruction que le 28 avril dernier, Martin Rame, propriétaire de Scierie, domicilié à Schaiffhoff, a été trouvé par le garde-forestier à la résidence dudit lieu, chargeant sur une voiture et se disposant à extraire de la forêt de Dabo, une arbre essence de sapin, qu'il a déclaré lui avoir été délivré par l'administration forestière, et être frappé de la marque de délivrance ; que le garde ayant aussitôt vérifié la marque dont la racine de l'arbre était en effet chargée, a reconnu qu'elle n'était pas l'empreinte du marteau forestier de l'état ; en conséquence de quoi il a dressé rapport de l'enlèvement de l'arbre, comme étant fait en délit ; que l'examen et vérification de ladite empreinte déposée au greffe comme pièce de conviction, il résulte, en effet, que l'instrument qui à l'aide duquel elle paraît avoir été frappée, ne portait aucune ressemblance ou imitation du type du marteau forestier

de l'état, mais plutôt, autant qu'on peut le reconnaître, une sorte de croix écartelée sans autre entourage ni accompagnement ; qu'autour de cette première empreinte, on a tracé une circonférence à l'instar de celle qui enveloppe l'empreinte du marteau forestier ; mais que cette circonférence a été tracée à la main, ce qui se vérifie par l'irrégularité, l'incertitude, la discontinuité et le défaut d'unité du trait ou ligne qui la constitue, et particulièrement encore par cette circonstance que dans l'une et l'autre des deux empreintes dont le même blanchis se trouve chargé, cette circonférence ne se trouve pas placée à même distance de la marque principale, laquelle, dans une des empreintes touche à la partie inférieure de la circonférence, tandis que, dans l'autre, elle est centrale et à distance égale des parties supérieure et inférieure de la circonférence qui l'enveloppe ; que dans l'intérieur de cette circonférence, on remarque encore quelques traits peu distincts, qu'on voit avoir été tracés à la pointe, et qu'on peut croire avoir été destinés à figurer, d'une manière quelconque, les ailes de l'aigle qui fait le type du marteau forestier. » — Après avoir ainsi déclaré le résultat de l'instruction, la cour de Nancy en tire la conséquence ; « que le fait dont est mention à la charge de Martin Rame, est d'avoir frappé le blanchis pratiqué sur l'arbre de délit d'une empreinte quelconque à l'aide d'un instrument dont le relief n'offre ni rapport ni ressemblance avec celui du marteau forestier ; et d'avoir ensuite, au moyen de quelques traits ajoutés, cherché à donner à cette empreinte quelque apparence d'être celle du marteau de délivrance, de manière à pouvoir surprendre un regard inattentif et tromper la surveillance des agens forestiers. Et là-dessus, elle considère « que ce fait caractérise une fraude pratiquée dans l'intention de couvrir un délit forestier, et qui peut être regardée comme circonstance aggravante du délit ; que cependant elle ne peut constituer le crime de faux par contrefaction des timbres ou marteaux de l'état, prévu par l'art. 140 du Code pénal ; que le crime énoncé dans cet article, consiste essentiellement dans la fabrication ou dans l'emploi de timbres, marteaux ou poinçons ou type des timbres ou autres instrumens destinés aux marques apposées au nom de l'état ; que le caractère distinctif de ce crime est, suivant l'expression de l'orateur du corps législatif, l'atteinte portée aux droits de l'autorité publique, en usurpant le signe caractéristique destiné à déterminer, en son nom, la valeur, le cours, ou la destination des objets qui en sont marqués ; que l'emploi des instrumens contrefaits est justement assimilé à leur fabrication, parce qu'il induit ou le fait ou la complicité de cette fabrication ; celui qui fait usage à son profit de l'instrument contrefait étant légalement présumé l'avoir lui-même fabriqué ou fait fabriquer en vue de cet usage ; qu'ainsi, sous ce rapport, l'emploi d'un instrument contrefait s'identifie avec le fait

» de sa fabrication ; que c'est ce fait de fabrication
» d'un faux instrument ou de son emploi qui fait la
» matière de l'art. 140 du Code pénal de 1810; que
» sa disposition est répétée de celle de l'art. 5, sect.
» 6 , du tit. 1er. du Code pénal de 1791, et celle-ci
» avait été elle-même préparée par la disposition de
» la loi du 22 juillet même année, portant que *ceux*
» *qui seront convaincus d'*AVOIR FABRIQUÉ , FAIT
» FABRIQUER OU EMPLOYÉ *de faux poinçons , seront*
» *punis des peines établies dans le Code pénal* ;
» que la disposition de l'art. 5 du Code de 1791,
» portant que *quiconque sera convaincu d'avoir*
» *contrefait le poinçon servant à la marque des*
» *matières d'or et d'argent*, OU LES MARQUES APPO-
» SÉES AU NOM DU GOUVERNEMENT *sur toutes espè-*
» *ces de marchandises, sera puni de deux ans de*
» *fers*, se réfère à la disposition de la loi du 21 juil-
» let dont elle est le complément, puisqu'elle ne fait
» que déterminer la peine applicable au genre de
» délit dont le caractère est fixé par ladite loi, et qui
» consiste dans l'acte d'avoir fabriqué, par soi ou
» par autrui, un instrument contrefait de ceux des-
» tinés aux marques apposées au nom de l'autorité
» publique; que cette disposition transférée dans le
» Code de 1810, y a conservé le même sens et la
» même application; qu'ainsi l'orateur du gouverne-
» ment chargé de présenter à la sanction du corps
» législatif cette partie du Code, a observé « que les
» peines édictées par les art. 139 et suivans avaient
» été graduées *selon l'importance de la destination*
» *qu'avait l'instrument contrefait* ; et que l'on
» avait distingué *la fabrication d'un faux timbre*,
» d'avec le faux emploi d'un timbre vrai ; qu'ainsi
» c'est de la bouche même des orateurs, chargés de
» développer l'esprit et le sens de la disposition lé-
» gislative proposée , qu'on recueille que celle dont
» il s'agit se réfère à *la fabrication* de faux timbres,
» ou autres instrumens contrefaits ». — La cour de
Nancy ajoute « que dans cet état de choses, l'appli-
» cation de l'art. 140 du Code pénal ne peut avoir lieu
» que dans le cas où il existe preuve ou indices suffi-
» sans qu'un marteau contrefait a été fabriqué et em-
» ployé, ou seulement fabriqué ; que la prévention à
» cet égard peut s'établir suffisamment par la recon-
» naissance d'une empreinte produite par applica-
» tion d'un instrument portant le type des instru-
» mens employés au nom du gouvernement; puisque
» l'existence d'une telle empreinte induit l'exis-
» tence , la fabrication et l'emploi d'un instrument
» contrefait; fabrication et emploi imputables à ce-
» lui au profit duquel la marque fausse est apposée ;
» mais que, dans le cas de l'existence d'une empreinte
» produite par application d'un instrument qui ne
» présente ni ressemblance ni analogie avec le type
» des marques publiques, cette empreinte ne peut
» faire présomption de l'existence d'un instrument
» contrefait et imité des timbres , ou marteaux de
» l'état, ni conséquemment lui donner lieu de recher-
» cher les auteurs ou complices de la contrefaction;
» que ce dernier cas est celui de la prévention au
» procès actuel; qu'il n'existe aucun indice de l'exis-

» tence , de la fabrication ou de l'emploi d'un mar-
» teau forestier contrefait; qu'il n'y a donc pas lieu
» à l'application de l'art. 160 du Code pénal ; mais
» que le fait , dépouillé de la circonstance de l'emploi
» d'un marteau contrefait , rentre dans la catégorie
» des délits forestiers, susceptibles d'être poursuivis
» par voie de police correctionnelle. » En conséquence, la cour de Nancy déclare « qu'il n'y a pas
» lieu de poursuivre par voie d'instruction crimi-
» nelle; annulle l'ordonnance de prise-de-corps dé-
» cernée contre Martin Rame; ordonne qu'il sera
» mis en liberté ; ordonne que les pièces de convic-
» tion transférées au greffe de la cour, seront réta-
» blies dans le greffe du tribunal correctionnel de
» l'arrondissement de Sarrebourg; et que le rap-
» port dressé par le garde forestier Schneider , le
» 28 avril dernier, sera renvoyé à l'inspecteur fores-
» tier du même arrondissement, pour être par lui
» dirigé telles poursuites qu'au cas appartiendra. »
» Tel est l'arrêt sur lequel l'exposant est chargé
d'appeler l'attention de la cour.
» On voit d'abord combien nuiraient à la conservation des forêts, les maximes qu'il établit. Cet
arrêt subsistant , dit très-judicieusement le procureur-général de la cour de Nancy , dans une lettre
au grand-juge, ministre de la justice , du 3 août
dernier , « tous les délinquans contreferont les mar-
» ques avec des poinçons; et si cela est reconnu ,
» ils ne risqueront que d'être punis comme pour
» délits forestiers; et presque toujours ils échappe-
» ront à cette punition, parce que les gardes ne voyant
» un arbre abattu présenter à la racine un blanchis
» et une marque, passeront sans s'arrêter, et que
» rarement ils porteront sur ces marques une atten-
» tion assez scrupuleuse pour reconnaître les fausses
» marques. Il n'est que la rigueur de la peine qui
» puisse imprimer aux délinquans assez de crainte
» pour rendre le crime rare ; dès que cette crainte
» n'existera plus , ils commettront des délits fores-
» tiers par l'assurance, qu'ils demeureront impunis
» pour la plupart , au moyen de la fausse marque
» qui trompera les gardes; et que si quelques gardes
» sont assez vigilans pour vérifier la marque , l'em-
» ploi de cette marque ne sera ni crime ni délit , et
» ne pourra donner lieu à aucune peine , l'enlève-
» ment de l'arbre constituant seulement un délit
» forestier. »
» Mais il ne suffit pas de prouver que l'arrêt dont
il s'agit , aurait des conséquences désastreuses ; il
faut encore prouver que cet arrêt est en opposition
avec la loi.
» L'art. 140 du Code pénal punit des travaux forcés à temps, non seulement ceux qui auront *contre-*
fait, mais encore ceux qui auront *falsifié* les marteaux de l'état servant aux marques forestières.
» Qu'est-ce que *contrefaire* , qu'est-ce que *falsi-*
fier les marteaux de l'état ?
» Les *contrefaire*, c'est fabriquer, sur leur modèle, des marteaux privés qui les imitent et en représentent plus ou moins exactement les traits.

» Les *falsifier*, c'est, à prendre ce mot dans son acception littérale, les altérer de manière qu'ils ne paraissent plus ce qu'ils sont réellement, c'est les dénaturer, c'est faire en sorte qu'ils ne soient plus marteaux de l'état.

» Mais le mot *falsifier* ainsi entendu, n'y aurait aucun objet, n'y présenterait aucun sens susceptible d'application. Un marteau de l'état qui serait matériellement dénaturé, et qui, par-là, cesserait d'être ce qu'il était avant son altération, ne pourrait servir à aucun usage nuisible aux intérêts de l'état, il ne serait, dans la main du falsificateur, qu'un instrument inutile.

Il faut donc, et il faut nécessairement, dans l'art. 140, donner un sens au mot *falsifier*; car on ne peut pas supposer que l'art. 140 ait employé ce mot, sans y attacher une signification quelconque. Il faut donc appliquer ce mot, non à la falsification de l'instrument appelé *marteau de l'état*; mais 1° à l'apposition de fausses marques imitant plus ou moins parfaitement celles dont l'empreinte se fait à l'aide de ce marteau, 2° à la falsification de vraies marques qui ont été imprimées, à l'aide de ce marteau, sur des arbres.

» Mais veut-on, à toute force, que ni la contrefaçon des marques du marteau de l'état, ni la falsification des vraies marques de ce marteau, ne soient comprises dans l'art. 140 ? Au moins on ne pourra pas nier qu'elles ne le soient dans l'art. 147, lequel punit également des travaux forcés à temps, tout particulier qui commet « un faux en écriture authen-
» tique et publique, soit par *contrefaçon* ou *al-*
» *tération* d'écriture, soit par fabrication de conven-
» tions, dispositions, obligations ou décharges, ou
» par leur insertion après coup dans ces actes, soit
» par addition ou altération de clauses, *de déclara-*
» *tions ou de faits* que ces actes avaient pour objet
» de recevoir ou de constater. »

» Il est certain, en effet, que l'empreinte du marteau de l'état sur un arbre, est un acte public proprement dit, puisqu'elle a pour objet d'en constater authentiquement, soit la réserve, soit la délivrance, et qu'elle la constate régulièrement par des figures imprimées à l'aide du marteau même.

» Et c'est sur ce fondement que, le 14 août 1812, au rapport de M. Audier-Massillon, et sur les conclusions de l'exposant, la cour a cassé un arrêt de la cour de Douai qui avait jugé non applicable à l'enlèvement des marques imprimées, à l'aide du marteau de l'état, sur des arbres réservés, la disposition de l'art. 439 du Code pénal, lequel punit de la réclusion quiconque volontairement détruit *des actes de l'autorité publique.*

» C'est sur le même fondement que, le 18 mai 1817, au rapport de M. Carnot, la cour a confirmé un arrêt par lequel, en vertu de l'art. 2 de la loi du 23 floréal an 10, qui attribuait aux cours spéciales la connaissance des faux en écriture, une cour spéciale s'était déclarée compétente pour connaître d'un crime qui avait consisté à enlever la marque du mar-

teau de l'état apposée sur un arbre de réserve, et à l'appliquer sur un arbre réservé.

» Or, dans l'espèce dont il est ici question, de quoi était prévenu Martin Rame ?

» Il était prévenu d'avoir fabriqué une fausse marque qui avait pour objet de faire regarder comme délivré par l'administration des forêts, un arbre qui ne l'avait pas été. Il était par conséquent prévenu d'avoir contrefait un acte de l'autorité publique. Il était par conséquent prévenu du crime spécifié par l'art. 147 du Code pénal.

» Peu importe, au surplus, que la fausse marque que Martin Rame est prévenu d'avoir fabriquée, n'ait imité qu'imparfaitement les vraies marques du marteau de l'état. Si, comme la cour l'a déclaré par un arrêt du 29 novembre 1811, au rapport de M. Benvenutti, *une fausse signature constitue nécessairement la contrefaçon d'une signature, parce que le crime de faux ne saurait dépendre de la plus ou moins exacte imitation de la signature vraie;* on doit dire, par la même raison, *qu'une fausse marque forestière constitue nécessairement la contrefaçon d'une marque forestière, parce que le crime de faux ne saurait dépendre de la plus ou moins exacte imitation de la marque vraie.*

» Ce considéré; il plaise à la cour, vu l'art. 441 du Code d'instruction criminelle, et les art. 140 et 147 du Code pénal, casser et annuler, dans l'intérêt de la loi, et sans préjudice de son exécution dans l'intérêt de la vindicque publique, l'arrêt de la cour de Nancy, ci-dessus mentionné, et dont expédition est ci-jointe; et ordonner qu'à la diligence de l'exposant, l'arrêt à intervenir sera imprimé et transcrit sur les registres de ladite cour.

» Fait au parquet, le 2 septembre 1813. *Signé* Merlin.

» Ouï le rapport de M. Rataud....; vidant le délibéré ordonné à l'audience du 7 de ce mois; vu l'art. 442 du Code d'instruction criminelle, l'art. 410 du même Code et l'art. 140 du Code pénal; attendu qu'il était établi, tant par le procès-verbal du garde-forestier que par l'instruction qui a eu lieu, que Martin Rame, propriétaire d'une Scierie, a été trouvé chargeant sur une voiture et se disposant à enlever de la forêt de Dabo, un arbre essence sapin, qu'il a déclaré lui avoir été délivré par l'administration forestière, et être frappé de la marque de délivrance; que vérification faite de cette marque, elle a été reconnue n'être point celle de l'administration forestière; que, sur les poursuites exercées contre Rame, le tribunal de première instance de Sarrebourg avait, avec raison, décerné ordonnance de prise-de-corps contre ledit Rame, comme prévenu du crime de faux; mais que, d'après l'envoi de la procédure à la cour de Nancy, cette cour, chambre des mises en accusation, a jugé que, dans l'espèce, la contrefaçon de la marque n'ayant point eu lieu par l'emploi d'un marteau contrefait, elle ne pouvait caractériser le crime prévu par l'art. 140 du Code pénal, qu'elle a pensé n'être applicable qu'à la contrefaçon au moins présumée du marteau même ; elle a jugé que le fait ne présentait qu'une simple fraude pratiquée dans l'intention de couvrir un délit forestier ; elle a, en conséquence, déclaré qu'il n'y avait lieu de suivre par voie criminelle ; qu'une pareille décision tend évidemment à anéantir le but et le vœu de la loi, puiqu'il suffirait, pour se mettre à l'abri des peines qu'elle prononce ; de contrefaire la marque forestière autrement que par l'empreinte d'un marteau contrefait; que, dans tous les cas où une fausse marque forestière a été apposée à l'aide de quelqu'instrument que ce soit, avec l'intention de la faire passer pour la marque de l'état, ce seul fait, quelque soit d'ailleurs le plus ou le moins d'exactitude dans l'imitation de la véritable marque, constitue le crime de falsification, et, dès-lors, rentre nécessairement dans l'application de la disposition de l'art. 140 du Code pénal ; qu'autrement il faudrait supposer que le législateur qui, dans l'art. 142 dudit Code, a établi des peines afflictives et infamantes contre ceux qui contreferaient les diverses espèces de marques qui y sont mentionnées, a voulu laisser impunie la contrefaçon des marques forestières, quand il n'y aurait pas en contrefaçon du marteau même destiné à les apposer; que ce sont les faits préjudiciables aux droits ou intérêts de l'état que la loi veut atteindre et punir; et que, par une conséquence nécessaire, la contrefaçon de la marque forestière, opérée par l'emploi d'un marteau contrefait, ou par l'emploi de tout autre instrument, présente également le crime prévu par ledit art. 140 du Code pénal ; la cour casse et annulle, dans l'intérêt de la loi.......... ».

» Fait et prononcé....., le 21 octobre 1813. »

§. XV, n°. *III.* Page 15, col. 2, *après la ligne* 10, *ajoutez :*

Mais remarquez, 1° qu'aujourd'hui les chambres d'accusation des cours ont, à cet égard, plus de latitude que n'en avaient les cours de justice criminelle et spéciale instituées par la loi du 23 floréal an 10, et qu'elles peuvent, lorsqu'il n'y a pas de commencement de preuve de la mauvaise intention d'un fonctionnaire public qui a commis un faux, déclarer qu'il n'y a lieu à poursuite ultérieure; 2°. que même sous la loi du 23 floréal an 10, les cours de justice criminelle et spéciale pouvaient prononcer de même, lorsqu'il leur paraissait évident que le fonctionnaire public prévenu de faux, avait agi sans mauvaise intention.

Cest ce qui résulte du plaidoyer prononcé, et de l'arrêt rendu dans l'espèce suivante.

Le 20 décembre 1812, plainte en faux du procureur impérial du tribunal de première instance de Louviers, expositive ;

1° Qu'il existe dans les minutes du sieur D., notaire à G., sous les dates des 28, 29 et 30 décembre 1811, un inventaire que sa signature et celles de deux témoins attestent avoir été fait par cet officier, après le décès et au domicile de Pierre Delé-

pine, cultivateur au hameau de Botremilhes, commune de Hendebourg , tant à la requête de sa veuve, stipulant comme *héritière de la succession de son mari, et créancière pour ses droits dotaux et remploi de propres aliénés*, qu'à celle du sieur et de la dame Lothon, beau-frère et sœur du défunt ; qu'il est dit, par le même acte, qu'un expert a été appelé pour estimer les meubles, conformément à ce qui avait été réglé par le contrat de mariage des sieur et dame Delépine, et qu'il a en effet procédé à cette estimation, après avoir prêté serment entre les mains du notaire; qu'enfin l'acte est terminé par la mention que la dame Delépine et la dame Lothon ont déclaré au notaire qu'elles ne savaient pas écrire; que cependant il est de fait que ni le notaire D., ni les deux témoins instrumentaires ne se sont pas transportés, pour la confection de cet inventaire, au domicile du sieur Delépine ; que c'est le clerc du notaire qui l'a dressé seul; que c'est lui qui a reçu le serment de l'expert ; que c'est à lui que la dame Delépine et la dame Lothon ont déclaré ne savoir écrire; et que c'est dans l'étude du notaire à G. que cet officier et les deux témoins instrumentaires y ont apposé leurs signatures.

2° Que dans les minutes du même notaire, se trouve un contrat de vente, du 21 avril 1812, que la signature de cet officier atteste avoir été passé dans la demeure du sieur Lhomme, commune de Saint-Julien ; et que cependant c'est dans son étude que le notaire l'a signé, sans qu'aucune des parties y fût présente.

Sur cette plainte, information qui prouve tous les faits qu'elle annonce.

Le sieur D. interrogé , à la suite d'un mandat d'amener , soutient que c'est lui-même qui a dressé en personne l'inventaire dans la commune de Hendebourg, et le contrat de vente dans la commune de Saint-Julien.

Les choses en cet état, le ministère public requiert qu'il soit décerné un mandat d'arrêt contre le sieur D., et des mandats d'amener tant contre son clerc, que contre les deux témoins de l'inventaire.

Mais sur le rapport du juge d'instruction , le tribunal rend une ordonnance par laquelle il *déclare qu'il n'y a lieu à suivre*.

Le procureur impérial forme opposition à cette ordonnance, et l'affaire est soumise à la chambre d'accusation de la cour de Rouen.

— Le 8 janvier 1813, « considérant que D. a déclaré, dans son interrogatoire, qu'il s'était transporté sur les lieux avec son clerc qui avait écrit les actes argués de faux ; et que les sieurs .... témoins signataires à l'inventaire étaient présens à la confection de cet acte ; considérant qu'il résulte cependant de l'instruction que ledit D. ne s'est pas transporté à Hendebourg le 28 décembre 1811, ni à Saint-Julien le 21 avril 1812; d'où il résulte que l'énoncé auxdits actes, en tant qu'il y est dit que le notaire s'est transporté sur les lieux, est mensonger; et qu'il est de même inexact dans l'inventaire, où il est dit que les témoins étaient présens le 28 décembre; considérant, d'une autre part, que cette énonciation mensongère ne constitue pas le crime de faux prévu par l'art. 146 du Code pénal, *le notaire D. n'ayant pas frauduleusement dénaturé la substance ou les circonstances desdits actes*; que d'ailleurs les parties intéressées n'ont porté aucune plainte contre ledit D.; qu'au contraire lesdits actes ont reçu librement leur pleine et entière exécution; et que même, quant à l'inventaire qui n'a été clos que le 30 décembre 1811, il est rapporté par deux témoins intéressés à la véracité de l'acte, que ledit D. interpella, ledit jour 30 décembre, les parties de déclarer si tout le mobilier avait été réellement compris dans l'inventaire; vu les dispositions de l'art. 229 du Code d'instruction criminelle; la cour confirme l'ordonnance rendue par le tribunal de l'arrondissement de Louviers ».

Le ministère public se pourvoit en cassation, et soutient que cet arrêt viole à la fois l'art. 146 du Code pénal, et l'art. 231 du Code d'instruction criminelle.

« Y a-t-il faux (ai-je dit à l'audience de la section criminelle, le 18 février 1813), dans l'inventaire et dans le contrat de vente dont il est ici question ? S'il y a faux dans l'un et l'autre acte, ce faux constitue-t-il un crime ? Tels sont les deux points que nous avons à examiner.

» Le premier ne peut présenter aucune difficulté sérieuse.

» Il y a faux dans un acte public, suivant l'art. 146 du Code pénal, toutes les fois que l'officier, dont cet acte est l'ouvrage, en dénature la substance ou les circonstances, et notamment lorsqu'il y constate comme vrais des faits faux.

» Or, il est de la substance d'un inventaire public, qu'il soit dressé par un notaire en personne, que ce soit un notaire en personne qui reçoive le serment des experts appelés à cet acte, pour estimer certains effets; que ce soit un notaire en personne qui voie signer les parties intéressées; que ce soit à un notaire en personne que celles des parties intéressées qui ne signent pas, fassent la déclaration qu'elles ne peuvent pas signer.

» Il est de la substance d'un contrat public de vente, qu'un notaire en personne soit présent à la manifestation que le vendeur et l'acheteur font de leur consentement réciproque; qu'un notaire en personne consigne par écrit et sous les yeux de l'un et de l'autre, la preuve de ce consentement; qu'un notaire en personne reçoive la signature de l'un et de l'autre, ou les déclarations de ne pouvoir signer, qui en tiennent lieu.

» Oter de toutes ces opérations la présence du notaire, qu'y restera-t-il ? Rien qu'un acte privé, rien qu'un acte qui n'aura contre les parties dont il porte les signatures, que l'effet d'une simple cédule, rien qu'un informe chiffon pour les parties qui ne l'ont pas signé.

» Que fait donc le notaire, qui, n'ayant été présent à aucune de ces opérations, atteste cependant, par sa signature, qu'elles ont toutes été faites en sa présence ? Il élève au caractère d'acte public, un acte qui, par la manière dont il a été procédé à sa rédaction, ne vaut que comme un écrit privé; il attribue à un acte qui ne prouve rien, qui ne peut rien prouver, contre les parties qui n'y ont pas apposé leurs signatures, la vertu de faire foi contr'elles jusqu'à inscription de faux; il dénature donc la substance de cet acte; il se rend donc *faussaire*, dans toute l'énergie du terme.

» Mais s'il résulte de là que le notaire D. a commis un faux, en signant dans son étude à G., l'inventaire qui avait été dressé, hors sa présence, dans la commune de Hendebourg, les 28, 29 et 30 décembre 1811; s'il résulte de là que le notaire D. a commis un faux, en signant dans son étude à G., un contrat de vente qui avait été, hors sa présence, rédigé et signé par les parties dans la commune de Saint-Julien, le 21 avril 1812; en résulte-t-il aussi qu'en commettant ces deux faux, le notaire D. se soit rendu coupable de deux crimes ?

» C'est le second point qui appelle ici notre attention; et sur ce second point, c'est encore l'art. 146 du Code pénal qui va nous éclairer.

» *Sera puni des travaux forcés à perpétuité*, porte cet article, *tout fonctionnaire ou officier public qui, en rédigeant des actes de son ministère, aura* FRAUDULEUSEMENT *dénaturé la substance ou les circonstances.*

» Remarquons bien cette expression, *frauduleusement*. Elle prouve que, dans l'esprit de la loi, le faux qui, de la part d'un officier public, consiste à dénaturer la substance ou les circonstances d'un acte de son ministère, ne prend le caractère de crime, et ne devient punissable, que lorsque l'officier public l'a fait avec une intention frauduleuse; que lorsqu'il l'a fait dans le dessein de nuire à autrui.

» Or, ici, peut-on supposer au notaire D. un dessein de nuire à autrui ? Peut-on lui supposer une intention frauduleuse ?

» L'arrêt contre lequel est dirigé le recours en cassation du procureur-général de la cour de Rouen, déclare que le notaire D. n'a point *frauduleusement dénaturé la substance et les circonstances* de l'inventaire et du contrat de vente; et si cette déclaration présente quelque ambiguité dans sa construction grammaticale, si elle laisse douter auquel des deux mots *frauduleusement* ou *dénaturé*, se rapporte la négative *n'a point*; si l'on n'y voit pas bien clairement que l'arrêt considère le notaire D. comme ayant à se reprocher d'avoir dénaturé la substance et les circonstances des deux actes; s'il est permis de croire, en la lisant, que l'arrêt absout même de ce reproche le notaire D., ce qui serait une grande erreur en droit; au moins elle lève toute espèce de doute sur l'intention dans laquelle a agi le notaire D., en commettant les deux faux dont il est prévenu : il en résulte nettement et sans équivoque, que le notaire D. n'a point agi *frauduleusement*.

» Et dès-là, point de crime à poursuivre, point de crime à punir, dans les deux faux commis par le notaire D.

» A entendre le procureur-général de la cour de Rouen, le notaire D. doit être censé avoir dénaturé *frauduleusement* la substance et les circonstances des deux actes, par cela seul qui les a dénaturés *sciemment*; car il n'a revêtu les deux actes de sa signature que pour constater faussement qu'il avait été présent à la rédaction de l'un et de l'autre; et il ne l'a fait que parce qu'il savait que l'efficacité de l'un et de l'autre dépendait de la preuve authentique qu'il y avait été présent.

» Mais on ne peut pas ainsi changer les expressions d'une loi pénale. Sans doute, l'idée attachée au mot *sciemment* est toujours renfermée dans l'idée attachée au mot *frauduleusement*; car il ne peut pas y avoir d'intention frauduleuse, là où il y a défaut de connaissance de ce que l'on fait. Mais il n'y a pas, à cet égard, de réciprocité; et de ce que l'on sait parfaitement ce que l'on fait; quand on fait une chose qui peut être frauduleuse, il ne s'ensuit pas nécessairement que l'on fait cette chose frauduleusement. Pour qu'il y ait intention frauduleuse dans l'opération qui consitue un faux, deux conditions sont absolument requises; la connaissance que l'on commet un faux, et le dessein de nuire à autrui en le commettant.

» Mais, dit le procureur-général de la cour de Rouen, les deux faux commis par le notaire D. n'ont pas été sans bénéfice pour lui; il s'est fait payer son transport et ses vacations, tandis qu'il n'y a eu, de sa part, ni vacations ni transport, tandis que tout a été l'ouvrage de son clerc. Il a donc nui par ses deux faux, aux parties qui lui ont payé un transport et des vacations qu'elles ne lui devaient pas.

» *Volenti non fit injuria*, c'est une des premières règles du droit, c'est le cri de la raison naturelle. Or, les parties qui ont payé au notaire D. un transport et des vacations qu'elles ne lui devaient pas, savaient très-bien qu'il n'y avait eu, de sa part, ni transport ni vacations. Il ne leur a donc pas nui en recevant d'elles le salaire d'un transport et de vacations qui n'avaient pas eu lieu. Il n'a donc pas cherché à leur nuire, en attestant par sa signature qu'il y avait eu, de sa part, vacations et transport.

» Les tiers, objecte encore le procureur-général » de la cour de Rouen, les tiers pouvaient être lé» sés par les fausses certifications des deux actes, » parce que, n'ayant pas lieu de soupçonner que » le notaire et les témoins n'y avaient pas été pré» sens, ils n'étaient pas à portée d'en contester, » le cas échéant, la date et l'authenticité. Il y a plus: » les parties stipulantes pouvaient elles-mêmes être » lésées, parce que, voulant avoir l'avantage atta» ché aux actes notariés, elles se trouvaient n'avoir » véritablement que des actes dépouillés des mêmes » effets et inutiles vis-à-vis des tiers, ou, ce qui est

» pis encore, un inventaire qui, n'étant pas signé » des parties, ne les liait pas même entr'elles ».

» Tout cela est d'une vérité incontestable; mais quelle conséquence peut-on en tirer contre l'arrêt attaqué?

» Pour qu'il y ait *fraude* dans l'opération qui constitue un faux, suffit-il que cette opération puisse un jour nuire à des tiers? Non: il faut encore que l'intention de leur nuire dirige, dans cette opération, celui qui la fait: *Fraudis interpretatio* (dit la loi 79, D. *de regulis juris*) *semper in jure civili, non ex eventu duntaxat, sed ex consilio quoque desideratur.*

» Or, l'arrêt attaqué décide, en fait, que le notaire D. n'a eu intention de nuire à personne en commettant les deux faux. Il ne les a donc pas commis frauduleusement. Il ne s'est donc pas rendu coupable d'un crime, en les commettant.

» Mais qu'arrivera-t-il si, un jour, l'inventaire et le contrat de vente sont annullés, comme actes authentiques; si même l'inventaire est déclaré n'avoir pas, à l'égard des parties dont il ne porte pas la signature, l'effet d'un acte sous seing-privé?

» Ce qui arrivera? L'art. 68 de la loi du 25 ventôse an 11 nous dit qu'alors les parties lésées auront, contre le notaire D., une action en *dommages-intérêts*, *s'il y a lieu*, c'est-à-dire si c'est à leur insu ou contre leur gré que les faux ont été commis.

» Enfin, dit encore le procureur-général de la cour de Rouen, « il y a toujours préjudice à l'ordre » public, quand des officiers publics prévariquent » d'une manière aussi grave, et se permettent de ne » pas assister aux actes de leur ministère ».

» Oui, mais tout préjudice à l'ordre public n'est pas puni comme crime : il n'est puni comme crime que dans les cas déterminés par la loi; et la loi ne qualifie de crime de faux que commet un notaire, en attestant sa présence à un acte auquel il n'a pas assisté, que lorsqu'il y a, dans ce faux, un dessein formel de nuire à autrui.

» Du reste, si le préjudice que cause ce faux à l'ordre public n'est pas toujours puni comme crime, il peut toujours l'être comme faute de discipline; et les tribunaux ont, toujours, dans la faculté que la loi leur attribue de suspendre et même de destituer le notaire pour fautes graves, un moyen assuré de réprimer les fautes, ou plutôt les prévarications de cette nature.

» Il est encore un autre moyen non moins infaillible de rendre ces prévarications plus rares : c'est que les officiers du ministère public fassent, sans ménagement, envers les notaires qui imitent le sieur D., ce qu'a fait envers le sieur D. le procureur impérial de l'arrondissement de Louviers. C'est qu'ils les poursuivent comme prévenus du crime de faux, sauf aux juges à déclarer, après avoir reconnu l'absence de toute intention frauduleuse, qu'il n'y a pas lieu à accusation. De pareilles poursuites sont déjà une peine morale; et la crainte de s'y exposer sera toujours un frein puissant pour un notaire qui compte sa réputation pour quelque chose.

» Au surplus, Messieurs, ce n'est pas la première fois que se présente devant vous la question de savoir si, dans le cas où se trouve le sieur D., un notaire peut être puni comme coupable de faux.

» Le 29 décembre 1808, vous avez cassé, au rapport de M. Carnot, un arrêt par lequel la cour spéciale du département de la Meurthe avait déclaré Jean-Nicolas Ferry prévenu du crime de faux, et s'était reconnue compétente pour le juger, en vertu de la loi du 23 floréal an 10, sur le seul fondement qu'il avait fait signer par un particulier, dans son domicile, et en l'absence du notaire rédacteur, un acte public qui, par sa teneur, paraissait avoir été signé dans l'étude de ce notaire et en sa présence ; et vous l'avez cassé, « attendu que le » crime de faux se constitue nécessairement en fait » et en moralité ; qu'il résulte de là que les cours » de justice criminelle et spéciale n'étant autorisées » à connaître que des véritables crimes de faux, » elles doivent s'expliquer, non seulement sur le » faux en lui-même, mais nommément sur sa mo- » ralité ; qu'elles doivent le faire notamment en » termes exprès, lorsque *la prévention du faux* » *se présente sous certains rapports qui peuvent* » *en diminuer la gravité, et peut-être même en* » *détruire la criminalité*; que cependant la cour » de justice criminelle et spéciale du département » de la Meurthe s'est bornée à déclarer, sans en- » trer même dans aucun détail, que, s'agissant » d'un crime de faux en écriture authentique, la » connaissance du délit rentrait dans sa compé- » tence ; qu'elle aurait dû s'expliquer en outre, et » d'une manière formelle, sur la moralité de ce » délit, et dire s'il lui paraissait qu'il eût été com- » mis méchamment et à dessein de nuire à autrui ; » que, ne l'ayant pas fait, la cour de justice cri- » minelle a violé les règles de la compétence, en » se retenant la connaissance d'une prévention qui » pouvait n'être pas, en soi, celle d'un véritable » crime de faux. »

» Le 7 mai 1810, il a été fait un rapport à votre audience, par M. Favard de l'Anglade, d'un arrêt de la cour spéciale du département de la Seine, qui était ainsi conçu : « Attendu que le crime de faux » ne peut exister là où il ne se rencontre aucune » idée ni intention de porter le moindre dommage » à autrui ; attendu qu'il est constant, d'après l'ins- » truction, que le 31 janvier 1808, la dame Bor- » dier ne pouvant, à cause de ses infirmités, se » rendre dans l'étude du sieur Levert (notaire à » Belleville près Paris), auquel elle avait d'avance » communiqué ses intentions de faire à son mari » une donation de tous ses biens, en cas qu'il la » survécût, s'est transportée seule et librement » chez le traiteur Desnoyers, dans l'intention d'y » faire un acte, ainsi qu'elle l'a déclaré elle-même » aux sieurs Deville et Desnoyers ; qu'elle y a été » suivie par son mari, le sieur Viénot, clerc du

» notaire Levert, et par les témoins Matras et Le- » roy, qui ont vu rédiger ledit acte par le maître » clerc du notaire Levert ; qu'après en avoir en- » tendu la lecture, les parties et les témoins l'ont » signé chez ledit Desnoyers, domicile indiqué par » ledit acte ; que le notaire Levert, connaissant les » intentions de ladite dame Bordier qui lui avait » indiqué le jour et le lieu où elle pourrait les réa- » liser, s'y est rendu dans la volonté de signer l'acte » dont il s'agit ; que, les parties n'y étant plus, il » s'est transporté au domicile de ladite dame Bor- » dier, et n'a signé ledit acte qu'après s'être assuré » qu'il contenait réellement ses intentions ; que » pendant les dix mois que ladite femme Bordier a » survécu à l'acte de donation dont est question, » loin d'avoir manifesté aucun regret d'avoir fait » les dispositions qu'il contient, elle en a au con- » traire paru satisfaite, et a continué de vivre dans » la meilleure intelligence avec son mari, qui a » vendu une partie de ses propres biens pour sub- » venir aux frais occasionnés par la maladie de sa » femme ; que, le même jour de la rédaction de » l'acte dont il s'agit, le sieur Bordier a également » fait à sa femme une donation, en toute propriété, » de tous ses biens (en cas qu'il vînt à mourir avant » elle), qu'ainsi, l'instruction ne présentant contre » les prévenus (savoir : le notaire Levert, Viénot, » son clerc ; Bordier, donataire, et les deux té- » moins) aucun fait tendant à établir une inten- » tion criminelle et le crime de faux caractérisé par » les lois, il ne peut y avoir lieu à plus amples » poursuites ; la cour se déclare incompétente, or- » donne que les libertés provisoires accordées aux » sieurs Levert, Viénot, Bordier, Matras et Leroy, » seront définitives.

» Et qu'avez-vous statué sur cet arrêt ? Vous l'a- vez confirmé purement et simplement, « attendu » (avez-vous dit), que de l'instruction faite sur la » plainte en Faux...., il résulte des faits qui justi- » fient l'incompétence prononcée... ».

» En motivant ainsi votre arrêt, vous avez clai- rement fait entendre que vous n'approuviez pas tous les motifs de la cour spéciale du département de la Seine ; et en effet, il n'y avait pas l'ombre de fon- dement, il y avait même contravention expresse à la loi, dans le motif que la cour spéciale du dé- partement de la Seine avait tiré du défaut de récla- mation de la femme Bordier, pendant tout le temps qu'elle avait encore vécu, contre l'acte de donation dont il s'agissait. Si le notaire Levert, si son clerc, si les deux témoins, si le mari donataire, avaient été prévenus d'intention frauduleuse dans le Faux matériel qu'ils avaient commis, qu'aurait pu opérer en leur faveur le silence de la donatrice ? Il n'aurait pas pu avoir un effet que n'eut pas eu même une transaction par laquelle la donatrice eut, après coup, confirmé sa donation ; il n'aurait conséquem- ment pas pu soustraire les prévenus à l'action du ministère public.

» Et, par la même raison, vous ne pouvez ap- prouver, dans notre espèce, le motif de l'arrêt de la cour de Rouen, qui est fondé sur la circonstance *que les parties intéressées n'ont porté aucune plainte contre le notaire D.; et qu'au contraire les actes argués de faux ont reçu leur pleine et entière exécution.* Mais l'erreur qui a dicté ce motif ne peut pas vicier un arrêt que justifie suffisamment son motif principal, celui qui est tiré de l'absence de toute intention frauduleuse de la part du notaire inculpé.

» Par ces considérations, nous estimons qu'il y a lieu de rejeter le recours en cassation du procureur-général de la cour de Rouen. »

Par arrêt du 18 février 1813, au rapport de M. Oudart, « attendu que, d'après la teneur de l'inventaire commencé le 28 décembre 1811, le notaire Jean-François D. se serait transporté, du lieu de sa résidence, dans la commune de Lafontaine-Hendebourg; qu'il y aurait, en présence de deux témoins instrumentaires, reçu le serment d'un expert estimateur et fait inventaire des meubles et effets de la succession de Pierre Delépine; que la cour de Rouen, chambre d'accusation, a néanmoins déclaré qu'il résulte des charges, que ce notaire n'était pas présent, qu'il n'a pas reçu le serment de l'estimateur; que les témoins n'étaient pas présens; que le clerc Doutté a seul dressé l'inventaire avec les parties intéressées; que, d'après la teneur du contrat de vente du 21 avril 1812, le même notaire, assisté de deux témoins, aurait dressé ce contrat dans la commune de Saint-Julien-la-Luque, où il se serait transporté; que néanmoins la même cour a déclaré qu'il résulte que le notaire D. n'était pas présent, et que son clerc Doutté a seul dressé les clauses de ce contrat avec les parties contractantes; que ces actes qui n'ont été faits qu'entre personnes privées, et que ce notaire a revêtus des formes authentiques par la force desquelles foi entière et publique doit leur être accordée, ne sont pas seulement mensongers, quant à la forme; qu'ils sont faux dans leur substance, aux termes de l'art. 146 du Code pénal; lorsqu'ils constatent comme vrais, des faits qui sont faux, et que ces faits faux dénaturent la substance de ces actes, en leur donnant le caractère d'authenticité qui n'appartient point à des actes privés; qu'aux termes du même article, ce faux est un crime, puisqu'il a été commis *frauduleusement*; mais que la cour de Rouen, après avoir déclaré les faits rappelés ci-dessus, a ajouté que le notaire D. n'a pas frauduleusement dénaturé la substance de ces actes; que, par cette déclaration, elle ne peut avoir violé aucune loi; et qu'il est au surplus des peines de discipline contre les notaires qui, sans être coupables du crime de faux, pourraient avoir violé les règles de leurs fonctions; par ces motifs, la cour rejette le pourvoi.... ».

V. l'art. 45 du décret du 14 juin 1813, concernant les huissiers.

§. XXIV. Pag. 165, col. 2, après la dernière ligne de ce §., ajoutez:

V. le plaidoyer et l'arrêt du 6 mai 1813, rapportés au mot *prescription*, dans les *additions*.

§. XXIX. Pag. 169, après la dernière ligne de ce §., ajoutez:

§. XXIX. *bis. Sous le Code pénal de* 1791, *la déclaration du fait que l'accusé était convaincu d'avoir fait usage d'une pièce fausse, sachant qu'elle était fausse, suffisait-elle pour nécessiter la condamnation de l'accusé aux peines de faux? fallait-il de plus que l'accusé fût déclaré coupable d'avoir fait usage de cette pièce méchamment et à dessein de nuire à autrui?*

V. le réquisitoire et l'arrêt du 19 prairial an 10, rapporté au mot *contradictoire (jugement)*; et le plaidoyer du 17 décembre 1812, rapporté au mot *bigamie*, n°. 2, dans les *additions*.

Pag. 171, *col.* 1re; *après la ligne* 3, *ajoutez:*

§. XXXIII. *Y a-t-il crime de faux en écriture authentique de la part de celui qui, après la mort de deux parties contractantes qui avaient déclaré, dans un acte public, ne savoir pas écrire, signe cet acte comme témoin instrumentaire, ne l'ayant pas signé au moment de sa confection?*

Voici une espèce dans laquelle cette question s'est présentée avec une autre qui est indiquée sous les mots *soustraction de titres.*

Le 29 août 1812, arrêt de la cour de Paris, chambre d'accusation, ainsi conçu:

« M. Girod, avocat-général, est entré, et a fait le rapport d'un procès instruit contre Jacques Dardelut, Antoine Rivière, Frédéric-Auguste Rivière et Louis Rivière. — Le greffier a donné lecture des pièces du procès qui ont été laissées sur le bureau. — M. l'avocat-général a déposé sur le bureau sa réquisition écrite et signée, tendant à ce que lesdits Dardelut et Rivière frères soient renvoyés devant la cour d'assises de l'Aube. — M. l'avocat-général s'est retiré ainsi que le greffier. — Il résulte des pièces du procès les faits suivans; — Par acte du 9 nivôse an 11, passé devant Rivière, notaire à Aix, arrondissement de Troyes; Edme Henriot, cultivateur à Formery, et Victoire Michelot, sa femme, n'ayant point d'enfans, se firent donation entre-vifs réciproque de leurs biens pour en disposer par le survivant en propriété. Cet acte fut terminé par cette phrase: *En présence du cit. Jacques Dardelut, instituteur public, et d'Edme Bondoux, garde-forestier, demeurant audit Aix, témoins qui ont signé avec nous notaire; quant aux parties, elles ont déclaré ne savoir signer de ce enquises et interpellées, après lecture faite; icelle trouvée agréable.* Il paraît cependant que le témoin Dardelut ne signa point alors cette minute. — Le notaire Rivière étant mort, ses minutes ont été déposées chez Laguguey, notaire à Bérulle, même arrondissement. Edme Henriot étant aussi décédé le 1er. février 1811, sa veuve est restée en possession des biens de la succession de son mari en vertu de la susdite donation. Mais les héritiers naturels d'Edme Henriot ayant fait vérifier la minute de cette donation et ayant appris qu'elle n'était point signée par Dardelut, l'un des témoins, firent signifier le 11 mars dernier, pour en avoir une expédition en forme, une sommation à Lagoguey, notaire, qui répondit ne pouvoir délivrer cette expédition sans y être autorisé, la minute n'étant pas en règle par rapport à ce défaut de signature. Ils firent assigner, dès le 18 avril suivant, la veuve Henriot et son second mari devant le tribunal de Tonnerre, pour voir prononcer la nullité de cette donation et la restitution des biens.—Le 15 mai dernier, sur les 8 heures du matin, Frédéric-Auguste Rivière, notaire, l'un des fils de Rivière qui avait reçu l'acte de donation dont s'agit, vint chez Lagoguey, et lui dit que l'affaire entre les héritiers d'Henriot et sa veuve était arrangée, mais qu'il craignait que parmi les minutes d'actes reçus par son père, il ne s'en trouvât quelques autres non revêtues des signatures des témoins, et qu'il désirait en faire la vérification. Lagoguey y consentit. Le résultat de cette vérification fut qu'un grand nombre d'actes n'étaient pas signés par les témoins instrumentaires. Durant cette opération, Louis Rivière, frère aîné de Frédéric-Auguste, vint aussi chez Lagoguey sous prétexte de vouloir acheter du vin; il demanda ensuite à voir la minute de la donation du 9 nivôse an 11, qui lui fut exhibée et qui fut remise ensuite sur la liasse des minutes de l'an 11.—Lagoguey invita les frères Rivière à déjeuner. Sur la fin du repas, Rivière, notaire, quitta la compagnie sous prétexte d'un besoin, traversa le cabinet et enleva la minute de l'acte en question et la copie de la sommation sus-énoncée. Il revint ensuite dans la pièce où l'on déjeunait. Lagoguey, voulant donner connaissance à Rivière aîné de la sommation du 11 mars, retourna dans son cabinet, et n'y trouva plus ni la sommation ni la minute de la donation. Tandis qu'il la cherchait, Rivière, notaire, prit son chapeau et s'enfuit.—Lagoguey ayant témoigné sa surprise à Rivière aîné qui était resté, celui-ci lui déclara que Rivière, notaire, avait emporté la minute de la donation pour la faire signer à Dardelut, témoin, qu'il était venu dans cette intention, que la minute serait rétablie dans le jour; il en souscrivit même une promesse à Lagoguey.— Rivière, notaire, ayant porté les deux pièces par lui enlevées chez sa mère, il paraît qu'Antoine Rivière, troisième frère des précédens, fut chargé d'aller prendre la signature Dardelut, que celui-ci apposa en effet au bas de la minute de la donation. Cette minute fut rendue, le même jour, à Lagoguey, avec un écrit souscrit par Rivière aîné, Rivière, notaire, et leur mère, portant qu'ils s'obligeaient à indemniser Lagoguey des dommages et intérêts qui pourraient être prononcés à cause de sa réponse à la sommation du 11 mars précédent.— Sur la dénonciation de Lagoguey, il a été fait une instruction criminelle, par suite de laquelle Dardelut a été prévenu du crime de faux en écriture authentique et publique par complicité avec les trois frères Rivière. Rivière, notaire,

a été en outre prévenu d'avoir soustrait un acte dans un dépôt public par complicité avec ses frères Louis et Antoine, et il a été décerné contre eux ordonnance de prise de corps par le tribunal de Troyes, le 12 de ce mois d'août. — La cour, après en avoir délibéré, attendu que, quoique l'apposition tardive de la signature Dardelut au bas de l'acte de donation du 9 nivôse an 11, soit une action immorale, elle ne se trouve pas néanmoins comprise dans les faits qui doivent caractériser le crime de faux en écriture authentique et publique, aux termes de l'art. 147 du Code pénal, et qu'elle ne constitue pas un crime, ni un délit prévu par la loi; déclare qu'il n'y a lieu à accusation pour ce fait contre Jacques Dardelut et contre les frères Rivière; annulle l'ordonnance de prise de corps contre eux rendue le 12 ce mois, ordonne que Jacques Dardelut et Antoine Rivière seront mis en liberté sur-le-champ, s'ils ne sont détenus pour autre cause; mais attendu que des pièces et de l'instruction, résultent chargés suffisantes: savoir contre Frédéric-Auguste Rivière, d'avoir, le 15 mai dernier, enlevé d'un dépôt public, la minute d'un acte de donation du 9 nivôse an 11; et contre Louis Rivière, de s'être rendu complice de ce crime en aidant et assistant avec connaissance son frère Frédéric-Auguste Rivière, son frère, dans les faits qui en ont préparé et facilité l'exécution, crimes prévus par les art. 59, 60, 254 et 255 du Code pénal, ordonne la mise en accusation desdits Frédéric et Louis Rivière; les renvoie devant la Cour d'assises du département de l'Aube, pour y être jugés suivant la loi.

Le 1er. septembre suivant, le ministère public fait au greffe de la Cour de Paris une déclaration, par laquelle il se pourvoit en cassation contre cet arrêt.

Le 24 octobre de la même année, Frédéric-Auguste Rivière fait une déclaration semblable au greffe du tribunal de 1re. instance de Troyes.

« Trois questions (ai-je dit, à l'audience de la section criminelle, le 7 novembre 1812), appellent, dans cette affaire, l'attention de la Cour: la demande en cassation du procureur-général de la Cour de Paris, est-elle fondée quant à la disposition de l'arrêt attaqué, qui déclare n'y avoir lieu de mettre en accusation le nommé Dardelut et les frères Rivière pour crime de faux? La demande en cassation de Frédéric-Auguste Rivière, est-elle recevable? Cette même demande est-elle fondée, quant à la disposition de l'arrêt attaqué, qui met Frédéric-Auguste Rivière en accusation pour enlèvement de la minute d'un acte d'un dépôt public où elle était consignée?

» La première de ces questions se réduit à savoir si, en jugeant qu'il n'y a point de crime de faux dans les faits imputés à Dardelut et aux frères Rivière, l'arrêt attaqué viole l'art. 147 du Code pénal, lequel punit des travaux forcés à temps tout particulier qui aura commis un faux en écriture authentique et « publique.... par addition ou altération de clauses, » de conventions ou de faits, que ces actes avaient » pour objet de recevoir ou et constater. »

» Quel était l'objet de l'acte de don mutuel du 9 nivôse an 11 ? C'était de constater, non-seulement que Edme Henriot et Victoire Michelot, son épouse, donnaient chacun tous leurs biens à celui des deux qui survivrait à l'autre, mais encore qu'ils les donnaient en présence d'un notaire et de deux témoins, mais encore que les deux témoins avaient, en même temps que le notaire, revêtu cet acte de leurs signatures, et qu'ils l'en avaient revêtu au moment même de la passation de cet acte.

» Nous disons qu'il devait être constaté par cet acte même, que les deux témoins l'avaient signé; et en effet, telle était la disposition expresse de l'art. 165 de l'ordonnance de Blois qui faisait encore loi le 9 nivôse an 11, et qui d'ailleurs a été renouvelée deux mois et demi après, par les art. 14 et 68 de la loi du 25 ventôse de la même année : « Tous notaires ou » tabellions (portait cet article), tant royaux qu'au- » tres, soit en pays coutumiers ou de droit écrit, » seront tenus de faire signer aux parties et aux té- » moins instrumentaires, s'ils savent signer, tous » contrats et actes, soit testamens ou autres, qu'ils » recevront, *dont ils feront mention*, tant en la mi- » nute que grosse qu'ils en délivreront, *à peine de* » *nullité* desdits contrats, testamens ou actes, et » d'amendes arbitraires. »

» Et dans le fait, l'acte du 9 nivôse an 11 énon- çait en toutes lettres que les deux témoins en pré- sence desquels le notaire l'avait reçu, y avaient ap- posé leurs signatures.

» Cette énonciation était cependant fausse, relati- vement à Dardelut, l'un de ces témoins. Dardelut n'avait pas signé l'acte au moment où le notaire en avait terminé la rédaction et l'avait scellée de sa propre signature; et l'acte se trouvait encore dans cet état d'imperfection, à la mort d'Edme Henriot.

» Quel pouvait-être, en cet état, l'effet de la do- nation qu'Edme Henriot avait déclaré vouloir faire à son épouse ?

» Si l'acte contenant cette donation, eût été signé d'Edme Henriot et son épouse, il aurait pu va- loir comme acte sous seing-privé; car alors n'exis- taient pas encore les dispositions du Code civil qui exigent, pour la validité des donations entre époux, qu'elles soient faites, soit dans la forme des dona- tions entre-vifs, soit dans la forme des testamens; car alors était encore dans toute sa vigueur la dispo- sition de l'art. 46 de l'ordonnance de 1731, par laquelle les donations entre époux étaient exceptées de celle de l'art. 1er. de la même loi qui voulait que les donations entre-vifs, fussent passées devant notaire; car alors, comme l'enseignait Furgole sur le premier de ces deux articles, lorsque *les lois ou les coutumes particulières ne s'y opposaient pas, ces donations pouvaient être faites par écriture privée*; et c'est ce que la Cour a jugé positivement, le 6 juillet 1808, en maintenant un arrêt de la Cour d'appel de Rouen, du 31 juillet 1807, qui avait or- donné l'exécution d'une donation mutuelle faite par acte sous seing-privé, le 18 vendémiaire an 7, entre le sieur Durand et son épouse.

» Mais ni Edme Henriot ni son épouse n'avaient signé l'acte du 9 nivôse an 11, ils avaient tous deux déclaré ne le pouvoir signer, parce qu'ils ne savaient pas écrire. Dès-lors, cet acte ne pouvant, par le dé- faut de signature de l'un des témoins, valoir comme acte notarié; restait absolument sans effet : ainsi le voulait la nature des choses; ainsi l'avait constam- ment réglé la jurisprudence qui depuis a été consa- crée par l'art. 68 de la loi du 25 ventôse an 11.

» Pouvait-on, après la mort d'Edme Henriot, réparer la nullité de cet acte? Non : le droit à la nul- lité de cet acte était acquis aux héritiers du dona- teur; et les en priver légalement malgré eux, était une chose au-dessus de toute puissance humaine.

» Cependant qu'ont fait les frères Rivière? Crai- gnant qu'en leur qualité d'héritiers du notaire qui avait reçu l'acte, la veuve Henriot ne les rendît res- ponsables de la nullité d'une donation qu'elle avait dû regarder comme parfaite, ils se sont concertés pour faire signer l'acte par Dardelut, et ils y ont réussi.

» Dardelut a donc certifié, par sa signature ap- posée, après la mort d'Edme Henriot, à l'acte du 9 nivôse an 11, qu'il avait signé cet acte du vivant de celui-ci. Il a donc, par sa signature tardivement ap- posée à cet acte, donné à cet acte la forme nécessaire pour constater que sa signature y avait été apposée en temps utile; il a donc, pour nous servir des termes de l'art. 147 du Code pénal, *ajouté* à cet acte un *fait que cet acte avait pour objet de constater*; car sa signature est bien un *fait*; et il était bien dans l'ob- jet de cet acte de constater l'époque à laquelle sa si- gnature y avait été apposée.

» Et quel a été le résultat de l'apposition tardive de cette signature? C'est que, par-là, un acte qui était radicalement nul, s'est trouvé revêtu de toutes les apparences légales d'un acte valide; c'est que les héritiers d'Edme Henriot se sont trouvés dépouillés du droit qui leur était irrévocablement acquis à la nullité de cet acte; c'est qu'au lieu de pouvoir con- clure directement à cette nullité, comme ils le pou- vaient avant l'apposition de la signature de Darde- lut, ils se sont trouvés réduits à ne pouvoir plus attaquer l'acte que par inscription de faux.

» Comment donc la Cour de Paris a-t-elle pu juger qu'il n'y avait point de crime de faux dans la signa- ture de Dardelut ? Il n'y a point de crime de faux à faire passer pour valable, au moyen de l'addition d'une signature, un acte qui, par le défaut de cette signature, n'est qu'un vain chiffon ! il n'y a point de crime de faux à faire passer pour vrai, au moyen de l'addition d'une signature, un fait qui ne l'est pas, et dont la fausseté ne peut être prouvée que par ins- cription de faux ! Mais n'y a-t-il pas nécessairement crime de faux, là où il y a impossibilité de prouver autrement que par inscription de faux, le contraire de ce qui est établi par la fausse allégation ? Et que signifieraient ces mots, *inscription de faux*, s'ils ne se référaient pas à un faux proprement dit, s'ils ne désignaient pas une procédure qui doit aboutir à mettre en évidence un faux caché sous l'extérieur de la vérité.

» Qu'importe que la signature apposée par Dardelut à l'acte du 9 nivôse an 11, soit verbalement la sienne ?

» L'acte du 9 nivôse an 11 n'avait pas seulement pour objet de constater que Dardelut l'avait signé; il avait aussi, et il avait principalement pour objet de constater que Dardelut l'avait signé le 9 nivôse an 11 même, ou du moins à une époque où Edme Henriot vivant encore, pouvait être censé consentir que l'on réparât par une signature postérieure à la passation de cet acte, la nullité dont le frappait le défaut de cette formalité. Et Dardelut n'a signé l'acte qu'après la mort d'Edme Henriot; et en le signant après la mort d'Edme Henriot, il l'a rendu propre à constater que c'était du vivant d'Edme Henriot qu'il l'avait signé. Il a donc été commis un crime de faux par Dardelut; il a donc été commis un crime de faux par ceux qui ont aidé et assisté Dardelut à signer, après la mort d'Edme Henriot, l'acte du 9 nivôse an 11.

» Qu'importe encore qu'avant la signature de Dardelut, une action civile se soit trouvée intentée par les héritiers d'Edme Henriot pour faire annuller la donation ? Qu'importe encore qu'à l'appui de cette action, les héritiers d'Edme Henriot eussent produit une déclaration du notaire dans les minutes duquel reposait l'acte du 9 nivôse an 11, énonçant que cet acte n'était point signé de Dardelut.

» Cette déclaration ne pouvait pas balancer la foi due à l'acte même; elle ne pouvait pas détruire la preuve que l'acte même portait que Dardelut l'avait signé, et l'avait signé le 9 nivôse an 11; et si le ministère public n'avait pas agi d'office pour faire déclarer la signature de Dardelut fausse quant à sa date, la veuve Henriot aurait victorieusement repoussé cette déclaration, jusqu'à ce que les héritiers de son mari eussent, par une inscription de faux, prouvé la fausseté de la date de la signature de Dardelut.

» Qu'importe également qu'à l'époque où a été passé l'acte du 9 nivôse an 11, l'art. 166 de l'ordonnance de Blois permît aux notaires, dans les lieux où un notaire pouvait instrumenter avec deux témoins, et lorsque les parties ne savaient pas signer, de prendre pour témoins deux personnes dont une seulement sût signer et signât réellement ?

» Sans doute, il résulte de cet article, que si Dardelut n'eût pas su signer, la signature de l'autre témoin aurait pu suffire pour valider l'acte; mais pour cela qu'aurait-il fallu ? Très-certainement il aurait fallu que le notaire attestât par l'acte même, que Dardelut, interpellé de le signer, avait déclaré ne le savoir. Car il ne faut pas séparer l'art. 166 de l'ordonnance de Blois, de l'article qui le précède immédiatement. Par l'art. 165, le législateur voulait qu'*en cas que les parties ou témoins ne sussent signer, les notaires et tabellions fissent mention de la réquisition par eux faite auxdits parties et témoins de signer et de leur réponse.* Ensuite l'art. 166, enchérissant sur cette disposition, n'autorisait les notaires à prendre pour témoins des personnes ne sachant

pas signer, que dans le cas où les parties signeraient elles-mêmes; et il voulait que, lorsque les parties ne signeraient pas, faute de le savoir, l'un des témoins sût signer et signât *actuellement la minute.* Mais par là dérogeait-il à la règle générale qu'il venait d'établir par l'art. 165 pour les témoins qui ne signeraient pas ? Non certainement, il n'y dérogeait pas plus pour les témoins que pour les parties. Et comme il y avait nécessité, lorsque la partie ne signait pas, de faire mention de l'interpellation qui lui avait été faite de signer et de sa réponse; quoique d'ailleurs, l'un des témoins sût signer et signât en effet, il y avait également nécessité, à l'égard du témoin qui ne signait pas, de l'interpeller de signer et de faire mention de la réponse qu'il avait faite de ne le savoir.

» Or, dans notre espèce, non-seulement Dardelut savait signer, mais l'acte du 9 nivôse an 11 portait qu'il avait signé effectivement. L'acte du 9 nivôse an 11 ne contenait donc rien de ce qu'il eût fallu pour suppléer à la signature de Dardelut. Dardelut a donc fait, en ajoutant sa signature à l'acte du 9 nivôse an 11, après la mort d'Edme Henriot, une chose indispensablement nécessaire pour donner à cet acte l'apparence légale d'une validité qu'il n'avait pas. Dardelut a donc commis un faux par l'addition de cette signature. Les frères Rivière ont donc coopéré à un faux, en aidant et assistant Dardelut à faire cette addition.

» Qu'importerait enfin que Dardelut et les frères Rivière n'eussent eu aucun intérêt à commettre le faux dont il s'agit ?

» D'abord, il n'est écrit nulle part que, pour se rendre coupable d'un crime en commettant un faux matériel, il faille absolument avoir un intérêt personnel à le commettre. Celui qui commet un faux pour procurer officieusement à un autre un avantage dont il ne tire aucun profit, ne se rend pas moins coupable que s'il le commettait pour son propre compte.

» Ensuite, il est bien sensible que les frères Rivière étaient intéressés à la réparation de la nullité dont le défaut de signature de Dardelut entachait l'acte du 9 nivôse an 11, et par conséquent à l'apposition de cette signature après la mort d'Edme Henriot. Car ils pouvaient craindre, et ils craignaient sans doute, que la veuve Henriot ne les poursuivît comme garans d'une nullité qui n'avait sa source que dans l'extrême négligence de leur père. Ils pouvaient craindre, et ils craignaient sans doute, qu'on ne leur appliquât, non comme introduisant un droit nouveau; mais comme déclaratif de l'ancienne jurisprudence, l'art. 68 de la loi du 25 ventôse an 11, qui réserve aux parties dont les actes sont déclarés nuls, notamment pour contravention à l'art. 14 qui prescrit la signature des témoins, leur action en *dommages-intérêts, s'il y a lieu, contre le notaire contrevenant.* Et dans le fait, si l'on peut citer des arrêts des anciennes Cours supérieures qui ont déchargé des notaires de l'action en garantie de nullités qu'ils avaient commises dans leurs actes, on peut en citer aussi qui ont jugé le contraire. Il y en a notamment un du Parlement de Paris, du 22 décembre 1779, qui a été rendu sur les conclusions de M. l'avocat-général d'Aguesseau, plaidant M. Minier, aujourd'hui conseiller à la Cour de cassation.

» Que la crainte des frères Rivière fût, à cet égard, bien ou mal fondée, c'est ce qui est fort indifférent. Il suffit que les frères Rivière aient été et dû être frappés de cette crainte, pour qu'ils aient eu intérêt à séduire Dardelut et à l'amener au crime de Faux qu'il a commis. Celui qui, pour prévenir même un injuste procès, commet ou aide à commettre un Faux, et surtout un Faux qui nuit à un autre que son adversaire présomptif, n'est pas moins punissable que s'il le commettait pour spolier quelqu'un à son profit.

» Mais, vient-on vous dire, il entrait essentiellement dans les attributions de la Cour de Paris d'apprécier la moralité du fait dont il est ici question; or, la Cour de Paris a déclaré que ce fait n'a point le caractère de crime de Faux. Dès-lors tout est jugé à cet égard; et la Cour de cassation ne peut apprécier les élémens d'un pareil arrêt.

» Est-ce donc sur la moralité du fait dont il est ici question, que la Cour de Paris s'est fondée pour le déclarer non compris dans l'art. 147 du Code pénal ?

» Oui, vous dit-on, car elle a reconnu *que l'apposition tardive de la signature de Dardelut au bas de l'acte du 9 nivôse an 11, était une action immorale.*

» Mais c'est précisément là ce qui prouve le contraire. Comment en effet la cour de Paris aurait-elle pu qualifier d'*immorale*, une action qu'elle eut jugée innocente par ses motifs, quoique mauvaise en soi ? En jugeant cette action *immorale*, elle a évidemment jugé que cette action ne pouvait pas être justifiée par l'intention qui l'avait dirigée; elle a évidemment jugé que l'intention qui l'avait dirigée, n'était rien moins que pure.

» Mais ce qui tranche là-dessus toute difficulté, c'est qu'elle a déclaré, en termes exprès, que cette action *n'est point comprise dans les faits qui doivent* « caractériser le crime de Faux en écriture authentique et publique, aux termes de l'art. 147 » du Code pénal »; de là on en effet il résulte clairement que ce n'est point d'après sa moralité, mais d'après sa nature matérielle, qu'elle a apprécié cette action. Elle a donc violé l'art. 147 du Code pénal qui place expressément cette action au rang des faits constitutifs du crime de Faux. Il n'y a donc ni raison ni prétexte qui puisse soustraire à la cassation celle des dispositions de son arrêt qui est attaquée par le ministère public.

» Voyons maintenant quel doit être le sort de la disposition du même arrêt qui est attaquée par Frédéric-Auguste Rivière.

» Et d'abord, Frédéric-Auguste Rivière est-il recevable, quant à présent, à se pourvoir contre cette disposition ?

La raison d'en douter est que l'arrêt dont cette disposition fait partie, n'est pas encore notifié à Frédéric-Auguste Rivière; que Frédéric-Auguste Rivière n'est pas encore transféré dans les prisons de la cour d'assises; qu'il n'a pas encore été interrogé par le président de cette cour, et qu'ainsi ne commence pas encore à courir contre lui le délai dans lequel l'art. 296 du Code d'instruction criminelle permet à l'accusé de faire la déclaration de son recours en cassation contre l'arrêt qui le met en accusation.

« Mais en disant que l'accusé ne pourra se pourvoir en cassation que dans le délai qu'il détermine, l'art. 296 ne dit pas qu'il ne pourra pas se pourvoir auparavant; et pourquoi interpréterions-nous cet article autrement qu'on interprète constamment la disposition de la loi du 27 novembre 1790, qui, pour le recours en cassation, dans les matières civiles, accorde trois mois à compter du jour de la signification de l'arrêt ou du jugement qui en est l'objet ? On n'a jamais douté qu'en matière civile, la partie qui veut attaquer un arrêt ou jugement en dernier ressort, ne puisse le faire avant la signification de cet arrêt ou de ce jugement. Il en doit donc être de même en matière criminelle.

» En second lieu, le recours en cassation de Frédéric-Auguste Rivière a-t-il été formé régulièrement ?

» Il l'a été par une déclaration au greffe du tribunal de première instance de Troyes; et il semble, d'après l'art. 300 du Code d'instruction criminelle, qu'il aurait dû l'être au greffe de la cour d'assises.

« Mais l'art. 300 suppose que l'accusé qui se pourvoit en cassation, se trouve dans les prisons de la cour d'assises devant laquelle il est renvoyé; et nous venons de voir que, par cette supposition, il n'ôte pas à l'accusé la faculté de se pourvoir avant qu'on l'ait transféré dans les prisons de la cour qui doit le juger. Or, comment un accusé qui est encore dans les prisons du tribunal de première instance, pourrait-il faire au greffe de la cour d'assises, sa déclaration de recours en cassation ? La chose lui est évidemment impossible. Il faut donc bien qu'il puisse faire sa déclaration au greffe du tribunal de première instance. La déclaration faite par Frédéric-Auguste Rivière au greffe du tribunal de première instance de Troyes, n'a donc rien d'irrégulier.

» Enfin, la disposition de l'arrêt du 29 août contre laquelle réclame Frédéric-Auguste Rivière, doit-elle être cassée ?

» Elle doit l'être, vous dit-on, parce que si la minute de l'acte du 9 nivôse an 11 a été déplacée de l'étude du notaire où elle était déposée, elle ne l'a été du moins que momentanément; parce qu'elle ne l'a été que pour la faire signer par le témoin Dardelut; parce que la cour de Paris ayant jugé que l'apposition tardive de la signature de Dardelut à l'acte, n'était point un crime, elle n'a pas pu, sans se contredire elle-même, considérer comme criminel, un déplacement momentané, dont l'apposition tardive de la signature de Dardelut était le seul but.

» Mais 1° il ne s'agit pas ici d'un simple *déplacement*, terme qui pourrait aussi bien s'appliquer au fait du dépositaire public transportant d'un lieu à un autre les actes confiés à sa garde, qu'au fait d'un étranger enlevant ces mêmes actes; il s'agit de la soustraction de la minute d'un acte, opérée à l'insu du notaire qui avait cet acte en dépôt; il s'agit d'un enlèvement proprement dit.

» 2° Le déplacement qui a été l'effet de cette soustraction, de cet enlèvement, n'a été, il est vrai, que momentané; mais l'art. 255 du Code d'instruction criminelle ne fait pas dépendre la peine qu'il prononce, du plus ou du moins de durée de l'effet qu'ont produit les enlèvemens, les soustractions dont il s'occupe.

» 3° Il importerait peu que la cour de Paris ne se fût pas trompée en déclarant non criminelle, en se bornant à qualifier d'*action immorale*, l'apposition tardive de la signature de Dardelut à l'acte du 9 nivôse an 11: dans cette hypothèse même, l'enlèvement de la minute de l'acte du 9 nivôse an 11 n'en serait pas moins un crime, et il ne cesserait pas de l'être par la circonstance qu'il n'a eu lieu que pour procurer à Dardelut le moyen de signer cet acte à une époque où il ne pouvait plus le faire. Un crime ne cesse pas d'être crime, par cela seul qu'en le commettant, on se propose un but qui n'a rien de répréhensible; et à plus forte raison en conserve-t-il le caractère, lorsque le but qu'on se propose en le commettant, est une *action immorale*.

» Dans ces circonstances et, par ces considérations, nous estimons qu'il y a lieu, faisant droit sur le recours en cassation de Frédéric-Auguste Rivière, de le rejeter; faisant droit sur le recours en cassation du procureur général de la cour de Paris, de casser et annuller la disposition de l'arrêt de cette cour qui en est l'objet; de renvoyer, quant à ce, la procédure et les prévenus devant une autre cour, et d'ordonner qu'à notre diligence, l'arrêt à intervenir sera imprimé et transcrit sur les registres de la cour de Paris. »

Par arrêt du 7 novembre 1812, au rapport de M. Oudart; — « La cour, faisant droit sur le pourvoi de Frédéric-Auguste Rivière; attendu qu'il est accusé d'avoir enlevé d'un dépôt public, la minute d'un acte reçu par un notaire; que ce fait est qualifié crime, et que l'arrêt de mise en accusation est, quant à ce, régulier et régulier en la forme: la cour rejette le pourvoi de Frédéric-Auguste-Rivière: — Faisant droit sur le pourvoi de M. le procureur général en la cour de Paris, quant au chef du même arrêt qui déclare qu'il n'y a pas lieu à accusation pour crime de faux contre Jacques Dardelut et les frères Rivière, vu l'article 147 du Code pénal et les art. 231 et 416 du Code d'instruction criminelle...; considérant qu'il résulte de l'exposé des faits consignés audit arrêt, que l'acte de don

mutuel du 9 nivôse an 11, n'a été signé ni par Edme Henriot ni par Victoire Michelot sa femme, parties contractantes qui ont déclaré ne savoir signer de ce enquises; qu'ainsi, cet acte ne pouvait valoir comme contrat privé; et qu'il était inefficace, s'il n'était pas revêtu des formes prescrites à peine de nullité; qu'il résulte du même exposé, qu'il est fait mention dans cet acte, que le tout s'est passé en présence de Dardelut et de Bondoux, témoins qui ont signé avec le notaire; qu'il résulte néanmoins que le témoin Dardelut n'avait point signé ledit acte; d'où il suit que cet acte est nul aux termes de l'ordonnance de Blois, art. 165, suivant laquelle les notaires étaient tenus, sous peine de nullité et d'amende arbitraire, de faire signer aux témoins instrumentaires, s'ils savaient signer, tous contrats et actes, soit testamentaires et autres, tant en la minute que grosse; disposition prescrite de nouveau par la loi de ventôse an 11, sous peine de nullité, et s'il y a lieu, de dommages-intérêts contre le notaire contrevenant; qu'il résulte encore que l'action en nullité dudit acte avait été exercée à la requête des héritiers du mari donateur contre sa veuve donataire; qu'en cet état les frères Rivière, héritiers du notaire contrevenant, après que l'un d'eux fut parvenu à enlever d'un dépôt public la minute dudit acte, l'ont fait signer de complicité à Dardelut, témoin instrumentaire, au mois de mai 1811, neuf ans après la passation de cet acte, postérieurement au décès du notaire qui avait reçu ledit acte, postérieurement à la dispendance établie sur l'action en nullité dudit acte; que, d'après ces faits, cedit acte, tel qu'il existe matériellement au moyen de l'addition de la signature Dardelut, constate authentiquement un fait qui est faux; savoir: que le témoin Dardelut a signé l'acte public avec le notaire, et à l'instant même qu'il a été passé; que cet acte, au moyen de l'addition de cette signature, est régulier en la forme et authentique, et qu'il ne peut plus être annullé sur une simple action en nullité; tandis que, sans cette addition, l'acte était informe et de nulle valeur, et qu'il aurait suffi d'exercer l'action en nullité; que cette addition constitue le crime de Faux, aux termes de l'art. 147 du Code pénal, qui porte une peine afflictive et infamante contre toute personne qui aura commis le crime de Faux en écriture authentique et publique, par une altération de clauses et de faits qu'un tel acte avait pour objet de recevoir et de constater; qu'en déclarant qu'il n'y a pas lieu à accusation pour crime de Faux contre Jacques Dardelut, Frédéric-Auguste Rivière, Louis Rivière et Antoine Rivière, la cour de Paris, chambre d'accusation, a violé l'art. 147 du Code pénal et les règles de compétence établies par les articles du Code d'instruction criminelle cités ci-dessus: la cour casse et annulle l'arrêt rendu le 29 août dernier par la cour de Paris, chambre d'accusation, au chef qui a déclaré qu'il n'y avait pas lieu à accusation contre Jacques Dardelut, Frédéric-Auguste-Rivière, Louis Rivière et Antoine Rivière; et, pour être fait droit sur le réquisitoire du ministère public, tendant à la mise en accusation desdits Dardelut et des frères Rivière, renvoie les pièces et les prévenus devant la cour de Dijon, chambre d'accusation, désignée par délibération prise à la chambre du conseil; surseoit au jugement de l'accusation portée contre Frédéric-Auguste Rivière, pour crime d'enlèvement d'un dépôt public de la minute d'un acte notarié, jusqu'à ce qu'il ait été prononcé sur le réquisitoire tendant à la mise en accusation pour crime de Faux de Jacques Dardelut et des frères Rivière, et en cas d'accusation admise sur le crime de Faux, renvoie ledit Frédéric-Auguste Rivière, sur l'accusation d'enlèvement d'une minute d'un dépôt public, devant la cour d'assises qui sera saisie de la connaissance de l'accusation de Faux, d'après la règle prescrite par l'art. 432 du Code d'instruction criminelle, pour être sur le tout conjointement fait droit ainsi qu'il appartiendra..... ».

§. XXXIV. 1° *Peut-on poursuivre et punir comme complice d'un crime de Faux, celui qui, voulant paraître marié, ne l'étant pas, a signé un acte de mariage hors la présence de l'officier de l'état civil, et sans que l'officier de l'état civil ait rempli, avant ni après les formalités constitutives de la cérémonie nuptiale ?*

2° *Peut-on le punir comme tel, lors même que l'officier de l'état civil et les témoins sont acquittés comme ayant agi de bonne foi ?*

3° *Peut-on punir comme tel, celui qui n'a fait qu'engager les témoins à signer ?*

Ces questions ont été agitées et jugées dans l'espèce suivante, avec d'autres qui sont indiquées ci-après, sect. 2, §. 8; et sous les mots *Jury*, §. 4, n. 7, *note* 4; et *Témoin judiciaire*, §. 1, art. 3, n. 9—4°.

Le 26 juin 1820, contrat de mariage entre Louis Billet, propriétaire, demeurant à Passy, canton de Bray-sur Seine, département de Seine-et-Marne, veuf de Marie Plan, sa seconde femme, et Julie-Victoire Léger, fille de François Léger, maire de Fontenay-Bossery, canton de Nogent-sur-Seine, département de Seine-et-Marne.

Le lendemain, jour indiqué pour la célébration du mariage, Louis Paul Billet, fils du premier lit de Louis Billet, se rend, dès sept heures du matin, à Fontenay; se fait remettre par le sieur Léger, maire, les registres de l'état civil; rédige à l'avance les deux doubles de l'acte de mariage de son père; et y fait figurer, comme devant présider à cet acte, Jean Louis Dupont, adjoint du maire.

Louis Billet n'arrive qu'entre midi et une heure, alléguant différentes causes qui l'ont empêché d'arriver plutôt.

Le prêtre qui doit administrer la bénédiction nuptiale aux futurs époux, leur dit: *Hâtez vous de terminer vos opérations civiles; je vais vous attendre à l'église.* Il sort.

Billet fils présente les registres aux parties et aux témoins, et reçoit leurs signatures. Billet père, après avoir signé, prend la main de la demoiselle Léger, et veut sortir. Léger père l'arrête, les registres à la main, il veut en faire lecture, et dit à Billet père: « Mais nous avons des formalités à remplir. Voilà les actes; l'adjoint est déjà venu plusieurs fois, il s'est retiré parce qu'il a beaucoup de travaux en ce moment. » Billet répond: « Je sais ce que vous voulez dire; et moi aussi j'ai été maire: Pas de questions, épargnez-moi le désagrément d'entendre nommer la femme que j'ai perdue; le registre est signé, l'acte est valide, partons; nous sommes d'honnêtes gens, partons; » et en parlant ainsi, il entraîne la future hors de la maison. Léger père insiste en vain. On se rend à l'église, la bénédiction nuptiale est administrée. On revient chez Léger père, on dîne. Mais Léger fils ne paraît pas à table.

Le lendemain, Léger père porte les registres à Dupont, son adjoint, qui, après quelques difficultés, signe les deux doubles de l'acte de mariage.

Quelques temps après, il parvient au procureur du gouvernement près le tribunal de première instance de Nogent-sur-Seine, des lettres anonymes qui lui dénoncent cet acte, et l'invitent à le faire casser.

Vers le même temps, Billet fils se rend chez le sieur Léger, se fait représenter les registres de l'état civil, et en tire un extrait de l'acte de mariage de son père dans lequel il omet la mention de la signature du sieur Léger et de son épouse. Cet extrait, signé de confiance par le sieur Léger, est remit par Billet fils à Billet père.

Le 30 novembre suivant, Billet père et Julie-Victoire Léger présentent au tribunal civil de Nogent-sur-Seine, une requête en nullité de leur mariage. Ils y exposent, à l'appui de l'extrait dont on vient de parler; que leur mariage est nul par le défaut de consentement des sieur et dame Léger; que d'ailleurs il a été célébré dans une maison particulière, et que par conséquent il n'a pas eu de publicité. Ils ajoutent « qu'ils craignent que dans un temps plus éloigné, cet acte ne soit attaqué; qu'ils ont eu la volonté de s'unir par le mariage; qu'ils ont cru de bonne foi être unis légalement, et que leur intention est de réhabiliter leur mariage, après en avoir prononcer la nullité. »

Le tribunal civil de Nogent, soupçonnant que l'extrait de l'acte de mariage est infidèle, se fait représenter la minute; et le 17 décembre 1810, il rend un jugement qui déclare Billet père et sa femme non-recevables dans leur demande.

Billet père et Julie-Victoire Léger appellent de ce jugement. Bientôt après, intervient un arrêt par défaut, qui le confirme. Ils y forment opposition, mais ne poursuivent pas l'affaire.

Le 25 mars de la même année, Billet père émancipe son fils.

Le même jour, un conseil de famille est convoqué devant le juge de paix du canton de Passy-sur-

Seine ; Billet fils lui expose « que le mariage entre son père et la demoiselle Léger, dont l'acte se trouve inscrit au registre de la commune de Fontenay, sous la date du 27 juin 1810, n'a point été, célébré devant l'officier de l'état-civil ; que ce mariage est nul ; qu'il croit pouvoir en provoquer la nullité ; qu'il demande au conseil de famille son autorisation, à l'effet d'en former la demande. » Le conseil de famille l'autorise « à se pourvoir comme bon lui semblera contre l'acte de mariage, à se servir de tous moyens légaux, à faire appliquer toutes les peines de droit aux auteurs du prétendu Faux ; et il lui nomme un tuteur *ad hoc*, pour l'assister dans sa demande.

Le 2 septembre suivant, requête de Billet fils au juge d'instruction de Nogent-sur-Seine, contenant plainte en Faux contre le maire et l'adjoint du maire de Fontenay, et conclusions en nullité de l'acte de mariage du 27 juin 1810, avec 4,000 fr. de dommages-intérêts.

Sur cette requête, le ministère public requiert que, « sans s'arrêter ni avoir égard à la plainte de Billet fils, lequel sera déclaré sans droit ni qualité, il lui soit donné acte de ce qu'il prend pour dénonciation les faits qui y sont énoncés, et de ce qu'il déclare entendre poursuivre, dans l'intérêt de la loi, les auteurs, fauteurs, complices et adhérens du crime de Faux qui paraît avoir été commis ; qu'en conséquence il soit informé de ces faits, et que les registres soient apportés au greffe. »

Le 25 du même mois, ordonnance conforme à ces réquisitions.

Le 21 octobre, requête de Billet père et de Julie-Victoire Léger, par laquelle, en se rendant parties intervenantes sur la plainte de Billet fils, ils concluent, par suite du Faux commis dans leur acte de mariage, à ce que leur mariage soit déclaré nul, et à ce que le maire et l'adjoint soient condamnés envers eux à 4,000 fr. de dommages-intérêts ; se réservant, après l'annullation de leur prétendu mariage, d'en contracter ensemble un nouveau dans les formes prescrites par la loi, afin qu'il ne puisse, à l'avenir, être contesté par aucun de leurs héritiers ou autres ayans droit ».

Le 24 janvier 1812, sur le rapport du juge d'instruction, ordonnance de la chambre du conseil du tribunal de Nogent-sur-Seine, qui met en liberté Julie-Victoire Léger, et déclare que Billet père, Billet fils, Léger, maire de Fontenay, et Dupont, son adjoint, étant suffisamment prévenus du crime de Faux, il y a lieu de les prendre au corps.

Le 8 février suivant, arrêt de la cour de Paris, qui, en confirmant cette ordonnance, met les quatre prévenus en état d'accusation, et les renvoie devant la cour d'assises du département de l'Aube.

Le 10 mars de la même année, déclaration du jury portant, 1° que Dupont, adjoint du maire de Fontenay, est coupable d'avoir, en signant l'acte de mariage daté du 27 juin 1810, constaté comme vrais des faits faux, mais qu'il n'a pas commis ce crime méchamment et à dessein de nuire à autrui ; 2° que Léger, maire de Fontenay, est coupable d'avoir participé à ce crime, en provoquant son adjoint à signer l'acte de mariage du 27 juin 1810 ; mais qu'il ne l'a pas fait méchamment et à dessein de nuire à autrui ; 3° que Billet fils s'est rendu, méchamment et à dessein de nuire à autrui, coupable du même crime, en provoquant les parties et les témoins à signer cet acte en l'absence de l'adjoint ; 4° que Billet père s'est rendu, méchamment et à dessein de nuire à autrui, coupable du même crime, tant en apposant sa signature sur cet acte, et constatant ainsi comme vrais les faits faux qui y sont énoncés, qu'en faisant usage de cet acte pour vivre maritalement avec Julie-Victoire Léger.

Le même jour, ordonnance du président de la cour d'assises, qui acquitte Léger père et Dupont ; et arrêt par lequel la cour d'assises, en déclarant, à l'unanimité, qu'il y a erreur dans les déclarations du jury relatives à Billet père et à Billet fils, renvoie les accusés à la prochaine session.

Le 4 juin suivant, nouvelle déclaration du jury qui confirme la première, *à la majorité absolue*, quant à Billet père ; et *à l'unanimité*, quant à Billet fils.

En conséquence, arrêt qui condamne Billet père et fils à la peine des travaux forcés pendant cinq ans et à la marque.

Billet père et fils se pourvoient en cassation contre cet arrêt.

» Des huit moyens de cassation qui vous sont proposés par les réclamans (ai-je dit à l'audience de la section criminelle, le 3 septembre 1812), il y en a sept qui ne peuvent pas arrêter long-temps votre attention.

» Qu'importe, en effet, 1° qu'avant les poursuites en Faux dirigées contre les réclamans, le prétendu mariage qui a donné lieu à ces poursuites, ait été déclaré valable par un jugement civil passé ou non en force de chose jugée ? Pourquoi ce jugement a-t-il déclaré valable le prétendu mariage dont il s'agit ? Parce qu'il a supposé que ce mariage avait été réellement contracté devant l'officier de l'état-civil ; parce qu'il a dû nécessairement le supposer, rien n'annonçant ni ne permettant de soupçonner, dans l'acte qui en avait été dressé, que l'officier de l'état civil n'y fût pas intervenu ; parce qu'il n'était question, lors de ce jugement, que de la régularité extérieure de l'acte du mariage prétendu célébré entre Billet père et Julie-Victoire Léger ; parce qu'il n'est pas vrai, quoiqu'on se soit permis de vous plaider le contraire, que la demande en nullité de cet acte ait été motivée, par Billet père, sur le défaut de présence de l'officier de l'état civil ; parce qu'elle n'a été motivée que sur une circonstance vraie et sur une fausse allégation : sur la circonstance vraie que le mariage n'avait pas été célébré *publiquement*, c'est-à-dire dans la maison commune du lieu, mais dans une maison particulière, dans la maison du sieur Léger ; et sur l'allégation fausse que ni le sieur Léger ni son épouse n'avaient donné leur consentement au prétendu mariage dont il s'agissait, allégation que Billet père soutenait astucieusement, à l'aide d'un extrait de l'acte de mariage dans lequel son fils, qui en avait été l'expéditionnaire, avait omis la mention consignée dans la minute, du consentement des sieur et dame Léger; mais dont la fausseté a été reconnue par la comparaison que le tribunal de Nogent a sagement faite de la minute même avec l'extrait. — Eût l'on voudrait qu'un pareil jugement élevât une barrière contre des poursuites criminelles tendantes à prouver que le mariage n'a pas été célébré; et que l'acte qui en constate la célébration, est faux? — D'une part, jamais un jugement civil ne peut avoir l'autorité de la chose jugée en matière criminelle, à l'effet d'empêcher que la justice ne punisse comme crime, ce que, dans une cause purement civile, elle a jugé innocent. C'est un principe que vous avez consacré par une foule d'arrêts. — D'un autre côté, aux termes de l'art. 214 du Code de procédure civile, l'inscription de faux incident peut atteindre, même par la voie civile, une pièce sur laquelle a déjà prononcé un jugement qui l'a supposée véritable. Et à combien plus forte raison doit-il en être de même de l'accusation de Faux principal. Aussi l'art. 527 du Code du 3º brumaire an 4 et l'art. 451 du Code d'instruction criminelle de 1808 disent-ils nettement que » les plaintes et dénonciations en- » Faux pourront toujours être suivies, lors même » que les pièces qui en sont l'objet auraient servi » de fondement à des actes judiciaires ou civils ».

» Qu'importe 2º que, dans le procès-verbal du tirage au sort du jury qui devait remplacer l'un des trente dont la présence était nécessaire pour la formation du tableau, il ne soit pas énoncé que cette opération s'est faite *publiquement?* Le procès-verbal constate que cette opération s'est faite, non-seulement en présence de la cour d'assises, non-seulement en présence de jurés non défaillans, mais encore en présence des accusés; il constate donc que les accusés ont été mis à portée de s'assurer de la parfaite régularité de cette opération. Et quand on pourrait conclure de là que cette opération n'a pas été faite à l'audience publique, où cela nous conduirait-il? L'art. 395 du Code d'instruction criminelle n'attache pas à l'omission de la publicité qu'il prescrit, la peine de nullité; et l'on sait que cette peine ne peut être suppléée dans aucune des dispositions de ce Code qui ne prescrivent pas des formes substantielles.

Qu'importe 3º que, dans la suite du même procès-verbal contenant le tableau du jury, il ne soit pas fait mention expresse des récusations qui ont été exercées tant par les accusés que par le ministère public? D'abord, il y est suppléé par le procès-verbal des débats qui, en retraçant les noms des jurés composant le tableau du jury, énonce expressément que ce tableau a été formé *par l'événement du tirage et des récusations exercées.* Ensuite dire, comme le fait ce procès-verbal, que des récusations

ont été exercées, c'est dire suffisamment qu'elles ont été exercées suivant la loi.

» Qu'importe 4º qu'après la formation du tableau du jury qui devait prononcer sur le sort des accusés, et avant de commencer les débats, la cour d'assises ait employé un intervalle de quelques heures au jugement d'une autre affaire? Si, par là, elle n'a pas observé littéralement l'art. 405 du Code d'instruction criminelle, du moins elle n'a commis aucune nullité; car la peine de nullité n'est pas écrite dans cet article; et il est inutile de répéter qu'elle n'y peut pas être suppléée. Cet article se coordonne avec le 353º, qui veut que « l'examen et » les débats une fois entamés, devront être conti- » nués sans interruption; et sans aucune espèce de » communication au dehors, jusqu'après la décla- » ration du jury inclusivement »; et vous avez jugé plusieurs fois qu'il ne résultait point de nullité de ce qu'en contravention à cet article, des jurés avaient communiqué au dehors avant la clôture des débats.

» Qu'importe 5º que les réclamans imputent au procureur-général criminel d'avoir exercé plus de neuf récusations? Non-seulement rien ne justifie cette imputation, non-seulement elle doit, par cela seul, être considérée comme fausse; mais elle est encore démentie formellement par le procureur-général criminel, à qui nous avons cru devoir la communiquer.

» Qu'importe 6º que la cour d'assises, se fondant sur l'art. 322 du Code d'instruction criminelle, ait refusé d'entendre Julie-Victoire Léger, prétendue épouse de Billet père, quoique Billet fils eût formellement requis son audition, et que le ministère public eût déclaré ne pas s'y opposer? Julie-Victoire Léger était, pendant les débats et avant le jugement, réputée belle-mère légitime de Billet fils; elle est même encore aujourd'hui sa belle-mère naturelle. L'art. 322 du Code d'instruction criminelle ne permettait donc pas qu'elle fût entendue comme témoin. Il est vrai, et le même article nous apprend que, si elle eût été entendue comme telle, du consentement des accusés et du ministère public, son audition n'emporterait pas nullité; mais ce n'est pas à dire pour cela que le consentement des accusés et du ministère public à ce qu'elle fût entendue, imposât à la cour d'assises l'obligation de l'entendre. Autre chose est que l'audition d'un témoin prohibé n'emporte pas nullité; autre chose est que cette audition soit obligatoire pour les juges.

» Qu'importe 7º que, dans la position des questions sur lesquelles le jury devait délibérer, le président de la cour d'assises ait emprunté quelques termes des articles du Code pénal de 1810 relatifs au crime de Faux, quoique les faits imputés aux accusés se soient passés sous l'empire du Code pénal de 1791? D'un côté, les développemens que contient le Code pénal de 1810, sur les faits qui caractérisent le crime de Faux en écriture authentique et publique, ne constituent pas un droit nouveau;

ils ne sont que l'expression fidèle des développe-mens que le Code pénal de 1791 avait, en cette partie, reçus de la jurisprudence de vos arrêts. D'un autre côté, bien différent du Code du 3 bru-maire an 4, le Code d'instruction criminelle de 1808 ne prescrit à la position des questions aucune forme particulière, à la violation ou omission de laquelle il attache la peine de nullité. Dès que les questions ne portent que sur des faits compris dans l'acte d'accusation ou résultant des débats, le vœu du Code d'instruction criminelle de 1808 est rempli.

» Mais à ces sept premiers moyens, tous plus frivoles les uns que les autres, les réclamans en ajoutent un qui, peut-être, n'est pas mieux fondé, du moins à l'égard de chacun d'eux, et cependant mérite, même à l'égard de chacun d'eux, une at-tention toute particulière.

» Il consiste à dire que la peine du crime de Faux a été mal à propos appliquée, par la cour d'assises, aux faits dont le jury les avait déclarés coupables.

» Et nous devons examiner si cette assertion est exacte, d'abord relativement à Billet père, ensuite relativement à Billet fils.

» Billet père est déclaré, par le jury, coupable de deux choses : la première, d'avoir, par sa signa-ture apposée au bas de l'acte de mariage du 27 juin 1810, constaté comme vrais, des faits qui étaient faux qu'il savait tels; la seconde, d'avoir fait usage de cet acte de mariage, sachant qu'il était faux, pour vivre maritalement avec Julie-Vic-toire Léger; et il soutient que la peine à laquelle il est condamné par l'arrêt de la cour d'assises, n'est applicable ni à l'un ni à l'autre de ces chefs de culpabilité.

» Elle ne l'est point, dit-il au premier; car ma signature n'a, dans l'acte du 27 juillet 1810, d'autre objet que d'exprimer mon consentement au mariage qu'il s'agissait de célébrer entre moi et Julie-Victoire Léger; elle n'a ni ne peut avoir pour objet de constater l'observation des formalités constitu-tives du mariage; l'observation de ces formalités n'est et ne peut être constatée que par la signature de l'officier de l'état civil.

» Elle n'est pas non plus applicable au second chef de culpabilité; car s'il est vrai que j'ai fait usage de l'acte de mariage du 27 juin 1810, pour cohabiter maritalement avec Julie-Victoire Léger, il l'est aussi qu'il n'y a point eu de crime de Faux commis dans cet acte; et en effet il n'y en a point eu de ma part, je viens de le démontrer; il n'y en a point eu de la part de l'officier de l'état civil, c'est un point irrévocablement jugé par la décla-ration du jury du 10 mars. D'ailleurs, pour me condamner, sur ce dernier chef de culpabilité, il ne suffisait pas que le jury eût déclaré que j'avais fait usage de l'acte du 27 juin 1810, sachant qu'il était faux; il fallait encore qu'il eût déclaré que j'en avais fait usage méchamment et à dessein de nuire à au-trui; et là-dessus le jury était resté muet.

» Reprenons successivement chacune de ces pro-positions.

» Pour justifier la première, Billet père établit une comparaison entre un acte notarié et un acte de mariage. Dans un acte notarié, dit-il, les signa-tures des parties n'attestent que leur consentement aux clauses qui y sont renfermées; si le notaire y fait de fausses énonciations, soit relativement à la comparution personnelle des parties contractantes devant lui, soit relativement au jour et au lieu où l'acte est passé, c'est sa signature seule qui atteste ces fausses énonciations, c'est lui seul qui commet le crime de Faux. Donc, par la même raison, tout ce que les parties, dans un acte de mariage, at-testent par leurs signatures, c'est qu'elles donnent leur consentement au mariage que l'on célèbre; et si le rédacteur de l'acte y ajoute qu'elles donnent ce consentement devant l'officier de l'état civil, c'est une formalité que la signature de l'officier de l'état civil peut seule constater et constate effectivement seule. Dès-lors, peu leur importe, quant à la péna-lité, que cette énonciation soit fausse : l'officier de l'état civil en est seul responsable, parce que lui seul a qualité pour imprimer à cette énonciation, par sa signature, le caractère extérieur d'une vérité authentique.

» Voilà sans doute un raisonnement fort spécieux; mais décomposons-le, analysons-le dans toutes ses parties, appliquons-le surtout à notre espèce, et bientôt nous le verrons s'évanouir.

« C'est un principe incontestable, que les com-plices d'un crime doivent être punis des mêmes peines que l'auteur de ce crime. L'art. 1er. du tit 3 du Code pénal de 1791, et l'art. 59 du Code pénal de 1810, sont là-dessus très-positifs.

» Un autre principe non moins constant, et que nous trouvons écrit en toutes lettres dans le même Code, c'est que l'on doit punir comme complices d'une action qualifiée crime, ceux qui ont, avec connaissance, aidé ou assisté l'auteur ou les auteurs de cette action, soit dans les faits qui l'ont pré-parée ou facilitée, soit dans ceux qui l'ont consom-mée.

» Et de ces deux principes résulte évidemment la conséquence, que l'on doit punir comme complices d'un crime de Faux commis par un fonctionnaire public, *en constatant comme vrais des faits faux*, ceux qui ont aidé et assisté un fonctionnaire public à revêtir des faits faux d'une apparence légale de vérité.

» Or, les parties qui, en contractant devant un notaire, signent avec lui qu'elles ont contracté un autre jour et dans un autre lieu que le jour et le lieu où elles contractent réellement; les parties qui, sans voir le notaire qui est supposé présent à leurs conventions, signent, en son absence, qu'elles ont comparu et signé devant lui; ces parties n'aident-elles pas, n'assistent-elles pas le notaire dans les faits par lesquels il consomme le Faux qui résulte de ces fausses énonciations? Elles l'aident, elles l'assistent si bien dans ces faits, que, sans leur concours, ces faits ne pourraient pas avoir lieu, elles l'aident, elles l'assistent si bien, que, si elles ne signaient pas ces fausses énonciations, ces fausses énonciations n'existeraient pas; elles l'aident, elles l'assistent si bien, que ces fausses énonciations ne sont insérées dans l'acte que parce qu'elles doivent les signer.

» Que, pour avoir scellé ces fausses énonciations par leurs signatures, les parties ne puissent pas toujours être punies comme complices d'un crime de Faux, nous le savons parfaitement. Il arrive très-souvent que ces fausses énonciations sont sans conséquence pour les parties ; il arrive très-souvent que les parties n'en espèrent, n'en peuvent tirer et n'en tirent effectivement aucun avantage ; et alors, l'action matérielle qui constitue le Faux, étant dépouillée de la moralité qui la rend criminelle, la justice n'a rien à poursuivre, rien à punir.

» Mais supposons que, dans le dessein de nuire à un tiers, au profit des parties contractantes, le notaire antidate le contrat qu'il reçoit : que, par exemple, pour légitimer, au préjudice des créanciers d'un failli, une vente frauduleuse que celui-ci fait de ses biens, il en porte la date à une époque antérieure de plus de dix jours à l'ouverture de la faillite; les parties contractantes ne seront-elles pas punies, comme le notaire, des peines de faux ? Et pourquoi ne le seraient-elles pas ? Le notaire n'aurait pas pu commettre, sans leur concours, le Faux dont il s'est rendu coupable ; elles ont donc aidé et assisté le notaire dans les faits qui ont consommé le Faux ; elles sont complices du notaire.

» Il n'est donc pas vrai, comme le prétend Billet père, que les parties contractantes n'attestent, par leurs signatures, que leur consentement aux conventions reçues par le notaire. Les parties qui signent un contrat, n'attestent pas seulement qu'elles consentent aux clauses qu'il renferme ; elles attestent encore qu'elles y consentent en présence de tel officier, dans tel lieu, à telle époque. Si donc il est faux que le notaire soit présent à leur contrat ; s'il est faux que ce contrat soit passé tel jour ou en tel lieu, et que, par ces fausses énonciations, elles cherchent à nuire à des tiers, nul doute qu'elles ne doivent être punies comme le notaire lui-même.

» Et s'il en est ainsi des fausses énonciations que contient un acte notarié ; à combien plus forte raison n'en doit-il pas être de même des fausses énonciations que contient un acte de mariage, relativement à la présence de l'officier de l'état civil, aux engagemens que les parties ont dû prendre devant lui, à la déclaration qu'il a dû leur faire en conséquence qu'ils étaient époux l'un de l'autre.

» Dans presque tous les actes notariés, c'est le consentement des parties qui forme seul le contrat : le notaire n'y intervient que pour rendre le contrat authentique; et le contrat peut, nonobstant la fausseté récelle des énonciations qu'il contient sur la forme, le jour et le lieu de la rédaction, valoir, au moyen des signatures des parties, comme obligation sous seing-privé.

» Mais un acte de mariage n'a d'existence réelle que par la comparution des parties devant l'officier de l'état civil, par les promesses qu'elles se font devant cet officier, par la déclaration de cet officier qu'elles sont mariées légitimement. Otez cette comparution personnelle, ces promesses ainsi faites, cette déclaration ainsi prononcée, il n'y a point de mariage, et le consentement des parties à se marier n'est d'aucun effet.

» Que font donc les parties qui, sans avoir comparu devant l'officier de l'état civil, sans avoir fait devant lui les promesses exigées par la loi, sans avoir entendu la déclaration par laquelle il devait les unir, signent avec lui un acte énonçant que toutes ces formalités essentielles ont été remplies ? Bien évidemment elles attestent, non seulement qu'elles ont voulu se marier, mais qu'elles se sont mariées effectivement; elles attestent, non seulement qu'elles ont consenti à se prendre pour mari et femme, mais encore qu'elles y ont consenti devant l'officier de l'état civil, et que l'officier de l'état civil leur a donné acte de leur consentement ; et par conséquent elles aident, elles assistent l'officier de l'état civil dans l'action par laquelle il commet le Faux ; elles participent à cette action ; elles se la rendent propre.

» Sans doute, elles ne seront pas, pour cela, punies comme faussaires, si elles n'ont signé ces énonciations que par étourderie, simplicité, inconsidération;

» Mais si elles ont été de mauvaise foi ; si elles ont agi méchamment, et à dessein soit de nuire à autrui, soit de troubler l'ordre public, quelle raison y aurait-il de les soustraire à la peine du faux ?

» Si, pour s'affranchir du service militaire, en vertu d'une loi qui en exempte les jeunes gens mariés avant sa publication, un jeune homme qui se marierait après cette époque, signait, de concert avec l'officier de l'état civil, un acte de mariage dont la date se rapporterait à une époque antérieure, et que tous deux fussent mis en jugement comme coupables de Faux : le jeune homme en serait-il quitte pour dire, comme Billet père, qu'en signant l'acte de mariage, il n'a fait que manifester son consentement à se marier, et que le Faux commis dans la date de cet acte, n'est l'ouvrage que de l'officier de l'état civil ? Non, assurément non ; le jury le déclarerait complice de l'officier de l'état civil, et les juges le condamneraient comme tel.

» Eh bien! dans notre espèce, le jury a reconnu, par toutes les circonstances qui avaient précédé, accompagné et suivi la signature de l'acte de mariage du 27 juin 1810, que Billet père avait pris, tant par lui-même que par son fils, toutes les mesures propres à écarter l'officier de l'état civil, à faire dresser, sans le concours de cet officier, un acte constatant qu'il était marié, à signer et faire signer cet acte hors la présence de cet officier ; en un mot, à se procurer, sans se marier réellement, le moyen de cohabiter avec une femme, comme s'il

eût été son époux, et de la renvoyer ignominieuse-
ment lorsqu'il lui plairait. — Le jury a reconnu tout
cela, et il l'a déclaré en disant que, par l'apposition
de sa signature à l'acte de mariage constatant comme
vrais des faits constitutifs du mariage même et souverainement faux, il avait agi méchamment et à
dessein de nuire à autrui ; et l'on vient soutenir
devant vous que Billet père n'était point passible de
la peine de Faux ! Disons-le franchement : si la cour
d'assises du département de l'Aube avait adopté un
paradoxe aussi étrange, elle aurait manifestement
violé la loi, et la loi elle-même nous ferait un devoir
de requérir la cassation de son arrêt.

» Mais si la première proposition de Billet père
ne peut pas être soutenue sérieusement, que dirons-
nous de la seconde ; et de quel œil verrons-nous
Billet père prétendre que la peine de Faux n'a pas
pu l'atteindre, quoiqu'il soit bien convaincu, par
la déclaration du jury, d'avoir fait usage, pour
vivre maritalement avec Julie-Victoire Léger, du
faux acte de mariage du 27 juin 1810, sachant qu'il
était faux ?

» Il est vrai, vous dit-il, que cet acte est jugé
contenir de fausses énonciations ; mais il est jugé
en même temps que ces fausses énonciations ne
constituent pas le crime de Faux.

» Et comment cela est-il jugé ? Par la déclaration
du jury du 10 mars et par l'ordonnance du même
jour qui acquitte l'officier de l'état civil.

» Mais sur quel fondement l'officier de l'état civil
a-t-il été acquitté le 10 mars ?

» L'a-t-il été sur le fondement qu'il n'avait pas
commis matériellement un crime de Faux ? Non,
puisque la déclaration du jury du 10 mars porte en
toutes lettres qu'il « est coupable d'avoir commis un
» Faux en écriture authentique et publique, dans
» un acte de célébration de mariage entre Louis
» Billet et Julie-Victoire Léger ».

» L'officier de l'état civil n'a donc été acquitté,
que parce que le jury a reconnu qu'il n'avait pas
« commis le faux méchamment et à dessein de nuire
» à autrui »

» Or, où a-t-on vu que l'acquittement de l'accusé
principal, motivé sur son intention, entraîne nécessairement l'absolution de ses complices ?

» On a soutenu ce système à votre audience du
20 fructidor an 12, au nom du sieur Merlin-Hal,
demandeur en cassation d'un arrêt de la cour de
justice criminelle du département de Seine-et-Marne
qui avait jugé le contraire ; et le même jour, au
rapport de M. Lachèze, vous avez maintenu cet
arrêt.

» Le même système avait été adopté par un arrêt
de la cour de justice criminelle du département
d'Indre-et-Loire, du 24 avril 1808, en faveur de
Louis Ménage ; et le 27 mai suivant, vous avez cassé
cet arrêt, au rapport de M. Dutocq.

» Mais au moins, vous dit encore Billet père, le
jury n'a pas déclaré qu'en faisant usage du faux acte

de mariage du 27 juin 1810, sachant qu'il était
faux ; j'avais agi méchamment et à dessein de nuire
à autrui. »

« Fallait-il donc qu'il le déclarât, pour que la
peine du Faux pût être appliquée à Billet père ?

» Si nous consultons le Code pénal de 1810, il
nous dira purement et simplement ; art. 143, que
la peine des travaux forcés à temps doit être infligée
à quiconque a fait usage de faux actes publics, et,
art. 163, que l'application de cette peine doit cesser, toutes les fois que le Faux n'a pas été connu
de la personne qui a fait usage de la pièce fausse.
Ainsi, d'après ce Code, le seul fait de l'usage d'une
pièce fausse emporte la peine du Faux, sans qu'il
soit nécessaire de déclarer expressément qu'en faisant usage de cette pièce, l'accusé en connaissait le
vice ; sauf à lui à se faire une exception de son
ignorance, et à requérir qu'il y soit statué par le
jury.

» Si nous consultons le Code pénal de 1791, nous
y voyons bien, part. 2, tit. 2, sect. 2, art. 41, que
la fabrication d'une pièce fausse ou l'altération d'une
pièce vraie n'est réputée crime, que lorsqu'elle est
constatée avoir été faite *méchamment et à dessein
de nuire à autrui*; mais nous y voyons aussi, art.
45, que, pour condamner une personne convaincue d'avoir fait usage d'une pièce fausse ou falsifiée, il n'est besoin que de la preuve qu'elle savait,
en faisant usage de cette pièce, qu'elle était falsifiée
ou fausse.

» Aussi avez-vous rejeté, le 9 germinal an 10,
sur nos conclusions, la demande de Pierre Laroche
en cassation d'un arrêt du tribunal criminel du département du Rhône, qui l'avait condamné à la peine
du Faux, sur une déclaration du jury portant qu'il
avait fait sciemment usage d'une pièce fausse, quoiqu'il ne fût pas constaté par cette déclaration, qu'il
eût agi dans l'intention du crime.

» Aussi avez-vous cassé, le 3 floréal de la même
année, sur notre réquisitoire et dans l'intérêt de la
loi, une ordonnance du président du tribunal criminel du département de la Seine, qui avait déclaré Victor Vivian dûment acquitté par une déclaration du jury portant qu'il avait fait sciemment
usage d'une pièce fausse, mais qu'il n'avait pas eu
d'intention criminelle. Il est même à remarquer
que, par le même arrêt, vous avez cassé la position des questions sur laquelle cette déclaration du
jury était intervenue, et que vous l'avez cassée,
« attendu qu'aux termes de l'art. 45, sect. 2, du tit. 2
» du Code pénal, le délit de Faux se constitue plei-
» nement de l'usage d'une pièce fausse, avec con-
» naissance qu'elle était fausse ; qu'ainsi, il n'y au-
» rait lieu à poser ultérieurement une question in-
» tentionnelle, autre que celle résultant de la con-
» naissance de la fausseté de la pièce, qu'autant
» que l'accusé proposerait des moyens justificatifs
» qui pussent autoriser la position d'une seconde
» question intentionnelle ».

» Le huitième moyen de cassation des réclamans

ne peut donc, en ce qui concerne Billet père, porter aucune atteinte à l'arrêt contre lequel il est dirigé.

» Mais ce même moyen n'est-il pas mieux fondé quant à Billet fils?

» Que contient, relativement à Billet fils, la déclaration du jury qui forme la base de l'arrêt attaqué? Rien autre chose, si ce n'est que Billet fils » s'est rendu coupable dudit Faux, en provoquant » les témoins et les parties, en l'absence de l'ad- » joint du maire, à apposer leurs signatures sur » l'acte de mariage, et en leur faisant ainsi attester » que les faits y énoncés étaient vrais, ledit Billet » fils sachant que ces faits étaient faux; et de l'a- » voir fait méchamment et à dessein de nuire à « autrui ».

» Il est bien évident qu'en s'exprimant ainsi, le jury n'a entendu déclarer Billet fils que complice du crime de Faux sur lequel il avait à prononcer.

» Mais la complicité de Billet fils est-elle légalement établie par les faits dont il est convaincu?

» D'après l'art. 1er du tit. 3 de la seconde partie du Code pénal de 1791, sous l'empire duquel se sont passés ces faits, Billet fils ne peut être réputé complice du crime de Faux commis dans l'acte de mariage du 27 juin 1810, qu'autant qu'il aurait, ou provoqué à le commettre, non par de simples conseils, de simples insinuations, mais *par dons, promesses, ordres ou menaces; ou procuré les moyens ou instrumens qui ont servi à son exécution; ou aidé et assisté les coupables, soit dans les faits qui ont préparé ou facilité son exécution, soit dans l'acte même qui l'a consommé.*

» Or, Billet fils n'est convaincu d'aucune de ces trois choses: il est bien convaincu d'avoir *provoqué* les parties et les témoins à signer le faux acte de mariage; mais il ne l'est pas de les y avoir provoqués par *dons, promesses, ordre ou menaces;* il ne l'est pas de leur avoir fourni les moyens ou instrumens par lesquels ils ont participé à ce crime; il ne l'est pas de les avoir aidés et assistés, soit dans les faits préparatoires de ce crime, soit dans les faits qui en ont opéré la consommation. Il n'est donc pas, aux yeux de la loi, complice de ce crime; et l'arrêt qui le punit comme complice de ce crime, a donc fait une fausse application de la loi pénale.

» Si cette conséquence n'est pas d'accord avec l'intérêt de la vindicte publique, à laquelle Billet fils échappera nécessairement, quoique beaucoup plus coupable que son père, elle l'est du moins avec le vœu de la loi; et la loi est, dans ce sanctuaire, le seul oracle que nous devons consulter.

» Dans ces circonstances et par ces considérations, nous estimons qu'il y a lieu de rejeter le recours en cassation de Billet père; faisant droit sur celui de Billet fils, casser et annuller l'arrêt qui le condamne aux peines du Faux; et, attendu que les faits dont Billet fils est convaincu par la partie de la déclaration du jury qui le concerne, ne sont pas-

sibles de l'application d'aucune loi pénale, déclarer qu'il n'y a lieu, à son égard, de renvoyer le fond devant aucune autre cour. »

Arrêt du 3 septembre 1812, au rapport de M. Audier-Massillon, par lequel « statuant sur le pourvoi de Louis Billet père; attendu que les tribunaux civils n'ont été investis que de la demande en nullité du mariage, et que lors même qu'ils auraient statué définitivement sur cette demande, leur jugement n'aurait pas pu mettre obstacle à l'action publique et à la plainte du ministère public, à raison d'un Faux dans l'acte de célébration du mariage; qu'il n'est nullement justifié au procès que les règles prescrites pour les récusations des jurés aient été violées, ni que les réclamans aient été privés d'exercer les récusations qui leur étaient accordées par la loi; — attendu que l'art. 405 qui veut que l'examen de l'accusé commence immédiatement après la formation du tableau, n'est pas prescrit à peine de nullité; que, si l'art. 322 permet, dans certains cas, l'audition des personnes y désignées, elle n'en impose jamais l'obligation; et que la cour d'assises s'est conformée à la loi, en refusant d'entendre comme témoin Louise Léger, femme de l'un des accusés et belle-mère de l'autre, surtout lorsque les défenseurs de Billet père et fils s'opposaient à ce qu'elle fût entendue; que les questions résultant de l'acte d'accusation ont été posées en conformité de l'art. 337 du Code d'instruction criminelle; que, d'après la déclaration du jury à l'égard de Billet père, la cour d'assises n'a violé aucune loi en appliquant les peines portées par l'art. 147 du Code pénal; la cour rejette le pourvoi dudit Louis Billet père, contre l'arrêt rendu contre lui par la cour d'assises du département de l'Aube, le 5 juin dernier; — et en ce qui concerne le pourvoi de Louis-Paul Billet fils: vu l'art. 364 du Code d'instruction criminelle, l'art. 60 du Code pénal et l'art. 429 du Code d'instruction criminelle....; attendu qu'il résulte de la déclaration du jury que Louis-Paul Billet fils n'a participé au Faux qu'en provoquant les témoins et les parties à apposer leur signature au bas de l'acte de célébration du mariage dont il s'agit en l'absence de l'adjoint du maire, qui était chargé de remplir les formalités dudit acte, et en leur faisant attester ainsi que les faits y énoncés étaient vrais, quoiqu'il sût que les faits étaient faux; qu'il n'y est point dit que cette provocation ait été faite par dons, promesses, menaces, abus d'autorité ou de pouvoir, machinations ou artifices coupables; qu'une simple provocation, sans aucune des circonstances déterminées par la loi, pour caractériser la complicité, ne suffit pas pour autoriser l'application des peines portées contre l'auteur du crime ou du délit; et qu'une pareille provocation n'est qualifiée crime ni délit par aucune loi; d'où il suit que la cour d'assises, par son arrêt du 5 juin, a fait, à l'égard de Billet fils, une fausse application de l'art. 147 du Code pénal, et violé l'article 60 dudit Code; que la nullité de cet arrêt procédant de ce que le fait qui a donné lieu à la condamnation n'est pas un délit qualifié par la loi, il n'y a plus lieu à aucun renvoi d'après l'art. 429 du Code d'instruction criminelle ci-dessus rapporté; la cour casse et annulle... ».

SECTION II, §. II. *Page 172, col. 2, après la ligne 50, ajoutez* :

3° *Le juge qui n'est compétent pour connaître d'un crime de Faux qu'on lui a dénoncé, qu'à raison de l'usage qui a été fait dans son territoire de la pièce prétendue fausse, peut-il, lorsqu'il trouve en réglant la procédure, que cet usage n'a pas été accompagné de la connaissance de la fausseté prétendue de la pièce, retenir l'instruction et le jugement du procès à l'égard des auteurs et des complices du Faux ?*

Page 173, col. 1, après la ligne 58, ajoutez :

III. Le sieur Maupas s'était pourvu en 1809 devant le tribunal de commerce de Paris, contre la veuve et les héritiers du sieur Sieveking, domiciliés à Hambourg, pour les faire condamner à lui payer une somme de 80,000 marcs de banque.—La veuve et les héritiers du sieur Sieveking lui avaient opposé un jugement rendu le 12 septembre 1805, par une commission du sénat de Hambourg, et rédigé en forme de procès-verbal. — Et d'après ce jugement, le sieur Maupas avait été déclaré non-recevable dans sa demande.

Dans cet état de choses, le sieur Maupas a porté une plainte en Faux principal devant le juge d'instruction du département de la Seine, 1° contre les membres de la commission du sénat de Hambourg, comme auteurs de diverses falsifications qu'il a prétendu avoir été commises dans le procès-verbal du 12 septembre 1805; 2° contre la veuve et les héritiers du sieur Sieveking, comme ayant fait usage du procès-verbal devant le tribunal de commerce de Paris, sachant qu'il était falsifié.

Sur le rapport du juge d'instruction, ordonnance de la chambre du conseil qui déclare qu'il n'y a lieu à poursuivre. — Le sieur Maupas forme opposition à cette ordonnance et dans les vingt-quatre heures.

Le 30 mai 1812, arrêt de la cour de Paris, chambre d'accusation, par lequel, « statuant sur l'opposition de Maupas, attendu que, quoique le procès-verbal du 12 septembre 1805, *contienne des ajoutés qui n'ont pas été approuvés*, il résulte de l'instruction que la veuve et héritiers Sieveking n'ont pas assisté à la séance de la commission ni à la rédaction du procès-verbal; et que rien n'indique qu'en faisant usage, à Paris, du procès-verbal de cette séance, ils aient eu connaissance de l'élément matériel de cette minute; déclare qu'il n'y a lieu à suivre *à l'égard* de ladite veuve et des héritiers Sieveking. En ce qui concerne les faits et les imputations alléguées contre les rédacteurs et les signataires dudit procès-verbal; attendu que ces faits se seraient passés à Hambourg, avant la réunion de ce pays à la France, et que les sénateurs et autres personnes inculpées, ne sont pas justiciables de la cour impériale de Paris; notamment pour des faits antérieurs à cette réunion; la cour se déclare incompétente à leur égard. »

Recours en cassation contre cet arrêt, de la part du sieur Maupas.

» Le sieur Maupas (ai-je dit à l'audience de la section criminelle, le 26 novembre 1812), est-il recevable dans son recours en cassation contre la disposition de l'arrêt du 30 mai dernier, par laquelle la cour de Paris s'est déclarée incompétente pour connaître du crime de Faux imputé aux rédacteurs et aux signataires du procès-verbal de la commission sénatoriale de Hambourg, du 12 septembre 1805 ?

» Ce qui pourrait en faire douter, c'est que le sieur Maupas n'agit dans cette affaire que comme partie civile, et que plusieurs fois vous avez jugé les parties civiles non-recevables à se pourvoir en cassation contre les arrêts des chambres d'accusation portant, ou qu'il n'y a lieu à suivre, ou qu'il n'y a lieu à accusation contre les prévenus.

» Mais il nous paraît que l'on doit mettre une grande différence entre ces sortes d'arrêts, et celui dont il est ici question.

» Lorsqu'un arrêt de chambre d'accusation déclare, ou qu'il n'y a pas lieu à suivre sur la plainte d'une partie civile, ou qu'il n'y a pas lieu à accusation contre le prévenu, elle juge que, dans l'état où se trouve l'instruction, l'action publique ne peut pas être exercée ou poursuivie; elle éteint cette action quant à présent; ou du moins elle la paralyse pour tout le temps qu'il ne surviendra pas de nouvelles charges; et la partie civile n'ayant qualité, ni pour exercer, ni pour poursuivre cette action, est évidemment non-recevable à se plaindre d'un pareil arrêt.

» Mais, dans notre espèce, la cour de Paris n'a pas jugé que le crime de Faux dont se plaint le sieur Maupas, ne doit pas être poursuivi par l'action publique; elle a laissé l'action publique entière à l'égard de ce crime; seulement elle s'est déclarée incompétente pour en prendre connaissance.

» Or, peut-on dire que la partie civile soit sans qualité pour attaquer un arrêt qui, en laissant subsister l'action publique à laquelle est accessoire son action privée, la renvoie devant d'autres juges que ceux qui s'en trouvent saisis ?

» Pour qu'elle fût sans qualité à cet égard, il faudrait que la question de savoir quels juges sont compétens pour connaître de cette action publique, lui fût indifférente; il faudrait que la loi lui défendît de prendre part à la discussion de cette question; il faudrait que, par rapport à elle, cette question fût de la même nature que celle de savoir s'il est aux juges civils ou aux juges criminels qu'appartient la connaissance des faits qui sont l'objet de sa plainte.

» Eh bien ! l'art. 529 du Code d'instruction criminelle décide nettement que la partie civile a, ni plus

FAUX, Sect. II, §. II.

ni moins, que le ministère public et l'accusé, le droit de se pourvoir en réglement de juges, non-seulement en matière correctionnelle et de police, mais encore en matière criminelle ; et non-seulement pour faire cesser un conflit entre des juges d'instruction de différens ressorts, mais encore pour faire cesser un conflit entre différentes Cours d'assises. L'art. 533 du même Code décide nettement que la partie civile peut, tout aussi bien que le ministère public et l'accusé, former opposition à un arrêt qui, sur une requête non communiquée, a statué sur une demande en réglement de juges.

» La partie civile a donc qualité pour demander que l'action publique résultant du crime dont elle poursuit la réparation dans son intérêt privé, soit portée devant tels juges criminels, plutôt que devant tels autres juges du même caractère. Elle a donc qualité pour intervenir dans la discussion des questions de compétence auxquelles donne lieu l'action publique qui est reconnue dérivée du crime qu'elle a dénoncé à la justice. On ne peut donc pas assimiler une question de cette nature à celle de savoir à qui, de la justice civile ou de la justice criminelle, appartient la connaissance des faits dénoncés par la plainte. La partie civile est donc recevable à se pourvoir en cassation contre l'arrêt par lequel la chambre d'accusation d'une Cour se dépouille, non en faveur d'un tribunal civil, mais en faveur d'une autre chambre d'accusation, de la connaissance de l'action publique qui a été portée devant elle.

» Mais si le recours en cassation du sieur Maupas est recevable, est-il également fondé ; et peut-on reprocher à la Cour de Paris, d'avoir violé quelque loi, en prononçant comme elle l'a fait ?

» Dans un mémoire imprimé, que vous avez sous les yeux, le sieur Maupas prétend que la Cour de Paris n'a pas pu se déclarer d'office incompétente, et que son arrêt doit être cassé par cela seul qu'il n'a été provoqué par aucune des parties.

» Le sieur Maupas ne reproduit pas cette prétention dans la requête qu'il a déposée au greffe de la Cour, et il n'est pas difficile de sentir pourquoi, en ne la reproduisant pas, il l'abandonne, il la condamne lui-même.

» L'art. 69 du Code d'instruction criminelle porte que, *dans le cas où le juge d'instruction ne serait ni celui du lieu du crime ou délit* (qui est dénoncé par une plainte), *ni celui de la résidence du prévenu, ni celui du lieu où il pourra être trouvé, il renverra la plainte devant le juge d'instruction qui pourrait en connaître.*

» Et la preuve qu'il doit prononcer ce renvoi d'office, la preuve qu'il doit le prononcer, même sans en être requis par le ministère public, c'est que l'article suivant ne l'oblige de communiquer la plainte au procureur impérial, que lorsqu'il s'est reconnu *compétent pour en connaître.*

» Or, ce que le juge d'instruction peut et doit faire d'office, la chambre d'accusation peut certainement le faire dans le même cas. La Cour de Paris

n'a donc pas excédé ses pouvoirs en déclarant d'office, qu'elle se regardait comme incompétente.

» Ajoutons, et ceci va répondre aux moyens de cassation que le sieur Maupas vous propose par sa requête, ajoutons qu'en se déclarant incompétente, elle n'a fait que ce qu'elle a dû faire.

» Sans doute, en matière de Faux, la compétence du juge criminel s'établit par l'usage que l'on a fait dans son territoire, de la pièce prétendue fausse ou falsifiée, sachant qu'elle était falsifiée ou fausse, tout aussi bien que par la fabrication ou la falsification que l'on y aurait faite de cette pièce.

» Sans doute, le juge criminel qui est saisi de la connaissance de l'usage qui a été fait, dans son territoire, d'une pièce prétendue fausse ou falsifiée, par une personne sachant qu'elle était falsifiée ou fausse, l'est en même temps pour connaître de la fabrication ou de la falsification de cette pièce, quand même cette fabrication ou falsification aurait eu lieu dans un autre territoire, quand même les auteurs de cette fabrication ou falsification résideraient dans un autre territoire, quand même on ne pourrait les trouver que dans un autre territoire.

» Sans doute, dans ce cas, la grande règle *ne continentia causæ dividatur* s'oppose à ce que l'on sépare la connaissance de l'usage de la pièce, de la connaissance de sa fabrication ou falsification.

» Mais lorsqu'après avoir instruit sur l'usage qui a été fait de la pièce, dans son territoire, le juge reconnaît que cet usage n'a rien de criminel ; lorsqu'il reconnaît que la personne qui a fait usage de la pièce, dans son territoire, l'a fait sans savoir que la pièce fût fausse ou falsifiée, quel prétexte aurait-il pour étendre son instruction plus loin ? Quel prétexte aurait-il pour rechercher et poursuivre les auteurs de la fabrication ou de la falsification de la pièce ? Ceux-ci ne pourraient devenir ses justiciables, qu'accessoirement à l'usage qui aurait été fait criminellement de la pièce dans son territoire. Toute juridiction sur eux lui échappe donc du moment que, relativement à l'usage qui a été fait de la pièce dans son territoire, son ministère se trouve paralysé.

» Une comparaison rendra cette vérité plus sensible.

» Un crime de rébellion armée à la force publique et un assassinat commis par l'effet de cette rébellion, sont dénoncés à la chambre d'accusation d'une Cour. Si la chambre d'accusation instruit sur l'un et l'autre crimes ; si, par le résultat de l'instruction, l'un et l'autre crimes sont prouvés préparatoirement ; s'il est prouvé préparatoirement que la rébellion armée a servi de moyen à l'assassinat, nul doute que la chambre d'accusation ne doive renvoyer les prévenus de l'un et de l'autre devant la Cour spéciale. Mais s'il résulte de l'instruction qu'il n'y a pas eu de rébellion armée, si l'instruction ne fournit de commencement de preuves que relativement à l'assassinat, que devra faire la chambre d'accusation ? Devra-t-elle, sous le prétexte que, par suite de la mise en accusation des prévenus, il pourra survenir des preuves complètes de la rébellion armée, renvoter devant la Cour spéciale les prévenus du seul crime d'assassinat ? Non assurément ; et si elle le faisait, vous ne pourriez pas vous dispenser de casser son arrêt.

» Il ne suffit donc pas pour rendre compétent, par droit de connexité, un juge qui ne l'est point par lui-même, que la plainte ou dénonciation présente deux faits criminels comme connexes. Il faut encore que l'instruction préparatoire qui forme la base de l'arrêt de mise en accusation, fournisse, sur ces deux faits, des commencemens de preuve ; et si, sur celui de ces deux faits, à l'égard duquel le juge est compétent par lui-même, l'instruction ne fournit aucun commencement de preuve, il faut nécessairement que, relativement à l'autre fait, il se déclare incompétent.

» Du reste, il importe peu que la cour de Paris ait fait entrer dans les motifs de son arrêt, la circonstance que les faits imputés aux rédacteurs et aux signataires du procès-verbal du 12 septembre 1805, sont antérieurs à la réunion de Hambourg à la France.

» Quelqu'indifférente que soit ici cette circonstance, la mention qui en est faite dans l'arrêt de la Cour de Paris ne peut pas le vicier.

» Une seule chose suffit pour justifier cet arrêt : c'est que les faits dont il s'agit, se sont passés hors du territoire de la Cour de Paris ; c'est que les auteurs prétendus de ces faits sont domiciliés hors du territoire de la Cour de Paris ; c'est que rien n'annonce, c'est que le sieur Maupas lui-même ne cherche pas à établir, que les auteurs prétendus de ces faits puissent être trouvés dans le ressort de la Cour de Paris ; c'est par conséquent que la Cour de Paris n'a eu aucun motif, aucun prétexte d'étendre jusqu'à eux sa juridiction. Et par ces considérations, nous estimons qu'il y a lieu de rejeter les recours en cassation du sieur Maupas. »

Par arrêt du 26 novembre 1812, au rapport de M. Rataud, « Attendu que ce n'est que par l'usage criminel qui aurait été fait de la pièce prétendue fausse dont il s'agit, dans le ressort de la Cour de Paris, que cette Cour serait devenue compétente pour connaître de ce Faux contre ceux prévenus d'en être les auteurs qui n'étaient point soumis à sa juridiction, soit à raison de leur domicile, soit à raison du lieu de la fabrication de la pièce fausse ; qu'ayant été jugé que les prévenus d'avoir fait usage de ladite pièce, n'avaient pas agi criminellement, et qu'en conséquence il n'y avait lieu de suivre à leur égard, la Cour de Paris n'ayant plus à connaître du seul fait qui aurait déterminé sa compétence, a fait une juste application des principes et de la loi, en se déclarant, dans l'espèce, incompétente à l'égard des auteurs du Faux ; la Cour rejette le pourvoi du sieur Maupas ».

§. III. Pag. 173, col. 2, ligne 1, après cons-cription militaire, §. 9, ajoutez : tentative de crime ou de délit, n. 7.

Même page et même col. après la ligne 2, ajoutez :

§. III bis. Celui qui, ayant produit, dans une instance civile, un écrit sous seing-privé que son adversaire a argué de Faux, a déclaré, sur la sommation qui lui a été faite d'après l'art. 215 du Code de procédure, qu'il n'entendait pas s'en servir, ou l'a retiré sans déclaration, peut-il encore être poursuivi par le ministère public, comme ayant commis un crime de Faux, soit par la fabrication, soit par l'emploi de cet écrit ?

Le 6 avril 1812, Jean-Baptiste Wuilmet fait assigner Philippe Champeaux, ancien notaire, devant le tribunal de première instance de Sedan, pour se voir condamner à lui délaisser divers immeubles qui ont appartenu à la veuve Wuilmet, sa mère, et dont il jouit sans titres. — Le 6 mai suivant, Philippe Champeaux fait enregistrer deux actes sous seing-privé, l'un de 1793, l'autre de l'an 5, par lesquels ces immeubles paraissent lui avoir été vendus ; et il les produit pour sa défense. — Le 22 juin, Jean-Baptiste Wuilmet fait sommation à Philippe Champeaux de déclarer s'il entend se servir de ces pièces. — Le 5 juillet, Philippe Champeaux passe un acte par lequel il délaisse au sieur Wuilmet les héritages prétendus achetés par lui de sa mère, et le charge de tous les frais.

Le ministère public, instruit de ces circonstances, poursuit Philippe Champeaux comme coupable de Faux en écriture privée. — Il découvre, en même temps deux autres Faux que Philippe Champeaux est prévenu d'avoir commis dans ses fonctions de notaire ; et il en rend également plainte. — Instruction sur le tout devant la cour de Metz, chambre d'accusation.

Le 27 juillet 1813, arrêt qui met Philippe Champeaux en accusation, mais seulement comme prévenu des deux crimes de Faux en écriture authentique, et motive ainsi le silence de son dispositif sur la prévention de Faux en écriture privée : — Attendu qu'il ne peut exister de prévention de Faux en écritures privées, qu'autant qu'il y eut emploi des pièces insinuées de Faux ; que cet emploi ne peut être imputé à Champeaux, puisque, sur la sommation qui lui fut faite, conformément à la loi civile, s'il voulait se servir des pièces depuis arguées de Faux, il les a retirées, et n'en a plus fait usage bien long-temps avant la plainte en Faux principal intentée contre lui ; qu'il semble résulter de la combinaison des art. 448, 458 et 459 du Code d'instruction criminelle avec les art. 214 et suivans, au titre Faux incident, dans le Code de procédure civile, que la poursuite en Faux ne peut et ne doit commencer ; lorsqu'il s'agit d'écritures privées, que lorsque celles-ci sont employées et soutenues vraies par celui qui les a produites ; d'où il suit que le crime n'est censé consommé qu'après la déclaration juridique faite par le produisant qu'il entend en faire usage ; que, sur la sommation qui fut faite à Champeaux, le retrait des pièces ayant eu lieu, et celles-ci étant disparues, étant détruites, il serait impossible de parvenir à constater le délit, puisqu'aucun acte ne rappelle ni leur contexture, ni leur configuration, ni même ne constate leur existence légale ; d'où il suit qu'il faut dire, à cet égard, que l'accusation n'est ni vérifiée ni recevable. »

Recours en cassation contre cet arrêt, de la part du ministère public.

» Vous n'avez pas à examiner (ai-je dit à l'audience de la section criminelle, le 28 octobre 1813) si, par l'arrêt qui vous est dénoncé, Philippe Champeaux a été légalement mis en accusation, comme prévenu de deux crimes de Faux en écriture authentique. A cet égard, le ministère public et Philippe Champeaux lui-même reconnaissent que l'arrêt est à l'abri de toute censure. »

» Mais la loi n'est-elle pas violée par le refus que fait implicitement cet arrêt de mettre Philippe Champeaux en accusation, à raison du crime de Faux en écriture privée, dont il est prévenu ? Voilà le point sur lequel le procureur-général de la cour de Metz appelle votre attention.

» Pour nous fixer sur ce point, nous devons comparer, avec la loi, les motifs que l'arrêt donne au silence de son dispositif relativement au crime de Faux en écriture privée sur lequel il avait à statuer.

» L'arrêt débute par un principe qui ne nous paraît ni vrai ni applicable à l'espèce : *Il ne peut* (y est-il dit) *exister de prévention de Faux en écritures privées, qu'autant qu'il y eut emploi des pièces insimulées de Faux.*

» Nous disons d'abord que ce principe n'est pas vrai : en effet, il y a crime de Faux en écritures privées, aux termes de l'art. 150 du Code pénal, dans les mêmes cas où , d'après l'art. 147, il y a crime de Faux en écritures authentiques, et par conséquent toutes les fois qu'il y a soit contrefaçon ou altération d'écritures ou de signatures, soit fabrication ou insertion après coup dans des actes, de conventions, dispositions, obligations ou décharges, soit addition ou altération de clauses, de déclarations ou de faits que ces actes ont pour objet de recevoir ou de constater.

» Pour que ces contrefaçons, altérations, fabrications ou additions constituent un crime de Faux en écritures authentiques, l'art. 147 exige-t-il qu'il y ait eu emploi des pièces fausses ou falsifiées ? Non. L'art. 150 ne l'exige donc pas non plus pour que ces contrefaçons, altérations, fabrications ou additions constituent un crime de Faux en écritures privées.

» Il en est, à cet égard, lorsqu'il y a Faux, de l'emploi des écritures privées, comme de l'emploi des écritures authentiques. L'un est puni par l'art. 151, de même que l'autre l'est par l'art. 148, comme formant à lui seul un crime punissable des mêmes peines que la fabrication de pièces fausses ; et dès-là, il est bien impossible que la fabrication de pièces fausses ne constitue pas aussi, à elle seule, un crime de Faux. S'il en était autrement, si le fabricateur de pièces fausses n'était punissable qu'autant qu'il aurait fait emploi de ces pièces, il serait

mieux traité que celui qui aurait fait emploi de pièces fausses qu'il n'aurait pas fabriquées, qui seraient tombées dans ses mains par l'effet du hasard, et ce serait une grande absurdité.

» Mais quand nous admettrions le principe sur lequel repose l'arrêt attaqué, quelle application ce principe pourrait-il recevoir à l'espèce actuelle?

» Que Philippe Champeaux, *sur la sommation qui lui fut faite de déclarer s'il entendait se servir des pièces depuis arguées de Faux,* les ait *retirées* et n'en ait dès lors *plus fait usage*, cela empêche-t-il que précédemment il ne s'en fût servi pour s'approprier la jouissance d'immeubles appartenans à la veuve Wuilmet ? Cela empêche-t-il que précédemment il n'eût fait enregistrer ces mêmes pièces ? Cela empêche-t-il qu'après les avoir fait enregistrer, il ne les ait produites devant le tribunal civil de Sedan, pour repousser la demande en délaissement formée contre lui par l'héritier de la veuve Wuilmet ? Et peut-on sérieusement ne pas considérer comme faisant emploi de pièces fausses, celui qui les présente à l'enregistrement, qui les fait revêtir de la formalité nécessaire pour les produire en justice, qui les produit en effet devant un tribunal, qui s'en fait un rempart pour mettre à couvert de la revendication la plus légitime une possession illicite, et qui a tous les caractères d'une usurpation aussi audacieuse que criminelle ?

» Qu'a fait Philippe Champeaux en retirant ses deux pièces fausses, sur la sommation qu'il avait reçue de déclarer s'il entendait s'en servir ? Il a fait ce que ferait un voleur qui, sur la sommation de restituer les objets de son vol, les restituerait effectivement ; il a fait ce que ferait un faux témoin qui, après avoir déposé contre sa conscience à l'audience d'un tribunal, effrayé de la menace du président de le faire arrêter, rétracterait sa fausse déposition.

» Mais si, en restituant les objets de son vol, le voleur fait cesser l'action civile du propriétaire de ces objets, il ne fait certainement pas cesser l'action du ministère public.

» Et vous avez jugé par un arrêt de cassation du 28 février 1811, au rapport de M. Favard de l'Anglade, et sur nos conclusions, que le crime de faux témoignage une fois commis à l'audience d'un tribunal, la peine ne peut pas en être remise par la considération des changemens que le témoin aurait pu faire à sa déposition.

» Comment donc Philippe Champeaux aurait-il pu, en retirant ses deux pièces fausses, se soustraire aux poursuites du ministère public?

» *C'est,* dit la cour de Metz, *qu'il semble résulter de la combinaison des art.* 448, 458 et 459 *du Code d'Instruction criminelle avec les art.* 214 *et suivans du titre* du faux Incident *dans le Code de Procédure civile, que la poursuite du Faux ne peut et ne doit commencer, lorsqu'il s'agit d'écritures privées, que lorsque celles-ci sont employées et soutenues vraies par celui qui les a produites;*

d'où il suit que le crime n'est censé consommé qu'après la déclaration juridique faite par le produisant, qu'il entend en faire usage.

» En s'expliquant ainsi, la cour de Metz veut-elle dire que les écritures privées ne peuvent être poursuivies par action civile en Faux principal, que lorsqu'elles ont été produites en justice, et que, sur la sommation qui lui a été faite de déclarer s'il entendait s'en servir, celui qui les a produites a répondu qu'elles étaient vraies, et a manifesté l'intention de les défendre comme telles?

Si c'est là véritablement la pensée de la cour de Metz, nous ne craignons pas de dire que c'est une erreur monstrueuse.

» Les registres des cours de justice criminelle sont remplis d'arrêts qui ont condamné aux peines du crime de Faux des fabricateurs d'écritures privées qu'ils n'avaient point produites en justice; et vos propres registres en contiennent un nombre infini par lesquels ont été cassés des arrêts de ces cours qui, sous des prétextes étrangers à cette circonstance, avaient jugé qu'il n'y avait pas lieu à la peine.

» Il y a plus: lors même que de fausses écritures privées ont été produites en justice, et que la partie à qui on les opposait, les ayant reconnues ou supposées vraies, s'est laissé condamner civilement sur le fondement de ces pièces, le ministère public peut encore, après le jugement civil qui les a prises pour base de ses dispositions, les attaquer comme fausses, et en poursuivre le fabricateur et ses complices. Les plaintes et dénonciations en Faux, porte l'art. 451 du Code d'instruction criminelle, pourront toujours être suivies, lors même que les pièces qui en sont l'objet, auraient servi de fondement à des actes judiciaires ou civils.

» Ainsi, Philippe Champeaux n'aurait pas produit, devant le tribunal civil de Sédan, les deux écrits privés dont il s'agit, qu'il ne serait pas moins passible des poursuites du ministère public, comme prévenu de les avoir fabriqués.

» Ainsi, dans le cas où Philippe Champeaux serait parvenu, en produisant ces deux écrits devant le tribunal civil de Sédan, à faire juger, faute de réclamation de Jean-Baptiste Wuilmet contre leur fausseté, qu'il était légitime acquéreur des immeubles qui en sont l'objet; Philippe Champeaux pourrait aujourd'hui être poursuivi par le ministère public, comme fabricateur de ces deux écrits, et il n'aurait même aucun avantage à tirer du jugement qui aurait supposé ces écrits véritables.

» Eh! le moyen, d'après cela, de concevoir que Philippe Champeaux puisse aujourd'hui échapper aux poursuites du ministère public, sous le prétexte que, sur la production qu'il a faite de ces deux écrits devant le tribunal civil de Sédan, il a été sommé de déclarer s'il entendait s'en servir, et qu'intimidé par cette sommation, il les a retirés et a renoncé à en faire ultérieurement usage?

» Est-ce que, pour avoir produit ces deux pièces devant le tribunal civil de Sédan, Philippe Champeaux a pu se garantir de poursuites et de peines qui l'auraient infailliblement atteint, s'il ne les eût pas produites devant ce tribunal?

» Est-ce que la réclamation élevée contre ces deux pièces, devant le tribunal civil de Sédan, par la partie à qui Philippe Champeaux les opposait, peut avoir, pour Philippe Champeaux, contre la vindicte publique, un effet que n'aurait eu, que n'aurait pu avoir ni le silence de cette même partie, ni sa reconnaissance erronée de la vérité de ces pièces, ni un jugement qui, supposant ces pièces vraies, aurait débouté cette même partie de sa demande en revendication?

» Ce sont là, il faut en convenir, d'étranges idées, des idées sauvages, des idées qui répugnent à tous les principes, aux notions les plus triviales.

» Mais voyons si, comme le prétend la cour de Metz, ces idées sont justifiées par les art. 448, 458 et 459 du Code d'Instruction criminelle.

» D'abord, l'art. 448 se borne à dire que, dans tous les procès pour Faux en écriture, la pièce arguée de Faux, aussitôt qu'elle aura été produite, sera déposée au greffe, signée et paraphée à toutes les pages par le greffier, qui dressera un procès-verbal détaillé de l'état matériel de la pièce, et par la personne qui l'aura déposée; et assurément on ne peut inférer de cet article, que le crime de Faux en écriture n'est passible de poursuites, qu'autant que l'auteur ou le complice du Faux a produit en justice la pièce fausse ou falsifiée; et il est évident que les mots aussitôt qu'elle aura été produite se réfèrent, dans cet article, non à l'auteur ou au complice du Faux, mais à la partie, soit publique, soit civile, qui dépose la pièce fausse ou falsifiée, et requiert des poursuites contre le faussaire.

» Ensuite, que portent les art. 458 et 459? Ils portent, l'un, que si, dans le cours d'une instruction ou d'une poursuite, une pièce produite est arguée de Faux par l'une des parties, elle sommera l'autre de déclarer si elle entend se servir de la pièce; l'autre, que la pièce sera rejetée du procès, si la partie déclare qu'elle ne veut pas s'en servir, ou si, dans le délai de huit jours, elle ne fait aucune déclaration; et il sera passé outre à l'instruction et au jugement; mais que si la partie déclare qu'elle entend se servir de la pièce, l'instruction sur le Faux sera suivie immédiatement devant la cour ou le tribunal saisi de l'affaire principale.

» Que résulte-t-il de ces dispositions? En résulte-t-il, comme l'a jugé la cour de Metz, que, dans le cas où la partie qui a produit une pièce sous seing-privé que l'autre partie argue de Faux, déclare qu'elle n'entend pas s'en servir, toute action publique est éteinte à l'égard de cette pièce?

» Si telle était la conséquence à tirer de ces articles, pour une pièce sous seing-privé arguée de

Faux, la même conséquence sortirait aussi, et sortirait nécessairement de ces articles, pour une pièce authentique qui aurait été arguée de Faux par la partie à laquelle on l'eut opposée; car ces articles disposent en termes généraux et indéfinis : ils ne distinguent point entre les pièces authentiques et les pièces sous seing-privé, et nous n'avons pas besoin de faire observer combien une pareille conséquence serait choquante, relativement aux pièces authentiques.

» Mais d'ailleurs y-a-t-il, dans ces articles, un seul mot qui autorise une pareille conséquence, soit pour les pièces authentiques, soit pour les pièces sous seing-privé ?

» Ces articles n'ont pour objet que le faux incident, c'est-à-dire, le faux dont une partie argue une pièce dans son intérêt privé; ils ne s'occupent que de la marche du procès dans lequel cette pièce a été produite; et c'est uniquement pour régler la marche de ce procès, que l'un de ces articles dit que *la pièce sera rejetée si la partie déclare qu'elle n'entend pas s'en servir; et qu'il sera passe outre à l'instruction et au jugement.*

» Que, d'après la renonciation de la partie qui a produit la pièce, à en faire usage dans le procès, la pièce soit mise à l'écart, et qu'il ne doive plus en être question dans le procès où elle a été produite, rien de plus naturel.

» Mais conclure de là que l'auteur du Faux commis dans cette pièce, soit à l'abri de toute poursuite, de toute peine, lors même que ce n'est pas lui qui a produit la pièce, lors même que la pièce a été produite à son insu, c'est faire dire à l'article dont il s'agit ce qu'il ne dit pas ; c'est ajouter à sa disposition extrêmement raisonnable, une disposition qui révolte le bon sens.

» Et inutilement objecterait-on que, par l'art. 460, il est dit que, *si la partie qui a argué de Faux la pièce, soutient que celui qui l'a produite est l'auteur ou le complice du Faux, ou s'il résulte de la procédure que l'auteur ou le complice du Faux soit vivant, et la poursuite du crime non éteinte par la prescription, l'accusation sera suivie criminellement dans les formes ci-dessus prescrites, et que si le procès est engagé au civil, il sera sursis au jugement jusqu'à ce qu'il ait été prononcé sur le Faux.* Inutilement objecterait-on que cet article n'ordonne la poursuite criminelle du Faux dont est arguée une pièce produite en justice, que lorsque la partie qui en a fait la production, a déclaré vouloir s'en servir. Inutilement objecterait-on que, par là, cet article fait entendre que, dans le cas contraire, toute poursuite criminelle doit cesser.

» Raisonner ainsi d'après cet article, ce serait méconnaître son objet.

» Sans doute cet article ne se rapporte qu'au cas où la partie qui a produit la copie arguée de Faux a déclaré vouloir s'en servir.

» Mais son objet n'est nullement de restreindre à ce cas l'exercice de l'action publique contre le Faux dont a été arguée une pièce produite en justice, son objet est uniquement de completter le règlement commencé par l'art. 459, sur la marche que doit suivre le procès dans lequel cette pièce a été produite.

» L'art. 459, nous l'avons déjà dit, porte que *si la partie déclare qu'elle entend se servir de la pièce, l'instruction sur le Faux sera suivie incidemment devant la cour ou le tribunal saisi de l'affaire principale.* Voilà la règle générale, la règle applicable aux cas les plus ordinaires ; et l'on en conçoit facilement le motif : c'est que, dans les cas les plus ordinaires, le procès ne se fait et ne doit se faire qu'à la pièce.

» Mais il peut arriver que le procès doive aussi être fait à la personne ; et c'est ce qui arrive effectivement dans deux cas : le premier, lorsque *la partie qui a argué de Faux la pièce, soutient que celui qui l'a produite est l'auteur ou le complice du Faux ;* le second, lorsque *il résulte de la procédure que l'auteur ou le complice du Faux est vivant.*

» Dans ces deux cas, l'instruction sur le Faux doit-elle encore être *suivie incidemment,* comme le prescrit l'art. 459, *devant la cour ou le tribunal saisi de l'affaire principale ?*

» L'art. 460 décide que non, et pourquoi ? Il ne le dit pas; mais l'art. 636 du Code du 3 brumaire an 4, dont il ne fait que renouveler la disposition, le disait nettement : parce que, dans ces deux cas, il y a concours de l'action civile avec l'action publique, à raison du Faux dont la pièce est arguée ; parce qu'aux termes de l'art. 8 du Code du 3 brumaire an 4, renouvelé par l'art. 3 du Code d'instruction criminelle, toutes les fois que l'action publique et l'action civile sont exercées en même temps à raison d'un délit, l'action civile doit rester en suspens, jusqu'à ce qu'il ait été statué définitivement sur l'action publique.

» Il faut donc, dans ces deux cas, que le Faux articulé contre la pièce dont celui qui l'a produite a déclaré vouloir se servir, soit instruit, non devant la cour ou le tribunal saisi de l'affaire principale, mais dans les formes communes à tous les crimes, et par conséquent devant le juge d'instruction du tribunal de première instance ; devant la chambre d'accusation de la cour impériale, devant la cour d'assises.

» Voilà ce que dit l'art. 460, et il ne dit pas autre chose. On ne peut donc pas inférer de cet article que, dans le cas où la partie qui a produit la pièce arguée de Faux déclare ne vouloir pas s'en servir, l'action publique soit éteinte : encore une fois, une conséquence aussi absurde, aussi antisociale, est aussi éloignée du texte que de l'esprit de cet article.

» Cette vérité, déjà assez sensible par elle-même, le deviendra encore davantage, si nous remontons à l'origine des art. 448, 458, 459 et 460 du Code d'instruction criminelle.

» Ces articles ne forment pas, dans le Code d'instruction criminelle, un droit nouveau : ils n'y sont qu'une répétition presque littérale des art. 526, 533, 534, 535 et 536 du Code du 3 brumaire an 4.

» Comme l'art. 448 du Code d'instruction criminelle, l'art. 526 du Code du 3 brumaire an 4 portait : « Dans toutes les plaintes ou dénonciations en » Faux, les pièces arguées de Faux sont déposées » au greffe, et signées par le greffier qui en dresse » un procès-verbal détaillé. Elles sont ensuite si- » gnées et paraphées par le directeur du jury ou le » juge-de-paix, ainsi que par la partie plaignante » ou dénonciatrice. »

» Comme l'art. 458 du Code d'instruction crimi- nelle, l'art. 533 du Code du 3 brumaire an 4 vou- lait que, « si, dans le cours d'une instruction ou » d'une procédure, une pièce produite était arguée » de Faux par une des parties, elle sommât l'autre » partie de déclarer si elle entendait se servir de la » pièce. »

» Comme l'art. 459 du Code d'instruction crimi- nelle, l'art. 534 du Code du 3 brumaire an 4 sta- tuait que, « si la partie déclarait qu'elle ne voulait » pas se servir de la pièce, elle était rejetée du » procès, et il était passé outre à l'instruction et au » jugement » ; et l'art. 535 ajoutait : « Si la partie » déclare qu'elle entend se servir de la pièce, l'ins- » truction sur le Faux est suivie civilement devant » le juge saisi de l'affaire principale. »

» Enfin, comme l'art. 460 du Code d'instruction criminelle, l'art. 536 du Code du 3 brumaire an 4 continuait ainsi : « Mais si la partie qui a argué de » Faux la pièce, soutient que celui qui l'a produite » est l'auteur du Faux, l'accusation est suivie cri- » minellement dans les formes ci-dessus prescrites ; » et, conformément à l'art. 8, il est sursis au juge- » ment du procès civil jusqu'après le jugement de » l'accusation en Faux. »

» Or, de toutes ces dispositions du Code du 3 brumaire an 4, s'est-on jamais avisé de conclure, sous l'empire de ce Code, que, dans le cas où une pièce arguée incidemment de Faux était rejetée du procès par suite de la déclaration faite par la partie qui l'avait produite, de ne pas vouloir s'en servir, l'auteur du Faux fût à l'abri de toute poursuite de la part du ministère public ?

» Non ; et si l'on eût osé, à cette époque, mettre en avant un pareil système, deux raisons également péremptoires se seraient réunies pour le pulvériser.

» Premièrement, aurait-on dit, il est vrai que l'art. 534 est muet sur les droits et les devoirs du ministère public en cas de rejet de la pièce arguée de Faux ; mais bien loin de supposer, par son si- lence, que le ministère public soit, en ce cas, sans action, il est au contraire censé, par son silence, se référer à la règle générale qui est écrite en tête du même Code et en forme le 4e article, savoir :

que tout délit donne essentiellement lieu à l'ac- tion publique.

» En second lieu, il est universellement re- connu, il est même jugé solennellement par trois arrêts de la cour de cassation, des 22 brumaire et 11 germinal an 9 et 6 pluviôse an 11, que le titre du Faux incident de l'ordonnance du mois de juil- let 1737 n'est pas abrogé par le Code du 3 brumaire an 4, comme il ne l'était pas par la loi du 16 sep- tembre 1791, sur la procédure par jurés. — Or, il s'en faut beaucoup que cette ordonnance attribue au rejet qu'elle prescrit, tit. 2, art. 12, dans le même cas où le prescrit l'art. 534 du Code du 3 brumaire an 4, l'effet de paralyser toute plainte en Faux principal. — Elle veut au contraire très-positi- vement que, nonobstant le rejet de la pièce arguée de Faux, il ait toujours ouverture à la plainte en Faux principal, non-seulement de la part du minis- tère public, mais encore de la partie civile. — Dans les cas (porte-t-elle, art. 19) mentionnés aux art. 12, 13, 14 et 17, dans lesquels, par le fait du défendeur, le rejet de ladite pièce aurait été or- donné, il sera permis au demandeur de prendre la voie du Faux principal, sans retardation néanmoins de l'instruction ou du jugement de la contestation à laquelle ladite inscription était in- cidente, si ce n'est que, par les juges, il en soit autrement ordonné. — Et à l'égard (continue l'art. 20) des cas portés par l'art. 15 et par les art. 27 et 28 ci-après, où, par le fait du demandeur, il aurait été ordonné que, sans s'arrêter à la requête ou à l'inscription de Faux, il serait passé outre à l'instruction ou au jugement de la cause ou du pro- cès, ledit demandeur ne pourra être reçu à former l'accusation en Faux principal, qu'après le juge- ment de ladite cause ou dudit procès. — La dis- tinction portée par les deux articles précédens (ajoute l'art. 21), n'aura lieu à l'égard de nos procureurs ou de ceux des haut-justiciers, lesquels pourront, en tout temps et dans tous les cas, pour- suivre le faux principal, si bon leur semble, sans que, sous ce prétexte, il soit sursis à l'instruction ou au jugement de la contestation à laquelle l'ins- cription de Faux était incidente, si ce n'est que, sur leurs conclusions et avec les parties inté- ressées, il en soit autrement ordonné.

» Il est donc bien clair que, sous le Code du 3 brumaire an 4, l'action publique en Faux principal n'était pas éteinte par le rejet de la pièce arguée incidemment de Faux.

» Et pourquoi le serait-elle aujourd'hui ?

» D'une part, les art. 448, 458, 459 et 460 du Code d'instruction criminelle sont calqués sur les art. 526, 533, 534, 535 et 536 du Code du 3 bru- maire. Le Code d'instruction criminelle, en copiant ceux-là sur ceux-ci, ne les a point dénaturés ; il n'en a changé ni la substance ni le sens. Il est donc impossible de ne pas entendre aujourd'hui ceux-là comme on entendait ceux-ci il y a trois ans.

» D'un autre côté, les deux raisons que nous

venons de faire valoir pour établir que tel était l'esprit des articles cités du Code du 3 brumaire an 4, militent également et avec la même force pour établir que le même esprit s'est conservé dans les articles cités du Code d'instruction criminelle.

» 1° Le Code d'instruction criminelle n'abroge pas, il maintient au contraire implicitement par son premier article la grande règle du Code du 3 brumaire an 4, que *tout délit donne essentiellement lieu à l'action publique.*

» 2° Il est vrai que les dispositions de l'ordonnance de 1737 concernant le faux incident, ne subsistent plus comme lois. Mais, ce qui revient absolument au même, on en retrouve les art. 19 et 20 dans le Code de procédure civile.

» Le titre du *Faux incident* de ce Code, dans la rédaction duquel, comme l'ont attesté les orateurs du gouvernement et du tribunat aux séances du Corps législatif des 4 et 14 avril 1806, l'ordonnance de 1737 a été prise pour guide, détermine, à l'instar de cette ordonnance, et plusieurs cas où, par le fait du défendeur à l'inscription de faux incident, la pièce arguée de Faux est rejetée du procès, et plusieurs cas où, par le fait du demandeur, il doit être ordonné que, sans s'arrêter à l'inscription de Faux, il sera passé outre à l'instruction et au jugement du procès dans lequel la pièce arguée de Faux a été produite.

» Eh bien ! ce qu'avaient dit, à cette occasion, les art. 19 et 20 du tit. 2 de l'ordonnance de 1737, en distinguant les cas de la première espèce d'avec ceux de la seconde, l'art. 250 du Code de procédure civile, qui est l'avant-dernier du titre du *Faux incident*, le dit par une disposition qui embrasse tous les cas de l'une et de l'autre espèce.

» *Le demandeur en Faux*, porte-t-il, *pourra* TOUJOURS *se pourvoir, par la voie criminelle, en Faux principal ; et dans ce cas, il sera sursis au jugement de la cause, à moins que les juges n'estiment que le procès puisse être jugé indépendamment de la pièce arguée de Faux.*

» Que signifient ces mots, *le demandeur en Faux pourra* TOUJOURS *se pourvoir, par la voie criminelle, en Faux principal ?* Ils signifient évidemment que *toujours*, c'est-à-dire, soit que l'inscription de Faux ait été rejetée par le fait du demandeur, soit qu'elle l'ait été par le fait du défendeur, ou même que le demandeur s'en soit désisté volontairement, la voie du Faux principal demeure ouverte au demandeur en tout état de cause ; et en cela, l'art 250 du Code de procédure civile déroge à l'art. 20 du tit. 2 de l'ordonnance de 1737 ; il généralise la disposition de l'art. 19 du même titre; il la rend commune à tous les cas (1).

» Mais si le demandeur en Faux incident conserve le droit de se pourvoir en Faux principal,

alors même que la pièce qu'il a arguée de Faux est rejetée du procès, il faut bien, et il faut de toute nécessité, que le même droit continue de résider dans la main du ministère public. Le droit de la partie privée de rendre plainte par la voie criminelle, présuppose nécessairement le droit de la partie publique de prendre d'office la même voie. La plainte n'est qu'une action civile accessoire à l'action publique ; et l'accessoire ne peut plus avoir lieu, là où le principal ne subsiste plus.

» Disons donc que la Cour de Metz a méconnu le véritable esprit des art. 448, 458, 459 et 460 du Code d'instruction criminelle, en faisant dire à ces articles *que le crime n'est censé consommé*, relativement à une pièce fausse produite en justice, qu'*après la déclaration juridique faite par le produisant, qu'il entend en faire usage.*

» Il ne nous reste plus qu'à apprécier le dernier motif de l'arrêt attaqué ; il est tiré de ce que, *sur la sommation qui fut faite à Champeaux, le retrait des pièces ayant eu lieu, et celles-ci étant disparues, étant détruites, il serait impossible de parvenir à constater le délit, puisqu'aucun acte ne rappelle ni leur contexture, ni leur configuration, ni même ne constate leur existence légale ; d'où il suit qu'il faut dire, à cet égard, que l'accusation n'est ni vérifiée, ni recevable.*

» Ainsi, suivant la Cour de Metz, la disparution d'une pièce arguée de Faux doit empêcher toute poursuite contre ceux qui sont prévenus de l'avoir fabriquée ou altérée. Ainsi, suivant cette Cour, en supprimant la pièce qu'il a fabriquée ou altérée, le faussaire peut paralyser l'action de la loi. Ainsi, suivant cette Cour, le cas fortuit même qui pourrait, sans le concours du faussaire, anéantir la pièce arguée de Faux, doit emporter l'absolution de celui-ci.

» Mais quoi ! l'action publique en Faux principal serait-elle sujette à une fin de non-recevoir qu'on ne pourrait pas même opposer à une demande en inscription de Faux incident ? Et tandis qu'aux termes de l'art. 222 du Code de procédure civile, l'inscription de Faux incident peut être reçue, nonobstant la perte ou la soustraction de la pièce arguée de Faux, l'action publique en Faux principal serait-elle non-recevable, par cela seul que la pièce arguée de Faux est perdue ou soustraite ?

» L'art. 7 du titre *du Faux principal* de l'ordonnance de 1737 décidait nettement que non ; et vous avez jugé, par cinq arrêts également remarquables, que cette décision, fondée sur les principes essentiellement régulateurs de la vindicte publique, est encore dans toute sa vigueur.... (1).

» Dans ces circonstances, et par ces considérations, nous estimons qu'il y a lieu de casser et an-

---

(1) *V.* mon *Recueil de Questions de droit*, au mot *Faux*, § 16.

(1) *V. Conscription militaire*, §. 9, et *Tentative de crime*, ou de *Délit*, n° 7.

nuller l'arrêt qui vous est dénoncé, en tant qu'il refuse de mettre Philippe Champeaux en accusation, à raison du crime de Faux en écriture privée dont il est prévenu. »

Par arrêt du 28 octobre 1813, au rapport de M. Audier-Massillon, « Vu l'art. 231 du Code d'instruction criminelle, les art. 147 et 150 du Code pénal, les art. 458, 459, et 460 du Code d'instruction criminelle sur le Faux incident et le Faux principal; attendu, 1°. que, d'après le susdit art. 147 du Code pénal, le Faux en écriture publique est consommé par la fabrication d'une pièce fausse, ou l'altération d'une pièce vraie, lorsque cette fabrication ou cette altération ont eu un objet criminel, et que la peine de Faux est encourue par cette fabrication et cette altération, quoiqu'il n'en ait pas été fait usage; que l'usage fait sciemment d'une pièce publique et authentique fausse, est en effet prévu par l'art. 148 qui est indépendant de l'art. 147; qu'il en est de même pour le faux en écriture privée, d'après les art. 150 et 151 dudit Code pénal; que ces dispositions dudit Code pénal ne sont nullement en contradiction avec celles des art. 458, 459 et 460 du Code d'instruction criminelle; que les art. 458 et 459 de ce Code n'ont en effet pour objet que de régler la marche des procès civils dans le cas du Faux incident, qui ne se référant qu'à la pièce arguée de Faux, et qui n'ayant pour but que des intérêts privés, est toujours étranger à l'action publique, et ne peut, en aucun cas, la paralyser ou la suspendre; qu'il en est de même de l'art. 460 du même Code, dont l'objet est aussi de déterminer comment il doit être procédé dans l'affaire, à l'occasion de laquelle une pièce est arguée de Faux, dans le cas où ceux qui sont présumés auteurs ou complices du Faux, étant vivans et connus, il y a nécessité à l'action en Faux principal; mais que de ces articles considérés ensemble, ou séparément, il n'en résulte nullement que celui qui s'est rendu coupable d'un Faux en écriture publique ou en écriture privée par la fabrication ou l'altération d'un acte, ou par l'usage qu'il en a sciemment fait, puisse être réputé ne pas avoir consommé le crime de Faux, et puisse se mettre à l'abri des poursuites et de la peine, en déclarant sur la sommation qui lui est faite d'après l'art. 458 qu'il renonce à se servir de la pièce par lui produite; que le crime qu'il a commis, soit comme auteur du Faux, soit par l'usage qu'il a déjà fait de la pièce fausse, ne peut être couvert par des faits postérieurs de repentir; que si, en déclarant ne pas vouloir se servir de la pièce dont il s'est prévalu, il désintéresse la partie civile, il ne peut enchaîner la partie publique dont l'action est indépendante des intérêts privés; que les art. 458, 459 et 460 du Code d'instruction criminelle ne sont que la répétition des art. 525 et suivans du Code du 3 brumaire an 4; que les articles de ce dernier Code n'avaient été eux-mêmes que le renouvellement des dispositions de l'ordonnance du mois de juillet 1737 sur le Faux incident; que, d'après les art. 19, 20 et 21 du tit. 2 de cette ordonnance, lorsqu'une pièce était rejetée

d'un procès, d'après la déclaration faite par celui qui l'avait produite, de renoncer à s'en servir, la partie civile conservait le droit de se pourvoir en Faux principal sous diverses distinctions, et le ministère public pouvait exercer ce droit dans tous les cas, et sans aucune distinction; que le Code de brumaire an 4 et le Code d'instruction criminelle n'ont apporté aucune modification à ces dispositions de l'ordonnance de 1737, qu'ils les ont au contraire consacrées relativement au ministère public, en distinguant l'action privée de l'action publique, et en déclarant que celle-ci ne peut être éteinte ou suspendue par la renonciation ou l'anéantissement de l'action civile; que le Code de procédure civile dans son tit. 11 sur le Faux incident, a formellement disposé, par son art. 250, que le demandeur en Faux pourra toujours se pourvoir par la voie criminelle en Faux principal; qu'en accordant cette faculté à la partie civile, cet article a reconnu nécessairement qu'elle était du droit pour la partie publique, puisque, sous l'empire du Code du 3 brumaire an 4 et de la loi du 7 pluviôse an 9, sous le régime desquels le Code de procédure civile a été publié, il ne pouvait exister d'action civile au criminel, qu'accessoirement à l'action publique; 2°. qu'il n'y a aucune loi qui subordonne la poursuite du Faux à l'existence ou à la production de la pièce falsifiée; que l'art. 7 du tit. 1er. de l'ordonnance de 1737 sur le Faux principal autorise au contraire expressément cette poursuite, « *lorsque les pièces prétendues fausses se trouveront avoir été soustraites, ou être perdues, ou lorsqu'elles seront entre les mains de celui qui sera prévenu du crime de Faux*; que le Code d'instruction criminelle n'a nullement dérogé à cette disposition, qui n'a été elle-même que la rédaction en loi positive d'un principe de tous les temps reconnu, et constamment suivi dans les tribunaux; que, si dans le cas où la pièce arguée de Faux ne peut être mise sous les yeux de la justice, il ne peut être procédé par vérification ni par comparaison d'écriture, et si, dans ce cas, il y a ainsi moins de moyens pour établir la preuve du Faux, il reste encore à l'action publique les moyens ordinaires d'instruction et de preuves communs à tous les crimes en général; qu'il a été reconnu par la cour de Metz que dans un procès civil, le notaire Champeaux avait produit pour sa défense des actes sous-seing privé présumés Faux, et dont il connaissait la fausseté; que néanmoins elle a refusé de prononcer sa mise en accusation, sur ce chef de la prévention portée contre lui d'après les motifs, 1°. que sur la sommation qui lui avait été faite dans le susdit procès civil, conformément à l'art. 458 du Code d'instruction criminelle, de déclarer s'il entendait se servir des pièces par lui produites, il avait renoncé à s'en servir, et qu'ainsi il n'avait pas consommé le Faux; 2°. que les pièces arguées de Faux, n'étant pas produites par la partie publique, et étant restées dans les mains de Champeaux qui les avait détruites, il n'y avait aucun moyen légal d'instruction sur ce Faux, et conséquemment que l'action publique n'était pas recevable; qu'en jugeant ainsi, la Cour de Metz a formellement violé les articles ci-dessus cités du Code pénal, a faussement interprété les art. 458, 459 et 460 du Code d'instruction criminelle; et a dépassé les bornes de ses attributions, en établissant contre l'action du ministère public des fins de non-recevoir arbitraires qui ne sont fondées sur aucune loi; la Cour casse et annule l'arrêt rendu par la Cour de Metz, chambre des mises en accusation, le 27 juillet dernier, par lequel il a été jugé qu'il n'y avait lieu de mettre en accusation ni de poursuivre ledit Champeaux sur le chef de la prévention relative au Faux en écriture privée, énoncé dans le réquisitoire du procureur-général de cette Cour..... »

Page 177, col. 1, après la dernière ligne du § VII, ajoutez :

§. VIII. *Peut-on, après qu'un jugement civil a déclaré un mariage non valable, attaquer l'acte par une plainte en Faux principal ?*

V. le plaidoyer et l'arrêt du 3 septembre 1812, rapporté ci-devant, sect. 1. §. 34.

§. IX. *Un jugement civil qui déclare un acte Faux, a-t-il l'autorité de la chose jugée en matière criminelle ?*

Non. *V.* l'arrêt de la cour de cassation, du 7 floréal an 12, qui est cité dans le plaidoyer du 30 avril 1807, rapporté aux mots *Chose jugée,* §. 15. *V.* aussi (dans les *additions*) *Faillite* et *Banqueroute,* sect. 2, §. 2, art. 2.

§. X. *Un jugement criminel qui déclare un acte Faux, a-t-il l'autorité de la chose jugée en matière civile ?*

Il y a là-dessus quelques distinctions à faire. *V. Chose jugée,* §. XV; et *non bis in idem.* [n. 16 et 17.]

Sect. III, §. II. Page 181, col. 2, ligne 18, après les mots Timbres nationaux, *ajoutez en note :*
Qu'entend-on par ces mots? *V. Timbre national.*

Même page et même col., ligne 52, après les mots, dans l'exercice de ses fonctions, *ajoutez en note :*
La peine portée par cet article peut-elle être appliquée à un fonctionnaire public, sans qu'il ait été expressément déclaré par le jury, ou par le tribunal qui en tient lieu, que c'est dans l'exercice de ses fonctions que le fonctionnaire public a commis le Faux? *V.* le plaidoyer et l'arrêt du 6 mai 1813, rapportés au mot *Prescription,* dans les *additions.*

Ligne 54, après les mots Supposition de personne, *ajoutez en note : V.* ci-devant, sect. 1, §. 6.

Page 182, col. 1, ligne 8, après les mots, toutes autres personnes, *ajoutez en note :*
Est-ce d'après cet article, ou d'après les art. 145 et 146, que doivent être punis les particuliers qui commettent des Faux en écriture authentique, avec le concours de fonctionnaires publics qui agissent de bonne foi? *V.* ci-devant, sect. 1, §. 6.

FAUX TEMOIGNAGE, n. III, *page 186, col. 1, après la ligne 9 ; ajoutez :*

On trouvera au mot *Subornation,* n. 7, un arrêt du 18 février 1813, qui juge encore de même.

N. X, *page 192, col. 1, après la ligne 4, ajoutez :*
Par la même raison, ni les conseils de guerre, ni les commissions militaires ne peuvent juger et punir les témoins qui déposent faussement à leur audience; et c'est ce qu'a jugé un arrêt de la cour de cassation, du 15 novembre 1811, qui est ainsi conçu :

« Le procureur-général expose qu'il est chargé par le Gouvernement de requérir pour cause d'incompétence et d'excès de pouvoir, la cassation d'un jugement de la commission militaire établie à Gênes, par un décret du 15 fructidor an 13, pour la répression des vols et brigandages commis sur les grandes routes.

» Le 5 juin 1811, Pierre-Antoine Taini s'est présenté devant le juge de paix du canton de Varzi, et lui a exposé que, la nuit précédente, revenant dans sa commune d'un marché voisin, où il avait été vendre du bled, il avait été arrêté sur la grande route, par un individu qu'il avait reconnu pour le *fils de Celestino, de Varzi;* que cet individu avait exercé sur lui des actes de violence, lui avait enlevé l'argent qu'il avait sur lui, provenant de la vente de son bled, et avait pris la fuite.

» Le 12 du même mois, se représentant devant le même juge de paix, il lui a déclaré que sa conscience l'obligeait de rétracter la plainte qu'il avait portée contre le fils de Celestino, et il est entré dans les détails desquels il résultait que le vol avait été commis par le sieur Zerba, prêtre, et par Charles Carosio.

» Le même jour, le maréchal-des-logis de la brigade de la gendarmerie, stationnée à Varzi, a dressé un procès-verbal portant qu'ayant rencontré le sieur Georges Giorgetti, l'un des suppléans du juge de paix du canton, il lui avait demandé s'il n'avait pas quelques renseignemens à lui donner sur le vol commis la nuit du 5 au 6, au préjudice de Pierre-Antoine Taini; et que le sieur Georges Giorgetti lui a indiqué plusieurs personnes qui lui avaient dit que ce vol avait été commis par *Labaton,* sobriquet sous lequel est connu le sieur Zerba.

» Le sieur Zerba et Charles Carosio, ayant été arrêtés et interrogés, et divers témoins ayant été entendus, l'affaire a été renvoyée à la commission militaire de Gênes.

» Là, Georges Giorgetti a été cité comme témoin, et a paru en cette qualité au débat public.

» Mais, est-il dit dans le jugement dont il va être parlé, *les déclarations faites tant par écrit qu'oralement, ont été reconnues captieuses,* et sur les réquisitions du capitaine rapporteur, il a été *décerné mandat d'arrêt contre lui jusqu'à la fin du débat.*

» Et le débat terminé, jugement est intervenu, le 27 juillet, par lequel Zerba et Carosio ont été acquittés. Mais en même temps, « considérant qu'il » était résulté du débat que la déclaration de » Georges Giorgetti, faite par-devant le maréchal- » des-logis de gendarmerie, de résidence à Varzi, » s'était trouvée en contradiction avec les déposi- » tions des témoins y mentionnés; qu'il avait été » reconnu que Georges Giorgetti était auteur et » instigateur des menées sourdes et calomnieuses » qui avaient fait accuser le prêtre Zerba et Carosio » d'être les auteurs de l'aggression commise au pré- » judice de Pierre Taïni, dans la soirée du 5 juin, » ce qui avait produit leur arrestation et mise en » jugement; la commission militaire a déclaré à » l'unanimité, que Georges Giorgetti était cou- » pable du crime de calomnie » ; et, appliquant » l'art. 373 du Code pénal, « l'a condamné à un » mois d'emprisonnement, à une amende de 100 fr., » aux frais liquidés à 1,177 fr., et à 1000 francs de » dommages-intérêts envers les acquittés Zerba et » Carosio ».

» Il paraît que Georges Giorgetti a fait tout ce qui dépendait de lui pour se pourvoir en cassation contre ce jugement, dans les trois jours de sa pro- nonciation. C'est du moins ce qui résulte d'un cer- tificat du greffier de la commission militaire, en daté du 25 septembre, ainsi conçu : « Je certifie » que personne, pendant que j'étais au greffe, ne » s'est présenté pour déclarer, au nom du con- » damné Georges Giorgetti, qu'il voulait se pour- » voir en cassation contre le jugement rendu le 27 » juillet 1811 contre lui : il est cependant vrai » que M. Uricchini, de Voghère, a été à mon » domicile, comme avocat dudit Giorgetti ; que ce » fut dans les trois jours après la prononciation » du jugement. Il m'a signifié que son client voulait » rappeler contre ledit jugement, et que j'eusse par » conséquent à recevoir sa déclaration. Je lui ai » répondu que je ne pouvais recevoir d'acte *sans* » *l'autorisation de la commission;* qu'il fallait » pour cela s'adresser au greffe et à M. le capitaine » rapporteur, chez qui le greffe est établi.»

» Le défenseur de Giorgetti s'est-il en effet adressé à la commission pour en obtenir l'autorisation de se pourvoir? C'est ce qu'on ne voit par aucune des pièces qui ont été transmises à l'exposant; mais le fait est énoncé comme constant dans des pétitions envoyées par Giorgetti, tant au grand-juge ministre de la justice, qu'à l'exposant.

» Du reste, Giorgetti n'avait besoin, pour se pourvoir, ni d'en obtenir, ni même d'en demander la permission à la commission militaire : et il suffit que le greffier lui ait refusé de recevoir sa décla- ration de recours en cassation, tant que cette per- mission ne lui serait pas accordée, pour que sa dé- claration soit censée avoir été faite régulièrement et dans le terme fatal.

» Mais, après tout, si, à défaut de recours régu- lier dans le terme fatal, le jugement dont il s'agit était à l'abri de la cassation dans l'intérêt de Gior- getti, il ne le serait pas du moins dans l'intérêt de la loi.

» D'abord, en effet, il est certain que Giorgetti au- rait été recevable à se pourvoir en cassation. L'art. 77 de la loi du 27 ventôse an 8 ne permet pas là-dessus le plus léger doute.

» Ensuite, la commission militaire de Gênes n'a été instituée, comme l'atteste le grand-juge ministre de la justice, par sa lettre du 24 de ce mois, à l'exposant, *que pour réprimer les vols et les bri- gandages sur les grandes routes.* Or, ce n'est ni comme coupable de vol, ni comme coupable de brigandages, sur une grande route, que Giorgetti a été condamné par la commission militaire de Gênes. Sa condamnation a donc été prononcée in- compétemment et par excès de pouvoir.

» Pour mettre cette incompétence et cet excès de pouvoir dans tout leur jour, il faut bien distinguer les deux faits qui ont motivé la condamnation de Giorgetti.

» Giorgetti a été condamné tout-à-la-fois comme Faux témoin, et comme complice d'une dénonci- tion calomnieuse.

» Il a été comme faux témoin; car c'est ce qu'annonce le *considérant* dans lequel les juges disent qu'*il est résulté des débats, que la déclara- tion de Georges Giorgetti faite par-devant le ma- réchal-des-logis de gendarmerie, s'est trouvée en contradiction avec les dépositions des témoins y mentionnés.*

» Il l'a été comme complice d'une dénonciation calomnieuse; et c'est ce que les juges font claire- ment entendre, lorsqu'ils déclarent qu'*il a été re- connu que Georges Giorgetti est auteur et instiga- teur des menées sourdes et calomnieuses qui ont fait accuser le prêtre Zerba et Carosio d'être les auteurs de l'aggression commise au préjudice de Pierre Taïni, dans la soirée du 5 juin.*

» Or, 1° Giorgetti pouvait-il être jugé comme faux témoin par la commission militaire de Gênes? Non certainement. L'art. 330 du Code d'instruction criminelle permettait seulement à la commission de le faire arrêter, de remplir à son égard, par le ministère de deux de ses membres, les fonctions d'officier de police judiciaire et celles de juge d'ins- truction, et de transmettre les pièces *à la cour im- périale, pour y être statué sur la mise en accu- sation.*

» 2° La commission militaire de Gênes pouvait- elle juger Giorgetti comme complice d'une dénon- ciation calomnieuse? Pas davantage; et c'est une vérité facile à saisir.

» Une dénonciation calomnieuse entraîne deux sortes de condamnations : une condamnation aux peines correctionnelles déterminées par l'art. 373 du Code pénal, et une condamnation aux dommages- intérêts de l'accusé absous ou acquitté.

» Or, d'une part, les commissions militaires peuvent sans doute, en usant de l'attribution faite aux cours spéciales par l'art. 589 du Code d'instruction criminelle, prononcer *contre l'accusé* les peines correctionnelles ou de police qu'il a encourues pour le fait à raison duquel il a été poursuivi devant elles; mais elles ne peuvent, sous aucun prétexte, prononcer de pareilles peines contre des tiers qui n'ont figuré dans l'instruction que comme dénonciateurs ou témoins.

» D'un autre côté, si, comme le prouvent les art. 359 et 585 du Code d'instruction criminelle, tout tribunal criminel, même d'exception, est compétent pour condamner le dénonciateur d'un accusé qu'il acquitte, à des dommages-intérêts, il ne peut du moins user de ce pouvoir que lorsqu'il en est requis par l'accusé lui-même, et jamais il ne peut le faire d'office : c'est même ce que décident textuellement les deux articles cités ; et cependant la commission militaire de Gênes a pris sur elle de condamner d'office Georges Giorgetti à 1,000 fr. de dommages-intérêts envers Zerba et Carosio qui ne lui demandaient rien. Il y a donc, à cet égard, excès de pouvoir dans le jugement du 27 juillet, et par conséquent ouverture à cassation, d'après l'art. 77 de la loi du 27 ventôse an 8.

» Ce considéré, il plaise à la cour, faisant droit sur le recours en cassation que Georges Giorgetti a déclaré, en temps utile, être dans l'intention de former contre le jugement ci-dessus mentionné, casser et annuller ce jugement, ordonner la restitution des sommes qui pourraient avoir été payées en conséquence, et renvoyer le prévenu, ainsi que la procédure, devant les juges compétens pour connaître des faits à lui imputés ;

» Dans le cas où la cour y trouverait quelque difficulté, casser et annuller ledit jugement dans l'intérêt de la loi seulement ;

» Et, dans tous les cas, ordonner qu'à la diligence de l'exposant, l'arrêt à intervenir sera imprimé et transcrit sur les registres de la commission militaire de Gênes.

» Fait au parquet, le 27 octobre 1811. *Signé* Merlin.

» Ouï le rapport de M. Rataud... ; attendu qu'il est justifié que Georges Giorgetti a fait, dans un délai utile, tout ce qui était en lui pour déclarer et faire recevoir sa déclaration de recours en cassation contre le jugement rendu le 27 juillet dernier à son préjudice par la commission militaire établie à Gênes; la cour déclare ledit Giorgetti recevable dans son pourvoi : et vu l'art. 77 de la loi du 27 ventôse an 8...; attendu que la commission militaire établie à Gênes n'a été instituée que pour réprimer les vols et les brigandages sur les grandes routes; que Giorgetti n'a point été poursuivi ni jugé pour un crime de ce genre; et qu'il n'était, sous aucun rapport, soumis à la juridiction de la commission militaire ; que si cette commission, saisie de la connaissance d'un crime qui entrait dans ses

attributions, a cru, après avoir acquitté les accusés, reconnaître que Giorgetti, entendu comme témoin, s'était rendu coupable d'un faux témoignage ou d'une dénonciation calomnieuse, elle était sans pouvoir pour connaître à l'égard dudit Giorgetti, soit du crime de faux témoignage, soit du délit de calomnie, puisque sa compétence est bornée aux seuls faits de vol et brigandage sur les grandes routes ; — que si, en usant de l'attribution faite aux cours spéciales par l'art. 589 du Code d'instruction criminelle, les tribunaux militaires peuvent prononcer des peines correctionnelles ou de police contre un accusé, ce ne peut être qu'à raison du fait pour lequel il a été poursuivi devant eux, et jamais contre des tiers qui n'ont figuré dans l'instruction que comme dénonciateurs ou témoins, et qui ne sont prévenus, en l'une et l'autre qualité, que d'un crime de faux témoignage, ou d'un délit de calomnie ; que, si tout tribunal criminel, même d'exception, est compétent pour condamner le dénonciateur d'un accusé acquitté à des dommages et intérêts, il résulte évidemment, des dispositions des art. 359 et 585 du Code d'instruction criminelle, que ces condamnations ne peuvent être prononcées que lorsque l'accusé lui-même en a fait la réquisition ; que cependant la commission militaire, après avoir acquitté les accusés dans l'affaire dont il s'agit, s'est permis de déclarer Giorgetti coupable du délit de calomnie ; et, faisant l'application de l'art. 573 du Code pénal, de le condamner à un mois d'emprisonnement, à une amende de 1,000 fr., en tous les frais, et en outre à 1,000 fr. de dommages et intérêts envers les accusés acquittés, quoique ceux-ci n'en eussent point fait la demande ; que par-là, et sous tous les rapports, la commission militaire de Gênes a évidemment excédé ses pouvoirs ; la cour, faisant droit sur le réquisitoire du procureur-général et sur le pourvoi de Georges Giorgetti, casse et annulle le jugement rendu par ladite commission, le 27 juillet dernier, en ce qui concerne ledit Giorgetti ; ordonne la restitution des sommes qui auraient pu être payées en exécution dudit jugement, sauf aux parties acquittées, ainsi qu'au ministère public, à se pourvoir ainsi que de droit, défenses au contraire réservées... ».

Le 12 juin 1812, arrêt semblable, dont voici la teneur :

» Le procureur-général expose qu'il est chargé par le gouvernement de requérir l'annullation de deux jugemens rendus, le 18 et le 23 janvier dernier, par une commission militaire spéciale qui existait alors dans la ville d'Aquapendente, département de Trasimène.

» Cette commission avait été créée, comme elle l'énonce elle-même dans les deux jugemens dont il s'agit, *en vertu des ordres de sa Majesté, par le comte Miolis, lieutenant du gouverneur-général des Etats romains, à l'effet de juger les prévenus de vols et brigandages commis dans les 29e et 30e divisions militaires.*

» Le 18 janvier dernier, cette commission, assemblée pour juger le nommé *Sancti Loretti*, accusé d'avoir assassiné un militaire français, commence par le déclarer coupable et le condamner à mort. Puis, considérant que, « dans le cours des » débats, le nommé Antonio Serafino, dit 'Aqui-» lano, a été entendu comme témoin et a fait une » fausse déposition ; » et faisant droit sur les réquisitions du capitaine-rapporteur, elle déclare ce particulier coupable de faux témoignage ; et, lui appliquant l'art. 361 du Code pénal, le condamne aux travaux forcés pendant dix ans.

» Le 23 du même mois, la même commission condamne pareillement les nommés Félice Cruciani, Girolomo Cruciani et Domenico Delquandam Pasquale à la peine de mort pour crime d'assassinat ; et, attendu que, « dans le cours des débats, le » nommé Santifini, dit Iustriso, a été entendu » comme témoin et a fait une fausse déposition », elle le condamne, comme coupable de faux témoignage, à vingt ans de travaux forcés.

» Ces deux jugemens, en tant qu'ils concernent les deux témoins, présentent un excès de pouvoir monstrueux.

» Instituée uniquement pour connaître des vols et des brigandages commis dans les 29e et 30e divisions militaires, la commission spéciale d'Aquapendente ne pouvait pas étendre ses attributions au delà des bornes dans lesquelles le gouvernement les avait circonscrites. Elle ne pouvait donc pas connaître de crimes de faux témoignage, même commis à son audience.

» Eh ! comment l'aurait-elle pu, tandis que les juges ordinaires eux-mêmes ne peuvent pas, lorsque de faux témoins déposent devant eux, les juger immédiatement et sans déplacer ? « Si, d'après les dé-» bats (porte l'art. 330 du Code d'instruction cri-» minelle) la déposition d'un témoin paraît fausse, » le président (de la cour d'assises) pourra, sur la » réquisition, soit du procureur-général, soit de la » partie civile, soit de l'accusé, et même d'office, » faire sur-le-champ mettre le témoin en état d'ar-» restation. Le procureur-général et le président » ou l'un des juges par lui commis, rempliront, » à son égard, le premier, les fonctions d'officier » de police judiciaire ; le second, les fonctions at-» tribuées aux juges d'instruction dans les autres » cas. Les pièces d'instruction seront ensuite trans-» mises à la cour impériale, pour y être statué sur » la mise en accusation.»

» La commission militaire d'Aquapendente devait donc se borner à faire arrêter les deux faux témoins qui lui paraissaient avoir déposé faussement à son audience, dresser procès-verbal de leurs dires ; et, après avoir rempli, à leur égard, par le ministère de son président et de son capitaine rapporteur, les fonctions d'officier de police judiciaire et de juge d'instruction, transmettre les pièces à la cour d'appel de Rome, *pour y être statué sur la mise en accusation.*

» En omettant ces formes et en condamnant elle-même les deux témoins dont il est question, la commission militaire a entrepris sur une juridiction qui ne lui appartenait pas, et ses deux jugemens doivent être annullés, comme l'a été, dans une espèce semblable, le 15 novembre 1811, au rapport de M. Rataud et sur le réquisitoire de l'exposant, un jugement rendu par une commission militaire séante à Gênes, contre le nommé Georges Giorgetti.

» Ce considéré, il plaise à la cour, vu l'art. 441 du Code d'instruction criminelle, annuller les dispositions des jugemens des 18 et 23 janvier dernier ci-dessus mentionnés et dont les expéditions sont ci-jointes, qui condamnent les nommés Antonio Serafino, dit Aquilano, et Santifini, dit Intriso, à dix et vingt années de travaux forcés, pour crime de faux témoignage ; et ordonner qu'à la diligence de l'exposant, l'arrêt à intervenir sera imprimé et transcrit sur les registres de la commission militaire d'Aquapendente.

» Fait au parquet, le 8 juin 1812. *Signé* Merlin.»

» Ouï le rapport de M. Oudart...; vu l'article 77 de la loi du 7 ventôse an 8, et l'art. 441 du Code d'instruction criminelle...; attendu que la commission militaire qui a condamné Antonio Serafino, dit Aquilano, et Santifini, dit Intriso, n'a été instituée que pour juger les prévenus de vols et brigandages commis dans les 29e et 30e divisions militaires ; qu'elle ne pouvait pas connaître des crimes de faux témoignage même commis à son audience ; qu'elle devait se borner à faire arrêter les deux individus prévenus de faux témoignage, dresser procès-verbal de leurs dires, et transmettre les pièces à la cour d'appel de Rome pour être statué sur la mise en accusation, après que le président de la commission militaire et le capitaine rapporteur eussent rempli les fonctions d'officier de police judiciaire et de juge d'instruction ; qu'en omettant ces formes, et en condamnant les deux individus prévenus de faux témoignage, la commission militaire établie à Aquapendente a entrepris sur la juridiction ordinaire ; la cour casse et annule...».

FÊTE. *la fin de l'article ; ajoutez :*

V. L'état de collocation qui est dressé, *un jour de dimanche ou de Fête*, par le juge-commissaire, à un ordre, est-il nul ? La nullité s'en couvre-t-elle par le silence que gardent, pendant un mois, les créanciers à qui la confection en a été notifiée ? *V. saisie immobilière*, §. 8, n°. 4, dans les *Additions.*

FIEF, sect. II, §. VII, pag. 249, col. 1,
ligne 40, après 1806, *ajoutez en note :*

La Cour de cassation n'a sans doute pas pu se dispenser de prononcer ainsi, puisque la question était jugée pour les espèces mêmes qui se présentaient, par l'avis du conseil d'Etat du 8 avril 1809.

Mais est-ce une raison pour qu'elle juge de même pour les pays auxquels cet avis est étranger ? *V.* le plaidoyer du 14 juillet 1814, rapporté aux mots

Rente seigneuriale, §. 2, n°. 6 *bis*, dans les *Additions*. ...

FOLLE-ENCHÈRE. D'après ce qui est dit de la Folle-enchère au mot *Enchère*, §. 1, n°. 7, il ne nous reste plus à traiter ici que la question de savoir si, lorsque le prix de la seconde adjudication s'élève au-dessus de celui de la première, le fol-enchérisseur peut répéter, contre les créanciers et la partie saisie, le montant du droit d'enregistrement et de transcription qu'il a payés ; et s'il peut également les répéter contre le second adjudicataire.

Cette question s'est présentée dans l'espèce suivante.

En 1803, le domaine des Bois-Francs, situé dans le département de l'Eure, est mis en vente, par le propriétaire, de concert avec ses créanciers, à l'audience des criées du département de la Seine. Par l'art. 4 du cahier des charges, il est dit que l'adjudicataire payera tous les droits auxquels l'adjudication pourra donner lieu, de quelque nature qu'ils soient, et sans aucune diminution de son prix.» L'art. 14 ajoute que l'adjudicataire sera tenu de faire transcrire le jugement d'adjudication, de payer les droits de transcription, et de fournir à ses frais tous les extraits d'inscription qui seront nécessaires pour dresser l'ordre du prix.

Le 30 pluviôse an 11, la dame Dumas se rend adjudicataire à ces conditions, et moyennant la somme de 362,000 francs.

Les sieurs Girard de Bury et Huet avancent pour elle les droits de mutation, lesquels s'élèvent à 27,269 francs 26 cent.

La dame Dumas n'ayant pas payé le prix de son adjudication, le vendeur et ses créanciers poursuivent la revente du domaine des Bois-Francs à la Folle-enchère.

Les sieurs Girard de Bury et Huet interviennent dans ces poursuites et demandent que, sur le prix à provenir de l'adjudication, ils soient remboursés par privilége de la somme qu'ils ont avancée pour les droits de mutation.

On leur répond que la première adjudication et l'adjudication sur la Folle-enchère ne font qu'un seul et même contrat; que le prix de l'adjudication définitive appartient tout entier aux créanciers du vendeur; que les droits auxquels la vente peut donner ouverture, étant à la charge de l'adjudicataire, ne peuvent, en aucune manière, entamer le prix de l'adjudication; qu'ainsi, les sieurs Girard de Bury et Huet n'ont aucun privilége à exercer sur ce prix.

Le 5 juin 1806, arrêt de la Cour de Paris qui déboute les sieurs Girard de Bury et Huet de leur demande en privilège, « sauf à eux à recouvrer, contre le nouvel adjudicataire, s'il y a lieu, la somme dont il sera tenu compte (par le fisc) sur les frais préjudiciaux à la charge de l'adjudicataire..., fins de non-recevoir, et défenses réservées au contraire. »

En vertu de cet arrêt, le vendeur et ses créanciers font au cahier des charges une addition dans laquelle on lit ce qui suit : « art. 4, les adjudicataires payeront tous les droits auxquels l'adjudication pourra donner lieu, de quelque nature qu'ils soient, et sans diminution du prix. — 12, les acquéreurs demeureront chargés, pour leur compte personnel, et s'en défendront à leurs risques et périls, et sans recours contre le vendeur, de la disposition de l'arrêt du 5 juin 1806, relative aux sieurs Girard de Bury et Huet. »

Le 30 décembre 1806, les sieurs Girard de Bury et Huet demandent, à l'audience des criées, qu'ils soient reçus parties intervenantes dans la poursuite, qu'il leur soit permis d'y assister à leurs frais, et qu'il soit ajouté au cahier des charges une clause par laquelle l'adjudicataire sera tenu de leur rembourser les 27,269 francs 26 centimes qu'ils ont payés pour les droits de la première adjudication.

Le même jour, ordonnance qui, attendu qu'ils ne peuvent être parties dans la poursuite, et que tout est jugé avec eux par l'arrêt du 5 juin 1806, les déclare non-recevables dans leur intervention.

Le 29 août 1807, le domaine des Bois-Francs est adjugé au sieur Baudouin pour 380,000 francs, c'est-à-dire, pour une somme supérieure de 18,000 fr. au prix de la première adjudication.

Les sieurs Girard de Bury et Huet se pourvoient contre le sieur Baudouin, pour le faire condamner à leur rembourser les 27,269 francs 26 cent.

Le sieur Baudouin se défend par l'art. 68, §. 1, n°. 8, de la loi du 22 frimaire an 7, suivant lequel « les adjudicataires de Folle-enchère ne doivent qu'un droit fixe d'un franc, lorsque le prix n'est pas supérieur à celui de la précédente adjudication, si elle a été enregistrée. »

Par jugement du 25 février 1809, « vu la disposition de l'art. 744 du Code de procédure, ainsi conçu : *Le fol-enchérisseur est tenu par corps de la différence de son prix d'avec celui de la revente sur Folle-enchère, sans pouvoir réclamer l'excédant s'il y en a. Cet excédant sera payé aux créanciers, ou, si les créanciers sont désintéressés, à la partie saisie;* considérant que l'intégralité du prix de la vente en justice d'un immeuble, se compose tant du prix principal de l'adjudication, des intérêts et des frais de poursuite, que des autres charges qu'il est tenu d'acquitter en sus de son prix, que les droits proportionnels d'enregistrement, coût du jugement d'adjudication et autres auxquels l'adjudication a donné lieu, lesquels droits et frais étant dûs du chef de l'adjudicataire sont à sa charge personnelle; que dans l'espèce de la cause, les contestations survenues sur la Folle-enchère de la dame Dumas, de la terre des Bois-Francs, entre elle, son vendeur et ses créanciers, ayant été terminées par un arrêt du 5 juin 1806, il y a eu nécessité, par les changemens survenus, de faire un nouveau cahier des charges sous lesquelles serait faite l'adjudication sur la Folle-enchère; que c'est pour les seules charges énoncées en ce nouveau cahier, que le sieur Baudouin a enchéri, et que l'adjudication lui a été faite du domaine dont il s'agit; que, si le nouvel adjudicataire a été chargé de payer tous les droits auxquels l'adjudication pourrait donner lieu, de quelque nature qu'ils soient, et sans aucune distraction de son prix, cette charge ne peut s'étendre au-delà de la disposition de la loi du 22 frimaire an 7, qui assujétit l'adjudicataire sur Folle-enchère à un droit fixe et seulement au droit proportionnel de 4 pour 100, sur ce qui excède le prix de la précédente adjudication, si ce droit a été précédemment acquitté; et que, dans le fait, le droit d'enregistrement proportionnel sur le prix de la première adjudication avait été acquitté; que, d'après la disposition de la loi du 22 frimaire an 7, de l'arrêt de la Cour du 5 juin 1806, qui avait rejeté la demande des sieurs Girard de Bury et Huet, tendante à être remboursés par privilége du droit d'enregistrement de la première adjudication, et enfin de l'ordonnance rendue le 20 décembre 1806 par le juge commissaire tenant l'audience des criées, contenant refus de charger l'adjudicataire personnellement du remboursement des mêmes droits proportionnels d'enregistrement, du coût du jugement d'adjudication à la dame Dumas, et des frais y relatifs, le sieur Baudouin a été valablement autorisé à élever son enchère à une somme excédant le prix de l'adjudication de ladite dame; d'où il suit que les sieurs Girard de Bury et Huet n'ayant pas plus de droit que la dame Dumas, leur cédante, ne sont point recevables à exercer aucune répétition à l'égard desdits droits; le tribunal (de 1re. instance du département de la Seine) déclare les sieurs Girard et Huet non-recevables dans leur demande..... »

Mais sur l'appel, arrêt du 5 décembre suivant, par lequel, « considérant que l'adjudication sur Folle-enchère et la première adjudication n'opèrent qu'une seule mutation; que, de droit, l'adjudicataire est débiteur personnel des frais de mutation; et qu'en fait, aucune clause de l'enchère ne l'en a dispensé; que même l'art. 22 lui a fait connaître les dispositions de l'arrêt du 5 juin 1806, et la prétention des parties de Tripier (les sieurs Girard de Bury et Huet) au remboursement des droits de mutation et de transcription, ainsi que l'obligation du futur adjudicataire de s'en défendre à ses risques; la Cour met l'appellation et ce dont est appel, au néant; émendant, condamne la partie de Moreau (le sieur Baudouin) à payer et rembourser à celles de Tripier, la somme totale de 27,269 fr. 26 cent. »

Le sieur Baudouin se pourvoit en cassation contre cet arrêt.

» Le demandeur (ai-je dit à l'audience de la section des requêtes, le 6 juin 1811) ne s'accorde pas avec lui-même dans les reproches qu'il fait à l'arrêt dont il se plaint.

» Dans sa requête en cassation, il accuse cet arrêt d'avoir ajouté à la loi du 11 brumaire an 7, concernant les expropriations forcées, à la loi du 22 frimaire de la même année, concernant les droits d'enregistrement, et aux dispositions du Code de procédure civile, concernant les saisies immobilières.

» Et dans la consultation jointe à cette requête, il l'accuse d'avoir violé ces mêmes lois.

» Ajouter à une loi, et violer une loi, c'est sans doute la même chose, lorsque dans la loi à laquelle on ajoute, il se trouve une disposition qui prohibe expressément ou implicitement toute addition à ce qu'elle a réglé.

» Mais hors ce cas, ce sont deux choses très-différentes. Violer une loi, c'est juger contre les dispositions qu'elle renferme; et le recours en cassation est là pour réprimer un pareil écart. Ajouter à une loi, c'est prononcer sur une question qu'elle n'a point prévue; c'est remplir un devoir auquel, suivant l'art. 4 du Code civil, les juges ne peuvent manquer sans s'exposer à être poursuivis comme coupables de déni de justice.

» L'arrêt que vous dénonce le demandeur ne pourrait donc être cassé, qu'autant qu'il violerait les lois dont il s'agit, soit en jugeant directement contre leurs dispositions, soit en faisant à leurs dispositions une addition qu'elles auraient, elles-mêmes prohibée. Il serait donc à l'abri de la cassation, s'il n'avait fait que suppléer à leur silence.

» Cela posé, qu'avons-nous à examiner dans cette affaire? un seul point: celui de savoir si, en condamnant le sieur Baudouin à rendre aux sieurs Girard de Bury et Huet, les droits d'enregistrement et de transcription qu'ils avaient payés pour la dame Dumas, la cour de Paris a violé, de l'une ou de l'autre des deux manières que nous venons d'indiquer, les trois lois invoquées par le demandeur, ou si elle a seulement prononcé sur un cas échappé à la prévoyance de ces lois.

» Voyons d'abord quelles sont, relativement à la revente à la Folle-enchère, les dispositions de la loi du 11 brumaire an 7.

» L'art. 22 porte que si, dans le mois de l'adjudication, l'adjudicataire n'a pas fait transcrire au bureau des hypothèques le jugement qui la prononce, les créanciers pourront faire procéder contre lui à la Folle-enchère.

» Et il résulte de l'art. 24, qu'il en doit être de même, si, après avoir fait transcrire le jugement d'adjudication, l'adjudicataire n'en remplit pas les conditions, et n'en paie pas le prix aux créanciers colloqués dans l'ordre.

» D'après ces deux articles, voici comment raisonne le demandeur.

» Si la Folle-enchère n'avait été poursuivie contre la dame Dumas, qu'à défaut de transcription du jugement d'adjudication du 30 pluviôse an 11, on concevrait que la dame Dumas pût répéter les droits de mutation qu'elle avait payés. Dans cette hypothèse, elle n'aurait jamais été saisie du domaine des Bois-Francs; jamais la propriété de ce domaine n'aurait reposé sur sa tête : ce serait par conséquent sans cause qu'elle en aurait payé les droits de mutation; et il serait aussi juste qu'équitable de les lui restituer, ou, ce qui serait la même chose, de les restituer à ceux qui les ont payés pour elle. Mais ce n'est pas faute de transcription que la Folle-enchère a été poursuivie contre la dame Dumas. La dame Dumas avait fait transcrire le jugement d'adjudication : elle jouissait même depuis quelque temps du domaine que ce jugement lui avait adjugé, lorsqu'à défaut de paiement du prix, elle a été évincée par la Folle-enchère. Elle avait donc été propriétaire de ce domaine avant son éviction ; elle en avait donc dû personnellement les droits de transcription et d'enregistrement ; elle n'avait donc, en acquittant ces droits, acquitté que sa seule dette ; elle n'a donc aucun prétexte pour répéter le montant de ces droits.

» Mais que deviendra ce raisonnement, si nous établissons que, même d'après l'art 24 de la loi du 11 brumaire an 7, la dame Dumas est censée n'avoir jamais été propriétaire du domaine des Bois-Francs ; si nous établissons que, d'après cet article, la Folle-enchère a détruit et annullé radicalement son titre d'acquisition ?

» Dans une vente faite pardevant notaires ou sous seing-privé, lorsque l'acquéreur ne paie pas le prix au terme convenu, le contrat n'est pas, pour cela, résolu de plein droit : il ne peut être résolu que par un jugement rendu à la poursuite du vendeur ; et ce n'est qu'après avoir obtenu ce jugement, que le vendeur peut revendre le bien.

» Dans une vente judiciaire, c'est tout autre chose. Le défaut de paiement du prix emporte, de plein droit, l'annihilation du jugement d'adjudication ; et la Folle-enchère, c'est l'art. 24 qui le dit lui-même en termes exprès, se poursuit *en vertu du jugement d'ordre contenant la collocation utile des créanciers.*

» Assurément si, lorsque l'adjudicataire est en demeure de payer le prix, la loi le considérait encore comme ayant été propriétaire ; si la loi, dans ce cas, ne faisait pas une abstraction complète de la transcription de son jugement d'adjudication, de sa mise en possession, de sa jouissance, elle ne permettrait de le déposséder qu'en vertu d'un jugement résolutoire, et elle exigerait que ce jugement précédât la poursuite en Folle-enchère. Or, la loi ne prescrit, pour sa dépossession, pour la poursuite de la Folle-enchère, que la signification du jugement d'ordre. Elle regarde donc comme anéantie, dès le principe, la propriété qui a reposé sur sa tête. Il n'a donc jamais été propriétaire aux yeux de la loi.

» Aussi voyez quelle différence met la loi du 22 frimaire de la même année, par rapport aux droits de mutation, entre le défaut de paiement du prix d'une vente volontaire, et le défaut de paiement du prix d'une vente faite en justice !

» Lorsqu'une vente volontaire est résolue faute de paiement du prix, la loi distingue, sur la question de savoir si la résolution donne ouverture, contre le vendeur qui rentre dans sa propriété, à un droit proportionnel d'enregistrement, entre le cas où il n'y avait pas eu de prise de possession de la part de l'acquéreur, et le cas où l'acquéreur avait pris possession. — Au premier cas, le vendeur ne doit, pour sa rentrée en possession, que le droit fixe de trois francs ; ainsi l'a déclaré l'art. 12 de la loi du 27 ventôse an 9. Au second cas, il est assujéti à

un droit proportionnel ; et vous l'avez ainsi jugé, d'après l'art. 69, §. 7, n. 1, de la loi du 22 frimaire an 7, par deux arrêts des 21 vendémiaire an 9 et 13 vendémiaire an 10 (1).

» Mais lorsqu'un jugement d'adjudication est détruit, à défaut de paiement du prix, par une Folle-enchère, point de distinction : que l'adjudicataire ait ou n'ait pas pris possession, la deuxième adjudication ne donne lieu à un nouveau droit, qu'à concurrence de l'excédant de la somme qui en forme le prix sur celle qui formait le prix de la première ; et il n'est rien dû, si le prix de la première est supérieur ou égal à celui de la seconde. Telle est la disposition textuelle de la loi du 22 frimaire an 7, art. 69, §. 7, n. 1.

» Et c'est assez dire que l'arrêt attaqué par le demandeur n'est pas plus en opposition avec la loi du 22 frimaire an 7, qu'il ne l'est avec celle du 11 brumaire précédent.

» Il ne reste donc plus qu'à savoir si cet arrêt viole, comme le prétend le demandeur, l'art. 744 du Code de procédure civile ; et cette question n'est pas difficile à résoudre.

» *Le fol-enchérisseur est tenu, par corps, de la différence de son prix d'avec celui de la revente sur Folle-enchère, sans pouvoir réclamer l'excédant, s'il y en a ; cet excédant sera payé aux créanciers, ou, si les créanciers sont désintéressés, à la partie saisie.* Voilà ce que porte l'article cité.

» Il ne prévoit pas, comme vous le voyez, le cas où, le prix de la seconde adjudication s'élevant au-dessus du prix de la première, le fol-enchérisseur qui a payé les droits de mutation auxquels la première a donné ouverture, viendrait les répéter, soit contre le nouvel adjudicataire, soit contre les créanciers, soit contre la partie saisie ; et dès qu'il est muet sur ce cas, bien évidemment l'arrêt attaqué par le demandeur, n'a pas pu le violer.

» Il est au surplus bien facile d'établir que cet arrêt n'aurait pas pu, sans s'écarter des vrais principes de la matière, juger autrement qu'il l'a fait.

» Sans doute, le fol-enchérisseur est dépouillé de tous les droits résultant de son adjudication, et il n'en peut rien conserver.

» Sans doute, si le prix de la seconde adjudication est inférieur à celui de la première, il est obligé d'en payer la différence. Sans doute si l'un est supérieur à l'autre, il ne peut pas en réclamer l'excédant.

» Mais de tout cela s'ensuit-il que, s'il a payé une partie du prix de son adjudication, et que le prix de la seconde l'égale ou le surpasse, il n'a aucune action pour s'en faire rembourser ?

» La loi ne le dit pas, et elle ne pourrait pas le dire sans offenser les plus simples notions de l'équité naturelle. A quel titre et de quel droit les créanciers

_____

(1) *V.* l'article *Résolution*, n. 6.

du vendeur et le vendeur lui-même seraient-ils dispensés de rendre au fol-enchérisseur ce qu'il leur a payé, ce qu'ils ont reçu de lui, pour une cause qui n'existe plus ? A quel titre et de quel droit s'enrichiraient-ils ainsi de ses dépouilles ? Que le fol-enchérisseur soit tenu de les indemniser du tort qu'il leur a causé par le défaut de solde de son prix ; qu'il soit tenu de les remettre au même état que si l'adjudication faite à son profit, avait reçu, de sa part, une pleine exécution ; qu'il ne puisse même pas s'approprier le bénéfice de la seconde adjudication, parce que la seconde adjudication s'est opérée sur un bien qui est censé ne lui avoir jamais appartenu, à la bonne heure. Mais ce n'est pas à dire pour cela que les créanciers et le vendeur puissent retenir ce qu'il leur a payé en sus de ce qu'ils retrouvent, du prix de sa propre adjudication, dans le prix de la seconde. Ce n'est pas à dire pour cela qu'ils puissent réclamer de lui autre chose qu'une juste et pleine indemnité. Ce n'est pas à dire pour cela que, justement et pleinement indemnisés par le prix de la seconde adjudication, ils puissent encore profiter de ce qu'ils ont touché à compte du prix de la première.

» Et ce que nous disons du cas où le fol-enchérisseur a payé une partie de son prix, nous devons le dire, par la même raison, du cas où il a payé les droits de transcription et d'enregistrement auxquels son adjudication avait donné ouverture. Car s'il ne les avait pas payés, le second adjudicataire devrait les payer lui-même : l'art. 69, §. 7, n. 1, de la loi du 22 frimaire an 7 le dit en toutes lettres. C'est donc à l'acquit de la seconde adjudication qu'il est censé les avoir payés. Il a donc amélioré, en les payant, la condition des créanciers et du vendeur, puisqu'il les a mis, par là, à portée de faire élever d'autant le prix de la seconde adjudication. Il faut donc que les créanciers et le vendeur lui en restituent le montant.

» Nous disons, les créanciers et le vendeur; et nous le disons parce qu'eux seuls profitent véritablement de l'avance que le fol-enchérisseur a faite de ces droits ; parce que c'est en considération de cette avance, que le second adjudicataire a élevé son enchère aussi haut qu'il l'a fait ; parce que le second adjudicataire était averti par la loi qu'il ne devrait les droits de la deuxième adjudication qu'à concurrence de l'excédent du prix de la première.

» Mais si de là il résulte qu'en thèse générale, les créanciers et le vendeur sont seuls obligés à la restitution de cette avance, il ne faut pas en conclure que, dans notre espèce, le deuxième adjudicataire n'en a point été tenu.

» En effet, les créanciers et le vendeur avaient, par une clause expresse du cahier des charges, imposé au second adjudicataire l'obligation de restituer cette avance, dans le cas où il viendrait à être jugé que cette avance dût être restituée. Le second adjudicataire avait par conséquent pris à son compte personnel, l'obligation qui, à cet égard, pesait sur les créanciers et le vendeur.

» Et par ces considérations, nous estimons qu'il y a lieu de rejeter la requête du demandeur, et de le condamner à l'amende de 150 fr. »

Arrêt du 6 juin 1811, au rapport de M. Zangiacomi, par lequel, « vu la loi du 22 frimaire an 7, art. 69, §. 8, n. 1, qui assujétit à un droit de 4 pour 100.... les adjudications, ventes, reventes, cessions, rétrocessions, et tous autres actes civils et judiciaires translatifs de propriété ou usufruit de biens immeubles à titre onéreux.... et ajoute.... les adjudications à la Folle-enchère de biens de même nature sont assujéties au même droit, mais seulement sur ce qui excède le prix de la précédente adjudication si le droit a été acquitté; attendu qu'il résulte évidemment de cette disposition, qu'aux yeux du législateur, l'adjudication sur Folle-enchère et celle qui l'a précédée, n'opèrent qu'une seule mutation, puisque le prix énoncé dans les deux contrats n'est passible que d'un seul droit proportionnel; qu'il est également évident que ce droit ne peut être qu'à la charge du second adjudicataire, qui seul recueille l'avantage de cette mutation de propriété; la cour rejette la requête. »]]

FORCLUSION. Page 269, col. 1, ligne 4, après V.; ajoutez : l'article opposition à un jugement par défaut, §. 3, art. 1, n. 9, et art. 4, n. 2; mon, etc.

FORFAITURE. Page 76, col. 1, n. V. lignes 9 et 10, au lieu de, Code pénal de 1810, lisez : code d'instruction criminelle de 1810.

FORMALITÉS, n. II. Page 278, col. 1, ligne 8, après par l'acte même; ajoutez :

Telles sont, dans un exploit, la mention de la personne à qui l'huissier a parlé, et celle des copies laissées à chacun des assignés. V. exploit, n. 9, et surenchère, n. 3 ter. — Telle est, dans le procès-verbal des débats d'un procès criminel, la mention du serment prêté par chacun des témoins entendus tant à charge qu'à décharge. V. témoin judiciaire, §. 2, n. 9.

GAINS NUPTIAUX ET DE SURVIE, §. IV.

Page 434, col. 1, supprimez les quatre dernières lignes du §. 4, et substituez-y ce qui suit:

Nouveau recours en cassation contre cet arrêt de la part des héritiers de Jean-Joseph Leclerc, et le 8 janvier 1814, arrêt, à l'audience des sections réunies sous la présidence de M. le grand-juge ministre de la justice, par lequel, « oui le rapport de M. le conseiller Boyer....; ensemble les conclusions de M. le comte Merlin, procureur général ; et après en avoir délibéré en la chambre du conseil; vu l'art. 61 de la loi du 17 nivôse an 2, les art. 13 et 14 de la même loi, l'art. 49 de celle du 22 ventôse et l'art. 24 de celle du 9 fructidor de la même année; considérant que de la combinaison de ces lois il résulte que le législateur, en maintenant, pour le passé, tous les avantages résultant entre époux, soit de conventions expresses, soit de la disposition des coutumes ou statuts locaux „n'a entendu maintenir, pour l'avenir, que ceux de la première espèce, et nullement-ceux dérivant des coutumes et statuts expressément abolis par l'art. 61 de la première de ces lois; qu'en effet ces divers avantages sont évidemment des transmissions statutaires qui, si elles ne peuvent être rangées dans la classe des *donations* ou des *successions* proprement dites, participent néanmoins de ces deux espèces de transmissions; que cette définition des avantages statutaires entre époux, se trouve justifiée au besoin par le rapprochement des articles 1er et 13 de la loi du 17 nivôse, puisqu'en maintenant, par ce dernier article, les avantages résultant entre époux déjà mariés et encore existans, soit des conventions, soit des coutumes et statuts, le législateur déclare faire exception en ce point à l'art. 1er., lequel ne statue littéralement que sur les *donations* ou les *successions*; qu'en admettant, avec la cour de Nancy, que les droits de communauté légale eussent survécu à la disposition abrogatoire de la loi du 17 nivôse, on ne pourrait tirer aucune conséquence pour le maintien des gains de survie qui en diffèrent essentiellement, puisque la communauté n'est qu'une association des biens appartenant *aux deux époux*, et que le partage égal de ces biens, lors même que les masses y ont été inégales, n'est pas réputé par la loi un avantage au profit de l'époux dont la mise a été inférieure, tandis que les gains de survie opèrent nécessairement une transmission quelconque des *biens de l'époux prédécédé* au profit de l'*époux survivant*, et constituent par conséquent un véritable avantage en faveur de ce dernier ; que cette manière d'envisager les gains de survie a été expressément appliquée par le législateur, à l'égard des *douaires coutumiers*, dans sa réponse à la vingt-quatrième question de la loi du 9 fructidor an 2, par laquelle il déclare ces *douaires* formellement abolis par l'art. 61 de celle du 17 nivôse; qu'on ne peut avec raison argumenter de ce que, dans sa réponse à la dixième question de la loi du 22 ventôse an 2, le législateur énonce que le *système restrictif de la loi n'est pas pour les dispositions entre époux*, parce que les expressions mêmes de la question, comme celles de la réponse, indiquent suffisamment que l'une et l'autre n'avaient pour objet que les mariages *antérieurs à la loi* ; enfin, que la considération prise de l'intérêt de plusieurs époux mariés depuis la loi du 17 nivôse, qui, se reposant sur la foi des anciens statuts, ont cru pouvoir s'abstenir de faire des contrats de mariage où ils eussent pu stipuler les avantages dont il leur convenait de se gratifier, est absolument sans force, parce que ces époux ont su ou dû savoir que la loi nouvelle, en même temps qu'elle leur assurait une liberté presque illimitée de s'avantager par des stipulations expresses, avait, d'un autre côté, aboli pour l'avenir toutes les transmissions résultantes des statuts; qu'il suit de là que la cour de Nancy, en accordant, dans l'espèce, à la veuve

Leclerc, mariée sans contrat de mariage postérieurement à la loi du 17 nivôse, les gains de survie qu'elle réclamait en vertu de la seule disposition de la ci-devant coutume de Luxembourg, a formellement violé l'art. 61 de la dite loi, du 17 nivôse; la cour casse et annulle..... »

GARANTIE DES FONCTIONNAIRES PUBLICS, n. I. *Page* 473 *col.* 1., *après les mots,* cette disposition, *ajoutez en note :*

Les juges ont en outre une garantie particulière pour les crimes et les délits qu'ils sont prévenus d'avoir commis hors de leurs fonctions. *V. Juge,* n. 14, dans les *Additions.*

GARDE-CHASSE. *Page* 483, *col.* 1, *après la ligne* 12, *ajoutez ;*

[[V. Les gardes des bois de l'État ou de la liste civile ont-ils caractère pour constater les délits de chasse commis à bois ou dans les propriétés particulières qui y sont enclavées?

V. l'article de chasse, §. 5 *bis*, dans les *additions.*]]

GARDE DES BOIS, sect. I, §. III, n. IV. *Page* 486, *col.* 2, *ligne* 49, *après les mots,* d'un délit de chasse, *ajoutez :* dans une plaine, ou dans une forêt appartenant à un particulier.

Et après la ligne 53, *ajoutez :*

Nous disons, *dans une plaine ou dans une forêt appartenant à un particulier ;* car les délits de chasse commis, soit par les gardes, soit par tout autre, dans les forêts de l'État ou de la liste civile, doivent encore être punis des peines pécuniaires que porte l'ordonnance de 1669. C'est la disposition expresse de l'arrêté du directoire exécutif du 28 vendémiaire an 5. *V. Chasse,* §. 5 *bis*, dans les *additions.*

Page 488, *col.* 2, *après la ligne* 4, *ajoutez :*

[[VI. *bis.* Les gardes des bois de la couronne ont-ils caractère pour constater les délits de chasse commis dans les propriétés particulières qui sont enclavées dans ces bois ? -

V. l'article *Chasse,* §. 5 *bis*, dans les *additions.*]]

n. VII. *Page* 489, *col.* 2, *ligne* 16, *après* V., *ajoutez :* Procès-verbal, §. 6, n. 12.

n. XV. *Page* 500, *col.* 1, *ligne* 4, *après le mot* corruption, *ajoutez en note :*

Comment devrait-il être puni, s'il coupait et s'appropriait les arbres dont la garde lui est confiée ?

V. Délit forestier, §. 10, n. 1 ; et *Vol*, sect. 2, §. 3, art. 4, notes sur l'art. 173 et sur le §. 3 de l'art. 386 du Code pénal.

n. XVIII. *Page* 500, *col.* 2, *après la ligne* 28, *ajoutez :*

Le procès-verbal d'un délit emportant des condamnations au-dessus de 100 fr., fait-il foi jusqu'à la preuve contraire, lorsqu'il n'est signé et affirmé que par un seul garde? *V. Procès-verbal,* §. 6, n. 17.

GARDES GÉNÉRAUX DES BOIS. *Page* 507, *col.* 2, *après la ligne* 26, *ajoutez :*

IX. Les Gardes généraux peuvent-ils, dans les départemens où il n'y a pas d'inspecteurs, être commis par les sous-inspecteurs pour faire les récolemens de coupes de bois?

V. l'art. *Récolement de coupes de bois,* n. 1.]]

GARDIENS, n. II. *Page.* 514, *col.* 2, *ligne* 26, *ajoutez :*

Résulte-t-il de là que l'on puisse poursuivre comme voleur le débiteur qui enlève au gardien les effets saisis dont celui-ci a la garde? Et que doit-on décider à cet égard, si le gardien est complice de l'enlèvement? Le gardien d'effets saisis doit-il être considéré comme dépositaire public? Doit-il l'être comme dépositaire privé? *V.* l'article *Vol.,* sect. 1, n. 4 et 5.]]

GIBIER, n. VIII. *Page* 540, *col.* 2, *supprimez l'alinéa commençant par les mots,* dans le fait, il paraît; *et substituez-y ce qui suit :*

Depuis, la question s'est représentée, mais dans des circonstances bien différentes.

Même page et même col., ligne 47, *après les mots,* qui antour ensemencés, *ajoutez :* que la dame de Montmorency a contribué elle-même à leur multiplication, tant en s'abstenant de les faire détruire, qu'en refusant aux propriétaires riverains la permission de les détruire eux-mêmes, etc, etc.

Page 541, *après la ligne* 3, *ajoutez :*

Cet arrêt est motivé, comme on le voit, non sur l'art. 1385, mais sur l'art. 1383 du Code civil.

Il juge donc uniquement que, toutes les fois que le propriétaire d'un bois y laisse multiplier excessivement les lapins et en empêche la destruction, malgré les ravages qu'ils exercent dans les terres voisines, et malgré les plaintes qui lui en sont portées, on doit lui appliquer la disposition de l'art. 1383, qui rend *chacun responsable du dommage qu'il a causé, non-seulement par son fait, mais encore par sa négligence ou son imprudence.*

Il ne juge donc pas que le propriétaire d'un bois dans lequel il existe des lapins, est, à ce seul titre, propriétaire des lapins mêmes qui y existent, et qu'on peut en conséquence lui appliquer la disposition de l'art. 1385, qui rend *le propriétaire d'un animal, ou celui qui s'en sert pendant qu'il est à son usage, responsable du dommage que l'animal a causé, soit que l'animal fût sous sa garde, soit qu'il fût égaré ou échappé.*

Et je dois reconnaître que je m'étais trompé dans mes conclusions du 11 mai 1807, en regardant comme appartenant au propriétaire d'un bois les lapins qui n'existent dans ce bois que par l'effet de l'instinct qui les y a rassemblés, et sans que le propriétaire ait rien fait soit pour les y attirer, soit pour en empêcher la destruction.

Que les lapins d'une garenne appartiennent au propriétaire de la garenne elle-même, c'est ce que décide implicitement l'art. 564 du Code civil.

Mais qu'est-ce qu'une *garenne?* La loi entend-elle, par ce mot, toute espèce de bois dans lequel des lapins établissent des terriers, et peut-on dire que du moment que des lapins établissent leurs terriers dans un bois, ce bois devient une garenne?

Voici les raisons qui me portent aujourd'hui à penser que non.

Il y a, comme on sait, deux sortes de garennes; les garennes *forcées,* et les garennes *ouvertes.*

Les premières sont celles qui sont tellement *enfermées de murs,* suivant l'expression du président Bouhier, chap. 63, n. 59, *que les lapins ne peuvent en sortir ni se répandre sur les héritages voisins.* Les secondes, dit le même magistrat, *sont appelées ainsi, parce qu'elles ne sont pas fermées, ou que, si elles le sont, elles n'empêchent pas que les lapins n'en puissent sortir et y rentrer librement.*

Les garennes forcées ont toujours été permises à tout le monde, parce que jamais elles n'ont pu nuire aux terres voisines.

Mais le droit d'avoir des garennes ouvertes était réservé, dans l'ancienne jurisprudence, ici au seigneur haut-justicier, là au seigneur de fief, ailleurs au simple gentilhomme; et encore ne pouvait-il être exercé, suivant l'art. 19 du tit. 30 de l'ordonnance des eaux et forêts de 1669, qu'en vertu d'une *possession ancienne,* justifiée par des *aveux ou dénombremens,* ou autorisée par des *titres suffisans,* tels que des lettres-patentes du roi.

Ceci prouve déjà qu'à cette époque on n'entendait pas précisément, par *garenne ouverte,* toute espèce de bois dans lequel il existait des lapins; car bien certainement il ne fallait ni aveux ou dénombremens, ni titres spéciaux pour pouvoir posséder un bois; et alors comme aujourd'hui il n'y avait pas un bois où il n'existât des lapins en plus ou moins grand nombre.

On ne pouvait donc pas alors entendre, par *garenne ouverte,* un bois dans lequel des lapins existaient contre le gré ou sans le fait du propriétaire; on ne pouvait donc alors entendre, par *garenne ouverte,* qu'un bois ou autre terrain dans lequel le propriétaire faisait les dispositions propres à y entretenir des lapins.

Et c'est ce qui résulte très-clairement des termes de l'article cité de l'ordonnance de 1669 : *Nul ne pourra établir garenne à l'avenir, s'il n'en a le droit par ses aveux et dénombremens, possession* ou autres titres suffisans, à peine de 500 liv. d'amende, et en outre d'être la garenne détruite et ruinée à ses dépens. Ces mots : établir garenne, garenne détruite et ruinée, annoncent assez que l'idée d'une garenne emporte celle de travaux faits à dessein de fixer des lapins dans un lieu où l'on se propose de les multiplier. On sent, d'ailleurs qu'il eut été d'une absurde injustice de punir d'une amende de 500 liv., et de la destruction de sa propriété, celui qui aurait eu dans son bois des lapins qu'il n'y eut ni mis ni attirés, et qui s'y seraient établis d'eux-mêmes.

Eh ! que signifierait, dans le système contraire, l'abolition prononcée part l'art. 3 des décrets du 4 août 1789, du droit exclusif des garennes ouvertes? Elle signifierait qu'à l'avenir tout particulier, seigneur ou non, noble ou roturier, pourra posséder des bois; car, on ne saurait trop le répéter, il n'y a point de bois où il n'existe plus ou moins de lapins. Elle signifierait, par conséquent, que, dans l'ancienne jurisprudence, la possession des bois était interdite à tout particulier non noble ni seigneur, et, par conséquent encore, elle aurait un sens aussi faux que ridicule.

Mais ce qui tranche toute difficulté, c'est que l'art. 524 du Code civil range les lapins de garenne dans la classe des immeubles par destination. De là, en effet, il suit évidemment qu'un terrain ne prend la nature et la dénomination de garenne, que par la destination qu'en fait le propriétaire pour y nourrir des lapins, et qu'il ne suffit pas que des lapins existent par hasard dans un terrain, pour que ce terrain soit considéré comme une garenne, pour que les lapins existans dans ce terrain soient réputés appartenir à son propriétaire.

Au surplus, en s'expliquant ainsi, l'art. 524 du Code civil n'a fait que se conformer à la définition que les lexicographes nous avaient précédemment donnée du mot garenne.

Le Dictionnaire de l'Académie française avait défini la garenne un lieu à la campagne où il y a des lapins, et où l'on prend soin de les conserver : termes qui font clairement entendre qu'un lieu où il y a des lapins n'est point garenne par cela seul, et qu'il ne devient tel que par le soin que prend le propriétaire de le disposer de manière à y conserver les lapins qui s'y trouvent.

Et Denizart, au mot Garenne, avait dit : On nomme garenne, un terrain destiné à élever et nourrir des lapins.

Il est donc bien démontré qu'il y a, entre les lapins existans dans une garenne, et les lapins établis dans un bois, sans le fait du propriétaire, une très-grande différence; que les premiers seuls appartiennent au propriétaire du fonds, et que les seconds ne lui appartiennent pas plus que les lièvres, les perdrix, les bléreaux, les renards, les loups, qui peuplent son bois. Dès-lors, appliquer l'art. 1385 du Code civil au dommage causé par des lapins existans dans un bois non constitué en garenne,

serait évidemment violer les art. 524 et 564 du même Code, qui signalent les lapins de garenne comme seuls susceptibles de propriété privée.

Et quelle autre base prendrait-on pour faire peser sur le propriétaire d'un bois non constitué en garenne, le dommage causé par des lapins qui y existent sans son fait, et souvent malgré lui ?

Il résulte de l'art. 1370 du Code, que les engagemens ne peuvent naître que de trois sources, ou d'une convention, ou de la seule autorité de la loi, ou d'un fait personnel à celui qui se trouve obligé.

L'art. 1370 est donc violé toutes les fois qu'une partie est condamnée à payer ou à faire ce à quoi elle n'est obligée ni par une convention, ni par une loi, ni par un fait qui lui soit personnel.

Or, le riverain d'un bois, qui en actionne le propriétaire pour le faire condamner à réparer le dommage que lui causent les lapins existans dans ce bois, ne fonde certainement pas son action sur une convention passée entre ce propriétaire et lui.

Il ne peut d'ailleurs citer aucune loi qui mette à la charge du propriétaire d'un bois, la réparation du dommage que peuvent causer aux récoltes voisines les animaux qui, existant dans ce bois, ne font point partie de sa propriété.

Il ne pourrait donc se fonder que sur un fait personnel au propriétaire du bois, et invoquer l'art. 1383, qui, en déterminant la troisième source des engagemens, déclare que chacun est responsable du dommage qu'il a causé, non seulement par son fait, mais encore par sa négligence ou son imprudence.

Mais de là même il suit manifestement que son action doit être repoussée, s'il ne prouve pas que c'est par le fait, la négligence, ou par l'imprudence du propriétaire du bois, que les lapins s'y sont multipliés au point de devenir nuisibles aux terres voisines.

IX. On voit, par les espèces rapportées au n°. précédent, que l'usage est de porter ces sortes de contestations devant le juge de paix.

Cet usage est-il bien conforme à la loi ? V. Dernier ressort, §. 7 bis, dans les additions.]]

GRACE. Page 534, à la fin de l'article, ajoutez: Nous reviendrons là-dessus à l'article Révision de procès, §. 4.

GRAINS. §. I, page 554, col. 1, ligne 16, après Maraudage, ajoutez : et l'arrêt du 11 juin 1813, rapporté aux mots tribunal de police, sect. 1, §. 2, n. 8.

GROSSESSE, n. III. Page 589, col. 1, après la ligne 34, ajoutez :

C'est d'ailleurs ce qui a été jugé dans l'espèce suivante :

Le 27 septembre 1811 arrêt de la cour d'assises,

qui condamne Marie Bonnefoy à la peine de mort pour crime d'infanticide.

Marie Bonnefoy se pourvoit en cassation, et expose qu'au moment de sa mise en jugement, elle était enceinte de quatre mois et demi ; qu'à la vérité, le contraire a paru résulter d'une visite qui a été faite de sa personne par une sage-femme, avant l'ouverture des débats ; mais que cette sage-femme s'est trompée, et que son erreur serait facilement rectifiée, si la cour de cassation ordonnait, avant faire droit, qu'elle fût visitée par des chirurgiens. En conséquence, s'étayant sur la loi du 23 germinal an 3, qu'elle soutient n'être pas abrogée, elle conclud à cette visite préalable.

Par arrêt du 7 novembre de la même année, au rapport de M. Bauchau : « attendu que le Code pénal a fait cesser la loi du 23 germinal an 3 ; et que la condamnée peut réclamer, s'il y a lieu, que l'art. 27 de ce Code soit exécuté à son égard ; la cour rejette le pourvoi ... ».

HÉRITIER, sect. II, §. III, n. II. *Page 658, col. 1, ligne 36, après les mots, sur cette matière ajoutez en note :*

Il faut y ajouter ce qui est dit sous les mêmes mots, n. 25 et 26, dans les *additions.*

HOPITAL, §. V. *Page 732, col. 1, ligne 5 de la note, au lieu de, page 719, lisez : page 727.*

HYPOTHÈQUE, sect. II. §. II, art. XVI. *Page 887, col. 2, avant l'art. XVII, ajoutez :*

III. *Lorsqu'un immeuble grevé d'une rente constituée avec hypothèque, antérieurement à la loi du 11 brumaire an 7, a été, avant la même loi, vendu par expropriation forcée à la charge de cette rente, le créancier de cette rente a-t-il pu conserver le rang de son hypothèque, en la faisant inscrire, non sur l'adjudicataire, mais sur son débiteur personnel ?*

Cette question, qui doit se résoudre par le même principe que la précédente, s'est présentée dans l'espèce que voici :

Le 11 octobre 1776, contrat notarié par lequel le sieur de Prie constitue à la dame le Jeune de Créqui, sa sœur, une rente légitimaire de 10,000 livres, au capital de 225,000 liv., qu'il hypothèque sur tous ses biens présens et à venir, et notamment sur la terre d'Estimanville, située près de Pont-l'Évêque.

Quelque temps après, le sieur de Prie vend la terre d'Estimanville au sieur Duclos-Lange, en le chargeant, par une clause expresse du contrat, d'acquitter la rente légitimaire de sa sœur.

En 1786, la terre d'Estimanville est saisie réellement, sur le sieur Duclos-Lange, par ses créanciers. La saisie réelle se poursuit d'abord au bailliage d'Orbec ; ensuite, et après la suppression de ce bailliage, au tribunal du district de Bernay.

La dame le Jeune de Créqui se rend opposante au décret, *afin de charge.*

En conséquence, une clause est insérée au cahier des charges de l'adjudication, par laquelle il est dit que « l'adjudicataire sera tenu de payer et continuer à madame le Jeune de Créqui la rente de 10,000 l. à elle due, au capital de 225,000 livres, jusqu'au franchissement qu'il en pourra faire ».

La dame de Créqui demande que cette clause soit rectifiée, et conclut « à ce que le tribunal ordonne qu'en exécution du jugement du 14 avril dernier, il sera employé au cahier des charges d'adjudication des biens décrétés sur Duclos-Lange, et avant appartenu au sieur de Prie, que l'adjudication de la terre d'Estimanville ne sera faite qu'à la charge par l'adjudicataire de continuer et payer provisoirement, et solidairement avec les autres adjudicataires des autres biens ayant appartenu à M. de Prie, et compris au décret, à la dame le Jeune de Créqui, sa rente légitimaire de 10,000 livres à ses échéances, aux termes de l'acte de liquidation passé devant Daufresne, notaire à Lisieux, le 11 octobre 1776 ; qu'en conséquence ladite rente ne pourra être franchie ni amortie du vivant de ladite dame, que de son consentement ; que cette clause remplacera celle par laquelle il est dit audit cahier, que la rente pourra être franchie à volonté de l'adjudicataire ».

Le 19 juin 1792, jugement contradictoire, qui, « Faisant droit sur la réclamation de la dame le Jeune de Créqui ; attendu qu'aux yeux de la loi, il n'est plus de rente irracquittable », déclare les dispositions employées dans le cahier des charges, suffisantes ».

Le même jour, la terre d'Estimanville est adjugée au sieur Devin de Fontenay, « à la charge de payer et continuer la rente légitimaire due à la dame le Jeune de Créqui, sans aucune diminution du prix de son adjudication, jusqu'à affranchissement qu'il pourra en faire, et qu'il sera même tenu de faire, s'il lui était demandé par la dame le Jeune, avec stipulation que la terre demeura affectée au payement de cette rente ; par privilége spécial, sans aucune dérogation à l'hypothèque générale sur les biens de l'adjudicataire, présens et à venir ; et qu'à défaut de payement, le possesseur de la rente pourra se faire envoyer en possession, propriété et jouissance de la terre ».

Le 7 août de la même année, jugement qui autorise le sieur Devin de Fontenay à ne consigner, sur son prix, que la somme de 262,000 fr. Cette consignation est effectuée à l'instant même ; et il intervient, le même jour, un jugement qui en donne acte, et prononce l'envoi en possession au profit du sieur Devin de Fontenay.

Le 3 pluviôse an 7, la dame le Jeune de Créqui prend une inscription hypothécaire sur tous les biens présens et à venir du sieur de Prie, son frère.

A cette époque, le sieur Devin de Fontenay avait abandonné la terre d'Estimanville à la dame de

Cabarus, ci-devant son épouse, pour s'acquitter envers elle de tout ce qu'il lui devait à titre de dot.

Depuis, la dame de Cabarus, remariée au sieur de Caraman, obtient la rescision de l'acte par lequel cet abandon lui a été fait; et le sieur Devin de Fontenay rentre en possession de la terre d'Estimanville.

Le 6 floréal an 11, la dame de Caraman prend une inscription sur cette terre pour la sûreté de ses deniers dotaux.

Bientôt, cette terre est saisie sur le sieur Devin de Fontenay, et vendue par expropriation forcée.

Au procès-verbal d'ordre se présentent, entr'autres créanciers, le sieur de Prie fils, héritier de la dame le Jeune de Créqui, sa tante, et la dame de Caraman.

Le sieur de Prie réclame la préférence sur la dame de Caraman, comme ayant, du chef de sa tante, une Hypothèque plus ancienne et inscrite antérieurement.

La dame de Caraman soutient que l'inscription prise, le 3 pluviose an 7, par la dame le Jeune de Créqui, est nulle, 1° parce qu'elle ne désigne pas le domicile du sieur de Prie, débiteur sur qui elle est prise; 2° parce que la dame le Jeune de Créqui, originairement créancière personnelle et hypothécaire du sieur de Prie père, a changé de débiteur, en demandant, obtenant et acceptant une délégation sur le sieur Devin de Fontenay, adjudicataire de la terre d'Estimanville; 3° parce qu'en supposant que le sieur de Prie, père, fût resté débiteur personnel, la dame de Créqui qui a assisté au décret, qui a connu le sieur Devin de Fontenay pour nouveau propriétaire de la terre d'Estimanville, et qui l'a accepté pour débiteur, n'a inscrit sa créance, ni sur lui, ni sur la terre d'Estimanville, mais sur le sieur de Prie et sur les biens présens et à venir du sieur de Prie, qu'elle savait ne plus posséder la terre d'Estimanville; qu'elle ne peut donc pas, en vertu de cette inscription, venir à l'ordre du prix d'une terre vendue sur le sieur Devin de Fontenay; 4° parce que la loi obligeait la dame de Créqui à s'inscrire sur l'*individu grevé*; que *l'individu grevé* était le sieur Devin de Fontenay; que la dame de Créqui le savait, puisqu'elle avait été partie dans le jugement d'adjudication qui lui avait transmis la propriété de la terre ».

Le 18 juillet 1811, jugement du tribunal de 1re instance de Pont-l'Évêque, qui colloque le sieur de Prie, en sa qualité, avant la dame de Caraman.

La dame de Caraman appelle de ce jugement; et le 6 mai 1812, arrêt de la cour de Caen qui confirme, « attendu, sur la première question, c'est-à-dire, sur celle de savoir si Marie-Thérèse de Prie, femme Créqui, a fait novation à sa créance et abandonné ses droits contre Louis de Prie, son frère, en acceptant un autre débiteur à sa place; que, par l'acte de liquidation de la légitime de ladite Marie-Thérèse de Prie, arrêté en 1776, il fut stipulé que Louis de Prie, son frère, serait tenu de donner des délégations à sa sœur, soit sur ses fermiers, soit en chargeant ses acquéreurs, s'il vendait ses immeubles, de payer à ladite sa sœur, les 10,000 livres de rente qui lui étaient dues, parce que toute fois ledit Louis de Prie n'en demeurerait pas moins personnellement garant et responsable, et que ladite Marie-Thérèse de Prie n'en conserverait pas moins son Hypothèque générale sur tous les biens de la succession affectés à ladite légitime; qu'en vendant une grande partie de sa fortune à Duclos-Lange, et en le chargeant du payement de la légitime en question, Louis de Prie ne faisait qu'exécuter les conditions de l'acte de liquidation de ladite légitime, et ne pouvait, par là, priver sa sœur de ses droits contre lui personnellement, pas plus que de son Hypothèque générale expressément réservée par l'acte de liquidation; que, si les biens acquis dudit de Prie par Duclos-Lange, furent ensuite décrétés par les créanciers de celui-ci, et si, par le cahier d'adjudication desdits biens, il fut stipulé que l'acquéreur de la terre d'Estimanville serait tenu de payer, continuer ou amortir les 10,000 livres de rente légitimaire due à Marie-Thérèse de Prie, femme Créqui; cette stipulation n'était encore qu'une suite et une exécution de l'acte de liquidation de 1776, et n'altérait pas plus les droits de ladite Marie-Thérèse de Prie, tant vis-à-vis de son frère, que relativement à son Hypothèque générale, que ne les avait altérés le contrat de vente fait à Duclos-Lange; qu'il est vrai que ladite Marie-Thérèse de Prie intervint à ce décret, et voulut faire décider que l'adjudicataire de la terre d'Estimanville serait tenu de lui continuer la rente de 10,000 livres tant qu'elle vivrait, et ne pourrait s'en affranchir qu'après son décès; mais ce soutien de sa part, bien ou mal fondé, n'était pas une acception de l'adjudicataire futur de la terre d'Estimanville pour son débiteur unique et absolu, et un abandon de ses droits personnels contre son frère, pas plus que de son Hypothèque générale; car pour qu'une pareille novation pût être invoquée, il faudrait qu'elle fût conçue en termes formels, puisque le Code qui n'est, à cet égard, que la répétition des anciens principes, dispose (art. 1273) que la novation ne se présume point, et qu'il faut que la volonté de l'opérer résulte clairement de l'acte, que le juge saisi de cette contestation, décida, contre le soutien de Marie-Thérèse de Prie, par le motif que les lois nouvelles n'admettent aucune distinction entre les rentes et permettaient de les affranchir toutes; mais son jugement ajoute que l'adjudicataire serait tenu de payer ladite rente de 10,000 livres ou de l'affranchir si bien et de manière que Louis de Prie ou tous autres acquéreurs ou adjudicataires de ses biens n'en puissent être inquiétés; ce qui prouve qu'il n'entrait pas dans l'intelligence du premier juge, que l'adjudicataire de la terre d'Estimanville deviendrait l'unique, objet en cas de non payement, des poursuites de Marie-Thérèse de Prie; et que conséquemment il ne s'opé-

rerait aucune novation; que c'est ainsi que ce jugement s'est exécuté, puisque, si Marie-Thérèse de
Prie a usé, pour obtenir le payement de sa rente,
d'arrêt de deniers entre les mains des détenteurs de
la terre d'Estimanville, c'est vis-à-vis de son frère
qu'elle regardait toujours comme son principal débiteur; qu'elle agissait pour obtenir la délivrance de
deniers arrêtés; que c'est ainsi et dans le même sens
que l'appelante a elle-même entendu le jugement
dont il s'agit, puisque son premier mari Devin de
Fontenay, pour le remplir de tout ou partie de ses
droits dotaux, lui ayant cédé la terre d'Estimanville,
dont il était devenu adjudicataire, à la charge par
elle de payer les 10,000 livres de rente dues à ladite
Marie-Thérèse de Prie; il a été fait un arrêté de
compte entre elle et l'appelante, dans lequel il est
formellement exprimé que ladite de Prie n'a reçu
qu'à la décharge de Louis de Prie, son frère; de
tout quoi il faut conclure que Marie-Thérèse de
Prie n'a jamais abandonné ses droits contre Louis
de Prie son frère, comme son Hypothèque générale; et que conséquemment la novation dont on
argumente, n'est que chimérique. — Attendu, sur
la deuxième question, que la difficulté qu'on a fait
naître à cet égard, n'est qu'une pure subtilité et ne
repose que sur une mauvaise équivoque. Le point
se réduit à savoir si, par ces mots, l'*individu grevé*,
employés à la fin du n° 2 de l'art. 17 de la loi du 11
brumaire an 7, on doit entendre le *véritable débiteur*, ou seulement le *détenteur* du fonds affecté à
l'Hypothèque que l'on veut conserver.

» Pour résoudre cette question presque grammaticale, il suffit de lire en entier le n° 2 de l'art. 17
dont on vient de parler, il porte que l'*inscription
doit contenir les noms, prénoms, profession et domicile du débiteur ou une désignation individuelle et spéciale assez précise pour que le conservateur des Hypothèques puisse reconnaître et
distinguer dans tous les cas l'individu grevé*. A la
simple lecture de cet article il est évident, pour tout
homme non prévenu, que les mots l'*individu grevé*
sont le synonime de *débiteur*. Or, comme ce sont
les noms, prénoms, etc., du *débiteur* et non du *tiers
détenteur*, que l'inscription doit contenir, et que ces
noms, prénoms, etc., ne sont employés que pour
que le conservateur puisse reconnaître l'individu
grevé; c'est comme si la loi eût dit : *puisse reconnaître ledit débiteur*; car il serait absurde de supposer qu'on serait tenu d'employer les noms, prénoms, etc., d'un débiteur, pour que le conservateur pût reconnaître un tiers détenteur. La simple
lecture de cet article repousse donc la fausse interprétation qu'on prétend lui donner; d'un autre côté,
si, par les mots *individu grevé*, le législateur eût
voulu parler du tiers détenteur, il se seraitservi d'une
expression absolument fausse; en effet, le tiers détenteur peut bien avoir la propriété d'un objet affecté à une Hypothèque; mais il n'est pas vrai qu'il
soit individuellement grevé; s'il était individuellement grevé, c'est qu'il serait personnellement obligé,
tandis que ce n'est pas lui qui doit, mais seulement

le fonds par lui acheté, qui est susceptible de la
dette, puisqu'il en est quitte pour déguerpir; ce
serait donc la désignation du fonds qu'il détient que
la loi aurait dû exiger, puisque ce fonds est l'objet
grevé. Mais la même loi, dans son art. 43, au titre
des Hypothèques, privilèges et mutations du passé,
dispose que l'*inscrivant conserve son rang hypothè-
caire sur les biens présens et à venir du débiteur, situées dans l'étendue du bureau où l'inscription est
requise sans que le créancier soit obligé de désigner la nature ni la situation des immeubles*. Il
s'en faut donc de beaucoup qu'un ancien créancier,
tel que Marie-Thérèse de Prie, fût obligé de donner
la désignation d'un objet vendu ou transporté à un
tiers. D'ailleurs quel embarras la loi n'aurait-elle
pas donné à un malheureux créancier qui aurait été
forcé, pour conserver une Hypothèque générale,
de rechercher tous les contrats de vente ou de mutation, que les besoins ou le caprice auraient pu conduire son débiteur à faire au profit souvent d'un
grand nombre d'individus plus ou moins éloignés, et qu'il serait peut-être impossible de découvrir. On ne peut faire une pareille supposition
sans outrager le législateur qui a même, dans l'art.
40, dispensé le créancier de s'enquérir des noms,
prénoms, profession et domicile des héritiers de son
débiteur décédé, en permettant que l'inscription
soit valablement faite sur les biens d'une personne
décédée sur la simple dénomination du défunt; enfin
qu'on ne dise pas que le public pourrait être trompé
si l'inscription ne portait pas nominativement sur le
tiers détenteur, en ce qu'on pourrait traiter avec
lui de bonne foi en se fondant sur ce qu'il n'y aurait
pas d'inscription personnellement requise contre
lui : car, tant que ce tiers détenteur n'a pas fait purger son acquêt, il incombe à celui qui traite avec lui,
de rechercher l'origine de cet acquêt, et de vérifier si, en passant dans sa main, il était ou non
grevé d'Hypothèque; qu'on ne dise pas non plus
que les principes ci-dessus développés soient en
contradiction avec la jurisprudence de la cour de
cassation. Car il est bien démontré, pour ceux qui
suivent avec quelqu'attention les progrès de la jurisprudence, qu'en supposant que l'arrêt de *Boitouzet* ait été rendu tel qu'il a été recueilli; cet arrêt solitaire ne pourrait déterminer l'opinion des
tribunaux surtout en les mettant en opposition avec
l'esprit de la lettre de la loi; mais par-dessus cela,
on pourrait également invoquer des arrêts contraires et postérieurs; d'où il faudrait conclure que
la jurisprudence de la Cour de cassation ne résulte
réellement pas de l'arrêt de Boitouzet; il suffit de
lire ce que M. le procureur général Merlin en a dit
lui-même dans son *Répertoire de jurisprudence*;
il est donc vrai de dire que Marie-Thérèse de Prie
en s'inscrivant contre Louis de Prie son frère,
resté son véritable débiteur, a conservé son hypothèque générale sur la terre d'Estimanville, si d'ailleurs son inscription est régulière dans la forme. »

La dame de Catâmân se pourvoit en cassation
contre cet arrêt, et soutient qu'il viole la loi du 11

brumaire an 7; 1° en faisant valoir dans l'ordre d'un bien vendu sur le sieur Devin de Fontenay, adjudicataire par décret forcé, une inscription qui n'a été prise que sur le sieur de Prie, précédent propriétaire; 2°. en déclarant cette inscription valable, nonobstant le défaut d'indication du domicile du sieur de Prie lui-même.

M. l'avocat général Daniels, portant la parole sur cette affaire, observe d'abord, sur le premier moyen de cassation, que, s'il paraît étayé par l'arrêt du 13 thermidor an 12, rendu contre les demoiselles Boitouzet (tel qu'il est motivé dans sa rédaction et abstraction faite de ce qui en est dit ci-dessus, n. 2), il est aussi combattu par l'arrêt du 30 floréal an 13, rendu en faveur de la succession vacante de Charles de Mailli.

« Mais (ajoute-t-il), faisons abstraction de ce qui a été jugé dans ces deux affaires, pour examiner si, aux termes de la loi, l'inscription de la dame de Créqui était valable.

» On se fonde d'abord, sur ce que cette inscription a été prise sur tous les biens présens et à venir du sieur Louis de Prie, sans aucune mention de la terre d'Estimanville, qui, depuis long-temps, appartenait au sieur Devin de Fontenay.....

» Mais la dame de Créqui avait une Hypothèque générale, antérieure à la loi du 11 brumaire an 7, dont l'art. 43 déclare que, dans les pays où cette Hypothèque générale était précédemment admise et n'aurait pas été restreinte par les conventions des parties, les inscriptions qui auront lieu dans le délai prescrit par l'art. 57, pour toute créance antérieure à la publication de cette loi, en conserveront le rang sur tous les biens présens et à venir situés dans l'étendue du bureau où elles auront été requises, sans que le créancier soit tenu de désigner la nature ni l'étendue des immeubles.

» La difficulté se réduit donc à la question de savoir si, en prenant, dans le délai légal, une inscription sur son frère, ancien propriétaire de la terre d'Estimanville, la dame de Créqui a conservé son rang d'Hypothèque, même à l'égard de cette terre; ou si, à cet effet, elle était tenue de prendre une inscription sur l'acquéreur, le sieur Devin de Fontenay.

» L'art. 17 de la loi du 11 brumaire an 7 exige que le bordereau contienne les noms, prénoms, profession et domicile du *débiteur*, ou une désignation individuelle assez précise pour que le conservateur des hypothèques puisse reconnaître et distinguer, dans tous les cas, *l'individu grevé*. Il ajoute, n°. 3, qu'il contiendra également la date du titre, ou, à défaut de titre, l'époque à laquelle l'Hypothèque *a pris naissance*.

» L'art. 21 de la loi renferme la même disposition.

» Enfin l'art. 1er de la loi du même jour sur les expropriations forcées, déclare que nul ne pourra poursuivre la vente forcée d'un immeuble, qu'en vertu d'un titre exécutoire, et après un intervalle de 57 jours, à partir de celui du commandement qu'il est tenu de faire à *son débiteur*.

» En l'an 13, il s'est agi de savoir si le commandement devait être fait au débiteur primitif, ou au tiers-détenteur de l'immeuble grevé; et, par arrêt du 6 messidor, la cour a décidé que le commandement devait être fait au débiteur primitif.

» En est-il autrement lorsqu'il s'agit du bordereau de l'inscription?

» Quelques auteurs ont distingué entre le cas où le créancier *connaît*, et le cas où il *ignore* la mutation. Ils soutiennent que, dans le premier cas, il doit exprimer le nom du nouveau propriétaire; et que, dans le second, il suffit d'avoir indiqué le nom du débiteur primitif. Ils appliquent à la première espèce l'arrêt que vous avez rendu dans l'affaire Boitouzet, et à la seconde l'arrêt rendu dans l'affaire du curateur à la succession de Charles de Mailli.

» Mais cette distinction est-elle fondée? Ne résulterait-il pas plutôt des art. 17 et 21 de la loi du 11 brumaire an 7, que, si le créancier est tenu d'indiquer le nom du nouveau possesseur, toutes les fois qu'il lui est connu, il ne peut pas se dispenser de faire, à cet égard, des recherches, lorsqu'il ignore la mutation?

» En effet, la loi qui veut que le bordereau contienne le nom du *débiteur* ou de *l'individu grevé*, ne distingue point entre le cas où le créancier *connaît* et le cas où le créancier *ignore* la mutation. Entre le cas où il lui est facile et le cas où il lui est difficile de remplir cette formalité. Elle veut de deux choses l'une : ou que le créancier se conforme aux articles précités, ou qu'il regarde son inscription comme nulle. Et les motifs qu'on allègue dans l'un de ces deux cas, pour en conclure que le créancier est tenu d'indiquer le nom du nouveau possesseur, sont également applicables à l'autre.

» L'objet principal du système hypothécaire est sans doute de mettre au jour les Hypothèques existantes sur les propriétés de chaque individu, et d'empêcher, par là, les possesseurs des immeubles de tromper la foi des tiers, en leur donnant pour sûreté des biens déjà grevés au-delà de leur valeur.

» Mais s'il était vrai de dire que ce but serait totalement manqué, par cela seul qu'on admettrait que l'inscription prise contre un ancien propriétaire, peut valoir à l'encontre du nouveau possesseur, on ne pourrait plus distinguer entre le créancier qui connaît et le créancier qui ignore la mutation. Dans l'un comme dans l'autre cas, le but de la loi serait manqué, si l'on regardait l'inscription comme valable. Il faudrait donc, dans l'un et l'autre cas, la réputer comme non avenue, puisqu'il est impossible qu'une inscription subsiste, lorsqu'elle n'en remplit pas les conditions essentielles, et que sa validité ferait manquer le but de la loi.

« Qu'importe à des tiers que le créancier qui s'est inscrit, ait connu ou non la mutation? Les tiers répondront toujours que, confiant une partie de leur fortune au propriétaire actuel d'un immeuble, ils ont suivi la foi due aux registres publics; qu'ils ont prêté leur argent au propriétaire actuel, parce qu'ils ne trouvaient aucune Hypothèque inscrite sur son nom; et qu'il faut, ou renoncer au système hypothécaire, ou appliquer le même principe sans distinction et à tous les cas.

» Cependant on ne saurait contester qu'il se rencontre bien des cas où le créancier requérant inscription contre son débiteur, à raison de tel immeuble frappé d'Hypothèque à son profit, ignore absolument que cet immeuble a passé dans les mains d'un autre; que par conséquent, il lui serait impossible d'en indiquer les noms, prénom, profession et domicile dans le bordereau; et il est difficile de concevoir que néanmoins l'intention du législateur eût été de regarder, dans ce cas, comme nulle, une inscription prise sur le nom de l'ancien propriétaire et débiteur primitif.

« En effet, y a-t-il rien d'aussi facile que d'aliéner, dans l'intervalle de quelques semaines, deux ou trois fois un immeuble, et de faire enregistrer cet acte de mutation, sans que le créancier du premier propriétaire puisse s'en douter? Dira-t-on que néanmoins l'inscription prise en vertu d'un titre antérieur à la mutation, soit nulle, à moins qu'elle n'ait été faite avec indication du nom de celui qui, à l'époque de l'inscription, était propriétaire de l'immeuble? Autant vaudrait-il peut-être renoncer à tout le système hypothécaire, que d'imposer au créancier des conditions dont l'accomplissement est très-souvent impossible.

» Mais tout ce qu'on peut conclure de ce raisonnement en bonne logique, c'est que le créancier qui connaît ou qui ne connaît pas la mutation, peut prendre son inscription sur le nom du débiteur primitif contre lequel il avait obtenu un droit d'hypothèque.

» Ce n'est qu'en admettant ce principe qu'on entendra la loi dans le sens dans lequel elle pourra recevoir son exécution. Distinguer entre le créancier qui connaît et celui qui ne connaît pas la mutation, et prescrire au premier l'accomplissement d'une formalité dont l'autre serait dispensé, ce serait, non-seulement distinguer là où la loi ne distingue point, mais encore ébranler le système hypothécaire jusque dans ses fondemens. Ce serait ériger en principe, d'un côté, que tout créancier qui traite avec le propriétaire actuel d'un immeuble, peut contracter avec lui en pleine sécurité, pourvu qu'il n'existe, sur les registres publics, aucune inscription prise contre ce nouveau possesseur; et de l'autre côté, que cependant les inscriptions prises par un créancier qui ignorait la mutation, seront également valables. Ce serait par conséquent admettre une exception qui renverserait totalement la règle.

» M. Tarrible, dans le Répertoire de Jurisprudence, aux mots Inscription hypothécaire, §. 5, n°. 10, a déjà fait remarquer que la loi ne peut se charger seule du soin de consolider une créance nouvelle et de la prémunir contre tous les risques qui peuvent l'environner; que ceux à qui un emprunteur offre un immeuble en gage, ne pourront pas se contenter de voir si le nom de cet emprunteur est inscrit dans les registres des Hypothèques : ils devront de plus examiner, par eux-mêmes, si la propriété de l'immeuble offert réside effectivement sur la tête de l'emprunteur; qu'ils devront de plus s'éclairer sur l'origine de cette propriété, sur le mode des transmissions successives, sur les formalités qui auront été remplies ou négligées dans chacune de ces transmissions; et que ce n'est qu'à l'aide de tous ces éclaircissemens que leur vigilance seule leur procure, qu'ils pourront se promettre de faire un traité solide, et découvrir s'il existe ou non, sur les immeubles offerts, des Hypothèques valides et inscrites sur d'autres têtes que celle de l'emprunteur.

» Ceux qui, dans leurs transactions, ne négligent pas de prendre ces mesures de précaution, n'auront rien à risquer du système adopté par la cour de Caen. Il suffira maintenant d'établir que ce système est aussi conforme au texte de la loi et aux principes généraux de la matière, qu'il nous a été facile de prouver qu'il ne renferme rien qui soit contraire à l'esprit de la loi.

» Le législateur a voulu, à la vérité, une désignation individuelle et spéciale du débiteur, assez précise pour que le conservateur des Hypothèques puisse reconnaître et distinguer, dans tous les cas, l'individu grevé; et on peut dire que l'individu grevé d'Hypothèque est nécessairement celui qui est tenu hypothécairement; par conséquent le nouveau propriétaire de l'immeuble et non le débiteur primitif, qui, après avoir aliéné le fonds spécialement hypothéqué au payement de la dette, n'est plus tenu que personnellement

» Mais d'abord, si la loi exige en même temps la date du titre, ou, à défaut de titre, la désignation de l'époque à laquelle l'hypothèque a pris naissance, ne peut-on pas en conclure que le législateur a entendu parler de l'individu grevé par le titre constitutif de l'Hypothèque?

» En second lieu, il s'agissait, dans l'espèce, de la conservation d'une ancienne Hypothèque. Si la dame de Créqui avait eu cette ancienne Hypothèque sur une rente constituée, elle aurait valablement pris son inscription sur l'ancien propriétaire de la rente; c'est la disposition textuelle des art. 45 et 47 de la loi du 11 brumaire an 7. Et rien ne prouve que le législateur ait voulu établir le principe contraire pour les inscriptions à prendre sur un immeuble réel. Il faut donc présumer que, dans l'un comme dans l'autre cas, et nonobstant toutes les mutations survenues, l'inscription peut être prise sur le nom de celui qui avait anciennemont consenti l'Hypothèque, et qui était alors *l'individu grevé.*

» Mais, dira-t-on, la dame de Créqui savait parfaitement que la terre d'Estimanville n'appartenait pas à son frère; elle connaissait le nom du nouvel acquéreur; elle avait été partie dans les poursuites qui avaient précédé le jugement d'adjudication.

» Nous avons déjà répondu que, si la connaissance que le créancier peut avoir de la mutation, lui imposait la nécessité de nommer le nouveau propriétaire dans son bordereau, on ne pourrait pas non plus le dispenser de cette formalité dans le cas contraire, puisque ce n'est pas en faveur du créancier qui s'inscrit, mais pour des tiers, que la loi exige la désignation du débiteur.

» L'objection de la dame de Caraman, que son adversaire n'a plus son *ancienne* Hypothèque sur la terre d'Estimanville, qu'elle en a seulement une *nouvelle* qu'elle devait faire inscrire contre le nouveau propriétaire de la terre, n'a aucune espèce de fondement. On tenait toujours pour règle certaine, que le seul décret ne purgeait point les Hypothèques, et que l'adjudicataire n'était propriétaire incommutable que du jour de la *consignation* du prix. Alors seulement les droits des créanciers hypothécaires étaient transférés sur le prix; mais à défaut de payement, on procédait à la revente des choses saisies réellement, comme si la propriété avait été encore entière dans la personne de la partie saisie.

» Le sieur Devin de Fontenay n'a jamais soldé le prix de son acquisition, puisque la rente que réclame aujourd'hui la dame de Créqui, en faisait partie. Il était donc dans le cas prévu par l'art. 44 de la loi du 11 brumaire an 7. Il aurait donc dû faire transcrire le titre de son acquisition; et comme il n'a pas rempli cette formalité, la terre d'Estimanville demeurait, aux termes de l'art. 47 de la même loi, grevée des charges et Hypothèques consenties par les précédens propriétaires avant leur expropriation. C'était donc aussi contre le précédent propriétaire que la dame de Créqui devait prendre son inscription; et la cour de Caen, en déclarant son inscription valable, a fait une juste application de la loi.

» Il nous paraît inutile de discuter le moyen pris du défaut d'indication de la profession et du domicile du débiteur : les termes mêmes de la loi, la jurisprudence de la cour, et les motifs énoncés dans l'arrêt attaqué, suffisent pour à répondre ce moyen.

» Par ces considérations, nous estimons qu'il y a lieu de rejeter la requête en cassation de la dame de Caraman ».

Sur ces conclusions, arrêt du 17 décembre 1812, au rapport de M. Sieyes, par lequel, » attendu que Marie-Thérèse de Prie, épouse Créqui, avait deux actions contre son frère Louis de Prie, en payement de ses droits légitimaires : l'une personnelle et l'autre hypothécaire; que son Hypothèque était gé-

nérale sur tous ses biens immeubles et de beaucoup antérieure à la loi de brumaire de l'an 7; que, pour la conserver, cette dame a pris, conformément à la loi du 11 brumaire an 7, le 5 pluviose de la même année, conséquemment dans le délai prescrit, une inscription sur son dit frère, son débiteur, et avant que les acquéreurs ou tiers-détenteurs de la terre d'Estimanville, qui faisait partie des biens grevés, eussent accompli toutes les formalités requises tant par les lois antérieures que par la loi nouvelle; qu'ainsi, ladite dame a satisfait à tout ce que la loi exigeait d'elle, à cet égard; qu'encore que le domicile de son frère ne se trouve pas expressément indiqué dans son inscription, il résulte néanmoins de l'ensemble des indications fournies tant de son nom, prénom, qualité d'ancien colonel des grenadiers, que de la nature et qualité de la dette légitimaire et du contenu aux actes cités, une indication individuelle et assez précise pour que le vœu de la loi soit rempli, ainsi qu'il a été reconnu par l'arrêt attaqué, qu'ainsi, l'art. 17, n° 2, de ladite loi de brumaire n'a été violé sous aucun rapport; la cour rejette…. ».

IGNORANCE, §. II. *A l'avant-dernière ligne de l'article, après* V. Erreur, *ajoutez :* Testament, sect. 2, §., art. 1, n. 4.

INCOMPATIBILITÉ. *Page* 67, *col.* 1, *ligne* 5, *au lieu de* comptabilité, *lisez :* compatibilité.

INCOMPÉTENCE, n. II, *page* 72, *col.* 2, *avant le n.* III, *ajoutez,*

Enfin, par la même raison, celui qui, à raison d'un fait que la loi qualifie de crime, a été jugé et condamné correctionnellement, sans avoir proposé son déclinatoire, est recevable à appeler ou à se pourvoir en cassation.

C'est ce que j'ai établi à l'audience de la section criminelle de la Cour de cassation, le 30 avril 1812, dans une affaire où le sieur …, officier supérieur de gendarmerie, attaquait un arrêt de la première chambre de la Cour de Turin, qui, en le déclarant convaincu d'un fait qualifié crime par la loi, l'avait condamné, comme coupable d'un simple délit, à un emprisonnement de deux mois et à une amende de 50 francs.

Après avoir prouvé que la Cour de Turin n'avait pas pu juger comme fait de police correctionnelle, le crime qui était imputé au sieur…, qu'elle était incompétente pour statuer sur ce fait et que le §. 2 de l'art. 408 du Code d'instruction criminelle commandait l'annullation de son arrêt, ainsi que tout de ce qui l'avait précédé dans cette Cour, j'ai ajouté :

» Mais cette annullation, le sieur… est-il recevable à la demander ?

» Pourquoi ne le serait-il pas? serai-ce par ce qu'il n'y a pas d'intérêt ? Serait-ce parce que, devant la Cour de Turin, il s'est défendu au fond, sans demander son renvoi devant les juges compétens ? _

» Mais 1°, comment pourrait-on ici opposer un défaut d'intérêt au sieur.... ?

» Il serait sans intérêt, s'il avouait le crime qui lui est imputé : condamné à une peine inférieure à celle qu'il reconnaîtrait avoir encourue, il ne serait pas recevable à provoquer lui-même sur sa tête une peine plus grave; et vous devriez vous-mêmes opposer une barrière à sa frénésie.

» Mais le sieur.... nie hautement le crime qui a motivé sa condamnation. Il soutient que l'imputation de ce crime ne doit l'être qu'à des ressentimens particuliers, et qu'elle n'a pris faveur auprès de la Cour de Turin qu'à l'aide des préventions qui, dans un pays nouvellement réuni à la France, environnent assez naturellement les Français indigènes qui y exercent des fonctions, non-seulement redoutables aux méchans, aux perturbateurs de l'ordre public, mais encore opposées aux habitudes de ce pays, et toujours armées d'une grande sévérité. Il soutient, en un mot, qu'il est innocent.

» Dès-lors, comment n'aurait-il pas le droit de vous dire: J'ai été jugé dans une forme qui offre moins de garantie à l'innocence, et plus de chance à la condamnation; que celle dans laquelle j'aurais dû être jugé. Poursuivi comme prévenu d'un crime, j'aurais d'abord, d'après l'art. 484 du Code d'instruction criminelle, subi une première instruction devant le premier président et le procureur-général de la Cour de Turin. La chambre d'accusation de la même Cour aurait ensuite délibéré sur mon sort; et il eût été possible qu'elle m'eût renvoyé, faute de charges suffisantes pour me mettre en jugement. Enfin, si la chambre d'accusation m'avait renvoyé devant la Cour spéciale extraordinaire qui, dans le département du Pô, remplace la Cour d'assises, je n'aurais pu, d'après l'art. 51 de la loi du 20 avril 1810 et l'art. 103 du décret du 6 juillet suivant, y être jugé que par huit ou six juges; je n'aurais pu conséquemment y être condamné qu'à la majorité de cinq voix sur huit, ou de quatre sur six; tandis que la chambre civile qui m'a jugé, n'étant composée que de sept magistrats, a pu me condamner à la simple majorité de quatre contre trois.

» Nous l'avouons franchement, messieurs, nous ne trouvons pas de réponse à ces considérations; et il nous paraît que déclarer le sieur,... non-recevable dans sa demande en cassation, sous le prétexte de défaut d'intérêt; ce serait afficher pour lui une pitié cruelle et dérisoire, ce serait consacrer, à son préjudice, la violation la plus manifeste des droits de tout accusé.

» 2°. La fin de non-recevoir que l'on prétendrait tirer de ce qu'il n'a pas décliné la première chambre civile de la Cour de Turin, ne serait pas mieux fondée.

» C'est comme tribunal correctionnel, que la première chambre civile de la Cour de Turin a jugé le sieur.... Or, un tribunal correctionnel peut-il juger le prévenu d'un crime qui, traduit à son audience, ne décline pas sa juridiction? Comment le pourrait-il? son incompétence pour le juger, est

absolue; et tout le monde sait que l'incompétence absolue ne se couvre point par le silence de la partie intéressée à en exciper.

» Comparons les art. 192 et 193 du Code d'instruction criminelle.

» L'art. 192 prévoit le cas où le prévenu d'une simple contravention de police est traduit devant un tribunal correctionnel; et il veut qu'à défaut de déclinatoire proposé, soit par la partie civile, soit par le ministère public, ce tribunal prononce comme eût dû le faire le tribunal de police : pourquoi? parce qu'alors, il n'y a, de la part du tribunal correctionnel, qu'une incompétence relative; parce que la forme de procéder étant la même dans le tribunal correctionnel que dans le tribunal de police, le prévenu n'a point d'intérêt à être renvoyé devant celui-ci; parce que le prévenu est même intéressé à ce que le renvoi n'ait pas lieu; puisqu'il trouve dans le tribunal correctionnel un plus grand nombre de juges, et par conséquent plus de garantie.

» Mais le prévenu d'un crime est-il traduit devant un tribunal correctionnel? Dans ce cas, l'art. 193 veut, sans parler de demande en renvoi, et par conséquent soit qu'il y ait demande en renvoi ou non, que le tribunal correctionnel se déclare incompétent.

» Les art. 212 et 213 présentent la même distinction pour les tribunaux correctionnels jugeant en seconde instance; et dans l'un et l'autre, on trouve la même opposition entre le cas où, sur un appel d'un jugement rendu par un tribunal correctionnel en première instance, le fait se trouve n'être qu'une contravention de police, et le cas où, sur un appel de ce genre, le fait prend le caractère d'un crime.

» Dans le premier, l'art. 212 autorise le tribunal correctionnel à juger le fond, à défaut de déclinatoire.

» Dans le second, l'art. 213 ordonne que le prévenu sera renvoyé, n'importe qu'il y ait ou qu'il n'y ait pas de déclinatoire, devant le fonctionnaire compétent pour instruire en matière de grand criminel.

» Ainsi, point de fin de non-recevoir à opposer au sieur.... ; et dès-là, nécessité d'annuller, comme incompétemment rendu, l'arrêt contre lequel il réclame...».

Arrêt du 30 avril 1812, au rapport de M. Oudart, qui casse et annulle l'arrêt rendu, le 5 février précédent, par la Cour de Turin, ainsi que toute la procédure faite devant cette Cour contre le sieur...., et renvoie celui-ci devant le premier président et le procureur-général de la Cour de Lyon, pour être procédé à son égard, conformément à l'art. 484 du Code d'instruction criminelle.

Page 75, col. 1, après la ligne 9, ajoutez :

VI. Peut-on apppeler, pour cause d'incompétence, d'un jugement qui, sans être qualifié en dernier ressort, est réellement tel par la nature de son objet ou de ses dispositions? *V. Appel*, sect. 2, §. 3, n°. 6, dans les *Additions*.

INDIGNITÉ, n° V, *page* 83, *col.* 1, *avant le* n° VI, *ajoutez :*

Il ne faut cependant point conclure de là qu'une concubine ayant des enfans de l'homme qui vit avec elle en concubinage, puisse recevoir de lui des libéralités qui excèdent ce qui lui est permis de donner à ses enfans eux-mêmes. *V.* l'arrêt du 13 juillet 1813, rapporté dans le *Bulletin civil* de la Cour de cassation.

Page 84, *col.* 1, *ligne* 6, *après les mots*, s'il eût été libre, *ajoutez : V. Testament*, sect. 4.]]

Même page, col. 2, *après la ligne* 21, *ajoutez :*

XVII. Lorsque de plusieurs cohéritiers qui ont été déboutés, en première instance, de leur demande collective en délaissement de la succession, fondée sur l'indignité du possesseur, un seul se rend appelant, l'appel de celui-ci profite-t-il aux autres? S'il ne leur profite pas, l'appelant peut-il, en faisant réformer le premier jugement, obtenir le délaissement de la succession entière? le peut-il sur le fondement que l'indignité est indivisible? *V. Succession*, sect. 1, §. 6, n° 4.]]

INJURE. *Page* 96, *col.* 2, *après la ligne* 19, *ajoutez :*

[[L'imputation de sorcellerie est-elle une injure dont on puisse demander la réparation en justice? *V. Sortilége*, n° 3.]]

§. I. *Page* 96, *col.* 2, *après la ligne* 44, *ajoutez :*

Les cabarets sont-ils en matière d'injures, considérés comme *des lieux publics? V. Provocation* dans les *Additions.*

§. II. *Page* 109, *col.* 1, *avant le* n° X, *ajoutez :*

IX *bis.* L'outrage fait à un officier public dans l'exercice de ses fonctions, doit-il être poursuivi et puni comme tel, lors même que cet officier agissait incompétemment ou irrégulièrement.

Le 20 août 1812, deux huissiers se présentent à la maison du sieur Carle, négociant à Vallerangues, arrondissement du Vigan, département du Gard, pour y pratiquer une saisie mobiliaire. Trouvant la porte fermée, ils requièrent l'assistance du sieur Raynaud, adjoint du maire, *attendu*, disent-ils, *l'absence du maire lui-même*, sans ajouter, *et celle du juge de paix.* Le sieur Raynaud se rend à leur réquisition. La porte est ouverte et la saisie pratiquée en sa présence. Le sieur Carle survient, et se répand en outrages de toute espèce contre le sieur Raynaud. Celui-ci en dresse un procès-verbal et le transmet au procureur impérial du Vigan.

Le 24 septembre suivant, jugement du tribunal correctionnel qui, *«* attendu qu'il résulte du procès-verbal, en date du 20 août dernier, tenu par le sieur Raynaud, adjoint du maire de la commune de Vallerangues, que François Carle, prévenu, l'a outragé, par paroles, gestes et menaces, dans l'exercice de ses fonctions; et que les faits y énoncés sont de plus établis par les déclarations des témoins; que le prévenu fait défaut, quoique légalement cité; et que sa noncomparution doit être regardée comme fortifiante; que le délit dont ledit François Carle est prévenu est classé à l'art. 222 et à l'art. 220 du Code pénal; condamne ledit François Carle à trois mois d'emprisonnement, à faire réparation par écrit audit sieur Raynaud, à raison des injures qu'il a proférées contre lui, et aux dépens.... »:

Le sieur Carle appelle de ce jugement à la cour de Nismes, qui, par arrêt du 20 janvier 1813, *«* a vu les art. 195 et 213 du Code d'instruction criminelle, l'art. 222 du Code pénal, et l'art. 587 du Code de procédure civile; attendu que le jugement dont est appel, n'énonce point, dans son dispositif, les faits dont le prévenu avait été jugé coupable; ce qui constitue une infraction à ce qui est prescrit par l'art. 195 du Code d'instruction criminelle; qu'aux termes de l'art. 222 du Code pénal, il n'y a lieu à l'application de la peine portée par cet article qu'autant que les outrages adressés aux magistrats de l'ordre administratif ou judiciaire l'ont été dans l'exercice de leurs fonctions ou à l'occasion de cet exercice; qu'aux termes de l'art. 587 du Code de procédure civile, l'adjoint du maire ne peut assister à l'ouverture des portes d'une maison fermée dans laquelle il y a lieu de procéder à une saisie-exécution, qu'à défaut du juge de paix, du commissaire de police ou du maire; que le procès-verbal des huissiers ne constate que l'absence du maire et point celle du juge de paix auquel l'exercice de cet acte est dévolu en première ligne; qu'il résulte de là que l'adjoint Raynaud n'était pas là dans l'exercice légal de ses fonctions; qu'il n'avait d'ailleurs droit d'exercer lui-même qu'en l'absence ou empêchement du juge de paix et du maire qui, par la loi, ont le dévolu; et qu'il est convenu dans son procès-verbal, qu'il n'était instruit que de l'absence du maire; que les outrages que Carle est prévenu d'avoir adressés à Raynaud ne l'auraient été que dans un lieu particulier, et non dans un lieu ou réunion publique; que, dès-lors, ils cessent de constituer un délit de la compétence des tribunaux correctionnels, et ne constitueraient qu'un délit de simple police; que Carle accusé, ayant demandé son renvoi devant le tribunal de police, il y a lieu à l'ordonner en conséquence de l'art. 213 du Code d'instruction criminelle; annulle le jugement rendu le 24 septembre dernier, par le tribunal de première instance, séant au Vigan; et, en cet état, renvoie ledit Carle de l'accusation contre lui portée, sauf à être poursuivi, s'il y a lieu, devant un tribunal de simple police ».

Le procureur général de la cour de Nismes, se pourvoit en cassation contre cet arrêt.

« Un seul moyen de cassation (ai-je dit à l'audience de la section criminelle, le 1er avril 1813), vous est proposé contre l'arrêt qui est soumis à votre examen : c'est la violation de l'art. 222 du Code pénal.

» Mais, avant de discuter ce moyen qui porte sur le fond de l'arrêt dont il s'agit, nous croyons devoir vous en présenter un autre qui est relatif à la forme dans laquelle prononce cet arrêt.

» Cet arrêt n'infirme pas le jugement du tribunal correctionnel de Vigan : il le déclare nul, et il prononce par jugement nouveau.

» Pourquoi le déclare-t-il nul? Parce qu'il *n'énonce point*, *dans son dispositif*, comme le prescrit l'art. 195 du Code d'instruction criminelle, *les faits dont le prévenu avait été jugé coupable.*

» Non, il ne les énonce pas dans *son dispositif*, mais il les énonce dans ses *considérans*; il y déclare nettement que du procès-verbal du 20 août 1812, et des déclarations des témoins entendus à l'audience, il résulte que le sieur Carle a *outragé* le sieur Raynaud, adjoint du maire de Vallerangues, *par paroles*, *gestes et menaces*, *dans l'exercice de ses fonctions*; et que faut-il de plus?

» Sans doute, si, dans ses *considérans*, il ne déclarait pas les faits dont le sieur Carle s'est rendu coupable, il serait nul, parce qu'il ne serait pas *motivé*; et que le défaut de motifs emporte la nullité de toute espèce de jugement, aux termes de l'art. 7 de loi du 20 avril 1810.

» Mais de ce que, dans son *dispositif*, il ne répète pas les faits qu'il a énoncés dans ses motifs, s'ensuit-il que l'on puisse le déclarer nul?

» On le pourrait, on le devrait même incontestablement, si l'art. 195 du Code d'instruction criminelle attachait la peine de nullité à l'inobservation de la forme qu'il prescrit, ou si cette forme était essentiellement constitutive d'un jugement de condamnation.

« Mais, d'une part, la peine de nullité n'est point écrite dans l'art. 195.

» De l'autre, il n'est point de l'essence d'un jugement de condamnation, qu'après avoir énoncé, dans ses *motifs*, les faits dont le prévenu s'est rendu coupable, il le répète dans son *dispositif*. Ce qui est de son essence, c'est qu'il fasse connaître ces faits; c'est que, par là, il justifie l'application qu'il fait au prévenu de la peine portée par la loi. Mais il est fort indifférent qu'il les fasse connaître par son *dispositif* ou par ses *considérans* : dans l'un et l'autre cas, le but de la loi veut que tout jugement soit motivé, à peine de nullité, est rempli; et par conséquent dans l'un et l'autre cas, le jugement est régulier.

» Dira-t-on que du moins le jugement du tribunal de première instance du Vigan ne retrace pas, dans ses *motifs*, tous les détails des outrages, toutes les nuances des injures, toutes les variantes des menaces que le sieur Carle s'était permis envers l'adjoint du maire?

» Mais qu'importe? Obliger les tribunaux de retracer dans les jugemens qu'ils rendent sur des faits d'injures, toutes les circonstances de ces faits, ce serait leur imposer un devoir à l'accomplissement duquel la morale et l'honnêteté publiques se refuseraient le plus souvent; ce serait les forcer de salir leurs jugemens, des expressions les plus basses, les plus ordurières; ce serait convertir les jugemens rendus sur de pareils faits, en recueils de tout ce qu'il y a de plus vil, de plus honteux dans le langage habituel de certaines personnes. Et assurément telle ne peut pas être l'intention de la loi.

« Qu'a donc fait la cour de Nîmes, en déclarant nul le jugement du tribunal de première instance du Vigan? Elle a violé l'art. 215 du Code d'instruction criminelle qui, en l'autorisant à annuler ce jugement dans le cas où elle y eût rencontré une *violation ou omission non réparée de formes prescrites à peine de nullité*, lui défendait implicitement de l'annuler pour omission d'une forme à laquelle la peine de nullité n'est attachée par aucune loi.

» Et dès-là, point de doute que son arrêt ne doive être cassé de ce chef.

» Doit-il l'être également pour avoir jugé, au fond, que le sieur Carle n'est point coupable du délit prévu et puni par l'art. 222 du Code pénal?

Pour résoudre cette question, nous n'avons pas besoin d'examiner si, dans l'opération autorisée et ordonnée par l'art. 58 du Code de procédure civile, l'adjoint du maire de Vallerangues remplaçait légalement le juge de paix, lorsqu'il a été outragé et menacé par le sieur Carle.

» En effet, ce n'était pas à lui à s'informer si l'huissier qui avait requis son assistance, à raison de l'absence du maire, avait où n'avait pas préalablement requis l'assistance du juge de paix; si préalablement il avait ou n'avait pas constaté que le juge de paix fût absent ou légitimement empêché.

» Par cela seul que l'huissier requérait son assistance, il devait tenir son assistance pour nécessaire. Que la réquisition de l'huissier fût ou ne fût pas régulière, relativement à la partie saisie, c'est ce qui ne le regarde pas, c'est de quoi il n'était pas juge, c'est ce qu'il ne pouvait pas prendre sur lui de juger, sans se rendre personnellement responsable, envers le créancier saisissant, des retards qu'eussent pu occasioner les démarches et les recherches qu'il eût faites à ce sujet.

» Vous savez, Messieurs, que, par l'art. 2 de la loi du 28 floréal an 10, il est dit que les maires, et, à leur défaut, leurs adjoints, ne pourront, dans les communes où résident les juges de paix, recevoir qu'en l'absence de ceux-ci, l'affirmation des procès-verbaux des gardes-champêtres et forestiers, affirmation pour laquelle ces officiers n'ont que vingt-quatre heures à compter du moment de la rédaction de leurs procès-verbaux. Supposons qu'à la vingt-troisième heure du moment où a été dressé son procès-verbal, un garde-champêtre ou forestier se présente devant un adjoint du maire, et lui dise : « Le maire est absent, le juge de paix l'est aussi. Je vous prie de recevoir mon affirmation ». L'adjoint du maire pourra-t-il se refuser à recevoir l'affir-

mation du garde, sous le prétexte que le garde ne
lui rapporte pas une preuve juridique de l'absence
du juge de paix et du maire? Non, sans contredit;
et, s'il le faisait, il répondrait de la nullité du procès-
verbal, à moins qu'il ne prouvât qu'en effet ni le
juge de paix ni le maire n'étaient absens.

» Eh bien! il en est de même ici. L'adjoint du
maire de Vallerangues, étant requis par l'huissier saisissant de l'assister, ne devait ni ne pouvait renvoyer cet huissier au juge de paix; il devait obtempérer à sa réquisition, sauf au sieur Carle à faire
juger que, faute de preuve juridique de l'absence ou
de l'empêchement du juge de paix, la saisie était
nulle.

» Et de là, la conséquence nécessaire que l'adjoint
du maire de Vallerangues devait compter, en obtempérant à la réquisition de l'huissier, sur la protection dont la loi couvre les magistrats dans l'exercice de leurs fonctions; de là, la conséquence nécessaire qu'il devait se croire dans l'exercice légal de
ses fonctions, lorsqu'il a été injurié et menacé par le
sieur Carle; de là, la conséquence nécessaire que le
sieur Carle avait encouru, en l'injuriant et le menaçant, les peines portées par l'art. 222 du Code pénal.

» Et qu'importe après tout que l'adjoint du maire
de Vallerangues fût ou ne fût pas compétent pour
exercer, au moment où il a été injurié et menacé par
le sieur Carle, les fonctions déterminées par l'art.
587 du Code de procédure? Compétent ou non, il
les exerçait de fait; et c'en était assez pour que le
sieur Carle lui dût honneur et respect. L'art. 222 du
Code pénal ne sévit pas contre ceux qui outragent un
magistrat dans l'*exercice régulier* de ses fonctions;
il sévit contre ceux qui, dans l'*exercice*, dans le simple *exercice*, dans l'*exercice* quelconque, *de ses
fonctions*, outragent un magistrat; et sa disposition
est applicable au cas où le magistrat abuse de son pouvoir, comme au cas où il en fait un usage légitime.

» Pour qu'il en fût autrement, il faudrait que la
loi eût dit aux magistrats : « Je ne vous reconnaîtrai
» pour mes ministres que lorsque vous serez ce que je
» vous prescris, et comme je vous le prescris. Toutes
» les fois que vous vous écarterez de vos devoirs,
» toutes les fois que vous usurperez des attributions
» que je ne vous ai pas déléguées expressément, vous
» ne serez plus à mes yeux des hommes publics,
» vous ne serez plus que des hommes privés ».

» Mais, bien loin de leur tenir ce langage, elle
leur en a tenu un tout opposé; elle leur a dit : « Si,
dans tels et tels cas, vous franchissez les limites dans
lesquelles j'ai circonscrit votre compétence; si, dans
tels et tels cas, vous manquez à vos devoirs, je vous
en punirai, non comme simple particulier, mais
comme fonctionnaires turbulens ou ambitieux, mais
comme magistrats prévaricateurs.

» Et, dans le fait, s'est-on jamais avisé de penser
qu'injurier un tribunal entier, à son audience, lorsqu'il juge incompétemment, lorsqu'il entreprend
sur les droits de l'autorité administrative, lorsqu'il
empiète sur la juridiction d'un autre tribunal, ce

n'est pas injurier des magistrats, ce n'est injurier
que des hommes privés?

» S'est-on jamais avisé de penser qu'un préfet injurié, à l'occasion d'un arrêté par lequel il a réglé
incompétemment des objets qui ne sont pas de son
ressort, ne doit pas être considéré comme un magistrat injurié à l'occasion de l'exercice de ses fonctions?

» Ne voit-on pas d'ailleurs où conduirait un système aussi désorganisateur, aussi anarchique? Ne
voit-on pas qu'il conduirait directement et nécessairement à cette conséquence, que, lorsqu'un particulier assigné devant un tribunal correctionnel pour
avoir outragé un préfet dans l'exercice ou à l'occasion de l'exercice de ses fonctions, demanderait son
renvoi devant le tribunal de police, sous le prétexte
que le préfet agissait incompétemment à l'instant
même où il l'a outragé, il faudrait surseoir à statuer
sur son déclinatoire jusqu'à ce que l'empereur eût
décidé, dans son conseil d'état, si l'acte pendant
lequel, ou à l'occasion duquel le préfet a été outragé,
était ou n'était pas dans ses attributions?

» Et peut-on ne pas regarder comme faux, comme
absurde, un système dont une conséquence aussi
fausse, aussi absurde, est le résultat direct et nécessaire?

» Nous estimons qu'il y a lieu de casser et annuler l'arrêt qui vous est dénoncé ».

Par arrêt du 1er avril 1813, au rapport de M. Oudart, « vu l'art. 215 du Code d'instruction criminelle et l'art. 222 du Code pénal; considérant, 1° que
le jugement de première instance avait déclaré
François Carle coupable d'avoir outragé par paroles, gestes et menaces, l'adjoint du maire de la ville
de Vallerangues, dans l'exercice de ses fonctions;
que, par ce prononcé, le jugement avait satisfait à
l'art. 195 du Code d'instruction criminelle dont l'observation d'ailleurs n'est pas prescrite, à peine de nullité; qu'en annulant ledit jugement, sous prétexte que la disposition de cet article n'avait pas
été observée, la cour de Nîmes a violé l'art. 215
du même Code, qui ne permet d'annuler les jugemens pour violation ou omission non réparée des
formes, que lorsque ces formes sont prescrites à
peine de nullité; 2° que l'arrêt de cette cour reconnaît, comme constant, que l'adjoint du maire de la
ville de Vallerangues, tandis qu'il assistait, en cette
qualité, à l'ouverture des portes de François Carle,
partie saisie, sur la réquisition faite par l'huissier
saisissant, en exécution de l'art. 1587 du Code de
procédure civile, a été outragé par la partie saisie;
mais qu'il est exposé dans cet arrêt que l'huissier
ayant seulement exprimé dans le procès-verbal de
saisie, que l'adjoint du maire avait été requis à cause
de l'empêchement du maire, et, n'y ayant pas déclaré que le juge de paix, aussi eût été légitimement
empêché, l'adjoint du maire ne pouvait être considéré comme ayant été légalement en fonctions, et
conséquemment que les outrages qui lui avaient été

faits, ne soient qu'une simple injure ; qu'un adjoint de maire, dans le cas dont il s'agit, qui est urgent aux termes de l'art. 587, ainsi que dans le cas d'affirmation dans les vingt-quatre heures des procès-verbaux des gardes champêtres ou forestiers, aux termes de l'art 11 de la loi du 28 floréal an 10, ainsi que dans les cas prévus par les art. 11 et 13 du Code d'instruction criminelle, est tenu de suppléer le magistrat empêché, et ne peut refuser, ou même retarder le service pour lequel il est requis sous prétexte que soit le juge de paix, soit le maire ne serait pas empêché, ou que l'empêchement ne serait pas légitimé ou ne serait pas prouvé ; qu'ainsi l'adjoint de maire, ayant été tenu de déférer à la réquisition, sauf au saisissant à répondre civilement de la validité de la saisie, était dans l'exercice légal de ses fonctions, lorsqu'il assistait l'huissier saisissant, et lorsqu'il a été outragé par la partie saisie ; que, quand il faudrait admettre avec la cour de Nîmes, que, l'empêchement du juge de paix n'ayant pas été exprimé dans le procès-verbal, l'adjoint de maire ne pouvait, sans incompétence et excès de pouvoir assister l'huissier saisissant, il ne serait pas permis d'en conclure qu'il n'y avait pas lieu d'appliquer les peines portées par l'art. 222 ; que cet article ne distingue point entre l'exercice légal et l'exercice illégal ; qu'un magistrat de l'ordre administratif ou judiciaire ne cesse pas d'être en fonctions, parce que l'arrêté qu'il a pris ou l'acte auquel il a concouru pourra un jour être annulé pour vice d'incompétence, ou même parce qu'il pourra y avoir lieu à poursuites en forfaiture contre lui, ainsi qu'il résulte des art. 166 et suivans du Code pénal ; la cour casse et annule.....».

§. III, n. III *Page* 118, *col.* 1 *ligne* 55, *après les mots*, à raison de la dénonciation ; ajoutez *en note* :

Ce n'est point là, je dois le dire, le vrai sens de cet article ; et je me suis trompé en l'interprétant ainsi : *V.* le Plaidoyer du 12 novembre 1815, rapporté au mot *Calomniateur*, n. 7, dans les *Additions*.

§. IV, *Page* 121 col. 2, *avant le n°*. III, *ajoutez* :

Mais il est à remarquer qu'à l'époque où ont été rendus ces arrêts, les juges de paix siégeant, en tribunaux de police, avaient seuls, comme on le verra ci-après, n° 4, la connaissance des Injures verbales poursuivies par action publique, quelque graves qu'elles fussent.

Et de là est née la question de savoir si, depuis la mise en activité du Code pénal de 1810, qui punit certaines Injures verbales de peines excédant la compétence des tribunaux de police, les juges de paix peuvent encore, comme tels, connaître *civilement* d'Injures verbales dont ils ne pourraient pas, comme tribunaux de police, retenir la connaissance.

Voici un arrêt de la cour de cassation, du 21 décembre 1813, qui juge cette question pour l'affirmative.

» Le procureur général expose qu'il se croit obligé de dénoncer à la cour un jugement en dernier ressort du tribunal civil de Rochefort, qui lui paraît violer ouvertement la loi,

» Le 24 septembre 1812, Jean-Baptiste Nourry, a fait citer Jean-François Saugé, devant le juge de paix du canton de Surgères, pour le faire condamner, comme ayant répandu calomnieusement le bruit qu'il était sur le point de faire banqueroute, à 3,000 francs de dommages-intérêts, avec défenses.

» La cause portée à l'audience du 28 du même mois, Saugé, se défendant au fond, a nié les propos que lui imputait Nourry.

» En conséquence, par jugement du même jour, le juge de paix a chargé Nourry de rapporter la preuve de ces propos.

» Cette preuve a été faite ; et, le 2 novembre suivant, il est intervenu un nouveau jugement par lequel Saugé a été condamné à 120 francs de dommages-intérêts ; avec défenses de tenir désormais des propos calomnieux contre Nourry.

» Saugé a appelé tant de ce jugement que de celui du 28 septembre, non comme l'ayant grevé au fond, mais comme de juge incompétent.

» Et, le 5 février dernier, le tribunal civil de Rochefort a statué en ces termes, sur son appel :
» Considérant que toutes personnes peuvent se
» pourvoir par action civile, pour obtenir la ré-
» paration d'un tort souffert ; que les justices de
» paix ne peuvent connaître des demandes en dom-
» mages-intérêts que pour les contraventions dont
» elles pourraient connaître par action publique ;
» que les Injures dont l'intimé s'est plaint, et à
» raison desquelles il s'est contenté de réparations
» civiles, sont un délit prévu par les art. 367 et 375
» du Code pénal ; que la somme de 3,000 francs
» demandées en dommages-intérêts, ne pouvait
» non plus être de la compétence de la justice
» de paix ; le tribunal..... déclare que le juge de
» paix du canton de Surgères a incompétemment
» jugé ; en conséquence, annule les jugemens par
» lui contradictoirement rendus les 28 septembre
» et 2 novembre derniers ; condamne l'intimé aux
» dépens des causes principale et d'appel...... sauf
» audit intimé à se pourvoir dans l'ordre et dans les
» règles......

» Nourry a suivi la marche que lui traçait ce jugement ; il a fait citer Saugé devant le tribunal correctionnel, et y a obtenu les dommages-intérêts qu'il désirait.

» Mais en même temps, pour mettre l'exposant à portée de faire annuler, dans l'intérêt de la loi, un jugement qu'il regardait comme subversif des premiers principes, il a passé devant notaire, le 20 mai dernier, un acte ci-joint en expédition, par lequel il a déclaré renoncer à tout recours en cassation contre ce jugement.

47.

» L'exposant, investi par cette déclaration, du droit d'examiner si, en effet, le tribunal civil de Rochefort a violé la loi par le jugment dont il s'agit, n'a pas eu besoin de beaucoup d'efforts pour se fixer sur l'affirmative.

» Ce tribunal n'a pas méconnu le principe écrit dans l'art. 3 du Code d'instruction criminelle, comme il l'était dans l'art. 8 du Code du 3 brumaire an 4, que l'action privée en réparation du dommage causé par un délit, peut être intentée devant les juges civils, indépendamment de l'action publique à laquelle le délit donne lieu devant les juges criminels pour l'application des peines encourues par le délinquant.

» Mais, dès lors, comment a-t-il pu annuler, comme incompétemment rendus, les deux jugemens du tribunal de paix du canton de Surgères, des 28 septembre et 2 novembre 1812 ?

» C'est, a-t-il dit, parce que les *justices de paix ne peuvent connaître des demandes en dommages-intérêts que pour les contraventions dont elles pourraient connaître par action publique.*

» Mais 1° où a-t-il vu que les justices de paix peuvent, comme telles, connaître, par action publique, de contraventions quelconques ?

« Les justices de paix sont des tribunaux purement civils; il n'existe près d'elles aucun officier du ministère public; il n'y a donc aucune espèce de contravention dont on puisse jamais, par action publique, leur déférer la connaissance.

» 2° Dans l'espèce, c'est d'une action civile en réparation d'Injures verbales, que le juge de paix du canton de Surgères a été saisi; et l'on ne peut douter qu'il ne l'ait été compétemment, puisque l'art 10 du tit 3 de la loi du 24 avril 1790, attribue aux juges de paix le droit de connaître *sans appel jusqu'à la valeur de 50 francs; et à charge d'appel, à quelque valeur que la somme demandée puisse monter, des* ACTIONS POUR INJURES VERBALES, *rixes ou voies de fait, pour lesquelles les parties ne se seront pas pourvues par la voie criminelle.*

» Mais, a encore dit le tribunal civil de Rochefort, il est ici question d'Injures graves, d'Injures dont la connaissance, par action publique, est interdite aux tribunaux de police, d'Injures que les tribunaux correctionnels peuvent seuls punir des peines portées par les art. 365 et 375 du Code pénal.

» Eh! qu'importe le plus ou le moins de gravité des Injures dont Nourry demandait la réparation ?

» Sans doute, si Nourry eût demandé la réparation de ces Injures par voie de plainte, il n'aurait pu se pourvoir par devant le tribunal correctionnel.

» Mais cette réparation, il l'a demandée par action civile; et la loi ne lui indiquait pour juge de cette action que le tribunal de paix; c'est donc devant le tribunal de paix qu'il a dû porter cette action.

» A entendre le tribunal civil de Rochefort, la compétence des justices de paix serait restreinte, en matière d'Injures verbales, aux actions qui, si elles étaient formées par voie de plainte, devraient être portées devant les tribunaux de police.

» Mais qu'a de commun la juridiction des tribunaux de police avec la juridiction des justices de paix? Celle-là est toute criminelle, celle-ci est toute civile. Celle-là est réglée par le Code d'instruction criminelle de 1808, celle-ci l'est par la loi civile du 24 août 1790. Et de quel droit prétendrait-on appliquer à celle-ci, en vertu du Code d'instruction criminelle de 1808, des limites que la loi civile du 24 août 1790 ne lui a point assignés ?

» A l'époque où a été faite la loi du 24 août 1790, les tribunaux de police n'existaient pas encore : ils n'ont été créés que par la loi du 22 juillet 1792 ; et d'après cette loi même, les juges de paix n'entraient pour rien dans leur composition : ils n'y ont été appelés que par le Code du 5 brumaire an 4

» Or, immédiatement après la publication de la loi du 24 août 1790, aurait-on pu raisonnablement prétendre que les justices de paix ne pouvaient connaître civilement des Injures verbales, qu'autant qu'elles eussent été assez légères, pour qu'elles eussent pu en connaître par action publique ?

» Non sans contredit, et une pareille prétention n'eût abouti à rien moins qu'à neutraliser entièrement la disposition citée de la loi 24 août 1791 ; puisqu'alors l'action publique pour Injures verbales ne pouvait être portée que devant les tribunaux de district.

» Eh bien! l'art. 10 de la loi du 24 août 1790 est encore aujourd'hui ce qu'il était à cette époque : il s'appliquait alors à toutes les Injures verbales, quelque graves qu'elles fussent ; il s'y applique donc encore aujourd'hui.

» Que, postérieurement à la publication de cette loi, le législateur ait réorganisé l'exercice de la juridiction criminelle pour Injures verbales ; qu'il ait transféré cette juridiction pour les cas graves, aux tribunaux correctionnels; et, pour les cas légers, aux tribunaux de police ; qu'il ait placé dans les tribunaux de police, en les y faisant assister d'officiers du ministère public, les mêmes juges qui siègent avec une qualité et des attributions différentes, dans les justices de paix ; qu'est-ce que tout cela fait à la juridiction civile des justices de paix elles-mêmes ? Elle n'aurait pu changer que par l'effet d'une disposition expresse du législateur ; et cette disposition expresse, on la chercherait vainement dans les lois qui ont suivi celle du 24 août 1790.

» Ce considéré, il plaise à la cour, vu l'art. 88 de la loi du 27 ventose an 8, et l'art 10 du tit. 3 de la loi du 24 août 1790; casser et annuler, dans l'intérêt de la loi et sans préjudice de son exécution entre les parties intéressées, le jugement du tribunal civil de Rochefort ci-dessus mentionné, et dont expédition est ci-jointe; et ordonner qu'à la diligence de l'exposant, l'arrêt à intervenir sera imprimé et transcrit sur les registres dudit tribunal.

» Fait au parquet, le 7 juin 1813. *Signé* Merlin.

» Ouï le rapport de M. Avemann....; vu l'art. 88 de la loi du 27 ventose an 8, et l'art. 11 du tit. 3 de la loi du 24 août 1790....; attendu que l'action civile en réparation du dommage causé par un crime, délit ou une contravention, peut être exercée indépendamment de l'action publique à laquelle le crime, le délit ou la contravention donnent lieu;

» Qu'elle ne peut être portée que devant le juge civil compétent;

» Que, d'après l'art. 10 du tit. 3 de la loi du 24 août 1790 ci-dessus cité, les juges de paix sont compétens pour connaître des actions pour Injures verbales;

» Que la disposition de la loi est générale; qu'elle embrasse toutes les actions pour Injures verbales, quelque graves qu'elles soient, et qu'elle ne peut être restreinte aux actions qui, si elles étaient formées par voie de plainte, devraient être portées devant les tribunaux de police; qu'il s'agit, dans l'espèce, d'une action purement civile en réparation d'Injures verbales; d'où il suit que le tribunal civil de Rochefort, en déclarant, par son jugement du 3 février dernier, que le juge de paix de Surgères était incompétent pour connaître de cette action, a violé l'art. 10 du tit. 3 de la loi du 24 août 1790; la cour casse et annule, dans l'intérêt de la loi.....»

INSCRIPTION DE FAUX, §. I, n. VII. *Page 144, col. 2; après la ligne 6, ajoutez*:

VII *bis.* Mais ne pourrait-on pas incidemment à la demande en cassation d'un jugement en dernier ressort, s'inscrire en faux contre une pièce qui aurait servi de base à ce jugement?

Non, et voici un arrêt de la cour de cassation qui le juge ainsi.

Dans l'affaire rapportée aux mots *Procès-verbal*, §. 10; Me B., croyant assurer d'autant mieux le succès de son recours en cassation contre l'arrêt de la cour de..., qui, sur le fondement du procès-verbal dressé contre lui, le 11 novembre 1811, par la cour d'assises du département de..., le condamnait à deux années d'emprisonnement, avait présenté à la cour de cassation une requête par laquelle il demandait, conformément à l'art. 1er du tit. 10, part. 2, du règlement de 1738, la permission de s'inscrire en faux contre ce procès-verbal.

» Il est certain (ai-je dit à l'audience de la section criminelle, le 31 décembre 1812), que si cette Inscription de faux pouvait être admise, et avoir le succès que Me B. affecte de paraître en espérer, elle détruirait la base sur laquelle repose, dans l'arrêt

attaqué, l'application de l'art. 222 du Code pénal.

» Mais il est de principe que l'Inscription de faux, par cela seul qu'elle n'est qu'incidente à un procès-verbal, n'est plus admissible du moment que le procès principal est jugé définitivement en dernier ressort. Comment en effet un incident survivrait-il au procès dont il n'est qu'un accessoire? *Cùm principalis causa non subsistit, ne ea quidem quæ sequuntur locum habere possunt*, dit la loi 129, §. 1, D. *de regulis juris*.

» Sans doute, on peut, en cause d'appel, former une Inscription de faux qu'on a omis de former en première instance, comme on peut, en cause d'appel, proposer une exception de chose jugée ou de prescription dont on n'a pas fait usage devant les premiers juges. Mais pourquoi le peut-on? Parce que la cause d'appel n'est que la continuation de la première instance; parce que la première instance revit tout entière par l'effet de l'appel.

» Vouloir qu'il en soit de même d'une instance en cassation, c'est assimiler la cour de cassation à une cour d'appel; c'est substituer à une institution qui n'a pour objet que de faire examiner si un arrêt est ou n'est pas régulier dans les formes, s'il applique bien ou mal la loi aux faits qu'il déclare, un recours qui aurait pour objet de faire juger si les faits déclarés par cet arrêt sont vrais ou ne le sont pas; c'est oublier que, d'après l'art. 66 de l'acte constitutionnel du 22 frimaire an 8, la cour de cassation ne peut jamais connaître du fond des affaires.

» Nous savons bien que, si une Inscription de faux était formée devant la cour, contre l'énonciation consignée dans un arrêt qu'il a été rendu publiquement ou par le nombre de juges que la loi détermine; elle serait recevable; et que la section civile l'a ainsi jugé, le 29 fructidor an 4, entre le sieur Pétan et le sieur Grimaldi (1).

» Mais quelle en est la raison? C'est que, dans ce cas, l'Inscription de faux serait véritablement incidente à l'instance en cassation; c'est que, dans ce cas, elle tendrait directement à prouver que des formes dont l'omission emporterait la nullité ou plutôt l'inexistence légale de l'arrêt attaqué, n'ont pas été observées; c'est que, dans ce cas, elle rentrerait essentiellement dans vos attributions.

» En est-il de même dans notre espèce? Non assurément. L'Inscription de faux qui vous est proposée n'attaque pas l'arrêt de la cour de Rouen, du 24 août; elle ne s'en prend pas aux formes essentielles; elle ne tend pas à établir que cet arrêt, par l'absence de ses formes essentielles, est nul ou n'existe pas. Elle tend uniquement à établir que cet arrêt a pris pour fondement sa décision, un procès-verbal erroné; elle porte donc tout entière sur un fait dont la cour de cassation ne peut pas

_____

(1) La même chose a encore été jugée le 25 mai 1812, *V.* ci-après, n. 9.

être juge ; elle n'est donc pas incidente à une instance en cassation ; elle est donc non-recevable ».

Par arrêt du 31 décembre 1812, au rapport de M. Aumont, « attendu que la demande en Inscription de faux formée par B. devant la cour, ne porte, ni sur les formes matérielles d'aucun des arrêts attaqués, ni sur les formes substantielles à leur régularité ; qu'elle est dirigée contre un procès-verbal qui n'est qu'un acte de la procédure et de l'instruction définitivement et souverainement jugée par le dernier desdits arrêts ; qu'elle est donc absolument non-recevable ; la cour rejette le pourvoi du demandeur, et le déclare non-recevable dans son Inscription de faux ».

Page 147, *col.* 1, *à la fin du* n. IX, *ajoutez :*

V. ci-après, §. 7, n. 3, l'arrêt du 26 mai 1812.]]

§. II, n. III. *Page* 153, *col.* 1, *lignes* 46 *et* 47, *après les mots* dans trois jours au plus tard, *ajoutez en note ce qui suit :*

[[Ce délai court-il du jour même de l'ordonnance ? *V.* ci-après, §. 7, n. 3.]]

Page 157, *col.* 1, *ligne* 3, *après les mots* rapportés ci-après, n. 4, *ajoutez :* [[et celui de la cour de cassation, du 2 nivose an 5, qui est cité dans le plaidoyer du 6 avril 1813, rapporté ci-après, §. 7, n. 3.

N. IV. *Même page, col.* 2, *ligne* 9, *après les mots,* le 2 fructidor an 11, *ajoutez :* et à la cour de cassation, le 6 avril 1815. *V.* ci-après, §. 7, n. 3, *et mon Recueil,* etc.

Page 158, *col.* 2, *ligne* 23, *après les mots,* pendant l'incident, *ajoutez en note :*

[[*V.* ci-après, §. 7, n. 3.]]

§. IV. *Page* 175, *col.* 1, *ligne* 13, *après* rejetée, *ajoutez en note :*

Le rejet de la pièce met-elle le défendeur à l'abri de l'action publique en faux principal ?

V. Faux, sect. 2, §. 3 *bis,* dans les *additions.*

Page 176, *col.* 1, *ligne* 4, *après les mots,* faits, circonstances et preuves, *ajoutez en note :*

V. l'article *moyens de faux.*

Page 177, *col.* 2, *ligne* 2 *de la note, après* V, *ajoutez : Faux,* sect. 2, §. 3, bis, dans les *additions ;* et mon *Recueil,* etc.

§. V, n. II. *Page* 178, *col.* 2, *ligne* 1 *de la note, supprimez les mots* note 1 ; *et au lieu de* cinq arrêts, *lisez,* sept arrêts.

§. VI. *Page* 185, *col.* 1, *ligne* 12 *de la note, après les mots,* en ces termes, *ajoutez :* le 30 novembre 1811.

Même page, après la dernière ligne de la même note, ajoutez :

On peut voir, dans le *Bulletin criminel* de la cour de cassation, un arrêt du 7 mars 1813.

Ces quatre derniers arrêts jugent nettement que le délai de l'inscription de faux expire avec l'audience indiquée à jour fixe par l'assignation, quand même la cause n'aurait pas été appelée à cette audience.

Mais en est-il de même si l'assignation n'indique pas le jour fixe de l'audience, si elle ne fait, par exemple, que sommer le prévenu de comparaître à l'audience, qui se tiendra immédiatement après les trois jours francs de la date de l'exploit ? En est-il de même, si l'assignation ajoute : et, en tant que de besoin, aux audiences suivantes ? En est-il de même enfin, si, à la suite d'une assignation ainsi conçue, la régie ne fait aucune diligence pour que la cause soit appelée à l'audience qui se tient immédiatement après les trois jours francs ?

Ces questions se sont présentées dans l'espèce suivante.

Le 14 juin 1812, deux employés des droits réunis dressent, contre Clément Douchet, garçon brasseur à Arras, un procès-verbal de contravention.

Le 22 du même mois, Clément Douchet est assigné, en vertu de ce procès-verbal, « à comparaître à la première audience qui sera donnée par le tribunal civil d'Arras, jugeant en police correctionnelle, *trois jours francs après la date du présent,* et, *en tant que de besoin, à toutes les audiences suivantes, jusqu'au jugement définitif,* pour répondre audit procès-verbal, procéder, voir prononcer la confiscation de l'objet saisi, se voir condamner à 100 fr. d'amende et aux dépens, en conformité de l'art. 37 de la loi du 24 avril 1806 ».

Le 26 du même mois, a lieu la première audience, après les trois jours francs écoulés depuis cette assignation ; mais la cause n'y est pas appelée.

Le 1er juillet suivant, exploit par lequel Clément Douchet somme la régie de déclarer si elle entend se servir du procès-verbal, et proteste, en cas de réponse affirmative, d'attaquer le procès-verbal par inscription de faux. Le 3 du même mois, la cause est appelée à l'audience. — La régie y conclut à ce que, sans s'arrêter à la sommation de Clément Douchet, laquelle sera, au besoin, déclarée nulle et irrégulière, il plaise au tribunal lui adjuger les conclusions de la demande. — De son côté, Clément Douchet conclut à ce qu'il lui soit donné acte de ce qu'il déclare s'inscrire en faux, et à ce que la cause soit continuée à un autre jour, afin qu'il ait le temps de disposer ses moyens de faux. — La régie répond que cette déclaration est *tardive ;* qu'aux termes de l'art. 40 du décret du 1er germinal an 13, elle aurait dû être faite au plus tard, à l'audience du 26 juillet, qu'ainsi elle est non-recevable.

Jugement du même jour, qui, « attendu que

l'assignation a été donnée non à un jour fixe, mais à la première audience, après trois jours francs, et au besoin, à toutes les audiences suivantes ; que la cause ayant été appelée à la présente audience, Douchet y a déposé sur le bureau et signé sa déclaration de s'inscrire en faux, réitérée par lui verbalement à la même audience ; que la régie n'a pas fait coucher la cause sur le rôle pour l'audience du 26 juin, à laquelle il est constant qu'elle n'en a ni provoqué l'appel ni poursuivi l'instruction ; que, si l'action de la régie tient au moyen de l'assignation aux audiences suivantes, il est évident que la défense du prévenu doit également rester dans son intégrité ; et que la *première audience*, dans le sens de la loi, ne peut s'entendre que de celle où l'administration des droits réunis poursuit l'instruction et le jugement ; donne acte à Clément Douchet de sa déclaration de s'inscrire en faux contre le procès-verbal du 14 juin, sauf à lui à se conformer, à cet égard, à la loi ».

La régie appelle de ce jugement au tribunal correctionnel de Saint-Omer. — Le 25 janvier 1813, ce tribunal, « adoptant les motifs des premiers juges, rejette la requête d'appel ». — Recours en cassation contre ce jugement, de la part de la régie.

« Dans tous les temps (ai-je dit à l'audience de la section criminelle, le 20 mai 1813), le législateur s'est attaché à restreindre, avec une inflexible sévérité, le délai dans lequel peuvent être attaqués par inscription de faux, les rapports et procès-verbaux des préposés aux recouvremens des impôts indirects, et l'on en conçoit sans peine le motif ; c'est que, plus la loi accorderait d'intervalle au prévenu de contravention pour s'inscrire en faux contre un procès-verbal, plus elle lui faciliterait les moyens de forger, de revêtir de toutes les couleurs de la vraisemblance et de prouver, par de faux témoins, des faits contraires aux faits constatés par le procès-verbal des employés ; c'est que les premiers momens qui suivent la rédaction et l'affirmation d'un procès-verbal sont toujours ceux ou la vérité peut le plus aisément en être reconnue, où les erreurs peuvent le plus aisément être dévoilées ; c'est qu'il importe de ne pas laisser long-temps l'intérêt pecuniaire du prévenu aux prises avec sa conscience.

» C'est dans cet esprit que les déclarations des 14 janvier 1693, 6 janvier et 14 avril 1699, 7 octobre 1713 et 18 décembre 1714, avaient expressément réglé que *ceux qui voudraient s'inscrire en faux contre les procès-verbaux des commis et employés des fermes du Roi, seraient tenus de le déclarer au plus tard dans le jour de l'échéance des assignations qui leur seraient données à la requête des fermiers, à l'audience de la juridiction ou par écrit....., faute de quoi, ils n'y seraient plus reçus.*

» Cette disposition fut renouvelée littéralement par l'art. 1er de la déclaration du 25 mars 1732 ; et elle fit bientôt naître une question qui a une grande analogie avec celle que présente l'espèce actuelle.

» C'était de savoir si, lorsque l'assignation était donnée à trois, l'Inscription de Faux pouvait encore être formée le cinquième jour après et y compris celui de la date de l'exploit, et si, lorsque l'assignation était donnée à huitaine, l'Inscription de Faux pouvait encore être formée le dixième jour après et y compris celui où l'exploit avait été signifié au prévenu de contravention.

» On disait, pour l'affirmative, qu'aux termes de l'art. 6 du tit. 3 de l'ordonnance de 1667 ; ni le jour de l'assignation ni celui de l'échéance n'étaient compris dans le délai, soit de trois jours, soit de huitaine, qui était accordé au prévenu pour comparaître ; que l'art. 5 de la déclaration du 17 février 1688 avait rendu cette règle commune aux assignations données devant les élections, greniers à sel, sièges des traites et autres tribunaux spécialement chargés de la connaissance des impôts indirects ; qu'ainsi, e prévenu, assigné à trois jours par un exploit du 1er d'un mois, n'était tenu de comparaître que le 5 ; que le prévenu, assigné à huitaine par un exploit du 1er d'un mois, n'était tenu de comparaître que le 10 ; que, dès-lors, le prévenu devait avoir jusqu'au 5, s'il était assigné à trois jours, et jusqu'au 10, s'il était assigné à huitaine, pour former son Inscription de faux ; qu'en effet, la déclaration de 1732 lui permettait de la faire *à l'audience*, lorsqu'il n'aimait pas mieux la faire *par écrit* ; qu'il ne pouvait la faire *à l'audience*, qu'en s'y présentant ; qu'il ne pouvait pas être tenu de s'y présenter dans le premier cas, le 4, ni dans le second, le 9 ; que vainement même s'y serait-il présenté, puisque la cause n'y pouvant être appelée que le lendemain, il n'y aurait pas trouvé son adversaire ; et c'est ainsi que le jugeaient la plupart des cours des aides.

» Mais on répondait, et la cour des aides de Paris jugeait constamment, que la déclaration de 1732 ne laissait aucune prise à toutes ses argumentations ; qu'elle voulait que l'Inscription de faux ne pût être formée que *dans le jour de l'échéance de l'assignation* ; qu'il n'était donc plus temps le lendemain de cette échéance : qu'à la vérité, le prévenu n'était pas obligé de se présenter à l'audience le jour de l'échéance de l'assignation ; mais que rien ne l'en empêchait ; que, s'y présentât-il avec la certitude de n'y pas trouver d'adversaire, il n'en aurait pas moins la faculté d'y faire la déclaration de la volonté de s'inscrire en faux ; qu'il avait d'ailleurs, pour forcer son adversaire de se présenter à l'audience la veille de l'assignation, un moyen très-simple ; que, le délai de l'assignation étant tout en sa faveur, il pouvait l'anticiper, en donnant un avenir à son adversaire pour plaider avant l'expiration de ce délai ; qu'enfin il pouvait, au lieu de faire sa déclaration à l'audience, la faire par écrit.

» Averti de la diversité de jurisprudence que ces raisons respectives avaient amenée dans les cours des aides de son royaume, Louis XV donna, le 8 septembre 1736, une déclaration ainsi conçue : « Nous avons été informés que l'art. 1er de notre » déclaration du 25 mars 1732, suivant lequel les

» Inscriptions de faux doivent être formées au plus » tard dans le jour de l'échéance des assignations, » a été différemment interprété par nos cours des » aides, dont quelques-unes ont cru devoir se con- » former à ce qui est prescrit par l'ordonnance de » 1667. et le règlement de 1688, par rapport au » délai des assignations, dans lequel le jour de » l'exploit ni le jour de l'échéance ne doit point » être compris. La cour des aides de Paris au con- » traire a rejeté les Inscriptions formées le lende- » main de l'échéance des assignations; ce qui est » plus conforme à la lettre de notre déclaration du » 25 mars 1732, et à l'intention que nous avons » eu d'abréger le délai de l'Inscription de faux. » Cette diversité de jurisprudence nous oblige à » expliquer plus clairement nos volontés à ce sujet. » A ces causes, voulons et nous plaît que, confor- » mément à l'art. 1er de notre déclaration du 25 » mars 1732, ceux qui voudront s'inscrire en faux » contre les procès-verbaux des commis et employés » de nos fermes, soient tenus de le déclarer au » plus tard dans le jour de l'échéance des assigna- » tions qui leur seront données; savoir, le qua- » trième jour, y compris le jour de l'exploit, dans » les assignations données à trois jours; et le neu- » vième jour, y compris pareillement le jour de » l'exploit, dans les assignations données à hui- » taine ».

» La sage rigueur qui avait dicté cette interpré- tation, et les lois anciennes auxquelles cette inter- prétation s'adaptait, ont également animé le nouveau législateur; et de là, l'art. 12 du tit. 4 de la loi du 9 floréal an 7, suivant lequel « celui qui vou- » dra (en matière de douanes) s'inscrire en faux » contre un rapport, sera tenu d'en faire la décla- » ration par écrit, en personne ou par un fondé de » pouvoir spécial passé devant notaires, au plus tard » à l'audience indiquée par la sommation de com- » paraître devant le tribunal qui doit connaître de » la contravention...., à peine de déchéance de » l'Inscription de faux... ». De là, l'art. 40 du dé- cret du 1er germinal an 13, qui, en renouvelant cette disposition, l'applique aux procès-verbaux de contravention en matière de droits réunis.

» Et c'est assez dire qu'en matière de droits réu- nis, comme en matière de douanes, nous devons aujourd'hui interpréter cette disposition avec la même rigueur qu'était interprétée, sous l'ancien ré- gime, la disposition qui en a été le modèle.

» Aussi avez-vous jugé, par trois arrêts du 19 avril 1811, du 27 du même mois et du 3 décembre 1812, au rapport de M. Bailly, et par un autre du 30 novembre 1811 au rapport de M. Chasle, que le prévenu de contravention aux droits réunis qui, étant assigné à jour fixe n'a pas, à l'audience même indiquée par l'assignation, déclaré vouloir s'inscrire en faux, ne peut plus y être admis.

» Dans l'espèce des trois premiers et dans celle du quatrième de ces arrêts, les causes entre la ré- gie et les prévenus n'avaient pas été appelées aux audiences indiquées par les assignations, elles ne l'avaient été qu'à des audiences suivantes; et les prévenus argumentaient de cette circonstance, pour soutenir qu'ils étaient encore en droit de s'inscrire en faux. Mais vous n'en avez pas moins cassé les arrêts qui avaient accueilli ce système, « attendu » (avez-vous dit) que de ces mots du décret du » 1er germinal an 13, au plus tard à l'audience » indiquée par l'assignation, il résulte deux » choses : l'une, que l'audience indiquée par l'as- » signation est le dernier terme où la déclaration » d'Inscription de faux puisse être valablement » faite ; l'autre, qu'elle peut être légalement faite » ailleurs qu'à l'audience dans l'intervalle de l'assi- » gnation au jour de l'audience qu'elle indique ».

» Et pourquoi jugeriez-vous autrement dans l'es- pèce actuelle ? Pourquoi, dans l'espèce actuelle, le tribunal d'Arras et après lui le tribunal de l'Orne se sont-ils permis de juger autrement ?

» C'est, a dit le premier de ces tribunaux, parce que l'assignation a été donnée, non à un jour fixe, mais à la première audience après les trois jours francs, et, au besoin, à toutes les audiences sui- vantes :

» Mais d'abord, ces mots, et, au besoin, à toutes les audiences suivantes, n'étaient, dans l'assigna- tion, qu'un pur pléonasme : ils n'y auraient pas été exprimés, que l'on eût dû les y sous-entendre ; et cela est si vrai que, comme le dit Jousse, sur l'art. 7 du tit. 3 de l'ordonnance de 1667, lors même que le délai de l'assignation échet l'un des jours où l'audience ne tient pas, la cause est remise de plein droit au lendemain ou au plus prochain jour plai- doyable.

» Ensuite, qu'importe que, dans notre espèce, l'assignation ait été donnée, non à un jour fixe, mais à la première audience après les trois jours francs ?

» Pour n'avoir pas été donnée à un jour fixe, pour n'avoir été donnée qu'à trois jours francs, sans exprimer le jour précis de l'audience, en était-elle moins valable ? Non sans doute.

» On a quelquefois prétendu, depuis la mise en activité du Code de procédure civile, comme on avait prétendu quelquefois, sous l'ordonnance de 1667, qu'une assignation à comparaître dans le dé- lai de la loi, était nulle; et ce système a été con- damné par cinq arrêts de la section des requêtes et de la section civile (1), comme il avait été con- damné, sous l'ordonnance de 1667, par une foule d'arrêts des divers parlemens, même en matière de retrait lignager.

» Mais il n'est encore venu à la pensée de qui que ce soit, sous le Code de procédure civile, comme il n'était venu à la pensée de personne, sous l'or- donnance de 1667, de critiquer les assignations

_____

(1) V. l'article Délai, sect. 1, §. 1, n. 4 bis, dans les Additions.

données à trois jours, à huitaine, à quinzaine, au mois, à deux mois au plus, suivant les matières et les distances ; et vous avez vu, Messieurs, par la déclaration du 8 septembre 1736, que c'était constamment *à trois jours* ou *à huitaine*, sans autre désignation, que se donnaient, sous l'ancien régime, les assignations en matière d'impôts indirects.

» Si donc Clément Douchet s'était avisé de demander l'annullation de son assignation du 22 juin 1812, sous le prétexte qu'elle aurait été donnée *à la première audience* qui aurait lieu *après trois jours francs*, il est incontestable que sa demande aurait dû être rejetée.

» Mais si cette assignation était valable, nous expliquera-t-on comment elle aurait pu légalement n'être pas considérée comme *indiquant l'audience* à laquelle Clément Douchet était tenu de comparaître ?

» Une assignation n'est valable, suivant l'art. 61 du Code de procédure, qu'autant qu'elle contient *l'indication du délai pour comparaître* ; et il en était de même sous l'ordonnance de 1667, comme l'atteste Jousse sur l'art. 1er du tit. 2 de cette ordonnance, et comme l'ont jugé notamment deux arrêts des parlemens de Toulouse et de Dijon..., l'un, du 25 janvier 1725, rapporté dans le *Journal du Palais* de Languedoc, tome 4, §. 9 ; l'autre, du 17 mars 1727, rapporté par Serpillon, sur l'ordonnance de 1667, tit. 2, art. 2, n. 16.

» Or, indiquer *le délai pour comparaître* et indiquer *l'audience à laquelle la comparution doit avoir lieu*, c'est assurément la même chose.

» Si donc une assignation à trois jours francs indique suffisamment *le délai pour comparaître*, il est clair qu'elle indique aussi suffisamment *l'audience à laquelle la comparution doit avoir lieu.*

» Mais, dit le tribunal d'Arras, *la cause n'a été appelée qu'à la présente audience* (celle du 3 juillet) ; et à cette audience même, Clément Douchet a déclaré vouloir s'inscrire en faux ; il a donc fait cette déclaration en temps utile.

» Eh ! qu'importe que la cause n'ait été appelée qu'à l'audience du 3 juillet ? L'audience qui a eu lieu le 3 juillet, n'était pas celle qu'indiquait, en première ligne, l'assignation. L'assignation indiquait, en première ligne, l'audience qui aurait lieu le 26 juin. C'était donc à l'audience du 26 juin, *au plus tard,* que Clément Douchet devait faire sa déclaration.

» Mais, a dit encore le tribunal d'Arras, la régie n'a fait aucune diligence pour faire appeler la cause à l'audience du 26 juin ; ce n'était donc pas à cette audience que devait être faite la déclaration de Clément Douchet.

» L'argument serait sans réplique, si Clément Douchet n'avait pu se présenter à cette audience, sans que la régie s'y fût présentée elle-même de son propre mouvement ; et si d'ailleurs il n'avait pu faire la déclaration qu'à cette audience même.

» Mais 1º rien n'obligeait Clément Douchet de faire sa déclaration à l'audience ; il pouvait la faire par un écrit signifié à la régie.

» 2º Si Clément Douchet voulait faire sa déclaration à l'audience, il pouvait se présenter à celle du 26 juin ; il le pouvait d'autant mieux, qu'il y était assigné ; il le pouvait d'autant mieux que, pour s'y présenter, il n'avait pas même besoin d'anticiper le délai de son assignation, ni par conséquent de donner un à venir à la régie ; il le pouvait d'autant mieux, qu'en s'y présentant il aurait obtenu un jugement qui eût donné défaut contre la régie, et qui, par le profit de ce défaut, lui eût accordé acte de sa déclaration.

» Que signifie, d'après cela, cette assertion du tribunal d'Arras, que, *si l'action de la régie tient au moyen de l'assignation aux audiences suivantes, la défense du prévenu doit également rester dans son intégrité ?*

« L'action de la régie n'aurait certainement pas été périmée, si l'assignation n'eût pas été donnée, au besoin, pour les audiences postérieures à celle du 26 juin ; et nous en avons déjà dit la raison : c'est que par cela seul que cette assignation était donnée pour l'audience du 26 juin, elle l'était de plein droit pour les audiences suivantes, dans le cas arrivé où, à l'audience du 26 juin, la cause ne serait pas jugée ou même appelée. Ce n'est donc pas par l'effet de l'assignation donnée surabondamment pour les audiences suivantes, que l'action de la régie est restée entière ; dès-lors, nulle conséquence à en tirer pour la prorogation du délai accordé par la loi à Clément Douchet pour s'inscrire en faux.

» Et dans le fait, qu'y a-t-il de commun entre la non-prescription de l'action de la régie, et la faculté qu'à le prévenu de s'inscrire en faux contre le procès-verbal qui est le fondement de cette action ? L'action de la régie dure tant qu'elle n'est pas périmée par une interruption de poursuites pendant trois ans ; la faculté de s'inscrire en faux contre le procès-verbal expire, pour le prévenu, du moment qu'est levée l'audience à laquelle il est assigné.

» Le tribunal d'Arras termine, en disant que, *la première audience, dans le sens de la loi, ne peut s'entendre que de celle où l'administration des Droits-Réunis poursuit l'instruction et le jugement.*

» Mais où a-t-il pris cette interprétation de la loi ?

» Dans le texte de la loi elle-même ? non, le texte de la loi est que le prévenu doit faire sa déclaration, au plus tard, *à l'audience indiquée par l'assignation* qui lui a été donnée ; et ce texte ne limite pas la disposition au cas où la régie poursuivra l'effet de son assignation à cette audience.

» Dans l'esprit de la loi ? pas davantage. L'esprit de la loi est que le prévenu doit faire sa déclaration dans le délai qui est fixé par l'assignation ; délai qui commence à l'instant même où l'assignation est délivrée, et finit au moment où se lève l'audience indiquée par l'exploit. L'esprit de la loi est que ce délai doit être calculé rigoureusement, afin de ne pas laisser au prévenu le temps de créer des moyens de faux imaginaires. L'esprit de la loi est par conséquent que ce délai doit courir indépendamment des diligences que fait ou ne fait pas la régie en conséquence de l'assignation.

» Déjà nous avons vu que c'est dans le même esprit qu'avait été rédigée la déclaration du 8 septembre 1736. Suivant cette loi, si le prévenu voulait former son inscription de faux à l'audience, il fallait qu'il devançât lui-même, de vingt-quatre heures, le jour où, d'après l'assignation, il était tenu de comparaître; il fallait qu'il se présentât, de son propre mouvement, non à l'audience à laquelle il était assigné, mais à celle qui la précédait immédiatement; et s'il ne prenait pas ce parti, il n'en avait pas d'autre à prendre que de former son inscription de faux par écrit, la veille du jour où la comparution à l'audience devenait forcée, la veille du jour où les agens du fisc pouvaient seulement, pour nous servir des termes du tribunal d'Arras, *poursuivre l'instruction et le jugement*.

« La nouvelle législation s'est relâchée de cette rigueur : elle s'est contentée d'une déclaration faite ou à l'audience indiquée par l'assignation, ou par un acte antérieur à cette audience; mais elle n'a pas été plus loin. Elle n'a pas dit que le délai pour faire la déclaration serait prorogé au-delà de cette audience, lorsqu'à cette audience la régie n'aurait pas poursuivi l'instruction et le jugement; et dès qu'elle ne l'a pas dit, nous ne pouvons pas le dire pour elle; dès qu'elle ne l'a pas dit, nous devons nécessairement conclure de son silence, qu'elle laisse subsister l'ancienne régle qui faisait courir le délai fatal de l'inscription de faux par le seul effet de l'assignation, et sans poursuite ultérieure de la part des agens du fisc.

« Dans ces circonstances et par ces considérations, nous estions qu'il y a lieu de casser et annuller le jugement qui nous est dénoncé par la régie ».

Par arrêt du 20 mai 1813, au rapport de M. Bailly, « vu l'art. 40 du décret du 1er germinal an 13, considérant que de ces mots, *au plus tard à l'audience indiquée par l'assignation*, il résulte 1° que l'audience ainsi indiquée est le dernier terme où la déclaration d'inscription de faux puisse être valablement faite; encore que n'importe par suite de quelles circonstance la cause n'ait été ni appelée à cette audience, ni même inscrite sur le rôle, ou qu'il y soit intervenu une sentence de condamnation à défaut par le prévenu d'y être comparu, parce qu'il est impossible de concilier un cas quelconque d'exception à la fatalité de ce délai, avec la généralité d'expression, et avec la signification technique desdits mots, *le dernier terme*; 2° que la déclaration d'inscription de faux peut être légalement faite ailleurs qu'à l'audience, dans le temps intermédiaire de l'assignation et de l'audience qu'elle indique; 3° que les mots, *à l'audience indiquée par l'assignation*, n'étant point synonimes des mots, *au jour d'audience nominalement fixé par l'assignation*, les autres mots, *au plus tard*, dudit art. 40, s'appliquent à la première audience, soit d'après les trois jours francs, soit d'après tout autre nombre de jours, exprimé dans

l'assignation; tout aussi bien qu'à l'audience qui aurait été déterminée à tel jour, parce qu'il ne peut y avoir qu'une audience qui soit la première d'après le nombre de jours déterminé par l'assignation; d'où la conséquence que ledit art. 40, prononce la déchéance de toute inscription de faux qui n'aura pas été déclarée au plus tard à cette première audience d'après tel nombre de jours, d'une manière aussi impérative que s'il s'agissait d'une déclaration de faux, faite après la levée de l'audience de tel jour, nominalement fixé par l'assignation; considérant, dans l'espèce, que le prévenu Douchet avait été assigné à la première audience qui serait donnée trois jours francs après la date de l'assignation; que cette première audience a été donnée le 26 juin 1812, et que ce n'est qu'à l'audience du 3 juillet suivant, que Douchet a déclaré s'inscrire en faux; d'où il suit qu'aux termes de l'art. 40 dudit décret du 1er germinal an 13, cette déclaration était tardive et nulle, et que les juges devaient en prononcer la déchéance, et statuer au fond sur-le-champ; que néanmoins, au lieu de prononcer l'annullation de la déchéance de ladite déclaration d'inscription de faux, et de statuer incontinent au fond sur la demande de la régie, à fin de confiscation du tonneau d'eau-de-vie saisi, et de condamnation du prévenu à l'amende de cent francs et aux dépens, le tribunal de police correctionnelle de Saint-Omer a confirmé, par son jugement en dernier ressort du 25 janvier 1813, la sentence du tribunal correctionnel d'Arras dudit jour, 3 juillet 1812, qui après avoir donné acte à Douchet de sa déclaration d'inscription de faux du même jour, contre le procès-verbal de saisie de ladite eau-de-vie, avait sursis à faire droit au fond, jusqu'à ce qu'il eût été statué sur la demande en inscription de faux; en quoi le tribunal correctionnel de Saint-Omer a formellement violé ledit art. 40 du décret du 1er germinal an 15; que peu importait que l'assignation eût été donnée, non-seulement à la première audience d'après les trois jours francs, mais encore au besoin à toutes les audiences suivantes, jusqu'au jugement définitif; parce que cette indication secondaire et inutile, uniquement relative à une suite éventuelle d'instruction, ne pouvait ni empêcher que l'audience du 26 juin ne fût la première donnée après les trois jours de la date de l'assignation; ni autoriser les juges à substituer à cette première audience, dernier terme du délai fatal pour s'inscrire en faux, une audience postérieure; que peu importait également que la régie n'eût pas fait coucher la cause sur le rôle de l'audience du 26 juin; d'un côté, parce que cela ne pouvait pas proroger le délai que la loi faisait expirer avec le dernier moment de cette audience; et d'un autre côté, parce que le prévenu avait eu la faculté d'y requérir l'appel de la cause, et d'y faire légalement la déclaration d'inscription de faux; et qu'en tout cela Douchet avait à s'imputer de n'avoir pas fait cette déclaration ailleurs, dans l'intervalle de l'assignation à ladite audience du 26 juin; de tout quoi il résulte que le tribunal correctionnel de Saint-Omer a ajouté la fausse interprétation à la violation formelle de l'art. 40, ci-dessus transcrit du décret du 1er germinal an 13; la Cour casse…».

Mais d'autres questions dérivent de la solution donnée par les quatre arrêts précédens, à celle de savoir quelle est l'époque où expire le délai de l'inscription de faux ?

1° Lorsque le prévenu a fait, non à l'audience indiquée par l'assignation, mais à l'une des audiences suivantes, la déclaration de sa volonté de s'inscrire en faux, et que le tribunal, en lui en donnant acte, lui a enjoint de déposer ses moyens de faux au greffe dans les trois jours suivans, la fin de non-recevoir que la régie aurait pu opposer à cette déclaration, est-elle couverte, par rapport aux premiers juges; et la régie est-elle obligée, pour la faire valoir, d'appeler de leur jugement ? 2° Lorsque le prévenu ayant, à l'une des audiences postérieures à celle qu'indiquait l'assignation, déclaré subsidiairement vouloir s'inscrire en faux, le tribunal l'a déchargé d'après sa défense principale, sans s'occuper de sa déclaration subsidiaire, et que, sur l'appel de la régie, le juge supérieur, en proscrivant la défense principale du prévenu, lui a donné acte de sa déclaration d'inscription de faux, et l'a autorisé à s'inscrire en faux, et l'a renvoyé, pour cet effet, devant le tribunal de 1re instance, la régie peut-elle encore soutenir devant ce tribunal que la déclaration d'inscription de faux faite par le prévenu est tardive ? 3°, si dans ce cas, la régie ne fait pas valoir, devant le tribunal de 1re instance, le moyen de déchéance qu'elle peut tirer de la tardiveté de la déclaration d'inscription de faux, peut-elle encore le faire valoir en cause d'appel ?

Voici une espèce dans laquelle ces questions se sont présentées, avec celles qu'avait déjà jugées les arrêts du 19 avril 1811, du 27 du même mois, et du 30 novembre suivant, rapportés ci-dessus, et avec une autre qui consistait à savoir si, par l'admission de moyens de faux, fondés sur des faits qui, supposés exacts, n'auraient pas justifié le prévenu, la loi avait été violée.

Le 23 octobre 1811, procès-verbal de deux préposés aux droits réunis, qui constate que ceux-ci ont trouvé, dans la cave du sieur Lainé, débitant de boissons, un tonneau contenant 137 litres de petit cidre, dont leur *portatif* n'était point chargé, et pour lequel il n'a pu leur représenter aucun congé.

En vertu de ce procès-verbal, le sieur Lainé est assigné à l'audience du 20 novembre suivant, pour voir prononcer la confiscation du tonneau saisi, avec amende et dépens.

Le 20 novembre, jugement qui, « à l'appel de la cause, sur la demande de l'avoué de la régie, et du consentement du sieur Lainé, renvoi à la huitaine, dans l'espoir de conciliation ». — Le 27 du même mois, « le tribunal renvoie à la huitaine, pour la plaidoirie et la prononciation du jugement ». — Le 4 décembre, « le tribunal continue la cause à la huitaine, à cause de l'indisposition de l'avocat du sieur Lainé ».

Le 11 du même mois, la cause est plaidée contradictoirement. Le sieur Lainé offre de prouver, par témoins, des faits contraires au procès-verbal; « et dans le cas où il y aurait difficulté de l'admettre à cette preuve, il demande acte de ce qu'il déclare vouloir et entend s'inscrire en faux contre cet acte ». les conclusions qu'il prend à cette fin sont signées de lui et de son avoué. — La régie combat l'offre que fait le sieur Lainé d'une preuve testimoniale, et, sans parler de la déclaration subsidiaire de celui-ci, conclut à ce que la saisie soit déclarée valable.

Le même jour, jugement qui admet le sieur Lainé à la preuve testimoniale qu'il a offerte, et ne prononce rien sur les conclusions subsidiaires à fin d'Inscription de faux.

La régie appelle de ce jugement au tribunal correctionnel d'Evreux. — Là le sieur Lainé, après avoir demandé la confirmation de la sentence, conclut à ce que, « dans le cas où la sentence serait infirmée, il plaise au tribunal renvoyer les parties procéder devant les premiers juges, sur l'Inscription de faux, dans les formes prescrites par la loi ».

Le 5 janvier 1812, jugement qui infirme la sentence; mais « attendu que le prévenu a lui-même demandé, devant les premiers juges, à s'inscrire en faux contre le procès-verbal dont s'agit; que, dès que la loi lui en accorde le droit, il ne doit pas être privé de ce moyen s'il lui convient d'en user; autorise le sieur Lainé à s'inscrire en faux contre le procès-verbal dont s'agit, en se conformant à ce que lui prescrit, à cet égard, le décret du 1er germinal an 13, dépens réservés ».

Le 6 du même mois, le sieur Lainé dépose au greffe une requête contenant huit moyens de faux, savoir, « 1° que la pièce de 137 litres provient d'une transvasion de deux tonnes de poiré, nos 3 et 6, précédemment exercée, pour raison desquelles procès-verbal avait été dressé contre le prévenu, le 9 juillet 1811; et que cette transvasion a été autorisée et permise par les employés; 2° que cette transvasion ne s'est opérée que parce que, d'une part, les deux tonnes étaient tirées, savoir, celle n° 3 aux neuf dixièmes, et celle n° 6 aux sept dixièmes; d'autre part, ces pièces filtraient et étaient en perdition; 3° que les employés avaient eux-même rouané, marqué, jaugé, et porté à 493 litres la pièce destinée à cette transvasion; 4° qu'en comparant les quantités contenues dans les deux tonnes, avec celle actuellement existante tant dans la pièce de 493 litres, marquée pour la transvasion, que dans la pièce saisie de 137 litres, on trouverait encore ces deux qualités, qui donnent un total de 630 litres, inférieures à celles des deux tonnes; ce qui était un effet de la perte et du coulage; 5° qu'en dégustant les deux pièces, de 493 et de 137 litres, on reconnaîtrait leur identité, et qu'elles étaient également sorties des deux tonnes; 6° que la transvasion a été tellement consentie par les employés, que, lors de leur visite du 23 octobre, l'un deux reconnut, avoua, et observa à l'autre qu'ils avaient

48.

permis cette transvasion ; 7° que , de cette reconnaissance d'une autorisation à transvaser résulte la
pleine justification à la contravention imputée au
prévenu ; 8° que la liqueur contenue , tant dans la
pièce de 493 litres , que dans celle de. 137. litres employée à raison de l'insuffisance de celle-là , est du
poiré ; et non pas du *petit* cidre ».

Le 22 avril , la cause est portée à l'audience , et
la régie ; sans exciper , soit de ce que la déclaration
de la volonté de s'inscrire en faux n'a pas été faite
en temps utile , soit de ce que les moyens de faux
n'ont pas été déposés au greffe dans le délai fixé par
la loi , conclut simplement « à ce que , sans avoir
égard aux moyens de faux articulés par le sieur
Lainé , et vu la contravention constatée par le procès-verbal , la saisie soit déclarée valable et régulière , avec confiscation, amende et dépens ».

Le même jour , jugement par lequel , « considérant que le sieur Lainé , par sa requête déposée
au greffe le 6 janvier dernier , a déclaré s'inscrire
en faux contre le procès-verbal du 23 octobre dernier , rédigé contre lui par les sieurs Benoît Armand
Feret et Natalis Bernault , employés dans les droits
réunis , et demeurans à Lyons-la-Forêt ; qu'il résulte , des moyens faux contenus en icelle , ainsi
que des conclusions et plaidoiries , 1° que la pièce
d'un hectolitre 37 litres , sous le n° 14 , déclarée
par les employés être du cidre , au quatre dixièmes
vide et à 15 c. le litre , contenait au contraire du
poiré , ainsi que le soutient le sieur Lainé ; 2° que
ce poiré provenait d'une transvasion (autorisée par
les employés appelés à cet effet) des pièces numé-
rotées 3 et 6 , lesquelles étaient en perdition ; 3° que,
pour faciliter cette transvasion autorisée , ils ont
même rouané la pièce désignée , dans le procès-
verbal , sous le n° 11 , contenant 10 hectolitres 96
litres ; 4° et enfin , que ce n'a été que parce que
cette dernière pièce , numérotée 11 , ne pouvait contenir toute la quantité de poiré à transvaser , que
ledit Lainé a été obligé d'employer ladite pièce d'un
hectolitre 57 litres qui fait l'objet de la contestation ;
considérant que , si les faits cotés par le sieur Lainé
étaient prouvés , il en résulterait la fausseté du procès-verbal ; — Par ces motifs , le tribunal déclare
les moyens contenus en la requête déposé au greffe
par le sieur Lainé , le 6 janvier dernier , pertinens
et admissibles ; en conséquence , ordonne qu'il sera
sursis au jugement sur la contravention , et renvoie
à suivre , sur l'Inscription de faux , suivant la loi et
devant les tribunaux compétens , poursuite et diligence du ministère public, tous dépens réservés entre
les parties ».

La régie appelle de ce jugement, « 1°. en ce qu'il
a admis comme pertinens des faits et moyens de
faux qui n'étaient que la reproduction de ceux d'ap-
pointement de preuve proscrits par le jugement du
3 janvier ; 2° en ce que ces faits , fussent-ils pertinens , ne peuvent plus être admis, faute par Lainé
d'en avoir fait la déclaration, conformément à l'art. 40
du décret du 1er germinal an 13, lors de l'introduction de l'affaire, le 20 novembre 1811 ».

Le sieur Lainé combat au fond le premier de ces
moyens d'appel ; et soutient que le second est non-
recevable d'après le jugement en dernier ressort du
3 janvier.

Le 19 septembre 1812 , le tribunal correctionnel
d'Évreux prononcer en ces termes sur l'appel de la
régie : « Vu les art. 26, 40 et 41 de la loi du 1er germinal an 13 ; attendu an , par jugement du 5 janvier , non attaqué , le sieur Lainé a été autorisé à
s'inscrire en faux contre le procès-verbal du 23 octobre 1811 ; attendu que le sieur Lainé a fait le
dépôt de ses moyens de faux au greffe du tribunal
des Andelys, le 6 du même mois de janvier, par suite
de la déclaration de vouloir s'incrire en faux contre
ledit procès-val , insérée dans ses conclusions lors
du premier jugement rendu au tribunal des Andelys,
le 11 décembre 1811 ; attendu que les moyens
de faux , articulés par le sieur Lainé , tendent à le
justifier de la contravention qui lui est imputée par
le procès-verbal du 23 octobre, puisque , s'ils étaient
prouvés , il en résulterait que la pièce de boisson
saisie contenait du poiré , et non du petit cidre ,
comme le porte le procès-verbal ; et que ce poiré
provenait de deux autres pièces qui avaient payé
les droits , et avaient été portées en charge sur les
registres des employés des droits réunis , et desquelles dernières pièces , ils avaient permis la transvasion dans celle saisie par ledit procès-verbal ;
attendu que cette transvasion n'est défendue par
aucune disposition de la loi , et qu'elle peut par
conséquent se faire avec la permission des employés des droits réunis ; que l'art. 26 du décret
du 5 mai 1806 , ne parle même que du remplis-
sage sur les tonneaux soit marqués, soit démarqués,
et non de la transvasion ; par ces motif , et ceux
énoncés au jugement du 22 avril dernier dont est
appel , le tribunal dit que , par ledit jugement , il
a été bien jugé.... condamne l'Administration des
droits réunis aux dépens faits sur l'appel seulement ».

Le 21 du même mois , la régie se pourvoit en
cassation contre ce jugement, et le 25 elle fait notifier son recours au sieur Lainé.

« Le jugement qui vous est dénoncé (ai-je dit
à l'audience de la section criminelle, le 3 décembre
1812), présente à votre examen plusieurs questions.

» Et d'abord , le sieur Lainé avait-il déclaré , en
temps utile , sa volonté de s'inscrire en faux contre
le procès-verbal du 23 octobre 1811 ?

» La négative vous paraîtra sans doute inconste-
table. Le sieur Lainé avait été assigné à l'audience
du 20 novembre. C'était donc à cette audience qu'il
devait faire sa déclaration d'Inscription de faux. Il
eût pu la faire auparavant , et dans l'intervalle de
son assignation à cette audience ; mais une fois
cette audience passée , sa déclaration ne pouvait
plus être reçue ; ainsi l'avaient réglé, pour les procès-verbaux dressés en matière de douane, l'art. 12
du tit. 4 de la loi du 9 floréal an 7 ; et l'art. 40 du

décret du 1ᵉʳ germinal an 13 l'a réglé de même, et dans les mêmes termes, pour les procès-verbaux dressés en matière de droits réunis.

» Il n'importe d'ailleurs que la cause n'ait pas été plaidée à l'audience du 20 novembre; il n'importe qu'elle n'ait été plaidée qu'à l'audience du 11 décembre suivant.

» La cour de Bordeaux avait, dans un cas semblable, admis une déclaration d'Inscription de faux faite par le sieur Ibos, contre un procès-verbal de préposés aux droits réunis. Mais vous avez cassé son arrêt, le 30 novembre 1811, au rapport de M. Chasle....(1).

» Ce que vous avez jugé, messieurs, par cet arrêt, vous l'aviez encore jugé le 27 avril précédent, au rapport de M. Bailli, dans une affaire que nous aurons tout-à-l'heure occasion de vous rappeler; et nous croyons pouvoir dire que votre jurisprudence est là-dessus aussi invariable que conforme à la loi.

» En second lieu, le sieur Lainé avait-il déposé ses moyens de faux au greffe, dans le délai où il eût dû le faire à peine de déchéance?

» Vous savez qu'il n'en avait fait le dépôt que le 6 janvier 1812. Or, l'art. 40 du décret du 1ᵉʳ germinal an 13, voulait que ce dépôt fût effectué dans les trois jours suivant l'audience indiquée par l'assignation, c'est-à-dire, dans les trois jours qui suivraient l'audience du 20 novembre 1811. Ce dépôt devait donc être fait au plus tard le 24 novembre. Le sieur Lainé ne pouvait donc plus le faire le 6 janvier 1812; le sieur Lainé était donc déchu de son Inscription de faux.

» Jusqu'ici nulle difficulté. Mais voici une troisième question qui exigera de notre part un peu plus de développement.

» Le tribunal d'appel d'Évreux a-t-il fait une juste application de l'autorité de la chose jugée, en écartant, d'après son jugement du 3 janvier, la fin de non-recevoir que la régie faisait résulter contre l'Inscription de faux du sieur Lainé, précisément de ce qu'il n'avait pas déposé ses moyens de faux au greffe, dans le délai fixé par l'art. 40 du décret du 1ᵉʳ germinal an 13; mais, ce qui revient au même, de ce que le sieur Lainé n'avait pas fait sa déclaration d'Inscription de faux dans le délai déterminé par le même article?

» Avant de nous expliquer sur cette question, examinons-en une autre qui peut, au premier abord, paraître étrangère à notre espèce; mais à la solution de laquelle vous verrez bientôt qu'elle est intimement liée. Examinons si, dans le cas où le tribunal de première instance des Andelys se fût occupé, le 11 décembre 1811, des conclusions subsidiaires du sieur Lainé, et qu'en y statuant il eût, non-seulement donné acte au sieur Lainé de sa déclaration d'Inscription de faux, mais encore permis de déposer ses moyens de faux au greffe, la régie aurait

pu ensuite, sans appeler de son jugement, soutenir que la déclaration d'Inscription de faux était, ou nulle dans la forme, ou tardive?

» Sans contredit elle n'y aurait pas été recevable, si, avant ce jugement, elle eût contesté la régularité de la déclaration; si, avant ce jugement, elle eût demandé que la déclaration fût rejetée, ou pour n'avoir pas été faite dans la forme déterminée par la loi, ou pour avoir été faite trop tard. Car, dans cette hypothèse, le jugement qui aurait donné acte de la déclaration et permis de déposer les moyens de faux, aurait, par cela seul, proscrit implicitement les fins de non-recevoir de la régie; et la régie n'aurait pu reproduire ces fins de non-recevoir que par la voie de l'appel; elle n'aurait pu les reproduire que devant le juge supérieur.

» Mais peut-on dire la même chose d'un jugement qui, sans contestation préalable sur la régularité de la déclaration d'Inscription de faux, donne simplement acte de cette déclaration, avec permission de déposer les moyens de faux au greffe? peut-on dire qu'en donnant simplement acte de cette déclaration, et en permettant par suite de déposer les moyens de faux au greffe, il juge cette déclaration régulière?

» Non, et il y en a, selon nous, une raison tranchante : c'est que, supposer un tel effet à ce jugement, ce serait nécessairement supposer une chose absurde; ce serait nécessairement supposer que le législateur a placé les tribunaux de première instance dans l'impossibilité de prononcer jamais sur la forme des déclarations d'Inscription de faux qui seraient faites devant eux en temps utile; ce serait nécessairement supposer que le législateur a voulu que la forme de ces déclarations ne pût jamais être discutée que devant les tribunaux d'appel.

» En effet, le législateur a bien dû prévoir que, lorsqu'une déclaration d'Inscription de faux serait faite en temps utile, mais dans une forme irrégulière, devant un tribunal de première instance, la régie qui aurait intérêt d'en relever l'irrégularité, ne la relèverait pas avant l'expiration du terme dans lequel l'auteur de la déclaration pourrait la renouveler. Car relever l'irrégularité de la déclaration avant l'expiration de ce terme, ce serait évidemment avertir l'auteur de la déclaration qu'il doit s'en désister et en faire une nouvelle; et certainement il n'a pu entrer dans la pensée du législateur, ni que la régie serait maladroite pour donner un pareil avertissement à son adversaire, ni qu'en omettant de le lui donner, elle se priverait de l'avantage de faire annuler la déclaration par le tribunal de première instance, elle se mettrait dans la nécessité de recourir à la voie de l'appel pour faire annuler la déclaration.

» Mais si l'on ne peut pas prêter au législateur une intention aussi bizarre, aussi choquante, il faut bien reconnaître que le législateur n'a pas voulu attribuer au jugement d'un tribunal de première instance qui donnerait acte d'une déclaration d'Inscription de faux, l'effet de purger cette déclaration

(1) V. la note précédente.

de tous les vices de forme qu'il peut y avoir à lui reprocher ; il faut bien reconnaître que le législateur a voulu, au contraire, laisser au tribunal qui aurait rendu ce jugement, le pouvoir d'annuller la déclaration dont il aurait précédemment donné acte.

» Et en effet, donner acte d'une déclaration d'Inscription de faux, ce n'est pas décider qu'elle est régulière; c'est seulement constater qu'elle a été faite.

» On ne la juge même pas régulière, en ajoutant que l'auteur de la déclaration remettra ses moyens de faux au greffe. Car cette addition n'est que de style; elle n'est que la suite naturelle du jugement qui donne acte de la déclaration; ou plutôt elle n'est qu'une clause surabondante, puisque, si elle était omise dans le jugement, la loi l'y suppléerait. Elle est donc nécessairement subordonnée, comme la disposition du jugement qui donne acte de la déclaration, à la régularité de la déclaration elle-même; elle laisse donc à la régie, comme la disposition du jugement qui donne acte de la déclaration, la faculté de prouver que la déclaration elle-même est irrégulière; elle laisse donc au tribunal, comme la disposition du jugement qui donne acte de la déclaration, le pouvoir de juger que la déclaration elle-même est nulle.

» Ajoutons que c'est ainsi qu'on le pratique constamment, et que c'est ainsi que vous avez vous-mêmes jugé, par deux arrêts de cassation, qu'on doit le pratiquer.

o Le nommé Bouveret, assigné devant le tribunal correctionnel de Pontarlier, en vertu d'un procès-verbal des préposés aux Douanes, se présente à l'audience indiquée par l'exploit d'assignation, et déclare qu'il entend s'inscrire en faux contre le procès-verbal.

» Le tribunal lui donne acte de sa déclaration, ordonne qu'il se mettra en règle, et continue la cause à un autre jour.

» A l'audience suivante, la régie des douanes observe que la déclaration par laquelle Bouveret a exprimé sa volonté de s'inscrire en faux n'est point signée de lui; qu'il y est bien fait mention qu'il ne sait pas écrire, mais qu'on n'y a pas ajouté la mention qu'il ne sait pas signer; et que la seconde de ces mentions n'est pas renfermée dans la première, puisque Bouveret lui-même a signé les conclusions prises sur le fond par son avoué. En conséquence, la régie conclut à ce que Bouveret soit déclaré déchu de son Inscription de faux.

» Le tribunal correctionnel accueille ces conclusions; mais sur l'appel, la cour de justice criminelle le rejette, et juge que la déclaration d'Inscription de faux de Bouveret est régulière.

» La régie des douanes se pourvoit en cassation; et le 14 août 1807, arrêt, au rapport de M. Seignette, qui casse pour contravention à l'art. 12 du tit. 4 de la loi du 9 floréal an 7, dont nous avons déjà dit que l'art. 40 du décret du 1er germinal an 13, ne fait que renouveler la disposition pour les droits réunis.

» Le 9 décembre 1809, une cause est appelée, pour la première fois, à l'audience correctionnelle du tribunal de première instance de Casal, entre la régie des droits réunis, demanderesse, aux fins d'un procès-verbal de contravention du 9 octobre précédent, et le nommé Pelazo, cabaretier. Pelazo déclare verbalement qu'il veut s'inscrire en faux. Le tribunal lui donne acte de sa déclaration, et ordonne que les moyens de faux seront déposés au greffe dans le délai de trois jours.

» La cause réappelée à l'audience du 23 du même mois, la régie observe que la déclaration d'Inscription de faux de Pelazo n'a pas été faite par écrit, ni revêtue de sa signature; qu'à la vérité elle est relatée dans le jugement du 9, et que ce jugement est signé du président, des juges et du greffier; mais qu'il n'y est pas fait mention que Pelazo eût déclaré ne savoir signer; et elle conclut à ce que cette déclaration soit annullée, conformément à l'art. 40 du décret du 1er germinal an 13.

» Le même jour, jugement qui, adoptant ces conclusions, déclare Pelazo déchu de sa demande en Inscription de faux.

» Pelazo appelle de ce jugement; et le 10 février 1810, arrêt de la cour de justice criminelle du département de Marengo, qui réforme, et déclare l'Inscription de faux valable.

» Recours en cassation de la part de la régie; et, par jugement du 29 juin de la même année, au rapport de M. Chasle, arrêt qui casse celui de la cour de justice criminelle, comme contraire à l'article 40 du décret du 1er germinal an 13.

» Il est vrai que, dans ces deux espèces, on n'avait pas mis en question si, dans l'une, la régie des douanes, et dans l'autre, la régie des droits réunis, avaient pu conclure, devant les premiers juges, à la nullité de déclarations d'Inscription de faux, dont ils avaient précédemment donné acte.

» Mais très-certainement vous n'auriez pas cassé les arrêts des cours de justice criminelle du Doubs et de Marengo, qui avaient jugé ces déclarations valables; si vous aviez pensé que les jugemens qui avaient donné acte de ces déclarations, en avaient couvert la nullité; et s'il était résulté de ces jugemens une fin de non-recevoir contre les demandes en nullité des déclarations dont ils avaient donné acte, il n'est pas douteux, et il n'est pas permis de douter, que vous ne l'eussiez suppléée d'office.

» Qu'avez-vous donc décidé; en ne suppléant pas une fin de non-recevoir qui se présentait aussi naturellement à la première vue ? Bien évidemment vous avez décidé que cette fin de non-recevoir n'aurait pas été admissible, si elle eût été proposée. Bien évidemment vous avez décidé que le jugement qui donne acte d'une déclaration d'Inscription de faux, n'empêche pas le tribunal qui l'a rendu, d'annuller ensuite cette déclaration pour vice de forme.

» Mais s'il en est ainsi d'une déclaration qui est

nulle pour vice de forme, peut-il en être autrement d'une déclaration qui est nulle pour avoir été faite après le délai fixé par la loi?

» Non assurément. Si le jugement qui donne acte d'une déclaration nulle pour vice de forme, n'a d'autre effet que de la constater, s'il n'en couvre pas la nullité, s'il n'empêche pas qu'ensuite le même tribunal ne la déclare nulle, on ne peut pas attribuer plus d'effet au jugement qui donne acte d'une déclaration tardive. Le jugement qui donne acte d'une déclaration tardive, ne fait également que la constater; il laisse donc également entière la question de savoir si la déclaration est valable.

» Et c'est ce que vous avez encore décidé implicitement par un arrêt de cassation.

Le 30 octobre 1810, Gilles Couraye est assigné par la régie des droits réunis, et en vertu d'un procès-verbal du 23 du même mois, à l'audience du tribunal correctionnel de Coutances, du 5 novembre suivant.

» A cette audience, Gilles Couraye ne se présentant pas, est condamné par défaut.

» Il forme opposition au jugement de condamnation; et la cause reportée à l'audience du 10, il y fait une déclaration d'inscription de faux contre le procès-verbal.

» Le même jour, jugement qui lui donne acte de sa déclaration, et ordonne qu'il déposera ses moyens de faux au greffe dans les trois jours.

» Il les dépose en effet, et le 8 décembre, jour indiqué pour les plaidoiries, la régie conclut à ce que sa déclaration d'inscription de faux soit annulée, attendu qu'elle a été faite après l'audience indiquée par l'assignation.

» Jugement qui rejette ce moyen de nullité et maintient la déclaration d'inscription de faux. Appel.

» Le 12 mars 1811, arrêt de la cour de justice criminelle du département de la Manche, qui met l'appellation au néant.

» Recours en cassation; et le 27 avril de la même année, arrêt, au rapport de M. Bailly, qui casse, pour contravention à l'art. 40 du décret du 1er germinal an 13.

» Tenons donc pour bien constant que, par le jugement qui sans contestation, préalable de la part de la régie, sur la validité d'une déclaration d'inscription de faux donne simplement acte de cette déclaration, et permet le dépôt au greffe des moyens de faux; le tribunal de première instance ne prononce rien sur la validité de la déclaration et ne se prive point du droit de juger en définitive que cette déclaration est, ou nulle dans la forme, ou tardive.

» Et par une conséquence nécessaire, tenons pour bien constant que si, dans notre espèce, le tribunal de première instance des Andelys avait statué, à son audience du 11 décembre 1811, sur les conclusions subsidiaires du sieur Lainé, contenant la declaration de la volonté dans laquelle il était de s'inscrire en faux, et qu'il eût donné acte de cette déclaration avec permission de déposer au greffe les moyens de faux, la régie aurait pu, sans appeler de son jugement, demander, à l'audience suivante, que cette déclaration fût écartée comme faite après le délai fatal.

» Cela posé, notre troisième question va se résoudre d'elle-même.

» Qu'a fait le tribunal d'appel d'Evreux par son jugement en dernier ressort, du 3 janvier? Il a fait ce que, suivant lui, les premiers juges auraient dû faire; et il n'a rien fait de plus. Il a rejeté les conclusions principales du sieur Lainé en admission à la preuve par témoins des faits contraires au procès-verbal; et il a adopté ses conclusions subsidiaires à fin d'inscription de faux; mais en les adoptant, il n'a pas donné à son jugement plus d'effet que n'en eût eu celui par lequel le tribunal de première instance les eût adoptées avant lui.

» Qu'importe qu'au lieu de dire, comme le font ordinairement les tribunaux de première instance, donne acte au sieur Lainé de sa déclaration d'inscription de faux, il ait dit, autorise le sieur Lainé à s'inscrire en faux? En substituant cette manière de prononcer à celle qui est usitée dans les tribunaux de première instance, il n'a pas pu, il n'a pas voulu, il n'a pas pu vouloir y attacher un autre sens. Il n'avait pas à juger si la déclaration d'inscription de faux du sieur Lainé avait été faite régulièrement et en temps utile : cette question ne s'était élevée ni devant lui, ni devant le tribunal de première instance, et l'on ne peut pas supposer qu'il ait eu la pensée d'aller au-devant d'une question qui n'était pas encore née.

» Que signifient d'ailleurs par eux-mêmes, les mots autorise le sieur Lainé à s'inscrire en faux?

» Rien autre chose que ceux-ci : permet au sieur Lainé de déposer ses moyens de faux au greffe; et nous en trouvons la preuve dans votre arrêt déjà cité, du 27 avril 1811. « Considérant (y est-il dit) » que si l'art. 41 du décret du 1er germinal an 13 » emploie, dans sa disposition, les mots inscription » de faux, cette expression ne s'applique point à » la déclaration de la volonté de s'inscrire en faux; » mais seulement à l'acte postérieur ordonné par » la loi pour le complément et la mise à exécution » de cette déclaration ».

» Or, il est décidé, et par cet arrêt même, et par ceux des 14 août 1807 et 29 juin 1810, dont nous avons également eu l'honneur de vous rendre compte, que le jugement qui, en donnant acte de la déclaration d'inscription de faux, permet de déposer les moyens de faux au greffe, n'a point l'autorité de la chose jugée à l'égard de la validité de cette déclaration : il est donc décidé à l'avance par ces trois arrêts que le jugement du tribunal d'appel d'Evreux, du 3 janvier, n'a apporté aucun obstacle à ce que la régie fît valoir contre la déclaration d'inscription de faux du sieur Lainé, les moyens de nullité et de déchéance qui résultaient pour elle de ce que cette déclaration avait été faite trop tard.

» Maintenant une quatrième question se présente : la régie, avait-elle, par le silence qu'elle avait gardé devant le tribunal de première instance, après le jugement en dernier ressort du 3 janvier, sur les moyens de nullité et de déchéance qu'elle eût pu opposer à la déclaration d'inscription de faux du sieur Lainé, perdu le droit de reproduire ces moyens devant le tribunal d'appel d'Evreux ?

» Le tribunal d'appel d'Evreux n'a pas décidé cette question, et il n'a pu la décider, d'après le parti qu'il a pris de s'attacher à la fin de non-recevoir qu'il a cru fort mal-à-propos résulter, contre la régie, de son jugement du 3 janvier.

» Mais l'examen de cette question devient indispensable pour nous, du moment que nous regardons le jugement du 3 janvier comme incapable de couvrir les moyens de nullité et de déchéance dont il s'agit. Car si ces moyens, que le jugement du 3 janvier avait laissés intacts, avaient été couverts par le silence de la régie devant le tribunal de première instance, il est évident que la régie n'aurait pas pu les reproduire en cause d'appel ; et par une suite nécessaire, il est évident que le jugement rendu en cause d'appel, devrait, quoique mal motivé, être maintenu.

» Pour établir que le silence de la régie devant le tribunal de première instance, sur les moyens de nullité et de déchéance qu'elle eût pu opposer au sieur Lainé, l'a rendue non-recevable à se prévaloir de ses moyens devant le tribunal d'appel d'Evreux, on peut invoquer la règle écrite dans l'art. 173 du Code de procédure civile, que *toute nullité d'exploit ou d'acte de procédure est couverte, si elle n'est proposée avant toute défense ou exception autre que les exceptions d'incompétence* ; et l'on peut ajouter que plusieurs fois vous avez, en jugeant que cette règle est applicable aux matières correctionnelles comme aux matières civiles, cassé des jugemens en dernier ressort qui, en matière correctionnelle, avaient déclaré nuls des exploits d'ajournement dont les vices n'avaient été relevés qu'après les défenses au fond.

» Mais il faut bien se garder de confondre les actes de procédure qui sont nuls, à raison des formes qui leur manquent, avec les actes de procédure qui sont nuls, parce qu'ils ont été faits après les délais dans lesquels la loi voulait qu'ils le fussent, à peine de déchéance.

» Sans doute, la nullité des premiers se couvre par les défenses au fond, parce que l'exception par laquelle le défendeur peut demander qu'ils soient déclarés nuls, tend uniquement à établir que l'action a été formée irrégulièrement ; et que le défendeur manifeste assez, en défendant à cette action la volonté qu'il a de la tenir pour bien formée, de faire remise de l'irrégularité qu'il aurait pu lui reprocher.

» Mais il n'en est pas de même de la nullité des seconds. L'exception par laquelle le défendeur peut demander qu'ils soient déclarés nuls, comme la précédente, à la forme de l'action ; elle a pour but d'établir que l'action n'existait plus, lorsqu'elle a été intentée ; et par conséquent elle a tous les caractères, comme tous les effets d'une exception péremptoire qui porte sur le fond de la cause.

» Or, les exceptions péremptoires qui portent sur fond de la cause, sont-elles couvertes par cela seul que le défendeur les a omis dans ses premières défenses ? Non assurément.

» La règle que nous trouvons écrite dans l'art. 173 du Code de procédure civile, n'est pas nouvelle. L'art. 5 du tit. 3 de l'ordonnance de 1767 l'avait déjà proclamée ; elle avait même devancé cette ordonnance. Elle ne peut donc pas avoir aujourd'hui plus d'effet ni d'étendue qu'elle n'en avait sous l'ancien régime.

» Or, a-t-on jamais inféré de cette règle, qu'une partie n'était plus recevable, après avoir défendu au fond, à exciper d'une transaction qu'elle avait précédemment faite avec son adversaire, sur l'objet litigieux ?

» A-t-on jamais inféré de cette règle, qu'une partie n'était plus recevable, après avoir défendu au fond, à exciper d'un jugement en dernier ressort, ou passé en force de chose jugée, qui avait précédemment statué sur le fond même ?

» A-t-on jamais inféré de cette règle, qu'après avoir défendu au fond, une partie fût non-recevable à dire et prouver que la demande de son adversaire était prescrite ?

» Et ne sait-on pas que le Code civil déclare formellement, art. 2124, que *prescription peut être proposée en tout état de cause, même devant le tribunal d'appel* ? Ne sait-on pas que cette disposition ne fait qu'ériger en loi expresse ce qu'avaient déjà jugé trois arrêts du parlement de Toulouse, rapportés dans le *Journal du palais* de cette cour, tome 2, page 236 et 532, un arrêt du parlement de Paris, rapporté par Denizart, au mot *Prescription* ; et un arrêt de la section civile de la cour, du 6 thermidor an 12 (1) ?

» Vous sentez, au surplus Messieurs, combien cette disposition décisive dans notre espèce.

» Que fait un prévenu d'une contravention aux droits réunis, lorsqu'il laisse écouler, sans prendre contre le procès-verbal la voie de l'inscription de faux, le délai dans lequel la loi veut que cette voie soit prise, à peine de déchéance ? Bien évidemment il laisse prescrire la faculté qu'il a de prendre cette voie.

» Que fait en conséquence la régie, lorsqu'elle oppose au prévenu qui a pris cette voie après le

_____

(1) *V. Prescription*, sect 1, §. 4, n 4.

délai fatal, la *déchéance* qui est prononcée par la loi. Bien évidemment elle excipe contre lui d'une prescription véritable.

» Car il y a nécessairement prescription contre un acte de procédure, toutes les fois que cet acte n'a pas été fait dans le délai de rigueur après lequel la loi né l'admet plus.

« Dès-lors, comment l'exception résultant du laps-de ce délai, serait-elle couverte par les défenses sur le fond de la cause ? Elle peut, dit le Code civil, *être opposée en tout état de cause, même devant le tribunal d'appel ;* et cela tranche toute difficulté.

» Qu'on ne vienne pas, au reste, m'objecter que cette règle du Code civil, ou plutôt de l'ancien droit, du droit de tous les temps, est étrangère aux déchéances prononcées par la loi, faute d'avoir fait certains actes dans les délais qu'elle détermine.

» La preuve qu'elle n'est pas étrangère à ces déchéances, c'est que la cour la leur a appliquée par plusieurs arrêts.

» Le 18 nivose an 12, au rapport de M. Babille, et sur nos conclusions, la section civile a déclaré que la fin de non-recevoir qui s'élevait contre une opposition à un jugement par défaut, à raison de ce qu'elle n'avait pas été formée dans le délai fixé par l'art. 5 du tit. 35 de l'ordonnance de 1667, *n'était pas couverte par la défense au fond, parce que, comme résultant de l'ordonnance et étant d'ordre public, elle pouvait être opposée en tout état de cause.*

» Et vous avez décidé la même chose, le 20 mars dernier, à l'égard de la fin de non-recevoir qui résultait contre l'appel d'un jugement correctionnel, de ce qu'il n'avait pas été interjeté dans les dix jours de la prononciation de ce jugement ; vous avez décidé que cette fin de non-recevoir n'avait pas été couverte par les défenses que le ministère public avait opposées à l'appel devant le tribunal supérieur ; et vous avez cassé le jugement en dernier ressort qui avait adopté l'opinion contraire.

« La régie des droits réunis n'a donc pas à craindre, dans notre espèce, que vous mainteniez le jugement dont elle se plaint, par le motif qu'elle n'a point fait valoir devant le tribunal de première instance des Andelys, et qu'elle n'a proposé que devant le tribunal d'appel d'Evreux, le moyen de déchéance qui résultait, pour elle, de ce que le sieur Lainé n'avait sa déclaration d'Inscription de faux que long-temps après le délai fixé par l'art. 40 du décret du 1er germinal an 13.

Sans doute, vous devriez maintenir ce jugement, si, la déclaration d'Inscription de faux ayant été faite dans le délai fatal, le moyen de déchéance de la régie n'était fondé que sur l'irrégularité de cette déclaration. A cette hypothèse, en effet, s'appliquerait, avec la plus grande justesse, la règle écrite dans l'art. 173 du Code de procédure civile.

» Mais ce n'est pas sur l'irrégularité de cette déclaration qu'est fondé le moyen de déchéance de la régie : il n'est fondé que sur la *tardiveté* de cette déclaration ; il n'est fondé que sur une prescription proprement dite ; et encore une fois, la prescription peut être opposée en tout état de cause.

» Ainsi, nulle difficulté à casser le jugement du tribunal d'appel d'Evreux, en ce qu'il rejette le moyen de déchéance de la régie.

» Mais ne devez vous pas aussi le casser, en ce qu'il admet les moyens de faux proposés par le sieur Lainé ? c'est la cinquième question qui nous paraît devoir, dans cette affaire, occuper l'attention de la Cour ; et nous nous empressons de dire que l'affirmative n'est pas douteuse à nos yeux.

» *Les moyens de faux proposés par les prévenus contre les procès-verbaux des préposés de la régie des droits réunis, ne seront admis qu'autant qu'ils tendront à justifier les prévenus des fraudes ou des contraventions qui leur seront imputées.* Ce sont les termes de l'art. 42 du décret du 1er germinal an 13.

» Or, les moyens de faux que proposait le sieur Lainé contre le procès-verbal du 24 octobre 1814, tendaient-ils à justifier le sieur Lainé de la contravention qui lui était imputée par ce procès-verbal ?

» Admettons que les préposés de la régie avaient, en juillet 1811, autorisé le sieur Lainé à transvaser deux tonneaux de cidre ou de poiré dans une pièce de 493 litres.

» Admettons que le cidre ou le poiré contenu dans la pièce de 157 litres, saisie le 23 octobre 1811, ne soit que l'excédant des deux tonneaux sur la pièce de 493 litres, dans laquelle les préposés de la régie avaient précédemment consenti qu'ils fussent transvasés.

» Il demeurera toujours constant que ce n'est ni de l'aveu ni au su des préposés de la régie, que cet excédant a été versé dans la pièce de 157 litres ; il demeurera toujours constant que les préposés de la régie n'avaient point revêtu la pièce de 157 litres de la marque qui lui était nécessaire pour qu'elle pût recevoir cet excédant ; il demeurera toujours constant que la pièce de 157 litres n'était, comme le porte le procès-verbal, ni prise en charge, ni accompagnée de congé ; ce qui formait une contravention bien caractérisée à l'art. 17 du décret du 5 mai 1806, le quel porte que : « Les boissons déclarées seront comptées et prises en charges aux registres portatifs des commis et débitans ; (que) les futailles seront jaugées et marquées à cet effet, par les commis ; (et que) les boissons qui arriveront chez les vendeurs en détail....., ne pourront être introduites dans leurs domiciles, leurs caves ou celliers, qu'en vertu de congés et passavans, qui seront représentés lors des visites et exercices ».

» Que, dans tout cela, le sieur Lainé ait agi sans fraude, la chose est possible. Mais s'il est à l'abri du reproche de fraude, le reproche de contravention n'en pèse pas moins sur lui ; et la loi ne met, dans les peines qu'elle prononce contre les débitans de boissons qui s'écartent des règles qu'elle leur a prescrites, aucune différence entre la simple contravention et la fraude ; ou plutôt elle présume qu'il y a fraude par cela seul qu'il y a contravention.

» Quelle pourrait-être, s'il en était autrement, la garantie de l'administration contre les introductions frauduleuses de boissons qui seraient faites chez les débitans ? L'administration n'a qu'un moyen de s'assurer que les boissons qui se trouvent dans les caves ou celliers d'un débitant, n'y ont pas été introduites frauduleusement : c'est que ces boissons ayent été à l'instant même de leur introduction, accompagnées d'un congé. Elle n'a également qu'un moyen de s'assurer que les boissons légalement introduites dans les caves ou celliers d'un débitant, n'ont pas été, après leur consommation, remplacées par d'autres introduites en fraude : c'est que les futailles dans lesquelles sont renfermées les boissons, soient toujours marquées et prises en charge sur les portatifs. Otez ces deux moyens à l'administration, vous paralysez toute sa surveillance, vous ouvrez la porte la plus large à la fraude, vous arrêtez toutes les perceptions (1).

» Enfin, Messieurs, ne devez-vous pas encore casser spécialement la disposition du jugement qui vous est dénoncé, par laquelle le tribunal d'appel d'Evreux admet, comme moyen de faux contre le procès-verbal du 23 octobre, la preuve que ce n'était pas de petit cidre mais de poiré, qu'était remplie la pièce de 157 litres saisie le même jour ?

» D'une part, ce fait est très-indifférent à la culpabilité ou non culpabilité du prévenu. Que la pièce de 157 litres ait contenu du poiré, ou du petit cidre, son existence dans la cave du prévenu sans congé ni marqué, n'en était pas moins une contravention à l'art. 17 du décret du 5 mai 1806 ; et dès lors, l'art. 42 du décret du 1er germinal an 15, s'opposait formellement à l'admission d'un moyen de faux qui tendait à établir que la pièce de 137 litres contenait du poiré et non pas du petit cidre.

» D'un autre côté, le jugement qui vous est dénoncé, admet le prévenu à prouver que la liqueur de la pièce saisie était, non-seulement du poiré, mais encore du *poiré provenant de la tonne n°. 6.* Or, il est constaté par un procès-verbal des préposés de la régie, du 9 juillet 1811, par un procès-verbal que le sieur Lainé vous représente lui-même, par un procès-verbal que le sieur Lainé n'a point argué de faux en temps utile, et qui par conséquent fait pleine foi contre lui, que ce n'était point du poiré, mais du petit cidre qui était renfermé, le 9 juillet 1811, dans la tonne, n° 6. Le tribunal d'appel d'Evreux a donc violé, par cette partie de son

jugement, l'art. 26 du décret du 1er. germinal an 15.

» En dernière analyse, vous voyez, Messieurs, que sous tous les rapports, et au fond comme dans la forme, le jugement qui vous est dénoncé, est en opposition diamétrale avec les textes les plus clairs, les plus précis, les plus positifs de la loi ; et nous estimons en conséquence qu'il y a lieu de le casser et annuller ».

Par arrêt du 3 décembre 1811, au rapport de M. Bailly ;

« Vu l'art. 1351 du Code civil, et les art. 26, 40 et 42 du décret réglémentaire du 1er germinal an 15......;

» En ce qui touche la chose prétendue jugée, attendu que le sieur Lainé ayant fait à l'audience du tribunal de police correctionnelle des Andelys, du 11 décembre, 1811 une déclaration purement éventuelle qu'il entendait s'inscrire en faux contre le procès-verbal de saisie, du 25 octobre lors dernier, la sentence du même jour 11 décembre ne lui avait pas même donné acte de cette déclaration ; que sur l'appel porté à l'audience du tribunal correctionnel d'Evreux, du 3 janvier 1812, le sieur Lainé ayant conclu subsidiairement à ce que dans le cas où cette sentence serait annullée, il plût au tribunal renvoyer les parties à procéder devant les premiers juges sur l'Inscription de faux, dans les formes prescrites par la loi ; il n'y a eu à cette audience, non plus qu'à celle dudit jour 11 décembre, devant le tribunal des Andelys, ni conclusions, ni discussion, ni proposition ayant trait à la régularité et à la validité de la déclaration éventuelle d'Inscription de faux ; et qu'ainsi le tribunal correctionnel d'Evreux, après avoir annullé, par son jugement en dernier ressort, dudit jour 3 janvier, la sentence des Andelys, du 11 décembre précédent, s'est borné à autoriser le sieur Lainé à s'inscrire en faux contre le procès-verbal du 25 octobre, en se conformant, à cet égard, au décret du 1er germinal an 13 ; ce qui, loin de juger valable ladite déclaration du 11 décembre a même été réservé à la régie le droit d'en contester la validité, et n'a pu qu'équivaloir à un acte donné au sieur Lainé de cette déclaration ; que les parties étant revenues, en exécution de ce jugement, à l'audience du tribunal correctionnel des Andelys, du 22 avril 1812, il n'y a plus été question d'examiner si la déclaration du 17 décembre était régulière et avait été faite dans le délai légal, et que ce n'a été que sur l'appel de la sentence des Andelys, dudit jour 22 avril, portant admission des moyens de faux, que, pour la première fois, le 11 août 1812, dans son exploit de réitération dudit appel, la régie a excipé de ce que la déclaration éventuelle d'Inscription de faux était vicieuse, pour n'avoir pas été faite lors de l'introduction de l'affaire à l'audience du 20 novembre 1811, comme le voulait l'art. 40 du décret du 1er germinal an 13 ; exception qui est devenue l'objet de conclusions formelles à l'audience du tribunal correctionnel d'Evreux, du 19 septembre 1812 ; —

_____

(1) *V.* l'article *Vin*, n. 4 *bis.*

qu'il suit de ce que dessus, qu'à cette audience, l'état de la cause était toute autre que lors du jugement du 3 janvier précédent; qu'il n'y avait pas à ces deux époques cette identité d'objet, de demande et de moyens, qui est nécessaire, aux termes de l'art. 1351 du Code civil, conforme en cela aux lois romaines et aux plus anciennes règles de l'ordre judiciaire, pour constituer autorité de chose jugée; que c'est néanmoins malgré ce défaut d'identité, que, par son jugement en dernier ressort, du même jour 19 septembre 1812, le tribunal correctionnel d'Evreux s'est dispensé d'annuler la déclaration d'Inscription de faux et d'en prononcer la déchéance, en se fondant sur la fausse supposition que cette déclaration était irrévocablement admise par le jugement non attaqué, dudit jour 3 janvier; d'où il résulte que son dit jugement du 19 septembre a fait une fausse application de la chose jugée et a violé ledit art. 351 du Code civil.

» En ce qui touche la question de nullité et de déchéance de l'Inscription de faux; attendu que, d'après le texte de l'art. 40 du décret du 1er germinal an 13, l'audience du tribunal des Andelys, du 20 novembre 1811, indiquée par l'assignation à fin de condamnation, était le dernier terme accordé au sieur Lainé pour déclarer qu'il voulait s'inscrire en faux contre le procès-verbal de saisie, du 23 octobre précédent; que par conséquent la déclaration par lui faite à l'audience du 11 décembre suivant, était radicalement nulle; et que, par suite, il était du devoir des juges d'en prononcer la nullité et la déchéance de son Inscription de faux; d'où la conséquence qu'en rejetant cette nullité et cette déchéance, le jugement d'Evreux, dudit jour 19 septembre, a contrevenu audit art. 40 du décret du 1er germinal.

» Sur l'acte de dépôt des moyens de faux : attendu que le même jugement est en contravention au même art. 40, en ce que le mot *suivant* qui, dans cet article, détermine le délai au-delà duquel l'inscrivant ne peut plus valablement déposer ses moyens de faux, se réfère nécessairement aux mots l'*audience indiquée*; et que l'acte de dépôt des moyens de faux n'ayant été fait que le 6 janvier 1812, au lieu qu'il aurait dû l'être dans les trois jours qui avaient suivi l'audience du 20 novembre 1811, il était Lainé déchu.

» Sur l'ensemble des moyens de faux; attendu que des moyens de faux ne doivent être admis, qu'autant qu'ils tendent à justifier les prévenus de la fraude ou des contraventions à eux imputées; et que cela est ainsi voulu par l'art. 42, ci-dessus transcrit dudit décret du 1er germinal an 13; que, dans l'espèce, la contravention imputée au sieur Lainé, résidait dans le fait constaté par le procès-verbal du 23 octobre 1811; que la pièce de 137 littres de petit cidre, non chargée au portatif des employés, n'était point accompagnée de congé, sans lequel l'art. 17 du décret du 5 mai 1806, défendait de l'introduire chez le sieur Lainé; et que ce

défaut de congé n'aurait point disparu devant la preuve la plus complète, soit de tous les prétendus moyens de faux, soit du fait particulièrement articulé, que la boisson contenue dans cette pièce était non du petit cidre, mais du poiré; puisqu'une introduction de poiré sans congé aurait été de même une contravention audit art. 17 du décret du 5 mai.

» Spécialement sur la nature de la boisson saisie; attendu qu'en articulant et offrant de prouver que les 137 littres de boissons saisies étaient du poiré provenant de transvasion d'une tonne n° 6, pour raison de laquelle procès-verbal avait été dressé contre lui, le 9 juillet 1811, c'était supposer et articuler en même temps qu'à cette époque du 9 juillet, la tonne n° 6, renfermait du poiré. Mais au contraire, le procès-verbal régulier en la forme, non inscrit de faux, et produit par le sieur Lainé lui-même au tribunal d'Evreux, constatait que c'était du petit cidre qui était dans cette tonne n° 6. Il était dès-lors démontré que le sieur Lainé offrait de prouver le contraire de ce dont l'art. 26 du décret dudit jour 1er germinal an 13, voulait que le procès-verbal du 9 juillet fît foi pleine et entière; et qu'ainsi c'est que le tribunal correctionnel d'Evreux n'a pas pu admettre le fait spécialement articulé que la boisson saisie par le procès-verbal du 26 octobre 1811, était du poiré, sans partager la violation de la foi due audit procès-verbal du 9 juillet, et sans contrevenir audit art. 26.

» Par ces motifs, la Cour casse.... »

Le principe consacré par cet arrêt, que le moyen de déchéance qui résulte de ce que l'Inscription de faux n'a pas été formée régulièrement, peut être opposé en cause d'appel, comme il aurait pu l'être en première instance, a encore été proclamé, par un arrêt du 2 novembre 1813, que l'on trouve dans le *Bulletin criminel* de la Cour de cassation.

§. VII, n. III. *Page 184, col. 2, à la fin de ce n°, ajoutez :*

Mais de là naissent plusieurs questions.

1° Depuis la mise en activité du Code de procédure civile, les formalités préliminaires des Inscriptions de faux incident contre des pièces produites devant la cour de cassation, sont-elles réglées par le tit. 2 du liv. 2 de ce Code; ou le sont-elles encore par le tit. 2 de l'ordonnance du mois de juillet 1737 ? En conséquence, doit-on encore, avant de sommer la partie qui a produit ces pièces, déclarer si elle entend s'en servir, obtenir un arrêt qui autorise l'inscription de faux? — 2° Si cet arrêt est encore nécessaire, la requête tendante à l'obtenir doit-elle être communiquée avant le rapport qui doit en être fait à l'audience de la cour de cassation, à la partie qui doit être défenderesse à la demande en Inscription de faux? — 3° Le délai pour faire à cette partie la sommation de déclarer si elle entend se servir des pièces arguées de faux, court-il du jour même de la date de l'arrêt, ou seulement du jour où l'arrêt est expédié et enregistré? — 4° le délai dans lequel le défendeur est obligé, par l'art. 10 du tit. 2 de l'ordonnance de 1737, sous peine de rejet de pièces arguées de faux, de déclarer s'il entend se servir de ces pièces, est-il tellement fatal, que le défendeur ne puisse être admis à purger la demeure. — 5° Ce délai court-il pendant qu'est indécise la demande que le défendeur a formée à fin de déchéance du demandeur, faute de lui avoir fait la sommation dans le délai fixé par les art. 8 et 9?

Toutes ces questions ont été agitées et jugées, savoir les quatre premières dans l'espèce suivante, et la cinquième dans une affaire qui y a été rappelée.

Le 15 octobre 1811, arrêt de la section des requêtes qui admet une requête du sieur Pichi en cassation d'un arrêt de la cour de Rome du 30 juin 1810, rendu en faveur du sieur Romani; requête fondée notamment sur le fait constaté par le plumitif et par l'arrêt même, que, parmi les juges qui ont concouru à cet arrêt, il y en avait trois, savoir MM. Biondi, Finelli et Serpieri, qui n'avaient pas assisté à toutes les plaidoieries de la cause.

» Le sieur Romani assigné, en conséquence, devant la section civile, présente, le 18 mai 1812, une requête en permission de s'inscrire en faux, 1° contre le plumitif en tant qu'il pourrait constater que MM. Biondi et Finelli n'ont pas assisté à toutes les plaidoieries; 2° contre l'énonciation consignée en l'arrêt de la cour de Rome, que M. Serpieri a pris part à cet arrêt. — A cette requête signée Darrieux, avocat à la cour de cassation, sont jointes une procuration spéciale et notariée du sieur Pichi pour former en son nom l'Inscription de faux, et une quittance de consignation d'une amende de 100 francs.

La cause portée à l'audience de la section civile, l'avocat du sieur Romani conclut à ce que cette requête lui soit communiquée.

» Le 26 mai 1812, arrêt par lequel, « vu l'art. 1er du tit. 10 du règlement de 1738 et les art. 3, 6 et 7 du titre du faux incident de l'ordonnance du mois de juillet 1737; attendu 1° que l'Inscription de faux incident pour laquelle l'autorisation est demandée, frappant sur l'existence légale de l'arrêt dénoncé, est, par là même, un moyen préliminaire sur lequel il doit être statué; et que l'ordonnance de 1737 et le règlement de 1738 autorisent cette voie de la manière la plus précise, puisque ces deux lois règlent la forme de la procédure à suivre pour y parvenir; 2° que l'art. 1er du tit. 10 du règlement de 1738 n'exige point que la requête du défendeur tendante à l'Inscription de faux, soit communiquée à l'avocat du demandeur; la cour, faisant droit sur la requête déposée le 18 de ce mois, permet au défendeur de s'inscrire en faux incident, en la forme prescrite par la loi, contre

les notes et énonciations mises, soit en marge des feuilles d'audience de la cour d'appel de Rome des 31 janvier et 30 juin 1810, soit dans l'expédition de l'arrêt dudit jour 30 juin 1810 ».

Cet arrêt est expédié et enregistré le 5 juin suivant. — Le 6 du même mois, le sieur Romani le fait signifier à l'avocat du sieur Pichi, avec la requête en Inscription de faux et la quittance de consignation de l'amende, et somme le sieur Pichi de déclarer, dans le délai fixé par la loi, s'il entend se servir des notes et énonciations dont il s'agit; faute de quoi il proteste de se pourvoir par les voies de droit pour les faire rejeter.

Le 9 décembre de la même année, le sieur Romani présente à la cour de cassation une requête par laquelle, après avoir exposé qu'aux termes de l'art. 9 du tit. 2 de l'ordonnance de 1737, le sieur Pichi aurait dû faire sa déclaration dans le délai de trois jours; qu'à la vérité, le sieur Pichi étant domicilié à Rome, ce délai devait être augmenté en sa faveur de quatre mois et demi; mais que déjà plus de six mois se sont écoulés depuis la sommation du 6 juin; et que cependant le sieur Pichi n'a pas encore fait sa déclaration; il conclut à ce que les notes et énonciations sur lesquelles le sieur Pichi fonde sa demande en cassation, soient rejetées de l'instance. — Cette requête est signifiée le même jour à l'avocat du sieur Pichi.

Le 28 du même mois, l'avocat du sieur Pichi fait signifier à l'avocat du sieur Romani une requête par laquelle il conclut, 1° à ce que le sieur Romani soit déclaré déchu de sa demande en Inscription de faux, pour n'avoir pas fait la sommation prescrite par les art. 8 et 9 du tit. 2 de l'ordonnance de 1737, dans les trois jours de la date de l'arrêt du 26 mai; 2° subsidiairement à ce qu'il lui soit donné acte de la déclaration qu'il fait en vertu d'une lettre de son client annexée à sa requête, de l'intention dans laquelle est celui-ci de se servir des notes et énonciations arguées de faux; qu'en conséquence, et attendu que le délai fixé par l'art. 10 n'est point fatal, le sieur Romani soit débouté de sa demande en rejet des notes et énonciations dont il s'agit.

Le 15 janvier 1813, l'avocat du sieur Pichi fait signifier à l'avocat du sieur Romani une nouvelle requête par laquelle il déclare produire une procuration notariée de son client, du 19 décembre 1812, qui le charge spécialement de déclarer qu'il entend se servir des notes et énonciations arguées de faux.

L'affaire en cet état est portée à l'audience de la section civile.

« Deux questions (ai-je dit à l'audience de la section civile, le 6 avril 1813) appellent, dans cette affaire, toute l'attention de la cour. 1° Le sieur Romani a-t-il fait, en temps utile, au sieur Pichi, la sommation prescrite par les art. 8 et 9 du tit. 2 de l'ordonnance du mois de juillet 1737? 2° Si cette sommation a été faite en temps utile, les notes et énonciations arguées de faux doivent-elles être rejetées de l'instance, faute par le sieur Pichi d'avoir fait la déclaration prescrite par les art. 10 et 11 de la même loi, dans le délai et dans la forme que cet article détermine?

» La première question n'en serait pas une, si elle devait être jugée, non d'après l'ordonnance du mois de juillet 1737, mais d'après le Code de procédure civile.

» Suivant le Code de procédure civile, le demandeur en Inscription de faux incident n'a pas besoin de jugement ni d'arrêt qui l'autorise à s'inscrire en faux contre les pièces qu'on lui oppose. Il peut, il doit même, suivant l'art. 215, commencer par sommer son adversaire de déclarer s'il entend ou non se servir de la pièce ; et cette sommation, il peut toujours la faire tant que le procès n'est pas jugé.

» Si donc nous devions ici nous attacher au Code de procédure civile, l'arrêt obtenu de vous, le 26 mai 1812, par le sieur Romani, ne serait qu'un arrêt surabondant; et dans cette hypothèse, il n'y aurait pas même le plus léger prétexte du douter que le sieur Romani n'eût encore pu, le 6 juin suivant, sommer le sieur Pichi de déclarer s'il entendait se servir des notes et énonciations sur lesquelles celui-ci fonde principalement sa demande en cassation.

» Mais est-ce bien le Code de procédure civile qui doit régler, devant la cour de cassation, les formalités préliminaires des Inscriptions de faux incident ?

» Déjà la cour elle-même a jugé que non : déjà son arrêt du 26 mai 1812 a jugé, par la manière dont il est motivé, que les formalités préliminaires des Inscriptions de faux incident ne sont réglées devant elle que par l'ordonnance de 1737, à laquelle l'art. 1er du tit. 10 du règlement de 1738 la renvoie expressément.

» Et en effet, le titre du faux incident n'est fait, dans le Code de procédure civile, que pour les tribunaux inférieurs, et il ne s'exécute dans les cours d'appel, qu'en vertu de l'art. 470 qui déclare les règles établies pour les tribunaux inférieurs, communes aux tribunaux d'appel.

» La cour de cassation n'est certainement pas un tribunal d'appel. On ne peut donc pas lui appliquer l'art. 470 du Code de procédure civile. On ne peut donc pas davantage lui appliquer le titre du faux incident de ce Code. Elle demeure donc, d'après la disposition expresse de l'art. 25 de la loi du 2 brumaire an 4 et de l'art. 90 de la loi du 27 ventôse an 8, soumise, en matière d'Inscription de faux, au règlement de 1738, et par conséquent à l'ordonnance de 1737.

» Inutile d'objecter que plusieurs arrêts de la cour ont jugé que, pour les exploits d'assignations données devant elle, on doit suivre les règles tracées dans le titre des ajournemens, qui fait partie, comme celui du faux incident, du livre des tribunaux inférieurs.

» Pourquoi la cour a-t-elle jugé que les assignations données devant elle doivent l'être dans les formes prescrites par le titre des ajournemens du Code de procédure civile? Parce que ces assignations, sauf celles qui, en très-petit nombre, sont signifiées par des huissiers audienciers de la cour à des personnes domiciliées à Paris, sont toujours et nécessairement signifiées par des huissiers des tribunaux ordinaires, lesquels ne doivent et ne peuvent connaître que les formes prescrites par le Code de procédure civile; et qu'assujettir ces huissiers à des formes qu'ils ne connaissent pas, qu'ils ne doivent ni ne peuvent connaître, ce serait les exposer à commettre involontairement et forcément des nullités dont, par cette raison même, ils ne pourraient jamais être déclarés responsables.

» La même raison a-t-elle lieu pour les procédures en Inscription de faux incident? Non. Ces procédures appartiennent en entier ou au ministère de la cour, ou à celui des avocats établis près d'elle ; et la cour connaît parfaitement, les avocats établis près d'elle, connaissent de même, toutes les dispositions du règlement de 1738 et des lois auxquelles il se réfère.

» Il n'y a donc ici aucune conséquence à tirer des arrêts que vous avez rendus sur les formes des assignations données devant vous. Ces arrêts ne portent donc aucune atteinte aux motifs qui nous paraissent devoir vous déterminer à juger, comme vous l'avez déjà fait par votre arrêt du 26 mai 1812, que l'ordonnance de 1757 doit encore régler, devant vous, les formalités préliminaires des Inscriptions de faux.

» Et ce qui achève de prouver que ces arrêts ne peuvent pas être étendus à d'autres objets que les ajournemens, c'est que, le 13 juillet 1812, au rapport de M. Brillat-Savarin, et sur nos conclusions, la section des requêtes a jugé que les art. 19 et 20 du tit. 2 de l'ordonnance de 1737, concernant les réglemens des juges, font encore loi pour la cour de cassation, et qu'en conséquence la partie dont la demande en renvoi devant un tribunal indépendant de celui où elle est traduite, a été rejetée, peut encore se pourvoir en réglement de juges devant la cour de cassation, bien que le Code de procédure civile n'ouvre cette voie qu'en cas de conflit existant et réellement formé entre deux tribunaux indépendans l'un de l'autre.

» Une autre considération non moins puissante vient encore fortifier notre opinion : c'est qu'il est formellement décidé, par l'art. 20 du décret du 22 juillet 1806, que les règles prescrites par le Code de procédure civile pour la forme de procéder en matière d'Inscription de faux, ne doivent pas être observées à la commission du contentieux du conseil d'Etat.

» Voici comment est conçu cet article.... (1)

_____

(1) V. ci-après, n. 4.

» Vous êtes sans doute frappés, Messieurs, de ces termes : *Dans le cas de demande en Inscription de faux...., le grand-juge fixera le délai* : il en résulte très-clairement que, lorsque, dans une affaire portée devant la commission du contentieux du conseil d'Etat, il est produit une pièce contre laquelle la partie à qui l'on l'oppose veut former une Inscription de faux, cette partie ne peut pas, de son propre mouvement, comme elle le pourrait, devant les tribunaux ordinaires, d'après l'art. 215 du Code de procédure civile, sommer son adversaire de déclarer s'il entend se servir de la pièce qu'il a produite ; et qu'il faut, au préalable, obtenir, de M. le grand-juge ministre de la justice, une ordonnance qui, sur sa demande en permission de s'inscrire en faux, lui permette de faire cette sommation.

» Donc l'art. 215 du Code de procédure civile n'est pas applicable aux Inscriptions de faux contre des pièces produites devant la commission du contentieux du conseil d'Etat.

» Donc la disposition de cet article n'est pas générale.

» Donc elle ne déroge pas, pour ce qui concerne la cour de cassation, à l'art. 1er du tit. 10 de la seconde partie du réglement de 1738.

» Donc l'arrêt rendu par la cour, le 26 mai 1812, sur la requête du sieur Romani, n'est pas un arrêt surabondant, mais un arrêt dont l'absence vicierait toutes les poursuites ultérieures du sieur Romani à fin d'Inscription de faux.

v Donc le sieur Romani n'a pas pu se dispenser de faire au sieur Pichi, dans le délai fixé par l'art. 8 du tit. 2 de l'ordonnance de 1757, la sommation de déclarer s'il entendait se servir des notes et énonciations árguées de faux.

» Et qu'on ne vienne pas nous dire qu'il résultera de là une bizarrerie : qu'il en résultera que l'Inscription de faux du sieur Romani sera assujettie à deux lois différentes : qu'elle sera assujettie, tant qu'elle restera devant la cour, à l'ordonnance de 1757 ; et qu'elle le sera, lorsque la cour l'aura renvoyée devant une cour impériale, au Code de procédure civile.

» Oui, tel est le résultat de notre opinion, ou plutôt de l'opinion déjà sanctionnée par l'arrêt de la cour du 26 mai 1812 : mais qu'y a-t-il de bizarre dans ce résultat ? La cour de cassation a sa forme particulière de procéder, et il faut qu'elle la suive dans les affaires dont elle est saisie. Mais une fois que ces affaires sont sorties de ses mains, elles rentrent dans le droit commun ; il est donc tout naturel que, dès ce moment, elles soient soumises aux formes qui sont tracées par la loi aux cours ou tribunaux à qui le renvoi en est fait ; et il n'est pas plus extraordinaire de soumettre une Inscription de faux devant une cour impériale à qui elle est renvoyée par la cour de cassation, à une autre loi que celle qui a dirigé, dans son principe, la cour de

cassation elle-même, qu'il ne l'est de voir une affaire s'instruire, suivant le Code de procédure civile, devant la cour impériale à qui elle est renvoyée par un arrêt de cassation, quoique, devant la cour de cassation, elle ait été et dû être instruite suivant le règlement de 1738.

» Mais il reste à savoir, pour résoudre notre première question, si le sieur Romani n'a pas fait trop tard au sieur Pichi la sommation qu'il devait lui faire d'après l'art. 8 du tit. 2 de l'ordonnance de 1757.

» Aux termes de cet article, le sieur Romani devait faire sa sommation : *dans trois jours au plus tard, à compter du jour de l'ordonnance* portant permission de s'inscrire en faux ; et il devait la faire dans ce délai, à peine de déchéance. Il devait donc la faire au plus tard le 30 mai 1812 : il ne l'a faite que le 6 juin suivant. Il l'a donc faite après le délai fatal : il est donc déchu. —Ainsi raisonne le sieur Pichi.

» Le sieur Romani répond, il est vrai, qu'il ne s'agit pas ici d'une simple ordonnance qui se rend sur une requête, d'une ordonnance qui est remise en original au demandeur en Inscription de faux, avec la requête même, et par conséquent d'une ordonnance que le demandeur en Inscription de faux peut, d'un moment à l'autre, faire signifier à son adversaire ; qu'il s'agit d'un arrêt proprement dit ; que les arrêts ne sont et ne peuvent jamais être délivrés en minute aux parties ; que les parties sont donc forcées d'attendre, pour les signifier, que les expéditions leur en soient délivrées ; que, dans notre espèce, l'expédition de l'arrêt du 26 mai 1812 n'ayant été délivrée au sieur Romani que le 3 juin suivant, ce n'est que le 5 juin suivant qu'a pu courir contre lui le délai de la sommation, puisque la sommation ne pouvait, d'après l'art. 9, être faite qu'en vertu de l'arrêt et sur délivrance d'une copie de l'arrêt ; qu'il a fait la sommation le 6 du même mois, et que conséquemment il l'a faite en temps utile.

» Mais le sieur Pichi réplique que l'art. 2 du tit. 10 du réglement de 1758, étend à la sommation à faire en exécution des arrêts du conseil, et par conséquent des arrêts de la cour de cassation, portant permission de s'inscrire en faux, la disposition de la loi de 1737, relative à la sommation à faire en vertu des ordonnances des tribunaux ordinaires contenant la même permission : « la permission de s'inscrire en » faux (y est-il dit), ne pourra être accordée que par » arrêt délibéré au conseil ; et lorsqu'elle l'aura été, » le demandeur sera tenu d'observer tout ce qui est » porté par les art. 8, 9, 10 et 11 du tit. *de faux* » *incident* de l'ordonnance du mois de juillet 1737, » *et notamment par rapport à la sommation qui* » *doit être faite au défendeur, de déclarer s'il en-* » *tend se servir de la pièce arguée de faux*, » laquelle sommation lui sera faite au domicile de » son avocat au conseil ». Il résulte clairement delà, continue le sieur Pichi, que mon adversaire devait me faire la sommation dans trois jours au plus tard après la date de l'arrêt du 25 mai 1812. La sommation qui m'a été faite le 6 juin suivant, ne l'a donc pas été en temps utile. Mon adversaire est donc déchu de sa demande en Inscription de faux.

» « Le sieur Romani réplique à son tour que ce n'est pas sa faute si l'expédition de l'arrêt du 26 mai ne lui a été délivrée que le 3 juin ; et qu'il ne peut pas être victime d'un retardement qu'il n'a pas pu empêcher.

» Mais, répond le sieur Pichi, de deux choses l'une : ou ce retardement provient de Monsieur le rapporteur de l'arrêt du 26 mai ; ou il provient du greffier en chef de la cour. Au premier cas, la maxime, *factum judicis*, *factum partis*, doit fermer la bouche au sieur Romani. Dans le second cas, le sieur Romani est encore bien moins favorable, il n'a tenu qu'à lui de faire sommer le greffier en chef de la cour de lui délivrer une expédition de l'arrêt du 26 mai ; et il doit s'imputer de ne l'avoir pas fait.

» Tels sont, Messieurs, les moyens que supposent respectivement les deux parties.

» Vous remarquez sans doute que ceux du sieur Pichi, sont calqués sur le texte précis et littéral, non-seulement de l'art. 8 du tit. 2 de l'ordonnance de 1737, mais encore de l'art. 2 du tit. 10 du règlement de 1738 ; et que le sieur Romani ne les combat que par des considérations qui, par elles-mêmes, sont impuissantes pour faire fléchir la rigueur de ces deux lois.

» Cependant il existe un arrêt de la cour qui, dans une espèce parfaitement semblable à celle-ci, a jugé qu'un demandeur en Inscription de faux incident qui se trouvait dans la même position où se trouve actuellement le sieur Romani, n'était pas déchu. Voici le fait.

» Le sieur Pétau s'était pourvu en cassation contre un jugement en dernier ressort du tribunal du troisième arrondissement de Paris, du 11 germinal an 3, rendu en faveur du sieur de Grimaldi ; et à l'appui de son recours, il alléguait qu'un juge-suppléant avait concouru sans nécessité à ce jugement. A cette allégation le sieur de Grimaldi opposait le jugement même, qui n'énonçait que la présence de quatre juges titulaires, et ne faisait nulle mention de celui d'un suppléant. L'affaire portée à votre audience, le 29 fructidor an 4, par suite d'un arrêt d'admission, et au moment où vous alliez prononcer, le sieur Pétau fait passer à Monsieur le rapporteur une requête par laquelle il demande la permission de s'inscrire en faux contre le jugement qu'il attaquait. Opposition à cette demande de la part du sieur de Grimaldi, sous le prétexte qu'il est trop tard. Mais par arrêt du même jour, le sieur Pétau obtient la permission de s'inscrire en faux.

» Cet arrêt n'est remis au greffe, expédié, enregistré et délivré au sieur Pétau, que le 6 brumaire an 5.

» Dès le lendemain, le sieur Pétau le fait signifier au sieur de Grimaldi, avec sommation de déclarer s'il entend se servir de l'énonciation du jugement du 11 germinal an 3, constatant qu'il n'a été rendu que par quatre juges.

» Plusieurs jours auparavant, le sieur de Grimaldi avait présenté à la cour une requête tendante à ce que, faute de lui avoir fait dans les trois jours qui avaient suivi l'arrêt du 29 fructidor an 4, la sommation prescrite par l'art. 8 du tit. 2 de l'ordonnance de 1737, le sieur Pétau fût déclaré déchu de sa demande en Inscription de faux.

» En conséquence, le sieur de Grimaldi ne répond point à cette sommation, et poursuit sa demande en déchéance.

» De son côté, le sieur Pétau oppose à cette demande les mêmes moyens que fait aujourd'hui valoir le sieur Romani, et conclud en outre à ce que, faute par le sieur de Grimaldi d'avoir fait sa déclaration dans les trois jours de la sommation du 7 brumaire, l'énonciation consignée dans le jugement du 11 germinal an 5, de la présence de quatre juges seulement, soit rejetée de l'instance.

» Par arrêt du 2 nivose an 5, au rapport de M. Lions, et sur les conclusions de M. Bayard, « considérant que, si, par l'art. 8 du tit. 2 de l'ordonnance de 1737, le demandeur en faux est tenu, dans les trois jours à compter de celui de l'ordonnance, de sommer le défendeur de déclarer s'il veut se servir de la pièce maintenue fausse, il existait cependant cette différence entre les tribunaux ordinaires et le ci-devant conseil, que, dans les premiers, la permission était accordée sur requête, d'où il résultait que l'ordonnance était immédiatement remise entre les mains du demandeur ; au lieu qu'au ci-devant conseil, d'après l'art. 2 du tit. 10, part. 2, du réglement du 1738, la permission de s'inscrire en faux ne pouvait être accordée que par arrêt délibéré ; d'où il suivait que le demandeur était obligé de prendre et d'attendre l'expédition de l'arrêt ; que le délai de trois jours n'y pouvait donc pas être rigoureusement compté du jour de l'arrêt ; que le tribunal observant la même forme que le ci-devant conseil, il y a même raison de décider que le délai ne peut pas courir du jugement qui a permis l'Inscription de faux ; que dans le fait, la sommation requise par la loi, a été faite aussitôt qu'il a été possible à Pétau de la faire ; le tribunal déboute Grimaldi de sa demande en déchéance ; et considérant que de cette demande en déchéance, il est résulté un incident pendant lequel la procédure en Inscription de faux a dû être suspendue, puisque l'incident avait pour objet d'anéantir l'inscription même ; d'où il suit que Grimaldi n'a pas pu être mis légalement en demeure de faire sa déclaration sur la pièce arguée de faux, le tribunal, sans avoir égard à la demande de Pétau, tendante à la réjection du jugement du 11 germinal an 5, en ce qui concerne l'omission prétendue d'énoncer la cinquième personne appelée à y concourir comme juge, ordonne que son jugement du 29 fructidor an 4, sera exécuté selon sa forme et teneur ».

» Vous voyez, Messieurs, que par cet arrêt, il a été posé en fait qu'au ci-devant conseil privé, le délai de la sommation à faire en exécution de l'art. 8 du tit. 2 de l'ordonnance 1737, ne courait pas du jour même de l'arrêt portant permission de s'inscrire en faux; et il est clair que, si cette assertion est vraie, l'arrêt du 2 nivose an 5, en a tiré une juste conséquence, en décidant qu'il en doit être de même à la cour de cassation.

» Mais cette assertion est-elle exacte? Nous croyons pouvoir assurer que non; et nous en avons pour garant l'ouvrage publié en 1786, par M. Tolozan, maître des requêtes, sous le titre de *Règle-ment Conseil*, précédé, de *l'explication des dif-férens articles compris dans chacun des chapitres, avec les formules de procédures qu'on y suit, et des arrêts ou jugemens qui s'y rendent*, ouvrage que son éditeur annonce lui-même, dans la préface, avoir été composé, sous les yeux de M. le chancelier d'Aguesseau, auteur du règlement de 1638, par M. d'Aguesseau de Fresne, son fils, et M. d'Aguesseau, son frère.

» Voici ce que nous lisons à la page 642 de cet ouvrage : » Si l'on juge que la requête, en permis-» sion de s'inscrire en faux doit être admise, l'arrêt » permet au demandeur de s'inscrire en faux, et » ordonne *que dans trois jours de la date de cet » arrêt*, il fera sommer le défendeur de déclarer s'il » entend se servir de la pièce qu'on prétend être » fausse ».

» A la page 649, nous trouvons la formule des arrêts, que le conseil rendait en admettant les requê-tes en permission de s'inscrire en faux : et voici comment elle est conçue : » Le roi, en son conseil, » a permis et permet à A..... de former au greffe du » conseil son Inscription de faux (*contre telles piè-» ces*), en la forme, et dans les délais portés par » l'ordonnance; à l'effet de quoi, il sera tenu, *dans » trois jours au plus tard, à compter du* jour *du » présent arrêt*, de sommer ledit C..... (*défen-» deur*), » de déclarer s'il entend se servir de ladite pièce.... ».

» Il n'y a là, ni obscurité, ni équivoque. C'est *de la date de l'arrêt*, c'est *du jour de l'arrêt*, por-tant permission de s'inscrire en faux contre une pièce produite devant l'ancien conseil, que les rédacteurs de l'ouvrage dont il s'agit, font courir contre le demandeur, le délai de la sommation prescrite par l'art. 8 du titre 2 de l'ardonnance de 1737; et cette explication si nette, si positive, ils ne la donnent pas seulement comme une conséquence directe et immédiate du texte littéral de l'art. 2 du tit. 10 du règlement de 1738, qui se réfère, purement et sim-plement, sans restriction, sans modification quel-conque, à l'art. 8 du tit. 2 de l'ordonnance de 1737; ils la donnent encore comme un résultat certain et notoire de l'usage constamment observé dans l'an-cien conseil.

» Maintenant, si l'on nous demande comment cet usage, comment cette manière d'exécuteur littérale-ment l'art. 2 du tit. 10 du règlement de 1758, et par suite l'art. 8 du tit. 2. de l'ordonnance de 1737, pou-vaient s'accorder avec la nécessité dans laquelle était toujours le demandeur en inscription de faux, d'at-tendre la rédaction et l'expédition de son arrêt pour faire la sommation, notre réponse sera simple.

» L'art. 1er du tit. 10 du règlement de 1758 porte que « la partie qui voudra obtenir la permission de » s'inscrire en faux contre une pièce produite dans » une instance, sera tenu de présenter à cet effet, » *une requête en forme de vu d'arrêt*......, et sera » ladite requête remise au sieur rapporteur de ladite » instance......, *pour être fait rapport au prochain » conseil*»; et delà résultent deux choses fort remar-quables.

» 1° La requête à fin de permission de s'inscrire en faux, devait, dans l'ancien conseil, être rédigée *en forme de vu d'arrêt*.

» 2° Le rapport de cette requête devait être fait au conseil, et il ne pouvait y être fait que dans la forme commune à toutes les affaires qui se rappor-taient dans cette juridiction extraordinaire, c'est-à-dire, en l'absence du défenseur à la demande en Inscription de faux.

» D'après cela, quelle difficulté, quelle longueur le demandeur en faux pouvait-il avoir à craindre, de la part du rapporteur, pour la rédaction de son arrêt, pour la remise de son arrêt au greffe? Aucune. Il n'en devait être de ces arrêts, comme de ceux que la sec-tion des requêtes rend encore aujourd'hui en admet-tant des recours en cassation. Les rapporteurs du conseil pouvaient et devaient les rédiger à l'instant même où se trouvaient formées les délibérations dont ils étaient le produit; ils pouvaient et devaient les remettre, à l'instant même, au greffe du conseil.

» Et une fois ces arrêts déposés au greffe du con-seil, il était bien facile au demandeur en faux d'en obtenir l'expédition dans un délai assez bref pour que la signification pût en être faite dans les trois jours francs qui en suivaient la date.

» Il était donc tout simple que l'art. 8 du tit 2 de l'ordonnance de 1737, s'exécutât à la lettre dans l'ancien conseil, comme il s'exécutait à la lettre dans les tribunaux ordinaires; il était donc tout simple que le délai de la sommation prescrite par cet arti-cle, courût dans l'ancien conseil, comme dans les tribunaux ordinaires, du jour même de la date de l'arrêt qui admettait une requête en Inscription de faux; c'est ainsi qu'aujourd'hui encore c'est du jour de la date d'un arrêt de la section des requêtes qui admet un recours en cassation, que court le délai dans lequel la signification doit, à peine de déchéance, en être faite au défendeur.

» Mais les arrêts que la cour rend aujourd'hui sur les requêtes en Inscription du faux, sont-ils aussi faciles à rédiger? Est-il possible de les remettre au greffe avec la même promptitude? Non. Ces arrêts ne peuvent plus être rendus en l'absence du défendeur à l'Inscription de faux ; ils ne peuvent plus être rendus qu'à l'audience ; le défendeur à l'Inscription de faux a toujours la faculté (et il n'y a pas encore d'exemple qu'il ait manqué à en faire usage) d'opposer à la demande de son adversaire des raisons ou des prétextes pour en empêcher ou en reculer l'admission. Ces arrêts sont donc toujours contradictoires. Ils ne peuvent donc plus être rédigés que dans la forme particulière aux arrêts rendus contradictoirement ; il faut donc que MM. les rapporteurs en rédigent eux-mêmes, non-seulement le dispositif, mais encore le vu et les *considérant*, et qu'ils y rappellent les qualités des parties, les faits, les moyens plaidés, ainsi que les conclusions prises, de part et d'autre, les motifs qui ont déterminé la cour ; et tout cela ne peut pas se faire avec la rapidité que suppose le règlement de 1738 ; tout cela exige que des soins, de l'attention, du temps ; tout cela exclut nécessairement la possibilité d'exécuter littéralement à la cour l'art. 8 du tit. 2 de l'ordonnance de 1737 ; tout cela entraîne nécessairement, pour la cour, une modification à la rigueur avec laquelle l'art. 2 du titre 10 du règlement de 1738 voulait que l'art. 8 du tit. 2 de l'ordonnance de 1737 fût exécuté dans l'ancien conseil.

» En effet, l'art. 2 du tit. 10 du règlement de 1738, a été fait pour un ordre de choses qui n'existe plus, qui a été changé par le devoir que la loi du 27 novembre 1790 a imposé à la cour de rendre tous ses arrêts à l'audience, et par la nécessité où la cour s'est, dès-lors, trouvée de ne rendre que des arrêts contradictoires sur les demandes en Inscription de faux.

» Cet article ne peut donc plus être exécuté littéralement à l'égard des arrêts de la cour. Il ne peut donc plus l'être que dans son esprit ; et c'est certainement se conformer à son esprit que de l'exécuter dans le délai où son exécution commence à devenir possible, c'est-à-dire, dans le délai des trois jours qui suivent l'expédition et la délivrance des arrêts portant admission de requêtes en Inscription de faux.

» Et de là la conséquence, que, si l'arrêt de la cour du 2 nivose an 5 est mal motivé, il a du moins bien jugé.

». De là, la conséquence que, dans notre espèce, le sieur Pichi doit être débouté, comme le sieur de Grimaldi l'a été le 2 nivose an 5, de sa demande en déchéance.

» Mais reste notre seconde question : devez-vous accorder au sieur Romani le rejet des pièces qu'il argue de faux ? Devez-vous le lui accorder, parce que le sieur Pichi a laissé écouler le délai fixé par l'art. 10 du tit. 2 de l'ordonnance de 1737, sans déclarer s'il entendait ou non se servir de ces pièces ?

» Le sieur Pichi convient qu'effectivement il n'a pas fait sa déclaration dans le délai de la loi.

» Mais il prétend que ce délai n'est point fatal ; et que le juge peut en relever le défendeur à l'Inscription de faux, tant que les choses sont entières, c'est-

à-dire, tant qu'il n'a pas statué sur la demande en rejet.

» Que ce délai ne soit point fatal, en ce sens que son expiration n'emporte pas, de plein droit, le rejet de la pièce arguée de faux ; et que le défendeur doive être admis à purger la demeure, tant que le demandeur en faux ne s'est pas pourvu en rejet, c'est ce qui ne peut être douteux, et c'est ce qui résulte assez clairement de l'art. 12. En disant que le *demandeur en faux pourra se pourvoir*, l'art. 12 annonce bien que c'est, pour le demandeur une faculté dont il est maître de ne pas user ; et que le demandeur peut, au lieu de faire usage de cette faculté, poursuivre son Inscription de faux, nonobstant le silence du défendeur. Or, il est de principe que, toutes les fois qu'à côté du droit acquis à une partie de poursuivre une action, il existe pour elle, par le défaut de son adversaire d'avoir fait certaine chose dans un délai déterminé, une faculté de prendre contre lui une autre voie, son adversaire peut purger sa demeure, tant que cette faculté n'a pas été mise en exercice de la manière réglée par la loi. C'est ainsi qu'aux termes des art. 1139 et 1130 du Code civil, lorsqu'une peine a été stipulée en cas d'inaccomplissement d'une obligation dans un délai quelconque, cette peine n'est encourue, même après l'expiration du délai, qu'après que l'obligé a été constitué en demeure *par une sommation ou par un autre acte équivalent* ; et que l'obligé est admis à remplir son engagement, tant que le créancier n'a pas manifesté, par une sommation ou tout autre acte équivalent, son intention d'exiger la peine de préférence à l'accomplissement de l'obligation principale.

» Mais le délai fixé par l'art. 11 du tit. 2 de l'ordonnance de 1737, n'est-il point fatal en ce sens que, du moment qu'après son expiration, le demandeur en faux s'est pourvu pour faire ordonner le rejet des pièces maintenues fausses, le défendeur ne puisse plus purger sa demeure ?

» Serpillon, sur l'art. 14 du tit. 2 de l'ordonnance de 1737, soutient que non.

» Pour bien apprécier sa doctrine, il faut d'abord nous reporter au texte à l'occasion duquel il la professe : *si le défendeur* (y est-il dit) *déclare qu'il veut se servir de la pièce arguée de faux, il sera tenu de la remettre au greffe, dans vingt-quatre heures, à compter du jour que sa déclaration aura été signifiée ; et dans les vingt-quatres après, il sera tenu de donner copie au demandeur...... de l'acte de remise au greffe, sinon, le demandeur pourra se pourvoir à l'audience pour faire statuer sur le rejet de ladite pièce, suivant ce qui est porté en l'art. 12 ; si mieux il n'aime demander qu'il lui soit permis de faire remettre ladite pièce au greffe à ses frais.....*

» C'est sur ces dispositions, que le commentateur dit : *il faut observer que, malgré la grande célérité dans l'instruction exigée* PAR CET ARTICLE ET PAR PLUSIEURS AUTRES, *ils ne prononcent pas la peine de nullité ; ce qui met les juges en droit,*

*qu'il n'y a pas de disposition contraire, d'accorder, suivant l'exigence des cas, de nouveaux délais....
L'ordonnance est exacte pour prononcer la peine de nullité, quand elle veut que ses dispositions soient exécutées à la rigueur; par conséquent quand elle ne prononce pas cette peine rigoureuse, elle est censée laisser aux juges la faculté d'accorder de nouveaux délais, suivant l'exigence des cas....*

» Nous devons le dire, Messieurs, de pareils raisonnemens nous étonneraient de la part d'un jurisconsulte aussi justement estimé que Serpillon, si c'était lui-même qui eût publié le commentaire dans lequel nous les avons puisés. Mais cet ouvrage n'a été imprimé qu'après sa mort, et il nous est permis de croire qu'il ne l'avait pas jugé lui-même digne de voir le grand jour.

» Quoi! de ce que l'art. 14, de ce que l'art. 12, *ne prononcent pas* la peine de nullité, on fait conclure à Serpillon que le juge *peut* accorder de nouveaux délais au défendeur en faux qui n'a pas fait sa déclaration, ou remis la pièce au greffe, dans les délais fixés par les art. 12 et 14! Mais il ne s'agit point de nullité dans ces articles : il s'agit tout simplement du rejet d'une pièce produite dans un procès; et, vouloir appliquer aux dispositions de ces articles le principe que les nullités ne peuvent pas être suppléées dans les lois, c'est évidemment méconnaître les premières règles de la logique.

» Lorsqu'on demande la nullité d'un acte, et que les juges ne la trouvent pas écrite dans la loi, ils n'ont point de délais à accorder : l'acte qui n'est pas nul aujourd'hui, ne le sera pas davantage demain; et il est inutile de renvoyer à demain pour rejeter une demande qui, dès aujourd'hui, se trouve mal fondée.

» Mais lorsqu'on demande la prononciation d'une peine attachée par la loi au défaut d'avoir fait ce qu'elle prescrivait, et de l'avoir fait dans le délai qu'elle avait accordé pour le faire, et qu'on la demande avant que le défaillant ait purgé la demeure, les juges peuvent-ils remettre la peine? Oui, si la loi les y autorise expressément; non, si la loi est muette à cet égard. Organes impassibles, applicateurs forcés de la loi, ils ne peuvent pas la modifier ils ne peuvent pas la faire fléchir. Le droit à la peine est acquis à la partie au profit de laquelle la loi l'a prononcée; il lui est acquis par les diligences qu'il a faites pour en obtenir la prononciation; et les juges ne peuvent pas priver une partie d'un droit qui est passé dans son domaine, qui est devenu sa propriété.

» Prenons pour exemple la péremption d'instance. Il est de principe qu'elle peut se couvrir, tant que la demande n'en est pas formée. Mais une fois que la demande en est formée par la partie à qui elle est acquise, l'autre partie peut-elle l'écarter, en faisant des actes de procédure qui l'auraient couverte, s'ils avaient été faits plus tôt? On a soutenu l'affirmative au parlement de Rouen en 1778, mais par arrêt du 17 février, rendu sur la plaidoirie du célèbre Thouret, ce système a été prescrit (1).

» Nous savons bien qu'il y a, dans le recueil annuel des édits et règlemens du parlement de Dijon, un arrêt de cette cour, du 12 août 1765, qui juge que le délai fixé par l'art. 11 du tit. 2 de l'ordonnance de 1737, n'est point fatal dans le sens dont il est en ce moment question, et que le défendeur à l'Inscription de faux peut, en déclarant vouloir se servir des pièces maintenues fausses, faire tomber la demande de son adversaire en rejet de ces pièces.

» Mais, 1° cet arrêt, quand nous admettrions la prétendue maxime qu'il a proclamée, ne serait encore ici d'aucun poids. Car, dans l'espèce sur laquelle il a été rendu, le défendeur à l'Inscription de faux avait fait une déclaration parfaitement régulière quelques jours après la demande en rejet, et avant l'audience à laquelle cette demande était portée. Ici au contraire, il n'existe pas encore de déclaration régulière de la part du sieur Pichi. L'avocat du sieur Pichi devait faire signifier la procuration de son client avec sa déclaration, et il ne l'a point fait.

» 2° Cet arrêt n'a été rendu qu'après deux partages portés successivement, l'un de la chambre des requêtes à la grand'chambre, l'autre de la grand'chambre à la Tournelle; ce qui prouve que, même dans le parlement de Dijon, l'opinion qu'il a fait prévaloir avait un grand nombre de contradicteurs.

» 3° A cet arrêt isolé du parlement de Dijon, nous pouvons en opposer trois du parlement de Paris..... (2).

» Vous voyez, Messieurs, combien étaient pressantes et décisives les raisons qui ont déterminé ce dernier arrêt, et avec quelle justesse elles s'appliquent à notre question.

» Mais ce n'est pas tout. L'art. 3 du tit. 10 du règlement de 1738, donne encore à ces raisons une nouvelle force par la manière dont il veut que le conseil. représenté aujourd'hui par la cour, statue sur la demande en rejet. « En cas (porte-t-il) que » le défendeur déclare qu'il n'entend pas se servir » de ladite pièce, ou faute par lui de faire sa décla» ration, ainsi qu'il est porté par ledit art. 11 (de » l'ordonnance de 1737), le demandeur en faux » pourra se pourvoir *par requête en forme de vu* » *d'arrêt*, à l'effet de faire ordonner que la pièce » maintenue fausse sera rejetée de l'instance par » rapport au défendeur....».

» Ainsi, c'était sur *une requête en forme de vu d'arrêt*, c'était par conséquent sur une requête non communiquée, que le conseil statuait sur la demande en rejet, et pourquoi y statuait-il dans cette forme?

---

(1) *V.* mon *Recueil de Questions de Droit*, au mot *Péremption*, §. 3.
(2) *V.* mon *Recueil de Questions de Droit*, aux mots *Inscription de faux*, § 5, 6 et 7.

Pourquoi y statuait-il sans entendre le défendeur à l'Inscription de faux? Il ne pouvait y en avoir qu'une raison : c'est que le rejet était acquis au demandeur, dès que le défendeur avait omis de faire sa déclaration dans le délai de l'ordonnance; c'est que le défendeur ne pouvait plus rien opposer à la demande en rejet, dès que le délai de l'ordonnance s'était écoulé sans déclaration de sa part; c'est qu'il ne pouvait plus être admis à purger la demeure.

» Et c'est ce que fait entendre bien clairement l'ouvrage publié par M. Tolozan, que nous avons déjà cité, page 643 : « Si le défendeur (y est-il dit)
» laisse passer ce temps sans faire sa déclaration,
» ou s'il déclare que son intention n'est point de
» faire usage de la pièce; *le demandeur est en droit*
» *d'obtenir*, sur sa requête, un arrêt qui ordonne
» que la pièce sera rejetée de l'instance ».

» Vous sentez, Messieurs, toute l'énergie de ces mots, *le demandeur est en droit d'obtenir*. Ils justifient nettement ce que nous vous disions tout-à-l'heure, que le droit au rejet est acquis au demandeur par le seul effet du laps du délai sans déclaration; et que le demandeur, lorsqu'il exerce ce droit, ne peut pas être privé de l'avantage qu'il peut en retirer.

» Qu'importe qu'aujourd'hui la forme de procéder à cet égard soit changée? Qu'importe qu'aujourd'hui la demande en rejet ne puisse plus s'adjuger sur une simple requête, et qu'elle ne puisse plus s'adjuger qu'à l'audience, et contradictoirement avec le défendeur?

» D'abord, il est évident qu'un changement dans la forme de procéder, ne peut en apporter aucun dans le fond du droit.

» Ensuite, l'art. 3 du tit. 10 du règlement de 1738, n'avait introduit, pour le conseil, une manière aussi expéditive d'adjuger la demande en rejet, que parce qu'il était dans l'esprit de l'ordonnance de 1737; que cette demande ne pût jamais ne pas être accueillie; que jamais elle ne pût être écartée par une déclaration tardive du défendeur; que jamais le défendeur ne pût être relevé du laps du délai qui lui était prescrit.

» Par ces considérations, nous estimons qu'il y a lieu d'ordonner, sans avoir égard à la demande du sieur Pichi, en déchéance de la requête du sieur Romani en Inscription de faux, que les notes et énonciations arguées de faux seront rejetées de l'instance ».

Par arrêt du 6 avril 1813, au rapport de M. Chabot, « vu les art. 8, 9, 10, 11 et 12 du tit. 2 de l'ordonnance de 1737, et les art. 2 et 3 du tit. 10 du règlement de 1738; en ce qui touche la déchéance proposée par Pichi, attendu que la disposition de l'art. 8 du tit. 2 de l'ordonnance de 1737, portant que, dans le délai de trois jours, à compter de l'ordonnance rendue sur la requête du demandeur en Inscription de faux incident, le demandeur sera tenu de sommer le défendeur de déclarer s'il veut se ser-

vir de la pièce arguée de faux, ne peut s'appliquer, quant à l'époque de laquelle commence à courir le délai, au cas, où c'est par un arrêt contradictoire que le demandeur a été autorisé à se pourvoir en Inscription de faux incident; qu'en effet, lorsque le demandeur a obtenu, sur sa requête, une ordonnance qui lui a permis de se pourvoir en inscription de faux, comme il a pu retirer de suite cette ordonnance, il a eu, pendant le délai de trois jours, un temps suffisant pour faire la sommation au défendeur, puisque l'art. 9 l'autorise à faire cette sommation au domicile du procureur ; mais que, dans le second cas, il est évident que le délai de trois jours ne peut courir contre le demandeur, pendant le temps nécessaire pour la rédaction de l'arrêt et pour son expédition, puisque le demandeur, n'ayant pas encore l'arrêt, ne peut ni le faire notifier, ni l'exécuter; et qu'en appliquant raisonnablement la disposition de l'art. 8, ce n'est qu'à compter du jour ou l'expédition de l'arrêt a été délivrée au demandeur, que doit courir contre lui le délai de trois jours, à moins que l'arrêt lui-même n'ait déterminé un délai fixe dans lequel la sommation a dû être faite; d'où il suit de, dans l'espèce, l'arrêt de la cour, du 26 mai 1812, n'ayant été enregistré, expédié et délivré à l'avocat de Romani, que le 3 juin suivant, ledit Romani a pu, le 6 du même mois, faire la sommation prescrite par l'art. 8 du tit. 2 de l'ordonnance de 1737, sans qu'on puisse lui opposer de déchéance; — en ce qui touche la déchéance proposée par Romani, attendu 1° que, suivant l'art. 10 du tit. 2 de l'ordonnance de 1737, le défendeur doit faire, dans le délai prescrit par l'art. 10, sa déclaration précise s'il entend on n'entend pas se servir de la pièce arguée de faux; que l'art. 10 dispose que le délai courra du jour de la sommation qui aura été faite par le demandeur et fixe la durée de ce délai, suivant que le défendeur a son domicile plus ou moins éloigné du lieu de la juridiction ; mais qu'il ordonne expressément que le délai ne pourra être plus grand, en aucun cas, que de quatre jours par dix lieues de distance, que, dans l'espèce, le défendeur à qui la sommation avait été faite par le demandeur le 6 juin 1812, n'a consenti procuration authentique pour faire sa déclaration, que le 19 décembre suivant; qu'il n'a fait sa première déclaration que le 28 du même mois, et sans même y joindre de procuration authentique; que ce n'est que le 14 janvier 1813, qu'il a réitéré sa déclaration, en y joignant la procuration du 19 décembre; mais qu'à toutes ces époques, était depuis long-temps expiré le délai le plus long que le défendeur pouvait obtenir, aux termes de l'art. 9, à raison de la distance de son domicile à Rome; 2° qu'il est dit dans l'art. 12 du tit. 2 de l'ordonnance de 1737, et dans l'art. 3 du tit. 10 du règlement de 1738, qu'à faute par le défendeur d'avoir fait sa déclaration dans le délai prescrit, le demandeur en faux pourra se pourvoir à l'audience, pour faire ordonner que la pièce arguée de faux sera rejetée de la cause ou du procès, par rapport au défendeur; qu'ainsi, dès que le délai accordé au défendeur est expiré, le droit est acquis au demandeur de faire ordonner le rejet de la pièce; et que ce droit, lorsque le demandeur l'a exercé, lorsqu'il s'est pourvu à l'audience, ne peut lui être enlevé par une déclaration postérieure que fait le défendeur, notamment dans la circonstance où le délai le plus long que pouvait obtenir le défendeur, se trouvant depuis long-temps expiré, le juge saisi de la demande en rejet, ne pourrait, sans violer la dernière disposition de l'art. 10, accorder un nouveau délai; la cour, sans s'arrêter à la déchéance proposée par Pichi, et ayant égard à celle proposée par Romani, ordonne que les notes et énonciations mises, soit en marge des feuilles d'audiences de la cour d'appel de Rome, des 31 janvier et 30 juin 1810, soit dans l'expédition de l'arrêt dudit jour 30 juin, lesquelles ont été arguées de faux, seront et demeureront rejetées de l'instance.... ».]]

INSCRIPTION HYPOTHÉCAIRE, §. III, n. III. *Page* 199, *col.* 1, *ligne dernière de la note*, *supprimez les mots*, note de l'éditeur, *et* ajoutez :

Mais de-là s'ensuit-il que les femmes qui étaient veuves ou divorcées à l'époque de la promulgation de l'art. 2135 du Code civil, ayent acquis, sans Inscription, une hypothèque légale sur les biens de leurs ci-devant maris, pour le recouvrement de leur dot et de leurs conventions matrimoniales? — De-là s'ensuit-il que les héritiers d'une femme morte avant la promulgation de l'art. 2135 du Code civil, ont acquis, sans Inscription, une hypothèque légale sur les biens du mari? *V.* ci-après, n. 12, note 1. (*Note de l'éditeur*).

N. XII. *Page* 206, *col.* 1, *ligne dernière de la note*, *supprimez les mots*, note de l'éditeur, *et* ajoutez :

Aurait-on dû juger de même, dans la première espèce, si, à l'époque de la promulgation de l'art. 2135 du Code civil, la femme eût été veuve ou divorcée; et dans la seconde, si, à la même époque, le mineur fût parvenu à sa majorité? Cette question s'est présentée dans les circonstances suivantes :

Le 13 février 1762, contrat de mariage entre le sieur Manessier de Selincourt, et la demoiselle Tillette de Merival. L'épouse apporte en dot au mari une somme de 60,000 francs.

En 1794, le sieur Manessier est inscrit sur la liste des émigrés, et ses biens sont séquestrés au profit de l'état.

Par suite de cet événement, et la même année, la dame Tillette fait prononcer son divorce.

Le 4 nivose an 12, elle prend sur les biens encore séquestrés, de son mari amnistié depuis deux ans, une Inscription hypothécaire pour le recouvrement de sa dot et des intérêts qui lui en sont dûs; mais elle n'exprime pas, dans cette Inscription, l'époque de l'exigibilité de sa créance.

Le 11 pluviose an 13, le sieur Manessier de Se-

lincourt, obtient la main-levée du séquestre de ses biens.

La dame Tillette meurt quelque temps après, sans avoir fait liquider ni recouvré ses reprises matrimoniales.

Cependant, les biens du sieur Manessier de Selincourt sont vendus, les uns volontairement, les autres par expropriation forcée; et un procès-verbal d'ordre est ouvert pour en distribuer le prix.

Les héritiers de la dame Tillette prétendent primer tous les créanciers, soit en vertu de l'Inscription prise par leur mère, le 4 nivose an 12, soit en vertu de l'hypothèque légale que lui a conférée son contrat de mariage, et que l'art. 2135 du Code civil lui a conservée sans Inscription.

Les autres créanciers, au nombre desquels figurent notamment le sieur et dame Blin de Bourdon, répondent que l'Inscription de leur mère est nulle, parce que l'époque de l'exigibilité de ses créances n'y est pas indiquée; que son hypothèque légale n'a été maintenue par la loi du 11 brumaire an 7, qu'à la charge de la faire inscrire dans un délai que la loi du 16 ventose an 9, a prorogé jusqu'à trois mois après la main-levée du séquestre des biens; qu'elle a laissé écouler ce délai sans prendre Inscription; que l'art. 2135 du Code civil ne s'applique qu'aux femmes qui étaient mariées au moment où il est devenu exécutoire.

Les sieur et dame Blin de Bourdon ajoutent qu'ils ont pris, le 15 germinal an 7, sur les biens du sieur Manessier de Selincourt une Inscription hypothécaire qu'ils ont renouvelée, le 28 février 1809; que cette Inscription leur a assuré le droit de primer la dame Tillette; et que, quand même par l'effet de l'art. 2135 du Code civil, la dame Tillette serait redevenue, sans Inscription, créancière hypothécaire de son ci-devant mari, à la date de son contrat de mariage, ils n'en auraient pas moins conservé le droit de la primer, l'art. 2135 du Code civil lui-même déclarant, en toutes lettres, que sa *disposition ne pourra préjudicier aux droits acquis à des tiers avant sa publication*.

Le 24 août 1810, « considérant que, sous le régime de la loi du 11 brumaire an 7, l'hypothèque existe, mais à la charge de l'Inscription; que nul créancier n'a pas pu s'y soustraire, pas même les époux mineurs; qu'il s'en suit que la dame Tillette, divorcée ou non, a dû obéir à la loi, et prendre Inscription hypothécaire; que l'art. 7 de cette même loi a ordonné que les bordereaux d'Inscription énonceraient notamment l'époque de l'exigibilité de la créance; que dans le fait, l'Inscription hypothécaire de la dame Tillette, du 4 nivose an 12, n'énonce pas l'époque d'exigibilité; que cette omission peut être considérée comme substantielle; qu'elle n'a point été réparée par acte subséquent, selon la loi du 4 septembre 1807; qu'elle peut conséquemment, et à ce titre, être réputée *irrégulière et frappée de nullité par cette même loi*; que, sous le régime du Code civil, les femmes peuvent invoquer le bénéfice de l'hypothèque légale attribuée par la loi à leur contrat de mariage; que l'art. 2135 dit formellement que *l'hypothèque existe indépendamment de toute Inscription , au profit des femmes , pour raison de leurs dots et conventions matrimoniales, sur les immeubles de leurs maris, à compter du jour du mariage*; que, dans le fait , le divorce reproché à la dame Tillette, comme un acte dissolutif du mariage, ne peut être un obstacle à la liquidation de ses droits; que vis-à-vis des tiers créanciers de son mari, elle peut faire valoir le bénéfice de l'hypothèque légale attribuée à son contrat de mariage; que cette hypothèque existe pour toutes les femmes, tant qu'elle n'est pas éteinte par la restitution des deniers dotaux ; que les héritiers de la dame Tillette sont pareillement fondés à réclamer le bénéfice de l'hypothèque légale ; le tribunal (de première instance d'Abbeville), sans s'arrêter ni avoir égard à l'Inscription prise par la dame Tillette , divorcée, le 4 nivose an 12 , laquelle est irrégulière.....; dit qu'à l'appui de l'hypothèque légale attribuée par la loi au contrat de mariage de la dame Tillette , leur mère, quoique divorcée, les enfans et héritiers de ladite dame Tillette resteront colloqués (par préférence à tous autres créanciers), sur le procès-verbal d'ordre, pour la somme de 60,000 francs.... »

Les créanciers appellent de ce jugement à la cour d'Amiens.

Le 12 décembre 1810 , arrêt qui met l'appellation au néant; « Attendu que la mère des intimés avait sur Manessier de Selincourt, son mari, émigré, une hypothèque légale, résultant de son contrat de mariage du 17 février 1762 , laquelle primait toutes celles des appelans; et que, d'après les lois relatives aux émigrés, elle devait obtenir du Gouvernement le payement intégral de ses créances avant tous autres créanciers hypothécaires de son mari, sans être astreinte à former aucune opposition et prendre Inscription hypothécaire ; que , dans la législation nouvelle sur les hypothèques, et dans le cas présumable où ledit Manessier pouvait être un jour rayé de la liste des émigrés, l'hypothèque de sa femme a été conservée intacte par la loi du 11 brumaire an 7, notamment par les délais accordés par les art. 37 et 47 de cette loi, prorogés par celles des 16 pluviose, 17 germinal même année, et par celle du 16 ventose an 9; que , d'après ces lois la mère des intimés ou eux-mêmes étaient devenus assujettis à prendre Inscription, pour conserver le rang de son hypothèque, dans les trois mois qui ont suivi le 11 pluviose an 13, date de l'arrêté qui a renvoyé Manessier en possession de ses biens non vendus; mais que le Code civil, en vigueur à cette époque, avait fait revivre cette hypothèque légale, indépendamment de toute Inscription; que, dans l'état actuel des choses , il devient peu important d'examiner la validité ou l'invalidité de l'Inscription prise par les appelans, sur ledit Manessier avant le 11 pluviose an 13 , parce que la plus grande faveur qu'on pourrait leur accorder, serait de leur donner autant d'effet qu'à celles prises dans

les trois mois, à partir dudit jour 11 pluviose an 13 ; 2° parce que le Code civil, faisant revivre, indépendamment de toute Inscription , l'hypothèque légale de la mère des intimés, aucune autre hypothèque , même inscrite dans le susdit délai de trois mois, n'aurait pu la primer ; que la loi du 11 brumaire an 7, et autres y relatives, loin d'avoir altéré l'essence de cette hypothèque , l'ont conservée dans tous ses attributs , au moins jusqu'à la publication du titre 18 du 3e livre du Code civil ; que ce titre , relatif aux hypothèques, ne contient aucune disposition qui fasse dégénérer une hypothèque originairement légale; et qu'au contraire, l'art. 2135 la fait exister indépendamment de toute Inscription, sous la seule exception des droits acquis à des tiers avant la publication dudit titre; exception qui, dans l'espèce actuelle, et d'après l'état du débiteur et la loi du 16 ventose an 9, n'a jamais pu avoir lieu ; que les appelans ne sont pas fondés à prétendre que cette partie du Code n'est point applicable à la mère des intimés, sous le prétexte que son divorce ayant été prononcé le 13 pluviose an 2, elle n'aurait plus été femme mariée lors de la publication du Code ; que cette femme, nonobstant son divorce , n'avait pas moins , à cette époque, à exercer une hypothèque légale, jusqu'alors conservée intacte, et qui a été ainsi reçue et embrassée par le Code, qui n'en prononce l'extinction que dans les cas relatés en son article 2180, dont aucuns n'ont encore eu lieu vis-à-vis des intimés; que les appelans sont d'autant moins fondés à limiter la teneur de l'art. 2135 aux seules femmes actuellement mariées , soit lors du Code, soit lors de la discussion des biens de leurs maris, que, d'une part, le Code n'a aucune disposition explicite et distinctive de cette nature ; et, d'autre part, qu'au lieu d'avoir prescrit, comme il eût fallu dans ce système, un délai dans lequel les femmes devenues veuves ou divorcées seraient tenues de prendre Inscription pour conserver le rang dû à leur hypothèque ; l'art. 2194, et l'avis du Conseil d'état du 1er juin 1807, ont établi diverses formalités à remplir , de la part des acquéreurs vis-à-vis des femmes, ou de *ceux qui les représentent*, pour purger l'hypothèque légale ; que s'il pouvait rester du doute à cet égard, il doit être absolument levé par la lecture seule de cet avis du Conseil d'état, dans lequel on lit ces mots : *Lorsque la femme ou ceux qui la représentent*; le législateur, véritable interprète de son ouvrage, a lui-même reconnu et déclaré que son hypothèque légale existe encore, indépendamment de toute Inscription, après la dissolution du mariage, puisqu'elle passe même aux représentans de la femme, qui qui pourraient, bien plus qu'elle, être assujettis à prendre Inscription dans le délai le plus rapproché de l'époque de cette dissolution ».

Les créanciers se pourvoient en cassation contre cet arrêt.

« 3° L'arrêt que vous dénoncent les demandeurs (ai-je dit à l'audience de la section civile, le 7 avril 1813), a-t-il, par une fausse application de l'art. 2135 du

Code civil, violé l'art. 2134 du même Code ? A-t-il violé spécialement, au préjudice des sieur et dame Blin de Bourdon, la disposition qui termine l'art. 2135 ? Telles sont les questions que cette affaire présente à votre examen.

» La première nous paraît trouver sa solution dans un principe très-simple : c'est que toute règle générale est essentiellement applicable aux cas qui ne sont pas formellement compris dans l'exception qui la modifie; et que jamais une exception qui modifie une règle générale ne peut être étendue au-delà des termes dans lesquels la loi elle-même l'a renfermée.

» Ici, la règle générale est écrite dans l'art. 2134 du Code civil. Suivant cet article, *l'hypothèque, soit légale, soit judiciaire, soit conventionnelle, n'a rang que du jour de l'inscription prise par le créancier sur les registres du conservateur, dans la forme et de la manière prescrite par la loi;* et d'après cette règle, il est certain que l'hypothèque acquise à la dame Tillette par son contrat de mariage, n'ayant pas été inscrite, ou, ce qui est la même chose, ne l'ayant pas été régulièrement, n'a pas pu faire colloquer les héritiers de la dame Tillette avant les autres créanciers du sieur Manessier de Sélincourt.

» Les héritiers de la dame Tillette ne peuvent donc justifier l'arrêt qui les colloque avant les autres créanciers, qu'en prouvant que la créance de leur mère est, par une disposition expresse de la loi, exceptée de la règle générale établie par l'art. 2134. Mais l'art. 2134 déclare lui même que la règle générale qu'il établit, n'est limitée que par les exceptions écrites dans l'art. 2135 : sauf, dit-il, *les exceptions portées en l'article suivant.*

» Et l'art. 2135, quelles exceptions nous offre-t-il ? deux seulement : *l'hypothèque existe, indépendamment de toute inscription,* 1° *au profit des mineurs et interdits, sur les immeubles appartenans à leur tuteur, à raison de sa gestion, du jour de l'acceptation de la tutelle;* 2° *au profit des femmes, pour raison de leur dot et conventions matrimoniales, sur les immeubles de leur mari, et à compter du jour du mariage.*

» Mais de ces deux exceptions, la première est absolument étrangère à notre espèce.

» Et la seconde de quelle utilité peut-elle être aux héritiers de la dame Tillette ?

» La dame Tillette était-elle encore mariée à l'époque de la publication du texte qui contient cette exception ? avait-elle encore, à cette époque, un mari sur les immeubles duquel une hypothèque pût s'asseoir à son profit, de plein droit et sans Inscription hypothécaire ?

» Non : elle était divorcée depuis le 15 pluviôse an 2. Par son divorce, elle avait cessé d'être l'épouse du sieur Manessier de Sélincourt; le sieur Manessier de Sélincourt avait cessé d'être son mari; ils étaient devenus étrangers l'un à l'autre.

» Dès-lors, à quel titre la dame Tillette aurait-elle pu, au moment où a été promulgué l'art. 2135 du Code civil, prendre, sans inscription, son rang d'hypothèque sur les biens du sieur Manessier de Sélincourt ? Elle n'aurait dû le prendre qu'en qualité de femme de son débiteur; et elle ne l'était plus. L'art. 2135 du Code civil l'a donc laissée sous l'empire de la règle générale. Ce n'est donc pas, d'après l'art. 2135, mais d'après l'art. 2134 qu'elle a dû être jugée.

» Sans doute, la dame Tillette, en cessant d'être l'épouse du sieur Manessier de Sélincourt, n'a pas perdu l'hypothèque légale que lui avait assurée son contrat de mariage.

» Mais la loi du 11 brumaire an 7, qui est venue ensuite, a pu lui dire, et elle lui a dit en effet : « Vous ne conserverez votre hypothèque légale, à son rang primitif, qu'en la faisant inscrire dans tel délai ».

» Ce délai qui devait expirer avec les trois mois qui ont suivi la publication de la loi du 11 brumaire an 7, a été prorogé par les lois subséquentes; et celle du 16 ventôse an 9 l'a définitivement fixé aux trois mois qui ont suivi la main-levée du séquestre apposé sur les biens du sieur Manessier de Sélincourt; en sorte qu'il a expiré le 14 floréal an 13.

» Ainsi, à compter du 15 floréal an 13, la dame Tillette s'est trouvée déchue du rang primitif de son hypothèque légale; et elle n'aurait pu en acquérir un nouveau que par une inscription qu'elle eût prise ensuite.

» Il est vrai que, même avant le 15 floréal an 13, et dès le 8 germinal an 12, avait été promulgué l'art. 2135 du Code civil, qui attribue aux femmes une hypothèque légale, sans inscription, sur les biens de leurs maris.

» Mais cet article a-t-il pu agir sur l'hypothèque légale que la dame Tillette avait conservée après son divorce ? a-t-il pu dispenser cette hypothèque de la nécessité d'une inscription ?

» L'affirmative ne serait pas douteuse, si l'hypothèque légale que la dame Tillette avait conservée après son divorce, était parfaitement identique avec l'hypothèque légale qui résulte de l'art. 2135 du Code civil.

» Mais il y a, entre l'une et l'autre, une grande différence.

» L'hypothèque légale que la dame Tillette avait conservée après son divorce, avait bien son principe dans un mariage; mais elle n'existait plus au profit d'une femme mariée; elle n'existait plus qu'au profit d'une femme libre.

» Et au contraire, l'hypothèque légale qui résulte de l'art. 2135 du Code civil, ce n'est qu'au profit des femmes mariées que cet article l'a introduite.

» Qu'a-t-il fait en l'introduisant ? il a établi un droit nouveau. Il n'a donc pas pu rétrosgir. Il n'a donc pas pu recevoir son application à une hypothèque qui, à l'époque de sa promulgation, n'avait plus, et ne pouvait plus avoir pour objet d'assurer le recouvrement de la dot d'une femme actuellement mariée.

» Que les femmes mariées avant la promulgation

de l'art. 2135 ; et qui l'étaient encore à l'époque de sa promulgation, ayant acquis, par cet article, une hypothèque légale, même dans le pays de nantissement, où jamais elles n'avaient joui de cet avantage, et qu'elles l'ayent acquise sans le secours d'aucune inscription, c'est ce qu'on ne saurait contester; et c'est ce que la Cour a jugé, sur nos conclusions, le 6 novembre 1809.

» Mais ce n'est point là une rétroactivité : c'est tout simplement l'application d'une loi nouvelle à l'état où se trouvent les choses au moment où elle devient exécutoire; et cela est si vrai, qu'aux termes mêmes de l'art. 2135 ; les femmes mariées avant la promulgation de cet article, ne peuvent pas se prévaloir de l'hypothèque légale qu'il leur confère, contre ceux qui, avant cette époque, ont acquis des hypothèques sur les biens de leurs maris.

» Que l'hypothèque légale conférée par l'art. 2135 à la femme qui était mariée au moment de la promulgation de cet article, ou qui l'a été depuis, se transmette à ses héritiers, à ses cessionnaires, à tous ses représentans, et que ceux-ci la conservent indéfiniment sans inscription, c'est ce qu'on ne saurait encore contester; et c'est ce que décident textuellement les avis du conseil d'état des 9 mai 1807 et 5 mai 1812.

» Mais que conclure de là en faveur des héritiers de la dame Tillette? Sans contredit, si la dame Tillette avait acquis, par l'art. 2135, une hypothèque légale sans inscription, ses héritiers pourraient aujourd'hui la faire valoir, comme elle l'eût pu elle-même de son vivant : les avis cités ne permettraient là-dessus aucune espèce de doute. Mais l'art. 2135 avait-il conféré à la dame Tillette une hypothèque légale sans inscription ? Voilà ce que ne décident nullement les deux avis. Voilà ce qui est en question. L'argument que les héritiers de la dame Tillette prétendent tirer des deux avis, n'est donc qu'une pétition de principe.

» Mais au moins, disent les héritiers de la dame Tillette, il résulte des deux avis, que le privilége de l'hypothèque légale sans inscription est accordé à la chose indépendamment de la personne; car s'il n'avait pour motif que la faveur du mariage, il s'éteindrait avec lui; il ne lui survivrait pas.

» Pure équivoque. L'art. 2135 investit la dot d'une hypothèque légale sans inscription ; mais il ne l'en investit qu'en faveur de la femme mariée. Que la femme mariée la transmette à ses héritiers, à ses cessionnaires, à tous ceux qui la représentent, il le faut bien : une fois établie en faveur de la femme mariée, cette hypothèque légale ne peut pas s'éteindre d'elle-même ; il faut par conséquent qu'elle soit transmissible ; il faut par conséquent qu'elle survive au mariage.

» Est-ce à dire pour cela que l'art. 2135 a attendu l'hypothèque légale qu'il a établie, jusqu'aux femmes qui n'étaient plus mariées à l'époque de sa promulgation? Non certes, il ne l'a pas dit, et nous ne pouvons pas suppléer à son silence.

» La cour d'Amiens a donc fait, par l'arrêt attaqué, une fausse application de l'art. 2135; elle a donc violé l'art. 2134 ; l'arrêt attaqué doit donc être cassé au profit de tous les demandeurs.

» Il devient, d'après cela, fort inutile d'examiner notre seconde question ; car elle rentre évidemment dans la première.

» En effet, s'il est vrai, comme le prétendent les héritiers de la dame Tillette, que l'art. 2135 fût applicable à l'hypothèque légale que leur mère avait acquise par son contrat de mariage ; s'il était vrai que l'art. 2135, en conservant cette hypothèque à la dame Tillette, l'eût affranchie de la nécessité d'une inscription pour en maintenir le rang primitif, la dame Tillette se serait certainement trouvée, par l'effet de cet article, combiné avec celui de la loi du 16 ventose an 9, au même point que si, dans les trois mois de la levée du séquestre des biens de son mari, elle eût fait inscrire cette hypothèque.

» Or, si, dans les trois mois de la levée du séquestre, elle avait fait inscrire son hypothèque, elle aurait certainement, par la puissance de la loi du 16 ventose an 9, replacé son hypothèque à la date de son contrat de mariage, elle l'aurait par conséquent replacée à une date antérieure à l'inscription des sieur et dame Blin.

» Et il est évident que, dans cette supposition, les sieur et dame Blin ne pourraient pas invoquer le §. dernier de l'art. 2155 ; car, dans cette supposition, les sieur et dame Blin n'auraient acquis, par leur inscription du 15 germinal an 7, qu'un droit subordonné à l'exercice de la dame Tillette eût pu faire, par la suite, de la faculté que les lois subséquentes lui auraient accordée de faire inscrire son hypothèque à son premier rang ; il est évident que, dans cette supposition, la dame Tillette eût replacé son hypothèque à son premier rang, en la faisant inscrire dans les trois mois de la levée du séquestre de son mari ; il est évident que, dans cette supposition, l'art. 2135 aurait équipollé, pour la dame Tillette, à une inscription qu'elle eût prise avant le 15 floréal an 13 ; il est évident, en un mot, que, dans cette supposition, les sieur et dame Blin, ne pourraient pas primer la dame Tillette.

» Ce n'est donc pas entre les héritiers de la dame Tillette et les sieur et dame Blin que doit être agitée la question de savoir si l'inscription prise par les sieur et dame Blin, le 15 germinal an 7, est valable ou non. Cette question ne peut être agitée compétemment qu'entre les sieur et dame Blin et les autres créanciers.

» Mais du reste, il est bien démontré que l'arrêt attaqué viole, au préjudice des sieur et dame Blin, comme au préjudice des autres demandeurs, l'art. 2134 du Code civil ; et nous estimons en conséquence qu'il y a lieu de le casser et annuler ».

Par arrêt du 7 avril 1813, au rapport de M. Minier, « vu les art. 2121, 2134 et 2155 du Code civil ; considérant qu'il résulte de la combinaison de ces articles que le Code civil, qui ne peut avoir d'effet rétroactif, ne donne une hypothèque légale qu'aux femmes encore mariées à l'époque de sa publication ; que l'art. 2134 établit, comme règle générale, soumise au seules exceptions portées par l'art. 2135 subséquent, que l'hypothèque n'a rang que du jour de l'inscription prise sur les registres du conservateur, dans la forme et de la manière prescrites par la loi ; que si la dame Manessier de Sélincourt avait, aux termes de l'ancienne législation, une hypothèque remontant à son contrat de mariage, elle n'aurait pu en conserver l'effet après son divorce, qu'autant qu'elle se serait conformée à ce qui était prescrit par les lois sous l'empire desquelles elle vivait alors, et qu'elle se serait valablement fait inscrire au bureau des hypothèques de la situation des biens de son mari, soit lorsque la loi du 11 brumaire an 7 l'y assujettissait, soit à l'époque de la promulgation des lois de 16 pluviôse et 17 germinal de la même année, soit enfin aux termes de la loi du 16 ventôse an 9, dans les trois mois de la levée du séquestre apposé sur les biens de son mari (levée qui n'a eu lieu que le 11 pluviôse an 13); que la dame Manessier, divorcée le 13 pluviose an 2, avait bien pris une inscription en l'an 12; mais que cette inscription a été déclarée nulle pour n'avoir pas été faite régulièrement et conformément à ce qui était prescrit par les lois alors existantes, et qu'elle est décédée sans avoir réparé ce vice; que ses héritiers bénéficiaires ne se sont pas mis eux-mêmes en mesure de le réparer; que cependant il existait des inscriptions régulières prises par divers créanciers, et notamment par les sieur et dame Blin de Bourdon, demandeurs, par l'effet desquelles inscriptions, ils avaient des droits acquis et dans la possession desquels ils étaient maintenus part l'art. 2155 du Code civil; qu'ils n'ont pu être privés de ces droits, que par la fausse application qui a été faite par la Cour d'Amiens des articles du Code, ci-dessus cités, et par la violation la plus évidente de ces mêmes articles; la cour casse et annulle.... ».

Par la même raison, les héritiers d'une femme morte avant le Code civil, ne peuvent pas prétendre, en vertu de l'art. 2135 de ce Code, un hypothèque sans inscription pour le recouvrement de sa dot et de ses conventions matrimoniales.

M. Lambert, contrôleur-général des finances, est mort, en 1794, inscrit sur la liste des émigrés. De trois enfans qu'il laissait, savoir : Paul-Augustin-Joseph, Claude-Guillaume et Lambert-Milly ; le dernier était inscrit sur la même liste.

Le 30 juin 1806, Paul-Augustin-Joseph et Claude-Guillaume-Lambert prennent, contre la succession de leur père mort en 1794, une inscription hypothécaire pour sûreté des créances et reprises matrimoniales de leur mère, morte vingt ans avant la promulgation du Code civil; mais ils n'indiquent pas, dans cette inscription, l'époque de l'exigibilité des créances qu'ils réclament.

Les sieur et demoiselle Goudoin, inscrits postérieurement, soutiennent que cette inscription est nulle, parce que les sieurs Lambert ne l'ont pas rectifiée dans le délai qui leur avait été accordé à cet effet par la loi du 3 septembre 1807.

Ceux-ci répondent que leur inscription était surabondante, parce que leur mère avait une hypothèque légale dont le bénéfice a passé à ses héritiers.

Le 23 avril 1811, jugement du tribunal de première instance de Cosne, qui déclare cette inscription nulle, parce qu'elle ne contient pas la mention de l'époque de l'exigibilité dés créances; et décide que le bénéfice de l'hypothèque légale accordée aux femmes, ne peut pas être étendu à leurs héritiers.

Les sieurs Lambert appellent de ce jugement.

Le 6 juin 1812, arrêt de la Cour des Bourges, qui, « attendu que les frères Lambert n'ont pas eu besoin d'inscription pour conserver leurs droits, parce qu'aux termes de l'art. 2135 du Code civil, leur mère avait eu sur les biens de son mari un hypothèque légale, et que le bénéfice de cette hypothèque légale a passé à ses héritiers, ainsi que cela résulte des avis du Conseil d'état, des 1er juin 1807 et 8 mai 1812, «met l'appellation et ce dont est appel au néant, émendant, ordonne que les sieurs Lambert seront colloqués avant les sieur et demoiselle Goudoin ».

Les sieur et demoiselle Goudoin se pourvoient en cassation; et par arrêt des 9 novembre 1813, au rapport de M. Ruperou, «vu les art. 2121, 2134 et 2135, n° 2, du Code civil; attendu qu'il résulte de la lettre et de l'esprit des articles précités, que l'hypothèque n'existe, indépendamment de toute inscription, au profit des femmes, sur les biens de leurs maris, qu'autant qu'elles étaient encore dans les liens du mariage au moment de la promulgation du Code civil; qu'en effet, si le législateur a considéré que ces femmes, n'ayant pas l'exercice de leurs droits, méritaient une exception spéciale, lorsqu'il s'agissait de la sûreté et de la conservation de leurs propres intérêts, contre ceux là même dans la dépendance desquels le mariage subsistant les détenait, il a considéré, en même temps, que cette cause cessant, l'exception, qui en étaoit l'effet, devait cesser avec elle ; et qu'ainsi, la femme devenue libre et maîtresse de ses droits, antérieurement à la promulgation du Code civil, devait (et par la même raison ses représentans) prendre inscription, conformément à la loi alors existante, pour sûreté et payement de ses reprises et créances sur les biens de son mari; que les nouvelles lois hypothécaires, antérieures à ce Code, assujettissant les femmes à prendre inscription sur les biens de leurs maris, celles qui sont décédées avant sa promulgation n'ont pu transmettre à leurs héritiers la dispense de cette formalité, puisqu'elles n'en ont pas joui elles-mêmes ; que les avis du conseil d'état, des 9 mai 1807 et 8 mai 1812, en mentionnant les représentans des femmes, n'ont évidemment entendu parler que des femmes qui, ayant vécu sous l'empire du Code civil, sont mortes investies du bénéfice de l'hypothèque légale, que par cela même elles ont transmis à leurs héritiers ; d'où il suit qu'en décidant que les frères Lambert avaient, sans le secours d'aucune inscription, une hypothèque légale sur les biens de leur père, pour le paiement de la dot, et l'exécution des autres conventions matrimoniales de leur mère, *décédée vingt ans avant la promulgation du Code civil*, la Cour de Bourges a faussement appliqué et violé les articles de loi sus-référés ; la Cour casse et annulle..... ».

V. ci-après, § 5, n°. 15 *bis.*, dans les *additions.* (*Note de l'éditeur.*)

§. 5 n°. VIII. *page* 236, *col.* 1, *après la cinquième ligne de la note*, ajoutez :

V. L'arrêt du 17 décembre 1812 rapporte au mot *Hypothèque*, sect. 2, §. 2, art. 16, n. 3, dans les *additions.*

N°. XV. *page* 245, *col.* 1, *après la ligne* 15, *ajoutez* :

XV. *bis.* Les dispositions de l'art. 2153 sont-elles applicables aux inscriptions prises sous le Code civil pour les droits nuptiaux d'une femme mariée, qui était morte avant la publication du Code ?

Cette question s'est présentée dans la seconde des espèces rappelées ci-dessus, §. 3, n. 12, note 1, dans les *Additions.*)

On se rappelle que dans cette affaire, l'inscription que les sieurs Lambert avaient prise le 30 juin 1806, sur la succession de leur père, pour les droits nuptiaux de leur mère, morte plus de vingt ans auparavant, était arguée de nullité, sur le fondement qu'elle n'indiquait pas l'époque de l'exigibilité de la somme à laquelle ils avaient évalué ces droits, et que cette omission n'avait pas été réparée dans le délai fixé par la loi du 4 septembre 1807.

Pour déclarer cette inscription valable, la Cour de Bourges ne s'était pas bornée à dire que l'hypothèque des sieurs Lambert s'était conservée sans inscription ; et qu'ainsi, l'inscription qu'ils avaient prise, était surabondante ; elle avait encore dit (et c'était même le premier motif de son arrêt) que, « si, l'art. 2148 du Code civil prescrit la mention de l'époque de l'exigibilité de la créance, à peine de nullité, l'art. 2153 en dispense les inscriptions pour les droits d'hypothèque purement légales, et que telle était celle des frères Lambert. »

L'arrêt de cassation du 9 novembre 1813, ne s'était pas expliqué catégoriquement sur ce motif ; et comme il avait été rendu par défaut contre les sieurs Lambert, ceux-ci, en y formant opposition, n'ont pas manqué de soutenir que ce motif suffisait seul pour justifier l'arrêt rendu en leur faveur.

L'affaire a donc présenté, dans le nouvel examen qu'elle a subi, deux questions distinctes : la première, si les sieurs Lambert avaient été dispensés d'inscrire l'hypothèque de leur mère ; l'autre, si, dans le cas où ils n'en eussent pas été dispensés, ils avaient pu, d'après l'art. 2153, omettre dans leur inscription l'époque de l'exigibilité de la créance qu'ils avaient inscrite.

Sur la première question, les principes qui avaient déterminé, non-seulement l'arrêt du 9 novembre 1813, mais encore celui du 7 avril précédent, levaient toute difficulté, et il en résultait clairement que la Cour de Bourges, en jugeant que l'inscription prise par les sieurs Lambert, avait été surabondante, avait faussement appliqué l'article 2135 et violé les articles 2121 et 2134 du Code civil.

Mais de là même dérivait nécessairement la conséquence, que la seconde question ne pouvait être résolue qu'au désavantage des sieurs Lambert.

En effet, dès qu'il est bien reconnu que l'hypothèque des femmes qui ont cessé d'être *mariées* avant le Code civil, ne jouit pas du privilége de l'art. 2135, sur quoi se fonderait-on pour juger que cette même hypothèque jouit du privilége de l'art. 2153 ?

L'art. 2153 dispose-t-il en faveur d'autres femmes que l'art. 2135 ? Non : comme l'art. 2135, il ne dispose qu'en faveur des femmes mariées ; il ne peut donc, comme l'art. 2135, être appliqué qu'aux femmes qui, ou ont été mariées sous le Code civil, ou ayant été mariées auparavant, l'étaient encore au moment où le Code civil a été publié.

On peut objecter, il est vrai, que la loi du 11 brumaire an 7, tout en assujettissant l'hypothèque de la femme mariée à la nécessité de l'inscription dans tous les cas, ne laissait pas de l'affranchir, art. 21, de la formalité de la mention de l'époque de l'exigibilité ; que dès-là, il ne doit pas être permis d'arguer de la non-exemption de la nécessité d'inscrire une hypothèque, à la non-exemption de la nécessité de mentionner dans une inscription, l'époque de l'exigibilité de la créance inscrite ; que, dès-là, par conséquent l'art. 2153 du Code civil pourrait bien être applicable aux femmes qui, avant le Code civil, avaient cessé d'être mariées, quoique l'art. 2135 ne le fût pas.

Mais cette objection ne serait qu'un mauvais paralogisme.

L'art. 21 de la loi du 11 brumaire an 7, n'affranchissait pas indistinctement dans tous les cas l'inscription de la femme mariée, de la formalité de la mention de l'époque de l'exigibilité : il ne l'en affranchissait que dans le cas où les *droits matrimoniaux*, pour la conservation desquels elle était prise, n'étaient *encore ni ouverts ni déterminés* ; et l'on conçoit parfaitement pourquoi il l'en affranchissait dans ce cas : c'est qu'alors, il y avait impossibilité d'indiquer dans l'inscription l'époque où de pareils droits seraient exigibles.

Cet affranchissement n'aurait donc pas eu lieu, même sous la loi du 11 brumaire an 7, s'il se fût agi des droits matrimoniaux d'une femme qui eût cessé d'être mariée avant la publication de cette loi, ou, en d'autres termes, de droits matrimoniaux qui, avant la publication de cette loi, eussent été ouverts et déterminés.

Et d'après cela, comment voudrait-on argumenter ici de l'art. 21 de la loi du 11 brumaire an 7, pour en inférer que la mention de l'époque de l'éxigibilité n'est pas nécessaire dans l'inscription prise sous le Code civil pour les droits matrimoniaux d'une femme qui avait cessé d'être mariée, non-seulement avant le Code civil, mais même avant la loi du 11 brumaire an 7 ?

On sait bien qu'il y a, à cet égard, une différence entre l'art. 21 de la loi du 11 brumaire an 7, et l'art. 2153 du Code civil; que l'art. 2153 du Code civil affranchit, dans tous les cas, l'hypothèque légale de la femme mariée, de la mention de l'époque de l'exigibilité; qu'il l'en affranchit même pour les droits déjà ouverts et déterminés, puisque, relativement à ces droits, il se borne à exiger que le montant en soit indiqué dans le bordereau; tandis que l'art. 21 de la loi du 11 brumaire an 7 ne l'affranchissait que pour les droits non déterminés ni ouverts.

Mais il reste toujours à dire que l'art. 2153 du Code civil ne dispose qu'en faveur des femmes qui ont vécu sous le Code civil même, en état de mariage; qu'il ne peut pas plus que l'art. 2135, s'appliquer aux femmes dont le mariage avait été dissous avant le Code civil; et que par conséquent celles-ci rentrent, quant à la manière de s'inscrire, dans le droit commun de l'article 2148.

Sans doute, la femme qui a vécu mariée sous le Code civil, jouit encore, après la dissolution de son mariage, du privilége que lui accorde l'art. 2153, de pouvoir s'inscrire sans indiquer dans son Inscription l'époque de l'exigibilité de ses droits, qui alors sont bien constamment ouverts et déterminés ?

Sans doute et par la même raison, les héritiers de la femme qui a vécu mariée sous le Code civil, jouissent du même privilége.

Mais pourquoi ce privilége se continue-t-il ainsi dans la personne de la femme devenue veuve sous le Code civil, et dans celle des héritiers de la femme qui, sous le Code civil, a vécu en état de mariage ?

C'est parce que le Code civil l'a conféré à la femme qui a vécu mariée sous son empire, parce que ce privilége une fois acquis à la femme, ne peut pas s'éteindre de lui-même; parce qu'il doit, par suite, subsister tant pour elle nonobstant sa viduité, que pour ses héritiers nonobstant sa mort.

Mais la femme qui avait cessé d'être mariée avant le Code civil, à quel titre en jouirait-elle aujourd'hui ? A quel titre ses héritiers en jouiraient-ils aujourd'hui de son chef ? Elle ne l'avait pas avant le Code civil, et le Code civil ne le lui a pas donné.

Encore un mot. C'est déjà faire beaucoup, et peut-être beaucoup trop, pour la femme et pour ses héritiers, que de leur appliquer, après la dissolution d'un mariage qui a existé sous le Code civil, la disposition de l'art. 2153 qui affranchit de la mention de l'époque de l'exigibilité, des droits nuptiaux qui alors sont déterminés et ouverts. Alors, en effet, les motifs de l'art. 2153 n'ont plus d'objet, puisque les droits nuptiaux de la femme étant ouverts et déterminés, rien n'empêche qu'on n'indique dans l'Inscription prise pour les assurer, l'époque où ils seront exigibles. On peut donc dire que les faire jouir, en ce cas, du privilége résultant de l'art. 2153, c'est aller contra rationem juris.

Or, il est de principe, et la loi 14, D. de legibus, dit nettement que, quod contrà rationem juris receptum est, non est producendum ad consequentias.

On ne peut donc étendre, ni aux femmes qui n'étaient plus mariées lors de la publication du Code civil, ni à leurs héritiers le privilége que l'art. 2153, n'accorde qu'aux femmes qui se trouvaient mariées au moment de sa publication.

Aussi les sieurs Lambert n'ont-ils pas pu, en se faisant restituer contre l'arrêt de cassation, du 9 novembre 1813, parvenir à faire maintenir celui que la cour de Bourges avait rendu en leur faveur. Par arrêt du 5 décembre 1814, au rapport de M. Rupérou, et après un long délibéré, « vu les art. 2121, 2134, 2135, 2148 et 2153 du Code civil; attendu, 1° qu'il résulte de la lettre et de l'esprit des art. 2121, 2134 et 2135 que l'hypothèque n'existe, indépendamment de toute Inscription, au profit des femmes sur les biens de leurs maris, qu'autant qu'elles étaient dans les liens du mariage, au moment de la promulgation du Code civil; qu'ainsi, la femme devenue libre et maîtresse de ses droits antérieurement à cette promulgation (et par la même raison ses héritiers), a dû prendre Inscription pour sûreté de ses reprises et créances sur les biens de son mari; que les avis du conseil d'état des 1er juin 1807 et 8 mai 1812, en mentionnant les représentans des femmes, n'ont entendu parler que des femmes qui, ayant vécu sous l'empire du Code civil, sont mortes investies du bénéfice de l'hypothèque légale, bénéfice qui ne pouvant s'éteindre de lui-même, doit subsister pour leurs héritiers, nonobstant leur mort; 2° qu'il existe une corélation intime entre l'art. 2135, qui conserve les droits des femmes, indépendamment de l'Inscription, et l'art. 2153, qui, dans l'Inscription qui se fait de ces droits, n'exige pas la mention de l'époque de l'exigibilité; qu'il résulte des expressions femmes mariées, employées dans l'art. 2153, qu'il ne dispose qu'en faveur des femmes qui ont vécu sous le Code civil même, en état de mariage; et qu'il ne peut pas plus que l'art. 2135, s'appliquer aux femmes dont le mariage avait été dissous avant le Code civil; que par conséquent celles-ci rentrent, quant à la manière de s'inscrire, dans le droit commun de l'art. 2148, qui prescrit la mention de l'époque de l'exigibilité; 3° que l'arrêt attaqué a décidé en fait que l'Inscription des frères Lambert ne contenait pas la mention de l'époque de l'exigibilité, et qu'une semblable décision ne saurait être soumise à la censure de la cour de cassation; de tout quoi il résulte qu'en décidant que les frères Lambert avaient, sans le secours d'aucune Inscription, une hypothèque légale sur les biens de leur père, pour le payement des créances et reprises matrimoniales de leur mère, décédée avant la promulgation du Code civil, et qu'en tout cas, l'Inscription qu'ils ont prise, était dispensée de la formalité de la mention de l'époque de l'exigibilité, la cour d'appel de Bourges a faussement appliqué les art. 2135 et 2153 du Code civil, et par suite violé les art. 2121, 2154 et 2148 du même Code; la cour casse et annulle.... ».

INSTITUTION CONTRACTUELLE, §. V. page 299, col. 2, avant le n° IX, ajoutez,

V. le plaidoyer du 26 mai 1813, rapporté au mot *Prescription*, dans les *Additions*.]]

§. XII, n. I. page 340, col. 2, après la ligne 3, ajoutez:

[[Une institution contractuelle faite, avant l'année 1789, sous la condition qu'elle serait résolue s'il ne restait point d'enfant du mariage à l'époque où l'instituant viendrait à mourir, est-elle devenue caduque par l'émigration des enfans de l'institué, avant le décès de l'instituant, surtout si l'instituant n'a pas survécu à la loi du 12 ventose an 8, et si, avant cette loi, l'émigration des enfans de l'institué n'a pas été instituée légalement?
V. le plaidoyer du 8, et l'arrêt du 10 mars 1813, rapportés dans ces *Additions*, au mot *Emigration*, §. 18.]]

INSTITUTION D'HÉRITIERS, Sect. IV, n. V. page 378, col. 2, avant le n° 6 ajoutez:

[[Que faudait-il décider, si le testateur avait disposé sous un nom qui n'était pas le sien, mais qu'il portait habituellement? V. *Testament*, sect. 4.]]

INTENTION. Page 420, col. 1, à la fin de l'article, ajoutez:

. V. l'article *Violence*, n. 7.]]

INTÉRÊTS, §. IV, n. III. page 454, col. 2. ligne 55, après fois, ajoutez: V. *Conscription militaire*, §. 11, dans les *Additions*.

INTERLOCUTOIRE, n° III. page 474, col. 1, ligne 5, après §. 1, n. 7, ajoutez: et le plaidoyer ainsi que l'arrêt du 18 janvier 1813, rapporté au mot *Testament*, sect. 4, §. 5.

Même page et même col., à la fin de l'article ajoutez:

V. 1° Les jugemens interlocutoires lient-ils, en définitive, les tribunaux qui les ont rendus? 2° Pour déterminer, à cet égard, si un jugement est définitif ou s'il n'est qu'interlocutoire, est-ce à ses motifs,

est-ce à son dispositif que l'on doit s'attacher? V. *Communaux*; §. 4 *bis*, dans les *Additions*. V. aussi, sur la première question, l'article *Chose jugée*, §. 15.

INTERRUPTION DE POURSUITE. Page 489, col. 1, après la dernière ligne, ajoutez:

La disposition ci-dessus rappelée de l'art. 61 de la loi du 22 frimaire an 7, est-elle applicable à d'autres prescriptions que celles qui sont établies par le même article? L'est-elle notamment à la prescription de 50 ans? V. *Enregistrement* (droit d'), § 4 *bis*, dans les *Additions*.

INTERRUPTION DE PRESCRIPTION. Page 493, col. 2, ligne 43, au lieu de l'interprétation, lisez; l'interruption.

Page 494, col. 2, après la ligne 44, ajoutez:

XVI. En est-il à cet égard des associés non-commercans et des simples communiers, comme des créanciers solidaires? V. le plaidoyer du 14 août 1813; rapporté au mot *Sur-enchère*, n. 3 *ter*.

Au surplus, V. etc.

INTERVENTION. Page 498, col, 2, avant le n° IV, ajoutez:

III *bis*. Lorsqu'un absent présumé a été condamné par défaut en première instance, et que ses créanciers, exerçant ses droits, appellent du jugement rendu contre lui, le juge d'appel peut-il, sur les conclusions prises d'office par le ministère public, ordonner qu'il interviendra par l'organe d'un administrateur provisoire qui lui sera nommé à cet effet? V. le plaidoyer et l'arrêt du 8 avril 1812, rapportés au mot *Testament*, sect 5.

Page 498, col. 2, après le n° III ajoutez:

III *bis*. Quel est, par rapport aux consorts d'un appelant qui sont encore dans le délai pour appeler, l'effet de l'assignation qui leur est donnée par l'intimé, pour qu'ils soient tenus d'intervenir sur l'appel? V. le plaidoyer et l'arrêt du 11 mai 1812, rapportés au mot *Testament*, sect. 2, §. 5, art., 3, n. 12.

JUGE. à la fin de l'article, ajoutez:

XIV. On a expliqué sous les mots *Cour de cassation*, n°. 3, la manière dont il doit être procédé à l'égard des juges prévenus de délits ou de crimes commis dans l'exercice de leurs fonctions.
Quant aux juges prévenus de délits ou de crimes commis hors de leurs fonctions, les art. 479, 480, 481, et 482 du Code d'instruction criminelle contiennent des dispositions trop connues pour qu'il soit nécessaire de les transcrire ici.
Ces dispositions sont-elles restreintes au cas où le magistrat prévenu d'un crime ou d'un délit commis

51.

hors de ses fontions, est poursuivi dans le ressort de la cour où il exerce ses fontions mêmes?

Les art. 481 et 482 sont-il abrogés par les art. 10 et 18 de la loi du 20 avril 1810?

Pour décider, dans le cas déterminé par l'art. 482, s'il y a lieu de poursuivre un magistrat de cour souveraine, la cour de cassation doit-elle entrer dans l'examen des charges, ou se borner à examiner le titre de la plainte ou dénontiation?

Ces trois questions ont été agitées dans le réquisitoire et jugées par l'arrêt que voici.

« Le procureur général du Roi expose que, le 14 mai présent mois, le sieur Tristan-Gabriel de la Tour-Saint-Igest, demeurant à Paris, a rendu, devant le procureur du Roi au tribunal de première instance du département de la Seine, une plainte contenant en substance,

» Que, le 30 novembre 1812, il avait, par acte passé en brevet devant un notaire à la résidence du Gobarret, département des Landes, donné à Me...., notaire à Paris, une procuration à l'effet, 1° de poursuivre, en son nom *le remboursement de sommes qui lui étaient dues par les sieurs Durieu et Devillaire* et d'en donner quittance; 2°. de vendre dix-sept actions de la banque de France, d'en recevoir le prix et de toucher tous les dividendes échus et à échoir de ces actions;

» Que, le 12 janvier 1813, cette procuration avait été déposée pour minute à Me.... lui-même; Que, le 1er. juillet suivant, Me.... en avait délivré un extrait qui, la dénaturant dans ses dispositions essentielles, la présentait comme donnant à J. A. F. R., son principal clerc, *entr'autres pouvoirs, ceux de poursuivre le remboursement des sommes qui pouvaient lui être dues; en cas de payement, fournir toutes quittances valables et exigées;*

» Que, le 6 du même mois, le sieur R..., muni de ce faux extrait, s'était présenté devant Me Lebrun, notaire, comme fondé de la procuration générale du sieur de la Tour-Saint-Igest; que là, et en présence d'un sieur Meunier, *ayant mission et se portant fort de M......, conseiller à la cour de.... et de madame...., son épouse,* il avait déclaré par une quittance sous seing-privé du 16 juin précédent, il avait reconnu avoir reçu de monsieur.... et de madame...., son épouse, et des mains de cette dernière, la somme de 21,000 fr., *à valoir et en déduction d'une créance principale de plus forte somme (montant à 70,000 fr.), due originairement par lesdits sieurs et dames...., à la dame R..., veuve L..., et transportée audit sieur* de la Tour-Saint-Igest; et qu'au moyen tant de cette somme que de celle de 49,000 fr. précédemment déléguée au sieur de la Tour-Saint-Igest, par différens contrats de vente souscrits des sieurs dame...., la créance du sieur de la Tour-Saint-Igest sur les sieur et dame...., se trouvait éteinte, sauf la garantie des délégations, à laquelle une propriété appartenante à ceux-ci et désignée nominativement, demeurait hypothéquée;

» Que, le 31 du même mois, M..., et son épouse, après avoir pris devant notaires, à..... lecture d'une expédition de cet acte du 6, l'avaient *approuvé, confirmé et ratifié en tout son contenu;*

» Qu'ainsi M.... s'était rendu propre la part que le sieur Meunier avait prise en son nom à l'acte du 6 juillet; et que par conséquent il était devenu complice du crime de faux commis dans cet acte par le sieur R.

» En conséquence le sieur de la Tour-Saint-Igest a requis le procureur du Roi de lui donner acte de la plainte en faux qu'il rendait contre les sieurs R. et T.

» A la vue de cette plainte et des pièces qui y étaient jointes, le procureur du Roi a cru devoir, attendu la qualité de M. D....., et d'après les art. 481 et 482 du Code d'instruction criminelle, en adresser une copie à M. le chancelier; et M. le chancelier a transmis cette copie à l'exposant, en le chargeant de faire à cet égard les réquisitions nécessaires.

» M. le chancelier a en même temps fait passer à l'exposant une lettre du sieur de la Tour-Saint-Igest, par laquelle celui-ci réclame contre la marche adoptée par le procureur du Roi, et soutient que le faux dont il accuse M...., ayant été commis à Paris et par conséquent hors du ressort de la cour royale de...., il n'y a pas lieu, en ce qui concerne M....., à la forme de procéder prescrite par l'article cité du Code d'instruction criminelle.

» Dans cet état des choses, deux questions se présentent à l'examen de la cour de cassation : la première, si M.... peut, comme prévenu de complicité du crime de faux dont il s'agit, être poursuivi devant un juge d'instruction placé hors du ressort de la cour dont il est membre, sans qu'au préalable il ait été décidé par la cour de cassation qu'il y a lieu de poursuivre M....

» La première question est déjà résolue pour la négative par la manière dont les art. 481 et 482 du Code d'instruction criminelle ont été exécutés jusqu'à présent.

» Depuis la mise en activité du Code d'instruction criminelle, il ne s'est offert à la cour que trois occasions d'exercer la juridiction que lui attribuent les art. 481 et 482 de ce Code. De ces trois occasions, il en est deux où il s'agissait précisément de délits ou de crimes prétendus commis par des magistrats de cours souveraines hors de l'exercice de leurs fonctions, et poursuivis devant des tribunaux étrangers au ressort des cours auxquelles ces magistrats appartenaient; et dans toutes deux, la cour de cassation, se regardant comme investie par les articles cités, du pouvoir de déclarer s'il y avait lieu de poursuivre ces magistrats, a exercé ce pouvoir en déclarant, par des arrêts motivés sur le fond de chaque affaire qu'il n'y avait pas lieu a poursuite.

» Le premier de ces arrêts a été rendu, le 8 décembre 1812, au rapport de M. Génevois, sur une plainte en escroquerie portée devant le juge d'instruction du département de la Seine, contre un substitut du procureur-général de la cour d'Angers.

» Le deuxième l'a été, le 29 juin 1813, au rapport de M. Borel, sur un procès-verbal par lequel un conseiller à la cour de Metz était prévenu d'avoir commis à Sainte-Ménéhould, dans le ressort de la cour de Paris, une contravention à la police des rivières.

» En rendant ces deux arrêts, la cour n'a pas douté du droit qu'elle avait de les rendre.

» Et, en effet, il suffit de lire les art. 481 et 482, il suffit de les comparer avec les art. 479 et 480, pour se convaincre que toute espèce de doute à cet égard eût été mal fondé.

» L'art. 479 porte que, *lorsqu'un juge de paix, un membre de tribunal correctionnel ou de première instance, ou un officier chargé du ministère public près l'un de ces tribunaux, sera prévenu d'avoir commis, hors de ses fonctions, un délit emportant une peine correctionnelle, le procureur-général près la cour (royale), le fera citer devant cette cour, qui prononcera sans qu'il puisse y avoir appel.*

» Il n'y a là, comme l'on voit, aucune distinction entre le cas où il s'agit de poursuivre les magistrats inférieurs dans le ressort de la cour où ils sont établis, et le cas où il s'agit de les poursuivre dans le ressort d'une cour qui n'a aucune juridiction sur leur domicile.

» La loi s'explique en termes généraux; et par conséquent elle est applicable au second cas comme au premier.

» Distinguer entre l'un et l'autre, tandis que la loi les confond et les identifie tous deux, ce serait remettre à la discrétion, ce serait abandonner à la pure et arbitraire volonté d'un procureur-général, la prérogative qu'ont les magistrats inférieurs de ne pouvoir être poursuivis correctionnellement que devant une cour royale.

» Car, aux termes des articles 29 et 63 du Code d'instruction criminelle, le juge du domicile d'un prévenu, le juge même du lieu où un prévenu est trouvé, sont aussi compétens que peut l'être celui du lieu du délit, pour lui faire son procès et le juger.

» Ainsi, qu'un magistrat inférieur commette un délit dans le ressort d'une cour étrangère à son domicile, et qu'il soit trouvé, après l'avoir commis, dans le ressort d'une cour qui n'est ni celle de son domicile, ni celle du lieu du délit; il pourra être traduit indifféremment ou devant le juge du lieu du délit, ou devant celui de son domicile, ou devant celui du lieu où il se trouve momentanément.

» Qu'arriverait-il donc si la disposition de l'art. 479 était limitée au cas où ce magistrat serait poursuivi correctionnellement dans le ressort de la cour à laquelle il est subordonné par ses fonctions;

» Il arriverait que les procureurs-généraux des trois cours pourraient le frustrer de la prérogative qui lui est conférée par l'art. 479; que celui de la cour dans le ressort de laquelle ce magistrat exerce ses fonctions, pourrait l'en frustrer en s'abstenant de le poursuivre; et que l'un des deux autres pourrait l'en frustrer en le poursuivant.

» Assurément il n'est pas permis de présumer que la loi ait voulu rendre aussi précaire pour les magistrats inférieurs, une prérogative qu'elle leur a accordée que parce qu'elle y a attaché un grand prix; et encore une fois, la preuve qu'elle ne l'a pas voulu, est qu'elle s'est exprimée d'une manière tellement générale, tellement indéfinie, qu'elle n'a laissé prise à aucune distinction.

» A la suite de l'article 479 vient l'article 480 qui est ainsi conçu : « s'il s'agit d'un crime empor- » tant peine afflictive ou infamante, *le procureur-* » *général près la cour (royale)* et le premier pré- » sident de cette cour désigneront, le premier, le » magistrat qui exercera les fonctions d'officier de » police judiciaire; le second, le magistrat qui exer- » cera les fonctions de juge d'instruction ».

» Ici, comme dans la disposition précédente, la loi ne dit pas : *le procureur-général près la cour (royale) du lieu où le magistrat inculpé exerce ses fonctions;* elle ne dit pas non plus : *le procureur-général près la cour (royale) du lieu où se trouve momentanément le magistrat inculpé;* elle ne dit pas non plus : *le procureur-général de la cour (royale) du lieu du délit;* elle dit tout simplement : *le procureur-général près la cour (royale);* et par conséquent elle ne désigne pas plus celui-ci que les deux autres; et par conséquent elle les comprend tous trois dans la dénomination qu'elle emploie; et par conséquent elle est censée dire : *le procureur-général près la cour (royale) qui aura dans son ressort, soit le lieu du délit, soit le lieu du domicile du prévenu, soit le lieu de sa résidence momentanée.*

» Maintenant abordons l'art. 481. Si c'est (y est-il dit) *un membre de cour (royale) ou un officier exerçant près d'elle le ministère public, qui soit prévenu d'avoir commis un délit ou un crime hors de ses fonctions,* L'OFFICIER QUI AURA REÇU LES DÉNONCIATIONS OU LES PLAINTES, *sera tenu d'en envoyer de suite des copies au ministre de la justice, sans aucun retard de l'instruction qui sera continuée comme il est précédemment réglé, et il lui adressera pareillement une copie des pièces.*

» A quel officier cet article impose-t-il l'obligation d'envoyer au ministre de la justice la copie de la plainte ou dénonciation qui aura été portée contre un magistrat de cour souveraine ?

» Est-ce seulement à l'officier dans l'arrondissement duquel est domicilié ou se trouve momentanément le magistrat prévenu ?

» Non, c'est en général à *l'officier qui aura reçu la dénonciation ou plainte.*

» Et quel est l'officier compétent pour recevoir une plainte ou une dénonciation ?

» On l'a déjà dit : les art. 29 et 63 déclarent tel, et l'officier de police judiciaire du lieu du délit, et l'officier de police judiciaire du domicile du prévenu, et l'officier de police judiciaire du lieu où le prévenu peut être trouvé.

» Donc, quel que soit celui de ces trois officiers qui a reçu une plainte ou dénonciation contre un magistrat de cour souveraine, il ne peut se dispenser d'en envoyer copie au ministre de la justice.

» Donc la disposition de l'art. 481 embrasse, comme celles des art. 479 et 480, tous les cas où un magistrat est poursuivi.

» Donc elle exclut toute distinction entre le cas où les poursuites s'exercent dans le domicile du magistrat, et le cas où les poursuites s'exercent dans le lieu du délit.

» L'art. 482 ne contient pas un mot qui ne se concilie parfaitement avec cette manière d'entendre l'art. 481.

» *Le ministre de la justice* (porte-t-il) *transmettra les pièces à la cour de cassation, qui renverra l'affaire, s'il y a lieu, soit à un tribunal de police correctionnelle, soit à un juge d'instruction, pris l'un et l'autre hors du ressort de la cour à laquelle appartient le magistrat inculpé. S'il s'agit de prononcer la mise en accusation, le renvoi sera fait à une autre cour* (royale).

» Il résulte bien de là que le magistrat de cour souveraine qui est prévenu d'un délit ou d'un crime par une plainte ou dénonciation portée dans le ressort de sa compagnie, ne peut pas être traduit, soit devant un tribunal correctionnel, soit devant un juge d'instruction de ce même ressort ; et que si un tribunal correctionnel, si un juge d'instruction de ce même ressort est saisi de la plainte ou dénonciation, la cour de cassation doit l'en dessaisir et renvoyer l'affaire à un tribunal ou à un juge d'un ressort étranger.

» Mais il n'en résulte nullement que si la plainte ou dénonciation est portée dans un autre ressort que celui de la cour à laquelle appartient le magistrat inculpé, la cour de cassation n'ait rien à faire sur cette plainte ou dénonciation ; il n'en résulte nullement que, dans ce cas, la cour de cassation n'ait pas encore deux choses à examiner : l'une, s'il y a lieu de poursuivre le magistrat, c'est-à-dire si la plainte ou dénonciation portée contre lui a pour objet des faits atteints par la loi pénale ; l'autre, si le tribunal ou le juge devant lequel la plainte ou dénonciation est portée, quoique placé hors du ressort de la cour à laquelle appartient le magistrat inculpé, n'offre pas de certaines préventions locales ou d'autres circonstances, des motifs de le dessaisir et de renvoyer l'affaire devant un tribunal ou juge d'instruction qui soit étranger

et au ressort de la compagnie de ce magistrat, au lieu du délit, et au lieu où ce magistrat peut être trouvé.

» A la vérité, il est dérogé à l'art 482 par l'art. 10 de la loi du 20 avril 1810 ; mais en quel point y est-il dérogé ? Pesons bien les termes de ce dernier article.

» *Lorsque de grands-officiers de la légion d'honneur, des généraux commandant une division ou un département, des archevêques, des évêques, des présidens de consistoire, des membres de la cour de cassation, de la cour des comptes* ET DES COURS (ROYALES) *et des préfets, seront prévenus de délits de police correctionnelle ; les cours* (royales) *en connaîtront de la manière prescrite par l'art. 479 du Code d'instruction criminelle.*

» Sans contredit un membre de cour royale qui se trouve prévenu d'un délit de police correctionnelle, ne peut plus, d'après cet article, comme il le devait d'après l'art. 482 du Code d'instruction criminelle, être renvoyé par la cour de cassation devant un tribunal correctionnel ressortissant à une autre cour que celle dont il fait partie.

» Mais ne doit-il pas encore être renvoyé par la cour de cassation devant une autre cour royale que la sienne ? Ce renvoi n'est-il pas encore nécessaire, pour que le procureur-général d'une cour royale quelconque puisse le citer immédiatement à l'audience de cette cour, et l'y faire juger en premier et dernier ressort ?

» L'art. 10 de la loi du 20 avril 1810 déroge sans doute à l'art. 482 du Code d'instruction criminelle, en tant que celui-ci rendait les magistrats de cours souveraines justiciables des tribunaux correctionnels en général, sauf l'appel ; mais il n'y déroge qu'en cela ; il ne déroge point à la disposition de celui-ci qui veut qu'un magistrat de cour souveraine ne puisse jamais être jugé, même sur appel, par sa propre compagnie ; et dès qu'il n'y déroge point, il est censé le maintenir. *Posteriores leges ad priores pertinent, nisi contrariæ sint,* dit la loi 28, D. de legibus.

» Inutile d'objecter que les membres des cours royales sont assimilés, par l'art. 10 de la loi du 20 avril 1810, aux grands-officiers de la légion d'honneur, aux généraux commandans de division et de départemens, aux archevêques, évêques et présidens de consistoires, aux membres de la cour de cassation, à ceux de la cour des comptes et aux préfets ; et que par conséquent ils sont, comme eux tous, passibles de poursuites directes devant une cour royale, sans renvoi préalable de la cour de cassation.

» L'art. 10 de la loi du 20 avril 1810 assimile bien les membres des cours royales aux autres officiers et fonctionnaires dont il parle, en ce qu'il les assujettit, comme eux, en matière correctionnelle, à la juridiction immédiate d'une cour royale quelconque. Mais il n'étend pas plus loin cette assimilation ; et il est facile de sentir qu'il n'a pas dû l'étendre davantage.

» Il n'y a aucun inconvénient à ce qu'en vertu de cet article, un évêque ou archevêque, un général commandant de division ou de département, un membre de la cour de cassation ou de la cour des comptes, un préfet, soit, dans tous les cas, et sans attribution spéciale de la cour de cassation, traduit directement devant la cour royale qui est appelée, par l'ordre naturel des juridictions, à connaître correctionnellement du délit dont il est prévenu.

» Mais il pourrait y avoir un très-grand inconvénient à ce qu'il en fût de même d'un magistrat de cour souveraine. Il arriverait le plus souvent que la cour royale appelée par l'ordre naturel des juridictions à le juger correctionnellement, serait celle même dont il fait partie; et alors, il y aurait tout lieu de craindre qu'il n'y trouvât, ou trop de sévérité, ce qui compromettrait son honneur et quelquefois sa fortune, ou trop de faveur, ce qui nuirait à la société.

» Au surplus, quand on pourrait supposer que l'art. 10 de la loi du 20 avril 1810 fait cesser absolument toutes les dispositions des art. 481 et 482 du Code d'instruction criminelle, relativement aux magistrats de cours souveraines prévenus de simples délits, on serait du moins forcé de convenir qu'il laisse les dispositions de ces articles parfaitement intactes, relativement aux magistrats de cours souveraines prévenus de crimes.

» Or, ici, ce n'est pas un simple délit, c'est d'un crime de faux qu'est prévenu M....

Ainsi, quelque parti que l'on adopte sur le sens de l'art. 10 de la loi du 20 avril 1810 par rapport aux magistrats de cours souveraines prévenus de délits, il reste toujours que M.... ne peut être poursuivi sur le crime dont il est prévenu, qu'après l'exacte observation des préliminaires réglés par les art. 481 et 82 du Code d'instruction criminelle.

» Prétendrait-on qu'il est dérogé à ces articles, même pour les prévenus de crimes, par l'art. 18 de la loi du 20 avril 1810? Ce serait une grande erreur.

» L'art. 18 de la loi du 20 avril 1810 ne dit rien autre chose, si ce n'est que *la connaissance des faits emportant peine afflictive ou infamante, dont seront accusées les personnes mentionnées en l'art. 10, est attribuée à la cour d'assises du lieu où siége la cour royale.*

» Et cela signifie bien que si, dans l'espèce actuelle, M.... était renvoyé par la cour de cassation devant le juge d'instruction de Versailles ou de Melun, et ensuite mis en accusation par la cour royale de Paris, il devrait être traduit, par l'arrêt même qui le mettrait en accusation, devant la cour d'assises du département de la Seine, et non devant la cour d'assises, soit du département de Seine-et-Oise, soit du département de Seine-et-Marne.

» Mais cela ne signifie nullement que M.... peut être traduit même devant le juge d'instruction du département de la Seine, sur la plainte que ce Juge a reçue contre lui, sans qu'au préalable la cour de cassation ait déclaré qu'il y a lieu de le poursuivre; sans qu'au préalable la cour de cassation ait décidé s'il ne convient pas à la bonne administration de la justice de le renvoyer devant un autre juge d'instruction que celui du département de la Seine.

» Il reste à savoir, et c'est la seconde question que l'exposant a annoncée, si, au fond, M... peut être poursuivi, soit devant le juge d'instruction du département de la Seine, déjà saisi de la plainte portée contre ce magistrat, soit devant tout autre.

» Cette question se réduit, en d'autres termes, à celle-ci : *Les faits imputés à M.... caractérisent-ils la complicité d'un crime de faux?* Car ils n'entrent pas dans les attributions de la cour de cassation. d'apprécier les charges qui peuvent, relativement à ces faits, exister contre M.... La cour de cassation n'est investie, à cet égard, ni des fonctions réservées par le Code d'instruction criminelle aux chambres de conseils des tribunaux de première instance, ni des attributions conférées par le même Code aux chambres d'accusation des cours royales. Elle n'est appelée qu'à examiner le caractère des faits, et à décider s'ils sont, d'après la loi, de nature à nécessiter des poursuites à l'effet de les constater et d'en faire punir les auteurs, s'il y a lieu.

» Or, où peut être le doute qu'il n'y ait complicité de crime de faux dans les faits imputés à M...?

» Celui-là est bien constamment complice d'un crime de faux, qui fait usage d'une pièce fausse. L'art. 148 du Code pénal est là-dessus très-formel.

» Or, dans l'espèce, il est articulé par le sieur Delatour-Saint-Igest, partie plaignante, que la procuration en vertu de laquelle le sieur R. a donné quittance sous seing-privé d'un à-compte de 21,000 fr. à M.... et à son épouse, est fausse; que ni M.... ni son épouse n'ont payé les 21,000 fr. énoncés dans cette quittance; que c'est en vertu de la même procuration que le sieur R. a donné à M.... et à son épouse, quittance définitive et notariée de la somme de 70,000 fr. qu'ils devaient aux sieur Delatour-Saint-Igest; et que M.... et son épouse ont ratifié par devant notaires à...., l'acte contenant à la fois et la reconnaissance notariée de la quittance d'à-compte, et la quittance définitive.

» Or, ratifier un acte faux, et par là se le rendre propre, c'est certainement en faire usage,

» Il n'est donc pas douteux que M... n'ait fait usage des deux actes, l'un sous seing-privé, l'autre notarié, que le sieur Delatour-Saint-Igest prétend être entachés de faux par l'effet de la fausseté de la procuration qui en est la base.

» Il n'est donc pas douteux, par une conséquence nécessaire, qu'il n'y ait lieu de poursuivre M.... comme prévenu de complicité de faux.

» Du reste, l'exposant n'aperçoit aucun motif qui puisse faire dessaisir le Juge d'instruction du département de la Seine, de la connaissance de la plainte du sieur Delatour-Saint-Igest; et il ne peut, à cet égard, que s'en rapporter à la sagesse de la cour.

» Ce considéré, il plaise à la cour, vu les art. 481

et 482 du Code d'instruction criminelle, déclarer que M...., conseiller à la cour de...., peut être poursuivi, soit devant le Juge d'instruction du département de la Seine, soit devant tel autre qu'il plaira à la cour désigner, hors du ressort de ladite cour, sur la plainte portée contre lui, le 14 de ce mois, par le sieur de Latour-Saint-Igest.

» Fait au parquet, le 31 mai 1814. *Signé* MERLIN ».

« Ouï le rapport de M. Vergès, et les conclusions de M. le procureur-général ; « vu les art. 80 et 82 du Code d'instruction criminelle,....; la cour, faisant droit tant sur lesdites conclusions que sur le réquisitoire du 31 mai 1814, renvoie la connaissance du crime de complicité de faux dont est prévenu M...., conseiller à la cour royale de....., par la plainte de Latour-Saint-Igest, du 14 mai 1814, devant le Juge d'instruction du tribunal de première instance du département de la Seine.

» Fait et prononcé.... le 2 juin 1814 ».]]

JUGE DE PAIX ; §. X. *Page* 589, *col.* 1, *ligne* 15, *après les mots*, soit par les animaux, *ajoutez en note :*

Résulte-t-il de ces mots, *soit par les animaux*, que les demandes en réparation des dommages faits par les lapins d'un bois aux propriétés riveraines, doivent être portées devant le Juge de paix ? *V. Dernier ressort*, §. 7 *bis*, dans les *Additions*. (*Note de l'éditeur*).

JUGEMENT, §. II, n. II. *Page* 510, *col.* 2, *ligne* 7, *après les mots*, casse et annulle, *ajoutez en note :*

Mais un jugement de condamnation à une peine correctionnelle, serait-il nul, si, au lieu d'énoncer dans son *dispositif* les faits dont l'accusé est reconnu coupable, il les énonçait dans ses *considérant*, *V.* le plaidoyer et l'arrêt du 1ᵉʳ avril 1813, rapporté au mot *Injure*, §. 2, n. 9 *bis*, dans les *Additions*.

JUGEMENT, §. VII. *Page* 119, *col.* 2, *avant* le §. VIII, *ajoutez :*

§. VII *bis*, 1° *Lorsqu'un Français est mort dans un pays étranger où, d'après les traités existans entre le souverain de ce pays et le gouvernement français, les juges locaux sont chargés de statuer sur les contestations qui s'élèvent entre ses héritiers relativement aux biens qu'il a laissés dans ce pays, les jugemens rendus dans ce pays, ont-ils l'autorité de la chose jugée par rapport aux biens que le défunt a laissés en France ?*

2° *Ont-ils cette autorité, si les biens que le défunt a laissés en France, sont des meubles, et si le défunt était domicilié dans le pays où il est mort ?*

3° *Ont-ils cette autorité, quant aux questions d'état qu'ils ont décidées en faveur de l'un des prétendans à la succession ?*

Voici une espèce dans laquelle ces questions se sont présentées avec d'autres qui sont indiquées (dans les *Additions*), sous les mots *Appel*, sect. 1, §. 9, n. 10; *Avantage entre époux*, n. 8 *bis* ; *Concubinage*, n. 3 ; *Divorce*, sect. 4, §. 18 ; *Légitimité*, sect. 4, §. 5, n. 3 *bis* ; et *Ministère public*, §. 7, n° 3.

Le 21 février 1789, Marie-Caroline Champeaux-Grammont épouse, à Metz, Antoine-François Millet, musicien. — Quelques années après, les deux époux se rendent à Pétersbourg. — En 1792, il naît de leur mariage, un enfant qui est baptisé sous le nom de Millet. — En 1793, la dame Millet fait connaissance avec un Français nommé Jean-Baptiste Cardon, premier maître de harpe de l'impératrice de Russie, et marié avec Charlotte-Rosalie Pithereau qu'il avait laissée à Paris. — La même année, elle accouche d'une fille qui est baptisée sous le nom de Jeanne-Sophie Millet, et à laquelle le sieur Cardon sert de parrain. — Immédiatement après la naissance de cet enfant, le sieur Millet va se fixer à Moscow, et sa femme reste à Pétersbourg.

Le 14 nivose an 2 (3 janvier 1794), Charlotte-Rosalie Pithereau fait prononcer à Paris son divorce d'avec le sieur Cardon, pour cause d'abandon depuis deux ans et plus.

Le 27 mars 1800, le mariage des sieur et dame Millet est dissous par un jugement ainsi conçu :

« L'an 1800, le 27 mars, l'officialité métropolitaine catholique romaine, ayant ouï l'affaire qui était en jugement au consistoire de Mohiloff, pour la religion catholique romaine, française de nation, Charlotte Champeaux-Grammont, et celui qui se nomme son mari, le répondant Antoine-François Millet, par laquelle il appert que la dame Marie-Charlotte Champeaux-Grammont, dans la *supplique de divorce* présentée par elle au consistoire de Mohiloff, contre son mari Antoine-François Millet, musicien, a affirmé qu'elle était native de Metz, en France; que, même avant l'âge nubile, contre son gré, et contrainte de force par ses parens, elle fut obligée, en 1789, de se marier avec ledit Antoine-François Millet; produisant pour évidence de cette affirmation, deux témoins pour lors à Metz, et maintenant ici à Pétersbourg, nommés Jean Lafabre, peintre, et de V. de Luzies, professeur de mathématiques au corps des ingénieurs, qui ne se refuseraient pas d'attester cette vérité par serment. Ayant fait parvenir la supplique de la suppliante au prêtre Pakke, prieur des églises catholiques de Moscow, député au consistoire, pour entamer là procédure, et exiger des réponses par écrit du mari de ladite dame, Antoine-François Millet, demeurant alors près de Moscow. Sur ce, il fut personnellement interrogé par ledit prieur, sur les points qu'il devait répondre, dans lesquels le consistoire a trouvé, que quoiqu'effectivement Marie-Charlotte de Grammont, n'ayant pas plus de seize ans et demi, s'est mariée à Metz

avec le susdit Millet, le 21 février 1789, mais que le répondant ne savait si c'était de son gré et volonté, ou de force, et par contrainte de ses parens; et en outre il assure que s'il eût été informé de la moindre contrainte, il n'aurait jamais osé contracter ce mariage, qui occasionerait son malheur et celui de sa femme. Ayant ensuite été interrogé sur les témoins produits par la suppliante, qui devaient attester que contre son gré et de force, ses parens l'avaient forcée de se marier; s'ils lui étaient connus, ou s'ils étaient récusables, il répondit que M. Lafabre, actuellement à Pétersbourg, avait été présent à son mariage avec sa prétendue femme; quant à M. Luzies, quoiqu'il sache qu'il est maintenant à Pétersbourg et que son nom est cité, il ignore s'il a servi de témoin pour son mariage. Et comme cette réponse de son mari a été faite selon la forme et affirmée par serment, et que la personne qui occupait, vu la maladie du député du consistoire, sa place, a été informée que lui-même ne contredit pas sa prétendue femme, qu'elle ait été contrainte par ses parens au mariage, mais affirme seulement qu'il l'ignorait, et se récuse pas les témoins produits par la complaignante. Afin donc d'avoir un vrai jour dans cette affaire, il a été conclu d'ordonner à la complaignante de présenter les susdits témoins non récusés par le mari, pour être interrogés sous serment. Les réponses formelles des deux témoins affirmées sous serment, signées par eux, furent de la même teneur, et il s'ensuit qu'effectivement la plaignante a été mariée avec son prétendu mari, contre son gré, par force et contrainte de ses parens, audit Antoine-François Millet, d'où l'on pourrait conclure que la suppliante, qui n'était pas encore nubile presque, a été forcée par la contrainte et la violence de ses parens, et qu'ils l'ont accoutumée à obéir aveuglément à leurs volontés. C'était un cas qui aurait pu ébranler même l'homme le plus ferme, surtout en France, où sans consentement formel des parens, les lois défendent de conclure aucun contrat de mariage. Cependant cela n'est pas expressément indiqué par les témoins, quoique conforme au droit canon, jusqu'à ce que celui qui veut faire casser le contrat de mariage ait fait mention de crainte et de contrainte. Il s'ensuit clairement, comme on le voit par les lois précitées pour les deux parties, que la cassation du contrat est juste; en outre, comme la partie violentée et contrainte n'a pas encore juridiquement prouvé qu'ignorant le peu de validité de son mariage, elle n'a pas songé jusqu'à présent de l'affirmer ni secrètement ni ouvertement, car on ne regarde pas comme désirable ce que l'on ne connaît pas; et comme tous les doutes se résolvent et s'éclaircissent par deux points, le consistoire de Mohiloff, avant de procéder à sa décision, a prescrit à la plaignante de prêter son serment par-devant le député de Mohiloff ou celui qui le représente, dans les termes suivans.
— 1° Que ce n'est pas de son propre gré, mais par crainte et la contrainte de ses parens, qu'elle a été réduite à s'unir à sondit mari Antoine-Fran-

çois Millet; 2° — Qu'ignorant le peu de validité de son mariage, elle ne l'a pas attaqué jusqu'à présent.
— Après donc qu'elle eut prêté ce serment juridique, exigé par le consistoire de Mohiloff, et fait selon la pure conscience de la plaignante, ledit consistoire métropolitain de Mohiloff a prononcé et jugé mûrement que le contrat de mariage passé à Metz, le 21 février 1789, entre la complaignante, née Champeaux-Grammont, et son prétendu mari Antoine-François Millet, musicien; vu la violence et la crainte des parens de la suppliante envers elle, soit déclaré non valide et annullé, comme effectivement ledit consistoire de Mohiloff l'a déclaré comme non valide.—Quant à ce qui regarde la postérité du mariage contracté de bonne foi, du moins du côté du mari, comme valide et saturé; car les droits canons enseignent en France, que si un des époux ignorant les traverses, se marie de bonne foi, les descendans provenus de ce mariage, sont reconnus légitimes, et reçoivent suivant les lois, la part qui leur revient du père et de la mère. A cet effet, le susdit consistoire, en vertu de ces lois, a déclaré la postérité des parties en litige, née avant que le mariage fût cassé, comme légitime, ordonnant qu'elle reçoive l'héritage tant du côté du père que de celui de la mère. Ordonnons que cette sentence du consistoire soit affermie; que le contrat de mariage passé à Metz, le 21 février 1789, entre la complaignante Charlotte, née Champeaux-Grammont, et son prétendu mari Antoine-François Millet, musicien; vu la crainte et la contrainte employée contre la complaignante par ses parens; en vertu de l'art. 24, termes du concile de Trente, pour améliorer les mariages, soit de nulle validité, et annullé; que la postérité née de cedit mariage, sous la bonne foi au moins d'une partie, soit regardée comme légitime: car, écrit Ferraris, si l'un des époux n'est pas prévenu des entraves canoniques, et se marie de bonne foi, la postérité de ce mariage doit être nommée légitime; et si ces prétendus époux désirent contracter d'autres mariages, on leur déclarera cette sentence de l'officialité métropolitaine catholique romaine de Mohiloff, à huis ouvert dudit tribunal aux deux parties, ou aux chargés de procuration, et il leur sera donné copie signée du secrétaire pour la perception des droits de la couronne, et une pareille copie sera envoyée au consistoire de Mohiloff, pour faire exécuter cette sentence: quant au papier séparé sur lequel le sieur Millet a signé qu'il était consentant, il se trouve annexé à l'affaire ».
Le 7 août 1801, le sieur Cardon épouse la dame Champeaux-Grammont. Voici l'acte de ce mariage.
— « Extrait des registres baptistaire, mortuaire et de mariage de l'église catholique romaine, sous le titre de Crucifix de Jésus, de la ville de Gatschina, l'an de grâce 1801, du 7 août, E, V. S. S. Après les trois publications des bans faites dans la susdite église catholique romaine, sans qu'il se soit présenté aucune opposition: Nous Curé, soussigné, de cette église, avons marié par paroles, de présent Jean-

Baptiste Cardon, professeur de harpe, au service impérial de la cour de Russie, avec Marie-Caroline Champeaux-Grammont, ledit sieur Cardon, majeur, Français de nation, né à Rhétel-Mazarin, en Champagne, fils de feu Jean-Guilain Cardon et de dame Marie Petit de Cette, sa veuve : et ladite Marie Grammont, aussi majeure française, native de Metz, en Province, fille de Jean-Nicolas Champeaux-Grammont et d'Anne-Scholastique Marcarti, son épouse, et aujourd'hui femme divorcée d'Antoine-François Millet, tous deux domiciliés en leur campagne de la Caroline, près de Pétershoff, dépendant de cette paroisse de Gatschina. La bénédiction nuptiale a été donnée en présence des témoins requis, Jean-Baptiste Lafabre, peintre en miniature, et de Paul-Laurent de Luzies, ancien professeur au corps des cadastres, tous deux domiciliés à Pétersbourg ; témoins qui ont signé avec moi, susdit curé Vemibalde de Mayz, et avec lesdits conjoints, après la déclaration faite par ces derniers qu'il est né d'eux, il y a cinq ans, une fille appelée Jeanne-Sophie, laquelle ils entendent légitimer par leur présent mariage.....».

En 1802, le sieur Cardon et son épouse arrivent à Paris, (avec Jeanne-Sophie, baptisée en 1795, sous le nom de Millet, et qu'ils avaient reconnue pour leur fille par l'acte de leur mariage) ; et y acquèrent une maison, rue du Regard.

Le 15 prairial an 10 (4 juin 1802), le sieur Cardon, se disant *domicilié à Paris, rue du Regard*, donne, devant notaire, à la dame Champeaux-Grammont, *son épouse*, une procuration générale pour gérer et administrer tous ses biens et revenus, pendant son absence.

Le 27 du même mois prairial an 10 (16 juin 1802), il fait un testament olographe, par lequel, *désirant donner à Marie-Caroline Champeaux-Grammont, son épouse, des marques de son attachement*, il lui lègue les deux tiers de tous ses biens meubles et immeubles, *en tous lieux et endroits qu'ils soient dus.*

Quelques jours après, le sieur Cardon part de nouveau, et seul pour la Russie.

Le 26 fructidor an 10 (13 septembre 1802), la dame Champeaux-Grammont accouche à Paris d'une fille qui est inscrite le lendemain à l'état civil, sous le nom «d'Alexandrine, fille de Jean-Baptiste Cardon, propriétaire, et de Marie-Caroline Grammont, demeurant à Paris, rue du Regard, et mariés à Gatschina, en Russie, le 17 août 1801 ».

Le 22 du même mois de septembre 1802, le sieur Millet, qui s'était remarié en Russie, le 17 février précédent, fait devant l'agence provisoire de Moscou, dépendante du consulat général de France, une déclaration portant qu'il a constamment conservé l'esprit de retour en France.

Le 20 ventose an 11 (11 mars 1803), le sieur Cardon meurt à Pétersbourg. La déclaration de son décès est faite au consulat général de France, par Hyacinthe Cardon, son frère, qui, dans cet acte, le qualifie de *maître de harpe de l'Impératrice, âgé de 43 ans, demeurant en cette ville, marié.*

Le 15 floréal suivant (5 mai 1803), la dame Cham-

peaux-Grammont fait procéder, en qualité de veuve commune en biens, de légataire et de tutrice naturelle des deux filles du sieur Cardon, à l'inventaire des meubles et effets délaissés par celui-ci dans sa maison, rue du Regard, à Paris. A cet inventaire assiste le sieur Personne-Desbrières, subrogé-tuteur de Jeanne-Sophie et d'Alexandrine Cardon.

Cette opération terminée, la dame Champeaux-Grammont se rend à Pétersbourg, où elle apprend que le sieur François Cardon fait des démarches pour obtenir du consul général de France, en sa qualité prétendue d'héritier du défunt, la remise de tous les effets mobiliers qui se sont trouvés dans la possession de ce dernier, au moment de sa mort.

Une contestation s'engage devant le *deuxième département du tribunal aulique* où il intervient, le 4 septembre 1803, une sentence portant,

« Qu'il est notoire, d'après l'exposé de cette affaire, que le susdit François Cardon réclame contre l'inventaire des biens, fait après la mort de son frère; et qu'il qualifie ce procédé injuste le dépôt qui a été fait de ce bien chez le consul Lesseps, ce qu'il dit être contraire au traité de 1786, ainsi qu'au réglement impérial de la régie du gouvernement, sect. 215 et 299, et que s'appropriant avec son frère et sa sœur tous les droits de succession, il fait tous ses efforts auprès des tribunaux, pour retirer ce dépôt des mains du consul, alléguant que son frère n'a laissé aucun testament, et que sa femme (avec laquelle il s'est marié en secondes noces), est celle d'un certain Millet, encore vivant à Moscou, et d'avec lequel elle s'est divorcée; mais que l'acte de divorce, autant qu'il le sait, ne se trouve ni chez l'archevêque, ni même au département spirituel de cette église; qu'en conséquence, cette veuve et son enfant n'ont aucun droit à cette succession. — Indépendamment des documens de cette affaire, ce tribunal observe qu'au contraire, le défunt Cardon de son vivant, pendant son séjour en France, étant à Paris, et avant son départ de cette ville pour Pétersbourg, a laissé à sa seconde femme, Marie-Caroline Champeaux-Grammont, une disposition par laquelle il lui donne la propriété de tous ses biens en quelque endroit qu'ils se trouvent situés, et quelle que soit leur valeur. Que cette donation a été confirmée par les lois du gouvernement français, et qu'elle Cardon a été reconnue pour légitime héritière, ainsi que ses enfans ; par cela elle est confirmée dans la possession de ces biens, et un courtier de Paris, nommé Debreyer-Mambète, a été, conjointement avec elle, nommé tuteur des biens de ses enfans. D'après ces raisons et conformément au 88e point du réglement de la ville, le tribunal aulique *ne peut annuller* le testament dudit Cardon qui a été confirmé par le gouvernement français. Ce 88e point dit que : *Chacun est maître de disposer de son bien comme bon lui semble.* Quant aux preuves du demandeur Cardon, elles sont pour établir que sa belle-sœur, veuve de son défunt frère, et maintenant demanderesse (laquelle en vertu du testament, ainsi qu'il est dit plus haut, doit rester, après le décès de son mari, maîtresse de son bien), n'est pas divorcée d'avec son premier mari parce que l'acte de divorce ne se trouve nulle part. — Mais outre le témoignage du gouvernement de France, il se trouve encore dans l'affaire une copie de la décision du consistoire catholique sur ce divorce; par conséquent, le second département du tribunal aulique ne peut ajouter foi aux seules paroles de Cardon, parce qu'elles ne sont appuyées d'aucun document. Le tribunal ne peut non plus recevoir sa protestation contre l'inventaire du bien, et le dépôt qui en a été fait chez le consul Lesseps avec l'aide de la police, conformément au 10e point de l'instruction pour les confiscations, sans qu'il soit besoin de s'en rapporter aux sect. 215 et 299 des réglemens du gouvernement qui n'ont rapport qu'aux tutelles de la noblesse et dans les chambres de justice des orphelins, dans le cas où ayant eu des tuteurs de nommés, les biens auraient été administrés par eux. En conséquence, le second département du tribunal aulique, arrête que le bien déposé par la police chez le consul Lesseps, soit retiré de chez lui, aussi par la police et en présence d'un des membres dudit département, pour être remis à la disposition de la veuve Cardon qui doit en donner sa quittance; mais avant la remise de ce bien, il faut qu'elle satisfasse par écrit aux informations suivantes : — 1° Combien feu son mari a demeuré en Russie? — 2° Est-elle dans l'intention de rester dans cet empire, après qu'elle aura été mise en possession dudit bien, ou veut-elle retourner pour toujours en France? — dans le cas où elle s'arrêterait à ce dernier parti, il sera exigé d'elle le 10e de ses biens avant qu'elle en ait pris possession. Ce 10e sera prélevé d'après l'estimation faite de la totalité des biens par les employés priseurs assermentés, en vertu du 9e point d'un ukase, du 22 juillet 1763. Après qu'elle s'y sera conformée, on inscrira le montant de ce 10e sur le registre de la recette des revenus de la couronne, et quand ladite veuve Cardon voudra partir, il ne lui sera point délivré de passeport qu'elle n'ait acquitté cette somme, et le gouvernement sera informé de cette clause. Enfin, le tribunal rejette les protestations de Cardon sur la moitié des meubles, faute de preuves claires et légitimes, suivant le second point du premier chapitre de la seconde partie du procès militaire ». François Cardon appelle de cette sentence devant le tribunal de justice, qui le confirme le 18 janvier 1804, et condamne l'appelant à une amende de 20,000 roubles, conformément à l'ukase impérial du 14 janvier 1802.

Le 11 mai suivant, nouvelle sentence du deuxième département du tribunal aulique, dont voici les termes :

« Par ordre suprême de Sa Majesté impériale, le deuxième département du tribunal aulique de Pétersbourg, ayant ouï l'affaire qui lui a été transmise, le 8 avril dernier, par la chambre de justice civile de ce lieu, conjointement avec un ukase où est rapporté un autre ukase du sénat dirigeant, par lequel les décisions dudit tribunal et de ladite chambre, au sujet de la confirmation du testament fait à Paris par le défunt professeur de musique Cardon en faveur de sa femme Marie-Caroline Champeaux-Grammont, ainsi que la restitution, à qui il est attribué par ledit testament, des biens qui se trouvent en Russie, sont pleinement confirmées dans toute leur rigueur; et il a été prescrit en outre de remettre à sa femme, nommée ci-dessus, les deux tiers des biens sus-mentionnés; et le tiers restant, appartenant par hérédité à leur fille Alexandrine, après en avoir certifié la réalité, et l'avoir assurée de la manière convenable, il sera remis de même à ladite femme veuve Cardon, en qualité de tutrice, afin d'être conservé jusqu'à la majorité de ladite Alexandrine; quant à l'amende encourue par l'appelant Cardon, pour son appel irrégulier au sénat dirigeant contre la décision, tant dudit tribunal que de la justice civile, il en sera agi d'après les lois. C'est pourquoi le département, en exécution de cette ordonnance, a repris, d'après l'inventaire, des biens restés après la mort de Cardon, de chez le consul français Lesseps, où ils étaient déposés, consistant en différens effets, habits et meubles évalués, par un priseur assermenté, à la somme de 1459 roubles; et en lettres-de-change, obligations, lettres de prêt, le tout pour la somme de 315,469 roubles 28 copeks; au nombre desquelles se trouvées deux lettres de change appartenant en propriété à la veuve Cardon, adressées, au nom du négociant Kresp, à la princesse Appoline Biron de Courlande; la première pour 10,000 roubles, et la dernière pour 1000 roubles; et trois lettres-de-change de 25,000 roubles chacune, données au défunt Cardon par le négociant anglais Georges Snord, pour lesquelles il a laissé en gage des lettres-de-change sur le compte de Sollohab, en tout pour la somme de 202,642 roubles 58 copeks; et en outre encore, deux billets de prêt sans endossement, le premier donné par le maître de la cour et chevalier Dmistri Narichny, au négociant étranger Scholsen, pour 850 roubles, et le dernier donné au susdit négociant Kreps, pour la comtesse Jouboff, née princesse Lubormirky, pour la somme de 10,000 roubles. Et comme la susdite veuve Cardon, en exécution de l'ordonnance sus-mentionnée du sénat dirigeant à ce département, s'est obligée par écrit, dès qu'elle recevrait la totalité des biens restés après le décès de son mari, à conserver en entier la part revenant à sa fille; c'est pourquoi le département lui a remis à elle veuve Cardon, sur quittance, tous les biens sus-mentionnés, ainsi que les lettres-de-change, en lui demandant connaissance à qui pourraient appartenir les deux lettres-de-change de prêt, ci-dessus énoncées; à quoi a répondu que lesdites lettres, de même que tous les autres actes pour dettes appartenaient en toute propriété à son mari sus-mentionné, en vertu de contr'échanges mutuels avec les créanciers Scholsen et Kresp, et y ajoutant pour complément qu'elle estime effectivement le capital appartenant à son mari, montant à la somme qu'il est énoncé dans la décision du tribunal ; arrête : Comme les biens restés après la mort du susdit professeur Cardon , remis, en exécution de l'ordonnance du sénat dirigeant à sa femme Marie-Caroline Champeaux-Grammont, se sont trouvés , d'après l'évaluation d un priseur assermenté , montant à la somme de 1459 roubles , et en lettres-de-change, obligations, lettres de prêt sur différentes personnes, en exceptant celles appartenant en propre à elle Cardon , et aussi celles engagées à son mari par le négociant Snord sur le comte de Solloab , pour la somme de 101,326 roubles 32 copecks , et toute la succession y compris les biens, se montant à la somme de 103,285 roubles 32 copecks ; mais comme, sur toute cette somme, d'après l'ordonnance sus-mentionnée du sénat dirigeant, il revient, d'après la supputation à leur fille Alexandrine , pour son tiers , la somme de 34,428 roubles 44 copecks : en conséquence , pour mettre cette somme hors de tout risque, et la conserver en son entier jusqu'à sa majorité, il a résolu d'obliger par écrit la nommée Cardon , en exécution d'obligations qu'elle a remises au tribunal, que, dans le cas où , en sa qualité de mère et de tutrice, elle ne conserverait pas en son entier la part revenant à sa fille , suivant l'ordonnance ci-dessus du sénat dirigeant, elle s'exposait à la responsabilité suivant les lois. Quant à l'appelant Cardon , ayant, par un appel irrégulier, encouru l'amende , laquelle , en vertu du deuxième article de l'ukase suprême du 14 janvier 1802 , a été fixée à 20 copecks pour un rouble , se monte , pour toute la prétention énoncée de 105,283 roubles 32 copecks, à la somme de 20,657 roubles 6 copecks et demi , il en sera communiqué au bureau de la police ; par rapport à l'exécution de cette somme sur le nommé Cardon , pour être remise à ce département ; et afin que la susdite veuve Cardon , possédant les actes des dettes susmentionnées, puisse requérir, sans aucun obstacle de ses débiteurs, le payement en vertu d'icelles, il lui sera délivré, conformément à sa demande, une copie de cet arrêté, après quoi justice civile ».

François Cardon repassé en France, et, conjointement avec Hyacinthe , s'y déclare héritier par bénéfice d'inventaire de Jean-Baptiste , leur frère commun.

Le 15 frimaire an 14 (6 décembre 1805), la dame Pithereau, première femme de Jean-Baptiste Cardon, les cite tous deux en cette qualité devant le tribunal de première instance de Paris, pour se voir condamner à lui restituer la valeur des effets mobiliers apportés par elle en mariage, et à lui payer conformément à l'art. 7 du §. 3 de la loi du 20 septembre 1792, une indemnité des droits de survie qui lui auraient appartenu après la mort de son mari, s'il ne l'eût pas mise , en l'abandonnant, dans la nécessité de faire prononcer son divorce.

Le 2 mai 1806, jugement qui, d'après le fait articulé par les frères Cardon, que la succession de leur frère est toute entière entre les mains de la dame Champeaux-Grammont, ordonne qu'à la requête de la partie la plus diligente, tous les prétendans droit à cette succession seront mis en cause.

En exécution de ce jugement, la dame Champeaux-Grammont est assignée par les frères Cardon, le 25 juillet 1806, à l'audience du 26 septembre de la même année, pour intervenir, tant en son nom que comme tutrice de ses enfans, dans la cause pendante sur la demande formée par la dame Pithereau, et voir dire qu'elle sera tenue de justifier des titres en vertu desquels elle se qualifie de veuve de Jean-Baptiste Cardon, de légataire universelle des deux tiers de ses biens, et de tutrice de ses enfans ; que, dans le cas où il aurait été contracté un mariage entre Jean-Baptiste Cardon et elle, il sera déclaré nul, ainsi que tous les actes qui en ont été la suite ; qu'elle sera condamnée à leur restituer, d'après les inventaires qui en ont été dressés tant en Russie qu'en France, tous les effets de la succession dont elle s'est indûment emparée, etc. — La même assignation est donnée au sieur Personne-Desbrières, subrogé-tuteur des mineures Cardon.

Le sieur Personne-Desbrières constitue un avoué sur cette assignation, et, de concert avec celui qui se constitue pour la dame Champeaux-Grammont, il conclut à ce qu'il soit sursis à tout jugement, attendu que la dame Champeaux-Grammont est à Pétersbourg, et que la guerre ôte tout moyen de communication entre la France et la Russie.

Le 10 mars 1807, jugement par lequel « le tribunal..... , en ce qui touche la demande en sursis formée, tant par Marie-Caroline Champeaux-Grammont, veuve Millet, et Personne-Desbrières, subrogé-tuteur et tuteur ad hoc des enfans mineurs de la veuve Millet se disant veuve Cardon ; attendu que, depuis l'époque de la demande de la dame Pithereau contre les héritiers bénéficiaires Cardon, il s'est écoulé un délai plus que suffisant pour mettre toutes les parties en état de se défendre sur cette demande ; et qu'il est évident, d'après les circonstances, que ce n'est que l'intention de traîner l'affaire en longueur, qui a déterminé les défendeurs à demander le sursis ; le tribunal, sans s'arrêter ni avoir égard à ladite demande en sursis, dont les frères Cardon et la dame Champeaux-Grammont sont déboutés, faisant droit au principal, en ce qui concerne la demande des héritiers bénéficiaires Cardon, contre la dame Champeaux-Grammont ; attendu que ni la veuve Millet, ni le tuteur ad hoc des mineurs, ne justifient de la qualité qu'ils s'arrogent, l'une de veuve de Jean-Baptiste Cardon, l'autre d'enfans légitimes dudit Cardon et de la dame veuve Millet ; que même les pièces qu'ils produisent pour justifier cette qualité, ne sont ni suffisantes ni authentiques, condamne la veuve Millet et Personne-Desbrières ès noms, à rendre et restituer aux héritiers bénéficiaires Cardon, tous les biens meubles et immeubles, papiers , titres , documens et choses quelconques composant la succession de défunt Jean-Baptiste Cardon, dont ils se sont indûment emparés, avec les fruits et revenus qu'ils ont perçus ou dû percevoir, le tout d'après les inventaires, qui en seront dressés, si fait n'a été, tant à Paris qu'en Russie, sauf l'information en recélé s'il y échoit, et autres voies de droit; et pour les fruits, d'après le compte qui en sera rendu en la manière accoutumée; condamne la dame veuve Millet et Personne-Desbrières ès-noms, aux dommages-intérêts des héritiers bénéficiaires Cardon, lesquels seront donnés par état, et aux dépens ».

Le même jugement, faisant droit sur la demande originaire de la dame Pithereau, condamne les frères Cardon, en leur qualité d'héritiers bénéficiaires de Jean-Baptiste, à lui payer la somme de 40,000 fr. une fois, et une pension viagère de 2,000 francs.

Le 28 avril suivant, un appel de ce Jugement est signifié, au nom de la dame Champeaux-Grammont et du subrogé tuteur de ses enfans, tant aux frères Cardon qu'à la dame Pithereau. — Le 8 mai de la même année, un second appel est signifié à la dame Pithereau, par les frères Cardon. — Le 25 juin, arrêt de la Cour de Paris, qui donne défaut contre la dame Champeaux-Grammont, et, pour en adjuger le profit, joint la cause avec les autres parties, pour être statué sur le tout par un seul et même arrêt, sauf à disjoindre, s'il y a lieu.

Dans l'intervalle, meurt à Paris, la mineure Alexandrine Cardon : son acte de décès est signifié aux frères Cardon et à la dame Pithereau, le 10 juin 1807; et il ne se fait, de son chef, aucun acte de reprise.

Le 11 février 1808, arrêt qui pose ainsi les questions à juger : « Est-ce le cas de joindre les causes sur les divers appels, et de statuer sur le tout par un seul et même arrêt? Statuant sur l'appel de la dame Champeaux-Grammont, se disant veuve Cardon, et du sieur Personne-Desbrières, ès-noms, ensemble sur les fins de non-recevoir proposées par eux; 1° La procédure est-elle régulière et valable, et les frères Cardon ont-ils valablement saisi les tribunaux de Paris, lieu de l'ouverture de la succession de Jean-Baptiste Cardon leur frère, de leur demande en pétition d'hérédité, et de nullité du mariage de la dame Champeaux-Grammont? 2° Les jugemens produits dans la cause, et prétendus émanés du consistoire de Mohiloff, et du sénat dirigeant de St.-Pétersbourg, sans être revêtus des caractères qui en constatent l'authenticité, peuvent-ils, dans la supposition de leur existence, avoir autorité en France, en tant qu'ils sont rendus entre personnes qui n'ont jamais cessé d'être Français; et peuvent-ils empêcher que la cause soit débattue de nouveau, et comme entière devant les tribunaux français? 3° Le contrat de mariage produit par la dame Champeaux-Grammont, est-il revêtu des formes légales impérieusement prescrites en France? Et dans cette supposition, le mariage de la dame Champeaux-Grammont avec le sieur Millet n'ayant pas été légalement dissous, et toutes les parties ayant conservé leur caractère de français par la seule force de la loi, le mariage de ladite dame Millet avec le sieur Cardon est-il con-

tracté d'après les dispositions de la loi du 20 septembre 1792, qui régissait les contractans? 4° Au fond, le mariage des sieur et dame Millet pouvait-il être dissous par le seul motif allégué, qui est celui de la contrainte et de la crainte; tandis qu'il y a eu une cohabitation constante pendant un laps de douze années, qu'il est né deux enfans de leur union, et que la dame Millet a suivi son mari librement et volontairement en Russie? 5° La mineure Jeanne-Sophie pouvait-elle être légitimée par le prétendu mariage de la dame Champeaux-Grammont avec le sieur Cardon, tandis qu'il est constant qu'elle est née durant le mariage des sieur et dame Millet, et qu'elle a été baptisée comme enfant légitime de ces derniers? 6° L'ukase produit dans la cause, sous la date du 19 juillet 1804, est-il vicieux quant à son caractère d'authenticité comme les Jugemens précités? Ledit ukase portant légitimation de la fille Jeanne-Sophie, peut-il faire disparaître les nullités dont ledit mariage, ainsi que cette légitimation, sont entachés? 7° Le testament olographe du 27 prairial an 10, participe-t-il des nullités ci-dessus, et doit-il être anéanti, comme fait au profit d'une personne que la loi déclare indigne? En conséquence, les condamnations prononcées contre la dame Champeaux-Grammont et le sieur Personne-Desbrières, ès-noms, par le Jugement du 10 mars 1807, doivent-elles être maintenues »? Les autres questions sont relatives aux discussions entre les frères Cardon et la dame Pithereau.

Et sur toutes ces questions, l'arrêt prononce en ces termes :

« La cour joint les différens appels, et statuant sur le tout, en tant que touche l'appel interjeté par Marie-Caroline Champeaux-Grammont, se disant veuve de Jean-Baptiste Cardon, et par Charles-François Personne Desbrières, ès-noms qu'ils agissent, du Jugement rendu au tribunal de première instance de Paris, le 10 mars 1807;

» Attendu, quant à la procédure, *qu'elle est régulière, et a valablement saisi le tribunal de première instance*, et par suite la cour d'appel, de la connaissance de tous les actes qui font l'objet du litige;

» Attendu, quant aux fins de non-recevoir, que les parens collatéraux sont recevables à demander la nullité d'un mariage, lorsqu'ils ont, pour l'attaquer, *un intérêt né et actuel*, comme celui de revendiquer une succession que la loi leur défère, et qu'on leur conteste, sur le fondement d'un prétendu mariage, et que l'empêchement qu'ils allèguent est absolu; que des enfans dont on attaque la légitimité, après la mort de leurs père et mère, qui ont vécu publiquement comme mari et femme, peuvent bien être dispensés de rapporter l'acte de célébration du mariage dont ils se disent issus, et se renfermer uniquement dans la possession d'état, appuyée ou du moins non contredite par leurs actes de naissance; mais que la possession d'état ne peut jamais autoriser de prétendus époux qui l'invoquent, à ne point représenter l'acte de célébration de leur mariage qui leur est personnel, et qu'ils ne peuvent ignorer, hors le seul cas de perte où non existence des registres; que dans l'espèce, l'acte de mariage est rapporté par la soi-disant veuve Cardon, et que la cour est à même d'en apprécier la valeur; que la déclaration faite par Hyacinthe Cardon, le 20 ventose an XI (11 mars 1803), du décès de son frère, qu'il qualifie de *marié*, ne pourrait nuire qu'audit Hyacinthe Cardon, et nullement à François Cardon, autre frère du défunt, également partie dans l'instance; mais que, dans la vérité, cette déclaration ne préjudicie à personne, parce qu'elle se borne à énoncer un pur fait dont il ne s'agissait pas, pour l'instant, de contester la légitimité, et contre lequel il eût été même inconvenant de faire des protestations et réserves; que les jugemens rendus, soit par le consistoire de Mohiloff, soit par le conseil aulique de Pétersbourg, dépourvus de toute autorité en France, ne peuvent pas être opposés comme ayant la force de chose jugée, ni empêcher que la cause ne soit débattue de nouveau, et comme entière pardevant les tribunaux français.

» Attendu, quant au fond, que l'acte de célébration du mariage dont il s'agit, n'est pas rapporté en forme probante; qu'on en produit non pas une expédition, *mais une simple traduction*, supposée faite par un sieur Doraison, interprète-juré de la régence de Pétersbourg, dont on légalise seulement les qualités et signature, au lieu de celle du secrétaire ou greffier qui a délivré l'expédition; qu'une pareille pièce est incapable de faire aucune foi en justice; mais que, sans insister sur ce défaut d'authenticité, et en supposant la pièce revêtue de toutes les solennités qui lui manquent, il y a deux vérités, l'une de fait, l'autre de droit, qui ne permettent pas de s'y arrêter;—que le point de fait, c'est que le défunt sieur Cardon et la dame Champeaux-Grammont, se disant veuve Cardon, étaient français de naissance, et n'ont jamais cessé de l'être, qu'expatriés du sol français pendant la durée de nos troubles, ils sont présumés par la seule force de la loi, avoir conservé l'espoir du retour; que non-seulement rien dans leur conduite n'atténue cette présomption, mais tout la confirme; qu'ils n'ont fait aucun acte qui annonçât l'intention d'établir leur domicile en Russie; qu'ils n'y ont point pris des lettres de naturalité; qu'ils ont eu au contraire, toujours et partout, l'attention de rappeler ce qu'ils étaient, ainsi qu'il résulte de l'acte même du prétendu mariage du 17 août 1801, dans lequel on ne manque pas d'exprimer que la dame Champeaux-Grammont et le défunt sieur Cardon sont l'un et l'autre Français de nation; mais que ce qui lève, à cet égard, tous les doutes, et convertit la présomption de la loi en preuve positive, c'est le retour effectif en France du sieur Cardon et de la dame Champeaux-Grammont aussitôt que les troubles cessent, et que les communications d'un état à l'autre sont rétablies; l'acquisition par eux faite, à leur arrivée, d'une maison, rue du Regard, qu'ils

meublent, et où ils fixent leur séjour. Le nouveau voyage est même entrepris en l'an 10 par le sieur Cardon, uniquement dans l'intention avouée par la dame Champeaux-Grammont, de rassembler et rapporter en France tout le surplus des effets qui composaient sa fortune. La procuration par lui donnée avant son départ, à la dame Champeaux-Grammont, le 15 prairial an 10, dans laquelle il se qualifie *domicilié rue du Regard à Paris*; l'acte de naissance d'une fille, peu de temps après son départ, et le 26 fructidor an 10, inscrite à l'état civil, le lendemain 27, comme fille de Jean-Baptiste Cardon et de Marie-Caroline Grammont, *demeurant à Paris, rue du Regard*, n° 808; et tous les actes intervenus depuis, par suite de cet établissement de domicile à Paris, notamment le procès-verbal d'assemblée de famille, que la dame Champeaux-Grammont y a convoqué, dans laquelle le sieur Desbrières a été nommé subrogé tuteur des deux filles mineures de la dame Champeaux-Grammont, Alexandrine et Jeanne-Sophie;—que le point de droit, c'est que le sieur Cardon et la dame Champeaux-Grammont, ayant toujours conservé la qualité de Français, n'ont pas cessé un seul instant d'être soumis aux lois de France, et n'ont pu contracter qu'un mariage que suivant les lois françaises qui, malgré leur résidence en pays étranger, gouvernaient impérieusement leurs personnes, quant à leur état et capacité. Cela posé, la loi de France existante alors, concernant les mariages, était celle du 20 septembre 1792, laquelle porte, art. 10, sect. 1re : *Toute personne engagée dans les liens du mariage ne peut en contracter un second, que le premier n'ait été dissous, conformément aux lois.* — Aux termes de cette même loi, art. 1er, sect. 5 : *Le mariage est dissoluble par le divorce.* — Et celui de feu Cardon avec la demoiselle Pithereau avait été dissous par cette voie dès le 14 nivose an 2, répondant au 3 janvier 1794; il était donc lui parfaitement libre de contracter un nouveau mariage. Mais la dame Champeaux-Grammont, alors mariée avec Antoine-François Millet, ne l'était pas; aucun divorce n'avait dissous leur union; aucun jugement rendu par les tribunaux français, et qu'on puisse alléguer en France, n'en avait prononcé la nullité, —*Actuellement même où les parties sont en instance de l'autorité compétente, cette nullité n'est point demandée. Et sur quel fondement la provoquerait-on?* — La crainte? C'est le seul motif présenté devant le consistoire de Mohiloff. Mais de quelle crainte veut-on parler? La crainte appelée révérentielle? Celle de déplaire à ses père et mère n'a jamais été en France un motif suffisant pour rompre un mariage; on y a toujours exigé, conformément aux lois romaines et canoniques adoptées dans notre jurisprudence, que la crainte alléguée comme motif de cassation de mariage, fût la crainte d'un mal considérable et présent capable de faire impression sur une personne qui a quelque fermeté d'esprit.—D'ailleurs, est-ce après un tel laps de temps qu'on peut être admis à faire annuller un mariage sur le fondement de la crainte, après douze années de cohabitation, après la naissance de deux enfans, et un attachement si constant de la femme à son mari, que, le voyant s'expatrier, en 1791, elle n'a pas hésité de le suivre jusqu'en Russie, où elle est demeurée continuellement avec lui pendant sept à huit ans? Jamais, sans doute, un pareil moyen de nullité n'aurait été accueilli, ni proposé devant un tribunal de France; — qu'il résulte de tout ceci, que le mariage célébré à Gatschina, le 17 août 1801, entre défunt Jean-Baptiste Cardon et Marie-Caroline Champeaux-Grammont, est radicalement nul, par le plus grand et le plus absolu de tous les empêchemens, celui d'un premier mariage alors subsistant entre Marie-Caroline Champeaux-Grammont et le sieur Millet; qu'un pareil acte n'a pu conférer à la dame Champeaux-Grammont le droit ni la qualité d'épouse; qu'il n'a pu attribuer la légitimité ni aucun droit successif à défunte Alexandrine, issue de leur union en 1802, ni par la même raison, légitimer Jeanne-Sophie, reconnue par l'acte de célébration comme née précédemment de leurs œuvres. — Un autre motif, indépendant de la nullité du mariage, s'oppose à cette légitimation : c'est que les deux prétendus époux déclarent par acte de célébration, en date du 17 août 1801, que Jeanne-Sophie est née d'eux, *il y a cinq ans*, conséquemment pendant la durée du mariage de ladite Champeaux-Grammont avec Millet, et long-temps même avant que la nullité en fût prononcée ni demandée.

» Or, il est de principe, que la légitimation par mariage subséquent ne peut avoir lieu qu'au profit d'enfans nés de deux personnes qui étaient libres alors de tout engagement et qui auraient pu s'épouser, qu'on suppose même, par couleur favorable, en avoir dès-lors l'intention. — Et vainement invoque-t-on, à l'appui de cette légitimation, une pièce qui n'a été *produite que depuis les plaidoiries* de la cause; savoir un ukase adressé, le 17 juillet 1804, par l'empereur Alexandre, au sénat dirigeant de Pétersbourg, et signé de sa propre main, par lequel, *ayant égard à la sollicitation de la veuve du professeur de musique, mariée Cardon, permet très-gracieusement à sa fille Jeanne-Sophie, reconnue lors de son mariage par son défunt mari, comme née d'elle avant cette époque, d'entrer dans la jouissance de tous les droits de naissance et de succession appartenant aux enfans légitimes,....* Outre que cette pièce n'est rapportée qu'en copie absolument informe, outre que l'original indiqué n'est encore qu'une traduction, dont la fidélité n'est point garantie, et qui en ce moment ne paraît même pas légalisée; *un pareil acte, inouï dans nos mœurs à toutes les époques de la législation*, ne saurait être d'aucune influence dans la cause, non plus que les jugemens de tous les tribunaux russes, précédemment allégués, par cela seul que c'est un acte émané d'une puissance étrangère, cet acte même prouve l'impuissance du mariage subséquent pour opérer la légitimation, puisque, dans la vue d'y suppléer,

on a eu recours à l'autorité souveraine. Enfin, Jeanne-Sophie, née pendant le mariage de sa mère avec le sieur Millet, est présumée le fruit de leur union. Elle a été baptisée comme leur fille, et c'est défunt Cardon lui-même qui lui a servi de parrain. Par quel renversement de toutes les règles et de toutes les idées voudrait-on, en contredisant la présomption de la loi, la teneur du titre, la déclaration de Cardon lui-même, enlever à Jeanne-Sophie cet état qui lui est propre, pour lui en donner un autre qui n'est pas le sien, et que tout empêche de lui attribuer? il n'est donc pas possible de soutenir la légitimation de Jeanne-Sophie comme fille de Jean-Baptiste Cardon, et la dame Champeaux-Grammont, sa tutrice, n'a pas, en cette qualité, plus de droits à réclamer pour elle, qu'elle n'en peut revendiquer pour elle-même; que la nullité du mariage entraîne celle du testament olographe, par lequel défunt Cardon lègue à Marie-Caroline Champeaux-Grammont les deux tiers de ses biens; qu'en effet, un tel mariage contracté *au préjudice d'un autre alors existant*, constituerait visiblement un adultère; les prétendus époux et l'aveu consigné par eux dans l'acte de célébration, reportent même le commencement de cet état d'adultère à une date antérieure de six années environ. Or, la loi proscrit les libéralités que des adultères se font entr'eux, et ce à double titre : 1° parce que ces libéralités sont le fruit et la récompense du crime; 2° parce qu'elles tendent à éluder les prohibitions relatives aux enfans naturels. La loi, sage et prévoyante dans ses dispositions, voulant éloigner les citoyens de ces commerces honteux qu'elle réprouve, et les porter à des unions légitimes qui font la splendeur et la prospérité de l'état, ainsi que des familles, a mis une différence nécessaire entre les enfans nés du mariage et ceux nés hors du mariage, surtout les adultérins : elle a fixé le sort de ceux-ci, et l'a renfermé dans des bornes très-étroites qu'elle a défendu d'outrepasser. Or, ce que la loi ne permet pas de faire directement, elle ne permet pas de le faire d'une manière indirecte par personnes interposées; et la mère est sans contredit personne interposée relativement à l'enfant.

» Par tous ces motifs, la cour, faisant droit sur la demande des frères Cardon, ensemble sur les conclusions du procureur-général, déclare nul le prétendu mariage célébré à Gatschina en Russie, le 17 août 1801, entre défunt Jean-Baptiste Cardon et Marie-Caroline Champeaux-Grammont; déclare pareillement le testament olographe, fait par ledit Cardon au profit de la dame Champeaux-Grammont, sous la date du 27 prairial an 10 (16 juin 1802), enregistré le 17 germinal an 11, et déposé à Hua, notaire à Paris, nul et de nul effet; en conséquence, sur l'appel de la dame Champeaux-Grammont, et de Personne-Desbrières, ès-noms qu'ils procèdent, met l'appellation au néant; ordonne que ce dont est appel, sortira son plein et entier effet; condamne lesdits appelans en l'amende, et aux dépens envers toutes les parties; en tant que touchent les appels respectivement interjetés du même jugement du 10 mars 1807, par les frères Cardon, et par Charlotte-Rosalie Pithereau, etc. ».

Cet arrêt est signifié, le 13 avril 1808, à l'avoué de la dame Champeaux-Grammont et du subrogé tuteur.

Le 13 juillet suivant, la dame Champeaux-Grammont et le subrogé tuteur se pourvoient en cassation, et joignent à leurs requêtes les jugemens du deuxième département du conseil aulique et de la chambre de justice civile de Pétersbourg, des 4 septembre 1803 et 18 janvier 1804. — On se rappelle qu'ils n'avaient produit devant le tribunal de première instance et devant la cour de Paris, que le jugement du 11 mai 1804, rendu en exécution des deux premiers.

Le 16—28 juin 1809, le prince Kourakin, ambassadeur de Russie en France, leur délivre un certificat qu'ils produisent également, et par lequel ce ministre atteste, « que, dans l'état des relations politiques, tel qu'il subsistait entre la Russie et la France au mois de mars 1800, il n'existait point en Russie d'agent diplomatique français qui pût recevoir les actes civils des Français entre eux; que madame Cardon, alors femme Millet, et Millet son mari, n'ont donc pu suivre, pour se divorcer, et pour se remarier ensuite, comme ils l'ont fait, l'une à Jean-Baptiste Cardon, le 17 août 1801, l'autre à Attilia Georges, le 17 février 1802, que les seules formes usitées en Russie; que ces formes usitées entre les individus, soit nationaux, soit étrangers, qui professent la religion catholique, consistent, pour les divorces, à faire rédiger, par un consistoire ecclésiastique, un arrêté qui ensuite doit être confirmé par le dicastère catholique métropolitain, avec le consentement des parties, et qu'en conséquence de ces jugemens elles sont libres de contracter de nouveaux liens; et en outre, après avoir vu et examiné tant l'acte de divorce d'entre la veuve Cardon et Millet, son premier mari, que l'acte de son second mariage avec ledit feu Cardon, que l'un et l'autre sont en tout conformes aux usages de Russie, ainsi que le prouvent d'ailleurs les jugemens du deuxième département du tribunal aulique et de la chambre de justice civile de St-Pétersbourg, des 4 septembre 1803 et 8 janvier 1804, confirmés par l'ukase du sénat dirigeant, du 11 mai suivant. Ces jugemens, en troisième et dernière instance, statuent sur la possession d'état de la veuve Cardon, et ont reçu leur exécution en Russie, conformément au traité, suivant le certificat du consul de France Lesseps, en date du 4 janvier 1808 ».

L'affaire en cet état, un arrêt de la section des registres du 9 août 1809 admet le recours de la dame Champeaux-Grammont et du subrogé tuteur; et ce recours est soumis, devant la section civile, à une discussion contradictoire.

« Les moyens de cassation qui vous sont proposés dans cette affaire (ai-je dit à l'audience de cette section, le 15 juillet 1811), offrent à votre examen six questions : 1º en déclarant nuls et le mariage contracté, le 7 août 1801, entre Jean-Baptiste Cardon et la demanderesse, et le testament du 27 prairial an 10 par lequel la demanderesse était instituée légataire à titre universel de Jean-Baptiste Cardon, la cour d'appel de Paris a-t-elle violé la loi qui veut que chaque chef de demande subisse deux degrés de juridiction? — 2º En prononçant la nullité de ce mariage, non-seulement sur la demande des frères Cardon, mais encore sur les conclusions du ministère public, la cour d'appel de Paris a-t-elle violé les lois qui déterminent et circonscrivent les fonctions du ministère public dans les affaires civiles? — 3º En prenant connaissance du mariage et du testament de Jean-Baptiste Cardon, la cour d'appel de Paris a-t-elle violé l'art. 16 du traité de commerce conclu entre la France et la Russie le 31 décembre 1786—11 janvier 1787? — 4º En prononçant sur l'un et sur l'autre, comme si les contestations élevées sur l'un et sur l'autre, eussent encore été entières, a-t-elle contrevenu à l'autorité de la chose jugée? — 5º A-t-elle violé, au fond, les lois relatives aux actes de l'état civil? — 6º Au fond encore, a-t-elle violé les lois relatives à la capacité de donner et recevoir par testament? Notre devoir est de reprendre ces différentes questions et de les discuter chacune séparément.

» La première n'exigera pas de grands détails.

» Examinons-la d'abord relativement à la disposition de l'arrêt qui déclare nul le mariage contracté le 7 août 1811 entre Jean-Baptiste Cardon et la demanderesse.

» Pour qu'une demande subisse deux degrés de juridiction, il n'est pas toujours nécessaire qu'elle soit jugée par deux tribunaux successifs; il n'est pas toujours nécessaire qu'elle soit jugée en première instance par l'un, avant d'être par l'autre en dernier ressort. Tous les jours, les tribunaux supérieurs, en statuant sur les appels portés devant eux, prononcent sur des demandes qui ont été formées devant les premiers juges et sur lesquelles ceux-ci n'ont pas statué; soit qu'elles aient échappé à leur attention, soit qu'elles leur aient paru n'être pas encore en état de recevoir une décision définitive et qu'ils les aient ajournées par des jugemens interlocutoires, soit qu'ils les aient mises à l'écart pour s'occuper exclusivement de quelque incident sur la forme de procéder; et non-seulement cette manière de juger a été approuvée par un grand nombre de vos arrêts, mais elle est expressément autorisée par l'art. 473 du Code de procédure civile.

» La règle des deux degrés de juridiction ne signifie donc pas que les tribunaux d'appel ne peuvent s'occuper que des demandes sur lesquelles il a été prononcé par les juges de première instance : elle signifie seulement que les tribunaux d'appel ne peuvent statuer que sur des demandes qui ont été formées devant les juges de première instance, n'importe que ceux-ci ayent ou n'y ayent pas statué eux-mêmes.

» Or, dans notre espèce, de quoi se plaint la demanderesse? de ce que la cour de Paris a déclaré son mariage nul, sans qu'il y eût une demande formée à cette fin devant les premiers juges ? Non : elle reconnaît au contraire que, devant les premiers juges, les frères Cardon avaient formellement conclu à ce que son mariage, dans le cas où elle en rapporterait l'acte en forme probante, fût déclaré nul. Elle ne peut donc se plaindre, et en effet elle ne se plaint, de l'arrêt de la cour de Paris, sous le rapport de la forme, qu'en ce qu'il a déclaré son mariage nul, sans qu'au préalable il fût intervenu un premier jugement sur sa validité ou son invalidité.

» Mais d'abord, il est évident que sa plainte serait mal fondée, si la cour de Paris avait commencé par infirmer le jugement du tribunal de première instance, en tant qu'il avait omis de statuer sur la validité ou l'invalidité du mariage; et si ensuite elle eût fait à cet égard, ce que les premiers juges eussent dû faire, c'est-à-dire, si elle avait, en statuant elle-même sur ce point, déclaré le mariage nul.

» En second lieu, il est vrai que la cour de Paris n'a pas littéralement prononcé de cette manière; mais, n'a-t-elle pas fait équivalemment la même chose ?

» Les frères Cardon n'avaient pas appelé du jugement du 10 mars 1807, en tant qu'il s'était borné à déclarer que la demanderesse n'avait pas rapporté de preuve suffisante de son prétendu mariage; et l'on sent très-bien pourquoi ils n'en avaient pas appelé : c'est qu'ils n'y avaient aucun intérêt. Gagnant leur procès au fond, il leur était fort indifférent que les premiers juges se fussent déterminés en leur faveur par le moyen de preuve du mariage, plutôt que par les moyens de nullité qu'ils avaient fait valoir pour le cas où le mariage eût paru suffisamment justifié.

» Il n'en était pas de même de la dame Champeaux-Grammont : pour qu'elle triomphât dans son appel, il fallait qu'elle fît juger, tout à la fois, et que les preuves qu'elle rapportait de son mariage étaient suffisantes, et que son mariage était valable.

» Aussi se faisait-elle un grief, contre le jugement du 10 mars 1807, de ce que, pour la dépouiller, elle et ses enfans, de la succession de Jean-Baptiste Cardon, il n'avait pas annullé son mariage. *Ce qui prouve, disait-elle dans sa requête du 7 août suivant, page 4, jusqu'à quel point le tribunal de première instance s'est laissé induire en erreur; c'est qu'il a dépouillé la veuve légitime et ses enfans légitimes, sans même prononcer la nullité du mariage de leur père.*

» Dans cet état des choses, comment aurait prononcé la cour de Paris, si elle eût adopté les moyens de la dame Champeaux Grammont ? certainement elle aurait d'abord infirmé le jugement du 10 mars 1807, et en ce qu'il avait déclaré insuffisantes les preuves du mariage que la dame Champeaux-Grammont soutenait avoir contracté avec Jean-Baptiste Cardon, et en ce qu'il avait omis de prononcer sur la question de savoir si ce mariage était valable ou nul. Ensuite, faisant droit sur ces deux points par jugement nouveau, elle aurait déclaré le mariage suffisamment justifié; et elle aurait débouté les frères Cardon de la demande en nullité qu'ils avaient formée contre cet acte en première instance.

» Mais la cour de Paris, prenant le parti de rejeter la réclamation de la dame Champeaux-Grammont, comment a-t-elle dû prononcer ?

» Sans contredit, elle aurait pu, si, comme les premiers juges, elle eût trouvé les preuves du mariage insuffisantes, se borner à mettre l'appellation au néant, ou, en d'autres termes, à dire qu'il avait été bien jugé.

» Mais elle a pu aussi, et c'est ce qu'elle a fait, ne pas s'arrêter à la question de savoir si les preuves du mariage étaient suffisantes ou non; elle a pu faire abstraction des irrégularités qu'elle avait remarquées dans les pièces produites par la dame Champeaux-Grammont, pour prouver que le mariage avait eu lieu; elle a pu supposer, et elle a supposé en effet, que ces irrégularités prétendues n'existaient pas, et regarder la preuve du mariage comme pleinement acquise; et assurément la dame Champeaux-Grammont ne peut pas se plaindre d'une pareille détermination, puisqu'elle était toute en sa faveur. — Or, cette détermination, où conduisait-elle la cour de Paris ? précisément à faire ce que la dame Champeaux-Grammont reprochait aux premiers juges de n'avoir pas fait, à entrer dans l'examen de la validité ou de l'invalidité du mariage, à décider si le mariage était valable ou nul.

» Eh bien ! qu'a-t-elle fait autre chose ? et que manque-t-il à cette partie de son arrêt, sous le rapport de la forme, pour être parfaitement régulier ? il n'y manque que de n'avoir pas, en termes exprès, infirmé le jugement du 10 mars 1807, en tant qu'il n'avait pas prononcé sur le mérite du mariage. Mais si la cour de Paris ne l'a pas, à cet égard, infirmé en termes exprès, elle l'a du moins infirmé virtuellement; car elle a fait ce qu'elle a jugé que le tribunal de première instance aurait dû faire; elle a rendu, sur le mérite du mariage, une décision que le tribunal de première instance avait cru ne devoir pas rendre; et elle l'a rendue sur la provocation de la dame Champeaux-Grammont; elle l'a rendue, parce que la dame Champeaux-Grammont accusait les premiers juges de n'avoir pas statué sur la validité ou l'invalidité de son mariage. — Nous trouvons donc dans cette partie de son arrêt, tout ce qui caractérise l'infirmation d'un jugement de première instance, avec évocation et jugement du principal; et sans doute, vous ne casserez pas un arrêt, pour ne pas avoir employé le mot technique de la chose qu'il a faite.

» Quant au testament du 27 prairial an 10, à l'égard duquel la demanderesse accuse également la cour d'appel de Paris d'avoir violé la règle des deux degrés de juridiction, de deux choses l'une : ou la demanderesse avait produit ce testament devant les premiers juges, ou elle ne l'a produit qu'en cause d'appel.

» Au premier cas, les premiers juges en con-

damnant la demanderesse à rendre aux frères Cardon *tous les biens meubles et immeubles, papiers,
titres, documens et choses quelconques composant
la succession* de son prétendu mari, ont implicitement et suffisamment jugé que le testament ne devait avoir aucun effet; et par conséquent la cour
d'appel, en déclarant ce testament nul, n'a fait que
répéter en termes plus clairs ce qu'avaient déjà dit
les premiers juges.

» Au second cas, il est vrai, la demande des frères
Cardon en nullité du testament n'a pas subi les deux
degrés de juridiction; mais a-t-elle dû les subir dans
cette hypothèse? Non. En produisant devant la cour
d'appel, un testament dont elle ne s'était pas préva-
lue devant les premiers juges, la dame Champeaux-
Grammont a usé du droit que lui donnait l'art. 464
du Code de procédure civile, qui permet de former
de nouvelles demandes en cause d'appel, toutes les
fois que ces nouvelles demandes servent de *défense
à l'action principale*. Mais assurément la dame
Champeaux-Grammont ne pouvait pas avoir le droit
de demander, en cause d'appel, l'exécution d'un
testament dont elle n'avait pas parlé en première
instance, sans que, par cela même, ses adversaires
eussent le droit de soutenir que ce testament était
nul; sans que, par cela même, la cour d'appel eût
le droit de prononcer la nullité de ce testament.

» Il est donc bien évident que la règle des deux
degrés de juridiction n'a été violée, ni quant au mariage, ni quant au testament.

» Mais la cour d'appel de Paris n'a-t-elle pas
violé quant au mariage, les lois qui déterminent
et circonscrivent les attributions du ministère public?

» Elle les aurait incontestablement violés, si
elle n'avait été provoquée que par les conclusions
du ministère public, à déclarer ce mariage nul; si
elle n'y avait pas été en même temps provoquée par
les conclusions des parties privées qui avaient intérêt à l'annullation de ce mariage.

» Alors, en effet, s'appliquerait ici dans toute
son étendue, l'art. 2 du tit. 8 de la loi du 24 août
1790, qui veut que les procureurs-généraux et impériaux exercent leur ministère au civil, *non par voie
d'action, mais seulement par celle de réquisition
dans les procès dont les juges auront été saisis*.

» Et ce serait vainement que l'on chercherait à
éluder cette disposition, sous le prétexte que l'art.
184 du Code civil confère au ministère public le
droit d'attaquer le mariage qui a été contracté au
mépris des liens dans lesquels l'un des époux so
trouve engagé. Car cet article est restreint, par le
190°, au cas où les deux époux vivent encore; et
dans notre espèce, il y avait déjà cinq ans que
Jean-Baptiste Cardon était décédé, lorsque la cour
d'appel de Paris a déclaré nul le mariage qu'il avait
contracté avec la dame Champeaux-Grammont.

» Mais ce qui doit écarter ici toute idée de contravention, de la part de la cour d'appel de Paris, à
l'art. 2 du tit. 8 de la loi du 24 août 1790, c'est
que cette cour n'a pas prononcé la nullité du ma-

riage dont il s'agit, sur les seules conclusions du
ministère public; c'est qu'elle l'a prononcée en
même temps sur les conclusions des frères Cardon;
c'est que le seul reproche qu'on puisse, à cet égard,
faire à son arrêt, c'est de n'être pas rédigé avec
toute la précision et toute l'exactitude qu'elle aurait
pu y mettre; c'est qu'au lieu de dire qu'elle prononçait à la fois sur les conclusions des frères Cardon et sur celles du ministère public, elle aurait dû
se borner à dire qu'elle prononçait sur les conclusions des frères Cardon, le ministère public entendu; mais un vice de rédaction ne peut pas entraîner l'annullation d'un arrêt qui d'ailleurs, par
son résultat, ne viole pas la loi.

» Nos deux premières questions ainsi résolues,
abordons la troisième; et voyons si, en prenant
connaissance du mariage de la demanderesse et du
testament de son mari, la cour de Paris a violé,
comme la demanderesse le prétend, l'art. 16 du
traité de commerce entre la France et la Russie, du
11 janvier 1787.

» Cet article contient plusieurs dispositions sur
lesquels il importe de nous fixer.

» Il établit d'abord que les *sujets russes* ne seront pas réputés aubains en France; qu'ils y seront
exempts du droit d'aubaine; qu'ils pourront disposer à leur gré de leurs biens *meubles* et *immeubles*;
que *lesdits biens*, c'est-à-dire les meubles comme
les immeubles, « délaissés par la mort d'un sujet
» russe, seront dévolus, sans le moindre obstacle,
» à ses héritiers légitimes par testament ou *ab in-
» testat*, soit qu'ils résident en France ou ailleurs;
» (que) si les héritiers étaient absens ou mineurs,
» et par conséquent hors d'état de faire valoir leurs
» droits, l'inventaire de *toute la succession* (termes
» qui évidemment encore s'appliquent aux meubles
» comme aux immeubles), devra être fait, de l'au-
» torité des juges du lieu, par un notaire accom-
» pagné du consul ou vice-consul de Russie, s'il y
» en a un dans l'endroit, sous l'inspection du pro-
» cureur du roi ou du procureur fiscal; et (que)
» s'il n'y avait pas de consul ou vice-consul dans
» l'endroit, on appellera, comme témoins, deux
» personnes dignes de foi; (qu') après ce préam-
» bule, la succession sera déposée entre les mains
» du consul ou vice-consul, ou, à son défaut,
» entre les mains de deux personnes désignées par
» le procureur du roi ou procureur fiscal, afin que
» lesdits biens soient gardés pour les légitimes hé-
» ritiers ou véritables propriétaires; (qu') en cas
» qu'il y ait des mineurs, et qu'il ne se présentât
» en France aucun parent qui pût remplir par pro-
» vision la tutelle ou curatelle, elle sera confiée au
» consul ou vice-consul de Russie, ou, à son dé-
» faut, à une personne désignée par le procureur
» du roi ou le procureur fiscal, jusqu'à ce que les
» parens du défunt ayent nommé un tuteur ou cura-
» teur; (que) *dans le cas où il s'élèverait des con-
» testations sur l'héritage d'un Russe mort en
» France, les tribunaux du lieu où les biens du
« défunt se trouveront devront juger le procès sui-

» *devant les lois de la France* (enfin, que) l'impé-
» ratrice de Russie s'engage à faire jouir, dans toute
» l'étendue de son empire, les sujets du roi très-
» chrétien, d'une entière et parfaite réciprocité, re-
» lativement aux stipulations renfermées dans le
» présent article ».

» Il résulte clairement de ces dispositions, et
surtout de la combinaison de la dernière avec les
précédentes, que c'est par les tribunaux russes
qu'ont dû être jugées les contestations qui, après la
mort de Jean-Baptiste Cardon, arrivée à Pétersbourg en 1803, se sont élevées sur la partie de sa
succession qui se trouvait, à cette époque, dans les
états de l'empereur de Russie.

» Nous disons *qui se trouvait, à cette époque,
dans les états de l'empereur de Russie* : car ce n'é-
tait pas en Russie qu'existait, à cette époque, la
totalité de la succcession de Jean-Baptiste Cardon. Il
en existait une partie en France; et assurément c'é-
tait aux tribunaux français qu'appartenait le pouvoir de juger les contestations auxquelles elle a
donné lieu en France même.

» Inutile d'objecter, avec la demanderesse, que
Jean-Baptiste Cardon était mort en Russie; qu'ainsi
c'était en Russie que sa succession s'était ouverte;
et que c'est par le juge de l'ouverture de la succession, qu'il doit être prononcé entre tous ceux qui y
prétendent.

» 1° De ce que Jean-Baptiste Cardon était mort
en Russie, il ne s'ensuit nullement que sa succession y fût ouverte. Une succession s'ouvre, non pas
dans le lieu où meurt accidentellement celui de qui
elle provient, mais dans le lieu où il avait son domicile au moment de son décès. — Or, Jean-Baptiste Cardon était-il, au moment de son décès, domicilié en Russie? L'arrêt attaqué juge que non; et
il nous paraît, sur ce point de fait, à l'abri de toute
atteinte.

» 2° Quand même Jean-Baptiste Cardon aurait
eu son domicile en Russie, au moment de sa mort;
quand même la Russie pourrait être considérée
comme le lieu de l'ouverture de sa succession, les
tribunaux français n'en seraient pas moins demeurés
compétens pour connaître des différens que sa succession a fait naître entre sa veuve, ses enfans, et
ses parens collatéraux. Elle est sans doute bien générale, la règle qui attribue au juge du lieu de l'ouverture d'une succession, la connaissance exclusive
des contestations élevées entre ceux qui la réclament; mais son autorité est concentrée entre les
juges d'une même souveraineté; elle perd toute sa
force, dès que le lieu où la succession s'est ouverte,
et le lieu où sont situés les biens qui en dépendent,
appartiennent à des souverainetés différentes. — Il
s'était ouvert en Piémont une succession dont les
biens étaient situés, partie en Piémont même, et
partie en France. Les prétendans à cette succession
avaient plaidé en Piémont pendant dix-huit années;
et le procès ayant été terminé par un arrêté du sénat
de Turin, celui qui avait gagné sa cause, avait, ob-

tenu du lieutenant-général de Chaumont en Bassigny, un *pareatis* pour mettre cet arrêt à exécution.
Mais sur l'appel interjeté de ce *pareatis* par l'autre
partie, arrêt du parlement de Paris, du 21 mai
1585, qui dit : *mal, nullement et incompétemment
ordonné et exécuté, bien appelé par l'appelant;
ordonné que, pour le regard des biens situés en
ce royaume, les parties se pourvoiront par action* (1). — Un arrêt du parlement de Bordeaux
avait réglé le partage d'une succession ouverte dans
le ressort de cette cour. On voulut ensuite faire
exécuter cet arrêt dans le Béarn, qui alors n'était
pas encore réuni à la France. Mais par arrêt du
grand-conseil, du 23 janvier 1601, cette prétention fut rejetée, et il fut ordonné que les parties se
pourvoiraient devant les tribunaux de Béarn (2). —
Aussi, nous l'avons déjà remarqué, l'art. 16 du
traité du 11 janvier 1787 décide nettement que les
tribunaux français ne connaîtront de la succession
des Russes morts en France, et réciproquement
que les tribunaux russes ne connaîtront de la succession des Français morts en Russie, que relativement aux biens qui se trouveront dans leurs terri-
toires respectifs.

» Mais si de là nous devons conclure que le tribunal de première instance et la cour d'appel de
Paris étaient compétens pour connaître de la partie
de la succession de Jean-Baptiste Cardon qui se
trouvait en France, ne devons-nous pas en conclure
aussi qu'ils étaient incompétens pour connaître de
la partie de cette même succession qui se trouvait
en Russie? Ne devons-nous pas aussi en conclure
que l'arrêt de la cour d'appel de Paris doit être cassé,
en tant qu'il confirme la disposition du jugement
du tribunal de première instance, qui condamne
la demanderesse « à rendre et restituer aux héritiers
» bénéficiaires Cardon, tous les biens meubles et
» immeubles, papiers, titres, documens et choses
» quelconques, concernant la succession du défunt
» Jean-Baptiste Cardon....; *le tout, d'après les in-
» ventaires qui en seront dressés, si fait n'a été,
» tant à Paris qu'en* RUSSIE » ?

» Que vient-on dire, pour justifier cette disposition, en tant qu'elle frappe sur les biens de Jean-
Baptiste Cardon qui se trouvaient en Russie au moment de son décès?

» On dit d'abord que Jean-Baptiste Cardon n'a-
vait laissé en Russie que des effets mobiliers; que
les meubles suivent toujours la personne, que Jean-
Baptiste Cardon avait, suivant l'arrêt attaqué, conservé son domicile en France; qu'ainsi les effets
mobiliers qu'il avait laissés en Russie ne pouvaient
être soumis qu'à la juridiction française.

» Mais prenons-y garde, la fiction de droit qui
répute les meubles situés dans le domicile de la per-

_____

(1) Bouchel, *Bibliothèque du droit français*, au mot compétence.

(2) Brodeau, *sur l'art.* 164, *de la Coutume de Paris.*

sonne à laquelle ils appartiennent, est bien applicable au cas où les meubles se trouvent dans la même souveraineté où est placé le domicile de la personne ; mais si les meubles sont dans une souveraineté et le domicile de la personne dans une autre, la fiction cessera ; pourquoi ? Parce que cette fiction est de pur droit civil, parce que le droit civil de chaque état est limité à cet état même, parce que le droit civil d'un état ne peut pas étendre à un autre état une fiction qui est son ouvrage et n'existerait pas sans lui. — C'est sur ce fondement que les meubles dont un étranger, non affranchi du droit d'aubaine, se trouve possesseur en France, sont dévolus, par sa mort, au fisc français, comme les meubles dont un Français se trouve possesseur en pays étranger, sont dévolus par sa mort, au fisc du pays où ils existent. — C'est sur ce fondement qu'un arrêt du grand-conseil de Malines, du 11 octobre 1651, rapporté par Dulaury, §. 179, a jugé qu'une bâtarde légitimée et déclarée habile à succéder à son père, par un prince d'Allemagne, son souverain naturel, n'avait aucun droit aux créances mobilières que son père avait laissées en Flandres. — C'est sur ce fondement enfin, que l'art. 16 du traité de commerce entre la France et la Russie, du 11 janvier 1787, après avoir habilité les héritiers russes à recueillir en France, et les héritiers français à recueillir en Russie, tant les biens meubles que les biens immeubles de leurs parens respectifs, veut que les tribunaux russes connaissent des successions même mobilières des Français décédés en Russie ; et que les tribunaux français connaissent des successions même mobilières des Russes, décédés en France.

» On dit en second lieu, que la demanderesse n'a pas décliné, quant aux meubles laissés en Russie par Jean-Baptiste Cardon, la juridiction des tribunaux de première instance et d'appel de Paris ; que par conséquent elle l'a reconnue ; et qu'elle est non-recevable à exciper devant vous de leur incompétence quant à ces meubles ?

» Mais la demanderesse a fait plus que de décliner la juridiction de ces tribunaux. Elle leur a dit : « Vous n'avez pas rien à juger ; les contestations » qu'élèvent devant vous les frères de mon mari, » ils les ont precédemment élevées devant les tri- » bunaux russes ; et les tribunaux russes les ont » proscrites ; vous ne pouvez donc plus vous oc- » cuper de ces contestations ». —Assurément, s'expliquer ainsi devant les tribunaux de première instance et d'appel de Paris, ce n'était pas reconnaître leur juridiction. Opposer à un tribunal l'exception de chose jugée qui résulte ou que l'on croit résulter du jugement rendu par un autre tribunal, ce n'est pas se soumettre à la juridiction du tribunal devant lequel on est assigné : c'est au contraire protester de la manière la plus positive, contre tout jugement que pourrait rendre ce tribunal, sur la contestation déjà jugée par un autre.

» On dit, en troisième lieu, que la demanderesse n'a pas invoqué, devant la cour de Paris, l'article du traité en vertu duquel avait été rendu en Russie le jugement dont elle réclamait l'exécution.

» Mais qu'importe qu'elle ne l'ait pas invoqué ?

» Le traité du 11 janvier 1787, était une loi pour la France comme pour la Russie ; il avait été publié en France immédiatement après sa signature ; aucun tribunal français ne pouvait le méconnaître ; et plusieurs fois vous avez cassé des arrêts pour avoir contrevenu aux traités passés entre la France et des nations étrangères, comme vous les auriez cassés pour avoir contrevenu aux lois particulières de la France. Il est même à remarquer que, le 21 brumaire an 13, au rapport de M. Cochard, vous avez rejeté, en vous fondant sur l'art. 17 du traité du 11 janvier 1787, l'opposition formée par le sieur Raimbert à un arrêt de l'ancien conseil d'état du 6 septembre 1790, par lequel un arrêt du parlement de Rouen avait été cassé comme contraire à cet article.

» On dit en quatrième lieu, que le traité du 11 janvier 1787, n'avait été conclu que pour douze ans. Que le terme fixé à sa durée par le 46e des articles qui le composent, était donc expiré dès le 11 janvier 1799 ; qu'ainsi à la mort de Jean-Baptiste Cardon, arrivée le 11 mars 1805, ce traité n'était plus obligatoire.

» Nous devons ajouter que ce traité avait cessé d'être obligatoire long-temps avant le 11 janvier 1799 ; qu'en effet, un décret de la convention nationale du 1er mars 1793, avait annullé *tous traités d'alliance et de commerce entre l'ancien gouvernement et les puissances avec lesquelles la République* était alors *en guerre* ; que ce décret n'étant que déclaratif d'un principe qui avait été reçu dans tous les temps et dans tous les pays, a dû s'appliquer depuis aux traités existans entre la France, et les puissances étrangères qui depuis se sont constituées en état de guerre contr'elle ; qu'ainsi, on ne peut douter que le traité du 11 janvier 1787 n'ait été annullé, dès le 25 mars de la même année 1793, puisqu'à cette époque la Russie s'est mise en guerre contre la France par le traité d'alliance offensive et défensive qu'elle a contracté avec l'Angleterre.

» Mais si de là il résulte que le traité du 11 janvier 1787, a cessé d'être obligatoire six ans et quelques mois après sa conclusion, ce n'est pas à dire pour cela qu'il n'avait pas repris toute sa force, au moins quant au 16e de ses articles, à la mort de Jean-Baptiste Cardon.

» Et en effet, le 16 vendémiaire an 10 (8 octobre 1801), plus de dix-huit mois avant la mort de Jean-Baptiste Cardon, il avait été conclu à Paris, un traité de paix entre le gouvernement français et le gouvernement russe, par l'art. 5 duquel il était dit : « Les deux partis conviennent, en » attendant la confection d'un nouveau traité de » de commerce, de rétablir les relations commér- » ciales entre les deux pays, sur le pied où elles » étaient avant la guerre, en tant que faire se

» pourra, et sauf les modifications que le temps et
» les circonstances peuvent avoir amenées, et qui
» ont donné lieu à de nouveaux règlemens »; et ce
traité avait été converti en loi par un décret du corps
législatif du 18 frimaire an 10.

» *Or rétablir les relations commerciales entre
les deux pays, sur le pied où elles étaient avant la
guerre*, c'était bien dire, en termes équipollens, que
le traité de commerce du 11 janvier 1787, continue-
rait d'être exécuté comme il l'était avant la guerre
commencée en mars 1793, c'est-à-dire, comme devant encore durer cinq ans et huit à neuf mois. C'é-
tait bien par conséquent déclarer que ce traité serait
considéré comme n'ayant été que suspendu par la
guerre commencée en mars 1793 et terminée en octobre 1801 ; et qu'à compter du mois d'octobre 1801,
il reprendrait son cours et durerait jusqu'à l'expiration des douze ans fixés primitivement à sa durée.

» Et la preuve que les deux puissances l'ont ainsi
entendu, c'est qu'elles l'ont ainsi exécuté ; non,
comme l'allègue inconsidérément la demanderesse,
en vertu d'un traité spécial du mois de mai 1802,
dont nous sommes autorisés à nier l'existence, mais
en vertu et par la seule force de l'art. 5 du traité du
8 octobre 1801 ; en voici la preuve.

» Vous savez que postérieurement au traité du 8
octobre 1801, et à une époque que nous ne pouvons pas déterminer bien positivement, mais qui,
d'après le résultat d'une lettre officielle que nous
allons mettre sous vos yeux, paraît remonter à l'année 1804, la Russie a repris contre la France une
attitude hostile; qu'il s'en est ensuivi une guerre
qui n'a été terminée que par le traité de Tilsit,
du 25 juin — 7 juillet 1807; et que, par l'art. 27
de ce traité, il a été convenu, comme il l'avait déjà
été par le traité du 8 octobre 1801, que *les relations de commerce seraient rétablies sur le même
pied qu'avant la guerre*.

» Assurément si, par cette convention, le traité
de commerce du 11 janvier 1787 a été remis en vigueur pour le temps qui lui restait encore à courir,
déduction faite de celui pendant lequel il avait été
suspendu par la nouvelle guerre, il n'y a aucune
raison pour qu'on puisse ne pas convenir que le
traité du 8 octobre 1801 avait produit le même effet; et par conséquent que ce dernier traité avait également remis en vigueur celui du 11 janvier 1787.

» Or, la preuve que le traité du 25 juin — 7
juillet 1807 avait remis en vigueur le traité du 11
et qu'il était dans l'esprit de l'un de proroger l'autre
pendant le reste des douze années utiles, c'est que le
traité du 11 janvier 1787 n'a cessé d'être obligatoire
entre les deux gouvernemens que vers le milieu de
l'année dernière ; et qu'il n'a cessé de l'être à cette
époque, que parce que les deux gouvernemens ont
reconnu que cette époque était celle de la révolution
des douzes années. Témoin la lettre que M. le duc
de Bassano, ministre des relations extérieures, nous

a écrite le 25 juin dernier, en réponse aux questions que nous lui avions proposées d'après les
moyens respectivement employés par les parties
dans cette affaire, et qui est ainsi conçue : « Il n'a
» point été fait de traité d'aucun genre entre la
» France et la Russie, en 1802. Le traité de com-
» merce de 1787, conçu pour douze ans, a sub-
» sisté jusqu'au milieu de l'année dernière, les
» deux gouvernemens étant demeurés d'accord de
» le considérer comme ayant été non annullé, mais
» simplement suspendu, par l'état de guerre qui
» deux fois, depuis sa conclusion, a divisé les deux
» peuples, et d'en prolonger la durée pour autant
» d'années qu'il avait été suspendu, *sauf toutefois
» les modifications que le temps et les circons-
» tances pouvaient avoir amenées, et qui avaient
» donné lieu à de nouveaux règlemens intervenus
» pendant la guerre*. Or il n'est point à ma con-
» naissance qu'il ait été fait en Russie aucun règle-
» ment contraire aux dispositions de l'art. 16
» du traité de 1787 ».

» Remarquez, Messieurs, ces derniers termes :
*il n'est point à ma connaissance qu'il ait été fait,
en Russie, aucun règlement contraire aux dispositions de l'art. 16 du traité de 1787*. Il en résulte
très-clairement que le traité de 1787, quoique modifié dans plusieurs de ces dispositions par les règlemens que les deux puissances avaient faits, chacune de son côté, pendant les deux guerres, était
néanmoins demeuré intact, de part et d'autre, dans
son seizième article; et que le traité du 8 octobre
1801, comme celui du 7 juillet 1807, l'avait, à cet
égard, fait revivre purement et simplement.

» Il n'y a donc rien à conclure ici de ce qu'après
les traités de 1801 et de 1807, plusieurs articles de
celui de 1787, relatifs à la navigation et aux douanes, sont restés sans exécution. Ils ne sont restés
sans exécution après ces autres traités, que parce
que le premier avait expressément stipulé que le
traité de 1787 cesserait d'être exécuté dans toutes
celles de ses dispositions qui seraient contrariées
par des règlemens intervenus pendant la guerre;
que parce que, pendant la guerre, les deux puissances avaient respectivement réglé les droits de navigation et de douanes autrement qu'ils ne l'étaient
par le traité de 1787. Mais ni l'une ni l'autre puissance n'avait fait, pendant la guerre, aucun règlement contraire aux dispositions de l'art. 16 de ce
dernier traité. L'art. 16 de ce dernier traité a donc
été renouvelé, dans toute son étendue, par les
traités de 1801 et de 1807.

» On dit, en cinquième lieu, que l'art. 16 du
traité du 11 janvier 1787 n'attribue juridiction aux
tribunaux russes pour la connaissance des successions des Français décédés en Russie, que lorsque
ces successions sont contestées entre des Français
et des Russes ; et que réciproquement ce même article n'attribue juridiction aux tribunaux français
pour les successions des Russes décédés en France,
que lorsque ces successions sont contestées entre des
Russes et des Français ?

» Mais 1° l'art. 16 du traité ne fait ni distinction ni réserve. Il ne borne pas sa disposition, soit au cas où des Français plaideront en Russie contre des Russes, soit au cas où des Russes plaideront en France contre des Français; nous ne pouvons donc pas non plus la limiter, soit à l'un, soit à l'autre cas; nous devons donc l'appliquer et au cas où des Français plaident entr'eux en Russie, et au cas où des Russes plaident entr'eux en France.

» 2° Non seulement l'art. 16 du traité, par la force des termes dans lesquels il est conçu, embrasse dans sa disposition les différends élevés en France entre les héritiers russes, comme les différends élevés en Russie entre les héritiers français; mais de la nature même des choses, il résulte que cette disposition ne peut pas s'appliquer aux différends qui s'élèveraient au sujet d'une succession, soit en France soit en Russie, entre des Français et des Russes; et en effet, ce traité n'habilite ni des Français à succéder en Russie à des Russes, ni des Russes à succéder en France à des Français. Il les habilite seulement à succéder à leurs parens respectifs, nonobstant le droit d'aubaine; et il a toujours été de principe que de pareilles conventions n'établissent pas une successibilité réciproque de nation à nation. C'est même ce qu'ont jugé, non seulement une foule d'arrêts des anciens tribunaux supérieurs qu'il serait aussi long qu'inutile de vous rappeler, mais même un arrêt de la cour du 2 prairial an 9, au rapport de M. Aumont.... (1)

» Inutilement vient-on objecter que du moins un Russe aurait pu, par son testament fait en France au moment de son décès, instituer un Français héritier d'une partie de ses biens; que du moins un Français aurait pu, par son testament fait en Russie au moment de sa mort, instituer un Russe héritier d'une quotité quelconque de sa succession; que, dans l'un et l'autre cas, il y aurait eu concours entre un Français et un Russe; et que c'est précisément pour l'un et l'autre cas qu'a été fait l'art. 16 du traité dont il s'agit.

» D'abord peut-on sérieusement penser que, pour des cas aussi rares, l'art. 16 du traité eût fait des dispositions aussi générales, aussi indéfinies que le sont celles qu'il contient? Peut-on sérieusement penser que si l'art. 16 n'eût eu en vue que ces deux cas, il n'y aurait pas restreint ses dispositions?

» Ensuite, qui ne voit, à la seule lecture de l'art. 16, qu'il a été fait précisément pour le cas où la succession d'un Russe décédé en France appartiendrait toute entière à des Russes, comme pour celui où la succession d'un Français décédé en Russie appartiendrait toute entière à des Français? Et à quel propos, s'il en était autrement, à quel propos, si cet article avait pour objet le cas où la succession serait dévolue concurremment à des Français

et à des Russes, l'art. 16 voudrait-il que la succession fût déposée entre les mains du consul ou vice-consul de la nation du défunt? Certes, le consul ou vice-consul de la nation du défunt n'aurait aucun titre, ni par conséquent aucun droit à la confiance des héritiers de l'autre nation; et il serait souverainement déraisonnable de forcer des Français à laisser leur fortune entre les mains d'un consul ou vice-consul russe, comme il le serait de forcer des Russes à laisser leur fortune entre les mains d'un consul ou vice-consul français.

» On dit en sixième lieu qu'il est absurde de supposer que, par l'art. 16 du traité de 1787, Catherine II ait consenti que les tribunaux français jugeassent *suivant les lois françaises*, les contestations qui s'élèveraient entre des héritiers russes sur la succession d'un Russe mort en France; et qu'il n'est pas moins absurde de supposer que, par cet article, Louis XVI ait consenti que les tribunaux russes jugeassent, *suivant les lois russes*, les contestations qui s'élèveraient entre les héritiers français sur la succession d'un Français mort en Russie.

» Mais qu'y a-t-il donc là de si absurde? Qu'y a-t-il donc là qui ne soit au contraire dans la plus parfaite harmonie avec les principes?

» S'agit-il d'immeubles? Très-certainement c'est la loi de la souveraineté dans laquelle ils sont situés, qui doit en régler la succession.

» S'agit-il de meuble? C'est encore la même chose. Les meubles, nous l'avons déjà dit, suivent bien la personne, mais c'est par une fiction qui ne sort pas du territoire de la loi qui l'a établie. Et lorsque la personne domiciliée, dans une souveraineté, laisse en mourant des meubles dans une autre, c'est la loi du lieu où ils existent, qui détermine le mode d'y succéder, à moins que des traités politiques n'en ayent disposé autrement.

» On dit en septième lieu, que si, en thèse générale, les tribunaux russes avaient été compétens pour connaître des différends élevés sur la succession des meubles laissés en Russie, par Jean-Baptiste Cardon, ils auraient du moins cessé de l'être à raison de la nature de la question que présentaient ces différends, lorsqu'ils ont été portés devant eux; en effet, le sort de ces différends dépendait de l'état de la soi-disant veuve et des prétendus enfans de Jean - Baptiste Cardon; et que la soi-disant veuve et les prétendus enfans de Jean-Baptiste Cardon étant Français, il ne pouvait être prononcé sur leur état que par les tribunaux de leur nation.

» Mais en proposant cette objection, les défendeurs oublient la distinction qui a toujours été faite entre le cas où la question d'état est engagée par une action principale, et le cas où cette question s'élève incidemment à une autre contestation.

» Sans doute, lorsque la question d'état est engagée par une action principale, la connaissance en appartient au juge domiciliaire de la personne qui en est l'objet.

» Mais lorsqu'elle est proposée incidemment, la

---

(1) *V.* l'article *Héritiers*, sect. 6, §. 3.

connaissance n'en peut appartenir qu'au tribunal saisi de la cause à laquelle cette question est incidente, à moins que les attributions de ce tribunal ne soient, comme celles des tribunaux de commerce, spécialement limitées à certaines matières.

» Toutes les fois (dit la loi 3, C. *de judiciis*), qu'à une question de propriété, il vient se mêler une question d'état, le juge saisi de la première, ne doit pas moins connaître de la seconde, quoique d'ailleurs la connaissance des questions d'état lui soit interdite : *quoties quæstio statûs bonorum disceptationi occurrit, nihil prohibet quominùs apud eum quoque qui alioquin super causâ statûs cognoscere non possit, disceptatio terminetur.*

» La loi 1, C. *ordine judiciorum*, confirme et développe cette décision. Adressez-vous, dit-elle, au président de la province, et prouvez devant lui que le testament dont vous vous plaignez, a été rompu par la naissance subséquente d'un fils du testateur : *Adite præsidem provinciæ et ruptum esse testamentum Fabii præsentis agnatione filii docete*; car bien que les questions d'état soient hors de la sphère de sa juridiction, il ne lui sera pas, pour cela, défendu de prononcer sur la question d'état qui s'élèvera devant lui incidemment à votre demande : *neque enim impedit notionem ejus quod statûs quæstio in cognitionem vertitur; etsi super statûs causâ cognoscere non possit*; car il appartient au juge saisi de la connaissance de l'hérédité, d'examiner dans toute son étendue la question incidente à laquelle l'objet de la demande donne lieu ; et la raison en est qu'en dernière analyse, ce n'est pas sur cette question incidente, mais sur l'hérédité seule qu'il prononce : *pertinet enim ad officium judicis qui de hereditate cognoscit, universam incidentem quæstionem quæ in judicium devocatur, examinare, quoniam non de eâ, sed de hereditate pronuntiat.*

» Vous sentez, Messieurs, avec quelle justesse cette loi s'applique à l'espèce actuelle.

» *Dans le cas où il s'élèverait des contestations sur l'héritage d'un Russe mort en France, les tribunaux du lieu où les biens du défunt se trouveront, devront juger le procès suivant les lois de la France*; et les tribunaux russes auront, par réciprocité, le même droit, lorsqu'il s'élèvera en Russie des contestations sur l'hérédité d'un Français mort en Russie même. Voilà ce que porte l'art. 16 du traité de 1787. Les tribunaux français et les tribunaux russes sont donc, dans le cas prévu par cet article, saisis de la connaissance de la succession litigieuse. Mais, dès-lors, comment pourraient-ils n'être pas compétens pour statuer sur les questions d'état qui s'élèvent incidemment entre les prétendans à cette succession ? Ces questions d'état, par cela seul qu'elles sont incidentes à la cause principale, en font nécessairement partie, en sont nécessairement inséparables. Il ne peut donc y avoir, pour le jugement de celles-là, d'autres régles de compétence que pour le jugement de celles-ci : *pertinet enim ad officium judicis*

qui de hereditate cognoscit, universam incidentem quæstionem quæ in judicium devocatur, examinare, quoniam non de eâ, sed de hereditate pronuntiat.

» Rien ne peut donc justifier la disposition de l'arrêt de la cour d'appel qui confirme celle du jugement du tribunal de première instance, par laquelle la demanderesse est condamnée à rendre aux frères de Jean-Baptiste Cardon, les biens que celui-ci avait laissés en Russie. Cet arrêt doit donc être cassé, du moins quant à cette disposition, et pour avoir donné à la maxime *mobilia sequuntur personam*, une extension illégale, et pour avoir, par-là, violé l'art. 16 du traité du 11 janvier 1787.

» Cet arrêt est-il également sujet à la cassation, pour avoir contrevenu à l'autorité de la chose jugée ? C'est la quatrième question que nous avons à examiner; et ce que nous venons de dire sur la troisième, fait suffisamment pressentir la solution dont nous la croyons susceptible.

» La demanderesse produisait devant la cour de Paris, le jugement du deuxième département du tribunal aulique de Pétersbourg, du 18 janvier 1804, qui, en rappelant ceux qu'avaient précédemment rendus le même tribunal, la chambre de justice et le sénat dirigeant, lui avait fait la délivrance de toute la partie de la succession de Jean-Baptiste Cardon qui se trouvait en Russie. — La cour de Paris a-t-elle pu mettre ce jugement à l'écart, non pas, comme on vient ici vous le plaider, sous le prétexte que ce jugement n'était que provisoire, car il est bien visiblement définitif, mais sous le prétexte qu'il avait été rendu en pays étranger, et qu'en thèse générale, les jugemens rendus en pays étranger contre des Français, sont sans autorité en France ?

» Elle l'a pu sans doute, en tant que la demanderesse prétendait faire valoir ces jugemens pour la partie de la succession de Jean-Baptiste Cardon qui se trouvait dans le territoire français : à cet égard, ces jugemens étaient sans force ; et les frères Cardon pouvaient, suivant l'expression de l'art. 121 de l'ordonnance de 1629, *débattre leurs droits comme entiers* devant leurs juges naturels.

» Mais en tant que ces jugemens statuaient sur la partie de la succession de Jean-Baptiste Cardon qui se trouvait en Russie, ils avaient, même en France, toute l'autorité de la chose jugée : fondés sur l'art. 16 du traité du 11 janvier 1787, ils étaient, par cela seul, exceptés de la disposition générale de l'ordonnance de 1629; et leur exécution était garantie, en France, par le droit des gens.

» A la vérité, ces jugemens n'avaient été rendus que contre François Cardon ; à la vérité Hyacinthe Cardon n'y avait pas été partie.

» Mais, du moins, François Cardon ne pouvait pas les méconnaître : la cour de Paris devait donc, quant aux effets mobiliers de Russie, repousser François Cardon par l'exception de chose jugée.

» Du reste, comme la demanderesse opposait aussi cette exception à Hyacinthe Cardon, frère de celui contre lequel seul elle avait plaidé en Russie, et que cette exception, quoique mal fondée, comme telle, à l'égard d'Hyacinthe Cardon, avait dû moins à son égard, l'effet d'une exception déclinatoire, il est clair que les choses reviennent au même, quant au résultat, que si Hyacinthe Cardon avait été partie dans les jugemens rendus à Pétersbourg, puisque, par l'effet de l'art. 16 du traité du 11 janvier 1787, les tribunaux de Pétersbourg étant seuls compétens pour connaître de la succession russe, l'arrêt de la cour d'appel de Paris doit être cassé, relativement à Hyacinthe Cardon, pour cause d'incompétence, en même temps qu'il doit l'être, relativement à François Cardon, et pour cause d'incompétence et pour violation de la chose jugée.

» Hâtons-nous de passer à notre cinquième question, et d'examiner si cet arrêt, en déclarant nul le mariage contracté en Russie, entre la demanderesse et Jean-Baptiste Cardon, a violé les lois relatives à l'état civil.

» Il les a violées, s'il en faut croire la demanderesse, de deux manières : il les a violées, en admettant des héritiers collatéraux à attaquer un mariage qui avait subsisté paisiblement jusqu'à la mort de l'un des deux époux ; il les a violées, en déclarant ce mariage nul.

» Mais, 1° de quelle loi la demanderesse prétend-elle inférer que les héritiers collatéraux de Jean-Baptiste Cardon auraient dû être déclarés non-recevables à attaquer son mariage ?

» Est-ce du Code civil ? Mais l'art. 184 de ce Code, dit expressément que tout mariage contracté en contravention à l'art. 147, portant que l'on ne peut contracter un second mariage avant la dissolution du premier, peut être attaqué par tous ceux qui y ont intérêt ? et l'art. 147 ajoute qu'il peut l'être par les héritiers collatéraux, non pas, à la vérité du vivant des deux époux, mais lorsqu'ils y ont un intérêt né et actuel.

» Est-ce d'une loi antérieure au Code civil ? Mais cette loi où est-elle ? Nulle part. La demanderesse vous a cité, comme devant en tenir lieu, un passage de M. d'Aguesseau, d'où il résulterait, si on pouvait le prendre à la lettre, que telle était, avant le Code civil, la jurisprudence constante des arrêts. Mais, d'une part, M. d'Aguesseau lui-même convient, dans les observations placées à la suite de son trente-troisième plaidoyer, que les arrêts ont singulièrement varié sur ce point. De l'autre, juger contre la jurisprudence même la plus constante et la plus uniforme des arrêts, ce n'est pas juger contre la loi ; et la loi seule a le droit de commander la cassation des arrêts qui la violent.

» 2° Quelles lois la cour d'appel de Paris a-t-elle violées, en déclarant nul le mariage qu'attaquaient devant elles les frères Cardon ?

» Elle a violé, répond la demanderesse, l'art. 47 du Code civil, la loi du 26 germinal an 11, et la loi du 20 septembre 1792.

» Mais d'abord, s'il est vrai que l'art. 47 du Code civil, porte que tout acte de l'état civil des Fran-

çais fait en pays étranger, fera foi, s'il est rédigé dans les formes usitées audit pays ; s'il est vrai que, pour prouver qu'elle était valablement divorcée d'avec le sieur Millet, et par conséquent habile à devenir la légitime épouse de Jean-Baptiste Cardon, la dame Champeaux-Grammont rapportait un jugement de l'officialité métropolitaine de Pétersbourg, du 27 mars 1800, confirmatif d'une sentence du consistoire de Mohiloff, qui avait, suivant les usages russes, tous les caractères et tous les effets d'un acte de divorce proprement dit ; s'il est vrai enfin que ce jugement, si la cour d'appel de Paris-eût été mise à portée de le bien apprécier, aurait dû faire considérer la dame Champeaux-Grammont, comme valablement divorcée ; il est vrai aussi, il est même évident qu'en jugeant le contraire, la cour d'appel de Paris n'a pas pu violer l'art. 47 du Code civil.

» Oublions pour un moment que cet article ne faisait pas encore loi, lorsqu'a été rendu en Russie le jugement dont il est ici question ; oublions pour un moment que cet article ne dispose et ne peut disposer que pour l'avenir ; et attachons-nous seulement à la différence qu'il y a entre cet article et le suivant.

» L'art. 47 déclare que l'acte de l'état civil fait dans un pays étranger, fera foi, s'il a été rédigé dans les formes usitées dans ce pays.

» L'art. 48 va plus loin : il veut que tout acte de l'état civil des Français en pays étranger, soit VALABLE, s'il a été reçu conformément aux lois françaises, par les agens diplomatiques ou par les consuls.

» Ainsi, dans le cas de l'art. 48, l'acte de l'état civil fait en pays étranger est valable en France, pourvu qu'il ait été reçu conformément aux lois françaises.

» Mais dans le cas de l'art. 47, l'acte de l'état civil fait dans un pays étranger et revêtu des formes usitées dans ce pays, fait seulement foi en France de son contenu ; et l'on sent que de ce qu'il fait foi en France de son contenu, il ne s'ensuit nullement que l'on ne puisse pas en contester parmi nous la validité.

» Ainsi, un acte de mariage fait en Russie devant le curé des deux époux français, aura en France la même authenticité que s'il avait été fait en France devant l'officier de l'état civil.

» Mais si les deux époux français étaient, d'après les lois françaises, incapables de se marier, cet acte sera-t-il valable en France et pourra-t-on le juger tel, sous le prétexte que les lois russes les en reconnaissaient capables ? Non certainement. L'art. 170 du Code civil dit positivement le contraire ; et c'est d'ailleurs ce qui résulte de l'art. 3, aux termes duquel « les lois concernant l'état et la capa- » cité des personnes régissent les Français, même ré- » sidant en pays étranger ».

» Ce que nous disons de la capacité, nous devous le dire également des formalités que les juris-consultes appellent *habilitantes*, c'est-à-dire, des formalités requises pour que telle personne soit réputée capable de faire tel acte.

» Ainsi, la nécessité du consentement du père et de la mère d'un mineur de vingt-cinq ans pour qu'il puisse se marier, nécessité qui, d'après le Code civil, est véritablement une formalité habilitante du mariage des fils de famille au-dessous de l'âge de vingt-cinq ans, ne cesse pas par cela seul que le Français mineur de vingt-cinq ans se marie en pays étranger. C'est encore une des dispositions de l'art. 170.

» Et, par la même raison, si deux époux français veulent divorcer en pays étranger, par consentement mutuel, ils ne le pourront pas, si le mari a moins de vingt-cinq ans, si la femme est mineure de vingt-un ans, s'ils ne sont mariés depuis plus de deux ans, si la femme a atteint sa quarante-cinquième année. Car les art. 275, 276 et 277 font de ces diverses conditions, des formalités habilitantes du divorce par consentement mutuel.

» Par la même raison encore, si les deux époux divorcent en pays étranger sans passer par toutes les épreuves que la loi française veut qu'on leur impose pour s'assurer que telle est bien leur volonté, et qu'il est moralement impossible de les en faire départir, leur divorce sera nul en France, car ces épreuves sont, dans l'esprit de la loi française, des formalités habilitantes du divorce ; ce sont des conditions sans lesquelles la loi française répute les époux incapables de divorce.

» Or, le jugement du 27 mars 1800 que la demanderesse présentait à la cour de Paris, comme un acte de divorce, avait-il été précédé des diverses épreuves qui étaient alors prescrites en France par la loi du 20 septembre 1792 ? Non. Ce jugement ne pouvait donc être d'aucun effet en France, quoiqu'il y fît pleine *foi* de son contenu.

» Mais du moins, dit la dame Champeaux-Grammont, la loi du 26 germinal an 11, entendue comme elle doit l'être d'après l'avis du conseil d'état du 18 prairial an 12, et d'après plusieurs arrêts de la cour, met à l'abri de toute attaque les actes de divorce faits avant la publication du titre *du divorce* du Code civil ; ma condition, par rapport au divorce prononcé en Russie entre le sieur Millet et moi, le 27 mars 1800, est donc la même que si l'art. 47 du Code civil allait jusqu'à dire que les actes de l'état civil faits en pays étranger, sont dans tous les cas, valables en France.

» Rien de plus vrai. Mais de là s'ensuit-il que l'arrêt attaqué a violé, sinon l'art. 47 du Code civil, au moins la loi du 26 germinal an 11 ?

» Il l'aurait certainement violée, s'il eût été constant aux yeux de la cour d'appel, que le Jugement du 27 mars 1800, avait en Russie tous les caractères d'un divorce proprement dit.

» Mais la cour d'appel n'a vu dans le Jugement

du 27 mars 1800, que ce qu'il présente réellement dans son dispositif, c'est-à-dire, un Jugement qui déclare nul, *ab initio*, le mariage contracté à Metz, entre le sieur Millet et la dame Champeaux-Grammont, un Jugement rendu entre deux Français par un tribunal étranger, et par conséquent un Jugement qui n'avait et ne pouvait avoir aucune autorité en France.

» Il est vrai que, dans le préambule de ce Jugement, la dame Champeaux-Grammont est qualifiée de demanderesse *en divorce*. Mais de ce que la dame Champeaux-Grammont avait qualifié de *supplique en divorce*, la requête qu'elle avait adressée au consistoire de Mohiloff, la cour d'appel de Paris n'était pas obligée de conclure que, ce fût un divorce proprement dit qu'elle avait demandé, encore moins que ce fût un divorce proprement dit qu'elle avait obtenu. La cour d'appel de Paris pouvait s'attacher uniquement au dispositif du Jugement ; et certes, ce n'est pas un divorce, c'est une simple annullation d'un mariage, que le dispositif du Jugement prononcé.

» Il est vrai encore que, par le certificat de l'ambassadeur de Russie qui est sous vos yeux, il est bien constaté que les divorces se prononcent en Russie par voie d'annullation ; mais ce certificat n'a pas été produit devant la cour d'appel de Paris ; il n'a même pas pu l'être, puisqu'il est d'une date postérieure à l'arrêt de cette cour.

» Il est vrai enfin que la cour d'appel de Paris aurait pu savoir par d'autres renseignemens que tel était effectivement l'usage de Russie ; que même c'est de la Pologne que les catholiques russes ont emprunté cet usage ; et que vers l'année 1784, le prince Nassau Sieghen avait épousé à Strasbourg, comme parfaitement libre et reconnue telle par des lettres-patentes de Louis XVI, enregistrées au conseil souverain de Colmar, la princesse polonaise Saluski-Sambucko dont le mariage avait été dissous dans son pays par un divorce prononcé dans cette forme (1). Mais ces renseignemens n'ont pas été fournis à la cour d'appel ; et la cour d'appel n'a pas été obligée, sous peine de cassation de son arrêt, de se les procurer d'office.

Inutile, après cela, d'objecter que la cour d'appel n'a pas pu annuller le mariage contracté le 7 août 1801, entre la demanderesse et Jean-Baptiste Cardon, sans avoir au préalable annullé le Jugement du 27 mars 1800, qui autorisait la demanderesse à se remarier. Inutile, après cela, d'objecter qu'en laissant subsister le Jugement du 27 mars 1800, qui formait la base fondamentale du mariage du 7 août 1801, elle a contrevenu à la disposition de la loi du 20 septembre 1792, qui assure aux époux divorcés la liberté de contracter de nouveaux nœuds.

_____

(1) Nouvelle édition du recueil de Denizart au mot *Divorce*, § 2.

54

» Cette objection pourrait mériter quelque considération, si le Jugement du 27 mars 1800 avait dû être regardé par la cour d'appel de Paris, comme un simple acte de divorce. Dans cette supposition en effet, l'annullation expresse en eût peut-être été nécessaire ; et peut-être que, faute d'en avoir prononcé l'annullation, l'arrêt de la cour d'appel de Paris devrait être cassé, comme ayant annullé, sans cause légitime, un mariage régulièrement contracté.

» Mais la cour d'appel de Paris n'ayant considéré ; ayant pu ne considérer le Jugement du 27 mars 1800 que tel qu'il est en apparence, c'est-à-dire, comme un acte de la juridiction contentieuse, comme un Jugement véritable ; elle a pu, elle a dû lui appliquer la règle qui refuse toute espèce d'effet en France, aux Jugemens rendus en pays étranger entre des Français ; la régle qui veut que, nonobstant ces Jugemens, et sans qu'il soit besoin d'en prononcer la nullité, les parties puissent *débattre leurs droits, comme entiers*, devant les tribunaux de leur patrie.

» Qu'importe que, du maintien de l'arrêt de la cour d'appel de Paris, en ce qui concerne les biens laissés par Jean-Baptiste Cardon en France, il doive résulter que la demanderesse sera privée en France du titre et des droits de veuve de Jean-Baptiste Cardon qui lui sont assurés en Russie par trois Jugemens des tribunaux russes ?—Cette considération, quelque douloureux qu'en soit le résultat pour la demanderesse, quelqu'affligeantes qu'en soient les conséquences pour la justice, ne peut ni créer un moyen de cassation qui n'est pas dans la loi, ni étendre les attributions de la cour au-delà des limites dans lesquelles la loi l'a renfermée.

» Est-il d'ailleurs si extraordinaire que des personnes soient jugées avoir, dans une souveraineté, un état civil qu'elles sont jugées ne pas avoir dans une autre ?

» Qu'un Anglais et une Anglaise domiciliés en France, s'y marient ayant des enfans naturels qu'ils reconnaissent avant ou par l'acte de mariage ; ces enfans seront, par cela seul, considérés en France comme nés en état de légitimité, et ils succéderont, comme tels, aux biens que leurs père et mère laisseront dans toute l'étendue du territoire français. Mais en Angleterre, relativement aux biens que leurs père et mère laisseront en Angleterre, ils seront réputés bâtards, et par conséquent incapables de succéder ; parce que, comme l'atteste Cowel, dans ses institutions au droit anglican, liv. 1, tit. 10, §. 17, les lois anglaises n'admettent pas la légitimation par mariage subséquent.

» Qu'un homme condamné en France à une peine emportant la mort civile, passe en Autriche, et s'y marie ; son mariage, d'après l'art. 25 du Code civil, sera nul en France ; mais il sera valable en Autriche parce que, comme l'enseignent, d'après plusieurs arrêts, Ricard, part. 1, n. 263, Brodeau, sur l'art.

183 de la Coutume de Paris, et le Journal des Audiences, tom. 1, liv. 1 et 82, la mort civile par condamnation n'étend pas ses effets hors du territoire dans lequel la condamnation a été prononcée.

» Eh ! n'avons-nous pas vu Maximilien-Guillaume Adolphe de Nassau déclaré bâtard adultérin en Allemagne, par un arrêt du conseil aulique de Vienne du 3 octobre 1746, et reconnu légitime en France, d'abord par un arrêt par défaut du parlement de Douai, du 19 juin 1746, ensuite par un arrêt contradictoire du parlement de Paris, confirmatif d'une sentence du Châtelet du 31 janvier 1756...... (1)?

» Vous voyez donc, messieurs, que, dans cette espèce, le parlement de Douai et le parlement de Paris ont fait, à l'égard de Maximilien-Guillaume-Adolphe de Nassau, ce que la cour d'appel de Paris a fait dans la nôtre, à l'égard de la demanderesse ; qu'ils ont jugé Maximilien-Guillaume-Adolphe de Nassau légitime, quoiqu'il eût été précédemment jugé bâtard adultérin en Allemagne ; comme, dans notre espèce, la cour d'appel de Paris a jugé que la demanderesse n'est point veuve de Jean-Baptiste Cardon, quoiqu'elle eût été précédemment jugée telle en Russie.

» En méconnaissant ainsi l'autorité des Jugemens rendus en pays étranger, en prononçant ainsi de nouveau sur les questions d'Etat décidées par ces Jugemens, en considérant ces Jugemens comme s'ils n'existaient pas, les tribunaux ne font qu'user d'un droit qui tient essentiellement à la souveraineté de leurs pays ; et si, dans l'exercice qu'ils font de ce droit, ils ont le malheur d'errer sur des points que la loi abandonne à leur conscience, la cour de cassation peut bien en gémir ; mais réformer leurs Jugemens, elle ne le peut pas.

» Il nous reste à examiner, et c'est notre sixième question, si, en déclarant nul le testament fait par Jean-Baptiste Cardon au profit de la demanderesse, la cour d'appel de Paris a violé les lois relatives à la capacité de donner et de recevoir.

» Vous le savez, messieurs, pour déclarer ce testament nul, la cour d'appel de Paris s'est fondée sur la nullité dont elle a jugé qu'était entaché le mariage qui avait été contracté entre Jean-Baptiste Cardon et la demanderesse du vivant du premier époux de celle-ci ; sur le divorce préalable, et par conséquent sur l'état d'adultère dans lequel elle a jugé que la demanderesse avait vécu avec Jean-Baptiste Cardon.

» Si Jean-Baptiste Cardon était mort après la promulgation du titre *des donations et testamens* du Code civil, c'est-à-dire, après le 23 floréal an 11, peut-être pourrait-on soutenir que, par cette manière de juger, la cour d'appel de Paris a violé l'art. 902 de ce Code, lequel porte que *toutes personnes peu-*

---

(1) V. mon *Recueil de questions de droit*, au mot *Jugement*, §. 14.

vent disposer et recevoir, soit par donation entre-vifs, soit par testament, excepté celles que la loi en déclare incapables ; car il est bien constant que le Code civil ne déclare pas incapables de recevoir l'une de l'autre les personnes qui vivent ensemble dans le concubinage ou dans l'adultère.

» Cependant on pourrait, même dans cette hypothèse, répondre que Jean-Baptiste Cardon n'a pas donné à la demanderesse comme à sa concubine ; qu'il lui a donné comme à sa légitime épouse ; et que cette qualité manquant à la demanderesse, la donation doit être considérée comme non-avenue.

» C'est ainsi qu'en disposaient les lois romaines, qui d'ailleurs autorisaient expressément les donations entre concubinaires.

» La loi 32, §. 27, D. *de donationibus inter virum et uxorem*, suppose un mariage contracté de fait entre un homme et une fille au-dessous de l'âge de douze ans ; et comme ce mariage est nul, elle demande si la donation que l'homme a faite à la fille est valable. Il faut, répond-elle, distinguer : ou le mariage nul avait été précédé de fiançailles, ou il ne l'avait pas été. Au premier cas, la donation vaut comme faite a une fiancée ; au second, elle est nulle, parce que ce n'est pas à une étrangère, mais à son épouse, que l'homme a entendu donner ; *si quis sponsam habuerit, deinde eandem uxorem duxerit, cùm non liceret ; an donationes quasi in sponsalibus factæ valeant, videamus ? Et Julianus tractat hanc quæstionem in minore duodecim annis, si in domum quasi mariti immatura sit deducta : ait enim hanc sponsam esse, et si uxor non sit. Sed est verius quòd Labeoni videtur ; et à nobis et à Papiniano probatum est, ut si quidem præcesserint sponsalia durent, quamvis jam uxorem esse putet qui duxit : si vero non præcesserint, neque sponsalia esse, quoniam non fuerunt, neque nuptias ; quod nuptiæ esse non potuerunt : ideoque si sponsalia antecesserint, valet donatio : si minus, nulla est : quia non quasi ad extraneam, sed quasi ad uxorem fecit ; et ideo nec oratio locum habebit.*

» Ces derniers termes, *et ideò nec oratio locum habebit*, se réfèrent à la loi faite par le sénat, sur la proposition (*oratio*), de l'empereur Antonin, d'après laquelle les donations entre mari et femme étaient confirmées par la mort du donateur ; et le sens en est que, dans le deuxième des cas dont nous venons de parler, la donation, radicalement nulle dans son principe, n'est pas même confirmée par la mort du faux mari. C'est la remarque de Godefroy sur ce texte : *donatio putativo conjugi facta*, dit-il, *non confirmatur morte*.

» Le paragraphe suivant de la même loi décide, sur le même fondement, que, si un mariage est contracté par un sénateur avec une affranchie, par un tuteur avec sa pupille, ou par tout autre avec une femme qu'il lui est défendu d'épouser, la donation que le soi-disant mari fait à la soi-disant épouse, est nulle, quand même le mariage aurait

été précédé de fiançailles, parce qu'alors les fiançailles seraient réprouvées comme le mariage même : *Sed si senator libertinam desponderit, vel tutor pupillam, vel quis alius ex his qui matrimonium copulare prohibentur, et duxerit, an donatio quasi in sponsalibus facta valeat ? Et putem, etiam sponsalia improbanda, et quasi ab indignis ea quæ, donata sunt, ablata, fisco vindicari.*

» La loi 13, D. *de his quæ ut indignis auferuntur*, déclare, par les mêmes raisons, que si, au mépris de la loi qui prohibe le mariage entre la femme adultère et son complice, un mariage est contracté de fait entre un homme et une femme convaincus de ce délit, la nullité de ce mariage emporte la nullité des avantages qu'ils se font l'un à l'autre par testament : *Mævius in adulterio Semproniæ damnatus, eandem Semproniam non damnatam duxit uxorem, qui moriens heredem eam reliquit : quæro an justum matrimonium fuerit, et an mulier ad hereditatem admittatur ? Respondi neque tale matrimonium stare, neque hereditatis lucrum ad mulierem pertinere ; sed quod relictum est, ad fiscum pervenire. Sed etsi talis mulier virum heredem instituerit, et ab eo quasi ab indigno hereditatem auferri dicimus.*

» La loi 4, C. *de incestis et inutilibus nuptiis*, renouvelle cette disposition, et la rend commune à tous les mariages prohibés : *Qui contrà legum præcepta, vel contrà mandata constitutionesque principum nuptias forte contraxerit, nihil ex eodem matrimonio, sive ante nuptias donatum, sive deinceps* QUOQUO MODO DATUM FUERIT*, consequatur ; idque totum quod ad alterius liberalitate in alterum processerit, ut indigno indignæve sublatum, fisco vindicari sancimus.*

» Répétons-le donc, si Jean-Baptiste Cardon était mort après la promulgation du titre *des Donations et Testaméns* du Code civil, la disposition de l'arrêt attaqué qui déclare son testament nul, pourrait encore être justifiée par cette considération, que Jean-Baptiste Cardon n'a institué la demanderesse ni comme une étrangère, ni comme sa concubine ; qu'il ne l'a instituée que comme sa légitime épouse, et que, s'il ne l'eût pas regardée comme sa légitime épouse, on devrait croire qu'il aurait assez respecté la morale publique, pour ne pas l'instituer : *nulla est donatio, quia non quasi ad extraneam, sed quasi ad uxorem fecit.*

» Mais il est inutile de nous arrêter à cette hypothèse, parce que Jean-Baptiste Cardon est mort avant la promulgation du titre *des Donations et Testaméns* du Code civil, et par conséquent sous l'empire d'une jurisprudence qui réputait nulles, non-seulement les donations entre personnes mariées illégalement, mais même entre les personnes vivant ensemble dans le concubinage.... (1)

» Tenons donc pour bien constant que, si Jean-Baptiste Cardon n'était uni à la demanderesse que

(1) V. mon *Recueil de questions de droit*, au mot *Paternité.*

par des nœuds illégitimes, il ne pouvait pas, à son décès, disposer comme il l'a fait au profit de la demanderesse elle-même; et que puisque la cour d'appel de Paris n'a violé aucune loi, en jugeant, quant à la France, que le mariage contracté entre Jean-Baptiste Cardon et la demanderesse, n'était qu'un commerce adultérin, elle n'en a, par suite, violé aucune en jugeant que le testament fait par Jean-Baptiste Cardon au profit de la demanderesse, ne devait avoir en France aucune exécution.

» En dernière analyse, vous voyez que l'arrêt sur lequel la demanderesse appelle votre censure, ne peut pas être accueilli en tant qu'il a rejeté ses prétentions aux biens délaissés en France par Jean-Baptiste Cardon; mais qu'il doit l'être, en tant qu'il la condamne à restituer les biens dépendants de la même succession qui lui ont été délivrés en Russie; et c'est à quoi nous concluons. »

Par arrêt rendu sur délibéré, au rapport de M. Babille, le 15 juillet 1811, « Vu l'art. 16 du traité de commerce conclu en janvier 1787, entre la France et la Russie; et les art. 1351 et 2123 du Code civil.....; et attendu, sur les premier et deuxième moyens pris de la violation de la chose jugée en Russie, que si, d'après l'art. 121 de l'ordonnance de 1629, les jugemens étrangers sont sans autorité en France, et n'empêchent pas les Français qu'ils ont condamnés, de débattre leurs droits comme entiers pardevant leurs juges, la disposition de cet article cesse, quand il existe quelque loi politique ou quelque traité qui accorde en France à ces jugemens l'autorité de la chose jugée; que cette exception est consacrée par la disposition de l'art. 2123 du Code civil, qui déclare ces jugemens susceptibles d'hypothèque en France, sans qu'il soit besoin de les faire déclarer exécutoires par un tribunal français; lorsqu'il existe des dispositions contraires dans les lois politiques ou dans les traités; que, dans l'espèce, il existait, sous la date du 31 décembre 1786 — 11 janvier 1787, un traité de commerce entre la France et la Russie qui, notamment dans le cas où un Français décédé en Russie y a laissé des biens, attribue, par son art. 16, aux tribunaux du pays, généralement et sans aucune sorte de distinction, le pouvoir de juger selon leurs lois, tous les débats auxquels la propriété de ces biens peut donner lieu, soit entre Français et Russes, soit entre Français seulement et même dans le cas où, dans le procès, il s'agiterait incidemment à ce débat sur la propriété, une question d'état, il leur confère, par suite, le cas y échéant, autorité de chose jugée en France, comme si ces jugemens avaient été rendus par les tribunaux français; — et que c'est en exécution de cet art. 16, alors encore en vigueur, ainsi qu'il résulte d'une lettre du ministre des relations extérieures de France du 25 juin dernier, que les tribunaux russes ont, par leurs jugemens des 11 septembre 1803, 18 janvier et 11 mai 1804, envoyé, conformément à leurs lois, la dame Champeaux-Grammont et Alexandrine Cardon sa fille, en possession des biens que feu Cardon, décédé en Russie, y avait laissés; que ceux de ces

jugemens rendus en 1804, souverainement et en dernier ressort, sous l'influence de ce traité, devaient avoir et avaient effectivement en France, la même autorité de chose jugée que s'ils étaient émanés des tribunaux français; qu'en conséquence il n'était permis ni aux frères Cardon de débattre en France comme s'ils étaient entiers, leurs droits dans la succession de leur frère, pour ce qui en avait été réglé par les tribunaux russes, en 1803 et 1804, ni aux tribunaux français de les juger de nouveau; que néanmoins les frères Cardon ont débattu de rechef leurs droits devant ces derniers tribunaux, et là cour d'appel de Paris a pris connaissance de ce nouveau débat; et qu'en le faisant et en jugeant surtout dans un sens contraire à ce qui avait déjà été décidé, souverainement et en dernier ressort, par les tribunaux russes, cette cour a tout à la fois violé l'art. 16 du traité de commerce et les art. 1351 et 2123 du Code civil, ci-dessus cités; par ces motifs, la cour., sans rien préjuger sur les moyens de cassation, autres que celui pris de la violation de la chose jugée, casse et annulle l'arrêt rendu le 11 février 1808, par la cour d'appel de Paris..... »

En exécution de cet arrêt, l'affaire a été portée à la cour de Rouen; et là, après de nouvelles plaidoiries, il est intervenu le 25 mai 1813, un arrêt ainsi conçu !

« Attendu qu'il est constant, en fait, que la dame Champeaux-Grammont mariée, en 1789, à un musicien nommé Millet, a volontairement en 1791, accompagné son mari en Russie, où elle a eu de lui deux enfants; que Jean-Baptiste Cardon, professeur de harpe, ayant épousé une demoiselle Pithereau, est également parti pour la Russie en 1791, laissant en France son épouse, qui a fait prononcer son divorce, en 1794, pour cause d'abandon; que ces voyages ont été entrepris par les uns et par les autres, sous la vue de revenir en France où ils étaient nés et domiciliés, jouir de la fortune qu'ils auraient pu acquérir en Russie par leurs talens; qu'aucun d'eux ne s'est fait naturaliser en pays étrangers; que pendant la durée de leur voyage et résidence en Russie, ils ont toujours conservé la qualité de Français; qu'ils l'ont prise dans tous leurs actes publics et privés; qu'ainsi, ils n'étaient en Russie et ne se considéraient eux-mêmes, que comme des étrangers, dont le domicile légal était celui qu'ils occupaient en France immédiatement avant leur départ;

» En ce qui concerne les questions de droit, attendu que, d'après l'art. 5 du traité de paix du 8 octobre 1801, il est indifférent que les traités antérieurs à la guerre qui s'est ouverte entre la France et la Russie, en 1793, ayent été annullés de fait ou seulement suspendus de droit, par cet événement; que dans l'une et l'autre hypothèse, les bases des relations des deux peuples, avant la guerre, étant celles consignées dans le traité de commerce du 1 janvier 1787, c'est ce traité qui a été remis en vigueur par celui de 1801; et il a été complettement rétabli en ses dispositions contenues en l'art. 16, puisqu'il n'existe aucun réglement qui y ait apporté quelque changement ou modification ; que la seule objection plausible, celle tirée de l'art. 46 du traité de 1787, qui en a fixé la durée à douze ans, se résout par la réflexion naturelle que, dans la supputation de douze années, ne se compte pas le temps de l'état de guerre, qui a duré de 1793 à 1801 ; en sorte qu'à partir de cette dernière époque, le traité de commerce de 1787 avait encore six années à parcourir, ainsi qu'il est établi par l'interprétation qu'a reçue dans son exécution le traité de paix de 1801, et par la lettre officielle du ministre des relations extérieures en date du 25 juin 1811 ; qu'il y a dérogation expresse à l'art. 121 de l'ordonnance de 1629, dans l'art. 16 du traité de commerce du 11 janvier 1787....; que le but évident des hautes parties contractantes dans ce fragment du traité, a été, par la première disposition ci-dessus, d'abolir en France le droit d'aubaine qui y était établi contre les Russes, et par la seconde, de mettre sous la sauve-garde et garantie pleine et entière des lois du pays, les biens des Français qui décéderaient en Russie, où le droit d'aubaine n'existait pas, mais se trouvait remplacé par certains équivalents ; que toutefois, il résulte du texte, qu'il n'y a point de distinction à faire, l'article n'en faisant pas lui même, entre le cas où, dans l'un ou l'autre empire, la contestation s'élèverait entre un Français et un Russe ; et celui où elle s'élèverait deux individus de la même nation ; que la compétence y est restreinte à la matière des successions ; qu'elle y est subordonnée à l'événement du décès, dans le territoire de l'une ou de l'autre des deux puissances, mais limitée par la situation des biens ; de telle sorte que si un Français est décédé en Russie, ou un Russe en France, le droit de juridiction appartient, entre toutes personnes, au souverain dans l'empire duquel le décès est arrivé, pour tous les biens situés dans son territoire, quelle que soit leur nature de biens, meubles ou immeubles, mais ne s'étend pas sur les biens situés dans le territoire de l'autre empire ; que, dans cette attribution de juridiction, sont évidemment comprises toutes les questions incidentes, qui sont aussi un accessoire immédiat, la suite naturelle de l'action en pétition d'hérédité ; que, d'après le principe fondamental qui veut que la loi qui régit l'état et la capacité des personnes suive le Français en quelque lieu qu'il se transporte, c'est peut-être accorder beaucoup que d'ajouter, à l'attribution dont il s'agit, les questions d'état préjudicielles, relatives à la capacité personnelle, à la preuve de la filiation, au degré de proximité, sur lesquelles l'art. 16 est muet ; qu'il est surtout difficile de se persuader qu'il ait été dans l'intention respective des souverains, de soumettre incidemment, à l'autorité étrangère, ces hautes et importantes questions de droit national, dont l'objet frappe directement sur la constitution des familles, dont, par conséquent l'influence est journalière, et dont le noble intérêt se rattache à la morale et à l'ordre public ; qu'en tout cas, sans chercher à pé-

nétrer plus avant dans la pensée des auteurs du traité, admettant la compétence dans le sens le plus étendu de l'art. 16, on doit du moins reconnaître que si les tribunaux russes ont pu prononcer indistinctement sur toutes les questions afférentes à la pétition d'hérédité pour les biens de Russie, les tribunaux français ont le même droit de juridiction universelle et indépendante des décisions moscovites, pour les biens de France ; qu'aucune disposition du traité n'attribuant explicitement à l'autorité étrangère la connaissance des questions d'état civil entre Français, cette autorité n'a pu, dans la succession de Jean-Baptiste Cardon, s'en investir qu'occasionnellement et limitativement à l'objet pour lequel sa juridiction avait été prorogée ; qu'ainsi, il est vrai de dire que les jugemens des tribunaux russes qui, pour déférer les biens de la succession assis dans leur ressort, ont statué en 1803 et en 1804, sur la validité de la rupture du mariage des époux Millet, sur le second mariage de la femme Millet avec Cardon, sur la légitimité des enfans, n'ont et ne peuvent avoir, sur ces grandes questions d'ordre public, force de chose jugée dans l'empire français ; que relativement à la départition des biens de Cardon situés en Russie ; et que c'est aux tribunaux français seuls qu'il appartient de juger souverainement ces questions, non seulement pour ce qui concerne les biens de France, mais encore et principalement sous les rapports généraux de leurs effets civils, quant à l'état des personnes, et au rang qu'elles doivent garder en France dans les familles et dans la société ; le tout sauf à François Cardon et à la dame Redding, s'ils n'ont pas donné pouvoir à Hyacinthe leur frère de procéder en leur nom devant les tribunaux russes, à s'habituer par devers eux, pour les biens de Russie, ainsi qu'ils aviseront bien ; que la fin de non-recevoir opposée aux intimés, tant en leur qualité de collatéraux, au respect de Jean-Baptiste Cardon, que comme étrangers à la famille de Millet, ne peut être admise, parce que, sous le premier point de vue, ils ont un intérêt né et actuel qui se lie éminemment à l'intérêt public ; et que sous le second, ils ont, en qualité d'habiles à succéder à leur frère, le droit indubitable d'impugner l'acte de son mariage avec la dame Champeaux-Grammont, et les actes antécédents par elle produits au procès, pour s'en faire des titres contre eux-mêmes ; que le moyen de la requête de la dame Millet, qu'elle avait improprement qualifiée de demande en divorce, ne renfermait pas une cause de dissolution de mariage *ex nunc*, mais d'annullation *ex tunc*, et que l'exception empruntée de la loi du 26. germinal an 11 et de l'avis du conseil d'état du 15 prairial an 12, concernant les divorces antérieurs au Code civil, se repousse par la seule considération que les décisions du consistoire catholique de Mohilow et du Dycastère métropolitain de Pétersbourg, intervenues en 1800 et 1801, loin de constituer un acte de divorce, réprouvé par ces officialités, sont de véritables jugemens d'annullation de mariage, en dehors des attributions du traité de commerce de 1787, et auxquels par conséquent s'appliquent, l'ordonnance de 1629, art. 121, qui déclare comme non avenus tous jugemens rendus hors le territoire de l'empire, et l'édit de Louis XVI de 1778, qui défend à tous Français de traduire un Français devant des juges étrangers; que, suivant les règles les plus constantes, tant sur la juridiction du consulat, que sur l'état civil des Français, qui voyagent chez l'étranger, les autorités ecclésiastiques de Russie étaient incompétentes pour annuler le mariage de la dame Champeaux avec Millet, et l'admettre à en contracter un nouveau avec Cardon; que si ces individus voulaient changer légalement d'état, il fallait qu'ils s'adressassent au consul de France le plus voisin, ou qu'ils revinssent dans leur patrie, pour y faire statuer sur leurs demandes conformément aux lois françaises; qu'ainsi, les jugemens du consistoire catholique de Mohilow, et du Dycastère métropolitain de Pétersbourg, outre que, d'après les ordonnances de 1629 et 1778, ils ne peuvent avoir aucune force ni vertu en France, y sont encore frappés de nullité par l'ordonnance de la marine, tit. 9, art. 12 et 13, et par les ordonnances de 1713 et 1728; qu'au fond, la dame Millet n'avait basé sa demande devant le consistoire de Mohilow, que sur ce qu'elle se serait mariée, comme contrainte par ses parens, et sans liberté de consentement; que, pour rendre ce moyen efficace, il eût fallu s'appuyer sur des faits de violences, tels que ceux qui tombent dans l'âme d'une personne constante......; que l'allégation de contrainte telle qu'elle était présentée par la dame Millet, ne comportait qu'une crainte révérentielle, incapable de résoudre le lien conjugal...; que toute allégation de ce genre se détruisait d'ailleurs invinciblement par le fait du consentement de la dame Millet à accompagner son mari en Russie, par la cohabitation des deux époux pendant douze ans, et par la naissance de deux enfans; qu'alors, il est impossible de voir dans la demande de la dame Millet une juste cause d'annulation de mariage; mais elle présente le résultat manifeste d'un concert entre elle et Jean-Baptiste Cardon, lequel avait sa source dans leur commerce adultérin, dont la preuve est dans l'aveu positif, consigné en leur acte de mariage de Gatschina; que de là il suit que le mariage de la dame Champeaux avec Millet n'a été légalement dissous que par le décès dudit Millet, arrivé le 22 février 1804; et que le second mariage qu'elle contracté avec Cardon le 16 août 1801, est radicalement nul, suivant la loi du 20 septembre 1792, tit. 4, sect. 1, art. 10; que Jeanne Sophie, née en 1793, a été baptisée à Pétersbourg, comme enfant issu du légitime mariage contracté à Metz en 1789, entre Millet et la demoiselle Champeaux-Grammont; qu'en conséquence elle a porté le nom de Millet, a été traitée par lui et son épouse, et publiquement considérée comme leur fille : *nomen*, *tractatus*, *fama*; et qu'aucune volonté et considération humaine n'a pu lui enlever une qualité que son acte

de naissance, la possession d'état, l'ordre public et la loi lui assignent; que, d'une autre part, le mariage de la demoiselle Champeaux avec Millet, ne s'étant dissous que par le décès de celui-ci au mois de février 1804, Alexandrine née en 1802 de la cohabitation adultérine de la dame Millet avec Jean-Baptiste Grammont, et dépourvue de toute exception de bonne foi de l'un ou l'autre de ses père et mère, ne pourrait, si elle était vivante, se faire connaître en la qualité d'héritière de Jean-Baptiste Cardon, et n'a pu la transmettre; il ne lui appartenait qu'un droit alimentaire, seulement transmissible à des descendans (loi du 12 brumaire an 2, art. 13 et 16;) d'où sort la double conséquence, que Jeanne Sophie n'a rien à réclamer, de son chef ni au droit d'Alexandrine, dans la succession dudit Cardon; que les lois des 17 nivôse an 2 et 4 germinal an 8 ne renferment point un système complet de législation sur les donations et testamens; qu'elles ont eu spécialement pour objet, en cette matière, de régler la quotité disponible; mais qu'en ce qui concerne la capacité de donner et de recevoir, elles ont laissé subsister les lois et la jurisprudence anciennes en tout ce qui n'était point contraire à leurs dispositions; que, lors du testament de Jean-Baptiste Cardon du 17 juin 1782, il était de principe établi par le droit romain et généralement reçu dans la jurisprudence française, que la nullité du mariage entraînait la nullité des avantages que les parties s'étaient faits, à titre d'époux, par convention matrimoniale ou par testament; que les donations entre vifs et testamentaires entre personnes qui vivent dans le concubinage, et à plus forte raison dans un commerce adultérin, étaient réprouvées par l'ordonnance de 1629, art. 132;

» La cour met l'appellation et ce dont est appel au néant, corrigeant et réformant, faisant droit sur l'action au chef des biens de la succession de Jean-Baptiste Cardon, situés en Russie, déclare les intimés non-recevables dans leur demande en délivrance desdits biens, de quelque nature que ce soit, sauf à François Cardon et à la femme Redding, s'ils n'ont pas été parties présentes ou duement représentées dans les jugemens rendus les 11 septembre 1803, 18 janvier et 11 mai 1804, par les tribunaux auliques et le sénat dirigeant de Pétersbourg, à s'habituer par devers eux ainsi qu'ils aviseront bien; statuant sur toutes les questions du procès, au chef des biens de la même succession, situés en France; sans avoir égard aux exceptions et fins de non-recevoir proposées par les appelantes, dont elles sont respectivement évincées, déclare nuls et de nul effet, dans toute l'étendue de l'empire français, les jugemens des tribunaux auliques et du dycastère métropolitain de Pétersbourg, l'un du 27 mars 1800, et l'autre de l'an 1801, ainsi que l'acte de célébration du mariage de la dénommée Champeaux-Grammont avec Jean-Baptiste Cardon, fait à Gastchina le 17 août 1801; déclare que la seule qualité reconnue appartenir à ladite Champeaux-Grammont est celle de veuve d'Antoine François Millet, musicien, avec lequel elle avait légitimement contracté mariage à Metz, en 1789, et depuis décédé à Moscou, le 22 février 1804 ; que l'état de Jeanne-Sophie, née à Pétersbourg en 1795, est celui de fille légitime des époux Millet, et inhabile, par les raisons ci-devant déduites, à succéder à Alexandrine, dont il est fait mention au procès ; annulle le testament fait par Jean-Baptiste Cardon, le 17 juin 1802 (27 prairial an 10); en conséquence, déclare Hyacinthe et François Cardon, ainsi que la femme Redding, leur sœur, seuls héritiers de Jean-Baptiste Cardon, et les autorise à se mettre en possession de tous les biens laissés en France par ledit Cardon........»

JURÉ, JURY, §. IV, n. VII. *Page 680, col. 1, ligne 7 des notes, supprimez les mots* c'est-à-dire, *à l'audience.*

Et, après la ligne 8, ajoutez:

Résulte-t-il nécessairement de ce mot *publiquement,* que le remplacement ne puisse se faire qu'à l'audience? *V.* le plaidoyer et l'arrêt du 3 septembre 1812, rapportés au mot *Faux,* sect. 4, §. 34, dans les *additions* qui terminent le dernier volume.

n. X. *Page 683, col. 1, après la ligne* 1re *des notes, ajoutez:*

Y a-t-il nullité lorsque les débats ne commencent pas immédiatement après la formation du tableau du jury? *V.* le plaidoyer et l'arrêt du 3 septembre 1812, rapportés au mot *Faux,* section 1re, §. 34, dans les *additions* qui terminent le dernier volume.

n. XXII. *Page 690, col. 2, après la ligne 18, ajoutez:*

Le même principe a été consacré par deux autres arrêts de la cour de cassation : le premier, du 1er mai 1812, dont on peut voir l'espèce dans le *bulletin criminel* de la cour de cassation ; le second, du 15 octobre 1813, ainsi conçu :

« Le procureur-général expose qu'il se croit obligé de dénoncer à la cour un arrêt qui lui paraît violer ouvertement la loi.

» Le 18 mars dernier, arrêt de la cour d'appel du grand duché de Berg, qui met en accusation Guillaume-Henri Blindt, prévenu d'avoir blessé Daniel Esser, et de l'avoir rendu, par là, incapable de toute espèce de travail pendant vingt jours.

» En exécution de cet arrêt, et sur l'acte d'accusation dressé en conséquence, Guillaume-Henri Blindt est mis en jugement, le 16 août, devant la cour d'assises du département du Rhin, séant à Dusseldorf.

» Les débats terminés, le président posé ainsi les questions sur lesquelles le jury doit délibérer : *Première question :* « L'accusé Guillaume-Henri » Blindt est-il coupable d'avoir, lors de la querelle » que son frère Godefroy Blindt et lui ont eue, le » 5 octobre de l'année dernière, avec Daniel Esser;

» dans la maison de ce dernier, à Dusselkampchen, » 1o blessé celui-ci à la tête avec une pierre à chaux » dans la maison ; 2o de l'avoir blessé, près de » l'entrée dans la basse-cour, par un grand coup » de pierre, tellement que ledit Esser, par suite » de ces actes de violence, a été alité et dange- » reusement malade durant plusieurs mois ? » — *Deuxième question :* « L'accusé a-t-il été dans le » cas de nécessité actuelle de défense ? » — *Troisième question :* « L'accusé a-t-il été provoqué à » ces actes de violence par des coups et violences » graves envers sa personne de la part de Daniel » Esser ? »

» Le jury répond à la première question, *oui ;* à la seconde, *non ;* et à la troisième, *non encore,* mais à la majorité de sept voix seulement.

» Les choses en cet état, la cour d'assises, faisant l'application de l'art. 351 du Code d'instruction criminelle, délibère elle-même sur la troisième question ; et, adoptant à la majorité l'avis de la minorité des jurés, déclare « que l'accusé a été provoqué » aux actes de violence en question par des coups » et violences graves envers sa personne ; de la part » de Daniel Esser. »

» En conséquence, arrêt qui, au lieu de condamner Blindt à la peine de la réclusion qu'il eut dû subir, d'après la déclaration du jury et conformément à l'art. 309 du Code pénal, ne le condamne, vu les circonstances atténuantes, et conformément à l'art. 326 du même Code, qu'à un emprisonnement de six mois.

» En procédant ainsi, la cour d'assises du département du Rhin a faussement appliqué l'art. 351, et violé l'art. 350 du Code d'instruction criminelle.

» Suivant l'art. 350, *la déclaration du jury ne peut jamais être soumise à aucun recours,* ni par conséquent être revisée par la cour d'assises.

» L'art. 351 modifie cette règle générale par une exception : *si néanmoins,* porte-t-il, *l'accusé n'est déclaré coupable du fait principal qu'à une simple majorité, les juges délibéreront entre eux sur le même point.*

» Mais cette exception était étrangère à l'espèce dont il s'agit. L'accusé Blindt avait été déclaré, à une majorité de plus de sept voix, *coupable du fait principal,* c'est-à-dire, convaincu d'avoir porté à Daniel Esser des coups qui l'avaient mis en danger de mort pendant plusieurs mois ; et ce n'était plus sur la question de savoir s'il y avait eu provocation violente de la part de Daniel Esser que les jurés avaient donné leur déclaration négative à la simple majorité.

» Il n'y avait donc pas lieu à l'application de l'article 351, et dès-lors l'accusé Blindt devait être condamné comme ayant blessé Daniel Esser, sans y avoir été provoqué par des violences graves.

» Le texte de l'art. 351 est trop clair pour laisser là-dessus le plus léger doute ; mais d'ailleurs c'est en ce sens que la cour l'a constamment interprété par ses arrêts.

» Ce considéré, il plaise à la cour, vu l'art. 442,

l'art. 35o et l'art. 351 du Code d'instruction criminelle ; l'art. 3o9 et l'art. 326 du Code pénal, casser et
annuller, dans l'intérêt de la loi, l'arrêt par lequel
la cour d'assises du département du Rhin a délibéré
sur la troisième des questions proposées au jury par
son président ; casser et annuller par suite, et pareillement, dans l'intérêt de la loi, l'arrêt définitif de la
même cour, qui réduit à un emprisonnement de six
mois la peine de la réclusion encourue par l'accusé
Blindt, et ordonner qu'à la diligence de l'exposant,
l'arrêt à intervenir sera imprimé et transcrit sur les
registres de ladite cour.

» Fait au parquet, le 11 septembre 1813. *Signé*
Merlin. »

« Ouï le rapport de M. Busschop....., vu les art.
442, 4o8, 416, 35o, 351 et 41o du Code d'instruction criminelle, et les art. 3o9, 321 et 326 du
Code pénal...... ; considérant que la déclaration du
jury faite contre l'accusé à la simple majorité de sept
voix contre cinq, ne peut être soumise à la délibération de la cour d'assises dans la forme de l'art. 351
précité, que lorsque ladite déclaration porte sur la
culpabilité du fait principal de l'accusation ; que,
relativement à tous autres faits et circonstances, la
déclaration du jury, n'eût-elle été faite contre l'accusé qu'à la simple majorité, rentre dans les dispositions générales de l'art. 35o également précité,
qui défend de soumettre la déclaration du jury à
aucun recours ; que, sur les trois questions qui lui
ont été proposées dans l'espèce, le jury a déclaré,
sur les deux premières, à une majorité plus forte
que de sept voix contre cinq, 1º que l'accusé Guillaume-Henri Blindt était coupable d'avoir porté à
Daniel Esser des coups et donné des blessures dont
celui-ci a été dangereusement malade pendant plusieurs mois ; 2º que l'accusé n'avait point été dans
le cas de légitime défense ; que le jury a déclaré à
la simple majorité, sur la troisième question, que
l'accusé n'avait point été provoqué auxdits actes de
violence par des coups ou violences graves envers sa
personne ; que cette dernière déclaration ne portant
point sur le fait principal de l'accusation, mais seulement sur un fait accessoire d'excuse, ne pouvait
donc être soumise à la délibération de la cour d'assises ; d'où il suit que, dans cet état, l'accusé devait être condamné à la peine de la réclusion portée par l'art. 3o9 du Code pénal; que néanmoins la
cour d'assises, en violant l'art. 35o, et en appliquant faussement l'art. 351 du Code d'instruction
criminelle, a délibéré sur la troisième question, et
adoptant à l'unanimité l'avis de la minorité des jurés,
n'a condamné l'accusé qu'à un emprisonnement de
six mois, aux termes de l'art. 226 du Code pénal;
qu'en procédant et jugeant ainsi, la cour d'assises
a évidemment outrepassé les bornes de sa compétence, violé et faussement appliqué les lois pénales
ci-dessus citées ;

» La cour casse et annulle, dans l'intérêt de la
loi........»

Du reste, on voit, par l'arrêt du 19 mars 1812,

que dans les procès sur crimes qui se composent indivisiblement du fait et de sa moralité, le seul fait
matériel ne constitue pas ce que la loi appelle *fait*
principal, et que la cour d'assises peut et doit délibérer, lorsque l'accusé étant déclaré *coupable* du
fait matériel à une majorité de plus de sept voix,
ne l'est du fait intentionnel qu'à la simple majorité.

Le 14 mars 1812, Marie-Françoise Carré est mise
en jugement devant la cour d'assises du département
de l'Oise, sur un acte d'accusation d'incendie.

Le Jury déclare à une grande majorité qu'elle est
coupable du fait d'incendie ; et à la majorité simple,
qu'elle a commis ce fait volontairement.

Sur cette déclaration, arrêt du même jour qui
condamne Marie-Françoise Carré à la peine de
mort.

Mais Marie-Françoise Carré se pourvoit en cassation ; et le 3o avril suivant, arrêt qui casse, au
rapport de M. Bauchau. On peut en voir le texte
dans le *Bulletin criminel*.

Même page et même col., après la ligne 64,
ajoutez :

III. *bis.* 1º Quel doit être, dans le cas prévu par
l'art. 351, le sort de l'accusé qui, ayant contre lui
sept Jurés et deux juges, a pour lui trois juges et
cinq Jurés?

2º L'accusé peut-il être acquitté sur la seule déclaration de la cour d'assises que, dans la délibération qui a eu lieu entre les juges, la majorité s'est
déterminée en sa faveur? ne faut-il pas, pour la légalité de son acquittement, que la déclaration de
la cour d'assises énonce qu'il y a eu pour lui, dans
la délibération des juges, une majorité de quatre
voix?

La première question qui n'en fait, à proprement
parler, qu'une avec la seconde, s'est présentée dans
les espèces suivantes :

Le 15 décembre 1812, Jean Polders est mis en
jugement devant la Cour d'assises du département
de la Roër, sur un acte d'accusation dressé contre
lui par le procureur général de la Cour de Liège.

Le jury l'ayant déclaré coupable du fait principal,
mais à une simple majorité, les juges délibèrent entre
eux sur le même point ; et leur délibération terminée,
le président annonce qu'elle a pour résultat trois voix
pour, et deux voix contre l'accusé. En conséquence
il déclare que l'accusé est acquitté.

Recours en cassation de la part du ministère public.

Le 29 avril 1813, arrêt, au rapport de M. Oudart,
par lequel, « vu l'art. 351 du Code d'instruction
criminelle, les art. 4o8, 362 et 363 du même Code,
et l'art. 7 de la loi du 20 avril 181o ; attendu qu'il
est constaté, par le procès-verbal de la séance, que
les jurés n'ayant déclaré qu'à une simple majorité
que l'accusé est coupable du fait principal, les juges
ont délibéré sur le même point, et que le nombre
des voix des jurés et des juges qui l'ont déclaré
coupable, a excédé le nombre des voix des jurés et

des juges qui lui étaient favorables ; qu'ainsi, il n'y avait pas lieu à son acquittement, et que la Cour d'assises devait condamner l'accusé déclaré coupable aux peines portées par la loi ; que tout arrêt, tout jugement, qui n'est pas rendu par le nombre de juges prescrit, doit être déclaré nul ; et que l'ordonnance par laquelle le président a seul prononcé sur la déclaration des jurés et la déclaration des juges, desquelles il résulte que l'accusé est coupable, a violé les lois ci-dessus citées ; la Cour casse et annulle l'ordonnance rendue le 15 décembre 1812 par le président de la Cour d'assises du département de la Roër, qui déclare Jean Poders acquitté de l'accusation..... »

Le 15 juillet 1813, Jean-Baptiste Juillerat est mis en jugement devant la Cour d'assises du département du Haut-Rhin, sur un acte d'accusation par lequel il est prévenu de meurtre avec préméditation et guet-à-pens. — Les débats terminés, le jury le déclare coupable, *à la simple majorité.* — D'après cette déclaration, et conformément à l'art. 351 du Code d'instruction criminelle, la Cour d'assises se retire dans la chambre du conseil pour délibérer sur la question de savoir si l'accusé est coupable ou non.

— La délibération terminée, la Cour rentre à l'audience ; et le président déclare *que la majorité de trois juges s'est réunie à la minorité des jurés ;* ensorte que l'accusé n'est déclaré coupable *qu'à la majorité de neuf voix contre huit.* — Là-dessus, réquisition du substitut du procureur-général pour l'acquittement de l'accusé. — Et arrêt conforme à cette réquisition.

Jean-Baptiste Juillerat et le procureur-général se pourvoient en cassation : le premier, en ce que l'arrêt, tout en l'acquittant, le déclare coupable ; le second, en ce que l'arrêt prononce un acquittement au lieu d'une condamnation.

Le 26 août 1813, arrêt au rapport de M. Chasle, qui, « vu les art. 351, 362 et 365 du Code d'instruction criminelle ; attendu qu'il a été constaté, tant par le procès-verbal de la séance du 15 juillet dernier que par l'arrêt attaqué, que les jurés n'ayant déclaré qu'à une simple majorité, que l'accusé était coupable du fait principal, les juges ont délibéré sur le même point, et que le nombre des jurés et des juges qui ont déclaré l'accusé coupable, a excédé le nombre des jurés et des juges qui lui ont été favorables ; qu'ainsi, il n'y avait pas lieu à prononcer son absolution, et que la cour d'assises aurait dû lui appliquer les peines établies par la loi ; la cour rejette le pourvoi de Jean-Baptiste Juillerat... ; et faisant droit sur le pourvoi régulièrement formé par le procureur-général de la cour de Colmar contre le même arrêt, la cour casse et annulle ledit arrêt, tant pour fausse application de l'art 351 du Code d'instruction criminelle, que pour violation des art. 362 et 365 du même Code : renvoie ledit accusé Juillerat... pardevant la cour d'assises du département du Bas-Rhin, pour prononcer contre ledit accusé les peines qu'il a encourues d'après la loi, à raison

du crime d'assassinat dont il a été déclaré convaincu à la majorité des suffrages réunis des jurés et des juges de la cour d'assises du département du Haut-Rhin, par leurs délibérations du 15 juillet dernier ».

Le 15 octobre suivant, arrêt de la cour d'assises du département du Haut-Rhin, ainsi conçu : « Attendu que de la délibération du jury il résulte que sept voix ont prononcé la culpabilité contre cinq qui ont prononcé la non-culpabilité ; que conséquemment deux voix étaient déjà contre l'accusé ; que, dans ce cas, la loi appelant la cour à délibérer qu'elle n'a pas considéré comme suffisante, pour une condamnation, cette majorité de deux voix, la cour d'assises de Colmar, dans sa délibération, a donné trois voix en faveur de l'accusé et deux voix contre lui ; ce qui réduit la première majorité de deux voix à une ; que, dans ce cas, l'art. 351 du Code d'instruction criminelle n'impose pas l'obligation de prononcer une condamnation et reste muet sur ce point ; que l'avantage de l'accusé s'étant donc accru d'une voix dans les deux délibérations du jury et de la cour d'assises de Colmar, il paraît conséquemment naturel que, puisque deux voix ne pouvaient pas opérer une condamnation, une seule le peut encore moins ; que le principe général en matière criminelle étant que, dans tous les cas de doute et d'incertitude, on doit se décider en faveur de l'accusé ; la cour, à l'unanimité, vu les art. 351 et 358 du Code d'instruction criminelle, a déclaré et déclare ledit Jean-Baptiste Juillerat absous de l'accusation portée contre lui. ».

Recours en cassation contre cet arrêt, de la part du procureur criminel du département du Haut-Rhin.

Juillerat intervient et conclut, « 1° à ce que le recours soit rejeté ; 2° à ce qu'en cas d'annullation de l'arrêt de la cour d'assises du département du Haut-Rhin, le procès soit renvoyé à une autre cour d'assises, non pour être procédé à l'application de la peine sur la déclaration subsistante des jurés et des juges, mais pour être procédé à de nouveaux débats et à une nouvelle déclaration ».

L'affaire, en cet état, est portée, conformément à la loi du 16 septembre 1807, devant les sections réunies, sous la présidence de monsieur le Grand-Juge, ministre de la justice.

« Les conclusions subsidiaires de l'accusé Juillerat, qui tendent (ai-je dit à l'audience du 8 janvier 1814) à ce que, dans le cas où vous annulleriez l'arrêt qui vous est déféré, de nouveaux débats soient ouverts sur le fait, devant une autre Cour d'assises, ne peuvent sans doute mériter aucune discussion. Il est trop évident que, si vous cassez l'arrêt qui vous est déféré, vous laisserez subsister, relativement au fait, la déclaration qui en forme la base. C'est d'ailleurs un point déjà jugé par l'arrêt de votre section criminelle du 26 août dernier, et cet arrêt conserve à cet égard toute son autorité, puisqu'à cet égard, l'arrêt de la Cour d'assises du Haut-Rhin ne le contrarie nullement.

» Nous n'avons donc à examiner ici qu'une seule

question, celle de savoir quel doit être dans le cas prévu par l'art. 351 du Code d'instruction criminelle, le sort de l'accusé qui a contre lui sept jurés et deux juges, et pour lui cinq jurés et trois juges, ou, en d'autres termes, si la simple majorité composée des voix des jurés et des juges qui le déclarent coupable, doit prévaloir ou céder à la minorité composée des voix des jurés et des juges qui le déclarent non coupable.

» Pour résoudre cette question, nous devons nous fixer sur trois textes du Code d'instruction criminelle, l'art. 347, l'art. 350 et l'art. 351.

» L'art. 347 porte que *la décision du jury se formera pour* ou contre *l'accusé, à la majorité, à peine de nullité ; en cas d'égalité de voix, l'avis favorable à l'accusé prévaudra.*

» L'art. 350 veut que la déclaration du jury ne puisse *jamais être soumise à aucun recours.*

» Si la loi s'en tenait là, il est clair que l'accusé qui aurait contre lui sept voix et pour lui cinq voix seulement, serait, par cela seul, irrévocablement déclaré coupable.

» Mais la loi craint que la culpabilité de l'accusé ne soit pas suffisamment constatée par une épreuve qui n'a fourni qu'une majorité de deux voix, et plus humaine que l'ordonnance de 1670 qui voulait, tit. 25, art. 12, que l'avis le plus sévère prévalût toujours, lorsqu'il l'emportait de deux voix sur l'avis le plus doux, elle ouvre à l'accusé une nouvelle chance : elle appelle les juges à délibérer entre eux sur le point qui a occupé les jurés, et elle déclare que, *si l'avis de la minorité des jurés est adopté par la majorité des juges, de telle sorte qu'en réunissant le nombre des voix, ce nombre excède celui de la majorité des jurés et de la minorité des juges, l'avis favorable à l'accusé prévaudra.*

» Que fait la loi par cette disposition ?

» Elle modifie sans doute les deux articles précédens. D'après les deux articles précédens, l'accusé qui a cinq voix pour et sept voix contre lui, serait déclaré coupable *sans aucun recours* ; et cependant un recours lui est ouvert par l'art. 351. L'art. 351 le lui ouvre même indépendamment de sa volonté, et sans qu'il soit besoin d'aucune réclamation de sa part. L'art. 351 forme donc une exception à l'art. 350, comme à l'art. 347.

» Mais ce recours que l'art. 351 ouvre à l'accusé, quelle en est la nature ? est-ce un appel du jury à la cour d'assises ? et par l'art. 351, la loi constitue-t-elle la cour d'assises juge d'appel de la déclaration du jury ?

» Si telle est la volonté de la loi, nul doute que l'arrêt attaqué ne doive être maintenu ; car dans tout tribunal d'appel, c'est la majorité des juges dont il est composé, qui forme le Jugement ; et jamais on ne s'est avisé de réunir, pour former le Jugement d'un appel, les voix des juges du tribunal de première instance aux voix des juges du tribunal supérieur.

» Mais est-ce bien comme tribunal d'appel, que la cour d'assises procède dans le cas déterminé par l'art. 351 ?

» Pour qu'elle pût, dans ce cas, procéder comme tribunal d'appel, il faudrait que la loi l'eût dit expressément ; et non-seulement elle ne l'a point dit, mais elle n'aurait pas pu le dire sans se mettre en opposition avec elle-même, sans dénaturer absolument l'institution du jury.

» Inutile d'objecter que, dans le cas prévu par l'art. 352, la déclaration du jury est soumise à la cour d'assises comme à un juge d'appel ; et que dès-lors elle peut bien l'être aussi dans le cas prévu par l'art. 351.

» Où a-t-on pris que c'est comme à un juge d'appel, que l'art. 352 soumet la déclaration du jury à la cour d'assises ? Si, dans le cas déterminé par cet article, la cour d'assises procédait comme juge d'appel, elle ferait ce que, dans son opinion, le jury eut dû faire : elle donnerait une nouvelle déclaration à la place de celle du jury ; elle ne renverrait pas l'accusé, comme l'art. 352 l'y oblige, devant un autre jury pour y subir une seconde épreuve.

» Donc ce n'est pas comme un juge d'appel que la cour d'assises procède dans le cas déterminé par l'art. 352.

» Donc on ne peut pas conclure de l'art. 352 que, dans le cas déterminé par l'art. 351, la cour d'assises devienne juge d'appel de la déclaration du jury.

» Mais si ce n'est pas comme juge d'appel que la cour d'assises procède dans le cas déterminé par l'art. 351, en quelle qualité procède-t-elle donc dans ce cas ?

» L'art. 351 nous le dit lui-même très-clairement : elle procède comme associée aux jurés, comme appelée par la loi à prendre une délibération qui s'amalgame avec la leur, comme chargée par la loi de combiner les deux délibérations et d'en proclamer le résultat définitif et absolu.

» Et de là il suit nécessairement que, pour qu'un accusé ayant sept voix contre et cinq voix pour lui, soit déclaré non coupable, il ne lui suffit pas d'obtenir trois voix dans la cour d'assises, mais qu'il faut qu'il y obtienne au moins quatre voix ; et que, si les voix des jurés et des juges réunis en sa faveur, ne l'emportent pas au moins d'une sur les voix des jurés et des juges réunis pour le déclarer convaincu, sa condamnation devient inévitable.

» Aussi la loi est-elle là-dessus très-positive. Elle dit bien que *l'avis favorable à l'accusé prévaudra, si l'avis de la minorité des jurés est adopté par la majorité des juges ;* mais cette majorité des juges, quels sont les élémens qui doivent la composer ? La loi se contente-t-elle d'une majorité quelconque ? se contente-t-elle d'une majorité simple ? se contente-t-elle d'une majorité de trois voix sur cinq ? nullement : elle veut que cette majorité soit telle (de telle sorte) « qu'en réunissant le nombre des voix, ce » nombre excède celui de la majorité des jurés et de » la minorité des juges ».

» Dans le système de l'arrêt attaqué, l'art. 351 doit être entendu comme s'il ne contenait que ces mots : *si l'avis de la minorité des jurés est adopté par la majorité des juges, l'avis favorable à l'accusé prévaudra;* il doit être entendu comme si l'on devait faire une abstraction complète de l'explication intermédiaire qui sépare ces deux membres de phrase; il doit être entendu comme si ces deux membres de phrase le composaient en entier, comme si le législateur n'avait su ce qu'il voulait dire et était censé n'avoir rien dit, quand, après ces mots, la *majorité des juges,* il a ajouté, *en telle sorte,* etc.

» Or, peut-on ainsi mutiler une loi? peut-on ainsi généraliser, peut-on ainsi rendre commune à tous les cas où la majorité des juges se déclare pour l'accusé, une disposition qui se restreint elle-même, par son propre texte, au cas où cette majorité est formée par le concours de quatre voix? et que deviendrait la législation, si cette manière d'interpréter les lois pouvait être tolérée?

» Mais, dit la cour d'assises du département du Bas-Rhin, l'art. 351 est muet sur la manière de prononcer à l'égard de l'accusé qui, par le résultat combiné des deux délibérations, se trouve avoir neuf voix contre et huit voix pour lui. Il faut donc interpréter le silence de cet article en faveur de l'accusé. L'accusé doit donc, en ce cas, être déclaré non coupable.

» Ce raisonnement serait bon, si l'art. 351 était le seul d'où dépendît le sort de l'accusé à l'égard duquel les voix qui doivent le régler, se divisent. Mais cet article est précédé d'un autre, qui supplée à son silence sur le cas dont il s'agit; il est précédé de l'art. 347, qui veut, en termes généraux, que la décision du jury se forme, *pour* ou CONTRE *l'accusé, à la majorité des voix;* et il faut fermer les yeux à la lumière de l'évidence, pour ne pas voir que l'art. 351 n'est qu'une exception à cette disposition générale; pour ne pas voir que l'exception qu'il contient, ne déroge à cette disposition générale, que pour le cas où sept jurés seulement votent contre l'accusé; pour ne pas voir que l'unique objet de cette exception est de faire déclarer non coupable l'accusé qui réunit les voix de quatre juges aux voix de cinq jurés; pour ne pas voir que, cette exception cessant lorsque deux juges se réunissent contre l'accusé aux sept jurés qui l'ont déjà déclaré coupable, la disposition générale reprend tout son empire, et veut que la culpabilité de l'accusé soit proclamée.

» Vainement, après cela, la cour d'assises du Bas-Rhin vient-elle encore dire que *l'avantage de l'accusé s'étant accru d'une voix dans les deux délibérations du jury et de la cour d'assises de Colmar, il paraît naturel que, puisque deux voix ne pouvaient pas opérer sa condamnation, une seule le peut encore moins.*

» Cette objection n'est qu'une critique de la loi; elle ne peut conséquemment rien prouver contre l'interprétation que le texte même de l'art. 351 nous force de donner à la disposition qu'il exprime.

» Ajoutons que cette critique de la loi est aussi peu fondée qu'elle est indécente.

» La loi aurait pu, sans blesser aucune convenance, sans s'exposer au plus léger reproche d'une trop grande rigueur, n'exiger, pour la condamnation de l'accusé, que la simple majorité des jurés; elle aurait même pu s'étayer, à cet égard, et de l'exemple de l'art. 12 du tit. 25 de l'ordonnance de 1670, qui avait si long-temps régi la France, qui si long-temps avait été regardé en France comme une disposition douce et humaine, et de celui de l'art. 33 de la loi du 19 fructidor an 5, qui était encore en vigueur au moment où elle a été rédigée.

» Ce qu'elle aurait pu faire, elle ne l'a pas voulu : au lieu de regarder comme définitivement jugé coupable, l'accusé déclaré tel par une simple majorité de sept voix sur douze, elle lui accorde la chance d'une nouvelle épreuve. Mais elle ne la lui accorde pas purement et simplement; elle y met la condition que, si cette nouvelle épreuve ne lui procure pas quatre voix dans la cour d'assises, il restera dans l'état où la déclaration du jury l'avait placé; et par-là, elle ne fait qu'user du droit qui appartient essentiellement à tout bienfaiteur, d'environner son bienfait de toutes les restrictions qu'il juge convenables.

» Qu'importe, après cela, que, par le résultat de la nouvelle épreuve, l'accusé se trouve condamné à la simple majorité de neuf voix sur dix-sept? Qu'importe qu'alors il soit condamné par la pluralité d'une seule voix, tandis qu'avant la nouvelle épreuve, la pluralité de deux voix n'a pas été jugée suffisante pour le condamner?

» La loi le veut ainsi, et elle a le droit de le vouloir, parce qu'elle a eu celui de dire que l'accusé serait condamné, dès la première épreuve, par la seule pluralité de deux voix; et que, qui peut le plus peut nécessairement le moins. Il y a mieux; elle doit le vouloir, parce qu'ayant fait pour l'accusé tout ce qui était possible, elle doit faire aussi pour la société tout ce que l'ordre public exige; et que l'accusé qui, après l'épuisement de toutes les ressources employées pour le faire juger non coupable, est jugé coupable à la simple pluralité des voix, doit passer pour tel aux yeux de la société.

» Au surplus, si quelque chose était encore nécessaire pour achever de vous convaincre que c'est dans ce sens que l'art. 351 doit être entendu, nous citerions le discours de l'orateur du gouvernement, qui contient *l'exposé des motifs* de cette partie du Code d'instruction criminelle. M. Faure y dit littéralement que, d'après la disposition de l'art. 351, *l'accusé, déclaré coupable à la simple majorité, sera cependant acquitté, si l'opinion favorable à l'accusé, est adoptée par un nombre de juges tel que ce nombre, réuni à celui de la minorité des jurés, forme au total la minorité. L'accusé déclaré coupable à la simple majorité du jury, ne doit* donc être acquitté qu'en cas d'accomplissement de la condition exprimée par le mot *si*. Cette condition manquant, l'accusé doit donc être condamné.

» On peut, nous le savons, opposer, au discours de l'orateur du gouvernement, celui de l'orateur de la commission de législation du corps législatif.

» Mais qu'a dit l'orateur de cette commission? Pour que l'accusé soit acquitté dans le cas prévu par l'art. 351, il faut *que les juges se trouvant d'avis contraire à la pluralité des jurés, soient en majorité; de telle sorte que, leurs suffrages réunis à ceux des cinq qui composent la minorité du jury donnent une pluralité qui surpasse celle qui avait condamné.*

» *Une pluralité qui surpasse celle qui avait condamné*: que signifient ces termes? Signifient-ils que, pour l'acquittement de l'accusé, la loi ne considère, d'un côté, que la majorité des juges réunie à la minorité du jury, et de l'autre, que la majorité du jury, sans faire attention à la minorité des juges? Si c'est là ce qu'a entendu l'orateur de la commission, nous devons dire hautement qu'il n'a pas interprété la loi, mais qu'il l'a tronquée; car la loi veut que, dans le calcul des suffrages émis dans les deux délibérations, entrent, non-seulement ceux de la minorité du jury et de la majorité des juges, mais encore ceux de la minorité des juges, comme ceux de la majorité du jury. Et à qui pourrait-on persuader que l'orateur de la commission ait eu la pensée de tronquer la loi qu'il expliquait? Non : il est bien plus naturel de croire qu'une expression inexacte lui est échappée; et qu'en disant, *une pluralité qui surpasse celle qui avait condamné*, termes que l'on ne pourrait rapporter qu'à la majorité du jury, il a voulu dire, *une pluralité qui surpasse celle qui condamne*, termes qui se rapporteraient à la réunion des suffrages de la majorité du jury et de la minorité des juges, et cadreraient parfaitement avec le texte de la loi.

» Par ces considérations, nous estimons qu'il y a lieu de recevoir Jean-Baptiste Juillerat, partie intervenante; faisant droit sur son intervention, et sans s'arrêter à ses conclusions subsidiaires, faisant pareillement droit sur le recours en cassation du procureur-général de la cour de Colmar, casser et annuller l'arrêt de la cour d'assises du département du Bas-Rhin, du 15 octobre 1813; renvoyer Jean-Baptiste Juillerat devant une autre cour d'assises, pour être procédé à un nouvel arrêt, d'après la déclaration formée contre lui par la majorité des suffrages réunis des juges et des jurés de la cour d'assises du département du Haut-Rhin; et ordonner qu'à notre diligence, l'arrêt à intervenir sera imprimé et transcrit sur les registres de la cour d'assises du département du Bas-Rhin.

Par arrêt du 8 janvier 1814, au rapport de M. Ratand. « Vu les art. 347 et 351 du Code d'instruction criminelle; et attendu que, par l'art. 347, il est établi en principe général, que la décision du jury se forme, contre l'accusé, à la majorité des voix; que

si, dans le cas où l'accusé n'a été déclaré coupable du fait principal qu'à une simple majorité, c'est-à-dire, par sept des douze jurés qui composent le jury, la loi a voulu, dans son art. 351, lui donner une nouvelle chance d'acquittement; si elle a appelé, à cet effet, les juges de la cour d'assises à délibérer entre eux sur le même fait principal qui avait été décidé contre l'accusé par la majorité du jury, elle a apposé à cette disposition d'indulgence deux conditions qui doivent toutes les deux être remplies, pour que l'avis favorable à l'accusé puisse servir légalement de base à son acquittement : la première, que l'avis de la minorité des jurés qui a déclaré l'accusé non coupable, soit adopté par la majorité des juges; la seconde, que cette majorité des juges soit telle qu'en réunissant leurs voix avec celles de la minorité des jurés, le nombre de voix formé par cette réunion, excède celui de la majorité des jurés et de la minorité des juges; que, lorsque ces deux conditions exigées par l'art. 351, ne se trouvent pas toutes les deux remplies, l'accusé rentre, de droit, dans l'application du principe général posé dans l'art. 347, et sa condamnation doit être prononcée sur la déclaration du jury formée, contre lui, à la majorité de sept jurés contre cinq; que Jean-Baptiste Juillerat a été déclaré coupable d'un meurtre commis avec préméditation et de guet-à-pens, par une majorité de jurés de sept contre cinq; que les juges de la cour d'assises du département du Haut-Rhin, ayant délibéré entre eux sur le même fait, conformément à l'art. 351 du Code d'instruction criminelle, l'avis de la minorité des jurés n'a été adopté que par trois des cinq juges composant cette cour; que le nombre de trois juges, réuni à celui des cinq jurés qui avaient formé la minorité du jury, n'a point excédé le nombre formé par la minorité des juges et la majorité des jurés; qu'il lui est, au contraire, resté inférieur; qu'il n'y avait donc pas lieu à l'application de la disposition exceptionnelle de l'art. 351; que l'avis favorable à l'accusé ne pouvait pas prévaloir, et que celui-ci devait être condamné, sur la déclaration du jury émise contre lui à la majorité de sept voix contre cinq, d'après le principe général et absolu de l'art. 347; que néanmoins la cour d'assises du département du Bas-Rhin, déléguée par la cour pour statuer sur cette déclaration, conformément à la loi, a prononcé l'absolution de l'accusé; que cet arrêt d'absolution a été une fausse application et même une violation de l'art. 351, ainsi qu'une contravention formelle à l'art. 347 qui est prescrit à peine de nullité; la cour casse et annulle...... »

On a déjà dit que la seconde question rentre absolument dans la première; et en voici la preuve.

Le 13 avril 1814, Marie-Françoise Poulard, accusée de vol, est mise en jugement devant la cour d'assises du département du Loiret.

Le jury la déclare coupable du fait principal, mais à la simple majorité. — En conséquence et conformément à l'art. 351 du Code d'instruction criminelle, les juges de la cour d'assises délibèrent entre eux.

— La délibération terminée, le président annonce, sans autre explication, que l'*avis de la minorité des jurés est adopté par la majorité des juges*; et la cour d'assises, se fondant sur cette déclaration, rend un arrêt par lequel l'accusée est acquittée.

Mais le ministère public se pourvoit en cassation; et, par arrêt du 12 mai suivant, au rapport de M. Rataud, « vu les art. 347 et 351 du Code d'instruction criminelle; et attendu que, par l'art. 347, il a été établi, en principe général, que la décision du jury se forme, contre l'accusé, à la majorité des voix; que si, dans le cas où l'accusé n'a été déclaré coupable du fait principal qu'à une simple majorité, c'est-à-dire, par sept des douze jurés qui composent le jury, la loi a voulu, dans son art. 351, lui donner une nouvelle chance d'acquittement; si elle a appelé à cet effet les juges de la cour d'assises à délibérer entre eux sur le même fait principal qui avait été décidé contre l'accusé par la majorité du jury, elle a apposé à cette disposition d'indulgence deux conditions qui doivent toutes les deux être remplies, pour que l'avis favorable à l'accusé puisse servir légalement de base à son acquittement: la première, que l'avis de la minorité des jurés qui a déclaré l'accusé non coupable, soit adopté par la majorité des juges; la seconde, que cette majorité de juges soit telle, qu'en réunissant leurs voix avec celles de la minorité des jurés, le nombre de voix formé par cette réunion excède celui de la majorité des jurés et de la minorité des juges; que, lorsque ces deux conditions exigées par l'art. 351, ne se trouvent pas toutes les deux remplies, l'accusé rentre, de droit, dans l'application du principe général posé par l'art. 347, et sa condamnation doit être prononcée sur la déclaration du jury formée contre lui à la majorité de sept jurés contre cinq; que, dans l'espèce, les jurés n'ayant déclaré la nommée Poulard coupable du fait principal de vol dont elle était accusée, qu'à la simple majorité, et les juges ayant délibéré entre eux sur le même point, il a bien été déclaré que la majorité des juges s'était réunie à l'avis de la minorité des jurés, ce qui remplissait l'une des conditions exigées par l'art. 351 du Code; mais que rien n'établit ni même n'indique que cet avis de la minorité des jurés ait été adopté par une majorité des juges telle, qu'en réunissant le nombre des voix, ce nombre excédât celui de la majorité des jurés et de la minorité des juges; qu'ainsi, restant incertain si l'autre condition également voulue par la loi, pour que l'avis favorable à l'accusé pût prévaloir, se trouvait aussi remplie, il n'existait point de base légale pour l'application de la disposition exceptionnelle de l'article 351; que cependant la cour d'assises d'Orléans a déclaré la nommée Poulard acquittée de l'accusation portée contre elle; que cet arrêt d'acquittement a donc été, en l'état de la déclaration faite par les juges, une fausse application de l'art. 351 du Code, et une contravention formelle à l'art. 347 qui veut, à peine de nullité, que la déclaration pour ou contre l'accusé se forme à la majorité.........; la cour casse et annulle, comme incomplète et insuffisante, la déclaration faite par les juges, de la cour d'assises d'Orléans, dans l'affaire dont il s'agit, et par suite l'arrêt d'acquittement rendu par ladite cour, le 13 avril dernier..... »

LANGUE FRANÇAISE. n. II. *Page* 517, *col.* 2, *ligne* 2 *de la première note, après les mots*, décret du 22 décembre 1812, *ajoutez*: ainsi conçu: « Art. 1. Dans les départemens réunis où, d'après nos décrets, la langue du pays est employée concurremment devant les tribunaux et dans les actes publics, les actes judiciaires ainsi que tous autres actes publics ou privés, rédigés dans la langue du pays, pourront être présentés à l'enregistrement, sans qu'il soit besoin d'y joindre une traduction française. — Sont exceptés, toutefois, les actes qui, par leur nature, pourraient donner lieu au droit proportionnel d'enregistrement, à l'égard desquels actes les receveurs de l'enregistrement sont autorisés à exiger qu'une traduction française y soit jointe.

» 2. Lorsqu'un acte rédigé dans la langue du pays, sera présenté à l'enregistrement dans un département où la langue française est seule reçue, ou dans un département qui a conservé l'usage des deux langues, mais dont l'ancienne langue est différente de celle qui a servi à la rédaction de cet acte, une traduction française y sera nécessairement jointe.

» 3. Les traductions ci-dessus mentionnées seront faites par un traducteur assermenté.

» 4. Aucun journal, quel que soit son titre, ne sera assujéti à être imprimé dans les deux langues. — Ne sont point comprises dans la présente disposition les nouvelles politiques, lesquelles seront imprimées à deux colonnes, dont l'une française, lors même qu'elles ne seraient pas l'objet principal du journal où elles sont insérées; et si les articles sont extraits d'un journal français, le texte français sera conservé.

» 5. Il est dérogé aux décrets antérieurs, en ce qu'ils auraient de contraire au présent décret......»

LÉGISLATION. *Page* 738, *col.* 2, *à la fin de l'article, ajoutez*:

III. Celui qui fait sciemment usage d'un faux acte public, peut-il échapper à la peine portée par l'art. 147 du Code pénal, sous le prétexte que cet acte n'est point légalisé et qu'il devrait l'être? V. *Faux*, sect. 1, §. 11 bis.]]

LÉGITIMITÉ, sect. IV, §. III. *Page* 291, *col.* 2, *avant le* n. IV, *ajoutez*:

III. *bis*. Le jugement qui, incidemment à une question d'hérédité, déclare un enfant légitime, a-t-il l'autorité de la chose jugée dans une autre souveraineté que celle où il a été rendu? V. le plaidoyer et les arrêts rapportés (dans les *Additions*) au mot *Jugement*, §. 7 bis.]]

LEGS, sect. II, §. II. *Page* 308, *col.* 1, *après la ligne* 14, *ajoutez* :

[[XV. Le legs fait entre époux peut-il, si le mariage est nul, valoir comme legs entre concubinaires ? *V. Don mutuel*, §. 2, n. 5, et le plaidoyer rapporté (dans les *Additions*), au mot *Jugement*; §. 7 *bis*.]]

LODS ET VENTES. *A la fin de l'article*, ajoutez :

Mais n'y a-t-il pas des droits de lods et ventes qui n'ont aucun caractère de féodalité ? Une rente créée par un bail purement et véritablement emphythéotique, est-elle mélangée de féodalité, par cela seul qu'elle emporte un droit de lods ? *V.* le plaidoyer du 14 juillet 1814; rapporté aux mots *Rente seigneuriale*, §. 2, n. 6 *bis*, dans les *Additions*.

LOTERIE, §. 2, n. IV. *Page* 571, *col.* 1, *après la ligne* 58, *ajoutez* :

Cette disposition est-elle applicable à la vente faite, par loterie, dans un cabaret, d'un effet mobilier ?

« Le procureur général expose que le tribunal de police du canton de Durbuy, et le tribunal correctionnel de Marche, département de Sambre et Meuse, ont rendu depuis peu des jugemens en dernier ressort qui paraissent devoir être annullés dans l'intérêt de la loi.

» Le 14 décembre 1812, procès-verbal qui constate que, la veille, vers quatre heures et demie du soir, dans le cabaret de Jean Gerlache Lambay, commune de Barveaux, une montre d'argent appartenant au nommé Tomson, domestique du sieur Tenus, a été mise en loterie par ce particulier; qu'à cet effet, la valeur en a été répartie en trente enjeux d'un franc vingt-cinq centimes chacun ; qu'il a été convenu, entre les actionnaires, qu'un coup de dez désignerait l'enjeu gagnant; que le nommé Simon Balant a écrit les billets et reçu les mises ; et que le nommé Jean-Hubert Renard a gagné la montre.

» Le 8 janvier 1813, le maire de la commune de Durbuy, chef-lieu du canton du même nom, fait citer, devant le tribunal de police de ce canton, les nommés Tomson, Lambay, Balant et Renard, pour se voir condamner à l'amende portée par l'art. 475, n° 5, du Code pénal, contre *ceux qui auront établi ou tenu, dans les rues, chemins, places ou* LIEUX PUBLICS, *des jeux de loterie, ou d'autres jeux de hasard.*

» Le 11 du même mois, jugement par lequel, attendu *que ce n'a été que pour alléger les peines d'un malheureux, qui, faute d'ouvrage, était sur le pavé*, le tribunal déclare *que la loi précitée n'est point applicable.*

» Le maire de Durbuy, au lieu de se pourvoir en cassation contre ce jugement, comme il pouvait le faire, aux termes des art. 172 et 177 du Code d'instruction criminelle, en interjette appel au tribunal correctionnel de Marche,

» Et le 28 du même mois, ce tribunal, au lieu de déclarer l'appel non-recevable; y statue en ces termes: « attendu que l'on ne peut considérer un seul coup » de dez jeté lors de la vente de la montre en ques- » tion, comme un établissement ou tenue de jeu de » hasard dans le sens du §. 5 de l'art. 475 du Code pénal; adoptant au surplus les motifs du premier juge; le tribunal déclare bien jugé et sans griefs appelé; ordonne que le jugement dont est appel, sera exécuté selon sa forme et teneur. »

» Qu'en prononçant ainsi, le tribunal correctionnel de Marche ait violé les art. 172 et 177 du Code d'instruction criminelle, et que son jugement doive être cassé par cette seule raison, c'est une vérité trop évidente et que la cour a consacrée par un trop grand nombre d'arrêts, pour qu'il soit nécessaire de l'appuyer d'aucune espèce de développement.

» Mais en cassant ainsi ce jugement, la cour ne peut pas laisser subsister celui du tribunal de police.

» L'art. 475 du Code pénal punit d'une amende de six à dix francs, non-seulement ceux qui auront *établi*, mais encore ceux qui auront simplement *tenu* des jeux de loterie ou d'autres jeux de hasard, dans des lieux publics.

» Sans doute, pour être censé avoir *établi* une loterie dans un lieu public, il faut avoir fait dans ce lieu des dispositions qui annoncent qu'on se propose d'y ouvrir une loterie permanente et journalière.

» Mais pour être censé avoir *tenu* une loterie dans un lieu public, il ne faut qu'un simple acte, il ne faut qu'une opération passagère et, pour ainsi dire, fugitive.

» On ne peut donc pas douter que celui-là ne soit censé avoir tenu une loterie dans un lieu public, qui a mis en loterie dans ce lieu un meuble, un effet quelconque.

» Par-là tombe le motif dont le tribunal correctionnel de Marche a cherché, tout incompétent qu'il était, à masquer l'erreur du tribunal de police.

» Quant au motif que le tribunal de police lui-même a employé dans son jugement, il est encore plus futile.

» L'art. 475 du Code pénal ne contient ni distinction ni exception ; il prohibe, en termes généraux et absolus, tout établissement, toute tenue de loterie dans les lieux publics. Il n'est donc pas permis aux juges de limiter sa prohibition. Il ne leur est donc pas permis de déclarer une loterie licite, sous le prétexte qu'elle a pour objet de faciliter à une personne qui est dans le besoin, le moyen de se défaire avantageusement d'un meuble ou d'un effet superflu.

» Du reste, il est évident, et les deux tribunaux ont implicitement reconnu qu'un cabaret est, dans le sens de l'art. 475 du Code pénal, un lieu véritablement public.

» Ce considéré, il plaise à la cour, vu l'art. 442 du Code d'instruction criminelle ; les art. 172 et 177 du même Code ; et l'art. 475, n° 5 du Code pénal ; casser et annuller, dans l'intérêt de la loi et sans préjudice de leur exécution entre les parties intéressées, les jugemens du tribunal correctionnel de Marche et du tribunal de police du canton de Durbuy, ci-dessus mentionnés, et dont les expéditions sont ci-jointes; et ordonner qu'à la diligence de l'exposant, l'arrêt à intervenir sera imprimé et transcrit sur les registres de l'un et de l'autre tribunal.

» Fait au parquet, le 18 février 1813. *Signé* Merlin.

» Ouï le rapport de M. Bailly...; « Vu les art. 172 et 177 du Code d'instruction criminelle......; considérant que, sur la citation donnée aux nommés Lambay, Ballant, Renard et Tomson, à la requête du maire de Durbuy, faisant fonctions de ministère public devant le tribunal de police du canton de Durbuy, pour se voir condamner à l'amende (de six à dix francs), décrétée par le n° 5 de l'art. 175, ce tribunal ayant rendu, le 11 janvier 1813, un jugement qui, en déclarant l'inapplicabilité de cet article à l'espèce, n'avait prononcé contre les prévenus ni emprisonnement, ni condamnation pécuniaire quelconque, il en résultait que l'appel n'en était pas autorisé par ledit art. 172 du Code d'instruction criminelle; et que le maire de Durbuy ne pouvait l'attaquer que par la voie du recours en cassation qui lui était ouverte par ledit art. 177 du même Code; que néanmoins le maire de Durbuy ayant appelé de ce jugement en dernier ressort, au lieu de l'attaquer en cassation, le tribunal de police correctionnelle de Marche, dont le devoir était de déclarer net l'appel non-recevable, l'a reçu et a statué sur icelui par jugement du 28 du même mois de janvier, en quoi il a formellement contrevenu aux susdits art. 172 et 177 du Code d'instruction criminelle; vu ensuite le n° 5 de l'art. 475 du Code pénal.... considérant qu'il n'était ni dénié ni méconnu, ainsi que cela était énoncé dans le procès-verbal du garde champêtre de la commune de Barvaux-sur-Ourthe, en date du 14 décembre 1812, qu'il avait été tenu, au jeu de dez, le 13 du même mois, vers les quatre heures et demie de relevée, chez Jean Gerlache-Lambay, cabaretier audit Barvaux, une loterie d'une montre d'argent appartenante à Nicolas Tomson; que cette loterie avait eu lieu à la condition de trente mises de deux escalins, ou un fr. vingt centimes chacune; que l'argent provenant des mises avait été levé par Simon Ballant; et que la montre avait été gagnée et emportée par Jean-Hubert Renard; considérant que, d'après ces faits, c'était le cas de condamner lesdits Lambay, Tomson, Ballant et Renard à l'amende de six à dix fr., en leur appliquant le n° 5 de l'art. 475 du Code pénal; parce qu'il était constant que tous les quatre avaient concouru à une loterie établie et tenue dans un lieu public; que néanmoins par leurs jugemens desdits jours 11 et 28 janvier de la présente année, que les parties n'ont point attaqués en cassation dans le délai légal, le tribunal de police du canton de Durbuy et le tribunal correctionnel de Marche ont déclaré ledit n° 5 de l'art. 475 du Code pénal inapplicable à l'espèce; le tribunal de police sous

prétexte que le fait n'avait eu lieu que pour alléger les peines d'un malheureux qui, faute d'ouvrage, était sur le pavé, et le tribunal correctionnel, parce que, dans l'espèce, on ne pouvait pas envisager un seul coup de dez jeté lors de la vente de la montre en question comme un établissement ou tenue de jeu de hasard, dans le sens de l'article ci-dessus transcrit; que ce motif du tribunal correctionnel, implique contradiction dans les termes, en qualifiant vente une aliénation d'objet mobilier faite à un seul coup de dez et en refusant à ce coup de dez le caractère de jeu de hasard; considérant, quant à l'excuse admise par le tribunal de police, qu'en créant une option à l'application d'un article de loi qui n'en admet pas, il a excédé les limites de l'autorité judiciaire; qu'il suit de tout ce que dessus, que sur le fond, les deux tribunaux ont méconnu et violé le n° 5 dudit art. 475 du Code pénal; la cour, statuant sur le réquisitoire du procureur-général, casse lesdits jugemens des 11 et 28 janvier dernier, dans l'intérêt de la loi seulement et sans préjudice de leur exécution entre les parties intéressées; casse spécialement celui du 28 janvier pour avoir reçu l'appel de celui du 11 qui était en dernier ressort.

» Fait et prononcé, le 26 mars 1813..... »

MALVERSATIONS, §. II. *page* 150, *col.* 1, *lig.* 11, *après les mots, dans l'exercice de leurs* fonctions, *ajoutez en note:*

V. le mot *Vol*, sect. 2, §. 3, art. 4, notes sur l'art. 173, et sur le §. 3 de l'art. 386 du Code pénal.

MARAIS. *Page* 787, *col.* 2, *lig.* 49, *au lieu de §. 3, lisez, sect.* 2, §. 5, in. 4.

MARCHANDISE (-Fait de). *à la fin de l'article, ajoutez:*

L'art. 634 ajoute : « Les tribunaux de commerce connaîtront également... des billets faits par les receveurs, payeurs, percepteurs et autres comptables des deniers publics. »

Résulte-t-il de là que les comptables des deniers publics sont commerçans et sujets à toutes les lois relatives au commerce? V. *Faillite et banqueroute*, sect. 2, §. 2, art. 6, dans les *additions*.

MARIAGE. Sect. IV, §. I, n. III. *Page* 57, *col.* 2, *avant le n. IV, ajoutez:*

On trouvera ci-après, sect. 5, n° 6, un autre arrêt du 22 juin 1814, qui juge encore de même.

III. *Bis.* S'il était prouvé que les parties contractantes n'ont pas paru devant l'officier de l'état civil, et que cependant il existât un acte de mariage en bonne forme, que deviendrait cet acte? V. *Faux*, sect. 1, §. 34, dans les *additions*.

Sect. IV, §. III. *Page* 70, *col.* 1, *après la lig.* 11, *ajoutez:*

Elles ont donné lieu à une question importante qui est traitée ci-après, sect. 5 , n. 6.]],

Page 73, *col.* 1 , *avant la* sect. VI, *ajoutez.* :

VI. 1° La première de ces exceptions est-elle applicable au cas où il existe des registres de l'état civil dans la commune où l'on prétend qu'un Mariage a été célébré, mais où ces registres se trouvent altérés, où il en a été soustrait des feuilles qui se rapportent précisément à l'époque à laquelle se rapporte la célébration du Mariage prétendu ? — 2° Dans ce cas, la preuve par témoins de la célébration du Mariage peut-elle être admise avant que le procès ait été fait au dépositaire des registres ? — 3° Dans le même cas, peut-on être admis à prouver par témoins que le Mariage a été célébré dans la maison particulière de l'un des époux alors malade ? — 4° Si les témoins ne déposent pas précisément que l'officier public a prononcé la formule, *au nom de la loi, je vous déclare unis par le Mariage* ; mais seulement que le Mariage a été célébré, et que l'officier public, ainsi que les témoins instrumentaires, en ont signé l'acte ; peut-on juger, sur la foi de ces dépositions, du Mariage a eu lieu ? — 5° S'il résulte de l'enquête, que l'un des quatre témoins instrumentaires n'a pas assisté à la cérémonie nuptiale et en a signé l'acte après coup, peut-on déclarer le Mariage valable ?

Voici une espèce dans laquelle toutes ces questions se sont présentées.

Le 11 ventôse an 5 (1er mars 1797), Françoise Sarrade entre, en qualité de servante, chez le sieur Luc Sabouès, demeurant à Mont-de-Marsan. — Le 12 messidor an 7 (30 juillet 1799), elle passe du service du sieur Luc Sabouès père, au service du sieur Jacques Sabouès fils, demeurant à Renung, dans une métairie que son père lui a cédée.

Le 15 messidor an 8 (4 juillet 1800), est inscrit sur les registres de l'état civil de la commune de Renung, *une fille d'un père et d'une mère inconnus, née le* 16 *nivôse dernier, à laquelle a été donné le prénom de Marie.* — Le 18 fructidor an 9 (5 septembre 1801), le sieur Jacques Sabouès fait devant un notaire à Paris, une déclaration par laquelle il reconnaît, « qu'il est le père de l'enfant féminin, née à Renung, département des Landes, le 16 nivôse an 8 , nommée *Marie*, et annoncée fille de père et mère inconnus par son acte de naissance, à la date du 15 messidor an 8 ; que cette fille, appelée aujourd'hui *Zélia*, est issue de la cohabitation du comparant, avec la demoiselle Françoise Sarrade, célibataire. »

Le 7 septembre 1809, il fait, devant le notaire Dubosc, un testament par lequel, après avoir légué à son père tout ce dont la loi ne lui permet pas de le priver, il fait un legs particulier *à la demoiselle Françoise Sarrade, personne de confiance qu'il a dans sa maison*, et institue pour son héritière universelle , *Marie Sabouès*, *sa fille naturelle*, *surnommée Zélia, laquelle il reconnaît et adopte pour sa fille.* Il meurt le 25 du même mois.

Le 29 , les scellés sont apposés d'office sur les effets laissés par le défunt. Françoise Sarrade se présente au procès-verbal, n'y prend aucune qualité, ne réclame point contre l'apposition des scellés , et fait seulement *réserve de ses droits et de ceux de Marie Zélia Sabouès sa fille.*

Le 7 décembre, l'apposition de scellés est continuée à la requête du sieur Luc Sabouès père. Françoise Sarrade comparaît au procès-verbal , et annonce « que Marie-Zélia Sabouès , sa fille et dudit feu Jacques Sabouès , *son mari*, est là seule qui soit héritière de ce dernier ; qu'en sa qualité de mère et de tutrice légale de ladite demoiselle Zélia , elle a l'administration et jouissance des biens de celle-ci ; que ledit sieur Luc Sabouès père est sans droit et qualité pour requérir l'apposition des scellés dont s'agit ci-dessus ; pourquoi elle déclare qu'elle s'oppose tant en son nom qu'en celui de sadite fille , à ce que l'apposition desdits scellés soit faite. »

Le juge de paix, arrêté par cette déclaration, en réfère, suivant l'art. 921 du Code de procédure, au président du tribunal de première instance de Saint-Séver, et enjoint aux parties de comparaître devant ce magistrat, le surlendemain 11 décembre.

Françoise Sarrade s'y rend seule, et allègue qu'elle éprouve des difficultés de la part de l'officier de l'état civil pour l'expédition de son acte de mariage inscrit sur les registres de la commune de Renung ; à l'appui de son assertion, elle produit un procès-verbal dressé par le maire de la commune de Renung, le 20 novembre 1809, et ainsi conçu :

« Le 20 novembre 1809 , nous Pierre-François-Désiré Capdeville, maire de la commune de Renung, soussigné, certifions que la dame Françoise Sarrade, habitante de la présente commune, étant venue nous demander de lui faire délivrer une expédition de son acte de mariage, qu'elle nous a dit avoir été rédigé en notre absence , vers le mois de mars , nous lui avons répondu que nous allions y procéder. — Ayant en conséquence mandé le sieur Dubosc, secrétaire de la municipalité, et notaire , chez lequel sont les registres et se font les affiches, nous lui avons dit de donner à ladite dame une expédition de l'acte de mariage qu'elle réclame ; à quoi il a répondu, que les feuilles sur lesquelles les publications et ledit mariage avaient été enregistrés n'étaient pas dans les registres. — Ayant témoigné au sieur Dubosc notre surprise de la disparution des feuilles des registres, nous lui en avons demandé la cause. Il nous a répondu que le sieur Sabouès se trouvant dangereusement malade , avait demandé de faire enregistrer son contrat de Mariage , pour assurer sa tranquillité sur le sort de sa fille ; mais que le sieur Sabouès était revenu en santé , et craignant la nullité de son Mariage , par l'omission qu'il avait faite de demander le consentement de son père , et le refus de l'adjoint de signer ledit acte , il avait pris la résolution de le faire disparaître ; que , dans cet objet , il s'était rendu chez le sieur Dubosc, et avait choisi un jour où il est ordinairement absent pour son état; que l'ayant effectivement trouvé absent, et ayant demandé à sa fille l'agrément de lui écrire, elle lui avait ouvert la porte de son étude; qu'alors, s'étant saisi des registres, il en avait enlevé les feuilles qui le concernaient et falsifié les chiffres cotés par M. le président du tribunal, ainsi que quelques mots; que ledit Dubosc s'étant aperçu, quelques jours après, de cette soustraction, s'était rendu chez le sieur Saboués pour lui en faire des reproches; qu'il était convenu en être l'auteur; mais que lui sieur Dubosc devait être sans inquiétude, parce qu'il était sûr d'avoir incessamment le consentement de son père; qu'alors il contracterait son Mariage plus légalement, et que, par ce moyen, personne n'ayant sujet de se plaindre, il serait à couvert de tout inconvénient. — Le sieur Dubosc nous a encore observé que la dame Sarrade était informée de la soustraction qu'avait faite le sieur Saboués. — Nous avons reproché au sieur Dubosc de ne pas nous avoir promptement informé de ce fait, à quoi il nous a répondu qu'il attendait chaque jour l'effet de la promesse du sieur Saboués. — Attendu la présente déclaration du sieur Dubosc, nous avons appelé devant nous le sieur Cassaigne, adjoint, et nous avons demandé explication du fait dont est question. — Il nous a répondu que se trouvant dans la maison du sieur Saboués, où il avait été appelé, et ayant pris connaissance dudit acte préparé par le sieur Dubosc, notaire, il avait remarqué qu'il y manquait une formalité; que, par cette raison, il s'était refusé à signer ledit acte. — Nous lui avons fait des reproches sur son silence à ce sujet. — Il nous a répondu avoir eu l'intention de nous en parler, mais en avait été détourné par diverses occupations. — Nous ayant fait représenter les registres, et les ayant examinés avec attention, nous avons reconnu que les registres pour constater les actes de Mariages de la commune de Renung, pendant l'année 1809, qui devaient être composés de huit feuillets, ne le sont plus que de six; que par conséquent deux de ces feuillets ont été soustraits, lesquels sont ceux du milieu, c'est-à-dire le quatrième et le cinquième; de plus le mot *huit* feuillets, écrit sur chacun de ces registres, a été altéré, et l'on a mis *six* au lieu de *huit*, par surcharge d'encre, et aussi les chiffres *six, sept* et *huit* de chacun de ces registres ont été changés par une surcharge d'encre, en ceux de *quatre, cinq* et *six*. — Egalement le registre servant à constater les publications de Mariage de la commune de Renung, pendant la présente année, qui était de *huit* feuillets, ne l'est plus que de quatre; par conséquent quatre feuillets ont été soustraits : ce sont ceux du milieu, c'est-à-dire les *trois, quatre, cinq* et *six*. Le mot *huit* feuillets a été remplacé par celui de *quatre*, par une surcharge d'encre, et les chiffres *sept* et *huit* ont été changés en ceux de *trois* et *quatre*. — Nous avons donné lecture du présent procès-verbal au sieur Dubosc, secrétaire et notaire, ainsi qu'au sieur Cassaigne, adjoint; l'un et l'autre

ont signé avec nous, même jour, mois et an que dessus. *Signé*, Dubosc, Cassaigne et François de Capdeville, maire ».

A la vue de ce procès-verbal, le président du tribunal de première instance ordonne l'apport au greffe, dans huitaine, des registres de l'état civil de la commune de Renung. — Cette ordonnance est exécutée; et le 4 janvier 1810, un procès-verbal de vérification de l'état du registre est dressé en présence du maire de Renung, de son adjoint et de l'avoué de Françoise Sarrade, mais sans le concours du sieur Luc Saboués qui n'y est point appelé.

L'affaire, en cet état, est renvoyée à l'audience; et le 26 février suivant, jugement par lequel le tribunal de première instance de Saint-Sever, « sans s'arrêter à choses dites ou alléguées, toutes exceptions demeurant réservées aux parties, et avant de faire droit, permet à Françoise Sarrade de prouver par témoins, 1° que, dans les derniers jours de février ou les premiers jours de mars 1809, elle fut unie en mariage avec feu sieur Jacques Saboués fils, par l'adjoint du maire de la commune de Renung, faisant fonctions de l'officier de l'état civil, dans la forme voulue par la loi; et que Zélia, sa fille, était présente à cette union; 2° que le Mariage fut couché sur les registres de l'état civil destinés, signés par les parties contractantes, par l'officier de l'état civil et par les témoins; 3° que le Mariage fut célébré après les publications d'usage, lesquelles furent aussi transcrites sur les registres de l'état civil de la commune à ce destinés, la preuve contraire réservée au sieur Luc Saboués; nomme M...., commissaire pour ladite enquête, pour, à la vue d'icelle, être statué ce qu'il appartiendra, tous dépens réservés, ledit jugement exécutoire, nonobstant appellation quelconque, et sans y préjudicier; sans caution ».

Le 14 avril, le sieur Luc Saboués appelle de ce jugement; Françoise Sarrade s'en rend aussi appelante incidemment.

Le 18 août, arrêt de la cour d'appel de Pau, qui accorde à Luc Saboués la possession provisoire de tous les biens composant la succession de son fils. — Le 25 juillet 1811, autre arrêt qui ordonne l'apport au greffe des registres de Mariages et de publications de la commune de Renung, de l'année 1809. — En exécution de cet arrêt, le greffier du tribunal de Saint-Sever fait déposer au greffe de la cour le registre des publications et l'un des doubles des registres des Mariages. — Le 8 février 1812, troisième arrêt qui ordonne l'apport de l'autre double des registres de Mariage. Cet arrêt est exécuté.

Le 4 mars suivant, la cause est plaidée au fond. — Françoise Sarrade conclut à ce qu'il plaise à la cour, « vidant l'interlocutoire ordonné par les arrêts des 25 juillet 1811 et 8 février 1812, débouter Luc Saboués de son appel sur la disposition du jugement du tribunal de Saint-Sever, du 26 février 1810, qui admet Françoise Sarrade à la preuve des faits relatés dans ledit jugement; faisant droit de l'appel incident de Françoise Sarrade, l'admettre à prouver que, lors du Mariage, les deux époux déclarèrent qu'ils légitimaient leur fille Zélia, et que cette déclaration fut insérée dans l'acte, pour, sur le rapport de l'enquête, être statué ce qu'il appartiendra ». — Le sieur Luc Saboués conclut de son côté, à ce qu'il plaise à la cour « annuller le procès-verbal du président du tribunal de première instance de Saint-Sever, du 4 janvier 1810, pour incompétence et autres moyens de droit; déclarer, dans tous les cas, Françoise Sarrade, tant en son nom qu'en celui de sa fille, non-recevable dans la preuve par elle offerte, défendre à la mère et à la fille de prendre les noms de veuve et de fille de Jacques Saboués ».

Le même jour arrêt ainsi conçu :

« En point de droit, 1° le procès-verbal du 4 janvier 1810 sur l'état des registres de l'état civil de la commune de Renung doit-il être annullé pour cause d'incompétence de la part du président du tribunal de Saint-Sever qui l'a rédigé? Ou bien le procès-verbal doit-il être maintenu? 2° Françoise Sarrade est-elle recevable à faire les preuves par elle offertes? Les faits coarctés par Françoise Sarrade sont-ils relevans, et faut-il en statuant sur son appel incident envers le jugement du 26 février 1810, l'admettre à en faire preuve?

» Après en avoir délibéré en la chambre du conseil, il a été considéré sur la demande en nullité proposée par Saboués, du procès-verbal de l'état des registres dressé par le président du tribunal de première instance, que Saboués ayant requis le juge de paix pour qu'il eût à procéder à l'apposition des scellés sur les effets de la succession de Jacques Saboués son fils, le juge de paix se transporta le 7 décembre 1809 à Renung, dans la maison où était décédé ledit Saboués ; que Françoise Sarrade s'opposa à l'apposition des scellés, tant en son nom qu'en celui de sa fille, prétendant être la veuve dudit Saboués, et que Zélia, sa fille, était l'unique héritière de son père....; que le juge de paix éprouvant des obstacles dans ses opérations, renvoya en référé, pour les faire lever, par devant le président du tribunal de première instance, et enjoignit aux parties de se présenter, le 11 du même mois, par-devant ce même président, que Saboués père ne se défera pas à cette ordonnance, car il ne se présenta pas ; que Françoise Sarrade ayant exposé, à l'audience dudit jour 11 décembre, qu'elle ne pouvait justifier sa qualité, parce que l'officier de l'état civil de Renung refusait de lui délivrer une expédition de l'acte constatant son Mariage, le président ordonna l'apport au greffe du tribunal des registres ayant servi à constater les publications des bans et des Mariages de ladite commune pour l'an 1809, pour, à sa vue, statuer ce qu'il appartiendra; que le maire ayant, en exécution de l'ordonnance du 11 décembre 1809, fait l'apport desdits registres à l'audience de référé tenue par le président le 4 janvier suivant, l'avoué de Françoise Sarrade demanda qu'il fût dressé procès-verbal de l'état du re-

gistre, et que le maire fût entendu ; en conséquence le président dressa le procès-verbal, constata le dire du maire, et ordonna que les registres demeureraient déposés au greffe.

» Vu l'art. 921 du Code de procédure, il a été considéré, dans le droit, que pour que ce procès-verbal pût être annullé, il faudrait que le président eût dépassé les bornes de son autorisation ; mais, dans l'espèce actuelle, il paraît qu'il n'a eu en vue que l'exécution de la loi, et qu'il n'a pas excédé ses pouvoirs. En effet, l'art. 921 l'a commis pour lever les difficultés qui se présentent à l'apposition des scellés; que l'opposition à cette opération était prise de ce que Françoise Sarrade soutenait être l'épouse légitime de Jacques Saboués, et elle excipait des registres de la commune. Le président du tribunal de première instance était donc compétent pour vérifier et constater l'état de ces registres dans lesquels Françoise Sarrade prétendait que devait se trouver l'acte qui constatait son Mariage avec feu Saboués, et pouvait interpeller le maire sur les causes des enlèvemens et altérations qu'il avait constatés ; car son devoir lui imposait l'obligation de prendre toutes les mesures possibles pour distribuer la justice avec connaissance de cause ; il pouvait donc faire toutes les vérifications et constatations possibles ; c'était une suite nécessaire et une conséquence de son attribution, puisque la loi l'avait investi de la connaissance du différend qui avait divisé les parties devant le juge de paix, et empêché l'apposition des scellés; qu'il n'était pas nécessaire d'appeler Saboués père à cette opération ; que d'ailleurs il devait se reprocher de ne pas y avoir assisté, car il ne se présenta pas sur l'ordonnance du juge de paix à l'ordonnance de référé ; que Saboués père était si bien convaincu que le président était compétent pour constater l'état de ces registres, qu'en première instance il n'éleva pas quelque prétention à cet égard, et se contenta de plaider au fond; qu'il n'y a par conséquent pas lieu d'accueillir ce moyen de nullité ;

» Vu les art. 46 et 194 du Code civil, il a été considéré que les fins de non-recevoir opposées par Saboués à Françoise Sarrade, relativement aux preuves offertes, ne doivent pas être accueillies, et qu'il y a lieu d'admettre ces preuves. En effet, l'art. 194 dispose que nul ne peut réclamer le titre d'époux et les effets civils du Mariage, s'il ne représente un acte de célébration inscrit sur le registre de l'état civil. Il ajoute ces mots : *sauf les cas prévus par l'art. 46 au titre des actes civils...*; que l'art 46, qui est la copie littérale de l'art 14 du tit. 20 de l'ordonnance de 1667, est ainsi conçu : *Lorsqu'il n'aura pas existé de registres, ou qu'ils seront perdus, la preuve en sera reçue, tant par titres que par témoins ; et, dans ce cas, les mariages, naissances et décès pourront être prouvés tant par les registres et papiers émanés des père et mère décédés, que par témoins...;* que ces dispositions ne sont pas tellement exclusives de la preuve testimoniale, qu'elle ne soit admissible que dans les deux cas que cet article énonce; que ces mots, *quand les registres seront perdus*, ne doivent pas être pris d'une manière absolue, et ne peuvent être entendus de la perte de la totalité des registres; il suffit qu'une partie soit perdue, pour que le réclamant qui prétend qu'elle contenait l'acte constatant son Mariage, soit admissible à en faire la preuve. Or il est constant, d'après le procès-verbal de l'état des registres pour l'année 1809, dressé le 4 janvier 1810, par le président du tribunal de première instance, et par l'inspection de ces registres que la cour a eus sous les yeux, qu'il a été enlevé des feuillets et que les cotes ont été altérées...; que s'il est vrai que l'acte constatant le Mariage de Françoise Sarrade a été inscrit sur les feuilles enlevées, cet enlèvement produirait, à son égard, le même effet que si tous les registres étaient perdus; que, pour être admis à la preuve par témoins, l'art. 46 ne prescrit ni une possession d'état ni un commencement de preuve par écrit, et il n'est pas permis d'être plus exigeant que la loi; que, sous ce rapport, il importerait peu que Françoise Sarrade n'eût pas articulé des faits relatifs à sa possession d'état et à celle de Zélia, sa fille, et qu'elle n'eût pas produit un commencement de preuve par écrit; que néanmoins les lettres écrites par feu Jacques Saboués le 18 août 1809, soit à la supérieur du couvent où Zélia était pensionnaire, soit à celle-ci, pourraient fournir un commencement de preuve par écrit, puisqu'elles sont l'ouvrage du père de Zélia, et que l'effusion de tous les sentimens de l'amour paternel y est exprimée d'une manière si tendre, qu'elle paraît avoir pour objet un enfant légitime plutôt qu'une fille née hors le Mariage; que le testament fait *in extremis* par Jacques Saboués ne serait pas suffisant pour enlever à Zélia son état, non plus qu'à sa mère, si réellement il était vrai qu'elle a été l'épouse de Saboués, parce qu'il ne dépend pas de quelqu'un d'enlever, par quelque acte que ce soit, un état déjà acquis; qu'il importe peu que, lors du décès de Saboués, l'officier de l'état civil n'ait pas constaté qu'il avait été marié, lorsqu'il n'a pas déclaré qu'il fût célibataire; lors surtout que cette omission ne peut pas être attribuée à Françoise Sarrade; que d'ailleurs il n'est pas possible de fonder une fin de non-recevoir sur une omission de cette espèce; le retour à la vérité étant toujours certain; que sur le tout, l'art. 46 du Code civil précité admet la preuve par témoins des Mariages, lorsque les registres sont perdus; qu'il est évident que, pour être admis à la preuve testimoniale, il suffit qu'une des feuilles de ces registres soit perdue, ou qu'elle ait été enlevée, lorsqu'on n'en attribue pas la soustraction à la partie qui prétend avoir intérêt à son existence; en effet, il n'est pas possible de croire que la loi ait permis la preuve vocale lorsqu'il n'y a pas eu de registres, ou lorsqu'ils ont été enlevés en entier et qu'ils sont perdus; et qu'elle ait voulu la refuser, lorsqu'il n'y a qu'une partie de ces registres qui ait été enlevée et qui est conséquemment perdue; ce qui met la partie dans la même situation que s'il n'y avait jamais eu de registres, ou qu'ils fussent perdus en entier, puisqu'ils sont perdus pour elle; que par conséquent les fins de non-recevoir doivent être rejetées, et qu'il y a lieu d'admettre Françoise Sarrade à la preuve des faits par elle articulés en première instance, qui sont des plus relevans, car ils tendent à prouver son Mariage.

» Il a été considéré qu'il est permis d'alléguer et prouver, en cause d'appel, ce qui ne l'a pas été en première instance. *Non allegata allegare, non probata probare...*; que Françoise Sarrade prétend qu'en première instance, on a omis d'insérer dans l'*articulat* le fait suivant: que, lors de la célébration de son Mariage avec Jacques Saboués, ils déclarèrent l'un et l'autre qu'ils légitimaient Zélia Saboués, leur fille, et que cette déclaration fut insérée dans l'acte civil du Mariage...; que ce fait est aussi relevant que les autres; qu'il y a par conséquent lieu, en disant droit de son appel incident, d'en ordonner la preuve...

» La cour, vidant les interlocutoires ordonnés par ses arrêts des 25 juillet 1810 et 8 février dernier, statuant sur le fond de l'appel interjeté par la partie de Fourcade (Luc Saboués), envers le jugement rendu par le tribunal civil de première instance de l'arrondissement de Saint-Sever, le 26 février 1810, et sur l'appel incident de la partie de Casaubon (Françoise Sarrade), sans s'arrêter à la nullité du procès-verbal du 4 janvier 1810, ni aux fins de non-recevoir proposées par la partie de Fourcade, dont elle est déboutée, admet Françoise Sarrade, partie de Casaubon, à prouver, dans le délai de huitaine, pardevant M...., conseiller, à ces fins délégué, tant les faits admis en preuve par le jugement de première instance sus-énoncé, que celui par elle articulé depuis en cause d'appel, savoir, 1° que, dans les derniers jours de février, ou les premiers jours du mois de mars 1809, elle fut unie en Mariage avec feu Jacques Saboués fils, par l'adjoint au maire de la commune de Renung, faisant fonctions d'officier de l'état civil, dans la forme voulue par la loi, et que Zélia, sa fille, était présente à cette union; 2° que le Mariage fut couché sur les registres de l'état civil à ce destinés, signés par les parties contractantes, par l'officier de l'état civil et par les témoins; 3° que le Mariage fut célébré après les publications d'usage, lesquelles furent aussi transcrites sur le registre de l'état civil de ladite commune à ce destiné; 4° enfin, que, lors de la célébration de son Mariage avec ledit feu Jacques Saboués, ils déclarèrent l'un et l'autre qu'ils légitimaient Zélia Saboués, leur fille, et que cette déclaration fut insérée dans l'acte civil dudit Mariage; sans préjudice audit Luc Saboués de prouver, si bon lui semble, dans le même délai, le contraire, pardevant le commissaire, pour l'enquête, et contre-enquête, s'il y a lieu, rapportées au greffe de la cour, être définitivement statué ainsi qu'il appartiendra, dépens réservés. — Au surplus, disant droit de la réquisition du procureur général, ordonne qu'à sa requête et assistance, il sera dressé procès-verbal de l'état des registres des publications et actes de Mariage de l'état civil de la commune de Renung, remis au greffe de la cour, en exécution des arrêts des 25 juillet 1810 et 8 février 1812, par M. le commissaire déjà nommé, lequel procès-verbal sera déposé audit greffe ».

Le sieur Luc Saboués se pourvoit en cassation contre cet arrêt ; mais son recours n'ayant pas d'effet suspensif, l'instruction n'en continue pas moins.

Françoise Sarrade s'empresse de faire procéder à son enquête.

Le sieur Luc Saboués fait aussi procéder à la contre-enquête, et requiert le commissaire d'entendre les témoins qu'il produit sur les faits suivans : « 1° que son fils, Jacques Saboués, était, à l'époque du prétendu mariage, incapable d'aucun acte civil, ne jouissant pas de ses facultés intellectuelles ; que les démarches de Françoise Sarrade et ses discours établissaient incontestablement cette vérité ; 2° que ladite Françoise Sarrade avait fait enlever des meubles pendant que Jacques Saboués était en danger de mort, et qu'elle les rétablit dans la maison lors de sa convalescence, conduite opposée à celle qu'aurait tenue une femme légitime dans une semblable occasion ; 3° que Lasserre, chirurgien, était absent de la maison du sieur Jacques Saboués, lors du prétendu mariage ; 4° que le jour de la réunion, pour le prétendu mariage, Zélia était absente, et que sûrement on n'eût pas manqué de la faire paraître pour le légitimer si l'acte avait été régulièrement fait ; 5° que, depuis son rétablissement, Saboués n'a fait aucune action, ni proféré aucune parole qui pût faire soupçonner son union légitime avec Françoise Sarrade ; 6° qu'au moment de sa mort, Françoise Sarrade chargea un des métayers d'aller dire à madame Dosque, sœur du défunt, de venir faire enterrer son frère ; conduite qui prouve plus fortement encore qu'il n'était pas son mari ; 7° que, pendant l'enterrement, elle prit une cassette où il y avait de l'argent, et chargea Pierre Ducourneau de la cacher soigneusement ; qu'aidée de Lasserre et de la fille de Dubosc on enleva des papiers et des meubles, et qu'elle disait : dépêchons-nous, la famille va faire apposer les scellés ; 8° immédiatement après la mort de Saboués, elle se hâta de faire enregistrer le testament du 7 septembre 1809 ; qu'elle chargea Lasserre, d'accord avec Dubosc, de le porter au bureau ; qu'elle fit les frais de l'enregistrement ; qu'elle obtint une copie informe du testament, écrite de la main du sieur Dubosc, qu'elle s'empressa de remettre à la dame Dosque, avec prière de l'envoyer à son père, le sieur Luc Saboués, de lui recommander le sort de sa fille, et les dernières volontés de son fils ; 9° que dans l'intervalle qui s'écoula entre la célébration du prétendu Mariage et le décès de Jacques Saboués, celui-ci chassa honteusement de sa maison Françoise Sarrade, qui déclara qu'elle ne sortirait pas qu'on ne lui eût payé les gages qui lui étaient dus ».

Françoise Sarrade s'oppose à ce que la contre-enquête du sieur Luc Saboués porte sur ces faits, attendu, dit-elle, qu'ils ne sont pas contraires à ceux dont il m'a été permis de faire preuve.

Sur cet incident, le commissaire renvoie les parties à l'audience.

Le 6 mai de la même année, arrêt par lequel, « considérant qu'il est de règle qu'une enquête contraire ne doit porter que sur des faits contraires et jugés être diamétralement opposés à ceux admis en preuve positive, par le jugement en vertu duquel on y procède ; que c'est aussi dans ce sens que doit être entendue la disposition de l'arrêt du 4 mars dernier qui a réservé, à la partie de Fourcade (le sieur Luc Saboués) la preuve contraire des faits y énoncés ; que la partie de Fourcade a elle-même reconnu, en l'exécutant, que cette disposition n'était pas susceptible d'une autre interprétation ; aussi en requérant son enquête la borna-t-elle aux seuls faits contraires insérés dans l'arrêt dont elle remit seulement la copie au commissaire pour interroger ses témoins ; et à l'égard desquels toute nouvelle autorisation est inutile et sur-érogatoire, attendu que le pouvoir du commissaire à cet égard résulte de l'arrêt précité, déjà exécuté en partie par Saboués lui-même ; que, sur les onze faits sur lesquels il entend continuer maintenant son enquête, il n'y a que les quatrième et cinquième qui puissent être envisagés comme afférens et contraires à ceux admis par l'arrêt dont il s'agit ; mais qu'à l'égard du cinquième, relatif à l'absence de Zélia de la maison de feu Jacques Saboués, lors du prétendu Mariage, c'est sans motif qu'il l'a compris dans son articulat, et qu'il réclame l'ampliation du pouvoir du commissaire ; car le fait de la présence de cet enfant étant du nombre de ceux que la partie de Casaubon, sa mère, a été admise à établir, la preuve contraire devint, dès-lors, de droit et facultative, en vertu de l'art. 256 du Code cité ; qu'en outre elle lui fut expressément réservée par l'arrêt, en vertu duquel la partie de Fourcade pourra continuer à faire entendre ses témoins sur le fait dont il s'agit, qui rentre dans la mission déjà conférée au commissaire. Il a été considéré, sur le quatrième fait, que l'arrêt du 4 mars ne parlant point nommément de la présence de Lasserre, chirurgien, dans la maison de Jacques Saboués lors du prétendu Mariage de ce dernier avec la partie de Casaubon, il semblerait, au premier aspect, que l'absence de Lasserre de cette maison lors dudit Mariage, ne soit pas un fait contraire à ceux admis en preuve ; mais considérant que Lasserre serait l'un des témoins de l'acte du Mariage allégué par la partie de Casaubon, on ne peut se dispenser, sous ce rapport, de reconnaître l'opposition qui existerait entre la présence de Lasserre, comme témoin du Mariage, et le fait articulé par la partie de Fourcade, que ledit Lasserre était absent de cette maison lors même de ce prétendu Mariage, que, d'après cela, et dans l'objet de prévenir tout doute sur le pouvoir du commissaire, quant à ce, il est juste de l'autoriser, ainsi que le réclame la partie de Fourcade, à interroger les témoins sur ce fait. Il a été considéré, sur les autres faits articulés par la partie de Fourcade, qu'outre qu'ils ne sont pas contraires à ceux admis par l'arrêt du 4 mars dernier, ils tendent à établir la nullité du Mariage, il faut savoir s'il a existé; et l'arrêt du 4 mars précité n'a eu d'autre objet en vue; car s'il n'est pas établi que l'acte du Mariage a existé, ces faits sont inutiles; car un Mariage qui n'a pas existé, ne peut pas être nul; que d'ailleurs ces faits n'étant pas contraires, leur admission dans ce moment causerait un préjudice irréparable à la partie de Casaubon qui a clôturé son enquête; et tous les délais étant expirés, elle serait privée de la faculté dont use la partie de Fourcade, de faire une enquête contraire, tandis qu'elle pourra user de cette faculté, si l'existence de l'acte de Mariage est établie, et si la partie de Fourcade, au rapport de l'interlocutoire ordonné, fait admettre des faits qui tendent à prouver la nullité du Mariage; la cour... autorise ledit Saboués à faire entendre des témoins sur le quatrième fait par lui articulé; au surplus rejette, quant à présent, la preuve des autres faits articulés par ledit Saboués... ».

Les enquêtes respectives achevées, Françoise Sarrade demande et obtient le compulsoire du procès-verbal du maire de Renung du 9 novembre 1809, et d'une lettre du sieur Duperret, avocat, servant de réponse à la consultation qui lui avait été faite de la part de Jacques Saboués, sur les formalités qu'il avait à remplir pour se marier étant malade; lettre qui s'était trouvée sous les scellés apposés après la mort de Jacques Saboués, sur ses papiers.

La cause en cet état, les dames Laurent et Dosque, filles du sieur Luc Saboués, interviennent, et adhérant aux conclusions de leur père, elles soutiennent avec lui, qu'il n'a jamais existé d'acte de Mariage entre Jacques Saboués et Françoise Sarrade; que le contraire fût-il supposé, le prétendu Mariage articulé par Françoise Sarrade, serait nul, 1° parce qu'il n'aurait pas été précédé de publications de bans; 2° parce qu'avant sa célébration, il n'avait pas été signifié d'actes respectueux au père de Jacques Saboués; 3° parce que la prétendue célébration aurait eu lieu dans un moment où Jacques Saboués avait perdu, par une maladie grave, l'exercice de toutes ses facultés intellectuelles; 4° parce qu'en le célébrant, l'officier de l'état civil n'aurait pas prononcé que les parties étaient unies en mariage; 5° parce que ce même officier n'en avait pas signé l'acte; 6° parce que l'un des témoins énoncés dans l'acte comme ayant été présent à la célébration, n'y avait réellement pas assisté et n'avait signé qu'après coup; 7° parce que le prétendu Mariage aurait été célébré, non dans la maison commune, mais dans le domicile de Jacques Saboués, et clandestinement; que d'ailleurs il avait toujours été tenu secret. — Subsidiairement, ils offrent la preuve des faits rejetés comme prématurés par l'arrêt du 6 mai.

Le 19 août, arrêt définitif qui prononce, en ces termes, sur les questions résultant des plaidoiries :

« Il a été considéré que l'intervention des parties de Touzet dans l'instance a été proposée dans les formes déterminées par la loi; qu'elles ont un intérêt bien réel dans la contestation; que d'ailleurs, la partie de Casaubon n'a pas allégué quelque chose contre cette intervention, qu'elle doit par conséquent être reçue;

» Il a été considéré qu'il est bien certain et reconnu qu'il a été enlevé des feuilles aux registres de la commune de Renung, qui avaient servi à constater les publications des bans et les Mariages pour l'an 1809, et les cotes ont été altérées.

» Il a été considéré que l'arrêt du 4 mars 1812 a admis la partie de Casaubon à prouver les faits suivans; 1° que dans les derniers jours de février ou les premiers jours de mars 1809 elle fut unie en Mariage avec feu Jacques Saboués par l'adjoint au maire de la commune de Renung, faisant les fonctions d'officier de l'état civil, dans la forme voulue par la loi, et que Zélia était présente à leur union; 2° que le Mariage fut couché sur le registre de l'état civil à ce destiné, signé par les parties contractantes, par l'officier de l'état civil et par les témoins; 3° que le Mariage fut célébré après les publications d'usage, lesquelles furent transcrites sur le registre de l'état civil de ladite commune à ce destiné; 4° enfin, que lors de la célébration de son Mariage avec ledit feu Jacques Saboués, ils déclarèrent l'un et l'autre qu'ils légitimaient Zélia leur fille, et que cette déclaration fut insérée dans l'acte de l'état civil;

» Qu'il a été procédé à des enquêtes; qu'il résulte des dispositions des premier, deuxième, troisième, septième, onzième témoins de l'enquête de la partie de Casaubon, que vers la fin de février ou au commencement du mois de mars 1809, elle fut unie par Mariage avec feu Jacques Saboués fils par l'adjoint au maire de Renung, faisant fonctions d'officier de l'état civil; que l'acte qui constate ce Mariage fut transcrit sur les registres de l'état civil de ladite commune; qu'il fut signé par les parties contractantes, par les témoins et par l'adjoint au maire;

» Que, loin que l'enquête contraire de la partie de Fourcade porte quelqu'atteinte aux preuves résultantes de celle de la partie de Casaubon, elle servirait plutôt à la corroborer; car outre que les cinq témoins qui la composent ont unanimement déclaré ne rien savoir de contraire aux faits libellés par la partie de Casaubon, il paraît des dépositions des deuxième et troisième témoins, qu'à l'époque assignée au Mariage dont il s'agit, l'officier de l'état civil, le secrétaire et les témoins se réunirent chez le feu sieur Saboués; que la preuve de l'existence du Mariage et de la transcription sur le registre signé par les parties, les témoins et l'officier public, est donc rapportée, ce qui embrasse les deux premiers faits.

» Qu'il est vrai que, quant à la signature de l'adjoint au maire, faisant fonctions d'officier public, la partie de Fourcade oppose à la déclaration de cet adjoint, un procès-verbal dressé par le maire de Renung, le 9 novembre 1809, duquel il paraît que l'adjoint dit devant lui qu'il n'avait pas voulu signer l'acte de Mariage, parce qu'il se serait aperçu qu'il y manquait une formalité, ce qui aurait encore été répété par le père de l'adjoint, au premier témoin de l'enquête contraire ainsi qu'il l'a déclaré ; mais comme la partie de Fourcade a fondé un moyen de nullité sur ce que l'adjoint n'aurait pas signé l'acte de mariage, on examinera dans son lieu quelle en est la valeur, de même que de celui pris de ce que tous les témoins n'auraient pas été présens lors du Mariage pour signer l'acte.

» Il a été considéré sur le troisième fait, que trois témoins ont parlé de publications de bans, ce sont les treizième et onzième ; que les premier et troisième ont déposé que les publications étaient transcrites sur les registres, que le 11e l'a aussi déclaré et a ajouté qu'il les avait affichées; ce qui rentre dans l'examen du moyen de nullité qui y est relatif.

» Il a été considéré, sur le quatrième fait, qu'il n'y a que le onzième témoin qui en dépose d'une manière affirmative, et le premier qui en parle aussi ne se rappelle pas si feu Saboués et Françoise Sarrade déclarèrent qu'ils légitimaient leur fille; il dit seulement tenir le fait du onzième témoin, et il atteste que cette déclaration fut transcrite, ou dans l'acte de l'état civil du Mariage, ou dans le testament du feu sieur Saboués, passé immédiatement après le Mariage. D'autres témoins parlent de la présence de Zélia dans la maison.

» Qu'il est donc bien certain que Françoise Sarrade a été unie par Mariage à feu Jacques S·· , et que l'acte qui le constatait fut transcrit sur les registres de l'état civil de même que les publications des bans;

» Qu'il reste à vérifier s'il est valide dans cet état et s'il a été fait dans les formalités voulues par la loi, ce qui conduit à l'examen des moyens de nullité que les parties de Fourcade et Touzet ont mis en avant.

» Il a été considéré que, parmi ces moyens, il faut distinguer ceux qui porteraient sur la substance de l'acte de Mariage, de ceux qui ne peuvent être considérés que comme des omissions de certaines formalités; que, dans cet objet, il est nécessaire de les diviser en trois classes; qu'il faut commencer par examiner le troisième qui est relatif aux facultés morales de feu Saboués, et le cinquième qui a pour objet le défaut de signature que l'on reproche à l'officier public, parce que, si quelqu'un de ces moyens devait être accueilli, il serait oiseux d'examiner les autres ; que les premier, deuxième et septième doivent être examinés en sous-ordre, parce que si on en infère la clandestinité du Mariage, il faut passer ensuite aux quatrième et sixième.

» Il a été considéré sur le troisième moyen de nullité, que, quand bien même l'art. 504 du Code civil ne mettrait pas obstacle à ce que le Mariage dont il s'agit, pût être annullé à raison de la prétendue privation momentanée des facultés morales de Jacques Saboués, les pièces du procès repousseraient cette nullité et les preuves subsidiairement offertes à

cet égard, par les parties de Fourcade et de Touzet;

» Que l'art. 504 dispose de la manière suivante : *Après la mort d'un individu, les actes par lui faits ne pourront être attaqués pour cause de démence qu'autant que son interdiction aurait été prononcée ou provoquée* AVANT SON DÉCÈS, *à moins que la preuve de la démence ne résulte de l'acte même qui est attaqué ;* que les dispositions de cet article sont générales et embrassent tous les actes de la vie civile;

» Que d'ailleurs c'est une erreur de la part de la partie de Fourcade, de prétendre que la preuve de la disparution des facultés intellectuelles de feu Jacques Saboués, résulte des pièces du procès ; il paraît seulement de son enquête contraire, que l'on avait essayé de la rapporter ; car le procureur fondé de la partie de Fourcade, après que les témoins eurent déclaré qu'ils ne savaient rien de contraire aux faits dont la preuve avait été admise, les fit interpeller sur des faits relatifs à la prétendue privation des facultés morales ; mais les troisième et quatrième témoins qui en parlent, ne rappellent, dans leurs réponses, que quelques propos insignifians, qui auraient été attribués à la partie de Casaubon, sans même qu'ils ayent pu préciser le jour où ils auraient été tenus; et aucun d'eux n'a déposé, d'après sa connaissance personnelle, de l'état du feu sieur Saboués;

» Que la partie de Fourcade a été si bien convaincue qu'elle n'avait pas quelque preuve à cet égard, qu'elle a offert de la rapporter et à être admise, en conséquence, à prouver que feu Saboués, à l'époque du prétendu Mariage, était incapable d'aucun acte civil, ne jouissant pas de ses facultés intellectuelles;

» Que ce fait serait dans tous les cas bien vague ; car il est de principe que, lorsqu'il s'agit de démence ou d'imbécillité, les faits qui les caractérisent, doivent être précisés ; que cela est bien plus nécessaire, lorsque, comme dans l'espèce actuelle, l'interception des facultés morales, si elle a existé, aurait été occasionnée par les accès d'une fièvre qui pouvait laisser au malade des momens lucides, pendant lesquels le Mariage aurait pu être contracté;

» Que ce fait est d'autant plus aventuré, que les pièces du procès et les enquêtes établissent que feu Jacques Saboués était, non-seulement capable d'avoir une volonté, mais qu'il l'avait bien prononcée, et qu'il avait projeté d'avance le Mariage qu'il contracta ;

» En effet, 1o il est évident que ce fut à sa demande que l'on consulta Me Duperret sur les formalités à suivre pour le Mariage et pour la disposition de ses biens, car la réponse du sieur Duperret lui fut remise. Elle s'est trouvée parmi ses papiers et sous les scellés; et il est à présumer qu'on exécuta ce qu'il avait prescrit ;

» 2o Il résulte des dépositions des deuxième et septième témoins, que Jacques Saboués et Françoise Sarrade déclarèrent se prendre pour légitimes époux ;

et tous les témoins se réunissent pour attester que Jacques Saboués signa l'acte, ce qu'il n'aurait pas fait s'il eût perdu l'usage de la raison.

» 3° Le septième témoin, sur la probité duquel aucune des parties n'a pas élevé le moindre doute, a déclaré que Jacques Saboués était, il est vrai, très-malade lors de la cérémonie, mais qu'il lui parut jouir de tout son bon sens.

» 4° Il résulte de la déposition du troisième témoin, qui avait dû sortir pour voir un malade, et, qui par conséquent n'avait pu signer l'acte avec les autres, qu'étant revenu, il fut prié par Jacques Saboués d'aller le signer à la maison commune.

» 5° Il résulte encore de la déposition du quatrième témoin, qu'étant allé le lendemain pour panser Jacques Saboués, celui-ci lui dit: *Je suis l'époux légitime de Françoise Sarrade, et Zélia sera mon héritière.* Ainsi, le premier moyen de nullité s'évanouit sous tous les rapports, et la preuve subsidiairement offerte le concernant, ne doit pas être admise.

» Il a été considéré, sur le cinquième moyen de nullité pris de ce que Cassaigne fils, qui remplissait les fonctions d'officier de l'état civil, n'aurait pas signé l'acte, ce que l'on veut inférer de la contrariété de ses déclarations, que l'apposition sur les registres de la signature de l'officier de l'état civil est attestée par les quatre témoins de l'enquête qui souscrivirent l'acte, et par l'officier de l'état civil lui-même.

» Que quoique ce dernier eût déclaré, le 9 novembre 1809, dans le procès-verbal dressé par le maire, de l'enlèvement de l'acte de Mariage dont il s'agit, qu'il ne l'avait pas signé, parce qu'il s'était aperçu qu'il y manquait une formalité, cela ne peut causer aucun préjudice à la vérité, ni porter atteinte à la foi qui est due aux autres témoins.

» En effet, cette déclaration appartient à la justice civile ou à la justice criminelle.

» Dans le premier cas, soit qu'on la regarde comme judiciaire ou extra-judiciaire, il sera toujours vrai qu'elle fut faite volontairement, en absence ou à l'insu de celle qu'elle intéresse, elle ne peut par conséquent lui nuire ni servir de base aux décisions de la justice; d'ailleurs les motifs qui portèrent l'adjoint au maire à la faire, sont en évidence: Françoise Sarrade réclamait une expédition de l'acte de son mariage, et il n'était plus sur les registres.

» Dans le second cas, si ce procès-verbal, comme cela est plus vrai, appartient à la justice criminelle, la déclaration du témoin ne le lie pas, il est toujours le maître de la rétracter, et par conséquent, cette déclaration ne saurait l'emporter sur celle qui a été faite à la réquisition de l'autorité judiciaire et sous la foi du serment; que, pût-on les regarder l'une et l'autre, comme suspectes, parce qu'elles sont contradictoires, elles pourraient tout au plus, en usant de rigueur, être écartées; mais cela ne nuirait pas à la preuve qu'il a signé l'acte, puisque trois témoins

de cet acte attestent que l'officier de l'état civil y apposa sa signature, lorsqu'ils y apposèrent les leurs, et que le quatrième témoin déclare l'y avoir remarquée le même jour avant qu'il ne le signât;

» Qu'il en est de même du prétendu aveu que le premier témoin de l'enquête contraire a dit lui avoir été fait par le père de l'officier de l'état civil, qui, témoin numérique de l'acte, a lui-même déposé avoir vu son fils apposer sa signature.

» Ainsi, ce moyen de nullité ne peut être de quelque considération ni détruire les preuves résultantes de l'enquête.

» Il a été considéré, sur les premier, deuxième et septième moyens de nullité desquels on prétend inférer la clandestinité du Mariage;

» Que le premier, pris du défaut de publication des bans, manque dans le fait; en effet, les premier et troisième témoins de l'enquête ont déclaré qu'elles avaient été transcrites sur le registre, et le onzième qu'il les avait affichées;

» Que la partie de Fourcade a cherché à inférer de l'état actuel des registres, qu'il n'y a jamais eu de publication des bans du Mariage dont il s'agit, qu'il n'est pas même possible qu'il en ait existé; en effet, a-t-elle dit, la première publication inscrite sur le deuxième feuillet, est du 22 janvier; et celle qui suit immédiatement, inscrite au troisième feuillet, est du 29 du même mois de janvier; et on ne trouve ensuite aucune autre publication du mois de février; temps auquel on rapporte celles du Mariage dont il s'agit;

» Que, pour demeurer convaincu de la futilité de cette assertion, il suffit de faire attention qu'il est constaté que ce registre était primitivement composé de quatre feuilles ou huit feuillets; qu'il paraît que les feuilles étaient placées l'une dans l'autre; que l'on a enlevé les deux feuilles du milieu; que, par ce moyen et par l'altération des cotes qui est encore sensible, le septième feuillet est devenu, dans l'état actuel des registres, le troisième; que les formules des publications sont imprimées; que chaque page en contient deux, de sorte que, dans les deux feuilles soustraites, il devait y avoir seize publications; que, dès-lors, pour qu'une publication du 29 janvier pût exister sur le troisième feuillet actuel, qui était dans l'état primitif des registres, le septième, il faudrait que, depuis le 22 janvier jusqu'au 29 du même mois, il y eût seize publications au-delà de celles qui existent aux dates des 22 et 29 janvier; et en tout vingt-trois dans la petite commune de Remung, ce qui ne paraît pas vraisemblable, surtout lorsque les registres apprennent qu'il n'y en a eu que dix-sept pour le reste de l'année;

» Que, d'après cette observation, il est bien facile d'être convaincu que les trois publications qui se trouvent à la date du 29 janvier sur le troisième feuillet actuel, étaient inscrites sur le troisième feuillet primitif qui a disparu, et que celui qui commit l'enlèvement des deux feuilles les transporta sur le troisième feuillet actuel, lors surtout que les publications des 22 et 29 janvier paraissent écrites de la même main ;

» Que l'on ne peut pas se refuser alors à croire que les feuilles intermédiaires, soustraites, contenaient les publications de février, mois qui est assigné par les témoins à celles du Mariage de Françoise Sarrade ;

» Que l'on est encore autorisé à croire qu'elles avaient eu lieu aux intervalles fixés par la loi, et que la première se trouvait sur l'un des feuillets, et la seconde sur l'autre; car on a enlevé deux feuilles de ce registre, tandis que l'on n'en a soustrait qu'une de celui servant à constater les Mariages, parce que l'on n'avait pas besoin d'en enlever d'autres ; que cela ne peut avoir été fait que dans le dessein de faire disparaître toutes les traces du Mariage, dont l'existence est prouvée par les enquêtes, de même que celle de la transcription des publications ;

» Que d'ailleurs, le défaut des publications n'emporte pas la nullité du Mariage; il faudrait, pour cela, que la loi l'eût prononcé; or, loin qu'elle l'ait fait, l'art 192 du Code civil inflige une autre peine : il veut que tant l'officier public que les parties contractantes soient condamnés à une amende;

» Qu'il ne faut pas non plus perdre de vue, que si l'acte de Mariage n'avait pas été enlevé, et que la partie de Casaubon pût le produire, il suffirait que la publication des bans y fût constatée, pour qu'il fît preuve jusqu'à inscription de faux; et son sort ne doit pas être aggravé parce qu'une main criminelle aura soustrait cet acte des registres.

» Il a été considéré que le défaut de consentement de Saboués père, ni celui de la signification d'actes respectueux, ne peut opérer la nullité d'un Mariage entre majeurs. En effet, les anciens principes établissaient une grande différence entre les Mariages des majeurs et ceux des mineurs. A l'égard des premiers, le défaut du consentement du père n'a jamais été regardé comme un motif dirimant des Mariages; ils ont, au contraire, toujours été entretenus; que le Code civil a proclamé les mêmes principes; car l'art. 148 n'exige le consentement des père et mère, que pour les mâles qui n'ont pas atteint l'âge de vingt-cinq ans, et pour les filles, celui de vingt-un ans; les art. 151 et 152 ne prescrivent la signification d'actes respectueux que jusqu'à l'âge de trente ans; depuis lors, les enfans ne doivent demander qu'un conseil; et feu Saboués avait plus de quarante ans; que loin que le Code civil renferme quelque disposition qui, dans ce cas, prononce la nullité du Mariage, les art. 156 et 157 n'infligent que des amendes contre l'officier public;

» Que la célébration hors la maison commune n'est pas un moyen absolu de nullité, car l'art. 75 du même Code, dont les parties de Touzet et de Fourcade excipent, ne prononce pas cette peine pour l'inobservation de la célébration du Mariage dans la maison commune; d'ailleurs, dès que la loi autorise les mariages in extremis, il s'ensuit nécessairement que l'officier public peut se transporter dans la maison de l'époux malade, sans quoi le Mariage ne pourrait pas avoir lieu.

» Que le défaut de publicité que les parties de Fourcade et de Touzet infèrent de la célébration avouée dans la maison du sieur Saboués, ne peut pas non plus former un moyen absolu de nullité, car ce n'est pas le lieu où un Mariage est célébré, qui donne cette publicité, mais bien la connaissance qu'en acquiert le public; que, pour que l'on pût accuser ce Mariage de clandestinité, il faudrait qu'il n'y eût pas eu de publications; qu'il eût été célébré devant un officier public autre que celui que la loi indiquait, et que l'on eût cherché à en dérober la connaissance au public; que, dans l'espèce actuelle, il y a eu publications de bans; le Mariage a été célébré par l'officier public du domicile des parties, et, sans qu'il paraisse qu'à l'époque de ce Mariage on eût cherché à en dérober la connaissance au public; plusieurs circonstances concourent pour établir que feu Saboués ne voulait pas le tenir secret, telle que celle résultant de la consultation demandée au sieur Duperret, pour être instruit des formalités à observer pour le Mariage, la connaissance qu'en donna le sieur Lasserre, en rentrant chez lui, au quatrième témoin; la satisfaction que le sieur Saboués en manifesta le lendemain au même témoin, en lui disant : Je suis l'époux de Françoise Sarrade, et Zélia sera mon héritière; la déposition du huitième témoin, qui est le suppléant du juge de paix, qui a déclaré qu'il avait ouï dire, dans le public, que le feu sieur Saboués et Françoise Sarrade avaient été unis en légitime Mariage. Le reproche de la clandestinité n'est donc pas fondé, et elle disparaît avec les moyens de nullité sur lesquels on la fondait.

» Il a été considéré, sur le quatrième moyen de nullité pris de ce qu'il ne résulte pas de l'enquête, que l'officier de l'état civil ait prononcé que les parties étaient unies par Mariage, ce qui est une contravention à l'art. 75 du Code civil; que ce moyen ne doit pas être accueilli en effet, le fonctionnaire public, spécialement chargé de la constatation des Mariages, qui est investi de la confiance de la loi, a pour lui la présomption qu'il connaît assez son devoir, et qu'il le remplit. D'ailleurs, cette clause que les époux sont unis en Mariage, est regardée comme de style, au point qu'elle se trouve imprimée sur les feuilles de registres qui servent à constater les Mariages dans la commune de Renung, de sorte qu'il est certain qu'étant établi que l'officier public a signé l'acte, il a constaté la prononciation de la formule que les parties étaient unies en Mariage, et il n'est pas possible d'admettre, sans preuve quelconque, qu'il l'ait constaté sans l'avoir fait. Il y a plus; si l'acte était produit, cette contestation s'y trouverait, puisqu'elle est imprimée, et ferait foi. La partie de Casaubon ne doit pas être traitée moins favorablement lorsqu'il est établi que l'acte constatant son mariage a été enlevé.

» Il a été considéré, sur le sixième moyen de

nullité, pris de ce que le Mariage n'avait pas été célébré en présence de quatre témoins qui signèrent l'acte au moment où la cérémonie eut lieu, et que Lasserre, qui avait dû sortir, et qui ne revint que lorsqu'elle fut consommée, ne le signa que quelques heures après; que cela ne peut opérer une cause de nullité.

» En effet, les anciennes lois prescrivaient de célébrer les Mariages en présence de quatre témoins outre celle du prêtre. Nos nouvelles lois exigent également la présence de quatre témoins, outre celle de l'officier de l'état civil; mais aucune loi n'a prononcé la nullité en cas de contravention à cette formalité; les arrêts ont, au contraire, validé les Mariages faits entre majeurs, quoiqu'ils n'eussent pas été célébrés en présence du nombre de témoins prescrits; que, dans le cas actuel, il s'agit d'un Mariage contracté entre majeurs; que l'on ne peut pas même soupçonner que le défaut de la présence de l'un des témoins qui avaient été appelés, ait été déterminé en vue d'éluder la disposition de la loi, ou de pratiquer quelque fraude. Les témoins ont expliqué que Lasserre, qui s'était rendu dans la maison de Saboués, dut sortir pour voir un malade; ainsi il n'y a pas lieu de s'arrêter au moyen de nullité.

» Il a été considéré que la preuve des faits subsidiairement libellés par les parties de Fourcade et de Touzet, ne doit pas être admise. Le vague et la nullité du premier ont déjà été observés; les autres ont pour principal objet d'établir des soustractions et des démarches faites par la partie de Casaubon; que, quand bien même la preuve en serait rapportée, elle ne pourrait jamais nuire à l'intérêt de Zélia, ni détruire celle des enquêtes sur la vérité de la célébration du Mariage et de la transcription de l'acte sur les registres de l'état civil, non plus que le fait bien positif que cet acte a été enlevé; que dès-lors elles seraient inutiles.

» Il a été considéré que, quand bien même le fait de la reconnaissance de Zélia, dans l'acte de Mariage, ne serait pas bien établi dans l'enquête, cela serait indifférent, puisqu'elle avait déjà été reconnue par feu son père, par celui du 18 fructidor an 9, ce qui serait suffisant d'après l'art. 331 du Code civil, qui est ainsi conçu : *Les enfans nés hors le mariage, autres que ceux qui sont nés d'un commerce incestueux ou adultérin, pourront être légitimés par le mariage subséquent, lorsque ceux-ci les auront légalement reconnus avant leur mariage, ou qu'ils les reconnaîtront dans l'acte même de célébration;* que d'ailleurs la partie de Fourcade n'a pas élevé quelque doute à cet égard, non plus que sur la preuve de la reconnaissance de Zélia.

» Que c'est en vain que, dans l'objet de donner des impressions sur la vérité de l'existence du Mariage, la partie de Fourcade a excipé de l'acte du 18 fructidor an 9, qui contient la reconnaissance de Zélia par feu Saboués, et où il est dit qu'elle est issue de sa cohabitation avec demoiselle Françoise Sarrade, célibataire, et du testament du 7 septembre 1809, où Jacques Saboués qualifie Françoise Sarrade de personne de confiance, et Zélia de sa fille naturelle.

» D'un côté, l'acte du 18 fructidor an 9 est antérieur de plusieurs années au Mariage, et il annonce les bonnes dispositions de feu Saboués pour Zélia, car il la reconnaît pour sa fille; quoiqu'il l'eût fait baptiser comme née de père et mère inconnus; c'est un premier pas qu'il fit en sa faveur.

» D'autre part, le testament du 7 septembre 1809 est postérieur de plus de six mois à la célébration du Mariage, et tout fait présumer, donne même la certitude, qu'il est aussi à l'enlèvement des feuilles du registre de l'état civil, et qu'il en est la suite.

» Que ces actes ne peuvent anéantir ni infirmer ceux qui ont eu lieu pendant le temps intermédiaire, actes qui assurent à Françoise Sarrade le titre de veuve du sieur Saboués, et à Zélia celui de leur fille légitime; car il résulte, des pièces du procès et des enquêtes, 1° que feu Jacques Saboués a été uni en Mariage avec Françoise Sarrade, à la fin de février ou aux premiers jours du mois de mars 1809, et qu'il déclara, devant l'officier civil et les témoins, la prendre pour épouse; 2° que c'était là l'effet de sa libre volonté; car la réponse à la lettre qui avait été écrite au sieur Duperret relativement aux formalités à observer, s'est trouvée parmi ses papiers; 3° que le lendemain de son mariage il témoigna sa satisfaction, surtout de ce que Zélia était son héritière; 4° que, dans la lettre du 18 août 1809, écrite à la sœur Saint-François, religieuse, il lui recommande d'avoir les plus grands soins de son enfant; il lui trace un plan d'éducation; enfin, il lui exprime tous les sentimens qui décèlent l'âme d'un père qui chérit son enfant; 5° que la même affection se reproduit dans la lettre du même jour, écrite à Zélia; il lui parle de religion; et, après toute l'effusion des sentimens paternels, il finit sa lettre par ces mots : *Maman embrasse son enfant, et moi je l'aime à mon ordinaire;* qu'il n'est pas possible de ne pas voir, dans ses lettres, la confirmation de la vérité de l'existence du Mariage; car il n'aurait pas dit, en parlant de Françoise Sarrade, *maman embrasse son enfant,* si réellement elle n'avait pas été son épouse.

» Que, quels que soient les motifs qui ont fait éclore le testament du 7 septembre 1809, il n'était pas au pouvoir de Jacques Saboués de priver son épouse et sa fille d'un état qui leur était irrévocablement acquis, moins encore lorsque ce testament fut précédé par la soustraction des feuilles des registres de l'état civil, et par la suppression d'un autre testament qui avait été fait le même jour que le Mariage fut célébré;

» Que les parties se sont fait des imputations réciproques d'avoir contribué à cet enlèvement;

» Qu'il n'y a rien au procès qui puisse provoquer le moindre soupçon contre la partie de Fourcade; et c'est une inconsidération de le lui avoir reproché;

» Que l'on ne peut pas supposer non plus que celle de Casaubon y ait quelque part; car elle aurait agi contre ses intérêts et ceux de sa fille pour qui la conservation de l'acte de Mariage était de la plus grande importance;

» Que pût-on dire, comme on le lui a reproché, ce qui n'est pas raisonnable, qu'elle le fit dans l'objet de couvrir quelque irrégularité; mais alors elle se serait bornée à faire enlever la feuille du registre servant à constater les Mariages; mais elle aurait laissé intact celui qui servait à constater les publications des bans; elle n'aurait pas surtout consenti à la suppression du testament de feu Saboués, fait le même jour que le Mariage; car elle aurait trouvé, dans ces deux pièces un commencement de preuve de son existence; ainsi, elle ne peut être soupçonnée sous aucun rapport.

» Ce qu'il y a de bien certain, c'est que c'est chez le sieur Dubosc, qui était le dépositaire de ces registres, qui avait aussi fait le testament le même jour que le Mariage, puisqu'il en était le rétenteur; que ces enlèvemens, altérations de cotes et suppressions ont eu lieu; qu'ainsi, il est à présumer qu'il en est l'auteur ou qu'il les a favorisés. Et qui en est le complice? S'il était permis d'avoir des soupçons, ils retomberaient sur feu Saboués, qui, rappelé à la société, a pu ne pas voir du même œil un Mariage que sa conscience lui avait inspiré de contracter, dans un temps où il pensait à la mort, et où il croyait n'avoir à rendre compte de sa conduite qu'à Dieu : Mariage qui paraît avoir eu pour principal but d'assurer un état et ses biens à une fille qui était l'objet de toutes ses affections, ainsi que ses lettres le démontrent;

» Que le testament du 7 septembre 1809 et la suppression du premier fortifient les soupçons; car il est évident que l'on voulait enlever toutes les preuves civiles du Mariage; mais son existence est établie; la vérité perce à travers les nuages, dont on a cherché à la voiler, et la conscience des juges est rassurée.

» Il a été considéré qu'étant jugé qu'il y a eu un Mariage valable entre feu Jacques Saboués et Françoise Sarrade, il y a lieu de maintenir celle-ci dans le titre et état de veuve du premier, et Zélia dans ceux de leur fille légitime;

» Vu l'art. 29 du Code d'instruction criminelle, il a été considéré, sur le réquisitoire du procureur-général, que les pièces du procès fournissent les plus fortes présomptions que Dubosc, secrétaire de la mairie de la commune de Renung, est l'auteur ou le complice de la destruction volontaire de la preuve de l'état civil de Françoise Sarrade et de Zélia sa fille; qu'il y a par conséquent lieu d'ordonner qu'à la requête du procureur-général, il sera procédé contre ledit Dubosc, comme prévenu d'être l'auteur ou le complice de ce crime sans préjudice d'être aussi procédé contre lui, s'il y a lieu, tant pour fait de soustraction de la minute d'un testament de feu Jacques Saboués, que pour défaut d'inscription dudit testament sur son répertoire; sans préjudice aussi de telles poursuites que de droit, s'il y a lieu, contre Cassaigne fils, adjoint au maire de Renung, à raison des omissions qu'on lui impute avoir commises dans l'acte dont il s'agit;

» La cour reçoit l'intervention des parties de Touzet dans l'instance, et vidant l'interlocutoire ordonné par l'arrêt du 4 mars dernier, sans s'arrêter à l'enquête de la partie de Fourcade, plus qu'à chose dite ou alléguée; tant par elle que ses filles parties de Touzet; prenant au contraire droit des preuves qui résultent de l'enquête de la partie de Casaubon et des autres pièces du procès, déclare que, vers la fin du mois de février ou dans les premiers jours du mois de mars 1809, ladite partie de Casaubon a été unie en légitime Mariage avec feu Jacques Saboués fils, et que Zélia leur fille, née hors Mariage, a été légitimée par l'effet dudit Mariage, ce faisant, sans s'arrêter aux moyens de nullité articulés contre ledit acte de Mariage par les parties de Fourcade et de Touzet, maintient la partie de Casaubon et Zélia, sa fille; en possession du titre et état de veuve, et fille légitime dudit feu Jacques Saboués, leur mari et père; moyennant ce, déclare n'y avoir lieu de prononcer sur les preuves subsidiairement offertes par les parties de Fourcade et de Touzet; ordonne que le présent arrêt sera transcrit, en conformité de la loi, sur les registres de l'état civil de la commune de Renung de l'année 1809; condamne la partie de Fourcade à délaisser à celle de Casaubon, en sa qualité de tutrice légale de Zélia Saboués, les biens meubles et immeubles composant la succession dudit Jacques Saboués, avec restitution des fonds et jouissance depuis la prise de possession de ladite partie de Fourcade;

» Au surplus, faisant droit au réquisitoire du procureur-général, ordonne qu'à sa requête, il sera procédé contre Dubosc, notaire, ancien secrétaire de la mairie de Renung, comme prévenu d'être auteur ou complice de la destruction volontaire de la preuve de l'état civil de Françoise Sarrade, partie de Casaubon et de Zélia Saboués, sa fille, sans préjudice aussi d'être procédé, le cas y échéant, contre ledit Dubosc, tant pour fait de soustraction de la minute d'un testament de feu Jacques Saboués, que pour défaut d'inscription dudit testament sur son répertoire; et sans préjudice encore de telles poursuites que de droit, s'il y a lieu, contre Cassaigne, adjoint au maire de Renung, à raison des omissions et contraventions à lui imputées et commises dans l'acte de Mariage dudit feu Jacques Saboués avec Françoise Sarrade, partie de Casaubon..... ».

Recours en cassation contre cet arrêt de la part

du sieur Saboués et de ses deux filles , et ce recours est joint à celui que le sieur Saboués a déjà formé contre l'arrêt interlocutoire du 4 mars 1812.

« Cinq moyens de cassation (ai - je dit à l'audience de la section civile , le 21 juin 1812) vous sont proposés dans cette affaire ; et de ces cinq moyens , les deux premiers sont dirigés contre l'arrêt interlocutoire du 4 mars 1812 ; les trois autres le sont contre l'arrêt définitif du 19 août de la même année.

» Contre l'arrêt interlocutoire du 4 mars 1812 , on vous dit d'abord qu'il viole l'art. 46 et l'art. 194 du Code civil ; que l'art. 46 n'admet la preuve par témoins de la célébration des Mariages que *lorsqu'il n'a pas existé de registres , ou qu'ils sont perdus* ; qu'aux termes de l'art. 194 , *nul ne peut réclamer le titre d'époux et les effets civils du mariage , s'il ne représente un acte de célébration inscrit sur les registres de l'état civil , sauf les cas prévus par l'art. 46* ; que , dans l'espèce , Françoise Sarrade n'articulait , ni qu'à l'époque de son prétendu Mariage avec Jacques Saboués , il n'ait pas existé de registre de l'état civil dans la commune de Renung , ni que les registres qui y avaient existé à cette époque , eussent été perdus ; qu'ainsi , toute preuve par témoins lui était interdite ; qu'elle l'était d'autant plus , que cette femme n'avait en sa faveur , ni possession d'état , ni commencement de preuve par écrit ; qu'elle l'était d'autant plus , que la qualité de *personne de confiance* donnée à cette femme par le testament de Jacques Saboués , du 7 septembre 1809 , et la qualité de *fille naturelle* donnée par le même acte à Marie-Zélia Saboués , élevait une forte présomption de l'inexistence du Mariage prétendu célébré six mois auparavant ; qu'elle l'était d'autant plus enfin , que cette présomption était encore aggravée , et par l'empressement qu'avait mis Françoise Sarrade à faire enregistrer , après la mort de son mari , le testament qui la supposait non mariée , et par le silence qu'elle avait gardé sur son prétendu Mariage , dans le premier procès-verbal d'apposition des scellés.

» Mais toute cette argumentation pèche par sa base.

» D'une part , il n'est pas vrai que l'art. 46 du Code civil , qui n'est qu'une répétition de l'art. 14 du tit. 20 de l'ordonnance de 1667 , n'admette la preuve par témoins que dans les deux cas qui y sont exprimés ; il admet bien la preuve par témoins dans ces deux cas ; mais il ne l'y admet pas exclusivement à tout autre ; il ne dit point que ces deux cas sont les seuls où la preuve par témoins pourra être admise. Et la cour a jugé par deux arrêts célèbres , l'un rendu au rapport de M. Borel , le 12 mars 1807 , l'autre rendu au rapport de M. Cassaigne et sur nos conclusions , le 2 février 1809 , *que les dispositions des art. 14 du tit 20 de l'ordonnance de 1667 et 46 du Code civil , ne sont pas tellement exclusives de la preuve testimoniale , qu'elle ne puisse être admise dans certains cas autres que ceux compris dans ces articles , ainsi qu'il résulte*

du procès-verbal de ladite ordonnance et de celui de la discussion dudit Code (1).

» D'un autre côté , quand la disposition de l'art. 46 du Code civil devrait , relativement au Mariage , être renfermée rigoureusement dans les deux cas qui y sont prévus , l'espèce actuelle ne rentrerait-elle pas évidemment dans le deuxième de ces cas ? C'est une vérité constante et reconnue par les demandeurs eux-mêmes , que les registres de l'état civil de la commune de Renung ont été altérés ; c'est une vérité constante et reconnue par les demandeurs eux-mêmes , qu'il a été arraché , de ces registres , plusieurs feuillets qui se rapportent aux époques auxquelles Françoise Sarrade fixe la célébration de son mariage. Eh ! comment peut-on dire sérieusement que ces registres ne doivent pas être considérés , dans l'intérêt de Françoise Sarrade , comme *perdus* ? ils ne sont pas perdus en entier , sans doute ; mais ils le sont dans la partie qui intéresse essentiellement Françoise Sarrade ; ils le sont dans les feuillets où Françoise Sarrade soutient que l'acte de son mariage a été inscrit ; et n'est-ce pas , pour Françoise Sarrade l'équivalent d'une perte entière de ces registres ?

» Rodier , vous dit-on , a soutenu le contraire sur l'art. 14 du tit. 20 de l'ordonnance de 1667.

» Oui , mais il n'a pu le soutenir raisonnablement que pour le cas où il y aurait lieu de soupçonner que le demandeur en preuve par témoins a lui-même lacéré une partie des registres ; et tout ce qu'on peut inférer de là , c'est qu'il dépend de la prudence des juges d'appliquer ou de ne pas appliquer , d'après les circonstances , l'art. 46 du Code civil , à la lacération partielle des registres de l'état civil.

» Qu'importe , après cela , que Françoise Sarrade n'eût en sa faveur , ni possession d'état , ni commencement de preuve par écrit de la célébration de son mariage ?

» L'art. 46 du Code civil ne dit pas que la preuve par témoins sera refusée , en cas de perte des registres de l'état civil , à la partie qui ne sera pas en possession de l'état qu'elle réclame ; il ne dit pas que cette preuve sera refusée à la partie qui ne représentera pas un commencement de preuve par écrit de cet état. Et de quel droit ajouterions-nous à cet article des exceptions qui n'y sont pas écrites ?

» On doit les y ajouter , répondent les demandeurs , parce qu'il est de principe général qu'en matière d'état , la preuve testimoniale est insuffisante lorsqu'elle est isolée : *soli enim testes ad ingenuitatis probationem non sufficiunt* , disait la loi 2 , C. de *testibus*.

» Oui , la preuve testimoniale est insuffisante par elle-même , lorsqu'il s'agit d'établir la preuve d'un état qui n'a jamais été constaté par écrit ; mais l'est-elle également lorsque la partie qui réclame son état , articule que son état a été , dans

(1) *V.* mon *Recueil de Questions de droit*, au mot *Décès*, §. 1.

le temps, constaté par un écrit authentique, qu'elle signale, et dont la destruction est, soit prouvée, soit reconnue?

» C'est, comme si l'on disait : les obligations conventionnelles dont l'objet excède 150 fr., ne peuvent être prouvées par témoins, que lorsqu'il en existe un commencement de preuve par écrit ; on ne peut donc pas, sans commencement de preuve par écrit, être admis à prouver par témoins une obligation de cette nature qui a été, dans son origine, constatée par un titre, mais dont le titre a été détruit par force majeure.

» Ce raisonnement serait certainement vicieux ; et le Code civil s'élèverait lui-même pour le condamner. Après avoir dit, art. 1341, que les obligations au-dessus de 150 fr. ne peuvent être prouvées par témoins ; après avoir déclaré, art. 1347, que cette règle *reçoit exception, lorsqu'il existe un commencement de preuve par écrit*; il ajoute, art. 1348, que l'on doit pareillement en excepter le *cas où le créancier a perdu le titre qui lui servait de preuve littérale, par suite d'un cas fortuit, imprévu et résultant d'une force majeure.*

» Comment donc une manière de raisonner qui ne serait pas supportable, s'il s'agissait d'une obligation conventionnelle au-dessus de 150 fr., serait-elle accueillie pour repousser la preuve par témoins de célébration d'un Mariage ?

» Qu'importe encore que Jacques Saboués ait consigné, dans son testament du 7 septembre 1809, des expressions qui excluent toute idée de mariage entre lui et Françoise Sarrade?

» Si, comme tout porte à le croire, d'après le procès-verbal du maire de Renung, du 20 novembre de la même année ; si, comme la cour de Pau a jugé par son arrêt définitif, qu'il y avait lieu de le présumer, c'est Jacques Saboués lui-même qui a détruit ou fait détruire les preuves légales de son mariage, il était tout naturel qu'il ne les fît pas revivre par son testament ; il était tout naturel qu'il s'exprimât dans son testament de manière à laisser croire que ces preuves n'avaient jamais existé ; il était tout naturel que dans son testament, il parlât de Françoise Sarrade comme d'une simple domestique, et de sa fille comme d'un enfant illégitime. Mais assurément, en s'exprimant ainsi, il n'a pas pu préjudicier, ni à l'état de Françoise Sarrade, ni à l'état de sa fille.

» Qu'importe encore, qu'au premier procès-verbal de l'apposition des scellés après le décès de Jacques Saboués, Françoise Sarrade n'ait pris, ni la qualité de veuve du défunt, ni celle de tutrice légale de son enfant ?

« Si elle n'y a pris ni l'une ni l'autre qualité, elle y a du moins fait une réserve expresse de ses droits et de ceux de sa fille ; et la cour de Pau a très-bien pu, sans violer aucune loi, juger que cette réserve ne formait pas, contre elle, une présomption assez grave de l'existence de son mariage, pour en empêcher la preuve par témoins.

» Qu'importerait enfin que Françoise Sarrade eût ait enregistrer, immédiatement après la mort de son mari, le testament par lequel il ne l'avait qualifiée que de *personne de confiance ?*

» 1° Ce fait a été bien articulé par les demandeurs, mais il ne l'a été qu'après l'arrêt interlocutoire dont nous nous occupons en ce moment.

» 2° Ce fait eût-il été articulé, eût-il été prouvé, eût-il été avoué, avant l'arrêt dont il s'agit, la cour de Pau n'aurait encore contrevenu à aucune loi ; en jugeant qu'il ne pouvait pas empêcher la preuve par témoins offerte par Françoise Sarrade.

» En effet, de ce que Françoise Sarrade aurait, dans les premiers instans qui ont suivi la mort de Jacques Saboués, pris le parti de faire exécuter son testament, il ne s'ensuivrait nullement qu'elle aurait alors reconnu que Jacques Saboués n'avait pas été son mari. Il en résulterait seulement qu'effrayée des difficultés qu'elle aurait à vaincre pour rétablir les preuves de son mariage détruites par le fait même de son mari, elle se serait momentanément résignée à son mauvais sort ; et assurément aucune loi ne s'opposait à ce que l'on jugeât que, par cette résignation momentanée, elle n'avait pas élevé contre elle et contre sa fille, une barrière à la preuve qu'elle était veuve de Jacques Saboués, et que sa fille naturelle était devenue sa fille légitime.

» Il n'y a donc pas l'ombre de fondement dans le premier moyen de cassation que les demandeurs vous proposent contre l'arrêt interlocutoire du 4 mars 1812.

» Le second est plus difficile à deviner qu'à réfuter.

» Les demandeurs le font résulter de ce qu'ils appellent *une fausse application de l'art. 921 du Code de procédure, et une contravention à l'art. 51 du Code civil.* Mais qu'entendent-ils par-là ?

» Il est bien question dans l'arrêt interlocutoire du 4 mars 1812, de l'art. 921 du Code de procédure. Mais à quelle fin cet article y est-il discuté ? Uniquement pour savoir si le président du tribunal de première instance a eu qualité pour se faire représenter les registres de l'état civil de la commune de Renung, et pour dresser procès-verbal des altérations qu'il y a remarquées.

» Or, supposons avec les demandeurs, et c'est certes une supposition bien gratuite, qu'en cela le président du tribunal de première instance eût transgressé ses pouvoirs : qu'en résultera-t-il contre l'arrêt du 4 mars ?

» Les demandeurs ont-ils nié devant la cour de Pau, les altérations constatées par le président du tribunal de première instance ? Rien ne l'annonce ; et ils les auraient niées vainement : il eût été trop facile de les convaincre, ou d'erreur, ou de mauvaise foi, en faisant apporter à l'audience les registres qui étaient déposés au greffe en exécution des arrêts des 25 juillet 1811 et 8 février 1812.

» Il ne paraît pas d'ailleurs que les demandeurs ayent jamais critiqué le procès-verbal du maire de Renung, du 20 novembre 1809 ; et sans doute, ce procès-verbal suffisait bien, indépendamment de celui du président du tribunal de première instance, du 4 janvier 1810, pour que la cour de Pau prît les altérations qui y sont mentionnées, pour base de l'admission de Françoise Sarrade à la preuve par témoins de la célébration de son mariage.

» Enfin, s'il y avait eu quelque irrégularité dans la manière dont ces altérations avaient été constatées, soit par le maire de Renung, soit par le président du tribunal de première instance, la cour de Pau l'aurait suffisamment réparée par l'arrêt même du 4 mars, en ordonnant que, par un commissaire nommé à cet effet dans son sein, il serait dressé un nouveau procès-verbal de l'état des registres de la commune de Renung déposés dans son greffe.

» Que pourrait, d'après tout cela, signifier ici la fausse application que les demandeurs reprochent à cette cour d'avoir faite de l'art. 921 du Code de procédure, au procès-verbal du président du tribunal de première instance, du 4 janvier 1810? Nous l'avouons franchement, messieurs, il nous est impossible de le deviner.

» Quant à l'art. 51 du Code civil, que porte-t-il? Rien autre chose, si ce n'est que *tout dépositaire des registres sera civilement responsable des altérations qui y surviendront, sauf son recours, s'il y a lieu, contre les auteurs desdites altérations.*

» Mais en quoi la cour de Pau aurait-elle pu contrevenir à cet article?

» A-t-elle jugé que le dépositaire des registres de l'état civil de la commune de Renung n'était pas responsable des altérations commises dans ses registres? Non. Le dépositaire de ces registres n'était pas en cause; ni Françoise Sarrade ni les demandeurs ne l'avaient fait assigner; et la cour de Pau ne pouvait pas d'office ordonner qu'il intervînt pour répondre à des conclusions qu'aucune des parties ne prenait contre lui.

» A-t-elle jugé que le dépositaire de ces registres ne pourrait pas être poursuivi dans la suite, soit par les parties intéressées, soit par le ministère public? Non. Il paraît au contraire que c'est pour mettre le ministère public à portée de le poursuivre efficacement avec une pleine certitude de l'existence de son délit, qu'elle a fait dresser un nouveau procès-verbal de l'état des registres de la commune de Renung.

» Qu'a-t-elle donc jugé, relativement à ces altérations, qui puisse se trouver, nous ne disons pas en opposition réelle, mais en apparence d'opposition, avec l'art. 51 du Code civil? Nous devons encore l'avouer, messieurs, nous ne le devinons pas.

» Mais, s'écrient les demandeurs, la cour de Pau devait, d'après cet article, au lieu d'admettre la preuve par témoins de la célébration d'un Mariage, ordonner des poursuites criminelles contre le dépositaire des registres.

» Elle le devait, d'après cet article! Mais cet article ne contient pas un mot qui eût pu l'autoriser à prononcer d'une manière aussi étrange.

» Dire, comme le fait cet article, que le dépositaire des registres *sera civilement responsable des altérations qui y surviendront*, ce n'est certainement pas dire que toute action civile à laquelle les altérations pourraient donner lieu entre des tiers, sera suspendue de plein droit, jusqu'à ce qu'il ait été statué sur la responsabilité civile du dépositaire des registres.

» Eh! comment cet article aurait-il pu disposer de la sorte? C'eût été bouleverser toutes les idées reçues.

» Sans doute, si, au moment où la cour de Pau a prononcé, il eût existé, contre le dépositaire des registres de la commune de Renung, une plainte au criminel, soit de la part de Françoise Sarrade, soit de la part du ministère public, cette cour eût dû surseoir à l'action civile de Françoise Sarrade jusqu'après le jugement à rendre sur cette plainte, l'art. 3 du Code d'instruction criminelle lui en eût fait un devoir.

» Mais à défaut de plainte au criminel contre le dépositaire des registres, le même texte voulait que la cour de Pau statuât sur l'action civile de Françoise Sarrade, sauf à ordonner ensuite, s'il y avait lieu, et comme elle l'a fait en définitive, sur les réquisitions du ministère public, que le dépositaire des registres fût poursuivi criminellement.

» L'art. 51 du Code civil n'est donc pas plus violé par l'arrêt du 4 mars, que ne l'est l'art. 951 du Code de procédure; et dès-là, nul reproche à faire à cet arrêt.

» Celui du 19 août est attaqué par trois moyens : contravention à l'art. 165 du Code civil, en ce que le mariage de Jacques Saboués avec Françoise Sarrade, a été contracté hors de la maison commune, dans le domicile de Jacques Saboués lui-même et avec tous les caractères de la clandestinité ; contravention à l'art 75 du même Code, en ce que l'officier public qui a assisté à la célébration de ce mariage, n'a pas prononcé les paroles qui seules forment le complément de ce contrat, n'en a pas dressé l'acte sur-le-champ, ne l'a pas lu aux parties et aux témoins, enfin ne l'a pas signé; contravention au même article, en ce que l'un des quatre témoins n'a pas assisté à la cérémonie nuptiale et n'en a signé l'acte qu'après coup.

» Sur le premier de ces trois moyens, le Code civil pose un principe qui n'est ni ne peut être méconnu, et dont il ne s'agit que de faire une exacte application.

» Ce principe est que *tout Mariage qui n'a point été contracté publiquement*, est nul, et que la nullité peut en être demandée *par tous ceux qui y ont un intérêt né et actuel*. Ainsi l'a réglé l'art. 191.

» Mais de ce qu'un Mariage n'a pas été contracté dans la maison commune ; de ce qu'il l'a été dans le domicile de l'une des parties, s'ensuit-il nécessairement qu'il n'a pas été contracté publiquement, s'ensuit-il nécessairement qu'il est nul?

» Déjà, par l'arrêt que la cour a rendu, le 22 juillet 1807, dans la célèbre affaire de la dame de Thémines, il a été jugé que non ; et, comme le remarque très-justement la cour de Pau, cette jurisprudence est le corollaire inévitable de la maxime reconnue dans tout le cours de la discussion du Code, que les Mariages *in extremis* sont valables.

« On n'avait pas voulu (dit le judicieux auteur de » *l'Esprit du Code civil*, tom. 3, page 283) les » rendre nuls dans le droit ; il ne fallait donc pas » les rendre impossibles dans le fait. C'est cependant ce qui serait arrivé, si l'on n'eût regardé » comme valables que les Mariages célébrés dans la » maison commune ».

» Il faut donc, pour attaquer avec succès un Mariage sur le fondement qu'il a été contracté hors de la maison commune, joindre à cette circonstance la preuve qu'il a été contracté clandestinement.

» Or, les demandeurs ont-ils fait cette preuve ? L'arrêt attaqué juge non-seulement qu'ils ne l'ont pas faite, mais que la preuve du contraire résulte évidemment de l'enquête de Françoise Sarrade.

» Juge-t-il bien, juge-t-il mal ? C'est ce qui ne nous regarde pas. La cour n'est ni un tribunal d'appel, ni un tribunal de révision. Les questions de fait sont du domaine exclusif des cours d'appel ; et de quelque manière que les cours d'appel les décident, leurs arrêts ont, à cet égard, toute l'autorité de la chose souverainement jugée.

» Sur le second moyen, il y a quatre choses à examiner.

» Et d'abord, est-il vrai que l'officier public qui a assisté à la célébration du Mariage, n'en avait pas signé l'acte ?

» Pour établir qu'il ne l'avait pas signé, les demandeurs invoquent l'aveu qu'il en a fait dans le procès-verbal du maire de Renung, du 20 novembre 1809.

» Mais la cour de Pau oppose à cet aveu la rétractation que le même officier en a faite dans l'enquête de Françoise Sarrade ; et c'est après avoir comparé l'un avec l'autre ; c'est après avoir comparé l'un et l'autre avec les dépositions des autres témoins, qu'elle se détermine à juger que cet officier avait signé l'acte de Mariage.

» Qu'elle se soit trompée sur ce point de fait, cela est possible. Mais nous ne devons ni ne pouvons le présumer. *Res judicata pro veritate habetur* : voilà la grande règle, et elle n'est, pour les jugemens des questions de fait, susceptible d'aucune exception.

» En second lieu, est-il vrai que l'acte qui, aux termes de la loi, devait être dressé immédiatement après la célébration du Mariage, l'avait été antérieurement, et qu'on l'avait apporté dans la maison de Jacques Saboués, tout préparé à l'avance?

» C'est la chose du monde la plus indifférente. Nous en donnerons tout à l'heure une raison décisive ; mais nous devons dire dès ce moment que si,

de l'antériorité de la rédaction de l'acte à la cérémonie nuptiale, on pouvait inférer que le Mariage est nul, il n'y a point de Mariage contracté à Paris depuis la loi du 20 septembre 1792, qui ne dût être annullé ; et en effet, il est notoire que, dans toutes les municipalités de Paris, les actes de Mariage sont constamment rédigés la veille de la célébration.

» Troisièmement est-il vrai qu'avant de signer l'acte, l'officier public n'en a pas donné lecture aux parties et aux témoins ?

» Rien ne l'annonce, rien ne permet de le présumer. Si les témoins ne disent pas que l'acte a été lu, ils ne disent pas davantage qu'il ne l'a pas été ; et dans le doute, nous devons croire que le vœu de la loi a été rempli sur ce point ; nous le devons même d'autant plus qu'il ne paraît même pas qu'il y ait eu sur ce point la moindre contestation devant la cour de Pau.

» Et après tout, où est-il écrit que le défaut de lecture de l'acte de mariage emporte nullité ? S'il y a nullité dans un testament qui n'en énonce pas expressément la lecture, c'est que la loi l'a ainsi voulu par une disposition formelle ; mais la loi n'a rien réglé de semblable pour les autres actes.

» Enfin, est-il vrai que l'officier public n'avait pas, après les déclarations des époux à se prendre pour mari et femme, prononcé la formule : *Au nom de la loi, je vous déclare unis par le Mariage ?*

» Sur cette question, la cour de Pau reconnaît que les témoins sont muets ; elle reconnaît qu'ils ne disent ni oui ni non ; et elle juge que, nonobstant leur silence, on doit présumer légalement que la formule a été prononcée. En cela, viole-t-elle quelque loi ?

» On pourrait invoquer, pour l'affirmative, un arrêt de la cour dont voici l'espèce.

» Le 1er messidor an 7, un testament fait en 1787 par le sieur Delatour en faveur de ses deux fils et au préjudice de ses deux filles, est dévoré par un incendie.

» Les deux frères demandent et obtiennent la permission de prouver par témoins la confection et la teneur de ce testament. Ils font leur preuve ; et néanmoins un jugement du 8 frimaire an 11 déclare qu'ils ne peuvent tirer aucun avantage de ces dispositions, parce qu'il n'ont pas prouvé qu'il eût été fait avec toutes les formalités requises par l'art. 5 de l'ordonnance de 1735.

» Sur l'appel, la cour de Besançon réforme ce jugement et ordonne que le testament sera exécuté, attendu, dit-elle, que, dès qu'il est prouvé que le testament a existé et que les dispositions en sont connues, la présomption de droit est qu'il était régulier dans sa forme ; et que c'est la conséquence de la loi 50, D. *de verborum obligationibus* ; qui dit : *Sciendum est generaliter quod si quis scripserit se fidejussisse, videri omnia solemniter acta*.

» Mais les demoiselles Delatour se pourvoient en cassation ; et par arrêt du 16 février 1807, au rapport de M. Busschop, « vu les art. 5 et 47 de l'ordonnance de 1735, concernant les testamens ; vu

» aussi la loi 30, D. de verborum obligationibus ; considérant que si la cour d'appel de Besançon a pu regarder l'existence du testament comme suffisamment prouvée, elle n'a pu, en reconnaissant l'insuffisance des dépositions des témoins pour prouver l'accomplissement de toutes les formalités requises pour la validité d'un pareil acte, ordonner l'exécution du même testament, sans violer ouvertement les articles ci-dessus cités de l'ordonnance de 1735; que la loi 30, D. de verborum obligationibus, ci-dessus également citée, n'a aucun rapport aux actes de dernière volonté, ni même au cas où il s'agit de la perte fortuite d'un titre ; qu'ainsi, ladite cour, en s'appuyant sur les dispositions de cette loi pour couvrir les formalités dudit testament, en a fait une fausse application ; par ces motifs, la cour casse et annulle.... ».

» Cet arrêt, à la première vue, paraît décisif pour les demandeurs ; et en appliquant ici le principe qui l'a déterminé, il semble que l'on doit en conclure que, pour remplacer complétement par la preuve testimoniale, un acte de Mariage que la force majeure détruit, il ne suffit pas de prouver que cet acte a existé ; que cette preuve est insignifiante, si l'on n'y joint celle de l'accomplissement de toutes les formalités constitutives du Mariage ; qu'ainsi, dans notre espèce, le silence de l'enquête de Françoise Sarrade sur la prononciation de la formule qui peut seul mettre le sceau à la cérémonie nuptiale, doit faire présumer que cette formule n'a pas été prononcée.

» Mais, permettez-nous une question. Si, dans l'affaire sur laquelle a été rendu l'arrêt de la cour du 16 février 1807, les sieurs Delatour avaient fait entendre des témoins qui eussent déposé avoir vu, tenu et lu le testament de 1787, et y avoir remarqué qu'il contenait la mention expresse de toutes les formalités prescrites par l'art. 5 de l'ordonnance de 1735, la cour aurait-elle pu juger comme elle l'a fait ? aurait-elle pu casser l'arrêt de la cour de Besançon qui avait ordonné l'exécution de ce testament ? aurait-elle pu le casser, sous le prétexte que les témoins instrumentaires du testament même n'auraient rien dit, dans leurs dépositions, de l'accomplissement de ces formalités ?

» Nous ne craignons pas d'être contredits, en assurant que non ; et en effet, le silence des témoins instrumentaires sur l'accomplissement des formalités, n'aurait pas pu l'emporter sur l'assertion positive d'autres témoins déposant qu'une mention authentique de l'accomplissement des formalités avait passé sous leurs yeux.

» Eh bien ! dans notre espèce, Françoise Sarrade a prouvé qu'il avait existé un acte constatant de la manière la plus authentique la prononciation de la formule, au nom de la loi ; je vous déclare unis par le Mariage ; car elle a prouvé qu'il avait existé un acte de mariage ; car elle a prouvé que cet acte était revêtu de la signature de l'officier de l'état civil, devant lequel il avait été contracté ; car elle

a prouvé que les feuilles des registres sur lesquelles cet acte avait été écrit, contenaient, en lettres imprimées, la formule dont il s'agit, toute préparée à l'avance; elle a par conséquent prouvé que l'officier de l'état civil, en dressant l'acte de Mariage et en le signant, avait attesté, sous la foi de son caractère public, que la formule avait été prononcée.

» Comme l'a très-bien dit la cour de Pau, si l'acte de Mariage n'avait pas été détruit, s'il existait encore dans les registres de l'état civil de la commune de Renung, les demandeurs ne seraient certainement pas admis à contester le fait de la prononciation de la formule, sans s'inscrire en faux contre l'acte public qui la constaterait. Mais en prenant cette voie, pourraient-ils se prévaloir du silence que garderaient les témoins sur le fait de la prononciation de la formule ? Non, indubitablement non : le silence de ces témoins ne formerait pour eux qu'une conjecture, et une conjecture ne peut pas faire fléchir la preuve légale et complette qui résulte d'un acte public. Il faudrait qu'ils prouvassent positivement que la formule n'a pas été prononcée ; et à défaut de cette preuve positive rien ne pourrait empêcher qu'ils ne succombassent.

Or, le crime qui a fait disparaître l'acte de Mariage, peut-il améliorer la condition des demandeurs, peut-il empirer celle de Françoise Sarrade ? et Françoise Sarrade ne doit-elle pas trouver dans les témoignages qui attestent que l'acte de Mariage a existé, qu'il a été signé par l'officier de l'état civil, la même garantie qu'elle trouverait dans l'acte même, s'il existait encore ?

» Reste le troisième moyen, celui qui est tiré de l'absence de l'un des quatre témoins instrumentaires à la cérémonie nuptiale.

» Dans le fait, il est reconnu par la cour de Pau, que le sieur Lasserre, chirurgien, s'étant présenté, avec trois autres témoins et l'officier de l'état civil, au domicile de Jacques Saboués, pour assister à la célébration de son mariage, a été appelé au-dehors pour un malade qui avait besoin des secours de son art; que la célébration du Mariage a été faite et que l'acte en a été dressé en son absence, et qu'il n'en a signé l'acte que quelques heures après.

» Dans le droit, il résulte de là que nous devons considérer le Mariage comme célébré en présence de trois témoins seulement, et l'acte qui en a été dressé, comme n'ayant pas été revêtu légalement de la signature du sieur Lasserre.

» Mais de ce qu'il n'était intervenu légalement que trois témoins à la célébration du Mariage, la cour de Pau a-t-elle dû conclure, sous peine de cassation de son arrêt, que le Mariage était nul ?

» L'affirmative ne serait pas douteuse, si l'art. 75 du Code civil attachait la peine de nullité à celle de ses dispositions par laquelle il veut que le Mariage soit célébré en présence de quatre témoins parens ou non parens ;

» Mais la peine de nullité n'est pas écrite dans cette disposition, et la question est de savoir si elle peut et doit y être suppléée.

» Pour résoudre cette question, il importe de lire l'art. 75 en entier : « Le jour désigné par les » parties *après les délais des publications*, l'offi- » cier de l'état civil, *dans la maison commune*, » *en présence de quatre témoins* parens ou non pa- » rens, *fera lecture* aux parties des pièces ci-dessus » mentionnées, relativement à leur état et aux for- » malités du Mariage, et du chap. 6 du titre du » Mariage, sur les droits et devoirs respectifs des » époux. Il recevra, de chaque partie, l'une après » l'autre, *la déclaration qu'elles veulent se prendre* » *pour mari et femme ; il prononcera, au nom de* » *la loi, qu'elles sont unies par le Mariage*, et il » *en dressera acte* sur-le-champ ».

» Voilà donc sept formalités prescrites par l'art. 75 pour la célébration du Mariage : 1° Publications préalables, suivies de délais déterminés ; 2° célé- bration dans la maison commune ; 3° présence de quatre témoins ; 4° lecture de pièces et d'un cha- pitre du Code ; 5° expression du consentement mu- tuel des époux ; 6° déclaration de l'officier de l'état civil qui les unit au nom de la loi ; 7° rédaction de l'acte sur-le-champ.

» Que l'on ne doive et qu'on ne puisse pas sup- pléer la peine de nullité dans deux de ces sept dis- positions, c'est ce qui nous paraît incontestable.

» Très-certainement un Mariage n'en serait pas moins valable, quoique les pièces relatives tant à l'état des époux qu'aux formalités préliminaires, et le chapitre du Code *des droits et devoirs respectifs des époux*, n'eussent pas été lus aux parties par l'officier de l'état civil.

» Très-certainement un Mariage ne serait pas moins valable, quoique l'acte n'en eût pas été ré- digé sur-le-champ, quoiqu'il ne l'eût été que quel- ques heures après ou même le lendemain. Il ne se- rait même pas nécessairement nul, si la rédaction de l'acte avait été absolument omise par le fait de l'officier de l'état civil ; car les parties pourraient faire déclarer l'officier public coupable de cette omis- sion ; et alors, aux termes de l'art. 198, le juge- ment qui condamnerait l'officier public leur tien- drait lieu d'acte de célébration.

» Que parmi les sept dispositions de l'art. 75, il y en ait deux qui emportent nullité, c'est ce qu'on ne peut pas contester davantage.

» Ces deux dispositions sont celle qui prescrit la déclaration du consentement mutuel des deux époux, et celle qui enjoint à l'officier public de déclarer que les époux sont unis par le Mariage.

» Mais, remarquons-le bien, ce n'est pas en vertu de l'art. 75 que ces deux dispositions em- portent nullité. Elles n'emportent nullité, la pre- mière, qu'en vertu de l'art. 146, portant *qu'il n'y a point de Mariage lorsqu'il n'y a point de consen- tement*; la seconde, qu'en vertu de l'art. 191, portant que *tout Mariage qui n'a point été.... cé- lébré devant l'officier public compétent, peut être attaqué.... par tous ceux qui y ont un intérêt né et actuel.*

» Il ne s'agit donc plus que de savoir si la peine de nullité peut et doit être suppléée dans les trois autres dispositions de l'art. 75, c'est-à-dire, dans celle qui prescrit des publications préalables, dans celle qui ordonne que le Mariage sera célébré dans la maison commune, et dans celle qui ordonne qu'il le sera en présence de quatre témoins.

» Il est certain qu'elle *ne doit pas nécessai- rement*, mais qu'elle *peut*, être suppléée dans les deux premières ; qu'elle peut y être suppléée, si, par les circonstances, il paraît que les publications préalables n'ont été omises, et que le Mariage n'a été célébré hors de la maison commune, que pour ôter à la célébration du Mariage la publicité que la loi y requiert essentiellement et par-dessus tout ; et qu'elle ne doit pas y être suppléée, lorsque, non- obstant le défaut de publications préalables et le choix d'un autre local que la maison commune pour la célébration, il paraît, par les circonstances, que la célébration a été faite avec une publicité morale- ment suffisante.

» Mais nous devons encore remarquer que, pour la suppléer dans le premier de ces deux cas, on ne peut pas se fonder sur la disposition de l'art. 75, et qu'on est obligé de recourir à l'art. 191, lequel permet à toute partie intéressée d'attaquer *le Ma- riage qui n'a point été contracté publiquement*.

» Et pourquoi raisonnerions-nous autrement à l'égard de la troisième disposition, c'est-à-dire, à l'égard de celle qui exige la présence de quatre té- moins ? Cette disposition ne contenant pas plus la peine de nullité que les six autres, quel prétexte y aurait-il de faire résulter, de son inobservation, une peine de nullité que l'inobservation des six autres ne peut pas opérer par elle-même, une peine de nullité qui ne peut, en aucun cas, résulter de l'inobservation de deux de ces six autres disposi- tions, une peine de nullité que l'inobservation de quatre de ces six autres dispositions ne peut opérer qu'en vertu des art. 146 et 191 ?

» Mais par cela seul que la peine de nullité n'est expressément attachée à aucune des sept dispositions de l'art. 75, l'inobservation de celle de ces dispo- sitions qui exige la présence de quatre témoins, ne peut pas empêcher la peine de nullité en vertu de cet article. Elle ne pourrait donc l'emporter qu'en vertu d'un autre texte ; elle ne pourrait donc l'em- porter qu'en vertu de l'art. 191 ; ou, en d'autres termes, qu'autant que du défaut de présence de quatre témoins il résulterait une preuve de clandes- tinité dans la célébration.

» Et de là il suit évidemment que, lorsque, non- obstant le défaut de présence de quatre témoins, le Mariage a été, comme dans notre espèce, célébré avec une publicité jugée suffisante, ce défaut ne peut pas emporter la peine de nullité.

» Mais, s'écrient les demandeurs, s'il n'y a pas nullité dans un Mariage auquel il n'a assisté que trois témoins, il n'y aura donc pas non plus nullité dans un Mariage auquel il n'aura assisté que deux témoins ; il n'y aura donc pas non plus nullité dans un Mariage auquel il n'aura assisté qu'un seul témoin ; il n'y aura donc pas non plus nullité dans un Mariage auquel pas un seul témoin n'aura assisté ! Et alors que deviendra la loi qui exige la présence de quatre témoins à la célébration de chaque Mariage ?

» On pourrait faire la même question relativement aux deux publications qui doivent, à huit jours d'intervalle l'une de l'autre, précéder la cérémonie nuptiale, et dont un extrait doit être affiché, pendant ces huit jours, à la porte de la maison commune. On pourrait dire : S'il n'y a pas nullité dans un Mariage qui n'a été précédé que d'une publication, il n'y en aura donc pas non plus dans un Mariage que pas une seule publication n'aura précédé ! S'il n'y a pas nullité dans un Mariage précédé de publications qui n'ont été affichées que pendant sept jours, il n'y en aura donc pas non plus dans un Mariage précédé de publications qui n'auront été affichées que pendant six jours, que pendant cinq jours, que pendant quatre jours, que pendant trois jours, que pendant deux jours, que pendant un seul jour ! Il n'y en aura donc pas non plus dans un Mariage, dont les publications n'auront point été affichées du tout ! Et alors que deviendront les art. 65 et 64 du Code civil, qui prescrivent ces différentes formalités ?

» Que deviendront ces articles, répondrions-nous ? Ils resteront ce qu'ils sont, c'est-à-dire, purement réglementaires, sans être impératifs sous peine de nullité. Les formalités qu'ils prescrivent seront, lorsqu'elles auront été observées, des signes non équivoques de la publicité du Mariage ; mais l'inobservation de ces formalités ne formera pas, seule et de plein droit, une preuve que le Mariage a été contracté clandestinement, elle pourra bien être prise en considération par les juges, pour aider à cette preuve, mais si les juges trouvent qu'indépendamment de l'inobservation de ces formalités, le Mariage a été contracté avec une publicité suffisante, ils déclareront le Mariage valable, et se borneront, suivant la disposition expresse de l'art. 192, à prononcer des amendes, tant contre l'officier de l'état civil, que contre les parties contractantes.

» Eh bien ! la même réponse s'applique précisément à la question que font les demandeurs relativement à un mariage dans l'acte duquel ne figureraient que trois, ou un témoins, relativement à un mariage dont aucun témoin n'aurait signé l'acte.

» Si du défaut d'intervention de quatre, de trois, de deux ou même d'un seul témoins dans l'acte de mariage, il résulte que le mariage a été contracté clandestinement, les juges déclareront le mariage nul.

» Mais si, nonobstant ce défaut, les juges trouvent dans la manière dont le mariage a été contracté, toute la publicité qu'y exige rigoureusement la loi, ils déclareront le mariage valable ; et, comme dans l'hypothèse que nous venons de former, ils se borneront à condamner l'officier de l'état civil, et les parties contractantes à des amendes.

» C'est là en effet ce que leur commande l'art. 193 : les peines prononcées par l'article précédent, y est-il dit, seront encourues par les personnes qui y sont désignées, pour toute contravention aux règles prescrites par l'art. 165, lors même que ces contraventions ne seraient pas jugées suffisantes pour faire prononcer la nullité du mariage.

» Cet article décide très-clairement que, parmi les règles prescrites par l'art. 165, il en est dont l'infraction peut ne pas emporter la peine de nullité, et ne doit être réprimée que par des amendes.

Or, qu'entend cet article par les mots, règles prescrites par l'art. 165 ?

« L'art. 165 ne contient que cette seule disposition : le mariage sera célébré publiquement devant l'officier civil du domicile de l'une des parties ; et assurément il n'est aucun cas où un mariage puisse être déclaré valable nonobstant le défaut de publicité dans sa célébration, et le défaut de compétence de la part de l'officier civil devant lequel il aurait été célébré. Aussi l'art. 191 déclare-t-il, de la manière la plus absolue, que tout mariage qui n'a point été contracté publiquement, et qui n'a point été célébré devant l'officier public compétent, peut être attaqué par les époux eux-mêmes, par les père et mère, par les ascendans, et par tous ceux qui y ont intérêt né et actuel ; ainsi que par le ministère public.

» Il n'est donc pas possible que, dans l'art. 193, les termes, règles prescrites par l'art. 165, se réfèrent à la publicité, à la compétence de l'officier public.

» Mais, dès-lors, à quoi se réfèrent-ils ? Bien évidemment ils se réfèrent ; et ils se réfèrent uniquement aux règles prescrites par l'art. 75, titre des actes de l'état civil, pour assurer la publicité que l'art. 165 requiert dans la célébration du mariage, comme une formalité substantielle et une condition sine quâ non ; en sorte que c'est comme si l'art. 193 disait : « lorsqu'il manquera, dans la célébration d'un » mariage, quelqu'une des formalités prescrites par » l'art. 75 pour garantir la parfaite publicité, le » mariage pourra être déclaré valable, si d'ailleurs » il paraît avoir été célébré avec une publicité suf- » fisante, et néanmoins l'omission de cette formalité » sera punie par des amendes »

» Et la preuve que c'est dans cet esprit que l'art. 193 a été rédigé, c'est que cet article, qui ne se trouvait pas dans la rédaction adoptée d'abord par le conseil d'état, a été ajouté sur la proposition du tribunat, à l'effet, porte le procès-verbal du tribunat lui-même, d'assurer l'observation des conditions proposées par la loi pour constater la publicité du mariage, conditions dans lesquelles rentre visiblement l'intervention de quatre témoins dans l'acte qui est dressé de la cérémonie nuptiale.

» Qu'on ne dise pas, au reste, que cette intervention de quatre témoins est, aux yeux de la loi, une condition sine quâ non de la preuve que le mariage a été célébré publiquement. Si tel était le vœu de la loi, elle l'aurait exprimé, en attachant la peine de nullité à sa disposition. Elle ne l'a point fait; donc elle n'a pas voulu le faire; donc les magistrats ne peuvent pas le faire à son défaut.

» Nous savons bien que, sous l'ancienne législation et avant la loi du 20 septembre 1792, tout mariage auquel n'aurait assisté aucun témoin, eût été nul; et que M. l'avocat-général Lenain l'a ainsi soutenu, dans un plaidoyer du 1ᵉʳ août 1707 qui est rapporté au *Journal des audiences*.

» Mais d'où cela venait-il? Précisément de ce que l'art. 40 de l'ordonnance de Blois, du mois de mai 1578, voulait que les mariages fussent célébrés en présence *de quatre témoins*, *sur les peines portées par le concile*; et que le concile de Trente, sect. 24 *de reformatione*, chap. 1, déclarait expressément nuls les mariages qui seraient contractés *aliter quàm proesente parocho et duobus vel tribus testibus*.

» Et encore est-il à remarquer qu'alors même, on regardait comme valables les mariages qui étaient contractés en présence de deux témoins seulement, quoique l'ordonnance de Blois en exigeât quatre.

» C'est ce qu'insinuait M. l'avocat-général Lenain, dans le plaidoyer que nous venons de citer.

» C'est ce qu'avait soutenu, avant lui, M. l'avocat général Portail, à l'audience de la grand'chambre du parlement de Paris, du 18 avril 1697, dans l'affaire des sieurs Dulac et Dorot.

» C'est ce qu'enseignait Van-Espen, dans son *jus ecclesiasticum universum*; part. 2, sect. 5, tit. 12, chap. 5. n. 23.

» Et c'est ce qu'avaient jugé *in terminis* deux arrêts célèbres, l'un du parlement de Paris, du 13 juin 1684, rapporté au *Journal des audiences*; l'autre du parlement de Toulouse, du 24 juillet 1727, rapporté dans le *Journal du Palais* de cette cour, tome 4, § 264.

» Il est vrai, disait-on, pour le décider ainsi, que l'ordonnance de Blois veut qu'il assiste quatre témoins à la célébration de chaque mariage; mais elle ne le veut pas expressément à peine de nullité; elle ne le veut que *sur les peines portées par les conciles*; la peine de nullité ne peut donc pas être suppléée, de plein droit, à sa disposition; elle n'y peut donc être suppléée qu'en vertu du concile de Trente; or, le concile de Trente n'exige que deux témoins, à peine de nullité; la peine de nullité ne peut donc pas être prononcée, même d'après l'ordonnance de Blois, lorsqu'il y a deux ou trois témoins.

» Aujourd'hui, le concile de Trente n'a pas d'autorité en France sur le mariage considéré comme contrat civil. Il n'existe donc plus de loi en France qui attache la peine de nullité au mariage contracté sans témoins. Nous devons donc aujourd'hui interpréter l'art. 75 du Code civil, comme on interprétait, sous l'ancienne législation, l'art. 40 de l'ordonnance de Blois; et puisqu'on jugeait, sous l'ancienne législation, que l'art. 40 de l'ordonnance de

Blois n'emportait pas, lui-même, la nullité, puisqu'on jugeait sous l'ancienne législation, que l'art. 40 de l'ordonnance de Blois n'emportait la peine de nullité que par sa relation au concile de Trente, et pour le seul cas déterminé par ce concile, il est clair qu'aujourd'hui on doit également juger, comme l'a fait dans notre espèce la cour de Pau, que l'art. 75 du Code civil n'emporte pas, par lui-même, la peine de nullité, et qu'il ne l'emporterait que dans le cas prévu par l'art. 191; dans le cas où, par l'absence d'un, de deux, de trois ou de quatre témoins, il se trouverait dans le mariage un vice de clandestinité.

» Et s'il en est ainsi, en thèse générale, lorsqu'il y a absence totale de témoins instrumentaires dans l'acte de mariage, pourvu qu'à cela près, le mariage ait été célébré avec une publicité que les juges trouvent suffisamment établie, à combien plus forte raison doit-il en être de même dans notre espèce, où il n'y a eu qu'un seul témoin d'absent; où il est jugé, en fait, que cette absence n'a eu rien d'affecté; où il est jugé, en fait, que cette absence a été l'effet d'une circonstance imprévue et urgente; où il est jugé, en fait, que le témoin qui n'a pas assisté à la célébration, s'était d'abord présenté pour y assister, et qu'il n'a été distrait que par un devoir d'état et d'humanité plus pressant à remplir.

» Par ces considérations, nous estimons que, sans s'arrêter à la fin de non-recevoir proposée par Françoise Sarrade, il y a lieu de rejeter les deux requêtes en cassation et de condamner les demandeurs aux amendes prononcées par la loi ».

» Par arrêt du 21 juin 1814, au rapport de M. Boyer et sur délibéré, — « Statuant sur le pourvoi dirigé contre l'arrêt du 4 mars 1812. Vu l'art. 46 du Code civil, attendu que la disposition de cet article n'est aucunement limitée au seul cas de la perte totale et absolue des registres de l'état civil; que la perte ou la soustraction d'une seule feuille desdits registres peut, selon les circonstances, être considérée par les juges comme équivalente à l'absence totale de ces registres dans l'intérêt de la partie qui prétend que son acte de naissance, ou notamment de décès, a dû être inscrit sur la feuille perdue ou soustraite; que c'est là un fait dont les conséquences appartiennent à l'arbitrage des juges qui peuvent, en pareils cas, admettre la partie à la preuve testimoniale de l'acte dont elle a intérêt d'établir l'existence, ou lui refuser cette preuve; qu'il suit de là que la cour royale de Pau, après avoir reconnu et constaté, en fait, dans l'espèce, les altérations et soustractions de feuilles pratiquées aux registres de l'état civil de la commune de Renung, a pu, en appréciant les circonstances de la cause, et notamment en rapprochant les dates auxquelles se référait la lacune existante sur ces registres avec l'époque assignée au mariage de Jacques Saboués et de Françoise Sarrade, admettre cette dernière à la preuve par témoins dudit mariage, sans encourir le reproche d'une fausse application de l'article sus-énoncé; statuant pareillement sur le pourvoi dirigé contre l'arrêt du 19 août 1812; vu les art. 75, 165, et 193 du Code civil...; attendu que , si la célébration du mariage *dans la maison commune* est prescrite par l'art. 75 du Code, cependant ni cet article ni aucun autre de la loi n'attachent à l'inobservation de ce précepte la peine de nullité du mariage ; que cette inobservation n'est même pas rappelée dans le chap. 4 du tit. 5 du même Code , qui traite de celles qui peuvent donner lieu aux demandes en nullité de mariage; et notamment dans l'art. 193 qui se réfère plus spécialement à l'art. 165 ; qu'il suit de là que la célébration *dans la maison commune* ne doit être considérée que comme un des élémens de cette publicité , impérieusement prescrite par l'art. 165, et dont la constatation est le fait du juge; en sorte que si il lui apparaît d'ailleurs , par le rapprochement des autres faits et circonstances , que cette publicité est suffisamment constatée, et que le vœu de la loi est, en ce point, suffisamment rempli , le juge peut s'abstenir d'annuller le mariage , par le seul motif du défaut de célébration dans la maison commune; qu'ainsi , en rejetant, dans l'espèce , la demande en nullité du mariage de Saboués et de la fille Sarrade , en ce qu'il avait été célébré dans le domicile de Saboués au lieu de l'être dans la maison commune, la cour royale n'a fait qu'user d'un pouvoir discrétionnaire qui lui était conféré par la loi ; sur le troisième et dernier moyen , que les principes énoncés plus haut, par rapport au défaut de célébration dans la maison commune, s'appliquent également au défaut de présence de l'un des quatres témoins signataires de l'acte de mariage; que cette présence n'est pareillement qu'un des élémens de la publicité voulue par la loi ; et qu'à cet égard , c'est d'après la nature et le rapprochement des faits qui attestent ou repoussent cette publicité, que les juges peuvent admettre ou rejeter la demande en nullité du mariage , en tant qu'elle est fondée sur l'insuffisance du nombre des témoins présens à l'acte ; — la cour rejette.... ».

MARTEAU, n. II. *Page* 139, *ligne* 2 , *après*, de leur vente , *ajoutez en note* :

[[L'article cité ajoute : *à peine d'être puni comme faussaire.* Mais cette disposition est-elle encore en vigueur ? *V. Faux,* sect. 1 , §. 13, n. 5 , dans les *Additions* qui terminent le dernier volume.]]

MATIÈRE SOMMAIRE. *Page* 147 , col. 1 , *ligne* 2 , *après les mots*, n. 1 , *ajoutez :* et tribunal de commerce, n.

MEUBLES, n. VII. *Page* 188, *col*, 1 , *ligne* 5, *après les mots*, saisie mobilière , *ajoutez :* et le plaidoyer du 15 juillet 1813, rapporté (dans les *Additions*) au mot *jugement*, §. 7 *bis.*

MINES. *Page* 205, *col.* 2 , *avant le* n. VIII, *ajoutez* :

VII *bis.* On peut voir , dans le *bulletin des lois*, un décret du 3 janvier 1813 , qui contient des dispositions de police fort importantes sur l'exploitation des Mines.

MINISTÈRE PUBLIC, §. VII. *Page* 247, *col.* 2, *après la ligne* 15 , *ajoutez* :

II *bis.* Le ministère public peut-il , dans une cause où sont compromis les intérêts d'un *absent présumé*, requérir d'office qu'il soit nommé à cet absent un administrateur provisoire? *V.* le plaidoyer et l'arrêt du 8 avril 1812 , rapportés au mot *testament*, sect. 5.

Même page et même col. , *ligne* 21, *après*, §. 2 , *ajoutez :* et celui qui est rapporté (dans les *Additions*) au mot *jugement*, §. 7 *bis.*

Page 250, *col.* 2 , *après la ligne* 39, *ajoutez* :

XVI. Le ministère public peut-il , par son propre fait et sans le concours de l'expiration des délais fataux déterminés par la loi , se rendre non-recevable à poursuivre un crime ou un délit? *V.* le plaidoyer et l'arrêt du 29 juillet 1813, rapportés (*dans les Additions*) au mot *contumace*, §. 3, n. 6. *V.* aussi le réquisitoire et l'arrêt du 15 décembre 1814, rapportés (dans les *Additions*) au mot *appel*, sect. 2, §. 8 *bis*, n. 2.

Même page et même col. , *à la fin de l'article* , *après les mots* tribunal de police , *ajoutez* : appel, cassation , opposition à une ordonnance de chambre du conseil , notaire (dans les *Additions*) , officier de police judiciaire , serment , §. 2 , art. 2 , n. 8.

MINISTRE. *Page* 258, *col.* 1, *après la ligne* 23, *ajoutez :*

IX. *Quelle est pour les tribunaux , l'autorité des ordres ministériels? V.* amnistie, n. 4 , dans les *Additions.*

[[MOYENS DE FAUX. Les lois appellent ainsi un acte que le demandeur en inscription de faux doit , ou signifier à son adversaire , ou déposer au greffe , dans un certain délai, après qu'il a déclaré s'inscrire en faux , et dans lequel il doit consigner les faits, les circonstances et les preuves qu'il se propose de faire valoir contre la pièce qu'il prétend être fausse.

Les dispositions des lois relatives à cette matière , sont rapportées sous les mots *inscription de faux*.

Mais voici une question importante qu'elles ont fait naître : peut-on considérer comme renfermant des moyens de faux pertinens et admissibles , un acte par lequel le demandeur en inscription de faux se borne à nier , l'un après l'autre , tous les faits constatés par la pièce qu'on lui oppose? Cette question s'est présentée dans l'espèce suivante :

Le 15 septembre 1811 , procès-verbal de deux préposés de la régie des Droits-Réunis, à la résidence de Gênes, qui constate qu'en entrant dans le cabaret du sieur Lombardo, ils ont aperçu sa femme cachant un vase dans un comptoir ; que cela fait, elle a mesuré , sur ce comptoir, du vin dans d'autres vases, que lui ayant demandé ce qu'il y avait dans son comptoir, elle avait répondu, *rien*; qu'ils lui en ont fait ouvrir la porte, et qu'ils y ont trouvé le vase qu'elle y avait caché; que ce vase contenait deux litres et demi de vin rouge; qu'interpellée de leur dire pourquoi elle tenait ce vin caché dans un vase inférieur à un hectolitre, elle a répondu, et que son mari présent a répondu comme elle, qu'ils l'avaient tiré par provision, pour n'être pas aussi souvent obligés de descendre à la cave; que, sur cette réponse, il a été observé par les préposés que le vin existant sur le comptoir, suffisait pour le service des buveurs présens, et qu'il n'était pas naturel de cacher du vin qui n'était pas en fraude; qu'ils ont ensuite vérifié l'état du magasin, qu'ils n'y ont pas trouvé la moitié du produit qu'aurait dû donner le concours des buveurs qu'ils avaient continuellement remarqués dans ce cabaret; qu'ils en ont induit que le vin trouvé dans le vase caché et d'une contenance prohibée par la loi, était en fraude; qu'en conséquence, ils ont saisi ce vase et le vin qu'il contenait; qu'ils ont dégusté ce vin, que Lombardo l'a dégusté comme eux; que le vase, et le vin ont été estimés, de gré à gré, deux francs, et qu'ils les ont laissés à la garde de Lombardo, qui s'est obligé de les représenter à toute réquisition.

Sur ce procès-verbal, Lombardo est assigné à comparaître, le 16 octobre suivant, à l'audience du tribunal correctionnel de Gênes.

Il comparaît en effet, et déclare s'inscrire en faux contre le procès-verbal.

Le même jour, jugement qui lui donne acte de sa déclaration, et surseoit à statuer sur le fond jusqu'à ce que l'incident soit vidé.

Le lendemain, Lombardo dépose au greffe un acte contenant ses Moyens de faux, et qui se réduit à ces propositions :

« Il n'est pas vrai que ma femme ait caché un vase dans son comptoir, ni qu'elle mesurât, sur ce même comptoir, du vin dans d'autres vases. — Il n'est pas vrai qu'elle ait tenu les propos que le procès-verbal lui fait tenir. — Il n'est pas vrai qu'elle ait dit qu'il n'y avait rien dans son comptoir. — Il n'est pas vrai que les préposés ayent trouvé ce comptoir un vase contenant deux litres et demi de vin rouge, ni que moi et ma femme ayons tenu, au sujet de ce prétendu vase, les propos que le procès-verbal nous impute. — Il n'est pas vrai que j'aie dégusté et reconnu le vin trouvé dans le comptoir, ni que je l'aie estimé de gré à gré. — Il n'est pas vrai que j'aie été constitué gardien du vin et du vase, ni que j'aie promis de les représenter. Enfin, tout ce qui est exposé dans le procès-verbal est faux, sauf le fait de la visite des préposés chez moi et la menace de faire un procès-verbal. — *Je me réserve de prouver, par précaution et surabondance, les véritables faits non criminels qui ont donné lieu à la rédaction du procès-verbal.* — Il termine en désignant les témoins qu'il se propose de faire entendre à l'appui de toutes ses assertions.

La régie des Droits-Réunis soutient que ces Moyens de faux ne sont ni pertinens ni admissibles.

Le 4 décembre suivant, le tribunal correctionnel de Gênes rend un jugement qui, sans s'arrêter à l'inscription en faux formée par Lombardo..., de laquelle il est déclaré déchu, ni aux prétendus Moyens de faux par lui présentés au greffe..., lesquels sont déclarés non admissibles et non pertinens; déclare bonne et valable la saisie faite sur le prévenu par procès-verbal du 15 septembre dernier.... ».

Lombardo appelle de ce jugement à la cour de Gênes.

Par arrêt du 16 mai 1812, « Considérant que les Moyens de faux présentés par Lombardo, tendent à exclure toutes les circonstances du procès-verbal dressé le 15 septembre dernier par les préposés de la régie; que, si toutes les circonstances de ce procès-verbal, à l'exception de la visite et de la menace de rédiger un procès-verbal, sont énoncées contre la vérité, ainsi qu'il le veut prouver, il s'ensuit nécessairement que l'innocence du prévenu se trouverait établie, et que le faux articulé serait constaté; que lorsqu'il s'agit d'exclure un fait il n'est pas nécessaire d'en prouver un autre qui lui soit contraire; car il suffit de prouver l'inexistence du fait qui a été donné pour existant; que les autres faits que le prévenu s'est réservé de proposer par surabondance, pour faire connaître les véritables motifs qui ont induit les préposés à rédiger ledit procès-verbal contre la vérité, supposent la preuve préexistante de la fausseté des faits contenus dans ledit procès-verbal; et que par conséquent cette réserve faite après la déduction des Moyens de faux, bien loin de les affaiblir, pourrait tendre à les mettre plus en évidence; qu'ainsi, le tribunal de première instance ayant rejeté lesdits Moyens comme inconcluans et inadmissibles, et par ce motif, déclaré Lombardo déchu de son inscription de faux, a mal jugé; vu l'art. 42 du décret du 1er germinal an 13; dit avoir été mal jugé par le jugement dont est appel; émendant, déclare admissibles les moyens de faux présentés par Lombardo, et qu'il sera procédé ainsi que de droit.... ».

Recours en cassation contre cet arrêt, de la part de la régie des Droits-Réunis.

« Pour dépouiller un procès-verbal de la foi qui lui est due, en matière de Droits-Réunis (ai-je dit à l'audience de la section criminelle, le 18 février 1813) l'art. 40 du décret du 1er germinal an 13 exige deux choses : la première, qu'à l'audience indiquée par l'assignation, au plus tard, le prévenu déclare s'inscrire en faux contre le procès-verbal en vertu duquel il est poursuivi; la seconde, que, dans les trois jours suivans, il dépose au greffe ses *Moyens de faux*.

» Le prévenu satisfait-il à la seconde de ces conditions, lorsque, dans l'acte qu'il dépose au greffe comme contenant des Moyens de faux, il se borne à retracer chacun des faits de contravention qui sont énoncés dans le procès-verbal; à dire, sur chacun de ces faits, qu'il est faux, et à indiquer les témoins par les dépositions desquels il entend le prouver ?

» Telle est la question que nous avons à résoudre ;

» Et pour y parvenir nous n'avons besoin que de quelques réflexions extrêmement simples.

» Que fait le prévenu, en déclarant à l'audience qu'il s'inscrit en faux contre le procès-verbal qui lui impute une contravention ? Il soutient que les faits de contravention énoncés dans ce procès-verbal, ne sont pas vrais.

» Cette déclaration faite, la loi se contente-t-elle que, dans les trois jours suivans, il dépose au greffe les noms des témoins qui doivent déposer sur les faits de contravention ? Nullement : elle veut qu'il y dépose en même temps ses *Moyens de faux*.

» Ses Moyens de faux doivent donc contenir quelque chose de plus que la dénégation qu'il a déjà faite, à l'audience, des faits de contravention qui lui sont imputés, car s'ils ne contenaient rien de plus, ils seraient inutiles, et s'ils étaient inutiles, la loi ne les exigerait pas ; elle ne les exigerait pas surtout, à peine de déchéance de l'inscription de faux.

» Or, dans notre espèce, que contient l'acte mis au greffe par Lombardo le 17 octobre 1811, de plus que la déclaration qu'il avait faite, la veille, à l'audience ? Rien, absolument rien.

» Qu'importe que, par l'acte mis au greffe, il ait nié un à un les faits de contravention qu'il avait niés en masse à l'audience ? En les niant un à un, il n'a rien ajouté à la dénégation qu'il en avait faite en masse ; ou plutôt, en les niant en masse à l'audience, il les avait d'avance niés un à un. La dénégation qu'il a faite au greffe de chacun de ces faits, n'est donc, à proprement parler, que la répétition de la dénégation qu'il en avait déjà faite par son inscription de faux.

» Qu'importe encore que, par l'acte mis au greffe, il ait avoué quelques faits indifférens, énoncés pêle-même avec les faits de contravention, dans le procès-verbal contre lequel il s'était inscrit en faux à l'audience ? En s'inscrivant en faux à l'audience contre le procès-verbal, il était censé n'avoir nié, dans le procès verbal, que les faits de contravention qui y sont énoncés ; il n'était pas censé avoir nié, parmi les faits qui y sont énoncés, ceux qui ne constituent pas de contravention, ceux qui sont indifférens. L'acte qu'il a mis au greffe dans les trois jours de la déclaration qu'il avait faite à l'audience, n'a donc été, encore une fois, qu'une répétition de son inscription de faux. Il n'a donc pas, encore une fois, rempli, par un acte, l'obligation que lui imposait la loi de déposer ses Moyens de faux au greffe.

» Pour remplir cette obligation, qu'avait-il à faire ? Rien que ce que la loi lui prescrivait littéralement. La loi lui disait : « Vous avez allégué des » faux à l'audience, mais cela ne suffit pas. Vous » devez encore indiquer les Moyens que vous en» tendez employer pour justifier vos allégations ».

» Il devait donc, par l'acte qu'il a mis au greffe, le 17 octobre 1811, au lieu de se renfermer dans une dénégation sèche des faits de contravention qui sont consignés dans le procès-verbal, expliquer comment et pourquoi chacun de ces faits était faux, et par conséquent articuler des faits positifs qui, ou leur fussent directement contraires, ou en différassent tellement qu'il fût impossible de les admettre comme vrais, sans que la fausseté des faits consignés dans le procès-verbal parût dans le plus grand jour.

» Ainsi, par exemple, au lieu de se borner à dire : « Il n'est pas vrai qu'au moment où les pré» posés sont entrés chez moi, ma femme ait caché » un vase dans son comptoir, ni qu'elle mesurât, » sur ce même comptoir, du vin dans d'autres va» ses » ; il devait articuler qu'au moment où les préposés étaient entrés chez lui, sa femme n'était pas à son comptoir, ou que, si elle y était, elle y faisait des choses incompatibles avec l'action simultanée de mesurer du vin dans des vases, et de cacher un autre vase dans ce meuble.

» Au lieu de se borner à dire : « Il n'est pas vrai » que ma femme ait tenu les propos que le procès-» verbal lui fait tenir » ; il devait ou rappeler les propos que sa femme avait réellement tenus, ou soutenir que sa femme n'avait pas dit le mot.

» Au lieu de se borner à dire : « Il n'est pas » vrai que ma femme, interpellée par les préposés » de leur déclarer ce qu'il y avait dans son comp» toir, ait répondu qu'elle n'y avait rien mis » ; il devait articuler, ou qu'elle n'avait pas répondu à cette interpellation, ou qu'elle y avait fait une réponse toute différente.

» Au lieu de se borner à dire : « Il n'est pas vrai » que les préposés aient trouvé dans le comptoir » un vase contenant deux litres et demi de vin rouge » ; il devait articuler, ou que les préposés n'avaient pas fait ouvrir le comptoir, ou que l'ayant fait ouvrir, ils n'y avaient trouvé que telle et telle chose, ou qu'ils n'y avaient rien trouvé.

» Au lieu de se borner à dire : *Il n'est pas vrai que ma femme et moi ayons tenu, au sujet de ce prétendu vase, les propos que ce procès-verbal nous impute*, il devait articuler, ou qu'il n'avait été nullement question de ce prétendu vase dans la conférence que sa femme et lui avaient eue avec les préposés, ou qu'ils n'avaient rien dit au sujet de ce prétendu vase, ou qu'au lieu des propos consignés dans le procès-verbal, ils avaient tenu tels ou tels propos qui en différaient totalement.

» En s'expliquant ainsi sur des faits de contravention énoncés dans le procès-verbal, il aurait circonscrit, il aurait déterminé le cercle des faits sur lesquels devaient déposer les témoins qu'il se proposait de faire entendre ; il se serait mis dans l'impossibilité d'imaginer à loisir d'autres faits pour les opposer à ceux que le procès-verbal constate ; et c'est précisément là ce que voulait la loi, en lui assignant un très-court délai pour déposer ses Moyens de faux. Car la loi n'a évidemment limité ce délai à trois-jours, que parce qu'elle a voulu empêcher le demandeur en inscription de faux de varier dans l'articulation de ses faits; que parce qu'elle a voulu que les faits qu'il articulerait par opposition à ceux du procès-verbal, fussent tellement précisés, tellement circonstanciés dans le délai de trois jours, que l'on sût, dès-lors, positivement quels seraient les seuls points sur lesquels les témoins devraient déposer; que parce qu'elle a voulu prévenir les moyens trop faciles que le demandeur en inscription de faux aurait eu de suborner ses témoins, s'il lui avait été permis de les faire déposer sur des faits ou des circonstances qu'il aurait, après coup, arrangés avec eux.

» Et ce qu'il y a ici de bien remarquable, c'est que Lombardo n'a pas dissimulé, par son prétendu acte de *Moyens de faux*, le projet qu'il avait de » tromper ainsi le vœu de la loi. « Je me réserve » (a-t-il dit) de prouver, par précaution et sura- » bondance les véritables faits non criminels qui » ont donné lieu à la rédaction du procès-verbal ». Il a donc reconnu lui-même qu'il n'était pas réduit à combattre le procès-verbal par des dénégations sèches; il a donc reconnu lui-même qu'il pouvait opposer à ce procès-verbal des faits positifs; il a donc reconnu lui-même qu'il ne dépendait que de lui d'articuler des faits qui eussent eu véritablement le caractère de *Moyens de faux*.

» Pourquoi donc n'a-t-il pas fait ce qu'il annonçait lui-même pouvoir faire? Peut-on en douter? Parce qu'il n'avait pas encore combiné avec ses témoins toutes les parties, toutes les nuances du roman qu'il était dans son intention d'opposer au procès-verbal; parce qu'il voulait se ménager la ressource d'y faire les changemens qui s'accommoderaient le mieux avec la complaisance de ses témoins.

» Et comment, d'après cela, pourriez-vous laisser subsister l'arrêt que vous dénonce la régie?

» Non-seulement, par cet arrêt, la cour de Gênes a revêtu du caractère de *Moyens de faux* des allégations qui n'en ont pas l'ombre; non-seulement elle a violé, par là, l'art 229 du Code de procédure civile, qui veut impérieusement que les Moyens de faux, au lieu de se réduire à une simple dénégation des faits constatés par l'acte contre lequel l'inscription de faux est dirigée, présentent l'indication précise des *faits*, des *circonstances* et des preuves que le demandeur prétend opposer à cet acte; mais elle a fait pis encore, en déclarant les prétendus Moyens de faux de Lombardo *admissibles* sans restriction, en les déclarant *admissibles*, tels que Lombardo les avait déposés au greffe, elle en a sanctionné même le dernier article, c'est-à-dire, la réserve que Lombardo s'y était faite de prouver des faits qu'il n'y articulait pas encore, elle a autorisé Lombardo à prouver ces faits, elle a par conséquent violé la disposition de l'art. 40 du décret du 1er germinal an 13, qui limite à trois jours le délai dans lequel doivent être proposés les Moyens de faux.

» Par ces considérations, nous estimons qu'il y a lieu de casser et annuller l'arrêt dont il s'agit ».

Par arrêt du 18 février 1813, au rapport de M. Chasle, « Vu l'art. 40 du décret réglementaire du 1er germinal an 13, et l'art. 229 du Code de procédure civile, au titre du *faux incident civil*....; attendu que les deux dispositions bien distinctes de l'art. 40 ci-dessus rapporté, qui prescrivent d'abord à celui qui veut s'inscrire en faux, de faire sa déclaration d'inscription, au plus tard, le jour indiqué pour l'audience; et, en second lieu, de déposer ses Moyens de faux au greffe, dans les trois jours suivans., prouvent évidemment que le législateur n'a pas eu l'intention que l'inscrivant pût borner ses Moyens de faux à une dénégation sèche des faits du procès-verbal argué de faux, ou, ce qui est la même chose, à une déclaration que lesdits faits ne sont pas vrais; qu'il a voulu, au contraire, conformément aux règles générales de la matière et aux dispositions de l'art. 229 du Code de procédure civile, que les Moyens de faux continssent les faits, les actes et les circonstances par lesquels l'inscrivant entend prouver la fausseté des faits de contravention déclarés dans le procès-verbal; qu'il résulterait d'une autre interprétation de la loi, d'abord, que la deuxième disposition de l'art. 40 serait inutile et illusoire, puisque l'acte du dépôt des Moyens de faux n'appréhendait rien de plus que la première déclaration d'inscription; en second lieu, que les prévenus ignorant les faits que l'inscrivant se proposerait de prouver, seraient hors d'état de les discuter et réfuter, ainsi que de préparer leur défense; et en troisième lieu, que les magistrats n'auraient aucune base fixe, soit pour apprécier de prétendus Moyens aussi vaguement exprimés, soit pour interroger les prévenus et les témoins; que, dans l'espèce, le cabaretier Lombardo a borné ses prétendus Moyens de faux à rappeler successivement tous les faits du procès-verbal du 15 septembre 1811, et à dire simplement que chacun de ces faits n'est pas vrai, sans articuler ni faits ni circonstances contraires, et qu'il a encore ajouté à la fin de son acte de dépôt, du 17 octobre, qu'il se réservait de prouver, par précaution et surabondance, sans aucunement les articuler, les véritables faits non criminels qui ont donné lieu au procès-verbal; que l'insuffisance de ces prétendus Moyens de faux se manifeste d'elle-même, puisque ce ne pourrait être que par d'autres faits et par d'autres circonstances opposés à ceux du procès-verbal que l'inscrivant pourrait prouver que les derniers faits n'étaient pas vrais, ou qu'ils étaient faux et que l'inscrivant n'en a établi aucun; que néanmoins la cour de Gênes a non-seulement admis comme Moyens de faux, de simples dénégations absolument dénuées de faits et de circonstances contraires aux faits du procès-verbal; mais qu'il résulte encore de son arrêt, qu'elle aurait implicitement autorisé Lombardo à prouver, comme tendant à mettre de plus en plus en évidence ses prétendus Moyens de faux, les véritables faits, qu'il n'a pas plus articulés, qui ont donné lieu au procès-verbal : d'où il suit que ladite cour a doublement contrevenu à la loi ; qu'elle a faussement interprété l'art. 40 du décret du 1er germinal an 13 , et violé les dispositions de l'art. 229 du Code de procédure civile; par ces motifs, la cour casse et annulle..... ».]]

NON BIS IN IDEM, n. IV. A la fin de ce n°, *ajoutez* :

C'est ce que décide, pour les jugemens des tribunaux de police, un arrêt de la cour de cassation du premier avril 1813 , ainsi conçu :

« Le procureur-général expose que le maire de la commune de Monesiglio, et le tribunal de police du canton de Salicetto, département de Montenotte, ont rendu l'année dernière, des jugemens en dernier ressort qui n'ont pas été attaqués dans le délai fatal, mais qu'il importe à l'ordre public de faire annuler dans l'intérêt de la loi.

» Le 7 juin 1812, Félix Bresciano, domicilié à Monesiglio, jouant aux boules avec un autre particulier, en jette une contre la maison de Joseph Tarditi.

» Joseph-André Rosso, présent au jeu, et pareillement domicilié à Monesiglio, reprend Félix Bresciano de ce procédé.

» De là une altercation, de là des injures verbales entre Joseph - André Rosso et Félix Bresciano.

» Le 15 du même mois, Joseph - André Rosso porte plainte de ces faits au maire de Monesiglio.

» Le 22, le maire fait citer devant lui Joseph-André Rosso et Félix Bresciano, et après les avoir entendus, rend, sans conclusions du ministère public, un jugement ainsi conçu ; « vu la plainte
» portée à cette mairie, par Félix Bresciano, contre
» Joseph-André Rosso, tous les deux habitans de
» cette commune ; vu les informations sommaires
» qui ont suivi ladite plainte, tant sur les réqui-
» sitions de Félix Bresciano, que sur celles de
» Joseph-André Rosso ; attendu qu'il résulte des-
» dites informations, que Félix Bresciano a, dans
» la rue publique de cette commune, jeté, avec
» dépit et à bras ouvert, une boule qu'il tenait à
» la main, laquelle boule heurta, par accident,
» contre la porte d'entrée de la cour de François
» Tarditi, et revint en arrière à la distance de
» plusieurs pas, d'où il résulte le danger que cette
» boule, soit en allant, soit en revenant, ne vînt
» frapper quelque personne; attendu qu'il en ré-
» sulte encore, que Joseph-André Rosso, en re-
» prochant à Bresciano d'avoir jeté avec dépit la
» boule en question, s'était servi d'une phrase mau-
« vaise et peu louable, quoiqu'il ait protesté qu'en
» l'employant, il n'entendait pas soutenir que Bres-
» ciano fût un mauvais sujet, son intention n'étant
» que de faire sentir que Bresciano avait fait une
» chose illicite ; considérant ensuite que Bresciano

» s'étant fâché contre Rosso, à cause de la mau-
» vaise phrase susdite, il résulta de là réciproque-
» ment des paroles mauvaises et méprisantes entre
» eux, que quoique cette dispute n'ait été que mo-
» mentanée, et n'ait entraîné aucune conséquence,
« ils ont néanmoins tous deux contrevenu aux lois
« de police ; le soussigné, en qualité de maire et
» de juge auxiliaire de police pour M. le juge de
» paix de Salicetto, a trouvé bon que tant Bres-
» ciano que Rosso soient condamnés, comme il
« les condamne, pour les contenir pour l'avenir,
» solidairement à payer les frais de la procédure :
» savoir, à M. le secrétaire de police, élu par le
» soussigné et confirmé par le tribunal de première
» instance de Céva, la totalité desdits dépens, s'éle-
» vant à 8 fr. et 15 cent. , savoir 85 cent. pour
» la plainte, à 3 fr. et 20 cent. pour les informa-
» tions sommaires de quatre témoins, 5 francs dus,
» savoir, 1 au serviteur de la mairie, et 20 cent.
» pour la signification du présent, 50 cent. pour
» l'expédition, et 2 fr., montant du droit de cette
» ordonnance, au profit de cette commune, la-
« quelle somme devra être payée trois heures après
» la signification du présent, à peine de saisie, à
» laquelle M. le secrétaire est autorisé à procéder,
» *servatis servandis* ».

» Le 27 du même mois, le juge de paix du canton de Salicetto, siégeant en tribunal de police, d'après une lettre du maire de Monesiglio, en date du même jour, par laquelle il rapporte son jugement du 22 et lui renvoie l'affaire, rend, sur les réquisitions du maire du chef-lieu, une ordonnance par laquelle il enjoint à Félix Bresciano et à Joseph-André Rosso de comparaître à son audience du premier juillet suivant, pour répondre aux conclusions qui seront prises contre eux, le premier comme prévenu d'avoir jeté une boule contre la maison de Joseph Tarditi, et tous deux comme prévenus d'injures verbales.

» Félix Bresciano et André-Joseph Rosso compa-raissent en effet le premier juillet, et déclarent qu'ils sont conciliés.

» Le premier soutient en outre, par un écrit non signé, mais conçu en forme de requête au juge de paix, que le jugement du maire de Monesiglio, du 22 juin, a terminé irrévocablement l'affaire.

» Cependant, par jugement du même jour, le tribunal de police, appliquant à Félix Bresciano l'art. 475 du Code pénal, relatif à ceux qui jettent des pierres ou d'autres corps durs contre les édifices, le condamne à une amende de six francs, et appliquant à Joseph-André Rosso l'art. 471 du même Code, relatif aux injures verbales, le condamne à une amende de trois francs.

» Félix Bresciano et Joseph-André Rosso appellent de ce jugement au tribunal correctionnel de Céva.

» Le 23 du même mois, jugement par lequel, considérant, en ce qui concerne Félix Bresciano, que déjà jugé par le maire de Monesiglio, il n'a pu être traduit pour le même fait, devant le juge de paix ; qu'à la vérité, le maire était incompétent, puisqu'il était question , entre autres choses , d'injures verbales , et qu'il a cru pouvoir en conséquence rétracter son jugement ; mais que l'incompétence d'un juge n'emporte pas de plein droit , la nullité de ses jugemens ; et qu'il n'est au pouvoir d'aucun tribunal de se réformer lui-même ; que d'ailleurs le tribunal de police tenu par le juge de paix, n'est pas le tribunal d'appel des tribunaux de police, tenus par les maires ; considérant , en ce qui concerne André-Joseph Rosso, que le jugement dont il se plaint , ne le condamnant qu'à une amende de trois francs ; est , par cela seul , rendu en dernier ressort , et que l'annullation n'en peut être prononcée que par la cour de cassation ; qu'il importe peu que la condamnation de Joseph-André Rosso se trouve comprise dans le même jugement que celle de Félix Bresciano ; que ces deux condamnations étant motivées sur deux causes différentes, doivent être regardées comme deux jugemens séparés ; le tribunal correctionnel annule le jugement dont il s'agit , quant à Félix Bresciano ; et déclare Joseph-André Rosso non-recevable dans l'appel qu'il en a interjeté.

» Ce jugement est, comme l'on voit, calqué sur les vrais principes.

» Mais , il reste à prononcer sur la disposition du jugement du tribunal de police tenu par le juge de paix , qui condamne Joseph-André Rosso à une amende de trois francs ; et sur le jugement du maire de Monesiglio du 22 juin 1812 , et sur l'acte du même officier , du 27 du même mois , qui rapporte ce jugement.

» Or, 1° il est certain qu'en condamnant Joseph-André Rosso à une amende de deux francs , pour des injures verbales dont il avait déjà été puni par le maire de Monesiglio , le tribunal de police , tenu par le juge de paix , a violé la règle *Non bis in idem*, et l'art. 360 du Code d'instruction criminelle qui la consacre.

» 2° Il est certain que le maire de Monesiglio , en prenant connaissance d'injures verbales, en statuant sans conclusions du ministère public, et en se bornant à condamner les prévenus aux dépens , a violé les art. 139 , 155 et 161 du même Code.

» 3° Il est certain que le même officier , en rapportant son jugement illégal , a excédé ses pouvoirs et contrevenu aux art. 177 et 457 du même Code qui réservent à la cour de cassation le droit d'annuller les jugemens en dernier ressort des tribunaux de police.

» Ce considéré , il plaise à la cour, vu l'art. 442 du Code d'instruction criminelle et les autres textes ci-dessus rappelés , casser et annuller , dans l'intérêt de la loi et sans préjudice de leur exécution entre les parties intéressées, 1° la disposition du jugement du tribunal de police du canton de Salicetto , du 1er juillet 1812 , qui condamne André-Joseph Rosso à une amende de deux francs ; 2° le jugement du maire de Monesiglio , du 22 juin de la même année ; 3° l'acte du même officier , du 27 du même mois , et

ordonner qu'à la diligence de l'exposant , l'arrêt à intervenir sera imprimé et transcrit tant sur les registres du tribunal de police du canton de Salicetto, que sur ceux du tribunal de police tenus par le maire de Monesiglio.

» Fait au parquet , le 22 mars 1812. *Signé*, Merlin.

» Ouï le rapport de M. Chasle...... ; vu l'art. 442 du Code d'instruction criminelle , et les art. 139, 153 , 161 , 177, 360 et 407 du même Code...... ; attendu qu'en prenant connaissance d'un délit d'injures verbales, et en statuant sans conclusions du ministère public , et en se bornant à ne prononcer contre les prévenus qu'une simple condamnation de dépens , le maire de la commune de Monesiglio a violé les art. 139 , 153 et 161 ci-dessus rappelés ; qu'il a aussi excédé ses pouvoirs en rapportant son jugement qu'il ne lui appartenait pas de réformer , quelqu'illégal qu'il fût , et qu'il est contrevenu aux art. 177 et 407 ci-dessus , qui réservent à la cour de cassation le droit d'annuller les jugemens rendus en dernier ressort par les tribunaux de police ; que le juge de paix du canton de Salicetto a aussi violé la règle *Non bis in idem* , et l'art. 360 ci-dessus , en condamnant Joseph-André Rosso à une amende de deux francs , pour des injures verbales dont il avait été puni par le maire de Monesiglio ; par ces motifs, la cour casse et annulle , dans l'intérêt de la loi , et sans que les parties puissent s'en prévaloir , 1° le jugement du maire de Monesiglio , du 22 juin 1812 ; 2° l'acte de cet officier , du 27 du même mois , par lequel il a rapporté son jugement ; 3° la disposition du jugement du tribunal de police du canton de Salicetto , du 1er juillet suivant , qui condamne Joseph-André Rosso , à une amende de deux francs... ».

A la fin du n° V, ajoutez :

V *bis*. L'ordonnance du président d'une cour d'assises , qui , d'après la déclaration du jury , acquitte l'accusé d'un meurtre , fait - elle obstacle à ce que l'accusé soit poursuivi de nouveau , devant le tribunal correctionnel , comme coupable d'un homicide commis par imprudence , maladresse ou contravention aux règlemens ?

Le 18 septembre 1811 , en vertu des ordres du sous-préfet de Villefranche, des gendarmes se transportèrent, vers onze heures du soir, dans la commune de Mourville-Basse , pour y faire la recherche d'un particulier prévenu d'assassinat. Ils se rendent d'abord chez le maire. Deux d'entre eux entrent dans sa maison , les autres restent à la porte. L'un de ceux-ci , nommé *Memet* , entendant du bruit , se détache , le sabre nu à la main , et bientôt après, on entend un coup de fusil. Les autres gendarmes accourent, voient leur camarade Memet blessé mortellement , et aperçoivent un particulier fuyant vers la métairie. Ils se rendent, avec le maire, dans cette habitation. Là se présente à eux Jean Diffis, domestique du maire ; il leur déclare que c'est lui qui a tiré le coup de fusil sur Memet, qu'ayant entendu les chiens aboyer à la porte de son maître, il y est accouru avec son fusil ; qu'ayant vu du monde, et croyant qu'on se portait chez lui, il a, pour sa propre sûreté, déchargé son arme, dans la pensée qu'il tirait sur des voleurs, et qu'il est désolé de cet accident.

Le 14 octobre de la même année, arrêt de la cour de Toulouse, qui met Jean Diffis en état d'accusation, comme prévenu d'homicide volontaire, et le renvoie devant la cour d'assises du département de la Haute-Garonne.

Le lendemain, acte d'accusation dont le résumé est ainsi conçu : « En conséquence, ledit Jean Diffis est accusé d'être l'auteur du meurtre du gendarme Memet, la nuit du 18 au 19 septembre dernier, crime prévu par l'art. 304 du Code pénal ».

L'affaire portée à l'audience de la cour d'assises, le 3 janvier 1812, le président pose ainsi les questions résultant de l'acte d'accusation et des débats : — « Jean Diffis, accusé, est-il coupable du meurtre commis dans la nuit du 18 septembre 1811, sur la personne de Memet, gendarme, avec toutes les circonstances ramenées dans le résumé de l'acte d'accusation ? Est-il constant que le meurtre ait été provoqué par quelque violence » ?

A ces deux questions le jury fait une seule réponse : « Non, Jean Diffis n'est pas coupable ».

En conséquence, le président acquitte purement et simplement Jean Diffis de l'accusation portée contre lui.

Peu de temps après, le ministère public fait assigner Jean Diffis à l'audience du tribunal correctionnel de Villefranche, pour se voir condamner, comme coupable d'un homicide commis par imprudence dans la personne du gendarme Memet, à l'emprisonnement et à l'amende déterminés par l'art. 319 du Code pénal.

Le 3 février suivant, jugement qui déclare le ministère public non-recevable. Appel.

Le 27 août de la même année, arrêt de la cour de Toulouse ainsi conçu : « La question à juger consiste à savoir si, d'après le nouveau Code d'instruction criminelle, un individu, prévenu d'abord du crime de meurtre, et acquitté par le jury de ce crime, peut ensuite être poursuivi pour homicide commis par imprudence ? Le procureur - général convient que, d'après l'ancien Code du 3 brumaire an 4, le prévenu acquitté ne pouvait plus être poursuivi à raison du même délit, sous quelque prétexte que ce fût ; parce que, dit-il, ce Code voulait qu'on posât d'une manière *incomplexe* les questions sur le *fait*, sur les *circonstances*, et sur la *moralité* du même fait ; en sorte qu'après avoir demandé au jury si l'homicide était *volontaire*, on pouvait lui demander si le même homicide avait été commis par *imprudence* ; et que s'il le déclarait commis

par imprudence, les juges appliquaient une peine correctionnelle ; de manière que les juges ayant la faculté de faire déterminer par le jury tous les différens caractères du délit, il n'y avait plus lieu à remettre l'accusé en jugement pour le même fait ; mais que, d'après le nouveau Code d'instruction criminelle, le jury ne pouvant poser que du fait *tel qu'il est qualifié dans l'acte d'accusation*, et n'ayant dû conséquemment délibérer, dans l'espèce, que sur l'unique question de savoir, si l'accusé était coupable du crime de *meurtre* ; il restait à juger si l'homicide avait été commis par *imprudence*, ce qui n'est plus le crime dont l'accusé avait été acquitté, mais un délit correctionnel qui n'a pas même pu être mis en question ni être jugé ; considérant que, d'après l'art. 360 du Code d'instruction criminelle, toute personne acquittée légalement ne pouvant plus être reprise ni accusée à raison du même fait ; il résulte nécessairement, de cette disposition, que si les nouvelles poursuites ont pour objet le même fait qui a donné lieu à l'accusation, elles sont rejettables. Or, ici il s'agit, dans l'une et l'autre poursuite, du même fait, c'est-à-dire, de l'homicide commis par Diffis sur la personne du gendarme Memet ; et d'après cette loi et la règle *Non bis in idem*, Diffis, ayant été acquitté, ne peut plus être poursuivi relativement à cet homicide. Le nouveau Code d'instruction criminelle n'a fait, à cet égard, aucun changement sur la maxime *Non bis in idem* ; il n'a fait que substituer une chambre d'accusation au jury d'accusation, et rien n'empêche encore que le président des assises ne pose des questions qui naissent des débats. Mais ici il n'y a qu'une seule action, un seul fait ; c'est l'homicide du gendarme Memet ; c'est à raison de cet homicide que Diffis a été acquitté par le jury, et c'est à raison de ce même homicide que le ministère public le poursuit aujourd'hui devant la police correctionnelle. Cet homicide était-il volontaire, était-il l'effet de l'imprudence ? C'était au ministère public à le qualifier dans ses réquisitions, et en le soumettant au jury sous *une* qualification, il ne peut plus le reproduire sous une *autre*, pour en faire l'objet d'une nouvelle poursuite. D'après ces motifs, la cour rejette la requête d'appel, et ordonne que le jugement de première instance sortira son plein et entier effet ».

Recours en cassation contre cet arrêt de la part du ministère public.

« L'arrêt qui vous est dénoncé (ai-je dit à l'audience de la section criminelle le 29 octobre 1812, fait-il une fausse application de la règle *Non bis in idem* ; et par suite, viole-t-il la disposition de l'art. 319 du Code pénal, qui détermine les peines de l'homicide commis involontairement, mais par imprudence, maladresse, négligence ou contravention aux règlemens ? C'est la seule question qui, dans cette affaire, doit fixer l'attention de la cour.

» Pour la discuter avec tout le soin qu'elle nous paraît mériter, nous croyons devoir d'abord examiner comment elle devrait être résolue, si le jury avait reconnu Jean Diffis, auteur de l'homicide du gendarme Memet, et se fût borné à déclarer qu'il ne l'avait pas commis volontairement, sans expliquer s'il l'avait commis par imprudence.

» Dans cette hypothèse, la question nous paraîtrait devoir se réduire à celle-ci : le jury a-t-il dû être mis, par le président de la cour d'assises, à portée de décider si Jean Diffis s'était ou non rendu coupable d'imprudence dans l'homicide du gendarme Memet ?

» Car si le président de la cour d'assises n'a pas dû interroger le jury sur ce point, il est bien clair que Jean Diffis ne peut pas être censé avoir été mis en jugement, sur ce point, devant le jury ; il est bien clair que le jury n'a pas pu, sur ce point, prononcer en faveur de Jean Diffis, comme il n'aurait pas pu prononcer contre lui ; il est bien clair par conséquent que Jean Diffis peut encore, sur ce point, être mis en jugement devant un tribunal correctionnel.

» Mais si au contraire le président de la cour d'assises a dû interroger le jury sur ce point, nul doute que le silence du jury sur ce point, ne doive être interprété en faveur de Jean Diffis, et n'emporte son acquittement absolu sur toutes les circonstances de l'homicide du gendarme Memet. C'est ainsi que le 14 pluviose an 12, vous avez décidé, en cassant un arrêt de la cour de justice criminelle du département du Bas-Rhin, que Charles-Gaspard Stein ayant été acquitté de l'accusation d'avoir empoisonné sa femme enceinte, en lui faisant prendre une boisson corrosive, ne pouvait plus être poursuivi comme prévenu d'avoir procuré l'avortement de sa femme au moyen de cette boisson, parce que bien que l'acte d'accusation terminât par dire seulement qu'il résultait *des détails ci-dessus*, que Stein était prévenu d'avoir empoisonné sa femme, il n'en était pas moins certain que ces détails portaient sur l'avortement ; que, par une suite nécessaire, les juges avaient dû, d'après l'art. 573 du Code du 3 brumaire an 4, poser une série de questions sur l'avortement ; et qu'ils n'avaient pas pu, en omettant de la poser, priver l'accusé de l'avantage d'être jugé sur le fait d'avortement en même temps que sur le fait d'empoisonnement.

» Il faut donc en revenir à notre question préliminaire : il faut donc examiner si le président de la cour d'assises a dû interroger le jury sur l'imprudence que l'on a depuis présentée comme la cause de l'homicide commis par Jean Diffis dans la personne du gendarme Memet.

» Or, cette question, comment devons-nous la résoudre ?

La cour de Toulouse n'hésite pas à dire dans son arrêt, que, sous le Code du 3 brumaire an 4, le président de la cour de justice criminelle pouvait et devait, lorsque l'acte d'accusation ou les débats lui en fournissaient le sujet, demander au jury qui avait

à prononcer sur le sort d'un accusé d'homicide volontaire, si l'accusé, dans le cas où il serait reconnu avoir commis l'homicide involontairement, ne l'avait pas du moins commis par imprudence.

» Et il faut convenir que l'art. 374 du Code du 3 brumaire an 4 paraît justifier cette opinion.

» En effet, cet article veut que le président pose les questions qui, « sur la moralité du fait et le plus » ou moins de gravité des délits, résultent de l'acte » d'accusation ou de la défense de l'accusé, et du » débat ; et qu'il les pose en commençant par les » plus favorables à l'accusé ».

» Ainsi, dans notre espèce où l'on pouvait induire de l'acte d'accusation que Jean Diffis, s'il n'avait pas commis volontairement l'homicide dont il était accusé, l'avait au moins commis par imprudence, il semble que le président aurait dû, sous le Code du 3 brumaire an 4, demander aux jurés, d'abord si c'était par imprudence que Jean Diffis avait commis cet homicide, ensuite s'il l'avait commis volontairement.

» Et ce qui ne laisse pas que d'ajouter à cette opinion un certain degré de probabilité, c'est que, dans la loi en forme d'instruction du 29 septembre 1791, nous lisons ce qui suit : « le Code criminel et celui » de police correctionnelle ont réglé la peine en- » courue par les délits que *les jurés reconnaîtront* » *avoir été commis involontairement ou par simple* » *imprudence* ».

» Enfin, rien n'était plus ordinaire, sous le Code du 3 brumaire an 4, que de voir des déclarations de jury prononcer sur des questions dont le résultat ne pouvait être que de faire condamner les accusés à des peines correctionnelles.

» Mais le Code d'instruction criminelle de 1808 a introduit, sur la manière de poser les questions, des règles toutes différentes de celles qu'avait tracées le Code du 3 brumaire an 4. Ce n'est plus au corps de l'acte d'accusation, c'est uniquement au *résumé* de cet acte, que le président doit s'attacher dans la position des questions ; et il doit se borner à demander aux jurés si l'accusé est *coupable d'avoir commis tel meurtre, tel vol ou tel autre crime*, avec toutes les circonstances comprises dans le résumé de l'acte d'accusation.

» L'art. 338 ajoute que, « s'il résulte des débats » une ou plusieurs circonstances *aggravantes*, non » mentionnées dans l'acte d'accusation, le président » ajoutera la question suivante : *l'accusé a-t-il* » *commis le crime avec telle ou telle circonstance* ». Mais, remarquons-le bien, ce n'est que relativement aux circonstances *aggravantes*, que la loi s'explique ainsi : elle n'impose pas le même devoir au président, lorsqu'il résulte des débats des circonstances qui changent le caractère du crime, et le réduisent, ou à l'état de simple délit, ou à l'état de simple contravention.

» Il est vrai que, par l'art. 339, il est dit que, si « l'accusé a proposé pour excuse un fait admis » comme tel par la loi, la question sera ainsi po- » sée : *tel fait est-il constant* » ? Mais en limitant ainsi l'obligation du président aux faits d'excuse admis par la loi, il en affranchit évidemment les faits de toute autre nature qui n'ont pas le carac- tère déterminé par l'art. 338, c'est-à-dire, qui ne sont pas aggravans.

» Et de là il résulte clairement que, lorsque, sur une accusation de meurtre, le président propose aux jurés la question de savoir si l'accusé est cou- pable d'un homicide volontaire, il fait tout ce que la loi l'oblige de faire; et que ce serait transgresser les bornes de sa mission que d'ajouter à cette ques- tion celle de savoir si l'accusé est coupable d'un ho- micide commis par imprudence.

» Il est vrai qu'au premier aspect, l'art. 365 sem- blerait faire entendre le contraire.

» Suivant cet article, lorsque le fait dont le jury a déclaré l'accusé convaincu, est défendu par une loi pénale, la cour d'assises doit prononcer la peine établie par cette loi, *même dans le cas où, d'après les débats, il se trouverait n'être pas de la compé- tence de la cour d'assises*; et cela paraît-supposer que le président a dû, d'après les débats, poser des questions portant uniquement sur de simples délits ou de simples contraventions.

» Mais ainsi entendu, l'art. 365 serait en oppo- sition manifeste avec l'art. 338 qui n'oblige le pré- sident de poser, d'après les débats, des questions prises hors de l'acte d'accusation, qu'autant que ces questions naissent de *circonstances aggravantes*; et il n'est pas permis de présumer que la loi se soit ainsi contrariée elle-même.

» Nous devons donc restreindre l'art. 365 au cas où les délits et les contraventions déclarés par le jury, sont le résultat de faits qui ont été présentés dans l'acte d'accusation avec des circonstances cons- titutives de crime, mais que la déclaration du jury a dépouillés de ces circonstances.

» Par exemple, un vol est présenté dans un acte d'accusation, comme fait avec des armes et dans une maison habitée. Le jury déclare l'accusé cou- pable du vol, mais ajoute que l'accusé ne l'a commis, ni dans une maison habitée, ni avec des armes. Voilà bien le vol dépouillé par la déclaration du jury, de son caractère de crime; mais il lui reste le ca- ractère de délit; et la cour d'assises doit le punir comme tel. L'art. 365 le veut ainsi, et il ne veut pas autre chose.

» On ne peut donc pas inférer de cet article qu'il y ait lieu, sur l'accusation d'un crime quelconque, de poser, même d'après les débats, des questions résultantes des circonstances, qui, sans former des faits d'excuse admis par la loi, changent la nature du fait principal présenté dans l'acte d'accusation comme crime, et le convertissent en simple délit ou en

simple contravention. On ne peut donc pas inférer de cet article, que, sur une déclaration de meurtre, le président puisse, même d'après les débats, poser la question de savoir s'il y a eu homicide commis par imprudence.

» Et cette conséquence en amène nécessairement une autre que nous avons déjà indiquée : c'est que celui qui a été mis en jugement sur une accusation de meurtre, ne l'a été et ne peut être censé l'avoir été que sur cette accusation; c'est qu'il n'a pas été mis en jugement sur la prévention d'homicide com- mis par imprudence; c'est qu'acquitté de l'une, il ne l'est pas de l'autre; c'est que sur celle-ci, il peut encore être admis en jugement.

» Vous l'avez même jugé ainsi, au moins implici- tement, le 14 octobre 1811, au rapport de M. Bau- chan.

» Dans le fait, Anne Tychenne avait été mise en accusation par la cour de Toulouse, et renvoyée à la cour d'assises du département de l'Arriège, prévenue du crime d'infanticide. Le 13 août 1811, déclaration du jury portant *que l'accusée n'est point coupable d'avoir infanticidé son enfant*; et aussitôt ordonnance du président qui la déclare acquittée. Cette ordonnance prononcée, le procureur crimi- nel se lève et conclut à ce qu'Anne Tychenne soit condamnée, comme coupable d'homicide commis par imprudence dans la personne de son enfant, aux peines correctionnelles déterminées par la loi; et le même jour, arrêt par lequel, « attendu qu'il est ré- » sulté des débats, surtout du dire des officiers » de santé, que l'enfant dont ladite Anne Tychenne » était accouchée, était parfaitement conforme et » était né viable; que c'est par l'imprudence ou la » négligence de la mère de l'enfant, qu'il a péri; » que l'imprudence est convenue par elle; puis- » qu'elle a avoué être montée sur un cerisier le » jour de ses couches, et lorsqu'elle sentait les pre- » mières douleurs de l'enfantement; et encore par » l'aveu qu'elle a fait d'avoir caché son enfant dans » le fumier, aussitôt après son accouchement; at- » tendu qu'elle est coupable de négligence, en n'ap- » pelant personne pour l'aider dans ses couches, et » en cachant sa maîtresse l'état où elle se trouvait, » quoique celle-ci lui offrît et lui prodiguât tous les » secours; la cour condamne ladite Anne Tychenne » à une année de prison, etc. ».

» Anne Tychenne se pourvoit en cassation contre cet arrêt et soutient, 1° qu'en la condamnant à des peines correctionnelles, nonobstant l'ordon- nance qui l'avait acquittée d'après la déclaration du jury, la cour d'assises a violé l'autorité de la chose jugée; 2° qu'en basant cette condamnation sur des faits que le jury n'avait pas déclarés, la même cour a entrepris sur les fonctions des jurés et commis un excès de pouvoir.

» De ces deux moyens, le second était péremptoire; mais la cour, frappée sans doute de la gravité des circonstances qui déposaient contre la réclamante,

et de l'extrême indulgence avec laquelle le jury l'a-
vait traitée, non-seulement ne s'y est pas arrêtée,
mais même n'en a pas dit le mot. — Quant au premier, elle l'a rejeté formellement : « Attendu (a-t-
» elle dit), que la déclaration du jury a pu décharger
» la réclamante de la prévention d'homicide crimi-
» nel; que néanmoins celle-ci a pu rester chargée
» de la prévention d'homicide commis par impru-
» dence ou négligence, et passible de la peine cor-
» rectionnelle applicable à ce délit; la cour rejette.. ».

» Par là, messieurs, vous avez jugé nettement que
l'ordonnance d'acquittement rendue d'après la déclaration du jury, sur l'accusation d'homicide volontaire, n'avait pas éteint la prévention d'homicide
commis par imprudence, et par conséquent vous
avez jugé à l'avance que, si la cour d'assises n'eût
pas prononcé elle-même sur cette prévention, cette
prévention eût pu être portée devant un tribunal
correctionnel.

» Plus récemment, vous avez tout à la fois consacré le même principe, et réprimé un excès de pouvoir semblable à celui que s'était permis la cour d'assises du département de l'Arriège.

» Les nommés Barthès, Ribes et Chayla, accusés par la cour de Toulouse *du crime de viol,
chacun d'eux ayant été aidé, pour le commettre,
par une ou plusieurs personnes*, sont traduits devant la cour d'assises du département de Tarn. Les
débats terminés, le président pose cette question : *
les accusés sont-ils coupables d'avoir commis le
crime de viol, ou d'un attentat à la pudeur, consommé ou tenté avec violence, contre Marie Saulières, avec les circonstances énoncées dans l'acte
d'accusation ?* Le jury répond unanimement : *non,
les accusés ne sont pas coupables.* En conséquence, le président les déclare acquittés. Cependant, à l'instant même, il intervient, sur les réquisitions du ministère public, un arrêt qui les
déclare convaincus d'avoir, avec préméditation,
porté des coups et causé des blessures à Anne Saulières, sans qu'il en soit résulté pour celle-ci une
incapacité de travail pendant plus de vingt jours; et
les condamne chacun à cinq ans d'emprisonnement,
à 500 francs d'amende et aux dépens.

» Barthès, Ribes et Chayla se pourvoient en cassation, et par arrêt du 50 mai dernier, au rapport
de M. Van-Toulon, « vu les art. 408 et 565 du code
» d'instruction criminelle; attendu que la déclara-
» tion des faits, soit qu'ils constituent un crime,
» soit qu'ils n'ayent que le caractère de délit, est
» exclusivement dans les attributions des jurés; que
» les cours d'assises, hors des attributions extraordi-
» naires qui leur sont conférées par les art. 551 et
» 552 du code d'instruction criminelle, n'ont de
» juridiction, relativement aux faits portés dans
» l'acte d'accusation, ou nés du débat, que pour
» faire à ces faits, tels qu'ils ont été reconnus et dé-
» clarés par le jury, l'application de la loi; que
» l'art. 365 du Code d'instruction criminelle, qui a
» renouvelé l'art. 434 du Code du 3 brumaire an 4,

» n'a point dérogé à ce principe fondamental de la
» procédure criminelle ; et qu'en accordant aux
» cours d'assises le droit de prononcer des peines
» correctionnelles ou de police, il a supposé que
» les faits auxquels ces peines pourraient être appli-
» quées, auraient été fixés et déclarés constans par
» le jury; qu'en effet, d'après la liaison de cet ar-
» ticle avec l'art. 364 qui le précède, le fait sur
» lequel la cour d'assises est autorisée de prononcer
» la peine établie par la loi, dans le cas où, d'après
» les débats, ce fait se trouverait n'être plus de sa
» compétence, n'est autre que le fait dont l'accusé
» a été déclaré coupable ; et d'après la liaison de cet
» art. 364 avec l'art. 357, le fait dont l'art. 364
» suppose que l'accusé a été déclaré coupable, n'est
» autre que le fait reconnu constant par la déclara-
» tion du jury, d'après le résultat des débats ; et
» attendu que, dans l'espèce, la déclaration du jury
» n'avait constaté aucun délit correctionnel ; qu'elle
» ne présentait qu'une décision purement négative
» sur le fait de l'accusation qui était un viol ou un
» attentat à la pudeur commis avec violence, que
» cette déclaration ne pouvait donc servir de base à
» aucune condamnation ; que la cour d'assises du
» département de Tarn a prononcé néanmoins une
» peine correctionnelle sur un délit d'excès et de
» mauvais traitemens ; qu'elle a jugé et déclaré que
» la conviction de ce délit lui était acquise d'après
» le résultat des débats ; qu'en statuant ainsi sur la
» preuve d'un fait de délit, elle a commis usurpa-
» tion sur les attributions des jurés, et violé les
» règles de la compétence établies par la loi; La cour
» casse et annulle ; et vu la dernière disposition
» de l'art. 429 du Code d'instruction criminelle,
» déclare n'y avoir lieu à aucun renvoi ; et attendu
» néanmoins que de l'arrêt annullé, il résulte que
» les susdits Noë Ribes, Jean Barthès et Benoît
» Chayla pourraient être coupables de sévices,
» excès, mauvais traitemens, qui ne se rattache-
» raient pas, par un lien nécessaire, au fait de viol
» ou d'attentat à la pudeur, commis avec violence,
» qui seul a été l'objet de l'accusation, des questions
» posées et de la réponse du jury, que les disposi-
» tions de l'art. 361 du Code d'instruction crimi-
» nelle et l'omission des réserves du ministère public
» avant la clôture des débats à fin de poursuites, ne
» seraient nullement un obstacle à ce que lesdits
» Noë Ribes, Jean Barthès et Benoît Chayla fussent
» poursuivis et jugés sur ces faits d'excès et de mau-
» vais traitemens, d'après une instruction commen-
» cée et suivie dans les formes ordinaires; La cour
» réserve au ministère public son action telle que
» de droit, et ainsi qu'il le croira devoir en être par
» lui usé, sur les faits de violences, coups, mau-
» vais traitemens que les susdits Noë Ribes, Jean
» Barthès et Benoît Chayla pourraient être prévenus
» avoir méchamment exercés sur la nommée Marie
» Saulières, indépendamment de la violence qui
» aurait pu être le Moyen du crime de viol ou
» d'attentat à la pudeur, dont ils ont été déclarés
» non coupables par le jury.... ».

» Vous avez donc jugé, dans cette espèce, qu'en acquittant un accusé, du crime qui lui est imputé et de toutes les circonstances constitutives de crime qui s'y attachent, une cour d'assises n'est pas censée l'acquitter du délit dont il peut s'être rendu coupable en même temps et envers la même personne.

» Plus récemment encore, et le 23 même de ce mois, vous avez rendu un arrêt qui reçoit une application plus directe à notre question.

» Le 14 mai dernier, Daniel Récayte est mis en jugement devant la cour d'assises du département des Basses-Pyrénées, comme accusé de meurtre. Après les débats, le président pose ainsi la question : « Daniel Récayte, accusé, est-il auteur ou » complice de *l'homicide volontaire* commis sur » la personne de Nicolas Puges, la nuit du 22 no- » vembre 1807 ? » le jury répond : « Daniel Récayte » est complice de *l'homicide involontaire* commis » sur la personne de Nicolas Puges ». Et sur cette réponse, le président rend une ordonnance qui acquitte l'accusé.

» Le procureur-général de la cour de Pau se pourvoit en cassation et soutient, entre autres choses, que cette ordonnance doit être annullée, parce que, calquée sur une question mal posée, la déclaration du jury qui en forme la base, ne désigne pas la manière dont l'accusé s'est rendu complice de l'ho- micide involontaire dont il s'agissait; et n'avait pas mis la cour d'assises à portée de délibérer sur l'appli- cation qu'il eût pu y avoir lieu de faire de la peine infligée par la loi à l'homicide involontaire, commis par imprudence.

» Par l'arrêt cité, vous avez considéré que l'ac- cusé n'ayant été déclaré par le jury que complice d'un homicide involontaire, avait été légalement acquitté du crime de meurtre; « mais (avez-vous » ajouté), attendu que l'homicide involontaire » pouvait donner lieu à des peines correctionnelles, » suivant les circonstances de négligence ou d'im- » prudence d'après lesquelles il aurait été commis ; » que, par la nature des questions sur lesquelles le » président a fait délibérer le jury, la cour d'as- » sises n'a pas eu les élémens nécessaires pour juger » s'il y avait lieu à la prononciation de ces peines ; » que le fait dépouillé du caractère de crime, ne » peut être soumis à une autre cour d'assises, sous » le rapport des peines dont il peut être susceptible ; » la cour rejette le pourvoi du procureur-général » près de la cour de Pau... ; sauf au ministère pu- » blic à poursuivre devant le tribunal correctionnel » pour l'application des peines correctionnelles, s'il » y échéait, d'après les dispositions de l'art. 2, » part. 2, tit. 2, sect. 1, du Code pénal de 1791 » et de l'art. 319 du Code pénal de 1810 (1) ».

» On ne pourrait opposer cette série de déci-

sions uniformes, que l'art. 360 du Code d'instruction criminelle ; et ce serait sans fondement qu'on l'oppo- serait.

» Cet article, qui n'est que la répétition du 426e du Code du 3 brumaire an 4, porte que *toute per- sonne acquittée légalement*, par une ordonnance du président rendue d'après la déclaration du jury, *ne pourra plus être reprise ni accusée à raison du même fait*.

» Mais ces mots, *à raison du même fait*, que si- gnifient-ils dans cet article ?

» Pas autre chose que le même fait matériel, ac- compagné de circonstances constitutives de crime ; et cela est si vrai, que la loi fait précéder ces mots ; de l'expression *accusée*, qui ne peut se rapporter qu'à des crimes proprement dits, qui ne peut jamais s'appliquer à de simples délits, à de simples contra- ventions.

» On ne peut donc pas dire que poursuivre une personne pour un homicide présenté comme l'effet d'une imprudence, ce soit la poursuivre, et encore moins *l'accuser*, pour le même homicide qui a été présenté comme volontaire.

» Ce qui, dans une accusation d'homicide volon- taire, constitue le fait qui en est l'objet, ce n'est point précisément le fait matériel de l'homicide: c'est un fait complexe, c'est un fait qui se compose à la fois, et du fait matériel de l'homicide, et de l'intention d'homicide. Séparez de ce fait complexe, l'intention d'homicide, réduisez ce fait complexe au fait matériel de l'homicide, vous n'aurez plus le même fait ; vous aurez un fait d'une autre nature, et par conséquent un fait auquel ne pourra pas s'appli- quer l'art. 360 du Code d'instruction criminelle.

» En voulons-nous une preuve sans réplique ? supposons que, sur une accusation de meurtre, le jury déclare à l'unanimité, par sa première réponse, que l'accusé est auteur de l'homicide dont il s'agit; et par la seconde, à la simple majorité, que l'ac- cusé a commis l'homicide volontairement. Y aura-t- il lieu, dans ce cas, à l'application de l'art. 351, qui veut que, *si l'accusé n'est déclaré coupable du fait principal, qu'à une simple majorité, les juges délibèrent entre eux sur le même point?* Oui, et vous l'avez ainsi jugé, le 19 mars dernier, au rapport de M. Busschop, et sur nos conclusions (1) ; et certai- nement vous n'auriez pas pu le juger ainsi dans le système que nous combattons, c'est-à-dire, si un homicide commis par imprudence, était aux yeux de la loi, le *même fait* qu'un homicide commis volontairement.

» Disons donc que si, dans notre espèce, le jury avait commencé par déclarer Jean Diffis auteur de l'homicide du gendarme Memet, et qu'ensuite il l'eût déclaré non coupable d'avoir commis volontairement cet homicide, l'ordonnance d'acquittement qui eût été rendue d'après cette déclaration, ne formerait nul

_____

(1) On trouve une semblable réserve dans un arrêt du 21 janvier 1813, rapporté sous les mots *Ordonnance du juge* n°. 2.

(1) V. l'article *Jury*, §. 4, n°. 5, aux *Notes*, n°. 2.

obstacle à ce que Jean Diffis fût de nouveau pour-suivi comme prévenu d'un homicide commis par imprudence.

» Mais cette hypothèse n'est point celle de l'affaire qui vous occupe en ce moment. Le jury n'a eu à délibérer, d'après la manière dont l'avait interrogé le président, que sur une seule question, sur celle de savoir si Jean Diffis était coupable du meurtre du gendarme Memet; et il a répondu que Jean Diffis n'en était point coupable.

» Dès-lors, qui nous assurera que le jury n'a pas entendu décider que ce n'était pas Jean Diffis qui avait tué le gendarme Memet?

» Et si l'on répugne à présumer une pareille déci-sion, dans la circonstance où Jean Diffis avouait le fait de l'homicide, qui nous assurera du moins que le jury n'a pas entendu décider que Jean Diffis avait commis l'homicide avec l'intention bien fondée qu'il le commettait dans une légitime défense?

» Et que ferait-on aujourd'hui en poursuivant Jean Diffis comme prévenu d'un homicide commis par imprudence? Bien évidemment on s'exposerait à le faire condamner correctionnellement, soit pour un fait qu'il aurait été jugé n'avoir pas commis, soit pour un fait qu'il aurait été jugé avoir commis légi-timement.

» Pourquoi, sous le Code du 3 brumaire an 4, jugiez-vous constamment, pourquoi avez-vous no-tamment jugé le 21 thermidor an 7, en cassant un arrêt de la cour de justice criminelle du départe-ment de la Seine, et le 5 février 1808, en cassant un arrêt de la cour de justice criminelle du dépar-tement du Cantal, qu'après une déclaration du jury d'accusation, portant qu'il n'y avait pas lieu à ac-cusation contre un prévenu de meurtre, on ne pou-vait plus poursuivre correctionnellement ce pré-venu comme coupable d'homicide commis par im-prudence? Parce que, comme l'avait déjà proclamé un décret de la Convention nationale du 21 prairial an 2, les tribunaux correctionnels né pouvaient pas se rendre juges de la déclaration du jury, ni par conséquent décider qu'elle n'avait pas été motivée, soit sur ce que le fait n'était pas constant, soit sur ce que le prévenu était absolument irréprochable.

» Eh bien! c'est ici la même chose. D'après la manière dont est rédigée la déclaration du jury qui a prononcé sur l'accusation intentée contre Jean Diffis, il est impossible à tout tribunal correction-nel de décider, ou que le jury n'a pas déclaré que Jean Diffis n'était pas l'auteur de l'homicide du gen-darme Memet, ou que le jury, en reconnaissant Jean Diffis auteur de cet homicide, n'a pas déclaré qu'il l'avait commis légitimement.

» Nous sommes donc forcés d'appliquer ici les motifs qui, sous le Code du 3 brumaire an 4, met-taient à l'abri de toute poursuite correctionnelle pour homicide commis par imprudence, le prévenu de meurtre à l'égard duquel le jury avait déclaré qu'il n'y avait pas lieu à accusation.

» Et par ces considérations, nous estimons qu'il y a lieu de rejeter la demande en cassation du pro-cureur-général de la cour de Toulouse ».

Arrêt du 29 octobre 1812, au rapport de M. Buss-chop, par lequel, « considérant que le principe établi par l'art. 360 du Code d'instruction crimi-nelle, ne peut s'appliquer qu'au fait sur lequel a porté l'accusation ou la déclaration du jury; que, d'après les art. 374 et 379 du Code des délits et des peines, du 3 brumaire an 4, les questions qui étaient soumises au jury de jugement devaient né-cessairement porter, non-seulement sur le fait qui était l'objet de l'acte d'accusation, mais encore sur toutes les circonstances qui, d'après les débats ou la défense de l'accusé, pouvaient modifier la gravité du fait, quand même elles en auraient changé le caractère; qu'ainsi, sous l'empire de cette légis-lation, l'acquittement prononcé en faveur d'un accusé, devait sans doute l'affranchir de toutes les poursuites, tant sur le fait de l'accusation que sur toutes les modifications et d'après tous les caractères de criminalité dont il pouvait être sus-ceptible; mais que le Code d'instruction crimi-nelle, en établissant d'autres règles, a nécessaire-ment restreint ce principe; qu'en effet, d'après les art. 337, 338 et 339 de ce Code, le président de la cour d'assises n'est tenu de soumettre au jury, comme question principale, que le fait de l'accu-sation sous le caractère et avec les circonstances exprimées dans le résumé de cet acte; et comme questions accessoires, que les circonstances ag-gravantes qui auraient pu naître des débats, et les faits d'excuses proposés par l'accusé et admis comme tels par la loi; que, lorsque le président, se conformant à cette disposition du Code, n'a point interrogé les jurés sur des circonstances non por-tées dans le résumé de l'acte d'accusation, et qui pouvaient donner au fait qui en était l'objet, un ca-ractère différent de celui sur lequel l'accusation était intentée, ce serait évidemment contrarier l'esprit de la loi et faussement appliquer l'art. 360; que d'en étendre le principe indistinctement à tous les caractères de criminalité sous lesquels le fait de l'ac-cusation est caractérisé par la loi, et sur lesquels il n'y a eu ni accusation ni déclaration de jury; que, dans l'espèce, Jean Diffis n'avait été accusé, dans le résumé de l'acte d'accusation dressé à sa charge, que d'un homicide volontaire qualifié meurtre par l'art. 295 et puni par l'art. 304 du Code pénal; qu'il n'avait été posé de question par le président, et fait de réponse par le jury que sur ce fait ainsi carac-térisé, que cette accusation; cette question et cette réponse étaient, par elles-mêmes, étrangères à la prévention d'homicide involontaire commis par maladresse, imprudence, négligence, etc.; carac-térisé délit par l'art. 319 du même Code; que, dès-lors, et sans la circonstance particulière avec la-quelle s'est présentée l'espèce, la déclaration du jury rendue en faveur de Diffis, l'ordonnance d'acquittement qui a suivi cette déclaration, aurait dû être restreinte au fait de l'accusation, et n'aurait pu conséquemment soustraire ledit Diffis aux poursuites légales sur le délit à l'égard duquel il n'y aurait eu ni accusation, ni instruction, ni décision du jury ; mais attendu que, sur la question à lui proposée, le jury a déclaré que *Diffis n'est point coupable du meurtre commis sur le gendarme Memet* ; que cette déclaration, d'après la généralité de ses expressions, et l'interprétation qu'exige la faveur de tout accusé, doit être censée porter tant sur le fait d'homicide en lui-même ou sur la légitimité, que sur l'absence de volonté ; que, dès-lors, il n'existe plus de base à une poursuite quelconque contre l'accusé, à raison du fait qui a formé l'objet de son accusation ; d'après ces motifs, seulement, et sans aucunement approuver ceux de l'arrêt dénoncé, la cour rejette le pourvoi... ».

V. le plaidoyer et l'arrêt du 22 juillet 1813, rapportés aux mots *Réparation civile*, §. 7, n. 2, note sur l'art. 358 du Code d'instruction criminelle.

N. VI. *Page* 614, *col.* 1, *avant le* n. VII, *ajoutez* :

V. l'arrêt du 19 août 1813, rapporté au mot *Tribunal de police*, sect. 2, §. 3, note sur l'art. 214 du Code d'instruction criminelle.

A la fin du n. VIII, *ajoutez* :

VIII *bis.* Mais si le crime énoncé dans le corps de l'acte d'accusation, n'était pas rappelé dans le résumé de cet acte, comme formant un des objets sur lesquels le jury doit délibérer, le jugement qui interviendrait en conséquence de la déclaration du jury portant uniquement sur le crime compris dans le résumé de l'acte d'accusation, empêcherait-il que l'accusé fût poursuivi pour l'autre crime ?

Cette question est traitée dans le réquisitoire, et jugée pour l'affirmative, par l'arrêt suivant :

« Le procureur-général expose, qu'il est chargé par le gouvernement de requérir, pour cause de suspicion légitime, le renvoi d'une affaire criminelle devant d'autres magistrats que ceux qui sont appelés par l'ordre naturel des juridictions, à en connaître.

» Le sieur H., ex-receveur des domaines, à L., se trouvant réliquataire d'une somme de 51,335 fr. 59 cent. qu'il avait détournée de sa caisse, des ordres ont été donnés par le gouvernement pour le poursuivre criminellement.

» Après l'instruction prescrite par la loi, le directeur du jury de l'arrondissement de L. a rendu, le 10 décembre 1810, une ordonnance par laquelle le sieur H. a été traduit devant un jury d'accusation.

» En conséquence, le procureur-général du même arrondissement, remplissant les fonctions de magistrat de sûreté, a dressé, le 24 du même mois, un acte d'accusation contre le sieur H.

» Dans cet acte d'accusation, il a d'abord retracé, comme il le devait, les circonstances et les preuves du crime imputé au prévenu. Mais au lieu de le terminer, comme il le devait, par une définition précise de ce crime ; au lieu de le terminer en disant, comme il le devait, que les jurés auraient à examiner s'il y avait lieu à accusation contre le sieur H. ; pour raison du péculat dont il était inculpé, il l'a terminé par cette phrase : « il résulte donc que le *crime d'offense* » *à la loi* dont il s'agit, a été commis ; *sur quoi*, les » jurés auront à prononcer contre le sieur H., en » raison du délit mentionné au présent ».

» Ainsi, le procureur-général a travesti une accusation de péculat, en accusation d'*offense à la loi*, crime qui, suivant l'art. 1er de la sect. 4 du tit. 1er de la seconde partie du Code pénal, du 23 septembre 1791, consiste à opposer des violences ou des voies de fait, soit aux préposés à l'exécution d'une loi, à la perception d'un impôt, à l'exécution d'un jugement, mandat ou ordonnance de justice ou de police, soit aux dépositaires de la force publique agissant légalement dans l'ordre de ses fonctions.

» Et qu'est-il résulté de cette étrange méprise ? C'est que les jurés ont déclaré, le 31 du même mois, qu'il n'y avait pas lieu à accusation contre le sieur H., qui, en effet, n'était prévenu d'aucun fait tant soit peu analogue au crime d'*offense à la loi*.

» Mais de là, il suit nécessairement que le crime d'offense à la loi est le seul dont le sieur H. soit acquitté ; que la prévention du crime de péculat subsiste toute entière contre lui ; et qu'il peut être dressé contre lui un nouvel acte d'accusation, pour raison de ce crime.

» Qu'importe que le crime de péculat soit énoncé dans le corps de l'acte d'accusation.

» Les jurés doivent sans doute embrasser dans leur examen, tout ce que contient l'acte d'accusation ; mais ils ne peuvent pas en envisager toutes les parties du même œil. Ils ne peuvent considérer les détails qui en précèdent la conclusion, que comme des motifs mis en avant pour les déterminer à l'adopter ; et s'ils ne trouvent aucune connexité entre ces motifs et la conclusion même, ils doivent rejeter celle-ci, sans s'arrêter à ceux-là, sans même les juger.

» C'est aussi ce qu'ils ont fait dans l'espèce, dont il s'agit. En comparant le corps de l'acte d'accusation avec la conclusion qui le termine, ils ont reconnu que, même en supposant vrai tout ce qui est énoncé dans l'un, l'autre ne pouvait pas être admise ; et en conséquence, ils ont déclaré qu'il n'y avait pas lieu à accusation.

» Mais en s'exprimant ainsi sur la conclusion, ils n'ont rien jugé sur le corps de l'acte. La prévention du crime de péculat énoncée dans le corps de l'acte, est donc demeurée indécise. Elle peut donc faire la matière d'une nouvelle accusation.

» Cette nouvelle accusation à qui doit-elle être confiée, et à quels jurés doit-elle être soumise ?

» D'abord, il est évident qu'elle ne doit pas être confiée au magistrat qui a rédigé l'acte de la première. En rédigeant cet acte avec une incurie aussi extraordinaire, il s'est lui-même placé dans le cas de la *suspicion légitime*, dont parle l'art. 65 de la constitution du 22 frimaire an 8.

» Ensuite, s'il est vrai que ce magistrat pourrait, dans les nouvelles poursuites à exercer contre le sieur H., être remplacé par un juge suppléant, on sent assez combien il serait à craindre qu'un juge-suppléant ne mît pas dans ses poursuites toute l'activité, toute l'attention qu'exigent des faits aussi graves.

» Et de là deux conséquences : la première, que ces nouvelles poursuites ne peuvent être exercées d'une manière propre à satisfaire la justice, que par un autre officier titulaire du ministère public; la seconde, que la procédure doit être renvoyée dans un autre arrondissement que celui de L., et soumise à des jurés étrangers à cet arrondissement.

» Il est même à remarquer que le procureur-général de l'arrondissement de L., avoue lui-même cette seconde conséquence, quoique par un motif différent : dans une lettre, du 15 janvier dernier ci-jointe, il reconnaît que, si un nouvel acte d'accusation était dressé contre le sieur H., il aurait le même résultat que le premier, parce que le sieur H. *a ici*, c'est-à-dire à L... *un grand nombre de partisans*.

» Ce considéré, il plaise à la cour, vu l'art. 65 de l'acte constitutionnel du 22 frimaire an 8, ordonner que le prévenu et la procédure dont il s'agit, seront renvoyés devant le magistrat de sûreté d'un autre arrondissement que celui de L., pour être, par lui dressé, en exécution de l'ordonnance du directeur du jury de ce dernier arrondissement, du 10 décembre 1810, un acte d'accusation portant sur le crime de péculat imputé audit prévenu, et être ensuite procédé ultérieurement ainsi qu'il appartiendra.

» Fait au parquet, le 25 mars 1811. *Signé*, Merlin.

» Ouï le rapport de M. Busschop...; considérant que l'acte d'accusation, dressé le 24 décembre 1810 contre ledit H., ensuite de l'ordonnance de renvoi du directeur du jury de L., du 10 du même mois de décembre, ne porte, dans son résumé, que sur le délit d'*offense à la loi*, et nullement sur le crime de *péculat*, le seul qui ait formé l'objet des poursuites; que quoique l'acte d'accusation contienne, dans son exposé des faits, plusieurs circonstances propres à caractériser le crime de péculat, néanmoins ce crime n'a point été énoncé dans le résumé dudit acte, comme celui sur lequel les jurés d'accusation avaient à prononcer; d'où il suit que la déclaration du jury portant qu'il n'y a pas lieu à accusation, ne pouvant se référer qu'au délit d'offense à la loi, cette déclaration du jury est nécessairement étrangère au crime de péculat; d'où il suit, par une conséquence ultérieure, que les charges relatives à ce dernier crime, sont restées dans leur entier; et que, conséquemment, il y a lieu de dresser contre le prévenu un nouvel acte d'accusation à raison dudit crime de péculat; que, dans ces circonstances, les nouvelles poursuites ne peuvent être exercées d'une manière propre à satisfaire la justice que par un autre officier titulaire du ministère public;

d'après ces considérations, la cour, faisant droit audit réquisitoire, et vu les art. 542, 545 et 548 du Code d'instruction criminelle de 1808; renvoie le prévenu H. et la procédure instruite à sa charge, devant le magistrat de sûreté et directeur du jury de l'arrondissement de C., pour, en exécution de l'ordonnance de renvoi du directeur du jury de L., du 10 décembre 1810, être procédé à un nouvel acte d'accusation portant sur le crime de péculat imputé audit prévenu, et ensuite être ultérieurement procédé en conformité de la loi.....

» Fait et prononcé le 29 mars 1811 ».

V. Encore le réquisitoire et l'arrêt du 30 avril 1812, rapportés au mot *Souveraineté*, §. 8.

Après le n. X, ajoutez :

XI. Avant la mise en activité du Code d'instruction criminelle de 1808, et pendant que les cours spéciales jugeaient elles-mêmes leur compétence, un arrêt par lequel une cour spéciale se déclarait incompétente pour juger un prévenu traduit devant elle, attendu qu'il n'existait pas contre lui de commencemens de preuve suffisante pour le mettre en jugement, faisait-il obstacle à ce que, sur de nouvelles charges qui pouvaient survenir dans la suite, la même cour reprît les poursuites contre le prévenu et se déclarât compétente pour lui faire son procès?

La négative est énoncée comme constante dans un arrêt de la cour de cassation, du 19 janvier 1809, au rapport de M. Carnot : « Attendu (y est-il dit), qu'il a été déclaré en fait, que quand il aurait existé un véritable faux, il était clair que le prévenu n'en aurait pas été l'auteur; et qu'il n'existait au procès aucune présomption qu'il en eût fait usage sciemment; attendu que cette déclaration sur les faits, appartenaient entièrement à la cour de justice criminelle spéciale saisie de la procédure, et qu'il n'est pas du domaine de la cour de cassation de les censurer; que d'ailleurs un arrêt d'incompétence n'est évidemment qu'un arrêt provisoire qui ne peut mettre obstacle à de nouvelles poursuites, dans le cas de survenance de nouvelles charges »; la cour ordonne que l'arrêt d'incompétence, rendu par la cour de justice criminelle spéciale du Tarn, le 22 décembre dernier, sera exécuté selon sa forme et teneur...]].

Et c'est ce qu'a jugé formellement un autre arrêt dont voici l'espèce.

Le 26 juin 1810, arrêt par lequel, d'après l'instruction faite contre Jean-Joseph Poncelet, soldat déserteur, prévenu de rébellion armée à la gendarmerie et de tentative d'homicide sur la personne d'un gendarme qui se mettait en devoir de l'arrêter, la cour spéciale du département de Sambre-et-Meuse, considérant qu'il ne résulte pas des informations, que Jean-Joseph Poncelet ait reconnu ou dû reconnaître pour gendarmes les individus auxquels il est prévenu d'avoir résisté; qu'il paraît au contraire, que ces gendarmes s'étant déguisés pour s'introduire la nuit, dans la maison où il était caché, se déclare incompétente pour le juger, sauf au ministère public à le poursuivre devant qui il appartiendra.

Le 26 août suivant, arrêt de la cour de cassation qui, « attendu que, dans l'état actuel de la procédure, et d'après les motifs énoncés en l'arrêt de la cour spéciale de Sambre-et-Meuse, cette cour n'a violé aucune loi, confirme ledit arrêt ».

En conséquence, Jean-Joseph Poncelet est traduit devant le directeur du jury de l'arrondissement de Marche, dans lequel a été commis le crime dont il est prévenu ; et un acte d'accusation est dressé contre lui. — Le 10 octobre de la même année, déclaration du jury, portant qu'il n'y a pas lieu à accusation contre Jean-Joseph Poncelet. — De nouvelles informations sont aussitôt ordonnées ; et il en résulte qu'au moment où Jean-Joseph Poncelet avait résisté aux gendarmes et avait fait feu sur l'un d'eux, il connaissait parfaitement leur qualité. — A la vue de ces informations, le gouvernement me charge de requérir, en vertu de l'art. 65 de la loi du 22 frimaire an 8, le renvoi de Jean-Joseph Poncelet devant une autre cour spéciale que celle du département de Sambre-et-Meuse. — Le 3 janvier 1811, ce réquisitoire est rapporté à l'audience de la section des requêtes ; et j'y ajoute les observations suivantes :

« Deux questions se présentent, dans cette affaire, à l'examen de la cour. « 1° Jean-Joseph Poncelet peut-il encore être traduit devant une cour spéciale ? 2° Y a-t-il lieu de le renvoyer devant une autre cour spéciale que celle du département de Sambre-et Meuse ?

» La première question semblerait d'abord ne pouvoir être résolue que pour la négative. Un arrêt du 26 juin 1810, confirmé, le 26 août suivant, par la section criminelle de la cour, a jugé que le crime dont est prévenu Jean-Joseph Poncelet, n'est pas de la compétence de la justice spéciale. Dès-lors, traduire de nouveau Jean-Joseph Poncelet, pour raison du même crime, devant une des cours à qui est déléguée l'administration de cette branche de la justice, ne serait-ce pas remettre en question ce qui est déjà décidé en sa faveur? ne serait-ce pas contrevenir à l'autorité de la chose jugée? Voilà ce qu'on se dit naturellement au premier coup-d'œil.

» Mais, en y réfléchissant un peu, on aperçoit bientôt qu'il en doit être tout autrement.

» Sans doute l'arrêt qui, après un débat public, acquitte un accusé, forme une barrière insurmontable contre toutes nouvelles poursuites que l'on voudrait diriger contre la même personne, pour le fait qui a été l'objet de son accusation ; et telle est la disposition expresse de l'art. 426 du Code des délits et des peines du 3 brumaire an 4.

» Mais les ordonnances, les décisions, les arrêts qui précèdent le débat public, n'ont l'autorité de la chose jugée que relativement à l'état où se trouve la procédure au moment où se rendent ces ordon-

nances, ces décisions, ces arrêts ; et cet état venant à changer, ces ordonnances, ces décisions, ces arrêts, perdent toute leur autorité.

» Ainsi, aux termes de l'art. 255 du Code du 3 brumaire an 4, le prévenu à l'égard duquel le jury a déclaré qu'il n'y a pas lieu à accusation, peut encore être poursuivi, à raison du même fait, lorsqu'il survient de nouvelles charges.

» Ainsi, de nouvelles poursuites peuvent toujours être exercées, d'après de nouvelles charges, contre le prévenu qui a été mis en liberté, ou à l'égard duquel il a été déclaré n'y avoir lieu à suivre, par une ordonnance du directeur du jury, conforme aux conclusions du magistrat de sûreté, c'est-à-dire, par un acte qui a toute la force d'un jugement en dernier ressort ; et c'est ce que la section criminelle a jugé par une foule d'arrêts, notamment par ceux qu'elle a rendus le 14 mars 1807, au rapport de M. Carnot, dans l'affaire de François Isnard ; le 3 novembre 1808, au rapport de M. Delacoste, dans l'affaire de Giusta ; le 28 avril 1809, au rapport de M. Dutocq, dans l'affaire d'Etienne Hébert ; et le 24 août de la même année, au rapport de M. Guieu, sur une demande en cassation formée par le procureur-général de la cour de justice criminelle du département de la Seine, contre une ordonnance du directeur du jury du même département.

» Ainsi, pour nous rapprocher davantage de notre espèce, lorsqu'une cour spéciale, après s'être déclarée compétente par un arrêt que la cour de cassation a confirmé, trouve que les débats, tout en laissant subsister le crime, le dépouillent des circonstances qui l'avaient d'abord fait ranger dans la classe des cas spéciaux, elle ne peut pas prononcer sur le fond, et elle est tenue d'en renvoyer le jugement à la cour de justice criminelle ordinaire. La cour l'a ainsi jugé par plusieurs arrêts, et l'art. 589 du Code d'instruction criminelle de 1808 a expressément consacré sa jurisprudence sur ce point.

» Assurément, dans ce cas, l'arrêt par lequel la cour spéciale s'est déclarée compétente, a tout autant d'autorité que peut en avoir celui par lequel, dans le cas inverse, elle s'est déclarée incompétente. Si donc l'arrêt de compétence perd toute sa force du moment que, par une nouvelle instruction, la procédure prend une face différente, il en doit nécessairement être de même de l'arrêt d'incompétence.

» Aussi la section criminelle a-t-elle expressément déclaré, par un arrêt rendu au rapport de M. Carnot, le 19 janvier 1809, sur une demande en cassation formée par le procureur-général de la cour spéciale du Tarn contre un arrêt de cette cour, qu'un arrêt d'incompétence n'est évidemment qu'un arrêt provisoire, qui ne peut mettre obstacle à de nouvelles poursuites, dans le cas de survenance de nouvelles charges.

» Aussi lisons-nous, dans un autre arrêt de la même section, rendu le 18 mars suivant, au rapport du même magistrat, dans l'affaire des nommés Bou-

teiller, que *les arrêts des cours spéciales , par les-*
quels , d'après l'instruction faite conformément aux
dispositions de la loi du 18 pluviose an 9 , elles se
déclarent incompétentes par insuffisance de preuves
sur la prévention de faux , ont autorité de chose
jugée , tant que , sur nouvelle plainte appuyée de
nouvelles charges , il n'a pas été rendu un nouvel
arrêt de compétence pour raison du même fait » ;
d'où il suit tout naturellement que, lorsqu'après
s'être déclarée incompétente , une cour spéciale
vient à recueillir de nouvelles charges sur le même
fait , ces nouvelles charges ôtent à son arrêt l'autorité de la chose jugée , et doivent en déterminer
un nouveau directement contraire au premier.

» Et s'il en est ainsi , en thèse générale , de tout
arrêt par lequel une cour spéciale se déclare incompétente , quel est le prétexte dont on pourrait
s'appuyer pour excepter de cette règle l'espèce qui
se présente aujourd'hui , pour trouver , dans l'arrêt
d'incompétence du 26 juin 1810 , un obstacle à ce
que , d'après de nouvelles charges , Jean-Joseph
Poncelet soit remis en jugement devant une cour
spéciale ?

» Serait-ce parce que , depuis l'arrêt du 26 juin
1810 , Jean-Joseph Poncelet a été traduit devant
un jury d'accusation qui l'a acquitté ?

» Mais , nous l'avons déjà dit , et l'art. 255 du
Code du 3 brumaire an 4 met cette vérité au-dessus
de toute espèce de doute , la déclaration rendue
en faveur d'un prévenu par le jury d'accusation ,
n'a pas pour lui l'autorité absolue de la chose jugée ;
elle ne le met à l'abri de nouvelles poursuites , qu'autant qu'elles seraient uniquement basées sur les
mêmes faits , les mêmes circonstances , les mêmes
preuves , qui ont déjà occupé le jury ; elle n'empêche pas de la poursuivre de nouveau en vertu de
nouvelles charges. Et lorsque de nouvelles charges
surviennent en effet , devant quelle autorité doit-il
être poursuivi ? Sans contredit , il doit l'être devant
l'autorité dont la compétence est déterminée par ces
nouvelles charges. Si donc il résulte des nouvelles
charges , que le fait imputé au prévenu est un crime
pour lequel la loi exige la formation d'un jury spécial , c'est devant un jury spécial que le prévenu
doit être traduit ; quoique le jury , qui l'a d'abord
acquitté , n'ait été qu'un jury ordinaire ; et par la
même raison , s'il résulte des nouvelles charges
que le fait imputé au prévenu est un crime compris par la loi au nombre des cas spéciaux , c'est
devant les magistrats investis de la connaissance des
cas spéciaux , que le prévenu doit être remis en jugement.

» En deux mots , si l'arrêt du 26 juin 1810 était
isolé , il n'empêcherait pas qu'en vertu de nouvelles
charges , Jean-Joseph Poncelet ne fût de nouveau
traduit devant une cour spéciale. Si la déclaration
du jury d'accusation du 10 octobre suivant était
isolée , elle ne pourrait pas empêcher que , d'après
de nouvelles charges , une cour spéciale ne se déclarât compétente pour le juger. Et assurément cet

arrêt , cette déclaration ne peuvent pas produire ,
par leur concours , un obstacle que ni l'un ni l'autre
ne pourraient produire séparément.

» Notre première question ainsi résolue , la seconde ne nous occupera pas long-temps.

» Il est certain que la cour spéciale de Sambre-
et-Meuse n'a pas mis , dans la recherche des circonstances dans lesquelles avait été commis le crime
imputé à Jean-Joseph Poncelet, tout le soin qu'elle
aurait dû y apporter pour parvenir à une connaissance exacte de la nature de ce crime ; et ce qui le
prouve d'une manière sans réplique, c'est que les
nouvelles informations qui ont été faites peu de
temps après , ont , sans effort et par les voies les
plus simples , mis au grand jour des faits essentiels qui , connus plutôt , l'auraient forcée de rendre
l'arrêt du 26 juin dans un sens tout opposé à celui
dans lequel il a été rendu.

» Elle a donc à se reprocher , dans l'instruction
de cette affaire , une négligence qui a nui à l'ordre
public , et qui par conséquent élève contre elle cette
suspicion légitime qui , d'après l'art. 65 de la loi
du 22 frimaire an 8 , suffit pour motiver le renvoi
d'un tribunal à un autre.

» Et par ces considérations , nous persistons
dans les fins de notre réquisitoire du 28 décembre
dernier ».

Arrêt du 3 janvier 1811 , au rapport de M. Pajon , par lequel , « adoptant les motifs du réquisitoire de M. le procureur-général et y faisant droit ,
la cour renvoie ledit Jean-Joseph Poncelet devant
la cour de justice criminelle spéciale du département
du Nord , pour y être jugé sur le délit énoncé audit
réquisitoire , conformément à la loi du 19 pluviose
de l'an 13 , à l'effet de quoi ledit prévenu sera traduit dans les prisons de ladite cour de justice criminelle du département du Nord ».

XII. 1º Y a-t-il lieu à la règle *Non bis in idem* ,
lorsque , sur des poursuites exercées à raison d'un
crime ou d'un délit qui se compose de plusieurs faits
indépendans et dont chacun suffit séparément pour
constituer ce crime ou ce délit , le prévenu n'a été
jugé que sur quelques-uns de ces faits , et ensuite
ensuite repris pour les autres ? — 2º Celui qui ,
ayant été poursuivi comme coupable de banqueroute
simple , a été acquitté , peut-il encore être poursuivi comme coupable de banqueroute frandu-
leuse ?

La première de ces questions s'est présentée dans
l'espèce suivante.

Le 27 novembre 1816 , le directeur du jury de
l'arrondissement de Luxembourg décerne contre le
sieur B. , chef du bureau militaire de la préfecture
du département des Forêts , un mandat d'arrêt
par lequel il le traduit devant le tribunal correctionnel du même arrondissement , comme *p. évenu*
de diverses malversations et escroqueries , relativement à la conscription de 1806 et des années
antérieures.

Le 3 février 1807, arrêt de la cour de cassation qui, sur la requête du sieur B., le renvoie, pour cause de suspicion légitime, devant le tribunal correctionnel de Metz. — Là, divers faits de malversation et d'escroquerie sont articulés contre le sieur B.; et sur ces faits, de nombreux témoins sont entendus tant à charge qu'à décharge. — Le 1er mai suivant, jugement qui, appréciant chacun de ces faits, acquitte le sieur B. — Le 13 juin de la même année, ce jugement est confirmé par arrêt de la cour de justice criminelle du département de la Moselle. — Le 14 août, cet arrêt est annullé pour vice de forme par la cour de cassation, avec renvoi du fond à la cour de justice criminelle du département de la Meurthe. — Le 5 décembre de la même année, arrêt de la cour de justice criminelle du département de la Meurthe qui confirme de nouveau le jugement du tribunal correctionnel de Metz.

Le 22 avril 1809, le magistrat de sûreté de l'arrondissement de Luxembourg décerne et fait exécuter contre le sieur B. un mandat de dépôt dans lequel il est présenté comme prévenu de faits de malversation et d'escroquerie spécialement désignés et relatifs à la conscription de 1806 et des années antérieures, mais autres que ceux sur lesquels avait roulé l'instruction terminée par l'arrêt de la cour de justice criminelle du département de la Meurthe.

Le 2 août suivant, arrêt de la cour de cassation qui renvoie le sieur B. devant le directeur du jury de l'arrondissement de Metz. — Devant ce magistrat, le sieur B. invoque la règle *Non bis in idem.* Mais, sans avoir égard à son exception et sans y préjudicier, le directeur du jury le traduit devant le tribunal correctionnel du même arrondissement.

A l'audience de ce tribunal, le sieur B. renouvelle son exception et refuse de proposer ses défenses au fond. — Le 3 mars 1810, jugement qui, sans s'arrêter à l'incident élevé par le sieur B., continue la cause au 17 du même mois. — Le sieur B. appelle de ce jugement.

Le 5 juin de la même année, arrêt de la cour de justice criminelle du département de la Moselle, qui rejette sa requête d'appel, « attendu que l'appelant est prévenu d'avoir reçu, en qualité d'agent de l'administration civile à Luxembourg, de différens particuliers, des présens et gratifications à raison de ses fonctions, et à l'occasion des conscriptions de 1806 et années antérieures; qu'à la vérité, en 1807, il a été poursuivi pour de pareils délits, et acquitté par arrêt passé en force de chose souverainement jugée; qu'à la vérité encore, ces délits étaient relatifs aux mêmes conscriptions; qu'il n'est pas néanmoins fondé à prétendre que les faits dont il est prévenu aujourd'hui, et ceux pour lesquels il a été acquitté en 1807, constituent le même délit; qu'il y a nécessairement, en matière d'escroqueries et d'exactions comme en matière de vol, autant de délits différens qu'il y a de personnes différentes envers lesquelles on les a successivement commis; que la plainte portée en 1807 embrasse généralement toutes les escroqueries et exactions commises dans l'arrondissement de Luxembourg à l'occasion de la conscription de 1806 et années antérieures, sans articuler ni spécifier aucun fait, et avec la réserve expresse de renseignemens ultérieurs; que ce n'est que par l'effet de l'instruction que chaque fait a pu être connu, articulé et spécifié; qu'ainsi l'appelant n'a été poursuivi en 1807 que sur certains faits qui ont été articulés contre lui; qu'il n'est plus possible aujourd'hui de le poursuivre ni de le juger à raison de ces faits; mais que d'autres faits relatifs à d'autres personnes ayant été découverts par l'audition de nouveaux témoins, et ces faits étant articulés pour la première fois contre l'appelant, chacun d'eux constitue un autre délit dont il est prévenu, et à raison duquel il peut être poursuivi et jugé, sans que, pour cela, on porte atteinte à la chose souverainement jugée, ni que l'on viole la maxime *Non bis judicatur in idem....* ».

Le sieur B. se pourvoit en cassation contre cet arrêt; et présente ainsi ses moyens.

« Ce ne furent point tels ou tels faits, isolément, nominativement, qui furent l'objet de la poursuite de 1806. Ce furent *généralement* et en masse *les diverses malversations et escroqueries, pour la conscription de 1806 et des années antérieures.*

L'accusation dut par conséquent embrasser *toute cette masse* et ce fut *sur toute cette masse* que durent être faites les perquisitions, les informations, l'instruction. Chaque particularité qui se rapportait à cette conscription de 1806 et années antérieures, n'était que charge du même délit. C'était au juge à s'occuper de les rassembler en aussi grand nombre et aussi complettes qu'il était possible. Il en avait la faculté; et il en avait les moyens, puisqu'il n'y a pas une seule particularité rappelée dans la nouvelle poursuite, qui n'existât lors de l'ancienne. Ainsi dans le principe même, rien n'empêchait les juges de tout embrasser, de s'occuper de tout, de prendre des renseignemens et des informations surtout. — Ils durent même le faire. C'était là mission qui leur était conférée, la tâche qui leur était imposée par l'autorité supérieure, aux termes du décret du 21 octobre 1806. — On doit donc supposer qu'ils l'ont remplie. — Cela posé, de deux choses l'une : ou les informations générales que le juge dut prendre alors ne lui présentèrent point de résultat concluant sur toutes les autres particularités relevées depuis l'arrêt d'absolution; et ceci doit tourner à l'avantage du prévenu, son absolution en sera devenue et moins douteuse et plus facile; tant mieux pour lui si le juge, quand il faisait son instruction n'a point été assez attentif, assez surveillant pour recueillir toutes les preuves qui étaient dans le cas de faire charge contre l'accusé; c'est une faute dont cet accusé profite, et jamais, pour cela, jamais, sous le prétexte que ces preuves auraient été acquises depuis l'absolution, il n'est possible de le remettre de nouveau en péril, pour raison du délit dont il se trouve déjà acquitté; — ou bien le juge les aura dès-lors counues, ces autres particularités ; et , quoique les connaissant, il n'en aura point fait usage, et plutôt que de les comprendre au rang des charges aggravantes du délit, il les aura tenues en réserve, pour en faire la matière et la base d'une nouvelle accusation. — Or, qu'est-que ce serait qu'un pareil calcul, une pareille combinaison ? et que faudrait-il en penser ? serait-ce bien à la cour suprême qu'il faudrait proposer de consacrer une marche aussi peu loyale, une marche dont le résultat serait de tenir éternellement le glaive suspendu sur la tête d'un citoyen, de se ménager la ressource terrible et barbare d'une accusation toujours prête, à renaître et qui pourrait ainsi, en divisant les griefs, embrasser la vie presque entière du prévenu ? — En vain, pour preuve qu'ils se divisent d'eux-mêmes, ces griefs, dirait-on qu'il y a nécessairement autant d'escroqueries particulières qu'il y a de faits d'abus de crédulité, et surtout de personnes qui en ont été victimes : que par conséquent le prévenu peut rigoureusement être repris et poursuivi autant de fois qu'il se trouve d'individus différens qui ont à se plaindre qu'il ait abusé de leur crédulité. — Outre ce qu'une pareille assertion peut avoir par elle-même de repoussant, il faut bien faire attention qu'ici ce ne sont point les individus soi-disant victimes de leur crédulité qui se plaignent ni qui poursuivent. Dans la première poursuite comme dans la nouvelle, on ne connaît qu'une seule partie plaignante ; la partie publique qui a agi dans l'intérêt de la vindicte publique et point dans celui des particuliers. Or cet intérêt de la vindicte publique est *un*. Il ne se subdivise point. Il n'embrasse et ne considère qu'un seul corps de délit, se composant comme on l'a signalé dans le décret du 25 octobre 1806, des diverses malversations et escroqueries relatives à la conscription de 1806 et des années antérieures, et ne constituant qu'un *fait moral*, « un fait (pour se servir des expressions très-justes du nouveau répertoire de jurisprudence, tome 5, page 94, en parlant du délit d'escroquerie) « un fait n'ayant par » lui-même rien de matériel, mais qui est constitué » par la preuve des faits de dol et d'abus, de crédulité » que la loi a déterminés pour le caractériser ; et en » quelque façon pour lui donner l'être », — Ceci par conséquent écarte toute idée de distinction et de subdivision en autant de délits qu'il peut y avoir d'individus lésés. Il n'y en eut jamais ici qu'un seul à envisager : celui dont l'autorité avait voulu qu'on informât et dont la partie publique avait pris connaissance : ce délit en masse *des diverses malversations et escroqueries pour la conscription de* 1806 *et années antérieures*. — Du moment donc que le sieur B. avait été acquitté, absous de ce délit, il n'y avait plus de possibilité d'en faire contre lui l'objet d'une nouvelle poursuite, au nom surtout de la partie publique, sans violer ouvertement la maxime *Non bis in idem*. — Une réflexion va rendre cette vérité encore plus sensible. Le *maximum* de la peine du délit d'escroquerie est deux années de détention. La loi du 22 juillet 1791 ne veut pas qu'elle puisse être d'une plus longue durée. Ainsi le sieur B. si,

au lieu d'avoir été acquitté à Metz et à Nancy, eût été déclaré coupable, n'aurait pas pu être condamné à une détention plus longue. Voilà cependant que, d'après le système du tribunal de Luxembourg, et qu'ont malheureusement adopté les tribunaux de Metz, cette détention pourrait être prolongée à quatre et six années et même plus. Il ne faudrait pour cela, que suivre la marche adoptée par le tribunal de Luxembourg, tenir en réserve des faits, des particularités appartenant *à ces mêmes conscriptions de* 1806 *et années antérieures*, de manière à ne les produire et à n'en faire l'objet d'une nouvelle poursuite que successivement, qu'alors que la détention infligée pour raison de la première ou même de la seconde serait près d'expirer ; et le sieur B. passerait ainsi sa vie presqu'entière dans les prisons. — Est-il donc possible que l'arrêt qui consacre vraiment des principes aussi barbares ne soit point annullé par la cour suprême » ?

Par arrêt du 5 octobre 1810, au rapport de M. Busschop, « considérant que les faits d'escroquerie qui ont donné lieu à la nouvelle poursuite intentée contre le demandeur sont totalement différens de ceux sur lesquels il a été précédemment poursuivi et jugé par l'arrêt de la cour de justice criminelle du département de la Meurthe du 5 décembre 1807 ; d'où il suit qu'il n'y a pas lieu, dans l'espèce, à l'application du principe de la chose jugée ; d'après ces motifs et ceux énoncés dans l'arrêt attaqué, la cour rejette le pourvoi... ».

La seconde question, qui a une grande affinité avec la première, a été agitée à la suite de l'affaire dont les circonstances sont rapportées dans ces *Additions* aux mots *Faillite et Banqueroute*, sect. 2, §. 2, art. 2, et à laquelle il faut se reporter pour bien entendre celle-ci.

Le 9 avril 1811, plainte en banqueroute frauduleuse portée devant l'un des juges d'instruction du tribunal de première instance du département de la Seine, contre le sieur Mondot-Lagorce, par les sieurs Delpech, Elu, Loker et Rochedragon, créanciers non comparans, et se prétendant non appelés, au concordat du 16 août 1810.

Le sieur Lagorce, interrogé sur cette plainte, répond qu'elle est non - recevable ; qu'acquitté de la prévention de banqueroute simple par l'arrêt de la cour de justice criminelle du 29 décembre 1810, il l'est à plus forte raison, de la prévention de banqueroute frauduleuse ; et que la règle *Non bis in idem* s'oppose à ce qu'on le remette en jugement.

L'instruction achevée tant sur cette fin de non-recevoir que sur le fond, jugement du 2 août 1811, ainsi conçu : « attendu qu'en matière de banqueroute, comme en toute matière criminelle, l'action publique et l'action civile sont essentiellement distinctes et indépendantes ; que quoique les créanciers ayent encouru la déchéance, se soient fait repousser par une exception ou ayent laissé élever contr'eux une fin de non-recevoir ; ils n'ont pu, par leur fait, altérer, en aucune manière les droits de la partie publique, ni paralyser, encore moins éteindre son action ; que l'arrêt de la cour criminelle de la Seine qui avait décidé le contraire ne peut servir de règle aux tribunaux ; que cet arrêt d'ailleurs a été annullé par celui de la cour de cassation, en date du 9 mars 1811 ; que le tribunal de police correctionnelle et la cour criminelle ne se sont nullement occupés de la banqueroute de Mondot-Lagorce ; que l'un et l'autre n'ont été saisis et n'ont dû et pu statuer que sur la fin de non-recevoir élevée *à limine litis* par Mondot-Lagorce ; que l'arrêt de la cour criminelle n'a statué que sur cette fin de non-recevoir ; que par conséquent Lagorce poursuivi aujourd'hui en banqueroute frauduleuse, ne peut dire qu'il ait déjà été jugé, et qu'en le traduisant en justice comme prévenu de banqueroute frauduleuse, on viole la maxime *Non bis in idem* consacrée par l'art. 360 du Code d'instruction criminelle ; — qu'enfin, et dans tous les cas, Lagorce n'a été traduit en police correctionnelle en vertu de l'ordonnance de M. le directeur du jury que comme prévenu de banqueroute simple ; que le tribunal correctionnel n'a pu connaître que d'une banqueroute de cette nature, et que l'action en banqueroute frauduleuse dirigée aujourd'hui contre Lagorce n'est plus la même que celle en vertu de laquelle il a été poursuivi en premier lieu ; que non-seulement l'action n'est plus la même, mais qu'elle n'est plus intentée ni poursuivie par les mêmes parties ; que les plaignans actuels n'ont pas assisté au concordat, qu'on a même lieu de soupçonner qu'ils n'y ont pas été légalement appelés et que toutes les circonstances qui environnent cet acte en font présumer la fraude ; rejettons la fin de non-recevoir opposée tant au ministère public qu'aux parties civiles. — Au fond, attendu que Mondot-Lagorce est suffisamment prévenu de banqueroute frauduleuse, 1° en ce qu'il n'a pas justifié de l'emploi de toutes ses recettes et notamment des 950,000 fr. provenant de la vente des domaines de Saint-Port et de Sainte-Assise, du prix et de l'emploi de 1080 actions de 1,000 fr. chacune sur les coches d'eau et des 150,000 fr. de la dette qu'il a contractée envers le sieur Lanfrey ; 2° en ce qu'il paraît avoir supposé des dettes passives et collusoires avec des créanciers fictifs et notamment avec Legouès et Lanfrey, que, dans les trois livres-journaux trouvés au greffe, Legouès ne paraîtrait créancier que de 67,890 fr. 49 cent. et non de 153,475 fr. 45 cent. ; qu'il n'y est aucunement question de la créance de Lanfrey bien que ces livres soient, par leur nature, destinés à constater toutes les opérations du négociant ; 3° en ce qu'il a acheté des immeubles considérables sous le nom de sa femme, que celle-ci a encore un bureau de loterie sous son nom ; 4° en ce qu'il n'a produit que trois livres-journaux incomplets, d'après son aveu, puisqu'ils ne commencent qu'en mars 1808, et qu'il a persisté à ne pas produire les autres livres et journaux qui ont été inventoriés au nombre de quarante-deux ; et

qui en faisant connaître sa véritable position auraient servi à combler les vides qui existaient dans les trois qui sont produits ; 5° enfin, en ce qu'il n'a pas dans l'année de la publication du Code de commerce, remis aux greffes et chambres désignés par l'art. 872 du Code de procédure civile l'extrait de son contrat de mariage, que, par là, Mondot-Lagorce se trouve dans les cas de banqueroute frauduleuse prévus par les art. 593, n°s 1, 2, 4, 6, 7 ; 594, n°s 1 et 70 du Code de commerce ; que ce crime prévu par l'art. 30 de la 2e section du tit. 2 de l'ancien Code pénal et 402 du nouveau, peut donner lieu à une peine afflictive et infamante ; ordonnons que les pièces d'instruction seront transmises sans délai à M. le procureur-général de la cour d'appel ; ordonnons en outre que, par tous huissiers ou agens de la force publique le nommé François Philippe Mondot-Lagorce..... sera pris au corps et conduit dans la maison de justice qui sera désignée par la cour ».

Le 24 du même mois, arrêt de la cour de Paris, chambre d'accusation qui, « attendu que la base de l'instruction dirigée contre Mondot-Lagorce, est la faillite qu'il a faite en 1810, et que l'on prétend avoir été accompagnée de caractères qui, d'après les dispositions des lois pénales, doivent provoquer la vindicte publique ; que déjà, sur le réquisitoire du ministère public, et par suite d'une plainte précédemment rendue contre Mondot-Lagorce, il a été, après une instruction légale faite par le directeur du jury d'accusation, traduit en jugement comme prévenu de banqueroute ; que, sur cette mise en jugement, il est intervenu, en cour de justice criminelle du département de la Seine, le 29 décembre 1810, arrêt qui, en infirmant le jugement rendu en police correctionnelle, au tribunal de première instance, sur la poursuite du ministère public, a déclaré qu'il n'y avait lieu à suivre ; que, d'après l'homologation du concordat dudit Mondot-Lagorce, il ne pouvait plus être en prévention de banqueroute ; que cet arrêt a donc jugé désormais Mondot-Lagorce était à l'abri de toutes poursuites criminelles, à raison des circonstances qui pouvaient avoir accompagné le fait de sa faillite ; que le ministère public ne s'est point pourvu contre cet arrêt ; en sorte qu'il a acquis, avec lui, force de chose jugée ; que l'arrêt de la cour de cassation du 9 mars dernier, n'ayant cassé l'arrêt de la cour de justice criminelle que dans le seul intérêt de la loi, il subsiste dans toute sa force vis-à-vis de la partie publique et dans l'intérêt de Mondot-Lagorce ; et que ce serait violer la règle *Non bis in idem*, consacrée de nouveau par l'art. 360 du nouveau Code d'instruction criminelle, que de poursuivre ledit Lagorce à raison de caractères de fraude qui auraient été découverts postérieurement à la première accusation de banqueroute sur laquelle il a reçu jugement définitif, et qui ne peuvent être, dans aucun cas, considérés que comme circonstances aggravantes du fait de banqueroute, dit qu'il n'y a lieu à accusation ».

Le même jour, le ministère public se pourvoit en cassation contre cet arrêt.

« Deux questions (ai-je dit à l'audience de la section criminelle, le 12 octobre 1811) appellent dans cette affaire, l'attention de la cour. Le procureur-général de la cour de Paris est-il recevable dans son recours en cassation? c'est la première. Ce recours est-il fondé? C'est la seconde.

» Le sieur Lagorce soutient la négative de l'une et de l'autre.

» Mais d'abord, il est bien facile de reconnaître que l'arrêt dont il s'agit, ne fait, en déclarant qu'il n'y a pas lieu à accusation contre le sieur Lagorce, que décider qu'il n'appartient pas aux juges criminels de statuer sur les faits imputés au prévenu, et que les juges civils sont seuls compétens pour connaître de ces faits; que dès là cet arrêt est nécessairement soumis au recours en cassation, dont l'art. 416 du Code d'instruction criminelle déclare passibles, en tout état de cause, *les arrêts ou jugemens rendus sur la compétence*; qu'ainsi la fin de non-recevoir dans laquelle se retranche le sieur Lagorce, tombe d'elle-même.

» En second lieu, et au fond, il est certain, et l'art. 1351 du Code civil le dit en termes exprès, que *l'autorité de la chose jugée n'a lieu qu'à l'égard de ce qui a fait l'objet du jugement.*

» Or, les faits de banqueroute frauduleuse sur lesquels s'est fondé le ministère public pour requérir la mise en accusation du sieur Lagorce, ont-ils *fait l'objet* de l'arrêt de la cour de justice criminelle du département de la Seine du 29 décembre 1810? Voilà le problème à résoudre, et nous osons croire que la solution n'en est pas difficile.

» L'arrêt du 20 décembre 1810 n'a eu ni pu avoir d'autre objet que le jugement du tribunal de première instance qu'il a réformé; et ce jugement n'a eu ni pu avoir pour objet que ce dont le tribunal de première instance avait été saisi par l'ordonnance de renvoi du directeur du jury. De quoi donc l'ordonnance de renvoi du directeur du jury avait-elle saisi le tribunal de première instance? De la connaissance, de la seule connaissance des faits qui sont qualifiés de délits de banqueroute simple, par les art. 586 et 587 du Code de commerce. L'arrêt du 29 décembre 1810 n'a donc eu pour objet que des faits de banqueroute simple. Il n'a donc pas l'autorité de la chose jugée, relativement aux faits de banqueroute frauduleuse, qui depuis ont été imputés au sieur Lagorce. La cour de Paris a donc, en jugeant le contraire, violé l'art. 1351 du Code civil, ou, si l'on veut, l'art. 360 du Code d'instruction criminelle, qui, en déclarant que *toute personne acquittée légalement, ne pourra plus être reprise ni accusée à raison du même fait*, exige évidemment qu'il y ait identité entre le fait déjà jugé et le fait nouvellement dénoncé, pour qu'un jugement par lequel un prévenu a été acquitté sur le premier, fasse obstacle à de nouvelles poursuites sur le second.

» A ce raisonnement si simple, si palpable, si tranchant, qu'oppose la cour de Paris?

» Le fait imputé à Lagorce (dit-elle), est une faillite qu'il a faite en 1810, et que l'on prétend avoir été accompagnée de circonstances caractéristiques de banqueroute, qui doivent provoquer la vindicte publique. Or, sur ce fait, il est intervenu un arrêt, le 29 décembre, qui a déclaré l'action du ministère public non-recevable. Tout est donc jugé par cet arrêt. Cet arrêt ne permet donc pas plus de remettre en question la banqueroute frauduleuse que la banqueroute simple.

» Déjà le procureur-général de la cour de Paris vous a fait observer dans sa requête en cassation, combien est vicieux le principe sur lequel roule tout cet argument.

» Non, ce n'est point la faillite de Lagorce qui forme le fait principal dont il a été prévenu en 1810, et pour lequel il est encore poursuivi en ce moment. Une faillite est, par elle-même, un fait indifférent à la justice criminelle; elle n'est, par elle-même, ni crime ni délit. Elle ne prend le caractère de délit, que lorsqu'elle a été préparée par des imprudences graves, ou accompagnée des omissions que signalent les art. 586 et 587 du Code de commerce. Elle ne prend le caractère de crime, que lorsqu'elle a été précédée, accompagnée ou suivie des faits de dol que signalent les art. 69, 70, 593 et 594 du même Code. Donc, hors ces deux cas, le ministère public ne peut pas la poursuivre. Donc, s'il la poursuit, c'est nécessairement, ou comme délit ou comme crime. Donc considérée comme délit, elle est indépendante de ce qu'elle est considérée comme crime, et réciproquement. Donc la poursuivre comme délit ou banqueroute simple, ce n'est point la poursuivre comme crime ou banqueroute frauduleuse. Donc le jugement qui décide qu'il n'y a pas lieu de la poursuivre comme délit, laisse entière la question de savoir si elle peut être poursuivie comme crime.

Et, dans le fait, qu'y a-t-il de commun entre les causes pour lesquelles on peut être puni comme banqueroutier simple, et les causes pour lesquelles on peut être puni comme banqueroutier frauduleux?

» Tel failli peut être à l'abri du reproche d'avoir fait dans sa maison des dépenses excessives; d'avoir consommé de fortes sommes au jeu ou à des opérations de pur hasard; d'avoir, tandis que son actif était de 50 pour 100 au-dessous de son passif, fait des emprunts considérables, ou revendu des marchandises, soit à perte, soit au-dessous du cours; d'avoir donné des signatures de crédit ou de circulation pour une somme triple de son actif; d'avoir pas fait au greffe la déclaration prescrite par l'art. 440 du Code de commerce; de ne s'être pas présenté aux agens et aux syndics dans les délais qui lui étaient fixés pour le faire; d'avoir tenu ses registres irrégulièrement; de n'avoir pas fait enregistrer l'acte d'une société dans laquelle il était engagé; pour tout dire en un mot, il peut être à l'abri du reproche d'avoir rien fait de ce que les art. 586 et 587 du Code

déclarent constituer le délit de banqueroute frauduleuse.

» Et cependant ce même failli aura, soit supposé
des dépenses ou des pertes, soit détourné des sommes d'argent, des créances, des marchandises ; soit
simulé des ventes, des négociations, des donations ;
soit supposé des dettes passives et collusoires entre
lui et des créanciers fictifs, soit appliqué à son profit des sommes ou valeurs qui lui avaient été confiées
à titre de mandat ou de dépôt, soit acheté des immeubles ou des effets mobiliers à la faveur d'un prête-
nom ; soit caché ses livres, soit refusé de se représenter à justice après avoir obtenu un sauf-conduit ;
tous faits auxquels les art. 593 et 594 impriment le
cachet de la banqueroute frauduleuse ;

» Et l'on ne pourra pas le poursuivre comme banqueroutier frauduleux, parce qu'il aura été précédemment jugé n'être dans aucun des cas de la banqueroute simple ? Nous l'avouons de bonne foi, il
nous est impossible d'apercevoir le moindre fil qui
lie une pareille conséquence au principe dont on la
fait découler.

» Plaçons, pour un moment, le sieur Lagorce
dans une hypothèse qui lui serait bien moins défavorable que l'espèce dans laquelle il se trouve.

» Supposons qu'il n'ait d'abord été poursuivi
comme prévenu de simple banqueroute, que pour
avoir omis de faire enregistrer l'acte d'une société
de commerce dont il eût été membre ; et qu'acquitté
de cette prévention, on le poursuive de nouveau
comme banqueroutier simple, pour avoir porté à un
taux excessif les dépenses de sa maison, ou pour
avoir consommé de fortes sommes au jeu. Pourrait-
il opposer à ces nouvelles poursuites le jugement
qui l'aurait déchargé des premières ?

» Non, sans doute ; et s'il le faisait, en disant que
la banqueroute simple est un délit générique qui
comprend en soi toutes les espèces auxquelles s'en
rattache l'idée ; et que le jugement qui l'a acquitté
de ce délit, l'en a nécessairement acquitté sous toutes
ses branches ; nous lui répondrions par l'arrêt que
vous avez rendu le 5 octobre 1810, au rapport de
M. Busschop (1).

» Assurément il en est du fait général de banqueroute simple, comme du fait général de malversations
et d'escroqueries relatives à la conscription. Comme
celui-ci, il se compose de faits particuliers ; et dans
un cas comme dans l'autre, c'est sur ces faits particuliers que les juges se déterminent à condamner ou
à renvoyer le prévenu. Si donc le prévenu de certains
faits de malversations ou d'escroqueries relatives à la
conscription, ne peut se prévaloir du jugement
qui l'a acquitté de ces faits, pour écarter les poursuites dirigées contre lui sur d'autres faits de la même
nature, il est bien évident que le prévenu de certains faits de banqueroute simple qui en a été acquitté
par un jugement, ne peut pas non plus opposer ce jugement aux nouvelles poursuites que l'on dirige contre
lui sur d'autres faits qui portent le même caractère.

(1) Il est rapporté ci-dessus.

» Mais, si le sieur Lagorce peut encore, nonobstant l'arrêt du 29 décembre 1810, être poursuivi sur
des faits de banqueroute simple, autres que ceux
dont il était prévenu lors de cet arrêt ; à combien
plus forte raison peut-il encore, nonobstant cet
arrêt, être poursuivi sur des faits de banqueroute
frauduleuse ? Certes, les faits de banqueroute frauduleuse sont bien plus étrangers aux faits de banqueroute simple, que les faits de banqueroute simple ne
le sont entre eux.

» Cependant, il reste encore au sieur Lagorce trois
argumens sur lesquels il est de notre devoir de nous
expliquer.

» Et d'abord, dit-il, l'arrêt du 29 décembre 1810
est fondé sur un motif qui s'applique aussi bien aux
faits de banqueroute frauduleuse à raison desquels on
me poursuit actuellement, qu'aux faits de banqueroute simple, à raison desquels on me poursuivait
alors : il est fondé sur le jugement du tribunal de
commerce qui avait déclaré ma faillite excusable, et
par conséquent exempte de banqueroute frauduleuse
comme de banqueroute simple. Me poursuivre aujourd'hui comme prévenu de banqueroute frauduleuse, c'est donc contrevenir à cet arrêt.

» Mais pour qu'un jugement produise en faveur
de la partie qui l'invoque, une exception de chose
jugée, suffit-il que son motif soit applicable à l'affaire
dans laquelle on en excipe ?

Tout le monde sait que non : encore une fois, il
n'y a exception de chose jugée en toute matière,
suivant l'art. 1351 du Code civil, que lorsqu'il y a
identité entre l'objet de la demande et l'objet de la
nouvelle contestation. Il n'y a exception de chose
jugée en matière criminelle, suivant l'art. 360 du
Code de 1808, que lorsqu'il y a identité entre le fait
déjà jugé et le fait soumis à de nouvelles poursuites.
Or, dans notre espèce, point d'identité entre l'objet
de l'arrêt du 29 décembre 1810 et l'objet des poursuites actuelles ; point d'identité entre les faits de
banqueroute simple sur lesquels l'arrêt du 29 décembre 1810 a déclaré le ministère public non-recevable
à poursuivre le sieur Lagorce, et les faits de banqueroute frauduleuse sur lesquels le sieur Lagorce
est actuellement poursuivi par le ministère public.
Donc point d'exception à tirer ici de l'arrêt du 29
décembre 1810.

» Mais, dit encore le sieur Lagorce, il n'est pas
vrai que je n'aie été poursuivi, avant cet arrêt, que
comme prévenu de banqueroute simple. Je l'ai été
également comme prévenu de banqueroute frauduleuse ; et il a été jugé que cette prévention n'était pas
fondée. Voici comment. — Le sieur Ragouleau avait
déclaré, dans sa plainte, qu'il s'en remettait à l'instruction pour déterminer si la banqueroute qu'il m'imputait, était frauduleuse ou simple. Il avait ensuite
joint à sa plainte un mémoire non signé, par lequel
il articulait contre moi divers faits de banqueroute
frauduleuse. — Puis, le magistrat de sûreté de la
première division du département de la Seine avait
donné, le 25 septembre 1810, un réquisitoire, par
lequel, tout en m'imputant deux des faits de banque-

route frauduleuse que l'on m'impute encore aujour-d'hui, il se bornait à requérir ma traduction devant le tribunal correctionnel, sauf à revenir sur ses pas à l'audience, en cas que la discussion amenât contre moi des preuves de fraude. — Le 26 octobre suivant, nouveau réquisitoire de l'un des magistrats de sûreté, exerçant près le directeur du jury, qui laisse de côté les faits de banqueroute frauduleuse énoncés tant dans le mémoire du sieur Ragouleau que dans le réquisitoire du 25 septembre, et ne demande ma traduction devant le tribunal correctionnel, que sur des faits de banqueroute simple. — Enfin, le 31 du même mois, ordonnance du directeur du jury qui, adoptant les conclusions du ministère public, *renvoie l'affaire à la police correctionnelle, pour y être jugée... Sur la prévention résultante du réquisitoire du magistrat de sûreté.* — Ainsi, non-seulement le ministère public a reconnu, par son réquisitoire du 26 octobre, que je ne devais pas être mis en jugement comme prévenu de banqueroute frauduleuse ; mais le directeur du jury l'a ainsi décidé par son ordonnance du 31 du même mois.

» Oui, le ministère public a reconnu ; oui, le directeur du jury a décidé qu'il n'y avait pas lieu d'instruire contre le sieur Lagorce comme prévenu de banqueroute frauduleuse. Mais que résulte-t-il de cette reconnaissance, que résulte-t-il de cette décision? précisément tout le contraire de ce que le sieur Lagorce prétend en faire résulter. Que le sieur Lagorce n'a pas été mis en jugement et par conséquent n'a pas été jugé sur les faits de banqueroute frauduleuse dont l'accuse aujourd'hui le ministère public ; car, autre chose était, dans les principes du Code du 3 brumaire an 4, d'acquitter un prévenu après une instruction contradictoire et solennelle ; autre chose était de déclarer qu'il n'y avait pas lieu d'instruire contre lui. Dans le premier cas, il y avait un jugement proprement dit, et la règle *Non bis in idem* s'appliquait, dans toute sa force, au second cas ; il n'y avait point de jugement, il n'y avait qu'une décision provisoire de police ; et l'art. 67 du Code du 3 brumaire an 4 portait formellement qu'une décision provisoire de police n'empêchait pas que le prévenu dont elle ordonnait la mise en liberté, ne fût recherché et poursuivi de nouveau pour le même fait.

» Enfin, dit le sieur Lagorce, la question n'est plus entière : elle est tranchée par l'arrêt de la cour de cassation, du 9 mars dernier. Cet arrêt casse celui du 29 décembre 1810, pour avoir jugé que je ne pouvais plus *être poursuivi devant la cour criminelle, sur une prévention de banqueroute simple ou frauduleuse* ; mais il ne le casse que dans l'intérêt de la loi ; il le laisse donc subsister dans mon intérêt ; il juge donc, dans mon intérêt, qu'il résulte de l'arrêt du 19 décembre 1810, que je ne peux plus être poursuivi *sur une prévention de banqueroute frauduleuse* ; il repousse donc à l'avance les poursuites dirigées contre moi, par le procureur-général de la cour de Paris.

» Mais en ne cassant, que dans l'intérêt de la loi, l'arrêt du 29 décembre 1810, en le maintenant dans l'intérêt du sieur Lagorce, vous n'en avez pas changé l'objet ; vous n'avez ni ajouté ni retranché à ses dispositions ; vous l'avez laissé tel qu'il était. Or, cet arrêt avait-il jugé que le sieur Lagorce ne pouvait plus être *poursuivi sur une prévention de banqueroute frauduleuse?* Non certainement : il avait seulement jugé que le sieur Lagorce ne pouvait plus être *poursuivi sur une prévention de banqueroute simple* ; et il n'avait pas pu juger autre chose, puisque ce n'était que sur une prévention de banqueroute simple, que le sieur Lagorce avait été mis en jugement. Donc, en maintenant cet arrêt dans l'intérêt du sieur Lagorce, vous n'avez ni jugé ni pu juger qu'il en résultait, pour le sieur Lagorce, une fin de non-recevoir contre toute poursuite en banqueroute frauduleuse qui pourrait être dirigée contre lui. Donc, c'est par erreur de copiste que, dans votre arrêt du 9 mars dernier, les mots *banqueroute frauduleuse* ont été ajoutés aux mots *banqueroute simple*. Donc le dernier argument du sieur Lagorce, n'est pas plus concluant que les autres.

» Par ces considérations, nous estimons qu'il y a lieu de rejeter la fin de non-recevoir, opposée par le sieur Mondot-Lagorce au recours en cassation du procureur-général de la cour de Paris ; et statuant sur ce recours, casser et annuller l'arrêt de la cour de Paris, du 24 août dernier ».

Arrêt du 12 octobre 1811, au rapport de M. Aumont, par lequel, « la cour reçoit l'intervention de François-Philippe Mondot-Lagorce, et y statuant ainsi que sur le pourvoi du procureur-général, près la cour de Paris ; attendu, en premier lieu, sur la fin de non-recevoir proposée contre ce pourvoi, qu'il ne porte pas sur une mise en liberté, ordonnée d'après une appréciation plus ou moins exacte de preuves ; conséquemment qu'il n'y a pas lieu à l'application des art. 500 et 409 du Code d'instruction criminelle, ni d'aucun autre article de ce Code ; qu'il est fondé sur une prétendue violation des règles de compétence établies par la loi, que dès-lors, et d'après les art. 408 et 406 du même Code, il est recevable, rejète ladite fin de non-recevoir proposée par Mondot-Lagorce ; attendu, en second lieu, relativement au pourvoi du procureur-général, que l'arrêt de la cour de justice criminelle du département de la Seine du 29 décembre 1810, a embrassé dans ses motifs la prévention de banqueroute frauduleuse, comme celle de banqueroute simple, puisque dans son dispositif, il a expressément jugé *qu'il n'y avait lieu à suivre sur la plainte rendue par Ragouleau contre Lagorce ;* que cette plainte de Ragouleau présentait néanmoins et cumulativement la prévention de banqueroute simple et celle de banqueroute frauduleuse ; que, si la cour de justice criminelle a statué, par violation de toutes les règles de sa compétence, sur la prévention de banqueroute frauduleuse qui ne pouvait jamais entrer dans les attributions de la juridiction correctionnelle, l'arrêt de cette cour n'ayant point été attaqué par le ministère public, n'en a pas moins acquis l'autorité de la chose jugée en faveur de Mondot-

Lagorce, sur cette prévention de banqueroute frauduleuse comme sur celle de banqueroute simple, et qu'en faisant résulter de cet arrêt une fin de non-recevoir contre la poursuite du ministère public sur la prévention de banqueroute frauduleuse, la cour de Paris n'a violé aucune loi.

» Par ces motifs, la cour rejette le pourvoi... ».

On voit que cet arrêt ne contrarie nullement les principes qui sont exposés dans les conclusions qu'il rejette. Je puis d'ailleurs assurer que ces principes ont été formellement reconnus par tous les magistrats de la section criminelle, et que le recours en cassation de M. le procureur-général de la cour de Paris, aurait été accueilli sans difficulté, si la cour de cassation n'eût été arrêtée par la manière dont avait été rédigé son arrêt du 9 mai 1811.

XIII. Lorsqu'un agent du gouvernement, poursuivi pour un délit relatif à ses fonctions, sans l'autorisation préalable du conseil d'état, a été acquitté par le jugement qui est intervenu sur les poursuites dirigées illégalement contre lui, peut-on, en annullant ce jugement, ordonner que le prévenu sera poursuivi et jugé de nouveau ; ou ce jugement ne peut-il être annulé, que dans l'intérêt de la loi ?

« Le procureur-général expose qu'il est chargé par le gouvernement de requérir, pour l'intérêt de la loi, l'annullation d'un jugement du tribunal correctionnel de Castellanne, département des Basses-Alpes.

» Le 9 janvier 1808, plainte du magistrat de sûreté de l'arrondissement de Castellanne, expositive que le sieur François Lions, maire de la commune de Castillon, avait recelé publiquement, dans sa maison, Athanase Lions, son fils, déserteur du dix-septième régiment d'infanterie légère.

» Sur cette plainte, informations ; et le 23 du même mois, ordonnance du directeur du jury qui renvoie le sieur François Lions devant le tribunal correctionnel.

» La cause portée à l'audience de ce tribunal, jugement du 1er février suivant, qui acquitte le sieur François Lions, et ordonne qu'il sera mis en liberté.

» Ce jugement n'offrait au fond rien que de juste ; mais il était, ainsi que les procédures et les poursuites qui l'avaient précédé, entaché d'une irrégularité frappante.

» Le sieur François Lions était prévenu d'avoir favorisé la désertion d'un militaire, et par conséquent d'avoir prévariqué dans les fonctions de maire de la commune de Castillon, puisque ces fonctions lui imposaient essentiellement le devoir de rechercher les déserteurs, et de les faire arrêter.

» Dès-là il ne pouvait, aux termes de l'art. 75 de l'acte constitutionnel du 22 frimaire an 8, être poursuivi devant les tribunaux, qu'en vertu d'une décision du conseil d'état, sanctionnée par le gouvernement.

» Le magistrat de sûreté, le directeur du jury et le tribunal correctionnel de Castellanne ont donc

contrevenu à cet article et excédé leurs pouvoirs, les deux premiers en poursuivant, et le troisième en jugeant le sieur Lions, sans qu'une décision préalable du conseil d'état eût autorisé sa mise en jugement.

» Et c'est sur ce fondement que le ministre de l'intérieur a cru devoir dénoncer ces poursuites et ce jugement au gouvernement.

» Mais sa dénonciation ayant été renvoyée au conseil d'état, il y est intervenu, le 1er février 1811, un avis qui a été approuvé le 6 du même mois, et qui est ainsi conçu : « Le conseil d'état, qui... a » entendu le rapport de la section de législation sur » celui du ministre de l'intérieur, tendant à faire » examiner par le conseil d'état, s'il y a lieu à auto- » riser la mise en jugement du sieur Lions, maire » de la commune de Castillon, département des » Basses-Alpes ; vu le procès-verbal dressé, le 8 » septembre 1807, par les gendarmes de Castel- » lanne, duquel il paraît résulter que le sieur Lions, » ex-maire de la commune de Castillon, départe- » ment des Basses-Alpes, aurait, pour le soustraire » à leurs recherches, fait échapper son fils, cons- » crit déserteur ; par une porte intérieure de com- » munication avec la maison voisine ; vu le juge- » ment rendu sur cette affaire, le 1er février 1810, » par le tribunal de Castellanne, sans avoir obtenu » l'autorisation préalable du gouvernement, duquel » cependant il paraît résulter, d'après la vérification » des lieux, qu'il n'existe et n'a jamais existé au- » cune porte de communication entre la maison du » sieur Lions et la maison voisine, et qu'en consé- » quence le conscrit déserteur n'a pu être vu s'é- » vader par-là ; — considérant que la garantie intro- » duite par l'art. 75 de l'acte constitutionnel du 22 » frimaire an 8, l'a été en faveur des fonctionnaires, » et que ce serait là faire tourner contre eux, que » d'anéantir un jugement d'absolution intervenu en » l'absence de cette formalité ; que, dans l'espèce » particulière, une telle décision serait d'autant plus » dure, que l'absolution paraît avoir été justement » prononcée, spécialement en ce que le moyen prin- » cipal d'inculpation a été détruit ; — considérant » néanmoins que la poursuite a été illégale ; — est » d'avis qu'il y a lieu de faire le renvoi du jugement » dont il s'agit, à la cour de cassation, pour y être, » sur la réquisition du procureur-général, statué » dans l'intérêt de la loi (1) ».

» C'est en exécution de cet avis que le grand-juge, ministre de la justice, a transmis à l'exposant le jugement dont il s'agit ; et l'a chargé, au nom du gouvernement, d'en requérir la cassation.

» Ce considéré, il plaise à la cour, vu l'art. 80 de la loi du 27 ventose an 8, et l'art. 1er de la loi du 24 brumaire an 6 ; casser et annuller dans l'in-

(1) Un avis semblable avait déjà été donné le 12 décembre 1809. V. mon Recueil de questions de droit, aux mots non bis in idem, §. 1.

térêt de la loi et sans préjudice de son exécution à l'égard de François Lions, le jugement du tribunal correctionnel de Castellanne, du 1er février 1808, dont expédition est ci-jointe; et ordonner qu'à la diligence de l'exposant, l'arrêt à intervenir sera imprimé et transcrit sur les registres dudit tribunal. » Fait au parquet le 27 mai 1811, *signé* Merlin.

» Ouï le rapport de M. Schwend....; vu l'art. 75 de l'acte constitutionnel du 22 frimaire an 8; considérant qu'en contravention à cette disposition, le sieur François Lions, maire de la commune de Castillon, a été poursuivi et traduit devant le tribunal correctionnel de Castellanne pour faits de prévarication dans ses fonctions, avant qu'aucune autorisation légale de traduction de sa personne devant les tribunaux ne fût intervenue, ce qui présente une violation formelle de la loi citée et un excès de pouvoir; vu aussi l'avis du conseil d'état du 1er février 1811, approuvé...., et le réquisitoire du procureur-général près la cour agissant en conséquence de l'art. 80 de la loi du 27 ventose an 8; la cour casse et annulle dans l'intérêt de la loi,.....».

» Prononcé le 6 juin 1811 ».

XIV. Quel est, par rapport à la règle *Non bis in idem*, l'effet d'une ordonnance du directeur du jury qui, sous le Code du 3 brumaire an 4, a déclaré qu'il n'y avait lieu à suivre, attendu que le crime imputé au prévenu était prescrit, et d'une ordonnance de la chambre du conseil du tribunal de 1re instance qui, sous le Code d'instruction criminelle de 1808, déclare la même chose? Ces ordonnances, lorsqu'elles n'ont pas été attaquées dans le délai de la loi, ou lorsqu'ayant été attaquées, elles ont été confirmées, forment-elles obstacle à ce que le prévenu soit poursuivi de nouveau pour le même fait? y font-elles obstacle, lorsque les nouvelles poursuites sont exercées d'après la plainte de nouvelles parties civiles? y font-elles obstacle, lorsque depuis il est survenu de nouvelles charges?

Le 14 pluviose an 5 (2 février 1797), Guillaume-Michel Roger, négociant à Rouen, suspend ses payemens. — Le 7 germinal an 7 (27 mars 1799), après des tentatives infructueuses d'arrangement avec ses créanciers, il dépose son bilan au tribunal de commerce. — Par suite de ce dépôt, il fait avec la majorité de ses créanciers un concordat dont il poursuit l'homologation contre les refusans. — Ceux-ci motivent leur opposition sur la banqueroute frauduleuse dont ils accusent Roger. — Le 28 floréal an 7, jugement du tribunal de commerce qui, attendu les faits de banqueroute frauduleuse imputés à Roger, rejette sa demande en homologation. — Mais, sur l'appel, le tribunal civil du département de la Seine-Inférieure réforme ce jugement, le 5 messidor suivant, et homologue le concordat.

Le 28 avril 1808, le nommé Mauger, l'un des créanciers opposans à l'homologation, rend une plainte en banqueroute frauduleuse contre Roger, et la fonde sur les mêmes faits qui avaient été articulés, en l'an 7, devant le tribunal de commerce.

— Le 31 du même mois, conclusions du magistrat de sûreté à ce que, d'après l'instruction faite en conséquence de cette plainte, Roger soit traduit devant un jury spécial d'accusation. — Le 10 décembre suivant, ordonnance du directeur du jury, portant que *l'action publique étant prescrite, aux termes des art.* 9 et 10 *du Code du* 3 *brumaire an* 4, *il n'y a pas lieu à suivre.* Mauger se pourvoit en cassation contre cette ordonnance. — Le 25 janvier 1809, arrêt qui le déclare non-recevable, « attendu que la loi du 7 pluviose an 9 n'accorde qu'aux magistrats de sûreté le droit de se pourvoir en cassation contre les ordonnances du directeur du jury qui ne sont pas conformes à ses réquisitions ».

Le 23 février de la même année, le tribunal de première instance de Rouen, prononçant sur l'opposition existante entre les conclusions du magistrat de sûreté et l'ordonnance du directeur du jury, adopte l'opinion de celui-ci.

Le 19 novembre 1811, les sieurs Vimard, Barray et Hendron rendent contre Roger une nouvelle plainte en banqueroute frauduleuse.

Le 28 du même mois, ordonnance de la chambre du conseil du tribunal de première instance, qui, sur le rapport du juge d'instruction et conformément aux conclusions du procureur du gouvernement, « considérant que le prévenu Roger a été poursuivi en banqueroute frauduleuse, et qu'il a été déchargé des poursuites faites contre lui, par ordonnance du directeur du jury du 10 décembre 1808, fondée particulièrement sur ce que la prescription était acquise; que cette ordonnance a été confirmée par jugement du tribunal de première instance rendu sur le conflit d'opinions d'entre le directeur du jury et le magistrat de sûreté, le 25 février 1809; que la partie civile s'étant pourvue en cassation de ladite ordonnance, a été déclarée non-recevable en son pourvoi par arrêt de la cour de cassation du 19 janvier 1809, que des poursuites pour le même fait de banqueroute ne peuvent donc être renouvelées aujourd'hui après 14 années de faillite.... ».

Le 30, opposition à cette ordonnance de la part des sieurs Vimard, Barray et Hendron, parties civiles. — Le procureur-général appuie cette opposition, et conclut, de son chef, à l'annulation du jugement du 22 février 1809.

Le 9 janvier 1812, arrêt de la chambre d'accusation de la cour de Rouen, qui, « attendu qu'il faut distinguer une faillite d'une banqueroute; que, dans le premier cas, le débiteur est poursuivi civilement par ses créanciers, parce qu'une faillite ne donne lieu qu'à des intérêts civils; que, dans le second cas, où le débiteur est dénoncé comme ayant agi en fraude de ses créanciers légitimes, le magistrat placé par la loi pour la vindicte publique, intervient et poursuit directement non-seulement pour l'intérêt de la partie civile, mais encore pour l'intérêt de la société; que c'est donc du jour que le magistrat chargé de la poursuite des crimes et délits a été informé qu'un individu a fait une banqueroute, que le délai pour la prescription doit courir; que

Roger ne peut invoquer en sa faveur toutes les discussions qui ont eu lieu entre lui et ses créanciers devant les tribunaux civils depuis l'an 5', époque où il a déclaré être tombé en faillite, ni de la date du dépôt de son bilan, du 7 germinal an 7, pour en conclure, comme les premiers juges l'ont fait, que le fait a été connu et légalement constaté à partir de l'an 5, ou, au moins de l'an 7, qu'en effet on ne peut, de l'allégation de quelques faits de fraude devant les tribunaux civils, tirer la conséquence que le crime a été constaté, puisqu'aux termes de l'art. 9 du Code du 3 brumaire an 4, il ne suffit pas que l'existence d'un délit soit connue, il faut encore qu'elle soit constatée; que le magistrat de sûreté de Rouen, institué pour la recherche et la poursuite des délits dans son arrondissement, n'a eu une connaissance légale de la prévention de banqueroute frauduleuse imputée à Roger, que le 1er mai 1808, jour de la réception de la plainte de Guillaume Mauger, et qu'il n'a pu se livrer à la contestation légale du crime dénoncé qu'à partir dudit jour 1er mai 1808; que cette plainte a été suivie d'une instruction et que dès lors, et conformément à l'art. 10 du Code du 3 brumaire an 4, la prescription ne peut s'acquérir que par un laps de six années, d'où il suit que les sieurs Hendron, Vimard et Barray le jeune ont donné leur plainte en temps de droit; qu'on ne peut opposer à ces parties civiles le jugement rendu le 25 février 1809 sur le conflit d'opinion qui existait entre le directeur du jury et le magistrat de sûreté, puisqu'elles n'étaient point parties au procès, et que Guillaume Mauger était le seul plaignant; que l'arrêt de la cour de cassation du 25 janvier 1809 intervenu sur le pourvoi dudit Mauger contre l'ordonnance du directeur du jury, ne peut pas davantage être opposé aux sieurs Hendron, Vimard et Barray le jeune, 1° parce qu'ils n'y ont pas figuré; 2° parce que cet arrêt n'a pas statué sur le fait de la prescription adoptée par le directeur du jury; mais qu'il a seulement déclaré Mauger non-recevable dans son pourvoi; que, d'un autre côté, lors du jugement du 25 février 1809, le tribunal de première instance ne s'est occupé que de l'exception de la prescription, et n'est point entré dans l'examen des faits articulés ou rapportés contre Roger pour constater que sa banqueroute était frauduleuse; que, dans ces circonstances, il est indifférent que les plaignans actuels articulent des faits nouveaux, ou que de nouvelles charges résultent de l'instruction à faire pour dire qu'il y a lieu à poursuites contre ledit Roger, puisque le fait de banqueroute frauduleuse dont il est prévenu n'a point été soumis au jury d'accusation; qu'enfin, les plaignans étant créanciers de Roger, et agissant en leur nom personnel, ont qualité pour poursuivre leur débiteur; — Et en ce qui concerne le ministère public, considérant que l'art. 17 de la loi du 7 pluviose an 9 était facultatif; qu'un substitut pouvait ne pas envoyer au procureur-général près la cour de justice criminelle le jugement contraire à sa réquisition; qu'il n'appert point que le jugement du 25 février 1809 ait été soumis à l'examen du procureur-général; que ce magistrat n'a donc pas eu une connaissance légale de ce jugement; qu'il résulte cependant de la lettre et de l'esprit de ladite loi du 7 pluviose, que le procureur-général ne pouvait pas infiniment attaquer, par la voie de l'appel, pareilles décisions; que l'art. 18 de la loi du 7 pluviose an 9 ne fixe point, à la vérité, le délai dans lequel le procureur-général près la cour criminelle doit soumettre à cette cour la décision que les juges de première instance auraient rendue contrairement à l'avis du magistrat de sûreté, mais qu'à cet égard il faut avoir recours aux autres lois en matière criminelle; or, l'art. 197 du code du 3 brumaire an 4 n'accordait que le délai d'un mois à l'accusateur public sans appeler des jugemens rendus en police correctionnelle; et l'art. 441 n'accordait qu'un délai de trois jours pour se pourvoir contre les jugemens de condamnation, et un délai seulement de vingt-quatre heures contre les jugemens d'absolution; qu'enfin tous les délais en matière criminelle, étaient très-courts et non indéfinis; que dès-lors, le procureur-général ne peut être écouté aujourd'hui dans sa demande en annullation du jugement du 25 février 1809; mais que les sieurs Hendron, Vimard et Barray le jeune sont-opposans à une ordonnance de mise en liberté rendue le 28 novembre 1811, par la chambre d'instruction du tribunal de première instance de Rouen; que le ministère public a bien le droit d'examiner si cette ordonnance est conforme aux principes, et qu'elle ne peut être identifiée avec le jugement du 25 février 1809; que le motif de cette ordonnance (du 28 novembre 1811) étant que la prescription était acquise avant la plainte de Guillaume Mauger, le procureur-général qui n'adopte pas un pareil motif peut et doit conclure à l'annullation de cette ordonnance...; que le fait de banqueroute frauduleuse a été prévu et qualifié crime par l'ordonnance de commerce de 1673, par le code pénal de 1791 et par le nouveau code pénal de 1810; vu les art. 9 et 10 de la loi du 5 brumaire an 4, et les art. 135, 231, 235, 236, 237 et 250 du nouveau Code d'instruction criminelle....; Statuant sur l'opposition des parties civiles et sur les réquisitions du procureur-général, sans avoir égard à la demande en annullation du jugement du 25 février 1809, déclare que la prescription n'est point acquise pour le fait de banqueroute frauduleuse imputé à Guillaume-Michel Roger; ce faisant, annulle l'ordonnance rendue le 28 novembre dernier par le tribunal de l'arrondissement de Rouen, et vu ce qu'il résulte des pièces du procès, ordonne que ledit Roger restera provisoirement en état d'arrestation comme prévenu de banqueroute frauduleuse; qu'il sera informé contre lui sur les faits consignés dans la plainte du 19 novembre 1811.... ».

Guillaume-Michel Roger se pourvoit en cassation contre cet arrêt.

« Nous n'avons pas à examiner, dans cette affaire (a-t-je dit à l'audience de la section criminelle, le 9 mai 1812) si le tribunal de première instance de Rouen avait bien ou mal jugé, en décidant, le 23 février 1809, conformément à l'ordonnance du directeur du jury du 10 décembre 1808, que l'action publique - ait prescrite à l'égard de la banqueroute frauduleuse imputée à Guillaume-Michel Roger.

» Mais le jugement bon ou mauvais qu'il avait rendu sur ce point, n'ayant été ni attaqué par le ministère public dans le délai de la loi, ni réformé le temps par le tribunal supérieur, avait-il l'autorité de la chose jugée, et formait-il un obstacle légal à de nouvelles poursuites, lorsque les sieurs Vimard, Barray et Hendron ont rendu la plainte sur laquelle est intervenu l'arrêt qui vous est dénoncé? Voilà ce qui doit fixer votre attention.

» Une chose fort étrange, c'est que la cour de Rouen ne s'est pas expliquée sur cette question; qu'elle en a regardé la négative comme indubitable; et que, tout en déclarant même le procureur général non-recevable à attaquer le jugement du 23 février 1809, elle a prononcé comme si ce jugement n'existait pas.

» Quel motif a pu le porter à une pareille détermination ?

» Aurait-elle pensé que la règle *Non bis in idem* n'a lieu en matière criminelle, que lorsqu'un accusé est acquitté par le jury à la suite d'un débat public?

» C'eût été, de sa part, une grande erreur. En disant, art. 360, *que toute personne acquittée légalement, ne pourra plus être reprise ni accusée à raison du même fait*, le Code d'instruction criminelle fait bien au cas où l'accusé est acquitté par le jury, l'application de la règle *Non bis in idem ;* mais il ne la restreint point à ce cas.

» Très-certainement si, au lieu d'être acquitté par le jury, l'accusé était absous par un jugement, on ne pourrait plus le reprendre ni le poursuivre pour le même fait, et cependant le Code d'instruction criminelle ne contient là-dessus aucune disposition.

» On ne pourrait également plus reprendre ni poursuivre pour le même fait, le prévenu d'un délit de police correctionnelle, qui serait renvoyé soit par un arrêt ou un jugement en dernier ressort, soit par un jugement de première instance, dont il n'y aurait pas eu d'appel ; et cependant le Code d'instruction criminelle est également muet à cet égard.

» En deux mots, l'autorité de la chose jugée ne lie pas moins les tribunaux criminels que les tribunaux civils; et dès-là, nul doute qu'un jugement de première instance qui déclare un crime prescrit, n'élève, tant qu'il subsiste, tant qu'il n'a pas été réformé, une barrière insurmontable contre toutes poursuites ultérieures.

» Inutile d'objecter que le jugement du 23 février 1809 n'a fait que confirmer l'ordonnance du directeur du jury qui déclarait la prescription acquise à Roger; que cette ordonnance n'était et que ce que l'art. 67 du Code du 5 brumaire an 4 appelait une *décision provisoire de police ;* et que par conséquent elle n'empêchait pas que Roger ne fût poursuivi de nouveau.

» L'art. 67 du Code du 5 brumaire an 4 n'était relatif qu'à l'ordonnance de mise en liberté qui in-

tervenait, après l'interrogatoire du prévenu, sur le fondement qu'il s'émit disculpé; et l'on n'aurait pas pu l'appliquer à une ordonnance de mise en liberté motivée sur la prescription du crime ou du délit.

» Si un recours en cassation eût été exercé contre l'ordonnance d'un directeur de jury qui, d'accord avec les conclusions du ministère public, eût déclaré la prescription acquise au prévenu, auriez-vous pu admettre ce recours? Oui, sans doute, et il y en a plusieurs exemples. Donc vous auriez considéré cette ordonnance comme définitive ; donc vous auriez jugé que cette ordonnance n'était pas comprise dans la disposition de l'art. 67 du Code du 3 brumaire an 4.

» La cour de Rouen aurait-elle pensé que le jugement du 23 février 1809 ne pourrait pas être opposé aux sieurs Vimard, Barray et Hendron, qui n'y avaient pas été parties?

» Nous ne saurions croire qu'elle se soit méprise à ce point sur les conditions requises pour donner lieu, en matière criminelle, à l'exception de chose jugée.

» Sans doute, en matière criminelle comme en matière civile, les jugemens n'ont de force qu'entre les parties avec lesquelles ils ont été rendus. Sans doute, en matière criminelle comme en matière civile, il est de principe que *res inter alios judicata aliis nocere non potest.*

» Mais dans un procès criminel, quelles sont les véritables parties? Il n'y en a point d'autre que le ministère public et le prévenu.

» A la vérité, la partie civile intervient dans ce procès ; mais à son égard, ce procès n'est point criminel, il est purement civil; et c'est ce que fait clairement entendre l'art. 5 du Code d'instruction criminelle, lorsqu'il dit : *l'action civile peut être poursuivie en même temps et devant les mêmes juges que l'action publique.*

» Il suffit donc que le prévenu soit, ou acquitté, ou absous, ou déchargé par l'effet de la prescription, contradictoirement avec le ministère public, pour que le ministère public ne puisse plus le poursuivre à raison du même fait.

» Il n'importe que le ministère public soit excité à de nouvelles poursuites par une autre partie civile.

» Que fait, dans ce cas, la nouvelle partie civile? Elle intente une action privée. Mais l'exercice d'une action privée peut-il faire revivre une action publique qui est éteinte? Il le peut d'autant moins, que l'action privée est elle-même non recevable dans ce cas. Qui est-ce qui ignore en effet que toute demande civile en réparation du dommage causé par un crime, est interdite du moment que le crime ne peut plus être poursuivi par l'action publique?

» Enfin, la cour de Rouen aurait-elle pensé que les faits prétendus nouveaux de dol et de fraude articulés par les nouvelles parties civiles, l'autorisaient à écarter le jugement du 23 février 1809 ?

» Mais elle a elle-même refusé expressément de s'expliquer sur la nature de ces faits. Elle a elle-même dit qu'il était indifférent que ces faits dussent être considérés comme véritablement nouveaux, ou qu'on ne dût les envisager que comme de nouvelles charges des faits que le jugement du 23 février 1809 avait déclarés prescrits.

» Si, séparant ces faits prétendus nouveaux, de ceux sur lesquels avait statué le jugement du 23 février 1809, elle eût jugé que ces faits n'étaient pas seulement de nouvelles charges, et qu'ils constituaient un nouveau crime indépendant de celui qui avait été jugé prescrit par le tribunal de première instance de Rouen, nous aurions à examiner si, en cela, elle eût violé quelque loi; mais cet examen serait inutile ici; il n'est même pas, dans l'état actuel des choses, de la compétence de la cour.

» En dernière analyse, rien ne peut justifier l'arrêt de la cour de Rouen; et nous estimons en conséquence qu'il y a lieu de le casser et annuller ».

Par arrêt du 9 mai 1812, au rapport de M. Busschop, « la cour reçoit l'intervention des sieurs Hendron, Vimard et Barray le jeune, parties civiles; — et vu l'art. 1er du Code pénal de 1810; les art. 15, 16, 17, 18 et 19 de la loi du 7 pluviose an 9, et les art. 221, 228, 229, 231 et 408 du nouveau Code d'instruction criminelle... ; considérant que la prescription, en anéantissant l'action publique qui devait naître d'un fait criminel, anéantit aussi la peine que la loi attachait à ce fait; que, d'après l'art. 1er du Code pénal ci-dessus transcrit, un fait en faveur duquel la prescription est acquise, n'est donc plus un fait qualifié crime par la loi; que, d'après l'art. 231 du Code d'instruction criminelle, et les art. 221 et 229 qui le précèdent, les cours d'appel ne peuvent prononcer des mises en accusation et conséquemment ordonner des informations nouvelles à cet effet, que dans le cas d'un fait *qualifié crime par la loi*; que, hors de ce cas, l'arrêt de mise en accusation qu'elles peuvent rendre, et les informations qu'elles peuvent ordonner dans le but de cette mise en accusation, constitue une violation des règles de leur compétence; que, dans l'espèce, il y avait eu en 1808, contre Guillaume-Michel Roger, plainte en banqueroute frauduleuse; que, sur cette plainte et les informations dont elle a été suivie, il y avait eu réquisitoire du magistrat de sûreté aux fins de la traduction du prévenu devant un jury spécial d'accusation; que, sur ce réquisitoire, il avait été rendu, par le directeur du jury, une ordonnance qui avait déclaré que le crime de banqueroute qui était l'objet de la plainte, était prescrit, et qu'en conséquence il n'y avait pas lieu à suivre; que, sur ce conflit ainsi formé entre le magistrat de sûreté et le directeur du jury, le tribunal de première instance de Rouen, qui en fut saisi en exécution de l'art. 16 de la loi du 7 pluviose an 9, rendit un jugement qui approuva et confirma l'ordonnance du directeur du jury; que ce jugement ne fut point attaqué de l'objet de la plainte; était prescrit, et qu'en conséquence il n'y avait pas lieu à suivre; que, sur ce par le ministère public devant la cour de justice criminelle, ainsi qu'il pouvait l'être d'après les art. 17, 18 et 19 de la même loi du 7 pluviose an 9, qu'après l'expiration du délai de l'appel, il avait donc

acquis l'autorité de la chose jugée; que ce jugement n'avait pas statué sur une question relative à l'état des charges lorsqu'il avait été rendu, et conséquemment sur une question dont la décision pût être modifiée d'après les nouvelles preuves qui auraient pu être découvertes; que ledit jugement avait prononcé sur une exception péremptoire, indépendante des charges produites et de celles qui pourraient être postérieurement, sur une exception qui anéantissait tout droit de poursuite contre le fait de la plainte, et lui ôtait conséquemment la qualification de crime; qu'il ne pouvait donc y avoir lieu à nouvelles poursuites sur ce fait sur le prétexte de nouvelles charges; qu'il ne pouvait pas non plus en être fait sur une nouvelle plainte rendue par des créanciers étrangers à la première plainte de 1808; qu'en effet, les parties civiles ne peuvent agir au criminel qu'accessoirement à l'action publique; que l'action publique étant éteinte en faveur de Roger, sur le fait de banqueroute qui avait été le sujet de la plainte de 1808, aucune partie civile ne pouvait être reçue à reproduire ce même fait pour en faire la matière d'une poursuite au criminel; que l'arrêt de la cour de Rouen qui, sur la plainte rendue le 19 novembre 1811, par Hendron, Vimard et Barray le jeune, sur le même fait de la plainte de 1808, a jugé de nouveau la question de prescription, l'a déclarée non acquise, a annullé l'ordonnance de *il n'y a lieu à suivre*, rendue par la chambre d'instruction, a ordonné que Roger resterait provisoirement en état d'arrestation comme prévenu de banqueroute frauduleuse, et qu'il serait informé contre lui sur les faits de la plainte du 19 novembre 1811, a donc tout à la fois violé la chose irrévocablement jugée, et contrevenu aux règles de compétence établies par la loi; — la cour casse et annulle... ».

XV. La règle *non bis in idem*, est-elle applicable à ce cas : — Un particulier signe à la fois une obligation causée pour argent prêté, et un écrit par lequel il reconnaît que cette obligation a pour véritable cause des vols dont il s'est rendu coupable. Il rend contre celui au profit duquel il a signé cette obligation et cet écrit, une plainte par laquelle il l'accuse de les lui avoir extorqués par violence. Sur cette plainte, le créancier prétendu est mis en accusation. Le jury le déclare non coupable. Le signataire des deux actes est ensuite poursuivi correctionnellement par le ministère public, comme coupable de vols. Jugement et arrêt qui, sans que le prétendu créancier se soit rendu partie civile, acquittent le prévenu, sur le double fondement que les vols ne sont pas prouvés, qu'au contraire il est prouvé qu'ils n'ont pas eu lieu, et que l'écrit par lequel il en a fait l'aveu, lui a été surpris par de mauvaises voies. Fort de ce jugement et de cet arrêt, le signataire des deux actes, en demande la nullité devant les juges civils. Le prétendu créancier lui oppose, 1° que les deux actes ont été implicitement jugés valables par la déclaration du jury; 2° que le jugement et l'arrêt correctionnels n'ont pas contre lui l'autorité de la chose jugée ; 3° que l'écrit par lequel les vols ont été avoués, doit l'emporter, devant les juges civils, sur le jugement et l'arrêt correctionnels ?

Voici l'espèce dans laquelle cette question s'est présentée.

Le 9 juillet 1810, le sieur Charret, médecin à Bourges, signe, au profit du sieur Félix Tourangin, marchand en la même ville, plusieurs billets à ordre, montant ensemble à 24,000 fr. et causés *valeur reçue comptant*. — Au même instant, il signe et remet au sieur Tourangin, un écrit par lequel il reconnaît que la véritable cause de ces billets est la réparation de vols qu'il a faits à celui-ci. — Au même instant encore, survient un notaire devant lequel le sieur Charret souscrit un acte par lequel il reconnaît que le sieur Tourangin lui a prêté une somme de 24,000 fr., s'oblige de la lui rembourser en quatre termes de six mois chacun, et affecte à son obligation un immeuble qu'il désigne spécialement.

Le 17 du même mois, le magistrat de sûreté rend, contre le sieur Charret, une plainte par laquelle, d'après la rumeur publique, il l'accuse de vols commis au préjudice du sieur Tourangin. Cette plainte est suivie d'une information.

Le 30 août suivant, le sieur Charret rend, contre le sieur Félix Tourangin, contre le sieur Auguste Tourangin, son frère, et contre d'autres particuliers, une plainte en violences et voies de fait qu'il prétend avoir été exercées contre lui, pour lui extorquer les billets, l'écrit et l'obligation notariée du 9 juillet. Il y détaille ces violences et voies de fait, et il conclut *à la nullité et à la remise de tous lesdits actes, comme étant sans cause légitime, et au contraire le fruit de menaces, de voies de fait et de la crainte, formant aussi une demande de 24,000 fr. de dommages-intérêts.*

Le 29 avril 1811, le magistrat de sûreté dresse, contre les sieurs Tourangin et leurs co-prévenus, un acte d'accusation sur les faits compris dans la plainte du sieur Charret. — Le 1er mai suivant, déclaration du jury, portant qu'il y a lieu à accusation. — En conséquence, le procès est porté devant la cour d'assises du département du Cher. — Le 31 du même mois, le jury de jugement déclare que « Félix Tourangin n'est pas coupable d'avoir extorqué par violence l'obligation à lui consentie par Charret, partie civile, par acte reçu Achet, notaire à Bourges, le 9 juillet 1810 », et que ses co-accusés ne sont pas coupables des faits de complicité qui leur sont imputés respectivement. — Sur cette déclaration, ordonnance du président qui acquitte les accusés, et arrêt qui condamne Charret aux dépens, déclare ses mémoires calomnieux, donne acte aux accusés de leur renonciation à toute demande en dommages-intérêts, ordonne que l'arrêt sera imprimé et affiché à cinq cents exemplaires, aux frais de Charret.

Les choses en cet état, le ministère public re-prend les erremens de la plainte en vols qu'il a rendue contre le sieur Charret, le 17 juillet 1810.

Le 5 août 1811, jugement du tribunal correctionnel de Bourges, ainsi conçu : « 1° est-il prouvé qu'il ait été commis des vols chez Félix Tourangin ? 2° en les supposant établis, est-il prouvé que Charret en soit l'auteur ? Considérant que, d'après l'instruction, le sieur Charret est prévenu de plusieurs vols, les uns antérieurs au mois de juillet 1810, les autres annoncés faits dans ce même mois de juillet ; ».

Considérant, quant aux premiers, que deux des témoins, entendus, alors facteurs du sieur Tourangin, et dont un demeure encore chez lui, parlent bien de galons de fil, de dentelles, de louis qu'ils disent avoir disparu de chez le sieur Tourangin; mais que ni l'un ni l'autre n'a dit que ces objets eussent été volés par le prévenu ; qu'ils ont seulement dit le présumer et les lui attribuer depuis que le sieur Charret a été accusé d'avoir fait des vols chez le sieur Félix Tourangin; qu'il est même invraisemblable que le sieur Charret ait pu dérober la grande quantité de galons de fil que les témoins ont dit avoir disparu à la fois; qu'ils ne paraissent pas avoir cru à ces vols, puisqu'étant facteurs et responsables au moins de surveillance, ils n'ont prévenu le sieur Tourangin ni des uns ni des autres; que le sieur Tourangin ne paraît pas avoir lui-même cru à ces vols, puisque, d'après la déposition du sieur Buchon, il repoussa, avec une sorte d'indignation, l'avis que celui-ci lui donna des bruits qui circulaient, avant le premier juillet 1810, sur des infidélités reprochées au prévenu ; puis encore que, dans son interrogatoire du 25 février 1811, il déclare *que son dernier inventaire lui ayant présenté un déficit de trente mille francs sur les bénéfices qu'il devait attendre, il en chercha les causes, sans pouvoir l'attribuer au vol; qu'il crut ne pouvoir l'attribuer qu'à son commerce de gros qui, depuis deux ans, était devenu plus difficile;*

» Considérant, quant aux vols que le sieur Charret est prévenu d'avoir commis dans le mois de juillet 1810, que de l'instruction semblent résulter plusieurs preuves du délit, et que le prévenu en est l'auteur; 1° les épreuves faites chez le sieur Félix Tourangin, les 2, 3, 4, 5 et 9 juillet 1810 ; 2° les aveux imputés au prévenu; 5° son écrit du 9 juillet; 4° son silence et ses démarches pendant le temps qui s'est écoulé entre le 9 juillet et le moment de son départ de cette ville; — qu'il faut distinguer les épreuves des 2, 3, 4 et 5 juillet de celle du 9; que, quant aux premières, les sieurs Félix et Auguste Tourangin sont les seuls qui en déposent; que les autres témoins n'en parlent que d'après ce qu'ils en ont appris des sieurs Félix et Auguste Tourangin ; et que ces deux témoins ont été valablement reprochés; que leurs déposititions même ne prouveraient pas qu'il eût été commis des vols chez eux les 2, 3, 4 et 5 juillet, ni que le prévenu en fût l'auteur; qu'en effet, ils ne disent pas avoir vu commettre des vols chez eux, et qu'ils l'aient été par le prévenu ; mais qu'ils l'assurent seulement par induction, qu'ils tirent cette induction de ce qu'ayant placé dans leurs comptoirs et sur la cheminée de leur chambre, de l'argent compté, pour éprouver la fidélité du prévenu, contre lequel on leur avait donné des préventions, ils ont trouvé du déficit lors des vérifications faites par eux seuls après le départ du prévenu ; mais que le déficit regardé comme constant, on ne pourrait pas être certain qu'il fût l'effet d'un vol, et que le prévenu en fût l'auteur, puisque, d'une part, la boutique et les magasins du sieur Tourangin étant ouverts à tout le monde, on ne pourrait pas être certain que nul autre que le prévenu n'aurait dérobé les sommes trouvées en déficit ; et que, de l'autre, les sieurs Félix et Auguste Tourangin ayant déclaré qu'ils n'avaient mis personne de leur maison dans la confidence, il serait possible que, pour le cours du commerce et pour le mouvement de la boutique, quelques personnes de la maison eussent touché aux sommes déposées pour les épreuves, sans qu'elles se le rappelassent ; que, quant au fait porté au 4 juillet, le sieur Auguste Tourangin, qui en parle seul, dit *que le prévenu étant venu, sur les six heures, lui proposer d'aller ensemble au spectacle, il le laissa seul pendant qu'il monta changer d'habits ; que le prévenu saisit cette occasion, pour prendre une somme de* 30 *livres sur celle de* 500 *livres que lui Auguste avait comptée à dessein, et mise dans le comptoir laissé entr'ouvert ; qu'encore bien qu'il fît beaucoup de bruit dans la cour, pour lui donner le temps de se retirer, lui Auguste, qui avait entendu le son de l'argent, le vit encore penché sur le comptoir, et tendant la main dans le comptoir, où était l'argent ;* mais que cette déposition ne prouve pas la culpabilité du prévenu ; qu'en effet, on ne voit pas en quel temps le sieur Auguste Tourangin, qui ne paraissait pas attendre le prévenu, a pu compter et déposer de l'argent destiné à cette épreuve ; que l'on n'aperçoit pas non plus dans cette déposition, comment le sieur Auguste Tourangin, qui aurait voulu éprouver le prévenu, et qui aurait réussi à le prendre sur le fait, aurait pu, au lieu de le surprendre, faire, comme il le dit, du bruit pour empêcher d'être surpris, ni comment, s'il a été retenu, parce qu'il était seul, il a pu se taire, et ne pas lui faire du moins apercevoir qu'il venait d'acquérir la preuve de son infidélité ; qu'ainsi on doit présumer que le sieur Auguste Tourangin n'était pas lui-même très-certain du fait dont il parle ; que l'on peut penser que les sieurs Félix et Auguste Tourangin n'étaient pas eux-mêmes convaincus de l'infidélité du prévenu, par les épreuves des 2, 3 et 4 juillet ; qu'en effet, ayant, suivant la déclaration du sieur Félix, reçu antérieurement des avis qui leur rendaient le prévenu suspect, et ayant dû, s'ils acquéraient des preuves contre lui, concevoir encore plus d'indignation contre le prévenu, qui, à l'infidélité, aurait ajouté l'abus de confiance ; il doit paraître extraordinaire qu'ils aient pu y résister, continuer leurs épreuves jusqu'au nombre de quatre, ne s'en pas contenter encore et vouloir les répéter, au lieu de le saisir dès la première ou seconde épreuve établie, ou l'expulser de chez eux, ou le poursuivre en

réparation des torts qu'ils auraient été certains qu'il leur aurait causés.

» Qu'ainsi on doit conclure qu'il n'est pas prouvé que le prévenu se soit rendu coupable de vols les 2, 3, 4 et 5 juillet chez le sieur Tourangin ; — en ce qui concerne le vol qu'il est accusé d'avoir fait le 9 du même mois ; qu'aucun des témoins entendus ne dépose avoir vu le prévenu commettre ce vol ; que leur silence sur ce point est d'autant plus remarquable, que, d'après l'instruction, on s'était assuré que le prévenu viendrait le 9 chez le sieur Félix Tourangin ; que ce jour avait été choisi pour une dernière épreuve ; qu'à cet effet plusieurs personnes s'étaient concertées ; que plusieurs surveillaient, et que même quelqu'un était placé de manière que, sans être aperçu du prévenu, il l'aurait vu, s'il eût porté la main dans le vase déposé sur la cheminée, dans lequel était l'argent destiné à l'épreuve ; qu'ainsi on doit déjà conclure que cette épreuve n'a pas fourni de preuve de vol fait par le prévenu ; qu'on trouve encore moins cette preuve, si on remarque que, dans la matinée de ce jour, 9 juillet, le prévenu est bien entré deux fois chez le sieur Félix Tourangin, mais qu'on ne peut apercevoir l'instant où il s'y serait trouvé seul ; qu'en effet, d'après l'instruction, il s'est trouvé, lors de la première entrée, soit avec la demoiselle Hortense, fille de boutique, soit avec le sieur Bousique, facteur, qui l'a consulté sur sa santé, soit avec la domestique, à qui il a donné des ordres relatifs aux enfans du sieur Félix Tourangin, et qui lui a servi à déjeûner, soit avec le sieur Molliet, qui est arrivé pendant qu'il déjeûnait, et qui dit avoir bu un coup et trinqué avec lui ; que la seconde fois il est revenu avec le sieur Félix ; qu'il y avait alors dans les boutique et magasin, outre les personnes de la maison, deux autres personnes qui, d'après leur propre déclaration, s'occupaient de surveiller le prévenu, et de le saisir sur le fait, s'il eût commis un vol ; que, d'après ces circonstances, et même de cela seul qu'on a laissé le prévenu sortir librement sans lui faire. La plus légère observation ; on doit conclure que ceux qui le surveillaient, ne se sont pas assurés du vol prétendu fait le 9 ; qu'ainsi, jusque-là, le corps du délit n'est point prouvé ; que, d'après les dépositions de quelques-uns des témoins, le prévenu a été trouvé dans la maison où on l'a conduit, nanti d'écus marqués de la même manière que ceux qui avaient été préparés pour l'épreuve ; mais que le prévenu a observé, 1° que, suivant les dépositions, il y aurait eu sur l'argent placé dans l'écuelle, un déficit de 67 francs, et qu'on a dit qu'il n'a été trouvé sur lui que 30 ou 33 francs ; 2° qu'il eût cependant dû être nanti de tout ce qu'il aurait pris, puisque, suivi presque aussitôt sa sortie de chez le sieur Félix Tourangin, il n'aurait pu se dessaisir de ce qu'il aurait pris, étant prouvé qu'il n'est entré que chez le sieur Buchon, où il n'a rien payé, et qu'il était à peine arrivé chez lui, et occupé à s'entretenir dans sa cour avec un particulier, lorsqu'on vint l'avertir, et qu'il se rendit chez le sieur Grandcour ; 3° que, si on veut supposer qu'il aurait eu l'intention de se dessaisir de l'argent dérobé, il n'eût pas manqué de le quitter tout; 4° que la vérification et comparaison des pièces trouvées sur le prévenu, avec des pièces destinées à l'épreuve, attestée par ceux qui l'ont faite, ne l'a pas été dans le moment où l'argent trouvé sur le prévenu a été déposé sur la cheminée; qu'elle n'a pas été faite avec des écus représentés à l'instant, mais avec des écus que le sieur Remi Tourangin est allé chercher chez Félix, après que l'argent trouvé sur le prévenu a été placé sur la cheminée, et examiné par deux des témoins; 5° que, suivant la déclaration d'Auguste, qui a fait seul la vérification de l'argent qui avait été destiné à l'épreuve, que seul aussi il avait placé sur la cheminée de la chambre, il a été dérobé 67 francs, composés de neuf écus de six livres, deux écus de cinq francs et d'un écu de trois livres, et qu'on n'a trouvé sur le prévenu que 30 ou 33 francs qui étaient composés de deux écus de six livres, de deux ou quatre petits écus de trois livres, quand il n'en manquait qu'un seul, d'après la vérification; et quatre pièces de trente sols, quand il n'en manquait point, d'après cette même vérification; et qu'on n'a point trouvé d'écus de cinq francs, quoique, suivant la même vérification, il en manquât deux; qu'ainsi, il n'y a identité ni d'espèces, ni de sommes entre celles annoncées en délict et celles trouvées sur le prévenu; qu'ainsi, les vérifications et comparaisons ne prouvent pas encore le corps du délit imputé au prévenu; que, quant aux aveux imputés au prévenu, les aveux d'un prévenu, toujours insuffisans pour motiver seuls sa condamnation, lorsque le corps du délit n'est pas prouvé, opèrent encore moins la conviction, *lorsqu'on ne peut pas les regarder comme libres et volontaires*, que, dans l'espèce, il a été jugé, par l'arrêt rendu sur la plainte du prévenu, il n'a pas été exercé envers lui de violences que réprime la loi; mais qu'on ne peut pas croire que le prévenu eût sa pleine liberté d'esprit, quand il est prouvé qu'affaibli par la maladie, n'ayant pris que peu d'alimens chez le sieur Félix, et dans une séance de plusieurs heures, après avoir souscrit des billets montant à 24,000 francs, qui, d'après l'instruction, avaient pour cause unique la réparation des vols qu'on lui reprochait d'avoir faits chez le sieur Félix Tourangin, il a encore copié un écrit, dont le modèle lui avait été fourni, par lequel il reconnaissait qu'il s'était rendu coupable de vols; qu'on ne peut pas croire que ce soit avec une entière liberté d'esprit qu'il ait signé un acte qui devait répandre le déshonneur sur lui et sur sa famille : ce qu'il eût d'autant moins fait s'il eût eu le libre exercice de ses facultés; que ce qui vient d'être dit et établi, prouve qu'il n'avait pas à craindre d'être convaincu des vols qu'on lui reprochait; que le silence gardé par le prévenu, sa conduite et ses démarches depuis son écrit jusqu'à son départ de Bourges, opèrent bien une prévention contre lui, mais qu'on en est moins frappé quand on considère la position dans laquelle il devait être après la journée du 9 juillet, lors même qu'oubliant les engagemens qu'il avait contractés, il n'aurait été poursuivi que par le sou-

venir de l'écrit qui existait contre lui; que cette prévention perd surtout de sa force devant cette vérité, que le corps du délit n'est pas établi; que, quant aux préventions qui auraient pu résulter des reproches faits au prévenu, à raison des faits antérieurs et étrangers à la plainte, les torts qu'un prévenu a pu avoir, et même les délits qu'il a pu commettre antérieurement, ne peuvent établir la preuve d'un nouveau délit qu'on lui impute; que, soit que le prévenu ait ou non détruit les reproches basés sur des faits étrangers à la plainte, le tribunal, qui n'est saisi par cette plainte que de la connaissance des vols y énoncés, ne peut déterminer que d'après une preuve de ces vols, et qu'il est reconnu qu'il n'en existe pas; le tribunal renvoie le prévenu de la plainte contre lui rendue ».

Le procureur-général de la cour de Bourges appelle de ce jugement.

Le 21 novembre de la même année, arrêt par lequel la cour, « considérant que, quant aux vols antérieurs au mois de juillet 1810, il n'existe pas de preuves que Charret en soit l'auteur, à moins qu'on ne veuille appeler ainsi des inductions *forcées*, des présomptions *vagues et incertaines*; que, quant à ceux prétendus faits les 2, 3, 4 et 5 juillet, l'instruction n'offre, pour garantie de la réalité de ces vols, que les assertions des deux frères Tourangin, témoins intéressés et justement reprochés, qui d'ailleurs ne déclaraient pas avoir vu Charret commettre ceux des 2, 3 et 5 juillet; que sur celui du 4, Auguste Tourangin seul s'expliquait; mais que son récit suffisait pour lui enlever toute confiance; qu'il répugne en effet à croire que celui qui surveille un homme contre lequel on lui a inspiré des préventions d'improbité, entendant le son de l'argent que lui dérobe cet homme dans son tiroir, se borne à faire du bruit dans sa cour pour lui ménager les moyens de se retirer; que, malgré cet avertissement trop généreux, le trouvant encore, lorsqu'il rentre dans son magasin, penché sur le comptoir, la main encore dans le tiroir, le laisse sortir paisiblement sans le saisir à l'instant, sans appeler du secours pour le livrer à la justice, ou au moins sans l'expulser honteusement de sa maison, trop convaincu de son infidélité et de son abus de confiance, et qu'il lui promette d'aller le rejoindre au spectacle, *quoiqu'il soit vérifié que, ce jour-là, 4 juillet, il n'y avait point de spectacle*; — en ce qui concerne le vol imputé à Charret, le 9 juillet, 1° qu'aucun témoin n'a vu Charret porter la main placer le vase sur la cheminée de la chambre de Tourangin, et où était l'argent marqué destiné à l'épreuve qu'on se proposait de faire; que cependant un ami de la maison Tourangin avait été aposté tout exprès pour surveiller Charret dans cette chambre, sans en être aperçu, et qu'il a déclaré très-positivement ne lui avoir rien vu prendre; 2° que Charret n'a point été trouvé nanti des 67 fr., déficit annoncé existant sur l'argent marqué placé dans le vase; et qu'il est démontré par l'instruction, que les moyens de se dessaisir de cette somme, s'il l'eût dérobée, ou de partie de cette somme, depuis sa sortie de la maison Tourangin jusqu'à son entrée dans celle Grandcour, *lui ont échappé*; que, de l'aveu des témoins, Charret n'avait sur lui que 5o ou 33 liv., lorsqu'il s'est fouillé dans la maison Grandcour, ou, ce qui est plus vrai, lorsqu'on l'a fouillé, et non pas 67 francs; 3°. que, de ces 3o ou 53 livres dont *s'est emparé* Félix Tourangin, comme il l'a déclaré, deux écus de six livres portaient, dit-on, la même marque que celle apposée sur les pièces déposées dans le vase, mais que ces deux écus de six livres, qui auraient dû être si soigneusement conservés, après avoir pris, en présence de Charret, les précautions nécessaires pour empêcher toute substitution, n'ont point été représentés à la justice qui n'a pu et ne peut en comprendre la marque, en faire la vérification avec celle des pièces de Tourangin; que des pièces de comparaison ont bien été produites par Tourangin, mais point du tout des pièces de conviction; que, quant aux aveux imputés à Charret, aux billets par lui souscrits, à la déclaration infamante qu'il a signée, il suffit, pour les apprécier, de se rappeler qu'*insidieusement entraîné*, ce jour-là, dans une maison étrangère, il y a été retenu depuis midi jusqu'à huit ou neuf heures du soir, et qu'il était dans un état de débilité et d'anéantissement tel que, comme l'avait dit un témoin, lorsqu'il eut repris ses sens, on lui fit prendre deux verres d'eau-de-vie, ce qui annonce assez qu'il ne jouissait pas d'une pleine et entière liberté d'esprit; — met l'appellation au néant; ordonne que ce dont est appel sortira son plein et entier effet ».

Le 13 février 1812, le sieur Charret obtient, au tribunal civil de Bourges, un jugement par défaut, qui « déclare nulle, comme étant sans cause, l'obligation souscrite par Charret le 9 juillet 1810, au profit de Félix Tourangin; en conséquence, ordonne que l'inscription prise, le 1o, au bureau des hypothèques, en vertu de ladite obligation, sera radiée de tous registres où elle aurait pu être portée, à quoi faire le conservateur sera contraint, quoi faisant, déchargé; condamne Félix Tourangin à remettre à Charret les 18 francs sortis de la poche de Charret le 9 juillet 1810, et qui ne lui ont pas été rendus; déboute Charret des conclusions par lui prises, à fin de remise de l'écrit par lui souscrit le même jour 9 juillet, énonciatif de causes des billets par lui consentis au profit de Tourangin; ordonne que les imprimés signés Félix Tourangin..., seront et demeureront supprimés, comme injurieux à Charret et à une personne de sa famille; condamne le défaillant aux dommages-intérêts de Charret, à donner par déclaration; autorise Charret à faire imprimer et afficher le présent jugement aux frais de Félix Tourangin, au nombre de cent exemplaires, et condamne le défaillant aux dépens ».

Le sieur Félix Tourangin appelle de ce jugement à la cour de Bourges. — Le sieur Charret en appelle aussi, quant au chef qui lui refuse la remise de son écrit du 9 juillet 1810, et quant à celui qui limite

à cent exemplaires l'impression et l'affiche du jugement.

Par arrêt du 27 juillet de la même année, — « la cour, après en avoir délibéré en la chambre du conseil a reconnu que la cause présente à juger les questions de savoir : ...... 2°. si Charret est recevable dans son action; 5o. si l'obligation de 24,000 francs, du 9 juillet 1810, a une cause; 4° si les billets et l'écrit signé le même jour par Charret, doivent lui être remis; 5° si Tourangin doit rendre les 18 fr. réclamés par Charret; 6° si les mémoires publiés par Tourangin doivent être supprimés; 7° s'il est dû des dommages-intérêts; 8° si l'arrêt doit être imprimé et affiché, et en quel nombre d'exemplaires...; — considérant, sur la seconde question, que la fin de non-recevoir est prise de ce que l'arrêt rendu par la cour d'assises, le 51 mai 1811, aurait jugé la validité de l'obligation du 9 juillet; qu'à la vérité, la plainte rendue par Charret, le 3o août 1810, présentait cette obligation comme arrachée par la violence et au surplus sans cause; mais que la déclaration du jury d'accusation et l'acte d'accusation lui-même, *portaient seulement sur la violence alléguée pour obtenir cette obligation*; que la déclaration du jury de jugement et l'arrêt n'ont jugé autre chose, sinon *qu'elle n'avait point été arrachée par la violence*, qu'ainsi, la question de savoir si elle a ou non une cause, est restée entière; — considérant, sur la troisième question, que l'obligation est dite pour prix de pareille somme; que, de l'aveu de Tourangin, il n'a jamais rien prêté, et que les billets de 24,000 francs, l'écrit de Charret, portant qu'ils sont pour réparation de vols par lui commis chez Tourangin, et en fait l'obligation du même jour 9 juillet ne font qu'un; qu'ainsi, cette obligation n'a d'autre cause que la réparation des vols allégués par Tourangin; mais que ces prétendus vols ont été l'objet d'une plainte rendue par le ministère public; que, par jugement et arrêt des 5 août et 21 novembre 1811, Charret a été acquitté et qu'il résulte éminemment, des motifs y énoncés, 1°. que personne n'a vu Charret prendre; 2° que les frères Tourangin ne sont pas même d'accord sur la quantité d'argent exposé pour tenter Charret; 5° que Félix Tourangin n'a pu fixer le résultat des différens vols allégués par lui, en sorte qu'il n'y a pas même de corps de délit établi; qu'en la cour, Tourangin n'a point allégué de faits nouveaux; qu'ainsi, n'y ayant aux termes des arrêts, ni vols ni escroqueries, l'obligation du 9 juillet est évidemment sans cause, et dès-lors nulle aux termes de droit; — considérant, sur la quatrième question, qu'aucun arrêt des cours d'assises et correctionnelle n'a défendu de remettre à Charret l'écrit du 9 juillet, et qu'il est impossible de laisser subsister contre lui ce monument d'infamie, lorsque, aux termes des arrêts, il n'y a ni vols ni escroqueries, qu'il en est de même des billets, puisqu'ils ne font qu'un avec l'obligation; — considérant sur la cinquième question, que, suivant Félix Tourangin, Charret avait sur lui 5o ou 33 fr. *quand il fut fouillé*; que, suivant

Charret, il avait seulement 18 fr.; qu'au point où la cause en est aujourd'hui, cette difficulté est indifférente, mais qu'il est avoué que l'argent trouvé sur Charret ne lui a pas été remis, et que Félix Tourangin n'a désormais aucun motif pour le garder; — considérant, sur la sixième question, que, pendant l'instruction criminelle, il a été imprimé de part et d'autre des mémoires outrageans; mais que le droit de punir appartenant aux juges saisis du procès, la cour ne peut s'occuper que des écrits publiés pendant et à l'occasion des procédures civiles; tel que celui imprimé sans nom d'auteur, mais qui précède la consultation obtenue par Félix Tourangin, et se trouve dans le même cahier; qu'il est impossible de rien ajouter aux outrages et à la diffamation qui en résultent; — considérant, sur la septième question, que les dommages-intérêts sont l'indemnité des pertes qu'on éprouve; que l'état d'un médecin reposant sur la confiance publique, celui de Charret a nécessairement reçu les plus cruelles atteintes, outre les voyages, les dépenses de tout genre auxquelles il a été obligé pour se procurer les pièces qui pouvaient servir à sa justification, et que les actes du 9 juillet 1810 en sont la première ou plutôt l'unique cause; qu'en vain on oppose, comme un moyen de compensation, la remise que Félix Tourangin et ses co-accusés ont faite de leurs dommages-intérêts, lorsque, après six semaines de prison, ils ont été acquittés par la cour d'assises de l'accusation de violence intentée contre eux par Charret; qu'il est bien certain qu'ils en eussent obtenu alors; mais que la remise qu'ils en ont faite, si elle peut être un exemple à suivre par Charret, ne lui en fait pas une loi; qu'au surplus, tout ce qui a été dit ou fait aux assises, et sur la plainte du ministère public, étant hors des attributions de la cour; que les dommages-intérêts doivent se borner aux effets qu'a pu produire le système de diffamation qui a été suivi devant la cour, et les pertes qui en résultent; — considérant, sur la huitième et dernière question, que la diffamation a été publique; que l'arrêt de la cour d'assises a été imprimé au nombre de cinq cents exemplaires, et qu'il n'y a pas de motifs pour refuser ici une égale publicité...; — La Cour, procédant au jugement des appels interjetés par les parties, sans avoir égard à la fin de non-recevoir opposée par Félix Tourangin, dit qu'il a été bien jugé par le jugement de première instance, aux chefs qui déclarent l'obligation nulle, condamne Félix Tourangin à remettre les 18 fr., en ses dommages-intérêts, et ordonne l'impression du jugement; mal jugé dans les autres dispositions, et reprenant les conclusions des parties, déclare nulle, à défaut de cause, l'obligation consentie par Charret au profit de Félix Tourangin, devant Achet, notaire à Bourges, le 9 juillet 1810; condamne Félix Tourangin à la remettre, sinon que le présent arrêt tiendra lieu de ladite remise, ordonne que l'inscription prise en exécution dudit acte, sera rayée; déclare pareillement nulle la déclaration souscrite le même jour par Charret, et l'autorise à la retirer de

tout dépôt où elle peut se trouver, à quoi faire tous dépositaires, contraints, quoi faisant déchargés; ordonne que le mémoire à consulter, publié dans le cours de l'instance civile..., sera supprimé, comme injurieux à Charret; fait défenses à Félix Tourangin d'en imprimer de semblables; le condamne à rendre audit Charret les 18 fr. *sortis de sa poche* le 9 juillet 1810, et en ses dommages-intérêts à donner par déclaration; autorise Charret à faire imprimer et afficher le présent arrêt partout où il le jugera convenable au nombre de cinq cents exemplaires, aux frais de Félix Tourangin; condamne ce dernier aux dépens... ».

Le sieur Félix Tourangin se pourvoit en cassation contre cet arrêt.

Six moyens de cassation (ai-je dit à l'audience de la section des requêtes, le 17 mars 1813), vous sont proposés dans cette affaire, et le premier tend à établir que la cour de Bourges, en déclarant nulle, pour défaut de cause, l'obligation du sieur Charret du 9 juillet 1810, a contrevenu à l'autorité de la chose jugée; qu'en effet, le sieur Charret avait conclu, par sa plainte du 30 août de la même année, à ce que cette obligation fût annullée, *comme étant sans cause légitime, et au contraire le fruit de menaces, de voies de fait et de la crainte*; que, sur l'acte d'accusation dressé en conséquence de cette plainte, le jury avait déclaré que *Félix Tourangin n'était pas coupable d'avoir extorqué par violence l'obligation du 3 juillet 1810*; que, par suite, une ordonnance du président de la cour d'assises avait déclaré Félix Tourangin acquitté de l'accusation portée contre lui; que, dès-lors, il avait été jugé irrévocablement que l'obligation du 9 juillet 1810, était valable; et qu'ainsi la cour de Bourges n'a pas pu en remettre la validité en question.

» A ce raisonnement nous n'opposerons qu'un seul texte du Code civil; mais il est clair, il est décisif contre le demandeur: *l'autorité de la chose jugée*, porte l'art. 1351 de ce Code, *n'a lieu qu'à l'égard de ce qui a fait l'objet du jugement*.

» Quel a été l'objet de la déclaration donnée par le jury du département du Cher, à la séance de la cour d'assises, du 31 mai 1811? quel a été l'objet de l'ordonnance rendue, à la suite de cette déclaration, par le président de la cour d'assises?

» Ce n'était pas précisément la question de savoir si l'obligation du 9 juillet 1810 était valable ou ne l'était pas; si elle avait ou si elle n'avait pas une cause légitime: c'était uniquement celle de savoir si Félix Tourangin avait ou n'avait pas extorqué cette obligation par violence au sieur Charret.

» Sans doute, si Félix Tourangin avait été déclaré convaincu d'avoir extorqué l'obligation par violence, l'obligation se serait, par-là même, trouvée sans cause et par conséquent nulle.

» Mais ce n'est pas à dire pour cela que la validité de l'obligation et l'existence de sa cause aient été, à tous égards, mises en jugement devant la cour d'assises.

» Elles n'ont été mises en jugement devant cette

cour, que sous le rapport de la violence articulée d'une part et niée de l'autre; et elles n'ont pas pu l'être sous un autre rapport; car la cour d'assises n'était pas compétente pour décider, si abstraction faite de la violence reprochée à l'obligation, l'obligation avait ou n'avait pas une juste cause; elle n'était compétente que pour juger, elle n'était même appelée par l'acte d'accusation qu'à juger, s'il y avait crime de violence de la part de Félix Tourangin; et en jugeant que non, elle n'a pas pu juger autre chose que ce qu'elle avait à juger, que ce qu'elle pouvait juger.

» Et vainement le demandeur oppose-t-il que le sieur Charret avait conclu, par sa plainte, à ce que l'obligation fût déclarée, non-seulement être le fruit de la violence, mais encore être sans cause; et que sa plainte a été rejetée dans tous ses points.

» La plainte du sieur Charret n'a été rejetée expressément, ni par la déclaration du jury, ni par l'ordonnance du président de la cour d'assises; et elle n'a été rejetée par l'une et l'autre que d'une manière implicite : elle ne l'a été, ou, pour parler plus exactement, elle est censée ne l'avoir été, que par conséquence du rejet de l'acte d'accusation dressé contre Félix Tourangin; et il est clair que le rejet implicite qui, par-là, en a été prononcé, ne peut pas s'appliquer à d'autres objets que ceux sur lesquels portait l'acte d'accusation. Or, l'acte d'accusation sur quoi portait-il? sur la violence, uniquement sur la violence prétendue employée par Félix Tourangin et ses co-prévenus pour *extorquer* au sieur Charret *des actes obligatoires*.

» Il faut donc toujours en revenir à notre première proposition, que le jury et la cour d'assises n'ont eu à s'occuper du défaut de cause de l'obligation du 9 juillet 1810, qu'autant que ce défaut de cause était articulé provenir d'un crime de violence commis par Félix Tourangin; et par conséquent que ni la déclaration du jury ni l'ordonnance du président n'ont pu former obstacle à ce que l'obligation du 9 juillet 1810 fût attaquée, comme dénuée de cause, par d'autres moyens que le crime de violence imputé à Félix Tourangin et à ses co-accusés.

» Par là tombe encore une autre objection du demandeur.

» D'après l'art. 1351 du Code civil, dit le demandeur, il y a exception de chose jugée, *lorsque la chose demandée est la même*, *que la demande est fondée sur la même cause*; *et que la demande est entre les mêmes parties*. Or, 1° ce que vous avez demandé devant la cour d'appel, vous l'aviez déjà demandé par votre plainte, dans le procès criminel; car, par votre plainte, vous aviez demandé que l'obligation du 9 juillet 1810 fût déclarée nulle; et vous l'avez encore demandé devant la cour d'appel. 2° La demande que vous aviez formée par votre plainte, était fondée sur le défaut de cause de l'obligation; et c'est encore sur le même fondement que, devant la cour d'appel, vous avez renouvelé la même demande. 3° La demande que vous avez

formée devant la cour d'appel, c'est contre moi que vous l'avez formée; et c'était aussi contre moi que vous l'aviez formée dans le procès criminel. Du reste, il importe peu que, devant la cour d'assises, vous n'ayez allégué, à l'appui de votre demande, que le prétendu crime de violence dont vous m'accusiez; car « il est de principe qu'une » question jugée sur un moyen, ne peut pas être » jugée de nouveau sous le prétexte que le moyen » sur lequel la nouvelle demande est appuyée, » n'a point été soumis à la justice ».

» Toute cette argumentation ne repose que sur des assertions en partie vraies et en partie fausses.

» Il est vrai qu'il y a, entre le procès porté à la cour d'assises et l'affaire portée à la cour d'appel, identité de partie et de chose demandée.

» Mais il est faux que, devant la cour d'appel, la demande en nullité de l'obligation du 9 juillet 1810, ait été fondée sur la même cause qui l'avait motivée devant la cour d'assises.

» Devant la cour d'assises, la demande en nullité de l'obligation du 9 juillet 1810 n'était fondée que sur le crime de violence reproché à Félix Tourangin.

» Devant la cour d'appel, cette même demande était fondée sur l'inexistence des vols qu'un acte souscrit par le sieur Charret et dont se prévalait Félix Tourangin, assignait pour unique cause à l'obligation.

» Il n'y avait donc pas, entre les causes des deux demandes, la même identité, qu'entre la chose demandée et les parties. Le rejet implicitement prononcé par la cour d'assises, de la première demande, ne pouvait donc pas encore former, devant la cour d'appel une exception de chose jugée.

» Sans doute, si la cour d'assises avait été et avait pu être saisie de la connaissance du moyen résultant de l'inexistence du vol, et qu'elle eût rejeté indéfiniment la demande en nullité de l'obligation, le sieur Charret aurait à s'imputer de n'avoir pas employé ce moyen devant elle; et il se serait rendu, en ne l'employant pas devant elle, non-recevable à le faire valoir devant la cour d'appel.

» Mais nous l'avons déjà dit, ce moyen était hors de la compétence de la cour d'assises : la cour d'assises n'en avait pas été saisie et n'avait pas pu l'être; elle n'avait conséquemment pas pu le juger; elle n'avait conséquemment pas pu le rejeter.

» La première ouverture de cassation du demandeur n'a donc pas l'ombre de fondement.

» Le demandeur fait résulter la seconde du texte même que nous venons d'opposer à la première. Suivant l'art. 1351 du Code civil, dit-il, l'exception de chose jugée ne peut avoir lieu que lorsque *la demande est entre les mêmes parties*: or, je n'étais point partie dans les jugement et arrêt correctionnels qui ont décidé que le sieur Charret n'avait point commis, à mon préjudice, les vols qui sont, comme il l'a reconnu lui-même par l'écrit du 9 juillet 1810, la véritable cause de l'obligation notariée du même jour. Ce jugement, cet arrêt n'avaient donc pas, contre moi, l'autorité de la chose jugée. La cour de Bourges n'a donc pas pu se fonder sur ce jugement, sur cet arrêt, pour déclarer que la cause de l'obligation du 9 juillet 1810 était fausse; elle a donc violé l'art. 1351 du Code civil.

» Mais, d'abord, pour juger que la cause de l'obligation du 9 juillet 1810 était fausse; pour juger que la cause de cette obligation n'était point le prétendu prêt d'une somme de 24,000 fr. qui y est énoncée, la cour de Bourges n'a eu besoin ni du jugement ni de l'arrêt correctionnels : elle n'a eu besoin que de l'écrit du même jour, qui était produit par le demandeur, et dans lequel il est dit, en toutes lettres, que l'obligation a pour cause les vols commis par le sieur Charret.

» Ensuite, il est vrai que, pour juger que le sieur Charret ne s'était rendu coupable d'aucun vol envers le demandeur, il est vrai que, pour juger que l'obligation du 9 juillet 1810, non-seulement avait une cause fausse, mais même n'en avait aucune, la cour d'appel s'est fondée sur le jugement et sur l'arrêt correctionnels.

» Mais de ce que le demandeur n'avait été partie, ni dans ce jugement, ni dans cet arrêt; de ce que ce jugement et cet arrêt n'avaient été rendus qu'avec le ministère public, s'ensuit-il que la cour de Bourges a violé l'art. 1351 du Code civil ?

» Sans doute, elle est bien générale la disposition par laquelle l'art. 1351 du Code civil établit que, pour qu'un jugement puisse être opposé à une partie, il faut qu'il ait été rendu avec elle.

» Mais si, par sa généralité, elle est exclusive de toute exception dans les matières qui sont ou purement civiles, ou purement criminelles, il n'en est pas de même dans les matières mixtes; il y a des jugemens civils qui peuvent être opposés au ministère public, agissant pour la vindicte sociale, quoiqu'il n'y ait pas été partie; et il y a aussi des jugemens criminels qui peuvent être opposés à des particuliers, quoiqu'ils n'ayent figuré, ni comme accusés ou prévenus, ni comme parties civiles, dans les procès qu'ils ont terminés.

» Ces jugemens, quels sont-ils ? Quelques explications vont les faire connaître.

» Il résulte de l'art. 12 du tit. 9 de la loi du 15 septembre 1791, sur l'administration forestière, que, si le prévenu d'un délit forestier allègue, devant le tribunal correctionnel, que la forêt dans laquelle on l'accuse d'avoir délinqué lui appartient, le tribunal correctionnel doit surseoir jusqu'à ce que le tribunal civil ait statué sur la question de propriété; et cette règle a été appliquée par plus de cent arrêts de la section criminelle, à tous les cas où, incidemment à des procès criminels ou correctionnels, il s'élève des contestations purement civiles, du sort desquels dépend la culpabilité ou l'innocence des prévenus poursuivis par le ministère public.

» Assurément le ministère public qui poursuit ces prévenus, soit par la voie criminelle, soit par la voie correctionnelle, ne va pas, après le sursis prononcé, plaider contre eux devant les tribunaux civils sur la question de savoir s'ils sont ou s'ils ne sont pas propriétaires des terrains ou des objets sur lesquels ont été faits les actes qu'il leur impute à crime ou délit : il ne le peut même pas; car il n'a, pour leur contester la propriété de ces terrains ou de ces objets, aucune espèce de qualité.

» Qu'arrive-t-il cependant, lorsque les tribunaux civils ayant déclaré que le prévenu est réellement propriétaire du terrain ou de l'objet que le ministère public l'accuse, devant les juges criminels ou correctionnels, d'avoir dégradé, détérioré ou enlevé, le procès criminel ou correctionnel reprend son cours ? Le ministère public peut-il encore soutenir qu'il y a crime ou délit de la part du prévenu jugé propriétaire ? Peut-il le soutenir encore, sous le prétexte que le jugement civil n'a pas été rendu avec lui ? Non certainement. Le jugement civil lui lie les mains, et l'absolution du prévenu devient indispensable.

» L'art. 327 du Code civil porte que l'action criminelle contre un délit de suppression d'état, ne pourra commencer qu'après le jugement définitif sur la question d'état, jugement qui, d'après l'article précédent, ne peut être rendu que par les tribunaux civils.

» Supposons que, sur l'action intentée civilement par un enfant pour se faire réintégrer dans un état qu'il prétend lui avoir été enlevé par un crime de faux, il soit intervenu un arrêt qui ait débouté cet enfant. Le ministère public pourra-t-il encore poursuivre, devant les juges criminels, le faux qui aura été jugé civilement n'avoir pas été commis ? Pourra-t-il dire : « L'arrêt civil qui a jugé qu'il n'a pas été » commis de crime de faux, a été rendu entre des » parties purement privées; à la vérité, il a été » précédé de mes conclusions; mais les conclusions » que j'ai données sur l'instance en réclamation » d'état, je ne les ai données que par forme d'avis; » elles ne m'ont pas constitué partie dans cette ins- » tance. L'arrêt qui a statué sur cette instance, ne » peut donc pas m'être opposé » ? Non, Messieurs, il ne le pourra pas; l'art. 327 du Code civil le lui interdit implicitement; et c'est ce qu'expliquait fort bien M. Tronchet dans la séance du conseil d'état où le projet de cet article a été discuté; c'est-à-dire, à celle du 29 fructidor an 10 : « Lorsque le tribunal » civil (ce sont ses termes), après avoir admis la » preuve par témoins, décide qu'elle n'est pas con- » cluante, et prononce en conséquence que la ré- » clamation d'état n'est pas justifiée, il ne peut plus » y avoir lieu à l'action criminelle ».

» Il y a donc des jugemens civils qui ont, contre le ministère public agissant par la voie criminelle ou correctionnelle, l'autorité de la chose irrévocablement jugée, quoiqu'il n'ait point été partie dans les affaires sur lesquelles ils ont été rendus; et c'est ce qui arrive toutes les fois que l'action civile sur laquelle prononcent ces jugemens, est *préjudicielle* à l'action criminelle ou correctionnelle qui peut dériver des mêmes faits.

» Mais s'il est des actions civiles qui sont *préjudicielles* aux actions criminelles ou correctionnelles, il est aussi des actions criminelles ou correctionnelles qui sont *préjudicielles* aux actions civiles , et telles sont nécessairement toutes celles qui sont intentées pour la punition d'un fait qualifié crime ou délit, et duquel, considéré comme crime ou délit, il naît des actions au profit des particuliers.

» Par exemple, un meurtre a été commis. Le meurtrier est sujet à deux actions : à une action criminelle, de la part du ministère public ; à une action civile de la part de la veuve ou des enfans de la personne homicidée.

» Quelle est celle de ces deux actions qui est préjudicielle à l'autre ? Ce n'est pas l'action civile ; car inutilement le meurtrier, poursuivi civilement par la veuve et les enfans de la personne homicidée, aura-t-il obtenu un jugement qui le déclare non coupable, ce jugement ne liera point le ministère public. Mais au contraire si le meurtrier est déclaré coupable d'après l'action criminelle intentée contre lui par le ministère public, la veuve et les enfans de l'homicidé pourront, même sans avoir paru dans le procès criminel, s'emparer du jugement qui l'aura condamné aux peines portées par la loi, et le faire valoir devant les juges civils pour obtenir des dommages et intérêts. C'est la disposition expresse de l'art. 359 du Code d'instruction criminelle.

» C'est donc l'action criminelle qui, dans ce cas, est *préjudicielle* à l'action civile ; et, ce qu'il y a de remarquable, l'art. 5 du Code d'instruction criminelle le décide ainsi de la manière la plus positive.

» Suivant cet article, qui n'est que la répétition de l'art. 8 du Code du 3 brumaire an 4, lequel n'avait fait lui-même que sanctionner la maxime de notre ancienne jurisprudence, *le criminel tient le civil en état*, l'action civile qui naît d'un crime ou d'un délit, « peut être poursuivie en même temps, » et devant les mêmes juges que l'action publique ; » elle peut aussi l'être séparément : dans ce cas , » l'exercice en est suspendu, tant qu'il n'a pas été » prononcé définitivement sur l'action publique in» tentée avant ou pendant la poursuite de l'action » civile ».

» Pourquoi l'action publique, lorsqu'elle est intentée avant ou pendant la poursuite séparée de l'action civile, doit-elle tenir l'action civile en état ? Il ne peut y en avoir qu'une raison ; c'est que l'action publique est *préjudicielle* à l'action civile ; c'est par conséquent que le sort de l'action civile est subordonné au sort de l'action publique ; c'est par conséquent que l'action civile doit réussir, si l'action publique réussit, et échouer, si l'action publique échoue ; c'est par conséquent que le jugement à rendre sur l'action publique, recevra à l'action civile une application nécessaire et forcée.

» Et il n'importe que, sur l'action publique, le prévenu soit condamné ou absous.

S'il est condamné, il ne sera plus recevable à soutenir devant le tribunal civil, lorsqu'il y sera traduit par la partie privée, qu'il n'est pas coupable du crime ou du délit dont la partie privée lui demandera la réparation. Nous avons déjà vu que l'art. 359 du Code d'instruction criminelle le décide ainsi textuellement.

» S'il est absous, la partie privée ne pourra pas, en le traduisant devant les juges civils, le faire condamner à des dommages-intérêts pour un crime ou délit dont il a été jugé coupable contradictoirement avec le ministère public. Car il faut bien qu'à cet égard il y ait pleine réciprocité. La partie privée ne peut pas méconnaître l'autorité d'un jugement, sous le prétexte qu'il est favorable au prévenu, tandis que, s'il lui eût été contraire, il aurait formé pour elle un titre irréfragable ; et si le prévenu, par cela seul qu'il est déclaré coupable envers le ministère public, est déclaré coupable envers la partie privée ; il faut bien aussi que le prévenu par cela seul qu'il est déclaré innocent envers le ministère public, soit à couvert de toutes les actions que la partie privée pourrait intenter contre lui à l'effet de le faire déclarer coupable.

» On n'a pas craint de vous plaider que la section criminelle avait plusieurs fois jugé le contraire ; mais y a-t-on bien réfléchi ?

» La section criminelle peut bien avoir, et elle a effectivement des occasions assez fréquentes de s'occuper de la question de savoir si un jugement rendu en matière civile, entre parties privées, peut, en matière criminelle, produire une exception de chose jugée contre le ministère public.

» Mais la question de savoir si un jugement rendu en matière criminelle, peut, en matière civile, produire une exception de chose jugée contre les particuliers qui n'y ont pas été parties, cette question ne peut jamais se présenter à la section criminelle, et nous pouvons assurer que jamais elle ne s'y est présentée.

» Du reste, il est très-vrai que la section criminelle a très-souvent décidé, même conformément à nos conclusions, que les jugemens civils sur des faits qualifiés de crime ou de délit, n'ont pas l'autorité de la chose jugée contre le ministère public agissant au criminel.

» Mais conclure de là que, réciproquement, les jugemens criminels n'ont pas l'autorité de la chose jugée pour ou contre les particuliers lésés par les crimes ou délits sur lesquels les jugemens ont prononcé, ce serait une absurdité ; et pourquoi ? Nous l'avons déjà dit, parce que l'action criminelle est bien préjudicielle à l'action civile résultant du crime ou délit que l'action criminelle a pour objet de faire constater et punir ; mais que jamais l'action civile résultant d'un crime ou d'un délit, n'est préjudicielle à l'action criminelle qui naît de ce délit ou de ce crime.

» Vainement au surplus prétendrait-on que la

disposition de l'art. 3 du Code d'instruction criminelle, par laquelle il est dit que l'exercice de l'action civile intentée séparément, est suspendu tant
qu'il n'a pas été prononcé définitivement sur l'action
publique intentée avant ou pendant la poursuite de
l'action civile, ne porte que sur le cas où l'action
publique est intentée par la partie civile conjointement avec le procureur du gouvernement.

» La disposition de l'art. 3 conçue en termes
qui excluent absolument une pareille restriction.
Car l'action par laquelle une partie civile intervient
dans un procès criminel et se joint au procureur du
gouvernement, n'est point à son égard une action
publique. Elle n'est, à son égard, qu'une action
privée. Or, l'art. 5 veut que l'action civile intentée
séparément soit suspendue, non tant qu'il n'aura
pas été prononcé à la fois sur l'action publique et
sur l'action civile intentées simultanément, mais
tant qu'il n'aura pas été prononcé sur l'action publique. Il suffit donc, pour nécessiter le sursis,
que l'action publique soit intentée. Le sursis devient
donc inévitable, du moment que le procureur du
gouvernement agit pour la vindicte publique, n'importe que la partie civile se joigne à lui ou ne s'y
joigne pas.

» Et c'est ce que la section civile a jugé tout récemment d'une manière bien positive.

» Les nommés Molin et Jeannet, négocians faillis, ayant obtenu un concordat de la majorité de
leurs créanciers, en demandent l'homologation
contre les opposans. Ceux-ci font valoir leurs
moyens d'opposition, mais inutilement. Le tribunal de commerce de Troyes les rejette et homologue
le concordat. Les créanciers appellent de ce jugement; et après avoir pris des conclusions sur le
fond, ils font signifier une requête par laquelle,
en exposant et prouvant que le procureur du gouvernement de Troyes vient de rendre, contre leurs
adversaires, une plainte en banqueroute frauduleuse,
ils demandent qu'en exécution de l'art. 5 du Code
d'instruction criminelle, il soit sursis au jugement
de leur appel, jusqu'à ce qu'il ait été statué définitivement sur cette plainte.

» Le 28 janvier 1812, arrêt de la cour de Paris,
qui, « attendu que l'art. 5 du Code d'instruction
» criminelle ne pourrait avoir d'application que
» dans le cas où l'action criminelle serait exercée
» par celui-là même qui devrait d'abord intenter
» l'action civile; sans s'arrêter à la demande en
» sursis, ordonne que les parties plaideront au fond ».

» Peu de temps après, quelques-uns des appelans se rendent parties civiles dans le procès en
banqueroute frauduleuse, et forts de cette nouvelle
qualité, ils renouvellent, devant la cour de Paris,
leur demande en sursis.

» Mais par arrêt du 3 février suivant, « considé-
» rant, en fait, qu'il n'est encore intervenu aucun
» mandat d'amener ni de dépôt, ni d'arrêt, contre
» les prévenus; considérant, en droit, que l'action

» criminelle n'est engagée qu'autant que la plainte
» est suivie d'un mandat qui intervient sur icelle,
» la cour, sans s'arrêter à la demande en sursis,
» ordonne que les parties plaideront au fond ».

» Recours en cassation contre ces deux arrêts; et
le 18 novembre 1812, au rapport de M. Zangiacomi, « vu l'art. 3 du Code d'instruction crimi-
» nelle; attendu que l'action publique est évidem-
» ment celle qui est exercée par le ministère public,
» et que cette action, dont le titre fondamental est la
» plainte, existe par le fait seul de cette plainte,
» soit qu'il y ait ou non mandat contre les préve-
» nus; que, dans l'espèce, pendant que les parties
» étaient en instance au civil, le procureur du gou-
» vernement de Troyes a rendu plainte en banque-
» route frauduleuse contre les défendeurs, que dès
» ce moment, il y a eu une action publique, dont
» l'effet, aux termes de l'article ci-dessus, était de
» suspendre l'action civile dont la cour de Paris était
» saisie; et par conséquent que cette cour, en refu-
» sant le sursis demandé, a violé la loi; la cour
» casse et annulle les arrêts de la cour de Paris,
» des 28 janvier et 3 février 1812... ».

» Vous voyez, Messieurs, que, dans cette affaire, la section civile a cassé, non-seulement l'arrêt du 3 février, lors duquel il y avait des parties
civiles jointes au ministère public, mais encore
l'arrêt du 28 janvier, lors duquel le ministère public agissait seul, lors duquel il n'existait, contre
les prévenus, qu'une plainte du ministère public.

» Il est donc bien évident que la disposition citée
de l'article 3 du Code d'instruction criminelle est applicable au cas où le ministère public agit seul,
comme au cas où la partie civile agit conjointement
avec lui.

» Et dès-là, reste manifestement dans toute sa
force, la conséquence que nous avons tirée de cette
disposition, savoir, que le ministère public, lorsqu'il poursuit seul un crime ou un délit, le poursuit
nécessairement aux risques et périls de tous ceux qui
y ont intérêt; que tous ceux qui y ont intérêt,
sont censés le poursuivre par son organe; et que,
s'il succombe dans son action, ils ne peuvent plus la
renouveler pour leur propre compte.

» C'est même ce que le demandeur a reconnu
implicitement dans notre espèce. Pendant que le
ministère public poursuivait le sieur Charret devant
le tribunal correctionnel de Bourges, comme prévenu
des vols dont il s'était avoué coupable par son écrit
du 9 juillet 1810, le sieur Charret a fait assigner le
demandeur devant le tribunal civil, pour voir déclarer nulle son obligation du même jour; et quelle
a été la réponse du demandeur à cette assignation ?
Il a conclu, par une requête du 4 juillet 1811, rappelée, en termes exprès, dans l'arrêt attaqué, à ce
qu'il fût *sursis au jugement de la demande en nullité de l'obligation, jusqu'à ce qu'il eût été statué
sur la plainte correctionnelle contre le sieur Charret*. Or, à quoi bon ce sursis, s'il n'eût pas dû avoir

pour objet de subordonner le jugement de la demande en nullité de l'obligation, au jugement de la plainte du ministère public en vol?

» Eh! comment, d'après cela, le demandeur peut-il venir ici accuser la cour de Bourges d'avoir fait une fausse application de l'autorité de la chose jugée, en prenant pour base de son arrêt sur la demande en nullité de l'obligation, le jugement et l'arrêt qui avaient déclaré chimériques les vols imputés au sieur Charret? La cour de Bourges n'a évidemment fait, en cela, que suivre la marche que le demandeur lui avait indiquée à l'avance, et qu'il lui avait indiquée d'après le texte de la loi.

» Le demandeur pourrait-il aujourd'hui, si l'obligation et l'écrit du 9 juillet 1810 n'existaient pas, poursuivre le sieur Charret pour le faire condamner à lui restituer les objets qu'il prétend lui avoir été volés par celui-ci? Il est évident que non : acquitté de ces vols envers le ministère public, le sieur Charret l'est aussi envers le demandeur. C'est, encore une fois, la conséquence nécessaire de l'art. 3 du Code d'instruction criminelle.

» Mais ce que le demandeur ne peut pas faire par voie d'action, de quel droit pourrait-il le faire par voie d'exception? Si le jugement et l'arrêt correctionnels ont contre lui l'autorité de la chose jugée, à l'effet d'empêcher qu'il ne revendique des objets prétendus volés, il faut bien qu'ils l'ayent aussi à l'effet d'empêcher qu'il ne retienne une obligation et un écrit qui ne sont, dans ses mains, que la représentation de ces objets? S'il est jugé souverainement que rien n'a été volé par le sieur Charret au demandeur, il faut bien aussi qu'il soit jugé souverainement que l'obligation souscrite au profit du demandeur par le sieur Charret, n'a pas pour cause les vols articulés par l'un, et niés par l'autre.

» Du reste, ce serait bien vainement que l'on prétendrait écarter ici l'art. 3 du Code d'instruction criminelle, sous le prétexte qu'il n'y a jamais eu d'action civile intentée par le sieur Tourangin contre le sieur Charret, en réparation des vols imputés au second par le premier. Ce serait bien vainement que l'on prétendrait restreindre l'art. 3 du Code d'instruction criminelle au cas où l'action publique, dont il est parlé, a pour objet direct la réparation du dommage causé par un crime ou par un délit, et par conséquent au cas où la personne lésée par le crime ou le délit, s'est pourvue, avant ou pendant la poursuite de l'action publique, pour en obtenir la réparation par la voie civile.

» D'une part, s'il n'y a pas eu d'action civile intentée par le sieur Tourangin pour faire déclarer que le sieur Charret s'était rendu envers lui coupable de vols, il y a eu une intentée par le sieur Charret contre le sieur Tourangin, pour faire déclarer que les vols dont il s'était reconnu coupable envers lui par son écrit du 9 juillet 1810, n'avaient jamais existé. Car c'était bien là ce qu'avait demandé le sieur Charret au tribunal de Bourges, pendant l'instance correctionnelle, lorsqu'il y avait conclu à ce que l'obliga-

tion du 9 juillet 1810 fût déclarée nulle, comme fondée, par sa combinaison avec l'écrit sous seing-privé du même jour, sur une cause absolument fausse.

» D'un autre côté, l'art. 3 du Code d'instruction criminelle ne s'applique pas seulement au cas où l'action civile qui se trouve en concours avec l'action publique, a pour but de faire déclarer qu'il a été commis un délit ou un crime : il s'applique également au cas où cette action tend à établir qu'il n'a été commis ni crime ni délit. Par exemple, pour vous maintenir en possession d'un effet que j'ai précédemment possédé, et que je revendique sur vous, il vous plaît d'alléguer que, si j'ai possédé avant vous cet effet, ç'a été par suite d'un vol ; et qu'en me le reprenant, vous n'avez fait que reprendre votre bien. Je combats votre allégation, et j'offre de prouver que j'ai possédé cet effet plus de dix ans avant le moment où vous vous en êtes emparé. La contestation en cet état, survient une plainte du ministère public qui m'accuse de vous avoir volé cet effet. Que devra faire alors le tribunal civil? Bien certainement il sera tenu de surseoir à tout jugement, jusqu'à ce qu'il ait été statué, par les juges criminels ou correctionnels, sur la plainte du ministère public. Donc le jugement qui statuera sur cette plainte, fera la loi au tribunal civil pour le jugement qu'il aura ensuite à rendre sur ma demande en revendication. Donc la disposition de l'art. 3 du Code d'instruction criminelle, n'est pas moins applicable au cas où l'action civile tend à faire déclarer qu'il n'y a ni crime ni délit, qu'au cas où elle tend à faire déclarer qu'il y a délit ou crime.

» Mais, dit le demandeur, et c'est son troisième moyen de cassation, tout cela peut être vrai en thèse générale, et n'en être pas moins étranger à l'espèce actuelle. Pour condamner le sieur Charret comme coupable de vol, les juges correctionnels ne pouvaient pas se contenter de l'aveu consigné dans son écrit du 9 juillet 1810, ils avaient besoin de preuves ultérieures ; et ces preuves, ils ne les ont pas trouvées dans l'instruction. Ils ont donc dû acquitter le sieur Charret. Au contraire, pour débouter le sieur Charret de sa demande en nullité de l'obligation du 9 juillet 1810, la cour de Bourges n'a eu besoin que de son aveu ; elle devait donc, d'après son aveu, rejeter sa demande ; et cependant elle l'a accueillie. Elle a donc attribué, au jugement et à l'arrêt correctionnels, une autorité qu'ils ne devaient pas avoir.

» Ici, Messieurs, nous convenons que, dans les cas ordinaires, l'écrit par lequel l'auteur d'un délit s'en reconnaît coupable et s'oblige à le réparer, doit faire pleine foi devant les juges civils.

» Nous convenons, par suite, que cet écrit conserve toute sa force, quant aux effets civils, même après le jugement qui, sur un procès criminel intenté contre son auteur, a déclaré que le délit n'était pas constant.

» Et pourquoi? parce qu'alors, l'action qui appartient à la personne lésée par le délit, n'est plus une action dérivant du délit même, et subordonnée à des preuves, à une instruction, à un jugement; parce qu'alors, la personne lésée par le délit, a contre le délinquant une action résultant d'un véritable contrat, c'est-à-dire, une action personnelle ordinaire, c'est-à-dire, une action qui n'a aucune espèce de contact avec l'action du ministère public; c'est-à-dire, une action sur laquelle l'action du ministère public ne peut avoir aucune influence. Et cela est si vrai que cette action n'est sujette qu'à la prescription de trente ans, tandis que, si elle résultait véritablement du délit, elle serait prescriptible, ainsi que le décident expressément les articles 657 et 658 du Code d'instruction criminelle, par l'espace de 10 ans, par le même espace de temps que l'action du ministère public.

» Mais ces principes sont-ils applicables à notre espèce?

» Dans notre espèce, les juges correctionnels ne se sont pas bornés à dire que l'aveu d'un prévenu ne suffit pas pour le condamner; et encore est-il à remarquer qu'il n'y a que les juges de première instance qui l'ayent dit; encore est-il à remarquer que cette erreur (car c'en est véritablement une dans la jurisprudence actuelle (1), où les magistrats, lorsqu'ils font les fonctions de jurés, n'ont plus, comme sous l'ancien régime, leur conscience asservie à des règles positives pour l'appréciation des preuves qui leur sont offertes) encore est-il à remarquer, disons-nous, que cette erreur n'a pas été répétée par la chambre correctionnelle de la cour de Bourges.

» Les juges de première instance et les membres de la chambre correctionnelle de la cour de Bourges ont été plus loin: ils ont dit, en toutes lettres, que la déclaration contenant l'aveu infamant du sieur Charret, lui avait été surprise par de mauvaises voies, et qu'il ne jouissait pas, lorsqu'il l'avait signée, *d'une pleine et entière liberté d'esprit.*

» Ils ont donc jugé, non pas que l'aveu du sieur Charret était insuffisant pour constater les vols, mais que cet aveu était nul.

» Et que peut-on opposer à leur décision?

» Dira-t-on qu'ils n'étaient pas compétens pour annuller l'aveu du sieur Charret? Mais quoi! l'aveu du sieur Charret était une des preuves dont on se prévalait devant eux contre lui. Ils étaient donc bien compétens pour l'apprécier, non-seulement quant à la foi qui eût pu en résulter, s'il eût été valable en lui-même, mais encore quant à sa validité intrinsèque, comme ils auraient été compétens, s'il se fût agi de la déposition d'un témoin, non-seulement pour juger qu'elle n'était pas assez précise, assez circonstanciée, mais encore qu'elle était nulle, soit faute de prestation préalable du serment, soit parce que le témoin dont elle était l'ouvrage, ne pouvait pas être admis à déposer.

(1) *V. Confusion* et *Preuves*, sect. 3.

» Dira-t-on qu'en déclarant que l'aveu du sieur Charret lui avait été surpris par de mauvaises voies, les juges correctionnels se sont mis en opposition avec la décision de la cour d'assises du 31 mai 1811?

» Mais 1° s'il y avait effectivement contrariété entre l'arrêt de la chambre correctionnelle de la cour de Bourges des 21 novembre 1811 et la décision de la cour d'assises du 31 mai précédent, c'eût été une raison pour faire casser le premier; mais, pour cela, il eût fallu que le ministère public se fût pourvu en cassation dans les trois jours de la prononciation de cet arrêt; et il ne l'a point fait. L'arrêt de la chambre correctionnelle est donc légalement purgé du vice de contrariété qu'on aurait pu lui reprocher dans le principe.

» 2° Dans le fait, aurait-on pu, dans le principe, reprocher ce vice à l'arrêt de la chambre correctionnelle?

» Si nous avions eu à nous expliquer sur cette question, devant la section criminelle de la cour, nous n'aurions pas hésité à soutenir la négative, et nous nous serions fondés sur deux raisons également péremptoires.

» D'abord, l'arrêt de la chambre correctionnelle ne dit pas positivement que les violences ont été exercées sur le sieur Charret pour le forcer à signer la déclaration infamante du 9 juillet 1810. Il dit seulement que le sieur Charret a été *insidieusement entraîné, ce jour-là, dans une maison étrangère; qu'il y a été retenu depuis midi jusqu'à huit ou neuf heures du soir, et qu'il était dans un état de débilité et d'anéantissement tel que, lorsqu'il eut repris ses sens, on lui fit prendre deux verres d'eau-de-vie*; ce qui annonce assez qu'il ne jouissait pas d'une *pleine et entière liberté d'esprit*; et tout cela peut avoir eu lieu sans violence proprement dite; tout cela peut avoir eu lieu par l'effet de simples actes de dol, de pratiques insidieuses, de moyens frauduleux quelconques, employés pour circonvenir le sieur Charret, pour lui faire perdre connaissance, pour lui extorquer une signature à son insu.

» Ensuite, quand même l'arrêt de la chambre correctionnelle déclarerait, en termes exprès, que l'écrit du 9 juillet 1810 a été arraché par violence au sieur Charret, il ne contrarierait pas, pour cela, la déclaration du jury du 31 mai 1811.

» Que porte la déclaration du jury? Qu'il n'a pas été commis de violence sur le sieur Charret, à l'effet de lui extorquer l'obligation du 9 juillet 1810? Non: elle porte uniquement que ni Félix Tourangin, ni ses co-accusés ne sont *coupables d'avoir extorqué* cette obligation *par violence.*

» Mais, d'une part, cette déclaration n'est pas exclusive de l'idée que l'obligation a pu être extorquée au sieur Charret, par d'autres personnes que Félix Tourangin et ses co-accusés; et vous savez qu'aux termes de l'article 1111 du Code civil, « la » violence exercée contre celui qui a contracté l'obligation, est une cause de nullité, *encore qu'elle ait été exercée par un tiers* autre que celui au » profit duquel la convention a été faite ».

» D'un autre côté, il ne résulte pas précisément de la déclaration du jury, que Félix Tourangin lui-même n'a pas employé des violences envers le sieur Charret, pour lui extorquer l'obligation du 9 juillet 1810 : il en résulte seulement, de deux choses l'une : ou qu'effectivement Félix Tourangin n'a point employé de violences envers le sieur Charret; ou qu'il en a bien employé, mais qu'il l'a fait sans crime.

» C'est ainsi que, lorsque, sur une accusation de meurtre, le jury déclare que l'accusé n'est pas coupable du meurtre énoncé dans l'acte d'accusation, il est, à la vérité, jugé que l'accusé n'a pas commis volontairement l'homicide que l'acte d'accusation lui impute ; mais il reste douteux si cet homicide n'a pas été commis par l'accusé; il reste douteux si l'accusé n'a pas commis cet homicide, soit par un pur hasard, dans lequel il n'est entré, ni imprudence, ni maladresse, ni négligence, ni contravention aux règlemens, soit par la nécessité d'une défense légitime.

» Et qui nous assurera aujourd'hui, que le jury, en déclarant Félix Tourangin *non coupable d'avoir extorqué par violence l'obligation du 9 juillet 1810*, n'a pas laissé de reconnaître que le fait de la violence était constant et que Félix Tourangin en était l'auteur ? qui nous assurera aujourd'hui, que le jury ne s'est pas déterminé à déclarer Félix Tourangin *non coupable*, par la seule considération que Félix Tourangin avait pu, sans crime, employer des violences pour se procurer un moyen de réparer les vols dont il se plaignait, et qui alors se présentaient sous toutes les couleurs de la vraisemblance.

» Sans doute, il y aurait eu, dans ce motif, une grande erreur de droit; mais cette erreur pouvait facilement séduire des jurés; rien ne peut nous garantir qu'elle ne les a pas séduits en effet.

» Nous savons bien que, dans l'obscurité que laisse sur ce point leur déclaration, nous devons l'interpréter dans le sens le plus favorable à Félix Tourangin ; et que, si la chambre correctionnelle avait jugé positivement, nonobstant cette déclaration, que Félix Tourangin avait extorqué par violence l'obligation du 9 juillet 1810, son arrêt, attaqué en temps utile devant la section criminelle, n'aurait pas échappé à la cassation (1).

» Mais nous ne devons pas moins signaler ici la source de la possibilité que le jury soit tombé dans l'erreur que nous venons de supposer.

» La source de cette erreur est dans la marche tout-à-fait irrégulière qu'a suivie le magistrat de sûreté de Bourges, dans la poursuite des délits et des crimes que présentait cette affaire.

» Ces délits, ces crimes, étaient parfaitement connexes ; et l'on-ne-pouvait les bien apprécier, l'on ne pouvait juger, avec une pleine connaissance de cause, s'ils avaient ou s'ils n'avaient pas été commis respectivement, que par une instruction qui portât simultanément sur les uns et les autres.

» Si les vols imputés au sieur Charret, avaient été poursuivis en même temps et par la même instruction que les faits de violences imputés au demandeur, comme ils auraient dû l'être, d'après la jurisprudence constante de la cour, quoique les uns ne fussent pas qualifiés que de délit et que les autres portassent le caractère de crime (1), qu'aurait fait le jury à qui le tout eût été soumis par un seul acte d'accusation ?

» Il aurait commencé par délibérer sur les vols ; et s'il avait reconnu que l'accusation était mal fondée à cet égard, il aurait déclaré le sieur Charret non coupable.

» Cela fait, il serait entré dans l'examen des faits de violence; il y serait entré, bien convaincu que les vols imputés mal à propos au sieur Charret, ne pouvaient pas légitimer les faits de violence imputés à Félix Tourangin, il se serait, en conséquence, borné à vérifier ces faits ; et il est à croire qu'alors, Félix Tourangin n'aurait pas eu à s'applaudir de sa déclaration.

» Quoi qu'il en soit, il demeure toujours constant que la déclaration du jury n'est, en rien, contrariée par l'arrêt de la chambre correctionnelle; que le fût-elle, l'arrêt de la chambre correctionnelle aurait dû, comme formant le dernier état des décisions judiciaires sur les causes de l'obligation et de l'écrit du 9 juillet 1810, servir seul de guide à la chambre civile qui a rendu l'arrêt attaqué aujourd'hui par le demandeur; et par conséquent, que le troisième moyen de cassation du demandeur doit être rejeté comme les deux premiers.

» Le quatrième moyen se divise en deux branches : violation de l'art. 1356 du Code civil, en ce que l'arrêt attaqué divise les aveux que le demandeur avait faits, tant sur la cause de l'obligation du 9 juillet 1810, que sur le montant de la somme qu'il avait prise, le même jour, au sieur Charret; contravention à l'autorité de la chose jugée, en ce que le même arrêt condamne le demandeur à rendre au sieur Charret de l'argent que la cour d'assises avait décidé ne lui être pas dû.

» Mais, 1° pour juger que l'obligation du 9 juillet 1810, avait une autre cause que celle qui y était énoncée; pour juger que cette obligation n'avait pour cause que les prétendus vols imputés au sieur Charret, la cour de Bourges n'a pas eu besoin des aveux du demandeur : elle trouvait la preuve de ce fait dans l'écrit que le sieur Charret avait signé en même temps que l'obligation ; et si, à cette preuve, elle a, dans ses motifs, ajouté celle qui résultait

---

(1) *V.* l'arrêt du 29 octobre 1812, rapporté ci-dessus, n. 5 *bis.*

(2) *V.* l'article *Connexité*, §. 3.

des aveux du demandeur, elle l'a fait par surabondance.

» 2°. La cour de Bourges n'a pas eu plus besoin des aveux du demandeur, pour le condamner à restituer au sieur Charret les 18 fr. qui sont l'objet de la cinquième des questions sur laquelle prononce l'arrêt attaqué.

» Il est vrai que le demandeur, en avouant qu'il avait pris au sieur Charret l'argent qu'il avait dans sa poche, le 9 juillet 1810, ajoutait que cet argent lui avait été volé par le sieur Charret.

» Mais l'arrêt de la chambre correctionnelle jugeait à la fois, et que cet argent avait été pris par le demandeur au sieur Charret, et que le sieur Charret ne l'avait pas volé au demandeur. L'aveu du demandeur était donc, pour la cour de Bourges, la chose du monde la plus indifférente. La cour de Bourges n'a donc pas divisé cet aveu.

» Il est vrai encore que le demandeur prétendait avoir pris au sieur Charret, non 18 fr., mais 33 fr.; et que l'arrêt attaqué n'adjuge que 18 fr. au sieur Charret.

» Mais qu'importe? prononcer ainsi, ce n'est pas diviser l'aveu du demandeur, c'est tout simplement se renfermer dans les bornes des conclusions du sieur Charret, c'est tout simplement ne pas juger *ultrà petita*.

» 5° Comment la cour de Bourges aurait-elle pu, en condamnant le demandeur à rendre ces 18 fr. au sieur Charret, contrarier ce qui avait été décidé par la cour d'assises?

» La cour d'assises, vous dit le demandeur, avait rejeté les conclusions du sieur Charret tendantes à ce que je fusse condamné à lui payer 24,000 fr. de dommages-intérêts; et certainement les 18 fr. faisaient partie de cette somme. Elle avait donc décidé que je ne devais restituer cette somme au sieur Charret. La cour de Bourges a donc contrevenu, en ce point, à l'autorité de la chose jugée.

» Admettons avec le demandeur que, dans les 24,000 fr. de dommages-intérêts auxquels le sieur Charret concluait devant la cour d'assises, celui-ci comprenait les 18 fr. qui lui avaient été pris le 9 juillet 1810 : que résultera-t-il de cette supposition? Rien qui puisse justifier le moyen de cassation qui nous est proposé.

» Pour qu'il y ait lieu à l'exception de chose jugée, dit l'art. 1351, il faut que la demande reproduite dans une nouvelle instance, soit *fondée sur la même cause* qui déjà l'avait motivée dans une instance précédente.

» Or, quelle identité y a-t-il entre la cause de la demande que le sieur Charret a formée devant la cour d'assises, et la cause de la demande qu'il a formée devant la cour de Bourges? Aucune.

» Devant la cour d'assises, le sieur Charret demandait 24,000 fr. de dommages-intérêts au sieur Tourangin, sur le fondement que le sieur Tourangin lui avait extorqué par violence une obligation de la même somme.

» Devant la cour de Bourges, le sieur Charret réclamait les 18 fr. dont il s'agit, sur le fondement que le sieur Tourangin les lui avait pris dans sa poche.

» Il n'y a donc pas l'ombre d'identité entre les causes des deux demandes. L'arrêt attaqué ne contrevient donc pas, en ce qui concerne les 18 fr., à l'autorité de la chose jugée.

» Par son cinquième moyen de cassation, le demandeur reproche à la cour de Bourges un excès de pouvoir. Suivant lui, la cour d'assises était seule compétente pour permettre que l'écrit sous seing-privé du 9 juillet 1810, par lequel le sieur Charret s'était reconnu coupable de vol, fût retiré du greffe. La cour de Bourges n'a donc pas pu en ordonner le retrait, elle n'a donc pas pu en ordonner la remise au sieur Charret.

» Mais d'abord, le demandeur est-il recevable à vous proposer un pareil moyen? Il n'a certainement aucun intérêt à ce que le retrait et la remise de l'écrit du 9 juillet 1810, soient ordonnés par la cour d'assises plutôt que par la cour de Bourges; et dès qu'il est à cet égard sans intérêt, il est nécessairement sans action.

» En second lieu, la cour d'assises avait-elle ordonné que l'écrit du 9 juillet 1810 restât déposé dans son greffe? Non : elle avait donc implicitement autorisé le sieur Tourangin à l'en retirer. Le sieur Tourangin aurait donc pu l'en retirer en effet, sans nouvelle autorisation, comme toute partie privée peut, après le jugement de son procès, retirer du greffe où sont déposées ses productions, toutes les pièces dont elles se composent.

» Mais, d'après cela, qu'a fait l'arrêt de la cour de Bourges, en ordonnant que l'écrit du 9 juillet 1810 fût remis au sieur Charret? Il a jugé que cet écrit était dénué de cause, au moment dans les mains du sieur Tourangin; il a jugé que, si le sieur Tourangin l'eût encore eu entre les mains, il eût dû le remettre au sieur Charret; il a jugé que le sieur Charret pouvait, au lieu de se faire remettre par le sieur Tourangin, le retirer lui-même du greffe; il a jugé que le droit que le sieur Tourangin avait de retirer cet écrit du greffe, pouvait être exercé par le sieur Charret; et certainement il a très-bien jugé; car le sieur Tourangin étant obligé de remettre l'écrit au sieur Charret, le sieur Charret était, à cet égard, créancier du sieur Tourangin; et l'art. 1166 du Code civil permet à tout créancier d'exercer les droits de son débiteur.

» Le sixième moyen est peut-être le plus futile de tous. A l'arrêt que j'attaque, vous dit le demandeur, a concouru un conseiller-auditeur qui avait déjà connu de l'affaire, comme membre de la cour d'assises. Ce conseiller-auditeur devait se récuser, et il ne l'a pas fait. Donc l'arrêt que j'attaque, est en contravention aux art. 378 et 380 du Code de procédure civile.

» Mais, 1° il n'est pas vrai que le conseiller-auditeur qui a pris séance à la cour d'assises, le 31 mai

1811, y ait siégé comme juge effectif : il n'y a siégé que comme juge éventuel ; il n'y a siégé, conformément à la loi du 25 brumaire an 8, que pour remplacer, dans un cas qui n'est point arrivé, l'un des juges qui eût pu tomber malade pendant les débats.

» 2° Quand même ce conseiller aurait véritablement rempli les fonctions de juge dans le procès jugé à la cour d'assises, le 31 mai 1811, il suffirait que le sieur Tourangin ne l'eût pas récusé, lorsqu'il l'a vu siéger de nouveau dans la cour d'appel, pour que l'arrêt de la cour d'appel fût inattaquable de ce chef. C'est un point jugé sous l'ordonnance de 1667, qui avait, à cet égard, les mêmes dispositions que le Code de procédure civile, par plusieurs arrêts de la cour, et notamment par ceux qu'elle a rendus, le 14 ventose an 10, au rapport de M. Cochard, dans l'affaire de mademoiselle Gilbert, et le 22 frimaire an 11, au rapport de M. Aumont, dans l'affaire des sieurs Gayling et du préfet du département du Bas-Rhin.

» Par ces considérations, nous estimons qu'il y a lieu de rejeter la requête du demandeur, et de le condamner à l'amende ».

Par arrêt du 17 mars 1813, au rapport de M. Favart de l'Anglade, « sur le premier moyen tiré de ce que la validité de l'obligation ayant été jugée par la cour d'assises de Bourges, elle ne pouvait plus être mise en question devant la cour d'appel ; — considérant que, d'après l'art. 1351 du Code civil, l'autorité de la chose jugée n'a lieu que dans le cas où les parties ont été en instance et le même objet, et que la nouvelle demande est fondée sur la même cause ; que, dans l'espèce, le sieur Charret avait bien, par sa plainte du 50 août 1810, demandé la nullité de l'obligation du 9 juillet 1810, comme étant le résultat de la violence et au surplus sans cause ; mais que l'acte d'accusation et la déclaration du jury de jugement n'ont porté et ne pouvaient porter que sur le fait de la violence ; que le moyen tiré de ce qu'abstraction faite de la violence, l'obligation était encore sans cause, ne pouvait pas être de la compétence de la cour d'assises, et qu'en statuant exclusivement sur le fait de la violence, cette cour a laissé entière la question de savoir si l'obligation avait une cause ; que dès-lors, l'arrêt attaqué a pu juger cette question sans contrevenir à l'autorité de la chose jugée ; — sur le second moyen, que le demandeur fait résulter de ce qu'il n'a pas été partie dans l'arrêt de la chambre correctionnelle qui a renvoyé le sieur Charret de la plainte en vols, et que, dès-lors, cet arrêt ne pouvait lui être opposé ; considérant que le ministère public est seul partie capable pour poursuivre les crimes et délits ; qu'il les poursuit aux périls, risques et fortunes de tous ceux qui y sont intéressés, lorsqu'ils ne se rendent pas parties civiles, et que le jugement qui intervient avec lui ne peut jamais être attaqué par les parties privées ; que cela résulte nécessairement de l'art. 3 du Code d'instruction criminelle, portant que l'exercice de l'ac-

tion civile intentée avant ou pendant la poursuite de l'action publique, est suspendu jusqu'à ce que l'action publique ait été définitivement jugée ; que, d'après cette disposition, l'action publique est évidemment préjudicielle à l'action civile, et que dès-lors, le jugement qui intervient sur l'une, même en l'absence de la partie privée, ne peut pas avoir l'autorité de la chose jugée sur l'autre ; qu'ainsi, dans l'espèce, un arrêt de la chambre correctionnelle de la cour de Bourges ayant jugé, sur la poursuite du ministère public, que le sieur Charret n'avait commis ni vols ni escroquerie chez le sieur Félix Tourangin, cet arrêt a acquis, vis-à-vis de ce dernier, l'autorité de la chose jugée ; et que la chambre civile a dû le prendre pour guide de sa décision ; — sur le troisième moyen résultant de ce que l'obligation du 9 juillet avait une cause bien connue, puisqu'elle avait été souscrite pour réparation de vols commis par le sieur Charret, ainsi qu'il l'a déclaré lui-même dans un écrit sous seing-privé ; considérant que l'arrêt de la chambre correctionnelle ayant jugé in terminis, 1° que, non-seulement le sieur Charret n'avait commis ni vols ni escroquerie, mais même qu'il n'existait pas de corps de délit ; 2° que l'aveu que le sieur Charret avait fait de ces vols par un écrit du 9 juillet 1810, lui avait été surpris par de mauvaises voies ; 3° que cet écrit n'avait pas été signé par lui avec une pleine et entière liberté d'esprit ; que dès-lors, il était nul, et ne pouvait lui être opposé ; il en résultait nécessairement que l'obligation du 9 juillet se trouvait sans cause, et que la cour de Bourges n'eût pu décider le contraire, sans contrevenir à l'autorité de la chose jugée ; — sur le quatrième moyen résultant de la prétendue violation de l'art. 1356 du Code civil qui ne permet pas de diviser l'aveu contre celui qui l'a fait ; considérant qu'il résulte de l'arrêt attaqué, que ce ne sont pas exclusivement les aveux du demandeur qui ont été cause des condamnations prononcées contre lui, mais bien l'ensemble de l'instruction criminelle, correctionnelle et civile, que, dès-lors, l'art. 1356 du Code civil se trouve sans application ; — sur le cinquième moyen, fondé sur un excès de pouvoir commis par la cour d'appel, en ordonnant la remise de l'écrit sous seing-privé du sieur Charret ; considérant que le demandeur n'a ni qualité ni intérêt pour se plaindre de cette remise ; que d'ailleurs elle était une conséquence nécessaire de la nullité prononcée par l'arrêt attaqué tant de cet écrit que de l'obligation du 9 juillet ; — sur la sixième et dernier moyen puisé dans les art. 378 et 380 du Code de procédure, suivant lesquels le juge qui a déjà connu d'une affaire peut être récusé et doit lui-même se récuser lorsque l'affaire est de nature à être portée devant le tribunal dont il fait partie ; considérant qu'il est constaté par le procès-verbal de la cour d'assises, que M. Brunet, qui était alors conseiller-auditeur, n'a point pris part à la délibération de la cour d'assises, et qu'il avait seulement assisté aux débats pour concourir

65.

au jugement, si sa présence devenait nécessaire ; que, dès-lors, M. Brunet, devenu conseiller à la cour d'appel, a pu connaître de l'affaire dont il s'agit, avec d'autant plus de raison que la question soumise à la chambre civile, n'était pas, comme il est prouvé par le premier *considérant*, la même « que celle décidée par la cour d'assises ; par ces motifs, la cour rejette.... ».

XVI. 1° La règle *Non bis in idem*, s'oppose-t-elle à ce que le juge civil déclare non suffisamment vérifiée ou fausse, une signature privée qui, dans un procès criminel instruit avec le ministère public seul, et sans que le porteur de l'écrit revêtu de cette signature, s'y soit rendu partie civile, a été jugée n'être pas *fausse ou faussement fabriquée ?*

2° S'oppose-t-elle à ce qu'en pareil cas, le juge civil déclare que la signature, si elle est vraie, a été surprise par dol et fraude ?

3° S'oppose-t-elle à ce que le juge civil déclare nul l'écrit revêtu de cette signature, sur le fondement que, contenant des obligations synallagmatiques, il n'a pas été fait double ?

Le 10 avril 1791, Pierre Caperan, *travailleur de terre*, et employé comme tel par le sieur Roux à la tête de ses ouvriers, se rend adjudicataire d'un domaine national dit la *Boriette*, pour le prix de 45,000 fr. ; et il déclare dans le procès-verbal même d'adjudication, qu'il acquiert ce domaine au nom et pour le compte du sieur Roux. — Le sieur Roux, présent à cette déclaration, l'accepte. En conséquence, il prend possession du domaine de la Boriette, en paye le prix et en jouit paisiblement jusqu'à son décès arrivé deux ans après. — Ses héritiers continuent d'en jouir et le comprennent dans leur partage.

En 1808, ils font assigner Pierre Caperan en payement d'un billet de 1,000 fr. qu'il avait reconnu lui avoir été prêté par le sieur Roux. — Pierre Caperan reconnaît sa dette, demande seulement qu'elle soit réduite, attendu qu'elle a été contractée en papier-monnaie, et la paye d'après la réduction qui en est faite d'accord.

Le 17 décembre 1810, acte notarié par lequel Pierre Caperan, pour se libérer envers Antoine Caperan, son fils, de sommes qu'il lui doit, déclare lui céder ; sans garantie, l'action résultant à son profit d'un acte sous seing-privé, portant la date du 25 décembre 1791, et ainsi conçu : « Je promets au sieur Pierre Caperan, propriétaire de Saint-Martin-du-Touch, à qui je décharge la métairie de la Boriette, avec promesse de la garder en bon père de famille, de la bonifier et non la détériorer, et de la rendre à lui ou à sa famille, lorsque le remboursement en sera fait, et à récolte pendante, telle que je l'ai prise. Ecrit d'une autre main, et signé de la mienne. Roux.

Antoine Caperan fait assigner les héritiers du sieur Roux devant le tribunal civil de Toulouse ;

pour reconnaître la signature apposée au bas de cette déclaration ; sinon, voir dire qu'elle sera tenue pour reconnue ; qu'en conséquence, ils seront condamnés à lui délaisser le domaine de la Boriette, sous l'offre qu'il fait de leur rembourser le prix qu'en a payé le sieur Roux, d'après l'échelle de dépréciation du papier-monnaie.

Les héritiers du sieur Roux déclarèrent ne pas reconnaître sa signature ; et ils font remarquer, 1° que le corps du billet est écrit d'une autre main que les mots, *écrit d'une autre main et signé de la mienne ;* 2° que ni ces mots ni le corps du billet ne sont de la main du sieur Roux.

Pierre Caperan, père, intervient dans l'instance et déclare que c'est lui-même qui a écrit les mots, *écrit d'une autre main et signé de la mienne ;* et que le sieur Roux n'a fait qu'y ajouter sa signature.

Le 7 janvier 1811, jugement qui, avant faire droit, ordonne qu'il sera procédé, par experts et par comparaison d'écritures, à la vérification de la prétendue signature du sieur Roux. — Les experts déclarent que la signature *Roux* est fausse.

Le 8 juin suivant, jugement qui, faute par Caperan de produire et notifier le rapport des experts, rejette de l'instance l'écrit daté du 25 décembre 1791, renvoie les héritiers Roux de la demande formée contre eux ; et ordonne que la pièce sera transmise au juge d'instruction.

Le juge d'instruction poursuit, en conséquence, Caperan père et fils, comme prévenus du crime de Faux en écriture privée. — Dans cette nouvelle procédure, Caperan père, revenant sur la déclaration qu'il a faite devant le tribunal civil, reconnaît que ce n'est pas lui qui a écrit les mots, *écrit d'une autre main et signé de la mienne ;* et il déclare ne pas se souvenir de quelle main sont ces mots.

Pendant cette instruction, Caperan père et fils appellent du jugement du 8 juin. — Le 28 décembre, arrêt qui surseoit à statuer sur leur appel, jusqu'après le jugement à intervenir sur le procès en faux principal.

Cependant des mandats d'arrêts sont décernés contre Caperan père et fils ; et ils sont suivis d'ordonnance de prise de corps, par l'effet desquelles l'affaire est portée à la chambre d'accusation de la cour de Toulouse.

Avant que la cour de Toulouse ait prononcé, Caperan père meurt en prison.

Le 8 mai 1812, arrêt qui met Caperan fils en état d'accusation. — Le 9 juin de la même année, Caperan fils n'ayant pour adversaire que le ministère public, faute par les héritiers Roux de s'être rendus parties civiles, est mis en jugement devant la cour d'assises du département de la Haute-Garonne. — Le même jour, le jury prononce en ces termes : « Non, la déclaration du 25 décembre 1791, attribuée à feu Guillaume Roux, faite en faveur de Pierre Caperan, propriétaire de Saint-Martin-du-Touch, au sujet de la métairie de la Boriette, n'est point fausse ni faussement fabriquée ». — D'après cette déclaration, le président de la cour d'assises rend une ordonnance qui acquitte Antoine Caperan de l'accusation portée contre lui.

Les choses en cet état, Antoine Caperan reprend l'instance pendante devant la cour de Toulouse, sur son appel du jugement du 8 juin 1811. Il fait signifier le rapport des experts qui a déclaré fausse la signature *Roux* apposée à l'écrit du 25 décembre 1791 ; et il conclut à ce que, vu la déclaration du jury et l'ordonnance d'acquittement rendue par le président de la cour d'assises, les héritiers Roux soient déclarés non-recevables dans la dénégation qu'ils font de la signature dont il s'agit ; subsidiairement, à ce qu'avait faire droit, il soit admis à faire procéder à une nouvelle expertise et à la fortifier par une preuve testimoniale. — Les héritiers répondent que ni la déclaration du jury ni l'ordonnance d'acquittement ne peuvent leur être opposées, parce qu'ils n'ont pas été parties au procès criminel ; qu'Antoine Caperan n'est recevable, ni à provoquer un nouveau rapport d'experts, ni à offrir une preuve testimoniale qu'il n'a pas offerte en première instance; qu'au surplus, la signature *Roux* fût-elle vraie, il résulterait des faits nombreux qu'ils articulent, qu'elle a été surprise par des manœuvres frauduleuses ; qu'enfin, dans la même hypothèse, la déclaration portant cette signature, serait encore nulle, parce qu'il n'y est pas énoncé qu'elle a été faite double.

Le 12 août 1812, arrêt ainsi conçu : — « la fin de non-recevoir proposée par la partie de Dubernard (Antoine Caperan), est-elle fondée? Faut-il ordonner une nouvelle vérification et accueillir la preuve vocale offerte par la partie de Dubernard ? Ou bien faut-il, sur ce qui résulte de la vérification des experts-écrivains, rejeter la déclaration attribuée à feu Roux, et maintenir le jugement dont est appel ? — attendu, sur la première question, que la fin de non-recevoir proposée par Caperan, est puisée dans la déclaration du jury, de laquelle il résulte que la déclaration du 25 décembre attribuée à feu Roux, faite en faveur de Pierre Caperan, au sujet de la métairie de la Boriette n'est point fausse ni faussement fabriquée, et dans l'ordonnance du président de la cour d'assises qui acquitte Antoine Caperan de l'accusation portée contre lui ; si les héritiers Roux s'étaient portés pour parties civiles dans la poursuite de l'instance criminelle sur laquelle est intervenue la déclaration du jury, et l'ordonnance du président qui acquitte, on pourrait leur opposer, sous ce rapport, cette ordonnance ; mais ils n'ont point été parties dans ladite poursuite criminelle, la procédure n'a pas été faite avec eux, ils n'ont point produit de pièces de comparaison, ils n'ont point eu d'experts de leur choix qui, éclairés par leurs instructions, ayent été à portée de vérifier et décider, conjointement avec ceux de Caperan, le point litigieux ; et dès-lors, les héritiers Roux sont fondés à invoquer la maxime, *res inter alios judicata, aliis nocere non potest*. La cour de cassation a consacré ces principes par un arrêt du 3 juin 1808; elle les avait encore reconnus le 21 messidor an 9, en considérant qu'en matière de grand criminel, il suffit que le délit ne soit pas constant pour que l'accusé soit renvoyé, tandis qu'en matière civile, il faut que le titre soit incontestablement reconnu être l'ouvrage de ceux à qui il est opposé. Dans l'affaire criminelle, la société étant seule demanderesse, et Caperan défendeur, la loi imposait au ministère public de justifier l'accusation ; et parce qu'il aurait négligé de fournir des preuves suffisantes, où que ces preuves n'auraient pas paru telles qu'il les fallait pour asseoir une condamnation à peine afflictive et infamante, faudrait-il interdire à une partie intéressée, qui n'aurait pas été partie dans la poursuite criminelle, le droit de repousser une demande injuste au fond, lors surtout qu'il s'agit d'une pièce privée qui, déniée par le prétendu signataire ou ses héritiers, ne peut plus faire foi, qu'après avoir subi, en justice, l'épreuve d'une vérification légale faite contradictoirement avec le prétendu signataire ou ses héritiers, pièce qui d'ailleurs pourrait être fausse par des manœuvres que ceux qui ont été soumis au jury. Dans l'instance civile, les rôles ont changé; Caperan est devenu demandeur; c'est donc à lui à justifier ses demandes, non par une prétendue fin de non-recevoir qui ne pourrait jamais être admise de la part d'un demandeur, mais en prouvant, dans les formes établies par le Code judiciaire, que la déclaration privée dont il réclame l'exécution, était réellement l'ouvrage de feu Roux. D'après le Code, et même d'après la loi ancienne, des héritiers auxquels on présente un billet souscrit du nom de celui dont il est écrit, ne pouvaient être condamnés à en payer le montant, que dans le cas où ils reconnaîtraient l'écriture pour être celle de leur auteur ; et s'ils le méconnaissaient, ils ne pouvaient être condamnés que dans le cas où il serait vérifié par pièces de comparaison, par experts respectivement nommés, que l'écriture ou du moins la signature est du défunt. On objecterait donc vainement qu'en n'ayant aucun égard à la déclaration du jury, on court le risque d'une contrariété d'arrêts. Mais il n'y a véritablement contrariété d'arrêts, que lorsque les arrêts sont rendus entre les mêmes personnes et au même titre. La disposition législative qui ouvre aux parties non appelées et qui auraient dû l'être, la voie de la tierce-opposition, annonce assez que la chose jugée d'une manière à l'égard de Titius, peut être jugée différemment avec Mévius; et il est si peu vrai qu'il puisse y avoir contrariété d'arrêts, que la déclaration du jury n'empêcherait pas le ministère public de poursuivre, contre d'autres individus, la même accusation de faux. Que résulterait-il d'ailleurs de la déclaration du jury ? Rien autre chose, si ce n'est qu'il n'était pas assez démontré que la pièce fût fausse. Que résulterait-il de l'arrêt qui rejeterait cette pièce? Seulement qu'Antoine Caperan, demandeur en vérification, tenu de prouver la vérité de son titre, n'a point établi cette vérité; dès-lors, la fin de non-recevoir ne peut avoir aucun fondement.—Sur la seconde question, considérant qu'un jugement rendu sur la déclaration faite par ses héritiers, comme l'écrit signé Roux n'était ni l'ouvrage, ni la signature dudit Roux, ordonne que, par experts et sur pièces de comparaison, il serait procédé à la vérification de cette signature Les experts nommés ont, sur pièces de comparaison admises, déclaré que la signature attribuée audit Roux, n'était point sa signature, et qu'il n'y avait aucune ressemblance entre cette signature et celles des pièces de comparaison. Cette relation ayant été communiquée après l'appel, il ne résulte pas d'autres motifs, que le jugement dont est appel,qui rejette la déclaration attribuée audit Roux, ait fait une juste application de la loi. Quant à la seconde vérification demandée, il n'existe aucun motif plausible pour l'ordonner, dès que la première est régulière et présente tous les caractères propres à convaincre les magistrats. Il en est de même de la preuve vocale ; outre que la loi laisse aux juges la faculté de l'ordonner, elle aurait dû être demandée en première instance, en même temps que la vérification par comparaison d'écritures. Ce n'est pas après avoir épuisé un genre de preuves, qu'il est permis de recourir à un second, encore moins le demander en cause d'appel. C'est en première instance que Caperan pouvait demander le concours de ces deux genres de preuves. — Considérant enfin, que, d'après la relation des experts, d'après l'inspection de la pièce, de son état matériel et des pièces de comparaison, d'après les circonstances de la cause et les débats sur les faits qui ont eu lieu à l'audience, la cour fut convaincue que cette déclaration n'était ni ne pouvait être l'ouvrage de feu Roux ; il est inutile de recourir à de nouveaux éclaircissemens, lorsque ceux que la cour a déjà, démontrent que cette déclaration ne saurait être attribuée à feu Roux; ils lui ont paru suffisans pour se convaincre de la nécessité du rejet de cette pièce, indépendamment du dol et de la fraude dont elle serait entachée, et dont la cour n'aurait pu s'empêcher de trouver la preuve dans la nombreuse série des faits reconnus constans et propres à démontrer le dol....; — par ces motifs, la cour, sans avoir égard à la fin de non-recevoir proposée par Antoine Caperan ; et au surplus de ses conclusions, et s'en démettant, vu ce qui résulte du rapport des experts ; vu qu'Antoine Caperan ne prouve pas la vérité de la déclaration ; icelle rejetant par tous les moyens de droit et de fait, coartés par les héritiers Roux, démet Antoine Caperan de son appel....»

Antoine Caperan se pourvoit en cassation contre cet arrêt.

« Si l'arrêt qui vous est dénoncé (ai-je dit à l'audience de la section des requêtes, le 8 septembre 1815), ne pouvait être justifié que par le motif auquel le demandeur oppose l'autorité de la chose jugée, le succès de la requête en cassation qui vous occupe en ce moment, nous paraîtrait assuré.

» Vous en avez, en quelque sorte, préjugé à l'avance l'admission, par le rejet que vous avez prononcé, le 17 mars dernier, au rapport de M. Favard de l'Anglade, de celle que vous présentait

alors le sieur Tourangin contre un arrêt de la cour de Bourges.... (1).

» Quelle différence y a-t-il entre l'espèce dans laquelle a été rendu cet arrêt, et l'espèce actuelle ?

» Il y en aurait sans doute une très-grande, si, dans l'espèce actuelle, le jury s'était borné à déclarer qu'il n'était pas constant que l'acte sous seing-privé du 25 décembre 1791, fût faux ou faussement fabriqué. L'espèce actuelle rentrerait alors dans celle de l'arrêt de la cour du 21 messidor an 9 ; et alors, la cour de Toulouse eût dû dire à Antoine Caperan, comme le tribunal d'appel de Paris avait dit à Louis Godier : juger qu'il n'est pas constant qu'un acte soit faux, ce n'est pas juger qu'il est vrai ; c'est seulement juger que la fausseté n'en a pas été prouvée par le ministère public. Le ministère public était demandeur contre vous : c'était à lui à rapporter les preuves de votre culpabilité ; il ne l'a pas fait, vous avez donc dû être acquitté. Mais aujourd'hui, les rôles sont changés. De défendeur que vous étiez dans le procès criminel, vous êtes devenu demandeur dans le procès civil ; et pour que vous obteniez l'effet de votre demande, il ne vous suffit pas d'établir qu'il n'est pas constant que le billet dont vous vous prévalez, soit faux ; il est nécessaire, et il l'est indispensablement, que vous prouviez que ce billet est vrai. Or, vous ne le prouvez pas ; vous devez donc succomber au civil, quoique vous ayez triomphé au criminel.

» Mais, dans l'espèce actuelle, le jury ne s'est pas borné à dire qu'il n'était pas constant que l'acte du 27 décembre 1791 fût faux : il a dit très-positivement, il a dit, dans les termes les plus affirmatifs, que cet acte n'est ni faux ni faussement fabriqué. Il a conséquemment dit que cet acte est vrai ; car il y a bien un milieu entre ces deux propositions : il n'est pas constant que tel acte soit faux, et tel acte est vrai ; et ce milieu consiste à dire qu'il n'est pas plus constant que l'acte soit vrai, qu'il n'est constant qu'il soit faux. Mais entre ces deux propositions, tel acte est faux, tel acte est vrai, il n'y a point de milieu possible ; ces deux propositions ont entr'elles le même rapport que le oui et le non ; et de ce qu'un acte n'est pas faux, il s'ensuit nécessairement qu'il est vrai ; comme, de ce qu'il est vrai, il s'ensuit nécessairement qu'il n'est pas faux.

» Il n'y a donc pas la plus légère différence entre l'espèce actuelle et celle de votre arrêt du 17 mars dernier ; et dès-là, nulle possibilité d'écarter de l'espèce actuelle le principe que vous avez consacré par cet arrêt.

» Il y a même ici un motif de plus pour juger comme vous l'avez fait dans l'affaire du sieur Tourangin.

» Dans l'affaire du sieur Tourangin, nous disions que, si le sieur Charret eût été déclaré coupable de vols par le jugement et l'arrêt intervenus dans le procès correctionnel où le sieur Tourangin ne s'é-

_____

(1) V. le n° précédent.

tait pas rendu partie, le sieur Charret n'eût pas pu être admis à remettre en question, dans l'instance civile, la réalité des vols qui lui avaient été imputés.

» Et ici, c'est la loi elle-même qui vous dit que, si Antoine Caperan eût été déclaré coupable de faux par la cour d'assises, Antoine Caperan n'aurait plus aucun moyen de soutenir, en devant le tribunal civil, la vérité de l'acte du 25 décembre 1791; et comment vous le dit-elle? en ordonnant, art. 241 u Code de procédure civile, *la suppression, la lacération, ou la radiation en tout ou en partie des pièces déclarées fausses.* De là, en effet, résulte que le même arrêt qui aurait déclaré faux l'acte du 25 décembre 1791, aurait ordonné qu'il fût lacéré; et dès-lors, il eût été bien impossible à Antoine Caperan de reproduire cet acte devant le tribunal civil; il eût été bien impossible que l'arrêt qui, en l'absence des héritiers Roux, aurait déclaré Antoine Caperan coupable, n'eût pas, en faveur des héritiers, la même autorité de chose jugée que s'ils y eussent été parties.

» Eh! comment les héritiers Roux qui, dans cette hypothèse, pourraient opposer à Pierre Caperan le jugement par lequel, en leur absence, il aurait été condamné comme faussaire, pourraient-ils, le cas contraire étant arrivé, empêcher Pierre Caperan de leur opposer le jugement par lequel, en leur absence, il a été acquitté? Il ne peut pas y avoir, en cette matière plus qu'en toute autre, deux poids et deux mesures.

» Mais, dit la cour de Toulouse, le jugement qui a déclaré Pierre Caperan non coupable de faux, ne peut pas déroger à la règle générale d'après laquelle tout demandeur en reconnaissance d'une signature privée, est tenu de justifier, en cas de dénégation, que cette signature est véritable.

» Non sans doute, il ne dérogerait pas à cette règle, non sans doute il ne la ferait pas fléchir, ou, pour parler plus juste, il n'en rendrait pas l'application inutile et sans objet, s'il avait déclaré Pierre Caperan non coupable, sur l'unique fondement qu'il n'était pas prouvé que la pièce arguée de faux, fût fausse. Mais ce n'est point là ce qu'il a fait.... il a déclaré Pierre Caperan non coupable, sur le fondement que la pièce arguée de faux, était vraie. La vérité de la pièce est donc la conséquence nécessaire de ce jugement. La vérité de la pièce ne peut donc plus être remise en question.

» La cour de Toulouse s'appuie sur la distinction que nous avons faite, dans l'affaire de la prétendue dame Douhaut, entre le jugement rendu sur une accusation de faux en écriture authentique, et le jugement rendu sur une accusation de faux en écriture privée.

» Mais cette distinction, nous ne l'avons faite que relativement au cas où le jugement qui acquitte de l'accusation, déclare seulement qu'il n'est pas prouvé que la pièce soit fausse. Dans ce cas, avons-nous dit, si la pièce est authentique, le jugement qui déclare le faux non prouvé, entraîne nécessairement la condamnation civile du signataire de la

pièce, parce que la pièce fait foi par elle-même, et que, d'après l'art. 214 du Code de procédure civile, elle ne peut plus être attaquée, ni par plainte en faux principal, ni par inscription de faux incident. Si, au contraire, la pièce est sous seing-privé, le jugement qui déclare le faux non prouvé, laisse cette pièce dans l'état où elle est par elle-même. Or, par elle-même, cette pièce ne fait foi qu'autant qu'elle est reconnue ou vérifiée. Le jugement qui déclare non prouvé le faux dont elle a été arguée, ne dispense donc pas le porteur de cette pièce de justifier qu'elle est vraie.

» Cette distinction est-elle applicable à l'espèce actuelle? Non, car dans l'espèce actuelle le jugement rendu en faveur d'Antoine Caperan, ne déclare pas seulement le faux non prouvé; il déclare positivement que la pièce arguée de faux, n'est pas fausse: il la déclare donc véritable; il la dispense donc de toute vérification ultérieure.

» Mais, dit encore la cour de Toulouse, indépendamment de l'arrêt de la cour de cassation du 29 messidor an 9, par lequel il est décidé que le jugement criminel qui déclare non constant le faux dont a été arguée une pièce sous seing-privé, ne dispense pas le porteur de cette pièce d'en faire la vérification devant les juges civils, il existe un autre arrêt de la même cour, du 5 juin 1808, qui décide, en termes généraux et absolus, qu'en *matière criminelle*, un *jugement n'existe que vis-à-vis de ceux avec qui il a été rendu.*

» Quelle est donc l'espèce de ce dernier arrêt? Un ruisseau coule entre deux terrains, l'un appartenant au sieur Mathieu Roux, l'autre appartenant au sieur Charles. Le sieur Mathieu Roux est cité devant le tribunal de police, pour avoir empiété sur ce ruisseau, qui forme, dit-on, une *propriété publique.* Le sieur Mathieu Roux comparaît; dans sa défense, il ne nie pas la qualité de propriété publique attribuée au ruisseau, et il est condamné. Le sieur Charles, s'imaginant que, par là, il est jugé que le ruisseau est une propriété publique, forme une tierce-opposition au jugement. Déclaré non-recevable par le tribunal de police, il se pourvoit en cassation. Mais son recours est rejeté, au rapport de M. Lombard, « attendu que les tribunaux de po-
» lice ne sont institués que pour prononcer sur les
» délits que la loi a placés dans leurs attributions;
» que les délits sont personnels, qu'il en est de
» même des condamnations qu'ils entraînent; qu'en
» matière criminelle un jugement n'existe que vis-
» à-vis de ceux avec qui il a été rendu; que, dans
» cette matière, la tierce-opposition ne peut donc
» être admise; que le demandeur en cassation
» n'ayant pas été compris dans la poursuite dirigée
» par le commissaire de police contre Mathieu
» Roux, ni dans les jugemens rendus sur cette
» poursuite, ces jugemens ne peuvent, dans aucun
» cas, lui être opposés; que d'ailleurs la tierce-op-
» position par lui formée contre ces jugemens,
» ne peut avoir qu'un intérêt civil; qu'elle ten-
» dait donc à saisir le tribunal de police d'une action

» sur laquelle il était radicalement incompétent ».

» Quel rapport cet arrêt peut-il avoir avec notre espèce ? Aucun ; et entre les nombreuses différences qui existent entre l'un et l'autre, il en est une que nous devons spécialement signaler.

» Si le sieur Charles s'était trouvé en instance devant un tribunal civil, sur la qualité du ruisseau qui traversait son terrain, au moment où le commissaire de police poursuivait le sieur Mathieu Roux, devant le tribunal de police, comme prévenu d'avoir empiété sur ce ruisseau, le tribunal civil aurait-il dû, après l'art. 8 du Code du 5 brumaire an 4, renouvelé par l'art. 3 du Code d'instruction criminelle, surseoir à statuer, envers le sieur Charles, sur la question de savoir à qui appartenait le ruisseau, jusqu'à ce que le tribunal de police eût prononcé sur l'action publique intentée contre le sieur Mathieu Roux ? Non, et bien loin de là : il n'eût pas même dû y surseoir, si le sieur Charles eût été compris, avec le sieur Mathieu Roux, dans les poursuites du ministère public. Car, dans cette affaire, ce n'était pas le criminel qui emportait le civil ; c'était au contraire le civil qui emportait le criminel.

» Mais dans notre espèce, la cour de Toulouse aurait-elle pu se dispenser de surseoir à l'action civile d'Antoine Caperan, jusqu'à ce qu'il eût été statué sur la plainte en faux principal que le ministère public avait portée contre lui ? aurait-elle pu s'en dispenser, sous le prétexte que les héritiers Roux ne s'étaient pas rendus partie civile sur cette plainte ? Non assurément ; et si elle l'eût fait, son arrêt eût dû être cassé d'après l'article 3 du Code d'instruction criminelle, comme l'a été, dans un cas semblable, le 18 novembre 1812, au rapport de M. Zangiacomi, un arrêt de la cour de Paris, du 28 janvier précédent.

» Donc l'action criminelle intentée contre Antoine Caperan par le ministère public seul et sans le concours des héritiers Roux, n'en était pas moins préjudicielle à l'action civile d'Antoine Caperan, que si les héritiers Roux se fussent joints au ministère public pour l'accuser de faux.

» Donc le jugement rendu sur cette action en l'absence des héritiers Roux, ne lie pas moins les héritiers Roux que s'ils s'y étaient rendus parties.

» Donc encore une fois, les principes qui vous ont déterminés, le 17 mars dernier, à rejeter le recours en cassation du sieur Tourangin, sont décisifs et péremptoires pour Antoine Caperan.

» Et remarquez, Messieurs, que ces principes sont implicitement confirmés par l'exception que le Code civil s'est cru obligé d'y apporter pour un cas spécial (1)….

» Mais quoique de tout cela il résulte bien claire-

ment que le premier motif de l'arrêt attaqué est en opposition diamétrale avec la loi, ne deviez-vous pas cependant le maintenir d'après les autres motifs qui l'appuient ?

» Nous disons, d'après *les autres motifs*; car la cour de Toulouse en a évidemment ajouté deux au premier.

» D'abord, elle déclare, dans le préambule de son arrêt, que, si les faits constatés par l'expertise ordonnée en première instance, *lui ont paru suffisans pour se convaincre de la nécessité de rejeter* la prétendue déclaration du sieur Roux du 25 décembre 1791, c'est *indépendamment du dol et de la fraude dont elle serait entachée, et dont la cour n'aurait pu s'empêcher de trouver la preuve dans la nombreuse série de faits* RECONNUS CONSTANS ET PROPRES A DÉMONTRER LE DOL.

» Ensuite, dans son dispositif, elle rejette la déclaration du 25 décembre 1791, non-seulement *vu ce qui résulte du rapport des experts*, non-seulement *vu qu'Antoine Caperan ne prouve pas la vérité de cette déclaration*, mais encore par TOUS *les moyens de droit et de fait coartés par les héritiers Roux*; et conséquemment elle adopte TOUS *les moyens de droit et de fait* que les héritiers Roux employaient pour la faire rejeter.

» Or, quels *moyens de droit et de fait* les héritiers Roux employaient-ils pour faire rejeter la déclaration du 25 décembre 1791 ?

» Ils disaient que cette déclaration était fausse, et c'était pour eux un premier moyen de fait.

» Ils disaient que la fausseté de cette déclaration n'était pas couverte par la délibération du jury qui l'avait jugée non fausse; et c'était pour eux un premier moyen de droit.

» Ils disaient que cette déclaration, si elle était vraie, avait été surprise au sieur Roux par des manœuvres frauduleuses, et c'était pour eux un deuxième moyen de fait.

» Ils disaient enfin que cette déclaration, toujours en la supposant vraie, était nulle, *comme n'étant pas faite double, bien que synallagmatique*; et c'était pour eux un second moyen de droit.

» Qu'en adoptant le premier moyen de fait et le premier moyen de droit, la cour de Toulouse ait violé l'art. 1350 du Code civil, relatif à l'autorité de la chose jugée, c'est ce que nous croyons avoir démontré complètement.

» Mais 1° quelle loi a-t-elle violée, en adoptant le second moyen de fait, c'est-à-dire, celui que les héritiers Roux tiraient des manœuvres frauduleuses qu'ils prétendaient avoir été employées pour surprendre au défunt la déclaration du 25 décembre 1791 ? Bien évidemment elle n'a pu, en cette partie, violer aucune loi. D'une part, elle a déclaré que les faits de dol et de fraude articulés par les héritiers Roux, étaient *constans*; et de l'autre, l'art. 1109 du Code civil dit expressément *qu'il n'y a point de consentement valable, si le consentement a été surpris par dol.*

(1) *V.* la discussion sur les art. 234 et 235 du code civil dans le plaidoyer du 30 avril 1807, rapporté aux mots *Chose jugée*, § 15.

» 2° Quelle loi a-t-elle violée, en adoptant le second moyen de droit, c'est-à-dire, celui que les héritiers Roux tiraient de ce que la déclaration du 25 décembre 1791 n'était pas double ? Elle aurait certainement, par une fausse application de l'art. 1325 du Code civil, violé l'art. 1322 du même Code ; si la déclaration du 25 décembre 1791 ne devait pas être considérée comme synallagmatique. Mais tous les caractères d'une convention synallagmatique ne se réunissent-ils pas dans cette déclaration ?

» Pour bien apprécier cette déclaration, il ne faut pas perdre de vue un fait qui est énoncé dans l'arrêt de la cour de Toulouse, comme prouvé authentiquement : c'est que le sieur Roux était devenu, par le procès-verbal d'adjudication du 19 avril 1791, propriétaire du domaine de la Boriette.

» La propriété de ce domaine une fois fixée dans les mains du sieur Roux, n'a certainement pu en sortir pour passer dans celles de Pierre Caperan, que par un acte formel et positif.

» Cet acte, où est-il ? Antoine Caperan ne peut le placer, et il ne le place effectivement que dans la déclaration du 25 décembre 1791. Il ne dit pas que cette déclaration ait été précédée d'un autre acte par lequel le sieur Roux se fût obligé de vendre le domaine de la Boriette à son père ; moyennant la somme pour laquelle il l'avait personnellement acquis. Il reconnaît donc que cette déclaration qui, par elle-même, ne présente qu'un contrat d'antichrèse, doit réellement être considérée comme une promesse faite par le sieur Roux de vendre le domaine de la Boriette à Pierre Caperan.

» Or, une promesse de vendre suppose nécessairement une promesse d'acheter. La promesse de vente vaut vente, dit l'art. 1589 du Code civil, lorsqu'il y a consentement réciproque des deux parties sur la chose et le prix. Il faut donc un consentement réciproque, pour qu'il y ait promesse valable de vente. La promesse de vente est donc une convention synallagmatique ; elle est donc nulle, aux termes de l'art. 1325 du Code civil, si elle n'est faite double. La déclaration du 25 décembre 1791 a donc pu, par cela seul qu'elle n'était point double, être déclarée nulle par la cour de Toulouse.

» On peut, il est vrai, opposer à cette dernière conséquence, que la déclaration du sieur Roux porte une date bien antérieure au Code civil ; et que la disposition de l'art. 1325 de ce Code, étant contraire aux lois romaines qui, à l'époque de la date de cette déclaration, régissaient le ressort de la cour de Toulouse, a dû être considérée par la cour de Toulouse comme introductive d'un droit nouveau pour son ressort.

» Mais la cour de Toulouse n'a-t-elle pas pu juger que la jurisprudence avait, sur ce point, devancé le Code civil dans le Languedoc, comme elle l'avait bien constamment devancé dans tout le ressort du parlement de Paris ?

» Ce qu'il y a de certain, c'est qu'indépendamment des nombreux arrêts du parlement de Paris qui, sous l'ancien régime, avaient jugé que les actes sous seing-privé étaient nuls, lorsque contenant des obligations synallagmatiques, ils n'étaient pas faits doubles ; il en avait été rendu de semblables, non-seulement au parlement de Rouen, comme nous le voyons dans le Dictionnaire de droit Normand, aux mots Double écrit, mais encore au parlement de Bordeaux, comme nous le voyons dans le Recueil de Salviat, au mot Police. Or, tout le monde sait que le ressort du parlement de Bordeaux était régi par les lois romaines, ni plus ni moins que le ressort du parlement de Toulouse. Il ne serait donc pas étonnant que, relativement à la nécessité de faire doubles les actes sous seing-privé contenant des obligations synallagmatiques, le parlement de Toulouse eût, comme celui de Bordeaux, modelé sa jurisprudence sur celle du parlement de Paris, et que, comme le parlement de Bordeaux, il se fût, sur ce point, écarté des lois romaines.

» Ce qu'il y a de certain encore, c'est que les rédacteurs de l'art. 1325 du Code civil n'ont pas entendu introduire, par cet article, un droit nouveau ; et qu'ils ont présenté cet article comme érigeant simplement en loi, une règle que la jurisprudence de tous les tribunaux avait consacrée depuis long-temps. C'est ainsi notamment que s'en est expliqué M. Jaubert, dans son rapport au tribunat sur le chap. 5 du titre des contrats du Code civil.

» Qu'ils se soient trompés à cet égard, relativement aux tribunaux de la Belgique, c'est ce que plusieurs fois nous avons eu l'honneur de prouver à vos audiences, et c'est ce que vous avez jugé plusieurs fois.

» Mais rien ne prouve qu'ils se soient trompés de même, relativement aux tribunaux du Languedoc ; et, dès-là, point de reproches à faire à la cour de Toulouse, pour avoir jugé que, dès 1791, les actes synallagmatiques sous seing-privé, non faits doubles, étaient nuls en Languedoc, comme ils l'étaient en Guyenne, comme ils l'étaient en Normandie, comme ils l'étaient dans la presque universalité du territoire français.

» Enfin, Messieurs, quand nous supposerions que l'acte du 25 décembre 1791 n'eût pas pu être annullé sur le fondement qu'il n'aurait pas été fait double, on serait du moins forcé de convenir qu'il a pu l'être sur le fondement que, tel qu'il est conçu, il ne renferme aucune obligation de la part de Pierre Caperan envers le sieur Roux, ou, en d'autres termes, sur le fondement que, par cet acte, le sieur Roux s'oblige bien de vendre le domaine de la Boriette à Pierre Caperan, mais Pierre Caperan ne s'oblige pas de le lui acheter. Car c'est un principe élémentaire, que la promesse de vendre n'est pas obligatoire pour celui qui la fait, si elle n'est accompagnée de la promesse d'acheter de la part de celui à qui elle est faite (1).

_____

(1) V. l'article Vente, §. 7, n° 5.

» En deux mots : ou l'acte du 25 décembre 1791 est synallagmatique, ou il ne l'est pas. S'il est synallagmatique, il est nul, parce qu'il n'est pas fait double. S'il n'est pas synallagmatique, il est encore nul, précisément parce qu'il ne s'y trouve pas une réciprocité d'obligation.

» En dernière analyse, vous voyez, Messieurs, qu'autant il est évident que l'arrêt contre lequel réclame Antoine Caperan, viole la loi par l'adoption du premier moyen de fait et du premier moyen de droit des héritiers Roux, autant il est évident que ce même arrêt ne viole aucune loi par l'adoption du second moyen de fait et du second moyen de droit des mêmes héritiers.

» Et par ces considérations, nous estimons qu'il y a lieu de rejeter la requête du demandeur, avec amende ».

Par arrêt du 8 septembre 1813, au rapport de M. Botton de Castellamonte, « attendu que l'arrêt dénoncé a, dans son dispositif, adopté tous les moyens de fait et de droit proposés par les héritiers Roux, et qu'au nombre de ces moyens, on trouve dans la partie narrative ceux pris de ce que l'acte du 25 décembre 1791 n'avait pas été fait double, et du dol et de la fraude qui le viciaient; que la cour de Toulouse, en envisageant le susdit acte comme synallagmatique et par conséquent comme ayant dû être fait double, n'a fait autre chose qu'en interpréter les clauses et lui appliquer les principes qui étaient déjà reçus en France, lors du contrat; que la même cour, en appréciant, comme elle l'a fait, les circonstances d'où, suivant elle, résultaient le dol et la fraude, n'a violé aucune loi; que ces observations suffisant pour mettre l'arrêt dénoncé à l'abri de la cassation, il est inutile de s'occuper des moyens présentés par le demandeur à l'appui de sa requête : la cour rejette le pourvoi... ».

XVII. La règle *Non bis in idem* peut-elle être réclamée par un héritier *ab intestat* qui a fait déclarer un testament faux par un jugement criminel, à l'effet de soutenir que ce jugement a l'autorité de la chose jugée contre *les héritiers institués et les légataires qui n'y ont pas été parties? V.* Le plaidoyer et l'arrêt du 8 avril 1812, rapportés au mot *Testament*, sect. 5.

XVIII. La règle *Non bis in idem*, est-elle applicable aux jugemens rendus par contumace? *V. Contumace*, §. 5, n. 6; et le même mot dans les *Additions*.

NOTAIRE, §. III. *Page* 623, *col.* 2, *après la ligne* 28, *ajoutez* :

Voici une espèce dans laquelle ces questions se sont présentées.

Le 30 juillet 1808, arrêt de la cour de justice criminelle de Turin, qui « attendu qu'il est constant en fait que François Aimo étant tombé dans la conscription, et ayant tiré le n° 40, Etienne Aimo, son père, après avoir fait quelques démarches pour trouver un suppléant à son fils, tomba entre les mains d'Antoine - Denis Gaudi (Notaire à Saint-Maurice), et de Cajetan Boriglione, intimés, lesquels lui promirent de trouver un remplaçant, moyennant la somme de 1700 francs, dont Aimo père déboursa la somme de 770 francs à Boriglione, et passa, pour 1000 francs, une lettre de change qu'il déposa entre les mains du maire de Saint-Maurice; qu'après quelques jours, Boriglione commença par conduire Aimo, fils, à l'hôpital de Montcalier, quoiqu'il fût très-bien en santé; mais comme il s'y ennuyait, après dix-sept jours, on le fit sortir, et Gaudi fit sentir à Aimo père, que le suppléant était tout prêt, mais qu'il fallait une plus forte somme que celle convenue; qu'Aimo père, fatigué de tant de démarches, répondit au contraire qu'il était décidé à laisser partir son fils, et qu'ainsi Boriglione et Gaudi rendissent l'argent, pour qu'il pût secourir son fils; que Gaudi et Boriglione le firent revenir de cette détermination, et firent d'autres démarches pour trouver un remplaçant, lesquelles démarches n'ayant eu aucun effet, Boriglione rendit à Aimo père vingt pistoles effectives de Piémont, partie des 700 francs, se réservant d'arranger ses comptes pour la restante somme, et se retira, que ces vingt pistoles étant passées en mains de Gaudi, celui-ci conduisit Aimo, père, chez Gastaldi, où un contrat par acte notarié, en date du 27 juin 1807, eut lieu, dans lequel Joseph della Casa, aussi intimé, sous la fidéjussion de Gastaldi, s'obligea de fournir un remplaçant, moyennant la somme de 2500 francs qui ont été déboursés ès mains de Gastaldi; qu'Aimo fils, étant pressé de partir, Gastaldi envoya à Aimo père un certificat signé, *Garin*, gendarme, de la forme et teneur ci-devant mentionnés, et présenta au dépôt Félix Frésia, aussi intimé, conscrit réfractaire, de cette ville, sous le faux nom et avec les papiers d'Aimo fils, et marcha de cette manière; qu'en conséquence, Boriglione s'étant retiré, et ayant rendu l'argent à une époque où aucune substitution n'avait encore eu lieu, et n'ayant plus eu aucune part aux manœuvres postérieures, on ne peut l'envisager coupable d'escroquerie ni de substitution frauduleuse; et d'ailleurs, Gaudi, della Casa, Fresia et Garin, sont coupables de cette substitution frauduleuse, et aussi les trois premiers d'escroquerie au préjudice d'Etienne Aimo; Gaudi et della Casa pour avoir le plus figuré avec Gastaldi; Frésia pour avoir marché sous le faux nom, et Garin pour avoir fourni le billet en question; — déclare *Antoine-Denis Gaudi*, della Casa, et Félix Frésia, convaincus des substitutions frauduleuses et escroqueries dont ils ont été inculpés; et condamne della Casa à l'amende de 1000 francs et à la peine de dix-huit mois d'emprisonnement; *Antoine-Denis Gaudi* et Félix Frésia, chacun à l'amende de 500 fr. et à la peine de quinze mois d'emprisonnement.... ; et ce conformément aux dispositions des art. 4 de la loi du 24 brumaire an 6, et 35 du tit. 2 de la loi du 22 juillet 1791 ».

Antoine-Denis Gaudi se pourvoit en cassation

contre cet arrêt; mais son recours est rejeté le 3 décembre 1808.

Le 22 avril 1809, le procureur du gouvernement au tribunal de première instance de Turin, se fondant sur le même arrêt, requiert d'office la destitution d'Antoine-Denis Gaudi de ses fonctions de Notaire. — Le même jour, jugement qui, sans entendre ni appeler Antoine-Denis Gaudi, et vu l'arrêt de la cour de justice criminelle, du 30 juillet 1808, « destitue le Notaire Gaudi, et lui ordonne de cesser l'exercice de ses fonctions ». — Le 4 mai suivant, ce jugement est signifié au sieur Gaudi, à la requête du ministère public. — Le 21 du même mois, le sieur Gaudi y forme opposition. — Le 14 juillet, jugement qui, attendu que celui du 22 avril n'a pas été rendu par défaut, mais sur un réquisitoire du ministère public qui n'a été ni dû être, préalablement communiqué à la partie, déclare le sieur Gaudi non-recevable dans son opposition. — Le sieur Gaudi appelle de ce jugement et de celui du 22 avril. — La cause portée à l'audience de la cour d'appel de Turin, le ministère public, par l'organe de l'un des substituts du procureur-général, déclare *ne point empêcher que les conclusions du sieur Gaudi lui soient adjugées.*

Par arrêt du 22 août 1809, la cour d'appel annulle le jugement du 22 avril, comme rendu *inaudita parte;* réforme celui du 14 juillet; et statuant au fond, « attendu que nulle loi n'existe, qui autorise les tribunaux à prononcer la destitution des Notaires, pour le seul effet d'une condamnation à une peine correctionnelle; que le Notaire n'a point subi la condamnation à la peine d'emprisonnement, d'après l'arrêt susdit rendu en appel du jugement du tribunal de police correctionnelle du 6 février 1808, pour une infraction que la loi veillante à l'époque où le délit a été commis, punisse de destitution les Notaires et autres fonctionnaires publics qui s'en soient rendus coupables; que le ministère public ne reproche au Notaire Gaudi aucun délit ni contravention qui, d'après la loi du 25 ventose an 11, soit puni de la destitution du notariat; que le Notaire Gaudi a été condamné à la peine susdite, en vertu de l'application que la cour lui a faite de la disposition de l'art. 4 de la loi du 24 brumaire an 6, où il n'est pas parlé de la peine de la destitution; que, si son délit eût été de la qualité de ceux désignés dans l'art. 2 de la loi susdite, la cour de justice criminelle lui en aurait appliqué les dispositions, en le condamnant à la peine y indiquée; qu'il faudrait donc se permettre de vouloir être plus sage que la loi, pour s'ouvrir un grand chemin à l'arbitraire, que de soutenir que, pour des motifs de convenance, on peut créer une nouvelle disposition qui ajoute à la loi pénale la privation d'un droit inappréciable, tel que celui appartenant aux Notaires institués à vie, tandis que d'ailleurs la loi s'étant occupée des cas où la destitution des Notaires et des fonctionnaires publics doit être provoquée, elle n'a point compris la simple condamnation à une peine correctionnelle, ni l'infraction pour laquelle le No-

taire Gaudi a souffert la condamnation susdite... ; dit n'y avoir lieu à la destitution provoquée par le procureur du gouvernement contre le Notaire Gaudi... ».

Le procureur-général de la cour d'appel de Turin se pourvoit en cassation contre cet arrêt.

« Trois questions (ai-je dit à l'audience de la section civile; le 20 novembre 1811), se présentent, dans cette affaire, à l'examen de la cour. 1° Le procureur-général de la cour d'appel de Turin est-il recevable dans sa demande en cassation contre un arrêt qui n'a fait qu'adopter les conclusions de son substitut? 2° L'arrêt de la cour de justice criminelle du département du Pô, du 30 juillet 1808, n'était-il pas, pour la cour d'appel de Turin, un obstacle à ce qu'elle confirmât le jugement du tribunal de première instance, qui avait prononcé la destitution du Notaire Gaudi? 3° En réformant ce jugement, la cour d'appel de Turin a-t-elle violé quelque loi?

» La première de ces questions nous paraît trouver sa solution dans la nature de l'action que le procureur du gouvernement au tribunal de première instance de Turin avait intentée contre le Notaire Gaudi.

» Cette action, quoiqu'intentée par la voie civile, était du nombre de celles que les lois appellent *publiques,* c'est-à-dire, de celles que les officiers du ministère public intentent au nom de la société.

» Dans toute action de cette nature, l'officier du ministère public qui l'intente, remplit deux rôles différens; celui d'agent de la société pour la poursuite d'un délit ou d'une faute, et celui d'organe de la loi pour requérir l'application de ses dispositions pénales aux assignés qui sont l'objet de cette poursuite.

» Lorsque les assignés lui paraissent répréhensibles et dans le cas de l'application d'une loi pénale ou d'une mesure de discipline, ses fonctions d'organe de la loi se trouvent en harmonie avec celles d'agent de la société; et il donne, en première qualité, ses conclusions en faveur de l'action qu'il a intentée en la seconde.

» Mais, si les assignés lui paraissent sans reproche, ou s'il pense qu'aucune disposition législative ne leur est applicable, alors, organe de la loi et impassible comme elle, il propose, en cette qualité, le rejet de la demande qu'il a formée comme agent de la société; mais la demande qu'il a formée comme agent de la société, n'en subsiste pas moins; le tribunal qu'il en a constitué juge, n'en demeure pas moins saisi, et c'est à la conscience des magistrats à décider si c'est à tort ou avec raison que l'organe de la loi opine contre l'agent de la société.

» S'il en était autrement, après que le ministère public aurait, à la suite d'une discussion publique et contradictoire, donné ses conclusions en faveur de la partie assignée, il deviendrait impossible au tribunal de rendre un jugement même en faveur de

64.

cette partie : ces conclusions, en effet, emporte-raient désistement de l'action publique, l'action publique serait éteinte de plein droit, il ne resterait plus rien à juger, les juges ne pourraient plus délibérer.

» Et cependant il n'est pas rare de voir déclarer coupables des prévenus que le ministère public, comme organe de la loi, avait présentés, dans ses conclusions, comme innocens. Il n'est pas rare de voir les juges appliquer aux prévenus déclarés coupables, des lois pénales que le ministère avait estimé, comme organe de la loi, ne pouvoir pas leur être appliquées.

» Et voilà pourquoi la cour a cassé, le 14 pluviose an 12, au rapport de M. Carnot, et d'après les principes que nous venons de rappeler littéralement, deux arrêts de la cour de justice criminelle du département du Jura, qui avaient jugé que le ministère public, en concluant à décharge dans des procédures correctionnelles, avait ôté aux magistrats le pouvoir de condamner les prévenus.

» Voilà pourquoi la cour a cassé, le 27 juin dernier, au rapport de M. Busschop, et encore sur nos conclusions, un arrêt de la cour de Metz qui avait réformé un jugement de condamnation à l'amende pour délit de pêche, sur le fondement que le procureur du gouvernement n'avait conclu à aucune peine contre le prévenu.

» Mais si le ministère public remplit, dans les actions qu'il exerce, deux rôles différens ; s'il y figure à la fois et comme agent de la société et comme organe de la loi ; si les conclusions qu'il donne, comme organe de la loi, contre l'action qu'il a intentée comme agent de la société, n'emportent pas désistement de cette action, il est clair qu'on ne peut pas, dans sa personne, imputer le fait de l'organe de la loi à l'agent de la société ; il est clair par conséquent qu'il peut, comme agent de la société, attaquer les jugemens auxquels il a lui-même conclu comme organe de la loi.

» Et voilà pourquoi, bien que le ministère public soit un et indivisible, la cour a jugé, par arrêt des 18 ventose et 21 floréal an 12, au rapport de M. Aumont, par arrêt du 23 messidor de la même année, au rapport de M. Minier, et par arrêt du 18 avril 1806, au rapport de M. Barris, que le procureur-général est recevable, en matière correctionnelle, à appeler d'un jugement rendu conformément aux conclusions du procureur du gouvernement.

» Peut-il y avoir, à cet égard, d'autres règles pour le recours en cassation que pour l'appel ? et de ce que le procureur-général peut appeler d'un jugement conforme aux conclusions de son substitut en première instance qui ne fait qu'un avec lui, ne suit-il pas nécessairement qu'il peut se pourvoir en cassation contre un arrêt conforme, soit à ses propres conclusions, soit à celles de l'un des membres de son parquet (1) ?

---

(1) V. l'arrêt du 25 février 1813, rapporté, dans les *Additions*, au mot *Cassation*, §. 4, n° 6.

» Notre seconde question n'offre pas plus de difficultés que la première.

» A entendre le Notaire Gaudi, c'est violer la règle *Non bis in idem*, que de provoquer sa destitution pour les mêmes délits qui ont motivé l'arrêt rendu contre lui par la cour de justice criminelle de Turin, le 30 juillet 1808. Car si ces délits avaient dû emporter, à son égard, la peine de destitution, l'arrêt du 30 juillet 1808 l'aurait prononcée. En ne la prononçant pas, il l'en a déchargé. C'est donc chose jugée souverainement, que le Notaire Gaudi n'a pas encouru cette peine. Cette peine ne peut donc plus lui être infligée par un nouveau jugement.

» Mais que faudrait-il pour que l'arrêt du 30 juillet 1808, pût être censé avoir déchargé le Notaire Gaudi de ce qu'il appelle *la peine de destitution* ? Très-certainement il faudrait qu'il eût été au pouvoir de la cour de justice criminelle de Turin, de prononcer cette peine contre le Notaire Gaudi dans le cas où il l'eût encourue. Car si la cour de justice criminelle de Turin n'a pas eu le pouvoir de déclarer que le Notaire Gaudi avait encouru cette peine, elle n'a pas eu davantage le pouvoir de déclarer que cette peine n'avait pas été encourue par le Notaire Gaudi. Le pouvoir d'absoudre est nécessairement corrélatif à celui de condamner ; l'un ne peut pas exister sans l'autre ; et s'il est vrai, comme le dit la loi 37, D. *de regulis juris*, que *nemo qui condemnare potest, absolvere non potest*, il l'est également, et c'est l'opinion générale des interprètes, que *nemo absolvere potest qui condemnare non potest*. Aussi était-ce par une dérogation à tous les principes que l'empereur Constantin, par la loi 3, C. *ubi senatores*, avait décidé que les commissaires délégués par le prince pour juger certains dignitaires, pourraient bien les absoudre, mais non pas les condamner ; et Godefroy, dans sa note sur ce texte, n'oublie pas d'en faire la remarque : *Ille casus est specialis*, dit-il, en citant la loi 37, D. *de regulis juris*, comme formant la règle générale.

» Or, la cour de justice criminelle de Turin aurait-elle pu, en condamnant le Notaire Gaudi aux peines portées par son arrêt du 30 juillet 1808, y ajouter celle de la destitution ? L'art. 53 de la loi du 25 ventose an 11, prouve clairement qu'elle n'avait pas ce pouvoir : *Toutes suspensions, destitutions*, dit-il, *seront prononcées contre les Notaires* PAR LE TRIBUNAL CIVIL *de leur résidence*.

» L'arrêt du 30 juillet 1808 n'a donc ni jugé ni pu juger que le Notaire Gaudi n'avait pas encouru la peine de destitution.

» Mais que parlons-nous de *peine de destitution* ? La destitution et la suspension d'un fonctionnaire public ne sont pas des peines proprement dites : ce ne sont que des mesures de haute police, dont l'objet est bien moins de punir le fonctionnaire public qu'elles frappent, que de préserver la société du dommage qu'elle peut avoir à craindre de sa part.

» Tout fonctionnaire public, tout citoyen qui est mis en état d'accusation, est par cela seul suspendu, aux termes de l'art. 5 de l'acte constitutionnel du 22 frimaire an 8, non-seulement de ses fonctions, mais même de ses droits politiques ; et cependant il n'est pas encore jugé coupable. La suspension de ses fonctions, de ses droits politiques, n'est donc pas considérée comme une peine, car si elle étaitrangée dans la classe des peines, elle ne pourrait pas précéder le jugement de conviction, elle ne pourrait que le suivre, ou plutôt en faire partie.

» Et ce que nous disons de la suspension, il n'y a aucune raison pour ne pas le dire également de la destitution. La destitution n'est pas plus que la suspension, une peine proprement dite. Elle peut donc être prononcée après un jugement de condamnation à des peines proprement dites, sans que la règle *Non bis in idem* y apporte aucun obstacle.

» C'est ce que décide textuellement, même à l'égard des juges qui sont d'un ordre bien plus relevé que les Notaires, l'art. 59 de la loi du 20 avril 1810. » Tout jugement de condamnation rendu contre un » juge à une peine même de simple police (porte- » t-il), sera transmis au grand-juge ministre de la » justice, qui, après en avoir fait l'examen, dénon- » cera à la cour de cassation, s'il y a lieu ; le ma- » gistrat dénoncé ; et, sous la présidence du mi- » nistre, ledit magistrat pourra être *déchu* ou » *suspendu* de ses fonctions, suivant la gravité » des faits ».

» Et il ne faut pas croire que ce soit là une disposition introductive d'un droit nouveau.

» Avant que cette loi fût en activité, et dès le 8 décembre 1809, la cour, présidée par le grand-juge et sections réunies, avait suspendu indéfiniment de ses fonctions un juge de paix condamné par arrêt à une peine correctionnelle pour délit relatif à la conscription militaire ; et voici comment elle avait écarté l'objection que le notaire Gaudi vous reproduit en ce moment : « la suspension à prononcer contre lui, » n'est point une *nouvelle peine du délit* ; mais » elle est la conséquence nécessaire, tant de la con- » damnation qui a établi contre ce juge une grave » cause de suspicion sous tous les rapports, que de » l'impression et de l'affiche de cette condamnation » qui lui ont enlevé la considération sans laquelle un » juge ne peut utilement remplir ses fonctions ».

» Le 27 juillet 1810, arrêt semblable, et tout aussi solennel, contre un autre juge de paix (1).

» Le 13 décembre suivant, troisième arrêt qui se rapproche davantage de l'espèce actuelle.

» Il avait été passé, devant le notaire Ryex, le 31 mars 1806, un acte par lequel un jeune homme se disant *Pierre-Jean Monteyne*, demeurant à *Cuesne*, s'était chargé de remplacer le conscrit Pierre Neyruck, d'Iseghem. Arrivé au corps pour lequel était destiné ce conscrit, le soi-disant Pierre-Jean

Monteyne, son remplaçant, déclara que son véritable nom était *Jean-Joseph Holvoët*. De là une procédure criminelle en faux tant contre Jean-Joseph Holvoët que contre le notaire Ryex. On reprochait à celui-ci de n'avoir point exigé que l'individualité du prétendu Pierre-Jean Monteyne lui fût certifiée de la manière prescrite par l'art. 11 de la loi du 25 ventose an 11 ; et on soutenait que cette négligence devait le faire considérer comme complice du faux dont Jean-Joseph Holvoët s'était rendu coupable. Par l'arrêt qui intervient sur cette procédure, la cour spéciale du département de la Lys condamne Jean-Joseph Holvoët à la peine de faux ; mais considérant, à l'égard du notaire Ryex, qu'encore qu'il eût à se reprocher de n'avoir pas pris, pour s'assurer de l'individualité du soi-disant Monteyne, les précautions commandées aux Notaires par la loi du 25 ventose an 11, il n'était du moins pas convaincu d'avoir su *que celui qui comparaissait devant lui sous ce nom, n'était pas celui qu'il se disait être*, elle le décharge de l'accusation. Peu de temps après, le 30 juillet 1807, le procureur du gouvernement au tribunal de première instance de Bruges fait citer le sieur Ryex à la barre de ce tribunal, et requiert qu'il soit destitué pour avoir contrevenu à l'art. 11 de la loi du 25 ventose an 11, et par là concouru matériellement à un crime de faux. Le 26 août 1807, jugement qui, en effet, destitue le sieur Ryex. Appel, et le 6 avril 1808, arrêt de la cour de Bruxelles qui met l'appellation au néant. Recours [en cassation], fondé notamment sur les maximes, *res judicata pro veritate habetur* et *non bis in idem*. C'est violer l'autorité de la chose jugée, disait le sieur Ryex, c'est remettre en question un fait dont j'ai été irrévocablement acquitté, que de poursuivre et de prononcer ma destitution pour les mêmes causes qui ont servi de base à une accusation dont je suis sorti victorieux. Mais par l'arrêt cité, rendu au rapport de M. Aumont, « attendu que, » du renvoi hors d'accusation prononcé en faveur du » demandeur par la cour spéciale de Bruges, il ne » résulte rien autre chose sinon qu'il n'a pas été » jugé coupable du crime de faux ; qu'il peut, sans » avoir commis un tel crime, avoir encouru la peine » de la destitution ; et que, d'après les faits déclarés » constans par l'arrêt attaqué, cette peine a été pro- » noncée contre lui sans qu'aucune loi ait été violée ; » la cour rejette ». ».

» Il est donc bien constant que le notaire Gaudi ne trouvait pas dans l'arrêt de la cour de justice criminelle de Turin, du 30 juillet 1808, une fin de non-recevoir contre les poursuites du ministère public tendantes à sa destitution ; et il ne nous reste plus qu'à examiner si, en réformant le jugement qui avait prononcé la destitution du notaire Gaudi, la cour de Turin a violé quelque loi.

» Et d'abord, a-t-elle, comme le soutient le procureur-général de cette cour, violé l'art. 2 de la loi du 24 brumaire an 6 ?

» L'affirmative ne nous paraît pas douteuse.

» Cet article porte que « tout *fonctionnaire* pu-

(1) V. mon *Recueil de questions de droit*, aux mots *Non bis in idem*, §. 3, et *Suspension.*

» blic convaincu d'avoir favorisé la désertion, em-
» pêché ou retardé le départ des déserteurs et des
» citoyens de la réquisition, *soit par des écrits*,
» *soit par des discours*, sera, outre l'emprisonne-
» ment, condamné à une amende qui ne pourra
» être moindre de 500 fr., ni excéder 2,000 fr.; et
» (qu') *il sera de plus destitué de ses fonctions* ».

» Or, d'une part, le sieur Gaudi, en sa qualité
de Notaire, est fonctionnaire public : l'art. 1er de la
loi du 25 ventose an 11 lui en donne expressément
le titre.

» D'un autre côté, c'est certainement par des
discours, que le sieur Gaudi a commis la substitution frauduleuse de laquelle est résulté un empêchement au départ d'un conscrit; car ce n'est point
par des actions muettes, qu'il a opéré cette substitution; il n'a pu l'opérer, qu'en la conseillant,
qu'en la provoquant, qu'en la consommant par des
pourparlers.

» Voilà donc un fonctionnaire public qui est
convaincu d'avoir empêché, par des discours, le
départ d'un conscrit. Ce fonctionnaire public doit
donc être *destitué de ses fonctions*. Ainsi le veut
impérieusement la loi.

» Mais, dit le Notaire Gaudi, l'art. 2 de la loi
du 24 brumaire an 6, ne parle que des fonctionnaires publics qui, à raison de leurs fonctions,
tiennent des discours ou font des écrits tendans à
faire naître ou à entretenir un esprit de rébellion
dans les classes des conscrits, à les détourner de
leur devoir, à exciter ou fomenter leur désobéissance à la voix du souverain. Or, ce n'est point à
raison de mes fonctions de Notaire, c'est comme
simple particulier, que j'ai participé à la substitution frauduleuse du conscrit François Aimo. L'art.
2 de la loi du 24 brumaire an 6 ne m'est donc pas
applicable.

» Cet article répond lui-même, par sa généralité, à une objection que le sieur Gaudi se serait
probablement épargnée, s'il l'avait lu avec plus
d'attention.

» Premièrement, il ne distingue point entre le
fonctionnaire public qui agit, par ses écrits ou ses
discours, sur des masses de conscrits ou de déserteurs, et le fonctionnaire public qui n'adresse ses
écrits ou ses discours qu'à un ou deux conscrits;
qu'à un ou deux déserteurs isolés. Il veut donc
que sa disposition soit appliquée à l'un comme à
l'autre.

» En second lieu, il ne distingue pas davantage
entre le fonctionnaire public agissant dans l'ordre
de ses fonctions, et le fonctionnaire public agissant
comme personne privée; et ce qui le prouve d'une
manière sans réplique, c'est la différence qui existe
entre cet article et le précédent.

» Dans l'art. précédent, la loi s'occupe de fonctionnaires publics qui sont chargés, par la nature
de leurs fonctions, de l'exécution des lois relatives aux conscrits et aux déserteurs; et elle déclare que « tout administrateur de département ou

» de canton, officier de police judiciaire, accusa-
» teur public, juge, commissaire du directoire
» exécutif, tout individu faisant partie de la gen-
» darmerie nationale, qui n'exécutera pas ponc-
» tuellement ces lois en ce qui le concerne, ou qui
» en empêchera ou entravera l'exécution, sera puni
« de deux années d'emprisonnement ».

» Mais dans l'art. 2, elle étend ses vues plus
loin : elle embrasse dans sa disposition tous les
fonctionnaires publics, quels qu'ils soient; et sans
distinguer s'ils sont ou ne sont point, par état,
chargés, soit d'accélérer le départ des conscrits, soit
de réprimer les manœuvres employées pour le retarder ou l'empêcher, elle veut que *tout fonctionnaire public*, qui, abusant de l'ascendant que lui
donne son caractère sur les particuliers, tiendra des
discours ou fera des écrits propres à retarder ou à
empêcher l'effet de la conscription militaire, soit,
outre la condamnation à l'emprisonnement et à l'a-
mende qu'elle détermine, destitué de ses fonctions.

» La destitution doit donc atteindre, en ce cas,
le Notaire, l'huissier, le curé, l'instituteur public,
comme le juge, l'ingénieur des ponts et chaussées,
les percepteurs des contributions, le receveur de
l'enregistrement, comme l'administrateur de département ou de canton; l'officier de troupes de ligne,
comme l'officier de gendarmerie; elle doit atteindre,
en un mot, tout *fonctionnaire public*; et qui dit
tout, n'excepte rien.

» Mais, dit encore le Notaire Gaudi, ce n'est
point par application de l'art. 2, c'est uniquement
par application de l'art. 4 de la loi du 24 brumaire an 6, que j'ai été condamné à l'emprisonnement et à l'amende. Il est donc jugé souverainement que je ne suis point dans le cas de l'art. 2.
L'art. 2 ne peut donc plus m'être appliqué.

» Non, sans doute, l'art. 2 ne peut plus être
appliqué au Notaire Gaudi quant à l'amende et à
l'emprisonnement. Non, sans doute, on ne pourrait plus aujourd'hui faire aggraver, en vertu de
l'art. 2, l'amende et l'emprisonnement dont l'arrêt
du 30 juillet 1808 a diminué l'intensité en sa faveur.
Mais de là s'ensuit-il que le Notaire Gaudi est à
couvert de la destitution ?

L'autorité de la chose jugée, dit l'art. 1351 du
Code civil, *n'a lieu qu'à l'égard de ce qui a fait
l'objet du jugement. Il faut que la chose demandée
soit la même; que la demande soit fondée sur la
même cause; que la demande soit entre les mêmes
parties, et formée par elles et contre elles en la
même qualité.*

» Ici, nous trouvons bien une cause commune
aux demandes formées respectivement devant la cour
de justice criminelle et devant la cour d'appel de
Turin, contre le Notaire Gaudi. Nous y trouvons bien les mêmes parties agissant et se défendant en la même qualité. Mais nous n'y trouvons
pas les mêmes demandes. Devant la cour de justice
criminelle, le ministère public ne demandait, contre
le Notaire Gaudi, que sa condamnation à l'amende

et à l'emprisonnement; et il n'y pouvait pas demander autre chose. Devant la cour d'appel, il demandait sa destitution. La demande en destitution du Notaire Gaudi a donc été, pour la cour d'appel de Turin, une demande absolument nouvelle. La cour d'appel de Turin a donc dû y statuer d'après les faits déclarés par l'arrêt de la cour de justice criminelle du 30 juillet 1808; et sans avoir égard à la conséquence que la cour de justice criminelle avait tirée de ces faits, pour l'application des peines d'emprisonnement et d'amende.

» Mais supposons, pour un moment, que l'art. 2 de la loi du 24 brumaire an 6 fût dans sa seconde disposition, inapplicable au Notaire Gaudi. Il restera du moins à savoir si la cour de Turin, en rejetant le réquisitoire du procureur du gouvernement, tendant à la destitution de ce Notaire, n'a pas violé la loi du 25 ventose an 11 sur le Notariat; et vous vous convaincrez facilement, Messieurs, qu'elle l'a violé en effet.

» A la vérité, l'art. 1er de cette loi porte que les Notaires *sont institués à vie*.

» Mais tout ce qui résulte de là, c'est qu'ils ne sont pas, comme les avoués et les huissiers, révocables au gré du gouvernement; c'est qu'ils ne peuvent être suspendus ou destitués que par des jugemens fondés sur des causes graves.

» Et la preuve que cet article doit être ainsi entendu, c'est qu'il n'y a que cette manière de l'entendre qui puisse le concilier avec l'art. 53 qui veut *que* toutes suspensions et *destitutions* soient *prononcées contre des Notaires par le tribunal civil de leur résidence*.

» Inutile d'objecter que l'art. 53 se réfère à ceux de la même loi qui ordonnent expressément la suspension et la destitution des Notaires; et que, dès-lors, on peut bien en conclure que les Notaires doivent être suspendus ou destitués par les tribunaux dans les cas formellement déterminés par la loi, mais non pas qu'ils puissent l'être hors de ces cas.

» Pour nous convaincre que l'art. 53 doit être entendu dans un sens absolu et indéfini, et qu'il en résulte que la loi abandonne au pouvoir directionnaire des juges les causes de suspension et de destitution qu'elle ne détermine pas elle-même; nous n'avons besoin que de rapprocher de cet article ceux qui commandent expressément la suspension et la destitution des Notaires.

» La loi ne prévoit que trois cas où la suspension doit avoir lieu. C'est 1°, suivant l'art. 6, lorsqu'un Notaire a instrumenté hors de son territoire; 2°, suivant l'art. 23, lorsqu'il a délivré des expéditions ou donné connaissance d'un acte qu'il a reçu, à d'autres qu'aux personnes intéressées en nom direct, à leurs héritiers et ayant-cause; 3°, suivant l'art. 53, lorsque son cautionnement est entamé ou absorbé par l'effet de la garantie à laquelle il est affecté.

» Elle n'en prévoit également que trois, où le juge est obligé de prononcer la destitution. C'est 1°, suivant l'art. 6, lorsqu'un Notaire, après avoir été suspendu de ses fonctions pour avoir instrumenté hors de son territoire, s'est permis de récidiver; 2°, suivant l'art. 16, lorsqu'il y a fraude dans la contravention aux règles concernant les surcharges, les interlignes et les additions dans le corps de l'acte; 3°, suivant l'art. 26, lorsqu'il a délivré une seconde grosse, sans l'autorisation préalable du président du tribunal de première instance.

» Assurément ce ne sont là ni les seules fautes graves, ni les fautes les plus graves, qu'un Notaire puisse commettre, soit dans l'exercice, soit hors de l'exercice de ses fonctions; et de ce que, dans les trois premiers cas, le juge est forcé de prononcer la suspension d'un Notaire, de ce que, dans les trois autres cas, le juge ne peut pas se dispenser de le destituer, il ne s'ensuit nullement que, dans des cas d'une autre nature où un Notaire s'est montré, ou tout aussi indigne, ou plus indigne encore, de la confiance publique, le juge n'ait pas la faculté de le suspendre ou de prononcer sa destitution.

» La loi a dit aux juges: « dans tels cas, vous serez » tenus de suspendre les Notaires; dans tels cas, » vous serez tenus de les destituer ». Mais elle ne leur » a pas dit: vous ne pourrez les suspendre, vous ne » pourrez les destituer, que dans le cas où je vous » en fais un devoir ». Et ce qui prouve encore une fois, qu'elle n'a pas voulu le dire, c'est que, dans l'art. 53, elle a parlé des suspensions et des destitutions de Notaires, ainsi que du droit des tribunaux de prononcer les unes et les autres, sans renvoyer, pour les causes de suspension et de destitution, aux art. 6, 16, 23, 26 et 33.

» Objectera-t-on que l'art. 53 ne parle pas seulement des suspensions et des destitutions; qu'il parle aussi *des condamnations d'amende*; que certainement pour les condamnations d'amende, il se réfère aux articles précédens; qu'il s'y réfère donc aussi pour les suspensions et destitutions?

» Mais il y a une différence essentielle entre les condamnations d'amende et les suspensions ou destitutions. Les condamnations d'amende sont des peines proprement dites, et ne peuvent conséquemment être prononcées que pour les causes expressément déterminées par la loi. Ce n'est donc point par la force de son propre texte, que l'art. 53 est censé se référer, pour les condamnations d'amende aux articles précédens: c'est uniquement par la nature de ces condamnations. Les suspensions et les destitutions au contraire ne sont pas, à proprement parler, des peines: ce ne sont, nous l'avons déjà dit, que des mesures de police et de discipline, qui, par leur nature, sont abandonnées à la conscience des juges. Il faudrait donc, dans l'art. 53, une disposition expresse pour restreindre, à cet égard, le pouvoir des juges aux cas déterminés par les articles précédens; et cette disposition manquant, le pouvoir des juges reste nécessairement dans toute sa latitude naturelle.

» Au surplus, si l'art. 53 est douteux, il serait suffisamment expliqué dans le sens que nous avons l'honneur de vous présenter, par l'arrêt du gouvernement du 2 nivose an 12, portant institution des chambres de discipline des Notaires.

» Après avoir dit, art. 9, que « la chambre prononcera par voie de décision pour les cas de police » et de discipline intérieure » ; après avoir établi, art. 10, que «la chambre mandera les Notaires à ses » séances, et prononcera contre eux par forme de » discipline et suivant la gravité des cas, soit le » rappel à l'ordre, soit la censure simple, soit la » censure avec réprimande, soit la privation de voix » délibérative dans l'assemblée générale, soit l'in- » terjection de l'entrée de la chambre.... »; l'arrêté ajoute, art. 11 : « si l'inculpation portée à la cham- » bre contre un Notaire, *paraît assez grave pour* » *mériter la suspension* du Notaire inculpé, la cham- » bre....... émettra, par forme de simple avis......, » son opinion sur sa suspension *et sa durée*....... », et art. 12 : « quand l'avis... sera sur la suspension, » il sera déposé au greffe du tribunal, expédition en » sera remise au commissaire du gouvernement, qui » en fera l'usage prescrit par la loi ».

» Deux choses sont à remarquer dans ces dispositions.

» D'abord, l'art. 11 ne dit pas : *si l'inculpation... rentre dans l'un des trois cas où la loi veut que le Notaire soit suspendu*; et pourquoi ne le dit-il pas ? Pourquoi dit-il au contraire : *si l'inculpation..... paraît assez grave pour mériter la suspension ?* C'est évidemment parce que le pouvoir de suspendre un Notaire, n'est point limité aux trois cas prévus par la loi, aux trois cas où la loi commande impérieusement l'exercice de ce pouvoir; c'est évidemment parce que l'exercice de ce pouvoir est abandonné, dans les autres cas aussi ou plus graves, à la conscience des chambres des Notaires pour provoquer la suspension, et des tribunaux pour la prononcer.

» Ensuite, pourquoi le même article veut-il que les chambres des Notaires émettent leur avis, non-seulement sur la suspension, mais encore *sur sa durée ?* C'est toujours par la même raison. Si un Notaire ne pouvait être suspendu que dans les trois cas prévus par la loi du 25 ventose an 11, il serait bien inutile, il serait même déraisonnable que la chambre opinât sur la durée de la suspension qu'il pourrait avoir méritée. La durée de sa suspension serait fixée par la loi du 25 ventose an 11 elle-même: elle le serait à trois mois, pour le cas prévu par l'art. 6; elle le serait au même temps, pour le cas prévu par l'art. 23; elle le serait, pour le cas prévu par l'art. 33, à tout le temps pendant lequel le Notaire aurait été en retard de libérer ou compléter son cautionnement. La chambre des Notaires n'a donc à délibérer sur la durée de la suspension, que dans des cas où la suspension n'est pas spécialement ordonnée par la loi. Il est donc des cas où, sans être spécialement ordonnée par la loi, la suspension peut

être provoquée par la chambre des Notaires, ou même directement et de pur office par le ministère public, et prononcée par le juge.

» Voilà ce qui résulte clairement de l'art. 11 de l'arrêt du 2 nivose an 12 ; et s'il fallait une nouvelle preuve d'une vérité aussi manifeste, nous la trouverions dans l'instruction adressée par le grand-juge ministre de la justice, le 28 ventose an 13, à tous les procureurs du gouvernement : « Je » remarque (y est-il dit) qu'un grand nombre de » chambres de discipline refusent, sous divers pré- » textes, de délibérer sur les demandes de nota- » riats qui leur sont transmises..... Il faut mettre » un terme à une résistance qui est quelquefois » aussi injuste qu'illégale, et qui est presque tou- » jours inspirée par les intérêts personnels. Suivant » l'art. 3 de la loi du 25 ventose an 11, les » Notaires sont tenus de prêter leur ministère, quand » ils en sont requis; et cet article s'applique à ceux » qui composent les chambres de discipline comme » à tous les autres. En refusant de délibérer lors- » qu'ils en sont requis, ils sont dans le cas d'être » punis d'une interdiction ou d'une suspension plus » ou moins longue, suivant la gravité des circons- » tances. C'est à vous à la requérir, *conformément* » *à l'art.* 53 de la même loi. Je vous en charge » expressément ».

» Vous le savez, Messieurs, en prescrivant aux Notaires de prêter leur ministère, toutes les fois qu'ils en sont requis, l'art. 3 de la loi du 25 ventose an 11 ne dit point qu'en cas de refus, ils devront ou pourront être suspendus ou interdits : et cependant le chef de la justice trouve qu'à cet égard, le silence de cet article est suffisamment suppléé par la disposition générale de l'art. 53 ; le chef de la justice trouve donc que l'art. 53 investit les tribunaux du droit de prononcer *toutes suspensions*, même dans les cas non prévus par les articles précédens.

» Mais ce que l'instruction du 28 ventose an 13, ce que l'arrêt du 2 nivose an 12 établissent par rapport à la suspension des Notaires, n'est-il pas également applicable à la destitution de ces officiers ?

» Comment ne le serait-il pas ? L'art. 53 de la loi du 25 ventose an 11 place absolument la destitution sur la même ligne que la suspension : que la suspension peut être prononcée hors des cas prévus par les articles précédens, il est bien impossible qu'il n'en soit pas de même de la destitution.

» Ajoutons que la suspension peut être prononcée pour un terme indéfini : nous en avons des exemples dans les arrêts que la cour a rendus, sections réunies, le 8 décembre 1809 et le 27 juillet 1808, contre deux juges de paix précédemment condamnés à des peines correctionnelles pour des délits relatifs à la conscription militaire. Or, quelle différence y a-t-il entre la destitution et la suspension pour un terme indéfini ? Aucune, sans doute. Les causes non prévues par la loi qui autorisent les juges à suspendre indéfiniment un Notaire, les autorisent donc aussi et nécessairement à les destituer.

» Ajoutons encore une observation qui vraisemblablement vous paraîtra, Messieurs, être de quelque poids.

» L'art. 2 de la sect. 2 du tit. 1er de la loi du 29 septembre 1791 portait, comme l'art. 2 de la loi du 25 ventose an 11, que les Notaires *sont institués à vie* ; mais il ajoutait ce que ne fait pas celui-ci : *et ils ne pourront être destitués que pour cause de prévarication préalablement jugée.*

» Pourquoi cette seconde disposition est-elle retranchée de la loi du 25 ventose an 11 ? Ce n'est sûrement pas pour faire entendre qu'un Notaire ne pourrait pas être destitué *pour cause de prévarication préalablement jugée.* Il faut donc que ce soit pour faire entendre qu'un Notaire peut être destitué pour toute espèce de cause grave qui ne porterait pas le caractère de prévarication. Et en effet, il serait trop étrange que la destitution ne pût pas atteindre un Notaire qui ne trahirait aucun des devoirs essentiels de sa place, mais qui, dans sa vie privée, braverait scandaleusement toutes les convenances, ou par ses attentats journaliers à l'ordre public, attirerait sur lui des condamnations correctionnelles. Ce n'est donc pas pour abroger, mais au contraire pour étendre la seconde disposition de l'article cité de la loi du 29 septembre 1791, que l'art. 2 de la loi du 25 ventose an 11 ne la renouvelle pas. Il est donc dans l'esprit de l'art. 2 de la loi du 25 ventose an 11, qu'un Notaire puisse être destitué, et pour toute espèce de prévarication, même non caractérisée par les autres articles de cette loi, et pour toute espèce de cause grave que les autres articles de cette loi n'ont pas davantage déterminée.

» Aussi la cour l'a-t-elle ainsi jugé dans l'affaire du Notaire Ryex, par l'arrêt du 13 décembre 1810, dont nous avons déjà eu l'honneur de vous rendre compte.

» Dans cette affaire, le Notaire Ryex s'était spécialement attaché, tant en première instance qu'en cause d'appel, à établir que l'art. 11 de la loi du 25 ventose an 11, auquel il était jugé avoir contrevenu, ne portant point la peine de destitution, il n'était pas permis aux tribunaux de la lui appliquer. Mais ni les premiers juges ni la cour de Bruxelles n'eurent égard à cette défense ; et le Notaire Ryex fut destitue.

» A la vérité, dans cette requête en cassation, le Notaire Ryex n'employait que deux moyens : l'un, qu'il faisait consister dans la prétendue violation de l'autorité de la chose jugée ; l'autre, qu'il tirait du défaut de délibération préalable de la chambre des Notaires de Bruges,

» A la vérité, il ne se prévalait plus expressément, devant la cour, du silence de la loi sur la cause qui avait motivé sa destitution : il ne prétendait pas que cette loi eût été violée, en ce que le tribunal de première instance et la cour de Bruxelles

avaient prononcé sa destitution pour une cause non déterminée par son propre texte.

» Mais si la loi du 25 ventose an 11 eût été réellement violée en ce point, la cour n'aurait pas manqué de suppléer d'office le moyen de cassation qui serait résulté de là pour le Notaire Ryex. Elle y aurait même été d'autant plus obligée, que ce moyen était indiqué en toutes-lettres dans l'arrêt qu'attaquait le Notaire Ryex ; et non-seulement elle ne l'a pas fait, mais elle a déclaré, en termes exprès, que, *d'après les faits déclarés constans par l'arrêt attaqué, la peine de la destitution avait été prononcée contre lui, sans qu'aucune loi eût été violée.*

» Dans ces circonstances et par ces considérations, nous estimons qu'il y a lieu de casser et annuller l'arrêt qui vous est dénoncé par le procureur-général de la cour de Turin ; et dans le cas où la cour trouverait de la difficulté à le casser sur la demande de ce magistrat, nous la requérons de le casser sur nos conclusions et dans l'intérêt de la loi ».

Par arrêt du 20 novembre 1811, au rapport de M. Delacoste, « en ce qui concerne la fin de non-recevoir : attendu que l'action intentée par le procureur du gouvernement près le tribunal de première instance de Turin, à fin de destitution du Notaire Gaudi, était une action publique ayant pour objet l'intérêt de l'ordre social ; que cette action dévolue à la cour de Turin, par l'appel du jugement qui l'avait accueillie, n'y a changé ni de nature ni d'objet ; que le procureur-général près cette cour, en concluant au rejet de cette action, n'a exprimé que son opinion personnelle ; que si, s'il s'est trompé, son erreur ne peut pas préjudicier à la société, ni par conséquent maintenir irrévocablement un fonctionnaire public dans une place dont il serait de l'intérêt de la société de l'écarter ; qu'il peut donc, mieux éclairé, recourir, pour réparer cette erreur, à la voie de la cassation, laquelle est ouverte par la loi contre tous les arrêts qui la violent ; qu'à la vérité, la loi a précisé des cas où la voie de cassation est fermée à ceux qui s'en sont privés par leur propre fait ; mais qu'elle n'a pas rangé parmi ces cas, celui où un officier du ministère public aurait donné des conclusions conformes à l'arrêt qu'il voudrait ensuite attaquer ; que les officiers du ministère public ne sont déclarés par la loi non-recevables à se pourvoir en cassation, que lorsqu'ils ont laissé écouler, pour prendre cette voie, le délai qu'elle leur fixe à cet effet ; et qu'il n'est pas permis d'étendre de pareilles dispositions d'un cas à un autre ; la cour rejette la fin de non-recevoir ; et, statuant sur le fond de la demande en cassation, vu la loi du 25 ventose an 11, relative au notariat…. ; vu aussi l'arrêté du gouvernement du 2 nivose an 12, relatif aux chambres des Notaires…. ; et attendu, 1º qu'en déclarant, par son premier article, que les Notaires sont institués à vie, la loi du 25 ventose an 11 n'a pas entendu qu'ils ne pussent être suspendus ni destitués par les tribunaux pour causes graves ; qu'elle a seulement voulu les distinguer de certains fonctionnaires ou employés que le gouvernement peut suspendre ou révoquer à son gré et sans autres motifs que sa volonté; 2° qu'en indiquant par les art. 6, 16, 23, 26 et 33, trois cas où les tribunaux sont tenus de suspendre et trois cas où ils sont tenus de destituer les Notaires, la même loi ne s'est pas exprimée limitativement et n'a pas dit que, dans d'autres cas aussi graves ou plus graves encore, les tribunaux ne pouvaient ni les suspendre ni les destituer; qu'au contraire elle a dit, art. 53, que toutes *suspensions* et *destitutions* des Notaires seraient prononcées par les tribunaux et qu'elle l'a dit, non par relation aux cas indiqués dans les articles cités, mais d'une manière absolue; 3° que l'arrêté du gouvernement du 2 nivose an 12, qui a été rendu pour l'exécution de la loi du 25 ventose an 11 et doit par conséquent en déterminer le véritable sens, annonce très-clairement que les Notaires peuvent être suspendus hors des cas indiqués par les art. 6, 23 et 33, puisqu'il prescrit par une délibération sur la durée de la suspension qu'il autorise; et que cette délibération serait à la fois inutile et inconvenante, si elle avait pour objet l'un des cas prévus par ces derniers articles, lesquels fixent eux-mêmes la durée de la suspension qu'ils obligent les tribunaux de prononcer; que les règles étant les mêmes pour les suspensions que pour les destitutions, la faculté qui est attribuée aux juges de suspendre les Notaires de leurs fonctions, hors des cas indiqués par les art. 6, 23 et 33 emporte nécessairement celle de les destituer hors des cas indiqués par les art. 6, 16 et 26; 4° que la cour d'appel de Turin s'est déterminée à rejeter la demande en destitution du Notaire Gaudi, non par le défaut de gravité de la cause sur laquelle cette demande était fondée, mais uniquement par la supposition que les cas de destitution précisés par les art. 6, 16 et 26 seraient les seuls où les Notaires pussent être légalement destitués; que cette supposition est évidemment contraire tant à l'art. 53 de la loi du 25 ventose an 11 qu'aux art. 11 et 12 de l'arrêté du gouvernement du 2 nivose an 12; qu'ainsi la cour d'appel de Turin a violé ladite loi et ledit arrêté; par ces motifs, la cour casse et annulle.... ».

La même chose avait été jugée trois semaines auparavant, à la section des requêtes. Voici le fait.

Le 9 janvier 1810, jugement du tribunal correctionnel de Coni, qui déclare le sieur Tarrichi, Notaire, coupable d'escroquerie en matière de conscription et le condamne aux peines portées par la loi. — Le 10 décembre suivant, le procureur du gouvernement au tribunal civil d'Alba fait assigner le sieur Tarrichi à l'audience de ce tribunal, pour se voir destituer, d'après ce jugement, de ses fonctions de Notaire. — Le sieur Tarrichi invoque la règle *Non bis in idem*, et soutient d'ailleurs que la condamnation d'un Notaire à une peine correctionnelle n'est point placée par la loi du 25 ventose an 11, au nombre des causes de destitution. — Jugement qui rejette le réquisitoire du procureur du gou-

vernement. Appel de la part de cet officier. — Le 11 mars 1811, arrêt de la cour de Turin qui prononce la destitution du sieur Tarrichi; « attendu que l'art. 53 de la loi du 25 ventose an 11 donne aux tribunaux le pouvoir discrétionnaire de prononcer toutes les suspensions, destitutions ou condamnations à des amendes qui peuvent avoir été encourues par des Notaires; que cet article a été ainsi interprété par le chef suprême de la magistrature, dans des lettres des 23 février et 16 novembre 1810, et par la cour de cassation, dans son arrêt du 13 décembre de la même année; que la destitution du Notaire Tarrichi n'est point une peine nouvelle pour le délit dont il a été déclaré convaincu, mais une simple suite, une conséquence naturelle du jugement du tribunal correctionnel, qui l'a déclaré *escroc*; que c'est par mesure de discipline, et non comme nouvelle peine pour l'escroquerie, qu'il devait être déclaré incapable de continuer de remplir des fonctions aussi pures, aussi importantes que celles de Notaires ».

Le sieur Tarrichi se pourvoit en cassation; mais par arrêt du 31 octobre 1811, au rapport de M. Lasaudade, « attendu 1° que l'art. 53 de la loi du 25 ventose an 11, autorise les tribunaux civils à prononcer *toutes suspensions et destitutions* des Notaires, à la poursuite du ministère public; 2° que les art. 6, 16 et 26 de la susdite loi, ne limitent point aux seuls cas y exprimés, le pouvoir que l'art. 53 accorde aux tribunaux; 3° que l'arrêt dénoncé, en prononçant comme mesure de discipline, la destitution d'un Notaire déclaré coupable d'escroquerie, par un jugement du tribunal correctionnel, n'a point violé la règle *Non bis in idem*; la cour rejette.... ».

C'est sur le même principe qu'est fondé l'arrêt suivant :

Le 3 juillet 1810, le procureur du gouvernement au tribunal civil de Verdun dénonce à la chambre de discipline des Notaires du lieu, le sieur Chenin, Notaire, comme coupable d'avoir contrevenu à l'art. 8 de la loi du 25 ventose an 11, en s'adjugeant à lui-même et à son gendre, sous le nom d'une personne interposée, la coupe d'un bois qu'il avait vendu aux enchères en sa qualité d'officier public. — La chambre de discipline prend des informations sur les faits contenus dans cette dénonciation; et après avoir entendu le Notaire inculpé, elle donne un avis portant qu'il y a lieu de le suspendre de ses fonctions, au moins pendant trois mois.

Le procureur du gouvernement fait assigner le sieur Chenin à l'audience du tribunal civil, et conclut à ce qu'il soit suspendu de ses fonctions pendant six mois, avec impression et affiche du jugement à intervenir, au nombre de deux cents exemplaires. — Le 21 du même mois, jugement qui suspend le sieur Chenin pour trois mois seulement. — Appel de la part du procureur du gouvernement. — Le procureur-général de la cour de Nancy adhère à cet appel, et conclut à la destitution du Notaire Chenin. — Le 4 janvier

1811, arrêt par lequel la cour de Nancy déclare que le Notaire Chenin ne pourrait être destitué que par l'autorité souveraine, et se borne à le suspendre pendant six mois.

Recours en cassation de la part du ministère public ; et le 30 décembre de la même année, arrêt, au rapport de M. Cochard, qui, « vu l'art. 53 de la loi du 25 ventose an 11, contenant organisation du notariat ; et attendu que la cour d'appel de Nancy, après avoir reconnu comme constans des faits assez graves pour faire prononcer contre le défendeur la destitution de son office de Notaire, bien qu'elle eût ensuite déclaré qu'elle était dans l'impuissance d'apprécier complétement l'intensité des preuves qui résultaient des dépositions des personnes entendues par la chambre de discipline des Notaires, parce qu'elles n'avaient pas été rédigées par écrit, ladite cour ne s'est néanmoins déterminée à le condamner à une simple suspension de l'exercice de ses fonctions, que par le motif principal qu'elle n'était pas investie d'un pouvoir suffisant pour statuer sur sa destitution ; de tout quoi il résulte qu'elle a fait une fausse interprétation dudit art. 53, qui attribue le pouvoir aux tribunaux civils de statuer, suivant l'exigence des cas et la gravité des circonstances, sur la suspension, la destitution ou la condamnation à l'amende, et aux dommages-intérêts ; par ces considérations, la cour casse et annulle.... ».]]

§. V, n. V. Page 623, col. 2, ligne 3 de la note, après les mots fait partie, *ajoutez :*

Cette question a été agitée à l'audience de la cour de cassation, du 7 août 1811, dans une espèce qui est rapportée, ci-après, aux mots *Saisie-immobilière,* §. 6, art. 2, n. 11.

« Le premier moyen de cassation du sieur Barré (ai-je dit à cette audience), se divise en deux branches.

» Et d'abord, de ce que le Notaire Bourguineau qui a reçu l'acte du 7 brumaire an 11, contenant reconnaissance de la dette du sieur Barré envers la succession d'Alexandre Gardien, était beau-frère et oncle de deux des héritiers de celui-ci, on conclut que cet acte était nul et n'a pu servir de fondement à des poursuites en expropriation forcée.

» Pourquoi cet acte était-il nul ? Il l'était, dit-on, parce que l'art. 6 de la section 2 de la loi du 29 septembre 1791, sous l'empire de laquelle il a été passé, obligeait les Notaires de se conformer, *dans l'exercice de leurs fonctions, aux anciennes ordonnances et règlemens concernant les Notaires royaux, jusqu'à ce qu'il eût été statué autrement par le corps législatif;* et que, parmi les anciens règlemens concernant l'exercice des fonctions des Notaires royaux, se trouvait l'arrêt du parlement de Paris, du 8 juin 1635, qui faisait *défenses à Guillaume Herbin, Notaire au châtelet et à tous autres Notaires, d'instrumenter pour leurs fils, gendres et parens au degré de l'ordonnance, à peine de faux.*

» Ce moyen est, comme vous le voyez, très-spécieux. Voyons ce qu'y opposent les défendeurs, d'après les motifs consignés dans le jugement du tribunal de première instance de Tours, et dans l'arrêt de la cour d'appel d'Orléans.

» Ils disent d'abord, que les arrêts de règlement des anciennes cours de justice n'ont eu force de loi que pendant l'existence de ces cours ; et que leur autorité a cessé du moment que ces cours ont été remplacées par les tribunaux de district.

» Mais c'est là une grande erreur. Sans doute, on ne pourrait pas aujourd'hui casser un jugement en dernier ressort, sous le prétexte que, dans une affaire soumise à l'ancien droit, il aurait contrevenu à un arrêt de règlement rendu sur la matière par un parlement ou conseil supérieur. Mais d'où cela vient-il ? De ce que cet arrêt de règlement a été abrogé par la loi qui a supprimé le tribunal dont il était l'ouvrage ? Non. Cela vient uniquement de ce que, même sous l'ancien régime, les contraventions aux arrêts de règlement des cours n'étaient pas des moyens de cassation. « Ces règlemens (disent les nouveaux » éditeurs de Denizart, au mot *Cassation*, §. 2, » n° 3), quoique faits sous le bon plaisir du Roi, » ne sont pas des lois, mais seulement l'exposé du » vœu du tribunal souverain sur des points non dé- » cidés par le législateur ; de manière que jusqu'à ce que le prince » font les magistrats, que jusqu'à ce que le prince » statue sur ces points, ils jugeront de telle manière. » Mais, quelque respectables que soient ces règle- » mens, ils n'émanent pas de l'autorité législative ; » et par conséquent les jugemens qui y sont contrai- » res, ne peuvent être cassés sur ce fondement, puis- » qu'ils ne contreviennent point aux lois. D'ailleurs, » le tribunal qui a fait le règlement, qui sait les » motifs qui l'y ont déterminé, a pu en avoir pour » ne pas en appliquer la disposition à l'affaire qu'il » a jugée. »

» Mais de là s'ensuit-il que les arrêts de règle- mens des anciennes cours auxquels le législateur a lui-même apposé, en les confirmant, le sceau de sa puissance, et qu'il a par conséquent érigés en loi proprement dite, aient perdu toute leur force du moment que ces cours ont cessé d'exister ? De là s'ensuit-il que les contraventions à ces arrêts de règlement, ne peuvent pas aujourd'hui être répri- mées par la cassation ? Non certainement.

» Cent fois, la section criminelle de la cour a cassé des jugemens qui, en matière de police, avaient refusé d'appliquer les peines portées par d'anciens arrêts de règlement, et avaient, par là, contrevenu à l'art. 46 du tit. 1er de la loi du 22 juil- let 1791, qui veut que les anciens règlemens relatifs à la police, continuent d'être exécutés.

» Et vous-mêmes, Messieurs, vous avez cassé, le 16 brumaire an 6 et le 14 nivose an 10, un jugement en dernier ressort du tribunal civil du département d'Isle-et-Vilaine, et un arrêt de la cour d'appel de Rouen, qui avaient contrevenu à l'arrêt de règlement du parlement de Normandie dè 1666, connu sous le nom de *Placites*, et approuvé par une déclaration de Louis XIV, du 14 janvier 1698.

» Or, ce qu'a fait la loi du 22 juillet 1791, relativement aux anciens règlemens de police des parlemens, ce qu'avait fait Louis XIV par sa déclaration du 14 janvier, relativement aux placites de 1666, la loi du 29 septembre 1791, l'a fait relativement aux arrêts de règlement que les parlemens avaient rendus sur le Notariat:

» Il n'est donc pas permis de douter qu'un arrêt qui, dans une matière soumise à l'ancien droit, violerait un arrêt de règlement relatif au Notariat, ne dût être cassé ni plus ni moins que s'il eût violé une loi proprement dite. La première réponse des défendeurs au moyen de cassation dont il s'agit, ne mérite donc aucune espèce de considération.

» La deuxième est-elle mieux fondée? Elle consiste à dire que le Notaire Bourguineau est bien allié, aux degrés de beau-frère et d'oncle, de deux frères des demoiselles Gardien; mais qu'il ne l'est en aucune manière des demoiselles Gardien elles-mêmes; et que c'est à elles que, par le partage de la succession de leur père, est échue la créance reconnue, au profit de cette succession, par l'acte du 7 brumaire an 11.

» Mais si le sieur Barré, au lieu de reconnaître volontairement cette créance, l'avait contestée; s'il avait fallu l'assigner en justice pour le faire condamner à en payer le montant; si, au jugement qui aurait prononcé sur cette contestation, étaient intervenus, quoique valablement récusés, deux magistrats qui eussent été, l'un beau-frère, l'autre oncle, de deux des co-héritiers des demoiselles Gardien; et qu'il fût aujourd'hui question de prononcer sur ce jugement; oserait-on prétendre que la nullité de ce jugement fût couverte par la circonstance que, depuis il aurait été fait, entre les héritiers d'Alexandre Gardien, un partage qui eût fait tomber la créance dans le lot des défenderesses? Non, sans doute. On serait forcé de convenir que la question de savoir si un jugement est ou non marqué au coin de l'impartialité qui est de son essence, ne dépend et ne peut dépendre que de la position dans laquelle se trouvent les juges et les parties au moment où il est rendu; et que tout ce qui a pu survenir depuis, ne peut se purifier le vice originel. Eh bien! il en doit être de même d'un acte notarié; *ubi eadem ratio, ibi idem jus.*

» On répond en troisième lieu, que ce n'est point par les héritiers d'Alexandre Gardien que le Notaire Bourguineau a été choisi pour la passation de l'acte du 7 brumaire an 11; et qu'il l'a été par le sieur Barré lui-même.

» La chose n'est guère vraisemblable, surtout d'après le soin qu'a pris le Notaire Bourguineau de figurer dans l'acte au nom des héritiers d'Alexandre Gardien, et d'accepter pour eux la reconnaissance du sieur Barré. Mais enfin, supposons-la puisqu'elle est établie en fait par l'arrêt de la cour d'appel d'Orléans : qu'en résultera-t-il?

» Dans la défense que l'article 8 de la loi du 25 ventose an 11, fait aux Notaires de recevoir des actes au profit de leurs parens ou alliés à un certain degré, cet article ne distingue point entre le cas où les Notaires sont choisis par leurs parens ou alliés eux-mêmes, et le cas où ils le sont par les parties qui stipulent ou disposent en faveur de ceux-ci. On peut même dire qu'il rejette toute distinction entre ces deux cas, puisqu'il assimile absolument l'acte dans lequel se trouve partie un parent ou allié du Notaire, à l'acte qui *contient quelques dispositions* au profit de ce parent ou allié; et que toujours le Notaire qui reçoit une disposition gratuite entre-vifs ou à cause de mort, est choisi ou censé choisi par l'auteur même de cette disposition. Or, l'arrêt de règlement du 8 juin 1635 est conçu en termes qui répondent parfaitement à ceux de l'art. 8 de la loi du 25 ventose an 11 : *fait défenses*, porte-t-il, *à Herbin et à tous autres Notaires*, d'*instrumenter pour leurs fils, gendres et parens au degré de l'ordonnance*. Ces mots, *instrumenter pour*, comprennent évidemment le cas où les parens ou alliés du Notaire sont parties dans l'acte, et le cas où l'acte dispose en leur faveur, sans qu'ils y soient parties. L'arrêt du 8 juin 1635 ne permet donc pas de distinguer entre le cas où le Notaire a été choisi par ses parens ou alliés, et le cas où il l'a été par la partie qui a stipulé ou disposé à leur profit.

» On répond, en quatrième lieu, que le Notaire Bourguineau n'a pas reçu seul l'acte du 7 brumaire an 11; qu'il l'a reçu conjointement avec un autre Notaire de Château-Renaud, et que celui-ci n'était ni parent ni allié d'aucun des héritiers d'Alexandre Gardien.

» Mais qu'importe? pour que l'acte du 7 brumaire an 11 puisse valoir comme acte notarié; pour qu'il puisse servir de base à un commandement, à une saisie immobilière, à une expropriation forcée; il ne suffit pas qu'il ait été reçu par un Notaire; il faut qu'il l'ait été, ou par deux Notaires, ou par un Notaire assisté de deux témoins. Or, si, dans l'acte du 7 brumaire an 11, nous faisons abstraction de la personne du sieur Bourguineau, qu'y restera-t-il? rien qu'un seul Notaire. Cet acte est donc nul, si le Notaire Bourguineau était incapable de le recevoir.

» On répond, en cinquième lieu, que la créance reconnue par l'acte du 7 brumaire an 11, n'est pas contestée.

» Mais qu'importe encore? elle n'est pas contestée en soi, comme créance privée. Mais elle est contestée comme créance reconnue par acte public, elle est contestée comme créance exécutoire; et que faut-il de plus?

» Enfin, on répond que l'arrêt de règlement du 8 juin 1635 ne déclare pas nuls les actes reçus par les Notaires au profit de leurs parens ou alliés au degré prohibé; qu'il soumet seulement à *la peine du faux* les Notaires qui contreviennent à sa défense; et que, dès-là, le ministère public est seul recevable à poursuivre ces sortes de contraventions.

» Mais 1° un acte faux est nécessairement nul,

par cela seul qu'il est faux; et la partie qui aurait le droit de rendre une plainte en faux devant les juges criminels pour le faire annuller, a nécessairement aussi le droit d'en poursuivre directement l'annullation devant les juges civils.

» 2° Quand nous ferions ici abstraction de l'arrêt de règlement du 8 juin 1635, il en resterait un autre qui ne laisserait là-dessus aucun doute. C'est celui qui a été rendu, le 11 août 1607, pour les Notaires du bailliage de Tours, dans le ressort duquel se trouvait alors la ville de Château-Renaud, et qui a été publié à l'audience de ce bailliage, en vertu d'un jugement du 1er décembre suivant, dont nous trouvons le texte littéral dans les additions au Commentaire de Constant, sur la coutume de Poitou, art. 532 et 553. Or, voici comment est conçu cet arrêt : *Aussi a fait et fait inhibitions et défenses à tous Notaires de passer et recevoir aucuns contrats au profit de leurs enfans, gendres, pupilles, étant en leurs tutelles ou curatelles, et cousins-germains...*, SOUS PEINE DE NULLITÉ.

» Il n'y a donc rien, absolument rien, soit dans les motifs de l'arrêt attaqué, soit dans ce qu'y ont ajouté les défendeurs, qui puisse écarter le moyen de cassation que tire le sieur Barré de la circonstance que l'acte du 7 brumaire an 11 a été reçu par un Notaire qui se trouvait à la fois beau-frère et oncle de deux des héritiers d'Alexandre Gardien.

» Nous ne vous proposerons cependant pas d'adopter ce moyen, et voici pourquoi.

» L'arrêt de règlement du 11 août 1607, et celui du 8 juin 1635, défendent bien aux Notaires d'instrumenter, l'un, *pour leurs fils, gendres, pupilles étant en leur tutelle ou curatelle, et cousins-germains*; l'autre, *pour leurs fils, gendres et parens au degré de l'ordonnance*. Mais ni l'un ni l'autre n'étendent cette prohibition jusqu'aux Notaires qui sont alliés des parties à un autre degré que celui de beau-père.

» C'est la remarque de Lelet sur l'art. 568 de la coutume de Poitou : « comme l'arrêt (dit-il, en parlant de celui du 11 août 1607), ne parle » point des alliés, la difficulté est restée entière à » leur égard. Quelques-uns qui s'attachent à la dis-» position de cet arrêt qui *introduit un droit nouveau*, » ont estimé qu'il fallait précisément suivre les termes » dudit arrêt qui ne sont prohibitifs qu'à l'égard des » enfans des Notaires, de leurs gendres, des pupilles » étant en leur tutelle, et de leurs cousins-germains; » attendu que les prohibitions doivent toujours être » restreintes aux cas portés par icelle, et comme étant » odieuses, l'on ne doit faire extension d'un cas à » l'autre; en sorte que le parlement ayant spécifié » ceux à l'égard desquels ils avaient fait la prohibi-» tion, il n'a entendu parler des autres non spécifiés, » particulièrement pour ce qui est des alliances; » toutefois l'usage a été au contraire, et cette prohi-» bition a été étendue aux alliances dans les mêmes » degrés mentionnés dans ledit arrêt, la même cause » de suspicion se pouvant trouver dans la personne

» des alliés aussi bien que des véritables parens, et » partant, *ubi eadem ratio, ibi idem jus*, et pour ré-» soudre cette question en termes de droit, l'on peut » dire que les alliés n'y sont pas compris *summo jure* » mais bien *ex æquitate* ».

» Là-dessus trois observations.

» 1° Lelet convient que l'arrêt du règlement du 11 août 1607 a *introduit un droit nouveau*. Et en effet, il est certain qu'abstraction faite de toute loi particulière, de tout règlement spécial, les Notaires peuvent instrumenter, non-seulement pour leurs alliés au degré de beau-frère ou d'oncle, mais même pour leurs parens les plus proches.

» Bouvot, qui écrivait dans le ressort du parlement de Dijon à une époque où il n'existait ni loi ni règlement sur cette matière, demande, dans son recueil de *questions notables*, au mot *Notaire*, n. 7, « si un père peut recevoir un contrat pour » son fils, le gendre pour son beau-père, l'oncle » pour le neveu »; et voici sa réponse : « a été ré-» pondu qu'il le peut parce qu'il sont juges cartu-» laires par le consentement des parties, et leur » juridiction est volontaire; et tout soupçon que » l'on pourrait prendre contre eux de commettre » le faux étant purgé par les ordonnances d'Or-» léans et de Blois qui veulent que tous contrats » soient lus aux parties, en présence des témoins qui » signeront ou enquis s'ils savent signer, ce qui » peut faire présumer que le Notaire ne peut com-» mettre fausseté. Bartole est de cette opinion sur » la loi *si pater*, D. *ad legem Corneliam de* » *falsis* ».

» Le recueil de la Peyrère, tom. 2, page 363, édition de 1807, nous fournit deux arrêts du parlement de Bordeaux, qui consacrent positivement cette doctrine. « Par arrêt rendu à la fin du mois » de juillet 1687 (y est-il dit), plaidant Faulte pour » Godeau, Notaire, et Dudon pour Isabeau-Benoît, » il fut jugé que Sarauste, Notaire de Bordeaux, » avait pu recevoir un testament, dans lequel ledit » Godeau, son oncle, était héritier institué. Par » autre arrêt du 16 mars 1701, dans la cause de » Jean Charles père, et Jean Charles fils, contre Léo-» nard de Boisseuil, au rapport de M. de Montagne, » en la première des enquêtes, jugé qu'un Notaire » royal, quoique parent de toutes parties, avait pu » recevoir la donation faite par ladite Boisseuil » auxdits Charles, ses neveux ».

» Raviot sur Périer, quest. 208, n. 14 et 15, nous retrace trois arrêts du parlement de Dijon qui jugent de même. Le premier, du 25 janvier 1646, « confirme la donation faite au profit du nommé » Comminet, par la nommée Déan, mère de sa » femme, quoique Thireau, Notaire, fût oncle du » donataire ». Le second, du 12 mars 1654, déclare valable « une donation faite par Marguerite » Simonot, quoique Denis, Notaire à Mirebeau, » fût oncle de la donatrice ». Le troisième, du 7 février 1699, déboute le nommé Chauveau de sa demande en nullité d'un contrat de vente qu'il avait faite au profit de Jean Bretin, devant un Notaire qui était oncle, et en présence de témoins dont l'un était neveu de l'acquéreur. « Il résulte de ces arrêts, dit » Raviot, que la même proximité qui rend un » juge récusable en fait de juridiction contentieuse, » n'est pas un moyen de récusation contre la per- » sonne d'un Notaire qui n'est que juge des conven- » tions, juge cartulaire, juge de juridiction vo- » lontaire ».

» 2.° Quand même nous supposerions avec Lelet, que l'arrêt de règlement du 11 août 1607, quoiqu'introductif d'un droit nouveau, dût être étendu aux Notaires alliés à un autre degré que celui de beau-père, pourrait-on conclure de là qu'un arrêt qui eût jugé le contraire, fût passible de cassation ? il s'en faut beaucoup. Lelet est forcé de dire que les alliés ne sont compris dans l'arrêt de règlement, que *ex æquitate*; et qu'ils ne le sont pas *summo jure*. C'est comme s'il disait que juger les alliés non compris dans l'arrêt de règlement, ce serait ne pas contrevenir expressément à cet arrêt; or, il est bien constant, et l'art. 66 de l'acte constitutionnel du 22 frimaire an 8 dit en toutes lettres, que les jugemens en dernier ressort ne peuvent être cassés que pour *contravention expresse aux lois*.

» 3° Mais il y a plus. Il n'est même pas vrai, quoi qu'en dise Lelet, que la jurisprudence du parlement de Paris ait donné l'arrêt de règlement du 11 août 1607 l'extension proposée par cet auteur; et nous en trouvons la preuve dans un arrêt du 9 juillet 1659 qui est rapporté en entier par Langlois, dans le *traité des droits, privilèges et fonctions des Notaires au châtelet de Paris*, page 505. Louise Godefroy demandait la nullité de deux contrats qui avaient été passés par devant le Notaire Guillaume Leroux, l'un au profit de la belle-mère, l'autre au profit d'un oncle de la femme de cet officier; et elle invoquait, à l'appui de sa demande, l'arrêt de règlement du 8 juin 1655, qui, à l'instar de celui du 11 août 1607, défendait aux Notaires d'instrumenter *pour leurs fils, gendres ou parens au degré de l'ordonnance*. Mais comme le notaire Leroux n'était ni père, ni beau-père, ni *parent*, mais seulement gendre et beau-neveu des deux parties dont il s'agissait, la demande de Louise Godefroy fut rejetée.

» L'arrêt qui vous est ici dénoncé, n'a donc contrevenu, en jugeant valable l'acte du 7 brumaire an 11, quoiqu'il eût été reçu par un Notaire qui était à la fois beau-père et bel-oncle de deux des parties, ni à l'arrêt de règlement du 11 août 1607, ni à celui du 8 juin 1655, ni par suite, à l'art. 6 de la sect. 2 de la loi du 29 septembre 1791.

» Mais cet arrêt n'a-t-il pas contrevenu à l'article suivant de la même loi ? c'est la question qui naît de la seconde branche du premier moyen de cassation du sieur Barré.

» Suivant cet article, dit le sieur Barré, « les » Notaires peuvent, sur la réquisition d'une partie » intéressée, représenter, dans les inventaires, » ventes, comptes, partages et autres opérations » amiables, les absens qui n'auront pas de fondés » de procurations spéciales et authentiques ; *mais* » *ils ne peuvent, en même temps, instrumenter* » *dans lesdites opérations* ». Or, continue le sieur Barré, le Notaire Bourguineau, qui a représenté les héritiers d'Alexandre Gardien dans l'acte du 7 brumaire an 11, qui y a accepté, en leur nom, la reconnaissance que j'y faisais de ma dette, n'a pas laissé de figurer dans cet acte comme officier instrumentant. On a donc procédé, dans cet acte, d'une manière qui contrevient directement à l'article cité. L'arrêt que j'attaque, a donc violé cet article, en déclarant valable l'acte du 7 brumaire an 11.

» Quelques réflexions très-simples feront évanouir ce raisonnement.

» Si le sieur Barré, au lieu de reconnaître sa dette par un acte public, l'avait reconnue par un acte sous seing-privé, aurait-il été nécessaire que cet acte fût fait double ? non : car l'art. 1325 du Code civil qui ne fait à cet égard, que renouveler et consacrer la jurisprudence du parlement de Paris, ne prescrit cette formalité que pour *les actes sous-seing-privé qui contiennent des conventions synallagmatiques*. Il aurait donc suffi, dans cette hypothèse, que le sieur Barré remît aux héritiers d'Alexandre Gardien, un simple billet par lequel il se serait reconnu leur débiteur ; et ce billet eût été obligatoire pour lui, sans acceptation formelle et écrite de leur part.

» Ce que le sieur Barré aurait pu faire par un acte sous seing-privé, il a pu sans doute le faire aussi par un acte public. En donnant à sa reconnaissance la forme d'un acte public, il l'a sans doute revêtue d'un plus grand caractère; mais il n'en a pas changé la nature; il ne l'a pas convertie en obligation synallagmatique; il n'y a pas nécessité d'acceptation des héritiers d'Alexandre Gardien. Sa reconnaissance, quoique passée devant notaire, n'a donc pas eu besoin de l'acceptation des héritiers d'Alexandre Gardien, pour être valable et obligatoire. C'est donc par surabondance, c'est donc par un pléonasme ridicule en soi et qui n'a eu d'autre cause que l'ignorance du Notaire Bourguineau, que le Notaire Bourguineau a déclaré, dans l'acte du 7 brumaire an 11, qu'il acceptait, au nom des héritiers d'Alexandre Gardien, la reconnaissance du sieur Barré.

» Or, c'est un principe universellement reçu, que les clauses surabondantes d'un acte ne peuvent jamais en opérer la nullité : *Utile non vitiatur per inutile*.

» L'acte du 7 brumaire an 11, qui eût été valable sans l'acceptation des héritiers d'Alexandre Gardien, ne peut donc pas être annulé sous le prétexte que le Notaire Bourguineau y a déclaré accepter, au nom des héritiers d'Alexandre Gardien, l'obligation qu'elle contenait à leur profit.

» Que peut, d'après cela, signifier ici l'art. 7 de la sect. 2 de la loi du 29 septembre 179 ?

» Cet article n'est relatif qu'aux diverses opérations qui ont lieu dans les partages des successions auxquelles se trouvent appelés des héritiers *absens*, non représentés par des fondés de pouvoirs, concurremment avec des héritiers présens; opérations qui doivent toujours être contradictoires, et auxquelles par conséquent l'intervention des héritiers présens ou absens est toujours nécessaire.

» Mais ici, il ne s'agit, ni d'un partage de succession, ni de rien qui y ait le moindre rapport.

» Mais ici, il n'y a point d'héritiers *absens*.

» Mais ici, il n'est question que d'une simple reconnaissance de dettes, pour laquelle la présence des créanciers est absolument inutile et surabondante.

» L'article cité de la loi du 29 septembre 1791, ne peut donc recevoir ici aucune espèce d'application. »

On verra aux mots *saisie immobilière*, que ces raisons ont absolument écarté le premier moyen de cassation du sieur Barré; et que c'est d'après un autre moyen employé par celui-ci, qu'a été cassé l'arrêt qu'il attaquait.

On peut voir encore, sur cette matière, les articles *légataire*, §. 2, n. 20; et *témoin instrumentaire*, §. 2, n. 5 — 16e. (*Note de l'éditeur.*)

§. VII.—*Page* 591, *col.* 1, *ligne* 16, *après les mots* de leurs actes, *ajoutez en note.*:

Les amendes que les Notaires encourent par les infractions qu'ils commettent à différentes dispositions de la loi du 25 ventose an 11, sont-elles prescriptibles par trois ans, à l'instar des peines correctionnelles?

Est-ce aux chambres correctionnelles des cours que doivent être portés les appels des jugemens rendus en cette matière?

Voici un arrêt de la cour de cassation, du 30 juin 1814, qui prononce sur ces questions.

« Le procureur-général du Roi expose qu'il se croit obligé de déférer à la cour deux arrêts de la cour royale de Toulouse, contre lesquels il n'a pas été exercé de recours en cassation dans le délai fatal.

» Le 30 juin 1813, procès-verbal d'un vérificateur de l'enregistrement, qui constate que, dans des actes, dont le plus ancien remonte au 21 germinal an 11, le plus récent porte la date du 6 octobre 1810, le sieur Friot, Notaire à la résidence de Blajan, a fait aux règles prescrites par la loi du 25 ventose an 11, sur le notariat, des infractions tellement multipliées que chacune étant punie par cette loi d'une amende de 50 fr., ce Notaire se trouve avoir encouru pour 6,930 fr. d'amendes.

» Le 30 septembre suivant, second procès-verbal du même préposé, qui constate que, dans des actes dont le plus ancien remonte au 25 germinal an 11, et le plus récent porte la date du 24 juin 1810, le sieur Castex, Notaire à la résidence de Larroque, a fait de semblables infractions, dont le résultat est qu'il a encouru diverses amendes qui s'élèvent en totalité à 715 fr.

» Ces deux procès-verbaux sont transmis au procureur du gouvernement près le tribunal de première instance de Saint-Gaudens; et les sieurs Friot et Castex sont successivement assignés à la requête de ce magistrat pour se voir condamner aux amendes qu'ils ont respectivement encourues.

» De là, deux jugemens des 1er et 29 octobre 1813.

» Par l'un et l'autre, les sieurs Friot et Castex sont déclarés convaincus des infractions qui leur sont imputées par les procès-verbaux des 30 juin et 30 septembre; mais attendu que toutes ont été commises plus de deux ans avant ces procès-verbaux, et que les amendes qui en résultent, sont soumises à la prescription biennale établie par l'art. 61 de la loi du 22 frimaire an 7, ils sont déchargés des actions intentées contre eux par le ministère public.

» Le ministère public interjette appel de ces deux jugemens; et les considérant comme rendus en police correctionnelle, quoique ni l'un ni l'autre n'en disent rien, il l'interjette dans la forme prescrite par l'art. 203 du Code d'instruction criminelle.

» Par suite de cette manière de procéder, les deux affaires sont portées à la chambre correctionnelle de la cour de Toulouse; et là, il intervient, le 23 décembre suivant, deux arrêts qui décident qu'à la vérité, les amendes dont il s'agit, ne sont pas sujettes à la prescription de deux ans établie par la loi du 22 frimaire an 7, mais qu'elles le sont à la prescription de trois ans, qui, aux termes de l'art. 658 du Code d'instruction criminelle, atteint toutes les actions tendantes à la répression des *délits de nature à être punis correctionnellement*; en conséquence, confirment le jugement qui décharge le sieur Castex, et ne réforment celui qui décharge le sieur Friot, qu'en ce qu'il ne le condamne pas à une amende de 50 fr. pour la dernière des contraventions qu'il a commises et qui a eu lieu dans les trois ans des poursuites exercées contre lui.

» Ce sont ces deux arrêts que l'exposant croit devoir proposer à la cour d'annuller.

» D'abord, ils sont tous deux entachés d'une incompétence absolue.

» Le tribunal de première instance de Saint-Gaudens n'avait pas prononcé comme tribunal correctionnel; il n'en avait pas pris la qualité dans ses jugemens; et il n'aurait pas pu la prendre, sans violer ouvertement l'art. 53 de la loi du 25 ventose an 11, qui veut que *toutes suspensions, destitutions,* CONDAMNATIONS D'AMENDE *et dommages-intérêts soient prononcés contre les Notaires par le* TRIBUNAL CIVIL *de leur résidence, à la poursuite des parties intéressées ou d'office, à la poursuite et diligence du commissaire du gouvernement, sauf l'appel.*

» Dès-lors, ce n'était point à la chambre correctionnelle, c'était à la chambre civile, de la cour de Toulouse, que devaient être portés les appels des deux jugemens du tribunal de Saint-Gaudens ; et la chambre correctionnelle a évidemment outrepassé ses pouvoirs, en recevant et en jugeant ces appels.

» En effet, les chambres correctionnelles des cours n'ont de mission générale que pour *connaître des appels en matière correctionnelle* : c'est la disposition expresse de l'art. 2 du décret rendu le 6 juillet 1810, en exécution de l'art. 5 de la loi du 20 avril précédent, lequel porte que la *division des cours en chambres ou sections et l'ordre du service seront fixés par des règlemens d'administration publique.*

» Il est vrai que, par l'art. 11 du même décret, il est dit que, *lorsqu'il y aura des affaires civiles en retard, le premier président pourra faire un rôle des affaires sommaires, et les renvoyer à la chambre des appels en matière correctionnelle.*

» Il est vrai encore que les deux affaires dont il est ici question, auraient pu être rangées dans la classe des matières sommaires.

» Mais rien n'annonce, dans les deux arrêts du 23 décembre 1813, que ces deux affaires ayent été renvoyées à la chambre correctionnelle par le premier président ; et il résulte au contraire de la contexture de ces deux arrêts, que la chambre correctionnelle a connu de ces deux affaires, comme lui étant dévolues de plein droit.

» En second lieu, les deux arrêts du 23 décembre 1813 appliquent à faux l'art. 638 du Code d'instruction criminelle, et, par suite, violent l'art. 2262 du Code civil.

» La règle générale est que toute action personnelle dure trente ans.

» L'action que la loi du 25 ventose an 11 attribue au ministère public pour faire condamner à des amendes les Notaires qui contreviennent aux dispositions de cette loi, est certainement une action personnelle.

» Cette action doit donc durer trente ans, à moins qu'une loi spéciale n'en restreigne la durée à un terme plus court.

» Or, cette loi spéciale où est-elle? nulle part.

» L'art. 638 du Code d'instruction criminelle soumet bien à la prescription de trois ans les actions qui tendent à la répression des *délits de nature à être punis correctionnellement.*

» Mais quel est le caractère des contraventions aux règles prescrites par la loi du 25 ventose an 11 pour la rédaction des actes notariés ?

» Très-certainement ces contraventions ne sont point passibles de poursuites correctionnelles, puisque l'art. 53 de la loi du 25 ventose an 11 elle-même ne permet de les poursuivre que par action civile.

» Elles n'ont donc pas le caractère de délit.

» Elles ne sont donc pas couvertes par la prescription qu'établit spécialement l'art. 638 du Code d'instruction criminelle.

» Elles restent donc sous l'empire de l'art. 2262 du Code civil.

» Ce considéré, il plaise à la cour, vu l'art. 442 du Code d'instruction criminelle, les art. 408 et 413 du même Code, l'art. 5 de la loi du 20 avril 1810, l'art. 2 du décret du 6 juillet suivant, et l'art. 2262 du Code civil, casser et annuller, dans l'intérêt de la loi et sans préjudice de son exécution entre les parties intéressées, les deux arrêts ci-dessus mentionnés du 23 décembre 1813 ; et ordonner qu'à la diligence de l'exposant, l'arrêt à intervenir sera imprimé et transcrit sur les registres de la cour royale de Toulouse.

» Fait au parquet, le 28 juin 1814. *Signé* Merlin.

» Ouï le rapport de M. Oudart....; vu l'art. 53 de la loi du 25 ventose an 11, l'art. 638 du Code d'instruction criminelle et les art. 408 et 413 du même Code....; attendu premièrement que, suivant l'art. 53 de la loi du 25 ventose an 11, concernant le notariat, les amendes portées par cette loi doivent être prononcées par le tribunal civil de l'arrondissement; que ces amendes conséquemment ne sont pas des peines, et que les infractions qui y donnent lieu ne sont pas des délits; que le Notaire Castex a été cité d'après cette loi, à la requête du ministère public, devant le tribunal civil de l'arrondissement de Saint-Gaudens ; et que l'intitulé du jugement intervenu sur les poursuites dirigées contre lui énonce que ce jugement a été rendu par le tribunal civil; que, par exploit du 12 juillet 1813, le Notaire Friot a été cité, à la requête du ministère public près le tribunal civil de Saint-Gaudens, à comparaître devant ledit tribunal; que, bien que l'intitulé de ce second jugement n'énonce pas qu'il ait été rendu par le tribunal civil, on y a inséré en entier l'art. 53 de la loi du 25 ventose an 11, qui statue que les suspensions et condamnations d'amende seront prononcées par le tribunal civil : qu'ainsi, il conste légalement que le tribunal de Saint-Gaudens a rendu le second jugement, ainsi que le premier comme tribunal civil; d'où il suit qu'en prenant connaissance des appels interjetés par le ministère public de ces deux jugemens, et en statuant sur ces appels, la chambre des appels de police correctionnelle de la cour royale de Toulouse a violé la règle de compétence établie par l'art. 53 de la loi du 25 ventose an 11; attendu, en second lieu, que l'amende portée par cette loi, étant purement civile, la même cour n'a pu, sans faire une fausse application de l'art. 638 du Code d'instruction criminelle, déclarer acquise au profit des Notaires Castex et Friot la prescription que cet article n'a introduite que relativement aux délits de nature à être punis correctionnellement; par ces motifs, la cour casse et annulle, dans l'intérêt de la loi, et sans préjudice de son exécution, l'arrêt rendu par la chambre des appels de police correctionnelle de la cour royale de Toulouse, le 23 décembre 1813, sur l'appel interjeté par le ministère public, et sur les poursuites dirigées contre le notaire Castex, et l'arrêt rendu le même jour par la même cour, sur l'appel interjeté par le ministère public, et sur les poursuites dirigées contre le notaire Friot. »

NOTIFICATION. *Ligne dernière de l'article, après le mot* transcription, *ajoutez :* sur-enchère, 3 *ter.*

NOM, §. V. *Page* 606, *col.* 2, *après la ligne* 16, *ajoutez :*

V. Y a-t-il faux dans un acte, par cela seul que celui qui y stipule ou dispose, y prend un nom qui n'est pas le sien, mais qu'il porte habituellement et sous lequel il est connu dans la société ? *V. Hypothèque,* sect. 2, §. 2, art. 10, n. 5 ; *et testament,* sect. 5.

NULLITÉ. §. III, n. V. *Page* 664, *après la dernière ligne de la note, ajoutez :* Qu'aurait-on dû décider, si Combe avait fait signifier sa constitution d'avoué à l'avoué constitué par Werbrouck dans son acte d'appel ? *V.* Le plaidoyer et l'arrêt du 15 février 1815, rapportés aux mots *domicile élu,* §. 1, dans les *additions.*

n. X. *Page* 665, *col.* 2, *ligne* 50, *au lieu de* 18 juin, *lisez* 24 août ; *et ligne* 51, *après* témoin judiciaire, *ajoutez :* §. 1, art. 4, n. 3, et celui du 2 septembre 1813, rapporté sous les mêmes mots, §. 2, n. 10.

Même page, après la ligne 58, *ajoutez :*

XI. *bis.* La nullité d'un état de collocation provisoire en matière d'ordre est-elle couverte par le silence que gardent pendant un mois les parties à qui la confection en a été notifiée ? *V. saisie immobilière,* §. n. , dans les *additions.*

OFFENSE A LA LOI, n° V. *Page* 725, *col.* 2, *avant le* n° VI, *ajoutez :*
V. l'art. *Vol.,* sect. 1, n. 4.

OPPOSITION A UN JUGEMENT, §. III, art. I. *Page* 765, *col.* 2, *après la dernière ligne, ajoutez :*

XV. Le créancier peut-il, en exerçant les droits de son débiteur, former Opposition à un jugement rendu par défaut contre celui-ci ? *V.* le plaidoyer et l'arrêt du 8 avril 1812, rapportés au mot *Testament,* sect. 5.

[[OPPOSITION A UNE ORDONNANCE DE CHAMBRE DU CONSEIL. C'est une voie introduite par le Code d'instruction criminelle de 1808, pour faire réformer les ordonnances que les tribunaux de première instance rendent, en chambre du conseil, sur les rapports que leur font les juges d'ins-

truction des affaires criminelles et correctionnelles qu'ils ont instruites.

I. L'art. 128 de ce Code porte que, si, sur le rapport du juge d'instruction, « les juges sont d'avis que le fait ne présente ni crime ni délit, ni contravention, il sera déclaré qu'il n'y a lieu à poursuivre ; et si l'inculpé avait été arrêté, il sera mis en liberté. »

L'art. 129, ajoute que, « s'ils sont d'avis que le fait n'est qu'une simple contravention de police, l'inculpé sera renvoyé au tribunal de police ; et il sera mis en liberté, s'il est arrêté. »

Mais, continue-t-il, « les dispositions du présent article et de l'article précédent ne pourront préjudicier aux droits de la partie civile et de la partie publique, ainsi qu'il sera expliqué ci-après. »

Puis, viennent cinq articles ainsi conçus :

« 130. Si le délit est reconnu de nature à être puni par des peines correctionnelles, le prévenu sera renvoyé au tribunal de police correctionnelle. Si, dans ce cas, le délit peut entraîner la peine d'emprisonnement, le prévenu, s'il est en arrestation, y demeurera provisoirement.

» 131. Si le délit ne doit pas entraîner la peine de l'emprisonnement, le prévenu sera mis en liberté à la charge de se représenter, à jour fixe, devant le tribunal compétent.

» 132. Dans tous les cas de renvoi soit à la police municipale, soit à la police correctionnelle, le procureur (du roi) est tenu d'envoyer, dans les vingt-quatre heures au plus tard, au greffe du tribunal qui doit prononcer, toutes les pièces, après les avoir cotées.

» 133. Si, sur le rapport fait à la chambre du conseil par le juge d'instruction, les juges ou l'un d'eux estiment que le fait est de nature à être puni de peines afflictives ou infamantes, et que la prévention contre l'inculpé est suffisamment établie, les pièces d'instruction, le procès-verbal constatant le corps du délit, et un état des pièces servant à conviction, seront transmis sans délai, par le procureur (du roi) au procureur général de la cour (royale), pour être procédé ainsi qu'il sera dit au chapitre des *mises en accusation.* Les pièces de conviction resteront au tribunal d'instruction, sauf ce qui sera dit aux art. 248 et 291.

» 134. La chambre du conseil décernera dans ce cas, contre le prévenu, une ordonnance de prise de corps, qui sera adressée avec les autres pièces au procureur général. Cette ordonnance contiendra le nom du prévenu, son signalement, son domicile, s'ils sont connus, l'exposé du fait et la nature du délit. »

Enfin, les art. 135 et 136 contiennent les dispositions suivantes :

« 135. Lorsque la mise en liberté des prévenus sera ordonnée conformément aux art. 128, 129 et 131 ci-dessus, le procureur (du roi) ou la partie civile pourra s'opposer à leur élargissement. L'Opposition devra être formée dans un délai de vingt-quatre heures, qui courra, contre le procureur (du roi), à compter du jour de l'ordonnance de mise en liberté, et contre la partie civile, à compter du jour de la signification à elle faite de ladite ordonnance au domicile par elle élu dans le lieu où siége le tribunal. L'envoi des pièces sera fait ainsi qu'il est dit à l'art. 132. Le prévenu gardera prison jusqu'après l'expiration du susdit délai.

» 136. La partie civile qui succombera dans son Opposition sera condamnée aux dommages-intérêts envers le prévenu. »

II. 1° La disposition de l'art. 135 est-elle limitée au cas où le fait imputé au prévenu, emporte une peine afflictive ou infamante? — 2° Est-elle limitée au cas où le prévenu est mis en liberté par l'ordonnance de la chambre du conseil; et en conséquence la voie de l'Opposition est-elle interdite, tant à la partie publique qu'à la partie civile, lorsque le prévenu n'étant pas arrêté, l'ordonnance de la chambre du conseil déclare qu'il n'y a pas lieu à poursuivre; ou lorsque le prévenu étant arrêté, l'ordonnance de la chambre du conseil, au lieu de le renvoyer devant la chambre d'accusation comme prévenu d'un crime, le renvoie, ou devant le tribunal correctionnel comme prévenu d'un délit, ou devant le tribunal de police comme prévenu d'une simple contravention?

1° La première question s'est présentée et a été jugée pour la négative par un arrêt de la cour de cassation du 13 septembre 1811, qui est rapporté aux mots *Renvoi après cassation*, n. 3.

Elle s'est encore représentée depuis et a encore été jugée de même par un arrêt du 8 avril 1813, qui est ainsi conçu:

« Le procureur-général expose qu'il est chargé par le gouvernement de dénoncer à la cour un arrêt qui viole ouvertement la loi.

» Le 5 octobre 1812, le juge d'instruction du tribunal de première instance de Dusseldorff a fait à la chambre du conseil de ce tribunal, le rapport d'une procédure qu'il avait instruite contre le sieur Théodore Gilles, ancien officier au régiment des lanciers du grand-duché de Berg, prévenu d'avoir souffleté, dans un café public, un employé du ministère des finances.

» Le tribunal de première instance a reconnu sans difficulté qu'il y avait, dans cette procédure, des commencemens de preuve assez graves pour mettre le prévenu en jugement.

» Mais, trompé par une fausse interprétation de l'art. 311 du Code pénal, et sous le prétexte qu'il n'était résulté, des soufflets donnés par le sieur Gilles, ni maladie ni incapacité quelconque de travail personnel, il a, par ordonnance du même jour, renvoyé l'affaire au tribunal de simple police.

» Le procureur grand-ducal a formé opposition à cette ordonnance, dans les vingt-quatre heures; et tout paraissait assurer le succès de cette opposition.

» Mais par arrêt du 26 du même mois, la chambre d'accusation de la cour d'appel de Dusseldorff s'est déclarée incompétente, attendu, a-t-elle dit, que l'affaire ne peut donner lieu à une peine afflictive et infamante; et que de la combinaison des art. 133, 217 et 218 du Code d'instruction criminelle avec les art. 235, 236 et 250 du même Code, il résulte que les chambres d'accusation sont sans pouvoir pour réformer les ordonnances des tribunaux de première instance qui renvoient indûment aux tribunaux de simple police des affaires dont la connaissance appartient à la police correctionnelle.

» L'exposant croirait abuser des momens de la cour, s'il se permettait de réfuter de pareils motifs. Déjà la cour les a proscrits, en cassant, le 13 septembre 1811, au rapport de M. Favard de l'Anglade, un arrêt de la cour de Colmar qui avait adopté la même erreur; et depuis elle a rendu une foule d'arrêts qui ont invariablement consacré le principe, que les chambres d'accusation sont appelées par la loi à connaître des Oppositions aux ordonnances de chambres du conseil qui violent les règles de la compétence, sans distinguer entre les cas où le fait imputé au prévenu, emporte peine afflictive ou infamante, et les cas où le fait n'entraîne que des peines correctionnelles ou de simple police.

» Ce considéré, il plaise à la cour, vu les art. 441 et 442 du Code d'instruction criminelle, et les art. 128 et 135 du même Code; casser et annuller, dans l'intérêt de la loi et sans préjudice de son exécution à l'égard des parties intéressées, l'arrêt de la cour d'appel de Dusseldorff ci-dessus mentionné, et dont l'expédition est ci-jointe; et ordonner qu'à la diligence de l'exposant, l'arrêt à intervenir sera imprimé et transcrit sur les registres de ladite cour.

» Fait au parquet, le 29 mars 1813. *Signé* Merlin. »

« Ouï le rapport de M. Rataud....; vu l'art. 441 du Code d'instruction criminelle, et l'art. 442 du même Code; attendu que, de la combinaison des art. 128, 132, 135, 229 et 230 du Code d'instruction criminelle, il résulte que les chambres d'accusation des cours d'appel, ont caractère et juridiction pour connaître de toutes les oppositions formées par le ministère public et les parties civiles, contre les ordonnances des chambres d'instruction; soit que le fait sur lequel portent ces ordonnances, ait été qualifié de crime, soit qu'il n'ait été qualifié que de délit ou de contravention; que, s'il est porté dans l'art. 135 dudit Code, qu'au cas de l'opposition dont parle cet article, l'envoi des pièces sera fait ainsi qu'il est dit à l'art. 132, cette indication est évidemment une erreur; que, dans l'esprit et l'intention du législateur, cet envoi de pièces doit être fait ainsi qu'il est dit à l'art. 133; que l'art. 132 n'est, en effet, relatif qu'au cas de renvoi par les chambres d'instruction à la police municipale ou à la police correctionnelle; que, si l'indication de cet article n'était pas une erreur de transcription ou d'impression, il s'ensuivrait que l'art. 135 n'aurait pas déterminé à qui doivent être envoyées les pièces, dans le cas d'opposition à une ordonnance sur une prévention de crime ; que cette omission peut d'autant moins être supposée dans la loi, que l'orateur du gouvernement, dans l'exposé des motifs de cette partie du Code, a dit formellement que, *dans tous les cas d'opposition*, les pièces sont nécessairement transmises au procureur-général ; que cette transmission suppose et établit la nécessité de soumettre l'affaire, dans tous les cas d'opposition, à la chambre d'accusation ; qu'il suit de ces principes, que la cour d'appel de Dusseldorff, chambre des mises en accusation, ne pouvait, sous aucun prétexte, se dispenser de statuer sur l'opposition du ministère public à l'ordonnance rendue par la chambre du conseil du tribunal de première instance de ladite ville le 5 octobre dernier, portant renvoi de Théodore Gilles, prévenu d'avoir, dans un café public, soufffleté un employé du ministère des finances, devant le tribunal de simple police ; que cependant cette cour s'est déclarée incompétente, sur le motif que les chambres d'accusation sont sans pouvoir pour reformer les ordonnances des tribunaux de première instance, lorsqu'elles ne portent pas sur des faits pouvant donner lieu à peine afflictive et infamante; mais que, par là, ladite cour a méconnu ses droits et ses devoirs, et violé les règles de compétence établies par la loi ; la cour casse et annulle....»

Le 13 mai suivant, arrêt semblable et motivé de même, au rapport du même magistrat. Il casse pareillement un arrêt par lequel la chambre d'accusation de la cour d'appel du grand-duché de Berg, s'était déclarée incompétente pour statuer sur l'opposition du procureur du gouvernement au tribunal de première instance de Dusseldorf, à une ordonnance de la chambre du conseil de ce tribunal, qui avait déclaré n'y avoir lieu à poursuivre Philippe Werner, pour avoir donné un soufflet à sa servante.

2°. La seconde question a été également jugée pour la négative par un grand nombre d'arrêts. Voici la première.

Plainte du sieur Langlois contre le sieur Serry, en escroquerie d'une somme de 25,000 fr. — L'affaire s'instruit devant le tribunal de première instance du Havre. — Le 1er. juin 1811, sur le rapport du juge d'instruction, la chambre du conseil déclare qu'*il n'y a pas lieu à poursuivre*. — Le sieur Langlois forme opposition à cette ordonnance, conformément à l'art. 135 du Code d'instruction criminelle. — Le 5 septembre suivant, arrêt par lequel la chambre d'accusation de la cour de Rouen, sans entrer dans l'examen du fond « se déclare incom-
» pétente, attendu qu'il résulte des dispositions
» des art. 133, 135, 217 et 221 du Code d'instruc-
» tion criminelle, que la chambre de mise en ac-
» cusation ne doit et ne peut connaître que des faits
» qui, suivant une dénonciation ou une plainte,
» sont qualifiés crimes par la loi emportant peines
» afflictives ou infamantes, ou qui acquièrent, par
» l'instruction, ce caractère de gravité ».

Le sieur Langlois se pourvoit en cassation contre cet arrêt; et le 25 octobre 1811, au rapport de M. Bauchau, « vu l'art. 416 du Code d'instruction criminelle; vu aussi les art. 128, 132, 135, 29, 229 et 230 du même Code; attendu 1°. que de la combinaison de ces différens articles; il résulte que les chambres d'accusation des cours d'appel ont caractère et juridiction pour connaître de toutes les oppositions formées par le ministère public et les parties civiles, contre les ordonnances des chambres d'instruction, soit que le fait sur lequel portent ces ordonnances, ait été qualifié par elles ou par la plainte, de crime emportant peine afflictive ou infamante, soit qu'il n'ait été qualifié que de simple délit ou de contravention ; que les chambres d'accusation ont, à cet égard, une attribution générale de compétence, qui ne saurait être restreinte sans que l'action de la vindicte publique ne fût entravée, que les intérêts particuliers ne fussent blessés; et que la volonté de la loi ne fût méconnue ; que, s'il est porté dans l'art. 135, qu'en cas de l'opposition qu'autorise cet article, l'envoi des pièces sera fait ainsi qu'il est dit à l'art. 132, cette indication de l'art. 132 est évidemment une erreur de transcription; que, dans l'esprit et l'intention du législateur, cet envoi des pièces doit être fait ainsi qu'il est dit à l'art. 133 ; que l'art. 132 n'est en effet relatif qu'au cas de renvoi par les chambres d'instruction à la police municipale ou à la police correctionnelle ; que, si l'indication de cet article n'était pas une erreur de transcription ou d'impression, il s'ensuivrait que l'art. 135 n'aurait pas déterminé à qui doivent être envoyées les pièces dans les cas d'opposition à une ordonnance sur une prévention de crime emportant peine afflictive ou infamante; que cette omission de disposition peut d'autant moins être supposée dans la loi, que l'orateur du gouvernement, dans l'exposé des motifs sur cette partie du Code, a dit formellement que, *dans tous les cas d'opposition*, les pièces sont nécessairement transmises au procureur général ; que cette transmission suppose et établit la nécessité de soumettre l'affaire, dans tous les cas d'opposition, à la chambre d'accusation ; attendu, 2°. que le droit d'opposition aux ordonnances des chambres d'instruction, accordé par l'art. 135 au ministère public et aux parties civiles, n'est pas exclusivement borné au seul cas où la mise en liberté du prévenu aura été ordonnée par la chambre d'instruction ; que ce cas n'est énoncé dans cet article que dans un sens démonstratif, et non pas dans un sens limitatif ; que l'opposition à une ordonnance de mise en liberté ne peut en effet être jugée que par l'appréciation des charges et de la qualification donnée au fait qui lui a servi de base ; que, si le législateur a voulu que cette appréciation pût être ainsi faite par les chambres d'accusation, dans les cas de mise en liberté des prévenus, il l'a voulu, à plus forte raison, dans le cas où le prévenu n'aurait pas été arrêté, ou que sa mise en liberté n'aurait pas été prononcée ; que, l'opposition aux ordonnances des chambres d'instruction doit donc être reçue et jugée devant les

*

chambres d'accusation , soit que le prévenu ait été arrêté ou qu'il ne l'ait pas été , soit que sa mise en liberté ait été prononcée par la chambre d'instruccion , ou qu'elle ait été par elle refusée ; la cour tasse et annulle.... »

Le 20 juin 1812, arrêt semblable , dont voici les termes :

« Le procureur général expose que l'intérêt de la loi l'oblige de requérir la cassation de deux arrêts de la chambre d'accusation de la cour de Liége.

» Voici l'espèce du premier de ces arrêts :

» Le 16 avril dernier , ordonnance de la chambre du conseil du tribunal de première instance d'Aix-la-Chapelle , qui , sur le rapport du juge d'instruction , renvoie *en état de mandat d'arrêt* , à l'audience correctionnelle , les nommés Joseph Dostal et André Beckers , prévenus de différens vols.

» Le même jour , Opposition à cette ordonnance de la part du procureur du gouvernement , fondée sur la nature des vols dont il s'agit , et que ce magistrat soutient devoir emporter peine afflictive et infamante.

» Cette Opposition est portée devant la chambre d'accusation de la cour de Liége.

» Et le 27 du même mois , arrêt par lequel » attendu qu'aux termes de l'art. 135 du Code d'ins- » truction criminelle , le procureur du gouverne- » ment n'est autorisé à former Opposition aux or- » donnances rendues par la chambre du conseil que » pour s'opposer à la mise en liberté des prévenus , » et que , selon l'art. 229 du même Code , la cour , » chambre des mises en accusation , n'est appelée à » connaître de ces Oppositions que dans le même » cas de mise en liberté ; que le législateur en ne » rappelant dans l'art. 135 ci-dessus cité que les » art. 128 , 129 et 131 , a bien manifesté par là que » son intention était d'exclure l'Opposition dans le » cas de l'art. 130 ; car *inclusio unius est exclu-* » *sio alterius* ; que s'il a permis l'Opposition dans » les cas prévus par les art. 128 , 129 et 131 , c'est » qu'alors le prévenu étant mis en liberté ne restait » plus sous la main de la justice ; et que d'ailleurs le » ministère public n'avait pas d'autre moyen de se » pourvoir que devant la chambre des mises en ac- » cusation ; que , dans l'espèce qui est le cas prévu » par l'art. 130 , la chambre du conseil n'a pas » prononcé la mise en liberté des prévenus , mais » les a seulement envoyés en état de mandat d'arrêt , » devant le tribunal de police correctionnelle ; que , » dans cette circonstance , le ministère public a » une autre marche tracée , qui est de soutenir » devant ce tribunal qu'il ne peut connaître de » cette affaire , et qu'il doit la renvoyer comme il » est dit à l'art. 193 ; et dans la supposition que » sa réquisition soit rejetée , se pourvoir par appel » devant le tribunal compétent qui statue , s'il y a » lieu , conformément à l'art. 214 ; la cour déclare » qu'il n'y a pas lieu de statuer sur l'Opposition » dont il s'agit ».

» Le second arrêt a été rendu dans une espèce parfaitement semblable.

» Le 23 avril dernier , ordonnance de la chambre du conseil du tribunal de première instance d'Aix-la-Chapelle , qui , sur le rapport de l'instruction faite contre Guillaume-Joseph Graff , prévenu de banqueroute frauduleuse , renvoie ce particulier , *en état de mandat d'arrêt* , à l'audience correctionnelle , pour y être jugé comme prévenu de banqueroute simple.

» Le même jour , le procureur du gouvernement forme Opposition à cette ordonnance ; et les pièces sont en conséquence transmises à la cour de Liége , qui , par arrêt du 8 mai suivant , motivé absolument de même que celui du 27 avril , déclare pareillement qu'il n'y a pas lieu d'y statuer.

» En prononçant ainsi , la Cour de Liége a plus consulté la lettre que l'esprit de l'art. 135 du Code d'instruction criminelle.

» Déjà la cour a décidé , par un arrêt de cassation du 25 octobre 1811 , rendu sur le rapport de M. Bauchau , « que le droit d'Opposition aux or- » donnances des chambres d'instruction , accordé » par l'art. 135 au ministère public et aux parties » civiles , n'est pas exclusivement borné au seul » cas où la mise en liberté du prévenu aura été » ordonnée par la chambre d'instruction.... »

» Eh ! peut-on n'être pas frappé des inconvéniens auxquels donnerait lieu journellement l'opinion adoptée par la cour de Liége ?

» Quoi ! la chambre du conseil d'un tribunal de première instance déclarera qu'il n'y a pas lieu à poursuivre un prévenu de crime contre lequel s'éleveront les commencemens de preuve les plus graves ! et parce que le juge d'instruction , devançant l'erreur de sa compagnie , aura omis de décerner contre ce prévenu , avant son rapport , un mandat de dépôt ou d'arrêt , le procureur du gouvernement ne pourra pas former Opposition à l'ordonnance de ce tribunal ! il sera forcé de la respecter ! il n'aura aucun moyen pour en faire prononcer la réformation ! Peut-on concevoir rien de plus déraisonnable , de plus absurde ?

» Mais qu'on y fasse bien attention : si , pour échapper au reproche de prêter au législateur une intention aussi choquante , on est obligé de convenir que , dans cette hypothèse , l'Opposition du procureur du gouvernement est recevable ; il faudra bien que l'on convienne aussi que le procureur du gouvernement peut former Opposition à une ordonnance qui , en laissant le prévenu d'un crime en état d'accusation , le renvoie , comme prévenu de simple délit , devant le tribunal correctionnel. Car , d'un côté , il n'y a pas plus mise en liberté dans le premier cas que dans le second ; et d'un autre côté , si , dans le premier cas , il importe à l'ordre public que le prévenu soit poursuivi , il ne lui importe pas moins , dans le second , que l'on ne réduise pas à une simple amende , à un simple emprisonnement , la peine afflictive et infamante qu'à encourue un grand coupable,

» Vainement , au surplus , la cour de Liége a-t-elle cherché , dans les art. 193 et 214 du Code d'instruction criminelle , un remède aux inconvéniens qu'entraînerait son système.

» Sans doute , l'ordonnance de la chambre du conseil qui renvoie le prévenu d'un crime au tribunal correctionnel , n'empêche pas ce tribunal de se déclarer incompétent pour le juger. Sans doute , si ce tribunal refuse de se déclarer incompétent , la cour ordinaire pourra , sur l'appel du ministère public , réformer son jugement , et ordonner qu'il sera instruit contre le prévenu dans la forme du grand criminel.

» Mais de ce que , par une voie détournée , longue et qui peut le conduire jusqu'à la cour de cassation , le ministère public peut obtenir la réformation d'une ordonnance de renvoi à la police correctionnelle , s'ensuit-il qu'il ne puisse pas , pour parvenir à la même fin , prendre une voie plus directe , plus courte et plus sûre , celle de l'Opposition à l'ordonnance même ?

» Le tribunal correctionnel auquel la chambre d'accusation renvoie le prévenu d'un crime , peut aussi se déclarer incompétent pour le juger ; il peut aussi , nonobstant l'arrêt de la chambre d'accusation , renvoyer le prévenu devant les juges compétens pour instruire au grand criminel. Et cependant le recours en cassation est ouvert immédiatement , en pareil cas , contre l'arrêt de la chambre d'accusation. La cour l'a ainsi jugé plusieurs fois , et notamment par un arrêt du 7 novembre 1811 , portant annullation d'un arrêt de la chambre d'accusation de la cour de Paris , du 15 octobre précédent , par lequel Amand-Félix Leclerc , prévenu d'un crime de vol avec escalade , avait été renvoyé à la police correctionnelle.

» Pourquoi donc la voie d'Opposition ne serait-elle pas aussi ouverte immédiatement au ministère public pour faire réformer sur-le-champ une ordonnance de chambre du conseil qui , sans mettre le prévenu en liberté , le renvoie à la police correctionnelle , tandis que , d'après la nature du crime qui lui est imputé , il devrait être traduit à la cour d'assises ou à la cour spéciale ?

» Ce considéré , il plaît à la cour , vu les art. 442 , 416 et 135 du Code d'instruction criminelle , casser et annuller , dans l'intérêt de la loi , et comme violant les règles de la compétence , les arrêts de la cour de Liége , des 27 avril et 8 mai derniers , dont les expéditions sont ci-jointes ; et ordonner qu'à la diligence de l'exposant , l'arrêt à intervenir sera imprimé et transcrit sur les registres de ladite cour.

» Fait au parquet, le 8 juin 1812. *Signé* Merlin.

» Oui le rapport de M. Aumont.... (1) , la cour casse et annulle , dans l'intérêt de la loi , les arrêts rendus , les 27 avril et 8 mai derniers , par la cour de Liége , chambre des mises en accusation.... »

Même décision dans l'espèce que voici :

Le 10 juin 1812 , réquisitoire du procureur du gouvernement au tribunal de première instance d'Amersfoort , tendant à ce que , attendu que d'une procédure faite par le juge d'instruction de ce tribunal , il résulte que les nommées Alida Renslhysen et Elizabeth Blanken sont prévenues d'avoir volé conjointement , dans une maison habitée où l'une d'elles était domestique , ces deux femmes soient renvoyées devant la cour de la Haye , pour être mises en accusation. — Le lendemain, ordonnance de la chambre du conseil , qui , dans la fausse supposition que le vol imputé aux prévenues ne porte point le caractère de crime , mais seulement celui de délit , renvoie les prévenues à l'audience correctionnelle. — Opposition à cette ordonnance , dans les vingt-quatre heures , de la part du procureur du gouvernement ; et conclusions du procureur-général à ce que les prévenues soient mises en accusation , et traduites devant la cour d'assises. — Le 21 août suivant , arrêt de la cour de la Haye , qui , attendu que l'ordonnance du 11 juin ne met pas les prévenues en liberté , déclare l'opposition du procureur du gouvernement non-recevable.

Recours en cassation contre cet arrêt ; et , le 8 octobre de la même année , arrêt , au rapport de M. Busschop , qui casse , par les motifs exprimés dans celui du 25 octobre 1811.

Le 28 janvier , le 5 février , le 19 mars et le 14 mai 1813 , autres arrêts , au rapport de M. Oudart , et de M. Audier-Massillon , qui , dans les mêmes circonstances , en cassent d'autres de la cour de la Haye , de la cour d'Aix , et de la cour d'appel du grand-duché de Berg , des 14 et 28 décembre 1812 , 23 février et 2 avril 1813.

L'un de ces arrêts , celui du 19 mars 1813 , ayant renvoyé devant la cour de Liége , l'affaire sur laquelle était intervenu celui de la cour d'appel du grand-duché de Berg , du 22 décembre 1812 , et qui avait pour objet un vol domestique dont la chambre du conseil du tribunal de première instance avait renvoyé la connaissance à la police correctionnelle , la cour de Liége , persistant dans l'opinion qu'elle avait déjà manifestée précédemment (1) , a rendu , le 25 juin de la même année , un arrêt ainsi conçu :

« Considérant qu'on ne doit point s'étonner si le pouvoir donné au procureur du gouvernement , de former opposition dans les espèces énoncées dans les art. 128 , 129 et 131 du Code d'instruction criminelle , cesse dans le cas de l'art. 130 , puisque les catégories et les résultats sont différens ; car , dans les premières , le prévenu est ou peut être tellement

___

(1) Les motifs de cet arrêt , que j'omets ici , sont les mêmes que ceux de l'arrêt du 25 octobre 1811.

(1) *V.* ci-dessus le réquisitoire du 8 , et l'arrêt de cassation du 20 juin 1812.

dégagé de l'action publique, qu'il ne reste plus, au ministère qui la dirige, aucun moyen d'obtenir une réparation; que la nature du crime ou du délit, ses circonstances et les charges paraissent exiger; mais ce danger n'existe point dans la catégorie de l'art. 130; le prévenu doit encore reparaître devant ses juges, non pas seulement pour y souffrir une légère réprimande, ou supporter seulement des intérêts civils, mais pour y subir un examen dont les suites peuvent entraîner pour lui, sinon des peines afflictives et infamantes, des peines qui peuvent encore être très-rigoureuses. — Le procureur du gouvernement reste au surplus environné de tous les moyens que la loi lui donne pour faire redresser l'erreur des premiers juges. — L'appréciation des charges n'en sera pas moins faite encore par le tribunal de police correctionnelle, dans une affaire de ce genre, comme elle est faite dans les affaires qui lui sont soumises avec l'aveu de la partie publique. Et il est si vrai que l'opposition ou l'aveu n'opère rien sur le caractère du fait, tant et si long-temps qu'elle n'est pas définitivement jugée, qu'il arrive que le tribunal de police correctionnelle se déclare incompétent dans une affaire qui cependant lui avait été soumise avec l'attache et de la chambre du conseil, et du procureur du gouvernement; — Considérant que le danger de l'impunité n'est pas couru dans cette hypothèse, puisqu'il y a jugement, et qu'il y aura condamnation si le cas l'exige. Alors il n'y aurait donc que la différence de l'emprisonnement à l'infamie. Le scandale qu'on appréhende ne peut exister que lorsque le tribunal de police correctionnelle et le tribunal d'appel, méconnaissant et les circonstances bien constatées d'un fait, et les règles de son devoir, persisteraient à appuyer une opinion que la justice et la vérité réprouveraient, et en dernière analyse, la cour de cassation, juste appréciateur des formes, remettrait les choses dans l'état que la société et la loi revendiquaient.

Mais, au reste, doit-on craindre que des magistrats que l'honneur retient dans les tristes fonctions de juger les hommes, sans autre avantage que celui de trouver dans leurs cœurs le sentiment et l'assurance d'avoir rempli leurs devoirs, puissent être susceptibles de se coaliser pour sauver un grand coupable? — Considérant que le législateur a donc pu être mû par ces indications, lorsqu'il a si formellement établi une différence dans ses dispositions contenues dans les articles relatifs à l'opposition; — qu'il importe peu à l'effet des art. 128, 129 et 131 que l'individu prévenu ait été arrêté ou ne l'ait pas été, puisque la loi en réserve pas moins à la partie civile et au procureur du gouvernement les droits que ces dispositions devaient justement leur attribuer, puisqu'elle déclare positivement au second paragraphe de l'art. 129, que les mises en liberté dont il est parlé à cet article et au précédent *ne pourront préjudicier aux droits de la partie civile ou de la partie publique*, ainsi qu'il sera expliqué (dit-elle) ci-après; quels droits veut-elle leur conserver? C'est celui du recours, sans doute, c'est-à-dire, l'op-

position. Dans quels cas? Comment doivent-ils faire valoir ces droits? Elle va le prononcer instantanément dans l'art. 135. *Lorsque la mise en liberté des prévenus sera ordonnée conformément aux art. 128, 129 et 131, le procureur (du roi) et la partie civile pourront s'opposer à leur élargissement.* C'est ici où la prévoyance du législateur est remarquable; c'est ici où il manifeste bien qu'il ne veut rien oublier; c'est ici où il prouve que ses dispositions seront combinées avec réflexion, qu'elles sont enfin en harmonie avec sa pensée. En effet, pour obvier à ce que pourrait offrir de fâcheux, pour la partie civile, pour la partie publique, pour la société, l'opinion qu'un prévenu pourrait être élargi, quoique le recours à l'autorité compétente fût réservé pour faire infirmer une déclaration qui allait soustraire le prévenu à l'action directe de l'un et de l'autre, il a voulu que, dans les droits réservés par le §. 2 de l'art. 129, celui de s'opposer à l'élargissement fût bien déterminé, parce qu'en effet l'un pouvait aller sans l'autre.—L'élargissement n'est donc mentionné dans cet article, que dans le dessein de faire retenir, s'il y a eu arrestation, et pour cela seulement, puisque le renvoi des poursuites, aux termes de l'art. 128, donnait ouverture à l'emploi des droits réservés dans le second paragraphe de l'art. 129, soit que le prévenu fût arrêté, soit qu'il ne le fût pas. On ne peut donc pas, pour aider au système qui nous serait dépasser les limites posées, supposer gratuitement au législateur l'intention, qui serait singulière, il faut l'avouer, de ne pas accorder le recours quand le prévenu n'est pas arrêté; puisque ce renvoi des poursuites peut s'appliquer même à un contumax, et que, dans ce cas, la partie publique n'en aurait pas moins le droit de se pourvoir pour faire infirmer la déclaration qui le renvoie de la poursuite, ou, autrement dit, qui le met en liberté; parce que l'ordonnance qui met réellement en liberté, n'est pas celle qui ordonnerait un élargissement, mais celle qui décharge l'homme prévenu d'un crime ou d'un délit, de tout ce qui peut mettre obstacle à la jouissance des droits de Citoyen; — Considérant que, dans l'hypothèse de l'art. 130, on ne rencontre aucun des motifs qui ont pu exciter le législateur dans les autres : le prévenu n'est pas renvoyé des poursuites; il n'est pas mis en liberté; il n'est pas élargi; il reste au contraire sous la main du procureur du gouvernement; tandis que, si le recours ne lui est pas accordé dans les autres, il va lui échapper; que, si le législateur frappé de ces différences, n'a pas accordé le recours dans le cas de l'art. 130 et là encore dans les autres, c'est qu'entre ceux-ci il y a analogie, et parce qu'entre ces derniers et celui de l'art. 130, il n'y en a pas; parce qu'il est très-probable que les leçons de l'expérience lui avaient suggéré cette disposition qu'on ne trouverait pas étrange, si c'était le moment d'examiner les inconvéniens qui peuvent marcher à la suite d'une interprétation contraire; que les motifs de la distinction fondés sur les différences, étant connus, tout concourt à démontrer que la lettre est conforme à l'esprit, au sens que le législateur a voulu avoir ; que, pour pouvoir lui en présumer un autre, il faudrait livrer sa conviction à des raisonnemens qui laissent toujours la véritable question indécise et ne font que lui en substituer d'autres; qu'abstraction même faite de ces motifs très-puissans sans doute, il faudrait supposer, non-seulement que ce qui est exprimé en termes clairs et précis, n'est pas une démonstration pour ceux que la loi veut obliger, mais encore que ce n'est pas ce que le législateur a dit ou fait qui devrait déterminer et fixer cette obligation, mais ce qu'il aurait pu ou dû faire ; enfin, que ce qui restreint, circonscrit, ne limite pas ; — Considérant que, si la marche tracée par la loi, n'était pas la plus courte, il est bien probable qu'elle est la plus salutaire et qu'elle serait la plus efficace ; que ce serait encore une question de savoir si elle serait la plus longue. Il est incontestable que, si l'opposition n'est pas fondée, elle est la plus courte ; car le procureur du gouvernement pouvant immédiatement faire juger l'affaire, il aura l'avantage de s'assurer bien mieux par les débats, si en effet une circonstance qui doit aggraver est constatée, qu'on ne peut le définir sur des déclarations écrites; il aura de plus l'avantage bien plus précieux de s'assurer si le prévenu est coupable ou non. Si la circonstance est détruite, nulle nécessité d'opposition ; si le prévenu n'est pas coupable dans l'opinion du gouvernement et celle du tribunal. — Il faut s'arrêter ici et conclure: — Le procès aura été jugé, avant même qu'il n'ait pu être examiné par la chambre d'accusation ; la vindicte publique n'a pas été entravée, elle est vite satisfaite; le prévenu, la société, le trésor public y auront gagné. — La marche, tracée par la loi, est donc la meilleure ; car si l'opposition avait eu lieu, il y aurait encore eu un intérêt blessé, celui du prévenu dont la détention aurait été prolongée pendant tout le temps qu'il aurait fallu employer pour l'envoi des pièces, pour leur retour, pour qu'elles pussent parcourir toutes les distances, souvent très-grandes, qui séparent les tribunaux de première instance et les cours d'appel; et il est à remarquer que ce préjudice est irréparable. — Si l'opposition est fondée, il faudra sans doute renvoyer les pièces à la cour d'appel ; mais le caractère du délit était en question, il n'en sera que mieux établi. Voilà le seul circuit que raisonnablement on peut craindre. Il faut peser et juger de quel côté se trouvent le plus d'inconvéniens ; — Considérant qu'en produisant les hypothèses aussi loin qu'il est possible à l'imagination de les porter, il faudrait toujours convenir que, dans cette dernière du moins, le préjudice peut être réparé, que la vindicte publique peut encore être satisfaite, la société tranquillisée, et la loi exécutée ; — Considérant finalement que les chambres d'accusation des cours d'appel ne peuvent avoir caractère et juridiction pour connaître des oppositions formées par le ministère public et par les parties civiles ; que dans les cas où le droit d'opposition leur est donné ; — la cour déclare qu'il n'y a pas lieu de statuer sur l'opposition dont il s'agit ».

Le procureur-général de la cour de Liége se pourvoit en cassation contre cet arrêt ; et conformément à la loi du 16 septembre 1807, l'affaire est portée devant les sections réunies sous la présidence de M. le grand-juge ministre de la justice.

« La question sur laquelle vous avez, en ce moment, à prononcer (ai-je dit à l'audience du 29 octobre 1813), n'en est plus une pour votre section criminelle : depuis deux ans, votre section criminelle l'a résolue par un grand nombre d'arrêts délibérés avec la plus grande maturité ; et de toutes les cours dont les arrêts ont annullé les décisions qui y étaient contraires, il n'y en a plus que deux, celle du grand duché de Berg et celle de Liége, qui persistent dans l'opinion qu'ils ont réprouvée.

» C'est déjà pour nous un grand préjugé que l'opinion réprouvée par ces arrêts, n'est pas en harmonie avec le véritable esprit de la loi ; et en effet, plus nous avons médité la loi dans dans son ensemble et dans les divers textes dont elle se compose, plus nous nous sommes convaincus qu'elle ne peut pas être entendue dans le sens que lui prête l'arrêt qui vous est dénoncé par le procureur-général de la cour de Liége.

» Le Code d'instruction criminelle considéré dans son ensemble, relativement à notre question, nous présente les chambres du conseil des tribunaux de première instance comme des juridictions essentiellement subordonnées, pour tous les actes qui émanent d'elles sur le rapport du juge d'instruction, à la chambre d'accusation de la cour ordinaire de leur ressort. C'est ce qui résulte clairement de la dénomination de *premiers juges* qu'attribuent à ces chambres, en les envisageant dans leurs rapports avec la chambre d'accusation les art. 229, 231, 233 et 235 de ce Code. Et telle est l'idée qu'en a donnée l'orateur du gouvernement, M. Treilhard, à la séance du Corps législatif, du 7 novembre 1808 : « Daignez, Messieurs, (ce sont ces termes),
» saisir l'ensemble de la marche que nous avons
» suivie : au premier aspect, elle peut paraître
» compliquée ; dans la réalité, elle est bien simple.
» Des officiers de police judiciaire répandus sur
» toute la surface de l'Empire, veillent sans cesse
» pour la répression des crimes, des délits et des
» contraventions; ils constatent les faits, chacun dans
» sa partie; le procureur du gouvernement est le cen-
» tre où tout vient aboutir. Le juge d'instruction réu-
» nit toutes les preuves, de quelque nature qu'elles
» puissent être, et soumet l'affaire à la chambre du
» conseil. *Enfin s'élève, au-dessus des premiers
» tribunaux, un corps de magistrature* fortement
» constitué, inaccessible à la séduction et à la
» crainte, éloigné de tous les motifs de considéra-
» tions locales qui ont pu égarer les *premiers juges.*
» C'est là que se formera la déclaration importante
» s'il y a lieu à accusation. Je ne crois pas qu'il
» fût possible de réunir plus de garantie et pour la
» sûreté publique et pour la sûreté particulière ».

» Cet aperçu général du système du Code d'instruction criminelle, suffit certainement pour assurer aux chambres d'accusation des cours, le droit de réformer toutes les ordonnances des chambres du conseil des tribunaux de première instance qui leur sont déférées par les parties compétentes.

» Car toutes ces ordonnances, par cela seul qu'elles sont des actes d'une juridiction subordonnée à une autorité supérieure, sont toutes passibles de révision de la part de cette autorité; et il n'est plus besoin pour les faire réviser en effet par cette autorité, que de les lui faire parvenir par une voie légale.

» Cette voie, le Code d'instruction criminelle la qualifie d'*opposition*; mais, dans la réalité, c'est une sorte d'appel. L'opposition proprement dite, n'est ouverte qu'à la partie qui n'a pas été entendue, et elle ne peut être portée que devant les juges dont est émané l'acte qu'elle a pour objet. L'opposition à laquelle sont sujettes les ordonnances des chambres du conseil des tribunaux de première instance, est ouverte au procureur du gouvernement et à la partie civile, quoique tous deux aient paru dans l'instruction, quoique tous deux y aient fourni leurs moyens; et c'est devant la cour d'appel qu'elle est portée. Ce n'est donc pas une opposition proprement dite; c'est donc une voie introduite aux mêmes fins que l'appel; et si elles n'est pas soumise à toutes les formes, si elle n'a pas tous les effets de l'appel ordinaire, elle a du moins, avec l'appel ordinaire, un but commun, celui de saisir le juge supérieur de la connaissance des actes du premier juge.

» Cela posé, que faut-il pour que le procureur du gouvernement, ou la partie civile, puisse, par la voie de l'opposition, déférer à la chambre d'accusation de la cour d'appel, une ordonnance quelconque de la chambre du conseil du tribunal de première instance?

» Faut-il que cette ordonnance soit expressément rangée, par le Code d'instruction criminelle, dans la classe de celles qui sont susceptibles d'opposition? Non sans doute : il suffit qu'elle n'en soit pas exceptée par une disposition expresse du même Code; et pourquoi? parce que la faculté d'attaquer tous les actes de la chambre du conseil du tribunal de première instance, est de droit commun; parce que le droit commun régit nécessairement tout ce qui n'est pas soustrait à son empire par une exception positive.

» Or, y a-t-il, dans le Code d'instruction criminelle, quelque texte qui affranchisse de l'opposition l'ordonnance par laquelle le prévenu d'un crime emportant des peines afflictives ou infamantes, est renvoyé, en état d'arrestation, à la police correctionnelle, comme s'il n'était prévenu que d'un délit emportant la peine de l'emprisonnement?

» La cour de Liège reconnaît elle-même qu'il n'y en a aucune; et dès-là, notre question est décidée.

» Qu'importe que l'article 135 ne parle de l'opposition que relativement aux cas où *la mise en liberté du prévenu sera ordonnée conformément aux art. 128, 129 et 131 ci-dessus?*

» Cet article, il faut le dire, nous avertit lui-même, par la frappante inexactitude avec laquelle il est rédigé, que nous devons nous attacher bien moins à sa lettre qu'à son esprit.

» D'une part, il est énoncé, à la fin de son premier paragraphe, qu'en cas d'opposition, *l'envoi des pièces sera fait, ainsi qu'il est dit à l'art.* 132; et c'est évidemment une erreur. L'art. 132 ne porte rien autre chose si ce n'est que, *dans tous les cas de renvoi, soit à la police municipale, soit à la police correctionnelle, le procureur du gouvernement est tenu d'envoyer, dans les vingt-quatre heures, au plus tard, au greffe du tribunal qui doit prononcer, toutes les pièces après les avoir cotées*; et assurément ce n'est ni au greffe d'un tribunal de police, ni au greffe d'un tribunal correctionnel, c'est uniquement au procureur-général de la cour ordinaire, que doivent être transmises les pièces sur le vû desquelles la cour ordinaire doit juger l'opposition de la partie publique ou de la partie civile. Non-seulement cela résulte de *l'exposé des motifs* de la loi dans lequel il est dit en toutes lettres que, *dans tous les cas d'opposition, les pièces sont nécessairement transmises au procureur-général, et l'affaire est soumise à une révision* dans la cour d'appel; mais cela résulte encore bien plus manifestement de la nature même des choses : car il serait souverainement déraisonnable de soumettre à la révision d'un tribunal de police, l'ordonnance du tribunal de première instance qui lui aurait renvoyé un prévenu, en le mettant en liberté; il serait souverainement déraisonnable de soumettre à la révision du tribunal correctionnel, l'ordonnance de la chambre du conseil qui, en reconnaissant la qualité de crime dans le fait imputé au prévenu, déclarerait, faute de charges suffisantes, que le prévenu ne doit subir ni détention ni épreuve ultérieure.

» D'un autre côté, il y a encore une bien grande inexactitude dans ces premiers termes de l'art. 135; *lorsque la mise en liberté des prévenus sera ordonnée, conformément aux art.* 128, 129 et 131 *ci-dessus.*

» Où nous conduirait la lettre de ce commencement de l'art. 135, si nous étions strictement obligés de nous y tenir?

» Elle nous conduirait infailliblement à une antinomie et à une absurdité.

» Elle nous conduirait à une antinomie; car, après avoir dit, par l'art. 128, que *si les juges sont d'avis que le fait ne présente ni crime, ni délit, ni contravention, ou qu'il n'existe aucune charge contre l'accusé, il sera déclaré qu'il n'y a pas lieu à poursuivre; et si l'accusé avait été arrêté, il sera mis en liberté*; après avoir dit par le premier paragraphe de l'art. 129, que, *s'ils sont d'avis que le fait n'est qu'une simple contravention de police, l'inculpé sera renvoyé au tribunal de police; et il sera remis en liberté, s'il est arrêté*; le Code d'instruction criminelle ajoute, par le second paragraphe du même article : LES DISPOSITIONS *du présent article et de*

L'ARTICLE PRÉCÉDENT *ne peuvent préjudicier aux droits de la partie civile ou de la partie publique, ainsi qu'il sera expliqué ci-après* ; et il est clair que, par ces mots, *les dispositions de l'article précédent*, la loi désigne toutes les dispositions de l'art. 128; il est clair par conséquent que, par ces mots, la loi se réfère au cas où l'inculpé n'est point arrêté, comme au cas où il se trouve en arrestation, dans le moment où la chambre du conseil déclare qu'*il n'y a pas lieu à poursuivre*; et par conséquent encore, il est clair que, par ce second paragraphe, la loi réserve la faculté de l'opposition pour un cas comme pour l'autre.

» La lettre du commencement de l'art. 135 nous conduirait à une absurdité. Car il faudrait en conclure que, toutes les fois qu'il serait déclaré par la chambre du conseil d'un tribunal de première instance, qu'*il n'y a pas lieu à poursuivre*, sur le fondement que le fait imputé à un prévenu non arrêté, ne constitue ni un crime ni un délit, cette déclaration aurait plus de force, si elle était rendue par la chambre d'accusation d'une cour; et, en effet, si elle était consignée dans un arrêt de chambre d'accusation, elle pourrait être attaquée par voie de cassation, et vous pourriez l'annuler : au lieu qu'étant l'ouvrage d'un tribunal inférieur, elle serait tout à-la-fois, et à l'abri du recours en cassation, parce que ce recours ne peut atteindre que les jugemens en dernier ressort, et à l'abri de l'opposition devant la chambre d'accusation; parce que cette voie ne serait ouverte que contre les ordonnances de mise en liberté.

» Aussi la cour de Liége est-elle forcée de convenir qu'il faut ici abandonner la lettre de la loi, et appliquer au cas où la déclaration que *il n'y a pas lieu à poursuivre*, est rendue en faveur d'un prévenu non arrêté, la disposition de l'art. 135 qui, littéralement, n'est applicable qu'au cas où cette déclaration est rendue en faveur d'un prévenu dont elle fait cesser l'arrestation.

» Il est donc bien constant que l'article 135 est rédigé, dans les deux parties les plus importantes de son premier paragraphe, d'une manière qui ne permet pas que l'on s'attache à son texte littéral; et dès-lors, que l'on dise tant que l'on voudra que son texte littéral ne porte point sur le cas où le prévenu d'un crime est renvoyé, en état d'arrestation, à la police correctionnelle, nous ne nous en croirons pas moins fondés à soutenir que ce cas est compris dans la disposition législative qui résulte de l'esprit de ce texte ; nous ne nous en croirons pas moins fondés à soutenir que, dans ce cas, la voie de l'opposition est ouverte au procureur du gouvernement et à la partie civile, devant la chambre d'accusation.

» Que pourra-t-on en effet objecter contre cette thèse?

» Dira-t-on que la disposition de l'art. 135 est limitée au cas où il y a *mise en liberté des prévenus*?

» Mais, 1°., il est reconnu par la cour de Liége

elle-même, et il est impossible de ne pas reconnaître que cette disposition s'étend jusqu'aux cas où les prévenus n'ont pas été mis en arrestation, et où, par conséquent, il n'y a pas lieu de les mettre en liberté.

» 2°. On peut considérer comme une ordonnance de mise en liberté, l'ordonnance qui renvoie un prévenu en état d'arrestation à la police correctionnelle ; car, par cela seul qu'un prévenu arrêté est renvoyé à la police correctionnelle, il est jugé avoir le droit de demander sa liberté provisoire ; et cette demande, il peut, aux termes de l'art. 214, la former en tout état de cause.

» Dira-t-on que l'art. 135 ne se réfère qu'aux art. 128, 129 et 131 ; que l'art. 128 ne porte que sur le cas où il est déclaré par la chambre du conseil, qu'*il n'y a pas à poursuivre* ; que l'art. 129 ne porte que sur le cas où le prévenu est renvoyé au tribunal de simple police ; que l'art. 131 ne porte que sur le cas où la prévention a pour objet un fait qualifié par la chambre du conseil, de délit entraînant une simple amende ; que le cas où la prévention a pour objet un fait qualifié de délit passible de la peine de l'emprisonnement, est prévu par l'art. 130 ; et que l'art. 130 est omis dans la nomenclature de ceux auxquels se réfère l'art. 135 ?

» Mais quelle conséquence peut-on tirer ici de l'omission de l'art. 130 dans cette nomenclature ?

» On peut sans doute en faire sortir un argument *à contrario sensu*. On peut sans doute y appliquer l'adage vulgaire, *qui de uno dicit de altero negat : unius inclusio est alterius exclusio*.

» Mais, vous le savez : l'argument *à contrario sensu* est souvent fautif ; et il l'est toujours dans deux cas : le premier lorsqu'il en résulterait une dérogation au droit commun ; *argumentum à contrario sensu in legibus... est validum, nisi hujusmodi interpretatione inducatur... juris communis emendatio*, dit Godefroy, dans sa note sur la loi 2, C. *de conditionibus insertis* ; le second, lorsqu'il en résulterait une chose absurde.

» Or, 1°., argumenter *à contrario sensu* du silence de l'art. 135 sur le cas prévu par l'art. 130, pour en conclure que, dans ce cas, il n'y a pas lieu à l'opposition, ce serait, pour ce cas seulement, s'écarter du droit commun qui, en matière criminelle, correctionnelle et de police, place les chambres du conseil des tribunaux de première instance sous le ressort des chambres d'accusation.

» 2°. Quoi de plus absurde que le corollaire qu'amenerait cette manière de raisonner ? il en résulterait que le prévenu d'un crime qui, par l'erreur de la chambre du conseil, n'aurait été déclaré prévenu que d'un délit passible d'amende, serait traité plus rigoureusement que le prévenu d'un crime qui, par l'erreur de la chambre du conseil, aurait été déclaré prévenu d'un délit passible d'emprisonnement. Il en résulterait que celui-ci serait à couvert de l'opposition, tandis que celui-là y serait sujet. Il en résulterait que plus l'erreur de la chambre du conseil serait grave, plus il serait difficile au procureur du gouvernement et à la partie civile de la faire réparer. Il en résulterait, en un mot, la chose du monde la plus déraisonnable.

» Et peut-on, sans insulter à la sagesse du législateur, lui prêter l'intention de consacrer un pareil résultat?

» On le peut d'autant moins, que, dans *l'exposé des motifs* de cette partie du Code d'instruction criminelle, l'orateur du gouvernement a professé hautement une intention toute contraire. *Aurait-on dû*, a-t-il dit, en présentant l'analyse des art. 128, 129 et suivans, *laisser encore la société exposée aux suites d'une déclaration hasardée qui arrêterait la poursuite d'un crime bien réel, sous la fausse supposition que le fait n'est ni crime, ni délit, ni contravention*, OU PARCE QU'ON PENSERAIT QU'IL EST UNIQUEMENT DU RESSORT DES TRIBUNAUX DE LA POLICE SIMPLE OU CORRECTIONNELLE? *Non, messieurs, et nous avons dû prévenir ce malheur, car c'est un malheur sans doute que l'impunité d'un crime.*

» En s'expliquant ainsi, M. Treilhard n'a énoncé aucune différence le cas où le prévenu d'un crime est renvoyé libre à la police correctionnelle et le cas où il y est renvoyé en état d'arrestation avec la faculté d'obtenir son élargissement provisoire : il s'est exprimé dans les termes les plus indéfinis ; il a par conséquent identifié les deux cas dans son explication.

» Et cette explication est ici d'autant plus importante, que son auteur se serait bien gardé de la donner, si elle n'avait pas été parfaitement calquée sur l'esprit de la loi; car, entre les qualités qui distinguaient éminemment M. Treilhard dans le conseil d'état, on remarquait surtout sa rigide attention à ne jamais dire, dans l'exposé des motifs des lois, que ce qui était évidemment compris dans leurs dispositions. Nous devons même attester à la cour que, plusieurs fois, nous l'avons entendu se faire un mérite de cette rigidité.

» Mais, au surplus, s'il manquait encore quelque chose à la preuve que l'arrêt attaqué viole manifestement l'esprit de l'art. 135, nous en trouverions le complément dans la futilité des motifs qu'emploie la cour de Liége pour pallier l'infraction qu'elle fait à cet article.

» Suivant elle, si le coupable d'un crime était renvoyé à la police correctionnelle et y était jugé définitivement, il n'en résulterait aucun inconvénient pour l'ordre social. Il est vrai qu'il ne subirait pas précisément la peine qu'il aurait encourue; mais il en subirait du moins une quelconque.

» Et l'ordre social n'éprouverait, en cela, aucune atteinte! Vous venez de voir, MM., que l'orateur du gouvernement envisageait la chose sous un point de vue bien différent; qu'il regardait *l'impunité d'un crime* comme *un malheur*, et qu'il trouvait *l'impunité d'un crime* dans le renvoi du prévenu d'un crime à la police correctionnelle. C'est d'ailleurs une vérité trop simple, trop palpable, pour que nous ayons besoin de la développer.

» Suivant la cour de Liége; le procureur du gouvernement peut, au lieu de prendre la voie de l'Opposition contre le renvoi du prévenu d'un crime au tribunal correctionnel, requérir ce tribunal de se déclarer incompétent; et, par-là, l'erreur de la chambre du conseil sera réparée, elle le sera même d'une manière au moins aussi expéditive qu'elle eût pu l'être par la voie de l'Opposition.

» Oui, sans doute, le procureur du gouvernement peut, nonobstant le renvoi du prévenu d'un crime au tribunal correctionnel, décliner la juridiction de ce tribunal ; et c'est ce que vous jugez constamment.

» Mais d'abord, il est presque sans exemple qu'en pareil cas, les tribunaux correctionnels ayent déféré aux déclinatoires des procureurs du gouvernement ; et presque toujours, il a fallu recourir, par la voie d'appel, aux chambres correctionnelles des cours, pour faire déclarer l'incompétence de ces tribunaux.

» Ensuite, quand le même tribunal correctionnel se déclarerait lui-même incompétent, il n'en faudrait pas moins venir à la cour de cassation par réglement de juges, pour vuider le conflit qui se serait formé par la contrariété qui se trouverait entre le jugement du tribunal correctionnel et l'ordonnance de la chambre du conseil. Car la chambre du conseil et le tribunal correctionnel sont deux juridictions indépendantes l'une de l'autre; et l'une ne ressortissant que de la chambre d'accusation de la cour ordinaire, tandis que l'autre ne ressortit que de la chambre correctionnelle de la même cour, elles n'ont et ne peuvent avoir d'autre supérieur commun que la cour de cassation. Or, pour venir à la cour de cassation par réglement de juges, il faut du temps; il en faut toujours beaucoup; il en faut quelquefois dix fois plus que pour aller, par la voie d'opposition, à la chambre d'accusation de la cour ordinaire; et certes, de semblables longueurs ne peuvent jamais tourner au profit de la justice : elles reculent nécessairement la punition des crimes, et il n'est pas rare qu'elles en fassent périr les preuves.

» Enfin, suivant la cour de Liége, le motif qui a seul déterminé le législateur à ouvrir la voie d'Opposition dans les cas prévus par les art. 128, 129 et 131, est la crainte que le prévenu, une fois mis en liberté, n'échappe à la vindicte publique; or, cette crainte cesse dans le cas prévu par l'art. 130, puisque, dans ce cas, et aux termes mêmes de cet article, le prévenu doit rester provisoirement en arrestation. Il était donc inutile que l'art. 135 ouvrît la voie d'Opposition dans ce cas; aussi ne l'a-t-il point fait.

» Mais que devient ce raisonnement, si nous parvenons à démontrer que, dans le cas prévu par l'art. 130, la vindicte publique n'a pas plus de garantie que dans les cas prévus par les art. 128, 129 et 131.

» Or, rien de plus facile que cette démonstration.

» L'art. 130 suppose-t-il que le prévenu renvoyé à la police correctionelle, restera nécessairement en arrestation jusqu'au jugement définitif ?

» Non-seulement il ne le suppose pas, mais il ne peut pas même le supposer.

» Il ne le suppose pas, puisqu'il dit : *le prévenu, s'il est en arrestation, y demeurera provisoirement*. Il se rapporte donc à une hypothèse qui peut très-fréquemment ne pas se réaliser ; et en effet très-souvent, le prévenu n'est pas encore arrêté, lorsque la chambre du conseil rend son ordonnance de renvoi.

» Il ne peut pas le supposer ; car même, dans le cas où le prévenu est arrêté au moment où la chambre du conseil le renvoie à la police correctionnelle, il peut encore, et nous l'avons déjà dit, demander sa liberté provisoire.

» Ainsi, point de garantie pour la vindicte publique en cas de renvoi d'un prévenu de crime à la police correctionnelle, si la voie d'Opposition n'est pas ouverte contre l'ordonnance de la chambre du conseil.

» Et par conséquent, point de motif pour ne pas admettre, dans ce cas, la voie d'Opposition.

» Dès-lors, reste dans toute sa nudité la profonde déraison qui souillerait cette partie de notre Code d'instruction criminelle, si, dans ce cas, la voie d'Opposition n'était pas recevable.

» Par ces considérations, nous estimons qu'il y a lieu de casser et annuler l'arrêt de la cour de Liége, du 15 juin dernier ».

Par arrêt du 20 octobre 1813, au rapport de M. Oudart, « vu les art. 130, 135 et 416 du Code d'instruction criminelle ; considérant que, d'après les régles générales de l'organisation judiciaire, les décisions portées en matière criminelle, comme en matière civile, lorsqu'il n'y a pas de disposition contraire et expresse, doivent, en cas de réclamation ou d'appel, être déférées à des juges supérieurs ; que les ordonnances rendues dans les cas prévus par l'art. 130 du Code d'instruction criminelle, ne sont pas exceptées de la règle générale ; que l'absence d'un mot, et moins encore l'absence d'un chiffre dans l'art. 135 de ce Code, ne peut pas faire induire une exception au droit commun ; que l'orateur du gouvernement, dans l'*Exposé des motifs* de cette partie du même Code, a dit, en termes généraux et sans limitation, que le juge d'instruction, après avoir réuni toutes les preuves, *soumet l'affaire à la chambre du conseil*, qu'*enfin, s'élève au-dessus des premiers tribunaux, un corps de magistrature fortement constitué, inaccessible à la séduction et à la crainte, éloigné de tous les motifs de considération qui ont pu égarer les premiers magistrats;* que les articles 229, 231, 233 et 235 du même Code, concordans avec cet exposé, qualifient de *premiers juges* ces mêmes magistrats ; que les ordonnances rendues par eux, autres que l'ordonnance de prise de corps, sont toutes appelées *ordonnances*

de mise en liberté ou *d'élargissement*, parce qu'en effet elles mettent le prévenu en liberté absolument, ou sans caution, ou le maintiennent en cet état ; ou enfin lui confèrent la faculté de l'obtenir ; que ces mots, *la mise en liberté du prévenu*, ne peuvent pas être pris dans un sens rigoureux, puisque, si le prévenu est en fuite, l'ordonnance ne le met pas réellement en liberté, et qu'elle est néanmoins qualifiée, en ce cas, d'ordonnance de mise en liberté ; que si l'ordonnance prescrite par l'art. 130, n'était pas déférée, en cas d'erreur, à la cour ordinaire, il ne resterait au procureur du gouvernement et à la partie civile, d'autre voie que de décliner le tribunal correctionnel saisi en exécution de cette ordonnance ; mais que les jugemens de ce tribunal sont susceptibles d'appel ; qu'ensuite, si le tribunal d'appel déclarait que le fait a les caractères d'un crime qualifié, et que la police correctionnelle est incompétente, l'ordonnance que l'on suppose en dernier ressort ayant jugé le contraire, et n'ayant pu être réformée par le tribunal d'appel, il naîtrait de ces deux jugemens contraires rendus en dernier ressort, et qui ne peuvent pas recevoir tous les deux leur exécution, un conflit de juridiction de nature à être soumis à la cour de cassation ; que l'on ne peut pas soutenir, sans méconnaître le sens de la loi, que le législateur ait voulu, en certains cas, soumettre les procès criminels aux quatre épreuves successives d'une ordonnance de la chambre du conseil, d'un jugement de police correctionnelle en premier ressort, d'un jugement de même nature en seconde instance, et enfin d'un arrêt de la cour de cassation, sur le conflit de juridiction ; le tout, pour décider seulement et préliminairement si le fait est un crime ou un simple délit ; que, d'après l'art. 114 combiné avec l'art. 130, la même ordonnance qui renvoie le prévenu à la police correctionnelle, peut lui accorder sa liberté provisoire sous caution ; qu'il serait donc aussi étrange qu'éminemment dangereux, que trois juges d'un tribunal d'arrondissement pussent, par une ordonnance en dernier ressort, mettre en liberté un individu prévenu d'un grand crime, convertir ce crime en délit, et violer ainsi les règles de compétence dans les cas les plus graves ; tandis que, dans les matières les plus légères, lorsque les mêmes juges penseraient que le fait ne présente ni crime, ni délit, ni contravention, il suffirait que le procureur général ou la partie civile aperçût une simple contravention de police, pour que leur ordonnance fût soumise à la réformation de la cour d'appel ; que la même orateur du gouvernement a précisément déclaré que le droit d'Opposition et de recours à l'autorité de la cour d'appel a été donné, tant à la partie civile qu'au ministère public, *pour ne pas laisser la société exposée aux suites d'une déclaration hasardée, qui arrêterait la poursuite d'un crime bien réel, dans la fausse supposition que le fait ne présente ni crime, ni délit, ni contravention ; ou parce qu'on penserait qu'il est uniquement du ressort des tribunaux de la police simple ou correctionnelle ;* d'où il suit que la cour d'appel de Liége, en déclarant qu'il n'y a pas lieu de statuer sur l'Opposition formée par l'officier du ministère public, à l'ordonnance par laquelle Pierre Kilian a été renvoyé devant le tribunal de Dusseldorf, a violé les règles de la compétence et les articles cités ci-dessus ; la cour casse et annulle.... ».

III. Lorsque ni le procureur du gouvernement ni la partie civile n'ont formé opposition, dans les vingt-quatre heures, à l'ordonnance de la chambre du conseil qui met le prévenu en liberté, ou déclare qu'il n'y a pas lieu à poursuivre, le procureur-général peut-il, par un réquisitoire adressé à la chambre d'accusation, demander l'annullation sur la réformation de cette ordonnance.

Le 16 décembre 1811, ordonnance de la chambre du conseil du tribunal de première instance de Lavaur, qui, sur le rapport du juge d'instruction, et conformément aux conclusions du procureur du gouvernement, déclare qu'il n'y a pas lieu à poursuites ultérieures contre trois particuliers prévenus d'avoir recélé un conscrit réfractaire, attendu qu'il n'existe point de charges contre eux, et ordonne leur mise en liberté.

La notice de cette affaire est transmise, en exécution de l'art. 249 du Code d'instruction criminelle, à M. le procureur-général de la cour de Toulouse. — Ce magistrat se fait remettre les pièces ; et le 16 janvier 1812, se fondant sur l'art. 250 du Code d'instruction criminelle, il donne un réquisitoire tendant à ce que l'ordonnance du tribunal de première instance de Lavaur soit annullée, et à ce qu'en conséquence les nommés Garrigue et Crespy, deux des trois prévenus, soient renvoyés devant le tribunal correctionnel de Gaillac, pour y être jugés.

Le même jour, arrêt par lequel, «considérant que l'ordonnance du 16 décembre 1811, rendue par la chambre du conseil du tribunal séant à Lavaur, dans la cause dont s'agit, a été rendue à l'unanimité, et que le procureur du gouvernement près ledit tribunal n'a pas jugé à propos d'user de la faculté qui lui est attribuée par l'art. 135 du Code d'instruction criminelle; que si, en vertu de l'art. 250 du même Code, le procureur-général peut ordonner l'apport des pièces relatives à une affaire correctionnelle ou de simple police, pour, sur ses réquisitions, être statué par la cour ce qu'il appartiendra, il n'a reçu ce droit que dans le cas où l'affaire présenterait des *caractères plus graves*; que ces dernières expressions de la loi n'ont aucun rapport aux preuves ou indices plus ou moins forts, qui établissent un fait, mais bien à la nature de ce fait, qui, quoique suffisamment établi aux yeux des premiers juges, peut cependant être qualifié par eux d'une manière moins grave et moins sévère que la loi ne le prescrit; et c'est seulement contre les erreurs de ce genre que le législateur a voulu se précautionner, en mettant, par l'art. 250 précité, dans les mains du procureur-général, le pouvoir de les rectifier et de poursuivre les prévenus, relativement à la nature et à la griéveté des faits qui

résultent des informations faites contre eux ; que, dans l'espèce actuelle, le fait dont il s'agit, qui est le recèlement volontaire d'un conscrit réfractaire, a été envisagé par ladite chambre du conseil sous son véritable point de vue, et qu'il n'y a eu de la part des juges, ni erreur sur la nature du délit, ni fausse application de la loi ; et qu'en déclarant qu'il n'y a pas lieu à poursuivre, et ordonnant en conséquence la mise en liberté des prévenus, ils n'ont fait qu'obéir à leur conscience, et user des droits qui leur sont attribués; enfin, que la cour ne pourrait attaquer leur ordonnance sans intervertir l'ordre de la justice, en s'attribuant un pouvoir que le législateur ne lui a pas conféré; par ces motifs, la cour, disant droit sur les réquisitions du procureur-général, et le démettant de l'Opposition par lui faite à l'exécution de l'ordonnance rendue le 16 décembre 1811, par la chambre du conseil du tribunal séant à Lavaur, dans l'affaire des nommés Pierre-Garrigues et Augustin Crespy, a confirmé et confirme ladite ordonnance ».

Recours en cassation contre cet arrêt, de la part du procureur-général de la cour de Toulouse.

« Lorsque le procureur du gouvernement et la partie civile (ai-je dit à l'audience de la section criminelle, le 27 février 1812) n'ont pas usé, dans les vingt-quatre heures, de la faculté que leur attribue l'art. 135 du Code d'instruction criminelle, de former Opposition, dans ce délai, à l'ordonnance par laquelle le tribunal de première instance déclare, sur le rapport du juge d'instruction, qu'il n'y a pas lieu de poursuivre le prévenu, le procureur-général peut-il déférer cette ordonnance à la cour ordinaire, et en requérir, soit l'annullation, soit la réformation ? Telle est la question qu'offre à votre examen le recours en cassation sur lequel vous avez à ce moment à délibérer.

» C'est un principe général, surtout en matière criminelle, qu'il n'y a, pour faire réformer ou annuler les actes judiciaires, d'autres voies que celles que la loi indique expressément. — Ainsi, sous le Code du 3 brumaire an 4, aucune loi n'autorisait les cours de justice criminelle, à réformer les ordonnances rendues soit par les juges-de-paix, officiers de police judiciaire, soit par les directeurs du jury, dans les affaires qui n'étaient pas dévolues à ces cours par l'effet d'une déclaration de jury d'accusation ; et sur ce fondement, vous avez cassé, le 18 ventose et le 4 fructidor an 7, un jugement du tribunal criminel du département de Vaucluse, qui avait annullé la mise en liberté d'un prévenu d'homicide, prononcée par un juge-de-paix, et un jugement du tribunal criminel du département du Nord, qui avait annullé la mise en liberté de trois prévenus de péculat et de corruption, prononcée par un directeur du jury. — Ainsi, sous la loi du 18 pluviose an 9, les cours de justice criminelle n'étaient autorisées à réformer les ordonnances des directeurs du jury, que lorsqu'elles se trouvaient en Opposition avec les réquisitions des magistrats de sûreté, et qu'intervenues sur une instruction achevée, elles avaient été soumises aux tribunaux de première instance ; et sur ce fondement, vous avez cassé, le 12 juillet 1806, un arrêt de la cour de justice criminelle du département de Seine-et-Oise, qui avait statué sur une ordonnance du directeur du jury d'Etampes hors des cas déterminés par cette loi.

» Or, quelles voies indique le Code d'instruction criminelle pour faire réformer ou annuller les jugemens des tribunaux de première instance qui, d'après le rapport des juges d'instruction, mettent des prévenus en liberté ?

» L'art. 135 n'en indique point d'autre que l'Opposition ; et cette voie, il ne l'ouvre qu'au procureur du gouvernement et à la partie civile ; il ne la leur ouvre que pendant vingt-quatre heures.

» Sans doute, le procureur-général peut, en cette partie, suppléer le procureur du gouvernement ; ou pour parler plus juste, il peut, en cette partie, faire par lui-même, ce que son substitut est autorisé à faire par lui.

» Mais il ne peut le faire que dans un délai accordé au procureur du gouvernement lui-même ; il ne peut par conséquent le faire que dans les vingt-quatre heures.

» Ce délai expiré, le jugement de mise en liberté n'est plus passible d'Opposition, ni par conséquent d'aucune autre espèce de recours.

» Qu'il puisse résulter des inconvéniens de cette législation, qu'elle puisse quelquefois favoriser l'impunité des coupables, cela peut être. Mais les inconvéniens d'une loi ne sont pas, pour les magistrats, des raisons de s'élever au-dessus d'elle. Les magistrats doivent la respecter, alors même qu'ils la reconnaissent imparfaite. Chargés de la faire exécuter, ils n'ont aucune mission pour la rectifier, ils n'ont aucun pouvoir pour en remplir les lacunes.

» D'ailleurs, les inconvéniens attachés à la stricte exécution de l'art. 135 du Code d'instruction criminelle, ne sont pas aussi graves qu'ils le paraissent à la première vue. Car le jugement d'un tribunal de première instance qui met un prévenu en liberté, sur le fondement qu'il n'existe point contre lui de commencemens de preuve suffisans pour le poursuivre ultérieurement, n'est pas, pour ce prévenu, un jugement d'absolution irrévocable. Le prévenu peut, nonobstant ce jugement, être poursuivi de nouveau, s'il survient de nouvelles charges : il le pourrait, aux termes de l'art. 246, dans le cas où la cour aurait confirmé ce jugement, sur l'Opposition qu'y aurait formée le procureur du gouvernement ou la partie civile ; il le peut donc aussi, et à plus forte raison, lorsque la cour n'a ni confirmé ni réformé ce jugement, lorsque ce jugement n'a pas été déféré à la cour.

» Et ceci répond d'avance à l'observation du procureur-général de la cour de Toulouse, que les ordonnances rendues en chambre du conseil par les tribunaux de première instance n'ont pas le carac-

tère de jugemens, et que par conséquent elles ne peuvent pas avoir l'autorité de la chose jugée.

» Non sans doute, elles n'ont pas l'autorité de la chose irrévocablement jugée, puisqu'elles peuvent être neutralisées par une instruction ultérieure dans laquelle de nouvelles charges sont produites contre le prévenu. Mais elles ont l'autorité de la chose jugée tant que les charges restent dans le même état, tant qu'une instruction ultérieure n'y ajoute rien.

» S'il en était autrement, il serait bien inutile que l'art. 135 fixât un délai dans lequel le procureur du gouvernement est tenu de les attaquer par la voie de l'opposition ; car il est universellement reconnu, et vous avez jugé une infinité de fois, que la fixation de ce délai n'a pas seulement pour objet de ne pas prolonger la détention du prévenu au-delà de vingt-quatre heures, après que sa mise en liberté a été ordonnée, et qu'elle s'applique aussi, soit aux ordonnances par lesquelles il est dit, à l'égard d'un prévenu non arrêté, qu'il n'y a pas lieu à suivre, soit aux ordonnances par lesquelles un prévenu, arrêté ou non, est renvoyé à la police correctionnelle, au lieu de l'être à la chambre d'accusation.

» Il y a plus. Si, faute d'opposition dans les vingt-quatre heures, une ordonnance de mise en liberté ou de il n'y a lieu à suivre, n'avait pas l'autorité de la chose jugée tant que les charges restent dans le même état, le tribunal de première instance qui l'aurait rendue, pourrait, sans nouvelles charges, revenir lui-même sur ses pas ; il pourrait lui-même, sans nouvelles charges, remettre le prévenu en jugement ; et assurément on ne prétendra pas que les tribunaux de première instance ayent ce pouvoir.

» Mais s'ils n'ont pas ce pouvoir, que devient l'assimilation que le procureur-général de la cour de Toulouse prétend faire des ordonnances dont il s'agit, avec les ordonnances des officiers de police judiciaire que l'art. 67 du Code du 3 brumaire an 4 disait n'avoir que l'effet de décisions de simple police, et ne pas empêcher que les prévenus mis en liberté par ces ordonnances, ne fussent de nouveau poursuivis pour les mêmes faits ? L'officier de police judiciaire qui, sous le Code du 3 brumaire an 4, avait rendu une ordonnance de mise en liberté, pouvait, sans nouvelles charges, reprendre le prévenu en faveur duquel il avait rendu cette ordonnance ? Son ordonnance n'avait donc pas alors, comme l'a aujourd'hui l'ordonnance de mise en liberté rendue en chambre du conseil, par un tribunal de première instance, l'effet de le lier lui-même ; elle n'avait donc pas pour lui l'autorité de la chose jugée, les charges restant dans le même état. Il existe donc une différence essentielle entre l'ordonnance de mise en liberté que rendait un officier de police judiciaire sous le Code du 3 brumaire an 4, et l'ordonnance de mise en liberté que rend aujourd'hui un tribunal de première instance en chambre du conseil.

» Vainement, au surplus, pour appuyer son recours en cassation, le procureur-général de la cour de Toulouse invoque-t-il l'art. 250 du Code d'instruction criminelle.

» Cet article vient à la suite de celui par lequel le procureur du gouvernement est chargé d'envoyer tous les huit jours, au procureur-général, une notice de toutes les affaires criminelles, de police correctionnelle ou de simple police, qui seront survenues » ; et c'est en ajoutant à cette disposition, qu'il dit : « Lorsque dans la notice des causes » de police correctionnelle ou de simple police, » le procureur-général trouvera *qu'elles présentent* » *des causes plus graves*, il pourra ordonner l'ap- » port des pièces dans la quinzaine, seulement de la » réception de la notice, pour ensuite être par lui » fait, dans un autre délai de quinzaine du jour de » la réception des pièces, telles réquisitions qu'il » estimera convenable, et par la cour être ordonné, » dans le délai de trois jours, ce qu'il appar- » tiendra ».

» Sans contredit, il résulte de cet article que, tant qu'une affaire entamée comme appartenant à la police correctionnelle ou à la simple police, n'est pas jugée par le tribunal de première instance ou de police qui en est saisi, le procureur-général peut s'en faire remettre les pièces, et si elle lui paraît, d'après ses circonstances, appartenir au grand criminel, requérir qu'elle soit renvoyée, soit devant une cour d'assises, soit devant une cour spéciale.

» Mais en résulte-t-il qu'après qu'une affaire de grand criminel a été jugée comme purement cor- rectionnelle, à l'audience d'un tribunal de première instance, le procureur-général de la cour peut, sans se rendre appelant du jugement qui acquitte le prévenu ou ne le condamne qu'à une peine cor- rectionnelle, et en vertu du seul art. 250, requé- rir que, sans avoir égard à ce jugement, la cour procède de nouveau à l'égard du prévenu suivant le mode déterminé pour la poursuite des crimes? Non certainement; et donner un pareil effet à l'art. 250, ce serait le mettre en contradiction avec les art. 205 et 214, qui supposent évidemment que la voie d'ap- pel est la seule par laquelle le procureur-général puisse saisir la cour de la connaissance d'un crime qui a été jugé comme simple délit, à une audience correctionnelle.

» Il n'en résulte donc pas non plus, qu'après que la chambre du conseil d'un tribunal de première instance a ordonné, faute de preuves et d'indices, la mise en liberté d'un prévenu de simples délits, et que vingt-quatre heures se sont écoulées sans op- position, le procureur-général peut requérir la cour de réviser cette ordonnance, et de renvoyer le prévenu devant un tribunal correctionnel. Car l'opposition est aux ordonnances de mise en li- berté rendues par les chambres du conseil des tri- bunaux de première instance, ce qu'est l'appel aux jugemens des tribunaux correctionnels : l'une est aussi nécessaire pour faire réformer celles-là, que l'autre l'est pour faire réformer ceux-ci ; et de même que le procureur-général n'a, pour appeler d'un jugement correctionnel qu'un délai d'un ou de deux mois qu'il ne peut pas outre-passer, de même aussi il n'a, pour former opposition, soit par lui-même, soit par l'organe de son substitut procureur du gou- vernement, à une ordonnance de mise en liberté, qu'un délai de vingt-quatre heures, passé lequel, cette ordonnance est à l'abri de toute attaque de sa part.

» C'est, au surplus ce que vous avez déjà jugé de la manière la plus positive.

» Le 15 juin 1811, la chambre du conseil du tri- bunal de première instance de Neuf-Château, après avoir entendu le rapport du juge d'instruction sur la procédure faite contre Claude Jacot, prévenu d'un vol avec escalade, déclare qu'il n'existe point de charge contre ce particulier, et ordonne sa mise en liberté. Le procureur du gouvernement ne forme pas opposition à cette ordonnance, dans le délai fixé par l'art. 135 du Code d'instruction criminelle. Le 12 juillet suivant, le procureur-général de la cour de Nancy présente à la chambre d'accusation de cette cour, un réquisitoire tendant à ce que l'ordonnance de mise en liberté soit annullée, et à ce qu'en conséquence Claude Jacot soit traduit de- vant la cour d'assises. Mais par arrêt du même jour, attendu que le procureur du gouvernement ne s'est pas pourvu, dans le délai de vingt-quatre heures, contre cette ordonnance, la chambre d'accusation déclare qu'il n'y a pas lieu de s'en occuper, et qu'elle doit être maintenue. Le procureur-général se pourvoit en cassation ; et le 13 septembre de la même année, au rapport de M. Favart de l'Anglade, « attendu que, par son arrêt du 12 juillet dernier, » la chambre d'accusation de la cour de Nancy a » fait une juste application de l'art. 135 du Code » d'instruction criminelle de 1808 ; la cour con- » firme ledit arrêt ».

» Dans ces circonstances et par ces considéra- tions, nous estimons qu'il y a lieu de rejeter le re- cours en cassation du procureur-général de la cour de Toulouse ».

Arrêt du 27 février 1812, au rapport de M. Ou- dart, par lequel, « considérant que l'ordonnance de mise en liberté de Garrigues et de Crespy a été ren- due à l'unanimité, qu'il n'y avait point de partie civile ; que le procureur du gouvernement ne s'est point pourvu par opposition dans les vingt-quatre heures ; et qu'ainsi, cette ordonnance avait acquis l'autorité de la chose jugée ; considérant que l'art. 250 du Code d'instruction criminelle, qui charge le pro- cureur-général de faire telles réquisitions qu'il esti- mera convenables, et la cour d'ordonner ce qu'il appartiendra, se réfère à d'autres dispositions qui le précèdent et dont il est le complément ; que cet article s'applique à l'exercice du droit accordé par l'art. 235, la poursuite étant encore entière, ou lors- qu'il y a lieu de statuer sur une opposition formée par le procureur du gouvernement ou la partie ci- vile, et que c'est ainsi que l'art. 250 est expliqué par l'orateur du gouvernement ; considérant que le pouvoir d'annuler des ordonnances et des juge- mens contre lesquels on ne s'est pas légalement pourvu, n'est pas exprimé dans cet article ; et qu'un tel pouvoir ne peut se suppléer ; la cour rejette le pourvoi... ».

Le 12 mai 1812, ordonnance de la chambre du conseil du tribunal de première instance de Beauvais, qui, prononçant, d'après le rapport du juge d'instruction, sur une procédure instruite contre Pierre-François et Claude Sonnet, prévenus de vols qualifiés, renvoie le premier devant la chambre d'accusation de la cour d'Amiens, et ordonne que le second sera mis en liberté. — Aucune Opposition n'est formée à cette ordonnance dans les vingt-quatre heures. — Le 22 du même mois, arrêt de la cour d'Amiens qui, sur le réquisitoire du procureur-général, annulle cette ordonnance en ce qui concerne Claude Sonnet ; met celui-ci en état d'accusation et le renvoie devant la cour d'assises du département de l'Oise.

Mais Claude Sonnet se pourvoit en cassation ; et le 27 août de la même année, arrêt qui casse, au rapport de M. Aumont (*V. le bulletin criminel*).

Le 12 octobre 1812, ordonnance de la chambre du conseil du tribunal de première instance de Bayonne, qui, sur le rapport du juge d'instruction, déclare Jacques Gans prévenu de banqueroute simple, et le renvoie à la police correctionnelle. — Point d'Opposition à cette ordonnance, dans les 24 heures, de la part du procureur du gouvernement. — Mais le 14 du même mois, une Opposition y est formée par les syndics provisoires de la faillite de Jacques Gans.

Le 23 janvier 1813, le procureur-général de la cour de Pau présente à la chambre d'accusation de cette cour un réquisitoire par lequel il établit que les syndics provisoires de la faillite de Jacques Gans ne s'étant point rendus parties civiles dans la procédure instruite contre lui, et n'en ayant pas même pris la qualité dans leur Opposition, leur Opposition est, par cela seul, non-recevable ; mais qu'il n'est pas justifié que Jacques Gans soit commerçant ; que, s'il ne l'est pas, il paraît ne pouvoir pas être poursuivi comme banqueroutier simple ; qu'il importe donc d'ouvrir une nouvelle instruction pour constater sa qualité, sauf à examiner ultérieurement si, dans le cas où il serait reconnu n'avoir pas fait du commerce sa profession habituelle, les faits de banqueroute simple qui lui sont imputés, ne portent pas le caractère d'escroquerie.

Par arrêt du même jour, adoptant les réquisitions du procureur-général en ce qui concerne les syndics provisoires, et « considérant que le seul qui aurait pu être admis à se plaindre de l'ordonnance (du tribunal de première instance de Bayonne) ce serait le ministère public, qui est l'organe de la loi ; que l'art. 135 du Code d'instruction criminelle donne au procureur du gouvernement un délai de 24 heures à à compter du jour de l'ordonnance de mise en liberté ; que le procureur du gouvernement n'ayant pas formé d'Opposition envers l'ordonnance du 12 oc-

tobre 1812 ; son silence à cet égard doit être regardé comme une acceptation légale de ladite ordonnance qui a acquis, dès-lors, l'autorité de la chose jugée ; que le ministère public près les tribunaux de première instance, est rempli par les substituts du procureur-général, qui exercent les mêmes pouvoirs que lui, avec la différence qu'ils sont sous sa direction ; que, dans l'exécution de cette ordonnance et dans le cas où il paraîtra des signes d'une banqueroute frauduleuse, l'art. 59 du Code de commerce prescrit aux procureurs du gouvernement d'interjeter appel des jugemens des tribunaux de police correctionnelle ; que la réclamation actuelle du procureur-général contre l'ordonnance rendue par le tribunal de Bayonne, tendrait, en anéantissant l'autorité de la chose jugée, à nantir la cour d'un droit qu'elle ne peut avoir ; qu'enfin, les art. 217 et suivans du Code d'instruction criminelle indiquent la compétence de la cour, chambre d'accusation, puisque le rapport qui doit lui être fait, est uniquement relatif aux cas prévus par les art. 133 et 135 du même Code ; et que les art. 228 et suivans invoqués dans le réquisitoire du procureur-général, présupposent toute une compétence dévolue à la cour, chambre d'accusation, en prescrivant la manière dont elle peut et doit procéder dans les divers cas y mentionnés, la cour, sans s'arrêter à l'opposition formée, le 14 octobre 1812, par les syndics provisoires de la faillite de Jacques Gans, envers l'ordonnance du tribunal de première instance de Bayonne, du 12 du même mois, dans laquelle ils sont déclarés non-recevables, non plus qu'à la demande incidemment formée par le procureur-général, relativement à la même ordonnance, déclare n'y avoir lieu de procéder quant à ce ».

Le procureur-général de la cour de Pau se pourvoit en cassation contre cet arrêt en tant qu'il rejette sa réquisition tendante à une instruction ultérieure pour faire constater la qualité de Jacques Gans.

Mais par arrêt du 19 mars 1813, au rapport de M. Chaslé, « attendu que l'art. 228 du Code d'instruction criminelle est relatif au cas où la cour d'appel est saisie d'une affaire par une opposition formée contre l'ordonnance de la chambre du conseil du tribunal de première instance, conformément à l'art. 135 du même Code ; que l'art. 135, en s'appliquant au même cas, ne peut être étendu qu'à celui où, devant le tribunal de première instance, l'instruction commencée n'a pas reçu son complément, par une ordonnance définitive de la chambre du conseil ; que, si, d'après cet article et les art. 246 et 248, la cour d'appel peut faire directement une instruction, lorsqu'il y a de nouvelles charges, c'est que les nouvelles charges constituent une affaire nouvelle, et que l'instruction faite, dans cette circonstance, n'est point une atteinte à l'autorité passée en force de chose jugée, par le défaut d'opposition, de l'ordonnance de la chambre du conseil, qui ne peut être considérée et n'avoir jamais d'effet que relativement aux résultats de l'instruction sur laquelle elle a été rendue ; et attendu que la chambre du conseil du tribunal de première instance de Bayonne, par son ordonnance du 11 octobre 1812, avait renvoyé Jacques-François Gans devant le tribunal de police correctionnelle, comme prévenu du délit de banqueroute simple ; que cette ordonnance n'avait été frappée d'aucune opposition de la part du ministère public, et qu'il n'y avait pas de partie civile; que la cour de Pau, chambre d'accusation, ne pouvait donc être saisie de la prévention, sur laquelle avait porté cette ordonnance, qu'au cas qu'il fût survenu de nouvelles charges, qui eussent donné aux faits de cette prévention le caractère de crime; que néanmoins le réquisitoire, que lui a présenté le procureur général, n'a articulé aucuns faits nouveaux, aucunes nouvelles charges, que la nouvelle instruction demandée par ce réquisitoire, avait pour objet principal de caractériser d'escroquerie les faits de la prévention renvoyée au tribunal correctionnel, par le tribunal de première instance, comme constituant une banqueroute simple; que cette nouvelle instruction ne tendait donc pas à faire renvoyer le prévenu devant la cour d'assises, ou la cour spéciale; qu'elle n'était donc point autorisée par l'art. 345 du Code d'instruction criminelle; qu'elle était même sans objet, puisque le tribunal correctionnel, saisi de la prévention portée par l'ordonnance de renvoi de la chambre du conseil, n'est nullement lié par la qualification qui y a été donnée à cette prévention; que cette ordonnance, en saisissant le tribunal correctionnel, a reçu la plénitude de son exécution; que le tribunal correctionnel, ainsi légalement saisi, a le droit de caractériser le fait de la prévention, et d'y appliquer la loi pénale, conformément à ce qui résultera de l'instruction qui sera faite devant lui; que, si cette instruction établissait même que le fait fût de nature à mériter peine afflictive ou infamante, le tribunal correctionnel devrait ordonner le renvoi prescrit par l'art. 193; que, dans tous les cas d'erreur ou d'autre vice dans le jugement du tribunal correctionnel, la voie d'appel serait ouverte au ministère public; qu'en refusant d'ordonner la nouvelle instruction, qui était l'objet du réquisitoire du procureur-général, la chambre d'accusation de la cour de Pau a donc fait une juste application des règles de compétence établies par la loi, et qu'elle s'est conformée à la lettre et à l'esprit des différens articles cités du Code d'instruction criminelle ; la cour rejette le pourvoi, . . . ».

IV. Cette jurisprudence est-elle applicable au cas où l'ordonnance de la chambre du conseil contre laquelle il n'a pas été formé opposition dans les vingt-quatre heures, ne règle qu'un point de compétence?

Cette question s'est présentée dans une affaire qui avait son origine dans un procès-verbal de la cour d'assises du département de..., ainsi conçu :

» Cejourd'hui 13 novembre 1811, onze heures et demie du soir, après l'arrêt rendu dans l'affaire de Campion contre Morel et les propos tenus par Me. B...., avocat de Campion, après la prononciation dudit arrêt, la cour s'est retirée à la chambre du conseil pour y délibérer sur la conduite de Me. B...., où étant elle a de suite rédigé le présent procès-verbal pour constater les faits suivans. — Après l'ordonnance d'acquittement et de mise en liberté du sieur Campion, prononcée par le président suivant le procès-verbal de séance de ce jour ; le président, en s'adressant au défenseur de Campion, en présence de ce dernier, a demandé s'il avait des conclusions à prendre ; à quoi Me. B...., défenseur de Campion, en sa présence, a déclaré qu'il n'avait rien à conclure et n'a point été désavoué par Campion. — Sur cette déclaration, l'avocat général s'est levé et après avoir fait remarquer dans le mémoire imprimé et signé par Campion, deux passages qu'il a lus et injurieux envers le sieur *Milcent*, syndic de la faillite dudit Campion, et témoin, il a requis d'office la *suppression* de ces deux passages, comme injurieux. — Cette réquisition faite, Me. B... en a pris prétexte pour rédiger des conclusions qu'il a fait prendre par Me. P...., *avoué, arrivé à l'audience pendant le réquisitoire de l'avocat général*, et dans lesquelles il a demandé, au nom du sieur Campion, 30.000 francs de dommages-intérêts contre le sieur Morel, partie civile, avec dépens, *et que l'avocat général fût déclaré non-recevable* ou en tout cas mal fondé dans sa demande. — Après la lecture de ces conclusions, le défenseur de la partie civile a conclu de son chef par Me. A..., avoué, en l'absence de Desforges ; à ce que le sieur Campion fût déclaré non-recevable dans ses nouvelles conclusions, aux termes de l'art. 359 du Code d'instruction criminelle. — Me. B..... a pris de nouvelles conclusions et a combattu cette fin de non-recevoir. — L'avocat général a estimé qu'il y avait lieu, sans avoir égard à la fin de non-recevoir, d'ordonner que les parties procéderont au fond. — La cour en a de suite délibéré, et a rendu arrêt par lequel elle a déclaré Campion *non-recevable dans sa demande en dommages-intérêts et l'a autorisé à développer ses moyens sur le réquisitoire de l'avocat général*. — Me. B...., ayant *refusé de plaider*, la cour, statuant sur le réquisitoire de l'avocat général, a déclaré supprimés deux passages du mémoire imprimé de Campion et a condamné Morel aux frais envers l'état et envers Campion. — Immédiatement après cet arrêt, Me. B......, défenseur de Campion, a déclaré qu'il était fâché d'être obligé de donner un démenti à M. le président, a demandé acte de ce qu'il protestait contre l'arrêt, a pris la plume pour rédiger à cet égard des conclusions, et s'est permis de s'écrier publiquement qu'il prenait le ciel et la terre à témoin qu'il était faux qu'il eût déclaré, après l'ordonnance d'acquittement, n'entendre prendre aucunes conclusions, fait constaté par l'arrêt de la cour. — Me. P..., a déposé sur le bureau des conclusions tendantes à ce qu'il soit accordé acte de ce qu'il déclare *n'avoir passé aucune déclaration pour son client*. — Dans le moment où la cour descendait pour se rendre à la chambre du conseil, Me. B. a dit à haute voix et au milieu du public, *c'est un arrêt que je ferai casser*. — Pendant que la cour s'occupait à la rédaction du présent procès-verbal, M^e. B... *très-échauffé*, s'est présenté à la chambre du conseil, où la cour s'était retirée, et a voulu, *deux fois de suite*, forcer l'entrée de cette chambre, et ne s'est retiré la seconde fois que sur l'ordre formel du président, après quoi, la cour s'est occupée de terminer le présent procès-verbal. — Vu qu'il est une heure du matin, qu'après trois jours d'audience consécutive prolongée jusqu'à onze heures du soir, les juges ont besoin de repos, et qu'il leur est impossible d'appeler devant eux M^e. B... pour être de suite entendu sur la conduite par lui tenue, la cour ordonne que le présent sera transmis au procureur-général, pour être par lui requis ce qu'il appartiendra.

Ce procès-verbal est remis au procureur-général de la cour de...., qui, par un réquisitoire du 16 du même mois, conclut à ce que M^e. B... soit mandé à la chambre du conseil de la cour d'assises, « à l'effet d'y être entendu et interrogé sur les faits contenus audit procès-verbal ; pour ensuite être requis et statué ce qu'il appartiendra. » — Par arrêt du 18 du même mois, « attendu que l'heure et la circonstance n'ayant pas permis de dresser, audience tenante, procès-verbal du délit, et d'y appliquer la peine encourue par le délinquant ; que le procès-verbal n'a pu être dressé qu'en la chambre du conseil, immédiatement après la levée de l'audience ; qu'à ce moyen, la cour se trouve dessaisie ; et qu'il ne peut y avoir lieu qu'à la poursuite par les voies ordinaires ; vu les dispositions de l'art. 222 du Code pénal....; la cour arrête que le procès-verbal de la séance du 13 de ce mois, celui dressé dans la chambre du conseil, immédiatement après la levée de ladite séance, et copie des arrêts rendus ledit jour dans l'affaire de Campion, seront adressés au procureur-général, pour par lui poursuivre la vengeance du délit ».

En exécution de cet arrêt, les pièces qui y sont énoncées, sont transmises par le procureur-général à son substitut près le tribunal de première instance de.

Sur le réquisitoire de celui-ci, un mandat d'amener est décerné contre M^e. B... — L'instruction terminée, il en est fait le rapport en la chambre du conseil ; et là, il intervient, le 13 décembre de la même année, une ordonnance par laquelle, « considérant qu'il y a partage sur la question de savoir si, conformément au réquisitoire de M. le procureur du gouvernement, M^e. B... sera traduit au tribunal correctionnel, comme prévenu d'un délit prévu par l'art. 222 du Code pénal ; que ce partage est fondé sur ce que deux juges pensent que, vu ce qui résulte des dispositions de l'art. 91 du Code de procédure civile, il doit être dit que le tribunal correctionnel est incompétent ; que la chambre a pensé que, dans ce cas, on doit suivre le parti le plus doux ; par ces motifs, la chambre est d'avis que le tribunal correctionnel n'est pas compétent pour statuer sur le délit dont est prévenu M^e. B... ».

Le 26 du même mois, le procureur-général dé-

nonce cette ordonnance à la chambre de mise en accusation de la cour, et en requiert l'annullation, avec renvoi du prévenu devant un tribunal correctionnel.

Par arrêt du même jour, « considérant que, si l'art. 135 du Code d'instruction criminelle n'a accordé que vingt-quatre heures au procureur du gouvernement pour s'opposer à l'exécution d'une ordonnance rendue contre ses conclusions, ce n'a été que pour ne pas prolonger arbitrairement la détention d'un prévenu ; que ce délai fixé par l'article précité, n'interdit pas au procureur-général la faculté de se pourvoir contre des ordonnances qui sont contraires aux principes, ce qui résulte des dispositions de l'art. 250 du Code d'instruction criminelle ; que les tribunaux de première instance sont compétens de connaître comme tribunaux correctionnels de tous les délits dont la peine excède cinq jours d'emprisonnement et 15 francs d'amende aux termes de l'art. 179 du Code précité ; qu'il résulte des art. 128, 129, 130, 131 et 133 de la même loi, que le premier devoir des tribunaux de première instance, après avoir entendu le rapport du juge d'instruction, est d'examiner si le fait dénoncé est qualifié crime, ou délit, ou contravention, et ensuite s'il existe ou s'il n'existe pas des charges contre l'inculpé ; que, s'il sort de cet examen qu'il y a eu délit et qu'il y a des charges contre l'inculpé, le tribunal doit renvoyer en police correctionnelle ; que s'il ne le fait pas, il contrevient à ses devoirs et se met en opposition avec l'esprit et la lettre de la loi ; que, dans l'ordonnance dénoncée, les juges ont violé la loi ou, au moins ont fait une fausse application des principes ; que s'il est constant qu'en cas de partage, l'avis le plus favorable à un prévenu doit être suivi, c'est lors de l'application de la peine et non pas lorsqu'il y a décord sur la compétence ; que, dans l'espèce particulière, les juges n'ont pas osé prononcer qu'il n'y avait point délit ; mais deux ont pensé que l'art. 222 du Code pénal était applicable ; et les deux autres ont été d'opinion que le fait était prévu par l'art. 91 du Code de procédure civile, et qu'il n'était pas de la compétence du tribunal correctionnel ; — considérant que cet art. 91 invoqué, prononce une détention qui peut être d'un mois et une amende au moins de 25 francs, et au plus de 300 francs ; que, dans l'hypothèse où l'art. 91 était applicable, il y avait lieu au renvoi en police correctionnelle, puisque la peine pouvait excéder cinq jours de prison et 15 fr. d'amende ; que ledit art. 91, en fixant les délais dans lesquels le tribunal doit prononcer sur l'outrage imputé, ne porte pas que, le délai expiré, le prévenu ne pourra être poursuivi suivant les formes ordinaires ; que si l'opinion au moins erronée des premiers juges était exacte, il s'ensuivrait qu'ils ont reconnu qu'il y avait délit, et que de leur propre autorité, ils ont voulu que des outrages par paroles faits à des magistrats supérieurs, audience tenante, restassent impunis, puisque, si la peine ne pouvait être appliquée que par la cour qui avait reçu l'offense, cette cour n'existe plus, ayant été dissoute aux termes de la loi, aussitôt la session des assises terminée; enfin, que le respect dû aux autorités constituées et la considération dont doit être environnée la magistrature, ne permettent pas de laisser subsister une ordonnance rendue au mépris des lois et des principes, et qui pourrait être considérée comme un déni de justice; que d'autre part, il résulte du procès-verbal dressé ledit jour 13 novembre dernier; 1°. que M°. B... a déclaré qu'*il était fâché d'être obligé de donner un démenti à M. le président*, et a demandé acte de ce qu'il protestait contre l'arrêt qui venait de déclarer Campion; son client, acquitté, non–recevable dans sa demande en dommages et intérêts; 2°. que ledit M°. B... s'est permis de s'*écrier publiquement qu'il prenait le ciel et la terre à témoins qu'il était faux qu'il eût déclaré après l'ordonnance d'acquittement, n'entendre prendre aucunes conclusions*, *fait qui était constaté par l'arrêt de la cour*; 3°. que, lorsque la cour se retirait en la chambre du conseil, et était encore dans la salle d'audience, ledit B... a dit à haute voix et au milieu du public, *c'est un arrêt que je ferai casser*; — que les deux premiers faits imputés à M°. B... caractérisent un outrage par paroles tendant à inculper l'honneur et la délicatesse non–seulement du respectable magistrat qui présidait la cour d'assises, mais encore de tous les membres qui la composaient, puisqu'il protestait contre un arrêt qui venait d'être rendu; que cet outrage a eu lieu à l'audience de la cour d'assises, et que le fait est prévu par l'art. 122 du Code pénal; — que le Code de procédure civile est antérieur aux Codes d'instruction criminelle et pénale; que l'art. 91 du Code de procédure civile n'a pas littéralement prévu l'outrage par paroles énoncé en l'art. 222 précité, et qu'il aurait plus de rapport aux faits énoncés en l'art. 223 du même Code; — considérant que, quand même la cour d'assises aurait pu prononcer elle-même sur le délit qu'elle a dénoncé, quoiqu'elle ait rédigé son procès-verbal en la chambre du conseil, aussitôt la levée de l'audience, les pouvoirs de cette cour cessaient en même temps que la session des assises; que cependant un délit aussi grave que celui imputé à M°. B... ne pouvait rester impuni; que la cour outragée n'ayant pas usé de son autorité en temps utile, le délit doit être puni dans les formes ordinaires et comme s'il eût été commis envers les fonctionnaires publics désignés dans l'art. 509 du Code d'instruction criminelle; et vu les art. 128, 130, 131, 133, 135, 250, 503, 509, 230 et 239 du Code d'instruction criminelle, les art. 90, 91 du Code de procédure civile, et l'art. 222 du Code pénal; — la cour, faisant droit sur le réquisitoire du procureur-général, annulle l'ordonnance rendue le 13 du présent mois par la troisième chambre du tribunal de l'arrondissement de.......; ce faisant, déclare Charles B.. suffisamment prévenu d'avoir, le 13 novembre dernier, à l'audience de la cour d'assises du département de...., outragé ladite cour par paroles tendantes à inculper l'honneur et la délicatesse des membres qui la composaient, et notamment du président, délit pré-

vu par l'article 222 du Code pénal, ce faisant, renvoie ledit B... devant le tribunal de l'arrondissement communal de.... jugeant correctionnellement, pour être statué sur ce délit, à laquelle fin ledit B... sera tenu de s'y représenter, vu qu'il a été admis à caution ».

M°. B... se pourvoit en cassation contre cet arrêt.

« Si nous pouvions (ai-je dit à l'audience de la section criminelle, le 19 mars 1812) ne nous occuper ici que du fonds de l'arrêt dont la cassation vous est demandé par le réclamant, il nous serait bien facile de le justifier.

» En effet, de ce que la cour d'assises du département de... n'avait pas usé, envers M°. B...., dans sa séance du 13 novembre 1811, du droit qui appartient à tout tribunal, d'après l'art. 91 du Code de procédure civile, et l'art. 505 du Code d'instruction criminelle, de punir, sur-le-champ, les outrages qui lui sont faits publiquement à son audience, il ne s'ensuivrait certainement pas que les outrages faits à cette cour par M°. B..., et constatés par un procès-verbal en bonne forme, dussent rester impunis.

» Règle générale, lorsqu'un délit est constaté, il n'y a, pour en mettre l'auteur à l'abri des poursuites du ministère public, que deux moyens, un jugement qui absout et la prescription.

» L'art. 91 ne déroge pas à cette règle : il ne dit pas que, si un tribunal civil n'use pas du droit qu'il a de faire saisir à l'instant l'homme qui l'a outragé à son audience, de l'interroger dans les vingt–quatre heures, et de le condamner sur le vu du procès-verbal qui constate le délit, à une détention qui ne pourra excéder le mois, et à une amende de 25 à 30 francs, cet homme sera désormais à couvert de toutes poursuites.

» L'art. 505 du Code d'instruction criminelle n'y déroge pas davantage; et, au contraire, en disant que les peines correctionnelles ou de police à infliger aux injures, aux voies de fait et au tumulte qui auront eu lieu à l'audience d'un tribunal quelconque, *pourront être prononcées ; séance tenante, et immédiatement après que les faits auront été constatés*, il fait clairement entendre que, si le tribunal outragé ne punit à l'instant les coupables, ceux-ci devront être punis dans un autre moment.

» On peut seulement conclure, de l'un et de l'autre articles, que, faute par le tribunal outragé de sévir sur-le-champ contre les coupables, les coupables doivent rentrer dans l'ordre commun des juridictions, et être traduits devant le tribunal qui, d'après l'ordre commun des juridictions, est compétent pour les punir.

» Et c'est sur ce fondement que le procureur du gouvernement du tribunal de première instance de... déférant à l'ordre qu'il avait reçu du procureur général de la cour d'appel de la même ville, avait requis la traduction de M°. B... à l'audience correctionnelle de ce tribunal.

» Ce tribunal avait donc évidemment mal jugé, en déclarant, par son ordonnance du 13 décembre 1811, que le tribunal correctionnel était incompétent pour procéder contre Mᵉ. B....

» Mais cette ordonnance n'ayant pas été frappée d'Opposition dans les vingt-quatre heures, par le ministère public, la chambre d'accusation de la cour de.... a-t-elle pu la réformer sur le réquisitoire du procureur-général ?

» La négative nous paraît résulter de l'art. 135 du Code d'instruction criminelle.

» A la vérité, cet article ne porte littéralement que sur le cas où le prévenu a été mis en liberté.

» Mais, vous l'avez dit vous-même dans un arrêt de cassation du 25 octobre 1811, rendu au rapport de M. Bauchau, « ce cas n'est énoncé, dans cet article, que dans un sens démonstratif, et non pas dans un sens limitatif ».

» Et si, comme vous l'avez jugé par le même arrêt, il appartient à la chambre d'accusation de prononcer sur les ordonnances de la chambre du conseil du tribunal de première instance auxquelles il a été formé opposition dans les vingt-quatre heures par le procureur du gouvernement, *lorsque le prévenu n'a pas été arrêté, ou que sa mise en liberté n'a pas été ordonnée*; il est bien clair que le procureur du gouvernement a, même dans ce cas, le droit de former opposition à ces ordonnances; il est bien clair, par conséquent, que la chambre d'accusation ne peut, même dans ce cas, prononcer sur les ordonnances que d'après l'opposition qu'y a formée le procureur du gouvernement.

» Et qu'on ne dise pas qu'il en doit être autrement des ordonnances qui ne règlent que la compétence.

» L'art. 135 prouve lui-même le contraire. « Lors » que la mise en liberté des prévenus (porte-t-il), » sera ordonné conformément aux art. 128, 129 et » 131 ci-dessus, le procureur du gouvernement ou » la partie civile pourra former opposition à leur » élargissement ». En renvoyant ainsi à l'art. 129, l'art. 135 suppose le cas où la chambre du conseil du tribunal de première instance a renvoyé un prévenu au tribunal de police et l'a mis en liberté; et il décide nettement que le procureur du gouvernement peut former opposition à l'ordonnance, non-seulement en ce qu'elle met le prévenu en liberté, mais encore en ce qu'elle le renvoie au tribunal de police, opposition qu'il ne peut fonder, sous ce dernier rapport, que sur la nature du fait qualifié de contravention par le tribunal, tandis qu'il forme un crime ou un délit, et par conséquent sur l'incompétence du tribunal de police pour en connaître.

» Il ne peut donc y avoir aucun doute que par l'arrêt qui vous est dénoncé, la chambre d'accusation de la cour de... n'ait fait, en réformant l'ordonnance du 13 décembre 1811, ce qu'elle ne pouvait pas faire, et qu'en annullant cette ordonnance pour contravention aux règles de la compétence judiciaire, elle n'ait elle-même contrevenu à ces règles.

» Mais que devez-vous faire vous-mêmes en cassant cet arrêt? Devez-vous renvoyer le prévenu devant la chambre d'accusation d'une autre cour, pour statuer sur le réquisitoire de procureur-général de la cour de...., qui avait illégalement et incompétemment saisi la chambre d'accusation de cette cour, de la connaissance de l'ordonnance du 13 décembre? Il nous paraît qu'à cette voie qui serait longue et embarrassée, vous pouvez en substituer une plus courte et plus simple.

» Nous l'avons déjà dit, l'ordonnance du 13 décembre ne faisant que déclarer le tribunal correctionnel de...., incompétent pour connaître du délit imputé à Mᵉ. B..., il est certain que Mᵉ. B... ne peut pas être considéré comme absous de ce délit, et que de nouvelles poursuites doivent être dirigées contre lui devant un tribunal quelconque.

» Mais ce tribunal, quel est-il? C'est une question sur laquelle il existe deux décisions absolument contraires l'une à l'autre.

» D'une part, la cour d'assises s'est, par arrêt du 18 novembre, déclarée *dessaisie* de la connaissance du délit imputé à Mᵉ. B....

» De l'autre, le tribunal de première instance s'est déclaré *incompétent* pour connaître de ce même délit; il a motivé sa déclaration sur l'art. 91 du Code de procédure civile. Or, vous n'avez pas oublié que cet article attribue aux juges contre-lesquels des outrages ont été proférés à l'audience, le droit d'en punir les auteurs. C'est donc à la cour d'assises, à la seule cour d'assises, que le tribunal de première instance a jugé qu'appartenait la connaissance du délit imputé à Mᵉ. B...;

» A la vérité, il y a, sur ce point, erreur dans l'ordonnance du tribunal de première instance. Car la cour d'assises ne peut plus connaître, après un long intervalle, d'un délit qu'elle a eu le droit de punir qu'à l'instant même où il venait d'être commis.

» Mais, quoique dicté par une erreur, le renvoi prononcé par cette ordonnance n'en subsiste pas moins.

» Et ce renvoi constitue visiblement, sur la question de compétence qu'il s'agit de décider, une contrariété de jugemens émanés de deux tribunaux indépendans l'un de l'autre; puisque jamais une cour d'assises ne peut réformer une ordonnance rendue par un tribunal de première instance.

» Il existe donc ici un de ces conflits de juridiction sur lesquels, d'après l'art. 526 du Code d'instruction criminelle, il n'appartient qu'à la cour de cassation de prononcer.

» Vous devez donc, en cassant l'arrêt de la chambre d'accusation de la cour de...., du 26 décembre 1811, et en procédant par règlement de juges, renvoyer Mᵉ. B... devant un tribunal correctionnel. C'est à quoi nous concluons ».

Par arrêt du 19 mars 1812, au rapport de M. Oudart, « vu l'art. 135 du Code d'instruction criminelle....; considérant que le procureur du gouvernement près le tribunal de l'arrondissement de.... n'a pas formé opposition, dans les vingt-quatre heures, à l'ordonnance rendue le 13 décembre 1811, par ce tribunal ; et qu'ainsi, cette ordonnance n'a pu être annullée sur la réquisition du procureur-général par la cour de...., chambre d'accusation ; que l'art. 250 du Code d'instruction criminelle qui charge le procureur-général de faire telles réquisitions qu'il estimera convenables, et la cour d'ordonner ce qu'il appartiendra, se réfère à d'autres articles qui précèdent et dont il est le complément ; que cet article s'applique, lorsqu'il y a lieu, la poursuite étant entière, d'ordonner l'exécution de l'art. 235, ou lorsqu'il y a lieu de statuer sur une opposition formée par la partie publique ou privée, et que c'est ainsi que cet art. 250 a été expliqué par l'orateur du gouvernement; que le pouvoir de prononcer l'annullation d'ordonnances ou de jugemens contre lesquels les parties ne sont pas pourvues, n'est pas exprimé dans cet article; qu'un tel pouvoir ne se supplée pas; et que la cour de....., en annullant l'ordonnance du 13 décembre 1811, à violé l'art. 235 du Code d'instruction criminelle et les règles de compétence posées par cette loi; — considérant de plus que les outrages faits aux juges en pleine audience, sont classés par l'art. 222 du Code pénal, et 179 du Code d'instruction criminelle, au nombre des délits de nature à être poursuivis et jugés correctionnellement ; que, suivant l'art. 505 du même Code, les cours outragées peuvent appliquer les peines correctionnelles, mais séance tenante seulement, et immédiatement après avoir constaté les faits; qu'autrement, ces délits reviennent à la juridiction correctionnelle ordinaire; que la cour d'assises de...., n'ayant pas usé de ce pouvoir, séance tenante, a déclaré, d'après ces règles, par son arrêt du 18 novembre 1811, qu'elle était dessaisie, qu'il ne pouvait y avoir lieu qu'à la poursuite par les voies ordinaires; qu'elle a, en conséquence, ordonné que les pièces seraient adressées au procureur-général, pour, par lui, poursuivre la vengeance du délit; mais que le tribunal de l'arrondissement de...., saisi de la poursuite en exécution de cet arrêt, a déclaré, par son ordonnance du 13 décembre 1811, que le tribunal correctionnel n'est pas compétent pour connaître du délit; d'où il suit qu'il existe, en matière de compétence, dans une affaire où il s'agit d'un délit qui ne peut rester impoursuivi, deux décisions contraires émanées de deux juridictions qui ne ressortissent pas l'une à l'autre, décisions qui arrêtent la répression d'un délit; et qu'il en résulte un conflit sur lequel il appartient à la cour de prononcer; — Par ces motifs, la cour casse et annulle l'arrêt rendu le 26 décembre 1811, par la cour de...., chambre d'accusation, ordonne que l'amende consignée sera restituée ; faisant droit par voie de réglement de juges, sans s'arrêter à l'ordonnance rendue par le tribunal de l'arrondissement de..., le 13 décembre 1811, laquelle est déclarée comme non-avenue, ordonne que Charles B... et les pièces de la cause seront ren-

voyés devant le tribunal correctionnel de l'arrondissement de...., pour être poursuivi et prononcé ainsi qu'il appartiendra.... ».

V. Lorsque, nonobstant le défaut d'Opposition préalablement formée, dans les vingt-quatre heures, à une ordonnance de mise en liberté, une cour a mis un prévenu en état d'accusation, et que celui-ci ne s'est pas pourvu en temps utile contre son arrêt, le prévenu peut-il encore, après sa condamnation prononcée par la cour d'assises, exciper de ce défaut d'Opposition, et s'en faire un moyen de cassation ?

Non; et il y en a deux raisons aussi simples que tranchantes.

D'une part, l'arrêt de mise en accusation est devenu inattaquable par le défaut de recours en cassation dans le délai fixé par la loi.

D'un autre côté, on ne peut pas dire que la cour d'assises, en condamnant l'accusé, ait contrevenu à l'autorité de la chose jugée, résultant de l'ordonnance de la chambre du conseil du tribunal de première instance; car cette ordonnance n'empêche pas, comme je l'ai établi dans les conclusions du 27 février 1812, rapportées ci-dessus, n° 3, que le prévenu ne soit poursuivi de nouveau pour nouvelles charges. Or, comment celui qui a été condamné par la cour d'assises, après un arrêt de mise en accusation rendu à la suite d'une ordonnance de mise en liberté non frappée d'Opposition dans les vingt-quatre heures, pourrait-il établir que, dans le débat public et oral, d'après lequel sa condamnation a été prononcée, il n'est pas survenu contre lui des charges additionnelles à celles qui avaient été produites devant le juge d'instruction? Cela est manifestement impossible. Il faut donc bien alors que l'arrêt de condamnation soit maintenu nonobstant l'irrégularité de l'arrêt de mise en accusation, puisque cette irrégularité est couverte par le défaut de recours en cassation dans le délai fatal.

La cour de cassation l'a ainsi jugé par deux arrêts très-formels.

Jean et François Baricq sont poursuivis par le juge d'instruction du tribunal de première instance de Villefranche, comme coupables d'un vol qualifié. Sur le rapport de ce magistrat, ordonnance de la chambre du conseil, qui, de l'avis de tous les juges, déclare qu'il n'y a pas lieu à suivre, et ordonne la mise en liberté des prévenus. Point d'Opposition à cette ordonnance, dans les vingt-quatre heures, de la part du procureur du gouvernement. Quelques jours après, M. le procureur-général de la cour de Toulouse requiert l'annullation de cette ordonnance. Le 4 avril 1812, arrêt qui, en effet, annulle cette ordonnance, met les prévenus en état d'accusation, et les renvoie devant la cour d'assises du département de la Haute-Garonne. Le 4 mai suivant, arrêt de cette dernière cour, qui les condamne à la peine de la réclusion. Les condamnés se pourvoient en cassation contre ces deux arrêts, et soutiennent, 1° que celui du 4 avril doit être annullé, comme contraire à l'art. 133 du Code d'instruction criminelle; 2° que l'annullation de cet arrêt doit entraîner celle de l'arrêt du 4 mai.

Le 17 juillet de la même année, au rapport de M. Aumont, « attendu qu'il est constant au procès que, lors de leur interrogatoire par le président de la cour d'assises, le 24 avril, les frères Baricq ont reçu l'avertissement prescrit par l'art. 296 du Code d'instruction criminelle, et qu'ils n'ont pas, dans le délai fixé par cet article, formé de demande en nullité de l'arrêt qui prononce leur mise en accusation; qu'ainsi, le 6 juin, date de leur pourvoi et de la requête contenant leurs moyens de cassation, ils avaient perdu le droit de réclamer contre cet arrêt; la cour rejette…. ».

Le 20 février 1812, le juge d'instruction du tribunal de première Instance de Rome, fait, à la chambre du conseil de ce tribunal, le rapport de la procédure qu'il a instruite contre Septime Vassalli, prévenu d'avoir, comme employé à la classification des pièces de comptabilité du payeur de la trentième division militaire, soustrait quelques-unes des pièces, sur lesquelles aucun acquit n'était apposé, de les avoir présentées au caissier du payeur, et de s'en être approprié le montant. — Par ordonnance du même jour, la chambre du conseil déclare Septime Vassalli prévenu du délit caractérisé par l'article 406 du Code pénal, et le renvoie devant le tribunal correctionnel. — Point d'Opposition à cette ordonnance, dans les vingt-quatre heures, soit de la part du procureur du gouvernement, soit de la part de la partie civile.

Quelques jours après, le procureur-général de la cour de Rome se fait remettre les pièces de la procédure; et obtient, le 28 du même mois, un arrêt de la chambre d'accusation, qui ordonne une instruction nouvelle. — Le 7 mars suivant, arrêt de la même chambre, par lequel Vassalli est mis en état d'accusation, et renvoyé devant la cour spéciale extraordinaire qui, dans le département de Rome, remplace la cour d'assises.

Le 27 du même mois, arrêt de la cour spéciale extraordinaire, qui, appliquant à Vassalli l'art. 255 du Code pénal, le condamne à la réclusion. — Vassalli se pourvoit en cassation contre cet arrêt, et soutient que l'arrêt de la chambre d'accusation du 7 mars, dont celui de la cour spéciale extraordinaire n'est que la suite, a violé l'art. 135 du Code d'instruction criminelle.

Mais, par arrêt du 23 juillet 1812, au rapport de M. Oudart, « attendu que Septime Vassalli ne s'est pas pourvu pour incompétence, conformément à l'art. 416 du Code d'instruction criminelle, contre l'arrêt du 7 mars dernier, qui a ordonné sa mise en accusation et son renvoi devant la cour spéciale extraordinaire; la cour rejette…. ».

VI. Les chambres d'accusation des cours peuvent-elles, au lieu de statuer elles-mêmes sur les Oppositions aux ordonnances rendues par la chambre du conseil des tribunaux de première instance sur les rapports des juges d'instruction, en renvoyer la connaissance à ces tribunaux?

Voici un arrêt de la cour de cassation du 22 août 1812, qui juge que non :

« Ouï le rapport de M. Rataud….; vu l'art. 408 du Code d'instruction criminelle; attendu que l'Opposition du directeur des douanes de Saint-Gaudens, à l'ordonnance de mise en liberté des nommés Subra et Estail, prévenus de contrebande, rendue par le tribunal ordinaire des douanes de Saint-Gaudens, le 25 mars 1812, a été formée en conformité de l'art. 135 du Code d'instruction criminelle; que dès-lors, la cour prévôtale était seule compétente pour statuer sur ladite Opposition, d'après les dispositions formelles dudit art. 135 et de l'art. 229 du même Code; que cependant la cour prévôtale a renvoyé devant le tribunal qui avait rendu l'ordonnance dont il s'agit, pour être statué sur ladite Opposition; mais que, par là, cette cour a méconnu ses attributions et violé les règles de compétence; la cour casse et annulle, dans l'intérêt de la loi, l'arrêt rendu par la cour-prévôtale des douanes, séant à Agen, le 29 mai dernier.

VII. 1° Le procureur du gouvernement peut-il former Opposition à une ordonnance de la chambre du conseil à laquelle il reproche, non d'avoir mis induement un prévenu en liberté, non d'avoir induement déclaré qu'il n'y avait pas lieu de le poursuivre, non de l'avoir renvoyé devant un tribunal incompétent pour connaître de l'affaire dont il s'agit, mais de l'avoir renvoyé devant le tribunal qui doit le juger, sans qu'au préalable il eût été procédé ou à une instruction quelconque, ou à une instruction assez approfondie pour faire connaître tous les prévenus et les témoins? — 2° La chambre d'accusation devant laquelle cette Opposition est portée, peut-elle s'en occuper, d'après le réquisitoire du procureur-général tendant aux mêmes fins que l'Opposition du procureur du gouvernement? — 3° Si la chambre d'accusation confirme cette ordonnance, peut-il y avoir lieu à cassation?

Le 6 décembre 1812, Jean Malicet, marchand à Sédan, adresse au commissaire de police de cette ville une plainte par laquelle il expose que Marguerite Malicet, sa fille mineure et demeurant avec lui, ayant soustrait de sa maison divers effets mobiliers, les a portés chez Joséphine Delnan, Catherine Brion, femme Moette, Marie Merny, femme Cornu, et la femme Cassin, lesquelles, profitant de sa faiblesse et de son inexpérience, ont reçu ces effets pour de très-modiques sommes, et sous le prétexte de les mettre en gage, mais dans le dessein bien prononcé de se les approprier.

Cette plainte est transmise au procureur du gouvernement; et Jean Malicet la confirme devant lui. — Le procureur du gouvernement interroge les femmes Delnan, Brion et Cornu. — Toutes trois avouent qu'elles ont donné de l'argent à la fille Malicet, sur des effets qu'elle leur avait apportés. — La femme

Brion et la femme Cornu ajoutent : l'une, qu'elle a mis les effets en gage chez des personnes qu'elle ne veut pas nommer; l'autre qu'elle en a mis en gage, partie chez le nommé Parent, partie chez la demoiselle Bazaret, et le reste chez une de ses amies dont elle refuse de dire le nom.

Le 22 du même mois, le procureur du gouvernement fait un réquisitoire tendant à ce que le juge d'instruction procède à un interrogatoire régulier des quatre femmes prévenues. — Le 26, le juge d'instruction rend, sur ce réquisitoire, une ordonnance par laquelle, « vu la lettre circulaire du grand-juge du 23 septembre 1812 (1), il renvoie le procureur du gouvernement à se pourvoir par simple exploit pour la première audience de police correctionnelle ».

Le 6 janvier 1813, le procureur du gouvernement présente au tribunal un réquisitoire par lequel il réclame contre l'ordonnance du juge d'instruction. Il y expose que, dans l'état où l'affaire se présente, rien n'indique, d'une manière assez positive, si le fait de la prévention porte sur un délit du *prêt sur gage sans autorisation*, prévu par l'art. 411 du Code pénal, ou sur un *achat d'effets mobiliers fait à des mineurs*, défendu, sous peine d'amende, par un réglement de police de Sédan, du 11 février 1791; que, ni les personnes qui ont pu participer à ces délits, ni les témoins qui pourraient en déposer, ne sont désignés suffisamment; qu'il y a donc nécessité, même d'après les termes de la lettre ministérielle du 23 septembre 1812, de procéder à une instruction préliminaire.

Le 19 du même mois, ordonnance par laquelle, « vu la lettre circulaire de S. Ex. le Grand-Juge,

_____

(1) *Cette lettre est ainsi conçue.*
Tout ce qui tend à accélérer la marche de la procédure criminelle et à diminuer les frais de justice, doit être l'objet de votre attention particulière. C'est dans ce double but que je vais vous indiquer quelques abus à prévenir ou à réformer dans le mode d'exécution du Code d'instruction criminelle et du réglement du 18 juin 1811.
1° Lorsqu'une affaire est évidemment de la compétence du tribunal correctionnel (et il y a beaucoup de cas où cette compétence n'est pas douteuse), le tribunal peut en être saisi directement, soit par la partie civile, s'il y en a une, soit par le procureur du gouvernement (art. 182 du Code), sans que le juge d'instruction soit obligé de procéder à une information préliminaire. Si le prévenu est arrêté, un simple interrogatoire suffit; tout autre acte de procédure devient inutile et frustratoire. La véritable instruction est celle qui se fait à l'audience; et il ne doit pas ordinairement s'en faire d'autres, à moins qu'il n'y ait incertitude, soit sur l'existence ou le caractère du délit, soit sur la désignation des individus qui doivent être cités comme prévenus ou comme témoins, ou qu'enfin l'affaire ne soit, à raison de son importance, susceptible de recherches ou de développemens qui exigent une instruction préparatoire.
Ainsi donc dans la plupart des affaires correctionnelles, et à plus forte raison dans celles de simple police, on peut éviter de parcourir les différens degrés d'instruction que le Code a dû indiquer pour les affaires plus importantes.
Je vous adresse des exemplaires de cette circulaire en assez grand nombre, pour que vous puissiez en transmettre un à chacun des procureurs du gouvernement et des juges d'instruction du ressort de votre cour.

ministre de la justice, du 23 septembre dernier; ouï le rapport du juge d'instruction; attendu d'ailleurs que, d'après les aveux de Joséphine Delneau et des femmes Miette et Cornu, consignés au procès-verbal du ministère public du 9 décembre 1812, elles sont suffisamment prévenues des prêts sur gages à elles imputés et qui sont punissables de peines correctionnelles, soit qu'il y ait lieu à l'application de l'art. 411 du Code pénal, soit qu'il y ait lieu à l'application du réglement de police de Sédan du 11 février 1791; le tribunal renvoie à l'une de ses prochaines audiences lesdites Delneau, Miette et Cornu, ensemble la femme Cassin, pour y être entendues et jugées conformément à la loi ».

Le procureur du gouvernement forme Opposition à cette ordonnance dans les vingt-quatre heures; et l'affaire est, en conséquence, soumise à la chambre d'accusation de la cour de Metz.

Là, le procureur général appuie l'Opposition de son substitut et requiert que l'affaire soit instruite dans les formes ordinaires. « Cette affaire (dit-il), présente, non-seulement le délit de prêt sur gages, et celui qui est prévu par l'ordonnance de police du 11 février 1791, mais encore la complicité par recélé du vol que la fille Malicet a commis envers son père. Or, quoique ce vol ne puisse pas donner lieu à l'exercice de l'action publique contre cette fille, il peut et doit néanmoins donner lieu à l'exercice de cette action contre les complices et les recéleurs. Il importe donc de connaître les circonstances qui ont accompagné ce vol, puisque c'est d'après ces circonstances, que la complicité des prévenus doit être qualifiée crime ou délit, et que, pour parvenir à cette connaissance, il est indispensable de faire une instruction dans les formes ordinaires ».

Le 5 février, arrêt par lequel, « considérant que, pour prononcer l'annullation d'un jugement, il faut qu'il contienne quelques nullités ou quelque violation de la loi; que celui rendu par le tribunal de Sédan, le 19 janvier dernier, ne peut mériter de semblables reproches, puisqu'il est absolument conforme aux dispositions du Code d'instruction criminelle, notamment au vœu de l'art. 182, expliqué d'ailleurs par la lettre circulaire de Son Excellence le grand-juge, en date du 23 septembre 1812; que les motifs exposés dans les réquisitoires et dans l'acte d'opposition du procureur du gouvernement, près le tribunal de Sédan, ainsi que dans les réquisitions actuelles du procureur-général, ne sont point des moyens de nullité et ne sont fondés sur aucune disposition du Code précité, mais présentent seulement de simples considérations contre-balancées par d'autres non moins fortes et puisées tant dans l'esprit de la loi et la lettre circulaire de son excellence le grand-juge, (qui ont pour objet l'accélération des jugemens en matière correctionnelle et la diminution des frais à la charge du trésor public), que dans les circonstances mêmes de l'affaire particulière, maintenant soumise à l'attention de la cour; qu'en effet, 1° rien n'assure que les interrogatoires que le juge d'instruction ferait subir aux prévenues, procureraient plus de lumières que n'en ont fourni ceux par elles déjà prêtés pardevant le substitut du procureur du gouvernement, puisqu'elles pourraient encore se renfermer dans les mêmes réticences que celles dont quelques-unes d'entre elles ont voulu s'envelopper jusqu'à ce moment ; 2°. que, s'il y a lieu d'espérer, au contraire, que l'on pourrait obtenir d'elles des aveux qui conduiraient à la découverte des autres complices du délit, il n'est pas douteux qu'étant interrogées à l'audience, le tribunal parviendra, au moins avec autant de succès que par la voie d'une inscription préliminaire, à ce résultat que l'on a droit d'attendre du zèle et de l'intelligence des magistrats, relativement à l'entière manifestation de la vérité et à la punition des coupables ; 3°. qu'on ne peut supposer d'ailleurs que les individus désignés par la femme *Cornu*, l'un sous le nom du *Père Parent, demeurant au faubourg Dumesnil* ; l'autre sous celui de la demoiselle *Bazaret* (à l'égard desquels il était bien libre au substitut du procureur du gouvernement de demander à la femme *Cornu* de plus amples renseignemens, s'ils les croyait nécessaires), ne puissent être facilement trouvés et cités à comparoir à l'audience qui sera accordée par le tribunal, sur la première demande que lui en fera le ministère public ; que, de cette manière, l'instruction faite à l'audience, et dans laquelle seront entendus les prévenus déjà connus, et ceux qui pourraient être découverts, fournira en même temps le moyen d'entendre, soit les témoins que le procureur du gouvernement jugera à propos de produire dès-à-présent, soit ceux qui pourront être indiqués dans le cours de la discussion ; et que, s'il y a lieu, pour cet effet, de continuer la cause à une autre audience, rien n'empêche le tribunal d'user de cette faculté qui lui est expressément réservée par la loi ; que le nouveau motif ajouté dans le réquisitoire du procureur-général, à ceux exposés précédemment par le procureur du gouvernement au tribunal de Sédan n'a, du moins quant à-présent, aucun objet d'utilité réelle ou apparente ; puisque, 1°. ni la plainte rendue par Jean Malicet, ni même aucun des faits de la cause n'offrent le plus léger indice, que les soustractions faites par Marguerite Malicet, des meubles et effets par elles enlevés du domicile de son père, ayent été accompagnés d'aucune circonstance propre à faire sortir ce délit de la classe de ceux auxquels la loi applique une simple peine correctionnelle ; 2°. dans le cas où les lumières qui seront acquises par l'instruction faite à l'audience ajouteraient aux soustractions dont il s'agit des circonstances aggravantes et qui constitueraient alors un crime emportant peine afflictive ou infamante, la marche à suivre par le tribunal correctionnel, dans cette hypothèse, se trouve tracée dans l'art. 193 du Code d'instruction criminelle ; qu'enfin, d'après ces observations, soit qu'on envisage la nature du fait imputé aux prévenus et aux individus qui peuvent être leurs complices, comme constituant un récélé et l'application à leur profit, des effets mobiliers soustraits frauduleusement par la fille Malicet à

ses père et mère ; soit qu'on regarde ces individus comme prévenus d'avoir détourné ou dissipé des objets à eux remis à titre de dépôt et à charge de les rendre ou d'en faire un usage ou un emploi déterminé ; soit enfin qu'on les considère comme des prêteurs sur gages exerçant ce trafic sans autorisation légale, ces divers genres de délits n'étant punis que de peines correctionnelles, aux termes des art. 380, 408 et 411 du Code pénal ; et le jugement du 19 janvier dernier, par lequel le tribunal de Sédan a renvoyé la cause à une de ses audiences, pour y être statué correctionnellement, ne se trouvant en opposition ni contravention à aucune loi ; mais s'accordant au contraire parfaitement avec le texte, l'esprit et les dispositions précises de l'art. 182 du Code d'instruction criminelle, il ne peut en conséquence exister aucune raison de réformer ce même jugement, la cour rejette l'opposition..... »

Le procureur général se pourvoit en cassation contre cet arrêt.

« Avant d'examiner les moyens de cassation qui vous sont présentés dans cette affaire (ai-je dit à l'audience de la section criminelle, le 1er avril 1813), nous devons dire un mot sur une question qu'elle fait naître tout naturellement : c'est de savoir si l'arrêt qui vous est dénoncé, ne devrait pas être annullé pour avoir statué sur une opposition qui, formée par le procureur du gouvernement au tribunal de Sédan, en vertu de l'art. 135 du Code d'instruction criminelle, ne se trouvait cependant pas dans les termes de cet article.

» L'art. 135 n'autorise littéralement le procureur du gouvernement à former opposition aux ordonnances de la chambre du conseil, que lorsqu'elles mettent les prévenus en liberté.

» Mais s'il est dans son esprit, comme vous l'avez souvent jugé, d'ouvrir la même voie au procureur du gouvernement, et contre les ordonnances qui, lors même que les prévenus ne sont pas arrêtés, déclarent qu'il n'y a pas lieu de les poursuivre ultérieurement, et contre les ordonnances qui renvoyaient des prévenus, arrêtés ou non, soit à la police correctionnelle, tandis qu'ils devraient l'être à la chambre d'accusation, soit au tribunal de police, tandis qu'ils devraient l'être à la police correctionnelle, il est aussi dans son esprit, et il l'est manifestement, d'ouvrir cette voie au procureur du gouvernement contre toutes les espèces d'ordonnances que peut rendre la chambre du conseil ; et tel nous paraît être le résultat de deux propositions également incontestables :

» L'une, que les chambres du conseil des tribunaux d'arrondissement ne sont, dans les ordonnances qu'elles rendent sur les rapports des juges d'instruction, que des *premiers juges* ; que c'est ainsi qu'elles sont expressément qualifiées par les art. 229, 231, 233 et 235 du Code d'instruction criminelle ; que, dès-lors, toutes les ordonnances émanées de ces chambres, sont par la nature même et de plein droit, susceptibles d'être réformées par l'autorité suprême que la loi a placée, à leur égard, dans les chambres d'accusation des cours ;

» L'autre , que cette règle générale ne peut cesser que par l'effet d'une exception formellement établie par la loi ; et que l'art. 135 du Code d'instruction criminelle , en l'appliquant aux ordonnances par lesquelles les chambres du conseil des tribunaux de première instance mettent des prévenus en liberté , ne la font pas cesser à l'égard des autres ordonnances que peuvent rendre ces juridictions (1).

» Mais au surplus , quand même , dans notre espèce , le procureur du gouvernement de Sédan n'aurait pas eu qualité pour former opposition à l'ordonnance de la chambre du conseil de son tribunal du 19 janvier , la chambre d'accusation de la cour de Metz n'en aurait pas moins été valablement investie du pouvoir de juger si cette ordonnance devait ou non être exécutée.

» Elle en aurait été investie par le réquisitoire que le procureur-général de cette cour lui avait présenté à l'effet d'ordonner l'instruction ultérieure qui, suivant cette ordonnance , ne devait pas avoir lieu; car ce réquisitoire, s'il eût mal à propos été qualifié comme faisant suite à l'opposition du procureur du gouvernement , serait rentré , d'après l'art. 235 du Code d'instruction criminelle , dans les attributions directes du procureur-général. En effet , l'affaire étant encore entière , le procureur-général aurait pu , aux termes de cet article , requérir la chambre d'accusation de la faire instruire ultérieurement ; et pouvant l'en requérir d'office, il n'aurait pas eu besoin , pour cela , d'être mis en mouvement par le procureur du gouvernement.

» Mais si l'arrêt attaqué par le procureur-général, ne peut pas être critiqué sous le rapport de la compétence , ne peut-il pas l'être au fond ?

» A entendre le procureur-général , cet arrêt doit être cassé; et parce qu'il consacre un excès de pouvoir de la part du juge d'instruction , et parce qu'il consacre un excès de pouvoir de la part du tribunal de première instance , et parce qu'il contrevient à l'art. 182 du Code d'instruction criminelle.

» Mais , 1°. l'arrêt attaqué ne prononce rien sur l'ordonnance du juge d'instruction qui avait renvoyé le procureur du gouvernement à se pourvoir par citation devant le tribunal correctionnel , et effectivement il n'avait rien à prononcer à cet égard. L'ordonnance du juge d'instruction ne lui était pas déférée. Fondue dans celle du tribunal de première instance , elle ne pouvait plus faire la matière de la délibération de la cour, et la cour de Metz n'était saisie que de la question de savoir si l'instruction jugée inutile par l'ordonnance du tribunal de première instance , devait ou ne devait pas avoir lieu.

» Il importerait donc peu que le juge d'instruction eût excédé ses pouvoirs par son ordonnance du 26 décembre 1812, S'il les avait réellement

excédés , le vice de son ordonnance serait réparé par celle du tribunal de première instance du 19 janvier.

» 2°. Quel excès de pouvoir peut-on reprocher à cette dernière ordonnance ?

» Le tribunal de Sédan était-il compétent pour juger si l'affaire dont il s'agit , était susceptible de l'instruction préparatoire que le procureur du gouvernement avait requise ?

» Oui sans doute. Il n'a donc pas excédé ses pouvoirs , en jugeant qu'elle n'en était pas susceptible.

» Car , en matière criminelle surtout ; l'excès de pouvoir se confond nécessairement avec l'incompétence ; et là où il n'y a pas incompétence , là ne peut pas exister un excès de pouvoir.

» Vous ne trouverez plus (disait l'orateur du gouvernement , en présentant au corps législatif le titre des manières de se pourvoir contre les arrêts) , l'excès de pouvoir au nombre des nullités ; mais cette suppression d'un mot vague qui n'a jamais été bien défini , se trouve éminemment remplacé par le maintien seul de la cause de nullité tirée de l'incompétence ; et s'il convient d'éviter les expressions oiseuses et redondantes , c'est surtout dans les lois.

» Que le tribunal de première instance de Sédan ait mal jugé, que la cour de Metz ait mal jugé en confirmant son ordonnance, cela peut être: mais ni l'un ni l'autre n'ont prononcé incompétemment ; et dès-là , disparaît le deuxième moyen de cassation du procureur-général.

3°. En quoi l'art. 182 du Code d'instruction criminelle est-il violé , soit par l'ordonnance du tribunal de première instance de Sédan , soit par l'arrêt qui la confirme ?

» Cet article porte que le tribunal correctionnel sera saisi de la connaissance des délits de sa compétence , soit par le renvoi qui lui sera fait d'après l'art. 130....., soit par la citation donnée directement aux prévenus...... par le procureur du gouvernement.

» Que le procureur du gouvernement puisse , sans instruction préalable et quand il lui plaît , citer directement les prévenus à l'audience du tribunal correctionnel , c'est ce qui résulte nettement de cet article , c'est ce qu'on ne peut contester.

» Mais à défaut d'instruction préalable , la citation directe du procureur du gouvernement est-elle le seul moyen qu'il y ait de saisir le tribunal correctionnel ?

» Non : il y en a encore un qui nous est indiqué par l'art. 182. Le tribunal correctionnel peut encore être saisi par le renvoi qui lui est fait d'après l'art. 130 , lequel charge le tribunal de première instance de renvoyer au tribunal correctionnel , sur le rapport du juge d'instruction , les prévenus de délits qui sont reconnus de nature à ne pouvoir entraîner que des peines correctionnelles. Or , dans

_____

(1) V. le plaidoyer du 29 octobre 1813, rapporté ci-devant n°. 2.

notre espèce, il y a une ordonnance du tribunal de première instance de Sédan qui renvoie les femmes Delnau, Miette, Cornu et Cassin, devant le tribunal correctionnel de la même ville, et cette ordonnance est rendue sur le rapport du juge d'instruction. Le tribunal correctionnel est donc légalement saisi. L'art. 182 n'est pas violé.

» Objectera-t-on que l'art. 130 ne porte que sur le cas où il y a eu une instruction préalable devant le juge commis à cet effet?

» Mais faisons-y bien attention. L'art. 130 n'est que la suite de l'art. 127, qui oblige le juge d'instruction *de rendre compte, au moins une fois par semaine, des affaires dont l'instruction lui est dévolue*; et l'art. 127 ne dit pas qu'avant de rendre compte de chaque affaire, le juge d'instruction sera tenu de l'instruire à fond; il ne dit pas que le juge d'instruction ne pourra pas rendre compte d'une affaire, à l'instant même où l'instruction lui en sera déférée par le réquisitoire du procureur du gouvernement; et dès qu'il ne le dit pas, de quel droit y suppléerions-nous une disposition aussi importante?

» Il est des affaires correctionnelles tellement simples, qu'il ne faut, pour en déterminer le caractère, pour connaître les moyens de convaincre les prévenus, que lire la plainte ou la dénonciation. Et assurément ce serait multiplier sans nécessité les procédures, ce serait grossir inutilement les frais, que de soumettre ces affaires à une instruction préparatoire, que de ne pas les renvoyer tout de suite au tribunal compétent pour les juger.

» Le juge d'instruction de Sédan n'était donc pas obligé, avant de faire son rapport à la chambre du conseil de son tribunal, d'interroger les prévenus, d'entendre les témoins.

» La chambre du conseil pouvait donc, sans qu'il eût interrogé les prévenus, sans qu'il eût entendu aucun témoin, prononcer, sur son rapport, le renvoi énoncé dans l'art. 130.

» Que, dans les circonstances particulières de notre espèce, le juge d'instruction eût mieux fait de commencer par interroger les prévenus, par entendre les témoins; que la chambre du conseil eût mieux fait de lui prescrire ces actes préliminaires qu'il avait jugés inutiles; nous en conviendrons avec le procureur-général.

Mais si, en ne faisant pas le mieux possible, le juge d'instruction et la chambre du conseil ont mal procédé, ils ont du moins usé d'un pouvoir qui leur appartenait; et si le mauvais usage qu'ils ont fait de ce pouvoir, fournissait au procureur-général un grief suffisant pour faire réparer leur méprise par la cour ordinaire, il ne peut du moins fournir à ce magistrat aucune ouverture de cassation contre l'arrêt qui a jugé qu'ils ne s'étaient pas trompés.

» Par ces considérations, nous estimons qu'il y a lieu de rejeter le recours en cassation du procureur-général de la cour de Metz ».

Par arrêt du 1er, avril 1813, au rapport de M. Busschop, « considérant 1°., et, dans l'espèce, que l'ordonnance du juge d'instruction, du 26 décembre 1812, est devenue indifférente et sans objet, dès que par son ordonnance subséquente du 19 janvier 1813, la chambre du conseil du tribunal de première instance de Sédan a statué sur le rapport dudit juge d'instruction, en vertu des art. 127 et suivants du Code d'instruction criminelle; 2°. que ce Code n'a point déterminé le degré d'instruction où doivent être parvenues les affaires, lorsque le juge d'instruction en fait son rapport à la chambre du conseil; qu'ainsi, cette chambre peut, dès l'instant dudit rapport, procéder au règlement de la compétence; d'où il suit que l'ordonnance de la chambre du conseil du tribunal de Sédan, par laquelle elle a renvoyé l'affaire devant la police correctionnelle, ne contient ni violation de loi, ni excès de pouvoir; que conséquemment le tribunal de police correctionnelle a été légalement saisi aux termes formels de l'art. 182 du Code d'instruction criminelle; qu'en confirmant cette ordonnance de renvoi, par son arrêt du 5 février 1813, d'ailleurs régulier dans sa forme, la chambre d'accusation de la cour de Metz ne s'est point écartée des règles prescrites dans le chap. 1er. du tit. 2 du liv. 2 dudit Code d'instruction; la cour rejette.... ».

VIII. 1°. Le défaut d'Opposition à une ordonnance de la chambre du conseil qui, par erreur, renvoie au tribunal correctionnel le prévenu d'un crime emportant peine afflictive ou infamante, assure-t-il à celui-ci le droit irrévocable d'être jugé correctionnellement?... 2°. Si le tribunal correctionnel a le pouvoir de se déclarer incompétent pour le juger, a-t-il aussi celui de le renvoyer devant le juge d'instruction? — 3°. Que doit-on décider, à cet égard, lorsque l'ordonnance de la chambre du conseil, en renvoyant le prévenu devant le tribunal correctionnel, l'a déclaré non prévenu de la circonstance aggravante qui pourrait seule imprimer à son délit le caractère de crime? — 4°. Que doit-on décider, lorsque, statuant sur une procédure qui comprend plusieurs vols dont un seul porte le caractère de crime, la chambre du conseil a déclaré qu'il n'existe point de charges contre le prévenu, relativement à celui-ci? — V. *Tribunal de police*, sect. 2, §. 3, aux notes sur les art. 182 et 214 du Code d'instruction criminelle.

IX. 1°. La voie de l'Opposition est-elle ouverte au prévenu contre l'ordonnance de la chambre du conseil qui le renvoie, soit à la police correctionnelle, soit devant un tribunal de police? — 2°. Lui est-elle ouverte, dans le cas où il attaque cette ordonnance comme de juge incompétent? — 3°. Lui est-elle ouverte dans le cas où il attaque cette ordonnance comme contraire à la loi qui défend de poursuivre les agens du gouvernement pour faits relatifs à leurs fonctions, sans une décision préalable du conseil d'état?

Le 16 octobre 1813, ordonnance de la chambre du conseil du tribunal de première instance de Rouen, qui déclare le sieur P., major d'un régiment d'infanterie, prévenu d'avoir, en qualité de membre du conseil de recrutement du département de la Seine-Inférieure, commis des malversations dans les opérations relatives à la conscription militaire, et le renvoie à la police correctionnelle.

Le 25 du même mois, le sieur P. déclare au greffier *se porter appelant* de cette ordonnance, en ce qu'elle le met en jugement, sans au préalable avoir fait droit sur l'exception d'incompétence qu'il avait proposée, et qui résulte suivant lui, de ce qu'étant *agent du gouvernement*, il n'a pu, d'après l'art. 75 de l'acte constitutionnel du 22 frimaire an 8, être poursuivi devant les tribunaux, pour un fait relatif à ses fonctions, qu'en vertu d'une décision du conseil d'Etat.

Le 26 novembre suivant, arrêt de la chambre d'accusation de la cour de Rouen, qui, « attendu que les principes qui régissent les appels en matière correctionnelle, ne peuvent s'appliquer aux Oppositions formées aux ordonnances des chambres du conseil ; que l'art. 135 du Code d'instruction criminelle ne confère ce droit d'Opposition qu'au ministère public et à la partie civile, et nullement au prévenu renvoyé, soit devant un tribunal de police correctionnelle, soit devant un tribunal de simple police ; que l'ordonnance de la chambre du conseil du tribunal de Rouen n'ayant point été attaquée par le procureur du gouvernement, a acquis la force de la chose jugée ; et que, de son chef, le major P. est non recevable à y former Opposition ; qu'enfin, c'est au tribunal correctionnel devant lequel il est légalement traduit, qu'il appartient seulement de statuer sur l'exception d'incompétence, comme sur le fond du procès, déclare le sieur P. non recevable dans son Opposition, et le condamne aux frais... ».

Le sieur P. se pourvoit en cassation contre cet arrêt.

« La faculté que l'art. 135 du Code d'instruction criminelle (ai-je dit à l'audience de la section criminelle, du 30 décembre 1815) accorde au ministère public et à la partie civile, de former Opposition, dans les 24 heures, à l'ordonnance qui met le prévenu en liberté, peut-elle être exercée par le prévenu lui-même contre l'ordonnance qui, au lieu de le mettre en liberté, le renvoie, soit à la police correctionnelle, soit devant un tribunal de police ? Peut-elle l'être par la voie d'appel ? Peut-elle l'être dans le cas où le prévenu fonde son Opposition sur l'incompétence du tribunal qui a rendu l'ordonnance dont il se plaint ? Peut-elle l'être enfin, dans le cas où le prévenu tire son moyen d'incompétence de ce qu'étant ou se disant *agent du gouvernement*, il n'a pas pu être poursuivi devant les tribunaux pour un fait relatif à ses fonctions, sans une décision préalable du conseil-d'Etat ? Telles sont les quatre questions qui se présentent, dans cette affaire, à l'attention de la cour.

» Les deux premières n'en font véritablement qu'une seule ; car si le major P. avait été recevable à former Opposition à l'ordonnance de la chambre du conseil du tribunal de première instance de Rouen,

du 16 octobre dernier, il importerait peu qu'il ait qualifié son Opposition d'appel ; et la substitution qu'il aurait faite du mot *appel* au mot *Opposition*, dans l'acte par lequel il a réclamé contre cette ordonnance, ne serait pas un motif suffisant pour repousser sa réclamation.

» Examinons donc, en laissant les mots de côté, si le major P. était recevable dans sa réclamation auprès de la cour de Rouen, contre l'ordonnance qui l'avait renvoyé à la police correctionnelle.

» On peut dire pour l'affirmative que, s'il n'y a aucun article du Code d'instruction criminelle qui permette au prévenu de réclamer auprès du juge supérieur, contre une ordonnance de cette nature, il n'y en a pas non plus aucun qui lui défende, qui lui interdise cette voie, tandis qu'elle est ouverte à ses adversaires ; que c'est rompre tout équilibre entre ses adversaires et lui ; que c'est même aller contre la maxime établie par la loi 41, *de regulis juris*, au digeste, *non debet actori licere quod reo non permittitur*; que d'ailleurs, le recours au juge supérieur contre les ordonnances des premiers juges, est de droit commun ; et que c'est sur ce principe que vous vous êtes fondés, dans l'arrêt que vous avez rendu, sections réunies, le 29 octobre dernier, pour juger nonobstant le silence de l'art. 135, que les ordonnances qui renvoient à la police correctionnelle, dans le cas prévu par l'art. 130, sont passibles d'Opposition (1).

» Mais ces raisons sont-elles aussi concluantes qu'elles le paraissent au premier abord ?

» Qu'est-ce, relativement au prévenu, qu'une ordonnance qui le renvoie à la police correctionnelle ? Rien autre chose qu'un acte de pure instruction, rien autre chose qu'un jugement qui indique au prévenu le tribunal qui doit prononcer sur ces moyens de défense, rien autre chose, par conséquent, qu'un jugement préparatoire.

» Or, le droit commun est que les jugemens préparatoires ne sont pas susceptibles d'appel. C'est donc se conformer au droit commun que de refuser au prévenu la faculté de réclamer contre l'ordonnance qui le renvoie à la police correctionnelle.

» A la vérité, le droit commun souffre, à cet égard, une exception en faveur du ministère public et de la partie civile. A la vérité, l'art. 135 admet par exception au droit commun, le ministère public et la partie civile à former opposition aux ordonnances de cette nature.

» Mais c'est précisément parce que la faculté accordée au ministère public et à la partie civile par l'art. 135 forme une exception au droit commun, qu'elle ne peut pas être étendue au-delà de ses termes. Toute exception est de droit étroit ; et tout cas non compris littéralement dans l'exception, reste, par cela seul, sous l'empire de la règle générale :

(1) *V.* ci-devant, n° 2.

Qu'il y ait ou qu'il n'y ait pas identité de raison pour comprendre dans l'exception tel cas sur lequel le législateur ne l'a pas fait porter nommément, c'est ce qu'il n'appartient pas au juge d'examiner. Si le législateur avait voulu l'y comprendre, il l'aurait dit, et dès qu'il ne l'a point dit, il est censé ne l'avoir point voulu.

» Il est au surplus bien facile de sentir pourquoi l'art. 135 fait, en faveur du ministère public et de la partie civile, l'exception dont il s'agit; et pourquoi il ne la fait pas en faveur du prévenu : c'est que, relativement au ministère public et à la partie civile, l'ordonnance qui renvoie le prévenu à la police correctionnelle, peut n'être pas réparable en définitive ; au lieu que, relativement au prévenu, elle l'est toujours; c'est que le ministère public et la partie civile peuvent avoir un très-grand intérêt à réclamer contre cette ordonnance; au lieu que le prévenu ne peut jamais en avoir un bien réel; c'est par conséquent que, relativement au ministère public et à la partie civile, cette ordonnance sort de la catégorie des actes de pure instruction, des jugemens préparatoires; c'est, en un mot, que relativement au ministère public et à la partie civile, l'exception dont il s'agit, n'est pas, à proprement parler, une dérogation, mais un retour au droit commun, qui admet l'appel contre tous les actes judiciaires qui ne sont, ni simplement préparatoires, ni de pure instruction.

» Qu'un prévenu soit renvoyé à la police correctionnelle, pour un fait qui porte le caractère de crime; qu'un prévenu renvoyé à la police correctionnelle, pour un fait justement qualifié de délit, mais emportant la peine de l'emprisonnement, soit mis en liberté sans caution : dans l'un et l'autre cas, l'ordonnance de la chambre du conseil du tribunal de première instance peut devenir irréparable en définitive; car le prévenu peut, dans l'un et l'autre cas, prendre la fuite, et par-là neutraliser à l'avance et rendre illusoire, soit la réparation qui, dans le premier, sera faite, tôt ou tard, de l'erreur des premiers juges, soit la condamnation à l'emprisonnement qui, dans le second, pourra être rendue contre lui. Le ministère public et la partie civile ont donc, dans ces deux cas, un très-grand intérêt à se pourvoir contre l'ordonnance de la chambre du conseil. La loi doit donc, comme elle l'a fait, leur ouvrir un recours contre cette ordonnance.

» Mais que le prévenu d'un fait portant le caractère de délit, soit renvoyé au tribunal correctionnel, quel intérêt peut-il avoir à recourir de suite au juge supérieur? le temps qu'il employerait à faire juger par la cour, qu'il n'a pas dû être renvoyé au tribunal correctionnel, il peut employer plus utilement à faire juger la même chose par le tribunal correctionnel lui-même; et le tribunal correctionnel peut, tout aussi bien que la cour, réparer le préjudice que lui cause l'ordonnance de renvoi. L'ordonnance de renvoi conserve donc, à son égard, tout l'effet d'un acte de pure instruction, tout l'effet d'un jugement préparatoire; elle n'est donc, de sa part, susceptible d'aucun recours.

» Du reste, la règle *non debet actori licere, quod reo non permittitur,* ne peut pas ici nous arrêter.

» Cette règle est sans doute applicable, en matière criminelle, aux actes de l'instruction qui doivent influer directement sur la condamnation ou l'acquittement de l'accusé. Ainsi, l'accusé partage avec le ministère public et la partie civile, le droit de produire des témoins et de contredire les dépositions des témoins produits par ses adversaires. Ainsi, l'accusé partage, avec le ministère public, le droit d'exercer des récusations sur la liste des jurés. Ainsi, l'accusé partage, avec le ministère public et la partie civile, le droit de se pourvoir en cassation contre l'arrêt qui prononce sur son sort.

» Mais cette règle est-elle applicable aux actes de l'instruction préparatoire? la loi l'applique à quelques-uns; mais elle ne l'applique pas à tous. Elle donne bien, par exemple, à l'accusé, comme au ministère public, le droit de se pourvoir en cassation contre l'arrêt qui le met en accusation et le renvoie à la cour d'assises; mais elle ne lui donne pas le droit, qui appartient essentiellement au ministère public, dès le principe de l'instruction, de prendre connaissance des pièces de la procédure avant que le président de la cour d'assises l'ait interrogé. Il n'est donc pas étonnant qu'elle ne lui donne pas non plus le droit qu'elle accorde au ministère public et à la partie civile, d'attaquer par opposition l'ordonnance qui règle préparatoirement la marche que le procès doit suivre à son égard.

» Que peut, d'après cela, signifier ici le principe que vous avez consigné dans votre arrêt du 29 octobre dernier?

» Pourquoi avez-vous jugé, par cet arrêt, que la faculté attribuée par l'art. 135 au ministère public et aux parties civiles, de former opposition aux ordonnances de mise en liberté des prévenus, s'étend même à celles de ces ordonnances qui, sans mettre positivement les prévenus en liberté, leur procurent le moyen de s'y faire mettre moyennant caution? Parce que, dans l'intérêt du ministère public et des parties civiles, ces ordonnances ne peuvent pas être assimilées à de simples actes d'instruction, à de simples jugemens préparatoires; parce que, dans l'intérêt du ministère public et des parties civiles, ces ordonnances rentrent dans la règle générale du droit commun qui rend passibles de recours au juge supérieur, tous les actes des premiers juges qui ne sont, ni simplement préparatoires, ni de pure instruction; parce que, dès-lors, le silence de l'art. 135 sur ces ordonnances n'est pas un motif suffisant pour les affranchir de tout recours de la part du ministère public et des parties civiles.

» Mais conclure de cet arrêt, que l'opposition doit être également ouverte au prévenu contre l'ordonnance qui le renvoie à la police correctionnelle, ce serait appliquer à contre-sens le principe sur lequel cet arrêt est fondé. Encore une fois, l'ordonnance qui renvoie le prévenu à la police correctionnelle, n'est, à son égard, qu'un acte de pure instruction, qu'un jugement préparatoire : elle est donc, par le droit commun, exempte de tout recours. La déclarer passible de recours de la part du prévenu, serait donc contrevenir au principe qui a dicté l'arrêt du 29 octobre.

» Tout se réunit donc pour établir que le prévenu n'est pas recevable, dans les cas ordinaires, à se pourvoir contre l'ordonnance qui le renvoie à la police correctionnelle.

» Mais n'y est-il pas recevable, lorsqu'il fonde son recours sur l'incompétence du tribunal de qui cette ordonnance est émanée ? C'est notre troisième question.

» Et au premier coup-d'œil, cette question paraîtrait devoir se résoudre dans un sens contraire aux deux précédentes.

» Il est certain, en effet, que les jugemens préparatoires, tels qu'est bien constamment l'ordonnance portant renvoi d'un prévenu à la police correctionnelle, peuvent, ni plus ni moins que les jugemens définitifs, être attaqués par la voie d'appel comme de juge incompétent ; et la raison en est que ces jugemens supposent ou décident que le tribunal qui les a rendus était compétent pour les rendre; ce qui leur imprime véritablement, en ce qui concerne la question de compétence, le caractère de jugemens définitifs proprement dits.

» Mais pourrait-on appeler, comme de juge incompétent, d'un jugement préparatoire qui, sans prononcer ni directement ni indirectement sur la question de compétence, se bornerait à indiquer une manière de procéder qui devrait en amener la décision ?

» Par exemple, si, avant faire droit sur une exception déclinatoire proposée devant lui, un tribunal ordonne que les parties contesteront plus amplement sur cette exception, ce jugement sera-t-il passible d'appel ?

» Non, sans doute. L'appel ne pourrait l'atteindre, qu'autant qu'il serait définitif ou réputé tel ; et il n'est ni ne peut être réputé définitif en ce qui concerne la compétence, puisqu'il laisse la question de compétence absolument intacte.

» Or, que fait la chambre du conseil d'un tribunal de première instance, lorsqu'elle renvoie à la police correctionnelle un prévenu qui, dans l'instruction, a décliné ce tribunal ? Rien autre chose que d'ordonner que le prévenu et ses adversaires contesteront plus amplement, à l'audience correctionnelle, sur le déclinatoire proposé par l'un et combattu par les autres. Il n'y a donc rien, dans ce renvoi, qui ne soit de pure instruction, rien qui ne soit purement préparatoire. Dès-là, point d'appel, ou si l'on veut, point d'Opposition de la part du prévenu.

» Mais, après tout, et c'est notre quatrième question, est-il bien vrai que le moyen de droit sur lequel le major P. fondait son Opposition à l'or-

donnance du 16 octobre dernier, fût un moyen d'incompétence ?

» Il paraît que c'est comme moyen d'incompétence que la cour de Rouen l'a considéré; mais ne s'est-elle pas trompée à cet égard ? N'a-t-elle pas trop accordé au major P.? et ce que le major P. qualifiait de moyen d'incompétence, n'a-t-elle pas dû le réduire à un simple moyen de nullité de procédure ?

» Quand nous supposerions, avec le major P., que la qualité d'agent du gouvernement convient, dans le sens de l'art. 75 de l'acte constitutionnel du 22 frimaire an 8, à un officier militaire siégeant dans un conseil de recrutement, quand nous le supposerions au mépris de l'arrêt du 6 mars 1807, par lequel vous avez formellement jugé le contraire, au rapport de M. Seignette et sur les conclusions, résulterait-il de là que les tribunaux sont incompétens pour juger le major P., tant qu'il ne sera pas intervenu une décision du Conseil d'État qui permette de le poursuivre ?

» Non : il en résultera seulement que, tant que cette décision ne sera pas intervenue, les poursuites faites contre le major P. devant les tribunaux, seront nulles.

» Mais entre des poursuites nulles et des poursuites faites incompétemment, la différence est très-grande.

» Les communes et les établissemens publics ne peuvent, aux termes de l'arrêté du gouvernement du 29 ventôse an 10, être poursuivis devant les tribunaux par action personnelle, qu'après que leurs adversaires en ont obtenu l'autorisation du conseil de préfecture ; et, comme vous le voyez, c'est une disposition qui cadre parfaitement avec celle de l'art. 75 de l'acte constitutionnel du 22 frimaire an 8.

» Eh bien ! les tribunaux sont-ils incompétens pour statuer sur les poursuites dirigées, sans autorisation préalable du conseil de préfecture, soit contre une commune, soit contre un établissement public ?

» Quelques préfets l'ont ainsi pensé, et ont élevé, dans cette opinion, des conflits contre des tribunaux saisis de pareilles poursuites. Mais leurs arrêtés ont été constamment annulés par le Conseil d'État ; et nous pouvons citer, à ce sujet, trois décrets des 17 mai 1806, 29 avril 1807 et 8 octobre 1808. A défaut de cette autorisation (portent-ils), *la compétence judiciaire ne cesse point; mais les tribunaux peuvent, ou ordonner d'office que cette autorisation sera rapportée, ou annuler les poursuites qui l'auraient précédée.* Et nous devons ajouter que la section des requêtes avait jugé la même chose, dès le 22 messidor an 12 (1).

» Donc, par la même raison, en cas de pour-

(1) *V.* l'article *Hôpital*, §. 5.

suites exercées, devant les tribunaux, contre un agent du gouvernement, *la compétence judiciaire ne cesse point* par le défaut de décision préalable du Conseil d'Etat; mais les tribunaux peuvent d'office, ou ordonner qu'il sera sursis jusqu'à ce que cette décision ait été rendue, ou déclarer nul tout ce qui a été fait antérieurement à cette décision.

» Donc, dans notre espèce, ce n'était pas comme moyen d'incompétence, mais simplement comme moyen de nullité de procédure, que l'on devait considérer l'exception tirée par le major P., du défaut de décision du Conseil d'Etat pour le poursuivre devant les tribunaux.

» Donc, quand même, en thèse générale, l'Opposition d'un prévenu à l'ordonnance qui le renvoie à la police correctionnelle, serait recevable pour cause d'incompétence, celle du major P. n'en aurait pas moins dû être écartée par fin de non recevoir.

» Donc, dans toutes les hypothèses, il y a lieu de rejeter le recours en cassation du major P.; et c'est à quoi nous concluons ».

Par arrêt du 30 décembre 1813, au rapport de M. Oudart, « attendu qu'à l'égard de Jacques P., l'ordonnance rendue, le 16 octobre dernier, par la chambre du conseil du tribunal de l'arrondissement de Rouen, n'est que préparatoire et d'instruction; qu'ainsi, la cour de Rouen, chambre d'accusation, a fait une juste application des règles générales de procédure et de l'art. 135 du Code d'instruction criminelle, en la déclarant non recevable dans son Opposition à ladite ordonnance; que l'arrêt attaqué n'a pu ni voulu priver le demandeur du droit d'opposer, devant le tribunal correctionnel, tels moyens en la forme et au fond qu'il croira utiles à sa défense; la cour rejette le pourvoi.... ».

[[OPPOSITION A UNE *taxe de* DÉPENS, *de* FRAIS, *de* VACATIONS.]]

I. Avant le Code de procédure civile, une taxe de dépens faite sur des états non communiqués, était-elle susceptible d'opposition? *V.* mon *Recueil de questions de droit,* au mot *dépens,* §. 1.

II. L'art. 6 du décret du 16 février 1807 qui limite à trois jours le délai de l'opposition à une taxe de dépens, est-il applicable aux dépens prononcés en matière sommaire? *V.* le plaidoyer et l'arrêt du 28 mars 1810, rapportés dans le même *Recueil,* au mot *serment,* §. 1.

III. Le même article est-il applicable aux taxes de vacations d'expert?

Le 26 décembre 1806, arrêt de la cour d'appel de Gênes qui ordonne une expertise.

Le 1er septembre 1807, les experts déposent leur rapport au greffe de la cour d'appel, et demandent notamment que M. le premier président veuille bien taxer le salaire de leurs vacations et leur en délivrer exécutoire contre qui de droit, conformément à l'art. 319 du Code de procédure.

Le 27 novembre suivant, M. le premier président rend une ordonnance *contradictoire,* portant taxation du nombre des vacations des experts, et exécutoire à leur profit contre les parties qui ont poursuivi l'expertise.

Les parties et les experts comparaissent de nouveau devant M. le premier président. Les experts le prient de vouloir bien déclarer *nommément* les parties qu'ils doivent poursuivre pour le paiement de leurs vacations. Des débats s'élèvent à ce sujet entre les parties; et, le 23 janvier 1808, nouvelle ordonnance *contradictoire,* par laquelle M. le premier président déclare que son exécutoire du 27 novembre 1807, sera poursuivi contre les mineurs Lassini-Passalaqua.

Ceux-ci, dans la huitaine, mais *après les trois jours* de la signification, se rendent opposants à cette ordonnance, devant la cour d'appel. — Ils font plus; sans se départir de leur opposition, ils appellent, en temps utile, de cette ordonnance, devant la même cour.

Le 20 juillet 1808, arrêt qui rejette l'appel, sur le fondement qu'aucune loi ne le permet, *et déclare l'opposition non-recevable,* « attendu qu'elle aurait dû être formée dans *les trois jours* de la signification, aux termes de l'article 6 du décret du 16 février 1807 ».

Recours en cassation contre cet arrêt; et le 2 avril 1811, au rapport de M. Ruperou, « vu l'art. 319 du Code de procédure et l'art. 6 du décret du 16 février 1807; attendu que, de droit commun, le délai pour former opposition est de huitaine, s'il n'est restreint par aucune loi; que la cour d'appel a reconnu dans l'arrêt que l'opposition était recevable contre l'ordonnance du 13 janvier 1808; que l'art. 6 du décret du 16 février 1807, qui restreint à trois jours le délai de l'opposition *contre la taxe des dépens,* ne saurait être applicable à une semblable ordonnance qui n'a pas pour objet une taxe de dépens adjugés, mais qui décide le différend élevé sur le point de savoir contre laquelle des parties en instance devait être poursuivi l'exécutoire qui avait été décerné au profit des experts le 27 novembre 1807; d'où il suit que la cour d'appel a faussement appliqué cet art. 6 du décret du 16 février 1807, et a par suite commis un excès de pouvoir, en prononçant une fin de non-recevoir qui n'était pas autorisée par la loi; par ces motifs, la cour casse et annulle.... »]].

PARRICIDE. *page* 29, *col.* 1, *après la dernière ligne de l'article, ajoutez:*

On trouvera dans le *Bulletin criminel* de la cour de cassation, un arrêt du 15 décembre 1814, qui juge encore la question dans le même sens et d'une manière plus positive.

III. L'art. 299 du Code pénal déclare Parricide, non-seulement celui qui tue son père naturel, mais encore celui qui tue son père *adoptif.*

De là deux questions: 1° lorsque l'accusé nie l'existence ou la validité de l'adoption, les juges criminels sont-ils compétens pour statuer sur son exception ? 2°. La peine du Parricide doit-elle être appliquée à un enfant qui a été adopté sous l'ancien régime, dans un pays où l'adoption était reconnue et avait tous les effets que lui attribuaient les lois romaines ?

Le 5 mai 1812, arrêt de la cour d'appel de Rome, qui met en accusation et renvoie devant la cour spéciale extraordinaire, tenant lieu de cour d'assises, Michel Projetto, fils adoptif de Benoît Ferretti, prévenu de *Parricide* dans la personne de celui-ci.

En exécution de cet arrêt, un acte d'accusation est dressé par le procureur général contre Michel Projetto; et ce magistrat y joint le contrat d'adoption de l'accusé. — Ce contrat avait été passé devant notaire, le 15 mai 1804, entre le commissaire général de l'hôpital du Saint-Esprit de Rome, et Michel Projetto, c'est-à-dire, enfant trouvé, âgé de douze ans, d'une part; Benoît Ferretti et son épouse, de l'autre.

Le 8 juin 1812, arrêt de la cour spéciale extraordinaire, qui déclare Michel Projetto convaincu d'avoir tué volontairement et sans préméditation Benoît Ferretti; mais ne le condamne qu'à la peine des travaux forcés à perpétuité, attendu qu'il ne conste point de la qualité de fils adoptif de l'accusé, parce que l'acte par lequel l'adoption a été déclarée et qui a été passé sous l'ancien régime, n'a point été fait dans les réquisitions prescrites par le droit commun, auquel rien n'annonce qu'il ait été dérogé par aucune loi pontificale; et que, quoiqu'on allègue, dans ledit acte, en termes généraux, des priviléges particuliers, il n'est pas néanmoins démontré que ces priviléges soient de nature à abroger les dispositions positives du droit commun; qu'en conséquence, l'accusé est simplement coupable de meurtre, et non de Parricide ».

Le procureur général se pourvoit en cassation, contre cet arrêt.

« Cette affaire, (ai-je dit à l'audience de la section criminelle, le 27 novembre 1812), présente à votre examen plusieurs questions d'une haute importance.

» La première est de savoir si la cour spéciale extraordinaire de Rome a pu, sans empiéter sur la juridiction des tribunaux civils, prononcer sur la qualité attribuée par l'acte d'accusation à Michel Projetto, de fils adoptif de Benoît Ferretti; et il semblerait, au premier abord, qu'elle ne l'a pas pu.

» En thèse générale, c'est aux tribunaux civils qu'appartient le droit exclusif de prononcer sur l'état des citoyens; et c'est bien une question d'état que celle de savoir si telle personne est ou n'est pas l'enfant adoptif de telle personne.

» Mais cette règle n'est pas sans exception; et pour la renfermer dans de justes limites, il faut distinguer entre les questions d'état principales et les questions d'état incidentes.

» Sans doute, les tribunaux civils sont seuls compétens pour connaître des questions d'état principales,

» Mais quelle loi, quelle raison pourrait les empêcher de connaître des questions d'état incidentes?

» De loi, nous n'en connaissons point. A la vérité, l'art. 326 du Code civil porte que *les tribunaux civils sont seuls compétens pour statuer sur les réclamations d'état*; et sa disposition paraît trop générale, pour ne pas embrasser les réclamations d'état incidentes, comme les réclamations d'état principales. Mais cet article étant placé sous la rubrique *des preuves de la filiation des enfans légitimes*, on ne peut évidemment l'appliquer qu'à l'action par laquelle un enfant qui se prétend issu d'un mariage, demande qu'on le reconnaisse pour tel. On sait d'ailleurs que cet article n'a eu pour objet que de réformer la jurisprudence qui, précédemment, autorisait la réclamation d'état d'enfant naturel et légitime par la voie criminelle; et c'est ce que fait clairement entendre l'article suivant, lorsqu'il dit : « L'action » criminelle contre un délit de suppression d'état ne » pourra commencer qu'après le jugement définitif » sur la question d'état ».

» Quant aux raisons, il ne s'en présente aucune pour interdire aux juges criminels la connaissance des questions d'état incidentes. Il est au contraire de principe que tout juge qui est compétent pour statuer sur un procès dont il est saisi, l'est par là même pour statuer sur les questions qui s'élèvent incidemment dans ce procès, quoique d'ailleurs ces questions soient hors de sa compétence, lorsqu'elles sont proposées principalement;

» Et il ne faut pas croire que les questions d'état soient exceptées de ce principe : elles y sont même soumises expressément par deux textes célèbres du droit romain..... (1).

Si, comme le décident ces deux textes, un juge civil qui, par la nature de ses attributions, est incompétent pour connaître d'une question d'état, devient néanmoins compétent pour y statuer lorsqu'elle se présente incidemment à une affaire de sa juridiction, pourquoi n'en serait-il pas de même du juge criminel? Pourquoi le juge criminel qui est incompétent pour connaître d'une question d'état, ne pourrait-il pas également la décider lorsqu'elle se présente incidemment à un procès de sa compétence?

» Mais, sans trop généraliser nos idées sur cette matière, renfermons-nous dans notre espèce.

» De quoi s'agit-il ici ? d'une accusation de Parricide; et le crime de Parricide de quoi se compose-t-il ? de deux élémens, d'un meurtre, et de la circonstance que le meurtrier est fils de la personne homicidée.

» Or, il est certain qu'en matière de crimes et de délits, la compétence des juges criminels n'est circonscrite par aucune borne, n'est modifiée par aucune réserve, n'est limitée par aucune exception;

(1) V. la loi 3, C. de Judiciis, et la loi 1, C. de Ordine cognitionum.

que, dès qu'un crime ou délit est articulé, les juges criminels doivent le rechercher, le poursuivre, le juger dans tous les élémens qui le constituent ou en forment la substance.

» Les juges criminels sont donc compétens pour juger, non-seulement que l'accusé du crime de Parricide a tué la personne qui passe pour son père, mais encore qu'il est réellement le fils de cette personne.

» Et il n'importe que, pour juger que l'accusé est réellement le fils de cette personne, il faille aborder une question de droit ; il n'importe que, dans notre espèce, la question de savoir si Michel Projetto est fils adoptif de Benoît Ferretti, dépend d'un point de droit, et non d'un point de fait.

« Les juges criminels ne sont pas moins compétens pour juger les questions de droit qui influent sur le plus ou le moins de gravité d'un crime ou d'un délit, qu'ils ne le sont pour juger les questions de fait qui ont le même objet.

» Pour qu'ils ne le fussent pas, il faudrait qu'une loi expresse leur eût ôté le pouvoir de juger ces question ; et, encore une fois, cette loi n'existe pas.

« Mais si la cour spéciale extraordinaire de Rome n'a pas transgressé les bornes de ses attributions, en jugeant que Michel Projetto n'est pas le fils adoptif de Benoît Ferretti, n'a-t-elle pas, par cette manière de juger, violé une loi d'après laquelle Benoît Ferretti eût dû passer à ses yeux pour père adoptif de Michel Projetto ? Et n'a-t-elle pas par suite violé l'art. 229 du Code pénal, qui qualifie de Parricide *le meurtre des pères ou mères légitimes, naturels ou adoptifs*? N'a-t-elle pas, par une suite ultérieure, violé l'art. 302 du même Code, qui punit de mort *tout coupable de Parricide*?

» Pour résoudre ces questions, fixons-nous bien sur le fait qui y donne lieu.

» Existe-t-il un acte par lequel Benoît Ferretti ait adopté Michel Projetto pour son fils?

» Oui cet acte existe ; il a été produit devant la cour spéciale extraordinaire de Rome, sous la date du 15 mai 1804 ; et la cour spéciale extraordinaire de Rome ne l'a pas méconnu.

» Elle n'a même pas méconnu que cet acte renferme toutes les clauses qui peuvent caractériser une véritable adoption.

» Eh! comment aurait-elle pu le méconnaître ? Cet acte nous présente, d'un côté, le commissaire général de l'hôpital du Saint-Esprit, qui, de l'ordre exprès et verbal du cardinal visiteur-général des hôpitaux de Rome, usant des priviléges appartenans de toute ancienneté à cet établissement et à ses élèves, en vertu des concessions du pape, pour la validité de ces sortes de contrats, donne pour fils, *concedit in filium*, à Benoît Ferretti et à son épouse, l'enfant trouvé Ange (depuis nommé Michel), âgé de douze ans. D'un autre côté, nous y voyons Benoît Ferretti et son épouse, qui, désirant se procurer, par une adoption calquée sur la nature, la conso-

lation d'avoir des enfans, déclarent prendre le jeune Ange *pour leur fils véritable, propre, légitime et comme naturel*, avec faculté de leur succéder, tant ab intestat qu'en vertu de testament, dans tous leurs biens, de quelque nature qu'ils soient, concurremment avec les autres enfans qui pourront leur survenir, et promettent de l'élever, de le nourrir, de le vêtir, de le garder dans leur maison *et dans leur famille*, de ne jamais l'en expulser, de ne jamais lui donner occasion d'en sortir, de l'y rappeler et l'y retenir, dans le cas où il en sortirait, même sans cause ; et en un mot de prendre sur eux, à son égard, tous les avantages, tous les devoirs et toutes les charges de la paternité. Enfin, le jeune Ange accepte l'adoption qui est faite de sa personne : il reconnaît Benoît Ferretti et son épouse pour son père et sa mère ; il déclare vouloir être leur fils ; il leur baise les mains *in signum veræ filiationis*, et il leur promet secours, respect et obéissance.

» Voilà bien tous les caractères matériels de l'adoption du droit romain, de l'adoption du Code civil des Français, de l'adoption proprement dite.

» Que manque-t-il donc à l'acte du 15 mai 1804, pour qu'il ait imprimé à Ange ou Michel Projetto, la qualité de fils adoptif de Benoît Ferretti ?

» Ce qui y manque, ce n'est point la possession d'état, car nous voyons par l'acte de mariage de Michel Projetto, produit devant vous, sous la date du 29 mai 1811, que Michel Projetto a toujours porté le nom de son père adoptif, et que celui-ci l'a marié comme son fils par adoption.

» Mais il y manque, suivant la cour spéciale extraordinaire de Rome, *les réquisitions prescrites par le droit commun*, auquel rien n'annonce *qu'il ait été dérogé par aucune loi pontificale*.

» Quelles sont donc les *réquisitions prescrites par le droit commun* pour la validité d'une adoption.

» L'arrêt attaqué ne s'explique point là-dessus ; mais on ne peut douter qu'il ne se réfère aux lois romaines, car c'est sous l'empire des lois romaines, et comme il le dit lui-même, c'est sous l'ancien régime qu'a été faite l'adoption dont il s'agit. C'est donc d'après les lois romaines, et non d'après le Code civil, qu'il juge cette adoption nulle.

« Et effectivement, les lois romaines voulaient que *l'adrogation*, c'est-à-dire, l'adoption d'une personne qui n'était point sous la puissance de son père naturel et légitime, d'une personne qui, par cette raison, était *sui juris* et considérée comme *père de famille*, ne pût avoir lieu qu'en vertu d'une grâce spéciale du prince. Elles voulaient que l'adrogation permise par le prince se fit en présence du magistrat et fût sanctionnée par un décret émané de son autorité. Elles voulaient que l'adrogeant eût au moins dix-huit ans de plus que l'adrogé. Elles voulaient que l'adrogé consentît expressément à son adrogation ; et comme un enfant au-dessous de l'âge de sept ans est censé n'avoir point de volonté, elles ne permettaient d'adroger un impubère qu'après sa septième année accomplie ; encore exigeaient-elles qu'en ce cas, l'adrogation fût précédée d'une sorte d'information *de commodo et incommodo*; que l'adrogé fût autorisé par son tuteur; que l'adrogeant assurât à l'adrogé le quart de ses biens, et donnât caution de restituer les biens de l'adrogé à sa famille, s'il venait à mourir avant l'âge de puberté. Elles voulaient enfin, que les femmes ne pussent pas adroger, parce que l'adrogation emportait l'assujet-tissement de l'adrogé à la puissance paternelle, de laquelle les femmes étaient incapables; mais elles leur permettaient d'*adopter*, en vertu d'un rescrit particulier du souverain. Tout cela résulte des lois 5, 32 et 33, D., de la loi 10, C. 5, du §. 3. Inst. *de adoptionibus*; et de la loi dernière, C. *de auctoritate præstandâ.*

» Mais, d'abord, de toutes ces conditions, il en est plusieurs qui se trouvent remplies dans l'acte du 15 mai 1804.

» 1° L'âge de Benoît Ferretti excédait certaine-ment de plus de dix-huit ans, celui de Michel Projetto; et la preuve en est au procès.

» 2° Michel Projetto avait près de douze ans, à l'époque de son adrogation; il était par conséquent habile à y consentir.

» 3° Michel Projetto était assisté et autorisé dans son acte d'adrogation, par le commissaire général de l'hospice dans lequel il avait été placé, comme enfant trouvé, dès l'instant de sa naissance; et ce commissaire lui tenait incontestablement lieu de tuteur.

» Ensuite, si l'adrogation de Michel Projetto n'a pas été précédée d'un rescrit particulier du sou-verain; si elle n'a pas été faite devant le magistrat; si le magistrat, avant de la sanctionner, n'a pas ordonné une information *de commodo et incom-modo*; si Benoît Ferretti n'a pas donné caution de restituer aux parens (alors inconnus et qui le sont encore aujourd'hui) de Michel Projetto, les biens qui pourraient lui échoir avant sa puberté, dans le cas où il viendrait à mourir avant cet âge; si toutes ces conditions requises par les lois romaines pour la validité d'une adrogation manquent dans l'acte du 15 mai 1804, du moins la cour spéciale ex-traordinaire de Rome reconnaît, par l'arrêt attaqué, qu'il aurait pu être dérogé, à cet égard, aux lois romaines par une *loi pontificale*.

» Et en effet, on ne saurait disconvenir que le Pape, par cela seul qu'il exerçait la souveraineté dans les états romains, n'eût toute l'autorité qu'il fallait pour autoriser les adoptions hors des cas et avec moins de solennité que les lois romaines ne les autorisaient. Les lois romaines n'étaient, dans les états romains, que ce qu'elles étaient en Piémont, en Provence, en Languedoc; elles n'étaient lois qu'au défaut des brefs ou édits du souverain; et elles se taisaient, toutes les fois que le souverain avait ma-nifesté une volonté contraire à leurs dispositions.

» Et si, comme le décide expressément la loi 38, D. *de adoptionibus*, le souverain pouvait confir-mer et valider par son autorité, une adoption qui

avait été faite illégalement, *adoptio non jure facta à principe confirmari potest*, à combien plus forte raison lui était-il libre de déroger, pour l'avenir, aux conditions que les lois romaines prescrivaient pour la validité des adoptions, et de déclarer que les adoptions qui seraient faites à l'avenir dans telles ou telles formes, dans tels ou tels cas, réprouvés par les lois romaines, auraient leur entier effet.

» Or, voilà précisément ce qu'avaient fait les sou-verains de Rome long-temps avant l'acte du 15 mai 1804; voilà ce qu'ils avaient fait, non pas, à la vé-rité, pour toutes les adoptions qui pourraient avoir lieu dans leurs états, mais, ce qui suffit bien dans notre espèce, pour l'adoption des enfans-trouvés de l'hôpital du Saint-Esprit.

C'est ce que nous apprend un bref du Pape Be-noît XIV, du 21 décembre 1749.

» Dans ce bref conçu en forme de *motu. pro-prio*, le pontife commence par exposer que, de temps immémorial, les *précepteurs généraux* ou *commendateurs* de l'hôpital du Saint-Esprit, et en leur nom les *commissaires généraux* des bâtards de cet établissement, ont été dans l'usage de con-céder ces bâtards tant aux hommes qu'aux femmes, soit pour leur tenir lieu d'enfans, soit pour leur ap-prendre un métier, soit pour les nourrir et élever jusqu'à l'âge nubile, et d'obliger ceux à qui ils les concédaient, ou à les traiter en fils, ou à leur assi-gner une certaine partie de leurs biens; que néan-moins il est quelquefois arrivé que, sous le prétexte de la nullité de ces contrats, lorsqu'ils étaient passés avec des femmes, ou avec d'autres personnes as-servies par le droit commun ou par le statut mu-nicipal de Rome à des formalités particulières; pour pouvoir s'engager valablement, les bâtards ainsi af-filiés ou placés jusqu'à l'âge nubile, ont été privés, après la mort des obligés, des droits de succession et des autres avantages qui leur avaient été promis; que, pour remédier à cet inconvénient, le Pape Innocent XIII, avait donné, le 30 juillet 1722, sur la demande du prélat Valiguani, alors *précep-teur* de l'hôpital du Saint-Esprit, un bref par lequel il avait déclaré que la seule autorisation du *commen-dateur* suffirait pour valider les *affiliations* et *con-cessions* des bâtards; et que ces affiliations et con-cessions ainsi autorisées auraient leur plein effet, sans qu'il fût besoin d'aucune autre solennité; mais que les successeurs du précepteur Valiguani n'avaient pas sollicité le renouvellement de ce bref, appa-remment limité à sa personne. « A cet effet (con-
» tinue Benoît XIV), voulant que les contrats sus-
» dits ne soient plus, à l'avenir, exposés aux dan-
» gers d'être querellés par le défaut desdites solen-
» nités,.....; et tenant pour répétée mot à mot dans
» les présentes, la teneur entière du bref d'Inno-
» cent XIII, concernant la forme dans laquelle on
» passe lesdits contrats d'*affiliation, adoption*,
» *adrogation*, ou *toute autre concession* des bâ-
» tards des deux sexes au nom dudit hôpital,.....;
» nous, en vertu de notre pouvoir suprême, vou-
» lons, décrétons et ordonnons qu'à l'avenir, dans

» les concessions des bâtards des deux sexes , par-
» venus à l'âge d'environ douze ans, que, d'après
» le louable et très-ancien usage , les précepteurs
» généraux ou commendateurs dudit hôpital , ou
» les commissaires généraux desdits bâtards , d'a-
» près l'ordre spécial des précepteurs généraux ou
» commendateurs, sont en fils ou filles , et quel-
» quefois même, lorsqu'il s'agit de filles , à l'effet
» et avec l'obligation positive des adoptans , de les
» garder et retenir jusqu'à l'âge nubile, de les placer
» dans un couvent, ou de les marier, ou sous d'au-
» tres charges et conditions ; et particulièrement
» de leur fournir des alimens et de pourvoir à leur
» établissement, ainsi qu'il est exprimé dans les actes
» publics passés à cette fin ; les femmes qui , à
» l'avenir, recevront les susdits bâtards , en fils ou
» filles , ou seulement jusqu'à l'âge nubile, pourvu
» qu'elles soient majeures, veuves , maîtresses de
» leurs droits , dégagées de la puissance paternelle,
» ou vivant, séparées de leur père ou de leur aïeul
» paternel, du produit de leurs biens , ou qu'étant
» mariées, elles soient assistées de leurs maris, s'o-
» bligeant solidairement avec elles, pourront, va-
» lablement et légitimement, sans aucun décret du
» juge ordinaire, et sans recourir aux solennités
» requises dans les obligations des femmes par le
» droit commun , par les statuts locaux , même par
» celui de Rome, dans les contrats d'affiliation et de
» concession, devant le notaire-archiviste dudit hô-
» pital , ou tout autre notaire au choix du prélat
» précepteur en exercice ; déclarons que lesdits con-
» trats seront, en vertu de notre pouvoir suprême, »
» tenus pour valables et exécutoires, tant en jus-
» tice qu'ailleurs, comme s'ils avaient été passés
» de l'autorité du juge ordinaire , et avec toutes
» les solennités nécessaires; et qu'on le pratiquera
» ainsi, toujours et à perpétuité, à l'égard desdites
» affiliations et concessions. Voulant et décrétant
» que notre présente cédule de motu proprio soit
» gardée et observée, nonobstant le défaut d'ex-
» hibition et d'enregistrement à la chambre apos-
» tolique dans ses livres, ou tout prétexte de su-
» breption, obreption ou de tout autre vice, ou
» défaut de notre intention et volonté; et que cela
» soit, toujours et à perpétuité, ainsi tenu, jugé
» et interprété par tous les juges et tribunaux ;
» déclarant dès-à-présent nul et comme non-avenu
» tout ce qui pourrait être par eux jugé au con-
» traire..... »

« Vous voyez, Messieurs, que l'objet de ce bref
n'est pas précisément de déroger, pour les hommes
qui veulent adopter ou adroger des bâtards de l'hôpital du Saint-Esprit, aux solennités prescrites par
le droit commun ; qu'il reconnaît que ces solennités
sont devenues inutiles pour les hommes , par l'effet
de l'usage louable et très-ancien dans lequel sont
les commendataires , et , en leur nom , les commissaires généraux de cet hôpital , d'en concéder les élèves en fils ou filles ; et qu'à l'égard des hommes, ces
affiliations n'ont jamais été contestées; mais qu'elles
l'ont été, à l'égard des femmes, par la raison que les

femmes sont , d'après les statuts locaux , incapables
de contracter aucune obligation , et qu'elles ne peuvent être relevées de leur incapacité que par l'observation exacte de certaines formalités prescrites par
ces statuts ; que c'est cette considération seule qui
détermine le pontife à interposer son autorité; mais
qu'en l'interposant , qu'en habilitant les femmes,
sous les conditions qu'il exprime , à prendre pour
fils ou filles des bâtards de l'hospice du Saint-Esprit,
qu'en voulant que les actes notariés par lesquels les
femmes recevront ces bâtards pour fils ou filles , des
mains des commandateurs, ou des commissaires
généraux agissant de l'ordre exprès des commendateurs, reçoivent leur pleine et entière exécution, il
confirme, il sanctionne, il érige en loi , l'usage
louable et très-ancien qui est commun aux hommes et aux femmes ; et que, s'il ne permet pas aux
juges et aux tribunaux de s'écarter, pour les femmes, de cet usage et de la loi par laquelle il le confirme, à plus forte raison ne le leur permet-il pas
pour les hommes.

». Vous remarquez encore que, dans ce bref,
Benoît XIV distingue plusieurs sortes de concessions
que l'hôpital du Saint-Esprit fait de ses bâtards aux
hommes comme aux femmes ; que les uns sont qualifiés d'affiliations , d'adoptions ; que les autres sont
appelés adrogations ; que d'autres n'imposent à ceux
qui se chargent des bâtards, d'autre obligation que
celle de leur apprendre un métier ou de les garder
jusqu'à l'âge nubile ; qu'il abandonne l'effet de ces
diverses concessions à la volonté des parties et aux
clauses qui la manifestent ; mais qu'il veut absolument que ces clauses ayent tout leur effet ; et, par
conséquent, que si ces clauses portent le caractère ,
soit d'adoption proprement dite , soit d'adrogation ,
elles soient exécutées comme adrogation , comme
adoption proprement dite.

» Or, ce caractère , nous le trouvons tout entier
dans les clauses de l'acte du 15 mai 1804. Ces clauses
nous présentent , de la part de Benoît Ferretti , une
véritable adrogation de Michel Projeito ; elles nous
présentent , de la part de l'épouse de Benoît Ferretti,
une véritable adoption du même enfant. Michel-
Projeito est donc devenu , par la puissance de cet
acte, le fils adrogé de Benoît Ferretti, comme il est
devenu le fils adoptif de l'épouse de celui-ci : ou
plutôt, pour parler un langage plus rapproché de
nos mœurs, il est devenu le fils adoptif de l'un et
de l'autre. Et il l'est devenu, nonobstant le défaut
de rescrit spécial du souverain, nonobstant le défaut
de décret du juge , nonobstant le défaut d'information de commodo et incommodo , nonobstant le
défaut de caution de rendre les biens qu'il pourrait
acquérir avant sa puberté; parce que toutes ces considérations particulières , auxquelles le droit romain
avait subordonné l'adoption des impubères sui
juris, ont été abolies , à l'égard des élèves de l'hôpital du Saint-Esprit, par un usage que le bref de
Benoît XIV a converti en loi.

» Maintenant que peut-on alléguer pour la justification de l'arrêt qui déclare que Michel-Projetto n'était pas le fils adoptif de Bénoît-Ferrotti ?

» Il n'a fait, vous dit-on, que se conformer à l'interprétation qu'une décision de la rote romaine, du 24 avril 1761, avait donnée au bref de Benoît XIV, du 21 décembre 1749 ; et c'en est assez pour le mettre à l'abri de la cassation.

» Mais cette décision, dans quelles circonstances la rote romaine l'avait-elle rendue, et qu'en résulte-t-il pour l'espèce actuelle ?

» En 1703, acte notarié, par lequel le commissaire de l'hôpital du Saint-Esprit donne un enfant-trouvé de cet hôpital, nommé Alexandre, et *âgé de cinq ans*, en adoption à Philippe Cocchi, artiste distingué, lequel déclare le *subroger et l'adopter pour son fils ; et promet de le garder dans sa maison, de l'élever, et de l'instituer, à sa mort, héritier universel dans tous ses biens, concurremment avec ses autres enfans, s'il en a.*

» Philippe Cocchi tient sa promesse quant à la nourriture et à l'éducation. Mais il meurt en 1721, célibataire et sans testament. Son frère recueille toute sa succession *ab intestat*, en jouit paisiblement jusqu'à sa mort, et la transmet à Pierre Olivier, son neveu, qu'il institue héritier universel. Plusieurs années se passent, sans qu'Alexandre élève aucune réclamation. Mais, en 1754, trente-trois ans après la mort de Philippe Cocchi, il intente, contre Pierre Olivier, une action en délaissement de l'hérédité de son père adoptif; et il produit, pour justifier sa demande, une longue et presque innombrable série d'actes d'adoption d'enfans-trouvés de l'hôpital du Saint-Esprit, qui remontent à l'année 1520, des jugemens qui ont ordonné l'exécution de plusieurs de ces actes, les brefs des papes qui en ont confirmé l'usage, et une déclaration de la congrégation des cardinaux interprètes du concile de Trente, du 25 septembre 1734, portant qu'il y avait empêchement dirimant de mariage entre un enfant-trouvé de l'hôpital du Saint-Esprit et la veuve de son père adoptif. Cependant les premiers juges le déboutent. Il appelle, et sans succès. Par la décision citée, là rote romaine déclare qu'il a été bien jugé.

» Mais quels ont été les motifs de cette décision ?

» Elle nous apprend elle-même que quelques-uns des juges seulement ont été d'avis que, dans tous les actes d'adoption ou d'adrogation qui étaient produits par Alexandre, et même dans les brefs pontificaux qui confirmaient l'usage de ces actes, il n'était question ni d'adoptions ni d'adrogations véritables, mais de simples *affiliations*, espèce de contrat innommé, susceptible de tous les pactes, de toutes les conventions qu'il plaisait à celui qui donnait et à celui qui recevait l'enfant, d'y faire insérer : *et nonnulli quidem domini firmissime arbitrabantur in omnibus adoptionum seu arrogationum instrumentis hactenus exhibitis, atque in ipsis pontificiis brevibus, non veram adoptionem seu arrogationem, sed simplicem contineri ac significari innominatum contractum affiliationis nonnullis vallatum pactioni*

bus et obligationibus, prout danti accipientique puerum seu puellam, magis placuit et arrisit.

» La décision rappelle fort au long tous les raisonnemens qu'employaient à l'appui de cette opinion, le petit nombre des juges qui la soutenaient. Mais elle fait assez entendre que cette opinion était combattue par la grande majorité ; telle fut, dit le rédacteur, l'avis de quelques-uns de messieurs : *hæc nonnullorum dominorum sententia.* Du reste, toutes les voix se sont accordées à dire qu'il y avait, dans l'adrogation d'Alexandre, un vice qui la rendait insoutenable ; qu'Alexandre avait à peine cinq ans au moment de son adrogation ; qu'à cet âge, un enfant n'a point de volonté, et ne diffère presque en rien d'un homme frappé de démence ou de fureur ; que les lois romaines n'admettaient l'adoption et l'adrogation qu'à l'égard des enfans âgés de sept ans au moins; que l'usage avait encore été plus loin relativement aux enfans-trouvés de l'hôpital du Saint-Esprit ; qu'il n'avait permis de les donner en adoption qu'à l'âge de douze ans ou environ, c'est-à-dire, de douze ans au moins commencés ; que cet usage avait même été confirmé par le bref de Benoît XIV ; et que ce bref, en tant qu'il le confirmait, devait s'appliquer même aux adoptions antérieures à sa date ; qu'aussi remarquait-on que de tous les jugemens produits par Alexandre, qui avaient déclaré les enfans-trouvés de l'hôpital du St.-Esprit, habiles à succéder à leurs pères adoptifs, il n'y en avait pas un seul qui n'eût pour objet des enfans adoptés à l'âge de douze ans ou plus; que c'était aussi d'un enfant adopté à l'âge de douze ans qu'il s'agissait dans la déclaration des cardinaux interprètes du concile de Trente de 1734; qu'au surplus, l'adrogation d'Alexandre eût-elle été valable, elle n'aurait encore pu lui être d'aucun secours, parce qu'il avait laissé prescrire, par une possession plus que trentenaire, son droit à la succession de Philippe Cocchi.

» Qu'aurait jugé là rote romaine, si l'adrogation d'Alexandre eût été valable dans son principe, et qu'Alexandre en eût réclamé l'effet en temps utile ? La décision nous laisse assez pressentir que, dans cette double hypothèse, Alexandre eût été admis à la succession de Philippe Cocchi, et que, par conséquent, il eût été jugé véritable fils adoptif de celui qui l'avait adopté. Nous osons même croire que la rote romaine n'eût pas pu prononcer autrement, sans se mettre en opposition avec la déclaration des cardinaux interprètes du concile de Trente de 1734 ; car, décider qu'il y a empêchement dirimant de mariage entre l'adopté et la veuve de l'adoptant, c'est bien décider que la loi établit entre l'adoptant et l'adopté le même rapport qu'entre le père naturel et son fils.

» Mais si l'arrêt de la cour spéciale extraordinaire de Rome, qui vous est dénoncé, ne peut pas être justifié par la décision de la rote romaine du 24 avril 1761, ne peut-on pas du moins le justifier par un autre moyen ?

» Ne peut-on pas dire que l'art. 229 du Code pénal, dans la définition qu'il nous donne du Parricide, n'entend pas, par *enfant adoptif*, l'enfant qui a été adopté dans une autre forme que celle qui est déterminée par le Code civil ?

» Nous ne le pensons pas. Quelle raison y aurait-il en effet de restreindre jusqu'à ce point une disposition aussi générale, aussi indéfinie, aussi illimitée, que l'est celle de l'article 229 du Code pénal? Cette disposition embrasse tous les enfans adoptifs; elle doit donc leur être appliquée à tous. Elle ne peut pas l'être sans doute à ceux qui ne sont enfans adoptifs que de nom ; mais ceux qui ne sont enfans adoptifs que par l'effet d'une adoption véritable, ceux qui ont reçu, par une adoption véritable, tous les droits d'enfans naturels et légitimes, ceux à qui une adoption véritable a imposé tous les devoirs d'enfans proprement dits, pourquoi ne la leur appliquerait-on pas ?

» Une chose du moins bien certaine, c'est qu'on ne peut pas se dispenser d'en faire l'application aux enfans adoptifs qui sont compris dans la loi transitoire du 25 germinal an 11 ; car, en disant que « toutes adoptions faites par actes authentiques de- » puis le 18 janvier 1792 jusqu'à la publication des » dispositions du Code civil relatives à l'adoption, » seront valables, quand elles n'auraient été accom- » pagnées d'aucune des conditions depuis imposées » pour adopter et être adoptés ; » cette loi est bien censée dire que ces adoptions confèrent aux enfans qui en ont été l'objet, tous les droits des enfans adoptifs du Code civil, et leur en imposent tous les devoirs; et il est évident que l'art. 229 du Code pénal se réfère tout aussi bien aux enfans adoptifs dont il est parlé dans cette loi, qu'aux enfans adoptifs dont il est parlé dans le Code civil.

» Or, d'une part, la loi du 25 germinal an 11 a été publiée dans les ci-devant états romains. Elle l'a été au mois d'août 1809, et elle est insérée dans le bulletin des lois que le consulte extraordinaire a fait imprimer à Rome.

» D'un autre côté, c'est par un acte authentique, c'est depuis le 18 janvier 1792, qu'a été faite l'adoption de Michel-Projetto.

» L'adoption de Michel-Projetto devait donc avoir, aux yeux de la cour spéciale extraordinaire de Rome, tous les effets d'une adoption qui eût été faite depuis la mise en activité du Code civil ; elle devait donc faire considérer Michel-Projetto, d'après l'article 229 du Code pénal, comme coupable du crime de parricide dans la personne de Benoit Ferretti.

» Il est vrai que, sous l'ancienne jurisprudence, c'était une question si la peine du parricide devait être appliquée à l'adopté qui tuait l'adoptant.

» Mais outre que l'affirmative était soutenue par Voët, sur le digeste, titre *De lege Pompeïâ de parricidiis*, n. 3, et étayée par ce jurisconsulte de raisons qui nous paraissent inexpugnables, cette question n'en est plus une depuis la publication

du Code pénal, et c'est depuis la publication du Code pénal qu'a été commis le crime de Michel-Projetto.

» Quoi de plus juste d'ailleurs, quoi de plus moral que la disposition de ce Code ! « En plaçant sur » la même ligne (disait l'orateur du corps législatif ; » en lui présentant cette disposition, à la séance du » 17 février 1810), en plaçant sur la même ligne le » père naturel et le père adoptif, le projet de loi » rend hommage à la paternité légale, consolante » image de la paternité réelle ; il consacre cette » grande et utile leçon de morale, que les liens de » la reconnaissance ne doivent pas être moins sacrés » que ceux de la nature. »

» Mais de tout cela conclurons-nous que vous devez casser l'arrêt de la cour spéciale extraordinaire de Rome, qui n'a condamné Michel-Projetto qu'à la peine des travaux forcés à perpétuité ?

» Non, Messieurs, et nous avons, pour nous dispenser de ce devoir rigoureux et pénible, deux motifs aussi constans en fait, qu'ils nous paraissent légitimes en droit.

» 1°. L'arrêt que vous dénonce le procureur-général de la cour spéciale extraordinaire de Rome, prouve assez, par la manière dont il est rédigé, qu'en le rendant, la cour spéciale extraordinaire n'avait pas connaissance du bref de Benoit XIV, du 21 décembre 1749 ; et, dans le fait, le procureur-général convient expressément que ce n'est que le lendemain de la prononciation de cet arrêt, que le bref de Benoit XIV a été découvert dans les archives de l'hôpital du Saint-Esprit.

» Vous avez d'ailleurs remarqué, par la teneur même de ce bref, qu'il n'avait pas été, dans le principe, enregistré à la chambre apostolique, et qu'il n'avait acquis aucune publicité légale.

» Or, la cour spéciale extraordinaire de Rome a-t-elle dû, sous peine de cassation, se conformer, dans son arrêt, à un bref qu'elle ne connaissait pas ?

» Cette question se réduit, en d'autres termes, à celle-ci : La cour spéciale extraordinaire de Rome était-elle tenue de connaître ce bref ? était-elle censée le connaître, quoiqu'on ne l'eût pas produit devant elle ?

» Lorsqu'une loi a été, au moment de son émanation, publiée solennellement, il n'est permis à personne de l'ignorer ; et l'ignorance en est encore moins présumable de la part d'un juge que de la part d'un simple citoyen.

» Mais une loi qui n'a été, au moment de son émanation, adressée qu'au particulier ou à la corporation qu'elle concernait, quel moyen le juge a-t-il de la connaître? L'existence de cette loi est pour lui un fait ; et il ne doit ni ne peut connaître les faits, qu'autant qu'ils sont articulés et prouvés par la partie intéressée.

» 2°. Supposons cependant que la cour spéciale extraordinaire a dû connaître, et qu'elle est par conséquent censée avoir connu le bref de Benoît XIV, du 21 décembre 1749 : dans cette hypothèse, la loi lui commandait-elle de prononcer la peine de mort contre Michel-Projetto ?

» C'est le 1er. mars 1813, que Michel Projetto a tué son père adoptif ; et il n'avait alors que 19 ans 5 mois et quelques jours.

» Qu'était-il à cette époque ? Rien que le fils adoptif provisoire de Benoît Ferretti ; en cette qualité, il dépendait de lui de la faire cesser. Car voici ce que nous lisons dans l'art. 2 de la loi transitoire du 25 germinal an 11 : « Pourra néanmoins celui qui » aura été adopté en minorité, et qui se trouverait » aujourd'hui majeur, renoncer à l'adoption, dans » les trois mois qui suivront la publication de la pré- » sente loi. *La même faculté pourra être exercée* » *par tout adopté aujourd'hui mineur, dans les* » *trois mois qui suivront sa majorité.* »

» Or, la disposition de l'art. 199 du Code pénal, qui qualifie de parricide, le meurtre du père adoptif, peut-elle s'appliquer au meurtre du père adoptif provisoire ? Peut-on appliquer au meurtre du père adoptif provisoire, la disposition de l'article 302 du même Code, qui punit de mort le crime de P arricide ?

» Non, sans doute. Les mots *père adoptif* ne peuvent s'entendre, dans le premier de ces textes, que d'un père qui est définitivement tel. Celui qui n'est que provisoirement *père adoptif*, ne l'est pas encore véritablement ; il n'a cette qualité, qu'autant que celui qu'il a pris pour son fils voudra bien la lui conserver ; et celui qu'il a pris pour son fils manifeste assez, en portant sur lui des mains homicides, à une époque où la loi lui permet encore de le renier pour son père, la volonté qu'il a de le renier en effet.

» Qu'importe que l'adoption de Michel-Projetto fût définitive quant à Benoît Ferretti ? Qu'importe que Benoît Ferretti n'eût pas, comme Michel-Projetto, la faculté de faire cesser l'adoption à laquelle il avait consenti le 15 mai 1804 ? Il ne s'agit pas ici des droits que l'adoption avait donnés à Michel-Projetto contre Benoît Ferretti ; il s'agit de droits que l'adoption avait donnés à Benoît Ferretti contre Michel-Projetto ; il s'agit des devoirs que l'adoption avait imposés à celui-ci envers celui-là. Or, Michel-Projetto était encore maître, le 1er. mars 1812, de détruire ces droits, de s'affranchir de ces devoirs. Il n'était donc pas encore définitivement, le 1er. mars 1812, enfant adoptif de Michel-Ferretti. On ne pourrait donc le traiter comme tel, que dans les choses qui lui seraient favorables. On ne peut donc pas le traiter comme tel à son préjudice.

» Et c'est à ce résultat qu'aboutissent tous les contrats qui sont passés entre un majeur et un mineur. Le majeur est lié par ces contrats ; le mineur ne l'est qu'autant qu'il le veut bien.

» Par ces considérations, nous estimons qu'il y a lieu de rejeter le recours en cassation du procureur-général de la cour de Rome, et de maintenir l'arrêt contre lequel ce recours est dirigé. »

Par arrêt du 27 novembre 1812, sur délibéré, au rapport de M. Busschop, « Considérant, 1°. que les tribunaux criminels chargés d'instruire et de prononcer sur les crimes et délits, ont essentiellement caractère pour prononcer sur toutes les matières accessoires et incidentes qui s'y rattachent, et qui ne sont pas exceptées, par la loi de leur juridiction ; qu'ils sont même compétens pour prononcer sur les questions de droit qui naissent de l'instruction et de la défense des parties, lorsque ces questions doivent modifier ou aggraver le caractère du fait de la poursuite et la peine dont il peut être susceptible, quoiqu'ils fussent, par leur institution, incompétens pour prononcer sur ces mêmes questions de droit, considérées indépendamment du fait criminel et d'une manière principale ; que, dès-lors, la cour spéciale extraordinaire a été compétente pour statuer sur la qualité de fils adoptif attribuée à Michel Ferretti-Projetto dans l'acte d'accusation, et qui constituait un des élémens ou une circonstance aggravante de l'homicide porté contre lui dans cet acte ; 2°. que la cour spéciale extraordinaire de Rome a déclaré dans son arrêt que la qualité de fils adoptif de Benoît Ferretti, attribuée à Michel Ferretti-Projetto, dans l'acte d'accusation, n'avait point été suffisamment prouvée ; qu'il est reconnu par le procureur-général, demandeur en cassation, et qu'il paraît même résulter de l'arrêt attaqué, que le bref du pape Benoît XIV, du 21 décembre 1749, qui n'avait été qu'un acte de l'autorité souveraine, particulier pour l'hospice du Saint-Esprit, qui était demeuré dans les archives de cet hospice sans recevoir de publication générale dans les États Romains, n'a point été produit devant la cour spéciale extraordinaire, et n'est point entré dans les élémens de sa délibération ; que, dans ces circonstances, l'arrêt rendu par cette cour sur la qualité *de fils adoptif* attribuée à l'accusé, ne peut donner ouverture à cassation, et que la condamnation aux travaux forcés à perpétuité a été une juste application de l'art. 304 du Code pénal ; la cour rejette le pourvoi..... »

IV. Ces peines portées par les art. 13 et 302 du Code pénal, sont-elles applicables au complice du parricide, comme au parricide lui-même ?

Le 6 août 1812, le jury du département de Seine-et-Marne déclare « qu'Ursule Pottier, veuve d'André Baillet, est coupable d'homicide sur la personne de son mari ; qu'il y a complicité avec Charles-Joseph Baillet, son fils ; que l'homicide a été volontaire ; qu'il n'y a pas eu préméditation ; que Charles-Joseph Baillet est coupable de complicité avec Ursule Pottier sa mère, d'un homicide sur la personne d'André Baillet, son père ; qu'il a commis l'homicide sans préméditation, mais volontairement. » — D'après cette déclaration, arrêt qui, appliquant à Ursule Pottier, l'art. 304 du Code pénal, la condamne aux travaux forcés à perpétuité ; et appliquant à Charles-Joseph Baillet les art. 13, 299 et 302 du même Code, le condamne à la peine de mort, le poing droit préalablement coupé.

Le 7 du même mois, le procureur criminel se pourvoit en cassation, en ce qu'Ursule Pottier n'a pas été condamnée aux mêmes peines que son fils. — Le 9, les deux condamnés se pourvoient également. — Quelque temps après, et avant qu'il ait été statué sur ce recours, Ursule Pottier meurt. — Le procureur criminel n'en persiste pas moins dans son recours en cassation : et il demande qu'il y soit statué dans l'intérêt de la loi.

Le 15 octobre 1812, arrêt qui rejette le recours de Charles-Joseph Baillet; déclare qu'il n'y a lieu à statuer sur celui d'Ursule Pottier, et continue la cause au premier jour sur celui du procureur criminel. — L'affaire, en cet état, est rapportée de nouveau à l'audience du 3 décembre 1812.

« La mort d'Ursule Pottier (ai-je dit à cette audience), ayant rendu sans objet, dans l'intérêt de la vindicte publique, le recours en cassation du procureur criminel du département de Seine-et-Marne, il nous reste à examiner, 1°. si ce recours subsiste encore dans l'intérêt de la loi ; 2°. si, dans l'intérêt de la loi, il y a lieu d'annuller, soit sur ce recours, soit sur nos conclusions, la disposition de l'arrêt de la cour d'assises du département de Seine-et-Marne, du 6 août dernier, qui applique à Ursule Pottier la peine portée par l'art. 304 du Code pénal.

» Vous ne trouverez sans doute aucune difficulté à résoudre négativement la première de ces deux questions.

D'une part, le droit de requérir, dans l'intérêt de la loi, l'annullation des arrêts et jugemens en dernier ressort, n'appartient qu'au ministère public près la cour de cassation. Il lui est réservé pour les matières criminelles, comme pour les matières civiles, par l'art. 25 de la loi du 27 novembre 1790 ; il lui est réservé pour les unes comme pour les autres, par l'art. 8 de la loi du 27 ventose an 8 ; il lui est réservé spécialement pour les matières criminelles, par l'art. 442 du Code d'instruction de 1808.

» D'un autre côté, il est vrai que, par l'art. 409 de ce dernier Code, les procureurs-généraux des cours et leurs substituts procureurs-criminels sont autorisés à se pourvoir en cassation, dans l'intérêt de la loi, contre les ordonnances des présidens des cours d'assises, qui, d'après la déclaration du jury, prononcent l'acquittement des accusés. Mais cette disposition doit être renfermée dans son objet : limitée aux ordonnances d'acquittement qui émanent des présidens des cours d'assises, elle ne peut pas être étendue aux arrêts de ces cours.

» Ainsi, nul doute que le procureur-criminel ne soit non-recevable dans la demande qu'il vous a faite, depuis la mort d'Ursule Pottier, de casser, dans l'intérêt de la loi, la disposition de l'arrêt du 6 août qui concerne cette femme.

» Mais cette disposition ne doit-elle pas être cassée, dans l'intérêt de la loi, sur nos conclusions ?

» Sur cette seconde question, nous avons deux choses à faire : remettre sous vos yeux la déclaration du jury ; et la comparer avec le texte du Code pénal.

» La déclaration du jury porte qu'Ursule Pottier s'est rendue coupable de meurtre, dans la personne de son mari; et qu'elle a commis ce crime de complicité avec Charles-Joseph Baillet, son fils, qui, par là, s'est rendu coupable de Parricide.

» Si Ursule Pottier n'avait pas eu pour complice, dans le meurtre de son mari, le fils de son mari même, l'art. 304 du Code pénal justifierait parfaitement le parti qu'a pris la cour d'assises du département de Seine-et-Marne, de ne la condamner qu'aux travaux forcés à perpétuité.

» Mais du moment qu'Ursule Pottier est convaincue d'avoir agi, en tuant son mari, de complicité avec le fils de son mari même, le crime dont elle s'est rendue coupable, prend nécessairement un autre caractère que celui d'un simple meurtre; il prend nécessairement le caractère de complicité d'un Parricide.

» Or, de quelle peine la complicité d'un Parricide doit-elle être punie ?

» Elle doit incontestablement l'être de la même peine que l'auteur du Parricide, c'est-à-dire, de la peine de mort, le poing droit préalablement coupé.

» Car l'art. 59 du Code pénal porte que *les complices d'un crime ou d'un délit seront punis de la même peine que les auteurs de ce crime ou de ce délit.*

» Il est vrai que cet article ajoute : *sauf le cas où la loi en aurait disposé autrement.*

» Mais ces cas quels sont-ils ? Nous en trouvons jusqu'à treize, dans les art. 63, 100, 107, 108, 114, 116, 158, 190, 213, 284, 285, 288 et 441.

» Mais dans aucun de ces articles, il n'est question des complices du crime de Parricide. Les complices du crime de Parricide demeurent donc soumis à la règle générale ; ils doivent être punis de la même peine que les auteurs de ce crime.

» Il est vrai encore que le meurtre d'un père, d'une mère ou de tout autre ascendant, n'est qualifié de Parricide, et n'est, comme tel, puni de la peine de mort, qu'à raison d'une qualité personnelle au meurtrier, et que cette qualité ne se communique pas au complice de celui-ci.

» Mais le vol commis par un domestique au préjudice de son maître, sans autre circonstance aggravante, n'est également qualifié de crime, et n'est, comme tel, puni de la réclusion, qu'à raison des rapports des voleurs avec la personne volée ; et ces rapports ne se communiquent pas au complice du voleur. Cependant on n'a jamais douté que le complice d'un vol domestique, ne dût être puni de la même peine que l'auteur du vol. Pourquoi donc en serait-il autrement à l'égard des complices d'un Parricide ?

» Il est vrai enfin que, par arrêt du 3 juillet 1806, vous avez jugé, sous le Code du 3 brumaire an 4, qui renfermait la même disposition que l'art. 59 du Code pénal de 1810; et ne la restreignait par aucune exception, que le complice d'un vol commis par récidive, ne doit pas subir l'aggravation de peine qui est, à raison de la récidive, infligée à l'auteur de ce vol.

» Mais pourquoi l'avez-vous ainsi jugé ? Parce que la récidive est non-seulement une circonstance personnelle à l'auteur du crime, mais encore une circonstance étrangère au crime même; parce qu'en disant que le complice d'un crime sera puni de la même peine que l'auteur de ce crime, la loi n'entend que la peine prononcée contre le crime même, tel qu'il est caractérisé par les circonstances personnelles ou non à son auteur, qui entrent dans le fait matériel dont il se compose; parce que, pour appliquer sa disposition à la peine prononcée contre le crime, à raison de circonstances tout-à-la-fois antérieures et intrinsèques au fait matériel qui le constitue, il faudrait étendre sa disposition au-delà des termes qui l'expriment.

» Mais dans un Parricide, la qualité de l'auteur principal du crime est, comme dans un vol domestique, une circonstance qui fait partie de ses élémens substantiels; c'est une circonstance concomitante du crime même. L'aggravation de peine qu'elle produit à l'égard du principal coupable est donc nécessairement commune au complice.

» Par ces considérations, nous estimons qu'il y a lieu, en ce qui concerne le recours en cassation formé, le 7 août dernier, par le procureur criminel du département de Seine-et-Marne, de déclarer, « qu'attendu le décès d'Ursule Pottier, il n'y a lieu d'y statuer; en ce qui concerne la demande formée par le même magistrat depuis le décès d'Ursule Pottier, à ce que l'arrêt de la cour d'assises du département de Seine-et-Marne, du 6 du même mois, soit cassé dans l'intérêt de la loi; de la déclarer non-recevable : faisant droit sur ses conclusions, casser et annuler, dans l'intérêt de la loi, la disposition du même arrêt qui est relative à Ursule Pottier; et ordonner qu'à notre diligence, l'arrêt à intervenir sera imprimé et transcrit sur les registres de la cour d'assises du département de Seine-et-Marne ».

Par arrêt du 3 décembre 1812, au rapport de M. Oudart, « attendu que l'art. 442 du Code d'instruction criminelle donne, dans tous les cas, au procureur-général en la cour le pouvoir de se pourvoir dans le seul intérêt de la loi, contre les arrêts ou jugemens en dernier ressort, et que ce pouvoir n'est accordé par l'article 409 du même Code, aux procureurs-généraux près les cours d'assises ou à leurs substituts, que dans le cas où l'accusé a été acquitté; attendu que la veuve d'André Baillet, depuis décédée, avait été déclarée coupable et condamnée; par ces motifs, la cour déclare le procureur criminel près la cour d'assises du départe- ment de Seine-et-Marne non-recevable dans son pourvoi; —et faisant droit sur le réquisitoire de M. le procureur-général en cette cour, vu les art. 302 et 59 du Code pénal....; considérant que la veuve André Baillet avait été déclarée complice d'un Parricide, et aurait dû être condamnée aux peines portées par les articles 302 et 13 du Code pénal; que la circonstance aggravante qui caractérise le Parricide, est inhérente au crime même, et qu'aucune disposition du Code pénal n'a excepté les complices du crime de Parricide de la disposition générale de l'art. 59 du même Code; d'où il suit que la cour d'assises du département de Seine-et-Marne, en ne condamnant la veuve André Baillet qu'à la peine des travaux forcés à perpétuité, a violé les articles du Code pénal cité ci-dessus; la cour casse et annulle, dans l'intérêt de la loi, la disposition de l'arrêt rendu le 6 août dernier, par la cour d'assises du département de Seine-et-Marne, par laquelle la veuve André Baillet a été condamnée à la peine des travaux forcés à perpétuité.... ».

PARTAGE D'OPINIONS, §. II. *Pag.* 67, col. 2, *après la dernière ligne*, ajoutez :

IV. Le partage qui survient dans une chambre d'accusation, est-il également vidé, de plein droit, en faveur du prévenu ? *V.* le plaidoyer et l'arrêt du 5 mars 1815, rapporté dans les *additions* aux mots *faillite et banqueroute*, sect. 2, §. 2, art. 5.

PARTAGE PROVISIONNEL. *Pag.* 68, col. 1, *ligne* 46, au lieu de mineur, lisez majeur.

PARTIE CIVILE, n. VIII. *Pag.* 72 col. 2, *ligne* 13, après dénonciation, ajoutez : calomniateur, n. 7.

PASSAGE (droit de). *Pag.* 72, col. 2, *ligne* 44, après le mot servitude, ajoutez : voie de fait, §. 1, n. 15.

PÂTURAGE, §. 1, *Pag.* 132, col. 1, à la fin du §., ajoutez :

XI. Est-il dû, pour délit de pâturage dans les bois de l'Etat et dans ceux des établissemens publics, une restitution égale à l'amende ? *V. Restitution pour délit forestier.*

PÊCHE, sect. I, §. II, n. X, *pag.* 159, col. 2, *avant le n°.* XI, ajoutez :

La disposition de cet article serait-elle applicable à un marinier qui aurait sur son bateau, non en le *conduisant*, mais en le tenant amarré, des filets dont l'usage est prohibé par l'art. 10 ?

Le 8 juin 1812, plusieurs officiers des eaux et forêts, étant en tournée le long de la Sambre, aperçoivent un filet mordant, dit *épervier*, que l'on avait mis sécher sur le pont d'un grand bateau ancré près la maison de Picard, aubergiste à Landelis. Ils le saisissent, et en déclarent la saisie à Albert Picard, qui se présente à l'instant pour le réclamer. — Traduit en conséquence au tribunal correctionnel de Charleroy, Albert Picard, se qualifiant de *batelier et aubergiste*, dit, pour sa défense, « qu'il n'est pas pêcheur, qu'il ne conduisait pas son bateau, lors de la saisie qui y a été faite de l'épervier; que son bateau était même amarré; qu'ainsi, il n'est pas dans le cas de l'application de l'art. 15 du tit. 31 de l'ordonnance de 1669.». Au surplus, il soutient que le procès-verbal dressé contre lui est nul dans la forme.

Le 5 août de la même année, jugement qui déclare le procès-verbal nul; et admet l'administration des forêts à prouver, par témoins, les faits qui y sont énoncés. — Le 19 du même mois, second jugement par lequel, « considérant qu'il est prouvé que l'on a trouvé un filet, dit *épervier*, sur un bateau appartenant au prévenu; que la preuve en résulte de ce que le prévenu est venu réclamer le filet lorsque les agens de l'administration forestière s'en étaient emparés; qu'il résulte de la déclaration d'un témoin, le sous-inspecteur Langevin, que le prévenu a d'abord avoué que le filet lui avait servi quelquefois à la Pêche; en vertu des art. 16 et 25 du tit. 51 de l'ordonnance de 1669..... , condamne le prévenu à une amende de 100 fr., à la confiscation du filet et aux frais.... ; ordonne qu'à l'issue de l'audience, le filet sera brûlé devant la porte du tribunal ».

Albert Picard appelle de ce jugement au tribunal correctionnel de Mons. — Le 19 janvier 1813, « attendu qu'Albert Picard n'était, à l'époque de la prétendue contravention, ni conduisant son bateau actuellement ni habituellement, par conséquent que l'art. 15 du tit. 31 de l'ordonnance de 1669 ne lui est point applicable; le tribunal de Mons, recevant l'appel, déclare avoir été mal jugé le premier juge; émendant, acquitte et décharge Albert Picard de la condamnation prononcée contre lui.... »

Recours en cassation contre ce jugement de la part de l'administration des forêts.

Le 26 mars, arrêt, au rapport de M. Basire, par lequel, vu les articles 15 et 25, tit. 31, de l'ordonnance de 1669; attendu que le premier de ces articles n'est point limitatif; qu'il s'étend aux bateaux amarrés, comme aux bateaux en mouvement sur les rivières, et que le propriétaire d'un bateau qui se déclare lui-même batelier, est de la classe des personnes comprises audit article;

» Attendu qu'aux termes de l'art 25, tous engins défendus trouvés par les agens de l'administration forestière, doivent être brûlés, soit qu'on en ait fait, soit qu'on n'en ait pas fait usage, et que les pêcheurs sur qui ils sont saisis sont passibles de peines.

» Attendu que, dans l'espèce, il était établi qu'un épervier avait été trouvé et saisi sur un bateau où il avait été mis pour sécher; qu'il était reconnu et avoué que ce bateau appartenait à Picard; qu'il était amarré devant son auberge, que Picard s'est déclaré lui-même batelier, et qu'il a réclamé l'épervier

en question; que de la circonstance que cet épervier avait été mis sur le bateau pour y sécher, résultait une présomption légale que Picard s'en était servi pour pêcher; que, d'après ces faits, Picard était passible des peines déterminées par la loi, soit comme batelier propriétaire du bateau sur lequel avait été trouvé le filet, soit parce que ce filet était un épervier, espèce d'engin prohibé par l'article 10, titre 31, de l'ordonnance de 1669; qu'enfin, abstraction faite de toute autre circonstance, le filet, par cela seul que c'était un engin défendu, devait être brûlé; que cependant le jugement attaqué n'a ni condamné Picard aux peines déterminées par la loi, ni même ordonné que le filet, saisi sur son bateau, serait brûlé; et que, dès-lors, ce jugement a violé les art. 15 et 25 précités de l'ordonnance de 1669; la cour casse et annulle l'arrêt rendu le 19 janvier dernier, au profit d'Albert Picart, par le tribunal de première instance, étant à Mons, renvoie le procès et les parties devant la cour de Bruxelles... »

Le 30 juin suivant, la cause est portée à l'audience de la cour de Bruxelles; et là, Albert Picard, en persistant dans ses premiers moyens, en fait valoir un nouveau qu'il tire du silence de l'arrêté du directoire exécutif, du 28 messidor an 6, sur l'art. 15 du tit. 31 de l'ordonnance de 1669. — Par arrêt du même jour, « attendu que, d'après l'art. 606 du Code des délits et des peines, du 3 brumaire an 4, les cours et tribunaux sont dans l'usage d'appliquer aux délits qui sont de leur compétence, toutes les peines que prononce l'ordonnance des eaux et forêts de 1669; qu'il est visible que l'arrêté du directoire exécutif, du 28 messidor an 6, invoqué par l'appelant, en ordonnant taxativement, et, pour ainsi dire, surabondamment, l'exécution et la publication, pour cause d'utilité, de quelques articles du tit. 11 de la prédite ordonnance, n'a pas entendu déroger au prédit art. 609 du Code de brumaire; que néanmoins, dans l'espèce, l'art. 15, tit. 31, de l'ordonnance de 1669, paraît devoir être entendu de mariniers qui sont munis, sur leurs bateaux, d'engins à pêcher, lorsqu'ils les conduisent et font route; que le bateau du prévenu étant amarré *devant* sa maison, ne faisait point route; qu'il résulte même de cette circonstance une présomption que l'épervier trouvé était plutôt déposé dans la maison du prévenu que sur son bateau, où il ne se trouvait alors que casuellement; que l'art. 24 du même titre ne paraît également applicable que lorsque les engins prohibés sont trouvés *sur les pêcheurs* sur lesquels on les saisit, lorsqu'ils sont dans l'exercice de la pêche, et nullement lorsqu'on trouverait ces engins dans les maisons de ces pêcheurs; que les lois pénales étant de stricte interprétation, ne sont applicables que lorsque leurs termes ne laissent aucun doute sur la nature du délit qu'elles veulent atteindre; la cour admet l'acte d'appel, et y faisant droit, annulle le jugement dont est appel, émendant, acquitte le prévenu de l'action correctionnelle intentée à sa charge... ».

Le ministère public se pourvoit de nouveau en cassation contre cet arrêt ; et l'affaire est portée, conformément à la loi du 16 septembre 1807, devant les sections réunies sous la présidence de M. le grand-juge ministre de la justice.

« Les questions qui se présentent dans cette affaire (ai - je dit à l'audience du 29 octobre 1813), sont tellement simples, que le seul embarras qu'elles offrent est d'expliquer comment elles ont pu nécessiter une réunion aussi imposante que celle qui est appelée, en ce moment, à les résoudre.

« Et d'abord, si le filet qui a été trouvé sur le bateau d'Albert Picard, était du nombre de ceux dont l'usage est permis pour la Pêche, Albert Picard pourrait-il échapper à la peine portée par l'art. 15 du tit. 31 de l'ordonnance de 1669, sous le prétexte que son bateau ne faisait pas route, mais au contraire était *amarré devant sa maison*, au moment où le filet y a été saisi ?

» Quel est le but de cet article ? C'est de garantir l'exécution de l'art. 1.er du même titre, qui défend à *toutes personnes autres que les maîtres pêcheurs*, représentés aujourd'hui par les fermiers et les porteurs de licences de l'administration des forêts, *de pêcher sur fleuves et rivières, navigables, à peine de 50 livres d'amende et de confiscation du poisson , filets et autres instrumens de Pêche*. On sent, en effet, qu'il serait extrêmement facile d'éluder cette prohibition et de pêcher impunément, s'il ne leur était pas défendu d'avoir des filets sur leurs bateaux.

» Or, qu'importe, à cet égard, que le bateau d'un marinier fasse route ou soit amarré ? Le marinier qui a des filets, jouit, pour pêcher en fraude, de la même facilité dans un cas que dans l'autre. Il est donc, dans un cas comme dans l'autre, en contravention à la loi.

» Sans doute, les termes, *conduisant leurs bateaux*, n'ont pas été insérés sans motifs dans l'art. 15 du tit. 31 ; sans doute, ils n'y forment pas un pléonasme. Mais quels sens y ont-ils ?

» Bien évidemment ils n'y ont été insérés que pour ne pas soumettre aux peines portées par cet article, le marinier qui aurait des filets, soit dans sa maison, soit même sur son bateau mis à terre et en état de radoub.

» Mais le marinier qui tient son bateau à l'ancre dans la rivière, n'est pas moins censé le *conduire*, que s'il le mettait en mouvement. Il le dirige, il en dispose, à l'ancre comme en route. Il ne lui est donc pas plus permis, à l'ancre qu'en route, d'y avoir des filets.

» En second lieu, la circonstance que le filet trouvé sur le bateau d'Albert Picard, était du nombre de ceux qui sont prohibés par l'art. 10 du tit. 31, n'était-elle pas une raison de plus pour condamner Albert Picard aux peines que le ministère public et l'administration des forêts provoquaient contre lui ?

» La cour de Bruxelles a jugé que non ; mais y a-t-elle bien réfléchi ?

» Suivant elle, l'art. 25 du tit. 31 doit être expliqué par l'art. 24 du même titre ; et il résulte de l'art. 24, que les peines de l'un et de l'autre article ne peuvent être prononcées *que lorsque les engins prohibés sont trouvés sur les pêcheurs dans l'exercice de la Pêche* ; nullement lorsqu'on les *trouve dans les maisons de ces pêcheurs*.

» Que portent donc ces deux articles ?

» Le premier permet aux officiers des eaux et forêts *de visiter les rivières, bannetons, boutiques et étuis des pêcheurs. S'ils y trouvent*, continue-t-il, *du poisson qui ne soit pas de la longueur et échantillon ci-dessus prescrits, ils feront procès-verbal de la qualité et quantité qu'ils en auront trouvés, et assigneront les pêcheurs pour répondre du délit*.

» Ces dispositions ne sont pas, comme vous le voyez, limitées au cas où les pêcheurs sont trouvés, *dans l'exercice même de la pêche*, avec du pois, son qui n'a pas les dimensions déterminées par la loi ; et ce qui le prouve, c'est que celles-ci autorisent les visites des officiers des eaux et forêts, non-seulement dans les *rivières*, c'est-à-dire, dans les lieux où se fait la pêche, mais encore dans les *bannetons, boutiques et étuis des pêcheurs*, c'est-à-dire, dans les lieux où les produits de la pêche sont déposés.

» Le second article ordonne que, *si les officiers des maîtrises trouvent des engins et harnais défendus, ils les feront brûler à l'issue de leur audience, et condamneront les pêcheurs sur qui ils auront été saisis, aux peines ci-devant déclarées*.

» Dans ce texte, la loi n'a-t-elle en vue que les *engins et harnais défendus*, saisis sur les pêcheurs *dans l'exercice de la pêche* ? Si cela était, à quoi servirait l'art. 25 ? Il ne serait qu'une répétition inutile de l'article 10, qui défend de pêcher avec les *engins et harnais* qu'il désigne ; et l'on ne peut pas supposer que (pour dire deux fois la même chose) le législateur ait employé deux articles séparés l'un de l'autre par un assez long intervalle.

» Il faut donc entendre l'art. 25 des *engins et harnais défendus*, non employés actuellement à la pêche ; et par conséquent des *engins et harnais défendus* qui sont trouvés en quelque lieu que ce soit.

» Et si l'on veut absolument lier cet article avec le précédent, on doit au moins convenir, que de la liaison de l'un avec l'autre, il résulte que les pêcheurs sur qui on trouve des *engins et harnais défendus*, non-seulement dans leurs *bannetons, boutiques ou étuis*, mais encore dans les *rivières*, sont passibles des peines prononcées par le second.

» Or, c'est dans une rivière qu'a été saisi, sur Albert Picard, le filet prohibé dont il est ici question. Albert Picard a donc encouru la peine prononcée par l'art. 23.

» Inutile d'objecter qu'Albert Picard n'est pas *pêcheur*.

» Il n'est pas pêcheur de profession; il n'est pas ce que les art. 1er et 10 du tit. 31 appellent un *maître pêcheur*; ou , en d'autres termes, n'étant ni fermier de la Pêche , ni porteur. d'une licence de l'administration des forêts , il n'est pas autorisé à pêcher dans la rivière de Sambre..

» Mais l'art. 25 ne parle pas seulement des *maîtres pêcheurs*; il parle des *pêcheurs* en général ; il parle de ceux qui pêchent sans droit , comme de ceux qui ont droit de pêcher.

» Et certainement Albert Picard est *pêcheur* dans le sens de cet article , puisqu'il a , sur une rivière, des instrumens de Pêche , qu'il ne les y tient et ne peut les y tenir que pour pêcher; et que , dans le fait , il est prouvé avoir pêché avec l'épervier saisi sur son bâteau, puisque ce filet était, au moment même de la saisie, étendu sur son bateau *pour y sécher.*

» Par ces considérations , nous estimons qu'il y a lieu de casser et annuller l'arrêt qui vous est dénoncé ».

Arrêt du 29 octobre 1813, au rapport de M. Basire, par lequel , « vu les art. 15 et 25 du tit. 31 de l'ordonnance de 1669 ; attendu que l'art. 15 précité n'est point limitatif, et n'autorise pas les tribunaux à distinguer, pour son application , les bateaux amarrés de ceux en mouvement sur les rivières; que l'esprit évident de cet article repousse même cette distinction , puisqu'il a pour objet de prévenir et de réprimer les délits de Pêche de la part des bateliers qui , à l'aide de leurs bateaux, soit en mouvement, soit amarrés , auraient une telle facilité de pêcher à tout moment , que la surveillance la plus active ne pourrait les en empêcher ; que d'ailleurs l'expression *conduisant*, employée dans ledit article , a pour objet de désigner un bateau sur rivière , soit qu'il soit en mouvement , soit qu'il soit amarré, et d'exclure seulement de sa disposition les bateaux hors de l'eau et en radoub; que l'art. 25 également précité , enjoint aux officiers des maîtrises de faire brûler tous les engins défendus qu'ils trouvent dans quelque endroit que ces engins soient saisis, et sans égard à l'usage qu'en auraient pu faire ou ne pas faire les détenteurs, sauf toutefois à prononcer en outre , contre ces détenteurs, les peines déterminées par la loi, lorsqu'ils en auraient fait usage pour pêcher ; qu'il était constaté, dans l'espèce , par un procès-verbal , et qu'il n'a pas été méconnu par l'arrêt attaqué , qu'un épervier avait été mis à sécher sur un bateau amarré devant la porte de Picard; que Picard, qui s'est avoué lui-même batelier , était propriétaire de ce bateau, et qu'il a réclamé cet épervier comme lui appartenant ; que dès-lors il y avait lieu de prononcer contre lui la confiscation de l'épervier expressément défendu par l'art. 10 , tit. 31 de l'ordonnance , et l'amende de 100 francs; que , cependant l'arrêt attaqué n'a prononcé ni la confiscation de l'épervier , ni l'amende ; d'où il suit qu'il a été formellement contrevenu , par cet arrêt , aux art. 15 et 25 précités

du tit. 31 de l'ordonnance de 1669; la cour casse et annulle ».

PEINE. *Page* 209 , *col.* 2 , *avant le n*º XIII, *ajoutez :*

XII *bis.* Un tribunal peut-il , en déclarant l'accusé coupable du crime qui lui est imputé , ne le condamner qu'à une peine inférieure à celle que détermine la loi, sous le prétexte qu'il ne trouve pas la preuve de sa culpabilité assez complète ?

« Le procureur - général expose qu'il est chargé par le gouvernement de requérir l'annullation d'un jugement en dernier ressort qui viole ouvertement la loi.

» Plusieurs habitans de l'île de Corse ont été prévenus , en mai 1809 , d'avoir entretenu des intelligences avec les Anglais , et d'en avoir reçu de l'argent pour leur livrer la citadelle d'Ajaccio.

» Ce crime portant, entre autres caractères , celui d'espionnage , une commission militaire a été nommée , conformément au décret du 17 messidor an 12 , pour en connaître.

» Le 20 juillet de la même année , cette commission s'est constituée en tribunal ; et après avoir entendu tous les prévenus , elle a d'abord déclaré qu'il était constant qu'il y avait eu conspiration contre l'État.

» Ensuite, prononçant sur la culpabilité des prévenus , elle en a acquitté plusieurs.

» Puis , venant aux nommés François Levie , Clément Padovani, Etienne. Durazzi et Joseph-Antoine Caparelli, elle a déclaré qu'ils n'étaient *pas suffisamment convaincus pour leur appliquer la peine capitale.*

» Et néanmoins elle les a condamnés à la déportation.

» Cette manière de prononcer rappelle la jurisprudence des anciens tribunaux qui tarifant , en quelque sorte , les preuves d'après le plus ou le moins de gravité des peines , ne se faisaient aucun scrupule de condamner , par exemple , aux galères à perpétuité, tel accusé qu'ils reconnaissaient n'être pas assez clairement convaincu pour qu'on lui appliquât la peine de mort.

» Mais cette absurde jurisprudence est abolie. Les lois nouvelles , en obligeant tous les tribunaux et les tribunaux militaires, comme les tribunaux civils, d'insérer dans leurs jugemens de condamnation, les textes des dispositions pénales qu'ils appliquent, les placent nécessairement dans l'alternative, ou d'acquitter les accusés , lorsqu'ils ne les trouvent pas suffisamment convaincus , ou de les condamner, dans le cas contraire , à toute la rigueur des peines établies par la loi.

» Comment donc la commission militaire d'Ajaccio a-t-elle pu , par le jugement dont il s'agit , prononcer comme elle l'a fait ?

« Elle s'est fondée sur le décret de la convention nationale , du 7 juin 1793 ; lequel autorisait les tri-

71

bunaux criminels , comme celui du 10 mars précédent avait déjà autorisé le tribunal extraordinaire
de Paris à condamner à la peine de la déportation ,
ceux qui étant CONVAINCUS *de crimes ou de délits
qui n'auraient pas été prévus par le Code pénal et
les lois postérieures , ou dont la punition ne serait
pas déterminée par les lois , et dont l'incivisme et
la résidence sur le territoire français , auraient été
un sujet de trouble et d'agitation.*

» Mais 1° ce décret , fruit du régime de la terreur , est rentré dans le néant avec ce régime. Et la
convention nationale qui l'avait rendu , l'a si bien
senti elle - même , que , le 20 nivose an 3 , elle a
chargé ses comités de législation et de sûreté générale *de statuer définitivement sur la mise en liberté
des personnes condamnées à la déportation en vertu
de ce décret.*

» 2° Ce décret n'autorisait pas les tribunaux
criminels à prononcer la peine de la déportation
contre les accusés de crimes prévus par le Code
pénal , qui n'en seraient pas suffisamment convaincus. Il leur conférait seulement le pouvoir d'infliger
cette peine aux accusés de crimes dont ils seraient
pleinement *convaincus* , mais qui ne se trouveraient
point classés dans le Code pénal.

» Ce décret ne pouvait donc , sous aucun rapport , fournir à la commission militaire d'Ajaccio ,
le prétexte de condamner à la déportation , pour
un crime emportant la peine capitale , des accusés
contre lesquels elle reconnaissait elle-même qu'il
n'existait point de preuves assez claires pour les condamner à mort.

» Aussi le chef du gouvernement s'est-il empressé,
aussitôt qu'il lui a été donné connaissance de cette
étrange condamnation , d'user , en faveur des condamnés , de son droit de faire grâce.

» Mais , en même temps , il a chargé le grand-
juge ministre de la justice de lui faire un rapport
sur les moyens que peut offrir la législation de faire
annuler ce jugement monstrueux.

» Ce rapport a été fait le 21 avril dernier ; et par
le résultat qui le termine , le grand-juge ministre de
la justice a proposé au chef du gouvernement de
trouver bon qu'il dénonçât le jugement du 20 juillet 1809 à la cour de cassation , et en vertu de
l'art. 441 du Code d'instruction criminelle.

» Par une décision du 28 du même mois , le chef
du gouvernement a donné son approbation à ce résultat ; et par là , il a sanctionné la jurisprudence
par laquelle la cour avait déjà établi que les jugemens des tribunaux d'exception que des lois spéciales
mettent à l'abri du recours en cassation dans l'intérêt des parties tant publiques que privées , peuvent
néanmoins être annulés dans l'intérêt de la loi ,
toutes les fois que l'annullation en est provoquée
par l'exposant , muni , à cet effet , d'un ordre du
grand-juge ministre de la justice.

» Ce considéré , il plaise à la cour , vu la lettre

écrite par le grand-juge ministre de la justice à l'exposant , le 26 mars dernier ; l'art. 441 du Code
d'instruction criminelle et l'art. 410 du même Code ;
casser et annuller , dans l'intérêt de la loi , la disposition du jugement de la commission militaire d'A-
jaccio , du 20 juillet 1809 , qui condamne à la déportation les nommés François Levie , Clément Padovani , Étienne Durazzi et Joseph-Antoine Caparelli ; et ordonner qu'à la diligence de l'exposant
l'arrêt à intervenir sera imprimé et transcrit sur le
registre où est couché ledit jugement.

» Fait au parquet, le 5 juin 1813. *Signé* Merlin.

» Ouï le rapport de M. Oudart....; vu l'art. 51
de la loi du 3 brumaire an 5.... ; considérant que
la commission militaire formée à Ajaccio conformément au décret du 17 messidor an 12 , a déclaré
que François Levie , Clément Padovani , Étienne
Durazzi et Joseph Caparelli n'étaient pas suffisamment convaincus pour leur appliquer la peine capitale ; que , d'après cette déclaration , la commission
militaire ne pouvait se dispenser de les acquitter et
d'ordonner leur mise en liberté sur-le-champ , conformément à l'art. 51 de la loi citée ci-dessus qui
doit être observée par les commissions militaires
comme par les conseils de guerre ; que néanmoins la
commission militaire formée à Ajaccio les a condamnés à la déportation , se fondant sur le décret de la
convention nationale du 7 juin 1793 ; — considérant
que ce décret fruit de la terreur et que la convention
nationale avait rapporté par son décret du 29 nivose
an 3 , n'autorisait les tribunaux criminels à prononcer la peine de la déportation que contre les
hommes dangereux accusés de crimes dont ils seraient pleinement convaincus , mais qui ne seraient
point classés dans le Code pénal , et ne les autorisait
pas à prononcer cette peine contre des individus accusés de crimes classés dans les lois pénales , mais
qui n'en seraient pas pleinement convaincus ; d'où
il suit que ladite commission militaire a violé l'art. 31
de la loi citée ci-dessus et fait une fausse application
du décret de la convention nationale du 7 juin 1793 ;
par ces motifs.... , la cour casse et annulle.... ;

» Ainsi jugé et prononcé.... , le 19 juin 1813 ».

Page 210 , *col.* 1 , *après la ligne* 25 , *ajoutez :*

XIII *bis.* Il est cependant deux cas où les juges ,
non-seulement peuvent , mais même doivent , quoiqu'ils reconnaissent un accusé coupable du crime
ou du délit qui lui est imputé , le décharger de
toute peine : le premier , lorsque le crime ou le délit est éteint par la prescription (*V. prescription* ,
sect. 5 , §. 7) , *amnistie* et le même mot dans les
additions.

XIV. L'art. 463 du Code pénal de 1810 contient
une disposition remarquable : « dans tous les cas
où la peine d'emprisonnement est portée par le
présent Code, si le préjudice causé n'excède pas
25 fr. , et si les circonstances paraissent atténuantes,
les tribunaux sont autorisés à réduire l'emprisonne-

ment, même au-dessous de six jours, et l'amende même au-dessous de 16 fr. Ils pourront aussi prononcer séparément l'une ou l'autre de ces peines, sans, qu'en aucun cas, elle puisse être au-dessous des peines de simple police ».

Les tribunaux peuvent-ils, en vertu de cette disposition, réduire aux peines de simple police, les peines correctionnelles qui sont prononcées, non par le Code pénal de 1810, mais par d'autres lois auxquelles il ne déroge pas ?

J'ai établi la négative dans un réquisitoire du 19 janvier 1813, rapporté au mot *maraudage*, n. 4 ; et l'on trouve au même endroit, deux arrêts de la cour de cassation, du 10 septembre 1812 et 19 février 1813 qui l'ont ainsi jugé. On peut en voir de semblables dans le Bulletin criminel de la cour de cassation, sous les dates des 12 mars et 3 septembre 1843.

XV. La disposition de l'art. 463 est-elle commune à tous les délits que le Code pénal punit de l'emprisonnement ; ou doit-on la restreindre aux délits dont il est résulté un préjudice appréciable en argent ?

Le 4 juillet 1812, le sieur B. rend au maire de la commune d'A., une plainte par laquelle il expose que, la veille, averti, en rentrant le soir chez lui, que sa femme était absente depuis le matin et qu'elle était enfermée dans la maison de la veuve M., sa mère, avec le sieur F. B., il s'est aussitôt rendu à la porte de sa belle-mère ; que, la trouvant fermée, il a frappé à plusieurs reprises ; que beaucoup de personnes de l'un et de l'autre sexe sont accourues au bruit ; que, las de frapper inutilement, il a appelé sa femme, à haute voix ; qu'on ne lui a point répondu ; qu'il a appelé le sieur F. B. ; qu'alors, sa belle-mère s'est présentée à la fenêtre, en chemise, avec un pot-de-chambre plein d'urine qu'elle a jetée dans la rue ; qu'il a frappé de nouveau, en menaçant d'enfoncer la porte, et continuant d'appeler sa femme, sa belle-mère, et le sieur F. B. ; que celui-ci s'est enfin présenté à la fenêtre, et lui a crié, en se servant des expressions les plus basses et les plus obscènes : *ta femme est ici, elle m'appartient, je l'ai eue, je l'ai, je l'aurai ; viens, tu tiendras la chandelle* ; que, bientôt sa belle-mère a paru de nouveau à la fenêtre, et lui a dit : *tu as cru que ma fille serait pour toi ; non ; elle est pour M. F. ; tu as aiguisé, tu n'aiguiseras plus* ; qu'un ami du sieur F. B. étant survenu, lui a crié : *F., retire-toi, tu as tort, tu te mets dans une mauvaise affaire* ; qu'à ces mots, le sieur F. B. est sorti précipitamment de la maison, a fermé la porte sur lui, a retiré la clef, et la lui montrant, puis la mettant dans sa poche, a dit : *tu as la serrure, et moi la clef.* — Cette plainte est transmise au procureur du gouvernement près le tribunal de première instance de Narbonne.

Le 18 septembre suivant, jugement, à l'audience correctionnelle de ce tribunal, qui acquitte la femme B., la veuve M., sa mère, et le sieur F. B. de la plainte en adultère et en complicité d'adultère portée contre eux ; et faisant droit sur les réquisitions du ministère public, condamne la veuve M. et le sieur F. B., comme coupables d'injures verbales envers le sieur B., à une amende de cinq francs.

Le ministère public appelle de ce jugement au tribunal correctionnel de Carcassonne. — Le 8 janvier 1813, jugement qui, « demeurant la déclaration faite par M. le procureur du gouvernement, qu'il n'entend point soutenir son appel en ce qui concerne le délit d'adultère..., y réformant le jugement du tribunal de première instance, déclare la veuve M. et F. B. atteints et convaincus d'avoir proféré des injures ou des expressions outrageantes et calomnieuses par une fenêtre donnant sur la rue, *et avec des circonstances atténuantes*, envers ledit B., le 5 juin dernier ; pour réparation de quoi, vu ce qui résulte des art. 357, 371 et 467 du Code pénal...., condamne la veuve M. à une amende de cinquante francs, et ledit F. B. à celle de cent francs, leur fait défenses de récidiver, sous plus forte peine ; condamne encore ladite veuve M. au tiers des dépens, tant de la première instance que d'appel, et ledit F. B. aux deux tiers restans ».

Recours en cassation contre ce jugement, de la part du ministère public.

« Le jugement qui vous est dénoncé (ai-je dit à l'audience de la section criminelle, le 23 mars 1813, viole-t-il, par une fausse application de l'art. 463 du Code pénal, l'art. 371 et l'art. 374 du même Code ? C'est à cette question que se réduisent les moyens de cassation qui vous sont proposés ; et cette question en renferme deux : l'une, si les peines portées par l'art. 371 contre les calomniateurs, peuvent, en vertu de l'art. 463, être modérées à la faveur de circonstances atténuantes ; l'autre, si en supposant qu'elles puissent être modérées en vertu de cet article, la modération peut-elle aller jusqu'à faire remise aux coupables, de la privation des droits civiques, civils et de famille dont l'art. 374 veut qu'ils soient punis.

» La première question dépend de l'exacte intelligence de l'art. 463 du Code pénal : « dans tous les » cas où la peine d'emprisonnement est prononcée » par le présent Code, si le préjudice causé n'excède pas vingt-cinq francs, et si les circonstances » paraissent atténuantes, les tribunaux sont autorisés à réduire l'emprisonnement, même au-dessous » de six jours, et l'amende, même au-dessous de » seize francs. Ils pourront aussi prononcer séparément l'une ou l'autre de ces peines, sans qu'en » aucun cas, elle puisse être au-dessous des peines » de simple police ».

» Cet article se réfère-t-il à toutes les dispositions du Code pénal qui prononcent la peine de l'emprisonnement, même dans les matières qui, n'intéressant que l'ordre public, n'offrent aucun dommage pécuniaire à réparer, ou qui, intéressant des particuliers, donnent lieu à des réparations civiles dans lesquelles l'argent n'est compté que pour la moindre chose ? Ou bien ne se réfère-t-il qu'aux dispositions qui punissent de l'emprisonnement les délits dont une réparation purement pécuniaire indemnise complètement les parties lésées ?

71.

» S'il se réfère à toutes indistinctement, nul doute que, dans notre espèce, le tribunal d'appel de Carcassonne n'ait fait un légitime usage de la faculté qu'il a cru y trouver, de modérer, en faveur de la veuve M. et du sieur F. B, la Peine qu'il aurait pu, d'après l'art. 371, porter à un emprisonnement d'un mois à six, et à une amende de cinquante à cinq cents francs.

» Mais aussi nul doute que, dans l'hypothèse contraire, le tribunal d'appel de Carcassonne n'ait abusé de cette disposition, puisque la calomnie, bien qu'elle se réduise toujours, relativement aux particuliers qui en sont lésés, à des dommages-intérêts pécuniaires, n'est cependant pas appréciable en argent, et ne peut être véritablement réparée, dans l'opinion publique, que par la gravité des Peines d'emprisonnement et d'amende qui sont infligées à son auteur.

» Examinons donc quel est, des deux partis entre lesquels se balance notre question, celui qui doit prévaloir.

» Pour établir que l'art. 463 du Code pénal doit être restreint aux dispositions de ce Code qui punissent de l'emprisonnement les délits dont est résulté un dommage entièrement réparable en argent, on peut dire :

» Que cet article subordonne au concours de ces deux conditions l'exercice de la faculté qu'il attribue aux juges correctionnels : que la première de ces conditions est qu'il y ait un préjudice qui n'excède pas 25 fr.; que la seconde est que des circonstances atténuantes réclament l'indulgence de la justice; que le législateur, en liant ces deux conditions par la particule conjonctive et, fait suffisamment entendre que l'une ne peut rien sans l'autre;

» Que cette interprétation est fortifiée par la manière dont l'orateur du gouvernement a présenté l'art. 463 au Corps législatif : qu'en disant, comme il l'a fait : « Au milieu d'un si grand nombre de délits de police correctionnelle que le Code a prévus, il est facile de concevoir que, plus d'une fois, des actes qualifiés délits seront accompagnés de circonstances particulières qui, loin de les aggraver, les atténueront sensiblement; là justice reconnaîtra peut-être, en même temps, que le dommage éprouvé par la personne lésée, est extrêmement modique; il pourrait, dès-lors, en résulter que le minimum de la Peine déterminée par la loi pour le cas général, serait trop fort »; cet orateur paraît avoir dit implicitement qu'il faut, pour donner lieu à l'application de l'art. 463, un dommage pécuniaire éprouvé par suite du délit; qu'il faut que ce dommage soit extrêmement modique; qu'il faut que ce dommage soit reconnu en même temps que les circonstances atténuantes;

» Que si l'on interprétait autrement l'art. 463, la répression de tous les délits deviendrait arbitraire; qu'il n'y aurait plus entre eux de ligne de démarcation; que vainement le législateur se serait donné les plus grands soins pour graduer les Peines

qui doivent être infligées à chacun; et que les juges resteraient toujours maîtres de réduire à la chétive amende d'un franc les Peines que la loi aurait élevées jusqu'à un emprisonnement dont le minimum serait, ou de plusieurs mois; ou de plusieurs années.

» Mais, d'un autre côté, que ne peut-on pas dire à l'appui de l'opinion contraire?

» L'art. 463 porte expressément sur tous les cas où la Peine d'emprisonnement est prononcée par le Code. On ne peut donc excepter aucun cas de sa disposition.

» A la vérité, il exige deux choses pour que les juges puissent user du pouvoir qu'il leur accorde : que le préjudice causé n'excède pas vingt-cinq fr., et que les circonstances paraissent atténuantes.

» Mais pour que la première de ces conditions soit remplie, est-il nécessaire qu'il y ait un préjudice causé? Non : il suffit que le préjudice, lorsqu'il en a été causé un quelconque, n'excède pas vingt-cinq francs. Cette condition est donc remplie tout aussi bien lorsqu'il n'y a point de préjudice, que lorsqu'il y a un préjudice, qu'une somme de vingt-cinq francs, ou au-dessous puisse réparer; elle l'est mème à plus forte raison.

» Sans doute, l'art. 463 entendu dans ce sens, peut, dans beaucoup d'occasions, rendre inutile le soin que le législateur a pris de déterminer le maximum et le minimum des Peines d'emprisonnement et d'amende qu'il a prononcées. Mais qu'y faire? Le législateur l'a ainsi voulu, et il y a été porté par de très-bons motifs. Il a dû prévoir, et il a prévu en effet, qu'il arriverait souvent que des circonstances atténuantes réclameraient contre l'application trop rigoureuse même du minimum des Peines qu'il venait de régler. Il a par conséquent dû prendre, et il a pris en effet, une mesure dont l'absence, comme l'a très-bien dit l'orateur du gouvernement, placerait les juges « dans l'alternative » fâcheuse d'user envers le coupable d'une rigueur » dont l'excès leur paraîtrait injuste, ou de le renvoyer absous, en sacrifiant le devoir du magistrat » à un sentiment inspiré par l'humanité ».

» Du reste, en annonçant, dans le même discours, que l'art. 463 ne serait applicable qu'au cas où le délit étant accompagné de circonstances atténuantes, la justice reconnaîtrait en même temps que le dommage éprouvé par la personne lésée, est extrêmement modique, cet orateur n'a point dit que, si le délit n'avait point causé de dommage, les circonstances atténuantes ne pourraient pas être prises en considération par le juge; il n'a fait que traduire en d'autres termes la disposition de l'art. 463; et encore une fois, l'art. 463 n'exclut pas de sa disposition le cas où le défaut absolu de dommage pécuniaire se réunit aux circonstances atténuantes.

» C'est ainsi, au surplus, que vos arrêts ont constamment interprété cet article.

» Le 21 août 1811, Jean Bousquet s'oppose,

armé d'une hache, et en usant de violence et de me- naces, à l'exécution d'un jugement rendu contre lui. L'huissier dresse procès-verbal de sa rébellion. Le 3 octobre suivant, jugement du tribunal correc- tionnel de Saint-Afrique, qui déclare Jean Bousquet coupable, et le condamne, non, comme le porte l'art. 212 du Code pénal, à un emprisonnement de six mois à deux ans, mais à un emprisonnement de dix jours seulement. Appel de la part du minis- tère public. Par jugement du 3 janvier 1812, le tribunal correctionnel de Rhodez, considère qu'il y a dans le délit commis par Jean Bousquet, des circonstances qui en atténuent la gravité; et vu l'art. 463, il déclare que le tribunal de Saint-Afrique a bien jugé. Le procureur-criminel du département de l'Aveyron se pourvoit en cassation contre ce ju- gement et dit : « l'art. 463 n'autorise les tribunaux » à réduire l'emprisonnement, que lorsque le *pré-* » *judice causé n'excède pas* vingt-cinq francs. Il » faut donc, pour pouvoir en faire l'application, » non-seulement que le délit ait causé un préju- » dice, mais encore que ce préjudice puisse être » évalué. Or, le délit de rébellion peut exister, » sans qu'il ait causé aucun préjudice, ou du » moins sans que ce préjudice soit susceptible d'une » évaluation. Donc cet article n'est pas applicable » au délit de rébellion. Pour détruire ce raisonne- » ment, il faudrait prétendre que l'offense à la loi » qui imprime principalement le caractère de crime » ou délit à la rébellion, peut être appréciée et » évaluée à une somme fixe et déterminée; et cer- » tainement on ne pourrait consacrer un pareil » principe, sans les inconvéniens les plus graves ». — Par arrêt du 4 février 1812, au rapport de M. Oudart, « attendu que les juges ont reconnu qu'il » y avait des circonstances atténuantes, et qu'en ce » cas, suivant l'art. 463 du Code pénal, les Peines » peuvent être réduites, si le préjudice causé n'ex- » cède pas vingt-cinq francs; attendu qu'elles peu- » vent l'être surtout s'il n'a été causé aucun préju- » dice; la cour rejette..... ».

» Le 20 novembre 1811, le tribunal ordinaire des douanes de Cherbourg déclare Jacques Lenoir, Pierre-François Lemounier et Louis Corbin, con- vaincus d'avoir injurié les préposés des douanes dans l'exercice de leurs fonctions et de s'être portés envers eux à des violences et à des voies de fait; Mais, attendu qu'il y a, en leur faveur, des cir- constances atténuantes, au lieu de les condamner au *minimum* de la peine déterminée par l'art. 211 du Code pénal, il ne les condamne en usant de la faculté établie par l'art. 463, le premier, qu'à un emprisonnement de deux mois et à une amende de 100 fr.; le second, qu'à un empri- sonnement d'un mois et à la même amende; le troisième, qu'à un emprisonnement de huit jours et à une amende de 16 fr. Le ministère public appelle de ce jugement. Le 5 février 1812, arrêt de la cour prévôtale des douanes de Rennes, qui déclare qu'il a été bien jugé. Recours en cassation, appuyé d'un mémoire très-développé et contenant

tout ce qu'il est possible de dire pour le système que le procureur-criminel du département de l'Aude vous reproduit en ce moment. Mais, par un autre arrêt du 13 mars 1812, au rapport de M. Rataud, « attendu que la disposition de l'art. 463 du Code » pénal est *générale,* qu'elle *s'étend à tous les cas,* » et par conséquent, *à tous les genres de délits* ; » attendu aussi qu'il en résulte évidemment que, » lorsqu'il y a des circonstances atténuantes, ce » n'est que dans le cas où il y aurait un préjudice » causé, excédant 25 fr., qu'il ne pourrait y avoir » lieu à l'exercice de la faculté accordée aux tribu- » naux, de modérer les peines d'amende et » d'emprisonnement; qu'ainsi, dans l'espèce, et » d'après les faits déclarés, l'arrêt attaqué ne » présente point de violation de la loi; la cour » rejette... ».

» Le 29 août 1812, jugement du tribunal cor- rectionnel de Pont-Audemer, qui déclare Jacques Huppin, cultivateur à Saint-Grégoire du-Vivre, convaincu d'avoir, le 19 juillet précédent, injurié et menacé le maire de cette commune dans l'exer- cice et à l'occasion de l'exercice de ses fonctions; même d'avoir commis sur lui des voies de fait, et le condamne, conformément à l'art. 228 du Code pénal, à deux années d'emprisonnement. Jacques Huppin appelle de ce jugement; et le 6 octobre suivant, le tribunal correctionnel d'Evreux, con- sidérant qu'il existe, en faveur de Jacques Huppin, des circonstances atténuantes, réduit la peine pro- noncée contre lui à un emprisonnement d'un mois. Recours en cassation de la part du procureur-cri- minel, qui, pour le justifier, expose « qu'il ne » peut y avoir lieu à la modification de peine dont » l'art. 463 du Code pénal accorde la faculté aux » tribunaux correctionnels, quand il s'agit, comme » dans l'espèce, d'un délit classé dans le chapitre » *des crimes et délits contre la paix publique,* » parce que, dans tous les cas prévus par ce cha- » pitre, le préjudice causé le dérobe essentielle- » ment à toute évaluation pécuniaire ».—Par arrêt du 6 novembre de la même année, au rapport de M. Audier-Massillon, « attendu qu'il a été jugé, » en fait, par le tribunal d'Evreux, qu'il existait » au procès des circonstances atténuantes du délit » dont était convaincu Jacques Huppin; et que » dès-lors, le tribunal était autorisé à modérer la » peine d'après les dispositions de l'article 463 du » Code pénal, d'où il suit qu'il n'y a dans le » jugement dudit tribunal, ni fausse application » de l'art. 463, ni violation de l'art. 228; la cour » rejette.... ».

» D'après une jurisprudence aussi constante et aussi positive, d'après surtout les raisons qui l'ont fait adopter, il ne peut plus rester de doute sur la légitimité de l'usage que le tribunal d'appel de Car- cassonne a fait, dans notre espèce, de la faculté établie par l'art. 463 du Code pénal ».

La seconde question nous paraît trouver sa solu- tion dans celle de la première.

« Il est vrai qu'aux termes de l'art. 374 du Code

pénal, le calomniateur doit être, *dans tous les cas*/ prévus par les articles précédens, *interdit des droits* civiques, civils et de famille, pendant cinq ans au moins et dix ans au plus, *à compter du jour où il aura subi sa peine*.

» Mais ces mots, *à compter du jour où il aura subi sa peine*, supposent évidemment que le calomniateur a été condamné à l'une des peines correctionnelles qui sont déterminées par les art. 371 et 373, c'est-à-dire, ou à un emprisonnement de deux à cinq ans, et à une amende de 200 à 500 fr., ou à un emprisonnement de deux mois à six, et à une amende de 50 fr. à 2,000 fr., ou à un emprisonnement d'un mois à un an, et d'une amende de 100 fr. à 3,000 fr. L'art. 374 ne peut donc pas s'appliquer au cas où, par suite des circonstances qui sont jugées atténuer le délit de calomnie, le calomniateur n'est puni que de peines inférieures à celles qui déterminent les art. 371 et 373.

» Pourquoi le législateur veut-il, par l'art. 374, que la condamnation à l'une des peines déterminées par les art. 371 et 373, emporte l'interdiction des droits civiques, civils et de famille? Parce qu'il trouve dans le délit auquel il inflige l'une de ces peines, un degré de perversité qui lui paraît mériter cette introduction. Mais lorsque ce délit est dépouillé du degré de perversité nécessaire pour donner lieu à l'application de ces peines, quel motif y aurait-il de prononcer l'interdiction des droits civiques, civils et de famille? L'interdiction des droits civiques, civils et de famille, n'est qu'un accessoire de peines portées par les art. 371 et 373; et il est de principe, la loi 129, §. 1, D. *de regulis juris*, dit même textuellement, que *cùm principalis causa non subsistit; nec ea quæ sequuntur locum habere debent*.

» Par ces considérations, nous estimons qu'il y a lieu de rejeter le recours en cassation du procureur criminel du département de l'Aude ».

» Par arrêt du 25 mars 1815, au rapport de M. Oudart, « attendu qu'il appartient aux juges de décider s'il résulte un préjudice quelconque du délit, et de l'apprécier; et que, par le jugement attaqué, il n'a été reconnu ni apprécié aucun préjudice causé par le délit; que les dispositions de l'art. 463 du Code pénal, sont applicables à tous les cas où ce Code porte la peine d'emprisonnement, lorsque les circonstances paraissent atténuantes et que le préjudice causé n'excède pas vingt-cinq francs; à plus forte raison lorsqu'il n'a été reconnu ni apprécié aucun préjudice; que l'interdiction des droits mentionnés à l'art. 42 du Code pénal, n'est portée par l'art. 374 qu'accessoirement à la peine portée par l'art. 371; que les juges ayant été autorisés par l'art. 463 à ne pas prononcer la peine principale, il suit qu'il n'y avait pas lieu à prononcer l'aggravation accessoire; la cour rejette le pourvoi ».

XVI. L'art 463 autorise-t-il les tribunaux correctionnels à réduire les peines déterminées par le Code pénal, pour le cas de récidive?

Le nommé Antoine Onori, qui avait été, en 1778, condamné, pour crime, à la peine des galères, se trouvait prévenu d'avoir frappé et blessé Séraphin Ranciotti. — Le tribunal correctionnel de Foligno le déclare coupable et le condamne à deux années d'emprisonnement et à deux mille francs d'amende, conformément à l'art. 57 du Code pénal qui soumet au *maximum* de la peine établie par la loi, quiconque ayant été précédemment condamné pour un crime, aura commis un délit de nature à être puni correctionnellement. — Sur l'appel, le tribunal correctionnel de Pérouse, usant de la faculté qu'il croit résulter de l'art. 463 réduit la peine à un emprisonnement de six mois, et à une amende de cent francs.

Mais le ministère public se pourvoit en cassation, et le 3 février 1804, arrêt qui casse, au rapport de M. Coffinhal. (*V.* le *Bulletin criminel*).

XVII. Les peines proprement dites, peuvent-elles dépendre des conventions des parties?

V. l'article *Voirie*, n. 9.

Au surplus, *V.* etc.

Page 262, col. 2, avant l'article PIÈCE, *ajoutez :*

[[PHARMACIE. *V. Apothicaire* ou *Droguiste.*]]

PLAGIAT, n. II. *Page* 501, *col.* 1, *ligne* 3, *après le mot* libraires, *ajoutez :*

Voici les espèces de ces deux arrêts.

Première espèce. En 1803, le sieur Dentu, libraire à Paris, achète du sieur Walckenaër, une traduction que celui-ci avait faite de la *Géographie moderne* de l'anglais Pinkerton, et qu'il avait enrichie d'un grand nombre de notes.

En 1804, il publie cette traduction avec une introduction en forme de *Traité de Géographie mathématique*, par le sieur Lacroix.

En 1806, les sieurs Mentelle et Malte-Brun publient, comme ouvrage de leur composition, une *Géographie de toutes les parties du monde*.

En 1810, le sieur Malte-Brun publie seul un autre ouvrage intitulé : *Précis de la géographie universelle*.

Le sieur Dentu rend une plainte en contrefaçon, 1° contre le sieur Malte-Brun; 2° contre le sieur Buisson, libraire, comme éditeur du *Précis de la géographie universelle*; 3° contre les sieurs Laporte et Tardieu, libraires, comme débitant la *Géographie de toutes les parties du monde*.

« Ces deux ouvrages (dit-il), ne sont qu'un assemblage maladroit des pages nombreuses que le sieur Malte-Brun a découpées çà et là dans les livres d'autrui. Si l'on ouvre la *Géographie de toutes les parties du monde*, on y trouve la presque totalité de la *Géographie moderne* de Pinkerton, traduite par

M. Walckenaër, ainsi que plusieurs notes de ce dernier : ces plagiats ont été opérés avec si peu de scrupule, notamment dans les tomes 12, 14, 15 et 16, qu'on y remarque des parties entières et d'une grande étendue, telles que les descriptions du Thibet, du Paraguay, de la Sibérie, copiées mot à mot, et sans la plus légère altération. — Quant au *Précis* du sieur Malte-Brun, non seulement il recèle également de nombreux passages de Pinkerton et une foule de notes de son traducteur, mais on y rencontre partout d'importans fragmens dérobés aux ouvrages des sieurs Gosselins, Puissant, Solvyns, et notamment au sieur Lacroix. L'introduction à la Géographie mathématique, composée par ce dernier, a tellement plu au sieur Malte-Brun, qu'il en a fait entrer les trois quarts dans le second volume de son Précis. — Voilà les faits qui motivent ma plainte. Vainement ferait-on aux tribunaux l'outrage de penser qu'ils laisseront le plagiaire exercer à son aise, et avec impunité, ses déprédations littéraires, sous le prétexte que la loi n'a point spécifié le délit dont il se rend coupable ; vainement voudrait-on établir de subtiles distinctions entre le plagiat et la contrefaçon, quand ces deux mots doivent avoir une même signification, puisque l'une et l'autre donnent l'idée d'un vol, et qu'un vol, quel qu'il soit, doit être réprimé : de même que celui qui prend un écu dans la bourse d'autrui, est aussi coupable que celui qui prend la bourse entière ; de même le plagiaire qui s'approprie une page d'un livre qui appartient à un autre, doit être puni comme s'il avait contrefait la totalité de ce livre ».

Le sieur Malte-Brun répond à cette plainte, en fait, que les passages copiés par lui dans la *Géographie moderne* et dans le *Traité de Géographie mathématique*, se réduisent à peu de chose ; en droit, que le plagiat n'a rien de commun avec la contrefaçon, qu'aucune loi ne le qualifie de délit, et qu'il n'a pour vengeur que l'opinion publique ; qu'au surplus, si l'on était fondé à prétendre que l'art. 425 du Code pénal de 1810 atteignit le plagiat, on ne pourrait pas du moins le lui appliquer, puisque ces ouvrages ont été publiés avant la mise en activité de ce Code.

Jugement du 31 décembre 1811, par lequel, « Attendu que, pour qu'il y eût contrefaçon, même partielle, d'un ouvrage, il faudrait qu'une partie notable, importante et marquante de cet ouvrage eût été réimprimée textuellement, sans l'aveu et le consentement des auteurs ou propriétaires de cet ouvrage ; attendu que si, dans un état contenu dans quinze feuilles de papier in-folio, certifié véritable par Dentu, et joint au procès, il a porté à deux cent soixante-dix-huit pages d'impression tous les passages de la *Géographie de toutes les parties du monde*, et du *Précis de Géographie*, qu'il prétend avoir été tirés de la Géographie de Pinkerton, traduite par Walckenaër, et de l'introduction à cette Géographie par Lacroix, dont ledit Dentu est éditeur, ce calcul a été fait par l'addition mathématique de lignes éparses, et intercallées dans les dix-neuf

volumes dont se composent les ouvrages de Malte-Brun ; attendu que la similitude de ces passages dans les ouvrages de deux auteurs, provenant presqu'en totalité des sources communes, tient à la nature de ces ouvrages sur la Géographie, qui, embrassant la Géographie de tout l'univers, ne peuvent être par leur essence qu'une compilation des ouvrages d'astronomes, voyageurs, naturalistes, géomètres, géographes, et autres auteurs qui avaient écrit jusqu'alors sur cette matière ; que Malte-Brun a annoncé dans les ouvrages qu'il donnait au public, qu'ils étaient des compilations des auteurs qu'il a cités en notes au bas des pages, et notamment de la Géographie de Pinkerton ; que, dès-lors, il n'a pas voulu s'approprier ces passages, et les donner comme la production de son génie ; que, relativement à d'autres de ces passages que Dentu annonce avoir été tirés de l'introduction à la Géographie par Lacroix, une partie, de l'aveu même de Dentu, a éprouvé des changemens et a été tronquée dans l'ouvrage de Malte-Brun, ce qui exclut l'idée d'une réimpression ; que le reste de ces passages, qui se réduisent à un très-petit nombre, a pour objet des notions, des définitions élémentaires de sphère et de géographie ; que ces passages sont, dans l'ouvrage de Malte-Brun, accompagnés de citations de sources communes où les deux auteurs ont pu puiser ; que, d'ailleurs, tous les passages réclamés par Dentu, répandus dans dix-neuf volumes, ne formeraient pas une partie notable, importante et marquante des ouvrages des deux auteurs ; le tribunal décharge Malte-Brun, Laporte, Tardieu et Buisson de la plainte en contrefaçon contre eux portée par Dentu ».

Le sieur Dentu appelle de ce jugement, mais par arrêt du 25 avril 1812, la cour de Paris met l'appellation au néant, « attendu que, s'il est constant que les auteurs de la Géographie universelle ont pris dans la tradoction de la Géographie de Pinkerton, par Valckenaër, *un très-grand nombre de passages qu'ils ont littéralement transcrits dans leur ouvrage*, et que s'il est également constant que Malte-Brun, auteur du précis de la Géographie universelle, ait pris dans l'introduction de la Géographie de Pinkerton, par Lacroix, *un nombre plus grand encore de passages qu'il a littéralement et servilement copiés dans son Précis, dans l'intention de se les approprier*; ces *plagiats*, quelque nombreux qu'ils soient, ne constituent pas néanmoins le délit de contrefaçon prévu par les lois ».

Le sieur Dentu se pourvoit en cassation contre cet arrêt.

« Le moyen du demandeur (a dit M. l'avocat général Daniel, à l'audience de la section criminelle), est pris d'une prétendue contravention au règlement de 1618, à l'édit de 1686, aux arrêts du conseil des 30 août 1777 et 20 juillet 1778, à la loi du 19 juillet 1793 et à l'art. 25 du Code pénal.

» Pour en apprécier le mérite, il importe de fixer, un instant notre attention sur la nature du droit de propriété que la loi accorde aux auteurs d'un ouvrage littéraire, et à leurs cessionnaires ou ayant-cause.

» L'ouvrage auquel un auteur donne l'existence, disait-on avant la loi de 1793, comme aujourd'hui, est un *bien* qui lui appartient, et dont il a seul le droit de disposer, comme tous les autres citoyens disposent des choses dont ils sont propriétaires; et plusieurs jurisconsultes en conclurent que, quand on contrefait les productions d'un auteur, on commet contre lui le *crime* de vol, puisqu'on lui ravit le fruit de ses veilles et de ses travaux. On allait plus loin encore; on soutenait que la contrefaçon était même un crime plus qualifié que ne serait celui d'un homme, qui, s'étant *introduit* chez son voisin, en aurait *enlevé les meilleurs effets*, puisque, dans ce dernier cas, on peut inculper de négligence celui qui laisse entrer un voleur dans sa maison, et que, dans le premier cas, le vol est d'une chose confiée à la *foi publique* : — nous ne contesterons pas que ces principes sont fondés sur la *morale la plus pure*, mais s'ensuit-il que, dans tous les cas, on peut les invoquer devant les tribunaux, en demander l'application? s'ensuit-il que l'auteur, qui a inséré dans son ouvrage, et littéralement copié la *centième* ou la *millième* partie d'un autre ouvrage tout récemment publié, doit être puni comme si, *sur une somme de cent mille francs* que possédait son voisin, il lui en avait enlevé mille ou cent francs?

» Le système des réclamans ne nous laisse en effet aucun moyen d'échapper à cette conséquence : une ou deux pages littéralement transcrites, de l'ouvrage d'un autre auteur encore vivant, une seule pensée qu'on lui aurait empruntée, devraient suffire pour qu'il fût autorisé à rendre plainte en contrefaçon; et comme, dans les entreprises littéraires, aussi bien que dans une infinité d'autres, il ne s'agit pas seulement de la *célébrité* et de l'*amour propre*, mais surtout de l'*intérêt pécuniaire* de l'auteur, la *justice* qu'un auteur *plus récent* aurait rendue à son devancier, en se nommant, en lui prodiguant des éloges, ne suffirait pas même pour échapper à la condamnation; il n'en serait pas moins vrai qu'on aurait littéralement copié une partie quelconque de son ouvrage; et comme il en serait d'un auteur qui a pris cette liberté, dans l'intention d'enrichir son ouvrage, comme d'un *voleur* qui a mis la main dans la caisse d'autrui, nous n'aurions plus à examiner COMBIEN il a transcrit : *le fait seul de la transcription* suffirait toujours pour le traduire devant le tribunal de police correctionnelle, et le faire condamner, indépendamment de toute autre circonstance.

» C'est à ce point que nous conduit et nous pousse irrésistiblement le système des réclamans sur la contrefaçon. Personne ne prétendra, ce semble, que telle était en effet l'intention du législateur, puisqu'il serait impossible d'exécuter la loi; il faut donc bien que la propriété qu'elle accorde à l'auteur, sur son ouvrage littéraire, ne soit pas tout à fait semblable à celle qu'il exerce sur son argent; et, en effet, il ne faut pas beaucoup d'efforts pour établir cette vérité.

» Le droit de propriété qui nous appartient sur d'autres choses, est respecté dans tous les états civilisés; et l'étranger à qui on a volé son argent ou sa montre, n'est pas moins accueilli par les tribunaux, lorsqu'il y porte sa réclamation, que tout autre citoyen, jouissant des droits civils et politiques, qui se trouverait dans le même cas. Il en serait autrement, s'il voulait venir se plaindre de la contrefaçon de son ouvrage.

Cette différence est admise par toutes les nations. On imprime, en Angleterre, les ouvrages publiés en France, *et vice versâ*, comme on imprime, à Berlin et en Autriche, les ouvrages publiés dans une autre partie d'Allemagne; et le 17 nivose an 13, la cour a jugé sur une demande en cassation formée par le sieur Pleyel, compositeur de musique, que la loi du 19 juillet 1793, concernant les contrefaçons, ne peut être appliquée qu'aux ouvrages faits par un Français, contrefaits par un autre Français, et non à des ouvrages publiés par un auteur non Français, dans un pays étranger, dont il a été fait une nouvelle impression en France : et le décret du 24 août 1811 déclare, art. 1er, que les éditions antérieures au premier janvier 1811, faites dans les départemens des trente-deuxième, vingt-neuvième et trentième divisions militaires, d'ouvrages imprimés en France, antérieurement à la même époque, et faisant partie de la propriété littéraire privée, ne pourront être considérées comme de contrefaçon, lorsqu'elles auront été estampillées le 15 janvier 1812 : on n'accorde qu'une légère rétribution aux propriétaires de l'édition originale.

» Voici donc, Messieurs, une première différence entre le droit de propriété qui nous appartient sur nos biens meubles et immeubles, et la propriété littéraire; mais il y en a d'autres qui ont plus de rapport à la question qui vous est soumise en ce moment.

» Avant la loi du 19 juillet 1793, on ne punissait, comme coupables de contrefaçon, que ceux qui publiaient des ouvrages déjà imprimés par d'autres libraires, *avec permission*.

» C'est ainsi que, par arrêt du conseil, du 27 février 1682, le roi fit défenses aux libraires et imprimeurs de Lyon, et autres, de contrefaire les livres qui auraient été imprimés par d'autres libraires, *avec privilége*, à peine de punition corporelle.

» L'art. 65 de l'édit du mois d'août 1686 porte également : *Défendons à tous imprimeurs et libraires de contrefaire les livres pour lesquels il a été accordé* DES PRIVILÉGES OU CONTINUATION DE PRIVILÉGES, *de vendre et débiter ceux qui sont contrefaits*, SOUS LES PEINES PORTÉES PAR LESDITS PRIVILÉGES. Et la même restriction se trouve déjà dans l'art. 53 du règlement de 1618; la défense ne portait que sur les ouvrages pour lesquels il y aurait *privilége obtenu.*

» L'auteur même était tenu d'obtenir un privilége, pour avoir le droit de s'opposer à la contrefaçon : son privilége durait pourtant toute sa vie; quelquefois il était transmissible à ses héritiers; mais le libraire qu'il avait subrogé à ses droits, n'en jouissait que pendant dix ans.

» En Allemagne, on suivait à peu près les mêmes principes; ce n'était pas un droit de propriété appartenant à l'auteur, comme *auteur*, ou à son *cessionnaire*, mais *l'autorité du privilége*, que les libraires et les tribunaux étaient tenus de respecter; et pourquoi? puisqu'on prétendait qu'une action pouvait être *peu délicate* et *même immorale*, sans être *injuste* devant les tribunaux, et sans avoir les caractères d'un délit. On allait plus loin encore : tant qu'il n'est question que *du droit strict et rigoureux*, disait-on, l'acquéreur d'un exemplaire peut en *disposer à son gré*; il peut donc également le livrer à une nouvelle impression, et le *multiplier par ce moyen*. Si on répondait que ce n'était pas à cette condition qu'on lui avait vendu son exemplaire, il trouvait sa réplique dans le principe du droit : *Conditio in mente retenta nihil operatur*. La vente, disait-il, par laquelle je suis devenu propriétaire de mon exemplaire, était pure et simple. Si on prétendait que la défense de réimprimer l'ouvrage en était une condition tacite, il répliquait *que c'était répondre par la question*; que, de son côté, il ne s'était soumis à aucune condition.

» Et en effet, tant que les gouvernemens accordaient aux auteurs ou aux imprimeurs et libraires, des priviléges exclusifs, limités à tel ou tel nombre d'années, et qu'on ne poursuivait les contrefacteurs qu'autant que, par leur entreprise, déjà immorale par sa nature, ils avaient enfreint la défense du Roi, et encouru les peines prononcées par le privilége, on établissait par cela seul, en principe, qu'indépendamment du privilége, l'auteur n'avait aucune action; qu'il renonçait à son droit de propriété, du moment même qu'il faisait imprimer son manuscrit; et qu'il en vendait un seul exemplaire. Nous en voyons encore aujourd'hui un exemple dans *les brevets* d'invention, qu'on regarde comme nécessaires, pour que la contrefaçon devienne un délit, et qui cependant ne garantissent à l'auteur le bénéfice exclusif de son invention, que pendant quelque temps, et le rendent ensuite commun à tous les habitans du royaume, même du vivant de celui qui a fait la découverte.

» Tels étaient les anciens principes, en matière de librairie; et si cette doctrine ne plaisait pas à tout le monde, moins encore à ceux qui y étaient pour ainsi dire juges et parties, il n'en existait pas moins plusieurs jurisconsultes qui la professaient publiquement dans leurs ouvrages, comme la seule que les tribunaux devaient suivre, en jugeant les contestations entre libraires et contrefacteurs. Telle était la doctrine de Ludewig, *præfatio, tomi* 1 : *reliquiarum omnis ævi codicum manuscript. et diplomat.*, §. 4, et de Frédéric Bekmer : *Novum jus*

controv., tom. 2, page 485; et nous voyons qu'elle était conforme à la législation de toutes les nations. Encore, en 1791, on ne demandait, en *Allemagne*, pour les auteurs, qu'un droit exclusif, qu'ils exerceraient pendant un temps *limité*, indépendamment de tout privilége; et la question fut renvoyée à la diette, pour délibérer en même temps si, en accordant aux auteurs ce droit de propriété, il ne convenait pas de faire un règlement *sur le prix* des ouvrages imprimés.

» En Angleterre, le droit exclusif de l'auteur ne dure que treize ans. Mais il est inutile de nous occuper ici de l'histoire de la législation, relative à la matière, et des réclamations que les auteurs ont faites pour faire adopter des principes plus favorables à leur intérêt.

» En France, depuis la révolution, on n'admettait plus les priviléges; mais la loi du 19 juillet 1793 posa en principe, que les auteurs d'écrits en tout genre jouiront, durant leur vie entière, du droit exclusif de vendre, faire vendre et distribuer leurs ouvrages dans le territoire de la république, et d'en céder *la propriété en tout ou en partie*, et que leurs héritiers ou cessionnaires jouiront du même droit, durant l'espace de dix ans, après la mort des auteurs.

» Le décret du premier germinal an 13 accorde aux *propriétaires par succession ou à autre titre* d'un ouvrage *posthume*, les mêmes droits qu'à l'auteur; il déclare que les dispositions des lois sur la propriété exclusive des auteurs et sur sa durée leur seront applicables, toutefois à la charge d'imprimer séparément ces ouvrages posthumes, et sans les joindre à une nouvelle édition des ouvrages déjà publiés et devenus propriété publique.

» S'ensuit-il qu'il n'existe plus aujourd'hui aucune différence entre la propriété littéraire et le droit que nous avons sur les autres choses qui nous *appartiennent*, et que, pour être réputé contrefacteur, il suffit d'avoir transcrit et fait réimprimer une partie quelconque d'un ouvrage dont l'auteur est vivant ou n'est décédé que depuis peu? Mais d'un côté, nous voyons déjà, par les termes mêmes de la loi du 19 juillet 1793, que si toute autre propriété est *transmissible d'héritier en héritier à l'infini*, celle-ci est restreinte *à six ans*; de l'autre côté il est *impossible* d'assimiler jusqu'à ce point ces deux espèces de propriétés.

» On ne prétendra pas, ce semble, que la loi du 19 juillet 1793, en déclarant que les auteurs auront le droit exclusif de vendre leurs ouvrages et d'en céder la propriété *en tout ou en partie*, ait voulu défendre toute *citation littérale* d'un ou de plusieurs passages d'un ouvrage déjà imprimé; et cependant il faudrait aller jusque-là; il faudrait dire qu'il n'est pas même permis d'exprimer la pensée d'un auteur qui, par exemple, dans la persuasion d'avoir trouvé la solution d'un problème, jusqu'alors réputé insoluble, si les mots *en tout ou en partie* n'admettaient aucune exception, et si la question de contrefaçon devait être jugée d'après les mêmes principes que le *vol d'une somme d'argent* ; délit dans l'appréciation duquel il importe peu de savoir quelle est la quotité de la somme d'argent que le voleur a prise, si, sur cent mille francs, il a seulement enlevé cent francs ou mille, ou même trois ou quatre francs.

» Quel est donc le sens de la loi qui défend la contrefaçon ?

» Je ne prétendrais pas avec les défenseurs, qu'au moins sous le régime des règlemens antérieurs à la révolution, on n'entendait jamais par contrefaçons, éditions contrefaites, que celles qui avaient été *calquées sur les éditions autorisées*, qui en étaient l'image, *la copie*, *la représentation entière*, qui représentaient les *mêmes titres*, le même *format* et la *même physionomie* : ce serait confondre les *caractères qui constituent le délit*, avec les *moyens* que les contrefacteurs habiles ont employés quelquefois pour cacher leur délit et pour en rendre la *preuve plus difficile*.

» La loi a voulu protéger la *propriété* littéraire ; et qu'importe au propriétaire que son ouvrage qu'il avait fait imprimer in-4°., soit réimprimé par un contrefacteur dans le même format, ou in-fol., in-8°, ou in-12 ? Dans l'un comme dans l'autre cas, la contrefaçon lui porte le même préjudice, mais il parviendra plutôt à la découvrir, si le contrefacteur a eu l'impudence de donner à son édition un autre format, que s'il avait réussi à le faire imprimer sur le même papier, avec les mêmes caractères, et exactement sur le même nombre de pages.

» Il me semble qu'on ne doit pas non plus attacher une grande importance à la question de savoir si l'imprimeur, prévenu de contrefaçon, a débité l'ouvrage d'autrui sous le nom de son véritable auteur, ou s'il l'a dissimulé.

» La conservation de la PROPRIÉTÉ *littéraire* est le principal objet de la loi, il n'entrait pas dans le plan du législateur de s'occuper également de *la célébrité* de l'auteur.

» Lorsqu'on a pillé son ouvrage, et que cette entreprise fait réellement *préjudice* à sa propriété, c'est à raison de ce *préjudice* que le Plagiat prend les *caractères de la contrefaçon* défendue par la loi, et punie d'une peine de police correctionnelle ; n'importe que le prévenu ait cité ou non l'ouvrage qu'il a copié, il suffit qu'il a voulu s'approprier les bénéfices résultant du débit de l'ouvrage qu'un autre avait fait.

» S'il a cité le nom de l'auteur, on peut bien dire qu'il n'a pas *nui* à la *célébrité* de son devancier, mais il ne serait pas moins vrai qu'il aurait envahi son droit de *propriété*.

» Au contraire, toutes les fois que le Plagiat ne fait aucun tort à *la propriété* de l'auteur, que le second ouvrage ne peut, sous ce rapport, faire aucun préjudice au débit du premier, la question du simple Plagiat n'est plus du ressort des tribunaux. Le public et les journaux rendront justice au mérite du premier auteur ; on dira et on imprimera que *dans tel et tel endroit*, le second auteur n'a fait que copier littéralement et servilement son devancier ; on lui pardonnera peut-être cette liberté s'il en a usé *sobrement*, et en indiquant toujours les *sources* dans lesquelles il a puisé ; au contraire, il sera persifflé, on le dénoncera au public comme *Plagiaire* ; on dira qu'en pillant quatre ouvrages il en a fait un cinquième ; il perdra sa réputation littéraire s'il a pris trop souvent cette liberté, s'il n'a pas même nommé son auteur.

» Mais il me semble que les tribunaux ne sont pas appelés pour se mêler de toutes ces contestations littéraires. Il leur appartient de maintenir la *propriété* de l'auteur ; mais sa réputation *dans la république des lettres*, sa *renommée*, comme auteur, est abandonnée à sa propre défense, pourvu qu'il s'abstienne d'employer des armes défendues. Les journaux littéraires sont le champ de bataille, et les armes que peuvent employer ceux qui n'aiment pas une discussion sérieuse, sont la satire et le persifflage. C'est là où, pour soutenir leur réputation littéraire, et la transmettre à la postérité, les auteurs peuvent se déchirer mutuellement, s'accuser du Plagiat, et le prouver. Il n'entre pas dans le domaine des tribunaux de terminer ces sortes de contestations.

» On ne doit pas en conclure que, pour être coupable *du délit de contrefaçon*, il soit nécessaire qu'on ait *imprimé en entier* l'ouvrage d'un autre. D'un côté, celui qui, dans l'intention de réimprimer l'ouvrage entier d'un auteur encore vivant, est surpris en flagrant délit, sera puni comme contrefacteur, peu importe qu'il ait déjà, ou qu'il n'ait pas encore achevé son ouvrage. C'est ainsi que vous avez jugé, le 2 juillet 1807, dans l'affaire de Clemendot contre Giguet et Michaud, éditeurs du poëme de l'*Imagination* de M. Delille, au rapport de M. le conseiller Carnot.

» De l'autre côté, celui qui fait réimprimer, sous un nouveau titre, une *partie* de l'ouvrage appartenant à autrui, *peut* également se rendre coupable de ce délit.

» Ainsi, par exemple, si les frères Michaud, après avoir annoncé la Biographie de tous les auteurs du *quinzième siècle*, avaient emprunté du Dictionnaire universel et historique du sieur Prudhomme tous les articles concernant un auteur du même siècle, ils n'auraient imprimé *qu'une partie* de l'ouvrage publié par Prudhomme ; néanmoins, ils se seraient rendus coupables du délit de contrefaçon, et le peu de changemens qu'ils auraient faits dans la rédaction de chaque article, en donnant une autre tournure à la phrase, ne les aurait pas sauvés.

» Le texte de la loi du 19 juillet 1793 est clair et précis sur ce point ; elle accorde à l'*auteur seul et à son cessionnaire*, le droit de disposer de son ouvrage, *en tout ou en partie* ; tout autre se rendrait coupable de la contrefaçon, même en imprimant *une partie de l'ouvrage*.

» Il en serait de même si Malte-Brun, au lieu de sa Géographie universelle ou de son Précis de la Géographie universelle, avait fait imprimer séparément l'Introduction à la Géographie de Pinkerton par Lacroix, ou seulement le Précis géographique-physique du Thibet, du Japon, la Statistique de Saint-Domingue, ou toute autre partie de la traduction de la Géographie de Pinkerton, faite par Walkenaër. Nous aurions alors l'exemple d'une contrefaçon partielle, prévue par la loi du 19 juillet 1793.

» *Il en serait de même, si la Biographie universelle, ancienne et moderne, publiée par les frères Michaud*, ne contenait que *de légères augmentations* par lesquelles ils auraient enrichi tant soit peu le Dictionnaire publié par Prudhomme, et si le sieur Malte-Brun se trouvait dans le même cas par rapport à la Géographie de Pinkerton, traduite et augmentée par Walkenaër, la traduction appartenait tout entière à Walkenaër, les notes et additions lui appartenaient également, et *les notes* sont, aussi bien que le texte, sous la sauve-garde de la loi.

» Mais vous avez vu que les demandeurs en cassation ne se trouvent dans aucun de ces deux cas. Pourraient-ils néanmoins se plaindre d'une contrefaçon ; ils le pourraient si l'entreprise des sieurs Michaud était de nature à porter préjudice au droit de *propriété* du sieur Prudhomme, ou si l'ouvrage du sieur Malte-Brun portait réellement préjudice au droit de propriété appartenant au sieur Dentu ; mais il me semble qu'en soutenant que ce préjudice était très-réel, les demandeurs en cassation ne sont pas remontés à la source du mal.

» Il se peut bien que deux auteurs qui traitent à la fois la même matière, se fassent mutuellement tort ; il se peut également que l'un de ces deux ouvrages s'éclipse entièrement par le concours de l'autre ; mais ceux, par exemple, qui voudront acheter un Dictionnaire historique, bibliographique et biographique, ne donneront pas la préférence à la Biographie universelle des frères Michaud, par cela seul qu'elle renferme plusieurs articles qui se trouvent également dans le Dictionnaire de Prudhomme, et ceux qui, ne voulant ou ne pouvant pas acheter tous les ouvrages sur la Géographie ancienne et moderne, voudraient pourtant en avoir un, ne renonceront pas au projet qu'ils avaient d'acquérir la Géographie de Pinkerton par Walkenaër, par cela seul que le Précis de la Géographie universelle du sieur Malte-Brun renferme quelques articles sur le Thibet, le Japon, sur la Statistique de Saint-Domingne, qui se trouvent littéralement dans Walkenaër. Si le surplus de l'ouvrage du sieur Malte-Brun est mauvais, on donnera la préférence à Pinkerton, de même que le sieur Prudhomme peut être sûr de vendre son Dictionnaire, quand le concours de la Biographie universelle, si celle-ci ne renferme que peu d'articles qui soient bons.

» Le préjudice dont les demandeurs en cassation se plaignent ne résulte, dans les circonstances particulières de la cause, que de deux circonstances absolument étrangères au Plagiat. La première est que peu de gens de lettres ont assez de fortune pour acheter *tous* les ouvrages, et que par conséquent toutes les fois que deux ouvrages assez chers, dans lesquels on traite le même objet, paraissent en même temps, les entrepreneurs se nuisent mutuellement, quand même le mérite de leurs ouvrages serait égal. La deuxième est qu'en définitive le meilleur de ces deux ouvrages l'emporte naturellement sur l'autre.

» C'est à l'une de ces causes, ou peut-être au concours simultané de toutes les deux, que les demandeurs en cassation doivent attribuer la perte dont ils se plaignent : le Plagiat n'y entre pour rien.

» Mais, dit-on, il est pourtant vrai que *tout* le Dictionnaire historique appartient au sieur Prudhomme, et que son adversaire en a inséré une partie dans sa Bibliographie ; il est également vrai que le sieur Malte-Brun a profité de la traduction de Pinkerton, par Walkenaër, et de l'introduction à cette Géographie, par de Lacroix : comment serait-il possible que néanmoins ils n'auraient pas envahi la propriété d'autrui ?

» Nous avons déjà remarqué que la propriété littéraire n'a jamais été assimilée sous tous les rapports au droit de propriété que nous avons, par exemple, sur une somme d'argent, et qu'il en est pas de la contrefaçon comme d'un vol proprement dit. Toutes les parties sont tacitement convenues de cette vérité. Celui qui enlève un ou deux francs d'une caisse qui en contient cent mille, est coupable de vol, et poursuivi comme tel ; mais celui qui, sur un ouvrage de douze cents pages d'impression, en prend une demie, une ou deux pages entières, et même *cent pages*, ne se rend pas coupable de la contrefaçon, peu importe qu'il ait ou qu'il n'ait pas nommé son auteur.

» Mais, dira-t-on, il faut au moins que cette liberté de prendre ait son terme, ou toute la propriété des auteurs sera illusoire. Cette observation est juste ; il faut qu'il existe une ligne de démarcation, qu'on ne puisse pas frayer sans se rendre coupable du délit de contrefaçon. La nécessité d'*établir* cette ligne résulte de la nature des choses ; elle serait abandonnée à la sagesse des tribunaux, si le législateur n'avait rien statué sur cette difficulté.

Les tribunaux, pour distinguer le Plagiat de la contrefaçon partielle, devraient examiner si l'auteur, accusé du délit de la contrefaçon, a, par ce moyen, et *indépendamment du mérite propre à son ouvrage*, fait préjudice au débit de ce qu'on prétend avoir été contrefait.

» Ainsi, par exemple, il n'est pas toujours défendu par la loi de faire réimprimer l'ouvrage d'un auteur encore vivant, avec *un commentaire.*

72.

» Cependant une entreprise de cette nature doit nécessairement préjudicier à l'auteur du premier. Ceux qui achètent le texte avec *le commentaire*, n'ont plus besoin du texte seul publié par l'auteur ; et cependant l'éditeur qui a fait imprimer le texte avec son commentaire, ne peut pas toujours être accusé du délit de contrefaçon ; et, en effet, si son ouvrage fait préjudice à la vente du premier, ce sera plutôt à raison du commentaire que par le texte qu'il a fait réimprimer. Une entreprise de cette nature sera toujours *réprouvée par la morale;* elle est peu *délicate,* mais on ne peut pas la regarder comme une contrefaçon défendue par la loi.

» Il existe dans l'arrêt du conseil du 30 août 1777, portant règlement sur la durée des privilèges en librairie, une disposition qui peut nous servir de guide pour arriver à la solution de la difficulté de cette matière.

» L'art. 1er de cet arrêt porte : *Aucuns libraires et imprimeurs ne pourront imprimer ni faire imprimer aucuns livres nouveaux, sans en avoir obtenu de privilège ou lettres scellées du grand sceau.*

» L'art. 2 ajoute : *Défend sa Majesté à tous libraires, imprimeurs ou autres qui auront obtenu des lettres de privilèges pour imprimer un livre nouveau, de solliciter aucune continuation de ce privilège, à moins qu'il n'y ait dans le livre* AUGMENTATION *au moins d'un* QUART, *sans que, pour ce sujet, on puisse refuser aux autres la permission d'imprimer les anciennes éditions non augmentées.*

» Ainsi donc, pour qu'une nouvelle édition puisse être considérée comme un ouvrage nouveau, il faut qu'il existe dans ce dernier ouvrage une augmentation considérable, et qui soit au moins d'un quart ; dans le cas contraire, le nouvel ouvrage n'est réputé que pour une seconde édition du premier.

» Nous ne prétendrons pas qu'aux termes de ce règlement, il est permis de réimprimer tout ouvrage d'un auteur encore vivant, à son insu et sans son consentement, par cela seul que l'éditeur l'augmente d'un quart ; mais il résulte au moins de l'arrêt, qu'on ne peut pas réputer contrefaçon un ouvrage qui, dans une *très-grande* partie de son contenu, diffère du premier.

» Le décret du mois de germinal an 13 contient une disposition à peu près semblable à l'égard des œuvres posthumes que les héritiers ajoutent à une nouvelle édition des anciens ouvrages ; les héritiers conservent la propriété des œuvres posthumes, mais ils ne doivent pas les faire réimprimer avec les anciens ouvrages, qui, ordinairement, sont beaucoup plus considérables, pour conserver une propriété devenue publique.

» Ce qui résulte de la combinaison de l'arrêt du 30 août 1777, et du décret de l'an 13, c'est qu'on peut également appliquer ici la règle de droit, *pars major trahit ad se minorem.*

» En tous cas, et quelles que soient les règles d'après lesquelles les tribunaux doivent décider s'il y a Plagiat dommageable et punissable, leur décision sur ce point étant plus *de fait* que *de droit,* ne pouvait aucunement donner lieu à la cassation ».

Par arrêt du 3 juillet 1812, «attendu qu'en jugeant que les passages littéralement transcrits par les auteurs de la *Géographie universelle,* de la traduction de la *Géographie de Pinkerton,* non plus que ceux littéralement copiés par l'auteur du *Précis de la Géographie universelle,* d'après l'*Introduction à la géographie de Pinkerton,* par Lacroix, ne constituaient pas le délit de contrefaçon prévu par la loi, la cour de Paris n'a pas violé la loi du 19 juillet 1793, ni l'art. 425 du Code pénal ; la cour rejette le pourvoi... ».

Seconde espèce. Le sieur Prudhomme, devenu, par traité fait avec les sieurs Chaudon et Delandine, propriétaire du *Dictionnaire universel, historique, critique et bibliographique,* poursuit les sieurs Michaud, frères, par une plainte en contrefaçon, devant le tribunal correctionnel du département de la Seine, pour avoir copié plusieurs articles de cet ouvrage dans leur *Biographie universelle, ancienne et moderne.*

Le 16 novembre 1811, « le tribunal, attendu que, dans la plainte du sieur Prudhomme, les articles de l'ouvrage intitulé, *Biographie universelle, ancienne et moderne,* sur lesquels le sieur Prudhomme fonde sa demande en contrefaçon, sont portés au nombre de 68 ; que, dans la plaidoirie du défenseur du sieur Prudhomme, ces articles sont annoncés être en bien plus grand nombre ; que, dès-lors, le corps du délit dont le sieur Prudhomme se plaint, n'est pas déterminé d'une manière fixe, juridiquement et contradictoirement avec les sieurs Michaud ; avant faire droit, ordonne que, pardevant M. Pelletier, un de MM. les juges que le tribunal commet à cet effet, et en présence de M. le procureur du gouvernement, et des sieurs Prudhomme et Michaud, ou eux dûment appelés, il sera procédé à l'indication précise, article par article, par le sieur Prudhomme, des articles de l'ouvrage intitulé, *Biographie universelle, ancienne et moderne,* publiée par les sieurs Michaud, que le sieur Prudhomme annonce avoir été tirés du *Dictionnaire universel, historique, critique et bibliographique,* par lui publiés et copiés dans cet ouvrage, et, à cet effet, ordonne qu'un exemplaire desdits deux ouvrages sera, à la requête de M. le procureur du gouvernement, déposé au greffe du tribunal par les parties ; de laquelle indication ledit commissaire dressera procès-verbal, lors duquel les parties, assistées de leurs conseils, s'ils le jugent convenable, pourront faire tels dire, réquisitions, réponses et observations qu'elles aviseront bon être ; à l'appui desquelles elles seront tenues de justifier audit commissaire des passages des ouvrages dont elles argumenteront, même de déposer au greffe lesdits ouvrages, si M. le juge commissaire le croit nécessaire ; ordonne que du tout il sera dressé procès-verbal par M. le juge commissaire, pour icelui fait et rapporté, et communiqué à M. le procureur du gouvernement, être par M. le procureur du gouvernement, et par les sieurs Michaud et Prudhomme, pris telles conclusions qu'ils croiront convenables, et par le tribunal statué ce qu'il appartiendra, dépens réservés ».

Cette opération terminée et la cause reportée à l'audience, jugement définitif du 16 janvier 1812, par lequel, « en ce qui touche la plainte en contrefaçon partielle rendue par ledit Prudhomme contre les frères Michaud, attendu que pour qu'il y eût contrefaçon partielle il faudrait qu'une partie notable, importante et marquante d'un ouvrage eût été réimprimée textuellement sans le consentement et l'aveu des auteurs ou propriétaires de cet ouvrage; — en ce qui concerne le titre, attendu que l'ouvrage de Prudhomme porte, *Dictionnaire universel, historique, critique et bibliographique*; que celui de l'ouvrage des frères Michaud porte... *Bibliographie universelle* que les accessoires du titre ne sont pas le titre; que, dès-lors, le titre n'est pas le même; — en ce qui concerne le plan, attendu que la forme de dictionnaire qu'ont ces deux ouvrages, ne peut supposer d'autre plan que celui par ordre alphabétique; — en ce qui concerne la rédaction, attendu qu'il n'y a pas dans la Bibliographie universelle un seul article entièrement semblable à ceux du Dictionnaire historique; que, sur les 163 articles de la Bibliographie qui font, d'après le procès-verbal dressé en exécution du jugement du tribunal, l'objet de la plainte des demandeurs, 57 de ces articles n'y ont été, ainsi qu'il résulte des débats établis au procès-verbal, argués que d'imitation; qu'une imitation de rédaction n'est pas une contrefaçon; que 52 du surplus desdits articles ont été justifiés avoir été tirés par les rédacteurs des articles des deux ouvrages, de sources communes qui sont du domaine public; — par ces motifs et autres relatés audit jugement, le tribunal a renvoyé les sieurs Michaud des fins de la plainte intentée contre eux par le sieur Prudhomme ».

Le sieur Prudhomme appelle de ce jugement à la cour de Paris.

Le 17 mars suivant, arrêt qui, « attendu que s'il résulte, soit de l'examen et du rapprochement des ouvrages imprimés, déposés au greffe de la cour, soit du procès-verbal tenu par le juge de première instance, que des fragmens de quelques articles du *Dictionnaire universel et historique*, par Prudhomme, ont été copiés par aucuns des rédacteurs des articles de la *Bibliographie universelle, ancienne et moderne*, par les frères Michaud, cela ne constitue pas le délit prévu tant par la loi du 19 juillet 1793, que par l'art. 425 du Code pénal; par ces motifs, met l'appellation au néant ».

Le sieur Prudhomme se pourvoit en cassation contre cet arrêt; mais son recours est rejeté, le 3 juillet 1812, au rapport de M. Audier-Massillon,

« Attendu que, s'il a été déclaré en fait par la cour de Paris que des fragmens de quelques articles du *Dictionnaire universel, historique* de Prudhomme avaient été copiés par aucuns des rédacteurs des articles de la *Bibliographie universelle* des frères Michaud, il ne suit pas de cette déclaration qu'il y ait eu édition d'un ouvrage imprimé, en entier ou en partie, au mépris des lois et des règlemens relatifs à la propriété des auteurs; que, dès-lors, en jugeant qu'il n'y avait pas contrefaçon, et en renvoyant les frères Michaud de la plainte de Prudhomme, cette cour n'a pas violé la loi du 19 juillet 1793, ni l'art. 425 du Code pénal.... ».

V. Contrefaçon, §. 11, dans les *Additions*.

PLAINTE, n. II. *Page* 304, *col.* 1, *après l'avant-dernière ligne, ajoutez :*

V. Le plaidoyer et l'arrêt du 18 juin 1812, rapportés aux mots *Tribunal de police*, sect. 2, §. 5, Notes sur l'art. 182 du Code d'instruction criminelle.]]

N. IV. *Page* 307, *col.* 2, *ligne* 1, *après* Dénonciation, *ajoutez* Calomniateur, n. 7.

PLUS AMPLEMENT INFORMÉ. *Page* 319, *col.* 2, *ligne* 46, *après* condamner, *ajoutez en note :*

Il a même été jugé, par deux arrêts de la cour de cassation, des 2 frimaire an 3 et 21 frimaire an 4, que, dans les procès commencés avant la mise en activité de cette loi, on ne pouvait plus prononcer de Plus amplement informé.

« Considérant (porte le premier de ces arrêts) que le tribunal de première instance avait épuisé les informations contre Tessier et Vinet; que, dans cet état, la décision d'un Plus amplement informé, surtout pendant dix ans, tendrait à renverser le système de la nouvelle législation, qui, après la consommation d'une procédure criminelle, instruite à charge et à décharge, ne laisse aux tribunaux que l'alternative de condamner ou d'acquitter un accusé; que la disposition accessoire et conditionnelle pour les accusés, de tenir prison pendant ledit temps, doit être considérée selon toute la rigueur d'une peine afflictive appliquée provisoirement et en attendant d'acquérir conviction; enfin, que cette peine a été prise hors du Code général des peines; casse et annule ledit jugement du tribunal du district de Rennes, du 21 messidor, comme contraire à l'art. 7 de la loi du 16 janvier 1792, qui porte : *Les juges de district ne pourront prononcer d'autres peines que celles portées dans le Code pénal* ; et encore comme contraire à l'art. 33 du tit. 1er de la première partie du Code pénal, ainsi conçu : *Toutes les peines actuellement usitées, autres que celles qui sont établies ci-dessus, sont abrogées.*

POIDS ET MESURES, §. III. *Page* 339, *col.* 2, *avant le* §. IV, *ajoutez :*

La question s'est représentée depuis, et a encore été jugée de même.

Le 31 mars 1813, l'un des adjoints du maire de la commune de Sèvres, se transporte dans la boulangerie de François-Antoine Brunissen, et y trouve soixante-dix pains qu'il fait peser. Cinquante-cinq de ces pains qui, par leur dimension, doivent être du poids de six livres, sont effectivement reconnus avoir ce poids. Sur les onze autres pris ensemble l'adjoint du maire reconnaît un déficit de vingt-neuf onces. — Il en dresse procès-verbal, et par suite Brunissen est traduit au tribunal correctionnel de Versailles.

Le 11 mai suivant, jugement qui, appliquant à Brunissen l'art. 523 du Code pénal, le condamne à trois mois d'emprisonnement, à 50 fr. d'amende et aux dépens.

Appel, de la part de Brunissen, à la cour de Paris. — Le 16 juin de la même année, arrêt qui, « attendu que la cause ne présente aucune circonstance atténuante, que même Brunissen se trouve dans le cas de la récidive; adoptant les motifs qui ont déterminé les premiers juges, met l'appellation au néant... ».

Brunissen se pourvoit en cassation contre cet arrêt.

« La question sur laquelle vous avez à prononcer dans cette affaire (ai-je dit à l'audience de la section criminelle, le 12 août 1813), s'est déjà présentée deux fois à votre audience.

» Elle s'y est présentée sous la loi du 22 juillet et le Code pénal du 25 septembre 1791, c'est-à-dire, à des époques où la vente à faux Poids ou à fausses mesures était punie du même genre de peines qu'elle l'est aujourd'hui, sauf qu'en cas de seconde récidive, elle emportait quatre années de fers; et par arrêt du 2 ventose an 13, vous l'avez jugée conformément au système du demandeur.

» Elle s'y est représentée sous le Code pénal actuel, et par arrêt du 14 janvier dernier, vous l'avez encore jugée de même.

» Deux arrêts aussi positifs semblaient devoir empêcher qu'elle ne se reproduisît, mais, la cour de Paris l'a remise en problème, d'abord en infirmant un grand nombre de jugemens du tribunal de première instance du département de la Seine, qui l'avaient décidée, comme ce tribunal la décide encore, dans le sens de vos deux arrêts; ensuite, en confirmant des jugemens d'autres tribunaux de son ressort, qui l'avaient résolue en sens contraire; et c'est pour nous une raison de la soumettre au creuset d'un nouvel examen.

» La plupart des municipalités, et notamment celle de Sèvres, en vertu de l'art. 3 du tit. 11 de la loi du 24 août 1790, qui leur attribue *l'inspection sur la fidélité du débit des denrées qui se vendent au Poids, à l'aune ou à la mesure*, ont fait des règlemens qui assujettissent les boulangers à donner aux pains qu'ils exposent en vente un poids déterminé et calculé sur leur dimension, de manière

que tel pain dont la dimension annonce un poids de deux kilogrammes ou quatre livres, ait effectivement ce poids, et que, si l'acheteur le fait peser avant de le payer, comme il en est le maître, il soit bien sûr qu'il achète réellement un pain de quatre livres ou deux kilogrammes.

» Les boulangers qui contreviennent à ces règlemens, doivent sans doute être punis; mais de quelles peines doivent-ils l'être ?

» L'idée la plus naturelle qui se présente à cet égard, c'est que l'on ne doit chercher des dispositions qui déterminent ces peines, que dans la loi en vertu de laquelle ont été faits les règlemens dont ces peines ont pour but de réprimer la violation.

» Or, l'art. 5 du titre cité de la loi du 24 août 1790, porte que les contraventions aux règlemens faits par les municipalités en exécution de l'art. 3 du même titre, ne pourront être punies que des peines de simple police.

» C'est donc des peines de simple police que doivent être punis les boulangers convaincus d'avoir exposé en vente des pains qui n'ont pas le poids fixé par les règlemens locaux.

» Voilà comment vous avez raisonné dans vos deux arrêts des 2 ventose an 13 et 14 janvier dernier.

» Mais on prétend qu'en raisonnant ainsi, vous avez méconnu, lors du premier, le vrai sens de l'art. 22 du tit. 1er de la loi du 22 juillet 1791 ; et lors du second, le vrai sens de l'art. 423 du Code pénal de 1810. Examinons si cette critique a quelque fondement.

» L'art. 22 du tit. 1er de la loi du 22 juillet 1791 était ainsi conçu : *en cas d'infidélité des poids et mesures dans la vente des denrées ou autres objets qui se débitent à la mesure, au poids ou à l'aune, les faux poids et fausses mesures seront confisqués et brisés; et l'amende sera, pour la première fois de cent francs au moins, et de la quotité du droit des patentes du vendeur, si ce droit est de plus de cent francs.*

» L'art. 23 ajoutait : *les délinquans, aux termes de l'article précédent, seront en outre condamnés à la détention de la police municipale; et en cas de récidive, les prévenus seront renvoyés à la police correctionnelle.*

» L'art. 40 du tit. 2 de la même loi prévoyait et réglait, en ces termes, le cas de la récidive : *ceux qui, condamnés une fois par la police municipale, pour infidélité sur les poids et mesures, commettraient de nouveau le même délit, seront condamnés à la police correctionnelle, à la confiscation des marchandises fausses, ainsi que des faux poids et fausses mesures, lesquels seront brisés, à une amende qui ne pourra excéder mille francs, et à un emprisonnement qui ne pourra excéder une année...; à la seconde récidive, ils seront poursuivis criminellement, et condamnés aux peines portées au Code pénal.*

» Enfin, le Code pénal du 25 septembre 1791, portait, part. 2, tit. 2, sect. 2, art. 46 : *quiconque sera convaincu d'avoir, sciemment et à dessein, vendu à faux Poids ou à fausse mesure, après avoir été précédemment puni deux fois, par voie de police, à raison d'un délit semblable, subira la peine de quatre années de fers.*

» Dans toutes ces dispositions, que voyons-nous? Un marchand qui, à la vue des acheteurs, et dans le dessein de les tromper sur la quantité des choses qu'il leur vend, employe, pour apprécier contra-dictoirement avec eux cette quantité, de faux Poids ou de fausses mesures.

» Ces dispositions sont-elles applicables au mar-chand qui, sans employer de faux Poids ni de fausses mesures, et n'ayant, au contraire, dans sa boutique que des poids et des mesures vraies, vend aux acheteurs qui l'en croient sur parole, et qui ont sous la main les instrumens nécessaires pour vérifier ce qu'il leur dit, des denrées ou des marchandises qui n'ont pas la quantité qu'il leur annonce?

» Elles ne le sont certainement pas par leur propre texte ; et bien loin de là, leur propre texte y résiste.

» D'une part, elles ne portent que sur le cas où il y a usage de faux poids ou de fausses mesures ; elles sont donc étrangères au cas où il n'y a ni faux poids ni fausses mesures employés pour tromper les ache-teurs.

» De l'autre, elles font marcher de front les peines pécuniaires et corporelles qu'elles prononcent, avec les peines de rupture et de confiscation des faux poids et des fausses mesures ; et elles ne permettent pas d'infliger les unes sans les autres. Il ne peut donc pas y avoir lieu à celles-là, lorsque celles-ci sont inapplicables. Il n'y a donc ni peines pécuniaires ni peines corporelles à infliger en vertu de ces dispositions, lorsqu'en vertu de ces dispo-sitions, il n'y a ni faux Poids ni fausses mesures à briser et confisquer.

» Dira-t-on que ces mêmes dispositions ont, par l'esprit qui les a dictées, plus d'étendue qu'elles n'en ont par leur propre texte ?

» Mais il est, au contraire, bien évident qu'elles ne prononcent les peines écrites dans leur texte, qu'à raison de la gravité du délit auquel elles en font l'application ; et qu'il y a un délit bien moins grave de la part du marchand qui, sans employer de faux Poids ni de fausses mesures, vend comme ayant tel Poids, tel volume ou telle longueur, des choses qui n'ont pas ou cette longueur, ou ce volume, ou ce Poids.

» Dans le cas prévu par ces dispositions, deux moyens concourent à tromper l'acheteur : la malice du marchand et l'emploi qu'il fait d'un Poids ou d'une mesure qui, portant l'empreinte de l'autorité publique, commande à l'acheteur une confiance, en quelque sorte nécessaire.

» Dans le second cas, non-seulement le second de ces moyens manque absolument, mais le pre-

mier peut ne pas toujours exister. Car il est pos-sible que le marchand croye de bonne foi livrer à l'acheteur tout ce qu'il déclare lui vendre. Mais fût-il de mauvaise foi, connût-il positivement le déficit qu'il y a dans la quantité qu'il livre, du moins l'acheteur n'est-il obligé de s'en rap-porter à son assertion ; il peut la vérifier ; et s'il ne la vérifie pas, il ne peut accuser du tort qu'il éprouve, que sa confiance imprudente et parfaite-ment libre.

» La loi du 22 juillet 1791 n'aurait donc pas pu assimiler le second cas au premier, sans violer la première des règles qui doivent guider le législa-teur dans la détermination des peines, sans violer la règle qui veut que les peines soient graduées sui-vant la gravité des délits ; et c'est assez dire qu'elle ne les a pas assimilés en effet.

» Comment d'ailleurs imaginer que cette loi et le Code pénal de la même année eussent voulu sou-mettre à des poursuites criminelles, en cas de deuxième récidive, le boulanger dont le seul délit serait d'avoir vendu, sans faux poids, des pains qui n'auraient pas précisément le nombre de livres ou d'onces qu'annonce leur dimension ?

» Nous avons dit que ce boulanger peut, en ven-dant ainsi ses pains, être de bonne foi ; et cela est très-sensible.

» Que fait et que doit faire un boulanger pour s'assurer que les pains qu'il fabrique ont le poids déterminé par les réglemens ?

» Il les pèse, lorsqu'ils sont encore en pâte et avant de les mettre au four. Mais dans ce pesage, il peut se tromper, se tromper de la meilleure foi du monde. Qu'il soit entré dans sa pâte un peu plus d'eau qu'il n'en est rigoureuse-ment besoin : la pâte pèsera plus qu'elle ne devrait peser, s'il n'y avait mis que la juste quantité d'eau qu'il devait y mettre. Qu'ensuite, une forte cuisson absorbe cet excédant d'eau : le pain se trouvera peser moins qu'il ne devait peser d'après le Poids de la pâte. Voilà donc le boulanger trompé par sa manière de fabriquer son pain, manière que la police ne peut pas approuver, contre laquelle même elle doit sévir, mais qui, après tout, exempte de toute intention criminelle, ne peut être punie que comme imprudence ou maladresse. Et s'il s'était ainsi trompé trois fois sous le Code pénal de 1791, il aurait fallu qu'il allât, devant un tribunal cri-minel, avec tout l'appareil d'une procédure par jurés, prouver qu'il n'avait été qu'imprudent ou maladroit ! Cela est-il concevable ; et à qui persua-dera-t-on que l'assemblée constituante eût sanctionné une législation aussi opposée à toutes les idées de justice ?

» Maintenant abordons l'art. 423 du Code pénal de 1810, et voyons s'il est, à cet égard, plus ri-goureux que ne l'étaient les lois de 1791.

» *Quiconque* (y est-il dit) *aura trompé l'ache-teur sur les titres des matières d'or ou d'argent, sur la qualité d'une pierre fausse vendue pour fine,*

SUR LA NATURE *de toutes marchandises ; quiconque,* PAR USAGE DE FAUX POIDS OU DE FAUSSES MESURES *aura trompé sur la quantité des choses vendues , sera puni de l'emprisonnement pendant trois mois au moins, un an au plus, et d'une amende qui ne pourra excéder le quart des restitutions et dommages-intérêts , ni être au-dessous de cinquante fr. Les objets du délit, ou leur valeur, s'ils appartiennent encore au vendeur, seront confisqués : les faux Poids et les fausses mesures seront aussi confisqués, et de plus seront brisés.*

» Voilà bien, comme nous l'avons déjà dit, le même genre de peines que dans la loi du 22 juillet 1791, savoir, emprisonnement, amende, confiscation et rupture des faux Poids ou des fausses mesures. Il n'y a de différence, entre le Code pénal de 1810 et la loi du 22 juillet 1791, que, 1° par rapport à la durée de l'emprisonnement et au taux de l'amende ; 2° en ce que, dans le cas de deuxième récidive, il n'y a plus de peines afflictives à prononcer. A cela près, les deux lois sont exactement calquées l'une sur l'autre ; et dès-lors, il est bien impossible de donner à l'art. 423 du Code pénal de 1810, une extension que l'on ne donnait pas, que l'on ne pouvait pas donner, à l'art. 22 du tit. 1er de la loi du 22 juillet 1791.

» Mais il y a plus. L'art. 423 du Code pénal de 1810 est rédigé d'une manière qui exclut bien plus clairement encore que ne le faisait l'art. 22 du tit. 1er de la loi du 22 juillet 1791, l'extension que lui donne l'arrêt attaqué par le demandeur.

» Cet article, comme vous l'avez remarqué, applique la disposition pénale qu'il compose, à deux sortes de marchands : au marchand qui trompe l'acheteur *sur la nature de la marchandise*, et au marchand qui trompe l'acheteur sur la *quantité* de la marchandise qu'il vend.

A l'égard du premier, il n'exige, pour l'application des peines qu'il prononce, le concours d'aucune circonstance particulière : il déclare ces peines encourues, par cela seul qu'il y a tromperie *sur la nature de la marchandise.*

» Mais relativement au second, il veut quelque chose de plus : il veut qu'avec la tromperie sur la *quantité*, concoure l'*usage de faux Poids ou de fausses mesures* ; et à défaut de ce concours, il abandonne le soin de réprimer la tromperie sur la quantité, ou aux tribunaux civils, dans les cas ordinaires, ou aux tribunaux de police, dans les cas prévus par certains réglemens.

» Il est donc clair, plus clair que le jour, que l'on ne peut pas appliquer l'art. 423 au boulanger qui, sans faire usage de faux Poids, vend des pains qui n'ont pas le poids réglé par la police locale.

» Il est donc clair, plus clair que le jour, que ce boulanger ne peut être poursuivi qu'en vertu de l'art. 5 du tit. 11 de la loi du 24 août 1790, et par conséquent qu'il n'est passible que de peines de simple police.

» Que cette législation ne soit pas assez sévère , qu'elle prête trop à la fraude, cela peut être. Mais telle qu'elle est, les tribunaux doivent la respecter. Les tribunaux ne sont pas juges des lois, ils n'en sont que les applicateurs.

» Et ils sont d'autant moins excusables dans le refus qu'ils font de réduire à des peines de simple police la répression du délit dont il s'agit en ce moment, que le gouvernement lui-même leur a tout récemment annoncé, de la manière la plus positive, que la loi d'après laquelle ce délit ne doit être puni que de peines de simple police , est encore dans toute sa vigueur.

Voici en effet ce que porte le décret du 22 décembre 1812, contenant réglement pour l'exercice de la profession de boulanger dans la ville de Bordeaux. — « *Art.* 15. Le préfet de la Gironde, sur la » proposition du maire et de l'avis du commissaire gé- » néral de police et du sous-préfet, pourra , avec » l'autorisation de notre ministre des manufactures » et du commerce, faire les réglemens locaux néces- » saires pour l'exercice de la profession de boulanger, » sur la nature, la qualité, la marque et *le poids* » du pain en usage à Bordeaux; sur les boulangers et » débitans forains et les boulangers de Bordeaux qui » sont dans l'usage d'approvisionner les marchés, et » sur la taxation du prix des différentes espèces de » pain. — 16. En cas de contravention à l'art. 2 du » présent décret, quant à l'approvisionnement au- » quel chaque boulanger se trouve assujetti, il sera » procédé contre les contrevenans par le maire, qui, » arrivant les circonstances, pourra prononcer par » voie administrative une interdiction momentanée » ou absolue de sa profession, sauf le recours au » préfet et à notre ministre des manufactures et du » commerce. *Les autres contraventions à* notre » présent décret et *aux réglemens locaux dont il est* » *fait mention en l'article précédent, seront pour-* » *suivies et réprimées par le tribunal de police* » *municipale*, qui pourra prononcer l'impression » et l'affiche du jugement aux frais des contreve- » nans ».

» Par ces considérations, nous estimons qu'il y a lieu de casser et annuller l'arrêt de la cour de Paris qui vous est dénoncé ».

Arrêt du 12 août 1813, au rapport de M. Busschop, par lequel, « vu l'art. 410 du Code d'instruction criminelle ; vu aussi l'art. 5, n° 4 et l'art. 5 du tit. 11 de la loi des 16 et 24 août 1790 ; vu enfin l'art. 423 du Code pénal de 1810.... ; considérant qu'il résulte évidemment du contexte de l'art. 423 précité du Code pénal, que les peines qu'il prononce ne sont point applicables indistinctement à tous les cas où l'acheteur a été trompé sur la quantité des marchandises à lui vendues, mais seulement au cas où cette fraude aurait été commise par l'emploi de faux Poids ou de fausses mesures ; que, dans l'espèce, François-Antoine Brunissen, boulanger, n'a point été convaincu d'avoir fait usage dans son commerce de faux Poids ou de fausses mesures; qu'ainsi la peine portée par ledit art. 423

lui a été mal appliquée ; que le seul fait dont le dit Brunissen a été convaincu , est d'avoir exposé en vente dans sa boutique des pains qui n'avaient pas le Poids déterminé par les règlemens de police , conformément aux dispositions contenues au tit. 11 de la loi des 16 et 24 août 1790 ci-dessus citées ; que cette juridiction des tribunaux de police sur le fait dont était prévenu Brunissen , a même été reconnue et consacrée par l'art. 16 du décret du 22 décembre 1812 , portant règlement pour la profession de boulanger dans la ville de Bordeaux ; la cour casse et annulle.... ».

Page 541 , *col.* 1 , *avant l'article* POIDS PUBLIC, *ajoutez* :

[[POIDS MÉDICINAL. *V.* le réquisitoire et l'arrêt du 9 septembre 1813 , rapportés (dans les *additions*) au mot *droguiste*.]]

POUVOIR JUDICIAIRE, §. II, n. II. *Page* 439, col. 2, *ligne* 42, *après le mot* semblables, *ajoutez par* :

Il y en a notamment trois du 19 mai 1813 , du 20 du même mois et du 19 août suivant, qui sont insérés dans le *Bulletin des lois*.

Nº VII , *à la fin de ce nº; page* 445 , *ajoutez* :

VII *bis*. Est-ce aux tribunaux ou à l'autorité administrative, qu'il appartient de déterminer l'effet d'un arrêté dont l'effet rétroactif de l'art. 4 de la loi du 5 brumaire an 2 , une administration a donné main-levée à un ex-religieux du séquestre qui avait été apposé sur les biens d'une succession ouverte depuis le 14 juillet 1789 , et qui avait été recueillie par une personne émigrée depuis; est-ce aux tribunaux ou à l'administration qu'il appartient de décider si cet arrêté a ou n'a pas survécu au rapport prononcé par la loi du 9 fructidor an 3 , des dispositions rétroactives de la loi du 5 brumaire an 2 ; et si en conséquence les biens dont il s'agit , sont restés dans le patrimoine de l'ex-religieux , ou s'ils sont rentrés dans le domaine de l'État; et par suite, ils ont été restitués à l'émigré en vertu du brevet d'amnistie qu'il a obtenu d'après le sénatus-consulte du 6 floréal an 10 ? est-ce aux tribunaux ou à l'autorité administrative qu'il appartient de juger si le cessionnaire de l'ex-religieux qui a obtenu pour son propre compte, la main-levée du séquestre, n'était que le prête-nom de l'ex-religieux lui-même , et si cette main-levée doit profiter aux héritiers de celui-ci, ou si l'avantage doit en rester au porteur de l'arrêté de main-levée ?

Le 27 octobre 1791, décès d'Anne Delaire, épouse de Charles Declary , laissant une sœur ex-religieuse, qui , à cette époque, était , d'après la loi du 19 mars 1790 , incapable de lui succéder. — Sa succession, consistant en biens situés dans les districts d'Ambert et de Clermont-Ferrand , département du Puy-de-Dôme , est recueillie , quant aux propres paternels , par le sieur de Simiane; et quant aux propres maternels , par le sieur de Chardon.

En 1792, le sieur de Simiane est inscrit sur la liste des émigrés ; et le séquestre est, en conséquence , apposé tant sur ses biens personnels que sur ceux qu'il a recueillis de la succession d'Anne Delaire.

Le 8 nivose an 2 , en vertu de l'art. 4 de la loi du 5 brumaire précédent qui déclare les ex-religieux capables de succéder à compter du 14 juillet 1789 , l'ex-religieuse Delaire obtient, au district d'Ambert, un arrêté ainsi conçu : — « considérant que le séquestre n'avait été mis sur les biens délaissés par la dame Declary, qu'à cause de l'émigration du sieur de Simiane son cousin , se disant habile à lui succéder ; considérant que ladite dame Declary n'est morte que le 27 octobre 1791 ; que les religieux et les religieuses sont appelés par l'art. 4 de la loi de brumaire an 2, à recueillir les successions ouvertes à leur profit à compter du 14 juillet 1789 ; considérant que d'après cette loi, Jeanne Delaire, ci-devant ursuline , est habile à hériter de la dame Declary, sa sœur , par préférence au sieur de Simiane, lui accorde main-levée du séquestre mis sur les biens délaissés par sa sœur , à la charge par elle d'acquitter les frais auxquels ce séquestre a donné lieu ».

Le 12 prairial an 3 , le sieur de Simiane meurt en état d'émigration.

En l'an 10 , l'ex-religieuse Delaire vend aux sieurs Pirel et Lavigne , moyennant la somme de 92,160 fr. payable dans dix ans avec intérêts , une maison, trois domaines et un pré faisant partie des biens de la succession de sa sœur.

Le 26 frimaire an 11 , un brevet d'amnistie est accordé , d'après le sénatus-consulte du 6 floréal an 10 , à la mémoire du sieur de Simiane, avec main-levée du séquestre assis sur ses biens invendus.

Le 11 messidor suivant , mort de l'ex-religieuse Delaire , laissant pour héritiers les sieurs de Champflour et les sieurs Chardon.

Le 16 mars 1809 , jugement du tribunal civil de Clermont-Ferrand qui condamne les héritiers du sieur de Simiane de payer à la veuve de Félix de Simiane une somme de 232,947 fr.

Munie de ce jugement, la veuve de Simiane prend des inscriptions hypothécaires sur les biens provenans d'Anne Delaire, femme Declary, dont l'ex-religieuse Delaire s'était mise en possession d'après l'arrêté du district d'Ambert du 8 nivose an 2, et fait saisir , entre les mains des sieurs Pirel et Lavigne, le prix de ceux de ces biens qui leur ont été vendus en l'an 10.

Les sieurs de Champflour et Chardon soutiennent que ces inscriptions et cette saisie-arrêt sont nulles , parce que les biens et la somme dont il s'agit, existent dans la succession de l'ex-religieuse Delaire , et non dans celle du sieur de Simiane; qu'en effet, l'ex-religieuse Delaire a été reconnue héritière de ces biens par l'arrêté du district d'Ambert du 8 nivose an 2; que cet arrêté, quoique fondé sur une disposition rétroactive de la loi du 5 brumaire de la même année , a cependant conservé , après le rapport de cette disposition prononcé par la loi du 9 fructidor an 3 , toute sa force contre le domaine public; que cela résulte de l'art. 5 de la loi du 3 vendémiaire an 4 ; qu'ainsi, cet arrêté a été maintenu par l'art. 16 du sénatus-consulte du 6 floréal an 10; et que ni les héritiers ni les ayant-cause du sieur de Simiane ne peuvent se prévaloir, pour l'attaquer, de l'amnistie accordée à la mémoire de celui-ci par le brevet du 26 frimaire an 11.

Et le tribunal civil de Clermont-Ferrand le juge ainsi, le 9 août 1809, attendu 1° qu'Hector de Simiane, par son émigration en 1792 et 1793, avait perdu la propriété des biens qu'il avait recueillis de la succession de la dame Declary, décédée en 1791 ; 2° qu'en conséquence, lorsque l'effet rétroactif de la loi du 5 brumaire an 2, appela la religieuse Delaire à recueillir les biens qui lui furent remis par arrêté administratif du 8 nivose an 2, ce ne fut pas le sieur de Simiane qui en fut dépouillé, puisqu'il l'était déjà, mais bien la république qui avait pris sa place; 3° que le sieur de Simiane était mort en émigration le 12 prairial an 3, avant le rapport de l'effet rétroactif des lois de brumaire et de nivose an 2 ; que sa succession était encore celle d'un émigré lors de l'effet rétroactif de ces lois par l'effet de celles des 9 fructidor an 5 et 5 vendémiaire an 4; d'où il suit que tous les droits qui en dépendaient, appartenaient à la république par droit de confiscation; mais que, par l'art. 5 de la loi du 3 vendémiaire an 4, la nation renonça à profiter de l'effet rétroactif des lois de brumaire et de nivose an 2, lorsqu'il s'agirait de dépouiller les religieux et religieuses des successions par eux recueillies; 4° qu'en conséquence, l'ex-religieuse Delaire a conservé, toute sa vie, la libre jouissance, administration et disposition des biens dont il s'agissait; qu'elle avait cette jouissance spécialement de fait et de droit, soit lors du sénatus-consulte d'amnistie du 6 fructidor an 10, soit lorsque cette amnistie fut appliquée en l'an 11, au sieur de Simiane, huit ans après sa mort, au profit de ses héritiers; 5° que, dans cet état de choses, l'art. 17 du sénatus-consulte n'ayant rendu aux émigrés amnistiés que les droits existans encore dans les mains de la nation, il est clair que les biens remis à la demoiselle Delaire, ne doivent pas être rendus aux héritiers du sieur de Simiane ; que de là il suit que la saisie-arrêt faite ès-mains des acquéreurs des biens provenus de la succession de la dame Declary, à la requête de la dame de Simiane, doit être déclarée nulle, ainsi que les inscriptions qu'elle a prises....».

La dame de Simiane appelle de ce jugement; et le 2 juillet 1810, arrêt de la cour de Riom qui, en le réformant, déclare valables les inscriptions hypothécaires et la saisie-arrêt, — attendu 1° qu'il est dans le sens et dans l'esprit de l'art. 5 de la loi de vendémiaire an 4, de n'accorder aux religieux déchus de ce qui leur avait été acquis par l'effet rétroactif des lois de brumaire et de nivose an 2, que dans le cas où l'attribution leur en aurait été faite dans un partage avec la république; 2° qu'en effet, il y a eu, dans ce cas, décision formelle de la part de la république ou des administrateurs qui la représentent, et envoi en possession des objets compris au partage.

qu'il a plu au législateur de regarder comme irrévocable dans ce cas particulier seulement ; 3° que ce qui est ainsi décidé dans le sens et l'esprit de cet art. 5, l'est encore formellement dans les termes de ce même article, puisqu'en effet l'exception n'est accordée aux religieux que dans le cas exprès de partage ; 4° que, dans cette loi, le principe qui révoque l'effet rétroactif, étant général, et l'article pour les religieux étant une exception, il est juste que cette exception soit restreinte dans ses termes exprès ; 5° que, dans l'espèce, l'arrêté administratif du 8 nivose an 2, n'a ni le caractère d'un partage ni celui d'un envoi en possession ; 6° que l'administration, par le motif des lois de brumaire et de nivose, s'abstient seulement des biens dont il s'agit, donne mainlevée du séquestre et laisse la religieuse Delaire à tous ses droits, sans prétendre y rien ajouter ; 7° que le même acte est si loin de présenter aucune disposition qui garantisse, par la suite, à la religieuse Delaire, l'effet rétroactif des lois de brumaire et de nivose; qu'ainsi il n'y a eu dans l'espèce, sur la succession de la dame Declary, aucune sorte d'exception en faveur de la religieuse Delaire; 8° qu'au mois d'octobre 1791, époque du décès de la dame Declary, la religieuse Delaire étant morte civilement, L. H. de Simiane fut saisi, par l'effet de la coutume, de tous les biens paternels de la succession ; 9° qu'il n'est point exact de prétendre que la religieuse Delaire fût en concurrence avec la république, puisque L. H. de Simiane qui n'était point encore émigré, fut alors en état de recueillir ce qui lui revenait de cette succession, comme héritier ; 10° que, si l'émigration de L. H. de Simiane mis la république dans le cas de le représenter et d'aliéner tout ce qui lui aurait appartenu, le sénatus-consulte de floréal an 10, n'en a pas moins rendu à ses héritiers, non-seulement les propriétés séquestrées, mais aussi tous les droits qui leur revenaient du chef de l'émigré; 11° que la propriété des biens paternels de la succession de la dame Declary est au rang de ces droits ainsi rendus aux héritiers de L. H. de Simiane; 12° que cette propriété qui résida sur sa tête au jour du décès, et qui se trouve encore en nature après son amnistie, ne lui ayant été ôtée par aucun acte, doit être considérée, de plein droit, comme n'ayant cessé de lui appartenir à lui ou à ses représentans; 13° que la dame de Simiane se présente comme créancière de cette succession ; qu'en cette qualité, elle a eu le droit de former une inscription sur les biens dont il s'agit, qui sont ceux de son débiteur, et de faire des saisies-arrêts entre les mains de ses débiteurs du prix de ces mêmes biens ».

Les sieurs de Champflour et Chardon se pourvoient en cassation contre cet arrêt.

« La cour de Riom (a-je dit à l'audience de la section civile, le 15 juin 1812), a-t-elle, dans la forme, entrepris sur les attributions de l'autorité administrative? A-t-elle, au fond, violé les art. 16 et 17 du sénatus-consulte du 6 floréal an 10 ? Telles sont, parmi les questions qui sont, dans cette affaire, soumise à votre examen, les seules qui nous parais-sent mériter une attention sérieuse.

» Pour établir que la cour de Riom, en inter-prétant l'arrêté du district d'Ambert, du 8 nivose an 2, et en décidant, d'après cette interprétation, qu'il avait été anéanti par le rapport des dispositions ré-troactives de la loi du 5 brumaire an 2, a entrepris sur les attributions de l'autorité administrative et transgressé les bornes du pouvoir judiciaire, les demandeurs vous citent la loi du 16 fructidor an 3, qui fait *défenses aux tribunaux de connaître des actes d'admininistration, de quelque espèce qu'ils soient.*

» Et nous devons dire qu'en effet, à la première vue, il paraît difficile d'imaginer comment la cour de Riom aurait pu ne pas violer cette loi, en pro-nonçant comme elle l'a fait par l'arrêt qui vous est dénoncé.

» D'une part, il est certain que, pour interpré-ter un acte administratif, il faut en prendre connais-sance. Or, c'est précisément ce que la loi citée défend aux tribunaux.

» Aussi la cour a-t-elle cassé, le 9 juillet 1806, au rapport de M. Chasle, un arrêt de la cour de Paris, qui avait interprété, au préjudice du sieur Bobée, des arrêtés du préfet du département de la Seine, « attendu que, si la discussion présentait » quelques doutes, soit sur la régularité, soit *sur la* » *substance* de ces actes administratifs, la cour » d'appel ne pouvait que renvoyer les parties devant » l'autorité de laquelle ils étaient émanés pour les » faire expliquer, interpréter, modifier ou réfor-» mer, s'il y avait lieu; sauf à elle à statuer ensuite » sur les conclusions des parties ».

» Aussi la cour a-t-elle cassé, le 2 décembre de la même année, au rapport de M. Boyer, un arrêt de la cour de Lyon, « attendu que l'autorité adminis-» trative de laquelle étaient émanés les actes (dont » il s'agissait), était seule compétente pour, en » fixant le sens de ces actes, et en déterminant » leur étendue et leurs effets, résoudre la question » préjudicielle » qui était en litige.

» Aussi la cour a-t-elle cassé, le 18 avril 1808, au rapport de M. Brillat-Savarin et sur nos conclu-sions, un arrêt de la cour de Besançon qui avait statué sur la question de savoir si des biens avaient été ou non compris dans un partage de pré-succes-sion du 14 messidor an 8, « attendu que cette ques-» tion ne pouvait être décidée que par l'administra-» tion sous laquelle le partage avait été fait, qu'ainsi, » avant de statuer sur le fond de la demande, les » tribunaux auraient dû laisser les parties à se pour-» voir pour faire fixer le sens de l'arrêté du 14 mes-» sidor an 8 ».

» Aussi lisons-nous dans un décret du 11 mai 1807, portant annullation, pour cause d'incompétence, d'un jugement du tribunal civil d'Alais et d'un arrêt de la cour de Nîmes, « qu'il n'appartient qu'à l'au-» torité administrative de juger de l'effet des arrêtés » de liquidation et autres actes administratifs faits

» en exécution des lois d'exception relatives à l'or-» ganisation ».

» D'un autre côté, la défense que fait la loi du 16 fructidor an 3 aux tribunaux de connaître des actes d'administration, n'est que la conséquence du principe consacré par l'art. 13 du tit. 2 de la loi du 24 août 1790, savoir, que « les juges ne peuvent » troubler, de quelque manière que ce soit, les » opérations des corps administratifs ». — Or, l'ar-rêt qui vous est dénoncé, ne trouble-t-il pas une opération du district d'Ambert? ne paralyse-t-il pas, ne rend-il pas comme non avenu, par l'interpréta-tion qu'il lui donne, l'arrêté de ce district qui avait, en considérant l'ex-religieuse Delaire comme héri-tière de sa sœur, décidé qu'elle devait prendre, dans la succession de la sœur même, la place de l'émigré de Simiane, et lui avait, par suite, ac-cordé main-levée du séquestre dont les biens de cette succession avaient été frappés à raison de l'é-migration de celui-ci? Eh! le moyen, après cela, de maintenir un pareil arrêt?

» Qu'importe que, pour juger sans effet l'arrêté du district d'Ambert, il se fonde sur le rapport de la loi rétroactive qui l'avait motivé?

» Si le rapport de cette loi avait anéanti l'arrêté du district d'Ambert, à quelle autorité appartenait-il de le juger ainsi? à celle-là seule, sans doute, qui avait rendu l'arrêté: *Nihil tam naturale est, quàm unumquodcumque eodem genere dissolvi quo colli-gatum est.*

» Et qu'on ne dise pas qu'aux termes du décret du 30 thermidor an 12, *la connaissance des contestations résultant de l'exercice des droits dans lesquels les émigrés rayés, éliminés ou amnistiés, ont été res-titués, appartient aux tribunaux;* et qu'ainsi, il était dans les attributions de la cour de Riom, de juger si l'émigré de Simiane avait été réintégré par son brevet d'amnistie, dans la succession d'Anne Delaire.

» Oui, sans doute, le jugement de cette ques-tion appartenait aux tribunaux, mais elle ne leur appartenait, comme le dit expressément le décret du 30 thermidor an 12, que *sous la condition de ne porter aucune atteinte aux actes administratifs*:

» La cour de Riom ne pouvait donc pas, en pro-nonçant sur cette question, *porter atteinte*, soit par interprétation, soit tout autrement, à l'arrêté du district d'Ambert du 8 nivose an 2. Elle devait donc, du moment où il s'élevait devant elle une discussion sur le sens et les effets de cet arrêté, du moment où elle entrevoyait que, par suite de cette discussion, cet arrêté pourrait être jugé par elle comme non avenu, renvoyer les parties devant l'autorité admi-nistrative, pour statuer sur cette discussion *préju-dicielle*. Et en ne le faisant pas, en retenant la con-naissance de cette discussion, en s'en constituant juge, elle a manifestement violé l'art. 13 du tit. 2 de la loi du 24 août 1790, la loi du 16 fructidor an 3 et le décret du 30 thermidor an 12.

73.

» A ces raisons se joint encore l'autorité de trois décrets du gouvernement qui, dans des circonstances fort approchantes de celles de notre espèce, ont annullé deux jugemens du tribunal civil des Sables et deux arrêts de la cour de Poitiers.

» En voici l'espèce, telle que nous l'avons puisée dans les archives du conseil d'état.

» En 1790, meurt le sieur de la Revêtison, laissant une sœur religieuse et deux héritiers collatéraux, les sieurs Frottier de Bagneux, frères, ses cousins.

» La loi du 5 brumaire an 2 ayant rappelé les ex-religieux aux successions ouvertes depuis le 14 juillet 1789, la demoiselle de Revêtison, ex-religieuse, fait assigner les sieurs Frottier de Bagneux en délaissement du domaine de la Rennelière qui composait, à peu près, toute la succession de son frère.

» Le 15 nivose an 2, jugement qui l'envoie en possession de ce domaine.

» En poursuivant l'exécution de ce jugement, la demoiselle de la Revêtison apprend que, pendant l'instance qui l'avait précédé, les sieurs Frottiers de Bagneux ont été inscrits sur la liste des émigrés, et, que, par suite, le séquestre a été apposé sur le domaine de la Rennelière.

» Au lieu de demander la main-levée de ce séquestre en son propre nom, elle prend le parti de vendre ses droits au sieur Lebreton de Rausanne, par acte du 5 nivose an 3.

» Le sieur Lebreton de Rausanne présente cet acte à l'administration centrale du département de la Vendée; et le 11 prairial de la même année, il obtient de cette administration un arrêté qui lui donne, comme subrogé à la demoiselle de la Revêtison, main-levée du séquestre apposé sur le domaine de la Rennelière.

» Le 27 frimaire an 4, décès de la demoiselle de la Revêtison.

» Le 5 messidor suivant, l'un des deux frères Frottier de Bagneux est rayé de la liste des émigrés.

» Bientôt il lui parvient des renseignemens d'après lesquels il croit pouvoir établir que l'acte de vente du 5 nivose an 3 n'était point sincère; que la demoiselle de la Revêtison n'a souscrit que pour soustraire le domaine de la Rennelière aux recherches du fisc, en cas qu'elle vînt à mourir, et pour en assurer la possession ou le prix à ses cousins, les sieurs Frottier de Bagneux; que le sieur Lebreton de Rausanne n'a été, dans cet acte, que leur prête-nom; qu'il n'a fait, par cet acte, qu'accepter un fidéi-commis en leur faveur. En conséquence, il se pourvoit devant le tribunal civil de l'arrondissement des Sables, et conclut à ce qu'il soit dit que l'arrêté du 11 prairial an 3 est censé avoir été rendu au profit de la demoiselle de la Revêtison, et, par suite, de ses héritiers; et que le sieur Lebreton de Rausanne soit condamné à lui restituer le domaine de la Rennelière, avec les fruits perçus.

» Le sieur Lebreton de Rausanne comparaît sur cette assignation, et dit que le Pouvoir judiciaire n'est pas compétent pour prononcer sur l'effet de l'arrêté du 11 prairial an 3; qu'ainsi, l'affaire doit être renvoyée devant l'autorité administrative; qu'au fond, l'acte de vente du 5 nivose an 3, n'est pas simulé; et qu'après tout, il est défendu, par l'art. 16 du sénatus-consulte du 6 floréal an 10, aux émigrés rayés ou amnistiés, de critiquer les actes administratifs faits pendant leur émigration.

» Jugement qui, sans s'arrêter à ces exceptions, déclare l'acte de vente du 5 nivose an 3, simulé, et en conséquence, ordonne que l'arrêté du 11 prairial suivant sera exécuté au profit du sieur Frottier de Bagneux.

» Appel de la part du sieur Lebreton de Rausanne; mais sans succès. Par arrêt du 31 juillet 1806, la cour de Poitiers met l'appellation au néant.

» Le sieur Lebreton de Rausanne se pourvoit au conseil d'état, et conclut à ce que le jugement et l'arrêt soient annullés comme empiétant sur l'autorité administrative.

» Assigné pour défendre à cette demande, le sieur Frottier de Bagneux fait défaut.

» Le 16 mars 1807, décret du gouvernement ainsi conçu : « Considérant : 1° que, dès que » l'arrêté de l'administration centrale de la Vendée, » du 11 prairial an 3, a consenti le délaissement de » l'entier domaine de la Rennelière, une demande » qui avait pour objet de rendre ce délaissement » nul, ne devait être portée que devant l'autorité » administrative; qu'ainsi, le tribunal civil des » Sables, qui a statué, est sorti des bornes de la » juridiction qui lui est attribuée par la loi; — » 2°, que, si le prononcé des premiers juges est » incompétent, l'arrêt qui a jugé le point dont était » appel, l'est également; — 3° que la cumulation, » avec ce point de litige, de la question de simu- » lation ou de la réalité de la vente du 5 nivose » an 3, ne peut pas soustraire cet arrêt à l'annul- » lation qu'il doit subir pour cause d'incompétence; » — Notre conseil d'état entendu, avons décrété » et décrétons ce qui suit : — Art. 1. Le jugement » du tribunal civil des Sables, du 4 thermidor » an 13, ainsi que l'arrêt de la cour d'appel de » Poitiers, du 31 juillet 1806, sont considérés » comme non avenus, à raison de l'incompétence. » — 2. La disposition précédente ne fait point » obstacle à ce que l'acte de vente du 5 nivose an 3, » soit attaqué, s'il y a lieu, devant les tribunaux, » pour cause de simulation ».

» Le sieur Frottier de Bagneux forme opposition à ce décret, et dit que le tribunal civil des Sables et la cour de Poitiers n'ont pas statué sur l'efficacité de l'arrêté du 11 prairial an 3; qu'ils ont seulement décidé, que c'était pour lui que cet arrêté avait été obtenu, qu'il était lui qui devait en profiter; que l'autorité administrative n'avait rien prononcé sur ce point et ne l'avait même pas prévu; qu'ainsi, ni le jugement du tribunal civil des Sables, ni l'arrêt de la cour de Poitiers n'avaient porté atteinte à cet acte administratif; qu'en tout cas, si, sur la question de savoir à qui devait profiter l'arrêté du 11 prairial an 3, ces deux tribunaux avaient entrepris sur l'autorité administrative, du moins, sur celle de savoir si l'acte du 5 nivose précédent était simulé, ils avaient prononcé compétemment; et que, sur cette seconde question très-distincte de la première, le jugement et l'arrêt devaient être maintenus.

» A cette opposition ainsi motivée, le sieur Prottier de Bagneux joint un appel de l'arrêté du 11 prairial an 3.

» Mais par décret du 24 avril 1808, « l'opposi-
» tion formée par le sieur de Bagneux au décret
» du 16 mars 1807, et son appel de l'arrêté de
» l'administration du département de la Vendée,
» du 11 prairial an 3, sont rejetés; sauf audit sieur
» de Bagneux à user de la faculté que lui laisse
» l'art. 2 du décret du 16 mars 1807 ».

» Dans l'intervalle de ces deux décrets, le 11 janvier 1808, il en avait été rendu un autre qui avait, entre les mêmes parties, consacré le même principe. En voici les termes : — « Vu l'arrêté du pré-
» fet de la Vendée, du 26 septembre 1807, qui a
» élevé le conflit d'attribution pour raison d'un
» jugement du tribunal des Sables, du 1er juillet
» précédent, et d'une ordonnance de permis d'as-
» signer la cour d'appel de Poitiers, du 8 dudit
» mois de juillet; ledit jugement du 1er juillet por-
» tant main-levée au profit du sieur Lebreton de
» Rausanne, de la saisie faite par exploit du 18
» brumaire an 12, à la requête du sieur Joseph
» Frottier de Bagneux, entre les mains du fermier
» du domaine de la Rennelière, de la moitié des
» fruits et revenus provenant dudit domaine; ledit
» exploit, ensemble l'ordonnance de la cour d'ap-
» pel de Poitiers, et toutes les pièces produites, et
» enfin notre décret du 16 mars 1807; considérant
» que la saisie de la moitié des fermages du domaine
» de la Rennelière, opérée par l'exploit du 18 bru-
» maire an 12, a pour but de dépouiller le sieur
» Lebreton de Rausanne, de partie dudit do-
» maine, dont la totalité lui a été délaissée par
» arrêté administratif du 11 prairial an 3, et qu'il
» n'appartient, par conséquent, qu'à l'autorité ad-
» ministrative de connaître de la validité de cette
» saisie; notre conseil d'état entendu, nous avons
» décrété et décrétons ce qui suit : l'arrêté du pré-
» fet du département de la Vendée, du 26 sep-
» tembre 1807, est approuvé, et, en conséquence,
» le jugement du tribunal des Sables, du 1er juil-
» let 1807, ainsi que l'ordonnance de permis d'as-
» signer de la cour d'appel de Poitiers, du 8 dudit
» mois, sont considérés comme non avenus ».

» Vous êtes sans doute frappés, Messieurs, des traits de ressemblance qui existent entre cette espèce et la nôtre.

» Ici, comme dans l'affaire jugée par les trois décrets du gouvernement, il s'agit d'un arrêté admi-

nistratif qui, sur le fondement des dispositions rétroactives de la loi du 5 brumaire an 2, a décidé qu'une ex-religieuse devait succéder, au préjudice d'un émigré, à un de ses parens mort avant cette loi et depuis le 14 juillet 1789.

» On soutient ici que cet arrêté a été révoqué par le rapport des dispositions rétroactives de la loi du 5 brumaire an 2; et on aurait pu soutenir la même chose dans l'affaire jugée par les trois décrets du gouvernement.

» Dans l'affaire jugée par les trois décrets du gouvernement, l'héritier évincé, dans la personne du fisc qui l'avait représenté momentanément, par les dispositions rétroactives de la loi du 5 brumaire an 2, soutenait que c'était pour lui qu'avait été obtenu l'arrêté portant main-levée du séquestre; et c'est un avantage que n'ont pas ici ceux qui exercent les droits du sieur de Simiane.

» A la vérité, dans l'affaire jugée par les trois décrets du gouvernement, le prétendu cessionnaire de l'ex-religieuse avait décliné le pouvoir judiciaire; et c'est ce que n'ont pas fait ici les héritiers de la demoiselle Delaire. Mais que peut-il résulter de là?

» Il n'en est pas de l'incompétence absolue comme de l'incompétence relative. Celle-ci se couvre par le silence de la partie intéressée; celle-là est d'ordre public, et peut être proposée, non-seulement en tout état de cause, mais même après que le fond est jugé et dans l'instance en recours contre le jugement. Or, de quelle nature est l'incompétence des tribunaux par rapport à la connaissance des actes administratifs et à la détermination, soit de leur sens, soit de leurs effets? Très-certainement elle est absolue. Le célèbre arrêté du gouvernement consulaire du 5 fructidor an 9 est là-dessus bien positif. *On oppose vainement* (y est-il dit) *que les parties ont volontairement procédé devant les tribunaux sur le sens et l'effet de deux actes administratifs*), *puisque les incompétences prononcées à raison de la matière et puisées dans l'ordre public, ne se couvrent pas.*

» Voilà, Messieurs, tout ce qui nous paraît pouvoir être dit de plus fort à l'appui du premier moyen de cassation du demandeur. Mais peut-être penserez-vous, en y réfléchissant, que tout cela est plus spécieux que solide. Telle est du moins l'opinion que nous en avons conçue, après un mûr examen, et il est de notre devoir de vous en soumettre les motifs.

» L'art. 11 de la loi du 5 vendémiaire an 4 porte que « tous procès existans, même ceux pendans au
» tribunal de cassation; tous arrêts de deniers;
» toutes saisies ou oppositions, *tous jugemens in-*
» *tervenus*, partages ou *autres actes* et clauses qui
» ont leur fondement dans les dispositions rétroac-
» tives desdites lois du 5 brumaire et du 17 nivose
» an 2, ou dans les dispositions des lois subsé-
» quentes rendues en interprétation, *sont abolies*
» *et annullées* »

» Or, l'arrêté du district d'Ambert, du 8 nivose

an 2, avait bien son fondement dans les dispositions rétroactives de la loi du 5 brumaire précédent. Cet arrêté est donc *aboli et annullé* de plein droit. Les tribunaux peuvent et doivent donc le considérer comme tel. Ils ne font donc, en le considérant comme tel, que ce que la loi leur prescrit.

» Sans doute, si cet arrêté n'était que susceptible d'être annullé ou réformé, les tribunaux seraient incompétens, soit pour le réformer, soit pour l'annuller.

» Les tribunaux seraient alors placés, relativement à cet arrêté, dans la même position que celle où se trouveraient des autorités administratives, par rapport à un jugement dont on se prévaudrait devant elles et contre lequel seraient ouvertes les voies d'appel, de requête civile ou de cassation ; car les autorités administratives n'ont pas plus de pouvoir sur les jugemens, que n'en ont les tribunaux sur les actes d'administration ; et toutes les fois qu'incidemment à une affaire portée devant une autorité administrative, le bien-jugé et la régularité d'un jugement non irrévocable sont mis en question, l'autorité administrative doit surseoir jusqu'à ce qu'il ait été statué à cet égard par le tribunal compétent ; comme toutes les fois qu'incidemment à une affaire portée devant un tribunal, un acte d'administration sujet à un recours quelconque, est contesté, le tribunal doit surseoir, jusqu'à ce que l'autorité administrative supérieure ait prononcé sur cet acte.

» Mais l'arrêté du district d'Ambert, du 8 nivose an 2, n'est pas du nombre des actes d'administration contre lesquels un recours quelconque est ouvert pour le faire réformer ou annuller. Il est aboli par la loi elle-même ; il est par conséquent comme s'il n'avait jamais existé. Très-certainement s'il n'avait jamais existé, il ne pourrait pas empêcher l'action des tribunaux ; il ne le peut donc pas davantage, du moment que la loi l'a fait rentrer dans le néant.

» Si, dans une affaire d'administration, une partie excipait d'un jugement fondé sur les dispositions rétroactives de la loi du 5 brumaire an 2, l'autorité administrative qui serait saisie de cette affaire, ne pourrait-elle pas dire que le jugement n'existe plus ? sans contredit elle le pourrait, et si l'on prétendait qu'elle dût renvoyer aux tribunaux pour statuer sur l'existence ou la non existence de ce jugement, bien sûrement elle passerait outre ; et elle ferait bien.

» Donc, par la même raison, le tribunal devant lequel on excipe d'un arrêté administratif fondé sur les mêmes dispositions, peut et doit déclarer que cet arrêté n'existe plus ; donc, par la même raison, il peut et doit passer outre, sans renvoi préalable à l'autorité administrative pour statuer sur l'existence ou la non-existence de cet arrêté.

» Qu'importe que la loi du 16 fructidor an 3 défende aux tribunaux de connaître des actes administratifs ? cette défense ne concerne que les actes administratifs subsistans. Tant qu'un acte administratif subsiste, les tribunaux ne peuvent ni le réformer, ni le modifier, ni l'interpréter. Mais une fois

que cet acte est aboli par la loi, la défense d'en connaître, n'a plus d'objet. Car ce n'est pas connaître d'un acte administratif, que de dire qu'il n'existe plus ; c'est tout simplement énoncer un fait, c'est tout simplement répéter ce que la loi a déjà proclamé.

» Si, au lieu d'être aboli par la loi, l'arrêté du district d'Ambert, du 8 nivose an 2, avait été annullé par l'autorité administrative supérieure, et que cependant les demandeurs s'en fussent encore prévalus devant la cour de Riom, la cour de Riom aurait certainement pu, parlons plus juste, elle aurait certainement dû repousser l'exception des demandeurs, et statuer sur la contestation dont elle était saisie, comme si l'arrêté du 8 nivose an 2 n'eût jamais vu le jour. Eh bien ! ce qu'eût pu faire un acte de l'autorité administrative supérieure, la loi du 3 vendémiaire an 4 l'a fait elle-même par sa toute-puissance. La cour de Riom a donc pu et dû juger d'après la disposition générale de la loi du 3 vendémiaire an 4, comme elle aurait pu et dû juger d'après la disposition particulière d'un acte de l'autorité administrative supérieure.

» Il en est, d'ailleurs, pour la juridiction des tribunaux, de la non-existence d'un acte administratif aboli par la loi, comme de l'exécution et de l'application d'un acte administratif subsistant, qui n'est ni attaqué ni attaquable, et dont il ne s'agit ni d'interpréter le sens ni de régler l'effet. Dans un cas comme dans l'autre, les tribunaux n'ont rien à juger ; ils n'ont qu'un fait à déclarer : ils n'ont à déclarer, dans le premier cas, que la non-existence de l'acte administratif ; ils n'ont à déclarer, dans le second cas, que la nécessité où ils sont d'appliquer l'acte administratif dont aucune partie ne nie l'existence ni ne constate l'autorité.

» Or, vous avez jugé, le 4 février dernier, au rapport de M. Ruperou, en rejetant la demande du sieur Joly en cassation d'un arrêt de la cour de Besançon, rendu en faveur de la commune de Vauvillers, que les tribunaux peuvent, nonobstant la loi du 16 fructidor an 3, appliquer et faire exécuter un acte administratif auquel toutes les parties ont acquiescé et dont elles ont reconnu le sens. Pourquoi donc les tribunaux ne pourraient-ils pas également, et nonobstant la même loi, écarter un acte administratif qu'on leur oppose, lorsque la loi elle-même en a prononcé l'abolition, lorsque la loi elle-même leur a dit qu'il n'existait plus ?

» La preuve qu'ils peuvent le faire, c'est que vous l'avez fait vous-mêmes par un arrêt tout récent.

» En 1790, Louis Devidart et Marie-Joseph Larmant, marient Jean-Joseph Devidart, leur fils aîné, et l'instituent contractuellement leur héritier universel.

» En 1792, Jean-Joseph Devidart émigre. Le séquestre est, en conséquence, apposé sur les biens de son père et de sa mère. Après la loi du 9 floréal an 3, son père et sa mère, pour rentrer dans la jouissance de leurs biens, font avec la république un partage de pré-succession Dans ce partage, l'administration de leur département considère l'institution contractuelle comme révoquée par la disposition rétroactive de l'art. 1er de la loi du 17 nivose an 2, et ne prend, d'après cette base ,que le cinquième des biens de l'un et de l'autre.

» Les choses en cet état, survient le sénatus-consulte du 6 floréal an 10 qui amnistie les émigrés. Jean-Joseph Devidart profite de cette loi pour rentrer en France.

» Son père meurt en 1808. Alors s'élève la question de savoir si, par l'institution contractuelle de 1790, la dame Devidart a renoncé sur les biens de son mari, aux gains de survie stipulés par son contrat de mariage.

» Le 12 juillet 1810, arrêt de la cour de Pau qui juge qu'effectivement elle y a renoncé.

» La dame Devidart se pourvoit en cassation, et soutient, entre autres choses, qu'en considérant l'institution contractuelle de 1790 comme encore subsistante, tandis que l'arrêté par lequel avait été réglé le partage de pré-succession, l'avait jugée abolie, la cour de Pau a connu d'un acte d'administration, a empiété sur les attributions de l'autorité administrative et violé l'art. 16 du sénatus-consulte du 6 floréal an 10.

» Par arrêt du 15 avril dernier, au rapport de M. Poriquet et sur les conclusions de M. l'avocat-général Daniels, « attendu que les tribunaux sont » seuls compétens pour statuer, entre les émigrés » amnistiés et leurs parens, sur les contestations » relatives à des successions échues postérieurement » à l'amnistie; et qu'il leur est seulement interdit » de porter atteinte, en jugeant ces contestations, » à ce qui a été fait par les administrateurs pendant » l'émigration; que, dans l'espèce, les agens de la » république ont seulement décidé que, d'après les » lois existantes alors, ils ne pouvaient pas répéter » sur les biens du père, le bénéfice de l'institution » universelle; mais qu'ils n'ont ni jugé ni pu juger » ce qui pourrait avoir lieu en vertu de l'abrogation » de l'effet rétroactif de la loi du 17 nivose an 2, ni » sur les droits que cette abrogation donnerait à » l'héritier institué au jour du décès de l'instituant; » qu'ainsi, en jugeant que le défendeur profiterait » du bénéfice de l'institution, comme il aurait pro- » fité de ce qui lui serait revenu dans la succession » de son père en qualité de simple héritier, en te- » nant compte de ses frères et sœurs de ce que la ré- » publique en aurait touché pendant son émigra- » tion, la cour d'appel n'aurait porté aucunement » atteinte aux dispositions du sénatus-consulte de » floréal an 10 ».

» Et il ne faut pas croire qu'en prononçant ainsi, vous vous soyez mis en opposition avec les trois décrets du gouvernement que nous citions tout-à-l'heure.

» Dans l'espèce sur laquelle ont statué ces trois décrets, il y avait une circonstance décisive qui ne se rencontre pas dans la nôtre: c'est que l'arrêté de l'administration du département de la Vendée, du 11 prairial an 3, avait été rendu, non en faveur de la demoiselle de la Revétison, mais en faveur du sieur Lebreton de Rausanne, acquéreur des droits de cette ex-religieuse; c'est par conséquent que cet arrêté n'était pas aboli par la loi du 3 vendémiaire an 4; car l'art. 1er de cette loi maintient expressément *les droits acquis de bonne foi à des tiers-possesseurs ayant une date certaine postérieure à la promulgation des lois des 6 brumaire et 17 nivose an 2, mais antérieure à la promulgation de la loi du 5 floréal dernier, sur les biens compris dans les dispositions rapportées par la loi du 9 fructidor dernier.*

» Dès que l'arrêté du 11 prairial an 3 avait survécu à la loi du 3 vendémiaire an 4, il conservait nécessairement toute sa force; les tribunaux étaient par conséquent sans pouvoir pour évincer le sieur Lebreton de Rausanne des biens dont cet arrêté l'avait investi. Les deux jugemens et les deux arrêts que le tribunal civil des Sables et la cour de Poitiers avaient rendus au préjudice du sieur Lebreton de Rausanne, étaient par conséquent entachés de l'incompétence la plus manifeste. Les décrets du gouvernement qui ont annullé ces jugemens et ces arrêts, sont par conséquent ici sans application.

» Du reste, c'est bien inutilement que, pour faire disparaître cette différence essentielle entre les deux espèces, les demandeurs viennent alléguer que l'arrêté du district d'Ambert, du 8 nivose an 2, était maintenu par l'art. 5 de la loi du 3 vendémiaire an 4, comme celui de l'administration de la Vendée, du 11 prairial an 3, l'était par l'art. 1er de la même loi.

» Cette allégation, il faut le dire, n'est, de la part des demandeurs, qu'une vaine défaite. L'art. 5 de la loi du 3 vendémiaire an 4, ne maintient que *les partages faits entre la république et les personnes déchues qui étaient ci-devant religieuses ou religieuses qui n'avaient que des portions légitimaires ou de dots à réclamer.* Or, d'un côté, il est bien évident que l'arrêté du 8 nivose an 2 ne contient point un partage entre la république et la demoiselle Delaire; et de l'autre, quand on pourrait, au mépris de l'évidence elle-même, assimiler cet arrêté à un partage entre la république et la demoiselle Delaire, il n'aurait pas encore été maintenu par l'art. 5 de la loi du 3 vendémiaire an 4, puisque la demoiselle Delaire était venue à la succession de la dame Declary, non comme *légitimaire,* non comme *dotiste,* (car la dame Declary ne lui avait dû ni légitime ni dot) mais comme *héritière ab intestat,* rappelée par la disposition rétroactive de la loi du 5 brumaire an 2.

» Plus inutilement les demandeurs viennent-ils vous dire que la demoiselle Delaire n'aurait pu être évincée de la succession de la dame Declary, sans que l'administration des domaines lui restituât et les frais de séquestre qu'elle avait acquittés en vertu de l'arrêté du 8 nivose an 2, et les legs qu'elle avait payés au trésor public, subrogé alors momentanément aux hospices légataires.

D'abord, ces frais de séquestre, ces legs, se compensaient, de plein droit, avec les fruits que la demoiselle Delaire avait perçus pendant tout le temps que l'arrêté du 8 nivose an 2 avait eu son effet.

» Ensuite, l'arrêté du 8 nivose an 2, est aboli par l'art. 11 de la loi du 3 vendémiaire an 4. L'abolition n'en est subordonnée par cette loi à aucune condition, à aucune charge; cette loi la prononce purement et simplement. Sans doute, cette loi ne prive pas les héritiers qu'elle évince, des répétitions qu'ils peuvent avoir à exercer. Mais ces répétitions elles-mêmes ne soustrayent pas les arrêtés et les jugemens obtenus par les héritiers évincés, à l'abolition dont la loi les frappe. Les héritiers évincés pourront former ces répétitions devant telle autorité qu'il appartiendra. Mais qu'ils les forment ou non, les jugemens, les arrêtés que les dispositions rétroactives de la loi du 5 brumaire an 2 ont fait rendre en leur faveur, n'en restent pas moins dans le néant dans lequel la loi du 5 vendémiaire an 4 les a replongés.

» Le premier moyen de cassation des demandeurs ne peut donc se soutenir sous aucun rapport; et sans nous y arrêter plus long-temps, occupons-nous du deuxième.

» La cour de Riom a-t-elle violé les art. 16 et 17 du sénatus-consulte du 6 floréal an 10? Telle est la question que vous présente ce deuxième moyen; et nous avons lieu de croire que la solution ne vous en paraîtra pas difficile.

» L'art. 16 du sénatus-consulte, du 6 floréal an 10, défend aux émigrés amnistiés d'attaquer, sous aucun prétexte, soit les partages de succession, et de pré-succession, soit les *autres actes et arrangemens faits entre la république et les particuliers*; et l'art. 17 ne leur restitue que les biens *qui sont encore entre les mains de la nation*. Le sieur de Simiane n'aurait donc pas pu, après son amnistie, attaquer l'arrêté du district d'Ambert du 8 nivose an 2. Il n'aurait donc pas pu réclamer ceux de ses biens dont la nation s'était dessaisie par cet arrêté. La dame veuve de Simiane, qui exerce ses droits, ne le peut pas davantage. — Voilà comment raisonnent les demandeurs.

» Mais, 1° la dame veuve de Simiane n'a pas attaqué, devant la cour de Riom, l'arrêté du district d'Ambert, du 8 nivose an 2: elle a seulement agi comme si cet arrêté n'eût jamais existé; et en agissant ainsi, elle n'a fait que se conformer à la disposition textuelle de l'art. 11 de la loi du 3 vendémiaire an 4; elle n'a fait qu'user d'un droit qu'elle tenait de cet article; elle n'a fait que ce que vous avez jugé, le 15 avril dernier, avoir été légalement fait, dans les mêmes circonstances, par le sieur Devidart; et de là, point de contravention, de la part de la cour de Riom, à l'art. 16 du sénatus-consulte du 6 floréal an 10.

» 2° Que veut l'art. 17 du même sénatus-consulte, en restreignant aux *biens qui sont encore entre les mains de la nation*, la restitution qu'il ordonne de faire aux émigrés amnistiés? Il veut, et rien de plus, que la nation ne rende aux émigrés amnistiés, que ceux de leurs biens dont la propriété réside encore dans ses mains par suite de la confiscation qu'elle en a prononcée sur eux. Il veut, et rien de plus, que les émigrés amnistiés ne puissent pas troubler les acquéreurs de ces biens à qui la nation les a vendus.

» Et c'est ce qu'explique parfaitement le préambule du sénatus-consulte lui-même, lorsqu'il dit que « des dispositions particulières de l'amnistie, » *en défendant de toute atteinte les actes faits avec* » *la république, consacrent de nouveau la garantie* » *des ventes des biens nationaux*, dont le maintien » sera toujours un objet particulier de la sollicitude » du sénat conservateur, comme il l'est de celle » des consuls ».

» Remarquons ces termes: *En défendant de* *toute atteinte, les actes faits avec la république, consacrent de nouveau la garantie des ventes des biens nationaux*; il en résulte très-clairement que l'art. 17 se réfère à l'art. 16, et n'en est que la suite; que l'art. 16 avait tout dit et tout fait pour les acquéreurs des biens des émigrés amnistiés, en défendant à ceux-ci d'attaquer les actes faits; ayant leur amnistie, entre la république et les particuliers, que c'est par une conséquence directe, immédiate et nécessaire de cette défense, que l'art. 17 ne restitue aux émigrés amnistiés que *ceux de leurs biens qui sont encore entre les mains de la nation*; et qu'ainsi, cet article n'entend et ne peut entendre, par *ceux de leurs biens qui sont encore entre les mains de la nation*, que les biens à l'égard desquels la nation a fait des actes avec des particuliers; que les biens qui, par ces actes, sont sortis du domaine de la nation, et sont devenus des propriétés particulières.

» On ne peut donc pas appliquer cette restriction de l'art. 17 aux biens qui, sans être sortis du domaine de la nation par aucun acte, étaient cependant hors de ses mains à l'époque du sénatus-consulte, aux biens dont, à cette époque, des particuliers s'étaient emparés sans titres; aux biens qui, à cette époque, appartenaient encore à la nation, étaient détenus par des usurpateurs.

» Et, dans le fait, comment peut-on supposer que l'intention du sénatus-consulte ait été de légitimer les usurpations des biens des émigrés amnistiés? Comment peut-on supposer qu'il ait voulu assimiler les usurpateurs de ces biens, à ceux qui les avaient acquis légalement de la nation? Comment peut-on le supposer surtout, tandis que, dans son préambule, le sénatus-consulte concentre toute sa sollicitude dans *le maintien des ventes de biens nationaux*?

» Par ces considérations, nous estimons qu'il y a lieu de rejeter la requête des demandeurs, et de les condamner à l'amende ».

Arrêt du 16 juin 1812, au rapport de M. Carnot, par lequel, « attendu que la cour d'appel de Riom n'avait à juger qu'une question de validité de saisie qui était essentiellement de la compétence des tribunaux; attendu que, pour décider cette question, la cour d'appel n'a eu à interpréter, ni même à appliquer l'arrêté du directoire du district d'Ambert, du 8 nivose an 2, qui n'y avait aucun rapport; attendu d'ailleurs que cet arrêté n'avait plus d'existence légale, puisque, n'étant que la conséquence et l'exécution de l'effet rétroactif des lois des 5 brumaire et 17 nivose an 2, il n'avait pu survivre à ces lois abrogées, quant à leur effet rétroactif, par celles des 9 fructidor an 5 et 3 vendémiaire an 4; d'où suit que la cour d'appel de Riom n'a pas violé les règles de sa compétence, en s'immisçant dans la connaissance d'un acte administratif qui était nécessairement détruit par la législation postérieure; et attendu, sur les moyens au fond, que, n'y ayant jamais eu de partage fait entre la nation et la religieuse Delaire, que, n'y ayant jamais eu de contrat exécutif entre la nation et cette religieuse sur la succession de la dame Déclary, qu'avait recueillie le sieur de Simiane, avant son émigration; qu'enfin, la saisie-arrêt faite à la requête de la défenderesse, créancière dudit sieur de Simiane, n'ayant pas porté sur des biens que la nation eût aliénés; la cour d'appel de Riom n'a pu violer soit la loi du 19 mars 1790, soit l'art. 5 de celle du 3 vendémiaire an 4, soit les art. 16 et 17 du sénatus-consulte du 6 floréal an 10; la cour rejette le pourvoi... ».

PRESCRIPTION, sect. III, §. VII, art. I, n. III. *Page 635*, col. 1, *ligne 10, après* n. 9, *ajoutez en note :*

Résulte-t-il de là que celui qui a possédé pendant le temps requis pour la Prescription trentenaire en vertu d'un titre que son adversaire soutient, au bout de ce temps, être faux, peut encore être évincé comme s'il n'avait possédé que pendant vingt ou vingt-neuf ans? *V. Testament*, sect. 5.

ART. IV, n. V. *Page 656*, col. 1, *après la ligne 2, ajoutez :*

V *bis.* 1° La démence de l'accusé suspend-elle la Prescription du crime? — 2° La Prescription de dix ans court-elle, en faveur d'un accusé, après le jugement qui condamne ses complices? — 3° La Prescription de dix ans est-elle aujourd'hui applicable à un crime à l'égard duquel a été fait, avant la mise en activité du code d'instruction criminelle de 1808, des poursuites qui alors étaient légales, quoiqu'elles fussent postérieures de plus de dix ans au crime même? — 4° Est-elle aujourd'hui applicable à un crime dont l'auteur a été condamné par contumace avant la mise en activité du même Code? — 5° Lorsque l'époque d'un crime commis avant la mise en activité de ce Code, n'est pas fixée authentiquement dans la procédure, et que l'on allègue, devant la cour de cassation, que cette époque remonte à plus de dix ans, que doit faire la cour?

Les trois premières questions ont été agitées et jugées dans une espèce fort remarquable.

La nuit du 12 au 13 août 1795, un vol considérable est commis dans la province d'Utrecht. — Hartog Heyman et cinq autres particuliers sont poursuivis, devant le conseil provincial d'Utrecht, comme auteurs et complices de ce vol.

Le 17 août de la même année, Hartog Heyman subit un premier interrogatoire. Il en subit un second le 31 du même mois. Le 3 septembre suivant, troisième interrogatoire. Et le 8 du même mois, confrontation avec les témoins entendus dans l'information.

Peu de temps après, Hartog Heyman est frappé de démence; et on le transfère à l'*hôpital des Fous.*

Le 27 mai 1797, ses cinq co-accusés sont condamnés, par le conseil provincial d'Utrecht, à la peine de mort; et le jugement est exécuté.

Le 17 juillet 1799, Hartog Heyman est ramené dans les prisons d'Utrecht, où il fait encore des actes de démence. — Le 28 mars 1809, il subit, sur sa demande, un nouvel interrogatoire, devant un commissaire du conseil provincial d'Utrecht. La procédure reste en cet état jusqu'au 30 avril 1812.

A cette époque, l'officier du ministère public au tribunal de première instance d'Utrecht fait un réquisitoire tendant à la reprise et à la continuation de l'instruction. — Le 30 juillet suivant, la chambre du conseil de ce tribunal rend, contre Hartog Heyman, une ordonnance de prise de corps. — Le 7 décembre de la même année, arrêt de la cour de la Haye, qui met Hartog Heyman en accusation, et le renvoie devant la cour d'assises du département du Zuyderzée.

Le 24 février 1813, arrêt qui, d'après la déclaration du jury, condamne Hartog Heyman à la peine de mort.

Hartog Heyman se pourvoit en cassation contre cet arrêt.

« Le moyen de cassation que vous propose le réclamant (ai-je dit à l'audience de la section criminelle, le 22 avril 1813), est trop évidemment mal fondé pour que nous croyons devoir nous attacher à le réfuter.

» Mais nous devons examiner, d'office, si l'action publique par suite de laquelle le réclamant a été condamné, n'était pas prescrite au moment où il a été mis en accusation.

» Vous avez jugé, par un grand nombre d'arrêts, que la Prescription établie par l'art. 637 du Code d'instruction criminelle, s'applique aux crimes commis dans l'ancienne législation, comme aux crimes commis depuis la publication de ce Code; et nous devons nous soumettre à cette jurisprudence (1).

_____

(1) *V.* ci-devant, sect. I, §. 3, n° 10. Il est d'ailleurs à remarquer que l'art. 2 de l'édit du roi de Bavière, du 16 mai 1813, adopte expressément cette jurisprudence au nouveau Code pénal dont il or-

» Or, l'art. 637 du Code d'instruction déclare tout crime prescrit *après dix années révolues, à compter du jour où le crime aura été commis*, si, *dans cet intervalle, il n'a été fait aucun acte d'instruction ni de poursuite.*

» Et il ajoute que, *s'il a été fait, dans cet intervalle, des actes d'instruction ou de poursuite non suivis de ce jugement*, le crime ne se prescrira *qu'après deux années révolues à compter du dernier acte, à l'égard même des personnes qui ne seraient pas impliquées dans cet acte d'instruction ou de poursuite.*

» Peut-on, d'après ces deux dispositions, regarder le crime d'Hartog Heyman comme prescrit?

» Il ne l'est certainement pas en vertu de la première; car il a été fait des poursuites et une instruction a été commencée contre Hartog Heyman, dès les premiers jours qui ont suivi son crime.

» Mais ne l'est elle pas en vertu de la seconde? Ne l'est-elle pas précisément, parce que du dernier interrogatoire qui a été subi par Hartog Heyman, le 8 septembre 1795, jusqu'au 28 mars 1809, date du nouvel interrogatoire qui lui a été donné par un commissaire du conseil provincial d'Utrecht, il s'est écoulé un intervalle de plus de treize ans? Cette question en renferme plusieurs.

» Et d'abord, est-ce du 8 septembre 1795, date du dernier interrogatoire subi par Hartog Heyman avant sa translation à l'hôpital des Fous, que doit être calculée l'interruption des poursuites? Ou ne doit-elle être calculée que du 27 mai 1797, date du jugement qui a condamné les co-accusés d'Hartog Heyman à la peine de mort?

» Entre ces deux partis le choix n'est pas difficile; et c'est évidemment le second qui doit prévaloir, d'après la disposition qui termine l'art. 637 du Code d'instruction criminelle.

» Mais la difficulté n'en reste pas moins entière; car du 27 mai 1797 au 28 mars 1809, il s'est écoulé plus de dix ans; et la chose revient au même, soit que l'interruption doive être calculée depuis le 8 septembre 1795, soit qu'elle ne doive l'être que depuis le 27 mai 1797.

» Ensuite, le jugement rendu, le 27 mai 1797, contre les co-accusés d'Hartog Heyman, a-t-il eu, à l'égard de celui-ci, le même effet qu'il aurait eu contre ses co-accusés, si ses co-accusés étaient parvenus à s'évader après leur condamnation? En d'autres termes, ce jugement a-t-il, relativement à Hartog Heyman, prorogé jusqu'à vingt ans, conformément à l'art. 635 du Code d'instruction criminelle, une prescription qui, sans ce jugement, aurait été, d'après l'art. 637 du même Code, acquis par le seul laps de dix années.

» On peut dire, contre Hartog Heyman, que l'art. 637 donne aux poursuites dirigées contre un prévenu l'effet de proroger l'action publique, non-seulement contre lui, mais encore contre ses co-prévenus, jusqu'à dix ans, à compter du jour où elle eût cessé; et qu'il est naturel d'étendre, par identité de raison, aux co-accusés du condamné, l'effet qu'a le jugement de condamnation de proroger la prescription jusqu'à vingt ans, contre le condamné même.

» Mais on peut répondre, et cette réponse nous paraît sans réplique, qu'il y a, entre les deux cas, une grande différence.

» Dans le premier cas, il s'agit de la prescription du crime; dans le second, il ne s'agit que de la prescription de la peine.

» Lorsque le crime est prescrit, il n'est plus permis à personne d'en parler; il ne peut plus en résulter ni action ni exception.

» Mais lorsqu'il n'y a de prescrit que la peine, le crime reste; le condamné demeure sous la main du gouvernement qui peut, suivant l'art. 635 du Code d'instruction criminelle, lui assigner une résidence fixe; et si sa condamnation l'a frappé de mort civile, elle continue, suivant l'art. 52 du Code civil, de l'en frapper encore.

» Il n'y a donc rien de commun entre la prescription du crime et la prescription de la peine. On ne peut donc pas augmenter de l'une à l'autre. On ne peut donc pas, de ce que la prescription décennale du crime dort à l'égard de tous les accusés, tant qu'il y en a un seul contre qui elle ne court pas, inférer que la même prescription cesse d'être applicable à tous les accusés, pour cela seul que l'un d'eux a été condamné, et que, par sa condamnation, il est réduit à ne pouvoir prescrire sa peine que par le laps de 20 ans.

» En deux mots, le vœu de la loi est que les poursuites dirigées contre un seul des accusés, ne prorogent l'action contre les autres que pendant dix années. La loi n'ajoute pas que la condamnation d'un seul des accusés prorogera l'action contre les autres pendant vingt ans; et ce qu'elle n'ajoute pas, nous ne pouvons pas le suppléer.

» Mais la démence dont Hartog Heyman a été atteint, soit depuis le 8 septembre 1795, soit depuis le 27 mai 1797, jusqu'au 28 mars 1809, n'a-t-elle pas dû suspendre, à son égard, la prescription décennale? C'est une autre question, et elle mérite un sérieux examen.

» En thèse générale, la prescription ne court pas contre celui qui ne peut pas agir : *contra non valentem agere non currit præscriptio.*

---

donne la publication, pour être exécuté à compter du premier octobre suivant : «les crimes ou délits qui seront soumis à une enquête juridique après ladite époque, quoiqu'ils aient été commis antérieurement, seront néanmoins jugés d'après le nouveau code, excepté dans le cas où les lois en vigueur, lorsqu'ils ont été commis, portaient contre ces délits des peines plus douces que celles qui leur sont appliquées par le nouveau code. Les dispositions de ce code, concernant la prescription, auront aussi leur application par rapport aux délits ou crimes antérieurement commis, à moins que le terme de la prescription fixé pour eux d'après les anciennes lois ne soit déjà accompli ».

» Or, il est certain que le ministère public ne peut pas agir, ou qu'il agirait frustratoirement, contre un prévenu qui est en état de démence.

» Il semblerait donc que tout le temps qu'a duré la démence d'Hartog Heyman, dût être ici compté pour rien, et que, par suite, la Prescription n'eût pu commencer en faveur d'Hartog Heyman, qu'à compter du 28 mars 1809; ce qui ne donnerait jusqu'au 30 avril 1812, époque où les poursuites ont été reprises, qu'un intervalle de trois ans et un mois, intervalle beaucoup trop court pour éteindre l'action publique.

» Mais il se présente, à cet égard, deux observations importantes.

» 1º Il est certain que l'action civile résultant d'un crime, n'est point suspendue par la démence dont le prévenu est atteint depuis le moment où elle est ouverte. La partie lésée par le crime, peut, en faisant créer un tuteur au prévenu, poursuivre contre lui sa demande en dommages-intérêts; et s'il ne le fait pas, s'il laisse écouler dix années sans agir, il n'y a sans doute que son action ne soit prescrite.

» Eh! comment le prévenu, ainsi libéré de l'action civile, pourrait-il être encore sujet à l'action publique? En fait de Prescription, l'action civile et l'action publique marchent toujours du même pas; et de même que l'action civile ne peut jamais survivre à la Prescription de l'action publique, de même aussi l'action publique ne peut jamais survivre à la Prescription de l'action civile.

» 2º La règle générale *contrà non valentem agere non currit præscriptio*, n'est qu'une exception à une autre règle plus générale encore : c'est que, comme le dit l'art. 2251 du Code civil, *la Prescription court contre toutes personnes, à moins qu'elles ne soient dans quelque exception établie par une loi*.

» Or, parmi les exceptions à cette règle, qui ne sont que le développement du principe, *contrà non valentem agere non currit Prescriptio*, en trouvons-nous quelqu'une qui soit applicable à l'action publique résultant d'un crime? En trouvons-nous quelqu'une, d'après laquelle on puisse dire que la Prescription ne court pas contre le ministère public, tout le temps qu'il est placé par une cause extraordinaire, et sans son fait, sans celui de la loi, dans l'impuissance de poursuivre le coupable?

» Nous n'en trouvons aucune dans le Code civil; et cela n'est pas étonnant : le Code civil ne régit que les matières civiles.

» Mais nous n'en trouvons pas davantage dans le Code d'instruction criminelle; et cela est décisif pour Hartog Heyman. Car dès que l'art. 637 du Code d'instruction criminelle n'est modifié par aucune exception, nous sommes forcés de le prendre dans la plus grande généralité; il ne nous appartient pas de mettre à la généralité de sa disposition, des limites qu'il n'a pas jugé à propos d'y mettre lui-même.

» On sent au surplus très-bien pourquoi il n'a pas excepté de sa disposition, le cas dans lequel se trouve Hartog Heyman.

» Quel est le motif principal de cette disposition? C'est que, pendant les dix années qui s'écoulent après le dernier acte d'instruction, les preuves de l'innocence du prévenu peuvent dépérir; et qu'il serait injuste de le condamner sur les preuves qui resteraient de sa culpabilité, tandis qu'il ne resterait rien pour sa justification.

» Ce motif est-il moins applicable au cas où le ministère public a été dans l'impuissance de poursuivre le prévenu, qu'au cas où ses poursuites ont toujours été libres, et où l'on ne peut en imputer la discontinuation qu'à sa négligence ou à un défaut absolu de renseignemens?

» Non, évidemment non. Donc, dans le premier cas comme dans le deuxième, la Prescription doit courir en faveur du prévenu. Donc, le premier cas comme dans le deuxième, l'interruption des poursuites pendant dix années consécutives, doit éteindre l'action publique.

» Et remarquez, Messieurs, qu'on le jugeait ainsi dans l'ancienne jurisprudence, même quant à l'action en réparation civile d'un crime, relativement aux mineurs.

» Les mineurs pouvaient, dans l'ancienne jurisprudence, comme ils peuvent encore aujourd'hui, exercer leurs actions en justice par le ministère de leurs tuteurs. Mais la crainte que leurs tuteurs ne les défendissent pas avec tout le soin que l'on devait attendre de leur ministère, les faisait considérer, par rapport à la Prescription, comme incapables d'agir; et c'est sur ce fondement, que les anciennes lois faisaient dormir la Prescription à leur égard, pendant tout le temps de leur minorité, comme le fait encore l'art. 2252 du Code civil.

» On a demandé si cette incapacité fictive d'agir devait avoir lieu dans les matières criminelles, et si, en conséquence, la Prescription de l'action civile résultant d'un crime, était suspendue par la minorité de la partie à laquelle appartenait cette action.

» Et la négative a été constamment proclamée par les arrêts des cours souveraines.

» Montholon, §. 101, dit qu'il a été jugé, au parlement de Paris, *que la Prescription des vingt ans de la loi* QUERELA FALSI, C. AD LEGEM CORNELIAM DE FALSIS, *courait contre le mineur*, SINE SPE RESTITUTIONIS. Il ne date point l'arrêt, mais il le cite sur la foi de M. *Angenont, rapporteur, lequel disait la cour avoir considéré qu'il serait mal-aisé à l'accusé, après ce temps-là, de trouver des témoins qui pussent parler de son innocence.*

» C'est ce qu'a aussi jugé, sur les conclusions de M. l'avocat-général Servin, un arrêt de la même cour, du 27 juillet 1596, rapporté à la suite du 115ᵉ plaidoyer de ce magistrat.

» Expilly, plaid. 22, en rapporte un semblable

74.

du parlement de Grenoble, du 8 mai 1607, rendu sur ses conclusions; et il le motive de même : « Les » lois (dit-il) ont plus restreint les actions crimi- » nelles que les civiles, afin que, pendant un si » long temps, les accusés ne fussent privés de la » preuve de leurs justes défenses. Il y va de la vie, » ce n'est pas peu de chose ».

» Taisand, sur la coutume de Bourgogne, tit. 14, n. 5, après avoir dit que ni la partie publique, ni la partie civile, ne sont « recevables à faire les pour- » suites d'un crime commis vingt ans auparavant, » sur cette raison pertinente et solide, que l'accusé » pourrait être privé de sa justification par le décès » de témoins qui en avaient connaissance », ajoute : « Deux particuliers du lieu de la Chassagne, étant » accusés d'avoir tué le nommé Grand-Jacques, » qu'il y avait plus de vingt ans que le crime avait » été commis. La veuve disait que le temps n'avait » pas couru contre ses enfans mineurs... Par arrêt » du 16 janvier 1666, les parties furent mises hors » de cour, sans dépens ».

» Enfin, on trouve dans le *Journal du palais de Toulouse*, tome 5, pag. 325, un arrêt du 21 juillet 1709, lors duquel il fut unanimement con- » venu que la Prescription du crime par vingt ans, » court contre les pupilles, les mineurs, et contre » ceux qui n'ont pas de voix pour se défendre ».

» Une autre preuve que, dans l'ancienne juris- prudence, la règle *contrà non valentem agere non currit Præscriptio*, n'avait pas lieu en matière crimi- nelle, résulte de la manière dont fut exécuté l'art. 59 de l'édit de Nantes, du mois d'avril 1598, par lequel Henri IV, jugeant que les guerres civiles qui avaient précédé et suivi son avénement au trône, avaient empêché ses sujets protestans d'exercer leurs actions en justice, avait ordonné que toute Pres- cription serait censée avoir été suspendue à leur égard pendant la durée de ces guerres. Il fut ques- tion de savoir si cette disposition n'était applicable qu'aux matières civiles, ou si elle était commune aux plaintes pour crimes; et par deux arrêts du parlement de Paris, des 18 décembre 1599 et 27 juillet 1610, il fut jugé (dit Brodeau sur Louet, » lettre C, §. 47), que la Prescription avait couru » pendant les troubles, même entre personnes de » divers partis, l'art. 59 de l'édit de Nantes ne s'en- » tendant que des Prescriptions en matière civile, » et non en matière criminelle ».

» Il n'est donc pas douteux que la Prescription n'ait pu courir en faveur d'Hartog Heyman jusqu'au 28 mars 1809, nonobstant l'impuissance à laquelle la démence de ce prévenu avait réduit le ministère public de le poursuivre.

» Mais ici s'élève une nouvelle question.

» C'est de savoir si, d'après l'interrogatoire qui a été subi par Hartog Heyman, le 28 mars 1809, la cour d'assises du département du Zuyderzée ne s'est pas trouvée dans l'impossibilité de déclarer son crime prescrit; et si cet interrogatoire ne doit pas justifier l'arrêt attaqué du reproche de n'avoir pas jugé d'of- fice qu'en effet le crime d'Hartog Heyman était cou- vert par la Prescription.

» Voici d'abord ce qu'on peut dire pour l'affir- mative.

» Il est très-constant qu'à l'époque où Hartog Heyman a subi cet interrogatoire, la Prescription n'avait pas encore couvert son crime. Les crimes ne se prescrivaient alors, dans la province d'Utrecht, que par vingt ans à compter du jour où ils avaient été commis; et il ne s'était encore écoulé, le 28 mars 1809, que treize ans et quelques mois depuis qu'a- vait été commis le crime dont il s'agit en ce moment.

» L'interrogatoire du 28 mars 1809 a donc été, relativement à Hartog Heyman, un acte d'instruc- tion fait en temps utile, et conséquemment un acte d'instruction parfaitement légal.

» Or, suivant l'art. 637 du Code d'instruction criminelle, tout acte d'instruction qui se fait en temps utile, tout acte d'instruction qui se fait avant que le crime soit prescrit, interrompt la Prescription du crime; et ce n'est qu'à dater du jour de cet acte, que la Prescription recommence à courir.

» Il est vrai que, dans le langage de cet article, il n'y a d'actes d'instruction faits en temps utile, que ceux qui ont été faits avant l'expiration de dix années qui ont immédiatement suivi le crime.

» Mais cet article ne dispose ainsi, que parce qu'il est dans son intention que le crime s'éteigne par la Prescription décennale. On ne peut donc pas appliquer cette partie de ses dispositions au cas où, par l'effet d'une loi antérieure, la Prescription dé- cennale ne pouvait pas éteindre le crime. Il faut donc, dans ce cas, entendre cette partie de ses dis- positions, comme s'il était dit tout simplement que l'acte d'instruction qui sera fait avant que la Pres- cription soit acquise au prévenu, interrompra la Prescription même.

» Pour juger que le crime d'Hartog Heyman a été éteint par les dix ans qui ont précédé l'interroga- toire du 28 mars 1809, il faudrait juger qu'à compter du jour où ces dix ans se sont trouvés révolus, Har- tog Heyman a été de plein droit à couvert de toutes poursuites; il faudrait par conséquent annuller l'in- terrogatoire du 28 mars 1809.

» Or, la cour d'assises du département du Zuy- derzée aurait-elle pu annuller cet interrogatoire, et pouvez-vous vous mêmes casser son arrêt pour ne l'avoir pas annullé ?

» Cet interrogatoire, nous l'avons déjà dit, avait été fait en temps utile; il était parfaitement légal; il était donc à l'abri de toute critique de la part de la cour d'assises; la cour d'assises a donc été forcée de le respecter; elle a donc été forcée de le maintenir; elle a donc été forcée de lui donner l'effet que l'art. 637 attribue à tout acte d'instruction fait en temps utile, d'interrompre la Prescription.

» Mais, d'un autre côté, que ne peut-on pas dire en faveur de l'opinion contraire ?

» Vos arrêts, étendant à la Prescription des crimes ce que l'art. 6 du décret du 23 juillet 1810 n'avait établi que pour la graduation des peines, ont mis en principe que, *dans le concours de toutes les différentes législations, il faut s'en tenir exclusivement à celle qui serait la plus favorable à l'accusé, si cette législation eût été en vigueur au moment où le crime a été commis.*

» Nous avons cru devoir nous élever contre cette extension d'un principe vrai en soi, mais soumis aux arrêts qui l'ont consacrée; nous devons nous borner à indiquer la conséquence à laquelle il nous paraît ici devoir nous conduire.

» Si l'art. 637 du Code d'instruction criminelle eût été en vigueur dans la province d'Utrecht, au moment où a été commis le crime d'Hartog Heyman, il est certain que le crime d'Hartog Heyman se serait trouvé prescrit le 28 mars 1809; il est certain par conséquent que, le 28 mars 1809, on n'aurait pas pu faire revivre, par un interrogatoire, une procédure qui, dès-lors, eût été irrévocablement éteinte.

» Et il ne faut pas croire que, dans cette hypothèse, il eût été nécessaire que le jugement définitif qui, immédiatement après l'interrogatoire du 28 mars 1809, aurait déclaré le crime d'Hartog Heyman couvert par la Prescription, prononçât formellement la nullité de cet interrogatoire.

» En interrogeant Hartog Heyman, le 28 mars 1809, le juge-commissaire du conseil provincial d'Utrecht n'avait rien jugé : il n'avait fait qu'un acte d'instruction toujours réparable en définitive.

» Et de même qu'une cour d'assises qui statue sur l'exception de Prescription opposée devant elle par l'accusé, n'est pas obligée, pour accueillir cette exception, de prendre sur elle d'annuler l'arrêt de la cour qui a mis l'accusé en état d'accusation; de même aussi le conseil provincial d'Utrecht, s'il eût jugé définitivement Hartog Heyman immédiatement après son interrogatoire du 28 mars 1809, et que l'art. 637 du Code d'instruction criminelle eût, dès-lors, été une loi pour lui, n'aurait pas été obligé d'annuler cet interrogatoire, pour déclarer prescrit le crime d'Hartog Heyman.

» Or, ce que le conseil provincial d'Utrecht eût pu et dû faire dans cette hypothèse, pourquoi la cour d'assises du département du Zuyderzée n'aurait-elle pas également pu et dû le faire dans l'espèce qui s'est présentée devant elle?

» Il est vrai que l'interrogatoire du 28 mars 1809 a eu lieu à une époque où, suivant la loi qui régissait alors la province d'Utrecht, le crime d'Hartog Heyman n'était pas encore prescrit.

» Mais, remarquons-le bien, il n'a pas eu, suivant la même loi, l'effet d'interrompre la Prescription qui courait depuis plus de treize ans en faveur d'Hartog Heyman. La Prescription de vingt ans courait, à cette époque, au profit du coupable, nonobstant toutes informations, nonobstant toutes procédures, nonobstant tous interrogatoires, nonobs-

tant même tous décrets, non-seulement décernés, mais même exécutés. Et c'est ce qu'ont jugé cinq arrêts du parlement de Paris, des 18 décembre 1599, 10 février 1607, 27 juillet 1610, 20 décembre 1613, et 6 juillet 1703; deux arrêts du parlement de Rouen, des 5 juin 1650 et 22 avril 1651; et un arrêt du parlement de Toulouse, du 3 février 1712, rapportés dans les notes de Brodeau sur Louet, lettre C, §. 47, dans le Journal des audiences, dans le Commentaire de Basnage, sur l'art. 145 de la coutume de Normandie, et dans les Observations de Védel sur Catellan, liv. 2, chap. 69.

» Qu'importe ici que l'art. 637 du Code d'instruction criminelle en dispose autrement?

» Cet article n'a pas pu ravir à Hartog Heyman le droit qui lui était acquis à ce que son interrogatoire du 28 mars 1809 n'interrompît pas la Prescription à son préjudice.

» Il n'a donc pas pu empêcher qu'Hartog Heyman ne fût jugé par la cour d'assises du département du Zuyderzée, comme s'il n'eût pas été interrogé le 28 mars 1809.

» Sans doute, si Hartog Heyman n'avait pas en sa faveur une Prescription complète de dix années sans poursuite, avant son interrogatoire, nous devrions regarder son interrogatoire comme un acte interruptif de la Prescription qui avait commencé antérieurement à courir pour lui.

» Dans ce cas, Hartog Heyman ne pourrait pas diviser l'art. 637 du Code d'instruction criminelle; il faudrait qu'il prît cet article tel qu'il est; et cet article tel qu'il est, ne lui permettrait pas d'invoquer la Prescription.

» Mais dans la position où se trouve Hartog Heyman, il n'a pas besoin de diviser l'art. 637. Il trouve, dans la première partie de cet article, une disposition qui déclare son crime prescrit par une interruption plus décennale de toutes procédures; il a le droit de s'en tenir à cette première partie; et cette première partie nécessite l'anéantissement de l'arrêt qui l'a condamné.

» Nous estimons en conséquence qu'il y a lieu de casser et annuler cet arrêt ».

Par arrêt du 22 avril 1813, au rapport de M. Busschop, « Vu l'art. 410 du Code d'instruction criminelle, l'art 637 du même Code, et l'art. 6 du décret du 23 juillet 1810; considérant que l'art. 6 précité du décret du 23 juillet 1810, ayant voulu que, pour tous crimes et délits commis sous l'empire des lois pénales anciennes, on appliquât la loi pénale nouvelle, toutes les fois que celle-ci serait plus douce que les premières, il résulte de cette disposition, par une conséquence implicite et nécessaire, que cette même application doit être ainsi faite à la Prescription de l'action publique qui a pour objet de faire prononcer la peine de ces crimes et délits; d'où il s'ensuit, par une conséquence ultérieure et non moins nécessaire, qu'il n'y a plus lieu à la poursuite ni à la condamnation de l'auteur d'un crime ou délit commis sous l'empire des lois anciennes, lorsque ce crime ou délit se trouve dans les termes de la Prescription établie par les lois nouvelles; que, dans l'espèce, le crime dont Hartog Heyman est accusé, a été commis du 12 au 13 août 1795; que les poursuites faites contre lui et ses complices, respectivement, jusqu'au 28 décembre 1795, et 27 mai 1797, n'ont été reprises que le 28 mars 1809; que conséquemment il y a eu cessation de poursuites pendant plus de dix ans; ce qui suffit pour acquérir la Prescription, aux termes de l'art. 637 précité du Code d'instruction criminelle; qu'il suit de là que la seconde reprise des poursuites faites contre Hartog Heyman, depuis la mise en activité du nouveau Code d'instruction criminelle, est une violation de l'art. 637 de ce Code, et de l'art. 6 du décret du 23 juillet 1810; et que conséquemment l'arrêt dénoncé a fait une fausse application de la loi pénale; la cour casse et annulle toute la procédure qui a été poursuivie contre Hartog Heyman depuis la mise en activité des nouveaux Codes pénal et d'instruction criminelle, et spécialement l'arrêt de condamnation rendu par la cour d'assises du département du Zuyderzée, le 24 février 1813....».

La quatrième et la cinquième question se sont présentées, avec une autre qui est indiquée sous le mot *Jury*, §. 4, n. 24, *note* 1, dans une espèce non moins remarquable que la précédente.

Le 8 février 1789, le sieur Delafont, dit Bremant, notaire à Dun, reçoit le contrat de mariage de Gabriel Cialis avec Marie Pipault. — Par cet acte, Louis Cialis et Silvine Cailland, sa femme, père et mère du futur époux, l'instituent leur héritier universel, *à la charge par lui, 1º d'associer à cette institution André Cialis, son frère putné, pour en partager les biens, sous réserve néanmoins par les instituans d'appaner ce frère putné, lorsqu'ils le marieront, et d'appeler ou substituer à sa place Gabriel Cialis, second du nom, le plus jeune de leurs fils; 2º de payer à Marie Cialis, leur fille, une somme de 700 livres, à quoi les instituans déclarent l'appaner pour ce qu'elle aura à prétendre dans leurs futures successions.*

Peu de temps après, meurent en célibat André Cialis et Gabriel Cialis second du nom.

Le 7 pluviose an 2, contrat de mariage de Marie Cialis. Louis Cialis son père y déclare *l'instituer son héritière pour moitié.*

Louis Cialis meurt en 1807. — Le 18 novembre de la même année, Marie Cialis forme, contre Gabriel Cialis, son frère, une demande en partage, par moitié, de la succession de leur père commun; et elle la fonde, tant sur son contrat de mariage du 7 pluviose an 2, que sur celui de Gabriel Cialis lui-même, « dans lequel, dit-elle, je suis associée à l'institution de mon frère aîné, dans le cas (arrivé) où mes deux frères putnés viendraient à mourir avant l'instituant ».

Gabriel Cialis répond, 1º que le père commun n'a pas pu déroger, par le contrat de mariage de

sa sœur, de pluviose an 2, à l'institution stipulée à son profit par celui de 1789; 2º qu'il est faux que, par le contrat de mariage de 1789, sa sœur ait été associée éventuellement à son institution.

La cause portée à l'audience du tribunal civil de Guéret, le 29 avril 1808, Marie Cialis produit une expédition du contrat de mariage de 1789, dans laquelle effectivement il est dit, par une addition en marge, dûement approuvée, qu'elle est associée à l'institution de son frère, en cas de prédécès de ses deux frères putnés.

Gabriel Cialis demande, et les juges lui accordent, *acte de ce qu'il entend se pourvoir en faux contre les énonciations ajoutées à son contrat de mariage, à l'effet d'associer sa sœur à son institution.* En conséquence, dépôt au greffe de l'expédition produite par Marie Cialis.

Le 2 mai suivant, un mandat d'amener est décerné contre le sieur Delafont, dit Bremant, *ex-notaire, pour être entendu sur les imputations à lui faites du crime de faux en écriture publique.* — Le 28 juin de la même année, plainte du procureur-général à la cour spéciale du département de la Creuse. — Les 2, 14 et 16 août, informations. — Le 17 octobre, arrêt par lequel la cour spéciale se déclare compétente, d'après la loi du 25 floréal an 10, pour juger Delafont, dit Bremant. — Le 27 du même mois, cet arrêt est confirmé par la cour de cassation.

Le 15 mars 1809, la cour spéciale jugeant par contumace, déclare Delafont, dit Bremant, coupable du crime de faux en écriture publique; et le condamne à vingt années de fers. — Le 1er août 1812, Delafont, dit Bremant, est arrêté, et par là tombent, aux termes de l'art. 4 du décret du 23 juillet 1810, non-seulement l'arrêt de condamnation, mais encore l'arrêt de compétence.

En conséquence, le procès est soumis à la chambre d'accusation de la cour de Limoges, qui, par arrêt du 14 du même mois, met Delafont en état d'accusation et le renvoie devant la cour d'assises du département de la Creuse. — Le 20 du même mois, acte d'accusation par le résumé duquel Delafont est accusé « d'avoir commis un faux en écriture publique et authentique, en chargeant la marge du *verso* de la première feuille de l'expédition du contrat de mariage du 8 février 1789, des mots *et Marie Cialis,* qui n'existaient point dans la minute; avec les circonstances qu'il a commis cette altération dans l'exercice de ses fonctions de notaire public et postérieurement à la confection et clôture du susdit contrat de mariage ».

Le 15 mars 1813, mise en jugement de l'accusé devant la cour d'assises. — Après les débats, le président pose ainsi la question sur laquelle le jury doit délibérer : « Claude Delafont, dit Bremant, ex-notaire, est-il coupable d'avoir commis un faux en écriture publique et authentique, en chargeant la marge du *verso* de la première feuille de l'expédition du contrat de mariage de Gabriel Cialis et de Marie

Pipault, du 8 février 1789, des mots *et Marie Cialis*, qui n'existaient point dans la minute, avec les circonstances qu'il a commis cette altération dans l'exercice de ses fonctions de notaire public, et postérieurement à la confection et clôture du susdit contrat de mariage»? — Le jury répond : «La déclaration du jury est que l'accusé est coupable du crime qu'on lui impute, énoncé en la question ci-dessus».

Sur cette déclaration, le ministère public requiert que l'accusé soit condamné à la peine portée par l'art. 15 de la sect. 5 du tit. 1 de la deuxième partie du Code pénal du 25 septembre 1791. — Le défenseur de l'accusé soutient que le crime est prescrit d'après l'art. 637 du Code d'instruction criminelle. — Le même jour arrêt qui, «attendu que le crime de faux a été commis sous l'empire du Code des délits et des peines du 3 brumaire an 4; que, par l'art. 10 de ce Code, l'action criminelle ne se prescrivait que par six ans, lorsque, dans les trois ans, les poursuites avaient été commencées; que ces six ans devaient, aux termes de cet article, se compter du jour où l'existence du délit avait été connue et légalement constatée; et qu'il y a apporté cette condition, *qu'il n'y a pas eu de condamnation par contumace*; que le crime de faux dont est accusé Delafont dit Bremant, n'a été connu et légalement constaté que le 29 avril 1808, par un jugement du tribunal de Guéret, qui ordonne le dépôt au greffe de l'acte authentique argué de faux; que les poursuites ont été, depuis cette époque, continuées sans interruption; et qu'il est intervenu arrêt de la cour criminelle et spéciale du département de la Creuse, le 15 mars 1809, qui condamne ledit Delafont, par contumace pour le crime de faux dont s'agit, dans l'exercice de ses fonctions, à la peine de vingt années de fers; qu'aux termes de l'art. 641 du Code d'instruction criminelle, Delafont n'aurait pu être admis à se présenter pour purger le défaut ou contumace, si la peine avait été prescrite; déboute l'accusé de sa demande en prescription et ordonne qu'il sera passé outre au jugement». — Et par un second arrêt du même jour, Delafont est condamné à vingt années de fers.

Recours en cassation contre ces deux arrêts.

« Trois moyens de cassation (ai-je dit à l'audience de la section criminelle, le 16 mai 1813), vous sont proposés dans cette affaire : absence de criminalité dans le faux dont le réclamant est déclaré convaincu; en supposant ce faux criminel, insuffisance de la déclaration du jury pour condamner le réclamant aux peines prononcées contre lui; dans la même hypothèse, Prescription du crime imputé au réclamant.

» Le premier de ces trois moyens repose sur un raisonnement qui n'est rien moins qu'à l'abri de toute critique.

» Il n'y a point de crime, vous dit-on, là où il n'y a point intention de nuire, là où le fait ne peut préjudicier à personne. Or, en altérant l'expédition du contrat de mariage de Gabriel Cialis, en y ajoutant le nom de Marie Cialis à celui de ses frères

puînés pour la faire participer à l'association dont était grevée l'institution contractuelle, le réclamant a fait une chose répréhensible sans doute, mais qui ne pouvait pas nuire à Gabriel Cialis; car une association à une institution contractuelle équipolle à une substitution fidéicommissaire; et les substitutions fidéicommissaires étaient prohibées à l'époque où le contrat de mariage de Gabriel Cialis a souffert l'altération dont il s'agit.

» Mais 1° il est de principe, et vous avez jugé plusieurs fois, qu'un acte faux n'en est pas moins criminel, parce qu'il serait nul, s'il était vrai.

» 2° Si l'on avait lu bien attentivement l'ouvrage d'après lequel on vous dit que la clause d'association à une institution contractuelle équivaut à une substitution fidéicommissaire, on y aurait vu en même temps que c'est une espèce de substitution tout à fait particulière; qu'elle n'a rien de commun avec celles que prohibent la loi du 14 novembre 1792 et le Code civil; qu'elle est même implicitement autorisée par l'article 1121 de ce Code; et si cette doctrine n'est pas absolument au-dessus de toute contradiction, du moins elle est assez plausible pour que l'on doive punir comme faussaire, celui qui, pour la rendre applicable, soit à lui-même, soit à un autre, et procurer par-là, soit à lui-même, soit à un autre, le moyen de faire un procès à un héritier contractuel, fabrique, dans le contrat de mariage de celui-ci, une clause d'association à son institution (1).

» Le second moyen offre à votre examen deux questions.

» Et d'abord, la réponse du jury peut-elle être regardée comme insuffisante, en ce qu'elle ne spécifie pas, en termes exprès, quoiqu'il s'agisse d'un faux commis sous le Code pénal de 1791, que ce faux a été commis *méchamment et à dessein de nuire à autrui*?

» Non, car elle dit l'équivalent, et elle le dit d'une manière non équivoque. En déclarant l'accusé *coupable du crime de faux énoncé dans la question* posée par le président, elle fait entendre, aussi clairement qu'il est possible, que le faux dont le réclamant est convaincu, a été commis avec une intention criminelle, et que par conséquent il l'a été à dessein de nuire à autrui; que par conséquent il l'a été méchamment.

» Mais la réponse du jury n'est-elle pas insuffisante, en ce qu'elle ne déclare pas que l'accusé a commis le crime de faux avec les circonstances mentionnées dans la question posée par le président?

» Elle n'est certainement pas insuffisante quant à la criminalité du faux, mais elle nous paraît l'être quant au degré de cette criminalité.

» Elle n'est pas insuffisante quant à la criminalité

_____

(1) *V*. l'article *Institution contractuelle*, §. 5, n° 8.

du faux : car elle déclare que le faux commis par l'accusé, est un crime ; ce qui signifie, en d'autres termes, qu'il a été commis frauduleusement, à l'insu et au préjudice de Gabriel Cialis : ce qui, par conséquent, rend très-indifférente la question de savoir s'il a été commis avant ou après la clôture du contrat de mariage de 1789.

» Mais elle nous paraît insuffisante quant au degré de la criminalité du faux. Car, le faux est bien plus criminel, s'il a été commis par le réclamant dans l'exercice de ses fonctions de notaire, que s'il l'avait été par le réclamant depuis que, dépouillé de ses fonctions de notaire, il est rentré dans la vie privée. Dans le premier cas, il doit être puni de vingt ans de fers, parce que c'est le crime d'un fonctionnaire public ; dans le second, il ne doit être puni que de huit ans de fers, parce que c'est le crime d'un simple particulier. Or, la réponse du jury n'explique pas si le réclamant a commis le faux dans l'exercice de ses fonctions de notaire ; et la cour d'assises du département de la Creuse n'a pas pu y sous-entendre une explication aussi importante.

» On dirait inutilement que les jurés, en déclarant l'accusé *coupable du crime énoncé dans la question*, se sont référés à la question dans toutes ses parties.

» Pour le dire avec certitude, il faudrait avoir le secret des jurés ; et ce secret, les jurés ne l'ont pas révélé.

» On sent d'ailleurs très-bien pourquoi les jurés ne se sont pas expliqués sur ce point : c'est que les débats ne leur avaient appris, sur ce point, rien de positif ; c'est que l'époque du faux était restée obscure à leurs yeux ; c'est qu'ils se trouvaient hors d'état d'affirmer, ou que le faux avait été commis pendant que l'accusé était encore notaire, ou qu'il avait été commis depuis que le réclamant avait quitté le notariat.

» Que devait donc faire la cour d'assises, d'après une réponse aussi incomplète du jury ? Elle devait la déclarer nulle et ordonner aux jurés d'en former une nouvelle.

» Et qu'a-t-elle fait, en complétant elle-même la réponse du jury, et y suppléant une déclaration qui ne s'y trouve pas sur la circonstance la plus aggravante du crime qui lui était déféré ? Elle a, par un excès manifeste de pouvoir, fait une fausse application de l'article du Code pénal de 1791, relatif à la peine du crime de faux commis par les fonctionnaires publics dans l'exercice de leurs fonctions.

» Ainsi, nul doute qu'il n'y ait lieu d'annuller la réponse du jury comme incomplète, et par suite de casser l'arrêt qui condamne le réclamant à vingt années de fers.

» Mais devez-vous aussi casser l'arrêt qui a précédé l'arrêt de condamnation, c'est-à-dire, l'arrêt qui a rejeté l'exception de Prescription que le réclamant avait opposée au ministère public ?

» C'est la question que vous présente le troisième moyen de cassation du réclamant, et elle se divise en deux branches.

» En premier lieu, peut-on reprocher à la cour d'assises d'avoir omis de prononcer sur la demande de l'accusé tendante à ce que l'art. 637 du Code d'instruction criminelle lui fût appliqué ? Peut-on, en conséquence, invoquer ici, pour le réclamant, la disposition de l'article 408 du même Code ?

» Nous sommes loin de le penser. En matière criminelle, comme en matière civile, il faut bien distinguer la demande d'avec le moyen employé pour la justifier. Sans doute, l'omission de prononcer sur une demande de l'accusé qui tend à *le faire jouir d'un droit accordé par la loi*, forme une ouverture de cassation ; mais il n'en est pas de même de l'omission de s'expliquer sur le moyen qui sert de fondement à cette demande.

» Dans notre espèce, le réclamant demandait que son crime fût déclaré prescrit ; et la cour d'assises a statué sur cette demande, en la rejetant.

» Le réclamant fondait sa demande sur l'art. 637 du Code d'instruction criminelle ; et la cour d'assises s'est tue sur cet article. Mais, en se taisant sur cet article, elle l'a suffisamment écarté, du moins quant à la forme, puisqu'elle a décidé que la demande du réclamant devait être jugée d'après le Code du 3 brumaire an 4.

» Il n'y a donc pas ici d'omission de prononcer ; l'art. 408 est donc ici sans application.

» En second lieu, la cour d'assises a-t-elle violé, au fond, l'art. 637 du Code d'instruction criminelle ? A-t-elle, mal-à-propos, substitué aux règles que ce Code établit sur la Prescription des crimes, la règle que le Code du 3 brumaire an 4 avait tracée sur la même matière ?

» Si nous ne consultions à cet égard que notre opinion personnelle, nous n'hésiterions pas à répondre, *non*.

» Mais cette opinion ne peut plus lutter contre les arrêts multipliés par lesquels un sentiment d'humanité vous a déterminés à la proscrire.

» Nous dirons donc que, puisque vos arrêts ont mis en principe, que, d'après l'art. 637 du Code d'instruction criminelle, combiné avec l'article 6 du décret du 23 juillet 1810, la question de savoir si un crime est prescrit, doit être jugée comme si l'art. 637 du Code d'instruction criminelle eût été en vigueur au moment où le crime a été commis, il ne nous paraît pas possible de laisser subsister le premier des deux arrêts de la cour d'assises du département de la Creuse du 15 mars dernier, en tant qu'il juge que la Prescription du crime du réclamant doit être réglée par le Code du 3 brumaire an 4.

» Supposons, en effet, le crime du réclamant commis plus de dix ans avant la première poursuite qui a été exercée contre lui, c'est-à-dire, avant le 2 mai 1808 : que pourra-t-on alléguer, dans cette hypothèse, pour priver le réclamant du bénéfice de la Prescription introduite par l'art. 637 du Code d'instruction criminelle ?

» Alléguera-t-on qu'à l'époque du 2 mai 1808, il n'y avait que trois jours que le crime du réclamant était connu, et que par conséquent la Prescription ne courait en sa faveur, d'après le Code du 3 brumaire an 4, que depuis ces trois jours ?

» Mais qu'importe ? Il ne peut plus être aujourd'hui question du Code du 3 brumaire an 4 : l'art. 637 du Code d'instruction criminelle doit seul être consulté ; et cet article fait courir la Prescription, non du jour où le crime a été *connu*, mais du jour où il a été *commis*.

» Alléguera-t-on que, depuis le 2 mai 1808, et par un arrêt du 15 mars 1809, la cour spéciale du département de la Creuse a condamné le réclamant par contumace ?

» Mais qu'importe encore ? le réclamant a été arrêté le 1er août 1812, et son arrestation a fait rentrer dans le néant, non-seulement l'arrêt par contumace du 15 mars 1809, mais encore l'arrêt de compétence du 17 octobre 1808. Le réclamant doit donc être jugé aujourd'hui comme il devrait l'être, si l'un et l'autre arrêt n'avaient jamais existé.

» Ainsi, nul moyen, d'après votre jurisprudence, de justifier le premier des arrêts de la cour d'assises qui sont ici attaqués.

» Mais est-ce à dire, pour cela, que vous devez, en cassant cet arrêt, déclarer vous-mêmes la Prescription acquise au réclamant ?

» Non ; vous ne pouvez le casser qu'autant qu'il juge que la Prescription invoquée par le réclamant, doit être réglée par le Code du 3 brumaire an 4. Et la raison en est bien simple : c'est que cet arrêt ne reconnaît pas en fait, qu'à l'époque du 2 mai 1808, jour de la première poursuite, il s'était écoulé dix ans depuis que le crime avait été commis.

» Mais, vous dit-on, les déclarations écrites des témoins entendus dans l'information, prouvent que le crime a été commis, ou à la fin de 1792, ou au commencement de 1793 ; et ces déclarations sont encore fortifiées par le contrat de mariage de Marie Cialis, du 7 pluviose an 2.

» D'une part, ce n'est pas à la cour de cassation qu'appartient le pouvoir d'apprécier le degré de confiance que peuvent mériter des déclarations écrites de témoins. La cour de cassation n'est point juge des faits. Elle ne peut prononcer que d'après les faits déclarés par les cours ; et lorsque les cours ne les ont pas déclarés, elle ne peut que déléguer à d'autres cours le soin de suppléer à leur silence.

» D'un autre côté, le contrat de mariage de Marie Cialis ne prouve nullement, ne ferait pas même présumer, qu'en pluviose an 2, celui de son frère fût déjà altéré par l'addition de la clause d'association

dont il s'agit. Le père de Marie Cialis n'avait pas besoin de cette clause, pour se regarder comme maître d'instituer sa fille héritière pour moitié. Il en tenait le pouvoir de l'art. 1er de la loi du 17 nivose précédent, qui avait anéanti, par une disposition rétroactive, toutes les institutions contractuelles dont les auteurs étaient encore vivans ; il le tenait même d'une loi plus ancienne encore ; il le tenait de l'art. 9 de la loi du 5 brumaire de la même année, qui avait ordonné le partage égal de toutes les successions qui s'ouvriraient à l'avenir en ligne directe, *nonobstant toutes donations, testamens et partages déjà faits*.

» Mais ce qui répond victorieusement, et aux déclarations des témoins invoqués devant vous par le réclamant, et à l'induction que le réclamant cherche à tirer de la date du contrat de mariage de sa sœur, c'est que, par l'arrêt même dont il est ici question, la cour d'assises du département de la Creuse déclare, en fait, *que le crime de faux a été commis*, non en 1792, non en 1793, mais *sous l'empire du Code du 3 brumaire an 4*, empire qui a duré, comme vous le savez, depuis la fin de l'année 1795 jusqu'en 1811.

» Sans doute, si cet arrêt fixait l'époque précise où, dans cet intervalle, a été commis le crime du réclamant, et que, de cette époque au 2 mai 1808, il se trouvât un espace complet de dix années, vous pourriez, vous devriez déclarer le réclamant libéré par la Prescription.

» Mais encore une fois, l'arrêt est muet sur cette époque précise ; et dès-là, impossibilité absolue pour vous de la fixer vous-mêmes.

» Vous devez donc, en cassant les deux arrêts qui vous sont dénoncés, renvoyer le tout à juger par une autre cour d'assises, qui soumettra les faits à un autre jury et prononcera d'après la manière dont le nouveau jury les aura déclarés. C'est à quoi nous concluons. »

Par arrêt du 6 mai 1813, au rapport de M. Bailly, « vu l'art. 6 du décret du 23 juillet 1810, l'art. 9 du Code des délits et des peines du 3 brumaire an 4 et l'art. 637 du Code d'instruction criminelle ; considérant que l'obligation imposée par ledit art. 6 du décret du 23 juillet 1810, d'appliquer la peine prononcée par le nouveau Code pénal, lorsqu'elle est moins forte que celle établie par la loi qui était en vigueur au moment où le crime a été commis, comprend à plus forte raison la défense, non-seulement de prononcer une peine quelconque, mais encore de faire un acte quelconque d'instruction ou de poursuite, soit pour un fait que le nouveau Code n'aurait plus rangé dans la classe des crimes ; soit pour un crime à raison duquel le temps requis par ce nouveau Code, pour prescrire l'action publique et l'action civile, se serait écoulé ; que, si l'art. 9 du Code, du 3 brumaire an 4, ne faisait courir les trois années qu'il exigeait pour acquérir la Prescription que du jour où le fait avait été légalement constaté ; et si, à défaut d'une constatation légale antérieure au 29 avril 1808, Delafont n'aurait pas pu exciper de ce Code du 3 brumaire pour s'opposer à une condamnation que la loi prononçait contre le faux qui était. l'objet de l'accusation, il ne s'ensuivait nullement qu'il fût mal fondé à demander qu'aux termes de l'art. 657 ci-dessus transcrit du Code d'instruction criminelle, ce faux fût jugé prescrit; qu'en effet, pour que cette prescription dût être jugée acquise, il suffisait que le faux en question fût prouvé avoir été commis dix ans révolus avant le 2 mai 1808, jour du mandat d'amener qui a été le premier acte de l'instruction; mais qu'au lieu d'envisager l'affaire sous ce point de vue, qui était celui présenté par Delafont, la cour d'assises du département de la Creuse, se bornant dans son premier arrêt du 15 mars 1813, a déclaré en fait que le faux avait eu lieu sous l'empire du Code du 3 brumaire an 4, oubliant que, de cette date qui répond au 25 octobre 1795, jusqu'à celle, soit du 2 mai, soit même du 29 avril 1808, jour de l'inscription de faux déclarée par Gabriel Cialis, il s'était écoulé plus de douze années, et qu'il était de son devoir de prononcer sur l'exception de prescription, telle qu'elle était proposée par Delafont, et par conséquent, de juger s'il était prouvé qu'il se fût écoulé dix ans depuis l'époque où le crime avait été commis, jusqu'à celle de la première poursuite sur ce crime, a rejeté cette exception sur le fondement que le faux n'avait été connu et légalement constaté que le 29 avril 1808; d'où il suit que la cour d'assises a fait une fausse application dudit art. 9 du Code du 3 brumaire an 4, en même temps qu'elle a contrevenu audit art. 6 du décret du 25 juillet 1810, combiné avec l'art. 657 du Code d'instruction criminelle; — vu ensuite la question ainsi posée au jury : *Claude Delafont dit Bremant, ex-notaire, est-il coupable d'avoir commis un faux en écriture publique et authentique en chargeant la marge du verso de la première feuille de l'expédition du contrat de mariage de Gabriel Cialis et de Marie Pipault, du 8 février 1789, des mots et Marie Cialis qui n'existaient point dans la minute, avec les circonstances qu'il a commis cette altération dans l'exercice de ses fonctions de notaire public, et postérieurement à la confection et clôture du susdit contrat de mariage;* au-dessous de laquelle question le jury a répondu : *la déclaration du jury est que l'accusé est coupable du crime qu'on lui impute énoncé en la question ci - dessus* ; considérant que cette déclaration ne répondait que sur le fait principal du faux commis dans un acte public, et qu'elle laissait sans réponse la circonstance, si ce faux avait été commis par Delafont dans l'exercice de ses fonctions de notaire; que cette circonstance était néanmoins aggravante, et pouvait seule donner lieu à l'application de la peine portée dans l'art. 15 de la 3e section du tit. 1er de la 2e partie du Code pénal du 6 octobre 1791; que, dans cet état d'incomplément de la déclaration des jurés, la cour d'assises de la Creuse devait les renvoyer dans leur chambre, pour y procéder à une nouvelle déclaration qui, en conformité de l'art. 344 du Code d'instruction criminelle, amenât une réponse sur la totalité de la question ; mais qu'au lieu d'ordonner ce renvoi, la cour d'assises, trompée par les mots énoncés en la question ci-dessus, qui évidemment ne se référaient qu'au fait principal du faux dégagé de sa circonstance, et par suite de cette erreur, envisageant Delafont comme déclaré convaincu d'avoir commis ce faux dans l'exercice de ses fonctions de notaire, lui a fait l'application dudit art. 15 du Code pénal de 1791 ; en conséquence, l'a condamné à vingt années de fers, par son arrêt définitif dudit jour 15 mars 1813 ; en quoi elle a faussement appliqué cet article ; — par tous ces motifs, la cour, faisant droit sur le pourvoi de Claude Delafont Bremant, casse lesdits deux arrêts du 15 mars 1813.»

PREUVE , Sect. II , §. III , art. I , n. XXIII. — 9°. *Pag.* 738 , *col.* 2 , *ligne* 52 , *après* , Journal des audiences , *ajoutez :* et l'article *usure* , n. 4.

PRÉVARICATION. *Page* 755 , *col.* 2 , *après la ligne* 10 , *ajoutez :*

VI. Sur les Prévarications que commettent les gardes forestiers , en coupant et s'appropriant les arbres dont la garde leur est confiée , *V.* le mot *vol* , sect. 2 , §. 3 , art. 4, notes sur l'art. 175 et sur le §. 3 de l'art. 586 du Code pénal]].

PROCÈS-VERBAL , §. IV , n. V. *Page* 81 , *col.* 1 , *avant le n°* VI , *ajoutez :*

V *bis.* 1° Lorsque le Procès-verbal a été rédigé hors la présence du prévenu , est-il nécessaire qu'on lui en donne lecture en le lui signifiant ? — 2° la mention faite dans l'acte d'affirmation , que la lecture du Procès-verbal a été faite *en présence des affirmans,* équivaut-elle à la mention que le Procèsverbal a été lu aux affirmans eux-mêmes ? — 3° estil nécessaire que les préposés affirmans signent l'acte d'affirmation ?— 4° si la mention de la lecture du Procès-verbal aux préposés affirmans, ne se trouve que dans un renvoi signé du juge de paix seulement, l'acte d'affirmation est-il valable ? — 5° ce renvoi, s'il était signé à la fois du juge de paix et des préposés affirmans, serait-il nul par cela seul qu'il serait écrit d'une autre encre que le corps de l'acte ? — 6° le juge de paix est-il obligé d'écrire de sa main l'acte d'affirmation ? ne peut-il pas signer un acte d'affirmation que les préposés lui apportent tout écrit à l'avance ?

Le 9 avril 1811 , Procès-verbal des sieurs Lachaux et Bimond, tous deux employés des droits réunis à Bordeaux, constatant que , le même jour , s'étant présentés dans le cabaret tenu par le sieur Ibos, pour l'exercer , ils y ont trouvé plusieurs particuliers jouant aux cartes ; qu'ayant voulu vérifier si les cartes étaient timbrées, les joueurs et le sieur Ibos s'y sont opposés; que le sieur Ibos s'est éga lement opposé, à l'aide de ces mêmes particuliers, à ce qu'ils n'entrassent dans sa cave, que tous les ont injuriés et excédés de coups; qu'ils ont sommé le sieur Ibos de les suivre dans leur bureau, pour y assister à la rédaction de leur rapport, en entendre la lecture et en recevoir copie; et qu'il s'y est refusé. — Le 10 du même mois, ce Procès-verbal est signifié *par un huissier*, au sieur Ibos, *parlant à lui-même*.

Le 11, le Procès-verbal est affirmé devant l'un des juges de paix de Bordeaux. « Nous soussignés (porte l'acte d'affirmation) juge de paix du deuxième arrondissement, nous sommes transportés place d'Ansizé, n° 26, où étant avons reçu l'affirmation du présent Procès-verbal, pour être sincère et véritable, par les commis soussignés, *après lecture faite en leur présence*, l'un d'eux, le sieur Bimond, au domicile duquel nous nous sommes transportés, se trouvant retenu dans son lit; de laquelle affirmation nous leur avons octroyé acte; et ont signé avec nous. Bordeaux, 11 avril 1811. *Signés* Lachaux, Bimond et Lavieille, juge de paix.

Il est à remarquer que les termes de cet acte, *après lecture faite en leur présence*, sont écrits à la marge, d'une autre encre que le corps de l'affirmation, et par un renvoi signé du juge de paix seulement.

Le 19 du même mois, cet acte d'affirmation est signifié *par un huissier*, au sieur Ibos, avec une nouvelle copie du Procès-verbal, et assignation devant le tribunal correctionnel de Bordeaux, pour « se voir déclarer contrevenant à l'art. 13 de l'arrêté du gouvernement du 5 pluviose an 6, concernant les cartes; et condamner à l'amende de 1000 francs prononcée par l'art. 1er du décret du 1er prairial an 13, sans préjudice des poursuites extraordinaires à exercer pour les violences et voies de fait énoncées au Procès-verbal ».

Cette assignation est suivie de procédures et d'arrêts qui sont retracés sous les mots *inscription de faux*, §. 6.

Enfin, l'affaire est portée devant la chambre correctionnelle de la cour de Poitiers; et là, il intervient, le 16 mars 1812, un arrêt qui, « vu les art. 24, 25 et 26 du décret du 1er germinal an 13; attendu qu'il résulte de l'art. 24, que le prévenu doit avoir *lecture et copie* du Procès-verbal rédigé contre lui, à peine de nullité; que, si le défaut de présence du prévenu, lors de la rédaction, dispense les commis de la formalité de la lecture de leur Procès-verbal, rien ne peut les dispenser de la lui donner lorsqu'ils lui en font la signification, parlant à sa personne; qu'il est constant que la signification du Procès-verbal, rédigé contre Ibos, lui a été *faite par les commis*, parlant à sa personne, et que lecture ne lui en a pas été donnée; que l'art. 25 dudit décret porte que l'*acte d'affirmation* d'un Procès-verbal énoncera qu'il en a été donné *lecture aux affirmans*; que la mention de cette formalité, faite par renvoi en marge de l'acte d'affirmation, d'une encre différente de celle

dudit acte, et conçue en ces termes : *après lecture faite en leur présence*, ne renferme pas le vœu dudit art. 25, en ce qu'il est possible de lire un acte en présence de quelqu'un, sans en donner lecture à celui à qui on le lit; qu'une énonciation ainsi faite laisse des doutes, et n'offre pas une garantie suffisante que la formalité prescrite par la loi à peine de nullité, ait été remplie de la manière que la loi exige; que si, en matière ordinaire, on peut quelquefois admettre des équipollens, pour en induire l'accomplissement d'une formalité prescrite par la loi, un pareil système ne peut être accueilli dans l'espèce où il s'agit d'appliquer des dispositions pénales; qu'il est de principe général que les renvois en marge des actes doivent être signés par toutes les parties présentes et intéressées dans lesdits actes; que le renvoi qui se trouve en marge de l'acte de l'affirmation du Procès-verbal, n'est signé que du juge de paix et non des affirmans qui ont signé ledit acte d'affirmation; que ce renvoi énonce la formalité prescrite par la loi, à peine de nullité; que n'étant pas signée par les affirmans, cette mention doit être regardée comme n'existant pas dans l'acte d'affirmation; que, si cette formalité n'est pas prescrite par le décret du 1er germinal an 13, on ne doit pas en conclure que l'omission n'entraîne pas la nullité; car ce décret ne prescrit pas la signature des Procès-verbaux, et cependant les tribunaux n'en devraient pas moins prononcer la nullité des Procès-verbaux qui ne seraient pas signés des commis; statuant sur le Procès-verbal, rédigé le 9 avril dernier par les employés aux droits réunis, le déclare nul et irrégulier; renvoie Ibos de l'action formée contre lui par l'administration des droits réunis..... ».

L'administration des droits réunis se pourvoit en cassation contre cet arrêt.

« Cette affaire (ai-je dit à l'audience de la section criminelle, le 26 août 1813), présente à la cour deux questions : la première, si l'arrêt attaqué viole quelque loi, en jugeant que le Procès-verbal du 9 avril 1811 est nul, parce qu'il n'en a pas été donné lecture au sieur Ibos, lors de la signification qui lui en a été faite; la seconde, si cet arrêt viole quelque loi, en jugeant que l'acte d'affirmation ne constate pas légalement qu'il ait été donné aux affirmans lecture du même Procès-verbal.

» Sur la première question, la seule difficulté que nous éprouvons, est de concevoir comment la cour de Poitiers a pu prononcer comme elle l'a fait.

» D'abord, l'exploit de signification du Procès-verbal du 9 avril 1811, constate que cet exploit a été signifié, non par les commis dont le Procès-verbal était l'ouvrage, mais par un huissier, et cependant la cour de Poitiers, oubliant la foi due aux actes authentiques jusqu'à inscription de faux, juge que c'est par les commis eux-mêmes que l'exploit a été fait.

» Ensuite, où est-il écrit que, lorsqu'un Procès-verbal de contravention a été dressé en l'absence du prévenu, il doit, à peine de nullité, lui en être donné lecture au moment où on le lui signifie? Nulle part.

» L'art. 24 du décret du 1er germinal an 13 dit que, *si le prévenu est présent, le Procès-verbal énoncera qu'il lui en a été donné lecture et copie.* Que signifient ces mots, *si le prévenu est présent?* bien évidemment ils signifient, *si le Procès-verbal est dressé en présence du prévenu;* car lorsque le prévenu n'est pas présent à la rédaction du Procès-verbal, il est bien impossible que le Procès-verbal lui soit lu et qu'il lui en soit donné copie, à l'instant même où en est terminée la rédaction; il est par conséquent bien impossible que le procès-verbal énonce qu'il lui a en été fait lecture et donné copie.

» Le législateur aurait pu exiger que dans le cas où le procès-verbal aurait été et pu être rédigé à l'absence du prévenu, il en fût donné lecture à celui-ci à l'instant où on le lui signifierait. Mais il ne l'a point fait; et les tribunaux ne peuvent pas, à cet égard, être plus exigeans que lui : ils le peuvent d'autant moins que, par l'art. 26 du décret, il est dit, en toutes lettres, que *les tribunaux ne pourront admettre, contre les procès-verbaux, d'autres nullités que celles résultant de l'omission des formalités prescrites par les articles précédens.*

» La seconde question en renferme trois et la première est celle-ci : les mots, *après lecture faite en leur présence,* suffiraient-ils, s'ils se trouvaient dans le corps de l'acte d'affirmation, pour constater que le juge de paix a donné lecture du procès-verbal aux commis affirmans? Ou en d'autres termes, dire que la lecture du procès-verbal a été faite en présence des affirmans, est-ce dire qu'elle a été faite aux affirmans eux-mêmes ?

» Une question semblable s'est présentée à l'audience de la section civile, le 17 octobre 1809, au sujet d'un testament que la cour de Caen avait déclaré valable, quoiqu'il fût terminé, non, comme l'exige l'art. 972 du Code civil, par la mention qu'il en avait été fait lecture *au testateur en présence des témoins,* mais par la mention qu'il en avait été fait lecture *en présence du testateur et des témoins.* L'arrêt de la cour d'appel de Caen était attaqué par les héritiers du défunt, comme contraire à l'art. 972 du Code civil. Mais, avons-nous dit, « prétendre, comme le font les demandeurs, qu'un testament dont il existe une preuve authentique qu'il a été lu *en présence du testateur,* n'a point, par cela seul, prouvé authentiquement avoir été lu au testateur même, c'est prêter à la loi l'intention d'asservir la mention de la lecture qu'elle prescrit, à une forme absolument sacramentelle, c'est lui supposer une intention que bien évidemment elle n'a pas..... (1).

» Sur ces raisons, arrêt, au rapport de M. Gaudon, qui, « attendu que le notaire, en énonçant qu'il a donné lecture du testament en présence du notaire et des témoins, a satisfait à l'art. 972 du Code civil, qui veut que le testament soit lu au testateur en présence des témoins; rejette..... ».

» Le motif qui a dicté cet arrêt, reçoit ici une application directe et entière. Comme les procès-verbaux de contravention, les testamens sont des actes de rigueur; et la disposition du décret du 1er germinal an 13, qui veut que les procès-verbaux soient lus aux préposés affirmans, n'est, ni plus précise, ni plus formelle, ni plus impérative, que la disposition du Code civil qui veut que les testamens soient lus aux testateurs. Si donc il est satisfait à celle-ci par l'énonciation que le testament a été lu en présence du testateur, il est nécessairement aussi satisfait à celle-là par l'énonciation que le procès-verbal a été lu en présence des employés qui comparaissent devant le juge de paix pour en sanctionner le contenu par leur serment.

» Ajoutons que, dans notre espèce, l'acte d'affirmation n'énonce pas seulement que le procès-verbal a été lu en présence des affirmans, mais qu'il énonce qu'en présence des affirmans, il a été *fait lecture du procès-verbal;* ce qui est tout différent.

» Si l'acte d'affirmation se bornait à dire que le procès-verbal a été *lu* en présence des affirmans, on pourrait croire que le juge de paix s'est borné à *prendre lecture* du procès-verbal, en leur présence, et à le lire en son particulier, eux présens; et cela pourtant serait encore en opposition avec la loi romaine qui décide que nul ne peut être censé présent à un acte, s'il n'entend et ne comprend tout ce qui s'y fait : *coràm Titio aliquid facere jussus, non videtur præsente eo fecisse nisi is intelligat.*

» Mais, en énonçant que la lecture du procès-verbal a été *faite* en présence des affirmans, l'acte d'affirmation prouve évidemment qu'il y a eu, de la part du juge de paix, une opération qui ne s'est pas concentrée dans sa personne, et que cette opération s'est manifestée extérieurement; il prouve par conséquent que la lecture a été faite à des tiers; et ces tiers ne peuvent être que les commis.

» Tenons donc pour bien constant que, si les mots, *après lecture faite en leur présence,* étaient dans le corps de l'acte d'affirmation, l'acte d'affirmation serait parfaitement régulier.

» Mais ici se présente la deuxième branche de notre seconde question : les mots, *après lecture faite en leur présence,* ne sont écrits qu'à la marge de l'acte d'affirmation, et ils y sont écrits d'une autre encre que le corps de l'acte. Cette différence d'encre ne doit-elle pas les faire considérer comme non écrits ?

» Non, Messieurs, et il y en a une raison aussi simple que tranchante.

» Sans doute, il peut résulter de cette différence d'encre une présomption que le corps de l'acte et le renvoi n'ont pas été écrits en même temps, que le

---

(1) *V.* mon *Recueil de questions de droit,* au mot *Testament,* §. 13.

corps de l'acte a été apporté tout écrit à l'avance dans le lieu où a été faite l'affirmation, et que le renvoi n'y a été ajouté que dans ce lieu même.

« Mais quand cette présomption pourrait, sans le secours de l'inscription de faux, être assimilée à une preuve proprement dite, à quelle conséquence nous conduirait-elle en point de droit? Aucune loi n'exige que les actes d'affirmation des procès-verbaux soient écrits en entier à l'instant même où les affirmans comparaissent devant le juge de paix. Aucune loi n'empêche que les affirmans n'apportent au juge de paix les actes d'affirmation tout préparés, entièrement écrits; et tels qu'il ne reste plus qu'à les signer. Et si le juge de paix peut signer un acte d'affirmation, tel qu'on le lui présente, après avoir rempli les formalités qui y sont énoncées, il peut certainement aussi, avant de le signer, y rectifier ce qu'il y trouve de défectueux, et suppléer, par des renvois, les énonciations qui y manquent.

» Nous disons que le juge de paix peut signer un acte d'affirmation qui lui est présenté tout écrit, tout préparé à l'avance; et en effet, non-seulement c'est ainsi qu'on le pratique le plus communément; mais cet usage avait été consacré dans l'ancienne législation, par lettres-patentes du 24 février 1733,

» Étant informés (y était-il dit) que les officiers de
» quelques élections ont déclaré nuls des procès-
» verbaux des commis de nos fermes, sur le fonde-
» ment que les actes d'affirmation desdits procès-
» verbaux étaient simplement signés des juges qui
» les avaient reçus, et qu'ils n'étaient point écrits
» de leurs mains; en quoi ils ont prétendu s'autoriser
» sur les termes, tant d'un arrêt de notre conseil
» du 25 juillet 1709, que de notre déclaration du
» 25 septembre 1732, qu'ils ont mal interprétés;
» puisqu'il suffit, pour la validité des affirmations
» des procès-verbaux des commis de toutes nos fer-
» mes, que l'acte qui contient l'affirmation, soit mis
» au pied du procès-verbal, et signé, sans frais, de
» l'officier devant lequel l'affirmation se fait, suivant
» qu'il est porté par l'art. 7 du titre de l'exercice
» des commis, de l'ordonnance du mois de juin
» 1680; d'où il résulte que l'officier qui reçoit l'af-
» firmation des procès-verbaux, n'est pas obligé
» d'en écrire l'acte; mais seulement de le signer; et
» voulant empêcher une interprétation contraire à
» nos intentions, nous y avons pourvu par un arrêt
» rendu en notre conseil d'état; le 5 février présent
» mois, pour l'exécution duquel nous avons ordonné
» que toutes lettres patentes seraient expédiées.... ».

» Reste la troisième branche de notre seconde question. Le renvoi contenant les mots, après lecture faite en leur présence, n'est pas seulement écrit d'une autre encre que le corps de l'acte; il est encore dénué des signatures des préposés affirmans; il n'est signé que du juge de paix, et dès-lors, l'acte d'affirmation ne doit-il pas être censé fait sans lecture préalable du procès-verbal?

» Nous devrions, sans hésiter, répondre non, si les signatures des préposés n'étaient pas essentiel-lement requises dans l'acte d'affirmation; si l'acte d'affirmation pouvait valoir sans ces signatures; car alors, les signatures des préposés qui, dans notre espèce, se trouvent au bas de l'acte d'affirmation, n'y seraient que par surabondance; et il est certain que l'omission faite dans un renvoi marginal, d'une formalité surabondamment employée au bas du corps de l'acte, ne peut pas emporter la peine de nullité.

» Mais nous ne devrions pas non plus, hésiter à répondre oui, s'il était de l'essence d'un acte d'affirmation qu'il fût revêtu des signatures des préposés affirmans, indépendamment de celle du juge de paix; car dans cette hypothèse, les préposés affirmans n'ayant pas signé le renvoi énonçant la lecture qui a dû leur être faite du procès-verbal, il n'y aurait rien, de leur part, qui attestât cette lecture; cette lecture ne se trouverait attestée que par la signature du juge de paix; et la signature du juge de paix serait insuffisante pour la constater légalement.

» Et en vain, dans cette même hypothèse, objecterait-on avec la régie, que la disposition de la loi du 25 ventose an 11 qui déclare nuls les renvois approuvés par tous les signataires du corps de l'acte, n'est relative qu'aux actes reçus par les notaires.

» Cette disposition ne fait, dans la loi du 25 ventose an 11, qu'appliquer aux actes notariés un principe qui, dans tous les temps et dans tous les lieux, a été, par la seule force de la raison, commun à tous les actes publics. En effet, du moment que les signatures de toutes les personnes qui figurent dans un acte public, sont nécessaires à sa validité, il faut bien que ces signatures se trouvent non-seulement au bas du corps de l'acte, mais encore au bas des renvois écrits à la marge. Car les signatures qui se trouvent au bas du corps de l'acte ne se rapportent qu'à ce qui est écrit dans le corps de l'acte même; elles ne peuvent pas se rapporter à ce qui est écrit au dehors. Ce qui est écrit au dehors ne peut s'identifier avec le corps de l'acte que par des signatures particulières qui l'y fassent rentrer. Otez ces signatures particulières, les renvois écrits hors du corps de l'acte, n'ont aucune authenticité; ils n'appartiennent pas au corps de l'acte, ils y sont absolument étrangers.

» Oserait-on dire, dans notre espèce, et en supposant toujours les signatures des préposés nécessaires au bas de l'acte d'affirmation, que le renvoi énonçant la lecture du procès-verbal, eût pu n'être pas signé du juge de paix? non certainement; et la régie convient assez elle-même que, sans cette signature, le renvoi devrait être réputé non écrit.

» Mais si les signatures des préposés affirmans étaient nécessaires au bas de l'acte d'affirmation, comment ne seraient-elles pas aussi dans le renvoi écrit en marge de cet acte pour constater l'observation d'une formalité essentielle? elles ne pourraient être nécessaires au bas de l'acte d'affirmation, que parce que la signature du juge de paix ne suffirait pas seule pour donner à cet acte l'authenticité requise par la loi; et par quelle bizarrerie, la seule signature du juge de paix aurait-elle dans le renvoi, une force probante qu'elle n'aurait pas au bas du corps de l'acte ?

» La troisième branche de notre seconde question se réduit donc, en dernière analyse, au point de savoir si les préposés affirmans ont dû signer l'acte d'affirmation, ou si leurs signatures qui sont au bas de l'acte d'affirmation, n'y sont que par surabondance.

» Pour établir qu'elles n'y sont que par surabondance, la régie vous dit qu'il n'en est pas des actes émanés des magistrats, comme des actes reçus par des officiers ministériels; que ceux-ci ne sont valables que par le concours des signatures des parties avec les signatures de ces officiers; mais que les magistrats impriment, par leur seule signature, aux actes émanés d'eux, une authenticité suffisante.

» Cette distinction est vraie quant aux actes qui ont le caractère de jugemens, et que les magistrats font à l'audience, toutes les parties intéressées présentes ou dûement appelées; et c'est parce que, dans les actes de cette nature, il n'est pas nécessaire que les signatures des parties concourent avec celles des magistrats, que, par arrêt du 3 octobre 1808, au rapport de M. Doutrepont, la section civile a cassé un jugement du tribunal de première instance de Caen, qui avait décidé que des consentemens respectivement donnés par deux parties, à l'audience d'un juge de paix, n'étaient pas, à défaut de signature de ces parties, suffisamment constatés par la sentence que le juge de paix avait rendue en conséquence (1).

» Mais en est-il de même des actes que les magistrats font hors de l'audience, et qui, par suite, n'ont pas le caractère de jugement ?

» Ce qui prouve que non, c'est qu'en matière civile, les procès-verbaux d'enquête doivent, à peine de nullité, être signés par les témoins qui déposent devant le juge-commissaire; c'est qu'en matière criminelle, les témoins qui déposent devant les officiers de police judiciaire, doivent signer leurs dépositions; c'est qu'en matière criminelle encore, les prévenus et les accusés doivent signer leurs interrogatoires; c'est qu'un acte d'émancipation qui serait passé devant un juge de paix, serait incontestablement nul, s'il n'était pas signé du père; c'est que personne n'oserait contester la nullité de la délibération d'un conseil de famille qui ne serait signée que du juge de paix; c'est qu'un procès-verbal de conciliation que le juge de paix aurait signé seul, serait indubitablement sans effet; c'est enfin qu'il n'y a pas un seul acte de juridiction volontaire que le juge de paix puisse valider par sa seule signature.

» Et pourquoi en serait-il autrement des actes d'affirmation de procès-verbaux en matière de droits réunis ?

» Le décret du 1er germinal an 13, vous dit-on au nom de la régie, n'exige pas que ces actes soient signés par les préposés affirmans.

» Mais il n'exige pas non plus qu'ils soient signés du juge de paix : conclura-t-on de là que, si l'acte

d'affirmation dont il est ici question, n'était pas signé du juge de paix, il n'en serait pas moins valable ?

» Dans une instruction circulaire du 18 prairial an 13, la régie disait à ses préposés : « l'acte d'affirmation énoncera qu'il en a été donné lecture aux affirmans; les préposés doivent, en conséquence, donner la plus grande attention à ce que l'acte d'affirmation retienne la mention de cette lecture; et si elle était omise, ils en feront l'observation avant de signer.

» Et à la suite de cette instruction, se trouve une formule d'acte d'affirmation ainsi conçue : pardevant » nous (noms, qualités et domicile du juge de paix » ou de son suppléant), le procès-verbal ci-dessus » a été affirmé sincère et véritable par les commis » soussignés, après qu'il leur en a été donné lecture ».

» Assurément, en donnant cette instruction, en traçant cette formule, la régie reconnaissait bien que les préposés affirmans devaient signer les actes d'affirmation.

» Ce n'est pas tout. Les dispositions du décret du 1er germinal an 13 concernant la formule des procès-verbaux et leur affirmation sont copiées littéralement sur celles de la loi du 9 floréal an 7 concernant les douanes. On ne peut donc pas les interpréter, on ne peut donc pas les exécuter, relativement aux droits réunis, autrement qu'elles ne sont interprétées, autrement qu'elles ne sont exécutées, dans les matières régies par la loi du 9 floréal an 7.

» Or, comment les interprète-t-on, comment les exécute-t-on dans celle-ci ? Écoutons Magnien, administrateur des douanes, dans son Dictionnaire de la législation des droits de douanes, au mot affirmation : « Cet acte doit être ainsi conçu : » l'an...., le....., à..... heures avant (ou après » midi), sont comparus devant nous (noms et » prénoms); juge de paix du canton de....., les » sieurs....., saisissans, dénommés au rapport ci-» dessus, lesquels en ont affirmé tout le contenu » sincère et véritable, après que lecture leur en a » été faite....., et ont signé avec nous »

» Mais ce que l'auteur ajoute immédiatement, est encore plus décisif : « l'affirmation n'est point » sujette à l'enregistrement. Loi du 22 frimaire » an 7, art. 70. C'est une suite de ce que l'affirma-» tion, loin d'être un acte distinct et séparé du rap-» port, en est le complément ».

» Si l'affirmation est le complément du rapport, il est clair que les commis figurent dans l'une en la même qualité que dans l'autre; que fonctionnaires publics dans le rapport, ils le sont également dans l'affirmation; qu'ainsi, l'affirmation est un acte pour la perfection duquel le concours de plusieurs fonctionnaires publics est indispensable; et que, comme on ne peut douter que tout acte dans lequel concourent plusieurs fonctionnaires publics, ne doive être signé de chacun d'eux, on ne peut pas douter davantage que l'affirmation ne doive être revêtue des signatures des commis, tout aussi bien que de celle du juge de paix.

_____

(1) V. l'article Signature, §. 2, n° 4.

» Enfin, Messieurs, telle était la disposition expresse de l'art. 19, du tit. 10 de la loi du 22 août 1791 : « Avant de recevoir l'affirmation (portait cet » article sous la peine de nullité écrite dans l'art. » 25), le juge ou l'officier donnera lecture du rap- » port aux préposés de la régie; *il signera avec* » *eux l'acte d'affirmation*, qui sera inscrit à la suite » du procès-verbal ».

· » Et l'on objecterait inutilement que cette disposition est comprise dans l'abrogation générale du tit. 10 de la loi du 22 août 1791, prononcée par l'art. 18 du tit. 4 de la loi du 9 floréal an 7.

« » La loi du 9 floréal an 7 n'abroge le titre 10 de la loi du 22 août 1791, que parce qu'elle en reproduit toutes les dispositions essentielles. Mais ces dispositions n'en forment pas moins le plus sûr commentaire de celles dont elles ont été le type ; et si, de ce qu'elles sont abrogées comme lois proprement dites, on ne peut pas conclure que, depuis la loi du 9 floréal an 7, un acte d'affirmation puisse valoir sans la signature du juge de paix qui le reçoit, on ne peut certainement pas non plus en conclure que, depuis la même loi, un acte d'affirmation puisse valoir sans les signatures des commis affirmans.

» On conçoit d'ailleurs très-bien pourquoi la loi du 9 floréal an 7 n'a pas renouvelé expressément la disposition de celle du 22 août 1791, qui prescrivait les signatures des commis-affirmans, concurremment avec la signature de l'officier public devant lequel se fait l'affirmation : c'est qu'à l'époque où a paru la loi du 9 floréal an 7, le législateur voyant la nécessité du concours de ces signatures universellement reconnue, n'a pas cru devoir s'en occuper; c'est qu'il a cru devoir s'en rapporter là-dessus au droit commun; c'est qu'il a pensé que son silence sur les signatures des préposés affirmans, serait interprété de la même manière que son silence sur la signature du juge de paix.

» Nous conviendrons néanmoins que l'on devrait raisonner tout autrement, si la loi du 22 août 1791 eût introduit un droit nouveau, en ordonnant que les préposés des douanes signassent les actes d'affirmation concurremment avec les juges ou officiers publics qui recevraient ces actes. Sans doute, dans cette hypothèse, on pourrait, on devrait dire qu'en abrogeant le tit. 10 de la loi du 22 août 1791, la loi du 9 floréal an 7 a rétabli, à cet égard, les choses sur l'ancien pied, et que, par suite, les préposés des douanes ne doivent pas plus aujourd'hui qu'ils ne le devaient sous l'ancien régime, signer les actes d'affirmation de leurs procès-verbaux.

» Mais il s'en faut beaucoup que, sous l'ancien régime, les préposés des douanes fussent dispensés de signer ces actes.

» Alors, comme aujourd'hui, l'affirmation d'un procès-verbal de contravention était, suivant l'expression de Lefebvre de la Bellande, dans son *Traité général des droits d'aides*, liv. 6, n. 1688, *le récolement de la déposition* contenue dans le

procès-verbal même. Or, dans tous les temps, il a été rigoureusement exigé que le témoin récolé dans sa déposition, signât l'acte de récolement. L'ordonnance de 1670, tit. 15, art. 5, en contenait même une disposition expresse.

» Aussi l'auteur que nous venons de citer, en traçant, sous le n. 1703, la formule d'un acte d'affirmation, y signale-t-il la signature des préposés comme une formalité essentielle : « Le présent pro- » cès-verbal (ce sont ses termes) a été juré et » affirmé pardevant nous (*mettre la qualité et la* » *demeure du juge*), par les commis *soussignés*, » après serment d'eux pris, et lecture faite dudit » procès-verbal. Fait à........ ce...... *Le juge et les* » *commis signent* ».

» Donc la loi du 22 août 1791 n'avait fait, en prescrivant la signature des commis dans les actes d'affirmation, que maintenir une règle déjà établie et constamment pratiquée.

» Donc la loi du 9 floréal an 7, en abrogeant le tit. 10 de la loi du 22 août 1791, comme devenu inutile au moyen des dispositions qu'elle y a substituées, n'a pas entendu faire revivre une règle contraire à celle qui était en vigueur avant cette loi.

» Donc aujourd'hui, comme sous l'ancien régime, il est nécessaire, d'après l'esprit de la loi du 9 floréal an 7, que les préposés des douanes signent les actes d'affirmation de leurs procès-verbaux.

» Donc le décret du 1er germinal an 13, en rendant communes aux procès-verbaux des préposés des droits réunis, les dispositions de la loi du 9 floréal an 7, concernant les procès-verbaux des préposés des douanes, a imposé, à cet égard, aux premiers, la même obligation que la loi du 9 floréal an 7 est censée imposer aux seconds.

» Donc la cour de Poitiers n'a pas pu, dans notre espèce, se dispenser de regarder comme nul, faute de signature des préposés affirmans, le renvoi contenant la mention de la lecture faite en leur présence, du procès-verbal du 9 avril 1811.

» Par ces considérations, nous estimons qu'il y a lieu, en improuvant les motifs de l'arrêt attaqué, autres que celui dont nous venons de donner le développement, de rejeter le recours en cassation de l'administration des droits réunis ».

Par arrêt du 26 août 1813, au rapport de M. Bailly, « Vu l'art. 24 du décret du 1er germinal an 13, qui a pour titre : *Décret concernant les droits réunis, et la manière de procéder sur les procès-verbaux de contravention* ; vu aussi les art. 25 et 26 du même règlement ; considérant qu'il résulte de cet art. 26, non-seulement que le décret dont il fait partie, est le règlement spécial qui détermine les formalités nécessaires pour la validité des procès-verbaux des préposés de la régie des droits réunis; mais encore, qu'il suffit qu'une formalité quelconque ne soit prescrite par aucun des vingt-cinq premiers articles de ce décret, pour que son omission ne puisse entraîner nullité, soit du procès-verbal, soit de l'acte d'affirmation; que ledit art. 24 n'exige la lecture du procès-verbal au prévenu, que dans le cas où il est présent à sa rédaction et à sa clôture, puisque, sans cette présence, il est impossible que les employés énoncent, dans le procès-verbal même, qu'ils en ont donné lecture au prévenu; que, quant à l'acte d'affirmation, cet acte est un procès-verbal dans lequel le juge de paix atteste ce qui a été fait devant lui par les employés saisissans, et ce qu'il a fait personnellement à leur égard; d'où il suit que la seule signature substantielle à cet acte, est celle du juge de paix; et qu'il ne pourrait résulter de nullité, du défaut de la signature des affirmans, que dans le cas où cette signature serait exigée par la loi spéciale de la matière; que la signature des affirmans n'est prescrite, ni par l'art. 25, ni par aucun des autres articles dudit décret du 1er germinal an 13; — considérant ensuite, 1° que le prévenu Ibos était absent lors de la clôture du procès-verbal de refus d'exercice qui a été dressé contre lui, le 9 avril 1811; d'où il suit que les employés n'ont été tenus de lui en donner aucune lecture; 2° que l'acte d'affirmation de ce procès-verbal a été signé par le juge de paix et surabondamment par les deux employés affirmans; 3° que le renvoi marginal, qui énonce qu'il a été fait lecture du procès-verbal, est également signé par le juge de paix; ce qui suffit pour sa validité; 4° que les termes, *après lecture faite en leur présence*, qui composent ce renvoi, ne permettent point de douter que ce ne soit aux affirmans que le procès-verbal a été lu, puisqu'ils énoncent une lecture faite par le juge de paix à des tiers; et que ces tiers n'ont pu être que les affirmans, qui sont les seuls individus dont il ait mentionné la présence; 5° que, s'il est rigoureusement possible de lire un acte en présence de quelqu'un, sans que la lecture lui en soit donnée, cette hypothèse est inconciliable avec le mot *faite*, qui prouve que le juge de paix n'a point lu tout bas, par pure curiosité et pour lui seul; mais qu'il a donné lecture du procès-verbal; de tout quoi il résulte que toutes les formalités prescrites par les art. 24 et 25 du décret du 1er germinal an 13, ont été remplies; que, par conséquent le procès-verbal du 9 avril 1811 et l'acte d'affirmation du surlendemain 11, étaient réguliers; et que la cour de Poitiers devait les juger tels, et prononcer, par suite, à raison du refus d'exercice dont ils faisaient foi, les condamnations voulues par la loi; que néanmoins, par son arrêt du 16 mars 1812, la cour de Poitiers a déclaré nul ledit procès-verbal et renvoyé Ibos de l'action intentée contre lui, sur le fondement du défaut de lecture du procès-verbal au prévenu, du défaut de signature des employés au bas du renvoi mis à la marge de l'acte d'affirmation, de la différence d'encre de ce renvoi comparé avec le corps de l'acte d'affirmation; et que ce renvoi, considéré en soi, permettait de douter que le juge de paix eût donné lecture du procès-verbal aux affirmans; que la différence d'encre ne serait importante qu'au cas où il y aurait eu dans le délai légal, une inscription de faux fondée sur ce que le renvoi aurait été fait depuis la signature du corps de l'acte d'affirmation; et à l'égard des autres motifs de l'arrêt attaqué, qu'il vient d'être établi que le décret du 1er germinal an 13 s'opposait à ce que la cour de Poitiers en fît la base de l'annulation par elle prononcée du procès-verbal; — par tous ces motifs, la cour, après en avoir délibéré en la chambre du conseil, faisant droit sur le pourvoi de la régie des droits réunis, casse, tant pour fausse application dudit art. 24, que pour extension arbitraire et violation des art. 25 et 26 du décret du 1er germinal an 13, ledit arrêt du 16 mars 1812, dans ses dispositions autres que celle qui a rejeté l'inscription de faux qui avait été tardivement formée par Ibos... ».

PROCUREUR AD LITES. *Page* 131, *col.* 2, *ligne dernière de l'article, après le mot*, scellé, *ajoutez* : et vacations extraordinaires.

PROTESTATION, n. II. *Page* 268, *col.* 1, *après la ligne* 37, *ajoutez* :

V. aussi le plaidoyer du 20 juillet 1814, rapporté aux mots *bénéfice d'inventaire*, n. 26, dans les *additions*.

PROVOCATION. *Page* 507, *col.* 2, *après la ligne* 35, *ajoutez* :

1°. Que doit-on entendre par *provocation directe*, dans le sens des articles cités du Code pénal? — 2° Des propos tenus dans un cabaret, peuvent-ils être, en cette matière, considérés comme des discours tenus dans un *lieu public*? — 3° Peut-on poursuivre comme complices d'une provocation directe à la dissolution du gouvernement, ceux qui, en prenant, dans une rixe dont cette provocation a été suivie, le parti du provocateur, ont annoncé qu'ils partageaient son opinion?

Le 18 novembre 1814, arrêt de la chambre d'accusation de la cour royale de Bordeaux, ainsi conçu :

« Vu la procédure instruite contre les nommés Blondaux, Serre, Soussaintjean et Cointeux, d'où il résulte ce qui suit : Dans la soirée du dimanche 28 août 1814, François Capitaine, Pierre Fertier, son gendre, et Pierre Briand étaient à boire avec plusieurs autres individus dans le cabaret du sieur Boisard, demeurant à Ruffec, où survinrent André Blondaux et Pierre Serre qui se firent servir une bouteille de bière. — Pendant qu'ils buvaient cette bière, Capitaine, Fertier et Briand s'entretinrent du nouveau gouvernement. — André Blondaux les écouta avec beaucoup d'impatience, et prit enfin la parole pour dire *qu'il était pour l'empereur*, *qu'il emmerdait le roi*, ainsi *que ceux qui le soutenaient*; *que*, *s'il tenait le roi*, *il le battrait*; *et qu'il était toujours pour l'empereur.* Il fit suivre ces propos de *vive l'empereur.* — Pierre Briand lui représenta qu'il avait tort de s'exprimer ainsi : alors, André Blondaux le provoqua à sortir pour se battre. — Briand ne donne aucune suite à cette provocation ; mais Pierre Fertier lui ayant dit : *Comment ! est-ce qu'un homme vous fait peur ?*— André Blondaux lui répliqua que, s'il s'en prenait à lui, il le provoquait à sortir lui-même dans la cour de l'auberge. — Il s'y rendit en effet. Pierre Fertier l'y suivit, mais ne l'y trouva plus, s'étant réfugié avec Pierre Serre, sur le point voisin de l'auberge ; et là, ils s'étaient armés de pierres, et avaient comploté sans doute de venir faire un mauvais parti à Capitaine, Fertier et Briand, puisqu'une femme vint prévenir le cabaretier Boisard de fermer sa porte, pour empêcher que son auberge ne devînt le théâtre d'un assassinat. — Boisard profita de cet avis, et le projet de Blondaux n'eut d'autre suite que quelques coups de pierres qui furent lancées contre la porte de l'auberge. — Cependant Blondaux ne s'en tint pas à ces actes de violence. Réuni à Serre, à Soussaintjean et à Louis Cointeux, il attendit la sortie de Capitaine, de Fertier et de Briand. — Celui-ci s'était sauvé par une issue dérobée. Capitaine et son gendre sortirent par la porte ordinaire. Le premier était monté sur un cheval ; le second était à pied et le précédait de quelques pas. Lorsqu'il fut à une certaine distance de chez Boisard, il fut assailli par Pierre Serre et Louis Soussaintjean qui lui portèrent des coups, lui arrachèrent un bâton des mains et le lui cassèrent sur le corps. — André Blondaux et Louis Cointeux étaient à quelques pas de là. Après avoir ainsi maltraité Pierre Fertier, ces quatre particuliers se portèrent vers Capitaine qu'ils excédèrent, et dont deux d'entre eux, au nombre desquels était Blondaux, le jetèrent en bas de son cheval. Capitaine cria *à l'assassin.* Cointeux qui l'entendit, lui adressa ces mots : *Comment ! tu cries, et l'on ne te fait aucun mal.* Puis, il ajouta, sur ce que Capitaine se plaignait de n'avoir point son mouchoir pour essuyer le sang qui coulait de sa figure : *si tu n'as pas de mouchoir, essuye-le avec la queue de ta chemise.* — Capitaine se réfugia, tenant son cheval par la bride, et n'ayant pas son chapeau, dans la maison de Boisard, où un chirurgien fut appelé pour panser ses blessures. — Cette scène eut pour témoins un assez grand nombre d'individus. Cependant personne ne la dénonça à l'autorité. Le procureur du roi qui en fut informé, la dénonça d'office au juge d'instruction, et réquit qu'il fût procédé à l'instruction d'une procédure. Cette instruction a été faite : elle a désigné André Blondaux comme l'auteur des propos séditieux ci-dessus mentionnés, et comme l'auteur, conjointement avec Pierre Serre, Louis Cointeux et Louis Soussaintjean, des excès commis sur Fertier et Capitaine. — Les excès dont il s'agit, ayant été la suite des propos séditieux tenus dans l'auberge de Boisard par Blondaux, le tribunal de première instance a jugé qu'ils étaient connexes avec

ces propos, et qu'il y avait lieu de décerner contre Blondaux, auteur principal, et contre Soussaintjean, Serre et Cointeux, considérés comme complices, une ordonnance de prise de corps, qui, en effet, a été rendue le 18 octobre 1814. — Sur quoi, ouï le rapport du ministère public qui a requis la mise en accusation des quatre prévenus ; lecture faite de toutes les pièces de la procédure ; — attendu qu'il est établi par les pièces, que, le 28 août, il a été tenu publiquement des propos séditieux et outrageans à la personne du roi ; que ces propos paraissent avoir pour objet de détruire ou de changer le gouvernement actuel, et d'exciter les citoyens à s'armer contre l'autorité du chef de l'état ; que par conséquent ces propos constituent un crime, passible de peines afflictives et infamantes, aux termes des art. 87 et 102 du Code pénal ; que les propos dont il s'agit, ont été suivis de provocations envers des personnes d'une opinion contraire, et que, par suite de ces provocations, François Capitaine et Pierre Fertier, son gendre, ont été violemment excédés ; que, quoique les excès ci-dessus mentionnés ne soient passibles que d'une peine correctionnelle, néanmoins ils s'identifient tellement avec les discours séditieux tenus dans l'auberge de Boisard, qu'il est impossible de les scinder pour des soumettre isolément à la juridiction à laquelle ils appartiennent par leur nature ; que l'information qui a été simultanément faite à l'occasion des deux faits ci-dessus énoncés, présente à la fois des indices graves de la culpabilité d'André Blondaux, tant relativement aux discours séditieux qui lui sont imputés, qu'en ce qui concerne les excès commis sur les personnes de François Capitaine et de Pierre Fertier, son gendre ; que la même information présente aussi des charges très-graves contre Louis Soussaintjean, Pierre Serre et Louis Cointeux, à raison des excès dont il s'agit ; qu'il paraît évident aussi que ces individus ne se sont livrés à ces excès, que dans l'objet d'appuyer l'opinion de Blondaux contre le gouvernement actuel ; que ce qui fortifie cette opinion, c'est qu'étrangers aux provocations que Blondaux a faites aux personnes qui défendaient la cause du roi, ils n'avaient aucun intérêt à se mêler dans cette discussion ; et qu'en y prenant une part aussi active qu'ils l'ont fait, ils ont clairement fait connaître qu'ils professaient les mêmes principes que André Blondaux, et que, comme lui, ils étaient animés du même esprit de sédition ; que, sous ce rapport, on doit considérer Louis Soussaintjean, Pierre Serre et Louis Cointeux comme complices des propos séditieux imputés à André Blondaux, en même temps qu'ils doivent aussi être considérés comme auteurs matériels des coups et blessures faites à François Capitaine et à Pierre Fertier, son gendre ; — la cour déclare qu'il y a lieu à accusation contre lesdits Blondaux, Soussaintjean, Serre et Cointeux, et les renvoie devant la cour d'assises du département de la Charente..... ».

Blondaux, Soussaintjean, Serre et Cointeux se pourvoient en cassation.

« L'arrêt qui vous est dénoncé (ai-je dit à l'audience de la section criminelle, le 22 décembre 1814), fait-il, relativement à André Blondaux, une fausse application des art. 85 et 102 du Code pénal? viole-t-il, relativement à Pierre Serre, Louis Soussaintjean et Louis Cointeux, les dispositions du même Code qui déterminent les caractères de la complicité? Telles sont les deux questions principales qui, dans cette affaire, se présentent à l'examen de la cour.

» La première se divise en deux branches : les propos qu'André Blondaux est accusé d'avoir tenus, le 28 août, dans le cabaret de Boisard, peuvent-ils être considérés comme une provocation directe à la dissolution du gouvernement actuel et au rétablissement du dernier gouvernement? le cabaret de Boisard dans lequel ces propos paraissent avoir été tenus, peut-il être considéré comme un *lieu public*?

» Sur la première branche de cette question, il est un point incontestable : c'est qu'André Blondaux n'aurait pas dû être mis en accusation, mais simplement renvoyé à la police correctionnelle, si aux propos qui lui sont imputés, il n'eût pas ajouté le cri de *vive l'empereur*.

» Que trouve-t-on, en effet, dans ces propos ainsi isolés? rien autre chose qu'une opinion en faveur du chef du dernier gouvernement, rien autre chose que des outrages grossiers envers le roi.

» Mais ni cette opinion ni ces outrages ne constituent ···· ·provocation *directe* à la dissolution du g··· ··· ·····el.

···· ·····quent deux arrêts que la cour a ·· ······ ·eminent.

····· ··Deport était poursuivi comme prévenu ··· ····· ···u, dans un lieu public, des discours teu·· ··· a provoquer le pillage et l'assassinat dans la commune de Vezille, crime que l'art. 102 du Code pénal met sur la même ligne que la provocation à la dissolution du gouvernement.

» Le 7 mars 1814, la cour de Grenoble, *considérant que les propos tenus par Deport, ne présentent pas le caractère d'une excitation directe aux citoyens pour les provoquer à l'assassinat et au pillage*, ordonne que Deport sera mis en liberté.

» Le ministère public se pourvoit en cassation ; mais par arrêt du 14 avril suivant, au rapport de M. Oudart, *attendu qu'en jugeant que les propos tenus par Deport ne présentent pas le caractère d'une excitation directe à l'assassinat et au pillage, la cour de Grenoble a fait une juste application du Code pénal; la cour rejette* ....

» Le 7 août dernier, les nommés Frédéric Anœpel, habitant de Nancy, avait dit, en pleine rue et devant plusieurs personnes, « que depuis que Louis XVIII était sur le trône, l'ouvrage n'allait plus; qu'il ne payait personne; que l'on était plus heureux sous le règne de Napoléon, qui venait d'envoyer à Nancy des tonneaux remplis

d'argent pour payer partout où il devait; qu'il allait laisser faire les moissons tranquillement; qu'ensuite il reviendrait en France, et qu'on verrait beau jeu »; et ces propos, contredits par l'un des assistans, avaient amené une rixe dans laquelle la nommée Marie-Anne Didelin avait pris le parti d'Anœpel, en se servant d'expressions irrespectueuses pour la personne du roi.

» Frédéric d'Anœpel et Marie-Anne Didelin ont été, en conséquence, poursuivis comme coupables de provocation directe à la dissolution du gouvernement.

» Le 10 septembre, arrêt de la cour royale de Nancy qui déclare qu'il n'y a pas lieu à accusation contre les prévenus, « attendu qu'on ne peut trouver, dans les discours qui leur sont imputés, une *provocation directe* excitant les citoyens à s'armer contre le gouvernement ..... ; qu'on ne peut se défendre du regret de ne trouver dans le Code pénal aucune disposition propre à réprimer, par l'application de peines analogues et proportionnées, des déclarations téméraires et irrespectueuses, qui, sans offrir le caractère grave de la conspiration et de l'attentat, ébranlent cependant les bases de l'ordre social, en atténuant les sentimens de respect et de confiance qui doivent réunir tous les Français dans l'amour de leur roi et de son gouvernement; mais que, quel que soit le motif du silence de la loi à cet égard, soit qu'il présente une lacune qu'il serait instant de remplir, soit qu'il soit fondé sur l'opinion que des bruits absurdes propagés, des murmures téméraires, des vœux insensés, non suivis de tentative criminelle, ne peuvent appeler sur leurs auteurs qu'une surveillance plus active de l'autorité publique; et qu'il ne peut entrer dans les attributions de la cour, de suppléer à l'inexistence d'une disposition législative ».

» Recours en cassation de la part du ministère public; et le 2 octobre, arrêt, au rapport de M. Busschop, par lequel, « considérant que l'arrêt attaqué est régulier dans sa forme, et que, d'après les faits qui y sont reconnus comme résultant de l'instruction, son dispositif n'est point en contravention à la loi, la cour rejette ..... ».

» Quelle différence y aurait-il entre les espèces de ces arrêts et l'espèce actuelle, si, dans celle-ci, il n'était pas question du cri de *vive l'empereur*, imputé à André Blondaux?

» Il n'y en aurait qu'une seule : c'est qu'André Blondaux serait coupable de propos outrageans à la personne du roi; et que ces propos, sans porter le caractère de crime, paraîtraient de nature à motiver la traduction d'André Blondaux devant la police correctionnelle.

» A cela près, les propos d'André Blondaux, dégagés du cri de *vive l'empereur*, qui les a terminés, ne caractérisent pas plus que ceux de Joseph Deport, pas plus que ceux de Frédéric Anœpel, pas plus que ceux de Marie-Anne Didelin, une *provocation directe* à la dissolution du gouvernement.

» Mais le cri de *vive l'empereur*, qui a terminé ces propos, n'en change-t-il pas la nature, ne les fait-il pas dégénérer en Provocation directe au rétablissement du gouvernement impérial?

» La négative ne serait pas douteuse, si, pour qu'il y eût Provocation directe, il était nécessaire qu'un séditieux criât : *armez-vous contre Louis XVIII, brisez son trône; rétablissez celui de son prédécesseur?*

» Mais la loi n'a circonscrit par aucune expression sacramentelle, le sens des mots *Provocation directe;* et dès qu'elle ne l'a pas fait, elle est nécessairement censée avoir laissé aux juges une latitude suffisante pour décider, d'après les circonstances, si tels faits, tels propos, tels écrits, constituent une Provocation directe, ou ne la constituent pas.

» Que le cri *de vive l'empereur*, ne soit pas essentiellement un crime de Provocation directe au rétablissement du dernier gouvernement, qu'il puisse, dans certaines circonstances, être interprété dans un sens moins grave, cela se conçoit d'autant mieux que, par lui-même, il n'exprime qu'un vœu, et qu'un vœu n'est pas une Provocation.

» Mais qu'il ne puisse pas aussi, dans d'autres circonstances, être interprété d'une manière différente, c'est ce qu'il est impossible d'admettre.

« Lorsque, sous le règne du malheureux Henri III, lorsque, dans les premières années du règne du bon Henri IV, des factieux réunis dans des lieux publics, criaient, *vive la ligue,* que faisaient-ils autre chose que provoquer le renversement du trône?

» Lorsque, sous le régime de la république, il s'élevait, dans des réunions plus ou moins nombreuses des cris de *vive le roi,* les auteurs de ces cris n'étaient-ils pas poursuivis, n'étaient-ils pas punis, comme ayant provoqué directement la restauration de la royauté?

» Et si, aujourd'hui, quelques hommes étaient assez insensés, assez audacieux, pour parcourir les rues de Paris, en joignant partout les cris multipliés de *vive l'empereur,* à des imprécations contre le roi; qui est-ce qui oserait dire que ces hommes ne provoquent pas directement les citoyens à s'armer pour dissoudre le gouvernement actuel et rétablir le gouvernement impérial?

» Mais dès-là, quel reproche peut-on faire, dans l'espèce actuelle, à la cour royale de Bordeaux? en déclarant que le propos séditieux résultant du cri de *vive l'empereur* et les outrages envers la personne du roi qui y ont été mêlés, *paraissent avoir eu pour objet de détruire et de changer le gouvernement actuel et d'exciter les citoyens à s'armer contre l'autorité du chef de l'état*, elle n'a fait qu'user du droit qu'elle avait d'apprécier la moralité, le caractère intentionnel de ce propos, elle n'a exercé qu'un pouvoir légitime, elle n'a d'ailleurs rien jugé de définitif; et le jury reste maître absolu de déclarer, tout en reconnaissant ce propos pour constant, qu'il n'y trouve pas le caractère qu'elle y a trouvé.

» Il reste cependant une difficulté assez sérieuse; et elle résulte de ce que la cour royale de Bordeaux s'est bornée à exprimer dans son arrêt, qu'il y avait eu, par l'effet des propos dont il s'agit, *excitation des citoyens à s'armer contre l'autorité du chef de l'état*, de ce qu'elle n'y a pas exprimé que cette *excitation* devait être considérée comme *directe*, qualité sans laquelle l'art. 102 du Code pénal lui refuse la qualification du crime.

» Mais si le mot *directe* n'est pas littéralement consigné dans l'arrêt de la cour royale de Bordeaux, n'y est-il pas remplacé par des expressions équipollentes?

» Que faut-il pour qu'il y ait *excitation directe,* dans le sens de l'art. 102 du Code pénal?

» Est-il nécessaire, pour cela, que la *directité,* s'il nous est permis d'employer ce terme, se trouve dans les discours, dans les écrits ou dans les placards excitatifs, ou suffit-il qu'elle se trouve dans l'intention de l'excitateur?

» S'il était nécessaire qu'elle se trouvât dans les discours, dans les écrits ou dans les placards excitatifs, on ne pourrait pas poursuivre comme coupable du crime prévu par l'art. 102 du Code pénal, une réunion d'hommes qui parcourrait, comme nous le supposions tout-à-l'heure, les rues de Paris en mêlant à des imprécations contre le roi, des cris mille fois redoublés de *vive l'empereur;* et assurément il serait absurde de tirer de l'art. 102 du Code pénal une pareille conséquence.

» On est donc forcé de reconnaître que, pour l'application de l'art. 102 du Code pénal, il suffit que la *directité* se trouve dans l'intention de l'excitateur.

» Et dans le fait, quoique l'art. 102 du Code pénal ne fasse pas, pour le monarque, autant qu'avait fait la loi du 12 floréal an 3 pour la représentation nationale, quoiqu'il n'assimile pas la Provocation de l'avilissement du monarque, à la Provocation de la dissolution de son gouvernement; il ne peut cependant pas exister un seul jurisconsulté; il ne peut cependant pas exister un seul magistrat, qui ne regarde l'art. 102 du Code pénal comme applicable à celui qui, dans l'intention manifestée par des preuves bien claires, de parvenir à la dissolution du gouvernement actuel, ferait répandre, sur tous les points de la France, des écrits ou des placards tendant à avilir la personne du roi.

» Cela posé, revenons à l'arrêt de la cour royale de Bordeaux.

» Il déclare que les propos imputés à André Blondaux, *paraissent avoir eu pour objet d'exciter les citoyens à s'armer contre l'autorité du chef de l'état.*

» Il déclare par conséquent que l'excitation des citoyens à s'armer contre l'autorité du chef de l'état, a été le but immédiat de ces propos.

» Il déclare par conséquent que l'excitation résultant de ces propos, a été *directe* de la part.de leur auteur.

» Il déclare par conséquent tout ce qu'il doit déclarer pour légitimer l'application de l'art. 102 du Code pénal à l'auteur de ces propos.

» Notre première question se trouve donc résolue, dans sa première branche, en faveur de l'arrêt attaqué par André Blondaux.

» Voyons maintenant, et c'est la seconde branche de la même question, si le cabaret dans lequel paraissent avoir été tenus les propos imputés à André Blondaux, peut être considéré comme un *lieu public.*

» S'il faut en croire les réclamans, l'art. 102 du Code pénal ne peut entendre par *lieux publics*, que ceux qui, tels que les halles, les marchés, les églises, font partie du domaine public et sont ouverts à la masse totale des citoyens; or, ajoutent les réclamans, un cabaret, quoique placé sous la surveillance de la police, n'en est pas moins une propriété privée. On ne peut donc pas appliquer l'art. 102 à des propos tenus dans un cabaret.

» Mais comparons l'art. 102 du Code pénal avec l'art. 367 du même Code.

» L'art. 367 déclare *coupable du délit de calomnie celui qui*, DANS DES LIEUX OU RÉUNIONS PUBLICS, *aura imputé à un individu quelconque des faits qui, s'ils existaient, exposeraient celui contre lequel ils sont articulés, à des poursuites criminelles ou correctionnelles....*

» Les termes, *lieux ou réunions publics*, ne peuvent certainement pas avoir, dans cet article, un sens différent de celui qu'ils ont dans l'art. 102; et si, dans l'un, ils s'entendent des cabarets tout aussi bien que des halles, des marchés, des églises, il est impossible de leur donner, dans l'autre, une acception moins étendue.

» Eh bien! vous avez décidé, par un arrêt de cassation du 26 mars 1815, au rapport de M. Aumont, que l'art. 367 est applicable à une imputation de faux témoignage manifestée par des propos *tenus dans une rue, une place, une* AUBERGE, *qui sont des lieux essentiellement publics ou ouverts au public.*

» L'art. 102 est donc, par la même raison, applicable à des propos tenus dans un cabaret.

» La disposition de l'arrêt attaqué, qui met André Blondaux en état d'accusation, est donc, sous ce rapport, comme sous le précédent, à l'abri de toute atteinte.

» Mais ici se présente notre seconde question: la disposition du même arrêt qui déclare les nommés Soussaintjean, Serre et Cointeux, prévenus de complicité avec André Blondaux, et les comprend en conséquence dans l'accusation dirigée contre celui-ci, ne viole-t-elle pas les textes du Code pénal qui déterminent les caractères de la complicité?

» Remarquons d'abord que, s'il les violait effectivement, il n'y aurait lieu de le casser, qu'autant qu'il met les nommés Soussaintjean, Serre et Cointeux en état d'accusation, et qu'il ne pourrait pas l'être, en tant qu'il renvoie ces trois particuliers devant une cour d'assises, pour y être jugés conjointement avec André Blondaux.

» Car ces trois particuliers sont bien constamment prévenus de délits connexes au crime dont André Blondaux est accusé; et il est certain, vous avez même jugé par un arrêt du 18 novembre 1813, au rapport de M. Benvenutti, et sur nos conclusions, que, d'après l'art. 226 du Code d'instruction criminelle, les chambres d'accusation peuvent et doivent renvoyer aux cours d'assises les simples délits qui se trouvent connexes à des crimes de la connaissance desquels elles saisissent ces cours.

» Ensuite il est vrai que les délits dont sont prévenus Soussaintjean, Serre et Cointeux, ne portent aucun des caractères de complicité qui sont déterminés par l'art. 60 du Code pénal; il est vrai qu'en commettant ces délits, Soussaintjean, Serre et Cointeux ne peuvent pas être censés, soit avoir provoqué par dons, promesses ou menaces, André Blondaux à tenir les propos qui constituent le crime dont il est accusé, soit lui avoir donné des instructions pour commettre ce crime, soit lui en avoir fourni les moyens matériels, soit l'avoir aidé et assisté dans les faits qui l'ont préparé ou facilité, ou dans ceux qui l'ont consommé.

» Mais il faut bien faire attention qu'il s'agit ici d'un crime attentatoire à la sûreté générale de l'état; qu'en cette matière, le simple complot tendant à commettre ce crime, équivaut pour la pénalité, au crime commis; et qu'aux termes de l'art. 89 du Code, *il y a complot, dès que la résolution d'agir est concertée et arrêtée entre deux conspirateurs ou un plus grand nombre, quoiqu'il n'y ait pas eu d'attentat.*

» Or, la cour royale de Bordeaux a jugé que, de la part que Soussaintjean, Serre et Cointeux avaient prise à la querelle d'André Blondaux et François Capitaine et Pierre Fertier, il résultait une présomption grave qu'ils avaient adhéré au crime résultant des propos tenus par André Blondaux dans le principe de cette querelle.

» Qu'elle ait à cet égard, jugé bien ou mal, c'est ce qu'il ne nous appartient pas d'examiner.

» Le fait est qu'elle l'a jugé, et qu'en le jugeant, elle n'a violé ni pu violer aucune loi.

» Mais dès qu'elle l'a jugé, dès qu'elle a pu le juger, dès qu'elle l'a jugé légalement, que devons-nous en conclure? une chose très-simple, mais décisive pour le maintien de l'arrêt attaqué: c'est que par l'adhésion de Soussaintjean, Serre et Cointeux au crime résultant des propos tenus par André Blondaux, il s'est formé, entre André Blondaux et eux, un complot tendant à la dissolution du gouvernement.

» Par ces considérations, nous estimons qu'il y a lieu de rejeter le recours en cassation des quatre réclamans ».

Arrêt du 22 décembre 1814, au rapport de M Busschop, par lequel, « attendu qu'en déclarant que les propos imputés à Blondaux, et les excès dont ils ont été suivis, lui paraissent présenter le caractère d'un attentat qui avait pour objet la dissolution du gouvernement, et qui tendait directement à exciter les citoyens à s'armer contre l'autorité légitime ; qu'en déclarant encore que les faits imputés, tant audit Blondaux qu'à ses coprévenus, lui paraissent aussi constituer, vis-à-vis de ceux-ci, un complot pour le renversement du gouvernement, et pour exciter directement les citoyens à concourir à ce crime, la cour royale de Bordeaux n'est point sortie du cercle de ses attributions ; que, du reste, la cour d'assises ne sera point liée par l'appréciation que cette cour a pu faire des faits ; que les accusés conservent le droit de faire valoir devant le jury toutes les circonstances et tous les moyens qui pourraient modifier le caractère donné par la cour royale aux faits de l'accusation ; la cour rejette le pourvoi... ».

PUISSANCE MARITALE, Sect. II, §. III, Art. II, n. XIX. Pag. 533., col. 2, après la ligne 6, ajoutez :

La question s'est encore représentée depuis, mais dans une espèce toute différente, dans une espèce où il s'agissait de biens qui étaient échus en Normandie, avant la publication du Code civil, à une femme mariée et domiciliée à Paris antérieurement à la même époque. Voici le fait.

En 1796 (an 5) Louise Paris, épouse de Jean-Gabriel Sayde-Bellecote, mariée à Paris depuis quelque temps, et toujours domiciliée dans la même ville, devient, comme héritière légitime de Jacques-Guilbert de la Rivière, son parent, propriétaire de divers immeubles situés dans l'arrondissement de Bayeux.

Le 12 juillet 1809, elle souscrit devant notaire, avec l'autorisation de son mari, une obligation notariée de 15,000 fr. au profit du sieur Leboucher ; et elle affecte spécialement à sa dette les immeubles que lui avait transmis le sieur Guilbert de la Rivière. — Le sieur Leboucher fait inscrire cette obligation au bureau des hypothèques de Bayeux.

Quelque temps après, meurt le sieur Sayde-Bellecote, laissant une succession obérée.

Le 22 juillet 1809, le sieur Solem et son épouse, cessionnaires de la créance du sieur Leboucher, font saisir les immeubles affectés par la veuve Sayde-Bellecote au payement de l'obligation de 15,000 fr. — La veuve Sayde Bellecote forme opposition à la saisie immobilière, et demande la nullité des inscriptions prises sur ses biens.

Le 6 avril 1811, jugement du tribunal civil de Bayeux, qui, « attendu que, sous l'empire de la coutume, il était tenu pour maxime certaine que la femme ne pouvait aliéner ni hypothéquer ses biens dotaux situés en Normandie, encore bien qu'elle fût domiciliée hors de cette province et dans des lieux régis par des lois contraires ; que, conformément à ce principe, il fut jugé, au ci-devant parlement de Rouen, par arrêt du 20 décembre 1607, rapporté par Bérault, que les créanciers d'une femme domiciliée à Paris, ne pouvaient, en vertu de l'obligation qu'elle avait contractée et de l'arrêt qui l'avait jugée valable, faire décréter ses biens situés en Normandie ; que la contestation actuelle offre des circonstances parfaitement semblables ; que, dès-lors il s'agit de savoir si les mêmes principes doivent être appliqués pour sa décision ; qu'il est constant que les biens hypothéqués par la dame veuve Sayde au remboursement de la somme de 15,000 fr., mentionnés dans son obligation notariée du 12 juillet 1806, lui étaient échus, en l'an 5, de la succession du feu sieur Guilbert de la Rivière, et sont situés dans cet arrondissement ; qu'il est encore constant qu'à la dite époque de l'an 5, aucune loi nouvelle n'avait changé la législation normande relative à l'interdiction dans laquelle étaient constituées les femmes mariées, d'aliéner ou hypothéquer leurs biens dotaux ; qu'il s'ensuit qu'au moment de l'ouverture de la succession dudit Guilbert de la Rivière, la portion immobilière qui échut à la dame veuve Sayde, devenue, à l'instant même, par la force du statut, bien dotal, se trouva frappée de cette même interdiction ; qu'il ne peut être révoqué en doute que ladite interdiction n'a pas dû cesser d'exister, tant qu'a duré le mariage de ladite dame veuve Sayde, s'il ne s'est pas rencontré quelque disposition de loi nouvelle qui, en abrogeant l'ancien statut normand, ait délié les femmes mariées de cette interdiction ; qu'il est vrai que l'obligation contractée par la veuve Sayde, est postérieure à la publication du titre du Code civil qui a réglé les droits et la capacité des femmes, et la condition de leurs biens ; qu'elle est encore postérieure à la loi du 30 ventôse an 12 dont le dernier article porte qu'à compter du jour où les lois qui composent le Code, sont exécutoires, les lois romaines, les ordonnances, les coutumes générales ou locales, les statuts, les réglements, cessent d'avoir force de loi générale ou particulière dans les matières qui sont l'objet desdites lois ; qu'il est encore vrai que l'art. 217 dudit Code dispose que la femme ne peut aliéner ni hypothéquer, acquérir à titre gratuit ou onéreux, sans le concours du mari dans l'acte, ou son consentement par écrit ; d'où s'induit implicitement la conséquence qu'elle peut aliéner et hypothéquer avec le concours ou le consentement de son mari ; mais que, d'abord, l'art. 223 de la coutume de Paris portait une disposition semblable ; que néanmoins, elle ne pouvait être appliquée aux biens des femmes situés en Normandie, toujours biens dotaux, quelque titre leur origine, et inaliénables par le statut local et par la jurisprudence, ainsi que le prouve l'arrêt ci-dessus cité ; qu'il s'ensuit seulement que, sous l'empire du Code civil, comme sous le régime de la coutume de Paris, l'obligation de la femme autorisée de son mari est valable, quant à l'hypothèque sur ses biens régis par ladite coutume, mais non sur ceux situés en Normandie, constitués en dot antérieurement à la publication dudit Code, à moins de donner au Code un effet rétroactif; ce qui ne peut être admis, puisqu'il a une disposition contraire; qu'une fois constant que les biens échus à la dame veuve Sayde en l'an 5, sont biens dotaux, non, à la vérité, par la convention des époux, mais par l'autorité de la loi alors régnante qui stipulait pour eux, une fois constant que le Code n'a point d'effet rétroactif, il s'ensuit nécessairement que la dame Sayde n'a pu hypothéquer ces mêmes biens, et qu'ils ont toujours été libres, comme ils le sont encore, de toutes obligations qu'elle a pu contracter pendant son mariage; que même le Code civil, loin d'avoir apporté aucun changement à ce statut normand relatif à l'inaliénabilité des biens dotaux, l'a au contraire confirmé, puisqu'il dispose, art. 1554; que ces biens ne peuvent être aliénés, soit par le mari, soit par la femme, soit par tous les deux conjointement; que, du moment qu'il est démontré que la succession immobilière, échue à la dame Sayde en l'an 5, fut constituée bien dotal et inaliénable par l'art. 542 de la coutume, il s'ensuit qu'elle s'est trouvée comprise dans l'interdiction prononcée par ledit art. 1554; déclare nulles les poursuites en expropriation forcée requises par le sieur Solem et son épouse sur les biens appartenant à la dame Sayde, situés communes de Geffosse, en vertu des titres des 12 juillet 1806 et 8 janvier 1808, lesquels sont déclarés non exécutoires sur lesdits biens; donne pleine et entière main-levée à ladite dame Sayde de toutes inscriptions d'hypothèques prises par lesdits Solem, mariés, sur ces mêmes biens…».

Les sieur et dame Solem appellent de ce jugement à la cour de Caen.

Par arrêt du 6 avril 1812, « attendu que le contrat de mariage et ses effets doivent être régis par les lois existantes, à l'époque où le mariage a été fait; qu'il était de jurisprudence que les biens des femmes étaient régis par le statut du lieu où ils étaient situés; qu'il est constant que les biens, dont Solem poursuit l'expropriation, sont échus par succession à Louise Paris, et sont situés dans le ressort et l'enclave de la ci-devant Normandie; vu les art. 539, 540 et 542 de la coutume, vu les art. 125, 127 et 128 du règlement de 1666; attendu qu'il résulte des dispositions de ces lois, que le mari ni la femme mariée ne peuvent aliéner ni hypothéquer les immeubles appartenant à la femme, que dans les cas et suivant les formes prescrites; que l'obligation contractée par la veuve Sayde Bellecote pendant son mariage, ne se trouve, ni dans l'espèce, ni dans la forme prévue par la coutume; par ces motifs et ceux employés au jugement dont est appel, la cour confirme ledit jugement…».

Recours en cassation contre cet arrêt, de la part des sieur et dame Solem.

» L'inaliénabilité dont la coutume de Normandie frappait les immeubles de la femme mariée (ai-je dit à l'audience de la section des requêtes, le 21 avril 1813), subsiste-t-elle encore à l'égard des biens dont une femme mariée avant la publication du Code civil, était devenue propriétaire avant la même époque? C'est la question que vous avez à examiner dans cette affaire.

» En la décidant au profit de la veuve Sayde, les premiers juges, et, après eux, la cour de Caen, n'ont pas douté que la disposition de la coutume de Normandie, qui établissait cette inaliénabilité, ne formât un statut réel, et ne pût par conséquent être invoquée par la femme mariée à Paris, comme par la femme mariée à Rouen; et en effet, la jurisprudence est fixée là-dessus depuis très-long-temps…(1).

» Du reste, il importe peu, dans notre espèce, que les premiers juges et la cour de Caen aient qualifié de *biens dotaux* les immeubles que la veuve Sayde avait recueillis, en l'an 5, dans la succession du sieur Guilbert de la Rivière, son parent collatéral. C'est une erreur sans doute, mais elle est ici sans conséquence.

» La coutume de Normandie ne réputait dotaux que deux sortes de biens : ceux que la femme apportait par son contrat de mariage, et ceux qui lui advenaient par succession directe.

» Mais elle n'en déclarait pas moins inaliénables tous les autres biens de la femme. Seulement elle n'accordait hypothèque à la femme, pour le remploi de ceux-ci, que du jour de l'aliénation; tandis que, pour le remploi de ses biens dotaux, elle lui accordait hypothèque du jour du mariage. C'est ce qui résulte des art. 539, 540 et 542 de cette coutume.

» Il importe encore très-peu que l'inaliénabilité des biens de la femme ne fût pas absolue; et que les acquéreurs de ces biens ne pussent être recherchés par la femme, que subsidiairement et à défaut de remploi de la part du mari.

» De ce que la femme ne pouvait aliéner ses immeubles que sous la charge d'un remploi que les acquéreurs étaient subsidiairement tenus de lui fournir, il résulte bien clairement qu'elle était absolument incapable de les hypothéquer…..(2).

» Mais de tout cela s'ensuit-il que la dame Sayde n'a pas pu, en 1806, c'est-à-dire après la publication du Code civil, hypothéquer les immeubles qui lui étaient échus par la mort du sieur Guilbert de la Rivière ?

» La négative serait incontestable, si la succession du sieur Guilbert de la Rivière s'était ouverte après la publication du Code civil; et pourquoi? parce que, dans cette hypothèse, les immeubles dont il s'agit, n'auraient jamais été, par rapport à la dame Sayde, des immeubles normands; parce que ja-

_____

(1) *V.* le plaidoyer du 19 août 1812, rapporté ci-dessus.

(2) *V.* le même plaidoyer.

mais ils n'auraient été, par rapport à la dame Sayde, frappés d'inaliénabilité par une coutume qui n'existait plus au moment où la dame Sayde en serait devenue propriétaire.

» La cour de Rouen l'avait ainsi jugé contre la dame Sombret; et son arrêt a été maintenu, le 19 août 1812, au rapport de M. Gandon et sur nos conclusions....

» Mais l'hypothèse que nous venons de faire, n'est pas celle de la cause actuelle. Ce n'est pas *depuis*, c'est *avant* la publication du Code civil, c'est en 1796, c'est à une époque où la coutume de Normandie faisait encore loi, que sont advenus à la dame Sayde les immeubles dont il est ici question.

» Ces immeubles ont donc été frappés d'inaliénabilité entre les mains de la dame Sayde, au moment même où ils y sont tombés.

» Et où est la loi qui depuis les a rendus, pour la dame Sayde, susceptibles d'aliénation moyennant le concours de son mari?

» Elle est, disent les sieur et dame Solem, dans l'art. 217 du Code civil, qui, en défendant à la femme d'aliéner ou d'hypothéquer sans le consentement de son mari, la déclare nécessairement habile à faire tous les actes d'aliénation et d'hypothèque auxquels son mari donne son consentement.

» Mais prenons-y garde. L'art. 217 ne dispose que pour le cas où la femme est, par elle-même, capable d'aliéner ou d'hypothéquer; il se borne à la prémunir contre l'abus qu'elle pourrait faire de cette capacité; il se borne à dire que sa capacité d'aliéner et d'hypothéquer ne pourra être mise en activité que par le consentement de son mari. En un mot, il suppose la capacité de la femme, mais il ne l'établit pas.

» Si donc la femme est, par elle-même, incapable d'aliéner ou d'hypothéquer, le consentement de son mari ne la rendra point capable. Telle est, même d'après les dispositions expresses du Code civil, la femme mineure, pour ses immeubles quelconques; telle est, suivant les dispositions du même Code, la femme mariée sous le régime dotal, pour ses biens dotaux; et telle est nécessairement aussi la dame Sayde pour les biens dont il s'agit dans notre espèce, puisqu'ils ont été frappés par la coutume de Normandie, avant son abrogation, d'une inaliénabilité que n'a levée aucune loi postérieure.

» Inutile de le dire, avec les sieur et dame Solem, que la dame Sayde n'a souscrit l'obligation en vertu de laquelle ont été prises les inscriptions hypothécaires annullées par la cour de Caen, que postérieurement à la mise en activité du Code civil; et par conséquent à une époque où la coutume de Normandie n'existait plus.

» Raisonner ainsi, c'est donner au Code civil un effet rétroactif, c'est oublier l'art. 2 de ce Code.

» La dame Sayde s'est mariée avant le Code civil.... (1).

_____

(1) *V.* le plaidoyer cité.

» Mais, disent les sieur et dame Solem, la femme mariée sous la coutume de Normandie, quoique liée, dès le principe, par le sénatus-consulte Velléien, n'en est pas moins devenue, par le Code civil, habile à cautionner son mari. La femme mariée sous la coutume de Normandie, quoique rendue incapable par son mariage de rien donner à son mari, n'en est pas moins devenue, par le Code civil, habile à lui faire des avantages plus ou moins considérables; et si le Code civil a fait cesser l'incapacité de la femme de cautionner et d'avantager son mari, même en bie.s qui lui étaient échus sous la coutume de Normandie, pourquoi n'aurait-il pas également fait cesser l'incapacité de la femme d'aliéner et d'hypothéquer ses immeubles normands?

» D'abord, ce n'est pas le Code civil qui a fait cesser l'incapacité de la femme normande d'avantager son mari : c'est la loi du 17 nivose an 2; et comment l'a-t-elle fait cesser à l'égard des femmes mariées avant sa publication? Par une disposition expresse : en déclarant, de la manière la plus positive, par ses art. 13 et 14, que les *époux encore existans* pourraient se faire telles libéralités qu'ils jugeraient à propos, sauf la réduction éventuelle au profit de leurs enfans. Que l'on nous montre une disposition semblable sur l'incapacité de la femme d'aliéner ou d'hypothéquer ses immeubles normands, et nous nous empresserons de requérir la cassation de l'arrêt attaqué par le sieur et dame Solem. Mais si cette disposition n'existe nulle part, l'arrêt attaqué par les sieur et dame Solem demeure inexpugnable.

» Ensuite, que peut-on inférer ici de ce que le Code civil a fait cesser, même relativement aux femmes mariées sous la coutume de Normandie, l'incapacité dans laquelle les plaçait le sénatus-consulte Velléien de cautionner leurs maris?

» Ce n'était pas seulement en faveur de leurs maris, que le sénatus-consulte Velléien défendait aux femmes de se porter cautions : il leur défendait de se porter cautions en faveur de qui que ce fût. Ce n'était donc pas par son mariage, qu'une femme normande devenait incapable de cautionner : elle en était incapable dès sa naissance ; elle en était incapable, non comme femme mariée, mais comme personne du sexe. Son mariage n'avait donc produit, en elle, aucun changement par rapport à la capacité de cautionner. Son incapacité de cautionner n'avait donc pas eu l'effet de son mariage. Le *sénatus-consulte Velléien était* donc, comme l'a dit la cour dans son arrêt déjà cité du 27 août 1810, au rapport de M. Liger de Verdigny, *un statut indépendant des conventions matrimoniales* : il n'est donc pas étonnant, comme nous le lisons encore dans le même arrêt, *que l'incapacité dont il frappait indistinctement les filles, femmes mariées ou veuves, ait été levée par le Code civil.*

» En est-il de même de l'incapacité dans laquelle la coutume de Normandie plaçait la femme d'aliéner et hypothéquer ses immeubles normands? Non, évidemment non. Cette incapacité, la coutume de Normandie ne la prononçait que contre la femme mariée ; elle ne la prononçait contre la femme que par suite de son mariage. Cette incapacité faisait partie de l'état matrimonial de la femme mariée ; elle formait l'un de ses droits nuptiaux ; et il est clair que les droits nuptiaux de la femme ne dépendent que de la loi sous l'empire de laquelle la femme s'est engagée dans les liens de l'union conjugale.

» Mais au moins, disent encore les sieur et dame Solem, on ne fait aucune difficulté d'appliquer à la femme mariée, en pays de droit écrit, avant le Code civil, l'incapacité dans laquelle l'art. 1576 de ce Code place la femme mariée sous le régime dotal, d'aliéner ses biens paraphernaux sans l'autorisation de son mari. Il n'importe qu'avant le Code civil, elle pût, sans le concours de son mari, aliéner tout immeuble qui lui tenait nature de paraphernal. Il est certain que le Code civil lui a ôté, à cet égard, le pouvoir qu'elle tenait de son mariage même, et qui formait un de ses droits matrimoniaux. Pourquoi donc en serait-il autrement de l'incapacité dans laquelle, avant le Code civil, était la femme mariée d'aliéner et d'hypothéquer ses immeubles normands ? Pourquoi le Code civil n'aurait-il pas fait cesser cette incapacité, comme il a fait cesser la capacité de la femme mariée sous le régime dotal, d'aliéner sans autorisation ses biens paraphernaux ?

» Deux réponses.

» 1° Ce que les sieur et dame Solem vous disent de la prétendue incapacité actuelle de la femme mariée sous le régime dotal, avant le Code civil, d'aliéner sans autorisation ses biens paraphernaux, n'est pas, à beaucoup près, aussi certain qu'ils paraissent le croire.

» Il a toujours été reconnu comme principe incontestable, que l'état matrimonial et les droits nuptiaux de la femme sont fixés, au moment même de son mariage, par la loi sous l'empire de laquelle il se contracte ; et cet état, ces droits une fois fixés, comment une loi postérieure pourrait-elle les changer, nous ne dirons pas en faveur de la femme, mais à son préjudice ? Qu'elle puisse les changer en sa faveur, rien de plus simple : elle le peut, et cependant elle n'est censée le faire que lorsqu'elle le dit expressément. Mais les changer à son préjudice ; elle ne le peut pas, elle ne le peut jamais.

» Ce que le Code civil a fait en prenant la place des lois et des coutumes dont il a prononcé l'abrogation ; les époux le faisaient souvent, sous l'ancienne jurisprudence, en changeant de domicile. Souvent des époux qui s'étaient mariés dans un pays où la femme pouvait contracter ou disposer sans l'autorisation de son mari, transportaient leur domicile dans un pays où l'autorisation du mari était nécessaire à la femme pour disposer ou contracter ; et réciproquement.

» Mais en changeant ainsi de domicile, en se plaçant ainsi sous une loi nouvelle ; la femme perdait-elle le droit qu'elle avait acquis en se mariant, de disposer ou de contracter sans l'autorisation de son mari ? Recouvrait-elle le droit qu'elle avait perdu en se mariant, de disposer ou de contracter sans cette autorisation ?

» La question s'est présentée à votre audience du 19 janvier 1807, sur le recours en cassation du sieur Brossard, contre un arrêt de la cour d'appel de Dijon, qui l'avait jugée pour la négative ; et qu'avez-vous décidé ? « Attendu (avez-vous dit, » au rapport de M. Oudot, qu'Elisabeth Belot avait » été mariée sous l'empire de la coutume de Bour- » gogne, qui interdisait aux femmes de disposer, » soit entre-vifs, soit à cause de mort, sans l'au- » torisation de leurs maris ; que la séparation » de cette femme d'avec son mari, et la fixation » qu'elle avait faite à Lyon de son domicile, n'a- » vaient pu la soustraire à l'empire du statut per- » sonnel qui avait fixé irrévocablement, pendant la » durée du mariage, son incapacité de disposer sans » autorisation ; que la cour d'appel de Dijon, loin » d'avoir contrevenu à aucune loi, en annullant le » testament d'Elisabeth Belot, s'est conformée au » texte et à l'esprit de l'art. 1er du tit. 4 de la cou- » tume de Bourgogne, la cour rejette... ».

» Ce que vous avez jugé, dans cette espèce, n'avoir pas pu s'opérer par le changement qui était survenu dans la loi domiciliaire d'Elisabeth Belot, comment le Code civil aurait-il pu l'opérer par les changemens qu'il a faits aux lois sous lesquelles une infinité de femmes s'étaient mariées avant sa promulgation ? *ubi eadem ratio, ibi idem jus.*

» 2° Quand nous supposerions, avec les sieur et dame Solem, que le Code civil a rendu l'autorisation du mari nécessaire à la femme mariée précédemment sous le régime dotal, pour l'aliénation de ses biens paraphernaux, quelle conséquence pourrait-on tirer de là contre l'arrêt qui vous est dénoncé ?

» En ajoutant ainsi à la capacité que la femme mariée précédemment sous le régime dotal, avait conservée, par son mariage, d'aliéner ses biens paraphernaux, la condition de ne pouvoir en user sans le secours de l'autorisation maritale, le Code civil n'aurait point nui à cette femme : il aurait au contraire pourvu à ses intérêts ; il n'aurait fait que créer pour elle une précaution contre les surprises qu'on eût pu faire à son inexpérience ; et la femme ne pourrait jamais être lésée par un refus injuste que ferait son mari de l'autoriser : car la justice serait toujours là pour suppléer, par son autorisation, à celle qui serait injustement refusée par le mari. Le Code civil aurait donc, à cet égard, amélioré la condition de la femme ; et l'on sent que la loi qui améliore la condition des personnes, est toujours susceptible de l'interprétation qui lui donne les effets les plus étendus.

» Mais que résulterait-il de l'abolition qu'eût prononcée le Code civil de l'incapacité dans laquelle était la femme mariée avant sa promulgation, d'aliéner et d'hypothéquer ses immeubles normands, même avec l'autorisation de son mari ? il en résulterait pour la femme, la perte du droit que la coutume de Normandie lui avait irrévocablement assuré en se mariant, de faire annuller les aliénations auxquelles une tendresse aveugle ou une crainte révérentielle l'auraient fait consentir pendant le mariage; Il en résulterait, pour la femme, la privation de la planche sur laquelle la coutume de Normandie lui avait promis qu'elle pourrait compter après le naufrage qui eût pu survenir dans la fortune de son époux. Il en résulterait par conséquent, pour la femme, une rétroactivité préjudiciable et ruineuse.

» Et c'est assez dire que l'on ne peut pas argumenter ici de la prétendue incapacité actuelle de la femme mariée sous le régime dotal avant le Code civil, d'aliéner ses biens paraphernaux sans l'autorisation de son mari; c'est assez dire que, même en admettant cette prétendue incapacité actuelle, nous devrions regarder comme régies actuellement par l'art. 542 de la coutume de Normandie, les aliénations faites, sous le Code civil, d'immeubles que cet article eût frappé d'aliénabilité dans le temps où il en avait encore le pouvoir; c'est assez dire que les arrêts de la cour qui l'ont ainsi jugé, et sur lesquels s'est modelée la jurisprudence constante des cours de Rouen et de Caen, forment, pour la cour elle-même, une règle d'autant plus invariable qu'elle est calquée sur les vrais principes; c'est assez dire, en un mot, que la requête des sieur et dame Solem doit être rejetée; et c'est à quoi nous concluons ».

Par arrêt du 21 avril 1813, au rapport de M. Brillat de Savarin, « attendu que Louise Paris, veuve Bellecôte, est devenue propriétaire de l'immeuble par elle hypothéqué pendant qu'elle était sous le pouvoir de la coutume de Normandie qui déclarait cet immeuble inaliénable entre ses mains, que le statut Normand étant un statut réel, a dû avoir son exécution même à l'égard de la veuve Bellecôte mariée à Paris, d'où il suit qu'on ne peut lui appliquer les dispositions du Code civil sans le faire rétroagir et sans priver cette femme du bénéfice qui lui avait été assuré, d'être protégée contre les aliénations qu'elle pourrait faire de ses immeubles Normands, soit par la suite d'une tendresse aveugle, soit par crainte révérentielle; qu'ainsi l'arrêt attaqué a jugé conformément aux lois, la cour rejette le pourvoi.... ».

QUESTION PRÉJUDICIELLE, n. VIII. *Page 324, col. 1, avant le n° IX; ajoutez :*

Remarquez cependant que, si le fond du droit n'était contesté que par esprit de chicane et n'offrait pas de difficulté proprement dite, les juges correctionnels devraient prononcer immédiatement (et sans renvoyer devant les juges civils), sur la contravention imputée au prévenu. V. l'arrêt du 2 avril 1813, rapporté au mot *Vie*, n. 5, et celui du 26 août de la même année, rapporté dans le *Bulletin criminel de la cour de cassation*.

N. XI. *Même page, col. 2, après la ligne 46, ajoutez :*

V. aussi, dans les *Additions*, les mots *Adoption*, §. 6; *Bigamie*, *Démence*, §. 2, n. 5; et *Parricide*, n. 3.

RAPPORT A SUCCESSION, §. IV, art. II; n. X. *Page 683, col. 1, avant le n° XI, ajoutez :*

[[1° La disposition de l'art. 95 des placités de Normandie, de 1666, qui rendait inexigibles, de la part du donataire d'une rente ou pension, les arrérages qui en étaient dus à la mort du donateur, était-elle de droit commun avant le Code civil ?

2° Le Code civil l'a-t-il abrogée, ou au contraire l'a-t-il maintenue ?

3° S'il l'a maintenue, peut-on et doit-on l'appliquer aux donations faites en ligne collatérale, comme aux donations faites en ligne directe ?

Sur la première question, l'affirmative ne peut être l'objet d'aucun doute.

L'art. 95 des placités de 1666 n'avait pas établi un droit nouveau pour la Normandie, en tant qu'il a déclaré que l'enfant donataire d'une rente, ne pourrait exiger ce qui en serait dû à la mort du père donateur; il n'avait fait, à cet égard, qu'ériger en règlement pour cette province, ce que les arrêts du parlement de Rouen de 1603 et 1647, cités plus haut, avaient précédemment jugé par suite des principes généraux sur le rapport; et la seule innovation qu'il eût faite à la jurisprudence consacrée par ces arrêts, la seule particularité qu'il eût introduite là-dessus en Normandie, consiste dans le droit qu'il avait attribué à l'enfant donataire de se faire payer la dernière année de sa rente.

Pour se convaincre de cette vérité, il suffit de bien peser le motif sur lequel était fondée la disposition principale de l'article dont il s'agit. Ecoutons Basnage, sur l'art. 434 de la coutume.

« Il faut néanmoins remarquer que cette faveur que l'on accorde à l'enfant donataire, de pouvoir profiter des pensions et des jouissances au préjudice de ses frères et sœurs, ne s'étend et n'a lieu que pour celles qui sont perçues; mais il ne peut exiger le payement des promesses et des avantages qui n'ont point eu leur exécution durant la vie du père; car toutes les donations et promesses d'un père envers ses enfans, finissent et deviennent sans force et sans vertu, dès l'instant de sa mort : *la qualité de donataire cesse d'être compatible avec celle d'enfant parce qu'elle blesse cette égalité naturelle qui doit être entre les enfans*, et qu'elle viole cette prohibition de faire avantage à un enfant au préjudice des autres, qui est si expressément établie par la coutume ».

Cette raison était-elle particulière à la coutume de Normandie ? Non : elle était commune, non-seulement à toutes les coutumes connues sous le nom de *Coutumes d'égalité parfaite*, c'est-à-dire, qui ne permettaient pas à l'enfant donataire de se tenir à son don, en renonçant à l'hérédité, mais encore à toutes les coutumes indistinctement. et même aux pays de droit écrit, au moins pour le cas où l'enfant donataire se portait héritier., et où le donateur ne l'avait pas dispensé du rapport.

En effet, d'où provenait dans les coutumes qui n'étaient point d'égalité parfaite, d'où provenait dans les pays de droit écrit, l'obligation de l'enfant donataire qui voulait se porter héritier du donateur, de rapporter son don à la succession de celui-ci?

Elle provenait uniquement de l'incompatibilité qui de droit commun, et sauf disposition contraire de la part du donateur, existait, en ligne directe, entre les qualités du donataire et celle d'héritier. Car ce n'était évidemment que parce que ces deux qualités ne pouvaient pas être cumulées, sans une disposition expresse du donateur, que l'enfant donataire était forcé, pour prendre la qualité d'héritier de rapporter à la succession du donateur ce qu'il en avait reçu de son vivant, ou, en d'autres termes, de renoncer à sa qualité de donataire. « Il y a (disait Ricard, Traité des des donations, part. 1, n. 659) des qualités incompatibles et qui empêchent qu'une personne ne puisse jouir des donations...... qui ont été faites en sa faveur; ce qui arrive lorsque quelqu'un étant appelé à la succession, il fait acte d'héritier... ; car, pour lors, il est tenu de rapporter à la succession, les donations que le défunt lui avait faites entre-vifs...... Par la Novelle 18 de Justinien, les descendans ne peuvent pas avoir conjointement la qualité d'héritier et de donataire de leurs ascendans; et dès-lors qu'ils ont accepté la succession, soit testamentaire, ou *ab intestat*, ils sont obligés de rapporter à la masse ce qu'ils ont reçu de la libéralité du défunt; si ce n'est qu'il ait expressément témoigné qu'il entendait que quelqu'un de ses ayantiers conservât, par forme de préciput, les avantages particuliers qu'il lui a faits ».

Il est donc bien constant que l'enfant donataire qui, avant le Code civil, se portait héritier du donateur, abdiquait, par cela seul, sa qualité de donataire, et ne pouvait plus se prévaloir de sa donation.

Mais, dès-lors, quel titre aurait-il pu lui rester pour exiger, après la mort du donateur, les arrérages échus, mais non payés, de la rente qui lui avait été donnée?

Il n'aurait certainement pu les exiger qu'en vertu de la donation que le défunt lui avait faite.

Or, cette donation était, quant aux intérêts respectifs du donataire et de ses co-héritiers, résolue, de plein droit, par l'acceptation que le donataire faisait de sa part dans l'hérédité.

Cette donation ne pouvait donc plus l'autoriser à rien exiger. Il n'avait donc plus de titre, et par conséquent plus d'action.

Sans doute, la résolution qu'éprouvait la donation par l'acceptation de la qualité d'héritier, n'avait point d'effet rétroactif à la mort du donateur, en ce sens qu'elle n'obligeait pas le donataire à rendre les arrérages qu'il avait touchés avant l'ouverture de la succession.

Mais, pourquoi ne l'y obligeait-elle pas.? Ce n'était pas seulement parce que les arrérages qu'il avait touchés; lui avaient tenu lieu d'alimens; c'était encore, et c'était principalement, parce qu'il les avait consommés de bonne foi, parce que la donation qu'il avait reçue du défunt, lui serait devenue préjudiciable, s'il eût dû, pour pouvoir se porter héritier, en rapporter les fruits perçus et consommés de bonne foi, qui, très-souvent, se seraient élevés au niveau de sa part héréditaire, et même l'auraient quelquefois excédée; en un mot, parce qu'on aurait, en l'assujétissant à un rapport aussi onéreux, violé la règle de droit qui défend de faire tourner au détriment de quelqu'un, ce qui a été fait pour son avantage.

Et il est évident que cette raison ne pouvait pas s'appliquer aux arrérages non touchés du vivant du donateur.

On sent d'ailleurs qu'il est plus facile de conserver que d'acquérir. Pour conserver les arrérages qu'il avait touchés, le donataire devenu héritier, n'avait pas besoin d'un titre actuel : il suffisait qu'il eût un titre à l'instant même où ces arrérages lui avaient été payés. Mais pour acquérir des arrérages non touchés du vivant du donateur, il lui fallait un titre actuellement existant; et ce titre lui manquait; par cela seul qu'en devenant héritier, il avait cessé d'être donataire.

Notre seconde question se résout d'elle-même, d'après ce qui vient d'être dit sur la première.

Dès que le donataire d'une rente était, avant le Code civil, sans action contre ses co-héritiers pour les arrérages non payés du vivant du donateur, quel prétexte imaginerait-on pour qu'il en fût autrement aujourd'hui ?

Aujourd'hui, comme avant le Code civil, les qualités d'héritier et de donataire sont, de droit, incompatibles; et il n'y a qu'une disposition expresse du donateur qui puisse en autoriser le cumul.

Donc, aujourd'hui, comme avant le Code civil, le donataire qui, cessant cette disposition expresse, accepte la qualité d'héritier, renonce, de plein droit, à sa donation.

Donc, aujourd'hui, comme sous le Code civil, le donataire qui se porte héritier, se trouve dépourvu de titre pour exiger de ses co-héritiers, les arrérages non payés de la rente que le défunt lui avait donnée.

Donc, aujourd'hui, comme avant le Code civil, ses co-héritiers peuvent lui refuser le payement de ces arrérages.

Inutile d'objecter que, par l'art. 856 du Code civil, *les fruits et intérêts des choses sujettes à rapport*, *ne sont dus qu'à compter du jour de l'ouverture de la succession.*

Il résulte bien de cet article, que le donataire d'une rente due par un tiers, n'est pas tenu de rapporter les fruits civils qu'il en a touchés avant que la succession fût ouverte.

Mais en résulte-t-il aussi que le donataire d'une rente que le donateur a constituée sur lui-même par l'acte de donation, peut exiger, de ses co-héritiers les arrérages qu'il n'a point reçus du défunt?

Ce que l'art. 856 du Code civil ne dit qu'implicitement, savoir, que le rapport des arrérages touchés du vivant du défunt, n'est point dû par le donataire, l'art. 597. de la coutume de Bretagne le disait en toutes lettres : *ne sera toutefois, ledit cohéritier tenu rapporter les fruits, des héritages, ni intérêts de deniers reçus durant le vivant de celui de la succession duquel il est question.*

Eh bien ! a-t-on jamais inféré de cette disposition de la coutume de Bretagne, que le donataire d'une rente pût, après la mort du donateur qui l'avait constituée sur lui-même, se faire payer par ses co-héritiers les arrérages qui lui restaient dus au moment de l'ouverture de la succession ?

Non, et il s'en faut beaucoup. Tous les commentateurs, tous les arrétistes Bretons attestent le contraire.

Poulin du Parcq, sur l'article cité, n° 2, dit que « comme les fruits perçus du vivant des père et mère, ne se rapportent point, aussi tous avancemens de droits successifs promis cessent à la mort des père et mère, *et on n'en peut demander les arrérages* ».

Sauvageau, dans son *recueil d'arrêts du parlement de Bretagne*, liv. 1er, chap. 182, met en principe que les *arrérages de rente promise par contrat de mariage ne sont dus après la mort des père et mère* ; et il justifie cette assertion par un arrêt qu'il rapporte en ces termes ;

« Par arrêt donné au mois de mai 1679, au rapport de M. de la Bourdonnaie, en grand'chambre, la cour a jugé qu'une fille, après le décès de sa mère, n'était point admissible à demander payement des arrérages d'une rente qui lui avait été promise par contrat de mariage, lesdits arrérages de six ou sept années échus avant la mort de sadite mère, quoique, de son vivant, elle en ait fait demande et obtenu condamnation, et même que ses sœurs et co-héritiers les eussent offerts ; mais sur l'appel de la sentence qui les avait condamnées, elles avaient pris des lettres de restitution contre leurs offres, lesquelles furent entérinées, et la sentence réformée ; les parties se nommaient Duport ; Bretagne était procureur. J'écrivais au procès ».

L'auteur ajoute que « la même chose a été jugée contre le nommé Goulet, au rapport de M. de Lasse, par arrêt rapporté dans *l'institution* de M. de la Bigotière, *au droit coutumier de Bretagne* ».

Quelle raison y aurait-il de ne pas appliquer cette doctrine et ces arrêts à l'art. 856 du Code civil ?

Dira-t-on que la coutume de Bretagne était une coutume d'égalité parfaite, et que le Code civil permet d'avantager un successible au préjudice de ses co-héritiers ?

Mais qu'importe cette différence, relativement au point de droit dont il est ici question ?

Ce point de droit a sa racine dans le principe, que les qualités de donataire et d'héritier sont incompatibles.

Ce point de droit doit donc avoir lieu dans tous les cas où existe l'incompatibilité entre les qualités de donataire et d'héritier.

Or, cette incompatibilité qui, dans la coutume de Bretagne, est indéfinie, existe encore sous le Code civil, lorsque le donateur n'a pas fait, pour la faire cesser, une disposition expresse et spéciale.

Elle doit donc encore produire, dans ce cas, sous le Code civil, l'effet qu'elle produisait indéfiniment dans la coutume de Bretagne.

Elle doit donc encore entraîner, dans ce cas, sous le Code civil, comme elle entraînait indéfiniment dans la coutume de Bretagne, la conséquence que le donataire d'une rente perd, en devenant héritier, le droit d'exiger de ses co-héritiers les arrérages qui ne lui ont pas été payés par le donateur.

En deux mots, à défaut de disposition expresse et spéciale pour autoriser le cumul de la qualité de donataire avec celle d'héritier, le donateur est censé prohiber ce cumul, sous le Code civil, comme la coutume de Bretagne le prohibait même malgré l'autorisation du donateur. La condition du donataire que le donateur n'a pas expressément autorisé à cumuler cette qualité avec celle d'héritier, est donc nécessairement, sous le Code civil, la même qu'elle était, dans tous les cas, sous la coutume de Bretagne.

Maintenant, rien de plus facile que de répondre à notre troisième question.

L'incompatibilité entre les qualités de donataire et d'héritier, que la Novelle 18 de Justinien et la plupart de nos coutumes n'avaient établie que pour la ligne directe, le Code civil la rend commune à la ligne collatérale.

L'art. 843 du Code civil veut, sans distinguer entre la ligne collatérale et la ligne directe, que *tout héritier, même bénéficiaire, venant à une succession, soit tenu de rapporter à ses co-héritiers, tout ce qu'il a reçu du défunt par donation entre-vifs directement ou indirectement.*

Le donataire est donc, sous le Code civil, dépouillé de sa qualité en ligne collatérale, comme il l'est en ligne directe, du moment qu'il prend la qualité d'héritier.

Il ne peut donc plus, dès-lors, même en ligne collatérale, invoquer contre ses co-héritiers la donation qui lui a été faite d'une rente par le défunt.

Il ne peut donc pas exiger d'eux, en vertu de cette donation, les arrérages que sa rente avait produits du vivant du donateur.

Mais il se présente contre cette résolution, e contre les deux précédentes dont elle n'est, comm l'on voit, que l'inévitable corollaire, une objection qui, du premier abord, paraît assez spécieuse.

Il est certain, peut-on dire, et Poulain du Parcq établit positivement dans ses *principes du droit français*, tom. 4, p. 211, que le donataire d'un immeuble réel, ou d'une rente due par un tiers, conserve, même après avoir pris la qualité d'héritier, le droit de se faire payer par le fermier de cet immeuble, ou par le débiteur de cette rente, les fermages de cet immeuble, ou les arrérages de cette rente, qui sont échus du vivant du donateur. Pourquoi donc le donataire d'une rente, que le donateur a constituée sur lui-même par l'acte de donation, ne conserverait-il pas également, après s'être porté héritier, le droit de s'en faire payer par ses co-héritiers, les arrérages que le donateur ne lui a pas payés avant sa mort ?

Pourquoi ? par une raison très-sensible.

L'acceptation que le donataire fait, de la qualité d'héritier après la mort du donateur, résoud bien la donation ; mais il ne la résoud que pour ce qui a été réellement donné par le défunt ; et cela est si vrai que le rapport n'est dû que de ce que le défunt a réellement donné.

Or, le donateur d'un immeuble réel ou d'une rente due par un tiers, qu'a-t-il transféré au donataire ? il ne lui a transféré que le corps même de cet immeuble, de cette rente ; il ne lui a pas transféré les fruits ou les arrérages que cet immeuble ou cette rente a produits postérieurement à la donation ; car ces fruits, ces arrérages, n'existaient pas encore ; ils n'ont commencé d'exister qu'après que le donataire est devenu propriétaire ; et le donataire a acquis le droit de les toucher, non en vertu de la donation, mais en vertu de sa propriété.

C'est la remarque de Pothier, dans le passage de son *traité des successions* cité plus haut, n. 7 : *quoique ce soit*, dit-il, *en conséquence de la donation qui lui a été faite de l'héritage, qu'il en a perçu les fruits ; il est néanmoins vrai de dire que ce ne sont pas les fruits qui lui ont été donnés, et qu'on ne lui a pas donné autre chose que l'héritage.*

Les fermages d'un immeuble, les arrérages d'une rente due par un tiers, qui étaient échus, mais qui n'ont pas été payés avant la mort du donateur, sont-ils, à cet égard, d'une autre nature que les fermages ou arrérages échus et payés avant la même époque ?

Non. Ils ne proviennent pas plus que ceux-ci du donateur. Ils ne sont donc pas plus que ceux-ci sujets à Rapport. La donation n'est donc pas plus résolue pour les uns qu'elle ne l'est pour les autres, par l'acceptation que fait le donataire, après la mort du donateur, de la qualité d'héritier.

Mais peut-on dire la même chose des arrérages non payés avant la mort du donateur, d'une rente que le donateur a constituée sur lui-même par l'acte de donation ?

Comment le pourrait-on ? Ces arrérages ne sont pas des fruits provenans d'une chose devenue étrangère au donateur. C'est lui-même qui les doit, et il les doit parce qu'il les a donnés. Ses héritiers ne pourraient donc continuer de les devoir à son donataire, qu'autant que son donataire conserverait sa qualité. Ils ne les doivent donc plus à son donataire, du moment que son donataire devient leur

co-héritier ; puisqu'en devenant leur co-héritier, il cesse d'être donataire.

Ainsi, point d'argument à tirer des arrérages d'une rente due par un tiers, aux arrérages d'une rente due par le donateur lui-même. Les premiers, lorsqu'ils n'ont pas été payés avant la mort du donateur, restent dus au donataire devenu héritier, parce que, n'étant pas dus par l'effet direct et immédiat de la donation, la résolution de la donation ne doit avoir, à leur égard, aucune influence. Les seconds, au contraire, ne pourraient être exigés par le donataire devenu héritier, que comme lui ayant été donnés directement et immédiatement ; et il est bien évident qu'ils ne peuvent plus l'être en vertu d'une donation qui se trouve résolue.

Si l'on objectait qu'il n'y a, dans cette différence entre les uns et les autres, que de la subtilité, il serait facile de rétorquer l'objection.

En effet, pour déclarer résolue, par l'acceptation de la qualité d'héritier, la donation des arrérages qui se trouvent dus à la mort du donateur, il ne faut point de subtilité ; il faut tout simplement s'attacher au texte littéral, comme à l'esprit de l'art. 843 du Code civil, qui soumet au Rapport tout ce qui a été donné par le défunt à l'un de ceux qui viennent à sa succession.

Mais il faut de la subtilité, et il en faut beaucoup pour affranchir du Rapport les arrérages que le donateur a payés avant sa mort.

Qu'a fait le donateur, en payant ces arrérages ? il les a véritablement donnés. Or, d'après l'art. 843 du Code civil, le donataire doit, en venant à la succession, rapporter *tout ce qu'il a reçu du défunt par donation entre-vifs directement ou indirectement.* Le donataire ne pourrait donc pas, si l'on s'en tenait rigoureusement au texte de l'art. 843, être dispensé du Rapport des arrérages qu'il a reçus du donateur.

On ne l'en dispense, que par l'application qu'on lui fait de l'art. 856.

Mais cette application n'est pas généralement reconnue ; elle est rejetée par de très-graves jurisconsultes ; elle l'est notamment par M. Chabot, dans son Commentaire sur le titre *des Successions* du Code civil, art. 856, n° 5 ; et l'on a vu plus haut, n° 8, quelle force prête à leur avis la loi 9, §. 1, D. *de Donationibus.*

Que cet avis ne doive pas être suivi dans l'usage ; que, dans l'usage, on étende l'art. 856 jusqu'à lui faire dire que le donataire d'une rente constituée sur le donateur même, par l'acte de donation, est dispensé de rapporter les arrérages qu'il a touchés avant l'ouverture de la succession, *transeat.*

Mais du moins on conviendra que cette extension n'est qu'un raffinement imaginé par esprit d'équité ; on conviendra du moins qu'il y a de la subtilité dans cette extension.

Et n'est-ce donc pas faire assez pour le donataire d'une rente, que d'étendre ainsi en sa faveur la disposition de l'art. 856 ? Faut-il encore reculer les bornes de cette extension jusqu'à attribuer au donataire le droit de se faire payer les arrérages que le défunt lui devait à son décès ?

Non, ce serait tourner à contre-sens l'esprit d'équité qui, dans l'opinion la plus commune, doit faire prévaloir cette extension. S'il est équitable de ne pas faire rapporter par le donataire des arrérages qu'il a consommés de bonne foi, il serait inique de forcer ses cohéritiers à lui payer, par préciput, des arrérages qu'il n'a point touchés. Pour le dispenser du Rapport des arrérages qu'il a touchés et consommés de bonne foi, il faut faire une sorte de violence au texte de l'art. 856, et c'est déjà pour lui un assez beau privilége. Or, il est de principe que les priviléges doivent être restreints, toutes les fois qu'ils sont dommageables à des tiers ; il est encore de principe, et la loi 14, D. de Legibus, dit expressément que *quod contra rationem juris receptum est, non est producendum ad consequentias.*

RÉBELLION, §. III. *Page* 766 ; col. 1., *après la ligne* 12, *ajoutez* :

XXX. Est-ce comme rébellion que doit être punie l'action d'un débiteur qui, après la saisie-exécution de ses effets, les enlève d'un bâtiment appartenant au gardien où ils ont été transférés, et qui, pour les enlever, brise la clôture de ce bâtiment ? *V.* le plaidoyer et l'arrêt du 29 octobre 1815, rapportés au mot *vol*, sect. 1, n. 4.

Au surplus, V. etc.

RECÉLEUR, n. I. *Page* 771, col. 1, *avant le n°. II, ajoutez* :

En exécution de cet arrêt, l'affaire est renvoyée à la cour d'assises du département de la Dyle, qui y statue en ces termes, le 19 avril 1813 :

« Vu les art. 59, 60, 61, 62, 63, 304, 381, 382, 383 et 401 du Code pénal ; — et attendu que les lois pénales ne peuvent être étendues au-delà des cas qu'elles ont prévus, et qu'il ne se trouve compris dans leurs dispositions ; qu'il en est de même des lois qui déterminent soit les faits caractéristiques de la complicité, soit la peine que le complice doit subir ; qu'aucun article du Code pénal n'a érigé en principe, que si l'auteur principal s'est rendu coupable de plusieurs crimes ou délits, il suffira d'avoir participé à un seul de ces délits, pour encourir la peine prononcée contre l'autre crime ou contre plusieurs crimes ou délits commis l'un immédiatement après l'autre ; que le contraire résulte de l'art. 59 du Code, d'après lequel le complice d'un crime ou délit est seulement puni de la peine que la loi prononce contre ce crime ou ce délit ; que, suivant l'art. 62, les recéleurs des objets enlevés par un vol, détournés par un abus de confiance ou obtenus à l'aide d'une escroquerie, n'encourent également que la peine prononcée contre le vol, l'abus de confiance ou l'escro-

querie, sans être passibles de toute autre peine, que l'auteur principal peut avoir encourue à raison d'un crime tout à fait différent, qui lui est personnel ; que l'art. 63 est conçu dans le même sens ; qu'il ne s'occupe que du cas où le vol emporte la peine de mort ou des travaux forcés à perpétuité, et que, dans ce cas seulement, il prononce la même peine contre le recéleur, qui a connu les circonstances aggravantes du vol ; que par conséquent cet article n'est que le complément des art. 381, 382 et 383 du Code pénal et l'application du principe général suivant lequel le complice d'un crime ou d'un délit encourt la peine de ce crime ou de ce délit ; que ce n'est que par ce motif que les art. 62 et 63 ne parlent que du recélement, espèce de complicité, qui bien qu'elle puisse concourir avec un vol, un détournement d'effets déposés ou une escroquerie, n'est pas même, par sa nature, applicable à tous les crimes ou délits prévus par l'art. 304 ; que, d'après la déclaration du jury, Clazina Pasman s'est rendue complice, par recélé, d'un vol commis par son père, et non pas du meurtre qui l'a précédé, d'où il résulte, qu'aux termes des art. 59 et 62, elle a seulement encouru la peine du vol, et que, suivant l'art. 63, elle serait passible de la peine de mort, si le vol même en était susceptible ; que le vol dont il s'agit, ne rentre point dans les dispositions de l'art. 381 du Code pénal, puisque la déclaration du jury ne porte pas qu'il ait été commis pendant la nuit, par plusieurs personnes dont l'une aurait été munie d'armes apparentes ou cachées, à l'aide d'effraction extérieure, d'escalade ou de fausses clefs ; que, par la même raison, on ne peut lui appliquer l'art. 382 ; que l'art. 383 suppose un vol commis dans un chemin public, circonstance qui ne se trouve pas non plus dans l'espèce ; que, dans cet état des choses, c'est le meurtre qui a fait condamner Jean Pasman à la peine de mort, aux termes de l'art. 304 du Code pénal ; que pour appliquer la même peine à Clazina Pasman, il faudrait établir, conformément aux dispositions textuelles de l'art. 59, qu'elle est complice du meurtre ; que cette complicité ne résulte pas du seul fait de la présence, et qu'elle n'a pas été reconnue par la déclaration du jury ; qu'il est bien vrai, qu'à l'égard de Jean Pasman, la question de savoir quel est le crime pour lequel il est condamné à mort ne présente aucun intérêt réel, et qu'elle est purement théorique ; que cependant il n'en est pas de même à l'égard de Clazina Pasman, qui, seulement complice du vol par recélé, ne peut être condamnée à la peine de mort, qu'aucun article du Code pénal ne prononce contre le vol ; et que l'art. 304 seulement statue contre le meurtre suivi de tout autre crime ou délit ; que la jonction du vol au meurtre fournissait bien un motif légal suffisant pour condamner à la peine de mort Jean Pasman, qui a commis le meurtre et le vol, mais qu'il est aussi contraire à la disposition textuelle de la loi, qu'à la nature des choses, que de confondre le vol avec le meurtre, à l'égard de l'accusée Clazina Pasman, qui, d'après la déclaration du jury, a seulement participé au vol par recélé; qu'en soutenant que dans la personne même du recéleur, et à son égard, tout délit devient crime, par cela seul qu'il a été précédé d'un meurtre, on ne ferait que répondre à la question par la question; et que d'ailleurs toutes les fois que le meurtre est suivi d'un autre crime ou délit, l'art. 304 du Code pénal, loin de confondre et d'identifier ces deux faits, conserve à chacun d'eux le caractère qui lui est propre et le qualifie, suivant les circonstances, ou de crime ou de délit, parce qu'il parle du *crime* ou *délit*; que si, même en matière civile, on ne peut recourir à des fictions qu'autant qu'elles sont formellement établies par la loi, on ne peut, à plus forte raison, les prendre pour base de la décision en matière criminelle; qu'aux termes des art. 60 et suivans du Code pénal, il y a plusieurs espèces de complicités dont une seule, c'est-à-dire le recélement des choses volées, détournées ou escroquées, fait l'objet des art. 62 et 63; que, si l'on veut induire de ces deux articles, que, dans le cas prévu par l'art. 304, le recéleur des objets volés, avant ou après le meurtre, doit être condamné comme l'auteur du meurtre, il faut aussi, par une conséquence nécessaire, supposer de deux choses l'une: que, dans l'état actuel de la législation, le recélement est puni avec plus de sévérité, que toute autre espèce de complicité, ou que, par une nouvelle argumentation d'un cas prévu à un autre non prévu, nous sommes obligés d'étendre à toute espèce de crimes ou délits, ce que les art. 62 et 63 n'ont établi qu'à l'égard du vol, du détournement d'effets ou de l'escroquerie; qu'il faudrait étendre à toutes sortes de complicités, ce que ces mêmes articles n'ont expressément établi que contre les recéleurs; que la première supposition ne serait fondée sur aucune raison, le recélement étant de toutes les espèces de complicités la moins grave, ce que le législateur a indiqué lui-même en diminuant par l'art. 63 le nombre des cas où le recéleur sera puni comme le voleur; que la seconde supposition est encore inadmissible, puisqu'en matière criminelle, et lorsqu'il s'agit de l'application d'une loi pénale, il n'est jamais permis d'argumenter d'un cas prévu à un autre non prévu, même par identité de raison, moins encore par analogie et similitude; que par conséquent les art. 62 et 63 du Code pénal doivent être pris dans le sens littéral, indiqué d'avance par l'art. 59, et suivant lesquels le recéleur des objets volés, détournés ou escroqués encourt la peine du vol, du détournement ou abus de confiance ou de l'escroquerie, quand même ce serait la peine de mort ou des travaux forcés à perpétuité, pourvu que, dans ces deux derniers cas, les circonstances qui attirent sur le vol de peines aussi graves, ayent été connues au recéleur lors du recélé, qu'on ne peut pas en induire que, dans le concours de deux crimes ou délits, le complice de l'un par recélement sera, par une fiction de droit, censé le complice de l'autre et puni de la peine de mort, quand même la loi ne prononcerait cette peine que contre le crime, dans lequel il n'est pas question de recé-

leur; que les art. 62 et 63 ne parlent pas même d'un concours de plusieurs crimes ou délits; que, dans la supposition contraire, il faudrait dire, qu'ils n'auraient rien prononcé sur le cas où l'auteur principal n'est pas coupable que d'un vol, d'un détournement d'effets ou d'une escroquerie, sans le concours d'un autre délit, et 2° qu'il aurait seulement décidé le cas où l'un des deux crimes aurait été commis, à *l'aide* d'un autre, ce qui rendrait encore les art. 62 et 63 inapplicables à l'espèce, le jury n'ayant pas déclaré que le vol a été commis à l'aide d'un meurtre, mais seulement que Jean Pasman a commis le vol après le meurtre; que le vol, considéré comme un délit distinct et séparé, comme il l'est par sa nature, du meurtre, ne rentre dans aucune des dispositions, qui prononcent des peines afflictives ou infamantes contre les voleurs, puisque rien ne prouve que le meurtre ait été commis de concert avec Clazina Pasman, comme un moyen de consommer le vol, et que, par conséquent, il faut appliquer au dernier fait l'art. 401 du Code pénal; qu'il n'appartient qu'au législateur de peser dans sa sagesse s'il convient ou non d'établir en principe que, dans le cas prévu par l'art. 304 du Code pénal, le complice d'un simple délit, quand même il serait étranger au meurtre, n'en sera pas moins puni de mort; qu'il est à présumer que le législateur, en adoptant ce principe, ne se bornera pas à l'établir contre les recéleurs seulement, mais qu'il s'expliquera alors sur toutes les espèces de complicités; que, jusqu'à présent, cette loi n'existe pas, ni contre les recéleurs seulement, ni contre ceux qui, de toute autre manière, se rendraient complices d'un délit précédé ou suivi de meurtre; qu'enfin il est certain, d'après la jurisprudence établie par la cour de cassation, que, sous l'empire du Code pénal de 1791, les recéleurs d'effets volés, même à l'aide d'homicide, n'étaient pas passibles de la peine de mort; par le motif qu'en recélant des effets volés, le recéleur se rend bien complice du vol, mais non pas de l'homicide; qu'il faut encore remarquer que, sous l'empire du Code pénal de 1791, la peine contre les recéleurs était plus rigoureuse, ils étaient toujours punis comme les auteurs du vol, tandis que l'art. 63 du Code pénal actuel exige, pour que les recéleurs soient punis des travaux forcés à perpétuité ou de la mort, qu'ils aient eu connaissance, au moment du recel, des circonstances auxquelles la loi attache ces deux peines; la cour.... condamne Clazina Pasman à trois années d'emprisonnement et aux frais du procès; ordonne que ladite Clazina Pasman, après avoir subi sa peine, sera mise sous la surveillance de la haute police de l'état pendant cinq ans.... ».

Le procureur-général de la cour de Bruxelles se pourvoit en cassation contre cet arrêt; et par suite, arrêté de la cour de cassation, du 8 septembre, qui ordonne un référé au conseil d'état, pour faire déclarer le sens de l'art. 62 du Code pénal.

Le 10 décembre 1813, avis du conseil d'état portant « que, lorsqu'un vol a été commis à l'aide, ou par suite d'un meurtre, les personnes qui ont recélé les effets volés, ayant connaissance que le vol a été précédé du crime de meurtre, doivent, aux termes de l'art. 62 du Code pénal, être considérées comme complices de ce dernier crime ».

Cet avis a été approuvé le 18 du même mois.

RÉCIDIVE, n. XII. *Page* 28, *col.* 2, *après la dernière ligne de la note, ajoutez* :

Aurait-on pu juger de même dans ces espèces, si la cour d'assises avait eu, avant l'ouverture des débats, connaissance du fait qui, s'il eût été connu de la chambre d'accusation, eût fait renvoyer l'accusé devant la cour spéciale ?

Oui, et c'est ce que décide formellement un arrêt de la cour de cassation, du 26 janvier 1815 (1).

Lorsqu'en matière correctionnelle la Récidive consiste dans un délit que la loi punit d'une amende sans emprisonnement, les juges sont-ils obligés, par l'art. 58 du Code pénal, de prononcer le *maximum* de cette amende ? Et si la Récidive consiste dans un délit que la loi punit d'un emprisonnement avec faculté d'y joindre une amende, les juges sont-ils obligés de prononcer le *maximum* de l'amende, en même temps que le *maximum* de l'emprisonnement ?

« Le procureur-général expose qu'il est chargé par le gouvernement de dénoncer à la cour un arrêt qui viole ouvertement la loi.

» Le 1er juin dernier, Glossinde Chaux, déjà condamnée pour vol à deux années d'emprisonnement par un jugement du tribunal correctionnel de Châlons-sur-Marne, pleinement exécuté, est traduite devant le tribunal correctionnel de Toul, comme prévenue d'un second vol.

» Le même jour, jugement qui la déclare coupable, « et attendu la Récidive, la condamne à » cinq ans de prison, à être ensuite mise, pendant » le même nombre d'années, sous la surveillance » spéciale du gouvernement......; et à fournir au » gouvernement, après l'expiration de sa peine, un » cautionnement de 500 fr. ».

» Glossinde Chaux appelle de ce jugement.

» Le ministère public en appelle aussi incidemment, 1° en ce que Glossinde Chaux n'a pas été condamnée, comme cela eût dû l'être, d'après l'art. 58 du Code pénal, au *maximum* de la peine portée par l'art. 401, c'est-à-dire, en ce qu'à la peine de cinq années d'emprisonnement n'a pas été ajoutée une amende de 500 fr. ; 2° en ce que Glossinde Chaux n'a pas été mise sous la surveillance spéciale du gouvernement pour plus de cinq années.

» Le 30 du même mois, arrêt par lequel la cour de Nancy rejette l'appel principal ; « et considé- » rant, à l'égard de l'appel incident du procureur

» du gouvernement, que les premiers juges ont » pris en considération la circonstance de la Réci- » dive de la prévenue, pour lui appliquer le *maxi- » mum* de la peine d'un emprisonnement portée » par l'art. 401 ; que cette disposition paraît suffi- » sante à la cour pour lui faire espérer qu'une dé- » tention de cinq années ramènera Glossinde Chaux » à la résolution de tenir une conduite plus régu- » lière ; que seulement, s'il est vrai que ses incli- » nations au vol sont le résultat d'un dérangement » dans ses facultés physiques et morales aux épo- » ques des premiers mois de ses grossesses, il pa- » raît prudent de prolonger du double la durée de » la surveillance à laquelle elle a été soumise en » vertu des art. 401 et 58.....; la cour, reçoit, en » tant que de besoin, l'appel incident du procureur » du gouvernement, en ce que la surveillance n'a » été prononcée que pour cinq années ; émendant » quant à ce, ordonne que Glossinde Chaux sera » mise, pendant dix années, sous la surveillance » spéciale du gouvernement ; maintient au surplus » les autres dispositions du jugement dont est ap- » pel.... ».

» En prononçant ainsi, en faisant ainsi grâce à Glossinde Chaux de l'amende de 500 fr. à laquelle avait conclu le ministère public, la cour a évidemment violé les art. 401 et 58 du Code pénal.

» L'art. 401 porte que les vols simples *sont punis d'un emprisonnement d'un an au moins, et de cinq au plus, et pourront même l'être d'une amende qui sera de 16 fr. au moins, et de 500 fr. au plus.*

» Et l'art. 58 veut que *les coupables condamnés correctionnellement à un emprisonnement de plus d'une année,* soient, *en cas de nouveau délit, condamnés au* MAXIMUM *de la peine portée par la loi.*

» Quel était, dans l'espèce dont il s'agit, le *maximum* de la peine encourue par Glossinde Chaux ? c'était à la fois un emprisonnement de cinq années et une amende de 500 fr.

» Comment donc la cour de Nancy a-t-elle pu ne pas condamner Glossinde Chaux à cette amende?

» Aurait-elle pensé que l'art. 58 n'élève la peine de la Récidive au *maximum* de celle qui est infligée par la loi à un premier délit, qu'en ce qui concerne l'emprisonnement ? C'eût été une grande erreur.

» A la vérité, pour qu'il y ait lieu à la peine de la Récidive, l'art. 58 exige que le premier délit ait été puni d'un emprisonnement de plus d'une année.

» Mais dès que le premier délit a été puni d'un emprisonnement de plus d'une année, l'art. 58 veut que la peine de la Récidive ait lieu, quelle que soit la peine dont le punit la loi.

» Ainsi, quand la loi ne punirait le nouveau dé- lit que d'une amende sans emprisonnement, il fau- drait que la coupable qui a déjà été condamnée cor- rectionnellement à un emprisonnement de plus d'une année, subît le *maximum* de cette amende.

» Et par une conséquence nécessaire, si le nouveau délit est de nature à être puni d'un emprisonnement et d'une amende, même avec faculté aux juges de ne pas prononcer l'amende et de ne condamner qu'à l'emprisonnement, il faut qu'à raison de la Récidive, le coupable soit condamné, non-seulement au *maximum* de l'emprisonnement, mais encore au *maximum* de l'amende.

» Ce considéré, il plaise à la cour, vu l'art. 442 du Code d'instruction criminelle, et les art. 401 et 58 du Code pénal; casser et annuller, dans l'intérêt de la loi et sans préjudice de son exécution dans l'intérêt de la vindicte publique, la disposition de l'arrêt ci-dessus mentionné et dont expédition est ci-jointe; qui rejette les conclusions du ministère public tendantes à ce que Glossinde Chaux fût condamnée à une amende de 500 fr; et ordonner qu'à la diligence de l'exposant, l'arrêt à intervenir sera imprimé et transcrit sur les registres de la cour de Nancy.

» Fait au parquet, le 1er septembre 1813. *Signé* Merlin.

» Ouï le rapport de M. Busschop.....; vu les art. 442 et 410 du Code d'instruction criminelle; et les art. 58 et 401 du Code pénal.......; considérant que Glossinde Chaux, après avoir été déjà condamnée correctionnellement à deux années d'emprisonnement; s'est de nouveau rendue coupable d'un vol prévu par l'art. 401 du Code pénal; qu'elle devait donc, aux termes de l'art. 58 du même Code, être condamnée au *maximum* de la peine prononcée par ledit art. 401, qui est de cinq années d'emprisonnement et de 500 fr. d'amende; que néanmoins, par son arrêt du 30 juin 1813, la cour de Nancy, statuant sur l'appel du ministère public, n'a condamné ladite Glossinde Chaux qu'à un emprisonnement de cinq ans, sans prononcer aucune amende; d'où il suit que ledit arrêt a expressément violé les dispositions pénales des art. 58 et 401 précités, la cour casse et annulle, dans l'intérêt de la loi.... ».

» Fait et prononcé.... le 10 septembre 1813 ».

RENONCIATION A UNE SUCCESSION FUTURE, §. III. *Page* 49, *col.* 1, *ligne* 42, *au lieu de* prix, *lisez* bien.

RENTE FONCIÈRE, §. II, art. IV. *Page* 439, *col.* 2, *après la ligne* 19, *ajoutez* :

III. Quels sont, par rapport aux tiers-détenteurs des héritages affectés à d'anciennes Rentes foncières, les effets de cette mobilisation? *V.* le plaidoyer du 15 février 1815, rapporté aux mots *Domicile élu*, §. 1, dans les *Additions.*

RENTE SEIGNEURIALE, §. II, n. VI *1º Page* 456, *col.* 2, *après la ligne* 56, *ajoutez* :

Mais cette jurisprudence est elle bien exacte? *V.* ci-après, n. VI *bis*, dans les *Additions.*

Nº VI. 2º Mais ces décisions qui ne portent que sur des espèces particulières, peuvent-elles être considérées comme des interprétations générales de la loi; et sous ce rapport sont-elles obligatoires pour les tribunaux? *V.* le plaidoyer du 14 juillet 1814, rapporté au nº suivant.

VI *bis*. 1º Doit-on considérer comme seigneuriale, et par conséquent comme abolie sans indemnité, une Rente créée, en pays de franc-alleu, par un bail emphytéotique, non-seulement sans réserve expresse de la seigneurie directe, quoique le bailleur fût seigneur du fief, mais même sans stipulation de lots? — 2º La Rente qui n'a pas été originairement seigneuriale, a-t-elle pu le devenir par des reconnaissances postérieures au titre primitif?

Le 3 mars 1719, le prince Charles-Louis, comte de Nassau, de Saarbruck, concède en emphytéose à Nicolas Muller et à Anne, son épouse, un moulin à farine, situé à Diessen, avec quelques dépendances : « nous maintiendrons (dit-il) eux, mari et femme, et leurs héritiers en ligne descendante dans cette emphytéose et ses droits; *et les affranchissons des charges seigneuriales, à l'instar des autres fermiers héréditaires de moulins.* De son côté, le fermier promet payer, pour le prix de l'achat emphytéotique, 410 rixdallers, cours du commerce; savoir, 110 rixdallers dans quatre semaines, etc.; plus de livrer annuellement à notre chambre des finances, pour fermage déterminé et stable, 9 florins et 18 quarts de seigle, et de continuer ainsi exactement tous les ans; mais dans le cas contraire, et si ce meunier ou ses héritiers ne livraient pas le susdit fermage pendant trois années consécutives, et qu'il restât arriéré par leur faute, le présent bail emphytéotique sera alors résilié et annullé; et le moulin, avec toutes ses dépendances, nous reviendra et écheoira conformément au droit emphytéotique. Aussi il nous restera engagé et affecté, et il ne sera point libre au meunier ni à ses héritiers de l'hypothéquer ou de l'aliéner, ou de grever d'autre manière, sans avoir obtenu notre consentement que nous réservons pour nous, nos héritiers et descendans, le droit de refuser ou accorder ».

Le 29 août 1735, acte par lequel la princesse Charlotte-Amélie de Nassau-Saarbruck expose qu'Anne, de Diessen, veuve de Nicolas Muller, lui a représenté que, le 3 mars 1719, le feu prince Charles-Louis avait laissé à son défunt mari et à elle en emphytéose « le ci-devant moulin seigneurial de Diessen, ensemble ses dépendances, de la manière qu'il est plus amplement par le bail emphytéotique ci-après ». — Suit la teneur de l'acte du 3 mars 1719; après quoi, la princesse continue ainsi : — « Nous ayant très-humblement supplié qu'il nous plût confirmer ladite emphytéose en faveur d'elle et des siens; déférant à cette supplique, nous confirmons la susdite emphytéose dans tout son contenu et toutes ses clausses.... Nous promettons aussi et nous engageons par les présentes de la maintenir et protéger dans ladite emphytéose. En revanche, elle a promis de payer présentement, contre quittance, à notre chambre des finances de Saarbruck, 20 rixdallers *pro laudemio* pour cette confirmation; plus, d'acquitter ou faire acquitter ce *laudemium* à chaque décès, soit du propriétaire de l'emphytéose, soit de l'emphytéote, et de se comporter au surplus comme il convient à un fidèle emphytéote; de manière qu'elle et ses enfans légitimes sont obligés, sous peine de caducité de l'emphytéose, de livrer complétement le canon, chaque année, en temps convenable; d'entretenir le moulin et ses dépendances en bon état; et au cas que la vente s'en fasse de notre consentement, et que le prix en doive sortir du pays, de payer le dixième denier ».

Le 19 mai 1751, après le décès d'Anne de Diessen, lettre du prince Guillaume-Henri de Nassau-Saarbruck, ainsi conçue : — « Savoir faisons et reconnaissons, par les présentes, pour nous, nos héritiers et successeurs, que Nicolas Muller, de Diessen, et ses autres frères et sœurs nous ayant représenté très-humblement qu'Anne, leur mère, veuve de Nicolas Muller, jusques-là emphytéote du moulin seigneurial de Diessen, était décédée, et que, par là, l'emphytéose était ouverte; qu'eux tous enfans et héritiers légitimes étaient convenus entr'eux que Nicolas Muller, leur frère aîné, conserverait l'emphytéose et en serait chargé, en départissant et payant la portion de l'emphytéose qui revient aux autres frères et sœurs; qu'en conséquence, ils nous suppliaient très-humblement qu'il nous plaise transporter à lui Nicolas Muller, comme à l'aîné des frères, l'emphytéose du moulin de Diessen et de ses dépendances, et de lui en passer bail. — Et nous, d'après l'exposé qui nous en a été fait, ne trouvant aucune difficulté d'acquiescer à la très-humble supplique des héritiers, et de reconnaître et d'accepter lui, Nicolas Muller, et ses héritiers légitimes pour notre fermier futur, *de la manière que le porte plus amplement le bail du 17 août 1735*, par feue la dame notre mère, d'heureuse mémoire, comme notre tutrice, ainsi conçu... Ainsi, nous confirmons et ratifions l'emphytéose ci-dessus dans toute sa teneur, clauses et conditions; agréons et acceptons gracieusement Nicolas Muller et ses héritiers légitimes en ligne descendante, à l'exclusion de ses collatéraux, pour notre emphytéote actuel, à condition qu'il se conformera, de point en point, au bail emphytéotique ci-dessus rappelé; que, pour cette confirmation et acceptation, il payera *pro laudemio*, 38 florins à notre chambre des finances; qu'en cas de décès tant du bailleur que du preneur emphytéotique, il se pourvoiera en renovation; qu'il n'aliénera ni hypothéquera le moulin à notre insu ni sans notre consentement; qu'il acquittera le dixième denier, si la vente en avait lieu et que l'argent fût exporté du pays; qu'il acquittera le canon chaque année, et se conduira en probe et honnête fermier ».

Quelque temps après, la terre de Diessen est

vendue au sieur Richard; et en 1765, elle passe, au moyen d'un échange entre le roi de France et le prince de Saarbruck, sous la domination française.

Le 11 janvier 1770, contrat notarié par lequel Jacob Muller, héritier de Nicolas Muller, vend au sieur Hayer le moulin de Diessen, avec ses dépendances, à la charge (outre le prix convenu), *de payer annuellement au sieur Richard, étant aux droits du prince de Nassau, 18 quartes de seigle et 9 florins en argent.*

En 1792, le sieur Richard émigre; et l'administration des domaines reçoit, pendant trois années consécutives, du sieur Bertrand, successeur du sieur Hayer, la redevance de 18 quartes de seigle et de 9 florins imposée sur le moulin de Diessen. Mais, les années suivantes, le sieur Bertrand, regardant cette redevance comme abolie par la loi du 17 juillet 1793, cesse de la payer; et l'administration des domaines la laisse tranquille.

Le 16 août 1810, le sieur Richard, réintégré dans ses droits civils par un brevet d'amnistie, en exécution du sénatus-consulte du 6 floréal an 10, fait assigner le sieur Bertrand au tribunal de première instance de Thionville, pour se voir condamner à lui payer cinq années d'arrérages de la redevance dont il s'agit. — Le sieur Bertrand, sans produire les titres transcrits ci-dessus, répond que cette redevance était féodale, et que par conséquent elle est abolie.

Le 23 avril 1811, jugement qui, attendu que ce n'est pas comme seigneur de Diessen, mais comme souverain de la principauté de Saarbruck dont ce village faisait partie, que le prince Charles-Louis de Nassau s'est réservé cette redevance sur le moulin qu'il a concédé à Nicolas Muller et à Anne son épouse; qu'ainsi, cette redevance n'est ni féodale, ni entachée de féodalité; condamne le sieur Bertrand à en acquitter les arrérages réclamés par le sieur Richard.

Le sieur Bertrand appelle de ce jugement à la cour de Metz; et l'acte du 19 mai 1751 à la main, il soutient que la redevance étant mélangée d'un droit de *laudemium* à chaque mutation, est, par cela seul, essentiellement féodale. — Le sieur Richard répond que ce n'est point à cet acte, purement récognitif qu'il faut s'attacher, mais bien au titre primitif du 3 mars 1719 qui y est transcrit en entier.

Le 10 février 1813, arrêt ainsi conçu : — « La redevance établie par l'acte du 3 mars 1719, est-elle purement foncière et non féodale ? — Attendu que, par cet acte, le comte de Nassau-Saarbruck, propriétaire de différens immeubles consistans en un moulin, un étang, des terres et des prés, les a laissés à Nicolas Muller, à titre de fermage héréditaire, pour lui et ses héritiers, moyennant une redevance annuelle de 9 florins en argent et 18 quartes de seigle ; que, loin d'imposer au bailliste héréditaire et à ses héritiers, aucune charge féodale, l'acte de concession porte au contraire expressément qu'ils seront exempts des charges seigneu-riales., à l'instar des autres fermiers héréditaires de moulins; que cette redevance, purement foncière d'après le titre primitif de concession, ne peut être entachée de féodalité, parce qu'à la mort du bail-liste, et ensuite à la mort de sa veuve, les héritiers du comte de Nassau ont exigé de cette veuve et de son fils, pour leur assurer la jouissance du bail hé-réditaire, des sommes qui ne leur étaient pas dues d'après l'acte de concession, et parce que, par les actes de 1735 et 1751, ils ont stipulé que des lods et ventes leur seraient payés à chaque mutation; que ces actes postérieurs ne contiennent pas une nouvelle concession des héritages affectés à la re-devance; qu'ils ne contiennent pas renouvellement du titre primitif, et ne le remplacent en aucune manière, qu'ils se bornent à l'approuver et le con-firmer et à en consentir surabondamment l'exécu-tion; qu'ils n'ont par conséquent pas anéanti le titre primordial qui subsistait sans eux et indépendam-ment d'eux; qu'ainsi, les énonciations de ces actes séparés ne peuvent influer sur le sort du titre de concession, ni entacher du vice de féodalité une redevance purement foncière d'après ce titre, qui doit être le seul consulté pour connaître la nature de la rente; que d'ailleurs l'appelant peut d'autant moins exciper des clauses des actes de 1735 et 1751, qu'elles lui sont parfaitement étrangères; qu'il n'a point été soumis à leur exécution; que, lors de la vente faite à l'auteur de l'appelant, le 11 janvier 1770, des héritages grevés de la Rente foncière, il a été uniquement chargé de servir cette Rente, sans mélange de prestation ni devoirs féodaux, ni droit quelconque de mutation; que le contrat d'acquêt qui forme le titre de l'appelant, justifie effective-ment que les immeubles affectés à la Rente, ont été transmis libres par Jacob Muller, sans l'expression d'aucun consentement ni acte d'agréation donné par l'intimé, et surtout sans énonciation d'aucun droit de mutation, et à la seule condition de payer la re-devance foncière; ce qui justifie que les actes de 1735 et 1751 ont été considérés comme non avenus par les parties; que l'intimé ne s'en est point pré-valu et n'en a fait aucun usage; qu'il s'est borné à exiger la Rente foncière; que tel a été l'état des choses depuis qu'il est devenu propriétaire de la Rente; que cet état de choses subsistait à l'époque de la révolution; et qu'ainsi, quelles que soient les stipulations de ces actes, elles ne peuvent nuire au titre primordial qui seul conserve sa force et son existence, et qui seul doit faire la règle entre les parties; la cour met l'appellation au néant, con-damne l'appelant à l'amende et aux dépens ».

Le sieur Bertrand se pourvoit en cassation contre cet arrêt.

« La redevance dont il est question dans cette affai-re (ai-je dit à l'audience de la section des requêtes, le 14 juillet 1814), doit-elle être réputée seigneu-riale, d'après l'acte du 3 mars 1719 qui en forme le titre primitif? doit-elle être réputée telle, soit d'après l'acte du 29 août 1735, soit d'après celui du 19 mai 1751? telles sont les deux questions que présen-tent à votre examen les moyens de cassation employés par le demandeur.

» Sur la première, le demandeur vous dit que, par l'acte du 3 mars 1719, le prince de Saarbruck avait promis aide et protection à Nicolas Muller et à ses héritiers; qu'il s'était réservé la seigneurie di-recte sur les immeubles qu'il leur accordait; qu'à la vérité, il les avait affranchis des charges seigneuriales; mais que, par là même, il avait parlé en seigneur et agi comme tel; et que la preuve que la redevance de 9 florins et 18 quartes de seigle n'avait jamais été considérée comme seigneuriale, et qu'elle était passée, non au Roi de France, comme successeur, par échange, du prince de Saarbruck dans la souve-raineté de la terre de Diessen, mais au sieur Richard, comme successeur, par achat, du même prince dans la seigneurie de la même terre.

De toutes ces propositions, il n'en est pas une qui ne soit, ou inexacte en fait, ou erronée en droit.

» 1.º En fait, il n'est pas vrai que, dans l'acte du 3 mars 1719, le prince de Nassau-Saarbruck ait promis *aide et protection* à ses concessionnaires.

» En droit, quand cette promesse serait consignée dans l'acte du 3 mars 1719, on ne pourrait pas en inférer que la redevance dont il s'agit, soit seigneu-riale. Le prince de Nassau-Saarbruck réunissait dans sa personne deux qualités, celle de seigneur et celle de souverain; et comme il pouvait aussi bien promet-tre sa protection en qualité de souverain qu'en qua-lité de seigneur, il n'y a pas de raison pour qu'on le suppose l'avoir promise à titre de seigneurie plutôt qu'à titre de souveraineté.

» 2.º En fait, il n'est pas vrai que, par l'acte du 3 mars 1719, le prince de Nassau-Saarbruck se soit réservé la seigneurie directe; cet acte n'en dit pas un mot.

» Sans doute, cette réserve eût été de droit, et nécessairement sous-entendue, si l'acte eût dû être considéré comme un bail à cens seigneurial. Mais aussi dans le cas où l'acte n'eût dû être considéré que comme un bail emphytéotique de pur droit ro-main, ce n'est pas la réserve de la seigneurie féodale, c'est tout simplement la réserve du *dominium direc-tum* du droit romain, que l'on eût dû y sous-enten-dre; et dans cette hypothèse, la redevance n'aurait évidemment aucune ombre de féodalité.

» 3.º En fait, il est vrai que le prince de Saar-bruck a déclaré, par l'acte du 3 mars 1719, affranchir son emphytéote *des charges seigneuriales;* mais conclure de là, en droit, qu'il a parlé et agi comme seigneur, que, par suite, il s'est réservé la sei-gneurie féodale, c'est une conséquence fort hasardée. Le prince de Nassau-Saarbruck était, à la vérité, seigneur, en même temps que souverain, mais il pou-vait aussi être propriétaire de biens allodiaux; il pouvait par conséquent posséder comme allodiaux les biens qu'il concédait à Nicolas Muller. Il a donc très-bien pu ne faire la déclaration dont se prévaut ici le demandeur; que pour annoncer qu'il concédait ces biens allodialement, comme il les possédait. Cette déclaration ne prouve donc pas, par elle-même, qu'il eût concédé ces biens comme seigneur.

4.º La même réponse s'applique à l'argument que le demandeur cherche à tirer du fait que la redevance de 9 florins et 18 quartes de seigle est passée à l'acquéreur de la seigneurie de Diessen, et non à l'acquéreur de la souveraineté de la même terre.

» Cet argument suppose d'ailleurs que le sieur Richard n'a acquis du prince de Saarbruck que la seigneurie proprement dite de Diessen, qu'il n'a pas en même temps acquis de ce prince tout ce qu'il pouvait posséder allodialement dans le territoire de cette seigneurie; et c'est une supposition qui, non-seulement n'est justifiée par rien, mais qui même est dénuée de toute vraisemblance; et qui après tout, n'ayant pas été articulée devant la cour de Metz, n'a pas pu, dès-lors, y être contredite.

» Vous ne pouvez donc avoir aucun égard aux assertions que le demandeur met en avant pour établir que la redevance contre laquelle il réclame, a été féodale dès son origine.

» Mais il reste à nous fixer sur l'alternative d'après laquelle nous avons raisonné en discutant la seconde de ces assertions.

» Il est possible, avons-nous dit, que l'acte du 3 mars 1719 soit un bail à cens seigneurial; mais il est possible aussi qu'il soit un bail emphytéotique de pur droit romain.

» Quel est, de ces deux caractères, celui que nous devons lui donner en définitive? ici quelques détails sont nécessaires..... (1).

» A quel titre le prince de Saarbruck a-t-il déclaré, par acte du 3 mars 1719, concéder le moulin de Diessen à Nicolas Muller et à sa femme? Il a déclaré le leur concéder à titre d'emphytéose; et certainement on doit s'en tenir à sa déclaration littérale, tant qu'il ne sera pas prouvé qu'elle était simulée, tant qu'il ne sera pas prouvé qu'il y a eu *aliud gestum, aliud scriptum.*

» C'est donc à titre d'emphytéose qu'il est véritablement censé avoir concédé; c'est donc la directe emphythéotique du droit romain qu'il est véritablement censé s'être réservée par sa concession, à moins que l'on ne prouve, ou que, sous le nom d'emphytéose, il a voulu faire un bail à cens seigneurial, ou que la nature des biens compris dans sa concession, s'opposait à ce qu'il en fît la matière d'une emphytéose véritable.

» Mais 1.º comment prouverait-on que tout en concédant en emphytéose, le prince de Saarbruck n'a entendu concéder qu'en bail à cens seigneurial, et que ce n'est pas la directe emphytéotique du droit romain, que c'est la directe féodale qu'il est censé s'être réservée?

» Dira-t-on que cela résulte de la clause qui restreint aux descendans de Nicolas Muller et de sa femme, le droit de succéder au moulin de Diessen?

» Mais on sait que, si cette clause est usitée en Allemagne dans les inféodations proprement dites, elle ne l'est pas moins dans les emphytéoses de pur droit romain. C'est d'ailleurs ce qui résulte clairement du chap. 3 de la novelle 7 de Justinien, lequel permet de stipuler dans les baux emphytéotiques, qu'ils passeront, après la mort du preneur, ou à ses seuls enfans mâles, ou à ses filles, ou à ses petits-enfans de l'un ou de l'autre sexe : *aut filiis tantùm solis masculis, aut fœminis, aut nepotibus, utriusque naturæ?*

» Argumentera-t-on de la défense que l'acte du 3 mars 1719 fait aux preneurs et à ses héritiers d'aliéner et d'hypothéquer sans le consentement du bailleur?

» Mais qu'importe cette défense? Rien de plus commun que de pareilles clauses dans les baux purement emphytéotiques. La loi dernière, C. *de jure emphyteutico*, les autorise formellement, et veut qu'elles ayent leur pleine exécution : *cùm dubitabatur utrùm emphyteuta debeat cùm domini voluntate suas meliorationes alienare vel jus emphyteuticum in alium transferre, an ejus expectare consensum, sancimus, siquidem emphyteuticum instrumentum super hoc casu aliquas pactiones habeat, eas observari.*

» Enfin, prétendra-t-on que la clause par laquelle le preneur est exposé à la commise, en cas de non-payement de la redevance pendant trois années consécutives, répugne à une emphytéose du droit romain, et ne peut convenir qu'à un acensement seigneurial?

» Mais le contraire est prouvé par cette clause elle-même. Il y est dit que la commise sera encourue *conformément au droit emphytéotique*; et ce droit emphytéotique en quoi consiste-t-il? Précisément dans les lois placées sous le titre du Code Justinien *de Jure emphyteutico*. Or, parmi ces lois, il en est une et c'est la seconde, qui veut que, dans l'essence de toute convention entre le bailleur et l'emphytéote sur la commise pour défaut de payement de la redevance, cette peine ait lieu de plein droit après trois années de non-payement : *sin autem nihil super hoc capitulo fuerit pactum, sed per totum triennium pecunias non solverit, volenti ei licere eum à prædiis emphyteuticis repellere.*

» Il n'y a donc rien, absolument rien, dans l'acte du 3 mars 1719, qui puisse faire présumer qu'il ait été dans l'intention du prince de Saarbruck de faire, par cet acte, un bail à cens seigneurial déguisé sous le nom de *bail à emphytéose.*

» 2.º Le bail à emphytéose que contient l'acte du 3 mars 1719, aurait sans doute pris le caractère de bail à cens seigneurial, si la nature des biens qui en sont l'objet s'était opposée à ce qu'ils fissent la matière d'un bail à emphytéose proprement dit, ou

---

(1) J'ai placé ici tout ce qui se trouve à l'article *Fief*, sect. 2, §. 7; depuis la ligne 29 de la page 245, col. 1, jusques et y comprise la ligne 53 de la page 246, col. 1.

78 *

en d'autres termes, si ces biens avaient été de nature féodale, si ces biens n'avaient pas été tenus en franc-alleu.

» Mais comment prouver que le prince de Saarbruck ne possédait pas ces biens en franc-alleu? Comment prouver qu'il les possédait en fief?

» L'acte du 3 mars 1719 ne nous apprend rien à cet égard ; et dans l'obscurité où il nous laisse, nous ne pouvons que recourir aux présomptions de droit.

» Si ces biens étaient situés dans un des pays où, avant l'abolition du régime féodal, la règle *nulle terre sans seigneur* exerçait tout son empire, ce serait certainement en fief que le prince de Saarbruck serait censé les avoir possédés ; car, dans ces pays, on ne pouvait, sans titre spécial et dérogatoire au droit commun, posséder que de deux manières, ou en fief ou en censive ; or, le prince de Saarbruck ayant concédé ces biens en emphytéose, et devant être présumé n'avoir fait que ce qu'il pouvait faire légalement, il est bien clair qu'il ne les possédait pas en censive ; il n'aurait donc pu, dans ces pays, les posséder qu'en fief.

» Mais ces biens étaient situés dans un pays de franc-alleu ; car la principauté de Saarbruck était très-notoirement allodiale comme toute l'Allemagne. Or, vous savez que, dans les pays allodiaux, la féodalité ne se présumait jamais, qu'il fallait la prouver, et que, dans le doute, tous les biens y étaient censés tenus en franc-alleu.

» Cette règle avait même lieu relativement aux biens qui se trouvaient entre les mains d'un seigneur de fief ; le seigneur de fief pouvait l'invoquer contre les particuliers, et les particuliers pouvaient l'invoquer contre lui, à l'effet d'établir que les biens qu'il possédait, et dont la nature était inconnue, ne faisaient pas partie de son domaine féodal, et qu'il les tenait en franc-alleu... (1).

» A cette présomption de droit, qui est si intimement liée avec le régime du pays de franc-alleu, que pourrait-on opposer dans notre espèce ? Opposerait-on à la principauté de Saarbruck qu'elle n'était pas une souveraineté parfaite ; qu'elle n'était qu'une supériorité territoriale, et qu'elle était tenue en fief de l'empire d'Allemagne.

» Mais, de ce que la principauté de Saarbruck était tenue en fief de l'empire d'Allemagne, s'ensuit-il que tous les biens qui s'y trouvaient incorporés devaient, jusqu'à la preuve du contraire, être réputés féodaux ?

» La question n'est pas nouvelle pour la cour. Elle s'est présentée, il y a sept ans et demi, à la section civile, au sujet d'un autre contrat par lequel l'évêque de Bâle, prince de Porentruy, avait concédé à un particulier, moyennant une redevance annuelle, et avec réserve expresse de la *directe*, un petit jardin faisant partie des domaines de sa

principauté ; et il s'agissait de savoir si cette redevance était féodale ou purement foncière. Pour prouver qu'elle était féodale, on disait que la principauté de Porentruy relevait en fief de l'empire d'Allemagne ; que dès-lors le jardin concédé par l'évêque de Bâle, devait être présumé avoir fait partie du domaine féodal de sa principauté ; et que, par une suite nécessaire, ce n'était pas à un emphytéose du droit romain, mais à un accensement seigneurial, que l'acte de concession devait être assimilé.

» Mais, a dit la cour, par arrêt du 10 février 1806, au rapport de M. Zangiacomi, *ce contrat ne peut être considéré comme un bail à cens seigneurial, parce que rien ne constate que le terrain concédé ait fait partie des biens possédés noblement par l'évêque de Bâle ; le pays de Porentruy ayant toujours été de franc-alleu, on doit présumer, dans le doute, que la concession avait pour objet une terre allodiale ; d'où il suit que la directe retenue par l'évêque de Bâle n'était pas noble, mais purement roturière, et qu'elle constituait une emphytéose et non un cens seigneurial.*

A l'autorité de cet arrêt se joint encore celle des jurisconsultes allemands... (1).

» Il est donc bien démontré que, dans l'incertitude où nous sommes sur la nature des biens concédés en 1719, par le prince de Saarbruck à Nicolas Muller, ces biens doivent être présumés avoir été possédés par le prince de Saarbruck en franc-alleu : et dès-là, nulle difficulté à dire que le bail emphytéotique de 1719, est réellement comme l'annonce sa dénomination, une pure emphytéose du droit romain ; que la redevance qui y est stipulée, n'a rien de féodal ; et que, si les actes postérieurs ne l'ont pas dénaturée, elle doit être maintenue sans hésitation.

» Mais les actes postérieurs ne l'ont-ils pas, en effet, dénaturée, en y ajoutant des charges féodales ? C'est la seconde question que nous avons promis d'examiner ; et la solution en serait extrêmement facile, ou plutôt elle se résoudrait d'elle-même contre le demandeur, si, pour apprécier les charges que les actes de 1735 et 1754 ont ajoutées à la redevance stipulée par celui de 1719, nous ne devions consulter que les vrais principes et la saine jurisprudence.

» Les charges que les actes de 1735 et 1754 ont ajoutées à la redevance stipulée par celui de 1719, sont un droit de *laudemium*, ou lods à chaque mutation, et un droit de dixième denier en cas de vente avec exportation du prix hors de la principauté de Saarbruck.

» De ces deux charges, la seconde n'a évidemment rien de féodal ; elle n'est que l'exercice d'un droit régulier connu sous le nom de *détraction* ;

(1) *V.* l'article *Fief*, à l'endroit cité, page 147, col. 1.

(1) *V. ibid.* 1, page 248.

droit qui était une émanation de celui d'aubaine, et qu'ont fait presque entièrement disparaître de l'Europe les traités diplomatiques qui, depuis le milieu jusques vers la fin du dernier siècle, ont été passés entre les différens états souverains.

» La première charge n'est, par elle-même, pas plus féodale que la seconde:

Le droit de lods est sans doute féodal, lorsqu'il dérive, soit d'un bail à fief, soit d'un bail à cens, proprement dit, soit, ce qui est la même chose, d'une emphytéose seigneuriale.

» Mais lorsqu'il est stipulé par une emphytéose de pur droit romain, que peut-il avoir de féodal ?

» Assurément les législateurs romains n'avaient aucune idée de la féodalité. Cependant ils autorisaient, dans l'emphytéose, la stipulation du droit de lods, en cas de mutation par vente ; ils l'y suppléaient même, lorsqu'elle y était omise ; et dans ce cas, ils la fixaient au cinquantième denier du prix de la mutation. Cela est écrit en toutes lettres, dans la loi 3, C. *de jure emphyteutico.*

» Aussi faut-il traverser des siècles et arriver jusqu'à ces dernières années, pour voir germer la prétention de regarder comme féodal le droit de lods stipulé par de simples emphytéoses, et de qualifier une emphytéose de seigneuriale, par la seule raison qu'elle contient la réserve d'un droit de lods.

» L'assemblée constituante avait cependant fait tout ce qu'il fallait pour empêcher qu'une erreur aussi grave s'introduisît jamais dans la jurisprudence.

Lorsqu'elle s'est occupée, dans son décret du 18 décembre 1790, du rachat des Rentes foncières et emphytéotiques, elle a d'abord reconnu qu'il y avait des emphytéoses perpétuelles qui étaient seigneuriales, et d'autres qui ne l'étaient pas.

» Elle s'est ensuite demandé si une emphytéose perpétuelle, qui, par elle-même, n'était pas seigneuriale, devenait telle par cela seul qu'on y avait inséré la réserve d'un droit de lods ; et adoptant sans difficulté la négative, elle s'est ainsi expliquée, tit. 3, art. 5 : *lorsque les baux à rente ou emphytéose perpétuelle et* NON SEIGNEURIALE, *contiendront la condition expresse imposée au preneur et à ses successeurs, de payer au bailleur un droit de lods ou autre droit casuel quelconque, et dans les pays où la loi assujettit les détenteurs auxdits titres de bail à rente ou emphytéose perpétuelle et* NON SEIGNEURIALE, *à payer au bailleur un droit casuel aux mutations, le possesseur qui voudra racheter la rente foncière ou emphytéotique, sera tenu, outre le capital de la rente, de racheter les droits casuels dus aux mutations.*

» Et c'est parce que, dans les pures emphytéoses du droit romain, les droits de lods n'avaient rien de féodal, que ces droits ont été maintenus, comme non féodaux, sauf la preuve de leur féodalité, dans les quatre départemens de la rive gauche du Rhin, par l'art. 1er du décret du 9 vendémiaire an 13.

» Cependant, peu de temps après, le 25 nivôse de la même année, sur un simple rapport du ministre des finances, il fut rendu un décret qui, en ordonnant que des redevances originairement créées au profit du chapitre d'Aix, par des baux à emphytéoses, *continueraient d'être servies comme redevances emphytéotiques, déclara qu'elles le seraient sans la charge des lods et demi-lods qui y avait été ajoutée indûment et sans titres* par les bailleurs.

» Certainement un pareil décret suppose, de la part de ceux qui l'ont délibéré, un oubli total des textes du droit romain et de la loi du 18 décembre 1790, qui concernent le bail emphytéotique.

» Une erreur en amène toujours une autre. On ne tarda pas à s'apercevoir qu'il y avait contradiction dans le décret du 25 nivôse an 13 ; que, si les droits de lods mêlés aux redevances emphytéotiques qui en étaient l'objet, portaient un caractère de féodalité, ces redevances devaient, par cela seul, être abolies ; que telle était la conséquence nécessaire des lois des 2 octobre 1793 et 7 ventôse an 2 ; et qu'ainsi, il fallait, ou conserver les droits de lods avec les redevances emphytéotiques, ou abolir les rentes emphytéotiques, avec les droits de lods.

» De ces deux partis, le premier était évidemment le plus conforme aux principes, et il fut défendu avec chaleur dans le conseil d'état ; mais entraînée par une fausse politique, par la considération que favoriser et étendre l'abolition des redevances foncières, c'était faciliter le recouvrement de l'impôt foncier, la majorité se détermina pour le second parti ; et par deux avis des 1er. mars 1808 et 17 janvier 1809, approuvés les 7 mars 1808 et 2 février 1809, il fut dit, 1°. que la disposition du décret du 25 nivôse an 13 qui maintenait les redevances emphytéotiques, ne pouvait s'entendre que des redevances créées par des emphytéoses à termes ; 2° qu'à l'égard des redevances créées par des emphytéoses perpétuelles, *qui portaient en même temps, soit stipulation de lods et ventes ou demi-lods,* SOIT *réserve de la seigneurie directe, elles étaient comprises dans les abolitions sans indemnité prononcées par les lois antérieures.*

» Sans contredit, on devait regarder comme abolies sans indemnité par les lois antérieures, les redevances emphytéotiques créées par des emphytéoses perpétuelles, contenant réserve de la véritable seigneurie directe, puisque ces emphytéoses n'étaient, au fond, que des acensemens seigneuriaux.

» Mais si, sans réserver la seigneurie directe proprement dite, les emphytéoses perpétuelles contenaient seulement, outre la réserve du *dominium directum* du droit romain, la stipulation d'un droit de lods ou demi-lods, aucune loi ne prononçait l'abolition, soit du droit de lods ou demi-lods, soit de la redevance annuelle, et les avis des 1er mars 1808 et 17 janvier 1809 ont, en décidant le contraire, donné à des lois très-injustes une extension infiniment plus injuste encore.

» Malheureusement le deuxième de ces avis ayant

été inséré dans le Bulletin des lois, la cour pensa, et nous pensâmes comme elle, que quoiqu'il n'eût prononcé que sur une affaire particulière, quoiqu'il n'y eût prononcé que d'après un rapport du ministre des finances, il devait enchaîner les opinions des tribunaux, et quelques arrêts de la cour ont été calqués sur cette idée.

» Cette idée était-elle exacte ?

» Elle l'était en ce sens, que le conseil d'état devant être, dans le cas de troisième recours en cassation, juge souverain de la question, il était sage de se conformer d'avance à la manière dont la question avait été jugée par lui dans une espèce particulière.

» Mais il n'en demeurait pas moins constant que le conseil d'état n'était point lié par sa décision, et qu'il pouvait, par un nouvel examen de la question en thèse générale, revenir à l'opinion qu'il avait d'abord rejetée.

» Et sous ce rapport, son avis du 17 janvier 1809 n'était, quoique revêtu de l'approbation du chef du gouvernement, obligatoire pour aucun tribunal.

» C'est ce qui fut déclaré en plein conseil d'état, par le chef du gouvernement, vers le mois de mars 1813.

» Il s'agissait de savoir si l'on devait regarder comme féodales et par suite comme abolies, des redevances qui avaient été stipulées par des baux à Rente ou à emphytéose faits par des particuliers non seigneurs, mais avec des clauses tenant à la féodalité; et notamment avec réserve de la seigneurie directe et du droit de lods à chaque mutation.

» Après avoir entendu ceux qui, pour établir l'affirmative, se prévalaient d'un avis du conseil d'état du 13 messidor an 13 et d'un décret du 23 avril 1807, qui, sur des rapports du ministre des finances et dans des affaires particulières avaient formellement adopté cette doctrine, le chef du gouvernement nous demanda quelle était, sur cette question, la jurisprudence de la cour de cassation.

» Nous répondîmes qu'avant l'avis et le décret cités, la cour de cassation avait rendu un grand nombre d'arrêts qui les contrariaient absolument; mais que, depuis, elle avait cru ne pouvoir s'écarter ni de cet avis ni de ce décret.

» La cour de cassation, répliqua le chef du gouvernement, a montré trop de déférence pour l'avis et le décret dont il s'agit ; cet avis et ce décret ne sont que des jugemens, bons pour les parties qui les ont obtenus. Ils ne peuvent avoir, à l'égard des autres, le caractère d'actes interprétatoires de la loi; et ils ne pourraient être considérés comme tels, qu'autant qu'ils seraient intervenus sur un rapport du ministre de la justice, renvoyé à la section de législation, et discuté par elle avant d'être soumis au conseil d'état.

» La question au sujet de laquelle avait été proposée cette théorie, ayant été renvoyée, ce jour-là même à un nouvel examen, et n'ayant pas été reprise depuis, cette théorie ne fut ni alors ni depuis érigée en décret ; mais elle est si simple et si lumineuse, qu'elle peut se passer de la sanction expresse de l'autorité publique; et il est clair qu'en partant de cette théorie, nous devrions ici, en faisant abstraction des avis du conseil d'état, des 1er. mars 1808 et 17 janvier 1809, regarder comme un droit non féodal, comme un droit purement foncier, le laudemium dont la charge a été imposée, dans notre espèce, aux successeurs de Nicolas Muller, par les actes de 1735 et 1751.

» Mais pour trancher toute difficulté, nous irons plus loin, et nous dirons que, quand même le laudemium imposé aux successeurs de Nicolas Muller par les actes de 1735 et 1751, serait un droit véritablement féodal, il ne pourrait pas encore faire regarder comme entachée de féodalité, la redevance stipulée par le bail emphytéotique de 1719 ; pourquoi ? parce que l'imposition de ce laudemium serait nulle, parce qu'elle devrait être réputée non écrite.

» En effet, on ne peut pas dire que ce soit par une explication surabondante du titre primitif de 1719, que les actes de 1735 et 1751 ont imposé ce laudemium aux successeurs de Nicolas Muller ; on ne peut pas dire qu'en leur imposant ce laudemium, les actes de 1735 et 1751 n'aient fait que déclarer en termes formels ce qui était sous-entendu dans le titre primitif de 1719.

» Il est vrai que la loi 3, C. de jure emphyteutico, voulait que, dans le silence du bail emphytéotique sur le droit des lods aux mutations par vente, ce droit fût exigible sur le pied du 50e denier du prix.

» Mais cette loi était tombée, en Allemagne, comme en France, dans une désuétude presque générale ; et il était presque partout de maxime que les lods ne pouvaient être exigés des successeurs aux emphytéoses, qu'en vertu de stipulations expressément insérées dans les baux emphytéotiques. C'est ce qu'attestent notamment Groeneweghen, de legibus abrogatis, sur la loi citée du code de Justinien, et Leyser dans ses meditationes ad pandectas, tome 2, page 401. Nusquam autem, dit le premier, et nunquam quinquagesimam pretii partem secundùm hanc legem, accipit dominus. Qui hanc legem interpretantur, dit le second, fatentur omnes eam in paucissimis locis observari.

» Ce qui prouve d'ailleurs que cette loi n'était pas plus observée dans la principauté de Saarbruck que dans la plupart des autres contrées, c'est que le demandeur lui-même n'a pas osé articuler le contraire, soit en première instance, soit en cause d'appel; c'est qu'en conséquence, la cour de Metz a jugé formellement qu'à défaut de réserve expresse du droit de lods dans le bail emphytéotique de 1719, le droit de lods n'eût pas pu être exigé en vertu de ce bail ; c'est que le demandeur n'élève, sur ce point, aucune réclamation contre l'arrêt de la cour de Metz.

» C'est donc comme une charge nouvelle, c'est

donc, pour nous servir de l'expression technique, comme une véritable *surcharge*, que nous devons, dans les actes de 1735 et 1751, considérer l'imposition d'un droit de lods à chaque mutation du possesseur de l'emphytéose.

» Or, il n'est point de jurisconsulte qui ne sache qu'en matière de droits seigneuriaux, les surcharges ont toujours été proscrites; il n'en est point qui ne sache qu'en cas de différence entre les titres relatifs aux charges d'un ténement, la règle a toujours été de s'arrêter aux titres les plus récens, lorsqu'ils étaient les moins onéreux au tenancier; mais de se référer aux titres les plus anciens, toutes les fois que les titres postérieurs renfermaient des charges nouvelles.

» Cette règle est textuellement confirmée par l'art. 4 du tit. 3 de la loi du 15 mars 1790 : *lorsqu'il y aura*, porte cet article, *pour raison d'un même héritage plusieurs titres ou reconnaissances, le moins onéreux au tenancier sera préféré*, *sans avoir égard au plus ou moins d'ancienneté de leurs dates.* Mais pour en bien sentir la justice, il faut entendre Henrys, liv. 3, chap. 3, sect. 42.

» Après avoir dit qu'un seigneur peut bien diminuer en faveur de ses vassaux, mais non augmenter à leur préjudice, le droit de la seigneurie, cet auteur continue ainsi : « Il faut inférer de là que tout » ce que les seigneurs font ajouter aux nouveaux » terriers et reconnaître par des transactions, n'o- » blige pas les emphytéotes, et qu'ils en peuvent » toujours réclamer. C'est parce que l'obligation » nouvelle se réfère à l'ancienne, et qu'elle ne peut » valoir qu'en tant qu'elle se trouve conforme. Il » faut qu'il y ait du rapport, et que le nouveau » terrier tire sa force des premiers. Autrement, il » faut croire que ce qu'il y a de plus a été ajouté » par surprise ou par erreur, ou du moins par une » espèce de contrainte. Le pouvoir qu'un seigneur » a sur ses hommes, l'autorité que sa qualité lui » donne, n'est que trop notoire, et ils ne sauraient » résister à ce qu'il désire. Mais par la même con- » sidération qu'on croit y avoir eu de la force, la » continuation en est présumée. Ainsi, les habitans » et justiciables en peuvent toujours réclamer, et il » n'est point d'intervalle qui puisse autoriser ce qui » n'a point de fondement. C'est en ce cas qu'on peut » appliquer cette règle vulgaire, *quod ab initio non* » *valuit, tractu temporis convalescere non potest».*

» Boniface, tome 4, liv. 3, tit. 1, chap. 6, justifie cette doctrine par un arrêt du parlement de Grenoble, du 5 juin 1683, qui semble avoir été rendu pour l'espèce actuelle.

» Cet arrêt déclare d'abord que le seigneur de Tholoret en Provence ne pourra exiger de l'emphytéote, le *lods et treizain* à raison de deux sous par florin, qu'autant qu'il s'y trouvera autorisé par les baux emphytéotiques qui forment les titres primordiaux. Il ordonne cependant qu'à défaut de représentation des titres primordiaux, les reconnaissances et les investitures où il sera fait mention de *lods et treizain*, à raison de deux sous par florin, seront

exécutées. Mais tout de suite il ajouté que, dans le cas où les emphytéotes à qui le seigneur opposerait de pareilles reconnaissances ou investitures, justifieraient par les anciens baux, ou à défaut de baux par des reconnaissances plus anciennes, que cette réserve n'y avait pas été faite, les dernières reconnaissances seront réformées et rétablies sur le pied des titres primitifs ou plus anciennes reconnaissances.

» La même chose a été jugée de nos jours au parlement de Bretagne.

» Suivant l'usement du grand bailliage d'Apigné, constaté par la reconnaissance des vassaux et par deux aveux rendus au roi, il était dû au seigneur *autant de corvées d'août* qu'il y avait de tenanciers roturiers dans ce fief.

» En 1778, le marquis de la Gervesais, vicomte d'Apigné, prétendit que le sieur Gresland, propriétaire de la métairie des Hauts-Ruisseaux, située dans le grand bailliage, devait, dans son aveu, reconnaître deux corvées au lieu d'une seule, parce qu'elles se trouvaient employées dans trois aveux de cette métairie, des années 1678, 1688 et 1760.

» Le sieur Gresland répondit que ces trois aveux étaient contraires à quatre autres de 1643, 1648, 1652 et 1656; et il soutint que ceux-ci devaient, tant comme plus anciens que comme moins onéreux, l'emporter sur ceux-là.

» Le marquis de la Gervesais répliqua qu'il n'était question que de droits féodaux accidentels, et qu'à cet égard les auteurs Bretons faisaient céder les inféodations même primitives aux *aveux hors de blâme.* Il citait à ce sujet Hévin, sur l'art. 332 de la coutume de Bretagne, et Porchanbault, dans ses Institutions, sur l'art. 324.

» Par sentence du 12 décembre 1780, le juge d'Apigné adopta la prétention du seigneur.

» Mais sur l'appel du sieur Gresland, cette sentence fut réformée par un jugement de la sénéchaussée de Rennes, que le parlement confirma le 28 janvier 1784, au rapport de M. Ferron de Quengo.

» Il n'y avait qu'un cas où les dernières reconnaissances, quoique moins favorables aux tenanciers, ne pouvaient pas être regardées comme une surcharge, et devaient avoir leur entier effet : c'était lorsque le seigneur parvenait à justifier qu'elles étaient le prix d'une nouvelle concession qu'il avait faite, ou que, depuis les premières reconnaissances, il y avait eu, de la part du tenancier, un déguerpissement qui, de la sienne, avait été suivi, soit d'un nouvel acensement, soit d'une nouvelle inféodation.

» Mais cette concession, ce déguerpissement ne se présumaient pas; il fallait que le seigneur en rapportât la preuve; et vainement aurait-il prétendu que sa longue possession devait en tenir lieu, il n'aurait pas été écouté : témoins deux arrêts célèbres du parlement de Paris, des 6 août 1780 et 11 août 1784.

» Le premier a été rendu entre les religieux de

Menac et Pierre Montrigaud. — Les religieux demandaient l'exécution de deux reconnaissances de 1624 et 1665, par lesquelles les habitans du lieu s'étaient avoués redevables envers eux, 1.º d'un cens de trois septiers de seigle, de douze quartes d'avoine et de trois sous; 2º. d'un droit de *mortaille*, espèce de servitude personnelle; 3º. de la prestation annuelle d'un cochon de lait; 4º. de plusieurs journées de charroi à une très-grande distance de leur domicile; le tout par chaque feu. — Pierre Montrigaud soutenait que ces deux reconnaissances enchérissaient, en plusieurs points, sur les anciennes, et il demandait que les droits des religieux fussent réduits conformément à celles-ci. — Les religieux convenaient des surcharges, mais ils prétendaient qu'elles avaient été le prix de nouvelles concessions qu'ils avaient faites aux habitans, et qu'on devait le présumer ainsi d'après l'exécution constante des deux reconnaissances, depuis 1624 et 1665. — Pierre Montrigaud répondait qu'il n'y avait, en cette matière, ni fin de non-recevoir, ni présomption qui pût couvrir la nullité des surcharges. La loi censuelle, (disait-il, en citant Dumoulin, Coquille, Brodeau, Henrys et Bretonnier) la loi censuelle est une loi sacrée entre le seigneur et le tenancier; le premier ne peut y dérober au préjudice du second; et dans le doute, la balance doit pencher en faveur de celui-ci. — Par l'arrêt cité, rendu à la première des enquêtes, au rapport de M. Grégoire d'Aumare, les deux reconnaissances ont été déclarées nulles, avec dépens.

» Le second arrêt a été rendu en faveur des habitans de Dinteville, contre le marquis de Sauve-Bœuf. — Un acte de 1443, qualifié de *transaction*, avait assujetti les habitans de Dinteville à des droits très-onéreux, et il y était énoncé que ces droits étaient le prix de la liberté que leur seigneur, nommé Légier, leur accordait par une clause expresse, *afin*, y était-il dit, *de décharger les ames des trépassés qui, de leur vivant, leur avaient mis, comme par force, la servitude de main-morte qui est inraisonnable*. — Cet acte n'était revêtu que du sceau de Légier : aucun des habitans ne paraissait l'avoir ni scellé ni signé; mais il avait été exécuté paisiblement pendant près de trois siècles et demi; et dans ce long espace de temps, une foule d'aveux et dénombremens, de déclarations à terrier, de reconnaissances de toute espèce, de sentences même, et un arrêt du parlement de Paris, l'avaient énoncé, rappelé, confirmé à plus de cent reprises différentes. — Cependant les habitans de Dinteville ont fait, en 1780, la découverte d'une charte de 1225, par laquelle Pierre de Saucourt, alors seigneur de cette terre, leur avait accordé la liberté dont l'acte de 1443 les supposait ne pas jouir encore à cette dernière époque; et cette charte avait été confirmée expressément par une autre de 1328 émanée d'Errard et de Simon, héritiers de Pierre de Saucourt. — Munis de ces deux pièces, les habitans ont soutenu, contre le marquis de Sauve-Bœuf, que l'acte de 1443 était frauduleux; que la cause dont on

avait affecté de le colorer, était fausse; que toutes les reconnaissances dont cet acte avait été suivi, devaient être ramenées à leur principe; et qu'ainsi, partant d'une source vicieuse, elles ne pouvaient être valables; qu'il en était de même de la possession sur laquelle s'appuyait le marquis de Sauve-Bœuf. — Le bailliage de Chaumont en Bassigny, devant lequel la contestation avait été portée en première instance, avait donné gain de cause au seigneur; mais sur l'appel, l'arrêt du 11 août 1784, rendu à la troisième chambre des enquêtes, a prononcé en ces termes : « Notre dite cour....... a mis et met l'appellation et la sentence du 27 août 1782, de laquelle il a été appelé, au néant; émendant, sans s'arrêter à l'acte du 9 mai 1443, ordonne que les chartes de 1255 et 1328 dont est question, seront exécutées selon leur forme et teneur; en conséquence, que lesdits habitans, corps et communauté de Dinteville seront tenus, suivant leurs offres portées par leur enquête du 19 mai 1784, de payer audit de Sauve-Bœuf les droits qui lui sont dus conformément auxdites chartes de 1255 et 1328; déboute ledit de Sauve-Bœuf de toutes ses demandes formées contre lesdits habitans de Dinteville.... condamne ledit de Sauve-Bœuf à rendre et restituer auxdits habitans tous les droits indûment perçus, pendant les vingt-neuf années antérieures à ses demandes, tant par lui que par ses prédécesseurs propriétaires de ladite terre de Dinteville, et en tous les dépens ».

» Si, à la lumière de ces autorités, nous examinons les titres de 1735 et 1751 sur lesquels se fonde le demandeur, qu'y trouverons-nous?

» Non-seulement nous n'y apercevrons pas le moindre indice de nouvelles concessions ajoutées au bail emphytéotique de 1719, pour motiver l'addition d'un droit de lods aux charges imposées originairement à l'emphytéote; non-seulement nous les verrons repousser par leur propre teneur, toute présomption d'un déguerpissement antérieur à leur date, de la part des successeurs de l'emphytéote primitif; mais nous demeurerons convaincus qu'ils sont absolument dénués de toute espèce de cause, que tout prétexte manquait même pour les dresser, et qu'ils portent le cachet de l'usurpation la plus manifeste.

» Par l'acte de 1735, la veuve de Nicolas Muller est confirmée dans l'emphytéose de 1719, et c'est pour prix de sa confirmation qu'elle se soumet à un droit de lods.

» Mais qu'avait-elle besoin de confirmation? elle avait été partie dans le bail emphytéotique de 1719; elle y avait figuré avec son mari comme co-preneuse; elle tenait donc de ce seul titre le droit de jouir toute sa vie du moulin de Diessen, et de le transmettre à ses enfans. Il ne pouvait donc pas être question, pour elle, de se faire confirmer dans ce droit. On n'a donc pas pu, sous le prétexte de l'y confirmer, lui imposer une nouvelle charge.

» L'acte de 1751 n'est pas moins étrange.

»Après la mort de la veuve de Nicolas Muller, ses enfans, au lieu de partager l'emphytéose en nature, ce qui leur était défendu, dans l'intérêt du bailleur, par la loi 7, D. *communi dividundo*, la licitent entre eux, conformément à la même loi et aux lois 11 et 12, D. *familiæ erciscundæ*, et conviennent qu'elle restera à Nicolas Muller, leur aîné, moyennant des retours en argent qu'il s'oblige de leur payer.

» Il n'y avait assurément là rien qui exigeât l'intervention du bailleur. A la vérité, son consentement eût été nécessaire pour aliéner l'emphytéose, c'est-à-dire, pour la transporter dans une autre famille; mais il était inutile pour une simple licitation entre les héritiers à qui l'emphytéose était dévolue, puisque cette licitation était une conséquence inévitable du régime emphytéotique, et que le bailleur, en concédant primitivement l'emphytéose, avait, dès lors, consenti au seul mode de partage dont elle était susceptible entre les héritiers du preneur: Ecoutons Voët, sur le digeste, *si ager vectigalis*, n. 35 : *nec consensu domini opus est, si judicio familiæ erciscundæ prædium emphyteuticarium uni ex pluribus heredibus cedat, reliquis partium suarum pretia pro ratâ recipientibus. Etsi enim adjudicatio totalis emptionem partium includat, tamen hujusmodi alienatio sive adjudicatio necessaria prorsus est, dùm ab emphyteusios communione, æquè ac cæterarum rerum, recedi quidem suadet discordiarum ac negligentiæ periculum, sed abstinendum fuit ab agri vectigalis per regiones divisione, ne canonis præstatio in partes dividatur, ideoque hæc judicia divisoria in emphyteutico agro locum sibi vindicant, ut adjudicatio uni fiat.*

» Cependant les gens d'affaires du bailleur font entendre à Nicolas Muller fils, que, pour se maintenir dans l'emphytéose dont il se trouve propriétaire intégral par l'effet d'une licitation implicitement consentie à l'avance par le titre primitif de 1719, il a besoin de l'approbation du bailleur même; et cette approbation, on la lui fait payer par un renouvellement de la soumission aveugle et indéfinie de sa mère à un droit de lods.

» Il n'y a donc rien, soit dans l'acte de 1735, soit dans celui de 1751, qui ne présente l'idée d'une *surcharge*; et dès-là, nul doute que le prince de Saarbruck, et après lui, le sieur Richard eussent voulu exiger des successeurs de Nicolas Muller fils, le droit de lods auquel il s'était, comme sa mère, assujetti sans cause, les successeurs de Nicolas Muller fils n'eussent pu en refuser le payement; nul doute par conséquent que la stipulation de ce droit de lods n'ait toujours été comme non écrite; et par conséquent encore nul doute que jamais la stipulation de ce droit n'a pu faire considérer la redevance primitivement réservée par le bail emphytéotique de 1719, comme entachée de féodalité.

» Ici, Messieurs, s'applique, avec la plus grande justesse, un arrêt qui a été rendu depuis peu à la section civile.

» En 1804, le sieur Decouvers, ci-devant seigneur de Coulombs, arrondissement de Caen, forme, contre le sieur Marais, détenteur d'une maison située dans le même lieu, une demande en payement d'une redevance dont cette maison était grevée depuis plusieurs siècles.

» Le sieur Marais répond que cette redevance est féodale; et pour le prouver, il rapporte, 1.° une reconnaissance du 4 novembre 1669, dans laquelle cette redevance est qualifiée de *Rente foncière et seigneuriale, emportant foi et hommage, reliefs, treizièmes, aides coutumiers et obéissance de cour en basse justice;* 2.° une autre reconnaissance du 6 novembre 1737, qui énonce que la Rente est due *avec foi et hommage, reliefs, service de prévôté, four à ban et autres droits seigneuriaux, comme les autres hommes et tenans de la seigneurie;* 3.° un exploit du 29 juillet 1739, par lequel un huissier, à la requête du seigneur de Coulombs, fait commandement au détenteur de la maison, de lui payer la Rente *foncière et seigneuriale* mentionnée dans cette dernière reconnaissance.

» Le sieur Decouvers réplique que la Rente dont il réclame le payement, n'a pas toujours appartenu à la seigneurie de Coulombs; qu'elle n'est entrée dans le domaine de cette seigneurie, que par un transport qu'en ont fait anciennement au seigneur de Coulombs, les abbé et religieux du couvent d'Ardennes; que, par un acte du 28 décembre 1390; qu'il produit, le nommé Collin Graffard avait reconnu avoir pris *en fieffe*, c'est-à-dire à Rente foncière, des abbé et religieux d'Ardennes, la maison actuellement possédée par le sieur Marais, et leur devait, à ce titre, une Rente annuelle en grains, œufs et volailles, *francs et quittes pardessus toutes autres Rentes foncières et redevances qu'aucuns y pourraient ou pussent demander;* qu'à la vérité, cet acte n'est point signé; mais qu'il est littéralement rapporté dans une autre reconnaissance du 4 juin 1414, qui en confirme tout le contenu; que de tout cela il résulte clairement que la Rente dont il s'agit, n'a pas été originairement féodale, et que les reconnaissances postérieures n'ont pas pu la dénaturer.

» Là-dessus, jugement qui condamne le sieur Marais à payer la Rente.

» Appel à la cour de Caen qui, par arrêt du 8 août 1811, met l'appellation au néant, « attendu » que Marais a constamment obéi à payer la Rente » à lui demandée, conformément au titre primitif; » que l'acte de 1390, donné comme tel par De- » couvers de Coulombs, en offre tous les carac- » tères; qu'on y remarque la désignation de con- » tenance et situation des fonds donnés en fiefs, » leurs tenans et aboutissans, la quotité de la re- » devance, les échéances de chaque espèce de » chose qui le constituent; que, si cet acte n'est » pas le titre primordial, il faut dire qu'il en rela- » terait soigneusement la teneur; ce qui dispen- » serait de le représenter; que le moyen tiré du

» défaut de signatures des parties audit acte, est sans
» valeur et sans force, si on réfléchit qu'au temps de
» sa passation, l'usage de l'écriture et des lettres
» était extrêmement rare; que cet acte de 1390 ne
» renferme aucune expression d'où l'on puisse in-
» duire que la Rente en question soit entachée de
» féodalité; que les qualifications qu'on lui aura don-
» nées par la suite, ne peuvent avoir l'effet d'en
» changer la nature ou la qualité ».

» Le sieur Marais se pourvoit en cassation; mais
par arrêt contradictoire du 27 décembre 1813, au
rapport de M. Boyer, « attendu que l'acte du 28
» décembre 1390, que la cour de Caen a déclaré,
» en fait, être l'acte constitutif de la Rente liti-
» gieuse, ou devoir tenir lieu dudit acte consti-
» tutif, dont il relate toutes les dispositions, ne
» présente, par lui-même, aucune clause consti-
» tutive d'un droit féodal, ni même aucune quali-
» fication caractéristique de la féodalité; attendu
» que les énonciations différentes qui peuvent se
» trouver dans les reconnaissances postérieures de
» 1669 et 1737, ou dans quelques autres actes ré-
» cognitifs, ne peuvent avoir l'effet d'imprimer à
» la Rente qui en est l'objet, un caractère de féo-
» dalité que le titre primitif lui refuse, puisqu'il est
» de principe ancien et consacré par l'art. 1337 du
» Code civil, que, dans le cas de représentation,
» du titre primordial, que les actes récognitifs
» peuvent contenir de différent, demeure sans effet;
» qu'il suit de là que l'arrêt attaqué, en maintenant
» la Rente dont il s'agit, n'a aucunement violé les
» lois de 1792 et 1793, abolitives seulement des
» Rentes ou prestations entachées de féodalité; la
» cour rejette..... ».

» Un arrêt aussi positif et aussi bien motivé,
nous dispense de tout développement ultérieur sur
les principes qu'il proclame; et nous ne pouvons
en conséquence que conclure au rejet de la requête
en cassation du sieur Bertrand ».

Par arrêt du 14 juillet 1814, au rapport de M.
Botton de Castellamonte, « attendu que la maxime
Nulle terre sans seigneur, étant étrangère à la
principauté de Saarbruck, la preuve de la féodalité
était à la charge de celui qui l'alléguait; que rien
ne prouve que le prince de Saarbruck possédât à
titre de fief, le moulin formant l'objet du bail à
rente héréditaire dont il s'agit; que l'acte du 3 mars
1719, qui est le titre primordial du bail à rente,
ne renferme aucune clause d'où puisse résulter la
preuve que les parties ont entendu former un contrat féodal; que, si les obligations ajoutées (et sans
juste cause), dans les actes confirmatifs de 1735
et de 1751, peuvent faire naître quelques doutes à
ce sujet, toute difficulté disparaît devant les anciens principes, consacrés par l'art. 1337 du Code
civil, suivant lesquels ce que les actes confirmatifs
ou recognitifs contiennent de plus que le titre primordial, ou ce qui s'y trouve de différent, n'a aucun
effet; la cour rejette le pourvoi..., ».

REPRÉSENTATION (droit de) sect. IV, §. VII;
à la fin de *l'article, ajoutez :*

Ces raisons, je l'avoue, me paraissent décisives;
mais je ne dois pas dissimuler qu'elles viennent d'é-
chouer devant la section des requêtes de la cour de
cassation.

En septembre 1810, meurt dans l'arrondissement
de Pontoise, Louis-Nicolas Pigeaux, laissant pour
héritiers les enfans d'un frère et d'une sœur morts
avant lui, et un fils naturel, Narcisse Pigeaux, encore
mineur, qu'il avait reconnu légalement. — Le sieur
Warnet, tuteur de Narcisse Pigeaux, réclame pour
lui les trois quarts de la succession de son père.
— Les neveux soutiennent qu'ils représentent leur
père et mère respectif, frère et sœur du défunt, et
que par conséquent ils ont, comme eux, le droit de
réduire l'enfant naturel à la moitié de la succession.

Le 13 juin 1811, jugement du tribunal de première instance de Pontoise, qui, « attendu que, bien
qu'aux termes de l'art. 756 du Code civil, les enfans
naturels reconnus ne soient pas héritiers, il résulte
des dispositions de l'article suivant, et des termes
même dont le législateur s'est servi pour rendre ses
intentions sur la fixation de leur sort, qu'ils sont, sauf
la proportion de ce que la loi appelle leurs droits sur
les biens de leurs père et mère décédés, traités en
tous points comme des héritiers de fait; car d'abord
cet article suppose, à cause d'eux, une portion héréditaire dont la loi leur attribue, suivant l'échéance
des cas, le tiers, la moitié, ou les trois quarts, ce
qui ne peut s'effectuer, lorsque le défunt a laissé des
descendans légitimes, sans compter l'enfant naturel,
parmi ses successeurs, pour savoir s'il prendra son
tiers, sur une deuxième, une troisième ou une quatrième part, en raison du nombre des individus,
sur la ligne desquels il est de fait momentanément
placé par la loi; que l'objet direct et spécial de ce
même art. 757 est évidemment d'établir une réserve
en faveur des enfans naturels, et que déjà les cours
d'appel et même la cour de cassation ont statué à cet
égard, et qu'en statuant, elles ont, dans le véritable
esprit de la loi, soumis les droits des enfans naturels
aux règles de la réserve légale, telle qu'elle a lieu à
l'égard des enfans légitimes, dans le cas de dispositions testamentaires ou entre-vifs; que l'art. 706, au
même chapitre *des successions irrégulières*, est un
nouvel indice de ce que le législateur, sauf la qualité
d'héritier de droit, a appliqué à l'enfant naturel, les
dispositions de la successibilité, puisqu'il le soumet
au rapport comme les enfans légitimes; que, si le
législateur, dans la vue d'assurer le sort des enfans
naturels, de manière à ce qu'il ne fût plus désormais
susceptible d'aucun arbitraire, tant à son avantage
qu'à son désavantage, a ainsi jugé nécessaire pour
cet effet, de lui appliquer, par des dispositions spéciales que nécessitait sa survenance dans une succession, les principes et les règles de la successibilité,
il n'y a pas de raison pour que celui de la représentation en collatérale soit excepté à son égard, surtout;

lorsque l'art. 757 lui-même l'admet implicitement dans la ligne directe, en ne se servant que du mot *descendans*; que, si le législateur avait voulu heurter le principe, au point de frapper le neveu de cette exception, il l'aurait écrite dans la loi.....; déclare que les droits de Narcisse Pigeaux, en qualité d'enfant naturel, sont et demeureront fixés à la moitié des biens dépendant de la succession; en conséquence, autorise ledit mineur à se mettre en possession par la voie de partage de ladite moitié ».

Le sieur Warnet appelle de ce jugement; et par arrêt du 16 juin 1812, la cour de Paris, « considérant que l'art. 757 du Code civil détermine la part des enfans naturels aux trois quarts, lorsqu'il n'y a ni frères, ni sœurs; et qu'en cette espèce, les règles de la représentation en faveur des neveux et nièces ne sont pas applicables; met l'appellation et ce dont est appel au néant, en ce que par le jugement dont est appel, il n'a été accordé au mineur Pigeaux que la moitié des biens composant l'hérédité de son père; émendant, quant à ce, décharge Warnet, audit nom, des condamnations contre lui prononcées; au principal, ordonne que ledit Warnet, audit nom, sera envoyé en possession des trois quarts des biens composant la succession de Louis-Nicolas Pigeaux, son père..... ».

Les neveux du sieur Pigeaux se pourvoient en cassation; mais par arrêt du 6 avril 1813, « attendu que la loi a établi séparément un ordre pour les successions ordinaires et un ordre pour les successions irrégulières, et qu'elle les a renfermés dans les premières sections des chap. 3 et 4 du liv. 3 tit. 1.er du Code civil, il ne peut, dès-lors, être question, dans l'espèce où il s'agit de succession irrégulière, des principes généraux de représentation; que l'existence de descendans, ascendans et frères et sœurs étant l'unique terme de démarcation indiqué par l'art. 757 de la section première du chap. 4 précité, la cour de Paris, en envoyant en possession Narcisse Pigeaux enfant naturel légalement reconnu en possession des trois quarts des biens délaissés par son père, loin de contrevenir à aucune loi, s'est conformée aux dispositions de cet art. 577; la cour rejette..... ».]]

REPRISE D'INSTANCE. *A la fin de l'article*, *ajoutez :*

VIII. 1.º La fin de non-recevoir qui s'élève contre une demande en reprise d'instance, à raison de ce que l'instance n'existe plus, peut-elle être proposée en tout état de cause ? — 2.º Lorsque, sur une demande en rescision d'un partage formé contre l'un des copartageans, après la mise en cause des autres copartageans a été ordonnée, et avant qu'il ait été pris par ou contre ceux-ci aucune espèce de conclusions, il intervient une transaction entre les parties principales, l'instance éteinte à l'égard de celles-ci par cet acte, peut-elle encore être reprise par les parties intervenantes ? — 3.º Lorsque, sur la demande formée par une partie contre plusieurs

consorts; il a été nommé des arbitres à qui il a été donné pouvoir de statuer, tant sur cette demande que sur celles que les consorts pourraient former les uns contre les autres à raison du même objet, et que le temps du compromis s'est écoulé sans que les consorts aient formé les uns contre les autres aucune demande, l'un de ceux-ci peut-il faire assigner les autres devant les juges ordinaires, en Reprise de l'instance arbitrale ; ou bien doit-il venir par action nouvelle ?

Voici une espèce dans laquelle ces trois questions se sont présentées.

En 1783 et en 1788, la dame Plantier, encore mineure émancipée, le sieur Brayer, la veuve Charpentier et consorts, règlent, par deux transactions, leurs droits respectifs dans les successions de leurs ascendans communs. — En 1792, la dame Plantier, devenue majeure, prétend qu'elle est lésée par ces transactions; et elle demande, conformément à la loi du 24 août 1790, alors en vigueur, la formation d'un tribunal de famille, *à l'effet d'y procéder à la révision des comptes produits en 1783 et 1788.*

Le 19 novembre 1793, compromis par lequel des arbitres sont nommés par la dame Plantier et son mari, d'une part; le sieur Brayer, la veuve Charpentier et consorts, de l'autre, « sous la réserve de tous leurs droits, sans aucune approbation préjudiciable, et sans préjudice des actes de 1783 et 1788....., à l'effet de rendre une décision sur les réclamations des sieur et dame Plantier, circonstances et dépendances d'icelles, *ainsi que sur tous autres objets de réclamation relativement aux partage et liquidation définitifs desdites successions, qui pourraient leur être présentés et soumis par aucun d'eux* ».

Les 2 juillet 1793, 18 nivôse et 5 pluviôse an 2, sentence par laquelle les arbitres, avant faire droit sur la demande des sieur et dame Plantier, et en considérant ceux-ci comme les parties adverses du sieur Brayer et de la veuve Charpentier et consorts, ordonne des remises de pièces, des rapports d'anciens comptes, des rédactions de comptes nouveaux, etc.

Le 12 nivôse an 3, transaction entre la dame Charpentier et les sieur et dame Plantier. Ceux-ci déclarent « ratifier l'acte du 5 avril 1788, ensemble tout ce qui l'a précédé et suivi; consentant en conséquence qu'il soit exécuté selon sa forme et teneur....; au moyen de quoi toutes nouvelles demandes et contestations entre les parties demeurent assoupies et terminées irrévocablement, se tenant réciproquement quittes de toutes répétitions ».

Le 9 thermidor an 12, le sieur Brayer cite la dame Charpentier et le sieur Boujot, l'un de ses consorts, devant le tribunal civil de Soissons, en Reprise de l'instance qui se trouvait pendante devant les arbitres, à l'époque de la suppression des tribunaux de famille prononcée par la loi du 9 ventôse an 4.

79 *

La dame Charpentier meurt peu de temps après. Ses héritiers et le sieur Boujot concluent à ce que le sieur Brayer soit déclaré non-recevable dans sa demande, en tant qu'elle est dirigée contr'eux seulement, tandis qu'elle devrait l'être contre tous ceux qui ont été parties devant le tribunal de famille, et *subsidiairement* à ce qu'avant faire droit sur cette demande, le sieur Brayer soit tenu d'*appeler en cause toutes les parties qui étaient en instance devant les arbitres.*

Le 11 août 1806, jugement qui « ordonne, avant faire droit, qu'à la requête de la partie la plus diligente, toutes les parties qui étaient en instance devant le tribunal de famille qui a rendu le jugement du 5 pluviôse an 2, ou leurs représentans, en cas de décès d'aucune d'elles, seront appelés et mis en cause ; condamne le sieur Brayer aux dépens ».

En exécution de ce jugement, le sieur Brayer fait assigner toutes les parties qui avaient figuré dans l'instance arbitrale.

Le 22 décembre 1807, nouveau jugement qui, statuant sur la demande du sieur Brayer en Reprise d'instance, déclare l'instance valablement reprise par celles des parties récemment assignées qui ont adhéré à la demande du sieur Brayer, et tenue pour Reprise à l'égard des héritiers de la dame Charpentier et du sieur Boujot, défaillans.

Les héritiers de la dame Charpentier et le sieur Boujot forment opposition à ce jugement, et se fondent sur la transaction du 12 nivôse an 3, qui a éteint l'instance arbitrale, avant qu'il y eût été formé aucune demande, soit de leur part contre le sieur Brayer, soit de la part du sieur Brayer contre eux.

Le 5 juillet 1808, jugement contradictoire qui les déboute de leur opposition, « attendu 1.° qu'il est bien vrai que l'instance soumise au tribunal de famille, constitué par ledit compromis, avait eu pour origine la réclamation particulière des sieur et dame Plantier; mais que ces mêmes réclamations ayant attiré l'attention de beaucoup d'autres parties intéressées à leur objet, du nombre desquelles se trouvait notamment le sieur Brayer Maisonneuve, toutes lesdites parties se sont réunies auxdits sieur et dame Plantier, pour faire régler leurs intérêts respectifs par un tribunal de famille, et ont figuré conjointement au compromis dont il s'agit; d'où il suit que ladite instance originaire était devenue commune à toutes lesdites parties; 2.° que les héritiers Charpentier l'ont ainsi reconnu formellement en leurs écritures du 4 août 1806, par lesquelles, en soutenant le sieur Brayer non-recevable dans sa demande en reprise de la discussion originaire sur le fondement de la transaction dont il vient d'être parlé, elles ont conclu, au moins subsidiairement, à la mise en cause de toutes les parties intéressées au compromis du 19 novembre 1792, conclusions qui ont été adoptées par le jugement susdit du 12 août 1806, et qui en outre; toutes subsidiaires qu'elles étaient, semblaient annoncer une

espèce d'abandon de la fin de non-recevoir principale ; 3.° que cette vérité d'ailleurs est authentiquement démontrée et constatée par le dernier errement de ladite instance originaire, résultant du jugement arbitral du 5 pluviôse an 2, lequel, du consentement de toutes les parties, a ordonné qu'elles seraient tenues de se réunir sans délai en la maison du sieur Brayer Maisonneuve, à l'effet de rédiger en commun tous les comptes et mémoires qui les concernaient personnellement et de les établir chacun séparément dans les formes et de la manière prescrite par la décision précédente du tribunal de famille, en date du 18 nivôse l'an dernier; 4.° que la transaction souscrite par les sieur et dame Plantier seuls depuis ledit jugement du 5 pluviôse an 2, n'a pu lier leurs co-intéressés en ladite instance devenue commune entre eux tous, ni nuire à leurs droits, ni par conséquent réduire au néant cette même instance non jugée avec toutes les parties y figurantes, et ce d'autant moins, que par la transaction même, la dame Charpentier paraît s'être obligée envers les sieur et dame Plantier à en soutenir les bases et l'effet vis-à-vis et contre celles desdites autres parties qui voudraient donner suite au tribunal de famille et à ses jugemens ».

Les héritiers de la dame Charpentier et le sieur Boujot appellent de ce jugement. — La cause portée à l'audience de la cour d'Amiens, le sieur Brayer oppose aux appelans une fin de non-recevoir qu'il fait résulter de ce qu'en première instance ils ont eux-mêmes demandé la mise en cause de toutes les parties qui avaient paru devant les arbitres. — Les héritiers de la dame Charpentier et le sieur Boujot répondent que, par ces conclusions subsidiaires, ils n'ont pas renoncé à la fin de non-recevoir qui s'élevait contre la demande du sieur Brayer, en reprise d'une instance non existante entre lui.

Le 25 juillet 1810, arrêt par lequel, « en ce qui touche la fin de non-recevoir invoquée par le sieur Brayer, pour repousser celle que le général comte Charpentier et M.e Boujot font résulter de la transaction d'entre les sieur et dame Plantier et la dame Charpentier, du 12 nivôse an 3, considérant 1.° qu'en disant, pour première défense à la demande du sieur Brayer, que son action intéressant également tous les héritiers des père et mère et des aïeux communs, le sieur Brayer n'était pas recevable à la diriger contre deux des héritiers seulement ; et même, en concluant subsidiairement à ce que tous les héritiers fussent appelés en cause, le général comte Charpentier et M.e Boujot, notaire, n'ont perdu, ni fait perdre à leurs co-héritiers le droit de faire usage d'une fin de non-recevoir péremptoire, d'un véritable moyen du fond, qui, s'il est jugé fondé, est de nature à écarter absolument l'action du demandeur ; en ce qui touche la fin de non-recevoir proposée par le général comte Charpentier et M.e Boujot, considérant 1.° qu'une action en reprise d'instance ne pouvant avoir lieu qu'autant qu'il subsisterait une instance entre les parties, la question de savoir, si le désistement, donné de la part des sieur et dame Plantier de leur demande par la transaction du 12 nivôse an 3, a fait cesser l'instance portée au tribunal de famille, dépend absolument de l'éclaircissement de deux points de fait; savoir 1.º s'il est constant et prouvé en la cause, qu'avant le compromis du 19 décembre 1792, et par cet acte même, il n'y a eu d'action intentée, de demande formée, que de la part des sieur et dame Plantier; 2.º s'il est également certain que, depuis le compromis, les différentes décisions des arbitres et les adhésions que tous les héritiers y ont données, il n'a été intenté d'action, formé de demandes particulières par aucun des autres héritiers; et qu'il ne s'agit conséquemment que de rechercher et constater sur ces points de fait ce qui résulte des actes, pièces, titres et circonstances de la cause ; 3.º considérant, sur le premier de ces deux faits, 1.º que les sieur et dame Plantier, à cause de la minorité de celle-ci, lors des actes des 29 décembre 1783 et 5 avril 1788, étaient en droit d'en demander la rescision et l'anéantissement; qu'au contraire ces deux actes étaient entre les majeurs, et pour eux, des contrats authentiques et inattaquables, que les sieur et dame Plantier sont ceux qui ont provoqué la formation du tribunal de famille; que tous les autres héritiers ensemble n'ont fait qu'y consentir, et que le tribunal de famille a été institué uniquement pour statuer sur les réclamations élevées par les sieur et dame Plantier contre les actes de 1783 et 1788 ; 3.º que, par la décision interlocutoire du 12 juillet 1793, les arbitres déclarent être nommés par les sieur et dame Plantier, d'une part, et par tous les autres héritiers, d'autre part; 4.º que, par la décision du 18 nivôse an 2, il est ordonné qu'elle sera notifiée aux défaillans à la requête des sieur et dame Plantier; que toutes ces circonstances et plusieurs autres ci-après reprises établissent et rendent certain ce premier point de fait : qu'*avant le compromis de 1792, et par cet acte, il n'y a eu de réclamation élevée contre ceux de 1783 et 1788, de demande à fin de rescision d'iceux formée que de la part des sieur et dame Plantier seuls ;* considérant, sur le deuxième point de fait, savoir, si, depuis le compromis du 19 décembre 1792, les différentes décisions des arbitres et les adhésions que tous les héritiers y ont données, il y a eu des réclamations, actions ou demandes particulières de la part de quelques-uns des autres héritiers; que ce second point de fait se trouve encore éclairci et constaté par la teneur même des actes, par les décisions des arbitres, par la conduite des héritiers majeurs rapprochée surtout de la nature de leurs droits ; en un mot, par les différentes circonstances suivantes : savoir, 1.º qu'au lieu d'annoncer, comme les sieur et dame Plantier, la volonté d'attaquer les actes de 1783 et 1788, d'abandonner les objets, biens et droits qui leur étaient déférés par lesdits contrats (volonté qu'on ne pourrait y trouver qu'autant qu'elle y serait énoncée de la manière la plus formelle), les sieur et dame Plantier, d'un côté, dé-

clarent au compromis du 19 décembre 1792 qu'ils ne le signent que sans donner aucune approbation à ces deux actes, et de l'autre, tous les autres héritiers, qu'ils ne le souscrivent que sans préjudice, c'est-à-dire sous la réserve expresse de l'exécution de ces deux actes; 2.º que, dans la décision interlocutoire de ces deux actes du 12 juillet 1793, après l'analyse des réclamations des sieur et dame Plantier dans leurs griefs contre les actes de 1783 et 1788, les arbitres exposent que, suivant les sieur et dame Plantier, c'est sur eux, et sur eux seuls, que tombe tout le poids des vices et des erreurs qu'ils reprochent à ces deux actes ; à quoi les arbitres ajoutent qu'il leur est impossible d'apprécier le fondement des réclamations et plaintes des sieur et dame Plantier, sans connaître tous les actes passés en très-grand nombre dans la famille, depuis l'ouverture des successions et surtout depuis 1757 ; 4.º enfin que, dans leur décision du 12 juillet 1793, les arbitres donnent l'énumération des titres et pièces remis en leur greffe, visent le mémoire produit d'un côté par les sieur et dame Plantier ; et de l'autre, le mémoire et les notes fournies en réponse par la dame Charpentier, pour elle et pour tous ses co-héritiers ensemble, et ne font mention d'aucun mémoire produit par d'autres, d'aucun vestige d'aucune trace de réclamation particulière à aucun d'eux; que toutes ces circonstances établissent que si, à la mission donnée aux arbitres, uniquement pour statuer sur les réclamations des sieur et dame Plantier, il a été ajouté celle accessoire de prononcer sur les réclamations que les autres héritiers pourraient présenter; et si ces derniers ont adhéré aux différentes décisions des arbitres, il en doit être conclu, non que les autres héritiers ont eu la volonté de demander ou de consentir la rescision des actes de 1783 et 1788, mais seulement qu'il y a eu déférence marquée de la part des héritiers envers les arbitres ; il n'en demeure pas moins constant en fait, qu'il n'y a point eu de réclamation contre les deux actes susdatés, et ceux antérieurs en très-grand nombre; point d'action, ni demande de la part d'aucun des héritiers; d'où il suit, qu'au moyen du désistement que les sieur et dame Plantier ont donné de leur demande (ce qu'ils étaient maîtres de faire sans autres motifs de leur volonté), *il n'a plus existé, et il n'existe point d'instance dont la reprise puisse être demandée et ordonnée.........* ; la cour met l'appellation et ce dont est appel au néant ; émendant, déclare le sieur Brayer non-recevable dans sa demande en reprise d'instance, sauf à lui à se pourvoir par action nouvelle, s'il le juge à propos ».

Le sieur Brayer se pourvoit en cassation contre cet arrêt.

« L'arrêt attaqué par le demandeur (ai-je dit à l'audience de la section des requêtes, le 31 mai 1811), contrevient-il à l'autorité de la chose jugée, en ce que, nonobstant l'acquiescement des héritiers Charpentier et du sieur Boujot au jugement du 12 août 1806, par lequel avait été ordonnée la mise en cause de tous ceux qui avaient été parties dans l'instance arbitrale, il accueille et consacre la fin de non-recevoir opposée par eux à la demande en Reprise de cette instance ? C'est là la première question que vous avez à examiner, et, sans doute, vous n'hésiterez pas long-temps à vous prononcer pour la négative.

» Le jugement interlocutoire du 12 août 1806, n'avait ni décidé, ni même préjugé qu'il y avait lieu à Reprise d'instance. Il avait seulement ordonné, avant faire droit, une mise en cause d'après laquelle le tribunal civil de Soissons devait se trouver à portée de juger, avec toutes les parties qui avaient figuré dans l'action portée devant le tribunal de famille, si la demande en Reprise d'instance devait être admise ou rejetée. Dès-lors, point de contrariété entre ce jugement et l'arrêt attaqué par le demandeur. Dès-lors, par conséquent, point de contravention dans cet arrêt à l'autorité de la chose jugée.

» D'ailleurs, comme l'a très-bien dit la cour d'Amiens, la fin de non-recevoir que les héritiers Charpentier et le sieur Boujot faisaient résulter, contre la demande du sieur Brayer, de ce qu'il n'existait point d'instance entre eux et lui, était une exception péremptoire qui pouvait, comme la prescription, comme la chose jugée, être proposée en tout état de cause. Or, il est très-certain que, par cela seul qu'une exception peut être proposée en tout état de cause, elle peut l'être même après l'exécution d'un jugement interlocutoire qui a ordonné une instruction que cette exception aurait rendue inutile, si elle eût été proposée plutôt.

» Le second et le troisième moyen de cassation du sieur Brayer tendent à établir que la cour d'appel d'Amiens, en rejetant la demande en Reprise d'instance, sur le fondement que la transaction du 12 nivôse an 3, avait éteint l'instance qui était pendante devant le tribunal de famille, a violé, 1.º l'art. 2 du tit. 26 de l'ordonnance de 1667, qui veut qu'en cas de décès d'une des parties, ses héritiers soient assignés en Reprise d'instance avant toute procédure ultérieure, à peine de nullité; 2.º l'art. 1.er de la loi du 9 ventôse an 4, qui ordonne que les affaires dont les tribunaux de famille se trouveront saisis au moment de sa publication, seront portées devant les tribunaux ordinaires; 3.º les art. 1165, 2048, 2049 et 2051 du Code civil, lesquels décident que les conventions n'ont d'effet qu'entre les parties contractantes et ne nuisent ni ne profitent aux tiers; que les transactions se renferment dans leur objet; que la renonciation qui y est faite à tous droits, actions et prétentions, ne s'entend que de ce qui est relatif au différend qui y a donné lieu; que les transactions ne règlent que les différends qui s'y trouvent compris; que la transaction faite par l'un des intéressés, ne lie point les autres et ne peut être opposée à eux.

» Toutes ces lois seraient effectivement violées, si la supposition sur laquelle sont fondés les deux moyens de cassation auxquels elles servent d'appui,

était exacte, c'est-à-dire, si, antérieurement à la transaction du 12 nivôse an 3, il eût existé devant les arbitres nommés par le compromis du 19 septembre 1792, une instance entre le sieur Brayer, d'une part, la dame Charpentier et le sieur Boujot, de l'autre.

» Mais la cour d'Amiens a jugé le contraire, et elle l'a jugé en fait; elle l'a jugé d'après les termes du compromis; elle l'a jugé d'après les sentences arbitrales qui ont été rendues à la suite de cet acte; elle l'a jugé, par conséquent, d'après les bases sur lesquelles le recours en cassation n'a aucune prise.

» Sans doute, la transaction du 12 nivôse an 3 n'a éteint qu'entre les sieur et dame Plantier et la dame Charpentier, l'instance qui était, à cette époque, pendante devant les arbitres; sans doute, l'instance qui, à cette époque, était pendante devant les arbitres, entre les sieur et dame Plantier et le sieur Brayer, existe encore et peut être Reprise.

» Mais, à cette même époque, il n'avait été formé devant les arbitres aucune demande, soit par le sieur Brayer contre la dame Chapentier, soit par la dame Charpentier contre le sieur Brayer. Il n'y avait donc pas alors d'instance pendante entre eux. Le sieur Brayer ne peut donc pas aujourd'hui reprendre une instance qui alors n'existait pas.

» Que le sieur Brayer eût pu, devant les arbitres, actionner la dame Charpentier et être actionné par elle, pour des objets connexes à la demande formée contre eux en commun par les sieur et dame Plantier; nous en convenons, et le compromis le dit en toutes lettres.

» Mais ce que le sieur Brayer et la dame Charpentier auraient pu faire devant les arbitres avant la transaction du 12 nivôse an 3, ni l'un ni l'autre ne l'avaient fait au moment où cette transaction a été signée. Donc, encore une fois, point d'instance pendante devant les arbitres entre le sieur Brayer et la dame Charpentier. Donc, point d'instance à reprendre de la part de l'un contre les héritiers de l'autre. Donc, point de contravention aux lois invoquées par le demandeur.

» Nous estimons, en conséquence, qu'il y a lieu de rejeter la requête du demandeur, et de le condamner à l'amende ».

Par arrêt du 30 mai 1811, au rapport de M. Lasagni, « attendu, 1.º que la cour d'appel d'Amiens, en déclarant en fait, et d'après les actes, pièces et les erremens de la procédure, que l'instance pendante entre toutes les parties, était unique; 2.º que la même cour, en déclarant ensuite que cette unique instance était demeurée éteinte à l'égard de toutes les parties, en vertu d'une transaction qui, suivant l'interprétation donnée par elle à cet acte, portait désistement au profit de toutes les mêmes parties, loin de violer ou faussement appliquer la disposition de la loi du 9 ventôse an 4, de l'art. 2, tit. 26, de l'ordonnance de 1667, et de la loi du 1.er mai 1790; des art. 1165, 1121, 2048, 2049 et 2051 du Code civil, en a fait une juste application; la cour rejette le pourvoi... ».]]

REQUÊTE CIVILE , §. III. *Page 695 , col. 1 , après la ligne 43 , ajoutez :*

Mais remarquez que la contrariété qui existe entre deux arrêts de la même cour, ne forme un moyen de requête civile que dans le cas où , avant le second arrêt , et dans les discussions qui l'ont précédé, l'exception de chose jugée résultant du premier, n'a pas été opposée devant cette cour ; et que, dans le cas contraire, c'est par cassation que doit se pourvoir la partie contre laquelle le second arrêt a été rendu.

C'est ce qui résulte des principes établis dans mon *Recueil de questions de droit*, au mot *Cassation*, §. 38 ; et la cour de cassation l'a ainsi jugé, le 8 avril 1812, en cassant, au rapport de M. Reuvens, un arrêt de la cour d'appel de Douai, du 14 mai 1810, comme contraire à un autre arrêt de la même cour, du 9 février 1807.

« Vu (porte l'arrêt de cassation) les art. 1350, 1351 et 1352 du Code civil, ainsi conçus....; considérant que l'arrêt de la cour d'appel de Douai, du 9 février 1807, avait déclaré, dans les termes les plus absolus, que les biens dont il s'agit étaient et demeuraient affectés par privilége pour sûreté de la restitution du prix et accessoires payés par Leroy pour l'acquéreur Villaricencio ; que l'arrêt du 14 mai 1810 a désavoué ce même privilége ; qu'en cela cet arrêt a violé formellement la chose jugée par celui précité, du 9 février 1807 ; considérant qu'il résulte de la nature même de la requête civile, qu'elle ne peut être employée pour remédier à la contrariété d'arrêts rendus par la même cour, que dans le cas où cette contrariété est ou paraît être l'effet d'une erreur involontaire ; que, dans l'espèce, l'autorité de la chose jugée a été invoquée dans la cause devant la cour d'appel de Douai ; que le contexte de l'arrêt dénoncé prouve, de la manière la plus évidente, que la contrariété entre cet arrêt et celui du 9 février 1807, n'est point le pur et simple effet d'une erreur involontaire, mais bien au contraire le résultat d'une délibération expresse ; que, par l'effet de cette délibération, la requête civile trouve la fin de non-recevoir résultante de l'autorité de la chose jugée ; qu'ainsi, il y a plus qu'une simple contrariété de jugement ; qu'il y a contravention expresse à la loi......, d'où il suit que la cour d'appel de Douai, en ordonnant par son arrêt du 14 mai 1810, et d'après les motifs ci-dessus exprimés, que la veuve Billois et ses enfans seraient colloqués en ordre à la distribution des deniers dont il s'agit ayant Leroy ; qu'ils toucheraient en conséquence, sur lesdits deniers, les sommes qui leur étaient respectivement dues, conformément à leurs inscriptions hypothécaires ; a violé l'autorité de la chose jugée, et contrevenu aux art. 1350, 1351 et 1352 du Code civil ; la cour casse et annulle.... ».

XI. Par la même raison, ce n'est point par requête civile, mais par cassation , qu'il faut se pourvoir contre un jugement en dernier ressort par lequel un tribunal rapporte expressément un jugement antérieur de la même qualité, qu'il a rendu entre les mêmes parties.

C'est sur ce principe qu'est fondé l'arrêt suivant de la cour de cassation , du 21 avril 1813.

« Le procureur général expose que le juge de paix du canton de Maubeuge , département du Nord , a rendu , l'année dernière , un jugement en dernier ressort, contre lequel la partie intéressée ne s'est pas pourvue en cassation dans le délai fatal, mais qui paraît devoir être annullé dans l'intérêt de la loi.

» Le 20 juillet 1812, François-Melchior Urbain , armurier, demeurant à Louvroil, banlieue de Maubeuge, fait citer Jean-Baptiste Clouez, son beau-père, cultivateur, demeurant au même lieu, devant le juge de paix de ce canton, pour se voir condamner à lui rembourser dix-sept francs cinquante-huit centimes, qu'il a été contraint de payer pour lui à la régie des domaines.

» Clouez comparaît à l'audience du 22 du même mois , et interpelle Urbain de libeller sa demande.

— Urbain répond « que la somme qu'il réclame et » qu'il a payée au domaine, provient d'un décompte » à lui signifié le 8 avril dernier, relativement à l'ac-» quisition de la maison et héritage à Louvroil, dont » ledit Clouez, son beau-père, lui a fait don en avan-» cement d'hoirie par son contrat de mariage, et » que ledit Clouez avait acquis d'Adrien Gray, et ce » dernier d'Alexandre Monier ».

» Clouez demande un délai pour mettre en cause Adrien Gray, son vendeur et son garant.

» En conséquence, jugement qui renvoie au 29 du même mois.

» Le 29, Adrien Gray comparaît sans citation , déclare prendre le fait et clause de Clouez, et demande un délai de huitaine pour faire intervenir Alexandre Monier, à l'effet de conclure contre lui à ce qu'il soit tenu de le garantir lui-même.

» Ce délai lui est accordé, et un nouveau jugement renvoie au 5 août.

» Le 5 août, Adrien Gray expose qu'il a invité Alexandre Monier à se trouver à l'audience pour prendre son fait et cause ; et que celui-ci ne comparaissant pas, il a besoin d'un nouveau délai pour le faire citer.

» Mais par jugement du même jour , le juge de paix , vu les art. 175 et 176 du Code de procédure civile , et attendu qu'Adrien Gray doit s'imputer de n'avoir pas rempli les formes judiciaires pour mettre son garant en cause, condamne Adrien Gray à payer à Urbain, demandeur principal, et à la décharge de Clouez, qu'il doit garantir, la somme de dix-sept francs cinquante-huit centimes , et aux dépens, *sauf son recours contre Alexandre Monier , s'il le juge convenir*.

» Le 14 du même mois , Adrien Gray fait citer Alexandre Monier devant le juge de paix , pour se voir condamner à l'indemniser des condamnations prononcées contre lui le 5.

» Et , quoiqu'il ne reste plus rien à juger entre lui et Urbain Clouez , il met cependant ceux-ci en cause.

» L'affaire portée à l'audience du 26 du même mois, Adrien Gray reprend ses conclusions contre Alexandre Monier.

» Alexandre Monier répond que n'ayant acquis personnellement et n'ayant vendu à Adrien Gray que la moitié du bien dont il s'agit, il ne doit que la moitié de la somme répétée contre lui, et il en fait offre à deniers découverts.

» De son côté, Adrien Gray dit que le jugement du 5 août « a été rendu subreptivement, et contre la » teneur de l'art. 7 du Code de procédure civile, » puisqu'il n'y avait pas eu de citation entre Clouez » et lui Gray, et qu'il n'avait pas été rédigé de pro- » cès-verbal ; qu'au surplus, le titre sur lequel la » demande principale est fondée, n'avait d'effet contre » lui Gray que pour moitié, puisqu'il n'avait figuré » dans le principe que pour cette quotité, et le nom- » mé Jouniaux pour l'autre moitié ». En consé- quence, il demande « qu'attendu la consignation » faite à l'audience, par Monier, de la moitié de la » somme répétée, Urbain, partie principale, soit » renvoyé de sa demande à plus prétendre que moi- » tié à l'égard de lui Gray, sauf son recours contre » Monier et Jouniaux, s'il s'y croit fondé ».

» Sur ces débats, et sans qu'il paraisse que ni Urbain ni Clouez aient rien opposé à ces conclusions, sans que rien annonce non plus qu'ils y aient adhéré, sans même qu'il soit constaté qu'ils aient été présens à l'audience où elles ont été prises, le juge de paix commence par poser ainsi les questions soumises à sa décision : « Gray a-t-il valablement pris le fait et » cause de Clouez ? Notre jugement du 5 août a-t-il » été légalement prononcé ? Les offres de Monier » sont-elles suffisantes à l'égard de Gray ? Ce dernier » ayant mis en avant qu'il n'était que pour moitié » dans la répétition principale, et Monier n'ayant » point désavoué ce fait, n'est-ce pas le cas de laisser » l'action ouverte contre Jouniaux entre Gray, Mo- » nier et Urbain »?

» Voici ensuite comment il prononce sur ces questions : — « Considérant, sur la première, que » l'intervention de Gray et la prise de fait et cause » de Clouez pour lui, est son fait ; et que, s'il n'a » pas été rédigé de procès-verbal, il doit s'imputer » ce fait, et non à Monier ni à Urbain ; qu'au reste, » par le moyen du présent jugement, le premier » demeure sans effet, puisqu'il prononce sur l'ar- » rière garantie et sur les offres faites par Monier ; » considérant, sur la seconde question, que les » offres de Monier, faites à l'audience, à deniers » découverts, et acceptées par Gray, ne laissent plus » rien de litigieux entr'eux, mais seulement sur la » question de savoir si le nommé Jouniaux est dé- » biteur ou non de l'autre moitié, objet sur lequel » il n'avait pas été prononcé jusqu'ici, puisqu'il était » resté ignoré, mais qui paraît trop simple pour ne » pas y avoir égard ; qu'ainsi, c'est le cas de laisser » cette action ouverte entre Urbain, Monier et Gray, » pour être discutée entre eux ; ce qui résoud la » troisième question, vu les art. 7, 175 et 176 du

» Code de procédure civile.... ; nous, juge de paix » susdit, faisant droit, avons décrété et décrétons » les offres faites par Monier de payer la moitié de » la somme principale et moitié des frais ; donnant » acte de l'acceptation desdites offres, ordonnons » audit Monier de les réaliser, en payant ladite » somme à Urbain ; et faisant droit sur le surplus » des demandes, fins et conclusions des parties, » les laissons entières dans leurs droits respectifs » contre ledit Jouniaux, le surplus des dépens et » notre jugement du 5 août suspendu jusqu'en défi- » nitive ».

» Ce jugement a été signifié, le 2 janvier, à Ur- bain, lequel a laissé écouler, sans en demander la cassation, les trois mois qui se sont écoulés depuis ; et l'on voit qu'il viole la loi trop ouvertement, qu'il contient un excès de pouvoir trop manifeste pour que l'exposant puisse se dispenser d'en requérir, d'office, l'annullation.

» Commençons par nous bien fixer sur les faits.

» Suivant le jugement du 5 août, Monier avait vendu à Gray, Gray avait vendu à Clouez, et Clouez avait donné à Urbain, par contrat de ma- riage, la maison pour la solde du prix de laquelle Urbain avait été contraint de payer à la régie des do- maines une somme de 17 fr. 58 c.

» Si les choses s'étaient effectivement ainsi pas- sées, il était tout simple qu'Urbain exerçât son re- cours, non contre Clouez, son donateur (car un donateur ne doit point de garantie à son donataire, à moins qu'il ne s'y soit obligé par une stipulation formelle), mais contre Adrien Gray, de qui son do- nateur avait acheté ; et qu'à son tour, Adrien Gray se fît garantir par Monier.

» C'est même ce qu'Adrien Gray avait expressé- ment reconnu à l'audience du 29 juillet. « A l'au- » dience du 29 (porte le jugement du 5 août), est » comparu volontairement, lequel a déclaré en » prendre pour Clouez (c'est-à-dire, prendre son » fait et cause), à sa totale décharge, et le garantir » des poursuites dirigées contre lui ; qu'ayant acquis » de Monier, il demandait un délai de huitaine pour » le faire intervenir en cause ».

» Mais dans le jugement du 26 août, Monier vient dire qu'il ne doit que la moitié de la somme répétée par Urbain, parce qu'il n'a acquis, sans doute de l'État, que la moitié du bien ; ce qui paraît faire entendre qu'il n'a également vendu à Gray que cette moitié.

» Sur cet exposé, Gray dit que le jugement du 5 août a été obtenu subreptivement ; qu'on ne peut pas le lui opposer, parce qu'étant comparu sans citation, il aurait dû, aux termes de l'art. 7 du Code de procédure civile, constater, par sa signature, le consentement qu'il donnait à ce que le juge de paix prononçât comme s'il eût été cité, ce qui n'a point été fait ; qu'au surplus, il n'a figuré, dans le prin- cipe, que pour la moitié, et le nommé Jouniaux pour l'autre moitié ; qu'ainsi, Urbain ne peut pas exiger de lui plus de la moitié de la somme qu'il répète ; et que Monier, la payant à son acquit, il se trouve entièrement déchargé.

» Là dessus, que fait le juge-de-paix ? Il ne regarde pas son jugement du 5 août comme parfaitement régulier ; cependant il déclare Gray non recevable à le critiquer dans la forme ; et pour le dire en passant, il tombe, à cet égard, dans une grande erreur ; car l'art. 7 du Code de procédure civile n'exige la signature des parties qui comparaissent sans citation, que lorsqu'elles ne sont pas justiciables du juge-de-paix ; et cette signature a pour objet de constater, non leur comparution volontaire, mais leur consentement à ce qu'un juge-de-paix qui n'est pas le leur, prononce sur leur différend.

» Quoi qu'il en soit, le juge-de-paix sans déclarer nul son jugement du 5 août (ce qu'il ne pouvait pas faire), se permet de le rapporter : *Par le moyen du présent jugement*, dit-il, *le premier demeure sans effet*; et pourquoi ? Parce que ce qu'il appelle son *présent jugement*, c'est-à-dire, son jugement du 26 août, *prononce sur l'arrière-garantie et sur les offres faites par Monier* ; ou, en d'autres termes, comme il l'explique lui-même un peu plus bas, parce que, lors du jugement du 5 août, l'on ignorait que Gray et Monier, son garant, ne dussent que la moitié de la somme réclamée, et que c'était contre Jouniaux qu'eût dû être dirigée la répétition de l'autre moitié.

» Ainsi, sous le prétexte que, lors du jugement du 5 août, Gray s'était mal défendu ; sous le prétexte que, ne devant que la moitié de la somme réclamée par Urbain, il avait par erreur reconnu en devoir la totalité, sous le prétexte que cette erreur avait été la base de sa condamnation à rembourser la totalité de cette somme, le juge-de-paix revient sur ses pas, comme si les choses étaient encore entières, et il rétracte lui-même son propre jugement !

» Si le jugement du 5 août avait été rendu par un tribunal d'arrondissement ou par une cour d'appel, et que Gray en eût demandé la rétractation par la voie de la requête civile, Gray aurait dû être débouté, parce qu'il n'avait en sa faveur aucune des ouvertures de requête civile qui sont déterminées par l'art. 80 du Code de procédure.

» Et Gray a obtenu d'un juge-de-paix, il a obtenu, sans prendre la voie de la requête civile, une rétractation de jugement qu'il n'aurait pas pu obtenir, même d'un tribunal d'arrondissement, même d'une cour d'appel, même en prenant une voie autorisée par la loi ! c'est vraiment le comble de la déraison.

» Quel obstacle pourrait, dès-lors, s'opposer à l'annullation du jugement du 26 août ?

» Dira-t-on que l'art. 77 de la loi du 27 ventose an 8 n'ouvre la voie de la cassation contre les jugemens en dernier ressort des juges-de-paix, que pour *cause d'incompétence ou d'excès de pouvoir* ?

» Mais 1.º cette disposition n'est relative qu'aux parties privées : elle n'a pour objet que de fermer l'entrée de la cour de cassation aux parties privées qui, pour des intérêts modiques, viendraient l'assiéger de leurs réclamations contre des jugemens souvent irréguliers, mais presque toujours équitables ; elle ne peut pas être opposée au ministère public agissant au nom de la loi et pour le seul intérêt de la loi.

» 2.º Le jugement du 26 août est précisément dans le cas de l'exception écrite dans l'article cité. Car si jamais un jugement a renfermé un *excès de pouvoir*, c'est bien celui du 26 août. Le juge de paix avait consommé, par son jugement du 5 du même mois, tout son ministère entre Urbain et Gray; il n'avait plus rien à juger entre eux; il ne pouvait pas surtout se réformer lui-même; il ne pouvait pas faire lui même, à l'égard de son jugement, ce qui n'était permis à aucune autorité, ce qui même était au-dessus des pouvoirs de la cour de cassation.

» Dira-t-on que la contrariété qui existe entre le jugement du 5 et celui du 26 août, ne peut, aux termes de l'art. 480 du Code de procédure, former qu'une ouverture de requête civile ?

» Mais d'abord, la requête civile n'est admise par l'art. 480 du Code de procédure, que contre les jugemens en dernier ressort des *tribunaux de première instance et d'appel*; elle ne l'est par aucun texte du même Code contre les jugemens en dernier ressort des juges de paix, non plus que contre les jugemens en dernier ressort des tribunaux de commerce; et l'on sait que, par les mots, *tribunaux de première instance*, le Code de procédure n'entend, à l'instar de la loi du 27 ventose an 8, que les tribunaux civils d'arrondissement.

» Ensuite, de ce que la requête civile est la seule voie que l'on puisse prendre contre un jugement qui en contrarie un autre rendu par le même tribunal, entre les mêmes parties et sur les mêmes moyens ; il ne s'ensuit nullement que l'on doive attaquer par requête civile, et que l'on ne puisse pas attaquer par recours en cassation, un jugement en dernier ressort par lequel un tribunal rapporte lui-même, en termes exprès, un jugement qu'il a précédemment rendu sur la même contestation.

» Comme l'a dit la cour, dans un arrêt de cassation du 8 avril 1812, au rapport de M. Reuvens, *il résulte de la nature même de la requête civile, qu'elle ne peut être employée pour remédier à la contrariété* de jugemens rendus en dernier ressort par le même tribunal, *que lorsque cette contrariété est, ou paraît être, l'effet d'une erreur involontaire*; et si, comme l'a décidé le même arrêt, ce n'est point par requête civile, mais par cassation, que doit être attaqué un jugement en dernier ressort par lequel un tribunal a sciemment prononcé en sens contraire à un de ses jugemens antérieurs, il est clair, à plus forte raison, que c'est aussi par cassation, et non par requête civile, que doit être attaqué un jugement en dernier ressort par lequel un tri-

80

bunal rétracte en termes exprès, et déclare formellement comme non avenu, un autre jugement qu'il avait précédemment rendu entre les mêmes parties.

» Ce considéré, il plaise à la cour, vu l'art. 88 de la loi du 27 ventose an 8, et l'art. 77 de la même loi, casser et annuller, dans l'intérêt de la loi, et sans préjudice de son exécution entre les parties intéressées, le jugement en dernier ressort du tribunal de paix du canton de Maubeuge, du 26 août 1812, ci-dessus mentionné et dont la copie signifiée est ci-jointe; et ordonner qu'à la diligence de l'exposant, l'arrêt de cassation à intervenir sera imprimé et transcrit sur les registres dudit tribunal.

» Fait au parquet, le 6 avril 1813. Signé Merlin.

» Ouï le rapport de M. Zangiacomi..... ; vu l'art. 88 de la loi du 27 ventose an 8, et les art. 1350, 1351 et 1352 du Code civil; attendu que le second jugement rendu par le juge-de-paix, en date du 26 août, rapporte évidemment le précédent du 5 du même mois, lequel était contradictoire et définitif; que par conséquent ce second jugement contrevient à l'autorité de la chose jugée, et aux articles ci-dessus, la cour casse et annulle, dans l'intérêt de la loi seulement, le jugement rendu par le juge-de-paix du canton de Maubeuge, le 26 août 1812..... ».

RESCISION. *A la fin du n.º IV, ajoutez :*

[[V. *bis*. La prescription de dix ans qui a commencé à courir contre un majeur, est-elle suspendue par la minorité de son héritier?

Pourquoi ne la serait-elle pas? L'art. 2252 du Code civil porte que « la prescription ne court pas contre les mineurs et les interdits....., à l'exception des cas déterminés par la loi ». Or, y a-t-il une loi qui excepte de cette disposition générale la prescription de dix ans à laquelle toutes les actions rescisoires sont soumises ? Non : cette prescription est donc suspendue par la minorité et par l'interdiction, comme le sont toutes les autres non exceptées par une loi formelle ?

En était-il de même avant le Code civil et sous l'ordonnance de 1510?

Cette question s'est présentée dans l'espèce suivante.

Au mois d'avril 1773, le sieur et la demoiselle Després, frère et sœur, tous deux en majorité, font le partage des successions de leurs père et mère. Le sieur Després meurt peu de temps après, laissant un fils mineur. Son fils meurt lui-même quelques années après avoir atteint sa majorité, laissant aussi un enfant en bas âge. En l'an 7 (1799), la mère de cet enfant intente, en sa qualité de tutrice, une action en rescision du partage de 1773. Les héritiers de la demoiselle Després lui opposent la prescription de dix ans. Elle répond que la minorité de son beau-père et celle de son fils ont successivement suspendu cette prescription, et qu'il s'en faut beaucoup que

dix années ayent couru utilement contre des majeurs.

Le 14 thermidor an 8, jugement du tribunal civil de Mortagne, qui, « attendu qu'il est constant, par la disposition de l'art 134 de l'ordonnance de 1539, que le législateur n'a pas voulu que les dix ans par lui accordés pour se pourvoir en rescision contre les actes, pussent courir contre les mineurs; que, s'il s'est servi de ces termes, *contrats faits par les mineurs*, c'est que, faisant défenses aux mineurs, à la suite de sa disposition, de se pourvoir après trente-cinq ans accomplis, il fallait donc que le législateur mît pour exemple, dans sa disposition, le contrat fait par un mineur, afin de justifier, par cet exemple, que la minorité fait obstacle à la prescription de dix ans; qu'aussi a-t-il si peu entendu restreindre ce privilége du cas de la passation du contrat par le mineur, que, depuis cette loi, on n'a jamais fait de doute en France qu'il en était de cette prescription de dix ans, comme de toutes les autres qui ne pouvaient courir contre les mineurs, ce qui est attesté par Pothier, dans son *Traité du contrat de vente*, n. 347; par Domat, dans ses *Lois civiles*, liv. 2, titre *de la Restitution*, sect. 1, n.º 15, qui porte que *la prescription de dix ans pour se pourvoir, ne court pas contre l'héritier mineur du majeur qui a contracté, tant qu'il est mineur, parce qu'il est relevé de ce qu'il ne s'est pas pourvu pendant sa minorité;* qu'ainsi, l'interprétation que les défendeurs voudraient donner à la disposition de l'art. 134 de l'ordonnance de 1539, non-seulement serait contraire aux principes de droit, qui, à cause de la faveur due aux mineurs, ne permettent pas que la prescription coure contre eux, mais encore à l'usage et à la jurisprudence qui a toujours subsisté jusqu'à ce jour, et qui est la meilleure règle pour l'interprétation d'une loi, lorsque sa disposition pourrait présenter quelque ambiguïté »; déclare l'action non-prescrite et ordonne aux héritiers de la demoiselle Després de plaider au fond.

Mais sur l'appel, arrêt de la cour de Caen, du 1.er nivose an 10, qui réforme ce jugement et déclare la prescription acquise, « attendu que l'art. 46 de l'ordonnance de 1510 qui établit cette prescription, n'en excepte pas les mineurs, et ne semble pas devoir les excepter, puisque son objet est d'empêcher, comme il le dit en termes exprès, *que les domaines et propriétés des choses ne soient incertaines et sans sûreté, ès-mains des possesseurs d'icelles, si longuement que ci-devant, et que la preuve des parties ne périsse ou soit rendue difficile par laps de temps* ».

Recours en cassation de la part de la dame Després.

Par arrêt du 6 vendémiaire an 11, au rapport de M. Delacoste, « attendu que les expressions de l'art. 46 de l'ordonnance de 1510, et de l'art. 134, de celle de 1539, ne sont pas tellement formelles, qu'elles ayent pu obliger les juges qui avaient à les appliquer à la question qui leur était soumise, à la décider plutôt pour l'affirmative que pour la négative ; que , si les demandeurs invoquaient un nombre imposant d'autorités à l'appui de l'opinion qui proroge les dix années fixées par les deux premières ordonnances , comme dernier terme pour se pourvoir en Rescision ; *tant qu'il existe une cause légitime d'empêchement*, et qui appliquant à la minorité cette faculté , dans le cas même où l'acte a été passé par un majeur, les motifs qui sont énoncés au jugement attaqué , ne sont pas dénués de l'appui d'autres autorités en faveur de l'opinion, qui restreint à dix années le délai accordé par les ordonnances , lorsque le contrat a été souscrit par un majeur ; qu'il résulte de là que les juges du tribunal d'appel ont pu, sans donner lieu à l'annullation de leur jugement , s'écarter de l'interprétation donnée par la majeure partie des auteurs, au sens des articles cités desdites ordonnances ; que les moyens employés contre leur décision , ne prouveraient au plus qu'un mal jugé et non une violation formelle d'un texte clair et précis de la loi ; le tribunal rejette.... ».

On voit que cet arrêt ne décide pas notre question, et qu'il juge seulement que l'opinion adoptée par le tribunal d'appel de Caen, ne viole pas l'art. 46 de l'ordonnance de 1510.

Quelque respect que j'aie pour les arrêts de la cour de cassation, je ne saurais m'empêcher de dire qu'elle a, dans cette affaire, traité avec trop d'indulgence le jugement qui lui était dénoncé.

L'art. 46 de l'ordonnance de 1510 ne faisait courir la prescription de dix ans contre les actions rescisoires , qu'à compter du jour où cesserait *la cause légitime empêchant* DE DROIT *ou de fait la poursuite desdites actions.*

Or, est-il une cause qui empêche plus *de droit* la poursuite d'une action rescisoire, que la minorité de celui à qui cette action est déférée par succession ? Les mineurs, sont à la vérité, pourvus de tuteurs ; et ils peuvent, par l'organe de leurs tuteurs, exercer les mêmes actions que s'ils étaient en majorité. Mais la loi les en considère pas moins , sous le rapport de la faculté de se faire restituer en entier, comme incapables d'agir ; et c'est sur ce fondement qu'elle fait dormir, à leur égard, les prescriptions les plus longues , quoiqu'elles ayent commencé leurs cours contre des majeurs. Cette règle générale était certainement connue du législateur de qui est émané l'ordonnance de 1510 ; il n'y a point dérogé quant à la prescription des actions rescisoires ; il l'a donc laissé subsister pour cette prescription, comme pour celle de vingt , de trente ou de quarante ans.

Il est dit, dans l'arrêt de rejet du 6 vendémiaire an 11, que s'il y a *un nombre imposant d'autorités* à *l'appui* de l'opinion qui proroge les dix années *fixées comme dernier terme pour se pourvoir en Rescision*, *tant qu'il existe une cause légitime d'empêchement*, *et qu'il applique à la minorité cette faculté, dans le cas même où l'acte a été passé par un majeur, il y a aussi d'autres autorités en faveur de l'opinion* contraire.

Quelles sont ces *autres autorités* ? Je les ai cherchées vainement.

J'ai bien trouvé une note de Dumoulin sur ces termes de l'art. 134 de l'ordonnance de 1539, *après l'âge de trente-cinq ans*, et qui est ainsi conçue : *Idem de hujus herede et minore , ut residuum tempus usquè ad decennium currat.*

Mais 1.º Dumoulin ne motive pas sa décision.

2.º Cette décision n'est ni assez claire ni assez positive , pour qu'on puisse en inférer que Dumoulin ait entendu faire courir contre l'héritier mineur , la prescription décennale commencée contre le majeur à qui il succède.

Dumoulin ne fait , dans sa note , qu'appliquer à la prescription décennale ce que l'empereur Constantin avait dit, dans la loi 5, C. *de temporibus in integrum restitutionis*, au sujet de la prescription d'un an à laquelle était alors soumise l'action en restitution en entier.

Par cette loi, Constantin avait d'abord établi , §. 1 , que l'héritier mineur d'un mineur lésé , aurait un an pour se pourvoir , à compter du jour où il aurait accompli sa vingt-cinquième année. *Si quandò in minoris jura successerit minor , minimè prohibeatur , cùm quintum et vicesimum annum suæ ætatis transierit , in integrum restitutionis beneficio uti tempore illibato.*

Ensuite , il avait ajouté, §. 2 , que , si un mineur succédait à un majeur lésé , il aurait , pour se pourvoir en restitution , tout le temps qui restait au défunt : *Quòd si majoris fuerit minor natus jura , quantùm ad eas pertinet causas quas ex personâ majoris fuerit consecutus , tantum temporis ad exponendas in integrum restitutiones decidendasque causas accipere debebit , quantum defuncto , cujus hæres aut bonorum possessor docebitur extitisse , reliquum fuerat.*

Or, en s'expliquant ainsi, Constantin avait-il entendu faire courir pendant la minorité de l'héritier , le temps qui restait au défunt ? Non sans doute. Il s'était implicitement référé à la règle écrite dans le paragraphe précédent , que le délai de la restitution en entier ne court contre l'héritier mineur que du jour de sa majorité, *cùm quintum et vicesimum annum suæ ætatis transierit*; et c'est ainsi que sa disposition est expliquée par tous les interprètes, notamment par Tulden et Brunneman , sur le titre cité du Code.

Si d'ailleurs il y avait là-dessus quelque doute, ils auraient été suffisamment éclaircis par la loi 7, §. 1 , du même titre, qui disait , en parlant du délai de la restitution en entier : *omnis minor ætas excipitur in minorum restitutionibus* ; et qui le disait d'après ce motif aussi sage que judicieux qu'on trouve dans la loi 19, D. *de minoribus* : *hoc enim ipso deceptus videtur* (minor) , *quod cùm posset restitui intrà tempus statutum ex personâ defuncti , hoc non fecit.*]]

Avant le n.º VII, ajoutez :

VI *bis.* La restitution du mineur profite-t-elle à son consort majeur ?

La question s'est présentée à l'audience du parlement de Pau, du 22 mai 1744.

« Lafon de Sauveterre, mineur, avait acheté solidairement avec sa mère et sa sœur une maison. Ayant trouvé qu'il était lésé, il avait pris des lettres en restitution envers le contrat ; dans l'entérinement desquelles il n'y avait aucune difficulté, puisqu'il paraissait d'une procédure d'estimation qui avait été faite en exécution d'un arrêt précédent, que le mineur était lésé dans l'achat. — La mère et la sœur soutenaient que la restitution du mineur, qu'on ne disputait pas, devait leur profiter, quoique majeures, sur le fondement des lois répandues au Digeste, tit. de acquirendâ hæreditate, dans lesquelles on trouve que, si un mineur et un majeur ont appréhendé une hérédité, le majeur est restitué si le mineur l'est. — Le vendeur soutint que, quoiqu'il consentît à la restitution du mineur, cette restitution ne pouvait point profiter aux parties majeures, étant de principe certain que la restitution d'un mineur ne peut point profiter aux parties majeures, suivant les lois du Digeste et du Code, titre si in pari causa : il n'y a qu'une seule exception, c'est celle du cas où un mineur se serait engagé avec un majeur pour une chose indivisible, comme dans le cas d'une servitude et autres droits incorporels. Mais il n'en est pas ainsi au cas présent, puisque chaque partie avait acheté solidairement la maison que chacune pouvait posséder en seul. — L'arrêt, en date du même jour, entérina les lettres royaux par rapport au mineur seulement, et débouta de l'entérinement des lettres la mère et la fille ». (Recueils manuscrits des anciens avocats au parlement de Pau.)

A la fin de l'article, ajoutez :

VIII. Lorsque l'objet de la demande en restitution est purement personnel ou mobilier, celui qui la forme peut-il l'intenter devant son propre juge ; ou est-il obligé de se pourvoir devant le juge de la partie contre laquelle il l'intente ?

On a vu, au n.º précédent, que le droit romain ne reconnaît pour compétent en cette matière, que le juge domiciliaire du défendeur à la demande en restitution ; et c'est ce qu'a jugé un arrêt du parlement de Pau, du 19 septembre 1748, qui est rapporté, en ces termes, dans les recueils manuscrits des anciens avocats de cette cour.

« Le sieur Barimon père, résidant en Béarn, mariant sa fille dans le ressort du parlement de Toulouse, lui constitua une dot de 12,000 liv. Le sieur Barimon fils s'était engagé par les articles à payer la constitution après la mort de son père. Avant que la sœur lui eut demandé rien, il voulut se faire restituer de son engagement personnel, prétendant, d'un côté, que la constitution excédait les justes droits ; d'autre part, que son père l'avait forcé à s'engager : il était majeur lors de son mariage. Il proposa la restitution devant le parlement de Pau, tandis que sa sœur était domiciliée avec son mari dans le ressort du parlement de Toulouse ; elle déclina, et la cour reçut le déclinatoire. — Il est remarquable que la restitution participe de la nature de l'action et de l'exception : la restitution ou rescision est une action personnelle, lorsque le débiteur prévient le créancier et demande sa restitution avant qu'il soit poursuivi en payement ; elle doit être exercée devant le juge du domicile du créancier, qui, par cet ordre, est devenu défendeur. — Mais lorsque le débiteur ne propose sa restitution que lorsqu'on le poursuit, ce n'est alors qu'une exception pour repousser la demande qu'on lui fait ; exception qui peut être proposée devant le juge où il est attaqué : la distinction est essentielle ».

[[RESCRIPTION. C'est, dit Pothier (*Traité du contrat de change*, n.º 225.) « une lettre par laquelle je mande à quelqu'un de payer ou de compter pour moi à un tiers une certaine somme ».

Il résulte de cette définition, et c'est ce qu'observe le même auteur, que la lettre de change est une espèce de rescription.

Mais comme elle a un nom qui lui est propre, on ne la désigne jamais par ce terme ; et ce terme est spécialement consacré à la désignation de la lettre qui a pour objet, ou de faire acquitter une dette entre les mains de celui qui en est porteur, ou de lui faire compter une somme d'argent, soit à titre de prêt, soit à titre de donation.

La *rescription* restreinte à ce sens, a la même forme que la lettre de change ; mais elle en diffère totalement au fond.

On peut voir dans l'ouvrage cité de Pothier, les diverses règles qui la concernent. Nous nous bornerons ici à rapporter un arrêt de la cour de cassation qui juge que le défaut de payement d'une rescription qui n'a pas sa cause dans une dette commerciale, n'emporte pas la contrainte par corps.

Le sieur Dequen avait été chargé par le sieur Vond'ohren, armateur, de poursuivre au conseil des prises, à Paris, une demande en validité de deux prises faites par ses navires armés en courses, et dont l'une, nommée *la Molly*, avait été conduite à la Corogne et mise à la consignation des sieurs Lagoanere et compagnie, négocians. — Celle-ci ayant été déclarée valable, le sieur Vond'ohren, pour s'acquitter envers le sieur Dequen de ses déboursés et salaires, lui remet, le 21 brumaire an 9, des traites sur les consignataires de la prise, datées de Bordeaux, et montant à 40,000 fr., *à payer des premiers fonds qui proviendront de la vente du navire la Molly ou de sa cargaison, valeur reçue en quittance pour frais, faux-frais, débours, avances, honoraires et commissions.*

Le 19 frimaire an 10, les consignataires acceptent ces traites, sous la condition que *le payement sur les premiers fonds qui rentreront du produit de la prise de la Molly et de sa cargaison, ne sera fait qu'après qu'ils seront eux-mêmes payés de ce qui leur est dû par le sieur Vond'ohren.*

A défaut de payement de six de ces traites, s'élevant à 33,000 francs, le sieur Dequen se pourvoit contre le sieur Vond'ohren et le sieur Poitevin, cessionnaire de ses droits.

Le 30 juin 1809, arrêt de la cour de Bordeaux, qui reconnaît que ces traites n'ont pas le caractère de lettres de change et ne sont que de simples *mandats* ; et néanmoins condamne *par corps* les sieurs Vond'ohren et Poitevin à les payer.

Mais ceux-ci se pourvoient en cassation ; et par arrêt du 8 janvier 1812, au rapport de M. Delacoste, « vu les art. 1.er et 6 de la loi du 15 germinal an 6 ; attendu que ces mandats, dont les demandeurs sont condamnés à restituer la valeur, n'ont pas la qualité exprimée par la loi citée ; que par conséquent, l'arrêt dénoncé, en prononçant la contrainte par corps, a contrevenu aux articles de la loi précitée ; la cour casse et annulle ledit arrêt de ce chef seulement.... ».

V. les articles *indication de payement, lettre et billet de change, etc.*]]

RESERVE. Sect. I, §. II, n. XVIII. *Page 318, col. 2, ligne 51, après les mots*, dont fait à l'époux, *ajoutez en note ce qui suit* :

Voici un arrêt de la cour de cassation qui consacre formellement cette doctrine.

La veuve du sieur de Cazes, mère de deux enfans, épouse le sieur Hocquart, sous l'empire de la loi du 17 nivôse an 2 ; et par son contrat de mariage, lui donne l'usufruit de la moitié des biens qu'elle laissera à sa mort.

Le 20 février 1809, testament olographe par lequel la dame Hocquart, ci-devant veuve de Cazes, lègue à Françoise Hocquart, sa fille, le quart de ses biens en propriété. Après sa mort, ses deux filles du premier lit réclament contre ce legs, et soutiennent qu'il est nul, parce que leur mère avait épuisé, par la donation qu'elle avait faite à son second mari, de l'usufruit de la moitié de ses biens, la quotité dont la loi en vigueur, à l'époque de son décès, lui permettait de disposer.

Françoise Hocquart répond, par l'organe du sieur de Cambon, son tuteur, que sa mère avait pu, suivant la loi du 17 nivôse an 2, donner à son mari l'usufruit de la moitié de ses biens ; qu'elle a également pu, d'après les art. 913 et 918 du Code civil, donner à l'un de ses enfans le quart de ses biens ; qu'ainsi, les deux donations doivent avoir tout leur effet, parce qu'elles sont toutes deux autorisées par les lois sous l'empire desquelles la mère commune des parties les a faites.

Le 20 mars 1810, jugement du tribunal de première instance de Toulouse, qui réduit à un huitième le legs du quart fait à sa fille du second lit, pour en jouir seulement au décès de son père, usufruitier de la moitié des biens.

Le 13 août suivant, arrêt de la cour de Toulouse, qui, sur l'appel de ce jugement, « attendu que la donation de l'usufruit de la moitié des biens, est l'équivalent de la donation d'un quart en pleine propriété ; et qu'ainsi, la dame Hocquart avait épuisé, par la donation faite à son mari, la totalité de ce dont l'art. 913 du Code civil lui permettait de disposer », dit qu'il a été mal jugé et déclare nul le legs fait à Françoise Hocquart.

Le tuteur de Françoise Hocquart se pourvoit en cassation contre cet arrêt ; et voici comment il expose ses moyens.

« L'art. 913 du Code civil veut que les libéralités, soit par acte entre-vifs, soit par testament, ne puissent excéder le quart des biens du disposant, s'il laisse à son décès trois enfans ou descendans. — Mais l'art.1094 déclare ultérieurement que l'époux qui laisse des enfans ou descendans, peut donner à l'autre époux, ou un quart en propriété et un autre quart en usufruit ou la moitié de tous les biens en usufruit seulement. — Reste à examiner si la disponibilité déterminée par cet art. 1094 entre les époux ayant des enfans, peut se cumuler avec le quart dont le père ou la mère, ayant trois enfans, peut disposer, aux termes de l'art. 913, soit en faveur d'un de ses enfans, soit en faveur d'un étranger. — Sous l'empire de la loi du 17 nivôse, cette question n'en était pas une. Il est certain que l'usufruit de la moitié des biens, qu'un époux, ayant des enfans, avait donné à l'autre époux, se cumulait avec le dixième dont il avait ultérieurement disposé au profit d'un étranger. C'est ce que la cour suprême a décidé nettement par un arrêt du 22 messidor an 5, rapporté dans le recueil de Deneyers, volume de 1791 à l'an 12, page 117. Et pourquoi cette cumulation ne serait-elle pas considérée comme également admise par le Code civil, puisqu'il ne l'interdit pas. — Il faut cependant reconnaître que le Code civil s'oppose implicitement à ce que, dans tous les cas, la disponibilité attribuée à l'un des époux au profit de l'autre, et la portion dont il peut disposer en faveur d'un de ses enfans ou d'un étranger, puissent entièrement se cumuler ; car il résulterait de là que le disposant, dans le cas où il ne laisserait qu'un enfant unique, pourrait à la fois donner à son époux un quart en propriété et un quart en usufruit, et à un étranger la moitié restante en pleine propriété : de sorte que la Réserve légale fixée, ce cas, à la moitié en faveur de l'enfant unique, se trouverait réduite au quart, dont il ne jouirait même qu'après la mort de l'époux avantagé ; et un tel résultat serait absurde. — Mais, toutes les fois qu'en faisant concourir les deux dispositions, et en se contentant de les modifier ou de les réduire, les enfans non avantagés trouvent dans ce qui reste, de quoi la remplir de leur réserve légale, ils n'ont plus intérêt à réclamer. Or, c'est précisément ce qui arrive dans l'hypothèse de l'existence de trois enfans, et lorsque l'un des époux donne à son conjoint de l'usufruit de la moitié de ses biens, et qu'il ne dispose ensuite, par préciput, en faveur de l'un des trois enfans, que d'un quart en nue propriété ; car alors la Réserve légale se trouve la même qu'elle eût été s'il n'y avait pas eu de préciput en faveur de l'un des enfans, et que la disposition en faveur de l'époux survivant se fût composée de tout ce que l'art. 1094 permet de lui donner. — Supposons en effet, qu'un époux laissant trois enfans, donne à l'autre époux un quart en propriété et un autre quart en usufruit : la Réserve légale des trois enfans se trouve évidemment grevée, puisqu'au lieu de jouir de suite des trois quarts qui leur sont réservés, ils ne jouiront du quart donné en usufruit, qu'après la mort de l'époux avantagé. Et cependant cette disposition du quart en propriété et d'un autre quart en usufruit, faite au profit de l'époux survivant, est valable, puisqu'elle est littéralement autorisée par l'art. 1094. — Hé-bien ! supposons maintenant que l'époux prédécédé, au lieu de donner à l'époux survivant un quart en propriété et un autre quart en usufruit, ne lui ait donné que l'usufruit de la moitié de ses biens, et qu'en même temps il en ait donné un quart en nue propriété à l'un de ses trois enfans: n'est-il pas évident que la position des deux enfans non avantagés sera exactement la même qu'elle eût été, si l'époux prédécédé, sans rien donner à l'un de ses trois enfans, eût donné à l'autre époux un quart en propriété et un autre quart en usufruit ? — N'est-il pas évident que, dans l'un comme dans l'autre cas, la Réserve légale des deux enfans non avantagés ne sera grevée que de l'usufruit d'un quart, qu'ils devront proportionnellement supporter ? — M. Grenier, dans la première édition de son traité des donations et testamens, tom. 3, page 231, pensait que l'un des époux ne pouvait pas donner l'usufruit de la moitié de ses biens à l'autre époux, et le quart en propriété à l'un de ses trois enfans; ou, en d'autres termes, qu'il ne pouvait pas diviser entre l'époux survivant et l'un des enfans, ce que la loi lui permet de donner à son époux lui-même. La raison qu'il en donnait, était que si l'art. 1094, en augmentant, par rapport aux époux entre eux, la portion disponible fixée par l'art. 913, avait permis à l'un de donner à l'autre un quart en propriété, et un quart en usufruit, ou l'usufruit de la moitié, ce n'était qu'en faveur des époux entre eux; et que le législateur avait pu avoir eu idée que les enfans non avantagés seraient dédommagés de la restriction de la portion indisponible, par l'espoir de recueillir un jour dans la succession de leur père survivant, la portion alors déclarée disponible ; — Mais c'était supposer bien gratuitement que telle avait été la pensée du législateur, quand on ne la trouve, ni dans la loi, ni dans la discussion au conseil d'état, ni dans les motifs exposés par les orateurs du gouvernement ; — Ajoutons que cette prétendue pensée du législateur aurait pu ne pas se réaliser, et qu'elle ne peut conséquemment pas être présumée avoir été un motif déterminant. — Aussi M. Grenier, dans la seconde édition de son traité, n. 584 de l'édition in-4.°, a-t-il modifié son opinion : — Lors de la première édition de ce traité (dit-il d'abord) je me suis expliqué sur cette matière; mais n'ayant alors connaissance d'aucun arrêt relatif aux questions qui pouvaient s'élever, ces questions ne s'étant pas même alors présentées, il ne paraîtra pas étonnant, quoique cependant j'en aie prévu quelques-unes, que je n'aie pas approfondi la matière autant qu'il était possible. — Après ce préliminaire, M. Grenier rapporte l'art. 1094, et puis il rappelle les deux opinions qui se sont formées sur la manière d'entendre le second

paragraphe de cet article. — La première opinion, dit-il, consiste à dire qu'on doit établir pour règle, que la disponibilité permise par l'art. 913, à l'égard d'un étranger ou d'un de ses enfans, et celle qui l'est par l'art. 1094, par rapport à l'un des époux, ne peuvent frapper concurremment les enfans; qu'il faut se tenir à l'un ou à l'autre, ou en coordonner le concours, de manière que les enfans n'en souffrent pas ; et qu'on ne peut se tenir à l'observation de cette règle, qu'autant que, dans le concours d'un étranger avec l'autre époux, l'ensemble des dispositions faites par l'époux ne porte, soit en propriété, soit en usufruit, que sur une portion qui aurait pu être donnée, au préjudice des enfans, à un étranger, ou même à l'un des enfans au préjudice des autres. — Après avoir développé cette opinion, M. Grenier ajoute : l'opinion opposée consiste à dire que, dans le concours d'un enfant et d'un étranger avec l'époux, la portion disponible ne doit pas toujours être mesurée par le taux prescrit par l'art. 913 ; que si cela était, il en résulterait que la loi n'aurait pas voulu ce concours, et que les dispositions auraient dû toujours porter uniquement, ou en faveur d'un étranger ou de l'un des enfans, ou en faveur de l'autre époux, volonté qui ne se manifeste pas dans la loi ; que le législateur n'a pas pensé qu'on dût s'opposer à ce concours, quoiqu'il pût blesser les intérêts des enfans, parce qu'alors le concours a pour objet des affections tellement pures, que les enfans doivent respecter tout ce qu'elles produisent ; qu'ainsi, il faut concilier les deux dispositions faites à l'autre époux, ou à un étranger, et à un enfant, et les faire sortir à exécution cumulativement, de manière à expédier la plus forte portion disponible, ainsi que le disait M. le procureur général de la cour d'appel de Toulouse, lors d'un arrêt de cette cour, du 20 juin 1809.... — J'avoue, continue M. Grenier, après avoir rapporté les raisons sur lesquelles cette opinion est fondée, que ces réflexions me conduisent à penser que cette opinion est la plus juste, et qu'elle doit être suivie préférablement à la première, pour laquelle j'avais d'abord penché. — Enfin, M. Grenier rapporte plusieurs arrêts de cours d'appel; il en rapporte un rendu le 20 juin 1809, par la cour même de Toulouse, qui partit du principe que lorsqu'un des époux avait avantagé tout à-la-fois, et un étranger ou l'un de ses enfans, et l'autre époux, il fallait, pour fixer la portion indisponible, relativement aux enfans, se déterminer par la quotité disponible la plus étendue, qui est celle établie par l'art. 1094, et non par la quotité disponible la plus restreinte, qui est celle fixée par l'art. 913; ce qui est conforme, dit-il, à la seconde opinion que j'ai expliquée. — Il rapporte aussi un arrêt de la cour de Turin, du 15 avril 1810, et un arrêt de la cour d'Agen, du 2 août de la même année, rendus l'un et l'autre dans des espèces où l'époux disposant avait laissé trois enfans, ou plus, et légué l'usufruit de la moitié à son époux, et le quart à un des enfans, et qui jugèrent que l'époux légataire devait conserver l'usufruit, et du quart disponible, et du quart des trois quarts indisponibles, et que l'enfant légataire devait conserver le quart en propriété, avec jouissance actuelle. Même principe adopté par la cour d'Aix. — Ainsi, voilà quatre cours d'appel qui se sont accordées pour admettre le concours en principe, et ce principe paraît découler du véritable esprit de la loi. — L'art. 1094 permettant à l'un des époux de donner à l'autre, soit l'usufruit de la moitié de ses biens, soit un quart en usufruit et un autre quart en propriété, et l'art. 913 l'autorisant en même temps à disposer du quart de ses biens en faveur de l'un de ses enfans, dans le cas où il en a trois, il s'ensuit bien qu'il ne pourrait pas donner ce quart à l'un des enfans, pour en jouir *actu-*ou pendant la vie de l'époux co-donataire ou co-légataire ; mais rien n'empêche qu'il ne donne à l'un des enfans ce quart en nue propriété pour n'en jouir qu'après que l'usufruit d'un autre quart donné à l'époux, aura pris fin par son décès. — En effet, dans l'hypothèse d'une disposition du quart en propriété et d'un autre quart en usufruit, en faveur de l'époux survivant, et dans l'hypothèse d'une simple disposition de l'usufruit de la moitié des biens en faveur de l'époux survivant, en concours avec une autre disposition du quart en nue propriété, en faveur d'un des trois enfans, la réserve légale reste absolument la même ; il n'existe d'autre différence, si ce n'est que le disposant a mis sur la tête de deux personnes ce qu'il était textuellement autorisé, par l'art. 1094, à mettre sur la tête d'une seule ; et qu'en cela il n'a fait encore que se conformer à l'art. 899 du même Code, aux termes duquel, l'usufruit peut être donné à un individu et la nue propriété à un autre. — Au reste, il paraît que la dame Hocquart légua à sa fille le quart de ses biens, purement et simplement : d'où l'on peut conclure qu'elle entendit le lui léguer pour en jouir au moment de la succession. Mais ce n'était pas une raison pour annuller le legs, comme l'a fait la cour d'appel ; il fallait seulement le réduire, comme le voulait la loi. Sans doute il ne pouvait pas être question de soumettre à une réduction au marc le franc le legs du quart et la donation contractuelle, faits à l'époux survivant, de l'usufruit de la moitié des biens, puisque cet usufruit provenait d'une disposition irrévocable ; mais il fallait décider que le legs du quart des biens, fait à l'enfant, ne vaudrait qu'à titre de nue propriété pendant la vie de l'époux usufruitier de la moitié des biens, et que l'enfant n'entrerait en jouissance de son legs du quart qu'après le décès de cet époux. Et, pour n'avoir pas ordonné cette réduction, au lieu de déclarer le legs nul, la cour de Toulouse s'est mise en opposition, sinon avec le texte, du moins avec le véritable esprit de la loi. — Ajoutons que la cour de Toulouse a commis un véritable excès de pouvoir, en décidant que la donation de la moitié des biens en usufruit, devait être considérée comme la donation d'un quart des mêmes biens en pleine

propriété, et qu'ainsi la quotité disponible fixée par l'art. 913 du Code, se trouvait épuisée par l'effet de la donation faite au sieur Hocquart. — Pour faire cette évaluation, la cour de Toulouse s'est fondée sur l'esprit de la loi du 17 nivôse an 2, et du Code civil ; mais il est clair que le législateur ne pouvait pas déterminer la valeur d'un usufruit d'une manière générale, puisqu'un usufruit a plus ou moins de valeur, selon qu'il doit durer plus ou moins longtemps, et selon que l'usufruitier a plus ou moins de temps à vivre. — Ainsi, par exemple, il est évident que l'usufruit donné à un octogénaire infirme, ne saurait avoir la même valeur que l'usufruit donné à un homme de vingt ans, exempt d'infirmités. Dans un cas, l'usufruit ne peut durer que quelques années, tandis que dans l'autre, il peut durer soixante ou soixante-dix ans. Il serait donc absurde de décider que, dans un cas comme dans l'autre, l'usufruit vaut la moitié des biens sur lesquels il est établi ».

Sur ces raisons, arrêt de la section des requêtes du 3 décembre 1811, qui admet le recours en cassation de Françoise Hocquart.

En conséquence, les demoiselles Decazes sont assignées devant la section civile, pour proposer leurs moyens de défense ; et elles les proposent en ces termes :

« Bien loin d'avoir contrevenu aux dispositions du Code civil, la cour d'appel de Toulouse s'y est, au contraire exactement conformée, en décidant qu'une mère qui avait trois enfans, n'avait pu disposer que du quart de ses biens. — L'art. 913 porte en effet, que les libéralités, soit par acte entre-vifs, soit par testament, ne pourront excéder la moitié des biens du disposant, s'il ne laisse, à son décès, qu'un enfant légitime ; le tiers, s'il laisse deux enfans ; le quart, s'il en laisse trois, ou un plus grand nombre. — Dans l'espèce, il est constant que la dame Hocquart a laissé trois enfans, et de là il s'ensuit qu'elle n'a pu disposer que du quart de ses biens, et qu'ainsi, elle avait déjà épuisé la quotité disponible par la donation qu'elle avait faite à son mari, dans son contrat de mariage, lorsqu'elle a donné le quart de ses biens à sa fille du second lit. — Il est vrai que, suivant la seconde partie de l'art. 1094, l'époux qui laisse des enfans ou descendans, peut donner à l'autre époux, *ou un quart en propriété et un autre quart en usufruit, ou la moitié en usufruit seulement.* Mais il est clair que la donation du quart en pleine propriété, et d'un autre quart en usufruit, ne peut avoir lieu dans le cas où l'époux donateur laisse moins de trois enfans, puisque, lorsqu'il en laisse trois, ou un plus grand nombre, la quotité disponible se trouve fixée à un quart, aux termes de l'art. 913, et que la fixation doit être la même, quelle que soit la qualité de la personne avantagée. — Il paraît même que l'intention du législateur a été que, lorsqu'un époux aurait des enfans, il ne pût donner, dans aucun cas, à l'autre époux, que le quart en pleine propriété, ou la moitié en usufruit. Et, en effet, si, lorsqu'il a dit que l'époux qui laisserait des enfans pourrait donner *ou un quart en propriété et un autre quart en usufruit*, il avait voulu désigner le quart en *pleine propriété*, et *un autre quart en usufruit*, il n'aurait pas eu besoin d'ajouter, *ou la moitié en usufruit seulement*, puisqu'il est bien évident que, par la première disposition, il autorisait la donation de la moitié en usufruit, et en outre d'un quart en nue propriété. — Le législateur ne se serait-il pas exprimé d'une manière ridicule, si, après avoir autorisé une personne à disposer de la moitié de ses biens, il y avait ajouté qu'il l'autorisait même à disposer du quart ou d'une moindre partie? Or, c'est ce qu'il aurait fait dans le dernier paragraphe de l'art. 1094, si, par la première disposition, il avait entendu parler d'un quart *en pleine propriété* et d'un autre quart en usufruit, puisque, par la seconde disposition, il aurait autorisé la donation d'une partie des biens qui se trouvaient compris dans la première. Il faut donc admettre que, par le second paragraphe de l'art. 1094, le législateur n'a autorisé les époux à disposer les uns au profit des autres que d'un quart *en nue propriété* et d'*un quart en usufruit*, ce qui fait un quart en pleine propriété *ou d'une moitié en usufruit*. — Ajoutons que la dame Hocquart s'étant remariée et ayant des enfans de son premier lit, ne pouvait disposer en faveur de son époux que d'une part d'enfant le moins prenant; et que cette part n'était évidemment que d'un quart, puisqu'il existait trois enfans, et que la quotité disponible avait été donnée au mari sous l'empire de la loi du 17 nivôse an 2. — Le demandeur soutient que la cour de Toulouse, au lieu d'annuller le legs du quart en pleine propriété, devait le réduire à un quart en nue propriété, puisqu'aux termes de l'art. 1094, ce quart pouvait être donné au mari de la donatrice; mais on a déjà démontré que le mari lui-même ne pouvait recevoir qu'un quart des biens de son épouse, premièrement, parce que cette dernière avait trois enfans, et en second lieu, parce qu'elle s'était remariée et qu'elle avait des enfans de son premier lit. — Peu importait au surplus que la donation faite au sieur Hocquart eût été faite sous l'empire de la loi du 17 nivôse an 2; cette circonstance aurait pu tout au plus en empêcher la réduction; mais elle ne pouvait pas empêcher que les biens donnés fussent imputés sur la portion disponible fixée par le Code civil ».

Par arrêt du 21 juillet 1813, au rapport de M. Poriquet, « considérant que l'art. 913 du Code n'autorise pas à cumuler les donations faites avant sa publication, avec la portion qu'il déclare disponible; qu'il n'y a nulle distinction à faire à cet égard entre les donations de la femme à son premier ou à son second mari, et celles qu'elle aurait faites à des étrangers; que toutes les donations doivent également être imputées sur la portion disponible; d'où il suit que la cour de Toulouse a fait une juste application de cet article, en déclarant nul le legs d'un quart de sa succession fait par

la dame Hocquart à sa fille du second lit, puisque la testatrice ayant trois enfans et mariée en secondes noces, ne pouvait, sous l'un et l'autre rapport, disposer que d'un quart de sa succession, et que ce quart se trouvait absorbé par sa donation anti-nuptiale de l'usufruit de la moitié des biens qu'elle délaisserait à son décès; qu'enfin, en évaluant dans sa sagesse et par induction tirée, soit de la loi du 22 ventôse an 2, soit de divers articles du Code, la donation de l'usufruit de la moitié des biens à un quart desdits biens, la cour de Toulouse n'a violé aucune loi; la cour rejette..... ». (*Note de l'éditeur.*)

Sect. VI, n. VIII. *A la fin* de *l'article*, *après les mots* Gaspard Bolla, *ajoutez en note* :

La question s'est représentée depuis, et a encore été jugée de même.

Le 29 octobre 1783, Catherine-Marie-Joséphine Leclerc est baptisée à Paris, comme fille naturelle de Marc-Urbain Leclerc, qui signe l'acte de baptême.

Le 18 juillet 1785, Marc-Urbain Leclerc épouse Victoire-Antoinette Maussaire, fille majeure, demeurant comme lui à Paris; et par le contrat de mariage, « les futurs époux se font donation réciproque de l'universalité de leurs biens, pour en jouir par le survivant en toute propriété, *même y ayant enfans du mariage, sauf toutefois leur légitime* ; (mais) les parties se réservent de disposer en faveur de qui bon leur semblera, jusqu'à concurrence d'une somme de six mille livres; bien entendu qu'à défaut de disposition, ladite somme, ou ce dont on n'aura pas disposé, rentrera de même dans l'effet de la donation ».

Le 23 fructidor an 11 (10 septembre 1803), Catherine-Marie-Joséphine Leclerc épouse le sieur Dabadie.

Le 26 juillet 1809, Marc-Urbain Leclerc meurt sans enfans.

Le 14 décembre suivant, sa veuve est assignée par les sieur et dame Dabadie, devant le tribunal de première instance du département de la Seine, pour voir dire qu'attendu que la dame Dabadie, en sa qualité de fille naturelle légalement reconnue du feu sieur Leclerc, est investie par l'art. 757 du Code civil, de la moitié de tous les biens meubles et immeubles qui composent sa succession, il sera procédé à l'amiable si faire se peut, sinon en justice, à la liquidation et au partage de la communauté qui a existé entre le défunt et sa veuve. — La veuve Leclerc oppose à cette demande la donation universelle contenue dans son contrat de mariage.

Le 29 août 1810, jugement par lequel, « attendu 1°. qu'il est constaté par l'acte de naissance du 29 octobre 1783, que Catherine-Marie-Joséphine Leclerc est fille naturelle de Marc-Urbain Leclerc et de Catherine-Pierrette Macré; 2°. qu'à l'époque de cette naissance les père et mère, suivant la jurisprudence invariablement suivie ne devaient que des alimens à leurs enfans naturels; 3°. que depuis, ledit sieur Leclerc a épousé Victoire-Antoinette Maussaire, et que, par leur contrat de mariage du 18 juillet 1785, ils se sont fait une donation mutuelle, réciproque et universelle, en toute propriété de tous leurs biens meubles et immeubles, pour avoir lieu, même dans le cas où il y aurait des enfans (ce qui n'est point arrivé), sauf leur légitime, s'ils la réclamaient; 4°. que les lois qui sont survenues depuis cette époque, relatives aux droits accordés aux enfans naturels, n'ont point d'effet rétroactif; et que, par des dispositions expresses elles ont maintenu les conventions et donations portées aux contrats de mariage alors existans; en sorte qu'à l'instant du décès du sieur Leclerc, la demoiselle Maussaire, sa veuve, a été saisie, comme donataire, de tous les biens qui se sont trouvés composer sa succession; d'où il suit que ladite Catherine-Marie-Joséphine Leclerc étant mariée avec le sieur Jacques Dabadie, n'a aucun droit à exercer sur la succession dudit Marc-Urbain Leclerc; en conséquence le tribunal déclare ladite fille Leclerc, épouse dudit sieur Dabadie, non-recevable dans sa demande, avec dépens.

Le 22 février 1811, arrêt de la cour de Paris, qui, faisant droit sur l'appel interjeté de ce jugement par les sieur et dame Dabadie, et, adoptant les motifs des premiers juges met l'appellation au néant ».

Les sieur et dame Dabadie se pourvoient en cassation contre cet arrêt.

« L'art. 757 du Code civil (ai-je dit à l'audience de la section des requêtes, le 9 juillet 1812), est-il violé par l'arrêt que vous dénoncent les demandeurs? C'est à cette seule question que se réduisent les moyens de cassation qui vous sont proposés.

» Pour établir que cet article a été violé, les demandeurs vous disent d'abord qu'il ne distingue pas entre les enfans nés sous l'ancienne législation et les enfans nés sous la nouvelle; et que, par conséquent il attribue aux premiers les mêmes droits qu'aux seconds.

» Vous avez en effet jugé plusieurs fois que les enfans naturels nés et reconnus, même avant la loi du 4 juin 1793, peuvent réclamer tout aussi bien que les enfans naturels nés et reconnus sous le Code civil, l'application de l'art. 757 de ce Code.

» Mais aussi l'arrêt qui vous est dénoncé, ne juge pas le contraire. Ce n'est pas parce que la dame Dabadie est née et a été reconnue avant la législation nouvelle, qu'il la déclare non-recevable dans sa demande, qu'il ne l'y déclare non-recevable, que parce qu'avant la législation nouvelle, et à une époque où, en vertu de sa filiation légalement reconnue, elle ne pouvait prétendre aux alimens, la veuve Leclerc a été investie par son contrat de mariage de l'universalité des biens que son mari laisserait à sa mort.

» Le premier moyen de cassation des demandeurs porte donc absolument à faux.

» Le deuxième consiste à dire qu'en faisant dé-

river de la donation mutuelle dont se prévalait la veuve Leclerc, une fin de non-recevoir contre la demande de la dame Dabadie, l'arrêt attaqué fait une fausse application des dispositions de la coutume de Paris relatives au don mutuel entre époux.

Mais ni l'arrêt attaqué ni le jugement qu'il confirme, ne disent le mot des dispositions de la coutume de Paris concernant le don mutuel; et à quel propos auraient-ils parlé de ces dispositions?

» La coutume de Paris s'occupait bien du don mutuel fait entre époux pendant le mariage; mais, elle était muette sur les donations mutuelles que les futurs époux pouvaient faire, par leur contrat de mariage, à celui des deux qui survivrait l'autre.

Ces sortes de donations n'étaient, à Paris comme presque partout ailleurs, régies, avant la loi du 17 nivôse an 2, que par la jurisprudence; et à cet égard, la jurisprudence avait établi deux maximes irréfragables: la première, que les donations mutuelles par contrat de mariage, étaient, à la vérité, considérées comme donations à cause de mort, en ce sens que leur effet était subordonné à la mort de l'un des époux; mais qu'elles étaient irrévocables ni plus ni moins que si elles eussent eu le caractère de donations entre-vifs; la seconde, que ces donations, lorsqu'elles comprenaient l'universalité des biens des futurs époux, équipollaient à des institutions contractuelles réciproques, et en avaient tous les effets utiles, comme tous les effets onéreux.

» Mais si de là il résulte que les demandeurs ne s'entendent pas eux-mêmes dans le reproche qu'ils font à l'arrêt dont ils se plaignent, d'avoir appliqué à faux les dispositions de la coutume de Paris concernant le don mutuel, n'en résulte-t-il pas aussi que les demandeurs pourraient avec fondement reprocher à cet arrêt d'avoir restreint arbitrairement la disposition de l'art. 357 du Code civil, et par conséquent de l'avoir violée? N'en résulte-t-il pas aussi que la cour de Paris n'a pas pu priver la dame Dabadie des avantages accordés par cet article aux enfans naturels légalement reconnus, sous le prétexte qu'avant les nouvelles lois, son père s'était dessaisi éventuellement de tous ses biens par une donation universelle?

Non, Messieurs; et il y en a une raison très-simple: c'est que, pour faire prévaloir sur la donation universelle dont il s'agit, la disposition de l'art. 757 du Code civil, il faudrait attribuer à cette disposition un effet rétroactif, et par conséquent faire ce que prohibe, d'une manière absolue, l'art. 2 du Code civil lui-même.

» Il y a, en effet, rétroactivité dans une loi, toutes les fois qu'elle enlève à quelqu'un des droits qui lui sont acquis par un contrat formé sous la loi antérieure.

» Et il n'importe que ces droits lui soient acquis incommutablement, comme dans le cas d'une donation entre-vifs pure et simple; ou qu'ils ne le soient que sous une condition qui peut ne pas s'accomplir, comme dans le cas d'une donation mutuelle par contrat de mariage ; dont l'effet est, pour chacun des donataires, subordonné au prédécès de son donateur. Dans le second cas , tout aussi bien que dans le premier , la loi qui survient après le contrat , ne peut rien changer aux stipulations des contractans, parce que même en stipulant sous une condition qui peut ne pas arriver, chacun des contractans a acquis irrévocablement le droit de recueillir tous les avantages de sa stipulation, si la condition arrive; et qu'il n'y a que le non-accomplissement de la condition qui puisse le priver de ces avantages.

» Or, dans notre espèce, ne serait-ce pas enlever à la veuve Leclerc des droits qui lui étaient acquis par son contrat de mariage, sous la condition de survivre à second mari , que de la dépouiller , en vertu de l'art. 757 du Code civil, c'est-à-dire, en vertu d'une loi qui, à l'époque de son contrat de mariage, n'existait pas encore, d'une partie des biens compris dans la donation universelle dont il s'agit ?

» Sans doute, un donataire entre-vifs, un donataire à cause de mort par contrat de mariage , un héritier contractuel, peuvent évincer de leur donation ou de leur institution, par l'événement qui rend le donateur ou l'instituant père d'un enfant habile à lui succéder d'après la loi du temps où il a donné , où il a institué.

» Sans doute, un donataire entre-vifs, un donataire à cause de mort par contrat de mariage , un héritier contractuel , peuvent éprouver dans leur donation ou dans leur institution, un retranchement quelconque pour fournir aux légitimes des enfans que la loi du temps où la donation et l'institution ont été faites, reconnaissait habiles à succéder au donateur ou à l'instituant.

» Et pourquoi peuvent-ils être totalement évincés dans la première hypothèse ? Pourquoi peuvent-ils éprouver un retranchement dans la seconde ? Parce que la loi sous laquelle le donateur a donné , sous laquelle l'instituant a institué, a imprimé elle-même à la donation et à l'institution , la charge éventuelle de cette éviction, de ce retranchement.

» Mais qu'on puisse neutraliser en tout ou en partie une donation entre-vifs, une institution contractuelle, en vertu d'une loi qui n'est survenue qu'après la donation ou l'institution, c'est ce qui répugne aux premières notions de la justice, c'est ce que prohibe absolument l'art. 2 du Code civil.

» Et la cour l'a ainsi jugé par des arrêts très-positifs.

» Par la coutume de Normandie, les filles mariées étaient exclues des successions de leurs pères et de leurs mères , et ne pouvaient conséquemment pas exiger , au décès de leurs pères et de leurs mères , le rapport des donations qu'ils avaient faites à leurs enfans mâles. Cet ordre de choses fut changé par la loi du 8 avril 1791 ; et dès ce moment, les filles mariées vinrent à partager avec leurs frères. Il fut alors question de savoir si, dans une succession de père ou de mère ouverte depuis la loi du 8 avril 1791, une fille pouvait exiger le rapport d'une dé-

mission de biens qui, avant cette loi et après son mariage, avait été faite au profit de l'un de ses frères, démission de biens qui avait en Normandie , comme vous le savez, tous les caractères et tous les effets d'une donation entre-vifs ; et par deux arrêts des 11 ventôse an 12, au rapport de M. Vergès , et 4 mai 1807, au rapport de M. Sieyes, vous avez jugé, en maintenant deux arrêts de la cour de Rouen , qu'elle ne le pouvait pas, attendu que, la coutume tenant, elle n'aurait pas pu, n'étant pas héritière , faire prononcer la révocabilité d'une donation qui était irrévocable à son égard.

» Les constitutions piémontaises renfermaient , à peu de choses près, sur les filles mariées et dotées , la même disposition que la coutume de Normandie. Le Code civil ayant opéré à cet égard , en Piémont , le même changement qu'avait opéré en Normandie, la loi du 8 avril 1791, il s'est pareillement agi de savoir quel devait être l'effet de ce changement pour les donations entre-vifs dont avaient été précédemment gratifiés des enfans mâles. Par arrêt du 15 mars 1806, la cour de Turin a jugé cette question de la même manière que l'avait déjà fait la cour de Rouen ; et cet arrêt vous ayant été dénoncé, vous l'avez maintenu, le 15 décembre 1807, au rapport de M. Pajon, « attendu que l'arrêt attaqué, en
» décidant que la donation faite à Gaspard Bolla ,
» par son contrat de mariage, et à une époque lors
» de laquelle les filles piémontaises n'avaient aucune
» réclamation à exercer sur la succession de leurs
» père et mère lorsqu'elles avaient été convenable-
» ment dotées, lui avait conféré un droit.... irrévo-
» cable de sa nature..., n'a proclamé qu'une doc-
» trine conforme à tous les principes ; et qu'en con-
» séquence il en a justement conclu que les disposi-
» tions du Code civil ne lui étaient pas applicables,
» nonobstant le décès du père commun , survenu
» postérieurement à sa publication ».

» Sous l'ancienne législation , la légitime des enfans était, en général, plus faible que n'est aujourd'hui la réserve qui leur est attribuée par le Code civil ; et de là est née la question de savoir sur quel pied doit être réglée la légitime d'un enfant qui, à ce titre, demande le retranchement d'une donation entre-vifs que son père décédé sous le Code civil , avait faite sous l'empire de l'ancienne loi ; et il a été constamment jugé que l'ancienne loi doit seule en déterminer la quotité.

» Avant le Code civil, les ascendans n'avaient point de Réserve au préjudice des époux de leurs enfans. Un fils pouvait alors tout donner à sa femme, une femme pouvait alors tout donner à son mari ; sans que son père, sa mère, ni ses aïeux pussent s'en plaindre. Aujourd'hui l'art. 915 du Code civil porte généralement , et sans en excepter les donations entre époux, que « les libéralités par actes entre-
» vifs ou par testament, ne pourront excéder la
» moitié des biens, si, à défaut d'enfant, le défunt
» laisse un ou plusieurs ascendans dans chacune des
» lignes paternelle et maternelle ; et les trois quarts,
» s'il ne laisse d'ascendans que dans une ligne ».

» De là, l'espèce suivante ?.

» Le 6 ventôse an 6, contrat de mariage devant notaires à Paris, entre le général Wirion et la demoiselle Raclot. Par cet acte, les futurs époux stipulent une communauté indéfinie, et « se font un » don mutuel irrévocable, le premier mourant au » survivant, de tous les biens généralement quel- » conques que laissera le premier mourant, pour le » second être saisi d'iceux, en jouir et disposer en » toute propriété, sans qu'il ait à en faire inventaire » ni à demander envoi en possession ou délivran- » ce.... ; voulant que leur présente disposition ait » toute l'étendue que comportent les lois ». — Le général Wirion meurt à Paris, le 8 avril 1810. Son père réclame l'exécution de l'art. 915 du Code civil, et demande qu'en vertu de cet article il soit distrait un quart de ses biens du don mutuel qu'il a fait à sa veuve.

» Le 8 juin suivant, jugement du tribunal de première instance du département de la Seine, qui ordonne cette distraction, « attendu que le don mu- » tuel ne saisit pas ; que les objets compris au don, » mutuel, ne sont ni présens ni déterminés ; qu'ils » peuvent être aliénés par le mari, maître de la » communauté ; que ce n'est qu'éventuellement » qu'ils peuvent être recueillis par l'un ou l'autre » des époux survivans ; que l'époux survivant n'é- » tant saisi qu'au moment du décès du prémourant, » l'irrévocabilité de la donation ne suffit pas pour » lui donner le caractère de donation entre-vifs ; » qu'ainsi, par sa nature, par les objets qu'il em- » brasse, l'époque à laquelle il produit son effet, » le don mutuel participe réellement de la donation » à cause de mort, et que la donation à cause de » mort, quant à ses effets, se règle par la loi en » vigueur au moment du décès du donateur ; at- » tendu, en fait, que Wirion fils est décédé sous » l'empire du Code civil, et qu'aux termes des art. » 915 et 920 de ce Code, les libéralités, dans le cas » d'existence d'un ascendant, ne pourvant avoir d'ef- » fet que pour les trois quarts des biens délaissés » par le sieur Wirion fils, le sieur Wirion père a » incontestablement droit à la réserve légale de l'au- » tre quart ».

» La veuve Wirion interjette appel de ce juge- ment ; et, le 3 août de la même année, arrêt qui, « attendu que les lois n'ont point d'effet rétroactif ; » que le caractère d'irrévocabilité attaché aux dona- » tions de survie *singulières* ou *réciproques* stipulées » par contrat de mariage dont elles sont une condi- » tion, en constituent de véritables donations entre- » vifs, qui ne peuvent être soumises, dans leur exé- » cution, qu'à la loi du contrat ; attendu que la do- » nation portée au contrat de mariage du 6 ventôse » an 6, a été faite sous l'empire de la loi du 17 » nivôse an 2, qui n'attribuait aucune Réserve hé- » réditaire aux ascendans ; a mis et met l'appella- » tion au néant, etc. ».

Le sieur Wirion père se pourvoit en cassation ; et voici comment l'arrêt qui a prononcé contradic- toirement sur son recours, analyse ses moyens : « Le » don mutuel (disait le demandeur) n'est, malgré » son irrévocabilité, malgré la qualification contraire » des parties, qu'une véritable disposition à cause » de mort, que le testament conjonctif des époux : » en effet, il ne leur transmet aucun droit actuel ; » il ne les saisit de la propriété d'aucuns biens pré- » sens et déterminés ; les époux conservent même la » faculté de vendre, aliéner et hypothéquer leurs » biens ; l'effet du don mutuel, quant à sa quotité » et à la personne qui doit en recueillir le fruit, » reste incertain jusqu'à la mort de l'un des époux ; » jusqu'alors, il n'y a ni donataire, ni donateur, il » n'y a qu'espoir de recueillir un jour éventuellement » le don ; que ce caractère de don mutuel et les ef- » fets qui en résultent, ajoute le demandeur, ne » permettent pas de le considérer autrement que » comme une donation à cause de mort. Or, il est » de principe incontestable, que c'est toujours la loi » en vigueur à l'époque du décès, qui doit être ap- » pliquée quand il s'agit de mesurer l'étendue de la » quotité disponible du défunt ; que jamais l'on ne » doit se reporter à la loi en vigueur à l'époque de » l'acte, que lorsqu'il s'agit d'une donation entre- » vifs, et qu'un tiers a été saisi avant la promulga- » tion de la loi nouvelle. Donc, dans l'espèce, le » don mutuel fait entre les époux Wirion, quoi- » qu'antérieur au Code civil, n'a pu être régi, quant » à la quotité disponible, que par les dispositions » de ce Code. Donc il n'a pu être affranchi de la Ré- » serve légale que l'art. 915 établit en faveur des » ascendans, sans violation expresse de cet ar- » ticle ».

» Telle était la défense du sieur Wirion père. Mais par arrêt du 18 mai 1812, au rapport de M. Carnot, la section civile a prononcé en ces termes : « attendu » que le don mutuel entre époux fait par contrat » de mariage, met le donateur dans l'incapacité » de disposer ultérieurement de ses biens, à titre » gratuit ; d'où il suit qu'il est irrévocable, et, par » une conséquence nécessaire, qu'il doit se régir » par la loi du temps où il a été fait ; que si, par » la nature des choses, son exécution est purement » éventuelle, cette éventualité se rattache à l'épo- » que de la disposition, puisque c'est elle qui cons- » titue le droit du donataire ; que ce droit étant » acquis d'une manière irrévocable, ne peut être » altéré en tout ni en partie par une législation qui » lui est postérieure ; que la prohibition de l'effet » rétroactif des lois est, en effet, l'une des bases » fondamentales de notre législation, et que ce » serait violer ce principe établi par l'art. 2 du même » Code civil, que de faire prévaloir les dispositions » nouvelles de ce Code, aux lois existantes à l'ins- » tant de la convention ; attendu que l'art. 915 du » Code, sur lequel le demandeur fonde son ou- » verture de cassation, n'a disposé que pour l'ave- » nir ; que cela résulte, non-seulement de sa com- » binaison avec l'art. 2, mais même de ses propres » termes pris dans leur sens littéral ; qu'ainsi, le » don mutuel que se firent les époux Wirion par

81 *

» leur contrat de mariage , du 6 ventôse an 6 ; n'a » pu recevoir aucune atteinte des dispositions dudit » art. 915, qui n'a acquis le caractère de loi qu'en » l'an 12 ; que, loin de violer ledit article , l'arrêt » attaqué a fait une juste application de l'art. 2 ; la » cour rejette le pourvoi.... ».

» Le principe qui a déterminé toutes ces décisions, s'applique de lui-même à notre espèce.

» A l'époque du contrat de mariage entre le sieur Leclerc et la demoiselle Maussaire, la dame Dabadie, fille naturelle du premier, ne pouvait espérer sur sa succession que des alimens : la loi de ce temps-là ne lui promettait rien de plus ; et c'est sur la foi de cette législation , que la demoiselle Maussaire s'est déterminée à échanger contre la donation éventuelle que lui faisait son mari, la donation dont elle l'a gratifié lui-même éventuellement. C'est donc à de simples alimens que sont actuellement réduits les droits de la dame Dabadie. Les étendre au-delà, ce serait violer la convention la plus sacrée, ce serait fouler aux pieds l'art. 2 du Code civil.

» Il est vrai que l'arrêt attaqué ne réserve pas expressément à la dame Dabadie son action en alimens ; mais il ne la lui ôte pas non plus, puisqu'il ne la déboute que de sa demande en partage de communauté ; et c'en est assez pour que cette action reste entière ; c'en est assez par conséquent pour mettre , sur ce point, l'arrêt attaqué à l'abri de toute critique.

» Par ces considérations , nous estimons qu'il y a lieu de rejeter la requête des demandeurs et de les condamner à l'amende ».

Arrêt du 9 juillet 1812, au rapport de M. Botton-Castellamonte , par lequel , « attendu qu'il s'agit , dans l'espèce, d'un enfant naturel reconnu en 1783, et d'une donation réciproque entre époux de l'universalité de leurs biens, en faveur du survivant, stipulée par contrat de mariage en 1785, et à une époque à laquelle il était de principe que les enfans naturels n'avaient droit qu'aux alimens sur la succession paternelle ; et cela posé, considérant , sur le premier moyen, que l'arrêt dénoncé n'a pas méconnu l'état de la demanderesse ; qu'il n'a pas méconnu les droits que les textes invoqués du Code civil accordent aux enfans naturels ; mais que ces textes n'ont pas été appliqués à l'espèce , par l'unique motif que l'universalité de la succession du père de la demanderesse, Marc-Urbain Leclerc , avait été acquise à la femme de ce dernier, en vertu d'un titre légitime et irrévocable, antérieur à la loi de brumaire an 2 et à celles qui l'ont suivie ; qu'en jugeant ainsi, la cour de Paris a fait la plus juste application de l'art. 2 du Code civil : *la loi ne dispose que pour l'avenir, elle n'a point d'effet rétroactif* ; sur le second moyen, qu'il n'était pas question de statuer sur un don mutuel fait entre le mari et la femme *constante matrimonio* , dont parle la coutume de Paris (art. 284) ; mais bien d'une donation universelle entre époux faite par contrat de mariage ; que ces sortes de donations, assimilées aux institutions contractuelles, doivent être régies, dans leurs effets, par les lois dominantes au moment où elles sont stipulées , bien que l'exécution en soit renvoyée au moment du décès du donateur ; d'où il suit encore que l'arrêt dénoncé a suivi les vrais principes , en décidant que le donataire avait acquis , lors de la stipulation de ses conventions matrimoniales , un droit irrévocable auquel les lois postérieures n'avaient porté aucune atteinte ;

» Sur le moyen présenté à l'audience , que la question de savoir s'il était dû des alimens à la demanderesse sur la succession de son père , n'a pas formé l'objet ni des conclusions prises par elle devant la cour de Paris, ni du dispositif de l'arrêt dénoncé ; qu'à la vérité, il est dans les motifs que *la demanderesse n'a aucun droit à exercer sur la succession d'Urbain Leclerc ;* mais qu'il n'est pas permis de scinder ces mots d'avec les autres qu'on y lit aussi : *étant mariée avec Dabadie ; La cour rejette le pourvoi....* ». (note de l'éditeur.)

RÉSOLUTION , n. II. *Page 804 , col. 1 , après la ligne 52 , ajoutez :*

Les sieurs Robillard appelés à une succession avec le sieur Amey-Désaulnais et plusieurs autres, font avec le sieur Amey-Désaulnais, tant pour lui que pour ses cohéritiers dont il se porte fort , une transaction sous seing privé , par laquelle ils règlent la forme du partage. Par le même acte , les parties ne pouvant pas s'accorder sur le compte des rapports qu'elles se doivent faire mutuellement , conviennent de s'en référer, sur ce point, à l'avis de trois avocats qu'elles désignent.

Cet avis donné , les sieurs Robillard le font notifier au sieur Amey-Désaulnais , en le sommant de déclarer dans la huitaine s'ils entendent s'y conformer ; ils ajoutent qu'ils prendront son silence pour refus, et qu'alors se regardant comme déliés, ils se pourvoiront en justice, non-seulement pour les sommes qui leur sont adjugées , mais même pour toutes celles qu'ils croiront avoir droit de réclamer.

A défaut de réponse du sieur Amey-Désaulnais dans la huitaine, les sieurs Robillard le font citer en conciliation sur toutes les demandes qu'ils entendent former , attendu , disent-ils, qu'ils sont déliés de leurs promesses.

Le sieur Amey-Désaulnais se présente , sur cette citation , devant le bureau de paix , et déclare qu'il n'entend point stipuler pour ses cohéritiers.

Les parties ne s'étant point conciliées, les sieurs Robillard font assigner le sieur Amey-Désaulnais devant le tribunal de première instance de Caen.

Celui-ci réitère la déclaration qu'il a déjà faite devant le bureau de paix, et ne s'explique point sur la renonciation des sieurs Robillard aux conventions écrites.

Les choses en cet état, les sieurs Robillard rétractent leur renonciation, déclarent s'en tenir à la décision des avocats , se désistent de l'action qu'ils ont intentée et se réservent de faire valoir leurs droits par une action nouvelle.

Jugement qui leur donne acte tant de leur renonciation que de leur déclaration de s'en tenir à l'avis des avocats, rejette leur désistement, et ordonne que la procédure sera continuée sur les autres chefs.

Les cohéritiers du sieur Amey-Désaulnais interviennent, et prétendent que les sieurs Robillard n'ont pas pu rétracter leur première déclaration, que par cette seule déclaration le contrat judiciaire a été formé et que la transaction a été anéantie.

Jugement par défaut qui rejette cette prétention. Appel.

Le 29 juin 1807, arrêt de la cour de Caen qui, « attendu que le contrat judiciaire s'était formé par le silence du sieur Amey-Désaulnais sur la première déclaration des sieurs Robillard, et que ce silence emportait, de sa part, approbation de leur renonciation; qu'il a confirmé cette approbation, en n'opposant aucune fin de non-recevoir à leur action postérieure; que si, dans leur déclaration, ils ne parlent expressément que de l'avis des trois avocats, c'est que la transaction n'étant point enregistrée à cette époque; ils ne pouvaient pas s'expliquer ouvertement à cet égard; mais que les termes de leur acte ne laissent aucun doute sur leur intention d'abandonner aussi la transaction; met l'appellation et ce dont est appel, au néant; émendant, sans avoir égard à la transaction et à l'avis des trois avocats, ordonne que les parties plaideront sur le fond. ».

Les sieurs Robillard se pourvoient en cassation contre cet arrêt; et le 4 juillet 1810, au rapport de M. Cochard, après une plaidoirie contradictoire, — « Vu les art. 1120, 1121 et 1134 du Code civil, et l'art. 141 du Code de procédure; et attendu qu'en cause d'appel comme en première instance, cette affaire présentait trois questions à décider: la première, si la transaction du 20 pluviôse an 11 avait été valablement résiliée par les sieurs Louis-Adrien et Jean-Marie Robillard, d'une part, et le sieur Pierre Amey-Désaulnais, d'autre part; la seconde, si elle était nulle dans son origine à l'égard des intervenans; et la troisième, si elle n'avait pas été acceptée par le partage consommé depuis par ces derniers, aussi bien que par les autres cohéritiers appelés avec le sieur Amey-Désaulnais à recueillir la moitié de la succession; — attendu, sur la première, qu'aux termes de l'art. 1134 du Code civil, les conventions légalement formées ne peuvent être révoquées que du consentement mutuel de ceux qui les ont faites, ou pour les causes que la loi autorise, et que ce consentement n'existe qu'autant que les parties sont d'accord sur toutes les conditions, et les modifications qui doivent faire l'objet de leurs conventions; qu'en admettant avec la cour d'appel tous les faits reconnus par l'arrêt attaqué, mais formellement contredits par les conclusions du sieur Amey, signifiées les 30 brumaire et 17 pluviôse an 13, il demeure constant que, par leur sommation extrajudiciaire du 9 fructidor an 11, les sieurs Ro-

billard n'ont demandé la résiliation de la transaction du 20 pluviôse précédent, qu'autant que cette résiliation serait acceptée par le sieur Amey-Désaulnais pour lui et ses cohéritiers; que, cependant, celui-ci a déclaré en termes formels, qu'il n'entendait procéder que pour lui seul et nullement pour ses cohéritiers; que par conséquent il n'était pas d'accord avec les sieurs Robillard, au moins sur les conditions de la résiliation; que diviser les offres, n'est pas les accepter; et que, dans les circonstances particulières de la cause, cette division était même absolument impraticable, s'agissant d'une transaction sur partage consommé depuis, qu'on ne peut résilier sans le consentement de toutes les parties, puisqu'un nouveau partage supposerait la mise en masse de tous les lots délivrés et acquis aux autres cohéritiers; que, dans cet état, la cour d'appel, en déclarant la transaction valablement résiliée, a violé les dispositions de l'art. 1134 du Code civil; — attendu; sur la seconde et la troisième question, que les intervenans n'ont pris part à cette contestation qu'après la rétractation faite par les sieurs Robillard de leurs offres, que la cour d'appel n'a pas même décidé qu'ils les ayent même jamais acceptées; qu'il résulte au contraire de leurs conclusions qu'ils prétendaient qu'à leur égard la transaction était nulle dans son origine; que le sieur Amey-Désaulnais n'avait jamais eu de pouvoir pour transiger en leur nom, et que le partage consenti depuis par toutes les parties, n'avait pas été fait en exécution de la transaction; que la cour d'appel ne s'est prononcée sur aucune de ces deux questions; que néanmoins elle a ordonné aux intervenans aussi bien qu'aux parties principales, de plaider au fond par-devant elle, comme si la transaction n'eût jamais existé; qu'elle a ainsi jugé sur le motif que le sieur Amey en avait accepté la résiliation pour lui et dans son intérêt personnel; d'où il suit que si la cour d'appel a entendu appliquer ce seul motif aux intervenans, elle a formellement contrevenu aux articles 1120, 1121 et 1134 du Code civil; que, dans le cas contraire, elle n'aurait donné aucun motif à son arrêt, à l'égard desdits intervenans, et par conséquent elle aurait violé l'art. 141 du Code de procédure civile; — la cour casse..... ».

II (bis). Lorsque, par un contrat notarié qui, par défaut de date, se trouve nul comme acte public, deux personnes ont fait conjointement une acquisition et sont obligées solidairement; si l'un des acquéreurs n'a pas signé, faute de savoir écrire, et que, par suite, le contrat ne puisse pas avoir, à son égard, l'effet d'une convention sous seing-privé; le vendeur peut-il demander la résolution de la vente, même contre celui des acquéreurs qui a signé, et nonobstant son offre de se charger de toutes les obligations de son coacquéreur? V. le plaidoyer et l'arrêt du 27 août 1812, rapportés au mot *ratification*, n. 9.

Page 805, col. 2, après la ligne 31, ajoutez:

IV. *L'action du vendeur en résolution de la*

vente d'un immeuble, faute de payement du prix, peut-elle être exercée contre un tiers-acquéreur ?

Le 27 ventôse an 10, le sieur Mignot et la demoiselle Ducros achètent de la veuve Longchamps et de ses deux filles, un domaine situé à Pirey, moyennant la somme de 7,000 fr., qu'ils s'obligent de payer, moitié dans trois mois et moitié dans un an.

Le 21 brumaire an 12, transaction entre le sieur Mignot et la demoiselle Ducros, assistée et autorisée du sieur Fages, son mari. Le sieur Mignot y reconnaît devoir à la dame Fages une somme de 700 liv, qu'il s'oblige de payer aux demoiselles Longchamps en déduction de sa part du prix du domaine de Pirey ; et il est convenu que les meubles existans dans ce domaine seront partagés.

Le 22 messidor an 12, le sieur Mignot, d'une part, les sieur et dame Fages, de l'autre, licitent entr'eux ce domaine et les meubles qui le garnissent. Les sieur et dame Fages en demeurent propriétaires pour le tout, à la charge 1.º de payer au sieur Mignot la somme de 4,450 fr., savoir : 2,225 fr. dans deux mois, et 2,225 fr. dans cinq mois ; 2.º de lui rapporter, dans le premier de ces deux termes, la quittance définitive de la veuve et des demoiselles Longchamps ; 3.º de laisser jouir le sieur Mignot, sans aucune rétribution, des objets par lui vendus, jusqu'au payement effectué du premier terme, et que les acquéreurs auront effectué l'art. 2 des conditions du présent ; 4.º qu'en cas de défaut, même de retard de payement, défaut d'exécution d'une seule clause, la présente sera annullée de plein droit, le sieur Mignot rentrant dans sa propriété, comme s'il ne s'en était point dépossédé, et sous réserve encore de tous dommages et intérêts, et d'exercer toutes actions à cet égard, comme il trouvera convenir, ce qui forme une condition essentielle du présent, sans laquelle il n'eût été fait ; 5.º que, par la seule échéance des termes, et sans qu'il soit besoin d'acte, les débiteurs seront en demeure.

Le 13 thermidor suivant, le sieur Mignot prend une inscription hypothécaire, en vertu de ce contrat, sur la portion du domaine de Pirey qu'il vient d'aliéner.

Le 24 brumaire an 14, les sieur et dame Fages font assigner le sieur Mignot au tribunal civil de Besançon, pour se voir condamner, 1.º à déguerpir le domaine de Pirey dans la huitaine de la signification du jugement à intervenir ; 2.º à leur rapporter en valeur la moitié des fruits de ce domaine, depuis le 20 brumaire an 12 jusqu'au contrat du 22 messidor suivant ; 3.º à leur rapporter de même tous les fruits depuis cette dernière époque jusqu'à celle du déguerpissement, sous soumission d'imputer sur ces derniers fruits, les intérêts de la portion revenant au défendeur dans le prix de la licitation.

Le sieur Mignot conclut, de son côté, à ce qu'il plaise au tribunal, de déclarer les demandeurs non recevables dans leurs fins et conclusions, les condamner aux dommages-intérêts résultans de l'inexécution de l'acte de vente du 22 messidor an 12, suivant qu'ils seront estimés en exécution, et les condamner aux dépens ; plutôt et moyennant les soumissions que fait le défendeur de faire état des loyers et fruits depuis le 21 brumaire an 12 jusqu'au 22 messidor suivant, d'après l'estimation qui en sera faite par experts, sur les avances qu'il a faites, tant en ouvrages qu'en payement d'intérêts, et sur ses autres créances envers les demandeurs ; et débouter ceux-ci de toutes fins et conclusions.

Le 25 avril 1806, jugement par lequel, « considérant 1.º qu'on ne peut ordonner, contre le sieur Mignot, le déguerpissement effectif du domaine, attendu le défaut de payement du prix de la vente du 22 messidor an 12, et l'indivision de propriété qui existait auparavant entre lui et la demoiselle Ducros ; 2.º que, jusqu'au moment du déguerpissement, il convient de partager le produit des jouissances du même domaine entre le sieur Mignot et les demandeurs, le sieur Mignot ne pouvant avoir plus de droit sur cette moitié depuis la vente par lui faite à la demoiselle Ducros et à son mari, qu'il n'en avait auparavant ; considérant d'ailleurs, pour les fruits qui sont dus en remontant au 21 brumaire an 12, époque de la transaction, que ces fruits en particulier ne peuvent point être contestés ; enfin, que le sieur Mignot, conservant la moitié des fruits, doit payer la moitié des intérêts dus aux demoiselles Longchamps ; le tribunal condamne le sieur Mignot à rapporter les loyers et intérêts de la valeur des meubles et immeubles composant la moitié du domaine vendu le 22 messidor an 12, et ce à dater du 21 brumaire précédent, ainsi qu'ils seront réglés à l'amiable, sinon en conformité de la loi ; et à payer aux demoiselles Longchamps la moitié des intérêts dus à ces dernières ; ordonne que les parties compteront en conséquence, jusqu'au déguerpissement effectif du même domaine, déboute les parties des plus amples fins, et compense les dépens entr'elles ; au moyen de quoi, il est suffisamment pourvu sur leurs conclusions ».

Le 7 janvier 1809, les sieur et dame Fages vendent le domaine de Pirey à Jean-Claude Renaud et sa femme, pour la somme de 4,500 fr.

Le 18 du même mois, le sieur Mignot fait assigner les sieur et dame Fages, ainsi que les sieur et dame Renaud, devant le tribunal civil de Besançon, pour voir dire que, faute par les sieur et dame Fages de lui avoir payé le prix de la vente du 22 messidor an 12, cette vente demeurera résolue ; et qu'en conséquence, celle que les sieur et dame Fages ont faite depuis aux sieur et dame Renaud, restera sans effet, quant à la moitié indivise.

Le 13 février suivant, jugement qui déboute le sieur Mignot de sa demande, « attendu qu'il a renoncé au pacte commissoire, stipulé dans le contrat du 22 messidor an 12, tant parce qu'il a laissé courir un long délai sans le faire valoir, que parcé. qu'il est censé y avoir renoncé, en demandant l'exécution du contrat lors de la tentative faite par les sieur et dame Fages pour le déposséder ».

Le 24 du même mois, le sieur Mignot appelle de ce jugement.

Le 8 juin 1809, l'une des demoiselles Long-champs et le sieur Oudet, son mari, réunissant sur leurs têtes tous les droits des vendeurs du 27 ventôse an 10, se rendent, par suite d'une surenchère exercée sur le contrat d'acquisition des sieur et dame Renaud, adjudicataire du domaine de Pirey. En cette qualité, ils interviennent dans la cause d'appel entre le sieur Mignot, les sieur et dame Fages et les sieur et dame Renaud.

Le 6 septembre de la même année, la cour de Besançon, statue en ces termes, sur l'intervention et sur l'appel : — « considérant, sur l'intervention, que l'action exercée par l'appelant, tend à dépouiller les sieur et dame Oudet de la propriété du domaine en litige qui leur a été transféré depuis le jugement dont appel, par adjudication ensuite de surenchère ; que les intervenans ayant un droit acquis antérieurement à l'arrêt, pourraient y former tierce-opposition ; si les conclusions de l'appelant étaient accueillies ; d'où il résulte qu'ils ont droit d'intervenir dans la contestation pour y défendre leurs droits ; que d'ailleurs l'appelant serait sans intérêt à contester leur intervention, soit parce qu'ils sont représentés par les sieur et dame Renaud, acquéreurs des mariés Fages, et intimés dans la cause, soit parce que lesdits mariés Fages ont adhéré aux mêmes moyens proposés par les intervenans ; et que ces moyens sont aussi puissans dans leur bouche que dans celle des sieur et dame Oudet ; qu'ainsi, et sous aucun rapport, la demande en intervention de ces derniers ne peut être contestée ; — au fond, qu'abstraction faite des motifs qui ont déterminé les premiers juges, il est certain que, d'après l'art. 1583 du Code civil, la vente est parfaite entre les parties, et la propriété est acquise de droit à l'acheteur, à l'égard du vendeur, dès qu'on est convenu de la chose et du prix, quoique la chose n'ait pas été livrée ni le prix payé ; qu'ainsi les mariés Fages sont devenus propriétaires de la moitié du domaine de Pirey, appartenant à Mignot, dès l'instant de la passation du contrat ; qu'à la vérité le sieur Mignot, n'étant pas payé du prix, aurait pu se pourvoir contre les intimés en Résolution en vertu de la clause résolutoire insérée dans le contrat, soit en vertu de l'art. 1184 du Code, qui veut que la condition résolutoire soit toujours sousentendue dans les contrats synallagmatiques, pour le cas où l'une des parties ne satisferait point à son engagement, mais que le sieur Mignot n'a exercé son action résolutoire que postérieurement à la vente authentique faite par les mariés Fages aux sieur et dame Renaud ; qu'il est de principe consacré par les lois, que la Résolution d'un contrat ne peut préjudi-

cier aux droits acquis de bonne foi par des tiers ; que cela résulte instamment des art. 2106, 2108 et 2113 du Code civil qui n'accordent au vendeur qu'une hypothèque privilégiée contre le tiers acquéreur, et qui exigent que ce privilège ne puisse être conservé sans inscription aux hypothèques ; que l'inscription exigée pour la conservation du privilège du vendeur, deviendrait inutile, si, par l'action en Résolution, il avait la faculté de faire tomber les hypothèques et les droits des tiers acquéreurs ; qu'enfin il implique de croire que le législateur, qui a refusé action hypothécaire au créancier privilégié non inscrit, lui aurait cependant accordé l'action en revendication; d'où il résulte que le jugement du 13 février 1809 qui a débouté l'appelant de sa demande, doit être confirmé ; — par ces motifs, la cour a reçu et reçoit les sieur et dame Oudet intervenans dans la cause dont il s'agit ; fait jonction de leur intervention à la matière principale ; et prononçant sur le tout, a mis et met l'appellation interjetée par le sieur Mignot, du jugement rendu par le tribunal civil de première instance séant à Besançon le 13 février 1809, au néant ; ordonne que le jugement dont appel ira avant et sortira son plein et entier effet.... ».

Le sieur Mignot se pourvoit en cassation contre cet arrêt.

Le 14 novembre 1810, arrêt de la section des requêtes qui admet son recours.

En conséquence, l'affaire est portée, le 2 décembre 1811, à l'audience de la section civile.

« Contravention aux art. 1655, 1656, 1664 et 2182 du Code civil ; fausse application des articles 1583, 2106, 2108 et 2113 du même Code : tels sont les moyens de cassation que vous propose le demandeur.

» Pour apprécier ces moyens, nous devons les rapprocher des motifs de l'arrêt attaqué.

» Il commence par établir que, d'après l'art. 1583 du Code civil, les sieur et dame Fages sont devenus propriétaires de la moitié indivise du sieur Mignot dans le domaine de Pirey, du moment qu'il y a eu consentement sur la chose et le prix, quoique la chose n'eut pas encore été livrée ni le prix payé.

» Rien de plus vrai. Mais sont-ils, par cela seul, devenus propriétaires incommutables? ont-ils, par cela seul, acquis le droit de transmettre incommutablement à des tiers, un bien dont ils n'avaient pas payé le prix? Voilà une question que ne résoud certainement pas l'art. 1583 ; l'art. 1583 ne s'occupe que de l'effet immédiat du contrat de vente, il décide seulement que, par le contrat de vente, l'acquéreur est investi immédiatement de la propriété de la chose vendue. Mais assurément il n'entend point par là décider que la propriété de la chose vendue n'est pas résoluble faute de payement du prix ; et ce qui le prouve sans réplique, c'est que, par l'art. 1654, il est dit que, « si l'acheteur » ne paye pas le prix, le vendeur peut demander

» la Résolution de la vente »; c'est que, par l'art. 1656, le législateur autorise expressément les parties à stipuler « que, faute de payement du prix » dans le terme convenu, la vente sera résolue de » plein droit »; c'est que, d'après le même article, il ne faut qu'une sommation de la part du vendeur, après le terme convenu, pour assurer irrévocablement l'effet de cette stipulation.

» La cour d'appel ajoute que le sieur Mignot n'ayant exercé son action résolutoire que postérieurement à la vente faite par les sieur et dame Fages aux sieur et dame Renaud, il ne pouvait être préjudicié, par cette action, aux droits acquis de bonne foi par des tiers.

» Quoi donc! est-ce que des tiers-acquéreurs peuvent avoir, sur les biens qu'ils ont achetés, même de bonne foi, plus de droits que leur vendeur? est-ce que leur vendeur a pu leur transmettre incommutablement une propriété qui, dans ses mains, était sujette à une action résolutoire? est-ce que l'action résolutoire qu'un vendeur s'est réservée à défaut de payement du prix, ne peut pas s'intenter contre un tiers-acquéreur, tout aussi bien que contre l'acquéreur primitif?

» Le droit romain ne laissait là-dessus aucun doute. La loi 8, D. *de lege commissoriâ*, qualifie de *revendication* et par conséquent de réelle, l'action par laquelle le vendeur demande à rentrer, en ce cas, dans son bien; et Pothier, dans son *Traité du contrat de vente*, n. 464, établit positivement que cette action *peut être intentée contre les tiers-détenteurs*; car, dit-il, *le vendeur n'ayant aliéné d'héritage qu'aux charges portées dans son contrat, en aliénant l'héritage, il l'a affecté à l'exécution des obligations que l'acheteur a contractées envers lui par ce contrat.*

» Le Code civil a-t-il dérogé à cette jurisprudence?

» Sans doute, il en doit être de l'aliénation absolue comme de l'hypothèque qui n'est qu'une aliénation partielle; et par conséquent si, sous le Code civil, le pacte commissoire que le vendeur a stipulé en cas de défaut de payement du prix, opère son entier effet contre les créanciers personnels de l'acquéreur auxquels celui-ci a hypothéqué le bien qu'il ne possédait que sous la condition résolutoire d'en payer le prix dans un terme convenu, il est clair qu'elle doit l'opérer également contre les tiers à qui cet acquéreur a revendu le même bien; il est clair qu'elle doit également résoudre les aliénations faites au profit des tiers-acquéreurs.

» Or, l'art. 2125 du Code Civil décide nettement que la Résolution de la vente, lorsqu'elle est prononcée par suite d'un pacte commissoire stipulé pour le cas de défaut de payement du prix, entraîne la Résolution des hypothèques constituées intermédiairement par l'acquéreur.

« Ceux qui n'ont sur l'immeuble (porte cet article) qu'un droit suspendu par une condition, ou » *résoluble dans certains cas*, ou sujet à rescision,

« ne peuvent consentir qu'une hypothèque soumise » aux mêmes conditions ou à la même rescision ».

» Donc, par la même raison, celui qui n'a sur un immeuble qu'un droit résoluble dans certains cas ou sujet à rescision, ne peut l'aliéner que tel qu'il le possède; et c'est ce que déclare expressément l'art. 2182 : *le vendeur*, y est-il dit, *ne transmet à l'acquéreur que la propriété et les droits qu'il avait lui-même sur la chose vendue*; donc l'action résolutoire, l'action rescisoire, qui pouvait être intentée contre lui avant l'aliénation qu'il en a faite, peut l'être également contre son acquéreur.

» Aussi l'art. 954 déclare-t-il, que, *dans le cas de la révocation pour cause d'inexécution des conditions; les biens rentreront dans les mains du donateur, libres de toutes charges et hypothèques du chef du donataire; et (que) le donateur aura, contre les tiers détenteurs des immeubles donnés, tous les droits qu'il aurait contre le donateur lui-même.*

» Aussi l'art. 664 déclare-t-il que, *le vendeur à pacte de rachat; peut exercer son action contre un second acquéreur, quand même la faculté de réméré n'aurait pas été déclarée dans le second contrat.*

» Aussi l'art. 1681 déclare-t-il que le *tiers-possesseur* est sujet, de la part du vendeur lésé dans le prix jusqu'à concurrence des sept-douzièmes, à la même action rescisoire, que l'acquéreur direct de qui il tient ses droits.

» A la vérité, il n'y a dans le Code aucun texte qui applique littéralement aux ventes stipulées résolubles à défaut de payement du prix, le principe général sur lequel sont fondées toutes ces dispositions particulières. Mais qu'importe? Ce principe général est écrit textuellement dans l'art. 2182 du Code; il fait loi par lui-même; il n'a besoin d'aucun développement ultérieur; et les tribunaux sont tenus de l'appliquer aux ventes stipulées résolubles à défaut de payement du prix, comme ils auraient été tenus, si le législateur ne l'avait pas fait surabondamment, de l'appliquer aux ventes faites sous faculté de rachat, aux ventes rescindées pour cause de lésion, aux donations révoquées faute d'exécution des conditions imposées aux donataires.

» Comment donc la cour d'appel de Besançon a-t-elle pu penser que l'action résultant du pacte commissoire opposé à une vente pour défaut de payement du prix, ne peut plus être exercée du moment que le bien est passé dans les mains d'un tiers-acquéreur?

» C'est, a-t-elle dit, parce que les art. 2106, 2108 et 2113 du Code civil n'accordent au vendeur, contre le tiers acquéreur, qu'une hypothèque privilégiée, et qu'ils ne la lui accordent que dans le cas où il a pris le soin de la faire inscrire; c'est que le législateur se contredirait lui-même si, tout en refusant une action hypothécaire au vendeur qui a négligé de faire inscrire son privilège, il lui accordait une action en revendication,

» Mais 1.º la supposition, d'après laquelle raisonne la cour d'appel, est étrangère au sieur Mignot. Le sieur Mignot a été inscrit sur le domaine de Pirey, dès le 13 thermidor an 12, vingt-un jours après la vente qu'il en avait faite aux sieur et dame Fages, et long-temps avant la revente que les sieur et dame Fages en ont faite aux sieur et dame Renaud. La preuve en est écrite dans l'état qui est sous vos yeux, des inscriptions existantes sur ce domaine à l'époque où les sieur et dame Renaud ont fait transcrire leur contrat.

» 2.º Quand même le sieur Mignot n'aurait pas fait inscrire son privilége sur le domaine de Pirey, il n'en aurait pas moins le droit de rentrer dans ce domaine, en faisant résoudre, à défaut de payement du prix, le contrat par lequel il l'a vendu ; et ce droit, il ne pourrait pas moins l'exercer contre un tiers-acquéreur, que contre son acquéreur immédiat.

» En effet, le privilége et l'action en résolution sont deux droits distincts et indépendans l'un de l'autre. Le privilége est accordé par l'art. 2103 du Code civil, et l'art. 2108 ajoute qu'il ne peut avoir lieu qu'à l'aide d'une inscription hypothécaire. L'action en résolution est accordée par les art. 1654 et 1656, et ni l'art. 1654 ni l'art. 1656 ne limitent l'exercice de l'action en résolution au cas où une inscription hypothécaire a conservé le privilége.

» L'action en résolution et le privilége ont-ils le même but ? Non.

» Par le privilége, le vendeur obtient le payement de son prix ; et ce payement il le préfère toujours à la propriété, puisque c'est l'espérance de se faire payer son prix qui a déterminé son consentement à cesser d'être propriétaire. Il lui importe donc de conserver son privilége, puisque c'est le seul moyen qu'il a de se faire payer.

» Par l'action en résolution, le vendeur qui n'a pu se faire payer, rentre dans son bien comme s'il ne l'avait pas vendu. Mais il importe peu, pour cela, qu'il ait ou qu'il n'ait pas conservé son privilége. S'il l'a conservé, le tiers-acquéreur ne pourra pas s'en prévaloir pour empêcher la résolution de la vente. S'il ne l'a pas conservé, ce sera encore la même chose, parce qu'il n'a acquis qu'une propriété qui était résoluble dans les mains de son auteur ; et qu'encore une fois, le vendeur, aux termes de l'art. 2182 du Code civil, *ne transmet à l'acquéreur que les droits qu'il avait sur la chose vendue* ; parce qu'il en est de l'action en résolution d'une vente, pour défaut du payement du prix, comme de l'action en rescision d'une vente pour lésion de plus des sept douzièmes, comme de l'action en révocation d'une donation pour inaccomplissement des conditions sous lesquelles elle a été faite ; et que conséquemment elle peut, comme celles-ci, l'intenter contre un tiers-acquéreur, quoique le vendeur n'ait pas fait inscrire son privilége.

» C'est ce que la cour de Toulouse a parfaitement expliqué dans un arrêt que la section des requêtes a maintenu, le 16 juin dernier, au rapport de M. Lefessier-Grandprey.

» Par arrêt du 4 août 1808, cette cour avait déclaré refuser, faute de payement des arrérages de la rente qui en formait le prix, un bail à locatairie perpétuelle, du 5 septembre 1721, en vertu duquel le sieur Squiroly jouissait de deux domaines concédés à ses auteurs par ceux du sieur Décès-Caupène ; et elle avait renvoyé le sieur Décès-Caupène en possession de l'une et de l'autre.

» La dame Squiroly qui avait pris, dès l'an 8, des inscriptions hypothécaires sur ces deux domaines, pour la sûreté de ses deniers dotaux, prétendit forcer le sieur Décès-Caupène à les lui délaisser, sinon à lui payer sa dot ; et pour d'autant mieux appuyer sa prétention, elle forma tierce-opposition à l'arrêt du 4 août 1808.

» Le sieur Décès-Caupène se trouvait, à cet égard, dans une position moins avantageuse que n'est ici le sieur Mignot : il n'avait fait inscrire, ni avant, ni depuis l'inscription prise par la dame Squiroly, l'hypothèque privilégiée qu'il avait, comme bailleur de fonds, et, par conséquent, comme vendeur, sur les deux domaines dont il s'agissait.

» Mais il soutint que, par-là, il n'avait perdu que son hypothèque privilégiée ; que son action en résolution en était absolument indépendante ; qu'il aurait pu exercer cette action contre un tiers-acquéreur, sans le secours préalable d'aucune inscription hypothécaire ; et que, par la même raison, il avait aussi pu l'exercer au préjudice d'un créancier hypothécaire.

» Par l'arrêt qui intervint sur cette contestation, la cour d'appel de Toulouse débouta la dame Squiroly de toutes ses demandes, « attendu (dit-elle), » qu'on doit coordonner les principes sur les hy-
» pothèques avec les effets du pacte commissoire,
» et suivre, à cet égard, la doctrine adoptée par
» le Code civil, qui, en consacrant, comme la loi
» du 11 brumaire an 7, le système de la publi-
» cité de l'hypothèque, de la nécessité de l'ins-
» cription et de la préférence à donner à la priorité
» des actes, a néanmoins voulu, art. 954, que
» le donateur puisse dans certains cas, reprendre
» les biens donnés ; art. 1184, que la condition ré-
» solutoire soit sous-entendue dans tous les contrats
» synallagmatiques ; et art. 1654, que, faute de paye-
» ment du prix, le vendeur puisse demander la
» résolution de la vente ; et que, dans tous ces cas,
» les biens soient repris libres et francs d'hypothè-
» ques ; et qu'il y a, sous ce rapport, une diffé-
» rence essentielle entre l'action en payement et
» l'action en revendication ; que, dans le cas de
» l'action en payement, le vendeur aurait besoin
» de l'inscription d'office pour primer les autres
» créanciers de l'acquéreur ; tandis qu'il les écarte
» tous et sans inscription, en recourant à l'action
» en revendication ; et qu'il en est absolument du
» bailleur à locatairie perpétuelle, comme du ven-
» deur ordinaire ».

» La dame Squiroly s'est pourvue en cassation

contre cet arrêt; mais la cour adoptant les conclusions de M. l'avocat-général Daniels, a rejeté sa requête : « attendu que la loi du 29 décembre 1790, » qui a rendu rachetables les rentes foncières perpétuelles, n'a pas changé la nature de ces rentes, » et que le *pacte commissoire* est de leur nature ; attendu que l'exécution du pacte commissoire dérivant du titre originaire, résout le contrat *ab initio*, » et par conséquent efface toutes les hypothèques intermédiaires ; attendu que l'arrêt contradictoire » du 4 août 1808, conforme à ce principe, avait de » plus acquis l'autorité de la chose jugée, lorsque » la réclamante y a formé opposition; attendu qu'elle » ne pouvait avoir plus de droit par son hypothèque, que son débiteur lui-même, qui n'avait » qu'une propriété résoluble ; que, dans cet état de » choses, cette tierce-opposition aurait été mal fondée, quand même elle eût été recevable ; attendu » enfin, que l'arrêt attaqué n'a contrevenu à aucune loi, et s'est conformé, au contraire, à l'ancienne jurisprudence, à laquelle la loi du 29 décembre 1790 n'a porté aucune atteinte; la cour rejette ».

» Tout se réunit donc pour établir que le sieur Mignot aurait conservé, même dans le cas où il n'eût pas fait inscrire son privilége sur le domaine de Pirey, le droit de faire résoudre, faute de payement du prix, la vente qu'il avait faite de ce domaine ; et que ce droit, il aurait pu le faire valoir contre un tiers-acquéreur, ni plus ni moins que contre les créanciers hypothécaires de son propre acquéreur (1); qu'à plus forte raison, a-t-il pu exercer ce même droit, après avoir assuré son privilége par une inscription, et qu'en décidant le contraire, par les motifs de son arrêt, la cour d'appel de Besançon a violé les art. 1654, 1656, 1664, 1681, 2125 et 2182 du Code civil.

» Mais s'il n'est pas possible de justifier les motifs de l'arrêt de la cour d'appel de Besançon, ne peut-on pas du moins en justifier le dispositif par les considérations qui avaient déterminé les premiers juges, et dont cette cour a cru devoir faire abstraction?

» Quelles sont ces considérations? Il y en a deux qui aboutissent à un résultat commun, savoir : que le sieur Mignot, avant d'intenter son action en révocation de la vente du 22 messidor an 12, y avait renoncé.

» Et d'abord, il y avait renoncé, suivant le tribunal de première instance, par le seul effet du retard qu'il avait mis à l'exercer, par cela seul qu'il ne l'avait exercé que le 18 janvier 1809, près de cinq ans après l'ouverture de cette action.

» Mais entre renoncer à une action et en différer

l'exercice par ménagement pour le débiteur, la différence est incommensurable ; et argumenter de l'un à l'autre, dans notre espèce, c'est, non-seulement insulter à la raison, mais encore violer implicitement l'art. 1656 du Code. « S'il a été stipulé (porte » cet article), que, faute de payement du prix » dans le terme convenu, la vente serait résolue de » plein droit, l'acquéreur peut néanmoins payer » après l'expiration du délai, tant qu'il n'a pas été » mis en demeure par une sommation. Mais après » cette sommation, le juge ne peut pas lui accorder » de délai ». Ainsi, l'acquéreur qui, faute de payement du prix au terme fixé par le contrat de vente, a encouru la peine de la résolution, peut néanmoins s'y soustraire par le payement effectif du prix, tant que le vendeur ne lui a pas fait une sommation de le payer, quelque long que soit d'ailleurs le temps qui s'est écoulé depuis l'expiration du délai conventionnel. Et comment l'acquéreur aurait-il cette faculté, si le vendeur, de son côté, était déchu de son action résolutoire, faute de l'avoir exercée immédiatement après l'expiration du terme convenu? Bien évidemment cette faculté n'aurait plus alors d'objet pour l'acquéreur. L'art. 1656 présuppose donc nécessairement que, quelque temps que le vendeur ait laissé passer après l'expiration du terme convenu, sans faire à l'acquéreur une sommation de le payer; il est toujours maître de lui faire cette sommation, et, par suite, d'exercer contre lui son action résolutoire.

» En second lieu, a dit le tribunal de première instance, le sieur Mignot avait renoncé à son action, *en demandant l'exécution du contrat lors de la tentative faite par les sieur et dame Fages pour le déposséder.*

» Ici deux choses sont à examiner : le fait et le droit.

» Dans le fait, il est très-vrai que les sieur et dame Fages s'étant pourvus par exploit du 24 brumaire an 14, pour faire condamner le sieur Mignot à désemparer le domaine de Pirey, nonobstant la clause du contrat du 22 messidor an 12, qui lui réservait la jouissance de sa part jusqu'à ce que les acquéreurs eussent payé le premier terme du prix et rapporté la quittance définitive des demoiselles Longchamps, leurs venderesses communes, le sieur Mignot a conclu à ce que les sieur et dame Fages fussent déclarés non recevables dans leurs fins et conclusions, et *condamnés aux dommages-intérêts résultans de l'inexécution de l'acte de vente du 22 messidor an 12.*

» Dans le droit, de ce que le sieur Mignot, afin de repousser la tentative faite par les sieur et dame Fages pour le déposséder avant de lui avoir rien payé, leur a opposé la clause de son contrat qui l'autorisait à continuer de jouir jusqu'à payement de la moitié du prix de la vente du 22 messidor an 12 et de la totalité de celui de la vente du 27 ventôse an 10, il ne s'ensuit nullement que le sieur Mignot eût renoncé, dès lors, à l'exercice de son action

(1) *V.* le Décret du 18 septembre 1811, pour le grand duché de Berg; et l'arrêt de la cour de cassation, du 13 décembre 1813, rapporté au mot *Transcription*, §. 3, dans les *Additions.*

résolutoire. Le contrat du 22 messidor an 12 assurait deux droits au sieur Mignot : celui de jouir jusqu'au payement d'une portion du prix et à la justification de sa libération complette envers les demoiselles Longchamps; et celui de faire résoudre la vente à défaut d'accomplissement de l'une ou de l'autre des obligations des acquéreurs dans les délais fixés par leurs conventions; et assurément le sieur Mignot, en exerçant le premier de ces droits, ne renonçait pas au deuxième.

» Mais le sieur Mignot n'a pas seulement conclu à ce que les sieur et dame Fages fussent, à raison de l'inexécution du contrat de vente, déclarés non-recevables dans leur demande en délaissement du domaine de Pirey; il a encore conclu à ce qu'ils fussent *condamnés aux dommages-intérêts résultans de cette inexécution*; et il s'agit de savoir si, par ce second chef de ses conclusions, il n'a pas implicitement renoncé à son action résolutoire.

» Dans le droit romain, le vendeur était censé renoncer à son pacte commissoire, lorsqu'après l'expiration du terme fixé pour le payement, il demandait, au lieu de sa résolution de la vente, le payement même du prix. *Post diem commissoriæ legi præstitutum* (dit la loi 7, D. *de lege commissoriâ*), *si venditor pretium petat, legi commissoriæ renunciatum videtur, nec variare et ad hanc redire potest.* La loi 4, C. *de pactis inter emptorem et venditorem* étendait cette décision jusqu'au cas où le vendeur s'était borné, après l'expiration du terme fatal, à demander le payement des intérêts du prix : *commissoriæ venditionis legem exercere non potest qui, post præstitutum pretii solvendi diem, non vindicationem rei eligere, sed usurarum pretii petitionem sequi maluit.*

» Mais d'abord il est fort douteux qu'on puisse, en cette occasion, assimiler au vendeur qui, le moment de la commise arrivé, réclame le payement du prix, le vendeur qui, ainsi, demande des dommages-intérêts à raison du défaut de ce payement.

» Ensuite les lois romaines que nous venons de rappeler, sont-elles renouvelées par le Code civil? il s'en faut beaucoup. Nous l'avons déjà dit, l'art. 1656 de ce Code, porte que, « s'il a été stipulé, lors de la vente d'immeubles, que, faute de payement du prix dans le terme convenu, la vente serait résolue de plein droit, l'acquéreur peut néanmoins payer après l'expiration du délai, *tant qu'il n'a pas été mis en demeure par une sommation* ». Quel est le but de la *sommation* dont il est parlé dans cet article; elle n'a pas d'autre que d'interpeller l'acquéreur de payer; car ce n'est qu'en interpellant l'acquéreur de payer, qu'on peut le mettre *en demeure*. Il est donc décidé par cet article, que l'action résolutoire peut encore être intentée après que le vendeur a réclamé sans succès le payement du prix. Cet article déroge donc aux lois romaines qui faisaient résulter de la demande du payement du prix, une fin de non-recevoir contre cette action.

» Et il ne faut pas s'étonner que le Code civil n'ait pas conservé des lois qui étaient plus subtiles que raisonnables. Que se passe-t-il dans l'ame d'un vendeur qui, après l'expiration du terme convenu pour la Résolution de la vente, poursuit encore le payement du prix? Sans doute, il annonce assez qu'il préfère au parti de faire résoudre la vente, celui de se faire payer. Mais par-là, renonce-t-il à la ressource de la Résolution qu'il s'est réservée en cas de défaut de payement? Non, et bien loin de là : en mettant dans un nouveau jour la mauvaise volonté ou l'impuissance de son acquéreur, il ne fait que constater d'autant mieux la nécessité d'en venir à l'action résolutoire ; il ne fait qu'ôter à son acquéreur tous les moyens d'excuse dont il pourrait se prévaloir contre l'exercice de cette action.

» Il n'y a donc rien, dans les motifs des premiers juges, qui puisse couvrir l'illégalité de ceux de la cour d'appel; et nous estimons en conséquence qu'il y a lieu de casser et annuller l'arrêt qui vous est dénoncé ».

Par arrêt du 2 décembre 1811, au rapport de M. Ruperou, « vu les art. 2182, 2125, 1654, 1655, 1656, 1664, 1535, 2106, 2108 et 2113 du Code civil.... ; Attendu, en fait, que, dans l'acte de licitation du 22 messidor an 12, il a été expressément convenu qu'en cas d'inexécution de la part des mariés Fages d'une seule des clauses de cet acte, la licitation serait annullée de plein droit, et que rien ne prouve que depuis le sieur Mignot eût renoncé au droit de requérir l'exécution de la clause résolutoire stipulée à son profit; attendu, en droit, qu'il est de règle certaine qu'un vendeur ne peut transmettre à son acquéreur plus de droit qu'il n'en a lui-même ; qu'ainsi, quelle qu'ait pu être la bonne-foi des mariés Renaud, ils n'ont acheté que la propriété qu'avaient les mariés Fages, et ils ont été obligés, comme l'auraient été ces derniers eux-mêmes, de supporter l'effet de la clause résolutoire stipulée en l'acte de licitation; attendu enfin qu'il ne faut pas confondre le privilége qu'à le vendeur sur le bien pour le prix qui lui est dû, avec le droit réel qui lui assure la clause résolutoire, lequel n'a pas besoin d'inscription pour être conservé; mais que, cette inscription fût-il nécessaire, on n'en saurait rien induire dans l'espèce, au préjudice de Mignot, puisqu'il est constant qu'il a fait inscrire le contrat de licitation, le 13 thermidor an 12; la cour casse et annulle l'arrêt de la cour d'appel de Besançon du 22 août 1809, pour violation des art. 2182, 2125, 1654, 1655, 1656, 1664 et en même-temps pour fausse application des art. 1583, 2106, 2108 et 2113 du Code civil »

n. VI.-*Page 805, col. 2, ligne 40, après les mots*, translatif de propriété, *ajoutez :*

Le 24 floréal an 9, Clément Nasso vend à Bénoît Carolis, une maison, située à Turin, moyennant une somme de 90,750 francs dans laquelle est compris un capital de 3,400 francs constitué en rente. Quelque temps après, l'acquéreur prétend que, par le prix de cette vente, il est énormément lésé, et il propose au vendeur de faire juger la question par des arbitres. Sa proposition est acceptée. En conséquence, des arbitres sont nommés de part et d'autre. Bénoît Carolis propose devant eux ses moyens; mais Clément Nasso garde le silence. Quoi qu'il en soit, les arbitres font estimer la maison par des experts; et il résulte de l'expertise, que la maison ne valait au moment de la vente, que 29,200 francs.

Le 3 septembre 1806, sentence par laquelle les arbitres déclarent le contrat de vente du 24 floréal an 9, *résolu pour cause de nullité radicale.*

Cette sentence présentée à l'enregistrement, le receveur exige le droit proportionnel de quatre pour cent. Refus de la part de Clément Nasso, avec offre de payer trois francs pour droit fixe, conformément au n.º 3 du §. 7 de l'art. 68 de la loi du 22 frimaire an 7.

Le 30 avril 1807, jugement du tribunal civil de Turin, qui déclare suffisante l'offre de Clément Nasso, « attendu que, jusqu'à la publication du Code civil, l'acquéreur avait, dans le pays, le droit, comme le vendeur, de se pourvoir en rescision pour cause de lésion; et que la résolution *pour cause de nullité radicale* prononcée par jugement, ne doit, d'après la loi du 22 frimaire an 7, art. 68, §. 7, n. 3, que le droit fixe de trois francs ».

Mais la régie se pourvoit en cassation; et le 17 décembre 1811, arrêt qui casse, au rapport de M. Babille. On peut en voir le texte dans le *Bulletin civil* de la cour de cassation.

[[RESPONSABILITÉ CIVILE DES DÉLITS.

C'est l'obligation que la loi impose à quelqu'un de répondre civilement des délits commis par un autre.

Les cas de cette responsabilité sont indiqués sous le mot *délit*, §. 8, et dans les autres articles auxquels ce mot renvoie.

Mais il est une question qui leur est commune à tous, et qu'il importe de traiter ici : c'est de savoir si les personnes que la loi déclare *civilement responsables* de certains délits, ne sont passibles que de condamnations purement civiles, telles que les restitutions, les dommages-intérêts et les frais, ou si elles le sont en même temps des amendes.

Monsieur le procureur général de la cour de....... m'a proposé cette question, en m'annonçant qu'elle divisait les tribunaux d'arrondissement du ressort de cette cour, et me témoignant le désir de connaître comment la cour de cassation la jugeait habituellement.

Voici ce que j'ai répondu, le 26 février 1814.

« Il y a d'abord une distinction à faire entre les matières criminelles, correctionnelles, et de police ordinaire, et les matières criminelles, correctionnelles et de police qui sont régies par des lois spéciales.

» Dans les premières, nul doute que la responsabilité civile ne soit limitée aux restitutions, dommages-intérêts et frais, et qu'on ne doit par conséquent en exclure les amendes.

» En effet, les amendes sont rangées par l'art. 9 du Code pénal, parmi les *peines* proprement dites.

» Et l'art. 10 du même Code dit expressément que la *condamnation aux peines établies par la loi, est toujours prononcée sans préjudice des restitutions et dommages-intérêts qui peuvent être dûs aux parties.*

» Les restitutions et les dommages-intérêts sont donc indépendans de l'amende. On ne peut donc pas, de ce que la responsabilité civile d'un délit entraîne la condamnation aux uns, conclure qu'elle entraîne aussi la condamnation à l'autre.

» Et dans le fait, c'est aux restitutions et aux dommages-intérêts que les art. 73 et 74 du Code pénal restreignent expressément la responsabilité civile.

» Quant aux matières criminelles, correctionnelles et de police qui sont régies par les lois spéciales, il y a une sous-distinction à faire : ou la loi spéciale qui établit la responsabilité civile, en étend les effets jusqu'à l'amende; où elle est muette là-dessus.

» Au premier cas, point de difficulté : la loi spéciale peut déroger au droit commun; et lorsqu'elle le fait en termes exprès, il n'y a plus de question.

» Ainsi, relativement aux délits de pâturage dans les bois, l'ordonnance de 1669, tit. 19, art. 13, et tit. 32, art. 10, veut que les pères, les mères et les maîtres répondent civilement des *amendes* encourues par leurs enfans et leurs domestiques.

» Ainsi, l'art. 20 du tit. 13 de la loi du 22 août 1791, sur les douanes, l'art. 35 du décret du 1.er germinal an 13, sur les droits réunis, portent que « les propriétaires des marchandises seront respon- » sables civilement du fait de leurs facteurs, agens, » serviteurs et domestiques, *en ce qui concerne les* » *droits, confiscation, amendes et dépens* ».

» Ainsi, l'art. 9 de la loi du 6 floréal an 11, veut que le père et la mère de tout conscrit réfractaire, soient condamnés, *comme civilement responsables*, à l'amende encourue par leur fils.

» Mais dans le second cas, le droit commun n'étant point modifié par la loi spéciale, relativement aux effets de la responsabilité civile, la loi spéciale, est censée subordonner ces effets au droit commun; elle est par conséquent censée limiter la responsabilité civile qu'elle établit, aux restitutions et aux dommages-intérêts. Pour que l'on pût étendre cette responsabilité jusqu'à l'amende, il faudrait que l'amende eût, dans les matières spéciales, un caractère particulier : il faudrait qu'elle n'y fût pas considérée comme une peine; il faudrait qu'elle n'y fût considérée que comme une réparation civile; or, il est certain que, dans les matières spéciales comme dans les matières ordinaires, l'amende à un caractère pénal; et c'est parce qu'elle à ce caractère, même dans les matières spéciales, que, comme l'a jugé un arrêt de cassation du 9 décembre 1813 (1), l'héritier du contrevenant n'en est point tenu, lorsqu'elle n'a pas été prononcée du vivant de celui-ci ».

_____

(1) *V.* l'article *Tabac*, n. 9.

Depuis, et le 14 juillet 1814, la cour de cassation a confirmé cette doctrine par un arrêt formel, dont on peut voir l'espèce et le dispositif dans le *Bulletin criminel* de cette cour.

RESTITUTION DE DROITS INDUEMENT PERÇUS, n. II. *A la fin de l'article, ajoutez :*

Le 10 février 1812 et le 8 février 1813, arrêts semblables, dont on peut voir les espèces dans le *Bulletin civil* de la cour de cassation.

III. Mais si la partie qui a payé des droits d'enregistrement pour un contrat de vente résolu depuis, n'est pas recevable à en demander la restitution, n'est-elle pas du moins fondée à les compenser contre d'autres droits de mutation dont elle se trouve redevable ?

Non. *V.* l'arrêt de la cour de cassation, du 30 janvier 1809, rapporté dans le *Bulletin civil* de cette cour.

RESTITUTION POUR DÉLIT FORESTIER, n. I. *Page. 812, col. 2, après la ligne 9, ajoutez :*

Le 8 octobre suivant, arrêt semblable qui, au rapport de M. Guieu, en casse un de la cour de justice criminelle du département d'Isle-et-Vilaine. (*Ibid.*)

Le 7 avril 1809, la cour de cassation a encore cassé, au rapport du même magistrat, trois arrêts de la même cour qui avaient de nouveau jugé que, pour délit de pâturage, il n'est point dû de restitution égale à l'amende. (*Ibid.*)

Des arrêts aussi multipliés et aussi positifs semblaient devoir faire cesser la question. Cependant elle s'est encore reproduite, et même avec une grande solennité, dans l'espèce suivante :

Le 29 juin 1812, procès-verbal par lequel un garde forestier constate avoir trouvé, le même jour, deux vaches pâturant dans son triage, et avoir reconnu qu'elles appartiennent à Henri Kammeyer, cultivateur à Brockum, arrondissement de Quakenbruck département de l'Ems-Supérieur.

En vertu de ce procès-verbal duement affirmé, Jean-Henri Kammeyer est cité, à la requête de l'administration des forêts, devant le tribunal correctionnel de Quakenbruck, pour se voir condamner à une amende de 40 francs, à une indemnité de la même somme et aux dépens, avec confiscation des deux vaches.

Le 5 août 1812, jugement qui condamne Jean-Henri Kammeyer, à une amende de 40 francs et aux frais, et rejette les demandes de l'administration des forêts en condamnation à une indemnité égale à l'amende et en confiscation des deux vaches.

Appel de la part de l'administration des forêts.

Le 25 septembre suivant, jugement du tribunal correctionnel d'Osnabruck, qui confirme celui dont est appel.

Le procureur criminel du département de l'Ems-

Supérieur se pourvoit en cassation contre ce jugement.

Le 13 novembre de la même année, arrêt, au rapport de M. Basire, qui casse ce jugement en ce qu'il n'a pas adjugé une indemnité égale à l'amende, et renvoie l'affaire à la cour de Hambourg.

Le 20 février 1813 arrêt, qui, « vu et lecture faite des art. 8 et 10 du tit. 32 de l'ordonnance forestière de 1669......, attendu, dans le fait, qu'il est constaté par le susdit procès-verbal, que deux vaches à lait appartenant au cultivateur Jean-Henri Kammeyer, ont été trouvées pâturant, le 29 juin de l'année dernière, dans la forêt dite *Sett im Ellernsthlage*, où elles s'étaient introduites en sautant par-dessus le fossé et la levée de terre ; mais que ledit procès-verbal ne fait pas mention qu'elles aient été saisies par le garde-forestier ; attendu, en droit, que, quoiqu'aux termes de l'art. 10 du tit. 32 de l'ordonnance forestière précitée, il ait fallu prononcer contre le prévenu l'amende y déterminée, la confiscation des bestiaux n'était pas encourue en même temps, parce que l'article allégué ne porte qu'alternativement ou la confication des bestiaux, ou des amendes dans le cas que les bestiaux n'auraient pas été saisis ; d'où il suit que c'est absolument sans fondement que l'administration des forêts s'est plainte de ce que la confiscation des bestiaux n'a pas été ordonnée ; attendu sur la demande de l'administration des forêts tendante à ce que le prévenu soit condamné à des dommages-intérêts d'une somme égale à l'amende, demande rejetée par le jugement du tribunal de police correctionnelle de Quakenbruck du 5 août dernier, mais renouvelée dans l'appel interjeté dudit jugement par ladite administration et par le procureur criminel du département de l'Ems-Supérieur ; que l'art. 8 du tit. 32 de l'ordonnance forestière de 1669 n'a pas entendu apporter de nouvelles dispositions sur l'obligation des délinquans à des restitutions, dommages et intérêts en elle-même ; qu'au contraire, il ne se réfère, sous ce rapport, qu'aux règlemens antérieurs y relatifs, ce qui résulte des termes *conformément à l'ordonnance faite par Henri III, en* 1588, *etc.*, dont il s'est servi, et que l'ordonnance de 1669 ne renferme de nouvelles dispositions que sur la fixation des restitutions, dommages et intérêts ; d'où il suit que, pour savoir à quels délits forestiers la disposition de l'art. 8 de cette ordonnance doit être appliquée, il faut l'interpréter par l'ordonnance de 1588 et par les règlemens auxquels il se réfère ; que cette ordonnance et ces règlemens ne parlent de la restitution et des dommages-intérêts que par rapport aux délits forestiers proprement dits, tels que les délits de coupe et d'enlèvement de bois ; que même le motif dont s'est servi l'art. 8 de l'ordonnance de 1669, pour fixer la quotité de la restitution et des dommages et intérêts, ne s'applique qu'aux délits de coupe et d'enlèvement de bois, parce qu'il est pris de ce que les amendes au pied du tour avaient été réglées selon la valeur et l'état des bois de l'année 1518 ; mais que les bois étaient montés depuis à beaucoup plus haut prix, motif d'ailleurs qui indique que la restitution, les dommages et intérêts d'une somme égale à l'amende, ont été considérés par le législateur, non-seulement comme une réparation du dommage causé, mais encore comme une augmentation proportionnelle de l'amende; qu'il semble résulter évidemment du rapprochement de l'art. 8 et de ceux qui le précèdent et suivent, dans le tit. 32; que les mots *tous délits*, dont il s'est servi, ne peuvent être entendus que des délits de coupe et d'enlèvement de bois, parce que, non-seulement les articles qui le précèdent, mais aussi le 9.e ne parlent que de ces délits, parce que les art. 10 et 11 qui ont pour objet les délits de pâturage et les bestiaux trouvés en délit hors des lieux de routes et chemins dans les forêts, et l'art. 12 qui ne s'occupe également que des délits qui ne rentrent pas dans la catégorie des délits forestiers proprement dits, ne parlent point de restitution de dommages et intérêts; parce que l'art. 13 immédiatement suivant qui s'occupe encore une fois des délits forestiers proprement dits, répète expressément qu'outre l'amende, le délinquant doit être condamné à la restitution, dommages et intérêts d'une somme égale à l'amende; et parce qu'enfin, si le législateur eût voulu étendre cette disposition sur d'autres délits forestiers que ceux de coupe et d'enlèvement de bois, il lui aurait dû paraître beaucoup plus nécessaire de répéter cette disposition, en termes exprès, dans les art. 10, 11 et 12 qui traitent des délits de pâturages et autres délits forestiers, excepté ceux de coupe et d'enlèvement de bois, que de la répéter dans l'art. 13 qui concerne encore une fois ces délits de coupe et d'enlèvement de bois; que la fixation de la restitution des dommages et intérêts portée par l'art. 8, paraît d'autant moins applicable aux délits de pâturage, qu'ils n'entraînent une amende, que lorsqu'on ne peut pas saisir les bestiaux; d'où il suit que, dans le cas le plus ordinaire de la saisie des bestiaux, il n'y aurait pas de fixation légale sur la restitution, les dommages et intérêts; que ces considérations paraissent d'autant plus prépondérantes sur l'interprétation de l'art. 8 de l'ordonnance de 1669, d'après lequel on prétend que les mots *tous délits* employés dans ledit article, comprennent, non-seulement les délits de coupe et d'enlèvement de bois, mais encore les délits de pâturage; que les lois pénales ne sont pas susceptibles d'une interprétation extensive; et qu'en effet on en donnerait une à l'art. 8, en l'appliquant aux délits de pâturages, article qui, sous le rapport de la fixation de la restitution, dommages et intérêts qu'il porte, peut être considéré comme une loi pénale, parce que cette restitution et ces dommages-intérêts prennent la nature d'une peine, au moins à l'égard des délits qui n'ont causé aucun dommage ou n'en ont causé qu'un très-léger; enfin, que, bien qu'abstraction même faite de l'art. 8 de l'ordonnance de 1669, chaque contrevenant à une loi pénale soit tenu à réparer le dommage causé réellement par son fait illicite, les simples délits de pâturage et la surprise des bestiaux dans les forêts hors des chemins, ne suppose pas nécessairement un dommage causé; et que, d'un autre côté, le procès-verbal du 29 juin de l'année dernière ne constate pas qu'un dommage ait été causé réellement; met au néant l'appellation interjetée du jugement rendu par le tribunal de police correctionnelle de Quakenbruck du 5 août de l'année dernière; confirme, ce jugement en ce qu'il a condamné le prévenu à une amende de 40 francs et aux dépens faits jusqu'à ce jugement; rejette au contraire la confiscation demandée des vaches surprises en délit; rejette également la demande en restitution, dommages et intérêts d'une somme égale à l'amende; et absout le prévenu des dépens faits depuis le jugement du 5 août de l'année dernière ».

Le ministère public se pourvoit de nouveau en cassation; et, conformément à la loi du 16 septembre 1807, l'affaire est portée devant les sections réunies, sous la présidence de M. le grand juge ministre de la justice.

« L'arrêt qui vous est dénoncé par le procureur-général de la cour de Hambourg (ai-je dit à l'audience du 14 août 1813), n'est point attaqué, en tant qu'il a déclaré n'y avoir lieu à la confiscation des deux vaches de Jean-Henri Kammeyer; et en effet, ces vaches n'avaient pas été saisies par le garde-forestier qui les avait trouvées en délit; or l'art. 10 du tit. 32 de l'ordonnance de 1669 veut qu'en pareil cas, la confiscation des bestiaux soit remplacée par une amende. L'amende ne peut donc, jamais, dans la punition d'un délit de pâturage, concourir avec la confiscation.

» Mais cet arrêt est attaqué, en ce qu'il a rejeté les conclusions de l'administration des forêts et du ministère public, tendantes à ce que Jean-Henri Kammeyer fût condamné à une restitution égale à l'amende qu'il était jugé avoir encourue; et vous avez à décider si, en prononçant ainsi, il a violé l'art. 8 du tit. 32 de l'ordonnance de 1669.

» Pour bien saisir le sens de cet article, il faut d'abord le considérer tel qu'il est; ensuite, le rapprocher de l'interprétation que lui ont donnée les lois postérieures à l'ordonnance de 1669; enfin, le comparer avec la jurisprudence des arrêts qui ont été rendus d'après cette ordonnance et ces lois.

» Cet article, considéré tel qu'il est, paraît, au premier coup-d'œil, assez équivoque.

» Placé à la suite de sept articles dans lesquels il n'est question que des délits consistans à couper des arbres dans les forêts, et qui mesurent le taux des amendes dont ils punissent ces délits, les uns sur la grosseur ou le *pied de tour* des arbres coupés, les autres sur la destination seule des arbres, et abstraction faite de leur plus ou moins grande circonférence, l'art. 8 considère que *les amendes au pied de tour ont été réglées selon la valeur et état de l'année 1518, depuis laquelle ils sont montés à beaucoup plus haut prix*; et par ce motif, il ordonne *que, conformément à l'ordonnance faite par Henri III, en l'année 1588, et aux arrêts et* règlemens du mois de septembre 1601, juin 1602 et octobre 1623, les Restitutions, dommages et intérêts seront adjugés de tous délits, au moins à pareille somme que portera l'amende.

» Il semblerait, d'après la contexture de cet article, que sa disposition dût être renfermée, non seulement dans les délits consistans à couper des arbres dans les forêts, mais encore dans ceux de ces délits dont les articles précédens règlent l'amende sur le pied de tour, c'est-à-dire, sur la grosseur des arbres coupés.

» En effet, cet article n'ordonne d'élever les Restitutions et dommages-intérêts au niveau des amendes, qu'en considération de ce que les amendes au pied de tour, ont été réglées par les articles précédens, selon la valeur et état des bois depuis l'année 1518, depuis laquelle ils sont montés à beaucoup plus haut prix; et dès-lors, il paraîtrait que là où cesse le motif de cette disposition, là dût aussi cesser cette disposition elle-même.

» Cependant, on est bientôt forcé de reconnaître qu'ainsi interprété, l'article dont il s'agit serait, quoiqu'en harmonie avec le motif qu'il met en avant, en contradiction avec le dispositif qui le termine.

» Par son dispositif, cet article ordonne que les Restitutions, dommages et intérêts, seront adjugés de tous délits, au moins à pareille somme que portera l'amende, et il l'ordonne conformément à l'ordonnance de Henri III de 1588, et aux réglemens de 1601, 1602 et 1623.

» Or, il est certain que l'ordonnance de Henri III, du mois d'avril 1588, ou plutôt l'art. 25 de celle de François I.er, du mois de janvier 1518, dont elle ne fait qu'ordonner l'exécution, enjoint aux juges forestiers de condamner, non pas précisément à une Restitution égale à l'amende, mais à une Restitution équipollente au dommage réellement causé, et les délinquans qui ont encouru des amendes réglées au pied de tour, et les délinquans qui ont encouru des amendes réglées d'une manière absolue, tels que ceux qui sont condamnés, soit pour avoir enlevé des bois de chauffage, des fouées ou fagots, soit pour avoir abattu des arbres de lisière, des pieds-corniers ou des arbres de réserve.

» Il est certain que l'arrêt de règlement du 4 septembre 1601 prescrit la même chose à l'égard de tous les délinquans en général, pour bois mal prins, et qu'il ne fait aucune distinction entre les arbres à raison desquels les amendes sont réglées à un taux uniforme.

» Il est certain, sans parler ici de l'arrêt de règlement du mois de juin 1602, que nous n'avons pu trouver dans aucun recueil, que celui du 14 octobre 1623 déclare également que les juges forestiers seront tenus d'adjuger les amendes qu'ils adjugeront au Roi pour bois mal prins et dérobé, condamner les délinquans en la Restitution dudit bois, au prix qu'il se vend sur les lieux, de marchand en marchand.

» Donc, en se référant à ces arrêts de règlement et à l'ordonnance de 1588, l'art. 8 du tit. 32 de l'ordonnance de 1669 donne à la disposition par laquelle il veut que la Restitution égale toujours l'amende, la même étendue que l'ordonnance de 1588 et ces arrêts de règlemens donnaient à la disposition par laquelle ils voulaient qu'indépendamment de l'amende, la restitution du dommage réel fût toujours prononcée.

» Donc il embrasse dans sa disposition les amendes réglées à un taux fixe, comme les amendes réglées au pied de tour.

» Donc il est impossible de restreindre sa disposition dans les mêmes bornes que son motif.

» Aussi la cour a-t-elle cassé, le 22 thermidor an 12, sur notre réquisitoire et dans l'intérêt de la loi, un arrêt de la cour de justice criminelle du département du Pas-de-Calais, qui avait jugé qu'il n'était point dû de Restitution égale à l'amende, par un adjudicataire qui avait coupé des baliveaux de réserve, délit que l'art. 4 du même titre punit, non d'une amende réglée au pied de tour, mais d'une amende fixe de 50 livres.

» Mais dès qu'une fois on est obligé de convenir que l'art. 8 du tit. 32 comprend dans sa disposition d'autres délinquans que ceux qui sont punis d'amendes réglées au pied de tour; dès qu'une fois on est obligé de convenir que sa disposition est applicable aux délinquans qui, pour avoir ou enlevé des fouées ou fagots, ou abattu des arbres de lisière, des pieds-corniers, ou des arbres de réserve, sont punis d'amendes fixes; dès qu'une fois, en un mot, on est obligé de convenir que sa disposition va plus loin que son motif exprimé, quelle raison y aurait-il de ne pas entendre sa disposition avec toute la latitude que comportent, par eux-mêmes, les termes qui l'expriment?

» Or, par sa disposition, il frappe sur tous les délits forestiers : il veut que les restitutions, dommages et intérêts soient adjugés de tous délits, au moins à pareille somme que portera l'amende; et en disant, tous délits, il n'en excepte aucun.

» Inutile d'objecter, avec la cour de Hambourg, que les mots tous délits se réfèrent aux délits, dont il est parlé dans l'ordonnance de Henri III et dans les arrêts de règlement que rappelle l'article, et que par conséquent on ne peut les entendre que des délits consistans à enlever du bois ou abattre des arbres dans les forêts.

» Pour quel objet l'article se réfère-t-il à l'ordonnance de Henri III et aux arrêts de règlement qu'il rappelle? Il s'y réfère uniquement pour le principe général de la nécessité de condamner les délinquans à la restitution des dommages qu'ils ont causés. Il ne s'y réfère pas pour la nature des délits qu'il a en vue; car s'il s'y référait aussi à cet égard, il ne parlerait que des délits compris dans ces arrêts de règlement et dans cette ordonnance; il ne parlerait pas de tous les délits indéfiniment.

» Plus vainement la cour de Hambourg objecte-t-elle que l'art. 10, dans lequel il est question du délit de pâturage dans les bois, ne parle point de restitution.

» D'abord, il est inutile que cet article en parlât. L'ordonnance ayant posé, dans l'art. 8, une règle commune à tous les délits, cette règle s'appliquait, d'elle-même, au délit de pâturage dont la loi allait s'occuper dans les article suivans.

» Ensuite, vouloir que l'art. 10, par cela seul qu'il ne punit le délit de pâturage que d'une amende, affranchît le délinquant de la restitution du dommage qu'il a causé, c'est lui prêter un sens absurde.

» Sans doute, si l'art. 10 n'était applicable qu'au délit de pâturage commis dans les bois de l'Etat, on pourrait dire qu'il ne prononce qu'une amende sans restitution, parce que l'amende seule est pour l'Etat même, une indemnité suffisante du dommage que les bestiaux ont causé dans ses bois.

» Mais l'art. 10 ne dispose pas seulement pour les bois de l'Etat, il est déclaré, par l'art. 28, commun aux *bois des ecclésiastiques, commanderies, maladreries, hôpitaux, communautés et particuliers.* Et tout le monde sait que ce n'est point aux communes; que ce n'est point aux établissemens publics, que ce n'est point aux particuliers, qu'appartiennent les amendes prononcées à raison des délits commis dans leurs bois; tout le monde sait que ces amendes appartiennent à l'Etat.

» Que résulterait-il donc du système qui tend à établir qu'il n'est dû qu'une amende dans le cas prévu par l'art. 10 ? Il en résulterait que, si des bestiaux avaient causé du dommage dans les bois d'une commune, d'un établissement public, d'un particulier, la commune, l'établissement public, le particulier, n'auraient aucune indemnité à réclamer contre le propriétaire de ces bestiaux, et que le propriétaire de ces bestiaux en serait quitte pour l'amende qu'il payerait à l'Etat; il en résulterait par conséquent une absurdité.

» Il faut donc, de toute nécessité, reconnaître que l'art. 10 n'est pas, par lui-même, exclusif de la restitution qui est naturellement due à l'Etat pour le dommage causé dans ses bois, comme elle est due aux communes, aux établissemens publics et aux particuliers pour le dommage causé dans les leurs.

» Mais s'il n'est pas exclusif de la restitution, si la restitution est due outre l'amende qu'il prononce, à quel taux la fixera-t-on ?

» Il faut bien qu'on la fixe au taux général des restitutions, tel qu'il est réglé par l'art. 8. Car on ne pourrait substituer à ce taux qu'une expertise; et l'ordonnance ne parle, ni d'expertise, ni de rien qui y ressemble.

» On conçoit, du reste, très-bien pourquoi elle a dû, pour l'application du dommage, se référer à l'art. 8, plutôt que de recourir à une visite d'experts. C'est qu'une visite d'experts serait presque toujours illusoire dans ses résultats. Rien n'est souvent aussi difficile que de constater et d'apprécier les ravages que des bestiaux ont faits dans une forêt. Cela dépend toujours de l'espace qu'ils ont parcouru et du temps qu'ils y ont passé; or, cet espace, ce temps, comment un garde les connaîtrait-il ? Il ne peut pas être à chaque instant sur tous les points de son triage; et lorsqu'arrivé à un point quelconque de son triage, il y trouve des bestiaux en délit, il ignore nécessairement depuis quel temps ils y sont et sur quels terrains environnans ils ont pâturé. On sait d'ailleurs que, presque toujours, les bestiaux, en détruisant les jeunes plants et presque jusqu'au rez de terre, en font disparaître les traces.

» Nous savons bien que l'art. 38 du tit. 2 de la loi du 28 septembre 1791, sur la police rurale, soumet à une expertise le dédommagement dû au propriétaire pour le dégât commis par des bestiaux *dans les bois taillis des communes ou des particuliers.*

» Mais c'est une innovation qui est restreinte, même pour les communes et les particuliers, aux bois *taillis.*

» Et cette innovation a été motivée par une considération qui est toute à l'avantage des particuliers et des communes : elle a été motivée par la disposition du même article qui réduit à trois francs les amendes que l'ordonnance de 1669 portait à vingt livres; et à un franc les amendes que l'ordonnance de 1669 portait à trois livres.

» On sait en effet que le taux de ces amendes pourrait ne pas équivaloir au dédommagement que les communes et les particuliers auraient droit de prétendre pour le tort que les bestiaux auraient causé dans leurs bois.

» La loi du 28 septembre 1791 a donc été forcée, en réduisant les amendes, de laisser la voie de l'expertise ouverte aux particuliers et aux communes; et si, par là, elle leur a imposé une gêne qu'ils n'éprouvaient pas sous l'ordonnance de 1669, elle les en a indemnisés par l'avantage qu'elle leur a assuré d'obtenir de plus amples dédommagemens qu'ils n'auraient pu espérer d'après les combinaisons de la nouvelle disposition qui réduisait les amendes, avec la règle générale qu'avait établie l'art. 8 du tit. 32 de l'ordonnance de 1669.

» Mais, dit encore la cour de Hambourg, la preuve que la disposition de l'art. 8 du tit. 32 de l'ordonnance de 1669 ne doit pas être suppléée dans l'art. 10 qui ne parle que des délits de pâturage, c'est qu'elle est répétée dans l'art. 13 qui a spécialement et uniquement pour objet, comme les articles qui précèdent immédiatement le 8.e, des délits d'enlèvemens d'arbres, de branchages et de feuillages.

» Il nous semble, au contraire, que l'art. 13 prouve très-clairement que la disposition de l'art. 8 est commune à tous les délits forestiers, et par conséquent aux délits du pâturage, tout aussi bien qu'aux délits d'enlèvement de bois. *Toutes personnes,* porte-t-il, *qui auront coupé, arraché et* emporté arbres, branchages ou feuillages de nos forêts, bois et garennes, et des ecclésiastiques, communautés et particuliers, pour noces, festins et confréries, seront punis de l'amende et Restitution, dommages et intérêts, selon le tour et qualité du bois, AINSI QU'ILS LE SERAIENT EN AUTRE DÉLIT. Le législateur ne dit pas, comme vous le voyez, ainsi qu'ils le seraient en autre délit de coupe ou d'enlèvement de bois ; il dit tout simplement, ainsi qu'ils le seraient en autre délit ; et par cette généralité d'expression, il confirme de nouveau le principe écrit dans l'art. 8, que tous les délits indistinctement emportent une Restitution égale à l'amende.

» Mais si l'art. 8, considéré tel qu'il est, résiste par lui-même à l'interprétation que lui a donnée la cour de Hambourg, à combien plus forte raison vous paraîtra-t-il y résister, si vous le rapprochez de quelques lois postérieures.

» L'art. 51 de l'édit du mois de mai 1716, concernant le recouvrement des amendes forestières, déclare que ne pourront les amendes et Restitutions réglées par ladite ordonnance, être diminuées par les cours de parlement, tables de marbre et officiers de maîtrises, tant pour ce qui regarde les bois de l'Etat, que ceux des ecclésiastiques et communautés séculières et régulières, à peine de nullité ; et seront les Restitutions égales aux amendes, et les amendes égales aux Restitutions.

» Voilà une disposition qui embrasse certainement tous les délits forestiers ; et par conséquent les délits de pâturages, comme les délits de coupe et d'enlèvement d'arbres. Eh bien ! par cette disposition, le législateur veut que les Restitutions soient toujours égales aux amendes ; il le veut sans distinction ; il le veut pour tous les cas. Il n'y a donc plus à raisonner contre son intention ; son intention est claire, elle est précise, elle est formelle, il ne reste plus qu'à obéir.

» Qu'importe que cette disposition n'ait pas été publiée dans les départemens anséatiques ; elle n'en forme pas moins, pour ces départemens, un commentaire aussi respectable que lumineux de l'art. 8 du tit. 32 de l'ordonnance de 1669 ; et l'on sent assez que cet article ayant été envoyé aux départemens anséatiques pour y être exécuté de la même manière que dans les départemens de l'ancien territoire de la France, il ne peut être entendu dans les uns autrement que dans les autres.

» C'est d'ailleurs sur l'art. 8 du tit. 32 de l'ordonnance de 1669, considéré comme applicable à tous les délits d'eaux et forêts, qu'est calqué l'art. 14 du tit. 3 de la loi du 14 floréal an 10, lequel porte que « tout individu qui, n'étant ni fermier de la » pêche, ni pourvu de licence, pêchera dans les » fleuves et rivières navigables, autrement qu'à la » ligne flottante et à la main, sera condamné, 1°. à » une amende qui ne pourra être moindre de 30 fr., » ni excéder 200 fr. ; 2°. à la confiscation des filets » et engins de pêche ; 3°. à des dommages-intérêts,

» envers le fermier de la pêche, d'une somme pa-
» reille à l'amende ».

» Il est vrai que la loi du 22 avril 1790, sur la chasse, en punissant d'une amende de 20 fr. quiconque chassera sur le terrain d'autrui sans son consentement, ne le punit que d'une indemnité de 10 fr. envers le propriétaire des fruits, sans préjudice de plus grands dommages - intérêts, s'il y échet ; mais c'est une dérogation à l'art. 8 du tit. 32 de l'ordonnance de 1669 ; et cette dérogation, les auteurs de la loi du 22 avril 1790, ne l'ont faite que parce qu'ils l'ont regardée comme juste et nécessaire. Elle leur a paru juste, parce qu'en général une indemnité de 10 fr. est très-suffisante pour le propriétaire des fruits endommagés par un délit de chasse. Elle leur a paru nécessaire, parce qu'ils savaient que, s'ils ne s'étaient pas expliqués à cet égard, l'art. 8 du tit. 32 de l'ordonnance de 1669 eût soumis le chasseur délinquant à une indemnité égale à l'amende. Elle leur a paru nécessaire, parce qu'ils connaissaient notamment un jugement de la table de marbre de Paris, du 12 septembre 1679 ; qui, en prononçant deux amendes, l'une de 60 fr. pour un délit de chasse, l'autre de 30 fr. pour un délit de pêche, avait condamné le délinquant à 60 fr. de dommages-intérêts pour le premier de ces délits, et à 30 fr. de dommages-intérêts pour le second.

» Enfin, Messieurs, s'il pouvait encore vous rester quelques doutes sur le vrai sens de l'art. 8 du tit. 32 de l'ordonnance de 1669, quel serait l'oracle que vous devriez consulter pour les résoudre ?

» Les lois romaines tracent là-dessus une règle aussi simple que sage : imperator noster Severus rescripsit (dit la loi 38, D. de legibus), in ambiguitatibus, quæ legibus proficiscuntur, rerum perpetuò similiter judicatarum auctoritatem vim legis obtinere debere.

» Or, indépendamment du jugement de la table de marbre de Paris, du 12 septembre 1679, que nous venons de citer, et qui ayant été rendu à une époque extrêmement rapprochée de la publication de l'ordonnance de 1669, est plus spécialement présumé l'avoir été suivant le véritable esprit de cette loi ; indépendamment de l'arrêt de la cour, du 13 septembre 1812, par lequel il a été statué une première fois sur l'affaire qui revient en ce moment devant vous, il existe huit arrêts de cassation, qui ont décidé, savoir ; sept des 18 ventôse an 8, 19 décembre 1807, 28 janvier, 11 février, 15 avril et 8 octobre 1808, et 7 avril 1809, que tout délit de pâturage dans les forêts emporte, de droit, restitution égale à l'amende fixée par l'art. 10 du tit. 31 de l'ordonnance de 1669 ; et un du 24 février 1803, qui a jugé, sur notre réquisitoire et dans l'intérêt de la loi, qu'il en est de même du délit consistant à enlever d'une forêt, du sable, de la marne ou toute autre espèce de terre, sans permission du gouvernement.

» On pourrait croire, à la première vue, que ces arrêts de cassation, malgré leur uniformité, prouvent, par leur nombre, que la jurisprudence qu'ils ont établie, éprouve une forte résistance de la part des cours et tribunaux correctionnels; mais ce serait une méprise évidente.

» D'abord, de ces huit arrêts, il y en a quatre, savoir, ceux des 19 décembre 1807, 11 février et 15 avril 1808 et 24 février 1809, dans les espèces desquels la cassation a porté sur des arrêts des cours de justice criminelle des départemens de Sambre-et-Meuse et des forêts, départemens nouvellement réunis, et où par conséquent n'était pas encore bien connue, à l'époque où ont été rendus ces arrêts, la manière dont l'ordonnance de 1669 avait été constamment interprétée et exécutée depuis sa publication.

» En second lieu, dans l'espèce de l'arrêt du 18 ventôse an 8, le tribunal de première instance avait jugé que la restitution était due au taux de l'amende, et ce n'était qu'en infirmant son jugement que le tribunal civil du département de la Côte-d'Or, avait décidé le contraire.

» Troisièmement, dans l'espèce de l'arrêt du 28 janvier 1808, la cour de justice criminelle du département de Loir-et-Cher avait reconnu elle-même, et de la manière la moins équivoque, qu'il était dû une restitution égale à l'amende, et elle ne s'était dispensée de l'adjuger que par une fin de non-recevoir, que vous avez déclarée être en opposition avec la loi.

» Quatrièmement, les arrêts de cassation des 8 octobre 1808 et 7 avril 1809 ont été suivis; dans les cours auxquelles ils avaient renvoyé le fond des deux affaires qui en étaient l'objet, d'arrêts conformes à votre jurisprudence; et la même chose a eu lieu dans les espèces des arrêts des 18 ventôse an 8, 19 décembre 1807, 28 janvier, 11 février et 15 avril 1808.

» Cinquièmement enfin, nous avons remarqué, dans plusieurs affaires où il s'agissait, comme ici, de délits de pâturage dans les forêts, que, même dans les cours qui répugnent le plus à déployer toute la rigueur de la loi contre les délinquans, il n'existe aucun doute sur la nécessité d'élever la restitution au même taux que l'amende.

» Ainsi, le 23 messidor an 10, la cour de justice criminelle du département de la Vienne avait rendu un arrêt qui condamnait le propriétaire de deux bœufs trouvés en délit dans un bois, à une amende de 10 fr. *et à pareille somme de restitution;* et vous n'avez cassé cet arrêt, le 13 brumaire an 11, que parce qu'il avait réduit à 10 fr. une amende que la loi fixait à 40 fr.

» Ainsi, le 3 mars 1806, la cour de justice criminelle du département des Ardennes avait rendu un arrêt qui condamnait deux délinquans du même genre à 1 fr. 50 c. *d'amende par tête de bête, et à pareille somme de restitution;* et vous n'avez également cassé cet arrêt, le 26 décembre suivant, que parce qu'il avait également réduit des amendes dont le taux est invariablement déterminé par la loi.

» Le 13 février 1809, la cour de justice criminelle du département de la Côte-d'Or avait rendu un arrêt qui condamnait des propriétaires de chevaux trouvés pâturant en délit dans une forêt, les uns, à

2 fr. d'amende et 2 fr. de restitution pour chaque cheval; les autres, *aussi pour chaque cheval, à 4 fr. d'amende et 4 fr. de restitution;* et vous n'avez pareillement cassé cet arrêt, le 18 mai de la même année, qu'à raison de l'atteinte qu'il avait portée à la loi, en modérant des amendes qu'elle règle elle-même.

» Nous sommes donc autorisés à dire que votre jurisprudence, sur le sens de l'art. 8 du tit. 32 de l'ordonnance de 1669, est aujourd'hui universellement reconnue, non-seulement dans tous les tribunaux de l'ancien territoire français, mais encore dans tous les tribunaux de la ci-devant Belgique.

» Et dès-lors, quelle raison y aurait-il pour que les tribunaux des départemens anséatiques ne jugeassent pas de même? ce qui est vérité pour nous, ne peut pas être erreur pour eux; et il importe à la bonne administration de la justice, que la loi qui est la même pour tous, soit pour tous appliquée de la même manière.

» Par ces considérations, nous estimons qu'il y a lieu de casser et annuller l'arrêt de la cour de Hambourg qui vous est dénoncé ».

Par arrêt du 14 août 1813, au rapport de M. Basire, « vu les art. 8 et 10, tit. 32 de l'ordonnance de 1669..; et attendu que la disposition du premier de ces articles embrasse, dans son étendue, tous les délits forestiers dont la loi a ordonné la répression; que, si l'ordonnance a déterminé une peine particulière pour chaque genre de délit, elle a, par ledit art. 8, prescrit, pour tous les délits quelconques, une mesure indéfinie qui tend à les prévenir plus efficacement, en rendant la réparation du dommage plus complète par une aggravation générale de peine qu'elle prononce à l'égard de *tous délits;* et qu'il eût été inutile de répéter la disposition de l'art. 8 dans chaque article de l'ordonnance, puisqu'elle se lie et s'applique à tous, par la généralité de son expression; que, là où la loi ne distingue pas, on ne peut créer des distinctions et des exceptions qui tendraient à en restreindre le sens, lorsque l'intention évidente du législateur a été de lui donner une latitude absolue; que d'ailleurs le même principe qui a fait admettre la restitution pour les vols dans les forêts, à raison de surhaussement du prix des bois depuis la fixation primordiale des amendes au pied de tour, s'applique aussi aux dégâts commis par les bestiaux; puisque les dommages qu'ils causent, ont acquis plus de gravité, à mesure et par cela même que les bois ont acquis une plus haute valeur dans le commerce; que, dès-lors, l'arrêt attaqué, en adoptant, pour le délit de pâturage dont Kammeyer était prévenu et convaincu, une exception dérogatoire au principe général de l'art. 8 précité du tit. 32 de l'ordonnance de 1669, présente une contravention manifeste audit article; la cour casse et annulle.... ».

n. III, Page 816, col. 1, *après la ligne* 4, *ajoutez:*

Le recueil des édits et règlemens propres au ressort du parlement de Besançon, nous offre, tome 3, page 972, un arrêt de cette cour, du 23 juin 1745, qui va plus loin : après avoir confirmé la sentence d'un juge seigneurial qui condamnait un particulier à des amendes envers le seigneur pour avoir enlevé du bois dans une forêt appartenant à une commune non partie au procès; il « enjoint à tous les officiers des maîtrises, grueries et justices seigneuriales, de se conformer, dans leurs jugemens, à la disposition de l'art. 8 du tit. 32 de l'ordonnance du mois d'août 1669, et, en conséquence, de condamner les délinquans aux restitutions, dommages et intérêts résultans de leurs délits, dans tous les cas où il écherra d'en prononcer, *quand même il n'aurait été formé aucune demande à cet égard de la part des parties intéressées*; et ce à peine de 100 livres d'amende par chaque omission, et en outre d'être responsables desdites restitutions, dommages et intérêts ».

III *bis*. Y a-t-il lieu, en cas de délit de pâturage dans une forêt, à une restitution égale à l'amende, lorsque les bestiaux ont été saisis par les gardes, et que, par suite, ils ont été confisqués?

J'ai établi la négative dans le plaidoyer du 14 août 1813, rapporté ci-dessus, n. 2; et c'est ce qui a été jugé par l'arrêt de la cour de cassation, du 12 du même mois, au rapport de M. Basire, « attendu qu'aux termes de l'art. 8, tit. 32 de l'ordonnance de 1669, la restitution doit être au moins égale à l'amende; d'où il suit qu'il n'y a pas lieu à restitution, lorsqu'il n'y a pas d'amende à prononcer; attendu que, d'après l'art. 10 du même titre, lorsque les bestiaux trouvés en délit, ont été saisis, la confiscation en doit être prononcée, et que l'amende prescrite par cet art. 10, ne doit être appliquée que dans les cas où les bestiaux, n'ayant point été saisis, la confiscation n'en peut être prononcée ».

RETRAIT CONVENTIONNEL. *A la fin de l'article*, ajoutez:

VII. 1.º La faculté de rachat que le vendeur s'est réservée *pour lui et ses héritiers*, est-elle cessible de sa part à un étranger?

2.º L'insuffisance des offres faites pour l'exercice de la faculté de rachat, emporte-t-elle déchéance de cette faculté, lorsque d'ailleurs on est encore dans le délai pour les compléter?

3.º La sommation faite à l'acquéreur de délaisser, avec offre de lui rembourser le prix de la vente, interrompt-elle la prescription de la faculté de rachat? l'interrompt-elle, lorsqu'ensuite l'offre est reconnue incomplète?

Voici une espèce dans laquelle ces trois questions se sont présentées.

Le 24 avril 1804, Jean-François Bancy et Marie-Françoise Bancy, sa sœur, vendent au sieur Hannoie, moyennant la somme de 2,380 fr., une pièce de terre qu'ils se réservent, *pour eux et leurs héritiers*, le droit de racheter pendant cinq ans.

Le 22 janvier 1807, ils cèdent leur droit de rachat au sieur Boulanger.

Le 7 avril 1809, c'est-à-dire, dix-sept jours avant l'expiration de la faculté de rachat, le sieur Boulanger, agissant en vertu de cette cession, fait offrir, par un huissier, au sieur Hannoie, la somme de 2,380 fr. pour le prix de la vente, 104 fr. 72 c. pour frais d'enregistrement, et 75 fr. pour frais et accessoires à liquider, sauf à parfaire d'après les mémoires qui seront produits; et il le somme en même temps de lui délaisser la pièce de terre qu'il a achetée du sieur et de la demoiselle Bancy. — Le sieur Hannoie refuse ces offres; et sur son refus, le sieur Boulanger consigne. — Le 10 du même mois, le sieur Boulanger fait citer le sieur Hannoie en conciliation devant le juge de paix.

A défaut de conciliation, le sieur Hannoie est assigné, le 13 juillet suivant, au tribunal civil d'Autun, pour se voir condamner à lui délaisser la pièce de terre que lui ont vendue le sieur et demoiselle Bancy. — Le sieur Hannoie répond que cette action est non-recevable, 1.º parce que, depuis le 24 avril 1804, jour de la vente, jusqu'au 13 juillet 1809, jour de l'assignation, il s'est écoulé plus de cinq ans; 2.º parce que les vendeurs n'ont pas pu céder à un tiers l'exercice d'une faculté qu'ils ne s'étaient réservée que pour eux et leurs héritiers; 3.º parce que les offres du 7 avril 1809 étaient insuffisantes, en ce qu'elles ne comprenaient pas les intérêts du prix de la vente.

Le 30 septembre 1810, jugement qui, d'après ces exceptions, déboute le sieur Boulanger de sa demande.

Le sieur Boulanger appelle de ce jugement, et le 6 décembre suivant, arrêt de la cour de Douai, qui infirme, donne acte au sieur Boulanger des offres constatées par le procès-verbal du 7 avril 1809, lui ordonne de les réaliser suivant la liquidation qui en sera faite, et cela fait, condamne le sieur Hannoie à se désister de la pièce de terre dont il s'agit.

Le sieur Hannoie se pourvoit en cassation, et soutient que la cour de Douai, en admettant le sieur Boulanger à l'exercice d'une faculté de rachat que les sieur et demoiselle Bancy s'étaient ôté le droit de céder, a violé l'art. 1134 du Code civil, aux termes duquel les conventions ont force de loi pour les parties qui les ont souscrites; qu'en jugeant ses offres valables, quoiqu'insuffisantes, elle a violé l'art. 1258 du même Code; qu'en jugeant son action non prescrite, sous le prétexte que la prescription en avait été interrompue par une sommation extrajudiciaire accompagnée d'offres insuffisantes, elle a violé l'art. 2245.

Par arrêt du 24 avril 1812, au rapport de M. Vallée, « attendu, sur le premier moyen dirigé contre le premier arrêt; que le droit commun, le droit de réméré étant cessible de sa nature, et l'acte en question ne portant aucune restriction à ce droit, l'arrêt attaqué s'est conformé aux lois, en jugeant que la cession faite à Boulanger du droit de réméré devait avoir son effet; — sur le second moyen, qu'il n'en est pas du droit de réméré comme autrefois du retrait lignager; que la nullité prononcée en matière de retrait, lorsque les offres étaient irrégulières ou insuffisantes, ne frappe pas sur les offres faites en conséquence d'une action en réméré; que le seul effet que produit l'irrégularité ou l'insuffisance des offres, dans ce cas, est de laisser l'acquéreur, à charge de réméré, dans la possession des biens par lui acquis, jusqu'à ce que les offres soient suffisantes et régulières; que, dans le fait, Boulanger a offert le prix principal, le droit d'enregistrement, les frais dus au notaire, le droit de transcription, etc., sauf à parfaire sur mémoire produit; qu'ainsi, en ordonnant à Boulanger de réaliser ses offres d'après une liquidation, et en condamnant, en conséquence, le demandeur à délaisser, au profit de Boulanger, tous droits de propriété et de jouissance sur l'immeuble dont il s'agit, l'arrêt n'a contrevenu à aucune loi; et sur le troisième moyen, que la sommation de remettre les biens, et les offres de payer le prix ayant interrompu la prescription de cinq ans, l'arrêt, sous ce rapport, n'a contrevenu à aucune loi; la cour rejette.... ».

VIII. Le vendeur qui a laissé expirer le délai convenu pour le rachat, peut-il être admis à prouver par témoins qu'il a été empêché par le dol de l'acquéreur d'exercer son action dans ce délai, lorsque d'ailleurs il ne fait consister ce dol que dans la promesse verbale qu'il prétend lui avoir été faite par l'acquéreur de l'admettre au rachat quand il lui plairait? *V. Preuve*, sect. 2, §. 3, art. 1, n. 23—11.º

IX. Un tuteur peut-il, sans les formalités requises pour l'aliénation des biens des mineurs, proroger le délai dans lequel le vendeur d'un bien acquis par son pupille, s'en était réservé le rachat? On peut voir dans le *Bulletin civil* de la cour de cassation, un arrêt du 18 mai 1813, qui juge que non.

SAISIE IMMOBILIÈRE, §. VI, art. I, n. IX. *Page 266, col. 2, ligne 13, après le mot biens, ajoutez en note :*

Ce délai court-il en cas de force majeure?

Le 3 décembre 1813, les sieur et dame Charruel font signifier au sieur Gouly, jugé leur débiteur, un commandement par lequel ils le somment de payer, à peine de Saisie de ses immeubles. — Le 1er, le 2 et le 4 mars 1814, procès-verbal de Saisie du domaine de Charville, appartenant au sieur Gouly. — Le 6 du même mois, ce procès-verbal est enregistré et transcrit tant au bureau des hypothèques qu'au greffe du tribunal de Versailles. — Le 24, il est inséré dans le journal du département et affiché dans l'auditoire du tribunal, avec indication au 12 mai pour la première publication du cahier des charges.

Le 25 avril, les sieur et dame Charruel présentent au président du tribunal une requête par laquelle, après avoir exposé qu'aux termes de l'art. 681 du Code de procédure civile, ils auraient dû, le 5 au

plus tard, et à peine de nullité, faire signifier au sieur Gouly le procès-verbal de Saisie immobilière, mais que les circonstances politiques les en ont empêchés; ils demandent qu'un nouveau jour soit fixé pour la réception des premières enchères, et que le greffier soit autorisé à faire mention de cette nouvelle indication en marge de l'extrait affiché dans l'auditoire.

Sur cette requête, le président rend, sans communication préalable au sieur Gouly, une ordonnance ainsi conçue : « Attendu les circonstances de force majeure qui ont empêché l'accomplissement des formalités prescrites par la loi; attendu qu'il y a lieu de subvenir aux parties requérantes; fixons le 2 juin prochain pour la première lecture de l'enchère sur laquelle la vente du domaine saisi sera faite; autorisons le greffier du tribunal à faire mention de cette nouvelle indication; autorisons pareillement tout huissier requis à se faire assister de tous officiers de la force armée ou de tous autres fonctionnaires, si besoin est, pour notifier le procès-verbal de Saisie immobilière, ainsi que la présente ordonnance, au sieur Gouly ».

Le 27 du même mois, cette ordonnance et le procès-verbal de Saisie immobilière sont signifiés au sieur Gouly. Le 30, les procès-verbaux d'affiches lui sont également notifiés. — Le 2 juin, première lecture du cahier des charges, à l'audience du tribunal de Versailles. — Les deux autres lectures sont ensuite faites de quinzaine en quinzaine. — Le 11 juillet, le sieur Gouly est assigné au 14, pour être présent à l'adjudication préparatoire. — Le 13, il conclud à la nullité de la procédure, et se fonde notamment sur le défaut de signification du procès-verbal de Saisie immobilière dans le délai fixé par l'art. 681 du Code de procédure, délai qui a expiré le 5 avril, et dont il n'a pas été au pouvoir du président de relever les saisissans. — Le 14, jugement qui rejette cette demande, « attendu que la force majeure qui a résulté de l'occupation du département de Seine et Oise par les troupes alliées, a seule suspendu toute préfixion de délai; et a rendu juste et nécessaire l'ordonnance du président, dont l'objet principal était de stimuler tout huissier requis à agir, en se faisant assister, si besoin était, de la force armée pour l'exercice régulier de son ministère; que, depuis cette ordonnance, tous les actes de poursuite qui ont eu lieu, ont été faits avec régularité et dans les délais de la loi ».

Le sieur Gouly appelle de ce jugement, ainsi que de l'ordonnance rendue par le président, le 5 avril. — Le 8 septembre, arrêt par lequel, « considérant que les circonstances ont été une force majeure qui a suspendu, à Versailles et dans les environs, le cours ordinaire de la justice; et par suite, la signification des actes de la justice; que la cour ne peut que s'en rapporter à la prudence du tribunal de Versailles pour juger du moment où, suivant les différentes localités, cette force majeure aurait cessé, où le cours de la justice aurait été rétabli, et où il aurait été possible de faire, sans inconvé- nient., la signification des actes judiciaires; que c'est à cet effet qu'a été rendue l'ordonnance du président du tribunal de Versailles, en date du 25 avril dernier; au surplus, adoptant les motifs des premiers juges sur ce moyen de nullité, la cour met l'appellation au néant, ordonne que ce dont est appel sortira son plein et entier effet ».

Recours en cassation contre cet arrêt, de la part du sieur Gouly.

« Le demandeur reconnaît que le cas de force majeure forme une exception à l'art 681 du Code de procédure, qui veut, sous la peine de nullité prononcée par l'art. 717, que le procès-verbal de saisie immobilière soit signifié à la partie saisie *dans la quinzaine du dernier enregistrement.*

» Et en effet, il est de principe général que nul n'est tenu à l'impossible : *impossibilium nulla est obligatio*, dit la loi 185, D. *de regulis juris.*

» L'arrêt attaqué par les demandeurs, n'a donc pas violé l'art. 681 du Code de procédure, en jugeant que le défaut de signification du procès-verbal de saisie dans le délai fixé par cet article, n'emporte pas nullité, lorsqu'il a pour cause un évènement de force majeure.

» Mais, dès-lors, comment cet arrêt pourrait-il être cassé? Il ne pourrait l'être qu'autant que, par l'application qu'il a faite à l'espèce actuelle, du principe qu'il proclame, il eût violé quelque loi; et quelle loi pourrait-il avoir violée en jugeant que, de l'occupation militaire et hostile du département de Seine et Oise, qui a eu lieu au commencement du mois d'avril, il était résulté un obstacle invincible à la signification qui eût dû, dans un temps ordinaire, être faite au demandeur le 5 de ce mois, et que cet obstacle s'était prolongé jusqu'au 27 ?

» Bien évidemment il n'a jugé en cela qu'une question de fait; et qu'il l'ait jugée bien ou mal, c'est ce qui ne regarde pas la cour de cassation.

» Sans doute, il eût été plus régulier de ne croire à la réalité de l'empêchement articulé par les sieur et dame Charruel, qu'autant que la preuve de cet empêchement eût été écrite dans le procès-verbal d'un huissier, constatant qu'il avait cherché à le transporter de Versailles à Charleville, et qu'il avait été arrêté dans sa marche par les troupes ennemies ; sans doute, il était difficile de croire à la prolongation de cet empêchement jusqu'au 27 avril, lorsque l'on venait à considérer que, dès le 11, le tribunal civil de Versailles avait repris ses audiences; que, dès le 21, le bureau d'enregistrement de Versailles avait été r'ouvert; et que rien n'annonçait que les officiers ministériels eussent jamais rencontré le moindre trouble, la moindre entrave, dans l'exercice de leurs fonctions.

» Mais les magistrats qui ont rendu l'arrêt attaqué, n'étaient liés, à cet égard, par aucune loi : ils ont pu juger, sans violer aucune loi, et ils ont jugé, en effet, que l'invasion du département de Seine et Oise avait produit *une force majeure qui avait suspendu, à Versailles et dans les environs, la signification des actes de la justice :* ils ont pu juger, sans violer aucune loi, et ils ont jugé, en effet, sur la foi du tribunal civil de Versailles, que cette suspension s'était prolongée jusqu'au 27 avril; et encore une fois, là où il n'y a ni ne peut y avoir de loi violée, la cour de cassation n'a rien à voir, rien à censurer.

» Qu'importe, d'après cela, que l'ordonnance du président du tribunal civil de Versailles, du 25 avril, soit plus ou moins régulière dans la forme ?

» Ce n'est pas à cette ordonnance que les sieur et dame Charruel sont jugés d'avoir l'avantage d'avoir pu faire le 27 avril une signification qui, dans un temps ordinaire, eût dû être faite le 5. Les sieur et dame Charruel sont jugés devoir cet avantage qu'à *la force majeure, qui a seule,* comme l'a dit le tribunal de Versailles, dont l'arrêt attaqué adopte les motifs, *suspendu toute préfixion de délai.*

» Cette ordonnance n'existerait pas, que les sieur et dame Charruel n'en auraient pas moins eu, d'après l'arrêt attaqué, le droit de faire ce qu'ils ont fait.

» Cette ordonnance n'a donc été qu'un acte surabondant; et ici s'applique naturellement la maxime, *quod abundat non vitiat.*

» Par ces considérations, nous estimons qu'il y a lieu de rejeter la requête et de condamner le demandeur à l'amende ».

Par arrêt du 24 novembre 1814, au rapport de M. Génevois, « attendu que le fait de force majeure déclaré par l'arrêt, justifie suffisamment sa disposition; la cour rejette.... ». (*Note de l'éditeur.*)

§. VI, art. II, n. X. *Page 291, col. 2, ligne 34, après les mots,* ils seront jugés avant ladite adjudication, *ajoutez en note :*

Si le jugement de ces moyens n'est rendu qu'après l'adjudication préparatoire, le saisi peut-il en appeler dans la quinzaine de la signification qui lui en est faite? Le peut-il sans appeler en même temps de l'adjudication préparatoire, quoiqu'elle ne lui soit pas encore signifiée? N'est-il pas censé avoir renoncé à ces moyens, par cela seul qu'il a laissé prononcer l'adjudication préparatoire sans les avoir fait juger?

Voici une espèce dans laquelle ces questions se sont présentées.

Le 8 floréal an 9, le sieur de Croy, domicilié dans la ci-devant province de Dauphiné, régie par le droit écrit, épousa la demoiselle Debelloy.

Le 19 et le 22 juin 1810, jugemens par défaut du tribunal de commerce d'Amiens qui condamnent solidairement la veuve Debelloy, le sieur Debelloy son fils, les sieur et dame de Croy, son gendre et sa fille, au payement d'une lettre de change qu'ils avaient souscrite au profit du sieur Moyecle.

Le 3 décembre 1810, le sieur Moyecle, après avoir fait signifier ces jugemens aux sieur et dame de

Croy, fait procéder à la saisie de leurs meubles. Le sieur de Croy déclare à l'huissier, et lui fait écrire dans son procès-verbal, qu'il forme opposition aux deux jugemens. En conséquence, l'huissier se retire et la saisie n'a pas lieu; mais le sieur de Croy ne donne aucune suite à son opposition.

Le 23 août 1811, le sieur Moyecle fait pratiquer, en vertu des mêmes jugemens, une saisie immobilière sur deux terres, situées dans l'arrondissement de Péronne; savoir, celle de Desnaucourt, appartenant à la dame de Croy, et celle de Treux, appartenant au sieur de Croy. — Par suite de cette saisie, l'adjudication préparatoire des deux terres est fixée au 15 février 1812.

Le 2 janvier 1812, les sieur et dame de Croy font signifier à l'avoué du sieur Moyecle une requête, par laquelle ils demandent la nullité de la saisie, attendu 1.º qu'il ne leur a pas été laissé à chacun une copie séparée des assignations sur lesquelles sont intervenus les jugemens par défaut du tribunal de commerce; 2.º que ces jugemens par défaut sont réputés non avenus à défaut d'exécution dans les six mois de leur date; 3.º que la terre de Desnaucourt tenant à la dame de Croy, nature de fonds dotal, est inaliénable, et par conséquent insaisissable.

Le 15 février suivant, le sieur Moyecle, sans faire statuer sur ces moyens de nullité, poursuit et obtient un jugement qui prononce l'adjudication préparatoire, avec renvoi au 2 mai pour l'adjudication définitive.

Au lieu de lever ce jugement et de le faire signifier aux sieur et dame de Croy, il fournit ses défenses à la requête du 2 janvier. — Le 2 mai, les parties plaident sur cette requête et sur les défenses qui y sont opposées.

Par jugement du même jour, les moyens de nullité des sieur et dame de Croy sont rejettés.

Le 12 du même mois, les sieur et dame de Croy font signifier au greffier du tribunal, un acte d'appel de ce jugement; et le 15, ils réitèrent leur appel par un exploit signifié au domicile du sieur Moyecle.

La cause portée à la cour d'Amiens, le sieur Moyecle, après avoir plaidé pendant deux audiences sur le fond, propose, contre l'appel des sieur et dame de Croy, une fin de non-recevoir qu'il fait résulter de ce que cet appel n'a pas été interjeté dans le délai fixé par l'art. 736 du Code de procédure civile, c'est-à-dire, dans la huitaine de la prononciation du jugement. — Les sieur et dame de Croy répondent, 1.º que cette fin de non-recevoir est inadmissible, soit parce que le sieur Moyecle l'a convertie en plaidant au fond, soit parce que l'art. 736 du Code de procédure civile n'a pour objet que l'appel du jugement qui rejette les nullités proposées contre les procédures postérieures à l'adjudication préparatoire.

Par arrêt du 22 août 1812, « attendu qu'en cour souveraine les fins de non-recevoir peuvent être proposées en tout état de cause; que les moyens de nullité dont il s'agit, bien qu'ils ayent été proposés par de Croy dans une requête antérieure au jugement d'adjudication préparatoire, n'ont été soumis par lui aux premiers juges qu'à l'audience du 2 mai, plus de deux mois après ladite adjudication; et que le jugement intervenu sur ces moyens de nullité, n'était susceptible d'appel que dans la huitaine du jour de sa prononciation, aux termes de l'art. 736 du Code de procédure civile; qu'en fait, l'appel de ce jugement n'a été interjetté par de Croy que le 15 du même mois de mai; qu'au surplus et par surabondance de droit, de Croy ayant jugé de soumettre ces moyens de nullité aux premiers juges antérieurement au jugement d'adjudication préparatoire (ce qui s'induit nécessairement de ce que ce jugement n'a été ni levé ni signifié; qu'il eût dû l'être, s'il eût prononcé sur ces moyens de nullité, pour faire courir les délais de l'appel; 2.º de ce que ces mêmes moyens de nullité ont été soumis aux premiers juges, et que ceux-ci y ont statué à l'audience du 2 mai), est devenu forclos de les proposer et d'y faire statuer postérieurement au jugement d'adjudication préparatoire, aux termes de l'art. 733 du Code de procédure; qu'ainsi, il y aurait lieu, dans tous les cas, à confirmer le jugement dont est appel, en ce qu'il a rejetté les moyens de nullité; par ces motifs, la cour, sans avoir égard à la fin de non-recevoir proposée par les parties de Dufour, (les sieur et dame de Croy) déclare lesdites parties de Dufour non-recevables dans leur appel du jugement du tribunal de première instance de Péronne du 2 mai dernier.... ».

Les sieur et dame de Croy se pourvoient en cassation contre cet arrêt.

« L'arrêt que vous dénoncent les sieur et dame de Croy (ai-je dit à l'audience de la section civile, le 25 avril 1814), viole-t-il l'art. 734 du Code de procédure civile? S'il le viole en effet, peut-il écarter, par son second motif, le moyen de cassation qui résulte pour les sieur et dame de Croy, de cette violation? Telles sont les deux questions sur lesquelles vous avez à prononcer dans cette affaire.

» La première question se résout, pour ainsi dire, d'elle-même en faveur des sieur et dame de Croy.

» L'art. 734 du Code de procédure civile accorde à la partie saisie un délai de quinzaine pour appeler du jugement qui a rejeté les moyens de nullité contre la procédure qui a précédé l'adjudication préparatoire; et il ne fait courir ce délai que du jour de la signification du jugement à avoué.

» Ici, l'appel des sieur et dame Decroy a été interjeté avant même que le jugement qui en est l'objet, eût été signifié à leur avoué. Il a donc été interjeté en temps utile. L'arrêt de la cour d'Amiens viole donc l'art. 734.

« Qu'importe que le jugement contre lequel était dirigé cet appel, n'eût été rendu qu'après l'adjudication préparatoire? Qu'importe que, par l'art. 736, le délai de l'appel du jugement qui rejette les moyens de nullité contre les procédures postérieures à l'adjudication préparatoire , soit restreint à la huitaine qui suit la prononciation de ce jugement ?

» Pour avoir été rendu après l'adjudication préparatoire , le jugement contre lequel était dirigé l'appel des sieur et dame de Croy , n'avait pas changé d'objet ni pris une nature différente de celle qui lui était propre. C'était toujours un jugement rendu sur les moyens de nullité proposée avant l'adjudication préparatoire ; c'était toujours un jugement étranger aux procédures postérieures à cette adjudication ; c'était par conséquent toujours un jugement dont l'appel était régi par l'art. 734 ; c'était par conséquent toujours un jugement dont l'appel n'avait rien de commun avec celui dont s'occupe l'art. 736.

» Qu'importe encore que l'adjudication préparatoire n'eût pas été précédée, comme elle eût dû l'être, aux termes de l'art. 733 , d'un jugement sur les moyens de nullité proposés par les sieur et dame de Croy contre la procédure antérieure ?

» C'était sans doute une irrégularité ; mais cette irrégularité , à qui en était la faute ? elle était toute entière au sieur Moyècle , puisque c'était lui qui avait poursuivi et obtenu l'adjudication préparatoire , puisqu'il l'avait poursuivie et obtenue , non-seulement sans avoir fait statuer sur les moyens de nullité des sieur et dame de Croy , mais même sans avoir obtempéré à la sommation que les sieur et dame de Croy lui avaient faite , en lui signifiant leurs moyens de nullité ; de communiquer dans le jour au ministère public , pour en venir à la première audience. Et assurément le sieur Moyècle n'avait pas pu, par une précipitation aussi vicieuse et dont il ne pourrait accuser que lui-même , priver les sieur et dame de Croy du délai que leur accordait l'art. 734 ; il n'avait pas pu , par une irrégularité qui était son ouvrage , placer les sieur et dame de Croy dans la nécessité d'appeler dans le délai fixé par l'art. 736.

» Mais , vient-on vous dire , il n'y a eu , en cela , rien d'irrégulier de la part du sieur Moyècle. Ce n'était pas au sieur Moyècle à provoquer un jugement sur les moyens de nullité que les sieur et dame de Croy lui avaient fait signifier le 2 janvier 1812 : les sieur et dame de Croy étaient seuls chargés de ce soin ; et faute par eux de s'en occuper, le sieur Moyècle a pu et dû croire qu'ils avaient renoncé à leurs moyens de nullité ; il a pu et dû aller en avant ; il a pu et dû poursuivre l'adjudication préparatoire.

» Ce système s'accorde-t-il bien avec le texte de l'art. 733 du Code de procédure civile? S'accorde-t-il bien avec la manière dont les principes généraux veulent que cet article soit interprété ?.

» Que veut l'art. 733 du Code de procédure civile? Trois choses : 1°. que les moyens de nullité contre la procédure antérieure à l'adjudication préparatoire , soient proposés avant cette adjudication ;

2°. qu'avant cette adjudication, il soit statué sur les moyens de nullité contre la procédure antérieure ; 3.° que, si ces moyens de nullité sont rejetés , l'adjudication préparatoire soit prononcée par le même jugement.

» Il résulte bien clairement de là que l'adjudication ne peut avoir lieu , qu'au préalable il n'ait été statué sur les moyens de nullité proposés contre la procédure antérieure.

» L'adjudication préparatoire est donc arrêtée par cela seul que la procédure antérieure est attaquée par la partie saisie.

» La partie saisie a donc fait tout ce que la loi exige d'elle pour arrêter l'adjudication préparatoire, du moment qu'elle a proposé ces moyens de nullité contre la procédure antérieure.

» L'adjudication préparatoire ainsi arrêtée , que faut-il pour qu'il puisse y être procédé légalement ? Il faut que les moyens de nullité proposés par la partie saisie , soient jugés et rejetés.

» Mais le jugement de ces moyens , quelle est la partie qui doit le provoquer.

» C'est sans contredit la partie qui y a intérêt ; et cette partie ne peut être que le saisissant ; car le saisi a un intérêt tout contraire ; puisque plus l'adjudication préparatoire recule, plus il gagne de temps, et de facilités pour faire cesser , par le payement de ce qu'il doit, les causes de la saisie immobilière.

» Point du tout, s'écrient les héritiers du sieur Moyècle : l'art. 733 du Code de procédure , en disant que les moyens de nullité contre la procédure antérieure à l'adjudication préparatoire , ne pourront être proposés qu'avant l'adjudication préparatoire elle-même , et qu'ils seront jugés avant cette adjudication , est censé dire que l'adjudication préparatoire ne sera arrêtée par la proposition de moyens de nullité contre la procédure antérieure, qu'autant que le saisi , après avoir proposé ces moyens , les aura mis sous les yeux des juges à leur audience , qu'autant qu'il aura fait tout ce qui pouvait dépendre de lui pour que les juges statuassent sur ces moyens.

» Tout cela serait bon , si l'art. 733 était conçu comme l'art. 735.

» L'art. 735 porte que *la partie saisie sera tenue de proposer par requête*, AVEC AVENIR A JOUR INDIQUÉ, *ses moyens de nullité, si aucuns elle a, contre les procédures* POSTÉRIEURES *à l'adjudication préparatoire , vingt jours au moins avant celui indiqué pour l'adjudication définitive : les juges seront tenus de statuer sur les moyens de nullité , dix jours au moins avant ladite adjudication définitive.* Ces termes , *proposer par requête , avec avenir à jour indiqué*, établissent une forme spéciale pour la proposition des moyens de nullité contre la procédure *postérieure à l'adjudication préparatoire*, et l'on conçoit facilement pourquoi le législateur veut que cette forme soit aussi expéditive , aussi prompte :

c'est que le jour de l'adjudication définitive étant comme l'exige l'art. 706, indiqué par le jugement d'adjudication préparatoire, et devant être précédé d'affiches apposées dans le délai fixé par l'art. 704, il est de toute nécessité que le jugement de ces moyens ne souffre aucune espèce de retard, et qu'il en souffrirait plus ou moins, si le saisi pouvait, après avoir proposé ses moyens, attendre que le saisissant l'appelât à l'audience pour le voir rejeter.

» Mais l'art. 733 s'exprime tout différemment : il se borne à dire que les moyens de nullité qu'il a pour objet, seront proposés avant l'adjudication préparatoire ; il ne détermine pas la forme dans laquelle ils seront proposés ; et en ne la déterminant pas, il la laisse à la disposition du droit commun, c'est-à-dire qu'il permet de proposer ces moyens par une simple requête d'avoué à avoué, avec sommation d'en venir à la première audience. Cela fait, le saisi est en règle : et assuré par la loi elle-même qu'il ne pourra être procédé à l'adjudication préparatoire, qu'après que le juge aura statué sur ses moyens de nullité, il peut, il doit attendre paisiblement que le saisissant l'appelle à l'audience pour les voir rejeter.

» Pour qu'il en fût autrement, il faudrait, et telle est en effet la prétention des héritiers du sieur Moyècle, il faudrait que la demande en nullité des procédures antérieures à l'adjudication préparatoire, ne fût censée formée qu'autant que cette demande eût été mise sous les yeux des juges, qu'autant que, sur cette demande, il y eût eu plaidoirie.

» Mais tout le monde sait que, pour qu'une demande judiciaire soit censée formée, que même pour que le juge en soit censé saisi, il suffit que l'exploit ou la requête qui la contient, soit signifié à la partie contre laquelle on la dirige ; et cela est si vrai que tous les auteurs s'accordent à dire qu'il y a litispendance, par le seul effet de l'ajournement : *cœpta autem atque ita pendere lis alibi censetur* (dit Voët, sur le digeste, liv. 44, tit. 2, n. 7), *non modò si litis contestatio jam secuta sit, sed et si sola citatio vel in jus vocatio* ; cela est si vrai que, pour qu'il y ait lieu à règlement de juges, il suffit qu'il y ait ajournement pour la même affaire devant deux tribunaux différens, et que le conflit soit formé entre les tribunaux par de simples exploits respectivement signifiés, quoiqu'ils n'aient été suivis ni de plaidoyers ni même d'avenir pour plaider.

» Voilà la règle générale : l'art. 735 du Code de procédure civile n'y déroge que pour les demandes en nullité de procédures postérieures à l'adjudication préparatoire ; l'art. 733 du même Code n'y déroge pas pour les demandes en nullité des procédures antérieures à cette adjudication ; il la maintient donc pour celles-ci ; celles-ci sont donc valablement formées par cela seul qu'elles sont signifiées au saisissant ; elles ont donc, par cela seul qu'elles sont signifiées au saisissant, l'effet d'arrêter l'adjudication préparatoire ; il faut donc qu'elles soient rejetées avant que l'adjudication préparatoire puisse avoir lieu. Le saisissant ne peut donc pas poursuivre l'adjudi-

cation préparatoire, tant qu'il ne les a pas fait rejeter par un jugement préalable. Si donc le saisissant poursuit et obtient l'adjudication préparatoire, sans mettre sous les yeux du juge la demande en nullité des procédures antérieures, qui lui a été précédemment signifiée, il trompe la justice, il surprend sa religion ; et alors, s'applique à lui, dans toute son étendue, la maxime *factum judicis factum partis.*

» Ainsi, tout s'élève donc contre le premier principe de l'arrêt attaqué ? ainsi l'arrêt attaqué ne pourrait, s'il était réduit à son premier motif, échapper à la cassation.

» Mais que dirons-nous de son deuxième motif ?

» Suivant la cour d'Amiens, les sieur et dame de Croy avaient perdu, par l'adjudication préparatoire, le droit de faire statuer sur leurs moyens de nullité. Ils auraient dû soumettre ces moyens au tribunal de première instance, avant l'adjudication préparatoire ; ils n'étaient plus recevables à la lui soumettre après.

» Supposons-le pour un instant : qu'en résultera-t-il ? que l'appel des sieur et dame de Croy est mal fondé ? Oui. Qu'il est non-recevable ? Non. Et cependant c'est par fin de non-recevoir que la cour d'Amiens rejette l'appel des sieur et dame de Croy. Elle ne dit pas que les sieur et dame de Croy ont tort de se plaindre au fond du jugement dont ils appellent ; elle déclare qu'ils en ont appelé trop tard ; elle déclare qu'ils sont déchus du droit d'en appeler ; elle se met en opposition manifeste, par le dispositif de son arrêt, avec le deuxième motif, avec le motif *surabondant*, pour nous servir de sa propre expression, qui forme l'une de ses bases.

» Mais, au surplus, où est-il écrit que les sieur et dame de Croy avaient perdu, par l'adjudication préparatoire, le droit de faire statuer sur leurs moyens de nullité ?

» Sans doute, si le jugement d'adjudication préparatoire leur avait été signifié et qu'ils eussent laissé écouler quinze jours sans en appeler ; on aurait pu leur dire que ce jugement avait implicitement et *formâ negandi* rejeté leurs moyens de nullité ; et qu'ils n'étaient plus recevables à provoquer un jugement qui y statuât.

» Mais le jugement d'adjudication préparatoire ne leur avait pas été signifié ; le sieur Moyècle ne l'avait pas même levé. On ne pouvait donc pas leur reprocher d'avoir acquiescé à ce jugement ; on ne pouvait donc pas tirer de ce jugement une fin de non-recevoir contre leur demande tendante à ce qu'il fût statué sur les nullités qu'ils avaient proposées auparavant.

» Si le sieur Moyècle avait levé ce jugement, s'il l'avait fait signifier, que serait-il arrivé ? Les sieur et dame de Croy en auraient appelé dans la quinzaine de la signification.

» Et que serait-il résulté de leur appel ? De deux

choses l'une : ou la cour d'Amiens aurait considéré le jugement d'adjudication préparatoire comme laissant entiers les moyens de nullité des sieur et dame de Croy, ou elle l'aurait considéré comme rejetant ces moyens *formâ negandi.*

» Au premier cas, elle aurait annullé le jugement d'adjudication préparatoire, comme rendu avec une précipitation nettement condamnée par l'art. 733.

» Au second cas, elle aurait prononcé elle-même sur les moyens de nullité proposés par les sieur et dame de Croy avant ce jugement.

Ainsi, dans l'un et l'autre cas, les sieur et dame de Croy auraient joui pleinement du droit qu'ils s'étaient acquis par leur requête du 2 janvier 1812 ; de faire statuer sur leurs moyens de nullité.

» Et l'on prétendra que le droit qu'ils auraient eu, si le sieur Moyècle se fût mis en règle par la signification du jugement d'adjudication préparatoire, ils l'ont perdu parce que le sieur Moyècle ne leur a pas fait signifier ce jugement ! On prétendra que le sieur Moyècle a empiré leur condition par une omission qui ne pouvait tourner qu'à leur avantage, puisqu'elle allongeait en leur faveur le délai qu'ils avaient pour appeler du jugement d'adjudication préparatoire ! Ce système est si étrange, que nous ne savons comment le qualifier.

» Mais ce n'est pas tout. Si le jugement d'adjudication préparatoire avait réellement formé, pour le sieur Moyècle, une fin de non-recevoir contre les moyens de nullité des sieur et dame de Croy, le sieur Moyècle aurait certainement été le maître de renoncer à cette fin de non-recevoir ; il aurait certainement eu le droit de tenir le jugement d'adjudication préparatoire pour non avenu, de consentir que les moyens de nullité des sieur et dame de Croy fussent discutés et jugés comme si ce jugement n'eût pas existé.

» Or, le droit qu'il avait à cet égard, il l'a exercé ; ce qu'il pouvait faire à cet égard, il l'a fait.

» Et ce qui ne permet pas d'en douter, c'est non-seulement qu'il n'a pas fait signifier, qu'il n'a pas produit, qu'il n'a pas même levé le jugement d'adjudication préparatoire (car il n'eût pas pu se dispenser de faire, s'il eût voulu tirer de ce jugement une fin de non-recevoir contre les moyens de nullité des sieur et dame de Croy ; mais encore qu'après le jugement d'adjudication préparatoire, il a combattu au fond, il a combattu purement et simplement, et sans exciper d'aucune fin de non-recevoir, les moyens de nullité que les sieur et dame de Croy lui avaient précédemment opposés.

» La preuve de ce dernier fait est consignée en toutes lettres dans le jugement du tribunal de première instance de Péronne, du 2 mai 1812. « L'adjudication préparatoire (y est-il dit)... *eut lieu à ladite audience du 15 février, et l'adjudication définitive fut indiquée au 2 mai, pendant lequel délai la procédure a été continuée ; et le sieur Moyècle a défendu à la requête d'opposition à la poursuite en saisie-réelle.*

» Et vous sentez, Messieurs, combien ce fait est décisif contre le second motif de l'arrêt de la cour d'Amiens.

» Si le sieur Moyècle, frappé sans doute de l'irrégularité du jugement d'adjudication préparatoire du 15 février 1812, n'eût pas pris le parti de le tenir pour non avenu, s'il n'eût pas renoncé à ce jugement, il l'aurait fait exécuter, il aurait, conformément à une disposition expresse de ce jugement, poursuivi l'adjudication définitive à l'audience du 2 mai. Au lieu de cela, qu'a-t-il fait ? Il a plaidé, à cette audience même, sur les moyens de nullité que les sieur et dame de Croy lui avaient signifiés le 2 janvier ; il a plaidé sur des moyens qui, portant tout entiers sur la procédure antérieure à l'adjudication préparatoire, supposaient nécessairement que cette adjudication ne devait pas avoir lieu ; il a par conséquent agi comme s'il n'y avait pas eu d'adjudication préparatoire ; il a par conséquent renoncé à cette adjudication.

» Et les premiers juges eux-mêmes ont tellement considéré cette adjudication comme non avenue, que, par leur jugement du 2 mai, ils ont, non pas déclaré les sieur et dame de Croy déchus des moyens de nullité proposés par leur requête du 2 janvier (ce qu'ils n'auraient cependant pas pu se dispenser de faire, si l'adjudication préparatoire eût encore subsisté à leurs yeux), mais rejeté ces moyens comme mal fondés ; ils ont tellement considéré cette adjudication comme non avenue, qu'ils ont statué sur les moyens de nullité des sieur et dame de Croy, comme ils auraient pu le faire dans le cas où cette adjudication n'eût pas encore eu lieu.

» Ainsi, d'une part, point de fin de non-recevoir à tirer du jugement d'adjudication préparatoire, contre la demande en nullité de la procédure antérieure. De l'autre, renonciation du sieur Moyècle à la fin de non-recevoir qu'il aurait pu être tenté de faire résulter de ce jugement. Et enfin, si cette fin de non-recevoir avait existé, si elle avait été admissible dans la bouche du sieur Moyècle, elle aurait bien pu autoriser la cour d'Amiens à confirmer le jugement du 2 mai 1812, mais elle n'aurait pas pu l'autoriser à déclarer l'appel de ce jugement non-recevable.

» Par ces considérations, nous estimons qu'il y a lieu de casser et annuller l'arrêt dont il s'agit ».

Arrêt du 25 avril 1814, au rapport de M. Cochard, par lequel, « vu les art. 733, 734, 735 et 736 du Code de procédure civile ; et attendu, 1°. qu'étant constant en fait, et reconnu par la cour d'Amiens elle-même, que les demandeurs avaient proposé en temps utile et dès le 2 janvier 1812, les moyens de nullité qu'ils avaient à opposer contre la procédure en expropriation forcée dirigée contre eux par le défendeur ; que celui-ci n'avait fait prononcer l'adjudication préparatoire des biens qui en faisaient l'objet, que par jugement par défaut du 15 février suivant, sans qu'alors il eût été statué sur la valeur et le mérite desdits moyens ; 2°. que le tribunal civil de Péronne avait, par un jugement postérieur du 2 mai suivant, rejeté, à cette époque, lesdits moyens de nullité sous prétexte qu'ils ne lui avaient pas été soumis lors du premier jugement du 15 février précédent ; 3°. que ledit jugement n'avait jamais été levé ni signifié, que ledit art. 734 permet d'appeler du jugement qui a statué sur les moyens de nullité proposés avant l'adjudication préparatoire, pendant la quinzaine postérieure à la signification dudit jugement à l'avoué du poursuivant ; 4°. que ladite cour d'Amiens, en jugeant que les demandeurs étaient non - recevables à appeler dudit jugement, du 2 mai 1812, sous le double prétexte qu'ils n'en avaient pas émis appel dans la huitaine du jour de sa prononciation, et qu'ils n'y avaient pas fait statuer par le premier jugement du 15 février précédent ; a tout-à-la-fois contrevenu audit art. 734, qui permet un semblable appel relatif au jugement qui a statué sur les moyens de nullité proposés avant l'adjudication préparatoire, pendant la quinzaine, à compter du jour de sa signification à avoué, et qu'elle a créé en même temps une fin de non-recevoir qui n'est établie par aucune loi, ce qui caractérise un excès de pouvoir ; que, d'autre part, il a fait une fausse application dudit art. 736, qui ne restreint le délai de l'appel à huitaine, qu'à l'égard des jugemens qui ont statué sur les moyens de nullité relatifs à la procédure postérieure à l'adjudication provisoire, tandis qu'il s'agissait, dans l'espèce à juger, de moyens de nullité proposés avant l'adjudication préparatoire ; la cour casse et annulle... ».

§. VIII, n. IV. *Page.* 3r6, *col.* 1, *ligne* 50, *après le mot forclusion, ajoutez en note :*

1°. L'état de collocation provisoire qui, d'après l'art. 755, doit être dressé par le juge - commissaire à l'ordre, peut-il l'être pendant les vacances, c'est-à-dire, dans l'intervalle du 1er septembre au 1er novembre ? — 2°. Si cet état est dressé pendant les vacances, quel est l'effet de la notification qui, pendant les vacances, est faite de sa confection aux créanciers produisans et autres parties saisies ? Cette notification fait - elle courir, nonobstant les vacances ; le délai d'un mois accordé par l'art. 756 aux créanciers produisans et aux parties saisies, pour prendre communication de l'état et le contredire ? — 3°. Cet état peut - il être dressé un jour de fête légale ? — 4°. S'il résulte une nullité de ce qu'il a été dressé un jour de fête légale, cette nullité est - elle couverte par le silence que les créanciers produisans et les parties saisies gardent pendant le mois qui suit la notification régulière de sa confection ?

Le 14 décembre 1811, le sieur Joseph-Marie Dumolard et son épouse vendent au sieur Gauthier plusieurs immeubles situés dans l'arrondissement de Lons-le-Saulnier, moyennant la somme de 54,560 fr. qu'il s'oblige de payer à leurs créanciers inscrits.

Le 16 juillet 1812, sur la réquisition de la dame Ferrand de Sainte-Olive, un juge du tribunal civil de Lons-le-Saulnier est nommé commissaire à l'ordre, et il en ouvre le procès - verbal par une ordonnance conforme à l'art. 752 du Code de procédure. — En

vertu de cette ordonnance, les créanciers inscrits sont sommés de produire.

Dans le courant du mois d'août, la dame Dumolard, inscrite sur les biens vendus pour une créance de 49,800 fr., en produit les titres. — Le sieur Gauthier produit également, dans le même mois, les titres de quelques-uns des autres créanciers inscrits qu'il avait remboursés.

Arrive le premier septembre, jour où commencent les vacations des tribunaux, pour ne finir que le premier novembre suivant. — Cependant le commissaire continue ses opérations, et arrête sous la date du 20 septembre, un état de collocation provisoire de tous les créanciers qui ont produit. — Dans cet état est compris, en sous-ordre, pour une somme de 10,000 fr., le sieur Philippe Dumolard, qui paraît néanmoins par une note mise sur sa production, n'avoir produit que le 22 du même mois.

Le même jour 22, la dame Ferrand de Sainte-Olive, poursuivant l'ordre, fait notifier *la confection* de cet état à tous les créanciers qui ont produit, et notamment à la dame Dumolard, ainsi qu'au sieur Gauthier, acquéreur.

Le 26, elle fait également notifier aux vendeurs. — Cet état n'est contesté par personne.

Le 10 novembre suivant, le commissaire le déclare définitif, prononce la déchéance des créanciers qui ne se sont pas présentés, et ordonne la délivrance des bordereaux aux créanciers colloqués.

Le sieur Philippe Dumolard, l'un de ceux - ci, fait signifier son bordereau au sieur Gauthier, avec commandement de lui en payer le montant. — Le sieur Gauthier y forme opposition, et demande tant contre le sieur Philippe Dumolard que contre l'avoué poursuivant l'ordre, la nullité tant du règlement provisoire du 20 septembre, que du règlement définitif du 20 novembre. — Les vendeurs interviennent, et forment la même demande. — Ils la fondent tous sur trois moyens : 1°. le 20 septembre était un jour de dimanche ; le règlement provisoire qui est daté du 20 septembre est donc en contravention à la loi qui prohibe tout acte judiciaire les jours de dimanches et de fêtes ; 2°. ce règlement a été arrêté en vacations, c'est-à-dire, dans un temps où les pouvoirs du juge-commissaire étaient suspendus ; 3°. le règlement définitif a été lui-même arrêté dix jours seulement après celui duquel devait courir le délai d'un mois que la loi accordait, tant aux créanciers qui avaient produit qu'à ceux qui ne l'avaient pas encore fait, pour contester le règlement provisoire.

Le 18 mai 1813, jugement contradictoire par lequel, « considérant que la principale question à décider est de savoir si le procès - verbal d'ordre dont il s'agit est nul ; que la nullité ne peut en être provoquée que par une partie qui y aurait un intérêt personnel direct ou indirect ; que Joseph-Marie Dumolard ne peut y avoir aucun intérêt, puisqu'il ne conteste la légitimité d'aucune des créances qui y ont obtenu collocation ; que le sieur Gauthier est également sans intérêt, puisqu'il n'a d'autre qualité que celle d'acquéreur, et qu'il doit lui être indifférent de payer à à un créancier de préférence à tous autres ; qu'aucun créancier colloqué ou non colloqué ne se plaint de l'ordre des collocations ni de leur montant ; que s'il était vrai que quelques-uns de ceux qui poursuivent, ont qualité ou intérêt, ils seraient toujours non recevables quant à présent, puisqu'ils ne peuvent faire prononcer cette nullité pour une partie et laisser subsister une autre partie, attendu que l'acte est indivisible ; que cependant les demandeurs en nullité n'ont point appelé tous les créanciers colloqués, intéressés à combattre la nullité, et ne demandent pas même à réparer cette omission ; que le sieur Gauthier ne justifie point qu'il est créancier hypothécaire de Joseph-Marie Dumolard et de son épouse, et ne justifie d'aucune subrogation ; et que, quand même il en justifierait, il ne resterait pas moins clair que les créanciers colloqués en sous-ordre sur la dame Dumolard, ne pouvaient être colloqués que par contribution, puisqu'ils ne le sont pas sur une somme de deniers adjugée à ladite dame ; qu'il s'agissait de procédure urgente ; que les délais réglés par le Code de procédure, en cette matière, sont de rigueur et ne sont pas interrompus pendant les vacations ; qu'au contraire, le même Code classe les procédures en expropriation parmi les affaires urgentes qui doivent être jugées en vacations ; que les vacations sont établies pour le repos des juges, et non pour retarder l'expédition des affaires ; que, dès le moment où le commissaire a été nommé, il est devenu seul juge de l'ordre, et a dû suivre les formes et délais prescrits ; que son opération est un véritable jugement, puisque l'autorité nécessaire lui est déférée par le Code de procédure ; en sorte qu'il ne tient du tribunal que sa nomination et qu'il tient son autorité de la loi même ; d'où il résulte que son opération ne peut être attaquée que par la voie de l'appel pardevant une cour supérieure au tribunal dont il est membre ; que cette opération acquiert d'autant plus de force, que les parties avaient produit leurs titres par-devant lui, et n'avaient élevé aucune contestation qui eût pu donner lieu à un renvoi à l'audience ; qu'une partie des collocations sont déjà exécutées ; enfin ; sur les moyens proposés relativement à la date du 20 septembre donnée à la clôture du procès-verbal de collocation provisoire, que c'est seulement le 22 septembre que Philippe Dumolard a fait sa production, qu'elle est cependant mentionnée dans le procès-verbal de clôture, ce qui serait impossible, si la clôture avait été faite le 20 ; d'où il résulte la conséquence que la clôture du procès-verbal a été faite postérieurement à la production, et par conséquent au plutôt le 22 septembre, jour non férié ; qu'ainsi, cette erreur de date n'est autre chose qu'une erreur matérielle, trop facile à apercevoir pour qu'on doive s'y arrêter ; qu'il est plus que vraisemblable que le commissaire dictant au greffier son procès-verbal de clôture, ce greffier aura omis d'inscrire le mot *deux* ou un autre après le mot *vingt* ; que cette opinion acquiert plus de force par la circonstance que la sommation de combattre l'ordre n'a été faite que le 26 du même mois, et n'a été enregistrée que le 28 ; que de ces réflexions il résulte que le sieur Philippe Dumolard été bien fondé dans le commandement fait à sa requête au sieur Gauthier, le 10 février dernier, et que celui-ci doit être débouté de l'opposition qu'il a formée ; le tribunal prononçant sur les causes jointes par son jugement d'hier, déclare les mariés Dumolard et Gauthier non recevables, dans leur demande en nullité du procès-verbal d'ordre dont il s'agit au procès, tant pour cause d'incompétence qu'autrement ; déboute le sieur Gauthier de l'opposition par lui formée au commandement qui lui a été fait de la part de Philippe Dumolard, le 10 février dernier... ».

Les sieur et dame Dumolard, vendeurs, et le sieur Gauthier appellent de ce jugement à la cour royale de Besançon.

» Le 15 juillet 1814, arrêt ainsi conçu : — « En droit, le sieur Gauthier et les vendeurs ont-ils été valablement coutumacés de contredire l'état de collocation réglé par le commissaire ? Sont-ils recevables à discuter cet état, quoique ne l'ayant pas contredit dans le mois de la dénonciation qui leur en a été faite ? Le délai d'un mois a-t-il pu courir pendant les vacations ? Ont-ils intérêt à contredire l'état de collocation ? Peuvent-ils faire réformer la collocation du sieur Philippe Dumolard, sans alléguer des griefs contre elle ? — Considérant qu'il est constant en fait que les mariés Dumolard, vendeurs, et Gauthier, acquéreur, étaient parties à l'ordre sur lequel le commissaire a arrêté l'état de collocation daté du 20 septembre 1812 ; qu'il est également constant en fait que la confection de cet état de collocation leur a été dénoncée, ainsi qu'à tous les créanciers produisans, par l'avoué de la dame de Sainte-Olive, les 22 et 26 septembre 1812, avec sommation d'en prendre communication et de contredire, si bon leur semblait, dans le délai d'un mois ; que ni les mariés Dumolard ni Gauthier n'alléguent aucune nullité contre cette dénonciation ; qu'elle est donc régulière, et qu'elle a fait courir le délai d'un mois fixé par l'art. 755 du Code de procédure civile ; — Considérant en droit, que, d'après les art. 755 et 756 du Code de procédure civile, faute de contredire dans le mois qui suit la dénonciation, les parties intéressées sont forcloses sans nouvelle sommation ni jugement ; que cette forclusion est générale et s'applique à tous les moyens, soit de la forme, soit du fond, que l'on peut alléguer contre l'état de collocation ; que, dès-lors, les mariés Dumolard, ainsi que Gauthier, sont non-recevables à critiquer l'état de collocation daté du 20 septembre 1812 ; puisqu'ils n'ont pas réclamé dans le mois qui a suivi la dénonciation des 22 et 26 septembre 1812 ; qu'on ne peut pas prétendre que le délai d'un mois n'a pu courir en temps de vacations, parce qu'il est certain que la procédure en matière d'ordre exige célérité ; que, dès-lors, elle n'est pas suspendue pendant le temps des vacations ; que les mariés Dumolard et Gauthier sont encore non-recevables à attaquer l'état de collocation par défaut d'intérêt ; qu'aucun d'eux ne conteste la légitimité de la créance de Philippe Dumolard, intimé ; qu'ils prétendent seulement que celui-ci étant créancier cédulaire, n'a pas pu être colloqué avant des créanciers hypothécaires ; que les mariés Dumolard, vendeurs et débiteurs, ne peuvent faire valoir les hypothèques de leurs créanciers, parce que l'hypothèque n'est établie qu'en faveur des créanciers entr'eux, et non en faveur des débiteurs, et parce qu'ils ne peuvent faire valoir, pour leurs créanciers, un moyen auquel ceux-ci ont renoncé par leur silence ; que l'intérêt du débiteur se borne à ce que l'on ne colloque que des créances légitimes et exigibles ; que Gauthier, acquéreur, n'a intérêt qu'à ne pas acquitter des bordereaux pour une somme supérieure au prix de son adjudication ; et qu'en sa qualité de cessionnaire de créances, s'il prétendait n'avoir pas été colloqué à son ordre par le commissaire, il devait contester dans le mois qui a suivi la dénonciation ; que ces fins de non-recevoir dispensent d'examiner les moyens du fond ; — La cour..... met l'appellation au néant......».

Recours en cassation contre cet arrêt, de la part des sieur et dame Dumolard et du sieur Gauthier.

« Les moyens de cassation qui vous sont proposés dans cette affaire (ai-je dit à l'audience de la section des requêtes, le 10 janvier 1815); présentent à l'examen de la cour quatre questions :

» La première, si l'arrêt attaqué peut être justifié par celui de ses motifs qui consiste à dire que les demandeurs en cassation n'ont aucun intérêt à contester l'état de collocation dont il s'agit ;

» La seconde, si la poursuite de l'ordre qui, dans l'espèce, avait été commencée avant les vacations de 1812, a pu être continuée pendant les mêmes vacations ; et si en conséquence, le délai d'un mois accordé par l'art. 755 du Code de procédure aux créanciers inscrits et au débiteur pour contredire l'état de collocation provisoire, a pu courir pendant cet espace de temps ;

» La troisième, si c'est le dimanche 20 septembre 1812, qu'a été arrêté l'état de collocation provisoire ; et si, par cela seul qu'il a été arrêté ce jour-là, il n'est pas nul ;

» La quatrième, si la nullité de cet état de collocation provisoire a été couverte par le silence que les demandeurs ont gardé pendant le mois qui en a suivi la notification.

» Sur la première question, il nous paraît que l'on doit distinguer entre le sieur Dumolard, son épouse, et le sieur Gauthier.

» Le sieur Dumolard est indubitablement sans intérêt à contester l'état de collocation, puisqu'il reconnaît pour ses créanciers tous ceux qui sont colloqués dans cet état.

» Mais en est-il de même de la dame Dumolard, en est-il de même du sieur Gauthier ?

» La dame Dumolard se présente avec une inscription de 49,800 fr., et cependant elle n'est colloquée que pour 30,000 fr. Comment prétendre qu'elle est sans intérêt ? Et le moyen de ne pas voir dans l'arrêt qui la déclare non-recevable faute d'intérêt

une contravention manifeste à la loi qui veut que tout créancier inscrit soit colloqué pour le montant entier de son inscription, à moins qu'on ne motive la cause pour laquelle on ne le colloque que pour une partie ?

» Le sieur Gauthier ne se présente pas seulement comme acquéreur ; il se présente encore comme cessionnaire de créanciers inscrits qui avaient droit à une collocation utile ; et à cet égard, l'arrêt attaqué se borne à dire qu'il est non-recevable pour n'avoir pas contesté dans le mois de la dénonciation. Mais, par là même l'arrêt attaqué reconnaît qu'il avait un véritable intérêt de soutenir que le délai d'un mois n'avait pas couru contre lui. Il détruit donc lui-même la fin de non-recevoir qu'il fait résulter, contre le sieur Gauthier, de son prétendu défaut d'intérêt.

» Ainsi, le sieur Dumolard est le seul des demandeurs en cassation à qui puisse justement et légalement s'appliquer, dans l'arrêt attaqué, le motif tiré de leur prétendu défaut d'intérêt à contester l'état de collocation.

» Et dès-là, notre première question se résout d'elle-même à l'avantage de la dame Dumolard et du sieur Gauthier.

» La seconde question nous paraît devoir être envisagée sous trois points de vue différens.

» Et d'abord, en thèse générale, un jugement qui serait rendu en vacations sur une matière non sommaire, pourrait-il, devrait-il, sur ce seul fondement, être déclaré nul ?

» Il pourrait et il devrait l'être sans difficulté, s'il était rendu par la chambre des vacations, parce que la chambre des vacations n'est instituée que pour juger les affaires sommaires, et que conséquemment elle excéderait, en jugeant des affaires non sommaires, les bornes dans lesquelles sa compétence est circonscrite par la loi.

C'est ce qu'avaient décidé, pour la chambre des vacations du parlement de Paris, l'édit du mois d'août 1669 ; et pour la chambre des vacations du parlement de Toulouse, l'édit du mois d'août 1682. Après avoir déterminé les affaires dont chacune des chambres pourrait connaître, ils ajoutaient : *Voulons ce que dessus être exécuté, à peine de nullité des procédures qui seront faites, et arrêts qui interviendront.*

» Et c'est dans le même esprit que l'art. 2 de la loi du 21 fructidor an 4 a dit que la *section de vacations* qui serait formée dans chaque tribunal civil de département, serait *uniquement chargée de prononcer sur les affaires qui requerraient célérité* ; disposition que les art. 44 et 78 du règlement du 30 mars 1808 renouvellent expressément pour les *chambres de vacations*, dont ils ordonnent la formation dans chaque cour d'appel et dans chaque tribunal de première instance.

» En serait-il de même, si un jugement était rendu en vacations par une chambre ordinaire, qui se serait à cet effet, abstenue du repos que la loi lui accordait ?

» On peut dire, pour la négative, que les vacances ne sont pas établies dans l'intérêt des parties privées; que ce n'est pas cet intérêt que la loi a eu en vue, lorsqu'elle a établi les vacances; qu'elle n'a eu en vue, en les établissant, que le repos des juges; et que telle est la conséquence bien claire de ces termes du préambule de la loi du 21 fructidor an 4 :
« Considérant qu'après avoir consacré dix mois de
» l'année à des fonctions pénibles et laborieuses,
» *les juges ont nécessairement besoin de repos*,
» autant pour se délasser des fatigues de leurs fonc-
» tions que pour vaquer à leurs affaires domesti-
ques » ; qu'ainsi, les juges peuvent renoncer au repos que la loi leur accorde ; et que les parties ne peuvent pas, lorsqu'ils y renoncent en effet, attaquer de ce chef les jugemens qu'ils rendent en vacations.

» Mais raisonner ainsi, ce serait convertir en disposition facultative pour les juges, une disposition qui, à leur égard, est impérative, et qui l'est d'une manière absolue. La loi du 21 fructidor an 4 ne dit pas : *les tribunaux civils pourront prendre, chaque année, deux mois de vacances*; elle dit : *les tribunaux civils auront deux mois de vacances chaque année*. L'art. 51 du décret du 6 juillet 1810 ne dit pas : *les chambres civiles pourront vaquer depuis le 1.er septembre jusqu'au 1.er novembre;* il dit que, dans cet intervalle, *les chambres civiles vaqueront;* ce qui signifie, en d'autres termes, que les séances des tribunaux civils seront suspendues, chaque année, pendant deux mois ; qu'il y aura, chaque année, deux mois pendant lesquels les tribunaux civils seront sans fonctions ; et que par conséquent toutes fonctions seront interdites aux tribunaux civils pendant ces deux mois.

» Qu'importe que le *repos des juges* soit le motif principal de cette disposition ? Une fois les vacances établies pour le repos des juges, les parties ont le droit d'y compter : la loi elle-même leur donne la certitude que, tout le temps que dureront les vacances, on ne pourra pas juger leurs causes ou procès ; et la confiance qu'elles ont, qu'elles doivent avoir dans la loi, ne peut pas être trompée.

» Les juges ne sont donc pas maîtres de s'abstenir, au préjudice des parties, du repos qui leur est accordé par la loi; et cela était tellement passé en maxime dans l'ancien ordre judiciaire, qui pourtant avait là-dessus des lois parfaitement conformes à celles d'aujourd'hui, que, toutes les fois que des circonstances extraordinaires exigeaient que l'on s'écartât momentanément de cette règle, il fallait que le législateur y interposât son autorité. C'est ainsi que, par l'art. 18 d'un édit du mois d'août 1684, concernant le parlement de Besançon, il était dit : « Sur ce que nous avons appris que notre-
» dite cour est surchargée d'affaires, lesquelles,
» jointes à celles qui surviennent tous les jours, il
» est impossible qu'elle puisse les juger aussitôt
» qu'il serait nécessaire pour le soulagement des
» parties, *s'il n'y est par nous pourvu* : voulons
» que notredite cour *puisse* vaquer au jugement

» des procès, de quelque qualité qu'ils soient, à des
» heures et temps extraordinaires, *même pendant
» celui des vacations, et ce durant deux ans seule-
» ment...* (1) ».

» Il y a plus. Les lois qui, pour le repos des juges, ont établi des vacances, ont toujours été tellement regardées comme renfermant, pour les juges, la défense de s'assembler pendant tout le temps fixé pour la durée de ce repos, que l'on en a constamment inféré que les juges ne pouvaient pas, pendant ce temps, se réunir de leur propre autorité, même pour des matières qui n'intéressaient point les parties privées, même pour des matières de pur intérêt public.

» C'est ce qui fut reconnu par le parlement de Besançon, dans sa séance du 3 septembre 1739. Ce jour-là, le parlement de Besançon arrêta des remontrances sur une déclaration du roi qui réglait l'ordre de son service, à compter de la Saint-Martin suivante ; mais il se présenta une difficulté : les vacances commençaient alors le 8 septembre ; et il n'était pas possible que, du 3 au 8, les remontrances fussent rédigées, discutées, adoptées et expédiées. Cependant il paraissait indispensable qu'elles fussent envoyées au roi, et soumises à son conseil, avant la Saint-Martin. Que fit le parlement ? ajourna-t-il, de sa propre autorité, à une époque fixe des vacances dans lesquelles il était sur le point d'entrer ? Non : il sentit qu'il n'en avait pas le pouvoir. Il s'adressa au roi pour obtenir la permission de s'assembler pendant les vacances même. Et que prononça le roi ? déclara-t-il que cette permission était inutile ? Bien loin de là ; supposant cette permission nécessaire, il l'accorda, en ces termes, par des lettres-patentes du 26 du même mois : « A ces causes......,
» nous avons, par ces présentes signées de notre
» main, *permis*, et ordonné, *permettons* et ordon-
» nons à notredite cour de parlement de s'assembler
» le 7 du mois d'octobre prochain, pour entendre
» la lecture desdites remontrances (2) ».

» A ces raisons et à ces autorités on peut, nous le savons, opposer un arrêt de la cour du 22 janvier 1806 ; mais dans quelle circonstance cet arrêt a-t-il été rendu ?

» Le 13 fuctidor an 7, plaidoiries devant le tribunal civil du département de l'Allier, entre les sieurs Charasse et Goutardier. Le lendemain, veille de l'ouverture des vacances, jugement qui déclare que le tribunal est partagé d'opinions, et, du consentement des parties, renvoie au 17 du même mois pour vider le partage. Le 17, jugement définitif en faveur du sieur Charasse. Sur l'appel, le tribunal civil du département de la Creuse, annulle ce jugement, parce qu'il a été rendu en vacation, quoique l'affaire, par sa nature, ne requît pas célérité ; et que, par là, il a été contrevenu à la loi du 21 fructidor an 4. Le sieur Charasse se pourvoit en cassation, et fait valoir le préambule de la même

---

(1) Recueil du parlement de Besançon, tome 1, page 224.
(2) *Ibid.* tome 3, page 810.

loi, dans lequel il est dit, comme nous l'avons déjà remarqué, qu'*après avoir consacré dix mois de l'année à des fonctions pénibles et laborieuses, les juges ont nécessairement besoin de repos*. Par l'arrêt cité, « attendu qu'*aux termes de la loi, les vacances* » *n'ont été accordées que pour le repos des juges*; » que, dans l'espèce, la cause ayant été plaidée con- » tradictoirement aux audiences des 13 et 14 fructi- » dor an 7, et y ayant eu partage d'opinions, la cause » fut renvoyée contradictoirement et du consente- » ment des parties pour vider le partage, au 17 du » même mois; que ledit jour, les mêmes par- » ties ont conclu et plaidé de nouveau leur » cause sans aucune réclamation; et qu'enfin, le ju- » gement du 14, qui avait remis la cause au 17, » n'était point attaqué; qu'ainsi, il a été fait une » fausse application de la loi; la cour casse et an- » nulle..... ».

» Vous voyez, messieurs, que cet arrêt est fondé sur trois motifs : 1.º que les vacances n'ont été ac- cordées que pour le repos des juges; 2.º qu'il y a eu con- trat judiciaire entre les parties pour que l'affaire fût plaidée et jugée en vacations; 3.º que le jugement en exécution duquel l'affaire a été plaidée et jugée en vacations, n'avait pas été attaqué.

» De ces trois motifs, il en est un, et c'est le troisième, qui était sans réplique : il présentait une contravention à l'autorité de la chose jugée; et il n'est point de moyen de cassation plus puissant.

» Mais chacun des deux autres considéré isolé- ment, était, nous osons le dire, fort équivoque.

» Le premier se réfère sans doute à l'énonciation consignée dans le préambule de la loi du 21 fructi- dor an 4, que les juges ont besoin de repos pendant deux mois de chaque année. Mais cette loi n'est ni transcrite ni même citée dans l'arrêt; et que résulte- t-il de là? une reconnaissance implicite que cette loi ne suffit pas seule pour motiver la cassation que l'ar- rêt prononce; en effet, dire que les juges ont be- soin de repos pendant deux mois, ce n'est pas dire que, pendant ces deux mois, ils pourront, même malgré les parties, renoncer au repos que la loi dé- clare leur être nécessaire.

» Le second motif suppose que les juges peu- vent, de concert avec les parties et de leur consen- tement, enfreindre la défense qui leur est faite de s'assembler en vacations pour juger des affaires qui ne requièrent pas célérité; et si cette supposition n'est pas trop hasardée, elle n'est du moins pas assez cer- taine, elle n'est surtout pas assez fondée en loi, pour justifier la cassation du jugement en dernier ressort par lequel le tribunal civil de la Creuse, adoptant la proposition contraire, avait décidé que de l'impuissance dans laquelle sont les magistrats étrangers à la chambre des vacations, de s'assembler pendant les vacances pour des affaires dont la con- naissance est interdite à la chambre de vacations elle-même, il résulte une nullité de droit public de laquelle peuvent exciper même les parties qui l'ont provoquée.

» Les deux premiers motifs de l'arrêt de cassation du 22 janvier 1806 ne peuvent donc pas être séparés du troisième. Cet arrêt ne peut donc être cité que comme décidant, par l'amalgame de ces trois motifs, que, lorsqu'une cause non sommaire a été, du con- sentement des parties, renvoyées en vacations par un jugement exprès, et que, par suite de ce jugement, elle a été plaidée et jugée à l'époque qu'il indiquait, le jugement rendu en vacations ne peut pas être ar- gué de nullité, tant que subsiste, tant que n'est pas attaqué, celui en exécution duquel il est intervenu.

» Que doit-on décider, lorsqu'il s'agit, non d'un jugement proprement dit, ouvrage d'un tribunal entier, mais d'un acte de procédure qui exige le mi- nistère d'un juge, délégué à cet effet, et pour la con- fection duquel la loi prescrit des délais fixes? Un acte de cette nature peut-il, dans une matière non sommaire, être fait en vacations? C'est le deuxième point de vue sous lequel notre question doit être exa- minée.

» Il est certain que, si les vacations ne suspen- dent pas les délais dans lesquels doit être fait un pa- reil acte, un pareil acte, non-seulement peut, mais doit être fait en vacations.

» Or, que les vacations ne suspendent point les délais dans lesquels doit être fait un pareil acte, c'est ce que la cour a jugé de la manière la plus positive, par un arrêt de cassation du 21 avril 1812....... (1).

» Ce que la cour a jugé par cet arrêt, pour le dé- lai dans lequel il doit être procédé à une enquête, quelle raison y aurait-il de ne pas le juger isolément pour les différens délais dans lesquels doivent être faits les actes relatifs à un ordre? L'art. 257 qui règle le délai dans lequel doit être commencée une en- quête, ne dit pas que le temps des vacations en sera excepté, les art. 749, 750, 751, 752, 753, 754, 755 et 756 qui règlent les différens délais dans les- quels doivent être faits les actes relatifs à un ordre, ne le disent pas davantage.

» Si le ministère d'un juge-commissaire est indis- pensable dans la plupart des actes relatifs à un ordre, il ne l'est pas moins dans une enquête.

» Si les délais d'enquête courent de plein droit, non en vertu d'un jugement (car jamais le jugement qui ordonne une enquête, ne fixe les délais dans les- quels il y doit être procédé), mais en vertu de la si- gnification qui est faite de ce jugement, il en est de même des délais d'ordre : les délais d'ordre ne cou- rent, comme les délais d'enquête, que du jour de chacune des sommations prescrites par les art. 753 et 755; et comme les délais d'enquête, ils courent de plein droit.

» Il y a donc parité absolue entre les dispositions du Code de procédure qui règlent les délais dans lesquels doivent être faits les actes relatifs à un

_____

(1) *V*. l'article *Vacances*, n.º 3.

ordre, et les dispositions du même Code qui règlent les délais dans lesquels il doit être procédé à une enquête.

» Si donc les délais d'enquête courent nonobstant les vacations, il est bien impossible que, pendant les vacations, les délais d'ordre soient suspendus.

» Eh! comment le seraient-ils? ils ne pourraient l'être que par un texte exprès de la loi; car c'est la loi qui les établit, c'est la loi qui les fait courir; et la loi seule peut limiter ses dispositions générales par des exceptions appropriées à des cas ou à des temps spéciaux.

» Mais dès que les délais d'ordre ne diffèrent pas, à cet égard, des délais d'enquête, dès qu'ils ne sont pas plus que les délais d'enquête, suspendus par les vacations, par quelle bizarrerie l'expiration des délais d'ordre n'emporterait-elle pas, comme les délais d'enquête, la peine de la forclusion?

» Si l'on répond que les ordres ne sont pas rangés par la loi au nombre des matières sommaires, nous répliquerons que ce n'est pas seulement dans les matières sommaires que les délais d'enquête courent nonobstant vacations; que les délais d'enquête courent nonobstant vacations, même dans les matières ordinaires; que c'est dans une matière ordinaire qu'a été rendu l'arrêt de cassation qui l'a ainsi jugé, et nous demanderons encore une fois comment il serait possible qu'il en fût autrement des délais d'ordre, même en supposant que les ordres ne dussent pas être considérés comme matières sommaires.

» Mais il y a plus, et ici se présente le troisième point de vue sous lequel nous avons promis d'examiner notre question : est-il bien vrai que l'on ne doit pas considérer comme matières sommaires, les ordres qui se font à la suite, soit d'une transcription et notification de contrat volontaire, soit d'une expropriation forcée.

» Personne ne doute aujourd'hui, que les expropriations forcées ne soient elles-mêmes considérées comme matières sommaires, et qu'en conséquence, elles ne puissent être poursuivies devant les chambres des vacations.

» La cour l'a ainsi jugé, sous la loi du 11 brumaire an 7, par deux arrêts précis, l'un de rejet, du 18 prairial an 11, au rapport de M. Lombard; l'autre de cassation, du 16 floréal an 13, au rapport de M. Coffinhal.

» Et sur quoi s'est-elle fondée pour juger de cette manière? Sur le n.° 8 de l'art. 4, et sur l'art. 28 de la loi du 11 brumaire an 7.

» Le n.° 8 de l'art. 4 portait que, si le créancier avait laissé écouler six mois après le commandement, il ne pourrait plus faire procéder à l'affiche qui alors valait saisie réelle, qu'après un nouveau commandement revêtu des mêmes formes que le premier.

» Et l'art. 28 portait qu'en cas d'appel d'un jugement qui aurait statué sur une demande en distraction formée par un tiers intervenant dans l'instance en expropriation forcée, il serait *statué comme en matière provisoire et sans tour de rôle.*

» C'est de ces deux dispositions que la cour a inféré que la loi du 11 brumaire an 7 plaçait *nécessairement la poursuite des expropriations forcées dans la classe des matières qui requéraient célérité.* Dans le système contraire, a-t-elle dit, *toutes les adjudications à l'égard desquelles le délai de six mois écherrait dans les deux mois de vacations, seraient incertaines, et deviendraient un sujet d'inquiétude pour le poursuivant. La sollicitude du législateur s'est appliquée à prévenir ces inconvéniens par la disposition relative à l'appel, et en n'insérant dans la loi aucune disposition d'où l'on pût induire une semblable conséquence; d'où l'on doit conclure que la loi sur les vacances, antérieure de près de trois ans, ne peut pas arrêter les poursuites d'expropriation, et ne pourrait pas le faire sans de graves inconvéniens.*

» Les mêmes dispositions ne se retrouvent pas, il est vrai, littéralement dans le Code de procédure; mais elles y sont remplacées, et par des dispositions équipollentes, et même par des dispositions encore plus propres à faire ressortir l'intention du législateur de ranger les expropriations forcées dans la classe des matières requérant célérité.

» L'art. 674 veut que le commandement soit, dans les trois mois de sa date, suivi de la saisie immobilière. Il abrège par conséquent de trois mois le délai qui était réglé par l'art. 4 de la loi du 11 brumaire an 7.

» L'art. 730 ne dit pas expressément comme le faisait l'art. 28 de la loi du 11 brumaire an 7, que l'appel du jugement qui aura prononcé sur une demande en distraction, sera jugé *comme en matière provisoire et sans tour de rôle;* mais d'abord, s'il ne le dit pas expressément, il le dit par relation à un article qui est à la tête du titre dont il fait partie, c'est-à-dire, à l'art. 718, lequel porte que *toute contestation incidente à une poursuite de saisie immobilière, sera jugée sommairement;* ensuite, tandis que l'art. 28 de la loi du 11 brumaire an 7, ne prescrivait, pour l'émission de cet appel, aucun délai particulier; tandis que par conséquent il laissait cet appel à la disposition de la loi générale qui accorde trois mois pour l'interjeter, l'art. 730 du Code de procédure n'accorde que quinze jours pour interjeter cet appel, et par-là, faire clairement entendre qu'il exige encore, dans ces sortes de matières, plus de célérité que n'en exigeait la loi du 11 brumaire an 7.

» Ce n'est pas tout. Les art. 734 et 736 manifestent encore bien plus évidemment la même intention, l'un en n'accordant que quinze jours pour appeler du jugement qui rejette les nullités proposées contre les procédures antérieures à l'adjudication préparatoire, l'autre en n'accordant que huitaine pour appeler du jugement qui rejette les nullités proposées contre les procédures postérieures à la même adjudication.

» Enfin, c'est dans le même esprit que l'art. 4 du décret du 2 février 1811, oblige les cours de statuer sur ce dernier appel dans la quinzaine du jour où il a été notifié, et interdit l'opposition contre les arrêts qui y auront statué par défaut.

» Ainsi, nul doute que l'expropriation forcée ne soit encore, sous le Code de procédure, comme elle était sous la loi du 11 brumaire an 7, dans la classe des matières qui peuvent et doivent être expédiées en vacations.

» Et pourquoi n'en serait-il pas de même de l'ordre?

» L'ordre n'est que la suite d'une expropriation forcée, ou d'une transcription et notification de contrat volontaire qui, aux termes de l'art. 775 du Code de procédure, en tient lieu.

» Il n'y a donc pas de raison pour que l'ordre ne puisse et ne doive pas être poursuivi à toutes les époques où une expropriation forcée peut et doit l'être.

» Remarquez d'ailleurs, que c'est du jour de l'expropriation forcée, ou de la notification du contrat volontaire, que les art. 749 et 775 font, en matière d'ordre, courir tous les délais.

» C'est dans le mois de l'une et de l'autre, que le créancier le plus diligent fait la réquisition de l'ouverture du procès-verbal d'ordre.

» C'est dans le mois de la sommation faite en vertu de l'ordonnance du commissaire nommé sur cette réquisition, que tous les créanciers inscrits doivent produire.

» C'est à l'expiration de ce mois, que le commissaire doit dresser l'état de collocation provisoire sur les pièces produites.

» C'est dans le mois qui suit la notification de la confection de cet état, que les créanciers inscrits doivent en prendre communication, et le contredire, s'il y a lieu.

» Dans toutes ces fixations de délais, la loi ne parle pas des vacances; elle ne dit pas que les vacances en seront soustraites; elle est conséquemment censée vouloir que les vacances ne les suspendent pas.

» La loi, il est vrai, ne dit pas expressément que les matières d'ordre requièrent célérité; mais elle fait plus que de le dire, elle met en action le principe de la célérité, qui est, en quelque sorte, l'ame de ces matières; elle le met en action par les délais fataux qu'elle prescrit et dont elle n'excepte aucun intervalle de temps; elle le met en action, par l'art. 761, en voulant que l'audience soit poursuivie sur les contestations élevées dans le procès-verbal d'ordre, d'après un simple acte d'avoué à avoué, sans autre procédure; elle la met en action, par l'art. 762, en voulant que le jugement soit rendu sur le rapport du juge-commissaire et les conclusions du ministère public, sans même qu'il soit nécessaire, comme l'a décidé un arrêt de la cour, du 19 novembre 1811, d'entendre les créanciers réclamans; elle le met en action par le même article, en voulant que ce jugement contienne la liquidation des frais; elle le met en action, par l'art. 763,

en voulant que l'appel de ce jugement soit interjeté dans les dix jours de la signification de ce jugement à avoué; elle le met en action, par l'art. 765, en voulant que, sur cet appel, l'audience soit poursuivie comme en première instance, c'est-à-dire, sur un simple acte d'avoué à avoué, sans autres procédures; elle le met en action enfin, par l'art. 766, en voulant que les frais soient liquidés par l'arrêt.

» A la vérité, ni l'art. 765, ni l'art. 766 ne renouvellent expressément, pour l'appel du jugement d'ordre, la disposition de l'art. 669 concernant l'appel du jugement de contribution, et aux termes de laquelle il doit être statué sur ce dernier appel comme en matière sommaire.

» Mais s'ils ne la renouvellent pas expressément, ils la renouvellent au moins d'une manière implicite; car c'est bien enjoindre de statuer sur l'appel du jugement d'ordre comme en matière sommaire, que d'ordonner que l'audience sur cet appel sera poursuivie par un simple acte d'avoué à avoué, sans autre procédure, et que l'arrêt contiendra la liquidation des frais.

» On objecte que, même dans les contributions, les jugemens ne peuvent être rendus comme en matière sommaire, que pour les sommes qui n'excèdent pas 1,000 francs; et l'on se fonde sur l'art. 101 du tarif du 16 janvier 1807, lequel porte, que les dépens des contestations en matière de contribution, seront réglés comme dans les autres matières, suivant leur nature sommaire ou ordinaire.

» Mais, 1.° quand on pourrait inférer de là, que l'art. 101 du tarif déroge à l'art. 669 du Code de procédure, cette dérogation devrait certainement être renfermée dans ses termes précis: elle ne pourrait conséquemment pas être étendue aux dépens des contestations en matière d'ordre.

» 2.° L'art. 101 du tarif déroge-t-il véritablement, même pour les dépens des contestations en matière de contribution, à l'art. 669 du Code de procédure? Nous ne saurions le croire. Le tarif a été fait pour organiser certaines parties du Code de procédure, et non pour en abroger ou modifier aucune.

» 3.° Si l'art. 669 du Code de procédure était modifié par l'art. 101 du tarif, en quoi le serait-il? En cela seulement que les dépens des contestations en matière de contribution, ne devraient pas être liquidés par le jugement, lorsqu'il s'agirait de somme au-dessus de 1,000 fr. Ils ne le seraient donc pas en tant que, d'après l'art. 669 du Code de procédure, les contestations en matière de contribution, doivent être jugées sommairement. La seule conséquence à tirer de là, serait donc qu'il y a, pour les dépens de ces contestations, une exception à la règle générale, qui veut qu'en toute matière sommaire, les dépens soient liquidés par le jugement.

» Du reste, la cour royale de Besançon n'est-elle pas la seule qui ait, jusqu'à présent, jugé que les

ordres peuvent être poursuivis en vacations. La cour royale de Paris avait précédemment jugé de même, par un arrêt du 29 avril 1813, rapporté dans le *Journal du Palais*, tom. 36, p. 496. Dans l'espèce de cet arrêt, un ordre avait été clos provisoirement le 18 mai 1811. Le 7 septembre suivant, le créancier poursuivant en avait fait notifier la confection aux créanciers produisans et aux sieur et dame Chamontel, parties saisies ; et plus de trente jours s'étant écoulés sans contredits ni productions nouvelles, la clôture de l'ordre avait été arrêtée définitivement le 23 octobre de la même année. Le 23 novembre suivant, le sieur Brichoux, l'un des créanciers et les parties saisies forment opposition à la délivrance des bordereaux et demandent la nullité de tout ce qui a été fait à leur préjudice pendant les vacations. Le 24 décembre 1812, jugement du tribunal de Meaux qui rejette leurs réclamations, « attendu que l'ordre dont il s'agit,
» a été clos provisoirement le 18 mai dernier ; que
» les créanciers produisans et les parties saisies ont
» été sommés, le 7 septembre suivant, d'en prendre
» communication, et de contredire dans le mois,
» si bon leur semblait ; que ce délai d'un mois
» s'étant écoulé sans qu'aucune des parties ait con-
» tredit, ledit ordre a été clos provisoirement par
» le juge-commissaire ; que Brichoux, ainsi que
» Chamontel et sa femme, n'ayant pas profité de
» ce délai d'un mois accordé par la loi pour con-
» tredire, sont aujourd'hui non-recevables à le
» faire ; qu'au surplus, il peut être utilement et
» régulièrement procédé à un ordre pendant le temps
» des vacations ».

» Appel de la part du sieur Brichoux et des sieur et dame Chamontel. Mais, après une plaidoirie contradictoire, et sur les conclusions du ministère public, arrêt qui, « adoptant les motifs des premiers » juges, met l'appellation au néant ».

» Qu'importe, après cela, qu'au tribunal de première instance du département de la Seine, l'usage soit de ne pas poursuivre les ordres pendant les vacations. Un pareil usage, qui n'est évidemment que le résultat d'un accord exprès ou tacite entre tous les avoués de ce tribunal, ne peut pas former un préjugé contre la pratique des autres tribunaux qui, mieux d'accord avec la loi, ne connaissent point de vacances en matière d'ordre.

» Notre seconde question ainsi résolue contre les demandeurs, nous devons, en passant à la troisième, examiner, en fait, si l'état de collocation provisoire a été arrêté le 20 septembre 1812, jour de dimanche ; en droit, si, par cela seul que cet état a été arrêté un jour de dimanche, il est nul.

» Sur le premier objet, nulle difficulté. C'est du 20 septembre 1812 qu'est daté l'état de collocation provisoire ; c'est donc le 20 septembre 1812 qu'il doit être censé avoir été arrêté ; et la cour royale de Besançon l'a en effet supposé, ainsi par son arrêt, sans s'attacher aux vaines cavillations sur lesquelles

le tribunal de première instance s'était fondé pour juger le contraire.

» La cour royale de Besançon ne s'est pas expliquée aussi clairement sur le second point. Cependant elle paraît avoir reconnu que de la circonstance que l'état de collocation provisoire avait été arrêté un jour de dimanche, il résultait que cet acte avait été nul dans son principe ; et en effet comment l'aurait-elle nié ?

» Sans remonter aux anciennes lois par lesquelles étaient bien notoirement annullés tous les actes judiciaires qui étaient faits en matière civile, les jours de dimanches ou de fêtes, il suffit de nous arrêter à la loi du 17 thermidor an 6, à l'arrêté du gouvernement du 7 thermidor an 8, et à la loi du 18 germinal an 10.

» La loi du 17 thermidor an 6 portait, art. 1.er : *les décadis et les jours de fêtes nationales sont des jours de repos dans la république* ; et elle ajoutait, art. 2 : *les autorités constituées, leurs employés et ceux des bureaux au service public, vaquent les jours énoncés, sauf les cas de nécessité et l'expédition des affaires criminelles.*

» Par cette dernière disposition, la loi du 17 thermidor an 6 plaçait évidemment les juges, par rapport aux décadis et aux jours de fêtes nationales, et relativement aux actes de la juridiction civile qui ne seraient pas de nécessité absolue, dans la même position où la loi du 21 fructidor an 4 les avait placés par rapport aux deux mois qui s'écouleraient entre le 15 fructidor et le 15 brumaire de chaque année, et relativement aux matières qui ne requerraient pas célérité. Elle voulait par conséquent que les fonctions des juges, dans toutes les matières civiles où leur ministère ne serait pas de nécessité absolue, fussent suspendues les jours de décadis et de fêtes nationales ; et par conséquent elle prononçait implicitement la nullité des actes de juridiction civile que les juges feraient ces jours-là, dans des matières qui ne seraient pas d'absolue nécessité, comme la loi du 21 fructidor an 4 annullait implicitement les jugemens que les tribunaux rendaient en matière non requérant célérité, dans les deux mois pendant lesquels ils devaient vaquer.

» L'arrêté du gouvernement, du 7 thermidor an 8, a-t-il changé quelque chose à cette législation ? Non, et bien loin de là : en disant, art. 2, que *l'observation des jours fériés n'est d'obligation que pour les autorités constituées, les fonctionnaires publics et les salariés du gouvernement*, il a confirmé de plus fort l'obligation dans laquelle sont les juges d'observer les jours fériés ; il a par conséquent renouvelé la défense faite aux juges civils d'exercer, pendant les jours fériés, aucune de leurs fonctions qui ne se rapporteraient pas à des cas de nécessité absolue.

» Il en est de même de la loi du 18 germinal an 10. En disant, art. 57, que *le repos des fonctionnaires publics est fixé au dimanche*, elle n'a fait que transporter au dimanche ce qui avait été réglé pour le décadi par la loi du 17 thermidor an 6 et par l'arrêté du 7 thermidor an 8. Aussi lisons-nous dans un arrêt de la section criminelle du 27 août 1807, rendu au rapport de M. Carnot, que le *Concordat*, c'est-à-dire, la loi du 18 germinal an 10, organique du Concordat, *se rapporte à la loi du 17 thermidor an 6.*

» Et c'est par suite de cette disposition ainsi entendue, que l'art. 1037 du Code de procédure civile déclare qu'*aucune signification* NE PEUT *être faite les jours de fête légale, si ce n'est en vertu de permission du juge dans le cas où il y aurait péril en la demeure.*

» Si le juge ne peut autoriser un huissier à faire une signification un jour de dimanche que *dans le cas où il y aurait péril en la demeure*, ou, comme le disait la loi du 17 thermidor an 6, dans *le cas de nécessité*, il est bien clair qu'il ne peut pas s'autoriser lui-même, hors de ce cas, à faire, un jour de dimanche, des actes de juridiction appartenant à son ministère ; et dès-là, point de doute que tout acte de juridiction que le juge fait hors de ce cas, un jour de dimanche, ne soit nul.

» Or, y avait-il *péril en la demeure*, lorsque le juge-commissaire du tribunal civil de Lons-le-Saulnier, a pris sur lui de dresser et arrêter, le 20 septembre 1812, jour de dimanche, l'état de collocation provisoire dont il s'agit ? Non. La loi défendait bien de dresser et arrêter cet état avant la fin du mois de la sommation de produire qui avait été faite aux créanciers inscrits, à moins que tous les créanciers inscrits n'eussent produit antérieurement à cette époque ; mais elle n'exigeait point que cet état fût dressé et arrêté, soit le dernier jour du mois, soit le lendemain, soit le sur-lendemain ; elle accordait au juge-commissaire, pour dresser et arrêter cet état, tout le temps dont il pouvait raisonnablement avoir besoin ; et puisqu'il avait déjà différé de plus d'un mois à le dresser et arrêter, depuis qu'était expiré le délai avant l'expiration duquel il lui était défendu de s'en occuper, il pouvait bien sans inconvénient différer encore de vingt-quatre heures. En deux mots, il ne faut pas confondre les cas où il s'agit de matières requérant célérité, avec les cas où il y a *péril en la demeure* ; et ce qui le prouve, c'est que les chambres des vacations ne peuvent jamais juger les jours de dimanche, quoique toutes les matières requérant célérité soient de leur domaine.

» La cour royale de Besançon n'aurait donc pas pu, sans violer les lois relatives aux jours fériés, déclarer valable dans son principe l'état de collocation provisoire que le juge-commissaire du tribunal de Lons-le-Saulnier avait arrêté un jour de dimanche. Elle a donc fait ce qu'elle devait faire, en raisonnant sur cet état de collocation provisoire, comme si, dans son principe, il eût été nul.

» Mais en jugeant que la nullité originaire de cet état de collocation provisoire, avait été couverte par le silence des demandeurs pendant tout le mois qui avait suivi le jour où la confection de cet état leur avait été notifiée, la cour royale de Besançon n'a-t-elle pas violé quelque loi ? C'est la quatrième question que nous avons promis d'examiner.

» Qu'elle n'ait pas violé, en jugeant ainsi, les lois relatives à l'observation des jours fériés, c'est une vérité qui se sent d'elle-même. Les lois relatives à l'observation des jours fériés, ne lui imposaient d'autre obligation que celle de regarder l'état de collocation provisoire comme nul dans son principe ; elle l'a regardé comme tel ; ces lois n'ont donc pas été violées par son arrêt.

» Mais son arrêt n'a-t-il pas violé l'art. 755 et l'art. 756 du Code de procédure ? N'a-t-il pas violé l'art. 755, en donnant à la notification d'un acte nul, l'effet de faire courir le délai qu'il accorde aux créanciers produisans pour contredire cet acte ? N'a-t-il pas violé l'art. 756, en jugeant encourue une forclusion qui n'aurait pu l'être qu'au moyen du laps d'un délai qui, par l'effet de la notification d'un acte valable, aurait parcouru légalement tout son cours ?

» Cette question n'est pas sans difficulté.

» D'une part, on peut dire que toute loi qui, en parlant d'un acte, lui attribue des effets quelconques, le suppose nécessairement valable ; que ce n'est que parce qu'elle le suppose valable, qu'elle lui attribue ces effets ; qu'elle ne lui en attribuerait aucun, si elle le supposait nul ; que cela résulte du principe, *quod nullum est, nullum producit effectum* ; qu'ainsi, les art. 755 et 756 du Code de procédure ne peuvent se rapporter qu'au cas où l'état de collocation provisoire a été dressé régulièrement ; et qu'ils sont inapplicables au cas contraire.

» Mais d'un autre côté, voici ce qu'on peut répondre.

» Ce n'est pas précisément à l'état de collocation provisoire, que l'art. 755 attribue l'effet de faire courir le délai d'un mois accordé aux créanciers produisans pour le contredire. L'art. 755 n'attribue cet effet qu'à la notification qui est faite aux créanciers produisans, de la confection de cet état.

» Or, n'est-il pas possible que la notification d'un acte nul qui est émané d'un juge, fasse courir un délai qui emporte forclusion ?

» Elle ne le ferait sûrement pas courir, si elle était nulle elle-même. Elle ne le ferait même pas courir, si, étant nulle elle-même, l'acte judiciaire qui en serait l'objet, se trouvait valable.

» Mais ne le ferait-elle pas courir, si, nonobstant la nullité de l'acte judiciaire qui en serait l'objet, elle était régulière ?

» L'affirmative ne serait pas douteuse, s'il s'agissait d'un jugement proprement dit. Par exemple, un arrêt nul dans la forme, est signifié à personne ou à domicile par un exploit auquel on ne peut reprocher aucun vice. Cet exploit fera certainement courir, contre la partie condamnée, le délai de trois mois que la loi lui accorde pour se pourvoir en cassation. Un jugement nul dans la forme, rendu contre une partie qui a constitué un avoué, est signifié réguliè-rement à l'avoué qui la représente. Cette significa-tion fera certainement courir la huitaine à laquelle est limité, en pareil cas, le délai de l'opposition.

» Mais cela posé, où peut-être la raison de douter que la disposition de l'arrêt attaqué que nous discu-tons en ce moment, ne soit inexpugnable ?

» Qu'est-ce que l'état de collocation provisoire dont la rédaction est confiée par l'art. 755 du Code de procédure, au juge-commissaire à l'ordre ?

» Ce n'est sans doute pas un jugement, en ce sens qu'on ne puisse l'attaquer que par la voie d'ap-pel. Mais c'est un jugement en ce sens qu'il règle le rang dans lequel les créanciers produisans doivent venir à la distribution du prix; et il a tellement, sous ce rapport, le caractère du jugement qu'à défaut de contradiction dans le délai fixé par le même arti-cle, il devient définitif, irrévocable et même exécu-toire de la seule autorité du juge-commissaire qui l'a dressé.

» Ce n'est sans doute pas un jugement contradic-toire, puisqu'il est rendu sur les seules pièces pro-duites par les créanciers inscrits, et sans entendre ni les créanciers inscrits eux-mêmes ni leur débi-teur. Mais c'est au moins une sorte de jugement par défaut.

» Aussi l'art. 755 accorde-t-il un mois, à comp-ter du jour de la notification de la confection de cet état, pour le contredire et le faire redresser ; voie qui manifestement équipolle à celle de l'opposition, qui même, pour parler plus juste, n'est qu'une op-position déguisée sous un nom différent.

» Et comment le délai de l'opposition qui court, à l'égard d'un jugement par défaut nul dans la forme, par le seul effet de la signification qui en est faite ré-gulièrement, ne courrait-il pas également, à l'égard d'un état de collocation provisoire nul dans la forme, par le seul effet de l'exploit qui en notifie régulière-ment la confection ?

» Serait-ce parce que notifier la confection d'un état de collocation provisoire, ce n'est pas notifier cet état même ? serait-ce parce qu'en fait le juge-ment proprement dit, il ne suffit pas de notifier l'existence du jugement, mais qu'il faut notifier le jugement même et en donner copie ? et prétendrait-on que, de même que l'exploit par lequel on noti-fierait régulièrement la simple existence d'un juge-ment nul dans la forme, ne ferait pas courir le délai dans lequel la nullité doit en être proposée ; de même aussi l'exploit par lequel on notifie régulièrement la simple confection d'un état de collocation provi-soire, ne peut faire courir le délai dans lequel les créanciers et le débiteur à qui la notification en a été ainsi faite, sont tenus d'en demander l'annul-lation

» Mais prenons-y garde : l'art. 755 du Code de procédure veut qu'en vertu de la seule notification de l'existence de l'état de collocation provisoire, ceux à qui elle a été faite, soient tenus de prendre

communication de cet état et de le contredire dans le délai d'un mois ; il veut par conséquent que la seule notification de l'existence de l'état de colloca-tion provisoire, équivaille à la notification de l'acte matériel qui contient cet état ; et il le veut ainsi pour économiser les frais. Il ne peut donc pas y avoir de différence, quant à l'effet, entre la notifi-cation de l'existence d'un état de collocation provi-soire et la notification de l'acte matériel qui contient un jugement. Le délai de l'opposition court donc par l'effet de l'une, comme il court par l'effet de l'autre, comme court par l'effet de l'autre le délai de l'appel, de la requête civile ou de la cassation. La nullité de l'état de collocation provisoire est donc couverte par le silence que les parties intéres-sées à le contredire, gardent pendant un mois, à compter du jour où l'existence de cet état leur a été notifiée, comme la nullité du jugement est couverte par le silence que gardent pendant trois mois à compter du jour où il a été signifié à personne ou à domicile, ceux qui sont intéressés, ou à en appe-ler, ou à le faire rétracter, ou à le faire casser.

» Et s'il en était autrement, quel serait donc le délai dans lequel pourrait être demandée la nullité d'un état de collocation provisoire et de tout ce qui s'en serait ensuivi ? Il n'y en aurait pas, il ne pourrait pas y en avoir d'autre que celui de la pres-cription trentenaire. Ainsi, pendant trente ans, les créanciers colloqués qui auraient touché le montant de leurs bordereaux, seraient exposés à des recher-ches, à des poursuites, à des chicanes de toute espèce, de la part de leurs co-créanciers et de leurs débiteurs communs. Or, à qui persuadera-t-on que la loi qui prescrit tant de célérité dans toutes les opérations relatives à un ordre, ait voulu en laisser le résultat, pendant trente ans, dans un pareil état d'incertitude ?

» Par ces considérations, nous estimons qu'il y a lieu de rejeter la requête et de condamner les de-mandeurs à l'amende »

Arrêt du 10 janvier 1815, au rapport de M. Bril-lat de Savarin, par lequel, « attendu 1°. que les matières d'ordre requièrent célérité, ce qui résulte des art. 750 et suivans du Code de procédure ci-vile, d'où il suit que le commissaire a pu régulière-ment faire pendant les vacances, l'ouverture du procès-verbal de collocation provisoire, et faire courir le délai ; 2°. que, quand il serait vrai que ce procès-verbal eût pu être argué de nullité, pour avoir été fait un dimanche, il est certain qu'il a été régulièrement notifié, et que cette notification a rendu les demandeurs non-recevables à le critiquer, soit dans la forme, soit dans le fond, après l'expi-ration du délai d'un mois fixé par la loi ; la cour re-jette le pourvoi....... ».

SAISIE POUR CONTRAVENTION, n°. I. *Page 315, col. 2, ligne 27, après les mots, ou d'omission de déclaration, ajoutez en note :*

C'est sur ce principe qu'est fondé un arrêt de la

cour de cassation, du 29 octobre 1813, dont le *Bulletin criminel* de cette cour nous retrace l'espèce et le dispositif.

SOCIÉTÉ, sect. II, §. III, art. IV. *A la suite du n°. II, ajoutez :*

[[III. La Société en participation est-elle soumise aux mêmes règles que la Société en nom collectif, la Société en commandite et la Société anonyme ? *V.* ci-après, sect. 6, §. 3, n. 2, dans les *additions.*

Sect. VI, §. III, n. II. *Page 712*, col. 2, *avant le* n°. II *bis, ajoutez :*

Les contestations qui s'élèvent entre des associés en participation, sont-elles comme les contestations entre associés ordinaires, soumises à l'arbitrage forcé ?

Il avait existé, entre la maison Gramont, Chegaray et compagnie, de Bordeaux, et la maison Barillon et compagnies, de Paris, diverses *associations commerciales en participation.* Il en avait notamment été formé une en l'an 10, pour l'achat et la revente du navire l'*Oncle Thomas.*

Le sixième jour complémentaire an 11, la maison Gramont, Chegaray et compagnie adresse à la maison Barillon et compagnie six comptes des opérations qui ont été faites à leur risques et profits communs; et elle y joint un *résumé général* qui établit, en sa faveur, un solde de 244,058 fr. 80 c.

Le 31 décembre 1807, la maison de Bordeaux adresse à celle de Paris un nouveau compte courant.

Par l'art. 1er. de ce nouveau compte, la maison de Paris est débitée du solde du *résumé général* des comptes précédens.

Elle l'est également, dans la colonne des intérêts, de 63,455 fr. 29 c., pour les intérêts que ce solde a produits, depuis le sixième jour complémentaire an 11.

Enfin, par la balance de ce même compte, la maison de Bordeaux se trouve créancière de celle de Paris, d'une somme de 51,919 fr. 92 c.

La maison de Paris réclame contre divers articles de ce compte et du *résumé général* dont il est la suite; elle prétend, entr'autres choses, que mal-à-propos la maison de Bordeaux l'a débitée d'un tiers d'intérêt pour les réparations, l'armement et la cargaison du navire l'*Oncle Thomas.*

En réponse à ces réclamations; la maison de Bordeaux arrête, sous la date du 30 septembre 1810, un nouveau compte qui rectifie, en plusieurs points, les comptes précédens; ainsi que le *résumé général* du sixième jour complémentaire an 11; et le 4 octobre suivant, elle l'adresse à la maison de Paris.

La maison de Paris persistant dans ses réclamations, et notamment dans celle qui est relative au navire l'*Oncle Thomas*, les parties nomment un arbitre pour statuer sur ce dernier objet.

Le 6 mai 1811, jugement arbitral qui déclare que

la maison de Paris ne doit être débitée, pour cet objet, que de 26,062 fr. 37 c.

Ce jugement donne lieu à de nouvelles difficultés; et pour y mettre fin, les parties signent, les 20 et 26 juillet et 20 août suivant, un compromis par lequel, « voulant éviter entre elles de nouvelles contestations, nomment pour *arbitre, arbitrateur et amiable compositeur,* M. Daniel Guestier, négociant à Bordeaux et président du tribunal de commerce de ladite ville; lui donnent pouvoir de régler la somme dont les sieurs Barillon et compagnie doivent être débités ou crédités pour le navire l'*Oncle Thomas*, en exécution du jugement arbitral du 6 mai dernier; de vérifier, apurer et liquider les comptes généraux rendus par la maison Gramont aux sieurs Barillon et compagnie, jusqu'au 30 septembre 1810, et tous les comptes particuliers qui forment les pièces à l'appui desdits comptes généraux; enfin, de balancer et arrêter la situation actuelle des deux maisons relativement auxdits comptes particuliers et généraux; dispensent M. Guestier de suivre les formes et les délais de la procédure; l'autorisent à prononcer sur les pièces qui lui seront remises par l'une des parties dans le cas où l'une n'en produirait pas; et promettent d'acquiescer à sa décision, sans appel, recours en requête civile ni pourvoi en cassation ».

En exécution de ce compromis, les parties produisent, devant le sieur Guestier, leurs comptes respectifs, avec les pièces justificatives.

La maison Barillon se prétend créancière d'une somme de 128,905 fr. 2 c., et réclame en outre sa part des produits de la vente du navire l'*Oncle Thomas*, ainsi que des marchandises dont il était chargé.

La maison Gramont soutient ne devoir que la somme de 59,427 fr. 99 c., et elle en fait l'offre.

Le 11 janvier 1812, sentence dont le dispositif est ainsi conçu :

» Je arbitre, arbitrateur et amiable compositeur soussigné, faisant droit aux parties, déclare les sieurs Gramont, Chegaray et compagnie débiteurs de la somme de 93,666 fr. 48 c., *pour solde de compte courant transcrit à la suite du présent jugement;* en conséquence, condamne lesdits sieurs Gramont, Chegaray et compagnie à payer auxdits sieurs Barillon et compagnie la susdite somme de 93,666 fr. 48 c., avec les intérêts depuis le 30 septembre 1810... Je condamne en outre lesdits sieurs Grammont, Chegaray et compagnie à remettre auxdits sieurs Barillon et compagnie, en marchandises assorties de la cargaison du navire l'*Oncle Thomas*, la somme de......, et moyennant cela, sur toutes les autres demandes, fins et conclusions respectives des parties, je les mets hors de procès ».

Le 14 du même mois, les liquidateurs de la maison Gramont et le sieur Letellier, fondé de pouvoir de la maison Barillon, font entr'eux un sous seing-privé, par lequel, après avoir dit « que M. Guestier ayant rendu sa sentence arbitrale le..... du présent mois, et étant prêt à la déposer au greffe du tribunal de commerce, les en a fait prévenir; et voulant éviter les frais d'enregistrement et de dépôt de ladite sentence, et tous autres frais qui pourraient s'ensuivre, (ils déclarent) dispenser M. Guestier du dépôt de ladite sentence; et la considérons (ajoutent-ils) comme juste, définitive et ayant même force qu'un arrêt de cour souveraine ».

Par le même acte, les liquidateurs de la maison Gramont font des délégations à la maison Barillon, jusqu'à concurrence du montant de leur dette envers elle.

En vertu de ces délégations, la maison Barillon reçoit, des débiteurs délégués, un à-compte de 21,567 fr.; et les liquidateurs de la maison Gramont approuvent ce payement par plusieurs lettres.

Mais bientôt les liquidateurs de la maison Gramont reviennent sur leurs pas. Ils exposent qu'ayant pris connaissance du jugement arbitral, ce qu'ils n'avaient pas fait (disent-ils) lors du traité du 14 janvier dernier, ils y ont reconnu que l'arbitre, tout en établissant en leur faveur, au 6ᵉ jour complémentaire an 11, un solde de 192,906 fr. 37 c., n'avait débité de la maison Barillon d'aucune somme pour les intérêts de ce solde; et ils demandent que cette omission soit réparée.

Au lieu de répondre à cette réclamation, la maison Barillon requiert le dépôt de la sentence arbitrale au greffe du tribunal de commerce de Bordeaux. Ce dépôt est effectué le 10 avril 1812; et le même jour, la sentence est revêtue d'une ordonnance d'*exequatur*.

Le 13 juin suivant, les liquidateurs de la maison Gramont font signifier à la maison Barillon un compte courant duquel il résulte qu'au lieu de 93,666 fr. 48 c., dont la sentence arbitrale les déclare débiteurs au 30 septembre 1810, ils ne devaient, à cette époque, (au moyen de l'allocation qui aurait dû leur être faite des intérêts de leur solde de 192,906 fr. 37 c., au 6ᵉ jour complémentaire an 11), que la somme de 54,413 fr. 19 c., qui, ajoutée aux intérêts qu'elle a produits depuis, s'élève maintenant à 59,649 fr. 5 c.; et qu'en déduisant de cette somme celle de 21,567 fr. qu'ils ont payée à la maison Barillon en exécution du traité du 14 janvier dernier, ils ne restent débiteurs que de 38,082 fr. 5 c.

En conséquence, exploit du même jour, par lequel les liquidateurs de la maison Gramont offrent réellement cette dernière somme à la maison Barillon.

Et sur le refus de la maison Barillon, cette somme est consignée le 15 du même mois.

Le lendemain 16, les liquidateurs de la maison Gramont, se fondant sur l'art. 541 du Code de procédure, font assigner la maison Barillon au tribunal de commerce de Bordeaux, pour voir dire qu'ils sont pleinement libérés envers elle.

La maison Barillon comparaît et répond « que tout est jugé par la sentence arbitrale qui est sou-

veraine et ne peut être soumise à la censure du tribunal de commerce; que l'art. 541 du Code de procédure est inapplicable; qu'il permet bien de relever les *erreurs, omissions ou doubles emplois* dans les comptes, mais non pas de revenir contre un jugement souverain; que, suivant cet article, la demande en ratification d'une erreur, d'une omission ou d'un double emploi, doit être formée *devant les mêmes juges*; mais qu'ici la sentence est émanée d'un arbitre qui a prononcé en dernier ressort; que le tribunal de commerce fût-il compétent, ne pourrait pas statuer sur la réclamation de la maison Gramont, parce que cette maison est non-recevable à attaquer une sentence arbitrale qui a été rendue en dernier ressort, et acquiescée par un traité postérieur de trois jours à sa date; qu'au surplus, il n'existe point d'*erreur matérielle*, et que l'arbitre ayant voulu juger comme il l'a fait, sa décision est inattaquable ».

Les liquidateurs de la maison Gramont répliquent, « 1°. qu'il s'agit d'une demande relative à une omission dans un compte; et que, dès-lors, elle est dans le cas de l'application de l'art. 541 du Code de procédure; 2°. que le compte a été fait par un arbitre dont les pouvoirs sont expirés; qu'on ne peut, dès-lors, pas former devant lui la demande en rectification; mais que cet arbitre ayant été substitué par la volonté des parties au tribunal de commerce, leur juge naturel, c'est évidemment devant ce tribunal qu'il faut procéder; 3°. que rien n'est plus frivole que l'objection prise de ce que l'arbitre a prononcé en dernier ressort; que la juridiction en dernier ressort que les parties lui ont attribuée, aurait pu être également attribuée au tribunal de commerce, lequel, en ce cas, aurait été, comme l'arbitre, juge souverain par la seule volonté des parties; que le compromis a substitué un arbitre au juge naturel, mais que les pouvoirs de cet arbitre ayant pris fin, ce n'est plus devant lui, mais bien devant le juge à la place duquel il avait été nommé, qu'il faut procéder; 4°. que la fin de non-recevoir qu'on leur oppose, n'a aucun fondement; car, d'une part, ils ne demandent pas la révision des comptes, mais seulement le redressement d'une erreur grave qui les met dans le cas de l'application de l'art. 541 du Code de procédure; d'autre part, la promesse d'acquiescer du 14 janvier 1812, et même les payemens d'à-comptes faits postérieurement à la sentence, ne forment pas une approbation de l'erreur commise par l'arbitre; qu'on a le droit de demander la réparation d'une erreur aussitôt qu'on la découvre; même après l'exécution du jugement sur les comptes; que l'erreur matérielle dans un compte, ne se couvre que par un jugement ou par une transaction sur l'erreur même; que, par la promesse d'acquiescer, du 14 janvier, les parties ne disent pas qu'elles connaissent l'erreur contenue dans le compte fait par l'arbitre; qu'elles ne transigent pas sur cette même erreur; et que, dès-lors, la promesse d'acquiescer à la sentence arbitrale, ne peut avoir plus d'effet que n'en aurait l'exécution la plus complette après laquelle néanmoins on pourrait justement et régulièrement demander la réparation de l'erreur; 5°. que l'existence de l'erreur dont ils demandent le redressement, est évidente; que, dans le *résumé général* des comptes au 6 vendémiaire an 11, ils avaient fixé le solde à leur profit à 244,058 fr. 80 c.; qu'ils l'avaient porté ensuite au compte nouveau où il formait le premier article au débit de Barillon et compagnie, et que ce solde avait produit, en intérêt, 63,455 fr. 29 c.; que l'arbitre, par son règlement, a diminué le débit à cette époque de la maison Barillon et compagnie, à cause de la diminution de l'intérêt qu'il leur a attribué dans l'expédition du navire *l'Oncle Thomas;* mais qu'il résulte de son opération, qu'à la même époque, il revenait à la maison Gramont, Chegaray et compagnie, un solde de 192,906 fr. 37 c.; qu'il devait la créditer des intérêts de ce solde depuis le 6 complémentaire an 11, et que c'est précisément ce qu'il a omis de faire, et ce qui constitue, dans le compte, une erreur matérielle et d'une évidence éclatante; que ce n'est pas une erreur de droit; que tous les comptes portaient réciproquement intérêts; qu'il n'y avait pas de contestation entre les parties sur ce point; qu'on n'en trouve pas un mot dans les motifs ni dans le dispositif de la sentence; que c'est donc une erreur de fait, une erreur de calcul, une véritable omission dans le compte, et que cette erreur est d'autant plus inconcevable, que l'arbitre avait alloué, dans le calcul du compte, des intérêts aux sieurs Barillon et compagnie depuis le 6 complémentaire an 11, tandis qu'il a omis d'en allouer à la maison Gramont, Chegaray et compagnie ».

Le 8 mars 1813, jugement par lequel,

» Attendu que les discussions entre les parties résultaient d'actes de commerce dont la connaissance est attribuée par la loi aux tribunaux de commerce; que l'arbitre qui a statué sur ces discussions, a remplacé, par la volonté des parties, le tribunal de commerce; que, si cet arbitre a jugé souverainement, c'est par suite de l'extension de pouvoir qu'il a reçue des parties, toujours comme tribunal de première instance, en remplacement du tribunal de commerce; que les pouvoirs de cet arbitre ayant cessé à l'instant de la signature qu'il a mise à son travail qui a été remis au tribunal de commerce, et les sieurs Gramont et compagnie excipant d'une erreur matérielle dans le compte réglé par l'arbitre, le tribunal est seul compétent pour connaître, en première instance, de la demande des sieurs Gramont, Chegaray et compagnie, d'après les dispositions de l'art. 541 du Code de procédure;

» Attendu qu'il s'agit, dans la discussion, d'une erreur ou omission matérielle commise par l'arbitre dans le règlement qu'il a fait, le 11 janvier 1812, qui a servi de base à la sentence arbitrale; que l'acquiescement donné par les sieurs Gramont, Chegaray et compagnie à cette sentence, fût-il aussi étendu et aussi absolu que le soutiennent les sieurs Barillon et compagnie, ceux-ci n'en seraient pas mieux fondés dans la fin de non-recevoir qu'ils opposent; d'abord, parce que les erreurs ou omissions ne peuvent être un

point jugé, parce que celle dont il s'agit ne fait nullement partie du règlement fait par l'arbitre, ni de la sentence arbitrale; que, dans le fait de ce jugement, on n'a rien énoncé de relatif à la discussion actuelle; que, dans les questions et les *motifs*, rien ne justifie que cette discussion ait eu lieu devant l'arbitre; qu'enfin, le prononcé ne statue rien à cet égard; d'où il résulte bien évidemment que les sieurs Gramont, Chegaray et compagnie, en acquiesçant à la sentence arbitrale, n'ont acquiescé ni pu acquiescer à l'erreur commise par l'arbitre dans son règlement du 11 janvier 1812, qui servait de base à la sentence arbitrale; qu'ainsi, les sieurs Gramont, Chegaray et compagnie sont recevables dans leur action intentée pour cause de cette erreur;

» Attendu que les parties, dans leurs comptes respectifs, ont toujours compris l'intérêt des capitaux et l'intérêt du solde desdits comptes; que ce point n'a jamais été contesté entr'elles; qu'elles l'ont même reconnu devant l'arbitre, qui a, en conséquence, alloué aux sieurs Barillon et compagnie l'intérêt du solde de leurs comptes; mais que l'arbitre a omis de créditer la maison Gramont, Chegaray et compagnie, du solde de ses comptes, valeur au sixième jour complémentaire an 11; ce qui forme, à leur préjudice, une erreur évidente et matérielle;

» Que le tribunal ne peut pas s'occuper de vérifier si cette erreur s'élève à la somme énumérée dans le compte signifié par les sieurs Gramont, Chegaray et compagnie avec leur exploit de demande en redressement d'erreur; qu'il convient par conséquent de renvoyer les parties devant des arbitres qui vérifieront à quelle somme s'élève réellement l'erreur commise au préjudice desdits sieurs Gramont, Chegaray et compagnie, et qui, en les créditant du montant de cette erreur, détermineront la véritable somme dont ils étaient débiteurs, d'après le règlement fait par l'arbitre le 11 janvier 1812;

» Le tribunal, sans s'arrêter au déclinatoire et à la fin de non-recevoir proposée par le sieur Barillon et compagnie, ordonne que les parties se retireront devers des experts-arbitres dont ils conviendront, ou qui par nous seront pris et nommés d'office, à l'effet de rectifier l'erreur existante dans le compte des sieurs Gramont, Chegaray et compagnie, à l'époque du sixième jour complémentaire an 11, d'après les bases indiquées ci-dessus du présent jugement, pour, sur leur rapport fait et déposé au greffe, être fait droit aux parties.... ».

La maison Barillon appelle de ce jugement à la cour de Bordeaux.

Le 19 juillet de la même année, arrêt qui, « adoptant les motifs des premiers juges, met l'appellation au néant ».

La maison Barillon se pourvoit en cassation contre cet arrêt, et propose trois moyens dont l'un tend à établir que, par cet arrêt, la cour de Bordeaux a violé les règles de la compétence.

« A quels juges (ai-je dit à l'audience de la section civile, le 28 mars 1815) le Code de procédure attribue-t-il la connaissance des demandes en redressement des comptes pour erreur ou omission ? Il l'attribue aux *mêmes juges*, c'est-à-dire, aux juges qui ont prononcé sur le compte dans l'arrêté duquel l'une des parties prétend qu'il y a eu omission ou erreur. Tout autre juge est donc incompétent pour connaître de ces sortes de demandes. Une partie assignée, sur une demande de cette nature, devant un autre juge, peut donc le décliner. Il y a donc violation des règles de la compétence, si un pareil déclinatoire est rejeté.

» Or, dans notre espèce, qui est-ce qui avait prononcé sur les comptes des parties ? Un arbitre du choix des parties elles-mêmes.

» A qui les sieurs Gramont, Chegaray et compagnie se sont-ils adressés pour obtenir le redressement de leurs comptes ? Au tribunal de commerce de Bordeaux.

» Les sieurs Barillon et compagnie ont donc été bien fondés à décliner le juge devant lequel leurs adversaires les traduisaient.

» Mais, dit-on, le tribunal de commerce de Bordeaux représentait légalement l'arbitre qui avait rendu la sentence du 11 janvier 1812. Sans le compromis, les comptes respectifs des parties n'auraient pas eu d'autres juges que le tribunal de commerce de Bordeaux. Par le compromis, les parties ont substitué au tribunal de commerce de Bordeaux un arbitre de leur choix. Mais l'arbitre ayant consommé sa mission par sa sentence, le tribunal de commerce de Bordeaux a, de plein droit, repris sa place. Il est devenu, pour les parties, le continuateur nécessaire de l'arbitre. Il est devenu, pour les parties, le même juge qui avait rendu la sentence.

» Est-il donc vrai que, sans le compromis, le tribunal de commerce de Bordeaux eût été le juge naturel des comptes respectifs des parties ? Est-il donc vrai que la sentence du 11 janvier 1812 avait mis fin à la mission de l'arbitre ?

» Quel était l'objet des comptes respectifs des parties ?

» Ni l'arrêt attaqué, ni le jugement qu'il confirme, ne s'expliquent là-dessus ; ils disent seulement que ces comptes avaient pour objet des *opérations de commerce*.

» Mais la sentence arbitrale du 11 janvier 1812 définit clairement la nature de ces opérations. Elle énonce, dès les premières lignes de l'exposé du *point de fait* (*folio* 2); que ces opérations avaient été faites, entre les maisons Gramont et Barillon, *de compte en participation*.

» Cependant on assure aujourd'hui devant vous, au nom des défendeurs, que la seule de ces opérations qui a été faite *de compte en participation*, est celle qui était relative au navire *l'Oncle Thomas*, et que toutes les autres n'avaient rien de *social*.

» Mais nous devons croire qu'on l'assure à leur insu ; car cette assertion n'est pas seulement contredite par la généralité des termes que nous venons de rappeler de la sentence arbitrale ; elle l'est encore, et bien plus spécifiquement, par ce passage du *folio 7 verso* de la même sentence : « MM. Gramont, Chegaray et compagnie, pour répondre au » compte courant de M. Barillon et compagnie, » ont produit un redressement dans lequel ils ont » confondu deux comptes de deux différentes opé- » rations. — L'une de ces opérations est relative » à une spéculation en coton faite de compte à tiers » entre les deux maisons Gramont et Barrillon, et » la maison Chegaray frères et compagnie de la » Rochelle. Ce compte est intitulé TT. — L'autre » opération est relative à l'achat, armement et car- » gaison du navire *l'Oncle Thomas*, pour l'expé- » dition projetée pour la traite, ce qui n'a pas eu » lieu à cause, dit-on, de la guerre. Le compte de » cette opération est intitulé A ».

» Il est donc bien clair que toutes les opérations de commerce qui ont eu lieu entre les demandeurs et les défendeurs, ont été faites *de compte en participation*.

» Or, les contestations qui s'élèvent entre des négocians à raison d'opérations de commerce qu'ils ont faites ensemble *de comptes en participation*, par qui doivent-elles être jugées ?

» Elles doivent indubitablement l'être par des arbitres, si ces négocians sont associés entr'eux : car l'art. 51 du Code de commerce veut, comme le voulait également l'art. 9 du tit. 4 de l'ordonnance de 1673, qu'il y ait arbitrage forcé pour le jugement de *toute contestation entre associés et pour raison de la société*.

» Et si ces sortes de contestations sont soumises à un arbitrage forcé, bien certainement le tribunal de commerce de Bordeaux n'était pas le juge naturel de celles dont il est ici question. Bien certainement ce n'est pas le compromis de 1811, c'est la loi elle-même qui a soustrait au tribunal de commerce de Bordeaux la connaissance primitive de ces contestations.

» Tout dépend donc ici du point de savoir si l'on doit considérer comme associés entr'eux, des négocians qui font ensemble des opérations de commerce *de compte en participation*.

» Eh ! comment pourrait-on ne pas les considérer comme tels ? la loi elle-même qualifie d'*association* le traité qui les lie les uns aux autres.

» Le code de commerce, après avoir dit, art. 19, qu'il y a trois sortes de sociétés commerciales, la société en nom collectif, la société en commandite, la société anonyme ; après avoir, par les articles suivans, réglé les formes tant intrinsèques qu'extrinsèques et les effets de chacune de ces espèces de Sociétés, ajoute, art. 47 : « Indépendamment » des trois espèces de sociétés ci-dessus, la loi re- » connaît les *associations commerciales en parti- » cipation*.

» Assurément il est impossible que des négocians entre lesquels existe une *association*, ne soient pas considérés entr'eux comme associés.

» Il est vrai que, par l'art. 50, il est dit que *les associations commerciales en participation ne sont pas sujettes aux formalités prescrites pour les autres Sociétés.*

» Mais cela même prouve que, dans le langage de la loi, les associations commerciales en participation sont des Sociétés véritables. Les mots *autres Sociétés* n'auraient point de sens, si, aux yeux de la loi, ces associations n'étaient pas des Sociétés proprement dites.

» Du reste, il résulte bien, de cet ar'icle, qu'il n'est pas nécessaire que les contrats d'*association commerciale en participation* soient rédigés en actes publics, ou en actes privés faits doubles, ni qu'ils soient déposés et enregistrés aux greffes des tribunaux de commerce.

» Mais il en résulte aussi que la loi n'établit de différence entre les associations commerciales en participation et les autres Sociétés, qu'en ce qui concerne les formes tant intrinsèques qu'extrinsèques des actes servant à constater celles-ci.

» Il en résulte par conséquent que les associés en participation sont, ni plus ni moins que les associés en nom collectif, ni plus ni moins que les associés en commandite, ni plus ni moins que les associés anonymes, compris dans la disposition de l'art. 51 du Code de commerce relative à la manière de juger les contestations entre associés.

» Et en effet, quelle raison aurait pû avoir la loi de ne pas disposer à cet égard pour les uns comme pour les autres? Il n'en est pas (disait-on au conseil d'Etat, dans la discussion du tit. 3 du liv. 1.er du Code de commerce) des « contestations » qui ont pour objet les comptes et la liquidation » d'une Société de commerce, comme d'une con-» testation sur un testament, où l'attention n'a be-» soin de se porter que sur une pièce unique. Dans » une liquidation importante, les pièces sont innom-» brables..... On ne peut donc soumettre aux tri-» bunaux les liquidations de société : ces sortes » d'affaires sont trop compliquées et trop minu-» tieuses pour que d'autres que des arbitres puis-» sent parvenir à les démêler ». Or, les affaires qui dérivent de la liquidation d'une association commerciale en participation, sont-elles moins compliquées, sont-elles moins minutieuses, que celles qui déri-vent de la liquidation de toute autre Société commerciale? Il est notoire que non. La loi n'aurait donc pas pu, sans inconséquence, renvoyer les unes aux tribunaux, tandis qu'elle établissait pour les autres un arbitrage forcé. Le motif de la loi est donc ici parfaitement d'accord avec la généralité de son texte.

» Aussi voyons-nous que ce n'est pas comme arbitre volontaire, mais comme arbitre forcé, que les parties ont, dans notre espèce, considéré le sieur Daniel Guestier.

» Si le sieur Daniel Guestier n'eût été pour elles qu'un arbitre volontaire, ses pouvoirs auraient été, d'après les art. 1007 et 1012 du Code de procédure, circonscrits dans un délai de trois mois; et ce délai expiré sans jugement définitif de sa part, il lui aurait fallu de nouveaux pouvoirs pour statuer sur les comptes respectifs des parties.

» Eh bien! le sieur Daniel Guestier avait été nommé arbitre par un acte signé le 20 juillet 1811, le 26 du même mois et le 20 août suivant. Ses pouvoirs auraient donc expiré, s'il n'eût été qu'un arbitre volontaire, le 21 novembre de la même année. Cependant le 2 et le 10 décembre suivant, les sieurs Barillon et compagnie, d'une part, les sieurs Gramont, Chegaray et compagnie, de l'autre, ont, sans renouveler ses pouvoirs, produit devant lui des mémoires à l'appui de leurs prétentions respectives; Ils ont donc reconnu alors que ses pouvoirs sub-sistaient encore; ils ont donc reconnu alors qu'il était pour eux un arbitre forcé.

» Aussi est-ce comme arbitre forcé que le sieur Guestier a rendu son jugement; et ce qui le prouve, c'est qu'il ne l'a rendu que le 11 janvier 1812; c'est qu'il n'aurait pas pu le rendre à cette époque, en qualité d'arbitre volontaire.

» Aussi est-ce comme un jugement d'arbitre forcé que les sieurs Gramont, Chegaray et compagnie ont eux-mêmes considéré le jugement rendu le 11 janvier 1812 par le sieur Guestier. Car, si, à leurs yeux, ce jugement eût été l'ouvrage d'un arbitre volontaire, ils ne se seraient pas bornés à en demander le redressement sur un seul point; ils l'au-raient attaqué jusque dans ses bases, ils en auraient demandé l'entière annullation.

» Le fait des sieurs Gramont, Chegaray et compagnie concourt donc ici avec le texte de la loi, pour établir que leur demande en redressement n'était pas de la compétence du tribunal de commerce de Bordeaux, et par conséquent pour justifier le déclinatoire proposé devant ce tribunal par les sieurs Barillon et compagnie.

» Il importerait peu, d'après cela, que la de-mande en redressement des sieurs Gramont, Che-garay et compagnie n'eût pas dû être portée devant l'arbitre qui avait rendu la sentence contre laquelle cette demande était dirigée. Tout ce qui résulterait de là, c'est qu'elle eût dû être portée devant de nou-veaux arbitres nommés par les parties, ou, à leur défaut, par le tribunal de commerce.

» Et dans cette hypothèse, le tribunal de com-merce aurait toujours été incompétent pour prendre, par lui-même, connaissance de la demande dont il s'agit.

» Inutile d'objecter, dans cette même hypothèse, que, par le jugement qui confirme l'arrêt attaqué, le tribunal de commerce a précisément renvoyé la demande dont il s'agit, devant des arbitres à nom-mer par les parties, ou à leur refus, d'office.

» Les arbitres dont il est parlé dans ce jugement, ne sont pas chargés de juger la question de droit que présente la demande des sieurs Gramont, Chegaray et compagnie. Ils ne sont pas même chargés de juger la question de fait de laquelle naît cette question de droit; ils ne sont chargés que de l'examiner et d'en faire leur rapport au tribunal de commerce, à qui le jugement réserve le pouvoir exclusif de statuer.

» Ces arbitres ne sont donc pas ce que doivent être des arbitres en matière de Société. Car, en matière de Société, les arbitres ne sont pas de simples rapporteurs, ils sont de véritables juges : *toute contestation entre associés, et pour raison de la Société, sera jugée par des arbitres* : vous vous rappelez que telle est la disposition expresse de l'art. 51 du Code de commerce; et c'est ce que confirme bien positivement l'art. 61, lorsqu'il dit que le *jugement arbitral est déposé au greffe du tribunal de commerce et rendu exécutoire sans aucune modification, en vertu d'une ordonnance du président du tribunal, lequel est tenu de la rendre pure et simple.*

» Ce n'est donc pas en vertu des art. 51, 54 et 55 du Code de commerce, que le jugement du tribunal de commerce de Bordeaux renvoie les parties devant des arbitres, mais en vertu de l'art. 429 du Code de procédure, lequel porte que si, dans les contestations étrangères aux Sociétés, *il y a lieu à renvoyer les parties devant des arbitres, pour examen de comptes, pièces et registres, il sera nommé un ou trois arbitres pour entendre les parties, et les concilier, si faire se peut, sinon, donner leur avis.*

» Mais, au surplus, pourquoi, dans notre espèce, la demande en redressement des sieurs Grammont, Chegaray et compagnie, n'aurait-elle pas dû être portée devant l'arbitre qui avait rendu la sentence dont cette demande tendait à réformer une prétendue erreur? Pourquoi, dans notre espèce, les sieurs Grammont, Chegaray et compagnie n'auraient-ils pas été soumis à la disposition de l'art. 541 du Code de procédure qui veut que ces sortes de demandes soient formées devant les *mêmes juges* qui ont statué sur l'instance de compte?

« Le tribunal de commerce de Bordeaux n'a pas osé dire que c'était parce que le délai du compromis était expiré : il savait trop bien qu'en matière de Société, le compromis n'a point de délai fatal, à moins que les parties ou les juges, à leur défaut, n'en ayent fixé un; il savait trop bien que, tandis que l'art. 1012 du Code de procédure porte, relativement à l'arbitrage volontaire, que le *compromis finit par l'expiration du délai stipulé, ou de celui de trois mois, s'il n'en a pas été réglé,* l'art. 54 du Code de commerce porte, relativement à l'arbitrage forcé, que le *délai pour le jugement est fixé par les parties, lors de la nomination des arbitres, et s'ils ne sont pas d'accord sur le délai, il sera réglé par les juges;* il savait trop bien que de là il résulte évidemment que la durée de la mission des arbitres forcés, lorsqu'elle n'est fixée ni par les

parties, ni par les juges, n'est pas circonscrite dans un espace de trois mois; et c'est effectivement ce que remarque l'auteur de *l'Esprit du Code de commerce*, liv. 1er, tit. 3, art. 64.

» Mais le tribunal de commerce de Bordeaux a dit que *les pouvoirs de l'arbitre Guestier avaient cessé d'l'instant de la signature de son travail*, à l'instant de la signature de sa sentence du 11 janvier 1812; et c'est, à notre avis, une grande erreur.

» Sans doute, en thèse générale, les pouvoirs d'un arbitre cessent au moment où il rend sa sentence définitive.

» Mais la sentence d'un arbitre est-elle définitive, lorsque, prononçant sur une instance de compte, elle erre dans le calcul, ou omet de prononcer, soit sur un article de recette, soit sur un article de dépense?

» Non assurément : si, dans ce cas, la sentence d'un arbitre était définitive, celle d'un juge ordinaire le serait également. Car un juge ordinaire ne peut pas plus qu'un arbitre, rétracter ou modifier sa sentence définitive. Le juge ordinaire est, comme l'arbitre, dessaisi à l'instant même où il a prononcé définitivement. Une fois que *officio functus est*, il est, comme l'arbitre, sans juridiction sur l'affaire qu'il a jugée.

» Cependant l'art. 541 du Code de procédure veut que les demandes en redressement *pour erreurs ou omissions*, soient portées devant le juge qui a prononcé définitivement sur le compte.

» Et de là il suit évidemment qu'en matière de comptes, la loi ne considère pas comme irrévocable, ni par conséquent comme proprement définitif, qu'elle ne considère comme définitif que de nom, le jugement dans lequel il y a erreur de calcul ou omission.

» De là il suit évidemment qu'en matière de compte, tout jugement, quoique qualifié définitif sur chacun des points litigieux, est censé renfermer la clause, *sauf erreur ou omission que nous nous réservons de réparer, le cas échéant.*

» De là il suit évidemment qu'en matière de compte, il n'y a de jugement véritablement définitif, que lorsque les erreurs et les omissions qui ont pu s'y glisser, ont été réparées.

» De là il suit évidemment que la réparation de ces erreurs, de ces omissions, entre essentiellement dans les attributions de l'arbitre, comme dans les attributions du juge, qui a rendu le jugement dans lequel ces erreurs ou omissions ont pu se glisser.

» Et en effet, comme vous l'a très-bien dit l'habile défenseur des sieurs Barilhon et compagnie, » pour juger qu'un article a été omis dans un » compte, il ne suffit pas de se convaincre que cet » article n'y est pas littéralement écrit : il faut » se convaincre en outre qu'il n'y a pas été porté » sous une dénomination différente de celle qui lui » avait été donnée par les parties, ou qu'il n'a pas

» été compris dans le résultat. Il peut arriver, comme dans l'espèce, que le juge ne fasse qu'un seul article d'un article qui en faisait plusieurs dans le compte des parties. Il peut arriver aussi qu'il omette volontairement un article de recette, parce qu'il aura omis un article équivalent de dépense. Il peut arriver enfin qu'après avoir exactement rapporté tous les articles et en avoir déterminé le résultat, le juge oublie d'en transcrire quelqu'un dans son jugement, et qu'il porte néanmoins le résultat de tous. Dans ces divers cas, on devra croire qu'un ou plusieurs articles ont été omis, quoiqu'il n'existe en effet aucune omission réelle; et comme, aux termes de l'art. 541 du Code de procédure, le compte ne pourra être révisé, le juge qui n'aura pas fait le compte, et qui se permettra néanmoins de le rectifier, commettra une erreur en croyant en réparer une. Il faut donc que la demande qui tend à faire rectifier l'erreur commise dans un compte, soit portée devant le même juge qui l'a réglé, parce que lui seul peut décider, avec connaissance de cause, si ce qui paraît une erreur en est réellement une ».

» Par ces considérations, nous estimons qu'il y a lieu de casser et annuler l'arrêt qui vous est dénoncé par les demandeurs ».

Arrêt du 28 mars 1815, au rapport de M. Ruperou, par lequel, « Vû l'art. 51 du Code de commerce, et l'art. 541 du Code de procédure civile; attendu que les contestations jugées par la sentence arbitrale du 11 janvier 1812, ayant eu lieu pour raison d'associations commerciales en participation, elles étaient, d'après l'art. 51 du Code de commerce, du domaine de l'arbitrage forcé; qu'il suit de là que le tribunal de commerce de Bordeaux et par la nature même de l'affaire, et d'après l'art. 541 du Code de procédure civile, qui veut que les demandes en réparation d'erreurs, omissions, faux ou doubles emplois soient portées *devant les mêmes juges*, était incompétent pour réparer la prétendue erreur ou omission reprochée à ladite sentence; que la question de compétence étant préjudicielle, il devient superflu d'examiner le mérite des moyens du fond ; la cour casse et annule pour cause d'incompétence, l'arrêt de la cour de Bordeaux, du 29 juin 1813..... ».

SUBROGATION DE PERSONNE, sect. II, §. VIII, n. VII, *page* 40, *col.* 2, *après la ligne* 9, *ajoutez* :

[[Mais résulte-t-il de l'art. 1252 du Code civil, que, lorsqu'un adjudicataire par expropriation forcée emprunte, après la clôture de l'ordre et la délivrance des bordereaux, pour payer quelques-uns des créanciers colloqués utilement, les prêteurs avec subrogation ne peuvent venir sur le prix de l'adjudication qu'après que tous les créanciers du débiteur exproprié ont été payés? en résulte-t-il que le débiteur exproprié lui-même doit-être préféré aux prêteurs avec subrogation, pour la partie du prix

de l'adjudication qui devait lui rester après le payement intégral de tous les bordereaux délivrés à ses créanciers ?

Cette question a été agitée et jugée dans l'espèce suivante.

Le 16 brumaire an 4, décès de Pierre-François Didot, propriétaire d'une papeterie établie à Essonne. Sa veuve et ses enfans acceptent respectivement la communauté et sa succession.

Quelques années après, la veuve Dubost, créancière de Pierre-François Didot, poursuit contre sa veuve et ses héritiers l'expropriation forcée de la papeterie d'Essonne.

Le 17 germinal an 9, l'adjudication de cette papeterie est faite par le tribunal civil de Corbeil, à Marie-Marguerite Gamble, moyennant la somme de 272,500 fr. qu'elle est chargée de payer conformément à l'ordre qui sera dressé et sur les bordereaux qui seront délivrés par le greffier.

Le 1.er prairial suivant, la dame Gamble fait transcrire son adjudication au bureau des hypothèques de Corbeil.

Le même jour, une inscription d'office est prise contre elle au profit de la veuve et des héritiers de Pierre-François Didot et de leurs créanciers, pour sûreté du prix de l'adjudication même.

Le même jour encore, la veuve Dubost ouvre, au greffe du tribunal civil de Corbeil, un procès-verbal d'ordre et distribution du prix de l'immeuble adjugé.

Le 15 thermidor an 10, jugement par lequel l'ordre est homologué comme il suit. — Prix à distribuer, intérêts compris, 286,549 fr. — Au sieur Dancour, avoué, pour frais de poursuite, 18,856 fr. 16 c. — Impositions privilégiées, 3,231 fr. 59 c. — Créances hypothécaires inscrites au profit de la veuve Didot, et des sieurs Delarue, Girardot, Lecacheur et Lemaître, 45,829 fr. — Total 67,916 fr. 75 c. — Les autres créances inscrites sont rejetées ou renvoyées au partage par contribution du restant de la somme à distribuer entre les créanciers chirographaires, restant qui s'élève à 218,632 fr. 25 c.

Des 45,829 fr. qui forment le montant des créances hypothécaires colloquées dans l'ordre, 35,829 f. sont payés sur le prix d'autres immeubles que la veuve et les héritiers de Pierre Didot font vendre à Paris. — En sorte que, déduction faite tant des créances privilégiées que des créances hypothécaires dont la collocation subsiste, la dame Gamble doit encore à la veuve et aux héritiers de Pierre-François Didot, ou à leurs créanciers chirographaires, plus de 250,000 fr.

Les choses en cet état, la veuve Dubost, qui avait poursuivi l'expropriation forcée de la papeterie et ouvert le procès-verbal d'ordre, étant rejetée de l'ordre même et renvoyée à la contribution pour sa créance personnelle, fait une saisie-arrêt entre les mains de la dame Gamble et introduit une instance de contribution.

Le 26 brumaire an 12, jugement du tribunal civil de Corbeil qui, prononçant sur cette instance, ordonne qu'il sera payé, 1.º par privilége, à la veuve Dubost, représentée à cet égard par son avoué Dancourt, 10,572 fr. 22 c., pour frais de poursuite ; 2.º à la veuve Dubost, 74,209 fr. 22 c.; 3.º au sieur Brunetière, 10,825 fr. 8 c.; 4.º à Antoine et Christophe Dubost, 7,563 fr. 66 c.; 5.º au sieur Cliavet et à la demoiselle Calouette, 3,657 fr. 87 c.; 6.º au sieur Brière de Mondetour, 8,491 fr. 49 c.; 7.º au sieur Carrière, 2,007 fr. 79 c.; 8.º au sieur Laporte, 5,882 fr. 56 c.; 9.º à la veuve Champion, 8,204 fr. 81 c.; 10.º à la veuve Duc, 333 fr. 45 c.; 11.º au sieur Ragouleau, 16,407 fr. 17 c.; 12.º au sieur Gibert, 459 fr. 40 c.; total 148,609 fr. 82 c., somme qui n'absorbe pas, comme l'on voit, celle qui est à distribuer.

Ainsi, la dame Gamble satisfaisant à ses engagemens, il reviendra, à la veuve et aux héritiers Didot, toutes dettes payées, plus de 130,000 francs.

Mais la dame Gamble ne paye rien de ses propres deniers. — Le 29 prairial an 11.(18 juin 1803), elle emprunte, par acte notarié, des sieurs Fondrinier, une somme de 19,111 fr. 72 c., *pour être employée au remboursement ci-après.* L'avoué Dancourt intervient dans le même acte, et reconnaît que la dame Gamble lui a payé, des mêmes deniers qu'elle vient d'emprunter, la même somme de 19,111 fr. 72 c., liquidée à son profit par le jugement d'ordre du 15 thermidor an 10, « *de laquelle somme il quitte et décharge ladite dame Gamble et tous autres, consentant la subrogation au profit* desdits Fondrinier dans tous ses droits et actions, priviléges et hypothèques résultans dudit jugement, notamment dans l'effet de l'inscription d'office prise par le conservateur des hypothèques de Corbeil sur le prix de l'adjudication ». — Le 22 vendémiaire et le 25 brumaire an 13, nouveaux actes notariés par lesquels la dame Gamble emprunte du sieur Bardot et paye au sieur Dancourt la somme de 10,000 fr. adjugée par privilége à celui-ci pour frais de poursuite de contribution. Ces deux actes contiennent respectivement les mêmes déclarations que le précédent; et le sieur Dancourt intervient également dans le second, pour déclarer qu'il tient la dame Gamble quitte de la somme de 10,000 fr. et qu'il subroge le sieur Bardot dans son privilége. — Les 14 et 17 nivôse de la même année et les 14 et 20 thermidor suivant, autres actes notariés par lesquels la dame Gamble emprunte du sieur Villoteau deux sommes, l'une de 4,000 f, l'autre de 10,000 f., qu'elle promet d'employer, comme elle les employe en effet, à faire à la veuve Dubost un payement à compte de celle de 74,240 fr. 33 c., qui lui est adjugée par le jugement de contribution du 26 brumaire an 12; et la veuve Dubost déclare pareillement subroger le sieur Villoteau dans tous ses droits, « sans aucune garantie, et même sans concurrence avec ce qui lui reste dû de sa créance ». — Le 30 germinal et les 9 et 20 floréal an 13, pareils emprunts du sieur Tournival et de la veuve Braxdor, pour rembourser au sieur Brunetière et aux sieurs Dubost les sommes qui leur sont respectivement allouées

par le jugement de contribution; et pareilles déclarations de la part de ceux-ci.

Ces divers jugemens ainsi faits par le moyen d'emprunts successifs, la dame Gamble ne trouve plus de crédit et ne paye plus rien, soit aux créanciers colloqués, soit aux veuve et héritiers Didot.

Le 27 mai 1809, le sieur Laporte, cessionnaire des sieurs Fondrinier d'une somme de 7,111 fr. 72 c., à prendre dans celle de 19,111 fr. 72 c., comprise dans l'obligation du 29 prairial an 11, fait à la dame Gamble un commandement de lui payer cette somme ; et à défaut de payement, il poursuit contre la dame Gamble la revente à la folle-enchère de la papeterie d'Essonne.

Le 13 avril 1810, jugement du tribunal civil de Corbeil, qui, d'après les poursuites, adjuge définitivement la papeterie d'Essonne au sieur Ragouleau, moyennant 196,000 francs.

Cette somme ne suffisant pas pour rembourser tous les créanciers colloqués et acquitter les frais de la revente à la folle-enchère, question de savoir sur qui tombera la perte occasionnée par la déconfiture, et notamment si les prêteurs subrogés aux créanciers remboursés par la dame Gamble, doivent concourir avec ceux qui n'ont rien reçu d'elle et exclure les veuve et héritiers Didot.

Le sieur Ragouleau, ne voulant pas prendre sur lui de décider cette question, les fait tous assigner devant le tribunal civil de Corbeil pour débattre entre eux leurs droits respectifs.

Les veuve et héritiers Didot concluent à ce qu'il soit ordonné que le prix principal et les intérêts dus par le sieur Ragouleau, seront payés, 1.º à ceux des créanciers hypothécaires qui ont été colloqués dans le jugement d'ordre du 15 thermidor et qui n'ont pas reçu leur remboursement; 2.º aux créanciers chirographaires employés dans le jugement de contribution du 26 brumaire an 12 et non remboursés par la dame Gamble; à ce que le restant leur soit délivré à eux veuve et héritiers de Pierre-François Didot, comme représentant leur propre héritage ; et à ce que les subrogés aux créanciers remboursés par la dame Gamble, soient déclarés purement et simplement non-recevables dans leur demande en préférence.

Les subrogés concluent de leur côté, 1.º contre le sieur Ragouleau, à ce que les procédures qu'il a faites contre tous les créanciers appelés dans l'instance, soient déclarées nulles et frustratoires, et à ce qu'il demeure seul chargé du coût de l'état qu'il s'est fait délivrer des inscriptions antérieures à la première adjudication ; 2.º contre la veuve et les héritiers Didot, ainsi que contre leurs ayant-cause, à ce qu'ils soient colloqués au même rang que l'ont été les créanciers qui les ont subrogés à leurs droits.

Le 11 mars 1812, jugement contradictoire ainsi conçu : « En ce qui touche les conclusions prises par Desforges, Bardot, Villoteau, femme de Rochefort et veuve Debruges (subrogés ou cessionnaires de subrogés), parties de Choquet, et veuve Dubost, partie de Martin, tendantes à ce que Ragouleau, partie de Salmon, soit tenu en son nom de supporter le coût de l'état des inscriptions à lui délivrées lors de la transcription de son adjudication, parce que cet état contient d'autres inscriptions que les trois qui, suivant lesdites parties de Choquet et Martin, devaient seulement grever la transcription de l'adjudication faite au profit de la partie de Salmon, et aussi de supporter, comme frustratoires, les frais de procédure par elle faits contre les parties autres que celles qui, suivant les parties de Choquet et de Martin, avaient seules des droits légitimes au prix de la papeterie d'Essonne; attendu que les prétentions et contestations opposées dans la cause, justifient suffisamment la procédure qui a été suivie; que les réserves judiciairement faites par différens créanciers, d'attaquer par la suite l'adjudication sur folle-enchère, les discussions qui ont eu lieu sur l'effet des inscriptions postérieures à cette adjudication, ainsi que les saisies-arrêts, les oppositions et autres actes, achèvent cette justification de la procédure; que d'ailleurs la partie de Salmon ne pouvait juger elle-même du mérite des différentes inscriptions survenues à la transcription nouvelle, ni des demandes sans nombre qui s'accumulaient contre elle; qu'elle avait surtout le plus grand intérêt à faire lever lesdites inscriptions pour dégrever sa propriété; et que l'art. 2160 du Code civil l'autorisait à s'adresser à cet effet au tribunal; qu'ainsi, il n'y a rien dans la procédure qui ne soit régulier et conforme aux lois; déclare lesdites parties de Choquet et de Martin non-recevables à cet égard...; — En ce qui touche Bardot, Villoteau, veuve Brasdor, Fournival, Desforge, Laporte, veuve Debruges et femme de Rochefort, comme ayant prêté des deniers à la dame Gamble, et se prétendant subrogés aux droits des créanciers colloqués qu'elle a remboursés avec ces deniers; — Quant à la fin de non-recevoir par eux présentée et résultant de ce que la revente sur folle-enchère a eu lieu à la poursuite d'un créancier qui n'avait pas plus de droit qu'eux, et auquel cependant il n'a été opposé, ni défaut de qualités, ni insuffisance de titres, pour poursuivre cette revente; attendu qu'il importait peu à toutes les parties que celui qui a poursuivi la folle-enchère de la dame Gamble, prît la qualité de créancier subrogé ou de simple créancier de la dame Gamble; que ce n'était pas alors le moment de lui contester son titre; que l'insolvabilité notoire de la dame Gamble rendait la revente de l'immeuble indispensable; que cette poursuite entrait dans les intérêts des héritiers Didot et de tous les créanciers indistinctement; de sorte qu'il ne peut leur être opposé aucune fin de non-recevoir à cet égard; — Au fond, considérant 1.º que la veuve et héritiers Didot étaient les véritables propriétaires de la papeterie d'Essonne qui a été vendue sur eux, et par conséquent les véritables propriétaires du prix de la vente; 2.º que les collocations faites par les jugemens des 15 thermidor an 10 et 26 brumaire an 12, en faveur des créanciers des vendeurs, n'étaient que de simples

indications de payemens qui ne changeaient pas la qualité des vendeurs, et ne les libéraient pas envers leurs créanciers colloqués; de sorte que les vendeurs n'avaient pas cessé d'être les créanciers directs et premiers du prix de la vente; 3.º que la dame Gamble, en payant une partie de ce prix à quelques-uns des créanciers colloqués, a éteint d'autant sa dette, mais ne s'est libérée qu'en partie vis-à-vis des vendeurs, qui étaient ses créanciers directs pour le montant de son acquisition; 4.º que, si la dame Gamble, en empruntant différentes sommes pour effectuer lesdits payemens, a fait subroger les tiers-prêteurs aux droits des créanciers Didot qu'elle remboursait, cette subrogation qui ne pouvait produire en faveur des prêteurs qu'un privilège de bailleurs de fonds sur elle ou contre elle (privilège qui a disparu par la revente sur folle-enchère), n'a pu, conformément aux dispositions du Code, nuire aux héritiers Didot, vendeurs et créanciers primitifs du prix de la vente, parce que cette subrogation insolite et vicieuse s'est opérée sans le concours de leur volonté; de sorte qu'on ne pouvait pas ainsi rendre pire leur condition, changer leurs propres créanciers, ni altérer leurs droits ou ceux de leurs autres créanciers; 5.º que les subrogations dont il s'agit, n'ont point été opérées, conformément aux différentes dispositions du Code, pour produire effet au préjudice des vendeurs qui, n'ayant reçu indirectement qu'une partie de leurs créances, ont conservé leurs droits pour ce qui restait dû par préférence aux tiers devenus seulement créanciers de la dame Gamble qui a emprunté d'eux et s'est engagée personnellement envers eux; 6.º que, si l'on veut regarder les payemens partiels qui ont été faits, comme l'acquittement d'une dette opéré par la dame Gamble, intéressée ou obligée à cet acquittement, la dette se trouvait éteinte d'autant, sans qu'il fût en son pouvoir de la faire revivre par une déclaration d'emprunt, de payemens et de subrogations qui pouvaient être simulés à l'effet de frustrer des créanciers légitimes, ou les vendeurs eux-mêmes, étrangers à ces stipulations; que, si l'on veut au contraire regarder les payemens partiels comme acquittement d'obligation fait par des tiers non intéressés; alors les derniers n'ont point pu, conformément aux dispositions du Code, être subrogés aux droits des créanciers avec lesquels ils traitaient par l'intermédiaire de la dame Gamble, et ce au détriment des créanciers personnels et directs du prix de la chose vendue; enfin, que les payemens faits à quelques-uns des créanciers des héritiers Didot, avec les deniers empruntés par la dame Gamble, ont opéré d'autant la libération des héritiers Didot, sans que les subrogations consenties en faveur des prêteurs, puissent produire aucun effet, si ce n'est contre la dame Gamble, fol-enchérisseur, parce que les subrogations sont entachées de nullités, comme contraires aux dispositions de la loi qui, dans cette matière, est de droit étroit et de rigueur ; — Sans s'arrêter ni avoir égard aux fins de non-recevoir et aux conclusions de Desforge et autres subrogés dans lesquelles le tribunal les déclare non-recevables et mal fondés, les déclare également non-recevables et mal fondés dans leurs prétentions sur le prix principal et intérêts de l'adjudication faite à la partie de Salmon par le jugement du 13 avril 1810.....».

Les subrogés appellent de ce jugement à la cour de Paris, et intiment les veuve et héritiers Didot, la veuve Dubost, le sieur Ragouleau, et la dame Gamble.

Le 18 janvier 1813, arrêt par lequel, — « en ce qui touche la procédure tenue par Ragouleau, adoptant les motifs des premiers juges ; — en ce qui touche la question de Subrogation, considérant que l'acquéreur qui ne paye qu'une partie du prix de son adjudication, soit au vendeur, soit aux créanciers directs de celui-ci délégués ou colloqués et exerçant ses droits, n'a fait qu'éteindre d'autant la dette dont il est tenu envers le vendeur, son créancier direct ; que si l'acquéreur emprunte, comme dans l'espèce, pour effectuer un payement partiel, les prêteurs qui ne lui fournissent leurs fonds que dans la vue de s'acquitter, suivent nécessairement sa foi et l'acceptent pour leur débiteur, sans se procurer ni créance ni action quelconque contre le vendeur qui se trouve payé et libéré jusqu'à concurrence avec les deniers prêtés ; que la subrogation qui est requise et consentie en faveur des prêteurs, ayant, comme l'emprunt, pour fondement essentiel et unique l'acquittement de la dette de l'acquéreur vis-à-vis le vendeur, il s'ensuit qu'il ne peut jamais préjudicier à ce dernier, et qu'elle ne devient efficace qu'au moment où le vendeur est totalement désintéressé ; que c'est alors seulement que la Subrogation obtenant toute sa vertu, confère aux prêteurs le privilège de bailleurs de fonds sur le bien acquis et dégagé de la créance primitive et privilégiée du vendeur, et par suite la préférence sur tous les créanciers personnels de l'acquéreur, relativement à ce même bien ; que ces vérités sont une conséquence naturelle et évidente du principe posé dans l'art. 1252 du Code civil, qui veut que la Subrogation établie par les précédens articles, ne puisse nuire au créancier lorsqu'il n'a été payé qu'en partie, et que, dans ce cas, il puisse exercer ses droits pour ce qui lui reste dû par préférence à celui dont il n'a reçu qu'un payement partiel ; — la cour met les appellations au néant, ordonne que ce dont est appel sortira son plein et entier effet ».

Recours en cassation contre cet arrêt de la part des subrogés.

« Trois moyens de cassation (ai-je dit à l'audience de la section des requêtes, le 5 mai 1814), vous sont proposés par les demandeurs : fausse application de l'art. 2160 du Code civil, en ce que l'arrêt attaqué met à la charge de la somme à distribuer entre les divers créanciers, un état de frais d'inscriptions dont le sieur Ragouleau avait mal à

propos et frustratoirement demandé la radiation ; attentat à l'autorité de la chose jugée, en ce que les subrogés ont été déclarés simples créanciers personnels de la dame Gamble, tandis que, par l'admission de l'un d'eux à la poursuite de la revente sur folle-enchère, ils avaient tous été jugés créanciers directs du prix de la première adjudication de la papeterie d'Essonne ; enfin, violation de l'art. 1250 et fausse application de l'art. 1252 du Code civil, en ce que des Subrogations consenties régulièrement en leur faveur, ont été privées de l'effet qu'y attachait la loi.

» Pour écarter le premier de ces moyens, vous n'avez besoin que de vous reporter aux motifs de la première disposition du jugement du tribunal de Corbeil.

» Le second moyen est également pulvérisé par les motifs du même jugement ; mais ce qui est plus péremptoire encore, c'est qu'il ne paraît pas que les demandeurs aient reproduit en cause d'appel la prétendue exception de chose jugée qu'ils avaient fait valoir en première instance.

» Le troisième moyen se divise en deux branches ; et d'abord il tend à prouver que, par l'arrêt attaqué, la cour de Paris a violé l'art. 1250 du Code civil.

» Elle l'aurait sans doute violé, si, comme les premiers juges, elle avait considéré comme irrégulières des Subrogations qui sont revêtues de toutes les formes, de toutes les conditions requises par cet article. Mais c'est ce qu'elle n'a pas fait. Sans partager, à cet égard, les erreurs des premiers juges, elle a supposé ces Subrogations parfaitement en règle ; et elle s'est bornée à en déterminer les effets, opération dans laquelle il est impossible qu'elle ait violé l'art. 1250, puisque l'art. 1250 est absolument muet sur les effets des Subrogations dont il prescrit les conditions et les formes.

» Le troisième moyen de cassation des demandeurs est-il mieux fondé, en tant qu'il a pour objet d'établir que l'art. 1252 du Code civil a été faussement appliqué par la cour de Paris ?

» On ne parviendrait pas à éluder ce moyen, en disant que la fausse application d'une loi ne forme pas par elle-même, en matière civile, une ouverture de cassation. Car si, dans notre espèce, l'art. 1252 était appliqué à faux, l'art. 1249 serait, par cela seul, violé ; et pourquoi ? parce que l'art. 1249 suppose clairement, il énonce même en termes assez explicites, que la subrogation fait entrer le subrogé dans tous les droits du créancier payé de ses deniers ; et qu'ainsi, il y aurait nécessairement contravention à l'art. 1249, si, par une fausse application de l'art. 1252, l'effet que l'art. 1249 attribue à la subrogation, était neutralisé.

» Il faut donc examiner franchement s'il est vrai que l'art. 1252 soit faussement appliqué par l'arrêt que vous dénoncent les demandeurs.

Cet article ne fait que consacrer un principe qui

avait été proclamé par tous nos anciens auteurs (1), mais sur lequel les cours supérieures ne s'étaient pas prononcées uniformément (2) ; *La subrogation*, porte-t-il , *ne peut nuire au créancier , lorsqu'il n'a été payé qu'en partie ; en ce cas , il peut exercer ses droits , pour ce qui lui reste dû , par préférence à celui dont il n'a reçu qu'un payement partiel.*

» Les demandeurs reconnaissent d'après ce principe , que , si c'était à la veuve et aux héritiers Didot qu'eût été dû le prix de la première adjudication de la papeterie d'Essonne, et si c'était à eux qu'une partie de ce prix eût été payée des deniers empruntés par la dame Gamble avec Subrogation , il n'y aurait nul doute que la veuve et les héritiers Didot ne dussent être préférés , pour le restant de ce même prix , aux prêteurs de la dame Gamble.

» Mais ils soutiennent que ce principe n'est pas applicable à l'espèce ; et parce que la créance du prix de la première adjudication n'appartenait pas aux veuve et héritiers Didot, mais bien à ceux de leurs créanciers qui se trouvaient colloqués tant dans l'ordre du 15 thermidor an 10 que dans la contribution du 26 brumaire an 12 ; et parce qu'en conséquence , c'est au profit de ces créanciers qui ont été remboursés partiellement avec Subrogation , et non pas au profit des veuve et héritiers Didot, qu'est établie la règle écrite dans l'art. 1252 , *la Subrogation ne peut nuire au créancier , lorsqu'il n'a été payé qu'en partie.*

» La question se réduit donc à ce seul point : à qui des veuve et héritiers Didot ou de leurs créanciers colloqués, appartenait la créance du prix de la première adjudication , aux époques où ont été payés avec Subrogation , les à-comptes dont il s'agit ?

» Si la créance de ce prix appartenait aux veuve et héritiers Didot, nul doute que l'arrêt attaqué n'ait fait une juste application de l'art. 1252.

» Si la créance de ce prix appartenait aux créanciers colloqués , jusqu'à concurrence de leurs collocations respectives, nul doute que l'art. 1252 n'ait été appliqué à faux.

_____

(1) V. Renusson , *Traité de la Subrogation* , chap. 15 ; Pothier , *Introduction de la Coutume d'Orléans* , édition in-4o, pag. 765 , Bourjon , *Droit commun de la France* , édition de 1770, t. 2 , pag. 737 ; Lange, *Praticien français*, édition de 1699 , pag. 233 ; arrêtés de Lamoignon , tit. 21 , art. 56 , 57 , 58 et 59 ; Poullain du Parcq , *Principe du Droit français*, t. 7, pag. 249 ; Raviot sur Pérler , quest. 340.

(2) Pérler , quest. 340, rapporte un arrêt du Parlement de Dijon , du 23 février 1694 , qui juge, contre la doctrine uniforme des auteurs cités dans la note précédente , que « le créancier qui reçoit partie de ce qui lui est dû , et qui subroge dans ses droits celui de qui les deniers proviennent, ne peut demander d'être payé de ce qui lui reste dû que concurremment avec le créancier subrogé ».

Le parlement de Toulouse jugeait tout autrement ; et sa jurisprudence était invariablement conforme à ce qu'adepuis régle l'art. 1252 du code civil. V. Catellan , liv. 6, chap. 4.

Le parlement de Paris, au moins dans le 17e. siècle , jugeait, tantôt d'une manière, tantôt de l'autre. V. Renusson , *Traité de la Subrogation* , chap. 15.

» Pour nous fixer sur le parti à prendre dans cette alternative , examinons d'abord comment la question devrait être jugée , si la papeterie d'Essonne avait été vendue par un contrat volontaire , et que , par ce contrat , l'acquéreur eût été chargé d'en payer le prix aux créanciers des veuve et héritiers Didot , délégués à cet effet par l'acte même.

» Dans cette hypothèse , à qui appartiendrait la créance du prix de la vente ?

» Il faudrait distinguer : ou la délégation faite du prix aux créanciers des vendeurs par le contrat de vente , serait une délégation parfaite et emporterait novation ; ce qui ne pourrait avoir lieu , aux termes de l'art. 1275 du Code civil ; qu'autant que les créanciers des vendeurs auraient déclaré , en acceptant la délégation , qu'ils déchargeaient les vendeurs eux-mêmes ; ou cette délégation n'équipollerait qu'à une simple indication de payement.

» Au premier cas , la créance du prix de la vente appartiendrait évidemment aux créanciers délégués par le contrat , et ne pourrait appartenir qu'à eux. Les vendeurs libérés envers leurs créanciers par la dation en payement qu'ils leur auraient faite du prix de la vente , n'auraient plus rien à y réclamer ; et alors , chacun des créanciers délégués qui recevrait des à-comptes de l'acquéreur avec clause de Subrogation , serait incontestablement seul en droit d'invoquer la disposition de l'art. 1252 qui dit que *la Subrogation ne peut nuire au créancier , lorsqu'il n'a été payé qu'en partie.*

» Mais , dans le second cas , la créance du prix de la vente n'appartient pas aux créanciers délégués par le contrat ; elle n'appartient qu'aux vendeurs ; et c'est ce qu'établit nettement Pothier , dans son *Traité des Obligations* , n. 57 : « Ce n'est pas stipuler pour un autre (dit-il) , que de dire que la chose ou la somme que je stipule , sera délivrée ou payée à un tiers désigné par la convention. Par exemple , si , par le contrat , je vous vends un tel héritage pour la somme de mille livres , *que vous payerez à Pierre* , je ne stipule point pour un autre ; c'est pour moi, et non pour Pierre que je stipule cette somme de mille livres ; Pierre n'est dans la convention que comme une personne à qui je donne pouvoir de la recevoir pour moi et en mon nom , c'est ce que les Romains appelaient *Adjectus solutionis gratiâ.* CE N'EST PAS EN SA PERSONNE , MAIS EN LA MIENNE , QUE RÉSIDE LA CRÉANCE DE CETTE SOMME ; lorsqu'il la reçoit , c'est de ma part et en mon nom qu'il la reçoit.... ».

» Ainsi , dans ce cas , le créancier des vendeurs délégué par le contrat de vente , n'est pas créancier du prix dû par l'acquéreur ; il n'a sur la dette de l'acquéreur qu'une espèce de gage , d'affectation. Et par conséquent il n'est pas , il ne peut pas être , à l'égard de l'acquéreur , le créancier dont parle l'art. 1252.

« Aussi a-t-il été jugé par deux arrêts du parlement de Paris , des 4 juin 1604 , et 7 septembre

1671 , que le principe consacré par cet article était applicable à un vendeur qui, en aliénant volontairement son bien , en avait délégué le prix à ses créanciers , et que le vendeur pouvait l'opposer à ceux qui avaient prêté leurs deniers pour rembourser avec subrogation, quelques-uns des délégataires.

» Il est vrai que, depuis , deux autres arrêts de la même cour, du 10 avril 1677 et de 1681, en ont jugé autrement.

» Mais ces deux arrêts, contre lesquels Renusson s'est élevé avec la plus grande force, dans son *Traité de la Subrogation* , chap. 15 , n'ont pas changé la jurisprudence établie par les deux précédens ; et ce qu'il y a de bien remarquable , c'est que, postérieurement à la publication de l'ouvrage de Renusson, le conseil d'État du roi a rendu un arrêt conforme à ceux-ci. Écoutons Brillon, au mot *Subrogation* , n. 8 : « Vente , à la charge de payer certains créanciers ; » l'acquéreur paye les plus anciens , avec des de-» niers qu'il emprunte d'un homme qui est subrogé. » Question si ce créancier subrogé est préférable sur » l'héritage revendu , aux autres créanciers qui » devaient être payés , et qui ne l'ont pas été ? » Jugé au conseil , au rapport de M. d'Aguesseau » (père du chancelier) , en faveur des créanciers » qui n'avaient pas été payés. L'arrêt est du mois »-d'août 1693 ou 1694. M.e Evrard avait écrit au » procès. *Note de M. Secousse* ».

» Il y a plus , le parlement de Paris est revenu lui-même , dans le dernier siècle , à la jurisprudence dont il s'était écarté en 1677 et 1681. Témoin » le *Journal des audiences* , dans lequel nous lisons » ce qui suit , tome 6, liv. 2, chap. 32 : « La veuve » d'Humermont vend la ferme du Rotois 10,150 l. » à Liévain , 500 liv. comptant , *le surplus payable* » *à son acquit* , et consent la subrogation pour ceux » qui prêteront. Langlet prête ; on employe ses » deniers ; il a subrogation au lieu des créanciers ; » mais reste un principal de 205 liv. de rente non » acquitté. Liévain est saisi réellement. Le fils de » la veuve d'Humermont demande à rentrer dans » la ferme vendue par sa mère , faute de payement » du principal et des arrérages des 205 livres. Sen-» tence qui l'ordonne suivant l'estimation ; estima-» tion faite à 8,000 livres. Langlet attaque d'Humer-» mont , disant que son argent ayant été employé à » payer des créanciers , il est subrogé même contre » d'Humermont. Langlet obtient sentence , et il y » en a appel. D'Humermont lui dit qu'il n'est pas » subrogé contre lui , qu'il a prêté de l'argent pour » l'acquitter , et non pas pour acquérir une créance » sur lui..... Par arrêt du 6 juin 1712, la cour met » l'appellation et ce au néant ; émendant , hors de » cour ».

» Il n'est donc pas douteux que , dans le dernier état de l'ancienne jurisprudence, les veuve et héritiers Didot, s'ils avaient vendu par contrat volontaire , à la charge de verser le prix , jusqu'à due concurrence , entre les mains de leurs créanciers ,

n'eussent été préférés aux prêteurs avec subrogation dont l'acquéreur eût employé l'argent à rembourser quelques-uns des créanciers délégués ; et il est encore moins permis de douter que , dans cette hypothèse , ils n'obtinssent aujourd'hui la même préférence , d'après le soin que prend l'art. 1252 du Code civil , d'imprimer le caractère de loi au principe sur lequel l'ancienne jurisprudence avait éprouvé des variations.

» Mais ce n'est point par contrat volontaire, c'est par expropriation forcée, que la papeterie d'Essonne a été vendue ; et la vente n'en a pas été faite par la veuve et héritiers Didot ; elle l'a été par la justice , à la poursuite de leurs créanciers. Peut-on , dès-lors, appliquer ici la même décision qu'à l'hypothèse que nous venons de discuter ?

» Oui , sans doute , et il y en a une raison aussi simple que tranchante ; c'est que , dans l'expropriation forcée, le débiteur saisi n'est pas moins vendeur que dans la vente volontaire ; c'est que le débiteur saisi est seul propriétaire de la créance du prix de l'expropriation forcée ; c'est que les créanciers du débiteur qui le font exproprier , ne deviennent pas pour cela créanciers directs du prix ; c'est que les collocations qu'ils obtiennent sur le prix, ne sont pour eux que des indications de payement.—Développons ces idées.

» Nous disons d'abord que , dans l'expropriation forcée, c'est le débiteur saisi qui est le véritable vendeur. Et en effet , il ne vend point par lui-même , mais la justice vend pour lui : car elle ne fait que lui prêter son ministère ; elle ne fait qu'exécuter le mandat qu'il est censé lui en avoir donné , lorsqu'en contractant des dettes , il s'est obligé à les payer , suivant l'expression de l'art. 2092 du Code civil , *sur tous ses biens mobiliers et immobiliers , présens et à venir*.

» Tel est le point de vue sous lequel les ventes judiciaires et forcées étaient envisagées même dans le droit romain : *voluntate debitoris videtur pignus alienari , quia ab initio contractûs pactus est ut liceret creditori pignus vendere , si pecunia non solvatur*. Ce sont les termes du §. 1, Inst. *quibus alienare licet*.

» Et c'est de là que part Stockmans, dans son Recueil d'arrêts du conseil de Brabant , §. 99 , pour établir que , dans les coutumes qui n'ont là-dessus aucune disposition , la vente par décret forcé est sujette au retrait lignager ; ni plus ni moins que la vente volontaire : *ubi lex municipalis nihil de hac re constituit , recepta in judiciis nostris sententia est quæ retractui locum dat , quæ et optimam rationem habet quòd distractio judicis et addictio illa judiciaria ultimo licitatori facta , PERINDE SIT AC SI DEBITOR IPSE ILLI vendidisset*.

» Pothier, dans son *Traité des Retraits* , n. 76 , tient le même langage : « la raison est (dit-il), qu'une » vente, quoique faite par décret, est une vraie » vente par laquelle le débiteur saisi aliéné son héri-» tage propre à l'adjudicataire ».

» Nous disons, en second lieu, que ce n'est pas aux créanciers du débiteur saisi, mais au débiteur saisi lui-même, qu'appartient la créance du prix de la vente par expropriation forcée; et cette assertion est une conséquence nécessaire de la précédente. Car le prix de la vente est essentiellement dû au vendeur : or, le véritable vendeur, quel est-il dans l'expropriation forcée? Nous venons de le voir, c'est le débiteur saisi ; c'est donc au débiteur saisi que le prix de l'expropriation forcée est dû.

» A la vérité, ce prix est affecté, par une indication de payement qui forme une des clauses principales de l'adjudication, aux créanciers du débiteur saisi ; et de là l'usage de délivrer à ceux-ci des bordereaux de collocation qui sont exécutoires contre l'adjudicataire. Mais cette affectation n'est, pour les créanciers à qui se délivrent ces bordereaux, qu'une espèce de gage, qui se transfère de la chose vendue sur le prix qui la représente ; elle ne les investit pas de la propriété de la créance de ce prix; elle en est même exclusive, puisqu'il est impossible que le droit de propriété et le droit de gage concourent, sur la même chose, dans la même personne.

» Il en serait autrement, sans doute, si la collocation d'un créancier, soit dans un ordre, soit dans une contribution, pouvait être assimilée à une dation en payement, si elle emportait la libération du débiteur saisi envers ce créancier, si elle équipollait à une délégation parfaite.

» Mais elle n'a, et il s'en faut beaucoup, ni ce caractère, ni cet effet.

» D'une part, le créancier colloqué dans un ordre ou dans une contribution, est si peu censé payé définitivement, il est si peu réputé propriétaire de la portion de la créance du prix qui lui est affectée, qu'il ne tient qu'à lui de ne pas user de sa collocation et d'exercer ses droits sur les autres biens du débiteur. C'est ainsi que, dans l'espèce actuelle, sur 45,829 fr. de créances hypothécaires qui avaient été colloquées dans l'ordre de la papeterie d'Essonne, du 15 thermidor an 10, il y a eu 35,829 fr. payés sur d'autres biens que les veuve et héritiers Didot avaient vendus postérieurement à l'adjudication de cette papeterie. C'est d'ailleurs ce qu'a jugé formellement un arrêt de la cour, du 18 mai 1808, en cassant, au rapport de M. Sieyes, un arrêt de la cour d'appel de Paris, qui avait embrassé l'opinion contraire, en le cassant, « attendu que la
» cour d'appel, par la fausse interprétation qu'elle
» avait faite de l'art. 15 de la loi du 11 brumaire
» an 7, en supposant que la collocation était une
» délégation parfaite et un payement effectif qui
» avait éteint tant l'action personnelle contre le dé-
» biteur originaire, que les hypothèques du créan-
» cier, avait violé toutes les lois concernant les hy-
» pothèques.... ».

» D'un autre côté, si le créancier colloqué devenait, par sa collocation, propriétaire de la portion de la créance du prix qui lui est assignée, ce serait sur lui que tomberait, en vertu de la maxime ; res perit domino, la perte de cette portion de créance qui résulterait de l'insolvabilité de l'adjudicataire. Or, il est très-constant que l'insolvabilité de l'adjudicataire n'empêche pas que le créancier dont elle rend la collocation sans effet, n'ait son recours sur les autres biens du débiteur.

» Il est vrai que deux arrêts du parlement de Paris, des 3 décembre 1594 et 20 juillet 1598, rapportés dans le recueil de Louet, lettre C, §. 50, ont jugé que, si le prix de l'adjudication vient à périr dans le dépôt public où l'adjudicataire en a fait la consignation, la perte en retombe sur le créancier hypothécaire, et non sur le débiteur exproprié; mais inférer de là que le prix de l'adjudication appartient aux créanciers du saisi, soit dès l'instant de l'adjudication même, soit dès l'instant où l'ordre est clos, ce serait la plus absurde de toutes les conséquences.

» Pourquoi la consignation du prix de l'adjudication met-elle ce prix aux risques des créanciers ? Parce que, comme le dit d'Héricourt, en citant ces arrêts dans son Traité de la vente des immeubles par décret, chap. 11, n. 8, le débiteur est libéré par la consignation de même que l'adjudicataire. En effet, il est de principe que la consignation équivaut à un payement effectif. Si le créancier au profit duquel sa collocation opère une indication de payement, touchait réellement des mains de l'adjudicataire, la portion du prix qui lui est assignée, bien certainement cette portion du prix deviendrait, dès ce moment, sa propriété; bien certainement le débiteur serait, dès ce moment, libéré, jusqu'à concurrence de cette portion du prix. Il en doit donc de même dans le cas où l'adjudicataire, au lieu de payer entre les mains du créancier, paye entre les mains du receveur des consignations ; car le receveur des consignations est institué par la loi pour recevoir au nom de tous ceux qui ont qualité pour recevoir par leurs propres mains ; il l'est par conséquent pour recevoir au nom des créanciers qui ont, sur le prix de l'adjudication, des indications de payement; le montant des indications de payement est donc censé payé aux créanciers qui les ont obtenues, par cela seul qu'il est payé au receveur des consignations. Les arrêts de 1594 et 1598 ne peuvent donc s'appliquer qu'au cas où le prix de l'adjudication a été consigné par l'adjudicataire ; on ne peut donc pas argumenter de ces arrêts dans notre espèce.

» Mais, vient-on nous dire, si le créancier colloqué et porteur de son bordereau, avait lui-même des créanciers qui voulussent saisir et arrêter le montant de sa collocation, entre les mains de qui devraient-ils pratiquer leur saisie-arrêt? Ils ne pourraient certainement pas la pratiquer entre les mains du débiteur exproprié; ils ne pourraient certainement la pratiquer qu'entre les mains de l'adjudicataire. Donc ce n'est pas l'exproprié qui est débiteur du montant de la collocation. Donc l'adjudicataire en est seul débiteur. Donc le créancier colloqué est le créancier direct de l'adjudicataire.

» Quel raisonnement! La saisie-arrêt ne peut être pratiquée utilement qu'entre les mains de celui qui a ou est censé avoir à sa disposition la somme qu'il s'agit de saisir et arrêter. Or, dans le cas d'une vente par expropriation forcée, qui est-ce qui en a ou est censé en avoir le prix à sa disposition? Ce n'est assurément pas le débiteur exproprié : c'est bien à lui que le prix est dû, mais il ne peut pas le toucher au préjudice de ses créanciers dont ce prix forme le gage. Ce prix ne peut donc être saisi et arrêté qu'entre les mains de l'adjudicataire. Il ne résulte donc point de là que l'adjudicataire ne soit pas le débiteur direct du débiteur exproprié.

» Mais, dit-on encore, les art. 257 et 270 du Code de procédure civile font clairement entendre que les créanciers utilement colloqués doivent toucher, des mains de l'adjudicataire et sur la masse à distribuer, les intérêts que les capitaux de leurs créances ont produits postérieurement à l'adjudication. Donc les créanciers utilement colloqués deviennent, par leur collocation, créanciers directs de l'adjudicataire; et c'est ce qu'a jugé l'arrêt de la cour du 21 novembre 1809.

» L'arrêt de la cour du 21 novembre 1809, n'a jugé qu'une seule chose, savoir, que *les intérêts échus depuis l'adjudication, sont dus à chaque créancier hypothécaire, au même rang que le capital*; et qu'a-t-il de commun ce principe avec la question qui nous occupe?

» Pourquoi l'adjudicataire doit-il à la masse hypothécaire les intérêts de chacune des créances colloquées utilement, à compter du jour de l'adjudication? Parce qu'il jouit, à compter du jour de l'adjudication, des fruits de l'immeuble qui lui a été adjugé, et que les intérêts du prix de l'adjudication ne sont que la compensation de ces fruits.

» Mais de ce que les intérêts échus depuis l'adjudication, accroissent ainsi au capital du prix de l'adjudication même, s'ensuit-il que la créance du prix de l'adjudication réside dans la personne des créanciers colloqués? non : il en résulte seulement que les créanciers colloqués exercent, en vertu de leur indication de payement, les droits de leur débiteur exproprié, et qu'ils peuvent (comme il le pourrait lui-même, si le prix de l'adjudication qui lui est dû, était à sa libre disposition), se faire payer les intérêts du retard qu'ils éprouvent.

» Dès-là, nulle différence pour notre question, entre le cas d'une vente volontaire avec délégation simple du prix aux créanciers du vendeur; et les cas d'une vente faite par expropriation forcée à la charge de payer le prix aux créanciers du débiteur exproprié. Dans l'un comme dans l'autre, c'est le débiteur qui vend; dans l'un comme dans l'autre, c'est le débiteur qui est créancier du prix; dans l'un comme dans l'autre, par conséquent, c'est à l'acquit du débiteur que ses créanciers sont remboursés par l'acquéreur; et par conséquent encore dans l'un comme dans l'autre, si l'acquéreur ne rembourse que quelques-uns des créanciers et avec Subrogation, les subrogés ne peuvent rien prétendre sur le prix de la vente, au préjudice du débiteur ou de ses créanciers non remboursés.

» Effectivement, Poullain du Parcq, dans ses *principes de droit français*, tome 7, page 249, confond et identifie absolument ces deux cas : « un héritage (dit-il) est vendu, *soit conventionnellement avec délégation aux créanciers du vendeur*, ou sans délégation, *soit par décret forcé*. L'acquéreur emprunte pour le payement du prix; et toutes les formalités nécessaires pour la subrogation, sont observées de la part des différens créanciers qui prêtent. Mais tous ces différens emprunts ne suffisent pas pour payer tout le prix. — Les sommes empruntées sont payées en différens temps, les unes au vendeur, les autres à ses créanciers anciens et nouveaux. Les déclarations d'emploi sont faites exactement dans les quittances. Ainsi, il n'y a pas de doute sur le temps du payement des deniers de chaque créancier qui a prêté à l'acquéreur, ni sur l'emploi fait à payer tel et tel créancier du ven- deur. — L'acquéreur n'étant pas quitte, ses biens et la terre qu'il a acquise sont saisis et vendus. Il s'agit de faire l'ordre entre les créanciers; et cela fait naître plusieurs difficultés. — 1.º Le vendeur prétend que, sur le prix de la terre qu'il avait vendue, il doit être payé en entier, avant tous ceux qui ont prêté à l'acquéreur, et cela par préférence sur ce prix, avec hypothèque sur les autres biens; parce que la date de son contrat est antérieur à tous les emprunts faits par cet acquéreur. — Au contraire, les prêteurs prétendent venir en concurrence avec le vendeur, tant sur la terre qu'il avait vendue, que sur les autres biens. — De plus, ceux qui ont payé les créanciers du vendeur, prétendent venir avant lui-même, parce que sa dette a été acquittée; et même ils veulent faire entr'eux un ordre, suivant l'ancienneté des hypothèques des créanciers du vendeur; en sorte que ceux qui ont payé les plus anciens, soient colloqués les premiers. — Sur toutes ces contestations, il y a un premier principe évident. Tous ceux qui ont prêté à l'acquéreur, ne l'ont fait que pour payer sa dette, et non pas pour devenir créanciers du vendeur. Ainsi l'ancienneté des hypothèques des créanciers de ce vendeur est absolument inutile dans cette espèce : la subrogation n'a pour objet que le crédit du vendeur sur l'acquéreur : elle est étrangère à la nature des dettes du vendeur qui ont été acquittées. L'objet essentiel était de rendre l'acquéreur quitte vers le vendeur; et il est indifférent de quelle manière il devienne quitte, soit par le payement fait au vendeur ou à ses créanciers. — Ainsi, ce premier objet ne paraît pas souffrir de difficulté; et il est clair que la différence d'hypothèques anciennes ou nouvelles des créanciers du vendeur, qui ont été payés, est étrangère à la subrogation. — Cette vérité fournit une autre conséquence. La subrogation n'a lieu que parce que l'acquéreur est acquitté vers le vendeur. Ainsi, pour tout ce qui concerne cette subrogation, les

» différens créanciers, dont les deniers ont servi à » payer le vendeur, doivent venir en concurrence » entr'eux, de quelque date que soient les emprunts » et les payemens : ils ont tous un titre absolument » égal pour la subrogation ; c'est-à-dire le payement » fait au vendeur ou à ses créanciers. — Enfin, » comme la subrogation a pour fondement essentiel » et unique, l'acquittement de la dette de l'acqué- » reur vers le vendeur, il résulte que cette subroga- » tion ne peut jamais nuire au vendeur. Il faut qu'il » soit payé en entier, avant que la subrogation de- » vienne efficace. Ainsi, aucun des subrogés ne peut » venir en concurrence avec lui, en vertu de cette » subrogation ».

» On ne peut rien, comme vous le voyez, de plus positif ni de mieux raisonné que cette doctrine ; et il importe peu qu'en tant qu'elle s'applique au cas de la vente par expropriation forcée, elle ait été condamnée par deux arrêts du parlement de Paris, rendus dans la même affaire, le premier, le 8 mai 1674, le second, le 6 septembre suivant sur une tierce-opposition formée au premier. Poullain-Duparcq lui-même en fait l'observation ; mais il n'en affirme pas moins que les principes qu'il établit et que nous venons de retracer, sont *assez invariables sur cette matière.*

« Long-temps avant Poullain-Duparcq, Renusson avait également dit « qu'il y a même raison pour les » ventes forcées et adjudications par décret que » dans les ventes volontaires ; car (avait-il ajouté) » le saisi et ses créanciers, à la requête desquels ses » biens ont été vendus, ou quoique ce soit le rece- » veur des consignations qui les représente et qui » en doit faire la distribution, ne doivent pas être » moins ni autrement considérés que le vendeur » qui a vendu son bien pour payer ses créanciers, » lesquels il a délégués par le contrat de vente ; il » est juste que le prix de l'adjudication soit entiè- » rement payé avant que celui qui a prêté ses de- » niers à l'adjudicataire puisse poursuivre l'effet de » la subrogation par lui stipulée, comme un acqué- » reur ne peut avoir droit sur la chose acquise, ni » pareillement donner droit sur la chose par lui ac- » quise, à celui qui lui prête ses deniers, qu'il n'ait » payé entièrement le prix de son adjudication ».

» Venant ensuite aux deux arrêts de 1674, Renusson n'avait pas hésité à dire qu'ils ne devaient *pas être suivis* ; et qu'ils étaient non-seulement *contraires aux règles et aux principes*, mais *évidemment injustes* ; et voici ses principales raisons. « Premièrement, il n'est pas juste qu'un adjudica- » taire qui est tenu et obligé de payer le prix de » son adjudication, puisse postérieurement par son » fait, en empruntant des deniers et consentant la » subrogation au profit de celui qui lui en fait prêt, » faire préjudice aux créanciers du saisi, sur lequel » l'adjudication aurait été faite ; les créanciers du » saisi ont leur droit acquis sur le prix de l'adjudi- » dication qui leur doit être distribué. — En se- » cond lieu, quand l'adjudicataire n'a pas de de- » niers pour payer le prix de son adjudication, et

» qu'il emprunte à condition de la subrogation, » celui qui prête ses deniers à l'adjudicataire, n'i- » gnore pas et ne doit pas ignorer le prix de l'ad- » judication ; car il entre en connaissance de cause » de l'emploi de ses deniers qu'il prête, il sait bien » si les deniers qu'il prête font ou ne font pas l'en- » tier payement du prix de l'adjudication ; il ne doit » pas ignorer que l'adjudicataire n'a droit sur la » chose qui lui est adjugée, qu'il n'ait entièrement » payé le prix de l'adjudication qui doit être distri- » bué aux créanciers du saisi. C'est pourquoi celui » qui prête ses deniers à l'adjudicataire, est censé ne » les prêter qu'à cette condition ; il ne peut poursuivre » l'effet de la subrogation qu'il a stipulée, qu'après » que le prix de l'adjudication aura été entière- » ment payé.... — En troisième lieu, le saisi et ses » créanciers ne doivent pas être autrement considé- » rés, comme il a été dit, qu'un vendeur qui vend » volontairement ses biens, ou pour en recevoir lui- » même le prix, ou pour être payé à ses créan- » ciers. Car un décret et une adjudication est une » vente forcée que les créanciers du saisi font faire » pour être payés. Or est-il qu'un vendeur qui n'a » pas été entièrement payé du prix de la chose par » lui vendue, a privilége, comme il a été ci-dessus » montré, sur la chose vendue, jusqu'à ce qu'il » soit entièrement payé du prix de la chose vendue ; » et s'il n'a été payé que de partie, il doit être payé » du restant préférablement à celui qui a fourni ses » deniers à l'acquéreur avec subrogation pour faire » les premiers payemens ; autrement, la subrogation » opérerait que le vendeur ou ses créanciers qui au- » raient reçu partie du prix de la chose vendue, se- » raient frustrés du surplus du prix : ce qui serait » contraire à l'équité et à la raison ».

» Que peuvent contre une doctrine aussi solide-ment établie, les deux arrêts de 1674 qui la combattent ? Ces arrêts ne sont évidemment que le fruit de l'erreur dans laquelle était alors le parlement de Paris sur les effets de la subrogation consentie en faveur de ceux qui avaient prêté leur argent pour rembourser une partie des créanciers délégués par un contrat de vente volontaire ; et le parlement de Paris ayant lui-même, à l'exemple de ce qu'avait déjà fait le conseil d'état du roi, condamné cette erreur par son arrêt du 6 juin 1712, on ne peut pas raisonnablement douter que, si l'occasion s'en fût présentée, il n'eût également condamné la con-séquence qu'il en avait tirée, en 1674, pour le cas d'une vente forcée.

» Au surplus, la disposition de l'art. 1252 du Code civil est trop générale, trop absolue, pour qu'on puisse la restreindre par des exceptions arbi-traires ; et tant que l'on ne prouvera pas, ce à quoi on ne parviendra jamais, que les créanciers collo-qués dans la distribution du prix d'un immeuble vendu judiciairement, sont propriétaires de la créance de ce prix, l'application que l'arrêt attaqué a faite de cette disposition à notre espèce, demeurera à l'abri de toute atteinte.

» Par ces considérations, nous estimons qu'il y a lieu de rejeter la requête des demandeurs ».

Arrêt du 5 mai 1814, au rapport de M. Lasaudade, par lequel, « sur le premier moyen, attendu que Ragouleau, tiers saisi, ne pouvait pas se constituer juge des débats qui s'étaient élevés entre les parties qui se prétendaient intéressées, conséquemment qu'il a pu et dû les appeler pour s'accorder ou faire juger leurs prétentions; sur le deuxième moyen, attendu que les héritiers Didot n'ont point été parties dans l'instance qui a eu pour objet la demande en folle enchère; que, dans cette instance, on ne s'est nullement occupé de la question de savoir si les créanciers subrogés devaient primer les héritiers Didot et leurs créanciers; qu'enfin les demandeurs en cassation n'ont point fait valoir ce moyen en cour d'appel; sur le troisième moyen, attendu que la cour d'appel n'a point jugé sur les subrogations irrégulières et nulles en la forme, et ne s'est occupée que de l'effet que pouvaient produire au fond ces subrogations, en les supposant régulières; qu'ainsi l'art. 1250 du Code civil n'a point été violé; vu l'art. 1252 du même Code...; attendu qu'en jugeant que, par l'effet des payemens faits par la dame Gamble adjudicataire, à aucuns des créanciers Didot, lesdits héritiers Didot et leurs créanciers opposans n'avaient été payés qu'en partie et qu'en ce cas, ils pouvaient exercer leurs droits sur le prix de l'adjudication, par préférence aux créanciers subrogés, l'arrêt attaqué n'a fait qu'une juste application dudit article; la cour rejette le pourvoi.... ».

SURCHARGE (*droits seigneuriaux*). *V.* le plaidoyer et l'arrêt du 14 juillet 1814 ; rapportés aux mots *rente seigneuriale*, §. 2, n. 6 *bis*, dans les *additions*.

TIREUR. *Page 38, col. 1, lig. 25, après le mot* protêt, *ajoutez* : provision de lettre de change.

TRANSCRIPTION, §. III, n. III. *Page 106, col. 2, après la dernière ligne de la note ajoutez* :

Au surplus, *V.* l'arrêt de la cour de cassation, du 13 décembre 1813, qui est rapporté dans la note suivante.

Page 107, col. 1, lig. 35, après le mot connaître, *ajoutez* :

C'est à cette hypothèse que se rattache l'arrêt de la cour de cassation du 13 décembre 1813, qui est cité dans la note précédente. En voici l'espèce.

Le 3 fructidor an 3, le sieur Ailhaud vend au sieur Faure le domaine de Laverne et Lagarde, moyennant un prix que celui-ci paye comptant à un million en assignats près, pour lequel il souscrit une obligation à terme payable aux créanciers de son vendeur.

Le 18 brumaire an 4, le sieur Faure revend ce domaine aux sieurs Joannis père, Portal et Bilhon,

et les charge de payer à son acquit le million en assignats qu'il doit aux créanciers du sieur Ailhaud pour le solde de son prix.

Aussitôt, offre réelle, de la part des sieurs Joannis père, Portal et Bilhon, aux créanciers du sieur Ailhaud, du million en assignats qu'ils se sont obligés de leur payer.

Les créanciers du sieur Ailhaud le refusent; et leur refus est déclaré valable par un jugement du tribunal civil du département de la Seine, du mois de frimaire an 4.

Les sieurs Joannis père, Portal et Bilhon ne pouvant pas payer le million en assignats aux créanciers du sieur Ailhaud, le présentent au sieur Faure, leur vendeur, qui l'accepte et leur en donne quittance.

Les choses en cet état, ils font entr'eux le partage du domaine qu'ils ont acheté en commun.

Quelque temps après la publication de la loi du 11 brumaire an 7, les sieurs Portal et Bilhon revendent eux-mêmes leurs portions à divers particuliers.

Le sieur Joannis père revend aussi une partie de son lot, et fait donation entre-vifs du surplus à ses deux fils.

Quelques-uns des nouveaux acquéreurs font transcrire leurs contrats; et les sieurs Joannis fils, entre autres, font revêtir leur donation de cette formalité.

Ces Transcriptions sont faites, partie sous l'empire de la loi du 11 brumaire an 7, partie sous celui du Code civil.

Mais toutes sont faites sans inscription préexistante de la part du sieur Ailhaud, soit sur le sieur Faure, soit sur les sieurs Portal, Bilhon et Joannis père.

Ce n'est qu'en février 1806, que le sieur Ailhaud-Castelet, fils et héritier du sieur Ailhaud, prend une inscription sur les propriétaires actuels du domaine vendu par son père au sieur Faure.

Armé de cette inscription, et faute de payement du million en assignats qui était redû à la succession de son père, il poursuit la vente par expropriation forcée des différentes portions de biens qui avaient composé le domaine de Laverne et Lagarde.

Ceux des détenteurs de ces portions qui ont fait transcrire leurs contrats, et notamment les sieurs Joannis, demandent la distraction de leurs propriétés respectives; et ils font ce raisonnement.

Ou nous devons être jugés d'après la loi du 11 brumaire an 7, ou nous devons l'être d'après le Code civil. Or, l'une et l'autre s'accordent à dire que le privilége du vendeur non inscrit est purgé par la Transcription de l'acte qui transfère à un tiers la propriété de l'immeuble vendu. Votre privilége n'a pas été inscrit avant la Transcription de nos contrats; il est donc éteint.

Le sieur Ailhaud-Castelet répond, entre autres choses, 1°. que le privilége du vendeur se conserve sans inscription, et qu'il est, à cet égard, assimilé

87*

à l'action résolutoire de la vente faute de payement du prix ; 2°. qu'en supposant le contraire, les sieurs Joannis fils et les autres acquéreurs en troisième ordre n'ont pas pu, par la seule Transcription de leurs contrats et sans faire transcrire les titres de leurs prédécesseurs (le sieur Faure, les sieurs Joannis père, Portal et Bilhon), priver le vendeur de ceux-ci du droit de faire inscrire son privilége.

Le 22 août 1806, jugement du tribunal civil d'Avignon qui déboute les acquéreurs en troisième ordre de leur demande en distraction.

Mais sur l'appel, arrêt de la cour de Nismes, du 3 juin 1808, qui accueille cette demande.

Recours en cassation de la part du sieur Ailhaud-Castelet ; et arrêt de la section des requêtes qui l'admet.

Les acquéreurs en troisième ordre cités, en conséquence, devant la section civile, établissent d'abord, pour la défense de l'arrêt attaqué, qu'il n'en est pas du privilége du vendeur comme de l'action en résolution de la vente à défaut de payement du prix ; que celle-ci se conserve bien sans inscription, et que c'est un point jugé par l'arrêt du 25 novembre 1807, rapporté au mot *résolution*, n. 3 ; mais que le privilége du vendeur pour le payement du prix ne peut être conservé contre un tiers-acquéreur que par une inscription prise, soit avant la transcription du titre de ce dernier, soit au moins dans la quinzaine suivante.

Répondant ensuite au moyen subsidiaire du sieur Ailhaud-Castelet, ils conviennent que, suivant la doctrine de M. Tarrible, « si, au cas d'une deuxième vente, le premier contrat n'a pas été transcrit, le deuxième acquéreur doit faire transcrire les deux contrats pour purger *les hypothèques inscrites sur le premier vendeur*. Mais (continuent-ils) M. Tarrible ajoute lui-même, ce qui est parfaitement conforme à l'espèce, que, s'il n'y a pas d'*hypothèques inscrites* sur l'immeuble, le deuxième acquéreur *peut se dispenser* de transcrire *le premier contrat* ; et que, dans ce cas, il purge, par la Transcription du deuxième, même le privilége non inscrit du vendeur originaire, sauf à celui-ci à faire inscrire son privilége dans la quinzaine ».

Cette réponse aurait pu suffire pour déterminer le rejet de la demande en cassation du sieur Ailhaud-Castelet. Mais la cour, après une longue et mûre délibération, a cru devoir aller plus loin et motiver ce rejet de manière à faire entendre que, dans tous les cas, un second ou troisième acquéreur n'a besoin que de transcrire son propre contrat pour se libérer du privilége du vendeur originaire non inscrit, soit avant cette Transcription, soit dans la quinzaine suivante. Voici les termes de l'arrêt.

« Considérant, sur le premier moyen de fond, que les tiers-détenteurs dont il s'agit, ont fait transcrire leurs contrats, les uns sous l'empire de la loi du 11 brumaire an 7, les autres depuis la publication du Code civil ; —considérant, à l'égard des premiers, que leur Transcription ayant eu lieu plusieurs années avant l'inscription prise par Ailhaud ; il résulte des dispositions de la loi de brumaire an 7, tit. 3, que cette Transcription a purgé leurs immeubles du privilége à raison duquel Ailhaud s'est tardivement inscrit ; — Considérant à l'égard des tiers-détenteurs de la seconde classe, que les Transcriptions dont ils excipent, que l'inscription qu'Ailhaud leur oppose, n'ayant été faite que depuis la publication du Code civil, on ne peut leur appliquer la loi de brumaire, qui, laissée sans exécution par toutes les parties, n'a acquis de droits à aucune d'elles ; qu'en conséquence, l'effet de ces Transcription et inscription doit être réglé par le Code sous l'empire duquel ces actes ont eu lieu ; qu'aux termes de l'art. 2106, *les priviléges ne produisent d'effet, à l'égard des immeubles, qu'autant qu'ils sont rendus publics par l'inscription sur le registre du conservateur des hypothèques de la manière déterminée par la loi* ; d'où il suit évidemment qu'à défaut d'inscription prise selon la forme ou dans le temps prescrits par la loi, le privilége ou l'hypothèque sont éteints ; que, suivant le Code civil, l'inscription, pour être valable, devrait être prise par le créancier dans le temps que l'immeuble était entre les mains de son débiteur ; que, faite postérieurement à l'aliénation de l'immeuble, elle était nulle, soit que l'acte de mutation eût été ou non transcrit ; que l'art. 834 du Code de procédure a innové à cette règle, en autorisant le créancier à s'inscrire, même après l'aliénation de l'immeuble hypothéqué à sa créance, mais à la charge expresse que l'inscription fût faite avant la Transcription de l'acte d'aliénation, ou au plus tard quinze jours après ; que, dans l'espèce, Ailhaud a inscrit son privilége sous l'empire du Code civil, avant la publication du Code de procédure, et dans un temps où l'immeuble qui lui servait de gage n'était plus entre les mains de son débiteur, par conséquent à une époque où il avait perdu le droit de s'inscrire, par conséquent que son privilége ne subsistait plus, faute d'avoir été conservé ; qu'il en serait de même quand il pourrait réclamer le bénéfice de l'art. 834 du Code de procédure, puisqu'il est encore constant en fait qu'il ne s'est inscrit que très-long-temps après le délai de quinzaine, à dater de la Transcription faite par les nouveaux propriétaires, et que cette inscription tardive n'aurait pu lui conférer les droits qu'il réclame ; que vainement on oppose 1°. que la Transcription faite par les nouveaux propriétaires, est nulle, ou du moins qu'elle est insuffisante pour payer leurs immeubles, attendu qu'ils n'ont fait transcrire que leurs propres contrats qui ne rappelaient pas le privilége d'Ailhaud ; que leurs titres étant muets sur ce point, ils auraient dû, aux termes de l'art. 2181 du Code civil, faire transcrire les contrats non transcrits des précédens propriétaires, que l'art. 2181 impose, à celui qui veut purger un immeuble que l'obligation de transcrire le contrat qui l'a rendu propriétaire ; que tel est le sens manifeste de cet article expliqué clairement par les n°s. 1. et 2 de l'art. 2183, qui ne parlent que de la Transcription d'un seul acte de mutation ; que d'ailleurs, imposer au dernier propriétaire qui veut purger son immeuble ; l'obligation de transcrire tous les contrats non transcrits des précédens détenteurs, ce serait une formalité très-onéreuse, et, dans plusieurs cas, impossible à exécuter ; qu'enfin, il est certain, d'après l'art. 2182, que ce n'est pas la Transcription qui purge un immeuble ; que, dans le système actuel, cette formalité n'a principalement pour objet que d'arrêter le cours des inscriptions, sauf le délai de quinzaine ; que l'opération de purger consiste essentiellement, suivant l'art. 2183, dans les notifications qu'il prescrit aux *créanciers au domicile élu dans leurs inscriptions* ; qu'il suit bien, de cet article, que celui qui veut affranchir son immeuble des charges dont il est grevé, est nécessairement tenu de signifier son contrat à tous les créanciers inscrits, non-seulement sur son vendeur immédiat ; mais sur tous les précédens propriétaires ; que, par une conséquence nécessaire, il est tenu, sous sa responsabilité, de rechercher ces créanciers, et de donner au conservateur les renseignemens propres à les lui indiquer ; mais que, pour parvenir à ce résultat, il a le choix des moyens, puisque la loi ne lui en désigne aucun ; que, s'il juge à propos de faire transcrire les contrats antérieurs au sien, il en a la faculté, mais que rien ne lui en impose l'obligation ; que le résultat de ces principes est que le créancier inscrit, qui n'a pas reçu du nouveau propriétaire les notifications prescrites par la loi, conserve tous les droits attachés à son inscription (sauf la modification marquée en l'art. 2198), et qu'il peut les faire valoir, quel que soit le nombre des contrats transcrits, sans qu'on puisse lui opposer que l'immeuble sur lequel il a hypothèque soit purgé de sa créance ; mais qu'il est également hors de doute que le créancier qui, comme Ailhaud, n'a pas conservé ses droits par une inscription prise en temps utile, n'est ni fondé, ni même recevable à prétendre que l'immeuble reste grevé de sa créance, sous le vain prétexte que l'ancien contrat qui la rappelle n'a pas été transcrit par le nouveau propriétaire. — Vainement on oppose 2°. qu'agissant en qualité de vendeur d'immeubles, et réclamant le privilége qui lui est dû à ce titre, Ailhaud n'était pas tenu, suivant l'art. 2108 du Code civil, de prendre lui-même une inscription ; que c'était à son acquéreur à la lui procurer d'office en faisant transcrire son contrat ; que cette obligation passait du premier acquéreur aux acquéreurs successifs, et par conséquent aux détenteurs actuels ; qu'ainsi ces derniers ne peuvent se prévaloir contre Ailhaud du défaut d'inscription ; — considérant que l'article cité ne dit pas que le vendeur soit dans tous les cas, dispensé de prendre lui-même une inscription ; que tout ce qui résulte de cet article et du 834e du Code de procédure, c'est que, si le contrat est transcrit, la Transcription vaudra inscription au vendeur ; mais qu'il résulte non moins clairement,

de ces articles, qu'à défaut de Transcription par l'acquéreur, le vendeur ne peut conserver son privilége qu'en prenant lui-même une inscription, ou en faisant transcrire le contrat de son acquéreur. — Vainement on oppose 3°. que, sous l'empire du Code civil, le vendeur d'un immeuble peut, à défaut de payement, obtenir la résolution de la vente, sans le secours d'une inscription ; et qu'il en doit être de même lorsqu'il se borne à demander le prix qui lui est dû ; — Considérant que l'action en résolution de la vente et celle en payement sont essentiellement distinctes, qu'elles produisent des effets et sont soumises à des principes différens ; qu'ainsi, si l'une de ces actions n'est pas assujettie à telle ou telle formalité, il n'y a aucune raison d'en conclure que l'autre en soit exempte ; que l'arrêt attaqué qui s'est conformé à ces principes, loin d'avoir violé la loi, en a fait une juste application ; — Sur le second moyen du fond, relatif aux Joannis frères, considérant qu'ils n'ont été poursuivis qu'en qualité de tiers-détenteurs, *et en exécution de l'art. 2169 du Code civil*, et par conséquent qu'ils n'ont été poursuivis qu'hypothécairement ; que la question de savoir si, en vertu de la donation qui leur a été faite, ils sont tenus personnellement envers Ailhaud, n'a été ni discutée ni jugée ; d'où il suit qu'Ailhaud ne peut prétendre qu'en ce point l'arrêt attaqué lui fasse grief ; — sur les autres moyens tirés soit du résiliement des ventes qui ont eu lieu entre les parties, soit de prétendues contraventions à la chose jugée, soit de la forme de la procédure, considérant que tous ces moyens reposent sur des faits inexacts, contredits par l'arrêt attaqué et les pièces produites ; — la cour rejette le pourvoi... » (*Note de l'éditeur.*)

TRIBUNAL DE POLICE, sect. II, §. III. Page 231, col. 1., *après la ligne 6 de la note, ajoutez* :

La question s'est représentée depuis dans une espèce, où, comme dans celle que l'on vient de retracer, le ministère public du Tribunal d'appel était encore à temps pour appeler, au moment où l'appel du prévenu condamné par le premier juge, avait été porté à l'audience ; et elle a encore reçu la même décision.

Le 8 juillet 1814, jugement du Tribunal correctionnel du département de la Seine, qui, « attendu que, par l'instruction, les débats et les circonstances de la cause, il résulte la preuve suffisante que Claude Favre a, le 5 juin dernier, *étant dans un cabaret*, volé deux pièces d'or, de vingt-quatre livres et une pièce de cinq francs, au nommé Chaux-Bourbon, militaire blessé ; qu'il a pris la fuite, laissant le vin qu'il s'était fait servir, et ne fut arrêté qu'à la clameur publique, nanti de l'argent réclamé par Bourbon, déclare Claude Favre coupable du délit prévu par l'art. 401 du Code pénal ; en conséquence... le condamne à un an et un jour d'emprisonnement ; à seize francs d'amende et aux dépens... »

Claude Favre appelle de ce jugement. — Le 27 du même mois, l'affaire est portée à la chambre correctionnelle de la cour royale de Paris, sans que dans l'intervalle aucun acte d'appel ait été signifié à Claude Favre, soit de la part du procureur du roi, soit de la part du procureur général. — En conséquence, Claude Favre paraît à l'audience comme seul *appelant*; le ministère public n'y figure que comme *intimé*.

Cependant, par arrêt du même jour, « attendu que les premiers juges, ont reconnu, par le jugement dont est appel, que le fait imputé à Claude Favre, était un vol qualifié par lui commis dans un cabaret dans lequel il était reçu; que, dès-lors, ils auraient dû se déclarer incompétens pour connaître dudit vol, et conformément à l'art. 213 du Code d'instruction criminelle, renvoyer le prévenu, en état de mandat d'arrêt, devant le fonctionnaire public compétent autre que celui qui avait rendu le jugement ou fait l'instruction; que le défaut d'appel du ministère public n'est point un obstacle à ce renvoi, l'incompétence, dans l'espèce, étant *ratione materiæ*, et rien ne pouvant la couvrir, ni la réquisition du ministère public pour qu'il fût passé outre au jugement, ni le consentement des parties; que, s'il est vrai de dire que l'appel interjeté par le prévenu, l'est dans son seul intérêt, et ne peut avoir pour résultat d'aggraver sa peine, ce principe doit être circonscrit dans ses justes bornes, et ne peut être étendu au cas d'incompétence *ratione materiæ*; que, dans ces circonstances, la cour peut et doit se déclarer d'office incompétente en tout état de cause; par ces motifs, la cour met l'appellation et le jugement dont est appel au néant; émendant, la cour se déclare incompétente; en conséquence, renvoie Claude Favre en état de mandat d'arrêt devant un des juges d'instruction du Tribunal de première instance de la Seine, autre que celui qui a fait l'instruction ».

Claude Favre se pourvoit en cassation contre cet arrêt.

« La question que cette affaire présente à votre examen (ai-je dit à l'audience de la section criminelle), n'est pas nouvelle pour vous; déjà vous l'avez jugée plusieurs fois en faveur du parti soutenu par le réclamant.

» Le 27 mars 1812, au rapport de M. Busschop, vous avez cassé un arrêt de la cour de Toulouse, du 19 février précédent, qui, dans des circonstances semblables à celle de l'affaire actuelle, avait annulé, comme incompétemment rendu, un jugement du tribunal correctionnel de Villefranche.

» Le premier mai de la même année, au rapport de M. Vantoulon, vous avez cassé un jugement du Tribunal correctionnel d'Aurich qui, dans les mêmes circonstances, et sur l'appel d'un jugement du Tribunal de première instance d'Embden, avait prononcé de la même manière.

» Le 19 février 1813, au rapport de M. Aumont, vous avez cassé un jugement du Tribunal correctionnel de Meaux, qui, sur l'appel interjeté par le seul prévenu d'un jugement du Tribunal de police de Dammartin, avait déclaré ce jugement nul et renvoyé l'appelant devant le juge d'instruction.

» Le 26 novembre suivant, au rapport de M. Rataud et sur notre réquisitoire, vous avez, en prononçant par règlement des juges, déclaré nul un jugement du Tribunal correctionnel de Mayence qui, sur l'appel interjeté par Chrétien Rebman, d'un jugement du Tribunal correctionnel de Deux-Ponts par lequel il était condamné à un simple emprisonnement pour vol commis dans un cabaret, avait annulé ce jugement pour cause d'incompétence, et avait ordonné que l'appelant serait poursuivi comme prévenu d'un crime.

» Que pourrait-on dire pour détourner l'application de ces quatre arrêts à l'espèce actuelle?

» On pourrait dire que, dans les affaires sur lesquelles ont été rendus ces quatre arrêts, le délai de l'appel était expiré à l'égard du ministère public, lorsque, par les arrêts et jugemens en dernier ressort que vous avez cassés, la cour de Toulouse et les tribunaux d'Aurich, de Meaux et de Mayence avaient pris sur eux de prononcer comme ils auraient pu le faire si le ministère public eût été appelant; au lieu que, dans l'espèce actuelle, il n'y avait pas encore, à beaucoup près, deux mois qu'avait été rendu le jugement de première instance dont Claude Favre était appelant, lorsque la cour royale de Paris s'est occupée de ce jugement et a statué sur l'appel que Claude Favre en avait interjeté; qu'ainsi, à cette époque, le ministère public pouvait encore appeler; qu'il pouvait même appeler par les conclusions qu'il a données à l'audience (1); qu'à la vérité, il ne l'a pas fait; mais que la cour royale de Paris a pu prononcer comme s'il l'eût fait réellement; et que cela résulte du vieil adage, que tout juge est officier du ministère public.

» Mais ce vieil adage, que signifiait-il dans notre ancienne législation? que signifie-t-il aujourd'hui?

» M. le chancelier d'Aguesseau, dans une lettre au premier président du parlement de Rouen, du 11 mars 1730, rapportée dans le tome 10 de ses œuvres, disait qu'à l'époque où il écrivait cette lettre, l'adage dont il s'agit, ne pouvait être entendu que de deux manières, et qu'on ne pouvait *en tirer que deux conséquences légitimes*; l'une, que si, par une supposition qui devait presque être regardée comme impossible, il arrivait que les gens du roi refusassent de prendre des conclusions dans une affaire où ils seraient obligés d'en donner, la cour, après les avoir avertis et mis à demeure, pourrait commettre un de ses conseillers pour les suppléer dans cette affaire; l'autre, que

_____

(1) *V.* l'arrêt du 20 février 1812, rapporté au mot *Appel*, sect. 2, §. II, n° 11, dans les *Additions*.

les juges n'étaient pas obligés de suivre les conclusions des gens du roi; qu'ils pouvaient, ou y ajouter, ou en retrancher, ou même les contrarier absolument (1).

» Assurément, il n'est aucune de ces deux conséquences qui ne soit encore aujourd'hui en harmonie parfaite avec les règles de notre ordre judiciaire. Aujourd'hui, comme en 1730, un tribunal pourrait, sur le refus des gens du roi de conclure dans une affaire, charger un de ses membres de conclure pour eux. Aujourd'hui, comme en 1730, un tribunal n'est pas lié par les conclusions des gens du roi; il peut aujourd'hui, comme il le pouvait en 1730, les modifier ou les rejeter.

» Mais de là s'ensuit-il que, dans une affaire où le ministère public n'est pas appelant, et où néanmoins il est encore à temps pour appeler, un tribunal supérieur puisse prononcer comme s'il y avait appel de la part du ministère public?

» Il l'aurait pu sans difficulté dans l'ancienne jurisprudence; et c'est ce que M. le chancelier d'Aguesseau faisait entendre dans sa lettre de 1730: « Quand on dit (ce sont ses termes) que tous les » juges soient, en quelque sorte, procureurs-géné- » raux, c'est une expression qui signifie, dans ce « sens, qu'ils sont en droit de faire d'office ce » qu'ils estiment que le procureur-général aurait » dû faire ». C'est même ce que cet illustre chef de la magistrature établissait expressément dans une lettre du 9 juillet 1728, qui est insérée dans le tome 8 de ses œuvres, page 234 : « Quoiqu'il n'y ait » point eu (disait-il) d'appel à minimâ de la sen- » tence du premier juge de....., à l'égard des accu- » sés qui ont été déchargés de l'accusation princi- » pale, et que le parlement ne paraisse saisi de » l'appel du même jugement qu'en ce qu'il a con- » damné deux faux témoins à la mort, il n'en est » pas moins nécessaire que la chambre de la Tour- » nelle voye le procès en entier... En matière cri- » minelle, l'affaire doit être portée au tribunal su- » périeur dans le même état où elle était devant les » juges inférieurs; et comme ils auraient pu con- » damner les accusés qu'ils ont regardés comme » innocens, si les preuves leur avaient paru suffi- » santes, et ne pas condamner les témoins, s'ils n'y » avaient pas trouvé de fondement solide, la cham- » bre de la Tournelle est en droit, sans difficulté, » d'exercer le même pouvoir. Le défaut d'appel à » minimâ n'y met aucun obstacle, parce que ce » genre d'appel se supplée tous les jours en procé- » dant au jugement d'un procès criminel ».

» Mais ce que les tribunaux supérieurs faisaient à cet égard dans l'ancienne jurisprudence, peuvent-ils le faire encore aujourd'hui? Nous ne le pensons pas, et voici nos raisons.

» Dans l'ancienne jurisprudence, le ministère des gens du roi n'était pas exactement défini. Les lois leur attribuaient bien la poursuite des délits et des crimes; mais elles ne s'expliquaient pas textuellement sur les effets et les conséquences de cette attribution. Il n'est donc pas étonnant que, nonobstant cette attribution, les juges se soient, dans plusieurs cas, regardés comme autorisés à ordonner des poursuites sans réquisition de la part des gens du roi.

» Mais aujourd'hui, l'action pour l'application des peines n'appartient qu'aux fonctionnaires auxquels elle est confiée par la loi : Ce sont les termes de l'art. 1.er du Code d'instruction criminelle, qui n'est, en cela, que l'écho de l'art. 5 du Code du 3 brumaire an 4; et il résulte clairement que les gens du roi ont seuls et exclusivement l'action publique pour la poursuite et la punition des délits et des crimes.

» Comment les gens du roi exercent-ils cette action dans les affaires correctionnelles?

» Ils l'exercent de deux manières : ils l'exercent devant les tribunaux de première instance, en y traduisant les prévenus de délits; ils l'exercent devant les tribunaux supérieurs, en appelant des jugemens qui prononcent sur les poursuites qu'ils ont intentées contre ces prévenus.

» Les gens du roi ont donc seuls le droit d'appeler des jugemens correctionnels dans l'intérêt de la société, comme ils ont seuls le droit d'agir contre les prévenus en première instance; et telle est la disposition expresse de l'art. 202 du Code d'instruction criminelle.

» Mais dès que les gens du roi ont seuls le droit d'appeler dans l'intérêt de la société, est-il convenable que les juges puissent, dans les affaires où les gens du roi n'ont pas appelé, les considérer comme appelans et prononcer comme s'ils l'étaient en effet?

» Sans doute, lorsque les gens du roi ont appelé, les juges peuvent, en prononçant sur leur appel, aller plus loin que leurs conclusions; et pourquoi le peuvent-ils? parce qu'ils sont saisis de l'action du ministère public, et que le ministère public n'a pas le droit, en leur soumettant son action, de circonscrire dans telles ou telles bornes le pouvoir qu'ils ont reçu de la loi pour y statuer.

» Mais lorsqu'il n'y a point d'appel de la part des gens du roi, lorsqu'il n'y a pas d'appel de la part du prévenu, lorsque les gens du roi se contentent de soutenir la condamnation prononcée contre lui, lorsqu'ils n'exercent pas l'action que la loi leur donne pour la faire aggraver, les juges excéderaient leurs pouvoirs, ils prononceraient ultrà petita, s'ils faisaient d'office ce qu'ils ne peuvent faire que d'après une action légalement intentée. Un tribunal d'appel (est-il dit dans l'avis du conseil d'état du 25 octobre 1806, approuvé le 12 novembre suivant) ne peut réformer le jugement de première instance qu'autant qu'il y a eu appel; par conséquent, s'il n'y a appel que d'une seule disposition, le tribunal ne peut pas réformer les autres; il n'a pas *même les facultés de les discuter ; il n'en est pas saisi.*

» Au surplus, Messieurs, ce n'est pas la première fois que la question se présente devant vous, sous le rapport sous lequel nous l'envisageons ici ; et vous avez rendu, sur notre réquisitoire, le 19 août 1813, un arrêt, qui, dans un cas parfaitement identique à celui dont il s'agit en ce moment, juge formellement que le tribunal supérieur ne peut pas suppléer à l'appel que le ministère public serait encore recevable à interjeter, mais qu'il n'interjette pas.....

» Il importe donc peu que, dans notre espèce, le procureur général de la cour royale de Paris fût encore, au moment où il a porté la parole sur l'appel de Claude Favre, en temps utile pour appeler lui-même du jugement que Claude Favre attaquait. Dès qu'il n'exerçait pas le droit qu'il avait seul d'en interjeter appel, la cour royale de Paris ne pouvait pas prononcer comme s'il en eût appelé ; elle ne pouvait pas le dépouiller de la qualité d'intimé qu'il se bornait à prendre, pour y substituer virtuellement celle d'appelant qu'il ne prenait pas ; elle ne pouvait pas faire tourner au préjudice de Claude Favre, un appel qu'il n'avait interjeté que dans son propre intérêt.

» Par ces considérations, nous estimons qu'il y a lieu de casser et annuler l'arrêt qui vous est dénoncé ».

Par arrêt du 17 novembre 1814, au rapport de M. Coffinhal du Noyet, « vu les art. 202, 203 et 205 du Code d'instruction criminelle ; vu encore l'avis du conseil d'état du 25 octobre 1806, approuvé le 12 novembre suivant, portant que, sur l'appel émis par la partie civile, les cours de justice criminelle ne peuvent réformer les dispositions non attaquées de jugemens rendus en matière criminelle ; et attendu que ni le procureur du roi près le tribunal correctionnel de première instance, ni le ministère public près la cour royale de Paris, n'ayant usé de la faculté d'appeler, conformément aux articles du Code d'instruction criminelle ci-dessus cités, du jugement du 8 juillet dernier, par lequel le tribunal correctionnel de première instance de Paris, considérant le vol imputé à Favre, comme vol simple, ne l'avait condamné qu'à l'emprisonnement, y ayant au contraire acquiescé formellement, ce jugement avait acquis, en faveur de la partie condamnée, l'autorité de la chose jugée ; que la cour royale n'ayant été saisie qu'en vertu de l'appel émis par Favre condamné correctionnellement en première instance, cette cour qui aurait eu la faculté de prononcer en faveur de Favre la réformation du jugement de première instance, n'a pu aggraver son sort en annulant d'office, soit pour incompétence, soit pour tout autre motif, un jugement à l'égard duquel le ministère public avait gardé le silence, lorsque seul il pouvait en poursuivre et requérir l'annullation pour la vindicte publique ; d'où il résulte que l'arrêt attaqué, en considérant le fait qui donnait lieu aux poursuites comme caractérisant le crime du vol dans

l'auberge ou hôtellerie dans lesquelles le coupable est reçu, prévu par l'art. 386, n.º 4, du Code pénal, en annullant en conséquence le jugement du tribunal correctionnel de première instance, et renvoyant par-devant un nouveau juge d'instruction, pour être poursuivi et jugé par la voie criminelle, a formellement contrevenu, tant auxdits articles du Code d'instruction criminelle qu'à l'avis du conseil d'état ; la cour casse et annulle ».

V. le plaidoyer du 15 février 1815, rapporté aux mots *Domicile élu*, §. 1, dans les *Additions*.

n. VIII. *Page* 112, *col.* 2, *ligne* 47, *avant les mots* le recueil, *ajoutez :* le plaidoyer du 15 février 1805, rapporté aux mots *Domicile élu*, §. 1, dans les *Additions* ; et, etc.

RÉCIDIVE. *Page* 615 *de ce volume, col.* 1, *ligne* 16, *après* janvier 1815, *ajoutez :* ainsi conçu :

« Le procureur général du roi expose qu'il résulte de trois arrêts respectivement rendus par la chambre d'accusation de la cour royale de Lyon et la cour d'assises du département du Rhône, un conflit de juridiction sur lequel il est urgent de statuer,

» Le 13 août 1814, arrêt de la chambre d'accusation de la cour royale de Lyon qui accuse le nommé Georges Brochet, d'avoir violé deux jeunes filles, dont la plus âgée avait moins de onze ans, et le renvoie devant la cour d'assises du département du Rhône.

» Le 2 septembre suivant, la cour d'assises assemblée pour procéder à la formation du jury qui doit prononcer sur l'accusation portée contre Georges Brochet, le président observe qu'il existe dans les pièces de la procédure, une lettre du préfet du département, qui annonce que l'accusé a déjà été condamné à six années de fers pour un crime de vol qu'il avait commis pendant qu'il servait dans le deuxième régiment de ligne ; et il interpelle l'accusé de s'expliquer sur ce fait,

» L'accusé répond que le fait est vrai ; qu'il a été effectivement condamné par un conseil de guerre, à la peine de six années de fers ; qu'il a subi cette peine au bagne de Toulon ; qu'il en est sorti le 14 octobre 1813, et qu'il a égaré son congé.

» Là dessus, le procureur général soutient, que si l'on pouvait s'en tenir à l'aveu de l'accusé, il y aurait lieu, d'après l'art. 553 du Code d'instruction criminelle, à le renvoyer devant la cour spéciale ; mais attendu que l'aveu de l'accusé ne peut pas seul faire preuve contre lui, il demande un sursis à ce renvoi, jusqu'à ce qu'il ait pu se procurer les pièces nécessaires pour justifier qu'en effet l'accusé avait été condamné à une peine afflictive avant de commettre le nouveau crime qui lui est imputé.

» En conséquence, arrêt du même jour, qui, « vu

« l'art. 553 du Code d'instruction criminelle, et
» considérant que les aveux de Georges Brochet ne
» sont pas suffisans pour son renvoi devant la cour
» spéciale, dit et prononce qu'il est sursis au renvoi
» dudit Brochet devant la cour spéciale, jusqu'à ce
» que le procureur général se soit procuré les pièces
» nécessaires pour l'autoriser ».

« Le 29 novembre de la même année, le procureur
général présente à l'audience de la cour d'assises un
extrait de la matricule des forçats du bagne de Toulon, duquel il résulte qu'en effet Georges Brochet a
subi dans ce bagne la peine de six années de fers
à laquelle il avait été condamné, le 23 octobre 1807,
par le conseil de guerre de la vingt-huitième division
militaire, séant à Alexandrie.

» Et le même jour, à la vue de cette pièce, il intervient un arrêt, par lequel la cour d'assises, — « vu de
» nouveau l'art. 553 du Code d'instruction crimi-
» nelle, considérant que, par l'arrêt du 2 septembre
» précédent, elle n'a rien préjugé, et qu'au contraire
» elle a ajourné toute décision jusqu'à ce que la
» preuve de la condamnation de Brochet à une peine
» afflictive ou infamante serait ou ne serait pas rap-
» portée; — que cette preuve étant produite ayant
» qu'il ait été procédé à la composition du jury, à
» l'examen de l'accusé et avant que les débats ayent
» été ouverts, ledit Brochet devient nécessairement
» justiciable d'une cour spéciale; — que vainement
» dirait-on que la chambre d'accusation de la cour
» royale ayant renvoyé cet accusé devant la cour
» d'assises, celle-ci a été par ce renvoi irrévocable-
» ment saisie et ne peut plus aujourd'hui se déclarer
» incompétente; — qu'une telle assertion contra-
» rierait ouvertement le principe qui veut que les
» arrêts de renvoi des chambres d'accusation ne
» soient qu'indicatifs et non attributifs de la compé-
» tence; que les conséquences d'un tel principe sont
» qu'en saisissant la juridiction à laquelle ils ont ren-
» voyé, ces arrêts ont reçu toute leur exécution; mais
» que les cours et tribunaux ainsi saisis, ne sont pas
» moins soumis à l'obligation de régler cet exercice,
» d'après les attributions déterminées par la loi;
» — que, dès-lors, la cour ne pouvait être liée que
» par la composition du jury et l'ouverture des débats,
» seules circonstances qui, aux termes de l'art. 365
» du même Code d'instruction, eussent pu couvrir
» son incompétence; et ces circonstances n'existant
» pas, elle peut encore et doit proclamer cette in-
» compétence; mais que là se borne son pouvoir; et
» qu'aucune disposition de la loi ne lui donnant le
» droit de saisir une cour spéciale, c'est une limite
» que sagement elle doit respecter; — que le présent
» arrêt et celui de la chambre d'accusation offrant une
» contrariété et produisant un conflit de juridiction,
» il y a lieu à un règlement de juges sur lequel la cour
» de cassation peut seule statuer; — par ces motifs,
» et faisant droit sur le réquisitoire du procureur-
» général du roi; — la cour se reconnaît et se déclare
» incompétente pour prononcer sur l'accusation por-

» tée contre Georges Brochet; ordonne en conséquence
» qu'à la diligence du procureur-général toutes les
» pièces du procès instruit contre cet accusé, seront
» sans délai transmises à la cour de cassation, pour
» par elle être statué ce qu'il appartiendra ».

» On voit que, par cet arrêt, la cour d'assises du
département du Rhône, juge définitivement ce
qu'elle n'avait fait que par celui du 2 septembre, savoir, que, nonobstant l'arrêt de la cour
royale de Lyon, du 13 août 1814, qui renvoie de-
vant elle Georges Brochet, elle ne peut pas connaître de l'accusation portée contre celui-ci, parce
que, si le crime qui en est l'objet, a été commis,
il l'a été par récidive, et que conséquemment la
connaissance en appartient à la cour spéciale.

» La cour d'assises reconnaît cependant qu'elle
pourrait juger Georges Brochet, si la preuve du
fait que Georges Brochet avait, antérieurement à ce
crime, été condamné, pour un crime précédent,
à une peine afflictive, n'eût été produite devant elle
qu'après l'ouverture des débats.

» Et en effet, il existe un arrêt de la cour du 12 février 1813, qui, dans cette hypothèse, a jugé, au
rapport de M. Chasle, que la cour d'assises du département de la Loire-Inférieure, n'avait pas pu
s'abstenir de la connaissance de l'accusation portée
contre le nommé Monnier, par la cour royale de
Rennes.

» Mais cet arrêt est-il fondé sur la circonstance que
les débats étaient déjà ouverts, lorsqu'avait été
connue la condamnation précédemment prononcée
contre Monnier?

» Non. Il est uniquement fondé sur le principe que
les cours d'assises ont la grande main pour la connaissance de tous les crimes; que, si leur juridiction est, à cet égard, restreinte par les art. 553 et
554 du Code d'instruction criminelle, cette restriction ne peut produire contre elles qu'une incompétence relative; et que cette incompétence est nécessairement couverte, soit par l'acquiescement des
parties intéressées à l'arrêt qui renvoie devant une
cour d'assises l'accusé d'un crime spécial; soit, ce
qui revient au même, par le défaut de recours en
cassation contre un pareil arrêt dans le délai fixé par
la loi.

» Or, ce principe est applicable au cas où le fait
qui constitue la spécialité, est connu avant l'ouverture des débats, tout aussi bien qu'au cas où il n'est
connu qu'après; et cela est si vrai, que, par l'arrêt
du 12 février 1813, il est expressément déclaré que
« la cour d'assises exerçant la juridiction ordinaire,
» il eût été dans les attributions et même dans le
» devoir de la cour d'assises du département de la
» Loire-Inférieure, d'instruire et de prononcer sur
» l'accusation émise contre Monnier, *dans le cas*
» *même où la circonstance de récidive n'eût pas*
» *été ignorée lors de l'arrêt de renvoi de la cham-*
» *bre d'accusation, si cet arrêt n'avait pas été*
» *attaqué devant la cour de cassation, et n'y avait*

» *pas été annullé*, puisqu'alors elle eût été légale-
» ment saisie par un arrêt passé en chose jugée, et
» que, par l'effet de la généralité de sa juridiction,
» elle doit connaître de tout ce dont elle peut être
» saisie par des arrêts de renvoi qui ont acquis une
» autorité irrévocable».

» La cour d'assises du département du Rhône, oppose à cela deux considérations : la première, que
les arrêts de renvoi des chambres d'accusation ne
sont pas attributifs, mais simplement indicatifs de
juridiction ; la seconde, que l'art. 365 du Code
d'instruction criminelle n'autorise les cours d'assises à prononcer sur les faits placés par la loi hors
de leur juridiction, que dans le cas où c'est par les
débats que leur incompétence est manifestée relativement à ces faits.

» Mais, 1.° que résulte-t-il du principe que les arrêts
de renvoi des chambres d'accusation ne sont pas
attributifs de juridiction? Une seule chose : c'est que
les tribunaux à qui les chambres d'accusation renvoient des affaires *dont la loi leur interdit la connaissance*, peuvent et doivent, nonobstant les arrêts des chambres d'accusation, se déclarer incompétens, c'est que, par exemple, un tribunal correctionnel qui, étant saisi, par un arrêt de renvoi,
de la connaissance d'un fait portant le caractère de
crime, ne se déclarerait pas incompétent, violerait
les règles de la compétence.

» On ne peut donc pas en conclure, qu'une cour
d'assises doive ou même puisse se déclarer incompétente pour connaître d'un *délit* dont la connaissance lui est renvoyée par une chambre d'accusation ; car la connaissance des délits n'est pas
absolument interdite aux cours d'assises. Elle l'est
bien en ce sens, que les cours d'assises ne peuvent
pas en être saisies directement et sans arrêt de renvoi,
comme les tribunaux correctionnels. Elle l'est bien
en ce sens, que, si l'accusé ou le ministère public
se pourvoit dans le délai fixé par l'art. 296 du Code
d'instruction criminelle, contre l'arrêt qui l'a renvoyé, comme prévenu d'un *délit*, devant la cour
d'assises, cet arrêt sera annullé par la cour de cassation. Mais à défaut de recours en cassation de la
part de l'accusé ou du ministère public, contre
l'arrêt de la chambre d'accusation, la cour d'assises
est légalement saisie, et elle n'a point le pouvoir
de se dessaisir, parce que l'art. 365 lui attribue
juridiction pour punir les délits, comme pour
punir les crimes.

» Et par la même raison, si l'arrêt qui renvoie
devant une cour d'assises l'accusé d'un crime spécial, n'est attaqué, ni par l'accusé lui-même, ni
par le ministère public, dans les trois jours fixés
par l'art. 373 du Code d'instruction criminelle,
la cour d'assises ne peut pas se déclarer incompétente ; parce que la loi ne lui interdit pas absolument la connaissance de ces crimes, parce qu'au
contraire, l'art. 589 du Code d'instruction criminelle suppose clairement qu'elle est radicalement
investie du pouvoir nécessaire pour les juger.

2.° L'art. 365 du Code d'instruction criminelle dit
bien que, *si le fait* déclaré par le jury, *est défendu,
la cour d'assises prononcera la peine établie par
la loi, même dans le cas où, d'après le débats, il
se trouverait n'être plus de la compétence de la
cour d'assises.* Mais il ne dit pas que si, avant les
débats, la cour d'assises reconnaît que le fait imputé
à l'accusé, n'est pas de sa compétence, elle sera
indistinctement tenue de se déclarer incompétente.
Il se tait complètement sur ce cas; et comment
devons-nous suppléer à son silence ? Nous devons
y suppléer par les règles du droit commun, c'est-
à-dire, par une distinction entre l'incompétence
absolue et l'incompétence relative, ou, ce qui est la
même chose, par une distinction entre les crimes
ou délits dont la connaissance est interdite aux cours
d'assises, et les crimes ou délits pour la punition
desquels les cours d'assises ont un principe de juridiction, mais qui, d'après des lois particulières,
doivent régulièrement être renvoyés à d'autres cours
ou Tribunaux. Or, il est très-constant que l'incompétence des cours d'assises n'est pas plus absolue relativement aux crimes spéciaux, qu'elle ne l'est relativement aux délits ; il est très-constant que la
connaissance des crimes spéciaux n'est pas plus interdite que ne l'est celle des délits, aux cours d'assises. Les cours d'assises ne peuvent donc pas plus
s'abstenir de la connaissance des uns que des autres,
lorsqu'ils lui sont renvoyés par des arrêts de chambres d'accusation non attaqués dans le délai fatal.

Et dès-là, nul doute que la cour d'assises du
département du Rhône n'ait méconnu sa propre juridiction, nul doute qu'elle n'ait violé les règles de
la compétence, en s'abstenant de la connaissance de
l'accusation portée contre Georges Brochet, et en
s'en abstenant sous le prétexte que, d'une part,
Georges Brochet eût dû primitivement être renvoyé
devant la cour spéciale ; que, de l'autre, le fait qui
eût dû motiver ce renvoi, avait été connu et prouvé
avant l'ouverture des débats.

« Ce considéré, il plaise à la cour, vu l'art. 526
du Code d'instruction criminelle, l'art. 365 et l'art.
589 du même Code, et statuant par règlement de
juges, sans s'arrêter ni avoir égard aux arrêts de la
cour d'assises du département du Rhône, des 2 septembre et 29 novembre 1814, qui seront déclarés
nuls et comme non avenus, ordonner que l'arrêt
de la chambre d'accusation de la cour royale de
Lyon, du 13 août précédent, sera exécuté selon sa
forme et teneur ; ce faisant, que Georges Brochet
sera traduit devant ladite cour d'assises pour y être
procédé à son égard conformément à la loi, jusqu'à
jugement définitif; et qu'à la diligence de l'exposant,
l'arrêt à intervenir sera notifié tant audit Georges
Brochet qu'au procureur-général de la cour royale
de Lyon.

» Fait au parquet, le 24 janvier 1815. *Signé* Merlin.

» Ouï le rapport de M. Oudart..... ; attendu que
par un arrêt rendu le 13 août 1814, qui n'a pas été
attaqué, la cour royale de Lyon, chambre d'accu-

cation, a renvoyé Georges Brochet, accusé du crime de viol, devant la cour d'assises du département du Rhône ; que cette cour d'assises ayant acquis avant l'ouverture des débats, la preuve que l'accusé avait été condamné pour un crime précédent à une peine afflictive, a, par un arrêt du 29 novembre suivant, renvoyé ledit accusé devant la cour spéciale du même département ; que ces deux arrêts contraires, rendus en matière de compétence, par deux cours différentes, dont l'un fait obstacle à l'exécution de l'autre, ont fait naître un conflit de juridiction sur lequel il appartient à la cour de statuer;

» Attendu que, de l'ensemble des dispositions du Code d'instruction criminelle, et notamment des art. 365 et 589, il résulte que les cours d'assises sont la juridiction commune; que les cours spéciales n'ont qu'une compétence extraordinaire et d'exception qui doit céder à l'autorité de la chose jugée; que si les cours et tribunaux, à qui la loi n'a donné de juridiction que pour certains cas et certains faits, doivent déclarer leur incompétence, malgré les arrêts de renvoi, il n'en est pas ainsi dans les cas où, par des arrêts de chambre d'accusation, des accusés ont été renvoyés devant une cour d'assises dont la juridiction est générale, et à qui la connaissance de certains crimes n'est pas interdite par les art. 553 et 554 du Code d'instruction criminelle; que la restriction apportée par ces articles ne peut produire qu'une incompétence relative; que la cour d'assises du département du Rhône a reconnu elle-même qu'elle eût

été compétente pour juger Georges Brochet, si la preuve qu'il avait été condamné à une peine afflictive pour un crime précédent, n'eût été produite devant elle que depuis l'ouverture des débats; mais que cette limitation est contraire à la généralité de la juridiction des cours d'assises ;

» Attendu que l'arrêt de renvoi de Georges Brochet devant la cour d'assises du département du Rhône, n'a été attaqué par aucune des parties; qu'il a acquis force de chose jugée; et qu'en le renvoyant devant la cour spéciale du même département, ladite cour d'assises a méconnu les règles de sa compétence ;

» Par ces motifs, la cour, statuant par voie de règlement de juges, sans s'arrêter aux arrêts de la cour d'assises du département du Rhône, des 2 septembre et 29 novembre 1814, lesquels sont déclarés non avenus, ordonne que l'arrêt de la cour royale de Lyon, chambre d'accusation, du 13 août précédent, sera exécuté selon sa forme et teneur; en conséquence, que Georges Brochet sera traduit devant la cour d'assises du département du Rhône, pour être procédé à son égard, conformément à la loi ;

» Ordonne qu'à la diligence du procureur général du Roi, le présent arrêt sera notifié tant audit Georges Brochet qu'au procureur général de la cour royale de Lyon.

» Ainsi jugé et prononcé en l'audience publique de la cour de cassation, section criminelle, le 26 janvier 1815 ».

FIN.

www.ingramcontent.com/pod-product-compliance
Lightning Source LLC
Chambersburg PA
CBHW031437210326
41599CB00016B/2032